Pascal Basten

Eingriffsrecht der Polizei in Nordrhein-Westfalen

Band 2:
Grundstudium

ISBN 978-3-86676-657-0

Pascal Basten

Eingriffsrecht der Polizei in Nordrhein-Westfalen

Band 2: Grundstudium

Verlag für Polizeiwissenschaft
Prof. Dr. Clemens Lorei

ISBN 978-3-86676-657-0

Bibliografische Information der Deutschen Nationalbibliothek
Die Deutsche Nationalbibliothek verzeichnet diese Publikation in der Deutschen Nationalbibliografie; detaillierte bibliografische Daten sind im Internet über http://dnb.d-nb.de abrufbar.

Verlag für Polizeiwissenschaft, Prof. Dr. Clemens Lorei
Eschersheimer Landstraße 508 • 60433 Frankfurt
Telefon/Telefax 0 69/51 37 54 • verlag@polizeiwissenschaft.de
www.polizeiwissenschaft.de

Printed in Germany

Inhaltsverzeichnis

Buch 2: Grundstudium

Vorwort

Eingriffsrecht der Polizei ist Recht der Polizei zu Maßnahmen mit möglichen Grundrechtseingriffen; es ist – entsprechend den Grundrechtsfunktionen von Abwehr, Schutz und Mitwirkung sowie Teilhabe – nicht nur Eingriffsrecht, sondern auch Erhaltungsrecht und Ermöglichungsrecht.

Eingriffsrecht der Polizei ist eine besondere Disziplin mit höherer Vielschichtigkeit an Rechtsquellen und Rechtserkenntnisquellen zu Rechten und Rechtsgütern aus mehreren Rechtsgebieten, die mehr als andere der umfassenderen (Rechts-)Ordnung und einem strukturierteren (Rechts-)System bedürfen – gemeinsam präzise ausgerichtet insbesondere an wesentlichen Begriffen, Formen, Inhalten der:

- Rechtsgesetze;
- Denkgesetze und Erfahrungsgesetze;
- Naturgesetze.

Für Eingriffsrecht sollte alles einheitlich strukturiert in einem Werk sein – wie insbesondere:

- Grundlagen und Gesetze;
- Rechtsnormen und Rechtsgebiete;
- Rechtsquellen und Rechtserkenntnisquellen.

Dieses Werk befasst sich mit wesentlichen Begriffen, Formen, Inhalten des Eingriffsrechts der Polizei; beinhaltet also insbesondere:

- polizeirelevante Grundlagen des Rechts und Rechtsgrundlagen;
- polizeilich relevantes Grundgesetz-Recht (Verfassungsrecht, Staatsrecht, Grundrechte);
- Polizei- und Ordnungsrecht der Polizei (NRW);
- formelles Strafrecht und Ordnungswidrigkeitenrecht der Polizei;

und zwar für alle Rechtsanwender aus und für „Theorie, Training, Praxis“.

Die Darstellungs-Gliederung dieses Werks richtet sich grundsätzlich nach

- hergebrachter rechtlicher Gliederung und großen Hauptgesetzen;
- umfassender Fallbearbeitungs-Schematik mit allen möglichen Punkten;
- Plänen an der Hochschule für Polizei und öffentliche Verwaltung Nordrhein-Westfalen (HSPV NRW) im Fachbereich Polizei.

Dementsprechend besteht dieses Werk aus 3 Bänden:

- Band 1: Grundlagen;
- Band 2: Grundstudium;
- Band 3: Hauptstudium.

Des Weiteren besteht dieses Werk insbesondere aus 5 Büchern:

- Erstes Buch: Grundlagen des polizeilichen Eingriffsrechts;

- Zweites Buch: Grundstudium;
- Drittes Buch: Hauptstudium 1;
- Viertes Buch: Hauptstudium 2;
- Fünftes Buch: Hauptstudium 3.

Für dieses Werk in 3 Bänden und 5 Büchern gibt es weitgehend ein einheitliches Vorwort, ein einheitliches Quellenverzeichnis und ein einheitliches Abkürzungsverzeichnis in allen 3 Bänden sowie ein für jeden Band spezifisches Sachwortregister.

Alle Abschnitte/Module/Maßnahmen sind aktuell und umfassend – mit vielen Originalquellen und Originaltexten.

Alle Teile (z.B. einzelne Maßnahmen) können selbständig und unabhängig voneinander oder quer und nebeneinander gelesen werden, insbesondere

- als eine Art Begleiter, Checkliste, Kompendium für Studium, Training, Dienstpraxis;
- als eine Art Lexikon bezüglich Begriffen, Fachsprache, Stichworten („Grammatik des Eingriffsrechts" – mit Argumenten, Topoi und Vokabular des Eingriffsrechts);
- als eine Art Nachschlagewerk bezüglich Formen, Inhalten, Quellen.

Es gibt übersichtlich und jeweils an relevanten Stellen:

- Begriffe und (Legal-)Definitionen;
- Subsumtions-Formulierungen und sonstige Formulierungen (Argumente, Topoi und Vokabular des Eingriffsrechts);
- Fallbeispiele und Quellen (Gesetzesquellen, Rechtsprechungsquellen, Schrifttumsquellen);
- weitere Sachregister und Übersichten.

Abbildungen, Bilder, Graphiken unterstützen einfach den Inhalt.

Es erfolgt im Maßnahmenteil jederzeit eine eindeutige, klare Fallbearbeitungs-Strukturierung in hergebrachter rechtlicher Gliederung mit Schema und sogenannten Fallbearbeitungsmarkern zu Voraussetzungen (VOR), Definitionen (DEF), Subsumtionen (SUB), Ergebnissen (ERG).

Punkte und Formulierungen sind für jede Maßnahme so gewählt, dass sie grundsätzlich in Fallbearbeitungen oder sonstigen Darstellungen eingesetzt werden können.

Alles ist immer wieder an entscheidenden Stellen aufbereitet – mit vielen Wiederholungen zum sofortigen Finden an relevanter Stelle und zum besseren Verinnerlichen.

Alle Rechtsvorschriften und Gesetze sind im Haupttext und im Abkürzungsverzeichnis recherchierbar genannt und benannt, damit alle Rechtsvorschriften für ein richtiges Studium wiederholt, mindestens bei jedem Unterkommen, nachgelesen, nachgedacht, nachvollzogen werden können.

Wesentliche Anhaltspunkte, Eckpunkte, Leitpunkte stehen im Haupttext. Weitere Anmerkungen, Beispiele, Quellen stehen direkt beim Haupttext im Fußnotenapparat. Haupttext und

Fußnoten sind extra an jeweils gleicher Stelle so aufgeteilt, dass man mit dem Haupttext jederzeit in der Hauptstruktur bleibt und dass man in den Fußnoten weiter nachlesen kann, aber nicht jederzeit muss.

Wichtige Aussagen sind lese- und zitierfertig möglichst im Original abgedruckt. Die Quellen können mit vielen originalen Vollzitierungen besonders gut nachvollzogen, wiedergefunden und wiederverwendet werden.

Aussagen und Begriffe sind ausgewählt und durch weitere Anmerkungen weiter auf den Punkt gebracht. Wesentliche Begriffe stehen noch schneller recherchierbar im Fettdruck. Auslassungen zwecks Auswahl sind im Orginaltext etwa durch Klammervermerke angegeben.

Zitierte Rechtsquellen und Rechtserkenntnisquellen stammen aus relevantem Verfassungsrecht einschließlich internationalem Recht, dem Bundesrecht und dem Landesrecht, hauptsächlich dem des Landes NRW, und zwar mit Vergleichen zu weiterem Landesrecht beziehungsweise möglichst so, dass daraus sich ergebender Inhalt in ganz Deutschland brauchbar ist.

Fachlich-inhaltlicher Austausch anlässlich des vorliegenden Werks zur allseitigen Weiterentwicklung ist willkommen. Einstweilen wünsche ich Anregungen, Erfolg, Erkenntnis, Freude und weiteren Nutzen.

BUCH 2:

GRUNDSTUDIUM

In diesem Buch[1] erfolgt die Darstellung des Rechtsinhalts der Maßnahmen der Polizei überwiegend in der Rechtsform des Fallbearbeitungssystems mit den Fallbearbeitungsmarkern der wesentlichen Elemente Voraussetzung (VOR), Definition (DEF), Subsumtion (SUB), Ergebnis (ERG)[2].

---

[1] Zu den Grundlagen des polizeilichen Eingriffsrechts: *Basten*, Eingriffsrecht der Polizei in Nordrhein-Westfalen – Band 1. Zum Eingriffsrecht der Polizei im Hauptstudium: *Basten*, Eingriffsrecht der Polizei in Nordrhein-Westfalen – Band 3. Für Fälle bezüglich der Grundlagen und aller Studienabschnitte: *Basten*, Eingriffsrecht der Polizei in Nordrhein-Westfalen – Fälle.

[2] Zum Fallbegriff, zur Fallbearbeitung und ihren Elementen siehe grundlegend: *Basten*, Eingriffsrecht der Polizei in Nordrhein-Westfalen, Band 1, Buch 1, Abschnitt 3, Unterabschnitt 2.

ABSCHNITT 1: ALLGEMEINE ZENTRALE GENERALBEFUGNISRECHTSNORM AUF DEM RECHTSGEBIET DER GEFAHRENABWEHR, § 8 ABS. 1 POLG NRW

A. Rechtsgrundlage (RGL) I. Grundrechte (GR)

(VOR/DEF)

Grundrechte sind grundlegende Rechte aus Art. 1-19 GG i.V.m. dem Rechtsstaatsprinzip, Art. 20 Abs. 3 GG, mit Vorrang und Vorbehalt des Gesetzes.[3]

(SUB/ERG)

Grundrechte sind (i.d.R. alternativ, nicht kumulativ) insbesondere wie folgt gegeben (jeweilige GR-Einschlägigkeit ist fallabhängig):

1. Allgemeine Verhaltensfreiheit / Allgemeine Handlungsfreiheit[4], Art. 2 Abs. 1 GG[5]

a) GR-SB:

aa) Persönlicher GR-SB: „Jeder".

bb) Sachlicher GR-SB: „**freie Entfaltung der Persönlichkeit**" bedeutet **allgemeine Verhaltensfreiheit** im umfassenden Sinn[6] durch grundsätzlich jedes Tun, Dulden, Unterlassen[7].

---

[3] Zu **Grundrechten**: *Basten*, Eingriffsrecht der Polizei in Nordrhein-Westfalen, Band 1, Buch 1, Abschnitt 2, Unterabschnitt 3. Zum **Rechtsstaatsprinzip** mit unter anderem sogenanntem Vorrang des Gesetzes und Vorbehalt des Gesetzes: *Basten*, Eingriffsrecht der Polizei in Nordrhein-Westfalen, Band 1, S. 95-108.

[4] „Allgemeine" Verhaltensfreiheit / Handlungsfreiheit: Auffanggrundrecht ggü. ggf. spezielleren Grundrechten, vgl. Rechtsnormspezialitätsregel („lex specialis derogat legi generali"), vgl. auch: BVerfGE 6, 32, 37 (Elfes) = BVerfG, Urteil des Ersten Senats vom 16.01.1957 – 1 BvR 253/56, Gründe, II. 2. a), Rn. 16: „Neben der allgemeinen Handlungsfreiheit, die Art. 2 Abs. 1 GG gewährleistet, hat das Grundgesetz die Freiheit menschlicher Betätigung für bestimmte Lebensbereiche, die nach den geschichtlichen Erfahrungen dem Zugriff der öffentlichen Gewalt besonders ausgesetzt sind, durch besondere Grundrechtsbestimmungen geschützt; bei ihnen hat die Verfassung durch abgestufte Gesetzesvorbehalte abgegrenzt, in welchem Umfang in den jeweiligen Grundrechtsbereich eingegriffen werden kann. Soweit nicht solche besonderen Lebensbereiche grundrechtlich geschützt sind, kann sich der Einzelne bei Eingriffen der öffentlichen Gewalt in seine Freiheit auf Art. 2 Abs. 1 GG berufen. Hier bedurfte es eines Gesetzesvorbehalts nicht, weil sich aus der Beschränkung der freien Entfaltung der Persönlichkeit durch die verfassungsmäßige Ordnung der Umfang staatlicher Eingriffsmöglichkeiten ohne weiteres ergibt.".

[5] Vgl. auch Art. 142 GG i.V.m. Art. 4 Abs. 1 Verfassung NRW; Art. 6 EU-GR-Charta; Art. 5 EMRK.

[6] BVerfGE 6, 32, 36 f. (Elfes) = BVerfG, Urteil des Ersten Senats vom 16.01.1957 – 1 BvR 253/56, Gründe, II. 2. a), Rn. 14 f.: „Das Grundgesetz kann mit der ‚freien Entfaltung der Persönlichkeit' nicht nur die Entfaltung innerhalb jenes Kernbereichs der Persönlichkeit gemeint haben, der das Wesen des Menschen als geistig-sittliche Person ausmacht, denn es wäre nicht verständlich, wie die Entfaltung innerhalb dieses Kernbereichs gegen das Sittengesetz, die Rechte anderer oder sogar gegen die verfassungsmäßige Ordnung einer freiheitlichen Demokratie sollte verstoßen können. Gerade diese, dem Individuum als Mitglied der Gemeinschaft auferlegten Beschränkungen zeigen vielmehr, daß das Grundgesetz in Art. 2 Abs. 1 GG die Handlungsfreiheit im umfassenden Sinne meint. [...] Es waren nicht rechtliche Erwägungen, sondern sprachliche Gründe, die den Gesetzgeber bewogen haben, die ursprüngliche Fassung ‚Jeder kann tun und lassen was er will' durch die jetzige Fassung zu ersetzen (vgl. v. Mangoldt, Parlamentarischer Rat, 42. Sitzung des Hauptausschusses, S. 533).“; BVerfGE 80, 137, 152 f. (Reiten im Walde) = BVerfG, Beschluss des Ersten Senats vom 06.06.1989 – 1 BvR 921/85 –, C. I. 1 a), Rn. 69: „Nach den in der Rechtsprechung des Bundesverfassungsgerichts entwickelten Grundsätzen gewährleistet Art. 2 Abs. 1 GG die allgemeine Handlungsfreiheit im umfassenden Sinne (st. Rspr. seit BVerfGE 6, 32 [36]; aus neuerer Zeit etwa: BVerfGE 74, 129 [151]; 75, 108 [154 f.]). Geschützt ist

b) GR-E (oder Nichteingriff/GR-Verzicht): Verhaltenseinschränkung als Verhaltenssteuerung.

c) GR-B: Art. 2 Abs. 1 Hs. 2 GG[8].

2. Allgemeines Persönlichkeitsgrundrecht[9] mit verschiedenen Ausprägungen[10], etwa in der Ausprägung des **Rechts auf informationelle Selbstbestimmung** (APR/RiS), Art. 2 Abs. 1 i.V.m. Art. 1 Abs. 1[11] GG, vgl. auch Art. 142 GG i.V.m. Art. 4 Abs. 1, 2 Verfassung NRW[12].

---

damit nicht nur ein begrenzter Bereich der Persönlichkeitsentfaltung, sondern jede Form menschlichen Handelns ohne Rücksicht darauf, welches Gewicht der Betätigung für die Persönlichkeitsentfaltung zukommt (vgl. etwa die Entscheidung eines Vorprüfungsausschusses in BVerfGE 54, 143 (146) - Taubenfüttern).".

[7] BVerfGE 6, 32, Ls. 1, 2 (Elfes) = BVerfG, Urteil des Ersten Senats vom 16.01.1957 – 1 BvR 253/56, Ls. 1: „Art. 11 GG betrifft nicht die Ausreisefreiheit.", Ls. 2: „Die **Ausreisefreiheit** ist als Ausfluß der allgemeinen Handlungsfreiheit durch Art. 2 Abs. 1 GG innerhalb der Schranken der verfassungsmäßigen Ordnung gewährleistet."; BVerwG, Urteil vom 29.05.2019 – BVerwG 6 C 8.18 (Beschränkung des Geltungsbereichs eines Passes), Rn. 20: „In der höchstrichterlichen Rechtsprechung ist seit Jahrzehnten geklärt, dass die durch Art. 2 Abs. 1 GG geschützte Ausreisefreiheit auch durch den Passversagungsgrund des § 7 Abs. 1 Nr. 1 Alt. 3 PassG als Bestandteil der verfassungsmäßigen Ordnung wirksam eingeschränkt wird.".

[8] Art. 2 Abs. 1 Hs. 2 GG (**Schrankentrias**): BVerfGE 80, 137, 153 (Reiten im Walde) = BVerfG, Beschluss des Ersten Senats vom 06.06.1989 – 1 BvR 921/85 –, C. I. 1 a), Rn. 69: „Abgesehen von einem absolut geschützten Kernbereich privater Lebensgestaltung, welcher der Einwirkung der öffentlichen Gewalt entzogen ist (BVerfGE 6, 32 [41]), ist die allgemeine Handlungsfreiheit allerdings nur in den Schranken des zweiten Halbsatzes von Art. 2 Abs. 1 GG gewährleistet und steht damit insbesondere unter dem **Vorbehalt der verfassungsmäßigen (Rechts-)Ordnung** (BVerfGE 6, 32 [37 f.]; 74, 129 [152]). Stützt sich ein die Handlungsfreiheit berührender Akt der öffentlichen Gewalt auf eine Rechtsnorm, so kann mit der Verfassungsbeschwerde unter Berufung auf Art. 2 Abs. 1 GG zur Nachprüfung gestellt werden, ob diese Norm zur **verfassungsmäßigen Ordnung** gehört, das heißt formell und materiell mit den Normen der Verfassung in Einklang steht (st. Rspr. seit BVerfGE 6, 32)."; BVerfGE 6, 32, Ls. 3 (Elfes) = BVerfG, Urteil des Ersten Senats vom 16.01.1957 – 1 BvR 253/56, Ls. 3: „**Verfassungsmäßige Ordnung** im Sinne des Art. 2 Abs. 1 GG ist die verfassungsmäßige Rechtsordnung, d.h. die Gesamtheit der Normen, die formell und materiell der Verfassung gemäß sind."; vgl. dazu auch BVerfGE 6, 32, 37-41 (Elfes) = BVerfG, Urteil des Ersten Senats vom 16.01.1957 – 1 BvR 253/56, Gründe II. 2 b), c), Rn. 17-33.

Rechte anderer sind (als Teil der verfassungsmäßigen Ordnung) subjektive Berechtigungen (Anspruch oder Befugnis oder Erlaubnis) einschließlich Verpflichtungen (Pflicht zur Erfüllung von Anspruch oder Befugnis oder Erlaubnis) und sonstiger Rechtswirkungen für ein Rechtssubjekt bezüglich eines Verhaltens oder eines Rechtsguts.

Vgl. zum ein Mal bundesverfassungsgerichtlich entscheidungserheblich bemühten „**Sittengesetz**" nach Art. 2 Abs. 1 Hs. 2 GG als Gesetz, das nicht das durch die „soziale Gemeinschaft" „als für sich verbindlich" anerkannte „Rechtsgefühl" „im allgemeinen" „verletzt": BVerfGE 6, 389 (Homosexuelle) = BVerfG, Urteil des Ersten Senats vom 10.05.1957 – 1 BvR 550/52 –, und StrRehaHomG (Gesetz zur strafrechtlichen Rehabilitierung der nach dem 8. Mai 1945 wegen einvernehmlicher homosexueller Handlungen verurteilten Personen vom 17. Juli 2017 – BGBl. I S. 2443).

[9] BVerfGE 147, 1, 18 f. (**Geschlechtsidentität**) = BVerfG, Beschluss des Ersten Senats vom 10.10.2017 – 1 BvR 2019/16 –, Rn. 38: „Art. 2 Abs. 1 GG gewährt jedem das **Recht auf die freie Entfaltung seiner Persönlichkeit**. Dieses Grundrecht umfasst neben der allgemeinen Handlungsfreiheit das **allgemeine Persönlichkeitsrecht** (Art. 2 Abs. 1 i.V.m. Art. 1 Abs. 1 GG). Letzteres ergänzt als ‚unbenanntes' Freiheitsrecht die speziellen (‚benannten') Freiheitsrechte, die ebenfalls konstituierende Elemente der Persönlichkeit schützen (vgl. BVerfGE 54, 148 <153>). Eine der **Aufgaben des allgemeinen Persönlichkeitsrechts** ist es dabei, Grundbedingungen dafür zu sichern, dass die einzelne Person ihre Individualität selbstbestimmt entwickeln und wahren kann (vgl. BVerfGE 35, 202 <220>; 79, 256 <268>; 90,

263 <270>; 117, 202 <225>). Das allgemeine Persönlichkeitsrecht schützt indessen nur solche **Elemente der Persönlichkeitsentfaltung**, die - ohne bereits Gegenstand der besonderen Freiheitsgarantien des Grundgesetzes zu sein - diesen in ihrer konstituierenden Bedeutung für die Persönlichkeit nicht nachstehen (vgl. BVerfGE 79, 256 <268>; 99, 185 <193>; 120, 274 <303>; stRspr). Es verbürgt also nicht Schutz gegen alles, was die selbstbestimmte Persönlichkeitsentwicklung auf irgendeine Weise beeinträchtigen könnte; ohnehin vermag kein Mensch seine Individualität unabhängig von äußeren Gegebenheiten und Zugehörigkeiten zu entwickeln. Der lückenschließende Schutz des allgemeinen Persönlichkeitsrechts greift aber dann, wenn die selbstbestimmte Entwicklung und Wahrung der Persönlichkeit spezifisch gefährdet ist (BVerfGE 141, 186 <201 f. Rn. 32>).".

BVerfG, Beschluss des Ersten Senats vom 06.11.2019 – 1 BvR 16/13 – (Recht auf Vergessen I), Rn. 81: „Diese [**APR-]Rechtsprechung** hat sich maßgeblich in Konstellationen der mittelbaren Drittwirkung und geleitet von dem Erfordernis praktischer Konkordanz entwickelt. Deshalb bestimmen sich die Schutzdimensionen des allgemeinen Persönlichkeitsrechts letztlich immer einzelfallbezogen im Abgleich mit den Grundrechten Dritter. Die Bestimmung seiner Schutzwirkungen und die Abwägung mit den gegenüberstehenden Freiheitsrechten greifen hier Hand in Hand. Der Schutz des allgemeinen Persönlichkeitsrechts ist insoweit flexibel und durch die Einbindung der Person in ihre sozialen Beziehungen relativiert (vgl. BVerfGE 101, 361 <380>; 141, 186 <202 Rn. 32>; 147, 1 <19 Rn. 38>; stRspr; siehe auch BGHZ 183, 353 <357 Rn. 11>; 209, 139 <150 Rn. 30>; 219, 233 <240 Rn. 22>; stRspr).".

Vgl. „**Allgemeines Persönlichkeitsrecht**" (APR) als „sonstiges Recht" (sog. **Rahmenrecht** mit [grundrechts-]abwägungsoffenem Tatbestand) nach § 823 Abs. 1 Var. 6 BGB, u.a. mit Geldentschädigungsanspruch, insbesondere durch ständige Rechtsprechung (vgl. auch § 253 BGB) seit folgender Entwicklung: BGHZ 13, 334 (Leserbrief), mit erstmaliger ausdrücklicher Anerkennung des allgemeinen Persönlichkeitsrechts; BGHZ 26, 349 (Herrenreiter), mit erstmaliger Zuerkennung einer Geldentschädigung wegen des immateriellen Schadens durch die Verletzung des allgemeinen Persönlichkeitsrechts; BGHZ 35, 363 (Ginsengwurzel), mit erstmaliger Schwerpunktsetzung bei der Menschenwürde in der Begründung; BVerfGE 34, 269 (Soraya), mit verfassungsgerichtlicher Erklärung der verfassungsrechtlichen Zulässigkeit der richterrechtlich entwickelten APR-Konstruktion.

[10] BVerfG, Beschluss des Ersten Senats vom 06.11.2019 – 1 BvR 16/13 – (Recht auf Vergessen I), Rn. 80: „Die Rechtsprechung hat aus dem [**Allgemeinen Persönlichkeits-]Grundrecht** insoweit verschiedene **Schutzdimensionen** abgeleitet wie den **Schutz eines unantastbaren Bereichs privater Lebensgestaltung**, die Garantie der **Privatsphäre**, das **Recht am eigenen Bild** oder **gesprochenen Wort** oder das **Recht auf die Darstellung der eigenen Person**, die **soziale Anerkennung** sowie die **persönliche Ehre** (vgl. BVerfGE 27, 1 <6>; 27, 344 <350 f.>; 32, 373 <379>; 34, 238 <245 f.>; 47, 46 <73>; 54, 148 <153 f.>; 99, 185 <193 f.>; 101, 361 <384>; 106, 28 <39>; 114, 339 <346>; 120, 180 <198>)." „Diese **Schutzgehalte** werden insoweit aber nicht als abschließend umschriebene und voneinander abzugrenzende Gewährleistungen verstanden, sondern als Ausprägungen, die in Blick auf den konkreten Schutzbedarf jeweils anhand des zu entscheidenden Falles herauszuarbeiten sind (vgl. BVerfGE 54, 148 <153 f.>; 65, 1 <41>).".

BVerfGE 65, 1 (Volkszählungsgesetz), Ls. 1 = BVerfG, Urteil des Ersten Senats vom 15.12.1983 – 1 BvR 209/83, Ls. 1: „Unter den Bedingungen der modernen Datenverarbeitung wird der Schutz des Einzelnen gegen unbegrenzte Erhebung, Speicherung, Verwendung und Weitergabe seiner persönlichen Daten von dem **allgemeinen Persönlichkeitsrecht** des Art. 2 Abs. 1 GG in Verbindung mit Art. 1 Abs. 1 GG umfaßt. Das [**Allgemeine Persönlichkeits-]Grundrecht** gewährleistet insoweit die Befugnis des Einzelnen, grundsätzlich selbst über die Preisgabe und Verwendung seiner persönlichen Daten zu bestimmen."; BVerfG, Beschluss des Ersten Senats vom 06.11.2019 – 1 BvR 16/13 – (Recht auf Vergessen I), Rn. 80: „Das **Recht auf informationelle Selbstbestimmung** ist von der Rechtsprechung als eigene Ausprägung des allgemeinen Persönlichkeitsrechts mit einem gegenüber den anderen Ausprägungen selbständigen Gewährleistungsgehalt entwickelt worden und behält diesen auch, soweit es als verfassungsrechtliche Wertentscheidung in das Zivilrecht einstrahlt. Dementsprechend enthält es keinen gesamthaften Schutzanspruch hinsichtlich jederlei Umgangs mit Informationen, der die übrigen Schutzdimensionen des Grundrechts allgemein übergreifen und zusammenführen würde, sondern lässt deren Wertungen und Abwägungsregeln unberührt."; BVerfGE 120, 274, 311 f. (Online-Durchsuchung) =

BVerfG, Urteil des Ersten Senats vom 27.02.2008 – 1 BvR 370/07 –, Rn. 198 f. „Das **Recht auf informationelle Selbstbestimmung** geht über den **Schutz der Privatsphäre** hinaus. Es gibt dem Einzelnen die Befugnis, grundsätzlich selbst über die Preisgabe und Verwendung seiner persönlichen Daten zu bestimmen (vgl. BVerfGE 65, 1 <43>; 84, 192 <194>). Es flankiert und erweitert den grundrechtlichen Schutz von Verhaltensfreiheit und Privatheit, indem es ihn schon auf der Stufe der Persönlichkeitsgefährdung beginnen lässt. Eine derartige Gefährdungslage kann bereits im Vorfeld konkreter Bedrohungen benennbarer Rechtsgüter entstehen, insbesondere wenn personenbezogene Informationen in einer Art und Weise genutzt und verknüpft werden können, die der Betroffene weder überschauen noch verhindern kann. Der Schutzumfang des **Rechts auf informationelle Selbstbestimmung** beschränkt sich dabei nicht auf Informationen, die bereits ihrer Art nach sensibel sind und schon deshalb grundrechtlich geschützt werden. Auch der Umgang mit personenbezogenen Daten, die für sich genommen nur geringen Informationsgehalt haben, kann, je nach dem Ziel des Zugriffs und den bestehenden Verarbeitungs- und Verknüpfungsmöglichkeiten, grundrechtserhebliche Auswirkungen auf die Privatheit und Verhaltensfreiheit des Betroffenen haben (vgl. BVerfG, Beschluss vom 13. Juni 2007 - 1 BvR 1550/03 u.a. -, NJW 2007, S. 2464 <2466>). Die mit dem Recht auf informationelle Selbstbestimmung abzuwehrenden Persönlichkeitsgefährdungen ergeben sich aus den vielfältigen Möglichkeiten des Staates und gegebenenfalls auch privater Akteure (vgl. BVerfG, Beschluss der 1. Kammer des Ersten Senats vom 23. Oktober 2006 - 1 BvR 2027/02 -, JZ 2007, S. 576) zur Erhebung, Verarbeitung und Nutzung personenbezogener Daten. Vor allem mittels elektronischer Datenverarbeitung können aus solchen Informationen weitere Informationen erzeugt und so Schlüsse gezogen werden, die sowohl die grundrechtlich geschützten Geheimhaltungsinteressen des Betroffenen beeinträchtigen als auch Eingriffe in seine Verhaltensfreiheit mit sich bringen können (vgl. BVerfGE 65, 1 <42>; 113, 29 <45 f.>; 115, 320 <342>; BVerfG, Beschluss vom 13. Juni 2007 - 1 BvR 1550/03 u.a. -, NJW 2007, S. 2464 <2466>).“.

BVerfGE 109, 279, 325-327 (akustische Wohnraumüberwachung / „Großer Lauschangriff“) = BVerfG, Urteil des Ersten Senats vom 03.03.2004 – 1 BvR 2378/98, 1084/99 –, Rn. 159-163: „Das aus Art. 2 Abs. 1 in Verbindung mit Art. 1 Abs. 1 GG folgende **allgemeine Persönlichkeitsrecht** kommt neben Art. 13 Abs. 1 GG allerdings nicht zur Anwendung, soweit Eingriffe in die **räumliche Privatsphäre des Wohnungsinhabers** zu überprüfen sind. Art. 13 Abs. 1 GG enthält eine spezielle Gewährleistung des **Schutzes vor staatlicher akustischer Überwachung der räumlichen Privatsphäre**, die die allgemeinere Vorschrift insoweit verdrängt (vgl. BVerfGE 100, 313 [358] zu Art. 10 GG). Mit dem **Recht, in der Wohnung ungestört zu sein**, und dem **Recht am eigenen in der Wohnung gesprochenen Wort** schützt Art. 13 Abs. 1 GG gerade den Teil der **Privatsphäre**, den sonst das allgemeine Persönlichkeitsrecht gewährleistet. Dieses Recht ergänzt als unbenanntes Freiheitsrecht die speziellen Freiheitsrechte, die ebenfalls konstituierende Elemente der Persönlichkeit schützen (vgl. BVerfGE 54, 148 <153 f.>), nur insoweit, als Letztere keinen Schutz gewähren. Der **Schutz des allgemeinen Persönlichkeitsrechts aus Art. 2 Abs. 1 in Verbindung mit Art. 1 Abs. 1 GG** greift hingegen ein, soweit von der Wohnraumüberwachung Personen betroffen werden, die sich nicht auf Art. 13 Abs. 1 GG berufen können. **Grundrechtsträger des Art. 13 Abs. 1 GG** ist jeder Inhaber oder Bewohner eines Wohnraums, unabhängig davon, auf welchen Rechtsverhältnissen die Nutzung des Wohnraums beruht. Bei mehreren Bewohnern einer Wohnung steht das Grundrecht jedem Einzelnen, bei Familien mithin jedem Familienmitglied zu. Maßnahmen der **Wohnraumüberwachung** können aber nicht nur **Wohnungsinhaber**, sondern auch **zufällig in einer Wohnung Anwesende** erfassen. Diese Personen sind zwar nicht in ihrem Grundrecht aus Art. 13 Abs. 1 GG, wohl aber in ihrem **allgemeinen Persönlichkeitsrecht** betroffen. Der Schutz aus Art. 2 Abs. 1 in Verbindung mit Art. 1 Abs. 1 GG kann insofern allerdings nicht weiter reichen als derjenige aus Art. 13 Abs. 1 und 3 GG. Der Schutz der **räumlichen Privatsphäre und des allgemeinen Persönlichkeitsrechts** kann schließlich in Einzelfällen durch weitere Grundrechtsgarantien ergänzt sein. So wird das **Gespräch zwischen Eheleuten in der eigenen Wohnung** nicht nur von Art. 13 Abs. 1 GG, sondern zusätzlich durch Art. 6 Abs. 1 GG geschützt. Auch in Bezug auf die **Kommunikation mit Berufsgeheimnisträgern** können neben dem grundrechtlichen **Schutz der räumlichen Privatsphäre** Grundrechte in Betracht kommen, die - wie etwa Art. 4 GG im Hinblick auf das Gespräch mit einem Geistlichen - der besonderen Schutzbedürftigkeit der Kommunizierenden Rechnung tragen.“.

BVerfG, Beschluss des Ersten Senats vom 06.11.2019 – 1 BvR 16/13 – (Recht auf Vergessen I), Ls. 3 S. 1: „Von den **äußerungsrechtlichen Schutzdimensionen** ist das **Recht auf informationelle Selbstbe-**

stimmung als eine eigene Ausprägung des allgemeinen Persönlichkeitsrechts zu unterscheiden." BVerfG, Beschluss des Ersten Senats vom 06.11.2019 – 1 BvR 16/13 – (Recht auf Vergessen I), Rn. 90: „Ausgehend von dem **Ziel des Rechts auf informationelle Selbstbestimmung**, Schutz vor Gefahren angesichts neuartiger Möglichkeiten der Datenverarbeitung zu gewähren (vgl. BVerfGE 65, 1 <42>), ist es primär als Gewährleistung zu verstehen, die – neben der ungewollten Preisgabe von Daten auch im Rahmen privater Rechtsbeziehungen (vgl. BVerfGE 84, 192 <194>) – insbesondere vor deren intransparenter Verarbeitung und Nutzung durch Private schützt. Es bietet Schutz davor, dass Dritte sich individueller Daten bemächtigen und sie in nicht nachvollziehbarer Weise als Instrument nutzen, um die Betroffenen auf Eigenschaften, Typen oder Profile festzulegen, auf die sie keinen Einfluss haben und die dabei aber für die freie Entfaltung der Persönlichkeit sowie eine gleichberechtigte Teilhabe in der Gesellschaft von erheblicher Bedeutung sind. Der Gehalt dieses Rechts ist dabei entwicklungsoffen, so dass es auch weitere persönlichkeitsgefährdende Entwicklungen der Informationsverarbeitung aufnehmen kann.".

BVerfG, Beschluss des Ersten Senats vom 06.11.2019 – 1 BvR 16/13 – (Recht auf Vergessen I), Ls. 2a): „Der verfassungsrechtliche Maßstab für den Schutz gegenüber Gefährdungen durch die **Verbreitung personenbezogener Berichte und Informationen als Teil öffentlicher Kommunikation** liegt in den **äußerungsrechtlichen Ausprägungen des allgemeinen Persönlichkeitsrechts**, nicht im Recht auf informationelle Selbstbestimmung.".

BVerfG, Beschluss des Ersten Senats vom 06.11.2019 – 1 BvR 16/13 – (Recht auf Vergessen I), Rn. 91: „[Vom Recht auf informationelle Selbstbestimmung] zu unterscheiden ist der **Schutz vor der Verarbeitung personenbezogener Berichte und Informationen als Ergebnis eines Kommunikationsprozesses**. Der Schutzbedarf gründet hier nicht in der intransparenten Zuweisung von Persönlichkeitsmerkmalen und -profilen durch Dritte, sondern in der sichtbaren Verbreitung bestimmter Informationen im öffentlichen Raum. Gefährdungen für die Persönlichkeitsentfaltung ergeben sich hier vornehmlich aus Form und Inhalt der Veröffentlichung selbst. Schutz gegenüber solchen Gefährdungen bieten die **äußerungsrechtlichen Ausprägungen des allgemeinen Persönlichkeitsrechts unabhängig vom Recht auf informationelle Selbstbestimmung**. Zwar kann es auch dabei maßgeblich auf die Art der Informationserlangung ankommen. Jedoch hat diese hier ihre Bedeutung als Vorfrage für die Beurteilung des weiteren Umgangs mit einer bestimmten Äußerung und des damit in die Öffentlichkeit gestellten Bildes einer Person selbst.".

BVerfG, Beschluss des Ersten Senats vom 06.11.2019 – 1 BvR 16/13 – (**Recht auf Vergessen** I), Ls. 2b): „Bei der Entscheidung über einen Schutzanspruch kommt der Zeit unter den Kommunikationsbedingungen des Internets ein spezifisches Gewicht zu. Die Rechtsordnung muss davor schützen, dass sich eine Person frühere Positionen, Äußerungen und Handlungen unbegrenzt vor der Öffentlichkeit vorhalten lassen muss. Erst die Ermöglichung eines Zurücktretens vergangener Sachverhalte eröffnet den Einzelnen die Chance zum Neubeginn in Freiheit. Zur Zeitlichkeit der Freiheit gehört die Möglichkeit des Vergessens.".

BVerfGE 120, 274, 311 (Online-Durchsuchung) = BVerfG, Urteil des Ersten Senats vom 27.02.2008 – 1 BvR 370/07 –, Rn. 197: „In seiner Ausprägung als **Schutz der Privatsphäre** [als **Privatangelegenheitenschutz** und **Rückzugsraumbereichsschutz** – beides **gegenüber der Öffentlichkeit**, vgl. **Sphärentheorie** mit **Intimsphäre, Privatsphäre, Sozialsphäre** und vgl. **Kernbereich privater Lebensgestaltung**] gewährleistet das allgemeine Persönlichkeitsrecht dem Einzelnen einen räumlich und thematisch bestimmten Bereich, der grundsätzlich frei von unerwünschter Einsichtnahme bleiben soll (vgl. BVerfGE 27, 344 <350 ff.>; 44, 353 <372 f.>; 90, 255 <260>; 101, 361 <382 f.>)."; BVerfGE 101, 361, 382-385 (Caroline von Monaco II) = BVerfG, Urteil vom 15.12.1999 – 1 BvR 653/96 –, Rn. 75-82: „Im Unterschied zum **Recht am eigenen Bild** bezieht sich der **Schutz der Privatsphäre**, der ebenfalls im **allgemeinen Persönlichkeitsrecht** wurzelt, nicht speziell auf Abbildungen, sondern ist **thematisch und räumlich** bestimmt. Er umfaßt zum einen **Angelegenheiten** [**Privatangelegenheitenschutz**], die wegen ihres Informationsinhalts typischerweise als ‚**privat**' eingestuft werden, weil ihre **öffentliche** Erörterung oder Zurschaustellung als unschicklich gilt, das Bekanntwerden als peinlich empfunden wird oder nachteilige Reaktionen der Umwelt auslöst, wie es etwa bei Auseinandersetzungen mit sich selbst in **Tagebüchern** (BVerfGE 80, 367), bei **vertraulicher Kommunikation unter Eheleuten** (BVerfGE 27, 344), im Bereich der **Sexualität** (BVerfGE 47, 46; 49, 286 [BVerfGE 120, 224, 238 f. (Geschwisterbeischlaf) = BVerfGE, Beschluss des Zweiten Senats vom 26.02.2008 – 2 BvR 392/07 –, Rn. 32 f.: „Das allgemeine Persönlichkeitsrecht in seiner Ausprägung als **Recht auf sexuelle Selbstbestimmung**"/„**Intim- und Sexualbereich des Menschen als Teil seiner Privatsphäre**, P. B.]), bei **sozial abweichendem Verhalten** (BVerfGE 44, 353) oder bei **Krankheiten** (BVerfGE 32, 373) der Fall ist. Fehlte es hier an einem **Schutz vor der Kenntniserlangung anderer**, wären die Auseinandersetzung mit sich selbst, die unbefangene Kommunikation unter Nahestehenden, die sexuelle Entfaltung oder die Inanspruchnahme ärztlicher Hilfe beeinträchtigt oder unmöglich, obwohl es sich um grundrechtlich geschützte Verhaltensweisen handelt. Zum anderen erstreckt sich der Schutz auf einen **räumlichen Bereich** [**Raumbereichsschutz**], in dem der Einzelne zu sich kommen, sich entspannen oder auch gehen lassen kann (vgl. BVerfGE 27, 1 [6]). Zwar bietet auch dieser Bereich Gelegenheit, sich in einer Weise zu verhalten, die nicht für die **Öffentlichkeit** bestimmt ist und deren Beobachtung oder Darstellung durch Außenstehende für den Betroffenen peinlich oder nachteilig wäre. Im Kern geht es aber um einen **Raum**, in dem er die Möglichkeit hat, frei von **öffentlicher Beobachtung** und damit der von ihr erzwungenen Selbstkontrolle zu sein, auch ohne daß er sich dort notwendig anders verhielte als in der **Öffentlichkeit**. Bestünden solche **Rückzugsbereiche** nicht mehr, könnte der Einzelne psychisch überfordert sein, weil er unausgesetzt darauf achten müßte, wie er auf andere wirkt und ob er sich richtig verhält. Ihm fehlten die Phasen des Alleinseins und Ausgleichs, die für die Persönlichkeitsentfaltung notwendig sind und ohne die sie nachhaltig beeinträchtigt würde. Ein derartiges Schutzbedürfnis besteht auch bei Personen, die aufgrund ihres Ranges oder Ansehens, ihres Amtes oder Einflusses, ihrer Fähigkeiten oder Taten besondere **öffentliche** Beachtung finden. Wer, ob gewollt oder ungewollt, zur Person des **öffentlichen** Lebens geworden ist, verliert damit nicht sein Anrecht auf eine **Privatsphäre**, die den Blicken der **Öffentlichkeit** entzogen bleibt. Das gilt auch für demokratisch gewählte Amtsträger, die zwar für ihre Amtsführung **öffentlich** rechenschaftspflichtig sind und sich in diesem Umfang **öffentliche** Aufmerksamkeit gefallen lassen müssen, nicht aber für ihr **Privatleben**, sofern dieses die Amtsführung nicht berührt. Der **häusliche Bereich** [vgl. ggf. spezielleren Art. 13 GG i.V.m. BVerfGE 109, 279, 325 f.] stellt anerkanntermaßen eine solche geschützte Sphäre dar. Wegen des Bezugs auf die Entfaltung der Persönlichkeit darf der **Rückzugsbereich** jedoch nicht von vornherein auf ihn begrenzt werden. Das gilt schon deshalb, weil die Funktionen, denen er dient, nur erfüllt werden, wenn er nicht an den Hausmauern oder Grundstücksgrenzen endet. Die freie Entfaltung der Persönlichkeit wäre erheblich behindert, wenn der Einzelne nur im eigenen Haus der **öffentlichen** Neugier entgehen könnte. Die notwendige Erholung von einer durch Funktionszwänge und Medienpräsenz geprägten **Öffentlichkeit** ist vielfach nur in der **Abgeschiedenheit einer natürlichen Umgebung**, **etwa an einem Ferienort**, zu gewinnen. Deswegen muß der Einzelne grundsätzlich die Möglichkeit haben, sich auch in der freien, gleichwohl **abgeschiedenen Natur oder an Örtlichkeiten, die von der breiten Öffentlichkeit deutlich abgeschieden sind**, in einer von **öffentlicher** Beobachtung freien Weise zu bewegen. Das gilt gerade gegenüber solchen Aufnahmetechniken, die die **räumliche Abgeschiedenheit** überwinden, ohne daß der Betroffene dies bemerken kann. Wo die Grenzen der geschützten **Privatsphäre außerhalb des Hauses** verlaufen, läßt sich nicht generell und abstrakt festlegen. Sie können vielmehr nur aufgrund der jeweiligen Beschaffenheit des **Ortes** bestimmt werden, den der Betroffene aufsucht. Ausschlaggebend ist, ob der Einzelne eine **Situation** vorfindet oder schafft, in der er begründetermaßen und somit auch für Dritte erkennbar davon ausgehen darf, den Blicken der **Öffentlichkeit** nicht ausgesetzt zu sein. Ob die Voraussetzungen der **Abgeschiedenheit** erfüllt sind, läßt sich nur situativ beurteilen. Der Einzelne kann sich an ein und demselben **Ort** zu Zeiten mit gutem Grund unbeobachtet fühlen, zu anderen Zeiten nicht. Auch ist der Aufenthalt in umschlossenen **Räumen** keineswegs immer mit **Abgeschiedenheit** gleichzusetzen. Da es um die Frage geht, ob der Einzelne begründetermaßen erwarten darf, unbeobachtet zu sein, oder aber **Plätze** aufgesucht hat, wo er sich unter den Augen der **Öffentlichkeit** bewegt, kann es auch in umschlossenen Räumen an der **Abgeschiedenheit** fehlen, die Voraussetzung für den **Privatsphärenschutz** außerhalb der eigenen **Häuslichkeit** ist. **Plätzen**, **an denen sich der Einzelne unter vielen Menschen befindet**, fehlt es von vornherein an den Voraussetzungen des **Privatsphärenschutzes** im Sinn von Art. 2 Abs. 1 in Verbindung mit Art. 1 Abs. 1 GG. Sie können das **Rückzugsbedürfnis** nicht erfüllen und rechtfertigen deswegen auch nicht den grundrechtlichen Schutz, den dieses Bedürfnis aus Gründen der Persönlichkeitsentfaltung verdient. Der Einzelne kann solche **Orte** auch nicht etwa durch ein Verhalten, das typischerweise nicht **öffentlich** zur Schau gestellt würde, in seine **Privatsphäre** umdefinieren. Nicht sein Verhalten, ob allein oder mit anderen, konstituiert die **Privatsphäre**, sondern die **objektive Gegebenheit der Örtlichkeit zur fraglichen Zeit**. Verhält er sich daher an **Orten**, die nicht die Merkmale der **Abgeschiedenheit** aufweisen, so, als stünde er nicht unter Beobachtung, hebt er das **Schutzbedürfnis für Verhaltensweisen, die an sich die Öffentlichkeit nichts angehen**, selbst auf. Der **Schutz der Privatsphäre vor öffentlicher Kenntnisnahme** entfällt ferner, wenn sich jemand selbst damit einverstanden zeigt, daß bestimmte, gewöhnlich als privat geltende Angelegenheiten **öffentlich** gemacht werden, etwa indem er Exklusivverträge über die Berichterstattung aus seiner **Privatsphäre** abschließt. Der verfassungsrechtliche **Privatsphärenschutz** aus Art. 2 Abs. 1 in Verbindung mit Art. 1 Abs. 1 GG ist nicht im Interesse einer Kommerzialisierung der eigenen Person gewährleistet. Zwar ist niemand an einer solchen **Öffnung privater Bereiche** gehindert. Er kann sich dann aber nicht gleichzeitig auf den **öffentlichkeitsabgewandten Privatsphärenschutz** berufen. Die Erwartung, daß die Umwelt die **Angelegenheiten oder Verhaltensweisen in einem Bereich mit Rückzugsfunktion** nur begrenzt oder nicht zur Kenntnis nimmt, muß daher situationsübergreifend und konsistent zum Ausdruck gebracht werden. Das gilt auch für den Fall, daß der Entschluß, die Berichterstattung über bestimmte Vorgänge der eigenen **Privatsphäre** zu gestatten oder hinzunehmen, rückgängig gemacht wird.“.

BVerfGE 6, 32, 41 (Elfes) = BVerfG, Urteil vom des Ersten Senats vom 16.01.1957 – 1 BvR 253/56 –, Rn. 32 [vgl. **Recht auf Privatsphäre** als **Privatangelegenheitenschutz** und **Rückzugsraumbereichsschutz** – beides **gegenüber der Öffentlichkeit,** vgl. **Sphärentheorie** mit **Intimsphäre**, **Privatsphäre**, **Sozialsphäre**]: „Vor allem dürfen die Gesetze daher die Würde des Menschen nicht verletzen, die im Grundgesetz der oberste Wert ist, aber auch die geistige, politische und wirtschaftliche Freiheit des Menschen nicht so einschränken, daß sie in ihrem Wesensgehalt angetastet würde (Art. 19 Abs. 2, Art. 1 Abs. 3, Art. 2 Abs. 1 GG). Hieraus ergibt sich, daß dem einzelnen Bürger eine **Sphäre privater Lebensgestaltung** verfassungskräftig vorbehalten ist, also ein letzter **unantastbarer Bereich menschlicher Freiheit** besteht, der der Einwirkung der gesamten öffentlichen Gewalt entzogen ist. Ein Gesetz, das in ihn eingreifen würde, könnte nie Bestandteil der ‚verfassungsmäßigen Ordnung‘ sein; es müßte durch das Bundesverfassungsgericht für nichtig erklärt werden.“. BVerfGE 109, 279, Ls. 2 S. 1 (akustische Wohnraumüberwachung / „Großer Lauschangriff“) = BVerfG, Urteil des Ersten Senats vom 03.03.2004 – 1 BvR 2378/98, 1084/99 –, Ls. 2 S. 1: „Zur Unantastbarkeit der Menschenwürde gemäß Art. 1 Abs. 1 GG gehört die Anerkennung eines absolut geschützten **Kernbereichs privater Lebensgestaltung**.“. BVerfGE 141, 220, 276-278 (BKAG) = BVerfG, Urteil des Ersten Senats vom 20.04.2016 – 1 BvR 966/09 –, Rn. 119-124: „Neben den verfassungsrechtlichen Anforderungen an die allgemeinen Eingriffsvoraussetzungen ergeben sich aus den jeweiligen **Grundrechten in Verbindung mit Art. 1 Abs. 1 GG** für die Durchführung von besonders eingriffsintensiven Überwachungsmaßnahmen besondere Anforderungen an den **Schutz des Kernbereichs privater Lebensgestaltung**. Der verfassungsrechtliche **Schutz des Kernbereichs privater Lebensgestaltung** gewährleistet dem Individuum einen **Bereich höchstpersönlicher Privatheit gegenüber Überwachung**. Er wurzelt in den **von den jeweiligen Überwachungsmaßnahmen betroffenen Grundrechten in Verbindung mit Art. 1 Abs. 1 GG** und sichert einen dem Staat nicht verfügbaren Menschenwürdekern grundrechtlichen Schutzes gegenüber solchen Maßnahmen. Selbst überragende Interessen der Allgemeinheit können einen Eingriff in diesen **absolut geschützten Bereich privater Lebensgestaltung** nicht rechtfertigen (vgl. BVerfGE 109, 279 <313>; stRspr). Zur **Entfaltung der Persönlichkeit im Kernbereich privater Lebensgestaltung gehört die Möglichkeit, innere Vorgänge** wie Empfindungen und Gefühle sowie Überlegungen, Ansichten und Erlebnisse **höchstpersönlicher Art zum Ausdruck zu bringen** (vgl. BVerfGE 109, 279 <313>; 120, 274 <335>; stRspr). Geschützt ist insbesondere die **nichtöffentliche Kommunikation mit Personen des höchstpersönlichen Vertrauens, die in der berechtigten Annahme geführt wird, nicht überwacht zu werden**, wie es insbesondere bei Gesprächen im Bereich der Wohnung der Fall ist. Zu diesen Personen gehören insbesondere Ehe- oder Lebenspartner, Geschwister und Verwandte in gerader Linie, vor allem, wenn sie im selben Haushalt leben, und können Strafverteidiger, Ärzte, Geistliche und enge persönliche Freunde zählen (vgl. BVerfGE 109, 279 <321 ff.>). Dieser Kreis deckt sich nur teilweise mit dem der Zeugnisverweigerungsberechtigten. Solche Gespräche verlieren dabei nicht schon dadurch ihren Charakter als insgesamt höchstpersönlich, dass sich in ihnen Höchstpersönliches und Alltägliches vermischen (vgl. BVerfGE 109, 279 <330>; 113, 348 <391 f.>). Demgegenüber ist die

Kommunikation unmittelbar über Straftaten nicht geschützt, selbst wenn sie auch Höchstpersönliches zum Gegenstand hat. Die **Besprechung und Planung von Straftaten** gehört ihrem Inhalt nach nicht zum **Kernbereich privater Lebensgestaltung**, sondern hat **Sozialbezug** (vgl. BVerfGE 80, 367 <375>; 109, 279 <319 f., 328>; 113, 348 <391>). Dies bedeutet freilich nicht, dass der Kernbereich unter einem allgemeinen Abwägungsvorbehalt in Bezug auf öffentliche Sicherheitsinteressen steht. Ein **höchstpersönliches Gespräch** fällt nicht schon dadurch aus dem **Kernbereich privater Lebensgestaltung** heraus, dass es für die Aufklärung von Straftaten oder Gefahren hilfreiche Aufschlüsse geben kann. Aufzeichnungen oder Äußerungen im Zwiegespräch, die zum Beispiel ausschließlich innere Eindrücke und Gefühle wiedergeben und keine Hinweise auf konkrete Straftaten enthalten, gewinnen nicht schon dadurch einen **Gemeinschaftsbezug**, dass sie Ursachen oder Beweggründe eines strafbaren Verhaltens freizulegen vermögen (vgl. BVerfGE 109, 279 <319>). Auch können trotz **Straftatenbezugs** Situationen, in denen Einzelnen gerade ermöglicht werden soll, ein Fehlverhalten einzugestehen oder sich auf dessen Folgen einzurichten, wie Beichtgespräche oder vertrauliche Gespräche mit einem Psychotherapeuten oder einem Strafverteidiger, der **höchstpersönlichen Privatsphäre** unterfallen, die dem Staat absolut entzogen ist (vgl. BVerfGE 109, 279 <322>). Ein hinreichender **Sozialbezug** besteht demgegenüber dann, wenn **Gespräche - auch mit Vertrauenspersonen - sonst unmittelbar Straftaten zu ihrem Gegenstand haben** (vgl. BVerfGE 109, 279 <319>). Der **Kernbereich privater Lebensgestaltung** beansprucht gegenüber **allen Überwachungsmaßnahmen** Beachtung. Können sie typischerweise zur Erhebung kernbereichsrelevanter Daten führen, muss der Gesetzgeber Regelungen schaffen, die einen wirksamen Schutz normenklar gewährleisten (vgl. BVerfGE 109, 279 <318 f.>; 113, 348 <390 f.>; 120, 274 <335 ff.>). Außerhalb solch verletzungsgeneigter Befugnisse bedarf es eigener Regelungen nicht. Grenzen, die sich im Einzelfall auch hier gegenüber einem Zugriff auf höchstpersönliche Informationen ergeben können, sind bei deren Anwendung unmittelbar von Verfassungs wegen zu beachten. Der **Schutz des Kernbereichs privater Lebensgestaltung** ist strikt und darf nicht durch Abwägung mit den Sicherheitsinteressen nach Maßgabe des Verhältnismäßigkeitsgrundsatzes relativiert werden (vgl. BVerfGE 109, 279 <314>; 120, 273 <339>; stRspr). Dies bedeutet jedoch nicht, dass **jede tatsächliche Erfassung von höchstpersönlichen Informationen** stets einen Verfassungsverstoß oder eine Menschenwürdeverletzung begründet. Angesichts der Handlungs- und Prognoseunsicherheiten, unter denen Sicherheitsbehörden ihre Aufgaben wahrnehmen, kann ein **unbeabsichtigtes Eindringen in den Kernbereich privater Lebensgestaltung** im Rahmen von Überwachungsmaßnahmen nicht für jeden Fall von vornherein ausgeschlossen werden (vgl. BVerfGE 120, 274 <337 f.>). Die Verfassung verlangt jedoch **für die Ausgestaltung der Überwachungsbefugnisse** die **Achtung des Kernbereichs** als eine strikte, nicht frei durch Einzelfallerwägungen überwindbare Grenze.".

BVerfGE 120, 274 (Online-Durchsuchung) = BVerfG, Urteil des Ersten Senats vom 27.02.2008 – 1 BvR 370/07 –, Ls. 1: „Das **allgemeine Persönlichkeitsrecht** (Art. 2 Abs. 1 i.V.m. Art. 1 Abs. 1 GG) umfasst das Grundrecht auf **Gewährleistung der Vertraulichkeit und Integrität informationstechnischer Systeme**."; BVerfGE 120, 274, 314 (Online-Durchsuchung) = BVerfG, Urteil des Ersten Senats vom 27.02.2008 – 1 BvR 370/07 –, Rn. 203: „**informationstechnisches System**": „etwa Personalcomputer", „ferner beispielweise […] solche Mobiltelefone oder elektronische Terminkalender, die über einen großen Funktionsumfang verfügen und personenbezogene Daten vielfältiger Art erfassen und speichern können."; BVerfGE 120, 274, 276 (Online-Durchsuchung) = BVerfG, Urteil des Ersten Senats vom 27.02.2008 – 1 BvR 370/07 –, Rn. 5: „**heimlicher Zugriff auf ein informationstechnisches System**": „[heimliche] technische Infiltration […], die etwa Sicherheitslücken des Zielsystems ausnutzt oder über die Installation eines Spähprogramms erfolgt", wobei die Infiltration es ermöglicht, die Zielsystem-„Nutzung zu überwachen oder die Speichermedien durchzusehen oder gar das Zielsystem fernzusteuern.".

BVerfGE 147, 1 (**Geschlechtsidentität**) = BVerfG, Beschluss des Ersten Senats vom 10.10.2017 – 1 BvR 2019/16 –, Ls. 1-3: „1. Das **allgemeine Persönlichkeitsrecht** (Art. 2 Abs. 1 i.V.m. Art. 1 Abs. 1 GG) schützt die **geschlechtliche Identität**. Es schützt auch die geschlechtliche Identität derjenigen, die sich dauerhaft weder dem männlichen noch dem weiblichen Geschlecht zuordnen lassen. 2. Art. 3 Abs. 3 Satz 1 GG schützt auch Menschen, die sich dauerhaft weder dem männlichen noch dem weiblichen Geschlecht zuordnen lassen, vor **Diskriminierungen wegen ihres Geschlechts**. 3. Personen, die sich dauerhaft weder dem männlichen noch dem weiblichen Geschlecht zuordnen lassen, werden in beiden

a) GR-SB:

aa) Persönlicher GR-SB: „Jeder".

bb) Sachlicher GR-SB: „**freie Entfaltung der Persönlichkeit**" in der Ausprägung des RiS als „**Datenfreiheit**" (Grundsätzliche Bestimmungsbefugnis des Einzelnen über Preisgabe und Verwendung eigener personenbezogener Daten[13]), i.d.R. gegeben bei Bezug auf mindestens ein **personenbezogenes Datum**: § 36 Nr. 1 DSG NRW[14].

b) GR-E (oder Nichteingriff/**Einwilligung** i.S.v. § 36 Nr. 19 DSG NRW, § 38 DSG NRW): **Persönlichkeitsentfaltungseinschränkung**, als **Datenfreiheitseinschränkung**, durch **Datenverarbeitung**s-Maßnahme[15] i.S.d. § 36 Nr. 2 DSG NRW.

c) GR-B: Art. 2 Abs. 1 Hs. 2 GG.[16]

Grundrechten verletzt, wenn das Personenstandsrecht dazu zwingt, das Geschlecht zu registrieren, aber keinen anderen positiven Geschlechtseintrag als weiblich oder männlich zulässt.".

BVerfG, Urteil des Zweiten Senats vom 26.02.2020 – 2 BvR 2347/15 –, Ls. 1: „a) Das **allgemeine Persönlichkeitsrecht** (Art. 2 Abs. 1 i.V.m. Art. 1 Abs. 1 GG) umfasst als Ausdruck persönlicher Autonomie ein **Recht auf selbstbestimmtes Sterben**. b) Das **Recht auf selbstbestimmtes Sterben** schließt die Freiheit ein, sich das Leben zu nehmen [Rn. 208: „**Recht auf Selbsttötung**"]. Die Entscheidung des Einzelnen, seinem Leben entsprechend seinem Verständnis von Lebensqualität und Sinnhaftigkeit der eigenen Existenz ein Ende zu setzen, ist im Ausgangspunkt als Akt autonomer Selbstbestimmung von Staat und Gesellschaft zu respektieren. c) Die **Freiheit, sich das Leben zu nehmen**, umfasst auch die Freiheit, hierfür bei Dritten Hilfe zu suchen und Hilfe, soweit sie angeboten wird, in Anspruch zu nehmen.".

[11] Zum sog. „**Menschenwürdegehalt**" der Grundrechte: *Basten*, Die Menschenwürde des Grundgesetzes.

[12] Vgl. auch Art. 142 GG i.V.m. Art. 4 Abs. 2 Verfassung NRW; Art. 8 EU-GR-Charta; Art. 16 AEUV; Art. 8 EMRK.

[13] BVerfGE 65, 1, Ls. 1 S. 2 (Volkszählungsgesetz) = BVerfG, Urteil des Ersten Senats vom 15.12.1983 – 1 BvR 209/83, Ls. 1 S. 2 (Ls. 1: „Unter den Bedingungen der modernen Datenverarbeitung wird der Schutz des Einzelnen gegen unbegrenzte Erhebung, Speicherung, Verwendung und Weitergabe seiner persönlichen Daten von dem allgemeinen Persönlichkeitsrecht des Art. 2 Abs. 1 GG in Verbindung mit Art. 1 Abs. 1 GG umfaßt. Das Grundrecht gewährleistet insoweit die Befugnis des Einzelnen, grundsätzlich selbst über die Preisgabe und Verwendung seiner persönlichen Daten zu bestimmen.").

[14] BVerfG, Beschluss der 3. Kammer des Zweiten Senats vom 27.06.2018 – 2 BvR 1562/17 (auf § 103 StPO gestützte Anordnung der Durchsuchung der Räumlichkeiten des Münchener Kanzleistandorts der Rechtsanwaltskanzlei Jones Day sowie Sicherstellung von Unterlagen und elektronischen Daten im Zuge des sogenannten „VW-Dieselskandals" – Verfassungsbeschwerde nicht zur Entscheidung angenommen wegen Unzulässigkeit aufgrund Nichterfüllung von Voraussetzungen nach § 93a Abs. 2 BVerfGG), Gründe, V., Rn. 44: „Der Begriff der persönlichen Daten deckt sich mit der Legaldefinition personenbezogener Daten in § 46 Nr. 1 BDSG (zuvor § 3 Abs. 1 BDSG) und erfasst alle Informationen, die sich auf eine identifizierte oder identifizierbare natürliche Person (betroffene Person) beziehen (vgl. noch zu § 3 Abs. 1 BDSG ‚Einzelangaben über persönliche oder sachliche Verhältnisse einer bestimmten oder bestimmbaren Person' Di Fabio, in: Maunz/Dürig, GG, Art. 2 Abs.1, Rn. 175 [Juli 2001]).".

[15] BVerfG, Urteil des Ersten Senats vom 19.05.2020 – 1 BvR 2835/17 – (Ausland-Ausland-Fernmeldeaufklärung nach BNDG), E. III. 1., Rn. 212: „Die **Übermittlung personenbezogener Daten**, mit der eine Behörde die von ihr erhobenen Daten einer anderen Stelle zugänglich macht, begründet einen eigenen Grundrechtseingriff (vgl. BVerfGE 100, 313 <367>; 141, 220 <334 Rn. 305>; stRspr). Dieser ist an dem **Grundrecht** zu messen, **in das bei der ursprünglichen Datenerhebung eingegriffen wurde** (vgl. BVerfGE 100, 313 <367>; 141, 220 <334 Rn. 305>; stRspr).".

[16] Art. 2 Abs. 1 Hs. 2 GG (**Schrankentrias**): BVerfGE 80, 137, 153 (Reiten im Walde) = BVerfG, Beschluss des Ersten Senats vom 06.06.1989 – 1 BvR 921/85 –, C. I. 1 a), Rn. 69: „Abgesehen von einem absolut geschützten Kernbereich privater Lebensgestaltung, welcher der Einwirkung der öffentli-

3. Leben, Art. 2 Abs. 2 S. 1 Alt. 1 GG[17]

a) GR-SB:

aa) Persönlicher GR-SB: „Jeder".

bb) Sachlicher GR-SB: **Leben** als biologisch-physische Existenz[18], Todesfreiheit.

b) GR-E (oder Nichteingriff/GR-Verzicht): **Lebenseinschränkung/Todesfreiheitseinschränkung** durch dahingehende erhebliche nachteilige Beeinflussung eines vitalen körperlichen Zustandes.

c) GR-B: Art. 2 Abs. 2 S. 3 GG.

4. Körperliche Unversehrtheit, Art. 2 Abs. 2 S. 1 Alt. 2 GG[19]

a) GR-SB:

---

chen Gewalt entzogen ist (BVerfGE 6, 32 [41]), ist die allgemeine Handlungsfreiheit allerdings nur in den **Schranken** des zweiten Halbsatzes von Art. 2 Abs. 1 GG gewährleistet und steht damit insbesondere unter dem **Vorbehalt der verfassungsmäßigen (Rechts-)Ordnung** (BVerfGE 6, 32 [37 f.]; 74, 129 [152]). Stützt sich ein die Handlungsfreiheit berührender Akt der öffentlichen Gewalt auf eine Rechtsnorm, so kann mit der Verfassungsbeschwerde unter Berufung auf Art. 2 Abs. 1 GG zur Nachprüfung gestellt werden, ob diese Norm zur **verfassungsmäßigen Ordnung** gehört, das heißt formell und materiell mit den Normen der Verfassung in Einklang steht (st. Rspr. seit BVerfGE 6, 32)."; BVerfGE 6, 32, Ls. 3 (Elfes) = BVerfG, Urteil des Ersten Senats vom 16.01.1957 – 1 BvR 253/56, Ls. 3: „**Verfassungsmäßige Ordnung** im Sinne des Art. 2 Abs. 1 GG ist die verfassungsmäßige Rechtsordnung, d.h. die Gesamtheit der Normen, die formell und materiell der Verfassung gemäß sind."; vgl. dazu auch BVerfGE 6, 32, 37-41 (Elfes) = BVerfG, Urteil des Ersten Senats vom 16.01.1957 – 1 BvR 253/56, Gründe II. 2 b), c), Rn. 17-33.

Rechte anderer sind (als Teil der verfassungsmäßigen Ordnung) subjektive Berechtigungen (Anspruch oder Befugnis oder Erlaubnis) einschließlich Verpflichtungen (Pflicht zur Erfüllung von Anspruch oder Befugnis oder Erlaubnis) und sonstiger Rechtswirkungen für ein Rechtssubjekt bezüglich eines Verhaltens oder eines Rechtsguts.

Vgl. zum ein Mal bundesverfassungsgerichtlich entscheidungserheblich bemühten „**Sittengesetz**" nach Art. 2 Abs. 1 Hs. 2 GG als Gesetz, das nicht das durch die „soziale Gemeinschaft" „als für sich verbindlich" anerkannte „Rechtsgefühl" „im allgemeinen" „verletzt": BVerfGE 6, 389 (Homosexuelle) = BVerfG, Urteil des Ersten Senats vom 10.05.1957 – 1 BvR 550/52 –, und StrRehaHomG (Gesetz zur strafrechtlichen Rehabilitierung der nach dem 8. Mai 1945 wegen einvernehmlicher homosexueller Handlungen verurteilten Personen vom 17. Juli 2017 – BGBl. I S. 2443).

[17] Art. 142 GG i.V.m. Art. 4 Abs. 1 Verfassung NRW; Art. 2 EU-GR-Charta; Art. 2 EMRK. Vgl. auch Art. 102 GG („Die **Todesstrafe** ist abgeschafft."); Protokoll Nr. 6 EMRK („über die Abschaffung der Todesstrafe"), Protokoll Nr. 13 EMRK („über die vollständige Abschaffung der Todesstrafe"); Art. 6 IPbpR („angeborenes Recht auf Leben" und Todesstrafe-Bedingungen); Art. 10 Nr. 3 IPwskR (Strafbarkeitssoll bzgl. lebensgefährdender Arbeitsbeschäftigung für Kinder und Jugendliche).

[18] BVerfGE 115, 118, 139 (LuftSiG) = BVerfG, Urteil des Ersten Senats vom 15.02.2006 – 1 BvR 357/05 –, C. I., Rn. 85: „Art. 2 Abs. 2 Satz 1 GG gewährleistet das **Recht auf Leben** als Freiheitsrecht (vgl. BVerfGE 89, 120 <130>). Mit diesem Recht wird die biologisch-physische Existenz jedes Menschen vom Zeitpunkt ihres Entstehens an bis zum Eintritt des Todes unabhängig von den Lebensumständen des Einzelnen, seiner körperlichen und seelischen Befindlichkeit, gegen staatliche Eingriffe geschützt.".

[19] Vgl. auch Art. 142 GG i.V.m. Art. 4 Abs. 1 Verfassung NRW; Art. 3, 4 EU-GR-Charta; Art. 3 EMRK (**Folterverbot**; Verbot bzgl.: **unmenschliche oder erniedrigende Behandlung oder Strafe**); Art. 7 IPbpR (**Folterverbot**; Verbot bzgl. **grausame, unmenschliche oder erniedrigende Behandlung oder Strafe**; Verbot medizinischer oder wissenschaftlicher Versuche ohne freiwillige Zustimmung); Art. 12 IPwskR („Recht eines jeden auf das für ihn erreichbare Höchstmaß an körperlicher und geistiger **Gesundheit**").

aa) Persönlicher GR-SB: „Jeder".

bb) Sachlicher GR-SB: **Körperliche Unversehrtheit** als Freiheit von körperlicher Beeinträchtigung, biologisch-physiologische Integrität und dieser gleichsetzbare geistig-seelisch-psychische Integrität.[20]

b) GR-E (oder Nichteingriff/GR-Verzicht): **Unversehrtheitseinschränkung** durch Hervorrufen oder Steigern eines nachteilig von den normalen körperlichen Funktionen abweichenden körperlichen Zustandes – auch durch Anordnung und auch ohne Substanzverletzung durch physisch sich mit körperlichem Krankheitswert auswirkende psychische Beeinflussung.

c) GR-B: Art. 2 Abs. 2 S. 3 GG.

5. Körperliche Bewegungsfreiheit, Art. 2 Abs. 2 S. 2 GG[21]

a) GR-SB:

aa) Persönlicher GR-SB: „**Person**", vgl. § 1 BGB.

---

[20] BVerfGE 56, 54, 74-76 (Fluglärm I) = BVerfG, Beschluss des Ersten Senats vom 14.01.1981 – 1 BvR 612/72, C. I. 1., Rn. 73-76, dort u.a.: „Gegen die Zugrundelegung des weiten Gesundheitsbegriffs der Weltgesundheitsorganisation ließe sich allerdings einwenden, es sei - wenn das dem Willen des Verfassungsgesetzgebers entsprochen hätte - schwer erklärlich, daß der Parlamentarische Rat diesen seit 1946 bekannten Begriff nicht übernommen, sondern stattdessen nur die ‚körperliche Unversehrtheit' grundrechtlich geschützt hat [Grammatik, P. B.]. Andererseits dürfte eine Beschränkung des Schutzes allein auf solche Einwirkungen, die Verletzungen des Körpers darstellen, der Bedeutung dieses Grundrechts jedenfalls dann nicht gerecht werden, wenn es im Lichte des Art. 1 GG und der darin verbürgten Unantastbarkeit der Menschenwürde ausgelegt wird [Systematik, P. B.]. Dabei kann dahinstehen, ob eine solche Beschränkung überhaupt mit dem Verständnis des Menschen als einer Einheit von Leib, Seele und Geist und mit der Wechselwirkung zwischen psychischen und physischen Gesundheitsstörungen vereinbar wäre.Verfassungsrechtlich kann nicht außer acht bleiben, daß eine enge Auslegung nicht der Funktion des Grundrechts als Abwehrrecht gegen staatliche Eingriffe etwa durch psychische Folterungen, seelische Quälereien und entsprechende Verhörmethoden entsprechen würde [Teleologie mit funktionalem Schutzbereich und Schutzzweck des Grundrechts, P. B.]. Da die Einfügung gerade dieses Grundrechts auf Erfahrungen im Dritten Reich beruhte, darf dieser Gesichtspunkt jedenfalls nicht gänzlich vernachlässigt werden [Historie, P. B.]. Mit Recht hat der nordrhein-westfälische Ministerpräsident im vorliegenden Verfahren eingeräumt, daß zumindest solche nichtkörperliche Einwirkungen von Art. 2 Abs. 2 GG erfaßt würden, die ihrer Wirkung nach körperlichen Eingriffen gleichzusetzen seien. Das sind jedenfalls solche, die das Befinden einer Person in einer Weise verändern, die der Zufügung von Schmerzen entspricht [Systematik, P. B.]. Bislang ist Art. 2 Abs. 2 GG auch nicht in dem genannten engeren Sinne angewandt worden. So wurde die Frage, ob hirnelektrische Untersuchungen in die körperliche Unversehrtheit eingreifen können, nicht etwa von vornherein verneint, sondern wegen der Harmlosigkeit solcher Untersuchungen offengelassen (BVerfGE 17, 108 [114 f.]). In der Entscheidung zum Räumungsschutz ist die psychische Erkrankung des Beschwerdeführers und die Gefahr von Selbstmorden als relevant im Sinne des Art. 2 Abs. 2 GG angesehen worden (BVerfGE 52, 214 [220 f.]). Im übrigen liegt den neueren Lärmschutzvorschriften durchweg ein weiteres Verständnis zugrunde. […] Zumindest in Gestalt von Schlafstörungen lassen sich Einwirkungen auf die körperliche Unversehrtheit schwerlich bestreiten.".

[21] Vgl. auch Art. 142 GG i.V.m. Art. 4 Abs. 1 Verfassung NRW; Art. 20 Abs. 2a und Art. 21 AEUV i.V.m. Art. 6, 45 EU-GR-Charta (Bewegungsfreiheit, Freizügigkeit, Aufenthaltsfreiheit); Art. 5 EMRK; Art. 2 Protokoll Nr. 4 EMRK; Art. 21 AEUV (**Unionsbürgerfreizügigkeit**, zum **Unionsbürger** vgl. Art. 9 S. 2, 3 EUV, Art. 20 Abs. 1 S. 2, 3 AEUV); Art. 45 AEUV (**Arbeitnehmerfreizügigkeit**); Art. 49 AEUV (**Niederlassungsfreiheit**); Art. 56 AEUV (**Dienstleistungsfreiheit**); vgl. auch Art. 28 AEUV (**Warenverkehrsfreiheit**); Art. 9 Abs. 1 S. 1 IPbpR („Jedermann hat ein Recht auf persönliche Freiheit und Sicherheit."); Art. 9-11 IPbpR (Freiheitsentziehungsbedingungen), Art. 12 IPbpR (Bewegung, Wohnsitzwahl, Ausreise, Einreise in Hoheitsgebiet eines Staates, vgl. „Freizügigkeit"), Art. 13 IPbpR (Ausländerausweisungsbedingungen).

bb) Sachlicher GR-SB: „**Freiheit**" als **körperliche Bewegungsfreiheit**, als Freiheit, jeden Ort oder Raum aufzusuchen, sich dort aufzuhalten, (ihn zu verlassen), der an sich (tatsächlich und rechtlich) zugänglich ist.

b) GR-E (oder Nichteingriff/GR-Verzicht): Freiheitsentziehung oder sonstige Freiheitsbeschränkung.

Freiheitsbeschränkung (Freiheitsentziehung oder sonstige Freiheitsbeschränkung) liegt vor, wenn jemand durch die öffentliche Gewalt gegen seinen Willen daran gehindert wird, einen Ort oder Raum aufzusuchen oder sich dort aufzuhalten, der ihm an sich (tatsächlich und rechtlich) zugänglich ist. Eine **Freiheitsentziehung** als schwerste Form der Freiheitsbeschränkung ist dann gegeben, wenn die tatsächlich und rechtlich an sich gegebene körperliche Bewegungsfreiheit durch staatliche Maßnahmen nach jeder Richtung hin aufgehoben wird[22]; Freiheitsentziehung setzt auch eine besondere Eingriffsintensität und eine nicht nur kurzfristige Dauer der Maßnahme voraus[23]. Im Übrigen kann eine Abgrenzung zwischen Freiheitsentziehung und sonstiger Freiheitsbeschränkung auch erfolgen nach Art, Dauer, Intensität, Mittel, Zweck der Freiheitsbeschränkung.[24]

c) GR-B: Art. 2 Abs. 2 S. 3 GG (i.V.m. Art. 104 GG).

6. Eigentum, Art. 14 Abs. 1 S. 1 Alt. 1 GG[25]

a) GR-SB:

aa) Persönlicher GR-SB: Alle Menschen (personen- und staatsangehörigkeitsunabhängiger Wortlaut).

bb) Sachlicher GR-SB: „**Eigentum**" als Summe aller vermögenswerten Rechte, also jedenfalls auch der berechtigte Besitz und die berechtigte Nutzung[26].[27]

---

[22] BVerfG, Beschluss der 1. Kammer des Ersten Senats vom 08.03.2011 – 1 BvR 47/05 – Rn. 20, 26: „Das **Einsperren** des Beschwerdeführers in eine **Gewahrsamszelle** auf der Polizeiwache beziehungsweise auf dem Polizeipräsidium sowie **als Verbindungsglied** zwischen beiden das **Verbringen dorthin mittels Polizeifahrzeugen** stellen eine Freiheitsentziehung im Sinne von Art. 104 Abs. 2 GG und nicht lediglich eine Freiheitsbeschränkung dar. […] Jedenfalls muss die Unterbringung einer Person gegen ihren Willen in einem **Haftraum** als Freiheitsentziehung im Sinne von Art. 104 Abs. 2 GG angesehen werden (vgl. BGHZ 82, 261 <264> und BVerwGE 62, 317 <318>)."; BVerfGE 94, 166, 198 (Flughafenverfahren) = BVerfGE, Urteil des Zweiten Senats vom 14.05.1996 – 2 BvR 1516/93.

[23] BVerfGE 149, 293 (5-Punkt-Fixierung/7-Punkt-Fixierung) = BVerfG, Urteil des Zweiten Senats vom 24.07.2018 – 2 BvR 309/15 –, D. II. 2. a), Rn. 67, vgl. dazu auch BVerfGE 149, 293 (5-Punkt-Fixierung/7-Punkt-Fixierung) = BVerfG, Urteil des Zweiten Senats vom 24.07.2018 – 2 BvR 309/15 –, D. II. 2. b): „Jedenfalls eine **5-Punkt- oder 7-Punkt-Fixierung**, bei der sämtliche Gliedmaßen des Betroffenen mit Gurten am Bett festgebunden werden, stellt eine Freiheitsentziehung im Sinne von Art. 104 Abs. 2 GG dar, es sei denn, es handelt sich um eine lediglich **kurzfristige Maßnahme**. Von einer kurzfristigen Maßnahme ist in der Regel auszugehen, wenn sie absehbar die Dauer von ungefähr einer halben Stunde unterschreitet.".

[24] Vgl. auch insbesondere zu Art, Intensität, Mittel: § 415 Abs. 2 FamFG und §§ 37a, 62 PolG NRW.

[25] Vgl. auch Art. 142 GG i.V.m. Art. 4 Abs. 1 Verfassung NRW; Art. 17 EU-GR-Charta; Art. 1 Zusatzprotokoll EMRK.

[26] BVerfGE 95, 267, 300 (Altschulden) = BVerfG, Urteil des Ersten Senats vom 08.04.1997 – 1 BvR 48/94 –, C. I. 1., Rn. 130 f.: „Unter den Schutz der Eigentumsgarantie fallen grundsätzlich alle vermögenswerten Rechte, die dem Berechtigten von der Rechtsordnung in der Weise zugeordnet sind, daß er die damit verbundenen Befugnisse nach eigener Entscheidung zu seinem privaten Nutzen ausüben darf (vgl. BVerfGE 83, 201 [209]; stRspr). Der verfassungsrechtliche Eigentumsschutz reicht damit zwar erheblich weiter als das zivilrechtliche Eigentum und erstreckt sich auch auf nicht dingliche vermögens-

b) GR-E (oder Nichteingriff/GR-Verzicht): **Eigentumseinschränkung** durch Einschränkung eines vermögenswerten Rechts, etwa durch (alternativ)

- Einschränkungen oder Entzug der Nutzungs- und Verfügungsbefugnis an (berechtigtem) Eigentum/Besitz/Nutzung, vgl. §§ 903 ff. BGB, §§ 854 ff. BGB, ohne Güterbeschaffung als **Inhalts- und Schrankenbestimmung** im Sinne von Art. 14 Abs. 1 S. 2 GG[28];

---

werte Rechtspositionen. Er bleibt aber an Rechtspositionen gebunden. Kein Eigentum im Sinn von Art. 14 Abs. 1 GG ist daher das **Vermögen**, das selber kein Recht, sondern den Inbegriff aller geldwerten Güter einer Person darstellt (vgl. BVerfGE 4, 7 [17]; stRspr). Daraus folgt, daß Art. 14 Abs. 1 GG nicht vor der staatlichen Auferlegung von **Geldleistungspflichten** schützt. Diese sind nicht mittels eines bestimmten Eigentumsobjekts zu erfüllen, sondern werden aus dem fluktuierenden Vermögen bestritten. Etwas anderes kommt nur dann in Betracht, wenn die Geldleistungspflichten den Betroffenen übermäßig belasten und seine Vermögensverhältnisse so grundlegend beeinträchtigen, daß sie eine erdrosselnde Wirkung haben (vgl. BVerfGE 78, 232 [243]; stRspr).".

27 Zum Vergleich von Art. 14 Abs. 1 S. 1 Alt. 1 GG und dem Auffanggrundrecht des Art. 2 Abs. 1 GG: Bei lediglich unentschiedenem Potential von Berechtigung wie Nichtberechtigung kann grundsätzlich in dubio pro libertate zunächst zugunsten des Grundrechtsfähigen größtmöglicher Grundrechtsschutzbereich vermutet werden. Vgl. auch BVerfGE 6, 55, 72 (Steuersplitting); BVerfGE 32, 54, 71 (Betriebsbetretungsrecht); BVerfGE 39, 1, 38 (Schwangerschaftsabbruch I); BVerfGE 51, 97, 110 (Zwangsvollstreckung I); BVerfGE 151, 67 (Richtervorbehalt, Bereitschaftsdienst, Nachtzeit/Tageszeit i.S.v. § 104 Abs. 3 StPO) = BVerfG, Beschluss des Zweiten Senats vom 12.03.2019 – 2 BvR 675/14 –, Rn. 55, wonach in Zweifelsfällen diejenige Auslegung zu wählen ist/derjenigen Auslegung der Vorzug zu geben ist, welche die (juristische) „Wirkungskraft der Grundrechtsnorm am stärksten entfaltet.". **Eigentum** i.S.d. (privat)rechtsnormgeprägten Schutzbereichs von Art. 14 Abs. 1 S. 1 Alt. 1 GG ist jedenfalls gegeben bei Eigentum i.S.d. Privatrechts und bei vermögenswerter Besitz-/Nutzungs-/Umgangs-Berechtigung (z.B. i.S.d. §§ 854-984 BGB). **Eigentumslosigkeit** i.S.d. (privat)rechtsnormgeprägten Schutzbereichs von Art. 14 Abs. 1 S. 1 Alt. 1 GG ist jedenfalls gegeben bei allseitiger Besitz-/Nutzungs-/Umgangs-Nichtberechtigung (z.B. i.S.d. §§ 854-984 BGB); nicht schon unbedingt bei lediglich Eigentums-Nichtberechtigung im privatrechtlichen Sinne bei vermögenswerten Besitz-/Nutzungs-/Umgangs-Berechtigungen; wohl aber jedenfalls auch bei Verbot i.S.d. § 134 BGB oder Sittenwidrigkeit i.S.d. § 138 BGB oder sonstiger Unwirksamkeitsgründe (Nichtentstehensgründe oder Erlöschensgründe) gerade bezüglich des Erwerbs- oder Nutzungs- oder Umgangsaktes (z.B. i.S.d. §§ 854-984 BGB; vgl. z.B. Btm-Umgangsarten i.S.d. § 29 BtMG; vgl. auch etwaiges waffenrechtliches Verbot der Umgangsart Erwerb oder sonstiger Umgangsarten i.S.d. § 1 Abs. 3, 4 WaffG bei Nichtverbot des Erwerbs). Vgl. BVerfGE 110, 1, 23 f. (Erweiterter Verfall [a. F., ≙ erweiterte Tatertragseinziehung, P. B.]) = BVerfG, Beschluss des Zweiten Senats vom 14.01.2004 – 2 BvR 564/95 –, C. I. 3. a), b), Rn. 86 f, 88: „Die Vorschrift des § 73d StGB [a. F., ≙ § 73a StGB, P. B.] verstößt in der Auslegung des Bundesgerichtshofs auch nicht gegen die Eigentumsgarantie des Art. 14 Abs. 1 GG. Soweit § 73d StGB [a. F., ≙ § 73a StGB, P. B.] den Zugriff auf Vermögenswerte erlaubt, die dem unmittelbar Betroffenen wegen eines Verstoßes gegen strafrechtliche Vorschriften zivilrechtlich nicht zustehen (vgl. § 134, § 935 BGB), ist dessen Eigentumsgrundrecht schon mangels einer schutzfähigen Rechtsposition nicht berührt (vgl. BVerfGE 83, 201 [209]; 95, 267 [300]). Dies betrifft vor allem die Entziehung von Gewinnen aus illegalen Drogengeschäften. Denn wegen des strafrechtlichen Verbots des Handeltreibens mit Betäubungsmitteln ist gemäß § 134 BGB neben dem schuldrechtlichen Verpflichtungsgeschäft zugleich die Übereignung sowohl der Drogen als auch des für sie als Kaufpreis gezahlten Geldes zivilrechtlich unwirksam (vgl. BGH, NJW 1983, S. 636 [Schrifttumsquellen]. […] Soweit § 73d StGB StGB [a. F., ≙ § 73a StGB, P. B.] die Entziehung von Gegenständen anordnet, die der Betroffene zwar deliktisch, aber gleichwohl zivilrechtlich wirksam erworben hat, enthält er eine Inhalts- und Schrankenbestimmung des Eigentums im Sinne des Art. 14 Abs. 1 Satz 2 GG. Diese genügt in der Auslegung des Bundesgerichtshofs den verfassungsrechtlichen Anforderungen.".

28 BVerfGE 143, 246, Ls. 5 (Dreizehnte Novelle des Atomgesetzes) = BVerfG, Urteil des Ersten Senats vom 06.12.2016 – 1 BvR 2821/11 –, Ls. 5.

- Eigentumsentzug als **Enteignung** im Sinne des Art. 14 Abs. 3 GG mit Änderung der Eigentumszuordnung und stets mit Güterbeschaffung.[29]

c) GR-B: Art. 14 Abs. 1 S. 2, Abs. 2, 3 GG, Art. 18 GG.

7. Gleichbehandlungsgrundrecht, Art. 3 GG / (Grundsätzliches) **Benachteiligungs- und Bevorzugungsverbot / Diskriminierungsverbot**.[30]

a) GR-SB:

aa) Persönlicher GR-SB: Jeder Mensch.

bb) Sachlicher GR-SB: Ungleichbehandlung.

b) GR-E (oder Nichteingriff/GR-Verzicht): Ungleichbehandlung (Benachteiligung oder Bevorzugung, insbesondere in Bezug auf: Geschlecht, Abstammung, Sprache, Heimat, Herkunft, Glauben, religiöse oder politische Anschauungen, Behinderung).

Eingriffsartige Gleichheitsgrundrechtsbetroffenheit im Sinne des Art. 3 GG[31] ist grundsätzlich immer dann durch eine **Ungleichbehandlung** gegeben, wenn mindestens zwei unter einen

---

[29] BVerfGE 143, 246, Ls. 4 (Dreizehnte Novelle des Atomgesetzes) = BVerfG, Urteil des Ersten Senats vom 06.12.2016 – 1 BvR 2821/11 –, Ls. 4.

[30] Gleichheitsgrundrechtsdarstellung ist generell und grundsätzlich möglich wie folgt: sowohl – insbesondere zu Beginn vollständiger eingriffsrechtlicher Fallbearbeitung – dreiteilig nach GR-SB, GR-E, GR-B als auch – insbesondere im Übrigen – zweiteilig nach Ungleichbehandlung (≙ GR-SB und GR-E) und Ungleichbehandlungsrechtfertigung (≙ GR-B und Fallbearbeitung bezüglich des jeweiligen einzelnen ungleichbehandelnden Rechtssetzungs- respektive Rechtsanwendungsakts). Ungleichbehandlungsbearbeitung kann außerhalb von Grundrechten außerdem i.d.R. grundsätzlich auch als Ermessensfrage i.V.m. den Grundrechten oder als Verhältnismäßigkeitsfrage weiterbearbeitet werden; ein Gleichbehandlungsgebotsverstoß gegen Art. 3 GG – etwa gegen das grundsätzliche Differenzierungsverbot / Diskriminierungsverbot – kann i.d.R. grundsätzlich auch als Ermessensfehlgebrauch bearbeitet werden, vgl. z.B. § 40 VwVfG NRW („Grenzen“); so auch: OVG NRW, Urteil des 5. Senats vom 07.08.2018 – 5 A 294/16 (**Diskriminierungsverbot**, **„Racial Profiling“**, **Darlegungslast**), Ls. 3-6: „3. Eine nach Art. 3 Abs. 3 Satz 1 GG grundsätzlich verbotene Differenzierung liegt auch dann vor, wenn eine Maßnahme an ein dort genanntes Merkmal kausal, als (mit-)tragendes Kriterium (‚wegen‘) neben anderen Gründen in einem Motivbündel, anknüpft. 4. Insoweit besteht eine Rechtfertigungsmöglichkeit zum Schutz kollidierenden Verfassungsrechts. Dabei ist zu berücksichtigen, dass der Anknüpfung an die Merkmale des Art. 3 Abs. 3 Satz 1 GG stigmatisierende Wirkung zukommen kann, weshalb erhöhte Anforderungen an die Rechtfertigung eines entsprechenden Grundrechtseingriff [sic, P. B.] bestehen. 5. Die an ein solches Merkmal anknüpfende Behörde trifft eine erhöhte Darlegungslast, weshalb diese Berücksichtigung zum Schutz des kollidierenden Verfassungsguts erforderlich ist. 6. Eine ausschließliche Anknüpfung an die Hautfarbe ist bei den hier in Rede stehen polizeilichen Standardmaßnahmen grundsätzlich nicht rechtfertigungsfähig.“.

[31] Vgl. auch Art. 142 GG i.V.m. Art. 4 Abs. 1 Verfassung NRW; Art. 9 S. 1 EUV („Die Union achtet in ihrem gesamten Handeln den **Grundsatz der Gleichheit ihrer Bürgerinnen und Bürger**, denen ein gleiches Maß an Aufmerksamkeit seitens der Organe, Einrichtungen und sonstigen Stellen der Union zuteil wird.“); Titel III (Art. 20-26) EU-GR-Charta („Gleichheit“), insbesondere auch: Art. 20, 21, 23, 25, 26, 34, 35 EU-GR-Charta; Art. 21 EU-GR-Charta (**allgemeines EU-Diskriminierungsverbot**); Art. 18 AEUV i.V.m. Art. 21 EU-GR-Charta (**EU-Staatsangehörigkeits-Diskriminierungsverbot**: Verbot der Diskriminierung aus Gründen der Staatsangehörigkeit im Anwendungsbereich der EU-Verträge unbeschadet besonderer Bestimmungen); Art. 14 EMRK (**allgemeines Diskriminierungsverbot**); Art. 5 Protokoll Nr. 7 EMRK (**Ehegattengleichberechtigung**), Protokoll Nr. 12 EMRK („über das Diskriminierungsverbot“); Art. 2 Abs. 1 IPbpR (UN-Zivilpaktrechtediskriminierungsverbot), Art. 4 Abs. 1 IPbpR (**Notstandsdiskriminierungsverbot**), Art. 14 Abs. 1 S. 1 IPbpR (**Gleichheit vor Gericht**), Art. 20 Abs. 2 IPbpR (**Diskriminierungsaufstachelungsverbot**), Art. 24 Abs. 1 IPbpR (**Kinderdiskriminierungsverbot**), Art. 25 IPbpR (**Staatsbürgerdiskriminierungsverbot**), Art. 26 IPbpR (**allgemeines Diskrimi-**

gemeinsamen Oberbegriff/Vergleichspunkt[32] fallende, vergleichbare, wesentlich gleiche Sachverhalte (Sachverhaltsgleichsetzbarkeit) im Zuständigkeitsbereich desselben Hoheitsträgers (Zuständigkeitsgleichheit) durch Ungleichbehandlung erheblich betroffen sind – zunächst unabhängig von Rechtfertigung oder Nichtrechtfertigung der Ungleichbehandlung.[33]

c) GR-B: grundgesetzimmanente Einschränkungsmöglichkeiten.

Gerechtfertigte Ungleichbehandlung im Sinne des Art. 3 GG ist gegeben entweder bei (irgendeinem) sachlichen Ungleichbehandlungsgrund ohne Willkür („**Willkürformel**")[34] oder insbesondere im Fall personenbezogener Ungleichbehandlungen bei Fehlen von nach Art und Gewicht (im Sinne von Verhältnismäßigkeit) ausreichenden Ungleichbehandlungsgründen („**Neue Formel**")[35].[36]

---

nierungsverbot); Art. 2 Abs. 2 IPwskR (UN-Sozialpaktrechtediskriminierungsverbot); Art. 10 Nr. 3 IPwskR (**Kinder- und Jugendlichendiskriminierungsverbot**).

[32] Vgl. zum Oberbegriff/Vergleichspunkt im Sinne des Art. 3 GG das Lateinische „Tertium comparationis", zu Deutsch: „Drittes des Vergleichs".

[33] BVerfGE 138, 136, 180 (Erbschaftssteuer) = BVerfG, Urteil des Ersten Senats vom 17.12.2014 – 1 BvL 21/12 –, B. III. 1. a), Rn. 121: „Art. 3 Abs. 1 GG gebietet, alle Menschen vor dem Gesetz gleich zu behandeln. Das hieraus folgende Gebot, wesentlich Gleiches gleich und wesentlich Ungleiches ungleich zu behandeln, gilt für ungleiche Belastungen und ungleiche Begünstigungen (vgl. BVerfGE 121, 108 [119]; 121, 317 [370]; 126, 400 [416]). Verboten ist daher auch ein gleichheitswidriger Begünstigungsausschluss, bei dem eine Begünstigung einem Personenkreis gewährt, einem anderen Personenkreis aber vorenthalten wird (vgl. BVerfGE 116, 164 [180]; 121, 108 [119]; 121, 317 [370]; 126, 400 [416]). Dabei verwehrt Art. 3 Abs. 1 GG dem Gesetzgeber nicht jede Differenzierung. Differenzierungen bedürfen jedoch stets der Rechtfertigung durch Sachgründe, die dem Ziel und dem Ausmaß der Ungleichbehandlung angemessen sind. Dabei gilt ein stufenloser am Grundsatz der Verhältnismäßigkeit orientierter verfassungsrechtlicher Prüfungsmaßstab, dessen Inhalt und Grenzen sich nicht abstrakt, sondern nur nach den jeweils betroffenen unterschiedlichen Sach- und Regelungsbereichen bestimmen lassen (vgl. BVerfGE 75, 108 [157]; 93, 319 [348 f.]; 107, 27 [46]; 126, 400 [416]; 129, 49 [69]; 132, 179 [188 Rn. 30]).".

[34] „**Willkürformel**": BVerfGE 1, 14 52 (Südweststaat) = BVerfGE, Urteil des Zweiten Senats vom 23.10.1951 – 2 BvG 1/51, E. 10a), Rn. 136: „Der Gleichheitssatz ist verletzt, wenn sich ein vernünftiger, sich aus der Natur der Sache ergebender oder sonstwie sachlich einleuchtender Grund für die gesetzliche Differenzierung oder Gleichbehandlung nicht finden läßt, kurzum, wenn die Bestimmung als willkürlich bezeichnet werden muß.".

[35] „**Neue Formel**" gegenüber der „Willkürformel": BVerfGE 55, 72, 88 (Präklusion I) = BVerfGE, Beschluss des Ersten Senats vom 07.10.1980 – 1 BvL 50, 89/79, 1 BvR 240/79, B. II. 1., Rn. 61: „Demgemäß ist dieses Grundrecht vor allem dann verletzt, wenn eine Gruppe von Normadressaten im Vergleich zu anderen Normadressaten anders behandelt wird, obwohl zwischen beiden Gruppen keine Unterschiede von solcher Art und solchem Gewicht bestehen, daß sie die ungleiche Behandlung rechtfertigen könnten (vgl. BVerfGE 22, 387 [415]; 52, 277 [280]).".

[36] BVerfGE 138, 136, 180 f. (Erbschaftssteuer) = BVerfG, Urteil des Ersten Senats vom 17.12.2014 – 1 BvL 21/12 –, B. III. 1. a), Rn. 122: „Hinsichtlich der verfassungsrechtlichen Anforderungen an den die Ungleichbehandlung tragenden Sachgrund ergeben sich aus dem allgemeinen Gleichheitssatz je nach Regelungsgegenstand und Differenzierungsmerkmalen unterschiedliche Grenzen für den Gesetzgeber, die von gelockerten auf das Willkürverbot beschränkten Bindungen bis hin zu strengen Verhältnismäßigkeitserfordernissen reichen können (vgl. BVerfGE 117, 1 [30]; 122, 1 [23]; 126, 400 [416]; 129, 49 [68]). Eine strengere Bindung des Gesetzgebers kann sich aus den jeweils betroffenen Freiheitsrechten ergeben (vgl. BVerfGE 88, 87 [96]; 111, 176 [184]; 129, 49 [69]). Zudem verschärfen sich die verfassungsrechtlichen Anforderungen, je weniger die Merkmale, an die die gesetzliche Differenzierung anknüpft, für den Einzelnen verfügbar sind (vgl. BVerfGE 88, 87 [96]; 129, 49 [69]) oder je mehr sie sich

(VOR/DEF)

Rechtsgebiet ist Rechtsordnungsteil nach allen Umständen[37] – wie schwerpunktmäßige Äußerungen[38], Rechtsnormen[39], Zwecke[40], auch i.V.m. §§ 133, 157 BGB analog.[41]

(SUB/ERG)

Generell mögliche (Ober-)Rechtsgebiete im Eingriffsrecht der Polizei sind:

- Gefahrenabwehr (insbesondere mit PolG NRW);
- Strafrechtspflege (insbesondere mit StPO oder OWiG).

Rechtsgebiet-Auslegung auch i.V.m. §§ 133, 157 BGB analog[42] erfolgt alternativ oder kumulativ insbesondere über:

---

denen des Art. 3 Abs. 3 GG annähern (vgl. BVerfGE 88, 87 [96]; 124, 199 [220]; 129, 49 [69]; 130, 240 [254]; 132, 179 [188 f. Rn. 31]).".

[37] Umstände im weiten Sinn, etwa als Bedingungen, Beziehungen, Faktoren, Folgen, Funktionen, Umweltbedingungen, Variablen, Verhältnissen, Voraussetzungen, Weltbedingungen.

[38] Äußerungen im weiten Sinn, etwa als alle Verhaltensäußerungen (einschließlich Aussagen).

[39] Rechtsnormen im weiten Sinn, etwa solche, die die Umstände oder das Verhalten regieren (sollen).

[40] Zwecke im weiten Sinn, etwa als sich aus einer Lage ergebende, objektiv zu verfolgende Ziele.

[41] BVerwG 47, 255, 264 = BVerwG, Urteil vom 03.12.1974 – BVerwG I C 11.73: „Obwohl sich für die Polizei im Einzelfall bei einem einheitlichen Lebenssachverhalt gleichzeitig und unmittelbar Aufgaben der Strafverfolgung und der Gefahrenabwehr ergeben können, ist der im Schrifttum vertretenen Auffassung nicht zu folgen, daß aus Gründen der Rechtssicherheit oder wegen der schwierigen Durchschaubarkeit für den Bürger jede Art polizeilichen Handelns der verwaltungsgerichtlichen Kontrolle unterliegen müsse. In aller Regel ist es für den Betroffenen nicht schwer, zu erkennen, ob die Polizei im konkreten Fall eine - begangene - Straftat erforschen (**Strafverfolgung**) oder den Eintritt eines Schadens, etwa die - zukünftige - Begehung einer strafbaren Handlung, verhindern oder eine bereits eingetretene Störung der öffentlichen Sicherheit oder Ordnung beseitigen (**Gefahrenabwehr**) will. Außerdem wird man davon ausgehen dürfen, daß die Polizei dem Betroffenen - wie im vorliegenden Fall - den Grund ihres Einschreitens von sich aus oder auf Verlangen angibt. Im übrigen kommt es darauf an, wie sich der konkrete Lebenssachverhalt einem verständigen Bürger in der Lage des Betroffenen bei natürlicher Betrachtungsweise darstellt. Dieser Sachverhalt muß im allgemeinen einheitlich betrachtet werden, es sei denn, daß einzelne Teile des Geschehensablaufs objektiv abtrennbar sind. Hat die Polizei die Ermittlungen an die StA oder das Amtsgericht weitergeleitet (§ 163 Abs. 2 StPO) oder auf Weisung der StA gehandelt, so kann an der strafprozessualen Natur ihres Einschreitens kein vernünftiger Zweifel bestehen. Eine Maßnahme, die nach dem Gesamteindruck darauf gerichtet ist, eine strafbare Handlung zu erforschen oder sonst zu verfolgen, ist der Kontrolle der ordentlichen Gerichte nach §§ 23 ff. EGGVG nicht etwa deshalb entzogen, weil durch die polizeilichen Ermittlungen möglicherweise zugleich auch künftigen Verletzungen der öffentlichen Sicherheit vorgebeugt würde.".

[42] Sog. **objektivierter Empfängerhorizont**, vgl. BVerwGE 147, 81 = BVerwG, Urteil vom 20.06.2013 – BVerwG 8 C 46.12, Rn. 27: „Die bundesrechtlichen Auslegungsregeln der §§ 133, 157 BGB sind auf öffentlich-rechtliche Erklärungen entsprechend anzuwenden. Bei Verwaltungsakten kommt es wie bei empfangsbedürftigen Willenserklärungen nicht auf den wirklichen Willen des Erklärenden (natürliche Auslegung), sondern auf den objektiven Erklärungsinhalt an. Maßgeblich ist, wie der Empfänger die Erklärung nach Treu und Glauben unter Berücksichtigung der für ihn erkennbaren Umstände verstehen musste. Dabei ist vom Wortlaut der Erklärung auszugehen und deren objektiver Gehalt unter Berück-

- (schwerpunktmäßige) Zwecke nach objektiven Sachlagen, zum Beispiel alternativ:
  - gefährliche Sachlagen mit Schwerpunkt-Erfordernissen von: Gefahrenabwehr, Situationsverhinderung, Situationsunterbindung – schwerpunktmäßig mit Maßnahmenbezug auf etwas nach bestimmten Anhaltspunkten Bevorstehendes, auf ein unbeendetes Geschehen in Gegenwart oder Zukunft;
  - Deliktslagen mit Schwerpunkt-Erfordernissen von Straftatenerforschung oder Ordnungswidrigkeitenerforschung – schwerpunktmäßig mit Maßnahmen-Bezug auf etwas nach bestimmten Anhaltspunkten Getanes, auf eine versuchte oder vollendete oder beendete Deliktstat in der Vergangenheit.
- (schwerpunktmäßiger) Rechtsbezug/Rechtszusammenhang zu einer bestimmten Rechtsgebiets-Maßnahme, etwa über bestimmte Anwendung/Durchsetzung/Vollstreckung/Vollziehung zum Beispiel:
  - von bestimmten Rechtsquellen/Rechtsnormen eines bestimmten Rechtsgebiets (zum Beispiel: §§ des PolG NRW oder §§ der StPO oder §§ des OWiG);
  - von bestimmten Rechtserkenntnisquellen mit Rechtsnormbezug zu einem bestimmten Rechtsgebiet (zum Beispiel: Justizentscheidungen oder Rechtshilfe, etwa bei Durchsuchungsbeschluss oder Haftbefehl; wobei auch bezüglich strafrechtspflegerischer Maßnahmen funktionssichernde Gefahrenabwehrmaßnahmen gegeben sein können, etwa zwecks Eindringens bzw. Zugriffs).
  - von bestimmten vorherigen (Grund-)Maßnahmen aus bestimmten Rechtsnormen eines bestimmten Rechtsgebiets (zum Beispiel zur Durchsetzung von schwerpunktmäßigen Gefahrenabwehrmaßnahmen wie solchen aus §§ 34-34b PolG NRW oder über „Amtshilfe" oder „Vollzugshilfe" oder „Rechtshilfe" zu einer einem bestimmten Rechtsgebiet zugeordneten Maßnahme).
- (schwerpunktmäßige Verhaltens-)Äußerungen einschließlich subjektiv geäußerter Zielrichtungen, zum Beispiel alternativ:
  - Angaben vor oder während oder nach der Maßnahme von Maßnahmentreffenden gegenüber Maßnahmenbetroffenen oder gegenüber sonst Maßnahmenbeteiligten;
  - Angaben (aller Art einschließlich „Ankreuzen" von „Feldern") insbesondere von Maßnahmentreffenden in Vorgangsdateien wie: Anzeigen, Berichten, Protokollen, Schreiben, Vermerken.

„Aufklärung" oder „Sachverhaltserforschung" kann alternativ sein:

- „Gefahrerforschungseingriff";
- „Sachverhaltsaufklärung" i.S.d. §§ 160, 163 Abs. 1 S. 1 StPO; § 53 Abs. 1 S. 1 OWiG.

Zum **Gefahrenabwehr- und -Strafrechtspflegeverhältnis** bzw. **Strafrechtspflege- und -Gefahrenabwehrverhältnis**: „Es gibt weder einen allgemeinen Vorrang der Strafprozessord-

---

sichtigung des Empfängerhorizonts zu ermitteln (stRspr, vgl. Urteile vom 2. September 1999 - BVerwG 2 C 22.98 - BVerwGE 109, 283 <286> = Buchholz 237.7 § 72 NWLBG Nr. 4 und vom 27. Juni 2012 - BVerwG 9 C 7.11 - BVerwGE 143, 222 <Rn. 18> = Buchholz 11 Art. 20 GG Nr. 206; BGH, Urteile vom 24. Februar 1988 - VIII ZR 145/87 - BGHZ 103, 275 <280>, vom 27. Januar 2010 - VIII ZR 58/09 - BGHZ 184, 128 <137 Rn. 33> und vom 1. März 2011 - II ZR 16/10 - NJW 2011, 1666 <1667 Rn. 11> je m.w.N.)."; BVerwG, Beschluss vom 06.08.2018 – BVerwG 7 B 4.18, Rn. 10: „Dass die bundesrechtlichen Auslegungsregeln der §§ 133, 157 BGB auf öffentlich-rechtliche Erklärungen, d.h. u.a. auf Verwaltungsakte, entsprechend anzuwenden sind, ist in der Rechtsprechung des Bundesverwaltungsgerichts bereits geklärt (BVerwG, Urteil vom 20. Juni 2013 - 8 C 46.12 - BVerwGE 147, 81 Rn. 27 m.w.N.).". Zur Auslegung nach §§ 133, 157 BGB analog siehe auch *Basten*, Eingriffsrecht der Polizei in Nordrhein-Westfalen, Band 1, Buch 1, Abschnitt 3, Unterabschnitt 2, Titel 4.

nung gegenüber dem Gefahrenabwehrrecht noch umgekehrt. Die Polizei kann auch während eines bereits laufenden Ermittlungsverfahrens [und bei Tatverdacht, P. B.] aufgrund präventiver Ermächtigungsgrundlagen [oder anderer Rechtsgrundlagen, P. B.] zum Zwecke der Gefahrenabwehr tätig werden."[43]

A. Rechtsgrundlage (RGL) III. Mögliche Befugnisrechtsnorm (Mgl. Brn.)

(VOR/DEF)

Befugnisrechtsnorm ist die rechtmäßige hauptsächliche materiellrechtliche Rechtsgrundlage mit realfolgenentsprechender Rechtsfolge.

(SUB/ERG)

Realfolge ist die jeweilige Maßnahme laut Sachverhalt.

Rechtsfolge ist bei § 8 Abs. 1 PolG NRW[44] als VA[45]/Realakt die nicht in anderen §§ besonders (spezieller) geregelte Maßnahme.[46]

---

[43] BGHSt 62, 123 (**Legendierte Kontrollen**), Ls. 2 = BGH 2 StR 247/16 – Urteil vom 26.04.2017 (LG Limburg).

[44] § 8 Abs. 1 PolG NRW ist die zentrale Generalbefugnisrechtsnorm auf dem Rechtsgebiet der Gefahrenabwehr. Vgl. Datenverarbeitungsgeneralbefugnisrechtsnormen wie § 9 Abs. 1 PolG NRW als Datenerhebungsgeneralbefugnisrechtsnorm. Generalbefugnisrechtsnormen wie § 8 Abs. 1 PolG NRW werden auch teilweise genannt: „Generalklausel" / „Generalermächtigung"; zu Klauseln oder Generalklauseln vgl. auch privatrechtliche Verträge und Rechtsnormen wie §§ 138, 242, 305 ff., 314, 626 BGB, § 725 ZPO; zu Generalermächtigung siehe auch *Basten*, Eingriffsrecht der Polizei in Nordrhein-Westfalen, Band 1, Buch 1, Abschnitt 1, Unterabschnitt 3, Titel 2, Untertitel 2.

[45] **Wohnungstüröffnungs-Verfügung** (je nach Rechtsgebiet VA oder Justiz-VA [z.B.: „Bitte öffnen Sie die Tür!"]) kann bspw. wie folgt – insbesondere über den Zweck – zu subsumieren sein:

- § 9 Abs. 2 PolG NRW / § 163 Abs. 3 StPO / § 163a StPO (Zweck: Befragung / Vernehmung).
- § 12 PolG NRW / § 163b Abs. 1 oder § 163b Abs. 2 StPO (Zweck: IDF jedenfalls ohne Wohnungs-Betretens- und Wohnungs-Durchsuchungszweck [z.B.: IDF-Befragung / IDF-Ausweisverlangen an der Tür]).
- § 16a PolG NRW / § 163f StPO / § 163 Abs. 1 S. 2 StPO (Zweck: Observation jedenfalls ohne Wohnungs-Betretens- und Wohnungs-Durchsuchungszweck [z.B.: Datenerhebung von der Tür aus]).
- § 35 PolG NRW / § 127 Abs. 1 S. 1 Alt. 1 StPO / § 127 Abs. 2 i.V.m. § 112/§ 112a/§ 126a; § 127b StPO; § 164 StPO (Zweck: Ingewahrsamnahme / Festnahme jedenfalls ohne Wohnungs-Betretens- und Wohnungs-Durchsuchungszweck [z.B.: Ingewahrsamnahme / Festnahme an der Tür]).
- § 41 PolG NRW / § 102 StPO oder § 103 StPO (Zweck: Wohnungsbetreten und/oder Wohnungsdurchsuchung).
- § 43 PolG NRW / § 94 Abs. 1 StPO / § 94 Abs. 1, 2 StPO / §§ 94 Abs. 3, 111a StPO, § 69 StGB / §§ 99, 100 StPO / § 108 StPO (§ 110 StPO); / § 111b StPO / § 132 StPO (Zweck: Sicherstellung/Beschlagnahme jedenfalls ohne Wohnungs-Betretens- und Wohnungs-Durchsuchungszweck [z.B.: Sicherstellung/Beschlagnahme an der Tür).
- § 81a StPO / § 81c StPO / § 81g StPO / § 81h StPO (Zweck: der jeweilige „Untersuchungs"-Zweck jedenfalls ohne Wohnungs-Betretens- und Wohnungs-Durchsuchungszweck [z.B.: „Untersuchung" an der Tür]).

Mögliche Befugnisrechtsnorm ist § 8 Abs. 1 PolG NRW.

(SUB)

Realfolgenbeispiele und Rechtsfolge

Realfolgen:

- Anhalteverfügung (**Anhalten**) oder Festhalteverfügung (**Festhalten**), soweit nicht spezieller geregelt[47]
- (sonstige) Aufenthaltsverfügung oder (sonstige) Bewegungsverfügung, soweit nicht spezieller geregelt[48]
- **Gefährderansprache / Gefährderanschreiben**[49]
- **Hausverbot** für öffentlich-rechtliche Gebäude[50]

(ERG)

Mögliche Befugnisrechtsnorm

§ 8 Abs. 1 PolG NRW

- § 8 Abs. 1 PolG NRW / § 163 Abs. 1 S. 2 StPO (Zweck: jedenfalls ein nicht besonders geregelter Zweck jedenfalls ohne Wohnungs-Betretens- und Wohnungs-Durchsuchungszweck).

[46] Nr. 8.0 VVPolG NRW: „Auf die Generalklausel des § 8 Abs. 1 darf nicht zurückgegriffen werden, wenn es sich um Maßnahmen zur Gefahrenabwehr nach den §§ 9 bis 46 handelt. Die Voraussetzungen für diese Maßnahmen sowie deren Art und Umfang sind in den genannten Vorschriften abschließend geregelt.".

[47] Beispiele für spezieller normierte Anhalteverfügung: § 9 Abs. 2 S. 2 PolG NRW (Anhalten zwecks allgemeiner Befragung); § 12 Abs. 2 S. 2 PolG NRW (Anhalten zwecks Identitätsfeststellung). Beispiele für spezieller normierte Festhalteverfügung (vgl. § 36 Abs. 1 S. 1 PolG NRW und § 37 Abs. 1 PolG NRW): § 10 Abs. 3 PolG NRW (Festhalten zum Vorladungsdurchsetzungszweck), § 12 Abs. 2 S. 3 PolG NRW (Festhalten zwecks Identitätsfeststellung); § 35 PolG NRW (Festhalten als Ingewahrsamnahme zu mindestens einem Ingewahrsamnahmezweck).

[48] Beispiele für spezieller normierte Aufenthalts- oder Bewegungsverfügung: § 34 Abs. 1 S. 1 Alt. 1 PolG NRW; § 34 Abs. 1 S. 1 Alt. 2 PolG NRW; § 34 Abs. 2 PolG NRW.

[49] OVG NRW, Beschluss des 5. Senats vom 22.08.2016 – 5 A 2532/14, Rn. 22: „Aus dem Vorbehalt des Gesetzes folgt zunächst anerkanntermaßen, dass (jedenfalls) dann, wenn hiermit ein Eingriff in Grundrechte erfolgt, polizeiliches Handeln einer gesetzlichen Ermächtigungsgrundlage, einer Befugnisnorm, bedarf. Fehlt dem polizeilichen Handeln jedoch der Eingriffscharakter, stellt die allgemeine Aufgabenzuweisungsnorm eine hinreichende Handlungsgrundlage dar.", Rn. 24: „Nach allgemeiner Auffassung gilt dies auch für polizeiliches Tätigwerden, für das sich der – allerdings nicht eindeutig definierte – Begriff der Gefährderansprache etabliert hat.", Rn. 26: „Ob eine Gefährderansprache in Grundrechte des Betroffenen eingreift, ist danach abhängig von ihrem konkreten Inhalt. Nicht jede Ansprache eines (möglichen) Gefährders als solcher durch die Polizei erfüllt an sich die Voraussetzungen, die an einen Grundrechtseingriff zu stellen sind.". OVG Niedersachsen, Urteil vom 22.09.2005 – 11 LC 51/04, Leitsatz 1: „Ein polizeiliches Gefährderanschreiben, mit dem dem Adressaten nahegelegt wird, sich nicht an Demonstrationen zu beteiligen, um zu vermeiden, dass er polizeilichen Gefahrabwehrmaßnahmen ausgesetzt wird, greift in die grundgesetzlich geschützte Willensentschließungsfreiheit des Betroffenen, an Demonstrationen teilzunehmen, ein und bedarf deshalb einer gesetzlichen Grundlage.", Ls. 2: „Liegt eine konkrete Gefahr vor, kann ein Gefährderanschreiben auf die polizeiliche Generalklausel gestützt werden, wenn die durch Tatsachen belegte Besorgnis besteht, der Adressat werde mit hinreichender Wahrscheinlichkeit Straftaten begehen, die im sachlichen Zusammenhang mit dem Gefährderanschreiben stehen, und sich deshalb als Störer erweisen.".

- **Meldeauflage**[51]
- **Körperliche Untersuchung**[52] auf dem Rechtsgebiet des PolG NRW
- **Störungsverbot**, soweit nicht spezieller geregelt[53]
- „**Verbringung**" (oder § 35 PolG NRW), soweit nicht spezieller geregelt (je nach Art und Zweck)[54]
- Fahrzeugwegbewegungsgebot vor „**Abschleppen**", soweit nicht spezieller geregelt, vgl. z.B. „Platzverweisung" (Personen-Ortsverweisung); zum Abschleppen vgl. auch § 15a StVO, § 43 PolG NRW, §§ 50 ff. PolG NRW, zum „**Schleppen**": § 33 StVZO)
- sonstige **Handlungsverfügung**, soweit nicht spezieller geregelt[55]

---

50 OVG NRW, Beschluss des 25. Senats vom 08.10.1997 – 25 B 2208/97 „Für die Frage, ob ein derartiges Hausverbot dem öffentlichen Recht oder dem Privatrecht zuzuordnen ist, ist mangels eines öffentlich-rechtlichen Sonderrechts maßgeblich darauf abzustellen, welche Rechtsnormen die Rechtsbeziehungen der Beteiligten und damit das Hausverbot prägen.".

51 BVerwGE 129, 142 (Meldeauflage nach § 17 ASOG Berlin [≙ § 8 Abs. 1 PolG NRW]) = BVerwG, Urteil vom 25.07.2007 – BVerwG 6 C 39.06.

52 Körperliche Untersuchung insbesondere in: *Basten*, Eingriffsrecht der Polizei in Nordrhein-Westfalen, Band 3, Buch 3, dort insbesondere Abschnitte 7, 8. Klassisch mögliche körperliche Untersuchung auf dem Rechtsgebiet der Gefahrenabwehr – als körperlicher Eingriff durch Blutprobenentnahme – ist diejenige zwecks Postexpositionsprophylaxe.

53 Beispiel für Störungsverbotsgegenstand: Ruhestörung im Sinne des 9 LImschG NRW.

54 Mögliche Befugnisrechtsnorm für eine sogenannte **Verbringung** (Personentransport außerhalb eines Orts oder örtlichen Bereichs – unabhängig von Zwang) ist insbesondere zweckabhängig und kann zum Beispiel sein: § 35 PolG NRW oder § 8 Abs. 1 PolG NRW; auf dem Rechtsgebiet des PolG NRW nicht: § 34 PolG NRW wegen deutlichen Überschreitens der auf Verfügung ausgerichteten Wortlaute des § 34 PolG NRW; mehr einschließlich Verbringung zum Beispiel vertretbar bei § 12 Abs. 3 AufenthG (i.V.m. § 71 Abs. 5 AufenthG: „Durchsetzung der Verlassenspflicht des § 12 Abs. 3"). Für die Beantwortung der für die Rechtsfolge mitentscheidenden Frage zu Freiheitsentziehung oder sonstiger Freiheitsbeschränkung (vgl. die Festhalte-Rechtsfolgen) kann auch die Intensitätswirkung auf die grundrechtsschutzbereichsrelevante Ortsaufsuchungsmöglichkeit bzw. Ortszugänglichkeitsmöglichkeit nach Verbringung in die Gesamtbeurteilung einbezogen werden (Bsp.: Verbringungsdauer zwar unter einer halben Stunde, aber Rückkehrmöglichkeit zum Verbringungsstartort deutlich über zwei Stunden.).

55 Beispiel für eine nicht spezieller normierte Handlungsverfügung: Verfügung zur Handlung des Aufhebens, des Betätigens, des Weglegens oder sonstiger Handhabung einer Sache, soweit nicht bereits insbesondere bei einer sich auf Sachen beziehenden spezielleren Rechtsfolge etwa als Begleitverfügung zu dieser subsumierbar (z.B. bei Durchsuchung zu deren Begleitung, Förderung, Ermöglichung). Zur Hosentaschenleerungsverfügung siehe auch das Beispiel aus VGH Baden-Württemberg, Urteil des 1. Senats vom 13.08.2018 – 1 S 1468/17, Rn. 147: „Die Aufforderung, die Hosentaschen zum Zwecke der Eigensicherung der Polizeibeamten zu leeren, findet ihre Rechtsgrundlage stattdessen mangels abschließender Regelung in den Vorschriften über die Standardmaßnahmen in der polizeilichen Generalklausel [...].". Beispiel einer spezieller normierten Handlungsverfügung: § 60c Abs. 1 S. 2 GewO, wonach der Inhaber einer Reisegewerbekarte auf Verlangen „die von ihm mitgeführten Waren vorzulegen" hat.

- sonstige **Duldungsverfügung**, soweit nicht spezieller geregelt[56]
- sonstige **Unterlassungsverfügung**, soweit nicht spezieller geregelt[57].

Rechtsfolge:

- Maßnahme (als VA i.S.d. § 35 VwVfG NRW oder als Realakt), soweit nicht die §§ 9 bis 46 PolG NRW die Befugnisse der Polizei besonders regeln.

Verfügung ist ein Gebot oder ein Verbot; **selbständige Verfügung** ist ein Gebot oder ein Verbot nach einer Generalbefugnisrechtsnorm; **unselbständige Verfügung** ist ein Gebot oder Verbot nach einer spezielleren Befugnisrechtsnorm. **Standardbefugnisrechtsnorm** soll nach Rechtserkenntnisquellen heißen: eine speziellere Befugnisrechtsnorm bezüglich einer Standardmaßnahme. **Standardmaßnahme** ist eine Maßnahme mit regelmäßigem, standardmäßigem Vorkommen in der Realität.

Bestimmtheit[58] von Generalbefugnisrechtsnormen wie § 8 Abs. 1 PolG NRW und § 163 Abs. 1 S. 2 StPO ist grundsätzlich gegeben (Ausnahmen ggf. je nach Maßnahmen-Atypizität und Maßnahmen-Intensität): Generalbefugnisrechtsnormen sind jedenfalls hinreichend bestimmbar im Sinne des Art. 20 Abs. 3 GG, denn sie sind in jahrzehntelanger Entwicklung durch Rechtsprechung und Lehre nach Inhalt, Zweck und Ausmaß hinreichend präzisiert, in ihrer Bedeutung geklärt und im juristischen Sprachgebrauch verfestigt.[59]

Bei bestimmter **Grundrechts-Intensität** (Eingriffsschwere) und **Grundrechts-Typizität** (regelmäßige Grundrechtsschutzbereichsbetroffenheit und Grundrechtseingriff durch eine Maßnahme) ist im Einzelfall zu entscheiden, ob durch eine Generalbefugnisrechtsnorm ein **Ausreichen oder Nichtausreichen einer Rechtsnorm als Rechtsgrundlage** gegeben ist,

---

56 Beispiel für eine nicht spezieller normierte Duldungsverfügung: Verfügung zur Duldung des Verhaltens eines (privaten) Dritten, soweit nicht bereits – insbesondere bei Verfügung der Duldung einer spezieller normierten hoheitlichen Maßnahme – als Begleitverfügung zu dieser subsumierbar. Beispiel für eine spezieller normierte Duldungsverfügung: § 34c Abs. 1 PolG NRW („[…] die Anlegung und Wartung des technischen Mittels zu dulden […]“).

57 Beispiele für eine nicht spezieller normierte Unterlassungsverfügung:

- Verfügung zur Unterlassung von Rechtsverletzungen (vgl. z.B. bei erheblicher Ruhestörung oder Schlägerei insbesondere: §§ 223, 224, 226, 231 StGB.
- Verfügung zur Unterlassung der Aufhebung, der Betätigung oder sonstiger Handhabung einer Sache, soweit nicht bereits insbesondere bei einer sich auf Sachen beziehenden spezielleren Rechtsfolge dieser etwa als Begleitverfügung subsumierbar, insbesondere soweit nicht bereits der Sicherstellungsrechtsfolge subsumierbar.

Beispiel einer spezieller normierten Unterlassungsverfügung: § 60c Abs. 1 S. 1 GewO: „Der Inhaber einer Reisegewerbekarte ist verpflichtet, […] seine Tätigkeit auf Verlangen bis zur Herbeischaffung der Reisegewerbekarte einzustellen.“.

58 Zur Bestimmtheit / **Bestimmbarkeit** auch ausführlich: *Basten*, Recht der Polizei – Maßnahmen, Methoden, Mechanismen, S. 35 f., 191-193.

59 BVerfGE 54, 143, 144 f. (Taubenfütterungsverbot) = BVerfG, Beschluss des Zweiten Senats vom 23.05.1980 - 2 BvR 854/79, Gründe, 1a).

insbesondere unter Abwägung der Folgen (Teleologie unter anderem mit sogenanntem **„Chaosgedanken"**) von Anwendung oder Nichtanwendung einer Rechtsgrundlage einerseits und andererseits von Rechtsstaatsgeboten wie dem Vorbehalt des Gesetzes[60] und dem Bestimmtheitsgebot.[61]

B. Formelle Rechtmäßigkeit (FR) I. Zuständigkeit (Z)

(VOR/DEF)

Zuständigkeit ist Aufgabenwahrnehmungserlaubnis für den Rechtsfolgesetzer.

(SUB/ERG)

Für die Maßnahme ist die Zuständigkeit (i.d.R.) wie folgt gegeben:

1. sachliche Zuständigkeit *der Polizei* gemäß (alternativ)

- § 1 Abs. 1 S. 1, 2 Var. 1 PolG NRW (originäre Zuständigkeit)[62] (ggf. i.V.m. § 1 Abs. 2 PolG NRW[63] / ggf. i.V.m. § 1 Abs. 5 S. 2 PolG NRW[64]);

---

[60] Ausdrücklicher Vorbehalt des Gesetzes in: § 1 Abs. 5 S. 1 PolG NRW.

[61] Beispiel zum Ausreichen oder Nichtausreichen einer Rechtsnorm als Rechtsgrundlage: OVG NRW, Urteil des 5. Senats vom 05.07.2013 – 5 A 607/11, Ls.: „1. § 16a PolG NRW ist keine Rechtsgrundlage für eine offene Dauerobservation hochgradig rückfallgefährdeter Sexual- und Gewaltstraftäter, die aus Rechtsgründen nicht in der Sicherungsverwahrung oder Therapieunterbringung untergebracht werden können. Ob der Landesgesetzgeber für eine spezielle Regelung dieser Fallgestaltung die Gesetzgebungskompetenz besitzt, bleibt offen. 2. Eine derartige Maßnahme konnte jedenfalls im Zeitraum von März 2009 bis Februar 2011 bei Beachtung strikter Verhältnismäßigkeit auf die polizeiliche Generalklausel gemäß § 8 PolG NRW gestützt werden. 3. Die polizeiliche Generalklausel deckte auch die Mitbeobachtung anderer Personen ab, die nicht Ziel der Observation, von dieser aber unvermeidbar betroffen waren.".

[62] Vgl. auch: §§ 28, 41, 44, 43, 45, 46, 47, 50, 51, 52, 56, 57 StVGüterbefZVO NRW (nichtamtliche Abkürzung für: Verordnung über Zuständigkeiten im Bereich Straßenverkehr und Güterbeförderung [in NRW]), dort mit:

- Rechtsgebiet Gefahrenabwehr: § 28 Abs. 2 StVGüterbefZVO NRW: Polizeibehörden und -einrichtungen-Zuständigkeit im Dienstbereich der Polizei für Wahrnehmung der Aufgaben der Erlaubnisbehörden zur Ausführung des FahrlG;
- Rechtsgebiet Strafrechtspflege: § 41 Abs. 2 StVGüterbefZVO NRW: Polizeibehörden-Zuständigkeit zur Verfolgung von Ordnungswidrigkeiten nach Art. 7 Abs. 1 und 3 S. 1 des Gesetzes zu dem Übereinkommen vom 2. Dezember 1972 über sichere Container, solange die Polizeibehörden die Sache nicht an die Kreisordnungsbehörde, das Bundesamt für Güterverkehr oder an die Staatsanwaltschaft abgegeben haben
- Rechtsgebiet Gefahrenabwehr: § 44 StV- und GüterbefZVO NRW: Kreispolizeibehörden-Zuständigkeit für die Überwachung der Beförderung gefährlicher Güter nach § 9 Abs. 1 GGBefG während des Vorgangs der Ortsveränderung auf der Straße, soweit nicht nach § 5 Abs. 1 GGBefG dessen Durchführung dem Bund in bundeseigener Verwaltung obliegt;
- Rechtsgebiet Gefahrenabwehr: § 46 StV- und GüterbefZVO NRW: Wasserpolizei-Zuständigkeit für die Überwachung der Beförderung gefährlicher Güter nach § 9 Abs. 1 GGBefG unter bestimmten Umständen;
- Rechtsgebiet Strafrechtspflege: § 47 StV- und GüterbefZVO NRW: Polizei-Zuständigkeit für die Verfolgung der in den § 43 Abs. 1 Nr. 3 und 4, Abs. 2 Nr. 3, § 45 Nr. 3 StVGüterbefZVO NRW

- § 1 Abs. 1 S. 1, 3 PolG NRW (subsidiäre Zuständigkeit)[65];

2. instanzielle Zuständigkeit *der Polizeibehörde* gemäß

- (i.d.R.) § 11 Abs. 1 Nr. 1 POG NRW;
- (generell:) §§ 10-14 POG NRW (ggf. i.V.m. KPBVO NRW / ggf. i.V.m. LKAAufgVO NRW)[66];

---

genannten Ordnungswidrigkeiten, solange die Polizei die Sache nicht an die nach den § 43 Abs.1 Nr. 3 und 4, Abs. 2 Nr. 3, § 45 Nr. 3 zuständigen Behörden oder an die Staatsanwaltschaft abgegeben hat;

- Rechtsgebiet Gefahrenabwehr: § 50 Abs. 1 StV- und GüterbefZVO NRW: Kreispolizeibehörden-Zuständigkeit nach Kapitel 8.4 in Verbindung mit Kapitel 8.5 S 1 Abs. 6 und S 14 bis S 21 sowie Kapitel 8.5 S 1 Abs. 4 und 5 der Anlage B des Europäischen Übereinkommens über die Internationale Beförderung gefährlicher Güter auf der Straße (amtliche Abkürzung: ADR);
- Rechtsgebiet Strafrechtspflege: § 52 Abs. 2 StV- und GüterbefZVO NRW: Polizei-Zuständigkeit für die Verfolgung der in den § 50 Abs. 3 und § 51 Abs. 1 Nr. 3 StV- und GüterbefZVO NRW genannten Ordnungswidrigkeiten, solange die Polizei die Sache nicht an die nach den § 50 Abs. 3 und § 51 Abs. 1 Nr. 3 StV- und GüterbefZVO NRW zuständigen Behörden oder an die Staatsanwaltschaft abgegeben hat;
- Rechtsgebiet Strafrechtspflege: § 57 StV- und GüterbefZVO NRW: Polizei-Zuständigkeit für die Verfolgung der in § 56 StV- und GüterbefZVO NRW genannten Ordnungswidrigkeiten, solange die Polizei die Sache nicht an die nach § 56 StV- und GüterbefZVO NRW zuständigen Behörden oder an die Staatsanwaltschaft abgegeben hat.

[63] § 1 Abs. 2 PolG NRW hat negative Zuständigkeitsvoraussetzungen; § 1 Abs. 2 PolG NRW ist die sogenannte „**Privatrechtsklausel**"; zum **Privatrecht in der polizeilichen Praxis** ausführlich: *Basten*, Privatrecht in der polizeilichen Praxis.

[64] § 1 Abs. 5 S. 2 PolG NRW ist qua Gesetzessystematik eine Zuständigkeitsvorschrift mit negativen Befugnisvoraussetzungen.

[65] Vgl. zum Beispiel auch § 44 StVO.

[66] Vgl. auch: §§ 28, 41, 44, 43, 45, 46, 47, 50, 51, 52, 56, 57 StVGüterbefZVO NRW (nichtamtliche Abkürzung für: Verordnung über Zuständigkeiten im Bereich Straßenverkehr und Güterbeförderung [in NRW]), dort mit:

- Rechtsgebiet Gefahrenabwehr: § 28 Abs. 2 StVGüterbefZVO NRW: Polizeibehörden und -einrichtungen-Zuständigkeit im Dienstbereich der Polizei für Wahrnehmung der Aufgaben der Erlaubnisbehörden zur Ausführung des FahrlG;
- Rechtsgebiet Strafrechtspflege: § 41 Abs. 2 StVGüterbefZVO NRW: Polizeibehörden-Zuständigkeit zur Verfolgung von Ordnungswidrigkeiten nach Art. 7 Abs. 1 und 3 S. 1 des Gesetzes zu dem Übereinkommen vom 2. Dezember 1972 über sichere Container, solange die Polizeibehörden die Sache nicht an die Kreisordnungsbehörde, das Bundesamt für Güterverkehr oder an die Staatsanwaltschaft abgegeben haben
- Rechtsgebiet Gefahrenabwehr: § 44 StV- und GüterbefZVO NRW: Kreispolizeibehörden-Zuständigkeit für die Überwachung der Beförderung gefährlicher Güter nach § 9 Abs. 1 GGBefG während des Vorgangs der Ortsveränderung auf der Straße, soweit nicht nach § 5 Abs. 1 GGBefG dessen Durchführung dem Bund in bundeseigener Verwaltung obliegt;
- Rechtsgebiet Gefahrenabwehr: § 46 StV- und GüterbefZVO NRW: Wasserpolizei-Zuständigkeit für die Überwachung der Beförderung gefährlicher Güter nach § 9 Abs. 1 GGBefG unter bestimmten Umständen;
- Rechtsgebiet Strafrechtspflege: § 47 StV- und GüterbefZVO NRW: Polizei-Zuständigkeit für die Verfolgung der in den § 43 Abs. 1 Nr. 3 und 4, Abs. 2 Nr. 3, § 45 Nr. 3 StVGüterbefZVO NRW genannten Ordnungswidrigkeiten, solange die Polizei die Sache nicht an die nach den § 43 Abs.1 Nr. 3 und 4, Abs. 2 Nr. 3, § 45 Nr. 3 zuständigen Behörden oder an die Staatsanwaltschaft abgegeben hat;

3. örtliche Zuständigkeit *der Polizeibehörde* gemäß

- (i.d.R.) § 7 Abs. 1 POG NRW (ggf. i.V.m. KHStVO NRW);
- (generell:) §§ 7-9 POG NRW (ggf. i.V.m. KHStVO NRW);

4. funktionelle Zuständigkeit *des Polizeiamtswalters* gemäß
§ 8 Abs. 1 W. 2 PolG NRW für Anordnung, Ausführung, Antrag, Anregung.

B. Formelle Rechtmäßigkeit (FR) II. Verfahren (V)

(VOR/DEF)

Verfahren ist normiertes Verhalten insbesondere für den Rechtsfolgezuständigen außer, bei, i.Z.m. der Rechtsfolge.

1. Allgemeine Verfahrensrechtsnorm für VA (vgl. §§ 1, 2, 9, 35 VwVfG NRW): Anhörung

(VOR/DEF)

Gemäß § 28 VwVfG NRW besteht grundsätzlich Pflicht zur **Anhörung** im Sinne des § 28 Abs. 1 VwVfG NRW (Äußerungsgelegenheit mit entsprechender Würdigung vor eingreifendem VA) – oder es soll gegeben sein: ein Ausnahmegrund gemäß § 28 Abs. 2, 3 VwVfG

- Rechtsgebiet Gefahrenabwehr: § 50 Abs. 1 StV- und GüterbefZVO NRW: Kreispolizeibehörden-Zuständigkeit nach Kapitel 8.4 in Verbindung mit Kapitel 8.5 S 1 Abs. 6 und S 14 bis S 21 sowie Kapitel 8.5 S 1 Abs. 4 und 5 der Anlage B des Europäischen Übereinkommens über die Internationale Beförderung gefährlicher Güter auf der Straße (amtliche Abkürzung: ADR);
- Rechtsgebiet Strafrechtspflege: § 52 Abs. 2 StV- und GüterbefZVO NRW: Polizei-Zuständigkeit für die Verfolgung der in den § 50 Abs. 3 und § 51 Abs. 1 Nr. 3 StV- und GüterbefZVO NRW genannten Ordnungswidrigkeiten, solange die Polizei die Sache nicht an die nach den § 50 Abs. 3 und § 51 Abs. 1 Nr. 3 StV- und GüterbefZVO NRW zuständigen Behörden oder an die Staatsanwaltschaft abgegeben hat;
- Rechtsgebiet Strafrechtspflege: § 57 StV- und GüterbefZVO NRW: Polizei-Zuständigkeit für die Verfolgung der in § 56 StV- und GüterbefZVO NRW genannten Ordnungswidrigkeiten, solange die Polizei die Sache nicht an die nach § 56 StV- und GüterbefZVO NRW zuständigen Behörden oder an die Staatsanwaltschaft abgegeben hat.

NRW oder **VA-Verletzungsunbeachtlichkeit** gemäß § 45 VwVfG NRW[67] oder **VA-Nichtaufhebbarkeit** gemäß § 46 VwVfG NRW[68].

Gemäß § 28 Abs. 2 VwVfG NRW kann von der Anhörung abgesehen werden, wenn sie nach den Umständen des Einzelfalles nicht geboten ist, insbesondere wenn ein Fall vorliegt gemäß § 28 Abs. 2 Nr. 1-5 VwVfG NRW.

Absehenkönnen im Sinne von § 28 Abs. 2 Hs. 1 VwVfG NRW bedeutet Ermessen – in systematisch-kumulativer Verbindung mit § 28 Abs. 2 Hs. 2 VwVfG NRW wiederum unter Vorbehalt des tatsächlich und rechtlich Möglichen wie Gebotenen.

Gebotenheit ist Nichtverfügbarkeit eines milderen, gleich geeigneten Mittels zur Zweckförderung.

Gemäß § 28 Abs. 2 Nr. 1 VwVfG NRW kann von der Anhörung abgesehen werden, wenn eine sofortige Entscheidung wegen Gefahr im Verzug oder im öffentlichen Interesse notwendig erscheint.

Gefahr im Verzug i.S.d. § 28 Abs. 2 Nr. 1 VwVfG NRW ist gegeben, wenn der Handlungsbedarf unvorhergesehen ist und bei Durchführung der eigentlich vorgesehenen Maßnahme, hier der Anhörung, der gesetzliche Zweck, hier der jeweilige aus der Aufgabe des § 1 Abs. 1 S. 1 PolG NRW und aus der Befugnisrechtsnorm des § 8 Abs. 1 PolG NRW, vereitelt oder wesentlich erschwert wird.[69]

---

[67] Vgl. § 45 VwVfG NRW („**Heilung von Verfahrens- und Formfehlern**"), vgl. dazu: BVerwG, Urteil vom 06.02.2019 – BVerwG 1 A 3.18: „Eine entsprechende Heilung [hier im Fall einer Anhörung, P. B.] setzt voraus, dass die Anhörung nachträglich ordnungsgemäß durchgeführt und ihre Funktion für den Entscheidungsprozess der Behörde uneingeschränkt erreicht wird. Dies ist der Fall, wenn der Betroffene Gelegenheit hat, seine Einwendungen vorzubringen, und die Behörde diese nicht nur zur Kenntnis nimmt, sondern auch bei ihrer Entscheidung in Erwägung zieht. Von Letzterem ist auszugehen, wenn sich die Behörde nicht darauf beschränkt, die einmal getroffene Sachentscheidung zu verteidigen, sondern das Vorbringen des Betroffenen erkennbar zum Anlass nimmt, die Entscheidung kritisch zu überdenken (BVerwG, Urteil vom 17. Dezember 2015 - 7 C 5.14 - BVerwGE 153, 367 Rn. 17 m.w.N.).".

[68] Vgl. § 46 VwVfG NRW („**Folgen von Verfahrens- und Formfehlern**"), vgl. dazu BVerwG, Urteil vom 09.05.2019 – BVerwG 2 C 2.18 (Unterbliebene Beteiligung der Gleichstellungsbeauftragten bei LAFP NRW-Auswahlentscheidung), Rn. 70: „Ein Verstoß gegen eine Verfahrensvorschrift ist nur dann offensichtlich ohne Einfluss auf die Entscheidung in der Sache, wenn das Gericht zweifelsfrei und ohne jede Spekulation davon ausgehen kann, dass die Entscheidung ohne den Fehler genauso ausgefallen wäre. Ein Kausalzusammenhang ist dagegen zu bejahen, wenn nach den Umständen des jeweiligen Falles die konkrete Möglichkeit besteht, dass ohne den angenommenen Verfahrensmangel die Entscheidung anders ausgefallen wäre (stRspr, vgl. BVerwG, Urteile vom 30. Mai 1984 - 4 C 58.81 - BVerwGE 69, 256 <270> und vom 28. Juni 2018 - 2 C 14.17 - Buchholz 11 Art. 33 Abs. 5 GG Nr. 148 Rn. 32; Emmenegger, in: Mann/Sennekamp/Uechtritz, VwVfG, 2014, § 46 Rn. 91; Ramsauer, in: Kopp/Ramsauer, VwVfG, 20. Aufl. 2019, § 46 Rn. 36; Sachs, in: Stelkens/Bonk/Sachs, VwVfG, 9. Aufl. 2018, § 46 Rn. 80, 83).", Rn. 69: „Dabei lässt der Senat offen, ob § 46 VwVfG NRW, der die Aufhebung eines Verwaltungsaktes ausschließt, also Anfechtungsklagen betrifft, auf die im Streitfall gegebene Konstellation einer Feststellungsklage nach erledigtem Neubescheidungsbegehren (evtl. entsprechend) anzuwenden ist. Dasselbe gilt für die Frage, ob der in von § 46 VwVfG NRW normierte Ausschluss des Aufhebungsanspruchs auch die hier gegebene andersgeartete, besondere Fehlerfolge des § 18 Abs. 3 Satz 1 LGG NRW erfasst, wonach die verfahrensfehlerhaft zustande gekommene Auswahlentscheidung (nur) auszusetzen und die Beteiligung nachzuholen ist. Selbst wenn dies der Fall sein sollte, ist jedenfalls offensichtlich i.S.v. § 46 VwVfG NRW, dass der in der Nichtbeteiligung der Gleichstellungsbeauftragten liegende Verfahrensfehler die Entscheidung in der Sache nicht beeinflusst hat.".

[69] BVerwGE 142, 205 (Schutzmaßnahme nach IfSG) = BVerwG, Urteil vom 22.03.2012 – BVerwG 3 C 16.11: „Gefahr im Verzug im Sinne von § 28 Abs. 2 Nr. 1 VwVfG ist anzunehmen, wenn durch eine

Öffentliches Interesse ist die einzelfallbezogene Relevanz eines Rechts oder Rechtsguts nicht ausschließlich bei einem einzelnen Individuum.

Notwendigkeit ist Nichtverfügbarkeit eines milderen, gleich geeigneten Mittels zur Zweckförderung – bis hin zur Alternativlosigkeit der Mittelanwendung.

Gemäß § 28 Abs. 3 VwVfG NRW unterbleibt eine Anhörung, wenn ihr ein zwingendes öffentliches Interesse entgegensteht.

Zwingendes öffentliches Interesse ist die einzelfallbezogene unbedingte Relevanz eines Rechts oder Rechtsguts nicht ausschließlich bei einem einzelnen Individuum.

(SUB/ERG)

Im konkreten Fall ist § 28 VwVfG NRW (alternativ)

- eingehalten insbesondere bei Gelegenheit zur Stellungnahme i.S.d. § 28 Abs. 1 VwVfG NRW.
- eingehalten bei Nichteinhaltung von § 28 Abs. 1 VwVfG NRW und Ausnahmegrund gemäß § 28 Abs. 2, 3 VwVfG NRW.
- nicht eingehalten insbesondere bei Fehlen von Gelegenheit zur Stellungnahme ohne Ausnahmegrund.
- sonst eingehalten oder nicht eingehalten bei Anhaltspunkten / Fehlen entgegenstehender Anhaltspunkte.

2. Allgemeine Verfahrensrechtsnorm für VA (vgl. §§ 1, 2, 9, 35 VwVfG NRW): Begründung

(VOR/DEF)

Gemäß § 39 Abs. 1 VwVfG NRW besteht Pflicht zur **Begründung** eines schriftlichen oder elektronischen sowie schriftlich oder elektronisch bestätigten VA (vgl. § 37 Abs. 2 VwVfG NRW) mit den tatsächlich-rechtlichen, nicht unbedingt materiellrechtlich richtigen Behördenerwägungen – oder es soll gegeben sein: ein Ausnahmegrund nach § 39 Abs. 2 VwVfG NRW (insb. § 39 Abs. 2 Nr. 2, 4 VwVfG NRW) oder **VA-Verletzungsunbeachtlichkeit** gemäß § 45 VwVfG NRW[70] oder **VA-Nichtaufhebbarkeit** gemäß § 46 VwVfG NRW[71].

---

vorherige Anhörung auch bei Gewährung kürzester Anhörungsfristen ein Zeitverlust einträte, der mit hoher Wahrscheinlichkeit zur Folge hätte, dass die behördliche Maßnahme zu spät käme, um ihren Zweck noch zu erreichen. Ob eine sofortige Entscheidung objektiv notwendig war oder die Behörde eine sofortige Entscheidung zumindest für notwendig halten durfte, ist vom Gericht aus ex-ante-Sicht zu beurteilen (Urteil vom 15. Dezember 1983 - BVerwG 3 C 27.82 - BVerwGE 68, 267 <271 f.> = Buchholz 316 § 28 VwVfG Nr. 9 S. 18). Hierbei ist wegen der Bedeutung des Anhörungsrechts als tragendem Prinzip des rechtsstaatlichen Verfahrens ein strenger Maßstab anzulegen (vgl. Kopp/Ramsauer, VwVfG, 12. Aufl. 2011, § 28 Rn. 3 und Rn. 46 m.w.N.).".

[70] Vgl. § 45 VwVfG NRW („**Heilung von Verfahrens- und Formfehlern**"), vgl. dazu: BVerwG, Urteil vom 06.02.2019 – BVerwG 1 A 3.18: „Eine entsprechende Heilung [hier im Fall einer Anhörung, P. B.] setzt voraus, dass die Anhörung nachträglich ordnungsgemäß durchgeführt und ihre Funktion für den Entscheidungsprozess der Behörde uneingeschränkt erreicht wird. Dies ist der Fall, wenn der Betroffene Gelegenheit hat, seine Einwendungen vorzubringen, und die Behörde diese nicht nur zur Kenntnis

(SUB/ERG)

Im konkreten Fall ist § 39 VwVfG NRW (alternativ)

- eingehalten bei Fehlen von Begründungspflicht bei rechtmäßigem Fehlen von schriftlichem oder elektronischem, schriftlich oder elektronisch bestätigtem VA (i.d.R. jedenfalls zunächst bei Maßnahmen i.S.d. § 80 Abs. 2 S. 1 Nr. 2 VwGO).
- eingehalten bei Begründung bei schriftlichem oder elektronischem, schriftlich oder elektronisch bestätigtem VA (z.B. im Rahmen von „Bescheinigungen"; „Mitteilungen", „Anschreiben-VA" [„Auflagenanschreiben", „Gefährderanschreiben", „Meldeauflagenanschreiben"], „HG-Schriftverfügung"), auch bei Nichtvorliegen eines Ausnahmegrundes i.S.v. § 39 Abs. 2 VwVfG NRW.
- eingehalten bei Ausnahmegrund nach § 39 Abs. 2 VwVfG NRW, insbesondere wegen bekannter oder erkennbarer Sach- und Rechtslage gemäß § 39 Abs. 2 Nr. 2 Var. 1 oder 2 VwVfG NRW.
- sonst eingehalten oder nicht eingehalten bei Anhaltspunkten / Fehlen entgegenstehender Anhaltspunkte.

(ERG Verfahren)

Ergebnis kann allgemein sein: Verfahrensrechtmäßigkeit oder Verfahrensrechtswidrigkeit der Maßnahme.

---

nimmt, sondern auch bei ihrer Entscheidung in Erwägung zieht. Von Letzterem ist auszugehen, wenn sich die Behörde nicht darauf beschränkt, die einmal getroffene Sachentscheidung zu verteidigen, sondern das Vorbringen des Betroffenen erkennbar zum Anlass nimmt, die Entscheidung kritisch zu überdenken (BVerwG, Urteil vom 17. Dezember 2015 - 7 C 5.14 - BVerwGE 153, 367 Rn. 17 m.w.N.).".

[71] Vgl. § 46 VwVfG NRW („**Folgen von Verfahrens- und Formfehlern**"), vgl. dazu BVerwG, Urteil vom 09.05.2019 – BVerwG 2 C 2.18 (Unterbliebene Beteiligung der Gleichstellungsbeauftragten bei LAFP NRW-Auswahlentscheidung), Rn. 70: „Ein Verstoß gegen eine Verfahrensvorschrift ist nur dann offensichtlich ohne Einfluss auf die Entscheidung in der Sache, wenn das Gericht zweifelsfrei und ohne jede Spekulation davon ausgehen kann, dass die Entscheidung ohne den Fehler genauso ausgefallen wäre. Ein Kausalzusammenhang ist dagegen zu bejahen, wenn nach den Umständen des jeweiligen Falles die konkrete Möglichkeit besteht, dass ohne den angenommenen Verfahrensmangel die Entscheidung anders ausgefallen wäre (stRspr, vgl. BVerwG, Urteile vom 30. Mai 1984 - 4 C 58.81 - BVerwGE 69, 256 <270> und vom 28. Juni 2018 - 2 C 14.17 - Buchholz 11 Art. 33 Abs. 5 GG Nr. 148 Rn. 32; Emmenegger, in: Mann/Sennekamp/Uechtritz, VwVfG, 2014, § 46 Rn. 91; Ramsauer, in: Kopp/Ramsauer, VwVfG, 20. Aufl. 2019, § 46 Rn. 36; Sachs, in: Stelkens/Bonk/Sachs, VwVfG, 9. Aufl. 2018, § 46 Rn. 80, 83).", Rn. 69: „Dabei lässt der Senat offen, ob § 46 VwVfG NRW, der die Aufhebung eines Verwaltungsaktes ausschließt, also Anfechtungsklagen betrifft, auf die im Streitfall gegebene Konstellation einer Feststellungsklage nach erledigtem Neubescheidungsbegehren (evtl. entsprechend) anzuwenden ist. Dasselbe gilt für die Frage, ob der in von § 46 VwVfG NRW normierte Ausschluss des Aufhebungsanspruchs auch die hier gegebene andersgeartete, besondere Fehlerfolge des § 18 Abs. 3 Satz 1 LGG NRW erfasst, wonach die verfahrensfehlerhaft zustande gekommene Auswahlentscheidung (nur) auszusetzen und die Beteiligung nachzuholen ist. Selbst wenn dies der Fall sein sollte, ist jedenfalls offensichtlich i.S.v. § 46 VwVfG NRW, dass der in der Nichtbeteiligung der Gleichstellungsbeauftragten liegende Verfahrensfehler die Entscheidung in der Sache nicht beeinflusst hat.".

B. Formelle Rechtmäßigkeit (FR) III. Form (F)

(VOR/DEF)

Form ist normiertes Wie der Rechtsfolgesetzung – schriftlich, elektronisch, mündlich oder in anderer Weise.

(SUB/ERG)

Im konkreten Fall (alternativ)

- ist bei Fehlen von VA § 37 Abs. 2-6 VwVfG NRW unanwendbar.
- ist bei Fehlen von VA und Fehlen speziellerer Formrechtsnormen Formfreiheit gegeben.
- ist bei VA und Fehlen speziellerer Formrechtsnormen anwendbar: § 37 Abs. 2 bis 6 VwVfG NRW.
- kann gemäß § 37 Abs. 2 S. 1 VwVfG NRW der VA schriftlich, elektronisch, mündlich oder in anderer Weise erlassen werden.
- braucht gemäß § 37 Abs. 2 S. 2 VwVfG NRW der mündliche VA schriftlich oder elektronisch nicht bestätigt zu werden, wenn hieran kein berechtigtes Interesse besteht und der Betroffene dies nicht unverzüglich verlangt.

Ergebnis kann allgemein sein: Formrechtmäßigkeit oder Formrechtswidrigkeit der Maßnahme.

C. Materielle Rechtmäßigkeit (MR) I. Tatbestand (Tb) / Tatbestandsvoraussetzungen (TBV)

(VOR/DEF)

Tatbestand ist das Gesamt der (materiell-rechtlichen) Rechtsfolge(setzungs)bedingungen. / **Tatbestandsvoraussetzungen** sind materiell-rechtliche Rechtsfolgesetzungsbedingungen.

(VOR)

In § 8 Abs. 1 PolG NRW wird vorausgesetzt: eine konkrete Gefahr für die öffentliche Sicherheit oder Ordnung.

(DEF)

Konkrete Gefahr ist eine Sachlage im einzelnen Fall, die bei ungehindertem Geschehensverlauf in absehbarer Zeit mit hinreichender Wahrscheinlichkeit zu einem Schaden für ein rechtliches Schutzgut führt.[72]

---

72 BVerfGE 141, 220, 271 (BKAG) = BVerfG, Urteil des Ersten Senats vom 20.04.2016 – 1 BvR 966/09, Ls. 2 und C. IV. 1 b), Rn. 111: „Der traditionelle polizeirechtliche Begriff der ‚konkreten Ge-

Sachlage im einzelnen Fall ist ein tatsächlich bestimmtes Verhalten oder ein tatsächlich bestimmter Zustand.

Ungehinderter Geschehensverlauf in absehbarer Zeit ist eine überschaubar zusammenhängende Ereigniskette ohne entscheidende Veränderung oder Unterbrechung.

Hinreichende Wahrscheinlichkeit ist gegeben bei entsprechendem Ergebnis einer Diagnose von Tatsachen und tatsächlicher Anhaltspunkte sowie einer Prognose von Art und Ausmaß potentieller Rechtseingriffe und -schäden.[73]

---

fahr‘ […]“; vgl. § 2 Nr. 3a BremPolG; § 2 Nr. 1 NPOG; § 4 Nr. 3a SächsPVDG; § 3 Nr. 3a SOG LSA; § 54 Nr. 3a Thüringer OBG.

73 BVerwG, Urteil vom 20.08.2003 – BVerwG 6 CN 5.02 (Hundehalterverordnung), Gründe, II.: „Maßgebliches Kriterium zur Feststellung einer Gefahr ist die hinreichende Wahrscheinlichkeit des Schadenseintritts (vgl. Urteil vom 26. Februar 1974 - BVerwG 1 C 31.72 - BVerwGE 45, 51, 57).“; sog. **„differenzierender Wahrscheinlichkeitsmaßstab“** (**„Je-desto-Formel“** / **„Variabilitätsformel“**), vgl. BVerwGE 116, 347, 356 (Gefahrtierverordnung) = BVerwG, Urteil vom 03.07.2002 – BVerwG 6 CN 8.01: „Richtig ist, dass der Grad der **Wahrscheinlichkeit** des **Schadenseintritts**, der für die Annahme einer Gefahr erforderlich ist, von der Größe und dem Gewicht des drohenden Schadens abhängt: Die Wahrscheinlichkeit des Schadenseintritts muss umso größer sein, je geringer der möglicherweise eintretende Schaden ist, und sie darf umso kleiner sein, je schwerer der etwa eintretende Schaden wiegt (vgl. Urteil vom 2. Juli 1991 – BVerwG 1 C 4.90 – BVerwGE 88, 348, 351).“; BVerwG, Urteil vom 10.07.2012 – BVerwG 1 C 19.11, Rn. 16: […] „da jede sicherheitsrechtliche Gefahrenprognose nach den allgemeinen Grundsätzen des Gefahrenabwehrrechts eine Korrelation aus Eintrittswahrscheinlichkeit und (möglichem) Schadensausmaß ist. An die Wahrscheinlichkeit des Schadenseintritts sind umso geringere Anforderungen zu stellen, je größer und folgenschwerer der möglicherweise eintretende Schaden ist (Urteile vom 6. September 1974 - BVerwG 1 C 17.73 - BVerwGE 47, 31 <40>; vom 17. März 1981 - BVerwG 1 C 74.76 - BVerwGE 62, 36 <39> und vom 3. Juli 2002 - BVerwG 6 CN 8.01 - BVerwGE 116, 347 <356>).“; BVerwG, Urteil vom 15.01.2013 – BVerwG 1 C 10.12, Rn. 16: „Auch die […] auf der Grundlage aller Umstände des Einzelfalles vorzunehmende Beurteilung […] kann im Hinblick auf die erforderliche Wahrscheinlichkeit des Schadenseintritts den Rang des bedrohten Rechtsguts nicht außer Acht lassen, denn dieser bestimmt die mögliche Schadenshöhe. Das bedeutet aber nicht, dass bei hochrangigen Rechtsgütern […] bereits jede auch nur entfernte Möglichkeit eine Wiederholungsgefahr begründet.“; BVerfGE 115, 320, 360 (Rasterfahndung II) = BVerfG, Beschluss des Ersten Senats vom 04.04.2006 – 1 BvR 518/02 –, Rn. 136: „Im Hinblick auf den Verhältnismäßigkeitsgrundsatz im engeren Sinne hat der Gesetzgeber die Ausgewogenheit zwischen der Art und Intensität der Grundrechtsbeeinträchtigung einerseits und den zum Eingriff berechtigenden Tatbestandselementen andererseits, wie der Einschreitschwelle, der geforderten Tatsachenbasis und dem Gewicht der geschützten Rechtsgüter, zu wahren (vgl. BVerfGE 100, 313 <392 ff.>). Je gewichtiger die drohende oder erfolgte Rechtsgutbeeinträchtigung und je weniger gewichtig der Grundrechtseingriff ist, um den es sich handelt, desto geringer darf die Wahrscheinlichkeit sein, mit der auf eine drohende oder erfolgte Verletzung des Rechtsguts geschlossen werden kann, und desto weniger fundierend dürfen gegebenenfalls die Tatsachen sein, die dem Verdacht zugrunde liegen (vgl. BVerfGE 100, 313 <392>; 110, 33 <60>; 113, 348 <386>). Die Anforderungen an den Wahrscheinlichkeitsgrad und die Tatsachenbasis der Prognose dürfen allerdings nicht beliebig herabgesenkt werden, sondern müssen auch in angemessenem Verhältnis zur Art und Schwere der Grundrechtsbeeinträchtigung und zur Aussicht auf den Erfolg des beabsichtigten Rechtsgüterschutzes stehen. Selbst bei höchstem Gewicht der drohenden Rechtsgutbeeinträchtigung kann auf das Erfordernis einer hinreichenden Wahrscheinlichkeit nicht verzichtet werden. Auch muss als Voraussetzung eines schweren Grundrechtseingriffs gewährleistet bleiben, dass Annahmen und Schlussfolgerungen einen konkret umrissenen Ausgangspunkt im Tatsächlichen besitzen (vgl. BVerfGE 113, 348 <386>). Insbesondere lässt die Verfassung grundrechtseingreifende Ermittlungen ‚ins Blaue hinein‘ nicht zu (vgl. BVerfGE 112, 284 <297>; BVerfG, Beschluss der 1. Kammer des Ersten Senats vom 6. April 1989 - 1 BvR 33/87 -, NJW 1990, S. 701 <702>).“.

Schaden für ein rechtliches Schutzgut ist jede nachteilige Beeinträchtigung eines bestimmten Schutzguts.

Schutzgüter sind gemäß § 8 Abs. 1 PolG NRW die **öffentliche Sicherheit**, nämlich Rechte und Rechtsgüter des Einzelnen, die Rechtsordnung, die Funktionsfähigkeit des Staates[74], oder die **öffentliche Ordnung**, nämlich die Gesamtheit jener ungeschriebenen Regeln für das Verhalten des Einzelnen in der Öffentlichkeit, deren Beachtung nach den jeweils herrschenden Anschauungen als unerlässliche Voraussetzung eines geordneten Gemeinschaftslebens betrachtet wird[75].

(SUB)

Unter Auslegung des Geschehens und Anwendung des Wahrscheinlichkeitsmaßstabs führt ohne die Maßnahme ungehinderter Geschehensverlauf in absehbarer Zeit (alternativ: nicht) mit hinreichender Wahrscheinlichkeit zu einer nachteiligen Beeinträchtigung rechtlicher Schutzgüter der öffentlichen Sicherheit (oder der öffentlichen Ordnung), nämlich je nach Fall (alternativ oder kumulativ):

- Individualrechte oder Individualrechtsgüter, insbesondere nach Art. 1-20, 33, 38, 101, 103 GG;
- Rechtsordnung, insbesondere nach Art. 20 Abs. 3 GG, Gefahrenabwehrvorschriften, Strafvorschriften, Ordnungswidrigkeitenahndungsvorschriften;
- Funktionsfähigkeit der Polizei, insbesondere bezüglich Art. 20 Abs. 3 GG, § 1 PolG NRW, § 163 Abs. 1 S. 1 StPO, § 53 Abs. 1 S. 1 OWiG.

Die Individualrechte und Individualrechtsgüter / Rechte und Rechtsgüter des Einzelnen und das grundsätzlich dazugehörige, innerhalb bestimmter Grenzen anzuerkennende Recht auf Selbstgefährdung können einer staatlichen **Verfügung** (Gebot oder Verbot) sub specie öffentlicher Sicherheit nur dann entgegengesetzt werden, wenn mit der betreffenden individuellen Tätigkeit des Einzelnen nicht zugleich eine Gefahr für andere Personen verbunden ist.[76]

---

[74] Legaldefinitionen **Öffentliche Sicherheit**: § 2 Nr. 2 BremPolG, § 4 Nr. 1 SächsPVDG, § 3 Nr. 1 SOG LSA, § 54 Nr. 1 Thüringer OBG; vgl. auch Nr. 1.11 VVPolG NRW.

[75] PrOVGE 91, 139 f.; BVerfGE 69, 315, 352 (Brokdorf) = BVerfG, Beschluss des Ersten Senats vom 14.05.1985 – 1 BvR 233, 341/81 –, C. II. 2. b), Rn. 78: „Unter ‚**öffentlicher Ordnung**' wird die Gesamtheit der ungeschriebenen Regeln verstanden, deren Befolgung nach den jeweils herrschenden sozialen und ethischen Anschauungen als unerläßliche Voraussetzung eines geordneten menschlichen Zusammenlebens innerhalb eines bestimmten Gebiets angesehen wird."; Legaldefinitionen Öffentliche Ordnung: § 4 Nr. 1 SächsPVDG, § 3 Nr. 1 SOG LSA, § 54 Nr. 2 Thüringer OBG; § 4 Nr. 2 SächsPVDG; § 3 Nr. 2 SOG LSA; § 54 Nr. 2 ThürOBG; vgl. auch Nr. 1.11 VVPolG NRW.

[76] ESVGH 48, 80 = VGH Baden-Württemberg, Urteil des 8. Senats vom 11.07.1997 – 8 S 2683–96 –, Ls. 1, und weiter – ohne Thematisierung der sachlichen Zuständigkeit, deren Zweckverfolgung von „Gefahrenabwehr für die öffentliche Sicherheit oder Ordnung" nur nicht nach jeder Betrachtungsweise unmöglich sein darf – als Subsumtion zur Gefahr für die öffentliche Sicherheit in der materiellen Rechtmäßigkeit, Rn. 26: „Das vom Kläger für sich reklamierte Recht auf Selbstgefährdung steht der Befugnis des Landratsamts, auf diese Gefahrensituation mit dem Erlaß eines Verbots zu reagieren, nicht entgegen. Ein Recht des Staates, den einzelnen Bürger an ihn ausschließlich selbst gefährdenden Unternehmungen zu hindern, wird allerdings heute, soweit ersichtlich, einhellig verneint. In der Literatur wird dies zum Teil damit begründet, daß es in einem solchen Fall an einer Gefahr für die öffentliche Sicherheit oder an einem öffentlichen Interesse für ein behördliches Eingreifen fehle (vgl. Götz, Allgemeines Polizeirecht, 10. Aufl., RdNr. 78; Würtenberger/Heckmann/Riggert, Polizeirecht in Baden-Württemberg,

Die Rechtsordnung ist gefährdet bzw. gestört in jedem Fall eines bevorstehenden oder andauernden gesetzlich normierten Verstoßes, etwa gegen Strafrecht oder Ordnungswidrigkeitenrecht und gegen die dortigen zu subsumierenden Verbotsrechtsnormen. Vice versa wird Rechtsordnung rechtsgebietsübergreifend verwirklicht durch gesetzmäßige Maßnahmen mit gesetzlichem, legitimem Zweck der Aufklärung von mutmaßlichen Verbotsverstößen und damit Erfüllung von Sanktionsrechtsnormen auf dem Rechtsgebiet der Strafrechtspflege, etwa durch Tatverdachtserforschung.

Die Funktionsfähigkeit des Staates betrifft in einem weiten Sinne alles zu Bestand, Sicherheit, Ordnung, Aufbau und Abläufen von Bundesstaat, Landesstaaten, Kreisen, Gemeinden, sonstiger Einrichtungen und Träger hoheitlich-öffentlicher Gewalt.[77]

---

2. Aufl., RdNr. 274). Überwiegend wird jedoch damit argumentiert, daß Art. 2 Abs. 1 GG in gewissen Grenzen ein Recht auf Selbstgefährdung gebe [Schrifttumsquellenangaben]. Die Grenzen dieses Rechts werden dort gesehen, wo der sich selbst Gefährdende die Tragweite seines Handelns nicht selbst erkennen kann, etwa bei Kindern sowie bei Erwachsenen, wenn sie sich in einem die freie Willensbestimmung ausschließenden Zustand befinden. Auch nach Ansicht des BVerwG (Urt. v. 27.4.1989 - 3 C 4.86 -, BVerwGE 84, 45, 48f.) schließt das durch Art. 2 Abs. 1 und Art. 1 Abs. 1 GG gewährleistete Persönlichkeitsrecht die Befugnis ein, darüber zu entscheiden, welchen Gefahren sich der einzelne aussetzen will, die allerdings in bestimmten Fällen dadurch begrenzt werde, daß Art. 2 Abs. 2 S. 1 GG als Teil der objektiven Wertordnung den Staat verpflichte, seinerseits Leben und körperliche Unversehrtheit seiner Staatsbürger zu schützen."; zum konkreten Fall des Tauchverbots a.a.O., Rn. 27: Um eine ausschließliche Selbstgefährdung handelt es sich jedoch entgegen der Ansicht des Klägers im vorliegenden Fall nicht. Insoweit ist zunächst zu berücksichtigen, daß Tauchgänge in aller Regel (mindestens) zu zweit ausgeführt werden, da ein von Sporttauchern nahezu ausnahmslos beachteter Grundsatz lautet "Tauche nie allein". Den gemeinsam Tauchenden kommt dabei wechselseitig die Aufgabe zu, auf den anderen zu achten und ihm in einem Notfall Hilfe zu leisten. Ein zu riskanten Unternehmungen neigender, sich selbst überschätzender oder nicht in der erforderlichen Weise ausgerüsteter Taucher bedeutet daher immer auch eine Gefahr für seinen Partner. Dies läßt sich auch anhand der Unfälle, die sich in der Vergangenheit im Bereich des T.s ereignet haben, zeigen, bei denen ausnahmslos beide Taucher, die an ihnen beteiligt waren, ums Leben gekommen bzw. schwer verletzt worden sind.", Rn. „Leben und Gesundheit anderer Personen werden ferner dadurch gefährdet, daß ein Taucher, der in Not gerät, unbeteiligte Dritte zu gefährlichen Rettungsaktionen veranlassen kann. Eine solche Gefahr für Dritte läßt sich entgegen der Ansicht des Klägers nicht mit dem Argument verneinen, daß die Taucher der Wasserschutzpolizei nach den für sie geltenden Dienstvorschriften nicht tiefer als 20 m tauchen dürfen. Das ist schon deshalb nicht möglich, weil diese Anweisung in Notfällen, in denen Menschenleben auf dem Spiel stehen, keine Gültigkeit besitzt. Davon abgesehen ist bei Rettungsversuchen Dritter ohnehin weniger an die Taucher der Wasserschutzpolizei oder anderer Rettungsinstitutionen zu denken, da diese wohl in den meisten Fällen erst in einem Zeitpunkt alarmiert werden können, in dem eine Chance auf Rettung nicht mehr besteht. In Betracht zu ziehen ist vielmehr in erster Linie die Möglichkeit, daß andere in der Nähe (im Wasser oder an Land) befindliche Sporttaucher versuchen könnten, Hilfe zu leisten, und sich dadurch selbst in Gefahr bringen. Damit ist um so eher zu rechnen, wenn es sich, wie im vorliegenden Fall, um ein besonders attraktives und dementsprechend ‚gut besuchtes' Tauchrevier handelt. Dabei liegt schon angesichts des Zeitdrucks auf der Hand, daß ein solcher Rettungsversuch für denjenigen, der ihn unternimmt, ein besonderes Risiko bedeutet.". Dazu auch: *Denninger*, in: Lisken/Denninger, Handbuch des Polizeirechts, D., Rn. 30 f., und Rn. 32 zu **Suizidlagen** mit **Selbsttötungsversuchen** unter Bezug auf die staatliche Schutzpflicht und den hohen Wert des Rechtsguts Leben: „Die Polizei löst das Problem im Zweifel richtig, indem sie den Suizidwilligen als eine Person behandelt, die sich ‚erkennbar in einem die freie Willensbestimmung ausschließenden Zustand oder sonst in hilfloser Lage befindet' […].".

[77] Beispiel für mögliche Verwirklichung aller drei **Schutzgutausprägungen der öffentlichen Sicherheit** (Individualrechte und Individualrechtsgüter, Rechtsordnung, Funktionsfähigkeit des Staates) können die Fälle sein mit einem **Radarwarngerät** oder **Laserstörgerät** im Sinne von § 23c Abs. 1c StVO, etwa bezüglich der Rechtmäßigkeit bestimmter Unterlassungsverfügung (§ 8 Abs. 1 PolG NRW) oder Sicher-

Wahrscheinlichkeitsprognose kann und soll für die dafür notwendige Sachverhaltsdiagnose Anhaltspunkte erheben und verwerten insbesondere zu folgendem (einzelfallabhängig positiv oder negativ – alternativ oder kumulativ):

- Dispositionen aus Beeinflussungen oder Beinflussbarkeiten (z.B. persönliche oder strukturelle Abhängigkeitsverhältnisse); Erkrankungen (z.B. psychische Störungen); Intoxikationen (z.B. durch Alkohol oder Betäubungsmittel oder andere Giftstoffe); Umweltbedingungen (z.B. Ort mit bestimmter Bebauung und bestimmtem Personenaufkommen zu bestimmter Zeit);
- Vorverhalten, das sich fortsetzen oder wiederholen kann (z.B. verbale oder nonverbale schadensgeneigte Äußerungen; äußerlich beschreibbare Aggression; angekündigte, versuchte, vollendete, beendete oder andauernde Straftat oder Ordnungswidrigkeit; evident deviantes Verhalten);
- Vorgeschichte, die sich weiter zum Schaden realisieren kann (z.B. Dissens; Kampf; Konflikt; Krieg; Provokationen; Streit);
- Wissenschaftsaussagen (z.B. aus Chemie, Medizin, Physik zu Eigenschaften oder Kausalitäten bei Menschen oder Gegenständen in bestimmten Situationen); Statistik (z.B. zu Ereignisaufkommen an bestimmten Orten zu bestimmten Zeiten); Erfahrungssätze mit allgemeinem Anhalt im Tatsächlichen (z.B. Berichte einer bestimmten Berufsgruppe zu bestimmten Geschehensverläufen).[78]

Plastische Beispiele für einen Sachverhalt, der sich im einzelnen Fall zum Schaden realisieren kann, sind etwa:

- Ausholen einer Person zum Schlag gegen eine andere Person;
- Hineingreifen einer Person in die Tasche einer anderen, fremden Person;
- Losfahren einer betrunkenen Person mit einem Karftfahrzeug im öffentlichen Verkehrsraum;
- Vorlegen eines täuschenden Vertrags durch eine Person gegenüber einer anderen Person zur Unterschrift.

---

stellung (§ 43 Nr. 1 PolG NRW) sowie Unbrauchbarmachung/Vernichtung (§ 45 Abs. 4 S. 1 Nr. 1 PolG NRW). Vgl. hierzu: VGH Bayern, Beschluss vom 13. 11. 2007 – 24 ZB 07.1970; VGH Bayern, Beschluss vom 17.04.2019 – 10 ZB 19.478.

[78] BVerfG, Beschluss der 2. Kammer des Zweiten Senats vom 20.04.2017 – 2 BvR 1754/14 – (rechtswidrig erscheinende Ingewahrsamnahme nach § 39 Abs. 1 Nr. 3 BPolG während eines Castor-Transports), Rn. 46: „Bei der Auslegung und Anwendung des Tatbestandsmerkmals der unmittelbar bevorstehenden Begehung oder Fortsetzung einer Straftat oder Ordnungswidrigkeit von erheblicher Bedeutung für die Allgemeinheit ist den Polizeibehörden **kein Beurteilungsspielraum** eingeräumt. Die Frage, ob bei der im Gefahrenabwehrrecht gebotenen **ex-ante-Betrachtung** im Zeitpunkt der Maßnahme konkrete Tatsachen vorlagen, die die Annahme begründeten, dass der Schaden sofort oder in allernächster Zeit mit an Sicherheit grenzender Wahrscheinlichkeit eintreten werde, unterliegt **voller gerichtlicher Nachprüfung**. Dass das Merkmal ‚unmittelbar bevorstehend' wie der **Gefahrbegriff** im Allgemeinen eine **Prognose** verlangt, gibt für die Annahme eines Beurteilungsspielraums nichts her. Die prognostischen Elemente sind vielmehr Elemente der **Unbestimmtheit des Rechtsbegriffs** und rechtfertigen keine Kontrollbeschränkung der Gerichte. Ihre Konkretisierung ist von Verfassungs wegen Sache der Rechtsprechung, die die Rechtsanwendung der Behörden insoweit uneingeschränkt nachzuprüfen hat (vgl. BVerfGE 103, 142 <157> m.w.N. zur „Gefahr im Verzug" nach Art. 13 Abs. 2 GG; OLG Celle, Beschluss vom 14. September 2011 - 22 W 2/11 -, juris, Rn. 15 m.w.N. zu § 18 NdsSOG).".

(ERG TBV)

Es ist (alternativ)

- eine konkrete Gefahr i.S.d. § 8 Abs. 1 PolG NRW für die öffentliche Sicherheit oder Ordnung abzuwehren.
- nicht eine konkrete Gefahr i.S.d. § 8 Abs. 1 PolG NRW für die öffentliche Sicherheit oder Ordnung abzuwehren.

C. Materielle Rechtmäßigkeit (MR) II. Inanspruchnahme (In) / Inanspruchnahmevoraussetzungen (Inv)

(VOR/DEF)

Inanspruchnahmevoraussetzungen sind materiell-rechtliche Bedingungen für richtige Inanspruchnahme.

Inanspruchnahme ist Adressierung und sonstiges Betroffenmachen; **Adressierung** ist direktes Bestimmen oder finales Richten einer Maßnahme an einen Grundrechtsträger, vgl. §§ 41 Abs. 1 S. 1, 43 Abs. 1 S. 1 VwVfG NRW.

Nach § 8 Abs. 1 PolG NRW ist Inanspruchnahme grundsätzlich richtig gegen folgende Personen (in alternativer Anwendbarkeit):

- Verantwortlicher für Verhalten / Verhaltensverantwortlicher i.S.d. § 4 PolG NRW;
- Verantwortlicher für Zustand von Sachen / Sachenzustandsverantwortlicher i.S.d. § 5 PolG NRW;
- Nichtverantwortlicher i.S.d. § 6 PolG NRW.

Gefahrverursachung[79] (i.S.v. §§ 4, 5 PolG NRW) ist entscheidender, relevanter Zurechnungszusammenhang zwischen Verhalten und Gefahr, orientiert an alternativen Wertungskriterien wie:

- zeitlich-örtlicher Zusammenhang (i.S.v. natürlicher Handlungseinheit zwischen Verhalten und Gefahr oder Schaden oder i.S.v. Verhalten als einziges oder erstes oder letztes Kausalkettenelement vor Gefahr oder Schaden – Setzung letzter Ursache, unmittelbare Gefahrengrenzenüberschreitung, „Schwelle zur Gefahr“);
- Pflichtwidrigkeit (i.S.v. Rechtsnormwidrigkeit oder Sozialnormwidrigkeit des Verhaltens);

---

[79] BVerwG, Beschluss vom 12.04.2006 – BVerwG 7 B 30.06: „**Verursacher** ist nach allgemeinem Polizei- und Ordnungsrecht derjenige, dessen Verhalten die Gefahr ‚unmittelbar‘ herbeigeführt, also bei einer wertenden Zurechnung die polizeirechtliche Gefahrenschwelle überschritten hat. Personen, die entferntere, nur mittelbare Ursachen für den eingetretenen Erfolg gesetzt, also nur den Anlass für die unmittelbare Verursachung durch andere gegeben haben, sind in diesem Sinn keine Verursacher. Nach der gebotenen wertenden Betrachtungsweise kann allerdings auch ein als ‚Veranlasser‘ auftretender Hintermann (mit)verantwortlich sein, wenn dessen Handlung zwar nicht die polizeirechtliche Gefahrenschwelle überschritten hat, aber mit der durch den Verursacher unmittelbar herbeigeführten Gefahr oder Störung eine natürliche Einheit bildet, die die Einbeziehung des Hintermanns in die Polizeipflicht rechtfertigt. Eine derartige natürliche Einheit besteht typischerweise beim ‚Zweckveranlasser‘ als demjenigen, der die durch den Verursacher bewirkte Polizeiwidrigkeit gezielt ausgelöst hat (vgl. Drews/Wacke, Gefahrenabwehr, 9. Aufl. 1986, S. 310 ff.).“.

- Risikozurechung (i.S.v. Verhaltensmöglichkeiten oder Verantwortungssphären oder Sorgfaltsanforderungen);
- **Zweckveranlassung** (i.S.v. subjektiver Finalität [Absicht, Bezweckung eines Geschehens durch Verhalten] oder Typik [Vorhersehbarkeit eines Geschehens durch Verhalten, z.B. über Verhalten Dritter]).

Gegenwärtige[80] **erhebliche**[81] **Gefahr**[82] i.S.v. § 6 PolG NRW ist eine Sachlage im einzelnen Fall, die bei ungehindertem Geschehensverlauf in allernächster Zeit mit an Sicherheit grenzender Wahrscheinlichkeit zu einem Schaden für ein bedeutendes rechtliches Schutzgut führt. **Schutzgüter** sind allgemein i.V.m. §§ 1 und 8 Abs. 1 PolG NRW die **öffentliche Sicherheit**, nämlich Rechte und Rechtsgüter des Einzelnen, die Rechtsordnung, die Funktionsfähigkeit des Staates[83] oder die **öffentliche Ordnung**, nämlich die Gesamtheit jener ungeschriebenen Regeln für das Verhalten des Einzelnen in der Öffentlichkeit, deren Beachtung nach den jeweils herrschenden Anschauungen als unerlässliche Voraussetzung eines geordneten Gemeinschaftslebens betrachtet wird[84]. **Erhebliche Schutzgüter** sind allgemein Leben, Gesundheit, Freiheit, wesentliche Vermögenswerte, Bestand des Staates.

(SUB/ERG)

Im konkreten Fall ist die Person (alternativ)

- richtigerweise gemäß § 4 / § 5 / § 6 PolG NRW in Anspruch genommen/adressiert.
- nicht richtigerweise in Anspruch genommen/adressiert.

C. Materielle Rechtmäßigkeit (MR) III. Rechtsfolge (Rf) / Rechtsfolgevoraussetzungen (Rfv)

(VOR/DEF)

Rechtsfolge ist rechtliche Folge aus dem Tatbestand. / **Rechtsfolgevoraussetzungen** sind materiell-rechtliche Rechtsfolgegestaltungsbedingungen.

---

[80] Vgl. Legaldefinitionen Gegenwärtige Gefahr: § 2 Nr. 3b BremPolG; § 2 Nr. 2 NPOG; § 4 Nr. 3b SächsPVDG; § 3 Nr. 3b SOG LSA; § 54 Nr. 3b Thüringer OBG.

[81] Vgl. Legaldefinitionen Erhebliche Gefahr: § 2 Nr. 3c BremPolG; § 2 Nr. 3 NPOG; § 4 Nr. 3c SächsPVDG; § 3 Nr. 3c SOG LSA; § 54 Nr. 3c Thüringer OBG.

[82] Vgl. Legaldefinitionen (Konkrete) „Gefahr": vgl. § 2 Nr. 3a BremPolG; § 2 Nr. 1 NPOG; § 4 Nr. 3a SächsPVDG; § 3 Nr. 3a SOG LSA; § 54 Nr. 3a Thüringer OBG („Konkrete Gefahr").

[83] Legaldefinitionen Öffentliche Sicherheit: § 2 Nr. 2 BremPolG, § 4 Nr. 1 SächsPVDG, § 3 Nr. 1 SOG LSA, § 54 Nr. 1 Thüringer OBG; vgl. auch Nr. 1.11 VVPolG NRW.

[84] PrOVGE 91, 139 f.; BVerfGE 69, 315, 352 (Brokdorf) = BVerfG, Beschluss des Ersten Senats vom 14.05.1985 – 1 BvR 233, 341/81 –, C. II. 2. b), Rn. 78: „Unter ‚öffentlicher Ordnung' wird die Gesamtheit der ungeschriebenen Regeln verstanden, deren Befolgung nach den jeweils herrschenden sozialen und ethischen Anschauungen als unerläßliche Voraussetzung eines geordneten menschlichen Zusammenlebens innerhalb eines bestimmten Gebiets angesehen wird."; Legaldefinitionen Öffentliche Ordnung: § 4 Nr. 1 SächsPVDG, § 3 Nr. 1 SOG LSA, § 54 Nr. 2 Thüringer OBG; § 4 Nr. 2 SächsPVDG; § 3 Nr. 2 SOG LSA; § 54 Nr. 2 ThürOBG; vgl. auch Nr. 1.11 VVPolG NRW.

C. Materielle Rechtmäßigkeit (MR) III. Rechtsfolge (Rf) 1. Tatsächliche und rechtliche Möglichkeit (TurM)

(VOR/DEF)

Tatsächliche und rechtliche Möglichkeit betrifft Fälle wie aus § 44 Abs. 2 Nr. 4-6 VwVfG NRW.

(SUB/ERG)

Im konkreten Fall ist tatsächliche und rechtliche Möglichkeit (alternativ)

- gegeben wegen Vorliegens von kognitiven, körperlichen, normativen, technischen Unmöglichkeiten.
- nicht gegeben wegen Nichtvorliegens von kognitiven, körperlichen, normativen, technischen Unmöglichkeiten.[85]

C. Materielle Rechtmäßigkeit (MR) III. Rechtsfolge (Rf) 2. Bestimmtheit (Bsh)

(VOR/DEF)

Bestimmtheit ist Maßnahmenerkennbarkeit und Maßnahmenverstehbarkeit, bei VA und Realakten Gebot nach Art. 20 Abs. 3 GG, bei VA Pflicht auch gemäß § 37 Abs. 1 VwVfG NRW.

(SUB/ERG)

Inhaltlich hinreichende Bestimmtheit i.S.d. § 37 Abs. 1 VwVfG NRW, Art. 20 Abs. 3 GG ist allgemein gegeben, wenn nach Auslegung der Maßnahme der Erklärungsempfänger wie jeder vernünftige Dritte, §§ 133, 157 BGB analog, in der konkreten Situation deren Inhalt hinreichend erkennen und verstehen kann[86], bei Generalbefugnismaßnahmen insbesondere wie folgt:

---

[85] Zu „Tatsächliche und rechtliche Möglichkeit" mit Beispielen siehe auch: *Basten*, Eingriffsrecht der Polizei in Nordrhein-Westfalen, Band 1, S. 263. Zu möglichen Sprachunmächtigkeiten/Sprachunverständlichkeiten vgl. auch § 33 Abs. 6 S. 3 PolG NRW, § 33a Abs. 2 PolG NRW, § 114a StPO, § 114b Abs. 1 StPO, § 114b Abs. 2 S. 3 StPO, § 158 Abs. 4 StPO; zu möglichen Sehbehinderungen, Hörbehinderungen oder Sprach-Behinderungen vgl. auch § 114b Abs. 2 S. 3 StPO, § 140 Abs. 1 Nr. 11 StPO.

[86] BVerwG, Urteil vom 26.10.2017 – BVerwG 8 C 14.16 (Bestätigung von Internetverbot für 2 Glücksspielarten), Rn. 12 f.: „Nach § 37 Abs. 1 VwVfG BW [≙ § 37 Abs. 1 VwVfG NRW, P. B.] ist die hinreichende Bestimmtheit eines Verwaltungsakts Voraussetzung seiner Rechtmäßigkeit. Kann einem Verwaltungsakt durch Auslegung (vgl. BVerwG, Urteil vom 9. Juni 1975 - 6 C 163.73 - BVerwGE 48, 279 <281 f.>) kein eindeutiger Regelungsgehalt beigemessen werden, ist er nach § 37 Abs. 1 VwVfG rechtswidrig. Ob der Bescheid in solch einem Fall auch nichtig ist, regelt § 44 VwVfG. **Hinreichend bestimmt** ist ein Verwaltungsakt dann, wenn der Adressat erkennen kann, was von ihm gefordert wird und wenn der Bescheid darüber hinaus geeignet ist, Grundlage für Maßnahmen zu seiner zwangsweisen

- dass die Polizei ggü./mit dem Maßnahmenempfänger/Erklärungsempfänger (wer)
- aus bestimmten Gefahrenabwehrgründen (warum)
- zu einer spezifischen Zeit (wann)
- bezweckt, dass die Situation sicher verhindert/unterbunden/aufgeklärt werden soll (was)
- und zwar durch spezifische (angeordnete oder auszuführende) Verhaltensweisen (wie).

C. Materielle Rechtmäßigkeit (MR) III. Rechtsfolge (Rf) 3. Ermessen (Erm)

(VOR/DEF)

Ermessen[87] ist Entscheidungsspielraum auf der Rechtsfolgenseite bzgl. rechtsfehlerfreier Ausübung von Einschreit-Entschließung (Ob), Adressaten-Auswahl (Wer), Maßnahmen-Gestaltung (Wie), grundsätzlich gegeben durch § 8 Abs. 1 W. 3 PolG NRW, § 3 PolG NRW, bei VA auch durch § 40 VwVfG NRW.

(SUB/ERG)

Der gegebene Entscheidungsspielraum wird (je nach Fall alternativ) aufgrund von Anhaltspunkten/in Ermangelung entgegenstehender Anhaltspunkte ohne Ermessensfehler/mit Ermessensfehlern (Ermessensunterschreitung, Ermessensüberschreitung, Ermessensfehlgebrauch) ausgeübt bzgl. folgender Ermessensarten:

a) Entschließungsermessen:

Das Entschließungsermessen kann im konkreten Fall sogar gegen / auf Null reduziert sein, insbesondere wegen:

- Einschreitmöglichkeit;
- Erheblichkeitsgrad von Gefährdungen, z.B. konkreter (dringender, erheblicher, gegenwärtiger) Gefahr.

b) Auswahlermessen:

siehe C. II.: Auswahlermessen wird abschließend beurteilt i.V.m. Punkt C. II. (Inanspruchnahme).

c) Gestaltungsermessen:

Durchsetzung zu sein. Im Einzelnen richten sich die Anforderungen an die notwendige **Bestimmtheit eines Verwaltungsakts** nach den Besonderheiten des jeweils anzuwendenden und mit dem Verwaltungsakt umzusetzenden materiellen Rechts (stRspr, vgl. BVerwG, Urteile vom 15. Februar 1990 - 4 C 41.87 - BVerwGE 84, 335 <338> und vom 16. Oktober 2013 - 8 C 21.12 - BVerwGE 148, 146 <149>). Der **Regelungsgehalt eines Verwaltungsakts** ist durch Auslegung nach Treu und Glauben unter Berücksichtigung des Empfängerhorizontes und der speziellen Sachkunde des adressierten Fachkreises in entsprechender Anwendung der §§ 133, 157 BGB zu ermitteln (stRspr, vgl. nur BVerwG, Urteil vom 20. Juni 2013 - 8 C 46.12 - BVerwGE 147, 81 <89> m.w.N.). **Hinreichende Bestimmtheit** liegt vor, wenn sich die Regelung aus dem gesamten Inhalt des Bescheides, insbesondere seiner Begründung, sowie den weiteren, den Beteiligten bekannten oder ohne Weiteres erkennbaren Umständen unzweifelhaft erkennen lässt (vgl. BVerwG, Urteil vom 3. Dezember 2003 - 6 C 20.02 - BVerwGE 119, 282 <284>).".

[87] Zum Ermessen einschließlich Rechtsnatur, Ermessensarten, Ermessensreduzierungen, Ermessensfehlern, Maßnahmenansprüchen mit Beispielen siehe auch: *Basten*, Eingriffsrecht der Polizei in Nordrhein-Westfalen, Band 1, S. 271-283.

siehe C. III. 4.: Gestaltungsermessen, § 3 Abs. 2 PolG NRW (Austauschmittel), wird abschließend beurteilt i.V.m. Punkt C. III. 4. (VHM).

C. Materielle Rechtmäßigkeit (MR) III. Rechtsfolge (Rf) 4. Verhältnismäßigkeit (VHM)

(VOR/DEF)

Verhältnismäßigkeit ist Geeignetheit, Erforderlichkeit, Angemessenheit der Maßnahme zu einem legitimen Zweck. / Maßnahmen wie die selbständige Verfügung nach § 8 Abs. 1 PolG NRW müssen verhältnismäßig sein, also zu einem legitimen Zweck geeignet und für diesen legitimen Zweck erforderlich sowie angemessen im Verhältnis zum legitimen Zweck sein.

(VOR/DEF)

a) Legitimer Zweck ist verfassungsgemäßer Zweck, vgl. auch § 2 Abs. 3 PolG NRW.

(SUB/ERG)

Im konkreten Fall verfolgt die Maßnahme (alternativ)

- einen legitimen Zweck, nämlich jedenfalls die verfassungsgemäße Abwehr von (konkreter) Schadensgefahr, vgl. auch die Rechte und Rechtsgüter aus Art. 1-20 GG, vgl. auch die Grundrechtsschutzfunktion und die Grundrechtsförderungsfunktion[88].
- keinen legitimen Zweck.

(VOR/DEF)

b) Geeignetheit einer staatlichen Maßnahme ist gegeben bei deren Zweckförderungstauglichkeit, vgl. auch § 2 Abs. 3 PolG NRW.

(SUB/ERG)

Im konkreten Fall ist die Maßnahme (alternativ)

- geeignet, denn mit ihr wird auf eine bestimmte (kausale) Weise (potentiell) gefördert: Verhinderung/Unterbindung weiteren, potentiell schadensträchtigen Geschehensverlaufs.
- ungeeignet.

(VOR/DEF)

c) Erforderlichkeit einer staatlichen Maßnahme ist Nichtverfügbarkeit eines milderen (Übermaßverbot), gleich geeigneten (Untermaßverbot) Mittels zur Zweckförderung, vgl. auch

---

88 Zu Grundrechtsfunktionen siehe auch: *Basten*, Eingriffsrecht der Polizei in Nordrhein-Westfalen, Band 1, S. 78-84.

§ 2 Abs. 1 PolG NRW, vgl. hier auf dem Rechtsgebiet der Gefahrenabwehr: § 8 Abs. 1 W. 5 PolG NRW („notwendigen“).

(SUB/ERG)

Im konkreten Fall ist die Maßnahme (alternativ)

- erforderlich, denn einerseits führen mildere Maßnahmen wie (z.B.) Nichtstun/Präsenz nur zu einer Schadensvertiefung oder wie (z.B.) Platzverweisung nur zu einer Schadensortverlagerung/Tatortverlagerung, fördern damit alleine nicht die Verhinderung/Unterbindung potentiell schadensträchtigen Geschehens in gleicher Weise, sind also nicht gleich geeignet (Untermaßverbot) und andererseits sind (mindestens) gleich geeignete, intensivere Maßnahmen wie (z.B.) Freiheitsentziehung oder direkte Zwangsmittelanwendung noch nicht notwendig (Übermaßverbot).
- nicht erforderlich.

(VOR/DEF)

d) **Angemessenheit** oder **Verhältnismäßigkeit im engeren Sinne** einer staatlichen Maßnahme ist angemessenes Maß oder Verhältnis zwischen Zweckförderung für Erhaltungsrechte und Wirkungen für Eingriffsrechte, vgl. die betroffenen Grundrechte, vgl. auch § 2 Abs. 2 PolG NRW.

(SUB/ERG)

Im konkreten Fall ist die Maßnahme (alternativ)

- angemessen.
- unangemessen.

Die Angemessenheit bezieht sich auf dem Rechtsgebiet der Gefahrenabwehr auf eine Abwägung insbesondere wie folgt:

- Vergleich von legitimem Zweck/Erhaltungs(grund)recht bzw. legitimen Zwecken/Erhaltungs(grund)rechten und (Grund-)Rechtseingriff(en).
- Vergleich der jeweils durch die gefahrenabwehrrechtliche Eingriffsmaßnahme betroffenen Grundrechte einerseits und andererseits der durch die mutmaßliche Gefahr bzw. den mutmaßlichen Schaden, also die mutmaßliche Rechtsbeeinträchtigung betroffenen Grundrechte bzw. der durch die Gefahrenabwehr zu fördernden Rechte und Rechtsgüter.
- Vergleich des Tatbestands des – im Übrigen durch die Befugnisrechtsnorm gerechtfertigten – hoheitlichen Eingriffs einerseits und andererseits des abstrakt-generell durch ein Sanktionsgesetz (wie z.B. StGB oder OWiG) vorgesehenen Sanktionsmaßes (z.B. die Mindest- und Höchst-Strafdrohung) für mutmaßliche bevorstehende deliktische Rechtsbeeinträchtigungen, allgemein den im konkreten Fall zu erwartenden Verfahrensausgang (insbesondere Entschädigung, Strafe, Ahndung, Einstellung mit oder ohne Ahndung).
- Vergleich der Rechte, Rechtsgüter und Interessen von dem mutmaßlich Gefährdeten oder Geschädigten einerseits und andererseits dem mutmaßlichen Gefährder, Gefahrverursacher, Störer, Verantwortlichen oder Nichtverantwortlichen, welcher auch als Eingriffsadressat ein Interesse an Gefahrenabwehr haben kann (aus bestimmten, zu subsumierenden Gründen – je nach Fall).

Zum Beispiel kann es sich um einen kurzen, milden oder eher sachgerichteten Eingriff in die weite allgemeine Verhaltensfreiheit aus Art. 2 Abs. 1 GG oder in Art. 14 GG handeln, oder um einen Eingriff bzgl. einzelner Daten aus der Öffentlichkeitssphäre, der angesichts des Gefahrenabwehrzwecks bzgl. der mutmaßlich gefährdeten und damit beeinträchtigten Rechte und Rechtsgüter zum Beispiel aus Art. 2 Abs. 2 S. 1 GG, Art. 2 Abs. 2 S. 2 GG, Art. 14 Abs. 1 S. 1 Alt. 1 GG und gegebenenfalls – etwa bei mutmaßlich rechtswidrigen Taten – der Rechtsordnung, Art. 20 Abs. 3 GG, oder sonst der Funktionsfähigkeit des Staates, Art. 20 Abs. 3 GG, nicht außer Verhältnis steht.

(ERG VHM)

Die Maßnahme ist insgesamt i.S.v. § 2 PolG NRW, Art. 20 Abs. 3 GG (alternativ)

- verhältnismäßig.
- unverhältnismäßig.

D. Gesamtergebnis (GErg)

Die Maßnahme ist (alternativ)

- gemäß § 8 Abs. 1 PolG NRW rechtmäßig.
- wegen Art./§ (bestimmter Rechtsnorm [z.B. Art. 20 Abs. 3 GG]) rechtswidrig.

ABSCHNITT 2: ALLGEMEINE ZENTRALE GENERALBEFUGNISRECHTSNORM AUF DEM RECHTSGEBIET DER STRAFRECHTSPFLEGE, § 163 ABS. 1 S. 2 STPO (GGF. I.V.M. §§ 46, 53 ABS. 1 S. 2, ABS. 2 OWIG)

A. Rechtsgrundlage (RGL) I. Grundrechte (GR)

(VOR/DEF)

Grundrechte sind grundlegende Rechte aus Art. 1-19 GG i.V.m. dem Rechtsstaatsprinzip, Art. 20 Abs. 3 GG, mit Vorrang und Vorbehalt des Gesetzes.[89]

(SUB/ERG)

Grundrechte sind (i.d.R. alternativ, nicht kumulativ) insbesondere wie folgt gegeben (jeweilige GR-Einschlägigkeit ist fallabhängig):

1. Allgemeine Verhaltensfreiheit / Allgemeine Handlungsfreiheit[90], Art. 2 Abs. 1 GG[91]

a) GR-SB:

aa) Persönlicher GR-SB: „Jeder".

bb) Sachlicher GR-SB: **„freie Entfaltung der Persönlichkeit" = allgemeine Verhaltensfreiheit** im umfassenden Sinn[92] durch grundsätzlich jedes Tun, Dulden, Unterlassen[93].

---

[89] Zu **Grundrechten**: *Basten*, Eingriffsrecht der Polizei in Nordrhein-Westfalen, Band 1, Buch 1, Abschnitt 2, Unterabschnitt 3. Zum **Rechtsstaatsprinzip** mit unter anderem sogenanntem Vorrang des Gesetzes und Vorbehalt des Gesetzes: *Basten*, Eingriffsrecht der Polizei in Nordrhein-Westfalen, Band 1, S. 95-108.

[90] „Allgemeine" Verhaltensfreiheit / Handlungsfreiheit: Auffanggrundrecht ggü. ggf. spezielleren Grundrechten, vgl. Rechtsnormspezialitätsregel („lex specialis derogat legi generali"), vgl. auch: BVerfGE 6, 32, 37 (Elfes) = BVerfG, Urteil des Ersten Senats vom 16.01.1957 – 1 BvR 253/56, Gründe, II. 2. a), Rn. 16: „Neben der allgemeinen Handlungsfreiheit, die Art. 2 Abs. 1 GG gewährleistet, hat das Grundgesetz die Freiheit menschlicher Betätigung für bestimmte Lebensbereiche, die nach den geschichtlichen Erfahrungen dem Zugriff der öffentlichen Gewalt besonders ausgesetzt sind, durch besondere Grundrechtsbestimmungen geschützt; bei ihnen hat die Verfassung durch abgestufte Gesetzesvorbehalte abgegrenzt, in welchem Umfang in den jeweiligen Grundrechtsbereich eingegriffen werden kann. Soweit nicht solche besonderen Lebensbereiche grundrechtlich geschützt sind, kann sich der Einzelne bei Eingriffen der öffentlichen Gewalt in seine Freiheit auf Art. 2 Abs. 1 GG berufen. Hier bedurfte es eines Gesetzesvorbehalts nicht, weil sich aus der Beschränkung der freien Entfaltung der Persönlichkeit durch die verfassungsmäßige Ordnung der Umfang staatlicher Eingriffsmöglichkeiten ohne weiteres ergibt.".

[91] Vgl. auch Art. 142 GG i.V.m. Art. 4 Abs. 1 Verfassung NRW; Art. 6 EU-GR-Charta; Art. 5 EMRK.

[92] BVerfGE 6, 32, 36 f. (Elfes) = BVerfG, Urteil des Ersten Senats vom 16.01.1957 – 1 BvR 253/56, Gründe, II. 2. a), Rn. 14 f.: „Das Grundgesetz kann mit der ‚freien Entfaltung der Persönlichkeit' nicht nur die Entfaltung innerhalb jenes Kernbereichs der Persönlichkeit gemeint haben, der das Wesen des Menschen als geistig-sittliche Person ausmacht, denn es wäre nicht verständlich, wie die Entfaltung innerhalb dieses Kernbereichs gegen das Sittengesetz, die Rechte anderer oder sogar gegen die verfassungsmäßige Ordnung einer freiheitlichen Demokratie sollte verstoßen können. Gerade diese, dem Individuum als Mitglied der Gemeinschaft auferlegten Beschränkungen zeigen vielmehr, daß das Grundgesetz in Art. 2 Abs. 1 GG die Handlungsfreiheit im umfassenden Sinne meint. [...] Es waren nicht rechtliche Erwägungen, sondern sprachliche Gründe, die den Gesetzgeber bewogen haben, die ursprüngliche Fassung ‚Jeder kann tun und lassen was er will' durch die jetzige Fassung zu ersetzen (vgl. v. Mangoldt, Parlamentarischer Rat, 42. Sitzung des Hauptausschusses, S. 533)."; BVerfGE 80, 137, 152 f. (Reiten im Walde) = BVerfG, Beschluss des Ersten Senats vom 06.06.1989 – 1 BvR 921/85 –, C. I. 1 a), Rn. 69: „Nach den in der Rechtsprechung des Bundesverfassungsgerichts entwickelten Grundsätzen gewährleistet Art. 2 Abs. 1 GG die allgemeine Handlungsfreiheit im umfassenden Sinne (st. Rspr. seit

b) GR-E (oder Nichteingriff/GR-Verzicht): Verhaltenseinschränkung als Verhaltenssteuerung.

c) GR-B: Art. 2 Abs. 1 Hs. 2 GG[94].

2. Allgemeines Persönlichkeitsgrundrecht[95] mit verschiedenen Ausprägungen[96], etwa in der Ausprägung des **Rechts auf informationelle Selbstbestimmung** (APR/RiS), Art. 2 Abs. 1 i.V.m. Art. 1 Abs. 1[97] GG, vgl. auch Art. 142 GG i.V.m. Art. 4 Abs. 1, 2 Verfassung NRW[98].

BVerfGE 6, 32 [36]; aus neuerer Zeit etwa: BVerfGE 74, 129 [151]; 75, 108 [154 f.]). Geschützt ist damit nicht nur ein begrenzter Bereich der Persönlichkeitsentfaltung, sondern jede Form menschlichen Handelns ohne Rücksicht darauf, welches Gewicht der Betätigung für die Persönlichkeitsentfaltung zukommt (vgl. etwa die Entscheidung eines Vorprüfungsausschusses in BVerfGE 54, 143 (146) - Taubenfüttern).".

93 BVerfGE 6, 32, Ls. 1, 2 (Elfes) = BVerfG, Urteil des Ersten Senats vom 16.01.1957 – 1 BvR 253/56, Ls. 1: „Art. 11 GG betrifft nicht die Ausreisefreiheit.", Ls. 2: „Die **Ausreisefreiheit** ist als Ausfluß der allgemeinen Handlungsfreiheit durch Art. 2 Abs. 1 GG innerhalb der Schranken der verfassungsmäßigen Ordnung gewährleistet."; BVerwG, Urteil vom 29.05.2019 - BVerwG 6 C 8.18 (Beschränkung des Geltungsbereichs eines Passes), Rn. 20: „In der höchstrichterlichen Rechtsprechung ist seit Jahrzehnten geklärt, dass die durch Art. 2 Abs. 1 GG geschützte Ausreisefreiheit auch durch den Passversagungsgrund des § 7 Abs. 1 Nr. 1 Alt. 3 PassG als Bestandteil der verfassungsmäßigen Ordnung wirksam eingeschränkt wird.".

94 Art. 2 Abs. 1 Hs. 2 GG (**Schrankentrias**): BVerfGE 80, 137, 153 (Reiten im Walde) = BVerfG, Beschluss des Ersten Senats vom 06.06.1989 – 1 BvR 921/85 –, C. I. 1 a), Rn. 69: „Abgesehen von einem absolut geschützten Kernbereich privater Lebensgestaltung, welcher der Einwirkung der öffentlichen Gewalt entzogen ist (BVerfGE 6, 32 [41]), ist die allgemeine Handlungsfreiheit allerdings nur in den Schranken des zweiten Halbsatzes von Art. 2 Abs. 1 GG gewährleistet und steht damit insbesondere unter dem **Vorbehalt der verfassungsmäßigen (Rechts-)Ordnung** (BVerfGE 6, 32 [37 f.]; 74, 129 [152]). Stützt sich ein die Handlungsfreiheit berührender Akt der öffentlichen Gewalt auf eine Rechtsnorm, so kann mit der Verfassungsbeschwerde unter Berufung auf Art. 2 Abs. 1 GG zur Nachprüfung gestellt werden, ob diese Norm zur **verfassungsmäßigen Ordnung** gehört, das heißt formell und materiell mit den Normen der Verfassung in Einklang steht (st. Rspr. seit BVerfGE 6, 32)."; BVerfGE 6, 32, Ls. 3 (Elfes) = BVerfG, Urteil des Ersten Senats vom 16.01.1957 – 1 BvR 253/56, Ls. 3: „**Verfassungsmäßige Ordnung** im Sinne des Art. 2 Abs. 1 GG ist die verfassungsmäßige Rechtsordnung, d.h. die Gesamtheit der Normen, die formell und materiell der Verfassung gemäß sind."; vgl. dazu auch BVerfGE 6, 32, 37-41 (Elfes) = BVerfG, Urteil des Ersten Senats vom 16.01.1957 – 1 BvR 253/56, Gründe II. 2 b), c), Rn. 17-33.

Rechte anderer sind (als Teil der verfassungsmäßigen Ordnung) subjektive Berechtigungen (Anspruch oder Befugnis oder Erlaubnis) einschließlich Verpflichtungen (Pflicht zur Erfüllung von Anspruch oder Befugnis oder Erlaubnis) und sonstiger Rechtswirkungen für ein Rechtssubjekt bezüglich eines Verhaltens oder eines Rechtsguts.

Vgl. zum ein Mal bundesverfassungsgerichtlich entscheidungserheblich bemühten „**Sittengesetz**" nach Art. 2 Abs. 1 Hs. 2 GG als Gesetz, das nicht das durch die „soziale Gemeinschaft" „als für sich verbindlich" anerkannte „Rechtsgefühl" „im allgemeinen" „verletzt": BVerfGE 6, 389 (Homosexuelle) = BVerfG, Urteil des Ersten Senats vom 10.05.1957 – 1 BvR 550/52 –, und StrRehaHomG (Gesetz zur strafrechtlichen Rehabilitierung der nach dem 8. Mai 1945 wegen einvernehmlicher homosexueller Handlungen verurteilten Personen vom 17. Juli 2017 – BGBl. I S. 2443).

95 BVerfGE 147, 1, 18 f. (**Geschlechtsidentität**) = BVerfG, Beschluss des Ersten Senats vom 10.10.2017 – 1 BvR 2019/16 –, Rn. 38: „Art. 2 Abs. 1 GG gewährt jedem das **Recht auf die freie Entfaltung seiner Persönlichkeit**. Dieses Grundrecht umfasst neben der allgemeinen Handlungsfreiheit das **allgemeine Persönlichkeitsrecht** (Art. 2 Abs. 1 i.V.m. Art. 1 Abs. 1 GG). Letzteres ergänzt als ‚unbenanntes' Freiheitsrecht die speziellen (‚benannten') Freiheitsrechte, die ebenfalls konstituierende Elemente der Persönlichkeit schützen (vgl. BVerfGE 54, 148 <153>). Eine der **Aufgaben des allgemeinen Persönlichkeitsrechts** ist es dabei, Grundbedingungen dafür zu sichern, dass die einzelne Person ihre

Individualität selbstbestimmt entwickeln und wahren kann (vgl. BVerfGE 35, 202 <220>; 79, 256 <268>; 90, 263 <270>; 117, 202 <225>). Das allgemeine Persönlichkeitsrecht schützt indessen nur solche **Elemente der Persönlichkeitsentfaltung**, die - ohne bereits Gegenstand der besonderen Freiheitsgarantien des Grundgesetzes zu sein - diesen in ihrer konstituierenden Bedeutung für die Persönlichkeit nicht nachstehen (vgl. BVerfGE 79, 256 <268>; 99, 185 <193>; 120, 274 <303>; stRspr). Es verbürgt also nicht Schutz gegen alles, was die selbstbestimmte Persönlichkeitsentwicklung auf irgendeine Weise beeinträchtigen könnte; ohnehin vermag kein Mensch seine Individualität unabhängig von äußeren Gegebenheiten und Zugehörigkeiten zu entwickeln. Der lückenschließende Schutz des allgemeinen Persönlichkeitsrechts greift aber dann, wenn die selbstbestimmte Entwicklung und Wahrung der Persönlichkeit spezifisch gefährdet ist (BVerfGE 141, 186 <201 f. Rn. 32>).".

BVerfG, Beschluss des Ersten Senats vom 06.11.2019 – 1 BvR 16/13 – (Recht auf Vergessen I), Rn. 81: „Diese **[APR-]Rechtsprechung** hat sich maßgeblich in Konstellationen der mittelbaren Drittwirkung und geleitet von dem Erfordernis praktischer Konkordanz entwickelt. Deshalb bestimmen sich die Schutzdimensionen des allgemeinen Persönlichkeitsrechts letztlich immer einzelfallbezogen im Abgleich mit den Grundrechten Dritter. Die Bestimmung seiner Schutzwirkungen und die Abwägung mit den gegenüberstehenden Freiheitsrechten greifen hier Hand in Hand. Der Schutz des allgemeinen Persönlichkeitsrechts ist insoweit flexibel und durch die Einbindung der Person in ihre sozialen Beziehungen relativiert (vgl. BVerfGE 101, 361 <380>; 141, 186 <202 Rn. 32>; 147, 1 <19 Rn. 38>; stRspr; siehe auch BGHZ 183, 353 <357 Rn. 11>; 209, 139 <150 Rn. 30>; 219, 233 <240 Rn. 22>; stRspr).".

Vgl. **„Allgemeines Persönlichkeitsrecht"** (APR) als „sonstiges Recht" (sog. **Rahmenrecht** mit [grundrechts-]abwägungsoffenem Tatbestand) nach § 823 Abs. 1 Var. 6 BGB, u.a. mit Geldentschädigungsanspruch, insbesondere durch ständige Rechtsprechung (vgl. auch § 253 BGB) seit folgender Entwicklung: BGHZ 13, 334 (Leserbrief), mit erstmaliger ausdrücklicher Anerkennung des allgemeinen Persönlichkeitsrechts; BGHZ 26, 349 (Herrenreiter), mit erstmaliger Zuerkennung einer Geldentschädigung wegen des immateriellen Schadens durch die Verletzung des allgemeinen Persönlichkeitsrechts; BGHZ 35, 363 (Ginsengwurzel), mit erstmaliger Schwerpunktsetzung bei der Menschenwürde in der Begründung; BVerfGE 34, 269 (Soraya), mit verfassungsgerichtlicher Erklärung der verfassungsrechtlichen Zulässigkeit der richterrechtlich entwickelten APR-Konstruktion.

96 BVerfG, Beschluss des Ersten Senats vom 06.11.2019 – 1 BvR 16/13 – (Recht auf Vergessen I), Rn. 80: „Die Rechtsprechung hat aus dem **[Allgemeinen Persönlichkeits-]Grundrecht** insoweit verschiedene **Schutzdimensionen** abgeleitet wie den **Schutz eines unantastbaren Bereichs privater Lebensgestaltung**, die Garantie der **Privatsphäre**, das **Recht am eigenen Bild** oder **gesprochenen Wort** oder das **Recht auf die Darstellung der eigenen Person**, die **soziale Anerkennung** sowie die **persönliche Ehre** (vgl. BVerfGE 27, 1 <6>; 27, 344 <350 f.>; 32, 373 <379>; 34, 238 <245 f.>; 47, 46 <73>; 54, 148 <153 f.>; 99, 185 <193 f.>; 101, 361 <384>; 106, 28 <39>; 114, 339 <346>; 120, 180 <198>)." „Diese Schutzgehalte werden insoweit aber nicht als abschließend umschriebene und voneinander abzugrenzende Gewährleistungen verstanden, sondern als Ausprägungen, die in Blick auf den konkreten Schutzbedarf jeweils anhand des zu entscheidenden Falles herauszuarbeiten sind (vgl. BVerfGE 54, 148 <153 f.>; 65, 1 <41>).".

BVerfGE 65, 1 (Volkszählungsgesetz), Ls. 1 = BVerfG, Urteil des Ersten Senats vom 15.12.1983 – 1 BvR 209/83, Ls. 1: „Unter den Bedingungen der modernen Datenverarbeitung wird der Schutz des Einzelnen gegen unbegrenzte Erhebung, Speicherung, Verwendung und Weitergabe seiner persönlichen Daten von dem **allgemeinen Persönlichkeitsrecht** des Art. 2 Abs. 1 GG in Verbindung mit Art. 1 Abs. 1 GG umfaßt. Das **[Allgemeine Persönlichkeits-]Grundrecht** gewährleistet insoweit die Befugnis des Einzelnen, grundsätzlich selbst über die Preisgabe und Verwendung seiner persönlichen Daten zu bestimmen."; BVerfG, Beschluss des Ersten Senats vom 06.11.2019 – 1 BvR 16/13 – (Recht auf Vergessen I), Rn. 80: „Das **Recht auf informationelle Selbstbestimmung** ist von der Rechtsprechung als eigene Ausprägung des allgemeinen Persönlichkeitsrechts mit einem gegenüber den anderen Ausprägungen selbständigen Gewährleistungsgehalt entwickelt worden und behält diesen auch, soweit es als verfassungsrechtliche Wertentscheidung in das Zivilrecht einstrahlt. Dementsprechend enthält es keinen gesamthaften Schutzanspruch hinsichtlich jederlei Umgangs mit Informationen, der die übrigen Schutzdimensionen des Grundrechts allgemein übergreifen und zusammenführen würde, sondern lässt deren

Wertungen und Abwägungsregeln unberührt.“; BVerfGE 120, 274, 311 f. (Online-Durchsuchung) = BVerfG, Urteil des Ersten Senats vom 27.02.2008 – 1 BvR 370/07 –, Rn. 198 f. „Das **Recht auf informationelle Selbstbestimmung** geht über den **Schutz der Privatsphäre** hinaus. Es gibt dem Einzelnen die Befugnis, grundsätzlich selbst über die Preisgabe und Verwendung seiner persönlichen Daten zu bestimmen (vgl. BVerfGE 65, 1 <43>; 84, 192 <194>). Es flankiert und erweitert den grundrechtlichen Schutz von Verhaltensfreiheit und Privatheit, indem es ihn schon auf der Stufe der Persönlichkeitsgefährdung beginnen lässt. Eine derartige Gefährdungslage kann bereits im Vorfeld konkreter Bedrohungen benennbarer Rechtsgüter entstehen, insbesondere wenn personenbezogene Informationen in einer Art und Weise genutzt und verknüpft werden können, die der Betroffene weder überschauen noch verhindern kann. Der Schutzumfang des **Rechts auf informationelle Selbstbestimmung** beschränkt sich dabei nicht auf Informationen, die bereits ihrer Art nach sensibel sind und schon deshalb grundrechtlich geschützt werden. Auch der Umgang mit personenbezogenen Daten, die für sich genommen nur geringen Informationsgehalt haben, kann, je nach dem Ziel des Zugriffs und den bestehenden Verarbeitungs- und Verknüpfungsmöglichkeiten, grundrechtserhebliche Auswirkungen auf die Privatheit und Verhaltensfreiheit des Betroffenen haben (vgl. BVerfG, Beschluss vom 13. Juni 2007 - 1 BvR 1550/03 u.a. -, NJW 2007, S. 2464 <2466>). Die mit dem Recht auf informationelle Selbstbestimmung abzuwehrenden Persönlichkeitsgefährdungen ergeben sich aus den vielfältigen Möglichkeiten des Staates und gegebenenfalls auch privater Akteure (vgl. BVerfG, Beschluss der 1. Kammer des Ersten Senats vom 23. Oktober 2006 - 1 BvR 2027/02 -, JZ 2007, S. 576) zur Erhebung, Verarbeitung und Nutzung personenbezogener Daten. Vor allem mittels elektronischer Datenverarbeitung können aus solchen Informationen weitere Informationen erzeugt und so Schlüsse gezogen werden, die sowohl die grundrechtlich geschützten Geheimhaltungsinteressen des Betroffenen beeinträchtigen als auch Eingriffe in seine Verhaltensfreiheit mit sich bringen können (vgl. BVerfGE 65, 1 <42>; 113, 29 <45 f.>; 115, 320 <342>; BVerfG, Beschluss vom 13. Juni 2007 - 1 BvR 1550/03 u.a. -, NJW 2007, S. 2464 <2466>).“.

BVerfGE 109, 279, 325-327 (akustische Wohnraumüberwachung / „Großer Lauschangriff“) = BVerfG, Urteil des Ersten Senats vom 03.03.2004 – 1 BvR 2378/98, 1084/99 –, Rn. 159-163: „Das aus Art. 2 Abs. 1 in Verbindung mit Art. 1 Abs. 1 GG folgende **allgemeine Persönlichkeitsrecht** kommt neben Art. 13 Abs. 1 GG allerdings nicht zur Anwendung, soweit Eingriffe in die **räumliche Privatsphäre des Wohnungsinhabers** zu überprüfen sind. Art. 13 Abs. 1 GG enthält eine spezielle Gewährleistung des **Schutzes vor staatlicher akustischer Überwachung der räumlichen Privatsphäre**, die die allgemeinere Vorschrift insoweit verdrängt (vgl. BVerfGE 100, 313 [358] zu Art. 10 GG). Mit dem **Recht, in der Wohnung ungestört zu sein**, und dem **Recht am eigenen in der Wohnung gesprochenen Wort** schützt Art. 13 Abs. 1 GG gerade den Teil der **Privatsphäre**, den sonst das allgemeine Persönlichkeitsrecht gewährleistet. Dieses Recht ergänzt als unbenanntes Freiheitsrecht die speziellen Freiheitsrechte, die ebenfalls konstituierende Elemente der Persönlichkeit schützen (vgl. BVerfGE 54, 148 <153 f.>), nur insoweit, als Letztere keinen Schutz gewähren. Der **Schutz des allgemeinen Persönlichkeitsrechts aus Art. 2 Abs. 1 in Verbindung mit Art. 1 Abs. 1 GG** greift hingegen ein, soweit von der Wohnraumüberwachung Personen betroffen werden, die sich nicht auf Art. 13 Abs. 1 GG berufen können. **Grundrechtsträger des Art. 13 Abs. 1 GG** ist jeder Inhaber oder Bewohner eines Wohnraums, unabhängig davon, auf welchen Rechtsverhältnissen die Nutzung des Wohnraums beruht. Bei mehreren Bewohnern einer Wohnung steht das Grundrecht jedem Einzelnen, bei Familien mithin jedem Familienmitglied zu. Maßnahmen der Wohnraumüberwachung können aber nicht nur **Wohnungsinhaber**, sondern auch **zufällig in einer Wohnung Anwesende** erfassen. Diese Personen sind zwar nicht in ihrem Grundrecht aus Art. 13 Abs. 1 GG, wohl aber in ihrem **allgemeinen Persönlichkeitsrecht** betroffen. Der Schutz aus Art. 2 Abs. 1 in Verbindung mit Art. 1 Abs. 1 GG kann insofern allerdings nicht weiter reichen als derjenige aus Art. 13 Abs. 1 und 3 GG. Der Schutz der **räumlichen Privatsphäre und des allgemeinen Persönlichkeitsrechts** kann schließlich in Einzelfällen durch weitere Grundrechtsgarantien ergänzt sein. So wird das **Gespräch zwischen Eheleuten in der eigenen Wohnung** nicht nur von Art. 13 Abs. 1 GG, sondern zusätzlich durch Art. 6 Abs. 1 GG geschützt. Auch in Bezug auf die **Kommunikation mit Berufsgeheimnisträgern** können neben dem grundrechtlichen **Schutz der räumlichen Privatsphäre** Grundrechte in Betracht kommen, die - wie etwa Art. 4 GG im Hinblick auf das Gespräch mit einem Geistlichen - der besonderen Schutzbedürftigkeit der Kommunizierenden Rechnung tragen.“.

BVerfG, Beschluss des Ersten Senats vom 06.11.2019 – 1 BvR 16/13 – (Recht auf Vergessen I), Ls. 3 S. 1: „Von den **äußerungsrechtlichen Schutzdimensionen** ist das **Recht auf informationelle Selbstbestimmung** als eine eigene Ausprägung des allgemeinen Persönlichkeitsrechts zu unterscheiden.“ BVerfG, Beschluss des Ersten Senats vom 06.11.2019 – 1 BvR 16/13 – (Recht auf Vergessen I), Rn. 90: „Ausgehend von dem **Ziel des Rechts auf informationelle Selbstbestimmung**, Schutz vor Gefahren angesichts neuartiger Möglichkeiten der Datenverarbeitung zu gewähren (vgl. BVerfGE 65, 1 <42>), ist es primär als Gewährleistung zu verstehen, die – neben der ungewollten Preisgabe von Daten auch im Rahmen privater Rechtsbeziehungen (vgl. BVerfGE 84, 192 <194>) – insbesondere vor deren intransparenter Verarbeitung und Nutzung durch Private schützt. Es bietet Schutz davor, dass Dritte sich individueller Daten bemächtigen und sie in nicht nachvollziehbarer Weise als Instrument nutzen, um die Betroffenen auf Eigenschaften, Typen oder Profile festzulegen, auf die sie keinen Einfluss haben und die dabei aber für die freie Entfaltung der Persönlichkeit sowie eine gleichberechtigte Teilhabe in der Gesellschaft von erheblicher Bedeutung sind. Der Gehalt dieses Rechts ist dabei entwicklungsoffen, so dass es auch weitere persönlichkeitsgefährdende Entwicklungen der Informationsverarbeitung aufnehmen kann.“.

BVerfG, Beschluss des Ersten Senats vom 06.11.2019 – 1 BvR 16/13 – (Recht auf Vergessen I), Rn. 91: „[Vom Recht auf informationelle Selbstbestimmung] zu unterscheiden ist der **Schutz vor der Verarbeitung personenbezogener Berichte und Informationen als Ergebnis eines Kommunikationsprozesses**. Der Schutzbedarf gründet hier nicht in der intransparenten Zuweisung von Persönlichkeitsmerkmalen und -profilen durch Dritte, sondern in der sichtbaren Verbreitung bestimmter Informationen im öffentlichen Raum. Gefährdungen für die Persönlichkeitsentfaltung ergeben sich hier vornehmlich aus Form und Inhalt der Veröffentlichung selbst. Schutz gegenüber solchen Gefährdungen bieten die **äußerungsrechtlichen Ausprägungen des allgemeinen Persönlichkeitsrechts unabhängig vom Recht auf informationelle Selbstbestimmung**. Zwar kann es auch dabei maßgeblich auf die Art der Informationserlangung ankommen. Jedoch hat diese hier ihre Bedeutung als Vorfrage für die Beurteilung des weiteren Umgangs mit einer bestimmten Äußerung und des damit in die Öffentlichkeit gestellten Bildes einer Person selbst.“.

BVerfG, Beschluss des Ersten Senats vom 06.11.2019 – 1 BvR 16/13 – (**Recht auf Vergessen** I), Ls. 2b): „Bei der Entscheidung über einen Schutzanspruch kommt der Zeit unter den Kommunikationsbedingungen des Internets ein spezifisches Gewicht zu. Die Rechtsordnung muss davor schützen, dass sich eine Person frühere Positionen, Äußerungen und Handlungen unbegrenzt vor der Öffentlichkeit vorhalten lassen muss. Erst die Ermöglichung eines Zurücktretens vergangener Sachverhalte eröffnet den Einzelnen die Chance zum Neubeginn in Freiheit. Zur Zeitlichkeit der Freiheit gehört die Möglichkeit des Vergessens.“.

BVerfGE 120, 274, 311 (Online-Durchsuchung) = BVerfG, Urteil des Ersten Senats vom 27.02.2008 – 1 BvR 370/07 –, Rn. 197: „In seiner Ausprägung als **Schutz der Privatsphäre** [als **Privatangelegenheitenschutz** und **Rückzugsraumbereichsschutz** – beides **gegenüber der Öffentlichkeit**, vgl. **Sphärentheorie** mit **Intimsphäre, Privatsphäre, Sozialsphäre** und vgl. **Kernbereich privater Lebensgestaltung**] gewährleistet das allgemeine Persönlichkeitsrecht dem Einzelnen einen räumlich und thematisch bestimmten Bereich, der grundsätzlich frei von unerwünschter Einsichtnahme bleiben soll (vgl. BVerfGE 27, 344 <350 ff.>; 44, 353 <372 f.>; 90, 255 <260>; 101, 361 <382 f.>).“; BVerfGE 101, 361, 382-385 (Caroline von Monaco II) = BVerfG, Urteil vom 15.12.1999 – 1 BvR 653/96 –, Rn. 75-82: „Im Unterschied zum **Recht am eigenen Bild** bezieht sich der **Schutz der Privatsphäre**, der ebenfalls im **allgemeinen Persönlichkeitsrecht** wurzelt, nicht speziell auf Abbildungen, sondern ist **thematisch und räumlich** bestimmt. Er umfaßt zum einen **Angelegenheiten** [**Privatangelegenheitenschutz**], die wegen ihres Informationsinhalts typischerweise als ‚**privat**‘ eingestuft werden, weil ihre **öffentliche** Erörterung oder Zurschaustellung als unschicklich gilt, das Bekanntwerden als peinlich empfunden wird oder nachteilige Reaktionen der Umwelt auslöst, wie es etwa bei Auseinandersetzungen mit sich selbst in **Tagebüchern** (BVerfGE 80, 367), bei **vertraulicher Kommunikation unter Eheleuten** (BVerfGE 27, 344), im Bereich der **Sexualität** (BVerfGE 47, 46; 49, 286 [BVerfGE 120, 224, 238 f. (Geschwisterbeischlaf) = BVerfGE, Beschluss des Zweiten Senats vom 26.02.2008 – 2 BvR 392/07 –, Rn. 32 f.: „Das allgemeine Persönlichkeitsrecht in seiner Ausprägung als **Recht auf sexuelle Selbstbestimmung**“/„**Intim- und**

Sexualbereich des Menschen als Teil seiner Privatsphäre, P. B.]), bei **sozial abweichendem Verhalten** (BVerfGE 44, 353) oder bei **Krankheiten** (BVerfGE 32, 373) der Fall ist. Fehlte es hier an einem **Schutz vor der Kenntniserlangung anderer**, wären die Auseinandersetzung mit sich selbst, die unbefangene Kommunikation unter Nahestehenden, die sexuelle Entfaltung oder die Inanspruchnahme ärztlicher Hilfe beeinträchtigt oder unmöglich, obwohl es sich um grundrechtlich geschützte Verhaltensweisen handelt. Zum anderen erstreckt sich der Schutz auf einen **räumlichen Bereich** [**Raumbereichsschutz**], in dem der Einzelne zu sich kommen, sich entspannen oder auch gehen lassen kann (vgl. BVerfGE 27, 1 [6]). Zwar bietet auch dieser Bereich Gelegenheit, sich in einer Weise zu verhalten, die nicht für die **Öffentlichkeit** bestimmt ist und deren Beobachtung oder Darstellung durch Außenstehende für den Betroffenen peinlich oder nachteilig wäre. Im Kern geht es aber um einen **Raum**, in dem er die Möglichkeit hat, frei von **öffentlicher Beobachtung** und damit der von ihr erzwungenen Selbstkontrolle zu sein, auch ohne daß er sich dort notwendig anders verhielte als in der **Öffentlichkeit**. Bestünden solche **Rückzugsbereiche** nicht mehr, könnte der Einzelne psychisch überfordert sein, weil er unausgesetzt darauf achten müßte, wie er auf andere wirkt und ob er sich richtig verhält. Ihm fehlten die Phasen des Alleinseins und Ausgleichs, die für die Persönlichkeitsentfaltung notwendig sind und ohne die sie nachhaltig beeinträchtigt würde. Ein derartiges Schutzbedürfnis besteht auch bei Personen, die aufgrund ihres Ranges oder Ansehens, ihres Amtes oder Einflusses, ihrer Fähigkeiten oder Taten besondere **öffentliche** Beachtung finden. Wer, ob gewollt oder ungewollt, zur Person des **öffentlichen** Lebens geworden ist, verliert damit nicht sein Anrecht auf eine **Privatsphäre**, die den Blicken der **Öffentlichkeit** entzogen bleibt. Das gilt auch für demokratisch gewählte Amtsträger, die zwar für ihre Amtsführung **öffentlich** rechenschaftspflichtig sind und sich in diesem Umfang **öffentliche** Aufmerksamkeit gefallen lassen müssen, nicht aber für ihr **Privatleben**, sofern dieses die Amtsführung nicht berührt. Der **häusliche Bereich** [vgl. ggf. spezielleren Art. 13 GG i.V.m. BVerfGE 109, 279, 325 f.] stellt anerkanntermaßen eine solche geschützte Sphäre dar. Wegen des Bezugs auf die Entfaltung der Persönlichkeit darf der **Rückzugsbereich** jedoch nicht von vornherein auf ihn begrenzt werden. Das gilt schon deshalb, weil die Funktionen, denen er dient, nur erfüllt werden, wenn er nicht an den Hausmauern oder Grundstücksgrenzen endet. Die freie Entfaltung der Persönlichkeit wäre erheblich behindert, wenn der Einzelne nur im eigenen Haus der **öffentlichen** Neugier entgehen könnte. Die notwendige Erholung von einer durch Funktionszwänge und Medienpräsenz geprägten **Öffentlichkeit** ist vielfach nur in der **Abgeschiedenheit einer natürlichen Umgebung, etwa an einem Ferienort**, zu gewinnen. Deswegen muß der Einzelne grundsätzlich die Möglichkeit haben, sich auch in der freien, gleichwohl **abgeschiedenen Natur oder an Örtlichkeiten, die von der breiten Öffentlichkeit deutlich abgeschieden sind**, in einer von **öffentlicher** Beobachtung freien Weise zu bewegen. Das gilt gerade gegenüber solchen Aufnahmetechniken, die die **räumliche Abgeschiedenheit** überwinden, ohne daß der Betroffene dies bemerken kann. Wo die Grenzen der geschützten **Privatsphäre außerhalb des Hauses** verlaufen, läßt sich nicht generell und abstrakt festlegen. Sie können vielmehr nur aufgrund der jeweiligen Beschaffenheit des **Ortes** bestimmt werden, den der Betroffene aufsucht. Ausschlaggebend ist, ob der Einzelne eine **Situation** vorfindet oder schafft, in der er begründetermaßen und somit auch für Dritte erkennbar davon ausgehen darf, den Blicken der **Öffentlichkeit** nicht ausgesetzt zu sein. Ob die Voraussetzungen der **Abgeschiedenheit** erfüllt sind, läßt sich nur situativ beurteilen. Der Einzelne kann sich an ein und demselben **Ort** zu Zeiten mit gutem Grund unbeobachtet fühlen, zu anderen Zeiten nicht. Auch ist der Aufenthalt in umschlossenen **Räumen** keineswegs immer mit **Abgeschiedenheit** gleichzusetzen. Da es um die Frage geht, ob der Einzelne begründetermaßen erwarten darf, unbeobachtet zu sein, oder aber **Plätze** aufgesucht hat, wo er sich unter den Augen der **Öffentlichkeit** bewegt, kann es auch in umschlossenen Räumen an der **Abgeschiedenheit** fehlen, die Voraussetzung für den **Privatsphärenschutz** außerhalb der eigenen **Häuslichkeit** ist. **Plätzen, an denen sich der Einzelne unter vielen Menschen befindet**, fehlt es von vornherein an den Voraussetzungen des **Privatsphärenschutzes** im Sinn von Art. 2 Abs. 1 in Verbindung mit Art. 1 Abs. 1 GG. Sie können das **Rückzugsbedürfnis** nicht erfüllen und rechtfertigen deswegen auch nicht den grundrechtlichen Schutz, den dieses Bedürfnis aus Gründen der Persönlichkeitsentfaltung verdient. Der Einzelne kann solche **Orte** auch nicht etwa durch ein Verhalten, das typischerweise nicht **öffentlich** zur Schau gestellt würde, in seine **Privatsphäre** umdefinieren. Nicht sein Verhalten, ob allein oder mit anderen, konstituiert die **Privatsphäre**, sondern die **objektive Gegebenheit der Örtlichkeit zur fraglichen Zeit**. Verhält er sich daher an **Orten**, die nicht die Merkmale der **Abgeschiedenheit** aufweisen, so, als stünde er nicht unter Beobachtung, hebt er das **Schutzbedürfnis für Verhaltensweisen, die an sich die Öffentlichkeit nichts angehen**, selbst auf. Der **Schutz der Privatsphäre vor öffentlicher Kenntnisnahme** entfällt ferner, wenn sich jemand selbst damit einverstanden zeigt, daß bestimmte, gewöhnlich als privat geltende Angelegenheiten **öffentlich** gemacht werden, etwa indem er Exklusivverträge über die Berichterstattung aus seiner **Privatsphäre** abschließt. Der verfassungsrechtliche **Privatsphärenschutz** aus Art. 2 Abs. 1 in Verbindung mit Art. 1 Abs. 1 GG ist nicht im Interesse einer Kommerzialisierung der eigenen Person gewährleistet. Zwar ist niemand an einer solchen **Öffnung privater Bereiche** gehindert. Er kann sich dann aber nicht gleichzeitig auf den **öffentlichkeitsabgewandten Privatsphärenschutz** berufen. Die Erwartung, daß die Umwelt die **Angelegenheiten oder Verhaltensweisen in einem Bereich mit Rückzugsfunktion** nur begrenzt oder nicht zur Kenntnis nimmt, muß daher situationsübergreifend und konsistent zum Ausdruck gebracht werden. Das gilt auch für den Fall, daß der Entschluß, die Berichterstattung über bestimmte Vorgänge der eigenen **Privatsphäre** zu gestatten oder hinzunehmen, rückgängig gemacht wird.“.

BVerfGE 6, 32, 41 (Elfes) = BVerfG, Urteil vom des Ersten Senats vom 16.01.1957 – 1 BvR 253/56 –, Rn. 32 [vgl. **Recht auf Privatsphäre** als **Privatangelegenheitenschutz** und **Rückzugsraumbereichsschutz** – beides **gegenüber der Öffentlichkeit,** vgl. **Sphärentheorie** mit **Intimsphäre**, **Privatsphäre**, **Sozialsphäre**]: „Vor allem dürfen die Gesetze daher die Würde des Menschen nicht verletzen, die im Grundgesetz der oberste Wert ist, aber auch die geistige, politische und wirtschaftliche Freiheit des Menschen nicht so einschränken, daß sie in ihrem Wesensgehalt angetastet würde (Art. 19 Abs. 2, Art. 1 Abs. 3, Art. 2 Abs. 1 GG). Hieraus ergibt sich, daß dem einzelnen Bürger eine **Sphäre privater Lebensgestaltung** verfassungskräftig vorbehalten ist, also ein letzter **unantastbarer Bereich menschlicher Freiheit** besteht, der der Einwirkung der gesamten öffentlichen Gewalt entzogen ist. Ein Gesetz, das in ihn eingreifen würde, könnte nie Bestandteil der ‚verfassungsmäßigen Ordnung‘ sein; es müßte durch das Bundesverfassungsgericht für nichtig erklärt werden.“. BVerfGE 109, 279, Ls. 2 S. 1 (akustische Wohnraumüberwachung / „Großer Lauschangriff“) = BVerfG, Urteil des Ersten Senats vom 03.03.2004 – 1 BvR 2378/98, 1084/99 –, Ls. 2 S. 1: „Zur Unantastbarkeit der Menschenwürde gemäß Art. 1 Abs. 1 GG gehört die Anerkennung eines absolut geschützten **Kernbereichs privater Lebensgestaltung**.“. BVerfGE 141, 220, 276-278 (BKAG) = BVerfG, Urteil des Ersten Senats vom 20.04.2016 – 1 BvR 966/09 –, Rn. 119-124: „Neben den verfassungsrechtlichen Anforderungen an die allgemeinen Eingriffsvoraussetzungen ergeben sich aus den jeweiligen **Grundrechten in Verbindung mit Art. 1 Abs. 1 GG** für die Durchführung von besonders eingriffsintensiven Überwachungsmaßnahmen besondere Anforderungen an den **Schutz des Kernbereichs privater Lebensgestaltung**. Der verfassungsrechtliche **Schutz des Kernbereichs privater Lebensgestaltung** gewährleistet dem Individuum einen **Bereich höchstpersönlicher Privatheit gegenüber Überwachung**. Er wurzelt in den **von den jeweiligen Überwachungsmaßnahmen betroffenen Grundrechten in Verbindung mit Art. 1 Abs. 1 GG** und sichert einen dem Staat nicht verfügbaren Menschenwürdekern grundrechtlichen Schutzes gegenüber solchen Maßnahmen. Selbst überragende Interessen der Allgemeinheit können einen Eingriff in diesen **absolut geschützten Bereich privater Lebensgestaltung** nicht rechtfertigen (vgl. BVerfGE 109, 279 <313>; stRspr). Zur **Entfaltung der Persönlichkeit im Kernbereich privater Lebensgestaltung gehört die Möglichkeit**, **innere Vorgänge** wie Empfindungen und Gefühle sowie Überlegungen, Ansichten und Erlebnisse **höchstpersönlicher Art zum Ausdruck zu bringen** (vgl. BVerfGE 109, 279 <313>; 120, 274 <335>; stRspr). Geschützt ist insbesondere die **nichtöffentliche Kommunikation mit Personen des höchstpersönlichen Vertrauens, die in der berechtigten Annahme geführt wird, nicht überwacht zu werden**, wie es insbesondere bei Gesprächen im Bereich der Wohnung der Fall ist. Zu diesen Personen gehören insbesondere Ehe- oder Lebenspartner, Geschwister und Verwandte in gerader Linie, vor allem, wenn sie im selben Haushalt leben, und können Strafverteidiger, Ärzte, Geistliche und enge persönliche Freunde zählen (vgl. BVerfGE 109, 279 <321 ff.>). Dieser Kreis deckt sich nur teilweise mit dem der Zeugnisverweigerungsberechtigten. Solche Gespräche verlieren dabei nicht schon dadurch ihren Charakter als insgesamt höchstpersönlich, dass sich in ihnen Höchstpersönliches und Alltägliches vermischen (vgl. BVerfGE 109, 279 <330>; 113, 348 <391 f.>). Demgegenüber ist die **Kommunikation unmittelbar über Straftaten** nicht geschützt, selbst wenn sie auch Höchstpersönliches zum Gegenstand hat. Die **Besprechung und Planung von Straftaten** gehört ihrem Inhalt nach nicht zum **Kernbereich privater Lebensgestaltung**, sondern hat **Sozialbezug** (vgl. BVerfGE 80, 367

<375>; 109, 279 <319 f., 328>; 113, 348 <391>). Dies bedeutet freilich nicht, dass der Kernbereich unter einem allgemeinen Abwägungsvorbehalt in Bezug auf öffentliche Sicherheitsinteressen steht. Ein **höchstpersönliches Gespräch** fällt nicht schon dadurch aus dem **Kernbereich privater Lebensgestaltung** heraus, dass es für die Aufklärung von Straftaten oder Gefahren hilfreiche Aufschlüsse geben kann. Aufzeichnungen oder Äußerungen im Zwiegespräch, die zum Beispiel ausschließlich innere Eindrücke und Gefühle wiedergeben und keine Hinweise auf konkrete Straftaten enthalten, gewinnen nicht schon dadurch einen **Gemeinschaftsbezug**, dass sie Ursachen oder Beweggründe eines strafbaren Verhaltens freizulegen vermögen (vgl. BVerfGE 109, 279 <319>). Auch können trotz **Straftatenbezugs** Situationen, in denen Einzelnen gerade ermöglicht werden soll, ein Fehlverhalten einzugestehen oder sich auf dessen Folgen einzurichten, wie Beichtgespräche oder vertrauliche Gespräche mit einem Psychotherapeuten oder einem Strafverteidiger, der **höchstpersönlichen Privatsphäre** unterfallen, die dem Staat absolut entzogen ist (vgl. BVerfGE 109, 279 <322>). Ein hinreichender **Sozialbezug** besteht demgegenüber dann, wenn **Gespräche - auch mit Vertrauenspersonen - sonst unmittelbar Straftaten zu ihrem Gegenstand haben** (vgl. BVerfGE 109, 279 <319>). Der **Kernbereich privater Lebensgestaltung** beansprucht gegenüber **allen Überwachungsmaßnahmen** Beachtung. Können sie typischerweise zur Erhebung kernbereichsrelevanter Daten führen, muss der Gesetzgeber Regelungen schaffen, die einen wirksamen Schutz normenklar gewährleisten (vgl. BVerfGE 109, 279 <318 f.>; 113, 348 <390 f.>; 120, 274 <335 ff.>). Außerhalb solch verletzungsgeneigter Befugnisse bedarf es eigener Regelungen nicht. Grenzen, die sich im Einzelfall auch hier gegenüber einem Zugriff auf höchstpersönliche Informationen ergeben können, sind bei deren Anwendung unmittelbar von Verfassungs wegen zu beachten. Der **Schutz des Kernbereichs privater Lebensgestaltung** ist strikt und darf nicht durch Abwägung mit den Sicherheitsinteressen nach Maßgabe des Verhältnismäßigkeitsgrundsatzes relativiert werden (vgl. BVerfGE 109, 279 <314>; 120, 273 <339>; stRspr). Dies bedeutet jedoch nicht, dass **jede tatsächliche Erfassung von höchstpersönlichen Informationen** stets einen Verfassungsverstoß oder eine Menschenwürdeverletzung begründet. Angesichts der Handlungs- und Prognoseunsicherheiten, unter denen Sicherheitsbehörden ihre Aufgaben wahrnehmen, kann ein **unbeabsichtigtes Eindringen in den Kernbereich privater Lebensgestaltung** im Rahmen von Überwachungsmaßnahmen nicht für jeden Fall von vornherein ausgeschlossen werden (vgl. BVerfGE 120, 274 <337 f.>). Die Verfassung verlangt jedoch **für die Ausgestaltung der Überwachungsbefugnisse** die **Achtung des Kernbereichs** als eine strikte, nicht frei durch Einzelfallerwägungen überwindbare Grenze.".

BVerfGE 120, 274 (Online-Durchsuchung) = BVerfG, Urteil des Ersten Senats vom 27.02.2008 – 1 BvR 370/07 –, Ls. 1: „Das **allgemeine Persönlichkeitsrecht** (Art. 2 Abs. 1 i.V.m. Art. 1 Abs. 1 GG) umfasst das Grundrecht auf **Gewährleistung der Vertraulichkeit und Integrität informationstechnischer Systeme**."; BVerfGE 120, 274, 314 (Online-Durchsuchung) = BVerfG, Urteil des Ersten Senats vom 27.02.2008 – 1 BvR 370/07 –, Rn. 203: „**informationstechnisches System**": „etwa Personalcomputer", „ferner beispielweise […] solche Mobiltelefone oder elektronische Terminkalender, die über einen großen Funktionsumfang verfügen und personenbezogene Daten vielfältiger Art erfassen und speichern können."; BVerfGE 120, 274, 276 (Online-Durchsuchung) = BVerfG, Urteil des Ersten Senats vom 27.02.2008 – 1 BvR 370/07 –, Rn. 5: „**heimlicher Zugriff auf ein informationstechnisches System**": „[heimliche] technische Infiltration […], die etwa Sicherheitslücken des Zielsystems ausnutzt oder über die Installation eines Spähprogramms erfolgt", wobei die Infiltration es ermöglicht, die Zielsystem-„Nutzung zu überwachen oder die Speichermedien durchzusehen oder gar das Zielsystem fernzusteuern.".

BVerfGE 147, 1 (**Geschlechtsidentität**) = BVerfG, Beschluss des Ersten Senats vom 10.10.2017 – 1 BvR 2019/16 –, Ls. 1-3: „1. Das **allgemeine Persönlichkeitsrecht** (Art. 2 Abs. 1 i.V.m. Art. 1 Abs. 1 GG) schützt die **geschlechtliche Identität**. Es schützt auch die geschlechtliche Identität derjenigen, die sich dauerhaft weder dem männlichen noch dem weiblichen Geschlecht zuordnen lassen. 2. Art. 3 Abs. 3 Satz 1 GG schützt auch Menschen, die sich dauerhaft weder dem männlichen noch dem weiblichen Geschlecht zuordnen lassen, vor **Diskriminierungen wegen ihres Geschlechts**. 3. Personen, die sich dauerhaft weder dem männlichen noch dem weiblichen Geschlecht zuordnen lassen, werden in beiden Grundrechten verletzt, wenn das Personenstandsrecht dazu zwingt, das Geschlecht zu registrieren, aber keinen anderen positiven Geschlechtseintrag als weiblich oder männlich zulässt.".

a) GR-SB:

aa) Persönlicher GR-SB: „Jeder“.

bb) Sachlicher GR-SB: „**freie Entfaltung der Persönlichkeit**“ als „**Datenfreiheit**“ (Grundsätzliche Bestimmungsbefugnis des Einzelnen über Preisgabe und Verwendung eigener personenbezogener Daten[99]), vgl. **personenbezogenes Datum**: § 36 Nr. 1 DSG NRW[100].

b) GR-E (oder Nichteingriff/**Einwilligung** i.S.v. § 36 Nr. 19 DSG NRW, § 38 DSG NRW): **Persönlichkeitsentfaltungseinschränkung** als **Datenfreiheitseinschränkung**, durch **Datenverarbeitung**s-Maßnahme[101] i.S.d. § 36 Nr. 2 DSG NRW.

c) GR-B: Art. 2 Abs. 1 Hs. 2 GG.[102]

BVerfG, Urteil des Zweiten Senats vom 26.02.2020 – 2 BvR 2347/15 –, Ls. 1: „a) Das **allgemeine Persönlichkeitsrecht** (Art. 2 Abs. 1 i.V.m. Art. 1 Abs. 1 GG) umfasst als Ausdruck persönlicher Autonomie ein **Recht auf selbstbestimmtes Sterben**. b) Das **Recht auf selbstbestimmtes Sterben** schließt die Freiheit ein, sich das Leben zu nehmen [Rn. 208: „**Recht auf Selbsttötung**“]. Die Entscheidung des Einzelnen, seinem Leben entsprechend seinem Verständnis von Lebensqualität und Sinnhaftigkeit der eigenen Existenz ein Ende zu setzen, ist im Ausgangspunkt als Akt autonomer Selbstbestimmung von Staat und Gesellschaft zu respektieren. c) Die **Freiheit, sich das Leben zu nehmen**, umfasst auch die Freiheit, hierfür bei Dritten Hilfe zu suchen und Hilfe, soweit sie angeboten wird, in Anspruch zu nehmen.“.

97 Zum sog. „**Menschenwürdegehalt**“ der Grundrechte: *Basten*, Die Menschenwürde des Grundgesetzes.

98 Vgl. auch Art. 142 GG i.V.m. Art. 4 Abs. 2 Verfassung NRW; Art. 8 EU-GR-Charta; Art. 16 AEUV; Art. 8 EMRK.

99 BVerfGE 65, 1, Ls. 1 S. 2 (Volkszählungsgesetz) = BVerfG, Urteil des Ersten Senats vom 15.12.1983 – 1 BvR 209/83, Ls. 1 S. 2 (Ls. 1: „Unter den Bedingungen der modernen Datenverarbeitung wird der Schutz des Einzelnen gegen unbegrenzte Erhebung, Speicherung, Verwendung und Weitergabe seiner persönlichen Daten von dem allgemeinen Persönlichkeitsrecht des Art. 2 Abs. 1 GG in Verbindung mit Art. 1 Abs. 1 GG umfaßt. Das Grundrecht gewährleistet insoweit die Befugnis des Einzelnen, grundsätzlich selbst über die Preisgabe und Verwendung seiner persönlichen Daten zu bestimmen.“).

100 BVerfG, Beschluss der 3. Kammer des Zweiten Senats vom 27.06.2018 – 2 BvR 1562/17 (auf § 103 StPO gestützte Anordnung der Durchsuchung der Räumlichkeiten des Münchener Kanzleistandorts der Rechtsanwaltskanzlei Jones Day sowie Sicherstellung von Unterlagen und elektronischen Daten im Zuge des sogenannten „VW-Dieselskandals“ – Verfassungsbeschwerde nicht zur Entscheidung angenommen wegen Unzulässigkeit aufgrund Nichterfüllung von Voraussetzungen nach § 93a Abs. 2 BVerfGG), Gründe, V., Rn. 44: „Der Begriff der persönlichen Daten deckt sich mit der Legaldefinition personenbezogener Daten in § 46 Nr. 1 BDSG (zuvor § 3 Abs. 1 BDSG) und erfasst alle Informationen, die sich auf eine identifizierte oder identifizierbare natürliche Person (betroffene Person) beziehen (vgl. noch zu § 3 Abs. 1 BDSG ‚Einzelangaben über persönliche oder sachliche Verhältnisse einer bestimmten oder bestimmbaren Person‘ Di Fabio, in: Maunz/Dürig, GG, Art. 2 Abs.1, Rn. 175 [Juli 2001]).“.

101 BVerfG, Urteil des Ersten Senats vom 19.05.2020 – 1 BvR 2835/17 – (Ausland-Ausland-Fernmeldeaufklärung nach BNDG), E. III. 1., Rn. 212: „Die **Übermittlung personenbezogener Daten**, mit der eine Behörde die von ihr erhobenen Daten einer anderen Stelle zugänglich macht, begründet einen eigenen Grundrechtseingriff (vgl. BVerfGE 100, 313 <367>; 141, 220 <334 Rn. 305>; stRspr). Dieser ist an dem **Grundrecht** zu messen, **in das bei der ursprünglichen Datenerhebung eingegriffen wurde** (vgl. BVerfGE 100, 313 <367>; 141, 220 <334 Rn. 305>; stRspr).“.

102 Art. 2 Abs. 1 Hs. 2 GG (**Schrankentrias**): BVerfGE 80, 137, 153 (Reiten im Walde) = BVerfG, Beschluss des Ersten Senats vom 06.06.1989 – 1 BvR 921/85 –, C. I. 1 a), Rn. 69: „Abgesehen von einem absolut geschützten Kernbereich privater Lebensgestaltung, welcher der Einwirkung der öffentlichen Gewalt entzogen ist (BVerfGE 6, 32 [41]), ist die allgemeine Handlungsfreiheit allerdings nur in den **Schranken** des zweiten Halbsatzes von Art. 2 Abs. 1 GG gewährleistet und steht damit insbesonde-

3. Leben, Art. 2 Abs. 2 S. 1 Alt. 1 GG[103]

a) GR-SB:

aa) Persönlicher GR-SB: „Jeder".

bb) Sachlicher GR-SB: **Leben** ist biologisch-physische Existenz[104], Todesfreiheit.

b) GR-E (oder Nichteingriff/GR-Verzicht): **Lebenseinschränkung/Todesfreiheitseinschränkung** durch dahingehende erhebliche nachteilige Beeiflussung eines körperlichen Zustandes.

c) GR-B: Art. 2 Abs. 2 S. 3 GG.

4. Körperliche Unversehrtheit, Art. 2 Abs. 2 S. 1 Alt. 2 GG[105]

a) GR-SB:

aa) Persönlicher GR-SB: „Jeder".

---

re unter dem **Vorbehalt der verfassungsmäßigen (Rechts-)Ordnung** (BVerfGE 6, 32 [37 f.]; 74, 129 [152]). Stützt sich ein die Handlungsfreiheit berührender Akt der öffentlichen Gewalt auf eine Rechtsnorm, so kann mit der Verfassungsbeschwerde unter Berufung auf Art. 2 Abs. 1 GG zur Nachprüfung gestellt werden, ob diese Norm zur **verfassungsmäßigen Ordnung** gehört, das heißt formell und materiell mit den Normen der Verfassung in Einklang steht (st. Rspr. seit BVerfGE 6, 32)."; BVerfGE 6, 32, Ls. 3 (Elfes) = BVerfG, Urteil des Ersten Senats vom 16.01.1957 – 1 BvR 253/56, Ls. 3: „**Verfassungsmäßige Ordnung** im Sinne des Art. 2 Abs. 1 GG ist die verfassungsmäßige Rechtsordnung, d.h. die Gesamtheit der Normen, die formell und materiell der Verfassung gemäß sind."; vgl. dazu auch BVerfGE 6, 32, 37-41 (Elfes) = BVerfG, Urteil des Ersten Senats vom 16.01.1957 – 1 BvR 253/56, Gründe II. 2 b), c), Rn. 17-33.

Rechte anderer sind (als Teil der verfassungsmäßigen Ordnung) subjektive Berechtigungen (Anspruch oder Befugnis oder Erlaubnis) einschließlich Verpflichtungen (Pflicht zur Erfüllung von Anspruch oder Befugnis oder Erlaubnis) und sonstiger Rechtswirkungen für ein Rechtssubjekt bezüglich eines Verhaltens oder eines Rechtsguts.

Vgl. zum ein Mal bundesverfassungsgerichtlich entscheidungserheblich bemühten „**Sittengesetz**" nach Art. 2 Abs. 1 Hs. 2 GG als Gesetz, das nicht das durch die „soziale Gemeinschaft" „als für sich verbindlich" anerkannte „Rechtsgefühl" „im allgemeinen" „verletzt": BVerfGE 6, 389 (Homosexuelle) = BVerfG, Urteil des Ersten Senats vom 10.05.1957 – 1 BvR 550/52 –, und StrRehaHomG (Gesetz zur strafrechtlichen Rehabilitierung der nach dem 8. Mai 1945 wegen einvernehmlicher homosexueller Handlungen verurteilten Personen vom 17. Juli 2017 – BGBl. I S. 2443).

[103] Art. 142 GG i.V.m. Art. 4 Abs. 1 Verfassung NRW; Art. 2 EU-GR-Charta; Art. 2 EMRK. Vgl. auch Art. 102 GG („Die **Todesstrafe** ist abgeschafft."); Protokoll Nr. 6 EMRK („über die Abschaffung der Todesstrafe"), Protokoll Nr. 13 EMRK („über die vollständige Abschaffung der Todesstrafe"); Art. 6 IPbpR („angeborenes Recht auf Leben" und Todesstrafe-Bedingungen); Art. 10 Nr. 3 IPwskR (Strafbarkeitssoll bzgl. lebensgefährdender Arbeitsbeschäftigung für Kinder und Jugendliche).

[104] BVerfGE 115, 118, 139 (LuftSiG) = BVerfG, Urteil des Ersten Senats vom 15.02.2006 – 1 BvR 357/05 –, C. I., Rn. 85: „Art. 2 Abs. 2 Satz 1 GG gewährleistet das Recht auf Leben als Freiheitsrecht (vgl. BVerfGE 89, 120 <130>). Mit diesem Recht wird die biologisch-physische Existenz jedes Menschen vom Zeitpunkt ihres Entstehens an bis zum Eintritt des Todes unabhängig von den Lebensumständen des Einzelnen, seiner körperlichen und seelischen Befindlichkeit, gegen staatliche Eingriffe geschützt.".

[105] Vgl. auch Art. 142 GG i.V.m. Art. 4 Abs. 1 Verfassung NRW; Art. 3, 4 EU-GR-Charta; Art. 3 EMRK (**Folterverbot**; Verbot bzgl.: **unmenschliche oder erniedrigende Behandlung oder Strafe**); Art. 7 IPbpR (**Folterverbot**; Verbot bzgl. **grausame, unmenschliche oder erniedrigende Behandlung oder Strafe**; Verbot medizinischer oder wissenschaftlicher Versuche ohne freiwillige Zustimmung); Art. 12 IPwskR („Recht eines jeden auf das für ihn erreichbare Höchstmaß an körperlicher und geistiger **Gesundheit**").

bb) Sachlicher GR-SB: **Körperliche Unversehrtheit** ist Freiheit von körperlicher Beeinträchtigung als biologisch-physiologische Integrität und dieser gleichsetzbare geistig-seelisch-psychische Integrität.[106]

b) GR-E: Unversehrtheitseinschränkung durch Hervorrufen oder Steigern eines nachteilig von den normalen körperlichen Funktionen abweichenden körperlichen Zustandes – auch durch Anordnung und auch ohne Substanzverletzung durch physisch sich mit körperlichem Krankheitswert auswirkende psychische Beeinflussung.

c) GR-B: Art. 2 Abs. 2 S. 3 GG.

5. Körperliche Bewegungsfreiheit, Art. 2 Abs. 2 S. 2 GG[107]

a) GR-SB:

aa) Persönlicher GR-SB: „Person".

---

106 BVerfGE 56, 54, 74-76 (Fluglärm I) = BVerfG, Beschluss des Ersten Senats vom 14.01.1981 – 1 BvR 612/72, C. I. 1., Rn. 73-76, dort u.a.: „Gegen die Zugrundelegung des weiten Gesundheitsbegriffs der Weltgesundheitsorganisation ließe sich allerdings einwenden, es sei - wenn das dem Willen des Verfassungsgesetzgebers entsprochen hätte - schwer erklärlich, daß der Parlamentarische Rat diesen seit 1946 bekannten Begriff nicht übernommen, sondern stattdessen nur die ‚körperliche Unversehrtheit' grundrechtlich geschützt hat [Grammatik, P. B.]. Andererseits dürfte eine Beschränkung des Schutzes allein auf solche Einwirkungen, die Verletzungen des Körpers darstellen, der Bedeutung dieses Grundrechts jedenfalls dann nicht gerecht werden, wenn es im Lichte des Art. 1 GG und der darin verbürgten Unantastbarkeit der Menschenwürde ausgelegt wird [Systematik, P. B.]. Dabei kann dahinstehen, ob eine solche Beschränkung überhaupt mit dem Verständnis des Menschen als einer Einheit von Leib, Seele und Geist und mit der Wechselwirkung zwischen psychischen und physischen Gesundheitsstörungen vereinbar wäre.Verfassungsrechtlich kann nicht außer acht bleiben, daß eine enge Auslegung nicht der Funktion des Grundrechts als Abwehrrecht gegen staatliche Eingriffe etwa durch psychische Folterungen, seelische Quälereien und entsprechende Verhörmethoden entsprechen würde [Teleologie mit funktionalem Schutzbereich und Schutzzweck des Grundrechts, P. B.]. Da die Einfügung gerade dieses Grundrechts auf Erfahrungen im Dritten Reich beruhte, darf dieser Gesichtspunkt jedenfalls nicht gänzlich vernachlässigt werden [Historie, P. B.]. Mit Recht hat der nordrhein-westfälische Ministerpräsident im vorliegenden Verfahren eingeräumt, daß zumindest solche nichtkörperliche Einwirkungen von Art. 2 Abs. 2 GG erfaßt würden, die ihrer Wirkung nach körperlichen Eingriffen gleichzusetzen seien. Das sind jedenfalls solche, die das Befinden einer Person in einer Weise verändern, die der Zufügung von Schmerzen entspricht [Systematik, P. B.]. Bislang ist Art. 2 Abs. 2 GG auch nicht in dem genannten engeren Sinne angewandt worden. So wurde die Frage, ob hirnelektrische Untersuchungen in die körperliche Unversehrtheit eingreifen können, nicht etwa von vornherein verneint, sondern wegen der Harmlosigkeit solcher Untersuchungen offengelassen (BVerfGE 17, 108 [114 f.]). In der Entscheidung zum Räumungsschutz ist die psychische Erkrankung des Beschwerdeführers und die Gefahr von Selbstmorden als relevant im Sinne des Art. 2 Abs. 2 GG angesehen worden (BVerfGE 52, 214 [220 f.]). Im übrigen liegt den neueren Lärmschutzvorschriften durchweg ein weiteres Verständnis zugrunde. […] Zumindest in Gestalt von Schlafstörungen lassen sich Einwirkungen auf die körperliche Unversehrtheit schwerlich bestreiten.".

107 Vgl. auch Art. 142 GG i.V.m. Art. 4 Abs. 1 Verfassung NRW; Art. 20 Abs. 2a und Art. 21 AEUV i.V.m. Art. 6, 45 EU-GR-Charta (Bewegungsfreiheit, Freizügigkeit, Aufenthaltsfreiheit); Art. 5 EMRK; Art. 2 Protokoll Nr. 4 EMRK; Art. 21 AEUV (**Unionsbürgerfreizügigkeit**, zum **Unionsbürger** vgl. Art. 9 S. 2, 3 EUV, Art. 20 Abs. 1 S. 2, 3 AEUV); Art. 45 AEUV (**Arbeitnehmerfreizügigkeit**); Art. 49 AEUV (**Niederlassungsfreiheit**); Art. 56 AEUV (**Dienstleistungsfreiheit**); vgl. auch Art. 28 AEUV (**Warenverkehrsfreiheit**); Art. 9 Abs. 1 S. 1 IPbpR („Jedermann hat ein Recht auf persönliche Freiheit und Sicherheit."); Art. 9-11 IPbpR (Freiheitsentziehungsbedingungen), Art. 12 IPbpR (Bewegung, Wohnsitzwahl, Ausreise, Einreise in Hoheitsgebiet eines Staates, vgl. „Freizügigkeit"), Art. 13 IPbpR (Ausländerausweisungsbedingungen).

bb) Sachlicher GR-SB: „Freiheit" ist **körperliche Bewegungsfreiheit** als Freiheit, jeden Ort oder Raum aufzusuchen, sich dort aufzuhalten, (ihn zu verlassen), der an sich (tatsächlich und rechtlich) zugänglich ist.

b) GR-E: Freiheitsentziehung oder sonstige Freiheitsbeschränkung.

Freiheitsbeschränkung (Freiheitsentziehung oder sonstige Freiheitsbeschränkung) liegt vor, wenn jemand durch die öffentliche Gewalt gegen seinen Willen daran gehindert wird, einen Ort oder Raum aufzusuchen oder sich dort aufzuhalten, der ihm an sich (tatsächlich und rechtlich) zugänglich ist. Eine **Freiheitsentziehung** als schwerste Form der Freiheitsbeschränkung ist dann gegeben, wenn die tatsächlich und rechtlich an sich gegebene körperliche Bewegungsfreiheit durch staatliche Maßnahmen nach jeder Richtung hin aufgehoben wird[108]; Freiheitsentziehung setzt auch eine besondere Eingriffsintensität und eine nicht nur kurzfristige Dauer der Maßnahme voraus[109]. Im Übrigen kann eine Abgrenzung zwischen Freiheitsentziehung und sonstiger Freiheitsbeschränkung auch erfolgen nach Art, Dauer, Intensität, Mittel, Zweck der Freiheitsbeschränkung.[110]

c) GR-B: Art. 2 Abs. 2 S. 3 i.V.m. Art. 104 GG.

6. Eigentum, Art. 14 Abs. 1 S. 1 Alt. 1 GG[111]

a) GR-SB:

aa) Persönlicher GR-SB: Alle Menschen (personen- und staatsangehörigkeitsunabhängiger Wortlaut).

bb) Sachlicher GR-SB: „**Eigentum**" ist Summe aller vermögenswerten Rechte, also jedenfalls auch der berechtigte Besitz und die berechtigte Nutzung[112].[113]

---

[108] BVerfG, Beschluss der 1. Kammer des Ersten Senats vom 08.03.2011 – 1 BvR 47/05 –, Rn. 20, 26: „Das **Einsperren** des Beschwerdeführers in eine **Gewahrsamszelle** auf der Polizeiwache beziehungsweise auf dem Polizeipräsidium sowie **als Verbindungsglied** zwischen beiden das **Verbringen dorthin mittels Polizeifahrzeugen** stellen eine Freiheitsentziehung im Sinne von Art. 104 Abs. 2 GG und nicht lediglich eine Freiheitsbeschränkung dar. […] Jedenfalls muss die Unterbringung einer Person gegen ihren Willen in einem **Haftraum** als Freiheitsentziehung im Sinne von Art. 104 Abs. 2 GG angesehen werden (vgl. BGHZ 82, 261 <264> und BVerwGE 62, 317 <318>)."; BVerfGE 94, 166, 198 (Flughafenverfahren) = BVerfGE, Urteil des Zweiten Senats vom 14.05.1996 – 2 BvR 1516/93.

[109] BVerfGE 149, 293 (5-Punkt-Fixierung/7-Punkt-Fixierung) = BVerfG, Urteil des Zweiten Senats vom 24.07.2018 – 2 BvR 309/15 –, D. II. 2. a), Rn. 67, vgl. dazu auch BVerfGE 149, 293 (5-Punkt-Fixierung/7-Punkt-Fixierung) = BVerfG, Urteil des Zweiten Senats vom 24.07.2018 – 2 BvR 309/15 –, D. II. 2. b): „Jedenfalls eine **5-Punkt- oder 7-Punkt-Fixierung**, bei der sämtliche Gliedmaßen des Betroffenen mit Gurten am Bett festgebunden werden, stellt eine Freiheitsentziehung im Sinne von Art. 104 Abs. 2 GG dar, es sei denn, es handelt sich um eine lediglich **kurzfristige Maßnahme**. Von einer kurzfristigen Maßnahme ist in der Regel auszugehen, wenn sie absehbar die Dauer von ungefähr einer halben Stunde unterschreitet.".

[110] Vgl. auch insbesondere zu Art, Intensität, Mittel: § 415 Abs. 2 FamFG und §§ 37a, 62 PolG NRW.

[111] Vgl. auch Art. 142 GG i.V.m. Art. 4 Abs. 1 Verfassung NRW; Art. 17 EU-GR-Charta; Art. 1 Zusatzprotokoll EMRK.

[112] BVerfGE 95, 267, 300 (Altschulden) = BVerfG, Urteil des Ersten Senats vom 08.04.1997 – 1 BvR 48/94 –, C. I. 1., Rn. 130 f.: „Unter den Schutz der Eigentumsgarantie fallen grundsätzlich alle vermögenswerten Rechte, die dem Berechtigten von der Rechtsordnung in der Weise zugeordnet sind, daß er die damit verbundenen Befugnisse nach eigener Entscheidung zu seinem privaten Nutzen ausüben darf (vgl. BVerfGE 83, 201 [209]; stRspr). Der verfassungsrechtliche Eigentumsschutz reicht damit zwar erheblich weiter als das zivilrechtliche Eigentum und erstreckt sich auch auf nicht dingliche vermögenswerte Rechtspositionen. Er bleibt aber an Rechtspositionen gebunden. Kein Eigentum im Sinn von Art.

b) GR-E (oder Nichteingriff/GR-Verzicht): Eigentumseinschränkung durch Einschränkung eines vermögenswerten Rechts, etwa durch (alternativ)

- Einschränkungen oder Entzug der Nutzungs- und Verfügungsbefugnis an (berechtigtem) Eigentum/Besitz/Nutzung, vgl. §§ 903 ff. BGB, §§ 854 ff. BGB, ohne Güterbeschaffung als Inhalts- und Schrankenbestimmungen im Sinne von Art. 14 Abs. 1 S. 2 GG[114];

---

14 Abs. 1 GG ist daher das **Vermögen**, das selber kein Recht, sondern den Inbegriff aller geldwerten Güter einer Person darstellt (vgl. BVerfGE 4, 7 [17]; stRspr). Daraus folgt, daß Art. 14 Abs. 1 GG nicht vor der staatlichen Auferlegung von **Geldleistungspflichten** schützt. Diese sind nicht mittels eines bestimmten Eigentumsobjekts zu erfüllen, sondern werden aus dem fluktuierenden Vermögen bestritten. Etwas anderes kommt nur dann in Betracht, wenn die Geldleistungspflichten den Betroffenen übermäßig belasten und seine Vermögensverhältnisse so grundlegend beeinträchtigen, daß sie eine erdrosselnde Wirkung haben (vgl. BVerfGE 78, 232 [243]; stRspr).".

113 Zum Vergleich von Art. 14 Abs. 1 S. 1 Alt. 1 GG und dem Auffanggrundrecht des Art. 2 Abs. 1 GG: Bei lediglich unentschiedenem Potential von Berechtigung wie Nichtberechtigung kann grundsätzlich in dubio pro libertate zunächst zugunsten des Grundrechtsfähigen größtmöglicher Grundrechtsschutzbereich vermutet werden. Vgl. auch BVerfGE 6, 55, 72 (Steuersplitting); BVerfGE 32, 54, 71 (Betriebsbetretungsrecht); BVerfGE 39, 1, 38 (Schwangerschaftsabbruch I); BVerfGE 51, 97, 110 (Zwangsvollstreckung I); BVerfGE 151, 67 (Richtervorbehalt, Bereitschaftsdienst, Nachtzeit/Tageszeit i.S.v. § 104 Abs. 3 StPO) = BVerfG, Beschluss des Zweiten Senats vom 12.03.2019 – 2 BvR 675/14 –, Rn. 55, wonach in Zweifelsfällen diejenige Auslegung zu wählen ist/derjenigen Auslegung der Vorzug zu geben ist, welche die (juristische) „Wirkungskraft der Grundrechtsnorm am stärksten entfaltet.". **Eigentum** i.S.d. (privat)rechtsnormgeprägten Schutzbereichs von Art. 14 Abs. 1 S. 1 Alt. 1 GG ist jedenfalls gegeben bei Eigentum i.S.d. Privatrechts und bei vermögenswerter Besitz-/Nutzungs-/Umgangs-Berechtigung (z.B. i.S.d. §§ 854-984 BGB). **Eigentumslosigkeit** i.S.d. (privat)rechtsnormgeprägten Schutzbereichs von Art. 14 Abs. 1 S. 1 Alt. 1 GG ist jedenfalls gegeben bei allseitiger Besitz-/Nutzungs-/Umgangs-Nichtberechtigung (z.B. i.S.d. §§ 854-984 BGB); nicht schon unbedingt bei lediglich Eigentums-Nichtberechtigung im privatrechtlichen Sinne bei vermögenswerten Besitz-/Nutzungs-/Umgangs-Berechtigungen; wohl aber jedenfalls auch bei Verbot i.S.d. § 134 BGB oder Sittenwidrigkeit i.S.d. § 138 BGB oder sonstiger Unwirksamkeitsgründe (Nichtentstehensgründe oder Erlöschensgründe) gerade bezüglich des Erwerbs- oder Nutzungs- oder Umgangsaktes (z.B. i.S.d. §§ 854-984 BGB; vgl. z.B. Btm-Umgangsarten i.S.d. § 29 BtMG; vgl. auch etwaiges waffenrechtliches Verbot der Umgangsart Erwerb oder sonstiger Umgangsarten i.S.d. § 1 Abs. 3, 4 WaffG bei Nichtverbot des Erwerbs). Vgl. BVerfGE 110, 1, 23 f. (Erweiterter Verfall [a. F., ≙ erweiterte Tatertragseinziehung, P. B.]) = BVerfG, Beschluss des Zweiten Senats vom 14.01.2004 – 2 BvR 564/95 –, C. I. 3. a), b), Rn. 86 f, 88: „Die Vorschrift des § 73d StGB [a. F., ≙ § 73a StGB, P. B.] verstößt in der Auslegung des Bundesgerichtshofs auch nicht gegen die Eigentumsgarantie des Art. 14 Abs. 1 GG. Soweit § 73d StGB [a. F., ≙ § 73a StGB, P. B.] den Zugriff auf Vermögenswerte erlaubt, die dem unmittelbar Betroffenen wegen eines Verstoßes gegen strafrechtliche Vorschriften zivilrechtlich nicht zustehen (vgl. § 134, § 935 BGB), ist dessen Eigentumsgrundrecht schon mangels einer schutzfähigen Rechtsposition nicht berührt (vgl. BVerfGE 83, 201 [209]; 95, 267 [300]). Dies betrifft vor allem die Entziehung von Gewinnen aus illegalen Drogengeschäften. Denn wegen des strafrechtlichen Verbots des Handeltreibens mit Betäubungsmitteln ist gemäß § 134 BGB neben dem schuldrechtlichen Verpflichtungsgeschäft zugleich die Übereignung sowohl der Drogen als auch des für sie als Kaufpreis gezahlten Geldes zivilrechtlich unwirksam (vgl. BGH, NJW 1983, S. 636 [Schrifttumsquellen]. […] Soweit § 73d StGB StGB [a. F., ≙ § 73a StGB, P. B.] die Entziehung von Gegenständen anordnet, die der Betroffene zwar deliktisch, aber gleichwohl zivilrechtlich wirksam erworben hat, enthält er eine Inhalts- und Schrankenbestimmung des Eigentums im Sinne des Art. 14 Abs. 1 Satz 2 GG. Diese genügt in der Auslegung des Bundesgerichtshofs den verfassungsrechtlichen Anforderungen.".

114 BVerfGE 143, 246, Ls. 5 (Dreizehnte Novelle des Atomgesetzes) = BVerfG, Urteil des Ersten Senats vom 06.12.2016 – 1 BvR 2821/11 –, Ls. 5.

- Eigentumsentzug als **Enteignung** im Sinne des Art. 14 Abs. 3 GG mit Änderung der Eigentumszuordnung und stets mit Güterbeschaffung[115].

c) GR-B: Art. 14 Abs. 1 S. 2, Abs. 2, 3 GG, Art. 18 GG.

7. Gleichbehandlungsgrundrecht, Art. 3 GG / (Grundsätzliches) **Benachteiligungs- und Bevorzugungsverbot / Diskriminierungsverbot**.[116]

a) GR-SB:

aa) Persönlicher GR-SB: Jeder Mensch.

bb) Sachlicher GR-SB: Ungleichbehandlung.

b) GR-E (oder Nichteingriff/GR-Verzicht): Ungleichbehandlung (Benachteiligung oder Bevorzugung, insbesondere in Bezug auf: Geschlecht, Abstammung, Sprache, Heimat, Herkunft, Glauben, religiöse oder politische Anschauungen, Behinderung).

Eingriffsartige Gleichheitsgrundrechtsbetroffenheit im Sinne des Art. 3 GG[117] ist grundsätzlich immer dann durch eine **Ungleichbehandlung** gegeben, wenn mindestens zwei unter

---

[115] BVerfGE 143, 246, Ls. 4 (Dreizehnte Novelle des Atomgesetzes) = BVerfG, Urteil des Ersten Senats vom 06.12.2016 – 1 BvR 2821/11 –, Ls. 4.

[116] Gleichheitsgrundrechtsdarstellung ist generell und grundsätzlich möglich wie folgt: sowohl – insbesondere zu Beginn vollständiger eingriffsrechtlicher Fallbearbeitung – dreiteilig nach GR-SB, GR-E, GR-B als auch – insbesondere im Übrigen – zweiteilig nach Ungleichbehandlung (≙ GR-SB und GR-E) und Ungleichbehandlungsrechtfertigung (≙ GR-B und Fallbearbeitung bezüglich des jeweiligen einzelnen ungleichbehandelnden Rechtssetzungs- respektive Rechtsanwendungsakts). Ungleichbehandlungsbearbeitung kann außerhalb von Grundrechten außerdem i.d.R. grundsätzlich auch als Ermessensfrage i.V.m. den Grundrechten oder als Verhältnismäßigkeitsfrage weiterbearbeitet werden; ein Gleichbehandlungsgebotsverstoß gegen Art. 3 GG – etwa gegen das grundsätzliche Differenzierungsverbot / Diskriminierungsverbot – kann i.d.R. grundsätzlich auch als Ermessensfehlgebrauch bearbeitet werden, vgl. z.B. § 40 VwVfG NRW („Grenzen“); so auch: OVG NRW, Urteil des 5. Senats vom 07.08.2018 – 5 A 294/16 (**Diskriminierungsverbot**, **„Racial Profiling“**, **Darlegungslast**), Ls. 3-6: „3. Eine nach Art. 3 Abs. 3 Satz 1 GG grundsätzlich verbotene Differenzierung liegt auch dann vor, wenn eine Maßnahme an ein dort genanntes Merkmal kausal, als (mit-)tragendes Kriterium (‚wegen‘) neben anderen Gründen in einem Motivbündel, anknüpft. 4. Insoweit besteht eine Rechtfertigungsmöglichkeit zum Schutz kollidierenden Verfassungsrechts. Dabei ist zu berücksichtigen, dass der Anknüpfung an die Merkmale des Art. 3 Abs. 3 Satz 1 GG stigmatisierende Wirkung zukommen kann, weshalb erhöhte Anforderungen an die Rechtfertigung eines entsprechenden Grundrechtseingriff [sic, P. B.] bestehen. 5. Die an ein solches Merkmal anknüpfende Behörde trifft eine erhöhte Darlegungslast, weshalb diese Berücksichtigung zum Schutz des kollidierenden Verfassungsguts erforderlich ist. 6. Eine ausschließliche Anknüpfung an die Hautfarbe ist bei den hier in Rede stehen polizeilichen Standardmaßnahmen grundsätzlich nicht rechtfertigungsfähig.“.

[117] Vgl. auch Art. 142 GG i.V.m. Art. 4 Abs. 1 Verfassung NRW; Art. 9 S. 1 EUV („Die Union achtet in ihrem gesamten Handeln den **Grundsatz der Gleichheit ihrer Bürgerinnen und Bürger**, denen ein gleiches Maß an Aufmerksamkeit seitens der Organe, Einrichtungen und sonstigen Stellen der Union zuteil wird.“); Titel III (Art. 20-26) EU-GR-Charta („Gleichheit“), insbesondere auch: Art. 20, 21, 23, 25, 26, 34, 35 EU-GR-Charta; Art. 21 EU-GR-Charta (**allgemeines EU-Diskriminierungsverbot**); Art. 18 AEUV i.V.m. Art. 21 EU-GR-Charta (**EU-Staatsangehörigkeits-Diskriminierungsverbot**: Verbot der Diskriminierung aus Gründen der Staatsangehörigkeit im Anwendungsbereich der EU-Verträge unbeschadet besonderer Bestimmungen); Art. 14 EMRK (**allgemeines Diskriminierungsverbot**); Art. 5 Protokoll Nr. 7 EMRK (**Ehegattengleichberechtigung**), Protokoll Nr. 12 EMRK („über das Diskriminierungsverbot“); Art. 2 Abs. 1 IPbpR (UN-Zivilpaktrechtediskriminierungsverbot), Art. 4 Abs. 1 IPbpR (**Notstandsdiskriminierungsverbot**), Art. 14 Abs. 1 S. 1 IPbpR (**Gleichheit vor Gericht**), Art. 20 Abs. 2 IPbpR (**Diskriminierungsaufstachelungsverbot**), Art. 24 Abs. 1 IPbpR (**Kinderdiskriminierungsverbot**), Art. 25 IPbpR (**Staatsbürgerdiskriminierungsverbot**), Art. 26 IPbpR (**allgemeines Diskrimi-**

einen gemeinsamen Oberbegriff/Vergleichspunkt[118] fallende, vergleichbare, wesentlich gleiche Sachverhalte (Sachverhaltsgleichsetzbarkeit) im Zuständigkeitsbereich desselben Hoheitsträgers (Zuständigkeitsgleichheit) durch Ungleichbehandlung erheblich betroffen sind – zunächst unabhängig von Rechtfertigung oder Nichtrechtfertigung der Ungleichbehandlung.[119]

c) GR-B: grundgesetzimmanente Einschränkungsmöglichkeiten.

Gerechtfertigte Ungleichbehandlung im Sinne des Art. 3 GG ist gegeben entweder bei (irgendeinem) sachlichen Ungleichbehandlungsgrund ohne Willkür („**Willkürformel**")[120] oder insbesondere im Fall personenbezogener Ungleichbehandlungen bei Fehlen von nach Art und Gewicht (im Sinne von Verhältnismäßigkeit) ausreichenden Ungleichbehandlungsgründen („**Neue Formel**")[121].[122]

---

nierungsverbot); Art. 2 Abs. 2 IPwskR (UN-Sozialpaktrechtediskriminierungsverbot); Art. 10 Nr. 3 IPwskR (**Kinder- und Jugendlichendiskriminierungsverbot**).

118 Vgl. zum Oberbegriff/Vergleichspunkt im Sinne des Art. 3 GG das Lateinische „Tertium comparationis", zu Deutsch: „Drittes des Vergleichs".

119 BVerfGE 138, 136, 180 (Erbschaftssteuer) = BVerfG, Urteil des Ersten Senats vom 17.12.2014 – 1 BvL 21/12 –, B. III. 1. a), Rn. 121: „Art. 3 Abs. 1 GG gebietet, alle Menschen vor dem Gesetz gleich zu behandeln. Das hieraus folgende Gebot, wesentlich Gleiches gleich und wesentlich Ungleiches ungleich zu behandeln, gilt für ungleiche Belastungen und ungleiche Begünstigungen (vgl. BVerfGE 121, 108 [119]; 121, 317 [370]; 126, 400 [416]). Verboten ist daher auch ein gleichheitswidriger Begünstigungsausschluss, bei dem eine Begünstigung einem Personenkreis gewährt, einem anderen Personenkreis aber vorenthalten wird (vgl. BVerfGE 116, 164 [180]; 121, 108 [119]; 121, 317 [370]; 126, 400 [416]). Dabei verwehrt Art. 3 Abs. 1 GG dem Gesetzgeber nicht jede Differenzierung. Differenzierungen bedürfen jedoch stets der Rechtfertigung durch Sachgründe, die dem Ziel und dem Ausmaß der Ungleichbehandlung angemessen sind. Dabei gilt ein stufenloser am Grundsatz der Verhältnismäßigkeit orientierter verfassungsrechtlicher Prüfungsmaßstab, dessen Inhalt und Grenzen sich nicht abstrakt, sondern nur nach den jeweils betroffenen unterschiedlichen Sach- und Regelungsbereichen bestimmen lassen (vgl. BVerfGE 75, 108 [157]; 93, 319 [348 f.]; 107, 27 [46]; 126, 400 [416]; 129, 49 [69]; 132, 179 [188 Rn. 30]).".

120 „**Willkürformel**": BVerfGE 1, 14 52 (Südweststaat) = BVerfGE, Urteil des Zweiten Senats vom 23.10.1951 – 2 BvG 1/51, E. 10a), Rn. 136: „Der Gleichheitssatz ist verletzt, wenn sich ein vernünftiger, sich aus der Natur der Sache ergebender oder sonstwie sachlich einleuchtender Grund für die gesetzliche Differenzierung oder Gleichbehandlung nicht finden läßt, kurzum, wenn die Bestimmung als willkürlich bezeichnet werden muß.".

121 „**Neue Formel**" gegenüber der „Willkürformel": BVerfGE 55, 72, 88 (Präklusion I) = BVerfGE, Beschluss des Ersten Senats vom 07.10.1980 – 1 BvL 50, 89/79, 1 BvR 240/79, B. II. 1., Rn. 61: „Demgemäß ist dieses Grundrecht vor allem dann verletzt, wenn eine Gruppe von Normadressaten im Vergleich zu anderen Normadressaten anders behandelt wird, obwohl zwischen beiden Gruppen keine Unterschiede von solcher Art und solchem Gewicht bestehen, daß sie die ungleiche Behandlung rechtfertigen könnten (vgl. BVerfGE 22, 387 [415]; 52, 277 [280]).".

122 BVerfGE 138, 136, 180 f. (Erbschaftssteuer) = BVerfG, Urteil des Ersten Senats vom 17.12.2014 – 1 BvL 21/12 –, B. III. 1. a), Rn. 122: „Hinsichtlich der verfassungsrechtlichen Anforderungen an den die Ungleichbehandlung tragenden Sachgrund ergeben sich aus dem allgemeinen Gleichheitssatz je nach Regelungsgegenstand und Differenzierungsmerkmalen unterschiedliche Grenzen für den Gesetzgeber, die von gelockerten auf das Willkürverbot beschränkten Bindungen bis hin zu strengen Verhältnismäßigkeitserfordernissen reichen können (vgl. BVerfGE 117, 1 [30]; 122, 1 [23]; 126, 400 [416]; 129, 49 [68]). Eine strengere Bindung des Gesetzgebers kann sich aus den jeweils betroffenen Freiheitsrechten ergeben (vgl. BVerfGE 88, 87 [96]; 111, 176 [184]; 129, 49 [69]). Zudem verschärfen sich die verfassungsrechtlichen Anforderungen, je weniger die Merkmale, an die die gesetzliche Differenzierung anknüpft, für den Einzelnen verfügbar sind (vgl. BVerfGE 88, 87 [96]; 129, 49 [69]) oder je mehr sie sich

(VOR/DEF)

Rechtsgebiet ist Rechtsordnungsteil nach allen Umständen[123] – wie schwerpunktmäßige Äußerungen[124], Rechtsnormen[125], Zwecke[126], auch i.V.m. §§ 133, 157 BGB analog.[127]

(SUB/ERG)

Generell mögliche (Ober-)Rechtsgebiete im Eingriffsrecht der Polizei sind:

- Gefahrenabwehr (insbesondere mit PolG NRW);
- Strafrechtspflege (insbesondere mit StPO oder OWiG).

Rechtsgebiet-Auslegung auch i.V.m. §§ 133, 157 BGB analog[128] erfolgt alternativ oder kumulativ insbesondere über:

---

denen des Art. 3 Abs. 3 GG annähern (vgl. BVerfGE 88, 87 [96]; 124, 199 [220]; 129, 49 [69]; 130, 240 [254]; 132, 179 [188 f. Rn. 31]).".

123 Umstände im weiten Sinn, etwa als Bedingungen, Beziehungen, Faktoren, Folgen, Funktionen, Umweltbedingungen, Variablen, Verhältnissen, Voraussetzungen, Weltbedingungen.

124 Äußerungen im weiten Sinn, etwa als alle Verhaltensäußerungen (einschließlich Aussagen).

125 Rechtsnormen im weiten Sinn, etwa solche, die die Umstände oder das Verhalten regieren (sollen).

126 Zwecke im weiten Sinn, etwa als sich aus einer Lage ergebende, objektiv zu verfolgende Ziele.

127 BVerwG 47, 255, 264 = BVerwG, Urteil vom 03.12.1974 – BVerwG I C 11.73: „Obwohl sich für die Polizei im Einzelfall bei einem einheitlichen Lebenssachverhalt gleichzeitig und unmittelbar Aufgaben der Strafverfolgung und der Gefahrenabwehr ergeben können, ist der im Schrifttum vertretenen Auffassung nicht zu folgen, daß aus Gründen der Rechtssicherheit oder wegen der schwierigen Durchschaubarkeit für den Bürger jede Art polizeilichen Handelns der verwaltungsgerichtlichen Kontrolle unterliegen müsse. In aller Regel ist es für den Betroffenen nicht schwer, zu erkennen, ob die Polizei im konkreten Fall eine - begangene - Straftat erforschen (**Strafverfolgung**) oder den Eintritt eines Schadens, etwa die - zukünftige - Begehung einer strafbaren Handlung, verhindern oder eine bereits eingetretene Störung der öffentlichen Sicherheit oder Ordnung beseitigen (**Gefahrenabwehr**) will. Außerdem wird man davon ausgehen dürfen, daß die Polizei dem Betroffenen - wie im vorliegenden Fall - den Grund ihres Einschreitens von sich aus oder auf Verlangen angibt. Im übrigen kommt es darauf an, wie sich der konkrete Lebenssachverhalt einem verständigen Bürger in der Lage des Betroffenen bei natürlicher Betrachtungsweise darstellt. Dieser Sachverhalt muß im allgemeinen einheitlich betrachtet werden, es sei denn, daß einzelne Teile des Geschehensablaufs objektiv abtrennbar sind. Hat die Polizei die Ermittlungen an die StA oder das Amtsgericht weitergeleitet (§ 163 Abs. 2 StPO) oder auf Weisung der StA gehandelt, so kann an der strafprozessualen Natur ihres Einschreitens kein vernünftiger Zweifel bestehen. Eine Maßnahme, die nach dem Gesamteindruck darauf gerichtet ist, eine strafbare Handlung zu erforschen oder sonst zu verfolgen, ist der Kontrolle der ordentlichen Gerichte nach §§ 23 ff. EGGVG nicht etwa deshalb entzogen, weil durch die polizeilichen Ermittlungen möglicherweise zugleich auch künftigen Verletzungen der öffentlichen Sicherheit vorgebeugt würde.".

128 Sog. **objektivierter Empfängerhorizont**, vgl. BVerwGE 147, 81 = BVerwG, Urteil vom 20.06.2013 – BVerwG 8 C 46.12, Rn. 27: „Die bundesrechtlichen Auslegungsregeln der §§ 133, 157 BGB sind auf öffentlich-rechtliche Erklärungen entsprechend anzuwenden. Bei Verwaltungsakten kommt es wie bei empfangsbedürftigen Willenserklärungen nicht auf den wirklichen Willen des Erklärenden (natürliche Auslegung), sondern auf den objektiven Erklärungsinhalt an. Maßgeblich ist, wie der Empfänger die Erklärung nach Treu und Glauben unter Berücksichtigung der für ihn erkennbaren Umstände verstehen musste. Dabei ist vom Wortlaut der Erklärung auszugehen und deren objektiver Gehalt unter Berück-

- (schwerpunktmäßige) Zwecke nach objektiven Sachlagen, zum Beispiel alternativ:
  - gefährliche Sachlagen mit Schwerpunkt-Erfordernissen von: Gefahrenabwehr, Situationsverhinderung, Situationsunterbindung – schwerpunktmäßig mit Maßnahmenbezug auf etwas nach bestimmten Anhaltspunkten Bevorstehendes, auf ein unbeendetes Geschehen in Gegenwart oder Zukunft;
  - Deliktslagen mit Schwerpunkt-Erfordernissen von Straftatenerforschung oder Ordnungswidrigkeitenerforschung – schwerpunktmäßig mit Maßnahmen-Bezug auf etwas nach bestimmten Anhaltspunkten Getanes, auf eine versuchte oder vollendete oder beendete Deliktstat in der Vergangenheit.
- (schwerpunktmäßiger) Rechtsbezug/Rechtszusammenhang zu einer bestimmten Rechtsgebiets-Maßnahme, etwa über bestimmte Anwendung/Durchsetzung/Vollstreckung/Vollziehung zum Beispiel:
  - von bestimmten Rechtsquellen/Rechtsnormen eines bestimmten Rechtsgebiets (zum Beispiel: §§ des PolG NRW oder §§ der StPO oder §§ des OWiG);
  - von bestimmten Rechtserkenntnisquellen mit Rechtsnormbezug zu einem bestimmten Rechtsgebiet (zum Beispiel: Justizentscheidungen oder Rechtshilfe, etwa bei Durchsuchungsbeschluss oder Haftbefehl; wobei auch bezüglich strafrechtspflegerischer Maßnahmen funktionssichernde Gefahrenabwehrmaßnahmen gegeben sein können, etwa zwecks Eindringens bzw. Zugriffs).
  - von bestimmten vorherigen (Grund-)Maßnahmen aus bestimmten Rechtsnormen eines bestimmten Rechtsgebiets (zum Beispiel zur Durchsetzung von schwerpunktmäßigen Gefahrenabwehrmaßnahmen wie solchen aus §§ 34-34b PolG NRW oder über „Amtshilfe“ oder „Vollzugshilfe“ oder „Rechtshilfe“ zu einer einem bestimmten Rechtsgebiet zugeordneten Maßnahme).
- (schwerpunktmäßige Verhaltens-)Äußerungen einschließlich subjektiv geäußerter Zielrichtungen, zum Beispiel alternativ:
  - Angaben vor oder während oder nach der Maßnahme von Maßnahmentreffenden gegenüber Maßnahmenbetroffenen oder gegenüber sonst Maßnahmenbeteiligten;
  - Angaben (aller Art einschließlich „Ankreuzen“ von „Feldern“) insbesondere von Maßnahmentreffenden in Vorgangsdateien wie: Anzeigen, Berichten, Protokollen, Schreiben, Vermerken.

„Aufklärung“ oder „Sachverhaltserforschung“ kann alternativ sein:

- „Gefahrerforschungseingriff“;
- „Sachverhaltsaufklärung“ i.S.d. §§ 160, 163 Abs. 1 S. 1 StPO; § 53 Abs. 1 S. 1 OWiG.

Zum **Gefahrenabwehr- und -Strafrechtspflegeverhältnis** bzw. **Strafrechtspflege- und -Gefahrenabwehrverhältnis**: „Es gibt weder einen allgemeinen Vorrang der Strafprozessord-

---

sichtigung des Empfängerhorizonts zu ermitteln (stRspr, vgl. Urteile vom 2. September 1999 - BVerwG 2 C 22.98 - BVerwGE 109, 283 <286> = Buchholz 237.7 § 72 NWLBG Nr. 4 und vom 27. Juni 2012 - BVerwG 9 C 7.11 - BVerwGE 143, 222 <Rn. 18> = Buchholz 11 Art. 20 GG Nr. 206; BGH, Urteile vom 24. Februar 1988 - VIII ZR 145/87 - BGHZ 103, 275 <280>, vom 27. Januar 2010 - VIII ZR 58/09 - BGHZ 184, 128 <137 Rn. 33> und vom 1. März 2011 - II ZR 16/10 - NJW 2011, 1666 <1667 Rn. 11> je m.w.N.).“; BVerwG, Beschluss vom 06.08.2018 – BVerwG 7 B 4.18, Rn. 10: „Dass die bundesrechtlichen Auslegungsregeln der §§ 133, 157 BGB auf öffentlich-rechtliche Erklärungen, d.h. u.a. auf Verwaltungsakte, entsprechend anzuwenden sind, ist in der Rechtsprechung des Bundesverwaltungsgerichts bereits geklärt (BVerwG, Urteil vom 20. Juni 2013 - 8 C 46.12 - BVerwGE 147, 81 Rn. 27 m.w.N.).“. Zur Auslegung nach §§ 133, 157 BGB analog siehe auch *Basten*, Eingriffsrecht der Polizei in Nordrhein-Westfalen, Band 1, Buch 1, Abschnitt 3, Unterabschnitt 2, Titel 4.

nung gegenüber dem Gefahrenabwehrrecht noch umgekehrt. Die Polizei kann auch während eines bereits laufenden Ermittlungsverfahrens [und bei Tatverdacht, P. B.] aufgrund präventiver Ermächtigungsgrundlagen [oder anderer Rechtsgrundlagen, P. B.] zum Zwecke der Gefahrenabwehr tätig werden."[129]

A. Rechtsgrundlage (RGL) III. Mögliche Befugnisrechtsnorm (Mgl. Brn.)

(VOR/DEF)

Befugnisrechtsnorm ist die rechtmäßige hauptsächliche materiellrechtliche Rechtsgrundlage mit realfolgenentsprechender Rechtsfolge.

(SUB/ERG)

Realfolge ist die jeweilige Maßnahme laut Sachverhalt.

Rechtsfolge ist als Justiz-VA[130] die nicht in anderen §§ besonders (spezieller) geregelte Maßnahme aus der Generalbefugnisrechtsnorm.

Mögliche Befugnisrechtsnorm ist § 163 Abs. 1 S. 2 StPO[131] (ggf. i.V.m. §§ 46, 53 Abs. 1 S. 2 OWiG).

---

[129] BGHSt 62, 123 (**Legendierte Kontrollen**), Ls. 2 = BGH 2 StR 247/16 – Urteil vom 26.04.2017 (LG Limburg).

[130] **Wohnungstüröffnungs-Verfügung** (je nach Rechtsgebiet VA oder Justiz-VA [z.B.: „Bitte öffnen Sie die Tür!"]) kann bspw. wie folgt – insbesondere über den Zweck – zu subsumieren sein:

- § 9 Abs. 2 PolG NRW / § 163 Abs. 3 StPO / § 163a StPO (Zweck: Befragung / Vernehmung).
- § 12 PolG NRW / § 163b Abs. 1 oder § 163b Abs. 2 StPO (Zweck: IDF jedenfalls ohne Wohnungs-Betretens- und Wohnungs-Durchsuchungszweck [z.B.: IDF-Befragung / IDF-Ausweisverlangen an der Tür]).
- § 16a PolG NRW / § 163f StPO / § 163 Abs. 1 S. 2 StPO (Zweck: Observation jedenfalls ohne Wohnungs-Betretens- und Wohnungs-Durchsuchungszweck [z.B.: Datenerhebung von der Tür aus]).
- § 35 PolG NRW / § 127 Abs. 1 S. 1 Alt. 1 StPO / § 127 Abs. 2 i.V.m. § 112/§ 112a/§ 126a; § 127b StPO; § 164 StPO (Zweck: Ingewahrsamnahme / Festnahme jedenfalls ohne Wohnungs-Betretens- und Wohnungs-Durchsuchungszweck [z.B.: Ingewahrsamnahme / Festnahme an der Tür]).
- § 41 PolG NRW / § 102 StPO oder § 103 StPO (Zweck: Wohnungsbetreten und/oder Wohnungsdurchsuchung).
- § 43 PolG NRW / § 94 Abs. 1 StPO / § 94 Abs. 1, 2 StPO / §§ 94 Abs. 3, 111a StPO, § 69 StGB / §§ 99, 100 StPO / § 108 StPO (§ 110 StPO); / § 111b StPO / § 132 StPO (Zweck: Sicherstellung/Beschlagnahme jedenfalls ohne Wohnungs-Betretens- und Wohnungs-Durchsuchungszweck [z.B.: Sicherstellung/Beschlagnahme an der Tür).
- § 81a StPO / § 81c StPO / § 81g StPO / § 81h StPO (Zweck: der jeweilige „Untersuchungs"-Zweck jedenfalls ohne Wohnungs-Betretens- und Wohnungs-Durchsuchungszweck [z.B.: „Untersuchung" an der Tür]).
- § 8 Abs. 1 PolG NRW / § 163 Abs. 1 S. 2 StPO (Zweck: jedenfalls ein nicht besonders geregelter Zweck jedenfalls ohne Wohnungs-Betretens- und Wohnungs-Durchsuchungszweck).

[131] § 163 Abs. 1 S. 2 StPO ist die zentrale Generalbefugnisrechtsnorm auf dem Rechtsgebiet der Strafrechtspflege, im Vergleich etwa zu anderen Datenverarbeitungsgeneralbefugnisrechtsnormen, vgl. dazu

(SUB)

Realfolgenbeispiele und Rechtsfolgen

Realfolgen:

- Anhalteverfügung (**Anhalten**) oder Festhalteverfügung (**Festhalten**), soweit nicht spezieller geregelt[132]
- (sonstige) Aufenthaltsverfügung oder (sonstige) Bewegungsverfügung, soweit nicht spezieller geregelt[133]
- (Behörden-)**Auskunftsersuchen**, soweit nicht spezieller geregelt
- (Behörden-)**Auskunftsverlangen**, soweit nicht spezieller geregelt
- Bildvorlagen
- (sonstige) **Datenverarbeitung**, soweit nicht spezieller geregelt[134]
- „informatorische Befragung"[135]
- kurzfristige Observation[136]

(ERG)

Mögliche Befugnisrechtsnorm

§ 163 Abs. 1 S. 2 StPO (ggf. i.V.m. §§ 46, 53 Abs. 1 S. 2, Abs. 2 OWiG)[139]

---

etwa 8. Buch StPO. Generalbefugnisrechtsnormen werden auf dem Rechtsgebiet der Strafrechtspflege auch teilweise genannt: „Generalklausel", „**Generalermittlungsklausel**" / „**Generalermächtigung**"; zu **Klauseln** oder **Generalklauseln** vgl. auch privatrechtliche Verträge und Rechtsnormen wie §§ 138, 242, 305 ff., 314, 626 BGB, § 725 ZPO; zu **Generalermächtigung** siehe auch *Basten*, Eingriffsrecht der Polizei in Nordrhein-Westfalen, Band 1, Buch 1, Abschnitt 1, Unterabschnitt 3, Titel 2, Untertitel 2.

132 Beispiele für spezieller normierte Festhalteverfügung: § 163b Abs. 1 S. 2 und § 163c StPO (Festhalten zwecks Identitätsfeststellung beim Verdächtigen); § 163b Abs. 2 S. 2 und § 163c StPO (Festhalten zwecks Identitätsfeststellung beim Nichtverdächtigen); § 127 Abs. 1 S. 1 Alt. 1 StPO; § 127 Abs. 2 i.V.m. § 112/112a/126a StPO; § 127b StPO; § 164 StPO (Festhalten als Festnahme zu mindestens einem Festnahmezweck).

133 Beispiel für spezieller normierte Aufenthalts- oder Bewegungsverfügung: § 164 StPO (auch möglicherweise mit Platzverweisung als Mindermaßnahme zu; siehe dazu auch bei § 164 StPO).

134 BVerfGK 15, 71 (Kreditkartenabfrage bei Kinderpornographieverdacht) = BVerfG, Beschluss der 2. Kammer des Zweiten Senats vom 17.02.2009 – 2 BvR 1372/07 –, B. 2. b) bb), Rn. 29: „Der Umstand allein, dass das Erfragen gespeicherter, nicht allgemein zugänglicher Daten in das Grundrecht auf informationelle Selbstbestimmung eingreift, führt nicht dazu, dass hierfür bereits eine über § 161 StPO hinausgehende Spezialermächtigung erforderlich wäre. Die Erforschung von Straftaten berührt ihrem Wesen nach immer Persönlichkeitsrechte des Beschuldigten und Dritter und ist schon begrifflich mit der Erhebung und Verarbeitung personenbezogener Daten verbunden. Jede polizeiliche Vernehmung, bei der ein Zeuge [oder ein anderer wie ein Beschuldigter/Betroffener, P. B.] seine Kenntnisse über andere Personen und deren Verhalten mitteilt, ist eine Erhebung personenbezogener Daten [Schrifttumsquellenangabe].".

135 Zu „informatorische Befragung" siehe auch *Basten*, Eingriffsrecht der Polizei in Nordrhein-Westfalen, Band 2, Buch 2, Abschnitte 9, 18.

136 Zu „kurzfristige Observation" siehe auch: *Basten*, Eingriffsrecht der Polizei in Nordrhein-Westfalen, Band 2, Buch 2, Abschnitte 4, 5.

BVerfGK 16, 1 = BVerfG, Beschluss der Zweiten Kammer des Zweiten Senats vom 02.07.2009 – 2 BvR 1691/07, Rn. 45: „Der Rechtsanwendung des Gerichts liegt die zutreffende Erkenntnis zugrunde, dass eine kurzfristige Beobachtung unabhängig von Vorstellung oder Plan der Ermittlungsbehörden spätestens mit Überschreiten der in § 163f Abs. 1 Satz 1 StPO normierten Zeitgrenzen zu einer längerfristigen Observation wird, da ansonsten die Verfahrenssicherungen des § 163f StPO durch eine zeitlich unbegrenzte Abfolge für sich genommen kurzfristiger Beobachtungen mit unverändertem Ermittlungs-

- **NoeP-Einsatz** (unterscheide: **VE-Einsatz**: §§ 110a-110c StPO)[137]

ziel unterlaufen werden könnten [Schrifttumsquellen].", Rn. 51: „Dass sich kurzfristige Beobachtungen bei Überschreiten der Zeitgrenzen rückwirkend auf den Zeitpunkt der ersten Beobachtung zu einer längerfristigen Observation ausweiteten, lässt sich dem Gesetz nicht entnehmen. Auch die Kommentarliteratur, die das Problem eines Umschlagens kurzfristiger Beobachtungen in eine längerfristige Observation thematisiert, lehnt eine solche Rückwirkung ab, wenn sie betont, dass die Maßnahme erst von dem Zeitpunkt an den Anforderungen des § 163f StPO unterworfen ist, in dem erstmals die Voraussetzungen für ihre Längerfristigkeit vorlagen [Schrifttumsquellen].".

[139] BVerfGK 15, 71 (Kreditkartenabfrage bei Kinderpornographieverdacht) = BVerfG, Beschluss der 2. Kammer des Zweiten Senats vom 17.02.2009 – 2 BvR 1372/07 –, B. 2. b) aa), Rn. 26: „§ 161 Abs. 1 StPO [≙ § 163 Abs. 1 S. 2 StPO, P. B.] stellt als Ermittlungsgeneralklausel die Ermächtigungsgrundlage für Ermittlungen jeder Art dar, die nicht mit einem erheblichen Grundrechtseingriff verbunden sind und daher keiner speziellen Eingriffsermächtigung bedürfen. Sie ermächtigt die Staatsanwaltschaft zu den erforderlichen Ermittlungsmaßnahmen, die weniger intensiv in Grundrechte des Bürgers eingreifen[Schrifttumsquellenangaben]. Die Staatsanwaltschaft kann auf dieser Grundlage in freier Gestaltung des Ermittlungsverfahrens die erforderlichen Maßnahmen zur Aufklärung von Straftaten ergreifen (vgl. BVerfG, Beschluss der 2. Kammer des Zweiten Senats vom 18. September 1995 - 2 BvR 103/92 -, NStZ 1996, S. 45). § 161 Abs. 1 StPO bildet auch die Rechtsgrundlage für die allgemeine Erhebung personenbezogener Daten [Schrifttumsquellenangabe] und damit für eine Ermittlungsanfrage der Staatsanwaltschaft gegenüber privaten Stellen wie den hier betroffenen Kreditkartenunternehmen.", Rn. 27: „Eine darüber hinausgehende Spezialermächtigung ist nicht deswegen erforderlich, weil der Staat sich so Daten verschafft, die von den Dateninhabern nicht für seinen Zugriff bestimmt waren, oder weil die Ermittlungsmaßnahme heimlich erfolgte (a.A. Hefendehl, StV 2001, S. 700 <703>).".

[137] BGHSt 41, 64 (Abgrenzung von **VE**, **NoeP**, **Tatprovokateur/Lockspitzel**) = BGH, Urteil vom 07.03.1995 – 1 StR 685/94 –, Ls.: „1. Ein **nicht offen eingesetzter Polizeibeamter** wird als **verdeckter Ermittler** im Sinne des § 110a Abs. 2 StPO tätig, wenn er über einen längeren Zeitraum unter Benutzung seiner Legende mit einer oder mehreren Personen über den Erwerb von Betäubungsmitteln verhandelt, mag auch der Kontakt zu einzelnen Verhandlungspartnern nur kurz sein. Eine aus § 110b Abs. 2 S. 2, 3 StPO erteilte Zustimmung der Staatsanwaltschaft zum Einsatz eines verdeckten Ermittlers gegen einen bestimmten Beschuldigten wird nicht dadurch von vornherein unwirksam, dass die nachträgliche Zustimmung des Richters nach § 110b Abs. 2 S. 4 StPO unterbleibt.", Rn. 6-8: „**Verdeckte Ermittler** sind nach § 110 a Abs. 2 StPO Beamte des Polizeidienstes, die unter einer ihnen verliehenen auf Dauer angelegten veränderten Identität (Legende) ermitteln. Ob der Einsatz eines verdeckt ermittelnden Polizeibeamten auf Dauer angelegt ist und deshalb den strengen Auflagen der §§ 110 a ff. StPO unterliegt, ist durch eine Gesamtwürdigung aller Umstände festzustellen. Dabei kann es auf zeitliche Mindestgrenzen nicht ankommen (a.A. Krey, Gutachten für das Zollkriminalamt Köln, 1994 S. 31; Kraushaar Kriminalistik 1994, 481, 482, die von einer Mindesteinsatzdauer von sechs Monaten ausgehen). Entscheidend ist, ob der Ermittlungsauftrag über einzelne wenige, konkret bestimmte Ermittlungshandlungen hinausgeht, ob es erforderlich werden wird, eine unbestimmte Vielzahl von Personen über die wahre Identität des verdeckt operierenden Polizeibeamten zu täuschen, und ob wegen der Art und des Umfanges des Auftrages von vornherein abzusehen ist, daß die Identität des Beamten in künftigen Strafverfahren auf Dauer geheimgehalten werden muß. Dabei ist darauf abzustellen, ob der allgemeine Rechtsverkehr oder die Beschuldigtenrechte in künftigen Strafverfahren eine mehr als nur unerhebliche Beeinträchtigung durch den Einsatz des verdeckt operierenden Polizeibeamten erfahren können. Ein Einsatz als verdeckter Ermittler kann danach ausscheiden, wenn ein Polizeibeamter - sei es auch unter einer Legende - lediglich als **Scheinaufkäufer** auftritt, ohne in die Ermittlungen darüber hinaus eingeschaltet zu sein (vgl. Begründung zum Entwurf des OrgKrimG, BT-Drucks. 12/989, S. 42; Krey aaO S. 32).", Rn. 12: „Es entsprach bereits vor Inkrafttreten des Gesetzes zur Bekämpfung des illegalen Rauschgifthandels und anderer Erscheinungsformen der Organisierten Kriminalität (OrgKG) vom 15. Juli 1992 (BGBl I 1302, in Kraft getreten am 22. September 1992) gefestigter Rechtsprechung, die Rechtmäßigkeit des Einsatzes sog. **Lockspitzel** an den Regelungen der Strafprozeßordnung zu messen (vgl. BGHSt 32, 345, 346;

- **VP-Einsatz** (unterscheide: **VE-Einsatz**, §§ 110a-110c StPO).

Rechtsfolgen:

- Behörden-**Auskunftsersuchen** (als Justiz-VA i.S.d. § 23 EGGVG), soweit diese Polizeibefugnis nicht in anderen Rechtsvorschriften besonders geregelt ist[138]

BGHR StGB § 46 Abs. 1 V-Mann 6; BGH GA 1975, 333; BGH NJW 1980, 1761; BGH NStZ 1981, 70; 1982, 126; 1982, 156, 157; 1984, 78, 79; BGH StV 1991, 460; 1992, 462; BGH NStZ 1992, 275; Herzog NStZ 1985, 153, 155 f.). Hieran hat sich auch nach Inkrafttreten der §§ 110 a ff. StPO nichts geändert (vgl. BGH StV 1994, 169).“, Rn. 13: „Bei der gezielten **Provokation** einer (polizeilich kontrollierten) Straftat handelt es sich um eine Maßnahme, die nicht mehr der Gefahrenabwehr dient, sondern die darauf gerichtet ist, potentielle Straftäter bei einer Straftat zu ergreifen und der Strafverfolgung zuzuführen, um damit eine generalpräventive Wirkung zu erzielen (Fischer/Maul NStZ 1992, 7, 8 m.w.Nachw.). Im Bereich der Betäubungsmittelkriminalität soll die Tatprovokation häufig dem weiteren Zweck dienen, Rauschgift vom illegalen Markt abzuschöpfen. Die **Tatprovokation** nimmt in Kauf, daß sich die Gefahr, der das Strafgesetz entgegenwirken will, in einer (kontrollierten) Straftat durch bestimmte Personen konkretisiert; sie ist eine Maßnahme der Strafverfolgung, deren Rechtmäßigkeit gerade auch dann anhand der Strafprozeßordnung zu bestimmen ist, wenn deren Regelungen enger sind als die des Polizeirechts (Nack in KK 3. Aufl. § 110 a Rdn. 10; Hilger NStZ 1992, 523). Der repressive Charakter der Tatprovokation zeigt sich unter anderem auch daran, daß bereits vor Inkrafttreten des OrgKG weitgehende Einigkeit darüber bestand, die Staatsanwaltschaft bei der Entscheidung für einen Lockspitzeleinsatz frühzeitig zu beteiligen (vgl. Ziff. II 4 der Gemeinsamen Richtlinien in der zur Tatzeit geltenden Fassung [Schrifttumsquellenangaben].“. Zur rechtsstaatswidrigen Tatprovokation als Verstoß gegen Art. 20 Abs. 3 GG und Art. 6 EMRK mit der Folge eines „Verfahrenshindrnis“ und der „Einstellung des Verfahrens“ sowie gegen eine „Strafzumessungslösung“: BGHSt 60, 276 = BGH, Urteil vom 10.06.2015 – 2 StR 97/14, Ls., Rn. 24, 36; EGMR, Urteil vom 15.10.2020 – 40495/15, 37273/15, 40913/15.

138 Beispiel für Behördenauskunftsersuchen/Behördenauskunftsverlangen aus OVG Rheinland-Pfalz, Beschluss des 3. Senats für Bußgeldsachen vom 02.10.2020 – 3 OWi 6 SsBs 258/20, Ls. 2: „§ 24 Abs. 2 Satz 1 Nr. 2 PAuswG ist im Lichte von § 22 Abs. 2 Satz 2 Nr. 3 PAuswG und des insoweit spezielleren § 25 Abs. 2 Satz 1 PAuswG auszulegen, wonach die Übermittlung von Lichtbildern durch die Passbehörden an die Ordnungsbehörden im Rahmen der Verfolgung von Verkehrsordnungswidrigkeiten ausdrücklich ermöglicht werden sollte.“, Rn. 13: „Die Voraussetzung des § 24 Abs. 2 Satz 2 Nr. 1 PAuswG ist vorliegend erfüllt, da die Bußgeldbehörde gemäß § 161 Abs. 1 Satz 1 StPO iVm. §§ 46 Abs. 1 und 2 OWiG berechtigt ist, von allen Behörden zum Zweck der Verfolgung von Ordnungswidrigkeiten Auskünfte zu verlangen (OLG Stuttgart, Beschl. 1 Ss 230/2002 v. 26.08.2002 - NStZ 2003, 93; OLG Rostock, Beschl. 2 Ss OWi 302/04 v. 28.11.2004 - juris; OLG Bamberg, Beschl. 2 Ss OWi 147/05 v. 02.08.2005 - DAR 2006, 336). Darüber hinaus ist in § 25 Abs. 2 Satz 1 PAuswG ausdrücklich normiert, dass die Übermittlung von Lichtbildern an die Ordnungsbehörden im Rahmen der Verfolgung von Verkehrsordnungswidrigkeiten im automatisierten Verfahren erfolgen kann.“, Rn. 14: „Des Weiteren ist auch die Voraussetzung des § 24 Abs. 2 Satz 2 Nr. 3 PAuswG erfüllt, da die Daten bei dem Betroffenen nur mit unverhältnismäßig hohem Aufwand hätten erhoben werden können. Es hätte zwar zur Klärung der Fahrereigenschaft die Möglichkeit bestanden, den Betroffenen durch Behördenbedienstete oder durch die Polizei in seiner Wohnung oder an seinem Arbeitsplatz aufzusuchen und ihn zum Vergleich mit dem Messfoto in Augenschein zu nehmen oder insoweit sogar eine Nachbarschaftsbefragung durchzuführen; jedoch wären solche Ermittlungshandlungen sowohl für die Behörden als auch für den Betroffenen unverhältnismäßig; selbst aus Sicht des Betroffenen dürften sie wesentlich stärker in seine Persönlichkeitssphäre eingreifen als die Erhebung seines Lichtbildes beim Pass- oder Personalausweisregister (OLG Stuttgart, aaO.; Brandenburgisches Oberlandesgericht, Beschl. 1 Ss 54 B/02 v. 19.04.2002

- Behörden-**Auskunftsverlangen** (als Justiz-VA i.S.d. § 23 EGGVG), soweit diese Polizeibefugnis nicht in anderen Rechtsvorschriften besonders geregelt ist
- **Ermittlung jeder Art** (als Justiz-VA i.S.d. § 23 EGGVG), soweit diese Polizeibefugnis nicht in anderen Rechtsvorschriften besonders geregelt ist.

Verfügung ist ein Gebot oder ein Verbot; **selbständige Verfügung** ist ein Gebot oder ein Verbot nach einer Generalbefugnisrechtsnorm; **unselbständige Verfügung** ist ein Gebot oder Verbot nach einer spezielleren Befugnisrechtsnorm. **Standardbefugnisrechtsnorm** soll nach Rechtserkenntnisquellen heißen: eine speziellere Befugnisrechtsnorm bezüglich einer Standardmaßnahme. **Standardmaßnahme** ist eine Maßnahme mit regelmäßigem, standardmäßigem Vorkommen in der Realität.

Bestimmtheit[140] **von Generalbefugnisrechtsnormen** wie § 8 Abs. 1 PolG NRW und § 163 Abs. 1 S. 2 StPO ist grundsätzlich gegeben (Ausnahmen ggf. je nach Maßnahmen-Atypizität und Maßnahmen-Intensität): Generalbefugnisrechtsnormen sind jedenfalls hinreichend bestimmbar im Sinne des Art. 20 Abs. 3 GG, denn sie sind in jahrzehntelanger Entwicklung durch Rechtsprechung und Lehre nach Inhalt, Zweck und Ausmaß hinreichend präzisiert, in ihrer Bedeutung geklärt und im juristischen Sprachgebrauch verfestigt.[141]

Bei bestimmter **Grundrechts-Intensität** (Eingriffsschwere) und **Grundrechts-Typizität** (regelmäßige Grundrechtsschutzbereichsbetroffenheit und Grundrechtseingriff durch eine Maßnahme) ist im Einzelfall zu entscheiden, ob durch eine Generalbefugnisrechtsnorm ein **Ausreichen oder Nichtausreichen einer Rechtsnorm als Rechtsgrundlage** gegeben ist, insbesondere unter Abwägung der Folgen (Teleologie unter anderem mit sogenanntem „**Chaosgedanken**“) von Anwendung oder Nichtanwendung einer Rechtsgrundlage einerseits und andererseits von Rechtsstaatsgeboten wie dem Vorbehalt des Gesetzes[142] und dem Bestimmtheitsgebot.[143]

- VRS 105, 221; Bayerisches Oberstes Landesgericht, Beschl. 2 OB OWi 727/97 v. 20.02.1998 - NJW 1998, 3656; OLG Hamm, Beschl. 3 Ss OWi 416/09 v. 30.06.2009 - ZfSch 2010, 111).“.

[140] Zur Bestimmtheit / **Bestimmbarkeit** auch ausführlich: *Basten*, Recht der Polizei – Maßnahmen, Methoden, Mechanismen, S. 35 f., 191-193.

[141] BVerfGE 54, 143, 144 f. (Taubenfütterungsverbot) = BVerfG, Beschluss des Zweiten Senats vom 23.05.1980 – 2 BvR 854/79, Gründe, 1a).

[142] Ausdrücklicher Vorbehalt des Gesetzes in: § 1 Abs. 5 S. 1 PolG NRW.

[143] Beispiel zum Ausreichen oder Nichtausreichen einer Rechtsnorm als Rechtsgrundlage: OVG NRW, Urteil des 5. Senats vom 05.07.2013 – 5 A 607/11, Ls.: „1. § 16a PolG NRW ist keine Rechtsgrundlage für eine offene Dauerobservation hochgradig rückfallgefährdeter Sexual- und Gewaltstraftäter, die aus Rechtsgründen nicht in der Sicherungsverwahrung oder Therapieunterbringung untergebracht werden können. Ob der Landesgesetzgeber für eine spezielle Regelung dieser Fallgestaltung die Gesetzgebungskompetenz besitzt, bleibt offen. 2. Eine derartige Maßnahme konnte jedenfalls im Zeitraum von März 2009 bis Februar 2011 bei Beachtung strikter Verhältnismäßigkeit auf die polizeiliche Generalklausel gemäß § 8 PolG NRW gestützt werden. 3. Die polizeiliche Generalklausel deckte auch die Mitbeobachtung anderer Personen ab, die nicht Ziel der Observation, von dieser aber unvermeidbar betroffen waren.“.

B. Formelle Rechtmäßigkeit (FR) I. Zuständigkeit (Z)

Zuständigkeit für Straftatenerforschung/StPO

(VOR/DEF)

Zuständigkeit ist Aufgabenwahrnehmungserlaubnis für den Rechtsfolgesetzer.

(SUB/ERG)

Für die Maßnahme ist die Zuständigkeit (i.d.R.) wie folgt gegeben:

1. sachliche Zuständigkeit *der Polizei* gemäß

- § 163 Abs. 1 S. 1 StPO[144];

---

[144] Vgl. auch: §§ 28, 41, 44, 43, 45, 46, 47, 50, 51, 52, 56, 57 StVGüterbefZVO NRW (nichtamtliche Abkürzung für: Verordnung über Zuständigkeiten im Bereich Straßenverkehr und Güterbeförderung [in NRW]), dort mit:

- Rechtsgebiet Gefahrenabwehr: § 28 Abs. 2 StVGüterbefZVO NRW: Polizeibehörden und -einrichtungen-Zuständigkeit im Dienstbereich der Polizei für Wahrnehmung der Aufgaben der Erlaubnisbehörden zur Ausführung des FahrlG;
- Rechtsgebiet Strafrechtspflege: § 41 Abs. 2 StVGüterbefZVO NRW: Polizeibehörden-Zuständigkeit zur Verfolgung von Ordnungswidrigkeiten nach Art. 7 Abs. 1 und 3 S. 1 des Gesetzes zu dem Übereinkommen vom 2. Dezember 1972 über sichere Container, solange die Polizeibehörden die Sache nicht an die Kreisordnungsbehörde, das Bundesamt für Güterverkehr oder an die Staatsanwaltschaft abgegeben haben
- Rechtsgebiet Gefahrenabwehr: § 44 StV- und GüterbefZVO NRW: Kreispolizeibehörden-Zuständigkeit für die Überwachung der Beförderung gefährlicher Güter nach § 9 Abs. 1 GGBefG während des Vorgangs der Ortsveränderung auf der Straße, soweit nicht nach § 5 Abs. 1 GGBefG dessen Durchführung dem Bund in bundeseigener Verwaltung obliegt;
- Rechtsgebiet Gefahrenabwehr: § 46 StV- und GüterbefZVO NRW: Wasserpolizei-Zuständigkeit für die Überwachung der Beförderung gefährlicher Güter nach § 9 Abs. 1 GGBefG unter bestimmten Umständen;
- Rechtsgebiet Strafrechtspflege: § 47 StV- und GüterbefZVO NRW: Polizei-Zuständigkeit für die Verfolgung der in den § 43 Abs. 1 Nr. 3 und 4, Abs. 2 Nr. 3, § 45 Nr. 3 StVGüterbefZVO NRW genannten Ordnungswidrigkeiten, solange die Polizei die Sache nicht an die nach den § 43 Abs.1 Nr. 3 und 4, Abs. 2 Nr. 3, § 45 Nr. 3 zuständigen Behörden oder an die Staatsanwaltschaft abgegeben hat;
- Rechtsgebiet Gefahrenabwehr: § 50 Abs. 1 StV- und GüterbefZVO NRW: Kreispolizeibehörden-Zuständigkeit nach Kapitel 8.4 in Verbindung mit Kapitel 8.5 S 1 Abs. 6 und S 14 bis S 21 sowie Kapitel 8.5 S 1 Abs. 4 und 5 der Anlage B des Europäischen Übereinkommens über die Internationale Beförderung gefährlicher Güter auf der Straße (amtliche Abkürzung: ADR);
- Rechtsgebiet Strafrechtspflege: § 52 Abs. 2 StV- und GüterbefZVO NRW: Polizei-Zuständigkeit für die Verfolgung der in den § 50 Abs. 3 und § 51 Abs. 1 Nr. 3 StV- und GüterbefZVO NRW genannten Ordnungswidrigkeiten, solange die Polizei die Sache nicht an die nach den § 50 Abs. 3 und § 51 Abs. 1 Nr. 3 StV- und GüterbefZVO NRW zuständigen Behörden oder an die Staatsanwaltschaft abgegeben hat;
- Rechtsgebiet Strafrechtspflege: § 57 StV- und GüterbefZVO NRW: Polizei-Zuständigkeit für die Verfolgung der in § 56 StV- und GüterbefZVO NRW genannten Ordnungswidrigkeiten, solange die Polizei die Sache nicht an die nach § 56 StV- und GüterbefZVO NRW zuständigen Behörden oder an die Staatsanwaltschaft abgegeben hat.

2. instanzielle Zuständigkeit *der Polizeibehörde* (i.d.R.) gemäß

- (i.d.R.) § 11 Abs. 1 Nr. 2 Alt. 1 POG NRW i.V.m. KPBVO NRW;
- (generell:) §§ 10-14 POG NRW (ggf. i.V.m. LKAAufgVO NRW);

3. örtliche Zuständigkeit *der Polizeibehörde* gemäß

- (i.d.R.) § 7 Abs. 1 S. 1 POG NRW (ggf. i.V.m. KHStVO NRW);
- (generell:) §§ 7-9 POG NRW[145] (ggf. i.V.m. KHStVO NRW);

4. funktionelle Zuständigkeit *des Polizeiamtswalters* gemäß

- § 163 Abs. 1 S. 2 W. 5 („sie") i.V.m. § 163 Abs. 1 S. 1 W. 1-6 StPO, also hier: der „Behörden und Beamten des Polizeidienstes" für Anordnung, Ausführung, Antrag, Anregung.

Zuständigkeit für Ordungswidrigkeitenerforschung/OWiG

(VOR/DEF)

Zuständigkeit ist Aufgabenwahrnehmungserlaubnis für den Rechtsfolgesetzer.

(SUB/ERG)

Für die Maßnahme ist die Zuständigkeit (i.d.R.) wie folgt gegeben:

1. sachliche Zuständigkeit *der Polizei* gemäß

- §§ 35, 36 OWiG;
  - i.V.m. § 1 Abs. 2 Teil-3-OWiGZVO NRW: PB – solange Nicht-Abgabe an OB – für Verfolgung von Owi nach: §§ 111, 117-121 OWiG;
  - i.V.m. § 1 Abs. 3 Teil-3-OWiGZVO NRW: KPB für Verfolgung und Ahndung von Owi nach §§ 113, 115 OWiG bei polizeilichen Gewahrsams-Gefangenen, § 127 OWiG bei öffentlichen Urkunden und Beglaubigungszeichen;
  - i.V.m. § 2b ÖffVereinsRZVO NRW: KBP für die Verfolgung und Ahndung von Owi nach § 23 VereinsGDV;
  - i.V.m. § 1 Abs. 2 VerkehrsOwiZVO NRW: PB – solange Nicht-Abgabe an KOB oder StA – für Verfolgung von Owi nach §§ 23, 24, 24a und 24c StVG;
  - i.V.m. § 2 VersGZVO NRW: KPB für die Verfolgung und Ahndung von Owi nach § 29 VersG;
  - i.V.m. § 5 WaffGDVO NRW: KPB für die Verfolgung und Ahndung von Owi nach § 53 WaffG;
- § 53 OWiG;

2. instanzielle Zuständigkeit *der Polizeibehörde* gemäß

- § 11 Abs. 1 Nr. 2 Alt. 2 POG NRW i.V.m. KPBVO NRW (generell: §§ 10-14 POG NRW) [bei §§ 35, 36 OWiG];

---

[145] Vgl. auch zu § 9 Abs. 1 S. 1 Nr. 5 POG NRW: Abkommen zwischen den Ländern der Bundesrepublik Deutschland über die erweiterte Zuständigkeit der Polizei der Länder bei der Strafverfolgung.

- i.V.m. § 1 Abs. 2 Teil-3-OWiGZVO NRW: PB – solange Nicht-Abgabe an OB – für Verfolgung von Owi nach: §§ 111, 117-121 OWiG;
- i.V.m. § 1 Abs. 3 Teil-3-OWiGZVO NRW: KPB für Verfolgung und Ahndung von Owi nach §§ 113, 115 OWiG bei polizeilichen Gewahrsams-Gefangenen, § 127 OWiG bei öffentlichen Urkunden und Beglaubigungszeichen;
- i.V.m. § 2b ÖffVereinsRZVO NRW: KBP für die Verfolgung und Ahndung von Owi nach § 23 VereinsGDV;
- i.V.m. § 1 Abs. 2 VerkehrsOwiZVO NRW: PB – solange Nicht-Abgabe an KOB oder StA – für Verfolgung von Owi nach §§ 23, 24, 24a und 24c StVG;
- i.V.m. § 2 VersGZVO NRW: KPB für die Verfolgung und Ahndung von Owi nach § 29 VersG;
- i.V.m. § 5 WaffGDVO NRW: KPB für die Verfolgung und Ahndung von Owi nach § 53 WaffG;

3. örtliche Zuständigkeit *der Polizeibehörde* gemäß

- (bei §§ 35, 36 OWiG:) § 37 OWiG;
- (generell:) §§ 7-9 POG NRW;

4. funktionelle Zuständigkeit *des Polizeiamtswalters* gemäß

- § 53 Abs. 1 S. 2 W. 1 („Sie") i.V.m. § 53 Abs. 1 S. 1 W. 1-6 OWiG, also hier: der „Behörden und Beamten des Polizeidienstes" für Anordnung, Ausführung, Antrag, Anregung.

B. Formelle Rechtmäßigkeit (FR) II. Verfahren (V)

(VOR/DEF)

Verfahren ist normiertes Verhalten insbesondere für den Rechtsfolgezuständigen außer, bei, i.Z.m. der Rechtsfolge.

1. § 33 StPO analog als allgemeine Verfahrensrechtsnorm für Justiz-VA (vgl. § 23 Abs. 1 S. 1 EGGVG): Anhörung

(VOR/DEF)

Gemäß § 33 StPO analog[146] (ggf. i.V.m. §§ 46, 53 Abs. 1 S. 2 OWiG) besteht Pflicht zur **Anhörung** bzw. **Gewährung rechtlichen Gehörs** vor einer Entscheidung, jedenfalls bevor zum Beteiligten-Nachteil Tatsachen oder Beweisergebnisse ohne Anhörung verwertet werden – oder es soll gegeben sein: ein Ausnahmegrund der Zweckgefährdung bzw. Gefahr im Verzug nach § 33 Abs. 4 StPO analog.

---

146 Für das tradierte „Menschenrecht" der Anhörung (vgl. auch Art. 20 Abs. 3 GG, Art. 103 Abs. 1 GG, Art. 41 EU-GR-Charta, Art. 6 EMRK) gibt es in der StPO bei polizeilichen Maßnahmen i.d.R. keine direkte für die Polizei anwendbare Rechtsnorm (systematische Regelungslücke), weshalb – bei gleichzusetzender Interessenlage und Lücke im einzelnen Fall – § 33 StPO mit seinen Rechtsgedanken als die noch für die Polizei bestmögliche Anhörungs-Rechtsgrundlage eben analog angewendet werden kann.

Gefahr im Verzug i.S.d. § 33 StPO ist gegeben, wenn der Handlungsbedarf unvorhergesehen ist und bei Durchführung der eigentlich vorgesehenen Maßnahme, hier der Anhörung, der gesetzliche Zweck, hier der jeweilige aus der Aufgabe des § 163 Abs. 1 S. 1 StPO (ggf. aus § 53 Abs. 1 S. 1 OWiG) und der Befugnisrechtsnorm des § 163 Abs. 1 S. 1 StPO, vereitelt oder wesentlich erschwert wird.

(SUB/ERG)

Im konkreten Fall ist § 33 StPO analog (alternativ)

- eingehalten insbesondere bei Gelegenheit zur Stellungnahme i.S.d. § 33 StPO analog;
- eingehalten bei Nichteinhaltung von § 33 Abs. 1, 3 StPO analog und Ausnahmegrund gemäß § 33 Abs. 4 StPO analog;
- nicht eingehalten insbesondere bei Fehlen von Gelegenheit zur Stellungnahme ohne Ausnahmegrund i.S.d. § 33 StPO analog;
- sonst eingehalten oder nicht eingehalten bei Anhaltspunkten / Fehlen entgegenstehender Anhaltspunkte.

2. § 168b StPO als allgemeine Verfahrensrechtsnorm für Justiz-VA (vgl. § 23 Abs. 1 S. 1 EGGVG): Protokoll

(VOR/DEF)

Gemäß § 168b StPO (ggf. i.V.m. §§ 46, 53 Abs. 1 S. 2 OWiG) besteht Pflicht zur **Protokollierung** bzw. zum **Protokoll** über ermittlungsbehördliche Untersuchungshandlungen, wonach gemäß § 168b Abs. 1 StPO das Ergebnis der Untersuchungshandlungen der Ermittlungsbehörden aktenkundig zu machen ist.

(SUB/ERG)

Im konkreten Fall ist § 168b StPO (alternativ)

- eingehalten insbesondere bei Protokoll über (das Ergebnis über) behördliche Untersuchungshandlungen i.S.d. §168b StPO;
- eingehalten bei Nichteinhaltung von § 168b StPO mit Ausnahmegrund;
- nicht eingehalten insbesondere bei Fehlen von Protokoll über (das Ergebnis über) behördliche Untersuchungshandlungen ohne Ausnahmegrund;
- sonst eingehalten oder nicht eingehalten bei Anhaltspunkten / Fehlen entgegenstehender Anhaltspunkte.

3. JGG[147]-Vorschriften[148] außer, bei, i.Z.m. Maßnahmen gegenüber einem jugendlichen oder heranwachsenden Verdächtigen[149] nach §§ 1, 109 JGG – fallabhängig insbesondere wie folgt[150]:

a) § 38 JGG: Jugendgerichtshilfe, vgl. auch § 46 Abs. 6 OWiG;

b) § 43 JGG: Umfang der Ermittlungen;

c) § 67 JGG: Stellung der Erziehungsberechtigten[151] und der gesetzlichen Vertreter[152];

d) § 67a JGG: Unterrichtung der Erziehungsberechtigten und der gesetzlichen Vertreter;

e) § 68 JGG: Notwendige Verteidigung[153];

---

147 § 1 Abs. 1 JGG zum sachlichen JGG-Anwendungsbereich: „Dieses Gesetz gilt, wenn ein Jugendlicher oder ein Heranwachsender eine Verfehlung begeht, die nach den allgemeinen Vorschriften mit Strafe bedroht ist.“. § 1 Abs. 3 JGG zum sachlich-persönlichen JGG-Anwendungsbereich: „Ist zweifelhaft, ob der Beschuldigte zur Zeit der Tat das achtzehnte Lebensjahr vollendet hat, sind die für Jugendliche geltenden Verfahrensvorschriften anzuwenden.“.

148 JGG-Vorschriften mit amtlichen Überschriften insbesondere aus: „Gesetz zur Stärkung der Verfahrensrechte von Beschuldigten im Jugendstrafverfahren vom 09.12.2019, BGBl. 2019 Teil I Nr. 47, S. 2146-2152.

149 § 1 Abs. 2 JGG zum persönlichen JGG-Anwendungsbereich: § 1 Abs. 2 JGG: „**Jugendlicher** ist, wer zur Zeit der Tat vierzehn, aber noch nicht achtzehn, **Heranwachsender**, wer zur Zeit der Tat achtzehn, aber noch nicht einundzwanzig Jahre alt ist.“. Unterscheide nach § 2 BGB: „Die **Volljährigkeit** tritt mit der Vollendung des 18. Lebensjahres ein.“.

150 Zu JGG-Vorschriften ausführlicher: *Basten*, Eingriffsrecht der Polizei in Nordrhein-Westfalen, Band 3, Buch 4, Abschnitt 3.

151 Zum **Strafrecht und elterlichen Erziehungsrecht**: BVerfGE 107, 104 (Anwesenheit im JGG-Verfahren) = BVerfG, Urteil des Zweiten Senats vom 16.01.2003 – 2 BvR 716/01.

152 **Vertreter** ist ein **Stellvertreter** qua Gesetz oder ein **Stellvertreter** qua Rechtsgeschäft (§§ 164-181 BGB). Vgl. insbesondere:

- §§ 1626-1698b BGB: **Elterliche Sorge** mit „**Vertretung des Kindes**“ gemäß § 1629 BGB;
- § 1 Abs. 1 Nr. 4 JuSchG: **erziehungsbeauftragte Person**;
- §§ 1773-1895 BGB: **Vormundschaft**;
- §§ 1896-1908k BGB: **Rechtliche Betreuung**;
- §§ 1909-1921 BGB: **Pflegschaft**.

153 Mit „Gesetz zur Neuregelung des Rechts der notwendigen Verteidigung“ (BGBl. I S. 2128; in Kraft seit 13.12.2019) ist erstmals das Recht des Beschuldigten ausdrücklich normiert, bereits auch im polizeilichen Ermittlungsverfahren grundsätzlich im Fall notwendiger Verteidigung (§ 140 StPO) „unverzüglich“ (§ 121 Abs. 1 S. 1 BGB), „spätestens vor einer Vernehmung des Beschuldigten“ (§ 163a StPO) einen Pflichtverteidiger „bestellt“ zu erhalten, „wenn der Beschuldigte dies nach Belehrung ausdrücklich beantragt“ (§ 141 Abs. 1 S. 1 StPO), in den Fällen des § 141 Abs. 2 S. 1 StPO auch „unabhängig von einem Antrag“ – mit Rückausnahmen in § 141 Abs. 2 S. 2, 3 StPO; auch mit Abweichungen in § 141a StPO für Beschuldigtenvernehmungen und Gegenüberstellungen (§§ 58 Abs. 2, 168b Abs. 3 StPO). Der Zeitpunkt polizeilicher Belehrung zur notwendigen Verteidigung i.S.d. § 140 StPO ist in einschlägigen Fällen – spätestens – „bei Beginn der ersten Vernehmung“ des Beschuldigten wegen § 141 Abs. 1 S. 2 StPO und § 163a Abs. 4 S. 2 i.V.m. § 136 Abs. 1 S. 5 StPO, oder der Zeitpunkt ist anders in speziell normierten Fällen wie § 114b Abs. 2 S. 1 Nr. 4a oder §§ 68a, b JGG. Gemäß § 142 StPO ist vor Anklageerhebung der Antrag des Beschuldigten nach § 141 Abs. 1 S. 1 StPO vor Erhebung der Anklage bei den Behörden oder Beamten des Polizeidienstes „oder“ bei der Staatsanwaltschaft anzubringen (Antrags-Entgegennahme-Zuständigkeit); die Bestellungs-Entscheidungs-Zuständigkeit obliegt dem Gericht

f) § 68a JGG: Zeitpunkt der Bestellung eines Pflichtverteidigers;

g) § 68b JGG: Vernehmungen und Gegenüberstellungen vor der Bestellung eines Pflichtverteidigers;

h) § 69 JGG: Beistand[154];

i) § 70 JGG: Mitteilung an amtliche Stellen;

j) § 70a JGG: Unterrichtung des Jugendlichen (i.V.m. § 109 JGG: des Heranwachsenden);

k) § 70b JGG: Belehrungen.

(SUB/ERG)

Im konkreten Fall sind die JGG-Vorschriften

- nicht anwendbar.
- anwendbar und eingehalten.
- anwendbar und nicht eingehalten.

(ERG Verfahren)

Ergebnis kann allgemein sein: Verfahrensrechtmäßigkeit oder Verfahrensrechtswidrigkeit der Maßnahme.

B. Formelle Rechtmäßigkeit (FR) III. Form (F)

---

nach StA-Vorlage mit Stellungnahme (§ 142 Abs. 1 S. 2 StPO) oder der StA selbst „bei besonderer Eilbedürftigkeit", § 142 Abs. 4 StPO.

Ein Fall **notwendiger Verteidigung** liegt u.a. dann vor,

- gemäß § 140 Abs. 1 Nr. 1 StPO, wenn zu erwarten ist, dass die Hauptverhandlung im ersten Rechtszug vor dem **Oberlandesgericht** (§§ 115-117, 120-122 GVG) , dem **Landgericht** (§§ 12, 13, 60, 70, 734, 74-74f, 76-78b GVG) oder dem **Schöffengericht** (§§ 12, 13, 24-27, 28-58 GVG) stattfindet [Ausgangsrechtsnorm für den Abgrenzungsüberblick über AG, LG, OLG mag sein: § 24 GVG;
- gemäß § 140 Abs. 1 Nr. 2 StPO, wenn dem Beschuldigten ein Verbrechen zur Last gelegt wird;
- gemäß § 140 Abs. 1 Nr. 3 StPO, wenn das Verfahren zu einem **Berufsverbot** (§§ 70-70b StGB) führen kann;
- gemäß § 140 Abs. 1 Nr. 4 StPO, wenn der Beschuldigte nach den §§ 115, 115a, 128 Abs. 1 oder § 129 StPO einem Gericht zur Entscheidung über Haft oder einstweilige Unterbringung vorzuführen ist;
- gemäß § 140 Abs. 1 Nr. 5 StPO, wenn der Beschuldigte sich auf Grund richterlicher Anordnung oder mit richterlicher Genehmigung in einer Anstalt befindet;
- gemäß § 140 Abs. 1 Nr. 11 StPO, wenn ein seh-, hör- oder sprachbehinderter Beschuldigter die Bestellung beantragt;
- gemäß § 140 Abs. 2 StPO, wenn wegen der Schwere der Tat, der Schwere der zu erwartenden Rechtsfolge oder wegen der Schwierigkeit der Sach- oder Rechtslage die Mitwirkung eines Verteidigers geboten erscheint oder wenn ersichtlich ist, dass sich der Beschuldigte nicht selbst verteidigen kann.
- gemäß §§ 1, 109 Abs. 1 JGG und § 68 JGG in den dort genannten Fällen.

[154] Vgl. auch §§ 1712-1717 BGB (**Beistandschaft**).

(VOR/DEF)

Form ist normiertes Wie der Rechtsfolgesetzung – mündlich, schriftlich, elektronisch oder in anderer Weise.

(SUB/ERG)

Im konkreten Fall besteht bei Fehlen speziellerer Formrechtsnormen Formfreiheit für den Justiz-VA, sodass der Justiz-VA schriftlich, elektronisch, mündlich oder in anderer Weise formrechtmäßig ergehen kann.

§ 168b StPO ist i.d.R. bereits integrativer Bestandteil des Verfahrens.

Ergebnis kann allgemein sein: Formrechtmäßigkeit oder Formrechtswidrigkeit der Maßnahme.

C. Materielle Rechtmäßigkeit (MR) I. Tatbestand (Tb) / Tatbestandsvoraussetzungen (TBV)

(VOR/DEF)

Tatbestand ist das Gesamt der (materiell-rechtlichen) Rechtsfolge(setzungs)bedingungen. / **Tatbestandsvoraussetzungen** sind materiell-rechtliche Rechtsfolgesetzungsbedingungen.

(VOR)

In § 163 Abs. 1 S. 2 StPO (i.V.m. §§ 53 Abs. 1 S. 2, 46 OWiG) wird (Straf-/Owi-)Tatverdacht vorausgesetzt, vgl. § 163 Abs. 1 S. 1 W. 8, S. 2 W. 1-3 StPO (i.V.m. § 53 Abs. 1 S. 1 W. 11, S. 2 W. 7 OWiG).

Bezüglich dem Behörden-Auskunftsverlangen ist Tatbestandsvoraussetzung zusätzlich: Gefahr im Verzug.

(DEF)

Tatverdacht ist gemäß § 163 Abs. 1 S. 1 i.V.m. § 152 Abs. 2 StPO das Gegebensein zureichender tatsächlicher Anhaltspunkte für eine verfolgbare Straftat oder Ordnungswidrigkeit.[155]

Zureichende tatsächliche Anhaltspunkte sind gegeben bei entsprechendem Ergebnis einer Gewichtigkeits- und Plausibilitätsprüfung aller wahrnehmbaren Dinge in Abwägung mit Art und Ausmaß potentieller Rechtseingriffe und Taten.

---

[155] BVerfG, Beschluss der 3. Kammer des Zweiten Senats vom 11.01.2016 – 2 BvR 1361/13 –, Rn. 11: „Notwendiger und grundsätzlich auch hinreichender Anlass für Zwangsmaßnahmen im Strafverfahren [oder Ordnungswidrigkeitenverfahren, P. B.] ist der Verdacht einer Straftat [oder Ordnungswidrigkeit, P. B.]. Der Verdacht muss auf konkreten Tatsachen beruhen; vage Anhaltspunkte oder bloße Vermutungen reichen nicht aus (vgl. BVerfGE 44, 353 <381 f.>; 59, 95 <97 f.>; BVerfGK 1, 126 <131>).“.

Gefahr im Verzug ist gegeben, wenn der Handlungsbedarf unvorhergesehen ist und bei Nichtdurchführung der eigentlich vorgesehenen Maßnahme, hier des Auskunftsverlangens, der gesetzliche Zweck, hier die Sachaufklärung, vereitelt oder wesentlich erschwert würde.[156]

(SUB)

Zureichende tatsächliche Anhaltspunkte sind (z.B. und alternativ möglich) zum maßgeblichen Zeitpunkt bezüglich bestimmter Taten:

- polizeieigene Beobachtungen;
- polizeiliche Feststellungen;
- polizeiliche, auf Tatsachen begründete, auf den einzelnen Fall bezogene Schlussfolgerungen, außer reine Spekulationen, hypothetische Erwägungen oder lediglich auf kriminalistische Alltagserfahrung gestützte, fallunabhängige Vermutungen;
- Angaben von Beschuldigten, Betroffenen, Verdächtigen, Nichtverdächtigen, Zeugen, Sachverständigen oder Dritten;
- Anzeigen i.S.d. § 158 StPO;
- sonstige Daten.

Grundsätze für Verdachtsvoraussetzungen allgemein: „Notwendige Voraussetzung für die Rechtfertigung eines solchen Eingriffs [wie dem einer tatverdachtserforschenden Maßnahme, P. B.] ist der Verdacht, dass eine Straftat [oder eine Ordnungswidrigkeit, P. B.] begangen wurde. Dieser Anfangsverdacht muss [wie jeder Verdacht, P. B.] auf konkreten Tatsachen beruhen; vage Anhaltspunkte und bloße Vermutungen reichen nicht aus (vgl. BVerfGE 44, 353 <371 f.>; 115, 166 <197 f.>; BVerfGK 5, 84 <88>). Eine Durchsuchung darf [wie jede tatverdachtserforschende Maßnahme, P. B.] somit nicht der Ermittlung von Tatsachen dienen, die zur Begründung eines Anfangsverdachts erforderlich sind (BVerfGK 8, 332 <336>; 11, 88 <92>).“[157]

Grundsätze für **Verdachtsprüfung bei jeder tatverdachtserforschenden Maßnahme anlässlich anonymer Anzeige**: „Bei anonymen Anzeigen müssen die Voraussetzungen des § 102 StPO [oder einer anderen Rechtsvorschrift, P. B.] im Hinblick auf die schutzwürdigen Interessen des Beschuldigten aber wegen der erhöhten Gefahr und des nur schwer bewertbaren Risikos einer falschen Verdächtigung besonders sorgfältig geprüft werden [...]. Bei der Prüfung des Tatverdachts und der Verhältnismäßigkeitsabwägung sind insbesondere der Gehalt der anonymen Aussage sowie etwaige Gründe für die Nichtoffenlegung der Identität der Auskunftsperson in den Blick zu nehmen; als Grundlage für eine stark in Grundrechtspositionen eingreifende Zwangsmaßnahme wie eine Durchsuchung [oder eine andere Ermittlungsmaßnahme, P. B.] kann eine anonyme Aussage nur genügen, wenn sie von beträchtlicher

[156] Vgl. z.B. BVerfGE 103, 142 (Wohnungsdurchsuchung und Gefahr im Verzug) = BVerfG, Urteil des Zweiten Senats vom 20.02.2001 – 2 BvR 1444/00 –, Ls. 1b: „‚Gefahr im Verzug‘ muss mit **Tatsachen** begründet werden, die auf den Einzelfall bezogen sind. Reine Spekulationen, hypothetische Erwägungen oder lediglich auf kriminalistische Alltagserfahrung gestützte, fallunabhängige Vermutungen reichen nicht aus.“, C. I. 2. b) bb), Rn. 39: „Im Konkreten sind reine Spekulationen, hypothetische Erwägungen oder lediglich auf kriminalistische Alltagserfahrung gestützte, fallunabhängige Vermutungen als Grundlage einer Annahme von Gefahr im Verzug nicht hinreichend. Gefahr im Verzug muss mit **Tatsachen** begründet werden, die auf den Einzelfall bezogen sind. Die bloße Möglichkeit eines Beweismittelverlusts genügt nicht.“.

[157] BVerfG, Beschluss der 3. Kammer des Zweiten Senats vom 10.11.2017 – 2 BvR 1775/16 –, Rn. 25 f. = BVerfG, NJW 2018, 1240.

sachlicher Qualität ist oder mit ihr zusammen schlüssiges Tatsachenmaterial vorgelegt worden ist."[158]

Grundsätze für **Verdachtsprüfung bei alleinigen Angaben eines potentiellen Zeugen**: „Der **Beweiswert einer Aussage** hängt nicht maßgeblich davon ab, ob sich die Auskunftsperson als Zeuge oder als (Mit)Angeklagter [oder als sonstiger Beschuldigter oder Verdächtiger, P. B.] äußert."[159] „Für die Zulässigkeit einer regelmäßig in einem frühen Stadium der Ermittlungen in Betracht kommenden Durchsuchung [oder grundsätzlich auch einer anderen Eingriffsmaßnahme, P.B.] genügt der über bloße Vermutungen hinausreichende, auf bestimmte tatsächliche Anhaltspunkte gestützte konkrete Verdacht, dass eine Straftat begangen worden ist und der Verdächtige als Täter oder Teilnehmer an dieser Tat in Betracht kommt. Eines hinreichenden [vgl. § 203 StPO, P.B.] oder gar dringenden Tatverdachts [vgl. § 112 Abs. 1 StPO, P.B.] bedarf es - unbeschadet der Frage der Verhältnismäßigkeit - nicht (st. Rspr.; vgl. BVerfG, Beschluss vom 7. September 2006 - 2 BvR 1219/05, NJW 2007, 1443; BGH, Beschlüsse vom 18. Dezember 2008 - StB 26/08, NStZ-RR 2009, 142, 143; vom 12. August 2015 - StB 8/15, NStZ 2016, 370 f.). Ein solcher ausreichend konkreter Verdacht kann auch dann allein durch die Angaben eines Zeugen begründet werden, wenn weitere Ermittlungen den Tatverdacht weder erhärten noch entkräften konnten, zumal die Durchsuchung [oder grundsätzlich auch eine andere Maßnahme, P. B.] in einem frühen Stadium eines Ermittlungsverfahrens gerade auch dazu dienen kann, die Qualität der Angaben eines Zeugen zu überprüfen und neben der Belastung auch zur Entlastung des Beschuldigten beitragen kann."[160]

(ERG TBV)

Im konkreten Fall besteht i.S.d. § 152 Abs. 2 StPO i.V.m. § 163 Abs. 1 S. 1 StPO/§ 53 Abs. 1 S. 1 OWiG (alternativ)

- Tatverdacht (bei zureichenden tatsächlichen Anhaltspunkten);
- kein Tatverdacht (bei Fehlen zureichender tatsächlicher Anhaltspunkte);

außerdem bei Behördenauskunftsverlangen:

- Gefahr im Verzug
- keine Gefahr im Verzug.

C. Materielle Rechtmäßigkeit (MR) II. Inanspruchnahme (In) / Inanspruchnahmevoraussetzungen (Inv)

(VOR/DEF)

---

[158] BVerfG, Beschluss der 3. Kammer des Zweiten Senats vom 14.07.2016 – 2 BvR 2474/14 –, Rn. 19 = BVerfG, StV 2017, 361 (BES-Wohnungsdurchsuchung nach anonymer Anzeige).

[159] BGHSt 18, 238, Ls. 2 und 241 = BGH, Urteil vom 05.02.1963 – 1 StR 265/62.

[160] BGH, Beschluss vom 26.06.2019 – StB 10/19 (Anlass BES-Wohnungsdurchsuchung – auch nach bereits verdeckt durchgeführten Ermittlungen [Erhebung retrograder Verkehrsdaten nach § 100g StPO, Telefonüberwachungsmaßnahmen, Observationsmaßnahmen] ohne Beweis oder Widerlegung der Zeugenaussagen).

Inanspruchnahmevoraussetzungen sind materiell-rechtliche Bedingungen für richtige Inanspruchnahme.

Inanspruchnahme ist Adressierung und sonstiges Betroffenmachen. **Adressierung** ist direktes Bestimmen oder finales Richten einer Maßnahme an einen Grundrechtsträger, vgl. §§ 100b Abs. 3, 100c Abs. 2, 100h Abs. 3, 163f Abs. 2 StPO.

Nach § 163 Abs. 1 S. 2 StPO (i.V.m. §§ 46, 53 Abs. 1 S. 2 OWiG) ist Inanspruchnahme grundsätzlich richtig gegen folgende Personen: Beschuldigter (OWiG: Betroffener), Tatverdächtiger, Nichttatverdächtiger, Zeuge, Dritter, andere Person.

Inanspruchnahme durch ein Behörden-Auskunftsersuchen oder durch ein Behörden-Auskunftsverlangen ist richtig bei Adressierung des Auskunftsersuchens bzw. des Auskunftsverlangens an die Behörde bzw. deren Amtswalter.

Beschuldigter, vgl. § 157 StPO, ist im Strafverfahren jede (tatverdächtige) Person, gegen die im Rahmen eines Strafverfahrens wegen einer bestimmten Straftat ermittelt wird, was sich durch Auslegung nach dem objektivierten Empfängerhorizont, §§ 133, 157 BGB analog, etwa über einen **Inkulpationsakt**, vgl. § 397 Abs. 1 AO, ergibt.

Betroffener ist im Ordnungswidrigkeitenverfahren jede (tatverdächtige) Person, gegen die im Rahmen eines Ordnungswidrigkeitenverfahrens wegen einer bestimmten Ordnungswidrigkeit ermittelt wird, was sich durch Auslegung nach dem objektivierten Empfängerhorizont, §§ 133, 157 BGB analog, etwa über einen **Inkulpationsakt**, vgl. § 397 Abs. 1 AO, ergibt.

Tatverdächtiger ist, gegen wessen Person zureichende tatsächliche Anhaltspunkte der Beteiligung an einer verfolgbaren Tat im Sinne des § 152 Abs. 2 StPO vorliegen.

Zeuge ist eine Person mit potentiellen Wahrnehmungen zu tatverdachtsrelevanten vergangenen Tatsachen oder Zuständen.

Andere Person / Dritter im Sinne von § 163 Abs. 1 S. 2 StPO ist eine Person ohne Beschuldigteneigenschaft/Betroffeneneigenschaft, Tatverdächtigeneigenschaft, Zeugeneigenschaft oder Sachverständigeneigenschaft.

Behörde ist jede Stelle, die Aufgaben der öffentlichen Verwaltung wahrnimmt, vgl. § 1 Abs. 4 VwVfG NRW.[161]

(SUB/ERG)

Im konkreten Fall ist die Person (alternativ)

- richtigerweise in Anspruch genommen/adressiert;

  (zum Beispiel:) die Person ist (Tat-)Verdächtiger, denn gegen sie sind (zu subsumierende) zureichende tatsächliche Anhaltspunkte der Beteiligung an einer (zu subsumierenden) verfolgbaren Straftat gegeben, vgl. § 152 Abs. 2 StPO.

- nicht richtigerweise in Anspruch genommen/adressiert.

[161] Zu Behörde und Amtswalter im Staatsaufbau: *Basten*, Eingriffsrecht der Polizei in Nordrhein-Westfalen, Band 1, S. 113.

C. Materielle Rechtmäßigkeit (MR) III. Rechtsfolge (Rf) / Rechtsfolgevoraussetzungen (RfV)

(VOR/DEF)

Rechtsfolge ist rechtliche Folge aus dem Tatbestand. / **Rechtsfolgevoraussetzungen** sind materiell-rechtliche Rechtsfolgegestaltungsbedingungen.

C. Materielle Rechtmäßigkeit (MR) III. Rechtsfolge (Rf) 1. Tatsächliche und rechtliche Möglichkeit (TurM)

(VOR/DEF)

Tatsächliche und rechtliche Möglichkeit betrifft Fälle wie aus § 44 Abs. 2 Nr. 4-6 VwVfG NRW.

(SUB/ERG)

Im konkreten Fall ist Tatsächliche und rechtliche Möglichkeit (alternativ)

- gegeben wegen Vorliegens von kognitiven, körperlichen, normativen, technischen Unmöglichkeiten.
- nicht gegeben wegen Nichtvorliegens von kognitiven, körperlichen, normativen, technischen Unmöglichkeiten.[162]

C. Materielle Rechtmäßigkeit (MR) III. Rechtsfolge (Rf) 2. Bestimmtheit (Bsh)

(VOR/DEF)

Bestimmtheit ist Maßnahmenerkennbarkeit und Maßnahmenverstehbarkeit, bei Justiz-VA Gebot nach Art. 20 Abs. 3 GG.

(SUB/ERG)

Inhaltlich hinreichende Bestimmtheit i.S.d. Art. 20 Abs. 3 GG ist allgemein gegeben, wenn nach Auslegung der Maßnahme der Erklärungsempfänger wie jeder vernünftige Dritte, §§

162 Zu „Tatsächliche und rechtliche Möglichkeit" mit Beispielen siehe auch: *Basten*, Eingriffsrecht der Polizei in Nordrhein-Westfalen, Band 1, S. 263. Zu möglichen Sprachunmächtigkeiten/Sprachunverständlichkeiten vgl. auch § 33 Abs. 6 S. 3 PolG NRW, § 33a Abs. 2 PolG NRW, § 114a StPO, § 114b Abs. 1 StPO, § 114b Abs. 2 S. 3 StPO, § 158 Abs. 4 StPO; zu möglichen Sehbehinderungen, Hörbehinderungen oder Sprach-Behinderungen vgl. auch § 114b Abs. 2 S. 3 StPO, § 140 Abs. 1 Nr. 11 StPO.

133, 157 BGB analog, in der konkreten Situation deren Inhalt hinreichend erkennen und verstehen kann[163], bei Generalbefugnismaßnahmen insbesondere wie folgt:

- dass die Polizei ggü./mit dem Maßnahmenempfänger/Erklärungsempfänger (wer)
- aus bestimmten Strafrechtspflegegründen (warum)
- zu einer spezifischen Zeit (wann)
- bezweckt, dass der Sachverhalt hinreichend aufgeklärt/erforscht/untersucht werden soll (was)
- und zwar durch spezifische (angeordnete oder auszuführende) Verhaltensweisen (wie).

C. Materielle Rechtmäßigkeit (MR) III. Rechtsfolge (Rf) 3. Ermessen (Erm)

Ermessen für Straftatenerforschung/StPO

(VOR/DEF)

Ermessen ist Entscheidungsspielraum auf der Rechtsfolgenseite bzgl. rechtsfehlerfreier Ausübung von Einschreit-Entschließung (Ob), Adressaten-Auswahl (Wer), Maßnahmen-Gestaltung (Wie).

(SUB/ERG)

a) Einschreitentschließungs-„Ermessen" ist grundsätzlich nicht gegeben, vgl. § 163 Abs. 1 S. 1 („haben") i.V.m. § 152 Abs. 2 StPO (Legalitätsgrundsatz: „ist […] verpflichtet, […] einzuschreiten"); ein Opportunitätsprinzip ist nur ausnahmsweise gegeben, z.B. bei § 111b Abs. 1 S. 1 und 2 StPO; §§ 153-154f StPO; § 374 StPO.

b) Adressatenauswahl-„Ermessen" ist auch in der StPO grundsätzlich gegeben, insbesondere bzgl.:

---

[163] BVerwG, Urteil vom 26.10.2017 – BVerwG 8 C 14.16 (Bestätigung von Internetverbot für 2 Glücksspielarten), Rn. 12 f.: „Nach § 37 Abs. 1 VwVfG BW [≙ § 37 Abs. 1 VwVfG NRW, P. B.] ist die hinreichende Bestimmtheit eines Verwaltungsakts Voraussetzung seiner Rechtmäßigkeit. Kann einem Verwaltungsakt durch Auslegung (vgl. BVerwG, Urteil vom 9. Juni 1975 - 6 C 163.73 - BVerwGE 48, 279 <281 f.>) kein eindeutiger Regelungsgehalt beigemessen werden, ist er nach § 37 Abs. 1 VwVfG rechtswidrig. Ob der Bescheid in solch einem Fall auch nichtig ist, regelt § 44 VwVfG. **Hinreichend bestimmt** ist ein Verwaltungsakt dann, wenn der Adressat erkennen kann, was von ihm gefordert wird und wenn der Bescheid darüber hinaus geeignet ist, Grundlage für Maßnahmen zu seiner zwangsweisen Durchsetzung zu sein. Im Einzelnen richten sich die Anforderungen an die notwendige **Bestimmtheit eines Verwaltungsakts** nach den Besonderheiten des jeweils anzuwendenden und mit dem Verwaltungsakt umzusetzenden materiellen Rechts (stRspr, vgl. BVerwG, Urteile vom 15. Februar 1990 - 4 C 41.87 - BVerwGE 84, 335 <338> und vom 16. Oktober 2013 - 8 C 21.12 - BVerwGE 148, 146 <149>). Der **Regelungsgehalt eines Verwaltungsakts** ist durch Auslegung nach Treu und Glauben unter Berücksichtigung des Empfängerhorizontes und der speziellen Sachkunde des adressierten Fachkreises in entsprechender Anwendung der §§ 133, 157 BGB zu ermitteln (stRspr, vgl. nur BVerwG, Urteil vom 20. Juni 2013 - 8 C 46.12 - BVerwGE 147, 81 <89> m.w.N.). **Hinreichende Bestimmtheit** liegt vor, wenn sich die Regelung aus dem gesamten Inhalt des Bescheides, insbesondere seiner Begründung, sowie den weiteren, den Beteiligten bekannten oder ohne Weiteres erkennbaren Umständen unzweifelhaft erkennen lässt (vgl. BVerwG, Urteil vom 3. Dezember 2003 - 6 C 20.02 - BVerwGE 119, 282 <284>).".

- zweckförderlicher Reihenfolge der Inanspruchnahme vom/von mehreren Beschuldigten, Verdächtigen, Zeugen, anderen Personen, Behörden einschließlich deren Amtswaltern, Dritten;
- Auswahl aus mehreren gleichgeeigneten nichtverdächtigen Zeugen, Sachverständigen, anderen Personen, Behörden einschließlich deren Amtswaltern, oder Dritten.

c) Maßnahmengestaltungs-„Ermessen“ ist auch in der StPO grundsätzlich gegeben, vgl. hier bereits die (nicht spezieller normierte) „Ermittlung jeder Art“ im Sinne von § 163 Abs. 1 S. 2 StPO.

Ein etwaig gegebener Entscheidungsspielraum wird (je nach Fall alternativ) aufgrund von Anhaltspunkten/in Ermangelung entgegenstehender Anhaltspunkte ohne Ermessensfehler/mit Ermessensfehlern (Ermessensunterschreitung, Ermessensüberschreitung, Ermessensfehlgebrauch) ausgeübt bzgl. folgender Ermessensarten:

a) Entschließungsermessen:

Ein etwaig gegebenes Entschließungsermessen kann im konkreten Fall sogar gegen / auf Null reduziert sein, insbesondere wegen:

- Einschreitmöglichkeit;
- Erheblichkeitsgrad von Tatverdachten.

b) Auswahlermessen:

siehe C. II.: Auswahlermessen wird abschließend beurteilt i.V.m. Punkt C. II. (Inanspruchnahme).

c) Gestaltungsermessen:

siehe C. III. 4.: Gestaltungsermessen wird abschließend beurteilt i.V.m. Punkt C. III. 4. (VHM).

Ermessen für Ordnungswidrigkeitenerforschung/OWiG

(VOR/DEF)

Ermessen ist Entscheidungsspielraum auf der Rechtsfolgenseite bzgl. rechtsfehlerfreier Ausübung von Einschreit-Entschließung (Ob), Adressaten-Auswahl (Wer), Maßnahmen-Gestaltung (Wie), hier gegeben durch § 53 Abs. 1 S. 1 W. 9, 10 OWiG.

(SUB/ERG)

Der gegebene Entscheidungsspielraum wird (je nach Fall alternativ) aufgrund von Anhaltspunkten/in Ermangelung entgegenstehender Anhaltspunkte ohne Ermessensfehler/mit Ermessensfehlern (Ermessensunterschreitung, Ermessensüberschreitung, Ermessensfehlgebrauch) ausgeübt bzgl. folgender Ermessensarten:

a) Entschließungsermessen:

Das Entschließungsermessen kann im konkreten Fall sogar gegen / auf Null reduziert sein, insbesondere wegen:

- Einschreitmöglichkeit;

- Erheblichkeitsgrad von Tatverdachten.

b) Auswahlermessen:

siehe C. II.: Auswahlermessen wird abschließend beurteilt i.V.m. Punkt C. II. (Inanspruchnahme).

c) Gestaltungsermessen:

siehe C. III. 4.: Gestaltungsermessen wird abschließend beurteilt i.V.m. Punkt C. III. 4. (VHM).

C. Materielle Rechtmäßigkeit (MR) III. Rechtsfolge (Rf) 4. Verhältnismäßigkeit (VHM)

(VOR/DEF)

Verhältnismäßigkeit ist Geeignetheit, Erforderlichkeit, Angemessenheit der Maßnahme zu einem legitimen Zweck. / Maßnahmen wie die selbständige Verfügung nach § 163 Abs. 1 S. 2 StPO müssen verhältnismäßig sein, also zu einem legitimen Zweck geeignet und für diesen legitimen Zweck erforderlich sowie angemessen im Verhältnis zum legitimen Zweck sein.

(VOR/DEF)

a) Legitimer Zweck ist verfassungsgemäßer Zweck.

(SUB/ERG)

Im konkreten Fall verfolgt die Maßnahme (alternativ)

- einen legitimen Zweck, nämlich jedenfalls die verfassungsgemäße, im Sinne von Art. 20 Abs. 3 GG, § 163 Abs. 1 S. 1 StPO (ggf. § 53 Abs. 1 S. 1 OWiG) gesetzmäßige Sachaufklärung / Tatverdachtserforschung / Sachverdunkelungsverhütung, also die Erforschung von einem verdächtigen Sachverhalt bzgl. mutmaßlich deliktischer Beeinträchtigung bestimmter Rechte und Rechtsgüter im Sinne der Art. 1-19 GG. Vgl. auch den „Zweck" im Sinne von § 163 Abs. 1 S. 2 Wort 3 StPO. Letztlich ist legitimer Zweck die Ermittlung aller belastenden und entlastenden Umstände im Sinne von § 160 Abs. 2 StPO, und auch die Ermöglichung staatlicher Sanktionierung (z.B. Strafe / Ahndung) im Fall dafür ausreichender rechtsstaatlicher Belastung; vgl. auch die Grundrechtsschutzfunktion und die Grundrechtsförderungsfunktion[164] im Sinne von Spezialprävention durch Repression und Generalprävention durch Repression.
- keinen legitimen Zweck.

(VOR/DEF)

b) Geeignetheit einer staatlichen Maßnahme ist gegeben bei deren Zweckförderungstauglichkeit.

[164] Zu Grundrechtsfunktionen siehe auch: *Basten*, Eingriffsrecht der Polizei in Nordrhein-Westfalen, Band 1, S. 78-84.

(SUB/ERG)

Im konkreten Fall ist die Maßnahme (alternativ)

- geeignet, denn mit ihr wird auf bestimmte (kausal zu subsumierende) Weise (potentiell) gefördert: Strafrechtspflege bzw. Straftatenerforschung oder Ordnungswidrigkeitenerforschung, jedenfalls Sachaufklärung, zum Beispiel auch nur über Herstellung eines Zustandes zur Möglichkeit weiterer Aufklärung des bisherigen Geschehensablaufs.
- ungeeignet.

(VOR/DEF)

c) Erforderlichkeit einer staatlichen Maßnahme ist Nichtverfügbarkeit eines milderen (Übermaßverbot), gleich geeigneten (Untermaßverbot) Mittels zur Zweckförderung.

(SUB/ERG)

Im konkreten Fall ist die Maßnahme (alternativ)

- erforderlich, denn einerseits führen mildere Maßnahmen wie (z.B.) Nichtstun nur zur Aufklärungserschwerung und sind damit nicht gleich geeignet (Untermaßverbot) und andererseits sind (mindestens) gleich geeignete, intensivere Maßnahmen wie (z.B.) Freiheitsentziehung oder direkte Zwangsmittelanwendung noch nicht notwendig (Übermaßverbot).
- nicht erforderlich.

(VOR/DEF)

d) Angemessenheit oder **Verhältnismäßigkeit im engeren Sinne** einer staatlichen Maßnahme ist angemessenes Maß oder Verhältnis zwischen Zweckförderung für Erhaltungsrechte und Wirkungen für Eingriffsrechte.

(SUB/ERG)

Im konkreten Fall ist die Maßnahme (alternativ)

- angemessen.
- nicht angemessen.

Die Angemessenheit bezieht sich auf dem Rechtsgebiet der Strafrechtspflege auf eine Abwägung insbesondere wie folgt:

- Vergleich von legitimem Zweck/Erhaltungs(grund)recht bzw. legitimen Zwecken/Erhaltungs(grund)rechten und (Grund-)Rechtseingriff(en).
- Vergleich der jeweils durch die strafrechtspflegerische Eingriffsmaßnahme betroffenen Grundrechte einerseits und andererseits der durch die mutmaßliche Tat, also die deliktische Rechtsbeeinträchtigung betroffenen Grundrechte bzw. der durch Sachverhaltsaufklärung und möglicherweise Sanktionierung zu fördernden Rechte und Rechtsgüter.
- Vergleich des Tatbestands des – im Übrigen durch die Befugnisrechtsnorm gerechtfertigten – hoheitlichen Eingriffs einerseits und andererseits des abstrakt-generell durch ein

Sanktionsgesetz (wie z.B. StGB oder OWiG) vorgesehenen Sanktionsmaßes (z.B. die Mindest- und Höchst-Strafdrohung) für die mutmaßliche deliktische Rechtsbeeinträchtigung, allgemein den im konkreten Fall zu erwartenden Verfahrensausgang (insbesondere Strafe, Ahndung, Einstellung mit oder ohne Ahndung).

- Vergleich der Interessen von dem mutmaßlich Geschädigten einerseits und andererseits dem Verdächtigen, Zeugen oder Dritten, welcher auch als Eingriffsadressat ein Interesse an Aufklärung haben kann (aus bestimmten, zu subsumierenden Gründen – je nach Fall).

Zum Beispiel kann es sich um einen kurzen, milden oder eher sachgerichteten Eingriff in die weite allgemeine Verhaltensfreiheit aus Art. 2 Abs. 1 GG oder in Art. 14 GG handeln, oder um einen Eingriff bzgl. einzelner Daten aus der Öffentlichkeitssphäre, der angesichts des Aufklärungszwecks bzgl. der mutmaßlich deliktisch beeinträchtigten Rechte und Rechtsgüter zum Beispiel aus Art. 2 Abs. 2 S. 1 GG, Art. 2 Abs. 2 S. 2 GG, Art. 14 Abs. 1 S. 1 Alt. 1 GG oder bzgl. des gesetzmäßigen Legalitätsgrundsatzes, Art. 20 Abs. 3 GG, nicht außer Verhältnis steht.

(ERG VHM)

Die Maßnahme ist insgesamt i.S.v. Art. 20 Abs. 3 GG (alternativ)

- verhältnismäßig.
- unverhältnismäßig.

D. Gesamtergebnis (GErg)

Die Maßnahme ist (alternativ)

- gemäß § 163 Abs. 1 S. 2 StPO (ggf. i.V.m. §§ 46, 53 Abs. 1 S. 2, Abs. 2 OWiG) rechtmäßig.
- wegen Art./§ (bestimmter Rechtsnorm [z.B. Art. 20 Abs. 3 GG]) rechtswidrig.

ABSCHNITT 3:

DATENERHEBUNGSGENERAL-BEFUGNISRECHTSNORM AUF DEM RECHTSGEBIET DER GEFAHREN-ABWEHR, § 9 ABS. 1 POLG NRW

A. Rechtsgrundlage (RGL) I. Grundrechte (GR)

(VOR/DEF)

Grundrechte sind grundlegende Rechte aus Art. 1-19 GG i.V.m. dem Rechtsstaatsprinzip, Art. 20 Abs. 3 GG, mit Vorrang und Vorbehalt des Gesetzes.[165]

(SUB/ERG)

Grundrechte sind fallabhängig insbesondere wie folgt gegeben:

Allgemeines Persönlichkeitsgrundrecht[166] mit verschiedenen Ausprägungen[167], etwa in der Ausprägung des **Rechts auf informationelle Selbstbestimmung** (APR/RiS), Art. 2 Abs. 1 i.V.m. Art. 1 Abs. 1[168] GG, vgl. auch Art. 142 GG i.V.m. Art. 4 Abs. 1, 2 Verfassung NRW[169].

---

165 Zu **Grundrechten**: *Basten*, Eingriffsrecht der Polizei in Nordrhein-Westfalen, Band 1, Buch 1, Abschnitt 2, Unterabschnitt 3. Zum **Rechtsstaatsprinzip** mit unter anderem sogenanntem Vorrang des Gesetzes und Vorbehalt des Gesetzes: *Basten*, Eingriffsrecht der Polizei in Nordrhein-Westfalen, Band 1, S. 95-108.

166 BVerfGE 147, 1, 18 f. (**Geschlechtsidentität**) = BVerfG, Beschluss des Ersten Senats vom 10.10.2017 – 1 BvR 2019/16 –, Rn. 38: „Art. 2 Abs. 1 GG gewährt jedem das **Recht auf die freie Entfaltung seiner Persönlichkeit**. Dieses Grundrecht umfasst neben der allgemeinen Handlungsfreiheit das **allgemeine Persönlichkeitsrecht** (Art. 2 Abs. 1 i.V.m. Art. 1 Abs. 1 GG). Letzteres ergänzt als ‚unbenanntes' Freiheitsrecht die speziellen (‚benannten') Freiheitsrechte, die ebenfalls konstituierende Elemente der Persönlichkeit schützen (vgl. BVerfGE 54, 148 <153>). Eine der **Aufgaben des allgemeinen Persönlichkeitsrechts** ist es dabei, Grundbedingungen dafür zu sichern, dass die einzelne Person ihre Individualität selbstbestimmt entwickeln und wahren kann (vgl. BVerfGE 35, 202 <220>; 79, 256 <268>; 90, 263 <270>; 117, 202 <225>). Das allgemeine Persönlichkeitsrecht schützt indessen nur solche **Elemente der Persönlichkeitsentfaltung**, die - ohne bereits Gegenstand der besonderen Freiheitsgarantien des Grundgesetzes zu sein - diesen in ihrer konstituierenden Bedeutung für die Persönlichkeit nicht nachstehen (vgl. BVerfGE 79, 256 <268>; 99, 185 <193>; 120, 274 <303>; stRspr). Es verbürgt also nicht Schutz gegen alles, was die selbstbestimmte Persönlichkeitsentwicklung auf irgendeine Weise beeinträchtigen könnte; ohnehin vermag kein Mensch seine Individualität unabhängig von äußeren Gegebenheiten und Zugehörigkeiten zu entwickeln. Der lückenschließende Schutz des allgemeinen Persönlichkeitsrechts greift aber dann, wenn die selbstbestimmte Entwicklung und Wahrung der Persönlichkeit spezifisch gefährdet ist (BVerfGE 141, 186 <201 f. Rn. 32>).".

BVerfG, Beschluss des Ersten Senats vom 06.11.2019 – 1 BvR 16/13 – (Recht auf Vergessen I), Rn. 81: „Diese [**APR-]Rechtsprechung** hat sich maßgeblich in Konstellationen der mittelbaren Drittwirkung und geleitet von dem Erfordernis praktischer Konkordanz entwickelt. Deshalb bestimmen sich die Schutzdimensionen des allgemeinen Persönlichkeitsrechts letztlich immer einzelfallbezogen im Abgleich mit den Grundrechten Dritter. Die Bestimmung seiner Schutzwirkungen und die Abwägung mit den gegenüberstehenden Freiheitsrechten greifen hier Hand in Hand. Der Schutz des allgemeinen Persönlichkeitsrechts ist insoweit flexibel und durch die Einbindung der Person in ihre sozialen Beziehungen relativiert (vgl. BVerfGE 101, 361 <380>; 141, 186 <202 Rn. 32>; 147, 1 <19 Rn. 38>; stRspr; siehe auch BGHZ 183, 353 <357 Rn. 11>; 209, 139 <150 Rn. 30>; 219, 233 <240 Rn. 22>; stRspr).".

Vgl. „**Allgemeines Persönlichkeitsrecht**" (APR) als „sonstiges Recht" (sog. **Rahmenrecht** mit [grundrechts-]abwägungsoffenem Tatbestand) nach § 823 Abs. 1 Var. 6 BGB, u.a. mit Geldentschädigungsanspruch, insbesondere durch ständige Rechtsprechung (vgl. auch § 253 BGB) seit folgender Entwicklung: BGHZ 13, 334 (Leserbrief), mit erstmaliger ausdrücklicher Anerkennung des allgemeinen Persönlichkeitsrechts; BGHZ 26, 349 (Herrenreiter), mit erstmaliger Zuerkennung einer Geldentschädigung wegen des immateriellen Schadens durch die Verletzung des allgemeinen Persönlichkeitsrechts; BGHZ 35, 363

(Ginsengwurzel), mit erstmaliger Schwerpunktsetzung bei der Menschenwürde in der Begründung; BVerfGE 34, 269 (Soraya), mit verfassungsgerichtlicher Erklärung der verfassungsrechtlichen Zulässigkeit der richterrechtlich entwickelten APR-Konstruktion.

167 BVerfG, Beschluss des Ersten Senats vom 06.11.2019 – 1 BvR 16/13 – (Recht auf Vergessen I), Rn. 80: „Die Rechtsprechung hat aus dem [**Allgemeinen Persönlichkeits-]Grundrecht** insoweit verschiedene **Schutzdimensionen** abgeleitet wie den **Schutz eines unantastbaren Bereichs privater Lebensgestaltung**, die Garantie der **Privatsphäre**, das **Recht am eigenen Bild** oder **gesprochenen Wort** oder das **Recht auf die Darstellung der eigenen Person**, die **soziale Anerkennung** sowie die **persönliche Ehre** (vgl. BVerfGE 27, 1 <6>; 27, 344 <350 f.>; 32, 373 <379>; 34, 238 <245 f.>; 47, 46 <73>; 54, 148 <153 f.>; 99, 185 <193 f.>; 101, 361 <384>; 106, 28 <39>; 114, 339 <346>; 120, 180 <198>).“ „Diese Schutzgehalte werden insoweit aber nicht als abschließend umschriebene und voneinander abzugrenzende Gewährleistungen verstanden, sondern als Ausprägungen, die in Blick auf den konkreten Schutzbedarf jeweils anhand des zu entscheidenden Falles herauszuarbeiten sind (vgl. BVerfGE 54, 148 <153 f.>; 65, 1 <41>).“.

BVerfGE 65, 1 (Volkszählungsgesetz), Ls. 1 = BVerfG, Urteil des Ersten Senats vom 15.12.1983 – 1 BvR 209/83, Ls. 1: „Unter den Bedingungen der modernen Datenverarbeitung wird der Schutz des Einzelnen gegen unbegrenzte Erhebung, Speicherung, Verwendung und Weitergabe seiner persönlichen Daten von dem **allgemeinen Persönlichkeitsrecht** des Art. 2 Abs. 1 GG in Verbindung mit Art. 1 Abs. 1 GG umfaßt. Das [**Allgemeine Persönlichkeits-]Grundrecht** gewährleistet insoweit die Befugnis des Einzelnen, grundsätzlich selbst über die Preisgabe und Verwendung seiner persönlichen Daten zu bestimmen.“; BVerfG, Beschluss des Ersten Senats vom 06.11.2019 – 1 BvR 16/13 – (Recht auf Vergessen I), Rn. 80: „Das **Recht auf informationelle Selbstbestimmung** ist von der Rechtsprechung als eigene Ausprägung des allgemeinen Persönlichkeitsrechts mit einem gegenüber den anderen Ausprägungen selbständigen Gewährleistungsgehalt entwickelt worden und behält diesen auch, soweit es als verfassungsrechtliche Wertentscheidung in das Zivilrecht einstrahlt. Dementsprechend enthält es keinen gesamthaften Schutzanspruch hinsichtlich jederlei Umgangs mit Informationen, der die übrigen Schutzdimensionen des Grundrechts allgemein übergreifen und zusammenführen würde, sondern lässt deren Wertungen und Abwägungsregeln unberührt.“; BVerfGE 120, 274, 311 f. (Online-Durchsuchung) = BVerfG, Urteil des Ersten Senats vom 27.02.2008 – 1 BvR 370/07 –, Rn. 198 f. „Das **Recht auf informationelle Selbstbestimmung** geht über den **Schutz der Privatsphäre** hinaus. Es gibt dem Einzelnen die Befugnis, grundsätzlich selbst über die Preisgabe und Verwendung seiner persönlichen Daten zu bestimmen (vgl. BVerfGE 65, 1 <43>; 84, 192 <194>). Es flankiert und erweitert den grundrechtlichen Schutz von Verhaltensfreiheit und Privatheit, indem es ihn schon auf der Stufe der Persönlichkeitsgefährdung beginnen lässt. Eine derartige Gefährdungslage kann bereits im Vorfeld konkreter Bedrohungen benennbarer Rechtsgüter entstehen, insbesondere wenn personenbezogene Informationen in einer Art und Weise genutzt und verknüpft werden können, die der Betroffene weder überschauen noch verhindern kann. Der Schutzumfang des **Rechts auf informationelle Selbstbestimmung** beschränkt sich dabei nicht auf Informationen, die bereits ihrer Art nach sensibel sind und schon deshalb grundrechtlich geschützt werden. Auch der Umgang mit personenbezogenen Daten, die für sich genommen nur geringen Informationsgehalt haben, kann, je nach dem Ziel des Zugriffs und den bestehenden Verarbeitungs- und Verknüpfungsmöglichkeiten, grundrechtserhebliche Auswirkungen auf die Privatheit und Verhaltensfreiheit des Betroffenen haben (vgl. BVerfG, Beschluss vom 13. Juni 2007 - 1 BvR 1550/03 u.a. -, NJW 2007, S. 2464 <2466>). Die mit dem Recht auf informationelle Selbstbestimmung abzuwehrenden Persönlichkeitsgefährdungen ergeben sich aus den vielfältigen Möglichkeiten des Staates und gegebenenfalls auch privater Akteure (vgl. BVerfG, Beschluss der 1. Kammer des Ersten Senats vom 23. Oktober 2006 - 1 BvR 2027/02 -, JZ 2007, S. 576) zur Erhebung, Verarbeitung und Nutzung personenbezogener Daten. Vor allem mittels elektronischer Datenverarbeitung können aus solchen Informationen weitere Informationen erzeugt und so Schlüsse gezogen werden, die sowohl die grundrechtlich geschützten Geheimhaltungsinteressen des Betroffenen beeinträchtigen als auch Eingriffe in seine Verhaltensfreiheit mit sich bringen können (vgl. BVerfGE 65, 1 <42>; 113, 29 <45 f.>; 115, 320 <342>; BVerfG, Beschluss vom 13. Juni 2007 - 1 BvR 1550/03 u.a. -, NJW 2007, S. 2464 <2466>).“.

BVerfGE 109, 279, 325-327 (akustische Wohnraumüberwachung / „Großer Lauschangriff“) = BVerfG, Urteil des Ersten Senats vom 03.03.2004 – 1 BvR 2378/98, 1084/99 –, Rn. 159-163: „Das aus Art. 2

Abs. 1 in Verbindung mit Art. 1 Abs. 1 GG folgende **allgemeine Persönlichkeitsrecht** kommt neben Art. 13 Abs. 1 GG allerdings nicht zur Anwendung, soweit Eingriffe in die **räumliche Privatsphäre des Wohnungsinhabers** zu überprüfen sind. Art. 13 Abs. 1 GG enthält eine spezielle Gewährleistung des **Schutzes vor staatlicher akustischer Überwachung der räumlichen Privatsphäre**, die die allgemeinere Vorschrift insoweit verdrängt (vgl. BVerfGE 100, 313 [358] zu Art. 10 GG). Mit dem **Recht, in der Wohnung ungestört zu sein**, und dem **Recht am eigenen in der Wohnung gesprochenen Wort** schützt Art. 13 Abs. 1 GG gerade den Teil der **Privatsphäre**, den sonst das allgemeine Persönlichkeitsrecht gewährleistet. Dieses Recht ergänzt als unbenanntes Freiheitsrecht die speziellen Freiheitsrechte, die ebenfalls konstituierende Elemente der Persönlichkeit schützen (vgl. BVerfGE 54, 148 <153 f.>), nur insoweit, als Letztere keinen Schutz gewähren. Der **Schutz des allgemeinen Persönlichkeitsrechts aus Art. 2 Abs. 1 in Verbindung mit Art. 1 Abs. 1 GG** greift hingegen ein, soweit von der Wohnraumüberwachung Personen betroffen werden, die sich nicht auf Art. 13 Abs. 1 GG berufen können. **Grundrechtsträger des Art. 13 Abs. 1 GG** ist jeder Inhaber oder Bewohner eines Wohnraums, unabhängig davon, auf welchen Rechtsverhältnissen die Nutzung des Wohnraums beruht. Bei mehreren Bewohnern einer Wohnung steht das Grundrecht jedem Einzelnen, bei Familien mithin jedem Familienmitglied zu. Maßnahmen der Wohnraumüberwachung können aber nicht nur **Wohnungsinhaber**, sondern auch **zufällig in einer Wohnung Anwesende** erfassen. Diese Personen sind zwar nicht in ihrem Grundrecht aus Art. 13 Abs. 1 GG, wohl aber in ihrem **allgemeinen Persönlichkeitsrecht** betroffen. Der Schutz aus Art. 2 Abs. 1 in Verbindung mit Art. 1 Abs. 1 GG kann insofern allerdings nicht weiter reichen als derjenige aus Art. 13 Abs. 1 und 3 GG. Der Schutz der **räumlichen Privatsphäre und des allgemeinen Persönlichkeitsrechts** kann schließlich in Einzelfällen durch weitere Grundrechtsgarantien ergänzt sein. So wird das **Gespräch zwischen Eheleuten in der eigenen Wohnung** nicht nur von Art. 13 Abs. 1 GG, sondern zusätzlich durch Art. 6 Abs. 1 GG geschützt. Auch in Bezug auf die **Kommunikation mit Berufsgeheimnisträgern** können neben dem grundrechtlichen **Schutz der räumlichen Privatsphäre** Grundrechte in Betracht kommen, die - wie etwa Art. 4 GG im Hinblick auf das Gespräch mit einem Geistlichen - der besonderen Schutzbedürftigkeit der Kommunizierenden Rechnung tragen.“.

BVerfG, Beschluss des Ersten Senats vom 06.11.2019 – 1 BvR 16/13 – (Recht auf Vergessen I), Ls. 3 S. 1: „Von den **äußerungsrechtlichen Schutzdimensionen** ist das **Recht auf informationelle Selbstbestimmung** als eine eigene Ausprägung des allgemeinen Persönlichkeitsrechts zu unterscheiden.“ BVerfG, Beschluss des Ersten Senats vom 06.11.2019 – 1 BvR 16/13 – (Recht auf Vergessen I), Rn. 90: „Ausgehend von dem **Ziel des Rechts auf informationelle Selbstbestimmung**, Schutz vor Gefahren angesichts neuartiger Möglichkeiten der Datenverarbeitung zu gewähren (vgl. BVerfGE 65, 1 <42>), ist es primär als Gewährleistung zu verstehen, die – neben der ungewollten Preisgabe von Daten auch im Rahmen privater Rechtsbeziehungen (vgl. BVerfGE 84, 192 <194>) – insbesondere vor deren intransparenter Verarbeitung und Nutzung durch Private schützt. Es bietet Schutz davor, dass Dritte sich individueller Daten bemächtigen und sie in nicht nachvollziehbarer Weise als Instrument nutzen, um die Betroffenen auf Eigenschaften, Typen oder Profile festzulegen, auf die sie keinen Einfluss haben und die dabei aber für die freie Entfaltung der Persönlichkeit sowie eine gleichberechtigte Teilhabe in der Gesellschaft von erheblicher Bedeutung sind. Der Gehalt dieses Rechts ist dabei entwicklungsoffen, so dass es auch weitere persönlichkeitsgefährdende Entwicklungen der Informationsverarbeitung aufnehmen kann.“.

BVerfG, Beschluss des Ersten Senats vom 06.11.2019 – 1 BvR 16/13 – (Recht auf Vergessen I), Rn. 91: „[Vom Recht auf informationelle Selbstbestimmung] zu unterscheiden ist der **Schutz vor der Verarbeitung personenbezogener Berichte und Informationen als Ergebnis eines Kommunikationsprozesses**. Der Schutzbedarf gründet hier nicht in der intransparenten Zuweisung von Persönlichkeitsmerkmalen und -profilen durch Dritte, sondern in der sichtbaren Verbreitung bestimmter Informationen im öffentlichen Raum. Gefährdungen für die Persönlichkeitsentfaltung ergeben sich hier vornehmlich aus Form und Inhalt der Veröffentlichung selbst. Schutz gegenüber solchen Gefährdungen bieten die **äußerungsrechtlichen Ausprägungen des allgemeinen Persönlichkeitsrechts unabhängig vom Recht auf informationelle Selbstbestimmung**. Zwar kann es auch dabei maßgeblich auf die Art der Informationserlangung ankommen. Jedoch hat diese hier ihre Bedeutung als Vorfrage für die Beurteilung des weiteren Umgangs mit einer bestimmten Äußerung und des damit in die Öffentlichkeit gestellten Bildes einer Person selbst.“.

BVerfG, Beschluss des Ersten Senats vom 06.11.2019 – 1 BvR 16/13 – (**Recht auf Vergessen** I), Ls. 2b): „Bei der Entscheidung über einen Schutzanspruch kommt der Zeit unter den Kommunikationsbedingungen des Internets ein spezifisches Gewicht zu. Die Rechtsordnung muss davor schützen, dass sich eine Person frühere Positionen, Äußerungen und Handlungen unbegrenzt vor der Öffentlichkeit vorhalten lassen muss. Erst die Ermöglichung eines Zurücktretens vergangener Sachverhalte eröffnet den Einzelnen die Chance zum Neubeginn in Freiheit. Zur Zeitlichkeit der Freiheit gehört die Möglichkeit des Vergessens.“.

BVerfGE 120, 274, 311 (Online-Durchsuchung) = BVerfG, Urteil des Ersten Senats vom 27.02.2008 – 1 BvR 370/07 –, Rn. 197: „In seiner Ausprägung als **Schutz der Privatsphäre** [als **Privatangelegenheitenschutz** und **Rückzugsraumbereichsschutz** – beides **gegenüber der Öffentlichkeit**, vgl. **Sphärentheorie** mit **Intimsphäre, Privatsphäre, Sozialsphäre** und vgl. **Kernbereich privater Lebensgestaltung**] gewährleistet das allgemeine Persönlichkeitsrecht dem Einzelnen einen räumlich und thematisch bestimmten Bereich, der grundsätzlich frei von unerwünschter Einsichtnahme bleiben soll (vgl. BVerfGE 27, 344 <350 ff.>; 44, 353 <372 f.>; 90, 255 <260>; 101, 361 <382 f.>).“; BVerfGE 101, 361, 382-385 (Caroline von Monaco II) = BVerfG, Urteil vom 15.12.1999 – 1 BvR 653/96 –, Rn. 75-82: „Im Unterschied zum **Recht am eigenen Bild** bezieht sich der **Schutz der Privatsphäre**, der ebenfalls im **allgemeinen Persönlichkeitsrecht** wurzelt, nicht speziell auf Abbildungen, sondern ist **thematisch und räumlich** bestimmt. Er umfaßt zum einen **Angelegenheiten** [**Privatangelegenheitenschutz**], die wegen ihres Informationsinhalts typischerweise als ‚**privat**‘ eingestuft werden, weil ihre **öffentliche** Erörterung oder Zurschaustellung als unschicklich gilt, das Bekanntwerden als peinlich empfunden wird oder nachteilige Reaktionen der Umwelt auslöst, wie es etwa bei Auseinandersetzungen mit sich selbst in **Tagebüchern** (BVerfGE 80, 367), bei **vertraulicher Kommunikation unter Eheleuten** (BVerfGE 27, 344), im Bereich der **Sexualität** (BVerfGE 47, 46; 49, 286 [BVerfGE 120, 224, 238 f. (Geschwisterbeischlaf) = BVerfGE, Beschluss des Zweiten Senats vom 26.02.2008 – 2 BvR 392/07 –, Rn. 32 f.: „Das allgemeine Persönlichkeitsrecht in seiner Ausprägung als **Recht auf sexuelle Selbstbestimmung**“/„**Intim- und Sexualbereich des Menschen als Teil seiner Privatsphäre**, P. B.]), bei **sozial abweichendem Verhalten** (BVerfGE 44, 353) oder bei **Krankheiten** (BVerfGE 32, 373) der Fall ist. Fehlte es hier an einem **Schutz vor der Kenntniserlangung anderer**, wären die Auseinandersetzung mit sich selbst, die unbefangene Kommunikation unter Nahestehenden, die sexuelle Entfaltung oder die Inanspruchnahme ärztlicher Hilfe beeinträchtigt oder unmöglich, obwohl es sich um grundrechtlich geschützte Verhaltensweisen handelt. Zum anderen erstreckt sich der Schutz auf einen **räumlichen Bereich** [**Raumbereichsschutz**], in dem der Einzelne zu sich kommen, sich entspannen oder auch gehen lassen kann (vgl. BVerfGE 27, 1 [6]). Zwar bietet auch dieser Bereich Gelegenheit, sich in einer Weise zu verhalten, die nicht für die **Öffentlichkeit** bestimmt ist und deren Beobachtung oder Darstellung durch Außenstehende für den Betroffenen peinlich oder nachteilig wäre. Im Kern geht es aber um einen **Raum**, in dem er die Möglichkeit hat, frei von **öffentlicher Beobachtung** und damit der von ihr erzwungenen Selbstkontrolle zu sein, auch ohne daß er sich dort notwendig anders verhielte als in der **Öffentlichkeit**. Bestünden solche **Rückzugsbereiche** nicht mehr, könnte der Einzelne psychisch überfordert sein, weil er unausgesetzt darauf achten müßte, wie er auf andere wirkt und ob er sich richtig verhält. Ihm fehlten die Phasen des Alleinseins und Ausgleichs, die für die Persönlichkeitsentfaltung notwendig sind und ohne die sie nachhaltig beeinträchtigt würde. Ein derartiges Schutzbedürfnis besteht auch bei Personen, die aufgrund ihres Ranges oder Ansehens, ihres Amtes oder Einflusses, ihrer Fähigkeiten oder Taten besondere **öffentliche** Beachtung finden. Wer, ob gewollt oder ungewollt, zur Person des **öffentlichen** Lebens geworden ist, verliert damit nicht sein Anrecht auf eine **Privatsphäre**, die den Blicken der **Öffentlichkeit** entzogen bleibt. Das gilt auch für demokratisch gewählte Amtsträger, die zwar für ihre Amtsführung **öffentlich** rechenschaftspflichtig sind und sich in diesem Umfang **öffentliche** Aufmerksamkeit gefallen lassen müssen, nicht aber für ihr **Privatleben**, sofern dieses die Amtsführung nicht berührt. Der **häusliche Bereich** [vgl. ggf. spezielleren Art. 13 GG i.V.m. BVerfGE 109, 279, 325 f.] stellt anerkanntermaßen eine solche geschützte Sphäre dar. Wegen des Bezugs auf die Entfaltung der Persönlichkeit darf der **Rückzugsbereich** jedoch nicht von vornherein auf ihn begrenzt werden. Das gilt schon deshalb, weil die Funktionen, denen er dient, nur erfüllt werden, wenn er nicht an den Hausmauern oder Grundstücksgrenzen endet. Die freie Entfaltung der Persönlichkeit wäre erheblich behindert, wenn der Einzelne nur im eigenen Haus der **öffentlichen** Neugier entgehen könnte. Die notwendige

Erholung von einer durch Funktionszwänge und Medienpräsenz geprägten **Öffentlichkeit** ist vielfach nur in der **Abgeschiedenheit einer natürlichen Umgebung, etwa an einem Ferienort**, zu gewinnen. Deswegen muß der Einzelne grundsätzlich die Möglichkeit haben, sich auch in der freien, gleichwohl **abgeschiedenen Natur oder an Örtlichkeiten, die von der breiten Öffentlichkeit deutlich abgeschieden sind**, in einer von **öffentlicher** Beobachtung freien Weise zu bewegen. Das gilt gerade gegenüber solchen Aufnahmetechniken, die die **räumliche Abgeschiedenheit** überwinden, ohne daß der Betroffene dies bemerken kann. Wo die Grenzen der geschützten **Privatsphäre außerhalb des Hauses** verlaufen, läßt sich nicht generell und abstrakt festlegen. Sie können vielmehr nur aufgrund der jeweiligen Beschaffenheit des **Ortes** bestimmt werden, den der Betroffene aufsucht. Ausschlaggebend ist, ob der Einzelne eine **Situation** vorfindet oder schafft, in der er begründetermaßen und somit auch für Dritte erkennbar davon ausgehen darf, den Blicken der **Öffentlichkeit** nicht ausgesetzt zu sein. Ob die Voraussetzungen der **Abgeschiedenheit** erfüllt sind, läßt sich nur situativ beurteilen. Der Einzelne kann sich an ein und demselben **Ort** zu Zeiten mit gutem Grund unbeobachtet fühlen, zu anderen Zeiten nicht. Auch ist der Aufenthalt in umschlossenen **Räumen** keineswegs immer mit **Abgeschiedenheit** gleichzusetzen. Da es um die Frage geht, ob der Einzelne begründetermaßen erwarten darf, unbeobachtet zu sein, oder aber **Plätze** aufgesucht hat, wo er sich unter den Augen der **Öffentlichkeit** bewegt, kann es auch in umschlossenen Räumen an der **Abgeschiedenheit** fehlen, die Voraussetzung für den **Privatsphärenschutz** außerhalb der eigenen **Häuslichkeit** ist. **Plätzen, an denen sich der Einzelne unter vielen Menschen befindet**, fehlt es von vornherein an den Voraussetzungen des **Privatsphärenschutzes** im Sinn von Art. 2 Abs. 1 in Verbindung mit Art. 1 Abs. 1 GG. Sie können das **Rückzugsbedürfnis** nicht erfüllen und rechtfertigen deswegen auch nicht den grundrechtlichen Schutz, den dieses Bedürfnis aus Gründen der Persönlichkeitsentfaltung verdient. Der Einzelne kann solche **Orte** auch nicht etwa durch ein Verhalten, das typischerweise nicht **öffentlich** zur Schau gestellt würde, in seine **Privatsphäre** umdefinieren. Nicht sein Verhalten, ob allein oder mit anderen, konstituiert die **Privatsphäre**, sondern die **objektive Gegebenheit der Örtlichkeit zur fraglichen Zeit**. Verhält er sich daher an **Orten**, die nicht die Merkmale der **Abgeschiedenheit** aufweisen, so, als stünde er nicht unter Beobachtung, hebt er das **Schutzbedürfnis für Verhaltensweisen, die an sich die Öffentlichkeit nichts angehen**, selbst auf. Der **Schutz der Privatsphäre vor öffentlicher Kenntnisnahme** entfällt ferner, wenn sich jemand selbst damit einverstanden zeigt, daß bestimmte, gewöhnlich als privat geltende Angelegenheiten **öffentlich** gemacht werden, etwa indem er Exklusivverträge über die Berichterstattung aus seiner **Privatsphäre** abschließt. Der verfassungsrechtliche **Privatsphärenschutz** aus Art. 2 Abs. 1 in Verbindung mit Art. 1 Abs. 1 GG ist nicht im Interesse einer Kommerzialisierung der eigenen Person gewährleistet. Zwar ist niemand an einer solchen **Öffnung privater Bereiche** gehindert. Er kann sich dann aber nicht gleichzeitig auf den **öffentlichkeitsabgewandten Privatsphärenschutz** berufen. Die Erwartung, daß die Umwelt die **Angelegenheiten oder Verhaltensweisen in einem Bereich mit Rückzugsfunktion** nur begrenzt oder nicht zur Kenntnis nimmt, muß daher situationsübergreifend und konsistent zum Ausdruck gebracht werden. Das gilt auch für den Fall, daß der Entschluß, die Berichterstattung über bestimmte Vorgänge der eigenen **Privatsphäre** zu gestatten oder hinzunehmen, rückgängig gemacht wird.“.

BVerfGE 6, 32, 41 (Elfes) = BVerfG, Urteil vom des Ersten Senats vom 16.01.1957 – 1 BvR 253/56 –, Rn. 32 [vgl. **Recht auf Privatsphäre** als **Privatangelegenheitenschutz** und **Rückzugsraumbereichsschutz** – beides **gegenüber der Öffentlichkeit,** vgl. **Sphärentheorie** mit **Intimsphäre**, **Privatsphäre**, **Sozialsphäre**]: „Vor allem dürfen die Gesetze daher die Würde des Menschen nicht verletzen, die im Grundgesetz der oberste Wert ist, aber auch die geistige, politische und wirtschaftliche Freiheit des Menschen nicht so einschränken, daß sie in ihrem Wesensgehalt angetastet würde (Art. 19 Abs. 2, Art. 1 Abs. 3, Art. 2 Abs. 1 GG). Hieraus ergibt sich, daß dem einzelnen Bürger eine **Sphäre privater Lebensgestaltung** verfassungskräftig vorbehalten ist, also ein letzter **unantastbarer Bereich menschlicher Freiheit** besteht, der der Einwirkung der gesamten öffentlichen Gewalt entzogen ist. Ein Gesetz, das in ihn eingreifen würde, könnte nie Bestandteil der ‚verfassungsmäßigen Ordnung‘ sein; es müßte durch das Bundesverfassungsgericht für nichtig erklärt werden.“. BVerfGE 109, 279, Ls. 2 S. 1 (akustische Wohnraumüberwachung / „Großer Lauschangriff“) = BVerfG, Urteil des Ersten Senats vom 03.03.2004 – 1 BvR 2378/98, 1084/99 –, Ls. 2 S. 1: „Zur Unantastbarkeit der Menschenwürde gemäß Art. 1 Abs. 1 GG gehört die Anerkennung eines absolut geschützten **Kernbereichs privater Lebensgestaltung**.“. BVerfGE 141, 220, 276-278 (BKAG) = BVerfG, Urteil des Ersten Senats vom 20.04.2016 –

1 BvR 966/09 –, Rn. 119-124: „Neben den verfassungsrechtlichen Anforderungen an die allgemeinen Eingriffsvoraussetzungen ergeben sich aus den jeweiligen **Grundrechten in Verbindung mit Art. 1 Abs. 1 GG** für die Durchführung von besonders eingriffsintensiven Überwachungsmaßnahmen besondere Anforderungen an den **Schutz des Kernbereichs privater Lebensgestaltung**. Der verfassungsrechtliche **Schutz des Kernbereichs privater Lebensgestaltung** gewährleistet dem Individuum einen **Bereich höchstpersönlicher Privatheit gegenüber Überwachung**. Er wurzelt in den **von den jeweiligen Überwachungsmaßnahmen betroffenen Grundrechten in Verbindung mit Art. 1 Abs. 1 GG** und sichert einen dem Staat nicht verfügbaren Menschenwürdekern grundrechtlichen Schutzes gegenüber solchen Maßnahmen. Selbst überragende Interessen der Allgemeinheit können einen Eingriff in diesen **absolut geschützten Bereich privater Lebensgestaltung** nicht rechtfertigen (vgl. BVerfGE 109, 279 <313>; stRspr). Zur **Entfaltung der Persönlichkeit im Kernbereich privater Lebensgestaltung gehört die Möglichkeit, innere Vorgänge** wie Empfindungen und Gefühle sowie Überlegungen, Ansichten und Erlebnisse **höchstpersönlicher Art zum Ausdruck zu bringen** (vgl. BVerfGE 109, 279 <313>; 120, 274 <335>; stRspr). Geschützt ist insbesondere die **nichtöffentliche Kommunikation mit Personen des höchstpersönlichen Vertrauens, die in der berechtigten Annahme geführt wird, nicht überwacht zu werden**, wie es insbesondere bei Gesprächen im Bereich der Wohnung der Fall ist. Zu diesen Personen gehören insbesondere Ehe- oder Lebenspartner, Geschwister und Verwandte in gerader Linie, vor allem, wenn sie im selben Haushalt leben, und können Strafverteidiger, Ärzte, Geistliche und enge persönliche Freunde zählen (vgl. BVerfGE 109, 279 <321 ff.>). Dieser Kreis deckt sich nur teilweise mit dem der Zeugnisverweigerungsberechtigten. Solche Gespräche verlieren dabei nicht schon dadurch ihren Charakter als insgesamt höchstpersönlich, dass sich in ihnen Höchstpersönliches und Alltägliches vermischen (vgl. BVerfGE 109, 279 <330>; 113, 348 <391 f.>). Demgegenüber ist die **Kommunikation unmittelbar über Straftaten** nicht geschützt, selbst wenn sie auch Höchstpersönliches zum Gegenstand hat. Die **Besprechung und Planung von Straftaten** gehört ihrem Inhalt nach nicht zum **Kernbereich privater Lebensgestaltung**, sondern hat **Sozialbezug** (vgl. BVerfGE 80, 367 <375>; 109, 279 <319 f., 328>; 113, 348 <391>). Dies bedeutet freilich nicht, dass der Kernbereich unter einem allgemeinen Abwägungsvorbehalt in Bezug auf öffentliche Sicherheitsinteressen steht. Ein **höchstpersönliches Gespräch** fällt nicht schon dadurch aus dem **Kernbereich privater Lebensgestaltung** heraus, dass es für die Aufklärung von Straftaten oder Gefahren hilfreiche Aufschlüsse geben kann. Aufzeichnungen oder Äußerungen im Zwiegespräch, die zum Beispiel ausschließlich innere Eindrücke und Gefühle wiedergeben und keine Hinweise auf konkrete Straftaten enthalten, gewinnen nicht schon dadurch einen **Gemeinschaftsbezug**, dass sie Ursachen oder Beweggründe eines strafbaren Verhaltens freizulegen vermögen (vgl. BVerfGE 109, 279 <319>). Auch können trotz **Straftatenbezugs** Situationen, in denen Einzelnen gerade ermöglicht werden soll, ein Fehlverhalten einzugestehen oder sich auf dessen Folgen einzurichten, wie Beichtgespräche oder vertrauliche Gespräche mit einem Psychotherapeuten oder einem Strafverteidiger, der **höchstpersönlichen Privatsphäre** unterfallen, die dem Staat absolut entzogen ist (vgl. BVerfGE 109, 279 <322>). Ein hinreichender **Sozialbezug** besteht demgegenüber dann, wenn **Gespräche - auch mit Vertrauenspersonen - sonst unmittelbar Straftaten zu ihrem Gegenstand haben** (vgl. BVerfGE 109, 279 <319>). Der **Kernbereich privater Lebensgestaltung** beansprucht gegenüber **allen Überwachungsmaßnahmen** Beachtung. Können sie typischerweise zur Erhebung kernbereichsrelevanter Daten führen, muss der Gesetzgeber Regelungen schaffen, die einen wirksamen Schutz normenklar gewährleisten (vgl. BVerfGE 109, 279 <318 f.>; 113, 348 <390 f.>; 120, 274 <335 ff.>). Außerhalb solch verletzungsgeneigter Befugnisse bedarf es eigener Regelungen nicht. Grenzen, die sich im Einzelfall auch hier gegenüber einem Zugriff auf höchstpersönliche Informationen ergeben können, sind bei deren Anwendung unmittelbar von Verfassungs wegen zu beachten. Der **Schutz des Kernbereichs privater Lebensgestaltung** ist strikt und darf nicht durch Abwägung mit den Sicherheitsinteressen nach Maßgabe des Verhältnismäßigkeitsgrundsatzes relativiert werden (vgl. BVerfGE 109, 279 <314>; 120, 273 <339>; stRspr). Dies bedeutet jedoch nicht, dass **jede tatsächliche Erfassung von höchstpersönlichen Informationen** stets einen Verfassungsverstoß oder eine Menschenwürdeverletzung begründet. Angesichts der Handlungs- und Prognoseunsicherheiten, unter denen Sicherheitsbehörden ihre Aufgaben wahrnehmen, kann ein **unbeabsichtigtes Eindringen in den Kernbereich privater Lebensgestaltung** im Rahmen von Überwachungsmaßnahmen nicht für jeden Fall von vornherein ausgeschlossen werden (vgl. BVerfGE 120, 274 <337 f.>). Die Verfassung verlangt jedoch

1. GR-SB:

a) Persönlicher GR-SB: „Jeder".

b) Sachlicher GR-SB: „**freie Entfaltung der Persönlichkeit**" als „**Datenfreiheit**" (Grundsätzliche Bestimmungsbefugnis des Einzelnen über Preisgabe und Verwendung eigener personenbezogener Daten[170]), vgl. **personenbezogenes Datum**: § 36 Nr. 1 DSG NRW[171].

---

für die Ausgestaltung der Überwachungsbefugnisse die **Achtung des Kernbereichs** als eine strikte, nicht frei durch Einzelfallerwägungen überwindbare Grenze.".

BVerfGE 120, 274 (Online-Durchsuchung) = BVerfG, Urteil des Ersten Senats vom 27.02.2008 – 1 BvR 370/07 –, Ls. 1: „Das **allgemeine Persönlichkeitsrecht** (Art. 2 Abs. 1 i.V.m. Art. 1 Abs. 1 GG) umfasst das Grundrecht auf **Gewährleistung der Vertraulichkeit und Integrität informationstechnischer Systeme**."; BVerfGE 120, 274, 314 (Online-Durchsuchung) = BVerfG, Urteil des Ersten Senats vom 27.02.2008 – 1 BvR 370/07 –, Rn. 203: „**informationstechnisches System**": „etwa Personalcomputer", „ferner beispielweise […] solche Mobiltelefone oder elektronische Terminkalender, die über einen großen Funktionsumfang verfügen und personenbezogene Daten vielfältiger Art erfassen und speichern können."; BVerfGE 120, 274, 276 (Online-Durchsuchung) = BVerfG, Urteil des Ersten Senats vom 27.02.2008 – 1 BvR 370/07 –, Rn. 5: „**heimlicher Zugriff auf ein informationstechnisches System**": „[heimliche] technische Infiltration […], die etwa Sicherheitslücken des Zielsystems ausnutzt oder über die Installation eines Spähprogramms erfolgt", wobei die Infiltration es ermöglicht, die Zielsystem-„Nutzung zu überwachen oder die Speichermedien durchzusehen oder gar das Zielsystem fernzusteuern.".

BVerfGE 147, 1 (**Geschlechtsidentität**) = BVerfG, Beschluss des Ersten Senats vom 10.10.2017 – 1 BvR 2019/16 –, Ls. 1-3: „1. Das **allgemeine Persönlichkeitsrecht** (Art. 2 Abs. 1 i.V.m. Art. 1 Abs. 1 GG) schützt die **geschlechtliche Identität**. Es schützt auch die geschlechtliche Identität derjenigen, die sich dauerhaft weder dem männlichen noch dem weiblichen Geschlecht zuordnen lassen. 2. Art. 3 Abs. 3 Satz 1 GG schützt auch Menschen, die sich dauerhaft weder dem männlichen noch dem weiblichen Geschlecht zuordnen lassen, vor **Diskriminierungen wegen ihres Geschlechts**. 3. Personen, die sich dauerhaft weder dem männlichen noch dem weiblichen Geschlecht zuordnen lassen, werden in beiden Grundrechten verletzt, wenn das Personenstandsrecht dazu zwingt, das Geschlecht zu registrieren, aber keinen anderen positiven Geschlechtseintrag als weiblich oder männlich zulässt.".

BVerfG, Urteil des Zweiten Senats vom 26.02.2020 – 2 BvR 2347/15 –, Ls. 1: „a) Das **allgemeine Persönlichkeitsrecht** (Art. 2 Abs. 1 i.V.m. Art. 1 Abs. 1 GG) umfasst als Ausdruck persönlicher Autonomie ein **Recht auf selbstbestimmtes Sterben**. b) Das **Recht auf selbstbestimmtes Sterben** schließt die Freiheit ein, sich das Leben zu nehmen [Rn. 208: „**Recht auf Selbsttötung**"]. Die Entscheidung des Einzelnen, seinem Leben entsprechend seinem Verständnis von Lebensqualität und Sinnhaftigkeit der eigenen Existenz ein Ende zu setzen, ist im Ausgangspunkt als Akt autonomer Selbstbestimmung von Staat und Gesellschaft zu respektieren. c) Die **Freiheit, sich das Leben zu nehmen**, umfasst auch die Freiheit, hierfür bei Dritten Hilfe zu suchen und Hilfe, soweit sie angeboten wird, in Anspruch zu nehmen.".

168 Zum sog. „**Menschenwürdegehalt**" der Grundrechte: *Basten*, Die Menschenwürde des Grundgesetzes.

169 Vgl. auch Art. 142 GG i.V.m. Art. 4 Abs. 2 Verfassung NRW; Art. 8 EU-GR-Charta; Art. 16 AEUV; Art. 8 EMRK.

170 BVerfGE 65, 1, Ls. 1 S. 2 (Volkszählungsgesetz) = BVerfG, Urteil des Ersten Senats vom 15.12.1983 – 1 BvR 209/83, Ls. 1 S. 2 (Ls. 1: „Unter den Bedingungen der modernen Datenverarbeitung wird der Schutz des Einzelnen gegen unbegrenzte Erhebung, Speicherung, Verwendung und Weitergabe seiner persönlichen Daten von dem allgemeinen Persönlichkeitsrecht des Art. 2 Abs. 1 GG in Verbindung mit Art. 1 Abs. 1 GG umfaßt. Das Grundrecht gewährleistet insoweit die Befugnis des Einzelnen, grundsätzlich selbst über die Preisgabe und Verwendung seiner persönlichen Daten zu bestimmen.").

171 BVerfG, Beschluss der 3. Kammer des Zweiten Senats vom 27.06.2018 – 2 BvR 1562/17 (auf § 103 StPO gestützte Anordnung der Durchsuchung der Räumlichkeiten des Münchener Kanzleistandorts der Rechtsanwaltskanzlei Jones Day sowie Sicherstellung von Unterlagen und elektronischen Daten im Zuge des sogenannten „VW-Dieselskandals" – Verfassungsbeschwerde nicht zur Entscheidung ange-

2. GR-E (oder Nichteingriff/**Einwilligung** i.S.v. § 36 Nr. 19 DSG NRW, § 38 DSG NRW): **Persönlichkeitsentfaltungseinschränkung** als Datenfreiheitseinschränkung, durch **Datenverarbeitungs**-Maßnahme[172] (**Datenerhebung**) i.S.d. § 36 Nr. 2 DSG NRW.[173]

3. GR-B: Art. 2 Abs. 1 Hs. 2 GG[174].

---

nommen wegen Unzulässigkeit aufgrund Nichterfüllung von Voraussetzungen nach § 93a Abs. 2 BVerfGG), Gründe, V., Rn. 44: „Der Begriff der persönlichen Daten deckt sich mit der Legaldefinition personenbezogener Daten in § 46 Nr. 1 BDSG (zuvor § 3 Abs. 1 BDSG) und erfasst alle Informationen, die sich auf eine identifizierte oder identifizierbare natürliche Person (betroffene Person) beziehen (vgl. noch zu § 3 Abs. 1 BDSG ‚Einzelangaben über persönliche oder sachliche Verhältnisse einer bestimmten oder bestimmbaren Person' Di Fabio, in: Maunz/Dürig, GG, Art. 2 Abs.1, Rn. 175 [Juli 2001]).".

172 BVerfG, Urteil des Ersten Senats vom 19.05.2020 – 1 BvR 2835/17 – (Ausland-Ausland-Fernmeldeaufklärung nach BNDG), E. III. 1., Rn. 212: „Die **Übermittlung personenbezogener Daten**, mit der eine Behörde die von ihr erhobenen Daten einer anderen Stelle zugänglich macht, begründet einen eigenen Grundrechtseingriff (vgl. BVerfGE 100, 313 <367>; 141, 220 <334 Rn. 305>; stRspr). Dieser ist an dem **Grundrecht** zu messen, **in das bei der ursprünglichen Datenerhebung eingegriffen wurde** (vgl. BVerfGE 100, 313 <367>; 141, 220 <334 Rn. 305>; stRspr).".

173 Vgl. ggf. zur Frage des Grundrechtseingriffs auch § 9 Abs. 1 Nr. 1 S. 2 (Hs. 1) PolG NRW (Inkrafttreten am 29.12.2018): „Dies gilt auch für personenbezogene Daten, die von der betroffenen Person offensichtlich öffentlich gemacht wurden"; BVerfGE 120, 274 (Online-Durchsuchung) = BVerfG, Urteil des Ersten Senats vom 27.02.2008 – 1 BvR 370/07 –, Ls. 5: „Verschafft der Staat sich Kenntnis von Inhalten der Internetkommunikation auf dem dafür technisch vorgesehenen Weg, so liegt darin nur dann ein Eingriff in Art. 10 Abs. 1 GG, wenn die staatliche Stelle nicht durch Kommunikationsbeteiligte zur Kenntnisnahme autorisiert ist. Nimmt der Staat im Internet öffentlich zugängliche Kommunikationsinhalte wahr oder beteiligt er sich an öffentlich zugänglichen Kommunikationsvorgängen, greift er grundsätzlich nicht in Grundrechte ein.".

174 Art. 2 Abs. 1 Hs. 2 GG (**Schrankentrias**): BVerfGE 80, 137, 153 (Reiten im Walde) = BVerfG, Beschluss des Ersten Senats vom 06.06.1989 – 1 BvR 921/85 –, C. I. 1 a), Rn. 69: „Abgesehen von einem absolut geschützten Kernbereich privater Lebensgestaltung, welcher der Einwirkung der öffentlichen Gewalt entzogen ist (BVerfGE 6, 32 [41]), ist die allgemeine Handlungsfreiheit allerdings nur in den **Schranken** des zweiten Halbsatzes von Art. 2 Abs. 1 GG gewährleistet und steht damit insbesondere unter dem **Vorbehalt der verfassungsmäßigen (Rechts-)Ordnung** (BVerfGE 6, 32 [37 f.]; 74, 129 [152]). Stützt sich ein die Handlungsfreiheit berührender Akt der öffentlichen Gewalt auf eine Rechtsnorm, so kann mit der Verfassungsbeschwerde unter Berufung auf Art. 2 Abs. 1 GG zur Nachprüfung gestellt werden, ob diese Norm zur **verfassungsmäßigen Ordnung** gehört, das heißt formell und materiell mit den Normen der Verfassung in Einklang steht (st. Rspr. seit BVerfGE 6, 32).“; BVerfGE 6, 32, Ls. 3 (Elfes) = BVerfG, Urteil des Ersten Senats vom 16.01.1957 – 1 BvR 253/56, Ls. 3: **„Verfassungsmäßige Ordnung** im Sinne des Art. 2 Abs. 1 GG ist die verfassungsmäßige Rechtsordnung, d.h. die Gesamtheit der Normen, die formell und materiell der Verfassung gemäß sind."; vgl. dazu auch BVerfGE 6, 32, 37-41 (Elfes) = BVerfG, Urteil des Ersten Senats vom 16.01.1957 – 1 BvR 253/56, Gründe II. 2 b), c), Rn. 17-33.

Rechte anderer sind (als Teil der verfassungsmäßigen Ordnung) subjektive Berechtigungen (Anspruch oder Befugnis oder Erlaubnis) einschließlich Verpflichtungen (Pflicht zur Erfüllung von Anspruch oder Befugnis oder Erlaubnis) und sonstiger Rechtswirkungen für ein Rechtssubjekt bezüglich eines Verhaltens oder eines Rechtsguts.

Vgl. zum ein Mal bundesverfassungsgerichtlich entscheidungserheblich bemühten „**Sittengesetz**" nach Art. 2 Abs. 1 Hs. 2 GG als Gesetz, das nicht das durch die „soziale Gemeinschaft" „als für sich verbindlich" anerkannte „Rechtsgefühl" „im allgemeinen" „verletzt": BVerfGE 6, 389 (Homosexuelle) = BVerfG, Urteil des Ersten Senats vom 10.05.1957 – 1 BvR 550/52 –, und StrRehaHomG (Gesetz zur strafrechtlichen Rehabilitierung der nach dem 8. Mai 1945 wegen einvernehmlicher homosexueller Handlungen verurteilten Personen vom 17. Juli 2017 – BGBl. I S. 2443).

A. Rechtsgrundlage (RGL) II. Rechtsgebiet (RG)

(VOR/DEF)

Rechtsgebiet ist Rechtsordnungsteil nach allen Umständen[175] – wie schwerpunktmäßige Äußerungen[176], Rechtsnormen[177], Zwecke[178], auch i.V.m. §§ 133, 157 BGB analog[179].[180]

---

[175] Umstände im weiten Sinn, etwa als Bedingungen, Beziehungen, Faktoren, Folgen, Funktionen, Umweltbedingungen, Variablen, Verhältnissen, Voraussetzungen, Weltbedingungen.

[176] Äußerungen im weiten Sinn, etwa als alle Verhaltensäußerungen (einschließlich Aussagen).

[177] Rechtsnormen im weiten Sinn, etwa solche, die die Umstände oder das Verhalten regieren (sollen).

[178] Zwecke im weiten Sinn, etwa als sich aus einer Lage ergebende, objektiv zu verfolgende Ziele.

[179] Sog. **objektivierter Empfängerhorizont**, vgl. BVerwGE 147, 81 = BVerwG, Urteil vom 20.06.2013 – BVerwG 8 C 46.12, Rn. 27: „Die bundesrechtlichen Auslegungsregeln der §§ 133, 157 BGB sind auf öffentlich-rechtliche Erklärungen entsprechend anzuwenden. Bei Verwaltungsakten kommt es wie bei empfangsbedürftigen Willenserklärungen nicht auf den wirklichen Willen des Erklärenden (natürliche Auslegung), sondern auf den objektiven Erklärungsinhalt an. Maßgeblich ist, wie der Empfänger die Erklärung nach Treu und Glauben unter Berücksichtigung der für ihn erkennbaren Umstände verstehen musste. Dabei ist vom Wortlaut der Erklärung auszugehen und deren objektiver Gehalt unter Berücksichtigung des Empfängerhorizonts zu ermitteln (stRspr, vgl. Urteile vom 2. September 1999 - BVerwG 2 C 22.98 - BVerwGE 109, 283 <286> = Buchholz 237.7 § 72 NWLBG Nr. 4 und vom 27. Juni 2012 - BVerwG 9 C 7.11 - BVerwGE 143, 222 <Rn. 18> = Buchholz 11 Art. 20 GG Nr. 206; BGH, Urteile vom 24. Februar 1988 - VIII ZR 145/87 - BGHZ 103, 275 <280>, vom 27. Januar 2010 - VIII ZR 58/09 - BGHZ 184, 128 <137 Rn. 33> und vom 1. März 2011 - II ZR 16/10 - NJW 2011, 1666 <1667 Rn. 11> je m.w.N.).“; BVerwG, Beschluss vom 06.08.2018 – BVerwG 7 B 4.18, Rn. 10: „Dass die bundesrechtlichen Auslegungsregeln der §§ 133, 157 BGB auf öffentlich-rechtliche Erklärungen, d.h. u.a. auf Verwaltungsakte, entsprechend anzuwenden sind, ist in der Rechtsprechung des Bundesverwaltungsgerichts bereits geklärt (BVerwG, Urteil vom 20. Juni 2013 - 8 C 46.12 - BVerwGE 147, 81 Rn. 27 m.w.N.).“.

[180] BVerwG 47, 255, 264 = BVerwG, Urteil vom 03.12.1974 – BVerwG I C 11.73: „Obwohl sich für die Polizei im Einzelfall bei einem einheitlichen Lebenssachverhalt gleichzeitig und unmittelbar Aufgaben der Strafverfolgung und der Gefahrenabwehr ergeben können, ist der im Schrifttum vertretenen Auffassung nicht zu folgen, daß aus Gründen der Rechtssicherheit oder wegen der schwierigen Durchschaubarkeit für den Bürger jede Art polizeilichen Handelns der verwaltungsgerichtlichen Kontrolle unterliegen müsse. In aller Regel ist es für den Betroffenen nicht schwer, zu erkennen, ob die Polizei im konkreten Fall eine - begangene - Straftat erforschen (**Strafverfolgung**) oder den Eintritt eines Schadens, etwa die - zukünftige - Begehung einer strafbaren Handlung, verhindern oder eine bereits eingetretene Störung der öffentlichen Sicherheit oder Ordnung beseitigen (**Gefahrenabwehr**) will. Außerdem wird man davon ausgehen dürfen, daß die Polizei dem Betroffenen - wie im vorliegenden Fall - den Grund ihres Einschreitens von sich aus oder auf Verlangen angibt. Im übrigen kommt es darauf an, wie sich der konkrete Lebenssachverhalt einem verständigen Bürger in der Lage des Betroffenen bei natürlicher Betrachtungsweise darstellt. Dieser Sachverhalt muß im allgemeinen einheitlich betrachtet werden, es sei denn, daß einzelne Teile des Geschehensablaufs objektiv abtrennbar sind. Hat die Polizei die Ermittlungen an die StA oder das Amtsgericht weitergeleitet (§ 163 Abs. 2 StPO) oder auf Weisung der StA gehandelt, so kann an der strafprozessualen Natur ihres Einschreitens kein vernünftiger Zweifel bestehen. Eine Maßnahme, die nach dem Gesamteindruck darauf gerichtet ist, eine strafbare Handlung zu erforschen oder sonst zu verfolgen, ist der Kontrolle der ordentlichen Gerichte nach §§ 23 ff. EGGVG nicht etwa deshalb entzogen, weil durch die polizeilichen Ermittlungen möglicherweise zugleich auch künftigen Verletzungen der öffentlichen Sicherheit vorgebeugt würde.“.

(SUB/ERG)

Die Erhebung personenbezogener Daten erfolgt auf dem Rechtsgebiet des besonderen öffentlichen Verwaltungsrechts polizeilicher Gefahrenabwehr.

Eine Datenerhebung erfolgt auf dem Rechtsgebiet der Gefahrenabwehr insbesondere bei:

- nicht tatverdachtsveranlasster Datenerhebung;
- Datenerhebung von nicht tatverdachtsbezogenen Daten;
- Datenerhebung ohne schwerpunktmäßigen Zweck einer anschließenden Strafrechtspflegemaßnahme;
- Gefahrenüberhang.

A. Rechtsgrundlage (RGL) III. Mögliche Befugnisrechtsnorm (Mgl. Brn.)

(VOR/DEF)

Befugnisrechtsnorm ist die rechtmäßige hauptsächliche materiellrechtliche Rechtsgrundlage mit realfolgenentsprechender Rechtsfolge.

(SUB/ERG)

Realfolge ist die Maßnahme laut Sachverhalt.

Rechtsfolge ist die Maßnahme laut Rechtsnorm.

(SUB)

Realfolgen und Rechtsfolgen zu:

allgemeine Erhebung personenbezogener Daten

Realfolgen – Beispiele:

- Codierung, z.B. Gegenständecodierung, z.B. Fahrradcodierung[181]
- Internetrecherche[182] („Online-Streife")
- Nachschauen, das nicht spezieller geregelt ist
- Recherche, die nicht spezieller geregelt ist
- Sicherheitsüberprüfung, die nicht spezieller geregelt ist
- Zuverlässigkeitsüberprüfung[183], die nicht spezieller geregelt sind (z.B. vor

(ERG)

Mögliche Befugnisrechtsnorm zu:

allgemeine Erhebung personenbezogener Daten

Gefahrenabwehr:

- § 9 Abs. 1 PolG NRW

Strafrechtspflege (ggf. mit §§ 46, 53 Abs. 1 S. 2, Abs. 2 OWiG):

Keine gleichartige Befugnisrechtsnorm, vgl. nur:

- § 163 Abs. 1 S. 2 StPO;
- Achtes Buch StPO;

---

181 Landtagsdrucksache 18/901 des Niedersächsischen Landtags (Entwurf eines Gesetzes zur Neuordnung des niedersächsischen Datenschutzrechts), S. 27.

182 Landtagsdrucksache 17/2576 (Gesetzentwurf der Landesregierung: Gesetz zur Anpassung des Polizeigesetzes des Landes Nordrhein-Westfalen und des Gesetzes über Aufbau und Befugnisse der Ordnungsbehörden), S. 63.

Erlaubnis/Zutrittsgewährung zu einer Veranstaltung).

- §§ 49a-49d OWiG.

Rechtsfolge:

(als VA oder Realakt):

Offene oder verdeckte (vgl. § 9 Abs. 5 PolG NRW[184]) Erhebung personenbezogener Daten, die nicht besonderer Kategorie sind (vgl. § 9 Abs. 1 S. 2 PolG NRW), auch Erhebung solcher Daten, die von der betroffenen Person offensichtlich öffentlich gemacht wurden (§ 9 Abs. 1 S. 1 Nr. 1 S. 2 PolG NRW), soweit nicht die §§ 9 bis 46 PolG NRW die Erhebung besonders regeln.

(Erhebung personenbezogener Daten ist Beschaffen von personenbezogenen Daten über eine betroffene Person, vgl. § 36 Nr. 1, 2 DSG NRW [§ 3 BDSG a.F. / § 3 DSG NRW a.F.]. Personenbezogenes Datum besonderer Kategorie ist ein Datum i.S.v. § 36 Nr. 1, 18 DSG NRW).

Rechtsfolge ist (als VA/Realakt) die nicht in anderen §§ besonders (spezieller) geregelte Maßnahme aus der Datenerhebungsgeneralbefugnisrechtsnorm.

Mögliche Befugnisrechtsnorm ist § 9 Abs. 1 PolG NRW[185].

---

183 Landtagsdrucksache 18/901 des Niedersächsischen Landtags (Entwurf eines Gesetzes zur Neuordnung des niedersächsischen Datenschutzrechts), S. 27.

184 Nr. 9.3 VVPolG NRW: „Eine Datenerhebung kann ohne Kenntnis der betroffenen Person u.a. bei öffentlichen Stellen oder Dritten sowie aus allgemein zugänglichen Quellen erfolgen. Eine Datenerhebung durch Befragung Dritter oder durch Auskunftsersuchen bei einer anderen Behörde ist nicht schon deshalb eine **verdeckte Maßnahme**, weil sie ohne Kenntnis der betroffenen Person erfolgt.". Nr. 9.4 VVPolG NRW: „Eine **verdeckte Datenerhebung** liegt vor, wenn getarnte Maßnahmen zur Datenerhebung vorgenommen werden, insbesondere die Zugehörigkeit zur Polizei bewusst verschleiert wird. Um ein **verdecktes Vorgehen** handelt es sich nicht schon, wenn Polizeivollzugsbeamtinnen oder Polizeivollzugsbeamte Dienst in Zivilkleidung verrichten oder ein äußerlich nicht als solches zu erkennendes Dienstfahrzeug benutzen.".

185 § 9 Abs. 1 PolG NRW ist Datenerhebungsgeneralbefugnisrechtsnorm im PolG NRW. „**Datenerhebungsgeneralbefugnisrechtsnorm**" in Abgrenzung zu: **allgemeine Generalbefugnisrechtsnorm**. **Datenverarbeitungsgeneralbefugnisrechtsnormen** auf dem Rechtsgebiet der Gefahrenabwehr mit PolG NRW insbesondere in: §§ 9 Abs. 1, 22-33c PolG NRW. Vgl. auch Nr. 9.0 VVPolG NRW: „§ 9 gilt für die Erhebung von Daten durch die Polizei für die in § 1 genannten Aufgaben, falls nicht bereichsspezifische Regelungen bestehen. Die in § 9 geregelten Grundsätze wirken sich auch auf die §§ 11 bis 21 aus, soweit sich aus den letztgenannten Vorschriften keine Besonderheiten ergeben."; Datenverarbeitungsgeneralbefugnisrechtsnormen auf dem Rechtsgebiet der Strafrechtspflege insbesondere in: 8. Buch StPO (ggf. i.V.m. Teil 2 Abschnitt 2 OWiG). **Allgemeine Generalbefugnisrechtsnorm** auf dem Rechtsgebiet der Gefahrenabwehr mit PolG NRW: § 8 Abs. 1 PolG NRW; **allgemeine Generalbefugnisrechtsnorm** auf dem Rechtsgebiet der Strafrechtspflege mit StPO: § 163 Abs. 1 S. 2 StPO (ggf. i.V.m. §§ 46, 53 Abs. 1 S. 2 OWiG); zur Vertiefung siehe auch *Basten*, Eingriffsrecht der Polizei in Nordrhein-Westfalen, Band 3, Buch 5.

B. Formelle Rechtmäßigkeit (FR) I. Zuständigkeit (Z)

(VOR/DEF)

Zuständigkeit ist Aufgabenwahrnehmungserlaubnis für den Rechtsfolgesetzer.

(SUB/ERG)

Für die Maßnahme ist die Zuständigkeit (i.d.R.) wie folgt gegeben:

1. sachliche Zuständigkeit *der Polizei* gemäß (alternativ)

- § 1 Abs. 1 S. 1, 2 Var. 1 oder 2 oder 3 PolG NRW (originäre Zuständigkeit) (ggf. i.V.m. § 1 Abs. 2 PolG NRW[186] / ggf. i.V.m. § 1 Abs. 5 S. 2 PolG NRW[187]);
- § 1 Abs. 1 S. 1, 3 PolG NRW (subsidiäre Zuständigkeit);

2. instanzielle Zuständigkeit *der Polizeibehörde* gemäß

- (i.d.R.) § 11 Abs. 1 Nr. 1 POG NRW;
- (generell:) §§ 10-14 POG NRW (ggf. i.V.m. KPBVO NRW / ggf. i.V.m. LKAAufgVO NRW)

3. örtliche Zuständigkeit *der Polizeibehörde* gemäß

- (i.d.R.) § 7 Abs. 1 POG NRW (ggf. i.V.m. KHStVO NRW);
- (generell:) §§ 7-9 POG NRW (ggf. i.V.m. KHStVO NRW);

4. funktionelle Zuständigkeit *des Polizeiamtswalters* gemäß

- § 9 Abs. 2 S. 1 W. 2 PolG NRW für Anordnung, Ausführung, Antrag, Anregung.

B. Formelle Rechtmäßigkeit (FR) II. Verfahren (V)

(VOR/DEF)

Verfahren ist normiertes Verhalten für den Rechtsfolgezuständigen außer, bei, i.Z.m. der Rechtsfolge.

1. Speziellere PolG-NRW-Verfahrensrechtsnormen aus § 16 PolG NRW (analog) bei oder i.Z.m. der Erhebung von Daten, die dem Kernbereich privater Lebensgestaltung zuzurechnen sind

Gemäß § 16 Überschrift PolG NRW gilt § 16 PolG NRW direkt für den „Schutz des Kernbereichs privater Lebensgestaltung bei der Datenerhebung mit besonderen Mitteln" im Sinne

[186] § 1 Abs. 2 PolG NRW hat negative Zuständigkeitsvoraussetzungen; § 1 Abs. 2 PolG NRW ist die sogenannte „**Privatrechtsklausel**"; zum **Privatrecht in der polizeilichen Praxis** ausführlich: *Basten*, Privatrecht in der polizeilichen Praxis.

[187] § 1 Abs. 5 S. 2 PolG NRW ist qua Gesetzessystematik eine Zuständigkeitsvorschrift mit negativen Befugnisvoraussetzungen.

von Abschnitt 2 Unterabschnitt 2 Titel 1 Untertitel III PolG NRW (§§ 16-21 PolG NRW). „Der Kernbereich privater Lebensgestaltung beansprucht [jedenfalls] gegenüber allen Überwachungsmaßnahmen Beachtung.“[188] Datenerhebung kann allgemein mit oder ohne besondere Mittel erfolgen und kann in beiden Fällen den Kernbereich privater Lebensgestaltung betreffen, ähnlich wie eine kernbereichsverletzungsgeneigte Befugnis. Selbst wenn es eigener ausdrücklicher Regelungen für Maßnahmen wie die der allgemeinen Datenerhebung nicht bedürfte, sind Grenzen, die sich im Einzelfall auch hier gegenüber einem Zugriff auf höchstpersönliche Informationen ergeben können, bei deren Anwendung unmittelbar von Verfassungs wegen zu beachten.[189] Aus allem folgt, dass der Kernbereich privater Lebensgestaltung allgemein bei Datenerhebung Beachtung beansprucht, und zwar unmittelbar von Verfassung wegen, ausdrückbar über eine – jedenfalls in Fällen von Datenerhebung außerhalb von ausdrücklichen Normierungen wie §§ 15c, 16 PolG NRW analoge – Anwendung des § 16 PolG NRW.

(VOR)

a) § 16 Abs. 2 S. 3 PolG NRW

Gemäß § 16 Abs. 2 S. 3 PolG NRW ist bei (Anhaltspunkten bzgl. einer) Erhebung personenbezogener Daten, die dem Kernbereich privater Lebensgestaltung zuzurechnen sind, die anordnende Stelle über den Verlauf der Maßnahme **unverzüglich** (§ 121 Abs. 1 S. 1 BGB) zu unterrichten.

b) § 16 Abs. 3 PolG NRW

§ 16 Abs. 3 PolG NRW normiert: Bestehen Zweifel hinsichtlich der Kernbereichsrelevanz der erhobenen Daten, sind diese **unverzüglich** (§ 121 Abs. 1 S. 1 BGB) dem oder der behördlichen Datenschutzbeauftragten und einer von dem Behördenleiter oder der Behördenleiterin besonders beauftragten Leitungsperson des höheren Polizeivollzugsdienstes zur Durchsicht vorzulegen. (Im Falle des § 17 Abs. 2 S. 3 PolG NRW erfolgt die Durchsicht durch das zuständige Amtsgericht. § 18 Abs. 4 PolG NRW bleibt unberührt.)

c) § 16 Abs. 4 S. 3 PolG NRW

Gemäß § 16 Abs. 4 S. 3 PolG NRW ist die Tatsache der Erlangung und Löschung von Daten, die dem Kernbereich privater Lebensgestaltung zuzurechnen sind, zu dokumentieren.

(DEF)

Kernbereich privater Lebensgestaltung ist der höchstpersönliche private Lebensbereich mit der Möglichkeit, innere Vorgänge wie Empfindungen und Gefühle sowie Überlegungen, Ansichten und Erlebnisse höchstpersönlicher Art ohne Angst vor staatlicher Überwachung zum Ausdruck zu bringen; umfasst sind auch Gefühlsäußerungen, Äußerungen des unbewussten Erlebens sowie Ausdrucksformen der Sexualität; wobei das Gegebensein von Daten aus dem Kernbereich privater Lebensgestaltung situationsbedingt und im Einzelfall anhand von Kommunikationsinhalten und -umständen (besonderes Vertrauensverhältnis der kommunizieren-

[188] BVerfGE 141, 220, 277 (BKAG) = BVerfG, Urteil des Ersten Senats vom 20.04.2016 – 1 BvR 966/09 –, C. IV. 3. b), Rn. 123.

[189] BVerfGE 141, 220, 277 f. (BKAG) = BVerfG, Urteil des Ersten Senats vom 20.04.2016 – 1 BvR 966/09 –, C. IV. 3. b), Rn. 123.

den Personen, Ort, erkennbarer Geheimhaltungswille) zu beurteilen ist und Kommunikationsinhalte höchstpersönlicher Art insbesondere sein können:

- Gespräche mit Vertrauenspersonen bzw. engsten Familienangehörigen über existenzielle Fragen (z. B. Todesangst, Suizidgedanken), über schwere physische oder psychische Erkrankungen sowie über privateste familiäre Angelegenheiten (z. B. Abtreibung, Enterbung) sowie die Äußerung tief empfundener Emotionen;
- verbale und nonverbale Äußerungen des Intimlebens (intensive Liebesbezeugungen und Ausdrucksformen der Sexualität);
- vertrauliche Gespräche mit Berufsgeheimnisträgern, wobei grundsätzlich allen Berufsgeheimnisträgern gleicher Schutz zukommt, vgl. insoweit auch § 16 Abs. 5 PolG NRW, § 160a StPO.

Gespräche mit engsten Vertrauten, die Angaben über polizeilich abzuwehrende Gefahren enthalten, gehören schon ihrem Inhalt nach grundsätzlich nicht zu dem unantastbaren Kernbereich privater Lebensgestaltung, und führen daher nicht zur Unterbrechung, denn hinreichender Sozialbezug zur Öffentlichkeitssphäre besteht jedenfalls bei Äußerungen, die sich unmittelbar auf eine konkrete Gefahr beziehen, insbesondere wenn die kommunizierenden Personen für die Gefahren verantwortlich sind.[190]

---

190 Zum **Kernbereich privater Lebensgestaltung**: vgl. Nr. 16 VVPolG NRW; vgl. auch § 15c Abs. 5, 6, 8 PolG NRW und Nr. 15c.5 VVPolG NRW; § 100d StPO; vgl. Bundestags-Drucksache 13/9660, S. 4; BVerfGE 109, 279, 313 f., 319, 324 (akustische Wohnraumüberwachung/„Großer Lauschangriff") = BVerfG, Urteil des Ersten Senats vom 03.03.2004 – 1 BvR 2378/98; vgl. auch BVerfGE 6, 32, 41; 6, 389, 433; 27, 1, 6 ff.; 32, 373, 379; 80, 367, 376 ff.; 101, 361, 382 ff.; 141, 220, Ls. 1. a), Rn. 120-126; BVerfG, Urteil des Ersten Senats vom 19.05.2020 – 1 BvR 2835/17 (Ausland-Ausland-Fernmeldeaufklärung nach BNDG), Rn. 199-207; BVerfGE 141, 220, 276-278 (BKAG) = BVerfG, Urteil des Ersten Senats vom 20.04.2016 – 1 BvR 966/09 –, C. IV. 3. a) b), Rn. 121-123: „Zur Entfaltung der Persönlichkeit im **Kernbereich privater Lebensgestaltung** gehört die Möglichkeit, innere Vorgänge wie Empfindungen und Gefühle sowie Überlegungen, Ansichten und Erlebnisse höchstpersönlicher Art zum Ausdruck zu bringen (vgl. BVerfGE 109, 279 <313>; 120, 274 <335>; stRspr). Geschützt ist insbesondere die nichtöffentliche Kommunikation mit Personen des höchstpersönlichen Vertrauens, die in der berechtigten Annahme geführt wird, nicht überwacht zu werden, wie es insbesondere bei Gesprächen im Bereich der Wohnung der Fall ist. Zu diesen Personen gehören insbesondere Ehe- oder Lebenspartner, Geschwister und Verwandte in gerader Linie, vor allem, wenn sie im selben Haushalt leben, und können Strafverteidiger, Ärzte, Geistliche und enge persönliche Freunde zählen (vgl. BVerfGE 109, 279 <321 ff.>). Dieser Kreis deckt sich nur teilweise mit dem der Zeugnisverweigerungsberechtigten. Solche Gespräche verlieren dabei nicht schon dadurch ihren Charakter als insgesamt höchstpersönlich, dass sich in ihnen Höchstpersönliches und Alltägliches vermischen (vgl. BVerfGE 109, 279 <330>; 113, 348 <391 f.>). Demgegenüber ist die Kommunikation unmittelbar über Straftaten nicht geschützt, selbst wenn sie auch Höchstpersönliches zum Gegenstand hat. Die Besprechung und Planung von Straftaten gehört ihrem Inhalt nach nicht zum Kernbereich privater Lebensgestaltung, sondern hat Sozialbezug (vgl. BVerfGE 80, 367 <375>; 109, 279 <319 f., 328>; 113, 348 <391>). Dies bedeutet freilich nicht, dass der Kernbereich unter einem allgemeinen Abwägungsvorbehalt in Bezug auf öffentliche Sicherheitsinteressen steht. Ein höchstpersönliches Gespräch fällt nicht schon dadurch aus dem Kernbereich privater Lebensgestaltung heraus, dass es für die Aufklärung von Straftaten oder Gefahren hilfreiche Aufschlüsse geben kann. Aufzeichnungen oder Äußerungen im Zwiegespräch, die zum Beispiel ausschließlich innere Eindrücke und Gefühle wiedergeben und keine Hinweise auf konkrete Straftaten enthalten, gewinnen nicht schon dadurch einen Gemeinschaftsbezug, dass sie Ursachen oder Beweggründe eines strafbaren Verhaltens freizulegen vermögen (vgl. BVerfGE 109, 279 <319>). Auch können trotz Straftatenbezugs Situationen, in denen Einzelnen gerade ermöglicht werden soll, ein Fehlverhalten einzugestehen oder sich auf dessen Folgen einzurichten, wie Beichtgespräche oder vertrauliche Gespräche mit einem Psychotherapeuten oder einem Strafverteidiger, der höchstpersönlichen Privatsphä-

(SUB/ERG)

Im konkreten Fall sind die Voraussetzungen des § 16 Abs. 2 S. 3, Abs. 3, Abs. 4 S. 3 PolG NRW (alternativ)

- eingehalten bei entsprechenden Anhaltspunkten / bei Fehlen entgegenstehender Anhaltspunkte.
- nicht eingehalten bei entsprechenden Anhaltspunkten / bei Fehlen entgegenstehender Anhaltspunkte.

2. Allgemeine VwVfG-NRW-Verfahrensrechtsnormen für Datenerhebungs(-Begleit-)VA (vgl. §§ 1, 2, 9, 35 VwVfG NRW): Anhörung

(VOR/DEF)

Gemäß § 28 VwVfG NRW besteht grundsätzlich Pflicht zur **Anhörung** im Sinne des § 28 Abs. 1 VwVfG NRW (Äußerungsgelegenheit mit entsprechender Würdigung vor eingreifendem VA) – oder es soll gegeben sein: ein Ausnahmegrund gemäß § 28 Abs. 2, 3 VwVfG NRW oder **VA-Verletzungsunbeachtlichkeit** gemäß § 45 VwVfG NRW oder **VA-Nichtaufhebbarkeit** gemäß § 46 VwVfG NRW.

Gemäß § 28 Abs. 2 VwVfG NRW kann von der Anhörung abgesehen werden, wenn sie nach den Umständen des Einzelfalles nicht geboten ist, insbesondere wenn ein Fall vorliegt gemäß § 28 Abs. 2 Nr. 1-5 VwVfG NRW.

Gebotenheit ist Nichtverfügbarkeit eines milderen, gleich geeigneten Mittels zur Zweckförderung.

Gemäß § 28 Abs. 2 Nr. 1 VwVfG NRW kann von der Anhörung abgesehen werden, wenn eine sofortige Entscheidung wegen Gefahr im Verzug oder im öffentlichen Interesse notwendig erscheint.

Gefahr im Verzug i.S.d. § 28 Abs. 2 Nr. 1 VwVfG NRW ist gegeben, wenn der Handlungsbedarf unvorhergesehen ist und bei Durchführung der eigentlich vorgesehenen Maßnahme, hier der Anhörung, der gesetzliche Zweck, hier der jeweilige aus der Aufgabe und Befugnisrechtsnorm, vereitelt oder wesentlich erschwert wird.[191]

---

re unterfallen, die dem Staat absolut entzogen ist (vgl. BVerfGE 109, 279 <322>). Ein hinreichender Sozialbezug besteht demgegenüber dann, wenn Gespräche - auch mit Vertrauenspersonen - sonst unmittelbar Straftaten zu ihrem Gegenstand haben (vgl. BVerfGE 109, 279 <319>). Der Kernbereich privater Lebensgestaltung beansprucht gegenüber allen Überwachungsmaßnahmen Beachtung. Können sie typischerweise zur Erhebung kernbereichsrelevanter Daten führen, muss der Gesetzgeber Regelungen schaffen, die einen wirksamen Schutz normenklar gewährleisten (vgl. BVerfGE 109, 279 <318 f.>; 113, 348 <390 f.>; 120, 274 <335 ff.>). Außerhalb solch verletzungsgeneigter Befugnisse bedarf es eigener Regelungen nicht. Grenzen, die sich im Einzelfall auch hier gegenüber einem Zugriff auf höchstpersönliche Informationen ergeben können, sind bei deren Anwendung unmittelbar von Verfassungs wegen zu beachten.".

[191] BVerwGE 142, 205 (Schutzmaßnahme nach IfSG) = BVerwG, Urteil vom 22.03.2012 – BVerwG 3 C 16.11: „Gefahr im Verzug im Sinne von § 28 Abs. 2 Nr. 1 VwVfG ist anzunehmen, wenn durch eine vorherige Anhörung auch bei Gewährung kürzester Anhörungsfristen ein Zeitverlust einträte, der mit

Öffentliches Interesse ist die einzelfallbezogene Relevanz eines Rechts oder Rechtsguts nicht ausschließlich bei einem einzelnen Individuum.

Notwendigkeit ist Nichtverfügbarkeit eines milderen, gleich geeigneten Mittels zur Zweckförderung – bis hin zur Alternativlosigkeit der Mittelanwendung.

Gemäß § 28 Abs. 3 VwVfG NRW unterbleibt eine Anhörung, wenn ihr ein zwingendes öffentliches Interesse entgegensteht.

Zwingendes öffentliches Interesse ist die einzelfallbezogene unbedingte Relevanz eines Rechts oder Rechtsguts nicht ausschließlich bei einem einzelnen Individuum.

(SUB/ERG)

Im konkreten Fall ist § 28 VwVfG NRW (alternativ)

- eingehalten insbesondere bei Gelegenheit zur Stellungnahme i.S.d. § 28 Abs. 1 VwVfG NRW;
- eingehalten bei Nichteinhaltung von § 28 Abs. 1 VwVfG NRW und Ausnahmegrund gemäß § 28 Abs. 2, 3 VwVfG NRW;
- nicht eingehalten insbesondere bei Fehlen von Gelegenheit zur Stellungnahme ohne Ausnahmegrund;
- sonst eingehalten oder nicht eingehalten bei Anhaltspunkten / Fehlen entgegenstehender Anhaltspunkte.

3. Allgemeine VwVfG-NRW-Verfahrensrechtsnormen für Datenerhebungs(-Begleit-)VA (vgl. §§ 1, 2, 9, 35 VwVfG NRW): Begründung

(VOR/DEF)

Gemäß § 39 Abs. 1 VwVfG NRW besteht Pflicht zur **Begründung** eines schriftlichen oder elektronischen sowie schriftlich oder elektronisch bestätigten VA (vgl. § 37 Abs. 2 VwVfG NRW) mit den tatsächlich-rechtlichen, nicht unbedingt materiellrechtlich richtigen Behördenerwägungen – oder es soll gegeben sein: ein Ausnahmegrund nach § 39 Abs. 2 VwVfG NRW (insb. § 39 Abs. 2 Nr. 2, 4 VwVfG NRW) oder **VA-Verletzungsunbeachtlichkeit** gemäß § 45 VwVfG NRW oder **VA-Nichtaufhebbarkeit** gemäß § 46 VwVfG NRW.

(SUB/ERG)

Im konkreten Fall ist § 39 VwVfG NRW (alternativ)

---

hoher Wahrscheinlichkeit zur Folge hätte, dass die behördliche Maßnahme zu spät käme, um ihren Zweck noch zu erreichen. Ob eine sofortige Entscheidung objektiv notwendig war oder die Behörde eine sofortige Entscheidung zumindest für notwendig halten durfte, ist vom Gericht aus ex-ante-Sicht zu beurteilen (Urteil vom 15. Dezember 1983 - BVerwG 3 C 27.82 - BVerwGE 68, 267 <271 f.> = Buchholz 316 § 28 VwVfG Nr. 9 S. 18). Hierbei ist wegen der Bedeutung des Anhörungsrechts als tragendem Prinzip des rechtsstaatlichen Verfahrens ein strenger Maßstab anzulegen (vgl. Kopp/Ramsauer, VwVfG, 12. Aufl. 2011, § 28 Rn. 3 und Rn. 46 m.w.N.).“.

- eingehalten bei Fehlen von Begründungspflicht bei rechtmäßigem Fehlen von schriftlichem oder elektronischem, schriftlich oder elektronisch bestätigtem VA (i.d.R. jedenfalls zunächst bei Maßnahmen i.S.d. § 80 Abs. 2 S. 1 Nr. 2 VwGO);
- eingehalten bei Begründung bei schriftlichem oder elektronischem, schriftlich oder elektronisch bestätigtem VA (z.B. im Rahmen von „Bescheinigungen"; „Mitteilungen", „Anschreiben-VA" [„Auflagenanschreiben", „Gefährderanschreiben", „Meldeauflagenanschreiben"], „HG-Schriftverfügung"), auch bei Nichtvorliegen eines Ausnahmegrundes i.S.v. § 39 Abs. 2 VwVfG NRW;
- eingehalten bei Ausnahmegrund nach § 39 Abs. 2 VwVfG NRW, insbesondere wegen bekannter oder erkennbarer Sach- und Rechtslage gemäß § 39 Abs. 2 Nr. 2 Var. 1 oder 2 VwVfG NRW;
- sonst eingehalten oder nicht eingehalten bei Anhaltspunkten / Fehlen entgegenstehender Anhaltspunkte.

(ERG Verfahren)

Ergebnis kann allgemein sein: Verfahrensrechtmäßigkeit oder Verfahrensrechtswidrigkeit der Maßnahme.

B. Formelle Rechtmäßigkeit (FR) III. Form (F)

(VOR/DEF)

Form ist normiertes Wie der Rechtsfolgesetzung – schriftlich, elektronisch, mündlich oder in anderer Weise.

(SUB/ERG)

Im konkreten Fall (alternativ)

- ist bei Fehlen von VA § 37 Abs. 2-6 VwVfG NRW unanwendbar.
- ist bei Fehlen von VA und Fehlen speziellerer Formrechtsnormen Formfreiheit gegeben.
- ist bei VA und Fehlen speziellerer Formrechtsnormen anwendbar: § 37 Abs. 2 bis 6 VwVfG NRW.
- kann gemäß § 37 Abs. 2 S. 1 VwVfG NRW der VA schriftlich, elektronisch, mündlich oder in anderer Weise erlassen werden.
- braucht gemäß § 37 Abs. 2 S. 2 VwVfG NRW der mündliche VA schriftlich oder elektronisch nicht bestätigt zu werden, wenn hieran kein berechtigtes Interesse besteht und der Betroffene dies nicht unverzüglich verlangt.

Ergebnis kann allgemein sein: Formrechtmäßigkeit oder Formrechtswidrigkeit der Maßnahme.

C. Materielle Rechtmäßigkeit (MR) I. Tatbestand (Tb) / Tatbestandsvoraussetzungen (TBV)

(VOR/DEF)

Tatbestand ist das Gesamt der (materiell-rechtlichen) Rechtsfolge(setzungs)bedingungen. / **Tatbestandsvoraussetzungen** sind materiell-rechtliche Rechtsfolgesetzungsbedingungen.

1. TBV für Datenerhebung aus § 9 Abs. 1 PolG NRW

(VOR)

Gemäß § 9 Abs. 1 S. 1 PolG NRW die Polizei personenbezogene Daten erheben, wenn ihre Kenntnis zur Erfüllung der ihr durch dieses Gesetz oder andere Rechtsvorschriften übertragenen Aufgaben erforderlich ist.

Aus dem Verhältnismäßigkeitsmerkmal „erforderlich" ergeben sich folgende Verhältnismäßigkeits-Voraussetzungen vor der Erforderlichkeit für die Datenkenntnis: Legitimer Zweck und Geeignetheit.

(VOR/DEF)

a) § 9 Abs. 1 S. 1 PolG NRW: Datenkenntnis-Zweck

Legitimer Zweck der Datenkenntnis ist jeder verfassungsgemäße Zweck.

Polizeiliche Aufgabenerfüllung im Sinne von § 9 Abs. 1 PolG NRW ist bestimmter Zweck jeder nach Gesetz und Recht vorgeschriebenen, im einzelnen Fall konkret subsumierbaren Zuständigkeitswahrnehmung, vgl. auch § 9 Abs. 7 PolG NRW[192].

Aufgaben i.S.d. § 9 Abs. 1 PolG NRW sind Zuständigkeiten wie aus § 1 PolG NRW, § 163 Abs. 1 S. 1 StPO, § 53 Abs. 1 S. 1 OWiG, AufenthG und AsylG, JuSchG i.V.m. ZuVO JuWo NRW, StVG und StVO i.V.m. VerkehrsOWiZVO NRW, § 23 VereinsGDV i.V.m. § 2b öffVereinsRZVO NRW, VersG i.V.m. VersGZVO NRW, WaffG i.V.m. WaffGDVO NRW.

Dieses Gesetz im Sinne von § 9 Abs. 1 PolG NRW ist das PolG NRW.

Andere Rechtsvorschriften im Sinne von § 9 Abs. 1 PolG NRW sind alle in Gesetzen aller Rechtsgebiete außer dem PolG NRW enthaltenen Rechtsnormen.

(SUB/ERG)

Im konkreten Fall ist die Datenkenntnis (alternativ)

- einen legitimen Zweck, nämlich die Erfüllung der der Polizei durch das PolG NRW oder andere Rechtsvorschriften übertragenen Aufgaben für bestimmte Rechte und Rechtsgüter.
- keinen legitimen Zweck.

---

192 Nr. 9.5 VVPolG NRW: „Für die Datenerhebung gilt der Zweckbindungsgrundsatz. Eine Datenerhebung auf Vorrat ist unzulässig, soweit sie nicht ausdrücklich geregelt ist.".

(VOR/DEF)

b) § 9 Abs. 1 S. 1 PolG NRW: Datenkenntnis-Geeignetheit

Geeignetheit der Datenkenntnis ist gegeben bei Zweckförderungstauglichkeit, vgl. auch § 2 Abs. 3 PolG NRW.

(SUB/ERG)

Im konkreten Fall ist die Datenkenntnis (alternativ)

- geeignet zur Erfüllung der bestimmten Aufgabe.
- ungeeignet.

(VOR/DEF)

c) § 9 Abs. 1 S. 1 PolG NRW: Datenkenntnis-Erforderlichkeit

Erforderlichkeit ist Nichtverfügbarkeit eines gleich geeigneten, milderen Mittels zur Zweckförderung.

(SUB/ERG)

Im konkreten Fall ist die Datenkenntnis (alternativ)

- zur Erfüllung der der Polizei durch PolG NRW/andere Rechtsvorschriften übertragenen Aufgaben erforderlich, denn einerseits führen keine oder andere Datenkenntnisse nicht in gleicher Weise zur Erfüllung der bestimmten polizeilichen Gefahrenabwehraufgabe, sind also nicht gleich geeignet (Untermaßverbot) und andererseits sind (mindestens) gleich geeignete, intensivere Datenerkenntnisse (noch) nicht nötig.
- nicht erforderlich.

2. (Negative) PolG-NRW-TBV aus § 16 PolG NRW (analog) für Datenerhebung bei der Erhebung von Daten, die dem Kernbereich privater Lebensgestaltung zuzurechnen sind

Gemäß § 16 Überschrift PolG NRW gilt § 16 PolG NRW direkt für den „Schutz des Kernbereichs privater Lebensgestaltung bei der Datenerhebung mit besonderen Mitteln" im Sinne von Abschnitt 2 Unterabschnitt 2 Titel 1 Untertitel III PolG NRW (§§ 16-21 PolG NRW). „Der Kernbereich privater Lebensgestaltung beansprucht [jedenfalls] gegenüber allen Überwachungsmaßnahmen Beachtung."[193] Datenerhebung kann allgemein mit oder ohne besondere Mittel erfolgen und kann in beiden Fällen den Kernbereich privater Lebensgestaltung betreffen, ähnlich wie eine kernbereichsverletzungsgeeignete Befugnis. Selbst wenn es eigener ausdrücklicher Regelungen für Maßnahmen wie die der allgemeinen Datenerhebung nicht bedürfte, sind Grenzen, die sich im Einzelfall auch hier gegenüber einem Zugriff auf höchstpersönliche Informationen ergeben können, bei deren Anwendung unmittelbar von Verfas-

---

[193] BVerfGE 141, 220, 277 (BKAG) = BVerfG, Urteil des Ersten Senats vom 20.04.2016 – 1 BvR 966/09 –, C. IV. 3. b), Rn. 123.

sungs wegen zu beachten.[194] Aus allem folgt, dass der Kernbereich privater Lebensgestaltung allgemein bei Datenerhebung Beachtung beansprucht, und zwar unmittelbar von Verfassung wegen, ausdrückbar über eine – jedenfalls in Fällen von Datenerhebung außerhalb von ausdrücklichen Normierungen wie §§ 15c, 16 PolG NRW analoge – Anwendung des § 16 PolG NRW.

(VOR)

Gemäß § 16 Abs. 1 PolG NRW ist die Erhebung personenbezogener Daten, die dem Kernbereich privater Lebensgestaltung zuzurechnen sind, unzulässig, vgl. auch § 16 Abs. 5 PolG NRW und die BVerfG-Rechtsprechung i.V.m. § 31 BVerfGG.

(DEF)

Kernbereich privater Lebensgestaltung ist der höchstpersönliche private Lebensbereich mit der Möglichkeit, innere Vorgänge wie Empfindungen und Gefühle sowie Überlegungen, Ansichten und Erlebnisse höchstpersönlicher Art ohne Angst vor staatlicher Überwachung zum Ausdruck zu bringen; umfasst sind auch Gefühlsäußerungen, Äußerungen des unbewussten Erlebens sowie Ausdrucksformen der Sexualität; wobei das Gegebensein von Daten aus dem Kernbereich privater Lebensgestaltung situationsbedingt und im Einzelfall anhand von Kommunikationsinhalten und -umständen (besonderes Vertrauensverhältnis der kommunizierenden Personen, Ort, erkennbarer Geheimhaltungswille) zu beurteilen ist und Kommunikationsinhalte höchstpersönlicher Art insbesondere sein können:

- Gespräche mit Vertrauenspersonen bzw. engsten Familienangehörigen über existenzielle Fragen (z. B. Todesangst, Suizidgedanken), über schwere physische oder psychische Erkrankungen sowie über privateste familiäre Angelegenheiten (z. B. Abtreibung, Enterbung) sowie die Äußerung tief empfundener Emotionen;
- verbale und nonverbale Äußerungen des Intimlebens (intensive Liebesbezeugungen und Ausdrucksformen der Sexualität);
- vertrauliche Gespräche mit Berufsgeheimnisträgern, wobei grundsätzlich allen Berufsgeheimnisträgern gleicher Schutz zukommt, vgl. insoweit auch § 16 Abs. 5 PolG NRW, § 160a StPO.

Gespräche mit engsten Vertrauten, die Angaben über polizeilich abzuwehrende Gefahren enthalten, gehören schon ihrem Inhalt nach grundsätzlich nicht zu dem unantastbaren Kernbereich privater Lebensgestaltung, und führen daher nicht zur Unterbrechung, denn hinreichender Sozialbezug zur Öffentlichkeitssphäre besteht jedenfalls bei Äußerungen, die sich unmittelbar auf eine konkrete Gefahr beziehen, insbesondere wenn die kommunizierenden Personen für die Gefahren verantwortlich sind.[195]

---

194 BVerfGE 141, 220, 277 f. (BKAG) = BVerfG, Urteil des Ersten Senats vom 20.04.2016 – 1 BvR 966/09 –, C. IV. 3. b), Rn. 123.

195 Zum **Kernbereich privater Lebensgestaltung**: vgl. Nr. 16 VVPolG NRW; vgl. auch § 15c Abs. 5, 6, 8 PolG NRW und Nr. 15c.5 VVPolG NRW; § 100d StPO; vgl. Bundestags-Drucksache 13/9660, S. 4; BVerfGE 109, 279, 313 f., 319, 324 (akustische Wohnraumüberwachung/„Großer Lauschangriff") = BVerfG, Urteil des Ersten Senats vom 03.03.2004 – 1 BvR 2378/98; vgl. auch BVerfGE 6, 32, 41; 6, 389, 433; 27, 1, 6 ff.; 32, 373, 379; 80, 367, 376 ff.; 101, 361, 382 ff.; 141, 220, Ls. 1. a), Rn. 120-126; BVerfG, Urteil des Ersten Senats vom 19.05.2020 – 1 BvR 2835/17 (Ausland-Ausland-Fernmeldeaufklärung nach BNDG), Rn. 199-207; BVerfGE 141, 220, 276-278 (BKAG) = BVerfG,

(SUB/ERG)

Im konkreten Fall sind die Voraussetzungen des § 16 Abs. 1, 5 PolG NRW (alternativ)

- erfüllt bei entsprechenden Anhaltspunkten / bei Fehlen entgegenstehender Anhaltspunkte.
- nicht erfüllt bei entsprechenden Anhaltspunkten / bei Fehlen entgegenstehender Anhaltspunkte.

Urteil des Ersten Senats vom 20.04.2016 – 1 BvR 966/09 –, C. IV. 3. a) b), Rn. 121-123: „Zur Entfaltung der Persönlichkeit im **Kernbereich privater Lebensgestaltung** gehört die Möglichkeit, innere Vorgänge wie Empfindungen und Gefühle sowie Überlegungen, Ansichten und Erlebnisse höchstpersönlicher Art zum Ausdruck zu bringen (vgl. BVerfGE 109, 279 <313>; 120, 274 <335>; stRspr). Geschützt ist insbesondere die nichtöffentliche Kommunikation mit Personen des höchstpersönlichen Vertrauens, die in der berechtigten Annahme geführt wird, nicht überwacht zu werden, wie es insbesondere bei Gesprächen im Bereich der Wohnung der Fall ist. Zu diesen Personen gehören insbesondere Ehe- oder Lebenspartner, Geschwister und Verwandte in gerader Linie, vor allem, wenn sie im selben Haushalt leben, und können Strafverteidiger, Ärzte, Geistliche und enge persönliche Freunde zählen (vgl. BVerfGE 109, 279 <321 ff.>). Dieser Kreis deckt sich nur teilweise mit dem der Zeugnisverweigerungsberechtigten. Solche Gespräche verlieren dabei nicht schon dadurch ihren Charakter als insgesamt höchstpersönlich, dass sich in ihnen Höchstpersönliches und Alltägliches vermischen (vgl. BVerfGE 109, 279 <330>; 113, 348 <391 f.>). Demgegenüber ist die Kommunikation unmittelbar über Straftaten nicht geschützt, selbst wenn sie auch Höchstpersönliches zum Gegenstand hat. Die Besprechung und Planung von Straftaten gehört ihrem Inhalt nach nicht zum Kernbereich privater Lebensgestaltung, sondern hat Sozialbezug (vgl. BVerfGE 80, 367 <375>; 109, 279 <319 f., 328>; 113, 348 <391>). Dies bedeutet freilich nicht, dass der Kernbereich unter einem allgemeinen Abwägungsvorbehalt in Bezug auf öffentliche Sicherheitsinteressen steht. Ein höchstpersönliches Gespräch fällt nicht schon dadurch aus dem Kernbereich privater Lebensgestaltung heraus, dass es für die Aufklärung von Straftaten oder Gefahren hilfreiche Aufschlüsse geben kann. Aufzeichnungen oder Äußerungen im Zwiegespräch, die zum Beispiel ausschließlich innere Eindrücke und Gefühle wiedergeben und keine Hinweise auf konkrete Straftaten enthalten, gewinnen nicht schon dadurch einen Gemeinschaftsbezug, dass sie Ursachen oder Beweggründe eines strafbaren Verhaltens freizulegen vermögen (vgl. BVerfGE 109, 279 <319>). Auch können trotz Straftatenbezugs Situationen, in denen Einzelnen gerade ermöglicht werden soll, ein Fehlverhalten einzugestehen oder sich auf dessen Folgen einzurichten, wie Beichtgespräche oder vertrauliche Gespräche mit einem Psychotherapeuten oder einem Strafverteidiger, der höchstpersönlichen Privatsphäre unterfallen, die dem Staat absolut entzogen ist (vgl. BVerfGE 109, 279 <322>). Ein hinreichender Sozialbezug besteht demgegenüber dann, wenn Gespräche - auch mit Vertrauenspersonen - sonst unmittelbar Straftaten zu ihrem Gegenstand haben (vgl. BVerfGE 109, 279 <319>). Der Kernbereich privater Lebensgestaltung beansprucht gegenüber allen Überwachungsmaßnahmen Beachtung. Können sie typischerweise zur Erhebung kernbereichsrelevanter Daten führen, muss der Gesetzgeber Regelungen schaffen, die einen wirksamen Schutz normenklar gewährleisten (vgl. BVerfGE 109, 279 <318 f.>; 113, 348 <390 f.>; 120, 274 <335 ff.>). Außerhalb solch verletzungsgeneigter Befugnisse bedarf es eigener Regelungen nicht. Grenzen, die sich im Einzelfall auch hier gegenüber einem Zugriff auf höchstpersönliche Informationen ergeben können, sind bei deren Anwendung unmittelbar von Verfassungs wegen zu beachten.“.

C. Materielle Rechtmäßigkeit (MR) II. Inanspruchnahme (In) / Inanspruchnahmevoraussetzungen (Inv)

(VOR/DEF)

Inanspruchnahmevoraussetzungen sind materiell-rechtliche Bedingungen für richtige Inanspruchnahme.

Inanspruchnahme ist Adressierung und sonstiges Betroffenmachen; **Adressierung** ist direktes Bestimmen oder finales Richten einer Maßnahme an einen Grundrechtsträger, vgl. §§ 41 Abs. 1 S. 1, 43 Abs. 1 S. 1 VwVfG NRW.

§ 9 Abs. 1 S. 1 PolG NRW: „betroffene Person" ist insbesondere eine solche im Sinne des § 36 Nr. 1 DSG NRW (identifizierte oder identifizierbare natürliche Person), also ein Datenurheber oder ein sonstiger Dateninhaber, vgl. auch § 9 Abs. 4 PolG NRW und §§ 4-6 PolG NRW.[196]

(SUB/ERG)

Im konkreten Fall ist die Person (alternativ)

- richtigerweise gemäß § 9 Abs. 1 PolG NRW in Anspruch genommen/adressiert.
- nicht richtigerweise in Anspruch genommen/adressiert.

C. Materielle Rechtmäßigkeit (MR) III. Rechtsfolge (Rf) / Rechtsfolgevoraussetzungen (RfV)

(VOR/DEF)

Rechtsfolge ist rechtliche Folge aus dem Tatbestand. / **Rechtsfolgevoraussetzungen** sind materiell-rechtliche Rechtsfolgegestaltungs-Bedingungen.

---

196 Nr. 9.3 VVPolG NRW: „Eine Datenerhebung kann ohne Kenntnis der betroffenen Person u.a. bei öffentlichen Stellen oder Dritten sowie aus allgemein zugänglichen Quellen erfolgen. Eine Datenerhebung durch Befragung Dritter oder durch Auskunftsersuchen bei einer anderen Behörde ist nicht schon deshalb eine **verdeckte Maßnahme**, weil sie ohne Kenntnis der betroffenen Person erfolgt.". Nr. 9.4 VVPolG NRW: „Eine **verdeckte Datenerhebung** liegt vor, wenn getarnte Maßnahmen zur Datenerhebung vorgenommen werden, insbesondere die Zugehörigkeit zur Polizei bewusst verschleiert wird. Um ein **verdecktes Vorgehen** handelt es sich nicht schon, wenn Polizeivollzugsbeamtinnen oder Polizeivollzugsbeamte Dienst in Zivilkleidung verrichten oder ein äußerlich nicht als solches zu erkennendes Dienstfahrzeug benutzen.".

C. Materielle Rechtmäßigkeit (MR) III. Rechtsfolge (Rf) 1. Tatsächliche und rechtliche Möglichkeit (TurM)

(VOR/DEF)

Tatsächliche und rechtliche Möglichkeit betrifft Fälle wie aus § 44 Abs. 2 Nr. 4-6 VwVfG NRW.

(SUB/ERG)

Im konkreten Fall ist Tatsächliche und rechtliche Möglichkeit (alternativ)

- gegeben wegen Vorliegens von kognitiven, körperlichen, normativen, technischen Unmöglichkeiten.
- nicht gegeben wegen Nichtvorliegens von kognitiven, körperlichen, normativen, technischen Unmöglichkeiten.

Tatsächliche Unmöglichkeiten können zum Beispiel sein: technische oder sonstige (kommunikative) Hindernisse für den Adressaten der Datenerhebung gegen die eigene Datenerhebung im eigenen Datenverantwortungsbereich oder gegen die Übermittlung des Datums an die Polizei.

Rechtliche Unmöglichkeiten können sich zum Beispiel ergeben aus auf den Adressaten anwendbaren Rechtsnormen wie solche des DSG NRW oder §§ 201-206, 353b, 353d, 355 StGB, soweit kein Rechtfertigungsgrund oder ähnliches gegeben ist.

C. Materielle Rechtmäßigkeit (MR) III. Rechtsfolge (Rf) 2. Bestimmtheit (Bsh)

(VOR/DEF)

Bestimmtheit ist Maßnahmenerkennbarkeit und Maßnahmenverstehbarkeit, bei VA und Realakten Gebot nach Art. 20 Abs. 3 GG, bei VA Pflicht auch gemäß § 37 Abs. 1 VwVfG NRW, vgl. bei Datenerhebungsmaßnahmen auch § 9 Abs. 7 PolG NRW.

Gemäß § 9 Abs. 7 PolG NRW ist Datenerhebung zu unbestimmten oder noch nicht bestimmbaren Zwecken unzulässig; also ist Datenerhebung nur nur zu bestimmten oder bestimmbaren Zwecken zulässig.[197] Der bestimmte oder bestimmbare Zweck im Sinne des § 9 Abs. 7 PolG NRW ist derjenige der jeweils bestimmten oder bestimmbaren polizeilichen Aufgabenerfüllung im Sinne des § 9 Abs. 1 PolG NRW.

(SUB/ERG)

Inhaltlich hinreichende Bestimmtheit i.S.d. § 37 Abs. 1 VwVfG NRW, Art. 20 Abs. 3 GG ist allgemein gegeben, wenn nach Auslegung der Maßnahme der Empfänger wie jeder vernünfti-

---

[197] Nr. 9.5 VVPolG NRW: „Für die Datenerhebung gilt der Zweckbindungsgrundsatz. Eine Datenerhebung auf Vorrat ist unzulässig, soweit sie nicht ausdrücklich geregelt ist.".

ge Dritte, §§ 133, 157 BGB analog, in der konkreten Situation deren Inhalt hinreichend erkennen und verstehen kann, bei Generalbefugnisrechtsnormen insbesondere wie folgt:

- dass die Polizei ggü./mit dem Maßnahmenempfänger/Erklärungsempfänger (wer)
- aus bestimmten Gefahrenabwehrgründen (warum)
- zu einer spezifischen Zeit (wann)
- bezweckt, dass die Situation sicher verhindert/unterbunden/aufgeklärt werden soll (was)
- und zwar durch Datenerhebung (wie).

C. Materielle Rechtmäßigkeit (MR) III. Rechtsfolge (Rf) 3. Ermessen (Erm)

(VOR/DEF)

Ermessen[198] ist Entscheidungsspielraum auf der Rechtsfolgenseite bzgl. rechtsfehlerfreier Ausübung von Einschreit-Entschließung (Ob), Adressaten-Auswahl (Wer), Maßnahmen-Gestaltung (Wie), grundsätzlich gegeben durch § 9 Abs. 1 S. 1 W. 3 PolG NRW, § 3 PolG NRW; bei VA auch: § 40 VwVfG NRW.

(SUB/ERG)

Der gegebene Entscheidungsspielraum wird (alternativ) aufgrund von entsprechenden Anhaltspunkten/in Ermangelung entgegenstehender Anhaltspunkte ohne Ermessensfehler/mit Ermessensfehlern (Ermessensunterschreitung, Ermessensüberschreitung, Ermessensfehlgebrauch) ausgeübt bzgl. folgender Ermessensarten:

a) Entschließungsermessen:

Das Entschließungsermessen kann im konkreten Fall sogar gegen / auf Null reduziert sein, insbesondere wegen:

- Einschreitmöglichkeit;
- Erheblichkeitsgrad von Gefährdungen, z.B. konkreter (dringender, erheblicher, gegenwärtiger) Gefahr.

b) Auswahlermessen:

siehe C. II.: Auswahlermessen wird abschließend beurteilt i.V.m. Punkt C. II. (Inanspruchnahme).

c) Gestaltungsermessen:

siehe C. III. 4.: Gestaltungsermessen, § 3 Abs. 2 PolG NRW (Austauschmittel), wird abschließend beurteilt i.V.m. Punkt C. III. 4. (VHM).

---

[198] Zum Ermessen einschließlich Rechtsnatur, Ermessensarten, Ermessensreduzierungen, Ermessensfehlern, Maßnahmenansprüchen mit Beispielen siehe auch: *Basten*, Eingriffsrecht der Polizei in Nordrhein-Westfalen, Band 1, S. 271-283.

C. Materielle Rechtmäßigkeit (MR) III. Rechtsfolge (Rf) 4. Verhältnismäßigkeit (VHM)

(VOR/DEF)

Verhältnismäßigkeit ist Geeignetheit, Erforderlichkeit, Angemessenheit der Maßnahme zu einem legitimen Zweck.

(VOR/DEF)

a) **Legitimer Zweck** ist verfassungsgemäßer Zweck, vgl. auch § 9 Abs. 7 PolG NRW.

Gemäß § 9 Abs. 7 PolG NRW ist Datenerhebung zu unbestimmten oder noch nicht bestimmbaren Zwecken unzulässig; also ist Datenerhebung nur nur zu bestimmten oder bestimmbaren Zwecken zulässig.[199] Der bestimmte oder bestimmbare Zweck im Sinne des § 9 Abs. 7 PolG NRW ist derjenige der jeweils bestimmten oder bestimmbaren polizeilichen Aufgabenerfüllung im Sinne des § 9 Abs. 1 PolG NRW.

(SUB/ERG)

Im konkreten Fall verfolgt die Maßnahme (alternativ)

- einen legitimen Zweck, nämlich die Erfüllung der der Polizei durch das PolG NRW oder andere Rechtsvorschriften übertragenen Aufgaben für bestimmte Rechte und Rechtsgüter, vgl. Art. 1-20 GG, vgl. auch die Grundrechtsschutzfunktion und die Grundrechtsförderungsfunktion[200].
- keinen legitimen Zweck.

(VOR/DEF)

b) **Geeignetheit** einer staatlichen Maßnahme ist gegeben bei deren Zweckförderungstauglichkeit, vgl. auch § 2 Abs. 3 PolG NRW.

(SUB/ERG)

Im konkreten Fall ist die Maßnahme (alternativ)

- geeignet.

Geeignetheit kann auch dann gegeben sein, wenn die **informationelle Maßnahme** (Maßnahme i.S.d. § 36 Nr. 2 DSG NRW) der Datenerhebung den mutmaßlichen Gefahrensachverhalt bezüglich weiterer Anhaltspunkte im Tatsächlichen so weiter aufklärt bzw. erforscht (Gefahrenaufklärung / Gefahrenerforschung), als dass von dem Ausgangspunkt im Tatsächlichen[201]

[199] Nr. 9.5 VVPolG NRW: „Für die Datenerhebung gilt der Zweckbindungsgrundsatz. Eine Datenerhebung auf Vorrat ist unzulässig, soweit sie nicht ausdrücklich geregelt ist.“.

[200] Zu Grundrechtsfunktionen siehe auch: *Basten*, Eingriffsrecht der Polizei in Nordrhein-Westfalen, Band 1, S. 78-84.

[201] Zur Mindestvoraussetzung eines Anhaltspunkts im Tatsächlichen bzw. eines Ausgangspunkts im Tatsächlichen: *Basten*, Eingriffsrecht der Polizei in Nordrhein-Westfalen, Band 1, S. 255.

weitere **aktionelle Maßnahmen** (Maßnahmen außer Datenverarbeitungsmaßnahmen) verhältnismäßig getroffen werden können.

- ungeeignet.

(VOR/DEF)

c) Erforderlichkeit einer staatlichen Maßnahme ist Nichtverfügbarkeit eines milderen (Übermaßverbot), gleich geeigneten (Untermaßverbot) Mittels zur Zweckförderung, vgl. auch § 2 Abs. 1 PolG NRW, vgl. hier auch § 9 Abs. 1 S. 1 Nr. 1 S. 1 Hs. 2 PolG NRW („erforderlich"), im Fall der Erhebung von besonderen Kategorien personenbezogener Daten vgl. auch § 9 Abs. 1 S. 2 i.V.m. § 22a Abs. 1 PolG NRW („unbedingt erforderlich").

Personenbezogenes Datum besonderer Kategorie ist eines im Sinne des § 36 Nr. 18 DSG NRW.

Unbedingte Erforderlichkeit ist Nichtverfügbarkeit eines milderen, gleich geeigneten Mittels zur Zweckförderung – bis hin zum Angewiesensein auf das Mittel.

(SUB/ERG)

Im konkreten Fall ist die Maßnahme (alternativ)

- erforderlich, denn einerseits führen mildere Maßnahmen wie Nichtstun nicht in gleicher Weise zur Erfüllung einer bestimmten polizeilichen Gefahrenabwehraufgabe, sind also nicht gleich geeignet (Untermaßverbot) und andererseits sind (mindestens) gleich geeignete, intensivere Maßnahmen wie (z.B.) bestimmte Befragung oder Freiheitsentziehung oder Zwangsgeld (noch) nicht notwendig (Übermaßverbot).
- nicht erforderlich.

(VOR/DEF)

d) Angemessenheit oder **Verhältnismäßigkeit im engeren Sinne** einer staatlichen Maßnahme ist angemessenes Maß oder Verhältnis zwischen Zweckförderung für Erhaltungsrechte und Wirkungen für Eingriffsrechte, vgl. auch § 2 Abs. 2 PolG NRW, vgl. jeweils betroffene GR.

(SUB/ERG)

Im konkreten Fall ist die Maßnahme (alternativ)

- angemessen, insbesondere desto eher bei einer Datenerhebung, je mehr diese zum Schutz gewichtiger Rechte und Rechtsgüter (wie zum Beispiel aus Art. 2 Abs. 2 S. 1 GG, Art. 2 Abs. 2 S. 2 GG, Art. 14 Abs. 1 S. 1 Alt. 1 GG, Art. 20 Abs. 3 GG) erfolgt und desto eher bei einer Datenerhebung in einer Sphäre des allgemeinen Persönlichkeitsrechts aus Art. 2 Abs. 1 i.V.m. Art. 1 Abs. 1 GG, je eher diese Datenerhebung in der **Öffentlichkeitssphäre** (Bereich bewusster eigener Zuwendung zur Öffentlichkeit bis hin zum Status als Person des öffentlichen Lebens) erfolgt, also je weiter diese weg ist von der Intimsphäre bzw. dem **Kernbereich privater Lebensgestaltung**[202] oder zumindest je weiter diese

202 Vgl. Nr. 15c.51 VVPolG NRW und Nr. 16 VVPolG NRW; vgl. Bundestags-Drucksache 13/9660, S. 4; BVerfGE 109, 279, 313 f., 319, 324 (akustische Wohnraumüberwachung/„Großer Lauschangriff") =

weg ist von der **Privatsphäre** (Privatleben, insbesondere häuslicher Bereich, Familie) oder von der **Sozialsphäre** (Sozial- und Wirtschaftsleben, insbesondere im Zusammenhang mit Beruf, Ehrenamt, wirtschaftliche Tätigkeiten).

- unangemessen.

(ERG VHM)

Die Maßnahme ist insgesamt i.S.v. § 2 PolG NRW, Art. 20 Abs. 3 GG (alternativ)

- verhältnismäßig.
- unverhältnismäßig.

D. Gesamtergebnis (GErg)

Die Erhebung personenbezogener Daten / die Erhebung des personenbezogenen Datums ist (alternativ)

- gemäß § 9 Abs. 1 PolG NRW rechtmäßig.
- wegen Art./§ (bestimmter Rechtsnorm [z.B. Art. 20 Abs. 3 GG; § 16 PolG NRW; § 9 Abs. 1 S. 2 i.V.m. § 22a PolG NRW]) rechtswidrig.

BVerfG, Urteil des Ersten Senats vom 03.03.2004 - 1 BvR 2378/98; vgl. auch BVerfGE 6, 32, 41; 6, 389, 433; 27, 1, 6 ff.; 32, 373, 379; 80, 367, 376 ff.; 101, 361, 382 ff.; 141, 220, Ls. 1. a), Rn. 120-126.

ABSCHNITT 4:

KURZFRISTIGE OBSERVATION,

§ 16A ABS. 3 POLG NRW

A. Rechtsgrundlage (RGL) I. Grundrechte (GR)

(VOR/DEF)

Grundrechte sind grundlegende Rechte aus Art. 1-19 GG i.V.m. dem Rechtsstaatsprinzip, Art. 20 Abs. 3 GG, mit Vorrang und Vorbehalt des Gesetzes.[203]

(SUB/ERG)

Grundrechte sind (i.d.R. alternativ, nicht kumulativ) insbesondere wie folgt gegeben (hier Reihenfolge nach Häufigkeit – jeweilige GR-Einschlägigkeit ist fallabhängig):

1. Allgemeines Persönlichkeitsgrundrecht[204] mit verschiedenen Ausprägungen[205], etwa in der Ausprägung des **Rechts auf informationelle Selbstbestimmung** (APR/RiS), Art. 2 Abs. 1 i.V.m. Art. 1 Abs. 1[206] GG, vgl. auch Art. 142 GG i.V.m. Art. 4 Abs. 1, 2 Verfassung NRW[207].

---

[203] Zu **Grundrechten**: *Basten*, Eingriffsrecht der Polizei in Nordrhein-Westfalen, Band 1, Buch 1, Abschnitt 2, Unterabschnitt 3. Zum **Rechtsstaatsprinzip** mit unter anderem sogenanntem Vorrang des Gesetzes und Vorbehalt des Gesetzes: *Basten*, Eingriffsrecht der Polizei in Nordrhein-Westfalen, Band 1, S. 95-108.

[204] BVerfGE 147, 1, 18 f. (**Geschlechtsidentität**) = BVerfG, Beschluss des Ersten Senats vom 10.10.2017 – 1 BvR 2019/16 –, Rn. 38: „Art. 2 Abs. 1 GG gewährt jedem das **Recht auf die freie Entfaltung seiner Persönlichkeit**. Dieses Grundrecht umfasst neben der allgemeinen Handlungsfreiheit das **allgemeine Persönlichkeitsrecht** (Art. 2 Abs. 1 i.V.m. Art. 1 Abs. 1 GG). Letzteres ergänzt als ‚unbenanntes' Freiheitsrecht die speziellen (‚benannten') Freiheitsrechte, die ebenfalls konstituierende Elemente der Persönlichkeit schützen (vgl. BVerfGE 54, 148 <153>). Eine der **Aufgaben des allgemeinen Persönlichkeitsrechts** ist es dabei, Grundbedingungen dafür zu sichern, dass die einzelne Person ihre Individualität selbstbestimmt entwickeln und wahren kann (vgl. BVerfGE 35, 202 <220>; 79, 256 <268>; 90, 263 <270>; 117, 202 <225>). Das allgemeine Persönlichkeitsrecht schützt indessen nur solche **Elemente der Persönlichkeitsentfaltung**, die - ohne bereits Gegenstand der besonderen Freiheitsgarantien des Grundgesetzes zu sein - diesen in ihrer konstituierenden Bedeutung für die Persönlichkeit nicht nachstehen (vgl. BVerfGE 79, 256 <268>; 99, 185 <193>; 120, 274 <303>; stRspr). Es verbürgt also nicht Schutz gegen alles, was die selbstbestimmte Persönlichkeitsentwicklung auf irgendeine Weise beeinträchtigen könnte; ohnehin vermag kein Mensch seine Individualität unabhängig von äußeren Gegebenheiten und Zugehörigkeiten zu entwickeln. Der lückenschließende Schutz des allgemeinen Persönlichkeitsrechts greift aber dann, wenn die selbstbestimmte Entwicklung und Wahrung der Persönlichkeit spezifisch gefährdet ist (BVerfGE 141, 186 <201 f. Rn. 32>).".

BVerfG, Beschluss des Ersten Senats vom 06.11.2019 – 1 BvR 16/13 – (Recht auf Vergessen I), Rn. 81: „Diese [**APR-]Rechtsprechung** hat sich maßgeblich in Konstellationen der mittelbaren Drittwirkung und geleitet von dem Erfordernis praktischer Konkordanz entwickelt. Deshalb bestimmen sich die Schutzdimensionen des allgemeinen Persönlichkeitsrechts letztlich immer einzelfallbezogen im Abgleich mit den Grundrechten Dritter. Die Bestimmung seiner Schutzwirkungen und die Abwägung mit den gegenüberstehenden Freiheitsrechten greifen hier Hand in Hand. Der Schutz des allgemeinen Persönlichkeitsrechts ist insoweit flexibel und durch die Einbindung der Person in ihre sozialen Beziehungen relativiert (vgl. BVerfGE 101, 361 <380>; 141, 186 <202 Rn. 32>; 147, 1 <19 Rn. 38>; stRspr; siehe auch BGHZ 183, 353 <357 Rn. 11>; 209, 139 <150 Rn. 30>; 219, 233 <240 Rn. 22>; stRspr).".

Vgl. „**Allgemeines Persönlichkeitsrecht**" (APR) als „sonstiges Recht" (sog. **Rahmenrecht** mit [grundrechts-]abwägungsoffenem Tatbestand) nach § 823 Abs. 1 Var. 6 BGB, u.a. mit Geldentschädigungsanspruch, insbesondere durch ständige Rechtsprechung (vgl. auch § 253 BGB) seit folgender Entwicklung: BGHZ 13, 334 (Leserbrief), mit erstmaliger ausdrücklicher Anerkennung des allgemeinen Persönlichkeitsrechts; BGHZ 26, 349 (Herrenreiter), mit erstmaliger Zuerkennung einer Geldentschädigung wegen

des immateriellen Schadens durch die Verletzung des allgemeinen Persönlichkeitsrechts; BGHZ 35, 363 (Ginsengwurzel), mit erstmaliger Schwerpunktsetzung bei der Menschenwürde in der Begründung; BVerfGE 34, 269 (Soraya), mit verfassungsgerichtlicher Erklärung der verfassungsrechtlichen Zulässigkeit der richterrechtlich entwickelten APR-Konstruktion.

[205] BVerfG, Beschluss des Ersten Senats vom 06.11.2019 – 1 BvR 16/13 – (Recht auf Vergessen I), Rn. 80: „Die Rechtsprechung hat aus dem [**Allgemeinen Persönlichkeits-]Grundrecht** insoweit verschiedene **Schutzdimensionen** abgeleitet wie den **Schutz eines unantastbaren Bereichs privater Lebensgestaltung**, die Garantie der **Privatsphäre**, das **Recht am eigenen Bild** oder **gesprochenen Wort** oder das **Recht auf die Darstellung der eigenen Person**, die **soziale Anerkennung** sowie die **persönliche Ehre** (vgl. BVerfGE 27, 1 <6>; 27, 344 <350 f.>; 32, 373 <379>; 34, 238 <245 f.>; 47, 46 <73>; 54, 148 <153 f.>; 99, 185 <193 f.>; 101, 361 <384>; 106, 28 <39>; 114, 339 <346>; 120, 180 <198>).“ „Diese Schutzgehalte werden insoweit aber nicht als abschließend umschriebene und voneinander abzugrenzende Gewährleistungen verstanden, sondern als Ausprägungen, die in Blick auf den konkreten Schutzbedarf jeweils anhand des zu entscheidenden Falles herauszuarbeiten sind (vgl. BVerfGE 54, 148 <153 f.>; 65, 1 <41>).“.

BVerfGE 65, 1 (Volkszählungsgesetz), Ls. 1 = BVerfG, Urteil des Ersten Senats vom 15.12.1983 – 1 BvR 209/83, Ls. 1: „Unter den Bedingungen der modernen Datenverarbeitung wird der Schutz des Einzelnen gegen unbegrenzte Erhebung, Speicherung, Verwendung und Weitergabe seiner persönlichen Daten von dem **allgemeinen Persönlichkeitsrecht** des Art. 2 Abs. 1 GG in Verbindung mit Art. 1 Abs. 1 GG umfaßt. Das [**Allgemeine Persönlichkeits-]Grundrecht** gewährleistet insoweit die Befugnis des Einzelnen, grundsätzlich selbst über die Preisgabe und Verwendung seiner persönlichen Daten zu bestimmen.“; BVerfG, Beschluss des Ersten Senats vom 06.11.2019 – 1 BvR 16/13 – (Recht auf Vergessen I), Rn. 80: „Das **Recht auf informationelle Selbstbestimmung** ist von der Rechtsprechung als eigene Ausprägung des allgemeinen Persönlichkeitsrechts mit einem gegenüber den anderen Ausprägungen selbständigen Gewährleistungsgehalt entwickelt worden und behält diesen auch, soweit es als verfassungsrechtliche Wertentscheidung in das Zivilrecht einstrahlt. Dementsprechend enthält es keinen gesamthaften Schutzanspruch hinsichtlich jederlei Umgangs mit Informationen, der die übrigen Schutzdimensionen des Grundrechts allgemein übergreifen und zusammenführen würde, sondern lässt deren Wertungen und Abwägungsregeln unberührt.“; BVerfGE 120, 274, 311 f. (Online-Durchsuchung) = BVerfG, Urteil des Ersten Senats vom 27.02.2008 – 1 BvR 370/07 –, Rn. 198 f. „Das **Recht auf informationelle Selbstbestimmung** geht über den **Schutz der Privatsphäre** hinaus. Es gibt dem Einzelnen die Befugnis, grundsätzlich selbst über die Preisgabe und Verwendung seiner persönlichen Daten zu bestimmen (vgl. BVerfGE 65, 1 <43>; 84, 192 <194>). Es flankiert und erweitert den grundrechtlichen Schutz von Verhaltensfreiheit und Privatheit, indem es ihn schon auf der Stufe der Persönlichkeitsgefährdung beginnen lässt. Eine derartige Gefährdungslage kann bereits im Vorfeld konkreter Bedrohungen benennbarer Rechtsgüter entstehen, insbesondere wenn personenbezogene Informationen in einer Art und Weise genutzt und verknüpft werden können, die der Betroffene weder überschauen noch verhindern kann. Der Schutzumfang des **Rechts auf informationelle Selbstbestimmung** beschränkt sich dabei nicht auf Informationen, die bereits ihrer Art nach sensibel sind und schon deshalb grundrechtlich geschützt werden. Auch der Umgang mit personenbezogenen Daten, die für sich genommen nur geringen Informationsgehalt haben, kann, je nach dem Ziel des Zugriffs und den bestehenden Verarbeitungs- und Verknüpfungsmöglichkeiten, grundrechtserhebliche Auswirkungen auf die Privatheit und Verhaltensfreiheit des Betroffenen haben (vgl. BVerfG, Beschluss vom 13. Juni 2007 - 1 BvR 1550/03 u.a. -, NJW 2007, S. 2464 <2466>). Die mit dem Recht auf informationelle Selbstbestimmung abzuwehrenden Persönlichkeitsgefährdungen ergeben sich aus den vielfältigen Möglichkeiten des Staates und gegebenenfalls auch privater Akteure (vgl. BVerfG, Beschluss der 1. Kammer des Ersten Senats vom 23. Oktober 2006 - 1 BvR 2027/02 -, JZ 2007, S. 576) zur Erhebung, Verarbeitung und Nutzung personenbezogener Daten. Vor allem mittels elektronischer Datenverarbeitung können aus solchen Informationen weitere Informationen erzeugt und so Schlüsse gezogen werden, die sowohl die grundrechtlich geschützten Geheimhaltungsinteressen des Betroffenen beeinträchtigen als auch Eingriffe in seine Verhaltensfreiheit mit sich bringen können (vgl. BVerfGE 65, 1 <42>; 113, 29 <45 f.>; 115, 320 <342>; BVerfG, Beschluss vom 13. Juni 2007 - 1 BvR 1550/03 u.a. -, NJW 2007, S. 2464 <2466>).“.

BVerfGE 109, 279, 325-327 (akustische Wohnraumüberwachung / „Großer Lauschangriff") = BVerfG, Urteil des Ersten Senats vom 03.03.2004 – 1 BvR 2378/98, 1084/99 –, Rn. 159-163: „Das aus Art. 2 Abs. 1 in Verbindung mit Art. 1 Abs. 1 GG folgende **allgemeine Persönlichkeitsrecht** kommt neben Art. 13 Abs. 1 GG allerdings nicht zur Anwendung, soweit Eingriffe in die **räumliche Privatsphäre des Wohnungsinhabers** zu überprüfen sind. Art. 13 Abs. 1 GG enthält eine spezielle Gewährleistung des **Schutzes vor staatlicher akustischer Überwachung der räumlichen Privatsphäre**, die die allgemeinere Vorschrift insoweit verdrängt (vgl. BVerfGE 100, 313 [358] zu Art. 10 GG). Mit dem **Recht, in der Wohnung ungestört zu sein**, und dem **Recht am eigenen in der Wohnung gesprochenen Wort** schützt Art. 13 Abs. 1 GG gerade den Teil der **Privatsphäre**, den sonst das allgemeine Persönlichkeitsrecht gewährleistet. Dieses Recht ergänzt als unbenanntes Freiheitsrecht die speziellen Freiheitsrechte, die ebenfalls konstituierende Elemente der Persönlichkeit schützen (vgl. BVerfGE 54, 148 <153 f.>), nur insoweit, als Letztere keinen Schutz gewähren. Der **Schutz des allgemeinen Persönlichkeitsrechts aus Art. 2 Abs. 1 in Verbindung mit Art. 1 Abs. 1 GG** greift hingegen ein, soweit von der Wohnraumüberwachung Personen betroffen werden, die sich nicht auf Art. 13 Abs. 1 GG berufen können. **Grundrechtsträger des Art. 13 Abs. 1 GG** ist jeder Inhaber oder Bewohner eines Wohnraums, unabhängig davon, auf welchen Rechtsverhältnissen die Nutzung des Wohnraums beruht. Bei mehreren Bewohnern einer Wohnung steht das Grundrecht jedem Einzelnen, bei Familien mithin jedem Familienmitglied zu. Maßnahmen der Wohnraumüberwachung können aber nicht nur **Wohnungsinhaber**, sondern auch **zufällig in einer Wohnung Anwesende** erfassen. Diese Personen sind zwar nicht in ihrem Grundrecht aus Art. 13 Abs. 1 GG, wohl aber in ihrem **allgemeinen Persönlichkeitsrecht** betroffen. Der Schutz aus Art. 2 Abs. 1 in Verbindung mit Art. 1 Abs. 1 GG kann insofern allerdings nicht weiter reichen als derjenige aus Art. 13 Abs. 1 und 3 GG. Der Schutz der **räumlichen Privatsphäre und des allgemeinen Persönlichkeitsrechts** kann schließlich in Einzelfällen durch weitere Grundrechtsgarantien ergänzt sein. So wird das **Gespräch zwischen Eheleuten in der eigenen Wohnung** nicht nur von Art. 13 Abs. 1 GG, sondern zusätzlich durch Art. 6 Abs. 1 GG geschützt. Auch in Bezug auf die **Kommunikation mit Berufsgeheimnisträgern** können neben dem grundrechtlichen **Schutz der räumlichen Privatsphäre** Grundrechte in Betracht kommen, die - wie etwa Art. 4 GG im Hinblick auf das Gespräch mit einem Geistlichen - der besonderen Schutzbedürftigkeit der Kommunizierenden Rechnung tragen.".

BVerfG, Beschluss des Ersten Senats vom 06.11.2019 – 1 BvR 16/13 – (Recht auf Vergessen I), Ls. 3 S. 1: „Von den **äußerungsrechtlichen Schutzdimensionen** ist das **Recht auf informationelle Selbstbestimmung** als eine eigene Ausprägung des allgemeinen Persönlichkeitsrechts zu unterscheiden." BVerfG, Beschluss des Ersten Senats vom 06.11.2019 – 1 BvR 16/13 – (Recht auf Vergessen I), Rn. 90: „Ausgehend von dem **Ziel des Rechts auf informationelle Selbstbestimmung**, Schutz vor Gefahren angesichts neuartiger Möglichkeiten der Datenverarbeitung zu gewähren (vgl. BVerfGE 65, 1 <42>), ist es primär als Gewährleistung zu verstehen, die – neben der ungewollten Preisgabe von Daten auch im Rahmen privater Rechtsbeziehungen (vgl. BVerfGE 84, 192 <194>) – insbesondere vor deren intransparenter Verarbeitung und Nutzung durch Private schützt. Es bietet Schutz davor, dass Dritte sich individueller Daten bemächtigen und sie in nicht nachvollziehbarer Weise als Instrument nutzen, um die Betroffenen auf Eigenschaften, Typen oder Profile festzulegen, auf die sie keinen Einfluss haben und die dabei aber für die freie Entfaltung der Persönlichkeit sowie eine gleichberechtigte Teilhabe in der Gesellschaft von erheblicher Bedeutung sind. Der Gehalt dieses Rechts ist dabei entwicklungsoffen, so dass es auch weitere persönlichkeitsgefährdende Entwicklungen der Informationsverarbeitung aufnehmen kann.".

BVerfG, Beschluss des Ersten Senats vom 06.11.2019 – 1 BvR 16/13 – (Recht auf Vergessen I), Rn. 91: „[Vom Recht auf informationelle Selbstbestimmung] zu unterscheiden ist der **Schutz vor der Verarbeitung personenbezogener Berichte und Informationen als Ergebnis eines Kommunikationsprozesses**. Der Schutzbedarf gründet hier nicht in der intransparenten Zuweisung von Persönlichkeitsmerkmalen und -profilen durch Dritte, sondern in der sichtbaren Verbreitung bestimmter Informationen im öffentlichen Raum. Gefährdungen für die Persönlichkeitsentfaltung ergeben sich hier vornehmlich aus Form und Inhalt der Veröffentlichung selbst. Schutz gegenüber solchen Gefährdungen bieten die **äußerungsrechtlichen Ausprägungen des allgemeinen Persönlichkeitsrechts unabhängig vom Recht auf informationelle Selbstbestimmung**. Zwar kann es auch dabei maßgeblich auf die Art der Informationserlangung ankommen. Jedoch hat diese hier ihre Bedeutung als Vorfrage für die Beurteilung des weite-

ren Umgangs mit einer bestimmten Äußerung und des damit in die Öffentlichkeit gestellten Bildes einer Person selbst.“.

BVerfG, Beschluss des Ersten Senats vom 06.11.2019 – 1 BvR 16/13 – (**Recht auf Vergessen** I), Ls. 2b): „Bei der Entscheidung über einen Schutzanspruch kommt der Zeit unter den Kommunikationsbedingungen des Internets ein spezifisches Gewicht zu. Die Rechtsordnung muss davor schützen, dass sich eine Person frühere Positionen, Äußerungen und Handlungen unbegrenzt vor der Öffentlichkeit vorhalten lassen muss. Erst die Ermöglichung eines Zurücktretens vergangener Sachverhalte eröffnet den Einzelnen die Chance zum Neubeginn in Freiheit. Zur Zeitlichkeit der Freiheit gehört die Möglichkeit des Vergessens.“.

BVerfGE 120, 274, 311 (Online-Durchsuchung) = BVerfG, Urteil des Ersten Senats vom 27.02.2008 – 1 BvR 370/07 –, Rn. 197: „In seiner Ausprägung als **Schutz der Privatsphäre** [als **Privatangelegenheitenschutz** und **Rückzugsraumbereichsschutz** – beides **gegenüber der Öffentlichkeit**, vgl. **Sphärentheorie** mit **Intimsphäre, Privatsphäre, Sozialsphäre** und vgl. **Kernbereich privater Lebensgestaltung**] gewährleistet das allgemeine Persönlichkeitsrecht dem Einzelnen einen räumlich und thematisch bestimmten Bereich, der grundsätzlich frei von unerwünschter Einsichtnahme bleiben soll (vgl. BVerfGE 27, 344 <350 ff.>; 44, 353 <372 f.>; 90, 255 <260>; 101, 361 <382 f.>).“; BVerfGE 101, 361, 382-385 (Caroline von Monaco II) = BVerfG, Urteil vom 15.12.1999 – 1 BvR 653/96 –, Rn. 75-82: „Im Unterschied zum **Recht am eigenen Bild** bezieht sich der **Schutz der Privatsphäre**, der ebenfalls im **allgemeinen Persönlichkeitsrecht** wurzelt, nicht speziell auf Abbildungen, sondern ist **thematisch und räumlich** bestimmt. Er umfaßt zum einen **Angelegenheiten [Privatangelegenheitenschutz]**, die wegen ihres Informationsinhalts typischerweise als ‚**privat**‘ eingestuft werden, weil ihre **öffentliche** Erörterung oder Zurschaustellung als unschicklich gilt, das Bekanntwerden als peinlich empfunden wird oder nachteilige Reaktionen der Umwelt auslöst, wie es etwa bei Auseinandersetzungen mit sich selbst in **Tagebüchern** (BVerfGE 80, 367), bei **vertraulicher Kommunikation unter Eheleuten** (BVerfGE 27, 344), im Bereich der **Sexualität** (BVerfGE 47, 46; 49, 286 [BVerfGE 120, 224, 238 f. (Geschwisterbeischlaf) = BVerfGE, Beschluss des Zweiten Senats vom 26.02.2008 – 2 BvR 392/07 –, Rn. 32 f.: „Das allgemeine Persönlichkeitsrecht in seiner Ausprägung als **Recht auf sexuelle Selbstbestimmung**“/„**Intim- und Sexualbereich des Menschen als Teil seiner Privatsphäre**, P. B.]), bei **sozial abweichendem Verhalten** (BVerfGE 44, 353) oder bei **Krankheiten** (BVerfGE 32, 373) der Fall ist. Fehlte es hier an einem **Schutz vor der Kenntniserlangung anderer**, wären die Auseinandersetzung mit sich selbst, die unbefangene Kommunikation unter Nahestehenden, die sexuelle Entfaltung oder die Inanspruchnahme ärztlicher Hilfe beeinträchtigt oder unmöglich, obwohl es sich um grundrechtlich geschützte Verhaltensweisen handelt. Zum anderen erstreckt sich der Schutz auf einen **räumlichen Bereich [Raumbereichsschutz]**, in dem der Einzelne zu sich kommen, sich entspannen oder auch gehen lassen kann (vgl. BVerfGE 27, 1 [6]). Zwar bietet auch dieser Bereich Gelegenheit, sich in einer Weise zu verhalten, die nicht für die **Öffentlichkeit** bestimmt ist und deren Beobachtung oder Darstellung durch Außenstehende für den Betroffenen peinlich oder nachteilig wäre. Im Kern geht es aber um einen **Raum**, in dem er die Möglichkeit hat, frei von **öffentlicher Beobachtung** und damit der von ihr erzwungenen Selbstkontrolle zu sein, auch ohne daß er sich dort notwendig anders verhielte als in der **Öffentlichkeit**. Bestünden solche **Rückzugsbereiche** nicht mehr, könnte der Einzelne psychisch überfordert sein, weil er unausgesetzt darauf achten müßte, wie er auf andere wirkt und ob er sich richtig verhält. Ihm fehlten die Phasen des Alleinseins und Ausgleichs, die für die Persönlichkeitsentfaltung notwendig sind und ohne die sie nachhaltig beeinträchtigt würde. Ein derartiges Schutzbedürfnis besteht auch bei Personen, die aufgrund ihres Ranges oder Ansehens, ihres Amtes oder Einflusses, ihrer Fähigkeiten oder Taten besondere **öffentliche** Beachtung finden. Wer, ob gewollt oder ungewollt, zur Person des **öffentlichen** Lebens geworden ist, verliert damit nicht sein Anrecht auf eine **Privatsphäre**, die den Blicken der **Öffentlichkeit** entzogen bleibt. Das gilt auch für demokratisch gewählte Amtsträger, die zwar für ihre Amtsführung **öffentlich** rechenschaftspflichtig sind und sich in diesem Umfang **öffentliche** Aufmerksamkeit gefallen lassen müssen, nicht aber für ihr **Privatleben**, sofern dieses die Amtsführung nicht berührt. Der **häusliche Bereich** [vgl. ggf. spezielleren Art. 13 GG i.V.m. BVerfGE 109, 279, 325 f.] stellt anerkanntermaßen eine solche geschützte Sphäre dar. Wegen des Bezugs auf die Entfaltung der Persönlichkeit darf der **Rückzugsbereich** jedoch nicht von vornherein auf ihn begrenzt werden. Das gilt schon deshalb, weil die Funktionen, denen er dient, nur erfüllt werden, wenn er nicht an den Hausmauern oder Grundstücksgrenzen endet. Die freie Entfaltung der Persönlichkeit wäre erheblich behindert, wenn der Einzelne nur im eigenen Haus der **öffentlichen** Neugier entgehen könnte. Die notwendige Erholung von einer durch Funktionszwänge und Medienpräsenz geprägten **Öffentlichkeit** ist vielfach nur in der **Abgeschiedenheit einer natürlichen Umgebung**, **etwa an einem Ferienort**, zu gewinnen. Deswegen muß der Einzelne grundsätzlich die Möglichkeit haben, sich auch in der freien, gleichwohl **abgeschiedenen Natur oder an Örtlichkeiten, die von der breiten Öffentlichkeit deutlich abgeschieden sind**, in einer von **öffentlicher** Beobachtung freien Weise zu bewegen. Das gilt gerade gegenüber solchen Aufnahmetechniken, die die **räumliche Abgeschiedenheit** überwinden, ohne daß der Betroffene dies bemerken kann. Wo die Grenzen der geschützten **Privatsphäre außerhalb des Hauses** verlaufen, läßt sich nicht generell und abstrakt festlegen. Sie können vielmehr nur aufgrund der jeweiligen Beschaffenheit des **Ortes** bestimmt werden, den der Betroffene aufsucht. Ausschlaggebend ist, ob der Einzelne eine **Situation** vorfindet oder schafft, in der er begründetermaßen und somit auch für Dritte erkennbar davon ausgehen darf, den Blicken der **Öffentlichkeit** nicht ausgesetzt zu sein. Ob die Voraussetzungen der **Abgeschiedenheit** erfüllt sind, läßt sich nur situativ beurteilen. Der Einzelne kann sich an ein und demselben **Ort** zu Zeiten mit gutem Grund unbeobachtet fühlen, zu anderen Zeiten nicht. Auch ist der Aufenthalt in umschlossenen **Räumen** keineswegs immer mit **Abgeschiedenheit** gleichzusetzen. Da es um die Frage geht, ob der Einzelne begründetermaßen erwarten darf, unbeobachtet zu sein, oder aber **Plätze** aufgesucht hat, wo er sich unter den Augen der **Öffentlichkeit** bewegt, kann es auch in umschlossenen Räumen an der **Abgeschiedenheit** fehlen, die Voraussetzung für den **Privatsphärenschutz** außerhalb der eigenen **Häuslichkeit** ist. **Plätzen, an denen sich der Einzelne unter vielen Menschen befindet**, fehlt es von vornherein an den Voraussetzungen des **Privatsphärenschutzes** im Sinn von Art. 2 Abs. 1 in Verbindung mit Art. 1 Abs. 1 GG. Sie können das **Rückzugsbedürfnis** nicht erfüllen und rechtfertigen deswegen auch nicht den grundrechtlichen Schutz, den dieses Bedürfnis aus Gründen der Persönlichkeitsentfaltung verdient. Der Einzelne kann solche **Orte** auch nicht etwa durch ein Verhalten, das typischerweise nicht **öffentlich** zur Schau gestellt würde, in seine **Privatsphäre** umdefinieren. Nicht sein Verhalten, ob allein oder mit anderen, konstituiert die **Privatsphäre**, sondern die **objektive Gegebenheit der Örtlichkeit zur fraglichen Zeit**. Verhält er sich daher an **Orten**, die nicht die Merkmale der **Abgeschiedenheit** aufweisen, so, als stünde er nicht unter Beobachtung, hebt er das **Schutzbedürfnis für Verhaltensweisen, die an sich die Öffentlichkeit nichts angehen**, selbst auf. Der **Schutz der Privatsphäre vor öffentlicher Kenntnisnahme** entfällt ferner, wenn sich jemand selbst damit einverstanden zeigt, daß bestimmte, gewöhnlich als privat geltende Angelegenheiten **öffentlich** gemacht werden, etwa indem er Exklusivverträge über die Berichterstattung aus seiner **Privatsphäre** abschließt. Der verfassungsrechtliche **Privatsphärenschutz** aus Art. 2 Abs. 1 in Verbindung mit Art. 1 Abs. 1 GG ist nicht im Interesse einer Kommerzialisierung der eigenen Person gewährleistet. Zwar ist niemand an einer solchen **Öffnung privater Bereiche** gehindert. Er kann sich dann aber nicht gleichzeitig auf den **öffentlichkeitsabgewandten Privatsphärenschutz** berufen. Die Erwartung, daß die Umwelt die **Angelegenheiten oder Verhaltensweisen in einem Bereich mit Rückzugsfunktion** nur begrenzt oder nicht zur Kenntnis nimmt, muß daher situationsübergreifend und konsistent zum Ausdruck gebracht werden. Das gilt auch für den Fall, daß der Entschluß, die Berichterstattung über bestimmte Vorgänge der eigenen **Privatsphäre** zu gestatten oder hinzunehmen, rückgängig gemacht wird.".

BVerfGE 6, 32, 41 (Elfes) = BVerfG, Urteil vom des Ersten Senats vom 16.01.1957 – 1 BvR 253/56 –, Rn. 32 [vgl. **Recht auf Privatsphäre** als **Privatangelegenheitenschutz** und **Rückzugsraumbereichsschutz** – beides **gegenüber der Öffentlichkeit,** vgl. **Sphärentheorie** mit **Intimsphäre**, **Privatsphäre**, **Sozialsphäre**]: „Vor allem dürfen die Gesetze daher die Würde des Menschen nicht verletzen, die im Grundgesetz der oberste Wert ist, aber auch die geistige, politische und wirtschaftliche Freiheit des Menschen nicht so einschränken, daß sie in ihrem Wesensgehalt angetastet würde (Art. 19 Abs. 2, Art. 1 Abs. 3, Art. 2 Abs. 1 GG). Hieraus ergibt sich, daß dem einzelnen Bürger eine **Sphäre privater Lebensgestaltung** verfassungskräftig vorbehalten ist, also ein letzter **unantastbarer Bereich menschlicher Freiheit** besteht, der der Einwirkung der gesamten öffentlichen Gewalt entzogen ist. Ein Gesetz, das in ihn eingreifen würde, könnte nie Bestandteil der ‚verfassungsmäßigen Ordnung' sein; es müßte durch das Bundesverfassungsgericht für nichtig erklärt werden.". BVerfGE 109, 279, Ls. 2 S. 1 (akustische Wohnraumüberwachung / „Großer Lauschangriff") = BVerfG, Urteil des Ersten Senats vom 03.03.2004 – 1 BvR 2378/98, 1084/99 –, Ls. 2 S. 1: „Zur Unantastbarkeit der Menschenwürde gemäß

Art. 1 Abs. 1 GG gehört die Anerkennung eines absolut geschützten **Kernbereichs privater Lebensgestaltung.**“. BVerfGE 141, 220, 276-278 (BKAG) = BVerfG, Urteil des Ersten Senats vom 20.04.2016 – 1 BvR 966/09 –, Rn. 119-124: „Neben den verfassungsrechtlichen Anforderungen an die allgemeinen Eingriffsvoraussetzungen ergeben sich aus den jeweiligen **Grundrechten in Verbindung mit Art. 1 Abs. 1 GG** für die Durchführung von besonders eingriffsintensiven Überwachungsmaßnahmen besondere Anforderungen an den **Schutz des Kernbereichs privater Lebensgestaltung**. Der verfassungsrechtliche **Schutz des Kernbereichs privater Lebensgestaltung** gewährleistet dem Individuum einen **Bereich höchstpersönlicher Privatheit gegenüber Überwachung**. Er wurzelt in den **von den jeweiligen Überwachungsmaßnahmen betroffenen Grundrechten in Verbindung mit Art. 1 Abs. 1 GG** und sichert einen dem Staat nicht verfügbaren Menschenwürdekern grundrechtlichen Schutzes gegenüber solchen Maßnahmen. Selbst überragende Interessen der Allgemeinheit können einen Eingriff in diesen **absolut geschützten Bereich privater Lebensgestaltung** nicht rechtfertigen (vgl. BVerfGE 109, 279 <313>; stRspr). Zur **Entfaltung der Persönlichkeit im Kernbereich privater Lebensgestaltung gehört die Möglichkeit**, **innere Vorgänge** wie Empfindungen und Gefühle sowie Überlegungen, Ansichten und Erlebnisse **höchstpersönlicher Art zum Ausdruck zu bringen** (vgl. BVerfGE 109, 279 <313>; 120, 274 <335>; stRspr). Geschützt ist insbesondere die **nichtöffentliche Kommunikation mit Personen des höchstpersönlichen Vertrauens, die in der berechtigten Annahme geführt wird, nicht überwacht zu werden**, wie es insbesondere bei Gesprächen im Bereich der Wohnung der Fall ist. Zu diesen Personen gehören insbesondere Ehe- oder Lebenspartner, Geschwister und Verwandte in gerader Linie, vor allem, wenn sie im selben Haushalt leben, und können Strafverteidiger, Ärzte, Geistliche und enge persönliche Freunde zählen (vgl. BVerfGE 109, 279 <321 ff.>). Dieser Kreis deckt sich nur teilweise mit dem der Zeugnisverweigerungsberechtigten. Solche Gespräche verlieren dabei nicht schon dadurch ihren Charakter als insgesamt höchstpersönlich, dass sich in ihnen Höchstpersönliches und Alltägliches vermischen (vgl. BVerfGE 109, 279 <330>; 113, 348 <391 f.>). Demgegenüber ist die **Kommunikation unmittelbar über Straftaten** nicht geschützt, selbst wenn sie auch Höchstpersönliches zum Gegenstand hat. Die **Besprechung und Planung von Straftaten** gehört ihrem Inhalt nach nicht zum **Kernbereich privater Lebensgestaltung**, sondern hat **Sozialbezug** (vgl. BVerfGE 80, 367 <375>; 109, 279 <319 f., 328>; 113, 348 <391>). Dies bedeutet freilich nicht, dass der Kernbereich unter einem allgemeinen Abwägungsvorbehalt in Bezug auf öffentliche Sicherheitsinteressen steht. Ein **höchstpersönliches Gespräch** fällt nicht schon dadurch aus dem **Kernbereich privater Lebensgestaltung** heraus, dass es für die Aufklärung von Straftaten oder Gefahren hilfreiche Aufschlüsse geben kann. Aufzeichnungen oder Äußerungen im Zwiegespräch, die zum Beispiel ausschließlich innere Eindrücke und Gefühle wiedergeben und keine Hinweise auf konkrete Straftaten enthalten, gewinnen nicht schon dadurch einen **Gemeinschaftsbezug**, dass sie Ursachen oder Beweggründe eines strafbaren Verhaltens freizulegen vermögen (vgl. BVerfGE 109, 279 <319>). Auch können trotz **Straftatenbezugs** Situationen, in denen Einzelnen gerade ermöglicht werden soll, ein Fehlverhalten einzugestehen oder sich auf dessen Folgen einzurichten, wie Beichtgespräche oder vertrauliche Gespräche mit einem Psychotherapeuten oder einem Strafverteidiger, der **höchstpersönlichen Privatsphäre** unterfallen, die dem Staat absolut entzogen ist (vgl. BVerfGE 109, 279 <322>). Ein hinreichender **Sozialbezug** besteht demgegenüber dann, wenn **Gespräche - auch mit Vertrauenspersonen - sonst unmittelbar Straftaten zu ihrem Gegenstand haben** (vgl. BVerfGE 109, 279 <319>). Der **Kernbereich privater Lebensgestaltung** beansprucht gegenüber **allen Überwachungsmaßnahmen** Beachtung. Können sie typischerweise zur Erhebung kernbereichsrelevanter Daten führen, muss der Gesetzgeber Regelungen schaffen, die einen wirksamen Schutz normenklar gewährleisten (vgl. BVerfGE 109, 279 <318 f.>; 113, 348 <390 f.>; 120, 274 <335 ff.>). Außerhalb solch verletzungsgeneigter Befugnisse bedarf es eigener Regelungen nicht. Grenzen, die sich im Einzelfall auch hier gegenüber einem Zugriff auf höchstpersönliche Informationen ergeben können, sind bei deren Anwendung unmittelbar von Verfassungs wegen zu beachten. Der **Schutz des Kernbereichs privater Lebensgestaltung** ist strikt und darf nicht durch Abwägung mit den Sicherheitsinteressen nach Maßgabe des Verhältnismäßigkeitsgrundsatzes relativiert werden (vgl. BVerfGE 109, 279 <314>; 120, 273 <339>; stRspr). Dies bedeutet jedoch nicht, dass **jede tatsächliche Erfassung von höchstpersönlichen Informationen** stets einen Verfassungsverstoß oder eine Menschenwürdeverletzung begründet. Angesichts der Handlungs- und Prognoseunsicherheiten, unter denen Sicherheitsbehörden ihre Aufgaben wahrnehmen, kann ein **unbeabsichtigtes Eindringen in den Kern-**

a) GR-SB:

aa) Persönlicher GR-SB: „Jeder“.

bb) Sachlicher GR-SB: **„freie Entfaltung der Persönlichkeit“** als **„Datenfreiheit“** (Grundsätzliche Bestimmungsbefugnis des Einzelnen über Preisgabe und Verwendung eigener personenbezogener Daten[208]), vgl. **personenbezogenes Datum**: § 36 Nr. 1 DSG NRW[209].

---

bereich privater Lebensgestaltung im Rahmen von Überwachungsmaßnahmen nicht für jeden Fall von vornherein ausgeschlossen werden (vgl. BVerfGE 120, 274 <337 f.>). Die Verfassung verlangt jedoch **für die Ausgestaltung der Überwachungsbefugnisse** die **Achtung des Kernbereichs** als eine strikte, nicht frei durch Einzelfallerwägungen überwindbare Grenze.“.

BVerfGE 120, 274 (Online-Durchsuchung) = BVerfG, Urteil des Ersten Senats vom 27.02.2008 – 1 BvR 370/07 –, Ls. 1: „Das **allgemeine Persönlichkeitsrecht** (Art. 2 Abs. 1 i.V.m. Art. 1 Abs. 1 GG) umfasst das Grundrecht auf **Gewährleistung der Vertraulichkeit und Integrität informationstechnischer Systeme**.“; BVerfGE 120, 274, 314 (Online-Durchsuchung) = BVerfG, Urteil des Ersten Senats vom 27.02.2008 – 1 BvR 370/07 –, Rn. 203: **„informationstechnisches System“**: „etwa Personalcomputer“, „ferner beispielweise […] solche Mobiltelefone oder elektronische Terminkalender, die über einen großen Funktionsumfang verfügen und personenbezogene Daten vielfältiger Art erfassen und speichern können.“; BVerfGE 120, 274, 276 (Online-Durchsuchung) = BVerfG, Urteil des Ersten Senats vom 27.02.2008 – 1 BvR 370/07 –, Rn. 5: **„heimlicher Zugriff auf ein informationstechnisches System“**: „[heimliche] technische Infiltration […], die etwa Sicherheitslücken des Zielsystems ausnutzt oder über die Installation eines Spähprogramms erfolgt“, wobei die Infiltration es ermöglicht, die Zielsystem-„Nutzung zu überwachen oder die Speichermedien durchzusehen oder gar das Zielsystem fernzusteuern.“.

BVerfGE 147, 1 (**Geschlechtsidentität**) = BVerfG, Beschluss des Ersten Senats vom 10.10.2017 – 1 BvR 2019/16 –, Ls. 1-3: „1. Das **allgemeine Persönlichkeitsrecht** (Art. 2 Abs. 1 i.V.m. Art. 1 Abs. 1 GG) schützt die **geschlechtliche Identität**. Es schützt auch die geschlechtliche Identität derjenigen, die sich dauerhaft weder dem männlichen noch dem weiblichen Geschlecht zuordnen lassen. 2. Art. 3 Abs. 3 Satz 1 GG schützt auch Menschen, die sich dauerhaft weder dem männlichen noch dem weiblichen Geschlecht zuordnen lassen, vor **Diskriminierungen wegen ihres Geschlechts**. 3. Personen, die sich dauerhaft weder dem männlichen noch dem weiblichen Geschlecht zuordnen lassen, werden in beiden Grundrechten verletzt, wenn das Personenstandsrecht dazu zwingt, das Geschlecht zu registrieren, aber keinen anderen positiven Geschlechtseintrag als weiblich oder männlich zulässt.“.

BVerfG, Urteil des Zweiten Senats vom 26.02.2020 – 2 BvR 2347/15 –, Ls. 1: „a) Das **allgemeine Persönlichkeitsrecht** (Art. 2 Abs. 1 i.V.m. Art. 1 Abs. 1 GG) umfasst als Ausdruck persönlicher Autonomie ein **Recht auf selbstbestimmtes Sterben**. b) Das **Recht auf selbstbestimmtes Sterben** schließt die Freiheit ein, sich das Leben zu nehmen [Rn. 208: **„Recht auf Selbsttötung“**]. Die Entscheidung des Einzelnen, seinem Leben entsprechend seinem Verständnis von Lebensqualität und Sinnhaftigkeit der eigenen Existenz ein Ende zu setzen, ist im Ausgangspunkt als Akt autonomer Selbstbestimmung von Staat und Gesellschaft zu respektieren. c) Die **Freiheit, sich das Leben zu nehmen**, umfasst auch die Freiheit, hierfür bei Dritten Hilfe zu suchen und Hilfe, soweit sie angeboten wird, in Anspruch zu nehmen.“.

[206] Zum sog. „**Menschenwürdegehalt**“ der Grundrechte: *Basten*, Die Menschenwürde des Grundgesetzes.

[207] Vgl. auch Art. 142 GG i.V.m. Art. 4 Abs. 2 Verfassung NRW; Art. 8 EU-GR-Charta; Art. 16 AEUV; Art. 8 EMRK.

[208] BVerfGE 65, 1, Ls. 1 S. 2 (Volkszählungsgesetz) = BVerfG, Urteil des Ersten Senats vom 15.12.1983 – 1 BvR 209/83, Ls. 1 S. 2 (Ls. 1: „Unter den Bedingungen der modernen Datenverarbeitung wird der Schutz des Einzelnen gegen unbegrenzte Erhebung, Speicherung, Verwendung und Weitergabe seiner persönlichen Daten von dem allgemeinen Persönlichkeitsrecht des Art. 2 Abs. 1 GG in Verbindung mit Art. 1 Abs. 1 GG umfaßt. Das Grundrecht gewährleistet insoweit die Befugnis des Einzelnen, grundsätzlich selbst über die Preisgabe und Verwendung seiner persönlichen Daten zu bestimmen.“).

[209] BVerfG, Beschluss der 3. Kammer des Zweiten Senats vom 27.06.2018 – 2 BvR 1562/17 (auf § 103 StPO gestützte Anordnung der Durchsuchung der Räumlichkeiten des Münchener Kanzleistandorts der

b) GR-E (oder Nichteingriff/**Einwilligung** i.S.v. § 36 Nr. 19 DSG NRW, § 38 DSG NRW): **Persönlichkeitsentfaltungseinschränkung** als Datenfreiheitseinschränkung, durch **Datenverarbeitungs**-Maßnahme[210] (**Datenerhebung**) i.S.d. § 36 Nr. 2 DSG NRW.[211]

c) GR-B: Art. 2 Abs. 1 Hs. 2 GG[212].

Rechtsanwaltskanzlei Jones Day sowie Sicherstellung von Unterlagen und elektronischen Daten im Zuge des sogenannten „VW-Dieselskandals" – Verfassungsbeschwerde nicht zur Entscheidung angenommen wegen Unzulässigkeit aufgrund Nichterfüllung von Voraussetzungen nach § 93a Abs. 2 BVerfGG), Gründe, V., Rn. 44: „Der Begriff der persönlichen Daten deckt sich mit der Legaldefinition personenbezogener Daten in § 46 Nr. 1 BDSG (zuvor § 3 Abs. 1 BDSG) und erfasst alle Informationen, die sich auf eine identifizierte oder identifizierbare natürliche Person (betroffene Person) beziehen (vgl. noch zu § 3 Abs. 1 BDSG ‚Einzelangaben über persönliche oder sachliche Verhältnisse einer bestimmten oder bestimmbaren Person' Di Fabio, in: Maunz/Dürig, GG, Art. 2 Abs.1, Rn. 175 [Juli 2001])."

[210] BVerfG, Urteil des Ersten Senats vom 19.05.2020 – 1 BvR 2835/17 – (Ausland-Ausland-Fernmeldeaufklärung nach BNDG), E. III. 1., Rn. 212: „Die **Übermittlung personenbezogener Daten**, mit der eine Behörde die von ihr erhobenen Daten einer anderen Stelle zugänglich macht, begründet einen eigenen Grundrechtseingriff (vgl. BVerfGE 100, 313 <367>; 141, 220 <334 Rn. 305>; stRspr). Dieser ist an dem **Grundrecht** zu messen, **in das bei der ursprünglichen Datenerhebung eingegriffen wurde** (vgl. BVerfGE 100, 313 <367>; 141, 220 <334 Rn. 305>; stRspr)."

[211] Vgl. ggf. zur Frage des Grundrechtseingriffs auch § 9 Abs. 1 Nr. 1 S. 2 (Hs. 1) PolG NRW (Inkrafttreten am 29.12.2018): „Dies gilt auch für personenbezogene Daten, die von der betroffenen Person offensichtlich öffentlich gemacht wurden"; BVerfGE 120, 274 (Online-Durchsuchung) = BVerfG, Urteil des Ersten Senats vom 27.02.2008 – 1 BvR 370/07 –, Ls. 5: „Verschafft der Staat sich Kenntnis von Inhalten der Internetkommunikation auf dem dafür technisch vorgesehenen Weg, so liegt darin nur dann ein Eingriff in Art. 10 Abs. 1 GG, wenn die staatliche Stelle nicht durch Kommunikationsbeteiligte zur Kenntnisnahme autorisiert ist. Nimmt der Staat im Internet öffentlich zugängliche Kommunikationsinhalte wahr oder beteiligt er sich an öffentlich zugänglichen Kommunikationsvorgängen, greift er grundsätzlich nicht in Grundrechte ein.".

[212] Art. 2 Abs. 1 Hs. 2 GG (**Schrankentrias**): BVerfGE 80, 137, 153 (Reiten im Walde) = BVerfG, Beschluss des Ersten Senats vom 06.06.1989 – 1 BvR 921/85 –, C. I. 1 a), Rn. 69: „Abgesehen von einem absolut geschützten Kernbereich privater Lebensgestaltung, welcher der Einwirkung der öffentlichen Gewalt entzogen ist (BVerfGE 6, 32 [41]), ist die allgemeine Handlungsfreiheit allerdings nur in den **Schranken** des zweiten Halbsatzes von Art. 2 Abs. 1 GG gewährleistet und steht damit insbesondere unter dem **Vorbehalt der verfassungsmäßigen (Rechts-)Ordnung** (BVerfGE 6, 32 [37 f.]; 74, 129 [152]). Stützt sich ein die Handlungsfreiheit berührender Akt der öffentlichen Gewalt auf eine Rechtsnorm, so kann mit der Verfassungsbeschwerde unter Berufung auf Art. 2 Abs. 1 GG zur Nachprüfung gestellt werden, ob diese Norm zur **verfassungsmäßigen Ordnung** gehört, das heißt formell und materiell mit den Normen der Verfassung in Einklang steht (st. Rspr. seit BVerfGE 6, 32)."; BVerfGE 6, 32, Ls. 3 (Elfes) = BVerfG, Urteil des Ersten Senats vom 16.01.1957 – 1 BvR 253/56, Ls. 3: „**Verfassungsmäßige Ordnung** im Sinne des Art. 2 Abs. 1 GG ist die verfassungsmäßige Rechtsordnung, d.h. die Gesamtheit der Normen, die formell und materiell der Verfassung gemäß sind."; vgl. dazu auch BVerfGE 6, 32, 37-41 (Elfes) = BVerfG, Urteil des Ersten Senats vom 16.01.1957 – 1 BvR 253/56, Gründe II. 2 b), c), Rn. 17-33.

Rechte anderer sind (als Teil der verfassungsmäßigen Ordnung) subjektive Berechtigungen (Anspruch oder Befugnis oder Erlaubnis) einschließlich Verpflichtungen (Pflicht zur Erfüllung von Anspruch oder Befugnis oder Erlaubnis) und sonstiger Rechtswirkungen für ein Rechtssubjekt bezüglich eines Verhaltens oder eines Rechtsguts.

Vgl. zum ein Mal bundesverfassungsgerichtlich entscheidungserheblich bemühten „**Sittengesetz**" nach Art. 2 Abs. 1 Hs. 2 GG als Gesetz, das nicht das durch die „soziale Gemeinschaft" „als für sich verbindlich" anerkannte „Rechtsgefühl" „im allgemeinen" „verletzt": BVerfGE 6, 389 (Homosexuelle) = BVerfG, Urteil des Ersten Senats vom 10.05.1957 – 1 BvR 550/52 –, und StrRehaHomG (Gesetz zur

Ggf. betroffenes Grundrecht bei Begleitverfügung:

2. Körperliche Bewegungsfreiheit, Art. 2 Abs. 2 S. 2 GG[213]

a) GR-SB:

aa) Persönlicher GR-SB: „**Person**", vgl. § 1 BGB.

bb) Sachlicher GR-SB: „Freiheit" ist **körperliche Bewegungsfreiheit** als Freiheit, jeden Ort oder Raum aufzusuchen, sich dort aufzuhalten, (ihn zu verlassen), der an sich (tatsächlich und rechtlich) zugänglich ist.

b) GR-E (oder Nichteingriff/GR-Verzicht): Freiheitsentziehung oder sonstige Freiheitsbeschränkung.

Freiheitsbeschränkung (Freiheitsentziehung oder sonstige Freiheitsbeschränkung) liegt vor, wenn jemand durch die öffentliche Gewalt gegen seinen Willen daran gehindert wird, einen Ort oder Raum aufzusuchen oder sich dort aufzuhalten, der ihm an sich (tatsächlich und rechtlich) zugänglich ist. Eine **Freiheitsentziehung** als schwerste Form der Freiheitsbeschränkung ist dann gegeben, wenn die tatsächlich und rechtlich an sich gegebene körperliche Bewegungsfreiheit durch staatliche Maßnahmen nach jeder Richtung hin aufgehoben wird[214]; Freiheitsentziehung setzt auch eine besondere Eingriffsintensität und eine nicht nur kurzfristige Dauer der Maßnahme voraus[215]. Im Übrigen kann eine Abgrenzung zwischen Freiheitsentziehung und sonstiger Freiheitsbeschränkung auch erfolgen nach Art, Dauer, Intensität, Mittel, Zweck der Freiheitsbeschränkung.[216]

c) GR-B: Art. 2 Abs. 2 S. 3 i.V.m. Art. 104 GG.

Ggf. betroffenes Grundrecht bei Wohnung:

---

strafrechtlichen Rehabilitierung der nach dem 8. Mai 1945 wegen einvernehmlicher homosexueller Handlungen verurteilten Personen vom 17. Juli 2017 – BGBl. I S. 2443).

[213] Vgl. auch Art. 142 GG i.V.m. Art. 4 Abs. 1 Verfassung NRW; Art. 20 Abs. 2a und Art. 21 AEUV i.V.m. Art. 6, 45 EU-GR-Charta (**Bewegungsfreiheit**, **Freizügigkeit**, **Aufenthaltsfreiheit**); Art. 5 EMRK; Art. 2 Protokoll Nr. 4 EMRK; Art. 21 AEUV (**Unionsbürgerfreizügigkeit**, zum **Unionsbürger** vgl. Art. 9 S. 2, 3 EUV, Art. 20 Abs. 1 S. 2, 3 AEUV); Art. 45 AEUV (**Arbeitnehmerfreizügigkeit**); Art. 49 AEUV (**Niederlassungsfreiheit**); Art. 56 AEUV (**Dienstleistungsfreiheit**); vgl. auch Art. 28 AEUV (**Warenverkehrsfreiheit**); Art. 9 Abs. 1 S. 1 IPbpR („Jedermann hat ein Recht auf persönliche Freiheit und Sicherheit."); Art. 9-11 IPbpR (Freiheitsentziehungsbedingungen), Art. 12 IPbpR (Bewegung, Wohnsitzwahl, Ausreise, Einreise in Hoheitsgebiet eines Staates, vgl. „Freizügigkeit"), Art. 13 IPbpR (Ausländerausweisungsbedingungen).

[214] BVerfG, Beschluss der 1. Kammer des Ersten Senats vom 08.03.2011 – 1 BvR 47/05 –, Rn. 20; vgl. BVerfGE 94, 166, 198 (Flughafenverfahren) = BVerfGE, Urteil des Zweiten Senats vom 14.05.1996 – 2 BvR 1516/93.

[215] BVerfGE 149, 293 (5-Punkt-Fixierung/7-Punkt-Fixierung) = BVerfG, Urteil des Zweiten Senats vom 24.07.2018 – 2 BvR 309/15 –, D. II. 2. a), Rn. 67, vgl. dazu auch BVerfGE 149, 293 (5-Punkt-Fixierung/7-Punkt-Fixierung) = BVerfG, Urteil des Zweiten Senats vom 24.07.2018 – 2 BvR 309/15 –, D. II. 2. b): „Jedenfalls eine **5-Punkt- oder 7-Punkt-Fixierung**, bei der sämtliche Gliedmaßen des Betroffenen mit Gurten am Bett festgebunden werden, stellt eine Freiheitsentziehung im Sinne von Art. 104 Abs. 2 GG dar, es sei denn, es handelt sich um eine lediglich **kurzfristige Maßnahme**. Von einer kurzfristigen Maßnahme ist in der Regel auszugehen, wenn sie absehbar die Dauer von ungefähr einer halben Stunde unterschreitet.".

[216] Vgl. auch insbesondere zu Art, Intensität, Mittel: § 415 Abs. 2 FamFG und §§ 37a, 62 PolG NRW.

3. Wohnungsgrundrecht, Art. 13 Abs. 1 GG[217]

a) GR-SB[218]:

aa) Persönlicher GR-SB: Jeder Wohnungsberechtigte, im Verhältnis mehrerer Wohnungsberechtigter zu gleichen Teilen oder der besser unmittelbar Wohnungsberechtigte (zum Beispiel der unmittelbare Besitzer).[219]

---

[217] Vgl. auch Art. 142 GG i.V.m. Art. 4 Abs. 1 Verfassung NRW; Art. 7 EU-GR-Charta; Art. 8 EMRK; §§ 18, 21 GVG i.V.m. DiplBezÜbkG i.V.m. Art. 22, 23 WÜD; §§ 19, 21 GVG i.V.m. KonsÜbkG i.V.m. Art. 27, 31, 55, 59 WÜK.

[218] vgl. BVerfGE 109, 279, 325-327 (akustische Wohnraumüberwachung / „Großer Lauschangriff") = BVerfG, Urteil des Ersten Senats vom 03.03.2004 – 1 BvR 2378/98, 1084/99 –, C. II. 1. a), b), c), Rn. 158-163: „Das aus Art. 2 Abs. 1 in Verbindung mit Art. 1 Abs. 1 GG folgende **allgemeine Persönlichkeitsrecht** kommt neben Art. 13 Abs. 1 GG allerdings nicht zur Anwendung, soweit Eingriffe in die **räumliche Privatsphäre des Wohnungsinhabers** zu überprüfen sind. Art. 13 Abs. 1 GG enthält eine spezielle Gewährleistung des **Schutzes vor staatlicher akustischer Überwachung der räumlichen Privatsphäre**, die die allgemeinere Vorschrift insoweit verdrängt (vgl. BVerfGE 100, 313 [358] zu Art. 10 GG). Diese Spezialität wirkt sich wegen des weiten Schutzbereichs von Art. 13 GG nicht nur gegenüber der staatlichen Überwachung selbst aus, sondern erstreckt sich auch auf notwendige Vorbereitungsakte und auf den **Informations- und Datenverarbeitungsprozess, der sich an die Erhebung anschließt**, sowie auf den Gebrauch, der von den erlangten Kenntnissen gemacht wird (vgl. BVerfGE 100, 313 [359]). Mit dem **Recht, in der Wohnung ungestört zu sein**, und dem **Recht am eigenen in der Wohnung gesprochenen Wort** schützt Art. 13 Abs. 1 GG gerade den Teil der **Privatsphäre**, den sonst das allgemeine Persönlichkeitsrecht gewährleistet. Dieses Recht ergänzt als unbenanntes Freiheitsrecht die speziellen Freiheitsrechte, die ebenfalls konstituierende Elemente der Persönlichkeit schützen (vgl. BVerfGE 54, 148 [153 f.]), nur insoweit, als Letztere keinen Schutz gewähren. Der Schutz des allgemeinen Persönlichkeitsrechts aus Art. 2 Abs. 1 in Verbindung mit Art. 1 Abs. 1 GG greift hingegen ein, soweit von der Wohnraumüberwachung Personen betroffen werden, die sich nicht auf Art. 13 Abs. 1 GG berufen können. **Grundrechtsträger des Art. 13 Abs. 1 GG** ist jeder Inhaber oder Bewohner eines Wohnraums, unabhängig davon, auf welchen Rechtsverhältnissen die Nutzung des Wohnraums beruht. Bei mehreren Bewohnern einer Wohnung steht das Grundrecht jedem Einzelnen, bei Familien mithin jedem Familienmitglied zu. Maßnahmen der **Wohnraumüberwachung** können aber nicht nur Wohnungsinhaber, sondern auch **zufällig in einer Wohnung Anwesende** erfassen. Diese Personen sind zwar nicht in ihrem Grundrecht aus Art. 13 Abs. 1 GG, wohl aber in ihrem allgemeinen Persönlichkeitsrecht betroffen. Der Schutz aus Art. 2 Abs. 1 in Verbindung mit Art. 1 Abs. 1 GG kann insofern allerdings nicht weiter reichen als derjenige aus Art. 13 Abs. 1 und 3 GG. Der **Schutz der räumlichen Privatsphäre** und des allgemeinen Persönlichkeitsrechts kann schließlich in Einzelfällen durch weitere Grundrechtsgarantien ergänzt sein. So wird das Gespräch zwischen Eheleuten in der eigenen Wohnung nicht nur von Art. 13 Abs. 1 GG, sondern zusätzlich durch Art. 6 Abs. 1 GG geschützt. Auch in Bezug auf die **Kommunikation mit Berufsgeheimnisträgern** können neben dem grundrechtlichen Schutz der räumlichen Privatsphäre Grundrechte in Betracht kommen, die – wie etwa Art. 4 GG im Hinblick auf das Gespräch mit einem Geistlichen – der besonderen Schutzbedürftigkeit der Kommunizierenden Rechnung tragen.".

[219] BVerfG, Beschluss der 3. Kammer des Zweiten Senats vom 27.06.2018 – 2 BvR 1562/17 (auf § 103 StPO gestützte Anordnung der Durchsuchung der Räumlichkeiten des Münchener Kanzleistandorts der Rechtsanwaltskanzlei Jones Day auf sowie Sicherstellung von Unterlagen und elektronischen Daten im Zuge des sogenannten „VW-Dieselskandals" – Verfassungsbeschwerde nicht zur Entscheidung angenommen wegen Unzulässigkeit aufgrund Nichterfüllung von Voraussetzungen nach § 93a Abs. 2 BVerfGG), Gründe, V., Rn. 38 f.: „Wer Träger des Grundrechts des Art. 13 Abs. 1 GG ist, entscheidet sich nicht nach der Eigentumslage, sondern grundsätzlich danach, wer Nutzungsberechtigter der Wohnung oder der Betriebs- und Geschäftsräume ist [Quellenangabe]. Bei **Geschäftsräumen** kommt der Schutz des Art. 13 Abs. 1 GG dementsprechend regelmäßig nur dem Unternehmer als Nutzungsberechtigtem zugute, nicht aber den einzelnen Arbeitnehmern (vgl. BVerfG, Beschluss der 1. Kammer des Zweiten

bb) Sachlicher GR-SB: **Wohnung** ist jede der allgemeinen Zugänglichkeit entzogene Stätte privaten Lebens.[220]

Senats vom 9. Juli 2009 - 2 BvR 1119/05 u.a. -, juris, Rn. 27; [Quellenangaben]). [...] Nutzungsrecht steht Partnern als Mitinhaber der Nutzungsberechtigung der Kanzlei [...] an ihren Kanzleiräumen [...] nur gemeinschaftlich zu (vgl. für die Partnerschaftsgesellschaft nach deutschem Recht §§ 718 f. BGB i.V.m. § 1 Abs. 4 PartGG). Es kann deshalb auch nur von den Gesellschaftern gemeinschaftlich oder, soweit ihre Rechtsfähigkeit anerkannt ist, von der Gesellschaft als solcher geltend gemacht werden. [...] Natürliche Personen, die Geschäfts- oder Amtsräume nutzen, ohne selbst Geschäftsinhaber oder Dienstherr zu sein, sind in Bezug auf Art. 13 Abs. 1 GG nur dann beschwerdebefugt, wenn die genutzten Räume auch als individueller Rückzugsbereich fungieren und sie deshalb der persönlichen beziehungsweise räumlichen Privatsphäre der natürlichen Person zuzuordnen sind (vgl. BVerfGE 103, 142 <150>; BVerfG, Beschluss der 3. Kammer des Zweiten Senats vom 12. Februar 2004 - 2 BvR 1687/02 -, juris, Rn. 13; Beschluss der 3. Kammer des Zweiten Senats vom 16. April 2015 - 2 BvR 2279/13 -, juris, Rn. 14; [Quellenangaben]).".

[220] Vgl. BVerfGE 32, 54, Ls. 1, 69-72 (Betriebsbetretungsrecht) = BVerfG, Beschluss des Ersten Senats vom 13.10.1971 – 1 BvR 280/66, Ls. 1: „Der Begriff ‚**Wohnung**' in Art. 13 Abs. 1 GG ist weit auszulegen; er umfaßt auch **Arbeits-, Betriebs- und Geschäftsräume**."; BVerfG, Beschluss der 3. Kammer des Ersten Senats vom 10.04.2008 – 1 BvR 848/08 –, Rn. 12: „Die Weite des Wohnungsbegriffs in Art. 13 Abs. 1 GG hat zur Folge, dass an die Zulässigkeit von Eingriffen und Beschränkungen im Sinne des Art. 13 Abs. 1 GG je nach der Nähe der Örtlichkeiten zur räumlichen Privatsphäre unterschiedlich hohe Anforderungen gestellt werden. Während bei Räumen, in denen sich das Privatleben im engeren Sinn abspielt, das Schutzbedürfnis am größten ist und der Schutzzweck des Grundrechts daher in vollem Umfang durchgreift, wird das Schutzbedürfnis bei reinen Betriebs-, Geschäfts- oder Arbeitsräumen durch den Zweck gemindert, den sie nach dem Willen des Inhabers besitzen. Je größer ihre Offenheit nach außen ist und je mehr sie zur Aufnahme sozialer Kontakte für Dritte bestimmt sind, desto schwächer wird der grundrechtliche Schutz (vgl. BVerfGE 32, 54 <75 f.>; 97, 228 <266>). **Rechte zum Betreten von Betriebsräumen** verstoßen daher dann nicht gegen Art. 13 Abs. 1 GG, wenn sie auf einer besonderen gesetzlichen Grundlage beruhen, das Betreten einem erlaubten Zweck dient und für dessen Erreichung erforderlich ist, das Gesetz Zweck, Gegenstand und Umfang des Betretens erkennen lässt und das Betreten auf Zeiten beschränkt wird, in denen die Räume normalerweise für die betriebliche Nutzung zur Verfügung stehen (vgl. BVerfGE 97, 228 <266>; BVerfG, Beschluss der 3. Kammer des Ersten Senats vom 15. März 2007 - 1 BvR 2138/05 -, EuGRZ 2007, S. 486 <488 f.>).". Vgl. auch § 41 Abs. 1 S. 2 PolG NRW; vgl. auch Nr. 40.03. VVPolG NRW: „Für die **Durchsuchung von Sachen im befriedeten Besitztum** gelten die §§ 41 und 42."; Nr. 41.13 VVPolG NRW: „Die Durchsuchung einer Wohnung hat sich auf Anlass und Zweck der Durchsuchung zu beschränken. Befinden sich in der Wohnung Personen, die durchsucht werden sollen, ist hierfür § 39 maßgebend. Sollen in einer Wohnung Sachen durchsucht werden, die nicht den Wohnungsinhabern gehören, ist § 40 einschlägig."; vgl. auch Nr. 40.12 VVPolG NRW: „Sollen bewegliche Sachen, die Wohnungen sind (vgl. RdNr. 41.11), betreten oder durchsucht werden, richten sich die Maßnahmen nach § 41.", vgl. auch Nr. 41.11 VVPolG NRW: „Es ist zu beachten: **Wohnungen** i.S.d. § 41 Abs. 1 Satz 2 sind auch die zu Wohnzwecken genutzten beweglichen Sachen wie Schiffe, Wohnwagen, Wohnmobile und Zelte. **Inhaber einer Wohnung** ist, wer rechtmäßig die tatsächliche Gewalt über die Räumlichkeit ausübt, somit z.B. auch Mieter, Untermieter oder Hotelgast. Bei Gemeinschaftsunterkünften, Internaten und Obdachlosenasylen sind nur die Leiterinnen und Leiter Inhaber. Die **Befugnis zum Betreten einer Wohnung** schließt die Befugnis ein, von Personen, Sachen und Zuständen, die ohne weiteres wahrgenommen werden können, **Kenntnis** zu nehmen. Soweit es für die Erfüllung der polizeilichen Aufgaben erforderlich ist, umfasst das **Betretungsrecht** bei Grundstücken auch das **Recht zum Befahren mit Fahrzeugen**.", vgl. auch Nr. 41.13 VVPolG NRW: „Die Durchsuchung einer Wohnung hat sich auf Anlass und Zweck der Durchsuchung zu beschränken. Befinden sich in der Wohnung Personen, die durchsucht werden sollen, ist hierfür § 39 maßgebend. Sollen in einer Wohnung Sachen durchsucht werden, die nicht den Wohnungsinhabern gehören, ist § 40 einschlägig.".

b) GR-E (oder Nichteingriff/GR-Verzicht): **Persönlichkeitsentfaltungseinschränkung** als **Wohnungseinschränkung**, allgemein durch körperliches Eindringen, technische Infiltration sowie grundsätzlich sonstige Behinderungen, Einschränkungen des Wohnens.

c) GR-B: Art. 13 Abs. 2-7 GG, Art. 17a Abs. 2 GG (qualifizierter Gesetzesvorbehalt; verfassungsunmittelbare Einschränkungen).

Art. 13 Abs. 2-7 GG: „Im Übrigen" können – insbesondere bei Fehlen von verfassungsmäßigen einfachgesetzlichen Konkretisierungen von Art. 13 Abs. 2-7 GG – Art. 13 Abs. 2-7 GG alternativ direkt anwendbare Rechtsgrundlagen mit Rechtmäßigkeitsvoraussetzungen bilden.

4. Allgemeine Verhaltensfreiheit / Allgemeine Handlungsfreiheit[221], Art. 2 Abs. 1 GG[222]

a) GR-SB:

aa) Persönlicher GR-SB: „Jeder".

bb) Sachlicher GR-SB: „**freie Entfaltung der Persönlichkeit**" ist allgemeine Verhaltensfreiheit im umfassenden Sinn[223] durch grundsätzlich jedes Tun, Dulden, Unterlassen[224].

---

221 „Allgemeine" Verhaltensfreiheit / Handlungsfreiheit: Auffanggrundrecht ggü. ggf. spezielleren Grundrechten, vgl. Rechtsnormspezialitätsregel („lex specialis derogat legi generali"), vgl. auch: BVerfGE 6, 32, 37 (Elfes) = BVerfG, Urteil des Ersten Senats vom 16.01.1957 – 1 BvR 253/56, Gründe, II. 2. a), Rn. 16: „Neben der allgemeinen Handlungsfreiheit, die Art. 2 Abs. 1 GG gewährleistet, hat das Grundgesetz die Freiheit menschlicher Betätigung für bestimmte Lebensbereiche, die nach den geschichtlichen Erfahrungen dem Zugriff der öffentlichen Gewalt besonders ausgesetzt sind, durch besondere Grundrechtsbestimmungen geschützt; bei ihnen hat die Verfassung durch abgestufte Gesetzesvorbehalte abgegrenzt, in welchem Umfang in den jeweiligen Grundrechtsbereich eingegriffen werden kann. Soweit nicht solche besonderen Lebensbereiche grundrechtlich geschützt sind, kann sich der Einzelne bei Eingriffen der öffentlichen Gewalt in seine Freiheit auf Art. 2 Abs. 1 GG berufen. Hier bedurfte es eines Gesetzesvorbehalts nicht, weil sich aus der Beschränkung der freien Entfaltung der Persönlichkeit durch die verfassungsmäßige Ordnung der Umfang staatlicher Eingriffsmöglichkeiten ohne weiteres ergibt.".

222 Vgl. auch Art. 142 GG i.V.m. Art. 4 Abs. 1 Verfassung NRW; Art. 6 EU-GR-Charta; Art. 5 EMRK.

223 BVerfGE 6, 32, 36 f. (Elfes) = BVerfG, Urteil des Ersten Senats vom 16.01.1957 – 1 BvR 253/56, Gründe, II. 2. a), Rn. 14 f.: „Das Grundgesetz kann mit der ‚freien Entfaltung der Persönlichkeit' nicht nur die Entfaltung innerhalb jenes Kernbereichs der Persönlichkeit gemeint haben, der das Wesen des Menschen als geistig-sittliche Person ausmacht, denn es wäre nicht verständlich, wie die Entfaltung innerhalb dieses Kernbereichs gegen das Sittengesetz, die Rechte anderer oder sogar gegen die verfassungsmäßige Ordnung einer freiheitlichen Demokratie sollte verstoßen können. Gerade diese, dem Individuum als Mitglied der Gemeinschaft auferlegten Beschränkungen zeigen vielmehr, daß das Grundgesetz in Art. 2 Abs. 1 GG die Handlungsfreiheit im umfassenden Sinne meint. [...] Es waren nicht rechtliche Erwägungen, sondern sprachliche Gründe, die den Gesetzgeber bewogen haben, die ursprüngliche Fassung ‚Jeder kann tun und lassen was er will' durch die jetzige Fassung zu ersetzen (vgl. v. Mangoldt, Parlamentarischer Rat, 42. Sitzung des Hauptausschusses, S. 533)."; BVerfGE 80, 137, 152 f. (Reiten im Walde) = BVerfG, Beschluss des Ersten Senats vom 06.06.1989 – 1 BvR 921/85 –, C. I. 1 a), Rn. 69: „Nach den in der Rechtsprechung des Bundesverfassungsgerichts entwickelten Grundsätzen gewährleistet Art. 2 Abs. 1 GG die allgemeine Handlungsfreiheit im umfassenden Sinne (st. Rspr. seit BVerfGE 6, 32 [36]; aus neuerer Zeit etwa: BVerfGE 74, 129 [151]; 75, 108 [154 f.]). Geschützt ist damit nicht nur ein begrenzter Bereich der Persönlichkeitsentfaltung, sondern jede Form menschlichen Handelns ohne Rücksicht darauf, welches Gewicht der Betätigung für die Persönlichkeitsentfaltung zukommt (vgl. etwa die Entscheidung eines Vorprüfungsausschusses in BVerfGE 54, 143 (146) - Taubenfüttern).".

224 BVerfGE 6, 32, Ls. 1, 2 (Elfes) = BVerfG, Urteil des Ersten Senats vom 16.01.1957 – 1 BvR 253/56, Ls. 1: „Art. 11 GG betrifft nicht die Ausreisefreiheit.", Ls. 2: „Die **Ausreisefreiheit** ist als Ausfluß der

b) GR-E (oder Nichteingriff/GR-Verzicht): Verhaltenseinschränkung als Verhaltenssteuerung.

c) GR-B: Art. 2 Abs. 1 Hs. 2[225].

A. Rechtsgrundlage (RGL) II. Rechtsgebiet (RG)

(VOR/DEF)

Rechtsgebiet ist Rechtsordnungsteil nach allen Umständen[226] – wie schwerpunktmäßige Äußerungen[227], Rechtsnormen[228], Zwecke[229], auch i.V.m. §§ 133, 157 BGB analog[230].[231]

---

allgemeinen Handlungsfreiheit durch Art. 2 Abs. 1 GG innerhalb der Schranken der verfassungsmäßigen Ordnung gewährleistet.“; BVerwG, Urteil vom 29.05.2019 - BVerwG 6 C 8.18 (Beschränkung des Geltungsbereichs eines Passes), Rn. 20: „In der höchstrichterlichen Rechtsprechung ist seit Jahrzehnten geklärt, dass die durch Art. 2 Abs. 1 GG geschützte Ausreisefreiheit auch durch den **Passversagungs**grund des § 7 Abs. 1 Nr. 1 Alt. 3 PassG als Bestandteil der verfassungsmäßigen Ordnung wirksam eingeschränkt wird.“.

[225] Art. 2 Abs. 1 Hs. 2 GG (**Schrankentrias**): BVerfGE 80, 137, 153 (Reiten im Walde) = BVerfG, Beschluss des Ersten Senats vom 06.06.1989 – 1 BvR 921/85 –, C. I. 1 a), Rn. 69: „Abgesehen von einem absolut geschützten Kernbereich privater Lebensgestaltung, welcher der Einwirkung der öffentlichen Gewalt entzogen ist (BVerfGE 6, 32 [41]), ist die allgemeine Handlungsfreiheit allerdings nur in den **Schranken** des zweiten Halbsatzes von Art. 2 Abs. 1 GG gewährleistet und steht damit insbesondere unter dem **Vorbehalt der verfassungsmäßigen (Rechts-)Ordnung** (BVerfGE 6, 32 [37 f.]; 74, 129 [152]). Stützt sich ein die Handlungsfreiheit berührender Akt der öffentlichen Gewalt auf eine Rechtsnorm, so kann mit der Verfassungsbeschwerde unter Berufung auf Art. 2 Abs. 1 GG zur Nachprüfung gestellt werden, ob diese Norm zur **verfassungsmäßigen Ordnung** gehört, das heißt formell und materiell mit den Normen der Verfassung in Einklang steht (st. Rspr. seit BVerfGE 6, 32).“; BVerfGE 6, 32, Ls. 3 (Elfes) = BVerfG, Urteil des Ersten Senats vom 16.01.1957 – 1 BvR 253/56, Ls. 3: „**Verfassungsmäßige Ordnung** im Sinne des Art. 2 Abs. 1 GG ist die verfassungsmäßige Rechtsordnung, d.h. die Gesamtheit der Normen, die formell und materiell der Verfassung gemäß sind.“; vgl. dazu auch BVerfGE 6, 32, 37-41 (Elfes) = BVerfG, Urteil des Ersten Senats vom 16.01.1957 – 1 BvR 253/56, Gründe II. 2 b), c), Rn. 17-33.

Rechte anderer sind (als Teil der verfassungsmäßigen Ordnung) subjektive Berechtigungen (Anspruch oder Befugnis oder Erlaubnis) einschließlich Verpflichtungen (Pflicht zur Erfüllung von Anspruch oder Befugnis oder Erlaubnis) und sonstiger Rechtswirkungen für ein Rechtssubjekt bezüglich eines Verhaltens oder eines Rechtsguts.

Vgl. zum ein Mal bundesverfassungsgerichtlich entscheidungserheblich bemühten „**Sittengesetz**“ nach Art. 2 Abs. 1 Hs. 2 GG als Gesetz, das nicht das durch die „soziale Gemeinschaft“ „als für sich verbindlich“ anerkannte „Rechtsgefühl“ „im allgemeinen“ „verletzt“: BVerfGE 6, 389 (Homosexuelle) = BVerfG, Urteil des Ersten Senats vom 10.05.1957 – 1 BvR 550/52 –, und StrRehaHomG (Gesetz zur strafrechtlichen Rehabilitierung der nach dem 8. Mai 1945 wegen einvernehmlicher homosexueller Handlungen verurteilten Personen vom 17. Juli 2017 – BGBl. I S. 2443).

[226] Umstände im weiten Sinn, etwa als Bedingungen, Beziehungen, Faktoren, Folgen, Funktionen, Umweltbedingungen, Variablen, Verhältnissen, Voraussetzungen, Weltbedingungen.

[227] Äußerungen im weiten Sinn, etwa als alle Verhaltensäußerungen (einschließlich Aussagen).

[228] Rechtsnormen im weiten Sinn, etwa solche, die die Umstände oder das Verhalten regieren (sollen).

[229] Zwecke im weiten Sinn, etwa als sich aus einer Lage ergebende, objektiv zu verfolgende Ziele.

[230] Sog. **objektivierter Empfängerhorizont**, vgl. BVerwGE 147, 81 = BVerwG, Urteil vom 20.06.2013 – BVerwG 8 C 46.12, Rn. 27: „Die bundesrechtlichen Auslegungsregeln der §§ 133, 157 BGB sind auf öffentlich-rechtliche Erklärungen entsprechend anzuwenden. Bei Verwaltungsakten kommt es wie bei empfangsbedürftigen Willenserklärungen nicht auf den wirklichen Willen des Erklärenden (natürliche

(SUB/ERG)

Die Erhebung personenbezogener Daten durch Observation erfolgt auf dem Rechtsgebiet des besonderen öffentlichen Verwaltungsrechts polizeilicher Gefahrenabwehr.

Eine Datenerhebung durch Observation erfolgt auf dem Rechtsgebiet der Gefahrenabwehr insbesondere bei

- nicht tatverdachtsveranlasster Datenerhebung;
- Datenerhebung zu nicht tatverdachtsbezogenen Daten;
- Datenerhebung ohne schwerpunktmäßigen Zweck einer anschließenden Strafrechtspflegemaßnahme;
- Gefahrenüberhang.

Auslegung), sondern auf den objektiven Erklärungsinhalt an. Maßgeblich ist, wie der Empfänger die Erklärung nach Treu und Glauben unter Berücksichtigung der für ihn erkennbaren Umstände verstehen musste. Dabei ist vom Wortlaut der Erklärung auszugehen und deren objektiver Gehalt unter Berücksichtigung des Empfängerhorizonts zu ermitteln (stRspr, vgl. Urteile vom 2. September 1999 - BVerwG 2 C 22.98 - BVerwGE 109, 283 <286> = Buchholz 237.7 § 72 NWLBG Nr. 4 und vom 27. Juni 2012 - BVerwG 9 C 7.11 - BVerwGE 143, 222 <Rn. 18> = Buchholz 11 Art. 20 GG Nr. 206; BGH, Urteile vom 24. Februar 1988 - VIII ZR 145/87 - BGHZ 103, 275 <280>, vom 27. Januar 2010 - VIII ZR 58/09 - BGHZ 184, 128 <137 Rn. 33> und vom 1. März 2011 - II ZR 16/10 - NJW 2011, 1666 <1667 Rn. 11> je m.w.N.).“; BVerwG, Beschluss vom 06.08.2018 – BVerwG 7 B 4.18, Rn. 10: „Dass die bundesrechtlichen Auslegungsregeln der §§ 133, 157 BGB auf öffentlich-rechtliche Erklärungen, d.h. u.a. auf Verwaltungsakte, entsprechend anzuwenden sind, ist in der Rechtsprechung des Bundesverwaltungsgerichts bereits geklärt (BVerwG, Urteil vom 20. Juni 2013 - 8 C 46.12 - BVerwGE 147, 81 Rn. 27 m.w.N.).“.

[231] BVerwG 47, 255, 264 = BVerwG, Urteil vom 03.12.1974 – BVerwG I C 11.73: „Obwohl sich für die Polizei im Einzelfall bei einem einheitlichen Lebenssachverhalt gleichzeitig und unmittelbar Aufgaben der Strafverfolgung und der Gefahrenabwehr ergeben können, ist der im Schrifttum vertretenen Auffassung nicht zu folgen, daß aus Gründen der Rechtssicherheit oder wegen der schwierigen Durchschaubarkeit für den Bürger jede Art polizeilichen Handelns der verwaltungsgerichtlichen Kontrolle unterliegen müsse. In aller Regel ist es für den Betroffenen nicht schwer, zu erkennen, ob die Polizei im konkreten Fall eine - begangene - Straftat erforschen (**Strafverfolgung**) oder den Eintritt eines Schadens, etwa die - zukünftige - Begehung einer strafbaren Handlung, verhindern oder eine bereits eingetretene Störung der öffentlichen Sicherheit oder Ordnung beseitigen (**Gefahrenabwehr**) will. Außerdem wird man davon ausgehen dürfen, daß die Polizei dem Betroffenen - wie im vorliegenden Fall - den Grund ihres Einschreitens von sich aus oder auf Verlangen angibt. Im übrigen kommt es darauf an, wie sich der konkrete Lebenssachverhalt einem verständigen Bürger in der Lage des Betroffenen bei natürlicher Betrachtungsweise darstellt. Dieser Sachverhalt muß im allgemeinen einheitlich betrachtet werden, es sei denn, daß einzelne Teile des Geschehensablaufs objektiv abtrennbar sind. Hat die Polizei die Ermittlungen an die StA oder das Amtsgericht weitergeleitet (§ 163 Abs. 2 StPO) oder auf Weisung der StA gehandelt, so kann an der strafprozessualen Natur ihres Einschreitens kein vernünftiger Zweifel bestehen. Eine Maßnahme, die nach dem Gesamteindruck darauf gerichtet ist, eine strafbare Handlung zu erforschen oder sonst zu verfolgen, ist der Kontrolle der ordentlichen Gerichte nach §§ 23 ff. EGGVG nicht etwa deshalb entzogen, weil durch die polizeilichen Ermittlungen möglicherweise zugleich auch künftigen Verletzungen der öffentlichen Sicherheit vorgebeugt würde.“.

(VOR/DEF)

Befugnisrechtsnorm ist die rechtmäßige hauptsächliche materiellrechtliche Rechtsgrundlage mit realfolgenentsprechender Rechtsfolge.

(SUB/ERG)

Realfolge ist die jeweilige Maßnahme laut Sachverhalt.

Rechtsfolge ist die jeweilige Maßnahme laut Rechtsnorm.

(SUB)

Realfolgen und Rechtsfolgen zu:

Observation

Realfolgen Observation – Beispiele:

- Beobachtung;
- Fokussierung von Person;
- Hinterhergehen hinter Person mit Blick auf Person;
- Standposten vor Objekt mit dessen aktiver aufmerksamer Beobachtung;
- Anordnung zwecks Ermöglichung oder Förderung der Beobachtung, in bestimmter Art oder Richtung zu stehen oder zu gehen.

Rechtsfolge(n) Observation – allgemein:

Kurzfristige Observation:

ist (offene oder verdeckte[232]) Datenerhebung durch Beobachtung – mit oder ohne technische Mittel (vgl. §§ 17, 18 PolG NRW; § 100h StPO) und mit oder ohne Begleitmaßnahmen –, die nicht die in § 16a Abs. 1 PolG NRW/§ 163f Abs. 1 StPO genannten Voraussetzungen erfüllt, also die nicht wie die län-

(ERG)

Mögliche Befugnisrechtsnorm zu:

Observation

Gefahrenabwehr:

- Kurzfristige Observation: § 16a Abs. 3 PolG NRW;
- Längerfristige Observation: § 16a Abs. 1, 2 PolG NRW.

Vgl. auch: § 37 Abs. 3 S. 4 PolG NRW (Offene Beobachtung mittels Bild- und Tonübertragung).

Strafrechtspflege (ggf. mit §§ 46, 53 Abs. 1 S. 2, Abs. 2 OWiG):

- Kurzfristige Observation: § 163 Abs. 1 S. 2 StPO[236] – als Rechtsfolge: Ermittlung jeder Art, soweit diese Polizeibefugnis nicht in anderen Rechtsvorschriften besonders geregelt ist;
- Längerfristige Observation: § 163f StPO.[237]

---

[232] Nr. 9.3 VVPolG NRW: „Eine Datenerhebung kann ohne Kenntnis der betroffenen Person u.a. bei öffentlichen Stellen oder Dritten sowie aus allgemein zugänglichen Quellen erfolgen. Eine Datenerhebung durch Befragung Dritter oder durch Auskunftsersuchen bei einer anderen Behörde ist nicht schon deshalb eine **verdeckte Maßnahme**, weil sie ohne Kenntnis der betroffenen Person erfolgt.“. Nr. 9.4 VVPolG NRW: „Eine **verdeckte Datenerhebung** liegt vor, wenn getarnte Maßnahmen zur Datenerhebung vorgenommen werden, insbesondere die Zugehörigkeit zur Polizei bewusst verschleiert wird. Um ein **verdecktes Vorgehen** handelt es sich nicht schon, wenn Polizeivollzugsbeamtinnen oder Polizeivollzugsbeamte Dienst in Zivilkleidung verrichten oder ein äußerlich nicht als solches zu erkennendes Dienstfahrzeug benutzen.“.

gerfristige Observation planmäßig angelegt durchgehend länger als 24 Stunden oder an mehr als an zwei Tagen vorgesehen ist oder

---

236 BVerfGK 16, 1 = BVerfG, Beschluss der Zweiten Kammer des Zweiten Senats vom 02.07.2009 – 2 BvR 1691/07, Rn. 45: „Der Rechtsanwendung des Gerichts liegt die zutreffende Erkenntnis zugrunde, dass eine **kurzfristige Beobachtung** unabhängig von Vorstellung oder Plan der Ermittlungsbehörden spätestens mit Überschreiten der in § 163f Abs. 1 Satz 1 StPO normierten Zeitgrenzen zu einer **längerfristigen Observation** wird, da ansonsten die Verfahrenssicherungen des § 163f StPO durch eine zeitlich unbegrenzte Abfolge für sich genommen kurzfristiger Beobachtungen mit unverändertem Ermittlungsziel unterlaufen werden könnten [Schrifttumsquellen].“, Rn. 51: „Dass sich kurzfristige Beobachtungen bei Überschreiten der Zeitgrenzen rückwirkend auf den Zeitpunkt der ersten Beobachtung zu einer längerfristigen Observation ausweiteten, lässt sich dem Gesetz nicht entnehmen. Auch die Kommentarliteratur, die das Problem eines Umschlagens kurzfristiger Beobachtungen in eine längerfristige Observation thematisiert, lehnt eine solche Rückwirkung ab, wenn sie betont, dass die Maßnahme erst von dem Zeitpunkt an den Anforderungen des § 163f StPO unterworfen ist, in dem erstmals die Voraussetzungen für ihre Längerfristigkeit vorlagen [Schrifttumsquellen].“.

237 BGHSt 46, 266 f. (GPS – **Global Positioning System** gegenüber AIZ – „Antiimperialistische Zelle“) = BGH, Urteil vom 24.01.2001 – 3 StR 324/00 –, Ls.: „1. Die Beweisgewinnung unter Verwendung des satellitengestützten **Navigationssystems ‚Global Positioning System‘** (‚GPS‘) ist von § 100 c Abs. 1 Nr. 1 Buchst. b StPO [a. F., ≙ § 100h Abs. 1 S. 1 Nr. 2 StPO, P. B.] gedeckt. Diese Vorschrift gestattet den Strafverfolgungsbehörden im Wege der Annexkompetenz unter Beachtung des Verhältnismäßigkeitsgrundsatzes auch die Vornahme der für den Einsatz des technischen Mittels notwendigen Begleitmaßnahmen. 2. Trifft der Einsatz des ‚GPS‘ mit anderen je für sich zulässigen Eingriffsmaßnahmen zusammen und führt dies zu einer umfassenden Überwachung der Person, so kann das gegen den Grundsatz der Verhältnismäßigkeit verstoßen. Bei der insoweit erforderlichen Abwägung kommt dem Gewicht der aufzuklärenden Straftat besondere Bedeutung zu. 3. Werden für längerfristige Observationen technische Mittel im Sinne des § 100 c Abs. 1 Nr. 1 Buchst. b StPO [a. F., ≙ § 100h Abs. 1 S. 1 Nr. 2 StPO, P. B.] verwendet, so sind zusätzlich die Anordnungsvoraussetzungen des § 163 f StPO zu beachten.“; im selben Verfahrensgang bestätigt durch BVerfGE 112, 304, Ls. 1-3, S. 319 f. (GPS – Global Positioning System gegenüber AIZ – „Antiimperialistische Zelle“) = BVerfG, Urteil des Zweiten Senats vom 12.04.2005 – 2 BvR 581/01 –, C. I. 3. a), Rn. 61-63: „Beim Einsatz moderner, insbesondere dem Betroffenen verborgener, Ermittlungsmethoden müssen die Strafverfolgungsbehörden mit Rücksicht auf das dem ‚additiven‘ Grundrechtseingriff innewohnende Gefährdungspotential aber besondere Anforderungen an das Verfahren beachten. Es ist sicherzustellen, dass die eine Ermittlungsmaßnahme beantragende oder anordnende Staatsanwaltschaft als primär verantwortlicher Entscheidungsträger über alle Ermittlungseingriffe informiert ist, die den Grundrechtsträger im Zeitpunkt der Antragstellung und im Zeitpunkt einer zeitlich versetzten Ausführung der Maßnahme jeweils treffen; sonst wäre eine verantwortliche Prüfung und Feststellung übermäßiger Belastung nicht möglich. Dazu bedarf es nicht nur – was selbstverständlich ist (vgl. § 168 b Abs. 1, § 199 Abs. 2 Satz 2 StPO) – einer vollständigen Dokumentation aller ausgeführten oder ausführbaren Ermittlungseingriffe in den Akten (vgl. BVerfGE 63, 45 [64]). Darüber hinaus ist – insbesondere durch die Nutzung des länderübergreifenden staatsanwaltschaftlichen Verfahrensregisters (§§ 492 ff. StPO) – sicherzustellen, dass nicht verschiedene Staatsanwaltschaften ohne Wissen voneinander im Rahmen von Doppelverfahren in Grundrechte eingreifen. Für den Fall, dass neben den Strafverfolgungsinstanzen auch Verfassungsschutzbehörden und Nachrichtendienste ermittelnde Maßnahmen anordnen und vollziehen, hat der Gesetzgeber in § 492 Abs. 4 StPO die Möglichkeit geschaffen, dass grundlegende, den Staatsanwaltschaften zugängliche Verfahrensdaten auch den Verfassungsschutzbehörden des Bundes und der Länder, dem Amt für den Militärischen Abschirmdienst und dem Bundesnachrichtendienst zur Verfügung gestellt werden, sofern diesen Behörden ein Auskunftsrecht gegenüber den Strafverfolgungsbehörden zusteht. Diese Regelung, die in erster Linie der Verfahrensvereinfachung dienen sollte (BTDrucks 12/6853, S. 37), hat zugleich eine Voraussetzung für die grundrechtssichernde Abstimmung der Ermittlungstätigkeit geschaffen.“; im selben Verfahrensgang bestätigt durch EGMR, Urteil vom 02.09.2010 – 35623/05.

tatsächlich durchgeführt wird.[233]

Längerfristige Observation:
ist (offene oder verdeckte[234]) Datenerhebung durch planmäßig angelegte Beobachtung – mit oder ohne technische Mittel (vgl. §§ 17, 18 PolG NRW; 100h StPO) und mit oder ohne Begleitmaßnahmen –, die durchgehend länger als 24 Stunden oder an mehr als an zwei Tagen vorgesehen ist oder tatsächlich durchgeführt wird.[235]

(SUB)

Realfolge ist die jeweilige Maßnahme laut Sachverhalt (z.B. das gezielte Beobachten oder eine Anordnung [Begleitverfügung], in bestimmter Art oder Richtung zu stehen oder zu gehen [um besser beobachten zu können], z.B. „Bitte bewegen Sie sich da [bestimmter Weg] entlang!“ / „Bitte bleiben Sie hier stehen!“).

Rechtsfolge ist als Realakt (ggf. mit Begleit-VA[238], vgl. § 35 VwVfG NRW) die Erhebung personenbezogener Daten durch kurzfristige Observation.

---

[233] Vgl. auch Nr. 16a.11 VVPolG NRW: „Erfasst werden von der **Legaldefinition** in § 16a Abs. 1 Satz 1 Maßnahmen (verdeckte und offene Observationen) mit größerer Eingriffsintensität, die einen nicht unerheblichen organisatorischen, personellen und sachlichen Aufwand erfordern.“.

[234] Nr. 9.3 VVPolG NRW: „Eine Datenerhebung kann ohne Kenntnis der betroffenen Person u.a. bei öffentlichen Stellen oder Dritten sowie aus allgemein zugänglichen Quellen erfolgen. Eine Datenerhebung durch Befragung Dritter oder durch Auskunftsersuchen bei einer anderen Behörde ist nicht schon deshalb eine **verdeckte Maßnahme**, weil sie ohne Kenntnis der betroffenen Person erfolgt.“. Nr. 9.4 VVPolG NRW: „Eine **verdeckte Datenerhebung** liegt vor, wenn getarnte Maßnahmen zur Datenerhebung vorgenommen werden, insbesondere die Zugehörigkeit zur Polizei bewusst verschleiert wird. Um ein **verdecktes Vorgehen** handelt es sich nicht schon, wenn Polizeivollzugsbeamtinnen oder Polizeivollzugsbeamte Dienst in Zivilkleidung verrichten oder ein äußerlich nicht als solches zu erkennendes Dienstfahrzeug benutzen.“.

[235] Vgl. auch Nr. 16a.11 VVPolG NRW: „Erfasst werden von der **Legaldefinition** in § 16a Abs. 1 Satz 1 Maßnahmen (verdeckte und offene Observationen) mit größerer Eingriffsintensität, die einen nicht unerheblichen organisatorischen, personellen und sachlichen Aufwand erfordern.“.

[238] **Wohnungstüröffnungs-Verfügung** (je nach Rechtsgebiet VA oder Justiz-VA [z.B.: „Bitte öffnen Sie die Tür!“]) kann bspw. wie folgt – insbesondere über den Zweck – zu subsumieren sein:

- § 9 Abs. 2 PolG NRW / § 163 Abs. 3 StPO / § 163a StPO (Zweck: Befragung / Vernehmung).

(ERG)

Mögliche Befugnisrechtsnorm ist § 16a Abs. 3 PolG NRW.

B. Formelle Rechtmäßigkeit (FR) I. Zuständigkeit (Z)

(VOR/DEF)

Zuständigkeit ist Aufgabenwahrnehmungserlaubnis für den Rechtsfolgesetzer.

(SUB/ERG)

Für die Maßnahme ist die Zuständigkeit (i.d.R.) wie folgt gegeben:

1. sachliche Zuständigkeit *der Polizei* gemäß (alternativ)

- § 1 Abs. 1 S. 1, 2 Var. 1 oder 2 oder 3 PolG NRW (originäre Zuständigkeit) (ggf. i.V.m. § 1 Abs. 2 PolG NRW[239] / ggf. i.V.m. § 1 Abs. 5 S. 2 PolG NRW[240]);
- § 1 Abs. 1 S. 1, 3 PolG NRW (subsidiäre Zuständigkeit);

2. instanzielle Zuständigkeit *der Polizeibehörde* gemäß

- (i.d.R.) § 11 Abs. 1 Nr. 1 POG NRW;
- (generell:) §§ 10-14 POG NRW (ggf. i.V.m. KPBVO NRW / ggf. i.V.m. LKAAufgVO NRW);

- § 12 PolG NRW / § 163b Abs. 1 oder § 163b Abs. 2 StPO (Zweck: IDF jedenfalls ohne Wohnungs-Betretens- und Wohnungs-Durchsuchungszweck [z.B.: IDF-Befragung / IDF-Ausweisverlangen an der Tür]).
- § 16a PolG NRW / § 163f StPO / § 163 Abs. 1 S. 2 StPO (Zweck: Observation jedenfalls ohne Wohnungs-Betretens- und Wohnungs-Durchsuchungszweck [z.B.: Datenerhebung von der Tür aus]).
- § 35 PolG NRW / § 127 Abs. 1 S. 1 Alt. 1 StPO / § 127 Abs. 2 i.V.m. § 112/§ 112a/§ 126a; § 127b StPO; § 164 StPO (Zweck: Ingewahrsamnahme / Festnahme jedenfalls ohne Wohnungs-Betretens- und Wohnungs-Durchsuchungszweck [z.B.: Ingewahrsamnahme / Festnahme an der Tür]).
- § 41 PolG NRW / § 102 StPO oder § 103 StPO (Zweck: Wohnungsbetreten und/oder Wohnungs-durchsuchung).
- § 43 PolG NRW / § 94 Abs. 1 StPO / § 94 Abs. 1, 2 StPO / §§ 94 Abs. 3, 111a StPO, § 69 StGB / §§ 99, 100 StPO / § 108 StPO (§ 110 StPO); / § 111b StPO / § 132 StPO (Zweck: Sicherstellung/Beschlagnahme jedenfalls ohne Wohnungs-Betretens- und Wohnungs-Durchsuchungszweck [z.B.: Sicherstellung/Beschlagnahme an der Tür).
- § 81a StPO / § 81c StPO / § 81g StPO / § 81h StPO (Zweck: der jeweilige „Untersuchungs"-Zweck jedenfalls ohne Wohnungs-Betretens- und Wohnungs-Durchsuchungszweck [z.B.: „Untersuchung" an der Tür]).
- § 8 Abs. 1 PolG NRW / § 163 Abs. 1 S. 2 StPO (Zweck: jedenfalls ein nicht besonders geregelter Zweck jedenfalls ohne Wohnungs-Betretens- und Wohnungs-Durchsuchungszweck).

239 § 1 Abs. 2 PolG NRW hat negative Zuständigkeitsvoraussetzungen; § 1 Abs. 2 PolG NRW ist die sogenannte „**Privatrechtsklausel**"; zum **Privatrecht in der polizeilichen Praxis** ausführlich: *Basten*, Privatrecht in der polizeilichen Praxis.

240 § 1 Abs. 5 S. 2 PolG NRW ist qua Gesetzessystematik eine Zuständigkeitsvorschrift mit negativen Befugnisvoraussetzungen.

3. örtliche Zuständigkeit *der Polizeibehörde* gemäß

- (i.d.R.) § 7 Abs. 1 S. 1 POG NRW (ggf. i.V.m. KHStVO NRW);
- (generell:) §§ 7-9 POG NRW (ggf. i.V.m. KHStVO NRW);

4. funktionelle Zuständigkeit *des Polizeiamtswalters* gemäß

- § 16a Abs. 3 S. 2 W. 7 PolG NRW für Anordnung, Ausführung, Antrag, Anregung.

B. Formelle Rechtmäßigkeit (FR) II. Verfahren (V)

(VOR/DEF)

Verfahren ist normiertes Verhalten insbesondere für den Rechtsfolgezuständigen außer, bei, i.Z.m. der Rechtsfolge.

1. Verfahrensrechtsnormen aus § 16 PolG NRW bei oder i.Z.m. der Observations-Erhebung von Daten, die dem Kernbereich privater Lebensgestaltung zuzurechnen sind

(VOR)

a) § 16 Abs. 2 S. 3 PolG NRW

Gemäß § 16 Abs. 2 S. 3 PolG NRW ist bei (Anhaltspunkten bzgl. einer) Erhebung personenbezogener Daten, die dem Kernbereich privater Lebensgestaltung zuzurechnen sind, die anordnende Stelle über den Verlauf der Maßnahme **unverzüglich** (§ 121 Abs. 1 S. 1 BGB) zu unterrichten.

b) § 16 Abs. 3 PolG NRW

§ 16 Abs. 3 PolG NRW normiert: Bestehen Zweifel hinsichtlich der Kernbereichsrelevanz der erhobenen Daten, sind diese **unverzüglich** (§ 121 Abs. 1 S. 1 BGB) dem oder der behördlichen Datenschutzbeauftragten und einer von dem Behördenleiter oder der Behördenleiterin besonders beauftragten Leitungsperson des höheren Polizeivollzugsdienstes zur Durchsicht vorzulegen. (Im Falle des § 17 Abs. 2 S. 3 PolG NRW erfolgt die Durchsicht durch das zuständige Amtsgericht. § 18 Abs. 4 PolG NRW bleibt unberührt.)

c) § 16 Abs. 4 S. 3 PolG NRW

Gemäß § 16 Abs. 4 S. 3 PolG NRW ist die Tatsache der Erlangung und Löschung von Daten, die dem Kernbereich privater Lebensgestaltung zuzurechnen sind, zu dokumentieren.

(DEF)

Kernbereich privater Lebensgestaltung ist der höchstpersönliche private Lebensbereich mit der Möglichkeit, innere Vorgänge wie Empfindungen und Gefühle sowie Überlegungen, Ansichten und Erlebnisse höchstpersönlicher Art ohne Angst vor staatlicher Überwachung zum

Ausdruck zu bringen; umfasst sind auch Gefühlsäußerungen, Äußerungen des unbewussten Erlebens sowie Ausdrucksformen der Sexualität; wobei das Gegebensein von Daten aus dem Kernbereich privater Lebensgestaltung situationsbedingt und im Einzelfall anhand von Kommunikationsinhalten und -umständen (besonderes Vertrauensverhältnis der kommunizierenden Personen, Ort, erkennbarer Geheimhaltungswille) zu beurteilen ist und Kommunikationsinhalte höchstpersönlicher Art insbesondere sein können:

- Gespräche mit Vertrauenspersonen bzw. engsten Familienangehörigen über existenzielle Fragen (z. B. Todesangst, Suizidgedanken), über schwere physische oder psychische Erkrankungen sowie über privateste familiäre Angelegenheiten (z. B. Abtreibung, Enterbung) sowie die Äußerung tief empfundener Emotionen;
- verbale und nonverbale Äußerungen des Intimlebens (intensive Liebesbezeugungen und Ausdrucksformen der Sexualität);
- vertrauliche Gespräche mit Berufsgeheimnisträgern, wobei grundsätzlich allen Berufsgeheimnisträgern gleicher Schutz zukommt, vgl. insoweit auch § 16 Abs. 5 PolG NRW, § 100d Abs. 5 StPO, § 160a StPO.

Gespräche mit engsten Vertrauten, die Angaben über polizeilich abzuwehrende Gefahren enthalten, gehören schon ihrem Inhalt nach grundsätzlich nicht zu dem unantastbaren Kernbereich privater Lebensgestaltung, und führen daher nicht zur Unterbrechung, denn hinreichender Sozialbezug zur Öffentlichkeitssphäre besteht jedenfalls bei Äußerungen, die sich unmittelbar auf eine konkrete Gefahr beziehen, insbesondere wenn die kommunizierenden Personen für die Gefahren verantwortlich sind.[241]

---

[241] Zum **Kernbereich privater Lebensgestaltung**: vgl. Nr. 16 VVPolG NRW; vgl. auch § 15c Abs. 5, 6, 8 PolG NRW und Nr. 15c.5 VVPolG NRW; § 100d StPO; vgl. Bundestags-Drucksache 13/9660, S. 4; BVerfGE 109, 279, 313 f., 319, 324 (akustische Wohnraumüberwachung/„Großer Lauschangriff") = BVerfG, Urteil des Ersten Senats vom 03.03.2004 – 1 BvR 2378/98; vgl. auch BVerfGE 6, 32, 41; 6, 389, 433; 27, 1, 6 ff.; 32, 373, 379; 80, 367, 376 ff.; 101, 361, 382 ff.; 141, 220, Ls. 1. a), Rn. 120-126; BVerfG, Urteil des Ersten Senats vom 19.05.2020 – 1 BvR 2835/17 (Ausland-Ausland-Fernmeldeaufklärung nach BNDG), Rn. 199-207; BVerfGE 141, 220, 276-278 (BKAG) = BVerfG, Urteil des Ersten Senats vom 20.04.2016 – 1 BvR 966/09 –, C. IV. 3. a) b), Rn. 121-123: „Zur Entfaltung der Persönlichkeit im **Kernbereich privater Lebensgestaltung** gehört die Möglichkeit, innere Vorgänge wie Empfindungen und Gefühle sowie Überlegungen, Ansichten und Erlebnisse höchstpersönlicher Art zum Ausdruck zu bringen (vgl. BVerfGE 109, 279 <313>; 120, 274 <335>; stRspr). Geschützt ist insbesondere die nichtöffentliche Kommunikation mit Personen des höchstpersönlichen Vertrauens, die in der berechtigten Annahme geführt wird, nicht überwacht zu werden, wie es insbesondere bei Gesprächen im Bereich der Wohnung der Fall ist. Zu diesen Personen gehören insbesondere Ehe- oder Lebenspartner, Geschwister und Verwandte in gerader Linie, vor allem, wenn sie im selben Haushalt leben, und können Strafverteidiger, Ärzte, Geistliche und enge persönliche Freunde zählen (vgl. BVerfGE 109, 279 <321 ff.>). Dieser Kreis deckt sich nur teilweise mit dem der Zeugnisverweigerungsberechtigten. Solche Gespräche verlieren dabei nicht schon dadurch ihren Charakter als insgesamt höchstpersönlich, dass sich in ihnen Höchstpersönliches und Alltägliches vermischen (vgl. BVerfGE 109, 279 <330>; 113, 348 <391 f.>). Demgegenüber ist die Kommunikation unmittelbar über Straftaten nicht geschützt, selbst wenn sie auch Höchstpersönliches zum Gegenstand hat. Die Besprechung und Planung von Straftaten gehört ihrem Inhalt nach nicht zum Kernbereich privater Lebensgestaltung, sondern hat Sozialbezug (vgl. BVerfGE 80, 367 <375>; 109, 279 <319 f., 328>; 113, 348 <391>). Dies bedeutet freilich nicht, dass der Kernbereich unter einem allgemeinen Abwägungsvorbehalt in Bezug auf öffentliche Sicherheitsinteressen steht. Ein höchstpersönliches Gespräch fällt nicht schon dadurch aus dem Kernbereich privater Lebensgestaltung heraus, dass es für die Aufklärung von Straftaten oder Gefahren hilfreiche Aufschlüsse geben kann. Aufzeichnungen oder Äußerungen im Zwiegespräch, die zum Beispiel ausschließlich innere Eindrücke und Gefühle wiedergeben und keine Hinweise auf konkrete Straftaten enthalten, gewinnen nicht schon dadurch einen Gemeinschaftsbezug, dass sie Ursachen oder

(SUB/ERG)

Im konkreten Fall sind die Voraussetzungen des § 16 Abs. 2 S. 3, Abs. 3, Abs. 4 S. 3 PolG NRW (alternativ)

- eingehalten bei entsprechenden Anhaltspunkten / bei Fehlen entgegenstehender Anhaltspunkte.
- nicht eingehalten bei entsprechenden Anhaltspunkten / bei Fehlen entgegenstehender Anhaltspunkte.

2. Verfahrensrechtsnormen aus VwVfG NRW bzgl. Observations-(Begleit-)VA (§§ 1, 2, 9, 35 VwVfG NRW)

(VOR/DEF)

a) § 28 VwVfG NRW: Anhörung

Gemäß § 28 VwVfG NRW besteht Pflicht zur **Anhörung** im Sinne des § 28 Abs. 1 VwVfG NRW (Äußerungsgelegenheit mit entsprechender Würdigung vor eingreifendem VA) – oder es soll gegeben sein: ein Ausnahmegrund gemäß § 28 Abs. 2, 3 VwVfG NRW oder VA-Verletzungsunbeachtlichkeit gemäß § 45 VwVfG NRW oder VA-Nichtaufhebbarkeit gemäß § 46 VwVfG NRW.

Gemäß § 28 Abs. 2 VwVfG NRW kann von der Anhörung abgesehen werden, wenn sie nach den Umständen des Einzelfalles nicht geboten ist, insbesondere wenn ein Fall vorliegt gemäß § 28 Abs. 2 Nr. 1-5 VwVfG NRW.

Gebotenheit ist Nichtverfügbarkeit eines milderen, gleich geeigneten Mittels zur Zweckförderung.

Gemäß § 28 Abs. 2 Nr. 1 VwVfG NRW kann von der Anhörung abgesehen werden, wenn eine sofortige Entscheidung wegen Gefahr im Verzug oder im öffentlichen Interesse notwendig erscheint.

Gefahr im Verzug i.S.d. § 28 Abs. 2 Nr. 1 VwVfG NRW ist gegeben, wenn der Handlungsbedarf unvorhergesehen ist und bei Durchführung der eigentlich vorgesehenen Maßnahme,

---

Beweggründe eines strafbaren Verhaltens freizulegen vermögen (vgl. BVerfGE 109, 279 <319>). Auch können trotz Straftatenbezugs Situationen, in denen Einzelnen gerade ermöglicht werden soll, ein Fehlverhalten einzugestehen oder sich auf dessen Folgen einzurichten, wie Beichtgespräche oder vertrauliche Gespräche mit einem Psychotherapeuten oder einem Strafverteidiger, der höchstpersönlichen Privatsphäre unterfallen, die dem Staat absolut entzogen ist (vgl. BVerfGE 109, 279 <322>). Ein hinreichender Sozialbezug besteht demgegenüber dann, wenn Gespräche - auch mit Vertrauenspersonen - sonst unmittelbar Straftaten zu ihrem Gegenstand haben (vgl. BVerfGE 109, 279 <319>). Der Kernbereich privater Lebensgestaltung beansprucht gegenüber allen Überwachungsmaßnahmen Beachtung. Können sie typischerweise zur Erhebung kernbereichsrelevanter Daten führen, muss der Gesetzgeber Regelungen schaffen, die einen wirksamen Schutz normenklar gewährleisten (vgl. BVerfGE 109, 279 <318 f.>; 113, 348 <390 f.>; 120, 274 <335 ff.>). Außerhalb solch verletzungsgeneigter Befugnisse bedarf es eigener Regelungen nicht. Grenzen, die sich im Einzelfall auch hier gegenüber einem Zugriff auf höchstpersönliche Informationen ergeben können, sind bei deren Anwendung unmittelbar von Verfassungs wegen zu beachten.".

hier der Anhörung, der gesetzliche Zweck, hier der jeweilige aus der Aufgabe und Befugnisrechtsnorm, vereitelt oder wesentlich erschwert wird.[242]

Öffentliches Interesse ist die einzelfallbezogene Relevanz eines Rechts oder Rechtsguts nicht ausschließlich bei einem einzelnen Individuum.

Notwendigkeit ist Nichtverfügbarkeit eines milderen, gleich geeigneten Mittels zur Zweckförderung – bis hin zur Alternativlosigkeit der Mittelanwendung.

Gemäß § 28 Abs. 3 VwVfG NRW unterbleibt eine Anhörung, wenn ihr ein zwingendes öffentliches Interesse entgegensteht.

Zwingendes öffentliches Interesse ist die einzelfallbezogene unbedingte Relevanz eines Rechts oder Rechtsguts nicht ausschließlich bei einem einzelnen Individuum.

(SUB/ERG)

Im konkreten Fall ist § 28 VwVfG NRW (alternativ)

- eingehalten insbesondere bei Gelegenheit zur Stellungnahme i.S.d. § 28 Abs. 1 VwVfG NRW;
- eingehalten bei Nichteinhaltung von § 28 Abs. 1 VwVfG NRW und Ausnahmegrund gemäß § 28 Abs. 2, 3 VwVfG NRW;
- nicht eingehalten insbesondere bei Fehlen von Gelegenheit zur Stellungnahme ohne Ausnahmegrund;
- sonst eingehalten oder nicht eingehalten bei Anhaltspunkten / Fehlen entgegenstehender Anhaltspunkte.

(VOR/DEF)

b) § 39 VwVfG NRW: Begründung

Gemäß § 39 VwVfG: § 39 Abs. 1 VwVfG NRW: **Begründung** eines schriftlichen oder elektronischen sowie schriftlich oder elektronisch bestätigten VA (vgl. § 37 Abs. 2 VwVfG NRW) mit den tatsächlich-rechtlichen, nicht unbedingt materiellrechtlich richtigen Behördenerwägungen – oder es soll gegeben sein: ein Ausnahmegrund nach § 39 Abs. 2 VwVfG NRW (insb. § 39 Abs. 2 Nr. 2, 4 VwVfG NRW) oder **VA-Verletzungsunbeachtlichkeit** gemäß § 45 VwVfG NRW oder **VA-Nichtaufhebbarkeit** gemäß § 46 VwVfG NRW.

(SUB/ERG)

Im konkreten Fall ist § 39 VwVfG NRW (alternativ)

---

[242] BVerwGE 142, 205 (Schutzmaßnahme nach IfSG) = BVerwG, Urteil vom 22.03.2012 – BVerwG 3 C 16.11: „Gefahr im Verzug im Sinne von § 28 Abs. 2 Nr. 1 VwVfG ist anzunehmen, wenn durch eine vorherige Anhörung auch bei Gewährung kürzester Anhörungsfristen ein Zeitverlust einträte, der mit hoher Wahrscheinlichkeit zur Folge hätte, dass die behördliche Maßnahme zu spät käme, um ihren Zweck noch zu erreichen. Ob eine sofortige Entscheidung objektiv notwendig war oder die Behörde eine sofortige Entscheidung zumindest für notwendig halten durfte, ist vom Gericht aus ex-ante-Sicht zu beurteilen (Urteil vom 15. Dezember 1983 - BVerwG 3 C 27.82 - BVerwGE 68, 267 <271 f.> = Buchholz 316 § 28 VwVfG Nr. 9 S. 18). Hierbei ist wegen der Bedeutung des Anhörungsrechts als tragendem Prinzip des rechtsstaatlichen Verfahrens ein strenger Maßstab anzulegen (vgl. Kopp/Ramsauer, VwVfG, 12. Aufl. 2011, § 28 Rn. 3 und Rn. 46 m.w.N.).“.

- eingehalten bei Fehlen von Begründungspflicht bei rechtmäßigem Fehlen von schriftlichem oder elektronischem, schriftlich oder elektronisch bestätigtem VA (i.d.R. jedenfalls zunächst bei Maßnahmen i.S.d. § 80 Abs. 2 S. 1 Nr. 2 VwGO);
- eingehalten bei Begründung bei schriftlichem oder elektronischem, schriftlich oder elektronisch bestätigtem VA (z.B. im Rahmen von „Bescheinigungen"; „Mitteilungen", „Anschreiben-VA" [„Auflagenanschreiben"; „Gefährderanschreiben", „Meldeauflagenanschreiben"], „HG-Schriftverfügung") und bei Nichtvorliegen eines Ausnahmegrundes i.S.v. § 39 Abs. 2 VwVfG NRW;
- eingehalten bei Ausnahmegrund nach § 39 Abs. 2 VwVfG NRW, insbesondere wegen bekannter oder erkennbarer Sach- und Rechtslage gemäß § 39 Abs. 2 Nr. 2 Var. 1 oder 2 VwVfG NRW;
- sonst eingehalten oder nicht eingehalten bei Anhaltspunkten / Fehlen entgegenstehender Anhaltspunkte.

Art. 13 Abs. 2-7 GG: „Im Übrigen" können – insbesondere bei Fehlen von verfassungsmäßigen einfachgesetzlichen Konkretisierungen von Art. 13 Abs. 2-7 GG – Art. 13 Abs. 2-7 GG alternativ direkt anwendbare Rechtsgrundlagen mit Rechtmäßigkeitsvoraussetzungen bilden.

(ERG Verfahren)

Ergebnis kann allgemein sein: Verfahrensrechtmäßigkeit oder Verfahrensrechtswidrigkeit der Maßnahme.

B. Formelle Rechtmäßigkeit (FR) III. Form (F)

(VOR/DEF)

Form ist normiertes Wie der Rechtsfolgesetzung – schriftlich, elektronisch, mündlich oder in anderer Weise.

(SUB/ERG)

Im konkreten Fall (alternativ)

- ist bei Fehlen von VA § 37 Abs. 2-6 VwVfG NRW unanwendbar.
- ist bei Fehlen von VA und Fehlen speziellerer Formrechtsnormen Formfreiheit gegeben.
- ist bei VA und Fehlen speziellerer Formrechtsnormen anwendbar: § 37 Abs. 2 bis 6 VwVfG NRW.
- kann gemäß § 37 Abs. 2 S. 1 VwVfG NRW der VA schriftlich, elektronisch, mündlich oder in anderer Weise erlassen werden.
- braucht gemäß § 37 Abs. 2 S. 2 VwVfG NRW der mündliche VA schriftlich oder elektronisch nicht bestätigt zu werden, wenn hieran kein berechtigtes Interesse besteht und der Betroffene dies nicht unverzüglich verlangt.

Ergebnis kann allgemein sein: Formrechtmäßigkeit oder Formrechtswidrigkeit der Maßnahme.

C. Materielle Rechtmäßigkeit (MR) I. Tatbestand (Tb) / Tatbestandsvoraussetzungen (TBV)

(VOR/DEF)

Tatbestand ist das Gesamt der (materiell-rechtlichen) Rechtsfolge(setzungs)bedingungen. / **Tatbestandsvoraussetzungen** sind materiell-rechtliche Rechtsfolgesetzungsbedingungen.

1. TBV für die Observation aus § 16a Abs. 3 S. 2 PolG NRW

(VOR)

Gemäß § 16a Abs. 3 S. 2 PolG NRW kann die Polizei durch eine kurzfristige Observation personenbezogene Daten [...] nur erheben, soweit dies

- zum Zwecke der Gefahrenabwehr (§ 1 Abs. 1)
- erforderlich ist und ohne diese Maßnahme die Erfüllung der polizeilichen Aufgabe gefährdet wird.[243]

Gemäß § 9 Abs. 7 PolG NRW ist Datenerhebung zu unbestimmten oder noch nicht bestimmbaren Zwecken unzulässig; also ist Datenerhebung nur nur zu bestimmten oder bestimmbaren Zwecken zulässig.[244] Der bestimmte oder bestimmbare Zweck im Sinne des § 9 Abs. 7 PolG NRW ist derjenige der jeweils näher bestimmten oder bestimmbaren polizeilichen Gefahrenabwehr im Sinne des § 16a Abs. 3 S. 2 i.V.m. § 1 Abs. 1 PolG NRW.

(DEF)

Gefahrenabwehr (§ 1 Abs. 1 PolG NRW) umfasst die Abwehr aller Gefahren für die öffentliche Sicherheit oder Ordnung, damit auch bereits die abstrakte Gefahr.[245]

Abstrakte Gefahr ist eine Sachlage im einzelnen Fall, die bei ungehindertem Geschehensverlauf in absehbarer Zeit nach allgemeiner Lebenserfahrung oder den Erkenntnissen fachkundiger Stellen mit hinreichender Wahrscheinlichkeit typischerweise zu einem Schaden für ein Schutzgut führt.[246]

---

243 Vgl. auch Nr. 16a.4 VVPolG NRW: „Eine kurzfristige Observation ist abzubrechen, sobald sie die in § 16a Abs. 1 vorgegebenen Zeitkriterien überschreitet und nicht zwischenzeitlich die materiellen und formellen Voraussetzungen für die längerfristige Observation erfüllt werden.".

244 Nr. 9.5 VVPolG NRW: „Für die Datenerhebung gilt der Zweckbindungsgrundsatz. Eine Datenerhebung auf Vorrat ist unzulässig, soweit sie nicht ausdrücklich geregelt ist.".

245 Auch die abstrakte Gefahr im Zusammenhang mit der Zweckformulierung zur Gefahrenabwehr in § 16a Abs. 3 S. 2 PolG NRW nennend: *Nimtz/Thiel*, Eingriffsrecht Nordrhein-Westfalen, S. 240.

246 Zur abstrakten Gefahr: *Basten*, Eingriffsrecht der Polizei in Nordrhein-Westfalen, Band 1, S. 246-248, mit weiteren Abgrenzungen und Nachweisen. Vgl. § 2 Nr. 6 NPOG; § 4 Nr. 3h SächsPVDG („abstrakte Gefahr"); § 4 Nr. 3i SächPVDG („Abwehr einer Gefahr"); § 3 Nr. 3f SOG LSA, § 54 Nr. 3e Thüringer OBG; vgl. auch Nr. 1.12 VVPolG NRW: „§ 1 Abs. 1 stellt auf die abstrakte Gefahr ab und umfasst damit auch alle Fälle, in denen bereits eine konkrete Gefahr vorliegt.".

Ungehinderter Geschehensverlauf in absehbarer Zeit ist eine überschaubar zusammenhängende Ereigniskette ohne entscheidende Veränderung oder Unterbrechung.

Hinreichende Wahrscheinlichkeit ist gegeben bei entsprechendem Ergebnis einer Diagnose von Tatsachen und tatsächlicher Anhaltspunkte sowie einer Prognose von Art und Ausmaß potentieller Rechtseingriffe und -schäden.[247]

Schaden für ein rechtliches Schutzgut ist jede nachteilige Beeinträchtigung eines bestimmten Schutzguts.

Schutzgüter sind gemäß § 16a Abs. 3 PolG NRW, § 1 Abs. 1 PolG NRW die **öffentliche Sicherheit**, nämlich Rechte und Rechtsgüter des Einzelnen, die Rechtsordnung, die Funkti-

---

[247] BVerwG, Urteil vom 20.08.2003 – BVerwG 6 CN 5.02 (Hundehalterverordnung), Gründe, II.: „Maßgebliches Kriterium zur Feststellung einer Gefahr ist die hinreichende Wahrscheinlichkeit des Schadenseintritts (vgl. Urteil vom 26. Februar 1974 - BVerwG 1 C 31.72 - BVerwGE 45, 51, 57).“; sog. **„differenzierender Wahrscheinlichkeitsmaßstab“** (**„Je-desto-Formel“** / **„Variabilitätsformel“**), vgl. BVerwGE 116, 347, 356 (Gefahrtierverordnung) = BVerwG, Urteil vom 03.07.2002 – BVerwG 6 CN 8.01: „Richtig ist, dass der Grad der Wahrscheinlichkeit des Schadenseintritts, der für die Annahme einer Gefahr erforderlich ist, von der Größe und dem Gewicht des drohenden Schadens abhängt: Die Wahrscheinlichkeit des Schadenseintritts muss umso größer sein, je geringer der möglicherweise eintretende Schaden ist, und sie darf umso kleiner sein, je schwerer der etwa eintretende Schaden wiegt (vgl. Urteil vom 2. Juli 1991 – BVerwG 1 C 4.90 – BVerwGE 88, 348, 351).“; BVerwG, Urteil vom 10.07.2012 – BVerwG 1 C 19.11, Rn. 16: […] „da jede sicherheitsrechtliche Gefahrenprognose nach den allgemeinen Grundsätzen des Gefahrenabwehrrechts eine Korrelation aus Eintrittswahrscheinlichkeit und (möglichem) Schadensausmaß ist. An die Wahrscheinlichkeit des Schadenseintritts sind umso geringere Anforderungen zu stellen, je größer und folgenschwerer der möglicherweise eintretende Schaden ist (Urteile vom 6. September 1974 - BVerwG 1 C 17.73 - BVerwGE 47, 31 <40>; vom 17. März 1981 - BVerwG 1 C 74.76 - BVerwGE 62, 36 <39> und vom 3. Juli 2002 - BVerwG 6 CN 8.01 - BVerwGE 116, 347 <356>).“; BVerwG, Urteil vom 15.01.2013 – BVerwG 1 C 10.12, Rn. 16: „Auch die […] auf der Grundlage aller Umstände des Einzelfalles vorzunehmende Beurteilung […] kann im Hinblick auf die erforderliche Wahrscheinlichkeit des Schadenseintritts den Rang des bedrohten Rechtsguts nicht außer Acht lassen, denn dieser bestimmt die mögliche Schadenshöhe. Das bedeutet aber nicht, dass bei hochrangigen Rechtsgütern […] bereits jede auch nur entfernte Möglichkeit eine Wiederholungsgefahr begründet.“; BVerfGE 115, 320, 360 (Rasterfahndung II) = BVerfG, Beschluss des Ersten Senats vom 04.04.2006 – 1 BvR 518/02 –, Rn. 136: „Im Hinblick auf den Verhältnismäßigkeitsgrundsatz im engeren Sinne hat der Gesetzgeber die Ausgewogenheit zwischen der Art und Intensität der Grundrechtsbeeinträchtigung einerseits und den zum Eingriff berechtigenden Tatbestandselementen andererseits, wie der Einschreitschwelle, der geforderten Tatsachenbasis und dem Gewicht der geschützten Rechtsgüter, zu wahren (vgl. BVerfGE 100, 313 <392 ff.>). Je gewichtiger die drohende oder erfolgte Rechtsgutbeeinträchtigung und je weniger gewichtig der Grundrechtseingriff ist, um den es sich handelt, desto geringer darf die Wahrscheinlichkeit sein, mit der auf eine drohende oder erfolgte Verletzung des Rechtsguts geschlossen werden kann, und desto weniger fundierend dürfen gegebenenfalls die Tatsachen sein, die dem Verdacht zugrunde liegen (vgl. BVerfGE 100, 313 <392>; 110, 33 <60>; 113, 348 <386>). Die Anforderungen an den Wahrscheinlichkeitsgrad und die Tatsachenbasis der Prognose dürfen allerdings nicht beliebig herabgesenkt werden, sondern müssen auch in angemessenem Verhältnis zur Art und Schwere der Grundrechtsbeeinträchtigung und zur Aussicht auf den Erfolg des beabsichtigten Rechtsgüterschutzes stehen. Selbst bei höchstem Gewicht der drohenden Rechtsgutbeeinträchtigung kann auf das Erfordernis einer hinreichenden Wahrscheinlichkeit nicht verzichtet werden. Auch muss als Voraussetzung eines schweren Grundrechtseingriffs gewährleistet bleiben, dass Annahmen und Schlussfolgerungen einen konkret umrissenen Ausgangspunkt im Tatsächlichen besitzen (vgl. BVerfGE 113, 348 <386>). Insbesondere lässt die Verfassung grundrechtseingreifende Ermittlungen ‚ins Blaue hinein‘ nicht zu (vgl. BVerfGE 112, 284 <297>; BVerfG, Beschluss der 1. Kammer des Ersten Senats vom 6. April 1989 - 1 BvR 33/87 -, NJW 1990, S. 701 <702>).“.

onsfähigkeit des Staates[248] oder die **öffentliche Ordnung**, nämlich die Gesamtheit jener ungeschriebenen Regeln für das Verhalten des Einzelnen in der Öffentlichkeit, deren Beachtung nach den jeweils herrschenden Anschauungen als unerlässliche Voraussetzung eines geordneten Gemeinschaftslebens betrachtet wird[249].

(SUB)

Unter Auslegung des Geschehens und Anwendung des Wahrscheinlichkeitsmaßstabs führt bei abstrakt-genereller Betrachtungsweise ohne die Maßnahme ungehinderter Geschehensverlauf typischerweise in absehbarer Zeit (alternativ: nicht) mit hinreichender Wahrscheinlichkeit zu einer nachteiligen Beeinträchtigung rechtlicher Schutzgüter der öffentlichen Sicherheit (oder der öffentlichen Ordnung), nämlich je nach Fall:

- Individualrechte oder Individualrechtsgüter, insbesondere nach Art. 1-20, 33, 38, 101, 103 GG;
- Rechtsordnung, insbesondere nach Art. 20 Abs. 3 GG, Gefahrenabwehrvorschriften, Strafvorschriften, Ordnungswidrigkeitenahndungsvorschriften;
- Funktionsfähigkeit der Polizei, insbesondere bezüglich Art. 20 Abs. 3 GG, § 1 PolG NRW, § 163 Abs. 1 S. 1 StPO, § 53 Abs. 1 S. 1 OWiG.

(ERG)

Im konkreten Fall ist (alternativ)

- Gefahrenabwehr i.S.d. § 16a Abs. 3 PolG NRW gegeben.
- nicht Gefahrenabwehr i.S.d. § 16a Abs. 3 PolG NRW gegeben.

2. (Negative) TBV aus § 16 PolG NRW für die Observations-Datenerhebung von Daten, die dem Kernbereich privater Lebensgestaltung zuzurechnen sind

(VOR)

Gemäß § 16 Abs. 1 PolG NRW ist die Erhebung personenbezogener Daten, die dem Kernbereich privater Lebensgestaltung zuzurechnen sind, unzulässig, vgl. auch § 16 Abs. 5 PolG NRW und die BVerfG-Rechtsprechung i.V.m. § 31 BVerfGG.

---

248 Legaldefinitionen Öffentliche Sicherheit: § 2 Nr. 2 BremPolG, § 4 Nr. 1 SächsPVDG, § 3 Nr. 1 SOG LSA, § 54 Nr. 1 Thüringer OBG; vgl. auch Nr. 1.11 VVPolG NRW.

249 PrOVGE 91, 139 f.; BVerfGE 69, 315, 352 (Brokdorf) = BVerfG, Beschluss des Ersten Senats vom 14.05.1985 – 1 BvR 233, 341/81 –, C. II. 2. b), Rn. 78: „Unter ‚öffentlicher Ordnung‘ wird die Gesamtheit der ungeschriebenen Regeln verstanden, deren Befolgung nach den jeweils herrschenden sozialen und ethischen Anschauungen als unerläßliche Voraussetzung eines geordneten menschlichen Zusammenlebens innerhalb eines bestimmten Gebiets angesehen wird.“; Legaldefinitionen Öffentliche Ordnung: § 4 Nr. 1 SächsPVDG, § 3 Nr. 1 SOG LSA, § 54 Nr. 2 Thüringer OBG; § 4 Nr. 2 SächsPVDG; § 3 Nr. 2 SOG LSA; § 54 Nr. 2 ThürOBG; vgl. auch Nr. 1.11 VVPolG NRW.

(DEF)

Kernbereich privater Lebensgestaltung ist der höchstpersönliche private Lebensbereich mit der Möglichkeit, innere Vorgänge wie Empfindungen und Gefühle sowie Überlegungen, Ansichten und Erlebnisse höchstpersönlicher Art ohne Angst vor staatlicher Überwachung zum Ausdruck zu bringen; umfasst sind auch Gefühlsäußerungen, Äußerungen des unbewussten Erlebens sowie Ausdrucksformen der Sexualität; wobei das Gegebensein von Daten aus dem Kernbereich privater Lebensgestaltung situationsbedingt und im Einzelfall anhand von Kommunikationsinhalten und -umständen (besonderes Vertrauensverhältnis der kommunizierenden Personen, Ort, erkennbarer Geheimhaltungswille) zu beurteilen ist und Kommunikationsinhalte höchstpersönlicher Art insbesondere sein können:

- Gespräche mit Vertrauenspersonen bzw. engsten Familienangehörigen über existenzielle Fragen (z. B. Todesangst, Suizidgedanken), über schwere physische oder psychische Erkrankungen sowie über privateste familiäre Angelegenheiten (z. B. Abtreibung, Enterbung) sowie die Äußerung tief empfundener Emotionen;
- verbale und nonverbale Äußerungen des Intimlebens (intensive Liebesbezeugungen und Ausdrucksformen der Sexualität);
- vertrauliche Gespräche mit Berufsgeheimnisträgern, wobei grundsätzlich allen Berufsgeheimnisträgern gleicher Schutz zukommt, vgl. insoweit auch § 16 Abs. 5 PolG NRW, § 100d Abs. 5 StPO, § 160a StPO.

Gespräche mit engsten Vertrauten, die Angaben über polizeilich abzuwehrende Gefahren enthalten, gehören schon ihrem Inhalt nach grundsätzlich nicht zu dem unantastbaren Kernbereich privater Lebensgestaltung, und führen daher nicht zur Unterbrechung, denn hinreichender Sozialbezug zur Öffentlichkeitssphäre besteht jedenfalls bei Äußerungen, die sich unmittelbar auf eine konkrete Gefahr beziehen, insbesondere wenn die kommunizierenden Personen für die Gefahren verantwortlich sind.[250]

---

[250] Zum **Kernbereich privater Lebensgestaltung**: vgl. Nr. 16 VVPolG NRW; vgl. auch § 15c Abs. 5, 6, 8 PolG NRW und Nr. 15c.5 VVPolG NRW; § 100d StPO; vgl. Bundestags-Drucksache 13/9660, S. 4; BVerfGE 109, 279, 313 f., 319, 324 (akustische Wohnraumüberwachung/„Großer Lauschangriff") = BVerfG, Urteil des Ersten Senats vom 03.03.2004 – 1 BvR 2378/98; vgl. auch BVerfGE 6, 32, 41; 6, 389, 433; 27, 1, 6 ff.; 32, 373, 379; 80, 367, 376 ff.; 101, 361, 382 ff.; 141, 220, Ls. 1. a), Rn. 120-126; BVerfG, Urteil des Ersten Senats vom 19.05.2020 – 1 BvR 2835/17 (Ausland-Ausland-Fernmeldeaufklärung nach BNDG), Rn. 199-207; BVerfGE 141, 220, 276-278 (BKAG) = BVerfG, Urteil des Ersten Senats vom 20.04.2016 – 1 BvR 966/09 –, C. IV. 3. a) b), Rn. 121-123: „Zur Entfaltung der Persönlichkeit im **Kernbereich privater Lebensgestaltung** gehört die Möglichkeit, innere Vorgänge wie Empfindungen und Gefühle sowie Überlegungen, Ansichten und Erlebnisse höchstpersönlicher Art zum Ausdruck zu bringen (vgl. BVerfGE 109, 279 <313>; 120, 274 <335>; stRspr). Geschützt ist insbesondere die nichtöffentliche Kommunikation mit Personen des höchstpersönlichen Vertrauens, die in der berechtigten Annahme geführt wird, nicht überwacht zu werden, wie es insbesondere bei Gesprächen im Bereich der Wohnung der Fall ist. Zu diesen Personen gehören insbesondere Ehe- oder Lebenspartner, Geschwister und Verwandte in gerader Linie, vor allem, wenn sie im selben Haushalt leben, und können Strafverteidiger, Ärzte, Geistliche und enge persönliche Freunde zählen (vgl. BVerfGE 109, 279 <321 ff.>). Dieser Kreis deckt sich nur teilweise mit dem der Zeugnisverweigerungsberechtigten. Solche Gespräche verlieren dabei nicht schon dadurch ihren Charakter als insgesamt höchstpersönlich, dass sich in ihnen Höchstpersönliches und Alltägliches vermischen (vgl. BVerfGE 109, 279 <330>; 113, 348 <391 f.>). Demgegenüber ist die Kommunikation unmittelbar über Straftaten nicht geschützt, selbst wenn sie auch Höchstpersönliches zum Gegenstand hat. Die Besprechung und Planung von Straftaten gehört ihrem Inhalt nach nicht zum Kernbereich privater Lebensgestaltung, sondern hat Sozialbezug (vgl. BVerfGE 80, 367 <375>; 109, 279 <319 f., 328>; 113, 348 <391>). Dies

(SUB/ERG)

Im konkreten Fall sind die Voraussetzungen des § 16 Abs. 1, 5 PolG NRW (alternativ)

- erfüllt bei entsprechenden Anhaltspunkten / bei Fehlen entgegenstehender Anhaltspunkte.
- nicht erfüllt bei entsprechenden Anhaltspunkten / bei Fehlen entgegenstehender Anhaltspunkte.

Art. 13 Abs. 2-7 GG: „Im Übrigen" können – insbesondere bei Fehlen von verfassungsmäßigen einfachgesetzlichen Konkretisierungen von Art. 13 Abs. 2-7 GG – Art. 13 Abs. 2-7 GG alternativ direkt anwendbare Rechtsgrundlagen mit Rechtmäßigkeitsvoraussetzungen bilden.

C. Materielle Rechtmäßigkeit (MR) II. Inanspruchnahme (In) / Inanspruchnahmevoraussetzungen (Inv)

(VOR/DEF)

Inanspruchnahmevoraussetzungen sind materiell-rechtliche Bedingungen für richtige Inanspruchnahme.

Inanspruchnahme ist Adressierung und sonstiges Betroffenmachen; **Adressierung** ist direktes Bestimmen oder finales Richten einer Maßnahme an einen Grundrechtsträger, vgl. §§ 41 Abs. 1 S. 1, 43 Abs. 1 S. 1 VwVfG NRW.

---

bedeutet freilich nicht, dass der Kernbereich unter einem allgemeinen Abwägungsvorbehalt in Bezug auf öffentliche Sicherheitsinteressen steht. Ein höchstpersönliches Gespräch fällt nicht schon dadurch aus dem Kernbereich privater Lebensgestaltung heraus, dass es für die Aufklärung von Straftaten oder Gefahren hilfreiche Aufschlüsse geben kann. Aufzeichnungen oder Äußerungen im Zwiegespräch, die zum Beispiel ausschließlich innere Eindrücke und Gefühle wiedergeben und keine Hinweise auf konkrete Straftaten enthalten, gewinnen nicht schon dadurch einen Gemeinschaftsbezug, dass sie Ursachen oder Beweggründe eines strafbaren Verhaltens freizulegen vermögen (vgl. BVerfGE 109, 279 <319>). Auch können trotz Straftatenbezugs Situationen, in denen Einzelnen gerade ermöglicht werden soll, ein Fehlverhalten einzugestehen oder sich auf dessen Folgen einzurichten, wie Beichtgespräche oder vertrauliche Gespräche mit einem Psychotherapeuten oder einem Strafverteidiger, der höchstpersönlichen Privatsphäre unterfallen, die dem Staat absolut entzogen ist (vgl. BVerfGE 109, 279 <322>). Ein hinreichender Sozialbezug besteht demgegenüber dann, wenn Gespräche - auch mit Vertrauenspersonen - sonst unmittelbar Straftaten zu ihrem Gegenstand haben (vgl. BVerfGE 109, 279 <319>). Der Kernbereich privater Lebensgestaltung beansprucht gegenüber allen Überwachungsmaßnahmen Beachtung. Können sie typischerweise zur Erhebung kernbereichsrelevanter Daten führen, muss der Gesetzgeber Regelungen schaffen, die einen wirksamen Schutz normenklar gewährleisten (vgl. BVerfGE 109, 279 <318 f.>; 113, 348 <390 f.>; 120, 274 <335 ff.>). Außerhalb solch verletzungsgeneigter Befugnisse bedarf es eigener Regelungen nicht. Grenzen, die sich im Einzelfall auch hier gegenüber einem Zugriff auf höchstpersönliche Informationen ergeben können, sind bei deren Anwendung unmittelbar von Verfassungs wegen zu beachten.".

(SUB/ERG)

Gemäß § 16a Abs. 3 S. 2 PolG NRW ist Inanspruchnahme grundsätzlich richtig gegen folgende Personen: die in §§ 4-5 PolG NRW genannten und andere Personen.[251]

Im konkreten Fall ist (alternativ)

- die Person richtigerweise in Anspruch genommen/adressiert
- die Person nicht richtigerweise in Anspruch genommen/adressiert.

C. Materielle Rechtmäßigkeit (MR) III. Rechtsfolge (Rf) / Rechtsfolgevoraussetzungen (RfV)

(VOR/DEF)

Rechtsfolge ist rechtliche Folge aus dem Tatbestand. / **Rechtsfolgevoraussetzungen** sind materiell-rechtliche Rechtsfolgegestaltungs-Bedingungen.

C. Materielle Rechtmäßigkeit (MR) III. Rechtsfolge (Rf) 1. Tatsächliche und rechtliche Möglichkeit (TurM)

(VOR/DEF)

Tatsächliche und rechtliche Möglichkeit betrifft Fälle wie aus § 44 Abs. 2 Nr. 4-6 VwVfG NRW.

(SUB/ERG)

Im konkreten Fall ist tatsächliche und rechtliche Möglichkeit (alternativ)

- gegeben wegen Vorliegens von kognitiven, körperlichen, normativen, technischen Unmöglichkeiten.
- nicht gegeben wegen Nichtvorliegens von kognitiven, körperlichen, normativen, technischen Unmöglichkeiten.

Tatsächliche Unmöglichkeiten können sich insbesondere ergeben aus persönlichen oder örtlichen Umständen, etwa dem Aufenthalt einer Zielperson (= Adressat) an einem Ort, von dem aus oder an dem sie zur maßgeblichen Zeit nicht beoachtet werden kann und das Hindernis

---

[251] Nr. 16a.12 VVPolG NRW: „Bei der suchfähigen Speicherung der Daten von Kontakt- und Begleitpersonen in Dateien ist § 24 Abs. 4 [a.F., vgl. § 22 PolG NRW, P. B.] zu beachten. Als **Kontaktpersonen** können nur die Personen angesehen werden, die enge persönliche, dienstliche oder geschäftliche Beziehungen zu der Zielperson unterhalten. **Begleitpersonen** sind Personen, die - ohne enge persönliche, dienstliche oder geschäftliche Beziehungen zu der Zielperson zu unterhalten - nicht nur kurzfristig mit ihr angetroffen werden. Daher dürften z.B. Verkäufer, Bedienungspersonal oder (Taxi-)Fahrer in der Regel keine Begleitpersonen, sondern allenfalls andere Personen i.S.d. § 16 Abs. 1 Satz 2 sein.“; Nr. 16a.13 VVPolG NRW: „Keine Begleitpersonen, sondern allenfalls **andere Personen** i. S. d. Abs.1 Satz 2, sind z.B. Verkäufer, Bedienungspersonal oder Taxifahrer, da sie nur kurzfristig mit Zielpersonen zusammentreffen.“.

auch nicht durch Aufenthalts- oder Bewegungsverfügung an die Zielperson (= Adressat) oder Verfügungen an Dritte beseitigt werden kann.

Rechtliche Unmöglichkeiten können sich insbesondere ergeben aus Rechtsnormen wie § 16 PolG NRW.

C. Materielle Rechtmäßigkeit (MR) III. Rechtsfolge (Rf) 2. Bestimmtheit (B)

(VOR/DEF)

Bestimmtheit ist Maßnahmenerkennbarkeit und Maßnahmenverstehbarkeit, bei VA und Realakten Gebot nach Art. 20 Abs. 3 GG, bei VA Pflicht auch gemäß § 37 Abs. 1 VwVfG NRW; vgl. bei Datenerhebungsmaßnahmen auch § 9 Abs. 7 PolG NRW.

Gemäß § 9 Abs. 7 PolG NRW ist Datenerhebung zu unbestimmten oder noch nicht bestimmbaren Zwecken unzulässig; also ist Datenerhebung nur nur zu bestimmten oder bestimmbaren Zwecken zulässig.[252] Der bestimmte oder bestimmbare Zweck im Sinne des § 9 Abs. 7 PolG NRW ist derjenige der jeweils näher bestimmten oder bestimmbaren polizeilichen Gefahrenabwehr im Sinne des § 16a Abs. 3 S. 2 i.V.m. § 1 Abs. 1 PolG NRW.

(SUB/ERG)

Inhaltlich hinreichende Bestimmtheit i.S.d. § 37 Abs. 1 VwVfG NRW/Art. 20 Abs. 3 GG ist allgemein gegeben, wenn nach Auslegung der Maßnahme der Erklärungsempfänger wie jeder vernünftige Dritte, §§ 133, 157 BGB analog, in der konkreten Situation deren Inhalt hinreichend erkennen und verstehen kann, insbesondere wie folgt:

- dass die Polizei ggü./mit dem Maßnahmenempfänger/Erklärungsempfänger (wer)
- aus bestimmten Gefahrenabwehrgründen (warum)
- zu einer spezifischen Zeit (wann)
- bezweckt, dass die Situation sicher verhindert/unterbunden/aufgeklärt werden soll (was)
- und zwar durch spezifische Beobachtung und gegebenenfalls (angeordnete oder auszuführende) Verhaltensweisen (wie).

C. Materielle Rechtmäßigkeit (MR) III. Rechtsfolge (Rf) 3. Ermessen (Erm)

(VOR/DEF)

Ermessen[253] ist Entscheidungsspielraum auf der Rechtsfolgenseite bzgl. rechtsfehlerfreier Ausübung von Einschreit-Entschließung (Ob), Adressaten-Auswahl (Wer), Maßnahmen-

---

[252] Nr. 9.5 VVPolG NRW: „Für die Datenerhebung gilt der Zweckbindungsgrundsatz. Eine Datenerhebung auf Vorrat ist unzulässig, soweit sie nicht ausdrücklich geregelt ist.“.

[253] Zum Ermessen einschließlich Rechtsnatur, Ermessensarten, Ermessensreduzierungen, Ermessensfehlern, Maßnahmenansprüchen mit Beispielen siehe auch: *Basten*, Eingriffsrecht der Polizei in Nordrhein-Westfalen, Band 1, S. 271-283.

Gestaltung (Wie), grundsätzlich gegeben durch § 16a Abs. 3 S. 2 W. 5 PolG NRW, § 3 PolG NRW; bei VA auch: § 40 VwVfG NRW.

(SUB/ERG)

Der gegebene Entscheidungsspielraum wird (alternativ je nach Fall) aufgrund von entsprechenden Amhaltspunkten/in Ermangelung entgegenstehender Anhaltspunkte ohne Ermessensfehler/mit Ermessensfehlern (Ermessensunterschreitung, Ermessensüberschreitung, Ermessensfehlgebrauch) ausgeübt bzgl. folgender Ermessensarten:

a) Entschließungsermessen:

Das Entschließungsermessen kann im konkreten Fall sogar gegen / auf Null reduziert sein, insbesondere wegen:

- Einschreitmöglichkeit;
- Erheblichkeitsgrad von Gefährdungen, z.B. konkreter (dringender, erheblicher, gegenwärtiger) Gefahr.

b) Auswahlermessen:

siehe C. II.: Auswahlermessen wird abschließend beurteilt i.V.m. Punkt C. II. (Inanspruchnahme)

c) Gestaltungsermessen:

siehe C. III. 4.: Gestaltungsermessen, § 3 Abs. 2 PolG NRW (Austauschmittel), vgl. auch Observationsmethoden wie Offenheit oder Verdecktheit und bzgl. Observationsmittel §§ 17, 18 PolG NRW; dies wird abschließend beurteilt i.V.m. Punkt C. III. 4. (VHM).

C. Materielle Rechtmäßigkeit (MR) III. Rechtsfolge (Rf) 4. Verhältnismäßigkeit (VHM)

(VOR/DEF)

Verhältnismäßigkeit ist Geeignetheit, Erforderlichkeit, Angemessenheit zu legitimem Zweck.

(VOR/DEF)

a) Legitimer Zweck ist verfassungsgemäßer Zweck, vgl. auch § 2 Abs. 2, 3 PolG NRW. Gemäß § 16a Abs. 3 S. 2 PolG NRW kann die Polizei durch eine kurzfristige Observation personenbezogene Daten […] nur erheben, soweit dies

- zum Zwecke der Gefahrenabwehr (§ 1 Abs. 1)
- erforderlich ist und ohne diese Maßnahme die Erfüllung der polizeilichen Aufgabe gefährdet wird.[254]

[254] Vgl. auch Nr. 16a.4 VVPolG NRW: „Eine kurzfristige Observation ist abzubrechen, sobald sie die in § 16a Abs. 1 vorgegebenen Zeitkriterien überschreitet und nicht zwischenzeitlich die materiellen und formellen Voraussetzungen für die längerfristige Observation erfüllt werden.“.

Gemäß § 9 Abs. 7 PolG NRW ist Datenerhebung zu unbestimmten oder noch nicht bestimmbaren Zwecken unzulässig; also ist Datenerhebung nur nur zu bestimmten oder bestimmbaren Zwecken zulässig.[255] Der bestimmte oder bestimmbare Zweck im Sinne des § 9 Abs. 7 PolG NRW ist derjenige der jeweils näher bestimmten oder bestimmbaren polizeilichen Gefahrenabwehr im Sinne des § 16a Abs. 3 S. 2 i.V.m. § 1 Abs. 1 PolG NRW.

(SUB/ERG)

Im konkreten Fall verfolgt die kurzfristige Observation (alternativ)

- einen legitimen Zweck, nämlich die verfassungsgemäße Abwehr von Gefahr für rechtlich relevante Schutzgüter, (wie z.B.) für Personenrechte, Vermögenswerte, Volksgesundheit[256], Rechtsordnung insgesamt, Art. 2 Abs. 2 S. 1, 2 GG, Art. 14 Abs. 1 S. 1 Alt. 1 GG, Art. 20 Abs. 3 GG.
- keinen legitimen Zweck.

Im konkreten Fall ist Bestimmtheit oder Bestimmbarkeit des (legitimen VHM-)Zwecks aus § 16a Abs. 3 S. 2 PolG NRW (alternativ)

- gegeben durch Bestimmung/Bestimmbarmachung des (legitimen VHM-)Zwecks i.S.v. § 16a Abs. 3 S. 2 PolG NRW.
- nicht gegeben wegen Unbestimmtheit oder Nichtbestimmbarkeit des (legitimen VHM-)Zwecks i.S.v. § 16a Abs. 3 S. 2 PolG NRW.

(VOR/DEF)

b) Geeignetheit ist Zweckförderungstauglichkeit, vgl. auch § 2 Abs. 3 PolG NRW.

(SUB/ERG)

Im konkreten Fall ist die kurzfristige Observation (alternativ)

- geeignet (zum Beispiel mit folgenden Varianten:)
    - mit Förderung durch Beobachtung von Tatsachen, die für Gefahrenabwehr von Bedeutung sind;
    - mit Übersicht über das Geschehen für rechtzeitige Gefahrverhinderungsmöglichkeit;
    - mit Förderung durch Verhaltenssteuerung (ggf. mit Abschreckungseffekt) über (offene) Beobachtung für einen Gefahrenabwehrzweck.
- ungeeignet.

(VOR/DEF)

c) Erforderlichkeit ist Nichtverfügbarkeit eines milderen (Übermaßverbot), gleich geeigneten (Untermaßverbot) Mittels zur Zweckförderung, vgl. § 9 Abs. 1 S. 2 i.V.m. § 22a PolG NRW, vgl. auch § 2 Abs. 1 PolG NRW.

---

[255] Nr. 9.5 VVPolG NRW: „Für die Datenerhebung gilt der Zweckbindungsgrundsatz. Eine Datenerhebung auf Vorrat ist unzulässig, soweit sie nicht ausdrücklich geregelt ist.".

[256] Vgl. Rechtsgüterschutz durch Gesetze wie AMG, AntiDopG, BtMG, NpSG.

Gemäß § 16a Abs. 3 S. 2 PolG NRW kann die Polizei durch eine kurzfristige Observation personenbezogene Daten [...] nur erheben, soweit dies

- zum Zwecke der Gefahrenabwehr (§ 1 Abs. 1)
- erforderlich ist und ohne diese Maßnahme die Erfüllung der polizeilichen Aufgabe gefährdet wird.[257]

Personenbezogenes Datum besonderer Kategorie ist eines im Sinne des § 36 Nr. 18 DSG NRW.

Unbedingte Erforderlichkeit ist Nichtverfügbarkeit eines milderen, gleich geeigneten Mittels zur Zweckförderung – bis hin zum Angewiesensein auf das Mittel.

(SUB/ERG)

Im konkreten Fall ist die kurzfristige Observation (alternativ)

- erforderlich im hypothetischen Vergleich mit generell milderen, jedoch nicht gleich geeigneten Maßnahmen (Untermaßverbot) wie (z.B.) selbständiger Verfügung, § 8 PolG NRW, Platzverweisung, § 34 PolG NRW (Tatortverlagerung/Nichtaufklärbarkeit) oder Nichtstun oder mit gleich geeigneten, aber generell intensiveren Mitteln (Übermaßverbot, Interventionsminimum) wie Freiheitsentziehung oder Zwangsmaßnahmen.
- nicht erforderlich.

(VOR/DEF)

d) **Angemessenheit** ist angemessenes Maß zwischen Zweckförderung für Erhaltungsgüter und Wirkungen für Eingriffsgüter, vgl. auch § 2 Abs. 2 PolG NRW.

(SUB/ERG)

Im konkreten Fall ist die Maßnahme (alternativ)

- angemessen, insbesondere desto eher bei einer Datenerhebung, je mehr diese zum Schutz gewichtiger Rechte und Rechtsgüter (wie zum Beispiel aus Art. 2 Abs. 2 S. 1 GG, Art. 2 Abs. 2 S. 2 GG, Art. 14 Abs. 1 S. 1 Alt. 1 GG, Art. 20 Abs. 3 GG) erfolgt und desto eher bei einer Datenerhebung in einer Sphäre des allgemeinen Persönlichkeitsrechts aus Art. 2 Abs. 1 i.V.m. Art. 1 Abs. 1 GG, je eher diese Datenerhebung in der **Öffentlichkeitssphäre** (Bereich bewusster eigener Zuwendung zur Öffentlichkeit bis hin zum Status als Person des öffentlichen Lebens) erfolgt, also je weiter diese weg ist von der Intimsphäre bzw. dem **Kernbereich privater Lebensgestaltung**[258] oder zumindest je weiter diese weg ist von der **Privatsphäre** (Privatleben, insbesondere häuslicher Bereich, Familie) oder von der **Sozialsphäre** (Sozial- und Wirtschaftsleben, insbesondere im Zusammenhang mit Beruf, Ehrenamt, wirtschaftliche Tätigkeiten).

---

[257] Vgl. auch Nr. 16a.4 VVPolG NRW: „Eine kurzfristige Observation ist abzubrechen, sobald sie die in § 16a Abs. 1 vorgegebenen Zeitkriterien überschreitet und nicht zwischenzeitlich die materiellen und formellen Voraussetzungen für die längerfristige Observation erfüllt werden.“.

[258] Vgl. Nr. 15c.51 VVPolG NRW und Nr. 16 VVPolG NRW; vgl. Bundestags-Drucksache 13/9660, S. 4; BVerfGE 109, 279, 313 f., 319, 324 (akustische Wohnraumüberwachung/„Großer Lauschangriff“) = BVerfG, Urteil des Ersten Senats vom 03.03.2004 - 1 BvR 2378/98; vgl. auch BVerfGE 6, 32, 41; 6, 389, 433; 27, 1, 6 ff.; 32, 373, 379; 80, 367, 376 ff.; 101, 361, 382 ff.; 141, 220, Ls. 1. a), Rn. 120-126.

- unangemessen.

(ERG VHM)

Die Maßnahme ist insgesamt i.S.v. § 2 PolG NRW, Art. 20 Abs. 3 GG (alternativ)

- verhältnismäßig.
- unverhältnismäßig.

D. Gesamtergebnis (GErg)

Die (kurzfristige) Observation ist (alternativ)

- gemäß § 16a Abs. 3 PolG NRW rechtmäßig.
- wegen Art./§ (bestimmter Rechtsnorm [z.B. Art. 20 Abs. 3 GG; § 16 PolG NRW]) rechtswidrig.

ABSCHNITT 5:

KURZFRISTIGE OBSERVATION, § 163 ABS. 1 S. 2 (GGF. I.V.M. §§ 46, 53 ABS. 1 S. 2, ABS. 2 OWIG)

A. Rechtsgrundlage (RGL) I. Grundrechte (GR)

(VOR/DEF)

Grundrechte sind grundlegende Rechte aus Art. 1-19 GG i.V.m. dem Rechtsstaatsprinzip, Art. 20 Abs. 3 GG, mit Vorrang und Vorbehalt des Gesetzes.[259]

(SUB/ERG)

Grundrechte sind (i.d.R. alternativ, nicht kumulativ) insbesondere wie folgt gegeben (hier Reihenfolge nach Häufigkeit – jeweilige GR-Einschlägigkeit ist fallabhängig):

1. Allgemeines Persönlichkeitsgrundrecht[260] mit verschiedenen Ausprägungen[261], etwa in der Ausprägung des **Rechts auf informationelle Selbstbestimmung** (APR/RiS), Art. 2 Abs.

---

[259] Zu **Grundrechten**: *Basten*, Eingriffsrecht der Polizei in Nordrhein-Westfalen, Band 1, Buch 1, Abschnitt 2, Unterabschnitt 3. Zum **Rechtsstaatsprinzip** mit unter anderem sogenanntem Vorrang des Gesetzes und Vorbehalt des Gesetzes: *Basten*, Eingriffsrecht der Polizei in Nordrhein-Westfalen, Band 1, S. 95-108.

[260] BVerfGE 147, 1, 18 f. (**Geschlechtsidentität**) = BVerfG, Beschluss des Ersten Senats vom 10.10.2017 – 1 BvR 2019/16 –, Rn. 38: „Art. 2 Abs. 1 GG gewährt jedem das **Recht auf die freie Entfaltung seiner Persönlichkeit**. Dieses Grundrecht umfasst neben der allgemeinen Handlungsfreiheit das **allgemeine Persönlichkeitsrecht** (Art. 2 Abs. 1 i.V.m. Art. 1 Abs. 1 GG). Letzteres ergänzt als ‚unbenanntes' Freiheitsrecht die speziellen (‚benannten') Freiheitsrechte, die ebenfalls konstituierende Elemente der Persönlichkeit schützen (vgl. BVerfGE 54, 148 <153>). Eine der **Aufgaben des allgemeinen Persönlichkeitsrechts** ist es dabei, Grundbedingungen dafür zu sichern, dass die einzelne Person ihre Individualität selbstbestimmt entwickeln und wahren kann (vgl. BVerfGE 35, 202 <220>; 79, 256 <268>; 90, 263 <270>; 117, 202 <225>). Das allgemeine Persönlichkeitsrecht schützt indessen nur solche **Elemente der Persönlichkeitsentfaltung**, die - ohne bereits Gegenstand der besonderen Freiheitsgarantien des Grundgesetzes zu sein - diesen in ihrer konstituierenden Bedeutung für die Persönlichkeit nicht nachstehen (vgl. BVerfGE 79, 256 <268>; 99, 185 <193>; 120, 274 <303>; stRspr). Es verbürgt also nicht Schutz gegen alles, was die selbstbestimmte Persönlichkeitsentwicklung auf irgendeine Weise beeinträchtigen könnte; ohnehin vermag kein Mensch seine Individualität unabhängig von äußeren Gegebenheiten und Zugehörigkeiten zu entwickeln. Der lückenschließende Schutz des allgemeinen Persönlichkeitsrechts greift aber dann, wenn die selbstbestimmte Entwicklung und Wahrung der Persönlichkeit spezifisch gefährdet ist (BVerfGE 141, 186 <201 f. Rn. 32>).".

BVerfG, Beschluss des Ersten Senats vom 06.11.2019 – 1 BvR 16/13 – (Recht auf Vergessen I), Rn. 81: „Diese [**APR-]Rechtsprechung** hat sich maßgeblich in Konstellationen der mittelbaren Drittwirkung und geleitet von dem Erfordernis praktischer Konkordanz entwickelt. Deshalb bestimmen sich die Schutzdimensionen des allgemeinen Persönlichkeitsrechts letztlich immer einzelfallbezogen im Abgleich mit den Grundrechten Dritter. Die Bestimmung seiner Schutzwirkungen und die Abwägung mit den gegenüberstehenden Freiheitsrechten greifen hier Hand in Hand. Der Schutz des allgemeinen Persönlichkeitsrechts ist insoweit flexibel und durch die Einbindung der Person in ihre sozialen Beziehungen relativiert (vgl. BVerfGE 101, 361 <380>; 141, 186 <202 Rn. 32>; 147, 1 <19 Rn. 38>; stRspr; siehe auch BGHZ 183, 353 <357 Rn. 11>; 209, 139 <150 Rn. 30>; 219, 233 <240 Rn. 22>; stRspr).".

Vgl. „**Allgemeines Persönlichkeitsrecht**" (APR) als „sonstiges Recht" (sog. **Rahmenrecht** mit [grundrechts-]abwägungsoffenem Tatbestand) nach § 823 Abs. 1 Var. 6 BGB, u.a. mit Geldentschädigungsanspruch, insbesondere durch ständige Rechtsprechung (vgl. auch § 253 BGB) seit folgender Entwicklung: BGHZ 13, 334 (Leserbrief), mit erstmaliger ausdrücklicher Anerkennung des allgemeinen Persönlichkeitsrechts; BGHZ 26, 349 (Herrenreiter), mit erstmaliger Zuerkennung einer Geldentschädigung wegen des immateriellen Schadens durch die Verletzung des allgemeinen Persönlichkeitsrechts; BGHZ 35, 363 (Ginsengwurzel), mit erstmaliger Schwerpunktsetzung bei der Menschenwürde in der Begründung;

BVerfGE 34, 269 (Soraya), mit verfassungsgerichtlicher Erklärung der verfassungsrechtlichen Zulässigkeit der richterrechtlich entwickelten APR-Konstruktion.

[261] BVerfG, Beschluss des Ersten Senats vom 06.11.2019 – 1 BvR 16/13 – (Recht auf Vergessen I), Rn. 80: „Die Rechtsprechung hat aus dem [**Allgemeinen Persönlichkeits-]Grundrecht** insoweit verschiedene **Schutzdimensionen** abgeleitet wie den **Schutz eines unantastbaren Bereichs privater Lebensgestaltung**, die Garantie der **Privatsphäre**, das **Recht am eigenen Bild** oder **gesprochenen Wort** oder das **Recht auf die Darstellung der eigenen Person**, die **soziale Anerkennung** sowie die **persönliche Ehre** (vgl. BVerfGE 27, 1 <6>; 27, 344 <350 f.>; 32, 373 <379>; 34, 238 <245 f.>; 47, 46 <73>; 54, 148 <153 f.>; 99, 185 <193 f.>; 101, 361 <384>; 106, 28 <39>; 114, 339 <346>; 120, 180 <198>).“ „Diese Schutzgehalte werden insoweit aber nicht als abschließend umschriebene und voneinander abzugrenzende Gewährleistungen verstanden, sondern als Ausprägungen, die in Blick auf den konkreten Schutzbedarf jeweils anhand des zu entscheidenden Falles herauszuarbeiten sind (vgl. BVerfGE 54, 148 <153 f.>; 65, 1 <41>).“.

BVerfGE 65, 1 (Volkszählungsgesetz), Ls. 1 = BVerfG, Urteil des Ersten Senats vom 15.12.1983 – 1 BvR 209/83, Ls. 1: „Unter den Bedingungen der modernen Datenverarbeitung wird der Schutz des Einzelnen gegen unbegrenzte Erhebung, Speicherung, Verwendung und Weitergabe seiner persönlichen Daten von dem **allgemeinen Persönlichkeitsrecht** des Art. 2 Abs. 1 GG in Verbindung mit Art. 1 Abs. 1 GG umfaßt. Das [**Allgemeine Persönlichkeits-]Grundrecht** gewährleistet insoweit die Befugnis des Einzelnen, grundsätzlich selbst über die Preisgabe und Verwendung seiner persönlichen Daten zu bestimmen.“; BVerfG, Beschluss des Ersten Senats vom 06.11.2019 – 1 BvR 16/13 – (Recht auf Vergessen I), Rn. 80: „Das **Recht auf informationelle Selbstbestimmung** ist von der Rechtsprechung als eigene Ausprägung des allgemeinen Persönlichkeitsrechts mit einem gegenüber den anderen Ausprägungen selbständigen Gewährleistungsgehalt entwickelt worden und behält diesen auch, soweit es als verfassungsrechtliche Wertentscheidung in das Zivilrecht einstrahlt. Dementsprechend enthält es keinen gesamthaften Schutzanspruch hinsichtlich jederlei Umgangs mit Informationen, der die übrigen Schutzdimensionen des Grundrechts allgemein übergreifen und zusammenführen würde, sondern lässt deren Wertungen und Abwägungsregeln unberührt.“; BVerfGE 120, 274, 311 f. (Online-Durchsuchung) = BVerfG, Urteil des Ersten Senats vom 27.02.2008 – 1 BvR 370/07 –, Rn. 198 f. „Das **Recht auf informationelle Selbstbestimmung** geht über den **Schutz der Privatsphäre** hinaus. Es gibt dem Einzelnen die Befugnis, grundsätzlich selbst über die Preisgabe und Verwendung seiner persönlichen Daten zu bestimmen (vgl. BVerfGE 65, 1 <43>; 84, 192 <194>). Es flankiert und erweitert den grundrechtlichen Schutz von Verhaltensfreiheit und Privatheit, indem es ihn schon auf der Stufe der Persönlichkeitsgefährdung beginnen lässt. Eine derartige Gefährdungslage kann bereits im Vorfeld konkreter Bedrohungen benennbarer Rechtsgüter entstehen, insbesondere wenn personenbezogene Informationen in einer Art und Weise genutzt und verknüpft werden können, die der Betroffene weder überschauen noch verhindern kann. Der Schutzumfang des **Rechts auf informationelle Selbstbestimmung** beschränkt sich dabei nicht auf Informationen, die bereits ihrer Art nach sensibel sind und schon deshalb grundrechtlich geschützt werden. Auch der Umgang mit personenbezogenen Daten, die für sich genommen nur geringen Informationsgehalt haben, kann, je nach dem Ziel des Zugriffs und den bestehenden Verarbeitungs- und Verknüpfungsmöglichkeiten, grundrechtserhebliche Auswirkungen auf die Privatheit und Verhaltensfreiheit des Betroffenen haben (vgl. BVerfG, Beschluss vom 13. Juni 2007 - 1 BvR 1550/03 u.a. -, NJW 2007, S. 2464 <2466>). Die mit dem Recht auf informationelle Selbstbestimmung abzuwehrenden Persönlichkeitsgefährdungen ergeben sich aus den vielfältigen Möglichkeiten des Staates und gegebenenfalls auch privater Akteure (vgl. BVerfG, Beschluss der 1. Kammer des Ersten Senats vom 23. Oktober 2006 - 1 BvR 2027/02 -, JZ 2007, S. 576) zur Erhebung, Verarbeitung und Nutzung personenbezogener Daten. Vor allem mittels elektronischer Datenverarbeitung können aus solchen Informationen weitere Informationen erzeugt und so Schlüsse gezogen werden, die sowohl die grundrechtlich geschützten Geheimhaltungsinteressen des Betroffenen beeinträchtigen als auch Eingriffe in seine Verhaltensfreiheit mit sich bringen können (vgl. BVerfGE 65, 1 <42>; 113, 29 <45 f.>; 115, 320 <342>; BVerfG, Beschluss vom 13. Juni 2007 - 1 BvR 1550/03 u.a. -, NJW 2007, S. 2464 <2466>).“.

BVerfGE 109, 279, 325-327 (akustische Wohnraumüberwachung / „Großer Lauschangriff“) = BVerfG, Urteil des Ersten Senats vom 03.03.2004 – 1 BvR 2378/98, 1084/99 –, Rn. 159-163: „Das aus Art. 2 Abs. 1 in Verbindung mit Art. 1 Abs. 1 GG folgende **allgemeine Persönlichkeitsrecht** kommt neben

Art. 13 Abs. 1 GG allerdings nicht zur Anwendung, soweit Eingriffe in die **räumliche Privatsphäre des Wohnungsinhabers** zu überprüfen sind. Art. 13 Abs. 1 GG enthält eine spezielle Gewährleistung des **Schutzes vor staatlicher akustischer Überwachung der räumlichen Privatsphäre**, die die allgemeinere Vorschrift insoweit verdrängt (vgl. BVerfGE 100, 313 [358] zu Art. 10 GG). Mit dem **Recht, in der Wohnung ungestört zu sein**, und dem **Recht am eigenen in der Wohnung gesprochenen Wort** schützt Art. 13 Abs. 1 GG gerade den Teil der **Privatsphäre**, den sonst das allgemeine Persönlichkeitsrecht gewährleistet. Dieses Recht ergänzt als unbenanntes Freiheitsrecht die speziellen Freiheitsrechte, die ebenfalls konstituierende Elemente der Persönlichkeit schützen (vgl. BVerfGE 54, 148 <153 f.>), nur insoweit, als Letztere keinen Schutz gewähren. Der **Schutz des allgemeinen Persönlichkeitsrechts aus Art. 2 Abs. 1 in Verbindung mit Art. 1 Abs. 1 GG** greift hingegen ein, soweit von der Wohnraumüberwachung Personen betroffen werden, die sich nicht auf Art. 13 Abs. 1 GG berufen können. **Grundrechtsträger des Art. 13 Abs. 1 GG** ist jeder Inhaber oder Bewohner eines Wohnraums, unabhängig davon, auf welchen Rechtsverhältnissen die Nutzung des Wohnraums beruht. Bei mehreren Bewohnern einer Wohnung steht das Grundrecht jedem Einzelnen, bei Familien mithin jedem Familienmitglied zu. Maßnahmen der Wohnraumüberwachung können aber nicht nur **Wohnungsinhaber**, sondern auch **zufällig in einer Wohnung Anwesende** erfassen. Diese Personen sind zwar nicht in ihrem Grundrecht aus Art. 13 Abs. 1 GG, wohl aber in ihrem **allgemeinen Persönlichkeitsrecht** betroffen. Der Schutz aus Art. 2 Abs. 1 in Verbindung mit Art. 1 Abs. 1 GG kann insofern allerdings nicht weiter reichen als derjenige aus Art. 13 Abs. 1 und 3 GG. Der Schutz der **räumlichen Privatsphäre und des allgemeinen Persönlichkeitsrechts** kann schließlich in Einzelfällen durch weitere Grundrechtsgarantien ergänzt sein. So wird das **Gespräch zwischen Eheleuten in der eigenen Wohnung** nicht nur von Art. 13 Abs. 1 GG, sondern zusätzlich durch Art. 6 Abs. 1 GG geschützt. Auch in Bezug auf die **Kommunikation mit Berufsgeheimnisträgern** können neben dem grundrechtlichen **Schutz der räumlichen Privatsphäre** Grundrechte in Betracht kommen, die - wie etwa Art. 4 GG im Hinblick auf das Gespräch mit einem Geistlichen - der besonderen Schutzbedürftigkeit der Kommunizierenden Rechnung tragen.".

BVerfG, Beschluss des Ersten Senats vom 06.11.2019 – 1 BvR 16/13 – (Recht auf Vergessen I), Ls. 3 S. 1: „Von den **äußerungsrechtlichen Schutzdimensionen** ist das **Recht auf informationelle Selbstbestimmung** als eine eigene Ausprägung des allgemeinen Persönlichkeitsrechts zu unterscheiden." BVerfG, Beschluss des Ersten Senats vom 06.11.2019 – 1 BvR 16/13 – (Recht auf Vergessen I), Rn. 90: „Ausgehend von dem **Ziel des Rechts auf informationelle Selbstbestimmung**, Schutz vor Gefahren angesichts neuartiger Möglichkeiten der Datenverarbeitung zu gewähren (vgl. BVerfGE 65, 1 <42>), ist es primär als Gewährleistung zu verstehen, die – neben der ungewollten Preisgabe von Daten auch im Rahmen privater Rechtsbeziehungen (vgl. BVerfGE 84, 192 <194>) – insbesondere vor deren intransparenter Verarbeitung und Nutzung durch Private schützt. Es bietet Schutz davor, dass Dritte sich individueller Daten bemächtigen und sie in nicht nachvollziehbarer Weise als Instrument nutzen, um die Betroffenen auf Eigenschaften, Typen oder Profile festzulegen, auf die sie keinen Einfluss haben und die dabei aber für die freie Entfaltung der Persönlichkeit sowie eine gleichberechtigte Teilhabe in der Gesellschaft von erheblicher Bedeutung sind. Der Gehalt dieses Rechts ist dabei entwicklungsoffen, so dass es auch weitere persönlichkeitsgefährdende Entwicklungen der Informationsverarbeitung aufnehmen kann.".

BVerfG, Beschluss des Ersten Senats vom 06.11.2019 – 1 BvR 16/13 – (Recht auf Vergessen I), Rn. 91: „[Vom Recht auf informationelle Selbstbestimmung] zu unterscheiden ist der **Schutz vor der Verarbeitung personenbezogener Berichte und Informationen als Ergebnis eines Kommunikationsprozesses**. Der Schutzbedarf gründet hier nicht in der intransparenten Zuweisung von Persönlichkeitsmerkmalen und -profilen durch Dritte, sondern in der sichtbaren Verbreitung bestimmter Informationen im öffentlichen Raum. Gefährdungen für die Persönlichkeitsentfaltung ergeben sich hier vornehmlich aus Form und Inhalt der Veröffentlichung selbst. Schutz gegenüber solchen Gefährdungen bieten die **äußerungsrechtlichen Ausprägungen des allgemeinen Persönlichkeitsrechts unabhängig vom Recht auf informationelle Selbstbestimmung**. Zwar kann es auch dabei maßgeblich auf die Art der Informationserlangung ankommen. Jedoch hat diese hier ihre Bedeutung als Vorfrage für die Beurteilung des weiteren Umgangs mit einer bestimmten Äußerung und des damit in die Öffentlichkeit gestellten Bildes einer Person selbst.".

BVerfG, Beschluss des Ersten Senats vom 06.11.2019 – 1 BvR 16/13 – (**Recht auf Vergessen** I), Ls. 2b): „Bei der Entscheidung über einen Schutzanspruch kommt der Zeit unter den Kommunikationsbedingungen des Internets ein spezifisches Gewicht zu. Die Rechtsordnung muss davor schützen, dass sich eine Person frühere Positionen, Äußerungen und Handlungen unbegrenzt vor der Öffentlichkeit vorhalten lassen muss. Erst die Ermöglichung eines Zurücktretens vergangener Sachverhalte eröffnet den Einzelnen die Chance zum Neubeginn in Freiheit. Zur Zeitlichkeit der Freiheit gehört die Möglichkeit des Vergessens.".

BVerfGE 120, 274, 311 (Online-Durchsuchung) = BVerfG, Urteil des Ersten Senats vom 27.02.2008 – 1 BvR 370/07 –, Rn. 197: „In seiner Ausprägung als **Schutz der Privatsphäre** [als **Privatangelegenheitenschutz** und **Rückzugsraumbereichsschutz** – beides **gegenüber der Öffentlichkeit**, vgl. **Sphärentheorie** mit **Intimsphäre, Privatsphäre, Sozialsphäre** und vgl. **Kernbereich privater Lebensgestaltung**] gewährleistet das allgemeine Persönlichkeitsrecht dem Einzelnen einen räumlich und thematisch bestimmten Bereich, der grundsätzlich frei von unerwünschter Einsichtnahme bleiben soll (vgl. BVerfGE 27, 344 <350 ff.>; 44, 353 <372 f.>; 90, 255 <260>; 101, 361 <382 f.>)."; BVerfGE 101, 361, 382-385 (Caroline von Monaco II) = BVerfG, Urteil vom 15.12.1999 – 1 BvR 653/96 –, Rn. 75-82: „Im Unterschied zum **Recht am eigenen Bild** bezieht sich der **Schutz der Privatsphäre**, der ebenfalls im **allgemeinen Persönlichkeitsrecht** wurzelt, nicht speziell auf Abbildungen, sondern ist **thematisch und räumlich** bestimmt. Er umfaßt zum einen **Angelegenheiten** [**Privatangelegenheitenschutz**], die wegen ihres Informationsinhalts typischerweise als ‚**privat**' eingestuft werden, weil ihre **öffentliche** Erörterung oder Zurschaustellung als unschicklich gilt, das Bekanntwerden als peinlich empfunden wird oder nachteilige Reaktionen der Umwelt auslöst, wie es etwa bei Auseinandersetzungen mit sich selbst in **Tagebüchern** (BVerfGE 80, 367), bei **vertraulicher Kommunikation unter Eheleuten** (BVerfGE 27, 344), im Bereich der **Sexualität** (BVerfGE 47, 46; 49, 286 [BVerfGE 120, 224, 238 f. (Geschwisterbeischlaf) = BVerfGE, Beschluss des Zweiten Senats vom 26.02.2008 – 2 BvR 392/07 –, Rn. 32 f.: „Das allgemeine Persönlichkeitsrecht in seiner Ausprägung als **Recht auf sexuelle Selbstbestimmung**"/„**Intim- und Sexualbereich des Menschen als Teil seiner Privatsphäre**, P. B.]), bei **sozial abweichendem Verhalten** (BVerfGE 44, 353) oder bei **Krankheiten** (BVerfGE 32, 373) der Fall ist. Fehlte es hier an einem **Schutz vor der Kenntniserlangung anderer**, wären die Auseinandersetzung mit sich selbst, die unbefangene Kommunikation unter Nahestehenden, die sexuelle Entfaltung oder die Inanspruchnahme ärztlicher Hilfe beeinträchtigt oder unmöglich, obwohl es sich um grundrechtlich geschützte Verhaltensweisen handelt. Zum anderen erstreckt sich der Schutz auf einen **räumlichen Bereich** [**Raumbereichsschutz**], in dem der Einzelne zu sich kommen, sich entspannen oder auch gehen lassen kann (vgl. BVerfGE 27, 1 [6]). Zwar bietet auch dieser Bereich Gelegenheit, sich in einer Weise zu verhalten, die nicht für die **Öffentlichkeit** bestimmt ist und deren Beobachtung oder Darstellung durch Außenstehende für den Betroffenen peinlich oder nachteilig wäre. Im Kern geht es aber um einen **Raum**, in dem er die Möglichkeit hat, frei von **öffentlicher Beobachtung** und damit der von ihr erzwungenen Selbstkontrolle zu sein, auch ohne daß er sich dort notwendig anders verhielte als in der **Öffentlichkeit**. Bestünden solche **Rückzugsbereiche** nicht mehr, könnte der Einzelne psychisch überfordert sein, weil er unausgesetzt darauf achten müßte, wie er auf andere wirkt und ob er sich richtig verhält. Ihm fehlten die Phasen des Alleinseins und Ausgleichs, die für die Persönlichkeitsentfaltung notwendig sind und ohne die sie nachhaltig beeinträchtigt würde. Ein derartiges Schutzbedürfnis besteht auch bei Personen, die aufgrund ihres Ranges oder Ansehens, ihres Amtes oder Einflusses, ihrer Fähigkeiten oder Taten besondere **öffentliche** Beachtung finden. Wer, ob gewollt oder ungewollt, zur Person des **öffentlichen** Lebens geworden ist, verliert damit nicht sein Anrecht auf eine **Privatsphäre**, die den Blicken der **Öffentlichkeit** entzogen bleibt. Das gilt auch für demokratisch gewählte Amtsträger, die zwar für ihre Amtsführung **öffentlich** rechenschaftspflichtig sind und sich in diesem Umfang **öffentliche** Aufmerksamkeit gefallen lassen müssen, nicht aber für ihr **Privatleben**, sofern dieses die Amtsführung nicht berührt. Der **häusliche Bereich** [vgl. ggf. spezielleren Art. 13 GG i.V.m. BVerfGE 109, 279, 325 f.] stellt anerkanntermaßen eine solche geschützte Sphäre dar. Wegen des Bezugs auf die Entfaltung der Persönlichkeit darf der **Rückzugsbereich** jedoch nicht von vornherein auf ihn begrenzt werden. Das gilt schon deshalb, weil die Funktionen, denen er dient, nur erfüllt werden, wenn er nicht an den Hausmauern oder Grundstücksgrenzen endet. Die freie Entfaltung der Persönlichkeit wäre erheblich behindert, wenn der Einzelne nur im eigenen Haus der **öffentlichen** Neugier entgehen könnte. Die notwendige Erholung von einer durch Funktionszwänge und Medienpräsenz geprägten **Öffentlichkeit** ist vielfach nur in der **Abgeschiedenheit einer natürlichen Umgebung**, **etwa an einem Ferienort**, zu gewinnen.

Deswegen muß der Einzelne grundsätzlich die Möglichkeit haben, sich auch in der freien, gleichwohl **abgeschiedenen Natur oder an Örtlichkeiten, die von der breiten Öffentlichkeit deutlich abgeschieden sind**, in einer von **öffentlicher** Beobachtung freien Weise zu bewegen. Das gilt gerade gegenüber solchen Aufnahmetechniken, die die **räumliche Abgeschiedenheit** überwinden, ohne daß der Betroffene dies bemerken kann. Wo die Grenzen der geschützten **Privatsphäre außerhalb des Hauses** verlaufen, läßt sich nicht generell und abstrakt festlegen. Sie können vielmehr nur aufgrund der jeweiligen Beschaffenheit des **Ortes** bestimmt werden, den der Betroffene aufsucht. Ausschlaggebend ist, ob der Einzelne eine **Situation** vorfindet oder schafft, in der er begründetermaßen und somit auch für Dritte erkennbar davon ausgehen darf, den Blicken der **Öffentlichkeit** nicht ausgesetzt zu sein. Ob die Voraussetzungen der **Abgeschiedenheit** erfüllt sind, läßt sich nur situativ beurteilen. Der Einzelne kann sich an ein und demselben **Ort** zu Zeiten mit gutem Grund unbeobachtet fühlen, zu anderen Zeiten nicht. Auch ist der Aufenthalt in umschlossenen **Räumen** keineswegs immer mit **Abgeschiedenheit** gleichzusetzen. Da es um die Frage geht, ob der Einzelne begründetermaßen erwarten darf, unbeobachtet zu sein, oder aber **Plätze** aufgesucht hat, wo er sich unter den Augen der **Öffentlichkeit** bewegt, kann es auch in umschlossenen Räumen an der **Abgeschiedenheit** fehlen, die Voraussetzung für den **Privatsphärenschutz** außerhalb der eigenen **Häuslichkeit** ist. **Plätzen, an denen sich der Einzelne unter vielen Menschen befindet**, fehlt es von vornherein an den Voraussetzungen des **Privatsphärenschutzes** im Sinn von Art. 2 Abs. 1 in Verbindung mit Art. 1 Abs. 1 GG. Sie können das **Rückzugsbedürfnis** nicht erfüllen und rechtfertigen deswegen auch nicht den grundrechtlichen Schutz, den dieses Bedürfnis aus Gründen der Persönlichkeitsentfaltung verdient. Der Einzelne kann solche **Orte** auch nicht etwa durch ein Verhalten, das typischerweise nicht **öffentlich** zur Schau gestellt würde, in seine **Privatsphäre** umdefinieren. Nicht sein Verhalten, ob allein oder mit anderen, konstituiert die **Privatsphäre**, sondern die **objektive Gegebenheit der Örtlichkeit zur fraglichen Zeit**. Verhält er sich daher an **Orten**, die nicht die Merkmale der **Abgeschiedenheit** aufweisen, so, als stünde er nicht unter Beobachtung, hebt er das **Schutzbedürfnis für Verhaltensweisen, die an sich die Öffentlichkeit nichts angehen**, selbst auf. Der **Schutz der Privatsphäre vor öffentlicher Kenntnisnahme** entfällt ferner, wenn sich jemand selbst damit einverstanden zeigt, daß bestimmte, gewöhnlich als privat geltende Angelegenheiten **öffentlich** gemacht werden, etwa indem er Exklusivverträge über die Berichterstattung aus seiner **Privatsphäre** abschließt. Der verfassungsrechtliche **Privatsphärenschutz** aus Art. 2 Abs. 1 in Verbindung mit Art. 1 Abs. 1 GG ist nicht im Interesse einer Kommerzialisierung der eigenen Person gewährleistet. Zwar ist niemand an einer solchen **Öffnung privater Bereiche** gehindert. Er kann sich dann aber nicht gleichzeitig auf den **öffentlichkeitsabgewandten Privatsphärenschutz** berufen. Die Erwartung, daß die Umwelt die **Angelegenheiten oder Verhaltensweisen in einem Bereich mit Rückzugsfunktion** nur begrenzt oder nicht zur Kenntnis nimmt, muß daher situationsübergreifend und konsistent zum Ausdruck gebracht werden. Das gilt auch für den Fall, daß der Entschluß, die Berichterstattung über bestimmte Vorgänge der eigenen **Privatsphäre** zu gestatten oder hinzunehmen, rückgängig gemacht wird.“.

BVerfGE 6, 32, 41 (Elfes) = BVerfG, Urteil vom des Ersten Senats vom 16.01.1957 – 1 BvR 253/56 –, Rn. 32 [vgl. **Recht auf Privatsphäre** als **Privatangelegenheitenschutz** und **Rückzugsraumbereichsschutz** – beides **gegenüber der Öffentlichkeit,** vgl. **Sphärentheorie** mit **Intimsphäre**, **Privatsphäre**, **Sozialsphäre**]: „Vor allem dürfen die Gesetze daher die Würde des Menschen nicht verletzen, die im Grundgesetz der oberste Wert ist, aber auch die geistige, politische und wirtschaftliche Freiheit des Menschen nicht so einschränken, daß sie in ihrem Wesensgehalt angetastet würde (Art. 19 Abs. 2, Art. 1 Abs. 3, Art. 2 Abs. 1 GG). Hieraus ergibt sich, daß dem einzelnen Bürger eine **Sphäre privater Lebensgestaltung** verfassungskräftig vorbehalten ist, also ein letzter **unantastbarer Bereich menschlicher Freiheit** besteht, der der Einwirkung der gesamten öffentlichen Gewalt entzogen ist. Ein Gesetz, das in ihn eingreifen würde, könnte nie Bestandteil der ‚verfassungsmäßigen Ordnung‘ sein; es müßte durch das Bundesverfassungsgericht für nichtig erklärt werden.“. BVerfGE 109, 279, Ls. 2 S. 1 (akustische Wohnraumüberwachung / „Großer Lauschangriff“) = BVerfG, Urteil des Ersten Senats vom 03.03.2004 – 1 BvR 2378/98, 1084/99 –, Ls. 2 S. 1: „Zur Unantastbarkeit der Menschenwürde gemäß Art. 1 Abs. 1 GG gehört die Anerkennung eines absolut geschützten **Kernbereichs privater Lebensgestaltung.**“. BVerfGE 141, 220, 276-278 (BKAG) = BVerfG, Urteil des Ersten Senats vom 20.04.2016 – 1 BvR 966/09 –, Rn. 119-124: „Neben den verfassungsrechtlichen Anforderungen an die allgemeinen Eingriffsvoraussetzungen ergeben sich aus den jeweiligen **Grundrechten in Verbindung mit Art. 1**

Abs. 1 GG für die Durchführung von besonders eingriffsintensiven Überwachungsmaßnahmen besondere Anforderungen an den **Schutz des Kernbereichs privater Lebensgestaltung**. Der verfassungsrechtliche **Schutz des Kernbereichs privater Lebensgestaltung** gewährleistet dem Individuum einen **Bereich höchstpersönlicher Privatheit gegenüber Überwachung**. Er wurzelt in den **von den jeweiligen Überwachungsmaßnahmen betroffenen Grundrechten in Verbindung mit Art. 1 Abs. 1 GG** und sichert einen dem Staat nicht verfügbaren Menschenwürdekern grundrechtlichen Schutzes gegenüber solchen Maßnahmen. Selbst überragende Interessen der Allgemeinheit können einen Eingriff in diesen **absolut geschützten Bereich privater Lebensgestaltung** nicht rechtfertigen (vgl. BVerfGE 109, 279 <313>; stRspr). Zur **Entfaltung der Persönlichkeit im Kernbereich privater Lebensgestaltung gehört die Möglichkeit, innere Vorgänge** wie Empfindungen und Gefühle sowie Überlegungen, Ansichten und Erlebnisse **höchstpersönlicher Art zum Ausdruck zu bringen** (vgl. BVerfGE 109, 279 <313>; 120, 274 <335>; stRspr). Geschützt ist insbesondere die **nichtöffentliche Kommunikation mit Personen des höchstpersönlichen Vertrauens, die in der berechtigten Annahme geführt wird, nicht überwacht zu werden**, wie es insbesondere bei Gesprächen im Bereich der Wohnung der Fall ist. Zu diesen Personen gehören insbesondere Ehe- oder Lebenspartner, Geschwister und Verwandte in gerader Linie, vor allem, wenn sie im selben Haushalt leben, und können Strafverteidiger, Ärzte, Geistliche und enge persönliche Freunde zählen (vgl. BVerfGE 109, 279 <321 ff.>). Dieser Kreis deckt sich nur teilweise mit dem der Zeugnisverweigerungsberechtigten. Solche Gespräche verlieren dabei nicht schon dadurch ihren Charakter als insgesamt höchstpersönlich, dass sich in ihnen Höchstpersönliches und Alltägliches vermischen (vgl. BVerfGE 109, 279 <330>; 113, 348 <391 f.>). Demgegenüber ist die **Kommunikation unmittelbar über Straftaten** nicht geschützt, selbst wenn sie auch Höchstpersönliches zum Gegenstand hat. Die **Besprechung und Planung von Straftaten** gehört ihrem Inhalt nach nicht zum **Kernbereich privater Lebensgestaltung**, sondern hat **Sozialbezug** (vgl. BVerfGE 80, 367 <375>; 109, 279 <319 f., 328>; 113, 348 <391>). Dies bedeutet freilich nicht, dass der Kernbereich unter einem allgemeinen Abwägungsvorbehalt in Bezug auf öffentliche Sicherheitsinteressen steht. Ein **höchstpersönliches Gespräch** fällt nicht schon dadurch aus dem **Kernbereich privater Lebensgestaltung** heraus, dass es für die Aufklärung von Straftaten oder Gefahren hilfreiche Aufschlüsse geben kann. Aufzeichnungen oder Äußerungen im Zwiegespräch, die zum Beispiel ausschließlich innere Eindrücke und Gefühle wiedergeben und keine Hinweise auf konkrete Straftaten enthalten, gewinnen nicht schon dadurch einen **Gemeinschaftsbezug**, dass sie Ursachen oder Beweggründe eines strafbaren Verhaltens freizulegen vermögen (vgl. BVerfGE 109, 279 <319>). Auch können trotz **Straftatenbezugs** Situationen, in denen Einzelnen gerade ermöglicht werden soll, ein Fehlverhalten einzugestehen oder sich auf dessen Folgen einzurichten, wie Beichtgespräche oder vertrauliche Gespräche mit einem Psychotherapeuten oder einem Strafverteidiger, der **höchstpersönlichen Privatsphäre** unterfallen, die dem Staat absolut entzogen ist (vgl. BVerfGE 109, 279 <322>). Ein hinreichender **Sozialbezug** besteht demgegenüber dann, wenn **Gespräche - auch mit Vertrauenspersonen - sonst unmittelbar Straftaten zu ihrem Gegenstand haben** (vgl. BVerfGE 109, 279 <319>). Der **Kernbereich privater Lebensgestaltung** beansprucht gegenüber **allen Überwachungsmaßnahmen** Beachtung. Können sie typischerweise zur Erhebung kernbereichsrelevanter Daten führen, muss der Gesetzgeber Regelungen schaffen, die einen wirksamen Schutz normenklar gewährleisten (vgl. BVerfGE 109, 279 <318 f.>; 113, 348 <390 f.>; 120, 274 <335 ff.>). Außerhalb solch verletzungsgeneigter Befugnisse bedarf es eigener Regelungen nicht. Grenzen, die sich im Einzelfall auch hier gegenüber einem Zugriff auf höchstpersönliche Informationen ergeben können, sind bei deren Anwendung unmittelbar von Verfassungs wegen zu beachten. Der **Schutz des Kernbereichs privater Lebensgestaltung** ist strikt und darf nicht durch Abwägung mit den Sicherheitsinteressen nach Maßgabe des Verhältnismäßigkeitsgrundsatzes relativiert werden (vgl. BVerfGE 109, 279 <314>; 120, 273 <339>; stRspr). Dies bedeutet jedoch nicht, dass **jede tatsächliche Erfassung von höchstpersönlichen Informationen** stets einen Verfassungsverstoß oder eine Menschenwürdeverletzung begründet. Angesichts der Handlungs- und Prognoseunsicherheiten, unter denen Sicherheitsbehörden ihre Aufgaben wahrnehmen, kann ein **unbeabsichtigtes Eindringen in den Kernbereich privater Lebensgestaltung** im Rahmen von Überwachungsmaßnahmen nicht für jeden Fall von vornherein ausgeschlossen werden (vgl. BVerfGE 120, 274 <337 f.>). Die Verfassung verlangt jedoch **für die Ausgestaltung der Überwachungsbefugnisse** die **Achtung des Kernbereichs** als eine strikte, nicht frei durch Einzelfallerwägungen überwindbare Grenze.".

1 i.V.m. Art. 1 Abs. 1[262] GG, vgl. auch Art. 142 GG i.V.m. Art. 4 Abs. 1, 2 Verfassung NRW[263].

a) GR-SB:

aa) Persönlicher GR-SB: „Jeder".

bb) Sachlicher GR-SB: „**freie Entfaltung der Persönlichkeit**" als „**Datenfreiheit**" (Grundsätzliche Bestimmungsbefugnis des Einzelnen über Preisgabe und Verwendung eigener personenbezogener Daten[264]), vgl. **personenbezogenes Datum**: § 36 Nr. 1 DSG NRW[265].

BVerfGE 120, 274 (Online-Durchsuchung) = BVerfG, Urteil des Ersten Senats vom 27.02.2008 – 1 BvR 370/07 –, Ls. 1: „Das **allgemeine Persönlichkeitsrecht** (Art. 2 Abs. 1 i.V.m. Art. 1 Abs. 1 GG) umfasst das Grundrecht auf **Gewährleistung der Vertraulichkeit und Integrität informationstechnischer Systeme**."; BVerfGE 120, 274, 314 (Online-Durchsuchung) = BVerfG, Urteil des Ersten Senats vom 27.02.2008 – 1 BvR 370/07 –, Rn. 203: „**informationstechnisches System**": „etwa Personalcomputer", „ferner beispielweise [...] solche Mobiltelefone oder elektronische Terminkalender, die über einen großen Funktionsumfang verfügen und personenbezogene Daten vielfältiger Art erfassen und speichern können."; BVerfGE 120, 274, 276 (Online-Durchsuchung) = BVerfG, Urteil des Ersten Senats vom 27.02.2008 – 1 BvR 370/07 –, Rn. 5: „**heimlicher Zugriff auf ein informationstechnisches System**": „[heimliche] technische Infiltration [...], die etwa Sicherheitslücken des Zielsystems ausnutzt oder über die Installation eines Spähprogramms erfolgt", wobei die Infiltration es ermöglicht, die Zielsystem-„Nutzung zu überwachen oder die Speichermedien durchzusehen oder gar das Zielsystem fernzusteuern.".

BVerfGE 147, 1 (**Geschlechtsidentität**) = BVerfG, Beschluss des Ersten Senats vom 10.10.2017 – 1 BvR 2019/16 –, Ls. 1-3: „1. Das **allgemeine Persönlichkeitsrecht** (Art. 2 Abs. 1 i.V.m. Art. 1 Abs. 1 GG) schützt die **geschlechtliche Identität**. Es schützt auch die geschlechtliche Identität derjenigen, die sich dauerhaft weder dem männlichen noch dem weiblichen Geschlecht zuordnen lassen. 2. Art. 3 Abs. 3 Satz 1 GG schützt auch Menschen, die sich dauerhaft weder dem männlichen noch dem weiblichen Geschlecht zuordnen lassen, vor **Diskriminierungen wegen ihres Geschlechts**. 3. Personen, die sich dauerhaft weder dem männlichen noch dem weiblichen Geschlecht zuordnen lassen, werden in beiden Grundrechten verletzt, wenn das Personenstandsrecht dazu zwingt, das Geschlecht zu registrieren, aber keinen anderen positiven Geschlechtseintrag als weiblich oder männlich zulässt.".

BVerfG, Urteil des Zweiten Senats vom 26.02.2020 – 2 BvR 2347/15 –, Ls. 1: „a) Das **allgemeine Persönlichkeitsrecht** (Art. 2 Abs. 1 i.V.m. Art. 1 Abs. 1 GG) umfasst als Ausdruck persönlicher Autonomie ein **Recht auf selbstbestimmtes Sterben**. b) Das **Recht auf selbstbestimmtes Sterben** schließt die Freiheit ein, sich das Leben zu nehmen [Rn. 208: „**Recht auf Selbsttötung**"]. Die Entscheidung des Einzelnen, seinem Leben entsprechend seinem Verständnis von Lebensqualität und Sinnhaftigkeit der eigenen Existenz ein Ende zu setzen, ist im Ausgangspunkt als Akt autonomer Selbstbestimmung von Staat und Gesellschaft zu respektieren. c) Die **Freiheit, sich das Leben zu nehmen**, umfasst auch die Freiheit, hierfür bei Dritten Hilfe zu suchen und Hilfe, soweit sie angeboten wird, in Anspruch zu nehmen.".

[262] Zum sog. „**Menschenwürdegehalt**" der Grundrechte: *Basten*, Die Menschenwürde des Grundgesetzes.

[263] Vgl. auch Art. 142 GG i.V.m. Art. 4 Abs. 2 Verfassung NRW; Art. 8 EU-GR-Charta; Art. 16 AEUV; Art. 8 EMRK.

[264] BVerfGE 65, 1, Ls. 1 S. 2 (Volkszählungsgesetz) = BVerfG, Urteil des Ersten Senats vom 15.12.1983 – 1 BvR 209/83, Ls. 1 S. 2 (Ls. 1: „Unter den Bedingungen der modernen Datenverarbeitung wird der Schutz des Einzelnen gegen unbegrenzte Erhebung, Speicherung, Verwendung und Weitergabe seiner persönlichen Daten von dem allgemeinen Persönlichkeitsrecht des Art. 2 Abs. 1 GG in Verbindung mit Art. 1 Abs. 1 GG umfaßt. Das Grundrecht gewährleistet insoweit die Befugnis des Einzelnen, grundsätzlich selbst über die Preisgabe und Verwendung seiner persönlichen Daten zu bestimmen.").

[265] BVerfG, Beschluss der 3. Kammer des Zweiten Senats vom 27.06.2018 – 2 BvR 1562/17 (auf § 103 StPO gestützte Anordnung der Durchsuchung der Räumlichkeiten des Münchener Kanzleistandorts der Rechtsanwaltskanzlei Jones Day sowie Sicherstellung von Unterlagen und elektronischen Daten im Zuge des sogenannten „VW-Dieselskandals" – Verfassungsbeschwerde nicht zur Entscheidung angenommen wegen Unzulässigkeit aufgrund Nichterfüllung von Voraussetzungen nach § 93a Abs. 2 BVer-

b) GR-E (oder Nichteingriff/**Einwilligung** i.S.v. § 36 Nr. 19 DSG NRW, § 38 DSG NRW): **Persönlichkeitsentfaltungseinschränkung** als Datenfreiheitseinschränkung, durch **Datenverarbeitung**s-Maßnahme[266] (**Datenerhebung**) i.S.d. § 36 Nr. 2 DSG NRW.[267]

c) GR-B: Art. 2 Abs. 1 Hs. 2 GG[268].

Ggf. bei Begleitverfügung betroffenes Grundrecht:

---

fGG), Gründe, V., Rn. 44: „Der Begriff der persönlichen Daten deckt sich mit der Legaldefinition personenbezogener Daten in § 46 Nr. 1 BDSG (zuvor § 3 Abs. 1 BDSG) und erfasst alle Informationen, die sich auf eine identifizierte oder identifizierbare natürliche Person (betroffene Person) beziehen (vgl. noch zu § 3 Abs. 1 BDSG ‚Einzelangaben über persönliche oder sachliche Verhältnisse einer bestimmten oder bestimmbaren Person' Di Fabio, in: Maunz/Dürig, GG, Art. 2 Abs.1, Rn. 175 [Juli 2001]).".

[266] BVerfG, Urteil des Ersten Senats vom 19.05.2020 – 1 BvR 2835/17 – (Ausland-Ausland-Fernmeldeaufklärung nach BNDG), E. III. 1., Rn. 212: „Die **Übermittlung personenbezogener Daten**, mit der eine Behörde die von ihr erhobenen Daten einer anderen Stelle zugänglich macht, begründet einen eigenen Grundrechtseingriff (vgl. BVerfGE 100, 313 <367>; 141, 220 <334 Rn. 305>; stRspr). Dieser ist an dem **Grundrecht** zu messen, **in das bei der ursprünglichen Datenerhebung eingegriffen wurde** (vgl. BVerfGE 100, 313 <367>; 141, 220 <334 Rn. 305>; stRspr).".

[267] Vgl. ggf. zur Frage des Grundrechtseingriffs auch § 9 Abs. 1 Nr. 1 S. 2 (Hs. 1) PolG NRW (Inkrafttreten am 29.12.2018): „Dies gilt auch für personenbezogene Daten, die von der betroffenen Person offensichtlich öffentlich gemacht wurden"; BVerfGE 120, 274 (Online-Durchsuchung) = BVerfG, Urteil des Ersten Senats vom 27.02.2008 – 1 BvR 370/07 –, Ls. 5: „Verschafft der Staat sich Kenntnis von Inhalten der Internetkommunikation auf dem dafür technisch vorgesehenen Weg, so liegt darin nur dann ein Eingriff in Art. 10 Abs. 1 GG, wenn die staatliche Stelle nicht durch Kommunikationsbeteiligte zur Kenntnisnahme autorisiert ist. Nimmt der Staat im Internet öffentlich zugängliche Kommunikationsinhalte wahr oder beteiligt er sich an öffentlich zugänglichen Kommunikationsvorgängen, greift er grundsätzlich nicht in Grundrechte ein.".

[268] Art. 2 Abs. 1 Hs. 2 GG (**Schrankentrias**): BVerfGE 80, 137, 153 (Reiten im Walde) = BVerfG, Beschluss des Ersten Senats vom 06.06.1989 – 1 BvR 921/85 –, C. I. 1 a), Rn. 69: „Abgesehen von einem absolut geschützten Kernbereich privater Lebensgestaltung, welcher der Einwirkung der öffentlichen Gewalt entzogen ist (BVerfGE 6, 32 [41]), ist die allgemeine Handlungsfreiheit allerdings nur in den **Schranken** des zweiten Halbsatzes von Art. 2 Abs. 1 GG gewährleistet und steht damit insbesondere unter dem **Vorbehalt der verfassungsmäßigen (Rechts-)Ordnung** (BVerfGE 6, 32 [37 f.]; 74, 129 [152]). Stützt sich ein die Handlungsfreiheit berührender Akt der öffentlichen Gewalt auf eine Rechtsnorm, so kann mit der Verfassungsbeschwerde unter Berufung auf Art. 2 Abs. 1 GG zur Nachprüfung gestellt werden, ob diese Norm zur **verfassungsmäßigen Ordnung** gehört, das heißt formell und materiell mit den Normen der Verfassung in Einklang steht (st. Rspr. seit BVerfGE 6, 32)."; BVerfGE 6, 32, Ls. 3 (Elfes) = BVerfG, Urteil des Ersten Senats vom 16.01.1957 – 1 BvR 253/56, Ls. 3: „**Verfassungsmäßige Ordnung** im Sinne des Art. 2 Abs. 1 GG ist die verfassungsmäßige Rechtsordnung, d.h. die Gesamtheit der Normen, die formell und materiell der Verfassung gemäß sind."; vgl. dazu auch BVerfGE 6, 32, 37-41 (Elfes) = BVerfG, Urteil des Ersten Senats vom 16.01.1957 – 1 BvR 253/56, Gründe II. 2 b), c), Rn. 17-33.

Rechte anderer sind (als Teil der verfassungsmäßigen Ordnung) subjektive Berechtigungen (Anspruch oder Befugnis oder Erlaubnis) einschließlich Verpflichtungen (Pflicht zur Erfüllung von Anspruch oder Befugnis oder Erlaubnis) und sonstiger Rechtswirkungen für ein Rechtssubjekt bezüglich eines Verhaltens oder eines Rechtsguts.

Vgl. zum ein Mal bundesverfassungsgerichtlich entscheidungserheblich bemühten „**Sittengesetz**" nach Art. 2 Abs. 1 Hs. 2 GG als Gesetz, das nicht das durch die „soziale Gemeinschaft" „als für sich verbindlich" anerkannte „Rechtsgefühl" „im allgemeinen" „verletzt": BVerfGE 6, 389 (Homosexuelle) = BVerfG, Urteil des Ersten Senats vom 10.05.1957 – 1 BvR 550/52 –, und StrRehaHomG (Gesetz zur strafrechtlichen Rehabilitierung der nach dem 8. Mai 1945 wegen einvernehmlicher homosexueller Handlungen verurteilten Personen vom 17. Juli 2017 – BGBl. I S. 2443).

2. Körperliche Bewegungsfreiheit, Art. 2 Abs. 2 S. 2 GG[269]

a) GR-SB:

aa) Persönlicher GR-SB: „**Person**", vgl. § 1 BGB.

bb) Sachlicher GR-SB: „Freiheit" ist **körperliche Bewegungsfreiheit** als Freiheit, jeden Ort oder Raum aufzusuchen, sich dort aufzuhalten, (ihn zu verlassen), der an sich (tatsächlich und rechtlich) zugänglich ist.

b) GR-E (oder Nichteingriff/GR-Verzicht): Freiheitsentziehung oder sonstige Freiheitsbeschränkung.

Freiheitsbeschränkung (Freiheitsentziehung oder sonstige Freiheitsbeschränkung) liegt vor, wenn jemand durch die öffentliche Gewalt gegen seinen Willen daran gehindert wird, einen Ort oder Raum aufzusuchen oder sich dort aufzuhalten, der ihm an sich (tatsächlich und rechtlich) zugänglich ist. Eine **Freiheitsentziehung** als schwerste Form der Freiheitsbeschränkung ist dann gegeben, wenn die tatsächlich und rechtlich an sich gegebene körperliche Bewegungsfreiheit durch staatliche Maßnahmen nach jeder Richtung hin aufgehoben wird[270]; Freiheitsentziehung setzt auch eine besondere Eingriffsintensität und eine nicht nur kurzfristige Dauer der Maßnahme voraus[271]. Im Übrigen kann eine Abgrenzung zwischen Freiheitsentziehung und sonstiger Freiheitsbeschränkung auch erfolgen nach Art, Dauer, Intensität, Mittel, Zweck der Freiheitsbeschränkung.[272]

c) GR-B: Art. 2 Abs. 2 S. 3 i.V.m. Art. 104 GG.

Ggf. bei Wohnung betroffenes Grundrecht:

3. Wohnungsgrundrecht, Art. 13 Abs. 1 GG[273]

a) GR-SB[274]:

---

269 Vgl. auch Art. 142 GG i.V.m. Art. 4 Abs. 1 Verfassung NRW; Art. 20 Abs. 2a und Art. 21 AEUV i.V.m. Art. 6, 45 EU-GR-Charta (**Bewegungsfreiheit**, **Freizügigkeit**, **Aufenthaltsfreiheit**); Art. 5 EMRK; Art. 2 Protokoll Nr. 4 EMRK; Art. 21 AEUV (**Unionsbürgerfreizügigkeit**, zum **Unionsbürger** vgl. Art. 9 S. 2, 3 EUV, Art. 20 Abs. 1 S. 2, 3 AEUV); Art. 45 AEUV (**Arbeitnehmerfreizügigkeit**); Art. 49 AEUV (**Niederlassungsfreiheit**); Art. 56 AEUV (**Dienstleistungsfreiheit**); vgl. auch Art. 28 AEUV (**Warenverkehrsfreiheit**); Art. 9 Abs. 1 S. 1 IPbpR („Jedermann hat ein Recht auf persönliche Freiheit und Sicherheit."); Art. 9-11 IPbpR (Freiheitsentziehungsbedingungen), Art. 12 IPbpR (Bewegung, Wohnsitzwahl, Ausreise, Einreise in Hoheitsgebiet eines Staates, vgl. „Freizügigkeit"), Art. 13 IPbpR (Ausländerausweisungsbedingungen).

270 BVerfG, Beschluss der 1. Kammer des Ersten Senats vom 08.03.2011 – 1 BvR 47/05 –, Rn. 20, vgl. BVerfGE 94, 166, 198 (Flughafenverfahren) = BVerfGE, Urteil des Zweiten Senats vom 14.05.1996 – 2 BvR 1516/93.

271 BVerfGE 149, 293 (5-Punkt-Fixierung/7-Punkt-Fixierung) = BVerfG, Urteil des Zweiten Senats vom 24.07.2018 – 2 BvR 309/15 –, D. II. 2. a), Rn. 67, vgl. dazu auch BVerfGE 149, 293 (5-Punkt-Fixierung/7-Punkt-Fixierung) = BVerfG, Urteil des Zweiten Senats vom 24.07.2018 – 2 BvR 309/15 –, D. II. 2. b): „Jedenfalls eine **5-Punkt- oder 7-Punkt-Fixierung**, bei der sämtliche Gliedmaßen des Betroffenen mit Gurten am Bett festgebunden werden, stellt eine Freiheitsentziehung im Sinne von Art. 104 Abs. 2 GG dar, es sei denn, es handelt sich um eine lediglich **kurzfristige Maßnahme**. Von einer kurzfristigen Maßnahme ist in der Regel auszugehen, wenn sie absehbar die Dauer von ungefähr einer halben Stunde unterschreitet.".

272 Vgl. auch insbesondere zu Art, Intensität, Mittel: § 415 Abs. 2 FamFG und §§ 37a, 62 PolG NRW.

273 Vgl. auch Art. 142 GG i.V.m. Art. 4 Abs. 1 Verfassung NRW; Art. 7 EU-GR-Charta; Art. 8 EMRK; §§ 18, 21 GVG i.V.m. DiplBezÜbkG i.V.m. Art. 22, 23 WÜD; §§ 19, 21 GVG i.V.m. KonsÜbkG i.V.m. Art. 27, 31, 55, 59 WÜK.

aa) Persönlicher GR-SB: Jeder Wohnungsberechtigte, im Verhältnis mehrerer Wohnungsberechtigter zu gleichen Teilen oder der besser unmittelbar Wohnungsberechtigte (zum Beispiel der unmittelbare Besitzer).[275]

---

[274] vgl. BVerfGE 109, 279, 325-327 (akustische Wohnraumüberwachung / „Großer Lauschangriff") = BVerfG, Urteil des Ersten Senats vom 03.03.2004 – 1 BvR 2378/98, 1084/99 –, C. II. 1. a), b), c), Rn. 158-163: „Das aus Art. 2 Abs. 1 in Verbindung mit Art. 1 Abs. 1 GG folgende **allgemeine Persönlichkeitsrecht** kommt neben Art. 13 Abs. 1 GG allerdings nicht zur Anwendung, soweit Eingriffe in die **räumliche Privatsphäre des Wohnungsinhabers** zu überprüfen sind. Art. 13 Abs. 1 GG enthält eine spezielle Gewährleistung des **Schutzes vor staatlicher akustischer Überwachung der räumlichen Privatsphäre**, die die allgemeinere Vorschrift insoweit verdrängt (vgl. BVerfGE 100, 313 [358] zu Art. 10 GG). Diese Spezialität wirkt sich wegen des weiten Schutzbereichs von Art. 13 GG nicht nur gegenüber der staatlichen Überwachung selbst aus, sondern erstreckt sich auch auf notwendige Vorbereitungsakte und auf den **Informations- und Datenverarbeitungsprozess, der sich an die Erhebung anschließt**, sowie auf den Gebrauch, der von den erlangten Kenntnissen gemacht wird (vgl. BVerfGE 100, 313 [359]). Mit dem **Recht, in der Wohnung ungestört zu sein**, und dem **Recht am eigenen in der Wohnung gesprochenen Wort** schützt Art. 13 Abs. 1 GG gerade den Teil der **Privatsphäre**, den sonst das allgemeine Persönlichkeitsrecht gewährleistet. Dieses Recht ergänzt als unbenanntes Freiheitsrecht die speziellen Freiheitsrechte, die ebenfalls konstituierende Elemente der Persönlichkeit schützen (vgl. BVerfGE 54, 148 [153 f.]), nur insoweit, als Letztere keinen Schutz gewähren. Der Schutz des allgemeinen Persönlichkeitsrechts aus Art. 2 Abs. 1 in Verbindung mit Art. 1 Abs. 1 GG greift hingegen ein, soweit von der Wohnraumüberwachung Personen betroffen werden, die sich nicht auf Art. 13 Abs. 1 GG berufen können. **Grundrechtsträger des Art. 13 Abs. 1 GG** ist jeder Inhaber oder Bewohner eines Wohnraums, unabhängig davon, auf welchen Rechtsverhältnissen die Nutzung des Wohnraums beruht. Bei mehreren Bewohnern einer Wohnung steht das Grundrecht jedem Einzelnen, bei Familien mithin jedem Familienmitglied zu. Maßnahmen der **Wohnraumüberwachung** können aber nicht nur Wohnungsinhaber, sondern auch zufällig in einer Wohnung Anwesende erfassen. Diese Personen sind zwar nicht in ihrem Grundrecht aus Art. 13 Abs. 1 GG, wohl aber in ihrem allgemeinen Persönlichkeitsrecht betroffen. Der Schutz aus Art. 2 Abs. 1 in Verbindung mit Art. 1 Abs. 1 GG kann insofern allerdings nicht weiter reichen als derjenige aus Art. 13 Abs. 1 und 3 GG. Der **Schutz der räumlichen Privatsphäre** und des allgemeinen Persönlichkeitsrechts kann schließlich in Einzelfällen durch weitere Grundrechtsgarantien ergänzt sein. So wird das Gespräch zwischen Eheleuten in der eigenen Wohnung nicht nur von Art. 13 Abs. 1 GG, sondern zusätzlich durch Art. 6 Abs. 1 GG geschützt. Auch in Bezug auf die **Kommunikation mit Berufsgeheimnisträgern** können neben dem grundrechtlichen Schutz der räumlichen Privatsphäre Grundrechte in Betracht kommen, die – wie etwa Art. 4 GG im Hinblick auf das Gespräch mit einem Geistlichen – der besonderen Schutzbedürftigkeit der Kommunizierenden Rechnung tragen.".

[275] BVerfG, Beschluss der 3. Kammer des Zweiten Senats vom 27.06.2018 – 2 BvR 1562/17 (auf § 103 StPO gestützte Anordnung der Durchsuchung der Räumlichkeiten des Münchener Kanzleistandorts der Rechtsanwaltskanzlei Jones Day auf sowie Sicherstellung von Unterlagen und elektronischen Daten im Zuge des sogenannten „VW-Dieselskandals" – Verfassungsbeschwerde nicht zur Entscheidung angenommen wegen Unzulässigkeit aufgrund Nichterfüllung von Voraussetzungen nach § 93a Abs. 2 BVerfGG), Gründe, V., Rn. 38 f.: „Wer Träger des Grundrechts des Art. 13 Abs. 1 GG ist, entscheidet sich nicht nach der Eigentumslage, sondern grundsätzlich danach, wer Nutzungsberechtigter der Wohnung oder der Betriebs- und Geschäftsräume ist [Quellenangabe]. Bei **Geschäftsräumen** kommt der Schutz des Art. 13 Abs. 1 GG dementsprechend regelmäßig nur dem Unternehmer als Nutzungsberechtigtem zugute, nicht aber den einzelnen Arbeitnehmern (vgl. BVerfG, Beschluss der 1. Kammer des Zweiten Senats vom 9. Juli 2009 - 2 BvR 1119/05 u.a. -, juris, Rn. 27; [Quellenangaben]). […] Nutzungsrecht steht Partnern als Mitinhaber der Nutzungsberechtigung der Kanzlei […] an ihren Kanzleiräumen […] nur gemeinschaftlich zu (vgl. für die Partnerschaftsgesellschaft nach deutschem Recht §§ 718 f. BGB i.V.m. § 1 Abs. 4 PartGG). Es kann deshalb auch nur von den Gesellschaftern gemeinschaftlich oder, soweit ihre Rechtsfähigkeit anerkannt ist, von der Gesellschaft als solcher geltend gemacht werden. […] Natürliche Personen, die Geschäfts- oder Amtsräume nutzen, ohne selbst Geschäftsinhaber oder Dienst-

bb) Sachlicher GR-SB: **Wohnung** ist jede der allgemeinen Zugänglichkeit entzogene Stätte privaten Lebens.[276]

b) GR-E (oder Nichteingriff/GR-Verzicht): **Persönlichkeitsentfaltungseinschränkung** als **Wohnungseinschränkung**, allgemein durch körperliches Eindringen, technische Infiltration sowie grundsätzlich sonstige Behinderungen, Einschränkungen des Wohnens.

c) GR-B: Art. 13 Abs. 2-7 GG, Art. 17a Abs. 2 GG (qualifizierter Gesetzesvorbehalt; verfassungsunmittelbare Einschränkungen).

---

herr zu sein, sind in Bezug auf Art. 13 Abs. 1 GG nur dann beschwerdebefugt, wenn die genutzten Räume auch als individueller Rückzugsbereich fungieren und sie deshalb der persönlichen beziehungsweise räumlichen Privatsphäre der natürlichen Person zuzuordnen sind (vgl. BVerfGE 103, 142 <150>; BVerfG, Beschluss der 3. Kammer des Zweiten Senats vom 12. Februar 2004 - 2 BvR 1687/02 -, juris, Rn. 13; Beschluss der 3. Kammer des Zweiten Senats vom 16. April 2015 - 2 BvR 2279/13 -, juris, Rn. 14; [Quellenangaben]).".

276 Vgl. BVerfGE 32, 54, Ls. 1, 69-72 (Betriebsbetretungsrecht) = BVerfG, Beschluss des Ersten Senats vom 13.10.1971 – 1 BvR 280/66, Ls. 1: „Der Begriff ‚**Wohnung**' in Art. 13 Abs. 1 GG ist weit auszulegen; er umfaßt auch **Arbeits-, Betriebs- und Geschäftsräume**."; BVerfG, Beschluss der 3. Kammer des Ersten Senats vom 10.04.2008 – 1 BvR 848/08 –, Rn. 12: „Die Weite des Wohnungsbegriffs in Art. 13 Abs. 1 GG hat zur Folge, dass an die Zulässigkeit von Eingriffen und Beschränkungen im Sinne des Art. 13 Abs. 1 GG je nach der Nähe der Örtlichkeiten zur räumlichen Privatsphäre unterschiedlich hohe Anforderungen gestellt werden. Während bei Räumen, in denen sich das Privatleben im engeren Sinn abspielt, das Schutzbedürfnis am größten ist und der Schutzzweck des Grundrechts daher in vollem Umfang durchgreift, wird das Schutzbedürfnis bei reinen Betriebs-, Geschäfts- oder Arbeitsräumen durch den Zweck gemindert, den sie nach dem Willen des Inhabers besitzen. Je größer ihre Offenheit nach außen ist und je mehr sie zur Aufnahme sozialer Kontakte für Dritte bestimmt sind, desto schwächer wird der grundrechtliche Schutz (vgl. BVerfGE 32, 54 <75 f.>; 97, 228 <266>). **Rechte zum Betreten von Betriebsräumen** verstoßen daher dann nicht gegen Art. 13 Abs. 1 GG, wenn sie auf einer besonderen gesetzlichen Grundlage beruhen, das Betreten einem erlaubten Zweck dient und für dessen Erreichung erforderlich ist, das Gesetz Zweck, Gegenstand und Umfang des Betretens erkennen lässt und das Betreten auf Zeiten beschränkt wird, in denen die Räume normalerweise für die betriebliche Nutzung zur Verfügung stehen (vgl. BVerfGE 97, 228 <266>; BVerfG, Beschluss der 3. Kammer des Ersten Senats vom 15. März 2007 - 1 BvR 2138/05 -, EuGRZ 2007, S. 486 <488 f.>).". Vgl. auch § 41 Abs. 1 S. 2 PolG NRW; vgl. auch Nr. 40.03. VVPolG NRW: „Für die **Durchsuchung von Sachen im befriedeten Besitztum** gelten die §§ 41 und 42."; Nr. 41.13 VVPolG NRW: „Die Durchsuchung einer Wohnung hat sich auf Anlass und Zweck der Durchsuchung zu beschränken. Befinden sich in der Wohnung Personen, die durchsucht werden sollen, ist hierfür § 39 maßgebend. Sollen in einer Wohnung Sachen durchsucht werden, die nicht den Wohnungsinhabern gehören, ist § 40 einschlägig."; vgl. auch Nr. 40.12 VVPolG NRW: „Sollen bewegliche Sachen, die Wohnungen sind (vgl. RdNr. 41.11), betreten oder durchsucht werden, richten sich die Maßnahmen nach § 41.", vgl. auch Nr. 41.11 VVPolG NRW: „Es ist zu beachten: **Wohnungen** i.S.d. § 41 Abs. 1 Satz 2 sind auch die zu Wohnzwecken genutzten beweglichen Sachen wie Schiffe, Wohnwagen, Wohnmobile und Zelte. **Inhaber einer Wohnung** ist, wer rechtmäßig die tatsächliche Gewalt über die Räumlichkeit ausübt, somit z.B. auch Mieter, Untermieter oder Hotelgast. Bei Gemeinschaftsunterkünften, Internaten und Obdachlosenasylen sind nur die Leiterinnen und Leiter Inhaber. Die **Befugnis zum Betreten einer Wohnung** schließt die Befugnis ein, von Personen, Sachen und Zuständen, die ohne weiteres wahrgenommen werden können, **Kenntnis** zu nehmen. Soweit es für die Erfüllung der polizeilichen Aufgaben erforderlich ist, umfasst das **Betretungsrecht**bei Grundstücken auch das **Recht zum Befahren mit Fahrzeugen**.", vgl. auch Nr. 41.13 VVPolG NRW: „Die Durchsuchung einer Wohnung hat sich auf Anlass und Zweck der Durchsuchung zu beschränken. Befinden sich in der Wohnung Personen, die durchsucht werden sollen, ist hierfür § 39 maßgebend. Sollen in einer Wohnung Sachen durchsucht werden, die nicht den Wohnungsinhabern gehören, ist § 40 einschlägig.".

Art. 13 Abs. 2-7 GG: „Im Übrigen“ können – insbesondere bei Fehlen von verfassungsmäßigen einfachgesetzlichen Konkretisierungen von Art. 13 Abs. 2-7 GG – Art. 13 Abs. 2-7 GG alternativ direkt anwendbare Rechtsgrundlagen mit Rechtmäßigkeitsvoraussetzungen bilden.

4. Allgemeine Verhaltensfreiheit / Allgemeine Handlungsfreiheit[277], Art. 2 Abs. 1 GG[278]

a) GR-SB:

aa) Persönlicher GR-SB: „Jeder“.

bb) Sachlicher GR-SB: **„freie Entfaltung der Persönlichkeit“** ist allgemeine Verhaltensfreiheit im umfassenden Sinn[279] durch grundsätzlich jedes Tun, Dulden, Unterlassen[280].

b) GR-E (oder Nichteingriff/GR-Verzicht): Verhaltenseinschränkung als Verhaltenssteuerung.

---

277 „Allgemeine“ Verhaltensfreiheit / Handlungsfreiheit: Auffanggrundrecht ggü. ggf. spezielleren Grundrechten, vgl. Rechtsnormspezialitätsregel („lex specialis derogat legi generali“), vgl. auch: BVerfGE 6, 32, 37 (Elfes) = BVerfG, Urteil des Ersten Senats vom 16.01.1957 – 1 BvR 253/56, Gründe, II. 2. a), Rn. 16: „Neben der allgemeinen Handlungsfreiheit, die Art. 2 Abs. 1 GG gewährleistet, hat das Grundgesetz die Freiheit menschlicher Betätigung für bestimmte Lebensbereiche, die nach den geschichtlichen Erfahrungen dem Zugriff der öffentlichen Gewalt besonders ausgesetzt sind, durch besondere Grundrechtsbestimmungen geschützt; bei ihnen hat die Verfassung durch abgestufte Gesetzesvorbehalte abgegrenzt, in welchem Umfang in den jeweiligen Grundrechtsbereich eingegriffen werden kann. Soweit nicht solche besonderen Lebensbereiche grundrechtlich geschützt sind, kann sich der Einzelne bei Eingriffen der öffentlichen Gewalt in seine Freiheit auf Art. 2 Abs. 1 GG berufen. Hier bedurfte es eines Gesetzesvorbehalts nicht, weil sich aus der Beschränkung der freien Entfaltung der Persönlichkeit durch die verfassungsmäßige Ordnung der Umfang staatlicher Eingriffsmöglichkeiten ohne weiteres ergibt.“.

278 Vgl. auch Art. 142 GG i.V.m. Art. 4 Abs. 1 Verfassung NRW; Art. 6 EU-GR-Charta; Art. 5 EMRK.

279 BVerfGE 6, 32, 36 f. (Elfes) = BVerfG, Urteil des Ersten Senats vom 16.01.1957 – 1 BvR 253/56, Gründe, II. 2. a), Rn. 14 f.: „Das Grundgesetz kann mit der ‚freien Entfaltung der Persönlichkeit‘ nicht nur die Entfaltung innerhalb jenes Kernbereichs der Persönlichkeit gemeint haben, der das Wesen des Menschen als geistig-sittliche Person ausmacht, denn es wäre nicht verständlich, wie die Entfaltung innerhalb dieses Kernbereichs gegen das Sittengesetz, die Rechte anderer oder sogar gegen die verfassungsmäßige Ordnung einer freiheitlichen Demokratie sollte verstoßen können. Gerade diese, dem Individuum als Mitglied der Gemeinschaft auferlegten Beschränkungen zeigen vielmehr, daß das Grundgesetz in Art. 2 Abs. 1 GG die Handlungsfreiheit im umfassenden Sinne meint. […] Es waren nicht rechtliche Erwägungen, sondern sprachliche Gründe, die den Gesetzgeber bewogen haben, die ursprüngliche Fassung ‚Jeder kann tun und lassen was er will‘ durch die jetzige Fassung zu ersetzen (vgl. v. Mangoldt, Parlamentarischer Rat, 42. Sitzung des Hauptausschusses, S. 533).“; BVerfGE 80, 137, 152 f. (Reiten im Walde) = BVerfG, Beschluss des Ersten Senats vom 06.06.1989 – 1 BvR 921/85 –, C. I. 1 a), Rn. 69: „Nach den in der Rechtsprechung des Bundesverfassungsgerichts entwickelten Grundsätzen gewährleistet Art. 2 Abs. 1 GG die allgemeine Handlungsfreiheit im umfassenden Sinne (st. Rspr. seit BVerfGE 6, 32 [36]; aus neuerer Zeit etwa: BVerfGE 74, 129 [151]; 75, 108 [154 f.]). Geschützt ist damit nicht nur ein begrenzter Bereich der Persönlichkeitsentfaltung, sondern jede Form menschlichen Handelns ohne Rücksicht darauf, welches Gewicht der Betätigung für die Persönlichkeitsentfaltung zukommt (vgl. etwa die Entscheidung eines Vorprüfungsausschusses in BVerfGE 54, 143 (146) - Taubenfüttern).“.

280 BVerfGE 6, 32, Ls. 1, 2 (Elfes) = BVerfG, Urteil des Ersten Senats vom 16.01.1957 – 1 BvR 253/56, Ls. 1: „Art. 11 GG betrifft nicht die Ausreisefreiheit.“, Ls. 2: „Die **Ausreisefreiheit** ist als Ausfluß der allgemeinen Handlungsfreiheit durch Art. 2 Abs. 1 GG innerhalb der Schranken der verfassungsmäßigen Ordnung gewährleistet.“; BVerwG, Urteil vom 29.05.2019 - BVerwG 6 C 8.18 (Beschränkung des Geltungsbereichs eines Passes), Rn. 20: „In der höchstrichterlichen Rechtsprechung ist seit Jahrzehnten geklärt, dass die durch Art. 2 Abs. 1 GG geschützte Ausreisefreiheit auch durch den **Passversagungs**grund des § 7 Abs. 1 Nr. 1 Alt. 3 PassG als Bestandteil der verfassungsmäßigen Ordnung wirksam eingeschränkt wird.“.

c) GR-B: Art. 2 Abs. 1 Hs. 2[281].

A. Rechtsgrundlage (RGL) II. Rechtsgebiet (RG)

(VOR/DEF)

Rechtsgebiet ist Rechtsordnungsteil nach allen Umständen[282] – wie schwerpunktmäßige Äußerungen[283], Rechtsnormen[284], Zwecke[285], auch i.V.m. §§ 133, 157 BGB analog[286].[287]

---

[281] Art. 2 Abs. 1 Hs. 2 GG (**Schrankentrias**): BVerfGE 80, 137, 153 (Reiten im Walde) = BVerfG, Beschluss des Ersten Senats vom 06.06.1989 – 1 BvR 921/85 –, C. I. 1 a), Rn. 69: „Abgesehen von einem absolut geschützten Kernbereich privater Lebensgestaltung, welcher der Einwirkung der öffentlichen Gewalt entzogen ist (BVerfGE 6, 32 [41]), ist die allgemeine Handlungsfreiheit allerdings nur in den **Schranken** des zweiten Halbsatzes von Art. 2 Abs. 1 GG gewährleistet und steht damit insbesondere unter dem **Vorbehalt der verfassungsmäßigen (Rechts-)Ordnung** (BVerfGE 6, 32 [37 f.]; 74, 129 [152]). Stützt sich ein die Handlungsfreiheit berührender Akt der öffentlichen Gewalt auf eine Rechtsnorm, so kann mit der Verfassungsbeschwerde unter Berufung auf Art. 2 Abs. 1 GG zur Nachprüfung gestellt werden, ob diese Norm zur **verfassungsmäßigen Ordnung** gehört, das heißt formell und materiell mit den Normen der Verfassung in Einklang steht (st. Rspr. seit BVerfGE 6, 32).“; BVerfGE 6, 32, Ls. 3 (Elfes) = BVerfG, Urteil des Ersten Senats vom 16.01.1957 – 1 BvR 253/56, Ls. 3: „**Verfassungsmäßige Ordnung** im Sinne des Art. 2 Abs. 1 GG ist die verfassungsmäßige Rechtsordnung, d.h. die Gesamtheit der Normen, die formell und materiell der Verfassung gemäß sind.“; vgl. dazu auch BVerfGE 6, 32, 37-41 (Elfes) = BVerfG, Urteil des Ersten Senats vom 16.01.1957 – 1 BvR 253/56, Gründe II. 2 b), c), Rn. 17-33.

Rechte anderer sind (als Teil der verfassungsmäßigen Ordnung) subjektive Berechtigungen (Anspruch oder Befugnis oder Erlaubnis) einschließlich Verpflichtungen (Pflicht zur Erfüllung von Anspruch oder Befugnis oder Erlaubnis) und sonstiger Rechtswirkungen für ein Rechtssubjekt bezüglich eines Verhaltens oder eines Rechtsguts.

Vgl. zum ein Mal bundesverfassungsgerichtlich entscheidungserheblich bemühten „**Sittengesetz**“ nach Art. 2 Abs. 1 Hs. 2 GG als Gesetz, das nicht das durch die „soziale Gemeinschaft“ „als für sich verbindlich“ anerkannte „Rechtsgefühl“ „im allgemeinen“ „verletzt“: BVerfGE 6, 389 (Homosexuelle) = BVerfG, Urteil des Ersten Senats vom 10.05.1957 – 1 BvR 550/52 –, und StrRehaHomG (Gesetz zur strafrechtlichen Rehabilitierung der nach dem 8. Mai 1945 wegen einvernehmlicher homosexueller Handlungen verurteilten Personen vom 17. Juli 2017 – BGBl. I S. 2443).

[282] Umstände im weiten Sinn, etwa als Bedingungen, Beziehungen, Faktoren, Folgen, Funktionen, Umweltbedingungen, Variablen, Verhältnissen, Voraussetzungen, Weltbedingungen.

[283] Äußerungen im weiten Sinn, etwa als alle Verhaltensäußerungen (einschließlich Aussagen).

[284] Rechtsnormen im weiten Sinn, etwa solche, die die Umstände oder das Verhalten regieren (sollen).

[285] Zwecke im weiten Sinn, etwa als sich aus einer Lage ergebende, objektiv zu verfolgende Ziele.

[286] Sog. **objektivierter Empfängerhorizont**, vgl. BVerwGE 147, 81 = BVerwG, Urteil vom 20.06.2013 – BVerwG 8 C 46.12, Rn. 27: „Die bundesrechtlichen Auslegungsregeln der §§ 133, 157 BGB sind auf öffentlich-rechtliche Erklärungen entsprechend anzuwenden. Bei Verwaltungsakten kommt es wie bei empfangsbedürftigen Willenserklärungen nicht auf den wirklichen Willen des Erklärenden (natürliche Auslegung), sondern auf den objektiven Erklärungsinhalt an. Maßgeblich ist, wie der Empfänger die Erklärung nach Treu und Glauben unter Berücksichtigung der für ihn erkennbaren Umstände verstehen musste. Dabei ist vom Wortlaut der Erklärung auszugehen und deren objektiver Gehalt unter Berücksichtigung des Empfängerhorizonts zu ermitteln (stRspr, vgl. Urteile vom 2. September 1999 - BVerwG 2 C 22.98 - BVerwGE 109, 283 <286> = Buchholz 237.7 § 72 NWLBG Nr. 4 und vom 27. Juni 2012 - BVerwG 9 C 7.11 - BVerwGE 143, 222 <Rn. 18> = Buchholz 11 Art. 20 GG Nr. 206; BGH, Urteile vom 24. Februar 1988 - VIII ZR 145/87 - BGHZ 103, 275 <280>, vom 27. Januar 2010 - VIII ZR 58/09

(SUB/ERG)

Die kurzfristige Observation erfolgt auf dem Rechtsgebiet des besonderen öffentlichen Rechts polizeilicher Strafrechtspflege.

Eine kurzfristige Observation erfolgt auf dem Rechtsgebiet der Strafrechtspflege insbesondere bei

- tatverdachtsveranlasstem Beobachten;
- Beobachten zu tatverdachtsbezogenen Dingen;
- Beobachten mit schwerpunktmäßigem Zweck einer anschließenden Strafrechtspflegemaßnahme;
- Fehlen eines Gefahrenüberhangs, also insbesondere Implizierung/Mitbewirkung von Gefahrenabwehr durch entsprechende nichtschwerpunktmäßige Begleiteffekte der Strafrechtspflegeobservation.

A. Rechtsgrundlage (RGL) III. Mögliche Befugnisrechtsnorm (Mgl. Brn.)

(VOR/DEF)

Befugnisrechtsnorm ist die rechtmäßige hauptsächliche materiellrechtliche Rechtsgrundlage mit realfolgenentsprechender Rechtsfolge.

- BGHZ 184, 128 <137 Rn. 33> und vom 1. März 2011 - II ZR 16/10 - NJW 2011, 1666 <1667 Rn. 11> je m.w.N.).“; BVerwG, Beschluss vom 06.08.2018 – BVerwG 7 B 4.18, Rn. 10: „Dass die bundesrechtlichen Auslegungsregeln der §§ 133, 157 BGB auf öffentlich-rechtliche Erklärungen, d.h. u.a. auf Verwaltungsakte, entsprechend anzuwenden sind, ist in der Rechtsprechung des Bundesverwaltungsgerichts bereits geklärt (BVerwG, Urteil vom 20. Juni 2013 - 8 C 46.12 - BVerwGE 147, 81 Rn. 27 m.w.N.).“.

[287] BVerwG 47, 255, 264 = BVerwG, Urteil vom 03.12.1974 – BVerwG I C 11.73: „Obwohl sich für die Polizei im Einzelfall bei einem einheitlichen Lebenssachverhalt gleichzeitig und unmittelbar Aufgaben der Strafverfolgung und der Gefahrenabwehr ergeben können, ist der im Schrifttum vertretenen Auffassung nicht zu folgen, daß aus Gründen der Rechtssicherheit oder wegen der schwierigen Durchschaubarkeit für den Bürger jede Art polizeilichen Handelns der verwaltungsgerichtlichen Kontrolle unterliegen müsse. In aller Regel ist es für den Betroffenen nicht schwer, zu erkennen, ob die Polizei im konkreten Fall eine - begangene - Straftat erforschen (**Strafverfolgung**) oder den Eintritt eines Schadens, etwa die - zukünftige - Begehung einer strafbaren Handlung, verhindern oder eine bereits eingetretene Störung der öffentlichen Sicherheit oder Ordnung beseitigen (**Gefahrenabwehr**) will. Außerdem wird man davon ausgehen dürfen, daß die Polizei dem Betroffenen - wie im vorliegenden Fall - den Grund ihres Einschreitens von sich aus oder auf Verlangen angibt. Im übrigen kommt es darauf an, wie sich der konkrete Lebenssachverhalt einem verständigen Bürger in der Lage des Betroffenen bei natürlicher Betrachtungsweise darstellt. Dieser Sachverhalt muß im allgemeinen einheitlich betrachtet werden, es sei denn, daß einzelne Teile des Geschehensablaufs objektiv abtrennbar sind. Hat die Polizei die Ermittlungen an die StA oder das Amtsgericht weitergeleitet (§ 163 Abs. 2 StPO) oder auf Weisung der StA gehandelt, so kann an der strafprozessualen Natur ihres Einschreitens kein vernünftiger Zweifel bestehen. Eine Maßnahme, die nach dem Gesamteindruck darauf gerichtet ist, eine strafbare Handlung zu erforschen oder sonst zu verfolgen, ist der Kontrolle der ordentlichen Gerichte nach §§ 23 ff. EGGVG nicht etwa deshalb entzogen, weil durch die polizeilichen Ermittlungen möglicherweise zugleich auch künftigen Verletzungen der öffentlichen Sicherheit vorgebeugt würde.“.

(SUB/ERG)

Realfolge ist die jeweilige Maßnahme laut Sachverhalt.
Rechtsfolge ist die Maßnahme laut Rechtsnorm.

(SUB)

Realfolgen und Rechtsfolgen zu:

Observation

Realfolgen Observation – Beispiele:

- Beobachtung;
- Fokussierung von Person;
- Hinterhergehen hinter Person mit Blick auf Person;
- Standposten vor Objekt mit dessen aktiver aufmerksamer Beobachtung;
- zwecks Ermöglichung oder Förderung der Beobachtung, in bestimmter Art oder Richtung zu stehen oder zu gehen.

Rechtsfolge(n) Observation – allgemein:

Kurzfristige Observation:

ist (offene oder verdeckte[288]) Datenerhebung durch Beobachtung – mit oder ohne technische Mittel (vgl. §§ 17, 18 PolG NRW § 100h StPO) und mit oder ohne Begleitmaßnahmen –, die nicht die in § 16a Abs. 1 PolG NRW/§ 163f Abs. 1 StPO genannten Voraussetzungen erfüllt, also die nicht wie die längerfristige Observation planmäßig angelegt durchgehend länger als 24 Stunden oder an mehr als an zwei Tagen vorgesehen ist oder tatsächlich durchgeführt wird.[289]

Längerfristige Observation:

(ERG)

Mögliche Befugnisrechtsnorm zu:

Observation

Gefahrenabwehr:

- Kurzfristige Observation: § 16a Abs. 3 PolG NRW;
- Längerfristige Observation: § 16a Abs. 1, 2 PolG NRW.

Vgl. auch: § 37 Abs. 3 S. 4 PolG NRW (Offene Beobachtung mittels Bild- und Tonübertragung).

Strafrechtspflege (ggf. mit §§ 46, 53 Abs. 1 S. 2, Abs. 2 OWiG):

- Kurzfristige Observation: § 163 Abs. 1 S. 2 StPO[292] – als Rechtsfolge: Ermittlung jeder Art, soweit diese Polizeibefugnis nicht in anderen Rechtsvorschriften besonders geregelt ist;
- Längerfristige Observation: § 163f StPO.[293]

---

[288] Nr. 9.3 VVPolG NRW: „Eine Datenerhebung kann ohne Kenntnis der betroffenen Person u.a. bei öffentlichen Stellen oder Dritten sowie aus allgemein zugänglichen Quellen erfolgen. Eine Datenerhebung durch Befragung Dritter oder durch Auskunftsersuchen bei einer anderen Behörde ist nicht schon deshalb eine **verdeckte Maßnahme**, weil sie ohne Kenntnis der betroffenen Person erfolgt.“. Nr. 9.4 VVPolG NRW: „Eine **verdeckte Datenerhebung** liegt vor, wenn getarnte Maßnahmen zur Datenerhebung vorgenommen werden, insbesondere die Zugehörigkeit zur Polizei bewusst verschleiert wird. Um ein **verdecktes Vorgehen** handelt es sich nicht schon, wenn Polizeivollzugsbeamtinnen oder Polizeivollzugsbeamte Dienst in Zivilkleidung verrichten oder ein äußerlich nicht als solches zu erkennendes Dienstfahrzeug benutzen.“.

[289] Vgl. auch Nr. 16a.11 VVPolG NRW: „Erfasst werden von der **Legaldefinition** in § 16a Abs. 1 Satz 1 Maßnahmen (verdeckte und offene Observationen) mit größerer Eingriffsintensität, die einen nicht unerheblichen organisatorischen, personellen und sachlichen Aufwand erfordern.“.

[292] BVerfGK 16, 1 = BVerfG, Beschluss der Zweiten Kammer des Zweiten Senats vom 02.07.2009 – 2 BvR 1691/07, Rn. 45: „Der Rechtsanwendung des Gerichts liegt die zutreffende Erkenntnis zugrunde, dass eine kurzfristige Beobachtung unabhängig von Vorstellung oder Plan der Ermittlungsbehörden spätestens mit Überschreiten der in § 163f Abs. 1 Satz 1 StPO normierten Zeitgrenzen zu einer längerfristigen Observation wird, da ansonsten die Verfahrenssicherungen des § 163f StPO durch eine zeitlich unbegrenzte Abfolge für sich genommen kurzfristiger Beobachtungen mit unverändertem Ermittlungsziel unterlaufen werden könnten [Schrifttumsquellen].“, Rn. 51: „Dass sich kurzfristige Beobachtungen bei Überschreiten der Zeitgrenzen rückwirkend auf den Zeitpunkt der ersten Beobachtung zu einer längerfristigen Observation ausweiteten, lässt sich dem Gesetz nicht entnehmen. Auch die Kommentarliteratur, die das Problem eines Umschlagens kurzfristiger Beobachtungen in eine längerfristige Observation thematisiert, lehnt eine solche Rückwirkung ab, wenn sie betont, dass die Maßnahme erst von dem Zeitpunkt an den Anforderungen des § 163f StPO unterworfen ist, in dem erstmals die Voraussetzungen für ihre Längerfristigkeit vorlagen [Schrifttumsquellen].“.

[293] BGHSt 46, 266 f. (GPS – **Global Positioning System** gegenüber AIZ – „Antiimperialistische Zelle“) = BGH, Urteil vom 24.01.2001 – 3 StR 324/00 –, Ls.: „1. Die Beweisgewinnung unter Verwendung des satellitengestützten **Navigationssystems ‚Global Positioning System‘** (‚GPS‘) ist von § 100 c Abs. 1 Nr. 1 Buchst. b StPO [a. F., ≙ § 100h Abs. 1 S. 1 Nr. 2 StPO, P. B.] gedeckt. Diese Vorschrift gestattet den Strafverfolgungsbehörden im Wege der Annexkompetenz unter Beachtung des Verhältnismäßigkeitsgrundsatzes auch die Vornahme der für den Einsatz des technischen Mittels notwendigen Begleitmaßnahmen. 2. Trifft der Einsatz des ‚GPS‘ mit anderen je für sich zulässigen Eingriffsmaßnahmen zusammen und führt dies zu einer umfassenden Überwachung der Person, so kann das gegen den Grundsatz der Verhältnismäßigkeit verstoßen. Bei der insoweit erforderlichen Abwägung kommt dem Gewicht der aufzuklärenden Straftat besondere Bedeutung zu. 3. Werden für längerfristige Observationen technische Mittel im Sinne des § 100 c Abs. 1 Nr. 1 Buchst. b StPO [a. F., ≙ § 100h Abs. 1 S. 1 Nr. 2 StPO, P. B.] verwendet, so sind zusätzlich die Anordnungsvoraussetzungen des § 163 f StPO zu beachten.“; im selben Verfahrensgang bestätigt durch BVerfGE 112, 304, Ls. 1-3, S. 319 f. (GPS – Global Positioning System gegenüber AIZ – „Antiimperialistische Zelle“) = BVerfG, Urteil des Zweiten Senats vom 12.04.2005 – 2 BvR 581/01 –, C. I. 3. a), Rn. 61-63: „Beim Einsatz moderner, insbesondere dem Betroffenen verborgener, Ermittlungsmethoden müssen die Strafverfolgungsbehörden mit Rücksicht auf das dem ‚additiven‘ Grundrechtseingriff innewohnende Gefährdungspotential aber besondere Anforderungen an das Verfahren beachten. Es ist sicherzustellen, dass die eine Ermittlungsmaßnahme beantragende oder anordnende Staatsanwaltschaft als primär verantwortlicher Entscheidungsträger über alle Ermittlungseingriffe informiert ist, die den Grundrechtsträger im Zeitpunkt der Antragstellung und im Zeitpunkt einer zeitlich versetzten Ausführung der Maßnahme jeweils treffen; sonst wäre eine verantwortliche Prüfung und Feststellung übermäßiger Belastung nicht möglich. Dazu bedarf es nicht nur – was selbstverständlich ist (vgl. § 168 b Abs. 1, § 199 Abs. 2 Satz 2 StPO) – einer vollständigen Dokumentation aller ausgeführten oder ausführbaren Ermittlungseingriffe in den Akten (vgl. BVerfGE 63, 45 [64]). Darüber hinaus ist – insbesondere durch die Nutzung des länderübergreifenden staatsanwaltschaftlichen Verfahrensregisters (§§ 492 ff. StPO) – sicherzustellen, dass nicht verschiedene Staatsanwaltschaften ohne Wissen voneinander im Rahmen von Doppelverfahren in Grundrechte eingreifen. Für den Fall, dass neben den Strafverfolgungsinstanzen auch Verfassungsschutzbehörden und Nachrichtendienste ermittelnde Maßnahmen anordnen und vollziehen, hat der Gesetzgeber in § 492 Abs. 4 StPO die Möglichkeit geschaffen, dass grundlegende, den Staatsanwaltschaften zugängliche Verfahrensdaten auch den Verfassungsschutzbehörden des Bundes und der Länder, dem Amt für den Militärischen Abschirmdienst und dem Bundesnachrichtendienst zur Verfügung gestellt werden, sofern diesen Behörden ein Auskunftsrecht gegenüber den Strafverfolgungsbehörden zusteht. Diese Regelung, die in erster Linie der Verfahrensvereinfachung dienen sollte (BTDrucks 12/6853, S. 37), hat zugleich eine Voraussetzung für die grundrechtssichernde Abstimmung der Ermittlungstätigkeit geschaffen.“; im selben Verfahrensgang bestätigt durch EGMR, Urteil vom 02.09.2010 – 35623/05.

ist (offene oder verdeckte[290]) Datenerhebung durch planmäßig angelegte Beobachtung – mit oder ohne technische Mittel (vgl. §§ 17, 18 PolG NRW; 100h StPO) und mit oder ohne Begleitmaßnahmen –, die durchgehend länger als 24 Stunden oder an mehr als an zwei Tagen vorgesehen ist oder tatsächlich durchgeführt wird.[291]

(SUB)

Realfolge ist die jeweilige Maßnahme laut Sachverhalt (z.B. das gezielte Beobachten oder eine Anordnung [Begleitverfügung], in bestimmter Art oder Richtung zu stehen oder zu gehen [um besser beobachten zu können], z.B. „Bitte bewegen Sie sich da [bestimmter Weg] entlang!“ / „Bitte bleiben Sie hier stehen!“).

Rechtsfolge ist als Justiz-VA (ggf. mit Begleit-Justiz-VA[294], § 23 Abs. 1 S. 1 EGGVG) die Erhebung personenbezogener Daten durch kurzfristige Observation.

---

[290] Nr. 9.3 VVPolG NRW: „Eine Datenerhebung kann ohne Kenntnis der betroffenen Person u.a. bei öffentlichen Stellen oder Dritten sowie aus allgemein zugänglichen Quellen erfolgen. Eine Datenerhebung durch Befragung Dritter oder durch Auskunftsersuchen bei einer anderen Behörde ist nicht schon deshalb eine **verdeckte Maßnahme**, weil sie ohne Kenntnis der betroffenen Person erfolgt.“. Nr. 9.4 VVPolG NRW: „Eine **verdeckte Datenerhebung** liegt vor, wenn getarnte Maßnahmen zur Datenerhebung vorgenommen werden, insbesondere die Zugehörigkeit zur Polizei bewusst verschleiert wird. Um ein **verdecktes Vorgehen** handelt es sich nicht schon, wenn Polizeivollzugsbeamtinnen oder Polizeivollzugsbeamte Dienst in Zivilkleidung verrichten oder ein äußerlich nicht als solches zu erkennendes Dienstfahrzeug benutzen.“.

[291] Vgl. auch Nr. 16a.11 VVPolG NRW: „Erfasst werden von der **Legaldefinition** in § 16a Abs. 1 Satz 1 Maßnahmen (verdeckte und offene Observationen) mit größerer Eingriffsintensität, die einen nicht unerheblichen organisatorischen, personellen und sachlichen Aufwand erfordern.“.

[294] **Wohnungstüröffnungs-Verfügung** (je nach Rechtsgebiet VA oder Justiz-VA [z.B.: „Bitte öffnen Sie die Tür!“]) kann bspw. wie folgt – insbesondere über den Zweck – zu subsumieren sein:

- § 9 Abs. 2 PolG NRW / § 163 Abs. 3 StPO / § 163a StPO (Zweck: Befragung / Vernehmung).
- § 12 PolG NRW / § 163b Abs. 1 oder § 163b Abs. 2 StPO (Zweck: IDF jedenfalls ohne Wohnungs-Betretens- und Wohnungs-Durchsuchungszweck [z.B.: IDF-Befragung / IDF-Ausweisverlangen an der Tür]).
- § 16a PolG NRW / § 163f StPO / § 163 Abs. 1 S. 2 StPO (Zweck: Observation jedenfalls ohne Wohnungs-Betretens- und Wohnungs-Durchsuchungszweck [z.B.: Datenerhebung von der Tür aus]).
- § 35 PolG NRW / § 127 Abs. 1 S. 1 Alt. 1 StPO / § 127 Abs. 2 i.V.m. § 112/§ 112a/§ 126a; § 127b StPO; § 164 StPO (Zweck: Ingewahrsamnahme / Festnahme jedenfalls ohne Wohnungs-Betretens- und Wohnungs-Durchsuchungszweck [z.B.: Ingewahrsamnahme / Festnahme an der Tür]).
- § 41 PolG NRW / § 102 StPO oder § 103 StPO (Zweck: Wohnungsbetreten und/oder Wohnungsdurchsuchung).
- § 43 PolG NRW / § 94 Abs. 1 StPO / § 94 Abs. 1, 2 StPO / §§ 94 Abs. 3, 111a StPO, § 69 StGB / §§ 99, 100 StPO / § 108 StPO (§ 110 StPO); / § 111b StPO / § 132 StPO (Zweck: Sicherstellung/Beschlagnahme jedenfalls ohne Wohnungs-Betretens- und Wohnungs-Durchsuchungszweck [z.B.: Sicherstellung/Beschlagnahme an der Tür).

(ERG)

Mögliche Befugnisrechtsnorm ist § 163 Abs. 1 S. 2 StPO (ggf. i.V.m. §§ 46, 53 Abs. 1 S. 2 OWiG).

B. Formelle Rechtmäßigkeit (FR) I. Zuständigkeit (Z)

Zuständigkeit für Straftatenerforschung/StPO

(VOR/DEF)

Zuständigkeit ist Aufgabenwahrnehmungserlaubnis für den Rechtsfolgesetzer.

(SUB/ERG)

Für die Maßnahme ist die Zuständigkeit (i.d.R.) wie folgt gegeben:

1. sachliche Zuständigkeit *der Polizei* gemäß

- § 163 Abs. 1 S. 1 StPO;

2. instanzielle Zuständigkeit *der Polizeibehörde* (i.d.R.) gemäß

- (i.d.R.) § 11 Abs. 1 Nr. 2 Alt. 1 POG NRW i.V.m. KPBVO NRW;
- (generell:) §§ 10-14 POG NRW (ggf. i.V.m. LKAAufgVO NRW);

3. örtliche Zuständigkeit *der Polizeibehörde* gemäß

- (i.d.R.) § 7 Abs. 1 S. 1 POG NRW (ggf. i.V.m. KHStVO NRW);
- (generell: §§ 7-9 POG NRW[295]) (ggf. i.V.m. KHStVO NRW);

4. funktionelle Zuständigkeit *des Polizeiamtswalters* gemäß

- § 163 Abs. 1 S. 2 W. 5 („sie") i.V.m. § 163 Abs. 1 S. 1 W. 1-6 StPO, also hier: der „Behörden und Beamten des Polizeidienstes" für Anordnung, Ausführung, Antrag, Anregung.

Zuständigkeit für Ordnungswidrigkeitenerforschung/OWiG

(VOR/DEF)

Zuständigkeit ist Aufgabenwahrnehmungserlaubnis für den Rechtsfolgesetzer.

- § 81a StPO / § 81c StPO / § 81g StPO / § 81h StPO (Zweck: der jeweilige „Untersuchungs"-Zweck jedenfalls ohne Wohnungs-Betretens- und Wohnungs-Durchsuchungszweck [z.B.: „Untersuchung" an der Tür]).
- § 8 Abs. 1 PolG NRW / § 163 Abs. 1 S. 2 StPO (Zweck: jedenfalls ein nicht besonders geregelter Zweck jedenfalls ohne Wohnungs-Betretens- und Wohnungs-Durchsuchungszweck).

[295] Vgl. auch zu § 9 Abs. 1 S. 1 Nr. 5 POG NRW: Abkommen zwischen den Ländern der Bundesrepublik Deutschland über die erweiterte Zuständigkeit der Polizei der Länder bei der Strafverfolgung.

(SUB/ERG)

Für die Maßnahme ist die Zuständigkeit (i.d.R.) wie folgt gegeben:

1. sachliche Zuständigkeit *der Polizei* gemäß

- §§ 35, 36 OWiG;
  - i.V.m. § 1 Abs. 2 Teil-3-OWiGZVO NRW: PB – solange Nicht-Abgabe an OB – für Verfolgung von Owi nach: §§ 111, 117-121 OWiG;
  - i.V.m. § 1 Abs. 3 Teil-3-OWiGZVO NRW: KPB für Verfolgung und Ahndung von Owi nach §§ 113, 115 OWiG bei polizeilichen Gewahrsams-Gefangenen, § 127 OWiG bei öff. Urkunden und Beglaubigungszeichen;
  - i.V.m. § 2b öffVereinsRZVO NRW: KBP für die Verfolgung und Ahndung von Owi nach § 23 VereinsGDV;
  - i.V.m. § 1 Abs. 2 VerkehrsOwiZVO NRW: PB – solange Nicht-Abgabe an KOB oder StA – für Verfolgung von Owi nach §§ 23, 24, 24a und 24c StVG;
  - i.V.m. § 2 VersGZVO NRW: KPB für die Verfolgung und Ahndung von Owi nach § 29 VersG;
  - i.V.m. § 5 WaffGDVO NRW: KPB für die Verfolgung und Ahndung von Owi nach § 53 WaffG;
- § 53 OWiG;

2. instanzielle Zuständigkeit *der Polizeibehörde* gemäß

- § 11 Abs. 1 Nr. 2 Alt. 2 POG NRW i.V.m. KPBVO NRW (generell: §§ 10-14 POG NRW) [bei §§ 35, 36 OWiG];
  - i.V.m. § 1 Abs. 2 Teil-3-OWiGZVO NRW: PB – solange Nicht-Abgabe an OB – für Verfolgung von Owi nach: §§ 111, 117-121 OWiG;
  - i.V.m. § 1 Abs. 3 Teil-3-OWiGZVO NRW: KPB für Verfolgung und Ahndung von Owi nach §§ 113, 115 OWiG bei polizeilichen Gewahrsams-Gefangenen, § 127 OWiG bei öff. Urkunden und Beglaubigungszeichen;
  - i.V.m. § 2b öffVereinsRZVO NRW: KBP für die Verfolgung und Ahndung von Owi nach § 23 VereinsGDV;
  - i.V.m. § 1 Abs. 2 VerkehrsOwiZVO NRW: PB – solange Nicht-Abgabe an KOB oder StA – für Verfolgung von Owi nach §§ 23, 24, 24a und 24c StVG;
  - i.V.m. § 2 VersGZVO NRW: KPB für die Verfolgung und Ahndung von Owi nach § 29 VersG;
  - i.V.m. § 5 WaffGDVO NRW: KPB für die Verfolgung und Ahndung von Owi nach § 53 WaffG;

3. örtliche Zuständigkeit *der Polizeibehörde* gemäß

- (bei §§ 35, 36 OWiG:) § 37 OWiG;
- Im Übrigen generell: §§ 7-9 POG NRW;

4. funktionelle Zuständigkeit *des Polizeiamtswalters* gemäß

- § 53 Abs. 1 S. 2 W. 1 („Sie") i.V.m. § 53 Abs. 1 S. 1 W. 1-6 OWiG, also hier: der „Behörden und Beamten des Polizeidienstes" für Anordnung, Ausführung, Antrag, Anregung.

(VOR/DEF)

Verfahren ist normiertes Verhalten insbesondere für den Rechtsfolgezuständigen außer, bei, i.Z.m. der Rechtsfolge.

1. Verfahrensrechtsnormen aus § 163f Abs. 2 S. 2 StPO analog i.V.m. § 100d StPO entsprechend bei oder i.Z.m. der Observations-Erhebung von Daten, die dem Kernbereich privater Lebensgestaltung zuzurechnen sind

Gemäß § 163f Abs. 2 S. 2 StPO, der nur die längerfristige Observation ausdrücklich normiert, die gemäß § 163f Abs. 3 StPO unter Richtervorbehalt einschließlich Gerichtsbestätigung binnen drei Werktagen steht, gilt § 100d Abs. 1, 2 StPO entsprechend. „Der Kernbereich privater Lebensgestaltung beansprucht [jedenfalls] gegenüber allen Überwachungsmaßnahmen Beachtung."[296] Die kurzfristige Observation unterscheidet sich von der längerfristigen Observation durch die mutmaßliche Dauer und ist im Übrigen grundsätzlich gleich der längerfristigen Observation eine kernbereichsverletzungsgeneigte Befugnis. Selbst wenn es eigener ausdrücklicher Regelungen für Maßnahmen wie die der (kurzfristigen) Observation nicht bedürfte, sind Grenzen, die sich im Einzelfall auch hier gegenüber einem Zugriff auf höchstpersönliche Informationen ergeben können, bei deren Anwendung unmittelbar von Verfassungs wegen zu beachten.[297] Aus allem folgt, dass der Kernbereich privater Lebensgestaltung bei der kurzfristigen Observation auf dem Rechtsgebiet der Strafrechtspflege Beachtung beansprucht, und zwar unmittelbar von Verfassung wegen, ausdrückbar über eine analoge Anwendung des § 163f Abs. 2 S. 2 StPO i.V.m. einer weiteren entsprechenden Anwendung des gesamten § 100d StPO, auch im Vergleich zu ausdrücklichen Normierungen wie § 16 PolG NRW.

(VOR)

a) § 163f Abs. 2 S. 2 StPO analog i.V.m. § 100d StPO entsprechend

Gemäß § 163f Abs. 2 S. 2 StPO analog i.V.m. § 100d StPO entsprechend, vgl. auch § 16 Abs. 2 S. 3 PolG NRW, ist bei (Anhaltspunkten bzgl. einer) Erhebung personenbezogener Daten, die dem Kernbereich privater Lebensgestaltung zuzurechnen sind, die anordnende Stelle über den Verlauf der Maßnahme **unverzüglich** (§ 121 Abs. 1 S. 1 BGB) zu unterrichten.

b) § 163f Abs. 2 S. 2 StPO analog i.V.m. § 100d Abs. 3 S. 2 StPO entsprechend

Gemäß § 163f Abs. 2 S. 2 StPO analog i.V.m. § 100d Abs. 3 S. 2 StPO entsprechend jedenfalls für die (kurzfristige) Observation ist u.a. normiert, dass Erkenntnisse, die den Kernbereich privater Lebensgestaltung betreffen, **unverzüglich** (§ 121 Abs. 1 S. 1 BGB) von der Staatsanwaltschaft dem (anordnenden) Gericht zur Entscheidung über die Verwertbarkeit und

[296] BVerfGE 141, 220, 277 (BKAG) = BVerfG, Urteil des Ersten Senats vom 20.04.2016 – 1 BvR 966/09 –, C. IV. 3. b), Rn. 123.

[297] BVerfGE 141, 220, 277 f. (BKAG) = BVerfG, Urteil des Ersten Senats vom 20.04.2016 – 1 BvR 966/09 –, C. IV. 3. b), Rn. 123.

Löschung der Daten vorzulegen sind (und die Entscheidung des Gerichts über die Verwertbarkeit für das weitere Verfahren bindend ist); vgl. auch § 100d Abs. 4 StPO, nach dem im Zweifel die Staatsanwaltschaft über die Unterbrechung oder Fortführung der Maßnahme **unverzüglich**(§ 121 Abs. 1 S. 1 BGB) eine Entscheidung des Gerichts herbeizuführen hat; vgl. auch § 16 Abs. 3 PolG NRW, nach dem bei Zweifeln hinsichtlich der Kernbereichsrelevanz der erhobenen Daten diese unverzüglich dem oder der behördlichen Datenschutzbeauftragten und einer von dem Behördenleiter oder der Behördenleiterin besonders beauftragten Leitungsperson des höheren Polizeivollzugsdienstes zur Durchsicht vorzulegen sind (Im Falle des § 17 Abs. 2 S. 3 PolG NRW erfolgt die Durchsicht durch das zuständige Amtsgericht. § 18 Abs. 4 PolG NRW bleibt unberührt.)

c) § 163f Abs. 2 S. 2 StPO analog i.V.m. § 100d Abs. 2 S. 3 StPO entsprechend

Gemäß § 163f Abs. 2 S. 2 StPO analog i.V.m. § 100d Abs. 2 S. 3 StPO entsprechend, vgl. auch § 16 Abs. 4 S. 3 PolG NRW, ist die Tatsache der Erlangung und Löschung von Daten, die dem Kernbereich privater Lebensgestaltung zuzurechnen sind, zu dokumentieren.

(DEF)

Kernbereich privater Lebensgestaltung ist der höchstpersönliche private Lebensbereich mit der Möglichkeit, innere Vorgänge wie Empfindungen und Gefühle sowie Überlegungen, Ansichten und Erlebnisse höchstpersönlicher Art ohne Angst vor staatlicher Überwachung zum Ausdruck zu bringen; umfasst sind auch Gefühlsäußerungen, Äußerungen des unbewussten Erlebens sowie Ausdrucksformen der Sexualität; wobei das Gegebensein von Daten aus dem Kernbereich privater Lebensgestaltung situationsbedingt und im Einzelfall anhand von Kommunikationsinhalten und -umständen (besonderes Vertrauensverhältnis der kommunizierenden Personen, Ort, erkennbarer Geheimhaltungswille) zu beurteilen ist und Kommunikationsinhalte höchstpersönlicher Art insbesondere sein können:

- Gespräche mit Vertrauenspersonen bzw. engsten Familienangehörigen über existenzielle Fragen (z. B. Todesangst, Suizidgedanken), über schwere physische oder psychische Erkrankungen sowie über privateste familiäre Angelegenheiten (z. B. Abtreibung, Enterbung) sowie die Äußerung tief empfundener Emotionen;
- verbale und nonverbale Äußerungen des Intimlebens (intensive Liebesbezeugungen und Ausdrucksformen der Sexualität);
- vertrauliche Gespräche mit Berufsgeheimnisträgern, wobei grundsätzlich allen Berufsgeheimnisträgern gleicher Schutz zukommt, vgl. insoweit auch § 100d Abs. 5 StPO, § 160a StPO, § 16 Abs. 5 PolG NRW.

Gespräche mit engsten Vertrauten, die Angaben über polizeilich abzuwehrende Gefahren enthalten, gehören schon ihrem Inhalt nach grundsätzlich nicht zu dem unantastbaren Kernbereich privater Lebensgestaltung, und führen daher nicht zur Unterbrechung, denn hinreichender Sozialbezug zur Öffentlichkeitssphäre besteht jedenfalls bei Äußerungen, die sich unmittelbar auf eine konkrete Gefahr beziehen, insbesondere wenn die kommunizierenden Personen für die Gefahren verantwortlich sind.[298]

---

[298] Zum **Kernbereich privater Lebensgestaltung**: vgl. Nr. 16 VVPolG NRW; vgl. auch § 15c Abs. 5, 6, 8 PolG NRW und Nr. 15c.5 VVPolG NRW; § 100d StPO; vgl. Bundestags-Drucksache 13/9660, S. 4; BVerfGE 109, 279, 313 f., 319, 324 (akustische Wohnraumüberwachung/„Großer Lauschangriff") = BVerfG, Urteil des Ersten Senats vom 03.03.2004 – 1 BvR 2378/98; vgl. auch BVerfGE 6, 32, 41; 6,

(SUB/ERG)

Im konkreten Fall sind die Voraussetzungen des § 163f Abs. 2 S. 2 StPO analog i.V.m. § 100d StPO entsprechend (alternativ)

- eingehalten bei entsprechenden Anhaltspunkten / bei Fehlen entgegenstehender Anhaltspunkte.
- nicht eingehalten bei entsprechenden Anhaltspunkten / bei Fehlen entgegenstehender Anhaltspunkte.

389, 433; 27, 1, 6 ff.; 32, 373, 379; 80, 367, 376 ff.; 101, 361, 382 ff.; 141, 220, Ls. 1. a), Rn. 120-126; BVerfG, Urteil des Ersten Senats vom 19.05.2020 – 1 BvR 2835/17 (Ausland-Ausland-Fernmeldeaufklärung nach BNDG), Rn. 199-207; BVerfGE 141, 220, 276-278 (BKAG) = BVerfG, Urteil des Ersten Senats vom 20.04.2016 – 1 BvR 966/09 –, C. IV. 3. a) b), Rn. 121-123: „Zur Entfaltung der Persönlichkeit im **Kernbereich privater Lebensgestaltung** gehört die Möglichkeit, innere Vorgänge wie Empfindungen und Gefühle sowie Überlegungen, Ansichten und Erlebnisse höchstpersönlicher Art zum Ausdruck zu bringen (vgl. BVerfGE 109, 279 <313>; 120, 274 <335>; stRspr). Geschützt ist insbesondere die nichtöffentliche Kommunikation mit Personen des höchstpersönlichen Vertrauens, die in der berechtigten Annahme geführt wird, nicht überwacht zu werden, wie es insbesondere bei Gesprächen im Bereich der Wohnung der Fall ist. Zu diesen Personen gehören insbesondere Ehe- oder Lebenspartner, Geschwister und Verwandte in gerader Linie, vor allem, wenn sie im selben Haushalt leben, und können Strafverteidiger, Ärzte, Geistliche und enge persönliche Freunde zählen (vgl. BVerfGE 109, 279 <321 ff.>). Dieser Kreis deckt sich nur teilweise mit dem der Zeugnisverweigerungsberechtigten. Solche Gespräche verlieren dabei nicht schon dadurch ihren Charakter als insgesamt höchstpersönlich, dass sich in ihnen Höchstpersönliches und Alltägliches vermischen (vgl. BVerfGE 109, 279 <330>; 113, 348 <391 f.>). Demgegenüber ist die Kommunikation unmittelbar über Straftaten nicht geschützt, selbst wenn sie auch Höchstpersönliches zum Gegenstand hat. Die Besprechung und Planung von Straftaten gehört ihrem Inhalt nach nicht zum Kernbereich privater Lebensgestaltung, sondern hat Sozialbezug (vgl. BVerfGE 80, 367 <375>; 109, 279 <319 f., 328>; 113, 348 <391>). Dies bedeutet freilich nicht, dass der Kernbereich unter einem allgemeinen Abwägungsvorbehalt in Bezug auf öffentliche Sicherheitsinteressen steht. Ein höchstpersönliches Gespräch fällt nicht schon dadurch aus dem Kernbereich privater Lebensgestaltung heraus, dass es für die Aufklärung von Straftaten oder Gefahren hilfreiche Aufschlüsse geben kann. Aufzeichnungen oder Äußerungen im Zwiegespräch, die zum Beispiel ausschließlich innere Eindrücke und Gefühle wiedergeben und keine Hinweise auf konkrete Straftaten enthalten, gewinnen nicht schon dadurch einen Gemeinschaftsbezug, dass sie Ursachen oder Beweggründe eines strafbaren Verhaltens freizulegen vermögen (vgl. BVerfGE 109, 279 <319>). Auch können trotz Straftatenbezugs Situationen, in denen Einzelnen gerade ermöglicht werden soll, ein Fehlverhalten einzugestehen oder sich auf dessen Folgen einzurichten, wie Beichtgespräche oder vertrauliche Gespräche mit einem Psychotherapeuten oder einem Strafverteidiger, der höchstpersönlichen Privatsphäre unterfallen, die dem Staat absolut entzogen ist (vgl. BVerfGE 109, 279 <322>). Ein hinreichender Sozialbezug besteht demgegenüber dann, wenn Gespräche - auch mit Vertrauenspersonen - sonst unmittelbar Straftaten zu ihrem Gegenstand haben (vgl. BVerfGE 109, 279 <319>). Der Kernbereich privater Lebensgestaltung beansprucht gegenüber allen Überwachungsmaßnahmen Beachtung. Können sie typischerweise zur Erhebung kernbereichsrelevanter Daten führen, muss der Gesetzgeber Regelungen schaffen, die einen wirksamen Schutz normenklar gewährleisten (vgl. BVerfGE 109, 279 <318 f.>; 113, 348 <390 f.>; 120, 274 <335 ff.>). Außerhalb solch verletzungsgeneigter Befugnisse bedarf es eigener Regelungen nicht. Grenzen, die sich im Einzelfall auch hier gegenüber einem Zugriff auf höchstpersönliche Informationen ergeben können, sind bei deren Anwendung unmittelbar von Verfassungs wegen zu beachten.“.

2. Verfahrensrechtsnorm aus § 33 StPO analog bzgl. Observation: Anhörung

(VOR/DEF)

Gemäß § 33 StPO analog (ggf. i.V.m. §§ 46, 53 Abs. 1 S. 2 OWiG) besteht Pflicht zur **Anhörung** bzw. **Gewährung rechtlichen Gehörs** vor einer Entscheidung, jedenfalls bevor zum Beteiligten-Nachteil Tatsachen oder Beweisergebnisse ohne Anhörung verwertet werden – oder es soll gegeben sein: ein Ausnahmegrund der Zweckgefährdung/Gefahr im Verzug nach § 33 Abs. 4 StPO analog.

Gefahr im Verzug i.S.d. § 33 StPO ist gegeben, wenn der Handlungsbedarf unvorhergesehen ist und bei Durchführung der eigentlich vorgesehenen Maßnahme, hier der Anhörung, der gesetzliche Zweck, hier der jeweilige aus der Aufgabe des § 163 Abs. 1 S. 1 StPO (ggf. aus § 53 Abs. 1 S. 1 OWiG) und aus der Befugnisrechtsnorm des § 163 Abs. 1 S. 2 StPO, vereitelt oder wesentlich erschwert wird.

(SUB/ERG)

Im konkreten Fall ist § 33 StPO analog (alternativ)

- eingehalten insbesondere bei Gelegenheit zur Stellungnahme i.S.d. § 33 StPO analog;
- eingehalten bei Nichteinhaltung von § 33 Abs. 1, 3 StPO analog und Ausnahmegrund gemäß § 33 Abs. 4 StPO analog;
- nicht eingehalten insbesondere bei Fehlen von Gelegenheit zur Stellungnahme ohne Ausnahmegrund i.S.d. § 33 StPO analog;
- sonst eingehalten oder nicht eingehalten bei entsprechenden Anhaltspunkten / Fehlen entgegenstehender Anhaltspunkte.

3. Verfahrensrechtsnorm aus § 168b StPO bzgl. Observation: Protokollierung

(VOR/DEF)

Gemäß § 168b StPO (ggf. i.V.m. §§ 46, 53 Abs. 1 S. 2 OWiG) besteht Pflicht zur **Protokollierung** bzw. zum **Protokoll über ermittlungsbehördliche Untersuchungshandlungen**, wonach gemäß § 168b Abs. 1 StPO das Ergebnis der Untersuchungshandlungen der Ermittlungsbehörden aktenkundig zu machen ist.

(SUB/ERG)

Im konkreten Fall ist § 168b StPO (alternativ)

- eingehalten insbesondere bei Protokoll über (das Ergebnis über) behördliche Untersuchungshandlungen i.S.d. § 168b StPO;
- eingehalten bei Nichteinhaltung von § 168b StPO mit Ausnahmegrund;
- nicht eingehalten insbesondere bei Fehlen von Protokoll über (das Ergebnis über) behördliche Untersuchungshandlungen ohne Ausnahmegrund;

- sonst eingehalten oder nicht eingehalten bei Anhaltspunkten (SV-Bezug) / Fehlen entgegenstehender Anhaltspunkte.

Art. 13 Abs. 2-7 GG: „Im Übrigen" können – insbesondere bei Fehlen von verfassungsmäßigen einfachgesetzlichen Konkretisierungen von Art. 13 Abs. 2-7 GG – Art. 13 Abs. 2-7 GG alternativ direkt anwendbare Rechtsgrundlagen mit Rechtmäßigkeitsvoraussetzungen bilden.

(ERG Verfahren)

Ergebnis kann allgemein sein: Verfahrensrechtmäßigkeit oder Verfahrensrechtswidrigkeit der Maßnahme.

B. Formelle Rechtmäßigkeit (FR) III. Form (F)

(VOR/DEF)

Form ist normiertes Wie der Rechtsfolgesetzung – mündlich, schriftlich, elektronisch oder in anderer Weise.

(SUB/ERG)

Im konkreten Fall besteht aufgrund Fehlens speziellerer Formrechtsnormen Formfreiheit für den Justiz-VA, sodass Anordnung oder Ausführung der Maßnahme formrechtmäßig schriftlich, elektronisch, mündlich oder in anderer Weise erfolgt.

§ 168b StPO ist i.d.R. bereits integrativer Bestandteil des Verfahrens.

Ergebnis kann allgemein sein: Formrechtmäßigkeit oder Formrechtswidrigkeit der Maßnahme.

C. Materielle Rechtmäßigkeit (MR) I. Tatbestand (Tb) / Tatbestandsvoraussetzungen (TBV)

(VOR/DEF)

Tatbestand ist das Gesamt der (materiell-rechtlichen) Rechtsfolge(setzungs)bedingungen. / **Tatbestandsvoraussetzungen** sind materiell-rechtliche Rechtsfolgesetzungsbedingungen.

1. Allgemeine TBV Tatverdacht für (kurzfristige) Observation

(VOR)

In § 163 Abs. 1 S. 2 StPO (i.V.m. §§ 53 Abs. 1 S. 2, 46 OWiG) wird (Straf-/Owi-)Tatverdacht vorausgesetzt, vgl. § 163 Abs. 1 S. 1 W. 8, S. 2 W. 1-3 StPO (i.V.m. § 53 Abs. 1 S. 1 W. 11, S. 2 W. 7 OWiG).

(DEF)

Tatverdacht ist gemäß § 163 Abs. 1 S. 1 i.V.m. § 152 Abs. 2 StPO das Gegebensein zureichender tatsächlicher Anhaltspunkte für eine verfolgbare Straftat oder Ordnungswidrigkeit.[299]

Zureichende tatsächliche Anhaltspunkte sind gegeben bei entsprechendem Ergebnis einer Gewichtigkeits- und Plausibilitätsprüfung aller wahrnehmbaren Dinge in Abwägung mit Art und Ausmaß potentieller Rechtseingriffe und Taten.

(SUB)

Zureichende tatsächliche Anhaltspunkte sind (z.B. und alternativ möglich) zum maßgeblichen Zeitpunkt bezüglich bestimmter Taten:

- polizeieigene Beobachtungen;
- polizeiliche Feststellungen;
- polizeiliche auf Tatsachen begründete, auf den einzelnen Fall bezogene Schlussfolgerungen, außer reine Spekulationen, hypothetische Erwägungen oder lediglich auf kriminalistische Alltagserfahrung gestützte, fallunabhängige Vermutungen;
- Angaben von Beschuldigten, Betroffenen, Verdächtigen, Nichtverdächtigen, Zeugen, Sachverständigen oder Dritten;
- Anzeigen iS.d. § 158 StPO;
- sonstige Daten.

(ERG)

Im konkreten Fall besteht i.S.d. § 152 Abs. 2 StPO i.V.m. § 163 Abs. 1 S. 1 StPO/§ 53 Abs. 1 S. 1 OWiG (alternativ)

- Tatverdacht (bei zureichenden tatsächlichen Anhaltspunkten);
- kein Tatverdacht (bei Fehlen zureichender tatsächlicher Anhaltspunkte).

---

[299] BVerfG, Beschluss der 3. Kammer des Zweiten Senats vom 11.01.2016 – 2 BvR 1361/13 –, Rn. 11: „Notwendiger und grundsätzlich auch hinreichender Anlass für Zwangsmaßnahmen im Strafverfahren [oder Ordnungswidrigkeitenverfahren, P. B.] ist der Verdacht einer Straftat [oder Ordnungswidrigkeit, P. B.]. Der Verdacht muss auf konkreten Tatsachen beruhen; vage Anhaltspunkte oder bloße Vermutungen reichen nicht aus (vgl. BVerfGE 44, 353 <381 f.>; 59, 95 <97 f.>; BVerfGK 1, 126 <131>).“.

2. (Negative) TBV aus § 163f Abs. 2 S. 2 StPO analog i.V.m. § 100d StPO entsprechend für die Observations-Datenerhebung von Daten, die dem Kernbereich privater Lebensgestaltung zuzurechnen sind

Gemäß § 163f Abs. 2 S. 2 StPO, der nur die längerfristige Observation ausdrücklich normiert, die gemäß § 163f Abs. 3 StPO unter Richtervorbehalt einschließlich Gerichtsbestätigung binnen drei Werktagen steht, gilt § 100d Abs. 1, 2 StPO entsprechend. „Der Kernbereich privater Lebensgestaltung beansprucht [jedenfalls] gegenüber allen Überwachungsmaßnahmen Beachtung.“[300] Die kurzfristige Observation unterscheidet sich von der längerfristigen Observation durch die mutmaßliche Dauer und ist im Übrigen grundsätzlich gleich der längerfristigen Observation eine kernbereichsverletzungsgeneigte Befugnis. Selbst wenn es eigener ausdrücklicher Regelungen für Maßnahmen wie die der (kurzfristigen) Observation nicht bedürfte, sind Grenzen, die sich im Einzelfall auch hier gegenüber einem Zugriff auf höchstpersönliche Informationen ergeben können, bei deren Anwendung unmittelbar von Verfassungs wegen zu beachten.[301] Aus allem folgt, dass der Kernbereich privater Lebensgestaltung bei der kurzfristigen Observation auf dem Rechtsgebiet der Strafrechtspflege Beachtung beansprucht, und zwar unmittelbar von Verfassung wegen, ausdrückbar über eine analoge Anwendung des § 163f Abs. 2 S. 2 StPO i.V.m. einer weiteren entsprechenden Anwendung des gesamten § 100d StPO, auch im Vergleich zu ausdrücklichen Normierungen wie § 16 PolG NRW.

(VOR)

Gemäß § 163f Abs. 2 S. 2 StPO analog i.V.m. § 100d Abs. 1 StPO entsprechend ist die Maßnahme unzulässig, wenn tatsächliche Anhaltspunkte für die Annahme vorliegen, dass durch die Maßnahme (allein) Erkenntnisse aus dem Kernbereich privater Lebensgestaltung erlangt werden, vgl. auch die BVerfG-Rechtsprechung i.V.m. § 31 BVerfGG.

(DEF)

Kernbereich privater Lebensgestaltung ist der höchstpersönliche private Lebensbereich mit der Möglichkeit, innere Vorgänge wie Empfindungen und Gefühle sowie Überlegungen, Ansichten und Erlebnisse höchstpersönlicher Art ohne Angst vor staatlicher Überwachung zum Ausdruck zu bringen; umfasst sind auch Gefühlsäußerungen, Äußerungen des unbewussten Erlebens sowie Ausdrucksformen der Sexualität; wobei das Gegebensein von Daten aus dem Kernbereich privater Lebensgestaltung situationsbedingt und im Einzelfall anhand von Kommunikationsinhalten und -umständen (besonderes Vertrauensverhältnis der kommunizierenden Personen, Ort, erkennbarer Geheimhaltungswille) zu beurteilen ist und Kommunikationsinhalte höchstpersönlicher Art insbesondere sein können:

- Gespräche mit Vertrauenspersonen bzw. engsten Familienangehörigen über existenzielle Fragen (z. B. Todesangst, Suizidgedanken), über schwere physische oder psychische Erkrankungen sowie über privateste familiäre Angelegenheiten (z. B. Abtreibung, Enterbung) sowie die Äußerung tief empfundener Emotionen;

---

[300] BVerfGE 141, 220, 277 (BKAG) = BVerfG, Urteil des Ersten Senats vom 20.04.2016 – 1 BvR 966/09 –, C. IV. 3. b), Rn. 123.

[301] BVerfGE 141, 220, 277 f. (BKAG) = BVerfG, Urteil des Ersten Senats vom 20.04.2016 – 1 BvR 966/09 –, C. IV. 3. b), Rn. 123.

- verbale und nonverbale Äußerungen des Intimlebens (intensive Liebesbezeugungen und Ausdrucksformen der Sexualität);
- vertrauliche Gespräche mit Berufsgeheimnisträgern, wobei grundsätzlich allen Berufsgeheimnisträgern gleicher Schutz zukommt, vgl. insoweit auch § 100d Abs. 5 StPO, § 160a StPO, § 16 Abs. 5 PolG NRW.

Gespräche mit engsten Vertrauten, die Angaben über polizeilich abzuwehrende Gefahren enthalten, gehören schon ihrem Inhalt nach grundsätzlich nicht zu dem unantastbaren Kernbereich privater Lebensgestaltung, und führen daher nicht zur Unterbrechung, denn hinreichender Sozialbezug zur Öffentlichkeitssphäre besteht jedenfalls bei Äußerungen, die sich unmittelbar auf eine konkrete Gefahr beziehen, insbesondere wenn die kommunizierenden Personen für die Gefahren verantwortlich sind.[302]

---

[302] Zum **Kernbereich privater Lebensgestaltung**: vgl. Nr. 16 VVPolG NRW; vgl. auch § 15c Abs. 5, 6, 8 PolG NRW und Nr. 15c.5 VVPolG NRW; § 100d StPO; vgl. Bundestags-Drucksache 13/9660, S. 4; BVerfGE 109, 279, 313 f., 319, 324 (akustische Wohnraumüberwachung/„Großer Lauschangriff") = BVerfG, Urteil des Ersten Senats vom 03.03.2004 – 1 BvR 2378/98; vgl. auch BVerfGE 6, 32, 41; 6, 389, 433; 27, 1, 6 ff.; 32, 373, 379; 80, 367, 376 ff.; 101, 361, 382 ff.; 141, 220, Ls. 1. a), Rn. 120-126; BVerfG, Urteil des Ersten Senats vom 19.05.2020 – 1 BvR 2835/17 (Ausland-Ausland-Fernmeldeaufklärung nach BNDG), Rn. 199-207; BVerfGE 141, 220, 276-278 (BKAG) = BVerfG, Urteil des Ersten Senats vom 20.04.2016 – 1 BvR 966/09 –, C. IV. 3. a) b), Rn. 121-123: „Zur Entfaltung der Persönlichkeit im **Kernbereich privater Lebensgestaltung** gehört die Möglichkeit, innere Vorgänge wie Empfindungen und Gefühle sowie Überlegungen, Ansichten und Erlebnisse höchstpersönlicher Art zum Ausdruck zu bringen (vgl. BVerfGE 109, 279 <313>; 120, 274 <335>; stRspr). Geschützt ist insbesondere die nichtöffentliche Kommunikation mit Personen des höchstpersönlichen Vertrauens, die in der berechtigten Annahme geführt wird, nicht überwacht zu werden, wie es insbesondere bei Gesprächen im Bereich der Wohnung der Fall ist. Zu diesen Personen gehören insbesondere Ehe- oder Lebenspartner, Geschwister und Verwandte in gerader Linie, vor allem, wenn sie im selben Haushalt leben, und können Strafverteidiger, Ärzte, Geistliche und enge persönliche Freunde zählen (vgl. BVerfGE 109, 279 <321 ff.>). Dieser Kreis deckt sich nur teilweise mit dem der Zeugnisverweigerungsberechtigten. Solche Gespräche verlieren dabei nicht schon dadurch ihren Charakter als insgesamt höchstpersönlich, dass sich in ihnen Höchstpersönliches und Alltägliches vermischen (vgl. BVerfGE 109, 279 <330>; 113, 348 <391 f.>). Demgegenüber ist die Kommunikation unmittelbar über Straftaten nicht geschützt, selbst wenn sie auch Höchstpersönliches zum Gegenstand hat. Die Besprechung und Planung von Straftaten gehört ihrem Inhalt nach nicht zum Kernbereich privater Lebensgestaltung, sondern hat Sozialbezug (vgl. BVerfGE 80, 367 <375>; 109, 279 <319 f., 328>; 113, 348 <391>). Dies bedeutet freilich nicht, dass der Kernbereich unter einem allgemeinen Abwägungsvorbehalt in Bezug auf öffentliche Sicherheitsinteressen steht. Ein höchstpersönliches Gespräch fällt nicht schon dadurch aus dem Kernbereich privater Lebensgestaltung heraus, dass es für die Aufklärung von Straftaten oder Gefahren hilfreiche Aufschlüsse geben kann. Aufzeichnungen oder Äußerungen im Zwiegespräch, die zum Beispiel ausschließlich innere Eindrücke und Gefühle wiedergeben und keine Hinweise auf konkrete Straftaten enthalten, gewinnen nicht schon dadurch einen Gemeinschaftsbezug, dass sie Ursachen oder Beweggründe eines strafbaren Verhaltens freizulegen vermögen (vgl. BVerfGE 109, 279 <319>). Auch können trotz Straftatenbezugs Situationen, in denen Einzelnen gerade ermöglicht werden soll, ein Fehlverhalten einzugestehen oder sich auf dessen Folgen einzurichten, wie Beichtgespräche oder vertrauliche Gespräche mit einem Psychotherapeuten oder einem Strafverteidiger, der höchstpersönlichen Privatsphäre unterfallen, die dem Staat absolut entzogen ist (vgl. BVerfGE 109, 279 <322>). Ein hinreichender Sozialbezug besteht demgegenüber dann, wenn Gespräche - auch mit Vertrauenspersonen - sonst unmittelbar Straftaten zu ihrem Gegenstand haben (vgl. BVerfGE 109, 279 <319>). Der Kernbereich privater Lebensgestaltung beansprucht gegenüber allen Überwachungsmaßnahmen Beachtung. Können sie typischerweise zur Erhebung kernbereichsrelevanter Daten führen, muss der Gesetzgeber Regelungen schaffen, die einen wirksamen Schutz normenklar gewährleisten (vgl. BVerfGE 109, 279 <318 f.>; 113, 348 <390 f.>; 120, 274 <335 ff.>). Außerhalb solch verletzungsgeneigter Befugnisse bedarf es eigener Rege-

(SUB/ERG)

Im konkreten Fall sind die Voraussetzungen des § 163f Abs. 2 S. 2 StPO analog i.V.m. § 100d StPO entsprechend (alternativ)

- erfüllt bei entsprechenden Anhaltspunkten / bei Fehlen entgegenstehender Anhaltspunkte.
- nicht erfüllt bei entsprechenden Anhaltspunkten / bei Fehlen entgegenstehender Anhaltspunkte.

Art. 13 Abs. 2-7 GG: „Im Übrigen" können – insbesondere bei Fehlen von verfassungsmäßigen einfachgesetzlichen Konkretisierungen von Art. 13 Abs. 2-7 GG – Art. 13 Abs. 2-7 GG alternativ direkt anwendbare Rechtsgrundlagen mit Rechtmäßigkeitsvoraussetzungen bilden.

C. Materielle Rechtmäßigkeit (MR) II. Inanspruchnahme (In) / Inanspruchnahmevoraussetzungen (Inv)

(VOR/DEF)

Inanspruchnahmevoraussetzungen sind materiell-rechtliche Bedingungen für richtige Inanspruchnahme.

Inanspruchnahme ist Adressierung und sonstiges Betroffenmachen; **Adressierung** ist direktes Bestimmen oder finales Richten einer Maßnahme an einen Grundrechtsträger, vgl. §§ 100b Abs. 3, 100c Abs. 2, 100h Abs. 3, 163f Abs. 2 StPO.

Nach § 163 Abs. 1 S. 2 StPO (i.V.m. §§ 46, 53 Abs. 1 S. 2 OWiG) ist Inanspruchnahme grundsätzlich richtig gegen folgende Personen: Beschuldigter (OWiG: Betroffener), Tatverdächtiger, Nichttatverdächtiger, Zeuge, Dritter, andere Person.

Beschuldigter, vgl. § 157 StPO, ist im Strafverfahren jede (tatverdächtige) Person, gegen die im Rahmen eines Strafverfahrens wegen einer bestimmten Straftat ermittelt wird, was sich durch Auslegung nach dem objektivierten Empfängerhorizont, §§ 133, 157 BGB analog, etwa über einen **Inkulpationsakt**, vgl. § 397 Abs. 1 AO, ergibt.

Betroffener ist im Ordnungswidrigkeitenverfahren jede (tatverdächtige) Person, gegen die im Rahmen eines Ordnungswidrigkeitenverfahrens wegen einer bestimmten Ordnungswidrigkeit ermittelt wird, was sich durch Auslegung nach dem objektivierten Empfängerhorizont, §§ 133, 157 BGB analog, etwa über einen **Inkulpationsakt**, vgl. § 397 Abs. 1 AO, ergibt.

Tatverdächtiger ist, gegen wessen Person zureichende tatsächliche Anhaltspunkte der Beteiligung an einer verfolgbaren Tat im Sinne des § 152 Abs. 2 StPO vorliegen.

Zeuge ist eine Person mit potentiellen Wahrnehmungen zu tatverdachtsrelevanten vergangenen Tatsachen oder Zuständen.

---

lungen nicht. Grenzen, die sich im Einzelfall auch hier gegenüber einem Zugriff auf höchstpersönliche Informationen ergeben können, sind bei deren Anwendung unmittelbar von Verfassungs wegen zu beachten.".

Andere Person / Dritter im Sinne von § 163 Abs. 1 S. 2 StPO ist eine Person ohne Beschuldigteneigenschaft/Betroffeneneigenschaft, Tatverdächtigeneigenschaft, Zeugeneigenschaft oder Sachverständigeneigenschaft.

Gemäß § 163f Abs. 2 S. 1 StPO analog darf die Maßnahme auch durchgeführt werden, wenn Dritte unvermeidbar betroffen werden.

(SUB/ERG)

Im konkreten Fall ist die Person (alternativ)

- richtigerweise in Anspruch genommen/adressiert;

  (zum Beispiel:) die Person ist (Tat-)Verdächtiger, denn gegen sie sind (zu subsumierende) zureichende tatsächliche Anhaltspunkte der Beteiligung an einer verfolgbaren Straftat gegeben, vgl. § 152 Abs. 2 StPO.
- nicht richtigerweise in Anspruch genommen/adressiert.

C. Materielle Rechtmäßigkeit (MR) III. Rechtsfolge (Rf) / Rechtsfolgevoraussetzungen (RfV)

(VOR/DEF)

Rechtsfolge ist rechtliche Folge aus dem Tatbestand. / **Rechtsfolgevoraussetzungen** sind materiell-rechtliche Rechtsfolgegestaltungsbedingungen.

C. Materielle Rechtmäßigkeit (MR) III. Rechtsfolge (Rf) 1. Tatsächliche und rechtliche Möglichkeit (TurM)

(VOR/DEF)

Tatsächliche und rechtliche Möglichkeit betrifft Fälle wie aus § 44 Abs. 2 Nr. 4-6 VwVfG NRW.

(SUB/ERG)

Tatsächliche und rechtliche Möglichkeit ist im konkreten Fall gegeben/nicht gegeben aufgrund Vorliegens/Nichtvorliegens von kognitiven, körperlichen, normativen, technischen Unmöglichkeiten.

Tatsächliche Unmöglichkeiten können sich insbesondere ergeben aus persönlichen oder örtlichen Umständen, etwa dem Aufenthalt einer Zielperson (= Adressat) an einem Ort, von dem aus oder an dem sie zur maßgeblichen Zeit nicht beoachtet werden kann und das Hindernis auch nicht durch Aufenthalts- oder Bewegungsverfügung an die Zielperson (= Adressat) oder Verfügungen an Dritte beseitigt werden kann.

Rechtliche Unmöglichkeiten können sich insbesondere ergeben aus Rechtsnormen wie § 163f Abs. 2 S. 2 StPO analog i.V.m. § 100d StPO entsprechend, vgl. auch BVerfG-Rechtsprechung i.V.m. § 31 BVerfGG.

C. Materielle Rechtmäßigkeit (MR) III. Rechtsfolge (Rf) 2. Bestimmtheit (Bsh)

(VOR/DEF)

Bestimmtheit ist Maßnahmenerkennbarkeit und Maßnahmenverstehbarkeit, bei Justiz-VA Gebot nach Art. 20 Abs. 3 GG.

(SUB/ERG)

Inhaltlich hinreichende Bestimmtheit Art. 20 Abs. 3 GG ist allgemein gegeben, wenn nach Auslegung der Maßnahme der Empfänger wie jeder vernünftige Dritte, §§ 133, 157 BGB analog, in der konkreten Situation deren Inhalt hinreichend erkennen und verstehen kann, insbesondere wie folgt:

- dass die Polizei ggü./mit dem Maßnahmenempfänger/Erklärungsempfänger (wer)
- aus bestimmten Strafrechtspflegegründen (warum)
- zu einer spezifischen Zeit (wann)
- bezweckt, dass ein Sachverhalt hinreichend aufgeklärt/erforscht/untersucht werden soll (was)
- und zwar durch spezifische Beobachtung und gegebenenfalls (angeordnete oder auszuführende) Verhaltensweisen (wie).

C. Materielle Rechtmäßigkeit (MR) III Rechtsfolge (Rf) 3. Ermessen (Erm)

Ermessen für Straftatenerforschung/StPO

(VOR/DEF)

Ermessen ist Entscheidungsspielraum auf der Rechtsfolgenseite bzgl. rechtsfehlerfreier Ausübung von Einschreit-Entschließung (Ob), Adressaten-Auswahl (Wer), Maßnahmen-Gestaltung (Wie).

(SUB/ERG)

a) Einschreitentschließungs-„Ermessen“ ist grundsätzlich nicht gegeben, vgl. § 163 Abs. 1 S. 1 („haben“) i.V.m. § 152 Abs. 2 StPO (Legalitätsgrundsatz: „ist […] verpflichtet, […] einzuschreiten“); ein Opportunitätsprinzip ist ausnahmsweise gegeben.

b) Adressatenauswahl-„Ermessen“ ist grundsätzlich gegeben, insbesondere bzgl.:

- zweckförderlicher Reihenfolge der Inanspruchnahme vom/von mehreren Beschuldigten, Verdächtigen, Zeugen, anderen Personen, Dritten;

- Auswahl aus mehreren gleichgeeigneten nichtverdächtigen Zeugen oder Dritten.

c) Maßnahmengestaltungs-„Ermessen“ ist grundsätzlich gegeben, vgl. hier auch bereits die (nicht spezieller normierte) „Ermittlung jeder Art“ im Sinne von § 163 Abs. 1 S. 2 StPO.

Ein etwaig gegebener Entscheidungsspielraum wird (alternativ je nach Fall) aufgrund von entsprechenden Anhaltspunkten/in Ermangelung entgegenstehender Anhaltspunkte ohne Ermessensfehler/mit Ermessensfehlern (Ermessensunterschreitung, Ermessensüberschreitung, Ermessensfehlgebrauch) ausgeübt bzgl. folgender Ermessensarten:

a) Entschließungsermessen:

Ein etwaig gegebenes Entschließungsermessen kann im konkreten Fall sogar gegen / auf Null reduziert sein, insbesondere wegen:

- Einschreitmöglichkeit;
- Erheblichkeitsgrad von Tatverdachten.

b) Auswahlermessen:

siehe C. II.: Auswahlermessen wird abschließend beurteilt i.V.m. Punkt C. II. (Inanspruchnahme).

c) Gestaltungsermessen:

siehe C. III. 4.: Gestaltungsermessen wird abschließend beurteilt i.V.m. Punkt C. III. 4. (VHM).

Ermessen für Ordnungswidrigkeitenerforschung/OWiG

(VOR/DEF)

Ermessen ist Entscheidungsspielraum auf der Rechtsfolgenseite bzgl. rechtsfehlerfreier Ausübung von Einschreit-Entschließung (Ob), Adressaten-Auswahl (Wer), Maßnahmen-Gestaltung (Wie), hier gegeben durch § 53 Abs. 1 S. 1 W. 9, 10 OWiG.

(SUB/ERG)

Der gegebene Entscheidungsspielraum wird (alternativ je nach Fall) aufgrund von entsprechenden Anhaltspunkten/in Ermangelung entgegenstehender Anhaltspunkte ohne Ermessensfehler/mit Ermessensfehlern (Ermessensunterschreitung, Ermessensüberschreitung, Ermessensfehlgebrauch) ausgeübt bzgl. folgender Ermessensarten:

a) Entschließungsermessen:

Das Entschließungsermessen kann im konkreten Fall sogar gegen / auf Null reduziert sein, insbesondere wegen:

- Einschreitmöglichkeit;
- Erheblichkeitsgrad von Tatverdachten.

b) Auswahlermessen:

siehe C. II.: Auswahlermessen wird abschließend beurteilt i.V.m. Punkt C. II. (Inanspruchnahme).

c) Gestaltungsermessen:

siehe C. III. 4.: Gestaltungsermessen wird abschließend beurteilt i.V.m. Punkt C. III. 4. (VHM).

C. Materielle Rechtmäßigkeit (MR) III. Rechtsfolge (Rf) 4. Verhältnismäßigkeit (VHM)

(VOR/DEF)

Verhältnismäßigkeit ist Geeignetheit, Erforderlichkeit, Angemessenheit zu legitimem Zweck.

(VOR/DEF)

a) Legitimer Zweck ist verfassungsgemäßer Zweck.

(SUB/ERG)

Im konkreten Fall verfolgt die Maßnahme (alternativ)

- einen legitimen Zweck, nämlich jedenfalls die verfassungsgemäße, im Sinne von Art. 20 Abs. 3 GG, § 163 Abs. 1 S. 1 StPO (ggf. § 53 Abs. 1 S. 1 OWiG) gesetzmäßige Sachaufklärung / Tatverdachtserforschung / Sachverdunkelungsverhütung, also die Erforschung von einem verdächtigen Sachverhalt bzgl. mutmaßlich deliktischer Beeinträchtigung bestimmter Rechte und Rechtsgüter im Sinne der Art. 1-19 GG. Vgl. auch den „Zweck" im Sinne von § 163 Abs. 1 S. 2 Wort 3 StPO. Letztlich ist legitimer Zweck die Ermittlung aller belastenden und entlastenden Umstände im Sinne von § 160 Abs. 2 StPO, und auch die Ermöglichung staatlicher Sanktionierung (z.B. Strafe / Ahndung) im Fall dafür ausreichender rechtsstaatlicher Belastung; vgl. auch die Grundrechtsschutzfunktion und die Grundrechtsförderungsfunktion[303] im Sinne von Spezialprävention durch Repression und Generalprävention durch Repression.
- keinen legitimen Zweck.

(VOR/DEF)

b) Geeignetheit ist Zweckförderungstauglichkeit.

(SUB/ERG)

Im konkreten Fall ist Geeignetheit durch Observation (alternativ)

- gegeben mit Förderung durch Beobachtung von Tatsachen, die für Strafrechtspflege von Bedeutung sind;
- gegeben mit Förderung durch Verhaltenssteuerung über (offene) Beobachtung für einen Strafrechtspflegezweck;
- sonst gegeben oder nicht gegeben bei Anhaltspunkten / bei Fehlen von entgegenstehenden Anhaltspunkten;
- nicht gegeben.

---

303 Zu Grundrechtsfunktionen siehe auch: *Basten*, Eingriffsrecht der Polizei in Nordrhein-Westfalen, Band 1, S. 78-84.

(VOR/DEF)

c) **Erforderlichkeit** ist Nichtverfügbarkeit eines milderen (Übermaßverbot), gleich geeigneten (Untermaßverbot) Mittels zur Zweckförderung.

(SUB/ERG)

Im konkreten Fall ist die Maßnahme (alternativ)

- erforderlich, insbesondere im Vergleich mit Nichtstun oder anderweitigen Datenerhebungen (z.B. Vernehmung, § 163a StPO, § 163 Abs. 3 StPO) sowie anderen Ermittlungen jeder Art (z.B. Behördenauskunftsersuchen oder Behördenauskunftsverlangen, § 163 Abs. 1 S. 2 StPO).
- nicht erforderlich.

(VOR/DEF)

d) **Angemessenheit** ist angemessenes Maß im Verhältnis zwischen Zweckförderung für Erhaltungsgut und Wirkungen für Eingriffsgut, vgl. insbesondere betroffene GR und sonstige Verfassungswerte.

(SUB/ERG)

Im konkreten Fall ist die Maßnahme (alternativ)

- angemessen, insbesondere desto eher bei einer Datenerhebung, je mehr diese zur Erforschung gewichtiger Sachverhalte (Sachverhalte mit erheblichen Strafdrohungen bzw. erheblichem Rechtsgüterschutz, vgl. z.B. Art. 2 Abs. 2 S. 1 GG, Art. 14 Abs. 1 S. 1 Alt. 1 GG, Art. 20 Abs. 3 GG) erfolgt und desto eher bei einer Datenerhebung in einer Sphäre des allgemeinen Persönlichkeitsrechts aus Art. 2 Abs. 1 i.V.m. Art. 1 Abs. 1 GG, je eher diese Datenerhebung in der **Öffentlichkeitssphäre** (Bereich bewusster eigener Zuwendung zur Öffentlichkeit bis hin zum Status als Person des öffentlichen Lebens) erfolgt, also je weiter diese weg ist von der Intimsphäre bzw. dem **Kernbereich privater Lebensgestaltung**[304] oder zumindest je weiter diese weg ist von der **Privatsphäre** (Privatleben, insbesondere häuslicher Bereich, Familie) oder von der **Sozialsphäre** (Sozial- und Wirtschaftsleben, insbesondere im Zusammenhang mit Beruf, Ehrenamt, wirtschaftliche Tätigkeiten).
- nicht angemessen.

Art. 13 Abs. 2-7 GG: „Im Übrigen" können – insbesondere bei Fehlen von verfassungsmäßigen einfachgesetzlichen Konkretisierungen von Art. 13 Abs. 2-7 GG – Art. 13 Abs. 2-7 GG alternativ direkt anwendbare Rechtsgrundlagen mit Rechtmäßigkeitsvoraussetzungen bilden.

---

[304] Vgl. Nr. 15c.51 VVPolG NRW und Nr. 16 VVPolG NRW; vgl. Bundestags-Drucksache 13/9660, S. 4; BVerfGE 109, 279, 313 f., 319, 324 (akustische Wohnraumüberwachung/„Großer Lauschangriff") = BVerfG, Urteil des Ersten Senats vom 03.03.2004 - 1 BvR 2378/98; vgl. auch BVerfGE 6, 32, 41; 6, 389, 433; 27, 1, 6 ff.; 32, 373, 379; 80, 367, 376 ff.; 101, 361, 382 ff.; 141, 220, Ls. 1. a), Rn. 120-126.

(ERG VHM)

Die Maßnahme ist insgesamt i.S.v. Art. 20 Abs. 3 GG (alternativ)

- verhältnismäßig.
- unverhältnismäßig.

D. Gesamtergebnis (GErg)

Die (kurzfristige) Observation ist (alternativ)

- gemäß §163 Abs. 1 S. 2 StPO rechtmäßig.
- wegen Art./§ (bestimmter Rechtsnorm [z.B. Art. 20 Abs. 3 GG; § 163f Abs. 2 S. 2 analog i.V.m. 100d StPO entsprechend]) rechtswidrig.

ABSCHNITT 6: BILDAUFNAHMEN UND BILDAUFZEICHNUNGEN DURCH DEN EINSATZ OPTISCH-TECHNISCHER MITTEL IN FAHRZEUGEN DER POLIZEI BEI PERSONEN- ODER FAHRZEUGKONTROLLEN (DATENERHEBUNG ZUR EIGENSICHERUNG; POLIZEIFAHRZEUG-KAMERA-DE/DS), § 15B POLG NRW

A. Rechtsgrundlage (RGL) I. Grundrechte (GR)

(VOR/DEF)

Grundrechte sind grundlegende Rechte aus Art. 1-19 GG i.V.m. dem Rechtsstaatsprinzip, Art. 20 Abs. 3 GG, mit Vorrang und Vorbehalt des Gesetzes.[305]

(SUB/ERG)

Grundrechte sind (i.d.R. alternativ, nicht kumulativ) insbesondere wie folgt gegeben (hier Reihenfolge nach Häufigkeit – jeweilige GR-Einschlägigkeit ist fallabhängig):

1. Allgemeines Persönlichkeitsgrundrecht[306] mit verschiedenen Ausprägungen[307], etwa in der Ausprägung des **Rechts auf informationelle Selbstbestimmung** (APR/RiS), Art. 2 Abs. 1 i.V.m. Art. 1 Abs. 1[308] GG, vgl. auch Art. 142 GG i.V.m. Art. 4 Abs. 1, 2 Verfassung NRW[309].

---

[305] Zu **Grundrechten**: *Basten*, Eingriffsrecht der Polizei in Nordrhein-Westfalen, Band 1, Buch 1, Abschnitt 2, Unterabschnitt 3. Zum **Rechtsstaatsprinzip** mit unter anderem sogenanntem Vorrang des Gesetzes und Vorbehalt des Gesetzes: *Basten*, Eingriffsrecht der Polizei in Nordrhein-Westfalen, Band 1, S. 95-108.

[306] BVerfGE 147, 1, 18 f. (**Geschlechtsidentität**) = BVerfG, Beschluss des Ersten Senats vom 10.10.2017 – 1 BvR 2019/16 –, Rn. 38: „Art. 2 Abs. 1 GG gewährt jedem das **Recht auf die freie Entfaltung seiner Persönlichkeit**. Dieses Grundrecht umfasst neben der allgemeinen Handlungsfreiheit das **allgemeine Persönlichkeitsrecht** (Art. 2 Abs. 1 i.V.m. Art. 1 Abs. 1 GG). Letzteres ergänzt als ‚unbenanntes' Freiheitsrecht die speziellen (‚benannten') Freiheitsrechte, die ebenfalls konstituierende Elemente der Persönlichkeit schützen (vgl. BVerfGE 54, 148 <153>). Eine der **Aufgaben des allgemeinen Persönlichkeitsrechts** ist es dabei, Grundbedingungen dafür zu sichern, dass die einzelne Person ihre Individualität selbstbestimmt entwickeln und wahren kann (vgl. BVerfGE 35, 202 <220>; 79, 256 <268>; 90, 263 <270>; 117, 202 <225>). Das allgemeine Persönlichkeitsrecht schützt indessen nur solche **Elemente der Persönlichkeitsentfaltung**, die - ohne bereits Gegenstand der besonderen Freiheitsgarantien des Grundgesetzes zu sein - diesen in ihrer konstituierenden Bedeutung für die Persönlichkeit nicht nachstehen (vgl. BVerfGE 79, 256 <268>; 99, 185 <193>; 120, 274 <303>; stRspr). Es verbürgt also nicht Schutz gegen alles, was die selbstbestimmte Persönlichkeitsentwicklung auf irgendeine Weise beeinträchtigen könnte; ohnehin vermag kein Mensch seine Individualität unabhängig von äußeren Gegebenheiten und Zugehörigkeiten zu entwickeln. Der lückenschließende Schutz des allgemeinen Persönlichkeitsrechts greift aber dann, wenn die selbstbestimmte Entwicklung und Wahrung der Persönlichkeit spezifisch gefährdet ist (BVerfGE 141, 186 <201 f. Rn. 32>).".

BVerfG, Beschluss des Ersten Senats vom 06.11.2019 – 1 BvR 16/13 – (Recht auf Vergessen I), Rn. 81: „Diese [**APR-]Rechtsprechung** hat sich maßgeblich in Konstellationen der mittelbaren Drittwirkung und geleitet von dem Erfordernis praktischer Konkordanz entwickelt. Deshalb bestimmen sich die Schutzdimensionen des allgemeinen Persönlichkeitsrechts letztlich immer einzelfallbezogen im Abgleich mit den Grundrechten Dritter. Die Bestimmung seiner Schutzwirkungen und die Abwägung mit den gegenüberstehenden Freiheitsrechten greifen hier Hand in Hand. Der Schutz des allgemeinen Persönlichkeitsrechts ist insoweit flexibel und durch die Einbindung der Person in ihre sozialen Beziehungen relativiert (vgl. BVerfGE 101, 361 <380>; 141, 186 <202 Rn. 32>; 147, 1 <19 Rn. 38>; stRspr; siehe auch BGHZ 183, 353 <357 Rn. 11>; 209, 139 <150 Rn. 30>; 219, 233 <240 Rn. 22>; stRspr).".

Vgl. „**Allgemeines Persönlichkeitsrecht**" (APR) als „sonstiges Recht" (sog. **Rahmenrecht** mit [grundrechts-]abwägungsoffenem Tatbestand) nach § 823 Abs. 1 Var. 6 BGB, u.a. mit Geldentschädigungsanspruch, insbesondere durch ständige Rechtsprechung (vgl. auch § 253 BGB) seit folgender Entwicklung: BGHZ 13, 334 (Leserbrief), mit erstmaliger ausdrücklicher Anerkennung des allgemeinen Persönlichkeitsrechts; BGHZ 26, 349 (Herrenreiter), mit erstmaliger Zuerkennung einer Geldentschädigung wegen

des immateriellen Schadens durch die Verletzung des allgemeinen Persönlichkeitsrechts; BGHZ 35, 363 (Ginsengwurzel), mit erstmaliger Schwerpunktsetzung bei der Menschenwürde in der Begründung; BVerfGE 34, 269 (Soraya), mit verfassungsgerichtlicher Erklärung der verfassungsrechtlichen Zulässigkeit der richterrechtlich entwickelten APR-Konstruktion.

[307] BVerfG, Beschluss des Ersten Senats vom 06.11.2019 – 1 BvR 16/13 – (Recht auf Vergessen I), Rn. 80: „Die Rechtsprechung hat aus dem [**Allgemeinen Persönlichkeits-]Grundrecht** insoweit verschiedene **Schutzdimensionen** abgeleitet wie den **Schutz eines unantastbaren Bereichs privater Lebensgestaltung**, die Garantie der **Privatsphäre**, das **Recht am eigenen Bild** oder **gesprochenen Wort** oder das **Recht auf die Darstellung der eigenen Person**, die **soziale Anerkennung** sowie die **persönliche Ehre** (vgl. BVerfGE 27, 1 <6>; 27, 344 <350 f.>; 32, 373 <379>; 34, 238 <245 f.>; 47, 46 <73>; 54, 148 <153 f.>; 99, 185 <193 f.>; 101, 361 <384>; 106, 28 <39>; 114, 339 <346>; 120, 180 <198>).“ „Diese Schutzgehalte werden insoweit aber nicht als abschließend umschriebene und voneinander abzugrenzende Gewährleistungen verstanden, sondern als Ausprägungen, die in Blick auf den konkreten Schutzbedarf jeweils anhand des zu entscheidenden Falles herauszuarbeiten sind (vgl. BVerfGE 54, 148 <153 f.>; 65, 1 <41>).“.

BVerfGE 65, 1 (Volkszählungsgesetz), Ls. 1 = BVerfG, Urteil des Ersten Senats vom 15.12.1983 – 1 BvR 209/83, Ls. 1: „Unter den Bedingungen der modernen Datenverarbeitung wird der Schutz des Einzelnen gegen unbegrenzte Erhebung, Speicherung, Verwendung und Weitergabe seiner persönlichen Daten von dem **allgemeinen Persönlichkeitsrecht** des Art. 2 Abs. 1 GG in Verbindung mit Art. 1 Abs. 1 GG umfaßt. Das [**Allgemeine Persönlichkeits-]Grundrecht** gewährleistet insoweit die Befugnis des Einzelnen, grundsätzlich selbst über die Preisgabe und Verwendung seiner persönlichen Daten zu bestimmen.“; BVerfG, Beschluss des Ersten Senats vom 06.11.2019 – 1 BvR 16/13 – (Recht auf Vergessen I), Rn. 80: „Das **Recht auf informationelle Selbstbestimmung** ist von der Rechtsprechung als eigene Ausprägung des allgemeinen Persönlichkeitsrechts mit einem gegenüber den anderen Ausprägungen selbständigen Gewährleistungsgehalt entwickelt worden und behält diesen auch, soweit es als verfassungsrechtliche Wertentscheidung in das Zivilrecht einstrahlt. Dementsprechend enthält es keinen gesamthaften Schutzanspruch hinsichtlich jederlei Umgangs mit Informationen, der die übrigen Schutzdimensionen des Grundrechts allgemein übergreifen und zusammenführen würde, sondern lässt deren Wertungen und Abwägungsregeln unberührt.“; BVerfGE 120, 274, 311 f. (Online-Durchsuchung) = BVerfG, Urteil des Ersten Senats vom 27.02.2008 – 1 BvR 370/07 –, Rn. 198 f. „Das **Recht auf informationelle Selbstbestimmung** geht über den **Schutz der Privatsphäre** hinaus. Es gibt dem Einzelnen die Befugnis, grundsätzlich selbst über die Preisgabe und Verwendung seiner persönlichen Daten zu bestimmen (vgl. BVerfGE 65, 1 <43>; 84, 192 <194>). Es flankiert und erweitert den grundrechtlichen Schutz von Verhaltensfreiheit und Privatheit, indem es ihn schon auf der Stufe der Persönlichkeitsgefährdung beginnen lässt. Eine derartige Gefährdungslage kann bereits im Vorfeld konkreter Bedrohungen benennbarer Rechtsgüter entstehen, insbesondere wenn personenbezogene Informationen in einer Art und Weise genutzt und verknüpft werden können, die der Betroffene weder überschauen noch verhindern kann. Der Schutzumfang des **Rechts auf informationelle Selbstbestimmung** beschränkt sich dabei nicht auf Informationen, die bereits ihrer Art nach sensibel sind und schon deshalb grundrechtlich geschützt werden. Auch der Umgang mit personenbezogenen Daten, die für sich genommen nur geringen Informationsgehalt haben, kann, je nach dem Ziel des Zugriffs und den bestehenden Verarbeitungs- und Verknüpfungsmöglichkeiten, grundrechtserhebliche Auswirkungen auf die Privatheit und Verhaltensfreiheit des Betroffenen haben (vgl. BVerfG, Beschluss vom 13. Juni 2007 - 1 BvR 1550/03 u.a. -, NJW 2007, S. 2464 <2466>). Die mit dem Recht auf informationelle Selbstbestimmung abzuwehrenden Persönlichkeitsgefährdungen ergeben sich aus den vielfältigen Möglichkeiten des Staates und gegebenenfalls auch privater Akteure (vgl. BVerfG, Beschluss der 1. Kammer des Ersten Senats vom 23. Oktober 2006 - 1 BvR 2027/02 -, JZ 2007, S. 576) zur Erhebung, Verarbeitung und Nutzung personenbezogener Daten. Vor allem mittels elektronischer Datenverarbeitung können aus solchen Informationen weitere Informationen erzeugt und so Schlüsse gezogen werden, die sowohl die grundrechtlich geschützten Geheimhaltungsinteressen des Betroffenen beeinträchtigen als auch Eingriffe in seine Verhaltensfreiheit mit sich bringen können (vgl. BVerfGE 65, 1 <42>; 113, 29 <45 f.>; 115, 320 <342>; BVerfG, Beschluss vom 13. Juni 2007 - 1 BvR 1550/03 u.a. -, NJW 2007, S. 2464 <2466>).“.

BVerfGE 109, 279, 325-327 (akustische Wohnraumüberwachung / „Großer Lauschangriff") = BVerfG, Urteil des Ersten Senats vom 03.03.2004 – 1 BvR 2378/98, 1084/99 –, Rn. 159-163: „Das aus Art. 2 Abs. 1 in Verbindung mit Art. 1 Abs. 1 GG folgende **allgemeine Persönlichkeitsrecht** kommt neben Art. 13 Abs. 1 GG allerdings nicht zur Anwendung, soweit Eingriffe in die **räumliche Privatsphäre des Wohnungsinhabers** zu überprüfen sind. Art. 13 Abs. 1 GG enthält eine spezielle Gewährleistung des **Schutzes vor staatlicher akustischer Überwachung der räumlichen Privatsphäre**, die die allgemeinere Vorschrift insoweit verdrängt (vgl. BVerfGE 100, 313 [358] zu Art. 10 GG). Mit dem **Recht, in der Wohnung ungestört zu sein**, und dem **Recht am eigenen in der Wohnung gesprochenen Wort** schützt Art. 13 Abs. 1 GG gerade den Teil der **Privatsphäre**, den sonst das allgemeine Persönlichkeitsrecht gewährleistet. Dieses Recht ergänzt als unbenanntes Freiheitsrecht die speziellen Freiheitsrechte, die ebenfalls konstituierende Elemente der Persönlichkeit schützen (vgl. BVerfGE 54, 148 <153 f.>), nur insoweit, als Letztere keinen Schutz gewähren. Der **Schutz des allgemeinen Persönlichkeitsrechts aus Art. 2 Abs. 1 in Verbindung mit Art. 1 Abs. 1 GG** greift hingegen ein, soweit von der Wohnraumüberwachung Personen betroffen werden, die sich nicht auf Art. 13 Abs. 1 GG berufen können. **Grundrechtsträger des Art. 13 Abs. 1 GG** ist jeder Inhaber oder Bewohner eines Wohnraums, unabhängig davon, auf welchen Rechtsverhältnissen die Nutzung des Wohnraums beruht. Bei mehreren Bewohnern einer Wohnung steht das Grundrecht jedem Einzelnen, bei Familien mithin jedem Familienmitglied zu. Maßnahmen der Wohnraumüberwachung können aber nicht nur **Wohnungsinhaber**, sondern auch **zufällig in einer Wohnung Anwesende** erfassen. Diese Personen sind zwar nicht in ihrem Grundrecht aus Art. 13 Abs. 1 GG, wohl aber in ihrem **allgemeinen Persönlichkeitsrecht** betroffen. Der Schutz aus Art. 2 Abs. 1 in Verbindung mit Art. 1 Abs. 1 GG kann insofern allerdings nicht weiter reichen als derjenige aus Art. 13 Abs. 1 und 3 GG. Der Schutz der **räumlichen Privatsphäre und des allgemeinen Persönlichkeitsrechts** kann schließlich in Einzelfällen durch weitere Grundrechtsgarantien ergänzt sein. So wird das **Gespräch zwischen Eheleuten in der eigenen Wohnung** nicht nur von Art. 13 Abs. 1 GG, sondern zusätzlich durch Art. 6 Abs. 1 GG geschützt. Auch in Bezug auf die **Kommunikation mit Berufsgeheimnisträgern** können neben dem grundrechtlichen **Schutz der räumlichen Privatsphäre** Grundrechte in Betracht kommen, die - wie etwa Art. 4 GG im Hinblick auf das Gespräch mit einem Geistlichen - der besonderen Schutzbedürftigkeit der Kommunizierenden Rechnung tragen.".

BVerfG, Beschluss des Ersten Senats vom 06.11.2019 – 1 BvR 16/13 – (Recht auf Vergessen I), Ls. 3 S. 1: „Von den **äußerungsrechtlichen Schutzdimensionen** ist das **Recht auf informationelle Selbstbestimmung** als eine eigene Ausprägung des allgemeinen Persönlichkeitsrechts zu unterscheiden." BVerfG, Beschluss des Ersten Senats vom 06.11.2019 – 1 BvR 16/13 – (Recht auf Vergessen I), Rn. 90: „Ausgehend von dem **Ziel des Rechts auf informationelle Selbstbestimmung**, Schutz vor Gefahren angesichts neuartiger Möglichkeiten der Datenverarbeitung zu gewähren (vgl. BVerfGE 65, 1 <42>), ist es primär als Gewährleistung zu verstehen, die – neben der ungewollten Preisgabe von Daten auch im Rahmen privater Rechtsbeziehungen (vgl. BVerfGE 84, 192 <194>) – insbesondere vor deren intransparenter Verarbeitung und Nutzung durch Private schützt. Es bietet Schutz davor, dass Dritte sich individueller Daten bemächtigen und sie in nicht nachvollziehbarer Weise als Instrument nutzen, um die Betroffenen auf Eigenschaften, Typen oder Profile festzulegen, auf die sie keinen Einfluss haben und die dabei aber für die freie Entfaltung der Persönlichkeit sowie eine gleichberechtigte Teilhabe in der Gesellschaft von erheblicher Bedeutung sind. Der Gehalt dieses Rechts ist dabei entwicklungsoffen, so dass es auch weitere persönlichkeitsgefährdende Entwicklungen der Informationsverarbeitung aufnehmen kann.".

BVerfG, Beschluss des Ersten Senats vom 06.11.2019 – 1 BvR 16/13 – (Recht auf Vergessen I), Rn. 91: „[Vom Recht auf informationelle Selbstbestimmung] zu unterscheiden ist der **Schutz vor der Verarbeitung personenbezogener Berichte und Informationen als Ergebnis eines Kommunikationsprozesses**. Der Schutzbedarf gründet hier nicht in der intransparenten Zuweisung von Persönlichkeitsmerkmalen und -profilen durch Dritte, sondern in der sichtbaren Verbreitung bestimmter Informationen im öffentlichen Raum. Gefährdungen für die Persönlichkeitsentfaltung ergeben sich hier vornehmlich aus Form und Inhalt der Veröffentlichung selbst. Schutz gegenüber solchen Gefährdungen bieten die **äußerungsrechtlichen Ausprägungen des allgemeinen Persönlichkeitsrechts unabhängig vom Recht auf informationelle Selbstbestimmung**. Zwar kann es auch dabei maßgeblich auf die Art der Informationserlangung ankommen. Jedoch hat diese hier ihre Bedeutung als Vorfrage für die Beurteilung des weite-

ren Umgangs mit einer bestimmten Äußerung und des damit in die Öffentlichkeit gestellten Bildes einer Person selbst.“.

BVerfG, Beschluss des Ersten Senats vom 06.11.2019 – 1 BvR 16/13 – (**Recht auf Vergessen** I), Ls. 2b): „Bei der Entscheidung über einen Schutzanspruch kommt der Zeit unter den Kommunikationsbedingungen des Internets ein spezifisches Gewicht zu. Die Rechtsordnung muss davor schützen, dass sich eine Person frühere Positionen, Äußerungen und Handlungen unbegrenzt vor der Öffentlichkeit vorhalten lassen muss. Erst die Ermöglichung eines Zurücktretens vergangener Sachverhalte eröffnet den Einzelnen die Chance zum Neubeginn in Freiheit. Zur Zeitlichkeit der Freiheit gehört die Möglichkeit des Vergessens.“.

BVerfGE 120, 274, 311 (Online-Durchsuchung) = BVerfG, Urteil des Ersten Senats vom 27.02.2008 – 1 BvR 370/07 –, Rn. 197: „In seiner Ausprägung als **Schutz der Privatsphäre** [als **Privatangelegenheitenschutz** und **Rückzugsraumbereichsschutz** – beides **gegenüber der Öffentlichkeit**, vgl. **Sphärentheorie** mit **Intimsphäre, Privatsphäre, Sozialsphäre** und vgl. **Kernbereich privater Lebensgestaltung**] gewährleistet das allgemeine Persönlichkeitsrecht dem Einzelnen einen räumlich und thematisch bestimmten Bereich, der grundsätzlich frei von unerwünschter Einsichtnahme bleiben soll (vgl. BVerfGE 27, 344 <350 ff.>; 44, 353 <372 f.>; 90, 255 <260>; 101, 361 <382 f.>).“; BVerfGE 101, 361, 382-385 (Caroline von Monaco II) = BVerfG, Urteil vom 15.12.1999 – 1 BvR 653/96 –, Rn. 75-82: „Im Unterschied zum **Recht am eigenen Bild** bezieht sich der **Schutz der Privatsphäre**, der ebenfalls im **allgemeinen Persönlichkeitsrecht** wurzelt, nicht speziell auf Abbildungen, sondern ist **thematisch und räumlich** bestimmt. Er umfaßt zum einen **Angelegenheiten** [**Privatangelegenheitenschutz**], die wegen ihres Informationsinhalts typischerweise als ‚**privat**‘ eingestuft werden, weil ihre **öffentliche** Erörterung oder Zurschaustellung als unschicklich gilt, das Bekanntwerden als peinlich empfunden wird oder nachteilige Reaktionen der Umwelt auslöst, wie es etwa bei Auseinandersetzungen mit sich selbst in **Tagebüchern** (BVerfGE 80, 367), bei **vertraulicher Kommunikation unter Eheleuten** (BVerfGE 27, 344), im Bereich der **Sexualität** (BVerfGE 47, 46; 49, 286 [BVerfGE 120, 224, 238 f. (Geschwisterbeischlaf) = BVerfGE, Beschluss des Zweiten Senats vom 26.02.2008 – 2 BvR 392/07 –, Rn. 32 f.: „Das allgemeine Persönlichkeitsrecht in seiner Ausprägung als **Recht auf sexuelle Selbstbestimmung**“/„**Intim- und Sexualbereich des Menschen als Teil seiner Privatsphäre**, P. B.]), bei **sozial abweichendem Verhalten** (BVerfGE 44, 353) oder bei **Krankheiten** (BVerfGE 32, 373) der Fall ist. Fehlte es hier an einem **Schutz vor der Kenntniserlangung anderer**, wären die Auseinandersetzung mit sich selbst, die unbefangene Kommunikation unter Nahestehenden, die sexuelle Entfaltung oder die Inanspruchnahme ärztlicher Hilfe beeinträchtigt oder unmöglich, obwohl es sich um grundrechtlich geschützte Verhaltensweisen handelt. Zum anderen erstreckt sich der Schutz auf einen **räumlichen Bereich** [**Raumbereichsschutz**], in dem der Einzelne zu sich kommen, sich entspannen oder auch gehen lassen kann (vgl. BVerfGE 27, 1 [6]). Zwar bietet auch dieser Bereich Gelegenheit, sich in einer Weise zu verhalten, die nicht für die **Öffentlichkeit** bestimmt ist und deren Beobachtung oder Darstellung durch Außenstehende für den Betroffenen peinlich oder nachteilig wäre. Im Kern geht es aber um einen **Raum**, in dem er die Möglichkeit hat, frei von **öffentlicher Beobachtung** und damit der von ihr erzwungenen Selbstkontrolle zu sein, auch ohne daß er sich dort notwendig anders verhielte als in der **Öffentlichkeit**. Bestünden solche **Rückzugsbereiche** nicht mehr, könnte der Einzelne psychisch überfordert sein, weil er unausgesetzt darauf achten müßte, wie er auf andere wirkt und ob er sich richtig verhält. Ihm fehlten die Phasen des Alleinseins und Ausgleichs, die für die Persönlichkeitsentfaltung notwendig sind und ohne die sie nachhaltig beeinträchtigt würde. Ein derartiges Schutzbedürfnis besteht auch bei Personen, die aufgrund ihres Ranges oder Ansehens, ihres Amtes oder Einflusses, ihrer Fähigkeiten oder Taten besondere **öffentliche** Beachtung finden. Wer, ob gewollt oder ungewollt, zur Person des **öffentlichen** Lebens geworden ist, verliert damit nicht sein Anrecht auf eine **Privatsphäre**, die den Blicken der **Öffentlichkeit** entzogen bleibt. Das gilt auch für demokratisch gewählte Amtsträger, die zwar für ihre Amtsführung **öffentlich** rechenschaftspflichtig sind und sich in diesem Umfang **öffentliche** Aufmerksamkeit gefallen lassen müssen, nicht aber für ihr **Privatleben**, sofern dieses die Amtsführung nicht berührt. Der **häusliche Bereich** [vgl. ggf. spezielleren Art. 13 GG i.V.m. BVerfGE 109, 279, 325 f.] stellt anerkanntermaßen eine solche geschützte Sphäre dar. Wegen des Bezugs auf die Entfaltung der Persönlichkeit darf der **Rückzugsbereich** jedoch nicht von vornherein auf ihn begrenzt werden. Das gilt schon deshalb, weil die Funktionen, denen er dient, nur erfüllt werden, wenn er nicht an den Hausmau-

ern oder Grundstücksgrenzen endet. Die freie Entfaltung der Persönlichkeit wäre erheblich behindert, wenn der Einzelne nur im eigenen Haus der **öffentlichen** Neugier entgehen könnte. Die notwendige Erholung von einer durch Funktionszwänge und Medienpräsenz geprägten **Öffentlichkeit** ist vielfach nur in der **Abgeschiedenheit einer natürlichen Umgebung, etwa an einem Ferienort**, zu gewinnen. Deswegen muß der Einzelne grundsätzlich die Möglichkeit haben, sich auch in der freien, gleichwohl **abgeschiedenen Natur oder an Örtlichkeiten, die von der breiten Öffentlichkeit deutlich abgeschieden sind**, in einer von **öffentlicher** Beobachtung freien Weise zu bewegen. Das gilt gerade gegenüber solchen Aufnahmetechniken, die die **räumliche Abgeschiedenheit** überwinden, ohne daß der Betroffene dies bemerken kann. Wo die Grenzen der geschützten **Privatsphäre außerhalb des Hauses** verlaufen, läßt sich nicht generell und abstrakt festlegen. Sie können vielmehr nur aufgrund der jeweiligen Beschaffenheit des **Ortes** bestimmt werden, den der Betroffene aufsucht. Ausschlaggebend ist, ob der Einzelne eine **Situation** vorfindet oder schafft, in der er begründetermaßen und somit auch für Dritte erkennbar davon ausgehen darf, den Blicken der **Öffentlichkeit** nicht ausgesetzt zu sein. Ob die Voraussetzungen der **Abgeschiedenheit** erfüllt sind, läßt sich nur situativ beurteilen. Der Einzelne kann sich an ein und demselben **Ort** zu Zeiten mit gutem Grund unbeobachtet fühlen, zu anderen Zeiten nicht. Auch ist der Aufenthalt in umschlossenen **Räumen** keineswegs immer mit **Abgeschiedenheit** gleichzusetzen. Da es um die Frage geht, ob der Einzelne begründetermaßen erwarten darf, unbeobachtet zu sein, oder aber **Plätze** aufgesucht hat, wo er sich unter den Augen der **Öffentlichkeit** bewegt, kann es auch in umschlossenen Räumen an der **Abgeschiedenheit** fehlen, die Voraussetzung für den **Privatsphärenschutz** außerhalb der eigenen **Häuslichkeit** ist. **Plätzen, an denen sich der Einzelne unter vielen Menschen befindet**, fehlt es von vornherein an den Voraussetzungen des **Privatsphärenschutzes** im Sinn von Art. 2 Abs. 1 in Verbindung mit Art. 1 Abs. 1 GG. Sie können das **Rückzugsbedürfnis** nicht erfüllen und rechtfertigen deswegen auch nicht den grundrechtlichen Schutz, den dieses Bedürfnis aus Gründen der Persönlichkeitsentfaltung verdient. Der Einzelne kann solche **Orte** auch nicht etwa durch ein Verhalten, das typischerweise nicht **öffentlich** zur Schau gestellt würde, in seine **Privatsphäre** umdefinieren. Nicht sein Verhalten, ob allein oder mit anderen, konstituiert die **Privatsphäre**, sondern die **objektive Gegebenheit der Örtlichkeit zur fraglichen Zeit**. Verhält er sich daher an **Orten**, die nicht die Merkmale der **Abgeschiedenheit** aufweisen, so, als stünde er nicht unter Beobachtung, hebt er das **Schutzbedürfnis für Verhaltensweisen, die an sich die Öffentlichkeit nichts angehen**, selbst auf. Der **Schutz der Privatsphäre vor öffentlicher Kenntnisnahme** entfällt ferner, wenn sich jemand selbst damit einverstanden zeigt, daß bestimmte, gewöhnlich als privat geltende Angelegenheiten **öffentlich** gemacht werden, etwa indem er Exklusivverträge über die Berichterstattung aus seiner **Privatsphäre** abschließt. Der verfassungsrechtliche **Privatsphärenschutz** aus Art. 2 Abs. 1 in Verbindung mit Art. 1 Abs. 1 GG ist nicht im Interesse einer Kommerzialisierung der eigenen Person gewährleistet. Zwar ist niemand an einer solchen **Öffnung privater Bereiche** gehindert. Er kann sich dann aber nicht gleichzeitig auf den **öffentlichkeitsabgewandten Privatsphärenschutz** berufen. Die Erwartung, daß die Umwelt die **Angelegenheiten oder Verhaltensweisen in einem Bereich mit Rückzugsfunktion** nur begrenzt oder nicht zur Kenntnis nimmt, muß daher situationsübergreifend und konsistent zum Ausdruck gebracht werden. Das gilt auch für den Fall, daß der Entschluß, die Berichterstattung über bestimmte Vorgänge der eigenen **Privatsphäre** zu gestatten oder hinzunehmen, rückgängig gemacht wird.".

BVerfGE 6, 32, 41 (Elfes) = BVerfG, Urteil vom des Ersten Senats vom 16.01.1957 – 1 BvR 253/56 –, Rn. 32 [vgl. **Recht auf Privatsphäre** als **Privatangelegenheitenschutz** und **Rückzugsraumbereichsschutz** – beides **gegenüber der Öffentlichkeit,** vgl. **Sphärentheorie** mit **Intimsphäre**, **Privatsphäre**, **Sozialsphäre**]: „Vor allem dürfen die Gesetze daher die Würde des Menschen nicht verletzen, die im Grundgesetz der oberste Wert ist, aber auch die geistige, politische und wirtschaftliche Freiheit des Menschen nicht so einschränken, daß sie in ihrem Wesensgehalt angetastet würde (Art. 19 Abs. 2, Art. 1 Abs. 3, Art. 2 Abs. 1 GG). Hieraus ergibt sich, daß dem einzelnen Bürger eine **Sphäre privater Lebensgestaltung** verfassungskräftig vorbehalten ist, also ein letzter **unantastbarer Bereich menschlicher Freiheit** besteht, der der Einwirkung der gesamten öffentlichen Gewalt entzogen ist. Ein Gesetz, das in ihn eingreifen würde, könnte nie Bestandteil der ‚verfassungsmäßigen Ordnung' sein; es müßte durch das Bundesverfassungsgericht für nichtig erklärt werden.". BVerfGE 109, 279, Ls. 2 S. 1 (akustische Wohnraumüberwachung / „Großer Lauschangriff") = BVerfG, Urteil des Ersten Senats vom 03.03.2004 – 1 BvR 2378/98, 1084/99 –, Ls. 2 S. 1: „Zur Unantastbarkeit der Menschenwürde gemäß

Art. 1 Abs. 1 GG gehört die Anerkennung eines absolut geschützten **Kernbereichs privater Lebensgestaltung.**“. BVerfGE 141, 220, 276-278 (BKAG) = BVerfG, Urteil des Ersten Senats vom 20.04.2016 – 1 BvR 966/09 –, Rn. 119-124: „Neben den verfassungsrechtlichen Anforderungen an die allgemeinen Eingriffsvoraussetzungen ergeben sich aus den jeweiligen **Grundrechten in Verbindung mit Art. 1 Abs. 1 GG** für die Durchführung von besonders eingriffsintensiven Überwachungsmaßnahmen besondere Anforderungen an den **Schutz des Kernbereichs privater Lebensgestaltung**. Der verfassungsrechtliche **Schutz des Kernbereichs privater Lebensgestaltung** gewährleistet dem Individuum einen **Bereich höchstpersönlicher Privatheit gegenüber Überwachung**. Er wurzelt in den **von den jeweiligen Überwachungsmaßnahmen betroffenen Grundrechten in Verbindung mit Art. 1 Abs. 1 GG** und sichert einen dem Staat nicht verfügbaren Menschenwürdekern grundrechtlichen Schutzes gegenüber solchen Maßnahmen. Selbst überragende Interessen der Allgemeinheit können einen Eingriff in diesen **absolut geschützten Bereich privater Lebensgestaltung** nicht rechtfertigen (vgl. BVerfGE 109, 279 <313>; stRspr). Zur **Entfaltung der Persönlichkeit im Kernbereich privater Lebensgestaltung gehört die Möglichkeit**, **innere Vorgänge** wie Empfindungen und Gefühle sowie Überlegungen, Ansichten und Erlebnisse **höchstpersönlicher Art zum Ausdruck zu bringen** (vgl. BVerfGE 109, 279 <313>; 120, 274 <335>; stRspr). Geschützt ist insbesondere die **nichtöffentliche Kommunikation mit Personen des höchstpersönlichen Vertrauens**, **die in der berechtigten Annahme geführt wird, nicht überwacht zu werden**, wie es insbesondere bei Gesprächen im Bereich der Wohnung der Fall ist. Zu diesen Personen gehören insbesondere Ehe- oder Lebenspartner, Geschwister und Verwandte in gerader Linie, vor allem, wenn sie im selben Haushalt leben, und können Strafverteidiger, Ärzte, Geistliche und enge persönliche Freunde zählen (vgl. BVerfGE 109, 279 <321 ff.>). Dieser Kreis deckt sich nur teilweise mit dem der Zeugnisverweigerungsberechtigten. Solche Gespräche verlieren dabei nicht schon dadurch ihren Charakter als insgesamt höchstpersönlich, dass sich in ihnen Höchstpersönliches und Alltägliches vermischen (vgl. BVerfGE 109, 279 <330>; 113, 348 <391 f.>). Demgegenüber ist die **Kommunikation unmittelbar über Straftaten** nicht geschützt, selbst wenn sie auch Höchstpersönliches zum Gegenstand hat. Die **Besprechung und Planung von Straftaten** gehört ihrem Inhalt nach nicht zum **Kernbereich privater Lebensgestaltung**, sondern hat **Sozialbezug** (vgl. BVerfGE 80, 367 <375>; 109, 279 <319 f., 328>; 113, 348 <391>). Dies bedeutet freilich nicht, dass der Kernbereich unter einem allgemeinen Abwägungsvorbehalt in Bezug auf öffentliche Sicherheitsinteressen steht. Ein **höchstpersönliches Gespräch** fällt nicht schon dadurch aus dem **Kernbereich privater Lebensgestaltung** heraus, dass es für die Aufklärung von Straftaten oder Gefahren hilfreiche Aufschlüsse geben kann. Aufzeichnungen oder Äußerungen im Zwiegespräch, die zum Beispiel ausschließlich innere Eindrücke und Gefühle wiedergeben und keine Hinweise auf konkrete Straftaten enthalten, gewinnen nicht schon dadurch einen **Gemeinschaftsbezug**, dass sie Ursachen oder Beweggründe eines strafbaren Verhaltens freizulegen vermögen (vgl. BVerfGE 109, 279 <319>). Auch können trotz **Straftatenbezugs** Situationen, in denen Einzelnen gerade ermöglicht werden soll, ein Fehlverhalten einzugestehen oder sich auf dessen Folgen einzurichten, wie Beichtgespräche oder vertrauliche Gespräche mit einem Psychotherapeuten oder einem Strafverteidiger, der **höchstpersönlichen Privatsphäre** unterfallen, die dem Staat absolut entzogen ist (vgl. BVerfGE 109, 279 <322>). Ein hinreichender **Sozialbezug** besteht demgegenüber dann, wenn **Gespräche - auch mit Vertrauenspersonen - sonst unmittelbar Straftaten zu ihrem Gegenstand haben** (vgl. BVerfGE 109, 279 <319>). Der **Kernbereich privater Lebensgestaltung** beansprucht gegenüber **allen Überwachungsmaßnahmen** Beachtung. Können sie typischerweise zur Erhebung kernbereichsrelevanter Daten führen, muss der Gesetzgeber Regelungen schaffen, die einen wirksamen Schutz normenklar gewährleisten (vgl. BVerfGE 109, 279 <318 f.>; 113, 348 <390 f.>; 120, 274 <335 ff.>). Außerhalb solch verletzungsgeneigter Befugnisse bedarf es eigener Regelungen nicht. Grenzen, die sich im Einzelfall auch hier gegenüber einem Zugriff auf höchstpersönliche Informationen ergeben können, sind bei deren Anwendung unmittelbar von Verfassungs wegen zu beachten. Der **Schutz des Kernbereichs privater Lebensgestaltung** ist strikt und darf nicht durch Abwägung mit den Sicherheitsinteressen nach Maßgabe des Verhältnismäßigkeitsgrundsatzes relativiert werden (vgl. BVerfGE 109, 279 <314>; 120, 273 <339>; stRspr). Dies bedeutet jedoch nicht, dass **jede tatsächliche Erfassung von höchstpersönlichen Informationen** stets einen Verfassungsverstoß oder eine Menschenwürdeverletzung begründet. Angesichts der Handlungs- und Prognoseunsicherheiten, unter denen Sicherheitsbehörden ihre Aufgaben wahrnehmen, kann ein **unbeabsichtigtes Eindringen in den Kern-**

a) GR-SB:

aa) Persönlicher GR-SB: „Jeder“.

bb) Sachlicher GR-SB: „**freie Entfaltung der Persönlichkeit**“ als „**Datenfreiheit**“ (Grundsätzliche Bestimmungsbefugnis des Einzelnen über Preisgabe und Verwendung eigener personenbezogener Daten[310]), vgl. **personenbezogenes Datum**: § 36 Nr. 1 DSG NRW[311].

---

bereich privater Lebensgestaltung im Rahmen von Überwachungsmaßnahmen nicht für jeden Fall von vornherein ausgeschlossen werden (vgl. BVerfGE 120, 274 <337 f.>). Die Verfassung verlangt jedoch **für die Ausgestaltung der Überwachungsbefugnisse** die **Achtung des Kernbereichs** als eine strikte, nicht frei durch Einzelfallerwägungen überwindbare Grenze.“.

BVerfGE 120, 274 (Online-Durchsuchung) = BVerfG, Urteil des Ersten Senats vom 27.02.2008 – 1 BvR 370/07 –, Ls. 1: „Das **allgemeine Persönlichkeitsrecht** (Art. 2 Abs. 1 i.V.m. Art. 1 Abs. 1 GG) umfasst das Grundrecht auf **Gewährleistung der Vertraulichkeit und Integrität informationstechnischer Systeme**.“; BVerfGE 120, 274, 314 (Online-Durchsuchung) = BVerfG, Urteil des Ersten Senats vom 27.02.2008 – 1 BvR 370/07 –, Rn. 203: „**informationstechnisches System**“: „etwa Personalcomputer“, „ferner beispielweise […] solche Mobiltelefone oder elektronische Terminkalender, die über einen großen Funktionsumfang verfügen und personenbezogene Daten vielfältiger Art erfassen und speichern können.“; BVerfGE 120, 274, 276 (Online-Durchsuchung) = BVerfG, Urteil des Ersten Senats vom 27.02.2008 – 1 BvR 370/07 –, Rn. 5: „**heimlicher Zugriff auf ein informationstechnisches System**“: „[heimliche] technische Infiltration […], die etwa Sicherheitslücken des Zielsystems ausnutzt oder über die Installation eines Spähprogramms erfolgt“, wobei die Infiltration es ermöglicht, die Zielsystem-„Nutzung zu überwachen oder die Speichermedien durchzusehen oder gar das Zielsystem fernzusteuern.“.

BVerfGE 147, 1 (**Geschlechtsidentität**) = BVerfG, Beschluss des Ersten Senats vom 10.10.2017 – 1 BvR 2019/16 –, Ls. 1-3: „1. Das **allgemeine Persönlichkeitsrecht** (Art. 2 Abs. 1 i.V.m. Art. 1 Abs. 1 GG) schützt die **geschlechtliche Identität**. Es schützt auch die geschlechtliche Identität derjenigen, die sich dauerhaft weder dem männlichen noch dem weiblichen Geschlecht zuordnen lassen. 2. Art. 3 Abs. 3 Satz 1 GG schützt auch Menschen, die sich dauerhaft weder dem männlichen noch dem weiblichen Geschlecht zuordnen lassen, vor **Diskriminierungen wegen ihres Geschlechts**. 3. Personen, die sich dauerhaft weder dem männlichen noch dem weiblichen Geschlecht zuordnen lassen, werden in beiden Grundrechten verletzt, wenn das Personenstandsrecht dazu zwingt, das Geschlecht zu registrieren, aber keinen anderen positiven Geschlechtseintrag als weiblich oder männlich zulässt.“.

BVerfG, Urteil des Zweiten Senats vom 26.02.2020 – 2 BvR 2347/15 –, Ls. 1: „a) Das **allgemeine Persönlichkeitsrecht** (Art. 2 Abs. 1 i.V.m. Art. 1 Abs. 1 GG) umfasst als Ausdruck persönlicher Autonomie ein **Recht auf selbstbestimmtes Sterben**. b) Das **Recht auf selbstbestimmtes Sterben** schließt die Freiheit ein, sich das Leben zu nehmen [Rn. 208: „**Recht auf Selbsttötung**“]. Die Entscheidung des Einzelnen, seinem Leben entsprechend seinem Verständnis von Lebensqualität und Sinnhaftigkeit der eigenen Existenz ein Ende zu setzen, ist im Ausgangspunkt als Akt autonomer Selbstbestimmung von Staat und Gesellschaft zu respektieren. c) Die **Freiheit, sich das Leben zu nehmen**, umfasst auch die Freiheit, hierfür bei Dritten Hilfe zu suchen und Hilfe, soweit sie angeboten wird, in Anspruch zu nehmen.“.

308 Zum sog. „**Menschenwürdegehalt**“ der Grundrechte: *Basten*, Die Menschenwürde des Grundgesetzes.

309 Vgl. auch Art. 142 GG i.V.m. Art. 4 Abs. 2 Verfassung NRW; Art. 8 EU-GR-Charta; Art. 16 AEUV; Art. 8 EMRK.

310 BVerfGE 65, 1, Ls. 1 S. 2 (Volkszählungsgesetz) = BVerfG, Urteil des Ersten Senats vom 15.12.1983 – 1 BvR 209/83, Ls. 1 S. 2 (Ls. 1: „Unter den Bedingungen der modernen Datenverarbeitung wird der Schutz des Einzelnen gegen unbegrenzte Erhebung, Speicherung, Verwendung und Weitergabe seiner persönlichen Daten von dem allgemeinen Persönlichkeitsrecht des Art. 2 Abs. 1 GG in Verbindung mit Art. 1 Abs. 1 GG umfaßt. Das Grundrecht gewährleistet insoweit die Befugnis des Einzelnen, grundsätzlich selbst über die Preisgabe und Verwendung seiner persönlichen Daten zu bestimmen.“).

311 BVerfG, Beschluss der 3. Kammer des Zweiten Senats vom 27.06.2018 – 2 BvR 1562/17 (auf § 103 StPO gestützte Anordnung der Durchsuchung der Räumlichkeiten des Münchener Kanzleistandorts der Rechtsanwaltskanzlei Jones Day sowie Sicherstellung von Unterlagen und elektronischen Daten im

b) GR-E (oder Nichteingriff/**Einwilligung** i.S.v. § 36 Nr. 19 DSG NRW, § 38 DSG NRW): **Persönlichkeitsentfaltungseinschränkung** als Datenfreiheitseinschränkung, durch **Datenverarbeitungs**-Maßnahme[312] (**Datenerhebung** oder **Datenspeicherung**) i.S.d. § 36 Nr. 2 DSG NRW.[313]

c) GR-B: Art. 2 Abs. 1 Hs. 2 GG[314].

Zuge des sogenannten „VW-Dieselskandals" – Verfassungsbeschwerde nicht zur Entscheidung angenommen wegen Unzulässigkeit aufgrund Nichterfüllung von Voraussetzungen nach § 93a Abs. 2 BVerfGG), Gründe, V., Rn. 44: „Der Begriff der persönlichen Daten deckt sich mit der Legaldefinition personenbezogener Daten in § 46 Nr. 1 BDSG (zuvor § 3 Abs. 1 BDSG) und erfasst alle Informationen, die sich auf eine identifizierte oder identifizierbare natürliche Person (betroffene Person) beziehen (vgl. noch zu § 3 Abs. 1 BDSG ‚Einzelangaben über persönliche oder sachliche Verhältnisse einer bestimmten oder bestimmbaren Person' Di Fabio, in: Maunz/Dürig, GG, Art. 2 Abs.1, Rn. 175 [Juli 2001])."

312 BVerfG, Urteil des Ersten Senats vom 19.05.2020 – 1 BvR 2835/17 – (Ausland-Ausland-Fernmeldeaufklärung nach BNDG), E. III. 1., Rn. 212: „Die **Übermittlung personenbezogener Daten**, mit der eine Behörde die von ihr erhobenen Daten einer anderen Stelle zugänglich macht, begründet einen eigenen Grundrechtseingriff (vgl. BVerfGE 100, 313 <367>; 141, 220 <334 Rn. 305>; stRspr). Dieser ist an dem **Grundrecht** zu messen, **in das bei der ursprünglichen Datenerhebung eingegriffen wurde** (vgl. BVerfGE 100, 313 <367>; 141, 220 <334 Rn. 305>; stRspr)."

313 Vgl. ggf. zur Frage des Grundrechtseingriffs auch § 9 Abs. 1 Nr. 1 S. 2 (Hs. 1) PolG NRW (Inkrafttreten am 29.12.2018): „Dies gilt auch für personenbezogene Daten, die von der betroffenen Person offensichtlich öffentlich gemacht wurden"; BVerfGE 120, 274 (Online-Durchsuchung) = BVerfG, Urteil des Ersten Senats vom 27.02.2008 – 1 BvR 370/07 –, Ls. 5: „Verschafft der Staat sich Kenntnis von Inhalten der Internetkommunikation auf dem dafür technisch vorgesehenen Weg, so liegt darin nur dann ein Eingriff in Art. 10 Abs. 1 GG, wenn die staatliche Stelle nicht durch Kommunikationsbeteiligte zur Kenntnisnahme autorisiert ist. Nimmt der Staat im Internet öffentlich zugängliche Kommunikationsinhalte wahr oder beteiligt er sich an öffentlich zugänglichen Kommunikationsvorgängen, greift er grundsätzlich nicht in Grundrechte ein.".

314 Art. 2 Abs. 1 Hs. 2 GG (**Schrankentrias**): BVerfGE 80, 137, 153 (Reiten im Walde) = BVerfG, Beschluss des Ersten Senats vom 06.06.1989 – 1 BvR 921/85 –, C. I. 1 a), Rn. 69: „Abgesehen von einem absolut geschützten Kernbereich privater Lebensgestaltung, welcher der Einwirkung der öffentlichen Gewalt entzogen ist (BVerfGE 6, 32 [41]), ist die allgemeine Handlungsfreiheit allerdings nur in den **Schranken** des zweiten Halbsatzes von Art. 2 Abs. 1 GG gewährleistet und steht damit insbesondere unter dem **Vorbehalt der verfassungsmäßigen (Rechts-)Ordnung** (BVerfGE 6, 32 [37 f.]; 74, 129 [152]). Stützt sich ein die Handlungsfreiheit berührender Akt der öffentlichen Gewalt auf eine Rechtsnorm, so kann mit der Verfassungsbeschwerde unter Berufung auf Art. 2 Abs. 1 GG zur Nachprüfung gestellt werden, ob diese Norm zur **verfassungsmäßigen Ordnung** gehört, das heißt formell und materiell mit den Normen der Verfassung in Einklang steht (st. Rspr. seit BVerfGE 6, 32)."; BVerfGE 6, 32, Ls. 3 (Elfes) = BVerfG, Urteil des Ersten Senats vom 16.01.1957 – 1 BvR 253/56, Ls. 3: „**Verfassungsmäßige Ordnung** im Sinne des Art. 2 Abs. 1 GG ist die verfassungsmäßige Rechtsordnung, d.h. die Gesamtheit der Normen, die formell und materiell der Verfassung gemäß sind."; vgl. dazu auch BVerfGE 6, 32, 37-41 (Elfes) = BVerfG, Urteil des Ersten Senats vom 16.01.1957 – 1 BvR 253/56, Gründe II. 2 b), c), Rn. 17-33.

Rechte anderer sind (als Teil der verfassungsmäßigen Ordnung) subjektive Berechtigungen (Anspruch oder Befugnis oder Erlaubnis) einschließlich Verpflichtungen (Pflicht zur Erfüllung von Anspruch oder Befugnis oder Erlaubnis) und sonstiger Rechtswirkungen für ein Rechtssubjekt bezüglich eines Verhaltens oder eines Rechtsguts.

Vgl. zum ein Mal bundesverfassungsgerichtlich entscheidungserheblich bemühten „**Sittengesetz**" nach Art. 2 Abs. 1 Hs. 2 GG als Gesetz, das nicht das durch die „soziale Gemeinschaft" „als für sich verbindlich" anerkannte „Rechtsgefühl" „im allgemeinen" „verletzt": BVerfGE 6, 389 (Homosexuelle) = BVerfG, Urteil des Ersten Senats vom 10.05.1957 – 1 BvR 550/52 –, und StrRehaHomG (Gesetz zur

Ggf. bei Begleitverfügung betroffenes Grundrecht:

2. Körperliche Bewegungsfreiheit, Art. 2 Abs. 2 S. 2 GG[315]

a) GR-SB:

aa) Persönlicher GR-SB: „**Person**", vgl. § 1 BGB.

bb) Sachlicher GR-SB: „Freiheit" ist **körperliche Bewegungsfreiheit** als Freiheit, jeden Ort oder Raum aufzusuchen, sich dort aufzuhalten, (ihn zu verlassen), der an sich (tatsächlich und rechtlich) zugänglich ist.

b) GR-E (oder Nichteingriff/GR-Verzicht): Freiheitsentziehung oder sonstige Freiheitsbeschränkung.

Freiheitsbeschränkung (Freiheitsentziehung oder sonstige Freiheitsbeschränkung) liegt vor, wenn jemand durch die öffentliche Gewalt gegen seinen Willen daran gehindert wird, einen Ort oder Raum aufzusuchen oder sich dort aufzuhalten, der ihm an sich (tatsächlich und rechtlich) zugänglich ist. Eine **Freiheitsentziehung** als schwerste Form der Freiheitsbeschränkung ist dann gegeben, wenn die tatsächlich und rechtlich an sich gegebene körperliche Bewegungsfreiheit durch staatliche Maßnahmen nach jeder Richtung hin aufgehoben wird[316]; Freiheitsentziehung setzt auch eine besondere Eingriffsintensität und eine nicht nur kurzfristige Dauer der Maßnahme voraus[317]. Im Übrigen kann eine Abgrenzung zwischen Freiheitsentziehung und sonstiger Freiheitsbeschränkung auch erfolgen nach Art, Dauer, Intensität, Mittel, Zweck der Freiheitsbeschränkung.[318]

c) GR-B: Art. 2 Abs. 2 S. 3 i.V.m. Art. 104 GG.

3. Allgemeine Verhaltensfreiheit / Allgemeine Handlungsfreiheit[319], Art. 2 Abs. 1 GG[320]

---

strafrechtlichen Rehabilitierung der nach dem 8. Mai 1945 wegen einvernehmlicher homosexueller Handlungen verurteilten Personen vom 17. Juli 2017 – BGBl. I S. 2443).

315 Vgl. auch Art. 142 GG i.V.m. Art. 4 Abs. 1 Verfassung NRW; Art. 20 Abs. 2a und Art. 21 AEUV i.V.m. Art. 6, 45 EU-GR-Charta (**Bewegungsfreiheit**, **Freizügigkeit**, **Aufenthaltsfreiheit**); Art. 5 EMRK; Art. 2 Protokoll Nr. 4 EMRK; Art. 21 AEUV (**Unionsbürgerfreizügigkeit**, zum **Unionsbürger** vgl. Art. 9 S. 2, 3 EUV, Art. 20 Abs. 1 S. 2, 3 AEUV); Art. 45 AEUV (**Arbeitnehmerfreizügigkeit**); Art. 49 AEUV (**Niederlassungsfreiheit**); Art. 56 AEUV (**Dienstleistungsfreiheit**); vgl. auch Art. 28 AEUV (**Warenverkehrsfreiheit**); Art. 9 Abs. 1 S. 1 IPbpR („Jedermann hat ein Recht auf persönliche Freiheit und Sicherheit."); Art. 9-11 IPbpR (Freiheitsentziehungsbedingungen), Art. 12 IPbpR (Bewegung, Wohnsitzwahl, Ausreise, Einreise in Hoheitsgebiet eines Staates, vgl. „Freizügigkeit"), Art. 13 IPbpR (Ausländerausweisungsbedingungen).

316 BVerfG, Beschluss der 1. Kammer des Ersten Senats vom 08.03.2011 – 1 BvR 47/05 –, Rn. 20, vgl. BVerfGE 94, 166, 198 (Flughafenverfahren) = BVerfGE, Urteil des Zweiten Senats vom 14.05.1996 – 2 BvR 1516/93.

317 BVerfGE 149, 293 (5-Punkt-Fixierung/7-Punkt-Fixierung) = BVerfG, Urteil des Zweiten Senats vom 24.07.2018 – 2 BvR 309/15 –, D. II. 2. a), Rn. 67, vgl. dazu auch BVerfGE 149, 293 (5-Punkt-Fixierung/7-Punkt-Fixierung) = BVerfG, Urteil des Zweiten Senats vom 24.07.2018 – 2 BvR 309/15 –, D. II. 2. b): „Jedenfalls eine **5-Punkt- oder 7-Punkt-Fixierung**, bei der sämtliche Gliedmaßen des Betroffenen mit Gurten am Bett festgebunden werden, stellt eine Freiheitsentziehung im Sinne von Art. 104 Abs. 2 GG dar, es sei denn, es handelt sich um eine lediglich **kurzfristige Maßnahme**. Von einer kurzfristigen Maßnahme ist in der Regel auszugehen, wenn sie absehbar die Dauer von ungefähr einer halben Stunde unterschreitet."

318 Vgl. auch insbesondere zu Art, Intensität, Mittel: § 415 Abs. 2 FamFG und §§ 37a, 62 PolG NRW.

319 „Allgemeine" Verhaltensfreiheit / Handlungsfreiheit: Auffanggrundrecht ggü. ggf. spezielleren Grundrechten, vgl. Rechtsnormspezialitätsregel („lex specialis derogat legi generali"), vgl. auch: BVerfGE 6, 32, 37 (Elfes) = BVerfG, Urteil des Ersten Senats vom 16.01.1957 – 1 BvR 253/56, Gründe, II. 2.

a) GR-SB:

aa) Persönlicher GR-SB: „Jeder".

bb) Sachlicher GR-SB: „**freie Entfaltung der Persönlichkeit**" ist allgemeine Verhaltensfreiheit im umfassenden Sinn[321] durch grundsätzlich jedes Tun, Dulden, Unterlassen[322].

b) GR-E (oder Nichteingriff/GR-Verzicht): Verhaltenseinschränkung als Verhaltenssteuerung.

c) GR-B: Art. 2 Abs. 1 Hs. 2[323].

---

a), Rn. 16: „Neben der allgemeinen Handlungsfreiheit, die Art. 2 Abs. 1 GG gewährleistet, hat das Grundgesetz die Freiheit menschlicher Betätigung für bestimmte Lebensbereiche, die nach den geschichtlichen Erfahrungen dem Zugriff der öffentlichen Gewalt besonders ausgesetzt sind, durch besondere Grundrechtsbestimmungen geschützt; bei ihnen hat die Verfassung durch abgestufte Gesetzesvorbehalte abgegrenzt, in welchem Umfang in den jeweiligen Grundrechtsbereich eingegriffen werden kann. Soweit nicht solche besonderen Lebensbereiche grundrechtlich geschützt sind, kann sich der Einzelne bei Eingriffen der öffentlichen Gewalt in seine Freiheit auf Art. 2 Abs. 1 GG berufen. Hier bedurfte es eines Gesetzesvorbehalts nicht, weil sich aus der Beschränkung der freien Entfaltung der Persönlichkeit durch die verfassungsmäßige Ordnung der Umfang staatlicher Eingriffsmöglichkeiten ohne weiteres ergibt.".

320 Vgl. auch Art. 142 GG i.V.m. Art. 4 Abs. 1 Verfassung NRW; Art. 6 EU-GR-Charta; Art. 5 EMRK.

321 BVerfGE 6, 32, 36 f. (Elfes) = BVerfG, Urteil des Ersten Senats vom 16.01.1957 – 1 BvR 253/56, Gründe, II. 2. a), Rn. 14 f.: „Das Grundgesetz kann mit der ‚freien Entfaltung der Persönlichkeit' nicht nur die Entfaltung innerhalb jenes Kernbereichs der Persönlichkeit gemeint haben, der das Wesen des Menschen als geistig-sittliche Person ausmacht, denn es wäre nicht verständlich, wie die Entfaltung innerhalb dieses Kernbereichs gegen das Sittengesetz, die Rechte anderer oder sogar gegen die verfassungsmäßige Ordnung einer freiheitlichen Demokratie sollte verstoßen können. Gerade diese, dem Individuum als Mitglied der Gemeinschaft auferlegten Beschränkungen zeigen vielmehr, daß das Grundgesetz in Art. 2 Abs. 1 GG die Handlungsfreiheit im umfassenden Sinne meint. [...] Es waren nicht rechtliche Erwägungen, sondern sprachliche Gründe, die den Gesetzgeber bewogen haben, die ursprüngliche Fassung ‚Jeder kann tun und lassen was er will' durch die jetzige Fassung zu ersetzen (vgl. v. Mangoldt, Parlamentarischer Rat, 42. Sitzung des Hauptausschusses, S. 533)."; BVerfGE 80, 137, 152 f. (Reiten im Walde) = BVerfG, Beschluss des Ersten Senats vom 06.06.1989 – 1 BvR 921/85 –, C. I. 1 a), Rn. 69: „Nach den in der Rechtsprechung des Bundesverfassungsgerichts entwickelten Grundsätzen gewährleistet Art. 2 Abs. 1 GG die allgemeine Handlungsfreiheit im umfassenden Sinne (st. Rspr. seit BVerfGE 6, 32 [36]; aus neuerer Zeit etwa: BVerfGE 74, 129 [151]; 75, 108 [154 f.]). Geschützt ist damit nicht nur ein begrenzter Bereich der Persönlichkeitsentfaltung, sondern jede Form menschlichen Handelns ohne Rücksicht darauf, welches Gewicht der Betätigung für die Persönlichkeitsentfaltung zukommt (vgl. etwa die Entscheidung eines Vorprüfungsausschusses in BVerfGE 54, 143 (146) - Taubenfüttern).".

322 BVerfGE 6, 32, Ls. 1, 2 (Elfes) = BVerfG, Urteil des Ersten Senats vom 16.01.1957 – 1 BvR 253/56, Ls. 1: „Art. 11 GG betrifft nicht die Ausreisefreiheit.", Ls. 2: „Die **Ausreisefreiheit** ist als Ausfluß der allgemeinen Handlungsfreiheit durch Art. 2 Abs. 1 GG innerhalb der Schranken der verfassungsmäßigen Ordnung gewährleistet."; BVerwG, Urteil vom 29.05.2019 - BVerwG 6 C 8.18 (Beschränkung des Geltungsbereichs eines Passes), Rn. 20: „In der höchstrichterlichen Rechtsprechung ist seit Jahrzehnten geklärt, dass die durch Art. 2 Abs. 1 GG geschützte Ausreisefreiheit auch durch den **Passversagung**sgrund des § 7 Abs. 1 Nr. 1 Alt. 3 PassG als Bestandteil der verfassungsmäßigen Ordnung wirksam eingeschränkt wird.".

323 Art. 2 Abs. 1 Hs. 2 GG (**Schrankentrias**): BVerfGE 80, 137, 153 (Reiten im Walde) = BVerfG, Beschluss des Ersten Senats vom 06.06.1989 – 1 BvR 921/85 –, C. I. 1 a), Rn. 69: „Abgesehen von einem absolut geschützten Kernbereich privater Lebensgestaltung, welcher der Einwirkung der öffentlichen Gewalt entzogen ist (BVerfGE 6, 32 [41]), ist die allgemeine Handlungsfreiheit allerdings nur in den **Schranken** des zweiten Halbsatzes von Art. 2 Abs. 1 GG gewährleistet und steht damit insbesondere unter dem **Vorbehalt der verfassungsmäßigen (Rechts-)Ordnung** (BVerfGE 6, 32 [37 f.]; 74, 129

A. Rechtsgrundlage (RGL) II. Rechtsgebiet (RG)

(VOR/DEF)

Rechtsgebiet ist Rechtsordnungsteil nach allen Umständen[324] – wie schwerpunktmäßige Äußerungen[325], Rechtsnormen[326], Zwecke[327], auch i.V.m. §§ 133, 157 BGB analog[328].[329]

---

[152]). Stützt sich ein die Handlungsfreiheit berührender Akt der öffentlichen Gewalt auf eine Rechtsnorm, so kann mit der Verfassungsbeschwerde unter Berufung auf Art. 2 Abs. 1 GG zur Nachprüfung gestellt werden, ob diese Norm zur **verfassungsmäßigen Ordnung** gehört, das heißt formell und materiell mit den Normen der Verfassung in Einklang steht (st. Rspr. seit BVerfGE 6, 32).“; BVerfGE 6, 32, Ls. 3 (Elfes) = BVerfG, Urteil des Ersten Senats vom 16.01.1957 – 1 BvR 253/56, Ls. 3: „**Verfassungsmäßige Ordnung** im Sinne des Art. 2 Abs. 1 GG ist die verfassungsmäßige Rechtsordnung, d.h. die Gesamtheit der Normen, die formell und materiell der Verfassung gemäß sind.“; vgl. dazu auch BVerfGE 6, 32, 37-41 (Elfes) = BVerfG, Urteil des Ersten Senats vom 16.01.1957 – 1 BvR 253/56, Gründe II. 2 b), c), Rn. 17-33.

Rechte anderer sind (als Teil der verfassungsmäßigen Ordnung) subjektive Berechtigungen (Anspruch oder Befugnis oder Erlaubnis) einschließlich Verpflichtungen (Pflicht zur Erfüllung von Anspruch oder Befugnis oder Erlaubnis) und sonstiger Rechtswirkungen für ein Rechtssubjekt bezüglich eines Verhaltens oder eines Rechtsguts.

Vgl. zum ein Mal bundesverfassungsgerichtlich entscheidungserheblich bemühten „**Sittengesetz**“ nach Art. 2 Abs. 1 Hs. 2 GG als Gesetz, das nicht das durch die „soziale Gemeinschaft“ „als für sich verbindlich“ anerkannte „Rechtsgefühl“ „im allgemeinen“ „verletzt“: BVerfGE 6, 389 (Homosexuelle) = BVerfG, Urteil des Ersten Senats vom 10.05.1957 – 1 BvR 550/52 –, und StrRehaHomG (Gesetz zur strafrechtlichen Rehabilitierung der nach dem 8. Mai 1945 wegen einvernehmlicher homosexueller Handlungen verurteilten Personen vom 17. Juli 2017 – BGBl. I S. 2443).

[324] Umstände im weiten Sinn, etwa als Bedingungen, Beziehungen, Faktoren, Folgen, Funktionen, Umweltbedingungen, Variablen, Verhältnissen, Voraussetzungen, Weltbedingungen.

[325] Äußerungen im weiten Sinn, etwa als alle Verhaltensäußerungen (einschließlich Aussagen).

[326] Rechtsnormen im weiten Sinn, etwa solche, die die Umstände oder das Verhalten regieren (sollen).

[327] Zwecke im weiten Sinn, etwa als sich aus einer Lage ergebende, objektiv zu verfolgende Ziele.

[328] Sog. **objektivierter Empfängerhorizont**, vgl. BVerwGE 147, 81 = BVerwG, Urteil vom 20.06.2013 – BVerwG 8 C 46.12, Rn. 27: „Die bundesrechtlichen Auslegungsregeln der §§ 133, 157 BGB sind auf öffentlich-rechtliche Erklärungen entsprechend anzuwenden. Bei Verwaltungsakten kommt es wie bei empfangsbedürftigen Willenserklärungen nicht auf den wirklichen Willen des Erklärenden (natürliche Auslegung), sondern auf den objektiven Erklärungsinhalt an. Maßgeblich ist, wie der Empfänger die Erklärung nach Treu und Glauben unter Berücksichtigung der für ihn erkennbaren Umstände verstehen musste. Dabei ist vom Wortlaut der Erklärung auszugehen und deren objektiver Gehalt unter Berücksichtigung des Empfängerhorizonts zu ermitteln (stRspr, vgl. Urteile vom 2. September 1999 - BVerwG 2 C 22.98 - BVerwGE 109, 283 <286> = Buchholz 237.7 § 72 NWLBG Nr. 4 und vom 27. Juni 2012 - BVerwG 9 C 7.11 - BVerwGE 143, 222 <Rn. 18> = Buchholz 11 Art. 20 GG Nr. 206; BGH, Urteile vom 24. Februar 1988 - VIII ZR 145/87 - BGHZ 103, 275 <280>, vom 27. Januar 2010 - VIII ZR 58/09 - BGHZ 184, 128 <137 Rn. 33> und vom 1. März 2011 - II ZR 16/10 - NJW 2011, 1666 <1667 Rn. 11> je m.w.N.).“; BVerwG, Beschluss vom 06.08.2018 – BVerwG 7 B 4.18, Rn. 10: „Dass die bundesrechtlichen Auslegungsregeln der §§ 133, 157 BGB auf öffentlich-rechtliche Erklärungen, d.h. u.a. auf Verwaltungsakte, entsprechend anzuwenden sind, ist in der Rechtsprechung des Bundesverwaltungsgerichts bereits geklärt (BVerwG, Urteil vom 20. Juni 2013 - 8 C 46.12 - BVerwGE 147, 81 Rn. 27 m.w.N.).“.

[329] BVerwG 47, 255, 264 = BVerwG, Urteil vom 03.12.1974 – BVerwG I C 11.73: „Obwohl sich für die Polizei im Einzelfall bei einem einheitlichen Lebenssachverhalt gleichzeitig und unmittelbar Aufgaben der Strafverfolgung und der Gefahrenabwehr ergeben können, ist der im Schrifttum vertretenen Auffas-

(SUB/ERG)

Die Datenerhebung und Datenspeicherung (zur Eigensicherung) erfolgt auf dem Rechtsgebiet des besonderen öffentlichen Verwaltungsrechts polizeilicher Gefahrenabwehr.

Eine Datenerhebung oder Datenspeicherung erfolgt auf dem Rechtsgebiet der Gefahrenabwehr insbesondere bei

- nicht tatverdachtsveranlasster Datenerhebung oder Datenspeicherung;
- Datenerhebung oder Datenspeicherung von nicht tatverdachtsbezogenen Daten;
- Datenerhebung oder Datenspeicherung ohne schwerpunktmäßigen Zweck einer anschließenden Strafrechtspflegemaßnahme;
- allgemeinen Personen- oder Fahrzeugkontrollen mit Herstellung von Bildaufnahmen und -aufzeichnungen durch den Einsatz optisch-technischer Mittel in Fahrzeugen der Polizei;
- schwerpunktmäßigem Zweck der **Eigensicherung** im Sinne der PDV 100 (Anlage 20) zur Verhinderung bzw. Reduzierung von Gefährdungen für Einsatzkräfte;
- Gefahrenüberhang.

A. Rechtsgrundlage (RGL) III. Mögliche Befugnisrechtsnorm (Mgl. Brn.)

(VOR/DEF)

Befugnisrechtsnorm ist die rechtmäßige hauptsächliche materiellrechtliche Rechtsgrundlage mit realfolgenentsprechender Rechtsfolge.

(DEF/SUB)

Realfolge ist die Maßnahme laut Sachverhalt (zum Beispiel das Kameraeinschalten / Anordnung [Begleitverfügung], in bestimmter Art oder Richtung zu stehen oder zu gehen, z.B. „Bitte bewegen Sie sich im Kamerablickfeld!“ / „Bitte bleiben Sie im Kamerablickfeld stehen!“)

Rechtsfolge ist als Realakt (ggf. mit Begleit-VA, vgl. § 35 VwVfG NRW) Datenerhebung und Datenspeicherung durch Bildaufnahmen und -aufzeichnungen durch den Einsatz optisch-technischer Mittel in einem Fahrzeug der Polizei bei Personen- oder Fahrzeugkontrolle.

---

sung nicht zu folgen, daß aus Gründen der Rechtssicherheit oder wegen der schwierigen Durchschaubarkeit für den Bürger jede Art polizeilichen Handelns der verwaltungsgerichtlichen Kontrolle unterliegen müsse. In aller Regel ist es für den Betroffenen nicht schwer, zu erkennen, ob die Polizei im konkreten Fall eine - begangene - Straftat erforschen (**Strafverfolgung**) oder den Eintritt eines Schadens, etwa die - zukünftige - Begehung einer strafbaren Handlung, verhindern oder eine bereits eingetretene Störung der öffentlichen Sicherheit oder Ordnung beseitigen (**Gefahrenabwehr**) will. Außerdem wird man davon ausgehen dürfen, daß die Polizei dem Betroffenen - wie im vorliegenden Fall - den Grund ihres Einschreitens von sich aus oder auf Verlangen angibt. Im übrigen kommt es darauf an, wie sich der konkrete Lebenssachverhalt einem verständigen Bürger in der Lage des Betroffenen bei natürlicher Betrachtungsweise darstellt. Dieser Sachverhalt muß im allgemeinen einheitlich betrachtet werden, es sei denn, daß einzelne Teile des Geschehensablaufs objektiv abtrennbar sind. Hat die Polizei die Ermittlungen an die StA oder das Amtsgericht weitergeleitet (§ 163 Abs. 2 StPO) oder auf Weisung der StA gehandelt, so kann an der strafprozessualen Natur ihres Einschreitens kein vernünftiger Zweifel bestehen. Eine Maßnahme, die nach dem Gesamteindruck darauf gerichtet ist, eine strafbare Handlung zu erforschen oder sonst zu verfolgen, ist der Kontrolle der ordentlichen Gerichte nach §§ 23 ff. EGGVG nicht etwa deshalb entzogen, weil durch die polizeilichen Ermittlungen möglicherweise zugleich auch künftigen Verletzungen der öffentlichen Sicherheit vorgebeugt würde.“.

Optisch-technisches Mittel im Fahrzeug der Polizei ist jedes technische Mittel, das Daten auch für das menschliche Auge verarbeiten kann, also insbesondere eine (Video-)Kamera, und das sich bei Aufnahme und Aufzeichnung innerhalb eines Polizeifahrzeugs befindet.

„**Fahrzeug der Polizei**" / **Polizeifahrzeug** ist jedes von der Polizei eingesetzte Fahrzeug, in der Regel ein der Polizei zugehöriges Fahrzeug, also insbesondere sowohl colorierte als auch zivile Polizeifahrzeuge (Streifenwagen / Funkstreifenkraftwagen und sonstige Polizeifahrzeuge).

„**Bei**" bedeutet zeitlich „während".

Personen- oder Fahrzeugkontrolle ist jede mit einer Datenerhebung potentiell verbundene Maßnahme[330] mit genereller Möglichkeit von – auch über Gegenstände – vermitteltem körperlichem Kontakt zwischen Kontrollperson und kontrollierter Person oder Dritten während der Kontrollsituation – unabhängig von: Rechtsgebiet, Rechtmäßigkeitsvoraussetzungen, Personenanwesenheit[331] oder tatsächlichem Erfolg einer Datenerhebung[332].

(ERG)

Mögliche Befugnisrechtsnorm ist § 15b PolG NRW.

B. Formelle Rechtmäßigkeit (FR) I. Zuständigkeit (Z)

(VOR/DEF)

Zuständigkeit ist Aufgabenwahrnehmungserlaubnis für den Rechtsfolgesetzer.

(SUB/ERG)

Für die Maßnahme ist die Zuständigkeit (i.d.R.) wie folgt gegeben:

1. sachliche Zuständigkeit *der Polizei* gemäß (alternativ)

---

330 Beispiele für eine auf eine Datenerhebung gerichtete Maßnahme gemäß Personen- oder Fahrzeugkontroll-Definition im Sinne von § 15b PolG NRW: Befragung, Durchsuchung, alle weiteren möglichen IDF-Maßnahmen, Inaugenscheinnahme, Kontrollstellenmaßnahmen, (offene, vgl. § 15b S. 2 PolG NRW) Observation, Verkehrserhebungen, sonstige Verkehrskontrollmaßnahmen sowie jede damit im Zusammenhang verbundene Begleitmaßnahme, also zum Beispiel auch der Anhalte-Verwaltungsakt, vgl. z.B. „Stopp Polizei!" oder der Absperrungs-Verwaltungsakt (zum Beispiel als Rechtsfolge Platzverweisung). Beispiel für eine jedenfalls mit Datenerhebung potentiell verbundene Maßnahme sind aktionelle wie Platzverweisung, Ingewahrsamnahme, Festnahme, Sicherstellung, Beschlagnahme – sinnigerweise mit Datenerhebungen zur Person schon in aller Regel, um Voraussetzungen für die Maßnahme sowie Voraussetzungen für etwaige Anschlussmaßnahmen personenindividuell prüfen zu können.

331 Beispiel für Fahrzeugkontrolle ohne Personenanwesenheit ist die „Kontrolle" eines – gegebenenfalls nur zunächst – verlassen erscheinenden Fahrzeugs (mit „Kontrolle" z.B. durch Inaugenscheinnahme, Kennzeichenabfrage mit Halterabfrage und weiterem Datenabgleich).

332 Beispiel für das Nichterfolgen von Datenerhebung trotz darauf ursprünglich gerichteter Maßnahme können Verwicklungen (z.B. andere Einsatzerfordernisse; Widerstand) während des Anhaltevorgans sein, die dazu führen, dass „bei", also während der §-15b-PolG-NRW-Maßnahme weitere Datenerhebung – rechtmäßig – ausbleibt.

- § 1 Abs. 1 S. 1, 2 Var. 1 oder 2 (oder 3) PolG NRW (originäre Zuständigkeit) (ggf. i.V.m. § 1 Abs. 2 PolG NRW[333] / ggf. i.V.m. § 1 Abs. 5 S. 2 PolG NRW[334]);
- § 1 Abs. 1 S. 1, 3 PolG NRW (subsidiäre Zuständigkeit);

2. instanzielle Zuständigkeit *der Polizeibehörde* gemäß

- (i.d.R.) § 11 Abs. 1 Nr. 1 POG NRW;
- (generell:) §§ 10-14 POG NRW (ggf. i.V.m. KPBVO NRW / ggf. i.V.m. LKAAufgVO NRW);

3. örtliche Zuständigkeit *der Polizeibehörde* gemäß

- (i.d.R.) § 7 Abs. 1 S. 1 POG NRW (ggf. i.V.m. KHStVO NRW);
- (generell:) §§ 7-9 POG NRW (ggf. i.V.m. KHStVO NRW);

4. funktionelle Zuständigkeit *des Polizeiamtswalters (i.d.R.)* gemäß

- § 15b S. 1 W. 2 PolG NRW für Anordnung, Ausführung, Antrag, Anregung.

B. Formelle Rechtmäßigkeit (FR) II. Verfahren (V)

(VOR/DEF)

Verfahren ist normiertes Verhalten für den Rechtsfolgezuständigen außer, bei, i.Z.m. der Rechtsfolge.

1. Verfahrensrechtsnorm aus § 15b S. 2 PolG NRW für Polizeifahrzeug-DE/DS-Realakt

(VOR/DEF)

Gemäß § 15b S. 2 PolG NRW ist der Einsatz der optisch-technischen Mittel, falls nicht offenkundig, durch geeignete Maßnahmen erkennbar zu machen oder der betroffenen Person mitzuteilen.[335]

(SUB/ERG)

Im konkreten Fall ist § 15b S. 2 PolG NRW (alternativ)

---

333 § 1 Abs. 2 PolG NRW hat negative Zuständigkeitsvoraussetzungen; § 1 Abs. 2 PolG NRW ist die sogenannte „**Privatrechtsklausel**"; zum **Privatrecht in der polizeilichen Praxis** ausführlich: *Basten*, Privatrecht in der polizeilichen Praxis.

334 § 1 Abs. 5 S. 2 PolG NRW ist qua Gesetzessystematik eine Zuständigkeitsvorschrift mit negativen Befugnisvoraussetzungen.

335 Vgl. bzgl. Erkennbarmachen oder Mitteilen auch § 9 Abs. 5 PolG NRW (offene Datenerhebung oder verdeckte Datenerhebung bei Zulassen durch Gesetz) und § 9 Abs. 6 PolG NRW (Aufklärung bei Datenerhebung durch Befragung oder Aufklärungsausnahmen).

- eingehalten durch Offenkundigkeit[336] unabhängig von Erkennbarmachung und Mitteilung;
- eingehalten durch Erkennbarmachung oder Mitteilung ggü. der betroffenen Person;
- nicht eingehalten durch Unterlassen von Erkennbarmachen und Mitteilung bei Nichtoffenkundigkeit.

2. Verfahrensrechtsnormen aus § 16 PolG NRW (analog) bei oder i.Z.m. der Erhebung von Daten, die dem Kernbereich privater Lebensgestaltung zuzurechnen sind

Gemäß § 16 Überschrift PolG NRW gilt § 16 PolG NRW direkt für den „Schutz des Kernbereichs privater Lebensgestaltung bei der Datenerhebung mit besonderen Mitteln" im Sinne von Abschnitt 2 Unterabschnitt 2 Titel 1 Untertitel III PolG NRW (§§ 16-21 PolG NRW). „Der Kernbereich privater Lebensgestaltung beansprucht [jedenfalls] gegenüber allen Überwachungsmaßnahmen Beachtung."[337] Datenerhebung kann allgemein mit oder ohne besondere Mittel erfolgen und kann in beiden Fällen den Kernbereich privater Lebensgestaltung betreffen, ähnlich wie eine kernbereichsverletzungsgeneigte Befugnis. Selbst wenn es eigener ausdrücklicher Regelungen für Maßnahmen wie die der – qua Historie und Teleologie auf Kontrollen im öffentlichen Straßenverkehrsraum angelegte – „Datenerhebung zur Eigensicherung" nicht bedürfte, sind Grenzen, die sich im Einzelfall auch hier gegenüber einem Zugriff auf höchstpersönliche Informationen ergeben können – zum Beispiel bei Kameraaufnahmen – und -aufzeichnungen hinein in Privatbereiche wie einer Wohnung –, bei deren Anwendung unmittelbar von Verfassungs wegen zu beachten.[338] Aus allem folgt, dass der Kernbereich privater Lebensgestaltung allgemein bei Datenerhebung Beachtung beansprucht, und zwar unmittelbar von Verfassung wegen, ausdrückbar über eine – jedenfalls in Fällen von Datenerhebung außerhalb von ausdrücklichen Normierungen wie §§ 15c, 16 PolG NRW analoge – Anwendung des § 16 PolG NRW.

(VOR)

a) § 16 Abs. 2 S. 3 PolG NRW

Gemäß § 16 Abs. 2 S. 3 PolG NRW ist bei (Anhaltspunkten bzgl. einer) Erhebung personenbezogener Daten, die dem Kernbereich privater Lebensgestaltung zuzurechnen sind, die anordnende Stelle über den Verlauf der Maßnahme **unverzüglich** (§ 121 Abs. 1 S. 1 BGB) zu unterrichten.

---

[336] Vgl. bzgl. **Offenkundigkeit** auch Nr. 15c.31 VVPolG NRW: „Die **Erkennbarkeit** ist bereits durch das eingeschaltete Display des Aufnahmegeräts gewährleistet. Eine zusätzliche Mitteilung gegenüber der von der Aufnahme betroffenen Person ist grundsätzlich erforderlich. Eine Ausnahme bilden Fälle, bei denen Gefahr im Verzug droht.".

[337] BVerfGE 141, 220, 277 (BKAG) = BVerfG, Urteil des Ersten Senats vom 20.04.2016 – 1 BvR 966/09 –, C. IV. 3. b), Rn. 123.

[338] BVerfGE 141, 220, 277 f. (BKAG) = BVerfG, Urteil des Ersten Senats vom 20.04.2016 – 1 BvR 966/09 –, C. IV. 3. b), Rn. 123.

b) § 16 Abs. 3 PolG NRW

§ 16 Abs. 3 PolG NRW normiert: Bestehen Zweifel hinsichtlich der Kernbereichsrelevanz der erhobenen Daten, sind diese **unverzüglich** (§ 121 Abs. 1 S. 1 BGB) dem oder der behördlichen Datenschutzbeauftragten und einer von dem Behördenleiter oder der Behördenleiterin besonders beauftragten Leitungsperson des höheren Polizeivollzugsdienstes zur Durchsicht vorzulegen. (Im Falle des § 17 Abs. 2 S. 3 PolG NRW erfolgt die Durchsicht durch das zuständige Amtsgericht. § 18 Abs. 4 PolG NRW bleibt unberührt.)

c) § 16 Abs. 4 S. 3 PolG NRW

Gemäß § 16 Abs. 4 S. 3 PolG NRW ist die Tatsache der Erlangung und Löschung von Daten, die dem Kernbereich privater Lebensgestaltung zuzurechnen sind, zu dokumentieren.

(DEF)

Kernbereich privater Lebensgestaltung ist der höchstpersönliche private Lebensbereich mit der Möglichkeit, innere Vorgänge wie Empfindungen und Gefühle sowie Überlegungen, Ansichten und Erlebnisse höchstpersönlicher Art ohne Angst vor staatlicher Überwachung zum Ausdruck zu bringen; umfasst sind auch Gefühlsäußerungen, Äußerungen des unbewussten Erlebens sowie Ausdrucksformen der Sexualität; wobei das Gegebensein von Daten aus dem Kernbereich privater Lebensgestaltung situationsbedingt und im Einzelfall anhand von Kommunikationsinhalten und -umständen (besonderes Vertrauensverhältnis der kommunizierenden Personen, Ort, erkennbarer Geheimhaltungswille) zu beurteilen ist und Kommunikationsinhalte höchstpersönlicher Art insbesondere sein können:

- Gespräche mit Vertrauenspersonen bzw. engsten Familienangehörigen über existenzielle Fragen (z. B. Todesangst, Suizidgedanken), über schwere physische oder psychische Erkrankungen sowie über privateste familiäre Angelegenheiten (z. B. Abtreibung, Enterbung) sowie die Äußerung tief empfundener Emotionen;
- verbale und nonverbale Äußerungen des Intimlebens (intensive Liebesbezeugungen und Ausdrucksformen der Sexualität);
- vertrauliche Gespräche mit Berufsgeheimnisträgern, wobei grundsätzlich allen Berufsgeheimnisträgern gleicher Schutz zukommt, vgl. insoweit auch § 16 Abs. 5 PolG NRW, § 160a StPO.

Gespräche mit engsten Vertrauten, die Angaben über polizeilich abzuwehrende Gefahren enthalten, gehören schon ihrem Inhalt nach grundsätzlich nicht zu dem unantastbaren Kernbereich privater Lebensgestaltung, und führen daher nicht zur Unterbrechung, denn hinreichender Sozialbezug zur Öffentlichkeitssphäre besteht jedenfalls bei Äußerungen, die sich unmittelbar auf eine konkrete Gefahr beziehen, insbesondere wenn die kommunizierenden Personen für die Gefahren verantwortlich sind.[339]

---

[339] Zum **Kernbereich privater Lebensgestaltung**: vgl. Nr. 16 VVPolG NRW; vgl. auch § 15c Abs. 5, 6, 8 PolG NRW und Nr. 15c.5 VVPolG NRW; § 100d StPO; vgl. Bundestags-Drucksache 13/9660, S. 4; BVerfGE 109, 279, 313 f., 319, 324 (akustische Wohnraumüberwachung/„Großer Lauschangriff") = BVerfG, Urteil des Ersten Senats vom 03.03.2004 – 1 BvR 2378/98; vgl. auch BVerfGE 6, 32, 41; 6, 389, 433; 27, 1, 6 ff.; 32, 373, 379; 80, 367, 376 ff.; 101, 361, 382 ff.; 141, 220, Ls. 1. a), Rn. 120-126; BVerfG, Urteil des Ersten Senats vom 19.05.2020 – 1 BvR 2835/17 (Ausland-Ausland-Fernmeldeaufklärung nach BNDG), Rn. 199-207; BVerfGE 141, 220, 276-278 (BKAG) = BVerfG, Urteil des Ersten Senats vom 20.04.2016 – 1 BvR 966/09 –, C. IV. 3. a) b), Rn. 121-123: „Zur Entfal-

(SUB/ERG)

Im konkreten Fall sind die Voraussetzungen des § 16 Abs. 2 S. 3, Abs. 3, Abs. 4 S. 3 PolG NRW (alternativ)

- eingehalten bei entsprechenden Anhaltspunkten / bei Fehlen entgegenstehender Anhaltspunkte.
- nicht eingehalten bei entsprechenden Anhaltspunkten / bei Fehlen entgegenstehender Anhaltspunkte.

---

tung der Persönlichkeit im **Kernbereich privater Lebensgestaltung** gehört die Möglichkeit, innere Vorgänge wie Empfindungen und Gefühle sowie Überlegungen, Ansichten und Erlebnisse höchstpersönlicher Art zum Ausdruck zu bringen (vgl. BVerfGE 109, 279 <313>; 120, 274 <335>; stRspr). Geschützt ist insbesondere die nichtöffentliche Kommunikation mit Personen des höchstpersönlichen Vertrauens, die in der berechtigten Annahme geführt wird, nicht überwacht zu werden, wie es insbesondere bei Gesprächen im Bereich der Wohnung der Fall ist. Zu diesen Personen gehören insbesondere Ehe- oder Lebenspartner, Geschwister und Verwandte in gerader Linie, vor allem, wenn sie im selben Haushalt leben, und können Strafverteidiger, Ärzte, Geistliche und enge persönliche Freunde zählen (vgl. BVerfGE 109, 279 <321 ff.>). Dieser Kreis deckt sich nur teilweise mit dem der Zeugnisverweigerungsberechtigten. Solche Gespräche verlieren dabei nicht schon dadurch ihren Charakter als insgesamt höchstpersönlich, dass sich in ihnen Höchstpersönliches und Alltägliches vermischen (vgl. BVerfGE 109, 279 <330>; 113, 348 <391 f.>). Demgegenüber ist die Kommunikation unmittelbar über Straftaten nicht geschützt, selbst wenn sie auch Höchstpersönliches zum Gegenstand hat. Die Besprechung und Planung von Straftaten gehört ihrem Inhalt nach nicht zum Kernbereich privater Lebensgestaltung, sondern hat Sozialbezug (vgl. BVerfGE 80, 367 <375>; 109, 279 <319 f., 328>; 113, 348 <391>). Dies bedeutet freilich nicht, dass der Kernbereich unter einem allgemeinen Abwägungsvorbehalt in Bezug auf öffentliche Sicherheitsinteressen steht. Ein höchstpersönliches Gespräch fällt nicht schon dadurch aus dem Kernbereich privater Lebensgestaltung heraus, dass es für die Aufklärung von Straftaten oder Gefahren hilfreiche Aufschlüsse geben kann. Aufzeichnungen oder Äußerungen im Zwiegespräch, die zum Beispiel ausschließlich innere Eindrücke und Gefühle wiedergeben und keine Hinweise auf konkrete Straftaten enthalten, gewinnen nicht schon dadurch einen Gemeinschaftsbezug, dass sie Ursachen oder Beweggründe eines strafbaren Verhaltens freizulegen vermögen (vgl. BVerfGE 109, 279 <319>). Auch können trotz Straftatenbezugs Situationen, in denen Einzelnen gerade ermöglicht werden soll, ein Fehlverhalten einzugestehen oder sich auf dessen Folgen einzurichten, wie Beichtgespräche oder vertrauliche Gespräche mit einem Psychotherapeuten oder einem Strafverteidiger, der höchstpersönlichen Privatsphäre unterfallen, die dem Staat absolut entzogen ist (vgl. BVerfGE 109, 279 <322>). Ein hinreichender Sozialbezug besteht demgegenüber dann, wenn Gespräche - auch mit Vertrauenspersonen - sonst unmittelbar Straftaten zu ihrem Gegenstand haben (vgl. BVerfGE 109, 279 <319>). Der Kernbereich privater Lebensgestaltung beansprucht gegenüber allen Überwachungsmaßnahmen Beachtung. Können sie typischerweise zur Erhebung kernbereichsrelevanter Daten führen, muss der Gesetzgeber Regelungen schaffen, die einen wirksamen Schutz normenklar gewährleisten (vgl. BVerfGE 109, 279 <318 f.>; 113, 348 <390 f.>; 120, 274 <335 ff.>). Außerhalb solch verletzungsgeneigter Befugnisse bedarf es eigener Regelungen nicht. Grenzen, die sich im Einzelfall auch hier gegenüber einem Zugriff auf höchstpersönliche Informationen ergeben können, sind bei deren Anwendung unmittelbar von Verfassungs wegen zu beachten.“.

3. Verfahrensrechtsnormen aus VwVfG NRW bzgl. Polizeifahrzeug-DE/DS-(Begleit-)VA (§§ 1, 2, 9, 35 VwVfG NRW)

(VOR/DEF)

a) § 28 VwVfG NRW: Anhörung

Gemäß § 28 VwVfG NRW besteht Pflicht zur **Anhörung** im Sinne des § 28 Abs. 1 VwVfG NRW (Äußerungsgelegenheit mit entsprechender Würdigung vor eingreifendem VA) – oder es soll gegeben sein: ein Ausnahmegrund gemäß § 28 Abs. 2, 3 VwVfG NRW oder **VA-Verletzungsunbeachtlichkeit** gemäß § 45 VwVfG NRW oder **VA-Nichtaufhebbarkeit** gemäß § 46 VwVfG NRW.

Gemäß § 28 Abs. 2 VwVfG NRW kann von der Anhörung abgesehen werden, wenn sie nach den Umständen des Einzelfalles nicht geboten ist, insbesondere wenn ein Fall vorliegt gemäß § 28 Abs. 2 Nr. 1-5 VwVfG NRW.

Gebotenheit ist Nichtverfügbarkeit eines milderen, gleich geeigneten Mittels zur Zweckförderung.

Gemäß § 28 Abs. 2 Nr. 1 VwVfG NRW kann von der Anhörung abgesehen werden, wenn eine sofortige Entscheidung wegen Gefahr im Verzug oder im öffentlichen Interesse notwendig erscheint.

Gefahr im Verzug i.S.d. § 28 Abs. 2 Nr. 1 VwVfG NRW ist gegeben, wenn der Handlungsbedarf unvorhergesehen ist und bei Durchführung der eigentlich vorgesehenen Maßnahme, hier der Anhörung, der gesetzliche Zweck, hier der jeweilige aus der Aufgabe und Befugnisrechtsnorm, vereitelt oder wesentlich erschwert wird.[340]

Öffentliches Interesse ist die einzelfallbezogene Relevanz eines Rechts oder Rechtsguts nicht ausschließlich bei einem einzelnen Individuum.

Notwendigkeit ist Nichtverfügbarkeit eines milderen, gleich geeigneten Mittels zur Zweckförderung – bis hin zur Alternativlosigkeit der Mittelanwendung.

Gemäß § 28 Abs. 3 VwVfG NRW unterbleibt eine Anhörung, wenn ihr ein zwingendes öffentliches Interesse entgegensteht.

Zwingendes öffentliches Interesse ist die einzelfallbezogene unbedingte Relevanz eines Rechts oder Rechtsguts nicht ausschließlich bei einem einzelnen Individuum.

(SUB/ERG)

Im konkreten Fall ist § 28 VwVfG NRW (alternativ)

---

340 BVerwGE 142, 205 (Schutzmaßnahme nach IfSG) = BVerwG, Urteil vom 22.03.2012 – BVerwG 3 C 16.11: „Gefahr im Verzug im Sinne von § 28 Abs. 2 Nr. 1 VwVfG ist anzunehmen, wenn durch eine vorherige Anhörung auch bei Gewährung kürzester Anhörungsfristen ein Zeitverlust einträte, der mit hoher Wahrscheinlichkeit zur Folge hätte, dass die behördliche Maßnahme zu spät käme, um ihren Zweck noch zu erreichen. Ob eine sofortige Entscheidung objektiv notwendig war oder die Behörde eine sofortige Entscheidung zumindest für notwendig halten durfte, ist vom Gericht aus ex-ante-Sicht zu beurteilen (Urteil vom 15. Dezember 1983 - BVerwG 3 C 27.82 - BVerwGE 68, 267 <271 f.> = Buchholz 316 § 28 VwVfG Nr. 9 S. 18). Hierbei ist wegen der Bedeutung des Anhörungsrechts als tragendem Prinzip des rechtsstaatlichen Verfahrens ein strenger Maßstab anzulegen (vgl. Kopp/Ramsauer, VwVfG, 12. Aufl. 2011, § 28 Rn. 3 und Rn. 46 m.w.N.).“.

- eingehalten insbesondere bei Gelegenheit zur Stellungnahme i.S.d. § 28 Abs. 1 VwVfG NRW;
- eingehalten bei Nichteinhaltung von § 28 Abs. 1 VwVfG NRW und Ausnahmegrund gemäß § 28 Abs. 2, 3 VwVfG NRW;
- nicht eingehalten insbesondere bei Fehlen von Gelegenheit zur Stellungnahme ohne Ausnahmegrund;
- sonst eingehalten oder nicht eingehalten bei Anhaltspunkten / Fehlen entgegenstehender Anhaltspunkte.

(VOR/DEF)

b) § 39 VwVfG NRW: Begründung

Gemäß § 39 Abs. 1 VwVfG NRW besteht Pflicht zur **Begründung** eines schriftlichen oder elektronischen sowie schriftlich oder elektronisch bestätigten VA (vgl. § 37 Abs. 2 VwVfG NRW) mit den tatsächlich-rechtlichen, nicht unbedingt materiellrechtlich richtigen Behördenerwägungen – oder es soll gegeben sein: ein Ausnahmegrund nach § 39 Abs. 2 VwVfG NRW (insb. § 39 Abs. 2 Nr. 2, 4 VwVfG NRW) oder **VA-Verletzungsunbeachtlichkeit** gemäß § 45 VwVfG NRW oder **VA-Nichtaufhebbarkeit** gemäß § 46 VwVfG NRW.

(SUB/ERG)

Im konkreten Fall ist § 39 VwVfG NRW (alternativ)

- eingehalten bei Fehlen von Begründungspflicht bei rechtmäßigem Fehlen von schriftlichem oder elektronischem, schriftlich oder elektronisch bestätigtem VA (i.d.R. jedenfalls zunächst bei Maßnahmen i.S.d. § 80 Abs. 2 S. 1 Nr. 2 VwGO);
- eingehalten bei Begründung bei schriftlichem oder elektronischem, schriftlich oder elektronisch bestätigtem VA und bei Nichtvorliegen eines Ausnahmegrundes i.S.v. § 39 Abs. 2 VwVfG NRW;
- eingehalten bei Ausnahmegrund nach § 39 Abs. 2 VwVfG NRW, insbesondere wegen bekannter oder erkennbarer Sach- und Rechtslage gemäß § 39 Abs. 2 Nr. 2 Var. 1 oder 2 VwVfG NRW;
- sonst eingehalten oder nicht eingehalten bei Anhaltspunkten / Fehlen entgegenstehender Anhaltspunkte.

(ERG Verfahren)

Ergebnis kann allgemein sein: Verfahrensrechtmäßigkeit oder Verfahrensrechtswidrigkeit der Maßnahme.

B. Formelle Rechtmäßigkeit (FR) III. Form (F)

(VOR/DEF)

Form ist normiertes Wie der Rechtsfolgesetzung – schriftlich, elektronisch, mündlich oder in anderer Weise.

(SUB/ERG)

Im konkreten Fall (alternativ)

- ist bei Fehlen von VA § 37 Abs. 2-6 VwVfG NRW unanwendbar.
- ist bei Fehlen von VA und Fehlen speziellerer Formrechtsnormen Formfreiheit gegeben.
- ist bei VA und Fehlen speziellerer Formrechtsnormen anwendbar: § 37 Abs. 2 bis 6 VwVfG NRW.
- kann gemäß § 37 Abs. 2 S. 1 VwVfG NRW der VA schriftlich, elektronisch, mündlich oder in anderer Weise erlassen werden.
- braucht gemäß § 37 Abs. 2 S. 2 VwVfG NRW der mündliche VA schriftlich oder elektronisch nicht bestätigt zu werden, wenn hieran kein berechtigtes Interesse besteht und der Betroffene dies nicht unverzüglich verlangt.

Ergebnis kann allgemein sein: Formrechtmäßigkeit oder Formrechtswidrigkeit der Maßnahme.

C. Materielle Rechtmäßigkeit (MR) I. Tatbestand (Tb) / Tatbestandsvoraussetzungen (TBV)

(VOR/DEF)

Tatbestand ist das Gesamt der (materiell-rechtlichen) Rechtsfolge(setzungs)bedingungen. / **Tatbestandsvoraussetzungen** sind materiell-rechtliche Rechtsfolgesetzungsbedingungen.

1. Spezielle TBV für Polizeifahrzeug-DE/DS aus § 15b PolG NRW

(VOR)

In § 15b PolG NRW wird für die Kamera-DE/DS vorausgesetzt: ein Handeln gerade zur Abwehr einer Gefahr im Sinne des § 1 Abs. 1 PolG NRW zum Zwecke der Eigensicherung[341].

(DEF)

Gefahr im Sinne des § 1 Abs. 1 PolG NRW ist jede mögliche Gefahr („Gefahren“), auch die abstrakte Gefahr.[342] **Abstrakte Gefahr** ist eine Sachlage im einzelnen Fall, die bei ungehindertem Geschehensverlauf in absehbarer Zeit nach allgemeiner Lebenserfahrung oder den Erkenntnissen fachkundiger Stellen mit hinreichender Wahrscheinlichkeit typischerweise zu einem Schaden für ein Schutzgut führt.[343]

---

341 Zum genuin taktischen Begriff der **Eigensicherung**: PDV 100, Anlage 20.

342 Auch die abstrakte Gefahr im Zusammenhang mit der Zweckformulierung zur Gefahrenabwehr in § 15b S. 1 PolG NRW nennend: *Nimtz/Thiel*, Eingriffsrecht Nordrhein-Westfalen, S. 162.

343 Zur abstrakten Gefahr: *Basten*, Eingriffsrecht der Polizei in Nordrhein-Westfalen, Band 1, S. 246-248, mit weiteren Abgrenzungen und Nachweisen. Vgl. § 2 Nr. 6 NPOG; § 4 Nr. 3h SächsPVDG („abstrakte Gefahr“); § 4 Nr. 3i SächPVDG („Abwehr einer Gefahr“); § 3 Nr. 3f SOG LSA, § 54 Nr. 3e Thü-

Schaden für ein rechtliches Schutzgut ist jede nachteilige Beeinträchtigung eines bestimmten Schutzguts.

Schutzgüter sind gemäß § 1 Abs. 1 PolG NRW i.V.m. § 15b PolG NRW („Eigensicherung") insbesondere die der **öffentlichen Sicherheit**, nämlich Rechte und Rechtsgüter des Einzelnen, die Rechtsordnung, die Funktionsfähigkeit des Staates[344].

(SUB)

Unter Auslegung des Sachverhalts und unter Anwendung des Wahrscheinlichkeitsmaßstabs führt ohne Kamera-DE/DS ungehinderte/unbeeinflusste Polizei-Kontrolle der zunächst unbekannteren Person oder des zunächst unbekannteren Fahrzeugs typischerweise in absehbarer Zeit mit hinreichender Wahrscheinlichkeit (alternativ: nicht) zu einer nachteiligen Beeinträchtigung folgender rechtlicher Schutzgüter der öffentlichen Sicherheit:

- Individualrechte oder Individualrechtsgüter im Rahmen der Eigensicherung: ggf. Art. 2 Abs. 2 S. 1 Alt. 1 oder 2 GG (Rechtsgut), ggf. auch Art. 2 Abs. 2 S. 2 GG (Rechtsgut);
- Rechtsordnung/Funktionsfähigkeit im Rahmen der Eigensicherung, nämlich wegen: Art. 20 Abs. 3 GG; §§ 211 ff., §§ 223 ff. StGB.

(ERG)

Im konkreten Fall ist (alternativ)

- eine zumindest abstrakte Gefahr i.S.d. § 15b S. 1 PolG NRW für die öffentliche Sicherheit zum Zwecke der Eigensicherung abzuwehren.
- noch nicht einmal eine abstrakte Gefahr i.S.d. § 15b S. 1 PolG NRW für die öffentliche Sicherheit zum Zwecke der Eigensicherung abzuwehren.

2. (Negative) PolG-NRW-TBV aus § 16 PolG NRW (analog) für Datenerhebung bei der Erhebung von Daten, die dem Kernbereich privater Lebensgestaltung zuzurechnen sind

Gemäß § 16 Überschrift PolG NRW gilt § 16 PolG NRW direkt für den „Schutz des Kernbereichs privater Lebensgestaltung bei der Datenerhebung mit besonderen Mitteln" im Sinne von Abschnitt 2 Unterabschnitt 2 Titel 1 Untertitel III PolG NRW (§§ 16-21 PolG NRW). „Der Kernbereich privater Lebensgestaltung beansprucht [jedenfalls] gegenüber allen Überwachungsmaßnahmen Beachtung."[345] Datenerhebung kann allgemein mit oder ohne besondere Mittel erfolgen und kann in beiden Fällen den Kernbereich privater Lebensgestaltung betreffen, ähnlich wie eine kernbereichsverletzungsgeneigte Befugnis. Selbst wenn es eigener ausdrücklicher Regelungen für Maßnahmen wie die der – qua Historie und Teleologie auf Kontrollen im öffentlichen Straßenverkehrsraum angelegte – „Datenerhebung zur Eigensiche-

---

ringer OBG; vgl. auch Nr. 1.12 VVPolG NRW: „§ 1 Abs. 1 stellt auf die abstrakte Gefahr ab und umfasst damit auch alle Fälle, in denen bereits eine konkrete Gefahr vorliegt.".

344 Legaldefinitionen Öffentliche Sicherheit: § 2 Nr. 2 BremPolG, § 4 Nr. 1 SächsPVDG, § 3 Nr. 1 SOG LSA, § 54 Nr. 1 Thüringer OBG; vgl. auch Nr. 1.11 VVPolG NRW.

345 BVerfGE 141, 220, 277 (BKAG) = BVerfG, Urteil des Ersten Senats vom 20.04.2016 – 1 BvR 966/09 –, C. IV. 3. b), Rn. 123.

rung" nicht bedürfte, sind Grenzen, die sich im Einzelfall auch hier gegenüber einem Zugriff auf höchstpersönliche Informationen ergeben können – zum Beispiel bei Kameraaufnahmen – und -aufzeichnungen hinein in Privatbereiche wie einer Wohnung –, bei deren Anwendung unmittelbar von Verfassungs wegen zu beachten.[346] Aus allem folgt, dass der Kernbereich privater Lebensgestaltung allgemein bei Datenerhebung Beachtung beansprucht, und zwar unmittelbar von Verfassung wegen, ausdrückbar über eine – jedenfalls in Fällen von Datenerhebung außerhalb von ausdrücklichen Normierungen wie §§ 15c, 16 PolG NRW analoge – Anwendung des § 16 PolG NRW.

(VOR)

Gemäß § 16 Abs. 1 PolG NRW ist die Erhebung personenbezogener Daten, die dem Kernbereich privater Lebensgestaltung zuzurechnen sind, unzulässig, vgl. auch § 16 Abs. 5 PolG NRW und die BVerfG-Rechtsprechung i.V.m. § 31 BVerfGG.

(DEF)

Kernbereich privater Lebensgestaltung ist der höchstpersönliche private Lebensbereich mit der Möglichkeit, innere Vorgänge wie Empfindungen und Gefühle sowie Überlegungen, Ansichten und Erlebnisse höchstpersönlicher Art ohne Angst vor staatlicher Überwachung zum Ausdruck zu bringen; umfasst sind auch Gefühlsäußerungen, Äußerungen des unbewussten Erlebens sowie Ausdrucksformen der Sexualität; wobei das Gegebensein von Daten aus dem Kernbereich privater Lebensgestaltung situationsbedingt und im Einzelfall anhand von Kommunikationsinhalten und -umständen (besonderes Vertrauensverhältnis der kommunizierenden Personen, Ort, erkennbarer Geheimhaltungswille) zu beurteilen ist und Kommunikationsinhalte höchstpersönlicher Art insbesondere sein können:

- Gespräche mit Vertrauenspersonen bzw. engsten Familienangehörigen über existenzielle Fragen (z. B. Todesangst, Suizidgedanken), über schwere physische oder psychische Erkrankungen sowie über privateste familiäre Angelegenheiten (z. B. Abtreibung, Enterbung) sowie die Äußerung tief empfundener Emotionen;
- verbale und nonverbale Äußerungen des Intimlebens (intensive Liebesbezeugungen und Ausdrucksformen der Sexualität);
- vertrauliche Gespräche mit Berufsgeheimnisträgern, wobei grundsätzlich allen Berufsgeheimnisträgern gleicher Schutz zukommt, vgl. insoweit auch § 16 Abs. 5 PolG NRW, § 160a StPO.

Gespräche mit engsten Vertrauten, die Angaben über polizeilich abzuwehrende Gefahren enthalten, gehören schon ihrem Inhalt nach grundsätzlich nicht zu dem unantastbaren Kernbereich privater Lebensgestaltung, und führen daher nicht zur Unterbrechung, denn hinreichender Sozialbezug zur Öffentlichkeitssphäre besteht jedenfalls bei Äußerungen, die sich unmittelbar auf eine konkrete Gefahr beziehen, insbesondere wenn die kommunizierenden Personen für die Gefahren verantwortlich sind.[347]

---

346 BVerfGE 141, 220, 277 f. (BKAG) = BVerfG, Urteil des Ersten Senats vom 20.04.2016 – 1 BvR 966/09 –, C. IV. 3. b), Rn. 123.

347 Zum **Kernbereich privater Lebensgestaltung**: vgl. Nr. 16 VVPolG NRW; vgl. auch § 15c Abs. 5, 6, 8 PolG NRW und Nr. 15c.5 VVPolG NRW; § 100d StPO; vgl. Bundestags-Drucksache 13/9660, S. 4; BVerfGE 109, 279, 313 f., 319, 324 (akustische Wohnraumüberwachung/„Großer Lauschangriff") = BVerfG, Urteil des Ersten Senats vom 03.03.2004 – 1 BvR 2378/98; vgl. auch BVerfGE 6, 32, 41; 6,

(SUB/ERG)

Im konkreten Fall sind die Voraussetzungen des § 16 Abs. 1, 5 PolG NRW (alternativ)

- erfüllt bei entsprechenden Anhaltspunkten / bei Fehlen entgegenstehender Anhaltspunkte.
- nicht erfüllt bei entsprechenden Anhaltspunkten / bei Fehlen entgegenstehender Anhaltspunkte.

Art. 13 Abs. 2-7 GG: „Im Übrigen" können – insbesondere bei Fehlen von verfassungsmäßigen einfachgesetzlichen Konkretisierungen von Art. 13 Abs. 2-7 GG – Art. 13 Abs. 2-7 GG alternativ direkt anwendbare Rechtsgrundlagen mit Rechtmäßigkeitsvoraussetzungen bilden.

389, 433; 27, 1, 6 ff.; 32, 373, 379; 80, 367, 376 ff.; 101, 361, 382 ff.; 141, 220, Ls. 1. a), Rn. 120-126; BVerfG, Urteil des Ersten Senats vom 19.05.2020 – 1 BvR 2835/17 (Ausland-Ausland-Fernmeldeaufklärung nach BNDG), Rn. 199-207; BVerfGE 141, 220, 276-278 (BKAG) = BVerfG, Urteil des Ersten Senats vom 20.04.2016 – 1 BvR 966/09 –, C. IV. 3. a) b), Rn. 121-123: „Zur Entfaltung der Persönlichkeit im **Kernbereich privater Lebensgestaltung** gehört die Möglichkeit, innere Vorgänge wie Empfindungen und Gefühle sowie Überlegungen, Ansichten und Erlebnisse höchstpersönlicher Art zum Ausdruck zu bringen (vgl. BVerfGE 109, 279 <313>; 120, 274 <335>; stRspr). Geschützt ist insbesondere die nichtöffentliche Kommunikation mit Personen des höchstpersönlichen Vertrauens, die in der berechtigten Annahme geführt wird, nicht überwacht zu werden, wie es insbesondere bei Gesprächen im Bereich der Wohnung der Fall ist. Zu diesen Personen gehören insbesondere Ehe- oder Lebenspartner, Geschwister und Verwandte in gerader Linie, vor allem, wenn sie im selben Haushalt leben, und können Strafverteidiger, Ärzte, Geistliche und enge persönliche Freunde zählen (vgl. BVerfGE 109, 279 <321 ff.>). Dieser Kreis deckt sich nur teilweise mit dem der Zeugnisverweigerungsberechtigten. Solche Gespräche verlieren dabei nicht schon dadurch ihren Charakter als insgesamt höchstpersönlich, dass sich in ihnen Höchstpersönliches und Alltägliches vermischen (vgl. BVerfGE 109, 279 <330>; 113, 348 <391 f.>). Demgegenüber ist die Kommunikation unmittelbar über Straftaten nicht geschützt, selbst wenn sie auch Höchstpersönliches zum Gegenstand hat. Die Besprechung und Planung von Straftaten gehört ihrem Inhalt nach nicht zum Kernbereich privater Lebensgestaltung, sondern hat Sozialbezug (vgl. BVerfGE 80, 367 <375>; 109, 279 <319 f., 328>; 113, 348 <391>). Dies bedeutet freilich nicht, dass der Kernbereich unter einem allgemeinen Abwägungsvorbehalt in Bezug auf öffentliche Sicherheitsinteressen steht. Ein höchstpersönliches Gespräch fällt nicht schon dadurch aus dem Kernbereich privater Lebensgestaltung heraus, dass es für die Aufklärung von Straftaten oder Gefahren hilfreiche Aufschlüsse geben kann. Aufzeichnungen oder Äußerungen im Zwiegespräch, die zum Beispiel ausschließlich innere Eindrücke und Gefühle wiedergeben und keine Hinweise auf konkrete Straftaten enthalten, gewinnen nicht schon dadurch einen Gemeinschaftsbezug, dass sie Ursachen oder Beweggründe eines strafbaren Verhaltens freizulegen vermögen (vgl. BVerfGE 109, 279 <319>). Auch können trotz Straftatenbezugs Situationen, in denen Einzelnen gerade ermöglicht werden soll, ein Fehlverhalten einzugestehen oder sich auf dessen Folgen einzurichten, wie Beichtgespräche oder vertrauliche Gespräche mit einem Psychotherapeuten oder einem Strafverteidiger, der höchstpersönlichen Privatsphäre unterfallen, die dem Staat absolut entzogen ist (vgl. BVerfGE 109, 279 <322>). Ein hinreichender Sozialbezug besteht demgegenüber dann, wenn Gespräche - auch mit Vertrauenspersonen - sonst unmittelbar Straftaten zu ihrem Gegenstand haben (vgl. BVerfGE 109, 279 <319>). Der Kernbereich privater Lebensgestaltung beansprucht gegenüber allen Überwachungsmaßnahmen Beachtung. Können sie typischerweise zur Erhebung kernbereichsrelevanter Daten führen, muss der Gesetzgeber Regelungen schaffen, die einen wirksamen Schutz normenklar gewährleisten (vgl. BVerfGE 109, 279 <318 f.>; 113, 348 <390 f.>; 120, 274 <335 ff.>). Außerhalb solch verletzungsgeneigter Befugnisse bedarf es eigener Regelungen nicht. Grenzen, die sich im Einzelfall auch hier gegenüber einem Zugriff auf höchstpersönliche Informationen ergeben können, sind bei deren Anwendung unmittelbar von Verfassungs wegen zu beachten.".

C. Materielle Rechtmäßigkeit (MR) II. Inanspruchnahme (In) / Inanspruchnahmevoraussetzunge (Inv)

(VOR/DEF)

Inanspruchnahmevoraussetzungen sind materiell-rechtliche Bedingungen für richtige Inanspruchnahme.

Inanspruchnahme ist Adressierung und sonstiges Betroffenmachen; **Adressierung** ist direktes Bestimmen oder finales Richten einer Maßnahme an einen Grundrechtsträger, vgl. §§ 41 Abs. 1 S. 1, 43 Abs. 1 S. 1 VwVfG NRW.

Nach § 15b S. 1, 2 PolG NRW ist grundsätzlich richtigerweise in Anspruch genommen: die *bei* Personen- oder Fahrzeugkontrollen *betroffene* Person, also nicht nur die *durch* die Personen- oder Fahrzeugkontrolle *adressierte* Person, sondern jeder durch Adressierung oder sonstige Inanspruchnahme *über* die Kontrolle unmittelbar oder mittelbar betroffene Person, auch eine – etwa über einen „Lauf durch das Bild" – unvermeidbar mitbetroffene Person (Dritter).

(SUB/ERG)

Im konkreten Fall ist (alternativ)

- die Person richtigerweise gemäß § 15b S. 1, 2 PolG NRW in Anspruch genommen/adressiert.
- die Person nicht richtigerweise gemäß § 15b S. 1, 2 PolG NRW in Anspruch genommen/adressiert.

C. Materielle Rechtmäßigkeit (MR) III. Rechtsfolge (Rf) / Rechtsfolgevoraussetzungen (RfV)

(VOR/DEF)

Rechtsfolge ist rechtliche Folge aus dem Tatbestand. / **Rechtsfolgevoraussetzungen** sind materiell-rechtliche Rechtsfolgegestaltungs-Bedingungen.

C. Materielle Rechtmäßigkeit (MR) III. Rechtsfolge (Rf) 1. Tatsächliche und rechtliche Möglichkeit (TurM)

(VOR/DEF)

Tatsächliche und rechtliche Möglichkeit betrifft Fälle wie aus § 44 Abs. 2 Nr. 4-6 VwVfG NRW.

(SUB/ERG)

Tatsächliche und rechtliche Möglichkeit ist im konkreten Fall gegeben/nicht gegeben aufgrund Vorliegens/Nichtvorliegens von kognitiven, körperlichen, normativen, technischen Unmöglichkeiten.

Tatsächliche Unmöglichkeiten können sich insbesondere ergeben aus persönlichen oder örtlichen Umständen, etwa dem Aufenthalt einer kontrollierten Zielperson (= Adressat) oder eines kontrollierten Fahrzeugs an einem Kontrollort, von dem aus oder an dem zur maßgeblichen Zeit Datenerhebung und Datenaufzeichnung nicht mittels fest im größeren Polizeifahrzeug befindlicher Kamera erfolgen kann und das Hindernis auch nicht durch Aufenthalts- oder Bewegungsverfügung an die Zielperson (= Adressat) oder durch Verfügung an Dritte beseitigt werden kann.

Rechtliche Unmöglichkeiten können sich insbesondere ergeben aus Rechtsnormen wie § 16 PolG NRW.

C. Materielle Rechtmäßigkeit (MR) III. Rechtsfolge (Rf) 2. Bestimmtheit (Bsh)

(VOR/DEF)

Bestimmtheit ist Maßnahmenerkennbarkeit und Maßnahmenverstehbarkeit, bei VA und Realakten Gebot nach Art. 20 Abs. 3 GG, bei VA Pflicht auch gemäß § 37 Abs. 1 VwVfG NRW.

(SUB/ERG)

Inhaltlich hinreichende Bestimmtheit i.S.d. § 37 Abs. 1 VwVfG NRW, Art. 20 Abs. 3 GG ist allgemein gegeben, wenn nach Auslegung der Maßnahme der Empfänger wie jeder vernünftige Dritte, §§ 133, 157 BGB analog, in der konkreten Situation deren Inhalt hinreichend erkennen und verstehen kann.

C. Materielle Rechtmäßigkeit (MR) III. Rechtsfolge (Rf) 3. Ermessen (Erm)

(VOR/DEF)

Ermessen[348] ist Entscheidungsspielraum auf der Rechtsfolgenseite bzgl. rechtsfehlerfreier Ausübung von Einschreit-Entschließung (Ob), Adressaten-Auswahl (Wer), Maßnahmen-Gestaltung (Wie), grundsätzlich gegeben durch § 15b S. 1 W. 3 PolG NRW, § 3 PolG NRW; bei VA auch: § 40 VwVfG NRW.

---

348 Zum Ermessen einschließlich Rechtsnatur, Ermessensarten, Ermessensreduzierungen, Ermessensfehlern, Maßnahmenansprüchen mit Beispielen siehe auch: *Basten*, Eingriffsrecht der Polizei in Nordrhein-Westfalen, Band 1, S. 271-283.

(SUB/ERG)

Der gegebene Entscheidungsspielraum wird (alternativ) aufgrund von entsprechenden Anhaltspunkten / in Ermangelung entgegenstehender Anhaltspunkte ohne Ermessensfehler/mit Ermessensfehlern (Ermessensunterschreitung, Ermessensüberschreitung, Ermessensfehlgebrauch) ausgeübt bzgl. folgender Ermessensarten:

a) Entschließungsermessen:

Das Entschließungsermessen kann im konkreten Fall sogar gegen / auf Null reduziert sein, insbesondere wegen:

- Einschreitmöglichkeit;
- Erheblichkeitsgrad von Gefährdungen, z.B. konkreter (dringender, erheblicher, gegenwärtiger) Gefahr.

b) Auswahlermessen:

siehe C. II.: Auswahlermessen wird abschließend beurteilt i.V.m. Punkt C. II. (Inanspruchnahme).

c) Gestaltungsermessen:

siehe C. III. 4.: Gestaltungsermessen, § 3 Abs. 2 PolG NRW (Austauschmittel), wird abschließend beurteilt i.V.m. Punkt C. III. 4. (VHM).

C. Materielle Rechtmäßigkeit (MR) III. Rechtsfolge (Rf) 4. Verhältnismäßigkeit (VHM)

(VOR/DEF)

Verhältnismäßigkeit ist Geeignetheit, Erforderlichkeit, Angemessenheit zu legitimem Zweck.

(VOR/DEF)

a) Legitimer Zweck ist verfassungsgemäßer Zweck, vgl. auch § 9 Abs. 7 PolG NRW (Datenerhebung nur zu bestimmten oder bestimmbaren Zwecken).

(SUB/ERG)

Im konkreten Fall erfolgt die Polizeifahrzeug-Kamera-DE/DS gemäß § 15b S. 1 PolG NRW (alternativ)

- zum legitimen Zweck der Abwehr einer Gefahr i.S.d. § 1 Abs. 1 PolG NRW zum Zwecke der Eigensicherung, hier insbesondere bezüglich Art. 2 Abs. 2 S. 1, 2 GG.
- nicht zu einem legitimen Zweck, also bezüglich § 15b PolG NRW bei Aufnahmen und Aufzeichnungen außerhalb des Eigensicherungszwecks, etwa beim bloßen Zweck zur Erinnerung von Erlebtem.

(VOR/DEF)

b) Geeignetheit einer Maßnahme ist deren Zweckförderungstauglichkeit, vgl. auch § 2 Abs. 3 PolG NRW.

(SUB/ERG)

Im konkreten Fall ist die Polizeifahrzeug-Kamera-DE/DS (alternativ)

- geeignet, insbesondere durch Deeskalationspotentiale („Abschreckung durch offenkundige oder mitgeteilte Aufnahme und Aufzeichnung").
- nicht geeignet, insbesondere bei Eskalationspotentialen und Verunsicherungspotentialen („Aggressionssteigerung durch offenkundige oder mitgeteilte Aufnahme und Aufzeichnung").

(VOR/DEF)

c) Erforderlichkeit ist Nichtverfügbarkeit eines milderen (Übermaßverbot), gleich geeigneten (Untermaßverbot) Mittels zur Zweckförderung, vgl. auch § 9 Abs. 1 S. 2 i.V.m. § 22a PolG NRW, vgl. auch § 2 Abs. 1 PolG NRW.

Personenbezogenes Datum besonderer Kategorie ist eines im Sinne des § 36 Nr. 18 DSG NRW.

Unbedingte Erforderlichkeit ist Nichtverfügbarkeit eines milderen, gleich geeigneten Mittels zur Zweckförderung – bis hin zum Angewiesensein auf das Mittel.

(SUB/ERG)

Im konkreten Fall ist die Polizeifahrzeug-Kamera-DE/DS (alternativ)

- erforderlich, insbesondere im hypothetischen Vergleich einerseits mit generell milderen, nicht gleich geeigneten Mitteln (Untermaßverbot) wie bloße Anordnungen, § 8 Abs. 1 PolG NRW (geringere Kontrolle und Deeskalationswirkung) oder Nichtstun oder andererseits (mindestens) gleich geeigneten, generell intensiveren, (noch) nicht notwendigen Mitteln (Übermaßverbot, Interventionsminimumgebot) wie direkte Freiheitsentziehungen oder Zwangsmaßnahmen.
- nicht erforderlich.

(VOR/DEF)

d) Angemessenheit ist angemessenes Maß zwischen Zweckförderung für Erhaltungsrechte aus legitimem Zweck und Wirkungen für Eingriffsrechte, vgl. auch § 2 Abs. 2 PolG NRW, hier insbesondere in Abwägung von zu förderndem legitimem Zweck aus Art. 2 Abs. 2 S. 1, 2 GG und Eingriffsrechten aus Art. 2 Abs. 1 i.V.m. Art. 1 Abs. 1 GG und ggf. weitere (vgl. A. I. Grundrechte).

(SUB/ERG)

Im konkreten Fall ist die Maßnahme (alternativ)

- angemessen, insbesondere desto eher bei Datenerhebung und Datenspeicherung, je mehr diese zum Schutz gewichtiger Rechte und Rechtsgüter (wie zum Beispiel aus Art. 2 Abs. 2 S. 1 GG, Art. 14 Abs. 1 S. 1 Alt. 1 GG, Art. 20 Abs. 3 GG) erfolgen und desto eher bei Datenerhebung und Datenspeicherung in einer Sphäre des allgemeinen Persönlichkeitsrechts aus Art. 2 Abs. 1 i.V.m. Art. 1 Abs. 1 GG, je eher diese Datenmaßnahmen in der **Öffentlichkeitssphäre** (Bereich bewusster eigener Zuwendung zur Öffentlichkeit bis hin

zum Status als Person des öffentlichen Lebens) erfolgen, also je weiter diese weg sind von der Intimsphäre bzw. dem **Kernbereich privater Lebensgestaltung**[349] oder zumindest je weiter diese weg sind von der **Privatsphäre** (Privatleben, insbesondere häuslicher Bereich, Familie) oder von der **Sozialsphäre** (Sozial- und Wirtschaftsleben, insbesondere im Zusammenhang mit Beruf, Ehrenamt, wirtschaftliche Tätigkeiten).
- unangemessen.

(ERG VHM)

Die Maßnahme ist insgesamt i.S.v. § 2 PolG NRW, Art. 20 Abs. 3 GG (alternativ)
- verhältnismäßig.
- unverhältnismäßig.

D. Gesamtergebnis (GErg)

Die Bildaufnahmen und -aufzeichnungen durch den Einsatz von im Polizeifahrzeug befindlicher optisch-technischer Mittel bei einer Personen- oder Fahrzeugkontrolle sind (alternativ)
- gemäß § 15b PolG NRW rechtmäßig.
- wegen Art./§ (bestimmter Rechtsnorm [z.B. Art. 20 Abs. 3 GG; § 16 PolG NRW]) rechtswidrig.

---

349 Vgl. Nr. 15c.51 VVPolG NRW und Nr. 16 VVPolG NRW; vgl. Bundestags-Drucksache 13/9660, S. 4; BVerfGE 109, 279, 313 f., 319, 324 (akustische Wohnraumüberwachung/„Großer Lauschangriff") = BVerfG, Urteil des Ersten Senats vom 03.03.2004 - 1 BvR 2378/98; vgl. auch BVerfGE 6, 32, 41; 6, 389, 433; 27, 1, 6 ff.; 32, 373, 379; 80, 367, 376 ff.; 101, 361, 382 ff.; 141, 220, Ls. 1. a), Rn. 120-126.

ABSCHNITT 7: OFFENES ANFERTIGEN VON BILDAUFZEICHNUNGEN UND TONAUFZEICHNUNGEN MITTELS KÖRPERNAH GETRAGENER AUFNAHMEGERÄTE (BODYCAM), § 15C POLG NRW

(VOR/DEF)

Grundrechte sind grundlegende Rechte aus Art. 1-19 GG i.V.m. dem Rechtsstaatsprinzip, Art. 20 Abs. 3 GG, mit Vorrang und Vorbehalt des Gesetzes.[350]

(SUB/ERG)

Grundrechte sind (i.d.R. alternativ, nicht kumulativ) insbesondere wie folgt gegeben (hier Reihenfolge nach Häufigkeit – jeweilige GR-Einschlägigkeit ist fallabhängig):

1. Allgemeines Persönlichkeitsgrundrecht[351] mit verschiedenen Ausprägungen[352], etwa in der Ausprägung des **Rechts auf informationelle Selbstbestimmung** (APR/RiS), Art. 2 Abs. 1 i.V.m. Art. 1 Abs. 1[353] GG, vgl. auch Art. 142 GG i.V.m. Art. 4 Abs. 1, 2 Verfassung NRW[354].

---

[350] Zu **Grundrechten**: *Basten*, Eingriffsrecht der Polizei in Nordrhein-Westfalen, Band 1, Buch 1, Abschnitt 2, Unterabschnitt 3. Zum **Rechtsstaatsprinzip** mit unter anderem sogenanntem Vorrang des Gesetzes und Vorbehalt des Gesetzes: *Basten*, Eingriffsrecht der Polizei in Nordrhein-Westfalen, Band 1, S. 95-108.

[351] BVerfGE 147, 1, 18 f. (**Geschlechtsidentität**) = BVerfG, Beschluss des Ersten Senats vom 10.10.2017 – 1 BvR 2019/16 –, Rn. 38: „Art. 2 Abs. 1 GG gewährt jedem das **Recht auf die freie Entfaltung seiner Persönlichkeit**. Dieses Grundrecht umfasst neben der allgemeinen Handlungsfreiheit das **allgemeine Persönlichkeitsrecht** (Art. 2 Abs. 1 i.V.m. Art. 1 Abs. 1 GG). Letzteres ergänzt als ‚unbenanntes' Freiheitsrecht die speziellen (‚benannten') Freiheitsrechte, die ebenfalls konstituierende Elemente der Persönlichkeit schützen (vgl. BVerfGE 54, 148 <153>). Eine der **Aufgaben des allgemeinen Persönlichkeitsrechts** ist es dabei, Grundbedingungen dafür zu sichern, dass die einzelne Person ihre Individualität selbstbestimmt entwickeln und wahren kann (vgl. BVerfGE 35, 202 <220>; 79, 256 <268>; 90, 263 <270>; 117, 202 <225>). Das allgemeine Persönlichkeitsrecht schützt indessen nur solche **Elemente der Persönlichkeitsentfaltung**, die - ohne bereits Gegenstand der besonderen Freiheitsgarantien des Grundgesetzes zu sein - diesen in ihrer konstituierenden Bedeutung für die Persönlichkeit nicht nachstehen (vgl. BVerfGE 79, 256 <268>; 99, 185 <193>; 120, 274 <303>; stRspr). Es verbürgt also nicht Schutz gegen alles, was die selbstbestimmte Persönlichkeitsentwicklung auf irgendeine Weise beeinträchtigen könnte; ohnehin vermag kein Mensch seine Individualität unabhängig von äußeren Gegebenheiten und Zugehörigkeiten zu entwickeln. Der lückenschließende Schutz des allgemeinen Persönlichkeitsrechts greift aber dann, wenn die selbstbestimmte Entwicklung und Wahrung der Persönlichkeit spezifisch gefährdet ist (BVerfGE 141, 186 <201 f. Rn. 32>).".

BVerfG, Beschluss des Ersten Senats vom 06.11.2019 – 1 BvR 16/13 – (Recht auf Vergessen I), Rn. 81: „Diese [**APR-]Rechtsprechung** hat sich maßgeblich in Konstellationen der mittelbaren Drittwirkung und geleitet von dem Erfordernis praktischer Konkordanz entwickelt. Deshalb bestimmen sich die Schutzdimensionen des allgemeinen Persönlichkeitsrechts letztlich immer einzelfallbezogen im Abgleich mit den Grundrechten Dritter. Die Bestimmung seiner Schutzwirkungen und die Abwägung mit den gegenüberstehenden Freiheitsrechten greifen hier Hand in Hand. Der Schutz des allgemeinen Persönlichkeitsrechts ist insoweit flexibel und durch die Einbindung der Person in ihre sozialen Beziehungen relativiert (vgl. BVerfGE 101, 361 <380>; 141, 186 <202 Rn. 32>; 147, 1 <19 Rn. 38>; stRspr; siehe auch BGHZ 183, 353 <357 Rn. 11>; 209, 139 <150 Rn. 30>; 219, 233 <240 Rn. 22>; stRspr).".

Vgl. „**Allgemeines Persönlichkeitsrecht**" (APR) als „sonstiges Recht" (sog. **Rahmenrecht** mit [grundrechts-]abwägungsoffenem Tatbestand) nach § 823 Abs. 1 Var. 6 BGB, u.a. mit Geldentschädigungsanspruch, insbesondere durch ständige Rechtsprechung (vgl. auch § 253 BGB) seit folgender Entwicklung: BGHZ 13, 334 (Leserbrief), mit erstmaliger ausdrücklicher Anerkennung des allgemeinen Persönlichkeitsrechts; BGHZ 26, 349 (Herrenreiter), mit erstmaliger Zuerkennung einer Geldentschädigung wegen

des immateriellen Schadens durch die Verletzung des allgemeinen Persönlichkeitsrechts; BGHZ 35, 363 (Ginsengwurzel), mit erstmaliger Schwerpunktsetzung bei der Menschenwürde in der Begründung; BVerfGE 34, 269 (Soraya), mit verfassungsgerichtlicher Erklärung der verfassungsrechtlichen Zulässigkeit der richterrechtlich entwickelten APR-Konstruktion.

[352] BVerfG, Beschluss des Ersten Senats vom 06.11.2019 – 1 BvR 16/13 – (Recht auf Vergessen I), Rn. 80: „Die Rechtsprechung hat aus dem [**Allgemeinen Persönlichkeits-]Grundrecht** insoweit verschiedene **Schutzdimensionen** abgeleitet wie den **Schutz eines unantastbaren Bereichs privater Lebensgestaltung**, die Garantie der **Privatsphäre**, das **Recht am eigenen Bild** oder **gesprochenen Wort** oder das **Recht auf die Darstellung der eigenen Person**, die **soziale Anerkennung** sowie die **persönliche Ehre** (vgl. BVerfGE 27, 1 <6>; 27, 344 <350 f.>; 32, 373 <379>; 34, 238 <245 f.>; 47, 46 <73>; 54, 148 <153 f.>; 99, 185 <193 f.>; 101, 361 <384>; 106, 28 <39>; 114, 339 <346>; 120, 180 <198>)." „Diese Schutzgehalte werden insoweit aber nicht als abschließend umschriebene und voneinander abzugrenzende Gewährleistungen verstanden, sondern als Ausprägungen, die in Blick auf den konkreten Schutzbedarf jeweils anhand des zu entscheidenden Falles herauszuarbeiten sind (vgl. BVerfGE 54, 148 <153 f.>; 65, 1 <41>).".

BVerfGE 65, 1 (Volkszählungsgesetz), Ls. 1 = BVerfG, Urteil des Ersten Senats vom 15.12.1983 – 1 BvR 209/83, Ls. 1: „Unter den Bedingungen der modernen Datenverarbeitung wird der Schutz des Einzelnen gegen unbegrenzte Erhebung, Speicherung, Verwendung und Weitergabe seiner persönlichen Daten von dem **allgemeinen Persönlichkeitsrecht** des Art. 2 Abs. 1 GG in Verbindung mit Art. 1 Abs. 1 GG umfaßt. Das [**Allgemeine Persönlichkeits-]Grundrecht** gewährleistet insoweit die Befugnis des Einzelnen, grundsätzlich selbst über die Preisgabe und Verwendung seiner persönlichen Daten zu bestimmen."; BVerfG, Beschluss des Ersten Senats vom 06.11.2019 – 1 BvR 16/13 – (Recht auf Vergessen I), Rn. 80: „Das **Recht auf informationelle Selbstbestimmung** ist von der Rechtsprechung als eigene Ausprägung des allgemeinen Persönlichkeitsrechts mit einem gegenüber den anderen Ausprägungen selbständigen Gewährleistungsgehalt entwickelt worden und behält diesen auch, soweit es als verfassungsrechtliche Wertentscheidung in das Zivilrecht einstrahlt. Dementsprechend enthält es keinen gesamthaften Schutzanspruch hinsichtlich jederlei Umgangs mit Informationen, der die übrigen Schutzdimensionen des Grundrechts allgemein übergreifen und zusammenführen würde, sondern lässt deren Wertungen und Abwägungsregeln unberührt."; BVerfGE 120, 274, 311 f. (Online-Durchsuchung) = BVerfG, Urteil des Ersten Senats vom 27.02.2008 – 1 BvR 370/07 –, Rn. 198 f. „Das **Recht auf informationelle Selbstbestimmung** geht über den **Schutz der Privatsphäre** hinaus. Es gibt dem Einzelnen die Befugnis, grundsätzlich selbst über die Preisgabe und Verwendung seiner persönlichen Daten zu bestimmen (vgl. BVerfGE 65, 1 <43>; 84, 192 <194>). Es flankiert und erweitert den grundrechtlichen Schutz von Verhaltensfreiheit und Privatheit, indem es ihn schon auf der Stufe der Persönlichkeitsgefährdung beginnen lässt. Eine derartige Gefährdungslage kann bereits im Vorfeld konkreter Bedrohungen benennbarer Rechtsgüter entstehen, insbesondere wenn personenbezogene Informationen in einer Art und Weise genutzt und verknüpft werden können, die der Betroffene weder überschauen noch verhindern kann. Der Schutzumfang des **Rechts auf informationelle Selbstbestimmung** beschränkt sich dabei nicht auf Informationen, die bereits ihrer Art nach sensibel sind und schon deshalb grundrechtlich geschützt werden. Auch der Umgang mit personenbezogenen Daten, die für sich genommen nur geringen Informationsgehalt haben, kann, je nach dem Ziel des Zugriffs und den bestehenden Verarbeitungs- und Verknüpfungsmöglichkeiten, grundrechtserhebliche Auswirkungen auf die Privatheit und Verhaltensfreiheit des Betroffenen haben (vgl. BVerfG, Beschluss vom 13. Juni 2007 - 1 BvR 1550/03 u.a. -, NJW 2007, S. 2464 <2466>). Die mit dem Recht auf informationelle Selbstbestimmung abzuwehrenden Persönlichkeitsgefährdungen ergeben sich aus den vielfältigen Möglichkeiten des Staates und gegebenenfalls auch privater Akteure (vgl. BVerfG, Beschluss der 1. Kammer des Ersten Senats vom 23. Oktober 2006 - 1 BvR 2027/02 -, JZ 2007, S. 576) zur Erhebung, Verarbeitung und Nutzung personenbezogener Daten. Vor allem mittels elektronischer Datenverarbeitung können aus solchen Informationen weitere Informationen erzeugt und so Schlüsse gezogen werden, die sowohl die grundrechtlich geschützten Geheimhaltungsinteressen des Betroffenen beeinträchtigen als auch Eingriffe in seine Verhaltensfreiheit mit sich bringen können (vgl. BVerfGE 65, 1 <42>; 113, 29 <45 f.>; 115, 320 <342>; BVerfG, Beschluss vom 13. Juni 2007 - 1 BvR 1550/03 u.a. -, NJW 2007, S. 2464 <2466>).".

BVerfGE 109, 279, 325-327 (akustische Wohnraumüberwachung / „Großer Lauschangriff") = BVerfG, Urteil des Ersten Senats vom 03.03.2004 – 1 BvR 2378/98, 1084/99 –, Rn. 159-163: „Das aus Art. 2 Abs. 1 in Verbindung mit Art. 1 Abs. 1 GG folgende **allgemeine Persönlichkeitsrecht** kommt neben Art. 13 Abs. 1 GG allerdings nicht zur Anwendung, soweit Eingriffe in die **räumliche Privatsphäre des Wohnungsinhabers** zu überprüfen sind. Art. 13 Abs. 1 GG enthält eine spezielle Gewährleistung des **Schutzes vor staatlicher akustischer Überwachung der räumlichen Privatsphäre**, die die allgemeinere Vorschrift insoweit verdrängt (vgl. BVerfGE 100, 313 [358] zu Art. 10 GG). Mit dem **Recht, in der Wohnung ungestört zu sein**, und dem **Recht am eigenen in der Wohnung gesprochenen Wort** schützt Art. 13 Abs. 1 GG gerade den Teil der **Privatsphäre**, den sonst das allgemeine Persönlichkeitsrecht gewährleistet. Dieses Recht ergänzt als unbenanntes Freiheitsrecht die speziellen Freiheitsrechte, die ebenfalls konstituierende Elemente der Persönlichkeit schützen (vgl. BVerfGE 54, 148 <153 f.>), nur insoweit, als Letztere keinen Schutz gewähren. Der **Schutz des allgemeinen Persönlichkeitsrechts aus Art. 2 Abs. 1 in Verbindung mit Art. 1 Abs. 1 GG** greift hingegen ein, soweit von der Wohnraumüberwachung Personen betroffen werden, die sich nicht auf Art. 13 Abs. 1 GG berufen können. **Grundrechtsträger des Art. 13 Abs. 1 GG** ist jeder Inhaber oder Bewohner eines Wohnraums, unabhängig davon, auf welchen Rechtsverhältnissen die Nutzung des Wohnraums beruht. Bei mehreren Bewohnern einer Wohnung steht das Grundrecht jedem Einzelnen, bei Familien mithin jedem Familienmitglied zu. Maßnahmen der Wohnraumüberwachung können aber nicht nur **Wohnungsinhaber**, sondern auch **zufällig in einer Wohnung Anwesende** erfassen. Diese Personen sind zwar nicht in ihrem Grundrecht aus Art. 13 Abs. 1 GG, wohl aber in ihrem **allgemeinen Persönlichkeitsrecht** betroffen. Der Schutz aus Art. 2 Abs. 1 in Verbindung mit Art. 1 Abs. 1 GG kann insofern allerdings nicht weiter reichen als derjenige aus Art. 13 Abs. 1 und 3 GG. Der Schutz der **räumlichen Privatsphäre und des allgemeinen Persönlichkeitsrechts** kann schließlich in Einzelfällen durch weitere Grundrechtsgarantien ergänzt sein. So wird das **Gespräch zwischen Eheleuten in der eigenen Wohnung** nicht nur von Art. 13 Abs. 1 GG, sondern zusätzlich durch Art. 6 Abs. 1 GG geschützt. Auch in Bezug auf die **Kommunikation mit Berufsgeheimnisträgern** können neben dem grundrechtlichen **Schutz der räumlichen Privatsphäre** Grundrechte in Betracht kommen, die - wie etwa Art. 4 GG im Hinblick auf das Gespräch mit einem Geistlichen - der besonderen Schutzbedürftigkeit der Kommunizierenden Rechnung tragen.".

BVerfG, Beschluss des Ersten Senats vom 06.11.2019 – 1 BvR 16/13 – (Recht auf Vergessen I), Ls. 3 S. 1: „Von den **äußerungsrechtlichen Schutzdimensionen** ist das **Recht auf informationelle Selbstbestimmung** als eine eigene Ausprägung des allgemeinen Persönlichkeitsrechts zu unterscheiden." BVerfG, Beschluss des Ersten Senats vom 06.11.2019 – 1 BvR 16/13 – (Recht auf Vergessen I), Rn. 90: „Ausgehend von dem **Ziel des Rechts auf informationelle Selbstbestimmung**, Schutz vor Gefahren angesichts neuartiger Möglichkeiten der Datenverarbeitung zu gewähren (vgl. BVerfGE 65, 1 <42>), ist es primär als Gewährleistung zu verstehen, die – neben der ungewollten Preisgabe von Daten auch im Rahmen privater Rechtsbeziehungen (vgl. BVerfGE 84, 192 <194>) – insbesondere vor deren intransparenter Verarbeitung und Nutzung durch Private schützt. Es bietet Schutz davor, dass Dritte sich individueller Daten bemächtigen und sie in nicht nachvollziehbarer Weise als Instrument nutzen, um die Betroffenen auf Eigenschaften, Typen oder Profile festzulegen, auf die sie keinen Einfluss haben und die dabei aber für die freie Entfaltung der Persönlichkeit sowie eine gleichberechtigte Teilhabe in der Gesellschaft von erheblicher Bedeutung sind. Der Gehalt dieses Rechts ist dabei entwicklungsoffen, so dass es auch weitere persönlichkeitsgefährdende Entwicklungen der Informationsverarbeitung aufnehmen kann.".

BVerfG, Beschluss des Ersten Senats vom 06.11.2019 – 1 BvR 16/13 – (Recht auf Vergessen I), Rn. 91: „[Vom Recht auf informationelle Selbstbestimmung] zu unterscheiden ist der **Schutz vor der Verarbeitung personenbezogener Berichte und Informationen als Ergebnis eines Kommunikationsprozesses**. Der Schutzbedarf gründet hier nicht in der intransparenten Zuweisung von Persönlichkeitsmerkmalen und -profilen durch Dritte, sondern in der sichtbaren Verbreitung bestimmter Informationen im öffentlichen Raum. Gefährdungen für die Persönlichkeitsentfaltung ergeben sich hier vornehmlich aus Form und Inhalt der Veröffentlichung selbst. Schutz gegenüber solchen Gefährdungen bieten die **äußerungsrechtlichen Ausprägungen des allgemeinen Persönlichkeitsrechts unabhängig vom Recht auf informationelle Selbstbestimmung**. Zwar kann es auch dabei maßgeblich auf die Art der Informationserlangung ankommen. Jedoch hat diese hier ihre Bedeutung als Vorfrage für die Beurteilung des weite-

ren Umgangs mit einer bestimmten Äußerung und des damit in die Öffentlichkeit gestellten Bildes einer Person selbst.".

BVerfG, Beschluss des Ersten Senats vom 06.11.2019 – 1 BvR 16/13 – (**Recht auf Vergessen** I), Ls. 2b): „Bei der Entscheidung über einen Schutzanspruch kommt der Zeit unter den Kommunikationsbedingungen des Internets ein spezifisches Gewicht zu. Die Rechtsordnung muss davor schützen, dass sich eine Person frühere Positionen, Äußerungen und Handlungen unbegrenzt vor der Öffentlichkeit vorhalten lassen muss. Erst die Ermöglichung eines Zurücktretens vergangener Sachverhalte eröffnet den Einzelnen die Chance zum Neubeginn in Freiheit. Zur Zeitlichkeit der Freiheit gehört die Möglichkeit des Vergessens.".

BVerfGE 120, 274, 311 (Online-Durchsuchung) = BVerfG, Urteil des Ersten Senats vom 27.02.2008 – 1 BvR 370/07 –, Rn. 197: „In seiner Ausprägung als **Schutz der Privatsphäre** [als **Privatangelegenheitenschutz** und **Rückzugsraumbereichsschutz** – beides **gegenüber der Öffentlichkeit**, vgl. **Sphärentheorie** mit **Intimsphäre, Privatsphäre, Sozialsphäre** und vgl. **Kernbereich privater Lebensgestaltung**] gewährleistet das allgemeine Persönlichkeitsrecht dem Einzelnen einen räumlich und thematisch bestimmten Bereich, der grundsätzlich frei von unerwünschter Einsichtnahme bleiben soll (vgl. BVerfGE 27, 344 <350 ff.>; 44, 353 <372 f.>; 90, 255 <260>; 101, 361 <382 f.>)."; BVerfGE 101, 361, 382-385 (Caroline von Monaco II) = BVerfG, Urteil vom 15.12.1999 – 1 BvR 653/96 –, Rn. 75-82: „Im Unterschied zum **Recht am eigenen Bild** bezieht sich der **Schutz der Privatsphäre**, der ebenfalls im **allgemeinen Persönlichkeitsrecht** wurzelt, nicht speziell auf Abbildungen, sondern ist **thematisch und räumlich** bestimmt. Er umfaßt zum einen **Angelegenheiten** [**Privatangelegenheitenschutz**], die wegen ihres Informationsinhalts typischerweise als **‚privat'** eingestuft werden, weil ihre **öffentliche** Erörterung oder Zurschaustellung als unschicklich gilt, das Bekanntwerden als peinlich empfunden wird oder nachteilige Reaktionen der Umwelt auslöst, wie es etwa bei Auseinandersetzungen mit sich selbst in **Tagebüchern** (BVerfGE 80, 367), bei **vertraulicher Kommunikation unter Eheleuten** (BVerfGE 27, 344), im Bereich der **Sexualität** (BVerfGE 47, 46; 49, 286 [BVerfGE 120, 224, 238 f. (Geschwisterbeischlaf) = BVerfGE, Beschluss des Zweiten Senats vom 26.02.2008 – 2 BvR 392/07 –, Rn. 32 f.: „Das allgemeine Persönlichkeitsrecht in seiner Ausprägung als **Recht auf sexuelle Selbstbestimmung**"/„**Intim- und Sexualbereich des Menschen als Teil seiner Privatsphäre**, P. B.]), bei **sozial abweichendem Verhalten** (BVerfGE 44, 353) oder bei **Krankheiten** (BVerfGE 32, 373) der Fall ist. Fehlte es hier an einem **Schutz vor der Kenntniserlangung anderer**, wären die Auseinandersetzung mit sich selbst, die unbefangene Kommunikation unter Nahestehenden, die sexuelle Entfaltung oder die Inanspruchnahme ärztlicher Hilfe beeinträchtigt oder unmöglich, obwohl es sich um grundrechtlich geschützte Verhaltensweisen handelt. Zum anderen erstreckt sich der Schutz auf einen **räumlichen Bereich** [**Raumbereichsschutz**], in dem der Einzelne zu sich kommen, sich entspannen oder auch gehen lassen kann (vgl. BVerfGE 27, 1 [6]). Zwar bietet auch dieser Bereich Gelegenheit, sich in einer Weise zu verhalten, die nicht für die **Öffentlichkeit** bestimmt ist und deren Beobachtung oder Darstellung durch Außenstehende für den Betroffenen peinlich oder nachteilig wäre. Im Kern geht es aber um einen **Raum**, in dem er die Möglichkeit hat, frei von **öffentlicher Beobachtung** und damit der von ihr erzwungenen Selbstkontrolle zu sein, auch ohne daß er sich dort notwendig anders verhielte als in der **Öffentlichkeit**. Bestünden solche **Rückzugsbereiche** nicht mehr, könnte der Einzelne psychisch überfordert sein, weil er unausgesetzt darauf achten müßte, wie er auf andere wirkt und ob er sich richtig verhält. Ihm fehlten die Phasen des Alleinseins und Ausgleichs, die für die Persönlichkeitsentfaltung notwendig sind und ohne die sie nachhaltig beeinträchtigt würde. Ein derartiges Schutzbedürfnis besteht auch bei Personen, die aufgrund ihres Ranges oder Ansehens, ihres Amtes oder Einflusses, ihrer Fähigkeiten oder Taten besondere **öffentliche** Beachtung finden. Wer, ob gewollt oder ungewollt, zur Person des **öffentlichen** Lebens geworden ist, verliert damit nicht sein Anrecht auf eine **Privatsphäre**, die den Blicken der **Öffentlichkeit** entzogen bleibt. Das gilt auch für demokratisch gewählte Amtsträger, die zwar für ihre Amtsführung **öffentlich** rechenschaftspflichtig sind und sich in diesem Umfang **öffentliche** Aufmerksamkeit gefallen lassen müssen, nicht aber für ihr **Privatleben**, sofern dieses die Amtsführung nicht berührt. Der **häusliche Bereich** [vgl. ggf. spezielleren Art. 13 GG i.V.m. BVerfGE 109, 279, 325 f.] stellt anerkanntermaßen eine solche geschützte Sphäre dar. Wegen des Bezugs auf die Entfaltung der Persönlichkeit darf der **Rückzugsbereich** jedoch nicht von vornherein auf ihn begrenzt werden. Das gilt schon deshalb, weil die Funktionen, denen er dient, nur erfüllt werden, wenn er nicht an den Hausmauern oder Grundstücksgrenzen endet. Die freie Entfaltung der Persönlichkeit wäre erheblich behindert, wenn der Einzelne nur im eigenen Haus der **öffentlichen** Neugier entgehen könnte. Die notwendige Erholung von einer durch Funktionszwänge und Medienpräsenz geprägten **Öffentlichkeit** ist vielfach nur in der **Abgeschiedenheit einer natürlichen Umgebung**, **etwa an einem Ferienort**, zu gewinnen. Deswegen muß der Einzelne grundsätzlich die Möglichkeit haben, sich auch in der freien, gleichwohl **abgeschiedenen Natur oder an Örtlichkeiten, die von der breiten Öffentlichkeit deutlich abgeschieden sind**, in einer von **öffentlicher** Beobachtung freien Weise zu bewegen. Das gilt gerade gegenüber solchen Aufnahmetechniken, die die **räumliche Abgeschiedenheit** überwinden, ohne daß der Betroffene dies bemerken kann. Wo die Grenzen der geschützten **Privatsphäre außerhalb des Hauses** verlaufen, läßt sich nicht generell und abstrakt festlegen. Sie können vielmehr nur aufgrund der jeweiligen Beschaffenheit des **Ortes** bestimmt werden, den der Betroffene aufsucht. Ausschlaggebend ist, ob der Einzelne eine **Situation** vorfindet oder schafft, in der er begründetermaßen und somit auch für Dritte erkennbar davon ausgehen darf, den Blicken der **Öffentlichkeit** nicht ausgesetzt zu sein. Ob die Voraussetzungen der **Abgeschiedenheit** erfüllt sind, läßt sich nur situativ beurteilen. Der Einzelne kann sich an ein und demselben **Ort** zu Zeiten mit gutem Grund unbeobachtet fühlen, zu anderen Zeiten nicht. Auch ist der Aufenthalt in umschlossenen **Räumen** keineswegs immer mit **Abgeschiedenheit** gleichzusetzen. Da es um die Frage geht, ob der Einzelne begründetermaßen erwarten darf, unbeobachtet zu sein, oder aber **Plätze** aufgesucht hat, wo er sich unter den Augen der **Öffentlichkeit** bewegt, kann es auch in umschlossenen Räumen an der **Abgeschiedenheit** fehlen, die Voraussetzung für den **Privatsphärenschutz** außerhalb der eigenen **Häuslichkeit** ist. **Plätzen**, **an denen sich der Einzelne unter vielen Menschen befindet**, fehlt es von vornherein an den Voraussetzungen des **Privatsphärenschutzes** im Sinn von Art. 2 Abs. 1 in Verbindung mit Art. 1 Abs. 1 GG. Sie können das **Rückzugsbedürfnis** nicht erfüllen und rechtfertigen deswegen auch nicht den grundrechtlichen Schutz, den dieses Bedürfnis aus Gründen der Persönlichkeitsentfaltung verdient. Der Einzelne kann solche **Orte** auch nicht etwa durch ein Verhalten, das typischerweise nicht **öffentlich** zur Schau gestellt würde, in seine **Privatsphäre** umdefinieren. Nicht sein Verhalten, ob allein oder mit anderen, konstituiert die **Privatsphäre**, sondern die **objektive Gegebenheit der Örtlichkeit zur fraglichen Zeit**. Verhält er sich daher an **Orten**, die nicht die Merkmale der **Abgeschiedenheit** aufweisen, so, als stünde er nicht unter Beobachtung, hebt er das **Schutzbedürfnis für Verhaltensweisen, die an sich die Öffentlichkeit nichts angehen**, selbst auf. Der **Schutz der Privatsphäre vor öffentlicher Kenntnisnahme** entfällt ferner, wenn sich jemand selbst damit einverstanden zeigt, daß bestimmte, gewöhnlich als privat geltende Angelegenheiten **öffentlich** gemacht werden, etwa indem er Exklusivverträge über die Berichterstattung aus seiner **Privatsphäre** abschließt. Der verfassungsrechtliche **Privatsphärenschutz** aus Art. 2 Abs. 1 in Verbindung mit Art. 1 Abs. 1 GG ist nicht im Interesse einer Kommerzialisierung der eigenen Person gewährleistet. Zwar ist niemand an einer solchen **Öffnung privater Bereiche** gehindert. Er kann sich dann aber nicht gleichzeitig auf den **öffentlichkeitsabgewandten Privatsphärenschutz** berufen. Die Erwartung, daß die Umwelt die **Angelegenheiten oder Verhaltensweisen in einem Bereich mit Rückzugsfunktion** nur begrenzt oder nicht zur Kenntnis nimmt, muß daher situationsübergreifend und konsistent zum Ausdruck gebracht werden. Das gilt auch für den Fall, daß der Entschluß, die Berichterstattung über bestimmte Vorgänge der eigenen **Privatsphäre** zu gestatten oder hinzunehmen, rückgängig gemacht wird.".

BVerfGE 6, 32, 41 (Elfes) = BVerfG, Urteil vom des Ersten Senats vom 16.01.1957 – 1 BvR 253/56 –, Rn. 32 [vgl. **Recht auf Privatsphäre** als **Privatangelegenheitenschutz** und **Rückzugsraumbereichsschutz** – beides **gegenüber der Öffentlichkeit,** vgl. **Sphärentheorie** mit **Intimsphäre**, **Privatsphäre**, **Sozialsphäre**]: „Vor allem dürfen die Gesetze daher die Würde des Menschen nicht verletzen, die im Grundgesetz der oberste Wert ist, aber auch die geistige, politische und wirtschaftliche Freiheit des Menschen nicht so einschränken, daß sie in ihrem Wesensgehalt angetastet würde (Art. 19 Abs. 2, Art. 1 Abs. 3, Art. 2 Abs. 1 GG). Hieraus ergibt sich, daß dem einzelnen Bürger eine **Sphäre privater Lebensgestaltung** verfassungskräftig vorbehalten ist, also ein letzter **unantastbarer Bereich menschlicher Freiheit** besteht, der der Einwirkung der gesamten öffentlichen Gewalt entzogen ist. Ein Gesetz, das in ihn eingreifen würde, könnte nie Bestandteil der ‚verfassungsmäßigen Ordnung' sein; es müßte durch das Bundesverfassungsgericht für nichtig erklärt werden.". BVerfGE 109, 279, Ls. 2 S. 1 (akustische Wohnraumüberwachung / „Großer Lauschangriff") = BVerfG, Urteil des Ersten Senats vom 03.03.2004 – 1 BvR 2378/98, 1084/99 –, Ls. 2 S. 1: „Zur Unantastbarkeit der Menschenwürde gemäß

Art. 1 Abs. 1 GG gehört die Anerkennung eines absolut geschützten **Kernbereichs privater Lebensgestaltung.**". BVerfGE 141, 220, 276-278 (BKAG) = BVerfG, Urteil des Ersten Senats vom 20.04.2016 – 1 BvR 966/09 –, Rn. 119-124: „Neben den verfassungsrechtlichen Anforderungen an die allgemeinen Eingriffsvoraussetzungen ergeben sich aus den jeweiligen **Grundrechten in Verbindung mit Art. 1 Abs. 1 GG** für die Durchführung von besonders eingriffsintensiven Überwachungsmaßnahmen besondere Anforderungen an den **Schutz des Kernbereichs privater Lebensgestaltung**. Der verfassungsrechtliche **Schutz des Kernbereichs privater Lebensgestaltung** gewährleistet dem Individuum einen **Bereich höchstpersönlicher Privatheit gegenüber Überwachung**. Er wurzelt in den **von den jeweiligen Überwachungsmaßnahmen betroffenen Grundrechten in Verbindung mit Art. 1 Abs. 1 GG** und sichert einen dem Staat nicht verfügbaren Menschenwürdekern grundrechtlichen Schutzes gegenüber solchen Maßnahmen. Selbst überragende Interessen der Allgemeinheit können einen Eingriff in diesen **absolut geschützten Bereich privater Lebensgestaltung** nicht rechtfertigen (vgl. BVerfGE 109, 279 <313>; stRspr). Zur **Entfaltung der Persönlichkeit im Kernbereich privater Lebensgestaltung gehört die Möglichkeit**, **innere Vorgänge** wie Empfindungen und Gefühle sowie Überlegungen, Ansichten und Erlebnisse **höchstpersönlicher Art zum Ausdruck zu bringen** (vgl. BVerfGE 109, 279 <313>; 120, 274 <335>; stRspr). Geschützt ist insbesondere die **nichtöffentliche Kommunikation mit Personen des höchstpersönlichen Vertrauens, die in der berechtigten Annahme geführt wird, nicht überwacht zu werden**, wie es insbesondere bei Gesprächen im Bereich der Wohnung der Fall ist. Zu diesen Personen gehören insbesondere Ehe- oder Lebenspartner, Geschwister und Verwandte in gerader Linie, vor allem, wenn sie im selben Haushalt leben, und können Strafverteidiger, Ärzte, Geistliche und enge persönliche Freunde zählen (vgl. BVerfGE 109, 279 <321 ff.>). Dieser Kreis deckt sich nur teilweise mit dem der Zeugnisverweigerungsberechtigten. Solche Gespräche verlieren dabei nicht schon dadurch ihren Charakter als insgesamt höchstpersönlich, dass sich in ihnen Höchstpersönliches und Alltägliches vermischen (vgl. BVerfGE 109, 279 <330>; 113, 348 <391 f.>). Demgegenüber ist die **Kommunikation unmittelbar über Straftaten** nicht geschützt, selbst wenn sie auch Höchstpersönliches zum Gegenstand hat. Die **Besprechung und Planung von Straftaten** gehört ihrem Inhalt nach nicht zum **Kernbereich privater Lebensgestaltung**, sondern hat **Sozialbezug** (vgl. BVerfGE 80, 367 <375>; 109, 279 <319 f., 328>; 113, 348 <391>). Dies bedeutet freilich nicht, dass der Kernbereich unter einem allgemeinen Abwägungsvorbehalt in Bezug auf öffentliche Sicherheitsinteressen steht. Ein **höchstpersönliches Gespräch** fällt nicht schon dadurch aus dem **Kernbereich privater Lebensgestaltung** heraus, dass es für die Aufklärung von Straftaten oder Gefahren hilfreiche Aufschlüsse geben kann. Aufzeichnungen oder Äußerungen im Zwiegespräch, die zum Beispiel ausschließlich innere Eindrücke und Gefühle wiedergeben und keine Hinweise auf konkrete Straftaten enthalten, gewinnen nicht schon dadurch einen **Gemeinschaftsbezug**, dass sie Ursachen oder Beweggründe eines strafbaren Verhaltens freizulegen vermögen (vgl. BVerfGE 109, 279 <319>). Auch können trotz **Straftatenbezugs** Situationen, in denen Einzelnen gerade ermöglicht werden soll, ein Fehlverhalten einzugestehen oder sich auf dessen Folgen einzurichten, wie Beichtgespräche oder vertrauliche Gespräche mit einem Psychotherapeuten oder einem Strafverteidiger, der **höchstpersönlichen Privatsphäre** unterfallen, die dem Staat absolut entzogen ist (vgl. BVerfGE 109, 279 <322>). Ein hinreichender **Sozialbezug** besteht demgegenüber dann, wenn **Gespräche - auch mit Vertrauenspersonen - sonst unmittelbar Straftaten zu ihrem Gegenstand haben** (vgl. BVerfGE 109, 279 <319>). Der **Kernbereich privater Lebensgestaltung** beansprucht gegenüber **allen Überwachungsmaßnahmen** Beachtung. Können sie typischerweise zur Erhebung kernbereichsrelevanter Daten führen, muss der Gesetzgeber Regelungen schaffen, die einen wirksamen Schutz normenklar gewährleisten (vgl. BVerfGE 109, 279 <318 f.>; 113, 348 <390 f.>; 120, 274 <335 ff.>). Außerhalb solch verletzungsgeneigter Befugnisse bedarf es eigener Regelungen nicht. Grenzen, die sich im Einzelfall auch hier gegenüber einem Zugriff auf höchstpersönliche Informationen ergeben können, sind bei deren Anwendung unmittelbar von Verfassungs wegen zu beachten. Der **Schutz des Kernbereichs privater Lebensgestaltung** ist strikt und darf nicht durch Abwägung mit den Sicherheitsinteressen nach Maßgabe des Verhältnismäßigkeitsgrundsatzes relativiert werden (vgl. BVerfGE 109, 279 <314>; 120, 273 <339>; stRspr). Dies bedeutet jedoch nicht, dass **jede tatsächliche Erfassung von höchstpersönlichen Informationen** stets einen Verfassungsverstoß oder eine Menschenwürdeverletzung begründet. Angesichts der Handlungs- und Prognoseunsicherheiten, unter denen Sicherheitsbehörden ihre Aufgaben wahrnehmen, kann ein **unbeabsichtigtes Eindringen in den Kern-**

a) GR-SB:

aa) Persönlicher GR-SB: „Jeder".

bb) Sachlicher GR-SB: „**freie Entfaltung der Persönlichkeit**" als „**Datenfreiheit**" (Grundsätzliche Bestimmungsbefugnis des Einzelnen über Preisgabe und Verwendung eigener personenbezogener Daten[355]), vgl. **personenbezogenes Datum**: § 36 Nr. 1 DSG NRW[356].

---

bereich privater Lebensgestaltung im Rahmen von Überwachungsmaßnahmen nicht für jeden Fall von vornherein ausgeschlossen werden (vgl. BVerfGE 120, 274 <337 f.>). Die Verfassung verlangt jedoch **für die Ausgestaltung der Überwachungsbefugnisse** die **Achtung des Kernbereichs** als eine strikte, nicht frei durch Einzelfallerwägungen überwindbare Grenze.".

BVerfGE 120, 274 (Online-Durchsuchung) = BVerfG, Urteil des Ersten Senats vom 27.02.2008 – 1 BvR 370/07 –, Ls. 1: „Das **allgemeine Persönlichkeitsrecht** (Art. 2 Abs. 1 i.V.m. Art. 1 Abs. 1 GG) umfasst das Grundrecht auf **Gewährleistung der Vertraulichkeit und Integrität informationstechnischer Systeme**."; BVerfGE 120, 274, 314 (Online-Durchsuchung) = BVerfG, Urteil des Ersten Senats vom 27.02.2008 – 1 BvR 370/07 –, Rn. 203: „**informationstechnisches System**": „etwa Personalcomputer", „ferner beispielweise […] solche Mobiltelefone oder elektronische Terminkalender, die über einen großen Funktionsumfang verfügen und personenbezogene Daten vielfältiger Art erfassen und speichern können."; BVerfGE 120, 274, 276 (Online-Durchsuchung) = BVerfG, Urteil des Ersten Senats vom 27.02.2008 – 1 BvR 370/07 –, Rn. 5: „**heimlicher Zugriff auf ein informationstechnisches System**": „[heimliche] technische Infiltration […], die etwa Sicherheitslücken des Zielsystems ausnutzt oder über die Installation eines Spähprogramms erfolgt", wobei die Infiltration es ermöglicht, die Zielsystem-„Nutzung zu überwachen oder die Speichermedien durchzusehen oder gar das Zielsystem fernzusteuern.".

BVerfGE 147, 1 (**Geschlechtsidentität**) = BVerfG, Beschluss des Ersten Senats vom 10.10.2017 – 1 BvR 2019/16 –, Ls. 1-3: „1. Das **allgemeine Persönlichkeitsrecht** (Art. 2 Abs. 1 i.V.m. Art. 1 Abs. 1 GG) schützt die **geschlechtliche Identität**. Es schützt auch die geschlechtliche Identität derjenigen, die sich dauerhaft weder dem männlichen noch dem weiblichen Geschlecht zuordnen lassen. 2. Art. 3 Abs. 3 Satz 1 GG schützt auch Menschen, die sich dauerhaft weder dem männlichen noch dem weiblichen Geschlecht zuordnen lassen, vor **Diskriminierungen wegen ihres Geschlechts**. 3. Personen, die sich dauerhaft weder dem männlichen noch dem weiblichen Geschlecht zuordnen lassen, werden in beiden Grundrechten verletzt, wenn das Personenstandsrecht dazu zwingt, das Geschlecht zu registrieren, aber keinen anderen positiven Geschlechtseintrag als weiblich oder männlich zulässt.".

BVerfG, Urteil des Zweiten Senats vom 26.02.2020 – 2 BvR 2347/15 –, Ls. 1: „a) Das **allgemeine Persönlichkeitsrecht** (Art. 2 Abs. 1 i.V.m. Art. 1 Abs. 1 GG) umfasst als Ausdruck persönlicher Autonomie ein **Recht auf selbstbestimmtes Sterben**. b) Das **Recht auf selbstbestimmtes Sterben** schließt die Freiheit ein, sich das Leben zu nehmen [Rn. 208: „**Recht auf Selbsttötung**"]. Die Entscheidung des Einzelnen, seinem Leben entsprechend seinem Verständnis von Lebensqualität und Sinnhaftigkeit der eigenen Existenz ein Ende zu setzen, ist im Ausgangspunkt als Akt autonomer Selbstbestimmung von Staat und Gesellschaft zu respektieren. c) Die **Freiheit, sich das Leben zu nehmen**, umfasst auch die Freiheit, hierfür bei Dritten Hilfe zu suchen und Hilfe, soweit sie angeboten wird, in Anspruch zu nehmen.".

353 Zum sog. „**Menschenwürdegehalt**" der Grundrechte: *Basten*, Die Menschenwürde des Grundgesetzes.

354 Vgl. auch Art. 142 GG i.V.m. Art. 4 Abs. 2 Verfassung NRW; Art. 8 EU-GR-Charta; Art. 16 AEUV; Art. 8 EMRK.

355 BVerfGE 65, 1, Ls. 1 S. 2 (Volkszählungsgesetz) = BVerfG, Urteil des Ersten Senats vom 15.12.1983 – 1 BvR 209/83, Ls. 1 S. 2 (Ls. 1: „Unter den Bedingungen der modernen Datenverarbeitung wird der Schutz des Einzelnen gegen unbegrenzte Erhebung, Speicherung, Verwendung und Weitergabe seiner persönlichen Daten von dem allgemeinen Persönlichkeitsrecht des Art. 2 Abs. 1 GG in Verbindung mit Art. 1 Abs. 1 GG umfaßt. Das Grundrecht gewährleistet insoweit die Befugnis des Einzelnen, grundsätzlich selbst über die Preisgabe und Verwendung seiner persönlichen Daten zu bestimmen.").

356 BVerfG, Beschluss der 3. Kammer des Zweiten Senats vom 27.06.2018 – 2 BvR 1562/17 (auf § 103 StPO gestützte Anordnung der Durchsuchung der Räumlichkeiten des Münchener Kanzleistandorts der Rechtsanwaltskanzlei Jones Day sowie Sicherstellung von Unterlagen und elektronischen Daten im

b) GR-E (oder Nichteingriff/**Einwilligung** i.S.v. § 36 Nr. 19 DSG NRW, § 38 DSG NRW): **Persönlichkeitsentfaltungseinschränkung** als Datenfreiheitseinschränkung, durch **Datenverarbeitungs**-Maßnahme[357] (**Datenerhebung** oder **Datenspeicherung**) i.S.d. § 36 Nr. 2 DSG NRW.[358]

c) GR-B: Art. 2 Abs. 1 Hs. 2 GG[359].

Zuge des sogenannten „VW-Dieselskandals" – Verfassungsbeschwerde nicht zur Entscheidung angenommen wegen Unzulässigkeit aufgrund Nichterfüllung von Voraussetzungen nach § 93a Abs. 2 BVerfGG), Gründe, V., Rn. 44: „Der Begriff der persönlichen Daten deckt sich mit der Legaldefinition personenbezogener Daten in § 46 Nr. 1 BDSG (zuvor § 3 Abs. 1 BDSG) und erfasst alle Informationen, die sich auf eine identifizierte oder identifizierbare natürliche Person (betroffene Person) beziehen (vgl. noch zu § 3 Abs. 1 BDSG ‚Einzelangaben über persönliche oder sachliche Verhältnisse einer bestimmten oder bestimmbaren Person' Di Fabio, in: Maunz/Dürig, GG, Art. 2 Abs.1, Rn. 175 [Juli 2001])."

[357] BVerfG, Urteil des Ersten Senats vom 19.05.2020 – 1 BvR 2835/17 – (Ausland-Ausland-Fernmeldeaufklärung nach BNDG), E. III. 1., Rn. 212: „Die **Übermittlung personenbezogener Daten**, mit der eine Behörde die von ihr erhobenen Daten einer anderen Stelle zugänglich macht, begründet einen eigenen Grundrechtseingriff (vgl. BVerfGE 100, 313 <367>; 141, 220 <334 Rn. 305>; stRspr). Dieser ist an dem **Grundrecht** zu messen, **in das bei der ursprünglichen Datenerhebung eingegriffen wurde** (vgl. BVerfGE 100, 313 <367>; 141, 220 <334 Rn. 305>; stRspr)."

[358] Vgl. ggf. zur Frage des Grundrechtseingriffs auch § 9 Abs. 1 Nr. 1 S. 2 (Hs. 1) PolG NRW (Inkrafttreten am 29.12.2018): „Dies gilt auch für personenbezogene Daten, die von der betroffenen Person offensichtlich öffentlich gemacht wurden"; BVerfGE 120, 274 (Online-Durchsuchung) = BVerfG, Urteil des Ersten Senats vom 27.02.2008 – 1 BvR 370/07 –, Ls. 5: „Verschafft der Staat sich Kenntnis von Inhalten der Internetkommunikation auf dem dafür technisch vorgesehenen Weg, so liegt darin nur dann ein Eingriff in Art. 10 Abs. 1 GG, wenn die staatliche Stelle nicht durch Kommunikationsbeteiligte zur Kenntnisnahme autorisiert ist. Nimmt der Staat im Internet öffentlich zugängliche Kommunikationsinhalte wahr oder beteiligt er sich an öffentlich zugänglichen Kommunikationsvorgängen, greift er grundsätzlich nicht in Grundrechte ein.".

[359] Art. 2 Abs. 1 Hs. 2 GG (**Schrankentrias**): BVerfGE 80, 137, 153 (Reiten im Walde) = BVerfG, Beschluss des Ersten Senats vom 06.06.1989 – 1 BvR 921/85 –, C. I. 1 a), Rn. 69: „Abgesehen von einem absolut geschützten Kernbereich privater Lebensgestaltung, welcher der Einwirkung der öffentlichen Gewalt entzogen ist (BVerfGE 6, 32 [41]), ist die allgemeine Handlungsfreiheit allerdings nur in den **Schranken** des zweiten Halbsatzes von Art. 2 Abs. 1 GG gewährleistet und steht damit insbesondere unter dem **Vorbehalt der verfassungsmäßigen (Rechts-)Ordnung** (BVerfGE 6, 32 [37 f.]; 74, 129 [152]). Stützt sich ein die Handlungsfreiheit berührender Akt der öffentlichen Gewalt auf eine Rechtsnorm, so kann mit der Verfassungsbeschwerde unter Berufung auf Art. 2 Abs. 1 GG zur Nachprüfung gestellt werden, ob diese Norm zur **verfassungsmäßigen Ordnung** gehört, das heißt formell und materiell mit den Normen der Verfassung in Einklang steht (st. Rspr. seit BVerfGE 6, 32)."; BVerfGE 6, 32, Ls. 3 (Elfes) = BVerfG, Urteil des Ersten Senats vom 16.01.1957 – 1 BvR 253/56, Ls. 3: „**Verfassungsmäßige Ordnung** im Sinne des Art. 2 Abs. 1 GG ist die verfassungsmäßige Rechtsordnung, d.h. die Gesamtheit der Normen, die formell und materiell der Verfassung gemäß sind."; vgl. dazu auch BVerfGE 6, 32, 37-41 (Elfes) = BVerfG, Urteil des Ersten Senats vom 16.01.1957 – 1 BvR 253/56, Gründe II. 2 b), c), Rn. 17-33.

Rechte anderer sind (als Teil der verfassungsmäßigen Ordnung) subjektive Berechtigungen (Anspruch oder Befugnis oder Erlaubnis) einschließlich Verpflichtungen (Pflicht zur Erfüllung von Anspruch oder Befugnis oder Erlaubnis) und sonstiger Rechtswirkungen für ein Rechtssubjekt bezüglich eines Verhaltens oder eines Rechtsguts.

Vgl. zum ein Mal bundesverfassungsgerichtlich entscheidungserheblich bemühten „**Sittengesetz**" nach Art. 2 Abs. 1 Hs. 2 GG als Gesetz, das nicht das durch die „soziale Gemeinschaft" „als für sich verbindlich" anerkannte „Rechtsgefühl" „im allgemeinen" „verletzt": BVerfGE 6, 389 (Homosexuelle) = BVerfG, Urteil des Ersten Senats vom 10.05.1957 – 1 BvR 550/52 –, und StrRehaHomG (Gesetz zur

Ggf. bei Körperkamera-Einsatz in Wohnungen:

2. Wohnungsgrundrecht, Art. 13 Abs. 1 GG[360]

a) GR-SB[361]:

aa) Persönlicher GR-SB: Jeder Wohnungsberechtigte, im Verhältnis mehrerer Wohnungsberechtigter zu gleichen Teilen oder der besser unmittelbar Wohnungsberechtigte (zum Beispiel der unmittelbare Besitzer).[362]

---

strafrechtlichen Rehabilitierung der nach dem 8. Mai 1945 wegen einvernehmlicher homosexueller Handlungen verurteilten Personen vom 17. Juli 2017 – BGBl. I S. 2443).

360 Vgl. auch Art. 142 GG i.V.m. Art. 4 Abs. 1 Verfassung NRW; Art. 7 EU-GR-Charta; Art. 8 EMRK; §§ 18, 21 GVG i.V.m. DiplBezÜbkG i.V.m. Art. 22, 23 WÜD; §§ 19, 21 GVG i.V.m. KonsÜbkG i.V.m. Art. 27, 31, 55, 59 WÜK.

361 Vgl. BVerfGE 109, 279, 325-327 (akustische Wohnraumüberwachung / „Großer Lauschangriff") = BVerfG, Urteil des Ersten Senats vom 03.03.2004 – 1 BvR 2378/98, 1084/99 –, C. II. 1. a), b), c), Rn. 158-163: „Das aus Art. 2 Abs. 1 in Verbindung mit Art. 1 Abs. 1 GG folgende **allgemeine Persönlichkeitsrecht** kommt neben Art. 13 Abs. 1 GG allerdings nicht zur Anwendung, soweit Eingriffe in die **räumliche Privatsphäre des Wohnungsinhabers** zu überprüfen sind. Art. 13 Abs. 1 GG enthält eine spezielle Gewährleistung des **Schutzes vor staatlicher akustischer Überwachung der räumlichen Privatsphäre**, die die allgemeinere Vorschrift insoweit verdrängt (vgl. BVerfGE 100, 313 [358] zu Art. 10 GG). Diese Spezialität wirkt sich wegen des weiten Schutzbereichs von Art. 13 GG nicht nur gegenüber der staatlichen Überwachung selbst aus, sondern erstreckt sich auch auf notwendige Vorbereitungsakte und auf den **Informations- und Datenverarbeitungsprozess, der sich an die Erhebung anschließt**, sowie auf den Gebrauch, der von den erlangten Kenntnissen gemacht wird (vgl. BVerfGE 100, 313 [359]). Mit dem **Recht, in der Wohnung ungestört zu sein**, und dem **Recht am eigenen in der Wohnung gesprochenen Wort** schützt Art. 13 Abs. 1 GG gerade den Teil der **Privatsphäre**, den sonst das allgemeine Persönlichkeitsrecht gewährleistet. Dieses Recht ergänzt als unbenanntes Freiheitsrecht die speziellen Freiheitsrechte, die ebenfalls konstituierende Elemente der Persönlichkeit schützen (vgl. BVerfGE 54, 148 [153 f.]), nur insoweit, als Letztere keinen Schutz gewähren. Der Schutz des allgemeinen Persönlichkeitsrechts aus Art. 2 Abs. 1 in Verbindung mit Art. 1 Abs. 1 GG greift hingegen ein, soweit von der Wohnraumüberwachung Personen betroffen werden, die sich nicht auf Art. 13 Abs. 1 GG berufen können. **Grundrechtsträger des Art. 13 Abs. 1 GG** ist jeder Inhaber oder Bewohner eines Wohnraums, unabhängig davon, auf welchen Rechtsverhältnissen die Nutzung des Wohnraums beruht. Bei mehreren Bewohnern einer Wohnung steht das Grundrecht jedem Einzelnen, bei Familien mithin jedem Familienmitglied zu. Maßnahmen der **Wohnraumüberwachung** können aber nicht nur Wohnungsinhaber, sondern auch **zufällig in einer Wohnung Anwesende** erfassen. Diese Personen sind zwar nicht in ihrem Grundrecht aus Art. 13 Abs. 1 GG, wohl aber in ihrem allgemeinen Persönlichkeitsrecht betroffen. Der Schutz aus Art. 2 Abs. 1 in Verbindung mit Art. 1 Abs. 1 GG kann insofern allerdings nicht weiter reichen als derjenige aus Art. 13 Abs. 1 und 3 GG. Der **Schutz der räumlichen Privatsphäre** und des allgemeinen Persönlichkeitsrechts kann schließlich in Einzelfällen durch weitere Grundrechtsgarantien ergänzt sein. So wird das Gespräch zwischen Eheleuten in der eigenen Wohnung nicht nur von Art. 13 Abs. 1 GG, sondern zusätzlich durch Art. 6 Abs. 1 GG geschützt. Auch in Bezug auf die **Kommunikation mit Berufsgeheimnisträgern** können neben dem grundrechtlichen Schutz der räumlichen Privatsphäre Grundrechte in Betracht kommen, die – wie etwa Art. 4 GG im Hinblick auf das Gespräch mit einem Geistlichen – der besonderen Schutzbedürftigkeit der Kommunizierenden Rechnung tragen.".

362 BVerfG, Beschluss der 3. Kammer des Zweiten Senats vom 27.06.2018 – 2 BvR 1562/17 (auf § 103 StPO gestützte Anordnung der Durchsuchung der Räumlichkeiten des Münchener Kanzleistandorts der Rechtsanwaltskanzlei Jones Day auf sowie Sicherstellung von Unterlagen und elektronischen Daten im Zuge des sogenannten „VW-Dieselskandals" – Verfassungsbeschwerde nicht zur Entscheidung angenommen wegen Unzulässigkeit aufgrund Nichterfüllung von Voraussetzungen nach § 93a Abs. 2 BVerfGG), Gründe, V., Rn. 38 f.: „Wer **Träger des Grundrechts des Art. 13 Abs. 1 GG** ist, entscheidet sich nicht nach der Eigentumslage, sondern grundsätzlich danach, wer Nutzungsberechtigter der Wohnung

bb) Sachlicher GR-SB: **Wohnung** ist jede der allgemeinen Zugänglichkeit entzogene Stätte privaten Lebens.[363]

---

oder der Betriebs- und Geschäftsräume ist [Quellenangabe]. Bei **Geschäftsräumen** kommt der Schutz des Art. 13 Abs. 1 GG dementsprechend regelmäßig nur dem Unternehmer als Nutzungsberechtigtem zugute, nicht aber den einzelnen Arbeitnehmern (vgl. BVerfG, Beschluss der 1. Kammer des Zweiten Senats vom 9. Juli 2009 - 2 BvR 1119/05 u.a. -, juris, Rn. 27; [Quellenangaben]). [...] Nutzungsrecht steht Partnern als Mitinhaber der Nutzungsberechtigung der Kanzlei [...] an ihren Kanzleiräumen [...] nur gemeinschaftlich zu (vgl. für die Partnerschaftsgesellschaft nach deutschem Recht §§ 718 f. BGB i.V.m. § 1 Abs. 4 PartGG). Es kann deshalb auch nur von den Gesellschaftern gemeinschaftlich oder, soweit ihre Rechtsfähigkeit anerkannt ist, von der Gesellschaft als solcher geltend gemacht werden. [...] Natürliche Personen, die Geschäfts- oder Amtsräume nutzen, ohne selbst Geschäftsinhaber oder Dienstherr zu sein, sind in Bezug auf Art. 13 Abs. 1 GG nur dann beschwerdebefugt, wenn die genutzten Räume auch als individueller Rückzugsbereich fungieren und sie deshalb der persönlichen beziehungsweise räumlichen Privatsphäre der natürlichen Person zuzuordnen sind (vgl. BVerfGE 103, 142 <150>; BVerfG, Beschluss der 3. Kammer des Zweiten Senats vom 12. Februar 2004 - 2 BvR 1687/02 -, juris, Rn. 13; Beschluss der 3. Kammer des Zweiten Senats vom 16. April 2015 - 2 BvR 2279/13 -, juris, Rn. 14; [Quellenangaben]).".

363 Vgl. BVerfGE 32, 54, Ls. 1, 69-72 (Betriebsbetretungsrecht) = BVerfG, Beschluss des Ersten Senats vom 13.10.1971 – 1 BvR 280/66, Ls. 1: „Der Begriff ‚**Wohnung**‘ in Art. 13 Abs. 1 GG ist weit auszulegen; er umfaßt auch **Arbeits-, Betriebs- und Geschäftsräume**."; BVerfG, Beschluss der 3. Kammer des Ersten Senats vom 10.04.2008 – 1 BvR 848/08 –, Rn. 12: „Die Weite des Wohnungsbegriffs in Art. 13 Abs. 1 GG hat zur Folge, dass an die Zulässigkeit von Eingriffen und Beschränkungen im Sinne des Art. 13 Abs. 1 GG je nach der Nähe der Örtlichkeiten zur räumlichen Privatsphäre unterschiedlich hohe Anforderungen gestellt werden. Während bei Räumen, in denen sich das Privatleben im engeren Sinn abspielt, das Schutzbedürfnis am größten ist und der Schutzzweck des Grundrechts daher in vollem Umfang durchgreift, wird das Schutzbedürfnis bei reinen Betriebs-, Geschäfts- oder Arbeitsräumen durch den Zweck gemindert, den sie nach dem Willen des Inhabers besitzen. Je größer ihre Offenheit nach außen ist und je mehr sie zur Aufnahme sozialer Kontakte für Dritte bestimmt sind, desto schwächer wird der grundrechtliche Schutz (vgl. BVerfGE 32, 54 <75 f.>; 97, 228 <266>). **Rechte zum Betreten von Betriebsräumen** verstoßen daher dann nicht gegen Art. 13 Abs. 1 GG, wenn sie auf einer besonderen gesetzlichen Grundlage beruhen, das Betreten einem erlaubten Zweck dient und für dessen Erreichung erforderlich ist, das Gesetz Zweck, Gegenstand und Umfang des Betretens erkennen lässt und das Betreten auf Zeiten beschränkt wird, in denen die Räume normalerweise für die betriebliche Nutzung zur Verfügung stehen (vgl. BVerfGE 97, 228 <266>; BVerfG, Beschluss der 3. Kammer des Ersten Senats vom 15. März 2007 - 1 BvR 2138/05 -, EuGRZ 2007, S. 486 <488 f.>).". Vgl. auch § 41 Abs. 1 S. 2 PolG NRW; vgl. auch Nr. 40.03. VVPolG NRW: „Für die **Durchsuchung von Sachen im befriedeten Besitztum** gelten die §§ 41 und 42."; Nr. 41.13 VVPolG NRW: „Die Durchsuchung einer Wohnung hat sich auf Anlass und Zweck der Durchsuchung zu beschränken. Befinden sich in der Wohnung Personen, die durchsucht werden sollen, ist hierfür § 39 maßgebend. Sollen in einer Wohnung Sachen durchsucht werden, die nicht den Wohnungsinhabern gehören, ist § 40 einschlägig."; vgl. auch Nr. 40.12 VVPolG NRW: „Sollen bewegliche Sachen, die Wohnungen sind (vgl. RdNr. 41.11), betreten oder durchsucht werden, richten sich die Maßnahmen nach § 41.", vgl. auch Nr. 41.11 VVPolG NRW: „Es ist zu beachten: **Wohnungen** i.S.d. § 41 Abs. 1 Satz 2 sind auch die zu Wohnzwecken genutzten beweglichen Sachen wie Schiffe, Wohnwagen, Wohnmobile und Zelte. **Inhaber einer Wohnung** ist, wer rechtmäßig die tatsächliche Gewalt über die Räumlichkeit ausübt, somit z.B. auch Mieter, Untermieter oder Hotelgast. Bei Gemeinschaftsunterkünften, Internaten und Obdachlosenasylen sind nur die Leiterinnen und Leiter Inhaber. Die **Befugnis zum Betreten einer Wohnung** schließt die Befugnis ein, von Personen, Sachen und Zuständen, die ohne weiteres wahrgenommen werden können, **Kenntnis** zu nehmen. Soweit es für die Erfüllung der polizeilichen Aufgaben erforderlich ist, umfasst das **Betretungsrecht** bei Grundstücken auch das **Recht zum Befahren mit Fahrzeugen**.", vgl. auch Nr. 41.13 VVPolG NRW: „Die Durchsuchung einer Wohnung hat sich auf Anlass und Zweck der Durchsuchung zu beschränken. Befinden sich in der Wohnung Personen, die durchsucht werden sollen, ist hierfür § 39

b) GR-E (oder Nichteingriff/GR-Verzicht): **Persönlichkeitsentfaltungseinschränkung** als **Wohnungseinschränkung**, allgemein durch körperliches Eindringen, technische Infiltration sowie grundsätzlich sonstige Behinderungen, Einschränkungen des Wohnens.

c) GR-B: Art. 13 Abs. 2-7 GG, Art. 17a Abs. 2 GG (qualifizierter Gesetzesvorbehalt; verfassungsunmittelbare Einschränkungen).

Art. 13 Abs. 2-7 GG: „Im Übrigen" können – insbesondere bei Fehlen von verfassungsmäßigen einfachgesetzlichen Konkretisierungen von Art. 13 Abs. 2-7 GG – Art. 13 Abs. 2-7 GG alternativ direkt anwendbare Rechtsgrundlagen mit Rechtmäßigkeitsvoraussetzungen bilden.

Ggf. bei Begleitverfügung betroffenes Grundrecht:

3. Körperliche Bewegungsfreiheit, Art. 2 Abs. 2 S. 2 GG[364]

a) GR-SB:

aa) Persönlicher GR-SB: „**Person**", vgl. § 1 BGB.

bb) Sachlicher GR-SB: „Freiheit" ist **körperliche Bewegungsfreiheit** als Freiheit, jeden Ort oder Raum aufzusuchen, sich dort aufzuhalten, (ihn zu verlassen), der an sich (tatsächlich und rechtlich) zugänglich ist.

b) GR-E (oder Nichteingriff/GR-Verzicht): Freiheitsentziehung oder sonstige Freiheitsbeschränkung.

Freiheitsbeschränkung (Freiheitsentziehung oder sonstige Freiheitsbeschränkung) liegt vor, wenn jemand durch die öffentliche Gewalt gegen seinen Willen daran gehindert wird, einen Ort oder Raum aufzusuchen oder sich dort aufzuhalten, der ihm an sich (tatsächlich und rechtlich) zugänglich ist. Eine **Freiheitsentziehung** als schwerste Form der Freiheitsbeschränkung ist dann gegeben, wenn die tatsächlich und rechtlich an sich gegebene körperliche Bewegungsfreiheit durch staatliche Maßnahmen nach jeder Richtung hin aufgehoben wird[365]; Freiheitsentziehung setzt auch eine besondere Eingriffsintensität und eine nicht nur kurzfristige Dauer der Maßnahme voraus[366]. Im Übrigen kann eine Abgrenzung zwischen Freiheitsentzie-

---

maßgebend. Sollen in einer Wohnung Sachen durchsucht werden, die nicht den Wohnungsinhabern gehören, ist § 40 einschlägig.".

364 Vgl. auch Art. 142 GG i.V.m. Art. 4 Abs. 1 Verfassung NRW; Art. 20 Abs. 2a und Art. 21 AEUV i.V.m. Art. 6, 45 EU-GR-Charta (**Bewegungsfreiheit**, **Freizügigkeit**, **Aufenthaltsfreiheit**); Art. 5 EMRK; Art. 2 Protokoll Nr. 4 EMRK; Art. 21 AEUV (**Unionsbürgerfreizügigkeit**, zum **Unionsbürger** vgl. Art. 9 S. 2, 3 EUV, Art. 20 Abs. 1 S. 2, 3 AEUV); Art. 45 AEUV (**Arbeitnehmerfreizügigkeit**); Art. 49 AEUV (**Niederlassungsfreiheit**); Art. 56 AEUV (**Dienstleistungsfreiheit**); vgl. auch Art. 28 AEUV (**Warenverkehrsfreiheit**); Art. 9 Abs. 1 S. 1 IPbpR („Jedermann hat ein Recht auf persönliche Freiheit und Sicherheit."); Art. 9-11 IPbpR (Freiheitsentziehungsbedingungen), Art. 12 IPbpR (Bewegung, Wohnsitzwahl, Ausreise, Einreise in Hoheitsgebiet eines Staates, vgl. „Freizügigkeit"), Art. 13 IPbpR (Ausländerausweisungsbedingungen).

365 BVerfG, Beschluss der 1. Kammer des Ersten Senats vom 08.03.2011 – 1 BvR 47/05 –, Rn. 20, vgl. BVerfGE 94, 166, 198 (Flughafenverfahren) = BVerfGE, Urteil des Zweiten Senats vom 14.05.1996 – 2 BvR 1516/93.

366 BVerfGE 149, 293 (5-Punkt-Fixierung/7-Punkt-Fixierung) = BVerfG, Urteil des Zweiten Senats vom 24.07.2018 – 2 BvR 309/15 –, D. II. 2. a), Rn. 67, vgl. dazu auch BVerfGE 149, 293 (5-Punkt-Fixierung/7-Punkt-Fixierung) = BVerfG, Urteil des Zweiten Senats vom 24.07.2018 – 2 BvR 309/15 –, D. II. 2. b): „Jedenfalls eine **5-Punkt- oder 7-Punkt-Fixierung**, bei der sämtliche Gliedmaßen des Betroffenen mit Gurten am Bett festgebunden werden, stellt eine Freiheitsentziehung im Sinne von Art. 104 Abs. 2 GG dar, es sei denn, es handelt sich um eine lediglich **kurzfristige Maßnahme**. Von einer kurzfristigen Maßnahme ist in der Regel auszugehen, wenn sie absehbar die Dauer von ungefähr einer halben Stunde unterschreitet.".

hung und sonstiger Freiheitsbeschränkung auch erfolgen nach Art, Dauer, Intensität, Mittel, Zweck der Freiheitsbeschränkung.[367]

c) GR-B: Art. 2 Abs. 2 S. 3 i.V.m. Art. 104 GG.

4. Allgemeine Verhaltensfreiheit / Allgemeine Handlungsfreiheit[368], Art. 2 Abs. 1 GG[369]

a) GR-SB:

aa) Persönlicher GR-SB: „Jeder".

bb) Sachlicher GR-SB: „**freie Entfaltung der Persönlichkeit**" ist allgemeine Verhaltensfreiheit im umfassenden Sinn[370] durch grundsätzlich jedes Tun, Dulden, Unterlassen[371].

---

[367] Vgl. auch insbesondere zu Art, Intensität, Mittel: § 415 Abs. 2 FamFG und §§ 37a, 62 PolG NRW.

[368] „Allgemeine" Verhaltensfreiheit / Handlungsfreiheit: Auffanggrundrecht ggü. ggf. spezielleren Grundrechten, vgl. Rechtsnormspezialitätsregel („lex specialis derogat legi generali"), vgl. auch: BVerfGE 6, 32, 37 (Elfes) = BVerfG, Urteil des Ersten Senats vom 16.01.1957 – 1 BvR 253/56, Gründe, II. 2. a), Rn. 16: „Neben der allgemeinen Handlungsfreiheit, die Art. 2 Abs. 1 GG gewährleistet, hat das Grundgesetz die Freiheit menschlicher Betätigung für bestimmte Lebensbereiche, die nach den geschichtlichen Erfahrungen dem Zugriff der öffentlichen Gewalt besonders ausgesetzt sind, durch besondere Grundrechtsbestimmungen geschützt; bei ihnen hat die Verfassung durch abgestufte Gesetzesvorbehalte abgegrenzt, in welchem Umfang in den jeweiligen Grundrechtsbereich eingegriffen werden kann. Soweit nicht solche besonderen Lebensbereiche grundrechtlich geschützt sind, kann sich der Einzelne bei Eingriffen der öffentlichen Gewalt in seine Freiheit auf Art. 2 Abs. 1 GG berufen. Hier bedurfte es eines Gesetzesvorbehalts nicht, weil sich aus der Beschränkung der freien Entfaltung der Persönlichkeit durch die verfassungsmäßige Ordnung der Umfang staatlicher Eingriffsmöglichkeiten ohne weiteres ergibt.".

[369] Vgl. auch Art. 142 GG i.V.m. Art. 4 Abs. 1 Verfassung NRW; Art. 6 EU-GR-Charta; Art. 5 EMRK.

[370] BVerfGE 6, 32, 36 f. (Elfes) = BVerfG, Urteil des Ersten Senats vom 16.01.1957 – 1 BvR 253/56, Gründe, II. 2. a), Rn. 14 f.: „Das Grundgesetz kann mit der ‚freien Entfaltung der Persönlichkeit' nicht nur die Entfaltung innerhalb jenes Kernbereichs der Persönlichkeit gemeint haben, der das Wesen des Menschen als geistig-sittliche Person ausmacht, denn es wäre nicht verständlich, wie die Entfaltung innerhalb dieses Kernbereichs gegen das Sittengesetz, die Rechte anderer oder sogar gegen die verfassungsmäßige Ordnung einer freiheitlichen Demokratie sollte verstoßen können. Gerade diese, dem Individuum als Mitglied der Gemeinschaft auferlegten Beschränkungen zeigen vielmehr, daß das Grundgesetz in Art. 2 Abs. 1 GG die Handlungsfreiheit im umfassenden Sinne meint. […] Es waren nicht rechtliche Erwägungen, sondern sprachliche Gründe, die den Gesetzgeber bewogen haben, die ursprüngliche Fassung ‚Jeder kann tun und lassen was er will' durch die jetzige Fassung zu ersetzen (vgl. v. Mangoldt, Parlamentarischer Rat, 42. Sitzung des Hauptausschusses, S. 533)."; BVerfGE 80, 137, 152 f. (Reiten im Walde) = BVerfG, Beschluss des Ersten Senats vom 06.06.1989 – 1 BvR 921/85 –, C. I. 1 a), Rn. 69: „Nach den in der Rechtsprechung des Bundesverfassungsgerichts entwickelten Grundsätzen gewährleistet Art. 2 Abs. 1 GG die allgemeine Handlungsfreiheit im umfassenden Sinne (st. Rspr. seit BVerfGE 6, 32 [36]; aus neuerer Zeit etwa: BVerfGE 74, 129 [151]; 75, 108 [154 f.]). Geschützt ist damit nicht nur ein begrenzter Bereich der Persönlichkeitsentfaltung, sondern jede Form menschlichen Handelns ohne Rücksicht darauf, welches Gewicht der Betätigung für die Persönlichkeitsentfaltung zukommt (vgl. etwa die Entscheidung eines Vorprüfungsausschusses in BVerfGE 54, 143 (146) - Taubenfüttern).".

[371] BVerfGE 6, 32, Ls. 1, 2 (Elfes) = BVerfG, Urteil des Ersten Senats vom 16.01.1957 – 1 BvR 253/56, Ls. 1: „Art. 11 GG betrifft nicht die Ausreisefreiheit.", Ls. 2: „Die **Ausreisefreiheit** ist als Ausfluß der allgemeinen Handlungsfreiheit durch Art. 2 Abs. 1 GG innerhalb der Schranken der verfassungsmäßigen Ordnung gewährleistet."; BVerwG, Urteil vom 29.05.2019 - BVerwG 6 C 8.18 (Beschränkung des Geltungsbereichs eines Passes), Rn. 20: „In der höchstrichterlichen Rechtsprechung ist seit Jahrzehnten geklärt, dass die durch Art. 2 Abs. 1 GG geschützte Ausreisefreiheit auch durch den **Passversagungs**-

b) GR-E (oder Nichteingriff/GR-Verzicht): Verhaltenseinschränkung als Verhaltenssteuerung.

c) GR-B: Art. 2 Abs. 1 Hs. 2[372].

A. Rechtsgrundlage (RGL) II. Rechtsgebiet (RG)

(VOR/DEF)

Rechtsgebiet ist Rechtsordnungsteil nach allen Umständen[373] – wie schwerpunktmäßige Äußerungen[374], Rechtsnormen[375], Zwecke[376], auch i.V.m. §§ 133, 157 BGB analog[377].[378]

---

grund des § 7 Abs. 1 Nr. 1 Alt. 3 PassG als Bestandteil der verfassungsmäßigen Ordnung wirksam eingeschränkt wird.".

372 Art. 2 Abs. 1 Hs. 2 GG (**Schrankentrias**): BVerfGE 80, 137, 153 (Reiten im Walde) = BVerfG, Beschluss des Ersten Senats vom 06.06.1989 – 1 BvR 921/85 –, C. I. 1 a), Rn. 69: „Abgesehen von einem absolut geschützten Kernbereich privater Lebensgestaltung, welcher der Einwirkung der öffentlichen Gewalt entzogen ist (BVerfGE 6, 32 [41]), ist die allgemeine Handlungsfreiheit allerdings nur in den **Schranken** des zweiten Halbsatzes von Art. 2 Abs. 1 GG gewährleistet und steht damit insbesondere unter dem **Vorbehalt der verfassungsmäßigen (Rechts-)Ordnung** (BVerfGE 6, 32 [37 f.]; 74, 129 [152]). Stützt sich ein die Handlungsfreiheit berührender Akt der öffentlichen Gewalt auf eine Rechtsnorm, so kann mit der Verfassungsbeschwerde unter Berufung auf Art. 2 Abs. 1 GG zur Nachprüfung gestellt werden, ob diese Norm zur **verfassungsmäßigen Ordnung** gehört, das heißt formell und materiell mit den Normen der Verfassung in Einklang steht (st. Rspr. seit BVerfGE 6, 32)."; BVerfGE 6, 32, Ls. 3 (Elfes) = BVerfG, Urteil des Ersten Senats vom 16.01.1957 – 1 BvR 253/56, Ls. 3: „**Verfassungsmäßige Ordnung** im Sinne des Art. 2 Abs. 1 GG ist die verfassungsmäßige Rechtsordnung, d.h. die Gesamtheit der Normen, die formell und materiell der Verfassung gemäß sind."; vgl. dazu auch BVerfGE 6, 32, 37-41 (Elfes) = BVerfG, Urteil des Ersten Senats vom 16.01.1957 – 1 BvR 253/56, Gründe II. 2 b), c), Rn. 17-33.

Rechte anderer sind (als Teil der verfassungsmäßigen Ordnung) subjektive Berechtigungen (Anspruch oder Befugnis oder Erlaubnis) einschließlich Verpflichtungen (Pflicht zur Erfüllung von Anspruch oder Befugnis oder Erlaubnis) und sonstiger Rechtswirkungen für ein Rechtssubjekt bezüglich eines Verhaltens oder eines Rechtsguts.

Vgl. zum ein Mal bundesverfassungsgerichtlich entscheidungserheblich bemühten „**Sittengesetz**" nach Art. 2 Abs. 1 Hs. 2 GG als Gesetz, das nicht das durch die „soziale Gemeinschaft" „als für sich verbindlich" anerkannte „Rechtsgefühl" „im allgemeinen" „verletzt": BVerfGE 6, 389 (Homosexuelle) = BVerfG, Urteil des Ersten Senats vom 10.05.1957 – 1 BvR 550/52 –, und StrRehaHomG (Gesetz zur strafrechtlichen Rehabilitierung der nach dem 8. Mai 1945 wegen einvernehmlicher homosexueller Handlungen verurteilten Personen vom 17. Juli 2017 – BGBl. I S. 2443).

373 Umstände im weiten Sinn, etwa als Bedingungen, Beziehungen, Faktoren, Folgen, Funktionen, Umweltbedingungen, Variablen, Verhältnissen, Voraussetzungen, Weltbedingungen.

374 Äußerungen im weiten Sinn, etwa als alle Verhaltensäußerungen (einschließlich Aussagen).

375 Rechtsnormen im weiten Sinn, etwa solche, die die Umstände oder das Verhalten regieren (sollen).

376 Zwecke im weiten Sinn, etwa als sich aus einer Lage ergebende, objektiv zu verfolgende Ziele.

377 Sog. **objektivierter Empfängerhorizont**, vgl. BVerwGE 147, 81 = BVerwG, Urteil vom 20.06.2013 – BVerwG 8 C 46.12, Rn. 27: „Die bundesrechtlichen Auslegungsregeln der §§ 133, 157 BGB sind auf öffentlich-rechtliche Erklärungen entsprechend anzuwenden. Bei Verwaltungsakten kommt es wie bei empfangsbedürftigen Willenserklärungen nicht auf den wirklichen Willen des Erklärenden (natürliche Auslegung), sondern auf den objektiven Erklärungsinhalt an. Maßgeblich ist, wie der Empfänger die Erklärung nach Treu und Glauben unter Berücksichtigung der für ihn erkennbaren Umstände verstehen musste. Dabei ist vom Wortlaut der Erklärung auszugehen und deren objektiver Gehalt unter Berücksichtigung des Empfängerhorizonts zu ermitteln (stRspr, vgl. Urteile vom 2. September 1999 - BVerwG

(SUB/ERG)

Die Datenerhebung und Datenspeicherung erfolgt auf dem Rechtsgebiet des besonderen öffentlichen Verwaltungsrechts polizeilicher Gefahrenabwehr.

Eine Datenerhebung oder Datenspeicherung erfolgt auf dem Rechtsgebiet der Gefahrenabwehr insbesondere bei

- nicht tatverdachtsveranlasster Datenerhebung oder Datenspeicherung;
- Datenerhebung oder Datenspeicherung von nicht tatverdachtsbezogenen Daten;
- Datenerhebung oder Datenspeicherung ohne schwerpunktmäßigen Zweck einer anschließenden Strafrechtspflegemaßnahme;
- schwerpunktmäßigem Zweck der **Eigensicherung** im Sinne der PDV 100 (Anlage 20) zur Verhinderung bzw. Reduzierung von Gefährdungen für Einsatzkräfte;
- Gefahrenüberhang.

A. Rechtsgrundlage (RGL) III. Mögliche Befugnisrechtsnorm (Mgl. Brn.)

(VOR/DEF)

Befugnisrechtsnorm ist die rechtmäßige hauptsächliche materiellrechtliche Rechtsgrundlage mit realfolgenentsprechender Rechtsfolge.

---

2 C 22.98 - BVerwGE 109, 283 <286> = Buchholz 237.7 § 72 NWLBG Nr. 4 und vom 27. Juni 2012 - BVerwG 9 C 7.11 - BVerwGE 143, 222 <Rn. 18> = Buchholz 11 Art. 20 GG Nr. 206; BGH, Urteile vom 24. Februar 1988 - VIII ZR 145/87 - BGHZ 103, 275 <280>, vom 27. Januar 2010 - VIII ZR 58/09 - BGHZ 184, 128 <137 Rn. 33> und vom 1. März 2011 - II ZR 16/10 - NJW 2011, 1666 <1667 Rn. 11> je m.w.N.).“; BVerwG, Beschluss vom 06.08.2018 – BVerwG 7 B 4.18, Rn. 10: „Dass die bundesrechtlichen Auslegungsregeln der §§ 133, 157 BGB auf öffentlich-rechtliche Erklärungen, d.h. u.a. auf Verwaltungsakte, entsprechend anzuwenden sind, ist in der Rechtsprechung des Bundesverwaltungsgerichts bereits geklärt (BVerwG, Urteil vom 20. Juni 2013 - 8 C 46.12 - BVerwGE 147, 81 Rn. 27 m.w.N.).“.

[378] BVerwG 47, 255, 264 = BVerwG, Urteil vom 03.12.1974 – BVerwG I C 11.73: „Obwohl sich für die Polizei im Einzelfall bei einem einheitlichen Lebenssachverhalt gleichzeitig und unmittelbar Aufgaben der Strafverfolgung und der Gefahrenabwehr ergeben können, ist der im Schrifttum vertretenen Auffassung nicht zu folgen, daß aus Gründen der Rechtssicherheit oder wegen der schwierigen Durchschaubarkeit für den Bürger jede Art polizeilichen Handelns der verwaltungsgerichtlichen Kontrolle unterliegen müsse. In aller Regel ist es für den Betroffenen nicht schwer, zu erkennen, ob die Polizei im konkreten Fall eine - begangene - Straftat erforschen (**Strafverfolgung**) oder den Eintritt eines Schadens, etwa die - zukünftige - Begehung einer strafbaren Handlung, verhindern oder eine bereits eingetretene Störung der öffentlichen Sicherheit oder Ordnung beseitigen (**Gefahrenabwehr**) will. Außerdem wird man davon ausgehen dürfen, daß die Polizei dem Betroffenen - wie im vorliegenden Fall - den Grund ihres Einschreitens von sich aus oder auf Verlangen angibt. Im übrigen kommt es darauf an, wie sich der konkrete Lebenssachverhalt einem verständigen Bürger in der Lage des Betroffenen bei natürlicher Betrachtungsweise darstellt. Dieser Sachverhalt muß im allgemeinen einheitlich betrachtet werden, es sei denn, daß einzelne Teile des Geschehensablaufs objektiv abtrennbar sind. Hat die Polizei die Ermittlungen an die StA oder das Amtsgericht weitergeleitet (§ 163 Abs. 2 StPO) oder auf Weisung der StA gehandelt, so kann an der strafprozessualen Natur ihres Einschreitens kein vernünftiger Zweifel bestehen. Eine Maßnahme, die nach dem Gesamteindruck darauf gerichtet ist, eine strafbare Handlung zu erforschen oder sonst zu verfolgen, ist der Kontrolle der ordentlichen Gerichte nach §§ 23 ff. EGGVG nicht etwa deshalb entzogen, weil durch die polizeilichen Ermittlungen möglicherweise zugleich auch künftigen Verletzungen der öffentlichen Sicherheit vorgebeugt würde.“.

(SUB)

Realfolge ist die Maßnahme laut Sachverhalt (zum Beispiel das Kameraeinschalten / Anordnung [Begleitverfügung], in bestimmter Art oder Richtung zu stehen oder zu gehen, z.B.: „Bitte bleiben Sie im Kamerablickfeld stehen!")

Rechtsfolge ist als Realakt (ggf. mit Begleit-VA) Datenerhebung und Datenspeicherung durch offenes[379] Anfertigen von Bild- und Tonaufzeichnungen durch den Einsatz körpernah getragener Aufnahmegeräte.

Örtlichkeit der Maßnahmen ist (alternativ)

- nach § 15c Abs. 1 PolG NRW außerhalb von Wohnungen;
- nach § 15c Abs. 2 PolG NRW in Wohnungen (Wohnung im Sinne des sachlichen Grundrechtsschutzbereichs von Art. 13 GG und im gleichen Sinne von § 41 Abs. 1 S. 2 PolG NRW).

(ERG)

Mögliche Befugnisrechtsnorm ist § 15c PolG NRW.

B. Formelle Rechtmäßigkeit (FR) I. Zuständigkeit (Z)

(VOR/DEF)

Zuständigkeit ist Aufgabenwahrnehmungserlaubnis für den Rechtsfolgesetzer.

(SUB/ERG)

Für die Maßnahme ist die Zuständigkeit (i.d.R.) wie folgt gegeben:

1. sachliche Zuständigkeit *der Polizei* gemäß (alternativ)

- § 1 Abs. 1 S. 1, 2 Var. 1 oder 2 (oder 3) PolG NRW (originäre Zuständigkeit) (ggf. i.V.m. § 1 Abs. 2 PolG NRW[380] / ggf. i.V.m. § 1 Abs. 5 S. 2 PolG NRW[381]);
- § 1 Abs. 1 S. 1, 3 PolG NRW (subsidiäre Zuständigkeit);

---

379 Nr. 9.3 VVPolG NRW: „Eine Datenerhebung kann ohne Kenntnis der betroffenen Person u.a. bei öffentlichen Stellen oder Dritten sowie aus allgemein zugänglichen Quellen erfolgen. Eine Datenerhebung durch Befragung Dritter oder durch Auskunftsersuchen bei einer anderen Behörde ist nicht schon deshalb eine **verdeckte Maßnahme**, weil sie ohne Kenntnis der betroffenen Person erfolgt.". Nr. 9.4 VVPolG NRW: „Eine **verdeckte Datenerhebung** liegt vor, wenn getarnte Maßnahmen zur Datenerhebung vorgenommen werden, insbesondere die Zugehörigkeit zur Polizei bewusst verschleiert wird. Um ein **verdecktes Vorgehen** handelt es sich nicht schon, wenn Polizeivollzugsbeamtinnen oder Polizeivollzugsbeamte Dienst in Zivilkleidung verrichten oder ein äußerlich nicht als solches zu erkennendes Dienstfahrzeug benutzen.".

380 § 1 Abs. 2 PolG NRW hat negative Zuständigkeitsvoraussetzungen; § 1 Abs. 2 PolG NRW ist die sogenannte „**Privatrechtsklausel**"; zum **Privatrecht in der polizeilichen Praxis** ausführlich: *Basten*, Privatrecht in der polizeilichen Praxis.

381 § 1 Abs. 5 S. 2 PolG NRW ist qua Gesetzessystematik eine Zuständigkeitsvorschrift mit negativen Befugnisvoraussetzungen.

2. instanzielle Zuständigkeit *der Polizeibehörde* gemäß

- (i.d.R.) § 11 Abs. 1 Nr. 1 POG NRW;
- (generell:) §§ 10-14 POG NRW (ggf. i.V.m. KPBVO NRW / ggf. i.V.m. LKAAufgVO NRW);

3. örtliche Zuständigkeit *der Polizeibehörde* gemäß

- (i.d.R.) § 7 Abs. 1 S. 1 POG NRW (ggf. i.V.m. KHStVO NRW);
- (generell:) §§ 7-9 POG NRW (ggf. i.V.m. KHStVO NRW);

4. funktionelle Zuständigkeit *des Polizeiamtswalters* gemäß

§ 15c Abs. 1 S. 1 W. 2 PolG NRW i.V.m. (alternativ):

- § 15c Abs. 1 S. 3 PolG NRW: Über die Anfertigung der technischen Aufzeichnungen entscheidet die das Aufnahmegerät tragende Polizeivollzugsbeamtin oder der das Aufnahmegerät tragende Polizeivollzugsbeamte anhand der konkreten Umstände des Einzelfalls.
- § 15c Abs. 2 S. 2 PolG NRW: Über die Anfertigung der technischen Aufzeichnungen in Wohnungen entscheidet außer bei Gefahr im Verzug die den Einsatz leitende Polizeivollzugsbeamtin oder der den Einsatz leitende Polizeivollzugsbeamte.

Vgl. 15c.23 VVPolG NRW: „Werden am Einsatzort mehrere Streifen gemeinsam tätig, so gilt als den Einsatz leitende Person, solange Vorgesetzte nicht anwesend sind bzw. eine Einsatzleiterin oder ein Einsatzleiter vor Ort nicht bestimmt ist, die oder der mit dem Einsatz zuerst befasste Streifenführerin oder Streifenführer."

B. Formelle Rechtmäßigkeit (FR) II. Verfahren (V)

(VOR/DEF)

Verfahren ist normiertes Verhalten für den Rechtsfolgezuständigen außer, bei, i.Z.m. der Rechtsfolge.

1. Verfahrensrechtsnormen aus § 15c Abs. 3 PolG NRW bzgl. Körperkamera-DE/DS-Realakt

(VOR/DEF)

a) § 15c Abs. 3 S. 1, 2 PolG NRW: Erkennbarmachung und Mitteilung

§ 15c Abs. 3 S. 1, 2 PolG NRW: Der Einsatz der Aufnahmegeräte ist durch geeignete Maßnahmen erkennbar zu machen und den betroffenen Personen mitzuteilen. Bei Gefahr im Verzug kann die Mitteilung unterbleiben.

Gefahr im Verzug ist gegeben, wenn unvorhergesehener Handlungsbedarf besteht und die Durchführung der eigentlich erforderlichen Maßnahme, nämlich der grundsätzlich erforderlichen zusätzlichen Mitteilung, den gesetzlichen Maßnahmezweck, nämlich den Schutz von Polizeivollzugsbeamtinnen und Polizeivollzugsbeamten oder Dritten gegen eine konkrete Gefahr für Leib oder Leben, vereiteln oder wesentlich erschweren würde.

Vgl. auch 15c.31 VVPolG NRW: „Die Erkennbarkeit ist bereits durch das eingeschaltete Display des Aufnahmegeräts gewährleistet. Eine zusätzliche Mitteilung gegenüber der von der Aufnahme betroffenen Person ist grundsätzlich erforderlich. Eine Ausnahme bilden Fälle, bei denen Gefahr im Verzug droht."

(SUB/ERG)

Im konkreten Fall ist § 15c Abs. 3 S. 1, 2 PolG NRW (alternativ)

- eingehalten durch Offenkundigkeit unabhängig von Erkennbarmachung und Mitteilung.
- eingehalten durch Erkennbarmachung und Mitteilung.
- nicht eingehalten durch Unterlassen von Erkennbarmachung und Unterlassen von Mitteilung bei Nichtoffenkundigkeit.

(VOR/DEF)

b) § 15c Abs. 3 S. 4 PolG NRW: Verschlüsselung sowie Manipulationssicherheit

§ 15c Abs. 3 S. 4 PolG NRW: Aufzeichnungen werden verschlüsselt und manipulationssicher gefertigt und aufbewahrt.

(SUB/ERG)

Im konkreten Fall ist § 15c Abs. 3 S. 4 PolG NRW (alternativ)

- eingehalten durch Verschlüsselung sowie manipulationssichere Fertigung und Aufbewahrung von Aufzeichnungen ab erster logischer Sekunde der Aufzeichnung.
- nicht eingehalten durch Unterlassen von Verschlüsselung und Manipulationssicherheit der Aufzeichnungen.

2. Verfahrensrechtsnormen aus § 16 PolG NRW bei oder i.Z.m. der Erhebung von Daten, die dem Kernbereich privater Lebensgestaltung zuzurechnen sind

(VOR)

a) § 16 Abs. 2 S. 3 PolG NRW

Gemäß § 16 Abs. 2 S. 3 PolG NRW ist bei (Anhaltspunkten bzgl. einer) Erhebung personenbezogener Daten, die dem Kernbereich privater Lebensgestaltung zuzurechnen sind, die anordnende Stelle über den Verlauf der Maßnahme **unverzüglich** (§ 121 Abs. 1 S. 1 BGB) zu unterrichten.

b) § 16 Abs. 3 PolG NRW

§ 16 Abs. 3 PolG NRW normiert: Bestehen Zweifel hinsichtlich der Kernbereichsrelevanz der erhobenen Daten, sind diese **unverzüglich** (§ 121 Abs. 1 S. 1 BGB) dem oder der behördlichen Datenschutzbeauftragten und einer von dem Behördenleiter oder der Behördenleiterin besonders beauftragten Leitungsperson des höheren Polizeivollzugsdienstes zur Durchsicht vorzulegen. (Im Falle des § 17 Abs. 2 S. 3 PolG NRW erfolgt die Durchsicht durch das zuständige Amtsgericht. § 18 Abs. 4 PolG NRW bleibt unberührt.)

c) § 16 Abs. 4 S. 3 PolG NRW

Gemäß § 16 Abs. 4 S. 3 PolG NRW ist die Tatsache der Erlangung und Löschung von Daten, die dem Kernbereich privater Lebensgestaltung zuzurechnen sind, zu dokumentieren.

(DEF)

Kernbereich privater Lebensgestaltung ist der höchstpersönliche private Lebensbereich mit der Möglichkeit, innere Vorgänge wie Empfindungen und Gefühle sowie Überlegungen, Ansichten und Erlebnisse höchstpersönlicher Art ohne Angst vor staatlicher Überwachung zum Ausdruck zu bringen; umfasst sind auch Gefühlsäußerungen, Äußerungen des unbewussten Erlebens sowie Ausdrucksformen der Sexualität; wobei das Gegebensein von Daten aus dem Kernbereich privater Lebensgestaltung situationsbedingt und im Einzelfall anhand von Kommunikationsinhalten und -umständen (besonderes Vertrauensverhältnis der kommunizierenden Personen, Ort, erkennbarer Geheimhaltungswille) zu beurteilen ist und Kommunikationsinhalte höchstpersönlicher Art insbesondere sein können:

- Gespräche mit Vertrauenspersonen bzw. engsten Familienangehörigen über existenzielle Fragen (z. B. Todesangst, Suizidgedanken), über schwere physische oder psychische Erkrankungen sowie über privateste familiäre Angelegenheiten (z. B. Abtreibung, Enterbung) sowie die Äußerung tief empfundener Emotionen;
- verbale und nonverbale Äußerungen des Intimlebens (intensive Liebesbezeugungen und Ausdrucksformen der Sexualität);
- vertrauliche Gespräche mit Berufsgeheimnisträgern, wobei grundsätzlich allen Berufsgeheimnisträgern gleicher Schutz zukommt, vgl. insoweit auch § 15 Abs. 3 S. 3 PolG NRW, 16 Abs. 5 PolG NRW, § 100d Abs. 5 StPO, § 160a StPO.

Gespräche mit engsten Vertrauten, die Angaben über polizeilich abzuwehrende Gefahren enthalten, gehören schon ihrem Inhalt nach grundsätzlich nicht zu dem unantastbaren Kernbereich privater Lebensgestaltung, und führen daher nicht zur Unterbrechung, denn hinreichender Sozialbezug zur Öffentlichkeitssphäre besteht jedenfalls bei Äußerungen, die sich unmittelbar auf eine konkrete Gefahr beziehen, insbesondere wenn die kommunizierenden Personen für die Gefahren verantwortlich sind.[382]

---

[382] Zum **Kernbereich privater Lebensgestaltung**: vgl. Nr. 16 VVPolG NRW; vgl. auch § 15c Abs. 5, 6, 8 PolG NRW und Nr. 15c.5 VVPolG NRW; § 100d StPO; vgl. Bundestags-Drucksache 13/9660, S. 4; BVerfGE 109, 279, 313 f., 319, 324 (akustische Wohnraumüberwachung/„Großer Lauschangriff") = BVerfG, Urteil des Ersten Senats vom 03.03.2004 – 1 BvR 2378/98; vgl. auch BVerfGE 6, 32, 41; 6, 389, 433; 27, 1, 6 ff.; 32, 373, 379; 80, 367, 376 ff.; 101, 361, 382 ff.; 141, 220, Ls. 1. a), Rn. 120-126; BVerfG, Urteil des Ersten Senats vom 19.05.2020 – 1 BvR 2835/17 (Ausland-Ausland-Fernmeldeaufklärung nach BNDG), Rn. 199-207; BVerfGE 141, 220, 276-278 (BKAG) = BVerfG, Urteil des Ersten Senats vom 20.04.2016 – 1 BvR 966/09 –, C. IV. 3. a) b), Rn. 121-123: „Zur Entfaltung der Persönlichkeit im **Kernbereich privater Lebensgestaltung** gehört die Möglichkeit, innere Vorgänge wie Empfindungen und Gefühle sowie Überlegungen, Ansichten und Erlebnisse höchstpersönlicher Art zum Ausdruck zu bringen (vgl. BVerfGE 109, 279 <313>; 120, 274 <335>; stRspr). Geschützt ist insbesondere die nichtöffentliche Kommunikation mit Personen des höchstpersönlichen Vertrauens, die in der berechtigten Annahme geführt wird, nicht überwacht zu werden, wie es insbesondere bei Gesprächen im Bereich der Wohnung der Fall ist. Zu diesen Personen gehören insbesondere Ehe-

(SUB/ERG)

Im konkreten Fall sind die Voraussetzungen des § 16 Abs. 2 S. 3, Abs. 3, Abs. 4 S. 3 PolG NRW (alternativ)

- eingehalten bei entsprechenden Anhaltspunkten / bei Fehlen entgegenstehender Anhaltspunkte.
- nicht eingehalten bei entsprechenden Anhaltspunkten / bei Fehlen entgegenstehender Anhaltspunkte.

3. Verfahrensrechtsnorm aus § 15c Abs. 8 PolG NRW bzgl. Körperkamera-DE/DS-Realakt (und ggf. Begleit-VA)

(VOR/DEF)

c) § 15c Abs. 8 PolG NRW: Dokumentation

§ 15c Abs. 8 PolG NRW: Maßnahmen nach § 15c Abs. 1 bis 6 PolG NRW sind zu dokumentieren.

Vgl. auch 15c.8 VVPolG NRW:

---

oder Lebenspartner, Geschwister und Verwandte in gerader Linie, vor allem, wenn sie im selben Haushalt leben, und können Strafverteidiger, Ärzte, Geistliche und enge persönliche Freunde zählen (vgl. BVerfGE 109, 279 <321 ff.>). Dieser Kreis deckt sich nur teilweise mit dem der Zeugnisverweigerungsberechtigten. Solche Gespräche verlieren dabei nicht schon dadurch ihren Charakter als insgesamt höchstpersönlich, dass sich in ihnen Höchstpersönliches und Alltägliches vermischen (vgl. BVerfGE 109, 279 <330>; 113, 348 <391 f.>). Demgegenüber ist die Kommunikation unmittelbar über Straftaten nicht geschützt, selbst wenn sie auch Höchstpersönliches zum Gegenstand hat. Die Besprechung und Planung von Straftaten gehört ihrem Inhalt nach nicht zum Kernbereich privater Lebensgestaltung, sondern hat Sozialbezug (vgl. BVerfGE 80, 367 <375>; 109, 279 <319 f., 328>; 113, 348 <391>). Dies bedeutet freilich nicht, dass der Kernbereich unter einem allgemeinen Abwägungsvorbehalt in Bezug auf öffentliche Sicherheitsinteressen steht. Ein höchstpersönliches Gespräch fällt nicht schon dadurch aus dem Kernbereich privater Lebensgestaltung heraus, dass es für die Aufklärung von Straftaten oder Gefahren hilfreiche Aufschlüsse geben kann. Aufzeichnungen oder Äußerungen im Zwiegespräch, die zum Beispiel ausschließlich innere Eindrücke und Gefühle wiedergeben und keine Hinweise auf konkrete Straftaten enthalten, gewinnen nicht schon dadurch einen Gemeinschaftsbezug, dass sie Ursachen oder Beweggründe eines strafbaren Verhaltens freizulegen vermögen (vgl. BVerfGE 109, 279 <319>). Auch können trotz Straftatenbezugs Situationen, in denen Einzelnen gerade ermöglicht werden soll, ein Fehlverhalten einzugestehen oder sich auf dessen Folgen einzurichten, wie Beichtgespräche oder vertrauliche Gespräche mit einem Psychotherapeuten oder einem Strafverteidiger, der höchstpersönlichen Privatsphäre unterfallen, die dem Staat absolut entzogen ist (vgl. BVerfGE 109, 279 <322>). Ein hinreichender Sozialbezug besteht demgegenüber dann, wenn Gespräche - auch mit Vertrauenspersonen - sonst unmittelbar Straftaten zu ihrem Gegenstand haben (vgl. BVerfGE 109, 279 <319>). Der Kernbereich privater Lebensgestaltung beansprucht gegenüber allen Überwachungsmaßnahmen Beachtung. Können sie typischerweise zur Erhebung kernbereichsrelevanter Daten führen, muss der Gesetzgeber Regelungen schaffen, die einen wirksamen Schutz normenklar gewährleisten (vgl. BVerfGE 109, 279 <318 f.>; 113, 348 <390 f.>; 120, 274 <335 ff.>). Außerhalb solch verletzungsgeneigter Befugnisse bedarf es eigener Regelungen nicht. Grenzen, die sich im Einzelfall auch hier gegenüber einem Zugriff auf höchstpersönliche Informationen ergeben können, sind bei deren Anwendung unmittelbar von Verfassungs wegen zu beachten.“.

15c.81 VVPolG NRW: „Die Dokumentation erfolgt mindestens im elektronischen Streifenbeleg.“

15c.82 VVPolG NRW: „Maßnahme im Sinne des Absatzes 8 bezeichnet eine oder mehrere durch ein Einsatzmittel im Rahmen eines Einsatzes gefertigte Aufnahmen. Unerheblich ist, ob beide Beamten Aufnahmen getätigt haben, weitere Einsatzmittel dazu gestoßen sind und ob es mehrere Adressaten der Maßnahme gab.“

(SUB/ERG)

Im konkreten Fall ist § 15c Abs. 8 PolG NRW (alternativ)

- eingehalten durch Dokumentation von Maßnahmen nach § 15c Abs. 1-6 PolG NRW.
- nicht eingehalten durch Unterlassen von Dokumentation von Maßnahmen nach § 15c Abs. 1-6 PolG NRW.

4. Verfahrensrechtsnormen aus VwVfG NRW bzgl. Körperkamera-DE/DS(-Begleit-)VA (§§ 1, 2, 9, 35 VwVfG NRW)

(VOR/DEF)

a) § 28 VwVfG NRW: Anhörung

Gemäß § 28 VwVfG NRW besteht grundsätzlich Pflicht zur **Anhörung** im Sinne des § 28 Abs. 1 VwVfG NRW (Äußerungsgelegenheit mit entsprechender Würdigung vor eingreifendem VA) – oder es soll gegeben sein: ein Ausnahmegrund gemäß § 28 Abs. 2, 3 VwVfG NRW oder VA-Verletzungsunbeachtlichkeit gemäß § 45 VwVfG NRW oder VA-Nichtaufhebbarkeit gemäß § 46 VwVfG NRW.

Gemäß § 28 Abs. 2 VwVfG NRW kann von der Anhörung abgesehen werden, wenn sie nach den Umständen des Einzelfalles nicht geboten ist, insbesondere wenn ein Fall vorliegt gemäß § 28 Abs. 2 Nr. 1-5 VwVfG NRW.

Gebotenheit ist Nichtverfügbarkeit eines milderen, gleich geeigneten Mittels zur Zweckförderung.

Gemäß § 28 Abs. 2 Nr. 1 VwVfG NRW kann von der Anhörung abgesehen werden, wenn eine sofortige Entscheidung wegen Gefahr im Verzug oder im öffentlichen Interesse notwendig erscheint.

Gefahr im Verzug i.S.d. § 28 Abs. 2 Nr. 1 VwVfG NRW ist gegeben, wenn der Handlungsbedarf unvorhergesehen ist und bei Durchführung der eigentlich vorgesehenen Maßnahme, hier der Anhörung, der gesetzliche Zweck, hier der jeweilige aus der Aufgabe und Befugnisrechtsnorm, vereitelt oder wesentlich erschwert wird.[383]

---

[383] BVerwGE 142, 205 (Schutzmaßnahme nach IfSG) = BVerwG, Urteil vom 22.03.2012 – BVerwG 3 C 16.11: „Gefahr im Verzug im Sinne von § 28 Abs. 2 Nr. 1 VwVfG ist anzunehmen, wenn durch eine vorherige Anhörung auch bei Gewährung kürzester Anhörungsfristen ein Zeitverlust einträte, der mit hoher Wahrscheinlichkeit zur Folge hätte, dass die behördliche Maßnahme zu spät käme, um ihren Zweck noch zu erreichen. Ob eine sofortige Entscheidung objektiv notwendig war oder die Behörde eine sofortige Entscheidung zumindest für notwendig halten durfte, ist vom Gericht aus ex-ante-Sicht zu beurteilen (Urteil vom 15. Dezember 1983 - BVerwG 3 C 27.82 - BVerwGE 68, 267 <271 f.> = Buchholz 316 § 28 VwVfG Nr. 9 S. 18). Hierbei ist wegen der Bedeutung des Anhörungsrechts als tragendem

Öffentliches Interesse ist die einzelfallbezogene Relevanz eines Rechts oder Rechtsguts nicht ausschließlich bei einem einzelnen Individuum.

Notwendigkeit ist Nichtverfügbarkeit eines milderen, gleich geeigneten Mittels zur Zweckförderung – bis hin zur Alternativlosigkeit der Mittelanwendung.

Gemäß § 28 Abs. 3 VwVfG NRW unterbleibt eine Anhörung, wenn ihr ein zwingendes öffentliches Interesse entgegensteht.

Zwingendes öffentliches Interesse ist die einzelfallbezogene unbedingte Relevanz eines Rechts oder Rechtsguts nicht ausschließlich bei einem einzelnen Individuum.

(SUB/ERG)

Im konkreten Fall ist § 28 VwVfG NRW (alternativ)

- eingehalten insbesondere bei Gelegenheit zur Stellungnahme i.S.d. § 28 Abs. 1 VwVfG NRW;
- eingehalten bei Nichteinhaltung von § 28 Abs. 1 VwVfG NRW und Ausnahmegrund gemäß § 28 Abs. 2, 3 VwVfG NRW;
- nicht eingehalten insbesondere bei Fehlen von Gelegenheit zur Stellungnahme ohne Ausnahmegrund;
- sonst eingehalten oder nicht eingehalten bei Anhaltspunkten / Fehlen entgegenstehender Anhaltspunkte.

(VOR/DEF)

b) § 39 VwVfG NRW: Begründung

Gemäß § 39 Abs. 1 VwVfG NRW besteht Pflicht zur **Begründung** eines schriftlichen oder elektronischen sowie schriftlich oder elektronisch bestätigten VA (vgl. § 37 Abs. 2 VwVfG NRW) mit den tatsächlich-rechtlichen, nicht unbedingt materiellrechtlich richtigen Behördenerwägungen – oder es soll gegeben sein: ein Ausnahmegrund nach § 39 Abs. 2 VwVfG NRW (insb. § 39 Abs. 2 Nr. 2, 4 VwVfG NRW) oder VA-Verletzungsunbeachtlichkeit gemäß § 45 VwVfG NRW oder VA-Nichtaufhebbarkeit gemäß § 46 VwVfG NRW.

(SUB/ERG)

Im konkreten Fall ist § 39 VwVfG NRW (alternativ)

- eingehalten bei Fehlen von Begründungspflicht bei rechtmäßigem Fehlen von schriftlichem oder elektronischem, schriftlich oder elektronisch bestätigtem VA (i.d.R. jedenfalls zunächst bei Maßnahmen i.S.d. § 80 Abs. 2 S. 1 Nr. 2 VwGO);
- eingehalten bei Begründung bei schriftlichem oder elektronischem, schriftlich oder elektronisch bestätigtem VA und bei Nichtvorliegen eines Ausnahmegrundes i.S.v. § 39 Abs. 2 VwVfG NRW;
- eingehalten bei Ausnahmegrund nach § 39 Abs. 2 VwVfG NRW, insbesondere wegen bekannter oder erkennbarer Sach- und Rechtslage gemäß § 39 Abs. 2 Nr. 2 Var. 1 oder 2 VwVfG NRW;

Prinzip des rechtsstaatlichen Verfahrens ein strenger Maßstab anzulegen (vgl. Kopp/Ramsauer, VwVfG, 12. Aufl. 2011, § 28 Rn. 3 und Rn. 46 m.w.N.).".

- sonst eingehalten oder nicht eingehalten bei Anhaltspunkten / Fehlen entgegenstehender Anhaltspunkte.

Art. 13 Abs. 2-7 GG: „Im Übrigen“ können – insbesondere bei Fehlen von verfassungsmäßigen einfachgesetzlichen Konkretisierungen von Art. 13 Abs. 2-7 GG – Art. 13 Abs. 2-7 GG alternativ direkt anwendbare Rechtsgrundlagen mit Rechtmäßigkeitsvoraussetzungen bilden.

(ERG Verfahren)

Ergebnis kann allgemein sein: Verfahrensrechtmäßigkeit oder Verfahrensrechtswidrigkeit der Maßnahme.

B. Formelle Rechtmäßigkeit (FR) III. Form (F)

(VOR/DEF)

Form ist normiertes Wie der Rechtsfolgesetzung – schriftlich, elektronisch, mündlich oder in anderer Weise.

(SUB/ERG)

Im konkreten Fall (alternativ)

- ist bei Fehlen von VA § 37 Abs. 2-6 VwVfG NRW unanwendbar.
- ist bei Fehlen von VA und Fehlen speziellerer Formrechtsnormen Formfreiheit gegeben.
- ist bei VA und Fehlen speziellerer Formrechtsnormen anwendbar: § 37 Abs. 2 bis 6 VwVfG NRW.
- kann gemäß § 37 Abs. 2 S. 1 VwVfG NRW der VA schriftlich, elektronisch, mündlich oder in anderer Weise erlassen werden.
- braucht gemäß § 37 Abs. 2 S. 2 VwVfG NRW der mündliche VA schriftlich oder elektronisch nicht bestätigt zu werden, wenn hieran kein berechtigtes Interesse besteht und der Betroffene dies nicht unverzüglich verlangt.

Ergebnis kann allgemein sein: Formrechtmäßigkeit oder Formrechtswidrigkeit der Maßnahme.

C. Materielle Rechtmäßigkeit (MR) I. Tatbestand (Tb) / Tatbestandsvoraussetzungen (TBV)

(VOR/DEF)

Tatbestand ist das Gesamt der (materiell-rechtlichen) Rechtsfolge(setzungs)bedingungen. / **Tatbestandsvoraussetzungen** sind materiell-rechtliche Rechtsfolgesetzungsbedingungen.

1. TBV aus § 15c Abs. 1 PolG NRW für Körperkamera-DE/DS (alternativ) außerhalb von Wohnungen[384]

(VOR)

a) § 15c Abs. 1 S. 1 PolG NRW: Erfolgen der Körperkamera-DE/DS bei Gefahrenabwehr- oder Tatverdachtsverfolgungsmaßnahme

Gemäß § 15c Abs. 1 S. 1 PolG NRW ist Voraussetzung, dass die Körperkamera-DE/DS „bei der Durchführung" einer Maßnahme „zur Gefahrenabwehr" oder „zur Verfolgung von Straftaten oder Ordnungswidrigkeiten" erfolgt.

(DEF)

Bei ist zeitlich während der Durchführung der Maßnahme.

Maßnahme zur Gefahrenabwehr und **zur Verfolgung von Straftaten** oder **Ordnungswidrigkeiten** ist jede einzelne Maßnahme aufgrund eines Gefahrenabwehrgesetzes oder eines Strafverfolgungsgesetzes oder eines Ordnungswidrigkeitengesetzes unabhängig von deren Rechtmäßigkeit; und ist zu unterscheiden von der §-15c-PolG-NRW-Maßnahme (Körperkamera-DE/DS) selbst.

(SUB/ERG)

Im konkreten Fall erfolgt die Maßnahme nach § 15c Abs. 1 S. 1 PolG NRW (alternativ)

---

384 Vgl. BVerfGE 32, 54, Ls. 1, 69-72 (Betriebsbetretungsrecht) = BVerfG, Beschluss des Ersten Senats vom 13.10.1971 – 1 BvR 280/66, Ls. 1: „Der Begriff ‚**Wohnung**' in Art. 13 Abs. 1 GG ist weit auszulegen; er umfaßt auch Arbeits-, Betriebs- und Geschäftsräume."; vgl. auch § 41 Abs. 1 S. 2 PolG NRW; vgl. auch Nr. 40.03 VVPolG NRW: „Für die **Durchsuchung von Sachen im befriedeten Besitztum** gelten die §§ 41 und 42."; Nr. 41.13 VVPolG NRW: „Die Durchsuchung einer Wohnung hat sich auf Anlass und Zweck der Durchsuchung zu beschränken. Befinden sich in der Wohnung Personen, die durchsucht werden sollen, ist hierfür § 39 maßgebend. Sollen in einer Wohnung Sachen durchsucht werden, die nicht den Wohnungsinhabern gehören, ist § 40 einschlägig."; vgl. auch Nr. 40.12 VVPolG NRW: „Sollen bewegliche Sachen, die Wohnungen sind (vgl. RdNr. 41.11), betreten oder durchsucht werden, richten sich die Maßnahmen nach § 41.", vgl. auch Nr. 41.11 VVPolG NRW: „Es ist zu beachten: Wohnungen i.S.d. § 41 Abs. 1 Satz 2 sind auch die zu Wohnzwecken genutzten beweglichen Sachen wie Schiffe, Wohnwagen, Wohnmobile und Zelte. Inhaber einer Wohnung ist, wer rechtmäßig die tatsächliche Gewalt über die Räumlichkeit ausübt, somit z.B. auch Mieter, Untermieter oder Hotelgast. Bei Gemeinschaftsunterkünften, Internaten und Obdachlosenasylen sind nur die Leiterinnen und Leiter Inhaber. Die **Befugnis zum Betreten einer Wohnung** schließt die Befugnis ein, von Personen, Sachen und Zuständen, die ohne weiteres wahrgenommen werden können, **Kenntnis** zu nehmen. Soweit es für die Erfüllung der polizeilichen Aufgaben erforderlich ist, umfasst das **Betretungsrecht** bei Grundstücken auch das **Recht zum Befahren mit Fahrzeugen**.", vgl. auch Nr. 41.13 VVPolG NRW: „Die Durchsuchung einer Wohnung hat sich auf Anlass und Zweck der Durchsuchung zu beschränken. Befinden sich in der Wohnung Personen, die durchsucht werden sollen, ist hierfür § 39 maßgebend. Sollen in einer Wohnung Sachen durchsucht werden, die nicht den Wohnungsinhabern gehören, ist § 40 einschlägig.".

- bei Durchführung von einer Maßnahme zur Gefahrenabwehr oder zur Verfolgung von Straftaten oder Ordnungswidrigkeiten.
- nicht bei Durchführung von einer Maßnahme zur Gefahrenabwehr oder zur Verfolgung von Straftaten oder Ordnungswidrigkeiten.

(VOR)

b) § 15c Abs. 1 S. 1 PolG NRW: Tatsachen konkreter Gefahr für Leib oder Leben

Gemäß § 15c Abs. 1 S. 1 PolG NRW ist Voraussetzung, dass Tatsachen vorliegen, die die Annahme rechtfertigen, dass die offene Bild- und Tonaufzeichnung mittels körpernah getragenen Aufnahmegeräts zum Schutz von PVB oder Dritten gegen eine konkrete Gefahr für Leib oder Leben erforderlich ist.

Vgl. auch: 15c.11 VVPolG NRW: „Der Einsatz eines körpernah getragenen Aufnahmegerätes, sog. Bodycam, setzt ein konkretes Tatsachengeschehen voraus, welches den Schluss darauf zulässt, dass Bild- und Tonaufzeichnungen zum Schutz von Polizeivollzugsbeamtinnen und Polizeivollzugsbeamten oder Dritten gegen eine konkrete Gefahr für Leib oder Leben erforderlich sind. Erforderlich ist das Vorliegen von Informationen, die sich auf einen konkreten Sachverhalt beziehen. Allgemeines Erfahrungswissen reicht nicht aus.“

Vgl. auch 15c 12 VVPolG NRW: „§ 15 c Abs. 1 erfordert zudem das Vorliegen einer konkreten Gefahr i. S. d. § 8 Absatz 1 PolG NRW. Diese setzt voraus, dass auf Grund der Gesamtumstände in Bezug auf Ort, Zeit, Personen, Verhalten im Einzelfall ein Schadenseintritt wahrscheinlich ist [Quellenangabe].“

(DEF)

Tatsachen sind alle wahrnehmbaren, auf einen einzelnen Fall bezogenen Dinge, nicht: hypothetische Erwägungen, reine Spekulationen, fallunabhängige Vermutungen.

Konkrete Gefahr ist eine Sachlage im einzelnen Fall, die bei ungehindertem Geschehensverlauf in absehbarer Zeit mit hinreichender Wahrscheinlichkeit zu einem Schaden für ein rechtliches Schutzgut führt.

Schaden für ein rechtliches Schutzgut ist jede nachteilige Beeinträchtigung eines bestimmten Schutzguts.

Schutzgüter sind gemäß § 15c Abs. 1 PolG NRW Leib oder Leben (von PVB oder Dritten, damit letztlich von jedem Menschen).

Leib betrifft die körperliche Unversehrtheit im Sinne von Art. 2 Abs. 2 S. 1 Alt. 2 GG. **Leben** ist biologisch-physische Existenz, Todesfreiheit im Sinne von Art 2 Abs. 2 S. 1 Alt. 1 GG.

(SUB)

Unter Auslegung des Sachverhalts und unter Anwendung des differenzierten Wahrscheinlichkeitsmaßstabs führt ohne die Körperkamera-DE/DS ungehinderter Geschehensverlauf in absehbarer Zeit mit hinreichender Wahrscheinlichkeit (alternativ: nicht) zu einem Schaden für Leib oder Leben von PVB oder Dritten.

(ERG)

Im konkreten Fall ist (alternativ)

- gemäß § 15c Abs. 1 S. 1 PolG NRW eine konkrete Gefahr für Leib oder Leben von PVB oder Dritten gegeben.
- nicht gemäß § 15c Abs. 1 S. 1 PolG NRW eine konkrete Gefahr für Leib oder Leben von PVB gegeben.

2. TBV aus § 15c Abs. 2 PolG NRW für Körperkamera-DE/DS (alternativ) in Wohnungen[385]

(VOR)

a) § 15c Abs. 2 S. 1 PolG NRW: Erfolgen der Körperkamera-DE/DS bei Gefahrenabwehr- oder Tatverdachtsverfolgungsmaßnahme

Gemäß § 15c Abs. 2 S. 1 PolG NRW ist Voraussetzung, dass die Körperkamera-DE/DS „bei der Durchführung“ einer Maßnahme „zur Gefahrenabwehr“ oder „zur Verfolgung von Straftaten oder Ordnungswidrigkeiten“ erfolgt.

(DEF)

Bei ist Zeit während der Durchführung der Maßnahme.

Maßnahme zur Gefahrenabwehr oder **zur Verfolgung von Straftaten** oder **Ordnungswidrigkeiten** ist jede Maßnahme aufgrund eines Gefahrenabwehrgesetzes oder eines Strafverfolgungsgesetzes oder eines Ordnungswidrigkeitengesetzes unabhängig von deren Rechtmä-

---

385 Vgl. BVerfGE 32, 54, Ls. 1, 69-72 (Betriebsbetretungsrecht) = BVerfG, Beschluss des Ersten Senats vom 13.10.1971 – 1 BvR 280/66, Ls. 1: „Der Begriff ‚**Wohnung**‘ in Art. 13 Abs. 1 GG ist weit auszulegen; er umfaßt auch Arbeits-, Betriebs- und Geschäftsräume.“; vgl. auch § 41 Abs. 1 S. 2 PolG NRW; vgl. auch Nr. 40.03 VVPolG NRW: „Für die **Durchsuchung von Sachen im befriedeten Besitztum** gelten die §§ 41 und 42.“; Nr. 41.13 VVPolG NRW: „Die Durchsuchung einer Wohnung hat sich auf Anlass und Zweck der Durchsuchung zu beschränken. Befinden sich in der Wohnung Personen, die durchsucht werden sollen, ist hierfür § 39 maßgebend. Sollen in einer Wohnung Sachen durchsucht werden, die nicht den Wohnungsinhabern gehören, ist § 40 einschlägig.“; vgl. auch Nr. 40.12 VVPolG NRW: „Sollen bewegliche Sachen, die Wohnungen sind (vgl. RdNr. 41.11), betreten oder durchsucht werden, richten sich die Maßnahmen nach § 41.“, vgl. auch Nr. 41.11 VVPolG NRW: „Es ist zu beachten: Wohnungen i.S.d. § 41 Abs. 1 Satz 2 sind auch die zu Wohnzwecken genutzten beweglichen Sachen wie Schiffe, Wohnwagen, Wohnmobile und Zelte. Inhaber einer Wohnung ist, wer rechtmäßig die tatsächliche Gewalt über die Räumlichkeit ausübt, somit z.B. auch Mieter, Untermieter oder Hotelgast. Bei Gemeinschaftsunterkünften, Internaten und Obdachlosenasylen sind nur die Leiterinnen und Leiter Inhaber. Die **Befugnis zum Betreten einer Wohnung** schließt die Befugnis ein, von Personen, Sachen und Zuständen, die ohne weiteres wahrgenommen werden können, **Kenntnis** zu nehmen. Soweit es für die Erfüllung der polizeilichen Aufgaben erforderlich ist, umfasst das **Betretungsrecht** bei Grundstücken auch das **Recht zum Befahren mit Fahrzeugen**.“, vgl. auch Nr. 41.13 VVPolG NRW: „Die Durchsuchung einer Wohnung hat sich auf Anlass und Zweck der Durchsuchung zu beschränken. Befinden sich in der Wohnung Personen, die durchsucht werden sollen, ist hierfür § 39 maßgebend. Sollen in einer Wohnung Sachen durchsucht werden, die nicht den Wohnungsinhabern gehören, ist § 40 einschlägig.“.

ßigkeit; und ist zu unterscheiden von der §-15c-PolG-NRW-Maßnahme (Körperkamera-DE/DS) selbst.

(SUB/ERG)

Im konkreten Fall erfolgt die Maßnahme nach § 15c Abs. 2 S. 1 PolG NRW (alternativ)

- bei Durchführung von einer Maßnahme zur Gefahrenabwehr oder zur Verfolgung von Straftaten oder Ordnungswidrigkeiten.
- nicht bei Durchführung von einer Maßnahme zur Gefahrenabwehr oder zur Verfolgung von Straftaten oder Ordnungswidrigkeiten.

(VOR)

b) § 15c Abs. 2 S. 1 PolG NRW: Tatsachen dringender Gefahr für Leib oder Leben

Gemäß § 15c Abs. 2 S. 1 PolG NRW ist Voraussetzung, dass Tatsachen vorliegen, die die Annahme rechtfertigen, dass die offene Bild- und Tonaufzeichnung mittels körpernah getragenen Aufnahmegeräts zum Schutz von PVB oder Dritten gegen eine dringende Gefahr für Leib oder Leben erforderlich ist.[386]

(DEF)

Dringende Gefahr ist eine Sachlage im einzelnen Fall, die bei ungehindertem Geschehensverlauf in allernächster Zeit mit hinreichender Wahrscheinlichkeit zu einem Schaden für ein bedeutendes Schutzgut führt.[387] **Bedeutendes Schutzgut** sind i.d.R. Leib, Leben, Freiheit, Sicherheit im Staat.

Schaden für ein rechtliches Schutzgut ist jede nachteilige Beeinträchtigung eines bestimmten Schutzguts.

Schutzgüter sind gemäß § 15c Abs. 2 PolG NRW Leib oder Leben (von PVB oder Dritten, also letztlich jedem Menschen).

Leib betrifft die körperliche Unversehrtheit im Sinne von Art. 2 Abs. 2 S. 1 Alt. 2 GG. **Leben** ist biologisch-physische Existenz, Todesfreiheit im Sinne von Art. 2 Abs. 2 S. 1 Alt. 1 GG.

(SUB)

---

386 Vgl. Nr. 15c.21 VVPolG NRW: „Der Einsatz in Wohnungen setzt eine erhöhte Gefahrenschwelle voraus. Er dient der Verhütung einer dringenden Gefahr. Als **Wohnung** sind alle Räume einzustufen, die der allgemeinen Zugänglichkeit durch eine räumliche Abschottung entzogen und zur Stätte privaten Lebens und Wirkens gemacht sind, also auch zur Wohnung gehörende Nebenräume, Gastzimmer, Krankenzimmer, Arbeits-, Betriebs- und Geschäftsräume; nicht hierunter fallen der Öffentlichkeit zugängliche Räume, wie Verkaufsräume oder Sportstadien soweit und solange sie öffentlich zugänglich sind [Quellenangabe].“.

387 Vgl. § 2 Nr. 3d BremPolG; § 2 Nr. 4 NPOG; § 4 Nr. 3d SächsPVDG; § 3 Nr. 3d SOG LSA; vgl. auch Nr. 15c.22 VVPolG NRW: „Eine dringende Gefahr ist dann zu bejahen, wenn eine Gefahr für ein wichtiges Rechtsgut, mit hinreichender Wahrscheinlichkeit in allernächster Zukunft eintreten wird [Quellenangabe]. Auf Grund der häufig eingeschränkten Einschätzbarkeit der Gesamtumstände kommt dem zeitlichen Aspekt ein besonderes Gewicht zu.“.

Unter Auslegung des Sachverhalts und unter Anwendung des Wahrscheinlichkeitsmaßstabs führt ohne die Körperkamera-DE/DS ungehinderter Geschehensverlauf in allernächster Zeit mit hinreichender Wahrscheinlichkeit (alternativ: nicht) zu einem Schaden für Leib oder Leben von PVB oder Dritten.

(ERG)

Im konkreten Fall ist (alternativ)

- gemäß § 15c Abs. 2 S. 1 PolG NRW eine dringende Gefahr für Leib oder Leben von PVB oder Dritten gegeben.
- nicht gemäß § 15c Abs. 2 S. 1 PolG NRW eine dringende Gefahr für Leib oder Leben von PVB gegeben.

3. (Negative) TBV aus § 15c Abs. 3 S. 3 PolG NRW für Körperkamera-DE/DS (kumulativ) in und außerhalb von Wohnungen

(VOR)

Gemäß § 15c Abs. 3 S. 3 PolG NRW sind Aufzeichnungen unzulässig in Bereichen, die der Ausübung von Tätigkeiten von Berufsgeheimnisträgern nach §§ 53 und 53a StPO dienen.

(DEF)

Bereiche, die der Ausübung von Tätigkeiten von Berufsgeheimnisträgern dienen nach § 15c Abs. 3 S. 3 PolG NRW sind „Räumlichkeiten, die der regelmäßigen Tätigkeit von Berufsgeheimnisträgern im Sinne der §§ 53 und 53a der Strafprozessordnung dienen (Kanzleien, Praxen, Beratungsstellen, Abgeordnetenbüros). Hiervon zu unterscheiden sind Örtlichkeiten, die der Tätigkeit von Berufsgeheimnisträgern dienen könnten (Bsp.: Wohnung eines Rechtsanwalts) und in denen eine Aufzeichnung zulässig ist.“[388]

(SUB/ERG)

§ 15c Abs. 3 S. 3 PolG NRW ist (alternativ)

- erfüllt durch Unterlassen von Aufzeichnungen in Bereichen, die der Ausübung von Tätigkeiten von Berufsgeheimnisträgern nach §§ 53 und 53a StPO dienen.
- nicht erfüllt durch Aufzeichnungen in Bereichen, die der Ausübung von Tätigkeiten von Berufsgeheimnisträgern nach §§ 53 und 53a StPO dienen.

---

[388] Nr. 15c.32 VVPolG NRW.

4. (Negative) TBV aus § 16 PolG NRW für die Körperkamera-DE/DS bzgl. Daten, die dem Kernbereich privater Lebensgestaltung zuzurechnen sind (kumulativ) in und außerhalb von Wohnungen

(VOR)

Gemäß § 16 Abs. 1 PolG NRW ist die Erhebung personenbezogener Daten, die dem Kernbereich privater Lebensgestaltung zuzurechnen sind, unzulässig, vgl. auch § 16 Abs. 5 PolG NRW und die BVerfG-Rechtsprechung i.V.m. § 31 BVerfGG.

Gemäß § 15c Abs. 5 S. 1 PolG NRW ist die Aufzeichnung personenbezogener Daten, die dem Kernbereich privater Lebensgestaltung zuzurechnen sind, unzulässig. Gemäß § 15c Abs. 5 S. 1 PolG NRW ist der Aufzeichnungsvorgang **unverzüglich** (§ 121 Abs. 1 S. 1 BGB) zu unterbrechen, sofern sich während der Aufzeichnung tatsächliche Anhaltspunkte dafür ergeben, dass Daten, die dem Kernbereich privater Lebensgestaltung zuzurechnen sind, erfasst werden.

(DEF)

Kernbereich privater Lebensgestaltung ist der höchtspersönliche private Lebensbereich mit der Möglichkeit, innere Vorgänge wie Empfindungen und Gefühle sowie Überlegungen, Ansichten und Erlebnisse höchstpersönlicher Art ohne Angst vor staatlicher Überwachung zum Ausdruck zu bringen; umfasst sind auch Gefühlsäußerungen, Äußerungen des unbewussten Erlebens sowie Ausdrucksformen der Sexualität; wobei das Gegebensein von Daten aus dem Kernbereich privater Lebensgestaltung situationsbedingt und im Einzelfall anhand von Kommunikationsinhalten und -umständen (besonderes Vertrauensverhältnis der kommunizierenden Personen, Ort, erkennbarer Geheimhaltungswille) zu beurteilen ist und Kommunikationsinhalte höchstpersönlicher Art insbesondere sein können:

- Gespräche mit Vertrauenspersonen bzw. engsten Familienangehörigen über existenzielle Fragen (z. B. Todesangst, Suizidgedanken), über schwere physische oder psychische Erkrankungen sowie über privateste familiäre Angelegenheiten (z. B. Abtreibung, Enterbung) sowie die Äußerung tief empfundener Emotionen;
- verbale und nonverbale Äußerungen des Intimlebens (intensive Liebesbezeugungen und Ausdrucksformen der Sexualität);
- vertrauliche Gespräche mit Berufsgeheimnisträgern, wobei grundsätzlich allen Berufsgeheimnisträgern gleicher Schutz zukommt, vgl. insoweit auch § 15c Abs. 3 PolG NRW, § 16 Abs. 5 PolG NRW, § 100d Abs. 5 StPO, § 160a StPO.

Gespräche mit engsten Vertrauten, die Angaben über polizeilich abzuwehrende Gefahren enthalten, gehören schon ihrem Inhalt nach grundsätzlich nicht zu dem unantastbaren Kernbereich privater Lebensgestaltung, und führen daher nicht zur Unterbrechung, denn hinreichender Sozialbezug zur Öffentlichkeitssphäre besteht jedenfalls bei Äußerungen, die sich unmittelbar auf eine konkrete Gefahr beziehen, insbesondere wenn die kommunizierenden Personen für die Gefahren verantwortlich sind.[389]

---

[389] Zum **Kernbereich privater Lebensgestaltung**: vgl. Nr. 16 VVPolG NRW; vgl. auch § 15c Abs. 5, 6, 8 PolG NRW und Nr. 15c.5 VVPolG NRW; § 100d StPO; vgl. Bundestags-Drucksache 13/9660, S. 4; BVerfGE 109, 279, 313 f., 319, 324 (akustische Wohnraumüberwachung/„Großer Lauschangriff") = BVerfG, Urteil des Ersten Senats vom 03.03.2004 – 1 BvR 2378/98; vgl. auch BVerfGE 6, 32, 41; 6, 389, 433; 27, 1, 6 ff.; 32, 373, 379; 80, 367, 376 ff.; 101, 361, 382 ff.; 141, 220, Ls. 1. a), Rn. 120-126;

(SUB/ERG)

Im konkreten Fall sind die Voraussetzungen des § 16 Abs. 1, 5 PolG NRW und des § 15c Abs. 5 S. 1, 2 PolG NRW (alternativ)

- erfüllt bei entsprechenden Anhaltspunkten / bei Fehlen entgegenstehender Anhaltspunkte.
- nicht erfüllt bei entsprechenden Anhaltspunkten / bei Fehlen entgegenstehender Anhaltspunkte.

Art. 13 Abs. 2-7 GG: „Im Übrigen" können – insbesondere bei Fehlen von verfassungsmäßigen einfachgesetzlichen Konkretisierungen von Art. 13 Abs. 2-7 GG – Art. 13 Abs. 2-7 GG alternativ direkt anwendbare Rechtsgrundlagen mit Rechtmäßigkeitsvoraussetzungen bilden.

BVerfG, Urteil des Ersten Senats vom 19.05.2020 – 1 BvR 2835/17 (Ausland-Ausland-Fernmeldeaufklärung nach BNDG), Rn. 199-207; BVerfGE 141, 220, 276-278 (BKAG) = BVerfG, Urteil des Ersten Senats vom 20.04.2016 – 1 BvR 966/09 –, C. IV. 3. a) b), Rn. 121-123: „Zur Entfaltung der Persönlichkeit im **Kernbereich privater Lebensgestaltung** gehört die Möglichkeit, innere Vorgänge wie Empfindungen und Gefühle sowie Überlegungen, Ansichten und Erlebnisse höchstpersönlicher Art zum Ausdruck zu bringen (vgl. BVerfGE 109, 279 <313>; 120, 274 <335>; stRspr). Geschützt ist insbesondere die nichtöffentliche Kommunikation mit Personen des höchstpersönlichen Vertrauens, die in der berechtigten Annahme geführt wird, nicht überwacht zu werden, wie es insbesondere bei Gesprächen im Bereich der Wohnung der Fall ist. Zu diesen Personen gehören insbesondere Ehe- oder Lebenspartner, Geschwister und Verwandte in gerader Linie, vor allem, wenn sie im selben Haushalt leben, und können Strafverteidiger, Ärzte, Geistliche und enge persönliche Freunde zählen (vgl. BVerfGE 109, 279 <321 ff.>). Dieser Kreis deckt sich nur teilweise mit dem der Zeugnisverweigerungsberechtigten. Solche Gespräche verlieren dabei nicht schon dadurch ihren Charakter als insgesamt höchstpersönlich, dass sich in ihnen Höchstpersönliches und Alltägliches vermischen (vgl. BVerfGE 109, 279 <330>; 113, 348 <391 f.>). Demgegenüber ist die Kommunikation unmittelbar über Straftaten nicht geschützt, selbst wenn sie auch Höchstpersönliches zum Gegenstand hat. Die Besprechung und Planung von Straftaten gehört ihrem Inhalt nach nicht zum Kernbereich privater Lebensgestaltung, sondern hat Sozialbezug (vgl. BVerfGE 80, 367 <375>; 109, 279 <319 f., 328>; 113, 348 <391>). Dies bedeutet freilich nicht, dass der Kernbereich unter einem allgemeinen Abwägungsvorbehalt in Bezug auf öffentliche Sicherheitsinteressen steht. Ein höchstpersönliches Gespräch fällt nicht schon dadurch aus dem Kernbereich privater Lebensgestaltung heraus, dass es für die Aufklärung von Straftaten oder Gefahren hilfreiche Aufschlüsse geben kann. Aufzeichnungen oder Äußerungen im Zwiegespräch, die zum Beispiel ausschließlich innere Eindrücke und Gefühle wiedergeben und keine Hinweise auf konkrete Straftaten enthalten, gewinnen nicht schon dadurch einen Gemeinschaftsbezug, dass sie Ursachen oder Beweggründe eines strafbaren Verhaltens freizulegen vermögen (vgl. BVerfGE 109, 279 <319>). Auch können trotz Straftatenbezugs Situationen, in denen Einzelnen gerade ermöglicht werden soll, ein Fehlverhalten einzugestehen oder sich auf dessen Folgen einzurichten, wie Beichtgespräche oder vertrauliche Gespräche mit einem Psychotherapeuten oder einem Strafverteidiger, der höchstpersönlichen Privatsphäre unterfallen, die dem Staat absolut entzogen ist (vgl. BVerfGE 109, 279 <322>). Ein hinreichender Sozialbezug besteht demgegenüber dann, wenn Gespräche - auch mit Vertrauenspersonen - sonst unmittelbar Straftaten zu ihrem Gegenstand haben (vgl. BVerfGE 109, 279 <319>). Der Kernbereich privater Lebensgestaltung beansprucht gegenüber allen Überwachungsmaßnahmen Beachtung. Können sie typischerweise zur Erhebung kernbereichsrelevanter Daten führen, muss der Gesetzgeber Regelungen schaffen, die einen wirksamen Schutz normenklar gewährleisten (vgl. BVerfGE 109, 279 <318 f.>; 113, 348 <390 f.>; 120, 274 <335 ff.>). Außerhalb solch verletzungsgeneigter Befugnisse bedarf es eigener Regelungen nicht. Grenzen, die sich im Einzelfall auch hier gegenüber einem Zugriff auf höchstpersönliche Informationen ergeben können, sind bei deren Anwendung unmittelbar von Verfassungs wegen zu beachten.".

C. Materielle Rechtmäßigkeit (MR) II. Inanspruchnahme (In) / Inanspruchnahmevoraussetzungen (Inv)

(VOR/DEF)

Inanspruchnahmevoraussetzungen sind materiell-rechtliche Bedingungen für richtige Inanspruchnahme.

Inanspruchnahme ist Adressierung und sonstiges Betroffenmachen; **Adressierung** ist direktes Bestimmen oder finales Richten einer Maßnahme an einen Grundrechtsträger, vgl. §§ 41 Abs. 1 S. 1, 43 Abs. 1 S. 1 VwVfG NRW.

Nach § 15c PolG NRW, der sich nicht abschließend speziell zur Inanspruchnahme verhält, ist Inanspruchnahme grundsätzlich richtig gegen eine „betroffene Person", vgl. § 15c Abs. 3 S. 1 PolG NRW, und zwar wie folgt (in alternativer Anwendbarkeit je nach Erfüllung der Voraussetzungen):

- § 15c Abs. 1 PolG NRW (Körper-Kamera-DE/DS außerhalb von Wohnung) i.V.m. § 4 PolG NRW oder § 5 PolG NRW oder § 6 PolG NRW.
- § 15c Abs. 2 PolG NRW (Körper-Kamera-DE/DS in Wohnung) i.V.m. § 4 PolG NRW oder § 5 PolG NRW oder § 6 PolG NRW.
- § 15c Abs. 1 S. 2 PolG NRW (Körper-Kamera-DE/DS außerhalb von Wohnung): Die Erhebung personenbezogener Daten kann auch dann erfolgen, wenn Dritte unvermeidbar betroffen sind.
- § 15c Abs. 2 S. 3 PolG NRW (Körper-Kamera-DE/DS in Wohnung): (§ 15c) Absatz 1 Satz 2 (PolG NRW) gilt entsprechend, also kann die Erhebung personenbezogener Daten kann auch dann erfolgen, wenn Dritte unvermeidbar betroffen sind.

(SUB/ERG)

Im konkreten Fall ist mit der Körperkamera-DE/DS die Person (alternativ)

- richtigerweise adressiert oder richtigerweise sonst in Anspruch genommen.
- nicht richtigerweise adressiert oder nicht richtigerweise sonst in Anspruch genommen.

C. Materielle Rechtmäßigkeit (MR) III. Rechtsfolge (Rf) / Rechtsfolgevoraussetzungen (RfV)

(VOR/DEF)

Rechtsfolge ist rechtliche Folge aus dem Tatbestand. / **Rechtsfolgevoraussetzungen** sind materiell-rechtliche Rechtsfolgegestaltungsbedingungen.

C. Materielle Rechtmäßigkeit (MR) III. Rechtsfolge (Rf) 1. Tatsächliche und rechtliche Möglichkeit (TurM)

(VOR/DEF)

Tatsächliche und rechtliche Möglichkeit betrifft Fälle wie aus § 44 Abs. 2 Nr. 4-6 VwVfG NRW.

(SUB/ERG)

Tatsächliche und rechtliche Möglichkeit ist im konkreten Fall gegeben/nicht gegeben aufgrund Vorliegens/Nichtvorliegens von kognitiven, körperlichen, normativen, technischen Unmöglichkeiten.

Tatsächliche Unmöglichkeiten können sich insbesondere ergeben aus persönlichen oder örtlichen Umständen, etwa dem Aufenthalt einer Zielperson (= Adressat) an einem Ort, von dem aus oder an dem zur maßgeblichen Zeit nicht Datenerhebung und nicht Datenaufzeichnung mittels Körperkamera erfolgen kann und das Hindernis auch nicht durch Aufenthalts- oder Bewegungsverfügung an die Zielperson (= Adressat) oder Verfügung an Dritte beseitigt werden kann.

Rechtliche Unmöglichkeiten können sich insbesondere ergeben aus Rechtsnormen wie § 16 PolG NRW.

C. Materielle Rechtmäßigkeit (MR) III. Rechtsfolge (Rf) 2. Bestimmtheit (Bsh)

(VOR/DEF)

Bestimmtheit ist Maßnahmenerkennbarkeit und Maßnahmenverstehbarkeit, bei VA und Realakten Gebot nach Art. 20 Abs. 3 GG, bei VA Pflicht auch gemäß § 37 Abs. 1 VwVfG NRW.

(SUB/ERG)

Inhaltlich hinreichende Bestimmtheit i.S.d. § 37 Abs. 1 VwVfG NRW/Art. 20 Abs. 3 GG ist allgemein gegeben, wenn nach Auslegung der Maßnahme der Empfänger wie jeder vernünftige Dritte, §§ 133, 157 BGB analog, in der konkreten Situation deren Inhalt hinreichend erkennen und verstehen kann.

C. Materielle Rechtmäßigkeit (MR) III. Rechtsfolge (Rf) 3. Ermessen (Erm)

(VOR/DEF)

Ermessen[390] ist Entscheidungsspielraum auf der Rechtsfolgenseite bzgl. rechtsfehlerfreier Ausübung von Einschreit-Entschließung (Ob), Adressaten-Auswahl (Wer), Maßnahmen-Gestaltung (Wie), grundsätzlich gegeben durch § 15c Abs. 1 S. 1 W. 3 PolG NRW, § 3 PolG NRW; bei VA auch: § 40 VwVfG NRW.

(SUB/ERG)

Der gegebene Entscheidungsspielraum wird aufgrund von entsprechenden Anhaltspunkten/in Ermangelung entgegenstehender Anhaltspunkte ohne Ermessensfehler/mit Ermessensfehlern (Ermessensunterschreitung, Ermessensüberschreitung, Ermessensfehlgebrauch) ausgeübt bzgl. folgender Ermessensarten:

a) Entschließungsermessen:

Das Entschließungsermessen kann im konkreten Fall sogar gegen / auf Null reduziert sein, insbesondere wegen:

- Einschreitmöglichkeit;
- Erheblichkeitsgrad von Gefährdungen, z.B. konkreter (dringender, erheblicher, gegenwärtiger) Gefahr.

b) Auswahlermessen:

siehe C. II.: Auswahlermessen wird abschließend beurteilt i.V.m. Punkt C. II. (Inanspruchnahme).

c) Gestaltungsermessen:

siehe C. III. 4.: Gestaltungsermessen, § 3 Abs. 2 PolG NRW (Austauschmittel), wird abschließend beurteilt i.V.m. Punkt C. III. 4. (VHM).

C. Materielle Rechtmäßigkeit (MR) III. Rechtsfolge (Rf) 4. Verhältnismäßigkeit (VHM)

(VOR/DEF)

Verhältnismäßigkeit ist Geeignetheit, Erforderlichkeit, Angemessenheit zu legitimem Zweck.

(VOR/DEF)

a) Legitimer Zweck ist verfassungsgemäßer Zweck, bei § 15c PolG NRW i.d.R. verfassungsgemäße Abwehr einer Gefahr bzw. von Schaden für Personenrechte aus Art. 2 Abs. 2 S.

---

390 Zum Ermessen einschließlich Rechtsnatur, Ermessensarten, Ermessensreduzierungen, Ermessensfehlern, Maßnahmenansprüchen mit Beispielen siehe auch: *Basten*, Eingriffsrecht der Polizei in Nordrhein-Westfalen, Band 1, S. 271-283.

1 Alt. 1 und 2 GG, vgl. auch § 9 Abs. 7 PolG NRW (Datenerhebung nur zu bestimmten oder bestimmbaren Zwecken).

(SUB/ERG)

Im konkreten Fall erfolgt die Körperkamera-DE/DS (alternativ)

- zum legitimen Zweck des Schutzes von Polizeivollzugsbeamtinnen und Polizeivollzugsbeamten oder Dritten gegen eine konkrete Gefahr/dringende Gefahr für Leib oder Leben.
- nicht zu einem legitimen Zweck.

(VOR/DEF)

b) Geeignetheit ist Zweckförderungstauglichkeit, vgl. auch § 2 Abs. 3 PolG NRW.

(SUB/ERG)

Im konkreten Fall ist die Körperkamera-DE/DS (alternativ)

- geeignet, insbesondere durch Deeskalationspotentiale („Abschreckung durch erkennbare oder mitgeteilte Aufnahme und Aufzeichnung").
- nicht geeignet, insbesondere bei Eskalationspotentialen und Verunsicherungspotentialen („Aggressionssteigerung durch erkennbare oder mitgeteilte Aufnahme und Aufzeichnung").

(VOR/DEF)

c) Erforderlichkeit ist Nichtverfügbarkeit eines milderen (Übermaßverbot), gleich geeigneten (Untermaßverbot) Mittels zur Zweckförderung, vgl. § 15c Abs. 1 S. 1 PolG NRW („erforderlich"), vgl. auch § 9 Abs. 1 S. 2 i.V.m. § 22a PolG NRW, vgl. auch § 2 Abs. 1 PolG NRW.

Personenbezogenes Datum besonderer Kategorie ist eines im Sinne des § 36 Nr. 18 DSG NRW.

Unbedingte Erforderlichkeit ist Nichtverfügbarkeit eines milderen, gleich geeigneten Mittels zur Zweckförderung – bis hin zum Angewiesensein auf das Mittel.

(SUB/ERG)

Im konkreten Fall ist die Körperkamera-DE/DS (alternativ)

- erforderlich, insbesondere im hypothetischen Vergleich mit einerseits generell milderen, jedoch jedenfalls alleine nicht gleich geeigneten Mitteln (Untermaßverbot) wie Gefährderansprache, § 8 Abs. 1 PolG NRW oder Platzverweisung, § 34 PolG NRW (mit etwaiger Folge bloßer Gefahrenortverlagerung) oder Nichtstun oder andererseits (mindestens) gleich geeigneten, generell intensiveren, (noch) nicht notwendigen Mitteln (Übermaßverbot, Interventionsminimumgebot) wie Freiheitsentziehung oder Zwangsmaßnahmen.
- nicht erforderlich.

(VOR/DEF)

d) Angemessenheit ist angemessenes Maß zwischen Zweckförderung für Erhaltungsrechte aus legitimem Zweck und Wirkungen für Eingriffsrechte, vgl. auch § 2 Abs. 2 PolG NRW.

(SUB/ERG)

Im konkreten Fall ist die Körperkamera-DE/DS (alternativ)

- angemessen, insbesondere desto eher bei Datenerhebung und Datenaufzeichnung, je mehr diese zum Schutz gewichtiger Rechte und Rechtsgüter (wie zum Beispiel aus Art. 2 Abs. 2 S. 1 GG, Art. 14 Abs. 1 S. 1 Alt. 1 GG, Art. 20 Abs. 3 GG) erfolgen und desto eher bei Datenerhebung und Datenaufzeichnung in einer Sphäre des allgemeinen Persönlichkeitsrechts aus Art. 2 Abs. 1 i.V.m. Art. 1 Abs. 1 GG, je eher diese Datenerhebung und Datenaufzeichnung in der **Öffentlichkeitssphäre** (Bereich bewusster eigener Zuwendung zur Öffentlichkeit bis hin zum Status als Person des öffentlichen Lebens) erfolgen, also je weiter diese weg sind von der Intimsphäre bzw. dem **Kernbereich privater Lebensgestaltung**[391] oder zumindest je weiter diese weg sind von der **Privatsphäre** (Privatleben, insbesondere häuslicher Bereich, Familie) oder von der **Sozialsphäre** (Sozial- und Wirtschaftsleben, insbesondere im Zusammenhang mit Beruf, Ehrenamt, wirtschaftliche Tätigkeiten).
- nicht angemessen.

(ERG VHM)

Die Maßnahme ist insgesamt i.S.v. § 2 PolG NRW, Art. 20 Abs. 3 GG (alternativ)

- verhältnismäßig.
- unverhältnismäßig.

D. Gesamtergebnis (GErg)

Das offene Anfertigen von Bild- und Tonaufzeichnungen mittels körpernah getragener Aufnahmegeräte (Körperkamera-DE/DS) ist (alternativ)

- gemäß § 15c PolG NRW rechtmäßig.
- wegen Art./§ (bestimmter Rechtsnorm [z.B. Art. 20 Abs. 3 GG; § 16 PolG NRW]) rechtswidrig.

---

391 Vgl. Nr. 15c.51 VVPolG NRW und Nr. 16 VVPolG NRW; vgl. Bundestags-Drucksache 13/9660, S. 4; BVerfGE 109, 279, 313 f., 319, 324 (akustische Wohnraumüberwachung/„Großer Lauschangriff") = BVerfG, Urteil des Ersten Senats vom 03.03.2004 - 1 BvR 2378/98; vgl. auch BVerfGE 6, 32, 41; 6, 389, 433; 27, 1, 6 ff.; 32, 373, 379; 80, 367, 376 ff.; 101, 361, 382 ff.; 141, 220, Ls. 1. a), Rn. 120-126.

ABSCHNITT 8: HERSTELLUNG VON BILDAUFNAHMEN UND VERWENDUNG SONSTIGER TECHNISCHER MITTEL AUßERHALB VON WOHNRAUM, § 100H STPO (GGF. MIT §§ 46, 53 ABS. 1 S. 2, ABS. 2 OWIG)

A. Rechtsgrundlage (RGL) I. Grundrechte (GR)

(VOR/DEF)

Grundrechte sind grundlegende Rechte aus Art. 1-19 GG i.V.m. dem Rechtsstaatsprinzip, Art. 20 Abs. 3 GG, mit Vorrang und Vorbehalt des Gesetzes.[392]

(SUB/ERG)

Grundrechte sind (i.d.R. alternativ, nicht kumulativ) insbesondere wie folgt gegeben (hier Reihenfolge nach Häufigkeit – jeweilige GR-Einschlägigkeit ist fallabhängig):

1. Allgemeines Persönlichkeitsgrundrecht[393] mit verschiedenen Ausprägungen[394], etwa in der Ausprägung des **Rechts auf informationelle Selbstbestimmung** (APR/RiS), Art. 2 Abs. 1 i.V.m. Art. 1 Abs. 1[395] GG, vgl. auch Art. 142 GG i.V.m. Art. 4 Abs. 1, 2 Verfassung NRW[396].

---

[392] Zu **Grundrechten**: *Basten*, Eingriffsrecht der Polizei in Nordrhein-Westfalen, Band 1, Buch 1, Abschnitt 2, Unterabschnitt 3. Zum **Rechtsstaatsprinzip** mit unter anderem sogenanntem Vorrang des Gesetzes und Vorbehalt des Gesetzes: *Basten*, Eingriffsrecht der Polizei in Nordrhein-Westfalen, Band 1, S. 95-108.

[393] BVerfGE 147, 1, 18 f. (**Geschlechtsidentität**) = BVerfG, Beschluss des Ersten Senats vom 10.10.2017 – 1 BvR 2019/16 –, Rn. 38: „Art. 2 Abs. 1 GG gewährt jedem das **Recht auf die freie Entfaltung seiner Persönlichkeit**. Dieses Grundrecht umfasst neben der allgemeinen Handlungsfreiheit das **allgemeine Persönlichkeitsrecht** (Art. 2 Abs. 1 i.V.m. Art. 1 Abs. 1 GG). Letzteres ergänzt als ‚unbenanntes' Freiheitsrecht die speziellen (‚benannten') Freiheitsrechte, die ebenfalls konstituierende Elemente der Persönlichkeit schützen (vgl. BVerfGE 54, 148 <153>). Eine der **Aufgaben des allgemeinen Persönlichkeitsrechts** ist es dabei, Grundbedingungen dafür zu sichern, dass die einzelne Person ihre Individualität selbstbestimmt entwickeln und wahren kann (vgl. BVerfGE 35, 202 <220>; 79, 256 <268>; 90, 263 <270>; 117, 202 <225>). Das allgemeine Persönlichkeitsrecht schützt indessen nur solche **Elemente der Persönlichkeitsentfaltung**, die - ohne bereits Gegenstand der besonderen Freiheitsgarantien des Grundgesetzes zu sein - diesen in ihrer konstituierenden Bedeutung für die Persönlichkeit nicht nachstehen (vgl. BVerfGE 79, 256 <268>; 99, 185 <193>; 120, 274 <303>; stRspr). Es verbürgt also nicht Schutz gegen alles, was die selbstbestimmte Persönlichkeitsentwicklung auf irgendeine Weise beeinträchtigen könnte; ohnehin vermag kein Mensch seine Individualität unabhängig von äußeren Gegebenheiten und Zugehörigkeiten zu entwickeln. Der lückenschließende Schutz des allgemeinen Persönlichkeitsrechts greift aber dann, wenn die selbstbestimmte Entwicklung und Wahrung der Persönlichkeit spezifisch gefährdet ist (BVerfGE 141, 186 <201 f. Rn. 32>).".

BVerfG, Beschluss des Ersten Senats vom 06.11.2019 – 1 BvR 16/13 – (Recht auf Vergessen I), Rn. 81: „Diese [**APR-]Rechtsprechung** hat sich maßgeblich in Konstellationen der mittelbaren Drittwirkung und geleitet von dem Erfordernis praktischer Konkordanz entwickelt. Deshalb bestimmen sich die Schutzdimensionen des allgemeinen Persönlichkeitsrechts letztlich immer einzelfallbezogen im Abgleich mit den Grundrechten Dritter. Die Bestimmung seiner Schutzwirkungen und die Abwägung mit den gegenüberstehenden Freiheitsrechten greifen hier Hand in Hand. Der Schutz des allgemeinen Persönlichkeitsrechts ist insoweit flexibel und durch die Einbindung der Person in ihre sozialen Beziehungen relativiert (vgl. BVerfGE 101, 361 <380>; 141, 186 <202 Rn. 32>; 147, 1 <19 Rn. 38>; stRspr; siehe auch BGHZ 183, 353 <357 Rn. 11>; 209, 139 <150 Rn. 30>; 219, 233 <240 Rn. 22>; stRspr).".

Vgl. „**Allgemeines Persönlichkeitsrecht**" (APR) als „sonstiges Recht" (sog. **Rahmenrecht** mit [grundrechts-]abwägungsoffenem Tatbestand) nach § 823 Abs. 1 Var. 6 BGB, u.a. mit Geldentschädigungsanspruch, insbesondere durch ständige Rechtsprechung (vgl. auch § 253 BGB) seit folgender Entwicklung: BGHZ 13, 334 (Leserbrief), mit erstmaliger ausdrücklicher Anerkennung des allgemeinen Persönlichkeitsrechts; BGHZ 26, 349 (Herrenreiter), mit erstmaliger Zuerkennung einer Geldentschädigung wegen

des immateriellen Schadens durch die Verletzung des allgemeinen Persönlichkeitsrechts; BGHZ 35, 363 (Ginsengwurzel), mit erstmaliger Schwerpunktsetzung bei der Menschenwürde in der Begründung; BVerfGE 34, 269 (Soraya), mit verfassungsgerichtlicher Erklärung der verfassungsrechtlichen Zulässigkeit der richterrechtlich entwickelten APR-Konstruktion.

[394] BVerfG, Beschluss des Ersten Senats vom 06.11.2019 – 1 BvR 16/13 – (Recht auf Vergessen I), Rn. 80: „Die Rechtsprechung hat aus dem [**Allgemeinen Persönlichkeits-]Grundrecht** insoweit verschiedene **Schutzdimensionen** abgeleitet wie den **Schutz eines unantastbaren Bereichs privater Lebensgestaltung**, die Garantie der **Privatsphäre**, das **Recht am eigenen Bild** oder **gesprochenen Wort** oder das **Recht auf die Darstellung der eigenen Person**, die **soziale Anerkennung** sowie die **persönliche Ehre** (vgl. BVerfGE 27, 1 <6>; 27, 344 <350 f.>; 32, 373 <379>; 34, 238 <245 f.>; 47, 46 <73>; 54, 148 <153 f.>; 99, 185 <193 f.>; 101, 361 <384>; 106, 28 <39>; 114, 339 <346>; 120, 180 <198>).“ „Diese Schutzgehalte werden insoweit aber nicht als abschließend umschriebene und voneinander abzugrenzende Gewährleistungen verstanden, sondern als Ausprägungen, die in Blick auf den konkreten Schutzbedarf jeweils anhand des zu entscheidenden Falles herauszuarbeiten sind (vgl. BVerfGE 54, 148 <153 f.>; 65, 1 <41>).“.

BVerfGE 65, 1 (Volkszählungsgesetz), Ls. 1 = BVerfG, Urteil des Ersten Senats vom 15.12.1983 – 1 BvR 209/83, Ls. 1: „Unter den Bedingungen der modernen Datenverarbeitung wird der Schutz des Einzelnen gegen unbegrenzte Erhebung, Speicherung, Verwendung und Weitergabe seiner persönlichen Daten von dem **allgemeinen Persönlichkeitsrecht** des Art. 2 Abs. 1 GG in Verbindung mit Art. 1 Abs. 1 GG umfaßt. Das [**Allgemeine Persönlichkeits-]Grundrecht** gewährleistet insoweit die Befugnis des Einzelnen, grundsätzlich selbst über die Preisgabe und Verwendung seiner persönlichen Daten zu bestimmen.“; BVerfG, Beschluss des Ersten Senats vom 06.11.2019 – 1 BvR 16/13 – (Recht auf Vergessen I), Rn. 80: „Das **Recht auf informationelle Selbstbestimmung** ist von der Rechtsprechung als eigene Ausprägung des allgemeinen Persönlichkeitsrechts mit einem gegenüber den anderen Ausprägungen selbständigen Gewährleistungsgehalt entwickelt worden und behält diesen auch, soweit es als verfassungsrechtliche Wertentscheidung in das Zivilrecht einstrahlt. Dementsprechend enthält es keinen gesamthaften Schutzanspruch hinsichtlich jederlei Umgangs mit Informationen, der die übrigen Schutzdimensionen des Grundrechts allgemein übergreifen und zusammenführen würde, sondern lässt deren Wertungen und Abwägungsregeln unberührt.“; BVerfGE 120, 274, 311 f. (Online-Durchsuchung) = BVerfG, Urteil des Ersten Senats vom 27.02.2008 – 1 BvR 370/07 –, Rn. 198 f. „Das **Recht auf informationelle Selbstbestimmung** geht über den **Schutz der Privatsphäre** hinaus. Es gibt dem Einzelnen die Befugnis, grundsätzlich selbst über die Preisgabe und Verwendung seiner persönlichen Daten zu bestimmen (vgl. BVerfGE 65, 1 <43>; 84, 192 <194>). Es flankiert und erweitert den grundrechtlichen Schutz von Verhaltensfreiheit und Privatheit, indem es ihn schon auf der Stufe der Persönlichkeitsgefährdung beginnen lässt. Eine derartige Gefährdungslage kann bereits im Vorfeld konkreter Bedrohungen benennbarer Rechtsgüter entstehen, insbesondere wenn personenbezogene Informationen in einer Art und Weise genutzt und verknüpft werden können, die der Betroffene weder überschauen noch verhindern kann. Der Schutzumfang des **Rechts auf informationelle Selbstbestimmung** beschränkt sich dabei nicht auf Informationen, die bereits ihrer Art nach sensibel sind und schon deshalb grundrechtlich geschützt werden. Auch der Umgang mit personenbezogenen Daten, die für sich genommen nur geringen Informationsgehalt haben, kann, je nach dem Ziel des Zugriffs und den bestehenden Verarbeitungs- und Verknüpfungsmöglichkeiten, grundrechtserhebliche Auswirkungen auf die Privatheit und Verhaltensfreiheit des Betroffenen haben (vgl. BVerfG, Beschluss vom 13. Juni 2007 - 1 BvR 1550/03 u.a. -, NJW 2007, S. 2464 <2466>). Die mit dem Recht auf informationelle Selbstbestimmung abzuwehrenden Persönlichkeitsgefährdungen ergeben sich aus den vielfältigen Möglichkeiten des Staates und gegebenenfalls auch privater Akteure (vgl. BVerfG, Beschluss der 1. Kammer des Ersten Senats vom 23. Oktober 2006 - 1 BvR 2027/02 -, JZ 2007, S. 576) zur Erhebung, Verarbeitung und Nutzung personenbezogener Daten. Vor allem mittels elektronischer Datenverarbeitung können aus solchen Informationen weitere Informationen erzeugt und so Schlüsse gezogen werden, die sowohl die grundrechtlich geschützten Geheimhaltungsinteressen des Betroffenen beeinträchtigen als auch Eingriffe in seine Verhaltensfreiheit mit sich bringen können (vgl. BVerfGE 65, 1 <42>; 113, 29 <45 f.>; 115, 320 <342>; BVerfG, Beschluss vom 13. Juni 2007 - 1 BvR 1550/03 u.a. -, NJW 2007, S. 2464 <2466>).“.

BVerfGE 109, 279, 325-327 (akustische Wohnraumüberwachung / „Großer Lauschangriff") = BVerfG, Urteil des Ersten Senats vom 03.03.2004 – 1 BvR 2378/98, 1084/99 –, Rn. 159-163: „Das aus Art. 2 Abs. 1 in Verbindung mit Art. 1 Abs. 1 GG folgende **allgemeine Persönlichkeitsrecht** kommt neben Art. 13 Abs. 1 GG allerdings nicht zur Anwendung, soweit Eingriffe in die **räumliche Privatsphäre des Wohnungsinhabers** zu überprüfen sind. Art. 13 Abs. 1 GG enthält eine spezielle Gewährleistung des **Schutzes vor staatlicher akustischer Überwachung der räumlichen Privatsphäre**, die die allgemeinere Vorschrift insoweit verdrängt (vgl. BVerfGE 100, 313 [358] zu Art. 10 GG). Mit dem **Recht, in der Wohnung ungestört zu sein**, und dem **Recht am eigenen in der Wohnung gesprochenen Wort** schützt Art. 13 Abs. 1 GG gerade den Teil der **Privatsphäre**, den sonst das allgemeine Persönlichkeitsrecht gewährleistet. Dieses Recht ergänzt als unbenanntes Freiheitsrecht die speziellen Freiheitsrechte, die ebenfalls konstituierende Elemente der Persönlichkeit schützen (vgl. BVerfGE 54, 148 <153 f.>), nur insoweit, als Letztere keinen Schutz gewähren. Der **Schutz des allgemeinen Persönlichkeitsrechts aus Art. 2 Abs. 1 in Verbindung mit Art. 1 Abs. 1 GG** greift hingegen ein, soweit von der Wohnraumüberwachung Personen betroffen werden, die sich nicht auf Art. 13 Abs. 1 GG berufen können. **Grundrechtsträger des Art. 13 Abs. 1 GG** ist jeder Inhaber oder Bewohner eines Wohnraums, unabhängig davon, auf welchen Rechtsverhältnissen die Nutzung des Wohnraums beruht. Bei mehreren Bewohnern einer Wohnung steht das Grundrecht jedem Einzelnen, bei Familien mithin jedem Familienmitglied zu. Maßnahmen der Wohnraumüberwachung können aber nicht nur **Wohnungsinhaber**, sondern auch **zufällig in einer Wohnung Anwesende** erfassen. Diese Personen sind zwar nicht in ihrem Grundrecht aus Art. 13 Abs. 1 GG, wohl aber in ihrem **allgemeinen Persönlichkeitsrecht** betroffen. Der Schutz aus Art. 2 Abs. 1 in Verbindung mit Art. 1 Abs. 1 GG kann insofern allerdings nicht weiter reichen als derjenige aus Art. 13 Abs. 1 und 3 GG. Der Schutz der **räumlichen Privatsphäre und des allgemeinen Persönlichkeitsrechts** kann schließlich in Einzelfällen durch weitere Grundrechtsgarantien ergänzt sein. So wird das **Gespräch zwischen Eheleuten in der eigenen Wohnung** nicht nur von Art. 13 Abs. 1 GG, sondern zusätzlich durch Art. 6 Abs. 1 GG geschützt. Auch in Bezug auf die **Kommunikation mit Berufsgeheimnisträgern** können neben dem grundrechtlichen **Schutz der räumlichen Privatsphäre** Grundrechte in Betracht kommen, die - wie etwa Art. 4 GG im Hinblick auf das Gespräch mit einem Geistlichen - der besonderen Schutzbedürftigkeit der Kommunizierenden Rechnung tragen.".

BVerfG, Beschluss des Ersten Senats vom 06.11.2019 – 1 BvR 16/13 – (Recht auf Vergessen I), Ls. 3 S. 1: „Von den **äußerungsrechtlichen Schutzdimensionen** ist das **Recht auf informationelle Selbstbestimmung** als eine eigene Ausprägung des allgemeinen Persönlichkeitsrechts zu unterscheiden." BVerfG, Beschluss des Ersten Senats vom 06.11.2019 – 1 BvR 16/13 – (Recht auf Vergessen I), Rn. 90: „Ausgehend von dem **Ziel des Rechts auf informationelle Selbstbestimmung**, Schutz vor Gefahren angesichts neuartiger Möglichkeiten der Datenverarbeitung zu gewähren (vgl. BVerfGE 65, 1 <42>), ist es primär als Gewährleistung zu verstehen, die – neben der ungewollten Preisgabe von Daten auch im Rahmen privater Rechtsbeziehungen (vgl. BVerfGE 84, 192 <194>) – insbesondere vor deren intransparenter Verarbeitung und Nutzung durch Private schützt. Es bietet Schutz davor, dass Dritte sich individueller Daten bemächtigen und sie in nicht nachvollziehbarer Weise als Instrument nutzen, um die Betroffenen auf Eigenschaften, Typen oder Profile festzulegen, auf die sie keinen Einfluss haben und die dabei aber für die freie Entfaltung der Persönlichkeit sowie eine gleichberechtigte Teilhabe in der Gesellschaft von erheblicher Bedeutung sind. Der Gehalt dieses Rechts ist dabei entwicklungsoffen, so dass es auch weitere persönlichkeitsgefährdende Entwicklungen der Informationsverarbeitung aufnehmen kann.".

BVerfG, Beschluss des Ersten Senats vom 06.11.2019 – 1 BvR 16/13 – (Recht auf Vergessen I), Rn. 91: „[Vom Recht auf informationelle Selbstbestimmung] zu unterscheiden ist der **Schutz vor der Verarbeitung personenbezogener Berichte und Informationen als Ergebnis eines Kommunikationsprozesses**. Der Schutzbedarf gründet hier nicht in der intransparenten Zuweisung von Persönlichkeitsmerkmalen und -profilen durch Dritte, sondern in der sichtbaren Verbreitung bestimmter Informationen im öffentlichen Raum. Gefährdungen für die Persönlichkeitsentfaltung ergeben sich hier vornehmlich aus Form und Inhalt der Veröffentlichung selbst. Schutz gegenüber solchen Gefährdungen bieten die **äußerungsrechtlichen Ausprägungen des allgemeinen Persönlichkeitsrechts unabhängig vom Recht auf informationelle Selbstbestimmung**. Zwar kann es auch dabei maßgeblich auf die Art der Informationserlangung ankommen. Jedoch hat diese hier ihre Bedeutung als Vorfrage für die Beurteilung des weite-

ren Umgangs mit einer bestimmten Äußerung und des damit in die Öffentlichkeit gestellten Bildes einer Person selbst.“.

BVerfG, Beschluss des Ersten Senats vom 06.11.2019 – 1 BvR 16/13 – (**Recht auf Vergessen** I), Ls. 2b): „Bei der Entscheidung über einen Schutzanspruch kommt der Zeit unter den Kommunikationsbedingungen des Internets ein spezifisches Gewicht zu. Die Rechtsordnung muss davor schützen, dass sich eine Person frühere Positionen, Äußerungen und Handlungen unbegrenzt vor der Öffentlichkeit vorhalten lassen muss. Erst die Ermöglichung eines Zurücktretens vergangener Sachverhalte eröffnet den Einzelnen die Chance zum Neubeginn in Freiheit. Zur Zeitlichkeit der Freiheit gehört die Möglichkeit des Vergessens.“.

BVerfGE 120, 274, 311 (Online-Durchsuchung) = BVerfG, Urteil des Ersten Senats vom 27.02.2008 – 1 BvR 370/07 –, Rn. 197: „In seiner Ausprägung als **Schutz der Privatsphäre** [als **Privatangelegenheitenschutz** und **Rückzugsraumbereichsschutz** – beides **gegenüber der Öffentlichkeit**, vgl. **Sphärentheorie** mit **Intimsphäre, Privatsphäre, Sozialsphäre** und vgl. **Kernbereich privater Lebensgestaltung**] gewährleistet das allgemeine Persönlichkeitsrecht dem Einzelnen einen räumlich und thematisch bestimmten Bereich, der grundsätzlich frei von unerwünschter Einsichtnahme bleiben soll (vgl. BVerfGE 27, 344 <350 ff.>; 44, 353 <372 f.>; 90, 255 <260>; 101, 361 <382 f.>).“; BVerfGE 101, 361, 382-385 (Caroline von Monaco II) = BVerfG, Urteil vom 15.12.1999 – 1 BvR 653/96 –, Rn. 75-82: „Im Unterschied zum **Recht am eigenen Bild** bezieht sich der **Schutz der Privatsphäre**, der ebenfalls im **allgemeinen Persönlichkeitsrecht** wurzelt, nicht speziell auf Abbildungen, sondern ist **thematisch und räumlich** bestimmt. Er umfaßt zum einen **Angelegenheiten [Privatangelegenheitenschutz]**, die wegen ihres Informationsinhalts typischerweise als ‚**privat**‘ eingestuft werden, weil ihre **öffentliche** Erörterung oder Zurschaustellung als unschicklich gilt, das Bekanntwerden als peinlich empfunden wird oder nachteilige Reaktionen der Umwelt auslöst, wie es etwa bei Auseinandersetzungen mit sich selbst in **Tagebüchern** (BVerfGE 80, 367), bei **vertraulicher Kommunikation unter Eheleuten** (BVerfGE 27, 344), im Bereich der **Sexualität** (BVerfGE 47, 46; 49, 286 [BVerfGE 120, 224, 238 f. (Geschwisterbeischlaf) = BVerfGE, Beschluss des Zweiten Senats vom 26.02.2008 – 2 BvR 392/07 –, Rn. 32 f.: „Das allgemeine Persönlichkeitsrecht in seiner Ausprägung als **Recht auf sexuelle Selbstbestimmung**“/„**Intim- und Sexualbereich des Menschen als Teil seiner Privatsphäre**, P. B.]), bei **sozial abweichendem Verhalten** (BVerfGE 44, 353) oder bei **Krankheiten** (BVerfGE 32, 373) der Fall ist. Fehlte es hier an einem **Schutz vor der Kenntniserlangung anderer**, wären die Auseinandersetzung mit sich selbst, die unbefangene Kommunikation unter Nahestehenden, die sexuelle Entfaltung oder die Inanspruchnahme ärztlicher Hilfe beeinträchtigt oder unmöglich, obwohl es sich um grundrechtlich geschützte Verhaltensweisen handelt. Zum anderen erstreckt sich der Schutz auf einen **räumlichen Bereich [Raumbereichsschutz]**, in dem der Einzelne zu sich kommen, sich entspannen oder auch gehen lassen kann (vgl. BVerfGE 27, 1 [6]). Zwar bietet auch dieser Bereich Gelegenheit, sich in einer Weise zu verhalten, die nicht für die **Öffentlichkeit** bestimmt ist und deren Beobachtung oder Darstellung durch Außenstehende für den Betroffenen peinlich oder nachteilig wäre. Im Kern geht es aber um einen **Raum**, in dem er die Möglichkeit hat, frei von **öffentlicher Beobachtung** und damit der von ihr erzwungenen Selbstkontrolle zu sein, auch ohne daß er sich dort notwendig anders verhielte als in der **Öffentlichkeit**. Bestünden solche **Rückzugsbereiche** nicht mehr, könnte der Einzelne psychisch überfordert sein, weil er unausgesetzt darauf achten müßte, wie er auf andere wirkt und ob er sich richtig verhält. Ihm fehlten die Phasen des Alleinseins und Ausgleichs, die für die Persönlichkeitsentfaltung notwendig sind und ohne die sie nachhaltig beeinträchtigt würde. Ein derartiges Schutzbedürfnis besteht auch bei Personen, die aufgrund ihres Ranges oder Ansehens, ihres Amtes oder Einflusses, ihrer Fähigkeiten oder Taten besondere **öffentliche** Beachtung finden. Wer, ob gewollt oder ungewollt, zur Person des **öffentlichen** Lebens geworden ist, verliert damit nicht sein Anrecht auf eine **Privatsphäre**, die den Blicken der **Öffentlichkeit** entzogen bleibt. Das gilt auch für demokratisch gewählte Amtsträger, die zwar für ihre Amtsführung **öffentlich** rechenschaftspflichtig sind und sich in diesem Umfang **öffentliche** Aufmerksamkeit gefallen lassen müssen, nicht aber für ihr **Privatleben**, sofern dieses die Amtsführung nicht berührt. Der **häusliche Bereich** [vgl. ggf. spezielleren Art. 13 GG i.V.m. BVerfGE 109, 279, 325 f.] stellt anerkanntermaßen eine solche geschützte Sphäre dar. Wegen des Bezugs auf die Entfaltung der Persönlichkeit darf der **Rückzugsbereich** jedoch nicht von vornherein auf ihn begrenzt werden. Das gilt schon deshalb, weil die Funktionen, denen er dient, nur erfüllt werden, wenn er nicht an den Hausmau-

ern oder Grundstücksgrenzen endet. Die freie Entfaltung der Persönlichkeit wäre erheblich behindert, wenn der Einzelne nur im eigenen Haus der **öffentlichen** Neugier entgehen könnte. Die notwendige Erholung von einer durch Funktionszwänge und Medienpräsenz geprägten **Öffentlichkeit** ist vielfach nur in der **Abgeschiedenheit einer natürlichen Umgebung, etwa an einem Ferienort**, zu gewinnen. Deswegen muß der Einzelne grundsätzlich die Möglichkeit haben, sich auch in der freien, gleichwohl **abgeschiedenen Natur oder an Örtlichkeiten, die von der breiten Öffentlichkeit deutlich abgeschieden sind**, in einer von **öffentlicher** Beobachtung freien Weise zu bewegen. Das gilt gerade gegenüber solchen Aufnahmetechniken, die die **räumliche Abgeschiedenheit** überwinden, ohne daß der Betroffene dies bemerken kann. Wo die Grenzen der geschützten **Privatsphäre außerhalb des Hauses** verlaufen, läßt sich nicht generell und abstrakt festlegen. Sie können vielmehr nur aufgrund der jeweiligen Beschaffenheit des **Ortes** bestimmt werden, den der Betroffene aufsucht. Ausschlaggebend ist, ob der Einzelne eine **Situation** vorfindet oder schafft, in der er begründetermaßen und somit auch für Dritte erkennbar davon ausgehen darf, den Blicken der **Öffentlichkeit** nicht ausgesetzt zu sein. Ob die Voraussetzungen der **Abgeschiedenheit** erfüllt sind, läßt sich nur situativ beurteilen. Der Einzelne kann sich an ein und demselben **Ort** zu Zeiten mit gutem Grund unbeobachtet fühlen, zu anderen Zeiten nicht. Auch ist der Aufenthalt in umschlossenen **Räumen** keineswegs immer mit **Abgeschiedenheit** gleichzusetzen. Da es um die Frage geht, ob der Einzelne begründetermaßen erwarten darf, unbeobachtet zu sein, oder aber **Plätze** aufgesucht hat, wo er sich unter den Augen der **Öffentlichkeit** bewegt, kann es auch in umschlossenen Räumen an der **Abgeschiedenheit** fehlen, die Voraussetzung für den **Privatsphärenschutz** außerhalb der eigenen **Häuslichkeit** ist. **Plätzen, an denen sich der Einzelne unter vielen Menschen befindet**, fehlt es von vornherein an den Voraussetzungen des **Privatsphärenschutzes** im Sinn von Art. 2 Abs. 1 in Verbindung mit Art. 1 Abs. 1 GG. Sie können das **Rückzugsbedürfnis** nicht erfüllen und rechtfertigen deswegen auch nicht den grundrechtlichen Schutz, den dieses Bedürfnis aus Gründen der Persönlichkeitsentfaltung verdient. Der Einzelne kann solche **Orte** auch nicht etwa durch ein Verhalten, das typischerweise nicht **öffentlich** zur Schau gestellt würde, in seine **Privatsphäre** umdefinieren. Nicht sein Verhalten, ob allein oder mit anderen, konstituiert die **Privatsphäre**, sondern die **objektive Gegebenheit der Örtlichkeit zur fraglichen Zeit**. Verhält er sich daher an **Orten**, die nicht die Merkmale der **Abgeschiedenheit** aufweisen, so, als stünde er nicht unter Beobachtung, hebt er das **Schutzbedürfnis für Verhaltensweisen, die an sich die Öffentlichkeit nichts angehen**, selbst auf. Der **Schutz der Privatsphäre vor öffentlicher Kenntnisnahme** entfällt ferner, wenn sich jemand selbst damit einverstanden zeigt, daß bestimmte, gewöhnlich als privat geltende Angelegenheiten **öffentlich** gemacht werden, etwa indem er Exklusivverträge über die Berichterstattung aus seiner **Privatsphäre** abschließt. Der verfassungsrechtliche **Privatsphärenschutz** aus Art. 2 Abs. 1 in Verbindung mit Art. 1 Abs. 1 GG ist nicht im Interesse einer Kommerzialisierung der eigenen Person gewährleistet. Zwar ist niemand an einer solchen **Öffnung privater Bereiche** gehindert. Er kann sich dann aber nicht gleichzeitig auf den **öffentlichkeitsabgewandten Privatsphärenschutz** berufen. Die Erwartung, daß die Umwelt die **Angelegenheiten oder Verhaltensweisen in einem Bereich mit Rückzugsfunktion** nur begrenzt oder nicht zur Kenntnis nimmt, muß daher situationsübergreifend und konsistent zum Ausdruck gebracht werden. Das gilt auch für den Fall, daß der Entschluß, die Berichterstattung über bestimmte Vorgänge der eigenen **Privatsphäre** zu gestatten oder hinzunehmen, rückgängig gemacht wird.".

BVerfGE 6, 32, 41 (Elfes) = BVerfG, Urteil vom des Ersten Senats vom 16.01.1957 – 1 BvR 253/56 –, Rn. 32 [vgl. **Recht auf Privatsphäre** als **Privatangelegenheitenschutz** und **Rückzugsraumbereichsschutz** – beides **gegenüber der Öffentlichkeit,** vgl. **Sphärentheorie** mit **Intimsphäre**, **Privatsphäre**, **Sozialsphäre**]: „Vor allem dürfen die Gesetze daher die Würde des Menschen nicht verletzen, die im Grundgesetz der oberste Wert ist, aber auch die geistige, politische und wirtschaftliche Freiheit des Menschen nicht so einschränken, daß sie in ihrem Wesensgehalt angetastet würde (Art. 19 Abs. 2, Art. 1 Abs. 3, Art. 2 Abs. 1 GG). Hieraus ergibt sich, daß dem einzelnen Bürger eine **Sphäre privater Lebensgestaltung** verfassungskräftig vorbehalten ist, also ein letzter **unantastbarer Bereich menschlicher Freiheit** besteht, der der Einwirkung der gesamten öffentlichen Gewalt entzogen ist. Ein Gesetz, das in ihn eingreifen würde, könnte nie Bestandteil der ‚verfassungsmäßigen Ordnung' sein; es müßte durch das Bundesverfassungsgericht für nichtig erklärt werden.". BVerfGE 109, 279, Ls. 2 S. 1 (akustische Wohnraumüberwachung / „Großer Lauschangriff") = BVerfG, Urteil des Ersten Senats vom 03.03.2004 – 1 BvR 2378/98, 1084/99 –, Ls. 2 S. 1: „Zur Unantastbarkeit der Menschenwürde gemäß

Art. 1 Abs. 1 GG gehört die Anerkennung eines absolut geschützten **Kernbereichs privater Lebensgestaltung.**". BVerfGE 141, 220, 276-278 (BKAG) = BVerfG, Urteil des Ersten Senats vom 20.04.2016 – 1 BvR 966/09 –, Rn. 119-124: „Neben den verfassungsrechtlichen Anforderungen an die allgemeinen Eingriffsvoraussetzungen ergeben sich aus den jeweiligen **Grundrechten in Verbindung mit Art. 1 Abs. 1 GG** für die Durchführung von besonders eingriffsintensiven Überwachungsmaßnahmen besondere Anforderungen an den **Schutz des Kernbereichs privater Lebensgestaltung**. Der verfassungsrechtliche **Schutz des Kernbereichs privater Lebensgestaltung** gewährleistet dem Individuum einen **Bereich höchstpersönlicher Privatheit gegenüber Überwachung**. Er wurzelt in den **von den jeweiligen Überwachungsmaßnahmen betroffenen Grundrechten in Verbindung mit Art. 1 Abs. 1 GG** und sichert einen dem Staat nicht verfügbaren Menschenwürdekern grundrechtlichen Schutzes gegenüber solchen Maßnahmen. Selbst überragende Interessen der Allgemeinheit können einen Eingriff in diesen **absolut geschützten Bereich privater Lebensgestaltung** nicht rechtfertigen (vgl. BVerfGE 109, 279 <313>; stRspr). Zur **Entfaltung der Persönlichkeit im Kernbereich privater Lebensgestaltung gehört die Möglichkeit, innere Vorgänge** wie Empfindungen und Gefühle sowie Überlegungen, Ansichten und Erlebnisse **höchstpersönlicher Art zum Ausdruck zu bringen** (vgl. BVerfGE 109, 279 <313>; 120, 274 <335>; stRspr). Geschützt ist insbesondere die **nichtöffentliche Kommunikation mit Personen des höchstpersönlichen Vertrauens, die in der berechtigten Annahme geführt wird, nicht überwacht zu werden**, wie es insbesondere bei Gesprächen im Bereich der Wohnung der Fall ist. Zu diesen Personen gehören insbesondere Ehe- oder Lebenspartner, Geschwister und Verwandte in gerader Linie, vor allem, wenn sie im selben Haushalt leben, und können Strafverteidiger, Ärzte, Geistliche und enge persönliche Freunde zählen (vgl. BVerfGE 109, 279 <321 ff.>). Dieser Kreis deckt sich nur teilweise mit dem der Zeugnisverweigerungsberechtigten. Solche Gespräche verlieren dabei nicht schon dadurch ihren Charakter als insgesamt höchstpersönlich, dass sich in ihnen Höchstpersönliches und Alltägliches vermischen (vgl. BVerfGE 109, 279 <330>; 113, 348 <391 f.>). Demgegenüber ist die **Kommunikation unmittelbar über Straftaten** nicht geschützt, selbst wenn sie auch Höchstpersönliches zum Gegenstand hat. Die **Besprechung und Planung von Straftaten** gehört ihrem Inhalt nach nicht zum **Kernbereich privater Lebensgestaltung**, sondern hat **Sozialbezug** (vgl. BVerfGE 80, 367 <375>; 109, 279 <319 f., 328>; 113, 348 <391>). Dies bedeutet freilich nicht, dass der Kernbereich unter einem allgemeinen Abwägungsvorbehalt in Bezug auf öffentliche Sicherheitsinteressen steht. Ein **höchstpersönliches Gespräch** fällt nicht schon dadurch aus dem **Kernbereich privater Lebensgestaltung** heraus, dass es für die Aufklärung von Straftaten oder Gefahren hilfreiche Aufschlüsse geben kann. Aufzeichnungen oder Äußerungen im Zwiegespräch, die zum Beispiel ausschließlich innere Eindrücke und Gefühle wiedergeben und keine Hinweise auf konkrete Straftaten enthalten, gewinnen nicht schon dadurch einen **Gemeinschaftsbezug**, dass sie Ursachen oder Beweggründe eines strafbaren Verhaltens freizulegen vermögen (vgl. BVerfGE 109, 279 <319>). Auch können trotz **Straftatenbezugs** Situationen, in denen Einzelnen gerade ermöglicht werden soll, ein Fehlverhalten einzugestehen oder sich auf dessen Folgen einzurichten, wie Beichtgespräche oder vertrauliche Gespräche mit einem Psychotherapeuten oder einem Strafverteidiger, der **höchstpersönlichen Privatsphäre** unterfallen, die dem Staat absolut entzogen ist (vgl. BVerfGE 109, 279 <322>). Ein hinreichender **Sozialbezug** besteht demgegenüber dann, wenn **Gespräche - auch mit Vertrauenspersonen - sonst unmittelbar Straftaten zu ihrem Gegenstand haben** (vgl. BVerfGE 109, 279 <319>). Der **Kernbereich privater Lebensgestaltung** beansprucht gegenüber **allen Überwachungsmaßnahmen** Beachtung. Können sie typischerweise zur Erhebung kernbereichsrelevanter Daten führen, muss der Gesetzgeber Regelungen schaffen, die einen wirksamen Schutz normenklar gewährleisten (vgl. BVerfGE 109, 279 <318 f.>; 113, 348 <390 f.>; 120, 274 <335 ff.>). Außerhalb solch verletzungsgeneigter Befugnisse bedarf es eigener Regelungen nicht. Grenzen, die sich im Einzelfall auch hier gegenüber einem Zugriff auf höchstpersönliche Informationen ergeben können, sind bei deren Anwendung unmittelbar von Verfassungs wegen zu beachten. Der **Schutz des Kernbereichs privater Lebensgestaltung** ist strikt und darf nicht durch Abwägung mit den Sicherheitsinteressen nach Maßgabe des Verhältnismäßigkeitsgrundsatzes relativiert werden (vgl. BVerfGE 109, 279 <314>; 120, 273 <339>; stRspr). Dies bedeutet jedoch nicht, dass **jede tatsächliche Erfassung von höchstpersönlichen Informationen** stets einen Verfassungsverstoß oder eine Menschenwürdeverletzung begründet. Angesichts der Handlungs- und Prognoseunsicherheiten, unter denen Sicherheitsbehörden ihre Aufgaben wahrnehmen, kann ein **unbeabsichtigtes Eindringen in den Kern-**

a) GR-SB:

aa) Persönlicher GR-SB: „Jeder“.

bb) Sachlicher GR-SB: „**freie Entfaltung der Persönlichkeit**“ als „**Datenfreiheit**“ (Grundsätzliche Bestimmungsbefugnis des Einzelnen über Preisgabe und Verwendung eigener personenbezogener Daten[397]), vgl. **personenbezogenes Datum**: § 36 Nr. 1 DSG NRW[398].

---

bereich privater Lebensgestaltung im Rahmen von Überwachungsmaßnahmen nicht für jeden Fall von vornherein ausgeschlossen werden (vgl. BVerfGE 120, 274 <337 f.>). Die Verfassung verlangt jedoch **für die Ausgestaltung der Überwachungsbefugnisse** die **Achtung des Kernbereichs** als eine strikte, nicht frei durch Einzelfallerwägungen überwindbare Grenze.“.

BVerfGE 120, 274 (Online-Durchsuchung) = BVerfG, Urteil des Ersten Senats vom 27.02.2008 – 1 BvR 370/07 –, Ls. 1: „Das **allgemeine Persönlichkeitsrecht** (Art. 2 Abs. 1 i.V.m. Art. 1 Abs. 1 GG) umfasst das Grundrecht auf **Gewährleistung der Vertraulichkeit und Integrität informationstechnischer Systeme**.“; BVerfGE 120, 274, 314 (Online-Durchsuchung) = BVerfG, Urteil des Ersten Senats vom 27.02.2008 – 1 BvR 370/07 –, Rn. 203: „**informationstechnisches System**“: „etwa Personalcomputer“, „ferner beispielweise […] solche Mobiltelefone oder elektronische Terminkalender, die über einen großen Funktionsumfang verfügen und personenbezogene Daten vielfältiger Art erfassen und speichern können.“; BVerfGE 120, 274, 276 (Online-Durchsuchung) = BVerfG, Urteil des Ersten Senats vom 27.02.2008 – 1 BvR 370/07 –, Rn. 5: „**heimlicher Zugriff auf ein informationstechnisches System**“: „[heimliche] technische Infiltration […], die etwa Sicherheitslücken des Zielsystems ausnutzt oder über die Installation eines Spähprogramms erfolgt“, wobei die Infiltration es ermöglicht, die Zielsystem-„Nutzung zu überwachen oder die Speichermedien durchzusehen oder gar das Zielsystem fernzusteuern.“.

BVerfGE 147, 1 (**Geschlechtsidentität**) = BVerfG, Beschluss des Ersten Senats vom 10.10.2017 – 1 BvR 2019/16 –, Ls. 1-3: „1. Das **allgemeine Persönlichkeitsrecht** (Art. 2 Abs. 1 i.V.m. Art. 1 Abs. 1 GG) schützt die **geschlechtliche Identität**. Es schützt auch die geschlechtliche Identität derjenigen, die sich dauerhaft weder dem männlichen noch dem weiblichen Geschlecht zuordnen lassen. 2. Art. 3 Abs. 3 Satz 1 GG schützt auch Menschen, die sich dauerhaft weder dem männlichen noch dem weiblichen Geschlecht zuordnen lassen, vor **Diskriminierungen wegen ihres Geschlechts**. 3. Personen, die sich dauerhaft weder dem männlichen noch dem weiblichen Geschlecht zuordnen lassen, werden in beiden Grundrechten verletzt, wenn das Personenstandsrecht dazu zwingt, das Geschlecht zu registrieren, aber keinen anderen positiven Geschlechtseintrag als weiblich oder männlich zulässt.“.

BVerfG, Urteil des Zweiten Senats vom 26.02.2020 – 2 BvR 2347/15 –, Ls. 1: „a) Das **allgemeine Persönlichkeitsrecht** (Art. 2 Abs. 1 i.V.m. Art. 1 Abs. 1 GG) umfasst als Ausdruck persönlicher Autonomie ein **Recht auf selbstbestimmtes Sterben**. b) Das **Recht auf selbstbestimmtes Sterben** schließt die Freiheit ein, sich das Leben zu nehmen [Rn. 208: „**Recht auf Selbsttötung**“]. Die Entscheidung des Einzelnen, seinem Leben entsprechend seinem Verständnis von Lebensqualität und Sinnhaftigkeit der eigenen Existenz ein Ende zu setzen, ist im Ausgangspunkt als Akt autonomer Selbstbestimmung von Staat und Gesellschaft zu respektieren. c) Die **Freiheit, sich das Leben zu nehmen**, umfasst auch die Freiheit, hierfür bei Dritten Hilfe zu suchen und Hilfe, soweit sie angeboten wird, in Anspruch zu nehmen.“.

395 Zum sog. „**Menschenwürdegehalt**“ der Grundrechte: *Basten*, Die Menschenwürde des Grundgesetzes.

396 Vgl. auch Art. 142 GG i.V.m. Art. 4 Abs. 2 Verfassung NRW; Art. 8 EU-GR-Charta; Art. 16 AEUV; Art. 8 EMRK.

397 BVerfGE 65, 1, Ls. 1 S. 2 (Volkszählungsgesetz) = BVerfG, Urteil des Ersten Senats vom 15.12.1983 – 1 BvR 209/83, Ls. 1 S. 2 (Ls. 1: „Unter den Bedingungen der modernen Datenverarbeitung wird der Schutz des Einzelnen gegen unbegrenzte Erhebung, Speicherung, Verwendung und Weitergabe seiner persönlichen Daten von dem allgemeinen Persönlichkeitsrecht des Art. 2 Abs. 1 GG in Verbindung mit Art. 1 Abs. 1 GG umfaßt. Das Grundrecht gewährleistet insoweit die Befugnis des Einzelnen, grundsätzlich selbst über die Preisgabe und Verwendung seiner persönlichen Daten zu bestimmen.“).

398 BVerfG, Beschluss der 3. Kammer des Zweiten Senats vom 27.06.2018 – 2 BvR 1562/17 (auf § 103 StPO gestützte Anordnung der Durchsuchung der Räumlichkeiten des Münchener Kanzleistandorts der Rechtsanwaltskanzlei Jones Day sowie Sicherstellung von Unterlagen und elektronischen Daten im

b) GR-E (oder Nichteingriff/**Einwilligung** i.S.v. § 36 Nr. 19 DSG NRW, § 38 DSG NRW): **Persönlichkeitsentfaltungseinschränkung** als Datenfreiheitseinschränkung, durch **Datenverarbeitungs**-Maßnahme[399] (**Datenerhebung** oder **Datenspeicherung**) i.S.d. § 36 Nr. 2 DSG NRW.[400]

c) GR-B: Art. 2 Abs. 1 Hs. 2 GG[401].

Zuge des sogenannten „VW-Dieselskandals" – Verfassungsbeschwerde nicht zur Entscheidung angenommen wegen Unzulässigkeit aufgrund Nichterfüllung von Voraussetzungen nach § 93a Abs. 2 BVerfGG), Gründe, V., Rn. 44: „Der Begriff der persönlichen Daten deckt sich mit der Legaldefinition personenbezogener Daten in § 46 Nr. 1 BDSG (zuvor § 3 Abs. 1 BDSG) und erfasst alle Informationen, die sich auf eine identifizierte oder identifizierbare natürliche Person (betroffene Person) beziehen (vgl. noch zu § 3 Abs. 1 BDSG ‚Einzelangaben über persönliche oder sachliche Verhältnisse einer bestimmten oder bestimmbaren Person' Di Fabio, in: Maunz/Dürig, GG, Art. 2 Abs.1, Rn. 175 [Juli 2001]).".

[399] BVerfG, Urteil des Ersten Senats vom 19.05.2020 – 1 BvR 2835/17 – (Ausland-Ausland-Fernmeldeaufklärung nach BNDG), E. III. 1., Rn. 212: „Die **Übermittlung personenbezogener Daten**, mit der eine Behörde die von ihr erhobenen Daten einer anderen Stelle zugänglich macht, begründet einen eigenen Grundrechtseingriff (vgl. BVerfGE 100, 313 <367>; 141, 220 <334 Rn. 305>; stRspr). Dieser ist an dem **Grundrecht** zu messen, **in das bei der ursprünglichen Datenerhebung eingegriffen wurde** (vgl. BVerfGE 100, 313 <367>; 141, 220 <334 Rn. 305>; stRspr).".

[400] Vgl. ggf. zur Frage des Grundrechtseingriffs auch § 9 Abs. 1 Nr. 1 S. 2 (Hs. 1) PolG NRW (Inkrafttreten am 29.12.2018): „Dies gilt auch für personenbezogene Daten, die von der betroffenen Person offensichtlich öffentlich gemacht wurden"; BVerfGE 120, 274 (Online-Durchsuchung) = BVerfG, Urteil des Ersten Senats vom 27.02.2008 – 1 BvR 370/07 –, Ls. 5: „Verschafft der Staat sich Kenntnis von Inhalten der Internetkommunikation auf dem dafür technisch vorgesehenen Weg, so liegt darin nur dann ein Eingriff in Art. 10 Abs. 1 GG, wenn die staatliche Stelle nicht durch Kommunikationsbeteiligte zur Kenntnisnahme autorisiert ist. Nimmt der Staat im Internet öffentlich zugängliche Kommunikationsinhalte wahr oder beteiligt er sich an öffentlich zugänglichen Kommunikationsvorgängen, greift er grundsätzlich nicht in Grundrechte ein.".

[401] Art. 2 Abs. 1 Hs. 2 GG (**Schrankentrias**): BVerfGE 80, 137, 153 (Reiten im Walde) = BVerfG, Beschluss des Ersten Senats vom 06.06.1989 – 1 BvR 921/85 –, C. I. 1 a), Rn. 69: „Abgesehen von einem absolut geschützten Kernbereich privater Lebensgestaltung, welcher der Einwirkung der öffentlichen Gewalt entzogen ist (BVerfGE 6, 32 [41]), ist die allgemeine Handlungsfreiheit allerdings nur in den **Schranken** des zweiten Halbsatzes von Art. 2 Abs. 1 GG gewährleistet und steht damit insbesondere unter dem **Vorbehalt der verfassungsmäßigen (Rechts-)Ordnung** (BVerfGE 6, 32 [37 f.]; 74, 129 [152]). Stützt sich ein die Handlungsfreiheit berührender Akt der öffentlichen Gewalt auf eine Rechtsnorm, so kann mit der Verfassungsbeschwerde unter Berufung auf Art. 2 Abs. 1 GG zur Nachprüfung gestellt werden, ob diese Norm zur **verfassungsmäßigen Ordnung** gehört, das heißt formell und materiell mit den Normen der Verfassung in Einklang steht (st. Rspr. seit BVerfGE 6, 32).“; BVerfGE 6, 32, Ls. 3 (Elfes) = BVerfG, Urteil des Ersten Senats vom 16.01.1957 – 1 BvR 253/56, Ls. 3: „**Verfassungsmäßige Ordnung** im Sinne des Art. 2 Abs. 1 GG ist die verfassungsmäßige Rechtsordnung, d.h. die Gesamtheit der Normen, die formell und materiell der Verfassung gemäß sind."; vgl. dazu auch BVerfGE 6, 32, 37-41 (Elfes) = BVerfG, Urteil des Ersten Senats vom 16.01.1957 – 1 BvR 253/56, Gründe II. 2 b), c), Rn. 17-33.

Rechte anderer sind (als Teil der verfassungsmäßigen Ordnung) subjektive Berechtigungen (Anspruch oder Befugnis oder Erlaubnis) einschließlich Verpflichtungen (Pflicht zur Erfüllung von Anspruch oder Befugnis oder Erlaubnis) und sonstiger Rechtswirkungen für ein Rechtssubjekt bezüglich eines Verhaltens oder eines Rechtsguts.

Vgl. zum ein Mal bundesverfassungsgerichtlich entscheidungserheblich bemühten „**Sittengesetz**" nach Art. 2 Abs. 1 Hs. 2 GG als Gesetz, das nicht das durch die „soziale Gemeinschaft" „als für sich verbindlich" anerkannte „Rechtsgefühl" „im allgemeinen" „verletzt": BVerfGE 6, 389 (Homosexuelle) = BVerfG, Urteil des Ersten Senats vom 10.05.1957 – 1 BvR 550/52 –, und StrRehaHomG (Gesetz zur

Ggf. bei Begleitverfügung betroffenes Grundrecht:

2. Körperliche Bewegungsfreiheit, Art. 2 Abs. 2 S. 2 GG[402]

a) GR-SB:

aa) Persönlicher GR-SB: „**Person**“, vgl. § 1 BGB.

bb) Sachlicher GR-SB: „Freiheit“ ist **körperliche Bewegungsfreiheit** als Freiheit, jeden Ort oder Raum aufzusuchen, sich dort aufzuhalten, (ihn zu verlassen), der an sich (tatsächlich und rechtlich) zugänglich ist.

b) GR-E (oder Nichteingriff/GR-Verzicht): Freiheitsentziehung oder sonstige Freiheitsbeschränkung.

Freiheitsbeschränkung (Freiheitsentziehung oder sonstige Freiheitsbeschränkung) liegt vor, wenn jemand durch die öffentliche Gewalt gegen seinen Willen daran gehindert wird, einen Ort oder Raum aufzusuchen oder sich dort aufzuhalten, der ihm an sich (tatsächlich und rechtlich) zugänglich ist. Eine **Freiheitsentziehung** als schwerste Form der Freiheitsbeschränkung ist dann gegeben, wenn die tatsächlich und rechtlich an sich gegebene körperliche Bewegungsfreiheit durch staatliche Maßnahmen nach jeder Richtung hin aufgehoben wird[403]; Freiheitsentziehung setzt auch eine besondere Eingriffsintensität und eine nicht nur kurzfristige Dauer der Maßnahme voraus[404]. Im Übrigen kann eine Abgrenzung zwischen Freiheitsentziehung und sonstiger Freiheitsbeschränkung auch erfolgen nach Art, Dauer, Intensität, Mittel, Zweck der Freiheitsbeschränkung.[405]

c) GR-B: Art. 2 Abs. 2 S. 3 i.V.m. Art. 104 GG.

3. Allgemeine Verhaltensfreiheit / Allgemeine Handlungsfreiheit[406], Art. 2 Abs. 1 GG[407]

---

strafrechtlichen Rehabilitierung der nach dem 8. Mai 1945 wegen einvernehmlicher homosexueller Handlungen verurteilten Personen vom 17. Juli 2017 – BGBl. I S. 2443).

[402] Vgl. auch Art. 142 GG i.V.m. Art. 4 Abs. 1 Verfassung NRW; Art. 20 Abs. 2a und Art. 21 AEUV i.V.m. Art. 6, 45 EU-GR-Charta (**Bewegungsfreiheit**, **Freizügigkeit**, **Aufenthaltsfreiheit**); Art. 5 EMRK; Art. 2 Protokoll Nr. 4 EMRK; Art. 21 AEUV (**Unionsbürgerfreizügigkeit**, zum **Unionsbürger** vgl. Art. 9 S. 2, 3 EUV, Art. 20 Abs. 1 S. 2, 3 AEUV); Art. 45 AEUV (**Arbeitnehmerfreizügigkeit**); Art. 49 AEUV (**Niederlassungsfreiheit**); Art. 56 AEUV (**Dienstleistungsfreiheit**); vgl. auch Art. 28 AEUV (**Warenverkehrsfreiheit**); Art. 9 Abs. 1 S. 1 IPbpR („Jedermann hat ein Recht auf persönliche Freiheit und Sicherheit.“); Art. 9-11 IPbpR (Freiheitsentziehungsbedingungen), Art. 12 IPbpR (Bewegung, Wohnsitzwahl, Ausreise, Einreise in Hoheitsgebiet eines Staates, vgl. „Freizügigkeit“), Art. 13 IPbpR (Ausländerausweisungsbedingungen).

[403] BVerfG, Beschluss der 1. Kammer des Ersten Senats vom 08.03.2011 – 1 BvR 47/05 –, Rn. 20, vgl. BVerfGE 94, 166, 198 (Flughafenverfahren) = BVerfGE, Urteil des Zweiten Senats vom 14.05.1996 – 2 BvR 1516/93.

[404] BVerfGE 149, 293 (5-Punkt-Fixierung/7-Punkt-Fixierung) = BVerfG, Urteil des Zweiten Senats vom 24.07.2018 – 2 BvR 309/15 –, D. II. 2. a), Rn. 67, vgl. dazu auch BVerfGE 149, 293 (5-Punkt-Fixierung/7-Punkt-Fixierung) = BVerfG, Urteil des Zweiten Senats vom 24.07.2018 – 2 BvR 309/15 –, D. II. 2. b): „Jedenfalls eine **5-Punkt- oder 7-Punkt-Fixierung**, bei der sämtliche Gliedmaßen des Betroffenen mit Gurten am Bett festgebunden werden, stellt eine Freiheitsentziehung im Sinne von Art. 104 Abs. 2 GG dar, es sei denn, es handelt sich um eine lediglich **kurzfristige Maßnahme**. Von einer kurzfristigen Maßnahme ist in der Regel auszugehen, wenn sie absehbar die Dauer von ungefähr einer halben Stunde unterschreitet.“.

[405] Vgl. auch insbesondere zu Art, Intensität, Mittel: § 415 Abs. 2 FamFG und §§ 37a, 62 PolG NRW.

[406] „Allgemeine“ Verhaltensfreiheit / Handlungsfreiheit: Auffanggrundrecht ggü. ggf. spezielleren Grundrechten, vgl. Rechtsnormspezialitätsregel („lex specialis derogat legi generali“), vgl. auch: BVerfGE 6, 32, 37 (Elfes) = BVerfG, Urteil des Ersten Senats vom 16.01.1957 – 1 BvR 253/56, Gründe, II. 2.

a) GR-SB:

aa) Persönlicher GR-SB: „Jeder".

bb) Sachlicher GR-SB: **„freie Entfaltung der Persönlichkeit"** als allgemeine Verhaltensfreiheit im umfassenden Sinn[408] durch grundsätzlich jedes Tun, Dulden, Unterlassen[409].

b) GR-E (oder Nichteingriff/GR-Verzicht): Verhaltenseinschränkung als Verhaltenssteuerung.

c) GR-B: Art. 2 Abs. 1 Hs. 2[410].

---

a), Rn. 16: „Neben der allgemeinen Handlungsfreiheit, die Art. 2 Abs. 1 GG gewährleistet, hat das Grundgesetz die Freiheit menschlicher Betätigung für bestimmte Lebensbereiche, die nach den geschichtlichen Erfahrungen dem Zugriff der öffentlichen Gewalt besonders ausgesetzt sind, durch besondere Grundrechtsbestimmungen geschützt; bei ihnen hat die Verfassung durch abgestufte Gesetzesvorbehalte abgegrenzt, in welchem Umfang in den jeweiligen Grundrechtsbereich eingegriffen werden kann. Soweit nicht solche besonderen Lebensbereiche grundrechtlich geschützt sind, kann sich der Einzelne bei Eingriffen der öffentlichen Gewalt in seine Freiheit auf Art. 2 Abs. 1 GG berufen. Hier bedurfte es eines Gesetzesvorbehalts nicht, weil sich aus der Beschränkung der freien Entfaltung der Persönlichkeit durch die verfassungsmäßige Ordnung der Umfang staatlicher Eingriffsmöglichkeiten ohne weiteres ergibt.".

[407] Vgl. auch Art. 142 GG i.V.m. Art. 4 Abs. 1 Verfassung NRW; Art. 6 EU-GR-Charta; Art. 5 EMRK.

[408] BVerfGE 6, 32, 36 f. (Elfes) = BVerfG, Urteil des Ersten Senats vom 16.01.1957 – 1 BvR 253/56, Gründe, II. 2. a), Rn. 14 f.: „Das Grundgesetz kann mit der ‚freien Entfaltung der Persönlichkeit' nicht nur die Entfaltung innerhalb jenes Kernbereichs der Persönlichkeit gemeint haben, der das Wesen des Menschen als geistig-sittliche Person ausmacht, denn es wäre nicht verständlich, wie die Entfaltung innerhalb dieses Kernbereichs gegen das Sittengesetz, die Rechte anderer oder sogar gegen die verfassungsmäßige Ordnung einer freiheitlichen Demokratie sollte verstoßen können. Gerade diese, dem Individuum als Mitglied der Gemeinschaft auferlegten Beschränkungen zeigen vielmehr, daß das Grundgesetz in Art. 2 Abs. 1 GG die Handlungsfreiheit im umfassenden Sinne meint. [...] Es waren nicht rechtliche Erwägungen, sondern sprachliche Gründe, die den Gesetzgeber bewogen haben, die ursprüngliche Fassung ‚Jeder kann tun und lassen was er will' durch die jetzige Fassung zu ersetzen (vgl. v. Mangoldt, Parlamentarischer Rat, 42. Sitzung des Hauptausschusses, S. 533)."; BVerfGE 80, 137, 152 f. (Reiten im Walde) = BVerfG, Beschluss des Ersten Senats vom 06.06.1989 – 1 BvR 921/85 –, C. I. 1 a), Rn. 69: „Nach den in der Rechtsprechung des Bundesverfassungsgerichts entwickelten Grundsätzen gewährleistet Art. 2 Abs. 1 GG die allgemeine Handlungsfreiheit im umfassenden Sinne (st. Rspr. seit BVerfGE 6, 32 [36]; aus neuerer Zeit etwa: BVerfGE 74, 129 [151]; 75, 108 [154 f.]). Geschützt ist damit nicht nur ein begrenzter Bereich der Persönlichkeitsentfaltung, sondern jede Form menschlichen Handelns ohne Rücksicht darauf, welches Gewicht der Betätigung für die Persönlichkeitsentfaltung zukommt (vgl. etwa die Entscheidung eines Vorprüfungsausschusses in BVerfGE 54, 143 (146) - Taubenfüttern).".

[409] BVerfGE 6, 32, Ls. 1, 2 (Elfes) = BVerfG, Urteil des Ersten Senats vom 16.01.1957 – 1 BvR 253/56, Ls. 1: „Art. 11 GG betrifft nicht die Ausreisefreiheit.", Ls. 2: „Die **Ausreisefreiheit** ist als Ausfluß der allgemeinen Handlungsfreiheit durch Art. 2 Abs. 1 GG innerhalb der Schranken der verfassungsmäßigen Ordnung gewährleistet."; BVerwG, Urteil vom 29.05.2019 - BVerwG 6 C 8.18 (Beschränkung des Geltungsbereichs eines Passes), Rn. 20: „In der höchstrichterlichen Rechtsprechung ist seit Jahrzehnten geklärt, dass die durch Art. 2 Abs. 1 GG geschützte Ausreisefreiheit auch durch den **Passversagungs**grund des § 7 Abs. 1 Nr. 1 Alt. 3 PassG als Bestandteil der verfassungsmäßigen Ordnung wirksam eingeschränkt wird.".

[410] Art. 2 Abs. 1 Hs. 2 GG (**Schrankentrias**): BVerfGE 80, 137, 153 (Reiten im Walde) = BVerfG, Beschluss des Ersten Senats vom 06.06.1989 – 1 BvR 921/85 –, C. I. 1 a), Rn. 69: „Abgesehen von einem absolut geschützten Kernbereich privater Lebensgestaltung, welcher der Einwirkung der öffentlichen Gewalt entzogen ist (BVerfGE 6, 32 [41]), ist die allgemeine Handlungsfreiheit allerdings nur in den **Schranken** des zweiten Halbsatzes von Art. 2 Abs. 1 GG gewährleistet und steht damit insbesondere unter dem **Vorbehalt der verfassungsmäßigen (Rechts-)Ordnung** (BVerfGE 6, 32 [37 f.]; 74, 129

A. Rechtsgrundlage (RGL) II. Rechtsgebiet (RG)

(VOR/DEF)

Rechtsgebiet ist Rechtsordnungsteil nach allen Umständen[411] – wie schwerpunktmäßige Äußerungen[412], Rechtsnormen[413], Zwecke[414], auch i.V.m. §§ 133, 157 BGB analog[415].[416]

---

[152]). Stützt sich ein die Handlungsfreiheit berührender Akt der öffentlichen Gewalt auf eine Rechtsnorm, so kann mit der Verfassungsbeschwerde unter Berufung auf Art. 2 Abs. 1 GG zur Nachprüfung gestellt werden, ob diese Norm zur **verfassungsmäßigen Ordnung** gehört, das heißt formell und materiell mit den Normen der Verfassung in Einklang steht (st. Rspr. seit BVerfGE 6, 32).“; BVerfGE 6, 32, Ls. 3 (Elfes) = BVerfG, Urteil des Ersten Senats vom 16.01.1957 – 1 BvR 253/56, Ls. 3: **„Verfassungsmäßige Ordnung** im Sinne des Art. 2 Abs. 1 GG ist die verfassungsmäßige Rechtsordnung, d.h. die Gesamtheit der Normen, die formell und materiell der Verfassung gemäß sind.“; vgl. dazu auch BVerfGE 6, 32, 37-41 (Elfes) = BVerfG, Urteil des Ersten Senats vom 16.01.1957 – 1 BvR 253/56, Gründe II. 2 b), c), Rn. 17-33.

Rechte anderer sind (als Teil der verfassungsmäßigen Ordnung) subjektive Berechtigungen (Anspruch oder Befugnis oder Erlaubnis) einschließlich Verpflichtungen (Pflicht zur Erfüllung von Anspruch oder Befugnis oder Erlaubnis) und sonstiger Rechtswirkungen für ein Rechtssubjekt bezüglich eines Verhaltens oder eines Rechtsguts.

Vgl. zum ein Mal bundesverfassungsgerichtlich entscheidungserheblich bemühten **„Sittengesetz“** nach Art. 2 Abs. 1 Hs. 2 GG als Gesetz, das nicht das durch die „soziale Gemeinschaft“ „als für sich verbindlich“ anerkannte „Rechtsgefühl“ „im allgemeinen“ „verletzt“: BVerfGE 6, 389 (Homosexuelle) = BVerfG, Urteil des Ersten Senats vom 10.05.1957 – 1 BvR 550/52 –, und StrRehaHomG (Gesetz zur strafrechtlichen Rehabilitierung der nach dem 8. Mai 1945 wegen einvernehmlicher homosexueller Handlungen verurteilten Personen vom 17. Juli 2017 – BGBl. I S. 2443).

[411] Umstände im weiten Sinn, etwa als Bedingungen, Beziehungen, Faktoren, Folgen, Funktionen, Umweltbedingungen, Variablen, Verhältnissen, Voraussetzungen, Weltbedingungen.

[412] Äußerungen im weiten Sinn, etwa als alle Verhaltensäußerungen (einschließlich Aussagen).

[413] Rechtsnormen im weiten Sinn, etwa solche, die die Umstände oder das Verhalten regieren (sollen).

[414] Zwecke im weiten Sinn, etwa als sich aus einer Lage ergebende, objektiv zu verfolgende Ziele.

[415] Sog. **objektivierter Empfängerhorizont**, vgl. BVerwGE 147, 81 = BVerwG, Urteil vom 20.06.2013 – BVerwG 8 C 46.12, Rn. 27: „Die bundesrechtlichen Auslegungsregeln der §§ 133, 157 BGB sind auf öffentlich-rechtliche Erklärungen entsprechend anzuwenden. Bei Verwaltungsakten kommt es wie bei empfangsbedürftigen Willenserklärungen nicht auf den wirklichen Willen des Erklärenden (natürliche Auslegung), sondern auf den objektiven Erklärungsinhalt an. Maßgeblich ist, wie der Empfänger die Erklärung nach Treu und Glauben unter Berücksichtigung der für ihn erkennbaren Umstände verstehen musste. Dabei ist vom Wortlaut der Erklärung auszugehen und deren objektiver Gehalt unter Berücksichtigung des Empfängerhorizonts zu ermitteln (stRspr, vgl. Urteile vom 2. September 1999 - BVerwG 2 C 22.98 - BVerwGE 109, 283 <286> = Buchholz 237.7 § 72 NWLBG Nr. 4 und vom 27. Juni 2012 - BVerwG 9 C 7.11 - BVerwGE 143, 222 <Rn. 18> = Buchholz 11 Art. 20 GG Nr. 206; BGH, Urteile vom 24. Februar 1988 - VIII ZR 145/87 - BGHZ 103, 275 <280>, vom 27. Januar 2010 - VIII ZR 58/09 - BGHZ 184, 128 <137 Rn. 33> und vom 1. März 2011 - II ZR 16/10 - NJW 2011, 1666 <1667 Rn. 11> je m.w.N.).“; BVerwG, Beschluss vom 06.08.2018 – BVerwG 7 B 4.18, Rn. 10: „Dass die bundesrechtlichen Auslegungsregeln der §§ 133, 157 BGB auf öffentlich-rechtliche Erklärungen, d.h. u.a. auf Verwaltungsakte, entsprechend anzuwenden sind, ist in der Rechtsprechung des Bundesverwaltungsgerichts bereits geklärt (BVerwG, Urteil vom 20. Juni 2013 - 8 C 46.12 - BVerwGE 147, 81 Rn. 27 m.w.N.).“.

[416] BVerwG 47, 255, 264 = BVerwG, Urteil vom 03.12.1974 – BVerwG I C 11.73: „Obwohl sich für die Polizei im Einzelfall bei einem einheitlichen Lebenssachverhalt gleichzeitig und unmittelbar Aufgaben der Strafverfolgung und der Gefahrenabwehr ergeben können, ist der im Schrifttum vertretenen Auffas-

(SUB/ERG)

Die Maßnahme erfolgt auf dem Rechtsgebiet des besonderen öffentlichen Rechts polizeilicher Strafrechtspflege.

Eine Herstellung von Bildaufnahmen und Verwendung sonstiger technischer Mittel außerhalb von Wohnraum erfolgt auf dem Rechtsgebiet der Strafrechtspflege insbesondere bei

- tatverdachtsveranlasster Bildaufnahmen und Verwendung sonstiger technischer Mittel außerhalb von Wohnraum;
- Bildaufnahmen und Verwendung sonstiger technischer Mittel außerhalb von Wohnraum bezüglich tatverdachtsbezogener Dinge;
- Bildaufnahmen und Verwendung sonstiger technischer Mittel außerhalb von Wohnraum mit schwerpunktmäßigem Zweck einer anschließenden Strafrechtspflegemaßnahme;
- Fehlen eines Gefahrenüberhangs, also insbesondere Implizierung/Mitbewirkung von Gefahrenabwehr durch entsprechende nichtschwerpunktmäßige Begleiteffekte der Strafrechtspflege-Bildaufnahmen oder der strafrechtspflegerischen Verwendung sonstiger technischer Mittel.

A. Rechtsgrundlage (RGL) III. Mögliche Befugnisrechtsnorm (Mgl. Brn.)

(VOR/DEF)

Befugnisrechtsnorm ist die rechtmäßige hauptsächliche materiellrechtliche Rechtsgrundlage mit realfolgenentsprechender Rechtsfolge.

(SUB)

Realfolge ist die Maßnahme laut Sachverhalt (zum Beispiel das Kameraeinschalten / Anordnung, in bestimmter Art oder Richtung zu stehen oder zu gehen, z.B.: „Bitte bleiben Sie im Kamerablickfeld stehen!“).

---

sung nicht zu folgen, daß aus Gründen der Rechtssicherheit oder wegen der schwierigen Durchschaubarkeit für den Bürger jede Art polizeilichen Handelns der verwaltungsgerichtlichen Kontrolle unterliegen müsse. In aller Regel ist es für den Betroffenen nicht schwer, zu erkennen, ob die Polizei im konkreten Fall eine - begangene - Straftat erforschen (**Strafverfolgung**) oder den Eintritt eines Schadens, etwa die - zukünftige - Begehung einer strafbaren Handlung, verhindern oder eine bereits eingetretene Störung der öffentlichen Sicherheit oder Ordnung beseitigen (**Gefahrenabwehr**) will. Außerdem wird man davon ausgehen dürfen, daß die Polizei dem Betroffenen - wie im vorliegenden Fall - den Grund ihres Einschreitens von sich aus oder auf Verlangen angibt. Im übrigen kommt es darauf an, wie sich der konkrete Lebenssachverhalt einem verständigen Bürger in der Lage des Betroffenen bei natürlicher Betrachtungsweise darstellt. Dieser Sachverhalt muß im allgemeinen einheitlich betrachtet werden, es sei denn, daß einzelne Teile des Geschehensablaufs objektiv abtrennbar sind. Hat die Polizei die Ermittlungen an die StA oder das Amtsgericht weitergeleitet (§ 163 Abs. 2 StPO) oder auf Weisung der StA gehandelt, so kann an der strafprozessualen Natur ihres Einschreitens kein vernünftiger Zweifel bestehen. Eine Maßnahme, die nach dem Gesamteindruck darauf gerichtet ist, eine strafbare Handlung zu erforschen oder sonst zu verfolgen, ist der Kontrolle der ordentlichen Gerichte nach §§ 23 ff. EGGVG nicht etwa deshalb entzogen, weil durch die polizeilichen Ermittlungen möglicherweise zugleich auch künftigen Verletzungen der öffentlichen Sicherheit vorgebeugt würde.“.

Rechtsfolge ist als Justizverwaltungsakt (ggf. Begleit-Justiz-VA) eine weitere Maßnahme außerhalb von Wohnraum:

- § 100h Abs. 1 S. 1 Nr. 1 StPO: Herstellen von Bildaufnahmen auch ohne Wissen des Betroffenen[417];
- § 100h Abs. 1 S. 1 Nr. 2 StPO: Verwendung sonstiger für Observationszwecke bestimmter technischer Mittel[418] auch ohne Wissen des Betroffenen.

(ERG)

Mögliche Befugnisrechtsnorm ist § 100h StPO (ggf. i.V.m. §§ 46, 53 Abs. 1 S. 2, Abs. 2 OWiG):

---

[417] Zu § 100h Abs. 1 S. 1 Nr. StPO i.V.m. § 46 OWiG als Rechtsgrundlage für die Herstellung von Bildaufnahmen von Verkehrsverstößen vgl. BVerfG, Beschluss der 2. Kammer des Zweiten Senats vom 05.07.2010 – 2 BvR 759/10 –, Rn. 11: „Die obergerichtliche Rechtsprechung zieht diese Regelung [§ 100h Abs. 1 S. 1 Nr. 1 StPO, P. B.] überwiegend als Rechtsgrundlage für die Anfertigung von Bildaufnahmen zur Verfolgung von Ordnungswidrigkeiten im Straßenverkehr heran, wenn der Verdacht eines Verkehrsverstoßes gegeben ist.“, Rn. 12: „Das Oberlandesgericht geht zutreffend davon aus, dass bei einer Bildaufnahme, bei der Fahrer und Kennzeichen identifizierbar sind, ein Eingriff in das allgemeine Persönlichkeitsrecht in seiner Ausprägung als Recht auf informationelle Selbstbestimmung vorliegt (vgl. BVerfG, Beschluss der 2. Kammer des Zweiten Senats vom 11. August 2009 - 2 BvR 941/08 -, NJW 2009, S. 3293 f.). Als Rechtsgrundlage hat es § 100h Abs. 1 Satz 1 Nr. 1 StPO in Verbindung mit § 46 Abs. 1 OWiG herangezogen und unter Berufung auf den Wortlaut ausgeführt, dass diese Eingriffsbefugnis Bildaufnahmen zur Erforschung des Sachverhalts sowie zu Ermittlungszwecken ermöglicht, ohne auf Observationszwecke beschränkt zu sein. Entgegen der Ansicht des Beschwerdeführers, der mit einer Auffassung in der Rechtsprechung und in der Literatur eine Beschränkung dieser Befugnis auf die Anfertigung von Bildaufnahmen zu Observationszwecken befürwortet [Quellenangaben, P. B.], hat das Oberlandesgericht dadurch den Schutzbereich von Grundrechten nicht verkannt und ihr Gewicht auch nicht unrichtig eingeschätzt. Die Heranziehung dieser Rechtsgrundlage begegnet vielmehr keinen verfassungsrechtlichen Bedenken.“, Rn. 14: „Die Fachgerichte haben die Subsidiaritätsklausel des § 100h Abs. 1 Satz 1 2. Halbsatz StPO (in Verbindung mit § 46 Abs. 1 OWiG) geprüft und dargelegt, dass keine weniger belastende Maßnahme in Betracht kommt. […] Die Maßnahme zielt nicht auf Unbeteiligte, sondern ausschließlich auf Fahrzeugführer, die selbst Anlass zur Anfertigung von Bildaufnahmen gegeben haben, da der Verdacht eines bußgeldbewehrten Verkehrsverstoßes besteht (vgl. BVerfGE 109, 279 <353>; 113, 348 <383>; 120, 378 <430 f.>). Andere Personen dürfen gemäß § 100h Abs. 3 StPO nur betroffen sein, wenn dies unvermeidbar ist. […] Vielmehr zielt die Verkehrsüberwachung nur auf die Einhaltung der aus Gründen der Verkehrssicherheit erlassenen Geschwindigkeitsregelungen. Schließlich entfaltet die Maßnahme über die Ahndung der Verkehrsordnungswidrigkeit hinaus grundsätzlich keine belastenden Wirkungen für den Betroffenen. Es bestehen in § 101 StPO hinreichende grundrechtssichernde Verfahrensvorschriften über die Benachrichtigung sowie zur Kennzeichnung und Löschung von Daten […].“.

[418] Zu „**technische Mittel**“ vgl. Bundestagsdrucksache 12/989 (zu § 100c StPO; Bundestagsdrucksache 16/5846 zu § 100h StPO seit 01.01.2008 ist ohne ausdrückliche Abgrenzung zu technischen Mitteln), S. 39: „Absatz 1 Nr. 1 Buchstabe b [a. F., ≙ § 100h Abs. 1 S. 1 Nr. 2 StPO, P. B.] regelt die Verwendung von technischen Mitteln, die keine Aufnahme oder Aufzeichnung von Wort und Bild ermöglichen, sondern lediglich Signale aussenden (z. B. Peilsender).“, S. 58: „Die Bundesregierung ist der Auffassung, daß der Einsatz gebräuchlicher Sichthilfen (z. B. Fernglas) durch §§ 161, 163 StPO erfaßt wird und daher keiner Regelung in § 100 c bedarf. Der Einsatz besonderer Sichthilfen (z. B. Nachtsichtgeräte) unterfällt nach Auffassung der Bundesregierung der vorgeschlagenen Regelung des Absatzes 1 Nr. 1 Buchstabe b.“.

- § 100h Abs. 1 S. 1 Nr. 1 StPO: Herstellen von Bildaufnahmen auch ohne Wissen des Betroffenen;
- § 100h Abs. 1 S. 1 Nr. 2 StPO: Verwendung sonstiger für Observationszwecke bestimmter technischer Mittel auch ohne Wissen des Betroffenen.

B. Formelle Rechtmäßigkeit (FR) I. Zuständigkeit (Z)

Zuständigkeit für Straftatenerforschung/StPO

(VOR/DEF)

Zuständigkeit ist Aufgabenwahrnehmungserlaubnis für den Rechtsfolgesetzer.

(SUB/ERG)

Für die Maßnahme ist die Zuständigkeit (i.d.R.) wie folgt gegeben:

1. sachliche Zuständigkeit der *Polizei* gemäß

- § 163 Abs. 1 S. 1 StPO;

2. instanzielle Zuständigkeit *der Polizeibehörde* gemäß

- (i.d.R.) § 11 Abs. 1 Nr. 2 Alt. 1 POG NRW i.V.m. KPBVO NRW;
- (generell:) §§ 10-14 POG NRW (ggf. i.V.m. LKAAufgVO NRW);

3. örtliche Zuständigkeit *der Polizeibehörde* gemäß

- (i.d.R.) § 7 Abs. 1 S. 1 POG NRW (ggf. i.V.m. KHStVO NRW);
- (generell: §§ 7-9 POG NRW[419]) (ggf. i.V.m. KHStVO NRW);

4. funktionelle Zuständigkeit *des Polizeiamtswalters* gemäß

- § 100h i.V.m. § 163 Abs. 1 S. 1 W. 1-6 StPO, also hier der „Behörden und Beamten des Polizeidienstes" für Anordnung, Ausführung, Antrag, Anregung.

Zuständigkeit für Ordungswidrigkeitenerforschung/OWiG

(VOR/DEF)

Zuständigkeit ist Aufgabenwahrnehmungserlaubnis für den Rechtsfolgesetzer.

(SUB/ERG)

Für die Maßnahme ist die Zuständigkeit (i.d.R.) wie folgt gegeben:

1. sachliche Zuständigkeit *der Polizei* gemäß

- §§ 35, 36 OWiG;

---

419 Vgl. auch zu § 9 Abs. 1 S. 1 Nr. 5 POG NRW: Abkommen zwischen den Ländern der Bundesrepublik Deutschland über die erweiterte Zuständigkeit der Polizei der Länder bei der Strafverfolgung.

- i.V.m. § 1 Abs. 2 Teil-3-OWiGZVO NRW: PB – solange Nicht-Abgabe an OB – für Verfolgung von Owi nach: §§ 111, 117-121 OWiG;
- i.V.m. § 1 Abs. 3 Teil-3-OWiGZVO NRW: KPB für Verfolgung und Ahndung von Owi nach §§ 113, 115 OWiG bei polizeilichen Gewahrsams-Gefangenen, § 127 OWiG bei öff. Urkunden und Beglaubigungszeichen;
- i.V.m. § 2b öffVereinsRZVO NRW: KBP für die Verfolgung und Ahndung von Owi nach § 23 VereinsGDV;
- i.V.m. § 1 Abs. 2 VerkehrsOwiZVO NRW: PB – solange Nicht-Abgabe an KOB oder StA – für Verfolgung von Owi nach §§ 23, 24, 24a und 24c StVG;
- i.V.m. § 2 VersGZVO NRW: KPB für die Verfolgung und Ahndung von Owi nach § 29 VersG;
- i.V.m. § 5 WaffGDVO NRW: KPB für die Verfolgung und Ahndung von Owi nach § 53 WaffG;

- § 53 OWiG;

2. instanzielle Zuständigkeit *der Polizeibehörde* gemäß

- § 11 Abs. 1 Nr. 2 Alt. 2 POG NRW i.V.m. KPBVO NRW (generell: §§ 10-14 POG NRW) [bei §§ 35, 36 OWiG];
  - i.V.m. § 1 Abs. 2 Teil-3-OWiGZVO NRW: PB – solange Nicht-Abgabe an OB – für Verfolgung von Owi nach: §§ 111, 117-121 OWiG;
  - i.V.m. § 1 Abs. 3 Teil-3-OWiGZVO NRW: KPB für Verfolgung und Ahndung von Owi nach §§ 113, 115 OWiG bei polizeilichen Gewahrsams-Gefangenen, § 127 OWiG bei öff. Urkunden und Beglaubigungszeichen;
  - i.V.m. § 2b öffVereinsRZVO NRW: KBP für die Verfolgung und Ahndung von Owi nach § 23 VereinsGDV;
  - i.V.m. § 1 Abs. 2 VerkehrsOwiZVO NRW: PB – solange Nicht-Abgabe an KOB oder StA – für Verfolgung von Owi nach §§ 23, 24, 24a und 24c StVG;
  - i.V.m. § 2 VersGZVO NRW: KPB für die Verfolgung und Ahndung von Owi nach § 29 VersG;
  - i.V.m. § 5 WaffGDVO NRW: KPB für die Verfolgung und Ahndung von Owi nach § 53 WaffG;

3. örtliche Zuständigkeit *der Polizeibehörde* gemäß

- (bei §§ 35, 36 OWiG:) § 37 OWiG;
- Im Übrigen generell: §§ 7-9 POG NRW;

4. funktionelle Zuständigkeit *des Polizeiamtswalters* (i.d.R.) gemäß

- § 100h StPO i.V.m. § 53 Abs. 1 S. 1 W. 1-6 OWiG, also hier der „Behörden und Beamten des Polizeidienstes" für Anordnung, Ausführung, Antrag, Anregung.

B. Formelle Rechtmäßigkeit (FR) II. Verfahren (V)

(VOR/DEF)

Verfahren ist normiertes Verhalten für den Rechtsfolgezuständigen außer, bei, i.Z.m. der Rechtsfolge.

1. Verfahrensrechtsnormen aus § 100h Abs. 4 StPO i.V.m. § 100d StPO entsprechend bei oder i.Z.m. Verarbeitung von Daten nach § 100h StPO, die dem Kernbereich privater Lebensgestaltung zuzurechnen sind

Gemäß § 100h Abs. 4 StPO gilt § 100d Abs. 1, 2 StPO entsprechend. „Der Kernbereich privater Lebensgestaltung beansprucht [jedenfalls] gegenüber allen Überwachungsmaßnahmen Beachtung."[420] Selbst wenn es eigener ausdrücklicher Regelungen für Maßnahmen wie die der weiteren Maßnahmen außerhalb von Wohnraum nach § 100h StPO nicht bedürfte, sind Grenzen, die sich im Einzelfall auch hier gegenüber einem Zugriff auf höchstpersönliche Informationen ergeben können, bei deren Anwendung unmittelbar von Verfassungs wegen zu beachten.[421] Aus allem folgt, dass der Kernbereich privater Lebensgestaltung bei weiteren Maßnahmen nach § 100h StPO auf dem Rechtsgebiet der Strafrechtspflege Beachtung beansprucht, und zwar unmittelbar von Verfassung wegen, ausdrückbar über Anwendung von § 100h Abs. 4 StPO i.V.m. § 100d Abs. 1, 2 StPO entsprechend i.V.m. einer weiteren entsprechenden Anwendung des gesamten § 100d StPO, auch im Vergleich zu ausdrücklichen Normierungen wie § 16 PolG NRW.

(VOR)

a) § 100h Abs. 4 StPO analog i.V.m. § 100d StPO entsprechend

Gemäß § 100h Abs. 4 StPO analog i.V.m. § 100d StPO entsprechend, vgl. auch § 16 Abs. 2 S. 3 PolG NRW, ist bei (Anhaltspunkten bzgl. einer) Erhebung personenbezogener Daten, die dem Kernbereich privater Lebensgestaltung zuzurechnen sind, die anordnende Stelle über den Verlauf der Maßnahme **unverzüglich** (§ 121 Abs. 1 S. 1 BGB) zu unterrichten.

b) § 100h Abs. 4 StPO analog i.V.m. § 100d Abs. 3 S. 2 StPO

Gemäß § 100h Abs. 4 StPO analog i.V.m. § 100d Abs. 3 S. 2 StPO entsprechend jedenfalls für weitere Maßnahmen nach § 100h StPO ist u.a. normiert, dass Erkenntnisse, die den Kernbereich privater Lebensgestaltung betreffen, **unverzüglich** (§ 121 Abs. 1 S. 1 BGB) von der Staatsanwaltschaft dem (anordnenden) Gericht zur Entscheidung über die Verwertbarkeit und Löschung der Daten vorzulegen sind (und die Entscheidung des Gerichts über die Verwertbarkeit für das weitere Verfahren bindend ist); vgl. auch § 100d Abs. 4 StPO, nach dem im Zweifel die Staatsanwaltschaft über die Unterbrechung oder Fortführung der Maßnahme **unverzüglich** (§ 121 Abs. 1 S. 1 BGB) eine Entscheidung des Gerichts herbeizuführen hat; vgl. auch § 16 Abs. 3 PolG NRW, nach dem bei Zweifeln hinsichtlich der Kernbereichsrelevanz der erhobenen Daten diese unverzüglich dem oder der behördlichen Datenschutzbeauftragten und einer von dem Behördenleiter oder der Behördenleiterin besonders beauftragten Leitungsperson des höheren Polizeivollzugsdienstes zur Durchsicht vorzulegen sind (Im Falle des § 17 Abs. 2 S. 3 PolG NRW erfolgt die Durchsicht durch das zuständige Amtsgericht. § 18 Abs. 4 PolG NRW bleibt unberührt.)

---

420 BVerfGE 141, 220, 277 (BKAG) = BVerfG, Urteil des Ersten Senats vom 20.04.2016 – 1 BvR 966/09 –, C. IV. 3. b), Rn. 123.

421 BVerfGE 141, 220, 277 f. (BKAG) = BVerfG, Urteil des Ersten Senats vom 20.04.2016 – 1 BvR 966/09 –, C. IV. 3. b), Rn. 123.

c) § 100h Abs. 4 StPO i.V.m. § 100d Abs. 2 S. 3 StPO entsprechend

Gemäß § 100h Abs. 4 StPO i.V.m. § 100d Abs. 2 S. 3 StPO entsprechend, vgl. auch § 16 Abs. 4 S. 3 PolG NRW, ist die Tatsache der Erlangung und Löschung von Daten, die dem Kernbereich privater Lebensgestaltung zuzurechnen sind, zu dokumentieren.

(DEF)

Kernbereich privater Lebensgestaltung ist der höchstpersönliche private Lebensbereich mit der Möglichkeit, innere Vorgänge wie Empfindungen und Gefühle sowie Überlegungen, Ansichten und Erlebnisse höchstpersönlicher Art ohne Angst vor staatlicher Überwachung zum Ausdruck zu bringen; umfasst sind auch Gefühlsäußerungen, Äußerungen des unbewussten Erlebens sowie Ausdrucksformen der Sexualität; wobei das Gegebensein von Daten aus dem Kernbereich privater Lebensgestaltung situationsbedingt und im Einzelfall anhand von Kommunikationsinhalten und -umständen (besonderes Vertrauensverhältnis der kommunizierenden Personen, Ort, erkennbarer Geheimhaltungswille) zu beurteilen ist und Kommunikationsinhalte höchstpersönlicher Art insbesondere sein können:

- Gespräche mit Vertrauenspersonen bzw. engsten Familienangehörigen über existenzielle Fragen (z. B. Todesangst, Suizidgedanken), über schwere physische oder psychische Erkrankungen sowie über privateste familiäre Angelegenheiten (z. B. Abtreibung, Enterbung) sowie die Äußerung tief empfundener Emotionen;
- verbale und nonverbale Äußerungen des Intimlebens (intensive Liebesbezeugungen und Ausdrucksformen der Sexualität);
- vertrauliche Gespräche mit Berufsgeheimnisträgern, wobei grundsätzlich allen Berufsgeheimnisträgern gleicher Schutz zukommt, vgl. insoweit auch § 100d Abs. 5 StPO, § 160a StPO, § 16 Abs. 5 PolG NRW.

Gespräche mit engsten Vertrauten, die Angaben über polizeilich abzuwehrende Gefahren enthalten, gehören schon ihrem Inhalt nach grundsätzlich nicht zu dem unantastbaren Kernbereich privater Lebensgestaltung, und führen daher nicht zur Unterbrechung, denn hinreichender Sozialbezug zur Öffentlichkeitssphäre besteht jedenfalls bei Äußerungen, die sich unmittelbar auf eine konkrete Gefahr beziehen, insbesondere wenn die kommunizierenden Personen für die Gefahren verantwortlich sind.[422]

---

[422] Zum **Kernbereich privater Lebensgestaltung**: vgl. Nr. 16 VVPolG NRW; vgl. auch § 15c Abs. 5, 6, 8 PolG NRW und Nr. 15c.5 VVPolG NRW; § 100d StPO; vgl. Bundestags-Drucksache 13/9660, S. 4; BVerfGE 109, 279, 313 f., 319, 324 (akustische Wohnraumüberwachung/„Großer Lauschangriff") = BVerfG, Urteil des Ersten Senats vom 03.03.2004 – 1 BvR 2378/98; vgl. auch BVerfGE 6, 32, 41; 6, 389, 433; 27, 1, 6 ff.; 32, 373, 379; 80, 367, 376 ff.; 101, 361, 382 ff.; 141, 220, Ls. 1. a), Rn. 120-126; BVerfG, Urteil des Ersten Senats vom 19.05.2020 – 1 BvR 2835/17 (Ausland-Ausland-Fernmeldeaufklärung nach BNDG), Rn. 199-207; BVerfGE 141, 220, 276-278 (BKAG) = BVerfG, Urteil des Ersten Senats vom 20.04.2016 – 1 BvR 966/09 –, C. IV. 3. a) b), Rn. 121-123: „Zur Entfaltung der Persönlichkeit im **Kernbereich privater Lebensgestaltung** gehört die Möglichkeit, innere Vorgänge wie Empfindungen und Gefühle sowie Überlegungen, Ansichten und Erlebnisse höchstpersönlicher Art zum Ausdruck zu bringen (vgl. BVerfGE 109, 279 <313>; 120, 274 <335>; stRspr). Geschützt ist insbesondere die nichtöffentliche Kommunikation mit Personen des höchstpersönlichen Vertrauens, die in der berechtigten Annahme geführt wird, nicht überwacht zu werden, wie es insbesondere bei Gesprächen im Bereich der Wohnung der Fall ist. Zu diesen Personen gehören insbesondere Ehe- oder Lebenspartner, Geschwister und Verwandte in gerader Linie, vor allem, wenn sie im selben Haushalt leben, und können Strafverteidiger, Ärzte, Geistliche und enge persönliche Freunde zählen (vgl. BVerfGE 109, 279 <321 ff.>). Dieser Kreis deckt sich nur teilweise mit dem der Zeugnisverweigerungs-

(SUB/ERG)

Im konkreten Fall sind die Voraussetzungen des § 100h StPO i.V.m. § 100d StPO entsprechend (alternativ)

- eingehalten bei entsprechenden Anhaltspunkten / bei Fehlen entgegenstehender Anhaltspunkte.
- nicht eingehalten bei entsprechenden Anhaltspunkten / bei Fehlen entgegenstehender Anhaltspunkte.

2. Verfahrensrechtsnormen aus § 101 StPO für – verdeckte[423] – Bildaufnahmen und Verwendung sonstiger technischer Mittel außerhalb von Wohnraum

(VOR/DEF)

a) § 101 Abs. 2 StPO: Verwahrungspflicht bzgl. Entscheidungen und sonstiger Unterlagen über Maßnahmen nach § 100h Abs. 1 Nr. 2 StPO bei StA; zu-den-Akten-Nahme erst bei Erfüllung der Voraussetzungen für Benachrichtigung nach § 101 Abs. 5 StPO.

b) § 101 Abs. 3 StPO: Entsprechende Kennzeichnung erhobener personenbezogener Daten; mit Aufrechterhaltungspflicht anderer Stelle nach Übermittlung an sie.

---

berechtigten. Solche Gespräche verlieren dabei nicht schon dadurch ihren Charakter als insgesamt höchstpersönlich, dass sich in ihnen Höchstpersönliches und Alltägliches vermischen (vgl. BVerfGE 109, 279 <330>; 113, 348 <391 f.>). Demgegenüber ist die Kommunikation unmittelbar über Straftaten nicht geschützt, selbst wenn sie auch Höchstpersönliches zum Gegenstand hat. Die Besprechung und Planung von Straftaten gehört ihrem Inhalt nach nicht zum Kernbereich privater Lebensgestaltung, sondern hat Sozialbezug (vgl. BVerfGE 80, 367 <375>; 109, 279 <319 f., 328>; 113, 348 <391>). Dies bedeutet freilich nicht, dass der Kernbereich unter einem allgemeinen Abwägungsvorbehalt in Bezug auf öffentliche Sicherheitsinteressen steht. Ein höchstpersönliches Gespräch fällt nicht schon dadurch aus dem Kernbereich privater Lebensgestaltung heraus, dass es für die Aufklärung von Straftaten oder Gefahren hilfreiche Aufschlüsse geben kann. Aufzeichnungen oder Äußerungen im Zwiegespräch, die zum Beispiel ausschließlich innere Eindrücke und Gefühle wiedergeben und keine Hinweise auf konkrete Straftaten enthalten, gewinnen nicht schon dadurch einen Gemeinschaftsbezug, dass sie Ursachen oder Beweggründe eines strafbaren Verhaltens freizulegen vermögen (vgl. BVerfGE 109, 279 <319>). Auch können trotz Straftatenbezugs Situationen, in denen Einzelnen gerade ermöglicht werden soll, ein Fehlverhalten einzugestehen oder sich auf dessen Folgen einzurichten, wie Beichtgespräche oder vertrauliche Gespräche mit einem Psychotherapeuten oder einem Strafverteidiger, der höchstpersönlichen Privatsphäre unterfallen, die dem Staat absolut entzogen ist (vgl. BVerfGE 109, 279 <322>). Ein hinreichender Sozialbezug besteht demgegenüber dann, wenn Gespräche - auch mit Vertrauenspersonen - sonst unmittelbar Straftaten zu ihrem Gegenstand haben (vgl. BVerfGE 109, 279 <319>). Der Kernbereich privater Lebensgestaltung beansprucht gegenüber allen Überwachungsmaßnahmen Beachtung. Können sie typischerweise zur Erhebung kernbereichsrelevanter Daten führen, muss der Gesetzgeber Regelungen schaffen, die einen wirksamen Schutz normenklar gewährleisten (vgl. BVerfGE 109, 279 <318 f.>; 113, 348 <390 f.>; 120, 274 <335 ff.>). Außerhalb solch verletzungsgeneigter Befugnisse bedarf es eigener Regelungen nicht. Grenzen, die sich im Einzelfall auch hier gegenüber einem Zugriff auf höchstpersönliche Informationen ergeben können, sind bei deren Anwendung unmittelbar von Verfassungs wegen zu beachten.“.

[423] § 101 Überschrift StPO: Verfahrensregelungen bei verdeckten Maßnahmen.

c) § 101 Abs. 4 S. 1 Nr. 7, S. 2-5, Abs. 5-7 StPO: Grundsätzliche Benachrichtigungspflicht im Fall des § 100h Abs. 1 StPO gegenüber der „Zielperson“ und der „mitbetroffenen Person“.

d) § 101 Abs. 8 StPO: **Unverzügliche** (§ 121 Abs. 1 S. 1 BGB) Löschung der durch die Maßnahme erlangten personenbezogenen Daten bei Nichterforderlichkeit zur Strafverfolgung und für eine etwaige gerichtliche Überprüfung der Maßnahme mit Aktenkundigmachen oder Sperren der personenbezogenen Daten bei Zurückstellung der Löschung für eine etwaige gerichtliche Überprüfung der Maßnahme.

(SUB/ERG)

Im konkreten Fall sind die Verfahrensnormen aus § 101 StPO (alternativ)

- eingehalten.
- nicht eingehalten.

3. § 33 StPO und § 168b StPO als allgemeine StPO-Verfahrensrechtsnormen für Bildaufnahmen und Verwendung sonstiger technischer Mittel außerhalb von Wohnraum

(VOR/DEF)

a) § 33 StPO analog: Anhörung

Gemäß § 33 StPO analog (ggf. i.V.m. §§ 46, 53 Abs. 1 S. 2 OWiG) besteht Pflicht zur **Anhörung** bzw. **Gewährung rechtlichen Gehörs** vor einer Entscheidung, jedenfalls bevor zum Beteiligten-Nachteil Tatsachen oder Beweisergebnisse ohne Anhörung verwertet werden – oder es soll gegeben sein: ein Ausnahmegrund der Zweckgefährdung/Gefahr im Verzug nach § 33 Abs. 4 StPO analog.

Gefahr im Verzug i.S.d. § 33 StPO ist gegeben, wenn der Handlungsbedarf unvorhergesehen ist und bei Durchführung der eigentlich vorgesehenen Maßnahme, hier der Anhörung, der gesetzliche Zweck, hier der jeweilige aus der Aufgabe insbesondere des § 163 Abs. 1 S. 1 StPO und der Befugnisrechtsnorm des § 100h StPO, vereitelt oder wesentlich erschwert wird.

(SUB/ERG)

Im konkreten Fall ist § 33 StPO analog (alternativ)

- eingehalten insbesondere bei Gelegenheit zur Stellungnahme i.S.d. § 33 StPO analog;
- eingehalten bei Nichteinhaltung von § 33 Abs. 1, 3 StPO analog und Ausnahmegrund gemäß § 33 Abs. 4 StPO analog;
- nicht eingehalten insbesondere bei Fehlen von Gelegenheit zur Stellungnahme ohne Ausnahmegrund i.S.d. § 33 StPO analog;
- sonst eingehalten oder nicht eingehalten bei Anhaltspunkten / Fehlen entgegenstehender Anhaltspunkte.

(VOR/DEF)

b) § 168b StPO: Protokollierung

Gemäß § 168b StPO (ggf. i.V.m. §§ 46, 53 Abs. 1 S. 2 OWiG) besteht Pflicht zur **Protokollierung** bzw. zum **Protokoll** über ermittlungsbehördliche Untersuchungshandlungen, wonach gemäß § 168b Abs. 1 StPO das Ergebnis der Untersuchungshandlungen der Ermittlungsbehörden aktenkundig zu machen ist.

(SUB/ERG)

Im konkreten Fall ist § 168b StPO (alternativ)

- eingehalten insbesondere bei Protokoll über (das Ergebnis über) behördliche Untersuchungshandlungen i.S.d. §168b StPO;
- eingehalten bei Nichteinhaltung von § 168b StPO mit Ausnahmegrund;
- nicht eingehalten insbesondere bei Fehlen von Protokoll über (das Ergebnis über) behördliche Untersuchungshandlungen ohne Ausnahmegrund;
- sonst eingehalten oder nicht eingehalten bei Anhaltspunkten / Fehlen entgegenstehender Anhaltspunkte.

(ERG Verfahren)

Ergebnis kann allgemein sein: Verfahrensrechtmäßigkeit oder Verfahrensrechtswidrigkeit der Maßnahme.

B. Formelle Rechtmäßigkeit (FR) III. Form (F)

(VOR/DEF)

Form ist normiertes Wie der Rechtsfolgesetzung – mündlich, schriftlich, elektronisch oder in anderer Weise.

(SUB/ERG)

Im konkreten Fall besteht bei Fehlen speziellerer Formrechtsnormen Formfreiheit für den Justiz-VA, sodass der Justiz-VA schriftlich, elektronisch, mündlich oder in anderer Weise formrechtmäßig ergehen kann.

§ 168b StPO ist i.d.R. bereits integrativer Bestandteil des Verfahrens.

Ergebnis kann allgemein sein: Formrechtmäßigkeit oder Formrechtswidrigkeit der Maßnahme.

C. Materielle Rechtmäßigkeit (MR) I. Tatbestand (Tb) / Tatbestandsvoraussetzungen (TBV)

(VOR/DEF)

Tatbestand ist das Gesamt der (materiell-rechtlichen) Rechtsfolge(setzungs)bedingungen. / **Tatbestandsvoraussetzungen** sind materiell-rechtliche Rechtsfolgesetzungsbedingungen.

1. Allgemeine TBV Tatverdacht für Maßnahme (alternativ) nach § 100h Abs. 1 S. 1 Nr. 1 oder Nr. 2 StPO

(VOR)

In § 100h StPO wird Tatverdacht vorausgesetzt (vgl. § 163 Abs. 1 S. 1 W. 8, S. 2 W. 1-3 StPO und § 53 Abs. 1 S. 1 W. 11, S. 2 W. 7 OWiG).

(DEF)

Tatverdacht ist gemäß § 163 Abs. 1 S. 1 i.V.m. § 152 Abs. 2 StPO das Gegebensein zureichender tatsächlicher Anhaltspunkte für eine verfolgbare Straftat oder Ordnungswidrigkeit.[424]

Zureichende tatsächliche Anhaltspunkte sind gegeben bei entsprechendem Ergebnis einer Gewichtigkeits- und Plausibilitätsprüfung aller wahrnehmbaren Dinge in Abwägung mit Art und Ausmaß potentieller Rechtseingriffe und Taten.

(SUB)

Zureichende tatsächliche Anhaltspunkte sind (z.B. und alternativ möglich) zum maßgeblichen Zeitpunkt bezüglich bestimmter Taten:

- polizeieigene Beobachtungen;
- polizeiliche Feststellungen;
- polizeiliche auf Tatsachen begründete, auf den einzelnen Fall bezogene Schlussfolgerungen, außer reine Spekulationen, hypothetische Erwägungen oder lediglich auf kriminalistische Alltagserfahrung gestützte, fallunabhängige Vermutungen;
- Angaben von Beschuldigten, Betroffenen, Verdächtigen, Nichtverdächtigen, Zeugen, Sachverständigen oder Dritten;
- Anzeigen iS.d. § 158 StPO;
- sonstige Daten.

---

[424] BVerfG, Beschluss der 3. Kammer des Zweiten Senats vom 11.01.2016 – 2 BvR 1361/13 –, Rn. 11: „Notwendiger und grundsätzlich auch hinreichender Anlass für Zwangsmaßnahmen im Strafverfahren [oder Ordnungswidrigkeitenverfahren, P. B.] ist der Verdacht einer Straftat [oder Ordnungswidrigkeit, P. B.]. Der Verdacht muss auf konkreten Tatsachen beruhen; vage Anhaltspunkte oder bloße Vermutungen reichen nicht aus (vgl. BVerfGE 44, 353 <381 f.>; 59, 95 <97 f.>; BVerfGK 1, 126 <131>).".

(ERG)

Im konkreten Fall besteht i.S.d. § 152 Abs. 2 StPO i.V.m. § 163 Abs. 1 S. 1 StPO/§ 53 Abs. 1 S. 1 OWiG (alternativ)

- Tatverdacht (bei zureichenden tatsächlichen Anhaltspunkten).
- kein Tatverdacht (bei Fehlen zureichender tatsächlicher Anhaltspunkte).

2. TBV aus § 100h Abs. 1 S. 2 StPO bei Maßnahme (exklusiv) nach § 100h Abs. 1 S. 1 Nr. 2 StPO

(VOR)

Gemäß § 100h Abs. 1 S. 2 StPO ist eine Maßnahme nach § 100h Abs. 1 S. 1 StPO nur zulässig, wenn Gegenstand der Untersuchung (Verdacht) eine(r) Straftat von erheblicher Bedeutung ist.

(DEF)

(Verdacht einer) **Straftat von erheblicher Bedeutung** ist gegeben bei

- Zurechnung der (mutmaßlichen) Tat mindestens zur mittleren Kriminalität;
- (mutmaßlich) empfindlicher Störung des Rechtsfriedens;
- (mutmaßlicher) Geeignetheit zur erheblichen Bevölkerungssicherheitsgefühlsbeeinträchtigung,

vgl. auch § 8 Abs. 3 PolG NRW und maior von § 100a Abs. 1, 2 StPO, § 100c Abs. 2 StPO.

(SUB/ERG)

Im konkreten Fall ist im Sinne von § 100h Abs. 1 S. 2 StPO gegeben (alternativ):

- (Verdacht) eine(r) Straftat von erheblicher Bedeutung (bei zureichenden tatsächlichen Anhaltspunkten).
- kein(e) (Verdacht einer) Straftat von erheblicher Bedeutung (bei Fehlen zureichender tatsächlicher Anhaltspunkte).

3. (Negative) TBV aus § 100h Abs. 4 StPO i.V.m. § 100d StPO entsprechend für die Verarbeitung von Daten nach § 100h StPO, die dem Kernbereich privater Lebensgestaltung zuzurechnen sind

Gemäß § 100h Abs. 4 StPO gilt § 100d Abs. 1, 2 StPO entsprechend. „Der Kernbereich privater Lebensgestaltung beansprucht [jedenfalls] gegenüber allen Überwachungsmaßnahmen Beachtung.“[425] Selbst wenn es eigener ausdrücklicher Regelungen für Maßnahmen wie die der weiteren Maßnahmen außerhalb von Wohnraum nach § 100h StPO nicht bedürfte, sind Grenzen, die sich im Einzelfall auch hier gegenüber einem Zugriff auf höchstpersönliche

---

[425] BVerfGE 141, 220, 277 (BKAG) = BVerfG, Urteil des Ersten Senats vom 20.04.2016 – 1 BvR 966/09 –, C. IV. 3. b), Rn. 123.

Informationen ergeben können, bei deren Anwendung unmittelbar von Verfassungs wegen zu beachten.[426] Aus allem folgt, dass der Kernbereich privater Lebensgestaltung bei weiteren Maßnahmen nach § 100h StPO auf dem Rechtsgebiet der Strafrechtspflege Beachtung beansprucht, und zwar unmittelbar von Verfassung wegen, ausdrückbar über Anwendung von § 100h Abs. 4 StPO i.V.m. § 100d Abs. 1, 2 StPO entsprechend i.V.m. einer weiteren entsprechenden Anwendung des gesamten § 100d StPO, auch im Vergleich zu ausdrücklichen Normierungen wie § 16 PolG NRW.

(VOR)

Gemäß § 100h Abs. 4 StPO i.V.m. § 100d Abs. 1 StPO entsprechend ist die Maßnahme unzulässig, wenn tatsächliche Anhaltspunkte für die Annahme vorliegen, dass durch die Maßnahme (allein) Erkenntnisse aus dem Kernbereich privater Lebensgestaltung erlangt werden, vgl. auch die BVerfG-Rechtsprechung i.V.m. § 31 BVerfGG.

(DEF)

Kernbereich privater Lebensgestaltung ist der höchtspersönliche private Lebensbereich mit der Möglichkeit, innere Vorgänge wie Empfindungen und Gefühle sowie Überlegungen, Ansichten und Erlebnisse höchstpersönlicher Art ohne Angst vor staatlicher Überwachung zum Ausdruck zu bringen; umfasst sind auch Gefühlsäußerungen, Äußerungen des unbewussten Erlebens sowie Ausdrucksformen der Sexualität; wobei das Gegebensein von Daten aus dem Kernbereich privater Lebensgestaltung situationsbedingt und im Einzelfall anhand von Kommunikationsinhalten und -umständen (besonderes Vertrauensverhältnis der kommunizierenden Personen, Ort, erkennbarer Geheimhaltungswille) zu beurteilen ist und Kommunikationsinhalte höchstpersönlicher Art insbesondere sein können:

- Gespräche mit Vertrauenspersonen bzw. engsten Familienangehörigen über existenzielle Fragen (z. B. Todesangst, Suizidgedanken), über schwere physische oder psychische Erkrankungen sowie über privateste familiäre Angelegenheiten (z. B. Abtreibung, Enterbung) sowie die Äußerung tief empfundener Emotionen;
- verbale und nonverbale Äußerungen des Intimlebens (intensive Liebesbezeugungen und Ausdrucksformen der Sexualität);
- vertrauliche Gespräche mit Berufsgeheimnisträgern, wobei grundsätzlich allen Berufsgeheimnisträgern gleicher Schutz zukommt, vgl. insoweit auch § 100d Abs. 5 StPO, § 160a StPO, § 16 Abs. 5 PolG NRW.

Gespräche mit engsten Vertrauten, die Angaben über polizeilich abzuwehrende Gefahren enthalten, gehören schon ihrem Inhalt nach grundsätzlich nicht zu dem unantastbaren Kernbereich privater Lebensgestaltung, und führen daher nicht zur Unterbrechung, denn hinreichender Sozialbezug zur Öffentlichkeitssphäre besteht jedenfalls bei Äußerungen, die sich unmittelbar auf eine konkrete Gefahr beziehen, insbesondere wenn die kommunizierenden Personen für die Gefahren verantwortlich sind.[427]

---

[426] BVerfGE 141, 220, 277 f. (BKAG) = BVerfG, Urteil des Ersten Senats vom 20.04.2016 – 1 BvR 966/09 –, C. IV. 3. b), Rn. 123.

[427] Zum **Kernbereich privater Lebensgestaltung**: vgl. Nr. 16 VVPolG NRW; vgl. auch § 15c Abs. 5, 6, 8 PolG NRW und Nr. 15c.5 VVPolG NRW; § 100d StPO; vgl. Bundestags-Drucksache 13/9660, S. 4; BVerfGE 109, 279, 313 f., 319, 324 (akustische Wohnraumüberwachung/„Großer Lauschangriff") = BVerfG, Urteil des Ersten Senats vom 03.03.2004 – 1 BvR 2378/98; vgl. auch BVerfGE 6, 32, 41; 6,

(SUB/ERG)

Im konkreten Fall sind die Voraussetzungen des § 100h Abs. 4 StPO i.V.m. § 100d Abs. 1 StPO entsprechend (alternativ)

- erfüllt bei entsprechenden Anhaltspunkten / bei Fehlen entgegenstehender Anhaltspunkte.
- nicht erfüllt bei entsprechenden Anhaltspunkten / bei Fehlen entgegenstehender Anhaltspunkte.

389, 433; 27, 1, 6 ff.; 32, 373, 379; 80, 367, 376 ff.; 101, 361, 382 ff.; 141, 220, Ls. 1. a), Rn. 120-126; BVerfG, Urteil des Ersten Senats vom 19.05.2020 – 1 BvR 2835/17 (Ausland-Ausland-Fernmeldeaufklärung nach BNDG), Rn. 199-207; BVerfGE 141, 220, 276-278 (BKAG) = BVerfG, Urteil des Ersten Senats vom 20.04.2016 – 1 BvR 966/09 –, C. IV. 3. a) b), Rn. 121-123: „Zur Entfaltung der Persönlichkeit im **Kernbereich privater Lebensgestaltung** gehört die Möglichkeit, innere Vorgänge wie Empfindungen und Gefühle sowie Überlegungen, Ansichten und Erlebnisse höchstpersönlicher Art zum Ausdruck zu bringen (vgl. BVerfGE 109, 279 <313>; 120, 274 <335>; stRspr). Geschützt ist insbesondere die nichtöffentliche Kommunikation mit Personen des höchstpersönlichen Vertrauens, die in der berechtigten Annahme geführt wird, nicht überwacht zu werden, wie es insbesondere bei Gesprächen im Bereich der Wohnung der Fall ist. Zu diesen Personen gehören insbesondere Ehe- oder Lebenspartner, Geschwister und Verwandte in gerader Linie, vor allem, wenn sie im selben Haushalt leben, und können Strafverteidiger, Ärzte, Geistliche und enge persönliche Freunde zählen (vgl. BVerfGE 109, 279 <321 ff.>). Dieser Kreis deckt sich nur teilweise mit dem der Zeugnisverweigerungsberechtigten. Solche Gespräche verlieren dabei nicht schon dadurch ihren Charakter als insgesamt höchstpersönlich, dass sich in ihnen Höchstpersönliches und Alltägliches vermischen (vgl. BVerfGE 109, 279 <330>; 113, 348 <391 f.>). Demgegenüber ist die Kommunikation unmittelbar über Straftaten nicht geschützt, selbst wenn sie auch Höchstpersönliches zum Gegenstand hat. Die Besprechung und Planung von Straftaten gehört ihrem Inhalt nach nicht zum Kernbereich privater Lebensgestaltung, sondern hat Sozialbezug (vgl. BVerfGE 80, 367 <375>; 109, 279 <319 f., 328>; 113, 348 <391>). Dies bedeutet freilich nicht, dass der Kernbereich unter einem allgemeinen Abwägungsvorbehalt in Bezug auf öffentliche Sicherheitsinteressen steht. Ein höchstpersönliches Gespräch fällt nicht schon dadurch aus dem Kernbereich privater Lebensgestaltung heraus, dass es für die Aufklärung von Straftaten oder Gefahren hilfreiche Aufschlüsse geben kann. Aufzeichnungen oder Äußerungen im Zwiegespräch, die zum Beispiel ausschließlich innere Eindrücke und Gefühle wiedergeben und keine Hinweise auf konkrete Straftaten enthalten, gewinnen nicht schon dadurch einen Gemeinschaftsbezug, dass sie Ursachen oder Beweggründe eines strafbaren Verhaltens freizulegen vermögen (vgl. BVerfGE 109, 279 <319>). Auch können trotz Straftatenbezugs Situationen, in denen Einzelnen gerade ermöglicht werden soll, ein Fehlverhalten einzugestehen oder sich auf dessen Folgen einzurichten, wie Beichtgespräche oder vertrauliche Gespräche mit einem Psychotherapeuten oder einem Strafverteidiger, der höchstpersönlichen Privatsphäre unterfallen, die dem Staat absolut entzogen ist (vgl. BVerfGE 109, 279 <322>). Ein hinreichender Sozialbezug besteht demgegenüber dann, wenn Gespräche - auch mit Vertrauenspersonen - sonst unmittelbar Straftaten zu ihrem Gegenstand haben (vgl. BVerfGE 109, 279 <319>). Der Kernbereich privater Lebensgestaltung beansprucht gegenüber allen Überwachungsmaßnahmen Beachtung. Können sie typischerweise zur Erhebung kernbereichsrelevanter Daten führen, muss der Gesetzgeber Regelungen schaffen, die einen wirksamen Schutz normenklar gewährleisten (vgl. BVerfGE 109, 279 <318 f.>; 113, 348 <390 f.>; 120, 274 <335 ff.>). Außerhalb solch verletzungsgeneigter Befugnisse bedarf es eigener Regelungen nicht. Grenzen, die sich im Einzelfall auch hier gegenüber einem Zugriff auf höchstpersönliche Informationen ergeben können, sind bei deren Anwendung unmittelbar von Verfassungs wegen zu beachten.“.

C. Materielle Rechtmäßigkeit (MR) II. Inanspruchnahme (In) / Inanspruchnahmevoraussetzungen (Inv)

(VOR/DEF)

Inanspruchnahmevoraussetzungen sind materiell-rechtliche Bedingungen für richtige Inanspruchnahme.

Inanspruchnahme ist Adressierung und sonstiges Betroffenmachen; **Adressierung** ist direktes Bestimmen oder finales Richten einer Maßnahme an einen Grundrechtsträger, vgl. §§ 100b Abs. 3, 100c Abs. 2, 100h Abs. 3, 163f Abs. 2 StPO.

Nach § 100h StPO ist Inanspruchnahme grundsätzlich richtig gegen folgende Personen:

- § 100h Abs. 1 S. 1 Nr. 1, 2 StPO: Beschuldigter/Betroffener gemäß § 100h Abs. 2 S. 1 StPO und unvermeidbar mitbetroffene Dritte gemäß § 100h Abs. 3 StPO;
- § 100h Abs. 1 S. 1 Nr. 1 StPO: Andere Person gemäß § 100h Abs. 2 S. 2 Nr. 1 StPO;
- § 100h Abs. 1 S. 1 Nr. 2 StPO: Andere Person gemäß § 100h Abs. 2 S. 2 Nr. 2 StPO.

(SUB/ERG)

Im konkreten Fall ist mit der weiteren Maßnahme außerhalb von Wohnraum nach § 100h StPO die Person (alternativ)

- richtigerweise adressiert oder richtigerweise sonst in Anspruch genommen.
- nicht richtigerweise adressiert oder nicht richtigerweise sonst in Anspruch genommen.

C. Materielle Rechtmäßigkeit (MR) III. Rechtsfolge (Rf) / Rechtsfolgevoraussetzungen (Rfv)

(VOR/DEF)

Rechtsfolge ist rechtliche Folge aus dem Tatbestand. / **Rechtsfolgevoraussetzungen** sind materiell-rechtliche Rechtsfolgegestaltungsbedingungen.

C. Materielle Rechtmäßigkeit (MR) III. Rechtsfolge (Rf) 1. Tatsächliche und rechtliche Möglichkeit (TurM)

(VOR/DEF)

Tatsächliche und rechtliche Möglichkeit betrifft Fälle wie aus § 44 Abs. 2 Nr. 4-6 VwVfG NRW.

(SUB/ERG)

Tatsächliche und rechtliche Möglichkeit ist im konkreten Fall gegeben/nicht gegeben aufgrund Vorliegens/Nichtvorliegens von kognitiven, körperlichen, normativen, technischen Unmöglichkeiten.

Tatsächliche Unmöglichkeiten können sich insbesondere ergeben aus persönlichen oder örtlichen Umständen, etwa dem Aufenthalt einer Zielperson (= Adressat) an einem Ort, von dem aus oder an dem sie zur maßgeblichen Zeit nicht beoachtet werden kann und das Hindernis auch nicht durch Aufenthalts- oder Bewegungsverfügung an die Zielperson (= Adressat) oder Verfügungen an Dritte beseitigt werden kann.

Rechtliche Unmöglichkeiten können sich insbesondere ergeben aus Rechtsnormen wie § 100h Abs. 4 StPO i.V.m. § 100d StPO entsprechend, vgl. auch BVerfG-Rechtsprechung i.V.m. § 31 BVerfGG.

C. Materielle Rechtmäßigkeit (MR) III. Rechtsfolge (Rf) 2. Bestimmtheit (Bsh)

(VOR/DEF)

Bestimmtheit ist Maßnahmenerkennbarkeit und Maßnahmenverstehbarkeit, bei Justiz-VA Gebot nach Art. 20 Abs. 3 GG.

(SUB/ERG)

Inhaltlich hinreichende Bestimmtheit i.S.d. Art. 20 Abs. 3 GG ist allgemein gegeben, wenn nach Auslegung der Maßnahme der Empfänger wie jeder vernünftige Dritte, §§ 133, 157 BGB analog, in der konkreten Situation deren Inhalt hinreichend erkennen und verstehen kann, insbesondere wie folgt:

- dass die Polizei ggü./mit dem Maßnahmenempfänger/Erklärungsempfänger (wer)
- aus Strafrechtspflegegründen (warum)
- zu einer spezifischen Zeit (wann)
- bezweckt, dass die Situation aufgeklärt werden soll (was)
- und zwar durch spezifische Maßnahmen (wie).

C. Materielle Rechtmäßigkeit (MR) III. Rechtsfolge (Rf) 3. Ermessen (Erm)

Ermessen für Straftatenerforschung/StPO

(VOR/DEF)

Ermessen ist Entscheidungsspielraum auf der Rechtsfolgenseite bzgl. rechtsfehlerfreier Ausübung von Einschreit-Entschließung (Ob), Adressaten-Auswahl (Wer), Maßnahmen-Gestaltung (Wie).

(SUB/ERG)

a) Einschreitentschließungs-„Ermessen“ ist grundsätzlich nicht gegeben, vgl. § 163 Abs. 1 S. 1 („haben“) i.V.m. § 152 Abs. 2 StPO (Legalitätsgrundsatz: „ist [...] verpflichtet, [...] einzuschreiten“); ein Opportunitätsprinzip ist nur ausnahmsweise gegeben.

b) Adressatenauswahl-„Ermessen“ ist grundsätzlich gegeben, insbesondere bzgl.:

- zweckförderlicher Reihenfolge der Inanspruchnahme vom/von mehreren Beschuldigten oder anderen Personen oder unvermeidbar betroffenen Dritten, vgl. § 100h Abs. 2, 3 StPO;
- Auswahl aus mehreren gleichgeeigneten nichtverdächtigen Zeugen oder Dritten.

c) Maßnahmengestaltungs-„Ermessen“ ist grundsätzlich gegeben, hier etwa in der Wahl der (technischen) Mittel im Sinne von § 100h Abs. 1 S. 1 Nr. 2 StPO.

Ein etwaig gegebener Entscheidungsspielraum wird aufgrund von/in Ermangelung entgegenstehender Anhaltspunkte ohne Ermessensfehler/mit Ermessensfehlern (Ermessensunterschreitung, Ermessensüberschreitung, Ermessensfehlgebrauch) ausgeübt bzgl. folgender Ermessensarten:

a) Entschließungsermessen:

Ein etwaig gegebenes Entschließungsermessen kann im konkreten Fall sogar gegen / auf Null reduziert sein, insbesondere wegen:

- Einschreitmöglichkeit;
- Erheblichkeitsgrad von Tatverdachten.

b) Auswahlermessen:

siehe C. II.: Auswahlermessen wird abschließend beurteilt i.V.m. Punkt C. II. (Inanspruchnahme).

c) Gestaltungsermessen:

siehe C. III. 4.: Gestaltungsermessen wird abschließend beurteilt i.V.m. Punkt C. III. 4. (VHM).

Ermessen für Ordnungswidrigkeitenerforschung/OWiG

(VOR/DEF)

Ermessen ist Entscheidungsspielraum auf der Rechtsfolgenseite bzgl. rechtsfehlerfreier Ausübung von Einschreit-Entschließung (Ob), Adressaten-Auswahl (Wer), Maßnahmen-Gestaltung (Wie), hier gegeben durch § 53 Abs. 1 S. 1 W. 9, 10 OWiG.

(SUB/ERG)

Der gegebene Entscheidungsspielraum wird aufgrund von/in Ermangelung entgegenstehender Anhaltspunkte ohne Ermessensfehler/mit Ermessensfehlern (Ermessensunterschreitung, Ermessensüberschreitung, Ermessensfehlgebrauch) ausgeübt bzgl. folgender Ermessensarten:

a) Entschließungsermessen:

Das Entschließungsermessen kann im konkreten Fall sogar gegen / auf Null reduziert sein, insbesondere wegen:

- Einschreitmöglichkeit;
- Erheblichkeitsgrad von Tatverdachten.

b) Auswahlermessen:

siehe C. II.: Auswahlermessen wird abschließend beurteilt i.V.m. Punkt C. II. (Inanspruchnahme).

c) Gestaltungsermessen:

siehe C. III. 4.: Gestaltungsermessen wird abschließend beurteilt i.V.m. Punkt C. III. 4. (VHM).

C. Materielle Rechtmäßigkeit (MR) III. Rechtsfolge (Rf) 4. Verhältnismäßigkeit (VHM)

(VOR/DEF)

Verhältnismäßigkeit ist Geeignetheit, Erforderlichkeit, Angemessenheit der Maßnahme zu einem legitimen Zweck.

(VOR/DEF)

a) Legitimer Zweck ist verfassungsgemäßer Zweck.

(SUB/ERG)

Die Maßnahme verfolgt (alternativ)

- einen legitimen Zweck, nämlich jedenfalls die verfassungsgemäße, im Sinne von Art. 20 Abs. 3 GG, § 163 Abs. 1 S. 1 StPO (ggf. § 53 Abs. 1 S. 1 OWiG) gesetzmäßige Sachaufklärung / Tatverdachtserforschung / Sachverdunkelungsverhütung, also die Erforschung von einem verdächtigen Sachverhalt bzgl. mutmaßlich deliktischer Beeinträchtigung bestimmter Rechte und Rechtsgüter im Sinne der Art. 1-19 GG. Vgl. auch den „Zweck" im Sinne von § 163 Abs. 1 S. 2 Wort 3 StPO. Letztlich ist legitimer Zweck die Ermittlung aller belastenden und entlastenden Umstände im Sinne von § 160 Abs. 2 StPO, und auch die Ermöglichung staatlicher Sanktionierung (z.B. Strafe / Ahndung) im Fall dafür ausreichender rechtsstaatlicher Belastung; vgl. auch die Grundrechtsschutzfunktion und die Grundrechtsförderungsfunktion[428] im Sinne von Spezialprävention durch Repression und Generalprävention durch Repression.
- keinen legitimen Zweck.

(VOR/DEF)

b) Geeignetheit einer staatlichen Maßnahme ist gegeben bei deren Zweckförderungstauglichkeit.

428 Zu Grundrechtsfunktionen siehe auch: *Basten*, Eingriffsrecht der Polizei in Nordrhein-Westfalen, Band 1, S. 78-84.

(SUB/ERG)

Die Maßnahme ist (alternativ)

- geeignet.
- ungeeignet.

(VOR/DEF)

c) Erforderlichkeit einer staatlichen Maßnahme ist Nichtverfügbarkeit eines milderen (Übermaßverbot), gleich geeigneten (Untermaßverbot) Mittels zur Zweckförderung, vgl. auch § 100h Abs. 1 S. 1 Hs. 2 StPO: „andere Weise".

(SUB/ERG)

Die Maßnahme ist (alternativ)

- erforderlich, denn einerseits führen mildere Ermittlungs-Maßnahmen oder andere Datenverarbeitungen (wie z.B. Befragung) oder Nichtstun nur zur Aufklärungserschwerung und sind damit jedenfalls alleine nicht gleich geeignet (Untermaßverbot) und andererseits sind (mindestens) gleich geeignete, intensivere Maßnahmen wie (z.B.) Freiheitsentziehung oder direkte Zwangsmittelanwendung noch nicht notwendig (Übermaßverbot).
- nicht erforderlich.

(VOR/DEF)

d) Angemessenheit oder **Verhältnismäßigkeit im engeren Sinne** einer staatlichen Maßnahme ist angemessenes Maß oder Verhältnis zwischen Zweckförderung für Erhaltungsrechte und Wirkungen für Eingriffsrechte, vgl. betroffene GR.

(SUB/ERG)

Die Maßnahme ist (alternativ)

- angemessen, insbesondere desto eher bei Datenerhebung und Datenspeicherung (vgl. § 100h Abs. 1 S. 1 Nr. 1: „hergestellt"), je mehr diese zur Erforschung gewichtiger Sachverhalte (Sachverhalte mit erheblichen Strafdrohungen bzw. erheblichem Rechtsgüterschutz, vgl. z.B. Art. 2 Abs. 2 S. 1 GG, Art. 14 Abs. 1 S. 1 Alt. 1 GG, Art. 20 Abs. 3 GG) erfolgen und desto eher bei Datenerhebung und Datenspeicherung in einer Sphäre des allgemeinen Persönlichkeitsrechts aus Art. 2 Abs. 1 i.V.m. Art. 1 Abs. 1 GG, je eher diese in der **Öffentlichkeitssphäre** (Bereich bewusster eigener Zuwendung zur Öffentlichkeit bis hin zum Status als Person des öffentlichen Lebens) erfolgen, also je weiter diese weg sind von der Intimsphäre bzw. dem **Kernbereich privater Lebensgestaltung**[429] oder zumindest je weiter diese weg sind von der **Privatsphäre** (Privatleben, insbesondere häuslicher

[429] Vgl. Nr. 15c.51 VVPolG NRW und Nr. 16 VVPolG NRW; vgl. Bundestags-Drucksache 13/9660, S. 4; BVerfGE 109, 279, 313 f., 319, 324 (akustische Wohnraumüberwachung/„Großer Lauschangriff") = BVerfG, Urteil des Ersten Senats vom 03.03.2004 - 1 BvR 2378/98; vgl. auch BVerfGE 6, 32, 41; 6, 389, 433; 27, 1, 6 ff.; 32, 373, 379; 80, 367, 376 ff.; 101, 361, 382 ff.; 141, 220, Ls. 1. a), Rn. 120-126.

Bereich, Familie) oder von der **Sozialsphäre** (Sozial- und Wirtschaftsleben, insbesondere im Zusammenhang mit Beruf, Ehrenamt, wirtschaftliche Tätigkeiten).

- nicht angemessen.

(ERG VHM)

Die Maßnahme ist insgesamt i.S.v. Art. 20 Abs. 3 GG (alternativ)

- verhältnismäßig.
- unverhältnismäßig.

D. Gesamtergebnis (GErg)

Die Bildaufnahmen / die Verwendung sonstiger technischer Mittel außerhalb von Wohnraum ist (alternativ)

- gemäß § 100h StPO rechtmäßig.
- wegen Art./§ (bestimmter Rechtsnorm [z.B. Art. 20 Abs. 3 GG, § 100h Abs. 4 StPO]) rechtswidrig.

ABSCHNITT 9: BEFRAGUNG (NACH IDENTITÄTS-ANGABEN) AUF DEM RECHTSGEBIET DER GEFAHRENABWEHR, § 9 ABS. 3 S. 1 I.V.M. § 9 ABS. 2 S. 1 POLG NRW

A. Rechtsgrundlage (RGL) I. Grundrechte (GR)

(VOR/DEF)

Grundrechte sind grundlegende Rechte aus Art. 1-19 GG i.V.m. dem Rechtsstaatsprinzip, Art. 20 Abs. 3 GG, mit Vorrang und Vorbehalt des Gesetzes.[430]

(SUB/ERG)

Grundrechte sind fallabhängig insbesondere wie folgt gegeben:

1. Allgemeines Persönlichkeitsgrundrecht[431] mit verschiedenen Ausprägungen[432], etwa in der Ausprägung des **Rechts auf informationelle Selbstbestimmung** (APR/RiS), Art. 2 Abs. 1 i.V.m. Art. 1 Abs. 1[433] GG, vgl. auch Art. 142 GG i.V.m. Art. 4 Abs. 1, 2 Verfassung NRW[434].

---

[430] Zu **Grundrechten**: *Basten*, Eingriffsrecht der Polizei in Nordrhein-Westfalen, Band 1, Buch 1, Abschnitt 2, Unterabschnitt 3. Zum **Rechtsstaatsprinzip** mit unter anderem sogenanntem Vorrang des Gesetzes und Vorbehalt des Gesetzes: *Basten*, Eingriffsrecht der Polizei in Nordrhein-Westfalen, Band 1, S. 95-108.

[431] BVerfGE 147, 1, 18 f. (**Geschlechtsidentität**) = BVerfG, Beschluss des Ersten Senats vom 10.10.2017 – 1 BvR 2019/16 –, Rn. 38: „Art. 2 Abs. 1 GG gewährt jedem das **Recht auf die freie Entfaltung seiner Persönlichkeit**. Dieses Grundrecht umfasst neben der allgemeinen Handlungsfreiheit das **allgemeine Persönlichkeitsrecht** (Art. 2 Abs. 1 i.V.m. Art. 1 Abs. 1 GG). Letzteres ergänzt als ‚unbenanntes' Freiheitsrecht die speziellen (‚benannten') Freiheitsrechte, die ebenfalls konstituierende Elemente der Persönlichkeit schützen (vgl. BVerfGE 54, 148 <153>). Eine der **Aufgaben des allgemeinen Persönlichkeitsrechts** ist es dabei, Grundbedingungen dafür zu sichern, dass die einzelne Person ihre Individualität selbstbestimmt entwickeln und wahren kann (vgl. BVerfGE 35, 202 <220>; 79, 256 <268>; 90, 263 <270>; 117, 202 <225>). Das allgemeine Persönlichkeitsrecht schützt indessen nur solche **Elemente der Persönlichkeitsentfaltung**, die - ohne bereits Gegenstand der besonderen Freiheitsgarantien des Grundgesetzes zu sein - diesen in ihrer konstituierenden Bedeutung für die Persönlichkeit nicht nachstehen (vgl. BVerfGE 79, 256 <268>; 99, 185 <193>; 120, 274 <303>; stRspr). Es verbürgt also nicht Schutz gegen alles, was die selbstbestimmte Persönlichkeitsentwicklung auf irgendeine Weise beeinträchtigen könnte; ohnehin vermag kein Mensch seine Individualität unabhängig von äußeren Gegebenheiten und Zugehörigkeiten zu entwickeln. Der lückenschließende Schutz des allgemeinen Persönlichkeitsrechts greift aber dann, wenn die selbstbestimmte Entwicklung und Wahrung der Persönlichkeit spezifisch gefährdet ist (BVerfGE 141, 186 <201 f. Rn. 32>).".

BVerfG, Beschluss des Ersten Senats vom 06.11.2019 – 1 BvR 16/13 – (Recht auf Vergessen I), Rn. 81: „Diese **[APR-]Rechtsprechung** hat sich maßgeblich in Konstellationen der mittelbaren Drittwirkung und geleitet von dem Erfordernis praktischer Konkordanz entwickelt. Deshalb bestimmen sich die Schutzdimensionen des allgemeinen Persönlichkeitsrechts letztlich immer einzelfallbezogen im Abgleich mit den Grundrechten Dritter. Die Bestimmung seiner Schutzwirkungen und die Abwägung mit den gegenüberstehenden Freiheitsrechten greifen hier Hand in Hand. Der Schutz des allgemeinen Persönlichkeitsrechts ist insoweit flexibel und durch die Einbindung der Person in ihre sozialen Beziehungen relativiert (vgl. BVerfGE 101, 361 <380>; 141, 186 <202 Rn. 32>; 147, 1 <19 Rn. 38>; stRspr; siehe auch BGHZ 183, 353 <357 Rn. 11>; 209, 139 <150 Rn. 30>; 219, 233 <240 Rn. 22>; stRspr).".

Vgl. „**Allgemeines Persönlichkeitsrecht**" (APR) als „sonstiges Recht" (sog. **Rahmenrecht** mit [grundrechts-]abwägungsoffenem Tatbestand) nach § 823 Abs. 1 Var. 6 BGB, u.a. mit Geldentschädigungsanspruch, insbesondere durch ständige Rechtsprechung (vgl. auch § 253 BGB) seit folgender Entwicklung: BGHZ 13, 334 (Leserbrief), mit erstmaliger ausdrücklicher Anerkennung des allgemeinen Persönlichkeitsrechts; BGHZ 26, 349 (Herrenreiter), mit erstmaliger Zuerkennung einer Geldentschädigung wegen des immateriellen Schadens durch die Verletzung des allgemeinen Persönlichkeitsrechts; BGHZ 35, 363

(Ginsengwurzel), mit erstmaliger Schwerpunktsetzung bei der Menschenwürde in der Begründung; BVerfGE 34, 269 (Soraya), mit verfassungsgerichtlicher Erklärung der verfassungsrechtlichen Zulässigkeit der richterrechtlich entwickelten APR-Konstruktion.

432 BVerfG, Beschluss des Ersten Senats vom 06.11.2019 – 1 BvR 16/13 – (Recht auf Vergessen I), Rn. 80: „Die Rechtsprechung hat aus dem [**Allgemeinen Persönlichkeits-]Grundrecht** insoweit verschiedene **Schutzdimensionen** abgeleitet wie den **Schutz eines unantastbaren Bereichs privater Lebensgestaltung**, die Garantie der **Privatsphäre**, das **Recht am eigenen Bild** oder **gesprochenen Wort** oder das **Recht auf die Darstellung der eigenen Person**, die **soziale Anerkennung** sowie die **persönliche Ehre** (vgl. BVerfGE 27, 1 <6>; 27, 344 <350 f.>; 32, 373 <379>; 34, 238 <245 f.>; 47, 46 <73>; 54, 148 <153 f.>; 99, 185 <193 f.>; 101, 361 <384>; 106, 28 <39>; 114, 339 <346>; 120, 180 <198>).“ „Diese Schutzgehalte werden insoweit aber nicht als abschließend umschriebene und voneinander abzugrenzende Gewährleistungen verstanden, sondern als Ausprägungen, die in Blick auf den konkreten Schutzbedarf jeweils anhand des zu entscheidenden Falles herauszuarbeiten sind (vgl. BVerfGE 54, 148 <153 f.>; 65, 1 <41>).“.

BVerfGE 65, 1 (Volkszählungsgesetz), Ls. 1 = BVerfG, Urteil des Ersten Senats vom 15.12.1983 – 1 BvR 209/83, Ls. 1: „Unter den Bedingungen der modernen Datenverarbeitung wird der Schutz des Einzelnen gegen unbegrenzte Erhebung, Speicherung, Verwendung und Weitergabe seiner persönlichen Daten von dem **allgemeinen Persönlichkeitsrecht** des Art. 2 Abs. 1 GG in Verbindung mit Art. 1 Abs. 1 GG umfaßt. Das [**Allgemeine Persönlichkeits-]Grundrecht** gewährleistet insoweit die Befugnis des Einzelnen, grundsätzlich selbst über die Preisgabe und Verwendung seiner persönlichen Daten zu bestimmen.“; BVerfG, Beschluss des Ersten Senats vom 06.11.2019 – 1 BvR 16/13 – (Recht auf Vergessen I), Rn. 80: „Das **Recht auf informationelle Selbstbestimmung** ist von der Rechtsprechung als eigene Ausprägung des allgemeinen Persönlichkeitsrechts mit einem gegenüber den anderen Ausprägungen selbständigen Gewährleistungsgehalt entwickelt worden und behält diesen auch, soweit es als verfassungsrechtliche Wertentscheidung in das Zivilrecht einstrahlt. Dementsprechend enthält es keinen gesamthaften Schutzanspruch hinsichtlich jederlei Umgangs mit Informationen, der die übrigen Schutzdimensionen des Grundrechts allgemein übergreifen und zusammenführen würde, sondern lässt deren Wertungen und Abwägungsregeln unberührt.“; BVerfGE 120, 274, 311 f. (Online-Durchsuchung) = BVerfG, Urteil des Ersten Senats vom 27.02.2008 – 1 BvR 370/07 –, Rn. 198 f. „Das **Recht auf informationelle Selbstbestimmung** geht über den **Schutz der Privatsphäre** hinaus. Es gibt dem Einzelnen die Befugnis, grundsätzlich selbst über die Preisgabe und Verwendung seiner persönlichen Daten zu bestimmen (vgl. BVerfGE 65, 1 <43>; 84, 192 <194>). Es flankiert und erweitert den grundrechtlichen Schutz von Verhaltensfreiheit und Privatheit, indem es ihn schon auf der Stufe der Persönlichkeitsgefährdung beginnen lässt. Eine derartige Gefährdungslage kann bereits im Vorfeld konkreter Bedrohungen benennbarer Rechtsgüter entstehen, insbesondere wenn personenbezogene Informationen in einer Art und Weise genutzt und verknüpft werden können, die der Betroffene weder überschauen noch verhindern kann. Der Schutzumfang des **Rechts auf informationelle Selbstbestimmung** beschränkt sich dabei nicht auf Informationen, die bereits ihrer Art nach sensibel sind und schon deshalb grundrechtlich geschützt werden. Auch der Umgang mit personenbezogenen Daten, die für sich genommen nur geringen Informationsgehalt haben, kann, je nach dem Ziel des Zugriffs und den bestehenden Verarbeitungs- und Verknüpfungsmöglichkeiten, grundrechtserhebliche Auswirkungen auf die Privatheit und Verhaltensfreiheit des Betroffenen haben (vgl. BVerfG, Beschluss vom 13. Juni 2007 - 1 BvR 1550/03 u.a. -, NJW 2007, S. 2464 <2466>). Die mit dem Recht auf informationelle Selbstbestimmung abzuwehrenden Persönlichkeitsgefährdungen ergeben sich aus den vielfältigen Möglichkeiten des Staates und gegebenenfalls auch privater Akteure (vgl. BVerfG, Beschluss der 1. Kammer des Ersten Senats vom 23. Oktober 2006 - 1 BvR 2027/02 -, JZ 2007, S. 576) zur Erhebung, Verarbeitung und Nutzung personenbezogener Daten. Vor allem mittels elektronischer Datenverarbeitung können aus solchen Informationen weitere Informationen erzeugt und so Schlüsse gezogen werden, die sowohl die grundrechtlich geschützten Geheimhaltungsinteressen des Betroffenen beeinträchtigen als auch Eingriffe in seine Verhaltensfreiheit mit sich bringen können (vgl. BVerfGE 65, 1 <42>; 113, 29 <45 f.>; 115, 320 <342>; BVerfG, Beschluss vom 13. Juni 2007 - 1 BvR 1550/03 u.a. -, NJW 2007, S. 2464 <2466>).“.

BVerfGE 109, 279, 325-327 (akustische Wohnraumüberwachung / „Großer Lauschangriff“) = BVerfG, Urteil des Ersten Senats vom 03.03.2004 – 1 BvR 2378/98, 1084/99 –, Rn. 159-163: „Das aus Art. 2

Abs. 1 in Verbindung mit Art. 1 Abs. 1 GG folgende **allgemeine Persönlichkeitsrecht** kommt neben Art. 13 Abs. 1 GG allerdings nicht zur Anwendung, soweit Eingriffe in die **räumliche Privatsphäre des Wohnungsinhabers** zu überprüfen sind. Art. 13 Abs. 1 GG enthält eine spezielle Gewährleistung des **Schutzes vor staatlicher akustischer Überwachung der räumlichen Privatsphäre**, die die allgemeinere Vorschrift insoweit verdrängt (vgl. BVerfGE 100, 313 [358] zu Art. 10 GG). Mit dem **Recht, in der Wohnung ungestört zu sein**, und dem **Recht am eigenen in der Wohnung gesprochenen Wort** schützt Art. 13 Abs. 1 GG gerade den Teil der **Privatsphäre**, den sonst das allgemeine Persönlichkeitsrecht gewährleistet. Dieses Recht ergänzt als unbenanntes Freiheitsrecht die speziellen Freiheitsrechte, die ebenfalls konstituierende Elemente der Persönlichkeit schützen (vgl. BVerfGE 54, 148 <153 f.>), nur insoweit, als Letztere keinen Schutz gewähren. Der **Schutz des allgemeinen Persönlichkeitsrechts aus Art. 2 Abs. 1 in Verbindung mit Art. 1 Abs. 1 GG** greift hingegen ein, soweit von der Wohnraumüberwachung Personen betroffen werden, die sich nicht auf Art. 13 Abs. 1 GG berufen können. **Grundrechtsträger des Art. 13 Abs. 1 GG** ist jeder Inhaber oder Bewohner eines Wohnraums, unabhängig davon, auf welchen Rechtsverhältnissen die Nutzung des Wohnraums beruht. Bei mehreren Bewohnern einer Wohnung steht das Grundrecht jedem Einzelnen, bei Familien mithin jedem Familienmitglied zu. Maßnahmen der Wohnraumüberwachung können aber nicht nur **Wohnungsinhaber**, sondern auch **zufällig in einer Wohnung Anwesende** erfassen. Diese Personen sind zwar nicht in ihrem Grundrecht aus Art. 13 Abs. 1 GG, wohl aber in ihrem **allgemeinen Persönlichkeitsrecht** betroffen. Der Schutz aus Art. 2 Abs. 1 in Verbindung mit Art. 1 Abs. 1 GG kann insofern allerdings nicht weiter reichen als derjenige aus Art. 13 Abs. 1 und 3 GG. Der Schutz der **räumlichen Privatsphäre und des allgemeinen Persönlichkeitsrechts** kann schließlich in Einzelfällen durch weitere Grundrechtsgarantien ergänzt sein. So wird das **Gespräch zwischen Eheleuten in der eigenen Wohnung** nicht nur von Art. 13 Abs. 1 GG, sondern zusätzlich durch Art. 6 Abs. 1 GG geschützt. Auch in Bezug auf die **Kommunikation mit Berufsgeheimnisträgern** können neben dem grundrechtlichen **Schutz der räumlichen Privatsphäre** Grundrechte in Betracht kommen, die - wie etwa Art. 4 GG im Hinblick auf das Gespräch mit einem Geistlichen - der besonderen Schutzbedürftigkeit der Kommunizierenden Rechnung tragen.“.

BVerfG, Beschluss des Ersten Senats vom 06.11.2019 – 1 BvR 16/13 – (Recht auf Vergessen I), Ls. 3 S. 1: „Von den **äußerungsrechtlichen Schutzdimensionen** ist das **Recht auf informationelle Selbstbestimmung** als eine eigene Ausprägung des allgemeinen Persönlichkeitsrechts zu unterscheiden.“ BVerfG, Beschluss des Ersten Senats vom 06.11.2019 – 1 BvR 16/13 – (Recht auf Vergessen I), Rn. 90: „Ausgehend von dem **Ziel des Rechts auf informationelle Selbstbestimmung**, Schutz vor Gefahren angesichts neuartiger Möglichkeiten der Datenverarbeitung zu gewähren (vgl. BVerfGE 65, 1 <42>), ist es primär als Gewährleistung zu verstehen, die – neben der ungewollten Preisgabe von Daten auch im Rahmen privater Rechtsbeziehungen (vgl. BVerfGE 84, 192 <194>) – insbesondere vor deren intransparenter Verarbeitung und Nutzung durch Private schützt. Es bietet Schutz davor, dass Dritte sich individueller Daten bemächtigen und sie in nicht nachvollziehbarer Weise als Instrument nutzen, um die Betroffenen auf Eigenschaften, Typen oder Profile festzulegen, auf die sie keinen Einfluss haben und die dabei aber für die freie Entfaltung der Persönlichkeit sowie eine gleichberechtigte Teilhabe in der Gesellschaft von erheblicher Bedeutung sind. Der Gehalt dieses Rechts ist dabei entwicklungsoffen, so dass es auch weitere persönlichkeitsgefährdende Entwicklungen der Informationsverarbeitung aufnehmen kann.“.

BVerfG, Beschluss des Ersten Senats vom 06.11.2019 – 1 BvR 16/13 – (Recht auf Vergessen I), Rn. 91: „[Vom Recht auf informationelle Selbstbestimmung] zu unterscheiden ist der **Schutz vor der Verarbeitung personenbezogener Berichte und Informationen als Ergebnis eines Kommunikationsprozesses**. Der Schutzbedarf gründet hier nicht in der intransparenten Zuweisung von Persönlichkeitsmerkmalen und -profilen durch Dritte, sondern in der sichtbaren Verbreitung bestimmter Informationen im öffentlichen Raum. Gefährdungen für die Persönlichkeitsentfaltung ergeben sich hier vornehmlich aus Form und Inhalt der Veröffentlichung selbst. Schutz gegenüber solchen Gefährdungen bieten die **äußerungsrechtlichen Ausprägungen des allgemeinen Persönlichkeitsrechts unabhängig vom Recht auf informationelle Selbstbestimmung**. Zwar kann es auch dabei maßgeblich auf die Art der Informationserlangung ankommen. Jedoch hat diese hier ihre Bedeutung als Vorfrage für die Beurteilung des weiteren Umgangs mit einer bestimmten Äußerung und des damit in die Öffentlichkeit gestellten Bildes einer Person selbst.“.

BVerfG, Beschluss des Ersten Senats vom 06.11.2019 – 1 BvR 16/13 – (**Recht auf Vergessen** I), Ls. 2b): „Bei der Entscheidung über einen Schutzanspruch kommt der Zeit unter den Kommunikationsbedingungen des Internets ein spezifisches Gewicht zu. Die Rechtsordnung muss davor schützen, dass sich eine Person frühere Positionen, Äußerungen und Handlungen unbegrenzt vor der Öffentlichkeit vorhalten lassen muss. Erst die Ermöglichung eines Zurücktretens vergangener Sachverhalte eröffnet den Einzelnen die Chance zum Neubeginn in Freiheit. Zur Zeitlichkeit der Freiheit gehört die Möglichkeit des Vergessens.“.

BVerfGE 120, 274, 311 (Online-Durchsuchung) = BVerfG, Urteil des Ersten Senats vom 27.02.2008 – 1 BvR 370/07 –, Rn. 197: „In seiner Ausprägung als **Schutz der Privatsphäre** [als **Privatangelegenheitenschutz** und **Rückzugsraumbereichsschutz** – beides **gegenüber der Öffentlichkeit**, vgl. **Sphärentheorie** mit **Intimsphäre, Privatsphäre, Sozialsphäre** und vgl. **Kernbereich privater Lebensgestaltung**] gewährleistet das allgemeine Persönlichkeitsrecht dem Einzelnen einen räumlich und thematisch bestimmten Bereich, der grundsätzlich frei von unerwünschter Einsichtnahme bleiben soll (vgl. BVerfGE 27, 344 <350 ff.>; 44, 353 <372 f.>; 90, 255 <260>; 101, 361 <382 f.>).“; BVerfGE 101, 361, 382-385 (Caroline von Monaco II) = BVerfG, Urteil vom 15.12.1999 – 1 BvR 653/96 –, Rn. 75-82: „Im Unterschied zum **Recht am eigenen Bild** bezieht sich der **Schutz der Privatsphäre**, der ebenfalls im **allgemeinen Persönlichkeitsrecht** wurzelt, nicht speziell auf Abbildungen, sondern ist **thematisch und räumlich** bestimmt. Er umfaßt zum einen **Angelegenheiten** [**Privatangelegenheitenschutz**], die wegen ihres Informationsinhalts typischerweise als ‚**privat**‘ eingestuft werden, weil ihre **öffentliche** Erörterung oder Zurschaustellung als unschicklich gilt, das Bekanntwerden als peinlich empfunden wird oder nachteilige Reaktionen der Umwelt auslöst, wie es etwa bei Auseinandersetzungen mit sich selbst in **Tagebüchern** (BVerfGE 80, 367), bei **vertraulicher Kommunikation unter Eheleuten** (BVerfGE 27, 344), im Bereich der **Sexualität** (BVerfGE 47, 46; 49, 286 [BVerfGE 120, 224, 238 f. (Geschwisterbeischlaf) = BVerfGE, Beschluss des Zweiten Senats vom 26.02.2008 – 2 BvR 392/07 –, Rn. 32 f.: „Das allgemeine Persönlichkeitsrecht in seiner Ausprägung als **Recht auf sexuelle Selbstbestimmung**“/„**Intim- und Sexualbereich des Menschen als Teil seiner Privatsphäre**, P. B.]), bei **sozial abweichendem Verhalten** (BVerfGE 44, 353) oder bei **Krankheiten** (BVerfGE 32, 373) der Fall ist. Fehlte es hier an einem **Schutz vor der Kenntniserlangung anderer**, wären die Auseinandersetzung mit sich selbst, die unbefangene Kommunikation unter Nahestehenden, die sexuelle Entfaltung oder die Inanspruchnahme ärztlicher Hilfe beeinträchtigt oder unmöglich, obwohl es sich um grundrechtlich geschützte Verhaltensweisen handelt. Zum anderen erstreckt sich der Schutz auf einen **räumlichen Bereich** [**Raumbereichsschutz**], in dem der Einzelne zu sich kommen, sich entspannen oder auch gehen lassen kann (vgl. BVerfGE 27, 1 [6]). Zwar bietet auch dieser Bereich Gelegenheit, sich in einer Weise zu verhalten, die nicht für die **Öffentlichkeit** bestimmt ist und deren Beobachtung oder Darstellung durch Außenstehende für den Betroffenen peinlich oder nachteilig wäre. Im Kern geht es aber um einen **Raum**, in dem er die Möglichkeit hat, frei von **öffentlicher Beobachtung** und damit der von ihr erzwungenen Selbstkontrolle zu sein, auch ohne daß er sich dort notwendig anders verhielte als in der **Öffentlichkeit**. Bestünden solche **Rückzugsbereiche** nicht mehr, könnte der Einzelne psychisch überfordert sein, weil er unausgesetzt darauf achten müßte, wie er auf andere wirkt und ob er sich richtig verhält. Ihm fehlten die Phasen des Alleinseins und Ausgleichs, die für die Persönlichkeitsentfaltung notwendig sind und ohne die sie nachhaltig beeinträchtigt würde. Ein derartiges Schutzbedürfnis besteht auch bei Personen, die aufgrund ihres Ranges oder Ansehens, ihres Amtes oder Einflusses, ihrer Fähigkeiten oder Taten besondere **öffentliche** Beachtung finden. Wer, ob gewollt oder ungewollt, zur Person des **öffentlichen** Lebens geworden ist, verliert damit nicht sein Anrecht auf eine **Privatsphäre**, die den Blicken der **Öffentlichkeit** entzogen bleibt. Das gilt auch für demokratisch gewählte Amtsträger, die zwar für ihre Amtsführung **öffentlich** rechenschaftspflichtig sind und sich in diesem Umfang **öffentliche** Aufmerksamkeit gefallen lassen müssen, nicht aber für ihr **Privatleben**, sofern dieses die Amtsführung nicht berührt. Der **häusliche Bereich** [vgl. ggf. spezielleren Art. 13 GG i.V.m. BVerfGE 109, 279, 325 f.] stellt anerkanntermaßen eine solche geschützte Sphäre dar. Wegen des Bezugs auf die Entfaltung der Persönlichkeit darf der **Rückzugsbereich** jedoch nicht von vornherein auf ihn begrenzt werden. Das gilt schon deshalb, weil die Funktionen, denen er dient, nur erfüllt werden, wenn er nicht an den Hausmauern oder Grundstücksgrenzen endet. Die freie Entfaltung der Persönlichkeit wäre erheblich behindert, wenn der Einzelne nur im eigenen Haus der **öffentlichen** Neugier entgehen könnte. Die notwendige

Erholung von einer durch Funktionszwänge und Medienpräsenz geprägten **Öffentlichkeit** ist vielfach nur in der **Abgeschiedenheit einer natürlichen Umgebung, etwa an einem Ferienort**, zu gewinnen. Deswegen muß der Einzelne grundsätzlich die Möglichkeit haben, sich auch in der freien, gleichwohl **abgeschiedenen Natur oder an Örtlichkeiten, die von der breiten Öffentlichkeit deutlich abgeschieden sind**, in einer von **öffentlicher** Beobachtung freien Weise zu bewegen. Das gilt gerade gegenüber solchen Aufnahmetechniken, die die **räumliche Abgeschiedenheit** überwinden, ohne daß der Betroffene dies bemerken kann. Wo die Grenzen der geschützten **Privatsphäre außerhalb des Hauses** verlaufen, läßt sich nicht generell und abstrakt festlegen. Sie können vielmehr nur aufgrund der jeweiligen Beschaffenheit des **Ortes** bestimmt werden, den der Betroffene aufsucht. Ausschlaggebend ist, ob der Einzelne eine **Situation** vorfindet oder schafft, in der er begründetermaßen und somit auch für Dritte erkennbar davon ausgehen darf, den Blicken der **Öffentlichkeit** nicht ausgesetzt zu sein. Ob die Voraussetzungen der **Abgeschiedenheit** erfüllt sind, läßt sich nur situativ beurteilen. Der Einzelne kann sich an ein und demselben **Ort** zu Zeiten mit gutem Grund unbeobachtet fühlen, zu anderen Zeiten nicht. Auch ist der Aufenthalt in umschlossenen **Räumen** keineswegs immer mit **Abgeschiedenheit** gleichzusetzen. Da es um die Frage geht, ob der Einzelne begründetermaßen erwarten darf, unbeobachtet zu sein, oder aber **Plätze** aufgesucht hat, wo er sich unter den Augen der **Öffentlichkeit** bewegt, kann es auch in umschlossenen Räumen an der **Abgeschiedenheit** fehlen, die Voraussetzung für den **Privatsphärenschutz** außerhalb der eigenen **Häuslichkeit** ist. **Plätzen, an denen sich der Einzelne unter vielen Menschen befindet**, fehlt es von vornherein an den Voraussetzungen des **Privatsphärenschutzes** im Sinn von Art. 2 Abs. 1 in Verbindung mit Art. 1 Abs. 1 GG. Sie können das **Rückzugsbedürfnis** nicht erfüllen und rechtfertigen deswegen auch nicht den grundrechtlichen Schutz, den dieses Bedürfnis aus Gründen der Persönlichkeitsentfaltung verdient. Der Einzelne kann solche **Orte** auch nicht etwa durch ein Verhalten, das typischerweise nicht **öffentlich** zur Schau gestellt würde, in seine **Privatsphäre** umdefinieren. Nicht sein Verhalten, ob allein oder mit anderen, konstituiert die **Privatsphäre**, sondern die **objektive Gegebenheit der Örtlichkeit zur fraglichen Zeit**. Verhält er sich daher an **Orten**, die nicht die Merkmale der **Abgeschiedenheit** aufweisen, so, als stünde er nicht unter Beobachtung, hebt er das **Schutzbedürfnis für Verhaltensweisen, die an sich die Öffentlichkeit nichts angehen**, selbst auf. Der **Schutz der Privatsphäre vor öffentlicher Kenntnisnahme** entfällt ferner, wenn sich jemand selbst damit einverstanden zeigt, daß bestimmte, gewöhnlich als privat geltende Angelegenheiten **öffentlich** gemacht werden, etwa indem er Exklusivverträge über die Berichterstattung aus seiner **Privatsphäre** abschließt. Der verfassungsrechtliche **Privatsphärenschutz** aus Art. 2 Abs. 1 in Verbindung mit Art. 1 Abs. 1 GG ist nicht im Interesse einer Kommerzialisierung der eigenen Person gewährleistet. Zwar ist niemand an einer solchen **Öffnung privater Bereiche** gehindert. Er kann sich dann aber nicht gleichzeitig auf den **öffentlichkeitsabgewandten Privatsphärenschutz** berufen. Die Erwartung, daß die Umwelt die **Angelegenheiten oder Verhaltensweisen in einem Bereich mit Rückzugsfunktion** nur begrenzt oder nicht zur Kenntnis nimmt, muß daher situationsübergreifend und konsistent zum Ausdruck gebracht werden. Das gilt auch für den Fall, daß der Entschluß, die Berichterstattung über bestimmte Vorgänge der eigenen **Privatsphäre** zu gestatten oder hinzunehmen, rückgängig gemacht wird.".

BVerfGE 6, 32, 41 (Elfes) = BVerfG, Urteil vom des Ersten Senats vom 16.01.1957 – 1 BvR 253/56 –, Rn. 32 [vgl. **Recht auf Privatsphäre** als **Privatangelegenheitenschutz** und **Rückzugsraumbereichsschutz** – beides **gegenüber der Öffentlichkeit,** vgl. **Sphärentheorie** mit **Intimsphäre**, **Privatsphäre**, **Sozialsphäre**]: „Vor allem dürfen die Gesetze daher die Würde des Menschen nicht verletzen, die im Grundgesetz der oberste Wert ist, aber auch die geistige, politische und wirtschaftliche Freiheit des Menschen nicht so einschränken, daß sie in ihrem Wesensgehalt angetastet würde (Art. 19 Abs. 2, Art. 1 Abs. 3, Art. 2 Abs. 1 GG). Hieraus ergibt sich, daß dem einzelnen Bürger eine **Sphäre privater Lebensgestaltung** verfassungskräftig vorbehalten ist, also ein letzter **unantastbarer Bereich menschlicher Freiheit** besteht, der der Einwirkung der gesamten öffentlichen Gewalt entzogen ist. Ein Gesetz, das in ihn eingreifen würde, könnte nie Bestandteil der ‚verfassungsmäßigen Ordnung' sein; es müßte durch das Bundesverfassungsgericht für nichtig erklärt werden.". BVerfGE 109, 279, Ls. 2 S. 1 (akustische Wohnraumüberwachung / „Großer Lauschangriff") = BVerfG, Urteil des Ersten Senats vom 03.03.2004 – 1 BvR 2378/98, 1084/99 –, Ls. 2 S. 1: „Zur Unantastbarkeit der Menschenwürde gemäß Art. 1 Abs. 1 GG gehört die Anerkennung eines absolut geschützten **Kernbereichs privater Lebensgestaltung**.". BVerfGE 141, 220, 276-278 (BKAG) = BVerfG, Urteil des Ersten Senats vom 20.04.2016 –

1 BvR 966/09 –, Rn. 119-124: „Neben den verfassungsrechtlichen Anforderungen an die allgemeinen Eingriffsvoraussetzungen ergeben sich aus den jeweiligen **Grundrechten in Verbindung mit Art. 1 Abs. 1 GG** für die Durchführung von besonders eingriffsintensiven Überwachungsmaßnahmen besondere Anforderungen an den **Schutz des Kernbereichs privater Lebensgestaltung**. Der verfassungsrechtliche **Schutz des Kernbereichs privater Lebensgestaltung** gewährleistet dem Individuum einen **Bereich höchstpersönlicher Privatheit gegenüber Überwachung**. Er wurzelt in den **von den jeweiligen Überwachungsmaßnahmen betroffenen Grundrechten in Verbindung mit Art. 1 Abs. 1 GG** und sichert einen dem Staat nicht verfügbaren Menschenwürdekern grundrechtlichen Schutzes gegenüber solchen Maßnahmen. Selbst überragende Interessen der Allgemeinheit können einen Eingriff in diesen **absolut geschützten Bereich privater Lebensgestaltung** nicht rechtfertigen (vgl. BVerfGE 109, 279 <313>; stRspr). Zur **Entfaltung der Persönlichkeit im Kernbereich privater Lebensgestaltung gehört die Möglichkeit, innere Vorgänge** wie Empfindungen und Gefühle sowie Überlegungen, Ansichten und Erlebnisse **höchstpersönlicher Art zum Ausdruck zu bringen** (vgl. BVerfGE 109, 279 <313>; 120, 274 <335>; stRspr). Geschützt ist insbesondere die **nichtöffentliche Kommunikation mit Personen des höchstpersönlichen Vertrauens, die in der berechtigten Annahme geführt wird, nicht überwacht zu werden**, wie es insbesondere bei Gesprächen im Bereich der Wohnung der Fall ist. Zu diesen Personen gehören insbesondere Ehe- oder Lebenspartner, Geschwister und Verwandte in gerader Linie, vor allem, wenn sie im selben Haushalt leben, und können Strafverteidiger, Ärzte, Geistliche und enge persönliche Freunde zählen (vgl. BVerfGE 109, 279 <321 ff.>). Dieser Kreis deckt sich nur teilweise mit dem der Zeugnisverweigerungsberechtigten. Solche Gespräche verlieren dabei nicht schon dadurch ihren Charakter als insgesamt höchstpersönlich, dass sich in ihnen Höchstpersönliches und Alltägliches vermischen (vgl. BVerfGE 109, 279 <330>; 113, 348 <391 f.>). Demgegenüber ist die **Kommunikation unmittelbar über Straftaten** nicht geschützt, selbst wenn sie auch Höchstpersönliches zum Gegenstand hat. Die **Besprechung und Planung von Straftaten** gehört ihrem Inhalt nach nicht zum **Kernbereich privater Lebensgestaltung**, sondern hat **Sozialbezug** (vgl. BVerfGE 80, 367 <375>; 109, 279 <319 f., 328>; 113, 348 <391>). Dies bedeutet freilich nicht, dass der Kernbereich unter einem allgemeinen Abwägungsvorbehalt in Bezug auf öffentliche Sicherheitsinteressen steht. Ein **höchstpersönliches Gespräch** fällt nicht schon dadurch aus dem **Kernbereich privater Lebensgestaltung** heraus, dass es für die Aufklärung von Straftaten oder Gefahren hilfreiche Aufschlüsse geben kann. Aufzeichnungen oder Äußerungen im Zwiegespräch, die zum Beispiel ausschließlich innere Eindrücke und Gefühle wiedergeben und keine Hinweise auf konkrete Straftaten enthalten, gewinnen nicht schon dadurch einen **Gemeinschaftsbezug**, dass sie Ursachen oder Beweggründe eines strafbaren Verhaltens freizulegen vermögen (vgl. BVerfGE 109, 279 <319>). Auch können trotz **Straftatenbezugs** Situationen, in denen Einzelnen gerade ermöglicht werden soll, ein Fehlverhalten einzugestehen oder sich auf dessen Folgen einzurichten, wie Beichtgespräche oder vertrauliche Gespräche mit einem Psychotherapeuten oder einem Strafverteidiger, der **höchstpersönlichen Privatsphäre** unterfallen, die dem Staat absolut entzogen ist (vgl. BVerfGE 109, 279 <322>). Ein hinreichender **Sozialbezug** besteht demgegenüber dann, wenn **Gespräche - auch mit Vertrauenspersonen - sonst unmittelbar Straftaten zu ihrem Gegenstand haben** (vgl. BVerfGE 109, 279 <319>). Der **Kernbereich privater Lebensgestaltung** beansprucht gegenüber **allen Überwachungsmaßnahmen** Beachtung. Können sie typischerweise zur Erhebung kernbereichsrelevanter Daten führen, muss der Gesetzgeber Regelungen schaffen, die einen wirksamen Schutz normenklar gewährleisten (vgl. BVerfGE 109, 279 <318 f.>; 113, 348 <390 f.>; 120, 274 <335 ff.>). Außerhalb solch verletzungsgeneigter Befugnisse bedarf es eigener Regelungen nicht. Grenzen, die sich im Einzelfall auch hier gegenüber einem Zugriff auf höchstpersönliche Informationen ergeben können, sind bei deren Anwendung unmittelbar von Verfassungs wegen zu beachten. Der **Schutz des Kernbereichs privater Lebensgestaltung** ist strikt und darf nicht durch Abwägung mit den Sicherheitsinteressen nach Maßgabe des Verhältnismäßigkeitsgrundsatzes relativiert werden (vgl. BVerfGE 109, 279 <314>; 120, 273 <339>; stRspr). Dies bedeutet jedoch nicht, dass **jede tatsächliche Erfassung von höchstpersönlichen Informationen** stets einen Verfassungsverstoß oder eine Menschenwürdeverletzung begründet. Angesichts der Handlungs- und Prognoseunsicherheiten, unter denen Sicherheitsbehörden ihre Aufgaben wahrnehmen, kann ein **unbeabsichtigtes Eindringen in den Kernbereich privater Lebensgestaltung** im Rahmen von Überwachungsmaßnahmen nicht für jeden Fall von vornherein ausgeschlossen werden (vgl. BVerfGE 120, 274 <337 f.>). Die Verfassung verlangt jedoch

a) GR-SB:

aa) Persönlicher GR-SB: „Jeder".

bb) Sachlicher GR-SB: „**freie Entfaltung der Persönlichkeit**" als „**Datenfreiheit**" (Grundsätzliche Bestimmungsbefugnis des Einzelnen über Preisgabe und Verwendung eigener personenbezogener Daten[435]), vgl. **personenbezogenes Datum**: § 36 Nr. 1 DSG NRW[436].

---

für die Ausgestaltung der Überwachungsbefugnisse die **Achtung des Kernbereichs** als eine strikte, nicht frei durch Einzelfallerwägungen überwindbare Grenze.".

BVerfGE 120, 274 (Online-Durchsuchung) = BVerfG, Urteil des Ersten Senats vom 27.02.2008 – 1 BvR 370/07 –, Ls. 1: „Das **allgemeine Persönlichkeitsrecht** (Art. 2 Abs. 1 i.V.m. Art. 1 Abs. 1 GG) umfasst das Grundrecht auf **Gewährleistung der Vertraulichkeit und Integrität informationstechnischer Systeme**."; BVerfGE 120, 274, 314 (Online-Durchsuchung) = BVerfG, Urteil des Ersten Senats vom 27.02.2008 – 1 BvR 370/07 –, Rn. 203: „**informationstechnisches System**": „etwa Personalcomputer", „ferner beispielweise […] solche Mobiltelefone oder elektronische Terminkalender, die über einen großen Funktionsumfang verfügen und personenbezogene Daten vielfältiger Art erfassen und speichern können."; BVerfGE 120, 274, 276 (Online-Durchsuchung) = BVerfG, Urteil des Ersten Senats vom 27.02.2008 – 1 BvR 370/07 –, Rn. 5: „**heimlicher Zugriff auf ein informationstechnisches System**": „[heimliche] technische Infiltration […], die etwa Sicherheitslücken des Zielsystems ausnutzt oder über die Installation eines Spähprogramms erfolgt", wobei die Infiltration es ermöglicht, die Zielsystem-„Nutzung zu überwachen oder die Speichermedien durchzusehen oder gar das Zielsystem fernzusteuern.".

BVerfGE 147, 1 (**Geschlechtsidentität**) = BVerfG, Beschluss des Ersten Senats vom 10.10.2017 – 1 BvR 2019/16 –, Ls. 1-3: „1. Das **allgemeine Persönlichkeitsrecht** (Art. 2 Abs. 1 i.V.m. Art. 1 Abs. 1 GG) schützt die **geschlechtliche Identität**. Es schützt auch die geschlechtliche Identität derjenigen, die sich dauerhaft weder dem männlichen noch dem weiblichen Geschlecht zuordnen lassen. 2. Art. 3 Abs. 3 Satz 1 GG schützt auch Menschen, die sich dauerhaft weder dem männlichen noch dem weiblichen Geschlecht zuordnen lassen, vor **Diskriminierungen wegen ihres Geschlechts**. 3. Personen, die sich dauerhaft weder dem männlichen noch dem weiblichen Geschlecht zuordnen lassen, werden in beiden Grundrechten verletzt, wenn das Personenstandsrecht dazu zwingt, das Geschlecht zu registrieren, aber keinen anderen positiven Geschlechtseintrag als weiblich oder männlich zulässt.".

BVerfG, Urteil des Zweiten Senats vom 26.02.2020 – 2 BvR 2347/15 –, Ls. 1: „a) Das **allgemeine Persönlichkeitsrecht** (Art. 2 Abs. 1 i.V.m. Art. 1 Abs. 1 GG) umfasst als Ausdruck persönlicher Autonomie ein **Recht auf selbstbestimmtes Sterben**. b) Das **Recht auf selbstbestimmtes Sterben** schließt die Freiheit ein, sich das Leben zu nehmen [Rn. 208: „**Recht auf Selbsttötung**"]. Die Entscheidung des Einzelnen, seinem Leben entsprechend seinem Verständnis von Lebensqualität und Sinnhaftigkeit der eigenen Existenz ein Ende zu setzen, ist im Ausgangspunkt als Akt autonomer Selbstbestimmung von Staat und Gesellschaft zu respektieren. c) Die **Freiheit, sich das Leben zu nehmen**, umfasst auch die Freiheit, hierfür bei Dritten Hilfe zu suchen und Hilfe, soweit sie angeboten wird, in Anspruch zu nehmen.".

433 Zum sog. „**Menschenwürdegehalt**" der Grundrechte: *Basten*, Die Menschenwürde des Grundgesetzes.

434 Vgl. auch Art. 142 GG i.V.m. Art. 4 Abs. 2 Verfassung NRW; Art. 8 EU-GR-Charta; Art. 16 AEUV; Art. 8 EMRK.

435 BVerfGE 65, 1, Ls. 1 S. 2 (Volkszählungsgesetz) = BVerfG, Urteil des Ersten Senats vom 15.12.1983 – 1 BvR 209/83, Ls. 1 S. 2 (Ls. 1: „Unter den Bedingungen der modernen Datenverarbeitung wird der Schutz des Einzelnen gegen unbegrenzte Erhebung, Speicherung, Verwendung und Weitergabe seiner persönlichen Daten von dem allgemeinen Persönlichkeitsrecht des Art. 2 Abs. 1 GG in Verbindung mit Art. 1 Abs. 1 GG umfaßt. Das Grundrecht gewährleistet insoweit die Befugnis des Einzelnen, grundsätzlich selbst über die Preisgabe und Verwendung seiner persönlichen Daten zu bestimmen.").

436 BVerfG, Beschluss der 3. Kammer des Zweiten Senats vom 27.06.2018 – 2 BvR 1562/17 (auf § 103 StPO gestützte Anordnung der Durchsuchung der Räumlichkeiten des Münchener Kanzleistandorts der Rechtsanwaltskanzlei Jones Day sowie Sicherstellung von Unterlagen und elektronischen Daten im Zuge des sogenannten „VW-Dieselskandals" – Verfassungsbeschwerde nicht zur Entscheidung angenommen wegen Unzulässigkeit aufgrund Nichterfüllung von Voraussetzungen nach § 93a Abs. 2 BVer-

b) GR-E (oder Nichteingriff/**Einwilligung** i.S.v. § 36 Nr. 19 DSG NRW, § 38 DSG NRW): **Persönlichkeitsentfaltungseinschränkung** als Datenfreiheitseinschränkung, durch **Datenverarbeitung**s-Maßnahme[437] (**Datenerhebung**) i.S.d. § 36 Nr. 2 DSG NRW.[438]

c) GR-B: Art. 2 Abs. 1 Hs. 2 GG[439].

---

fGG), Gründe, V., Rn. 44: „Der Begriff der persönlichen Daten deckt sich mit der Legaldefinition personenbezogener Daten in § 46 Nr. 1 BDSG (zuvor § 3 Abs. 1 BDSG) und erfasst alle Informationen, die sich auf eine identifizierte oder identifizierbare natürliche Person (betroffene Person) beziehen (vgl. noch zu § 3 Abs. 1 BDSG ‚Einzelangaben über persönliche oder sachliche Verhältnisse einer bestimmten oder bestimmbaren Person' Di Fabio, in: Maunz/Dürig, GG, Art. 2 Abs.1, Rn. 175 [Juli 2001]).".

437 BVerfG, Urteil des Ersten Senats vom 19.05.2020 – 1 BvR 2835/17 – (Ausland-Ausland-Fernmeldeaufklärung nach BNDG), E. III. 1., Rn. 212: „Die **Übermittlung personenbezogener Daten**, mit der eine Behörde die von ihr erhobenen Daten einer anderen Stelle zugänglich macht, begründet einen eigenen Grundrechtseingriff (vgl. BVerfGE 100, 313 <367>; 141, 220 <334 Rn. 305>; stRspr). Dieser ist an dem **Grundrecht** zu messen, **in das bei der ursprünglichen Datenerhebung eingegriffen wurde** (vgl. BVerfGE 100, 313 <367>; 141, 220 <334 Rn. 305>; stRspr).".

438 Vgl. ggf. zur Frage des Grundrechtseingriffs auch § 9 Abs. 1 Nr. 1 S. 2 (Hs. 1) PolG NRW (Inkrafttreten am 29.12.2018): „Dies gilt auch für personenbezogene Daten, die von der betroffenen Person offensichtlich öffentlich gemacht wurden"; BVerfGE 120, 274 (Online-Durchsuchung) = BVerfG, Urteil des Ersten Senats vom 27.02.2008 – 1 BvR 370/07 –, Ls. 5: „Verschafft der Staat sich Kenntnis von Inhalten der Internetkommunikation auf dem dafür technisch vorgesehenen Weg, so liegt darin nur dann ein Eingriff in Art. 10 Abs. 1 GG, wenn die staatliche Stelle nicht durch Kommunikationsbeteiligte zur Kenntnisnahme autorisiert ist. Nimmt der Staat im Internet öffentlich zugängliche Kommunikationsinhalte wahr oder beteiligt er sich an öffentlich zugänglichen Kommunikationsvorgängen, greift er grundsätzlich nicht in Grundrechte ein.".

439 Art. 2 Abs. 1 Hs. 2 GG (**Schrankentrias**): BVerfGE 80, 137, 153 (Reiten im Walde) = BVerfG, Beschluss des Ersten Senats vom 06.06.1989 – 1 BvR 921/85 –, C. I. 1 a), Rn. 69: „Abgesehen von einem absolut geschützten Kernbereich privater Lebensgestaltung, welcher der Einwirkung der öffentlichen Gewalt entzogen ist (BVerfGE 6, 32 [41]), ist die allgemeine Handlungsfreiheit allerdings nur in den **Schranken** des zweiten Halbsatzes von Art. 2 Abs. 1 GG gewährleistet und steht damit insbesondere unter dem **Vorbehalt der verfassungsmäßigen (Rechts-)Ordnung** (BVerfGE 6, 32 [37 f.]; 74, 129 [152]). Stützt sich ein die Handlungsfreiheit berührender Akt der öffentlichen Gewalt auf eine Rechtsnorm, so kann mit der Verfassungsbeschwerde unter Berufung auf Art. 2 Abs. 1 GG zur Nachprüfung gestellt werden, ob diese Norm zur **verfassungsmäßigen Ordnung** gehört, das heißt formell und materiell mit den Normen der Verfassung in Einklang steht (st. Rspr. seit BVerfGE 6, 32)."; BVerfGE 6, 32, Ls. 3 (Elfes) = BVerfG, Urteil des Ersten Senats vom 16.01.1957 – 1 BvR 253/56, Ls. 3: „**Verfassungsmäßige Ordnung** im Sinne des Art. 2 Abs. 1 GG ist die verfassungsmäßige Rechtsordnung, d.h. die Gesamtheit der Normen, die formell und materiell der Verfassung gemäß sind."; vgl. dazu auch BVerfGE 6, 32, 37-41 (Elfes) = BVerfG, Urteil des Ersten Senats vom 16.01.1957 – 1 BvR 253/56, Gründe II. 2 b), c), Rn. 17-33.

Rechte anderer sind (als Teil der verfassungsmäßigen Ordnung) subjektive Berechtigungen (Anspruch oder Befugnis oder Erlaubnis) einschließlich Verpflichtungen (Pflicht zur Erfüllung von Anspruch oder Befugnis oder Erlaubnis) und sonstiger Rechtswirkungen für ein Rechtssubjekt bezüglich eines Verhaltens oder eines Rechtsguts.

Vgl. zum ein Mal bundesverfassungsgerichtlich entscheidungserheblich bemühten „**Sittengesetz**" nach Art. 2 Abs. 1 Hs. 2 GG als Gesetz, das nicht das durch die „soziale Gemeinschaft" „als für sich verbindlich" anerkannte „Rechtsgefühl" „im allgemeinen" „verletzt": BVerfGE 6, 389 (Homosexuelle) = BVerfG, Urteil des Ersten Senats vom 10.05.1957 – 1 BvR 550/52 –, und StrRehaHomG (Gesetz zur strafrechtlichen Rehabilitierung der nach dem 8. Mai 1945 wegen einvernehmlicher homosexueller Handlungen verurteilten Personen vom 17. Juli 2017 – BGBl. I S. 2443).

Ggf. bei Begleitverfügung (etwa zum „Herkommen/Erscheinen/Mitkommen" oder „Stehenbleiben") betroffenes Grundrecht (eine Verfügung zum „Ruhigbleiben" ist i.d.R. entweder ganz eigenständige Befugnis oder als Motivation zur „ruhigen Antwort" ganz kommunikativer Akt während der Befragung selbst, im Übrigen Art. 2 Abs. 1 GG):

2. Körperliche Bewegungsfreiheit, Art. 2 Abs. 2 S. 2 GG[440]

a) GR-SB:

aa) Persönlicher GR-SB: „**Person**", vgl. § 1 BGB.

bb) Sachlicher GR-SB: „Freiheit" ist **körperliche Bewegungsfreiheit** als Freiheit, jeden Ort oder Raum aufzusuchen, sich dort aufzuhalten, (ihn zu verlassen), der an sich (tatsächlich und rechtlich) zugänglich ist.

b) GR-E (oder Nichteingriff/GR-Verzicht): Freiheitsentziehung oder sonstige Freiheitsbeschränkung.

Freiheitsbeschränkung (Freiheitsentziehung oder sonstige Freiheitsbeschränkung) liegt vor, wenn jemand durch die öffentliche Gewalt gegen seinen Willen daran gehindert wird, einen Ort oder Raum aufzusuchen oder sich dort aufzuhalten, der ihm an sich (tatsächlich und rechtlich) zugänglich ist. Eine **Freiheitsentziehung** als schwerste Form der Freiheitsbeschränkung ist dann gegeben, wenn die tatsächlich und rechtlich an sich gegebene körperliche Bewegungsfreiheit durch staatliche Maßnahmen nach jeder Richtung hin aufgehoben wird[441]; Freiheitsentziehung setzt auch eine besondere Eingriffsintensität und eine nicht nur kurzfristige Dauer der Maßnahme voraus[442]. Im Übrigen kann eine Abgrenzung zwischen Freiheitsentziehung und sonstiger Freiheitsbeschränkung auch erfolgen nach Art, Dauer, Intensität, Mittel, Zweck der Freiheitsbeschränkung.[443]

c) GR-B: Art. 2 Abs. 2 S. 3 i.V.m. Art. 104 GG.

---

[440] Vgl. auch Art. 142 GG i.V.m. Art. 4 Abs. 1 Verfassung NRW; Art. 20 Abs. 2a und Art. 21 AEUV i.V.m. Art. 6, 45 EU-GR-Charta (**Bewegungsfreiheit**, **Freizügigkeit**, **Aufenthaltsfreiheit**); Art. 5 EMRK; Art. 2 Protokoll Nr. 4 EMRK; Art. 21 AEUV (**Unionsbürgerfreizügigkeit**, zum **Unionsbürger** vgl. Art. 9 S. 2, 3 EUV, Art. 20 Abs. 1 S. 2, 3 AEUV); Art. 45 AEUV (**Arbeitnehmerfreizügigkeit**); Art. 49 AEUV (**Niederlassungsfreiheit**); Art. 56 AEUV (**Dienstleistungsfreiheit**); vgl. auch Art. 28 AEUV (**Warenverkehrsfreiheit**); Art. 9 Abs. 1 S. 1 IPbpR („Jedermann hat ein Recht auf persönliche Freiheit und Sicherheit."); Art. 9-11 IPbpR (Freiheitsentziehungsbedingungen), Art. 12 IPbpR (Bewegung, Wohnsitzwahl, Ausreise, Einreise in Hoheitsgebiet eines Staates, vgl. „Freizügigkeit"), Art. 13 IPbpR (Ausländerausweisungsbedingungen).

[441] BVerfG, Beschluss der 1. Kammer des Ersten Senats vom 08.03.2011 – 1 BvR 47/05 –, Rn. 20, vgl. BVerfGE 94, 166, 198 (Flughafenverfahren) = BVerfGE, Urteil des Zweiten Senats vom 14.05.1996 – 2 BvR 1516/93.

[442] BVerfGE 149, 293 (5-Punkt-Fixierung/7-Punkt-Fixierung) = BVerfG, Urteil des Zweiten Senats vom 24.07.2018 – 2 BvR 309/15 –, D. II. 2. a), Rn. 67, vgl. dazu auch BVerfGE 149, 293 (5-Punkt-Fixierung/7-Punkt-Fixierung) = BVerfG, Urteil des Zweiten Senats vom 24.07.2018 – 2 BvR 309/15 –, D. II. 2. b): „Jedenfalls eine **5-Punkt- oder 7-Punkt-Fixierung**, bei der sämtliche Gliedmaßen des Betroffenen mit Gurten am Bett festgebunden werden, stellt eine Freiheitsentziehung im Sinne von Art. 104 Abs. 2 GG dar, es sei denn, es handelt sich um eine lediglich **kurzfristige Maßnahme**. Von einer kurzfristigen Maßnahme ist in der Regel auszugehen, wenn sie absehbar die Dauer von ungefähr einer halben Stunde unterschreitet."

[443] Vgl. auch insbesondere zu Art, Intensität, Mittel: § 415 Abs. 2 FamFG und §§ 37a, 62 PolG NRW.

A. Rechtsgrundlage (RGL) II. Rechtsgebiet (RG)

(VOR/DEF)

Rechtsgebiet ist Rechtsordnungsteil nach allen Umständen[444] – wie schwerpunktmäßige Äußerungen[445], Rechtsnormen[446], Zwecke[447], auch i.V.m. §§ 133, 157 BGB analog[448].[449]

(SUB/ERG)

---

[444] Umstände im weiten Sinn, etwa als Bedingungen, Beziehungen, Faktoren, Folgen, Funktionen, Umweltbedingungen, Variablen, Verhältnissen, Voraussetzungen, Weltbedingungen.

[445] Äußerungen im weiten Sinn, etwa als alle Verhaltensäußerungen (einschließlich Aussagen).

[446] Rechtsnormen im weiten Sinn, etwa solche, die die Umstände oder das Verhalten regieren (sollen).

[447] Zwecke im weiten Sinn, etwa als sich aus einer Lage ergebende, objektiv zu verfolgende Ziele.

[448] Sog. **objektivierter Empfängerhorizont**, vgl. BVerwGE 147, 81 = BVerwG, Urteil vom 20.06.2013 – BVerwG 8 C 46.12, Rn. 27: „Die bundesrechtlichen Auslegungsregeln der §§ 133, 157 BGB sind auf öffentlich-rechtliche Erklärungen entsprechend anzuwenden. Bei Verwaltungsakten kommt es wie bei empfangsbedürftigen Willenserklärungen nicht auf den wirklichen Willen des Erklärenden (natürliche Auslegung), sondern auf den objektiven Erklärungsinhalt an. Maßgeblich ist, wie der Empfänger die Erklärung nach Treu und Glauben unter Berücksichtigung der für ihn erkennbaren Umstände verstehen musste. Dabei ist vom Wortlaut der Erklärung auszugehen und deren objektiver Gehalt unter Berücksichtigung des Empfängerhorizonts zu ermitteln (stRspr, vgl. Urteile vom 2. September 1999 - BVerwG 2 C 22.98 - BVerwGE 109, 283 <286> = Buchholz 237.7 § 72 NWLBG Nr. 4 und vom 27. Juni 2012 - BVerwG 9 C 7.11 - BVerwGE 143, 222 <Rn. 18> = Buchholz 11 Art. 20 GG Nr. 206; BGH, Urteile vom 24. Februar 1988 - VIII ZR 145/87 - BGHZ 103, 275 <280>, vom 27. Januar 2010 - VIII ZR 58/09 - BGHZ 184, 128 <137 Rn. 33> und vom 1. März 2011 - II ZR 16/10 - NJW 2011, 1666 <1667 Rn. 11> je m.w.N.).“; BVerwG, Beschluss vom 06.08.2018 – BVerwG 7 B 4.18, Rn. 10: „Dass die bundesrechtlichen Auslegungsregeln der §§ 133, 157 BGB auf öffentlich-rechtliche Erklärungen, d.h. u.a. auf Verwaltungsakte, entsprechend anzuwenden sind, ist in der Rechtsprechung des Bundesverwaltungsgerichts bereits geklärt (BVerwG, Urteil vom 20. Juni 2013 - 8 C 46.12 - BVerwGE 147, 81 Rn. 27 m.w.N.).“.

[449] BVerwG 47, 255, 264 = BVerwG, Urteil vom 03.12.1974 – BVerwG I C 11.73: „Obwohl sich für die Polizei im Einzelfall bei einem einheitlichen Lebenssachverhalt gleichzeitig und unmittelbar Aufgaben der Strafverfolgung und der Gefahrenabwehr ergeben können, ist der im Schrifttum vertretenen Auffassung nicht zu folgen, daß aus Gründen der Rechtssicherheit oder wegen der schwierigen Durchschaubarkeit für den Bürger jede Art polizeilichen Handelns der verwaltungsgerichtlichen Kontrolle unterliegen müsse. In aller Regel ist es für den Betroffenen nicht schwer, zu erkennen, ob die Polizei im konkreten Fall eine - begangene - Straftat erforschen (**Strafverfolgung**) oder den Eintritt eines Schadens, etwa die - zukünftige - Begehung einer strafbaren Handlung, verhindern oder eine bereits eingetretene Störung der öffentlichen Sicherheit oder Ordnung beseitigen (**Gefahrenabwehr**) will. Außerdem wird man davon ausgehen dürfen, daß die Polizei dem Betroffenen - wie im vorliegenden Fall - den Grund ihres Einschreitens von sich aus oder auf Verlangen angibt. Im übrigen kommt es darauf an, wie sich der konkrete Lebenssachverhalt einem verständigen Bürger in der Lage des Betroffenen bei natürlicher Betrachtungsweise darstellt. Dieser Sachverhalt muß im allgemeinen einheitlich betrachtet werden, es sei denn, daß einzelne Teile des Geschehensablaufs objektiv abtrennbar sind. Hat die Polizei die Ermittlungen an die StA oder das Amtsgericht weitergeleitet (§ 163 Abs. 2 StPO) oder auf Weisung der StA gehandelt, so kann an der strafprozessualen Natur ihres Einschreitens kein vernünftiger Zweifel bestehen. Eine Maßnahme, die nach dem Gesamteindruck darauf gerichtet ist, eine strafbare Handlung zu erforschen oder sonst zu verfolgen, ist der Kontrolle der ordentlichen Gerichte nach §§ 23 ff. EGGVG nicht etwa deshalb entzogen, weil durch die polizeilichen Ermittlungen möglicherweise zugleich auch künftigen Verletzungen der öffentlichen Sicherheit vorgebeugt würde.“.

Die Erhebung personenbezogener Daten erfolgt auf dem Rechtsgebiet des besonderen öffentlichen Verwaltungsrechts polizeilicher Gefahrenabwehr.

Eine Datenerhebung durch Befragung erfolgt auf dem Rechtsgebiet der Gefahrenabwehr insbesondere bei

- nicht tatverdachtsveranlasster Datenerhebung;
- Datenerhebung zu nicht tatverdachtsbezogenen Daten;
- Datenerhebung ohne schwerpunktmäßigen Zweck einer anschließenden Strafrechtspflegemaßnahme;
- Gefahrenüberhang.

A. Rechtsgrundlage (RGL) III. Mögliche Befugnisrechtsnorm (Mgl. Brn.)

(VOR/DEF)

Befugnisrechtsnorm ist die rechtmäßige hauptsächliche Rechtsgrundlage mit realfolgenentsprechender Rechtsfolge.

(SUB/ERG)

Realfolge ist die Maßnahme laut Sachverhalt.

Rechtsfolge ist die Maßnahme laut Rechtsnorm.

(SUB)

Realfolgen und Rechtsfolgen zu:

Befragung/Vernehmung

(SUB)

Realfolgen Befragung/Vernehmung – Beispiele:

- aktives Entgegennehmen von Aussage
- Fragestellen
- Bitte um Beantwortung einer Frage
- Aufforderung zum Machen von Angaben; z.B. durch Gestik, Mimik, Verbalisierung.

Rechtsfolge(n) Befragung/Vernehmung – allgemein:

Befragung/Vernehmung ist jedes in (erkennbarer, vgl. § 9 Abs. 5 PolG

(ERG)

Mögliche Befugnisrechtsnorm zu:

Befragung/Vernehmung

(ERG)

Gefahrenabwehr:

- Ggf. speziellere Rechtsfolgenregelungen (je nach Auffassung zu Anforderungen an Befugnisrechtsnormstruktur, vgl. bloße Pflichtenformulierung), vgl. § 50 Abs. 2 BNatSchG; § 42 BWaldG; §§ 6-15 IfSG; § 22 GastG; § 14 GewO; § 2 JuSchG; §§ 42, 44 LFGB; §§ 315-318 SGB III; § 97a SGB VIII; §§ 98-101 SGB X; § 4 VereinsG; §§ 15 Abs. 5, 34-39 WaffG.
- § 9 Abs. 2 PolG NRW: Befragung der betroffenen Person oder der nichtbe-

NRW+BGHSt/BVerfGE)[450] amtlicher Funktion ausdrückliche oder konkludente Fragen oder sonstige Auskunftsverlangen über einen bestimmten (vgl. § 9 Abs. 7 PolG NRW) Sachverhalt (insb. potentielle Störung, Tatverdacht) im Unterschied zu *bloßer* ID-Maßnahme.

troffenen Person (vgl. § 9 Abs. 4 PolG NRW);

- § 9 Abs. 3 PolG NRW: Befragung zu ID-Merkmalen gegenüber Person i.S.d. § 9 Abs. 2 PolG NRW;
- § 12a Abs. 1 S. 1 Var. 2 PolG NRW: Befragen

Strafrechtspflege (ggf. mit §§ 46, 53 Abs. 1 S. 2, Abs. 2 OWiG):

- Ggf. speziellere Rechtsnormen, vgl. z.B. § 99 StPO[451]
- § 163a StPO: Vernehmung des Beschuldigten
- § 163 Abs. 3-7 StPO: Vernehmung von Zeugen oder Sachverständigen (vgl. § 163 Abs. 6 S. 1 StPO) oder anderen Personen (vgl. § 163 Abs. 6 S. 2 StPO)
- § 55 OWiG: Anhörung/Vernehmung des (beschuldigten) Betroffenen

Vgl. auch ggf. § 43 Abs. 1 JGG (ggf. i.V.m. § 109 JGG).

---

[450] Nr. 9.3 VVPolG NRW: „Eine Datenerhebung kann ohne Kenntnis der betroffenen Person u.a. bei öffentlichen Stellen oder Dritten sowie aus allgemein zugänglichen Quellen erfolgen. Eine Datenerhebung durch Befragung Dritter oder durch Auskunftsersuchen bei einer anderen Behörde ist nicht schon deshalb eine **verdeckte Maßnahme**, weil sie ohne Kenntnis der betroffenen Person erfolgt.“. Nr. 9.4 VVPolG NRW: „Eine **verdeckte Datenerhebung** liegt vor, wenn getarnte Maßnahmen zur Datenerhebung vorgenommen werden, insbesondere die Zugehörigkeit zur Polizei bewusst verschleiert wird. Um ein **verdecktes Vorgehen** handelt es sich nicht schon, wenn Polizeivollzugsbeamtinnen oder Polizeivollzugsbeamte Dienst in Zivilkleidung verrichten oder ein äußerlich nicht als solches zu erkennendes Dienstfahrzeug benutzen.“.

[451] Vgl. § 99 Abs. 2 StPO, § 100 StPO und frühere Entscheidung des § 99 Abs. 2 StPO, § 100 StPO und frühere Entscheidung des BGH, Beschluss vom 20.02.2019 – BGH, StB 51/18, Rn. 11-13: „Die für die **Beschlagnahme retrograder Postdaten** erforderliche gesetzliche Grundlage ergibt sich nicht aus § 99 StPO, und zwar weder aus einer direkten noch aus einer entsprechenden Anwendung der Vorschrift. Gemäß § 99 StPO ist die **Beschlagnahme der an den Beschuldigten gerichteten Postsendungen** zulässig, die sich im Gewahrsam von Personen oder Unternehmen befinden, die geschäftsmäßig Post- oder Telekommunikationsdienste erbringen oder daran mitwirken. In der sich daraus ergebenden **Verpflichtung zur Herausgabe von Postsendungen** ist nach allgemeiner Meinung als weniger intensiver Eingriff und mithin rechtstechnisch als Minus zugleich die Verpflichtung enthalten, **Auskunft über die Postsendungen** zu erteilen. Falls die Voraussetzungen der Postbeschlagnahme erfüllt sind, kann mithin statt dieser auch lediglich die diese betreffende Auskunft verlangt werden [Quellenangaben]. Diese Möglichkeit stellt sich allerdings lediglich als eine Ausprägung des Verhältnismäßigkeitsgrundsatzes dar und schafft daher keine weitergehenden Zugriffsmöglichkeiten als die Postbeschlagnahme selbst. Nach dem eindeutigen Wortlaut des § 99 Satz 1 StPO erstreckt sich die Auskunftspflicht deshalb - ebenso wie die Herausgabepflicht - nur auf diejenigen Postsendungen, die sich noch im Gewahrsam der Postunternehmen befinden, nicht hingegen auf bereits weitergeleitete [Quellenangaben].“.

(SUB)

Realfolgen und Rechtsfolgen zu:

IDF-Maßnahme

Realfolgen IDF-Maßnahme – Beispiele:

- Anhalten
- Fragen
- Antwortbitte
- Datenabgleich/Recherche
- Datenträgereinsicht
- Nachschau.

Rechtsfolge(n) IDF-Maßnahme – allgemein:

Maßnahme (DE oder sonstige Maßnahme) – z.B.:

- Anhalten
- Befragung
- Verlangen nach (weiteren) Angaben
- Personendurchsuchung
- Sachendurchsuchung
- (ggf.) Wohnungsdurchsuchung als (erforderliche) Maßnahme
- Datenträgerauswertung
- (sonstige) Datenverarbeitungsmaßnahme als (erforderliche) Maßnahme

zwecks IDF, also zwecks Zuordnung von Mensch und bestimmtem Personaliensatz

vgl. zum Personaliensatz z.B.:

- § 9 Abs. 3 S. 1 PolG NRW
- § 111 StPO, § 111 OWiG
- § 1 BKADV, § 3 Abs. 1 Nr. 4, 5, Abs. 4 Nr. 4, 5 AZRG
- § 10 Abs. 3 S. 1 BayVersG.

(ERG)

Mögliche Befugnisrechtsnorm (mit genauerem IDF-Rechtsfolgenzweck) zu:

IDF-Maßnahme

Gefahrenabwehr:

- §§ 15, 15a, 16, 19 Abs. 2 AsylG (IDF-Maßnahme zwecks Asylrecht, vgl. §§ 1, 13, 14, 23, 33 AsylG)
- §§ 48-49 AufenthG (IDF-Maßnahme zwecks Aufenthaltsrecht, vgl. § 1 AufenthG – Identitätsüberprüfung; Identitätsfeststellung; Identitätssicherung)
- §§ 42, 44 LFGB (Aufnahme und Aufzeichnung bestimmter personenbezogener Daten)
- § 17 PAuswG / § 18 PaßG (IDF-Maßnahme mit Speichermediumsdaten zwecks Dokumenten-Echtheits- und Ausweisinhaber-ID-Kontrolle)
- § 14a PolG NRW („Molekulargenetische Untersuchung zur IDF“: Molekulargenetische Untersuchungsmaßnahmen zur IDF (Abgleich von DNA-Identifizierungsmustern einer Leiche oder hilflosen Person mit denjenigen einer vermissten Person zur IDF, zu diesem Zweck: 1. Körperzellenentnahme bei hilflosen Person oder Leiche, 2. Probennahme von Gegenständen mit Spurenmaterial der vermissten Person, 3. molekulargenetische Untersuchung der Proben nach Nr. 1 und 2. – weitere Speicherung, Verwendung, Löschung von DNA-Identifizierungsmuster nach § 14a Abs. 1 S. 6-8 PolG NRW; § 14a Abs. 1 S. 5 PolG NRW: **Unverzüglich**e [§ 121 Abs. 1 S. 1 BGB] Vernichtung entnommener Körperzellen, wenn keine Benötigung mehr für Untersuchung nach § 14a Abs. 1 S. 2 PolG NRW.)
- § 14 Abs. 1 Nr. 1 PolG NRW (IDF-Erkennungsdienstliche-Maßnahme zwecks IDF nach §§ 12, 12a PolG NRW)
- § 12a Abs. 1 S. 1 Var. 3 PolG NRW (IDF-Maßnahme zwecks strategischer Fahndung)

- § 12 PolG NRW (IDF-Maßnahme zwecks IDF nach § 12 Abs. 1 PolG NRW)
- § 9 Abs. 3 S. 1 i.V.m. § 9 Abs. 2 S. 1 PolG NRW („ID-Maßnahme“, mit ggf. weiteren Auskünften, vgl. § 9 Abs. 3 S. 2 PolG NRW, zwecks Befragung, z.B. Sicherung/Überprüfung der Angabenquelle).

Strafrechtspflege (ggf. mit §§ 46, 53 Abs. 1 S. 2, Abs. 2 OWiG):

- § 81g Abs. 1, 2 StPO („DNA-IDF“: Körperzellenentnahme zur Identitätsfeststellung zwecks potentieller künftiger Strafverfahren und molekulargenetische Untersuchung zur Feststellung des DNA-Identifizierungsmusters sowie des Geschlechts)
- § 163b Abs. 1 StPO / §§ 163b Abs. 1, c StPO: IDF beim Verdächtigen
- § 163b Abs. 2 StPO / §§ 163b Abs. 2, c StPO: IDF beim Nichtverdächtigen
- § 111 StPO (ohne §§ 46, 53 Abs. 1 S. 2 OWiG): IDF bei jedermann an an öffentlich zugänglichem Ort eingerichteter Kontrollstelle

(SUB)

Realfolgen und Rechtsfolgen zu:

Anhalten/Festhalten

(SUB)

<u>Realfolgen Anhalten/Festhalten:</u>

- Aufforderung zum Stehenbleiben
- Aufforderung zum Verlangsamen des Fortbewegungstempos
- Aufforderung zum Aufenthalt an bestimmter Stelle.

<u>Rechtsfolge Anhalten/Festhalten:</u>

Anhalten/Festhalten ist Reduzieren oder Stoppen der Bewegung i.S.d. Art. 2 Abs. 2 S. 2 GG.

Abgrenzung von Anhalten und Festhalten erfolgt nach:

- Gesetz, vgl. §§ 36 Abs. 1 S. 1, 37 Abs. 1

(ERG)

Mögliche Befugnisrechtsnorm zu:

Anhalten/Festhalten

(ERG)

<u>Gefahrenabwehr:</u>

Anhalten / Festhalten

- § 12 Abs. 1 Nr. 1, Abs. 2 S. 2 Var. 1 / S. 3 PolG NRW
- § 12 Abs. 1 Nr. 2 a), Abs. 2 S. 2 Var. 1 / S. 3 PolG NRW
- § 12 Abs. 1 Nr. 2 b), Abs. 2 S. 2 Var. 1 / S. 3 PolG NRW
- § 12 Abs. 1 Nr. 2 c), Abs. 2 S. 2 Var. 1 / S. 3 PolG NRW
- § 12 Abs. 1 Nr. 3, Abs. 2 S. 2 Var. 1 / S. 3 PolG NRW
- § 12 Abs. 1 Nr. 4, Abs. 2 S. 2 Var. 1 / S. 3 PolG NRW
- § 12a Abs. 1 S. 1 Var. 1 / S. 1 Var. 3 PolG NRW

PolG NRW

- „ADIMZ“ (Art, Dauer, Intensität, Mittel, Zweck der Freiheitsbeschränkung) (Vorentscheidung mit Freiheitsentziehung oder sonstiger Freiheitsbeschränkung beim Fallbearbeitungspunkt A. I.)

- § 14 Abs. 1 Nr. 1 PolG NRW (i.V.m. § 12/12a PolG NRW)
- Ggf. § 8 Abs. 1 PolG NRW.

Nur Anhalten:

- § 9 Abs. 2 S. 2 PolG NRW
- § 9 Abs. 3 S. 1 (i.V.m. § 9 Abs. 2 PolG NRW)
- § 25 Abs. 2 PolG NRW
- § 36 Abs. 5 S. 1 StVO.

Nur Festhalten (vgl. §§ 36 Abs. 1 S. 1, 37 Abs. 1 PolG NRW):

- § 10 Abs. 3 PolG NRW
- § 35 PolG NRW
- § 58 Abs. 4 AufenthG
- §§ 62-62b AufenthG

Nur für zuständige Behörde: § 30 IfSG. Nur für örtliche Ordnungsbehörde: § 14 PsychKG (NRW). Nur für Jugendamt: § 42 SGB VIII.

Strafrechtspflege (ggf. mit §§ 46, 53 Abs. 1 S. 2, Abs. 2 OWiG):

Anhalten als (erforderliche) Maßnahme / Festhalten zur

- IDF beim Verdächtigen, § 163b Abs. 1 StPO / §§ 163b Abs. 1, c StPO
- IDF beim Nichtverdächtigen, § 163b Abs. 2 StPO/ §§ 163b Abs. 2, c StPO
- IDF bei jedermann an an öffentlich zugänglichem Ort eingerichteter Kontrollstelle, § 111 StPO (ohne §§ 46, 53 Abs. 1 S. 2 OWiG)
- Ggf. § 163 Abs. 1 S. 2 StPO

Nur Festhalten (vgl. Art. 104 GG):

- § 127 Abs. 1 S. 1 Alt 1 StPO
- § 127 Abs. 2 i.V.m. § 112 StPO
- § 127 Abs. 2 i.V.m. § 112a StPO
- § 127 Abs. 2 i.V.m. § 126a StPO
- § 127b StPO
- § 164 StPO
- § 19 IRG.

(SUB)

Realfolge ist die Maßnahme laut Sachverhalt.

Rechtsfolge ist (als VA oder Realakt[452]) die Befragung nach ID-Angaben (ggf. mit Anhalten zwecks Befragung).[453]

(ERG)

Mögliche Befugnisrechtsnorm ist § 9 Abs. 3 S. 1 i.V.m. § 9 Abs. 2 S. 1 PolG NRW.

---

452 **Befragungs-VA-Sätze** können ein Ausrufezeichen haben; **Befragungs-Realakt-Sätze** können ein Fragezeichen haben. Beispiele für Befragungs-VA: „Bitte beantworten Sie die Frage!“ / „Bitte sagen Sie, was Sie wissen!“ / „Bitte sagen Sie, was Sie wahrgenommen haben!“ / „Bitte sagen Sie Ihren Namen!“; Beispiele für Befragungs-Realakt: „Was sagen Sie zu folgender Frage?“ / „Was wissen Sie?“ / „Was haben Sie wahrgenommen?“ / „Wie ist Ihr Name?“. **Wohnungstüröffnungs-Verfügung** (je nach Rechtsgebiet VA oder Justiz-VA [z.B.: „Bitte öffnen Sie die Tür!“]) kann bspw. wie folgt – insbesondere über den Zweck – zu subsumieren sein:

- § 9 Abs. 2 PolG NRW / § 163 Abs. 3 StPO / § 163a StPO (Zweck: Befragung / Vernehmung).
- § 12 PolG NRW / § 163b Abs. 1 oder § 163b Abs. 2 StPO (Zweck: IDF jedenfalls ohne Wohnungs-Betretens- und Wohnungs-Durchsuchungszweck [z.B.: IDF-Befragung / IDF-Ausweisverlangen an der Tür]).
- § 16a PolG NRW / § 163f StPO / § 163 Abs. 1 S. 2 StPO (Zweck: Observation jedenfalls ohne Wohnungs-Betretens- und Wohnungs-Durchsuchungszweck [z.B.: Datenerhebung von der Tür aus]).
- § 35 PolG NRW / § 127 Abs. 1 S. 1 Alt. 1 StPO / § 127 Abs. 2 i.V.m. § 112/§ 112a/§ 126a; § 127b StPO; § 164 StPO (Zweck: Ingewahrsamnahme / Festnahme jedenfalls ohne Wohnungs-Betretens- und Wohnungs-Durchsuchungszweck [z.B.: Ingewahrsamnahme / Festnahme an der Tür]).
- § 41 PolG NRW / § 102 StPO oder § 103 StPO (Zweck: Wohnungsbetreten und/oder Wohnungsdurchsuchung).
- § 43 PolG NRW / § 94 Abs. 1 StPO / § 94 Abs. 1, 2 StPO / §§ 94 Abs. 3, 111a StPO, § 69 StGB / §§ 99, 100 StPO / § 108 StPO (§ 110 StPO); / § 111b StPO / § 132 StPO (Zweck: Sicherstellung/Beschlagnahme jedenfalls ohne Wohnungs-Betretens- und Wohnungs-Durchsuchungszweck [z.B.: Sicherstellung/Beschlagnahme an der Tür).
- § 81a StPO / § 81c StPO / § 81g StPO / § 81h StPO (Zweck: der jeweilige „Untersuchungs“-Zweck jedenfalls ohne Wohnungs-Betretens- und Wohnungs-Durchsuchungszweck [z.B.: „Untersuchung“ an der Tür]).
- § 8 Abs. 1 PolG NRW / § 163 Abs. 1 S. 2 StPO (Zweck: jedenfalls ein nicht besonders geregelter Zweck jedenfalls ohne Wohnungs-Betretens- und Wohnungs-Durchsuchungszweck).

453 Vgl. zur § 9-Abs.-3-S.-1-PolG-NRW-Rechtsfolge auch:

Nr. 9.21 S. 2, 3 VVPolG NRW: „Aus dem Sinn des § 9 Abs. 2 Satz 1 [a. F., n. F.: § 9 Abs. 3 S. 1 PolG NRW, P. B.] ergibt sich, dass unter den Begriff ‚Namen‘ nicht nur Familiennamen fallen, sondern auch Geburtsnamen, Künstlernamen und sonstige Namen. Da § 9 Abs. 2 Satz 1 [a. F., n. F.: § 9 Abs. 3 S. 1 PolG NRW, P. B.] nicht auf eine Identitätsfeststellung abzielt, sind Maßnahmen nach § 12 Abs. 2 und § 14 nicht zulässig. Verweigert die betroffene Person die Angaben, bedarf es einer besonders sorgfältigen Prüfung, ob der Verstoß gegen § 111 OWiG verfolgt werden soll und deshalb eine Identitätsfeststellung gemäß § 46 OWiG in Verbindung mit § 163 StPO notwendig ist.“.

Nr. 9.22 VVPolG NRW: „Gesetzliche Handlungspflichten i.S.d. § 9 Abs. 2 Satz 2 [a. F., n. F.: § 9 Abs. 3 S. 2 PolG NRW, P. B.]sind nur Offenbarungspflichten, die sich direkt aus einem Gesetz ergeben (z.B. § 138 StGB). Aus § 8 in Verbindung mit den §§ 4 bis 6 lassen sich keine Handlungspflichten i.S.d. § 9 Abs. 2 Satz 2 [a. F., n. F.: § 9 Abs. 3 S. 2 PolG NRW, P. B.] herleiten.“.

B. Formelle Rechtmäßigkeit (FR) I. Zuständigkeit (Z)

(VOR/DEF)

Zuständigkeit ist Aufgabenwahrnehmungserlaubnis für den Rechtsfolgesetzer.

(SUB/ERG)

Für die Maßnahme ist die Zuständigkeit (i.d.R.) wie folgt gegeben:

1. sachliche Zuständigkeit *der Polizei* gemäß (alternativ)

- § 1 Abs. 1 S. 1, 2 Var. 1 oder 2 (oder 3) PolG NRW (originäre Zuständigkeit) (ggf. i.V.m. § 1 Abs. 2 PolG NRW[454] / ggf. i.V.m. § 1 Abs. 5 S. 2 PolG NRW[455]);
- § 1 Abs. 1 S. 1, 3 PolG NRW (subsidiäre Zuständigkeit);

2. instanzielle Zuständigkeit *der Polizeibehörde* gemäß

- (i.d.R.) § 11 Abs. 1 Nr. 1 POG NRW;
- (generell:) §§ 10-14 POG NRW (ggf. i.V.m. KPBVO NRW / ggf. i.V.m. LKAAufgVO NRW);

3. örtliche Zuständigkeit *der Polizeibehörde* gemäß

- (i.d.R.) § 7 Abs. 1 POG NRW (ggf. i.V.m. KHStVO NRW);
- (generell:) §§ 7-9 POG NRW (ggf. i.V.m. KHStVO NRW);

4. funktionelle Zuständigkeit *des Polizeiamtswalters* gemäß

- § 9 Abs. 3 S. 1 i.V.m. § 9 Abs. 2 S. 1 Wort 2 PolG NRW.

B. Formelle Rechtmäßigkeit (FR) II. Verfahren (V)

(VOR/DEF)

Verfahren ist normiertes Verhalten insbesondere für den Rechtsfolgezuständigen außer, bei, i.Z.m. der Rechtsfolge.

1. Spezielle Verfahrensrechtsnorm aus § 9 Abs. 6 PolG NRW bei Befragung

(VOR/DEF)

§ 9 Abs. 6 PolG NRW (**Aufklärung**): Werden durch **Befragung** Daten bei der betroffenen Person oder bei Personen oder Stellen außerhalb des öffentlichen Bereichs erhoben, sind diese in geeigneter Weise über die Rechtsvorschriften für die Datenerhebung sowie entweder über die bestehende Auskunftspflicht oder über die Freiwilligkeit der Auskunft aufzuklären, es sei

---

[454] § 1 Abs. 2 PolG NRW hat negative Zuständigkeitsvoraussetzungen; § 1 Abs. 2 PolG NRW ist die sogenannte „**Privatrechtsklausel**"; zum **Privatrecht in der polizeilichen Praxis** ausführlich: *Basten*, Privatrecht in der polizeilichen Praxis.

[455] § 1 Abs. 5 S. 2 PolG NRW ist qua Gesetzessystematik eine Zuständigkeitsvorschrift mit negativen Befugnisvoraussetzungen.

denn, dies ist wegen besonderer Umstände offenkundig nicht angemessen oder die Erfüllung der polizeilichen Aufgaben wird hierdurch erheblich erschwert oder gefährdet.[456]

(SUB/ERG)

Im konkreten Fall ist § 9 Abs. 6 PolG NRW bei einer Befragungsdatenerhebung (alternativ)

- eingehalten mit Aufklärung in geeigneter (adressatengerechter, nicht unbedingt fachsprachlicher, wenngleich im Nachhinein auch rechtlich nachvollziehbarer) Weise über die Rechtsvorschriften für die Befragungsdatenerhebung sowie über die Auskunftspflicht oder über die Auskunftsfreiwilligkeit.
- eingehalten ausnahmsweise („es sei denn")
    - o mit Nichtaufklärung bei offenkundiger Unangemessenheit (in verhältnismäßiger Abwägung von Eingriffsgut und Erhaltungsgut der Befragung) wegen besonderer (einzelfallbezogener) Umstände

    oder

    - o bei erheblicher (nicht jeder) Erschwerung (Verhinderung, Verzögerung) oder (abstrakter oder jeder konkreter) Gefährdung der polizeilichen Aufgabenerfüllung (im konkreten Fall je nach betroffenen, polizeilich nach Gesetz und Recht zu erhaltenen Erhaltungsgütern, zum Beispiel auch durch Wissen des Befragten, das ihn oder andere [mehr oder weiter] gefährden könnte).[457]
- nicht eingehalten.

2. Allgemeine VwVfG-NRW-Verfahrensrechtsnormen bei Befragungs-VA (§§ 1, 2, 9, 35 VwVfG NRW)

(VOR/DEF)

a) § 28 VwVfG NRW: Anhörung

Gemäß § 28 VwVfG NRW besteht grundsätzlich Pflicht zur **Anhörung** im Sinne des § 28 Abs. 1 VwVfG NRW (Äußerungsgelegenheit mit entsprechender Würdigung vor eingreifendem VA) – oder es soll gegeben sein: ein Ausnahmegrund gemäß § 28 Abs. 2, 3 VwVfG NRW oder VA-Verletzungsunbeachtlichkeit gemäß § 45 VwVfG NRW oder VA-Nichtaufhebbarkeit gemäß § 46 VwVfG NRW.

---

[456] § 9 Abs. 6 PolG NRW regelt auch quasi die sog. „**informatorische Befragung**" auf dem Rechtsgebiet der Gefahrenabwehr/des PolG NRW mit dem Passus: „es sei denn, dies ist wegen besonderer Umstände offenkundig nicht angemessen oder die Erfüllung der polizeilichen Aufgaben wird hierdurch erheblich erschwert oder gefährdet."; „**es sei denn**" bedeutet eine widerlegliche Vermutung für das Nichtvorliegen des jeweils im Anschluss an „es sei denn" beschriebenen Tatbestandes, also im Fall des § 9 Abs. 6 PolG NRW: des informatorische-Befragungs-Tatbestandes.

[457] Vgl. auch Nr. 9.6 VVPolG NRW: „Der Hinweis auf die Rechtsvorschriften sowie über die Freiwilligkeit oder Auskunftspflicht bzw. auf ein eventuell bestehendes Aussage- oder Auskunftsverweigerungsrecht ist nur dann verzichtbar, wenn die Aufklärung im Einzelfall aufgrund bestimmter Umstände offenkundig entbehrlich ist (z.B. Befragung eines Spaziergängers nach einem vermissten Kind) oder dadurch die polizeiliche Aufgabenerfüllung erheblich erschwert oder gefährdet wird.".

Gemäß § 28 Abs. 2 VwVfG NRW kann von der Anhörung abgesehen werden, wenn sie nach den Umständen des Einzelfalles nicht geboten ist, insbesondere wenn ein Fall vorliegt gemäß § 28 Abs. 2 Nr. 1-5 VwVfG NRW.

Gebotenheit ist Nichtverfügbarkeit eines milderen, gleich geeigneten Mittels zur Zweckförderung.

Gemäß § 28 Abs. 2 Nr. 1 VwVfG NRW kann von der Anhörung abgesehen werden, wenn eine sofortige Entscheidung wegen Gefahr im Verzug oder im öffentlichen Interesse notwendig erscheint.

Gefahr im Verzug i.S.d. § 28 Abs. 2 Nr. 1 VwVfG NRW ist gegeben, wenn der Handlungsbedarf unvorhergesehen ist und bei Durchführung der eigentlich vorgesehenen Maßnahme, hier der Anhörung, der gesetzliche Zweck, hier der jeweilige aus der Aufgabe und Befugnisrechtsnorm, vereitelt oder wesentlich erschwert wird.[458]

Öffentliches Interesse ist die einzelfallbezogene Relevanz eines Rechts oder Rechtsguts nicht ausschließlich bei einem einzelnen Individuum.

Notwendigkeit ist Nichtverfügbarkeit eines milderen, gleich geeigneten Mittels zur Zweckförderung – bis hin zur Alternativlosigkeit der Mittelanwendung.

Gemäß § 28 Abs. 3 VwVfG NRW unterbleibt eine Anhörung, wenn ihr ein zwingendes öffentliches Interesse entgegensteht.

Zwingendes öffentliches Interesse ist die einzelfallbezogene unbedingte Relevanz eines Rechts oder Rechtsguts nicht ausschließlich bei einem einzelnen Individuum.

(SUB/ERG)

Im konkreten Fall ist § 28 VwVfG NRW (alternativ)

- eingehalten insbesondere bei Gelegenheit zur Stellungnahme i.S.d. § 28 Abs. 1 VwVfG NRW;
- eingehalten bei Nichteinhaltung von § 28 Abs. 1 VwVfG NRW und Ausnahmegrund gemäß § 28 Abs. 2, 3 VwVfG NRW;
- nicht eingehalten insbesondere bei Fehlen von Gelegenheit zur Stellungnahme ohne Ausnahmegrund;
- sonst eingehalten oder nicht eingehalten bei Anhaltspunkten / Fehlen entgegenstehender Anhaltspunkte.

---

458 BVerwGE 142, 205 (Schutzmaßnahme nach IfSG) = BVerwG, Urteil vom 22.03.2012 – BVerwG 3 C 16.11: „Gefahr im Verzug im Sinne von § 28 Abs. 2 Nr. 1 VwVfG ist anzunehmen, wenn durch eine vorherige Anhörung auch bei Gewährung kürzester Anhörungsfristen ein Zeitverlust einträte, der mit hoher Wahrscheinlichkeit zur Folge hätte, dass die behördliche Maßnahme zu spät käme, um ihren Zweck noch zu erreichen. Ob eine sofortige Entscheidung objektiv notwendig war oder die Behörde eine sofortige Entscheidung zumindest für notwendig halten durfte, ist vom Gericht aus ex-ante-Sicht zu beurteilen (Urteil vom 15. Dezember 1983 - BVerwG 3 C 27.82 - BVerwGE 68, 267 <271 f.> = Buchholz 316 § 28 VwVfG Nr. 9 S. 18). Hierbei ist wegen der Bedeutung des Anhörungsrechts als tragendem Prinzip des rechtsstaatlichen Verfahrens ein strenger Maßstab anzulegen (vgl. Kopp/Ramsauer, VwVfG, 12. Aufl. 2011, § 28 Rn. 3 und Rn. 46 m.w.N.).".

(VOR/DEF)

b) § 39 VwVfG NRW: Begründung

Gemäß § 39 Abs. 1 VwVfG NRW besteht Pflicht zur **Begründung** eines schriftlichen oder elektronischen sowie schriftlich oder elektronisch bestätigten VA (vgl. § 37 Abs. 2 VwVfG NRW) mit den tatsächlich-rechtlichen, nicht unbedingt materiellrechtlich richtigen Behördenerwägungen – oder es soll gegeben sein: ein Ausnahmegrund nach § 39 Abs. 2 VwVfG NRW (insb. § 39 Abs. 2 Nr. 2, 4 VwVfG NRW) oder VA-Verletzungsunbeachtlichkeit gemäß § 45 VwVfG NRW oder VA-Nichtaufhebbarkeit gemäß § 46 VwVfG NRW.

(SUB/ERG)

Im konkreten Fall ist § 39 VwVfG NRW (alternativ)

- eingehalten bei Fehlen von Begründungspflicht bei rechtmäßigem Fehlen von schriftlichem oder elektronischem, schriftlich oder elektronisch bestätigtem VA (i.d.R. jedenfalls zunächst bei Maßnahmen i.S.d. § 80 Abs. 2 S. 1 Nr. 2 VwGO);
- eingehalten bei Begründung bei schriftlichem oder elektronischem, schriftlich oder elektronisch bestätigtem VA (z.B. im Rahmen von „Bescheinigungen"; „Mitteilungen", „Anschreiben-VA" [„Auflagenanschreiben"; „Gefährderanschreiben", „Meldeauflagenanschreiben"], „HG-Schriftverfügung") und bei Nichtvorliegen eines Ausnahmegrundes i.S.v. § 39 Abs. 2 VwVfG NRW;
- eingehalten bei Ausnahmegrund nach § 39 Abs. 2 VwVfG NRW, insbesondere wegen bekannter oder erkennbarer Sach- und Rechtslage gemäß § 39 Abs. 2 Nr. 2 Var. 1 oder 2 VwVfG NRW;
- sonst eingehalten oder nicht eingehalten bei Anhaltspunkten / Fehlen entgegenstehender Anhaltspunkte.

(ERG Verfahren)

Ergebnis kann allgemein sein: Verfahrensrechtmäßigkeit oder Verfahrensrechtswidrigkeit der Maßnahme.

B. Formelle Rechtmäßigkeit (FR) III. Form (F)

(VOR/DEF)

Form ist normiertes Wie der Rechtsfolgesetzung – schriftlich, elektronisch, mündlich oder in anderer Weise.

(SUB/ERG)

Im konkreten Fall (alternativ)

- ist bei Fehlen von VA § 37 Abs. 2-6 VwVfG NRW unanwendbar.
- ist bei Fehlen von VA und Fehlen speziellerer Formrechtsnormen Formfreiheit gegeben.

- ist bei VA und Fehlen speziellerer Formrechtsnormen anwendbar: § 37 Abs. 2 bis 6 VwVfG NRW.
- kann gemäß § 37 Abs. 2 S. 1 VwVfG NRW der VA schriftlich, elektronisch, mündlich oder in anderer Weise erlassen werden.
- braucht gemäß § 37 Abs. 2 S. 2 VwVfG NRW der mündliche VA schriftlich oder elektronisch nicht bestätigt zu werden, wenn hieran kein berechtigtes Interesse besteht und der Betroffene dies nicht unverzüglich verlangt.

Ergebnis kann allgemein sein: Formrechtmäßigkeit oder Formrechtswidrigkeit der Maßnahme.

C. Materielle Rechtmäßigkeit (MR) I. Tatbestand (Tb) / Tatbestandsvoraussetzungen (TBV)

(VOR/DEF)

Tatbestand ist das Gesamt der (materiell-rechtlichen) Rechtsfolge(setzungs)bedingungen. / **Tatbestandsvoraussetzungen** sind materiell-rechtliche Rechtsfolgesetzungsbedingungen.

(VOR)

§ 9 Abs. 3 S. 1 PolG NRW: Zulässigkeit der nach § 9 Abs. 2 PolG NRW normierten Befragung der Person.

(DEF)

Zulässigkeit der Befragung der Person ist gegeben bei Rechtmäßigkeit der Befragung gemäß § 9 Abs. 2 S. 1 PolG NRW.

Rechtmäßigkeit der Befragung ist zur maßgeblichen Zeit formell und materiell rechtsfehlerfreie Anwendung des rechtmäßigen § 9 Abs. 2 S. 1 PolG NRW.[459]

Bestimmte polizeiliche Aufgabenerfüllung im Sinne von § 9 Abs. 2 S. 1 PolG NRW ist jede nach Gesetz und Recht vorgeschriebene, im einzelnen Fall konkret subsumierbare Zuständigkeitswahrnehmung, vgl. auch § 9 Abs. 7 PolG NRW.

Gemäß § 9 Abs. 7 PolG NRW ist Datenerhebung zu unbestimmten oder noch nicht bestimmbaren Zwecken unzulässig; also ist Datenerhebung nur nur zu bestimmten oder bestimmbaren Zwecken zulässig.[460] Der bestimmte oder bestimmbare Zweck im Sinne des § 9 Abs. 7 PolG NRW ist derjenige der jeweils bestimmten oder bestimmbaren polizeilichen Aufgabenerfüllung im Sinne des § 9 Abs. 2 S. 1 PolG NRW.

Aufgaben i.S.d. § 9 Abs. 2 PolG NRW sind Zuständigkeiten wie aus § 1 PolG NRW, § 163 Abs. 1 S. 1 StPO, § 53 Abs. 1 S. 1 OWiG, AufenthG und AsylG, JuSchG i.V.m. ZuVO JuWo NRW, StVG und StVO i.V.m. VerkehrsOWiZVO NRW, § 23 VereinsGDV i.V.m. § 2b öffVereinsRZVO NRW, VersG i.V.m. VersGZVO NRW, WaffG i.V.m. WaffGDVO NRW.

---

[459] Zu § 9 Abs. 2 S. 1 PolG und allen Rechtmäßigkeitsvoraussetzungen siehe *Basten*, Eingriffsrecht der Polizei in Nordrhein-Westfalen, Band 2, Buch 2, Abschnitt 15.

[460] Nr. 9.5 VVPolG NRW: „Für die Datenerhebung gilt der Zweckbindungsgrundsatz. Eine Datenerhebung auf Vorrat ist unzulässig, soweit sie nicht ausdrücklich geregelt ist.“.

Machenkönnen **sachdienlicher Angaben** im Sinne des § 9 Abs. 2 S. 1 PolG NRW ist jedes Potential an Geeignetheit, dass eine Äußerung oder ein Datum den Zweck der bestimmten polizeilichen Aufgabenerfüllung fördert.

Erforderlichkeit der sachdienlichen (geeigneten) Angaben für die bestimmte polizeiliche Aufgabenerfüllung im Sinne von § 9 Abs. 2 S. 1 PolG NRW ist – nach Bestimmung des legitimen Zwecks der Aufgabe und der Geeignetheit(ssubsumtion) –: Nichtverfügbarkeit eines milderen (Übermaßverbot), gleich geeigneten (Untermaßverbot) Mittels zum Zweck der bestimmten polizeilichen Aufgabenerfüllung.[461]

Tatsachen sind alle wahrnehmbaren, auf den einzelnen Fall bezogenen Dinge der Welt – nicht ausreichend sind: hypothetische Erwägungen, reine Spekulationen, fallunabhängige Vermutungen; kriminalistische Erfahrung kann ausreichen, wenn sie einen Anhalt im Tatsächlichen hat.

Annahmerechtfertigung ist Ausreichen ggf. auch nur einer Tatsache für die Begründung der Annahme – je nach Abwägung aller Umstände, vgl. „rechtfertigen".

(SUB/ERG)

Zulässigkeit der Befragung der Person i.S.d. § 9 Abs. 3 S. 1 PolG NRW ist (alternativ)

- gegeben.
- nicht gegeben.

C. Materielle Rechtmäßigkeit (MR) II. Inanspruchnahme (In) / Inanspruchnahmevoraussetzungen (Inv)

(VOR/DEF)

Inanspruchnahmevoraussetzungen sind materiell-rechtliche Bedingungen für richtige Inanspruchnahme.

Inanspruchnahme ist Adressierung und sonstiges Betroffenmachen; **Adressierung** ist direktes Bestimmen oder finales Richten einer Maßnahme an einen Grundrechtsträger vgl. §§ 41 Abs. 1 S. 1, 43 Abs. 1 S. 1 VwVfG NRW.

Nach § 9 Abs. 3 PolG NRW ist Inanspruchnahme gegenüber einer Person grundsätzlich alternativ richtig wie folgt:

- § 9 Abs. 2 PolG NRW: jede Person(, die sachdienliche Angaben machen kann);
- § 9 Abs. 3 PolG NRW: eine Person(, deren Befragung nach § 9 Abs. 2 PolG NRW zulässig ist);
- § 9 Abs. 4 PolG NRW: betroffene Person.[462]

---

461 Nr. 9.11 S. 2 VVPolG NRW: „Eine Befragung ist für die Erfüllung der Aufgabe erforderlich, wenn ohne Kenntnisse der zu erhebenden Daten die Aufgabe nicht oder zumindest nicht mehr zeit- oder sachgerecht wahrgenommen werden kann.".

462 Nr. 9.11 S. 1 VVPolG NRW: „Eine Person kann unabhängig davon befragt werden, ob die Voraussetzungen der §§ 4 bis 6 vorliegen.".

§ 9 Abs. 4 PolG NRW lautet: „Die Befragung richtet sich an die betroffene Person. Ist deren Befragung nicht oder nicht rechtzeitig möglich oder würde sie die Erfüllung der polizeilichen Aufgabe erheblich erschweren oder gefährden, können die Daten auch ohne Kenntnis der betroffenen Person erhoben werden, wenn dies zur Aufgabenwahrnehmung gemäß Absatz 2 erforderlich ist."[463]

(SUB/ERG)

Im konkreten Fall ist mit der ID-Befragung nach § 9 Abs. 3 S. 1 i.V.m. § 9 Abs. 2 S. 1 PolG NRW die Person (alternativ)

- richtigerweise adressiert.
- nicht richtigerweise adressiert.

C. Materielle Rechtmäßigkeit (MR) III. Rechtsfolge (Rf) / Rechtsfolgevoraussetzungen (RfV)

(VOR/DEF)

Rechtsfolge ist rechtliche Folge aus dem Tatbestand. / **Rechtsfolgevoraussetzungen** sind materiell-rechtliche Rechtsfolgegestaltungsbedingungen.

C. Materielle Rechtmäßigkeit (MR) III. Rechtsfolge (Rf) 1. Tatsächliche und rechtliche Möglichkeit (TurM)

(VOR/DEF)

Tatsächliche und rechtliche Möglichkeit betrifft Fälle wie aus § 44 Abs. 2 Nr. 4-6 VwVfG NRW.

(SUB/ERG)

Tatsächliche und rechtliche Möglichkeit ist im konkreten Fall gegeben/nicht gegeben aufgrund Vorliegens/Nichtvorliegens von kognitiven, körperlichen, normativen, technischen Unmöglichkeiten.

---

463 Nr. 9.3 VVPolG NRW: „Eine Datenerhebung kann ohne Kenntnis der betroffenen Person u.a. bei öffentlichen Stellen oder Dritten sowie aus allgemein zugänglichen Quellen erfolgen. Eine Datenerhebung durch Befragung Dritter oder durch Auskunftsersuchen bei einer anderen Behörde ist nicht schon deshalb eine **verdeckte Maßnahme**, weil sie ohne Kenntnis der betroffenen Person erfolgt.". Nr. 9.4 VVPolG NRW: „Eine **verdeckte Datenerhebung** liegt vor, wenn getarnte Maßnahmen zur Datenerhebung vorgenommen werden, insbesondere die Zugehörigkeit zur Polizei bewusst verschleiert wird. Um ein **verdecktes Vorgehen** handelt es sich nicht schon, wenn Polizeivollzugsbeamtinnen oder Polizeivollzugsbeamte Dienst in Zivilkleidung verrichten oder ein äußerlich nicht als solches zu erkennendes Dienstfahrzeug benutzen.".

Von der zwecks Personalienermittlung befragten Person wird grundsätzlich nichts tatsächlich und rechtlich Unmögliches verlangt insbesondere dann, wenn diese zur maßgeblichen Zeit im tatsächlichen und rechtlichen Sinne „Herrschaft über die Befragungsinhalte" hat, zum Beispiel „Herrschaft über eigene Wahrnehmungen", wenn die Person zu diesen befragt wird; was insbesondere dann der Fall ist, wenn es bei der befragten Person nicht gibt:

- kognitive oder körperliche Hindernisse für das Verstehen der Fragen oder für die Wahrnehmungsangaben;
- rechtliche Hindernisse, insbesondere keine entgegenstehenden Rechte von anderen Datenberechtigten für die Befragungsbefolgung, also für die Angaben.

Tatsächlich-rechtliche Unmöglichkeit ist gegeben im Fall nie erfolgter erster Zuordnung von der betroffenen Person und einem identitätstauglichen Personaliensatz, sodass eine daran anknüpfende Zuordnung von Mensch und bereits bestimmtem Personaliensatz faktisch nicht erfolgen kann.

Tatsächliche Unmöglichkeiten können zum Beispiel sein: technische oder sonstige (kommunikative) Hindernisse für den Adressaten der Anhalteanordnung oder der Befragungs-Datenerhebung, zum Beispiel auch durch das Nichtverstehen der Anhalteanordnung oder der Frage aufgrund Fremdsprache zumindest ohne Dolmetscher oder Übersetzer oder zum Beispiel auch durch das Nichtverstehen der Anhalteanordnung oder der Frage aufgrund geistiger oder körperlicher Behinderung[464].

Rechtliche Unmöglichkeit kann sich insbesondere aus einer Rechtswidrigkeit einer Befragung im Sinne des § 9 Abs. 2 PolG NRW ergeben und dann auch zum Beispiel aus auf den Adressaten anwendbaren Rechtsnormen wie solche des DSG NRW oder §§ 201-206, 353b, 353d, 355 StGB, soweit kein Rechtfertigungsgrund oder ähnliches gegeben ist; oder aus weiteren verfassungsrechtlich übergeordneten Geheimhaltungsbelangen (wie Abwehr von konkretisiert drohenden Schäden für erhebliche, im konkreten Fall überragende Rechte und Rechtsgüter wie Leib, Leben, Freiheit einer Person oder Bestand und Sicherheit des Staates).

C. Materielle Rechtmäßigkeit (MR) III. Rechtsfolge (Rf) 2. Bestimmtheit (Bsh)

(VOR/DEF)

Bestimmtheit ist Maßnahmenerkennbarkeit und Maßnahmenverstehbarkeit, bei VA und Realakten Gebot nach Art. 20 Abs. 3 GG, bei VA Pflicht auch gemäß § 37 Abs. 1 VwVfG NRW.

Gemäß § 9 Abs. 7 PolG NRW ist Datenerhebung zu unbestimmten oder noch nicht bestimmbaren Zwecken unzulässig; also ist Datenerhebung nur nur zu bestimmten oder bestimmbaren Zwecken zulässig.[465] Der bestimmte oder bestimmbare Zweck im Sinne des § 9 Abs. 7 PolG NRW ist derjenige der jeweils bestimmten oder bestimmbaren polizeilichen Aufgabenerfüllung im Sinne des § 9 Abs. 2 S. 1 PolG NRW.

---

[464] Zu möglichen Sprachunmächtigkeiten/Sprachunverständlichkeiten vgl. auch § 33 Abs. 6 S. 3 PolG NRW, § 33a Abs. 2 PolG NRW, § 114a StPO, § 114b Abs. 1 StPO, § 114b Abs. 2 S. 3 StPO, § 158 Abs. 4 StPO; zu möglichen Sehbehinderungen, Hörbehinderungen oder Sprach-Behinderungen vgl. auch § 114b Abs. 2 S. 3 StPO, § 140 Abs. 1 Nr. 11 StPO.

[465] Nr. 9.5 VVPolG NRW: „Für die Datenerhebung gilt der Zweckbindungsgrundsatz. Eine Datenerhebung auf Vorrat ist unzulässig, soweit sie nicht ausdrücklich geregelt ist.".

(SUB/ERG)

Inhaltlich hinreichende Bestimmtheit i.S.d. § 37 Abs. 1 VwVfG NRW/Art. 20 Abs. 3 GG ist allgemein gegeben, wenn nach Auslegung der Maßnahme der Erklärungsempfänger wie jeder vernünftige Dritte, §§ 133, 157 BGB analog, in der konkreten Situation deren Inhalt hinreichend erkennen und verstehen kann, bei Generalbefugnismaßnahmen insbesondere wie folgt:

- dass die Polizei ggü./mit dem Maßnahmenempfänger/Erklärungsempfänger (wer)
- aus Gefahrenabwehrgründen (warum)
- zu einer spezifischen Zeit (wann)
- bezweckt, dass insbesondere die Personalien feststehen (was)
- und zwar durch entsprechende Angabe auf Befragung (wie).

C. Materielle Rechtmäßigkeit (MR) III. Rechtsfolge (Rf) 3. Ermessen (Erm)

(VOR/DEF)

Ermessen[466] ist Entscheidungsspielraum auf der Rechtsfolgenseite bzgl. rechtsfehlerfreier Ausübung von Einschreit-Entschließung (Ob), Adressaten-Auswahl (Wer), Maßnahmen-Gestaltung (Wie), grundsätzlich gegeben durch § 9 Abs. 3 S. 1 i.V.m. § 9 Abs. 2 S. 1 W. 3 PolG NRW, § 3 PolG NRW, bei VA auch durch § 40 VwVfG NRW.

(SUB/ERG)

Der gegebene Entscheidungsspielraum wird aufgrund von entsprechenden Anhaltspunkten/in Ermangelung entgegenstehender Anhaltspunkte ohne Ermessensfehler/mit Ermessensfehlern (Ermessensunterschreitung, Ermessensüberschreitung, Ermessensfehlgebrauch) ausgeübt bzgl. folgender Ermessensarten:

a) Entschließungsermessen:

Das Entschließungsermessen kann im konkreten Fall sogar gegen / auf Null reduziert sein, insbesondere wegen:

- Einschreitmöglichkeit;
- Erheblichkeitsgrad von Gefährdungen, z.B. konkreter (dringender, erheblicher, gegenwärtiger) Gefahr.

b) Auswahlermessen:

siehe C. II.: Auswahlermessen wird abschließend beurteilt i.V.m. Punkt C. II. (Inanspruchnahme)

c) Gestaltungsermessen:

siehe C. III. 4.: Gestaltungsermessen, § 3 Abs. 2 PolG NRW (Austauschmittel), wird abschließend beurteilt i.V.m. Punkt C. III. 4. (VHM).

---

466 Zum Ermessen einschließlich Rechtsnatur, Ermessensarten, Ermessensreduzierungen, Ermessensfehlern, Maßnahmenansprüchen mit Beispielen siehe auch: *Basten*, Eingriffsrecht der Polizei in Nordrhein-Westfalen, Band 1, S. 271-283.

C. Materielle Rechtmäßigkeit (MR) III. Rechtsfolge (Rf) 4. Verhältnismäßigkeit (VHM)

(VOR/DEF)

Verhältnismäßigkeit ist Geeignetheit, Erforderlichkeit, Angemessenheit der Maßnahme zu einem legitimen Zweck.

(VOR/DEF)

a) Legitimer Zweck ist jeder verfassungsgemäße Zweck, vgl. auch § 9 Abs. 7 PolG NRW.

Gemäß § 9 Abs. 7 PolG NRW ist Datenerhebung zu unbestimmten oder noch nicht bestimmbaren Zwecken unzulässig; also ist Datenerhebung nur nur zu bestimmten oder bestimmbaren Zwecken zulässig.[467] Der bestimmte oder bestimmbare Zweck im Sinne des § 9 Abs. 7 PolG NRW ist derjenige der jeweils bestimmten oder bestimmbaren polizeilichen Aufgabenerfüllung im Sinne des § 9 Abs. 2 S. 1 PolG NRW.

(SUB/ERG)

Im konkreten Fall verfolgt die Maßnahme (alternativ)

- einen legitimen Zweck, nämlich die Erfüllung einer polizeilichen Gefahrenabwehraufgabe, vgl. § 9 Abs. 3 S. 1 i.V.m. § 9 Abs. 2 S. 1 PolG NRW, für bestimmte Rechte und Rechtsgüter gemäß jeweiliger polizeilicher Aufgabe i.S.d. § 9 Abs. 2 S. 1 PolG NRW, vgl. auch die Grundrechtsschutzfunktion und die Grundrechtsförderungsfunktion[468].
- keinen legitimen Zweck.

(VOR/DEF)

b) Geeignetheit einer staatlichen Maßnahme ist gegeben bei deren Zweckförderungstauglichkeit, vgl. auch § 2 Abs. 3 PolG NRW.

(SUB/ERG)

Im konkreten Fall ist die Maßnahme (alternativ)

- geeignet, z.B. bei
  - Erfüllbarkeit einer polizeilichen Aufgabe durch Zuordnung von Information und Person;
  - Informationsplausibilitätsprüfung (Glaubhaftigkeit der Aussage) anhand der Personalien einschließlich damit potentiell verbundener Personenglaubwürdigkeitsprüfung (Glaubwürdigkeit der Person);

---

[467] Nr. 9.5 VVPolG NRW: „Für die Datenerhebung gilt der Zweckbindungsgrundsatz. Eine Datenerhebung auf Vorrat ist unzulässig, soweit sie nicht ausdrücklich geregelt ist.".

[468] Zu Grundrechtsfunktionen siehe auch: *Basten*, Eingriffsrecht der Polizei in Nordrhein-Westfalen, Band 1, S. 78-84.

- o weitere Nachfragemöglichkeit durch Personenerreichbarkeit.[469]
- ungeeignet.

(VOR/DEF)

c) Erforderlichkeit einer staatlichen Maßnahme ist Nichtverfügbarkeit eines milderen (Übermaßverbot), gleich geeigneten (Untermaßverbot) Mittels zur Zweckförderung, vgl. § 2 Abs. 1 PolG NRW, vgl. hier auf dem Rechtsgebiet der Gefahrenabwehr: § 9 Abs. 2 S. 1 letzter Hs. PolG NRW („erforderlich“ – hier über die Rechtmäßigkeitsvoraussetzung der Zulässigkeit der Befragung), (vgl. ggf. auch § 9 Abs. 1 S. 2 i.V.m. § 22a Abs. 1 PolG NRW).

(SUB/ERG)

Im konkreten Fall ist die Maßnahme (alternativ)

- erforderlich, denn einerseits führen mildere Maßnahmen wie (z.B.) Nichtstun oder andere Datenerhebungen jedenfalls alleine nicht in gleicher Weise zur Erfüllung einer bestimmten polizeilichen Gefahrenabwehraufgabe, sind also nicht gleich geeignet (Untermaßverbot) und andererseits sind (mindestens) gleich geeignete, intensivere Maßnahmen wie Freiheitsentziehung oder direkte Zwangsmittelanwendung noch nicht notwendig (Übermaßverbot).[470]

(Zur buchstäblichen Identitäts-„Feststellung“: Bei Nebeneinander von Identitätsdokumenten/Ausweispapieren und Berechtigungsscheinen oder sonstigen Papieren mit Identitätsangaben gibt es i.d.R. kein Fehlen von Erforderlichkeit zusätzlich gerade des Ausweisdokuments, denn sonstige andere Papiere sind i.d.R. kein gleich geeignetes Mittel, wegen unterschiedlicher Befugnis- und Dokumentenzwecke sowie Papierqualität, vgl. nur EC-Karte ohne Lichtbild; ggf. § 9 Abs. 1 S. 2 i.V.m. § 22a Abs. 1 PolG NRW.)[471]

---

469 Vgl. Nr. 9.21 S. 1 VVPolG NRW: „Angaben zur Person sollten nur erfragt werden, wenn Gründe vorliegen, die eine spätere erneute Kontaktaufnahme möglich erscheinen lassen.“.

470 Nr. 9.11 S. 2 VVPolG NRW: „Eine Befragung ist für die Erfüllung der Aufgabe erforderlich, wenn ohne Kenntnisse der zu erhebenden Daten die Aufgabe nicht oder zumindest nicht mehr zeit- oder sachgerecht wahrgenommen werden kann.“. Nr. 9.12 VVPolG NRW: „Die Dauer der Befragung ist auf das notwendige Maß zu beschränken.“.

471 BVerfG, Beschluss der 1. Kammer des Ersten Senats vom 08.03.2011 – 1 BvR 47/05 –, Rn. 23: „Ein weiterer Eingriff in das Freiheitsrecht des Art. 2 Abs. 2 Satz 2 GG darf also nur dann erfolgen, wenn die Polizei auf der Basis der bereits bekannten Daten berechtigte **Zweifel an der Identität** der Person hat. Hiervon kann im vorliegenden Fall nicht ausgegangen werden. Der Beschwerdeführer hat sich gegenüber der Polizei vor Ort mit einem Bundespersonalausweis ausgewiesen. Der **Bundespersonalausweis** ist dabei in besonderer Weise als Dokument zur **Feststellung der Identität** geeignet, da er gemäß § 1 PAuswG die erforderlichen Daten für eine Identifikation und strafrechtlich relevante Erfassung der Person enthält und darüber hinaus mit besonderen Fälschungssicherungen versehen ist. Anhaltspunkte dafür, dass der Ausweis des Beschwerdeführers gefälscht war oder seine Person nicht mit dem Ausweisinhaber übereinstimmte, etwa, weil das Foto keine oder nur geringe Ähnlichkeit mit ihm aufwies, sind weder von der Polizei noch vom Landgericht benannt worden noch sind sie ansonsten ersichtlich. Daher ist - insbesondere im Hinblick auf das verfassungsrechtlich fundierte Regel-Ausnahme-Verhältnis zwischen bloßer Identitätsfeststellung und weiterem Festhalten - davon auszugehen, dass es den Polizeibeamten möglich war, die Identität aufgrund des vorgelegten Bundespersonalausweises vor Ort hinreichend sicher festzustellen. Ein Festhalten aus reinen Praktikabilitätserwägungen vermag schon die Erforderlichkeit der Maßnahme nicht zu begründen und dürfte im Übrigen auch auf die Abwägung im Rahmen der Prüfung der Verhältnismäßigkeit einer derartigen Maßnahme keinen Einfluss haben (vgl.

- nicht erforderlich.

(VOR/DEF)

d) Angemessenheit oder **Verhältnismäßigkeit im engeren Sinne** einer staatlichen Maßnahme ist angemessenes Maß oder Verhältnis zwischen Zweckförderung für Erhaltungsrechte und Wirkungen für Eingriffsrechte, vgl. auch § 2 Abs. 2 PolG NRW, vgl. betroffene GR.

(SUB/ERG)

Im konkreten Fall ist die Maßnahme (alternativ)

- angemessen, denn der kurze, milde, alleine auf auch sonst in der Öffentlichkeitssphäre grundsätzlich gebräuchliche Identitätsangaben gerichtete Eingriff in Art. 2 Abs. 1 i.V.m. Art. 1 Abs. 1 GG mit (ggf.) nur kurzeitig damit verbundenem Eingriff in Art. 2 Abs. 2 S. 2 GG steht angesichts der zu schützenden Rechte und Rechtsgüter aus (z.B.) Art. 2 Abs. 2 S. 1 GG, Art. 2 Abs. 2 S. 2 GG, Art. 14 Abs. 1 S. 1 Alt. 1 GG, Art. 20 Abs. 3 GG nicht außer Verhältnis. Nicht zuletzt der Eingriffsadressat kann ein Interesse an der Erfüllung der bestimmten polizeilichen Aufgabe haben (aus bestimmten, ggf. fallabhängig zu subsumierenden Gründen).
- unangemessen.

(ERG VHM)

Die Maßnahme ist insgesamt i.S.v. § 2 PolG NRW, Art. 20 Abs. 3 GG (alternativ)

- verhältnismäßig.
- unverhältnismäßig.

D. Gesamtergebnis (GErg)

Die ID(F)-Maßnahme ist (alternativ)

- gemäß § 9 Abs. 3 S. 1 i.V.m. § 9 Abs. 2 S. 1 PolG NRW rechtmäßig.
- wegen Art./§ (bestimmter Rechtsnorm [z.B. Art. 20 Abs. 3 GG]) rechtswidrig.

BVerfG, Beschluss der 2. Kammer des Zweiten Senats vom 27. Januar 1992 - 2 BvR 658/90 -, NVwZ 1992, S. 767 <768>).“.

ABSCHNITT 10:

IDENTITÄTSFESTSTELLUNGS-MAßNAHMEN, § 12 POLG NRW

A. Rechtsgrundlage (RGL) I. Grundrechte (GR)

(VOR/DEF)

Grundrechte sind grundlegende Rechte aus Art. 1-19 GG i.V.m. dem Rechtsstaatsprinzip, Art. 20 Abs. 3 GG, mit Vorrang und Vorbehalt des Gesetzes.[472]

(SUB/ERG)

Grundrechte sind fallabhängig (je nach IDF-Maßnahme) insbesondere wie folgt gegeben:

1. Allgemeines Persönlichkeitsgrundrecht[473] mit verschiedenen Ausprägungen[474], etwa in der Ausprägung des **Rechts auf informationelle Selbstbestimmung** (APR/RiS), Art. 2 Abs. 1 i.V.m. Art. 1 Abs. 1[475] GG, vgl. auch Art. 142 GG i.V.m. Art. 4 Abs. 1, 2 Verfassung NRW[476].

---

[472] Zu **Grundrechten**: *Basten*, Eingriffsrecht der Polizei in Nordrhein-Westfalen, Band 1, Buch 1, Abschnitt 2, Unterabschnitt 3. Zum **Rechtsstaatsprinzip** mit unter anderem sogenanntem Vorrang des Gesetzes und Vorbehalt des Gesetzes: *Basten*, Eingriffsrecht der Polizei in Nordrhein-Westfalen, Band 1, S. 95-108.

[473] BVerfGE 147, 1, 18 f. (**Geschlechtsidentität**) = BVerfG, Beschluss des Ersten Senats vom 10.10.2017 – 1 BvR 2019/16 –, Rn. 38: „Art. 2 Abs. 1 GG gewährt jedem das **Recht auf die freie Entfaltung seiner Persönlichkeit**. Dieses Grundrecht umfasst neben der allgemeinen Handlungsfreiheit das **allgemeine Persönlichkeitsrecht** (Art. 2 Abs. 1 i.V.m. Art. 1 Abs. 1 GG). Letzteres ergänzt als ‚unbenanntes' Freiheitsrecht die speziellen (‚benannten') Freiheitsrechte, die ebenfalls konstituierende Elemente der Persönlichkeit schützen (vgl. BVerfGE 54, 148 <153>). Eine der **Aufgaben des allgemeinen Persönlichkeitsrechts** ist es dabei, Grundbedingungen dafür zu sichern, dass die einzelne Person ihre Individualität selbstbestimmt entwickeln und wahren kann (vgl. BVerfGE 35, 202 <220>; 79, 256 <268>; 90, 263 <270>; 117, 202 <225>). Das allgemeine Persönlichkeitsrecht schützt indessen nur solche **Elemente der Persönlichkeitsentfaltung**, die - ohne bereits Gegenstand der besonderen Freiheitsgarantien des Grundgesetzes zu sein - diesen in ihrer konstituierenden Bedeutung für die Persönlichkeit nicht nachstehen (vgl. BVerfGE 79, 256 <268>; 99, 185 <193>; 120, 274 <303>; stRspr). Es verbürgt also nicht Schutz gegen alles, was die selbstbestimmte Persönlichkeitsentwicklung auf irgendeine Weise beeinträchtigen könnte; ohnehin vermag kein Mensch seine Individualität unabhängig von äußeren Gegebenheiten und Zugehörigkeiten zu entwickeln. Der lückenschließende Schutz des allgemeinen Persönlichkeitsrechts greift aber dann, wenn die selbstbestimmte Entwicklung und Wahrung der Persönlichkeit spezifisch gefährdet ist (BVerfGE 141, 186 <201 f. Rn. 32>).".

BVerfG, Beschluss des Ersten Senats vom 06.11.2019 – 1 BvR 16/13 – (Recht auf Vergessen I), Rn. 81: „Diese [**APR-]Rechtsprechung** hat sich maßgeblich in Konstellationen der mittelbaren Drittwirkung und geleitet von dem Erfordernis praktischer Konkordanz entwickelt. Deshalb bestimmen sich die Schutzdimensionen des allgemeinen Persönlichkeitsrechts letztlich immer einzelfallbezogen im Abgleich mit den Grundrechten Dritter. Die Bestimmung seiner Schutzwirkungen und die Abwägung mit den gegenüberstehenden Freiheitsrechten greifen hier Hand in Hand. Der Schutz des allgemeinen Persönlichkeitsrechts ist insoweit flexibel und durch die Einbindung der Person in ihre sozialen Beziehungen relativiert (vgl. BVerfGE 101, 361 <380>; 141, 186 <202 Rn. 32>; 147, 1 <19 Rn. 38>; stRspr; siehe auch BGHZ 183, 353 <357 Rn. 11>; 209, 139 <150 Rn. 30>; 219, 233 <240 Rn. 22>; stRspr).".

Vgl. „**Allgemeines Persönlichkeitsrecht**" (APR) als „sonstiges Recht" (sog. **Rahmenrecht** mit [grundrechts-]abwägungsoffenem Tatbestand) nach § 823 Abs. 1 Var. 6 BGB, u.a. mit Geldentschädigungsanspruch, insbesondere durch ständige Rechtsprechung (vgl. auch § 253 BGB) seit folgender Entwicklung: BGHZ 13, 334 (Leserbrief), mit erstmaliger ausdrücklicher Anerkennung des allgemeinen Persönlichkeitsrechts; BGHZ 26, 349 (Herrenreiter), mit erstmaliger Zuerkennung einer Geldentschädigung wegen des immateriellen Schadens durch die Verletzung des allgemeinen Persönlichkeitsrechts; BGHZ 35, 363

(Ginsengwurzel), mit erstmaliger Schwerpunktsetzung bei der Menschenwürde in der Begründung; BVerfGE 34, 269 (Soraya), mit verfassungsgerichtlicher Erklärung der verfassungsrechtlichen Zulässigkeit der richterrechtlich entwickelten APR-Konstruktion.

474 BVerfG, Beschluss des Ersten Senats vom 06.11.2019 – 1 BvR 16/13 – (Recht auf Vergessen I), Rn. 80: „Die Rechtsprechung hat aus dem [**Allgemeinen Persönlichkeits-]Grundrecht** insoweit verschiedene **Schutzdimensionen** abgeleitet wie den **Schutz eines unantastbaren Bereichs privater Lebensgestaltung**, die Garantie der **Privatsphäre**, das **Recht am eigenen Bild** oder **gesprochenen Wort** oder das **Recht auf die Darstellung der eigenen Person**, die **soziale Anerkennung** sowie die **persönliche Ehre** (vgl. BVerfGE 27, 1 <6>; 27, 344 <350 f.>; 32, 373 <379>; 34, 238 <245 f.>; 47, 46 <73>; 54, 148 <153 f.>; 99, 185 <193 f.>; 101, 361 <384>; 106, 28 <39>; 114, 339 <346>; 120, 180 <198>).“ „Diese Schutzgehalte werden insoweit aber nicht als abschließend umschriebene und voneinander abzugrenzende Gewährleistungen verstanden, sondern als Ausprägungen, die in Blick auf den konkreten Schutzbedarf jeweils anhand des zu entscheidenden Falles herauszuarbeiten sind (vgl. BVerfGE 54, 148 <153 f.>; 65, 1 <41>).“.

BVerfGE 65, 1 (Volkszählungsgesetz), Ls. 1 = BVerfG, Urteil des Ersten Senats vom 15.12.1983 – 1 BvR 209/83, Ls. 1: „Unter den Bedingungen der modernen Datenverarbeitung wird der Schutz des Einzelnen gegen unbegrenzte Erhebung, Speicherung, Verwendung und Weitergabe seiner persönlichen Daten von dem **allgemeinen Persönlichkeitsrecht** des Art. 2 Abs. 1 GG in Verbindung mit Art. 1 Abs. 1 GG umfaßt. Das [**Allgemeine Persönlichkeits-]Grundrecht** gewährleistet insoweit die Befugnis des Einzelnen, grundsätzlich selbst über die Preisgabe und Verwendung seiner persönlichen Daten zu bestimmen.“; BVerfG, Beschluss des Ersten Senats vom 06.11.2019 – 1 BvR 16/13 – (Recht auf Vergessen I), Rn. 80: „Das **Recht auf informationelle Selbstbestimmung** ist von der Rechtsprechung als eigene Ausprägung des allgemeinen Persönlichkeitsrechts mit einem gegenüber den anderen Ausprägungen selbständigen Gewährleistungsgehalt entwickelt worden und behält diesen auch, soweit es als verfassungsrechtliche Wertentscheidung in das Zivilrecht einstrahlt. Dementsprechend enthält es keinen gesamthaften Schutzanspruch hinsichtlich jederlei Umgangs mit Informationen, der die übrigen Schutzdimensionen des Grundrechts allgemein übergreifen und zusammenführen würde, sondern lässt deren Wertungen und Abwägungsregeln unberührt.“; BVerfGE 120, 274, 311 f. (Online-Durchsuchung) = BVerfG, Urteil des Ersten Senats vom 27.02.2008 – 1 BvR 370/07 –, Rn. 198 f. „Das **Recht auf informationelle Selbstbestimmung** geht über den **Schutz der Privatsphäre** hinaus. Es gibt dem Einzelnen die Befugnis, grundsätzlich selbst über die Preisgabe und Verwendung seiner persönlichen Daten zu bestimmen (vgl. BVerfGE 65, 1 <43>; 84, 192 <194>). Es flankiert und erweitert den grundrechtlichen Schutz von Verhaltensfreiheit und Privatheit, indem es ihn schon auf der Stufe der Persönlichkeitsgefährdung beginnen lässt. Eine derartige Gefährdungslage kann bereits im Vorfeld konkreter Bedrohungen benennbarer Rechtsgüter entstehen, insbesondere wenn personenbezogene Informationen in einer Art und Weise genutzt und verknüpft werden können, die der Betroffene weder überschauen noch verhindern kann. Der Schutzumfang des **Rechts auf informationelle Selbstbestimmung** beschränkt sich dabei nicht auf Informationen, die bereits ihrer Art nach sensibel sind und schon deshalb grundrechtlich geschützt werden. Auch der Umgang mit personenbezogenen Daten, die für sich genommen nur geringen Informationsgehalt haben, kann, je nach dem Ziel des Zugriffs und den bestehenden Verarbeitungs- und Verknüpfungsmöglichkeiten, grundrechtserhebliche Auswirkungen auf die Privatheit und Verhaltensfreiheit des Betroffenen haben (vgl. BVerfG, Beschluss vom 13. Juni 2007 - 1 BvR 1550/03 u.a. -, NJW 2007, S. 2464 <2466>). Die mit dem Recht auf informationelle Selbstbestimmung abzuwehrenden Persönlichkeitsgefährdungen ergeben sich aus den vielfältigen Möglichkeiten des Staates und gegebenenfalls auch privater Akteure (vgl. BVerfG, Beschluss der 1. Kammer des Ersten Senats vom 23. Oktober 2006 - 1 BvR 2027/02 -, JZ 2007, S. 576) zur Erhebung, Verarbeitung und Nutzung personenbezogener Daten. Vor allem mittels elektronischer Datenverarbeitung können aus solchen Informationen weitere Informationen erzeugt und so Schlüsse gezogen werden, die sowohl die grundrechtlich geschützten Geheimhaltungsinteressen des Betroffenen beeinträchtigen als auch Eingriffe in seine Verhaltensfreiheit mit sich bringen können (vgl. BVerfGE 65, 1 <42>; 113, 29 <45 f.>; 115, 320 <342>; BVerfG, Beschluss vom 13. Juni 2007 - 1 BvR 1550/03 u.a. -, NJW 2007, S. 2464 <2466>).“.

BVerfGE 109, 279, 325-327 (akustische Wohnraumüberwachung / „Großer Lauschangriff“) = BVerfG, Urteil des Ersten Senats vom 03.03.2004 – 1 BvR 2378/98, 1084/99 –, Rn. 159-163: „Das aus Art. 2

Abs. 1 in Verbindung mit Art. 1 Abs. 1 GG folgende **allgemeine Persönlichkeitsrecht** kommt neben Art. 13 Abs. 1 GG allerdings nicht zur Anwendung, soweit Eingriffe in die **räumliche Privatsphäre des Wohnungsinhabers** zu überprüfen sind. Art. 13 Abs. 1 GG enthält eine spezielle Gewährleistung des **Schutzes vor staatlicher akustischer Überwachung der räumlichen Privatsphäre**, die die allgemeinere Vorschrift insoweit verdrängt (vgl. BVerfGE 100, 313 [358] zu Art. 10 GG). Mit dem **Recht, in der Wohnung ungestört zu sein**, und dem **Recht am eigenen in der Wohnung gesprochenen Wort** schützt Art. 13 Abs. 1 GG gerade den Teil der **Privatsphäre**, den sonst das allgemeine Persönlichkeitsrecht gewährleistet. Dieses Recht ergänzt als unbenanntes Freiheitsrecht die speziellen Freiheitsrechte, die ebenfalls konstituierende Elemente der Persönlichkeit schützen (vgl. BVerfGE 54, 148 <153 f.>), nur insoweit, als Letztere keinen Schutz gewähren. Der **Schutz des allgemeinen Persönlichkeitsrechts aus Art. 2 Abs. 1 in Verbindung mit Art. 1 Abs. 1 GG** greift hingegen ein, soweit von der Wohnraumüberwachung Personen betroffen werden, die sich nicht auf Art. 13 Abs. 1 GG berufen können. **Grundrechtsträger des Art. 13 Abs. 1 GG** ist jeder Inhaber oder Bewohner eines Wohnraums, unabhängig davon, auf welchen Rechtsverhältnissen die Nutzung des Wohnraums beruht. Bei mehreren Bewohnern einer Wohnung steht das Grundrecht jedem Einzelnen, bei Familien mithin jedem Familienmitglied zu. Maßnahmen der Wohnraumüberwachung können aber nicht nur **Wohnungsinhaber**, sondern auch **zufällig in einer Wohnung Anwesende** erfassen. Diese Personen sind zwar nicht in ihrem Grundrecht aus Art. 13 Abs. 1 GG, wohl aber in ihrem **allgemeinen Persönlichkeitsrecht** betroffen. Der Schutz aus Art. 2 Abs. 1 in Verbindung mit Art. 1 Abs. 1 GG kann insofern allerdings nicht weiter reichen als derjenige aus Art. 13 Abs. 1 und 3 GG. Der Schutz der **räumlichen Privatsphäre und des allgemeinen Persönlichkeitsrechts** kann schließlich in Einzelfällen durch weitere Grundrechtsgarantien ergänzt sein. So wird das **Gespräch zwischen Eheleuten in der eigenen Wohnung** nicht nur von Art. 13 Abs. 1 GG, sondern zusätzlich durch Art. 6 Abs. 1 GG geschützt. Auch in Bezug auf die **Kommunikation mit Berufsgeheimnisträgern** können neben dem grundrechtlichen **Schutz der räumlichen Privatsphäre** Grundrechte in Betracht kommen, die - wie etwa Art. 4 GG im Hinblick auf das Gespräch mit einem Geistlichen - der besonderen Schutzbedürftigkeit der Kommunizierenden Rechnung tragen.“.

BVerfG, Beschluss des Ersten Senats vom 06.11.2019 – 1 BvR 16/13 – (Recht auf Vergessen I), Ls. 3 S. 1: „Von den **äußerungsrechtlichen Schutzdimensionen** ist das **Recht auf informationelle Selbstbestimmung** als eine eigene Ausprägung des allgemeinen Persönlichkeitsrechts zu unterscheiden.“ BVerfG, Beschluss des Ersten Senats vom 06.11.2019 – 1 BvR 16/13 – (Recht auf Vergessen I), Rn. 90: „Ausgehend von dem **Ziel des Rechts auf informationelle Selbstbestimmung**, Schutz vor Gefahren angesichts neuartiger Möglichkeiten der Datenverarbeitung zu gewähren (vgl. BVerfGE 65, 1 <42>), ist es primär als Gewährleistung zu verstehen, die – neben der ungewollten Preisgabe von Daten auch im Rahmen privater Rechtsbeziehungen (vgl. BVerfGE 84, 192 <194>) – insbesondere vor deren intransparenter Verarbeitung und Nutzung durch Private schützt. Es bietet Schutz davor, dass Dritte sich individueller Daten bemächtigen und sie in nicht nachvollziehbarer Weise als Instrument nutzen, um die Betroffenen auf Eigenschaften, Typen oder Profile festzulegen, auf die sie keinen Einfluss haben und die dabei aber für die freie Entfaltung der Persönlichkeit sowie eine gleichberechtigte Teilhabe in der Gesellschaft von erheblicher Bedeutung sind. Der Gehalt dieses Rechts ist dabei entwicklungsoffen, so dass es auch weitere persönlichkeitsgefährdende Entwicklungen der Informationsverarbeitung aufnehmen kann.“.

BVerfG, Beschluss des Ersten Senats vom 06.11.2019 – 1 BvR 16/13 – (Recht auf Vergessen I), Rn. 91: „[Vom Recht auf informationelle Selbstbestimmung] zu unterscheiden ist der **Schutz vor der Verarbeitung personenbezogener Berichte und Informationen als Ergebnis eines Kommunikationsprozesses**. Der Schutzbedarf gründet hier nicht in der intransparenten Zuweisung von Persönlichkeitsmerkmalen und -profilen durch Dritte, sondern in der sichtbaren Verbreitung bestimmter Informationen im öffentlichen Raum. Gefährdungen für die Persönlichkeitsentfaltung ergeben sich hier vornehmlich aus Form und Inhalt der Veröffentlichung selbst. Schutz gegenüber solchen Gefährdungen bieten die **äußerungsrechtlichen Ausprägungen des allgemeinen Persönlichkeitsrechts unabhängig vom Recht auf informationelle Selbstbestimmung**. Zwar kann es auch dabei maßgeblich auf die Art der Informationserlangung ankommen. Jedoch hat diese hier ihre Bedeutung als Vorfrage für die Beurteilung des weiteren Umgangs mit einer bestimmten Äußerung und des damit in die Öffentlichkeit gestellten Bildes einer Person selbst.“.

BVerfG, Beschluss des Ersten Senats vom 06.11.2019 – 1 BvR 16/13 – (**Recht auf Vergessen** I), Ls. 2b): „Bei der Entscheidung über einen Schutzanspruch kommt der Zeit unter den Kommunikationsbedingungen des Internets ein spezifisches Gewicht zu. Die Rechtsordnung muss davor schützen, dass sich eine Person frühere Positionen, Äußerungen und Handlungen unbegrenzt vor der Öffentlichkeit vorhalten lassen muss. Erst die Ermöglichung eines Zurücktretens vergangener Sachverhalte eröffnet den Einzelnen die Chance zum Neubeginn in Freiheit. Zur Zeitlichkeit der Freiheit gehört die Möglichkeit des Vergessens.“.

BVerfGE 120, 274, 311 (Online-Durchsuchung) = BVerfG, Urteil des Ersten Senats vom 27.02.2008 – 1 BvR 370/07 –, Rn. 197: „In seiner Ausprägung als **Schutz der Privatsphäre** [als **Privatangelegenheitenschutz** und **Rückzugsraumbereichsschutz** – beides **gegenüber der Öffentlichkeit**, vgl. **Sphärentheorie** mit **Intimsphäre, Privatsphäre, Sozialsphäre** und vgl. **Kernbereich privater Lebensgestaltung**] gewährleistet das allgemeine Persönlichkeitsrecht dem Einzelnen einen räumlich und thematisch bestimmten Bereich, der grundsätzlich frei von unerwünschter Einsichtnahme bleiben soll (vgl. BVerfGE 27, 344 <350 ff.>; 44, 353 <372 f.>; 90, 255 <260>; 101, 361 <382 f.>).“; BVerfGE 101, 361, 382-385 (Caroline von Monaco II) = BVerfG, Urteil vom 15.12.1999 – 1 BvR 653/96 –, Rn. 75-82: „Im Unterschied zum **Recht am eigenen Bild** bezieht sich der **Schutz der Privatsphäre**, der ebenfalls im **allgemeinen Persönlichkeitsrecht** wurzelt, nicht speziell auf Abbildungen, sondern ist **thematisch und räumlich** bestimmt. Er umfaßt zum einen **Angelegenheiten** [**Privatangelegenheitenschutz**], die wegen ihres Informationsinhalts typischerweise als **‚privat'** eingestuft werden, weil ihre **öffentliche** Erörterung oder Zurschaustellung als unschicklich gilt, das Bekanntwerden als peinlich empfunden wird oder nachteilige Reaktionen der Umwelt auslöst, wie es etwa bei Auseinandersetzungen mit sich selbst in **Tagebüchern** (BVerfGE 80, 367), bei **vertraulicher Kommunikation unter Eheleuten** (BVerfGE 27, 344), im Bereich der **Sexualität** (BVerfGE 47, 46; 49, 286 [BVerfGE 120, 224, 238 f. (Geschwisterbeischlaf) = BVerfGE, Beschluss des Zweiten Senats vom 26.02.2008 – 2 BvR 392/07 –, Rn. 32 f.: „Das allgemeine Persönlichkeitsrecht in seiner Ausprägung als **Recht auf sexuelle Selbstbestimmung**“/„**Intim- und Sexualbereich des Menschen als Teil seiner Privatsphäre**, P. B.]), bei **sozial abweichendem Verhalten** (BVerfGE 44, 353) oder bei **Krankheiten** (BVerfGE 32, 373) der Fall ist. Fehlte es hier an einem **Schutz vor der Kenntniserlangung anderer**, wären die Auseinandersetzung mit sich selbst, die unbefangene Kommunikation unter Nahestehenden, die sexuelle Entfaltung oder die Inanspruchnahme ärztlicher Hilfe beeinträchtigt oder unmöglich, obwohl es sich um grundrechtlich geschützte Verhaltensweisen handelt. Zum anderen erstreckt sich der Schutz auf einen **räumlichen Bereich** [**Raumbereichsschutz**], in dem der Einzelne zu sich kommen, sich entspannen oder auch gehen lassen kann (vgl. BVerfGE 27, 1 [6]). Zwar bietet auch dieser Bereich Gelegenheit, sich in einer Weise zu verhalten, die nicht für die **Öffentlichkeit** bestimmt ist und deren Beobachtung oder Darstellung durch Außenstehende für den Betroffenen peinlich oder nachteilig wäre. Im Kern geht es aber um einen **Raum**, in dem er die Möglichkeit hat, frei von **öffentlicher Beobachtung** und damit der von ihr erzwungenen Selbstkontrolle zu sein, auch ohne daß er sich dort notwendig anders verhielte als in der **Öffentlichkeit**. Bestünden solche **Rückzugsbereiche** nicht mehr, könnte der Einzelne psychisch überfordert sein, weil er unausgesetzt darauf achten müßte, wie er auf andere wirkt und ob er sich richtig verhält. Ihm fehlten die Phasen des Alleinseins und Ausgleichs, die für die Persönlichkeitsentfaltung notwendig sind und ohne die sie nachhaltig beeinträchtigt würde. Ein derartiges Schutzbedürfnis besteht auch bei Personen, die aufgrund ihres Ranges oder Ansehens, ihres Amtes oder Einflusses, ihrer Fähigkeiten oder Taten besondere **öffentliche** Beachtung finden. Wer, ob gewollt oder ungewollt, zur Person des **öffentlichen** Lebens geworden ist, verliert damit nicht sein Anrecht auf eine **Privatsphäre**, die den Blicken der **Öffentlichkeit** entzogen bleibt. Das gilt auch für demokratisch gewählte Amtsträger, die zwar für ihre Amtsführung **öffentlich** rechenschaftspflichtig sind und sich in diesem Umfang **öffentliche** Aufmerksamkeit gefallen lassen müssen, nicht aber für ihr **Privatleben**, sofern dieses die Amtsführung nicht berührt. Der **häusliche Bereich** [vgl. ggf. spezielleren Art. 13 GG i.V.m. BVerfGE 109, 279, 325 f.] stellt anerkanntermaßen eine solche geschützte Sphäre dar. Wegen des Bezugs auf die Entfaltung der Persönlichkeit darf der **Rückzugsbereich** jedoch nicht von vornherein auf ihn begrenzt werden. Das gilt schon deshalb, weil die Funktionen, denen er dient, nur erfüllt werden, wenn er nicht an den Hausmauern oder Grundstücksgrenzen endet. Die freie Entfaltung der Persönlichkeit wäre erheblich behindert, wenn der Einzelne nur im eigenen Haus der **öffentlichen** Neugier entgehen könnte. Die notwendige

Erholung von einer durch Funktionszwänge und Medienpräsenz geprägten **Öffentlichkeit** ist vielfach nur in der **Abgeschiedenheit einer natürlichen Umgebung, etwa an einem Ferienort**, zu gewinnen. Deswegen muß der Einzelne grundsätzlich die Möglichkeit haben, sich auch in der freien, gleichwohl **abgeschiedenen Natur oder an Örtlichkeiten, die von der breiten Öffentlichkeit deutlich abgeschieden sind**, in einer von **öffentlicher** Beobachtung freien Weise zu bewegen. Das gilt gerade gegenüber solchen Aufnahmetechniken, die die **räumliche Abgeschiedenheit** überwinden, ohne daß der Betroffene dies bemerken kann. Wo die Grenzen der geschützten **Privatsphäre außerhalb des Hauses** verlaufen, läßt sich nicht generell und abstrakt festlegen. Sie können vielmehr nur aufgrund der jeweiligen Beschaffenheit des **Ortes** bestimmt werden, den der Betroffene aufsucht. Ausschlaggebend ist, ob der Einzelne eine **Situation** vorfindet oder schafft, in der er begründetermaßen und somit auch für Dritte erkennbar davon ausgehen darf, den Blicken der **Öffentlichkeit** nicht ausgesetzt zu sein. Ob die Voraussetzungen der **Abgeschiedenheit** erfüllt sind, läßt sich nur situativ beurteilen. Der Einzelne kann sich an ein und demselben **Ort** zu Zeiten mit gutem Grund unbeobachtet fühlen, zu anderen Zeiten nicht. Auch ist der Aufenthalt in umschlossenen **Räumen** keineswegs immer mit **Abgeschiedenheit** gleichzusetzen. Da es um die Frage geht, ob der Einzelne begründetermaßen erwarten darf, unbeobachtet zu sein, oder aber **Plätze** aufgesucht hat, wo er sich unter den Augen der **Öffentlichkeit** bewegt, kann es auch in umschlossenen Räumen an der **Abgeschiedenheit** fehlen, die Voraussetzung für den **Privatsphärenschutz** außerhalb der eigenen **Häuslichkeit** ist. **Plätzen, an denen sich der Einzelne unter vielen Menschen befindet**, fehlt es von vornherein an den Voraussetzungen des **Privatsphärenschutzes** im Sinn von Art. 2 Abs. 1 in Verbindung mit Art. 1 Abs. 1 GG. Sie können das **Rückzugsbedürfnis** nicht erfüllen und rechtfertigen deswegen auch nicht den grundrechtlichen Schutz, den dieses Bedürfnis aus Gründen der Persönlichkeitsentfaltung verdient. Der Einzelne kann solche **Orte** auch nicht etwa durch ein Verhalten, das typischerweise nicht **öffentlich** zur Schau gestellt würde, in seine **Privatsphäre** umdefinieren. Nicht sein Verhalten, ob allein oder mit anderen, konstituiert die **Privatsphäre**, sondern die **objektive Gegebenheit der Örtlichkeit zur fraglichen Zeit**. Verhält er sich daher an **Orten**, die nicht die Merkmale der **Abgeschiedenheit** aufweisen, so, als stünde er nicht unter Beobachtung, hebt er das **Schutzbedürfnis für Verhaltensweisen, die an sich die Öffentlichkeit nichts angehen**, selbst auf. Der **Schutz der Privatsphäre vor öffentlicher Kenntnisnahme** entfällt ferner, wenn sich jemand selbst damit einverstanden zeigt, daß bestimmte, gewöhnlich als privat geltende Angelegenheiten **öffentlich** gemacht werden, etwa indem er Exklusivverträge über die Berichterstattung aus seiner **Privatsphäre** abschließt. Der verfassungsrechtliche **Privatsphärenschutz** aus Art. 2 Abs. 1 in Verbindung mit Art. 1 Abs. 1 GG ist nicht im Interesse einer Kommerzialisierung der eigenen Person gewährleistet. Zwar ist niemand an einer solchen **Öffnung privater Bereiche** gehindert. Er kann sich dann aber nicht gleichzeitig auf den **öffentlichkeitsabgewandten Privatsphärenschutz** berufen. Die Erwartung, daß die Umwelt die **Angelegenheiten oder Verhaltensweisen in einem Bereich mit Rückzugsfunktion** nur begrenzt oder nicht zur Kenntnis nimmt, muß daher situationsübergreifend und konsistent zum Ausdruck gebracht werden. Das gilt auch für den Fall, daß der Entschluß, die Berichterstattung über bestimmte Vorgänge der eigenen **Privatsphäre** zu gestatten oder hinzunehmen, rückgängig gemacht wird.".

BVerfGE 6, 32, 41 (Elfes) = BVerfG, Urteil vom des Ersten Senats vom 16.01.1957 – 1 BvR 253/56 –, Rn. 32 [vgl. **Recht auf Privatsphäre** als **Privatangelegenheitenschutz** und **Rückzugsraumbereichsschutz** – beides **gegenüber der Öffentlichkeit,** vgl. **Sphärentheorie** mit **Intimsphäre**, **Privatsphäre**, **Sozialsphäre**]: „Vor allem dürfen die Gesetze daher die Würde des Menschen nicht verletzen, die im Grundgesetz der oberste Wert ist, aber auch die geistige, politische und wirtschaftliche Freiheit des Menschen nicht so einschränken, daß sie in ihrem Wesensgehalt angetastet würde (Art. 19 Abs. 2, Art. 1 Abs. 3, Art. 2 Abs. 1 GG). Hieraus ergibt sich, daß dem einzelnen Bürger eine **Sphäre privater Lebensgestaltung** verfassungskräftig vorbehalten ist, also ein letzter **unantastbarer Bereich menschlicher Freiheit** besteht, der der Einwirkung der gesamten öffentlichen Gewalt entzogen ist. Ein Gesetz, das in ihn eingreifen würde, könnte nie Bestandteil der ‚verfassungsmäßigen Ordnung' sein; es müßte durch das Bundesverfassungsgericht für nichtig erklärt werden.". BVerfGE 109, 279, Ls. 2 S. 1 (akustische Wohnraumüberwachung / „Großer Lauschangriff") = BVerfG, Urteil des Ersten Senats vom 03.03.2004 – 1 BvR 2378/98, 1084/99 –, Ls. 2 S. 1: „Zur Unantastbarkeit der Menschenwürde gemäß Art. 1 Abs. 1 GG gehört die Anerkennung eines absolut geschützten **Kernbereichs privater Lebensgestaltung.**". BVerfGE 141, 220, 276-278 (BKAG) = BVerfG, Urteil des Ersten Senats vom 20.04.2016 –

1 BvR 966/09 –, Rn. 119-124: „Neben den verfassungsrechtlichen Anforderungen an die allgemeinen Eingriffsvoraussetzungen ergeben sich aus den jeweiligen **Grundrechten in Verbindung mit Art. 1 Abs. 1 GG** für die Durchführung von besonders eingriffsintensiven Überwachungsmaßnahmen besondere Anforderungen an den **Schutz des Kernbereichs privater Lebensgestaltung**. Der verfassungsrechtliche **Schutz des Kernbereichs privater Lebensgestaltung** gewährleistet dem Individuum einen **Bereich höchstpersönlicher Privatheit gegenüber Überwachung**. Er wurzelt in den **von den jeweiligen Überwachungsmaßnahmen betroffenen Grundrechten in Verbindung mit Art. 1 Abs. 1 GG** und sichert einen dem Staat nicht verfügbaren Menschenwürdekern grundrechtlichen Schutzes gegenüber solchen Maßnahmen. Selbst überragende Interessen der Allgemeinheit können einen Eingriff in diesen **absolut geschützten Bereich privater Lebensgestaltung** nicht rechtfertigen (vgl. BVerfGE 109, 279 <313>; stRspr). Zur **Entfaltung der Persönlichkeit im Kernbereich privater Lebensgestaltung gehört die Möglichkeit, innere Vorgänge** wie Empfindungen und Gefühle sowie Überlegungen, Ansichten und Erlebnisse **höchstpersönlicher Art zum Ausdruck zu bringen** (vgl. BVerfGE 109, 279 <313>; 120, 274 <335>; stRspr). Geschützt ist insbesondere die **nichtöffentliche Kommunikation mit Personen des höchstpersönlichen Vertrauens, die in der berechtigten Annahme geführt wird, nicht überwacht zu werden**, wie es insbesondere bei Gesprächen im Bereich der Wohnung der Fall ist. Zu diesen Personen gehören insbesondere Ehe- oder Lebenspartner, Geschwister und Verwandte in gerader Linie, vor allem, wenn sie im selben Haushalt leben, und können Strafverteidiger, Ärzte, Geistliche und enge persönliche Freunde zählen (vgl. BVerfGE 109, 279 <321 ff.>). Dieser Kreis deckt sich nur teilweise mit dem der Zeugnisverweigerungsberechtigten. Solche Gespräche verlieren dabei nicht schon dadurch ihren Charakter als insgesamt höchstpersönlich, dass sich in ihnen Höchstpersönliches und Alltägliches vermischen (vgl. BVerfGE 109, 279 <330>; 113, 348 <391 f.>). Demgegenüber ist die **Kommunikation unmittelbar über Straftaten** nicht geschützt, selbst wenn sie auch Höchstpersönliches zum Gegenstand hat. Die **Besprechung und Planung von Straftaten** gehört ihrem Inhalt nach nicht zum **Kernbereich privater Lebensgestaltung**, sondern hat **Sozialbezug** (vgl. BVerfGE 80, 367 <375>; 109, 279 <319 f., 328>; 113, 348 <391>). Dies bedeutet freilich nicht, dass der Kernbereich unter einem allgemeinen Abwägungsvorbehalt in Bezug auf öffentliche Sicherheitsinteressen steht. Ein **höchstpersönliches Gespräch** fällt nicht schon dadurch aus dem **Kernbereich privater Lebensgestaltung** heraus, dass es für die Aufklärung von Straftaten oder Gefahren hilfreiche Aufschlüsse geben kann. Aufzeichnungen oder Äußerungen im Zwiegespräch, die zum Beispiel ausschließlich innere Eindrücke und Gefühle wiedergeben und keine Hinweise auf konkrete Straftaten enthalten, gewinnen nicht schon dadurch einen **Gemeinschaftsbezug**, dass sie Ursachen oder Beweggründe eines strafbaren Verhaltens freizulegen vermögen (vgl. BVerfGE 109, 279 <319>). Auch können trotz **Straftatenbezugs** Situationen, in denen Einzelnen gerade ermöglicht werden soll, ein Fehlverhalten einzugestehen oder sich auf dessen Folgen einzurichten, wie Beichtgespräche oder vertrauliche Gespräche mit einem Psychotherapeuten oder einem Strafverteidiger, der **höchstpersönlichen Privatsphäre** unterfallen, die dem Staat absolut entzogen ist (vgl. BVerfGE 109, 279 <322>). Ein hinreichender **Sozialbezug** besteht demgegenüber dann, wenn **Gespräche - auch mit Vertrauenspersonen - sonst unmittelbar Straftaten zu ihrem Gegenstand haben** (vgl. BVerfGE 109, 279 <319>). Der **Kernbereich privater Lebensgestaltung** beansprucht gegenüber **allen Überwachungsmaßnahmen** Beachtung. Können sie typischerweise zur Erhebung kernbereichsrelevanter Daten führen, muss der Gesetzgeber Regelungen schaffen, die einen wirksamen Schutz normenklar gewährleisten (vgl. BVerfGE 109, 279 <318 f.>; 113, 348 <390 f.>; 120, 274 <335 ff.>). Außerhalb solch verletzungsgeneigter Befugnisse bedarf es eigener Regelungen nicht. Grenzen, die sich im Einzelfall auch hier gegenüber einem Zugriff auf höchstpersönliche Informationen ergeben können, sind bei deren Anwendung unmittelbar von Verfassungs wegen zu beachten. Der **Schutz des Kernbereichs privater Lebensgestaltung** ist strikt und darf nicht durch Abwägung mit den Sicherheitsinteressen nach Maßgabe des Verhältnismäßigkeitsgrundsatzes relativiert werden (vgl. BVerfGE 109, 279 <314>; 120, 273 <339>; stRspr). Dies bedeutet jedoch nicht, dass **jede tatsächliche Erfassung von höchstpersönlichen Informationen** stets einen Verfassungsverstoß oder eine Menschenwürdeverletzung begründet. Angesichts der Handlungs- und Prognoseunsicherheiten, unter denen Sicherheitsbehörden ihre Aufgaben wahrnehmen, kann ein **unbeabsichtigtes Eindringen in den Kernbereich privater Lebensgestaltung** im Rahmen von Überwachungsmaßnahmen nicht für jeden Fall von vornherein ausgeschlossen werden (vgl. BVerfGE 120, 274 <337 f.>). Die Verfassung verlangt jedoch

a) GR-SB:

aa) Persönlicher GR-SB: „Jeder“.

bb) Sachlicher GR-SB: „**freie Entfaltung der Persönlichkeit**“ als „**Datenfreiheit**“ (Grundsätzliche Bestimmungsbefugnis des Einzelnen über Preisgabe und Verwendung eigener personenbezogener Daten[477]), vgl. **personenbezogenes Datum**: § 36 Nr. 1 DSG NRW[478].

---

für die Ausgestaltung der Überwachungsbefugnisse die **Achtung des Kernbereichs** als eine strikte, nicht frei durch Einzelfallerwägungen überwindbare Grenze.“.

BVerfGE 120, 274 (Online-Durchsuchung) = BVerfG, Urteil des Ersten Senats vom 27.02.2008 – 1 BvR 370/07 –, Ls. 1: „Das **allgemeine Persönlichkeitsrecht** (Art. 2 Abs. 1 i.V.m. Art. 1 Abs. 1 GG) umfasst das Grundrecht auf **Gewährleistung der Vertraulichkeit und Integrität informationstechnischer Systeme**.“; BVerfGE 120, 274, 314 (Online-Durchsuchung) = BVerfG, Urteil des Ersten Senats vom 27.02.2008 – 1 BvR 370/07 –, Rn. 203: „**informationstechnisches System**“: „etwa Personalcomputer“, „ferner beispielweise […] solche Mobiltelefone oder elektronische Terminkalender, die über einen großen Funktionsumfang verfügen und personenbezogene Daten vielfältiger Art erfassen und speichern können.“; BVerfGE 120, 274, 276 (Online-Durchsuchung) = BVerfG, Urteil des Ersten Senats vom 27.02.2008 – 1 BvR 370/07 –, Rn. 5: „**heimlicher Zugriff auf ein informationstechnisches System**“: „[heimliche] technische Infiltration […], die etwa Sicherheitslücken des Zielsystems ausnutzt oder über die Installation eines Spähprogramms erfolgt“, wobei die Infiltration es ermöglicht, die Zielsystem-„Nutzung zu überwachen oder die Speichermedien durchzusehen oder gar das Zielsystem fernzusteuern.“.

BVerfGE 147, 1 (**Geschlechtsidentität**) = BVerfG, Beschluss des Ersten Senats vom 10.10.2017 – 1 BvR 2019/16 –, Ls. 1-3: „1. Das **allgemeine Persönlichkeitsrecht** (Art. 2 Abs. 1 i.V.m. Art. 1 Abs. 1 GG) schützt die **geschlechtliche Identität**. Es schützt auch die geschlechtliche Identität derjenigen, die sich dauerhaft weder dem männlichen noch dem weiblichen Geschlecht zuordnen lassen. 2. Art. 3 Abs. 3 Satz 1 GG schützt auch Menschen, die sich dauerhaft weder dem männlichen noch dem weiblichen Geschlecht zuordnen lassen, vor **Diskriminierungen wegen ihres Geschlechts**. 3. Personen, die sich dauerhaft weder dem männlichen noch dem weiblichen Geschlecht zuordnen lassen, werden in beiden Grundrechten verletzt, wenn das Personenstandsrecht dazu zwingt, das Geschlecht zu registrieren, aber keinen anderen positiven Geschlechtseintrag als weiblich oder männlich zulässt.“.

BVerfG, Urteil des Zweiten Senats vom 26.02.2020 – 2 BvR 2347/15 –, Ls. 1: „a) Das **allgemeine Persönlichkeitsrecht** (Art. 2 Abs. 1 i.V.m. Art. 1 Abs. 1 GG) umfasst als Ausdruck persönlicher Autonomie ein **Recht auf selbstbestimmtes Sterben**. b) Das **Recht auf selbstbestimmtes Sterben** schließt die Freiheit ein, sich das Leben zu nehmen [Rn. 208: „**Recht auf Selbsttötung**“]. Die Entscheidung des Einzelnen, seinem Leben entsprechend seinem Verständnis von Lebensqualität und Sinnhaftigkeit der eigenen Existenz ein Ende zu setzen, ist im Ausgangspunkt als Akt autonomer Selbstbestimmung von Staat und Gesellschaft zu respektieren. c) Die **Freiheit, sich das Leben zu nehmen**, umfasst auch die Freiheit, hierfür bei Dritten Hilfe zu suchen und Hilfe, soweit sie angeboten wird, in Anspruch zu nehmen.“.

475 Zum sog. „**Menschenwürdegehalt**“ der Grundrechte: *Basten*, Die Menschenwürde des Grundgesetzes.

476 Vgl. auch Art. 142 GG i.V.m. Art. 4 Abs. 2 Verfassung NRW; Art. 8 EU-GR-Charta; Art. 16 AEUV; Art. 8 EMRK.

477 BVerfGE 65, 1, Ls. 1 S. 2 (Volkszählungsgesetz) = BVerfG, Urteil des Ersten Senats vom 15.12.1983 – 1 BvR 209/83, Ls. 1 S. 2 (Ls. 1: „Unter den Bedingungen der modernen Datenverarbeitung wird der Schutz des Einzelnen gegen unbegrenzte Erhebung, Speicherung, Verwendung und Weitergabe seiner persönlichen Daten von dem allgemeinen Persönlichkeitsrecht des Art. 2 Abs. 1 GG in Verbindung mit Art. 1 Abs. 1 GG umfaßt. Das Grundrecht gewährleistet insoweit die Befugnis des Einzelnen, grundsätzlich selbst über die Preisgabe und Verwendung seiner persönlichen Daten zu bestimmen.“).

478 BVerfG, Beschluss der 3. Kammer des Zweiten Senats vom 27.06.2018 – 2 BvR 1562/17 (auf § 103 StPO gestützte Anordnung der Durchsuchung der Räumlichkeiten des Münchener Kanzleistandorts der Rechtsanwaltskanzlei Jones Day sowie Sicherstellung von Unterlagen und elektronischen Daten im Zuge des sogenannten „VW-Dieselskandals“ – Verfassungsbeschwerde nicht zur Entscheidung angenommen wegen Unzulässigkeit aufgrund Nichterfüllung von Voraussetzungen nach § 93a Abs. 2 BVer-

b) GR-E (oder Nichteingriff/**Einwilligung** i.S.v. § 36 Nr. 19 DSG NRW, § 38 DSG NRW): **Persönlichkeitsentfaltungseinschränkung** als Datenfreiheitseinschränkung, durch **Datenverarbeitungs**-Maßnahme[479] i.S.d. § 36 Nr. 2 DSG NRW, durch Maßnahmen mit Identitätsfeststellungszweck wie Befragen, Ausweisungsanordnung, **Personendurchsuchung**[480], Sachendurchsuchung, „Fast-ID“, „Ausweiseinsichtnahme“ zwecks IDF, also insbesondere durch **Datenerhebung**, **Datenspeicherung**, **Datenübermittlung**, mithin durch **Datenverarbeitung** i.S.d. § 36 Nr. 2 DSG NRW. Bei sozialadäquatem Gespräch bzw. Trivialkommunikation (z.B. – nicht immer, aber mitunter – über „Wetter“) kann nur schlicht-hoheitliches Verhalten vorliegen, also ein Grundrechtsnichteingriff gegeben sein. Bei „**Spontanäußerung**“ (freiwillige Äußerung außerhalb gezielter Befragung)[481] kann Einwilligung/GR-Verzicht i.S.v. § 36 Nr. 19 DSG NRW, § 38 DSG NRW vorliegen, also auch ein Grundrechtsnichteingriff gegeben sein.[482]

---

fGG), Gründe, V., Rn. 44: „Der Begriff der persönlichen Daten deckt sich mit der Legaldefinition personenbezogener Daten in § 46 Nr. 1 BDSG (zuvor § 3 Abs. 1 BDSG) und erfasst alle Informationen, die sich auf eine identifizierte oder identifizierbare natürliche Person (betroffene Person) beziehen (vgl. noch zu § 3 Abs. 1 BDSG ‚Einzelangaben über persönliche oder sachliche Verhältnisse einer bestimmten oder bestimmbaren Person‘ Di Fabio, in: Maunz/Dürig, GG, Art. 2 Abs.1, Rn. 175 [Juli 2001]).“.

479 BVerfG, Urteil des Ersten Senats vom 19.05.2020 – 1 BvR 2835/17 – (Ausland-Ausland-Fernmeldeaufklärung nach BNDG), E. III. 1., Rn. 212: „Die **Übermittlung personenbezogener Daten**, mit der eine Behörde die von ihr erhobenen Daten einer anderen Stelle zugänglich macht, begründet einen eigenen Grundrechtseingriff (vgl. BVerfGE 100, 313 <367>; 141, 220 <334 Rn. 305>; stRspr). Dieser ist an dem **Grundrecht** zu messen, **in das bei der ursprünglichen Datenerhebung eingegriffen wurde** (vgl. BVerfGE 100, 313 <367>; 141, 220 <334 Rn. 305>; stRspr).“.

480 BVerfG, Beschluss der 2. Kammer des Zweiten Senats vom 27.03.2019 – 2 BvR 2294/18 –, Rn. 17: „**Durchsuchungen, die mit einer Entkleidung verbunden sind**, stellen einen schwerwiegenden Eingriff in das allgemeine Persönlichkeitsrecht dar (vgl. BVerfGK 2, 102 <105>; 17, 9 <14>; BVerfG, Beschluss der 2. Kammer des Zweiten Senats vom 5. März 2015 - 2 BvR 746/13 -, juris, Rn. 33; BVerfG, Beschluss der 2. Kammer des Zweiten Senats vom 5. November 2016 - 2 BvR 6/16 -, juris, Rn. 29; vgl. auch BVerfG, Beschluss der 2. Kammer des Zweiten Senats vom 14. April 2016 - 2 BvR 695/16 -, juris, Rn. 6). Dies gilt in besonderem Maße für **Durchsuchungen, die mit einer Inspizierung von normalerweise verdeckten Körperöffnungen verbunden sind** (vgl. BVerfGK 17, 9 <14>; BVerfG, Beschluss der 3. Kammer des Zweiten Senats vom 10. Juli 2013 - 2 BvR 2815/11 -, juris, Rn. 15; BVerfG, Beschluss der 2. Kammer des Zweiten Senats vom 5. November 2016 - 2 BvR 6/16 -, juris, Rn. 29). Wegen des besonderen Gewichts von Eingriffen, die den Intimbereich und das Schamgefühl des Inhaftierten berühren, hat der Inspizierte Anspruch auf besondere Rücksichtnahme (vgl. BVerfGK 17, 9 <16>; BVerfG, Beschluss der 3. Kammer des Zweiten Senats vom 10. Juli 2013 - 2 BvR 2815/11 -, juris, Rn. 15; BVerfG, Beschluss der 2. Kammer des Zweiten Senats vom 5. November 2016 - 2 BvR 6/16 -, juris, Rn. 29).“.

481 Zur Spontanäußerung-Verwertbarkeit: BGH, Beschluss vom 17.07.2019 – 5 StR 195/19, Rn. 5: „Sofern der beim Angeklagten verbliebene Polizeibeamte keine gezielte Befragung durchgeführt, sondern lediglich passiv eine Spontanäußerung entgegengenommen hätte, wären die Verwertbarkeit dieser Äußerung und deren Vorhalt bei der späteren Beschuldigtenvernehmung auch dann rechtlich unbedenklich, wenn der Angeklagte schon zuvor als Beschuldigter hätte belehrt werden müssen (vgl. BGH, Urteile vom 27. Juni 2013 – 3 StR 435/12, BGHSt 58, 301, 305; vom 27. September 1989 – 3 StR 188/89, NStZ 1990, 43; Beschluss vom 9. Juni 2009 – 4 StR 170/09, NStZ 2009, 702).“.

482 Vgl. ggf. zur Frage des Grundrechtseingriffs auch § 9 Abs. 1 Nr. 1 S. 2 (Hs. 1) PolG NRW (Inkrafttreten am 29.12.2018): „Dies gilt auch für personenbezogene Daten, die von der betroffenen Person offensichtlich öffentlich gemacht wurden“; BVerfGE 120, 274 (Online-Durchsuchung) = BVerfG, Urteil des Ersten Senats vom 27.02.2008 – 1 BvR 370/07 –, Ls. 5: „Verschafft der Staat sich Kenntnis von Inhalten der Internetkommunikation auf dem dafür technisch vorgesehenen Weg, so liegt darin nur dann ein Eingriff in Art. 10 Abs. 1 GG, wenn die staatliche Stelle nicht durch Kommunikationsbeteiligte zur

c) GR-B: Art. 2 Abs. 1 Hs. 2 GG[483].

Ggf. bei Begleitverfügung (etwa zum „Herkommen/Erscheinen/Mitkommen" oder „Stehenbleiben") betroffenes Grundrecht (eine Verfügung zum „Ruhigbleiben" ist i.d.R. entweder ganz eigenständige Befugnis oder als Motivation zur „ruhigen Antwort" ganz kommunikativer Akt während der Befragung selbst, im Übrigen Art. 2 Abs. 1 GG):

2. Körperliche Bewegungsfreiheit, Art. 2 Abs. 2 S. 2 GG[484]

a) GR-SB:

aa) Persönlicher GR-SB: „**Person**", vgl. § 1 BGB.

bb) Sachlicher GR-SB: „Freiheit" ist **körperliche Bewegungsfreiheit** als Freiheit, jeden Ort oder Raum aufzusuchen, sich dort aufzuhalten, (ihn zu verlassen), der an sich (tatsächlich und rechtlich) zugänglich ist.

Kenntnisnahme autorisiert ist. Nimmt der Staat im Internet öffentlich zugängliche Kommunikationsinhalte wahr oder beteiligt er sich an öffentlich zugänglichen Kommunikationsvorgängen, greift er grundsätzlich nicht in Grundrechte ein.".

483 Art. 2 Abs. 1 Hs. 2 GG (**Schrankentrias**): BVerfGE 80, 137, 153 (Reiten im Walde) = BVerfG, Beschluss des Ersten Senats vom 06.06.1989 – 1 BvR 921/85 –, C. I. 1 a), Rn. 69: „Abgesehen von einem absolut geschützten Kernbereich privater Lebensgestaltung, welcher der Einwirkung der öffentlichen Gewalt entzogen ist (BVerfGE 6, 32 [41]), ist die allgemeine Handlungsfreiheit allerdings nur in den **Schranken** des zweiten Halbsatzes von Art. 2 Abs. 1 GG gewährleistet und steht damit insbesondere unter dem **Vorbehalt der verfassungsmäßigen (Rechts-)Ordnung** (BVerfGE 6, 32 [37 f.]; 74, 129 [152]). Stützt sich ein die Handlungsfreiheit berührender Akt der öffentlichen Gewalt auf eine Rechtsnorm, so kann mit der Verfassungsbeschwerde unter Berufung auf Art. 2 Abs. 1 GG zur Nachprüfung gestellt werden, ob diese Norm zur **verfassungsmäßigen Ordnung** gehört, das heißt formell und materiell mit den Normen der Verfassung in Einklang steht (st. Rspr. seit BVerfGE 6, 32)."; BVerfGE 6, 32, Ls. 3 (Elfes) = BVerfG, Urteil des Ersten Senats vom 16.01.1957 – 1 BvR 253/56, Ls. 3: „**Verfassungsmäßige Ordnung** im Sinne des Art. 2 Abs. 1 GG ist die verfassungsmäßige Rechtsordnung, d.h. die Gesamtheit der Normen, die formell und materiell der Verfassung gemäß sind."; vgl. dazu auch BVerfGE 6, 32, 37-41 (Elfes) = BVerfG, Urteil des Ersten Senats vom 16.01.1957 – 1 BvR 253/56, Gründe II. 2 b), c), Rn. 17-33.

Rechte anderer sind (als Teil der verfassungsmäßigen Ordnung) subjektive Berechtigungen (Anspruch oder Befugnis oder Erlaubnis) einschließlich Verpflichtungen (Pflicht zur Erfüllung von Anspruch oder Befugnis oder Erlaubnis) und sonstiger Rechtswirkungen für ein Rechtssubjekt bezüglich eines Verhaltens oder eines Rechtsguts.

Vgl. zum ein Mal bundesverfassungsgerichtlich entscheidungserheblich bemühten „**Sittengesetz**" nach Art. 2 Abs. 1 Hs. 2 GG als Gesetz, das nicht das durch die „soziale Gemeinschaft" „als für sich verbindlich" anerkannte „Rechtsgefühl" „im allgemeinen" „verletzt": BVerfGE 6, 389 (Homosexuelle) = BVerfG, Urteil des Ersten Senats vom 10.05.1957 – 1 BvR 550/52 –, und StrRehaHomG (Gesetz zur strafrechtlichen Rehabilitierung der nach dem 8. Mai 1945 wegen einvernehmlicher homosexueller Handlungen verurteilten Personen vom 17. Juli 2017 – BGBl. I S. 2443).

484 Vgl. auch Art. 142 GG i.V.m. Art. 4 Abs. 1 Verfassung NRW; Art. 20 Abs. 2a und Art. 21 AEUV i.V.m. Art. 6, 45 EU-GR-Charta (**Bewegungsfreiheit**, **Freizügigkeit**, **Aufenthaltsfreiheit**); Art. 5 EMRK; Art. 2 Protokoll Nr. 4 EMRK; Art. 21 AEUV (**Unionsbürgerfreizügigkeit**, zum **Unionsbürger** vgl. Art. 9 S. 2, 3 EUV, Art. 20 Abs. 1 S. 2, 3 AEUV); Art. 45 AEUV (**Arbeitnehmerfreizügigkeit**); Art. 49 AEUV (**Niederlassungsfreiheit**); Art. 56 AEUV (**Dienstleistungsfreiheit**); vgl. auch Art. 28 AEUV (**Warenverkehrsfreiheit**); Art. 9 Abs. 1 S. 1 IPbpR („Jedermann hat ein Recht auf persönliche Freiheit und Sicherheit."); Art. 9-11 IPbpR (Freiheitsentziehungsbedingungen), Art. 12 IPbpR (Bewegung, Wohnsitzwahl, Ausreise, Einreise in Hoheitsgebiet eines Staates, vgl. „Freizügigkeit"), Art. 13 IPbpR (Ausländerausweisungsbedingungen).

Vertretbar: Nichteröffnung des GR-Schutzbereichs bzw. GR-Nichteingriff bzgl. Art. 2 Abs. 2 S. 2 GG nur bezüglich einer Durchsuchung bei:

- Durchsuchung bei Bewusstlosen;
- Durchsuchung in der Bewegung (zum Beispiel Abstasten quasi im Nebenhergehen oder im Vorbeigehen).

b) GR-E (oder Nichteingriff/GR-Verzicht): Freiheitsentziehung oder sonstige Freiheitsbeschränkung.

Freiheitsbeschränkung (Freiheitsentziehung oder sonstige Freiheitsbeschränkung) liegt vor, wenn jemand durch die öffentliche Gewalt gegen seinen Willen daran gehindert wird, einen Ort oder Raum aufzusuchen oder sich dort aufzuhalten, der ihm an sich (tatsächlich und rechtlich) zugänglich ist. Eine **Freiheitsentziehung** als schwerste Form der Freiheitsbeschränkung ist dann gegeben, wenn die tatsächlich und rechtlich an sich gegebene körperliche Bewegungsfreiheit durch staatliche Maßnahmen nach jeder Richtung hin aufgehoben wird[485]; Freiheitsentziehung setzt auch eine besondere Eingriffsintensität und eine nicht nur kurzfristige Dauer der Maßnahme voraus[486]. Im Übrigen kann eine Abgrenzung zwischen Freiheitsentziehung und sonstiger Freiheitsbeschränkung auch erfolgen nach Art, Dauer, Intensität, Mittel, Zweck der Freiheitsbeschränkung.[487]

c) GR-B: Art. 2 Abs. 2 S. 3 i.V.m. Art. 104 GG.

3. Gleichbehandlungsgrundrecht, Art. 3 GG / (Grundsätzliches) **Benachteiligungs- und Bevorzugungsverbot / Diskriminierungsverbot**.[488]

---

[485] BVerfG, Beschluss der 1. Kammer des Ersten Senats vom 08.03.2011 – 1 BvR 47/05 –, Rn. 20, 26: „Das **Einsperren** des Beschwerdeführers in eine **Gewahrsamszelle** auf der Polizeiwache beziehungsweise auf dem Polizeipräsidium sowie **als Verbindungsglied** zwischen beiden das **Verbringen dorthin mittels Polizeifahrzeugen** stellen eine Freiheitsentziehung im Sinne von Art. 104 Abs. 2 GG und nicht lediglich eine Freiheitsbeschränkung dar. [...] Jedenfalls muss die Unterbringung einer Person gegen ihren Willen in einem **Haftraum** als Freiheitsentziehung im Sinne von Art. 104 Abs. 2 GG angesehen werden (vgl. BGHZ 82, 261 <264> und BVerwGE 62, 317 <318>).“; BVerfGE 94, 166, 198 (Flughafenverfahren) = BVerfGE, Urteil des Zweiten Senats vom 14.05.1996 – 2 BvR 1516/93.

[486] BVerfGE 149, 293 (5-Punkt-Fixierung/7-Punkt-Fixierung) = BVerfG, Urteil des Zweiten Senats vom 24.07.2018 – 2 BvR 309/15 –, D. II. 2. a), Rn. 67, vgl. dazu auch BVerfGE 149, 293 (5-Punkt-Fixierung/7-Punkt-Fixierung) = BVerfG, Urteil des Zweiten Senats vom 24.07.2018 – 2 BvR 309/15 –, D. II. 2. b): „Jedenfalls eine **5-Punkt- oder 7-Punkt-Fixierung**, bei der sämtliche Gliedmaßen des Betroffenen mit Gurten am Bett festgebunden werden, stellt eine Freiheitsentziehung im Sinne von Art. 104 Abs. 2 GG dar, es sei denn, es handelt sich um eine lediglich **kurzfristige Maßnahme**. Von einer kurzfristigen Maßnahme ist in der Regel auszugehen, wenn sie absehbar die Dauer von ungefähr einer halben Stunde unterschreitet.“.

[487] Vgl. auch insbesondere zu Art, Intensität, Mittel: § 415 Abs. 2 FamFG und §§ 37a, 62 PolG NRW.

[488] Gleichheitsgrundrechtsdarstellung ist generell und grundsätzlich möglich wie folgt: sowohl – insbesondere zu Beginn vollständiger eingriffsrechtlicher Fallbearbeitung – dreiteilig nach GR-SB, GR-E, GR-B als auch – insbesondere im Übrigen – zweiteilig nach Ungleichbehandlung (≙ GR-SB und GR-E) und Ungleichbehandlungsrechtfertigung (≙ GR-B und Fallbearbeitung bezüglich des jeweiligen einzelnen ungleichbehandelnden Rechtssetzungs- respektive Rechtsanwendungsakts). Ungleichbehandlungsbearbeitung kann außerhalb von Grundrechten außerdem i.d.R. grundsätzlich auch als Ermessensfrage i.V.m. den Grundrechten oder als Verhältnismäßigkeitsfrage weiterbearbeitet werden; ein Gleichbehandlungsgebotsverstoß gegen Art. 3 GG – etwa gegen das grundsätzliche Differenzierungsverbot / Diskriminierungsverbot – kann i.d.R. grundsätzlich auch als Ermessensfehlgebrauch bearbeitet werden, vgl. z.B. § 40 VwVfG NRW („Grenzen“); so auch: OVG NRW, Urteil des 5. Senats vom 07.08.2018 – 5 A 294/16 (**Diskriminierungsverbot**, **„Racial Profiling“**, **Darlegungslast**), Ls. 3-6: „3. Eine nach Art. 3

a) GR-SB:

aa) Persönlicher GR-SB: Jeder Mensch.

bb) Sachlicher GR-SB: Ungleichbehandlung.

b) GR-E (oder Nichteingriff/GR-Verzicht): Ungleichbehandlung (Benachteiligung oder Bevorzugung, insbesondere in Bezug auf: Geschlecht, Abstammung, Sprache, Heimat, Herkunft, Glauben, religiöse oder politische Anschauungen, Behinderung).

Eingriffsartige Gleichheitsgrundrechtsbetroffenheit im Sinne des Art. 3 GG[489] ist grundsätzlich immer dann durch eine **Ungleichbehandlung** gegeben, wenn mindestens zwei unter einen gemeinsamen Oberbegriff/Vergleichspunkt[490] fallende, vergleichbare, wesentlich gleiche Sachverhalte (Sachverhaltsgleichsetzbarkeit) im Zuständigkeitsbereich desselben Hoheitsträgers (Zuständigkeitsgleichheit) durch Ungleichbehandlung erheblich betroffen sind – zunächst unabhängig von Rechtfertigung oder Nichtrechtfertigung der Ungleichbehandlung.[491]

Abs. 3 Satz 1 GG grundsätzlich verbotene Differenzierung liegt auch dann vor, wenn eine Maßnahme an ein dort genanntes Merkmal kausal, als (mit-)tragendes Kriterium (‚wegen') neben anderen Gründen in einem Motivbündel, anknüpft. 4. Insoweit besteht eine Rechtfertigungsmöglichkeit zum Schutz kollidierenden Verfassungsrechts. Dabei ist zu berücksichtigen, dass der Anknüpfung an die Merkmale des Art. 3 Abs. 3 Satz 1 GG stigmatisierende Wirkung zukommen kann, weshalb erhöhte Anforderungen an die Rechtfertigung eines entsprechenden Grundrechtseingriff [sic, P. B.] bestehen. 5. Die an ein solches Merkmal anknüpfende Behörde trifft eine erhöhte Darlegungslast, weshalb diese Berücksichtigung zum Schutz des kollidierenden Verfassungsguts erforderlich ist. 6. Eine ausschließliche Anknüpfung an die Hautfarbe ist bei den hier in Rede stehen polizeilichen Standardmaßnahmen grundsätzlich nicht rechtfertigungsfähig.".

489 Vgl. auch Art. 142 GG i.V.m. Art. 4 Abs. 1 Verfassung NRW; Art. 9 S. 1 EUV („Die Union achtet in ihrem gesamten Handeln den **Grundsatz der Gleichheit ihrer Bürgerinnen und Bürger**, denen ein gleiches Maß an Aufmerksamkeit seitens der Organe, Einrichtungen und sonstigen Stellen der Union zuteil wird."); Titel III (Art. 20-26) EU-GR-Charta („Gleichheit"), insbesondere auch: Art. 20, 21, 23, 25, 26, 34, 35 EU-GR-Charta; Art. 21 EU-GR-Charta (**allgemeines EU-Diskriminierungsverbot**); Art. 18 AEUV i.V.m. Art. 21 EU-GR-Charta (**EU-Staatsangehörigkeits-Diskriminierungsverbot**: Verbot der Diskriminierung aus Gründen der Staatsangehörigkeit im Anwendungsbereich der EU-Verträge unbeschadet besonderer Bestimmungen); Art. 14 EMRK (**allgemeines Diskriminierungsverbot**); Art. 5 Protokoll Nr. 7 EMRK (**Ehegattengleichberechtigung**), Protokoll Nr. 12 EMRK („über das Diskriminierungsverbot"); Art. 2 Abs. 1 IPbpR (UN-Zivilpaktrechtediskriminierungsverbot), Art. 4 Abs. 1 IPbpR (**Notstandsdiskriminierungsverbot**), Art. 14 Abs. 1 S. 1 IPbpR (**Gleichheit vor Gericht**), Art. 20 Abs. 2 IPbpR (**Diskriminierungsaufstachelungsverbot**), Art. 24 Abs. 1 IPbpR (**Kinderdiskriminierungsverbot**), Art. 25 IPbpR (**Staatsbürgerdiskriminierungsverbot**), Art. 26 IPbpR (**allgemeines Diskriminierungsverbot**); Art. 2 Abs. 2 IPwskR (UN-Sozialpaktrechtediskriminierungsverbot); Art. 10 Nr. 3 IPwskR (**Kinder- und Jugendlichendiskriminierungsverbot**).

490 Vgl. zum Oberbegriff/Vergleichspunkt im Sinne des Art. 3 GG das Lateinische „Tertium comparationis", zu Deutsch: „Drittes des Vergleichs".

491 BVerfGE 138, 136, 180 (Erbschaftssteuer) = BVerfG, Urteil des Ersten Senats vom 17.12.2014 – 1 BvL 21/12 –, B. III. 1. a), Rn. 121: „Art. 3 Abs. 1 GG gebietet, alle Menschen vor dem Gesetz gleich zu behandeln. Das hieraus folgende Gebot, wesentlich Gleiches gleich und wesentlich Ungleiches ungleich zu behandeln, gilt für ungleiche Belastungen und ungleiche Begünstigungen (vgl. BVerfGE 121, 108 [119]; 121, 317 [370]; 126, 400 [416]). Verboten ist daher auch ein gleichheitswidriger Begünstigungsausschluss, bei dem eine Begünstigung einem Personenkreis gewährt, einem anderen Personenkreis aber vorenthalten wird (vgl. BVerfGE 116, 164 [180]; 121, 108 [119]; 121, 317 [370]; 126, 400 [416]). Dabei verwehrt Art. 3 Abs. 1 GG dem Gesetzgeber nicht jede Differenzierung. Differenzierungen bedürfen jedoch stets der Rechtfertigung durch Sachgründe, die dem Ziel und dem Ausmaß der Ungleichbehandlung angemessen sind. Dabei gilt ein stufenloser am Grundsatz der Verhältnismäßigkeit orientierter verfassungsrechtlicher Prüfungsmaßstab, dessen Inhalt und Grenzen sich nicht abstrakt, sondern nur

c) GR-B: grundgesetzimmanente Einschränkungsmöglichkeiten.

Gerechtfertigte Ungleichbehandlung im Sinne des Art. 3 GG ist gegeben entweder bei (irgendeinem) sachlichen Ungleichbehandlungsgrund ohne Willkür („**Willkürformel**")[492] oder insbesondere im Fall personenbezogener Ungleichbehandlungen bei Fehlen von nach Art und Gewicht (im Sinne von Verhältnismäßigkeit) ausreichenden Ungleichbehandlungsgründen („**Neue Formel**")[493].[494]

A. Rechtsgrundlage (RGL) II. Rechtsgebiet (RG)

(VOR/DEF)

Rechtsgebiet ist Rechtsordnungsteil nach allen Umständen[495] – wie schwerpunktmäßige Äußerungen[496], Rechtsnormen[497], Zwecke[498], auch i.V.m. §§ 133, 157 BGB analog[499].[500]

---

nach den jeweils betroffenen unterschiedlichen Sach- und Regelungsbereichen bestimmen lassen (vgl. BVerfGE 75, 108 [157]; 93, 319 [348 f.]; 107, 27 [46]; 126, 400 [416]; 129, 49 [69]; 132, 179 [188 Rn. 30]).".

492 „**Willkürformel**": BVerfGE 1, 14 52 (Südweststaat) = BVerfGE, Urteil des Zweiten Senats vom 23.10.1951 – 2 BvG 1/51, E. 10a), Rn. 136: „Der Gleichheitssatz ist verletzt, wenn sich ein vernünftiger, sich aus der Natur der Sache ergebender oder sonstwie sachlich einleuchtender Grund für die gesetzliche Differenzierung oder Gleichbehandlung nicht finden läßt, kurzum, wenn die Bestimmung als willkürlich bezeichnet werden muß.".

493 „**Neue Formel**" gegenüber der „Willkürformel": BVerfGE 55, 72, 88 (Präklusion I) = BVerfGE, Beschluss des Ersten Senats vom 07.10.1980 – 1 BvL 50, 89/79, 1 BvR 240/79, B. II. 1., Rn. 61: „Demgemäß ist dieses Grundrecht vor allem dann verletzt, wenn eine Gruppe von Normadressaten im Vergleich zu anderen Normadressaten anders behandelt wird, obwohl zwischen beiden Gruppen keine Unterschiede von solcher Art und solchem Gewicht bestehen, daß sie die ungleiche Behandlung rechtfertigen könnten (vgl. BVerfGE 22, 387 [415]; 52, 277 [280]).".

494 BVerfGE 138, 136, 180 f. (Erbschaftssteuer) = BVerfG, Urteil des Ersten Senats vom 17.12.2014 – 1 BvL 21/12 –, B. III. 1. a), Rn. 122: „Hinsichtlich der verfassungsrechtlichen Anforderungen an den die Ungleichbehandlung tragenden Sachgrund ergeben sich aus dem allgemeinen Gleichheitssatz je nach Regelungsgegenstand und Differenzierungsmerkmalen unterschiedliche Grenzen für den Gesetzgeber, die von gelockerten auf das Willkürverbot beschränkten Bindungen bis hin zu strengen Verhältnismäßigkeitserfordernissen reichen können (vgl. BVerfGE 117, 1 [30]; 122, 1 [23]; 126, 400 [416]; 129, 49 [68]). Eine strengere Bindung des Gesetzgebers kann sich aus den jeweils betroffenen Freiheitsrechten ergeben (vgl. BVerfGE 88, 87 [96]; 111, 176 [184]; 129, 49 [69]). Zudem verschärfen sich die verfassungsrechtlichen Anforderungen, je weniger die Merkmale, an die die gesetzliche Differenzierung anknüpft, für den Einzelnen verfügbar sind (vgl. BVerfGE 88, 87 [96]; 129, 49 [69]) oder je mehr sie sich denen des Art. 3 Abs. 3 GG annähern (vgl. BVerfGE 88, 87 [96]; 124, 199 [220]; 129, 49 [69]; 130, 240 [254]; 132, 179 [188 f. Rn. 31]).".

495 Umstände im weiten Sinn, etwa als Bedingungen, Beziehungen, Faktoren, Folgen, Funktionen, Umweltbedingungen, Variablen, Verhältnissen, Voraussetzungen, Weltbedingungen.

496 Äußerungen im weiten Sinn, etwa als alle Verhaltensäußerungen (einschließlich Aussagen).

497 Rechtsnormen im weiten Sinn, etwa solche, die die Umstände oder das Verhalten regieren (sollen).

498 Zwecke im weiten Sinn, etwa als sich aus einer Lage ergebende, objektiv zu verfolgende Ziele.

499 Sog. **objektivierter Empfängerhorizont**, vgl. BVerwGE 147, 81 = BVerwG, Urteil vom 20.06.2013 – BVerwG 8 C 46.12, Rn. 27: „Die bundesrechtlichen Auslegungsregeln der §§ 133, 157 BGB sind auf öffentlich-rechtliche Erklärungen entsprechend anzuwenden. Bei Verwaltungsakten kommt es wie bei

(SUB/ERG)

Die IDF-Maßnahme erfolgt auf dem Rechtsgebiet des besonderen öffentlichen Verwaltungsrechts polizeilicher Gefahrenabwehr.

Eine IDF-Maßnahme erfolgt auf dem Rechtsgebiet der Gefahrenabwehr insbesondere bei

- nicht tatverdachtsveranlasster IDF-Maßnahme;
- IDF-Maßnahme zu nicht tatverdachtsbezogenen Daten;
- IDF-Maßnahme ohne schwerpunktmäßigen Zweck einer anschließenden Strafrechtspflegemaßnahme;
- Gefahrenüberhang.

---

empfangsbedürftigen Willenserklärungen nicht auf den wirklichen Willen des Erklärenden (natürliche Auslegung), sondern auf den objektiven Erklärungsinhalt an. Maßgeblich ist, wie der Empfänger die Erklärung nach Treu und Glauben unter Berücksichtigung der für ihn erkennbaren Umstände verstehen musste. Dabei ist vom Wortlaut der Erklärung auszugehen und deren objektiver Gehalt unter Berücksichtigung des Empfängerhorizonts zu ermitteln (stRspr, vgl. Urteile vom 2. September 1999 - BVerwG 2 C 22.98 - BVerwGE 109, 283 <286> = Buchholz 237.7 § 72 NWLBG Nr. 4 und vom 27. Juni 2012 - BVerwG 9 C 7.11 - BVerwGE 143, 222 <Rn. 18> = Buchholz 11 Art. 20 GG Nr. 206; BGH, Urteile vom 24. Februar 1988 - VIII ZR 145/87 - BGHZ 103, 275 <280>, vom 27. Januar 2010 - VIII ZR 58/09 - BGHZ 184, 128 <137 Rn. 33> und vom 1. März 2011 - II ZR 16/10 - NJW 2011, 1666 <1667 Rn. 11> je m.w.N.).“; BVerwG, Beschluss vom 06.08.2018 – BVerwG 7 B 4.18, Rn. 10: „Dass die bundesrechtlichen Auslegungsregeln der §§ 133, 157 BGB auf öffentlich-rechtliche Erklärungen, d.h. u.a. auf Verwaltungsakte, entsprechend anzuwenden sind, ist in der Rechtsprechung des Bundesverwaltungsgerichts bereits geklärt (BVerwG, Urteil vom 20. Juni 2013 - 8 C 46.12 - BVerwGE 147, 81 Rn. 27 m.w.N.).“.

[500] BVerwG 47, 255, 264 = BVerwG, Urteil vom 03.12.1974 – BVerwG I C 11.73: „Obwohl sich für die Polizei im Einzelfall bei einem einheitlichen Lebenssachverhalt gleichzeitig und unmittelbar Aufgaben der Strafverfolgung und der Gefahrenabwehr ergeben können, ist der im Schrifttum vertretenen Auffassung nicht zu folgen, daß aus Gründen der Rechtssicherheit oder wegen der schwierigen Durchschaubarkeit für den Bürger jede Art polizeilichen Handelns der verwaltungsgerichtlichen Kontrolle unterliegen müsse. In aller Regel ist es für den Betroffenen nicht schwer, zu erkennen, ob die Polizei im konkreten Fall eine - begangene - Straftat erforschen (**Strafverfolgung**) oder den Eintritt eines Schadens, etwa die - zukünftige - Begehung einer strafbaren Handlung, verhindern oder eine bereits eingetretene Störung der öffentlichen Sicherheit oder Ordnung beseitigen (**Gefahrenabwehr**) will. Außerdem wird man davon ausgehen dürfen, daß die Polizei dem Betroffenen - wie im vorliegenden Fall - den Grund ihres Einschreitens von sich aus oder auf Verlangen angibt. Im übrigen kommt es darauf an, wie sich der konkrete Lebenssachverhalt einem verständigen Bürger in der Lage des Betroffenen bei natürlicher Betrachtungsweise darstellt. Dieser Sachverhalt muß im allgemeinen einheitlich betrachtet werden, es sei denn, daß einzelne Teile des Geschehensablaufs objektiv abtrennbar sind. Hat die Polizei die Ermittlungen an die StA oder das Amtsgericht weitergeleitet (§ 163 Abs. 2 StPO) oder auf Weisung der StA gehandelt, so kann an der strafprozessualen Natur ihres Einschreitens kein vernünftiger Zweifel bestehen. Eine Maßnahme, die nach dem Gesamteindruck darauf gerichtet ist, eine strafbare Handlung zu erforschen oder sonst zu verfolgen, ist der Kontrolle der ordentlichen Gerichte nach §§ 23 ff. EGGVG nicht etwa deshalb entzogen, weil durch die polizeilichen Ermittlungen möglicherweise zugleich auch künftigen Verletzungen der öffentlichen Sicherheit vorgebeugt würde.“.

A. Rechtsgrundlage (RGL) III. Mögliche Befugnisrechtsnorm (Mgl. Brn.)

(VOR/DEF)

Befugnisrechtsnorm ist die rechtmäßige hauptsächliche materiellrechtliche Rechtsgrundlage mit realfolgenentsprechender Rechtsfolge.

(SUB/ERG)

Realfolge ist die Maßnahme laut Sachverhalt.

Rechtsfolge ist die Maßnahme laut Rechtsnorm: (als VA oder Realakt[501]) eine Maßnahme zwecks Identitätsfeststellung / IDF-Maßnahme (verkürzt: „**IDF**")

(SUB)

Realfolgen und Rechtsfolgen zu:

IDF-Maßnahme

(ERG)

Mögliche Befugnisrechtsnorm (mit genauerem IDF-Rechtsfolgenzweck) zu:

IDF-Maßnahme

Realfolgen IDF-Maßnahme – Beispiele:

- Anhalten
- Fragen

Gefahrenabwehr:

- §§ 15, 15a, 16, 19 Abs. 2 AsylG (IDF-Maßnahme zwecks Asylrecht, vgl. §§ 1,

---

[501] **Befragungs-VA-Sätze** können ein Ausrufezeichen haben; **Befragungs-Realakt-Sätze** können ein Fragezeichen haben. Beispiele für Befragungs-VA: „Bitte beantworten Sie die Frage!" / „Bitte sagen Sie, was Sie wissen!" / „Bitte sagen Sie, was Sie wahrgenommen haben!" / „Bitte sagen Sie Ihren Namen!"; Beispiele für Befragungs-Realakt: „Was sagen Sie zu folgender Frage?" / „Was wissen Sie?" / „Was haben Sie wahrgenommen?" / „Wie ist Ihr Name?". **Wohnungstüröffnungs-Verfügung** (je nach Rechtsgebiet VA oder Justiz-VA [z.B.: „Bitte öffnen Sie die Tür!"]) kann bspw. wie folgt – insbesondere über den Zweck – zu subsumieren sein:

- § 9 Abs. 2 PolG NRW / § 163 Abs. 3 StPO / § 163a StPO (Zweck: Befragung / Vernehmung).
- § 12 PolG NRW / § 163b Abs. 1 oder § 163b Abs. 2 StPO (Zweck: IDF jedenfalls ohne Wohnungs-Betretens- und Wohnungs-Durchsuchungszweck [z.B.: IDF-Befragung / IDF-Ausweisverlangen an der Tür]).
- § 16a PolG NRW / § 163f StPO / § 163 Abs. 1 S. 2 StPO (Zweck: Observation jedenfalls ohne Wohnungs-Betretens- und Wohnungs-Durchsuchungszweck [z.B.: Datenerhebung von der Tür aus]).
- § 35 PolG NRW / § 127 Abs. 1 S. 1 Alt. 1 StPO / § 127 Abs. 2 i.V.m. § 112/§ 112a/§ 126a; § 127b StPO; § 164 StPO (Zweck: Ingewahrsamnahme / Festnahme jedenfalls ohne Wohnungs-Betretens- und Wohnungs-Durchsuchungszweck [z.B.: Ingewahrsamnahme / Festnahme an der Tür]).
- § 41 PolG NRW / § 102 StPO oder § 103 StPO (Zweck: Wohnungsbetreten und/oder Wohnungsdurchsuchung).
- § 43 PolG NRW / § 94 Abs. 1 StPO / § 94 Abs. 1, 2 StPO / §§ 94 Abs. 3, 111a StPO, § 69 StGB / §§ 99, 100 StPO / § 108 StPO (§ 110 StPO); / § 111b StPO / § 132 StPO (Zweck: Sicherstellung/Beschlagnahme jedenfalls ohne Wohnungs-Betretens- und Wohnungs-Durchsuchungszweck [z.B.: Sicherstellung/Beschlagnahme an der Tür).
- § 81a StPO / § 81c StPO / § 81g StPO / § 81h StPO (Zweck: der jeweilige „Untersuchungs"-Zweck jedenfalls ohne Wohnungs-Betretens- und Wohnungs-Durchsuchungszweck [z.B.: „Untersuchung" an der Tür]).
- § 8 Abs. 1 PolG NRW / § 163 Abs. 1 S. 2 StPO (Zweck: jedenfalls ein nicht besonders geregelter Zweck jedenfalls ohne Wohnungs-Betretens- und Wohnungs-Durchsuchungszweck).

- Antwortbitte
- Datenabgleich/Recherche
- Datenträgereinsicht
- Nachschau.

Rechtsfolge(n) IDF-Maßnahme – allgemein:

- Maßnahme (Datenerhebung oder sonstige Maßnahme) – z.B.:
- Anhalten
- Befragung
- Verlangen nach (weiteren) Angaben
- Personen-, Sachendurchsuchung
- Wohnungsdurchsuchung als (erforderliche) Maßnahme
- Datenträgerauswertung
- (sonstige) Datenverarbeitungsmaßnahme als (erforderliche) Maßnahme –

zwecks IDF, also zwecks Zuordnung von Mensch und bestimmtem Personaliensatz

vgl. zum Personaliensatz z.B.:

- § 9 Abs. 3 S. 1 PolG NRW
- § 111 StPO, § 111 OWiG
- § 1 BKADV, § 3 Abs. 1 Nr. 4, 5, Abs. 4 Nr. 4, 5 AZRG
- § 10 Abs. 3 S. 1 BayVersG.

13, 14, 23, 33 AsylG)

- §§ 48-49 AufenthG (IDF-Maßnahme zwecks Aufenthaltsrecht, vgl. § 1 AufenthG – Identitätsüberprüfung; Identitätsfeststellung; Identitätssicherung)
- §§ 42, 44 LFGB (Aufnahme und Aufzeichnung bestimmter personenbezogener Daten)
- § 17 PAuswG / § 18 PaßG (IDF-Maßnahme mit Speichermediumsdaten zwecks Dokumenten-Echtheits- und Ausweisinhaber-ID-Kontrolle)
- § 14a PolG NRW („Molekulargenetische Untersuchung zur IDF“: Molekulargenetische Untersuchungsmaßnahmen zur IDF (Abgleich von DNA-Identifizierungsmustern einer Leiche oder hilflosen Person mit denjenigen einer vermissten Person zur IDF, zu diesem Zweck: 1. Körperzellenentnahme bei hilflosen Person oder Leiche, 2. Probennahme von Gegenständen mit Spurenmaterial der vermissten Person, 3. molekulargenetische Untersuchung der Proben nach Nr. 1 und 2. – weitere Speicherung, Verwendung, Löschung von DNA-Identifizierungsmuster nach § 14a Abs. 1 S. 6-8 PolG NRW; § 14a Abs. 1 S. 5 PolG NRW: **Unverzüglich**e [§ 121 Abs. 1 S. 1 BGB] Vernichtung entnommener Körperzellen, wenn keine Benötigung mehr für Untersuchung nach § 14a Abs. 1 S. 2 PolG NRW.)
- § 14 Abs. 1 Nr. 1 PolG NRW (IDF-Erkennungsdienstliche-Maßnahme zwecks IDF nach §§ 12, 12a PolG NRW)
- § 12a Abs. 1 S. 1 Var. 3 PolG NRW (IDF-Maßnahme zwecks strategischer Fahndung)
- § 12 PolG NRW (IDF-Maßnahme zwecks IDF nach § 12 Abs. 1 PolG NRW)
- § 9 Abs. 3 S. 1 i.V.m. § 9 Abs. 2 S. 1 PolG NRW („ID-Maßnahme“, mit ggf. weiteren Auskünften, vgl. § 9 Abs. 3 S. 2 PolG NRW, zwecks Befragung, z.B. Sicherung/Überprüfung der Angabenquelle)

Strafrechtspflege (ggf. mit §§ 46, 53 Abs. 1

S. 2, Abs. 2 OWiG):

- § 81g Abs. 1, 2 StPO („DNA-IDF": Körperzellenentnahme zur Identitätsfeststellung zwecks potentieller künftiger Strafverfahren und molekulargenetische Untersuchung zur Feststellung des DNA-Identifizierungsmusters sowie des Geschlechts)
- § 163b Abs. 1 StPO / §§ 163b Abs. 1, c StPO: IDF beim Verdächtigen
- § 163b Abs. 2 StPO / §§ 163b Abs. 2, c StPO: IDF beim Nichtverdächtigen
- § 111 StPO (ohne §§ 46, 53 Abs. 1 S. 2 OWiG): IDF bei jedermann an an öffentlich zugänglichem Ort eingerichteter Kontrollstelle,

Zu „**Fast-ID**" (Fast-Identification) vgl. auch § 14 Abs. 4 PolG NRW („Erkennungsdienstliche Maßnahmen") und Nr. 5: („Durchführung erkennungsdienstlicher Maßnahmen"), Nr. 5.2 („FastID-Verfahren zur Sofortidentifizierung") Runderlass des Ministeriums des Innern (NRW) - 422-62.09.06 - vom 3.07.2018 („Erkennungsdienst"): „Für eine Sofortidentifizierung von Personen können dem Bundeskriminalamt Fingerabdrücke per FastID zur Identitätsprüfung übermittelt werden. Eine FastID-Abfrage ist jeder erkennungsdienstlichen Behandlung voranzustellen und dient der Identitätssicherung und der Erlangung von Hinweisen zur Erforderlichkeit einer erneuten, vollständigen erkennungsdienstlichen Behandlung. Das FastID-Verfahren dient lediglich der Überprüfung der Identität. Das aufgenommene erkennungsdienstliche Material wird nicht gespeichert. FastID ersetzt damit in keinem Fall eine erkennungsdienstliche Behandlung."

(SUB)

Realfolgen und Rechtsfolgen zu:

Anhalten/Festhalten

(SUB)

Realfolgen Anhalten/Festhalten:

- Aufforderung zum Stehenbleiben
- Aufforderung zum Verlangsamen des Fortbewegungstempos
- Aufforderung zum Aufenthalt an bestimmter Stelle

Rechtsfolge Anhalten/Festhalten:

Anhalten/Festhalten ist Reduzieren oder Stoppen der Bewegung i.S.d. Art. 2 Abs. 2 S.

(ERG)

Mögliche Befugnisrechtsnorm zu:

Anhalten/Festhalten

(ERG)

Gefahrenabwehr:

Anhalten / Festhalten

- § 12 Abs. 1 Nr. 1, Abs. 2 S. 2 Var. 1 / S. 3 PolG NRW
- § 12 Abs. 1 Nr. 2 a), Abs. 2 S. 2 Var. 1 / S. 3 PolG NRW
- § 12 Abs. 1 Nr. 2 b), Abs. 2 S. 2 Var. 1 / S. 3 PolG NRW
- § 12 Abs. 1 Nr. 2 c), Abs. 2 S. 2 Var. 1 / S. 3 PolG NRW
- § 12 Abs. 1 Nr. 3, Abs. 2 S. 2 Var. 1 / S.

2 GG.

Abgrenzung von Anhalten und Festhalten erfolgt nach:

- Gesetz, vgl. §§ 36 Abs. 1 S. 1, 37 Abs. 1 PolG NRW
- „ADIMZ" (Art, Dauer, Intensität, Mittel, Zweck der Freiheitsbeschränkung) (Vorentscheidung mit Freiheitsentziehung oder sonstiger Freiheitsbeschränkung beim Fallbearbeitungspunkt A. I.)

3 PolG NRW

- § 12 Abs. 1 Nr. 4, Abs. 2 S. 2 Var. 1 / S. 3 PolG NRW
- § 12a Abs. 1 S. 1 Var. 1 / S. 1 Var. 3 PolG NRW
- § 14 Abs. 1 Nr. 1 PolG NRW (i.V.m. § 12/12a PolG NRW)
- Ggf. § 8 Abs. 1 PolG NRW.

Nur Anhalten:

- § 9 Abs. 2 S. 2 PolG NRW
- § 9 Abs. 3 S. 1 (i.V.m. § 9 Abs. 2 PolG NRW)
- § 25 Abs. 2 PolG NRW
- § 36 Abs. 5 S. 1 StVO.

Nur Festhalten (vgl. §§ 36 Abs. 1 S. 1, 37 Abs. 1 PolG NRW)

- § 10 Abs. 3 PolG NRW
- § 35 PolG NRW
- § 58 Abs. 4 AufenthG
- §§ 62-62b AufenthG (vgl. § 71 Abs. 5 AufenthG)
- Nur für zuständige Behörde: § 30 IfSG. Nur für örtliche Ordnungsbehörde: § 14 PsychKG (NRW). Nur für Jugendamt: § 42 SGB VIII.

Strafrechtspflege (ggf. mit §§ 46, 53 Abs. 1 S. 2, Abs. 2 OWiG):

Anhalten als (erforderliche) Maßnahme / Festhalten zur

- IDF beim Verdächtigen, § 163b Abs. 1 StPO / §§ 163b Abs. 1, c StPO
- IDF beim Nichtverdächtigen, § 163b Abs. 2 StPO/ §§ 163b Abs. 2, c StPO
- IDF bei jedermann an an öffentlich zugänglichem Ort eingerichteter Kontrollstelle, § 111 StPO (ohne §§ 46, 53 Abs. 1 S. 2 OWiG)
- Ggf. § 163 Abs. 1 S. 2 StPO.

Nur Festhalten (vgl. Art. 104 GG):

- § 127 Abs. 1 S. 1 Alt 1 StPO
- § 127 Abs. 2 i.V.m. § 112 StPO
- § 127 Abs. 2 i.V.m. § 112a StPO
- § 127 Abs. 2 i.V.m. § 126a StPO
- § 127b StPO
- § 164 StPO
- § 19 IRG.

(SUB)

Realfolgen und Rechtsfolgen zu:

Befragung/Vernehmung

Realfolgen Befragung/Vernehmung – Beispiele:

- Aktives Entgegennehmen von Aussage
- Fragestellen
- Bitte um Beantwortung einer Frage
- Aufforderung zum Machen von Angaben; z.B. durch Gestik, Mimik, Verbalisierung.

Rechtsfolge(n) Befragung/Vernehmung – allgemein:

Befragung/Vernehmung ist jedes in (erkennbarer, vgl. § 9 Abs. 5 PolG NRW + BGHSt/ BVerfGE) amtlicher Funktion ausdrückliche oder konkludente Fragen oder sonstige Auskunftsverlangen über einen bestimmten (vgl. § 9 Abs. 7 PolG NRW) Sachverhalt (insb. potentielle Störung, Tatverdacht) im Unterschied zu *bloßer* ID-Maßnahme.

(ERG)

Mögliche Befugnisrechtsnorm zu:

Befragung/Vernehmung

Gefahrenabwehr:

- Ggf. speziellere Rechtsfolgenregelungen (je nach Auffassung zu Anforderungen an Befugnisrechtsnormstruktur, vgl. bloße Pflichtenformulierung), vgl. § 50 Abs. 2 BNatSchG; § 42 BWaldG; §§ 6-15 IfSG; § 22 GastG; § 14 GewO; § 2 JuSchG; §§ 42, 44 LFGB; §§ 315-318 SGB III; § 97a SGB VIII; §§ 98-101 SGB X; § 4 VereinsG; §§ 15 Abs. 5, 34-39 WaffG.
- § 9 Abs. 2 PolG NRW: Befragung der betroffenen Person oder der nichtbetroffenen Person (vgl. § 9 Abs. 4 PolG NRW);
- § 9 Abs. 3 PolG NRW: Befragung zu ID-Merkmalen gegenüber Person i.S.d. § 9 Abs. 2 PolG NRW;
- § 12a Abs. 1 S. 1 Var. 2 PolG NRW: Befragen

Strafrechtspflege (ggf. mit §§ 46, 53 Abs. 1 S. 2, Abs. 2 OWiG):

- Ggf. speziellere Rechtsnormen, vgl. z.B. § 99 StPO[502]

---

[502] Vgl. § 99 Abs. 2 StPO, § 100 StPO und frühere Entscheidung des BGH, Beschluss vom 20.02.2019 – BGH, StB 51/18, Rn. 11-13: „Die für die **Beschlagnahme retrograder Postdaten** erforderliche gesetzliche Grundlage ergibt sich nicht aus § 99 StPO, und zwar weder aus einer direkten noch aus einer entsprechenden Anwendung der Vorschrift. Gemäß § 99 StPO ist die **Beschlagnahme der an den Beschuldigten gerichteten Postsendungen** zulässig, die sich im Gewahrsam von Personen oder Unternehmen befinden, die geschäftsmäßig Post- oder Telekommunikationsdienste erbringen oder daran mitwirken. In der sich daraus ergebenden **Verpflichtung zur Herausgabe von Postsendungen** ist nach allgemeiner Meinung als weniger intensiver Eingriff und mithin rechtstechnisch als Minus zugleich die Verpflichtung enthalten, **Auskunft über die Postsendungen** zu erteilen. Falls die Voraussetzungen der Postbeschlagnahme erfüllt sind, kann mithin statt dieser auch lediglich die diese betreffende Auskunft verlangt werden [Quellenangaben]. Diese Möglichkeit stellt sich allerdings lediglich als eine Ausprägung des Verhältnismäßigkeitsgrundsatzes dar und schafft daher keine weitergehenden Zugriffsmög-

- § 163a StPO: Vernehmung des Beschuldigten
- § 163 Abs. 3-7 StPO: Vernehmung von Zeugen oder Sachverständigen (vgl. § 163 Abs. 6 S. 1 StPO) oder anderen Personen (vgl. § 163 Abs. 6 S. 2 StPO)
- § 55 OWiG: Anhörung/Vernehmung des (beschuldigten) Betroffenen

Vgl. auch ggf. § 43 Abs. 1 JGG (ggf. i.V.m. § 109 JGG).

(SUB)
Realfolgen und Rechtsfolgen zu:
Betreten und/oder Durchsuchung

Realfolgen Durchsuchung – Beispiele:

Nachschau; Suchen; (Aufforderung zum) Aufdecken.

Rechtsfolge(n) Durchsuchung – allgemein:

Personendurchsuchung: Suchverhalten (gezielte Nachschau mit Begleitmaßnahmen) bzgl. Personen, Sachen, Daten

- in oder am Personenkörper (ohne Körper-beschaffenheitsermittlungszweck)[503]

(ERG)
Mögliche Befugnisrechtsnorm zu:
Betreten und/oder Durchsuchung

Gefahrenabwehr:

- Diverse spezielle Rechtsnormen wie: § 15 Abs. 4 AsylG; § 48 Abs. 3 AufenthG; § 58 Abs. 5-10 AufenthG; §§ 42, 44 LFGB; § 4 VereinsG; § 36 Abs. 3 WaffG, § 39 Abs. 2 WaffG, § 46 Abs. 4 WaffG; § 44 Abs. 4 WPflG; § 23a ZDG
- § 12 Abs. 1 Nr. 1, Abs. 2 PolG NRW
- § 12 Abs. 1 Nr. 2 a), Abs. 2 PolG NRW
- § 12 Abs. 1 Nr. 2 b), Abs. 2 PolG NRW

---

lichkeiten als die Postbeschlagnahme selbst. Nach dem eindeutigen Wortlaut des § 99 Satz 1 StPO erstreckt sich die Auskunftspflicht deshalb - ebenso wie die Herausgabepflicht - nur auf diejenigen Postsendungen, die sich noch im Gewahrsam der Postunternehmen befinden, nicht hingegen auf bereits weitergeleitete [Quellenangaben].".

503 Vgl. auch BVerfG, Beschluss der 2. Kammer des Zweiten Senats vom 27.03.2019 - 2 BvR 2294/18 -, Rn. 17: „**Durchsuchungen, die mit einer Entkleidung verbunden sind**, stellen einen schwerwiegenden Eingriff in das allgemeine Persönlichkeitsrecht dar (vgl. BVerfGK 2, 102 <105>; 17, 9 <14>; BVerfG, Beschluss der 2. Kammer des Zweiten Senats vom 5. März 2015 - 2 BvR 746/13 -, juris, Rn. 33; BVerfG, Beschluss der 2. Kammer des Zweiten Senats vom 5. November 2016 - 2 BvR 6/16 -, juris, Rn. 29; vgl. auch BVerfG, Beschluss der 2. Kammer des Zweiten Senats vom 14. April 2016 - 2 BvR 695/16 -, juris, Rn. 6). Dies gilt in besonderem Maße für **Durchsuchungen, die mit einer Inspizierung von normalerweise verdeckten Körperöffnungen verbunden sind** (vgl. BVerfGK 17, 9 <14>; BVerfG, Beschluss der 3. Kammer des Zweiten Senats vom 10. Juli 2013 - 2 BvR 2815/11 -, juris, Rn. 15; BVerfG, Beschluss der 2. Kammer des Zweiten Senats vom 5. November 2016 - 2 BvR 6/16 -, juris, Rn. 29). Wegen des besonderen Gewichts von Eingriffen, die den Intimbereich und das Schamgefühl des Inhaftierten berühren, hat der Inspizierte Anspruch auf besondere Rücksichtnahme (vgl. BVerfGK 17, 9 <16>; BVerfG, Beschluss der 3. Kammer des Zweiten Senats vom 10. Juli 2013 - 2 BvR 2815/11 -, juris, Rn. 15; BVerfG, Beschluss der 2. Kammer des Zweiten Senats vom 5. November 2016 - 2 BvR 6/16 -, juris, Rn. 29)."; vgl. auch BVerfG, Beschluss der 3. Kammer des Zweiten Senats vom 04.02.2009 – 2 BvR 455/08 –, Rn. 24: „Die Verfassungsbeschwerde ist ihrer Begründung gemäß dahin auszulegen, dass sie sich gegen die angegriffenen Entscheidungen allein insoweit wendet, als sie die bei Aufnahme

- in oder an am Personenkörper befindlichen Sachen (z.B. Bekleidung bzw. Accessoires).

Sachendurchsuchung:

Suchverhalten (gezielte Nachschau mit Begleitmaßnahmen) bzgl. Personen, Sachen, Daten in oder an nicht am Personenkörper befindlichen, nicht als Wohnung geltenden Sachen (vgl. § 90 BGB).

Wohnungsdurchsuchung:

Suchverhalten (gezielte Nachschau mit Begleitmaßnahmen) bzgl. Personen, Sachen, Daten in einer als Wohnung geltenden Sache[504].[505]

Wohnungsbetreten (vgl. nur zum Wohnungsbetreten: § 20 Abs. 3 PolG NRW; § 41 Abs. 4 PolG NRW, § 110 StPO): Körperliches Eindrin-

- § 12 Abs. 1 Nr. 2 c), Abs. 2 PolG NRW
- § 12 Abs. 1 Nr. 3, Abs. 2 PolG NRW
- § 12 Abs. 1 Nr. 4, Abs. 2 PolG NRW
- § 12a Abs. 1 S. 1 Var. 3 PolG NRW
- § 39 PolG NRW
- § 40 PolG NRW
- §§ 41, 42 PolG NRW

Strafrechtspflege (ggf. mit §§ 46, 53 Abs. 1 S. 2, Abs. 2 OWiG):

- § 100b StPO;
- § 163b Abs. 1 S. 3 Var. 1/2 StPO;
- § 163b Abs. 2 StPO;
- § 111 StPO;
- § 102 StPO;
- § 103 StPO;
- §§ 99, 100 StPO;

---

in die Untersuchungshaft erfolgte, mit einer Entkleidung und Inspizierung des Anus verbundene körperliche Durchsuchung betreffen.“.

504 Vgl. BVerfGE 32, 54, Ls. 1, 69-72 (Betriebsbetretungsrecht) = BVerfG, Beschluss des Ersten Senats vom 13.10.1971 – 1 BvR 280/66, Ls. 1: „Der Begriff ‚**Wohnung**‘ in Art. 13 Abs. 1 GG ist weit auszulegen; er umfaßt auch Arbeits-, Betriebs- und Geschäftsräume.“; vgl. auch § 41 Abs. 1 S. 2 PolG NRW; vgl. auch Nr. 40.03 VVPolG NRW: „Für die **Durchsuchung von Sachen im befriedeten Besitztum** gelten die §§ 41 und 42.“; Nr. 41.13 VVPolG NRW: „Die Durchsuchung einer Wohnung hat sich auf Anlass und Zweck der Durchsuchung zu beschränken. Befinden sich in der Wohnung Personen, die durchsucht werden sollen, ist hierfür § 39 maßgebend. Sollen in einer Wohnung Sachen durchsucht werden, die nicht den Wohnungsinhabern gehören, ist § 40 einschlägig.“; vgl. auch Nr. 40.12 VVPolG NRW: „Sollen bewegliche Sachen, die Wohnungen sind (vgl. RdNr. 41.11), betreten oder durchsucht werden, richten sich die Maßnahmen nach § 41.“, vgl. auch Nr. 41.11 VVPolG NRW: „Es ist zu beachten: **Wohnungen** i.S.d. § 41 Abs. 1 Satz 2 sind auch die zu Wohnzwecken genutzten beweglichen Sachen wie Schiffe, Wohnwagen, Wohnmobile und Zelte. **Inhaber einer Wohnung** ist, wer rechtmäßig die tatsächliche Gewalt über die Räumlichkeit ausübt, somit z.B. auch Mieter, Untermieter oder Hotelgast. Bei Gemeinschaftsunterkünften, Internaten und Obdachlosenasylen sind nur die Leiterinnen und Leiter Inhaber. Die **Befugnis zum Betreten einer Wohnung** schließt die Befugnis ein, von Personen, Sachen und Zuständen, die ohne weiteres wahrgenommen werden können, **Kenntnis** zu nehmen. Soweit es für die Erfüllung der polizeilichen Aufgaben erforderlich ist, umfasst das **Betretungsrecht** bei Grundstücken auch das **Recht zum Befahren mit Fahrzeugen**.“, vgl. auch Nr. 41.13 VVPolG NRW: „Die Durchsuchung einer Wohnung hat sich auf Anlass und Zweck der Durchsuchung zu beschränken. Befinden sich in der Wohnung Personen, die durchsucht werden sollen, ist hierfür § 39 maßgebend. Sollen in einer Wohnung Sachen durchsucht werden, die nicht den Wohnungsinhabern gehören, ist § 40 einschlägig.“.

505 BVerfGE 76, 83, 89 (Zwangsvollstreckung III) = BVerfG, Beschluss des Ersten Senats vom 16.06.1987 – 1 BvR 1202/84 –: „Dabei ist für den Begriff der **Durchsuchung** kennzeichnend das ziel- und zweckgerichtete Suchen staatlicher Organe nach Personen oder Sachen oder zur Ermittlung eines Sachverhalts, um etwas aufzuspüren, was der Inhaber der Wohnung von sich aus nicht offenlegen oder herausgeben will (BVerfGE 28, 285 [287 ff.]; 47, 31 [36 f.]).“; so auch: BVerfGE 51, 97, 106 (Zwangsvollstreckung I) = BVerfG, Beschluss des Ersten Senats vom 03.04.1979 – 1 BvR 994/76 –; nicht in: BVerfGE 57, 346 (Zwangsvollstreckung II) = BVerfG, Beschluss des Ersten Senats vom 16.06.1981 – 1 BvR 1094/80 –.

gen in eine als Wohnung geltende Sache.

Raumdurchsuchung (vgl. §§ 102, 103 StPO): Suchverhalten (gezielte Nachschau einschließlich Begleitmaßnahmen) bzgl. Personen, Sachen, Daten in einem umschlossenen Gebäudeteil oder entsprechendem Behältnis ohne Wohnungseigenschaft.

Online-Durchsuchung (vgl. § 100b StPO; vgl. auch „**Online-TKÜ**“, § 100a Abs. 1 S. 2, 3 StPO[506]; § 20c Abs. 2 PolG NRW):

Eingriff mit technischen Mitteln auch ohne Wissen des Betroffenen in ein von dem Betroffenen genutztes informationstechnisches System mit Datenerhebung daraus.

Abgrenzung Durchsuchung / unvermeidliche Kenntnisnahme:

Unvermeidliche Kenntnisnahme ist Wahrnehmung ohnehin offen präsenter Personen, Sachen, Daten ohne Veränderung, z.B. Umherblicken in Wohnung von einem Standposten aus, vgl. § 41 PolG NRW.

Abgrenzung Durchsuchung / Inaugenscheinnahme (vgl. § 12a Abs. 1 S. 2 PolG NRW):

Inaugenscheinnahme ist prüfende Betrachtung präsenter Sachen oder Daten ohne erhebliche Veränderung (vgl. § 12a Abs. 1 S. 2, 3 PolG NRW; Prinzip: „Just look, don‘t touch“); z.B. Betrachtung von: geöffneter Tasche / Fahrzeuginnerem / geöffnetem Kofferraum.

Abgrenzung Personendurchsuchung / Körperliche Untersuchung (KU) durch Körperbeschaffenheitsermittlungszweck: **Körperliche Untersuchung** ist Körperbeschaffenheitsermittlung durch gezielte Nachschau oder gezielten Eingriff am Menschenkörper, ggf. auch mit Datenverarbeitung, ggf. auch mit sog. Exploration.[507]

- (§ 110 StPO).

[506] Siehe auch: *Keller/Braun*, Telekommunikationsüberwachung und andere verdeckte Maßnahmen.

[507] BGHSt 5, 332 (**Lügendetektor** I) = BGH, Urteil vom 16.02.1954 – 1 StR 578/53: „Die körperliche Untersuchung darf nur zur Feststellung von Tatsachen, die für das Verfahren von Bedeutung sind, statt-

(SUB)

Realfolge(n) ist (sind) laut Sachverhalt zum Beispiel:

1. Bitte, anzuhalten
2. Fragen nach Personalien
3. Fragen nach Angaben zur Identität (Identitätsangaben auch über Personalien hinaus)
4. Bitte, sich auszuweisen
5. Suchen in und an der Person
6. Suchen in und an (mitgeführten) Sachen
7. Gehen/Fahren zur Polizeiwache mit Begleitverfügungen (ggf. mit Begleitverfügung, z.B. Anordnung, mitzukommen/einzusteigen/mitzufahren)
8. Durchführen von Fast-ID mit Begleitverfügungen (ggf. mit Begleitverfügung, z.B. Anordnung, Finger aufzulegen)
9. Ausweiseinsichtnahme (z.B. an Wohnanschrift) mit Begleitverfügungen (ggf. mit Begleitverfügung, z.B. Anordnung, den Ausweis-Lageort zu nennen, mitzukommen)

Rechtsfolge ist allgemein eine IDF-Maßnahme/Maßnahme zwecks IDF (Datenerhebung oder sonstige Datenverarbeitung oder Begleitakt [wie Anhalten/Festhalten] zwecks Zuordnung von Mensch und Personaliensatz), konkret (in Entsprechung zu obigen Beispiels-Nummern):

1. als VA (§ 35 VwVfG NRW) Anhalten zwecks IDF nach § 12 Abs. 2 S. 2 Var. 1 PolG NRW

Ab Anhalten können alle folgenden Maßnahmen erfolgen mit (alternativ)

- VA/Realakt (ohne Zwang[508], vgl. §§ 50 ff. PolG NRW) Anhalten zwecks IDF nach § 12 Abs. 2 S. 2 Var. 1 PolG NRW

oder

- VA/Realakt (ohne Zwang, vgl. §§ 50 ff. PolG NRW) Festhalten zwecks IDF nach § 12 Abs. 2 S. 3 PolG NRW[509].[510]

---

finden. Darunter ist nur die **körperliche Beschaffenheit** des Angeklagten zu verstehen, ‚die äußere und innere Seinsweise des Körpers' einschließlich in diesen geratener Fremdkörper (Eb. Schmidt, StPO § 81 a Anm. 3), unter Umständen auch das körperliche Verhalten gegenüber äußeren Einflüssen (Alkohol).“; BGHSt 44, 308 (Lügendetektor II) = BGH, Urteil vom 17.12.1998 – BGH 1 StR 156/98: Ls. 1: „Wirkt der Beschuldigte freiwillig an einer polygraphischen Untersuchung mit, so verstößt dies nicht gegen Verfassungsgrundsätze oder § 136a StPO.“, Ls. 2: „Die **polygraphische Untersuchung** mittels des Kontrollfragentests und - jedenfalls im Zeitpunkt der Hauptverhandlung - des Tatwissentests führt zu einem völlig ungeeigneten Beweismittel i.S.d. § 244 Abs. 3 Satz 2 4. Alt. StPO [§ 244 Abs. 3 S. 3 Nr. 4 StPO, P. B.].“, Rn. 16: „Danach hält der Senat seine im Urteil vom 16. Februar 1954 (BGHSt 5, 332) erhobenen - im wesentlichen verfassungsrechtlichen - Bedenken für den Fall nicht aufrecht, daß der Beschuldigte sich mit dem Einsatz eines Polygraphen einverstanden erklärt hat. Jedoch ist die vom Angeklagten beantragte polygraphische Untersuchung nach dem mit den Sachverständigen erörterten wissenschaftlichen Kenntnisstand ein völlig ungeeignetes Beweismittel i.S.d. § 244 Abs. 3 Satz 2 4. Alt. StPO [§ 244 Abs. 3 S. 3 Nr. 4 StPO, P. B.].“.

508 Zu Zwang siehe *Basten*, Eingriffsrecht der Polizei in Nordrhein-Westfalen, Band 3, Buch 3, Abschnitt 3.

509 Zusätzliche Rechtsnorm bzgl. Rechtsfolge Festhalten: § 37 Abs. 5 PolG NRW.

510 Je nach konkretem Fall unter regelmäßiger Auslegung zur Abgrenzung von Freiheitsentziehung/Festhalten oder sonstiger Freiheitsbeschränkung/(ggf. Anhalten) nach Art, Dauer, Intensität, Mittel,

2. als VA/Realakt (vgl. § 35 VwVfG NRW) Befragung[511] nach Personalien zwecks IDF nach § 12 Abs. 2 S. 2 Var. 2 PolG NRW

3. als VA(/Realakt als über den „Verlangens"-Wortlaut hinaus mögliches faktisches Fragen[512] nach Angaben) Verlangen von Angaben zwecks IDF nach § 12 Abs. 2 S. 2 Var. 3 PolG NRW

4. als VA(/Realakt als über den „Verlangens"-Wortlaut hinaus mögliches faktisches Fragen[513] nach Ausweispapieren) Verlangen des Aushändigens von mitgeführten Ausweispapieren zur Prüfung zwecks IDF nach § 12 Abs. 2 S. 2 Var. 4 PolG NRW

5. als Realakt (ggf. mit Begleit-VA) **Personendurchsuchung** (gezielte Nachschau in oder am Personenkörper) zwecks IDF nach § 12 Abs. 2 S. 4 Var. 1 PolG NRW[514]

Zweck (ADIMZ) können IDF-Maßnahmen (außer IDF-Anhalten/IDF-Festhalten selbst) grundsätzlich entweder mit IDF-Anhalten oder mit IDF-Festhalten erfolgen. Zum Beispiel: bloßes Mitnehmen zur Polizeiwache mit dem Zweck (Z) IDF (sog. „**Sistierung**") jedenfalls bei Fehlen von Besonderheiten bzgl. Art, Intensität, Mittel (AIM) bis zur Maßnahmen-Dauer (D) von 2 Stunden kann sein:

- noch keine Freiheitsentziehung, damit kein Festhalten (zwecks IDF, vgl. z.B. § 12 Abs. 2 S. 3 PolG NRW; § 163b Abs. 1 S. 2, § 163c StPO; § 163b Abs. 2 S. 2, § 163c StPO);
- eine sonstige Freiheitsbeschränkung, damit ein Anhalten oder eine nicht spezieller normierte Maßnahme zwecks IDF im Rahmen des Anhaltens (zwecks IDF, vgl. z.B. § 12 Abs. 2 S. 1 PolG NRW, § 12 Abs. 2 S. 2 Var. 1 PolG NRW; § 163b Abs. 1 S. 1 StPO; § 163b Abs. 2 S. 2 StPO). Zur „Fixierung" vgl. auch §§ 37a, 50, 62 PolG NRW.

Vgl. [mit Hervorhebungen und Klammervermerken durch P. B.]: BVerfGE 149, 293 (5-Punkt-Fixierung/7-Punkt-Fixierung) = BVerfG, Urteil des Zweiten Senats vom 24.07.2018 – 2 BvR 309/15 –, Ls. 1b) „Sowohl **bei einer 5-Punkt- als auch bei einer 7-Punkt-Fixierung von nicht nur kurzfristiger Dauer** handelt es sich um eine Freiheitsentziehung im Sinne des Art. 104 Abs. 2 GG, die von einer richterlichen Unterbringungsanordnung nicht gedeckt ist. Von einer **kurzfristigen Maßnahme** ist **in der Regel** auszugehen, wenn sie absehbar die Dauer von **ungefähr** einer halben Stunde unterschreitet."; Rn. 67: „Sie [die Freiheitsentziehung] setzt eine besondere Eingriffsintensität **und** eine nicht nur kurzfristige Dauer der Maßnahme voraus […].", Rn. 68: „**Jedenfalls** eine 5-Punkt- oder 7-Punkt-Fixierung, bei der sämtliche Gliedmaßen des Betroffenen mit Gurten am Bett festgebunden werden, stellt eine Freiheitsentziehung im Sinne von Art. 104 Abs. 2 GG dar, es sei denn, es handelt sich um eine lediglich kurzfristige Maßnahme. Von einer kurzfristigen Maßnahme ist in der Regel auszugehen, wenn sie absehbar die Dauer von **ungefähr** einer halben Stunde unterschreitet.".

511 **Befragungs-VA-Sätze** können ein Ausrufezeichen haben; **Befragungs-Realakt-Sätze** können ein Fragezeichen haben. Beispiele für Befragungs-VA: „Bitte beantworten Sie die Frage!" / „Bitte sagen Sie, was Sie wissen!" / „Bitte sagen Sie, was Sie wahrgenommen haben!" / „Bitte sagen Sie Ihren Namen!"; Beispiele für Befragungs-Realakt: „Was sagen Sie zu folgender Frage?" / „Was wissen Sie?" / „Was haben Sie wahrgenommen?" / „Wie ist Ihr Name?".

512 **Befragungs-VA-Sätze** können ein Ausrufezeichen haben; **Befragungs-Realakt-Sätze** können ein Fragezeichen haben. Beispiele für Befragungs-VA: „Bitte beantworten Sie die Frage!" / „Bitte sagen Sie, was Sie wissen!" / „Bitte sagen Sie, was Sie wahrgenommen haben!" / „Bitte sagen Sie Ihren Namen!"; Beispiele für Befragungs-Realakt: „Was sagen Sie zu folgender Frage?" / „Was wissen Sie?" / „Was haben Sie wahrgenommen?" / „Wie ist Ihr Name?".

513 **Befragungs-VA-Sätze** können ein Ausrufezeichen haben; **Befragungs-Realakt-Sätze** können ein Fragezeichen haben. Beispiele für Befragungs-VA: „Bitte beantworten Sie die Frage!" / „Bitte sagen Sie, was Sie wissen!" / „Bitte sagen Sie, was Sie wahrgenommen haben!" / „Bitte sagen Sie Ihren Namen!"; Beispiele für Befragungs-Realakt: „Was sagen Sie zu folgender Frage?" / „Was wissen Sie?" / „Was haben Sie wahrgenommen?" / „Wie ist Ihr Name?".

514 Zur Hosentaschenleerungsverfügung siehe auch das Beispiel aus VGH Baden-Württemberg, Urteil des 1. Senats vom 13.08.2018 – 1 S 1468/17, Rn. 147: „Die Aufforderung, die Hosentaschen zum Zwecke der Eigensicherung der Polizeibeamten zu leeren, findet ihre Rechtsgrundlage stattdessen mangels

6. als Realakt (ggf. mit Begleit-VA) **Sachendurchsuchung** (gezielte Nachschau in oder an nicht am Personenkörper befindlichen, nicht als Wohnung geltenden Sachen) von (von der betroffenen Person) mitgeführten Sachen zwecks IDF nach § 12 Abs. 2 S. 4 Var. 2 PolG NRW

7. als VA/Realakt (sonstige, nicht spezieller geregelte) Maßnahme(n) zwecks IDF nach § 12 Abs. 2 S. 1 PolG NRW

8. als Realakt (ggf. mit Begleit-VA) **Erkennungsdienstliche Maßnahme** (§ 14 Abs. 4 PolG NRW) zwecks IDF nach § 14 Abs. 1 Nr. 1 PolG NRW

9. als VA/Realakt (sonstige, nicht spezieller geregelte) Maßnahme(n) zwecks IDF nach § 12 Abs. 2 S. 1 PolG NRW

(ERG)

Mögliche Befugnisrechtsnorm für den IDF-VA/Realakt ist (alternativ):

- § 12 PolG NRW.
- § 12a (Abs. 1 S. 1 Var. 3) PolG NRW[515].
- § 14 Abs. 1 Nr. 1 PolG NRW[516].

B. Formelle Rechtmäßigkeit (FR) I. Zuständigkeit (Z)

(VOR/DEF)

Zuständigkeit ist Aufgabenwahrnehmungserlaubnis für den Rechtsfolgesetzer.

(SUB/ERG)

Für die Maßnahme ist die Zuständigkeit (i.d.R.) wie folgt gegeben:

1. sachliche Zuständigkeit *der Polizei* gemäß (alternativ)

- § 1 Abs. § 1 Abs. 1 S. 1, 2 Var. 1 oder 2 (oder 3) PolG NRW (originäre Zuständigkeit) (ggf. i.V.m. § 1 Abs. 2 PolG NRW[517] / ggf. i.V.m. § 1 Abs. 5 S. 2 PolG NRW[518]);
- § 1 Abs. 1 S. 1, 3 PolG NRW (subsidiäre Zuständigkeit);

2. instanzielle Zuständigkeit *der Polizeibehörde* gemäß

---

abschließender Regelung in den Vorschriften über die Standardmaßnahmen in der polizeilichen Generalklausel [...].".

515 Zu § 12a PolG NRW siehe *Basten*, Eingriffsrecht der Polizei in Nordrhein-Westfalen, Band 2, Buch 2, Abschnitt 12.

516 Zu § 14 Abs. 1 Nr. 1 PolG NRW siehe *Basten*, Eingriffsrecht der Polizei in Nordrhein-Westfalen, Band 2, Buch 2, Abschnitt 14.

517 § 1 Abs. 2 PolG NRW hat negative Zuständigkeitsvoraussetzungen; § 1 Abs. 2 PolG NRW ist die sogenannte „**Privatrechtsklausel**"; zum **Privatrecht in der polizeilichen Praxis** ausführlich: *Basten*, Privatrecht in der polizeilichen Praxis.

518 § 1 Abs. 5 S. 2 PolG NRW ist qua Gesetzessystematik eine Zuständigkeitsvorschrift mit negativen Befugnisvoraussetzungen.

- (i.d.R.) § 11 Abs. 1 Nr. 1 POG NRW;
- (generell:) §§ 10-14 POG NRW (ggf. i.V.m. KPBVO NRW / ggf. i.V.m. LKAAufgVO NRW);

3. örtliche Zuständigkeit *der Polizeibehörde* gemäß

- (i.d.R.) § 7 Abs. 1 POG NRW (ggf. i.V.m. KHStVO NRW);
- (generell:) §§ 7-9 POG NRW (ggf. i.V.m. KHStVO NRW);

4. funktionelle Zuständigkeit *des Polizeiamtswalters* gemäß (alternativ)

- § 12 Abs. 1 Wort 2, Abs. 2 S. 1 Wort 2 PolG NRW.
- § 14 Abs. 1 W. 2 PolG NRW[519].
- § 12a Abs. 1 S. 1 W. 2, Abs. 2 S. 1 PolG NRW[520].
- § 37 Abs. 4 PolG NRW (für „Aufgaben im Polizeigewahrsam", vgl. IDF-Gewahrsam i.S.v. § 38 Abs. 2 Nr. 5 PolG NRW).

B. Formelle Rechtmäßigkeit (FR) II. Verfahren (V)

(VOR/DEF)

Verfahren ist normiertes Verhalten insbesondere für den Rechtsfolgezuständigen außer, bei, i.Z.m. der Rechtsfolge.

1. Spezielle PolG NRW-Verfahrensrechtsnormen bzgl. bestimmter IDF-Maßnahmen

(VOR/DEF)

a) § 12 Abs. 1 Nr. 4 S. 2 PolG NRW als Verfahrensrechtsnorm für IDF-Kontrollstellenmaßnahme: Kontrollstellenzustimmung

Gemäß § 12 Abs. 1 Nr. 4 S. 2 PolG NRW besteht grundsätzliche Pflicht zur Erwirkung der Kontrollstellenzustimmung, denn gemäß § 12 Abs. 1 Nr. 4 S. 2 PolG NRW ist die Einrichtung der Kontrollstelle nur mit Zustimmung des Innenministeriums (IM NRW) oder einer von diesem beauftragten Stelle zulässig, es sei denn, dass Gefahr im Verzug vorliegt.

Kontrollstelle i.S.v. § 12 Abs. 1 Nr. 4 PolG NRW– die zur maßgeblichen Zeit nach formell-verfahrensmäßiger Zustimmungserwirkung materiell eingerichteter Ort der IDF-Maßnahme sein muss – ist eine solche im Sinne der PDV 100 (Anlage 20).

Beauftragte Stelle i.S.d. § 12 Abs. 1 Nr. 4 Satz 2 PolG NRW ist nach Nr. 12.16 S. 1 VVPolG NRW das Landesamt für Zentrale Polizeiliche Dienste NRW (LZPD NRW).

---

[519] Zu § 12a PolG NRW siehe *Basten*, Eingriffsrecht der Polizei in Nordrhein-Westfalen, Band 2, Buch 2, Abschnitt 12.

[520] Zu § 14 Abs. 1 Nr. 1 PolG NRW siehe *Basten*, Eingriffsrecht der Polizei in Nordrhein-Westfalen, Band 2, Buch 2, Abschnitt 14.

Nach Nr. 12.16 S. 2 PolG NRW besteht bei Einrichtung von Kontrollstellen ohne Zustimmung des LZPD NRW eine Pflicht zum **unverzüglich**en (§ 121 Abs. 1 S. 1 BGB) **Bericht** an das LZPD NRW.

Gefahr im Verzug ist gegeben, wenn im einzelnen Fall der Handlungsbedarf unvorhergesehen ist und bei Durchführung der eigentlich vorgesehenen Maßnahme, hier der Zustimmungserwirkung, der gesetzliche Zweck, hier der jeweilige aus § 12 Abs. 1 Nr. 4 S. 1 PolG NRW, vereitelt oder wesentlich erschwert wird.

b) § 39 Abs. 3 PolG NRW analog als Verfahrensrechtsnorm für IDF-Personendurchsuchung oder für IDF-„Personenuntersuchung" (als nicht spezieller geregelte oder als bestimmte „erkennungsdienstliche" IDF-„Maßnahme")[521]: grundsätzlich gleiches Geschlecht oder Arzt

Gemäß § 39 Abs. 3 PolG NRW analog[522] dürfen Personen „nur von **Personen gleichen Geschlechts oder Ärzten** durchsucht werden; das gilt nicht, wenn die sofortige Durchsuchung zum Schutz gegen eine Gefahr für Leib oder Leben erforderlich ist."

Durchsuchung i.S.v. Durchsuchungspersonvoraussetzungen wie aus § 39 Abs. 3 PolG NRW ist Suchverhalten mit Eingriff in die körperliche Intimsphäre der betroffenen Person, wie zum Beispiel möglich durch systematisches Abtasten, Hineingreifen, Fixieren an Körperintimstellen, nicht Durchsuchung i.S.d. § 39 Abs. 3 PolG NRW sind: Durchsuchung-Begleitmaßnahmen wie Bewegungsverfügungen, sonstige Verhaltensverfügungen zwecks Durchsuchungsförderung oder bloßes Fixieren des Durchsuchungsadressaten jedenfalls an Ausläufern von Armen, Beinen, Schulter – vgl. insbesondere Telos des § 39 Abs. 3 PolG NRW i.V.m. Art. 1 Abs. 1 GG, Art. 3 Abs. 3 Var. 1 GG.

Person i.S.d. § 39 Abs. 3 PolG NRW ist natürliche Person im Sinne von § 1 BGB.

Person gleichen Geschlechts ist eine Person mit gleichem Geschlechts-Personenstand nach PStG.

Arzt ist ein solcher nach BÄO.

Gefahr für Leib oder Leben ist eine Sachlage im einzelnen Fall, die bei ungehindertem Geschehensverlauf in absehbarer Zeit mit hinreichender Wahrscheinlichkeit zu einem **Schaden** (nachteilige Beeinträchtigung) für die Schutzgüter **Leib** (**körperliche Unversehrtheit**) oder **Leben** (biologisch-physische Existenz) führt.

Erforderlichkeit i.S.d. § 39 Abs. 3 PolG NRW ist Nichtverfügbarkeit eines milderen, gleich geeigneten Mittels als der sofortigen Personendurchsuchung zum legitimen Zweck des Schutzes gegen eine Gefahr für Leib oder Leben.

c) § 40 Abs. 2 S. 1, 2 PolG NRW für IDF-Sachendurchsuchung: Anwesenheit oder Hinzuziehung

Bei Sachendurchsuchung zwecks IDF nach § 12 Abs. 2 S. 4 Alt. 2 PolG NRW hat gemäß § 40 Abs. 2 S. 1, 2 PolG NRW analog[523] der Inhaber der tatsächlichen Gewalt das Recht, anwesend

---

521 Zu möglichen erkennungsdienstlichen Maßnahmen zwecks IDF und IDF-Untersuchungen bzw. deren Unterfall „körperlicher Eingriffe" vgl. auf dem Rechtsgebiet der Gefahrenabwehr des Ausländerrechts den ausdrücklichen § 49 Abs. 6 AufenthG.

522 Analogie von § 39 Abs. 3 PolG NRW zu § 12 Abs. 2 S. 4 Var. 2 PolG NRW aufgrund für diesen existierender Regelungslücke und teleologisch gleichzusetzender Interessenlage von Person zu Person. Zur Analogie siehe auch: *Basten*, Eingriffsrecht der Polizei in Nordrhein-Westfalen, Band 1, S. 163.

zu sein; ist er abwesend, so sollen sein Vertreter oder ein anderer Zeuge hinzugezogen werden (**Hinzuziehung**).[524]

Inhaber der tatsächlichen Gewalt ist jede natürliche Person (§ 1 BGB) mit zur maßgeblichen Zeit tatsächlich ausübbarem **Besitz** zur zu durchsuchenden Sache im Sinne des Privatrechts, vgl. insbesondere §§ 854-872 BGB.

Vertreter ist ein Stellvertreter qua Gesetz oder ein Stellvertreter qua Rechtsgeschäft[525], der Zeuge im Sinne des § 40 Abs. 2 S. 2 PolG NRW sein kann.

Zeuge im Sinne des § 40 Abs. 2 S. 2 PolG NRW ist jede natürliche Person, die in Anwesenheit der Durchsuchung von dieser Wahrnehmungen und dazu im Nachhinein rechtmäßigkeitsrelevante Aussagen machen kann.[526]

d) § 40 Abs. 2 S. 3 PolG NRW als Verfahrensrechtsnorm für IDF-Sachendurchsuchung: Bescheinigung

Bei Sachendurchsuchung zwecks IDF nach § 12 Abs. 2 S. 4 Alt. 2 PolG NRW ist gemäß § 40 Abs. 2 S. 3 PolG NRW analog[527] dem Inhaber der tatsächlichen Gewalt auf Verlangen eine Bescheinigung über die Durchsuchung und ihren Grund zu erteilen (**Durchsuchungsbescheinigung**).

Inhaber der tatsächlichen Gewalt ist jede natürliche Person (§ 1 BGB) mit zur maßgeblichen Zeit tatsächlich ausübbarem **Besitz** zur durchsuchten Sache im Sinne des Privatrechts, vgl. insbesondere §§ 854-872 BGB.

e) Verfahrensrechtsnormen aus PolG NRW und JGG für IDF-Festhalten

Bei Festhalten nach § 12 Abs. 2 S. 3 PolG NRW sind folgende Verfahrensrechtsnormen anzuwenden:

aa) §§ 36, 38 PolG NRW: Richterliche Entscheidung über Zulässigkeit und Fortdauer in Verbindung mit Freiheitsentziehungsdauer/Gewahrsamsfristen im Fall von Festhal-

---

523 Analogie von § 40 Abs. 2 S. 1, 2 PolG NRW zu § 12 Abs. 2 S. 4 Var. 2 PolG NRW aufgrund für diesen existierender Regelungslücke und teleologisch gleichzusetzender Interessenlage. Zur Analogie siehe auch: *Basten*, Eingriffsrecht der Polizei in Nordrhein-Westfalen, Band 1, S. 163.

524 Nr. 40.02 S. 1 VVPolG NRW: „Der Inhaber der tatsächlichen Gewalt ist auf sein Recht hinzuweisen, bei der Durchsuchung anwesend sein zu können.".

525 **Vertreter** ist ein **Stellvertreter** qua Gesetz oder ein **Stellvertreter** qua Rechtsgeschäft (§§ 164-181 BGB). Vgl. insbesondere:

- §§ 1626-1698b BGB: **Elterliche Sorge** mit **„Vertretung des Kindes"** gemäß § 1629 BGB;
- § 1 Abs. 1 Nr. 4 JuSchG: **erziehungsbeauftragte Person**;
- §§ 1773-1895 BGB: **Vormundschaft**;
- §§ 1896-1908k BGB: **Rechtliche Betreuung**;
- §§ 1909-1921 BGB: **Pflegschaft**.

526 Nr. 40.02 S. 2 VVPolG NRW: „Polizeivollzugsbeamtinnen und Polizeivollzugsbeamte kommen als Zeuginnen und Zeugen nur in Betracht, wenn andere Personen zu diesem Zwecke nicht hinzugezogen werden können.".

527 Analogie von § 40 Abs. 2 S. 3 PolG NRW zu § 12 Abs. 2 S. 4 Var. 2 PolG NRW aufgrund für diesen existierender Regelungslücke und teleologisch gleichzusetzender Interessenlage. Zur Analogie siehe auch: *Basten*, Eingriffsrecht der Polizei in Nordrhein-Westfalen, Band 1, S. 163.

ten/Gewahrsam zwecks IDF (Identitätsfeststellungs-Festhalten / Identitätsfeststellungs-Gewahrsam)

Gemäß § 36 Abs. 1 S. 1 PolG NRW hat die Polizei bei Festhalten einer Person auf Grund von § 12 Abs. 2 S. 3 PolG NRW **unverzüglich**[528] (§ 121 Abs. 1 S. 1 BGB) eine **richterliche Entscheidung** über Zulässigkeit und Fortdauer der Freiheitsentziehung herbeizuführen.

Gemäß § 36 Abs. 1 S. 2 bedarf es der Herbeiführung einer richterlichen Entscheidung nicht, wenn anzunehmen ist, dass die Entscheidung des Richters erst nach Wegfall des Grundes der polizeilichen Maßnahmen ergehen würde.[529]

Gemäß § 36 Abs. 2 S. 1 PolG NRW ist für die Entscheidung nach § 36 Abs. 1 PolG NRW als Gericht das Amtsgericht zuständig, in dessen Bezirk[530] die Freiheitsentziehung herbeigeführt wurde.

Gemäß § 36 Abs. 2 S. 2 PolG NRW richtet sich das Verfahren nach den Vorschriften des 7. Buches (Verfahren in Freiheitsentziehungssachen) des FamFG (§§ 415-432 FamFG).[531]

---

[528] BVerfGE 149, 293 (5-Punkt-Fixierung/7-Punkt-Fixierung) = BVerfG, Urteil des Zweiten Senats vom 24.07.2018 – 2 BvR 309/15 –, D. III. 4., Rn. 99 f.: „Art. 104 Abs. 2 Satz 2 GG fordert in einem solchen Fall, die richterliche Entscheidung unverzüglich nachzuholen (vgl. BVerfGE 10, 302 <321>; 105, 239 <249>). Das Tatbestandsmerkmal ‚**unverzüglich**' ist dahin auszulegen, dass die richterliche Entscheidung ohne jede Verzögerung, die sich nicht aus sachlichen Gründen rechtfertigen lässt, nachgeholt werden muss (vgl. BVerfGE 105, 239 <249>; Gusy, in: v. Mangoldt/Klein/Starck, GG, Bd. 3, 7. Aufl. 2018, Art. 104 Rn. 48). Nicht vermeidbar sind zum Beispiel die Verzögerungen, die durch die Länge des Weges, Schwierigkeiten beim Transport, die notwendige Registrierung und Protokollierung oder ein renitentes Verhalten des Betroffenen bedingt sind (vgl. BVerfGE 105, 239 <249>; BVerfGK 7, 87 <99>; Gusy, in: v. Mangoldt/Klein/Starck, GG, Bd. 3, 7. Aufl. 2018, Art. 104 Rn. 48). Sachliche Gründe, die eine Verzögerung der richterlichen Entscheidung rechtfertigen, können sich auch aus der Notwendigkeit verfahrensrechtlicher Vorkehrungen ergeben, die dem Schutz des Betroffenen dienen.".

[529] BVerfGE 105, 239, 251 (Richtervorbehalt bei Freiheitsentziehung) = BVerfG, Beschluss des Zweiten Senats vom 15.05.2002 – 2 BvR 2292/00 –, C. III. 2., Rn. 32: „Zweck dieser Vorschrift [§ 19 Abs. 1 S. 2 NGefAG = § 19 Abs. 1 S. 2 Nds.SOG = § 19 Abs. 1 S. 2 NPOG ≙ § 36 Abs. 1 S. 2 PolG NRW, P.B.] ist es, die Fortdauer einer Freiheitsentziehung über den durch den sachlichen Grund der Maßnahme gerechtfertigten Zeitraum hinaus zu verhindern; eine sachlich nicht mehr gerechtfertigte Freiheitsentziehung soll nicht durch eine Vorführung vor den Haftrichter verlängert werden. Dies erfordert eine Prognoseentscheidung der handelnden Beamten. Ihr ist jedoch, dem Schutzzweck des Art. 104 Abs. 2 GG entsprechend, eine den verfassungsrechtlichen Erfordernissen entsprechende Gerichtsorganisation zu Grunde zu legen.". BGH, Beschluss vom 10.06.2020 – StB 23/18, Rn. 23: „Zwar hat eine Überschreitung der **Höchstfrist der vorläufigen Freiheitsentziehung** ebenso wie der Verstoß gegen das **Unverzüglichkeitsgebot** - jedenfalls grundsätzlich - zur Folge, dass die behördliche Ingewahrsamnahme des Betroffenen insoweit rechtswidrig war und dies auf seinen Antrag nach Maßgabe des § 428 Abs. 2 FamFG festzustellen ist. Jedoch schlägt der Mangel nicht auf die von dem Gericht angeordnete Freiheitsentziehung durch; diese ergeht aufgrund eines Antrags der beteiligten Behörde in einem eigenen Verfahren unter selbständigen Voraussetzungen (s. BGH, Beschluss vom 12. Juli 2013 - V ZB 224/12, juris Rn. 13 [Schrifttumsquellenangaben]). Ihre Rechtmäßigkeit hängt allein davon ab, dass das für sie vorgeschriebene Verfahren eingehalten wird und die für sie bestimmten gesetzlichen Voraussetzungen gegeben sind, der Richter selbst also fehlerfrei vorgeht und entscheidet (s. BGH, Beschlüsse vom 12. Juli 2013 - V ZB 224/12, juris Rn. 13; vom 12. Februar 2020 - StB 36/18, juris Rn. 31 f.). Falls die vorläufige Ingewahrsamnahme am 8. Juli 2017 um 24 Uhr geendet hätte, wäre das Amtsgericht nicht deswegen an der Anordnung der Freiheitsentziehung gehindert gewesen.".

[530] **Gerichtsbezirke** gemäß Anlage 1 JustG NRW.

[531] BVerwGE 151, 102 (Keine Haftung für Kosten einer rechtswidrigen Sicherungshaft) = BVerwG, Urteil vom 10.12.2014 – BVerwG 1 C 11.14, Rn. 18: „Auch die Rechtskraft steht einer Inzidentkontrolle

Gemäß § 38 PolG NRW ist die festgehaltene Person in folgenden Fällen zu entlassen:

- gemäß § 38 Abs. 1 Nr. 1 PolG NRW: sobald der Grund für die Maßnahme der Polizei weggefallen ist (sofortige Entlassung bei Grundwegfall),
- gemäß § 38 Abs. 1 Nr. 2 PolG NRW: wenn die Fortdauer der Freiheitsentziehung durch richterliche Entscheidung für unzulässig erklärt wird (sofortige Entlassung nach richterlicher Unzulässigerklärung),
- gemäß § 38 Abs. 1 Nr. 3 PolG NRW: in jedem Falle spätestens bis zum Ende des Tages nach dem Ergreifen, wenn nicht vorher die Fortdauer der Freiheitsentziehung auf Grund **dieses Gesetzes** (PolG NRW) oder eines **anderen Gesetzes** (jedes anderen als des PolG NRW) durch richterliche Entscheidung angeordnet ist (Entlassung am Ergreifens-Folgetag-Ende, vgl. Art. 104 Abs. 2 S. 3, 4 GG).
- gemäß § 38 Abs. 2 Nr. 5 PolG NRW kann durch die in § 38 Abs. 1 Nr. 3 PolG NRW vorgesehene richterliche Entscheidung eine abweichende Frist des polizeilichen Gewahrsams bestimmt werden, und zwar wie folgt:
    - gemäß § 38 Abs. 2 Nr. 5 S. 1 PolG NRW zum Zwecke der Identitätsfeststellung bis zu insgesamt zwölf Stunden (**insgesamt 12 Stunden**), wenn nicht vorher die Fortdauer der Freiheitsentziehung auf Grund **dieses Gesetzes** (des PolG NRW) oder eines **anderen Gesetzes** (jedes außer dem PolG NRW) durch richterliche Entscheidung angeordnet wurde. Gemäß § 38 Abs. 2 Nr. 5 S. 2 PolG NRW genügt es, wenn die richterliche Entscheidung über die Fortdauer des Gewahrsams zum Zwecke der Identitätsfeststellung spätestens bis zum Ende des Tages nach dem Ergreifen herbeigeführt wird, sofern Tatsachen die Annahme begründen, dass die Identitätsfeststellung innerhalb der Frist nach § 38 Abs. 2 Nr. 5 S. 1 PolG NRW (= **12 Stunden**) vorsätzlich verhindert worden ist.
    - gemäß § 38 Abs. 2 Nr. 5 S. 3 PolG NRW darf im Fall vorsätzlicher IDF-Verhinderung und richterlicher (Fortdauer-)Entscheidung spätestens bis zum Ergrei-

---

der Haftanordnung im verwaltungsgerichtlichen Kostenerstattungsverfahren nicht entgegen, da die der ordentlichen Gerichtsbarkeit zugewiesenen Entscheidungen in Freiheitsentziehungssachen nur in formelle (vgl. § 45 FamFG), nicht aber in materielle Rechtskraft erwachsen. **Formelle Rechtskraft** bedeutet, dass die Entscheidung durch ordentliche Rechtsmittel oder sonstige Rechtsbehelfe nicht oder nicht mehr angefochten werden kann. Das FamFG enthält hingegen keine den §§ 322, 325 ZPO entsprechende Vorschriften zur materiellen Rechtskraft. Erwächst eine Entscheidung in **materielle Rechtskraft**, hat das zur Folge, dass die entschiedene Frage von den an die Rechtskraft gebundenen Personen nicht einer neuerlichen richterlichen Nachprüfung unterbreitet werden darf („ne bis in idem-Gebot“). Sie dient der Rechtssicherheit, dem Rechtsfrieden und der sinnvollen Begrenzung der Inanspruchnahme gerichtlicher Ressourcen, erstreckt sich auf den Inhalt der Entscheidung und legt fest, in welchem Umfang das Gericht und die Beteiligten in einem neuerlichen, auf dem gleichen Lebenssachverhalt beruhenden gerichtlichen Verfahren um dieselbe Rechtsfrage an die rechtskräftige Entscheidung gebunden sind. Inwieweit Entscheidungen nach dem FamFG der materiellen Rechtskraft fähig sind, muss nach überwiegender Auffassung von Fall zu Fall entschieden werden (vgl. im Einzelnen: Keidel, FamFG, 18. Auflage 2014, § 45 FamFG Rn. 24 ff.). Entscheidungen in Freiheitsentziehungssachen erwachsen jedenfalls nicht in materielle Rechtskraft, denn eine sachlich nicht gerechtfertigte Inhaftierung ist zur Verwirklichung der Freiheitsgarantien des Art. 104 GG umgehend zu beenden, ohne dass es darauf ankommt, ob sich die fehlende Berechtigung der Inhaftierung aus neuen Umständen oder daraus ergibt, dass sie nicht hätte angeordnet werden dürfen (BGH, Beschlüsse vom 18. September 2008 - V ZB 129/08 - InfAuslR 2010, 35 zum FEVG und vom 28. April 2011 - V ZB 292/10 - FGPrax 2011, 200 zum FamFG).“.

fens-Folgetag-Ende die Freiheitsentziehung die in § 38 Abs. 2 Nr. 2 PolG NRW genannte Frist (= **7 Tage**) nicht überschreiten.[532]

bb) § 37 PolG NRW: Grundbekanntgabe zum Festhalten

Gemäß § 37 Abs. 1 PolG NRW ist einer Person **unverzüglich** (§ 121 Abs. 1 S. 1 BGB) der Grund des Festhaltens bekanntzugeben, wenn sie auf Grund von § 12 Abs. 2 S. 3 PolG NRW festgehalten wird.

cc) § 37 Abs. 2 PolG NRW: Benachrichtigung durch oder für festgehaltene Person

Gemäß § 37 Abs. 2 S. 1 PolG NRW ist der festgehaltenen Person **unverzüglich** (§ 121 Abs. 1 S. 1 BGB) Gelegenheit zu geben, einen Angehörigen oder eine Person ihres Vertrauens zu benachrichtigen, soweit dadurch der Zweck der Freiheitsentziehung nicht gefährdet wird; wobei gemäß § 37 Abs. 2 S. 2 PolG NRW die Benachrichtigungspflicht bei einer richterlichen Freiheitsentziehung unberührt bleibt.

Gemäß § 37 Abs. 2 S. 3 PolG NRW soll die Polizei die Benachrichtigung übernehmen, wenn die festgehaltene Person nicht in der Lage ist, von dem Recht nach § 37 Abs. 2 S. 1 PolG NRW Gebrauch zu machen und die Benachrichtigung ihrem mutmaßlichen Willen nicht widerspricht.

---

532 Landtagsdrucksache 17/2351 (Gesetzentwurf der Landesregierung – Gesetz zur Stärkung der Sicherheit in Nordrhein-Westfalen – Sechstes Gesetz zur Änderung des Polizeigesetzes des Landes Nordrhein-Westfalen), S. 47 (zu § 38 Abs. 2 PolG NRW): „Denn die Klärung der Identität innerhalb der Frist von zwölf Stunden stößt in zahlreichen Fällen auf unüberwindbare Hindernisse. Dies gilt zum Beispiel dann, wenn Passpapiere oder Passersatzpapiere auf ihre Echtheit geprüft werden müssen. Noch schwieriger gestaltet sich die Identitätsfeststellung, wenn ein Tatverdächtiger weder über Pass- noch Passersatzpapiere verfügt. Hier wird in zahlreichen Fällen die zwölfstündige Frist nicht ausreichen, um die Identität zweifelsfrei abklären zu können. Darüber hinaus ist aus Anlass von Demonstrationen bekannt, dass der Umstand einer Zwölfstundenfrist gezielt ausgenutzt wird, um eine Identitätsfeststellung zu verhindern. Die Demonstranten behandeln im Vorfeld ihre Fingerkuppen mit Sekundenkleber oder Bitumen, um die Abnahme von Fingerabdrücken und damit die Identitätsfeststellungen zu verhindern. Ohne Eingriffe in die körperliche Unversehrtheit ist eine Identitätsfeststellung innerhalb der Zwölfstundenfrist oder bis zum Ende des Tages nach dem Ergreifen nahezu unmöglich. In Fällen wie diesen wird eine sofortige Unterscheidung vor Ort zwischen Gefahrverursachern einerseits, deren Identität nach der präventiven Regelung in § 12 PolG festgestellt werden soll und Tatverdächtigen andererseits, deren Identität nach der repressiven Regelung in § 163 b StPO festzustellen ist, nicht möglich sein, so dass zumindest dem Grundsatz nach eine einheitliche Frist für beide Personengruppen erforderlich ist. Im Grundsatz ist daher ein Gleichklang der in § 38 Absatz 2 PolG zu schaffenden Regelung mit § 163 Absatz 2 StPO anzustreben. Hiervon wurden jedoch unter Beachtung der Regelung in Artikel 104 Absatz 2 GG Ausnahmen vorgesehen. Dabei wurde ein stufenweiser Ansatz gewählt. Sofern absehbar, ist, dass die zur Verfügung stehenden zwölf Stunden nicht zur zweifelsfreien Abklärung der Identität ausreichen werden, ist daher vor deren Ablauf eine Verlängerung bei Gericht zu beantragen. Die Richterin oder der Richter kann dann an Hand der Umstände des Einzelfalls eine Verlängerung der Freiheitsentziehung anordnen, deren Dauer durch die Regelung in Nr. 1 insoweit beschränkt ist, als die Gesamtdauer der Freiheitsentziehung nicht mehr als sieben Tage betragen darf. Sofern wie in den vorgenannten Fällen Anhaltspunkte für die Annahme bestehen, dass die Identitätsfeststellung vorsätzlich verhindert werden sollte, genügt es, wenn die zur Verlängerung der Freiheitsentziehung erforderliche richterliche Entscheidung innerhalb der in Artikel 104 Absatz 2 vorgesehenen Frist eingeholt wird. Diese Regelung wurde gewählt, um auch bei einer großen Anzahl von Personen eine Feststellung der Identität aller Personen zu gewährleisten. Die genannten Zeiträume reichen in aller Regel aus, um die Hindernisse zu beseitigen und die Identität feststellen zu können.“.

Gemäß § 37 Abs. 2 S. 4 PolG NRW ist in jedem Falle unverzüglich derjenige zu benachrichtigen, dem die Sorge für die Person obliegt, wenn die festgehaltene Person minderjährig ist oder für sie zur Besorgung aller ihrer Angelegenheiten ein Betreuer bestellt ist; dies gilt gemäß § 37 Abs. 2 S. 5 PolG NRW auch, wenn der Aufgabenkreis des Betreuers die in § 1896 Abs. 4 BGB und § 1905 BGB bezeichneten Angelegenheiten nicht erfasst.

Minderjährige Person ist eine Person ohne Vollendung des 18. Lebensjahres, vgl. § 2 BGB.

Sorgeberechtigter ist jeder mit Sorgerecht, insbesondere mit elterlichem Sorgerecht nach §§ 1626-1698b BGB.

Betreuung ist eine solche nach §§ 1896-1908k BGB.

dd) § 37 Abs. 4 S. 1 PolG NRW: Gesonderte Unterbringung der festgehaltenen Person von Straf- oder Untersuchungsgefangenen

Gemäß § 37 Abs. 4 S. 1 PolG NRW soll die festgehaltene Person gesondert, insbesondere ohne ihre Einwilligung nicht in demselben Raum mit Straf- oder Untersuchungsgefangenen untergebracht werden (Abstandsgebot).

ee) § 37 Abs. 4 S. 2 PolG NRW: Getrennte Unterbringung von festgehaltenen Männern und festgehaltenen Frauen

Gemäß § 37 Abs. 4 S. 2 PolG NRW sind Männer und Frauen getrennt unterzubringen.

ff) § 70a Abs. 4 JGG: Belehrung von festgehaltenem Jugendlichem oder festgehaltenem Heranwachsenden

Gemäß § 70a Abs. 4 JGG ist der **Jugendliche** (§ 1 Abs. 2 JGG), gemäß § 70a Abs. 4 i.V.m. § 109 JGG der **Heranwachsende** (§ 1 Abs. 2 JGG) im Fall eines anderen einstweiligen Entzugs der Freiheit als der Untersuchungshaft über seine dafür geltenden Rechte entsprechend § 70a Abs. 3 Nr. 2 JGG zu informieren, im Fall einer polizeilichen Ingewahrsamnahme auch über sein Recht auf die von Erwachsenen getrennte Unterbringung nach den dafür maßgeblichen Vorschriften.

gg) § 38 Abs. 3 PolG NRW: Pflicht zur Gewährung anwaltlichen Beistands nach Vollzug getroffener richterlicher Entscheidung

Gemäß § 38 Abs. 3 PolG NRW ist nach Vollzug der in § 38 Abs. 1 Nr. 3 PolG NRW getroffenen richterlichen Entscheidung der in Gewahrsam genommenen Person ein anwaltlicher Beistand zu gewähren.

(SUB/ERG)

Im konkreten Fall ist die jeweils gegebene Verfahrensnorm (alternativ)

- bei Vorliegen von entsprechenden Anhaltspunkten / Fehlen entgegenstehender Anhaltspunkte eingehalten.
- bei Vorliegen von entsprechenden Anhaltspunkten nicht eingehalten.

2. Spezielle Verfahrensrechtsnorm aus § 9 Abs. 6 PolG NRW bei Befragung

(VOR/DEF)

§ 9 Abs. 6 PolG NRW (**Aufklärung**): Werden durch **Befragung** Daten bei der betroffenen Person oder bei Personen oder Stellen außerhalb des öffentlichen Bereichs erhoben, sind diese in geeigneter Weise über die Rechtsvorschriften für die Datenerhebung sowie entweder über die bestehende Auskunftspflicht oder über die Freiwilligkeit der Auskunft aufzuklären, es sei denn, dies ist wegen besonderer Umstände offenkundig nicht angemessen oder die Erfüllung der polizeilichen Aufgaben wird hierdurch erheblich erschwert oder gefährdet.[533]

(SUB/ERG)

Im konkreten Fall ist § 9 Abs. 6 PolG NRW bei einer Befragungsdatenerhebung (alternativ)

- eingehalten mit Aufklärung in geeigneter (adressatengerechter, nicht unbedingt fachsprachlicher, wenngleich im Nachhinein auch rechtlich nachvollziehbarer) Weise über die Rechtsvorschriften für die Befragungsdatenerhebung sowie über die Auskunftspflicht oder über die Auskunftsfreiwilligkeit.
- eingehalten ausnahmsweise („es sei denn")
  - mit Nichtaufklärung bei offenkundiger Unangemessenheit (in verhältnismäßiger Abwägung von Eingriffsgut und Erhaltungsgut der Befragung) wegen besonderer (einzelfallbezogener) Umstände

oder

  - bei erheblicher (nicht jeder) Erschwerung (Verhinderung, Verzögerung) oder (abstrakter oder jeder konkreter) Gefährdung der polizeilichen Aufgabenerfüllung (im konkreten Fall je nach betroffenen, polizeilich nach Gesetz und Recht zu erhaltenen Erhaltungsgütern, zum Beispiel auch durch Wissen des Befragten, das ihn oder andere [mehr oder weiter] gefährden könnte).[534]
- nicht eingehalten.

---

533 § 9 Abs. 6 PolG NRW regelt auch quasi die sog. „**informatorische Befragung**" auf dem Rechtsgebiet der Gefahrenabwehr/des PolG NRW mit dem Passus: „es sei denn, dies ist wegen besonderer Umstände offenkundig nicht angemessen oder die Erfüllung der polizeilichen Aufgaben wird hierdurch erheblich erschwert oder gefährdet."; „**es sei denn**" bedeutet eine widerlegliche Vermutung für das Nichtvorliegen des jeweils im Anschluss an „es sei denn" beschriebenen Tatbestandes, also im Fall des § 9 Abs. 6 PolG NRW: des informatorische-Befragungs-Tatbestandes.

534 Vgl. auch Nr. 9.6 VVPolG NRW: „Der Hinweis auf die Rechtsvorschriften sowie über die Freiwilligkeit oder Auskunftspflicht bzw. auf ein eventuell bestehendes Aussage- oder Auskunftsverweigerungsrecht ist nur dann verzichtbar, wenn die Aufklärung im Einzelfall aufgrund bestimmter Umstände offenkundig entbehrlich ist (z.B. Befragung eines Spaziergängers nach einem vermissten Kind) oder dadurch die polizeiliche Aufgabenerfüllung erheblich erschwert oder gefährdet wird.".

3. Allgemeine VwVfG-NRW-Verfahrensrechtsnormen bei IDF(-Begleit-)VA (§§ 1, 2, 9, 35 VwVfG NRW)

(VOR/DEF)

a) § 28 VwVfG NRW: Anhörung

Gemäß § 28 Abs. 1 VwVfG NRW besteht grundsätzlich Pflicht zur **Anhörung** im Sinne des § 28 Abs. 1 VwVfG NRW (Äußerungsgelegenheit mit entsprechender Würdigung vor eingreifendem VA) – oder es soll gegeben sein: ein Ausnahmegrund gemäß § 28 Abs. 2, 3 VwVfG NRW oder **VA-Verletzungsunbeachtlichkeit** gemäß § 45 VwVfG NRW oder **VA-Nichtaufhebbarkeit** gemäß § 46 VwVfG NRW.

Gemäß § 28 Abs. 2 VwVfG NRW kann von der Anhörung abgesehen werden, wenn sie nach den Umständen des Einzelfalles nicht geboten ist, insbesondere wenn ein Fall vorliegt gemäß § 28 Abs. 2 Nr. 1-5 VwVfG NRW.

Gebotenheit ist Nichtverfügbarkeit eines milderen, gleich geeigneten Mittels zur Zweckförderung.

Gemäß § 28 Abs. 2 Nr. 1 VwVfG NRW kann von der Anhörung abgesehen werden, wenn eine sofortige Entscheidung wegen Gefahr im Verzug oder im öffentlichen Interesse notwendig erscheint.

Gefahr im Verzug i.S.d. § 28 Abs. 2 Nr. 1 VwVfG NRW ist gegeben, wenn der Handlungsbedarf unvorhergesehen ist und bei Durchführung der eigentlich vorgesehenen Maßnahme, hier der Anhörung, der gesetzliche Zweck, hier der jeweilige aus der Aufgabe und Befugnisrechtsnorm, vereitelt oder wesentlich erschwert wird.[535]

Öffentliches Interesse ist die einzelfallbezogene Relevanz eines Rechts oder Rechtsguts nicht ausschließlich bei einem einzelnen Individuum.

Notwendigkeit ist Nichtverfügbarkeit eines milderen, gleich geeigneten Mittels zur Zweckförderung – bis hin zur Alternativlosigkeit der Mittelanwendung.

Gemäß § 28 Abs. 3 VwVfG NRW unterbleibt eine Anhörung, wenn ihr ein zwingendes öffentliches Interesse entgegensteht.

Zwingendes öffentliches Interesse ist die einzelfallbezogene unbedingte Relevanz eines Rechts oder Rechtsguts nicht ausschließlich bei einem einzelnen Individuum.

---

[535] BVerwGE 142, 205 (Schutzmaßnahme nach IfSG) = BVerwG, Urteil vom 22.03.2012 – BVerwG 3 C 16.11: „Gefahr im Verzug im Sinne von § 28 Abs. 2 Nr. 1 VwVfG ist anzunehmen, wenn durch eine vorherige Anhörung auch bei Gewährung kürzester Anhörungsfristen ein Zeitverlust einträte, der mit hoher Wahrscheinlichkeit zur Folge hätte, dass die behördliche Maßnahme zu spät käme, um ihren Zweck noch zu erreichen. Ob eine sofortige Entscheidung objektiv notwendig war oder die Behörde eine sofortige Entscheidung zumindest für notwendig halten durfte, ist vom Gericht aus ex-ante-Sicht zu beurteilen (Urteil vom 15. Dezember 1983 - BVerwG 3 C 27.82 - BVerwGE 68, 267 <271 f.> = Buchholz 316 § 28 VwVfG Nr. 9 S. 18). Hierbei ist wegen der Bedeutung des Anhörungsrechts als tragendem Prinzip des rechtsstaatlichen Verfahrens ein strenger Maßstab anzulegen (vgl. Kopp/Ramsauer, VwVfG, 12. Aufl. 2011, § 28 Rn. 3 und Rn. 46 m.w.N.).".

(SUB/ERG)

Im konkreten Fall ist § 28 VwVfG NRW (alternativ)

- eingehalten insbesondere bei Gelegenheit zur Stellungnahme i.S.d. § 28 Abs. 1 VwVfG NRW;
- eingehalten bei Nichteinhaltung von § 28 Abs. 1 VwVfG NRW und Ausnahmegrund gemäß § 28 Abs. 2, 3 VwVfG NRW;
- nicht eingehalten insbesondere bei Fehlen von Gelegenheit zur Stellungnahme ohne Ausnahmegrund;
- sonst eingehalten oder nicht eingehalten bei entsprechenden Anhaltspunkten (SV-Bezug) / Fehlen entgegenstehender Anhaltspunkte.

(VOR/DEF)

b) § 39 VwVfG NRW: Begründung

§ 39 VwVfG: § 39 Abs. 1 VwVfG NRW: **Begründung** eines schriftlichen oder elektronischen sowie schriftlich oder elektronisch bestätigten VA (vgl. § 37 Abs. 2 VwVfG NRW) mit den tatsächlich-rechtlichen, nicht unbedingt materiellrechtlich richtigen Behördenerwägungen – oder es soll gegeben sein: ein Ausnahmegrund nach § 39 Abs. 2 VwVfG NRW (insb. § 39 Abs. 2 Nr. 2, 4 VwVfG NRW) oder **VA-Verletzungsunbeachtlichkeit** gemäß § 45 VwVfG NRW oder **VA-Nichtaufhebbarkeit** gemäß § 46 VwVfG NRW.

(SUB/ERG)

Im konkreten Fall ist § 39 VwVfG NRW (alternativ)

- eingehalten bei Fehlen von Begründungspflicht bei rechtmäßigem Fehlen von schriftlichem oder elektronischem, schriftlich oder elektronisch bestätigtem VA (i.d.R. jedenfalls zunächst bei Maßnahmen i.S.d. § 80 Abs. 2 Nr. 2 VwGO);
- eingehalten bei Begründung bei schriftlichem oder elektronischem, schriftlich oder elektronisch bestätigtem VA (z.B. im Rahmen von „Bescheinigungen"; „Mitteilungen", „Anschreiben-VA" [„Auflagenanschreiben"; „Gefährderanschreiben", „Meldeauflagenanschreiben"], „HG-Schriftverfügung") und bei Nichtvorliegen eines Ausnahmegrundes i.S.v. § 39 Abs. 2 VwVfG NRW;
- eingehalten bei Ausnahmegrund nach § 39 Abs. 2 VwVfG NRW, insbesondere wegen bekannter oder erkennbarer Sach- und Rechtslage gemäß § 39 Abs. 2 Nr. 2 Var. 1 oder 2 VwVfG NRW;
- sonst eingehalten oder nicht eingehalten bei entsprechenden Anhaltspunkten / Fehlen entgegenstehender Anhaltspunkte.

Vertretbar bei Fehlen eines Begründungserfordernisüberhangs ist, dass § 39 VwVfG NRW bzgl. eines Sachendurchsuchungs-VA von der insoweit spezielleren Rechtsnorm des § 40 Abs. 2 S. 3 PolG NRW gemäß der Rechtsnormspezialitätsregel[536] verdrängt wird (vgl. Wortlaut „Grund").

---

536 Zur **Rechtsnormspezialitätsregel** siehe auch: *Basten*, Eingriffsrecht der Polizei in Nordrhein-Westfalen, Band 1, S. 39, 41, 161, 167.

(ERG Verfahren)

Ergebnis kann allgemein sein: Verfahrensrechtmäßigkeit oder Verfahrensrechtswidrigkeit der Maßnahme.

B. Formelle Rechtmäßigkeit (FR) III. Form (F)

(VOR/DEF)

Form ist normiertes Wie der Rechtsfolgesetzung – schriftlich, elektronisch, mündlich oder in anderer Weise.

(SUB/ERG)

Im konkreten Fall (alternativ)

- ist bei Fehlen von VA § 37 Abs. 2-6 VwVfG NRW unanwendbar.
- ist bei Fehlen von VA und Fehlen speziellerer Formrechtsnormen Formfreiheit gegeben.
- ist bei VA und Fehlen speziellerer Formrechtsnormen anwendbar: § 37 Abs. 2 bis 6 VwVfG NRW.
- kann gemäß § 37 Abs. 2 S. 1 VwVfG NRW der VA schriftlich, elektronisch, mündlich oder in anderer Weise erlassen werden.
- braucht gemäß § 37 Abs. 2 S. 2 VwVfG NRW der mündliche VA schriftlich oder elektronisch nicht bestätigt zu werden, wenn hieran kein berechtigtes Interesse besteht und der Betroffene dies nicht unverzüglich verlangt.

Bzgl. etwaigem § 40 Abs. 2 S. 3 PolG NRW ist Form integrativer Verfahrensbestandteil (siehe dazu bei B. II. Verfahren).

Ergebnis kann allgemein sein: Formrechtmäßigkeit oder Formrechtswidrigkeit der Maßnahme.

C. Materielle Rechtmäßigkeit (MR) I. Tatbestand (Tb) / Tatbestandsvoraussetzungen (TBV)

(VOR/DEF)

Tatbestand ist das Gesamt der (materiell-rechtlichen) Rechtsfolge(setzungs)bedingungen. / **Tatbestandsvoraussetzungen** sind materiell-rechtliche Rechtsfolgesetzungsbedingungen.
Überblick über (alternativ mögliche) Tatbestandsvoraussetzungen des § 12 Abs. 1 PolG NRW:

- § 12 Abs. 1 Nr. 1, Abs. 2 PolG NRW: zur Abwehr einer (konkreten) Gefahr (für die öffentliche Sicherheit oder Ordnung), vgl. § 8 Abs. 1 PolG NRW, vgl. auch Nr. 12.11 VVPolG NRW;

- § 12 Abs. 1 Nr. 2 oder Nr. 3 PolG NRW: Ort, von dem Tatsachen die Annahme rechtfertigen (Tatsachen: alle wahrnehmbaren, auf einzelnen Fall bezogenen Dinge, nicht: hypothetische Erwägungen, reine Spekulationen, fallunabhängige Vermutungen);
- § 12 Abs. 1 Nr. 2 a), Abs. 2 PolG NRW (TBV für sog. gefährlichen Ort);
- § 12 Abs. 1 Nr. 2 b), Abs. 2 PolG NRW (TBV für sog. gefährlichen Ort);
- § 12 Abs. 1 Nr. 2 c), Abs. 2 PolG NRW (TBV für sog. gefährlichen Ort);
- § 12 Abs. 1 Nr. 3, Abs. 2 PolG NRW (TBV für sog. gefährdeten Ort);
- § 12 Abs. 1 Nr. 4, Abs. 2 PolG NRW (TBV für Kontrollstelle zur Verhütung von bestimmter, enumerativ genannter Straftat).[537]

(VOR)

1. (alternative) TBV aus § 12 Abs. 1 Nr. 1 PolG NRW: konkrete Gefahr für die öffentliche Sicherheit oder Ordnung

In § 12 Abs. 1 Nr. 1 PolG NRW wird vorausgesetzt: eine konkrete Gefahr für die öffentliche Sicherheit oder Ordnung.

(DEF)

Konkrete Gefahr ist eine Sachlage im einzelnen Fall, die bei ungehindertem Geschehensverlauf in absehbarer Zeit mit hinreichender Wahrscheinlichkeit zu einem Schaden für ein rechtliches Schutzgut führt.

Ungehinderter Geschehensverlauf in absehbarer Zeit ist eine überschaubar zusammenhängende Ereigniskette ohne entscheidende Veränderung oder Unterbrechung.

Hinreichende Wahrscheinlichkeit ist gegeben bei entsprechendem Ergebnis einer Diagnose von Tatsachen und tatsächlicher Anhaltspunkte sowie einer Prognose von Art und Ausmaß potentieller Rechtseingriffe und -schäden.[538]

---

[537] Vgl. auch Erlass IM NRW an LZPD NRW vom 08.06.2020 – 432-57.01.01 –, und Verfügung LZPD NRW an alle Polizeibehörden vom 16.06.2020 – 41.4-57.01.01 –: „Um in diesem Zusammenhang jeglicher Fehlinterpretation entgegen zu wirken und einen einheitlichen Sprachgebrauch zu gewährleisten, bitte ich darum, zukünftig von einer Bezeichnung als ‚gefährlicher/verrufener Ort' o. ä. abzusehen und entsprechende Örtlichkeiten zukünftig ausschließlich als Orte/Örtlichkeiten nach § 12 Abs. 1 Nr. 2 PolG NRW zu bezeichnen.".

[538] BVerwG, Urteil vom 20.08.2003 – BVerwG 6 CN 5.02 (Hundehalterverordnung), Gründe, II.: „Maßgebliches Kriterium zur Feststellung einer Gefahr ist die hinreichende Wahrscheinlichkeit des Schadenseintritts (vgl. Urteil vom 26. Februar 1974 - BVerwG 1 C 31.72 - BVerwGE 45, 51, 57)."; sog. **„differenzierender Wahrscheinlichkeitsmaßstab"** (**„Je-desto-Formel"** / **„Variabilitätsformel"**), vgl. BVerwGE 116, 347, 356 (Gefahrtierverordnung) = BVerwG, Urteil vom 03.07.2002 – BVerwG 6 CN 8.01: „Richtig ist, dass der Grad der Wahrscheinlichkeit des Schadenseintritts, der für die Annahme einer Gefahr erforderlich ist, von der Größe und dem Gewicht des drohenden Schadens abhängt: Die Wahrscheinlichkeit des Schadenseintritts muss umso größer sein, je geringer der möglicherweise eintretende Schaden ist, und sie darf umso kleiner sein, je schwerer der etwa eintretende Schaden wiegt (vgl. Urteil vom 2. Juli 1991 – BVerwG 1 C 4.90 – BVerwGE 88, 348, 351)."; BVerwG, Urteil vom

Schaden für ein rechtliches Schutzgut ist jede nachteilige Beeinträchtigung eines bestimmten Schutzguts.

Schutzgüter sind gemäß § 12 Abs. 1 i.V.m. § 8 Abs. 1 PolG NRW die der **öffentlichen Sicherheit**, nämlich Rechte und Rechtsgüter des Einzelnen, die Rechtsordnung, die Funktionsfähigkeit des Staates[539]; oder die der **öffentlichen Ordnung**, die umfasst: die Gesamtheit jener ungeschriebenen Regeln für das Verhalten des Einzelnen in der Öffentlichkeit, deren Beachtung nach den jeweils herrschenden Anschauungen als unerlässliche Voraussetzung eines geordneten Gemeinschaftslebens betrachtet wird[540].

10.07.2012 – BVerwG 1 C 19.11, Rn. 16: […] „da jede sicherheitsrechtliche Gefahrenprognose nach den allgemeinen Grundsätzen des Gefahrenabwehrrechts eine Korrelation aus Eintrittswahrscheinlichkeit und (möglichem) Schadensausmaß ist. An die Wahrscheinlichkeit des Schadenseintritts sind umso geringere Anforderungen zu stellen, je größer und folgenschwerer der möglicherweise eintretende Schaden ist (Urteile vom 6. September 1974 - BVerwG 1 C 17.73 - BVerwGE 47, 31 <40>; vom 17. März 1981 - BVerwG 1 C 74.76 - BVerwGE 62, 36 <39> und vom 3. Juli 2002 - BVerwG 6 CN 8.01 - BVerwGE 116, 347 <356>).“; BVerwG, Urteil vom 15.01.2013 – BVerwG 1 C 10.12, Rn. 16: „Auch die […] auf der Grundlage aller Umstände des Einzelfalles vorzunehmende Beurteilung […] kann im Hinblick auf die erforderliche Wahrscheinlichkeit des Schadenseintritts den Rang des bedrohten Rechtsguts nicht außer Acht lassen, denn dieser bestimmt die mögliche Schadenshöhe. Das bedeutet aber nicht, dass bei hochrangigen Rechtsgütern […] bereits jede auch nur entfernte Möglichkeit eine Wiederholungsgefahr begründet.“; BVerfGE 115, 320, 360 (Rasterfahndung II) = BVerfG, Beschluss des Ersten Senats vom 04.04.2006 – 1 BvR 518/02 –, Rn. 136: „Im Hinblick auf den Verhältnismäßigkeitsgrundsatz im engeren Sinne hat der Gesetzgeber die Ausgewogenheit zwischen der Art und Intensität der Grundrechtsbeeinträchtigung einerseits und den zum Eingriff berechtigenden Tatbestandselementen andererseits, wie der Einschreitschwelle, der geforderten Tatsachenbasis und dem Gewicht der geschützten Rechtsgüter, zu wahren (vgl. BVerfGE 100, 313 <392 ff.>). Je gewichtiger die drohende oder erfolgte Rechtsgutbeeinträchtigung und je weniger gewichtig der Grundrechtseingriff ist, um den es sich handelt, desto geringer darf die Wahrscheinlichkeit sein, mit der auf eine drohende oder erfolgte Verletzung des Rechtsguts geschlossen werden kann, und desto weniger fundierend dürfen gegebenenfalls die Tatsachen sein, die dem Verdacht zugrunde liegen (vgl. BVerfGE 100, 313 <392>; 110, 33 <60>; 113, 348 <386>). Die Anforderungen an den Wahrscheinlichkeitsgrad und die Tatsachenbasis der Prognose dürfen allerdings nicht beliebig herabgesenkt werden, sondern müssen auch in angemessenem Verhältnis zur Art und Schwere der Grundrechtsbeeinträchtigung und zur Aussicht auf den Erfolg des beabsichtigten Rechtsgüterschutzes stehen. Selbst bei höchstem Gewicht der drohenden Rechtsgutbeeinträchtigung kann auf das Erfordernis einer hinreichenden Wahrscheinlichkeit nicht verzichtet werden. Auch muss als Voraussetzung eines schweren Grundrechtseingriffs gewährleistet bleiben, dass Annahmen und Schlussfolgerungen einen konkret umrissenen Ausgangspunkt im Tatsächlichen besitzen (vgl. BVerfGE 113, 348 <386>). Insbesondere lässt die Verfassung grundrechtseingreifende Ermittlungen ‚ins Blaue hinein‘ nicht zu (vgl. BVerfGE 112, 284 <297>; BVerfG, Beschluss der 1. Kammer des Ersten Senats vom 6. April 1989 - 1 BvR 33/87 -, NJW 1990, S. 701 <702>).“.

[539] Legaldefinitionen Öffentliche Sicherheit: § 2 Nr. 2 BremPolG, § 4 Nr. 1 SächsPVDG, § 3 Nr. 1 SOG LSA, § 54 Nr. 1 Thüringer OBG; vgl. auch Nr. 1.11 VVPolG NRW.

[540] PrOVGE 91, 139 f.; BVerfGE 69, 315, 352 (Brokdorf) = BVerfG, Beschluss des Ersten Senats vom 14.05.1985 – 1 BvR 233, 341/81 –, C. II. 2. b), Rn. 78: „Unter ‚öffentlicher Ordnung‘ wird die Gesamtheit der ungeschriebenen Regeln verstanden, deren Befolgung nach den jeweils herrschenden sozialen und ethischen Anschauungen als unerläßliche Voraussetzung eines geordneten menschlichen Zusammenlebens innerhalb eines bestimmten Gebiets angesehen wird.“; Legaldefinitionen Öffentliche Ordnung: § 4 Nr. 1 SächsPVDG, § 3 Nr. 1 SOG LSA, § 54 Nr. 2 Thüringer OBG; § 4 Nr. 2 SächsPVDG; § 3 Nr. 2 SOG LSA; § 54 Nr. 2 ThürOBG; vgl. auch Nr. 1.11 VVPolG NRW.

(SUB)

Unter Auslegung des Geschehens und Anwendung des Wahrscheinlichkeitsmaßstabs führt ohne die Maßnahme ungehinderter Geschehensverlauf in absehbarer Zeit (nicht) mit hinreichender Wahrscheinlichkeit zu einer nachteiligen Beeinträchtigung rechtlicher Schutzgüter der öffentlichen Sicherheit (oder der öffentlichen Ordnung), nämlich je nach Fall:

- Individualrechte oder Individualrechtsgüter, insbesondere nach Art. 1-20, 33, 38, 101, 103 GG;
- Rechtsordnung, insbesondere nach Art. 20 Abs. 3 GG, Gefahrenabwehrvorschriften, Strafvorschriften, Owi-Ahndungsvorschriften;
- Funktionsfähigkeit der Polizei, insbesondere bezüglich Art. 20 Abs. 3 GG, § 1 PolG NRW, § 163 Abs. 1 S. 1 StPO, § 53 Abs. 1 S. 1 OWiG.

(ERG)

Im konkreten Fall ist (alternativ)

- eine konkrete Gefahr i.S.d. § 12 Abs. 1 Nr. 1 PolG NRW für die öffentliche Sicherheit oder Ordnung abzuwehren.
- nicht eine konkrete Gefahr i.S.d. § 12 Abs. 1 Nr. 1 PolG NRW für die öffentliche Sicherheit oder Ordnung abzuwehren.

(VOR)

2. (alternative) TBV aus § 12 Abs. 1 Nr. 2 (sog. „gefährlicher Ort“) / § 12 Abs. 1 Nr. 3 (sog. „gefährdeter Ort“) / § 12 Abs. 1 Nr. 4 PolG NRW („Kontrollstellen-IDF“)[541]

(DEF)

Aufhalten / Aufenthalt / Sichaufhalten i.S.d. § 12 Abs. 1 Nr. 2, 3 PolG NRW ist jede tatsächliche Anwesenheit (unabhängig von genauer Art oder Dauer der Anwesenheit oder von genauem Verhalten oder von gewissem Ortsbezug der anwesenden Person).[542]

---

[541] Vgl. auch Erlass IM NRW an LZPD NRW vom 08.06.2020 – 432-57.01.01 –, und Verfügung LZPD NRW an alle Polizeibehörden vom 16.06.2020 – 41.4-57.01.01 –: „Um in diesem Zusammenhang jeglicher Fehlinterpretation entgegen zu wirken und einen einheitlichen Sprachgebrauch zu gewährleisten, bitte ich darum, zukünftig von einer Bezeichnung als ‚gefährlicher/verrufener Ort‘ o. ä. abzusehen und entsprechende Örtlichkeiten zukünftig ausschließlich als Orte/Örtlichkeiten nach § 12 Abs. 1 Nr. 2 PolG NRW zu bezeichnen.“.

[542] OVG Sachsen, Urteil vom 19.12.2019 – 3 A 851/18 –, Rn. 32: „Der Kläger hat sich i. S. v. § 19 Abs. 1 Satz 1 Nr. 2 SächsPolG [≙ § 19 Abs. 1 Satz 1 Nr. 2 SächsPVDG ≙ § 12 Abs. 1 Nr. 2 PolG NRW, P. B.] auch an einem gefährlichen Ort ‚aufgehalten‘. Unter ‚**Aufhalten**‘ ist die körperliche Anwesenheit des Betroffenen zu verstehen. Daher fällt auch ein zielgerichtetes Passieren eines gefährlichen Ortes ohne Anzeichen eines verzögerten Ganges, das direkte Gehen von einem Punkt zum anderen (a. A. OVG Hamburg, Urt. v. 23. August 2002 - 1 Bf 301/00 -, juris Orientierungssatz [fortgeführt von: VG Hamburg, Urteil vom 11.11.2020 – 20 K 1515/17 –, P. B.]; VG Freiburg, Urt. v. 4. April 2019 - 10 K 3092/18 -, juris Rn. 57), da gerade ein schnelles Gehen oder gar Rennen im Einzelfall als Fluchtverhal-

Ort i.S.d. § 12 Abs. 1 Nr. 2 PolG NRW ist (zum Beispiel nach Baurecht und Bebauung) abgrenzbarer geographischer Bereich.

Tatsachen / Anhaltspunkte i.S.v. § 12 Abs. 1 Nr. 2, 3 PolG NRW und auch im Sinne von § 12 Abs. 2 Nr. 4 PolG NRW (dort für eine der in § 12 Abs. 1 Nr. 4 S. 1 PolG NRW in Bezug genommenen Taten) sind alle wahrnehmbaren Dinge der Welt – nicht ausreichend sind: hypothetische Erwägungen, reine Spekulationen, fallunabhängige Vermutungen; kriminalistische Erfahrung kann ausreichen, wenn sie einen Anhalt im Tatsächlichen hat.

Annahmerechtfertigung i.S.d. § 12 Abs. 1 Nr. 2, 3 (letztlich auch im Sinne von Nr. 4) PolG NRW ist Ausreichen ggf. auch nur einer Tatsache für die Begründung der Annahme – je nach Abwägung aller Umstände, vgl. „rechtfertigen".[543]

Straftaten i.S.d. § 12 Abs. 1 Nr. 2a, Nr. 3, Nr. 4 PolG NRW sind (Verdachte von) Straftaten i.S.d. § 11 Abs. 1 Nr. 5 StGB (im Fall des § 12 Abs. 1 Nr. 4 PolG NRW bzgl. der in § 12 Abs. 1 Nr. 4 PolG NRW bezeichneten Vorschriften).

---

ten aufgefasst und als Anlass für eine polizeiliche Überprüfung genommen werden kann. Es ist deshalb unschädlich, dass der Kläger den Ort der Maßnahme nur auf dem Weg zu einem Treffen mit Kommilitonen zielgerichtet passiert hat. Der Senat teilt deshalb nicht die Auffassung, dass das Tatbestandsmerkmal des ‚sich Aufhaltens' an einem gefährlichen Ort zumindest durch einen zögerlichen Bewegungsablauf nach außen dokumentiert werden muss, abgesehen davon, dass eine Einschränkung wegen der ihr innewohnenden subjektiven Wertung vollkommen konturenlos und in der Praxis unanwendbar wäre.", Rn. 35: „Der Senat teilt nicht die teilweise in der Rechtsprechung vertretene Auffassung (VG Berlin a. a. O.; BayVGH a. a. O.), dass es wegen der Eingriffsintensität der Durchsuchung einer Person nicht genüge, dass sich diese Person an einem ‚gefährlichen Ort' aufhält. Erforderlich soll danach vielmehr sein, dass die Durchsuchung in einem inneren Zusammenhang mit den Tatbestandsvoraussetzungen der Identitätskontrolle steht, also insbesondere mit der Verabredung, Vorbereitung und Verübung von Straftaten. Hiernach bedarf es für die Zulässigkeit der Durchsuchung eines inneren Zusammenhangs mit der Gefährlichkeit des jeweiligen Ortes (VG Berlin, a. a. O. Rn. 22). Unzulässig sei die Durchsuchung einer beliebigen Person, nur weil sie sich gerade an einem ‚gefährlichen Ort' aufhalte. Dieser Auffassung ist nicht zu folgen, da sie der nach dem Normzweck gerade gewollten anlasslosen Kontrolle entgehen steht, ohne für die Beschränkung keine rechtliche Notwendigkeit besteht. Wenn mit dieser Auffassung ein konkreter Tatverdacht für die Kontrolle verlangt würde, liefen die hier in Rede stehenden Ermächtigungsnormen leer, da schon wegen des Tatverdachts solche Maßnahmen ergriffen werden könnten (vgl. § 19 Abs. 1 Satz 1 Nr. 1, § 23 Abs. 1 Nr. 1 SächsPolG [≙ § 19 Abs. 1 Satz 1 Nr. 2, § 23 Abs. 1 Nr. 1 SächsPVDG ≙ § 12 Abs. 1 Nr. 1, § 39 Abs. 1 Nr. 1 PolG NRW, P. B.]). Vielmehr bedarf es über die Ermächtigungsgrundlage hinaus keiner weiteren, ungeschriebenen Voraussetzungen für diese Maßnahmen (vgl. OVG Berlin-Brandenburg, Beschl. v. 28. Juni 2018 -1 N 98.17 -, juris Rn. 13).".

543 Vgl. Landtagsdrucksache 17/2351 (Gesetzentwurf der Landesregierung – Gesetz zur Stärkung der Sicherheit in Nordrhein-Westfalen – Sechstes Gesetz zur Änderung des Polizeigesetzes des Landes Nordrhein-Westfalen), S. 32 (zu § 12a Abs. 1 PolG NRW): „Satz 4 stellt die Maßnahme unter die Voraussetzung, dass Anhaltspunkte vorliegen, die auf nachprüfbaren Tatsachen beruhen. Diese Tatsachen müssen den Schluss darauf zulassen, dass in diesem Gebiet Straftaten der in Absatz 1 in den Ziffern 1 bis 3 bezeichneten Art begangen werden sollen und darüber hinaus, dass die Maßnahme zur Verhütung dieser Straftaten erforderlich und auch verhältnismäßig ist (Satz 5).", S. 34: „Beim Gesundheits, Arbeits- und Umweltschutz ist eine Gefahrenvorsorge seit langem anerkannt. Sie muss nach Umfang und Ausmaß dem Gefahren- oder Risikopotential, dem sie gilt, angemessen sein (vgl. BVerwGE 69, 37/44). Während bei solcher Vorsorge und im Fall konkreter Polizeigefahr die Gefahren- oder Risikoquelle bekannt ist und gesetzliche Anforderungen im Regelfall (nur) den Verursacher oder Störer treffen, gibt es zwischen dem verdachtsunabhängig Kontrollierten und der Gefahr, der die Vorsorge gilt, keinen vergleichbaren Zusammenhang. Eine verfassungsrechtlich begründete Forderung nach einem solchen ‚Zurechnungszusammenhang' (vgl. Landesverfassungsgericht Mecklenburg-Vorpommern, DVBl 2000, 262/265) macht jedoch von vornherein nur dort einen Sinn, wo die Gefahr nicht gleichsam anonym ist.".

Straftaten von erheblicher Bedeutung[544] i.S.d. § 12 Abs. 1 Nr. 2a PolG NRW sind gemäß § 8 Abs. 3 PolG NRW **insbesondere** (nach unabgeschlossener Regelbeispielsaufzählung)[545] Verbrechen sowie die in § 138 StGB genannten Vergehen, Vergehen nach § 129 StGB und gewerbs- oder bandenmäßig begangene Vergehen nach

1. den §§ 243, 244, 260, 261, 263 bis 264a, 265b, 266, 283, 283a, 291 oder 324 bis 330 StGB,
2. § 52 Abs. 1 Satz 1 Nr. 2 Buchstabe c) oder d) WaffG,
3. §§ 29 Abs. 3 Satz 2 Nr. 1 oder 29a Abs. 1 Nr. 2 BtmG,
4. §§ 96 und 97 AufenthG.

Verstoß gegen aufenthaltsrechtliche Strafvorschriften i.S.d. § 12 Abs. 1 Nr. 2b PolG NRW ist jeder (Verdacht von einem) Verstoß jedenfalls gegen solche Strafvorschriften aus §§ 95-97 AufenthG, vgl. auch §§ 84-85 AsylG.[546]

Verbergen gesuchter Straftäter i.S.d. § 12 Abs. 1 Nr. 2c PolG NRW ist jedenfalls auf konspiratives Verweilen gerichtetes Aufhalten von wegen einer Straftat verurteilter und zur Strafvollstreckung gesuchter Personen.[547]

---

544 Nr. 12.13 VVPolG NRW: „In § 12 Abs. 1 Nr. 2a) ist der Kreis der Anlassstraftaten auf solche von ‚erheblicher Bedeutung' i.S.d. § 8 Abs. 3 begrenzt, so dass der Verhältnismäßigkeitsgrundsatz jetzt unmittelbar zum Ausdruck kommt."; Nr. 8.3 VVPolG NRW: „Hierzu können auch andere Straftaten zählen, soweit sie gewerbs- oder bandenmäßig oder in anderer Weise organisiert begangen werden und dementsprechend einen erheblichen materiellen oder immateriellen (Gesamt-)Schaden verursachen.".

545 Zum Verhältnis von Raub und räuberischer Erpressung (sowie erpresserischem Menschenraub und Geiselnahme) vgl. BGH, Urteil vom 05.03.2003 – 2 StR 494/02 –, Gründe, II. 2., 3. (m.w.N.); zur Abgrenzung von Raub und räuberischer Erpressung vgl. BGH, Beschluss vom 24.04.2018 – 5 StR 606/17 – , Rn. 13 (m.w.N.).

546 Vgl. Landtagsdrucksache 17/2351 (Gesetzentwurf der Landesregierung – Gesetz zur Stärkung der Sicherheit in Nordrhein-Westfalen – Sechstes Gesetz zur Änderung des Polizeigesetzes des Landes Nordrhein-Westfalen), S. 31 f. (zu § 12a Abs. 1 PolG NRW): „Der Begriff des ‚unerlaubten Aufenthalts' ist dabei von der illegalen Zuwanderung bzw. Einreise zu unterscheiden. Der unerlaubte Aufenthalt erfüllt den Straftatbestand des § 95 Absatz 1 Nr. 2 Aufenthaltsgesetz (AufenthG). Demnach macht sich ein Ausländer strafbar, der sich ohne erforderlichen Aufenthaltstitel nach § 4 Absatz 1 Satz 1 im Bundesgebiet aufhält, vollziehbar ausreisepflichtig ist, dem eine Ausreisefrist nicht gewährt wurde oder diese abgelaufen ist und dessen Abschiebung nicht ausgesetzt ist. Anknüpfungspunkt ist das Verbleiben im Bundesgebiet (Inland) trotz Ausreisepflicht, so dass es sich hierbei um ein echtes Unterlassungsdelikt handelt (vgl. Hohoff, in: Kluth/Heusch, Ausländerrecht, Kommentar 2016, AufenthG § 95 Rdn. 12). Im Gegensatz dazu handelt es sich bei der illegalen Zuwanderung bzw. Einreise (§ 14 AufenthG), die nach § 95 Absatz 1 Nr. 3 AufenthG ebenfalls strafbewehrt ist, um ein Begehungsdelikt. Sie knüpft räumlich gesehen bereits an das unmittelbare Betreten bzw. Überquerenwollen der Außengrenze eines Staates an, ist dem ‚unerlaubten Aufenthalt' zeitlich vorgelagert. Bei der Bekämpfung der illegalen Zuwanderung bzw. Einreise handelt es sich um eine originäre Aufgabe der Bundespolizei gemäß § 2 Bundespolizeigesetz und ist damit nicht primär als Kompetenz für die Polizei des Landes Nordrhein-Westfalen regelbar. Auch die Berücksichtigung der Vorgaben der Verordnung (EG) Nr. 562/2006 des Europäischen Parlaments und des Rates vom 15. März 2006 über einen Gemeinschaftskodex für das Überschreiten der Grenzen durch Personen (Schengener Grenzkodex) bei der Ausübung der Regelung des § 12a, die unter Artikels 21 lit. a Einschränkungen der Abschaffung der Grenzkontrollen an den Binnengrenzen regelt, berührt die Länderzuständigkeit nicht.".

547 Nr. 12.14 VVPolG NRW: „§ 12 Abs. 1 Nr. 2c) setzt voraus, dass Tatsachen die Annahme rechtfertigen, dass sich an dem Ort Personen verbergen, die wegen einer Straftat verurteilt wurden und aus diesem Grunde zur Strafvollstreckung gesucht werden.".

Kontrollstelle i.S.v. § 12 Abs. 1 Nr. 4 PolG NRW– die zur maßgeblichen Zeit nach formell-verfahrensmäßiger Zustimmungserwirkung materiell eingerichteter Ort der IDF-Maßnahme sein muss – ist eine solche im Sinne der PDV 100 (Anlage 20).

(SUB/ERG)

Im konkreten Fall ist § 12 Abs. 1 Nr. 2 / 3 / 4 PolG NRW (alternativ)

- bei Vorliegen von entsprechenden Anhaltspunkten / Fehlen entgegenstehender Anhaltspunkte erfüllt.
- bei Vorliegen von entsprechenden Anhaltspunkten nicht erfüllt.

C. Materielle Rechtmäßigkeit (MR) II. Inanspruchnahme (In) / Inanspruchnahmevoraussetzungen (Inv)

(VOR/DEF)

Inanspruchnahmevoraussetzungen sind materiell-rechtliche Bedingungen für richtige Inanspruchnahme.

Inanspruchnahme ist Adressierung und sonstiges Betroffenmachen; **Adressierung** ist direktes Bestimmen oder finales Richten einer Maßnahme an einen Grundrechtsträger, vgl. §§ 41 Abs. 1 S. 1, 43 Abs. 1 S. 1 VwVfG NRW.

Die nach § 12 PolG NRW adressierte Person ist die Person nach § 12 Abs. 1 W. 7 PolG NRW und die adressierte oder sonst inanspruchgenommene Person ist alternativ je nach Maßnahme die Person im Sinne von:

- § 12 Abs. 2 S. 2 W. 4, 5 PolG NRW: betroffene Person
- § 12 Abs. 2 S. 3 W. 2, 3 PolG NRW: betroffene Person
- § 12 Abs. 2 S. 4 W. 9, 10 PolG NRW: betroffene Person.

Person i.S.d. § 12 Abs. 1 PolG NRW ist natürliche Person im Sinne von § 1 BGB.

§ 9 Abs. 4 PolG NRW lautet: „Die Befragung richtet sich an die betroffene Person. Ist deren Befragung nicht oder nicht rechtzeitig möglich oder würde sie die Erfüllung der polizeilichen Aufgabe erheblich erschweren oder gefährden, können die Daten auch ohne Kenntnis der betroffenen Person erhoben werden, wenn dies zur Aufgabenwahrnehmung gemäß Absatz 2 erforderlich ist.“[548]

---

[548] Nr. 9.3 VVPolG NRW: „Eine Datenerhebung kann ohne Kenntnis der betroffenen Person u.a. bei öffentlichen Stellen oder Dritten sowie aus allgemein zugänglichen Quellen erfolgen. Eine Datenerhebung durch Befragung Dritter oder durch Auskunftsersuchen bei einer anderen Behörde ist nicht schon deshalb eine **verdeckte Maßnahme**, weil sie ohne Kenntnis der betroffenen Person erfolgt.“. Nr. 9.4 VVPolG NRW: „Eine **verdeckte Datenerhebung** liegt vor, wenn getarnte Maßnahmen zur Datenerhebung vorgenommen werden, insbesondere die Zugehörigkeit zur Polizei bewusst verschleiert wird. Um ein **verdecktes Vorgehen** handelt es sich nicht schon, wenn Polizeivollzugsbeamtinnen oder Polizeivollzugsbeamte Dienst in Zivilkleidung verrichten oder ein äußerlich nicht als solches zu erkennendes Dienstfahrzeug benutzen.“.

(SUB/ERG)

Die Person wird je nach Fall aus den einzelnen Nummern 1-4 des § 12 Abs. 1 PolG NRW richtigerweise wie folgt in Anspruch genommen:

- im Fall einer IDF-Maßnahme im Sinne von § 12 Abs. 2 PolG NRW aufgrund der Tatbestandsvoraussetzungen des § 12 Abs. 1 Nr. 1 PolG NRW nach (alternativ):
  - § 4 PolG NRW;
  - § 5 PolG NRW;
  - § 6 PolG NRW.[549]
- im Fall einer IDF-Maßnahme im Sinne von § 12 Abs. 2 PolG NRW aufgrund der Tatbestandsvoraussetzungen des § 12 Abs. 1 Nr. 2 PolG NRW: nach § 12 Abs. 1 Nr. 2 PolG NRW als sich am genannten Ort aufhaltende Person[550].[551]

---

549 Zu Begriffen und Definitionen bezüglich §§ 4-6 PolG NRW siehe auch: *Basten*, Eingriffsrecht der Polizei in Nordrhein-Westfalen, Band 1, S. 258-260; *Basten*, Eingriffsrecht der Polizei in Nordrhein-Westfalen, Band 2, Buch 2, Abschnitt 1.

550 OVG Sachsen, Urteil vom 19.12.2019 – 3 A 851/18 –, Rn. 32: „Der Kläger hat sich i. S. v. § 19 Abs. 1 Satz 1 Nr. 2 SächsPolG [≙ § 19 Abs. 1 Satz 1 Nr. 2 SächsPVDG ≙ § 12 Abs. 1 Nr. 2 PolG NRW, P. B.] auch an einem gefährlichen Ort ‚aufgehalten'. Unter ‚**Aufhalten**' ist die körperliche Anwesenheit des Betroffenen zu verstehen. Daher fällt auch ein zielgerichtetes Passieren eines gefährlichen Ortes ohne Anzeichen eines verzögerten Ganges, das direkte Gehen von einem Punkt zum anderen (a. A. OVG Hamburg, Urt. v. 23. August 2002 - 1 Bf 301/00 -, juris Orientierungssatz [fortgeführt von: VG Hamburg, Urteil vom 11.11.2020 – 20 K 1515/17 –, P. B.]; VG Freiburg, Urt. v. 4. April 2019 - 10 K 3092/18 -, juris Rn. 57), da gerade ein schnelles Gehen oder gar Rennen im Einzelfall als Fluchtverhalten aufgefasst und als Anlass für eine polizeiliche Überprüfung genommen werden kann. Es ist deshalb unschädlich, dass der Kläger den Ort der Maßnahme nur auf dem Weg zu einem Treffen mit Kommilitonen zielgerichtet passiert hat. Der Senat teilt deshalb nicht die Auffassung, dass das Tatbestandsmerkmal des ‚sich Aufhaltens' an einem gefährlichen Ort zumindest durch einen zögerlichen Bewegungsablauf nach außen dokumentiert werden muss, abgesehen davon, dass eine Einschränkung wegen der ihr innewohnenden subjektiven Wertung vollkommen konturenlos und in der Praxis unanwendbar wäre.", Rn. 35: „Der Senat teilt nicht die teilweise in der Rechtsprechung vertretene Auffassung (VG Berlin a. a. O.; BayVGH a. a. O.), dass es wegen der Eingriffsintensität der Durchsuchung einer Person nicht genüge, dass sich diese Person an einem ‚gefährlichen Ort' aufhält. Erforderlich soll danach vielmehr sein, dass die Durchsuchung in einem inneren Zusammenhang mit den Tatbestandsvoraussetzungen der Identitätskontrolle steht, also insbesondere mit der Verabredung, Vorbereitung und Verübung von Straftaten. Hiernach bedarf es für die Zulässigkeit der Durchsuchung eines inneren Zusammenhangs mit der Gefährlichkeit des jeweiligen Ortes (VG Berlin, a. a. O. Rn. 22). Unzulässig sei die Durchsuchung einer beliebigen Person, nur weil sie sich gerade an einem ‚gefährlichen Ort' aufhalte. Dieser Auffassung ist nicht zu folgen, da sie der nach dem Normzweck gerade gewollten anlasslosen Kontrolle entgehen steht, ohne für die Beschränkung keine rechtliche Notwendigkeit besteht. Wenn mit dieser Auffassung ein konkreter Tatverdacht für die Kontrolle verlangt würde, liefen die hier in Rede stehenden Ermächtigungsnormen leer, da schon wegen des Tatverdachts solche Maßnahmen ergriffen werden könnten (vgl. § 19 Abs. 1 Satz 1 Nr. 1, § 23 Abs. 1 Nr. 1 SächsPolG [≙ § 19 Abs. 1 Satz 1 Nr. 2, § 23 Abs. 1 Nr. 1 SächsPVDG ≙ § 12 Abs. 1 Nr. 1, § 39 Abs. 1 Nr. 1 PolG NRW, P. B.]). Vielmehr bedarf es über die Ermächtigungsgrundlage hinaus keiner weiteren, ungeschriebenen Voraussetzungen für diese Maßnahmen (vgl. OVG Berlin-Brandenburg, Beschl. v. 28. Juni 2018 -1 N 98.17 -, juris Rn. 13).". Gegen: Nr. 12.12 VVPolG NRW: „Identitätsfeststellungen nach § 12 Abs. 1 Nrn. 2 bis 4 sind bei Personen, die offensichtlich in keiner Beziehung zu dem mit der Maßnahme verfolgten Zweck stehen, nicht vorzunehmen.".

551 Landtagsdrucksache 17/2351 (Gesetzentwurf der Landesregierung – Gesetz zur Stärkung der Sicherheit in Nordrhein-Westfalen – Sechstes Gesetz zur Änderung des Polizeigesetzes des Landes Nordrhein-Westfalen), S. 34 (§ 12a Abs. 1 PolG NRW): „Beim Gesundheits, Arbeits- und Umweltschutz ist eine

- im Fall einer IDF-Maßnahme im Sinne von § 12 Abs. 2 PolG NRW aufgrund der Tatbestandsvoraussetzungen des § 12 Abs. 1 Nr. 3 PolG NRW: nach § 12 Abs. 1 Nr. 3 PolG NRW als sich am genannten Ort aufhaltende Person.
- im Fall einer IDF-Maßnahme im Sinne von § 12 Abs. 2 PolG NRW aufgrund der Tatbestandsvoraussetzungen des § 12 Abs. 1 Nr. 4 PolG NRW: nach § 12 Abs. 1 Nr. 4 PolG NRW als Person an einer Kontrollstelle.

Im konkreten Fall ist die Person mit der IDF-Maßnahme (alternativ)

- richtigerweise gemäß § 4 / § 5 / § 6 / § 12 Abs. 1 Nr. 2 / § 12 Abs. 1 Nr. 3 / § 12 Abs. 1 Nr. 4 PolG NRW in Anspruch genommen/adressiert.
- nicht richtigerweise in Anspruch genommen/adressiert.

C. Materielle Rechtmäßigkeit (MR) III. Rechtsfolge (Rf) / Rechtsfolgevoraussetzungen (RfV)

(VOR/DEF)

Rechtsfolge ist rechtliche Folge aus dem Tatbestand. / **Rechtsfolgevoraussetzungen** sind materiell-rechtliche Rechtsfolgegestaltungsbedingungen.

C. Materielle Rechtmäßigkeit (MR) III. Rechtsfolge (Rf) 1. Tatsächliche und rechtliche Möglichkeit (TurM)

(VOR/DEF)

Tatsächliche und rechtliche Möglichkeit betrifft Fälle wie aus § 44 Abs. 2 Nr. 4-6 VwVfG NRW.

(SUB/ERG)

Tatsächliche und rechtliche Möglichkeit ist im konkreten Fall gegeben/nicht gegeben aufgrund Vorliegens/Nichtvorliegens von kognitiven, körperlichen, normativen, technischen Unmöglichkeiten.

Tatsächlich-rechtliche Unmöglichkeit ist gegeben im Fall nie erfolgter erster Zuordnung von der betroffenen Person und einem identitätstauglichen Personaliensatz, sodass eine daran

---

Gefahrenvorsorge seit langem anerkannt. Sie muss nach Umfang und Ausmaß dem Gefahren- oder Risikopotential, dem sie gilt, angemessen sein (vgl. BVerwGE 69, 37/44). Während bei solcher Vorsorge und im Fall konkreter Polizeigefahr die Gefahren- oder Risikoquelle bekannt ist und gesetzliche Anforderungen im Regelfall (nur) den Verursacher oder Störer treffen, gibt es zwischen dem verdachtsunabhängig Kontrollierten und der Gefahr, der die Vorsorge gilt, keinen vergleichbaren Zusammenhang. Eine verfassungsrechtlich begründete Forderung nach einem solchen ‚Zurechnungszusammenhang' (vgl. Landesverfassungsgericht Mecklenburg-Vorpommern, DVBl 2000, 262/265) macht jedoch von vornherein nur dort einen Sinn, wo die Gefahr nicht gleichsam anonym ist.".

anknüpfende Zuordnung von Mensch und bereits bestimmtem Personaliensatz faktisch nicht erfolgen kann.

Von der zwecks Identitätsfeststellung befragten Person wird grundsätzlich nichts tatsächlich und rechtlich Unmögliches verlangt insbesondere dann, wenn diese zur maßgeblichen Zeit im tatsächlichen und rechtlichen Sinne „Herrschaft über die Befragungsinhalte" hat, zum Beispiel „Herrschaft über eigene Wahrnehmungen", wenn die Person zu diesen befragt wird; was insbesondere dann der Fall ist, wenn es bei der befragten Person nicht gibt:

- kognitive oder körperliche Hindernisse für das Verstehen der Fragen oder für die Wahrnehmungsangaben;
- rechtliche Hindernisse, insbesondere keine entgegenstehenden Rechte von anderen Datenberechtigten für die Befragungsbefolgung, also für die Angaben.

Tatsächliche Unmöglichkeiten können zum Beispiel sein: technische oder sonstige (kommunikative) Hindernisse für den Adressaten einer Anordnung oder einer Befragungs-Datenerhebung, zum Beispiel auch durch das Nichtverstehen der Anordnung oder der Frage aufgrund Fremdsprache zumindest ohne Dolmetscher oder Übersetzer oder zum Beispiel auch durch das Nichtverstehen der Anordnung oder der Frage aufgrund geistiger oder körperlicher Behinderung[552].

Rechtliche Unmöglichkeit kann sich insbesondere aus der Rechtswidrigkeit einer Anordnung oder einer Befragung ergeben und dann auch zum Beispiel aus auf den Adressaten anwendbaren Rechtsnormen wie solche des DSG NRW oder §§ 201-206, 353b, 353d, 355 StGB, soweit kein Rechtfertigungsgrund oder ähnliches gegeben ist; oder aus weiteren verfassungsrechtlich übergeordneten Geheimhaltungsbelangen (wie Abwehr von konkretisiert drohenden Schäden für erhebliche, im konkreten Fall überragende Rechte und Rechtsgüter wie Leib, Leben, Freiheit einer Person oder Bestand und Sicherheit des Staates).

C. Materielle Rechtmäßigkeit (MR) III. Rechtsfolge (Rf) 2. Bestimmtheit (Bsh)

(VOR/DEF)

Bestimmtheit ist Maßnahmenerkennbarkeit und Maßnahmenverstehbarkeit, bei VA und Realakten Gebot nach Art. 20 Abs. 3 GG, bei VA Pflicht auch gemäß § 37 Abs. 1 VwVfG NRW.

(SUB/ERG)

Inhaltlich hinreichende Bestimmtheit i.S.d. § 37 Abs. 1 VwVfG NRW/Art. 20 Abs. 3 GG ist allgemein gegeben, wenn nach Auslegung der Maßnahme der Erklärungsempfänger wie jeder vernünftige Dritte, §§ 133, 157 BGB analog, in der konkreten Situation deren Inhalt hinreichend erkennen und verstehen kann, insbesondere wie folgt:

- dass die Polizei ggü./mit dem Maßnahmenempfänger/Erklärungsempfänger (wer)
- aus Gefahrenabwehrgründen (warum)

---

552 Zu möglichen Sprachunmächtigkeiten/Sprachunverständlichkeiten vgl. auch § 33 Abs. 6 S. 3 PolG NRW, § 33a Abs. 2 PolG NRW, § 114a StPO, § 114b Abs. 1 StPO, § 114b Abs. 2 S. 3 StPO, § 158 Abs. 4 StPO; zu möglichen Sehbehinderungen, Hörbehinderungen oder Sprach-Behinderungen vgl. auch § 114b Abs. 2 S. 3 StPO, § 140 Abs. 1 Nr. 11 StPO.

- zu einer spezifischen Zeit (wann)
- bezweckt, dass die Identität festgestellt werden soll (was)
- und zwar durch spezifische Maßnahmen zur Identitätsfeststellung (wie).

C. Materielle Rechtmäßigkeit (MR) III. Rechtsfolge (Rf) 3. Ermessen (Erm)

(VOR/DEF)

Ermessen[553] ist Entscheidungsspielraum auf der Rechtsfolgenseite bzgl. rechtsfehlerfreier Ausübung von Einschreit-Entschließung (Ob), Adressaten-Auswahl (Wer), Maßnahmen-Gestaltung (Wie), grundsätzlich gegeben durch § 12 Abs. 1 S. 1 Wort 3, Abs. 2 S. 1 Wort 3, S. 2 Wort 2, S. 3 Wort 4, S. 4 Wort 7 PolG NRW, und durch § 3 PolG NRW, bei VA auch durch § 40 VwVfG NRW.

(SUB/ERG)

Der gegebene Entscheidungsspielraum wird aufgrund von entsprechenden Anhaltspunkten/in Ermangelung entgegenstehender Anhaltspunkte ohne Ermessensfehler/mit Ermessensfehlern (Ermessensunterschreitung, Ermessensüberschreitung, Ermessensfehlgebrauch) ausgeübt bzgl. folgender Ermessensarten:

a) Entschließungsermessen:

Das Entschließungsermessen kann im konkreten Fall sogar gegen / auf Null reduziert sein, insbesondere wegen:

- Einschreitmöglichkeit;
- Erheblichkeitsgrad von Gefährdungen, z.B. konkreter (dringender, erheblicher, gegenwärtiger) Gefahr.

b) Auswahlermessen:

siehe C. II.: Auswahlermessen wird abschließend beurteilt i.V.m. Punkt C. II. (Inanspruchnahme).

c) Gestaltungsermessen:

siehe C. III. 4.: Gestaltungsermessen, § 3 Abs. 2 PolG NRW (Austauschmittel), wird abschließend beurteilt i.V.m. Punkt C. III. 4. (VHM).

Zum weiteren Hintergrund vgl. insbesondere bezüglich IDF-Maßnahmen entschiedene Fälle des sogenannten „**Racial Profiling**".[554]

---

553 Zum Ermessen einschließlich Rechtsnatur, Ermessensarten, Ermessensreduzierungen, Ermessensfehlern, Maßnahmenansprüchen mit Beispielen siehe auch: *Basten*, Eingriffsrecht der Polizei in Nordrhein-Westfalen, Band 1, S. 271-283.

554 So z.B. OVG NRW, Urteil des 5. Senats vom 07.08.2018 – 5 A 294/16 (**Diskriminierungsverbot**, „**Racial Profiling**", **Darlegungslast**), Leitsätze 3-6: „3. Eine nach Art. 3 Abs. 3 Satz 1 GG grundsätzlich verbotene Differenzierung liegt auch dann vor, wenn eine Maßnahme an ein dort genanntes Merkmal kausal, als (mit-)tragendes Kriterium (‚wegen') neben anderen Gründen in einem Motivbündel, anknüpft. 4. Insoweit besteht eine Rechtfertigungsmöglichkeit zum Schutz kollidierenden Verfassungsrechts. Dabei ist zu berücksichtigen, dass der Anknüpfung an die Merkmale des Art. 3 Abs. 3 Satz 1 GG stigmatisierende Wirkung zukommen kann, weshalb erhöhte Anforderungen an die Rechtfertigung eines entsprechenden Grundrechtseingriff [sic, P. B.] bestehen. 5. Die an ein solches Merkmal anknüpfende

C. Materielle Rechtmäßigkeit (MR) III. Rechtsfolge (Rf) 4. Verhältnismäßigkeit (VHM)

(VOR/DEF)

Verhältnismäßigkeit ist Geeignetheit, Erforderlichkeit, Angemessenheit der Maßnahme zu einem legitimen Zweck.

(VOR/DEF)

a) Legitimer Zweck ist jeder verfassungsgemäße Zweck.

(SUB/ERG)

Im konkreten Fall verfolgt die IDF-Maßnahme (alternativ)

- einen legitimen Zweck, nämlich einen Zweck aus § 12 Abs. 1 PolG NRW, also die verfassungsgemäße Abwehr von Schäden für Rechte und Rechtsgüter wie aus Art. 2 Abs. 2 S. 1, 2 GG, Art. 14 Abs. 1 S. 1 Alt. 1 GG, Art. 20 Abs. 3 GG, vgl. auch die Grundrechtsschutzfunktion[555], insbesondere in Bezug auf die in § 12 Abs. 1 PolG NRW genannten Strafvorschriften und damit zusammenhängenden Taten.
- keinen legitimen Zweck.

(VOR/DEF)

b) Geeignetheit einer staatlichen Maßnahme ist gegeben bei deren Zweckförderungstauglichkeit, vgl. auch § 2 Abs. 3 PolG NRW.[556]

(SUB/ERG)

Im konkreten Fall ist die IDF-Maßnahme (alternativ)

- geeignet, wegen Förderung des Erhebens von Identitätsdaten und damit Förderung des legitimen Zwecks (insbesondere aus den Voraussetzungen der Befugnisrechtsnorm, bzgl. Rechte und Rechtsgüter wie aus Art. 2 Abs. 2 S. 1, 2 GG, Art. 14 Abs. 1 S. 1 Alt. 1 GG, Art. 20 Abs. 3 GG), zum Beispiel durch:

Behörde trifft eine erhöhte Darlegungslast, weshalb diese Berücksichtigung zum Schutz des kollidierenden Verfassungsguts erforderlich ist. 6. Eine ausschließliche Anknüpfung an die Hautfarbe ist bei den hier in Rede stehen polizeilichen Standardmaßnahmen grundsätzlich nicht rechtfertigungsfähig.".

555 Zu Grundrechtsfunktionen siehe auch: *Basten*, Eingriffsrecht der Polizei in Nordrhein-Westfalen, Band 1, S. 78-84.

556 Nr. 12.15 S. 4 VVPolG NRW: „Sie [die Kontrollstellen, P. B.] sollen nur eingerichtet werden, wenn eine durch hinreichende Tatsachen begründete Wahrscheinlichkeit besteht, dass die genannten Straftaten durch die Identitätsfeststellung, evtl. in Verbindung mit sonstigen polizeilichen Maßnahmen, verhütet werden können.".

- o Unterbindung weiteren, potentiell schadensträchtigen Geschehensablaufs; bzgl. der kontrollierten Person bewirkt die IDF verhaltenssteuernde/n, potentiell gefahr-/störungs-/tatabschreckende/n „Aufhebung der Anonymität"/„Kontrolldruck";
- o Verhinderung weiteren, potentiell schadensträchtigen Geschehensablaufs, etwa durch weitere Aufklärung der Person bzw. des Personenumfelds über die Identitätsdaten und dadurch Ermöglichung besserer Entscheidung zu weiteren Maßnahmen;
- o Eigensicherung (Funktionsfähigkeit, vgl. auch Art. 20 Abs. 3 GG) und Fremdsicherung (vgl. PHW wie Ansteckungsgefahr, Suizidgefahr) durch Kenntnis des Gegenübers („durch Wissen darüber, mit wem man es zu tun hat");
- o mittelbar über sonstiges wie Greifbarkeit, Nachfragemöglichkeit, Wiedererkennbarkeit der identifizierten Personen bzw. des Personenumfelds.[557]

- ungeeignet.

(VOR/DEF)

c) Erforderlichkeit einer staatlichen Maßnahme ist Nichtverfügbarkeit eines milderen (Übermaßverbot), gleich geeigneten (Untermaßverbot) Mittels zur Zweckförderung, vgl. § 2 Abs. 1 PolG NRW, vgl. auch § 12 Abs. 1 Nr. 3 W. 63 PolG NRW („erforderlich"), § 12 Abs. 2 S. 1 W. 9 PolG NRW („erforderlichen")[558], § 12 Abs. 2 S. 3 Hs. 2 PolG NRW („wenn die Identität auf andere Weise nicht oder nur unter erheblichen Schwierigkeiten festgestellt werden kann"), § 12 Abs. 2 S. 4 PolG NRW („Unter den Voraussetzungen des Satzes 3"); ggf. § 9 Abs. 1 S. 2 i.V.m. § 22a Abs. 1 PolG NRW[559]; bei Festhalten zwecks IDF im Gewahrsam vgl. auch § 37 Abs. 3 S. 3 PolG NRW („Beschränkungen", „die der Zweck der Freiheitsentziehung oder die Ordnung im Gewahrsam erfordert.").

(SUB/ERG)

Im konkreten Fall ist die IDF-Maßnahme (alternativ)

---

[557] Landtagsdrucksache 17/2351 (Gesetzentwurf der Landesregierung – Gesetz zur Stärkung der Sicherheit in Nordrhein-Westfalen – Sechstes Gesetz zur Änderung des Polizeigesetzes des Landes Nordrhein-Westfalen), S. 33 (zu § 12a Abs. 2 PolG NRW): „Die Befugnis zur Identitätsfeststellung nach § 12 a ist auch geeignet, diesen ihr zugedachten Zweck zu erfüllen. Identitätsfeststellung ist in erster Linie eine Maßnahme der Gefahrerforschung (Schmidbauer/Steiner/Roese, Bayerisches Polizeiaufgabengesetz, 1999, RdNr. 5 zu Art. 13; 322; Gusy, Polizeirecht, 4. Aufl. 2000, RdNr. 200). Sie dient in präventiver Hinsicht dazu, die Polizei in die Lage zu versetzen, durch einen Abgleich der festgestellten Identität mit polizeilichen Datenbeständen nach Maßgabe der Vorschriften des PolG NRW eine von der kontrollierten Person möglicherweise ausgehende oder sonst mit ihr zusammenhängende Gefahr durch weitergehende Maßnahmen abzuwehren. Auch können anlässlich der Identitätskontrolle Auffälligkeiten registriert werden, die weitergehende Maßnahmen - etwa Durchsuchungen - nach sich ziehen; außerdem mag die Aufhebung der Anonymität einen potentiellen Störer bewegen, auf Aktivitäten zu verzichten (vgl. Waechter, DÖV 1999, 138/139). Zugleich entfaltet die Befugnis zur Feststellung der Identität eine von der einzelnen Maßnahme unabhängige generalpräventive Wirkung (Waechter, a.a.O., S. 144 f.).".

[558] Nr 12.15 S. 3 VVPolG NRW: „Kontrollstellen nach [§ 12 Abs. 1] Nummer 4 [PolG NRW] sind auf das notwendige Maß zu beschränken.".

[559] Vgl. insbesondere § 36 Nr. 18c DSG NRW: Danach bezeichnet der Begriff „besondere Kategorien personenbezogener Daten" unter anderem: „biometrische Daten zur eindeutigen Identifizierung einer natürlichen Person".

- erforderlich, denn einerseits sind mildere Maßnahmen wie (zum Beispiel) Nichtstun oder Platzverweisung (alleine) nicht gleich geeignet, weil sie zum Beispiel nicht Abschreckungseffekte durch Anonymitätsaufhebung und allgemeinen Kontrolldruck sowie Gefahrerforschung in gleicher Weise fördern (Untermaßverbot) und andererseits sind (mindestens) gleich geeignete, intensivere Maßnahmen wie Zwang noch nicht notwendig (Übermaßverbot).
- nicht erforderlich.

Zur buchstäblichen Identitäts-„Feststellung“: Bei einem Hintereinander oder Nebeneinander von IDF-Maßnahmen kommt es insbesondere auf die Sicherheit bis hin zur Zweifelsfreiheit der Identitätsfeststellung, also dem Vorliegen einer wirklichen Feststellung an („Identitätsfeststellung statt Identitätsplausibilisierung“).

Bloßes Befragen und bloßes Abprüfen von geantworteten oder sonst vorliegenden Datensätzen ohne Zuordnung des bildlich vor Augen stehenden Menschen zum Personaliensatz begründet nicht unbedingt eine erforderliche Feststellung der Identität.

Bei Nebeneinander von Identitätsdokumenten/Ausweispapieren und Berechtigungsscheinen oder sonstigen Papieren mit Identitätsangaben gibt es i.d.R. kein Fehlen von Erforderlichkeit zusätzlich gerade des Ausweisdokuments, denn sonstige andere Papiere sind i.d.R. kein milderes, gleich geeignetes Mittel, etwa wegen unterschiedlicher Befugnis- und Dokumentenzwecke sowie Papierqualität (vgl. nur EC-Karte ohne Lichtbild). Vorhandensein eines Dokuments allein führt nicht unbedingt automatisch zum Fehlen von Erforderlichkeit, etwa bei Anhaltspunkten von Amtlichkeitsmängeln, Fälschung, Identitätssicherungsmängeln wie etwa Fehlen eines Lichtbilds, Leseschwierigkeiten, sonstigen Qualitätsmängeln, oder sonstigen Glaubhaftigkeitsmängeln oder Glaubwürdigkeitsmängeln.

Ggf. bauen mehrere IDF-Maßnahmen je nach Nichtfeststellung der Identität verhältnismäßig in ihrer Grundrechtseingriffsintensität aufeinander auf (vgl. zum Beispiel bloßes Anhalten, bloße Befragung, Inaugenscheinnahme, Sachendurchsuchung, Personendurchsuchung, weitere Maßnahmen zwecks IDF nach § 12 Abs. 2 PolG NRW bis hin zum Festhalten, zur „Sistierung“ oder bis hin zu erkennungsdienstlichen Maßnahmen).[560]

---

[560] BVerfG, Beschluss der 1. Kammer des Ersten Senats vom 08.03.2011 – 1 BvR 47/05 –, Rn. 23: „Ein weiterer Eingriff in das Freiheitsrecht des Art. 2 Abs. 2 Satz 2 GG darf also nur dann erfolgen, wenn die Polizei auf der Basis der bereits bekannten Daten berechtigte **Zweifel an der Identität** der Person hat. Hiervon kann im vorliegenden Fall nicht ausgegangen werden. Der Beschwerdeführer hat sich gegenüber der Polizei vor Ort mit einem Bundespersonalausweis ausgewiesen. Der **Bundespersonalausweis** ist dabei in besonderer Weise als Dokument zur **Feststellung der Identität** geeignet, da er gemäß § 1 PAuswG die erforderlichen Daten für eine Identifikation und strafrechtlich relevante Erfassung der Person enthält und darüber hinaus mit besonderen Fälschungssicherungen versehen ist. Anhaltspunkte dafür, dass der Ausweis des Beschwerdeführers gefälscht war oder seine Person nicht mit dem Ausweisinhaber übereinstimmte, etwa, weil das Foto keine oder nur geringe Ähnlichkeit mit ihm aufwies, sind weder von der Polizei noch vom Landgericht benannt worden noch sind sie ansonsten ersichtlich. Daher ist - insbesondere im Hinblick auf das verfassungsrechtlich fundierte Regel-Ausnahme-Verhältnis zwischen bloßer Identitätsfeststellung und weiterem Festhalten - davon auszugehen, dass es den Polizeibeamten möglich war, die Identität aufgrund des vorgelegten Bundespersonalausweises vor Ort hinreichend sicher festzustellen. Ein Festhalten aus reinen Praktikabilitätserwägungen vermag schon die Erforderlichkeit der Maßnahme nicht zu begründen und dürfte im Übrigen auch auf die Abwägung im Rahmen der Prüfung der Verhältnismäßigkeit einer derartigen Maßnahme keinen Einfluss haben (vgl. BVerfG, Beschluss der 2. Kammer des Zweiten Senats vom 27. Januar 1992 - 2 BvR 658/90 -, NVwZ 1992, S. 767 <768>).“.

Vgl. auch § 38 Abs. 1 Nr. 3, Abs. 2 Nr. 5 PolG NRW bzgl. der Rechtsfolge-Dauer des Dauer(verwaltungs)akts bei Festhalten zur IDF.[561]

(VOR/DEF)

d) Angemessenheit oder **Verhältnismäßigkeit im engeren Sinne** einer staatlichen Maßnahme ist angemessenes Maß oder Verhältnis zwischen Zweckförderung für Erhaltungsrechte und Wirkungen für Eingriffsrechte, vgl. auch § 2 Abs. 2 PolG NRW, vgl. betroffene GR.[562]

(SUB/ERG)

Im konkreten Fall ist die IDF-Maßnahme (alternativ)

- angemessen, denn die GR-Eingriffe in Art. 2 Abs. 1 i.V.m. Art. 1 Abs. 1 GG, Art. 2 Abs. 2 S. 2 GG stehen angesichts der zu schützenden Rechte und Rechtsgüter aus Art. 2 Abs. 2 S. 1, 2 GG, Art. 14 Abs. 1 S. 1 Alt. 1 GG, Art. 20 Abs. 3 GG nicht außer Verhältnis.[563] Nicht zuletzt der Eingriffsadressat kann ein Interesse an der Zweckerreichung haben (zum Beispiel: Gefahrenabwehr durch allgemeinen Kontrolldruck).
- unangemessen.[564]

---

[561] Landtagsdrucksache 17/2351 (Gesetzentwurf der Landesregierung – Gesetz zur Stärkung der Sicherheit in Nordrhein-Westfalen – Sechstes Gesetz zur Änderung des Polizeigesetzes des Landes Nordrhein-Westfalen), S. 49 (zu § 38 Abs. 2 Nr. 5 PolG NRW): „Aus Gründen der Verhältnismäßigkeit ist die Verlängerung des Gewahrsams auf das unbedingt notwendige Maß zu beschränken. Sie darf nicht dazu führen, dass die zur Klärung der Identität erforderlichen Maßnahmen nicht mehr mit derselben Dringlichkeit durchgeführt werden wie zuvor.".

[562] Vgl. auch Nr. 12.21 VVPolG NRW: „Bei der Entscheidung, ob die betroffene Person zur Dienststelle gebracht werden soll, ist zu prüfen, ob dies zu dem beabsichtigten Erfolg nicht außer Verhältnis steht.".

[563] Vgl. OVG Sachsen, Urteil vom 19.12.2019 – 3 A 851/18 – (IDF nach § 19 Abs. 1 Satz 1 Nr. 1 SächsPVDG [≙§ 19 Abs. 1 Satz 1 Nr. 1 SächsPVDG ≙ § 12 Abs. 1 Nr. 1 PolG NRW, P. B.]), Rn. 24: „Ein gewichtiger Grundrechtseingriff in diesem Sinne ist hier allerdings durch die Identitätsfeststellung für sich genommen noch nicht gegeben. Diese berührt zwar das Recht auf informationelle Selbstbestimmung. Sie greift jedoch nur geringfügig in dieses Grundrecht ein, da sie sich in der Mitteilung der Personalien erschöpft und hier auch zu keiner Speicherung personenbezogener Daten geführt hat. Das Gewicht dieses Grundrechtseingriffs ist auch im Verhältnis zu anderen polizeilichen Maßnahmen zur Erhebung personenbezogener Daten gering (SächsOVG, Beschl. v. 17. November 2015 - 3 A 440/15 -, juris Rn. 7; OVG Rh.-Pf., a. a. O. Rn. 29).".

[564] Landtagsdrucksache 17/2351 (Gesetzentwurf der Landesregierung – Gesetz zur Stärkung der Sicherheit in Nordrhein-Westfalen – Sechstes Gesetz zur Änderung des Polizeigesetzes des Landes Nordrhein-Westfalen), S. 33 f. (zu § 12a PolG NRW bzw. hier auch direkt zu § 12 PolG NRW): „§ 12a führt in Absatz 1 Satz 2 zur Anwendbarkeit des § 12 Absatzes 2. Die mit diesen Maßnahmen einhergehenden Einbußen an grundrechtlich geschützter Freiheit stehen nicht in unangemessenem Verhältnis zu den legitimen Gemeinwohlzwecken, denen die Grundrechtsbeschränkung dient. Eine Identitätskontrolle nach Maßgabe des § 12 Abs. 2 PolG greift nur sehr geringfügig in die allgemeine Handlungsfreiheit und das Recht auf informationelle Selbstbestimmung ein. Der Eingriff erschöpft sich in einem Angehalten- und Befragtwerden sowie der Verpflichtung, ein mitgeführtes Ausweispapier zur Prüfung auszuhändigen. Soweit sich dabei weitere, über die Identitätsfeststellung hinausgehende Maßnahmen anschließen, beruhen diese nicht auf § 8 PolG. Die Datenverarbeitung richtet sich vielmehr nach den §§ 22 ff. PolG. § 12a PolG erfasst zwar einen beliebig großen Personenkreis. Jeder, der sich im öffentlichen Verkehrsraum aufhält, kann theoretisch einer Identitätskontrolle ausgesetzt sein, ohne dass das mit seinem Verhalten in Beziehung gebracht werden könnte oder durch ihn veranlasst wäre. Außerhalb des Grenzgebiets ist der

Angemessenheitssteigerung kann im Fall von Festhalten zwecks IDF im Gewahrsam unter Umständen durch folgende (alternative) Befugnisse bewirkt werden:

- § 37 Abs. 3 S. 4 PolG NRW: offene Beobachtung mittels Bild- und Tonübertragung „zum Schutz der Person“[565]
- § 37 Abs. 3 S. 5 PolG NRW: Abgrenzung des Toilettenbereichs durch geeignete Sichtschutzwände „[z]ur Wahrung der Intimsphäre“.

(ERG VHM)

Die Maßnahme ist insgesamt i.S.v. § 12 Abs. 1, 2 (S. 1, 3, 4) PolG NRW, § 2 PolG NRW, Art. 20 Abs. 3 GG (alternativ)

- verhältnismäßig.
- unverhältnismäßig.

D. Gesamtergebnis (GErg)

Die ID(F)-Maßnahme ist (alternativ)

- rechtmäßig gemäß § 12 PolG NRW.
- rechtswidrig wegen Art./§ (bestimmter Rechtsnorm [z.B. Art. 20 Abs. 3 GG].

Kontrollraum aber auf wenige räumliche Bereiche mit größerem abstrakten Gefahrenpotential beschränkt und die abstrakte Kontrollwahrscheinlichkeit im Einzelfall damit deutlich herabgesetzt. Insgesamt ergibt sich das Bild einer geringfügigen Grundrechtsbeeinträchtigung. Einer sehr niedrigen Belastung im Einzelfall stehen tatbestandlich gemessen an der Rechtsprechung des BVerfG ausreichend konturierte Eingriffsschwellen und ein beliebig großer betroffener Personenkreis gegenüber. Andererseits dient die Identitätskontrolle dem Schutz bedeutsamer Güter, deren Verletzung strafbewehrt ist. [...] Bei einer abwägenden Gegenüberstellung der Grundrechtsbeeinträchtigung und des damit verfolgten präventiven Gefahrenschutzes überwiegen die Grundrechtsbeeinträchtigungen nicht das allgemeine Interesse an einem präventiven Gefahrenschutz.“.

565 Vgl. Nr. 37.3 VVPolG NRW: „Diese Norm regelt die offene Beobachtung mit technischen Mitteln zur Bild- und Tonübertragung von im Polizeigewahrsam befindlichen Personen. Die Datenaufzeichnung ist nicht zugelassen. Die Beobachtung dient zum Schutz der im Polizeigewahrsam befindlichen Personen (z.B. bei Suizidgefahr, Gefahr von Verletzungen oder Notfällen bei alkoholisierten Personen oder Drogenkonsumenten), soweit zuvor die Gewahrsamsfähigkeit ärztlich festgestellt wurde. Dazu wird auf die mit RdErl. des Innenministeriums vom 6.8.2009 bekanntgegebene Druckschrift „Ärztliche Beurteilung der Gewahrsamsfähigkeit - Handlungsempfehlungen für von der nordrhein-westfälischen Polizei beauftragte (Polizei-)Ärztinnen und (Polizei-)Ärzte“ verwiesen.“.

ABSCHNITT 11: IDENTITÄTSFESTSTELLUNGS-MAẞNAHMEN NACH § 163B ABS. 1 STPO ODER § 163B ABS. 2 STPO ODER § 111 STPO – JEWEILS GGF. MIT § 163C STPO (GGF. I.V.M. §§ 46, 53 ABS. 1 S. 2, ABS. 2 OWIG)

A. Rechtsgrundlage (RGL) I. Grundrechte (GR)

(VOR/DEF)

Grundrechte sind grundlegende Rechte aus Art. 1-19 GG i.V.m. dem Rechtsstaatsprinzip, Art. 20 Abs. 3 GG, mit Vorrang und Vorbehalt des Gesetzes.[566]

(SUB/ERG)

Grundrechte sind fallabhängig insbesondere wie folgt gegeben:

1. Allgemeines Persönlichkeitsgrundrecht[567] mit verschiedenen Ausprägungen[568], etwa in der Ausprägung des **Rechts auf informationelle Selbstbestimmung** (APR/RiS), Art. 2 Abs. 1 i.V.m. Art. 1 Abs. 1[569] GG, vgl. auch Art. 142 GG i.V.m. Art. 4 Abs. 1, 2 Verfassung NRW[570].

---

[566] Zu **Grundrechten**: *Basten*, Eingriffsrecht der Polizei in Nordrhein-Westfalen, Band 1, Buch 1, Abschnitt 2, Unterabschnitt 3. Zum **Rechtsstaatsprinzip** mit unter anderem sogenanntem Vorrang des Gesetzes und Vorbehalt des Gesetzes: *Basten*, Eingriffsrecht der Polizei in Nordrhein-Westfalen, Band 1, S. 95-108.

[567] BVerfGE 147, 1, 18 f. (**Geschlechtsidentität**) = BVerfG, Beschluss des Ersten Senats vom 10.10.2017 – 1 BvR 2019/16 –, Rn. 38: „Art. 2 Abs. 1 GG gewährt jedem das **Recht auf die freie Entfaltung seiner Persönlichkeit**. Dieses Grundrecht umfasst neben der allgemeinen Handlungsfreiheit das **allgemeine Persönlichkeitsrecht** (Art. 2 Abs. 1 i.V.m. Art. 1 Abs. 1 GG). Letzteres ergänzt als ‚unbenanntes' Freiheitsrecht die speziellen (‚benannten') Freiheitsrechte, die ebenfalls konstituierende Elemente der Persönlichkeit schützen (vgl. BVerfGE 54, 148 <153>). Eine der **Aufgaben des allgemeinen Persönlichkeitsrechts** ist es dabei, Grundbedingungen dafür zu sichern, dass die einzelne Person ihre Individualität selbstbestimmt entwickeln und wahren kann (vgl. BVerfGE 35, 202 <220>; 79, 256 <268>; 90, 263 <270>; 117, 202 <225>). Das allgemeine Persönlichkeitsrecht schützt indessen nur solche **Elemente der Persönlichkeitsentfaltung**, die - ohne bereits Gegenstand der besonderen Freiheitsgarantien des Grundgesetzes zu sein - diesen in ihrer konstituierenden Bedeutung für die Persönlichkeit nicht nachstehen (vgl. BVerfGE 79, 256 <268>; 99, 185 <193>; 120, 274 <303>; stRspr). Es verbürgt also nicht Schutz gegen alles, was die selbstbestimmte Persönlichkeitsentwicklung auf irgendeine Weise beeinträchtigen könnte; ohnehin vermag kein Mensch seine Individualität unabhängig von äußeren Gegebenheiten und Zugehörigkeiten zu entwickeln. Der lückenschließende Schutz des allgemeinen Persönlichkeitsrechts greift aber dann, wenn die selbstbestimmte Entwicklung und Wahrung der Persönlichkeit spezifisch gefährdet ist (BVerfGE 141, 186 <201 f. Rn. 32>).".

BVerfG, Beschluss des Ersten Senats vom 06.11.2019 – 1 BvR 16/13 – (Recht auf Vergessen I), Rn. 81: „Diese [**APR-]Rechtsprechung** hat sich maßgeblich in Konstellationen der mittelbaren Drittwirkung und geleitet von dem Erfordernis praktischer Konkordanz entwickelt. Deshalb bestimmen sich die Schutzdimensionen des allgemeinen Persönlichkeitsrechts letztlich immer einzelfallbezogen im Abgleich mit den Grundrechten Dritter. Die Bestimmung seiner Schutzwirkungen und die Abwägung mit den gegenüberstehenden Freiheitsrechten greifen hier Hand in Hand. Der Schutz des allgemeinen Persönlichkeitsrechts ist insoweit flexibel und durch die Einbindung der Person in ihre sozialen Beziehungen relativiert (vgl. BVerfGE 101, 361 <380>; 141, 186 <202 Rn. 32>; 147, 1 <19 Rn. 38>; stRspr; siehe auch BGHZ 183, 353 <357 Rn. 11>; 209, 139 <150 Rn. 30>; 219, 233 <240 Rn. 22>; stRspr).".

Vgl. „**Allgemeines Persönlichkeitsrecht**" (APR) als „sonstiges Recht" (sog. **Rahmenrecht** mit [grundrechts-]abwägungsoffenem Tatbestand) nach § 823 Abs. 1 Var. 6 BGB, u.a. mit Geldentschädigungsanspruch, insbesondere durch ständige Rechtsprechung (vgl. auch § 253 BGB) seit folgender Entwicklung: BGHZ 13, 334 (Leserbrief), mit erstmaliger ausdrücklicher Anerkennung des allgemeinen Persönlichkeitsrechts; BGHZ 26, 349 (Herrenreiter), mit erstmaliger Zuerkennung einer Geldentschädigung wegen des immateriellen Schadens durch die Verletzung des allgemeinen Persönlichkeitsrechts; BGHZ 35, 363

(Ginsengwurzel), mit erstmaliger Schwerpunktsetzung bei der Menschenwürde in der Begründung; BVerfGE 34, 269 (Soraya), mit verfassungsgerichtlicher Erklärung der verfassungsrechtlichen Zulässigkeit der richterrechtlich entwickelten APR-Konstruktion.

568 BVerfG, Beschluss des Ersten Senats vom 06.11.2019 – 1 BvR 16/13 – (Recht auf Vergessen I), Rn. 80: „Die Rechtsprechung hat aus dem [**Allgemeinen Persönlichkeits-**]**Grundrecht** insoweit verschiedene **Schutzdimensionen** abgeleitet wie den **Schutz eines unantastbaren Bereichs privater Lebensgestaltung**, die Garantie der **Privatsphäre**, das **Recht am eigenen Bild** oder **gesprochenen Wort** oder das **Recht auf die Darstellung der eigenen Person**, die **soziale Anerkennung** sowie die **persönliche Ehre** (vgl. BVerfGE 27, 1 <6>; 27, 344 <350 f.>; 32, 373 <379>; 34, 238 <245 f.>; 47, 46 <73>; 54, 148 <153 f.>; 99, 185 <193 f.>; 101, 361 <384>; 106, 28 <39>; 114, 339 <346>; 120, 180 <198>).“ „Diese Schutzgehalte werden insoweit aber nicht als abschließend umschriebene und voneinander abzugrenzende Gewährleistungen verstanden, sondern als Ausprägungen, die in Blick auf den konkreten Schutzbedarf jeweils anhand des zu entscheidenden Falles herauszuarbeiten sind (vgl. BVerfGE 54, 148 <153 f.>; 65, 1 <41>).“.

BVerfGE 65, 1 (Volkszählungsgesetz), Ls. 1 = BVerfG, Urteil des Ersten Senats vom 15.12.1983 – 1 BvR 209/83, Ls. 1: „Unter den Bedingungen der modernen Datenverarbeitung wird der Schutz des Einzelnen gegen unbegrenzte Erhebung, Speicherung, Verwendung und Weitergabe seiner persönlichen Daten von dem **allgemeinen Persönlichkeitsrecht** des Art. 2 Abs. 1 GG in Verbindung mit Art. 1 Abs. 1 GG umfaßt. Das [**Allgemeine Persönlichkeits-**]**Grundrecht** gewährleistet insoweit die Befugnis des Einzelnen, grundsätzlich selbst über die Preisgabe und Verwendung seiner persönlichen Daten zu bestimmen.“; BVerfG, Beschluss des Ersten Senats vom 06.11.2019 – 1 BvR 16/13 – (Recht auf Vergessen I), Rn. 80: „Das **Recht auf informationelle Selbstbestimmung** ist von der Rechtsprechung als eigene Ausprägung des allgemeinen Persönlichkeitsrechts mit einem gegenüber den anderen Ausprägungen selbständigen Gewährleistungsgehalt entwickelt worden und behält diesen auch, soweit es als verfassungsrechtliche Wertentscheidung in das Zivilrecht einstrahlt. Dementsprechend enthält es keinen gesamthaften Schutzanspruch hinsichtlich jederlei Umgangs mit Informationen, der die übrigen Schutzdimensionen des Grundrechts allgemein übergreifen und zusammenführen würde, sondern lässt deren Wertungen und Abwägungsregeln unberührt.“; BVerfGE 120, 274, 311 f. (Online-Durchsuchung) = BVerfG, Urteil des Ersten Senats vom 27.02.2008 – 1 BvR 370/07 –, Rn. 198 f. „Das **Recht auf informationelle Selbstbestimmung** geht über den **Schutz der Privatsphäre** hinaus. Es gibt dem Einzelnen die Befugnis, grundsätzlich selbst über die Preisgabe und Verwendung seiner persönlichen Daten zu bestimmen (vgl. BVerfGE 65, 1 <43>; 84, 192 <194>). Es flankiert und erweitert den grundrechtlichen Schutz von Verhaltensfreiheit und Privatheit, indem es ihn schon auf der Stufe der Persönlichkeitsgefährdung beginnen lässt. Eine derartige Gefährdungslage kann bereits im Vorfeld konkreter Bedrohungen benennbarer Rechtsgüter entstehen, insbesondere wenn personenbezogene Informationen in einer Art und Weise genutzt und verknüpft werden können, die der Betroffene weder überschauen noch verhindern kann. Der Schutzumfang des **Rechts auf informationelle Selbstbestimmung** beschränkt sich dabei nicht auf Informationen, die bereits ihrer Art nach sensibel sind und schon deshalb grundrechtlich geschützt werden. Auch der Umgang mit personenbezogenen Daten, die für sich genommen nur geringen Informationsgehalt haben, kann, je nach dem Ziel des Zugriffs und den bestehenden Verarbeitungs- und Verknüpfungsmöglichkeiten, grundrechtserhebliche Auswirkungen auf die Privatheit und Verhaltensfreiheit des Betroffenen haben (vgl. BVerfG, Beschluss vom 13. Juni 2007 - 1 BvR 1550/03 u.a. -, NJW 2007, S. 2464 <2466>). Die mit dem Recht auf informationelle Selbstbestimmung abzuwehrenden Persönlichkeitsgefährdungen ergeben sich aus den vielfältigen Möglichkeiten des Staates und gegebenenfalls auch privater Akteure (vgl. BVerfG, Beschluss der 1. Kammer des Ersten Senats vom 23. Oktober 2006 - 1 BvR 2027/02 -, JZ 2007, S. 576) zur Erhebung, Verarbeitung und Nutzung personenbezogener Daten. Vor allem mittels elektronischer Datenverarbeitung können aus solchen Informationen weitere Informationen erzeugt und so Schlüsse gezogen werden, die sowohl die grundrechtlich geschützten Geheimhaltungsinteressen des Betroffenen beeinträchtigen als auch Eingriffe in seine Verhaltensfreiheit mit sich bringen können (vgl. BVerfGE 65, 1 <42>; 113, 29 <45 f.>; 115, 320 <342>; BVerfG, Beschluss vom 13. Juni 2007 - 1 BvR 1550/03 u.a. -, NJW 2007, S. 2464 <2466>).“.

BVerfGE 109, 279, 325-327 (akustische Wohnraumüberwachung / „Großer Lauschangriff“) = BVerfG, Urteil des Ersten Senats vom 03.03.2004 – 1 BvR 2378/98, 1084/99 –, Rn. 159-163: „Das aus Art. 2

Abs. 1 in Verbindung mit Art. 1 Abs. 1 GG folgende **allgemeine Persönlichkeitsrecht** kommt neben Art. 13 Abs. 1 GG allerdings nicht zur Anwendung, soweit Eingriffe in die **räumliche Privatsphäre des Wohnungsinhabers** zu überprüfen sind. Art. 13 Abs. 1 GG enthält eine spezielle Gewährleistung des **Schutzes vor staatlicher akustischer Überwachung der räumlichen Privatsphäre**, die die allgemeinere Vorschrift insoweit verdrängt (vgl. BVerfGE 100, 313 [358] zu Art. 10 GG). Mit dem **Recht, in der Wohnung ungestört zu sein**, und dem **Recht am eigenen in der Wohnung gesprochenen Wort** schützt Art. 13 Abs. 1 GG gerade den Teil der **Privatsphäre**, den sonst das allgemeine Persönlichkeitsrecht gewährleistet. Dieses Recht ergänzt als unbenanntes Freiheitsrecht die speziellen Freiheitsrechte, die ebenfalls konstituierende Elemente der Persönlichkeit schützen (vgl. BVerfGE 54, 148 <153 f.>), nur insoweit, als Letztere keinen Schutz gewähren. Der **Schutz des allgemeinen Persönlichkeitsrechts aus Art. 2 Abs. 1 in Verbindung mit Art. 1 Abs. 1 GG** greift hingegen ein, soweit von der Wohnraumüberwachung Personen betroffen werden, die sich nicht auf Art. 13 Abs. 1 GG berufen können. **Grundrechtsträger des Art. 13 Abs. 1 GG** ist jeder Inhaber oder Bewohner eines Wohnraums, unabhängig davon, auf welchen Rechtsverhältnissen die Nutzung des Wohnraums beruht. Bei mehreren Bewohnern einer Wohnung steht das Grundrecht jedem Einzelnen, bei Familien mithin jedem Familienmitglied zu. Maßnahmen der Wohnraumüberwachung können aber nicht nur **Wohnungsinhaber**, sondern auch **zufällig in einer Wohnung Anwesende** erfassen. Diese Personen sind zwar nicht in ihrem Grundrecht aus Art. 13 Abs. 1 GG, wohl aber in ihrem **allgemeinen Persönlichkeitsrecht** betroffen. Der Schutz aus Art. 2 Abs. 1 in Verbindung mit Art. 1 Abs. 1 GG kann insofern allerdings nicht weiter reichen als derjenige aus Art. 13 Abs. 1 und 3 GG. Der Schutz der **räumlichen Privatsphäre und des allgemeinen Persönlichkeitsrechts** kann schließlich in Einzelfällen durch weitere Grundrechtsgarantien ergänzt sein. So wird das **Gespräch zwischen Eheleuten in der eigenen Wohnung** nicht nur von Art. 13 Abs. 1 GG, sondern zusätzlich durch Art. 6 Abs. 1 GG geschützt. Auch in Bezug auf die **Kommunikation mit Berufsgeheimnisträgern** können neben dem grundrechtlichen **Schutz der räumlichen Privatsphäre** Grundrechte in Betracht kommen, die - wie etwa Art. 4 GG im Hinblick auf das Gespräch mit einem Geistlichen - der besonderen Schutzbedürftigkeit der Kommunizierenden Rechnung tragen.".

BVerfG, Beschluss des Ersten Senats vom 06.11.2019 – 1 BvR 16/13 – (Recht auf Vergessen I), Ls. 3 S. 1: „Von den **äußerungsrechtlichen Schutzdimensionen** ist das **Recht auf informationelle Selbstbestimmung** als eine eigene Ausprägung des allgemeinen Persönlichkeitsrechts zu unterscheiden." BVerfG, Beschluss des Ersten Senats vom 06.11.2019 – 1 BvR 16/13 – (Recht auf Vergessen I), Rn. 90: „Ausgehend von dem **Ziel des Rechts auf informationelle Selbstbestimmung**, Schutz vor Gefahren angesichts neuartiger Möglichkeiten der Datenverarbeitung zu gewähren (vgl. BVerfGE 65, 1 <42>), ist es primär als Gewährleistung zu verstehen, die – neben der ungewollten Preisgabe von Daten auch im Rahmen privater Rechtsbeziehungen (vgl. BVerfGE 84, 192 <194>) – insbesondere vor deren intransparenter Verarbeitung und Nutzung durch Private schützt. Es bietet Schutz davor, dass Dritte sich individueller Daten bemächtigen und sie in nicht nachvollziehbarer Weise als Instrument nutzen, um die Betroffenen auf Eigenschaften, Typen oder Profile festzulegen, auf die sie keinen Einfluss haben und die dabei aber für die freie Entfaltung der Persönlichkeit sowie eine gleichberechtigte Teilhabe in der Gesellschaft von erheblicher Bedeutung sind. Der Gehalt dieses Rechts ist dabei entwicklungsoffen, so dass es auch weitere persönlichkeitsgefährdende Entwicklungen der Informationsverarbeitung aufnehmen kann.".

BVerfG, Beschluss des Ersten Senats vom 06.11.2019 – 1 BvR 16/13 – (Recht auf Vergessen I), Rn. 91: „[Vom Recht auf informationelle Selbstbestimmung] zu unterscheiden ist der **Schutz vor der Verarbeitung personenbezogener Berichte und Informationen als Ergebnis eines Kommunikationsprozesses**. Der Schutzbedarf gründet hier nicht in der intransparenten Zuweisung von Persönlichkeitsmerkmalen und -profilen durch Dritte, sondern in der sichtbaren Verbreitung bestimmter Informationen im öffentlichen Raum. Gefährdungen für die Persönlichkeitsentfaltung ergeben sich hier vornehmlich aus Form und Inhalt der Veröffentlichung selbst. Schutz gegenüber solchen Gefährdungen bieten die **äußerungsrechtlichen Ausprägungen des allgemeinen Persönlichkeitsrechts unabhängig vom Recht auf informationelle Selbstbestimmung**. Zwar kann es auch dabei maßgeblich auf die Art der Informationserlangung ankommen. Jedoch hat diese hier ihre Bedeutung als Vorfrage für die Beurteilung des weiteren Umgangs mit einer bestimmten Äußerung und des damit in die Öffentlichkeit gestellten Bildes einer Person selbst.".

BVerfG, Beschluss des Ersten Senats vom 06.11.2019 – 1 BvR 16/13 – (**Recht auf Vergessen** I), Ls. 2b): „Bei der Entscheidung über einen Schutzanspruch kommt der Zeit unter den Kommunikationsbedingungen des Internets ein spezifisches Gewicht zu. Die Rechtsordnung muss davor schützen, dass sich eine Person frühere Positionen, Äußerungen und Handlungen unbegrenzt vor der Öffentlichkeit vorhalten lassen muss. Erst die Ermöglichung eines Zurücktretens vergangener Sachverhalte eröffnet den Einzelnen die Chance zum Neubeginn in Freiheit. Zur Zeitlichkeit der Freiheit gehört die Möglichkeit des Vergessens.".

BVerfGE 120, 274, 311 (Online-Durchsuchung) = BVerfG, Urteil des Ersten Senats vom 27.02.2008 – 1 BvR 370/07 –, Rn. 197: „In seiner Ausprägung als **Schutz der Privatsphäre** [als **Privatangelegenheitenschutz** und **Rückzugsraumbereichsschutz** – beides **gegenüber der Öffentlichkeit**, vgl. **Sphärentheorie** mit **Intimsphäre, Privatsphäre, Sozialsphäre** und vgl. **Kernbereich privater Lebensgestaltung**] gewährleistet das allgemeine Persönlichkeitsrecht dem Einzelnen einen räumlich und thematisch bestimmten Bereich, der grundsätzlich frei von unerwünschter Einsichtnahme bleiben soll (vgl. BVerfGE 27, 344 <350 ff.>; 44, 353 <372 f.>; 90, 255 <260>; 101, 361 <382 f.>)."; BVerfGE 101, 361, 382-385 (Caroline von Monaco II) = BVerfG, Urteil vom 15.12.1999 – 1 BvR 653/96 –, Rn. 75-82: „Im Unterschied zum **Recht am eigenen Bild** bezieht sich der **Schutz der Privatsphäre**, der ebenfalls im **allgemeinen Persönlichkeitsrecht** wurzelt, nicht speziell auf Abbildungen, sondern ist **thematisch und räumlich** bestimmt. Er umfaßt zum einen **Angelegenheiten** [**Privatangelegenheitenschutz**], die wegen ihres Informationsinhalts typischerweise als ‚**privat**' eingestuft werden, weil ihre **öffentliche** Erörterung oder Zurschaustellung als unschicklich gilt, das Bekanntwerden als peinlich empfunden wird oder nachteilige Reaktionen der Umwelt auslöst, wie es etwa bei Auseinandersetzungen mit sich selbst in **Tagebüchern** (BVerfGE 80, 367), bei **vertraulicher Kommunikation unter Eheleuten** (BVerfGE 27, 344), im Bereich der **Sexualität** (BVerfGE 47, 46; 49, 286 [BVerfGE 120, 224, 238 f. (Geschwisterbeischlaf) = BVerfGE, Beschluss des Zweiten Senats vom 26.02.2008 – 2 BvR 392/07 –, Rn. 32 f.: „Das allgemeine Persönlichkeitsrecht in seiner Ausprägung als **Recht auf sexuelle Selbstbestimmung**"/„**Intim- und Sexualbereich des Menschen als Teil seiner Privatsphäre**, P. B.]), bei **sozial abweichendem Verhalten** (BVerfGE 44, 353) oder bei **Krankheiten** (BVerfGE 32, 373) der Fall ist. Fehlte es hier an einem **Schutz vor der Kenntniserlangung anderer**, wären die Auseinandersetzung mit sich selbst, die unbefangene Kommunikation unter Nahestehenden, die sexuelle Entfaltung oder die Inanspruchnahme ärztlicher Hilfe beeinträchtigt oder unmöglich, obwohl es sich um grundrechtlich geschützte Verhaltensweisen handelt. Zum anderen erstreckt sich der Schutz auf einen **räumlichen Bereich** [**Raumbereichsschutz**], in dem der Einzelne zu sich kommen, sich entspannen oder auch gehen lassen kann (vgl. BVerfGE 27, 1 [6]). Zwar bietet auch dieser Bereich Gelegenheit, sich in einer Weise zu verhalten, die nicht für die **Öffentlichkeit** bestimmt ist und deren Beobachtung oder Darstellung durch Außenstehende für den Betroffenen peinlich oder nachteilig wäre. Im Kern geht es aber um einen **Raum**, in dem er die Möglichkeit hat, frei von **öffentlicher Beobachtung** und damit der von ihr erzwungenen Selbstkontrolle zu sein, auch ohne daß er sich dort notwendig anders verhielte als in der **Öffentlichkeit**. Bestünden solche **Rückzugsbereiche** nicht mehr, könnte der Einzelne psychisch überfordert sein, weil er unausgesetzt darauf achten müßte, wie er auf andere wirkt und ob er sich richtig verhält. Ihm fehlten die Phasen des Alleinseins und Ausgleichs, die für die Persönlichkeitsentfaltung notwendig sind und ohne die sie nachhaltig beeinträchtigt würde. Ein derartiges Schutzbedürfnis besteht auch bei Personen, die aufgrund ihres Ranges oder Ansehens, ihres Amtes oder Einflusses, ihrer Fähigkeiten oder Taten besondere **öffentliche** Beachtung finden. Wer, ob gewollt oder ungewollt, zur Person des **öffentlichen** Lebens geworden ist, verliert damit nicht sein Anrecht auf eine **Privatsphäre**, die den Blicken der **Öffentlichkeit** entzogen bleibt. Das gilt auch für demokratisch gewählte Amtsträger, die zwar für ihre Amtsführung **öffentlich** rechenschaftspflichtig sind und sich in diesem Umfang **öffentliche** Aufmerksamkeit gefallen lassen müssen, nicht aber für ihr **Privatleben**, sofern dieses die Amtsführung nicht berührt. Der **häusliche Bereich** [vgl. ggf. spezielleren Art. 13 GG i.V.m. BVerfGE 109, 279, 325 f.] stellt anerkanntermaßen eine solche geschützte Sphäre dar. Wegen des Bezugs auf die Entfaltung der Persönlichkeit darf der **Rückzugsbereich** jedoch nicht von vornherein auf ihn begrenzt werden. Das gilt schon deshalb, weil die Funktionen, denen er dient, nur erfüllt werden, wenn er nicht an den Hausmauern oder Grundstücksgrenzen endet. Die freie Entfaltung der Persönlichkeit wäre erheblich behindert, wenn der Einzelne nur im eigenen Haus der **öffentlichen** Neugier entgehen könnte. Die notwendige

Erholung von einer durch Funktionszwänge und Medienpräsenz geprägten **Öffentlichkeit** ist vielfach nur in der **Abgeschiedenheit einer natürlichen Umgebung, etwa an einem Ferienort**, zu gewinnen. Deswegen muß der Einzelne grundsätzlich die Möglichkeit haben, sich auch in der freien, gleichwohl **abgeschiedenen Natur oder an Örtlichkeiten, die von der breiten Öffentlichkeit deutlich abgeschieden sind**, in einer von **öffentlicher** Beobachtung freien Weise zu bewegen. Das gilt gerade gegenüber solchen Aufnahmetechniken, die die **räumliche Abgeschiedenheit** überwinden, ohne daß der Betroffene dies bemerken kann. Wo die Grenzen der geschützten **Privatsphäre außerhalb des Hauses** verlaufen, läßt sich nicht generell und abstrakt festlegen. Sie können vielmehr nur aufgrund der jeweiligen Beschaffenheit des **Ortes** bestimmt werden, den der Betroffene aufsucht. Ausschlaggebend ist, ob der Einzelne eine **Situation** vorfindet oder schafft, in der er begründetermaßen und somit auch für Dritte erkennbar davon ausgehen darf, den Blicken der **Öffentlichkeit** nicht ausgesetzt zu sein. Ob die Voraussetzungen der **Abgeschiedenheit** erfüllt sind, läßt sich nur situativ beurteilen. Der Einzelne kann sich an ein und demselben **Ort** zu Zeiten mit gutem Grund unbeobachtet fühlen, zu anderen Zeiten nicht. Auch ist der Aufenthalt in umschlossenen **Räumen** keineswegs immer mit **Abgeschiedenheit** gleichzusetzen. Da es um die Frage geht, ob der Einzelne begründetermaßen erwarten darf, unbeobachtet zu sein, oder aber **Plätze** aufgesucht hat, wo er sich unter den Augen der **Öffentlichkeit** bewegt, kann es auch in umschlossenen Räumen an der **Abgeschiedenheit** fehlen, die Voraussetzung für den **Privatsphärenschutz** außerhalb der eigenen **Häuslichkeit** ist. **Plätzen, an denen sich der Einzelne unter vielen Menschen befindet**, fehlt es von vornherein an den Voraussetzungen des **Privatsphärenschutzes** im Sinn von Art. 2 Abs. 1 in Verbindung mit Art. 1 Abs. 1 GG. Sie können das **Rückzugsbedürfnis** nicht erfüllen und rechtfertigen deswegen auch nicht den grundrechtlichen Schutz, den dieses Bedürfnis aus Gründen der Persönlichkeitsentfaltung verdient. Der Einzelne kann solche **Orte** auch nicht etwa durch ein Verhalten, das typischerweise nicht **öffentlich** zur Schau gestellt würde, in seine **Privatsphäre** umdefinieren. Nicht sein Verhalten, ob allein oder mit anderen, konstituiert die **Privatsphäre**, sondern die **objektive Gegebenheit der Örtlichkeit zur fraglichen Zeit**. Verhält er sich daher an **Orten**, die nicht die Merkmale der **Abgeschiedenheit** aufweisen, so, als stünde er nicht unter Beobachtung, hebt er das **Schutzbedürfnis für Verhaltensweisen, die an sich die Öffentlichkeit nichts angehen**, selbst auf. Der **Schutz der Privatsphäre vor öffentlicher Kenntnisnahme** entfällt ferner, wenn sich jemand selbst damit einverstanden zeigt, daß bestimmte, gewöhnlich als privat geltende Angelegenheiten **öffentlich** gemacht werden, etwa indem er Exklusivverträge über die Berichterstattung aus seiner **Privatsphäre** abschließt. Der verfassungsrechtliche **Privatsphärenschutz** aus Art. 2 Abs. 1 in Verbindung mit Art. 1 Abs. 1 GG ist nicht im Interesse einer Kommerzialisierung der eigenen Person gewährleistet. Zwar ist niemand an einer solchen **Öffnung privater Bereiche** gehindert. Er kann sich dann aber nicht gleichzeitig auf den **öffentlichkeitsabgewandten Privatsphärenschutz** berufen. Die Erwartung, daß die Umwelt die **Angelegenheiten oder Verhaltensweisen in einem Bereich mit Rückzugsfunktion** nur begrenzt oder nicht zur Kenntnis nimmt, muß daher situationsübergreifend und konsistent zum Ausdruck gebracht werden. Das gilt auch für den Fall, daß der Entschluß, die Berichterstattung über bestimmte Vorgänge der eigenen **Privatsphäre** zu gestatten oder hinzunehmen, rückgängig gemacht wird.".

BVerfGE 6, 32, 41 (Elfes) = BVerfG, Urteil vom des Ersten Senats vom 16.01.1957 – 1 BvR 253/56 –, Rn. 32 [vgl. **Recht auf Privatsphäre** als **Privatangelegenheitenschutz** und **Rückzugsraumbereichsschutz** – beides **gegenüber der Öffentlichkeit,** vgl. **Sphärentheorie** mit **Intimsphäre**, **Privatsphäre**, **Sozialsphäre**]: „Vor allem dürfen die Gesetze daher die Würde des Menschen nicht verletzen, die im Grundgesetz der oberste Wert ist, aber auch die geistige, politische und wirtschaftliche Freiheit des Menschen nicht so einschränken, daß sie in ihrem Wesensgehalt angetastet würde (Art. 19 Abs. 2, Art. 1 Abs. 3, Art. 2 Abs. 1 GG). Hieraus ergibt sich, daß dem einzelnen Bürger eine **Sphäre privater Lebensgestaltung** verfassungskräftig vorbehalten ist, also ein letzter **unantastbarer Bereich menschlicher Freiheit** besteht, der der Einwirkung der gesamten öffentlichen Gewalt entzogen ist. Ein Gesetz, das in ihn eingreifen würde, könnte nie Bestandteil der ‚verfassungsmäßigen Ordnung' sein; es müßte durch das Bundesverfassungsgericht für nichtig erklärt werden.". BVerfGE 109, 279, Ls. 2 S. 1 (akustische Wohnraumüberwachung / „Großer Lauschangriff") = BVerfG, Urteil des Ersten Senats vom 03.03.2004 – 1 BvR 2378/98, 1084/99 –, Ls. 2 S. 1: „Zur Unantastbarkeit der Menschenwürde gemäß Art. 1 Abs. 1 GG gehört die Anerkennung eines absolut geschützten **Kernbereichs privater Lebensgestaltung**.". BVerfGE 141, 220, 276-278 (BKAG) = BVerfG, Urteil des Ersten Senats vom 20.04.2016 –

1 BvR 966/09 –, Rn. 119-124: „Neben den verfassungsrechtlichen Anforderungen an die allgemeinen Eingriffsvoraussetzungen ergeben sich aus den jeweiligen **Grundrechten in Verbindung mit Art. 1 Abs. 1 GG** für die Durchführung von besonders eingriffsintensiven Überwachungsmaßnahmen besondere Anforderungen an den **Schutz des Kernbereichs privater Lebensgestaltung**. Der verfassungsrechtliche **Schutz des Kernbereichs privater Lebensgestaltung** gewährleistet dem Individuum einen **Bereich höchstpersönlicher Privatheit gegenüber Überwachung**. Er wurzelt in den **von den jeweiligen Überwachungsmaßnahmen betroffenen Grundrechten in Verbindung mit Art. 1 Abs. 1 GG** und sichert einen dem Staat nicht verfügbaren Menschenwürdekern grundrechtlichen Schutzes gegenüber solchen Maßnahmen. Selbst überragende Interessen der Allgemeinheit können einen Eingriff in diesen **absolut geschützten Bereich privater Lebensgestaltung** nicht rechtfertigen (vgl. BVerfGE 109, 279 <313>; stRspr). Zur **Entfaltung der Persönlichkeit im Kernbereich privater Lebensgestaltung gehört die Möglichkeit, innere Vorgänge** wie Empfindungen und Gefühle sowie Überlegungen, Ansichten und Erlebnisse **höchstpersönlicher Art zum Ausdruck zu bringen** (vgl. BVerfGE 109, 279 <313>; 120, 274 <335>; stRspr). Geschützt ist insbesondere die **nichtöffentliche Kommunikation mit Personen des höchstpersönlichen Vertrauens, die in der berechtigten Annahme geführt wird, nicht überwacht zu werden**, wie es insbesondere bei Gesprächen im Bereich der Wohnung der Fall ist. Zu diesen Personen gehören insbesondere Ehe- oder Lebenspartner, Geschwister und Verwandte in gerader Linie, vor allem, wenn sie im selben Haushalt leben, und können Strafverteidiger, Ärzte, Geistliche und enge persönliche Freunde zählen (vgl. BVerfGE 109, 279 <321 ff.>). Dieser Kreis deckt sich nur teilweise mit dem der Zeugnisverweigerungsberechtigten. Solche Gespräche verlieren dabei nicht schon dadurch ihren Charakter als insgesamt höchstpersönlich, dass sich in ihnen Höchstpersönliches und Alltägliches vermischen (vgl. BVerfGE 109, 279 <330>; 113, 348 <391 f.>). Demgegenüber ist die **Kommunikation unmittelbar über Straftaten** nicht geschützt, selbst wenn sie auch Höchstpersönliches zum Gegenstand hat. Die **Besprechung und Planung von Straftaten** gehört ihrem Inhalt nach nicht zum **Kernbereich privater Lebensgestaltung**, sondern hat **Sozialbezug** (vgl. BVerfGE 80, 367 <375>; 109, 279 <319 f., 328>; 113, 348 <391>). Dies bedeutet freilich nicht, dass der Kernbereich unter einem allgemeinen Abwägungsvorbehalt in Bezug auf öffentliche Sicherheitsinteressen steht. Ein **höchstpersönliches Gespräch** fällt nicht schon dadurch aus dem **Kernbereich privater Lebensgestaltung** heraus, dass es für die Aufklärung von Straftaten oder Gefahren hilfreiche Aufschlüsse geben kann. Aufzeichnungen oder Äußerungen im Zwiegespräch, die zum Beispiel ausschließlich innere Eindrücke und Gefühle wiedergeben und keine Hinweise auf konkrete Straftaten enthalten, gewinnen nicht schon dadurch einen **Gemeinschaftsbezug**, dass sie Ursachen oder Beweggründe eines strafbaren Verhaltens freizulegen vermögen (vgl. BVerfGE 109, 279 <319>). Auch können trotz **Straftatenbezugs** Situationen, in denen Einzelnen gerade ermöglicht werden soll, ein Fehlverhalten einzugestehen oder sich auf dessen Folgen einzurichten, wie Beichtgespräche oder vertrauliche Gespräche mit einem Psychotherapeuten oder einem Strafverteidiger, der **höchstpersönlichen Privatsphäre** unterfallen, die dem Staat absolut entzogen ist (vgl. BVerfGE 109, 279 <322>). Ein hinreichender **Sozialbezug** besteht demgegenüber dann, wenn **Gespräche - auch mit Vertrauenspersonen - sonst unmittelbar Straftaten zu ihrem Gegenstand haben** (vgl. BVerfGE 109, 279 <319>). Der **Kernbereich privater Lebensgestaltung** beansprucht gegenüber **allen Überwachungsmaßnahmen** Beachtung. Können sie typischerweise zur Erhebung kernbereichsrelevanter Daten führen, muss der Gesetzgeber Regelungen schaffen, die einen wirksamen Schutz normenklar gewährleisten (vgl. BVerfGE 109, 279 <318 f.>; 113, 348 <390 f.>; 120, 274 <335 ff.>). Außerhalb solch verletzungsgeneigter Befugnisse bedarf es eigener Regelungen nicht. Grenzen, die sich im Einzelfall auch hier gegenüber einem Zugriff auf höchstpersönliche Informationen ergeben können, sind bei deren Anwendung unmittelbar von Verfassungs wegen zu beachten. Der **Schutz des Kernbereichs privater Lebensgestaltung** ist strikt und darf nicht durch Abwägung mit den Sicherheitsinteressen nach Maßgabe des Verhältnismäßigkeitsgrundsatzes relativiert werden (vgl. BVerfGE 109, 279 <314>; 120, 273 <339>; stRspr). Dies bedeutet jedoch nicht, dass **jede tatsächliche Erfassung von höchstpersönlichen Informationen** stets einen Verfassungsverstoß oder eine Menschenwürdeverletzung begründet. Angesichts der Handlungs- und Prognoseunsicherheiten, unter denen Sicherheitsbehörden ihre Aufgaben wahrnehmen, kann ein **unbeabsichtigtes Eindringen in den Kernbereich privater Lebensgestaltung** im Rahmen von Überwachungsmaßnahmen nicht für jeden Fall von vornherein ausgeschlossen werden (vgl. BVerfGE 120, 274 <337 f.>). Die Verfassung verlangt jedoch

a) GR-SB:

aa) Persönlicher GR-SB: „Jeder".

bb) Sachlicher GR-SB: „freie Entfaltung der Persönlichkeit" als „**Datenfreiheit**" (Grundsätzliche Bestimmungsbefugnis des Einzelnen über Preisgabe und Verwendung eigener personenbezogener Daten[571]), vgl. **personenbezogenes Datum**: § 36 Nr. 1 DSG NRW[572].

---

für die Ausgestaltung der Überwachungsbefugnisse die **Achtung des Kernbereichs** als eine strikte, nicht frei durch Einzelfallerwägungen überwindbare Grenze.".

BVerfGE 120, 274 (Online-Durchsuchung) = BVerfG, Urteil des Ersten Senats vom 27.02.2008 – 1 BvR 370/07 –, Ls. 1: „Das **allgemeine Persönlichkeitsrecht** (Art. 2 Abs. 1 i.V.m. Art. 1 Abs. 1 GG) umfasst das Grundrecht auf **Gewährleistung der Vertraulichkeit und Integrität informationstechnischer Systeme**."; BVerfGE 120, 274, 314 (Online-Durchsuchung) = BVerfG, Urteil des Ersten Senats vom 27.02.2008 – 1 BvR 370/07 –, Rn. 203: „**informationstechnisches System**": „etwa Personalcomputer", „ferner beispielweise [...] solche Mobiltelefone oder elektronische Terminkalender, die über einen großen Funktionsumfang verfügen und personenbezogene Daten vielfältiger Art erfassen und speichern können."; BVerfGE 120, 274, 276 (Online-Durchsuchung) = BVerfG, Urteil des Ersten Senats vom 27.02.2008 – 1 BvR 370/07 –, Rn. 5: „**heimlicher Zugriff auf ein informationstechnisches System**": „[heimliche] technische Infiltration [...], die etwa Sicherheitslücken des Zielsystems ausnutzt oder über die Installation eines Spähprogramms erfolgt", wobei die Infiltration es ermöglicht, die Zielsystem-„Nutzung zu überwachen oder die Speichermedien durchzusehen oder gar das Zielsystem fernzusteuern.".

BVerfGE 147, 1 (**Geschlechtsidentität**) = BVerfG, Beschluss des Ersten Senats vom 10.10.2017 – 1 BvR 2019/16 –, Ls. 1-3: „1. Das **allgemeine Persönlichkeitsrecht** (Art. 2 Abs. 1 i.V.m. Art. 1 Abs. 1 GG) schützt die **geschlechtliche Identität**. Es schützt auch die geschlechtliche Identität derjenigen, die sich dauerhaft weder dem männlichen noch dem weiblichen Geschlecht zuordnen lassen. 2. Art. 3 Abs. 3 Satz 1 GG schützt auch Menschen, die sich dauerhaft weder dem männlichen noch dem weiblichen Geschlecht zuordnen lassen, vor **Diskriminierungen wegen ihres Geschlechts**. 3. Personen, die sich dauerhaft weder dem männlichen noch dem weiblichen Geschlecht zuordnen lassen, werden in beiden Grundrechten verletzt, wenn das Personenstandsrecht dazu zwingt, das Geschlecht zu registrieren, aber keinen anderen positiven Geschlechtseintrag als weiblich oder männlich zulässt.".

BVerfG, Urteil des Zweiten Senats vom 26.02.2020 – 2 BvR 2347/15 –, Ls. 1: „a) Das **allgemeine Persönlichkeitsrecht** (Art. 2 Abs. 1 i.V.m. Art. 1 Abs. 1 GG) umfasst als Ausdruck persönlicher Autonomie ein **Recht auf selbstbestimmtes Sterben**. b) Das **Recht auf selbstbestimmtes Sterben** schließt die Freiheit ein, sich das Leben zu nehmen [Rn. 208: „**Recht auf Selbsttötung**"]. Die Entscheidung des Einzelnen, seinem Leben entsprechend seinem Verständnis von Lebensqualität und Sinnhaftigkeit der eigenen Existenz ein Ende zu setzen, ist im Ausgangspunkt als Akt autonomer Selbstbestimmung von Staat und Gesellschaft zu respektieren. c) Die **Freiheit, sich das Leben zu nehmen**, umfasst auch die Freiheit, hierfür bei Dritten Hilfe zu suchen und Hilfe, soweit sie angeboten wird, in Anspruch zu nehmen.".

569 Zum sog. „**Menschenwürdegehalt**" der Grundrechte: *Basten*, Die Menschenwürde des Grundgesetzes.

570 Vgl. auch Art. 142 GG i.V.m. Art. 4 Abs. 2 Verfassung NRW; Art. 8 EU-GR-Charta; Art. 16 AEUV; Art. 8 EMRK.

571 BVerfGE 65, 1, Ls. 1 S. 2 (Volkszählungsgesetz) = BVerfG, Urteil des Ersten Senats vom 15.12.1983 – 1 BvR 209/83, Ls. 1 S. 2 (Ls. 1: „Unter den Bedingungen der modernen Datenverarbeitung wird der Schutz des Einzelnen gegen unbegrenzte Erhebung, Speicherung, Verwendung und Weitergabe seiner persönlichen Daten von dem allgemeinen Persönlichkeitsrecht des Art. 2 Abs. 1 GG in Verbindung mit Art. 1 Abs. 1 GG umfaßt. Das Grundrecht gewährleistet insoweit die Befugnis des Einzelnen, grundsätzlich selbst über die Preisgabe und Verwendung seiner persönlichen Daten zu bestimmen.").

572 BVerfG, Beschluss der 3. Kammer des Zweiten Senats vom 27.06.2018 – 2 BvR 1562/17 (auf § 103 StPO gestützte Anordnung der Durchsuchung der Räumlichkeiten des Münchener Kanzleistandorts der Rechtsanwaltskanzlei Jones Day sowie Sicherstellung von Unterlagen und elektronischen Daten im Zuge des sogenannten „VW-Dieselskandals" – Verfassungsbeschwerde nicht zur Entscheidung angenommen wegen Unzulässigkeit aufgrund Nichterfüllung von Voraussetzungen nach § 93a Abs. 2 BVer-

b) GR-E (oder Nichteingriff/**Einwilligung** i.S.v. § 36 Nr. 19 DSG NRW, § 38 DSG NRW): **Persönlichkeitsentfaltungseinschränkung** als Datenfreiheitseinschränkung, durch **Datenverarbeitung**s-Maßnahme[573] i.S.d. § 36 Nr. 2 DSG NRW, durch Maßnahmen mit Identitätsfeststellungszweck wie Befragen, Ausweisungsanordnung, **Personendurchsuchung**[574], Sachendurchsuchung, „Fast-ID", „Ausweiseinsichtnahme" zwecks IDF, also insbesondere durch **Datenerhebung**, **Datenspeicherung**, **Datenübermittlung**, mithin durch **Datenverarbeitung** i.S.d. § 36 Nr. 2 DSG NRW. Bei sozialadäquatem Gespräch bzw. Trivialkommunikation (z.B. – nicht immer, aber mitunter – über „Wetter") kann nur schlicht-hoheitliches Verhalten vorliegen, also ein Grundrechtsnichteingriff gegeben sein. Bei „**Spontanäußerung**" (freiwillige Äußerung außerhalb gezielter Befragung)[575] kann Einwilligung/GR-Verzicht i.S.v. § 36 Nr. 19 DSG NRW, § 38 DSG NRW vorliegen, also auch ein Grundrechtsnichteingriff gegeben sein.[576]

---

fGG), Gründe, V., Rn. 44: „Der Begriff der persönlichen Daten deckt sich mit der Legaldefinition personenbezogener Daten in § 46 Nr. 1 BDSG (zuvor § 3 Abs. 1 BDSG) und erfasst alle Informationen, die sich auf eine identifizierte oder identifizierbare natürliche Person (betroffene Person) beziehen (vgl. noch zu § 3 Abs. 1 BDSG ‚Einzelangaben über persönliche oder sachliche Verhältnisse einer bestimmten oder bestimmbaren Person' Di Fabio, in: Maunz/Dürig, GG, Art. 2 Abs.1, Rn. 175 [Juli 2001])."

573 BVerfG, Urteil des Ersten Senats vom 19.05.2020 – 1 BvR 2835/17 – (Ausland-Ausland-Fernmeldeaufklärung nach BNDG), E. III. 1., Rn. 212: „Die **Übermittlung personenbezogener Daten**, mit der eine Behörde die von ihr erhobenen Daten einer anderen Stelle zugänglich macht, begründet einen eigenen Grundrechtseingriff (vgl. BVerfGE 100, 313 <367>; 141, 220 <334 Rn. 305>; stRspr). Dieser ist an dem **Grundrecht** zu messen, **in das bei der ursprünglichen Datenerhebung eingegriffen wurde** (vgl. BVerfGE 100, 313 <367>; 141, 220 <334 Rn. 305>; stRspr)."

574 BVerfG, Beschluss der 2. Kammer des Zweiten Senats vom 27.03.2019 – 2 BvR 2294/18 –, Rn. 17: „**Durchsuchungen, die mit einer Entkleidung verbunden sind**, stellen einen schwerwiegenden Eingriff in das allgemeine Persönlichkeitsrecht dar (vgl. BVerfGK 2, 102 <105>; 17, 9 <14>; BVerfG, Beschluss der 2. Kammer des Zweiten Senats vom 5. März 2015 - 2 BvR 746/13 -, juris, Rn. 33; BVerfG, Beschluss der 2. Kammer des Zweiten Senats vom 5. November 2016 - 2 BvR 6/16 -, juris, Rn. 29; vgl. auch BVerfG, Beschluss der 2. Kammer des Zweiten Senats vom 14. April 2016 - 2 BvR 695/16 -, juris, Rn. 6). Dies gilt in besonderem Maße für **Durchsuchungen, die mit einer Inspizierung von normalerweise verdeckten Körperöffnungen verbunden sind** (vgl. BVerfGK 17, 9 <14>; BVerfG, Beschluss der 3. Kammer des Zweiten Senats vom 10. Juli 2013 - 2 BvR 2815/11 -, juris, Rn. 15; BVerfG, Beschluss der 2. Kammer des Zweiten Senats vom 5. November 2016 - 2 BvR 6/16 -, juris, Rn. 29). Wegen des besonderen Gewichts von Eingriffen, die den Intimbereich und das Schamgefühl des Inhaftierten berühren, hat der Inspizierte Anspruch auf besondere Rücksichtnahme (vgl. BVerfGK 17, 9 <16>; BVerfG, Beschluss der 3. Kammer des Zweiten Senats vom 10. Juli 2013 - 2 BvR 2815/11 -, juris, Rn. 15; BVerfG, Beschluss der 2. Kammer des Zweiten Senats vom 5. November 2016 - 2 BvR 6/16 -, juris, Rn. 29)."

575 Zur Spontanäußerung-Verwertbarkeit: BGH, Beschluss vom 17.07.2019 – 5 StR 195/19, Rn. 5: „Sofern der beim Angeklagten verbliebene Polizeibeamte keine gezielte Befragung durchgeführt, sondern lediglich passiv eine Spontanäußerung entgegengenommen hätte, wären die Verwertbarkeit dieser Äußerung und deren Vorhalt bei der späteren Beschuldigtenvernehmung auch dann rechtlich unbedenklich, wenn der Angeklagte schon zuvor als Beschuldigter hätte belehrt werden müssen (vgl. BGH, Urteile vom 27. Juni 2013 – 3 StR 435/12, BGHSt 58, 301, 305; vom 27. September 1989 – 3 StR 188/89, NStZ 1990, 43; Beschluss vom 9. Juni 2009 – 4 StR 170/09, NStZ 2009, 702)."

576 Vgl. ggf. zur Frage des Grundrechtseingriffs auch § 9 Abs. 1 Nr. 1 S. 2 (Hs. 1) PolG NRW (Inkrafttreten am 29.12.2018): „Dies gilt auch für personenbezogene Daten, die von der betroffenen Person offensichtlich öffentlich gemacht wurden"; BVerfGE 120, 274 (Online-Durchsuchung) = BVerfG, Urteil des Ersten Senats vom 27.02.2008 – 1 BvR 370/07 –, Ls. 5: „Verschafft der Staat sich Kenntnis von Inhalten der Internetkommunikation auf dem dafür technisch vorgesehenen Weg, so liegt darin nur dann ein Eingriff in Art. 10 Abs. 1 GG, wenn die staatliche Stelle nicht durch Kommunikationsbeteiligte zur

c) GR-B: Art. 2 Abs. 1 Hs. 2 GG[577].

Ggf. bei Begleitverfügung (etwa zum „Herkommen/Erscheinen/Mitkommen" oder „Stehenbleiben") betroffenes Grundrecht (eine Verfügung zum „Ruhigbleiben" ist i.d.R. entweder ganz eigenständige Befugnis oder als Motivation zur „ruhigen Antwort" ganz kommunikativer Akt während der Befragung selbst, im Übrigen Art. 2 Abs. 1 GG):

2. Körperliche Bewegungsfreiheit, Art. 2 Abs. 2 S. 2 GG[578]

a) GR-SB:

aa) Persönlicher GR-SB: „**Person**", vgl. § 1 BGB.

bb) Sachlicher GR-SB: „Freiheit" ist **körperliche Bewegungsfreiheit** als Freiheit, jeden Ort oder Raum aufzusuchen, sich dort aufzuhalten, (ihn zu verlassen), der an sich (tatsächlich und rechtlich) zugänglich ist.

Kenntnisnahme autorisiert ist. Nimmt der Staat im Internet öffentlich zugängliche Kommunikationsinhalte wahr oder beteiligt er sich an öffentlich zugänglichen Kommunikationsvorgängen, greift er grundsätzlich nicht in Grundrechte ein.".

[577] Art. 2 Abs. 1 Hs. 2 GG (**Schrankentrias**): BVerfGE 80, 137, 153 (Reiten im Walde) = BVerfG, Beschluss des Ersten Senats vom 06.06.1989 – 1 BvR 921/85 –, C. I. 1 a), Rn. 69: „Abgesehen von einem absolut geschützten Kernbereich privater Lebensgestaltung, welcher der Einwirkung der öffentlichen Gewalt entzogen ist (BVerfGE 6, 32 [41]), ist die allgemeine Handlungsfreiheit allerdings nur in den **Schranken** des zweiten Halbsatzes von Art. 2 Abs. 1 GG gewährleistet und steht damit insbesondere unter dem **Vorbehalt der verfassungsmäßigen (Rechts-)Ordnung** (BVerfGE 6, 32 [37 f.]; 74, 129 [152]). Stützt sich ein die Handlungsfreiheit berührender Akt der öffentlichen Gewalt auf eine Rechtsnorm, so kann mit der Verfassungsbeschwerde unter Berufung auf Art. 2 Abs. 1 GG zur Nachprüfung gestellt werden, ob diese Norm zur **verfassungsmäßigen Ordnung** gehört, das heißt formell und materiell mit den Normen der Verfassung in Einklang steht (st. Rspr. seit BVerfGE 6, 32)."; BVerfGE 6, 32, Ls. 3 (Elfes) = BVerfG, Urteil des Ersten Senats vom 16.01.1957 – 1 BvR 253/56, Ls. 3: „**Verfassungsmäßige Ordnung** im Sinne des Art. 2 Abs. 1 GG ist die verfassungsmäßige Rechtsordnung, d.h. die Gesamtheit der Normen, die formell und materiell der Verfassung gemäß sind."; vgl. dazu auch BVerfGE 6, 32, 37-41 (Elfes) = BVerfG, Urteil des Ersten Senats vom 16.01.1957 – 1 BvR 253/56, Gründe II. 2 b), c), Rn. 17-33.

Rechte anderer sind (als Teil der verfassungsmäßigen Ordnung) subjektive Berechtigungen (Anspruch oder Befugnis oder Erlaubnis) einschließlich Verpflichtungen (Pflicht zur Erfüllung von Anspruch oder Befugnis oder Erlaubnis) und sonstiger Rechtswirkungen für ein Rechtssubjekt bezüglich eines Verhaltens oder eines Rechtsguts.

Vgl. zum ein Mal bundesverfassungsgerichtlich entscheidungserheblich bemühten „**Sittengesetz**" nach Art. 2 Abs. 1 Hs. 2 GG als Gesetz, das nicht das durch die „soziale Gemeinschaft" „als für sich verbindlich" anerkannte „Rechtsgefühl" „im allgemeinen" „verletzt": BVerfGE 6, 389 (Homosexuelle) = BVerfG, Urteil des Ersten Senats vom 10.05.1957 – 1 BvR 550/52 –, und StrRehaHomG (Gesetz zur strafrechtlichen Rehabilitierung der nach dem 8. Mai 1945 wegen einvernehmlicher homosexueller Handlungen verurteilten Personen vom 17. Juli 2017 – BGBl. I S. 2443).

[578] Vgl. auch Art. 142 GG i.V.m. Art. 4 Abs. 1 Verfassung NRW; Art. 20 Abs. 2a und Art. 21 AEUV i.V.m. Art. 6, 45 EU-GR-Charta (**Bewegungsfreiheit**, **Freizügigkeit**, **Aufenthaltsfreiheit**); Art. 5 EMRK; Art. 2 Protokoll Nr. 4 EMRK; Art. 21 AEUV (**Unionsbürgerfreizügigkeit**, zum **Unionsbürger** vgl. Art. 9 S. 2, 3 EUV, Art. 20 Abs. 1 S. 2, 3 AEUV); Art. 45 AEUV (**Arbeitnehmerfreizügigkeit**); Art. 49 AEUV (**Niederlassungsfreiheit**); Art. 56 AEUV (**Dienstleistungsfreiheit**); vgl. auch Art. 28 AEUV (**Warenverkehrsfreiheit**); Art. 9 Abs. 1 S. 1 IPbpR („Jedermann hat ein Recht auf persönliche Freiheit und Sicherheit."); Art. 9-11 IPbpR (Freiheitsentziehungsbedingungen), Art. 12 IPbpR (Bewegung, Wohnsitzwahl, Ausreise, Einreise in Hoheitsgebiet eines Staates, vgl. „Freizügigkeit"), Art. 13 IPbpR (Ausländerausweisungsbedingungen).

Vertretbar: Nichteröffnung des GR-Schutzbereichs bzw. GR-Nichteingriff bzgl. Art. 2 Abs. 2 S. 2 GG nur bezüglich einer Durchsuchung bei:

- Durchsuchung bei Bewusstlosen;
- Durchsuchung in der Bewegung (zum Beispiel Abstasten quasi im Nebenhergehen oder im Vorbeigehen).

b) GR-E (oder Nichteingriff/GR-Verzicht): Freiheitsentziehung oder sonstige Freiheitsbeschränkung.

Freiheitsbeschränkung (Freiheitsentziehung oder sonstige Freiheitsbeschränkung) liegt vor, wenn jemand durch die öffentliche Gewalt gegen seinen Willen daran gehindert wird, einen Ort oder Raum aufzusuchen oder sich dort aufzuhalten, der ihm an sich (tatsächlich und rechtlich) zugänglich ist. Eine **Freiheitsentziehung** als schwerste Form der Freiheitsbeschränkung ist dann gegeben, wenn die tatsächlich und rechtlich an sich gegebene körperliche Bewegungsfreiheit durch staatliche Maßnahmen nach jeder Richtung hin aufgehoben wird[579]; Freiheitsentziehung setzt auch eine besondere Eingriffsintensität und eine nicht nur kurzfristige Dauer der Maßnahme voraus[580]. Im Übrigen kann eine Abgrenzung zwischen Freiheitsentziehung und sonstiger Freiheitsbeschränkung auch erfolgen nach Art, Dauer, Intensität, Mittel, Zweck der Freiheitsbeschränkung.[581]

c) GR-B: Art. 2 Abs. 2 S. 3 i.V.m. Art. 104 GG.

3. Gleichbehandlungsgrundrecht, Art. 3 GG / (Grundsätzliches) **Benachteiligungs- und Bevorzugungsverbot / Diskriminierungsverbot**.[582]

---

[579] BVerfG, Beschluss der 1. Kammer des Ersten Senats vom 08.03.2011 – 1 BvR 47/05 –, Rn. 20, 26: „Das **Einsperren** des Beschwerdeführers in eine **Gewahrsamszelle** auf der Polizeiwache beziehungsweise auf dem Polizeipräsidium sowie **als Verbindungsglied** zwischen beiden das **Verbringen dorthin mittels Polizeifahrzeugen** stellen eine Freiheitsentziehung im Sinne von Art. 104 Abs. 2 GG und nicht lediglich eine Freiheitsbeschränkung dar. […] Jedenfalls muss die Unterbringung einer Person gegen ihren Willen in einem **Haftraum** als Freiheitsentziehung im Sinne von Art. 104 Abs. 2 GG angesehen werden (vgl. BGHZ 82, 261 <264> und BVerwGE 62, 317 <318>).“; BVerfGE 94, 166, 198 (Flughafenverfahren) = BVerfGE, Urteil des Zweiten Senats vom 14.05.1996 – 2 BvR 1516/93.

[580] BVerfGE 149, 293 (5-Punkt-Fixierung/7-Punkt-Fixierung) = BVerfG, Urteil des Zweiten Senats vom 24.07.2018 – 2 BvR 309/15 –, D. II. 2. a), Rn. 67, vgl. dazu auch BVerfGE 149, 293 (5-Punkt-Fixierung/7-Punkt-Fixierung) = BVerfG, Urteil des Zweiten Senats vom 24.07.2018 – 2 BvR 309/15 –, D. II. 2. b): „Jedenfalls eine **5-Punkt- oder 7-Punkt-Fixierung**, bei der sämtliche Gliedmaßen des Betroffenen mit Gurten am Bett festgebunden werden, stellt eine Freiheitsentziehung im Sinne von Art. 104 Abs. 2 GG dar, es sei denn, es handelt sich um eine lediglich **kurzfristige Maßnahme**. Von einer kurzfristigen Maßnahme ist in der Regel auszugehen, wenn sie absehbar die Dauer von ungefähr einer halben Stunde unterschreitet.“.

[581] Vgl. auch insbesondere zu Art, Intensität, Mittel: § 415 Abs. 2 FamFG und §§ 37a, 62 PolG NRW.

[582] Gleichheitsgrundrechtsdarstellung ist generell und grundsätzlich möglich wie folgt: sowohl – insbesondere zu Beginn vollständiger eingriffsrechtlicher Fallbearbeitung – dreiteilig nach GR-SB, GR-E, GR-B als auch – insbesondere im Übrigen – zweiteilig nach Ungleichbehandlung (≙ GR-SB und GR-E) und Ungleichbehandlungsrechtfertigung (≙ GR-B und Fallbearbeitung bezüglich des jeweiligen einzelnen ungleichbehandelnden Rechtssetzungs- respektive Rechtsanwendungsakts). Ungleichbehandlungsbearbeitung kann außerhalb von Grundrechten außerdem i.d.R. grundsätzlich auch als Ermessensfrage i.V.m. den Grundrechten oder als Verhältnismäßigkeitsfrage weiterbearbeitet werden; ein Gleichbehandlungsgebotsverstoß gegen Art. 3 GG – etwa gegen das grundsätzliche Differenzierungsverbot / Diskriminierungsverbot – kann i.d.R. grundsätzlich auch als Ermessensfehlgebrauch bearbeitet werden, vgl. z.B. § 40 VwVfG NRW („Grenzen“); so auch: OVG NRW, Urteil des 5. Senats vom 07.08.2018 – 5 A 294/16 (**Diskriminierungsverbot**, „**Racial Profiling**“, **Darlegungslast**), Ls. 3-6: „3. Eine nach Art. 3

a) GR-SB:

aa) Persönlicher GR-SB: Jeder Mensch.

bb) Sachlicher GR-SB: Ungleichbehandlung.

b) GR-E (oder Nichteingriff/GR-Verzicht): Ungleichbehandlung (Benachteiligung oder Bevorzugung, insbesondere in Bezug auf: Geschlecht, Abstammung, Sprache, Heimat, Herkunft, Glauben, religiöse oder politische Anschauungen, Behinderung).

Eingriffsartige Gleichheitsgrundrechtsbetroffenheit im Sinne des Art. 3 GG[583] ist grundsätzlich immer dann durch eine **Ungleichbehandlung** gegeben, wenn mindestens zwei unter einen gemeinsamen Oberbegriff/Vergleichspunkt[584] fallende, vergleichbare, wesentlich gleiche Sachverhalte (Sachverhaltsgleichsetzbarkeit) im Zuständigkeitsbereich desselben Hoheitsträgers (Zuständigkeitsgleichheit) durch Ungleichbehandlung erheblich betroffen sind – zunächst unabhängig von Rechtfertigung oder Nichtrechtfertigung der Ungleichbehandlung.[585]

Abs. 3 Satz 1 GG grundsätzlich verbotene Differenzierung liegt auch dann vor, wenn eine Maßnahme an ein dort genanntes Merkmal kausal, als (mit-)tragendes Kriterium (‚wegen‘) neben anderen Gründen in einem Motivbündel, anknüpft. 4. Insoweit besteht eine Rechtfertigungsmöglichkeit zum Schutz kollidierenden Verfassungsrechts. Dabei ist zu berücksichtigen, dass der Anknüpfung an die Merkmale des Art. 3 Abs. 3 Satz 1 GG stigmatisierende Wirkung zukommen kann, weshalb erhöhte Anforderungen an die Rechtfertigung eines entsprechenden Grundrechtseingriff [sic, P. B.] bestehen. 5. Die an ein solches Merkmal anknüpfende Behörde trifft eine erhöhte Darlegungslast, weshalb diese Berücksichtigung zum Schutz des kollidierenden Verfassungsguts erforderlich ist. 6. Eine ausschließliche Anknüpfung an die Hautfarbe ist bei den hier in Rede stehen polizeilichen Standardmaßnahmen grundsätzlich nicht rechtfertigungsfähig.“.

583 Vgl. auch Art. 142 GG i.V.m. Art. 4 Abs. 1 Verfassung NRW; Art. 9 S. 1 EUV („Die Union achtet in ihrem gesamten Handeln den **Grundsatz der Gleichheit ihrer Bürgerinnen und Bürger**, denen ein gleiches Maß an Aufmerksamkeit seitens der Organe, Einrichtungen und sonstigen Stellen der Union zuteil wird.“); Titel III (Art. 20-26) EU-GR-Charta („Gleichheit“), insbesondere auch: Art. 20, 21, 23, 25, 26, 34, 35 EU-GR-Charta; Art. 21 EU-GR-Charta (**allgemeines EU-Diskriminierungsverbot**); Art. 18 AEUV i.V.m. Art. 21 EU-GR-Charta (**EU-Staatsangehörigkeits-Diskriminierungsverbot**: Verbot der Diskriminierung aus Gründen der Staatsangehörigkeit im Anwendungsbereich der EU-Verträge unbeschadet besonderer Bestimmungen); Art. 14 EMRK (**allgemeines Diskriminierungsverbot**); Art. 5 Protokoll Nr. 7 EMRK (**Ehegattengleichberechtigung**), Protokoll Nr. 12 EMRK („über das Diskriminierungsverbot“); Art. 2 Abs. 1 IPbpR (UN-Zivilpaktrechtediskriminierungsverbot), Art. 4 Abs. 1 IPbpR (**Notstandsdiskriminierungsverbot**), Art. 14 Abs. 1 S. 1 IPbpR (**Gleichheit vor Gericht**), Art. 20 Abs. 2 IPbpR (**Diskriminierungsaufstachelungsverbot**), Art. 24 Abs. 1 IPbpR (**Kinderdiskriminierungsverbot**), Art. 25 IPbpR (**Staatsbürgerdiskriminierungsverbot**), Art. 26 IPbpR (**allgemeines Diskriminierungsverbot**); Art. 2 Abs. 2 IPwskR (UN-Sozialpaktrechtediskriminierungsverbot); Art. 10 Nr. 3 IPwskR (**Kinder- und Jugendlichendiskriminierungsverbot**).

584 Vgl. zum Oberbegriff/Vergleichspunkt im Sinne des Art. 3 GG das Lateinische „Tertium comparationis“, zu Deutsch: „Drittes des Vergleichs“.

585 BVerfGE 138, 136, 180 (Erbschaftssteuer) = BVerfG, Urteil des Ersten Senats vom 17.12.2014 – 1 BvL 21/12 –, B. III. 1. a), Rn. 121: „Art. 3 Abs. 1 GG gebietet, alle Menschen vor dem Gesetz gleich zu behandeln. Das hieraus folgende Gebot, wesentlich Gleiches gleich und wesentlich Ungleiches ungleich zu behandeln, gilt für ungleiche Belastungen und ungleiche Begünstigungen (vgl. BVerfGE 121, 108 [119]; 121, 317 [370]; 126, 400 [416]). Verboten ist daher auch ein gleichheitswidriger Begünstigungsausschluss, bei dem eine Begünstigung einem Personenkreis gewährt, einem anderen Personenkreis aber vorenthalten wird (vgl. BVerfGE 116, 164 [180]; 121, 108 [119]; 121, 317 [370]; 126, 400 [416]). Dabei verwehrt Art. 3 Abs. 1 GG dem Gesetzgeber nicht jede Differenzierung. Differenzierungen bedürfen jedoch stets der Rechtfertigung durch Sachgründe, die dem Ziel und dem Ausmaß der Ungleichbehandlung angemessen sind. Dabei gilt ein stufenloser am Grundsatz der Verhältnismäßigkeit orientierter verfassungsrechtlicher Prüfungsmaßstab, dessen Inhalt und Grenzen sich nicht abstrakt, sondern nur

c) GR-B: grundgesetzimmanente Einschränkungsmöglichkeiten.

Gerechtfertigte Ungleichbehandlung im Sinne des Art. 3 GG ist gegeben entweder bei (irgendeinem) sachlichen Ungleichbehandlungsgrund ohne Willkür („**Willkürformel**")[586] oder insbesondere im Fall personenbezogener Ungleichbehandlungen bei Fehlen von nach Art und Gewicht (im Sinne von Verhältnismäßigkeit) ausreichenden Ungleichbehandlungsgründen („**Neue Formel**")[587].[588]

A. Rechtsgrundlage (RGL) II. Rechtsgebiet (RG)

(VOR/DEF)

Rechtsgebiet ist Rechtsordnungsteil nach allen Umständen[589] – wie schwerpunktmäßige Äußerungen[590], Rechtsnormen[591], Zwecke[592], auch i.V.m. §§ 133, 157 BGB analog[593].[594]

---

nach den jeweils betroffenen unterschiedlichen Sach- und Regelungsbereichen bestimmen lassen (vgl. BVerfGE 75, 108 [157]; 93, 319 [348 f.]; 107, 27 [46]; 126, 400 [416]; 129, 49 [69]; 132, 179 [188 Rn. 30]).".

586 „**Willkürformel**": BVerfGE 1, 14 52 (Südweststaat) = BVerfGE, Urteil des Zweiten Senats vom 23.10.1951 – 2 BvG 1/51, E. 10a), Rn. 136: „Der Gleichheitssatz ist verletzt, wenn sich ein vernünftiger, sich aus der Natur der Sache ergebender oder sonstwie sachlich einleuchtender Grund für die gesetzliche Differenzierung oder Gleichbehandlung nicht finden läßt, kurzum, wenn die Bestimmung als willkürlich bezeichnet werden muß.".

587 „**Neue Formel**" gegenüber der „Willkürformel": BVerfGE 55, 72, 88 (Präklusion I) = BVerfGE, Beschluss des Ersten Senats vom 07.10.1980 – 1 BvL 50, 89/79, 1 BvR 240/79, B. II. 1., Rn. 61: „Demgemäß ist dieses Grundrecht vor allem dann verletzt, wenn eine Gruppe von Normadressaten im Vergleich zu anderen Normadressaten anders behandelt wird, obwohl zwischen beiden Gruppen keine Unterschiede von solcher Art und solchem Gewicht bestehen, daß sie die ungleiche Behandlung rechtfertigen könnten (vgl. BVerfGE 22, 387 [415]; 52, 277 [280]).".

588 BVerfGE 138, 136, 180 f. (Erbschaftssteuer) = BVerfG, Urteil des Ersten Senats vom 17.12.2014 – 1 BvL 21/12 –, B. III. 1. a), Rn. 122: „Hinsichtlich der verfassungsrechtlichen Anforderungen an den die Ungleichbehandlung tragenden Sachgrund ergeben sich aus dem allgemeinen Gleichheitssatz je nach Regelungsgegenstand und Differenzierungsmerkmalen unterschiedliche Grenzen für den Gesetzgeber, die von gelockerten auf das Willkürverbot beschränkten Bindungen bis hin zu strengen Verhältnismäßigkeitserfordernissen reichen können (vgl. BVerfGE 117, 1 [30]; 122, 1 [23]; 126, 400 [416]; 129, 49 [68]). Eine strengere Bindung des Gesetzgebers kann sich aus den jeweils betroffenen Freiheitsrechten ergeben (vgl. BVerfGE 88, 87 [96]; 111, 176 [184]; 129, 49 [69]). Zudem verschärfen sich die verfassungsrechtlichen Anforderungen, je weniger die Merkmale, an die die gesetzliche Differenzierung anknüpft, für den Einzelnen verfügbar sind (vgl. BVerfGE 88, 87 [96]; 129, 49 [69]) oder je mehr sie sich denen des Art. 3 Abs. 3 GG annähern (vgl. BVerfGE 88, 87 [96]; 124, 199 [220]; 129, 49 [69]; 130, 240 [254]; 132, 179 [188 f. Rn. 31]).".

589 Umstände im weiten Sinn, etwa als Bedingungen, Beziehungen, Faktoren, Folgen, Funktionen, Umweltbedingungen, Variablen, Verhältnissen, Voraussetzungen, Weltbedingungen.

590 Äußerungen im weiten Sinn, etwa als alle Verhaltensäußerungen (einschließlich Aussagen).

591 Rechtsnormen im weiten Sinn, etwa solche, die die Umstände oder das Verhalten regieren (sollen).

592 Zwecke im weiten Sinn, etwa als sich aus einer Lage ergebende, objektiv zu verfolgende Ziele.

593 Sog. **objektivierter Empfängerhorizont**, vgl. BVerwGE 147, 81 = BVerwG, Urteil vom 20.06.2013 – BVerwG 8 C 46.12, Rn. 27: „Die bundesrechtlichen Auslegungsregeln der §§ 133, 157 BGB sind auf öffentlich-rechtliche Erklärungen entsprechend anzuwenden. Bei Verwaltungsakten kommt es wie bei

(SUB/ERG)

Die IDF-Maßnahme erfolgt auf dem Rechtsgebiet des besonderen öffentlichen Rechts polizeilicher Strafrechtspflege.

Eine IDF-Maßnahme erfolgt auf dem Rechtsgebiet der Strafrechtspflege insbesondere bei

- tatverdachtsveranlasster IDF-Maßnahme;
- IDF-Maßnahme mit schwerpunktmäßigem Zweck einer anschließenden Strafrechtspflegemaßnahme;
- Fehlen eines Gefahrenüberhangs.

---

empfangsbedürftigen Willenserklärungen nicht auf den wirklichen Willen des Erklärenden (natürliche Auslegung), sondern auf den objektiven Erklärungsinhalt an. Maßgeblich ist, wie der Empfänger die Erklärung nach Treu und Glauben unter Berücksichtigung der für ihn erkennbaren Umstände verstehen musste. Dabei ist vom Wortlaut der Erklärung auszugehen und deren objektiver Gehalt unter Berücksichtigung des Empfängerhorizonts zu ermitteln (stRspr, vgl. Urteile vom 2. September 1999 - BVerwG 2 C 22.98 - BVerwGE 109, 283 <286> = Buchholz 237.7 § 72 NWLBG Nr. 4 und vom 27. Juni 2012 - BVerwG 9 C 7.11 - BVerwGE 143, 222 <Rn. 18> = Buchholz 11 Art. 20 GG Nr. 206; BGH, Urteile vom 24. Februar 1988 - VIII ZR 145/87 - BGHZ 103, 275 <280>, vom 27. Januar 2010 - VIII ZR 58/09 - BGHZ 184, 128 <137 Rn. 33> und vom 1. März 2011 - II ZR 16/10 - NJW 2011, 1666 <1667 Rn. 11> je m.w.N.).“; BVerwG, Beschluss vom 06.08.2018 – BVerwG 7 B 4.18, Rn. 10: „Dass die bundesrechtlichen Auslegungsregeln der §§ 133, 157 BGB auf öffentlich-rechtliche Erklärungen, d.h. u.a. auf Verwaltungsakte, entsprechend anzuwenden sind, ist in der Rechtsprechung des Bundesverwaltungsgerichts bereits geklärt (BVerwG, Urteil vom 20. Juni 2013 - 8 C 46.12 - BVerwGE 147, 81 Rn. 27 m.w.N.).“.

594 BVerwG 47, 255, 264 = BVerwG, Urteil vom 03.12.1974 – BVerwG I C 11.73: „Obwohl sich für die Polizei im Einzelfall bei einem einheitlichen Lebenssachverhalt gleichzeitig und unmittelbar Aufgaben der Strafverfolgung und der Gefahrenabwehr ergeben können, ist der im Schrifttum vertretenen Auffassung nicht zu folgen, daß aus Gründen der Rechtssicherheit oder wegen der schwierigen Durchschaubarkeit für den Bürger jede Art polizeilichen Handelns der verwaltungsgerichtlichen Kontrolle unterliegen müsse. In aller Regel ist es für den Betroffenen nicht schwer, zu erkennen, ob die Polizei im konkreten Fall eine - begangene - Straftat erforschen (**Strafverfolgung**) oder den Eintritt eines Schadens, etwa die - zukünftige - Begehung einer strafbaren Handlung, verhindern oder eine bereits eingetretene Störung der öffentlichen Sicherheit oder Ordnung beseitigen (**Gefahrenabwehr**) will. Außerdem wird man davon ausgehen dürfen, daß die Polizei dem Betroffenen - wie im vorliegenden Fall - den Grund ihres Einschreitens von sich aus oder auf Verlangen angibt. Im übrigen kommt es darauf an, wie sich der konkrete Lebenssachverhalt einem verständigen Bürger in der Lage des Betroffenen bei natürlicher Betrachtungsweise darstellt. Dieser Sachverhalt muß im allgemeinen einheitlich betrachtet werden, es sei denn, daß einzelne Teile des Geschehensablaufs objektiv abtrennbar sind. Hat die Polizei die Ermittlungen an die StA oder das Amtsgericht weitergeleitet (§ 163 Abs. 2 StPO) oder auf Weisung der StA gehandelt, so kann an der strafprozessualen Natur ihres Einschreitens kein vernünftiger Zweifel bestehen. Eine Maßnahme, die nach dem Gesamteindruck darauf gerichtet ist, eine strafbare Handlung zu erforschen oder sonst zu verfolgen, ist der Kontrolle der ordentlichen Gerichte nach §§ 23 ff. EGGVG nicht etwa deshalb entzogen, weil durch die polizeilichen Ermittlungen möglicherweise zugleich auch künftigen Verletzungen der öffentlichen Sicherheit vorgebeugt würde.“.

A. Rechtsgrundlage (RGL) III. Mögliche Befugnisrechtsnorm (Mgl. Brn.)

(VOR/DEF)

Befugnisrechtsnorm ist die rechtmäßige hauptsächliche materiellrechtliche Rechtsgrundlage mit realfolgenentsprechender Rechtsfolge.

(SUB/ERG)

Realfolge ist die Maßnahme laut Sachverhalt.

Rechtsfolge ist die Maßnahme laut Rechtsnorm: (als Justiz-VA[595]) eine Maßnahme zwecks Identitätsfeststellung / IDF-Maßnahme (verkürzt: „**IDF**")

(SUB)

Realfolgen und Rechtsfolgen zu:

IDF-Maßnahme

Realfolgen IDF-Maßnahme – Beispiele:

- Anhalten
- Fragen
- Antwortbitte
- Datenabgleich/Recherche
- Datenträgereinsicht
- Nachschau.

(ERG)

Mögliche Befugnisrechtsnorm (mit genauerem IDF-Rechtsfolgenzweck) zu:

IDF-Maßnahme

Gefahrenabwehr:

- §§ 15, 15a, 16, 19 Abs. 2 AsylG (IDF-Maßnahme zwecks Asylrecht, vgl. §§ 1, 13, 14, 23, 33 AsylG)
- §§ 48-49 AufenthG (IDF-Maßnahme zwecks Aufenthaltsrecht, vgl. § 1 AufenthG – Identitätsüberprüfung; Identitätsfeststellung; Identitätssicherung)
- §§ 42, 44 LFGB (Aufnahme und Auf-

---

595 **Wohnungstüröffnungs-Verfügung** (je nach Rechtsgebiet VA oder Justiz-VA [z.B.: „Bitte öffnen Sie die Tür!"]) kann bspw. wie folgt – insbesondere über den Zweck – zu subsumieren sein:

- § 9 Abs. 2 PolG NRW / § 163 Abs. 3 StPO / § 163a StPO (Zweck: Befragung / Vernehmung).
- § 12 PolG NRW / § 163b Abs. 1 oder § 163b Abs. 2 StPO (Zweck: IDF jedenfalls ohne Wohnungs-Betretens- und Wohnungs-Durchsuchungszweck [z.B.: IDF-Befragung / IDF-Ausweisverlangen an der Tür]).
- § 16a PolG NRW / § 163f StPO / § 163 Abs. 1 S. 2 StPO (Zweck: Observation jedenfalls ohne Wohnungs-Betretens- und Wohnungs-Durchsuchungszweck [z.B.: Datenerhebung von der Tür aus]).
- § 35 PolG NRW / § 127 Abs. 1 S. 1 Alt. 1 StPO / § 127 Abs. 2 i.V.m. § 112/§ 112a/§ 126a; § 127b StPO; § 164 StPO (Zweck: Ingewahrsamnahme / Festnahme jedenfalls ohne Wohnungs-Betretens- und Wohnungs-Durchsuchungszweck [z.B.: Ingewahrsamnahme / Festnahme an der Tür]).
- § 41 PolG NRW / § 102 StPO oder § 103 StPO (Zweck: Wohnungsbetreten und/oder Wohnungsdurchsuchung).
- § 43 PolG NRW / § 94 Abs. 1 StPO / § 94 Abs. 1, 2 StPO / §§ 94 Abs. 3, 111a StPO, § 69 StGB / §§ 99, 100 StPO / § 108 StPO (§ 110 StPO); / § 111b StPO / § 132 StPO (Zweck: Sicherstellung/Beschlagnahme jedenfalls ohne Wohnungs-Betretens- und Wohnungs-Durchsuchungszweck [z.B.: Sicherstellung/Beschlagnahme an der Tür).
- § 81a StPO / § 81c StPO / 81g StPO / § 81h StPO (Zweck: der jeweilige „Untersuchungs"-Zweck jedenfalls ohne Wohnungs-Betretens- und Wohnungs-Durchsuchungszweck [z.B.: „Untersuchung" an der Tür]).
- § 8 Abs. 1 PolG NRW / § 163 Abs. 1 S. 2 StPO (Zweck: jedenfalls ein nicht besonders geregelter Zweck jedenfalls ohne Wohnungs-Betretens- und Wohnungs-Durchsuchungszweck).

Rechtsfolge(n) IDF-Maßnahme – allgemein:

Maßnahme (DE oder sonstige Maßnahme) – z.B.:

- Anhalten
- Befragung
- Verlangen nach (weiteren) Angaben
- Personen-, Sachendurchsuchung
- Wohnungsdurchsuchung als (erforderliche) Maßnahme
- Datenträgerauswertung
- (sonstige) Datenverarbeitungsmaßnahme als (erforderliche) Maßnahme –

zwecks IDF, also zwecks Zuordnung von Mensch und bestimmtem Personaliensatz,

vgl. zum Personaliensatz z.B.:

- § 9 Abs. 3 S. 1 PolG NRW,
- § 111 StPO, § 111 OWiG,
- § 1 BKADV, § 3 Abs. 1 Nr. 4, 5, Abs. 4 Nr. 4, 5 AZRG,
- § 10 Abs. 3 S. 1 BayVersG.

zeichnung bestimmter personenbezogener Daten)

- § 17 PAuswG / § 18 PaßG (IDF-Maßnahme mit Speichermediumsdaten zwecks Dokumenten-Echtheits- und Ausweisinhaber-ID-Kontrolle)
- § 14a PolG NRW („Molekulargenetische Untersuchung zur IDF“: Molekulargenetische Untersuchungsmaßnahmen zur IDF (Abgleich von DNA-Identifizierungsmustern einer Leiche oder hilflosen Person mit denjenigen einer vermissten Person zur IDF, zu diesem Zweck: 1. Körperzellenentnahme bei hilflosen Person oder Leiche, 2. Probennahme von Gegenständen mit Spurenmaterial der vermissten Person, 3. molekulargenetische Untersuchung der Proben nach Nr. 1 und 2. – weitere Speicherung, Verwendung, Löschung von DNA-Identifizierungsmuster nach § 14a Abs. 1 S. 6-8 PolG NRW; § 14a Abs. 1 S. 5 PolG NRW: **Unverzügliche** [§ 121 Abs. 1 S. 1 BGB] Vernichtung entnommener Körperzellen, wenn keine Benötigung mehr für Untersuchung nach § 14a Abs. 1 S. 2 PolG NRW.)
- § 14 Abs. 1 Nr. 1 PolG NRW (IDF-Erkennungsdienstliche-Maßnahme zwecks IDF nach §§ 12, 12a PolG NRW)
- § 12a Abs. 1 S. 1 Var. 3 PolG NRW (IDF-Maßnahme zwecks strategischer Fahndung)
- § 12 PolG NRW (IDF-Maßnahme zwecks IDF nach § 12 Abs. 1 PolG NRW)
- § 9 Abs. 3 S. 1 i.V.m. § 9 Abs. 2 S. 1 PolG NRW („ID-Maßnahme“, mit ggf. weiteren Auskünften, vgl. § 9 Abs. 3 S. 2 PolG NRW, zwecks Befragung, z.B. Sicherung/Überprüfung der Angabenquelle)

Strafrechtspflege (ggf. mit §§ 46, 53 Abs. 1 S. 2, Abs. 2 OWiG):

- § 81g Abs. 1, 2 StPO („DNA-IDF“: Körperzellenentnahme zur Identitätsfeststellung zwecks potentieller künftiger Strafverfahren und molekulargenetische Untersuchung zur Feststellung des DNA-Identifizierungsmusters sowie des Geschlechts)

- § 163b Abs. 1 StPO / §§ 163b Abs. 1, c StPO: IDF beim Verdächtigen
- § 163b Abs. 2 StPO / §§ 163b Abs. 2, c StPO: IDF beim Nichtverdächtigen
- § 111 StPO (ohne §§ 46, 53 Abs. 1 S. 2 OWiG): IDF bei jedermann an an öffentlich zugänglichem Ort eingerichteter Kontrollstelle

Zu „**Fast-ID**" (Fast-Identification) vgl. auch § 14 Abs. 4 PolG NRW („Erkennungsdienstliche Maßnahmen") und Nr. 5: („Durchführung erkennungsdienstlicher Maßnahmen"), Nr. 5.2 („FastID-Verfahren zur Sofortidentifizierung") Runderlass des Ministeriums des Innern (NRW) – 422-62.09.06 – vom 3.07.2018 („Erkennungsdienst"): „Für eine Sofortidentifizierung von Personen können dem Bundeskriminalamt Fingerabdrücke per FastID zur Identitätsprüfung übermittelt werden. Eine FastID-Abfrage ist jeder erkennungsdienstlichen Behandlung voranzustellen und dient der Identitätssicherung und der Erlangung von Hinweisen zur Erforderlichkeit einer erneuten, vollständigen erkennungsdienstlichen Behandlung. Das FastID-Verfahren dient lediglich der Überprüfung der Identität. Das aufgenommene erkennungsdienstliche Material wird nicht gespeichert. FastID ersetzt damit in keinem Fall eine erkennungsdienstliche Behandlung."

(SUB)

Realfolgen und Rechtsfolgen zu:

Anhalten/Festhalten

(SUB)

Realfolgen Anhalten/Festhalten:

- Aufforderung zum Stehenbleiben
- Aufforderung zum Verlangsamen des Fortbewegungstempos
- Aufforderung zum Aufenthalt an bestimmter Stelle

Rechtsfolge Anhalten/Festhalten:

Anhalten/Festhalten ist Reduzieren oder Stoppen der Bewegung i.S.d. Art. 2 Abs. 2 S. 2 GG.

Abgrenzung von Anhalten und Festhalten erfolgt nach:

- Gesetz, vgl. §§ 36 Abs. 1 S. 1, 37 Abs. 1

(ERG)

Mögliche Befugnisrechtsnorm zu:

Anhalten/Festhalten

(ERG)

Gefahrenabwehr:

Anhalten / Festhalten

- § 12 Abs. 1 Nr. 1, Abs. 2 S. 2 Var. 1 / S. 3 PolG NRW
- § 12 Abs. 1 Nr. 2 a), Abs. 2 S. 2 Var. 1 / S. 3 PolG NRW
- § 12 Abs. 1 Nr. 2 b), Abs. 2 S. 2 Var. 1 / S. 3 PolG NRW
- § 12 Abs. 1 Nr. 2 c), Abs. 2 S. 2 Var. 1 / S. 3 PolG NRW
- § 12 Abs. 1 Nr. 3, Abs. 2 S. 2 Var. 1 / S. 3 PolG NRW
- § 12 Abs. 1 Nr. 4, Abs. 2 S. 2 Var. 1 / S. 3 PolG NRW
- § 12a Abs. 1 S. 1 Var. 1 / S. 1 Var. 3 PolG NRW

PolG NRW

- „ADIMZ“ (Art, Dauer, Intensität, Mittel, Zweck der Freiheitsbeschränkung) (Vorentscheidung mit Freiheitsentziehung oder sonstiger Freiheitsbeschränkung beim Fallbearbeitungspunkt A. I.)

- § 14 Abs. 1 Nr. 1 PolG NRW (i.V.m. § 12/12a PolG NRW)
- Ggf. § 8 Abs. 1 PolG NRW.

Nur Anhalten:

- § 9 Abs. 2 S. 2 PolG NRW
- § 9 Abs. 3 S. 1 (i.V.m. § 9 Abs. 2 PolG NRW)
- § 25 Abs. 2 PolG NRW
- § 36 Abs. 5 S. 1 StVO.

Nur Festhalten (vgl. §§ 36 Abs. 1 S. 1, 37 Abs. 1 PolG NRW):

- § 10 Abs. 3 PolG NRW
- § 35 PolG NRW
- § 58 Abs. 4 AufenthG
- §§ 62-62b AufenthG (vgl. § 71 Abs. 5 AufenthG)
- Nur für zuständige Behörde: § 30 IfSG. Nur für örtliche Ordnungsbehörde: § 14 PsychKG (NRW). Nur für Jugendamt: § 42 SGB VIII.

Strafrechtspflege (ggf. mit §§ 46, 53 Abs. 1 S. 2, Abs. 2 OWiG):

Anhalten als (erforderliche) Maßnahme / Festhalten zur

- IDF beim Verdächtigen, § 163b Abs. 1 StPO / §§ 163b Abs. 1, c StPO
- IDF beim Nichtverdächtigen, § 163b Abs. 2 StPO/ §§ 163b Abs. 2, c StPO
- IDF bei jedermann an an öffentlich zugänglichem Ort eingerichteter Kontrollstelle, § 111 StPO (ohne §§ 46, 53 Abs. 1 S. 2 OWiG)
- Ggf. § 163 Abs. 1 S. 2 StPO.

Nur Festhalten (vgl. Art. 104 GG):

- § 127 Abs. 1 S. 1 Alt 1 StPO
- § 127 Abs. 2 i.V.m. § 112 StPO
- § 127 Abs. 2 i.V.m. § 112a StPO
- § 127 Abs. 2 i.V.m. § 126a StPO

- § 127b StPO
- § 164 StPO
- § 19 IRG.

(SUB)
Realfolgen und Rechtsfolgen zu: Befragung/Vernehmung

(ERG)
Mögliche Befugnisrechtsnorm zu: Befragung/Vernehmung

(SUB)
Realfolgen Befragung/Vernehmung – Beispiele:

- Aktives Entgegennehmen von Aussage
- Fragestellen
- Bitte um Beantwortung einer Frage
- Aufforderung zum Machen von Angaben; z.B. durch Gestik, Mimik, Verbalisierung

Rechtsfolge(n) Befragung/Vernehmung – allgemein:

Befragung/Vernehmung ist jedes in (erkennbarer, vgl. § 9 Abs. 5 PolG NRW+BGHSt/BVerfGE)[596] amtlicher Funktion ausdrückliche oder konkludente Fragen oder sonstige Auskunftsverlangen über einen bestimmten (vgl. § 9 Abs. 7 PolG NRW) Sachverhalt (insb. potentielle Störung, Tatverdacht) im Unterschied zu *bloßer* ID-Maßnahme.

(ERG)
Gefahrenabwehr:

- Ggf. speziellere Rechtsfolgenregelungen (je nach Auffassung zu Anforderungen an Befugnisrechtsnormstruktur, vgl. bloße Pflichtenformulierung), vgl. § 50 Abs. 2 BNatSchG; § 42 BWaldG; §§ 6-15 IfSG; § 22 GastG; § 14 GewO; § 2 JuSchG; §§ 42, 44 LFGB; §§ 315-318 SGB III; § 97a SGB VIII; §§ 98-101 SGB X; § 4 VereinsG; §§ 15 Abs. 5, 34-39 WaffG.
- § 9 Abs. 2 PolG NRW: Befragung der betroffenen Person oder der nichtbetroffenen Person (vgl. § 9 Abs. 4 PolG NRW);
- § 9 Abs. 3 PolG NRW: Befragung zu ID-Merkmalen gegenüber Person i.S.d. § 9 Abs. 2 PolG NRW;
- § 12a Abs. 1 S. 1 Var. 2 PolG NRW: Befragen

Strafrechtspflege (ggf. mit §§ 46, 53 Abs. 1 S. 2, Abs. 2 OWiG):

- Ggf. speziellere Rechtsnormen, vgl. z.B. § 99 StPO[597]

---

[596] Nr. 9.3 VVPolG NRW: „Eine Datenerhebung kann ohne Kenntnis der betroffenen Person u.a. bei öffentlichen Stellen oder Dritten sowie aus allgemein zugänglichen Quellen erfolgen. Eine Datenerhebung durch Befragung Dritter oder durch Auskunftsersuchen bei einer anderen Behörde ist nicht schon deshalb eine **verdeckte Maßnahme**, weil sie ohne Kenntnis der betroffenen Person erfolgt.“. Nr. 9.4 VVPolG NRW: „Eine **verdeckte Datenerhebung** liegt vor, wenn getarnte Maßnahmen zur Datenerhebung vorgenommen werden, insbesondere die Zugehörigkeit zur Polizei bewusst verschleiert wird. Um ein **verdecktes Vorgehen** handelt es sich nicht schon, wenn Polizeivollzugsbeamtinnen oder Polizeivollzugsbeamte Dienst in Zivilkleidung verrichten oder ein äußerlich nicht als solches zu erkennendes Dienstfahrzeug benutzen.“.

[597] Vgl. § 99 Abs. 2 StPO, § 100 StPO und frühere Entscheidung des BGH, Beschluss vom 20.02.2019 – BGH, StB 51/18, Rn. 11-13: „Die für die **Beschlagnahme retrograder Postdaten** erforderliche gesetzliche Grundlage ergibt sich nicht aus § 99 StPO, und zwar weder aus einer direkten noch aus einer entsprechenden Anwendung der Vorschrift. Gemäß § 99 StPO ist die **Beschlagnahme der an den Beschuldigten gerichteten Postsendungen** zulässig, die sich im Gewahrsam von Personen oder Unternehmen befinden, die geschäftsmäßig Post- oder Telekommunikationsdienste erbringen oder daran

- § 163a StPO: Vernehmung des Beschuldigten
- § 163 Abs. 3-7 StPO: Vernehmung von Zeugen oder Sachverständigen (vgl. § 163 Abs. 6 S. 1 StPO) oder anderen Personen (vgl. § 163 Abs. 6 S. 2 StPO)
- § 55 OWiG: Anhörung/Vernehmung des (beschuldigten) Betroffenen

Vgl. auch ggf. § 43 Abs. 1 JGG (ggf. i.V.m. § 109 JGG).

(SUB)

Realfolgen und Rechtsfolgen zu:

Betreten und/oder Durchsuchung

Realfolgen Durchsuchung – Beispiele:

Nachschau; Suchen; (Aufforderung zum) Aufdecken.

Rechtsfolge(n) Durchsuchung – allgemein:

Personendurchsuchung:

Suchverhalten (gezielte Nachschau mit Begleitmaßnahmen) bzgl. Personen, Sachen, Daten

- in oder am Personenkörper (ohne Körperbeschaffenheitsermittlungszweck)[598],

(ERG)

Mögliche Befugnisrechtsnorm zu:

Betreten und/oder Durchsuchung

Gefahrenabwehr:

- Diverse spezielle Rechtsnormen wie: § 15 Abs. 4 AsylG; § 48 Abs. 3 AufenthG; § 58 Abs. 5-10 AufenthG; §§ 42, 44 LFGB; § 4 VereinsG; § 36 Abs. 3 WaffG, § 39 Abs. 2 WaffG, § 46 Abs. 4 WaffG
- § 12 Abs. 1 Nr. 1, Abs. 2 PolG NRW
- § 12 Abs. 1 Nr. 2 a), Abs. 2 PolG NRW
- § 12 Abs. 1 Nr. 2 b), Abs. 2 PolG NRW
- § 12 Abs. 1 Nr. 2 c), Abs. 2 PolG NRW

---

mitwirken. In der sich daraus ergebenden **Verpflichtung zur Herausgabe von Postsendungen** ist nach allgemeiner Meinung als weniger intensiver Eingriff und mithin rechtstechnisch als Minus zugleich die Verpflichtung enthalten, **Auskunft über die Postsendungen** zu erteilen. Falls die Voraussetzungen der Postbeschlagnahme erfüllt sind, kann mithin statt dieser auch lediglich die diese betreffende Auskunft verlangt werden [Quellenangaben]. Diese Möglichkeit stellt sich allerdings lediglich als eine Ausprägung des Verhältnismäßigkeitsgrundsatzes dar und schafft daher keine weitergehenden Zugriffsmöglichkeiten als die Postbeschlagnahme selbst. Nach dem eindeutigen Wortlaut des § 99 Satz 1 StPO erstreckt sich die Auskunftspflicht deshalb - ebenso wie die Herausgabepflicht - nur auf diejenigen Postsendungen, die sich noch im Gewahrsam der Postunternehmen befinden, nicht hingegen auf bereits weitergeleitete [Quellenangaben].“.

598 Vgl. auch BVerfG, Beschluss der 2. Kammer des Zweiten Senats vom 27.03.2019 - 2 BvR 2294/18 -, Rn. 17: „**Durchsuchungen, die mit einer Entkleidung verbunden sind**, stellen einen schwerwiegenden Eingriff in das allgemeine Persönlichkeitsrecht dar (vgl. BVerfGK 2, 102 <105>; 17, 9 <14>; BVerfG, Beschluss der 2. Kammer des Zweiten Senats vom 5. März 2015 - 2 BvR 746/13 -, juris, Rn. 33; BVerfG, Beschluss der 2. Kammer des Zweiten Senats vom 5. November 2016 - 2 BvR 6/16 -, juris, Rn. 29; vgl. auch BVerfG, Beschluss der 2. Kammer des Zweiten Senats vom 14. April 2016 - 2 BvR 695/16 -, juris, Rn. 6). Dies gilt in besonderem Maße für **Durchsuchungen, die mit einer Inspizierung von normalerweise verdeckten Körperöffnungen verbunden sind** (vgl. BVerfGK 17, 9 <14>; BVerfG, Beschluss der 3. Kammer des Zweiten Senats vom 10. Juli 2013 - 2 BvR 2815/11 -, juris, Rn. 15; BVerfG, Beschluss der 2. Kammer des Zweiten Senats vom 5. November 2016 - 2 BvR 6/16 -, juris, Rn. 29). Wegen des besonderen Gewichts von Eingriffen, die den Intimbereich und das Schamgefühl des

- in oder an am Personenkörper befindlichen Sachen (z.B. Bekleidung bzw. Accessoires).

Sachendurchsuchung:

Suchverhalten (gezielte Nachschau mit Begleitmaßnahmen) bzgl. Personen, Sachen, Daten in oder an nicht am Personenkörper befindlichen, nicht als Wohnung geltenden Sachen (vgl. § 90 BGB).

Wohnungsdurchsuchung:

Suchverhalten (gezielte Nachschau mit Begleitmaßnahmen) bzgl. Personen, Sachen, Daten in einer als Wohnung geltenden Sache[599],[600].

- § 12 Abs. 1 Nr. 3, Abs. 2 PolG NRW
- § 12 Abs. 1 Nr. 4, Abs. 2 PolG NRW
- § 12a Abs. 1 S. 1 Var. 3 PolG NRW
- § 39 PolG NRW
- § 40 PolG NRW
- §§ 41, 42 PolG NRW

Strafrechtspflege (ggf. mit §§ 46, 53 Abs. 1 S. 2, Abs. 2 OWiG):

- § 100b StPO
- § 163b Abs. 1 S. 3 Var. 1/2 StPO;
- § 163b Abs. 2 StPO;
- § 111 StPO;
- § 102 StPO;
- § 103 StPO;
- §§ 99, 100 StPO;

Inhaftierten berühren, hat der Inspizierte Anspruch auf besondere Rücksichtnahme (vgl. BVerfGK 17, 9 <16>; BVerfG, Beschluss der 3. Kammer des Zweiten Senats vom 10. Juli 2013 - 2 BvR 2815/11 -, juris, Rn. 15; BVerfG, Beschluss der 2. Kammer des Zweiten Senats vom 5. November 2016 - 2 BvR 6/16 -, juris, Rn. 29).“; vgl. auch BVerfG, Beschluss der 3. Kammer des Zweiten Senats vom 04.02.2009 – 2 BvR 455/08 –, Rn. 24: „Die Verfassungsbeschwerde ist ihrer Begründung gemäß dahin auszulegen, dass sie sich gegen die angegriffenen Entscheidungen allein insoweit wendet, als sie die bei Aufnahme in die Untersuchungshaft erfolgte, mit einer Entkleidung und Inspizierung des Anus verbundene körperliche Durchsuchung betreffen.“.

599 Vgl. BVerfGE 32, 54, Ls. 1, 69-72 (Betriebsbetretungsrecht) = BVerfG, Beschluss des Ersten Senats vom 13.10.1971 – 1 BvR 280/66, Ls. 1: „Der Begriff ‚**Wohnung**‘ in Art. 13 Abs. 1 GG ist weit auszulegen; er umfaßt auch **Arbeits-, Betriebs- und Geschäftsräume**.“; vgl. auch § 41 Abs. 1 S. 2 PolG NRW; vgl. auch Nr. 40.03. VVPolG NRW: „Für die **Durchsuchung von Sachen im befriedeten Besitztum** gelten die §§ 41 und 42.“; Nr. 41.13 VVPolG NRW: „Die Durchsuchung einer Wohnung hat sich auf Anlass und Zweck der Durchsuchung zu beschränken. Befinden sich in der Wohnung Personen, die durchsucht werden sollen, ist hierfür § 39 maßgebend. Sollen in einer Wohnung Sachen durchsucht werden, die nicht den Wohnungsinhabern gehören, ist § 40 einschlägig.“; vgl. auch Nr. 40.12 VVPolG NRW: „Sollen bewegliche Sachen, die Wohnungen sind (vgl. RdNr. 41.11), betreten oder durchsucht werden, richten sich die Maßnahmen nach § 41.“, vgl. auch Nr. 41.11 VVPolG NRW: „Es ist zu beachten: **Wohnungen** i.S.d. § 41 Abs. 1 Satz 2 sind auch die zu Wohnzwecken genutzten beweglichen Sachen wie Schiffe, Wohnwagen, Wohnmobile und Zelte. **Inhaber einer Wohnung** ist, wer rechtmäßig die tatsächliche Gewalt über die Räumlichkeit ausübt, somit z.B. auch Mieter, Untermieter oder Hotelgast. Bei Gemeinschaftsunterkünften, Internaten und Obdachlosenasylen sind nur die Leiterinnen und Leiter Inhaber. Die **Befugnis zum Betreten einer Wohnung** schließt die Befugnis ein, von Personen, Sachen und Zuständen, die ohne weiteres wahrgenommen werden können, **Kenntnis** zu nehmen. Soweit es für die Erfüllung der polizeilichen Aufgaben erforderlich ist, umfasst das **Betretungsrecht** bei Grundstücken auch das **Recht zum Befahren mit Fahrzeugen**.“, vgl. auch Nr. 41.13 VVPolG NRW: „Die Durchsuchung einer Wohnung hat sich auf Anlass und Zweck der Durchsuchung zu beschränken. Befinden sich in der Wohnung Personen, die durchsucht werden sollen, ist hierfür § 39 maßgebend. Sollen in einer Wohnung Sachen durchsucht werden, die nicht den Wohnungsinhabern gehören, ist § 40 einschlägig.“.

600 BVerfGE 76, 83, 89 (Zwangsvollstreckung III) = BVerfG, Beschluss des Ersten Senats vom 16.06.1987 – 1 BvR 1202/84 –: „Dabei ist für den Begriff der **Durchsuchung** kennzeichnend das ziel- und zweckgerichtete Suchen staatlicher Organe nach Personen oder Sachen oder zur Ermittlung eines

Wohnungsbetreten (vgl. nur zum Wohnungsbetreten: § 20 Abs. 3 PolG NRW; § 41 Abs. 4 PolG NRW, § 110 StPO): Körperliches Eindringen in eine als Wohnung geltende Sache.

Raumdurchsuchung (vgl. §§ 102, 103 StPO): Suchverhalten (gezielte Nachschau einschließlich Begleitmaßnahmen) bzgl. Personen, Sachen, Daten in einem umschlossenen Gebäudeteil oder entsprechendem Behältnis ohne Wohnungseigenschaft.

Online-Durchsuchung (vgl. § 100b StPO; vgl. auch „**Online-TKÜ**", § 100a Abs. 1 S. 2, 3 StPO; § 20c Abs. 2 PolG NRW):

Eingriff mit technischen Mitteln auch ohne Wissen des Betroffenen in ein von dem Betroffenen genutztes informationstechnisches System mit Datenerhebung daraus.

Abgrenzung Durchsuchung / unvermeidliche Kennt- nisnahme:

Unvermeidliche Kenntnisnahme ist Wahrnehmung ohnehin offen präsenter Personen, Sachen, Daten ohne Veränderung, z.B. Umherblicken in Wohnung von einem Standposten aus, vgl. § 41 PolG NRW.

Abgrenzung Durchsuchung / Inaugenscheinnahme (vgl. § 12a Abs. 1 S. 2 PolG NRW):

Inaugenscheinnahme ist prüfende Betrachtung präsenter Sachen oder Daten ohne erhebliche Veränderung (vgl. § 12a Abs. 1 S. 2, 3 PolG NRW; Prinzip: „Just look, don't touch"); z.B. Betrachtung von: geöffneter Tasche / Fahrzeuginnerem / geöffnetem Kofferraum.

- (§ 110 StPO).

Sachverhalts, um etwas aufzuspüren, was der Inhaber der Wohnung von sich aus nicht offenlegen oder herausgeben will (BVerfGE 28, 285 [287 ff.]; 47, 31 [36 f.])."; so auch: BVerfGE 51, 97, 106 (Zwangsvollstreckung I) = BVerfG, Beschluss des Ersten Senats vom 03.04.1979 – 1 BvR 994/76 –; nicht in: BVerfGE 57, 346 (Zwangsvollstreckung II) = BVerfG, Beschluss des Ersten Senats vom 16.06.1981 – 1 BvR 1094/80 –.

Abgrenzung Personendurchsuchung / Körperliche Untersuchung (KU) durch Körperbeschaffenheits-ermittlungszweck: **Körperliche Untersuchung** ist Körperbeschaffenheitsermittlung durch gezielte Nachschau oder gezielten Eingriff am Menschenkörper, ggf. auch mit Datenverarbeitung, ggf. auch mit sog. Exploration.

A. Rechtsgrundlage (RGL) III. Mögliche Befugnisrechtsnorm (Mgl. Brn.) – RG Strafrechtspflege mit StPO/OWiG / IDF-Maßnahme (beim Verdächtigen)

(VOR/DEF)

Befugnisrechtsnorm ist die rechtmäßige hauptsächliche materiellrechtliche Rechtsgrundlage mit realfolgenentsprechender Rechtsfolge.

(SUB)

Realfolge(n) ist (sind) laut Sachverhalt zum Beispiel:

1. Bitte, anzuhalten
2. Fragen nach Personalien
3. Fragen nach Angaben zur Identität (Identitätsangaben auch über Personalien hinaus)
4. Bitte, sich auszuweisen
5. Suchen in und an der Person
6. Suchen in und an (mitgeführten) Sachen
7. Gehen/Fahren zur Polizeiwache mit Begleitverfügungen (ggf. mit Begleitverfügung, z.B. Anordnung, mitzukommen/einzusteigen/mitzufahren)
8. Durchführen von Fast-ID mit Begleitverfügungen (ggf. mit Begleitverfügung, z.B. Anordnung, Finger aufzulegen)
9. Ausweiseinsichtnahme (z.B. an Wohnanschrift) mit Begleitverfügungen (ggf. mit Begleitverfügung, z.B. Anordnung, den Ausweis-Lageort zu nennen, mitzukommen)

Rechtsfolge ist allgemein eine IDF-Maßnahme/Maßnahme zwecks IDF (Datenerhebung oder sonstige Datenverarbeitung oder Begleitakt [wie Anhalten/Festhalten] zwecks Zuordnung von Mensch und Personaliensatz), konkret (in Entsprechung zu obigen Beispiels-Nummern):

1. als Justiz-VA Maßnahme zwecks IDF, § 163b Abs. 1 S. 1 Hs. 1 StPO

Ab Anhalten können alle folgenden Maßnahmen erfolgen mit (alternativ)

- Festhalten/Freiheitsentziehung zwecks IDF

oder

- Anhalten/sonstiger Freiheitsbeschränkung.[601]

2. als Justiz-VA Maßnahme zwecks IDF, § 163b Abs. 1 S. 1 Hs. 1 StPO

3. als Justiz-VA Maßnahme zwecks IDF, § 163b Abs. 1 S. 1 Hs. 1 StPO

4. als Justiz-VA Maßnahme zwecks IDF, § 163b Abs. 1 S. 1 Hs. 1 StPO

5. als Justiz-VA Personendurchsuchung (gezielte Nachschau in oder am Personenkörper) zwecks IDF, § 163b Abs. 1 S. 3 Var. 1 StPO

6. als Justiz-VA Sachendurchsuchung (gezielte Nachschau in oder an nicht am Personenkörper befindlichen, nicht als Wohnung geltenden Sachen) von (von dem Verdächtigen) mitgeführten Sachen zwecks IDF, § 163b Abs. 1 S. 3 Var. 2 StPO

7. als Justiz-VA Maßnahme zwecks IDF, § 163b Abs. 1 S. 1 Hs. 1 StPO

8. als Justiz-VA Durchführung erkennungsdienstlicher Maßnahme (vgl. § 14 Abs. 4 PolG NRW) zwecks IDF, § 163b Abs. 1 S. 3 Var. 3 StPO

9. als Justiz-VA Maßnahme zwecks IDF, § 163b Abs. 1 S. 1 Hs. 1 StPO

Nur bei Straftat ist auch möglich gemäß § 111 Abs. 1 S. 1 StPO: als Justiz-VA/Realakt Maßnahme zwecks IDF (bei jedermann) an an öffentlich zugänglichem Ort eingerichteter Kontrollstelle, § 111 (Abs. 3) StPO.

(ERG)

Mögliche Befugnisrechtsnorm ist (alternativ je nach Rechtsfolge)

- § 163b Abs. 1(…) StPO (ggf. §§ 46, 53 Abs. 1 S. 2, Abs. 2 OWiG).
- §§ 163b Abs. 1, 163c StPO (ggf. i.V.m. §§ 46, 53 Abs. 1 S. 2, Abs. 2 OWiG).

---

601 Je nach konkretem Fall unter regelmäßiger Auslegung zur Abgrenzung von Freiheitsentziehung/Festhalten oder sonstiger Freiheitsbeschränkung/(ggf. Anhalten) nach Art, Dauer, Intensität, Mittel, Zweck (ADIMZ) können IDF-Maßnahmen (außer IDF-Anhalten/IDF-Festhalten selbst) grundsätzlich entweder mit IDF-Anhalten oder mit IDF-Festhalten erfolgen. Zum Beispiel: bloßes Mitnehmen zur Polizeiwache mit dem Zweck (Z) IDF (sog. „**Sistierung**") jedenfalls bei Fehlen von Besonderheiten bzgl. Art, Intensität, Mittel (AIM) bis zur Maßnahmen-Dauer (D) von 2 Stunden kann sein:

- noch keine Freiheitsentziehung, damit kein Festhalten (zwecks IDF, vgl. z.B. § 12 Abs. 2 S. 3 PolG NRW; § 163b Abs. 1 S. 2, § 163c StPO; § 163b Abs. 2 S. 2, § 163c StPO);
- eine sonstige Freiheitsbeschränkung, damit ein Anhalten oder eine nicht spezieller normierte Maßnahme zwecks IDF im Rahmen des Anhaltens (zwecks IDF, vgl. z.B. § 12 Abs. 2 S. 1 PolG NRW, § 12 Abs. 2 S. 2 Var. 1 PolG NRW; § 163b Abs. 1 S. 1 StPO; § 163b Abs. 2 S. 2 StPO). Zur „Fixierung" vgl. auch §§ 37a, 50, 62 PolG NRW.

Vgl. [mit Hervorhebungen und Klammervermerken durch P. B.]: BVerfGE 149, 293 (5-Punkt-Fixierung/7-Punkt-Fixierung) = BVerfG, Urteil des Zweiten Senats vom 24.07.2018 – 2 BvR 309/15 –, Ls. 1b) „Sowohl **bei einer 5-Punkt- als auch bei einer 7-Punkt-Fixierung von nicht nur kurzfristiger Dauer** handelt es sich um eine Freiheitsentziehung im Sinne des Art. 104 Abs. 2 GG, die von einer richterlichen Unterbringungsanordnung nicht gedeckt ist. Von einer **kurzfristigen Maßnahme** ist **in der Regel** auszugehen, wenn sie absehbar die Dauer von **ungefähr** einer halben Stunde unterschreitet."; Rn. 67: „Sie [die Freiheitsentziehung] setzt eine besondere Eingriffsintensität **und** eine nicht nur kurzfristige Dauer der Maßnahme voraus […].", Rn. 68: „**Jedenfalls** eine 5-Punkt- oder 7-Punkt-Fixierung, bei der sämtliche Gliedmaßen des Betroffenen mit Gurten am Bett festgebunden werden, stellt eine Freiheitsentziehung im Sinne von Art. 104 Abs. 2 GG dar, es sei denn, es handelt sich um eine lediglich kurzfristige Maßnahme. Von einer kurzfristigen Maßnahme ist in der Regel auszugehen, wenn sie absehbar die Dauer von **ungefähr** einer halben Stunde unterschreitet.".

- § 111 StPO.

A. Rechtsgrundlage (RGL) III. Mögliche Befugnisrechtsnorm (Mgl. Brn.) – RG Strafrechtspflege mit StPO/OWiG / IDF-Maßnahme (beim Nichtverdächtigen)

(VOR/DEF)

Befugnisrechtsnorm ist die rechtmäßige hauptsächliche materiellrechtliche Rechtsgrundlage mit realfolgenentsprechender Rechtsfolge.

(SUB)

Realfolge(n) ist (sind) laut Sachverhalt zum Beispiel:

1. Bitte, anzuhalten
2. Fragen nach Personalien
3. Fragen nach Angaben zur Identität (Identitätsangaben auch über Personalien hinaus)
4. Bitte, sich auszuweisen
5. Suchen in und an der Person
6. Suchen in und an (mitgeführten) Sachen
7. Gehen/Fahren zur Polizeiwache mit Begleitverfügungen (ggf. mit Begleitverfügung, z.B. Anordnung, mitzukommen/einzusteigen/mitzufahren)
8. Durchführen von Fast-ID mit Begleitverfügungen (ggf. mit Begleitverfügung, z.B. Anordnung, Finger aufzulegen)
9. Ausweiseinsichtnahme (z.B. an Wohnanschrift) mit Begleitverfügungen (ggf. mit Begleitverfügung, z.B. Anordnung, den Ausweis-Lageort zu nennen, mitzukommen)

Rechtsfolge ist allgemein eine IDF-Maßnahme/Maßnahme zwecks IDF (Datenerhebung oder sonstige Datenverarbeitung oder Begleitakt [wie Anhalten/Festhalten] zwecks Zuordnung von Mensch und Personaliensatz), konkret (in Entsprechung zu obigen Beispiels-Nummern):

1.-9.: als Justiz-VA Maßnahme zwecks IDF, § 163b Abs. 2 StPO (vgl. Maßnahmen zur Identitätsfeststellung, Maßnahmen der in Abs. 1 S. 2/Abs. 1 S. 3 bezeichneten Art)

Ab Anhalten können alle folgenden Maßnahmen erfolgen mit (alternativ)

- Festhalten/Freiheitsentziehung zwecks IDF

oder

- Anhalten/sonstiger Freiheitsbeschränkung.[602]

---

[602] Je nach konkretem Fall unter regelmäßiger Auslegung zur Abgrenzung von Freiheitsentziehung/Festhalten oder sonstiger Freiheitsbeschränkung/(ggf. Anhalten) nach Art, Dauer, Intensität, Mittel, Zweck (ADIMZ) können IDF-Maßnahmen (außer IDF-Anhalten/IDF-Festhalten selbst) grundsätzlich entweder mit IDF-Anhalten oder mit IDF-Festhalten erfolgen. Zum Beispiel: bloßes Mitnehmen zur Polizeiwache mit dem Zweck (Z) IDF (sog. „**Sistierung**") jedenfalls bei Fehlen von Besonderheiten bzgl. Art, Intensität, Mittel (AIM) bis zur Maßnahmen-Dauer (D) von 2 Stunden kann sein:

(ERG)

Mögliche Befugnisrechtsnorm ist (alternativ je nach Rechtsfolge):

- § 163b Abs. 2 (...) StPO (ggf. i.V.m. §§ 46, 53 Abs. 1 S. 2, Abs. 2 OWiG).
- §§ 163b Abs. 2, 163c StPO (ggf. i.V.m. §§ 46, 53 Abs. 1 S. 2, Abs. 2 OWiG).
- § 111 (Abs. 3) StPO.

B. Formelle Rechtmäßigkeit (FR) I. Zuständigkeit (Z)

Zuständigkeit für Straftatenerforschung/StPO

(VOR/DEF)

Zuständigkeit ist Aufgabenwahrnehmungserlaubnis für den Rechtsfolgesetzer.

(SUB/ERG)

Für die Maßnahme ist die Zuständigkeit (i.d.R.) wie folgt gegeben:

1. sachliche Zuständigkeit *der Polizei* gemäß

- § 163 Abs. 1 S. 1 StPO;

2. instanzielle Zuständigkeit *der Polizeibehörde* (i.d.R.) gemäß

- (i.d.R.) § 11 Abs. 1 Nr. 2 Alt. 1 POG NRW i.V.m. KPBVO NRW;
- (generell:) §§ 10-14 POG NRW (ggf. LKAAufgVO NRW);

3. örtliche Zuständigkeit *der Polizeibehörde* gemäß

- (i.d.R.) § 7 Abs. 1 S. 1 POG NRW (ggf. i.V.m. KHStVO NRW);

- noch keine Freiheitsentziehung, damit kein Festhalten (zwecks IDF, vgl. z.B. § 12 Abs. 2 S. 3 PolG NRW; § 163b Abs. 1 S. 2, § 163c StPO; § 163b Abs. 2 S. 2, § 163c StPO);
- eine sonstige Freiheitsbeschränkung, damit ein Anhalten oder eine nicht spezieller normierte Maßnahme zwecks IDF im Rahmen des Anhaltens (zwecks IDF, vgl. z.B. § 12 Abs. 2 S. 1 PolG NRW, § 12 Abs. 2 S. 2 Var. 1 PolG NRW; § 163b Abs. 1 S. 1 StPO; § 163b Abs. 2 S. 2 StPO). Zur „Fixierung" vgl. auch §§ 37a, 50, 62 PolG NRW.

Vgl. [mit Hervorhebungen und Klammervermerken durch P. B.]: BVerfGE 149, 293 (5-Punkt-Fixierung/7-Punkt-Fixierung) = BVerfG, Urteil des Zweiten Senats vom 24.07.2018 – 2 BvR 309/15 –, Ls. 1b) „Sowohl **bei einer 5-Punkt- als auch bei einer 7-Punkt-Fixierung von nicht nur kurzfristiger Dauer** handelt es sich um eine Freiheitsentziehung im Sinne des Art. 104 Abs. 2 GG, die von einer richterlichen Unterbringungsanordnung nicht gedeckt ist. Von einer **kurzfristigen Maßnahme** ist **in der Regel** auszugehen, wenn sie absehbar die Dauer von **ungefähr** einer halben Stunde unterschreitet."; Rn. 67: „Sie [die Freiheitsentziehung] setzt eine besondere Eingriffsintensität **und** eine nicht nur kurzfristige Dauer der Maßnahme voraus [...].", Rn. 68: „**Jedenfalls** eine 5-Punkt- oder 7-Punkt-Fixierung, bei der sämtliche Gliedmaßen des Betroffenen mit Gurten am Bett festgebunden werden, stellt eine Freiheitsentziehung im Sinne von Art. 104 Abs. 2 GG dar, es sei denn, es handelt sich um eine lediglich kurzfristige Maßnahme. Von einer kurzfristigen Maßnahme ist in der Regel auszugehen, wenn sie absehbar die Dauer von **ungefähr** einer halben Stunde unterschreitet.".

- (generell: §§ 7-9 POG NRW[603]) (ggf. i.V.m. KHStVO NRW);

4. funktionelle Zuständigkeit *des Polizeiamtswalters* gemäß

- § 163b Abs. 1 S. 1 W. 8-14 StPO/§ 163b Abs. 2 StPO/§ 111 Abs. 3 StPO: Beamte des Polizeidienstes für Anordnung, Ausführung, Antrag, Anregung.

Zuständigkeit für Ordnungswidrigkeitenerforschung/OWiG

(VOR/DEF)

Zuständigkeit ist Aufgabenwahrnehmungserlaubnis für den Rechtsfolgesetzer.

(SUB/ERG)

Für die Maßnahme ist die Zuständigkeit (i.d.R.) wie folgt gegeben:

1. sachliche Zuständigkeit *der Polizei* gemäß

- §§ 35, 36 OWiG;
    - i.V.m. § 1 Abs. 2 Teil-3-OWiGZVO NRW: PB – solange Nicht-Abgabe an OB – für Verfolgung von Owi nach: §§ 111, 117-121 OWiG;
    - i.V.m. § 1 Abs. 3 Teil-3-OWiGZVO NRW: KPB für Verfolgung und Ahndung von Owi nach §§ 113, 115 OWiG bei polizeilichen Gewahrsams-Gefangenen, § 127 OWiG bei öff. Urkunden und Beglaubigungszeichen;
    - i.V.m. § 2b öffVereinsRZVO NRW: KBP für die Verfolgung und Ahndung von Owi nach § 23 VereinsGDV;
    - i.V.m. § 1 Abs. 2 VerkehrsOwiZVO NRW: PB – solange Nicht-Abgabe an KOB oder StA – für Verfolgung von Owi nach §§ 23, 24, 24a und 24c StVG;
    - i.V.m. § 2 VersGZVO NRW: KPB für die Verfolgung und Ahndung von Owi nach § 29 VersG;
    - i.V.m. § 5 WaffGDVO NRW: KPB für die Verfolgung und Ahndung von Owi nach § 53 WaffG;
- § 53 OWiG;

2. instanzielle Zuständigkeit *der Polizeibehörde* (i.d.R.) gemäß

- § 11 Abs. 1 Nr. 2 Alt. 2 POG NRW i.V.m. KPBVO NRW (generell: §§ 10-14 POG NRW) [bei §§ 35, 36 OWiG];
    - i.V.m. § 1 Abs. 2 Teil-3-OWiGZVO NRW: PB – solange Nicht-Abgabe an OB – für Verfolgung von Owi nach: §§ 111, 117-121 OWiG;
    - i.V.m. § 1 Abs. 3 Teil-3-OWiGZVO NRW: KPB für Verfolgung und Ahndung von Owi nach §§ 113, 115 OWiG bei polizeilichen Gewahrsams-Gefangenen, § 127 OWiG bei öff. Urkunden und Beglaubigungszeichen;
    - i.V.m. § 2b öffVereinsRZVO NRW: KBP für die Verfolgung und Ahndung von Owi nach § 23 VereinsGDV;
    - i.V.m. § 1 Abs. 2 VerkehrsOwiZVO NRW: PB – solange Nicht-Abgabe an KOB oder StA – für Verfolgung von Owi nach §§ 23, 24, 24a und 24c StVG;

[603] Vgl. auch zu § 9 Abs. 1 S. 1 Nr. 5 POG NRW: Abkommen zwischen den Ländern der Bundesrepublik Deutschland über die erweiterte Zuständigkeit der Polizei der Länder bei der Strafverfolgung.

- o i.V.m. § 2 VersGZVO NRW: KPB für die Verfolgung und Ahndung von Owi nach § 29 VersG;
- o i.V.m. § 5 WaffGDVO NRW: KPB für die Verfolgung und Ahndung von Owi nach § 53 WaffG;

3. örtliche Zuständigkeit *der Polizeibehörde* gemäß

- (bei §§ 35, 36 OWiG:) § 37 OWiG;
- im Übrigen generell: §§ 7-9 POG NRW;

4. funktionelle Zuständigkeit *des Polizeiamtswalters* (i.d.R.) gemäß

- § 163b Abs. 1 S. 1 W. 8-14 StPO/§ 163b Abs. 2 i.V.m. §§ 46, 53 Abs. 1 S. 1 W. 1-6 OWiG: Beamte des Polizeidienstes für Anordnung, Ausführung, Antrag, Anregung.

B. Formelle Rechtmäßigkeit (FR) II. Verfahren (V) – Strafrechtspflege (StPO und OWiG)

(VOR/DEF)

Verfahren ist normiertes Verhalten insbesondere für den Rechtsfolgezuständigen außer, bei, i.Z.m. der Rechtsfolge.

1. Spezielle StPO-Verfahrensrechtsnormen für bestimmte IDF-Maßnahmen

(VOR/DEF)

a) § 163b Abs. 1 S. 1 a.E. i.V.m. § 163a Abs. 4 S. 1 StPO als Verfahrensrechtsnorm für IDF-Maßnahme beim Verdächtigen: Tatverdachtseröffnung

Gemäß § 163b Abs. 1 S. 1 a. E. i.V.m. § 163a Abs. 4 S. 1 StPO [entsprechend] ist bei der ersten [IDF-Maßnahme] des [Verdächtigen] durch Beamte des Polizeidienstes dem [Verdächtigen] zu eröffnen, welche Tat ihm zur Last gelegt wird.[604]

---

604 Vgl. z.B. OLG Hamm, Beschluss des 3. Strafsenats vom 10.05.2012 – III-3 RVs 33/12 –, Ls. 1-4: „1. Aus der von § 163b Abs. 1 Satz 1 Halbsatz 2 StPO angeordneten entsprechenden Anwendung des § 163a Abs. 4 Satz 1 StPO folgt, dass dem Verdächtigen bei Beginn der ersten Maßnahme, die nach § 163b Abs. 1 Satz 1 Halbsatz 1 oder Satz 2 StPO der Identitätsfeststellung dient, zu eröffnen ist, welcher Straftat (oder Ordnungswidrigkeit) er verdächtig ist. 2. Diese **Belehrungspflicht** stellt eine wesentliche Förmlichkeit der Diensthandlung dar, deren Nichtbeachtung die Diensthandlung im Sinne des sogenannten ‚**strafrechtlichen Rechtmäßigkeitsbegriffes**' (§ 113 Abs. 3 Satz 1 StGB) unrechtmäßig macht. 3. Von der Belehrung kann **ausnahmsweise** dann abgesehen werden, wenn der **Grund** für die Personalienfeststellung für den Betroffenen **offensichtlich** ist oder die Belehrung den **Vollstreckungszweck gefährden** würde. 4. Zur Frage, ob der Grund für die Personalienfeststellung für den Betroffenen im konkreten Einzelfall offensichtlich war." [Zu OLG Hamm, Beschluss des 3. Strafsenats vom 10.05.2012 – III-3 RVs 33/12 –, Ls. 4 im konkreten Fall: Fehlen von Grund-Offensichtlichkeit bei IDF nach polizeilicher Versammlungsauflösungsverfügung wegen Nichtfeststellbarkeit „in dubio pro reo" der Versammlungsteilnahme des IDF-Adressaten bei polizeilicher Versammlungsauflösungsverfügung].

KG Berlin, Urteil vom 12.06.2002 – (5) 1 Ss 424/00 (6/01), Ls. 1 S. 2: „Die **Offensichtlichkeit** ist vom Standpunkt des betroffenen Bürgers aus zu beurteilen." [vgl. §§ 133, 157 BGB analog, P. B.].

b) § 163b Abs. 2 S. 1 a. E. i.V.m. § 69 Abs. 1 S. 2 StPO Verfahrensrechtsnorm für IDF-Maßnahme beim Nichtverdächtigen – auch für IDF-Maßnahme im Fall von Kontrollstelle i.V.m. § 111 Abs. 3 StPO: Bezeichnung von Untersuchungsgegenstand und vorhandenem Verdächtigen

Gemäß § 163b Abs. 2 S. 1 a. E. i.V.m. § 69 Abs. 1 S. 2 StPO [entsprechend] ist dem [Nichtverdächtigen] vor der IDF-Maßnahme der Gegenstand der Untersuchung und die Person des [Verdächtigen], sofern ein solcher vorhanden ist, zu bezeichnen.

c) § 81d StPO als Verfahrensrechtsnorm für IDF-„Personenuntersuchung" (als nicht spezieller geregelte oder als bestimmte „erkennungsdienstliche" IDF-„Maßnahme")[605] oder § 81d StPO analog[606] als Verfahrensrechtsnorm für IDF-Personendurchsuchung

Gemäß § 81d StPO (analog) – auch bei **Einwilligung** (§ 36 Nr. 19 DSG NRW, § 38 DSG NRW) der betroffenen Person, § 81d Abs. 2 StPO –

- wird gemäß § 81d Abs. 1 S. 1 StPO (analog) im Fall von potentieller Schamgefühlsverletzung die körperliche Untersuchung von einer Person gleichen Geschlechts oder von einer Ärztin oder einem Arzt vorgenommen;
- soll gemäß § 81d Abs. 1 S. 2 StPO (analog) im Fall von berechtigtem Interesse und Wunsch der betroffenen Person die Untersuchung einer Person oder einem Arzt bestimmten Geschlechts übertragen werden;
- soll gemäß § 81d Abs. 1 S. 3 StPO (analog) im Fall des Verlangens der betroffenen Person eine Person des Vertrauens zugelassen werden;
- ist die betroffene Person auf die Regelungen von § 81d Abs. 1 S. 2, 3 StPO hinzuweisen.

Person gleichen Geschlechts ist eine Person mit gleichem Geschlechts-Personenstand nach PStG.

Arzt ist ein solcher nach BÄO.

Berechtigtes Interesse ist ein Rechtsgrund (**rechtliches Interesse**) als auch ein insgesamt überwiegendes Interesse nach Abwägung aller Interessen insbesondere der an der Maßnahme Beteiligten (z.B. unmittelbar betroffene Person, Polizeibeamte, Arzt, Vertrauensperson mit jeweiligen Persönlichkeitsrechten) und der durch die Maßnahme Betroffenen (z.B. unmittelbar betroffene Person, potentielle Tatopfer, weitere Zeugen, weitere Verfahrensbeteiligte, verfahrenszuständige Behörden mit jeweiligen Rechten und Pflichten im Rechtsstaat).

Person des Vertrauens wird durch die betroffene Person bestimmt.

AG Hamburg, Beschluss vom 28.05.2019 – 117i Gs 436/18 jug., nach dem bzgl. § 163b Abs. 1 S. 1 Hs. 1 StPO folgende Aussage im „Einsatzbericht" nicht ausreichen soll: „unter Darlegung des Grundes angehalten und überprüft", mit der Begründung: „Die Formulierung ‚unter Darlegung des Grundes' lässt allenfalls erkennen, dass die Zielrichtung der Maßnahme, nämlich das Fertigen von Fotos mitgeteilt wurde, nicht aber, dass es zu einer weitergehenden **Belehrung über die zur Last gelegten Straftaten** gekommen ist.".

[605] Zu möglichen erkennungsdienstlichen Maßnahmen zwecks IDF und IDF-Untersuchungen bzw. deren Unterfall „körperlicher Eingriffe" vgl. auf dem Rechtsgebiet der Gefahrenabwehr des Ausländerrechts den ausdrücklichen § 49 Abs. 6 AufenthG.

[606] Analogie von § 81d StPO zur § 163b StPO aufgrund für diesen existierender Regelungslücke und teleologisch gleichzusetzender Interessenlage von Person zu Person. Zur Analogie siehe auch: *Basten*, Eingriffsrecht der Polizei in Nordrhein-Westfalen, Band 1, S. 163.

d) § 163c Abs. 1 S. 2 StPO als Verfahrensrechtsnorm für IDF-Festhalten des Verdächtigen oder des Nichtverdächtigen – auch für IDF-Festhalten im Fall von Kontrollstelle i.V.m. § 111 Abs. 3 StPO

Gemäß § 163c Abs. 1 S. 2 StPO ist die festgehaltene Person **unverzüglich** (§ 121 Abs. 1 S. 1 BGB) dem Richter bei dem Amtsgericht, in dessen Bezirk[607] sie ergriffen worden ist, zum Zwecke der Entscheidung über Zulässigkeit und Fortdauer der Freiheitsentziehung vorzuführen, es sei denn, daß die Herbeiführung der richterlichen Entscheidung voraussichtlich längere Zeit in Anspruch nehmen würde, als zur Feststellung der Identität notwendig wäre.[608]

e) § 163c Abs. 1 S. 3 i.V.m. §§ 114a, b, c StPO entsprechend als Verfahrensrechtsnormen für IDF-Festhalten des Verdächtigen oder des Nichtverdächtigen – und für IDF-Festhalten im Fall von Kontrollstelle i.V.m. § 111 Abs. 3 StPO:

Gemäß § 163c Abs. 1 S. 3 StPO gelten die §§ 114a bis 114c StPO entsprechend, und zwar wie folgt:

aa) § 163c Abs. 1 S. 3 i.V.m. § 114a StPO [entsprechend]

Gemäß § 163c Abs. 1 S. 3 i.V.m. § 114a StPO ist dem [Verdächtigen] bei der [Freiheitsentziehung] eine Abschrift [zur Freiheitsentziehung] auszuhändigen; beherrscht er die deutsche Sprache nicht hinreichend, erhält er zudem eine Übersetzung in einer für ihn verständlichen Sprache.

Gemäß § 163c Abs. 1 S. 3 i.V.m. § 114a StPO ist dem [Verdächtigen], wenn die Aushändigung einer Abschrift und einer etwaigen Übersetzung nicht möglich ist, **unverzüglich** (§ 121 Abs. 1 S. 1 BGB) in einer für ihn verständlichen Sprache mitzuteilen, welches die Gründe für die [Freiheitsentziehung] sind und welche [Verdächtigungen] gegen ihn erhoben werden.

Gemäß § 163c Abs. 1 S. 3 i.V.m. § 114a StPO ist im Fall von Unmöglichkeit einer Abschrift oder Übersetzung die Aushändigung der Abschrift [zur Freiheitsentziehung] sowie einer etwaigen Übersetzung **unverzüglich** (§ 121 Abs. 1 S. 1 BGB) nachzuholen.

bb) § 163c Abs. 1 S. 3 i.V.m. § 114b StPO [entsprechend]

Gemäß § 163c Abs. 1 S. 3 i.V.m. § 114b S. 1 StPO ist der [festgehaltene Verdächtige] **unverzüglich** (§ 121 Abs. 1 S. 1 BGB) und schriftlich in einer für ihn verständlichen Sprache über seine Rechte zu belehren.

Gemäß § 163c Abs. 1 S. 3 i.V.m. § 114b S. 2 StPO hat zudem eine mündliche Belehrung zu erfolgen, wenn eine schriftliche Belehrung erkennbar nicht ausreichend ist.

---

607 **Gerichtsbezirke** gemäß Anlage 1 JustG NRW.

608 BVerfGE 149, 293 (5-Punkt-Fixierung/7-Punkt-Fixierung) = BVerfG, Urteil des Zweiten Senats vom 24.07.2018 – 2 BvR 309/15 –, D. III. 4., Rn. 99 f.: „Art. 104 Abs. 2 Satz 2 GG fordert in einem solchen Fall, die richterliche Entscheidung unverzüglich nachzuholen (vgl. BVerfGE 10, 302 <321>; 105, 239 <249>). Das Tatbestandsmerkmal ‚**unverzüglich**' ist dahin auszulegen, dass die richterliche Entscheidung ohne jede Verzögerung, die sich nicht aus sachlichen Gründen rechtfertigen lässt, nachgeholt werden muss (vgl. BVerfGE 105, 239 <249>; Gusy, in: v. Mangoldt/Klein/Starck, GG, Bd. 3, 7. Aufl. 2018, Art. 104 Rn. 48). Nicht vermeidbar sind zum Beispiel die Verzögerungen, die durch die Länge des Weges, Schwierigkeiten beim Transport, die notwendige Registrierung und Protokollierung oder ein renitentes Verhalten des Betroffenen bedingt sind (vgl. BVerfGE 105, 239 <249>; BVerfGK 7, 87 <99>; Gusy, in: v. Mangoldt/Klein/Starck, GG, Bd. 3, 7. Aufl. 2018, Art. 104 Rn. 48). Sachliche Gründe, die eine Verzögerung der richterlichen Entscheidung rechtfertigen, können sich auch aus der Notwendigkeit verfahrensrechtlicher Vorkehrungen ergeben, die dem Schutz des Betroffenen dienen.".

Gemäß § 163c Abs. 1 S. 3 i.V.m. § 114b S. 3 StPO hat eine mündliche Belehrung zu erfolgen, wenn eine schriftliche Belehrung nicht möglich ist; die schriftliche Belehrung soll jedoch nachgeholt werden, sofern dies in zumutbarer Weise möglich ist.

Gemäß § 163c Abs. 1 S. 3 i.V.m. § 114b S. 4 StPO soll der [Verdächtige] schriftlich bestätigen, dass er belehrt wurde; falls er sich weigert, ist dies zu dokumentieren.

Gemäß § 163c Abs. 1 S. 3 i.V.m. § 114b Abs. 2 StPO bezieht sich der Inhalt der Belehrung insbesondere auf:

(1) § 114b Abs. 2 S. 1 Nr. 1 StPO: **unverzügliche** (§ 121 Abs. 1 S. 1 BGB), spätestens am Ergreifens-Folge-Tag erfolgende Gerichtsvorführung zwecks Vernehmung und Entscheidung, vgl. Art. 104 Abs. 2 GG;

(2) § 114b Abs. 2 S. 1 Nr. 2 StPO: Recht auf Äußerung oder Nichtaussage (Schweigen);

(3) § 114b Abs. 2 S. 1 Nr. 3 StPO: Beweiserhebungsantragsrecht zur Entlastung, vgl. § 160 Abs. 2 StPO;

(4) § 114b Abs. 2 S. 1 Nr. 4 StPO: Verteidigerwahlfreiheit und Verteidigerbefragungsrecht; dabei sind Informationen zur Verfügung zu stellen, die es erleichtern, einen Verteidiger zu kontaktieren; auf bestehende anwaltliche Notdienste ist dabei hinzuweisen;

(5) § 114b Abs. 2 S. 1 Nr. 4a StPO: Recht auf Pflichtverteidigerbestellung in den Fällen des § 140 StPO nach Maßgabe des § 141 Abs. 1 StPO und des § 142 Abs. 1 StPO StPO (**Notwendige Verteidigung**[609])[610];

---

[609] Mit „Gesetz zur Neuregelung des Rechts der notwendigen Verteidigung“ (BGBl. I S. 2128; in Kraft seit 13.12.2019) ist erstmals das Recht des Beschuldigten ausdrücklich normiert, bereits auch im polizeilichen Ermittlungsverfahren grundsätzlich im Fall notwendiger Verteidigung (§ 140 StPO) „unverzüglich“ (§ 121 Abs. 1 S. 1 BGB), „spätestens vor einer Vernehmung des Beschuldigten“ (§ 163a StPO) einen Pflichtverteidiger „bestellt“ zu erhalten, „wenn der Beschuldigte dies nach Belehrung ausdrücklich beantragt“ (§ 141 Abs. 1 S. 1 StPO), in den Fällen des § 141 Abs. 2 S. 1 StPO auch „unabhängig von einem Antrag“ – mit Rückausnahmen in § 141 Abs. 2 S. 2, 3 StPO; auch mit Abweichungen in § 141a StPO für Beschuldigtenvernehmungen und Gegenüberstellungen (§§ 58 Abs. 2, 168b Abs. 3 StPO). Der Zeitpunkt polizeilicher Belehrung zur notwendigen Verteidigung i.S.d. § 140 StPO ist in einschlägigen Fällen – spätestens – „bei Beginn der ersten Vernehmung“ des Beschuldigten wegen § 141 Abs. 1 S. 2 StPO und § 163a Abs. 4 S. 2 i.V.m. § 136 Abs. 1 S. 5 StPO, oder der Zeitpunkt ist anders in speziell normierten Fällen wie § 114b Abs. 2 S. 1 Nr. 4a oder §§ 68a, b JGG. Gemäß § 142 StPO ist vor Anklageerhebung der Antrag des Beschuldigten nach § 141 Abs. 1 S. 1 StPO vor Erhebung der Anklage bei den Behörden oder Beamten des Polizeidienstes „oder“ bei der Staatsanwaltschaft anzubringen (Antrags-Entgegennahme-Zuständigkeit); die Bestellungs-Entscheidungs-Zuständigkeit obliegt dem Gericht nach StA-Vorlage mit Stellungnahme (§ 142 Abs. 1 S. 2 StPO) oder der StA selbst „bei besonderer Eilbedürftigkeit“, § 142 Abs. 4 StPO.

Ein Fall **notwendiger Verteidigung** liegt u.a. dann vor,

- gemäß § 140 Abs. 1 Nr. 1 StPO, wenn zu erwarten ist, dass die Hauptverhandlung im ersten Rechtszug vor dem **Oberlandesgericht** (§§ 115-117, 120-122 GVG) , dem **Landgericht** (§§ 12, 13, 60, 70, 734, 74-74f, 76-78b GVG) oder dem **Schöffengericht** (§§ 12, 13, 24-27, 28-58 GVG) stattfindet [Ausgangsrechtsnorm für den Abgrenzungsüberblick über AG, LG, OLG mag sein: § 24 GVG;
- gemäß § 140 Abs. 1 Nr. 2 StPO, wenn dem Beschuldigten ein Verbrechen zur Last gelegt wird;
- gemäß § 140 Abs. 1 Nr. 3 StPO, wenn das Verfahren zu einem **Berufsverbot** (§§ 70-70b StGB) führen kann;
- gemäß § 140 Abs. 1 Nr. 4 StPO, wenn der Beschuldigte nach den §§ 115, 115a, 128 Abs. 1 oder § 129 StPO einem Gericht zur Entscheidung über Haft oder einstweilige Unterbringung vorzuführen ist;

(6) § 114b Abs. 2 S. 1 Nr. 5 StPO: Recht auf Untersuchung durch Arzt oder Ärztin nach Wahl;

(7) § 114b Abs. 2 S. 1 Nr. 6 StPO: Recht auf Benachrichtigung eines Angehörigen oder einer Person des Vertrauens, soweit der Untersuchungszweck dadurch nicht erheblich wird (vgl. insbesondere **Fluchtgefahr**, § 112 Abs. 2 Nr. 2 StPO, oder **Verdunkelungsgefahr**, § 112 Abs. 2 Nr. 3 StPO);

(8) § 114b Abs. 2 S. 1 Nr. 7 StPO: Recht auf Akteneinsichtnahme nach Maßgabe von § 147 Abs. 4 StPO und Recht auf Beweisstückebesichtigung, soweit kein Verteidiger vorhanden ist;

(9) § 114b Abs. 2 S. 1 Nr. 8 StPO: weitere Rechte im Fall von Untersuchungshaft nach Richtervorführung:

(a) Recht auf Haftbefehlsbeschwerde oder auf Haftprüfungbeantragung und Beantragung mündlicher Verhandlung;

(b) Recht auf Beantragung gerichtlicher Entscheidung im Fall von Beschwerdeunstatthaftigkeit;

(c) Recht auf gerichtliche Entscheidung gegen behördliche Entscheidungen und Maßnahmen im Untersuchungshaftvollzug;

(10) § 114b Abs. 2 S. 2 StPO: Akteneinsichtsrecht des Verteidigers nach § 147 StPO;

(11) § 114b Abs. 2 S. 3 StPO – für den Fall, dass der [Verdächtige] der deutschen Sprache nicht hinreichend mächtig oder hör- oder sprachbehindert in einer dem [Verdächtigen] verständlichen Sprache: Recht auf unentgeltliche Dolmetscher-Hinzuziehung oder Übersetzer-Hinzuziehung für das gesamte Strafverfahren nach § 187 Abs. 1-3 GVG, § 186 Abs. 1, 2 GVG;

- gemäß § 140 Abs. 1 Nr. 5 StPO, wenn der Beschuldigte sich auf Grund richterlicher Anordnung oder mit richterlicher Genehmigung in einer Anstalt befindet;
- gemäß § 140 Abs. 1 Nr. 11 StPO, wenn ein seh-, hör- oder sprachbehinderter Beschuldigter die Bestellung beantragt;
- gemäß § 140 Abs. 2 StPO, wenn wegen der Schwere der Tat, der Schwere der zu erwartenden Rechtsfolge oder wegen der Schwierigkeit der Sach- oder Rechtslage die Mitwirkung eines Verteidigers geboten erscheint oder wenn ersichtlich ist, dass sich der Beschuldigte nicht selbst verteidigen kann.
- gemäß §§ 1, 109 Abs. 1 JGG und § 68 JGG in den dort genannten Fällen.

610 BGH, Beschluss vom 06.02.2018 – 2 StR 163/17, Rn. 6 (Kein absolutes Beweisverwertungsverbot und kein relatives Beweisverwertungsverbot als Abwägungsergebnis bei Nichtbelehrung zu **Pflichtverteidigung/notwendiger Verteidigung** – geteilt von BGH, Beschluss vom 09.01.2020 – 5 StR 628/19, Rn. 6): „Die nach § 136 Abs. 1 Satz 3 Halbs. 2 StPO a.F. bzw. § 136 Abs. 1 Satz 5 Halbs. 2 StPO n.F. unterbliebene Belehrung des Angeklagten begründet deshalb kein absolutes Verwertungsverbot. Aber auch die Annahme eines relativen, im Rahmen einer einzelfallbezogenen Abwägung festzustellendes Verwertungsverbot kommt hier nicht in Betracht. Das Landgericht hat in seinem den Widerspruch gegen die Verwertung zurückweisenden Kammerbeschluss zutreffend in den Blick genommen, dass das staatliche Verfolgungs- und Aufklärungsinteresse – wie hier – bei einem Tötungsdelikt besonders hoch ist, die Belehrung nicht bewusst oder willkürlich, sondern aus Unkenntnis der Vernehmungsbeamten über die Neuregelung unterblieben ist und damit der festgestellte Verstoß von geringerem Gewicht ist. Zudem fehlen – worauf der Generalbundesanwalt zutreffend hingewiesen hat – jegliche Anhaltspunkte für die Annahme, die Angeklagten hätten im Rahmen ihrer ersten Vernehmung Angaben zur Sache gemacht, weil sie mangels wirtschaftlicher Mittel keine Möglichkeit gesehen hätten, sich eines Verteidigers zu bedienen. Auch die Revision hat hierzu nichts vorgetragen.“.

(13) § 114b Abs. 2 S. 4 StPO – für den Fall eines ausländischen Staatsangehörigen: Recht auf Unterrichtung der konsularischen Vertretung seines Heimatstaates verlangen und dieser Mitteilungen zukommen lassen kann.[611]

Ausländischer Staatsangehöriger ist jede **Person**, § 1 BGB, die nicht **Deutscher** i.S.v. Art. 116 GG, §§ 1, 3, 17 StAG und nicht **Staatenloser**[612] ist.

cc) § 163c Abs. 1 S. 3 i.V.m. § 114c StPO [entsprechend]

Gemäß § 163c Abs. 1 S. 3 i.V.m. § 114c Abs. 1 StPO ist einem [festgehaltenen Verdächtigen] **unverzüglich** (§ 121 Abs. 1 S. 1 BGB) Gelegenheit zu geben, einen Angehörigen oder eine Person seines Vertrauens zu benachrichtigen, sofern der Zweck der Untersuchung dadurch nicht erheblich gefährdet wird.

§ 114c Abs. 2 StPO betrifft das Gericht als Rechtsnormadressaten.

f) § 111 Abs. 2 StPO als zusätzliche Verfahrensrechtsnorm für IDF-Kontrollstellenmaßnahme

Gemäß § 111 Abs. 2 StPO trifft die Anordnung, eine Kontrollstelle einzurichten, grundsätzlich der Richter; die Staatsanwaltschaft und ihre Ermittlungspersonen (§ 152 des Gerichtsverfassungsgesetzes), wenn Gefahr im Verzug ist.

Kontrollstelle i.S.v. § 111 StPO – die zur maßgeblichen Zeit nach formell-verfahrensmäßiger Anordnung materiell eingerichteter Ort der IDF-Maßnahme sein muss – ist eine solche im Sinne der PDV 100 (Anlage 20).

Gefahr im Verzug ist gegeben, wenn im einzelnen Fall der Handlungsbedarf unvorhergesehen ist und bei Durchführung der eigentlich vorgesehenen Maßnahme, hier der richterlichen oder staatsanwaltschaftlichen Anordnung, der gesetzliche Zweck, hier der jeweilige aus § 111 StPO, vereitelt oder wesentlich erschwert wird.

---

611 BGHSt 52, 48 (**Belehrung über das Recht auf konsularischen Beistand** nach Art. 36 Abs. 1b S. 3 WÜK [≙ § 114b Abs. 2 S. 4 StPO] – nach räuberischer Erpressung mit Todesfolge u.a.) = BGH, Beschluss vom 25.09.2007 – 5 StR 116/01, Ls. 1-3: „1. Zur Belehrung eines Festgenommenen mit fremder Staatsangehörigkeit gemäß Art. 36 Abs. 1 lit. b Satz 3 des Wiener Konsularrechtsübereinkommens (WÜK) über sein subjektives Recht, die unverzügliche Benachrichtigung seiner konsularischen Vertretung zu verlangen, sind bereits die Polizeibeamten nach Festnahme verpflichtet (BVerfG – Kammer – NJW 2007, 499 unter Aufhebung von BGHR WÜK Art. 36 Unterrichtung 1). 2. Das Unterbleiben der gebotenen Belehrung über das Recht auf konsularischen Beistand nach Art. 36 Abs. 1 lit. b Satz 3 WÜK führt nicht zu einem Beweisverwertungsverbot. 3. Die Rechtsverletzung kann jedoch zu einer Kompensation derart führen, dass ein bestimmter Teil der verhängten Freiheitsstrafe als verbüßt anzurechnen ist.“, Rn. 30: „Der Senat lässt offen, ob in Fällen geringerer Schwere eine mittels Anwendung des nationalen Rechts mögliche Kompensation auch auf andere Weise, etwa durch Gewährung einer Entschädigung in analoger Anwendung des Gesetzes über die Entschädigung für Strafverfolgungsmaßnahmen (StrEG) oder durch Kostennachlass, etwa analog § 465 Abs. 2 StPO, in Betracht zu ziehen wäre. Bei Strafen geringeren Gewichts und im Falle der späteren Heilung des Verfahrensverstoßes durch alsbald nachgeholte Belehrung gemäß Art. 36 Abs. 1 lit. b Satz 3 WÜK (vgl. BGH, Beschluss vom 11. September 2007 – 1 StR 273/07, zur Veröffentlichung in BGHSt bestimmt [= BGHSt 52, 38; P. B.] mag eine Kompensation gänzlich entbehrlich sein.“.

612 Vgl. § 2 AufenthG (mit umfassenderer **Ausländer**-Definition) und: StaatenlÜbkG, StaatenlMindÜbkAG.

(SUB/ERG)

Im konkreten Fall sind die speziellen Verfahrensvoraussetzungen (alternativ)

- bei Vorliegen von entsprechenden Anhaltspunkten / Fehlen entgegenstehender Anhaltspunkte eingehalten.
- bei Vorliegen von entsprechenden Anhaltspunkten nicht eingehalten.

2. § 33 StPO und § 168b StPO als allgemeine StPO-Verfahrensrechtsnormen für IDF-Maßnahmen:

(VOR/DEF)

a) § 33 StPO analog: Anhörung

Gemäß § 33 StPO analog (ggf. i.V.m. §§ 46, 53 Abs. 1 S. 2 OWiG) besteht Pflicht zur **Anhörung** bzw. **Gewährung rechtlichen Gehörs** vor einer Entscheidung, jedenfalls bevor zum Beteiligten-Nachteil Tatsachen oder Beweisergebnisse ohne Anhörung verwertet werden – oder es soll gegeben sein: ein Ausnahmegrund der Zweckgefährdung/Gefahr im Verzug nach § 33 Abs. 4 StPO analog.

Gefahr im Verzug i.S.d. § 33 StPO ist gegeben, wenn der Handlungsbedarf unvorhergesehen ist und bei Durchführung der eigentlich vorgesehenen Maßnahme, hier der Anhörung, der gesetzliche Zweck, hier der jeweilige aus der Aufgabe des § 163 Abs. 1 S. 1 StPO (ggf. aus § 53 Abs. 1 S. 1 OWiG) und aus der Befugnisrechtsnorm (§ 163b Abs. 1 StPO oder § 163b Abs. 2 StPO oder § 111 StPO), vereitelt oder wesentlich erschwert wird.

(SUB/ERG)

Im konkreten Fall ist § 33 StPO analog (alternativ)

- eingehalten insbesondere bei Gelegenheit zur Stellungnahme i.S.d. § 33 StPO analog;
- eingehalten bei Nichteinhaltung von § 33 Abs. 1, 3 StPO analog und Ausnahmegrund gemäß § 33 Abs. 4 StPO analog;
- nicht eingehalten insbesondere bei Fehlen von Gelegenheit zur Stellungnahme ohne Ausnahmegrund i.S.d. § 33 StPO analog;
- sonst eingehalten oder nicht eingehalten bei Anhaltspunkten / Fehlen entgegenstehender Anhaltspunkte.

(VOR/DEF)

b) § 168b StPO: Protokollierung

Gemäß § 168b StPO (ggf. i.V.m. §§ 46, 53 Abs. 1 S. 2 OWiG) besteht Pflicht zur **Protokollierung** bzw. zum **Protokoll** über ermittlungsbehördliche Untersuchungshandlungen, wonach gemäß § 168b Abs. 1 StPO das Ergebnis der Untersuchungshandlungen der Ermittlungsbehörden aktenkundig zu machen ist.

(SUB/ERG)

Im konkreten Fall ist § 168b StPO (alternativ)

- eingehalten insbesondere bei Protokoll über (das Ergebnis über) behördliche Untersuchungshandlungen i.S.d. §168b StPO;
- eingehalten bei Nichteinhaltung von § 168b StPO mit Ausnahmegrund;
- nicht eingehalten insbesondere bei Fehlen von Protokoll über (das Ergebnis über) behördliche Untersuchungshandlungen ohne Ausnahmegrund;
- sonst eingehalten oder nicht eingehalten bei Anhaltspunkten / Fehlen entgegenstehender Anhaltspunkte.

3. JGG[613]-Vorschriften[614] außer, bei, i.Z.m. Maßnahmen gegenüber einem jugendlichen oder heranwachsenden Verdächtigen[615] nach §§ 1, 109 JGG – fallabhängig insbesondere wie folgt[616]:

a) § 38 JGG: Jugendgerichtshilfe, vgl. auch § 46 Abs. 6 OWiG;

b) § 43 JGG: Umfang der Ermittlungen;

c) § 67 JGG: Stellung der Erziehungsberechtigten[617] und der gesetzlichen Vertreter[618];

d) § 67a JGG: Unterrichtung der Erziehungsberechtigten und der gesetzlichen Vertreter;

e) § 68 JGG: Notwendige Verteidigung[619];

---

613 § 1 Abs. 1 JGG zum sachlichen JGG-Anwendungsbereich: „Dieses Gesetz gilt, wenn ein Jugendlicher oder ein Heranwachsender eine Verfehlung begeht, die nach den allgemeinen Vorschriften mit Strafe bedroht ist.". § 1 Abs. 3 JGG zum sachlich-persönlichen JGG-Anwendungsbereich: „Ist zweifelhaft, ob der Beschuldigte zur Zeit der Tat das achtzehnte Lebensjahr vollendet hat, sind die für Jugendliche geltenden Verfahrensvorschriften anzuwenden.".

614 JGG-Vorschriften mit amtlichen Überschriften insbesondere aus: „Gesetz zur Stärkung der Verfahrensrechte von Beschuldigten im Jugendstrafverfahren vom 09.12.2019, BGBl. 2019 Teil I Nr. 47, S. 2146-2152.

615 § 1 Abs. 2 JGG zum persönlichen JGG-Anwendungsbereich: § 1 Abs. 2 JGG: „**Jugendlicher** ist, wer zur Zeit der Tat vierzehn, aber noch nicht achtzehn, **Heranwachsender**, wer zur Zeit der Tat achtzehn, aber noch nicht einundzwanzig Jahre alt ist.". Unterscheide nach § 2 BGB: „Die **Volljährigkeit** tritt mit der Vollendung des 18. Lebensjahres ein.".

616 Zu JGG-Vorschriften ausführlicher: *Basten*, Eingriffsrecht der Polizei in Nordrhein-Westfalen, Band 3, Buch 4, Abschnitt 3.

617 Zum **Strafrecht und elterlichen Erziehungsrecht**: BVerfGE 107, 104 (Anwesenheit im JGG-Verfahren) = BVerfG, Urteil des Zweiten Senats vom 16.01.2003 – 2 BvR 716/01.

618 **Vertreter** ist ein **Stellvertreter** qua Gesetz oder ein **Stellvertreter** qua Rechtsgeschäft (§§ 164-181 BGB). Vgl. insbesondere:

- §§ 1626-1698b BGB: **Elterliche Sorge** mit **„Vertretung des Kindes"** gemäß § 1629 BGB;
- § 1 Abs. 1 Nr. 4 JuSchG: **erziehungsbeauftragte Person**;
- §§ 1773-1895 BGB: **Vormundschaft**;
- §§ 1896-1908k BGB: **Rechtliche Betreuung**;
- §§ 1909-1921 BGB: **Pflegschaft**.

619 Mit „Gesetz zur Neuregelung des Rechts der notwendigen Verteidigung" (BGBl. I S. 2128; in Kraft seit 13.12.2019) ist erstmals das Recht des Beschuldigten ausdrücklich normiert, bereits auch im polizeilichen Ermittlungsverfahren grundsätzlich im Fall notwendiger Verteidigung (§ 140 StPO) „unverzüg-

f) § 68a JGG: Zeitpunkt der Bestellung eines Pflichtverteidigers;

g) § 68b JGG: Vernehmungen und Gegenüberstellungen vor der Bestellung eines Pflichtverteidigers;

h) § 69 JGG: Beistand[620];

i) § 70 JGG: Mitteilung an amtliche Stellen;

j) § 70a JGG: Unterrichtung des Jugendlichen (i.V.m. § 109 JGG: des Heranwachsenden);

k) § 70b JGG: Belehrungen.

(SUB/ERG)

Im konkreten Fall sind die JGG-Vorschriften

- nicht anwendbar.
- anwendbar und eingehalten.
- anwendbar und nicht eingehalten.

---

lich" (§ 121 Abs. 1 S. 1 BGB), „spätestens vor einer Vernehmung des Beschuldigten" (§ 163a StPO) einen Pflichtverteidiger „bestellt" zu erhalten, „wenn der Beschuldigte dies nach Belehrung ausdrücklich beantragt" (§ 141 Abs. 1 S. 1 StPO), in den Fällen des § 141 Abs. 2 S. 1 StPO auch „unabhängig von einem Antrag" – mit Rückausnahmen in § 141 Abs. 2 S. 2, 3 StPO; auch mit Abweichungen in § 141a StPO für Beschuldigtenvernehmungen und Gegenüberstellungen (§§ 58 Abs. 2, 168b Abs. 3 StPO). Der Zeitpunkt polizeilicher Belehrung zur notwendigen Verteidigung i.S.d. § 140 StPO ist in einschlägigen Fällen – spätestens – „bei Beginn der ersten Vernehmung" des Beschuldigten wegen § 141 Abs. 1 S. 2 StPO und § 163a Abs. 4 S. 2 i.V.m. § 136 Abs. 1 S. 5 StPO, oder der Zeitpunkt ist anders in speziell normierten Fällen wie § 114b Abs. 2 S. 1 Nr. 4a oder §§ 68a, b JGG. Gemäß § 142 StPO ist vor Anklageerhebung der Antrag des Beschuldigten nach § 141 Abs. 1 S. 1 StPO vor Erhebung der Anklage bei den Behörden oder Beamten des Polizeidienstes „oder" bei der Staatsanwaltschaft anzubringen (Antrags-Entgegennahme-Zuständigkeit); die Bestellungs-Entscheidungs-Zuständigkeit obliegt dem Gericht nach StA-Vorlage mit Stellungnahme (§ 142 Abs. 1 S. 2 StPO) oder der StA selbst „bei besonderer Eilbedürftigkeit", § 142 Abs. 4 StPO.

Ein Fall **notwendiger Verteidigung** liegt u.a. dann vor,

- gemäß § 140 Abs. 1 Nr. 1 StPO, wenn zu erwarten ist, dass die Hauptverhandlung im ersten Rechtszug vor dem **Oberlandesgericht** (§§ 115-117, 120-122 GVG) , dem **Landgericht** (§§ 12, 13, 60, 70, 734, 74-74f, 76-78b GVG) oder dem **Schöffengericht** (§§ 12, 13, 24-27, 28-58 GVG) stattfindet [Ausgangsrechtsnorm für den Abgrenzungsüberblick über AG, LG, OLG mag sein: § 24 GVG;
- gemäß § 140 Abs. 1 Nr. 2 StPO, wenn dem Beschuldigten ein Verbrechen zur Last gelegt wird;
- gemäß § 140 Abs. 1 Nr. 3 StPO, wenn das Verfahren zu einem **Berufsverbot** (§§ 70-70b StGB) führen kann;
- gemäß § 140 Abs. 1 Nr. 4 StPO, wenn der Beschuldigte nach den §§ 115, 115a, 128 Abs. 1 oder § 129 StPO einem Gericht zur Entscheidung über Haft oder einstweilige Unterbringung vorzuführen ist;
- gemäß § 140 Abs. 1 Nr. 5 StPO, wenn der Beschuldigte sich auf Grund richterlicher Anordnung oder mit richterlicher Genehmigung in einer Anstalt befindet;
- gemäß § 140 Abs. 1 Nr. 11 StPO, wenn ein seh-, hör- oder sprachbehinderter Beschuldigter die Bestellung beantragt;
- gemäß § 140 Abs. 2 StPO, wenn wegen der Schwere der Tat, der Schwere der zu erwartenden Rechtsfolge oder wegen der Schwierigkeit der Sach- oder Rechtslage die Mitwirkung eines Verteidigers geboten erscheint oder wenn ersichtlich ist, dass sich der Beschuldigte nicht selbst verteidigen kann.
- gemäß §§ 1, 109 Abs. 1 JGG und § 68 JGG in den dort genannten Fällen.

620 Vgl. auch §§ 1712-1717 BGB (**Beistandschaft**).

(ERG Verfahren)

Ergebnis kann allgemein sein: Verfahrensrechtmäßigkeit oder Verfahrensrechtswidrigkeit der Maßnahme.

B. Formelle Rechtmäßigkeit (FR) III. Form (F)

(VOR/DEF)

Form ist normiertes Wie der Rechtsfolgesetzung – mündlich, schriftlich, elektronisch oder in anderer Weise.

(SUB/ERG)

Im konkreten Fall besteht aufgrund Fehlens speziellerer Formrechtsnormen Formfreiheit für den Justiz-VA, sodass der Justiz-VA formrechtmäßig schriftlich, elektronisch, mündlich oder in anderer Weise ergehen kann.

Rechtsnormen wie § 114a StPO, § 114b Abs. 1 StPO, § 168b StPO sind i.d.R. bereits integrativer Verfahrensbestandteil.

Ergebnis kann allgemein sein: Formrechtmäßigkeit oder Formrechtswidrigkeit der Maßnahme.

C. Materielle Rechtmäßigkeit (MR) I. Tatbestand (Tb) / Tatbestandsvoraussetzungen (TBV)

(VOR/DEF)

Tatbestand ist das Gesamt der (materiell-rechtlichen) Rechtsfolge(setzungs)bedingungen. / **Tatbestandsvoraussetzungen** sind materiell-rechtliche Rechtsfolgesetzungsbedingungen.

1. TBV Tatverdacht für IDF-Maßnahme

(VOR)

In § 163b Abs. 1 StPO/§ 163b Abs. 2 StPO/§ 111 StPO (ggf. i.V.m. §§ 46, 53 Abs. 1 S. 2 OWiG) wird (Straf-/Owi-)Tatverdacht vorausgesetzt, vgl. § 163 Abs. 1 S. 1 W. 8, S. 2 W. 1-3 StPO (i.V.m. § 53 Abs. 1 S. 1 W. 11, S. 2 W. 7 OWiG).

Gemäß § 111 Abs. 1 S. 1 StPO ist für IDF-Kontrollstellenmaßnahmen speziellere Tatverdachtsvoraussetzung, dass bestimmte Tatsachen den Verdacht begründen, daß eine Straftat nach § 89a oder § 89c Abs. 1 bis 4 StGB oder nach § 129a StGB, auch i.V.m. § 129b Abs. 1 StGB, eine der in dieser Vorschrift bezeichneten Straftaten oder eine Straftat nach § 250 Abs. 1 Nr. 1 StGB begangen worden ist.

(DEF)

Tatverdacht ist gemäß § 163 Abs. 1 S. 1 i.V.m. § 152 Abs. 2 StPO das Gegebensein zureichender tatsächlicher Anhaltspunkte für eine verfolgbare Straftat oder Ordnungswidrigkeit.[621]

Zureichende tatsächliche Anhaltspunkte sind gegeben bei entsprechendem Ergebnis einer Gewichtigkeits- und Plausibilitätsprüfung aller wahrnehmbaren Dinge in Abwägung mit Art und Ausmaß potentieller Rechtseingriffe und Taten.

(SUB)

Zureichende tatsächliche Anhaltspunkte/Tatsachen sind (z.B. und alternativ möglich) zum maßgeblichen Zeitpunkt bezüglich bestimmter Taten:

- polizeieigene Beobachtungen;
- polizeiliche Feststellungen;
- polizeiliche auf Tatsachen begründete, auf den einzelnen Fall bezogene Schlussfolgerungen außer reine Spekulationen, hypothetische Erwägungen oder lediglich auf kriminalistische Alltagserfahrung gestützte, fallunabhängige Vermutungen;
- Angaben von Beschuldigten, Betroffenen, Verdächtigen, Nichtverdächtigen, Zeugen, Sachverständigen oder Dritten;
- Anzeigen im Sinne des § 158 StPO;
- sonstige Daten.

(ERG)

Im konkreten Fall besteht i.S.d. § 152 Abs. 2 StPO i.V.m. § 163 Abs. 1 S. 1 StPO/§ 53 Abs. 1 S. 1 OWiG (alternativ)

- Tatverdacht bei Anhaltspunkten / bei Fehlen entgegenstehender Anhaltspunkte.
- kein Tatverdacht bei Anhaltspunkten / bei Fehlen entgegenstehender Anhaltspunkte.[622]

2. Spezielle zusätzliche TBV für bestimmte IDF-Maßnahmen:

(VOR/DEF)

a) § 163b Abs. 2 S. 2, letzter Hs. StPO: (negative) TBV[623] für bestimmte IDF-Maßnahmen beim Nichtverdächtigen

---

621 BVerfG, Beschluss der 3. Kammer des Zweiten Senats vom 11.01.2016 – 2 BvR 1361/13 –, Rn. 11: „Notwendiger und grundsätzlich auch hinreichender Anlass für Zwangsmaßnahmen im Strafverfahren [oder Ordnungswidrigkeitenverfahren, P. B.] ist der Verdacht einer Straftat [oder Ordnungswidrigkeit, P. B.]. Der Verdacht muss auf konkreten Tatsachen beruhen; vage Anhaltspunkte oder bloße Vermutungen reichen nicht aus (vgl. BVerfGE 44, 353 <381 f.>; 59, 95 <97 f.>; BVerfGK 1, 126 <131>).".

622 Zu Tatverdachtsvoraussetzungen siehe auch bereits: *Basten*, Eingriffsrecht der Polizei in Nordrhein-Westfalen, Band 1, S. 255; *Basten*, Eingriffsrecht der Polizei in Nordrhein-Westfalen, Band 2, Buch 2, Abschnitt 2.

Gemäß § 163b Abs. 2 S. 2 a.E. dürfen gegen den Willen der betroffenen nichtverdächtigen Person folgende Maßnahmen nicht getroffen werden (alternativ):

- IDF-Durchsuchung der nichtverdächtigen Person (Personendurchsuchung zwecks IDF)
- IDF-Durchsuchung der von der nichtverdächtigen Person mitgeführten Sachen (Sachendurchsuchung zwecks IDF)
- IDF-ED-Maßnahme (erkennungsdienstliche Maßnahme, vgl. § 14 Abs. 4 PolG NRW, zwecks IDF).

b) § 111Abs. 1 S. 1 StPO: TBV für IDF-Kontrollstellenmaßnahme

Gemäß § 111 Abs. 1 S. 1 StPO ist Voraussetzung, dass Tatsachen die Annahme rechtfertigen, daß diese Kontrollstellenmaßnahme zur Ergreifung des „**Täters**" [Tatverdächtigen] oder zur Sicherstellung von „**Beweismitteln**" [vgl. insbesondere §§ 244-246, 261 StPO] führen kann, die der Aufklärung der „**Straftat**" [Tatverdacht einer Straftat] dienen können.

Kontrollstelle i.S.v. § 111 StPO – die zur maßgeblichen Zeit nach formell-verfahrensmäßiger Anordnung materiell eingerichteter Ort der IDF-Maßnahme sein muss – ist eine solche im Sinne der PDV 100 (Anlage 20).

Tatsachen / **Anhaltspunkte** alle wahrnehmbaren Dinge der Welt – nicht ausreichend sind: hypothetische Erwägungen, reine Spekulationen, fallunabhängige Vermutungen; kriminalistische Erfahrung kann ausreichen, wenn sie einen Anhalt im Tatsächlichen hat.

Annahmerechtfertigung ist Ausreichen ggf. auch nur einer Tatsache für die Begründung der Annahme – je nach Abwägung aller Umstände, vgl. „rechtfertigen".

(SUB/ERG)

Im konkreten Fall sind die Tatbestandsvoraussetzungen (alternativ)

- erfüllt bei Anhaltspunkten / bei Fehlen entgegenstehender Anhaltspunkte.
- nicht erfüllt bei Anhaltspunkten / bei Fehlen entgegenstehender Anhaltspunkte.

C. Materielle Rechtmäßigkeit (MR) II. Inanspruchnahme (In) / Inanspruchnahmevoraussetzungen (Inv)

(VOR/DEF)

Inanspruchnahmevoraussetzungen sind materiell-rechtliche Bedingungen für richtige Inanspruchnahme.

Inanspruchnahme ist Adressierung und sonstiges Betroffenmachen; **Adressierung** ist direktes Bestimmen oder finales Richten einer Maßnahme an einen Grundrechtsträger, vgl. §§ 100b Abs. 3, 100c Abs. 2, 100h Abs. 3, 163f Abs. 2 StPO.

[623] Zu **umgekehrten Voraussetzungen** (negative Voraussetzungen / positive Voraussetzungen) Voraussetzungen siehe auch: *Basten*, Eingriffsrecht der Polizei in Nordrhein-Westfalen, Band 1, S. 220 f., 242.

Inanspruchnahme bei IDF-Maßnahmen auf dem Rechtsgebiet der Strafrechtspflege ist grundsätzlich richtig gegen folgende Personen:

- § 163b Abs. 1 StPO (ggf. i.V.m. §§ 46, 53 Abs. 1 S. 2 OWiG): Verdächtiger (vgl. zum Beschuldigten [OWiG: Betroffener]: § 157 StPO, § 397 Abs. 1 AO);
- § 163b Abs. 2 StPO (ggf. i.V.m. §§ 46, 53 Abs. 1 S. 2 OWiG): Nichtverdächtiger;
- § 111 Abs. 1 S. 2 StPO: Jedermann.

Tatverdächtiger ist die Person, gegen die zureichende tatsächliche Anhaltspunkte der Beteiligung an einer verfolgbaren Straftat gegeben sind, vgl. § 152 Abs. 2 StPO.

Nichttatverdächtiger ist die Person, gegen die nicht zureichende tatsächliche Anhaltspunkte der Beteiligung an einer verfolgbaren Straftat gegeben sind, vgl. § 152 Abs. 2 StPO.

Jedermann im Sinne des § 111 StPO ist jede natürliche Person im Sinne von § 1 BGB.

(SUB/ERG)

Im konkreten Fall ist die Person (alternativ)

- richtigerweise in Anspruch genommen/adressiert;

  (zum Beispiel:) die Person ist (Tat-)Verdächtiger, denn gegen sie sind (zu subsumierende) zureichende tatsächliche Anhaltspunkte der Beteiligung an einer (zu subsumierenden) verfolgbaren Straftat gegeben, vgl. § 152 Abs. 2 StPO.
- nicht richtigerweise in Anspruch genommen/adressiert.

C. Materielle Rechtmäßigkeit (MR) III. Rechtsfolge (Rf) / Rechtsfolgevoraussetzungen (RfV)

(VOR/DEF)

Rechtsfolge ist rechtliche Folge aus dem Tatbestand. / **Rechtsfolgevoraussetzungen** sind materiell-rechtliche Rechtsfolgegestaltungsbedingungen.

C. Materielle Rechtmäßigkeit (MR) III. Rechtsfolge (Rf) 1. Tatsächliche und rechtliche Möglichkeit (TurM)

(VOR/DEF)

Tatsächliche und rechtliche Möglichkeit betrifft Fälle wie aus § 44 Abs. 2 Nr. 4-6 VwVfG NRW.

(SUB/ERG)

Tatsächliche und rechtliche Möglichkeit ist im konkreten Fall gegeben/nicht gegeben aufgrund Vorliegens/Nichtvorliegens von kognitiven, körperlichen, normativen, technischen Unmöglichkeiten.

Tatsächlich-rechtliche Unmöglichkeit ist gegeben im Fall nie erfolgter erster Zuordnung von der betroffenen Person und einem identitätstauglichen Personaliensatz sodass eine daran anknüpfende Zuordnung von Mensch und bereits bestimmtem Personaliensatz faktisch nicht erfolgen kann.

Von der zwecks Identitätsfeststellung befragten Person wird grundsätzlich nichts tatsächlich und rechtlich Unmögliches verlangt insbesondere dann, wenn diese zur maßgeblichen Zeit im tatsächlichen und rechtlichen Sinne „Herrschaft über die Befragungsinhalte" hat, zum Beispiel „Herrschaft über eigene Wahrnehmungen", wenn die Person zu diesen befragt wird; was insbesondere dann der Fall ist, wenn es bei der befragten Person nicht gibt:

- kognitive oder körperliche Hindernisse für das Verstehen der Fragen oder für die Wahrnehmungsangaben;
- rechtliche Hindernisse, insbesondere keine entgegenstehenden Rechte von anderen Datenberechtigten für die Befragungsbefolgung, also für die Angaben.

Tatsächliche Unmöglichkeiten können zum Beispiel sein: technische oder sonstige (kommunikative) Hindernisse für den Adressaten einer Anordnung oder Befragungs-Datenerhebung, zum Beispiel auch durch das Nichtverstehen der Anordnung oder der Frage aufgrund Fremdsprache zumindest ohne Dolmetscher oder Übersetzer oder zum Beispiel auch durch das Nichtverstehen der Anordnung oder der Frage aufgrund geistiger oder körperlicher Behinderung[624].

Rechtliche Unmöglichkeit kann sich insbesondere aus der Rechtswidrigkeit einer Anordnung oder einer Befragung ergeben und dann auch zum Beispiel aus auf den Adressaten anwendbaren Rechtsnormen wie solche des DSG NRW oder §§ 201-206, 353b, 353d, 355 StGB, soweit kein Rechtfertigungsgrund oder ähnliches gegeben ist; oder aus weiteren verfassungsrechtlich übergeordneten Geheimhaltungsbelangen (wie Abwehr von konkretisiert drohenden Schäden für erhebliche, im konkreten Fall überragende Rechte und Rechtsgüter wie Leib, Leben, Freiheit einer Person oder Bestand und Sicherheit des Staates).

C. Materielle Rechtmäßigkeit (MR) III. Rechtsfolge (Rf) 2. Bestimmtheit (Bsh)

(VOR/DEF)

Bestimmtheit ist Maßnahmenerkennbarkeit und Maßnahmenverstehbarkeit, Justiz-VA Gebot nach Art. 20 Abs. 3 GG.

(SUB/ERG)

Inhaltlich hinreichende Bestimmtheit i.S.d. Art. 20 Abs. 3 GG ist allgemein gegeben, wenn nach Auslegung der Maßnahme der Erklärungsempfänger wie jeder vernünftige Dritte, §§ 133, 157 BGB analog, in der konkreten Situation deren Inhalt hinreichend erkennen und verstehen kann, insbesondere wie folgt:

---

[624] Zu möglichen Sprachunmächtigkeiten/Sprachunverständlichkeiten vgl. auch § 33 Abs. 6 S. 3 PolG NRW, § 33a Abs. 2 PolG NRW, § 114a StPO, § 114b Abs. 1 StPO, § 114b Abs. 2 S. 3 StPO, § 158 Abs. 4 StPO; zu möglichen Sehbehinderungen, Hörbehinderungen oder Sprach-Behinderungen vgl. auch § 114b Abs. 2 S. 3 StPO, § 140 Abs. 1 Nr. 11 StPO.

- dass die Polizei ggü./mit dem Maßnahmenempfänger/Erklärungsempfänger (wer)
- aus Strafrechtspflegegründen (warum)
- zu einer spezifischen Zeit (wann)
- bezweckt, dass die Identität festgestellt werden soll (was)
- und zwar durch spezifische Maßnahmen zur Identitätsfeststellung (wie).

C. Materielle Rechtmäßigkeit (MR) III. Rechtsfolge (Rf) 3. Ermessen (Erm)

Ermessen für Straftatenerforschung/StPO

(VOR/DEF)

Ermessen ist Entscheidungsspielraum auf der Rechtsfolgenseite bzgl. rechtsfehlerfreier Ausübung von Einschreit-Entschließung (Ob), Adressaten-Auswahl (Wer), Maßnahmen-Gestaltung (Wie).

(SUB/ERG)

a) Einschreitentschließungs-„Ermessen“ ist grundsätzlich nicht gegeben, vgl. § 163 Abs. 1 S. 1 i.V.m. § 152 Abs. 2 StPO (Legalitätsgrundsatz: „ist [...] verpflichtet, [...] einzuschreiten“).

b) Adressatenauswahl-„Ermessen“ ist grundsätzlich gegeben, insbesondere bzgl.:

- zweckförderlicher Reihenfolge der Inanspruchnahme vom/von mehreren Beschuldigten, Verdächtigen, Zeugen, anderen Personen, Dritten, vgl. bereits § 163b Abs. 1 StPO und § 163b Abs. 2 StPO und § 111 Abs. 1 S. 2 StPO;
- Auswahl aus mehreren gleichgeeigneten nichtverdächtigen Zeugen oder Dritten.

c) Maßnahmengestaltungs-„Ermessen“ ist grundsätzlich gegeben, vgl. bereits die diversen ausdrücklich und nicht spezieller normierten „Maßnahmen“ zwecks Identitätsfeststellung.

Ein etwaig gegebener Entscheidungsspielraum wird aufgrund von/in Ermangelung entgegenstehender Anhaltspunkte ohne Ermessensfehler/mit Ermessensfehlern (Ermessensunterschreitung, Ermessensüberschreitung, Ermessensfehlgebrauch) ausgeübt bzgl. folgender Ermessensarten:

a) Entschließungsermessen:

Ein etwaig gegebenes Entschließungsermessen kann im konkreten Fall sogar gegen / auf Null reduziert sein, insbesondere wegen:

- Einschreitmöglichkeit;
- Erheblichkeitsgrad von Tatverdachten.

b) Auswahlermessen:

siehe C. II.: Auswahlermessen wird abschließend beurteilt i.V.m. Punkt C. II. (Inanspruchnahme).

c) Gestaltungsermessen:

siehe C. III. 4.: Gestaltungsermessen wird abschließend beurteilt i.V.m. Punkt C. III. 4. (VHM).

Ermessen für Ordnungswidrigkeitenerforschung/OWiG

(VOR/DEF)

Ermessen ist Entscheidungsspielraum auf der Rechtsfolgenseite bzgl. rechtsfehlerfreier Ausübung von Einschreit-Entschließung (Ob), Adressaten-Auswahl (Wer), Maßnahmen-Gestaltung (Wie), hier gegeben durch § 53 Abs. 1 S. 1 W. 9, 10 OWiG.

(SUB/ERG)

Der gegebene Entscheidungsspielraum wird aufgrund von/in Ermangelung entgegenstehender Anhaltspunkte ohne Ermessensfehler/mit Ermessensfehlern (Ermessensunterschreitung, Ermessensüberschreitung, Ermessensfehlgebrauch) ausgeübt bzgl. folgender Ermessensarten:

a) Entschließungsermessen:

Das Entschließungsermessen kann im konkreten Fall sogar gegen / auf Null reduziert sein, insbesondere wegen:

- Einschreitmöglichkeit;
- Erheblichkeitsgrad von Tatverdachten.

b) Auswahlermessen:

siehe C. II.: Auswahlermessen wird abschließend beurteilt i.V.m. Punkt C. II. (Inanspruchnahme).

c) Gestaltungsermessen:

siehe C. III. 4.: Gestaltungsermessen wird abschließend beurteilt i.V.m. Punkt C. III. 4. (VHM).

C. Materielle Rechtmäßigkeit (MR) III. Rechtsfolge (Rf) 4. Verhältnismäßigkeit (VHM) – § 163b Abs. 1StPO (ggf. i.V.m. §§ 46, 53 Abs. 1 S. 2, Abs. 2 OWiG)

(VOR/DEF)

Verhältnismäßigkeit ist Geeignetheit, Erforderlichkeit, Angemessenheit zu einem legitimen Zweck.

(VOR/DEF)

a) Legitimer Zweck ist jeder verfassungsgemäße Zweck. (vgl. auch gesetzliche Zwecke wie aus § 163b Abs. 2 StPO: „zur Aufklärung einer Straftat", § 111 Abs. 1 S. 1 a.E. StPO: „daß diese Maßnahme zur Ergreifung des Täters oder zur Sicherstellung von Beweismitteln führen kann, die der Aufklärung der Straftat dienen können."

(SUB/ERG)

Im konkreten Fall verfolgt die IDF-Maßnahme (alternativ)

- einen legitimen Zweck, nämlich jedenfalls die verfassungsgemäße, im Sinne von Art. 20 Abs. 3 GG, § 163 Abs. 1 S. 1 StPO (ggf. § 53 Abs. 1 S. 1 OWiG) gesetzmäßige Sachaufklärung / Tatverdachtserforschung / Sachverdunkelungsverhütung, also die Erforschung von einem verdächtigen Sachverhalt bzgl. mutmaßlich deliktischer Beeinträchtigung bestimmter Rechte und Rechtsgüter im Sinne der Art. 1-19 GG. Vgl. auch den „Zweck" im Sinne von § 163 Abs. 1 S. 2 Wort 3 StPO. Letztlich ist legitimer Zweck die Ermittlung aller belastenden und entlastenden Umstände im Sinne von § 160 Abs. 2 StPO, und auch die Ermöglichung staatlicher Sanktionierung (z.B. Strafe / Ahndung) im Fall dafür ausreichender rechtsstaatlicher Belastung; vgl. auch die Grundrechtsschutzfunktion und die Grundrechtsförderungsfunktion[625] im Sinne von Spezialprävention durch Repression und Generalprävention durch Repression.
- keinen legitimen Zweck.

(VOR/DEF)

b) Geeignetheit einer staatlichen Maßnahme ist gegeben bei deren Zweckförderungstauglichkeit.

(SUB/ERG)

Im konkreten Fall ist die IDF-Maßnahme (alternativ)

- geeignet, denn mit ihr wird die Erhebung von Identitätsdaten und damit Sachaufklärung/Tatverdachtsaufklärung gefördert, etwa durch:
    - Aufklärung von potentiellen Tatbeteiligten oder potentiellen Zeugen, und sei es nur durch Ausschluss von potentiellen Tatbeteiligten oder potentiellen Zeugen, ggf. mittelbar über Greifbarkeit, Nachfragemöglichkeit, Wiedererkennbarkeit;
    - Verfügbarkeit von Verfahrensbeteiligten für das weitere Verfahren, etwa durch Ladungsfähigkeit, insbesondere aufgrund zu den Personalien gehörender ladungsfähiger Anschriften;
    - weitere Glaubwürdigkeitsüberprüfungen der Aussagepersonen („Glaubwürdigkeit der Person") über deren Personaliensatz zur weiteren Ermittlung der Glaubhaftigkeit der jeweiligen Aussagen („Glaubhaftigkeit der Aussage").
- ungeeignet.

(VOR/DEF)

c) Erforderlichkeit einer staatlichen Maßnahme ist Nichtverfügbarkeit eines gleich geeigneten, milderen Mittels zur Zweckförderung, vgl. auch § 163b Abs. 1 S. 1 W. 20 StPO („erforderlichen"); § 163b Abs. 1 S. 2 Hs. 2 StPO („wenn die Identität sonst nicht oder nur unter erheblichen Schwierigkeiten festgestellt werden kann."), § 163b Abs. 1 S. 3 StPO („Unter den Voraussetzungen von Satz 2"), vgl. auch ggf. § 163c Abs. 1 S. 1 W. 20 StPO („unerläßlich"), § 163c Abs. 2 StPO.

---

[625] Zu Grundrechtsfunktionen siehe auch: *Basten*, Eingriffsrecht der Polizei in Nordrhein-Westfalen, Band 1, S. 78-84.

(SUB/ERG)

Im konkreten Fall ist die IDF-Maßnahme (alternativ)

- erforderlich, denn einerseits sind mildere Maßnahmen wie (zum Beispiel) Nichtstun oder Vernehmung (alleine) nicht gleich geeignet, weil sie nicht Aufklärung von Tatverdachten oder potentiellen Tatbeteiligten in gleicher Weise fördern (Untermaßverbot) und andererseits sind (mindestens) gleich geeignete, intensivere Maßnahmen wie Zwang noch nicht notwendig (Übermaßverbot). Ggf. bauen mehrere IDF-Maßnahmen je nach Nichtfeststellung der Identität verhältnismäßig in ihrer Grundrechtseingriffsintensität aufeinander auf (vgl. zum Beispiel bloße Befragung, Durchsuchung, „Sistierung").
- nicht erforderlich.

Zur buchstäblichen Identitäts-„Feststellung": Bei einem Hintereinander oder Nebeneinander von IDF-Maßnahmen kommt es insbesondere auf die Sicherheit bis hin zur Zweifelsfreiheit der Identitätsfeststellung, also dem Vorliegen einer wirklichen Feststellung an („Identitätsfeststellung statt Identitätsplausibilisierung").

Bloßes Befragen und bloßes Abprüfen von geantworteten oder sonst vorliegenden Datensätzen ohne Zuordnung des bildlich vor Augen stehenden Menschen zum Personaliensatz begründet nicht unbedingt eine erforderliche Feststellung der Identität.

Bei Nebeneinander von Identitätsdokumenten/Ausweispapieren und Berechtigungsscheinen oder sonstigen Papieren mit Identitätsangaben gibt es i.d.R. kein Fehlen von Erforderlichkeit zusätzlich gerade des Ausweisdokuments, denn sonstige andere Papiere sind i.d.R. kein milderes, gleich geeignetes Mittel, etwa wegen unterschiedlicher Befugnis- und Dokumentenzwecke sowie Papierqualität (vgl. nur EC-Karte ohne Lichtbild).

Vorhandensein eines Dokuments allein führt nicht unbedingt automatisch zum Fehlen von Erforderlichkeit, etwa bei Anhaltspunkten von Amtlichkeitsmängeln, Fälschung, Identitätssicherungsmängeln wie etwa Fehlen eines Lichtbilds, Leseschwierigkeiten, sonstigen Qualitätsmängeln oder sonstigen Glaubhaftigkeitsmängeln oder Glaubwürdigkeitsmängeln.

Ggf. bauen mehrere IDF-Maßnahmen je nach Nichtfeststellung der Identität verhältnismäßig in ihrer Grundrechtseingriffsintensität aufeinander auf (vgl. zum Beispiel bloßes Anhalten, bloße Befragung, Inaugenscheinnahme, Sachendurchsuchung, Personendurchsuchung, weitere Maßnahmen zwecks IDF bis hin zum Festhalten, zur „Sistierung" oder bis hin zu erkennungsdienstlichen Maßnahmen).[626]

---

[626] BVerfG, Beschluss der 1. Kammer des Ersten Senats vom 08.03.2011 – 1 BvR 47/05 –, Rn. 23: „Die Vorschrift des § 163b Abs. 1 Satz 2 StPO lässt ein Festhalten zur Identitätsfeststellung nur zu, wenn die Identität sonst nicht oder nur unter erheblichen Schwierigkeiten festgestellt werden kann. Die Vorschrift stellt insofern eine gesetzliche Konkretisierung des verfassungsrechtlichen Verhältnismäßigkeitsgebots dar und soll sicherstellen, dass ein Eingriff in die persönliche Freiheit nur dann erfolgt, wenn er zur Feststellung der Identität unerlässlich ist. Ein solcher Fall lag hier nicht vor. § 163b Abs. 1 Satz 1 StPO ermächtigt Polizeibeamte, gegenüber einem Verdächtigen die notwendigen Maßnahmen zur Identitätsfeststellung zu treffen, also den Betreffenden nach seinen Personalien zu befragen und diesen aufzufordern, mitgeführte Ausweisdokumente auszuhändigen. Nur dann, wenn die Identität des Betreffenden auch unter Ausschöpfung dieser Maßnahmen nicht mit der erforderlichen Sicherheit geklärt werden kann oder dies mit erheblichen Schwierigkeiten verbunden wäre, kommt ein weiteres Festhalten nach Satz 2 in Betracht. Ein weiterer Eingriff in das Freiheitsrecht des Art. 2 Abs. 2 Satz 2 GG darf also nur dann erfolgen, wenn die Polizei auf der Basis der bereits bekannten Daten berechtigte **Zweifel an der Identität** der Person hat. Hiervon kann im vorliegenden Fall nicht ausgegangen werden. Der Beschwerdeführer hat sich gegenüber der Polizei vor Ort mit einem Bundespersonalausweis ausgewiesen. Der **Bundespersonalausweis** ist dabei in besonderer Weise als Dokument zur **Feststellung der Identität** geeignet,

Vgl. auch § 163c StPO bzgl. der Rechtsfolge-Dauer des Dauer(justizverwaltungs)akts bei Festhalten zur IDF.

(VOR/DEF)

d) Angemessenheit oder **Verhältnismäßigkeit** im **engeren Sinne** einer staatlichen Maßnahme ist angemessenes Maß oder Verhältnis zwischen Zweckförderung für Erhaltungsrechte und Wirkungen für Eingriffsrechte, vgl. betroffene GR, vgl. auch ggf. § 163c Abs. 1 S. 2 a.E. StPO.

(SUB/ERG)

Im konkreten Fall ist die IDF-Maßnahme (alternativ)

- angemessen, denn die kurzen, milden Eingriffe in die GR aus Art. 2 Abs. 1 i.V.m. Art. 1 Abs. 1 GG, Art. 2 Abs. 2 S. 2 GG stehen angesichts der Rechte und Rechtsgüter aus Art. 2 Abs. 2 S. 1, 2 GG, Art. 14 Abs. 1 S. 1 Alt. 1 GG, Art. 20 Abs. 3 GG nicht außer Verhältnis. Nicht zuletzt der Eingriffsadressat kann ein Interesse an Aufklärung durch die Kontrolle haben.
- unangemessen.

(ERG VHM)

Die IDF-Maßnahme ist insgesamt (alternativ) verhältnismäßig/unverhältnismäßig i.S.v. § 163b Abs. 1 StPO (ggf. i.V.m. § 163c StPO), Art. 20 Abs. 3 GG.

C. Materielle Rechtmäßigkeit (MR) III. Rechtsfolge (Rf) 4. Verhältnismäßigkeit (VHM) – § 163b Abs. 2 StPO (ggf. i.V.m. §§ 46, 53 Abs. 1 S. 2, Abs. 2 OWiG)

(VOR/DEF)

Verhältnismäßigkeit ist Geeignetheit, Erforderlichkeit, Angemessenheit zu einem legitimen Zweck.

---

da er gemäß § 1 PAuswG die erforderlichen Daten für eine Identifikation und strafrechtlich relevante Erfassung der Person enthält und darüber hinaus mit besonderen Fälschungssicherungen versehen ist. Anhaltspunkte dafür, dass der Ausweis des Beschwerdeführers gefälscht war oder seine Person nicht mit dem Ausweisinhaber übereinstimmte, etwa, weil das Foto keine oder nur geringe Ähnlichkeit mit ihm aufwies, sind weder von der Polizei noch vom Landgericht benannt worden noch sind sie ansonsten ersichtlich. Daher ist - insbesondere im Hinblick auf das verfassungsrechtlich fundierte Regel-Ausnahme-Verhältnis zwischen bloßer Identitätsfeststellung und weiterem Festhalten - davon auszugehen, dass es den Polizeibeamten möglich war, die Identität aufgrund des vorgelegten Bundespersonalausweises vor Ort hinreichend sicher festzustellen. Ein Festhalten aus reinen Praktikabilitätserwägungen vermag schon die Erforderlichkeit der Maßnahme nicht zu begründen und dürfte im Übrigen auch auf die Abwägung im Rahmen der Prüfung der Verhältnismäßigkeit einer derartigen Maßnahme keinen Einfluss haben (vgl. BVerfG, Beschluss der 2. Kammer des Zweiten Senats vom 27. Januar 1992 - 2 BvR 658/90 -, NVwZ 1992, S. 767 <768>).“.

(VOR/DEF)

a) Legitimer Zweck ist jeder verfassungsgemäße Zweck. Vgl. auch gesetzliche Zwecke wie aus § 163b Abs. 2 StPO: „zur Aufklärung einer Straftat", § 111 Abs. 1 S. 1 a.E. StPO: „daß diese Maßnahme zur Ergreifung des Täters oder zur Sicherstellung von Beweismitteln führen kann, die der Aufklärung der Straftat dienen können."

(SUB/ERG)

Im konkreten Fall verfolgt die IDF-Maßnahme (alternativ)

- einen legitimen Zweck, nämlich jedenfalls die verfassungsgemäße, im Sinne von Art. 20 Abs. 3 GG, § 163 Abs. 1 S. 1 StPO (ggf. § 53 Abs. 1 S. 1 OWiG) gesetzmäßige Sachaufklärung / Tatverdachtserforschung / Sachverdunkelungsverhütung, also die Erforschung von einem verdächtigen Sachverhalt bzgl. mutmaßlich deliktischer Beeinträchtigung bestimmter Rechte und Rechtsgüter im Sinne der Art. 1-19 GG. Vgl. auch den „Zweck" im Sinne von § 163 Abs. 1 S. 2 Wort 3 StPO. Letztlich ist legitimer Zweck die Ermittlung aller belastenden und entlastenden Umstände im Sinne von § 160 Abs. 2 StPO, und auch die Ermöglichung staatlicher Sanktionierung (z.B. Strafe / Ahndung) im Fall dafür ausreichender rechtsstaatlicher Belastung; vgl. auch die Grundrechtsschutzfunktion und die Grundrechtsförderungsfunktion[627] im Sinne von Spezialprävention durch Repression und Generalprävention durch Repression.
- keinen legitimen Zweck.

(VOR/DEF)

b) Geeignetheit einer staatlichen Maßnahme ist gegeben bei deren Zweckförderungstauglichkeit.

(SUB/ERG)

Im konkreten Fall ist die IDF-Maßnahme (alternativ)

- geeignet, denn mit ihr wird die Erhebung von Identitätsdaten und damit Sachaufklärung/Tatverdachtsaufklärung gefördert, etwa durch:
  - Aufklärung von potentiellen Tatbeteiligten oder potentiellen Zeugen, und sei es nur durch Ausschluss von potentiellen Tatbeteiligten oder potentiellen Zeugen, ggf. mittelbar über Greifbarkeit, Nachfragemöglichkeit, Wiedererkennbarkeit;
  - Verfügbarkeit von Verfahrensbeteiligten für das weitere Verfahren, etwa durch Ladungsfähigkeit, insbesondere aufgrund zu den Personalien gehörender ladungsfähiger Anschriften;
  - weitere Glaubwürdigkeitsüberprüfungen der Aussagepersonen („Glaubwürdigkeit der Person") über deren Personaliensatz zur weiteren Ermittlung der Glaubhaftigkeit der jeweiligen Aussagen („Glaubhaftigkeit der Aussage").
- nicht geeignet.

---

[627] Zu Grundrechtsfunktionen siehe auch: *Basten*, Eingriffsrecht der Polizei in Nordrhein-Westfalen, Band 1, S. 78-84.

(VOR/DEF)

c) **Erforderlichkeit** einer staatlichen Maßnahme ist Nichtverfügbarkeit eines milderen (Übermaßverbot), gleich geeigneten (Untermaßverbot) Mittels zur Zweckförderung, vgl. auch § 163b Abs. 2 StPO („Wenn und soweit dies zur Aufklärung einer [Straf]Tat geboten ist"), vgl. auch ggf. § 163c Abs. 1 S. 1 W. 20 StPO („unerläßlich"), § 163c Abs. 2 StPO.

(SUB/ERG)

Im konkreten Fall ist die IDF-Maßnahme (alternativ)

- erforderlich, denn einerseits sind mildere Maßnahmen wie (zum Beispiel) Nichtstun oder Vernehmung (alleine) nicht gleich geeignet, weil sie nicht Aufklärung von Tatverdachten oder potentiellen Tatbeteiligten in gleicher Weise fördern (Untermaßverbot) und andererseits sind (mindestens) gleich geeignete, intensivere Maßnahmen wie direkte Freiheitsentziehung oder Zwang noch nicht notwendig (Übermaßverbot).
- nicht erforderlich.

Zur buchstäblichen Identitäts-„Feststellung": Bei einem Hintereinander oder Nebeneinander von IDF-Maßnahmen kommt es insbesondere auf die Sicherheit bis hin zur Zweifelsfreiheit der Identitätsfeststellung, also dem Vorliegen einer wirklichen Feststellung an („Identitätsfeststellung statt Identitätsplausibilisierung").

Bloßes Befragen und bloßes Abprüfen von geantworteten oder sonst vorliegenden Datensätzen ohne Zuordnung des bildlich vor Augen stehenden Menschen zum Personaliensatz begründet nicht unbedingt eine erforderliche Feststellung der Identität.

Bei Nebeneinander von Identitätsdokumenten/Ausweispapieren und Berechtigungsscheinen oder sonstigen Papieren mit Identitätsangaben gibt es i.d.R. kein Fehlen von Erforderlichkeit zusätzlich gerade des Ausweisdokuments, denn sonstige andere Papiere sind i.d.R. kein milderes, gleich geeignetes Mittel, etwa wegen unterschiedlicher Befugnis- und Dokumentenzwecke sowie Papierqualität (vgl. nur EC-Karte ohne Lichtbild). Vorhandensein eines Dokuments allein führt nicht unbedingt automatisch zum Fehlen von Erforderlichkeit, etwa bei Anhaltspunkten von Amtlichkeitsmängeln, Fälschung, Identitätssicherungsmängeln wie etwa Fehlen eines Lichtbilds, Leseschwierigkeiten, sonstigen Qualitätsmängeln oder sonstigen Glaubhaftigkeitsmängeln oder Glaubwürdigkeitsmängeln.

Ggf. bauen mehrere IDF-Maßnahmen je nach Nichtfeststellung der Identität verhältnismäßig in ihrer Grundrechtseingriffsintensität aufeinander auf (vgl. zum Beispiel bloßes Anhalten, bloße Befragung, Inaugenscheinnahme, Sachendurchsuchung, Personendurchsuchung, weitere sonstige Maßnahmen zwecks IDF bis hin zum Festhalten, zur „Sistierung" oder bis hin zu erkennungsdienstlichen Maßnahmen).[628]

---

[628] BVerfG, Beschluss der 1. Kammer des Ersten Senats vom 08.03.2011 – 1 BvR 47/05 –, Rn. 23: „Ein weiterer Eingriff in das Freiheitsrecht des Art. 2 Abs. 2 Satz 2 GG darf also nur dann erfolgen, wenn die Polizei auf der Basis der bereits bekannten Daten berechtigte **Zweifel an der Identität** der Person hat. Hiervon kann im vorliegenden Fall nicht ausgegangen werden. Der Beschwerdeführer hat sich gegenüber der Polizei vor Ort mit einem Bundespersonalausweis ausgewiesen. Der **Bundespersonalausweis** ist dabei in besonderer Weise als Dokument zur **Feststellung der Identität** geeignet, da er gemäß § 1 PAuswG die erforderlichen Daten für eine Identifikation und strafrechtlich relevante Erfassung der Person enthält und darüber hinaus mit besonderen Fälschungssicherungen versehen ist. Anhaltspunkte dafür, dass der Ausweis des Beschwerdeführers gefälscht war oder seine Person nicht mit dem Ausweisinhaber übereinstimmte, etwa, weil das Foto keine oder nur geringe Ähnlichkeit mit ihm aufwies, sind

Vgl. auch § 163c Abs. 2 StPO bzgl. der Rechtsfolge-Dauer des Dauer(justizverwaltungs)akts bei Festhalten zur IDF.

(VOR/DEF)

d) Angemessenheit oder **Verhältnismäßigkeit im engeren Sinne** einer staatlichen Maßnahme ist angemessenes Maß oder Verhältnis zwischen Zweckförderung für Erhaltungsrechte und Wirkungen für Eingriffsrechte, vgl. betroffene GR, vgl. auch § 163b Abs. 2 S. 2 StPO („wenn sie zur Bedeutung der Sache außer Verhältnis stehen"), vgl. auch ggf. § 163c Abs. 1 S. 2 a.E. StPO.

(SUB/ERG)

Im konkreten Fall ist die IDF-Maßnahme (alternativ)

- angemessen, denn die kurzen, milden Eingriffe in die GR aus Art. 2 Abs. 1 i.V.m. Art. 1 Abs. 1 GG, Art. 2 Abs. 2 S. 2 GG stehen angesichts der Rechte und Rechtsgüter aus Art. 2 Abs. 2 S. 1, 2 GG, Art. 14 Abs. 1 S. 1 Alt. 1 GG, Art. 20 Abs. 3 GG nicht außer Verhältnis. Nicht zuletzt der Eingriffsadressat kann ein Interesse an Aufklärung durch die Kontrolle haben.
- unangemessen.

(ERG VHM)

Die Maßnahme ist insgesamt i.S.v. § 163b Abs. 2 StPO (ggf. i.V.m. § 163c StPO), Art. 20 Abs. 3 GG (alternativ)

- verhältnismäßig.
- unverhältnismäßig.

D. Gesamtergebnis (GErg)

Die IDF-Maßnahme ist (alternativ)

- gemäß § 163b Abs. 1 StPO (ggf. i.V.m. § 163c StPO) (ggf. i.V.m. §§ 46, 53 Abs. 1 S. 2, Abs. 2 OWiG) rechtmäßig.
- gemäß § 163b Abs. 2 StPO (ggf. i.V.m. § 163c StPO) (ggf. i.V.m. §§ 46, 53 Abs. 1 S. 2, Abs. 2 OWiG).

---

weder von der Polizei noch vom Landgericht benannt worden noch sind sie ansonsten ersichtlich. Daher ist - insbesondere im Hinblick auf das verfassungsrechtlich fundierte Regel-Ausnahme-Verhältnis zwischen bloßer Identitätsfeststellung und weiterem Festhalten - davon auszugehen, dass es den Polizeibeamten möglich war, die Identität aufgrund des vorgelegten Bundespersonalausweises vor Ort hinreichend sicher festzustellen. Ein Festhalten aus reinen Praktikabilitätserwägungen vermag schon die Erforderlichkeit der Maßnahme nicht zu begründen und dürfte im Übrigen auch auf die Abwägung im Rahmen der Prüfung der Verhältnismäßigkeit einer derartigen Maßnahme keinen Einfluss haben (vgl. BVerfG, Beschluss der 2. Kammer des Zweiten Senats vom 27. Januar 1992 - 2 BvR 658/90 -, NVwZ 1992, S. 767 <768>).".

- gemäß § 111 StPO rechtmäßig.
- wegen Art./§ (bestimmter Rechtsnorm [z.B. Art. 20 Abs 3 GG]) rechtswidrig.

ABSCHNITT 12: POLIZEILICHE ANHALTE- UND SICHTKONTROLLEN (STRATEGISCHE FAHNDUNG), § 12A POLG NRW

A. Rechtsgrundlage (RGL) I. Grundrechte (GR)

(VOR/DEF)

Grundrechte sind grundlegende Rechte aus Art. 1-19 GG i.V.m. dem Rechtsstaatsprinzip, Art. 20 Abs. 3 GG, mit Vorrang und Vorbehalt des Gesetzes.[629]

(SUB/ERG)

Grundrechte sind fallabhängig insbesondere wie folgt gegeben:

1. Allgemeines Persönlichkeitsgrundrecht[630] mit verschiedenen Ausprägungen[631], etwa in der Ausprägung des **Rechts auf informationelle Selbstbestimmung** (APR/RiS), Art. 2 Abs. 1 i.V.m. Art. 1 Abs. 1[632] GG, vgl. auch Art. 142 GG i.V.m. Art. 4 Abs. 1, 2 Verfassung NRW[633].

---

629 Zu **Grundrechten**: *Basten*, Eingriffsrecht der Polizei in Nordrhein-Westfalen, Band 1, Buch 1, Abschnitt 2, Unterabschnitt 3. Zum **Rechtsstaatsprinzip** mit unter anderem sogenanntem Vorrang des Gesetzes und Vorbehalt des Gesetzes: *Basten*, Eingriffsrecht der Polizei in Nordrhein-Westfalen, Band 1, S. 95-108.

630 BVerfGE 147, 1, 18 f. (**Geschlechtsidentität**) = BVerfG, Beschluss des Ersten Senats vom 10.10.2017 – 1 BvR 2019/16 –, Rn. 38: „Art. 2 Abs. 1 GG gewährt jedem das **Recht auf die freie Entfaltung seiner Persönlichkeit**. Dieses Grundrecht umfasst neben der allgemeinen Handlungsfreiheit das **allgemeine Persönlichkeitsrecht** (Art. 2 Abs. 1 i.V.m. Art. 1 Abs. 1 GG). Letzteres ergänzt als ‚unbenanntes' Freiheitsrecht die speziellen (‚benannten') Freiheitsrechte, die ebenfalls konstituierende Elemente der Persönlichkeit schützen (vgl. BVerfGE 54, 148 <153>). Eine der **Aufgaben des allgemeinen Persönlichkeitsrechts** ist es dabei, Grundbedingungen dafür zu sichern, dass die einzelne Person ihre Individualität selbstbestimmt entwickeln und wahren kann (vgl. BVerfGE 35, 202 <220>; 79, 256 <268>; 90, 263 <270>; 117, 202 <225>). Das allgemeine Persönlichkeitsrecht schützt indessen nur solche **Elemente der Persönlichkeitsentfaltung**, die - ohne bereits Gegenstand der besonderen Freiheitsgarantien des Grundgesetzes zu sein - diesen in ihrer konstituierenden Bedeutung für die Persönlichkeit nicht nachstehen (vgl. BVerfGE 79, 256 <268>; 99, 185 <193>; 120, 274 <303>; stRspr). Es verbürgt also nicht Schutz gegen alles, was die selbstbestimmte Persönlichkeitsentwicklung auf irgendeine Weise beeinträchtigen könnte; ohnehin vermag kein Mensch seine Individualität unabhängig von äußeren Gegebenheiten und Zugehörigkeiten zu entwickeln. Der lückenschließende Schutz des allgemeinen Persönlichkeitsrechts greift aber dann, wenn die selbstbestimmte Entwicklung und Wahrung der Persönlichkeit spezifisch gefährdet ist (BVerfGE 141, 186 <201 f. Rn. 32>).".

BVerfG, Beschluss des Ersten Senats vom 06.11.2019 – 1 BvR 16/13 – (Recht auf Vergessen I), Rn. 81: „Diese [**APR-]Rechtsprechung** hat sich maßgeblich in Konstellationen der mittelbaren Drittwirkung und geleitet von dem Erfordernis praktischer Konkordanz entwickelt. Deshalb bestimmen sich die Schutzdimensionen des allgemeinen Persönlichkeitsrechts letztlich immer einzelfallbezogen im Abgleich mit den Grundrechten Dritter. Die Bestimmung seiner Schutzwirkungen und die Abwägung mit den gegenüberstehenden Freiheitsrechten greifen hier Hand in Hand. Der Schutz des allgemeinen Persönlichkeitsrechts ist insoweit flexibel und durch die Einbindung der Person in ihre sozialen Beziehungen relativiert (vgl. BVerfGE 101, 361 <380>; 141, 186 <202 Rn. 32>; 147, 1 <19 Rn. 38>; stRspr; siehe auch BGHZ 183, 353 <357 Rn. 11>; 209, 139 <150 Rn. 30>; 219, 233 <240 Rn. 22>; stRspr).".

Vgl. „**Allgemeines Persönlichkeitsrecht**" (APR) als „sonstiges Recht" (sog. **Rahmenrecht** mit [grundrechts-]abwägungsoffenem Tatbestand) nach § 823 Abs. 1 Var. 6 BGB, u.a. mit Geldentschädigungsanspruch, insbesondere durch ständige Rechtsprechung (vgl. auch § 253 BGB) seit folgender Entwicklung: BGHZ 13, 334 (Leserbrief), mit erstmaliger ausdrücklicher Anerkennung des allgemeinen Persönlichkeitsrechts; BGHZ 26, 349 (Herrenreiter), mit erstmaliger Zuerkennung einer Geldentschädigung wegen des immateriellen Schadens durch die Verletzung des allgemeinen Persönlichkeitsrechts; BGHZ 35, 363

(Ginsengwurzel), mit erstmaliger Schwerpunktsetzung bei der Menschenwürde in der Begründung; BVerfGE 34, 269 (Soraya), mit verfassungsgerichtlicher Erklärung der verfassungsrechtlichen Zulässigkeit der richterrechtlich entwickelten APR-Konstruktion.

631 BVerfG, Beschluss des Ersten Senats vom 06.11.2019 – 1 BvR 16/13 – (Recht auf Vergessen I), Rn. 80: „Die Rechtsprechung hat aus dem [**Allgemeinen Persönlichkeits-**]**Grundrecht** insoweit verschiedene **Schutzdimensionen** abgeleitet wie den **Schutz eines unantastbaren Bereichs privater Lebensgestaltung**, die Garantie der **Privatsphäre**, das **Recht am eigenen Bild** oder **gesprochenen Wort** oder das **Recht auf die Darstellung der eigenen Person**, die **soziale Anerkennung** sowie die **persönliche Ehre** (vgl. BVerfGE 27, 1 <6>; 27, 344 <350 f.>; 32, 373 <379>; 34, 238 <245 f.>; 47, 46 <73>; 54, 148 <153 f.>; 99, 185 <193 f.>; 101, 361 <384>; 106, 28 <39>; 114, 339 <346>; 120, 180 <198>).“ „Diese Schutzgehalte werden insoweit aber nicht als abschließend umschriebene und voneinander abzugrenzende Gewährleistungen verstanden, sondern als Ausprägungen, die in Blick auf den konkreten Schutzbedarf jeweils anhand des zu entscheidenden Falles herauszuarbeiten sind (vgl. BVerfGE 54, 148 <153 f.>; 65, 1 <41>).“.

BVerfGE 65, 1 (Volkszählungsgesetz), Ls. 1 = BVerfG, Urteil des Ersten Senats vom 15.12.1983 – 1 BvR 209/83, Ls. 1: „Unter den Bedingungen der modernen Datenverarbeitung wird der Schutz des Einzelnen gegen unbegrenzte Erhebung, Speicherung, Verwendung und Weitergabe seiner persönlichen Daten von dem **allgemeinen Persönlichkeitsrecht** des Art. 2 Abs. 1 GG in Verbindung mit Art. 1 Abs. 1 GG umfaßt. Das [**Allgemeine Persönlichkeits-**]**Grundrecht** gewährleistet insoweit die Befugnis des Einzelnen, grundsätzlich selbst über die Preisgabe und Verwendung seiner persönlichen Daten zu bestimmen.“; BVerfG, Beschluss des Ersten Senats vom 06.11.2019 – 1 BvR 16/13 – (Recht auf Vergessen I), Rn. 80: „Das **Recht auf informationelle Selbstbestimmung** ist von der Rechtsprechung als eigene Ausprägung des allgemeinen Persönlichkeitsrechts mit einem gegenüber den anderen Ausprägungen selbständigen Gewährleistungsgehalt entwickelt worden und behält diesen auch, soweit es als verfassungsrechtliche Wertentscheidung in das Zivilrecht einstrahlt. Dementsprechend enthält es keinen gesamthaften Schutzanspruch hinsichtlich jederlei Umgangs mit Informationen, der die übrigen Schutzdimensionen des Grundrechts allgemein übergreifen und zusammenführen würde, sondern lässt deren Wertungen und Abwägungsregeln unberührt.“; BVerfGE 120, 274, 311 f. (Online-Durchsuchung) = BVerfG, Urteil des Ersten Senats vom 27.02.2008 – 1 BvR 370/07 –, Rn. 198 f. „Das **Recht auf informationelle Selbstbestimmung** geht über den **Schutz der Privatsphäre** hinaus. Es gibt dem Einzelnen die Befugnis, grundsätzlich selbst über die Preisgabe und Verwendung seiner persönlichen Daten zu bestimmen (vgl. BVerfGE 65, 1 <43>; 84, 192 <194>). Es flankiert und erweitert den grundrechtlichen Schutz von Verhaltensfreiheit und Privatheit, indem es ihn schon auf der Stufe der Persönlichkeitsgefährdung beginnen lässt. Eine derartige Gefährdungslage kann bereits im Vorfeld konkreter Bedrohungen benennbarer Rechtsgüter entstehen, insbesondere wenn personenbezogene Informationen in einer Art und Weise genutzt und verknüpft werden können, die der Betroffene weder überschauen noch verhindern kann. Der Schutzumfang des **Rechts auf informationelle Selbstbestimmung** beschränkt sich dabei nicht auf Informationen, die bereits ihrer Art nach sensibel sind und schon deshalb grundrechtlich geschützt werden. Auch der Umgang mit personenbezogenen Daten, die für sich genommen nur geringen Informationsgehalt haben, kann, je nach dem Ziel des Zugriffs und den bestehenden Verarbeitungs- und Verknüpfungsmöglichkeiten, grundrechtserhebliche Auswirkungen auf die Privatheit und Verhaltensfreiheit des Betroffenen haben (vgl. BVerfG, Beschluss vom 13. Juni 2007 - 1 BvR 1550/03 u.a. -, NJW 2007, S. 2464 <2466>). Die mit dem Recht auf informationelle Selbstbestimmung abzuwehrenden Persönlichkeitsgefährdungen ergeben sich aus den vielfältigen Möglichkeiten des Staates und gegebenenfalls auch privater Akteure (vgl. BVerfG, Beschluss der 1. Kammer des Ersten Senats vom 23. Oktober 2006 - 1 BvR 2027/02 -, JZ 2007, S. 576) zur Erhebung, Verarbeitung und Nutzung personenbezogener Daten. Vor allem mittels elektronischer Datenverarbeitung können aus solchen Informationen weitere Informationen erzeugt und so Schlüsse gezogen werden, die sowohl die grundrechtlich geschützten Geheimhaltungsinteressen des Betroffenen beeinträchtigen als auch Eingriffe in seine Verhaltensfreiheit mit sich bringen können (vgl. BVerfGE 65, 1 <42>; 113, 29 <45 f.>; 115, 320 <342>; BVerfG, Beschluss vom 13. Juni 2007 - 1 BvR 1550/03 u.a. -, NJW 2007, S. 2464 <2466>).“.

BVerfGE 109, 279, 325-327 (akustische Wohnraumüberwachung / „Großer Lauschangriff“) = BVerfG, Urteil des Ersten Senats vom 03.03.2004 – 1 BvR 2378/98, 1084/99 –, Rn. 159-163: „Das aus Art. 2

Abs. 1 in Verbindung mit Art. 1 Abs. 1 GG folgende **allgemeine Persönlichkeitsrecht** kommt neben Art. 13 Abs. 1 GG allerdings nicht zur Anwendung, soweit Eingriffe in die **räumliche Privatsphäre des Wohnungsinhabers** zu überprüfen sind. Art. 13 Abs. 1 GG enthält eine spezielle Gewährleistung des **Schutzes vor staatlicher akustischer Überwachung der räumlichen Privatsphäre**, die die allgemeinere Vorschrift insoweit verdrängt (vgl. BVerfGE 100, 313 [358] zu Art. 10 GG). Mit dem **Recht, in der Wohnung ungestört zu sein**, und dem **Recht am eigenen in der Wohnung gesprochenen Wort** schützt Art. 13 Abs. 1 GG gerade den Teil der **Privatsphäre**, den sonst das allgemeine Persönlichkeitsrecht gewährleistet. Dieses Recht ergänzt als unbenanntes Freiheitsrecht die speziellen Freiheitsrechte, die ebenfalls konstituierende Elemente der Persönlichkeit schützen (vgl. BVerfGE 54, 148 <153 f.>), nur insoweit, als Letztere keinen Schutz gewähren. Der **Schutz des allgemeinen Persönlichkeitsrechts aus Art. 2 Abs. 1 in Verbindung mit Art. 1 Abs. 1 GG** greift hingegen ein, soweit von der Wohnraumüberwachung Personen betroffen werden, die sich nicht auf Art. 13 Abs. 1 GG berufen können. **Grundrechtsträger des Art. 13 Abs. 1 GG** ist jeder Inhaber oder Bewohner eines Wohnraums, unabhängig davon, auf welchen Rechtsverhältnissen die Nutzung des Wohnraums beruht. Bei mehreren Bewohnern einer Wohnung steht das Grundrecht jedem Einzelnen, bei Familien mithin jedem Familienmitglied zu. Maßnahmen der Wohnraumüberwachung können aber nicht nur **Wohnungsinhaber**, sondern auch **zufällig in einer Wohnung Anwesende** erfassen. Diese Personen sind zwar nicht in ihrem Grundrecht aus Art. 13 Abs. 1 GG, wohl aber in ihrem **allgemeinen Persönlichkeitsrecht** betroffen. Der Schutz aus Art. 2 Abs. 1 in Verbindung mit Art. 1 Abs. 1 GG kann insofern allerdings nicht weiter reichen als derjenige aus Art. 13 Abs. 1 und 3 GG. Der Schutz der **räumlichen Privatsphäre und des allgemeinen Persönlichkeitsrechts** kann schließlich in Einzelfällen durch weitere Grundrechtsgarantien ergänzt sein. So wird das **Gespräch zwischen Eheleuten in der eigenen Wohnung** nicht nur von Art. 13 Abs. 1 GG, sondern zusätzlich durch Art. 6 Abs. 1 GG geschützt. Auch in Bezug auf die **Kommunikation mit Berufsgeheimnisträgern** können neben dem grundrechtlichen **Schutz der räumlichen Privatsphäre** Grundrechte in Betracht kommen, die - wie etwa Art. 4 GG im Hinblick auf das Gespräch mit einem Geistlichen - der besonderen Schutzbedürftigkeit der Kommunizierenden Rechnung tragen.".

BVerfG, Beschluss des Ersten Senats vom 06.11.2019 – 1 BvR 16/13 – (Recht auf Vergessen I), Ls. 3 S. 1: „Von den **äußerungsrechtlichen Schutzdimensionen** ist das **Recht auf informationelle Selbstbestimmung** als eine eigene Ausprägung des allgemeinen Persönlichkeitsrechts zu unterscheiden." BVerfG, Beschluss des Ersten Senats vom 06.11.2019 – 1 BvR 16/13 – (Recht auf Vergessen I), Rn. 90: „Ausgehend von dem **Ziel des Rechts auf informationelle Selbstbestimmung**, Schutz vor Gefahren angesichts neuartiger Möglichkeiten der Datenverarbeitung zu gewähren (vgl. BVerfGE 65, 1 <42>), ist es primär als Gewährleistung zu verstehen, die – neben der ungewollten Preisgabe von Daten auch im Rahmen privater Rechtsbeziehungen (vgl. BVerfGE 84, 192 <194>) – insbesondere vor deren intransparenter Verarbeitung und Nutzung durch Private schützt. Es bietet Schutz davor, dass Dritte sich individueller Daten bemächtigen und sie in nicht nachvollziehbarer Weise als Instrument nutzen, um die Betroffenen auf Eigenschaften, Typen oder Profile festzulegen, auf die sie keinen Einfluss haben und die dabei aber für die freie Entfaltung der Persönlichkeit sowie eine gleichberechtigte Teilhabe in der Gesellschaft von erheblicher Bedeutung sind. Der Gehalt dieses Rechts ist dabei entwicklungsoffen, so dass es auch weitere persönlichkeitsgefährdende Entwicklungen der Informationsverarbeitung aufnehmen kann.".

BVerfG, Beschluss des Ersten Senats vom 06.11.2019 – 1 BvR 16/13 – (Recht auf Vergessen I), Rn. 91: „[Vom Recht auf informationelle Selbstbestimmung] zu unterscheiden ist der **Schutz vor der Verarbeitung personenbezogener Berichte und Informationen als Ergebnis eines Kommunikationsprozesses**. Der Schutzbedarf gründet hier nicht in der intransparenten Zuweisung von Persönlichkeitsmerkmalen und -profilen durch Dritte, sondern in der sichtbaren Verbreitung bestimmter Informationen im öffentlichen Raum. Gefährdungen für die Persönlichkeitsentfaltung ergeben sich hier vornehmlich aus Form und Inhalt der Veröffentlichung selbst. Schutz gegenüber solchen Gefährdungen bieten die **äußerungsrechtlichen Ausprägungen des allgemeinen Persönlichkeitsrechts unabhängig vom Recht auf informationelle Selbstbestimmung**. Zwar kann es auch dabei maßgeblich auf die Art der Informationserlangung ankommen. Jedoch hat diese hier ihre Bedeutung als Vorfrage für die Beurteilung des weiteren Umgangs mit einer bestimmten Äußerung und des damit in die Öffentlichkeit gestellten Bildes einer Person selbst.".

BVerfG, Beschluss des Ersten Senats vom 06.11.2019 – 1 BvR 16/13 – (**Recht auf Vergessen** I), Ls. 2b): „Bei der Entscheidung über einen Schutzanspruch kommt der Zeit unter den Kommunikationsbedingungen des Internets ein spezifisches Gewicht zu. Die Rechtsordnung muss davor schützen, dass sich eine Person frühere Positionen, Äußerungen und Handlungen unbegrenzt vor der Öffentlichkeit vorhalten lassen muss. Erst die Ermöglichung eines Zurücktretens vergangener Sachverhalte eröffnet den Einzelnen die Chance zum Neubeginn in Freiheit. Zur Zeitlichkeit der Freiheit gehört die Möglichkeit des Vergessens.“.
BVerfGE 120, 274, 311 (Online-Durchsuchung) = BVerfG, Urteil des Ersten Senats vom 27.02.2008 – 1 BvR 370/07 –, Rn. 197: „In seiner Ausprägung als **Schutz der Privatsphäre** [als **Privatangelegenheitenschutz** und **Rückzugsraumbereichsschutz** – beides **gegenüber der Öffentlichkeit**, vgl. **Sphärentheorie** mit **Intimsphäre, Privatsphäre, Sozialsphäre** und vgl. **Kernbereich privater Lebensgestaltung**] gewährleistet das allgemeine Persönlichkeitsrecht dem Einzelnen einen räumlich und thematisch bestimmten Bereich, der grundsätzlich frei von unerwünschter Einsichtnahme bleiben soll (vgl. BVerfGE 27, 344 <350 ff.>; 44, 353 <372 f.>; 90, 255 <260>; 101, 361 <382 f.>).“; BVerfGE 101, 361, 382-385 (Caroline von Monaco II) = BVerfG, Urteil vom 15.12.1999 – 1 BvR 653/96 –, Rn. 75-82: „Im Unterschied zum **Recht am eigenen Bild** bezieht sich der **Schutz der Privatsphäre**, der ebenfalls im **allgemeinen Persönlichkeitsrecht** wurzelt, nicht speziell auf Abbildungen, sondern ist **thematisch und räumlich** bestimmt. Er umfaßt zum einen **Angelegenheiten** [**Privatangelegenheitenschutz**], die wegen ihres Informationsinhalts typischerweise als ‚**privat**‘ eingestuft werden, weil ihre **öffentliche** Erörterung oder Zurschaustellung als unschicklich gilt, das Bekanntwerden als peinlich empfunden wird oder nachteilige Reaktionen der Umwelt auslöst, wie es etwa bei Auseinandersetzungen mit sich selbst in **Tagebüchern** (BVerfGE 80, 367), bei **vertraulicher Kommunikation unter Eheleuten** (BVerfGE 27, 344), im Bereich der **Sexualität** (BVerfGE 47, 46; 49, 286 [BVerfGE 120, 224, 238 f. (Geschwisterbeischlaf) = BVerfGE, Beschluss des Zweiten Senats vom 26.02.2008 – 2 BvR 392/07 –, Rn. 32 f.: „Das allgemeine Persönlichkeitsrecht in seiner Ausprägung als **Recht auf sexuelle Selbstbestimmung**“/„**Intim- und Sexualbereich des Menschen als Teil seiner Privatsphäre**, P. B.]), bei **sozial abweichendem Verhalten** (BVerfGE 44, 353) oder bei **Krankheiten** (BVerfGE 32, 373) der Fall ist. Fehlte es hier an einem **Schutz vor der Kenntniserlangung anderer**, wären die Auseinandersetzung mit sich selbst, die unbefangene Kommunikation unter Nahestehenden, die sexuelle Entfaltung oder die Inanspruchnahme ärztlicher Hilfe beeinträchtigt oder unmöglich, obwohl es sich um grundrechtlich geschützte Verhaltensweisen handelt. Zum anderen erstreckt sich der Schutz auf einen **räumlichen Bereich** [**Raumbereichsschutz**], in dem der Einzelne zu sich kommen, sich entspannen oder auch gehen lassen kann (vgl. BVerfGE 27, 1 [6]). Zwar bietet auch dieser Bereich Gelegenheit, sich in einer Weise zu verhalten, die nicht für die **Öffentlichkeit** bestimmt ist und deren Beobachtung oder Darstellung durch Außenstehende für den Betroffenen peinlich oder nachteilig wäre. Im Kern geht es aber um einen **Raum**, in dem er die Möglichkeit hat, frei von **öffentlicher Beobachtung** und damit der von ihr erzwungenen Selbstkontrolle zu sein, auch ohne daß er sich dort notwendig anders verhielte als in der **Öffentlichkeit**. Bestünden solche **Rückzugsbereiche** nicht mehr, könnte der Einzelne psychisch überfordert sein, weil er unausgesetzt darauf achten müßte, wie er auf andere wirkt und ob er sich richtig verhält. Ihm fehlten die Phasen des Alleinseins und Ausgleichs, die für die Persönlichkeitsentfaltung notwendig sind und ohne die sie nachhaltig beeinträchtigt würde. Ein derartiges Schutzbedürfnis besteht auch bei Personen, die aufgrund ihres Ranges oder Ansehens, ihres Amtes oder Einflusses, ihrer Fähigkeiten oder Taten besondere **öffentliche** Beachtung finden. Wer, ob gewollt oder ungewollt, zur Person des **öffentlichen** Lebens geworden ist, verliert damit nicht sein Anrecht auf eine **Privatsphäre**, die den Blicken der **Öffentlichkeit** entzogen bleibt. Das gilt auch für demokratisch gewählte Amtsträger, die zwar für ihre Amtsführung **öffentlich** rechenschaftspflichtig sind und sich in diesem Umfang **öffentliche** Aufmerksamkeit gefallen lassen müssen, nicht aber für ihr **Privatleben**, sofern dieses die Amtsführung nicht berührt. Der **häusliche Bereich** [vgl. ggf. spezielleren Art. 13 GG i.V.m. BVerfGE 109, 279, 325 f.] stellt anerkanntermaßen eine solche geschützte Sphäre dar. Wegen des Bezugs auf die Entfaltung der Persönlichkeit darf der **Rückzugsbereich** jedoch nicht von vornherein auf ihn begrenzt werden. Das gilt schon deshalb, weil die Funktionen, denen er dient, nur erfüllt werden, wenn er nicht an den Hausmauern oder Grundstücksgrenzen endet. Die freie Entfaltung der Persönlichkeit wäre erheblich behindert, wenn der Einzelne nur im eigenen Haus der **öffentlichen** Neugier entgehen könnte. Die notwendige

Erholung von einer durch Funktionszwänge und Medienpräsenz geprägten **Öffentlichkeit** ist vielfach nur in der **Abgeschiedenheit einer natürlichen Umgebung, etwa an einem Ferienort**, zu gewinnen. Deswegen muß der Einzelne grundsätzlich die Möglichkeit haben, sich auch in der freien, gleichwohl **abgeschiedenen Natur oder an Örtlichkeiten, die von der breiten Öffentlichkeit deutlich abgeschieden sind**, in einer von **öffentlicher** Beobachtung freien Weise zu bewegen. Das gilt gerade gegenüber solchen Aufnahmetechniken, die die **räumliche Abgeschiedenheit** überwinden, ohne daß der Betroffene dies bemerken kann. Wo die Grenzen der geschützten **Privatsphäre außerhalb des Hauses** verlaufen, läßt sich nicht generell und abstrakt festlegen. Sie können vielmehr nur aufgrund der jeweiligen Beschaffenheit des **Ortes** bestimmt werden, den der Betroffene aufsucht. Ausschlaggebend ist, ob der Einzelne eine **Situation** vorfindet oder schafft, in der er begründetermaßen und somit auch für Dritte erkennbar davon ausgehen darf, den Blicken der **Öffentlichkeit** nicht ausgesetzt zu sein. Ob die Voraussetzungen der **Abgeschiedenheit** erfüllt sind, läßt sich nur situativ beurteilen. Der Einzelne kann sich an ein und demselben **Ort** zu Zeiten mit gutem Grund unbeobachtet fühlen, zu anderen Zeiten nicht. Auch ist der Aufenthalt in umschlossenen **Räumen** keineswegs immer mit **Abgeschiedenheit** gleichzusetzen. Da es um die Frage geht, ob der Einzelne begründetermaßen erwarten darf, unbeobachtet zu sein, oder aber **Plätze** aufgesucht hat, wo er sich unter den Augen der **Öffentlichkeit** bewegt, kann es auch in umschlossenen Räumen an der **Abgeschiedenheit** fehlen, die Voraussetzung für den **Privatsphärenschutz** außerhalb der eigenen **Häuslichkeit** ist. **Plätzen, an denen sich der Einzelne unter vielen Menschen befindet**, fehlt es von vornherein an den Voraussetzungen des **Privatsphärenschutzes** im Sinn von Art. 2 Abs. 1 in Verbindung mit Art. 1 Abs. 1 GG. Sie können das **Rückzugsbedürfnis** nicht erfüllen und rechtfertigen deswegen auch nicht den grundrechtlichen Schutz, den dieses Bedürfnis aus Gründen der Persönlichkeitsentfaltung verdient. Der Einzelne kann solche **Orte** auch nicht etwa durch ein Verhalten, das typischerweise nicht **öffentlich** zur Schau gestellt würde, in seine **Privatsphäre** umdefinieren. Nicht sein Verhalten, ob allein oder mit anderen, konstituiert die **Privatsphäre**, sondern die **objektive Gegebenheit der Örtlichkeit zur fraglichen Zeit**. Verhält er sich daher an **Orten**, die nicht die Merkmale der **Abgeschiedenheit** aufweisen, so, als stünde er nicht unter Beobachtung, hebt er das **Schutzbedürfnis für Verhaltensweisen, die an sich die Öffentlichkeit nichts angehen**, selbst auf. Der **Schutz der Privatsphäre vor öffentlicher Kenntnisnahme** entfällt ferner, wenn sich jemand selbst damit einverstanden zeigt, daß bestimmte, gewöhnlich als privat geltende Angelegenheiten **öffentlich** gemacht werden, etwa indem er Exklusivverträge über die Berichterstattung aus seiner **Privatsphäre** abschließt. Der verfassungsrechtliche **Privatsphärenschutz** aus Art. 2 Abs. 1 in Verbindung mit Art. 1 Abs. 1 GG ist nicht im Interesse einer Kommerzialisierung der eigenen Person gewährleistet. Zwar ist niemand an einer solchen **Öffnung privater Bereiche** gehindert. Er kann sich dann aber nicht gleichzeitig auf den **öffentlichkeitsabgewandten Privatsphärenschutz** berufen. Die Erwartung, daß die Umwelt die **Angelegenheiten oder Verhaltensweisen in einem Bereich mit Rückzugsfunktion** nur begrenzt oder nicht zur Kenntnis nimmt, muß daher situationsübergreifend und konsistent zum Ausdruck gebracht werden. Das gilt auch für den Fall, daß der Entschluß, die Berichterstattung über bestimmte Vorgänge der eigenen **Privatsphäre** zu gestatten oder hinzunehmen, rückgängig gemacht wird.“.

BVerfGE 6, 32, 41 (Elfes) = BVerfG, Urteil vom des Ersten Senats vom 16.01.1957 – 1 BvR 253/56 –, Rn. 32 [vgl. **Recht auf Privatsphäre** als **Privatangelegenheitenschutz** und **Rückzugsraumbereichsschutz** – beides **gegenüber der Öffentlichkeit,** vgl. **Sphärentheorie** mit **Intimsphäre**, **Privatsphäre**, **Sozialsphäre**]: „Vor allem dürfen die Gesetze daher die Würde des Menschen nicht verletzen, die im Grundgesetz der oberste Wert ist, aber auch die geistige, politische und wirtschaftliche Freiheit des Menschen nicht so einschränken, daß sie in ihrem Wesensgehalt angetastet würde (Art. 19 Abs. 2, Art. 1 Abs. 3, Art. 2 Abs. 1 GG). Hieraus ergibt sich, daß dem einzelnen Bürger eine **Sphäre privater Lebensgestaltung** verfassungskräftig vorbehalten ist, also ein letzter **unantastbarer Bereich menschlicher Freiheit** besteht, der der Einwirkung der gesamten öffentlichen Gewalt entzogen ist. Ein Gesetz, das in ihn eingreifen würde, könnte nie Bestandteil der ‚verfassungsmäßigen Ordnung‘ sein; es müßte durch das Bundesverfassungsgericht für nichtig erklärt werden.“. BVerfGE 109, 279, Ls. 2 S. 1 (akustische Wohnraumüberwachung / „Großer Lauschangriff“) = BVerfG, Urteil des Ersten Senats vom 03.03.2004 – 1 BvR 2378/98, 1084/99 –, Ls. 2 S. 1: „Zur Unantastbarkeit der Menschenwürde gemäß Art. 1 Abs. 1 GG gehört die Anerkennung eines absolut geschützten **Kernbereichs privater Lebensgestaltung**.“. BVerfGE 141, 220, 276-278 (BKAG) = BVerfG, Urteil des Ersten Senats vom 20.04.2016 –

1 BvR 966/09 –, Rn. 119-124: „Neben den verfassungsrechtlichen Anforderungen an die allgemeinen Eingriffsvoraussetzungen ergeben sich aus den jeweiligen **Grundrechten in Verbindung mit Art. 1 Abs. 1 GG** für die Durchführung von besonders eingriffsintensiven Überwachungsmaßnahmen besondere Anforderungen an den **Schutz des Kernbereichs privater Lebensgestaltung**. Der verfassungsrechtliche **Schutz des Kernbereichs privater Lebensgestaltung** gewährleistet dem Individuum einen **Bereich höchstpersönlicher Privatheit gegenüber Überwachung**. Er wurzelt in den **von den jeweiligen Überwachungsmaßnahmen betroffenen Grundrechten in Verbindung mit Art. 1 Abs. 1 GG** und sichert einen dem Staat nicht verfügbaren Menschenwürdekern grundrechtlichen Schutzes gegenüber solchen Maßnahmen. Selbst überragende Interessen der Allgemeinheit können einen Eingriff in diesen **absolut geschützten Bereich privater Lebensgestaltung** nicht rechtfertigen (vgl. BVerfGE 109, 279 <313>; stRspr). Zur **Entfaltung der Persönlichkeit im Kernbereich privater Lebensgestaltung gehört die Möglichkeit, innere Vorgänge** wie Empfindungen und Gefühle sowie Überlegungen, Ansichten und Erlebnisse **höchstpersönlicher Art zum Ausdruck zu bringen** (vgl. BVerfGE 109, 279 <313>; 120, 274 <335>; stRspr). Geschützt ist insbesondere die **nichtöffentliche Kommunikation mit Personen des höchstpersönlichen Vertrauens, die in der berechtigten Annahme geführt wird, nicht überwacht zu werden**, wie es insbesondere bei Gesprächen im Bereich der Wohnung der Fall ist. Zu diesen Personen gehören insbesondere Ehe- oder Lebenspartner, Geschwister und Verwandte in gerader Linie, vor allem, wenn sie im selben Haushalt leben, und können Strafverteidiger, Ärzte, Geistliche und enge persönliche Freunde zählen (vgl. BVerfGE 109, 279 <321 ff.>). Dieser Kreis deckt sich nur teilweise mit dem der Zeugnisverweigerungsberechtigten. Solche Gespräche verlieren dabei nicht schon dadurch ihren Charakter als insgesamt höchstpersönlich, dass sich in ihnen Höchstpersönliches und Alltägliches vermischen (vgl. BVerfGE 109, 279 <330>; 113, 348 <391 f.>). Demgegenüber ist die **Kommunikation unmittelbar über Straftaten** nicht geschützt, selbst wenn sie auch Höchstpersönliches zum Gegenstand hat. Die **Besprechung und Planung von Straftaten** gehört ihrem Inhalt nach nicht zum **Kernbereich privater Lebensgestaltung**, sondern hat **Sozialbezug** (vgl. BVerfGE 80, 367 <375>; 109, 279 <319 f., 328>; 113, 348 <391>). Dies bedeutet freilich nicht, dass der Kernbereich unter einem allgemeinen Abwägungsvorbehalt in Bezug auf öffentliche Sicherheitsinteressen steht. Ein **höchstpersönliches Gespräch** fällt nicht schon dadurch aus dem **Kernbereich privater Lebensgestaltung** heraus, dass es für die Aufklärung von Straftaten oder Gefahren hilfreiche Aufschlüsse geben kann. Aufzeichnungen oder Äußerungen im Zwiegespräch, die zum Beispiel ausschließlich innere Eindrücke und Gefühle wiedergeben und keine Hinweise auf konkrete Straftaten enthalten, gewinnen nicht schon dadurch einen **Gemeinschaftsbezug**, dass sie Ursachen oder Beweggründe eines strafbaren Verhaltens freizulegen vermögen (vgl. BVerfGE 109, 279 <319>). Auch können trotz **Straftatenbezugs** Situationen, in denen Einzelnen gerade ermöglicht werden soll, ein Fehlverhalten einzugestehen oder sich auf dessen Folgen einzurichten, wie Beichtgespräche oder vertrauliche Gespräche mit einem Psychotherapeuten oder einem Strafverteidiger, der **höchstpersönlichen Privatsphäre** unterfallen, die dem Staat absolut entzogen ist (vgl. BVerfGE 109, 279 <322>). Ein hinreichender **Sozialbezug** besteht demgegenüber dann, wenn **Gespräche - auch mit Vertrauenspersonen - sonst unmittelbar Straftaten zu ihrem Gegenstand haben** (vgl. BVerfGE 109, 279 <319>). Der **Kernbereich privater Lebensgestaltung** beansprucht gegenüber **allen Überwachungsmaßnahmen** Beachtung. Können sie typischerweise zur Erhebung kernbereichsrelevanter Daten führen, muss der Gesetzgeber Regelungen schaffen, die einen wirksamen Schutz normenklar gewährleisten (vgl. BVerfGE 109, 279 <318 f.>; 113, 348 <390 f.>; 120, 274 <335 ff.>). Außerhalb solch verletzungsgeneigter Befugnisse bedarf es eigener Regelungen nicht. Grenzen, die sich im Einzelfall auch hier gegenüber einem Zugriff auf höchstpersönliche Informationen ergeben können, sind bei deren Anwendung unmittelbar von Verfassungs wegen zu beachten. Der **Schutz des Kernbereichs privater Lebensgestaltung** ist strikt und darf nicht durch Abwägung mit den Sicherheitsinteressen nach Maßgabe des Verhältnismäßigkeitsgrundsatzes relativiert werden (vgl. BVerfGE 109, 279 <314>; 120, 273 <339>; stRspr). Dies bedeutet jedoch nicht, dass **jede tatsächliche Erfassung von höchstpersönlichen Informationen** stets einen Verfassungsverstoß oder eine Menschenwürdeverletzung begründet. Angesichts der Handlungs- und Prognoseunsicherheiten, unter denen Sicherheitsbehörden ihre Aufgaben wahrnehmen, kann ein **unbeabsichtigtes Eindringen in den Kernbereich privater Lebensgestaltung** im Rahmen von Überwachungsmaßnahmen nicht für jeden Fall von vornherein ausgeschlossen werden (vgl. BVerfGE 120, 274 <337 f.>). Die Verfassung verlangt jedoch

a) GR-SB:

aa) Persönlicher GR-SB: „Jeder".

bb) Sachlicher GR-SB: „**freie Entfaltung der Persönlichkeit**" als „**Datenfreiheit**" (Grundsätzliche Bestimmungsbefugnis des Einzelnen über Preisgabe und Verwendung eigener personenbezogener Daten[634]), vgl. **personenbezogenes Datum**: § 36 Nr. 1 DSG NRW[635].

---

für die Ausgestaltung der Überwachungsbefugnisse die **Achtung des Kernbereichs** als eine strikte, nicht frei durch Einzelfallerwägungen überwindbare Grenze.".

BVerfGE 120, 274 (Online-Durchsuchung) = BVerfG, Urteil des Ersten Senats vom 27.02.2008 – 1 BvR 370/07 –, Ls. 1: „Das **allgemeine Persönlichkeitsrecht** (Art. 2 Abs. 1 i.V.m. Art. 1 Abs. 1 GG) umfasst das Grundrecht auf **Gewährleistung der Vertraulichkeit und Integrität informationstechnischer Systeme**."; BVerfGE 120, 274, 314 (Online-Durchsuchung) = BVerfG, Urteil des Ersten Senats vom 27.02.2008 – 1 BvR 370/07 –, Rn. 203: „**informationstechnisches System**": „etwa Personalcomputer", „ferner beispielweise [...] solche Mobiltelefone oder elektronische Terminkalender, die über einen großen Funktionsumfang verfügen und personenbezogene Daten vielfältiger Art erfassen und speichern können."; BVerfGE 120, 274, 276 (Online-Durchsuchung) = BVerfG, Urteil des Ersten Senats vom 27.02.2008 – 1 BvR 370/07 –, Rn. 5: „**heimlicher Zugriff auf ein informationstechnisches System**": „[heimliche] technische Infiltration [...], die etwa Sicherheitslücken des Zielsystems ausnutzt oder über die Installation eines Spähprogramms erfolgt", wobei die Infiltration es ermöglicht, die Zielsystem-„Nutzung zu überwachen oder die Speichermedien durchzusehen oder gar das Zielsystem fernzusteuern.".

BVerfGE 147, 1 (**Geschlechtsidentität**) = BVerfG, Beschluss des Ersten Senats vom 10.10.2017 – 1 BvR 2019/16 –, Ls. 1-3: „1. Das **allgemeine Persönlichkeitsrecht** (Art. 2 Abs. 1 i.V.m. Art. 1 Abs. 1 GG) schützt die **geschlechtliche Identität**. Es schützt auch die geschlechtliche Identität derjenigen, die sich dauerhaft weder dem männlichen noch dem weiblichen Geschlecht zuordnen lassen. 2. Art. 3 Abs. 3 Satz 1 GG schützt auch Menschen, die sich dauerhaft weder dem männlichen noch dem weiblichen Geschlecht zuordnen lassen, vor **Diskriminierungen wegen ihres Geschlechts**. 3. Personen, die sich dauerhaft weder dem männlichen noch dem weiblichen Geschlecht zuordnen lassen, werden in beiden Grundrechten verletzt, wenn das Personenstandsrecht dazu zwingt, das Geschlecht zu registrieren, aber keinen anderen positiven Geschlechtseintrag als weiblich oder männlich zulässt.".

BVerfG, Urteil des Zweiten Senats vom 26.02.2020 – 2 BvR 2347/15 –, Ls. 1: „a) Das **allgemeine Persönlichkeitsrecht** (Art. 2 Abs. 1 i.V.m. Art. 1 Abs. 1 GG) umfasst als Ausdruck persönlicher Autonomie ein **Recht auf selbstbestimmtes Sterben**. b) Das **Recht auf selbstbestimmtes Sterben** schließt die Freiheit ein, sich das Leben zu nehmen [Rn. 208: „**Recht auf Selbsttötung**"]. Die Entscheidung des Einzelnen, seinem Leben entsprechend seinem Verständnis von Lebensqualität und Sinnhaftigkeit der eigenen Existenz ein Ende zu setzen, ist im Ausgangspunkt als Akt autonomer Selbstbestimmung von Staat und Gesellschaft zu respektieren. c) Die **Freiheit, sich das Leben zu nehmen**, umfasst auch die Freiheit, hierfür bei Dritten Hilfe zu suchen und Hilfe, soweit sie angeboten wird, in Anspruch zu nehmen.".

632 Zum sog. „**Menschenwürdegehalt**" der Grundrechte: *Basten*, Die Menschenwürde des Grundgesetzes.

633 Vgl. auch Art. 142 GG i.V.m. Art. 4 Abs. 2 Verfassung NRW; Art. 8 EU-GR-Charta; Art. 16 AEUV; Art. 8 EMRK.

634 BVerfGE 65, 1, Ls. 1 S. 2 (Volkszählungsgesetz) = BVerfG, Urteil des Ersten Senats vom 15.12.1983 – 1 BvR 209/83, Ls. 1 S. 2 (Ls. 1: „Unter den Bedingungen der modernen Datenverarbeitung wird der Schutz des Einzelnen gegen unbegrenzte Erhebung, Speicherung, Verwendung und Weitergabe seiner persönlichen Daten von dem allgemeinen Persönlichkeitsrecht des Art. 2 Abs. 1 GG in Verbindung mit Art. 1 Abs. 1 GG umfaßt. Das Grundrecht gewährleistet insoweit die Befugnis des Einzelnen, grundsätzlich selbst über die Preisgabe und Verwendung seiner persönlichen Daten zu bestimmen.").

635 BVerfG, Beschluss der 3. Kammer des Zweiten Senats vom 27.06.2018 – 2 BvR 1562/17 (auf § 103 StPO gestützte Anordnung der Durchsuchung der Räumlichkeiten des Münchener Kanzleistandorts der Rechtsanwaltskanzlei Jones Day sowie Sicherstellung von Unterlagen und elektronischen Daten im Zuge des sogenannten „VW-Dieselskandals" – Verfassungsbeschwerde nicht zur Entscheidung angenommen wegen Unzulässigkeit aufgrund Nichterfüllung von Voraussetzungen nach § 93a Abs. 2 BVer-

b) GR-E (oder Nichteingriff/**Einwilligung** i.S.v. § 36 Nr. 19 DSG NRW, § 38 DSG NRW): **Persönlichkeitsentfaltungseinschränkung** als Datenfreiheitseinschränkung, durch **Datenverarbeitungs**-Maßnahme[636] i.S.d. § 36 Nr. 2 DSG NRW, durch Maßnahmen mit Identitätsfeststellungszweck wie Befragen, Ausweisungsanordnung, **Personendurchsuchung**[637], Sachendurchsuchung, „Fast-ID“, „Ausweiseinsichtnahme“ zwecks IDF, also insbesondere durch **Datenerhebung**, **Datenspeicherung**, **Datenübermittlung**, mithin durch **Datenverarbeitung** i.S.d. § 36 Nr. 2 DSG NRW. Bei sozialadäquatem Gespräch bzw. Trivialkommunikation (z.B. – nicht immer, aber mitunter – über „Wetter“) kann nur schlicht-hoheitliches Verhalten vorliegen, also ein Grundrechtsnichteingriff gegeben sein. Bei „**Spontanäußerung**“ (freiwillige Äußerung außerhalb gezielter Befragung)[638] kann Einwilligung/GR-Verzicht i.S.v. § 36 Nr. 19 DSG NRW, § 38 DSG NRW vorliegen, also auch ein Grundrechtsnichteingriff gegeben sein.[639]

---

fGG), Gründe, V., Rn. 44: „Der Begriff der persönlichen Daten deckt sich mit der Legaldefinition personenbezogener Daten in § 46 Nr. 1 BDSG (zuvor § 3 Abs. 1 BDSG) und erfasst alle Informationen, die sich auf eine identifizierte oder identifizierbare natürliche Person (betroffene Person) beziehen (vgl. noch zu § 3 Abs. 1 BDSG ‚Einzelangaben über persönliche oder sachliche Verhältnisse einer bestimmten oder bestimmbaren Person‘ Di Fabio, in: Maunz/Dürig, GG, Art. 2 Abs.1, Rn. 175 [Juli 2001]).“.

636 BVerfG, Urteil des Ersten Senats vom 19.05.2020 – 1 BvR 2835/17 – (Ausland-Ausland-Fernmeldeaufklärung nach BNDG), E. III. 1., Rn. 212: „Die **Übermittlung personenbezogener Daten**, mit der eine Behörde die von ihr erhobenen Daten einer anderen Stelle zugänglich macht, begründet einen eigenen Grundrechtseingriff (vgl. BVerfGE 100, 313 <367>; 141, 220 <334 Rn. 305>; stRspr). Dieser ist an dem **Grundrecht** zu messen, **in das bei der ursprünglichen Datenerhebung eingegriffen wurde** (vgl. BVerfGE 100, 313 <367>; 141, 220 <334 Rn. 305>; stRspr).“.

637 BVerfG, Beschluss der 2. Kammer des Zweiten Senats vom 27.03.2019 – 2 BvR 2294/18 –, Rn. 17: „**Durchsuchungen, die mit einer Entkleidung verbunden sind**, stellen einen schwerwiegenden Eingriff in das allgemeine Persönlichkeitsrecht dar (vgl. BVerfGK 2, 102 <105>; 17, 9 <14>; BVerfG, Beschluss der 2. Kammer des Zweiten Senats vom 5. März 2015 - 2 BvR 746/13 -, juris, Rn. 33; BVerfG, Beschluss der 2. Kammer des Zweiten Senats vom 5. November 2016 - 2 BvR 6/16 -, juris, Rn. 29; vgl. auch BVerfG, Beschluss der 2. Kammer des Zweiten Senats vom 14. April 2016 - 2 BvR 695/16 -, juris, Rn. 6). Dies gilt in besonderem Maße für **Durchsuchungen, die mit einer Inspizierung von normalerweise verdeckten Körperöffnungen verbunden sind** (vgl. BVerfGK 17, 9 <14>; BVerfG, Beschluss der 3. Kammer des Zweiten Senats vom 10. Juli 2013 - 2 BvR 2815/11 -, juris, Rn. 15; BVerfG, Beschluss der 2. Kammer des Zweiten Senats vom 5. November 2016 - 2 BvR 6/16 -, juris, Rn. 29). Wegen des besonderen Gewichts von Eingriffen, die den Intimbereich und das Schamgefühl des Inhaftierten berühren, hat der Inspizierte Anspruch auf besondere Rücksichtnahme (vgl. BVerfGK 17, 9 <16>; BVerfG, Beschluss der 3. Kammer des Zweiten Senats vom 10. Juli 2013 - 2 BvR 2815/11 -, juris, Rn. 15; BVerfG, Beschluss der 2. Kammer des Zweiten Senats vom 5. November 2016 - 2 BvR 6/16 -, juris, Rn. 29).“.

638 Zur Spontanäußerung-Verwertbarkeit: BGH, Beschluss vom 17.07.2019 – 5 StR 195/19, Rn. 5: „Sofern der beim Angeklagten verbliebene Polizeibeamte keine gezielte Befragung durchgeführt, sondern lediglich passiv eine Spontanäußerung entgegengenommen hätte, wären die Verwertbarkeit dieser Äußerung und deren Vorhalt bei der späteren Beschuldigtenvernehmung auch dann rechtlich unbedenklich, wenn der Angeklagte schon zuvor als Beschuldigter hätte belehrt werden müssen (vgl. BGH, Urteile vom 27. Juni 2013 – 3 StR 435/12, BGHSt 58, 301, 305; vom 27. September 1989 – 3 StR 188/89, NStZ 1990, 43; Beschluss vom 9. Juni 2009 – 4 StR 170/09, NStZ 2009, 702).“.

639 Vgl. ggf. zur Frage des Grundrechtseingriffs auch § 9 Abs. 1 Nr. 1 S. 2 (Hs. 1) PolG NRW (Inkrafttreten am 29.12.2018): „Dies gilt auch für personenbezogene Daten, die von der betroffenen Person offensichtlich öffentlich gemacht wurden“; BVerfGE 120, 274 (Online-Durchsuchung) = BVerfG, Urteil des Ersten Senats vom 27.02.2008 – 1 BvR 370/07 –, Ls. 5: „Verschafft der Staat sich Kenntnis von Inhalten der Internetkommunikation auf dem dafür technisch vorgesehenen Weg, so liegt darin nur dann ein Eingriff in Art. 10 Abs. 1 GG, wenn die staatliche Stelle nicht durch Kommunikationsbeteiligte zur

c) GR-B: Art. 2 Abs. 1 Hs. 2 GG[640].

Ggf. bei Begleitverfügung (etwa zum „Herkommen/Erscheinen/Mitkommen" oder „Stehenbleiben") betroffenes Grundrecht (eine Verfügung zum „Ruhigbleiben" ist i.d.R. entweder ganz eigenständige Befugnis oder als Motivation zur „ruhigen Antwort" ganz kommunikativer Akt während der Befragung selbst, im Übrigen Art. 2 Abs. 1 GG):

2. Körperliche Bewegungsfreiheit, Art. 2 Abs. 2 S. 2 GG[641]

a) GR-SB:

aa) Persönlicher GR-SB: „**Person**", vgl. § 1 BGB.

bb) Sachlicher GR-SB: „Freiheit" ist **körperliche Bewegungsfreiheit** als Freiheit, jeden Ort oder Raum aufzusuchen, sich dort aufzuhalten, (ihn zu verlassen), der an sich (tatsächlich und rechtlich) zugänglich ist.

Kenntnisnahme autorisiert ist. Nimmt der Staat im Internet öffentlich zugängliche Kommunikationsinhalte wahr oder beteiligt er sich an öffentlich zugänglichen Kommunikationsvorgängen, greift er grundsätzlich nicht in Grundrechte ein.".

640 Art. 2 Abs. 1 Hs. 2 GG (**Schrankentrias**): BVerfGE 80, 137, 153 (Reiten im Walde) = BVerfG, Beschluss des Ersten Senats vom 06.06.1989 – 1 BvR 921/85 –, C. I. 1 a), Rn. 69: „Abgesehen von einem absolut geschützten Kernbereich privater Lebensgestaltung, welcher der Einwirkung der öffentlichen Gewalt entzogen ist (BVerfGE 6, 32 [41]), ist die allgemeine Handlungsfreiheit allerdings nur in den **Schranken** des zweiten Halbsatzes von Art. 2 Abs. 1 GG gewährleistet und steht damit insbesondere unter dem **Vorbehalt der verfassungsmäßigen (Rechts-)Ordnung** (BVerfGE 6, 32 [37 f.]; 74, 129 [152]). Stützt sich ein die Handlungsfreiheit berührender Akt der öffentlichen Gewalt auf eine Rechtsnorm, so kann mit der Verfassungsbeschwerde unter Berufung auf Art. 2 Abs. 1 GG zur Nachprüfung gestellt werden, ob diese Norm zur **verfassungsmäßigen Ordnung** gehört, das heißt formell und materiell mit den Normen der Verfassung in Einklang steht (st. Rspr. seit BVerfGE 6, 32)."; BVerfGE 6, 32, Ls. 3 (Elfes) = BVerfG, Urteil des Ersten Senats vom 16.01.1957 – 1 BvR 253/56, Ls. 3: „**Verfassungsmäßige Ordnung** im Sinne des Art. 2 Abs. 1 GG ist die verfassungsmäßige Rechtsordnung, d.h. die Gesamtheit der Normen, die formell und materiell der Verfassung gemäß sind."; vgl. dazu auch BVerfGE 6, 32, 37-41 (Elfes) = BVerfG, Urteil des Ersten Senats vom 16.01.1957 – 1 BvR 253/56, Gründe II. 2 b), c), Rn. 17-33.

Rechte anderer sind (als Teil der verfassungsmäßigen Ordnung) subjektive Berechtigungen (Anspruch oder Befugnis oder Erlaubnis) einschließlich Verpflichtungen (Pflicht zur Erfüllung von Anspruch oder Befugnis oder Erlaubnis) und sonstiger Rechtswirkungen für ein Rechtssubjekt bezüglich eines Verhaltens oder eines Rechtsguts.

Vgl. zum ein Mal bundesverfassungsgerichtlich entscheidungserheblich bemühten „**Sittengesetz**" nach Art. 2 Abs. 1 Hs. 2 GG als Gesetz, das nicht das durch die „soziale Gemeinschaft" „als für sich verbindlich" anerkannte „Rechtsgefühl" „im allgemeinen" „verletzt": BVerfGE 6, 389 (Homosexuelle) = BVerfG, Urteil des Ersten Senats vom 10.05.1957 – 1 BvR 550/52 –, und StrRehaHomG (Gesetz zur strafrechtlichen Rehabilitierung der nach dem 8. Mai 1945 wegen einvernehmlicher homosexueller Handlungen verurteilten Personen vom 17. Juli 2017 – BGBl. I S. 2443).

641 Vgl. auch Art. 142 GG i.V.m. Art. 4 Abs. 1 Verfassung NRW; Art. 20 Abs. 2a und Art. 21 AEUV i.V.m. Art. 6, 45 EU-GR-Charta (**Bewegungsfreiheit**, **Freizügigkeit**, **Aufenthaltsfreiheit**); Art. 5 EMRK; Art. 2 Protokoll Nr. 4 EMRK; Art. 21 AEUV (**Unionsbürgerfreizügigkeit**, zum **Unionsbürger** vgl. Art. 9 S. 2, 3 EUV, Art. 20 Abs. 1 S. 2, 3 AEUV); Art. 45 AEUV (**Arbeitnehmerfreizügigkeit**); Art. 49 AEUV (**Niederlassungsfreiheit**); Art. 56 AEUV (**Dienstleistungsfreiheit**); vgl. auch Art. 28 AEUV (**Warenverkehrsfreiheit**); Art. 9 Abs. 1 S. 1 IPbpR („Jedermann hat ein Recht auf persönliche Freiheit und Sicherheit."); Art. 9-11 IPbpR (Freiheitsentziehungsbedingungen), Art. 12 IPbpR (Bewegung, Wohnsitzwahl, Ausreise, Einreise in Hoheitsgebiet eines Staates, vgl. „Freizügigkeit"), Art. 13 IPbpR (Ausländerausweisungsbedingungen).

Vertretbar: Nichteröffnung des GR-Schutzbereichs bzw. GR-Nichteingriff bzgl. Art. 2 Abs. 2 S. 2 GG nur bezüglich einer Durchsuchung bei:

- Durchsuchung bei Bewusstlosen;
- Durchsuchung in der Bewegung (zum Beispiel Abstasten quasi im Nebenhergehen oder im Vorbeigehen).

b) GR-E (oder Nichteingriff/GR-Verzicht): Freiheitsentziehung oder sonstige Freiheitsbeschränkung.

Freiheitsbeschränkung (Freiheitsentziehung oder sonstige Freiheitsbeschränkung) liegt vor, wenn jemand durch die öffentliche Gewalt gegen seinen Willen daran gehindert wird, einen Ort oder Raum aufzusuchen oder sich dort aufzuhalten, der ihm an sich (tatsächlich und rechtlich) zugänglich ist. Eine **Freiheitsentziehung** als schwerste Form der Freiheitsbeschränkung ist dann gegeben, wenn die tatsächlich und rechtlich an sich gegebene körperliche Bewegungsfreiheit durch staatliche Maßnahmen nach jeder Richtung hin aufgehoben wird[642]; Freiheitsentziehung setzt auch eine besondere Eingriffsintensität und eine nicht nur kurzfristige Dauer der Maßnahme voraus[643]. Im Übrigen kann eine Abgrenzung zwischen Freiheitsentziehung und sonstiger Freiheitsbeschränkung auch erfolgen nach Art, Dauer, Intensität, Mittel, Zweck der Freiheitsbeschränkung.[644]

c) GR-B: Art. 2 Abs. 2 S. 3 i.V.m. Art. 104 GG.

3. Gleichbehandlungsgrundrecht, Art. 3 GG / (Grundsätzliches) **Benachteiligungs- und Bevorzugungsverbot / Diskriminierungsverbot**.[645]

---

642 BVerfG, Beschluss der 1. Kammer des Ersten Senats vom 08.03.2011 – 1 BvR 47/05 –, Rn. 20, 26: „Das **Einsperren** des Beschwerdeführers in eine **Gewahrsamszelle** auf der Polizeiwache beziehungsweise auf dem Polizeipräsidium sowie **als Verbindungsglied** zwischen beiden das **Verbringen dorthin mittels Polizeifahrzeugen** stellen eine Freiheitsentziehung im Sinne von Art. 104 Abs. 2 GG und nicht lediglich eine Freiheitsbeschränkung dar. [...] Jedenfalls muss die Unterbringung einer Person gegen ihren Willen in einem **Haftraum** als Freiheitsentziehung im Sinne von Art. 104 Abs. 2 GG angesehen werden (vgl. BGHZ 82, 261 <264> und BVerwGE 62, 317 <318>).“; BVerfGE 94, 166, 198 (Flughafenverfahren) = BVerfGE, Urteil des Zweiten Senats vom 14.05.1996 – 2 BvR 1516/93.

643 BVerfGE 149, 293 (5-Punkt-Fixierung/7-Punkt-Fixierung) = BVerfG, Urteil des Zweiten Senats vom 24.07.2018 – 2 BvR 309/15 –, D. II. 2. a), Rn. 67, vgl. dazu auch BVerfGE 149, 293 (5-Punkt-Fixierung/7-Punkt-Fixierung) = BVerfG, Urteil des Zweiten Senats vom 24.07.2018 – 2 BvR 309/15 –, D. II. 2. b): „Jedenfalls eine **5-Punkt- oder 7-Punkt-Fixierung**, bei der sämtliche Gliedmaßen des Betroffenen mit Gurten am Bett festgebunden werden, stellt eine Freiheitsentziehung im Sinne von Art. 104 Abs. 2 GG dar, es sei denn, es handelt sich um eine lediglich **kurzfristige Maßnahme**. Von einer kurzfristigen Maßnahme ist in der Regel auszugehen, wenn sie absehbar die Dauer von ungefähr einer halben Stunde unterschreitet.“.

644 Vgl. auch insbesondere zu Art, Intensität, Mittel: § 415 Abs. 2 FamFG und §§ 37a, 62 PolG NRW.

645 Gleichheitsgrundrechtsdarstellung ist generell und grundsätzlich möglich wie folgt: sowohl – insbesondere zu Beginn vollständiger eingriffsrechtlicher Fallbearbeitung – dreiteilig nach GR-SB, GR-E, GR-B als auch – insbesondere im Übrigen – zweiteilig nach Ungleichbehandlung (≙ GR-SB und GR-E) und Ungleichbehandlungsrechtfertigung (≙ GR-B und Fallbearbeitung bezüglich des jeweiligen einzelnen ungleichbehandelnden Rechtssetzungs- respektive Rechtsanwendungsakts). Ungleichbehandlungsbearbeitung kann außerhalb von Grundrechten außerdem i.d.R. grundsätzlich auch als Ermessensfrage i.V.m. den Grundrechten oder als Verhältnismäßigkeitsfrage weiterbearbeitet werden; ein Gleichbehandlungsgebotsverstoß gegen Art. 3 GG – etwa gegen das grundsätzliche Differenzierungsverbot / Diskriminierungsverbot – kann i.d.R. grundsätzlich auch als Ermessensfehlgebrauch bearbeitet werden, vgl. z.B. § 40 VwVfG NRW („Grenzen“); so auch: OVG NRW, Urteil des 5. Senats vom 07.08.2018 – 5 A 294/16 (**Diskriminierungsverbot**, „**Racial Profiling**“, **Darlegungslast**), Ls. 3-6: „3. Eine nach Art. 3

a) GR-SB:

aa) Persönlicher GR-SB: Jeder Mensch.

bb) Sachlicher GR-SB: Ungleichbehandlung.

b) GR-E (oder Nichteingriff/GR-Verzicht): Ungleichbehandlung (Benachteiligung oder Bevorzugung, insbesondere in Bezug auf: Geschlecht, Abstammung, Sprache, Heimat, Herkunft, Glauben, religiöse oder politische Anschauungen, Behinderung).

Eingriffsartige Gleichheitsgrundrechtsbetroffenheit im Sinne des Art. 3 GG[646] ist grundsätzlich immer dann durch eine **Ungleichbehandlung** gegeben, wenn mindestens zwei unter einen gemeinsamen Oberbegriff/Vergleichspunkt[647] fallende, vergleichbare, wesentlich gleiche Sachverhalte (Sachverhaltsgleichsetzbarkeit) im Zuständigkeitsbereich desselben Hoheitsträgers (Zuständigkeitsgleichheit) durch Ungleichbehandlung erheblich betroffen sind – zunächst unabhängig von Rechtfertigung oder Nichtrechtfertigung der Ungleichbehandlung.[648]

Abs. 3 Satz 1 GG grundsätzlich verbotene Differenzierung liegt auch dann vor, wenn eine Maßnahme an ein dort genanntes Merkmal kausal, als (mit-)tragendes Kriterium (‚wegen') neben anderen Gründen in einem Motivbündel, anknüpft. 4. Insoweit besteht eine Rechtfertigungsmöglichkeit zum Schutz kollidierenden Verfassungsrechts. Dabei ist zu berücksichtigen, dass der Anknüpfung an die Merkmale des Art. 3 Abs. 3 Satz 1 GG stigmatisierende Wirkung zukommen kann, weshalb erhöhte Anforderungen an die Rechtfertigung eines entsprechenden Grundrechtseingriff [sic, P. B.] bestehen. 5. Die an ein solches Merkmal anknüpfende Behörde trifft eine erhöhte Darlegungslast, weshalb diese Berücksichtigung zum Schutz des kollidierenden Verfassungsguts erforderlich ist. 6. Eine ausschließliche Anknüpfung an die Hautfarbe ist bei den hier in Rede stehen polizeilichen Standardmaßnahmen grundsätzlich nicht rechtfertigungsfähig.".

646 Vgl. auch Art. 142 GG i.V.m. Art. 4 Abs. 1 Verfassung NRW; Art. 9 S. 1 EUV („Die Union achtet in ihrem gesamten Handeln den **Grundsatz der Gleichheit ihrer Bürgerinnen und Bürger**, denen ein gleiches Maß an Aufmerksamkeit seitens der Organe, Einrichtungen und sonstigen Stellen der Union zuteil wird."); Titel III (Art. 20-26) EU-GR-Charta („Gleichheit"), insbesondere auch: Art. 20, 21, 23, 25, 26, 34, 35 EU-GR-Charta; Art. 21 EU-GR-Charta (**allgemeines EU-Diskriminierungsverbot**); Art. 18 AEUV i.V.m. Art. 21 EU-GR-Charta (**EU-Staatsangehörigkeits-Diskriminierungsverbot**: Verbot der Diskriminierung aus Gründen der Staatsangehörigkeit im Anwendungsbereich der EU-Verträge unbeschadet besonderer Bestimmungen); Art. 14 EMRK (**allgemeines Diskriminierungsverbot**); Art. 5 Protokoll Nr. 7 EMRK (**Ehegattengleichberechtigung**), Protokoll Nr. 12 EMRK („über das Diskriminierungsverbot"); Art. 2 Abs. 1 IPbpR (UN-Zivilpaktrechtediskriminierungsverbot), Art. 4 Abs. 1 IPbpR (**Notstandsdiskriminierungsverbot**), Art. 14 Abs. 1 S. 1 IPbpR (**Gleichheit vor Gericht**), Art. 20 Abs. 2 IPbpR (**Diskriminierungsaufstachelungsverbot**), Art. 24 Abs. 1 IPbpR (**Kinderdiskriminierungsverbot**), Art. 25 IPbpR (**Staatsbürgerdiskriminierungsverbot**), Art. 26 IPbpR (**allgemeines Diskriminierungsverbot**); Art. 2 Abs. 2 IPwskR (UN-Sozialpaktrechtediskriminierungsverbot); Art. 10 Nr. 3 IPwskR (**Kinder- und Jugendlichendiskriminierungsverbot**).

647 Vgl. zum Oberbegriff/Vergleichspunkt im Sinne des Art. 3 GG das Lateinische „Tertium comparationis", zu Deutsch: „Drittes des Vergleichs".

648 BVerfGE 138, 136, 180 (Erbschaftssteuer) = BVerfG, Urteil des Ersten Senats vom 17.12.2014 – 1 BvL 21/12 –, B. III. 1. a), Rn. 121: „Art. 3 Abs. 1 GG gebietet, alle Menschen vor dem Gesetz gleich zu behandeln. Das hieraus folgende Gebot, wesentlich Gleiches gleich und wesentlich Ungleiches ungleich zu behandeln, gilt für ungleiche Belastungen und ungleiche Begünstigungen (vgl. BVerfGE 121, 108 [119]; 121, 317 [370]; 126, 400 [416]). Verboten ist daher auch ein gleichheitswidriger Begünstigungsausschluss, bei dem eine Begünstigung einem Personenkreis gewährt, einem anderen Personenkreis aber vorenthalten wird (vgl. BVerfGE 116, 164 [180]; 121, 108 [119]; 121, 317 [370]; 126, 400 [416]). Dabei verwehrt Art. 3 Abs. 1 GG dem Gesetzgeber nicht jede Differenzierung. Differenzierungen bedürfen jedoch stets der Rechtfertigung durch Sachgründe, die dem Ziel und dem Ausmaß der Ungleichbehandlung angemessen sind. Dabei gilt ein stufenloser am Grundsatz der Verhältnismäßigkeit orientierter verfassungsrechtlicher Prüfungsmaßstab, dessen Inhalt und Grenzen sich nicht abstrakt, sondern nur

c) GR-B: grundgesetzimmanente Einschränkungsmöglichkeiten.

Gerechtfertigte Ungleichbehandlung im Sinne des Art. 3 GG ist gegeben entweder bei (irgendeinem) sachlichen Ungleichbehandlungsgrund ohne Willkür („**Willkürformel**")[649] oder insbesondere im Fall personenbezogener Ungleichbehandlungen bei Fehlen von nach Art und Gewicht (im Sinne von Verhältnismäßigkeit) ausreichenden Ungleichbehandlungsgründen („**Neue Formel**")[650].[651]

A. Rechtsgrundlage (RGL) II. Rechtsgebiet (RG)

(VOR/DEF)

Rechtsgebiet ist Rechtsordnungsteil nach allen Umständen[652] – wie schwerpunktmäßige Äußerungen[653], Rechtsnormen[654], Zwecke[655], auch i.V.m. §§ 133, 157 BGB analog[656].[657]

---

nach den jeweils betroffenen unterschiedlichen Sach- und Regelungsbereichen bestimmen lassen (vgl. BVerfGE 75, 108 [157]; 93, 319 [348 f.]; 107, 27 [46]; 126, 400 [416]; 129, 49 [69]; 132, 179 [188 Rn. 30]).".

649 „**Willkürformel**": BVerfGE 1, 14 52 (Südweststaat) = BVerfGE, Urteil des Zweiten Senats vom 23.10.1951 – 2 BvG 1/51, E. 10a), Rn. 136: „Der Gleichheitssatz ist verletzt, wenn sich ein vernünftiger, sich aus der Natur der Sache ergebender oder sonstwie sachlich einleuchtender Grund für die gesetzliche Differenzierung oder Gleichbehandlung nicht finden läßt, kurzum, wenn die Bestimmung als willkürlich bezeichnet werden muß.".

650 „**Neue Formel**" gegenüber der „Willkürformel": BVerfGE 55, 72, 88 (Präklusion I) = BVerfGE, Beschluss des Ersten Senats vom 07.10.1980 – 1 BvL 50, 89/79, 1 BvR 240/79, B. II. 1., Rn. 61: „Demgemäß ist dieses Grundrecht vor allem dann verletzt, wenn eine Gruppe von Normadressaten im Vergleich zu anderen Normadressaten anders behandelt wird, obwohl zwischen beiden Gruppen keine Unterschiede von solcher Art und solchem Gewicht bestehen, daß sie die ungleiche Behandlung rechtfertigen könnten (vgl. BVerfGE 22, 387 [415]; 52, 277 [280]).".

651 BVerfGE 138, 136, 180 f. (Erbschaftssteuer) = BVerfG, Urteil des Ersten Senats vom 17.12.2014 – 1 BvL 21/12 –, B. III. 1. a), Rn. 122: „Hinsichtlich der verfassungsrechtlichen Anforderungen an den die Ungleichbehandlung tragenden Sachgrund ergeben sich aus dem allgemeinen Gleichheitssatz je nach Regelungsgegenstand und Differenzierungsmerkmalen unterschiedliche Grenzen für den Gesetzgeber, die von gelockerten auf das Willkürverbot beschränkten Bindungen bis hin zu strengen Verhältnismäßigkeitserfordernissen reichen können (vgl. BVerfGE 117, 1 [30]; 122, 1 [23]; 126, 400 [416]; 129, 49 [68]). Eine strengere Bindung des Gesetzgebers kann sich aus den jeweils betroffenen Freiheitsrechten ergeben (vgl. BVerfGE 88, 87 [96]; 111, 176 [184]; 129, 49 [69]). Zudem verschärfen sich die verfassungsrechtlichen Anforderungen, je weniger die Merkmale, an die die gesetzliche Differenzierung anknüpft, für den Einzelnen verfügbar sind (vgl. BVerfGE 88, 87 [96]; 129, 49 [69]) oder je mehr sie sich denen des Art. 3 Abs. 3 GG annähern (vgl. BVerfGE 88, 87 [96]; 124, 199 [220]; 129, 49 [69]; 130, 240 [254]; 132, 179 [188 f. Rn. 31]).".

652 Umstände im weiten Sinn, etwa als Bedingungen, Beziehungen, Faktoren, Folgen, Funktionen, Umweltbedingungen, Variablen, Verhältnissen, Voraussetzungen, Weltbedingungen.

653 Äußerungen im weiten Sinn, etwa als alle Verhaltensäußerungen (einschließlich Aussagen).

654 Rechtsnormen im weiten Sinn, etwa solche, die die Umstände oder das Verhalten regieren (sollen).

655 Zwecke im weiten Sinn, etwa als sich aus einer Lage ergebende, objektiv zu verfolgende Ziele.

656 Sog. **objektivierter Empfängerhorizont**, vgl. BVerwGE 147, 81 = BVerwG, Urteil vom 20.06.2013 – BVerwG 8 C 46.12, Rn. 27: „Die bundesrechtlichen Auslegungsregeln der §§ 133, 157 BGB sind auf öffentlich-rechtliche Erklärungen entsprechend anzuwenden. Bei Verwaltungsakten kommt es wie bei

(SUB/ERG)

Die „polizeiliche Anhalte- und Sichtkontrollen"-Maßnahme zwecks „strategischer Fahndung" erfolgt auf dem Rechtsgebiet des besonderen öffentlichen Verwaltungsrechts polizeilicher Gefahrenabwehr.

Eine „polizeiliche Anhalte- und Sichtkontrollen"-Maßnahme zwecks „strategischer Fahndung" erfolgt auf dem Rechtsgebiet der Gefahrenabwehr insbesondere bei

- nicht tatverdachtsveranlasster, polizeilich-strategischer Anhalte- und Sichtkontrollen-Maßnahme;
- polizeilich-strategischer Anhalte- und Sichtkontrollen-Maßnahme zu nicht tatverdachtsbezogenen Dingen;
- polizeilich-strategischer Anhalte- und Sichtkontrollen-Maßnahme ohne schwerpunktmäßigen Zweck einer anschließenden Strafrechtspflegemaßnahme;
- Gefahrenüberhang.

---

empfangsbedürftigen Willenserklärungen nicht auf den wirklichen Willen des Erklärenden (natürliche Auslegung), sondern auf den objektiven Erklärungsinhalt an. Maßgeblich ist, wie der Empfänger die Erklärung nach Treu und Glauben unter Berücksichtigung der für ihn erkennbaren Umstände verstehen musste. Dabei ist vom Wortlaut der Erklärung auszugehen und deren objektiver Gehalt unter Berücksichtigung des Empfängerhorizonts zu ermitteln (stRspr, vgl. Urteile vom 2. September 1999 - BVerwG 2 C 22.98 - BVerwGE 109, 283 <286> = Buchholz 237.7 § 72 NWLBG Nr. 4 und vom 27. Juni 2012 - BVerwG 9 C 7.11 - BVerwGE 143, 222 <Rn. 18> = Buchholz 11 Art. 20 GG Nr. 206; BGH, Urteile vom 24. Februar 1988 - VIII ZR 145/87 - BGHZ 103, 275 <280>, vom 27. Januar 2010 - VIII ZR 58/09 - BGHZ 184, 128 <137 Rn. 33> und vom 1. März 2011 - II ZR 16/10 - NJW 2011, 1666 <1667 Rn. 11> je m.w.N.)."; BVerwG, Beschluss vom 06.08.2018 – BVerwG 7 B 4.18, Rn. 10: „Dass die bundesrechtlichen Auslegungsregeln der §§ 133, 157 BGB auf öffentlich-rechtliche Erklärungen, d.h. u.a. auf Verwaltungsakte, entsprechend anzuwenden sind, ist in der Rechtsprechung des Bundesverwaltungsgerichts bereits geklärt (BVerwG, Urteil vom 20. Juni 2013 - 8 C 46.12 - BVerwGE 147, 81 Rn. 27 m.w.N.).".

[657] BVerwG 47, 255, 264 = BVerwG, Urteil vom 03.12.1974 – BVerwG I C 11.73: „Obwohl sich für die Polizei im Einzelfall bei einem einheitlichen Lebenssachverhalt gleichzeitig und unmittelbar Aufgaben der Strafverfolgung und der Gefahrenabwehr ergeben können, ist der im Schrifttum vertretenen Auffassung nicht zu folgen, daß aus Gründen der Rechtssicherheit oder wegen der schwierigen Durchschaubarkeit für den Bürger jede Art polizeilichen Handelns der verwaltungsgerichtlichen Kontrolle unterliegen müsse. In aller Regel ist es für den Betroffenen nicht schwer, zu erkennen, ob die Polizei im konkreten Fall eine - begangene - Straftat erforschen (**Strafverfolgung**) oder den Eintritt eines Schadens, etwa die - zukünftige - Begehung einer strafbaren Handlung, verhindern oder eine bereits eingetretene Störung der öffentlichen Sicherheit oder Ordnung beseitigen (**Gefahrenabwehr**) will. Außerdem wird man davon ausgehen dürfen, daß die Polizei dem Betroffenen - wie im vorliegenden Fall - den Grund ihres Einschreitens von sich aus oder auf Verlangen angibt. Im übrigen kommt es darauf an, wie sich der konkrete Lebenssachverhalt einem verständigen Bürger in der Lage des Betroffenen bei natürlicher Betrachtungsweise darstellt. Dieser Sachverhalt muß im allgemeinen einheitlich betrachtet werden, es sei denn, daß einzelne Teile des Geschehensablaufs objektiv abtrennbar sind. Hat die Polizei die Ermittlungen an die StA oder das Amtsgericht weitergeleitet (§ 163 Abs. 2 StPO) oder auf Weisung der StA gehandelt, so kann an der strafprozessualen Natur ihres Einschreitens kein vernünftiger Zweifel bestehen. Eine Maßnahme, die nach dem Gesamteindruck darauf gerichtet ist, eine strafbare Handlung zu erforschen oder sonst zu verfolgen, ist der Kontrolle der ordentlichen Gerichte nach §§ 23 ff. EGGVG nicht etwa deshalb entzogen, weil durch die polizeilichen Ermittlungen möglicherweise zugleich auch künftigen Verletzungen der öffentlichen Sicherheit vorgebeugt würde.".

A. Rechtsgrundlage (RGL) III. Mögliche Befugnisrechtsnorm (Mgl. Brn.)

(VOR/DEF)

Befugnisrechtsnorm ist die rechtmäßige hauptsächliche materiellrechtliche Rechtsgrundlage mit realfolgenentsprechender Rechtsfolge.

(SUB/ERG)

Realfolge ist die Maßnahme laut Sachverhalt.

Rechtsfolge ist die Maßnahme laut Rechtsnorm: eine „polizeiliche Anhalte- und Sichtkontrollen"-Maßnahme zwecks „strategischer Fahndung" im Sinne des § 12a PolG NRW.

(SUB)

Realfolgen und Rechtsfolgen zu:

Anhalten/Festhalten

(SUB)

Realfolgen Anhalten/Festhalten:

- Aufforderung zum Stehenbleiben
- Aufforderung zum Verlangsamen des Fortbewegungstempos
- Aufforderung zum Aufenthalt an bestimmter Stelle

Rechtsfolge Anhalten/Festhalten:

Anhalten/Festhalten ist Reduzieren oder Stoppen der Bewegung i.S.d. Art. 2 Abs. 2 S. 2 GG.

Abgrenzung von Anhalten und Festhalten erfolgt nach:

- Gesetz, vgl. §§ 36 Abs. 1 S. 1, 37 Abs. 1 PolG NRW
- „ADIMZ" (Art, Dauer, Intensität, Mittel, Zweck der Freiheitsbeschränkung) (Vorentscheidung mit Freiheitsentziehung oder sonstiger Freiheitsbeschränkung beim Fallbearbeitungspunkt A. I.)

(ERG)

Mögliche Befugnisrechtsnorm zu:

Anhalten/Festhalten

(ERG)

Gefahrenabwehr:

Anhalten / Festhalten

- § 12 Abs. 1 Nr. 1, Abs. 2 S. 2 Var. 1 / S. 3 PolG NRW
- § 12 Abs. 1 Nr. 2 a), Abs. 2 S. 2 Var. 1 / S. 3 PolG NRW
- § 12 Abs. 1 Nr. 2 b), Abs. 2 S. 2 Var. 1 / S. 3 PolG NRW
- § 12 Abs. 1 Nr. 2 c), Abs. 2 S. 2 Var. 1 / S. 3 PolG NRW
- § 12 Abs. 1 Nr. 3, Abs. 2 S. 2 Var. 1 / S. 3 PolG NRW
- § 12 Abs. 1 Nr. 4, Abs. 2 S. 2 Var. 1 / S. 3 PolG NRW
- § 12a Abs. 1 S. 1 Var. 1 / S. 1 Var. 3 PolG NRW
- § 14 Abs. 1 Nr. 1 PolG NRW (i.V.m. § 12/12a PolG NRW)
- Ggf. § 8 Abs. 1 PolG NRW.

Nur Anhalten:

- § 9 Abs. 2 S. 2 PolG NRW
- § 9 Abs. 3 S. 1 (i.V.m. § 9 Abs. 2 PolG NRW)
- § 25 Abs. 2 PolG NRW
- § 36 Abs. 5 S. 1 StVO

Nur Festhalten (vgl. §§ 36 Abs. 1 S. 1, 37 Abs. 1 PolG NRW):

- § 10 Abs. 3 PolG NRW
- § 35 PolG NRW
- § 58 Abs. 4 AufenthG
- §§ 62-62b AufenthG (vgl. § 71 Abs. 5 AufenthG)
- Nur für zuständige Behörde: § 30 IfSG. Nur für örtliche Ordnungsbehörde: § 14 PsychKG (NRW). Nur für Jugendamt: § 42 SGB VIII.

Strafrechtspflege (ggf. mit §§ 46, 53 Abs. 1 S. 2, Abs. 2 OWiG):

Anhalten als (erforderliche) Maßnahme / Festhalten zur

- IDF beim Verdächtigen, § 163b Abs. 1 StPO / §§ 163b Abs. 1, c StPO
- IDF beim Nichtverdächtigen, § 163b Abs. 2 StPO/ §§ 163b Abs. 2, c StPO
- IDF bei jedermann an an öffentlich zugänglichem Ort eingerichteter Kontrollstelle, § 111 StPO (ohne §§ 46, 53 Abs. 1 S. 2 OWiG)
- Ggf. § 163 Abs. 1 S. 2 StPO.

Nur Festhalten (vgl. Art. 104 GG):

- § 127 Abs. 1 S. 1 Alt 1 StPO
- § 127 Abs. 2 i.V.m. § 112 StPO
- § 127 Abs. 2 i.V.m. § 112a StPO
- § 127 Abs. 2 i.V.m. § 126a StPO
- § 127b StPO
- § 164 StPO
- § 19 IRG.

(SUB)

Realfolgen und Rechtsfolgen zu:

Befragung/Vernehmung

(SUB)

Realfolgen Befragung/Vernehmung – Beispiele:

- Aktives Entgegennehmen von Aussage;
- Fragestellen;
- Bitte um Beantwortung einer Frage;

(ERG)

Mögliche Befugnisrechtsnorm zu:

Befragung/Vernehmung

(ERG)

Gefahrenabwehr:

- Ggf. speziellere Rechtsfolgenregelungen (je nach Auffassung zu Anforderungen an Befugnisrechtsnormstruktur, vgl. bloße Pflichtenformulierung), vgl. § 50

- Aufforderung zum Machen von Angaben; z.B. durch Gestik, Mimik, Verbalisierung.

<u>**Rechtsfolge(n) Befragung/Vernehmung – allgemein:**</u>

Befragung/Vernehmung ist jedes in (erkennbarer, vgl. § 9 Abs. 5 PolG NRW+BGHSt/BVerfGE)[658] amtlicher Funktion ausdrückliche oder konkludente Fragen oder sonstige Auskunftsverlangen über einen bestimmten (vgl. § 9 Abs. 7 PolG NRW) Sachverhalt (insb. potentielle Störung, Tatverdacht) im Unterschied zu *bloßer* ID-Maßnahme.

Abs. 2 BNatSchG; § 42 BWaldG; §§ 6-15 IfSG; § 22 GastG; § 14 GewO; § 2 JuSchG; §§ 42, 44 LFGB; §§ 315-318 SGB III; § 97a SGB VIII; §§ 98-101 SGB X; § 4 VereinsG; §§ 15 Abs. 5, 34-39 WaffG.

- § 9 Abs. 2 PolG NRW: Befragung der betroffenen Person oder der nichtbetroffenen Person (vgl. § 9 Abs. 4 PolG NRW);
- § 9 Abs. 3 PolG NRW: Befragung zu ID-Merkmalen gegenüber Person i.S.d. § 9 Abs. 2 PolG NRW;
- § 12a Abs. 1 S. 1 Var. 2 PolG NRW: Befragen

<u>**Strafrechtspflege (ggf. mit §§ 46, 53 Abs. 1 S. 2, Abs. 2 OWiG):**</u>

- Ggf. speziellere Rechtsnormen, vgl. z.B. § 99 StPO[659]
- § 163a StPO: Vernehmung des Beschuldigten
- § 163 Abs. 3-7 StPO: Vernehmung von Zeugen oder Sachverständigen (vgl. §

[658] Nr. 9.3 VVPolG NRW: „Eine Datenerhebung kann ohne Kenntnis der betroffenen Person u.a. bei öffentlichen Stellen oder Dritten sowie aus allgemein zugänglichen Quellen erfolgen. Eine Datenerhebung durch Befragung Dritter oder durch Auskunftsersuchen bei einer anderen Behörde ist nicht schon deshalb eine **verdeckte Maßnahme**, weil sie ohne Kenntnis der betroffenen Person erfolgt.“. Nr. 9.4 VVPolG NRW: „Eine **verdeckte Datenerhebung** liegt vor, wenn getarnte Maßnahmen zur Datenerhebung vorgenommen werden, insbesondere die Zugehörigkeit zur Polizei bewusst verschleiert wird. Um ein **verdecktes Vorgehen** handelt es sich nicht schon, wenn Polizeivollzugsbeamtinnen oder Polizeivollzugsbeamte Dienst in Zivilkleidung verrichten oder ein äußerlich nicht als solches zu erkennendes Dienstfahrzeug benutzen.“.

[659] Vgl. § 99 Abs. 2 StPO, § 100 StPO und frühere Entscheidung des BGH, Beschluss vom 20.02.2019 – BGH, StB 51/18, Rn. 11-13: „Die für die **Beschlagnahme retrograder Postdaten** erforderliche gesetzliche Grundlage ergibt sich nicht aus § 99 StPO, und zwar weder aus einer direkten noch aus einer entsprechenden Anwendung der Vorschrift. Gemäß § 99 StPO ist die **Beschlagnahme der an den Beschuldigten gerichteten Postsendungen** zulässig, die sich im Gewahrsam von Personen oder Unternehmen befinden, die geschäftsmäßig Post- oder Telekommunikationsdienste erbringen oder daran mitwirken. In der sich daraus ergebenden **Verpflichtung zur Herausgabe von Postsendungen** ist nach allgemeiner Meinung als weniger intensiver Eingriff und mithin rechtstechnisch als Minus zugleich die Verpflichtung enthalten, **Auskunft über die Postsendungen** zu erteilen. Falls die Voraussetzungen der Postbeschlagnahme erfüllt sind, kann mithin statt dieser auch lediglich die diese betreffende Auskunft verlangt werden [Quellenangaben]. Diese Möglichkeit stellt sich allerdings lediglich als eine Ausprägung des Verhältnismäßigkeitsgrundsatzes dar und schafft daher keine weitergehenden Zugriffsmöglichkeiten als die Postbeschlagnahme selbst. Nach dem eindeutigen Wortlaut des § 99 Satz 1 StPO erstreckt sich die Auskunftspflicht deshalb - ebenso wie die Herausgabepflicht - nur auf diejenigen Postsendungen, die sich noch im Gewahrsam der Postunternehmen befinden, nicht hingegen auf bereits weitergeleitete [Quellenangaben].“.

163 Abs. 6 S. 1 StPO) oder anderen Personen (vgl. § 163 Abs. 6 S. 2 StPO)
- § 55 OWiG: Anhörung/Vernehmung des (beschuldigten) Betroffenen

Vgl. auch ggf. § 43 Abs. 1 JGG (ggf. i.V.m. § 109 JGG).

(SUB)

Realfolgen und Rechtsfolgen zu:

IDF-Maßnahme

Realfolgen IDF-Maßnahme – Beispiele:

- Anhalten;
- Fragen;
- Antwortbitte;
- Datenabgleich/Recherche
- Datenträgereinsicht
- Nachschau.

Rechtsfolge(n) IDF-Maßnahme – allgemein:

- Maßnahme (Datenerhebung oder sonstige Maßnahme) – z.B.:
- Anhalten
- Befragung
- Verlangen nach (weiteren) Angaben
- Personen-, Sachendurchsuchung
- Wohnungsdurchsuchung als (erforderliche) Maßnahme
- Datenträgerauswertung
- (sonstige) Datenverarbeitungsmaßnahme als (erforderliche) Maßnahme –

zwecks IDF, also zwecks Zuordnung von Mensch und bestimmtem Personaliensatz,

vgl. zum Personaliensatz z.B.:

- § 9 Abs. 3 S. 1 PolG NRW,
- § 111 StPO, § 111 OWiG,
- § 1 BKADV, § 3 Abs. 1 Nr. 4, 5, Abs. 4 Nr. 4, 5 AZRG,
- § 10 Abs. 3 S. 1 BayVersG.

(ERG)

Mögliche Befugnisrechtsnorm (mit genauerem IDF-Rechtsfolgenzweck) zu:

IDF-Maßnahme

Gefahrenabwehr:

- §§ 15, 15a, 16, 19 Abs. 2 AsylG (IDF-Maßnahme zwecks Asylrechts, vgl. §§ 1, 13, 14, 23, 33 AsylG)
- §§ 48-49 AufenthG (IDF-Maßnahme zwecks Aufenthaltsrecht, vgl. § 1 AufenthG – Identitätsüberprüfung; Identitätsfeststellung; Identitätssicherung)
- §§ 42, 44 LFGB (Aufnahme und Aufzeichnung bestimmter personenbezogener Daten)
- § 17 PAuswG / § 18 PaßG (IDF-Maßnahme mit Speichermediumsdaten zwecks Dokumenten-Echtheits- und Ausweisinhaber-ID-Kontrolle)
- § 14a PolG NRW („Molekulargenetische Untersuchung zur IDF“: Molekulargenetische Untersuchungsmaßnahmen zur IDF (Abgleich von DNA-Identifizierungsmustern einer Leiche oder hilflosen Person mit denjenigen einer vermissten Person zur IDF, zu diesem Zweck: 1. Körperzellenentnahme bei hilflosen Person oder Leiche, 2. Probennahme von Gegenständen mit Spurenmaterial der vermissten Person, 3. molekulargenetische Untersuchung der Proben nach Nr. 1 und 2. – weitere Speicherung, Verwendung, Löschung von DNA-Identifizierungsmuster nach § 14a Abs. 1 S. 6-8 PolG NRW; § 14a Abs. 1 S. 5 PolG NRW: **Unverzüglich**e [§ 121 Abs. 1 S. 1 BGB] Vernichtung entnommener Körperzellen, wenn keine Benötigung mehr für Untersuchung

nach § 14a Abs. 1 S. 2 PolG NRW.)

- § 14 Abs. 1 Nr. 1 PolG NRW (IDF-Erkennungsdienstliche-Maßnahme zwecks IDF nach §§ 12, 12a PolG NRW)
- § 12a Abs. 1 S. 1 Var. 3 PolG NRW (IDF-Maßnahme zwecks strategischer Fahndung)
- § 12 PolG NRW (IDF-Maßnahme zwecks IDF nach § 12 Abs. 1 PolG NRW)
- § 9 Abs. 3 S. 1 i.V.m. § 9 Abs. 2 S. 1 PolG NRW („ID-Maßnahme", mit ggf. weiteren Auskünften, vgl. § 9 Abs. 3 S. 2 PolG NRW, zwecks Befragung, z.B. Sicherung/Überprüfung der Angabenquelle)

Strafrechtspflege (ggf. mit §§ 46, 53 Abs. 1 S. 2, Abs. 2 OWiG):

- § 81g Abs. 1, 2 StPO („DNA-IDF": Körperzellenentnahme zur Identitätsfeststellung zwecks potentieller künftiger Strafverfahren und molekulargenetische Untersuchung zur Feststellung des DNA-Identifizierungsmusters sowie des Geschlechts)
- § 163b Abs. 1 StPO / §§ 163b Abs. 1, c StPO: IDF beim Verdächtigen
- § 163b Abs. 2 StPO / §§ 163b Abs. 2, c StPO: IDF beim Nichtverdächtigen
- § 111 StPO (ohne §§ 46, 53 Abs. 1 S. 2 OWiG): IDF bei jedermann an an öffentlich zugänglichem Ort eingerichteter Kontrollstelle,

Zu „**Fast-ID**" (Fast-Identification) vgl. auch § 14 Abs. 4 PolG NRW („Erkennungsdienstliche Maßnahmen") und Nr. 5: („Durchführung erkennungsdienstlicher Maßnahmen"), Nr. 5.2 („FastID-Verfahren zur Sofortidentifizierung") Runderlass des Ministeriums des Innern (NRW) - 422-62.09.06 - vom 3.07.2018 („Erkennungsdienst"): „Für eine Sofortidentifizierung von Personen können dem Bundeskriminalamt Fingerabdrücke per FastID zur Identitätsprüfung übermittelt werden. Eine FastID-Abfrage ist jeder erkennungsdienstlichen Behandlung voranzustellen und dient der Identitätssicherung und der Erlangung von Hinweisen zur Erforderlichkeit einer erneuten, vollständigen erkennungsdienstlichen Behandlung. Das FastID-Verfahren dient lediglich der Überprüfung der Identität. Das aufgenommene erkennungsdienstliche Material wird nicht gespeichert. FastID ersetzt damit in keinem Fall eine erkennungsdienstliche Behandlung."

(SUB)

Realfolgen und Rechtsfolgen zu:

Durchsuchung – wegen „der zur Feststellung der Identität erforderlichen Maßnahmen“ und wegen Abgrenzung zur Inaugenscheinnahme

Realfolgen Durchsuchung – Beispiele:

Nachschau; Suchen; (Aufforderung zum) Aufdecken.

Rechtsfolge(n) Durchsuchung – allgemein:

Personendurchsuchung: Suchverhalten (gezielte Nachschau mit Begleitmaßnahmen) bzgl. Personen, Sachen, Daten

- in oder am Personenkörper (ohne Körperbeschaffenheitsermittlungszweck)[660],
- in oder an am Personenkörper befindlichen Sachen (z.B. Bekleidung bzw. Accessoires).

Sachendurchsuchung:

Suchverhalten (gezielte Nachschau mit Begleitmaßnahmen) bzgl. Personen, Sachen, Daten in oder an nicht am Personenkörper befindlichen, nicht als Wohnung geltenden Sachen (vgl. § 90 BGB).

(ERG)

Mögliche Befugnisrechtsnorm zu:

Durchsuchung – wegen „der zur Feststellung der Identität erforderlichen Maßnahmen“ und wegen Abgrenzung zur Inaugenscheinnahme

Gefahrenabwehr:

- Diverse spezielle Rechtsnormen wie: § 15 Abs. 4 AsylG; § 48 Abs. 3 AufenthG; § 58 Abs. 5-10 AufenthG; §§ 42, 44 LFGB; § 4 VereinsG; § 36 Abs. 3 WaffG, § 39 Abs. 2 WaffG, § 46 Abs. 4 WaffG
- § 12 Abs. 1 Nr. 1, Abs. 2 PolG NRW
- § 12 Abs. 1 Nr. 2 a), Abs. 2 PolG NRW
- § 12 Abs. 1 Nr. 2 b), Abs. 2 PolG NRW
- § 12 Abs. 1 Nr. 2 c), Abs. 2 PolG NRW
- § 12 Abs. 1 Nr. 3, Abs. 2 PolG NRW
- § 12 Abs. 1 Nr. 4, Abs. 2 PolG NRW
- § 12a Abs. 1 S. 1 Var. 3 PolG NRW
- § 39 PolG NRW
- § 40 PolG NRW
- §§ 41, 42 PolG NRW

Strafrechtspflege (ggf. mit §§ 46, 53 Abs. 1 S. 2, Abs. 2 OWiG):

- § 100b StPO;

---

660 Vgl. auch BVerfG, Beschluss der 2. Kammer des Zweiten Senats vom 27.03.2019 - 2 BvR 2294/18 -, Rn. 17: „**Durchsuchungen, die mit einer Entkleidung verbunden sind**, stellen einen schwerwiegenden Eingriff in das allgemeine Persönlichkeitsrecht dar (vgl. BVerfGK 2, 102 <105>; 17, 9 <14>; BVerfG, Beschluss der 2. Kammer des Zweiten Senats vom 5. März 2015 - 2 BvR 746/13 -, juris, Rn. 33; BVerfG, Beschluss der 2. Kammer des Zweiten Senats vom 5. November 2016 - 2 BvR 6/16 -, juris, Rn. 29; vgl. auch BVerfG, Beschluss der 2. Kammer des Zweiten Senats vom 14. April 2016 - 2 BvR 695/16 -, juris, Rn. 6). Dies gilt in besonderem Maße für **Durchsuchungen, die mit einer Inspizierung von normalerweise verdeckten Körperöffnungen verbunden sind** (vgl. BVerfGK 17, 9 <14>; BVerfG, Beschluss der 3. Kammer des Zweiten Senats vom 10. Juli 2013 - 2 BvR 2815/11 -, juris, Rn. 15; BVerfG, Beschluss der 2. Kammer des Zweiten Senats vom 5. November 2016 - 2 BvR 6/16 -, juris, Rn. 29). Wegen des besonderen Gewichts von Eingriffen, die den Intimbereich und das Schamgefühl des Inhaftierten berühren, hat der Inspizierte Anspruch auf besondere Rücksichtnahme (vgl. BVerfGK 17, 9 <16>; BVerfG, Beschluss der 3. Kammer des Zweiten Senats vom 10. Juli 2013 - 2 BvR 2815/11 -, juris, Rn. 15; BVerfG, Beschluss der 2. Kammer des Zweiten Senats vom 5. November 2016 - 2 BvR 6/16 -, juris, Rn. 29).“; vgl. auch BVerfG, Beschluss der 3. Kammer des Zweiten Senats vom 04.02.2009 – 2 BvR 455/08 –, Rn. 24: „Die Verfassungsbeschwerde ist ihrer Begründung gemäß dahin auszulegen, dass sie sich gegen die angegriffenen Entscheidungen allein insoweit wendet, als sie die bei Aufnahme in die Untersuchungshaft erfolgte, mit einer Entkleidung und Inspizierung des Anus verbundene körperliche Durchsuchung betreffen.“.

Wohnungsdurchsuchung:

Suchverhalten (gezielte Nachschau mit Begleitmaßnahmen) bzgl. Personen, Sachen, Daten in einer als Wohnung geltenden Sache[661].[662]

Wohnungsbetreten (vgl. nur zum Wohnungsbetreten: § 20 Abs. 3 PolG NRW; § 41 Abs. 4 PolG NRW, § 110 StPO): Körperliches Eindringen in eine als Wohnung geltende Sache.

Raumdurchsuchung (vgl. §§ 102, 103 StPO): Suchverhalten (gezielte Nachschau einschließlich Begleitmaßnahmen) bzgl. Personen, Sachen, Daten in einem umschlossenen Gebäudeteil oder entsprechendem Behältnis ohne Wohnungseigenschaft.

- § 163b Abs. 1 S. 3 Var. 1/2 StPO;
- § 163b Abs. 2 StPO;
- § 111 StPO;
- § 102 StPO;
- § 103 StPO;
- §§ 99, 100 StPO;
- (§ 110 StPO).

---

661 Vgl. BVerfGE 32, 54, Ls. 1, 69-72 (Betriebsbetretungsrecht) = BVerfG, Beschluss des Ersten Senats vom 13.10.1971 – 1 BvR 280/66, Ls. 1: „Der Begriff ‚**Wohnung**' in Art. 13 Abs. 1 GG ist weit auszulegen; er umfaßt auch **Arbeits-, Betriebs- und Geschäftsräume**."; vgl. auch § 41 Abs. 1 S. 2 PolG NRW; vgl. auch Nr. 40.03. VVPolG NRW: „Für die **Durchsuchung von Sachen im befriedeten Besitztum** gelten die §§ 41 und 42."; Nr. 41.13 VVPolG NRW: „Die Durchsuchung einer Wohnung hat sich auf Anlass und Zweck der Durchsuchung zu beschränken. Befinden sich in der Wohnung Personen, die durchsucht werden sollen, ist hierfür § 39 maßgebend. Sollen in einer Wohnung Sachen durchsucht werden, die nicht den Wohnungsinhabern gehören, ist § 40 einschlägig."; vgl. auch Nr. 40.12 VVPolG NRW: „Sollen bewegliche Sachen, die Wohnungen sind (vgl. RdNr. 41.11), betreten oder durchsucht werden, richten sich die Maßnahmen nach § 41.", vgl. auch Nr. 41.11 VVPolG NRW: „Es ist zu beachten: Wohnungen i.S.d. § 41 Abs. 1 Satz 2 sind auch die zu Wohnzwecken genutzten beweglichen Sachen wie Schiffe, Wohnwagen, Wohnmobile und Zelte. **Inhaber einer Wohnung** ist, wer rechtmäßig die tatsächliche Gewalt über die Räumlichkeit ausübt, somit z.B. auch Mieter, Untermieter oder Hotelgast. Bei Gemeinschaftsunterkünften, Internaten und Obdachlosenasylen sind nur die Leiterinnen und Leiter Inhaber. Die **Befugnis zum Betreten einer Wohnung** schließt die Befugnis ein, von Personen, Sachen und Zuständen, die ohne weiteres wahrgenommen werden können, **Kenntnis** zu nehmen. Soweit es für die Erfüllung der polizeilichen Aufgaben erforderlich ist, umfasst das **Betretungsrecht** bei Grundstücken auch das **Recht zum Befahren mit Fahrzeugen**.", vgl. auch Nr. 41.13 VVPolG NRW: „Die Durchsuchung einer Wohnung hat sich auf Anlass und Zweck der Durchsuchung zu beschränken. Befinden sich in der Wohnung Personen, die durchsucht werden sollen, ist hierfür § 39 maßgebend. Sollen in einer Wohnung Sachen durchsucht werden, die nicht den Wohnungsinhabern gehören, ist § 40 einschlägig.".

662 BVerfGE 76, 83, 89 (Zwangsvollstreckung III) = BVerfG, Beschluss des Ersten Senats vom 16.06.1987 – 1 BvR 1202/84 –: „Dabei ist für den Begriff der **Durchsuchung** kennzeichnend das ziel- und zweckgerichtete Suchen staatlicher Organe nach Personen oder Sachen oder zur Ermittlung eines Sachverhalts, um etwas aufzuspüren, was der Inhaber der Wohnung von sich aus nicht offenlegen oder herausgeben will (BVerfGE 28, 285 [287 ff.]; 47, 31 [36 f.])."; so auch: BVerfGE 51, 97, 106 (Zwangsvollstreckung I) = BVerfG, Beschluss des Ersten Senats vom 03.04.1979 – 1 BvR 994/76 –; nicht in: BVerfGE 57, 346 (Zwangsvollstreckung II) = BVerfG, Beschluss des Ersten Senats vom 16.06.1981 – 1 BvR 1094/80 –.

Online-Durchsuchung (vgl. § 100b StPO; vgl. auch „**Online-TKÜ**“, § 100a Abs. 1 S. 2, 3 StPO; § 20c Abs. 2 PolG NRW):

Eingriff mit technischen Mitteln auch ohne Wissen des Betroffenen in ein von dem Betroffenen genutztes informationstechnisches System mit Datenerhebung daraus.

Abgrenzung Durchsuchung / unvermeidliche Kenntnisnahme:

Unvermeidliche Kenntnisnahme ist Wahrnehmung ohnehin offen präsenter Personen, Sachen, Daten ohne Veränderung, z.B. Umherblicken in Wohnung von einem Standposten aus, vgl. § 41 PolG NRW.

Abgrenzung Durchsuchung / Inaugenscheinnahme (vgl. § 12a Abs. 1 S. 2 PolG NRW):

Inaugenscheinnahme ist prüfende Betrachtung präsenter Sachen oder Daten ohne erhebliche Veränderung (vgl. § 12a Abs. 1 S. 2, 3 PolG NRW; Prinzip: „Just look, don‘t touch“); z.B. Betrachtung von: geöffneter Tasche / Fahrzeuginnerem / geöffnetem Kofferraum.[663]

Abgrenzung Personendurchsuchung / Körperliche Untersuchung (KU) durch Körperbeschaffenheitsermittlungszweck: **Körperliche Untersuchung** ist Körperbeschaffenheitsermittlung durch gezielte Nachschau oder gezielten Eingriff am Menschenkörper, ggf. auch mit Datenverarbeitung, ggf. auch mit sog. Exploration.

(SUB)

Realfolge ist die jeweilige Maßnahme laut Sachverhalt:

---

663 Landtagsdrucksache 17/2351 (Gesetzentwurf der Landesregierung – Gesetz zur Stärkung der Sicherheit in Nordrhein-Westfalen – Sechstes Gesetz zur Änderung des Polizeigesetzes des Landes Nordrhein-Westfalen), S. 31 (zu § 12a Abs. 1 S. 2 PolG NRW): „Mitgeführte Sachen dürfen in Augenschein genommen werden. Dabei kann sie [die Polizei, P. B.] beispielsweise verlangen, den Kofferraum eines Autos oder eine Handtasche zu öffnen, um Einblick zu nehmen. Darüber hinausgehende Maßnahmen sollen ihr dagegen nicht zustehen. Diese können nur auf der Grundlage einer anderen Ermächtigungsnorm (§§ 39 ff.) durchgeführt werden. Die Durchsuchung von Personen ist somit nach dieser Ermächtigung in Abgrenzung zur Identitätsfeststellung gemäß § 12 Absatz 2 Satz 4 nicht zulässig.“.

Rechtsfolge ist allgemein eine „polizeiliche Anhalte- und Sichtkontrollen"-Maßnahme zwecks „strategischer Fahndung", also Maßnahme im Rahmen einer polizeilichen Anhaltekontrolle oder einer polizeilichen Sichtkontrolle (strategische Fahndung), konkret (alternativ):

1. als VA/Realakt (ohne Zwang) Anhalten nach § 12a Abs. 1 S. 1 Var. 1 PolG NRW

Ab Anhalten können alle folgenden Maßnahmen erfolgen mit (alternativ)

- VA/Realakt (ohne Zwang[664], vgl. §§ 50 ff. PolG NRW) Anhalten zwecks IDF nach § 12 Abs. 2 S. 2 Var. 1 PolG NRW

oder

- VA/Realakt (ohne Zwang, vgl. §§ 50 ff. PolG NRW) Festhalten zwecks IDF nach § 12 Abs. 2 S. 3 PolG NRW[665],[666].

2. als VA/Realakt Befragen nach § 12a Abs. 1 S. 1 Var. 2 PolG NRW.

3. als VA/Realakt IDF-Maßnahme nach § 12 Abs. 2 PolG NRW (i.V.m. § 12a Abs. 1 S. 1 Var. 3 PolG NRW), nämlich (alternativ):

- als VA/Realakt (ohne Zwang, vgl. §§ 50 ff. PolG NRW) Anhalten zwecks IDF nach § 12 Abs. 2 S. 2 Var. 1 PolG NRW
- als VA/Realakt Befragen nach Personalien zwecks IDF nach § 12 Abs. 2 S. 2 Var. 2 PolG NRW
- als VA/Realakt Verlangen von Angaben zwecks IDF nach § 12 Abs. 2 S. 2 Var. 3 PolG NRW

---

664 Zu Zwang siehe *Basten*, Eingriffsrecht der Polizei in Nordrhein-Westfalen, Band 3, Buch 3, Abschnitt 3.

665 Zusätzliche Rechtsnorm bzgl. Rechtsfolge Festhalten: § 37 Abs. 5 PolG NRW.

666 Je nach konkretem Fall unter regelmäßiger Auslegung zur Abgrenzung von Freiheitsentziehung/Festhalten oder sonstiger Freiheitsbeschränkung/(ggf. Anhalten) nach Art, Dauer, Intensität, Mittel, Zweck (ADIMZ) können Maßnahmen (außer Anhalten/Festhalten selbst) grundsätzlich entweder mit Anhalten oder mit Festhalten erfolgen. Zum Beispiel: bloßes Mitnehmen zur Polizeiwache mit dem Zweck (Z) IDF (sog. „**Sistierung**") jedenfalls bei Fehlen von Besonderheiten bzgl. Art, Intensität, Mittel (AIM) bis zur Maßnahmen-Dauer (D) von 2 Stunden kann sein:

- noch keine Freiheitsentziehung, damit kein Festhalten (zwecks IDF, vgl. z.B. § 12 Abs. 2 S. 3 PolG NRW; § 163b Abs. 1 S. 2, § 163c StPO; § 163b Abs. 2 S. 2, § 163c StPO);
- eine sonstige Freiheitsbeschränkung, damit ein Anhalten oder eine nicht spezieller normierte Maßnahme zwecks IDF im Rahmen des Anhaltens (zwecks IDF, vgl. z.B. § 12 Abs. 2 S. 1 PolG NRW, § 12 Abs. 2 S. 2 Var. 1 PolG NRW; § 163b Abs. 1 S. 1 StPO; § 163b Abs. 2 S. 2 StPO). Zur „Fixierung" vgl. auch §§ 37a, 50, 62 PolG NRW.

Vgl. [mit Hervorhebungen und Klammervermerken durch P. B.]: BVerfGE 149, 293 (5-Punkt-Fixierung/7-Punkt-Fixierung) = BVerfG, Urteil des Zweiten Senats vom 24.07.2018 – 2 BvR 309/15 –, Ls. 1b) „Sowohl **bei einer 5-Punkt- als auch bei einer 7-Punkt-Fixierung von nicht nur kurzfristiger Dauer** handelt es sich um eine Freiheitsentziehung im Sinne des Art. 104 Abs. 2 GG, die von einer richterlichen Unterbringungsanordnung nicht gedeckt ist. Von einer **kurzfristigen Maßnahme** ist **in der Regel** auszugehen, wenn sie absehbar die Dauer von **ungefähr** einer halben Stunde unterschreitet."; Rn. 67: „Sie [die Freiheitsentziehung] setzt eine besondere Eingriffsintensität **und** eine nicht nur kurzfristige Dauer der Maßnahme voraus […].", Rn. 68: „**Jedenfalls** eine 5-Punkt- oder 7-Punkt-Fixierung, bei der sämtliche Gliedmaßen des Betroffenen mit Gurten am Bett festgebunden werden, stellt eine Freiheitsentziehung im Sinne von Art. 104 Abs. 2 GG dar, es sei denn, es handelt sich um eine lediglich kurzfristige Maßnahme. Von einer kurzfristigen Maßnahme ist in der Regel auszugehen, wenn sie absehbar die Dauer von **ungefähr** einer halben Stunde unterschreitet.".

- als VA/Realakt Verlangen des Aushändigens von mitgeführten Ausweispapieren zur Prüfung zwecks IDF nach § 12 Abs. 2 S. 2 Var. 4 PolG NRW
- als Realakt (ggf. mit Begleit-VA) Personendurchsuchung (gezielte Nachschau in oder am Personenkörper) zwecks IDF nach § 12 Abs. 2 S. 4 Var. 1 PolG NRW[667]
- als Realakt (ggf. mit Begleit-VA) Sachendurchsuchung (gezielte Nachschau in oder an nicht am Personenkörper befindlichen, nicht als Wohnung geltenden Sachen) von (von der betroffenen Person) mitgeführten Sachen zwecks IDF nach § 12 Abs. 2 S. 4 Var. 2 PolG NRW
- als VA/Realakt (sonstige, nicht spezieller geregelte) Maßnahme(n) zwecks IDF nach § 12 Abs. 2 S. 1 PolG NRW
- als VA/Realakt (ohne Zwang, vgl. §§ 50 ff. PolG NRW) Festhalten (der betroffenen Person) zwecks IDF nach § 12 Abs. 2 S. 3 PolG NRW

4. als Realakt (ggf. mit Begleit-VA) eine Inaugenscheinnahme nach § 12a Abs. 1 S. 2 PolG NRW[668].

5. als VA Öffnungsverlangen bzgl. mitgeführter Sachen sowie Fahrzeugen einschließlich an und in ihnen befindlicher Räume und Behältnisse nach § 12a Abs. 1 S. 3 PolG NRW.

(ERG)

Mögliche Befugnisrechtsnorm ist § 12a (Abs. 1 S. 1 Var. 1 / Abs. 1 S. 1 Var. 2 / Abs. 1 S. 1 Var. 3 / Abs. 1 S. 2 / Abs. 1 S. 3) PolG NRW.

B. Formelle Rechtmäßigkeit (FR) I. Zuständigkeit (Z)

(VOR/DEF)

Zuständigkeit ist Aufgabenwahrnehmungserlaubnis für den Rechtsfolgesetzer.

(SUB/ERG)

Für die Maßnahme ist die Zuständigkeit (i.d.R.) wie folgt gegeben:

1. sachliche Zuständigkeit *der Polizei* gemäß (alternativ)

---

667 Zur Hosentaschenleerungsverfügung siehe auch das Beispiel aus VGH Baden-Württemberg, Urteil des 1. Senats vom 13.08.2018 – 1 S 1468/17, Rn. 147: „Die Aufforderung, die Hosentaschen zum Zwecke der Eigensicherung der Polizeibeamten zu leeren, findet ihre Rechtsgrundlage stattdessen mangels abschließender Regelung in den Vorschriften über die Standardmaßnahmen in der polizeilichen Generalklausel […].“.

668 Landtagsdrucksache 17/2351 (Gesetzentwurf der Landesregierung – Gesetz zur Stärkung der Sicherheit in Nordrhein-Westfalen – Sechstes Gesetz zur Änderung des Polizeigesetzes des Landes Nordrhein-Westfalen), S. 31 (zu § 12a Abs. 1 S. 2 PolG NRW): „Mitgeführte Sachen dürfen in Augenschein genommen werden. Dabei kann sie [die Polizei, P. B.] beispielsweise verlangen, den Kofferraum eines Autos oder eine Handtasche zu öffnen, um Einblick zu nehmen. Darüber hinausgehende Maßnahmen sollen ihr dagegen nicht zustehen. Diese können nur auf der Grundlage einer anderen Ermächtigungsnorm (§§ 39 ff.) durchgeführt werden. Die Durchsuchung von Personen ist somit nach dieser Ermächtigung in Abgrenzung zur Identitätsfeststellung gemäß § 12 Absatz 2 Satz 4 nicht zulässig.“.

- § 1 Abs. 1 S. 1, 2 Var. 1 oder 2 oder 3 PolG NRW (originäre Zuständigkeit) (ggf. i.V.m. § 1 Abs. 2 PolG NRW[669] / ggf. i.V.m. § 1 Abs. 5 S. 2 PolG NRW[670]);
- § 1 Abs. 1 S. 1, 3 PolG NRW (subsidiäre Zuständigkeit);

2. instanzielle Zuständigkeit *der Polizeibehörde* gemäß

- (i.d.R.) § 11 Abs. 1 Nr. 1 POG NRW;
- (generell:) §§ 10-14 POG NRW (ggf. i.V.m. KPBVO NRW / ggf. i.V.m. LKAAufgVO NRW);

3. örtliche Zuständigkeit *der Polizeibehörde* gemäß

- (i.d.R.) § 7 Abs. 1 S. 1 POG NRW (ggf. i.V.m. KHStVO NRW);
- (generell:) §§ 7-9 POG NRW (ggf. i.V.m. KHStVO NRW);

4. funktionelle Zuständigkeit *des Polizeiamtswalters* gemäß

- § 12a Abs. 1 S. 1 Wort 2, S. 3 Wort 2, Abs. 2 S. 1, 2 PolG NRW, hier jeden Polizeiamtswalters für die Beantragung und Ausführung;
- § 12a Abs. 2 S. 1 PolG NRW, hier der Behördenleitung oder deren Vertretung für die schriftliche Anordnung;
- § 12a Abs. 2 S. 2 PolG NRW, hier im Fall der Umfassung von Zuständigkeiten mehrerer Behörden im festgelegten Gebiet das Landesamt für Zentrale Polizeiliche Dienste NRW (LZPD NRW) für die Anordnung.

B. Formelle Rechtmäßigkeit (FR) II. Verfahren (V)

(VOR/DEF)

Verfahren ist normiertes Verhalten insbesondere für den Rechtsfolgezuständigen außer, bei, i.Z.m. der Rechtsfolge.

1. § 12a Abs. 2 S. 1, 6 PolG NRW als Verfahrensrechtsnorm für (Anordnung von) Anhalte- und Sichtkontrollen-Maßnahmen zweck strategischer Fahndung: schriftliche Beantragung mit bestimmten Angaben

(VOR/DEF)

Gemäß § 12a Abs. 2 S. 1, 6 PolG NRW ist die Maßnahme vor schriftlicher Anordnung duch die Behördenleitung zunächst schriftlich zu beantragen mit bestimmten Angaben über (kumulativ):

---

[669] § 1 Abs. 2 PolG NRW hat negative Zuständigkeitsvoraussetzungen; § 1 Abs. 2 PolG NRW ist die sogenannte „**Privatrechtsklausel**“; zum **Privatrecht in der polizeilichen Praxis** ausführlich: *Basten*, Privatrecht in der polizeilichen Praxis.

[670] § 1 Abs. 5 S. 2 PolG NRW ist qua Gesetzessystematik eine Zuständigkeitsvorschrift mit negativen Befugnisvoraussetzungen.

1. die tragenden Erkenntnisse für das Vorliegen der Voraussetzungen nach § 12a Abs. 1 S. 1 PolG NRW,

2. die Art der Maßnahme einschließlich zeitlicher und örtlicher Beschränkung,

3. die Begründung der Verhältnismäßigkeit der Maßnahme nach § 12a Abs. 1 S. 4 PolG NRW.

Gemäß § 12a Abs. 2 S. 3 PolG NRW ist die Anordnung zeitlich und örtlich auf den in § 12a Abs. 1 PolG NRW genannten Zweck zu beschränken. Gemäß § 12a Abs. 2 S. 4 PolG NRW darf die Anordnung die Dauer von 28 Tagen nicht überschreiten. Gemäß § 12a Abs. 2 S. 5 PolG NRW ist eine Verlängerung um jeweils bis zu weiteren 28 Tagen zulässig, soweit die Voraussetzungen für eine Anordnung weiterhin vorliegen.

(SUB/ERG)

Im konkreten Fall ist die Verfahrensnorm aus § 12a Abs. 2 PolG NRW (alternativ)

- bei Vorliegen von entsprechenden Anhaltspunkten / Fehlen entgegenstehender Anhaltspunkte eingehalten.
- bei Vorliegen von entsprechenden Anhaltspunkten nicht eingehalten.

2. § 9 Abs. 6 PolG NRW als spezielle Verfahrensrechtsnorm für Befragung nach § 12a Abs. 1 S. 1 Var. 2 PolG NRW oder § 12a Abs. 1 S. 1 Var. 3 i.V.m. § 12 Abs. 2 S. 1, 2 PolG NRW

(VOR/DEF)

§ 9 Abs. 6 PolG NRW (**Aufklärung**): Werden durch **Befragung** Daten bei der betroffenen Person oder bei Personen oder Stellen außerhalb des öffentlichen Bereichs erhoben, sind diese in geeigneter Weise über die Rechtsvorschriften für die Datenerhebung sowie entweder über die bestehende Auskunftspflicht oder über die Freiwilligkeit der Auskunft aufzuklären, es sei denn, dies ist wegen besonderer Umstände offenkundig nicht angemessen oder die Erfüllung der polizeilichen Aufgaben wird hierdurch erheblich erschwert oder gefährdet.[671]

(SUB/ERG)

Im konkreten Fall ist § 9 Abs. 6 PolG NRW bei einer Befragungsdatenerhebung (alternativ)

- eingehalten mit Aufklärung in geeigneter (adressatengerechter, nicht unbedingt fachsprachlicher, wenngleich im Nachhinein auch rechtlich nachvollziehbarer) Weise über die Rechtsvorschriften für die Befragungsdatenerhebung sowie über die Auskunftspflicht oder über die Auskunftsfreiwilligkeit.
- eingehalten ausnahmsweise („es sei denn“)
    - mit Nichtaufklärung bei offenkundiger Unangemessenheit (in verhältnismäßiger Abwägung von Eingriffsgut und Erhaltungsgut der Befragung) wegen besonderer (einzelfallbezogener) Umstände

---

[671] § 9 Abs. 6 PolG NRW regelt auch quasi die sog. „**informatorische Befragung**“ auf dem Rechtsgebiet der Gefahrenabwehr/des PolG NRW mit dem Passus: „es sei denn, dies ist wegen besonderer Umstände offenkundig nicht angemessen oder die Erfüllung der polizeilichen Aufgaben wird hierdurch erheblich erschwert oder gefährdet.“; „**es sei denn**“ bedeutet eine widerlegliche Vermutung für das Nichtvorliegen des jeweils im Anschluss an „es sei denn“ beschriebenen Tatbestandes, also im Fall des § 9 Abs. 6 PolG NRW: des informatorische-Befragungs-Tatbestandes.

oder

- o bei erheblicher (nicht jeder) Erschwerung (Verhinderung, Verzögerung) oder (abstrakter oder jeder konkreter) Gefährdung der polizeilichen Aufgabenerfüllung (im konkreten Fall je nach betroffenen, polizeilich nach Gesetz und Recht zu erhaltenen Erhaltungsgütern, zum Beispiel auch durch Wissen des Befragten, das ihn oder andere [mehr oder weiter] gefährden könnte).[672]

- nicht eingehalten.

3. Verfahrensrechtsnormen aus PolG NRW für bestimmte Anhalte- und Sichtkontrollen-Maßnahmen zwecks strategischer Fahndung

(VOR/DEF)

a) § 39 Abs. 3 PolG NRW analog als Verfahrensrechtsnorm für IDF-Personendurchsuchung oder für IDF-„Personenuntersuchung" (als nicht spezieller geregelte oder als bestimmte „erkennungsdienstliche" IDF-„Maßnahme")[673] nach § 12a Abs. 1 S. 1 Var. 3 i.V.m. § 12 Abs. 2 S. 4 Alt. 1 PolG NRW: grundsätzlich gleiches Geschlecht oder Arzt

Gemäß § 39 Abs. 3 PolG NRW analog[674] dürfen Personen „nur von **Personen gleichen Geschlechts oder Ärzten** durchsucht werden; das gilt nicht, wenn die sofortige Durchsuchung zum Schutz gegen eine Gefahr für Leib oder Leben erforderlich ist."

Durchsuchung i.S.v. Durchsuchungspersonvoraussetzungen wie aus § 39 Abs. 3 PolG NRW ist Suchverhalten mit Eingriff in die körperliche Intimsphäre der betroffenen Person, wie zum Beispiel möglich durch systematisches Abtasten, Hineingreifen, Fixieren an Körperintimstellen, nicht Durchsuchung i.S.d. § 39 Abs. 3 PolG NRW sind: Durchsuchung-Begleitmaßnahmen wie Bewegungsverfügungen, sonstige Verhaltensverfügungen zwecks Durchsuchungsförderung oder bloßes Fixieren des Durchsuchungsadressaten jedenfalls an Ausläufern von Armen, Beinen, Schulter – vgl. insbesondere Telos des § 39 Abs. 3 PolG NRW i.V.m. Art. 1 Abs. 1 GG, Art. 3 Abs. 3 Var. 1 GG.

Person i.S.d. § 39 Abs. 3 PolG NRW ist natürliche Person im Sinne von § 1 BGB.

Person gleichen Geschlechts ist eine Person mit gleichem Geschlechts-Personenstand nach PStG.

Arzt ist ein solcher nach BÄO.

---

672 Vgl. auch Nr. 9.6 VVPolG NRW: „Der Hinweis auf die Rechtsvorschriften sowie über die Freiwilligkeit oder Auskunftspflicht bzw. auf ein eventuell bestehendes Aussage- oder Auskunftsverweigerungsrecht ist nur dann verzichtbar, wenn die Aufklärung im Einzelfall aufgrund bestimmter Umstände offenkundig entbehrlich ist (z.B. Befragung eines Spaziergängers nach einem vermissten Kind) oder dadurch die polizeiliche Aufgabenerfüllung erheblich erschwert oder gefährdet wird.".

673 Zu möglichen erkennungsdienstlichen Maßnahmen zwecks IDF und IDF-Untersuchungen bzw. deren Unterfall „körperlicher Eingriffe" vgl. auf dem Rechtsgebiet der Gefahrenabwehr des Ausländerrechts den ausdrücklichen § 49 Abs. 6 AufenthG.

674 Analogie von § 39 Abs. 3 PolG NRW zu § 12 Abs. 2 S. 4 Var. 2 PolG NRW aufgrund für diesen existierender Regelungslücke und teleologisch gleichzusetzender Interessenlage von Person zu Person. Zur Analogie siehe auch: *Basten*, Eingriffsrecht der Polizei in Nordrhein-Westfalen, Band 1, S. 163.

Gefahr für Leib oder Leben ist eine Sachlage im einzelnen Fall, die bei ungehindertem Geschehensverlauf in absehbarer Zeit mit hinreichender Wahrscheinlichkeit zu einem **Schaden** (nachteilige Beeinträchtigung) für die Schutzgüter **Leib (körperliche Unversehrtheit)** oder **Leben** (biologisch-physische Existenz) führt.

Erforderlichkeit i.S.d. § 39 Abs. 3 PolG NRW ist Nichtverfügbarkeit eines milderen, gleich geeigneten Mittels als der sofortigen Personendurchsuchung zum legitimen Zweck des Schutzes gegen eine Gefahr für Leib oder Leben.

b) § 40 Abs. 2 S. 1, 2 PolG NRW als Verfahrensrechtsnorm für IDF-Sachendurchsuchung nach § 12a Abs. 1 S. 1 Var. 3 i.V.m. § 12 Abs. 2 S. 4 Alt. 2 PolG NRW: Anwesenheit oder Hinzuziehung

Bei Sachendurchsuchung zwecks IDF nach § 12 Abs. 2 S. 4 Alt. 2 PolG NRW hat gemäß § 40 Abs. 2 S. 1, 2 PolG NRW analog[675] der Inhaber der tatsächlichen Gewalt das Recht, anwesend zu sein; ist er abwesend, so sollen sein Vertreter oder ein anderer Zeuge hinzugezogen werden (**Hinzuziehung**).[676]

Inhaber der tatsächlichen Gewalt ist jede natürliche Person (§ 1 BGB) mit zur maßgeblichen Zeit tatsächlich ausübbarem **Besitz** zur zu durchsuchenden Sache im Sinne des Privatrechts, vgl. insbesondere §§ 854-872 BGB.

Vertreter ist ein Stellvertreter qua Gesetz oder ein Stellvertreter qua Rechtsgeschäft[677], der Zeuge im Sinne des § 40 Abs. 2 S. 2 PolG NRW sein kann.

Zeuge im Sinne des § 40 Abs. 2 S. 2 PolG NRW ist jede natürliche Person, die in Anwesenheit der Durchsuchung von dieser Wahrnehmungen und dazu im Nachhinein rechtmäßigkeitsrelevante Aussagen machen kann.[678]

c) § 40 Abs. 2 S. 3 PolG NRW als Verfahrensrechtsnorm für IDF-Sachendurchsuchung nach § 12a Abs. 1 S. 1 Var. 3 i.V.m. § 12 Abs. 2 S. 4 Alt. 2 PolG NRW: § 40 Abs. 2 S. 3 PolG: Bescheinigungserteilung

Bei Sachendurchsuchung zwecks IDF nach § 12 Abs. 2 S. 4 Alt. 2 PolG NRW ist gemäß § 40 Abs. 2 S. 3 PolG NRW analog[679] dem Inhaber der tatsächlichen Gewalt auf Verlangen eine

---

675 Analogie von § 40 Abs. 2 S. 1, 2 PolG NRW zu § 12 Abs. 2 S. 4 Var. 2 PolG NRW aufgrund für diesen existierender Regelungslücke und teleologisch gleichzusetzender Interessenlage. Zur Analogie siehe auch: *Basten*, Eingriffsrecht der Polizei in Nordrhein-Westfalen, Band 1, S. 163.

676 Nr. 40.02 S. 1 VVPolG NRW: „Der Inhaber der tatsächlichen Gewalt ist auf sein Recht hinzuweisen, bei der Durchsuchung anwesend sein zu können.“.

677 **Vertreter** ist ein **Stellvertreter** qua Gesetz oder ein **Stellvertreter** qua Rechtsgeschäft (§§ 164-181 BGB). Vgl. insbesondere:

- §§ 1626-1698b BGB: **Elterliche Sorge** mit „**Vertretung des Kindes**“ gemäß § 1629 BGB;
- § 1 Abs. 1 Nr. 4 JuSchG: **erziehungsbeauftragte Person**;
- §§ 1773-1895 BGB: **Vormundschaft**;
- §§ 1896-1908k BGB: **Rechtliche Betreuung**;
- §§ 1909-1921 BGB: **Pflegschaft**.

678 Nr. 40.02 S. 2 VVPolG NRW: „Polizeivollzugsbeamtinnen und Polizeivollzugsbeamte kommen als Zeuginnen und Zeugen nur in Betracht, wenn andere Personen zu diesem Zwecke nicht hinzugezogen werden können.“.

Bescheinigung über die Durchsuchung und ihren Grund zu erteilen (**Durchsuchungsbescheinigung**).

Inhaber der tatsächlichen Gewalt ist jede natürliche Person (§ 1 BGB) mit zur maßgeblichen Zeit tatsächlich ausübbarem **Besitz** zur durchsuchten Sache im Sinne des Privatrechts, vgl. insbesondere §§ 854-872 BGB.

d) Verfahrensrechtsnormen aus PolG NRW und JGG für IDF-Festhalten nach § 12a Abs. 1 S. 1 Var. 3 i.V.m. § 12 Abs. 2 S. 3 PolG NRW

Bei Festhalten nach § 12 Abs. 2 S. 3 PolG NRW sind folgende Verfahrensrechtsnormen anzuwenden:

aa) §§ 36, 38 PolG NRW: Richterliche Entscheidung über Zulässigkeit und Fortdauer in Verbindung mit Freiheitsentziehungsdauer/Gewahrsamsfristen im Fall von Festhalten/Gewahrsam zwecks IDF (Identitätsfeststellungs-Festhalten / Identitätsfeststellungs-Gewahrsam)

Gemäß § 36 Abs. 1 S. 1 PolG NRW hat die Polizei bei Festhalten einer Person auf Grund von § 12 Abs. 2 S. 3 PolG NRW **unverzüglich**[680] (§ 121 Abs. 1 S. 1 BGB) eine **richterliche Entscheidung** über Zulässigkeit und Fortdauer der Freiheitsentziehung herbeizuführen.

Gemäß § 36 Abs. 1 S. 2 bedarf es der Herbeiführung einer richterlichen Entscheidung nicht, wenn anzunehmen ist, dass die Entscheidung des Richters erst nach Wegfall des Grundes der polizeilichen Maßnahmen ergehen würde.[681]

---

679 Analogie von § 40 Abs. 2 S. 3 PolG NRW zu § 12 Abs. 2 S. 4 Var. 2 PolG NRW aufgrund für diesen existierender Regelungslücke und teleologisch gleichzusetzender Interessenlage. Zur Analogie siehe auch: *Basten*, Eingriffsrecht der Polizei in Nordrhein-Westfalen, Band 1, S. 163.

680 BVerfGE 149, 293 (5-Punkt-Fixierung/7-Punkt-Fixierung) = BVerfG, Urteil des Zweiten Senats vom 24.07.2018 – 2 BvR 309/15 –, D. III. 4., Rn. 99 f.: „Art. 104 Abs. 2 Satz 2 GG fordert in einem solchen Fall, die richterliche Entscheidung unverzüglich nachzuholen (vgl. BVerfGE 10, 302 <321>; 105, 239 <249>). Das Tatbestandsmerkmal ‚**unverzüglich**' ist dahin auszulegen, dass die richterliche Entscheidung ohne jede Verzögerung, die sich nicht aus sachlichen Gründen rechtfertigen lässt, nachgeholt werden muss (vgl. BVerfGE 105, 239 <249>; Gusy, in: v. Mangoldt/Klein/Starck, GG, Bd. 3, 7. Aufl. 2018, Art. 104 Rn. 48). Nicht vermeidbar sind zum Beispiel die Verzögerungen, die durch die Länge des Weges, Schwierigkeiten beim Transport, die notwendige Registrierung und Protokollierung oder ein renitentes Verhalten des Betroffenen bedingt sind (vgl. BVerfGE 105, 239 <249>; BVerfGK 7, 87 <99>; Gusy, in: v. Mangoldt/Klein/Starck, GG, Bd. 3, 7. Aufl. 2018, Art. 104 Rn. 48). Sachliche Gründe, die eine Verzögerung der richterlichen Entscheidung rechtfertigen, können sich auch aus der Notwendigkeit verfahrensrechtlicher Vorkehrungen ergeben, die dem Schutz des Betroffenen dienen.".

681 BVerfGE 105, 239, 251 (Richtervorbehalt bei Freiheitsentziehung) = BVerfG, Beschluss des Zweiten Senats vom 15.05.2002 – 2 BvR 2292/00 –, C. III. 2., Rn. 32: „Zweck dieser Vorschrift [§ 19 Abs. 1 S. 2 NGefAG = § 19 Abs. 1 S. 2 Nds.SOG = § 19 Abs. 1 S. 2 NPOG ≙ § 36 Abs. 1 S. 2 PolG NRW, P.B.] ist es, die Fortdauer einer Freiheitsentziehung über den durch den sachlichen Grund der Maßnahme gerechtfertigten Zeitraum hinaus zu verhindern; eine sachlich nicht mehr gerechtfertigte Freiheitsentziehung soll nicht durch eine Vorführung vor den Haftrichter verlängert werden. Dies erfordert eine Prognoseentscheidung der handelnden Beamten. Ihr ist jedoch, dem Schutzzweck des Art. 104 Abs. 2 GG entsprechend, eine den verfassungsrechtlichen Erfordernissen entsprechende Gerichtsorganisation zu Grunde zu legen.". BGH, Beschluss vom 10.06.2020 – StB 23/18, Rn. 23: „Zwar hat eine Überschreitung der **Höchstfrist der vorläufigen Freiheitsentziehung** ebenso wie der Verstoß gegen das **Unverzüglichkeitsgebot** - jedenfalls grundsätzlich - zur Folge, dass die behördliche Ingewahrsamnahme des Betroffenen insoweit rechtswidrig war und dies auf seinen Antrag nach Maßgabe des § 428 Abs. 2 FamFG festzustellen ist. Jedoch schlägt der Mangel nicht auf die von dem Gericht angeordnete Freiheitsentziehung

Gemäß § 36 Abs. 2 S. 1 PolG NRW ist für die Entscheidung nach § 36 Abs. 1 PolG NRW als Gericht das Amtsgericht zuständig, in dessen Bezirk[682] die Freiheitsentziehung herbeigeführt wurde.

Gemäß § 36 Abs. 2 S. 2 PolG NRW richtet sich das Verfahren nach den Vorschriften des 7. Buches (Verfahren in Freiheitsentziehungssachen) des FamFG (§§ 415-432 FamFG).[683]

Gemäß § 38 PolG NRW ist die festgehaltene Person in folgenden Fällen zu entlassen:

- gemäß § 38 Abs. 1 Nr. 1 PolG NRW: sobald der Grund für die Maßnahme der Polizei weggefallen ist (sofortige Entlassung bei Grundwegfall),
- gemäß § 38 Abs. 1 Nr. 2 PolG NRW: wenn die Fortdauer der Freiheitsentziehung durch richterliche Entscheidung für unzulässig erklärt wird (sofortige Entlassung nach richterlicher Unzulässigerklärung),
- gemäß § 38 Abs. 1 Nr. 3 PolG NRW: in jedem Falle spätestens bis zum Ende des Tages nach dem Ergreifen, wenn nicht vorher die Fortdauer der Freiheitsentziehung auf Grund **dieses Gesetzes** (PolG NRW) oder eines **anderen Gesetzes** (jedes anderen als des PolG NRW) durch richterliche Entscheidung angeordnet ist (Entlassung am Ergreifens-Folgetag-Ende, vgl. Art. 104 Abs. 2 S. 3, 4 GG).

---

durch; diese ergeht aufgrund eines Antrags der beteiligten Behörde in einem eigenen Verfahren unter selbständigen Voraussetzungen (s. BGH, Beschluss vom 12. Juli 2013 - V ZB 224/12, juris Rn. 13 [Schrifttumsquellenangaben]). Ihre Rechtmäßigkeit hängt allein davon ab, dass das für sie vorgeschriebene Verfahren eingehalten wird und die für sie bestimmten gesetzlichen Voraussetzungen gegeben sind, der Richter selbst also fehlerfrei vorgeht und entscheidet (s. BGH, Beschlüsse vom 12. Juli 2013 - V ZB 224/12, juris Rn. 13; vom 12. Februar 2020 - StB 36/18, juris Rn. 31 f.). Falls die vorläufige Ingewahrsamnahme am 8. Juli 2017 um 24 Uhr geendet hätte, wäre das Amtsgericht nicht deswegen an der Anordnung der Freiheitsentziehung gehindert gewesen.“.

682 **Gerichtsbezirke** gemäß Anlage 1 JustG NRW.

683 BVerwGE 151, 102 (Keine Haftung für Kosten einer rechtswidrigen Sicherungshaft) = BVerwG, Urteil vom 10.12.2014 – BVerwG 1 C 11.14, Rn. 18: „Auch die Rechtskraft steht einer Inzidentkontrolle der Haftanordnung im verwaltungsgerichtlichen Kostenerstattungsverfahren nicht entgegen, da die der ordentlichen Gerichtsbarkeit zugewiesenen Entscheidungen in Freiheitsentziehungssachen nur in formelle (vgl. § 45 FamFG), nicht aber in materielle Rechtskraft erwachsen. **Formelle Rechtskraft** bedeutet, dass die Entscheidung durch ordentliche Rechtsmittel oder sonstige Rechtsbehelfe nicht oder nicht mehr angefochten werden kann. Das FamFG enthält hingegen keine den §§ 322, 325 ZPO entsprechende Vorschriften zur materiellen Rechtskraft. Erwächst eine Entscheidung in **materielle Rechtskraft**, hat das zur Folge, dass die entschiedene Frage von den an die Rechtskraft gebundenen Personen nicht einer neuerlichen richterlichen Nachprüfung unterbreitet werden darf („ne bis in idem-Gebot“). Sie dient der Rechtssicherheit, dem Rechtsfrieden und der sinnvollen Begrenzung der Inanspruchnahme gerichtlicher Ressourcen, erstreckt sich auf den Inhalt der Entscheidung und legt fest, in welchem Umfang das Gericht und die Beteiligten in einem neuerlichen, auf dem gleichen Lebenssachverhalt beruhenden gerichtlichen Verfahren um dieselbe Rechtsfrage an die rechtskräftige Entscheidung gebunden sind. Inwieweit Entscheidungen nach dem FamFG der materiellen Rechtskraft fähig sind, muss nach überwiegender Auffassung von Fall zu Fall entschieden werden (vgl. im Einzelnen: Keidel, FamFG, 18. Auflage 2014, § 45 FamFG Rn. 24 ff.). Entscheidungen in Freiheitsentziehungssachen erwachsen jedenfalls nicht in materielle Rechtskraft, denn eine sachlich nicht gerechtfertigte Inhaftierung ist zur Verwirklichung der Freiheitsgarantien des Art. 104 GG umgehend zu beenden, ohne dass es darauf ankommt, ob sich die fehlende Berechtigung der Inhaftierung aus neuen Umständen oder daraus ergibt, dass sie nicht hätte angeordnet werden dürfen (BGH, Beschlüsse vom 18. September 2008 - V ZB 129/08 - InfAuslR 2010, 35 zum FEVG und vom 28. April 2011 - V ZB 292/10 - FGPrax 2011, 200 zum FamFG).“.

- gemäß § 38 Abs. 2 Nr. 5 PolG NRW kann durch die in § 38 Abs. 1 Nr. 3 PolG NRW vorgesehene richterliche Entscheidung eine abweichende Frist des polizeilichen Gewahrsams bestimmt werden, und zwar wie folgt:
    - gemäß § 38 Abs. 2 Nr. 5 S. 1 PolG NRW zum Zwecke der Identitätsfeststellung bis zu insgesamt zwölf Stunden (**insgesamt 12 Stunden**), wenn nicht vorher die Fortdauer der Freiheitsentziehung auf Grund **dieses Gesetzes** (des PolG NRW) oder eines **anderen Gesetzes** (jedes außer dem PolG NRW) durch richterliche Entscheidung angeordnet wurde. Gemäß § 38 Abs. 2 Nr. 5 S. 2 PolG NRW genügt es, wenn die richterliche Entscheidung über die Fortdauer des Gewahrsams zum Zwecke der Identitätsfeststellung spätestens bis zum Ende des Tages nach dem Ergreifen herbeigeführt wird, sofern Tatsachen die Annahme begründen, dass die Identitätsfeststellung innerhalb der Frist nach § 38 Abs. 2 Nr. 5 S. 1 PolG NRW (= **12 Stunden**) vorsätzlich verhindert worden ist.
    - gemäß § 38 Abs. 2 Nr. 5 S. 3 darf im Fall vorsätzlicher IDF-Verhinderung und richterlicher (Fortdauer-)Entscheidung spätestens bis zum Ergreifens-Folgetag-Ende die Freiheitsentziehung die in § 38 Abs. 2 Nr. 2 PolG NRW genannte Frist (= **7 Tage**) nicht überschreiten.[684]

[684] Landtagsdrucksache 17/2351 (Gesetzentwurf der Landesregierung – Gesetz zur Stärkung der Sicherheit in Nordrhein-Westfalen – Sechstes Gesetz zur Änderung des Polizeigesetzes des Landes Nordrhein-Westfalen), S. 47 (zu § 38 Abs. 2 PolG NRW): „Denn die Klärung der Identität innerhalb der Frist von zwölf Stunden stößt in zahlreichen Fällen auf unüberwindbare Hindernisse. Dies gilt zum Beispiel dann, wenn Passpapiere oder Passersatzpapiere auf ihre Echtheit geprüft werden müssen. Noch schwieriger gestaltet sich die Identitätsfeststellung, wenn ein Tatverdächtiger weder über Pass- noch Passersatzpapiere verfügt. Hier wird in zahlreichen Fällen die zwölfstündige Frist nicht ausreichen, um die Identität zweifelsfrei abklären zu können. Darüber hinaus ist aus Anlass von Demonstrationen bekannt, dass der Umstand einer Zwölfstundenfrist gezielt ausgenutzt wird, um eine Identitätsfeststellung zu verhindern. Die Demonstranten behandeln im Vorfeld ihre Fingerkuppen mit Sekundenkleber oder Bitumen, um die Abnahme von Fingerabdrücken und damit die Identitätsfeststellungen zu verhindern. Ohne Eingriffe in die körperliche Unversehrtheit ist eine Identitätsfeststellung innerhalb der Zwölfstundenfrist oder bis zum Ende des Tages nach dem Ergreifen nahezu unmöglich. In Fällen wie diesen wird eine sofortige Unterscheidung vor Ort zwischen Gefahrverursachern einerseits, deren Identität nach der präventiven Regelung in § 12 PolG festgestellt werden soll und Tatverdächtigen andererseits, deren Identität nach der repressiven Regelung in § 163 b StPO festzustellen ist, nicht möglich sein, so dass zumindest dem Grundsatz nach eine einheitliche Frist für beide Personengruppen erforderlich ist. Im Grundsatz ist daher ein Gleichklang der in § 38 Absatz 2 PolG zu schaffenden Regelung mit § 163 Absatz 2 StPO anzustreben. Hiervon wurden jedoch unter Beachtung der Regelung in Artikel 104 Absatz 2 GG Ausnahmen vorgesehen. Dabei wurde ein stufenweiser Ansatz gewählt. Sofern absehbar, ist, dass die zur Verfügung stehenden zwölf Stunden nicht zur zweifelsfreien Abklärung der Identität ausreichen werden, ist daher vor deren Ablauf eine Verlängerung bei Gericht zu beantragen. Die Richterin oder der Richter kann dann an Hand der Umstände des Einzelfalls eine Verlängerung der Freiheitsentziehung anordnen, deren Dauer durch die Regelung in Nr. 1 insoweit beschränkt ist, als die Gesamtdauer der Freiheitsentziehung nicht mehr als sieben Tage betragen darf. Sofern wie in den vorgenannten Fällen Anhaltspunkte für die Annahme bestehen, dass die Identitätsfeststellung vorsätzlich verhindert werden sollte, genügt es, wenn die zur Verlängerung der Freiheitsentziehung erforderliche richterliche Entscheidung innerhalb der in Artikel 104 Absatz 2 vorgesehenen Frist eingeholt wird. Diese Regelung wurde gewählt, um auch bei einer großen Anzahl von Personen eine Feststellung der Identität aller Personen zu gewährleisten. Die genannten Zeiträume reichen in aller Regel aus, um die Hindernisse zu beseitigen und die Identität feststellen zu können.“.

bb) § 37 PolG NRW: Grundbekanntgabe zum Festhalten

Gemäß § 37 Abs. 1 PolG NRW ist einer Person **unverzüglich** (§ 121 Abs. 1 S. 1 BGB) der Grund des Festhaltens bekanntzugeben, wenn sie auf Grund von § 12 Abs. 2 S. 3 PolG NRW festgehalten wird.

cc) § 37 Abs. 2 PolG NRW: Benachrichtigung durch oder für festgehaltene Person

Gemäß § 37 Abs. 2 S. 1 PolG NRW ist der festgehaltenen Person **unverzüglich** (§ 121 Abs. 1 S. 1 BGB) Gelegenheit zu geben, einen Angehörigen oder eine Person ihres Vertrauens zu benachrichtigen, soweit dadurch der Zweck der Freiheitsentziehung nicht gefährdet wird; wobei gemäß § 37 Abs. 2 S. 2 PolG NRW die Benachrichtigungspflicht bei einer richterlichen Freiheitsentziehung unberührt bleibt.

Gemäß § 37 Abs. 2 S. 3 PolG NRW soll die Polizei die Benachrichtigung übernehmen, wenn die festgehaltene Person nicht in der Lage ist, von dem Recht nach § 37 Abs. 2 S. 1 PolG NRW Gebrauch zu machen und die Benachrichtigung ihrem mutmaßlichen Willen nicht widerspricht.

Gemäß § 37 Abs. 2 S. 4 PolG NRW ist in jedem Falle unverzüglich derjenige zu benachrichtigen, dem die Sorge für die Person obliegt, wenn die festgehaltene Person minderjährig ist oder für sie zur Besorgung aller ihrer Angelegenheiten ein Betreuer bestellt ist; dies gilt gemäß § 37 Abs. 2 S. 5 PolG NRW auch, wenn der Aufgabenkreis des Betreuers die in § 1896 Abs. 4 BGB und § 1905 BGB bezeichneten Angelegenheiten nicht erfasst.

Minderjährige Person ist eine Person ohne Vollendung des 18. Lebensjahres, vgl. § 2 BGB.

Sorgeberechtigter ist jeder mit Sorgerecht, insbesondere mit elterlichem Sorgerecht nach §§ 1626-1698b BGB.

Betreuung ist eine solche nach §§ 1896-1908k BGB.

dd) § 37 Abs. 4 S. 1 PolG NRW: Gesonderte Unterbringung der festgehaltenen Person von Straf- oder Untersuchungsgefangenen

Gemäß § 37 Abs. 4 S. 1 PolG NRW soll die festgehaltene Person gesondert, insbesondere ohne ihre Einwilligung nicht in demselben Raum mit Straf- oder Untersuchungsgefangenen untergebracht werden (Abstandsgebot).

ee) § 37 Abs. 4 S. 2 PolG NRW: Getrennte Unterbringung von festgehaltenen Männern und festgehaltenen Frauen

Gemäß § 37 Abs. 4 S. 2 PolG NRW sind Männer und Frauen getrennt unterzubringen.

ff) § 70a Abs. 4 JGG: Belehrung von festgehaltenem Jugendlichem oder festgehaltenem Heranwachsenden

Gemäß § 70a Abs. 4 JGG ist der **Jugendliche** (§ 1 Abs. 2 JGG), gemäß § 70a Abs. 4 i.V.m. § 109 JGG der **Heranwachsende** (§ 1 Abs. 2 JGG) im Fall eines anderen einstweiligen Entzugs der Freiheit als der Untersuchungshaft über seine dafür geltenden Rechte entsprechend § 70a Abs. 3 Nr. 2 JGG zu informieren, im Fall einer polizeilichen Ingewahrsamnahme auch über sein Recht auf die von Erwachsenen getrennte Unterbringung nach den dafür maßgeblichen Vorschriften.

gg) § 38 Abs. 3 PolG NRW: Pflicht zur Gewährung anwaltlichen Beistands nach Vollzug getroffener richterlicher Entscheidung

Gemäß § 38 Abs. 3 PolG NRW ist nach Vollzug der in § 38 Abs. 1 Nr. 3 PolG NRW getroffenen richterlichen Entscheidung der in Gewahrsam genommenen Person ein anwaltlicher Beistand zu gewähren.

(SUB/ERG)

Im konkreten Fall ist die jeweils gegebene Verfahrensnorm (alternativ)

- bei Vorliegen von entsprechenden Anhaltspunkten / Fehlen entgegenstehender Anhaltspunkte eingehalten.
- bei Vorliegen von entsprechenden Anhaltspunkten nicht eingehalten.

4. Allgemeine VwVfG-NRW-Verfahrensrechtsnormen bei IDF(-Begleit-)VA (§§ 1, 2, 9, 35 VwVfG NRW)

(VOR/DEF)

a) § 28 VwVfG NRW: Anhörung

Gemäß § 28 Abs. 1 VwVfG NRW besteht grundsätzlich Pflicht zur **Anhörung** im Sinne des § 28 Abs. 1 VwVfG NRW (Äußerungsgelegenheit mit entsprechender Würdigung vor eingreifendem VA) – oder es soll gegeben sein: ein Ausnahmegrund gemäß § 28 Abs. 2, 3 VwVfG NRW oder **VA-Verletzungsunbeachtlichkeit** gemäß § 45 VwVfG NRW oder **VA-Nichtaufhebbarkeit** gemäß § 46 VwVfG NRW.

Gemäß § 28 Abs. 2 VwVfG NRW kann von der Anhörung abgesehen werden, wenn sie nach den Umständen des Einzelfalles nicht geboten ist, insbesondere wenn ein Fall vorliegt gemäß § 28 Abs. 2 Nr. 1-5 VwVfG NRW.

Gebotenheit ist Nichtverfügbarkeit eines milderen, gleich geeigneten Mittels zur Zweckförderung.

Gemäß § 28 Abs. 2 Nr. 1 VwVfG NRW kann von der Anhörung abgesehen werden, wenn eine sofortige Entscheidung wegen Gefahr im Verzug oder im öffentlichen Interesse notwendig erscheint.

Gefahr im Verzug i.S.d. § 28 Abs. 2 Nr. 1 VwVfG NRW ist gegeben, wenn der Handlungsbedarf unvorhergesehen ist und bei Durchführung der eigentlich vorgesehenen Maßnahme, hier der Anhörung, der gesetzliche Zweck, hier der jeweilige aus der Aufgabe und Befugnisrechtsnorm, vereitelt oder wesentlich erschwert wird.[685]

---

[685] BVerwGE 142, 205 (Schutzmaßnahme nach IfSG) = BVerwG, Urteil vom 22.03.2012 – BVerwG 3 C 16.11: „Gefahr im Verzug im Sinne von § 28 Abs. 2 Nr. 1 VwVfG ist anzunehmen, wenn durch eine vorherige Anhörung auch bei Gewährung kürzester Anhörungsfristen ein Zeitverlust einträte, der mit hoher Wahrscheinlichkeit zur Folge hätte, dass die behördliche Maßnahme zu spät käme, um ihren Zweck noch zu erreichen. Ob eine sofortige Entscheidung objektiv notwendig war oder die Behörde eine sofortige Entscheidung zumindest für notwendig halten durfte, ist vom Gericht aus ex-ante-Sicht zu beurteilen (Urteil vom 15. Dezember 1983 - BVerwG 3 C 27.82 - BVerwGE 68, 267 <271 f.> = Buchholz 316 § 28 VwVfG Nr. 9 S. 18). Hierbei ist wegen der Bedeutung des Anhörungsrechts als tragendem

Öffentliches Interesse ist die einzelfallbezogene Relevanz eines Rechts oder Rechtsguts nicht ausschließlich bei einem einzelnen Individuum.

Notwendigkeit ist Nichtverfügbarkeit eines milderen, gleich geeigneten Mittels zur Zweckförderung – bis hin zur Alternativlosigkeit der Mittelanwendung.

Gemäß § 28 Abs. 3 VwVfG NRW unterbleibt eine Anhörung, wenn ihr ein zwingendes öffentliches Interesse entgegensteht.

Zwingendes öffentliches Interesse ist die einzelfallbezogene unbedingte Relevanz eines Rechts oder Rechtsguts nicht ausschließlich bei einem einzelnen Individuum.

(SUB/ERG)

Im konkreten Fall ist § 28 VwVfG NRW (alternativ)

- eingehalten insbesondere bei Gelegenheit zur Stellungnahme i.S.d. § 28 Abs. 1 VwVfG NRW;
- eingehalten bei Nichteinhaltung von § 28 Abs. 1 VwVfG NRW und Ausnahmegrund gemäß § 28 Abs. 2, 3 VwVfG NRW;
- nicht eingehalten insbesondere bei Fehlen von Gelegenheit zur Stellungnahme ohne Ausnahmegrund;
- sonst eingehalten oder nicht eingehalten bei entsprechenden Anhaltspunkten (SV-Bezug) / Fehlen entgegenstehender Anhaltspunkte.

(VOR/DEF)

b) § 39 VwVfG NRW: Begründung

§ 39 VwVfG: § 39 Abs. 1 VwVfG NRW: **Begründung** eines schriftlichen oder elektronischen sowie schriftlich oder elektronisch bestätigten VA (vgl. § 37 Abs. 2 VwVfG NRW) mit den tatsächlich-rechtlichen, nicht unbedingt materiellrechtlich richtigen Behördenerwägungen – oder es soll gegeben sein: ein Ausnahmegrund nach § 39 Abs. 2 VwVfG NRW (insb. § 39 Abs. 2 Nr. 2, 4 VwVfG NRW) oder **VA-Verletzungsunbeachtlichkeit** gemäß § 45 VwVfG NRW oder **VA-Nichtaufhebbarkeit** gemäß § 46 VwVfG NRW.

(SUB/ERG)

Im konkreten Fall ist § 39 VwVfG NRW (alternativ)

- eingehalten bei Fehlen von Begründungspflicht bei rechtmäßigem Fehlen von schriftlichem oder elektronischem, schriftlich oder elektronisch bestätigtem VA (i.d.R. jedenfalls zunächst bei Maßnahmen i.S.d. § 80 Abs. 2 Nr. 2 VwGO);
- eingehalten bei Begründung bei schriftlichem oder elektronischem, schriftlich oder elektronisch bestätigtem VA (z.B. im Rahmen von „Bescheinigungen"; „Mitteilungen", „Anschreiben-VA" [„Auflagenanschreiben"; „Gefährderanschreiben", „Meldeauflagenanschreiben"], „HG-Schriftverfügung") und bei Nichtvorliegen eines Ausnahmegrundes i.S.v. § 39 Abs. 2 VwVfG NRW;

Prinzip des rechtsstaatlichen Verfahrens ein strenger Maßstab anzulegen (vgl. Kopp/Ramsauer, VwVfG, 12. Aufl. 2011, § 28 Rn. 3 und Rn. 46 m.w.N.).".

- eingehalten bei Ausnahmegrund nach § 39 Abs. 2 VwVfG NRW, insbesondere wegen bekannter oder erkennbarer Sach- und Rechtslage gemäß § 39 Abs. 2 Nr. 2 Var. 1 oder 2 VwVfG NRW;
- sonst eingehalten oder nicht eingehalten bei entsprechenden Anhaltspunkten / Fehlen entgegenstehender Anhaltspunkte.

Vertretbar bei Fehlen eines Begründungserfordernisüberhangs ist, dass § 39 VwVfG NRW bzgl. eines Sachendurchsuchungs-VA von der insoweit spezielleren Rechtsnorm des § 40 Abs. 2 S. 3 PolG NRW gemäß der Rechtsnormspezialitätsregel[686] verdrängt wird (vgl. Wortlaut „Grund“).

(ERG Verfahren)

Ergebnis kann allgemein sein: Verfahrensrechtmäßigkeit oder Verfahrensrechtswidrigkeit der Maßnahme.

B. Formelle Rechtmäßigkeit (FR) III. Form (F)

(VOR/DEF)

Form ist normiertes Wie der Rechtsfolgesetzung – schriftlich, elektronisch, mündlich oder in anderer Weise.

(SUB/ERG)

Im konkreten Fall (alternativ)

- ist bei Fehlen von VA § 37 Abs. 2-6 VwVfG NRW unanwendbar.
- ist bei Fehlen von VA und Fehlen speziellerer Formrechtsnormen Formfreiheit gegeben.
- ist bei VA und Fehlen speziellerer Formrechtsnormen anwendbar: § 37 Abs. 2 bis 6 VwVfG NRW.
- kann gemäß § 37 Abs. 2 S. 1 VwVfG NRW der VA schriftlich, elektronisch, mündlich oder in anderer Weise erlassen werden.
- braucht gemäß § 37 Abs. 2 S. 2 VwVfG NRW der mündliche VA schriftlich oder elektronisch nicht bestätigt zu werden, wenn hieran kein berechtigtes Interesse besteht und der Betroffene dies nicht unverzüglich verlangt.

In der Regel sind bereits integrativer Verfahrensbestandteil die Rechtsnormen aus:

- § 12a Abs. 2 S. 1 PolG NRW.
- § 40 Abs. 2 S. 3 PolG NRW.

Ergebnis kann allgemein sein: Formrechtmäßigkeit oder Formrechtswidrigkeit der Maßnahme.

---

686 Zur **Rechtsnormspezialitätsregel** siehe auch: *Basten*, Eingriffsrecht der Polizei in Nordrhein-Westfalen, Band 1, S. 39, 41, 161, 167.

C. Materielle Rechtmäßigkeit (MR) I. Tatbestand (Tb) / Tatbestandsvoraussetzungen (TBV)

(VOR/DEF)

Tatbestand ist das Gesamt der (materiell-rechtlichen) Rechtsfolge(setzungs)bedingungen. / **Tatbestandsvoraussetzungen** sind materiell-rechtliche Rechtsfolgesetzungsbedingungen.

(VOR)

In § 12a Abs. 1 S. 1, 4 PolG NRW wird vorausgesetzt:

ein Erfolgen der Maßnahme im öffentlichen Verkehrsraum (alternativ)

1. zur Verhütung von Straftaten von erheblicher Bedeutung im Sinne des § 8 Abs. 3 PolG NRW und zur Verhütung von terroristischen Straftaten nach § 8 Abs. 4 PolG NRW,
2. zur Verhütung gewerbs- oder bandenmäßig begangener grenzüberschreitender Kriminalität,
3. zur Unterbindung des unerlaubten Aufenthalts,

wenn Tatsachen die Annahme rechtfertigen, dass in diesem Gebiet Straftaten der in § 12a Abs. 1 S. 1 bezeichneten Art begangen werden sollen (und [bei Tatbestandsvoraussetzungen oder Verhältnismäßigkeit] die Maßnahme zur Verhütung dieser Straftaten [für diesen legitimen Zweck geeignet,] erforderlich und verhältnismäßig im Sinne von § 2 [angemessen oder verhältnismäßig im engeren Sinne] ist.

(DEF)

Öffentlicher Verkehrsraum i.S.d. § 12a Abs. 1 S. 1 PolG NRW ist zur maßgeblichen Zeit gegeben, wenn der Verkehrsraum rechtlich oder tatsächlich öffentlich ist, also wenn er unabhängig von Widmungs- oder Eigentumsverhältnissen entweder ausdrücklich oder mit stillschweigender Duldung des Verfügungsberechtigten für jedermann oder aber zumindest für eine allgemein bestimmte größere Personengruppe zur Benutzung erkennbar zugelassen ist und auch erkennbar so benutzt wird.[687]

Straftaten von erheblicher Bedeutung i.S.d. § 12a Abs. 1 S. 1 Nr. 1 PolG NRW sind ausdrücklich solche (Verdachte von) Straftaten i.S.d. § 8 Abs. 3 PolG NRW.[688]

---

687 BGH, Beschluss vom 30.01.2013 – 4 StR 527/12. „Satz 1 gestattet die vorgenannten Maßnahmen im ‚**öffentlichen Verkehrsraum**'. Hierunter fallen alle faktisch dem öffentlichen Verkehr zugänglichen Flächen und Verkehrswege, auch wenn sie im Privateigentum stehen und nicht öffentlich-rechtlich gewidmet sind (vgl. BeckOK Polizei- und Ordnungsrecht Niedersachsen, Möstl/Weiner, 6. Edition, Stand 20.5.2017, Rdn. 144). Der Straßenverkehrsraum ist daher lediglich ein Teil des öffentlichen Verkehrsraums. Gleichermaßen muss es sich bei den zu kontrollierenden Personen nicht auch zwangsläufig um (straßenverkehrsrechtliche) Verkehrsteilnehmer handeln. Der Begriff ist vielmehr im Sinne von ‚öffentlich zugänglichem Raum' zu verstehen und erfasst u.a. Örtlichkeiten wie Bahnhofshallen ebenso wie jedermann zugängliche Plätze (s. BT-Drs. 14/4329, Seite 38). Dementsprechend sind auch Kontrollen in öffentlichen Verkehrsmitteln wie Straßenbahnen oder Bussen oder in öffentlich zugänglichen Parkhäusern möglich (vgl. Möstl/Weiner a.a.O., Rdn. 142).".

688 Vgl. auch Nr. 8.3 VVPolG NRW: „Hierzu können auch andere Straftaten zählen, soweit sie gewerbs- oder bandenmäßig oder in anderer Weise organisiert begangen werden und dementsprechend einen erheblichen materiellen oder immateriellen (Gesamt-)Schaden verursachen.".

Terroristische Straftaten i.S.d. § 12a Abs. 1 S. 1 Nr. 1 PolG NRW sind ausdrücklich solche (Verdachte von) Straftaten i.S.d. iS.d. § 8 Abs. 4 PolG NRW.

Gewerbs- oder bandenmäßig begangene grenzüberschreitende Kriminalität i.S.d. § 12 Abs. 1 S. 1 Nr. 2 PolG NRW ist jeder (Verdacht) von einer (alternativ) gewerbsmäßigen Straftat[689] oder bandenmäßigen Straftat[690] i.S.v. § 11 Abs. 1 Nr. 5 StGB, mit bestimmtem grenzüberschreitendem Verhalten[691].[692]

Unerlaubter Aufenthalt i.S.d. § 12a Abs. 1 S. 1 S. 3 PolG NRW ist aktueller unerlaubter Aufenthalt i.S.d. AufenthG.[693]

---

689 Beispiele für **gewerbsmäßige Straftat**: § 146 Abs. 2 StGB; § 152a Abs. 3 StGB; § 152b Abs. 2 StGB; § 180a StGB; § 181a Abs. 2, 3 StGB; § 184b Abs. 2 StGB, § 184c Abs. 2 StGB; § 232 Abs. 3 Nr. 3 StGB; § 236 Abs. 4 StGB; §§ 242, 243 Abs. 1 S. 2 Nr. 3 StGB; § 253 Abs. 4 StGB; § 260 StGB; § 260a StGB; § 261 Abs. 1 Nr. 4, 5, Abs. 4 StGB; § 263 Abs. 3, 5 StGB; § 265e S. 2 Nr. 2 StGB; § 266a Abs. 4 S. 2 Nr. 3 StGB; § 267 Abs. 3 S. 2 Nr. 1, Abs. 4 StGB; § 275 Abs. 2 StGB; § 276 Abs. 2 StGB; § 284 Abs. 3 Nr. 1 StGB; § 291 Abs. 2 S. 2 Nr. 2 StGB; § 292 Abs. 2 S. 2 Nr. 1 StGB; § 300 S. 2 Nr. 2 StGB; § 303b Abs. 4 S. 2 Nr. 2 StGB; § 335 Abs. 2 Nr. 3 StGB; § 370 AO; § 373 AO; § 84a AsylG; § 97 AufenthG; § 30 BtMG; § 51 Abs. 2 WaffG.

690 Beispiele für **bandenmäßige Straftat**: §§ 242, 244 StGB; §§ 242, 244a StGB; § 250 Abs. 1 Nr. 2 StGB; § 260 StGB; § 260a StGB; § 370 AO; § 84a AsylG; § 97 AufenthG; § 30 BtMG; § 30a BtMG; § 51 Abs. 2 WaffG.

691 Landtagsdrucksache 17/2351 (Gesetzentwurf der Landesregierung – Gesetz zur Stärkung der Sicherheit in Nordrhein-Westfalen – Sechstes Gesetz zur Änderung des Polizeigesetzes des Landes Nordrhein-Westfalen), S. 31 (zu § 12a Abs. 1 PolG NRW): „Bei dem Begriff der ‚**grenzüberschreitenden Kriminalität**' in Nummer 2 handelt es sich um einen unbestimmten Rechtsbegriff. Er verweist nicht auf einen fest umrissenen Kreis bestimmter Delikte, sondern auf ein bestimmtes, objektivierbares Verhalten im Zusammenhang mit dem Delikt. Durch die Rechtsprechung kann im Einzelnen präzisiert werden, welchen sachlichen Zusammenhang zwischen dem Überschreiten der Grenze der Bundesrepublik Deutschland und der kriminellen Handlung das Gesetz durch den Begriff der grenzüberschreitenden Kriminalität herstellt, ob das Überschreiten der Grenze also Teil der Vorbereitung, Ausführung oder Beendigung einer Tat sein muss. Einer enumerativen Aufzählung von Delikten (Straftatenkatalog) bedarf es deshalb nicht (Bay. VerfGH, Entsch. vom 28.3.2003, Vf. 7-VII-00, Vf 8-VIII-00, Rdn. 103 f, zitiert nach Juris).".

692 Landtagsdrucksache 17/2351 (Gesetzentwurf der Landesregierung – Gesetz zur Stärkung der Sicherheit in Nordrhein-Westfalen – Sechstes Gesetz zur Änderung des Polizeigesetzes des Landes Nordrhein-Westfalen), S. 34 (zu § 12a Abs. 2 PolG NRW): „Das Ziel der Bekämpfung der **grenzüberschreitenden Kriminalität** umfasst die Prävention wegen zahlreicher für die grenzüberschreitende Kriminalität charakteristischer Delikte der **Banden- und Gewerbskriminalität**, wie z.B. das Einschleusen von Ausländern, den unerlaubten Aufenthalt, Urkundenfälschung, (Kraftfahrzeug-)Diebstahl sowie Verstöße gegen das Waffenund das Betäubungsmittelgesetz, und reicht bis hin zur Bekämpfung verschiedener, zum Teil schwerer, mit Freiheitsstrafe bis zu 10 Jahren bedrohter Verbrechen (§ 181 StGB).".

693 Die Voraussetzung der **Aktualität** des unerlaubten Aufenthalts kommt in § 12 Abs. 1 S. 1 Nr. 3 PolG NRW auch zum Ausdruck durch das Wort: „**Unterbindung**" (eines laufenden Geschehens) – im Unterschied zum Wort „**Verhütung**" in § 12 Abs. 1 S. 1 Nr. 1, 2 PolG NRW (≙ Unterbindung und **Verhinderung** eines auch noch völlig bevorstehenden Geschehens). Siehe auch Landtagsdrucksache 17/2351 (Gesetzentwurf der Landesregierung – Gesetz zur Stärkung der Sicherheit in Nordrhein-Westfalen – Sechstes Gesetz zur Änderung des Polizeigesetzes des Landes Nordrhein-Westfalen), S. 31 f. (zu § 12a Abs. 1 PolG NRW): „Der Begriff des ‚unerlaubten Aufenthalts' ist dabei von der illegalen Zuwanderung bzw. Einreise zu unterscheiden. Der unerlaubte Aufenthalt erfüllt den Straftatbestand des § 95 Absatz 1 Nr. 2 Aufenthaltsgesetz (AufenthG). Demnach macht sich ein Ausländer strafbar, der sich ohne erforderlichen Aufenthaltstitel nach § 4 Absatz 1 Satz 1 im Bundesgebiet aufhält, vollziehbar ausreisepflichtig ist, dem eine Ausreisefrist nicht gewährt wurde oder diese abgelaufen ist und dessen Abschiebung nicht

Tatsachen i.S.d. § 12a Abs. 1 S. 4 PolG NRW sind alle wahrnehmbaren Dinge der Welt – nicht ausreichend sind: hypothetische Erwägungen, reine Spekulationen, fallunabhängige Vermutungen; kriminalistische Erfahrung kann ausreichen, wenn sie einen Anhalt im Tatsächlichen hat.

Annahmerechtfertigung i.S.d. § 12a Abs. 1 S. 4 PolG NRW ist Ausreichen ggf. auch nur einer Tatsache für die Begründung der Annahme – je nach Abwägung aller Umstände, vgl. „rechtfertigen".[694]

(SUB/ERG)

Im konkreten Fall ist § 12a Abs. 1 S. 1, 4 PolG NRW (alternativ)

- bei Vorliegen von entsprechenden Anhaltspunkten / Fehlen entgegenstehender Anhaltspunkte erfüllt.
- bei Vorliegen von entsprechenden Anhaltspunkten nicht erfüllt.

---

ausgesetzt ist. Anknüpfungspunkt ist das Verbleiben im Bundesgebiet (Inland) trotz Ausreisepflicht, so dass es sich hierbei um ein echtes Unterlassungsdelikt handelt (vgl. Hohoff, in: Kluth/Heusch, Ausländerrecht, Kommentar 2016, AufenthG § 95 Rdn. 12). Im Gegensatz dazu handelt es sich bei der illegalen Zuwanderung bzw. Einreise (§ 14 AufenthG), die nach § 95 Absatz 1 Nr. 3 AufenthG ebenfalls strafbewehrt ist, um ein Begehungsdelikt. Sie knüpft räumlich gesehen bereits an das unmittelbare Betreten bzw. Überquerenwollen der Außengrenze eines Staates an, ist dem ‚unerlaubten Aufenthalt' zeitlich vorgelagert. Bei der Bekämpfung der illegalen Zuwanderung bzw. Einreise handelt es sich um eine originäre Aufgabe der Bundespolizei gemäß § 2 Bundespolizeigesetz und ist damit nicht primär als Kompetenz für die Polizei des Landes Nordrhein-Westfalen regelbar. Auch die Berücksichtigung der Vorgaben der Verordnung (EG) Nr. 562/2006 des Europäischen Parlaments und des Rates vom 15. März 2006 über einen Gemeinschaftskodex für das Überschreiten der Grenzen durch Personen (Schengener Grenzkodex) bei der Ausübung der Regelung des § 12a, die unter Artikels 21 lit. a Einschränkungen der Abschaffung der Grenzkontrollen an den Binnengrenzen regelt, berührt die Länderzuständigkeit nicht.".

[694] Landtagsdrucksache 17/2351 (Gesetzentwurf der Landesregierung – Gesetz zur Stärkung der Sicherheit in Nordrhein-Westfalen – Sechstes Gesetz zur Änderung des Polizeigesetzes des Landes Nordrhein-Westfalen), S. 32 (zu § 12a Abs. 1 PolG NRW): „Satz 4 stellt die Maßnahme unter die Voraussetzung, dass Anhaltspunkte vorliegen, die auf nachprüfbaren Tatsachen beruhen. Diese Tatsachen müssen den Schluss darauf zulassen, dass in diesem Gebiet Straftaten der in Absatz 1 in den Ziffern 1 bis 3 bezeichneten Art begangen werden sollen und darüber hinaus, dass die Maßnahme zur Verhütung dieser Straftaten erforderlich und auch verhältnismäßig ist (Satz 5).", S. 34: „Beim Gesundheits, Arbeits- und Umweltschutz ist eine Gefahrenvorsorge seit langem anerkannt. Sie muss nach Umfang und Ausmaß dem Gefahren- oder Risikopotential, dem sie gilt, angemessen sein (vgl. BVerwGE 69, 37/44). Während bei solcher Vorsorge und im Fall konkreter Polizeigefahr die Gefahren- oder Risikoquelle bekannt ist und gesetzliche Anforderungen im Regelfall (nur) den Verursacher oder Störer treffen, gibt es zwischen dem verdachtsunabhängig Kontrollierten und der Gefahr, der die Vorsorge gilt, keinen vergleichbaren Zusammenhang. Eine verfassungsrechtlich begründete Forderung nach einem solchen ‚Zurechnungszusammenhang' (vgl. Landesverfassungsgericht Mecklenburg-Vorpommern, DVBl 2000, 262/265) macht jedoch von vornherein nur dort einen Sinn, wo die Gefahr nicht gleichsam anonym ist.".

C. Materielle Rechtmäßigkeit (MR) II. Inanspruchnahme (In) / Inanspruchnahmevoraussetzungen (Inv)

(VOR/DEF)

Inanspruchnahmevoraussetzungen sind materiell-rechtliche Bedingungen für richtige Inanspruchnahme.

Inanspruchnahme ist Adressierung und sonstiges Betroffenmachen; **Adressierung** ist direktes Bestimmen oder finales Richten einer Maßnahme an einen Grundrechtsträger, vgl. §§ 41 Abs. 1 S. 1, 43 Abs. 1 S. 1 VwVfG NRW.

Nach § 12a Abs. 1, 2, 3 PolG NRW ist Inanspruchnahme grundsätzlich alternativ richtig wie folgt: aller natürlichen Personen im öffentlichen Verkehrsraum der Anhalte- und Sichtkontrolle.[695]

Person i.S.d. § 12 Abs. 1 Nr. 1, 2, 3 PolG NRW ist natürliche Person im Sinne von § 1 BGB.

Nach § 12 PolG NRW ist Inanspruchnahme durch IDF-Maßnahmen (§ 12a Abs. 1 S. 1 Var. 3 PolG NRW) grundsätzlich alternativ richtig wie folgt:

- § 12 Abs. 2 S. 2 W. 4, 5 PolG NRW: betroffene Person
- § 12 Abs. 2 S. 3 W. 2, 3 PolG NRW: betroffene Person
- § 12 Abs. 2 S. 4 W. 9, 10 PolG NRW: betroffene Person.[696]

Nach § 9 PolG NRW ist Inanspruchnahme durch Befragung (§ 12a Abs. 1 S. 1 Var. 2 PolG NRW) gegenüber einer Person grundsätzlich alternativ richtig wie folgt:

- § 9 Abs. 2 PolG NRW: jede Person(, die sachdienliche Angaben machen kann);
- § 9 Abs. 3 PolG NRW: eine Person(, deren Befragung nach § 9 Abs. 2 PolG NRW zulässig ist);
- § 9 Abs. 4 PolG NRW: betroffene Person.[697]

§ 9 Abs. 4 PolG NRW lautet: „Die Befragung richtet sich an die betroffene Person. Ist deren Befragung nicht oder nicht rechtzeitig möglich oder würde sie die Erfüllung der polizeilichen Aufgabe erheblich erschweren oder gefährden, können die Daten auch ohne Kenntnis der betroffenen Person erhoben werden, wenn dies zur Aufgabenwahrnehmung gemäß Absatz 2 erforderlich ist.“[698]

---

[695] Landtagsdrucksache 17/2351 (Gesetzentwurf der Landesregierung – Gesetz zur Stärkung der Sicherheit in Nordrhein-Westfalen – Sechstes Gesetz zur Änderung des Polizeigesetzes des Landes Nordrhein-Westfalen), S. 34 (§ 12a Abs. 1 PolG NRW): „Beim Gesundheits, Arbeits- und Umweltschutz ist eine Gefahrenvorsorge seit langem anerkannt. Sie muss nach Umfang und Ausmaß dem Gefahren- oder Risikopotential, dem sie gilt, angemessen sein (vgl. BVerwGE 69, 37/44). Während bei solcher Vorsorge und im Fall konkreter Polizeigefahr die Gefahren- oder Risikoquelle bekannt ist und gesetzliche Anforderungen im Regelfall (nur) den Verursacher oder Störer treffen, gibt es zwischen dem verdachtsunabhängig Kontrollierten und der Gefahr, der die Vorsorge gilt, keinen vergleichbaren Zusammenhang. Eine verfassungsrechtlich begründete Forderung nach einem solchen ‚Zurechnungszusammenhang‘ (vgl. Landesverfassungsgericht Mecklenburg-Vorpommern, DVBl 2000, 262/265) macht jedoch von vornherein nur dort einen Sinn, wo die Gefahr nicht gleichsam anonym ist.“.

[696] Nr. 12.12 VVPolG NRW: „Identitätsfeststellungen nach § 12 Abs. 1 Nrn. 2 bis 4 sind bei Personen, die offensichtlich in keiner Beziehung zu dem mit der Maßnahme verfolgten Zweck stehen, nicht vorzunehmen.“.

[697] Nr. 9.11 S. 1 VVPolG NRW: „Eine Person kann unabhängig davon befragt werden, ob die Voraussetzungen der §§ 4 bis 6 vorliegen.“.

[698] Nr. 9.3 VVPolG NRW: „Eine Datenerhebung kann ohne Kenntnis der betroffenen Person u.a. bei öffentlichen Stellen oder Dritten sowie aus allgemein zugänglichen Quellen erfolgen. Eine Datenerhe-

(SUB/ERG)

Im konkreten Fall ist mit Anhalte- und Sichtkontrollen-Maßnahme nach § 12a PoG NRW die Person (alternativ)

- richtigerweise adressiert/in Anspruch genommen.
- nicht richtigerweise adressiert/in Anspruch genommen.

C. Materielle Rechtmäßigkeit (MR) III. Rechtsfolge (Rf) / Rechtsfolgevoraussetzungen (RfV)

(VOR/DEF)

Rechtsfolge ist rechtliche Folge aus dem Tatbestand. / **Rechtsfolgevoraussetzungen** sind materiell-rechtliche Rechtsfolgegestaltungsbedingungen.

C. Materielle Rechtmäßigkeit (MR) III. Rechtsfolge (Rf) 1. Tatsächliche und rechtliche Möglichkeit (TurM)

(VOR/DEF)

Tatsächliche und rechtliche Möglichkeit betrifft Fälle wie aus § 44 Abs. 2 Nr. 4-6 VwVfG NRW.

(SUB/ERG)

Tatsächliche und rechtliche Möglichkeit ist im konkreten Fall gegeben/nicht gegeben aufgrund Vorliegens/Nichtvorliegens von kognitiven, körperlichen, normativen, technischen Unmöglichkeiten.

Von der zwecks Personalienermittlung oder zu sonstigen Angaben i.S.d. § 12a Abs. 1 S. 1 PolG NRW befragten Person wird grundsätzlich nichts tatsächlich und rechtlich Unmögliches verlangt insbesondere dann, wenn diese zur maßgeblichen Zeit im tatsächlichen und rechtlichen Sinne „Herrschaft über die Befragungsinhalte" hat, zum Beispiel „Herrschaft über eigene Wahrnehmungen", wenn die Person zu diesen befragt wird; was insbesondere dann der Fall ist, wenn es bei der befragten Person nicht gibt:

- kognitive oder körperliche Hindernisse für das Verstehen der Fragen oder für die Wahrnehmungsangaben;
- rechtliche Hindernisse, insbesondere keine entgegenstehenden Rechte von anderen Datenberechtigten für die Befragungsbefolgung, also für die Angaben.

---

bung durch Befragung Dritter oder durch Auskunftsersuchen bei einer anderen Behörde ist nicht schon deshalb eine **verdeckte Maßnahme**, weil sie ohne Kenntnis der betroffenen Person erfolgt.". Nr. 9.4 VVPolG NRW: „Eine **verdeckte Datenerhebung** liegt vor, wenn getarnte Maßnahmen zur Datenerhebung vorgenommen werden, insbesondere die Zugehörigkeit zur Polizei bewusst verschleiert wird. Um ein **verdecktes Vorgehen** handelt es sich nicht schon, wenn Polizeivollzugsbeamtinnen oder Polizeivollzugsbeamte Dienst in Zivilkleidung verrichten oder ein äußerlich nicht als solches zu erkennendes Dienstfahrzeug benutzen.".

Tatsächlich-rechtliche Unmöglichkeit ist bzgl. Identitätsfeststellungsmaßnahmen i.S.v. § 12a Abs. 1 S. 1 Var. 3 PolG i.V.m. § 12 Abs. 2 PolG NRW gegeben im Fall nie erfolgter erster Zuordnung von der betroffenen Person und einem identitätstauglichen Personaliensatz, sodass eine daran anknüpfende Zuordnung von Mensch und bereits bestimmtem Personaliensatz faktisch nicht erfolgen kann.

Tatsächliche Unmöglichkeiten können zum Beispiel sein: technische oder sonstige (kommunikative) Hindernisse für den Adressaten des Anhalteverlangens i.S.v. § 12a Abs. 1 S. 1 Var. 1 PolG NRW oder der Befragungs-Datenerhebung i.S.v. § 12a Abs. 1 S. 1 Var. 2 PolG NRW oder von Anordnungen oder Fragen nach § 12a Abs. 1 S. 1 Var. 3 PolG NRW oder des Öffnungsverlangens i.S.v. § 12a Abs. 1 S. 3 PolG NRW, zum Beispiel auch durch das Nichtverstehen der Anordnung oder der Frage aufgrund Fremdsprache zumindest ohne Dolmetscher oder Übersetzer oder zum Beispiel auch durch das Nichtverstehen der Anordnung oder der Frage aufgrund geistiger oder körperlicher Behinderung[699].

Rechtliche Unmöglichkeit kann sich insbesondere aus der Rechtswidrigkeit einer Anordnung oder einer Befragung ergeben und dann auch zum Beispiel aus auf den Adressaten anwendbaren Rechtsnormen wie solche des DSG NRW oder §§ 201-206, 353b, 353d, 355 StGB, soweit kein Rechtfertigungsgrund oder ähnliches gegeben ist; oder aus weiteren verfassungsrechtlich übergeordneten Geheimhaltungsbelangen (wie Abwehr von konkretisiert drohenden Schäden für erhebliche, im konkreten Fall überragende Rechte und Rechtsgüter wie Leib, Leben, Freiheit einer Person oder Bestand und Sicherheit des Staates).

C. Materielle Rechtmäßigkeit (MR) III. Rechtsfolge (Rf) 2. Bestimmtheit (Bsh)

(VOR/DEF)

Bestimmtheit ist Maßnahmenerkennbarkeit und Maßnahmenverstehbarkeit, bei VA und Realakten Gebot nach Art. 20 Abs. 3 GG, bei VA Pflicht auch gemäß § 37 Abs. 1 VwVfG NRW.

(SUB/ERG)

Inhaltlich hinreichende Bestimmtheit i.S.d. § 37 Abs. 1 VwVfG NRW/Art. 20 Abs. 3 GG ist allgemein gegeben, wenn nach Auslegung der Maßnahme der Erklärungsempfänger wie jeder vernünftige Dritte, §§ 133, 157 BGB analog, in der konkreten Situation deren Inhalt hinreichend erkennen und verstehen kann, insbesondere wie folgt:

- dass die Polizei ggü./mit dem Maßnahmenempfänger/Erklärungsempfänger (wer)
- aus Gefahrenabwehrgründen (warum)
- zu einer spezifischen Zeit (wann)
- bezweckt, dass strategische Fahndung durchgeführt werden soll (was)
- und zwar zur durch Anhalte- und Sichtkontrollmaßnahmen (wie).

---

699 Zu möglichen Sprachunmächtigkeiten/Sprachunverständlichkeiten vgl. auch § 33 Abs. 6 S. 3 PolG NRW, § 33a Abs. 2 PolG NRW, § 114a StPO, § 114b Abs. 1 StPO, § 114b Abs. 2 S. 3 StPO, § 158 Abs. 4 StPO; zu möglichen Sehbehinderungen, Hörbehinderungen oder Sprach-Behinderungen vgl. auch § 114b Abs. 2 S. 3 StPO, § 140 Abs. 1 Nr. 11 StPO.

C. Materielle Rechtmäßigkeit (MR) III. Rechtsfolge (Rf) 3. Ermessen (Erm)

(VOR/DEF)

Ermessen[700] ist Entscheidungsspielraum auf der Rechtsfolgenseite bzgl. rechtsfehlerfreier Ausübung von Einschreit-Entschließung (Ob), Adressaten-Auswahl (Wer), Maßnahmen-Gestaltung (Wie), grundsätzlich gegeben durch § 12a Abs. 1 S. 1 Wort 3, Abs. 1 S. 2 W. 5, Abs. 1 S. 3 W. 3 PolG NRW, § 3 PolG NRW, bei VA auch durch § 40 VwVfG NRW.

(SUB/ERG)

Der gegebene Entscheidungsspielraum wird aufgrund von entsprechenden Anhaltspunkten/in Ermangelung entgegenstehender Anhaltspunkte ohne Ermessensfehler/mit Ermessensfehlern (Ermessensunterschreitung, Ermessensüberschreitung, Ermessensfehlgebrauch) ausgeübt bzgl. folgender Ermessensarten:

a) Entschließungsermessen:

Das Entschließungsermessen kann im konkreten Fall sogar gegen / auf Null reduziert sein, insbesondere wegen:

- Einschreitmöglichkeit;
- Erheblichkeitsgrad von Gefährdungen, z.B. konkreter (dringender, erheblicher, gegenwärtiger) Gefahr.

b) Auswahlermessen:

siehe C. II.: Auswahlermessen wird abschließend beurteilt i.V.m. Punkt C. II. (Inanspruchnahme)

c) Gestaltungsermessen:

siehe C. III. 4.: Gestaltungsermessen, § 3 Abs. 2 PolG NRW (Austauschmittel), wird abschließend beurteilt i.V.m. Punkt C. III. 4. (VHM).

C. Materielle Rechtmäßigkeit (MR) III. Rechtsfolge (Rf) 4. Verhältnismäßigkeit (VHM)

(VOR/DEF)

Verhältnismäßigkeit ist Geeignetheit, Erforderlichkeit, Angemessenheit der Maßnahme zu einem legitimen Zweck.

(VOR/DEF)

a) Legitimer Zweck ist jeder verfassungsgemäße Zweck.

---

[700] Zum Ermessen einschließlich Rechtsnatur, Ermessensarten, Ermessensreduzierungen, Ermessensfehlern, Maßnahmenansprüchen mit Beispielen siehe auch: *Basten*, Eingriffsrecht der Polizei in Nordrhein-Westfalen, Band 1, S. 271-283.

(SUB/ERG)

Im konkreten Fall verfolgt die Anhalte- und Sichtkontroll-Maßnahme (alternativ)

- einen legitimen Zweck, nämlich einen Zweck aus § 12a Abs. 1 S. 1 Nr. 1-3 PolG NRW[701], also die verfassungsgemäße Abwehr von Schäden für Rechte und Rechtsgüter wie aus Art. 2 Abs. 2 S. 1, 2 GG, Art. 14 Abs. 1 S. 1 Alt. 1 GG, Art. 20 Abs. 3 GG, vgl. auch die Grundrechtsschutzfunktion[702], insbesondere in Bezug auf die in § 12 Abs. 1 PolG NRW genannten Straftaten und die damit zusammenhängende Kriminalität[703].
- keinen legitimen Zweck.

(VOR/DEF)

b) Geeignetheit einer staatlichen Maßnahme ist gegeben bei deren Zweckförderungstauglichkeit, vgl. auch § 2 Abs. 3 PolG NRW.

(SUB/ERG)

Im konkreten Fall ist die Anhalte- und Sichtkontroll-Maßnahme (alternativ)

- geeignet,
    - wegen Förderung des Erhebens von Identitätsdaten und damit Förderung Förderung des legitimen Zwecks (insbesondere aus den Voraussetzungen der Befugnisrechtsnorm, bzgl. Rechte und Rechtsgüter wie aus Art. 2 Abs. 2 S. 1, 2 GG, Art. 14 Abs. 1 S. 1 Alt. 1 GG, Art. 20 Abs. 3 GG), zum Beispiel durch:
    - Unterbindung weiteren, potentiell schadensträchtigen Geschehensablaufs; bzgl. der kontrollierten Person bewirkt die IDF verhaltenssteuernde/n, potentiell gefahr-/störungs-/tatabschreckende/n „Aufhebung der Anonymität"/„Kontrolldruck";
    - Verhinderung weiteren, potentiell schadensträchtigen Geschehensablaufs, etwa durch weitere Aufklärung der Person bzw. des Personenumfelds über die Identitätsdaten und dadurch Ermöglichung besserer Entscheidung zu weiteren Maßnahmen;

---

[701] Landtagsdrucksache 17/2351 (Gesetzentwurf der Landesregierung – Gesetz zur Stärkung der Sicherheit in Nordrhein-Westfalen – Sechstes Gesetz zur Änderung des Polizeigesetzes des Landes Nordrhein-Westfalen), S. 32 f. (zu § 12a Abs. 2 PolG NRW): „Die Befugnis zur Identitätsfeststellung nach § 12a dient einem legitimen Zweck. Das Gesetz selbst nennt die Zwecke in Abs. 1: Verhütung oder Unterbindung von bestimmten Gefahren bzw. Deliktsformen. Die Unterbindung des unerlaubten Aufenthalts dient der Stabilisierung der verwaltungsrechtlichen Ordnungssysteme des Ausländergesetzes und des Asylgesetzes (Renner, Ausländerrecht, 7. Aufl. 1999, Rdn. 2 zu § 92). Die Bekämpfung der gewerbs- und bandenmäßigen grenzüberschreitenden Kriminalität sowie der übrigen in § 8 Absatz 3 genannten Straftaten bezieht ihre Legitimität aus der Verpflichtung des Staates zum Schutz seiner Bürgerinnen und Bürger (vgl. Bay. VerfGHE vom 7.2.2006, AZ.: Vf 69-VI-04, Rdn. 50 zitiert nach Juris; BVerfGE vom 1.8.1978, 2 BvR 1013/77, 2 BvR 1019/77, 2 BvR 1034/77, Rdn. 114 zitiert nach Juris). Das Gleiche gilt für die mit diesem Gesetz neu eingeführten Gefahrenformen der drohenden sowie drohenden terroristischen Gefahr gemäß § 8 Absatz 4 und 5.".

[702] Zu Grundrechtsfunktionen siehe auch: *Basten*, Eingriffsrecht der Polizei in Nordrhein-Westfalen, Band 1, S. 78-84.

[703] Zu Grundrechtsfunktionen siehe auch: *Basten*, Eingriffsrecht der Polizei in Nordrhein-Westfalen, Band 1, S. 78-84.

- ○ Eigensicherung (Funktionsfähigkeit, vgl. auch Art. 20 Abs. 3 GG) und Fremdsicherung (vgl. PHW wie Ansteckungsgefahr, Suizidgefahr) durch Kenntnis des Gegenübers („durch Wissen darüber, mit wem man es zu tun hat“);
- ○ mittelbar über sonstiges wie Greifbarkeit, Nachfragemöglichkeit, Wiedererkennbarkeit der identifizierten Personen bzw. des Personenumfelds.[704]

- ungeeignet.

(VOR/DEF)

c) **Erforderlichkeit** einer staatlichen Maßnahme ist Nichtverfügbarkeit eines milderen (Übermaßverbot), gleich geeigneten (Untermaßverbot) Mittels zur Zweckförderung; vgl. auch § 2 Abs. 1 PolG NRW; vgl. auch § 12 Abs. 1 Nr. 3 W. 63 PolG NRW („erforderlich“), § 12 Abs. 2 S. 1 W. 9 PolG NRW („erforderlichen“), § 12 Abs. 2 S. 3 Hs. 2 PolG NRW („wenn die Identität auf andere Weise nicht oder nur unter erheblichen Schwierigkeiten festgestellt werden kann“), § 12 Abs. 2 S. 4 PolG NRW („Unter den Voraussetzungen des Satzes 3“); ggf. § 9 Abs. 1 S. 2 i.V.m. § 22a Abs. 1 PolG NRW[705]; bei Festhalten zwecks IDF im Gewahrsam vgl. auch § 37 Abs. 3 S. 3 PolG NRW („Beschränkungen“, „die der Zweck der Freiheitsentziehung oder die Ordnung im Gewahrsam erfordert.“).

Gemäß § 12a Abs. 2 S. 3 PolG NRW ist die Anordnung zeitlich und örtlich auf den in § 12a Abs. 1 PolG NRW genannten Zweck zu beschränken. Gemäß § 12a Abs. 2 S. 4 PolG NRW darf die Anordnung die Dauer von 28 Tagen nicht überschreiten. Gemäß § 12a Abs. 2 S. 5 PolG NRW ist eine Verlängerung um jeweils bis zu weiteren 28 Tagen zulässig, soweit die Voraussetzungen für eine Anordnung weiterhin vorliegen.

(SUB/ERG)

Im konkreten Fall ist die Anhalte- und Sichtkontroll-Maßnahme (alternativ)

- erforderlich, denn einerseits sind mildere Maßnahmen wie (zum Beispiel) Nichtstun, allgemeine Verkehrskontrolle oder Platzverweisung (alleine) nicht gleich geeignet, weil sie zum Beispiel nicht Abschreckungseffekte durch Anonymitätsaufhebung und allge-

---

704 Landtagsdrucksache 17/2351 (Gesetzentwurf der Landesregierung – Gesetz zur Stärkung der Sicherheit in Nordrhein-Westfalen – Sechstes Gesetz zur Änderung des Polizeigesetzes des Landes Nordrhein-Westfalen), S. 33 (zu § 12a Abs. 2 PolG NRW): „Die Befugnis zur Identitätsfeststellung nach § 12 a ist auch geeignet, diesen ihr zugedachten Zweck zu erfüllen. Identitätsfeststellung ist in erster Linie eine Maßnahme der Gefahrerforschung (Schmidbauer/Steiner/Roese, Bayerisches Polizeiaufgabengesetz, 1999, RdNr. 5 zu Art. 13; 322; Gusy, Polizeirecht, 4. Aufl. 2000, RdNr. 200). Sie dient in präventiver Hinsicht dazu, die Polizei in die Lage zu versetzen, durch einen Abgleich der festgestellten Identität mit polizeilichen Datenbeständen nach Maßgabe der Vorschriften des PolG NRW eine von der kontrollierten Person möglicherweise ausgehende oder sonst mit ihr zusammenhängende Gefahr durch weitergehende Maßnahmen abzuwehren. Auch können anlässlich der Identitätskontrolle Auffälligkeiten registriert werden, die weitergehende Maßnahmen - etwa Durchsuchungen - nach sich ziehen; außerdem mag die Aufhebung der Anonymität einen potentiellen Störer bewegen, auf Aktivitäten zu verzichten (vgl. Waechter, DÖV 1999, 138/139). Zugleich entfaltet die Befugnis zur Feststellung der Identität eine von der einzelnen Maßnahme unabhängige generalpräventive Wirkung (Waechter, a.a.O., S. 144 f.).“.

705 Vgl. insbesondere § 36 Nr. 18c DSG NRW: Danach bezeichnet der Begriff „besondere Kategorien personenbezogener Daten“ unter anderem: „biometrische Daten zur eindeutigen Identifizierung einer natürlichen Person“.

meinen Kontrolldruck sowie Gefahrerforschung in gleicher Weise fördern (Untermaßverbot) und andererseits sind (mindestens) gleich geeignete, intensivere Maßnahmen wie Zwang noch nicht notwendig (Übermaßverbot).[706]

- nicht erforderlich.

Zur buchstäblichen Identitäts-„Feststellung“: Bei einem Hintereinander oder Nebeneinander von IDF-Maßnahmen kommt es insbesondere auf die Sicherheit bis hin zur Zweifelsfreiheit der Identitätsfeststellung, also dem Vorliegen einer wirklichen Feststellung an („Identitätsfeststellung statt Identitätsplausibilisierung“).

Bloßes Befragen und bloßes Abprüfen von geantworteten oder sonst vorliegenden Datensätzen ohne Zuordnung des bildlich vor Augen stehenden Menschen zum Personaliensatz begründet nicht unbedingt eine erforderliche Feststellung der Identität.

Bei Nebeneinander von Identitätsdokumenten/Ausweispapieren und Berechtigungsscheinen oder sonstigen Papieren mit Identitätsangaben gibt es i.d.R. kein Fehlen von Erforderlichkeit zusätzlich gerade des Ausweisdokuments, denn sonstige andere Papiere sind i.d.R. kein milderes, gleich geeignetes Mittel, etwa wegen unterschiedlicher Befugnis- und Dokumentenzwecke sowie Papierqualität (vgl. nur EC-Karte ohne Lichtbild).

Vorhandensein eines Dokuments allein führt nicht unbedingt automatisch zum Fehlen von Erforderlichkeit, etwa bei Anhaltspunkten von Amtlichkeitsmängeln, Fälschung, Identitätssicherungsmängeln wie etwa Fehlen eines Lichtbilds, Leseschwierigkeiten, sonstigen Qualitätsmängeln oder sonstigen Glaubhaftigkeitsmängeln oder Glaubwürdigkeitsmängeln.

Ggf. bauen mehrere IDF-Maßnahmen je nach Nichtfeststellung der Identität verhältnismäßig in ihrer Grundrechtseingriffsintensität aufeinander auf (vgl. zum Beispiel bloßes Anhalten, bloße Befragung, Inaugenscheinnahme, Sachendurchsuchung, Personendurchsuchung, Maßnahmen zwecks IDF nach § 12 Abs. 2 PolG NRW bis hin zur „Sistierung“ oder bis hin zu erkennungsdienstlichen Maßnahmen).[707]

---

[706] Landtagsdrucksache 17/2351 (Gesetzentwurf der Landesregierung – Gesetz zur Stärkung der Sicherheit in Nordrhein-Westfalen – Sechstes Gesetz zur Änderung des Polizeigesetzes des Landes Nordrhein-Westfalen), S. 30 f. (zu § 12a PolG NRW): „Diese Befugnis trägt in besonderer Weise der Tatsache Rechnung, dass Nordrhein-Westfalen aufgrund seiner geographisch zentralen Lage, den vorhandenen Verkehrswegen und dem zunehmenden grenzüberschreitenden Verkehr zu einem stark belasteten Transitland geworden ist. Der Ballungsraum an Rhein und Ruhr gilt als der Schnittpunkt eines dichten Autobahngeflechts, als Mitte eines Netzes aus Wasserwegen, Eisenbahnverbindungen und Flugrouten und ist eng verbunden mit den wichtigen Wirtschaftsräumen in Europa, wie beispielsweise den Beneluxländern, Südostengland und Nordfrankreich. Daraus ergibt sich das Erfordernis, Verkehrswege intensiver in die polizeiliche Kontrolltätigkeit einzubeziehen, um den besonderen Erscheinungsformen grenzüberschreitender Kriminalität sowie der Schleuserkriminalität wirkungsvoll begegnen zu können. Personenkontrollen und Identitätsfeststellungen nach § 12 haben sich bislang als nicht ausreichend erwiesen, um die in § 12a aufgeführten Straftatenbekämpfen zu können. Gleiches gilt für Verkehrskontrollen nach § 36 Abs. 5 der Straßenverkehrsordnung, denn diese dienen ausschließlich der Abwehr von Gefahren, die von verkehrsuntüchtigen Verkehrsteilnehmern oder Kraftfahrzeugen ausgehen, nicht aber der Bekämpfung von Straftaten. Erst die Ergänzung um eine Regelung wie in § 12a ermöglicht es der Polizei, die genannten Formen der Kriminalität wirksamer zu verhüten.“.

[707] BVerfG, Beschluss der 1. Kammer des Ersten Senats vom 08.03.2011 – 1 BvR 47/05 –, Rn. 23: „Ein weiterer Eingriff in das Freiheitsrecht des Art. 2 Abs. 2 Satz 2 GG darf also nur dann erfolgen, wenn die Polizei auf der Basis der bereits bekannten Daten berechtigte **Zweifel an der Identität** der Person hat. Hiervon kann im vorliegenden Fall nicht ausgegangen werden. Der Beschwerdeführer hat sich gegenüber der Polizei vor Ort mit einem Bundespersonalausweis ausgewiesen. Der **Bundespersonalausweis** ist dabei in besonderer Weise als Dokument zur **Feststellung der Identität** geeignet, da er gemäß § 1

Vgl. § 38 Abs. 1 Nr. 3, Abs. 2 Nr. 5 PolG NRW bzgl. der Rechtsfolge-Dauer des Dauer(verwaltungs)akts bei Festhalten zur IDF.[708]

(VOR/DEF)

d) Angemessenheit oder **Verhältnismäßigkeit im engeren Sinne** einer staatlichen Maßnahme ist angemessenes Maß oder Verhältnis zwischen Zweckförderung für Erhaltungsrechte und Wirkungen für Eingriffsrechte, vgl. auch § 2 Abs. 2 PolG NRW, vgl. auch die betroffenen Grundrechte.[709]

(SUB/ERG)

Im konkreten Fall ist die Anhalte- und Sichtkontroll-Maßnahme (alternativ)

- angemessen, denn die GR-Eingriffe in Art. 2 Abs. 1 i.V.m. Art. 1 Abs. 1 GG, Art. 2 Abs. 2 S. 2 GG stehen angesichts der zu schützenden Rechte und Rechtsgüter aus Art. 2 Abs. 2 S. 1, 2 GG, Art. 14 Abs. 1 S. 1 Alt. 1 GG, Art. 20 Abs. 3 GG nicht außer Verhältnis. Vgl. auch 12.21 VVPolG NRW: „Bei der Entscheidung, ob die betroffene Person zur Dienststelle gebracht werden soll, ist zu prüfen, ob dies zu dem beabsichtigten Erfolg nicht außer Verhältnis steht." Nicht zuletzt der Eingriffsadressat kann ein Interesse an der Zweckerreichung haben (zum Beispiel: Gefahrenabwehr durch allgemeinen Kontrolldruck).[710]

PAuswG die erforderlichen Daten für eine Identifikation und strafrechtlich relevante Erfassung der Person enthält und darüber hinaus mit besonderen Fälschungssicherungen versehen ist. Anhaltspunkte dafür, dass der Ausweis des Beschwerdeführers gefälscht war oder seine Person nicht mit dem Ausweisinhaber übereinstimmte, etwa, weil das Foto keine oder nur geringe Ähnlichkeit mit ihm aufwies, sind weder von der Polizei noch vom Landgericht benannt worden noch sind sie ansonsten ersichtlich. Daher ist - insbesondere im Hinblick auf das verfassungsrechtlich fundierte Regel-Ausnahme-Verhältnis zwischen bloßer Identitätsfeststellung und weiterem Festhalten - davon auszugehen, dass es den Polizeibeamten möglich war, die Identität aufgrund des vorgelegten Bundespersonalausweises vor Ort hinreichend sicher festzustellen. Ein Festhalten aus reinen Praktikabilitätserwägungen vermag schon die Erforderlichkeit der Maßnahme nicht zu begründen und dürfte im Übrigen auch auf die Abwägung im Rahmen der Prüfung der Verhältnismäßigkeit einer derartigen Maßnahme keinen Einfluss haben (vgl. BVerfG, Beschluss der 2. Kammer des Zweiten Senats vom 27. Januar 1992 - 2 BvR 658/90 -, NVwZ 1992, S. 767 <768>).".

708 Landtagsdrucksache 17/2351 (Gesetzentwurf der Landesregierung – Gesetz zur Stärkung der Sicherheit in Nordrhein-Westfalen – Sechstes Gesetz zur Änderung des Polizeigesetzes des Landes Nordrhein-Westfalen), S. 49 (zu § 38 Abs. 2 Nr. 5 PolG NRW): „Aus Gründen der Verhältnismäßigkeit ist die Verlängerung des Gewahrsams auf das unbedingt notwendige Maß zu beschränken. Sie darf nicht dazu führen, dass die zur Klärung der Identität erforderlichen Maßnahmen nicht mehr mit derselben Dringlichkeit durchgeführt werden wie zuvor.".

709 Vgl. auch Nr. 12.21 VVPolG NRW: „Bei der Entscheidung, ob die betroffene Person zur Dienststelle gebracht werden soll, ist zu prüfen, ob dies zu dem beabsichtigten Erfolg nicht außer Verhältnis steht.".

710 Landtagsdrucksache 17/2351 (Gesetzentwurf der Landesregierung – Gesetz zur Stärkung der Sicherheit in Nordrhein-Westfalen – Sechstes Gesetz zur Änderung des Polizeigesetzes des Landes Nordrhein-Westfalen), S. 33 f. (zu § 12a PolG NRW bzw. hier auch direkt zu § 12 PolG NRW): „§ 12a führt in Absatz 1 Satz 2 zur Anwendbarkeit des § 12 Absatzes 2. Die mit diesen Maßnahmen einhergehenden Einbußen an grundrechtlich geschützter Freiheit stehen nicht in unangemessenem Verhältnis zu den legitimen Gemeinwohlzwecken, denen die Grundrechtsbeschränkung dient. Eine Identitätskontrolle nach Maßgabe des § 12 Abs. 2 PolG greift nur sehr geringfügig in die allgemeine Handlungsfreiheit und das

- unangemessen.

Angemessenheitssteigerung kann im Fall von Festhalten zwecks IDF im Gewahrsam unter Umständen durch folgende (alternative) Befugnisse bewirkt werden:

- § 37 Abs. 3 S. 4 PolG NRW: offene Beobachtung mittels Bild- und Tonübertragung „zum Schutz der Person“[711]
- § 37 Abs. 3 S. 5 PolG NRW: Abgrenzung des Toilettenbereichs durch geeignete Sichtschutzwände „[z]ur Wahrung der Intimsphäre“.

(ERG VHM)

Die Maßnahme ist insgesamt i.S.v. § 2 PolG NRW, Art. 20 Abs. 3 GG (alternativ)

- verhältnismäßig.
- unverhältnismäßig.

D. Gesamtergebnis (GErg)

Die Anhalte- und Sichtkontrollmaßnahme ist (alternativ)

- gemäß § 12a PolG NRW rechtmäßig.
- gemäß Art./§ (bestimmter Rechtsnorm [z.B. Art. 20 Abs. 3 GG]) rechtswidrig.

Recht auf informationelle Selbstbestimmung ein. Der Eingriff erschöpft sich in einem Angehalten- und Befragtwerden sowie der Verpflichtung, ein mitgeführtes Ausweispapier zur Prüfung auszuhändigen. Soweit sich dabei weitere, über die Identitätsfeststellung hinausgehende Maßnahmen anschließen, beruhen diese nicht auf § 8 PolG. Die Datenverarbeitung richtet sich vielmehr nach den §§ 22 ff. PolG. § 12a PolG erfasst zwar einen beliebig großen Personenkreis. Jeder, der sich im öffentlichen Verkehrsraum aufhält, kann theoretisch einer Identitätskontrolle ausgesetzt sein, ohne dass das mit seinem Verhalten in Beziehung gebracht werden könnte oder durch ihn veranlasst wäre. Außerhalb des Grenzgebiets ist der Kontrollraum aber auf wenige räumliche Bereiche mit größerem abstrakten Gefahrenpotential beschränkt und die abstrakte Kontrollwahrscheinlichkeit im Einzelfall damit deutlich herabgesetzt. Insgesamt ergibt sich das Bild einer geringfügigen Grundrechtsbeeinträchtigung. Einer sehr niedrigen Belastung im Einzelfall stehen tatbestandlich gemessen an der Rechtsprechung des BVerfG ausreichend konturierte Eingriffsschwellen und ein beliebig großer betroffener Personenkreis gegenüber. Andererseits dient die Identitätskontrolle dem Schutz bedeutsamer Güter, deren Verletzung strafbewehrt ist. […] Bei einer abwägenden Gegenüberstellung der Grundrechtsbeeinträchtigung und des damit verfolgten präventiven Gefahrenschutzes überwiegen die Grundrechtsbeeinträchtigungen nicht das allgemeine Interesse an einem präventiven Gefahrenschutz.“.

[711] Vgl. Nr. 37.3 VVPolG NRW: „Diese Norm regelt die offene Beobachtung mit technischen Mitteln zur Bild- und Tonübertragung von im Polizeigewahrsam befindlichen Personen. Die Datenaufzeichnung ist nicht zugelassen. Die Beobachtung dient zum Schutz der im Polizeigewahrsam befindlichen Personen (z.B. bei Suizidgefahr, Gefahr von Verletzungen oder Notfällen bei alkoholisierten Personen oder Drogenkonsumenten), soweit zuvor die Gewahrsamsfähigkeit ärztlich festgestellt wurde. Dazu wird auf die mit RdErl. des Innenministeriums vom 6.8.2009 bekanntgegebene Druckschrift „Ärztliche Beurteilung der Gewahrsamsfähigkeit - Handlungsempfehlungen für von der nordrhein-westfälischen Polizei beauftragte (Polizei-)Ärztinnen und (Polizei-)Ärzte“ verwiesen.“.

ABSCHNITT 13: PRÜFUNG VON BERECHTIGUNGSSCHEINEN, § 13 POLG NRW

A. Rechtsgrundlage (RGL) I. Grundrechte (GR)

(VOR/DEF)

Grundrechte sind grundlegende Rechte aus Art. 1-19 GG i.V.m. dem Rechtsstaatsprinzip, Art. 20 Abs. 3 GG, mit Vorrang und Vorbehalt des Gesetzes.[712]

(SUB/ERG)

Grundrechte sind fallabhängig insbesondere wie folgt gegeben:

1. Allgemeines Persönlichkeitsgrundrecht[713] mit verschiedenen Ausprägungen[714], etwa in der Ausprägung des **Rechts auf informationelle Selbstbestimmung** (APR/RiS), Art. 2 Abs. 1 i.V.m. Art. 1 Abs. 1[715] GG, vgl. auch Art. 142 GG i.V.m. Art. 4 Abs. 1, 2 Verfassung NRW[716].

---

[712] Zu **Grundrechten**: *Basten*, Eingriffsrecht der Polizei in Nordrhein-Westfalen, Band 1, Buch 1, Abschnitt 2, Unterabschnitt 3. Zum **Rechtsstaatsprinzip** mit unter anderem sogenanntem Vorrang des Gesetzes und Vorbehalt des Gesetzes: *Basten*, Eingriffsrecht der Polizei in Nordrhein-Westfalen, Band 1, S. 95-108.

[713] BVerfGE 147, 1, 18 f. (**Geschlechtsidentität**) = BVerfG, Beschluss des Ersten Senats vom 10.10.2017 – 1 BvR 2019/16 –, Rn. 38: „Art. 2 Abs. 1 GG gewährt jedem das **Recht auf die freie Entfaltung seiner Persönlichkeit**. Dieses Grundrecht umfasst neben der allgemeinen Handlungsfreiheit das **allgemeine Persönlichkeitsrecht** (Art. 2 Abs. 1 i.V.m. Art. 1 Abs. 1 GG). Letzteres ergänzt als ‚unbenanntes' Freiheitsrecht die speziellen (‚benannten') Freiheitsrechte, die ebenfalls konstituierende Elemente der Persönlichkeit schützen (vgl. BVerfGE 54, 148 <153>). Eine der **Aufgaben des allgemeinen Persönlichkeitsrechts** ist es dabei, Grundbedingungen dafür zu sichern, dass die einzelne Person ihre Individualität selbstbestimmt entwickeln und wahren kann (vgl. BVerfGE 35, 202 <220>; 79, 256 <268>; 90, 263 <270>; 117, 202 <225>). Das allgemeine Persönlichkeitsrecht schützt indessen nur solche **Elemente der Persönlichkeitsentfaltung**, die - ohne bereits Gegenstand der besonderen Freiheitsgarantien des Grundgesetzes zu sein - diesen in ihrer konstituierenden Bedeutung für die Persönlichkeit nicht nachstehen (vgl. BVerfGE 79, 256 <268>; 99, 185 <193>; 120, 274 <303>; stRspr). Es verbürgt also nicht Schutz gegen alles, was die selbstbestimmte Persönlichkeitsentwicklung auf irgendeine Weise beeinträchtigen könnte; ohnehin vermag kein Mensch seine Individualität unabhängig von äußeren Gegebenheiten und Zugehörigkeiten zu entwickeln. Der lückenschließende Schutz des allgemeinen Persönlichkeitsrechts greift aber dann, wenn die selbstbestimmte Entwicklung und Wahrung der Persönlichkeit spezifisch gefährdet ist (BVerfGE 141, 186 <201 f. Rn. 32>).".

BVerfG, Beschluss des Ersten Senats vom 06.11.2019 – 1 BvR 16/13 – (Recht auf Vergessen I), Rn. 81: „Diese [**APR-]Rechtsprechung** hat sich maßgeblich in Konstellationen der mittelbaren Drittwirkung und geleitet von dem Erfordernis praktischer Konkordanz entwickelt. Deshalb bestimmen sich die Schutzdimensionen des allgemeinen Persönlichkeitsrechts letztlich immer einzelfallbezogen im Abgleich mit den Grundrechten Dritter. Die Bestimmung seiner Schutzwirkungen und die Abwägung mit den gegenüberstehenden Freiheitsrechten greifen hier Hand in Hand. Der Schutz des allgemeinen Persönlichkeitsrechts ist insoweit flexibel und durch die Einbindung der Person in ihre sozialen Beziehungen relativiert (vgl. BVerfGE 101, 361 <380>; 141, 186 <202 Rn. 32>; 147, 1 <19 Rn. 38>; stRspr; siehe auch BGHZ 183, 353 <357 Rn. 11>; 209, 139 <150 Rn. 30>; 219, 233 <240 Rn. 22>; stRspr).".

Vgl. „**Allgemeines Persönlichkeitsrecht**" (APR) als „sonstiges Recht" (sog. **Rahmenrecht** mit [grundrechts-]abwägungsoffenem Tatbestand) nach § 823 Abs. 1 Var. 6 BGB, u.a. mit Geldentschädigungsanspruch, insbesondere durch ständige Rechtsprechung (vgl. auch § 253 BGB) seit folgender Entwicklung: BGHZ 13, 334 (Leserbrief), mit erstmaliger ausdrücklicher Anerkennung des allgemeinen Persönlichkeitsrechts; BGHZ 26, 349 (Herrenreiter), mit erstmaliger Zuerkennung einer Geldentschädigung wegen des immateriellen Schadens durch die Verletzung des allgemeinen Persönlichkeitsrechts; BGHZ 35, 363

(Ginsengwurzel), mit erstmaliger Schwerpunktsetzung bei der Menschenwürde in der Begründung; BVerfGE 34, 269 (Soraya), mit verfassungsgerichtlicher Erklärung der verfassungsrechtlichen Zulässigkeit der richterrechtlich entwickelten APR-Konstruktion.

714 BVerfG, Beschluss des Ersten Senats vom 06.11.2019 – 1 BvR 16/13 – (Recht auf Vergessen I), Rn. 80: „Die Rechtsprechung hat aus dem [**Allgemeinen Persönlichkeits-**]**Grundrecht** insoweit verschiedene **Schutzdimensionen** abgeleitet wie den **Schutz eines unantastbaren Bereichs privater Lebensgestaltung**, die Garantie der **Privatsphäre**, das **Recht am eigenen Bild** oder **gesprochenen Wort** oder das **Recht auf die Darstellung der eigenen Person**, die **soziale Anerkennung** sowie die **persönliche Ehre** (vgl. BVerfGE 27, 1 <6>; 27, 344 <350 f.>; 32, 373 <379>; 34, 238 <245 f.>; 47, 46 <73>; 54, 148 <153 f.>; 99, 185 <193 f.>; 101, 361 <384>; 106, 28 <39>; 114, 339 <346>; 120, 180 <198>).“ „Diese Schutzgehalte werden insoweit aber nicht als abschließend umschriebene und voneinander abzugrenzende Gewährleistungen verstanden, sondern als Ausprägungen, die in Blick auf den konkreten Schutzbedarf jeweils anhand des zu entscheidenden Falles herauszuarbeiten sind (vgl. BVerfGE 54, 148 <153 f.>; 65, 1 <41>).“.

BVerfGE 65, 1 (Volkszählungsgesetz), Ls. 1 = BVerfG, Urteil des Ersten Senats vom 15.12.1983 – 1 BvR 209/83, Ls. 1: „Unter den Bedingungen der modernen Datenverarbeitung wird der Schutz des Einzelnen gegen unbegrenzte Erhebung, Speicherung, Verwendung und Weitergabe seiner persönlichen Daten von dem **allgemeinen Persönlichkeitsrecht** des Art. 2 Abs. 1 GG in Verbindung mit Art. 1 Abs. 1 GG umfaßt. Das [**Allgemeine Persönlichkeits-**]**Grundrecht** gewährleistet insoweit die Befugnis des Einzelnen, grundsätzlich selbst über die Preisgabe und Verwendung seiner persönlichen Daten zu bestimmen.“; BVerfG, Beschluss des Ersten Senats vom 06.11.2019 – 1 BvR 16/13 – (Recht auf Vergessen I), Rn. 80: „Das **Recht auf informationelle Selbstbestimmung** ist von der Rechtsprechung als eigene Ausprägung des allgemeinen Persönlichkeitsrechts mit einem gegenüber den anderen Ausprägungen selbständigen Gewährleistungsgehalt entwickelt worden und behält diesen auch, soweit es als verfassungsrechtliche Wertentscheidung in das Zivilrecht einstrahlt. Dementsprechend enthält es keinen gesamthaften Schutzanspruch hinsichtlich jederlei Umgangs mit Informationen, der die übrigen Schutzdimensionen des Grundrechts allgemein übergreifen und zusammenführen würde, sondern lässt deren Wertungen und Abwägungsregeln unberührt.“; BVerfGE 120, 274, 311 f. (Online-Durchsuchung) = BVerfG, Urteil des Ersten Senats vom 27.02.2008 – 1 BvR 370/07 –, Rn. 198 f. „Das **Recht auf informationelle Selbstbestimmung** geht über den **Schutz der Privatsphäre** hinaus. Es gibt dem Einzelnen die Befugnis, grundsätzlich selbst über die Preisgabe und Verwendung seiner persönlichen Daten zu bestimmen (vgl. BVerfGE 65, 1 <43>; 84, 192 <194>). Es flankiert und erweitert den grundrechtlichen Schutz von Verhaltensfreiheit und Privatheit, indem es ihn schon auf der Stufe der Persönlichkeitsgefährdung beginnen lässt. Eine derartige Gefährdungslage kann bereits im Vorfeld konkreter Bedrohungen benennbarer Rechtsgüter entstehen, insbesondere wenn personenbezogene Informationen in einer Art und Weise genutzt und verknüpft werden können, die der Betroffene weder überschauen noch verhindern kann. Der Schutzumfang des **Rechts auf informationelle Selbstbestimmung** beschränkt sich dabei nicht auf Informationen, die bereits ihrer Art nach sensibel sind und schon deshalb grundrechtlich geschützt werden. Auch der Umgang mit personenbezogenen Daten, die für sich genommen nur geringen Informationsgehalt haben, kann, je nach dem Ziel des Zugriffs und den bestehenden Verarbeitungs- und Verknüpfungsmöglichkeiten, grundrechtserhebliche Auswirkungen auf die Privatheit und Verhaltensfreiheit des Betroffenen haben (vgl. BVerfG, Beschluss vom 13. Juni 2007 - 1 BvR 1550/03 u.a. -, NJW 2007, S. 2464 <2466>). Die mit dem Recht auf informationelle Selbstbestimmung abzuwehrenden Persönlichkeitsgefährdungen ergeben sich aus den vielfältigen Möglichkeiten des Staates und gegebenenfalls auch privater Akteure (vgl. BVerfG, Beschluss der 1. Kammer des Ersten Senats vom 23. Oktober 2006 - 1 BvR 2027/02 -, JZ 2007, S. 576) zur Erhebung, Verarbeitung und Nutzung personenbezogener Daten. Vor allem mittels elektronischer Datenverarbeitung können aus solchen Informationen weitere Informationen erzeugt und so Schlüsse gezogen werden, die sowohl die grundrechtlich geschützten Geheimhaltungsinteressen des Betroffenen beeinträchtigen als auch Eingriffe in seine Verhaltensfreiheit mit sich bringen können (vgl. BVerfGE 65, 1 <42>; 113, 29 <45 f.>; 115, 320 <342>; BVerfG, Beschluss vom 13. Juni 2007 - 1 BvR 1550/03 u.a. -, NJW 2007, S. 2464 <2466>).“.

BVerfGE 109, 279, 325-327 (akustische Wohnraumüberwachung / „Großer Lauschangriff“) = BVerfG, Urteil des Ersten Senats vom 03.03.2004 – 1 BvR 2378/98, 1084/99 –, Rn. 159-163: „Das aus Art. 2

Abs. 1 in Verbindung mit Art. 1 Abs. 1 GG folgende **allgemeine Persönlichkeitsrecht** kommt neben Art. 13 Abs. 1 GG allerdings nicht zur Anwendung, soweit Eingriffe in die **räumliche Privatsphäre des Wohnungsinhabers** zu überprüfen sind. Art. 13 Abs. 1 GG enthält eine spezielle Gewährleistung des **Schutzes vor staatlicher akustischer Überwachung der räumlichen Privatsphäre**, die die allgemeinere Vorschrift insoweit verdrängt (vgl. BVerfGE 100, 313 [358] zu Art. 10 GG). Mit dem **Recht, in der Wohnung ungestört zu sein**, und dem **Recht am eigenen in der Wohnung gesprochenen Wort** schützt Art. 13 Abs. 1 GG gerade den Teil der **Privatsphäre**, den sonst das allgemeine Persönlichkeitsrecht gewährleistet. Dieses Recht ergänzt als unbenanntes Freiheitsrecht die speziellen Freiheitsrechte, die ebenfalls konstituierende Elemente der Persönlichkeit schützen (vgl. BVerfGE 54, 148 <153 f.>), nur insoweit, als Letztere keinen Schutz gewähren. Der **Schutz des allgemeinen Persönlichkeitsrechts aus Art. 2 Abs. 1 in Verbindung mit Art. 1 Abs. 1 GG** greift hingegen ein, soweit von der Wohnraumüberwachung Personen betroffen werden, die sich nicht auf Art. 13 Abs. 1 GG berufen können. **Grundrechtsträger des Art. 13 Abs. 1 GG** ist jeder Inhaber oder Bewohner eines Wohnraums, unabhängig davon, auf welchen Rechtsverhältnissen die Nutzung des Wohnraums beruht. Bei mehreren Bewohnern einer Wohnung steht das Grundrecht jedem Einzelnen, bei Familien mithin jedem Familienmitglied zu. Maßnahmen der Wohnraumüberwachung können aber nicht nur **Wohnungsinhaber**, sondern auch **zufällig in einer Wohnung Anwesende** erfassen. Diese Personen sind zwar nicht in ihrem Grundrecht aus Art. 13 Abs. 1 GG, wohl aber in ihrem **allgemeinen Persönlichkeitsrecht** betroffen. Der Schutz aus Art. 2 Abs. 1 in Verbindung mit Art. 1 Abs. 1 GG kann insofern allerdings nicht weiter reichen als derjenige aus Art. 13 Abs. 1 und 3 GG. Der Schutz der **räumlichen Privatsphäre und des allgemeinen Persönlichkeitsrechts** kann schließlich in Einzelfällen durch weitere Grundrechtsgarantien ergänzt sein. So wird das **Gespräch zwischen Eheleuten in der eigenen Wohnung** nicht nur von Art. 13 Abs. 1 GG, sondern zusätzlich durch Art. 6 Abs. 1 GG geschützt. Auch in Bezug auf die **Kommunikation mit Berufsgeheimnisträgern** können neben dem grundrechtlichen **Schutz der räumlichen Privatsphäre** Grundrechte in Betracht kommen, die - wie etwa Art. 4 GG im Hinblick auf das Gespräch mit einem Geistlichen - der besonderen Schutzbedürftigkeit der Kommunizierenden Rechnung tragen.“.

BVerfG, Beschluss des Ersten Senats vom 06.11.2019 – 1 BvR 16/13 – (Recht auf Vergessen I), Ls. 3 S. 1: „Von den **äußerungsrechtlichen Schutzdimensionen** ist das **Recht auf informationelle Selbstbestimmung** als eine eigene Ausprägung des allgemeinen Persönlichkeitsrechts zu unterscheiden.“ BVerfG, Beschluss des Ersten Senats vom 06.11.2019 – 1 BvR 16/13 – (Recht auf Vergessen I), Rn. 90: „Ausgehend von dem **Ziel des Rechts auf informationelle Selbstbestimmung**, Schutz vor Gefahren angesichts neuartiger Möglichkeiten der Datenverarbeitung zu gewähren (vgl. BVerfGE 65, 1 <42>), ist es primär als Gewährleistung zu verstehen, die – neben der ungewollten Preisgabe von Daten auch im Rahmen privater Rechtsbeziehungen (vgl. BVerfGE 84, 192 <194>) – insbesondere vor deren intransparenter Verarbeitung und Nutzung durch Private schützt. Es bietet Schutz davor, dass Dritte sich individueller Daten bemächtigen und sie in nicht nachvollziehbarer Weise als Instrument nutzen, um die Betroffenen auf Eigenschaften, Typen oder Profile festzulegen, auf die sie keinen Einfluss haben und die dabei aber für die freie Entfaltung der Persönlichkeit sowie eine gleichberechtigte Teilhabe in der Gesellschaft von erheblicher Bedeutung sind. Der Gehalt dieses Rechts ist dabei entwicklungsoffen, so dass es auch weitere persönlichkeitsgefährdende Entwicklungen der Informationsverarbeitung aufnehmen kann.“.

BVerfG, Beschluss des Ersten Senats vom 06.11.2019 – 1 BvR 16/13 – (Recht auf Vergessen I), Rn. 91: „[Vom Recht auf informationelle Selbstbestimmung] zu unterscheiden ist der **Schutz vor der Verarbeitung personenbezogener Berichte und Informationen als Ergebnis eines Kommunikationsprozesses**. Der Schutzbedarf gründet hier nicht in der intransparenten Zuweisung von Persönlichkeitsmerkmalen und -profilen durch Dritte, sondern in der sichtbaren Verbreitung bestimmter Informationen im öffentlichen Raum. Gefährdungen für die Persönlichkeitsentfaltung ergeben sich hier vornehmlich aus Form und Inhalt der Veröffentlichung selbst. Schutz gegenüber solchen Gefährdungen bieten die **äußerungsrechtlichen Ausprägungen des allgemeinen Persönlichkeitsrechts unabhängig vom Recht auf informationelle Selbstbestimmung**. Zwar kann es auch dabei maßgeblich auf die Art der Informationserlangung ankommen. Jedoch hat diese hier ihre Bedeutung als Vorfrage für die Beurteilung des weiteren Umgangs mit einer bestimmten Äußerung und des damit in die Öffentlichkeit gestellten Bildes einer Person selbst.“.

BVerfG, Beschluss des Ersten Senats vom 06.11.2019 – 1 BvR 16/13 – (**Recht auf Vergessen** I), Ls. 2b): „Bei der Entscheidung über einen Schutzanspruch kommt der Zeit unter den Kommunikationsbedingungen des Internets ein spezifisches Gewicht zu. Die Rechtsordnung muss davor schützen, dass sich eine Person frühere Positionen, Äußerungen und Handlungen unbegrenzt vor der Öffentlichkeit vorhalten lassen muss. Erst die Ermöglichung eines Zurücktretens vergangener Sachverhalte eröffnet den Einzelnen die Chance zum Neubeginn in Freiheit. Zur Zeitlichkeit der Freiheit gehört die Möglichkeit des Vergessens.".

BVerfGE 120, 274, 311 (Online-Durchsuchung) = BVerfG, Urteil des Ersten Senats vom 27.02.2008 – 1 BvR 370/07 –, Rn. 197: „In seiner Ausprägung als **Schutz der Privatsphäre** [als **Privatangelegenheitenschutz** und **Rückzugsraumbereichsschutz** – beides **gegenüber der Öffentlichkeit**, vgl. **Sphärentheorie** mit **Intimsphäre, Privatsphäre, Sozialsphäre** und vgl. **Kernbereich privater Lebensgestaltung**] gewährleistet das allgemeine Persönlichkeitsrecht dem Einzelnen einen räumlich und thematisch bestimmten Bereich, der grundsätzlich frei von unerwünschter Einsichtnahme bleiben soll (vgl. BVerfGE 27, 344 <350 ff.>; 44, 353 <372 f.>; 90, 255 <260>; 101, 361 <382 f.>)."; BVerfGE 101, 361, 382-385 (Caroline von Monaco II) = BVerfG, Urteil vom 15.12.1999 – 1 BvR 653/96 –, Rn. 75-82: „Im Unterschied zum **Recht am eigenen Bild** bezieht sich der **Schutz der Privatsphäre**, der ebenfalls im **allgemeinen Persönlichkeitsrecht** wurzelt, nicht speziell auf Abbildungen, sondern ist **thematisch und räumlich** bestimmt. Er umfaßt zum einen **Angelegenheiten** [**Privatangelegenheitenschutz**], die wegen ihres Informationsinhalts typischerweise als ‚**privat**' eingestuft werden, weil ihre **öffentliche** Erörterung oder Zurschaustellung als unschicklich gilt, das Bekanntwerden als peinlich empfunden wird oder nachteilige Reaktionen der Umwelt auslöst, wie es etwa bei Auseinandersetzungen mit sich selbst in **Tagebüchern** (BVerfGE 80, 367), bei **vertraulicher Kommunikation unter Eheleuten** (BVerfGE 27, 344), im Bereich der **Sexualität** (BVerfGE 47, 46; 49, 286 [BVerfGE 120, 224, 238 f. (Geschwisterbeischlaf) = BVerfGE, Beschluss des Zweiten Senats vom 26.02.2008 – 2 BvR 392/07 –, Rn. 32 f.: „Das allgemeine Persönlichkeitsrecht in seiner Ausprägung als **Recht auf sexuelle Selbstbestimmung**"/„**Intim- und Sexualbereich des Menschen als Teil seiner Privatsphäre**, P. B.]), bei **sozial abweichendem Verhalten** (BVerfGE 44, 353) oder bei **Krankheiten** (BVerfGE 32, 373) der Fall ist. Fehlte es hier an einem **Schutz vor der Kenntniserlangung anderer**, wären die Auseinandersetzung mit sich selbst, die unbefangene Kommunikation unter Nahestehenden, die sexuelle Entfaltung oder die Inanspruchnahme ärztlicher Hilfe beeinträchtigt oder unmöglich, obwohl es sich um grundrechtlich geschützte Verhaltensweisen handelt. Zum anderen erstreckt sich der Schutz auf einen **räumlichen Bereich** [**Raumbereichsschutz**], in dem der Einzelne zu sich kommen, sich entspannen oder auch gehen lassen kann (vgl. BVerfGE 27, 1 [6]). Zwar bietet auch dieser Bereich Gelegenheit, sich in einer Weise zu verhalten, die nicht für die **Öffentlichkeit** bestimmt ist und deren Beobachtung oder Darstellung durch Außenstehende für den Betroffenen peinlich oder nachteilig wäre. Im Kern geht es aber um einen **Raum**, in dem er die Möglichkeit hat, frei von **öffentlicher Beobachtung** und damit der von ihr erzwungenen Selbstkontrolle zu sein, auch ohne daß er sich dort notwendig anders verhielte als in der **Öffentlichkeit**. Bestünden solche **Rückzugsbereiche** nicht mehr, könnte der Einzelne psychisch überfordert sein, weil er unausgesetzt darauf achten müßte, wie er auf andere wirkt und ob er sich richtig verhält. Ihm fehlten die Phasen des Alleinseins und Ausgleichs, die für die Persönlichkeitsentfaltung notwendig sind und ohne die sie nachhaltig beeinträchtigt würde. Ein derartiges Schutzbedürfnis besteht auch bei Personen, die aufgrund ihres Ranges oder Ansehens, ihres Amtes oder Einflusses, ihrer Fähigkeiten oder Taten besondere **öffentliche** Beachtung finden. Wer, ob gewollt oder ungewollt, zur Person des **öffentlichen** Lebens geworden ist, verliert damit nicht sein Anrecht auf eine **Privatsphäre**, die den Blicken der **Öffentlichkeit** entzogen bleibt. Das gilt auch für demokratisch gewählte Amtsträger, die zwar für ihre Amtsführung **öffentlich** rechenschaftspflichtig sind und sich in diesem Umfang **öffentliche** Aufmerksamkeit gefallen lassen müssen, nicht aber für ihr **Privatleben**, sofern dieses die Amtsführung nicht berührt. Der **häusliche Bereich** [vgl. ggf. spezielleren Art. 13 GG i.V.m. BVerfGE 109, 279, 325 f.] stellt anerkanntermaßen eine solche geschützte Sphäre dar. Wegen des Bezugs auf die Entfaltung der Persönlichkeit darf der **Rückzugsbereich** jedoch nicht von vornherein auf ihn begrenzt werden. Das gilt schon deshalb, weil die Funktionen, denen er dient, nur erfüllt werden, wenn er nicht an den Hausmauern oder Grundstücksgrenzen endet. Die freie Entfaltung der Persönlichkeit wäre erheblich behindert, wenn der Einzelne nur im eigenen Haus der **öffentlichen** Neugier entgehen könnte. Die notwendige

Erholung von einer durch Funktionszwänge und Medienpräsenz geprägten **Öffentlichkeit** ist vielfach nur in der **Abgeschiedenheit einer natürlichen Umgebung, etwa an einem Ferienort**, zu gewinnen. Deswegen muß der Einzelne grundsätzlich die Möglichkeit haben, sich auch in der freien, gleichwohl **abgeschiedenen Natur oder an Örtlichkeiten, die von der breiten Öffentlichkeit deutlich abgeschieden sind**, in einer von **öffentlicher** Beobachtung freien Weise zu bewegen. Das gilt gerade gegenüber solchen Aufnahmetechniken, die die **räumliche Abgeschiedenheit** überwinden, ohne daß der Betroffene dies bemerken kann. Wo die Grenzen der geschützten **Privatsphäre außerhalb des Hauses** verlaufen, läßt sich nicht generell und abstrakt festlegen. Sie können vielmehr nur aufgrund der jeweiligen Beschaffenheit des **Ortes** bestimmt werden, den der Betroffene aufsucht. Ausschlaggebend ist, ob der Einzelne eine **Situation** vorfindet oder schafft, in der er begründetermaßen und somit auch für Dritte erkennbar davon ausgehen darf, den Blicken der **Öffentlichkeit** nicht ausgesetzt zu sein. Ob die Voraussetzungen der **Abgeschiedenheit** erfüllt sind, läßt sich nur situativ beurteilen. Der Einzelne kann sich an ein und demselben **Ort** zu Zeiten mit gutem Grund unbeobachtet fühlen, zu anderen Zeiten nicht. Auch ist der Aufenthalt in umschlossenen **Räumen** keineswegs immer mit **Abgeschiedenheit** gleichzusetzen. Da es um die Frage geht, ob der Einzelne begründetermaßen erwarten darf, unbeobachtet zu sein, oder aber **Plätze** aufgesucht hat, wo er sich unter den Augen der **Öffentlichkeit** bewegt, kann es auch in umschlossenen Räumen an der **Abgeschiedenheit** fehlen, die Voraussetzung für den **Privatsphärenschutz** außerhalb der eigenen **Häuslichkeit** ist. **Plätzen, an denen sich der Einzelne unter vielen Menschen befindet**, fehlt es von vornherein an den Voraussetzungen des **Privatsphärenschutzes** im Sinn von Art. 2 Abs. 1 in Verbindung mit Art. 1 Abs. 1 GG. Sie können das **Rückzugsbedürfnis** nicht erfüllen und rechtfertigen deswegen auch nicht den grundrechtlichen Schutz, den dieses Bedürfnis aus Gründen der Persönlichkeitsentfaltung verdient. Der Einzelne kann solche **Orte** auch nicht etwa durch ein Verhalten, das typischerweise nicht **öffentlich** zur Schau gestellt würde, in seine **Privatsphäre** umdefinieren. Nicht sein Verhalten, ob allein oder mit anderen, konstituiert die **Privatsphäre**, sondern die **objektive Gegebenheit der Örtlichkeit zur fraglichen Zeit**. Verhält er sich daher an **Orten**, die nicht die Merkmale der **Abgeschiedenheit** aufweisen, so, als stünde er nicht unter Beobachtung, hebt er das **Schutzbedürfnis für Verhaltensweisen, die an sich die Öffentlichkeit nichts angehen**, selbst auf. Der **Schutz der Privatsphäre vor öffentlicher Kenntnisnahme** entfällt ferner, wenn sich jemand selbst damit einverstanden zeigt, daß bestimmte, gewöhnlich als privat geltende Angelegenheiten **öffentlich** gemacht werden, etwa indem er Exklusivverträge über die Berichterstattung aus seiner **Privatsphäre** abschließt. Der verfassungsrechtliche **Privatsphärenschutz** aus Art. 2 Abs. 1 in Verbindung mit Art. 1 Abs. 1 GG ist nicht im Interesse einer Kommerzialisierung der eigenen Person gewährleistet. Zwar ist niemand an einer solchen **Öffnung privater Bereiche** gehindert. Er kann sich dann aber nicht gleichzeitig auf den **öffentlichkeitsabgewandten Privatsphärenschutz** berufen. Die Erwartung, daß die Umwelt die **Angelegenheiten oder Verhaltensweisen in einem Bereich mit Rückzugsfunktion** nur begrenzt oder nicht zur Kenntnis nimmt, muß daher situationsübergreifend und konsistent zum Ausdruck gebracht werden. Das gilt auch für den Fall, daß der Entschluß, die Berichterstattung über bestimmte Vorgänge der eigenen **Privatsphäre** zu gestatten oder hinzunehmen, rückgängig gemacht wird.".

BVerfGE 6, 32, 41 (Elfes) = BVerfG, Urteil vom des Ersten Senats vom 16.01.1957 – 1 BvR 253/56 –, Rn. 32 [vgl. **Recht auf Privatsphäre** als **Privatangelegenheitenschutz** und **Rückzugsraumbereichsschutz** – beides **gegenüber der Öffentlichkeit,** vgl. **Sphärentheorie** mit **Intimsphäre**, **Privatsphäre**, **Sozialsphäre**]: „Vor allem dürfen die Gesetze daher die Würde des Menschen nicht verletzen, die im Grundgesetz der oberste Wert ist, aber auch die geistige, politische und wirtschaftliche Freiheit des Menschen nicht so einschränken, daß sie in ihrem Wesensgehalt angetastet würde (Art. 19 Abs. 2, Art. 1 Abs. 3, Art. 2 Abs. 1 GG). Hieraus ergibt sich, daß dem einzelnen Bürger eine **Sphäre privater Lebensgestaltung** verfassungskräftig vorbehalten ist, also ein letzter **unantastbarer Bereich menschlicher Freiheit** besteht, der der Einwirkung der gesamten öffentlichen Gewalt entzogen ist. Ein Gesetz, das in ihn eingreifen würde, könnte nie Bestandteil der ‚verfassungsmäßigen Ordnung' sein; es müßte durch das Bundesverfassungsgericht für nichtig erklärt werden.". BVerfGE 109, 279, Ls. 2 S. 1 (akustische Wohnraumüberwachung / „Großer Lauschangriff") = BVerfG, Urteil des Ersten Senats vom 03.03.2004 – 1 BvR 2378/98, 1084/99 –, Ls. 2 S. 1: „Zur Unantastbarkeit der Menschenwürde gemäß Art. 1 Abs. 1 GG gehört die Anerkennung eines absolut geschützten **Kernbereichs privater Lebensgestaltung**.". BVerfGE 141, 220, 276-278 (BKAG) = BVerfG, Urteil des Ersten Senats vom 20.04.2016 –

1 BvR 966/09 –, Rn. 119-124: „Neben den verfassungsrechtlichen Anforderungen an die allgemeinen Eingriffsvoraussetzungen ergeben sich aus den jeweiligen **Grundrechten in Verbindung mit Art. 1 Abs. 1 GG** für die Durchführung von besonders eingriffsintensiven Überwachungsmaßnahmen besondere Anforderungen an den **Schutz des Kernbereichs privater Lebensgestaltung**. Der verfassungsrechtliche **Schutz des Kernbereichs privater Lebensgestaltung** gewährleistet dem Individuum einen **Bereich höchstpersönlicher Privatheit gegenüber Überwachung**. Er wurzelt in den **von den jeweiligen Überwachungsmaßnahmen betroffenen Grundrechten in Verbindung mit Art. 1 Abs. 1 GG** und sichert einen dem Staat nicht verfügbaren Menschenwürdekern grundrechtlichen Schutzes gegenüber solchen Maßnahmen. Selbst überragende Interessen der Allgemeinheit können einen Eingriff in diesen **absolut geschützten Bereich privater Lebensgestaltung** nicht rechtfertigen (vgl. BVerfGE 109, 279 <313>; stRspr). Zur **Entfaltung der Persönlichkeit im Kernbereich privater Lebensgestaltung gehört die Möglichkeit, innere Vorgänge** wie Empfindungen und Gefühle sowie Überlegungen, Ansichten und Erlebnisse **höchstpersönlicher Art zum Ausdruck zu bringen** (vgl. BVerfGE 109, 279 <313>; 120, 274 <335>; stRspr). Geschützt ist insbesondere die **nichtöffentliche Kommunikation mit Personen des höchstpersönlichen Vertrauens, die in der berechtigten Annahme geführt wird, nicht überwacht zu werden**, wie es insbesondere bei Gesprächen im Bereich der Wohnung der Fall ist. Zu diesen Personen gehören insbesondere Ehe- oder Lebenspartner, Geschwister und Verwandte in gerader Linie, vor allem, wenn sie im selben Haushalt leben, und können Strafverteidiger, Ärzte, Geistliche und enge persönliche Freunde zählen (vgl. BVerfGE 109, 279 <321 ff.>). Dieser Kreis deckt sich nur teilweise mit dem der Zeugnisverweigerungsberechtigten. Solche Gespräche verlieren dabei nicht schon dadurch ihren Charakter als insgesamt höchstpersönlich, dass sich in ihnen Höchstpersönliches und Alltägliches vermischen (vgl. BVerfGE 109, 279 <330>; 113, 348 <391 f.>). Demgegenüber ist die **Kommunikation unmittelbar über Straftaten** nicht geschützt, selbst wenn sie auch Höchstpersönliches zum Gegenstand hat. Die **Besprechung und Planung von Straftaten** gehört ihrem Inhalt nach nicht zum **Kernbereich privater Lebensgestaltung**, sondern hat **Sozialbezug** (vgl. BVerfGE 80, 367 <375>; 109, 279 <319 f., 328>; 113, 348 <391>). Dies bedeutet freilich nicht, dass der Kernbereich unter einem allgemeinen Abwägungsvorbehalt in Bezug auf öffentliche Sicherheitsinteressen steht. Ein **höchstpersönliches Gespräch** fällt nicht schon dadurch aus dem **Kernbereich privater Lebensgestaltung** heraus, dass es für die Aufklärung von Straftaten oder Gefahren hilfreiche Aufschlüsse geben kann. Aufzeichnungen oder Äußerungen im Zwiegespräch, die zum Beispiel ausschließlich innere Eindrücke und Gefühle wiedergeben und keine Hinweise auf konkrete Straftaten enthalten, gewinnen nicht schon dadurch einen **Gemeinschaftsbezug**, dass sie Ursachen oder Beweggründe eines strafbaren Verhaltens freizulegen vermögen (vgl. BVerfGE 109, 279 <319>). Auch können trotz **Straftatenbezugs** Situationen, in denen Einzelnen gerade ermöglicht werden soll, ein Fehlverhalten einzugestehen oder sich auf dessen Folgen einzurichten, wie Beichtgespräche oder vertrauliche Gespräche mit einem Psychotherapeuten oder einem Strafverteidiger, der **höchstpersönlichen Privatsphäre** unterfallen, die dem Staat absolut entzogen ist (vgl. BVerfGE 109, 279 <322>). Ein hinreichender **Sozialbezug** besteht demgegenüber dann, wenn **Gespräche - auch mit Vertrauenspersonen - sonst unmittelbar Straftaten zu ihrem Gegenstand haben** (vgl. BVerfGE 109, 279 <319>). Der **Kernbereich privater Lebensgestaltung** beansprucht gegenüber **allen Überwachungsmaßnahmen** Beachtung. Können sie typischerweise zur Erhebung kernbereichsrelevanter Daten führen, muss der Gesetzgeber Regelungen schaffen, die einen wirksamen Schutz normenklar gewährleisten (vgl. BVerfGE 109, 279 <318 f.>; 113, 348 <390 f.>; 120, 274 <335 ff.>). Außerhalb solch verletzungsgeneigter Befugnisse bedarf es eigener Regelungen nicht. Grenzen, die sich im Einzelfall auch hier gegenüber einem Zugriff auf höchstpersönliche Informationen ergeben können, sind bei deren Anwendung unmittelbar von Verfassungs wegen zu beachten. Der **Schutz des Kernbereichs privater Lebensgestaltung** ist strikt und darf nicht durch Abwägung mit den Sicherheitsinteressen nach Maßgabe des Verhältnismäßigkeitsgrundsatzes relativiert werden (vgl. BVerfGE 109, 279 <314>; 120, 273 <339>; stRspr). Dies bedeutet jedoch nicht, dass **jede tatsächliche Erfassung von höchstpersönlichen Informationen** stets einen Verfassungsverstoß oder eine Menschenwürdeverletzung begründet. Angesichts der Handlungs- und Prognoseunsicherheiten, unter denen Sicherheitsbehörden ihre Aufgaben wahrnehmen, kann ein **unbeabsichtigtes Eindringen in den Kernbereich privater Lebensgestaltung** im Rahmen von Überwachungsmaßnahmen nicht für jeden Fall von vornherein ausgeschlossen werden (vgl. BVerfGE 120, 274 <337 f.>). Die Verfassung verlangt jedoch

a) GR-SB:

aa) Persönlicher GR-SB: „Jeder".

bb) Sachlicher GR-SB: „**freie Entfaltung der Persönlichkeit**" als „**Datenfreiheit**" (Grundsätzliche Bestimmungsbefugnis des Einzelnen über Preisgabe und Verwendung eigener personenbezogener Daten[717]), vgl. **personenbezogenes Datum**: § 36 Nr. 1 DSG NRW[718].

---

für die Ausgestaltung der Überwachungsbefugnisse die **Achtung des Kernbereichs** als eine strikte, nicht frei durch Einzelfallerwägungen überwindbare Grenze.".

BVerfGE 120, 274 (Online-Durchsuchung) = BVerfG, Urteil des Ersten Senats vom 27.02.2008 – 1 BvR 370/07 –, Ls. 1: „Das **allgemeine Persönlichkeitsrecht** (Art. 2 Abs. 1 i.V.m. Art. 1 Abs. 1 GG) umfasst das Grundrecht auf **Gewährleistung der Vertraulichkeit und Integrität informationstechnischer Systeme**."; BVerfGE 120, 274, 314 (Online-Durchsuchung) = BVerfG, Urteil des Ersten Senats vom 27.02.2008 – 1 BvR 370/07 –, Rn. 203: „**informationstechnisches System**": „etwa Personalcomputer", „ferner beispielweise […] solche Mobiltelefone oder elektronische Terminkalender, die über einen großen Funktionsumfang verfügen und personenbezogene Daten vielfältiger Art erfassen und speichern können."; BVerfGE 120, 274, 276 (Online-Durchsuchung) = BVerfG, Urteil des Ersten Senats vom 27.02.2008 – 1 BvR 370/07 –, Rn. 5: „**heimlicher Zugriff auf ein informationstechnisches System**": „[heimliche] technische Infiltration […], die etwa Sicherheitslücken des Zielsystems ausnutzt oder über die Installation eines Spähprogramms erfolgt", wobei die Infiltration es ermöglicht, die Zielsystem-„Nutzung zu überwachen oder die Speichermedien durchzusehen oder gar das Zielsystem fernzusteuern.".

BVerfGE 147, 1 (**Geschlechtsidentität**) = BVerfG, Beschluss des Ersten Senats vom 10.10.2017 – 1 BvR 2019/16 –, Ls. 1-3: „1. Das **allgemeine Persönlichkeitsrecht** (Art. 2 Abs. 1 i.V.m. Art. 1 Abs. 1 GG) schützt die **geschlechtliche Identität**. Es schützt auch die geschlechtliche Identität derjenigen, die sich dauerhaft weder dem männlichen noch dem weiblichen Geschlecht zuordnen lassen. 2. Art. 3 Abs. 3 Satz 1 GG schützt auch Menschen, die sich dauerhaft weder dem männlichen noch dem weiblichen Geschlecht zuordnen lassen, vor **Diskriminierungen wegen ihres Geschlechts**. 3. Personen, die sich dauerhaft weder dem männlichen noch dem weiblichen Geschlecht zuordnen lassen, werden in beiden Grundrechten verletzt, wenn das Personenstandsrecht dazu zwingt, das Geschlecht zu registrieren, aber keinen anderen positiven Geschlechtseintrag als weiblich oder männlich zulässt.".

BVerfG, Urteil des Zweiten Senats vom 26.02.2020 – 2 BvR 2347/15 –, Ls. 1: „a) Das **allgemeine Persönlichkeitsrecht** (Art. 2 Abs. 1 i.V.m. Art. 1 Abs. 1 GG) umfasst als Ausdruck persönlicher Autonomie ein **Recht auf selbstbestimmtes Sterben**. b) Das **Recht auf selbstbestimmtes Sterben** schließt die Freiheit ein, sich das Leben zu nehmen [Rn. 208: „**Recht auf Selbsttötung**"]. Die Entscheidung des Einzelnen, seinem Leben entsprechend seinem Verständnis von Lebensqualität und Sinnhaftigkeit der eigenen Existenz ein Ende zu setzen, ist im Ausgangspunkt als Akt autonomer Selbstbestimmung von Staat und Gesellschaft zu respektieren. c) Die **Freiheit, sich das Leben zu nehmen**, umfasst auch die Freiheit, hierfür bei Dritten Hilfe zu suchen und Hilfe, soweit sie angeboten wird, in Anspruch zu nehmen.".

715 Zum sog. „**Menschenwürdegehalt**" der Grundrechte: *Basten*, Die Menschenwürde des Grundgesetzes.

716 Vgl. auch Art. 142 GG i.V.m. Art. 4 Abs. 2 Verfassung NRW; Art. 8 EU-GR-Charta; Art. 16 AEUV; Art. 8 EMRK.

717 BVerfGE 65, 1, Ls. 1 S. 2 (Volkszählungsgesetz) = BVerfG, Urteil des Ersten Senats vom 15.12.1983 – 1 BvR 209/83, Ls. 1 S. 2 (Ls. 1: „Unter den Bedingungen der modernen Datenverarbeitung wird der Schutz des Einzelnen gegen unbegrenzte Erhebung, Speicherung, Verwendung und Weitergabe seiner persönlichen Daten von dem allgemeinen Persönlichkeitsrecht des Art. 2 Abs. 1 GG in Verbindung mit Art. 1 Abs. 1 GG umfaßt. Das Grundrecht gewährleistet insoweit die Befugnis des Einzelnen, grundsätzlich selbst über die Preisgabe und Verwendung seiner persönlichen Daten zu bestimmen.").

718 BVerfG, Beschluss der 3. Kammer des Zweiten Senats vom 27.06.2018 – 2 BvR 1562/17 (auf § 103 StPO gestützte Anordnung der Durchsuchung der Räumlichkeiten des Münchener Kanzleistandorts der Rechtsanwaltskanzlei Jones Day sowie Sicherstellung von Unterlagen und elektronischen Daten im Zuge des sogenannten „VW-Dieselskandals" – Verfassungsbeschwerde nicht zur Entscheidung angenommen wegen Unzulässigkeit aufgrund Nichterfüllung von Voraussetzungen nach § 93a Abs. 2 BVer-

b) GR-E (oder Nichteingriff/**Einwilligung** i.S.v. § 36 Nr. 19 DSG NRW, § 38 DSG NRW): **Persönlichkeitsentfaltungseinschränkung** als Datenfreiheitseinschränkung, durch **Datenverarbeitungs**-Maßnahme[719] i.S.d. § 36 Nr. 2 DSG NRW, hier durch Verlangen des Vorzeigens oder Aushändigens des Berechtigungsscheins zur Prüfung als **Datenerhebung**.[720]

c) GR-B: Art. 2 Abs. 1 Hs. 2 GG[721].

---

fGG), Gründe, V., Rn. 44: „Der Begriff der persönlichen Daten deckt sich mit der Legaldefinition personenbezogener Daten in § 46 Nr. 1 BDSG (zuvor § 3 Abs. 1 BDSG) und erfasst alle Informationen, die sich auf eine identifizierte oder identifizierbare natürliche Person (betroffene Person) beziehen (vgl. noch zu § 3 Abs. 1 BDSG ‚Einzelangaben über persönliche oder sachliche Verhältnisse einer bestimmten oder bestimmbaren Person' Di Fabio, in: Maunz/Dürig, GG, Art. 2 Abs.1, Rn. 175 [Juli 2001]).".

719 BVerfG, Urteil des Ersten Senats vom 19.05.2020 – 1 BvR 2835/17 – (Ausland-Ausland-Fernmeldeaufklärung nach BNDG), E. III. 1., Rn. 212: „Die **Übermittlung personenbezogener Daten**, mit der eine Behörde die von ihr erhobenen Daten einer anderen Stelle zugänglich macht, begründet einen eigenen Grundrechtseingriff (vgl. BVerfGE 100, 313 <367>; 141, 220 <334 Rn. 305>; stRspr). Dieser ist an dem **Grundrecht** zu messen, **in das bei der ursprünglichen Datenerhebung eingegriffen wurde** (vgl. BVerfGE 100, 313 <367>; 141, 220 <334 Rn. 305>; stRspr).".

720 Vgl. ggf. zur Frage des Grundrechtseingriffs auch § 9 Abs. 1 Nr. 1 S. 2 (Hs. 1) PolG NRW (Inkrafttreten am 29.12.2018): „Dies gilt auch für personenbezogene Daten, die von der betroffenen Person offensichtlich öffentlich gemacht wurden"; BVerfGE 120, 274 (Online-Durchsuchung) = BVerfG, Urteil des Ersten Senats vom 27.02.2008 – 1 BvR 370/07 –, Ls. 5: „Verschafft der Staat sich Kenntnis von Inhalten der Internetkommunikation auf dem dafür technisch vorgesehenen Weg, so liegt darin nur dann ein Eingriff in Art. 10 Abs. 1 GG, wenn die staatliche Stelle nicht durch Kommunikationsbeteiligte zur Kenntnisnahme autorisiert ist. Nimmt der Staat im Internet öffentlich zugängliche Kommunikationsinhalte wahr oder beteiligt er sich an öffentlich zugänglichen Kommunikationsvorgängen, greift er grundsätzlich nicht in Grundrechte ein.".

721 Art. 2 Abs. 1 Hs. 2 GG (**Schrankentrias**): BVerfGE 80, 137, 153 (Reiten im Walde) = BVerfG, Beschluss des Ersten Senats vom 06.06.1989 – 1 BvR 921/85 –, C. I. 1 a), Rn. 69: „Abgesehen von einem absolut geschützten Kernbereich privater Lebensgestaltung, welcher der Einwirkung der öffentlichen Gewalt entzogen ist (BVerfGE 6, 32 [41]), ist die allgemeine Handlungsfreiheit allerdings nur in den **Schranken** des zweiten Halbsatzes von Art. 2 Abs. 1 GG gewährleistet und steht damit insbesondere unter dem **Vorbehalt der verfassungsmäßigen (Rechts-)Ordnung** (BVerfGE 6, 32 [37 f.]; 74, 129 [152]). Stützt sich ein die Handlungsfreiheit berührender Akt der öffentlichen Gewalt auf eine Rechtsnorm, so kann mit der Verfassungsbeschwerde unter Berufung auf Art. 2 Abs. 1 GG zur Nachprüfung gestellt werden, ob diese Norm zur **verfassungsmäßigen Ordnung** gehört, das heißt formell und materiell mit den Normen der Verfassung in Einklang steht (st. Rspr. seit BVerfGE 6, 32)."; BVerfGE 6, 32, Ls. 3 (Elfes) = BVerfG, Urteil des Ersten Senats vom 16.01.1957 – 1 BvR 253/56, Ls. 3: „**Verfassungsmäßige Ordnung** im Sinne des Art. 2 Abs. 1 GG ist die verfassungsmäßige Rechtsordnung, d.h. die Gesamtheit der Normen, die formell und materiell der Verfassung gemäß sind."; vgl. dazu auch BVerfGE 6, 32, 37-41 (Elfes) = BVerfG, Urteil des Ersten Senats vom 16.01.1957 – 1 BvR 253/56, Gründe II. 2 b), c), Rn. 17-33.

Rechte anderer sind (als Teil der verfassungsmäßigen Ordnung) subjektive Berechtigungen (Anspruch oder Befugnis oder Erlaubnis) einschließlich Verpflichtungen (Pflicht zur Erfüllung von Anspruch oder Befugnis oder Erlaubnis) und sonstiger Rechtswirkungen für ein Rechtssubjekt bezüglich eines Verhaltens oder eines Rechtsguts.

Vgl. zum ein Mal bundesverfassungsgerichtlich entscheidungserheblich bemühten „**Sittengesetz**" nach Art. 2 Abs. 1 Hs. 2 GG als Gesetz, das nicht das durch die „soziale Gemeinschaft" „als für sich verbindlich" anerkannte „Rechtsgefühl" „im allgemeinen" „verletzt": BVerfGE 6, 389 (Homosexuelle) = BVerfG, Urteil des Ersten Senats vom 10.05.1957 – 1 BvR 550/52 –, und StrRehaHomG (Gesetz zur strafrechtlichen Rehabilitierung der nach dem 8. Mai 1945 wegen einvernehmlicher homosexueller Handlungen verurteilten Personen vom 17. Juli 2017 – BGBl. I S. 2443).

Ggf. bei Begleitverfügung betroffenes Grundrecht:

2. Körperliche Bewegungsfreiheit, Art. 2 Abs. 2 S. 2 GG[722]

a) GR-SB:

aa) Persönlicher GR-SB: „**Person**", vgl. § 1 BGB.

bb) Sachlicher GR-SB: „Freiheit" ist **körperliche Bewegungsfreiheit** als Freiheit, jeden Ort oder Raum aufzusuchen, sich dort aufzuhalten, (ihn zu verlassen), der an sich (tatsächlich und rechtlich) zugänglich ist.

b) GR-E (oder Nichteingriff/GR-Verzicht): Freiheitsentziehung oder sonstige Freiheitsbeschränkung.

Freiheitsbeschränkung (Freiheitsentziehung oder sonstige Freiheitsbeschränkung) liegt vor, wenn jemand durch die öffentliche Gewalt gegen seinen Willen daran gehindert wird, einen Ort oder Raum aufzusuchen oder sich dort aufzuhalten, der ihm an sich (tatsächlich und rechtlich) zugänglich ist. Eine **Freiheitsentziehung** als schwerste Form der Freiheitsbeschränkung ist dann gegeben, wenn die tatsächlich und rechtlich an sich gegebene körperliche Bewegungsfreiheit durch staatliche Maßnahmen nach jeder Richtung hin aufgehoben wird[723]; Freiheitsentziehung setzt auch eine besondere Eingriffsintensität und eine nicht nur kurzfristige Dauer der Maßnahme voraus[724]. Im Übrigen kann eine Abgrenzung zwischen Freiheitsentziehung und sonstiger Freiheitsbeschränkung auch erfolgen nach Art, Dauer, Intensität, Mittel, Zweck der Freiheitsbeschränkung.[725]

c) GR-B: Art. 2 Abs. 2 S. 3 i.V.m. Art. 104 GG.

---

[722] Vgl. auch Art. 142 GG i.V.m. Art. 4 Abs. 1 Verfassung NRW; Art. 20 Abs. 2a und Art. 21 AEUV i.V.m. Art. 6, 45 EU-GR-Charta (**Bewegungsfreiheit**, **Freizügigkeit**, **Aufenthaltsfreiheit**); Art. 5 EMRK; Art. 2 Protokoll Nr. 4 EMRK; Art. 21 AEUV (**Unionsbürgerfreizügigkeit**, zum **Unionsbürger** vgl. Art. 9 S. 2, 3 EUV, Art. 20 Abs. 1 S. 2, 3 AEUV); Art. 45 AEUV (**Arbeitnehmerfreizügigkeit**); Art. 49 AEUV (**Niederlassungsfreiheit**); Art. 56 AEUV (**Dienstleistungsfreiheit**); vgl. auch Art. 28 AEUV (**Warenverkehrsfreiheit**); Art. 9 Abs. 1 S. 1 IPbpR („Jedermann hat ein Recht auf persönliche Freiheit und Sicherheit."); Art. 9-11 IPbpR (Freiheitsentziehungsbedingungen), Art. 12 IPbpR (Bewegung, Wohnsitzwahl, Ausreise, Einreise in Hoheitsgebiet eines Staates, vgl. „Freizügigkeit"), Art. 13 IPbpR (Ausländerausweisungsbedingungen).

[723] BVerfG, Beschluss der 1. Kammer des Ersten Senats vom 08.03.2011 – 1 BvR 47/05 –, Rn. 20, vgl. BVerfGE 94, 166, 198 (Flughafenverfahren) = BVerfGE, Urteil des Zweiten Senats vom 14.05.1996 – 2 BvR 1516/93.

[724] BVerfGE 149, 293 (5-Punkt-Fixierung/7-Punkt-Fixierung) = BVerfG, Urteil des Zweiten Senats vom 24.07.2018 – 2 BvR 309/15 -, D. II. 2. a), Rn. 67, vgl. dazu auch BVerfGE 149, 293 (5-Punkt-Fixierung/7-Punkt-Fixierung) = BVerfG, Urteil des Zweiten Senats vom 24.07.2018 – 2 BvR 309/15 –, D. II. 2. b): „Jedenfalls eine **5-Punkt- oder 7-Punkt-Fixierung**, bei der sämtliche Gliedmaßen des Betroffenen mit Gurten am Bett festgebunden werden, stellt eine Freiheitsentziehung im Sinne von Art. 104 Abs. 2 GG dar, es sei denn, es handelt sich um eine lediglich **kurzfristige Maßnahme**. Von einer kurzfristigen Maßnahme ist in der Regel auszugehen, wenn sie absehbar die Dauer von ungefähr einer halben Stunde unterschreitet.".

[725] Vgl. auch insbesondere zu Art, Intensität, Mittel: § 415 Abs. 2 FamFG und §§ 37a, 62 PolG NRW.

A. Rechtsgrundlage (RGL) II. Rechtsgebiet (RG)

(VOR/DEF)

Rechtsgebiet ist Rechtsordnungsteil nach allen Umständen[726] – wie schwerpunktmäßige Äußerungen[727], Rechtsnormen[728], Zwecke[729], auch i.V.m. §§ 133, 157 BGB analog[730].[731]

---

[726] Umstände im weiten Sinn, etwa als Bedingungen, Beziehungen, Faktoren, Folgen, Funktionen, Umweltbedingungen, Variablen, Verhältnissen, Voraussetzungen, Weltbedingungen.

[727] Äußerungen im weiten Sinn, etwa als alle Verhaltensäußerungen (einschließlich Aussagen).

[728] Rechtsnormen im weiten Sinn, etwa solche, die die Umstände oder das Verhalten regieren (sollen).

[729] Zwecke im weiten Sinn, etwa als sich aus einer Lage ergebende, objektiv zu verfolgende Ziele.

[730] Sog. **objektivierter Empfängerhorizont**, vgl. BVerwGE 147, 81 = BVerwG, Urteil vom 20.06.2013 – BVerwG 8 C 46.12, Rn. 27: „Die bundesrechtlichen Auslegungsregeln der §§ 133, 157 BGB sind auf öffentlich-rechtliche Erklärungen entsprechend anzuwenden. Bei Verwaltungsakten kommt es wie bei empfangsbedürftigen Willenserklärungen nicht auf den wirklichen Willen des Erklärenden (natürliche Auslegung), sondern auf den objektiven Erklärungsinhalt an. Maßgeblich ist, wie der Empfänger die Erklärung nach Treu und Glauben unter Berücksichtigung der für ihn erkennbaren Umstände verstehen musste. Dabei ist vom Wortlaut der Erklärung auszugehen und deren objektiver Gehalt unter Berücksichtigung des Empfängerhorizonts zu ermitteln (stRspr, vgl. Urteile vom 2. September 1999 - BVerwG 2 C 22.98 - BVerwGE 109, 283 <286> = Buchholz 237.7 § 72 NWLBG Nr. 4 und vom 27. Juni 2012 - BVerwG 9 C 7.11 - BVerwGE 143, 222 <Rn. 18> = Buchholz 11 Art. 20 GG Nr. 206; BGH, Urteile vom 24. Februar 1988 - VIII ZR 145/87 - BGHZ 103, 275 <280>, vom 27. Januar 2010 - VIII ZR 58/09 - BGHZ 184, 128 <137 Rn. 33> und vom 1. März 2011 - II ZR 16/10 - NJW 2011, 1666 <1667 Rn. 11> je m.w.N.).“; BVerwG, Beschluss vom 06.08.2018 – BVerwG 7 B 4.18, Rn. 10: „Dass die bundesrechtlichen Auslegungsregeln der §§ 133, 157 BGB auf öffentlich-rechtliche Erklärungen, d.h. u.a. auf Verwaltungsakte, entsprechend anzuwenden sind, ist in der Rechtsprechung des Bundesverwaltungsgerichts bereits geklärt (BVerwG, Urteil vom 20. Juni 2013 - 8 C 46.12 - BVerwGE 147, 81 Rn. 27 m.w.N.).“.

[731] BVerwG 47, 255, 264 = BVerwG, Urteil vom 03.12.1974 – BVerwG I C 11.73: „Obwohl sich für die Polizei im Einzelfall bei einem einheitlichen Lebenssachverhalt gleichzeitig und unmittelbar Aufgaben der Strafverfolgung und der Gefahrenabwehr ergeben können, ist der im Schrifttum vertretenen Auffassung nicht zu folgen, daß aus Gründen der Rechtssicherheit oder wegen der schwierigen Durchschaubarkeit für den Bürger jede Art polizeilichen Handelns der verwaltungsgerichtlichen Kontrolle unterliegen müsse. In aller Regel ist es für den Betroffenen nicht schwer, zu erkennen, ob die Polizei im konkreten Fall eine - begangene - Straftat erforschen (**Strafverfolgung**) oder den Eintritt eines Schadens, etwa die - zukünftige - Begehung einer strafbaren Handlung, verhindern oder eine bereits eingetretene Störung der öffentlichen Sicherheit oder Ordnung beseitigen (**Gefahrenabwehr**) will. Außerdem wird man davon ausgehen dürfen, daß die Polizei dem Betroffenen - wie im vorliegenden Fall - den Grund ihres Einschreitens von sich aus oder auf Verlangen angibt. Im übrigen kommt es darauf an, wie sich der konkrete Lebenssachverhalt einem verständigen Bürger in der Lage des Betroffenen bei natürlicher Betrachtungsweise darstellt. Dieser Sachverhalt muß im allgemeinen einheitlich betrachtet werden, es sei denn, daß einzelne Teile des Geschehensablaufs objektiv abtrennbar sind. Hat die Polizei die Ermittlungen an die StA oder das Amtsgericht weitergeleitet (§ 163 Abs. 2 StPO) oder auf Weisung der StA gehandelt, so kann an der strafprozessualen Natur ihres Einschreitens kein vernünftiger Zweifel bestehen. Eine Maßnahme, die nach dem Gesamteindruck darauf gerichtet ist, eine strafbare Handlung zu erforschen oder sonst zu verfolgen, ist der Kontrolle der ordentlichen Gerichte nach §§ 23 ff. EGGVG nicht etwa deshalb entzogen, weil durch die polizeilichen Ermittlungen möglicherweise zugleich auch künftigen Verletzungen der öffentlichen Sicherheit vorgebeugt würde.“.

(SUB/ERG)

Die Maßnahme erfolgt auf dem Rechtsgebiet des besonderen öffentlichen Rechts polizeilicher Gefahrenabwehr.

Ein Berechtigungsschein-Verlangen erfolgt auf dem Rechtsgebiet der Gefahrenabwehr insbesondere bei

- nicht tatverdachtsveranlasstes Berechtigungsschein-Verlangen;
- Berechtigungsschein-Verlangen ohne schwerpunktmäßigen Zweck einer anschließenden Strafrechtspflegemaßnahme;
- Gefahrenüberhang.

A. Rechtsgrundlage (RGL) III. Mögliche Befugnisrechtsnorm (Mgl. Brn.)

(VOR/DEF)

Befugnisrechtsnorm ist die rechtmäßige hauptsächliche materiellrechtliche Rechtsgrundlage mit realfolgenentsprechender Rechtsfolge.

(SUB/ERG)

Realfolge ist die Maßnahme laut Sachverhalt.

Rechtsfolge ist das Verlangen nach Aushändigung des Berechtigungsscheins zur Prüfung – mitsamt Anhalten zwecks Berechtigungsschein-Verlangens[732].

(ERG)

Mögliche Befugnisrechtsnorm für den VA/Realakt ist § 13 PolG NRW (ggf. i.V.m. Spezialrechtsnorm) oder eine Spezialrechtsnorm alleine.[733]

Mögliche Spezialrechtsnormen oder mögliche §-13-PolG-NRW-Verbindungsrechtsnormen sind insbesondere folgende (in alphabetischer Gesetzes-Reihenfolge und nach Befugnissen bezüglich der Berechtigungsscheine):

- § 4 Abs. 5 AtG (Verlangen des Vorzeigens von Beförderungsgenehmigungsbescheid)
- § 48 AufenthG (Abs. 1[734], 2: Maßnahmen (nur z.B. Verlangen) zur Vorlage, Aushändigung, Überlassung von Pass, Passersatz oder Ausweisersatz, Aufenthaltstitel oder Be-

[732] Nr. 13.01 VVPolG NRW: „13.01 Die betroffene Person darf für die erforderliche Dauer der Überprüfung angehalten werden.".

[733] Nr. 13.03 VVPolG NRW: „Regelungen im Bundes- und Landesrecht, nach denen Berechtigungsscheine zur Prüfung auszuhändigen bzw. vorzulegen sind, gehen als Spezialvorschriften § 13 vor. Wenn das Bundesrecht nur ein Mitführen oder Vorzeigen vorschreibt, ist § 13 ebenfalls nicht anzuwenden. Eine Aushändigung von Berechtigungsscheinen aufgrund des § 13 kann nur verlangt werden, soweit sich eine Pflicht zum Aushändigen nicht schon aus den Regelungen des Landesrechts ergibt, die zum Mitführen des Berechtigungsscheines verpflichten.".

[734] § 48 Abs. 1 AufenthG beinhaltet u.a. eine Ausnahme von dem i.d.R. geltenden AufenthG-Anwendungsbereich und dessen Adressierung an Ausländer i.S.v. § 1 Abs. 2 und § 2 Abs. 1 AufenthG, nach dem

scheinigung über die Aussetzung der Abschiebung oder Bescheinigung über Aufenthaltstitel; Maßnahmen (nur z.B. Befragen) zu Angaben zur Person; Abs. 3: Maßnahmen zur Beschaffung von Identitätspapier, Urkunden, Unterlagen, Datenträger zur Feststellung von Identität, Staatsangehörigkeit, Rückführungsmöglichkeit; Personen- und Sachendurchsuchung zu ID, Staatsangehörigkeit, Rückführungsmöglichkeit

- § 56 Abs. 1 Nr. 8 AufenthV (Verlangen der Vorlage von Pass oder Passersatz eines Ausländers zur Vornahme von Eintragungen zu Ort und Zeit von Ein-/Ausreise, Antreffen sowie Maßnahmen und Entscheidungen nach den AufenthG)
- § 18 BewachV (Verlangen des Vorzeigens des Ausweises für Wachpersonen in Verbindung mit dem im Bewacherregister angegebenen Ausweis- oder Identifizierungsdokument während des Wachdienstes)
- § 15 Abs. 1 BJagdG (Verlangen des Vorzeigens an Polizeibeamte und Jagdschutzberechtigte von Jagdschein)
- § 4 Abs. 2, 3 FeV (Verlangen des Aushändigens zur Prüfung von amtlicher Bescheinigung der Fahrerlaubnis – Führerschein, internationaler Führerschein oder andere Fahrerlaubnisbescheinigung)
- § 5 Abs. 4 FeV (Verlangen des Aushändigens zur Prüfung von Mofa-Prüfbescheinigung)
- § 48 Abs. 3 FeV (Verlangen des Aushändigens zur Prüfung von Führerschein zur Fahrgastbeförderung)
- § 31 Abs. 1 FischG NRW (Verlangen des Aushändigens an Polizeivollzugsbeamte, Ordnungsbehördendienstkräfte, Fischereiaufsehern zur Prüfung von Fischereischein)
- § 37 FischG NRW (Verlangen des Aushändigens an Polizeivollzugsbeamte, Ordnungsbehördenkräfte, Fischereiaufsehern zur Prüfung von Erlaubnisschein)
- § 8 FreizügG/EU (Verlangen der Vorlage, Aushändigung, vorübergehenden Überlassung von Pass oder Passersatz; Ermöglichung, das Gesicht mit dem Lichtbild im Dokument abzugleichen; Auslesen von auf dem elektronischen Speicher- und Verarbeitungsmedium eines Dokumentes nach § 8 Abs. 1 FreizügG/EU gespeicherten biometrischen und sonstigen Daten, Erheben der benötigten biometrischen Daten beim Inhaber des Dokumentes, Vergleich der biometrischen Daten miteinander)
- § 11 Abs. 6 FZV (Verlangen des Aushändigens von Zulassungsbescheinigung Teil I oder entsprechendem Anhängerverzeichnis nach § 11 Abs. 2 FVZ)
- § 16 Abs. 2 FZV (Verlangen des Aushändigens von Fahrzeugscheinheft für rote Kennzeichen)
- § 16a Abs. 5 FZV (Verlangen des Aushändigens zur Prüfung von Fahrzeugschein für Kurzzeitkennzeichen)
- § 26 Abs. 1 FZV (Verlangen des Aushändigens zur Prüfung von Bescheinigung über Versicherungskennzeichen)
- § 47 Abs. 3 FZV (Verlangen des Aushändigens zur Prüfung von Ausnahmegenehmigung)
- §§ 2, 3 22, 25 GastG (Verlangen von Prüfung und Einsicht u.a. in Erlaubnis für bestimmte Räume und bestimmte Betriebsart eines Gaststättegewerbes)
- §§ 2, 3, 9 22, 25 GastG (Verlangen von Prüfung und Einsicht u.a. in Stellvertretungs-Erlaubnis für bestimmte Räume und bestimmte Betriebsart eines Gaststättegewerbes)
- § 60c GewO (Verlangen des Vorzeigens der Reisegewerbekarte durch Inhaber des Reisegewerbes gemäß § 60c Abs. 1 GewO oder durch Beschäftigte gemäß § 60c Abs. 2 GewO an zuständige Behörden und Beamte – mit Gewerbeeinstellpflicht bis Herbeischaffung der Reisegewerbekarte und Pflicht zur Vorlage mitgeführter Waren auf Verlangen)

Ausländer jeder ist, der nicht Deutscher im Sinne des Art. 116 Abs. 1 GG ist – nämlich durch Adressierung an einen deutschen Staatsangehörigen, der zugleich eine ausländische Staatsangehörigkeit besitzt.

- § 7 Abs. 2 GüKG (Verlangen des Aushändigens zur Prüfung von Dokumenten und Nachweisen bzgl. Erlaubnis nach § 3 GüKG oder Berechtigung nach § 6 GüKG)
- § 4 HundG NRW (Verlangen des Aushändigens einer Erlaubnis oder Kopie zur Prüfung beim Führen von gefährlichen Hunden außerhalb des befriedeten Besitztums)
- § 12 Abs. 4 KrWaffKontrG (Verlangen des Vorzeigens und Aushändigens der Ausfertigung einer Genehmigungsurkunde zur Prüfung bei Ausführung einer Beförderung von Kriegswaffen)
- § 17 Abs. 4 PBefG (Verlangen des Aushändigens zur Prüfung von Genehmigungsscheinen nach §§ 9 ff. PBefG)
- § 20 Abs. 4 PBefG (Verlangen des Aushändigens zur Prüfung von schriftlicher einstweiliger Erlaubnis bezüglich sofortiger Einrichtung, Erweiterung oder wesentlicher Änderung eines Linienverkehrs mit Kraftfahrzeugen)
- § 23 SprengG (Verlangen des Vorlegens einer Erlaubnisurkunde oder eines Befähigungsscheines oder einer sonstigen Bescheinigung bei dem Umgang und dem Verkehr mit explosionsgefährlichen Stoffen)
- § 46 Abs. 3 StVO (Verlangen des Aushändigens zur Prüfung von Ausnahmegenehmigung oder Erlaubnis)
- § 22a Abs. 4 StVZO (Verlangen des Aushändigens zur Prüfung von Urkunde über Einzelgenehmigung der Verwendung von Fahrzeugteilen im Straßenverkehr)
- § 31b StVZO (Verlangen des Vorzeigens und des Aushändigens zur Prüfung von mitzuführenden Gegenständen)
- § 70 Abs. 3a StVZO (Verlangen des Aushändigens zur Prüfung von Ausnahmegenehmigung)
- § 38 Abs. 2 WaffG (Verlangen des Aushändigens an Polizeibeamte zur Prüfung von Dokumenten nach § 38 Abs. 1 S. 1, 2 WaffG – mit Personalausweis oder Pass)
- § 42 Abs. 3 WaffG (Verlangen des Aushändigens zur Prüfung von mitzuführendem Ausnahmebescheid zum Waffen-Führen bei öffentlichen Veranstaltungen – unbeschadet § 38 WaffG)
- § 42 Abs. 5 WaffG (Verlangen des Aushändigens zur Prüfung von mitzuführendem Ausnahmebescheid zum Waffen-Führen in Waffenverbotszonen – unbeschadet § 38 WaffG).

B. Formelle Rechtmäßigkeit (FR) I. Zuständigkeit (Z)

(VOR/DEF)

Zuständigkeit ist Aufgabenwahrnehmungserlaubnis für den Rechtsfolgesetzer.

(SUB/ERG)

Für die Maßnahme ist die Zuständigkeit (i.d.R.) bei Fehlen speziellerer Zuständigkeit wie folgt gegeben:

1. sachliche Zuständigkeit *der Polizei* gemäß (alternativ)

- § 1 Abs. 1 S. 1, 2 Var. 1 oder 2 oder 3 PolG NRW (originäre Zuständigkeit) (ggf. i.V.m. § 1 Abs. 2 PolG NRW[735] / ggf. i.V.m. § 1 Abs. 5 S. 2 PolG NRW[736]);
- § 1 Abs. 1 S. 1, 3 PolG NRW (subsidiäre Zuständigkeit);

2. instanzielle Zuständigkeit *der Polizeibehörde* gemäß

- (i.d.R.) § 11 Abs. 1 Nr. 1 POG NRW;
- (generell:) §§ 10-14 POG NRW (ggf. i.V.m. KPBVO NRW / ggf. i.V.m. LKAAufgVO NRW);

3. örtliche Zuständigkeit *der Polizeibehörde* gemäß

- (i.d.R.) § 7 Abs. 1 S. 1 POG NRW (ggf. i.V.m. KHStVO NRW);
- (generell:) §§ 7-9 POG NRW (ggf. i.V.m. KHStVO NRW);

4. funktionelle Zuständigkeit *des Polizeiamtswalters* (i.d.R.) gemäß (alternativ)

- § 13 Abs. 1 Wort 2 PolG NRW, hier des Polizeiamtswalters für Anordnung und Ausführung;
- § 13 Abs. 1 Wort 2 PolG NRW i.V.m. Spezialbefugnisrechtsnorm, hier des Polizeiamtswalters (als zuständigem Bedienstetem oder zuständiger Person oder zuständigem Beamten i.S.d. Spezialrechtsnorm) für Anordnung und Ausführung;
- jeweiliger Spezialrechtsnorm, hier des Polizeiamtswalters (als zuständigem Bedienstetem oder zuständiger Person oder zuständigem Beamten i.S.d. Spezialrechtsnorm) für Anordnung und Ausführung.

(SUB/ERG)

Für die Maßnahme ist bei Berechtigungsschein aus entsprechendem, speziellerem Zuständigkeitsbereich die Zuständigkeit wie folgt gegeben:

1. sachliche Zuständigkeit *der Polizei* gemäß (alternativ)

- Ausländerrecht: § 8 / § 11 FreizügG/EU; §§ 15, 16 / § 19 / § 20 / § 21 / § 59 / § 66 AsylG; § 71 Abs. 4 / § 71 Abs. 5 (auch mit § 66 Abs. 5) / § 11 / § 47a / § 50 Abs. 6 S. 1 / § 50 Abs. 6 S. 2 / § 50 Abs. 6 S. 3 / § 56 / § 71a / § 78 Abs. 5 / § 86 / §§ 87, 88 AufenthG
- Jugendschutzrecht: § 1 S. 1 ZuVO JuWo NRW: Kreispolizeibehörden als zuständige Behörden im Sinne der §§ 7 und 8 JuSchG
- VereinsR: § 1 ÖffVereinsRZVO NRW: Polizeibehörde LKA als Vollzugsbehörde nach § 5 Abs. 1 VereinsG / § 2a) ÖffVereinsRZVO NRW: Kreispolizeibehörde als zuständige Behörde nach § 19 Abs. 1 S. 1 und § 21 Abs. 1 S. 1 VereinsGDV
- Verkehrsüberwachung[737]: § 11 Abs. 1 Nr. 3 POG NRW: Kreispolizeibehörde; Verkehrskontrolle-Anhalten: § 36 Abs. 5 StVO: Polizei(beamte); Verkehrs-Regelung/Verkehrs-Lenkung/Verkehrs-Sicherung: § 44 Abs. 2 StVO: Polizei

---

735 § 1 Abs. 2 PolG NRW hat negative Zuständigkeitsvoraussetzungen; § 1 Abs. 2 PolG NRW ist die sogenannte „**Privatrechtsklausel**"; zum **Privatrecht in der polizeilichen Praxis** ausführlich: *Basten*, Privatrecht in der polizeilichen Praxis.

736 § 1 Abs. 5 S. 2 PolG NRW ist qua Gesetzessystematik eine Zuständigkeitsvorschrift mit negativen Befugnisvoraussetzungen.

737 Vgl. auch: §§ 28, 41, 44, 43, 45, 46, 47, 50, 51, 52, 56, 57 StVGüterbefZVO NRW (nichtamtliche Abkürzung für: Verordnung über Zuständigkeiten im Bereich Straßenverkehr und Güterbeförderung [in NRW]), dort mit:

- VersR: §§ 9 Abs. 2, 12a, 13, 18 Abs. 3, 19 Abs. 4, 19a VersG: „Die Polizei“ / § 1 VersGZVO NRW: Kreispolizeibehörde als zuständige Behörde nach § 2 Abs. 3, § 5, § 14, § 15 und § 17 a Abs. 3, 4 VersG
- WaffenR: § 48 WaffG i.V.m. WaffGDVO NRW: Kreispolizeibehörde (§ 1 S. 1, § 3 S. 1) oder LKA (§ 1 S. 2) oder bestimmte Polizeipräsidien (§ 2 Abs. 1, 3, 4 S. 1) oder Innenministerium als oberste Polizeibehörde (§ 3 S. 2)

2. instanzielle Zuständigkeit *der Polizeibehörde* gemäß (alternativ)

- Ausländerrecht: § 11 Abs. 1 Nr. 1 POG NRW (generell: §§ 10-14 POG NRW)
- Jugendschutzrecht: § 1 S. 1 ZuVO JuWo NRW: Kreispolizeibehörden als zuständige Behörden im Sinne der §§ 7 und 8 JuSchG
- VereinsR: § 1 ÖffVereinsRZVO NRW: Polizeibehörde LKA als Vollzugsbehörde nach § 5 Abs. 1 VereinsG / § 2a) ÖffVereinsRZVO NRW: Kreispolizeibehörde als zuständige Behörde nach § 19 Abs. 1 S. 1 und § 21 Abs. 1 S. 1 VereinsGDV
- Verkehrsüberwachung: § 11 Abs. 1 Nr. 3 POG NRW: Kreispolizeibehörde; Verkehrskontrolle-Anhalten: § 36 Abs. 5 StVO: Polizei(beamte); Verkehrs-Regelung/Verkehrs-Lenkung/Verkehrs-Sicherung: § 44 Abs. 2 StVO: Polizei

---

- Rechtsgebiet Gefahrenabwehr: § 28 Abs. 2 StVGüterbefZVO NRW: Polizeibehörden und -einrichtungen-Zuständigkeit im Dienstbereich der Polizei für Wahrnehmung der Aufgaben der Erlaubnisbehörden zur Ausführung des FahrlG;
- Rechtsgebiet Strafrechtspflege: § 41 Abs. 2 StVGüterbefZVO NRW: Polizeibehörden-Zuständigkeit zur Verfolgung von Ordnungswidrigkeiten nach Art. 7 Abs. 1 und 3 S. 1 des Gesetzes zu dem Übereinkommen vom 2. Dezember 1972 über sichere Container, solange die Polizeibehörden die Sache nicht an die Kreisordnungsbehörde, das Bundesamt für Güterverkehr oder an die Staatsanwaltschaft abgegeben haben
- Rechtsgebiet Gefahrenabwehr: § 44 StV- und GüterbefZVO NRW: Kreispolizeibehörden-Zuständigkeit für die Überwachung der Beförderung gefährlicher Güter nach § 9 Abs. 1 GGBefG während des Vorgangs der Ortsveränderung auf der Straße, soweit nicht nach § 5 Abs. 1 GGBefG dessen Durchführung dem Bund in bundeseigener Verwaltung obliegt;
- Rechtsgebiet Gefahrenabwehr: § 46 StV- und GüterbefZVO NRW: Wasserpolizei-Zuständigkeit für die Überwachung der Beförderung gefährlicher Güter nach § 9 Abs. 1 GGBefG unter bestimmten Umständen;
- Rechtsgebiet Strafrechtspflege: § 47 StV- und GüterbefZVO NRW: Polizei-Zuständigkeit für die Verfolgung der in den § 43 Abs. 1 Nr. 3 und 4, Abs. 2 Nr. 3, § 45 Nr. 3 StVGüterbefZVO NRW genannten Ordnungswidrigkeiten, solange die Polizei die Sache nicht an die nach den § 43 Abs.1 Nr. 3 und 4, Abs. 2 Nr. 3, § 45 Nr. 3 zuständigen Behörden oder an die Staatsanwaltschaft abgegeben hat;
- Rechtsgebiet Gefahrenabwehr: § 50 Abs. 1 StV- und GüterbefZVO NRW: Kreispolizeibehörden-Zuständigkeit nach Kapitel 8.4 in Verbindung mit Kapitel 8.5 S 1 Abs. 6 und S 14 bis S 21 sowie Kapitel 8.5 S 1 Abs. 4 und 5 der Anlage B des Europäischen Übereinkommens über die Internationale Beförderung gefährlicher Güter auf der Straße (amtliche Abkürzung: ADR);
- Rechtsgebiet Strafrechtspflege: § 52 Abs. 2 StV- und GüterbefZVO NRW: Polizei-Zuständigkeit für die Verfolgung der in den § 50 Abs. 3 und § 51 Abs. 1 Nr. 3 StV- und GüterbefZVO NRW genannten Ordnungswidrigkeiten, solange die Polizei die Sache nicht an die nach den § 50 Abs. 3 und § 51 Abs. 1 Nr. 3 StV- und GüterbefZVO NRW zuständigen Behörden oder an die Staatsanwaltschaft abgegeben hat;
- Rechtsgebiet Strafrechtspflege: § 57 StV- und GüterbefZVO NRW: Polizei-Zuständigkeit für die Verfolgung der in § 56 StV- und GüterbefZVO NRW genannten Ordnungswidrigkeiten, solange die Polizei die Sache nicht an die nach § 56 StV- und GüterbefZVO NRW zuständigen Behörden oder an die Staatsanwaltschaft abgegeben hat.

- VersR: §§ 9 Abs. 2, 12a, 13, 18 Abs. 3, 19 Abs. 4, 19a VersG: „Die Polizei" / § 1 VersGZVO NRW: Kreispolizeibehörde als zuständige Behörde nach § 2 Abs. 3, § 5, § 14, § 15 und § 17 a Abs. 3, 4 VersG
- WaffenR: § 48 WaffG i.V.m. WaffGDVO NRW: Kreispolizeibehörde (§ 1 S. 1, § 3 S. 1) oder LKA (§ 1 S. 2) oder bestimmte Polizeizeipräsidien (§ 2 Abs. 1, 3, 4 S. 1) oder Innenministerium als oberste Polizeibehörde (§ 3 S. 2)
- ggf. i.V.m. KPBVO NRW; ggf. i.V.m. LKAAufgVO NRW;

3. örtliche Zuständigkeit *der Polizeibehörde* gemäß (alternativ)

- Ausländerrecht: §§ 7-9 POG NRW
- Jugendschutzrecht: §§ 7-9 POG NRW
- Vereinsrecht: §§ 7-9 POG NRW
- Verkehrsrecht: §§ 7-9 POG NRW
- VersR: §§ 7-9 POG NRW
- WaffenR:
  - § 49 WaffG i.V.m. § 2 Abs. 4 S. 2 WaffGDVO NRW: Die örtliche Zuständigkeit richtet sich nach dem Ort, an dem der Lehrgang zur Vermittlung der Sachkunde stattfindet.
  - § 49 WaffG
  - §§ 7-9 POG NRW
  - ggf. i.V.m. KHStVO NRW;

4. funktionelle Zuständigkeit *des Polizeiamtswalters* gemäß (alternativ)

- § 13 Abs. 1 Wort 2 PolG NRW, hier des Polizeiamtswalters für Anordnung und Ausführung;
- § 13 Abs. 1 Wort 2 PolG NRW i.V.m. Spezialbefugnisrechtsnorm, hier des Polizeiamtswalters als zuständigem Bedienstetem (einer zuständigen Behörde) oder als zuständiger Person oder als zuständigem Beamten i.S.d. Spezialrechtsnorm für Anordnung und Ausführung;
- jeweiliger Spezialrechtsnorm, hier des Polizeiamtswalters als zuständigem Bedienstetem (einer zuständigen Behörde) oder als zuständiger Person oder als zuständigem Beamten i.S.d. Spezialrechtsnorm für Anordnung und Ausführung.[738]

B. Formelle Rechtmäßigkeit (FR) II. Verfahren (V)

(VOR/DEF)

Verfahren ist normiertes Verhalten insbesondere für den Rechtsfolgezuständigen außer, bei, i.Z.m. der Rechtsfolge.

---

738 Vgl. insbesondere Spezialrechtsnormen für und mit „Polizei" oder „Polizeibeamten", z.B. § 1 WaffGDVO NRW / § 15 BJagdG / § 37 FischG NRW / § 11 Abs. 3 BewachV / § 60c Abs. 1 GewO i.V.m. § 2 Abs. 1 GewRV NRW i.V.m. Nr. 1.39 Anlage GewRV NRW / § 11 Abs. 2 GewO i.V.m. Nr. 2.2.5 Anlage GewRV NRW / § 13 Abs. 2 GewO i.V.m. Nr. 2.2.6 Anlage GewRV NRW / § 15 GewO i.V.m. Nr. 2.2.7 Anlage GewRV NRW / § 36 Abs. 5 S. 1 StVO.

1. Allgemeine Verfahrensrechtsnorm für Berechtigungsscheinprüfung-VA: Anhörung

(VOR/DEF)

Gemäß § 28 VwVfG NRW besteht grundsätzlich Pflicht zur **Anhörung** im Sinne des § 28 Abs. 1 VwVfG NRW (Äußerungsgelegenheit mit entsprechender Würdigung vor eingreifendem VA) – oder es soll gegeben sein: ein Ausnahmegrund gemäß § 28 Abs. 2, 3 VwVfG NRW oder **VA-Verletzungsunbeachtlichkeit** gemäß § 45 VwVfG NRW[739] oder **VA-Nichtaufhebbarkeit** gemäß § 46 VwVfG NRW[740].

Gemäß § 28 Abs. 2 VwVfG NRW kann von der Anhörung abgesehen werden, wenn sie nach den Umständen des Einzelfalles nicht geboten ist, insbesondere wenn ein Fall vorliegt gemäß § 28 Abs. 2 Nr. 1-5 VwVfG NRW.

Gebotenheit ist Nichtverfügbarkeit eines milderen, gleich geeigneten Mittels zur Zweckförderung.

Gemäß § 28 Abs. 2 Nr. 1 VwVfG NRW kann von der Anhörung abgesehen werden, wenn eine sofortige Entscheidung wegen Gefahr im Verzug oder im öffentlichen Interesse notwendig erscheint.

Gefahr im Verzug i.S.d. § 28 Abs. 2 Nr. 1 VwVfG NRW ist gegeben, wenn der Handlungsbedarf unvorhergesehen ist und bei Durchführung der eigentlich vorgesehenen Maßnahme,

---

[739] Vgl. § 45 VwVfG NRW („**Heilung von Verfahrens- und Formfehlern**"), vgl. dazu: BVerwG, Urteil vom 06.02.2019 – BVerwG 1 A 3.18: „Eine entsprechende Heilung [hier im Fall einer Anhörung, P. B.] setzt voraus, dass die Anhörung nachträglich ordnungsgemäß durchgeführt und ihre Funktion für den Entscheidungsprozess der Behörde uneingeschränkt erreicht wird. Dies ist der Fall, wenn der Betroffene Gelegenheit hat, seine Einwendungen vorzubringen, und die Behörde diese nicht nur zur Kenntnis nimmt, sondern auch bei ihrer Entscheidung in Erwägung zieht. Von Letzterem ist auszugehen, wenn sich die Behörde nicht darauf beschränkt, die einmal getroffene Sachentscheidung zu verteidigen, sondern das Vorbringen des Betroffenen erkennbar zum Anlass nimmt, die Entscheidung kritisch zu überdenken (BVerwG, Urteil vom 17. Dezember 2015 - 7 C 5.14 - BVerwGE 153, 367 Rn. 17 m.w.N.).".

[740] Vgl. § 46 VwVfG NRW („**Folgen von Verfahrens- und Formfehlern**"), vgl. dazu BVerwG, Urteil vom 09.05.2019 – BVerwG 2 C 2.18 (Unterbliebene Beteiligung der Gleichstellungsbeauftragten bei LAFP NRW-Auswahlentscheidung), Rn. 70: „Ein Verstoß gegen eine Verfahrensvorschrift ist nur dann offensichtlich ohne Einfluss auf die Entscheidung in der Sache, wenn das Gericht zweifelsfrei und ohne jede Spekulation davon ausgehen kann, dass die Entscheidung ohne den Fehler genauso ausgefallen wäre. Ein Kausalzusammenhang ist dagegen zu bejahen, wenn nach den Umständen des jeweiligen Falles die konkrete Möglichkeit besteht, dass ohne den angenommenen Verfahrensmangel die Entscheidung anders ausgefallen wäre (stRspr, vgl. BVerwG, Urteile vom 30. Mai 1984 - 4 C 58.81 - BVerwGE 69, 256 <270> und vom 28. Juni 2018 - 2 C 14.17 - Buchholz 11 Art. 33 Abs. 5 GG Nr. 148 Rn. 32; Emmenegger, in: Mann/Sennekamp/Uechtritz, VwVfG, 2014, § 46 Rn. 91; Ramsauer, in: Kopp/Ramsauer, VwVfG, 20. Aufl. 2019, § 46 Rn. 36; Sachs, in: Stelkens/Bonk/Sachs, VwVfG, 9. Aufl. 2018, § 46 Rn. 80, 83).", Rn. 69: „Dabei lässt der Senat offen, ob § 46 VwVfG NRW, der die Aufhebung eines Verwaltungsaktes ausschließt, also Anfechtungsklagen betrifft, auf die im Streitfall gegebene Konstellation einer Feststellungsklage nach erledigtem Neubescheidungsbegehren (evtl. entsprechend) anzuwenden ist. Dasselbe gilt für die Frage, ob der in von § 46 VwVfG NRW normierte Ausschluss des Aufhebungsanspruchs auch die hier gegebene andersgeartete, besondere Fehlerfolge des § 18 Abs. 3 Satz 1 LGG NRW erfasst, wonach die verfahrensfehlerhaft zustande gekommene Auswahlentscheidung (nur) auszusetzen und die Beteiligung nachzuholen ist. Selbst wenn dies der Fall sein sollte, ist jedenfalls offensichtlich i.S.v. § 46 VwVfG NRW, dass der in der Nichtbeteiligung der Gleichstellungsbeauftragten liegende Verfahrensfehler die Entscheidung in der Sache nicht beeinflusst hat.".

hier der Anhörung, der gesetzliche Zweck, hier der jeweilige aus der Aufgabe und Befugnisrechtsnorm, vereitelt oder wesentlich erschwert wird.[741]

Öffentliches Interesse ist die einzelfallbezogene Relevanz eines Rechts oder Rechtsguts nicht ausschließlich bei einem einzelnen Individuum.

Notwendigkeit ist Nichtverfügbarkeit eines milderen, gleich geeigneten Mittels zur Zweckförderung – bis hin zur Alternativlosigkeit der Mittelanwendung.

Gemäß § 28 Abs. 3 VwVfG NRW unterbleibt eine Anhörung, wenn ihr ein zwingendes öffentliches Interesse entgegensteht.

Zwingendes öffentliches Interesse ist die einzelfallbezogene unbedingte Relevanz eines Rechts oder Rechtsguts nicht ausschließlich bei einem einzelnen Individuum.

(SUB/ERG)

Im konkreten Fall ist § 28 VwVfG NRW (alternativ)

- eingehalten insbesondere bei Gelegenheit zur Stellungnahme i.S.d. § 28 Abs. 1 VwVfG NRW;
- eingehalten bei Nichteinhaltung von § 28 Abs. 1 VwVfG NRW und Ausnahmegrund gemäß § 28 Abs. 2, 3 VwVfG NRW;
- nicht eingehalten insbesondere bei Fehlen von Gelegenheit zur Stellungnahme ohne Ausnahmegrund;
- sonst eingehalten oder nicht eingehalten bei entsprechenden Anhaltspunkten / Fehlen entgegenstehender Anhaltspunkte.

2. Allgemeine Verfahrensrechtsnorm für Berechtigungsscheinprüfung-VA: Begründung

(VOR/DEF)

Gemäß § 39 Abs. 1 VwVfG NRW besteht Pflicht zur **Begründung** eines schriftlichen oder elektronischen sowie schriftlich oder elektronisch bestätigten VA (vgl. § 37 Abs. 2 VwVfG NRW) mit den tatsächlich-rechtlichen, nicht unbedingt materiellrechtlich richtigen Behördenerwägungen – oder es soll gegeben sein: ein Ausnahmegrund nach § 39 Abs. 2 VwVfG NRW (insb. § 39 Abs. 2 Nr. 2, 4 VwVfG NRW) oder **VA-Verletzungsunbeachtlichkeit** gemäß § 45 VwVfG NRW oder **VA-Nichtaufhebbarkeit** gemäß § 46 VwVfG NRW.

---

[741] BVerwGE 142, 205 (Schutzmaßnahme nach IfSG) = BVerwG, Urteil vom 22.03.2012 – BVerwG 3 C 16.11: „Gefahr im Verzug im Sinne von § 28 Abs. 2 Nr. 1 VwVfG ist anzunehmen, wenn durch eine vorherige Anhörung auch bei Gewährung kürzester Anhörungsfristen ein Zeitverlust einträte, der mit hoher Wahrscheinlichkeit zur Folge hätte, dass die behördliche Maßnahme zu spät käme, um ihren Zweck noch zu erreichen. Ob eine sofortige Entscheidung objektiv notwendig war oder die Behörde eine sofortige Entscheidung zumindest für notwendig halten durfte, ist vom Gericht aus ex-ante-Sicht zu beurteilen (Urteil vom 15. Dezember 1983 - BVerwG 3 C 27.82 - BVerwGE 68, 267 <271 f.> = Buchholz 316 § 28 VwVfG Nr. 9 S. 18). Hierbei ist wegen der Bedeutung des Anhörungsrechts als tragendem Prinzip des rechtsstaatlichen Verfahrens ein strenger Maßstab anzulegen (vgl. Kopp/Ramsauer, VwVfG, 12. Aufl. 2011, § 28 Rn. 3 und Rn. 46 m.w.N.).“.

(SUB/ERG)

Im konkreten Fall ist § 39 VwVfG NRW (alternativ)

- eingehalten bei Fehlen von Begründungspflicht bei rechtmäßigem Fehlen von schriftlichem oder elektronischem, schriftlich oder elektronisch bestätigte VA (i.d.R. jedenfalls zunächst bei Maßnahmen i.S.d. § 80 Abs. 2 Nr. 2 VwGO);
- eingehalten bei Begründung bei schriftlichem oder elektronischem, schriftlich oder elektronisch bestätigtem VA (z.B. im Rahmen von „Bescheinigungen"; „Mitteilungen", „Anschreiben-VA" [„Auflagenanschreiben"; „Gefährderanschreiben", „Meldeauflagenanschreiben"], „HG-Schriftverfügung") und bei Nichtvorliegen eines Ausnahmegrundes i.S.v. § 39 Abs. 2 VwVfG NRW;
- eingehalten bei Ausnahmegrund nach § 39 Abs. 2 VwVfG NRW, insbesondere wegen bekannter oder erkennbarer Sach- und Rechtslage gemäß § 39 Abs. 2 Nr. 2 Var. 1 oder 2 VwVfG NRW;
- sonst eingehalten oder nicht eingehalten bei entsprechenden Anhaltspunkten / Fehlen entgegenstehender Anhaltspunkte.

(ERG Verfahren)

Ergebnis kann allgemein sein: Verfahrensrechtmäßigkeit oder Verfahrensrechtswidrigkeit der Maßnahme.

B. Formelle Rechtmäßigkeit (FR) III. Form (F)

(VOR/DEF)

Form ist normiertes Wie der Rechtsfolgesetzung – schriftlich, elektronisch, mündlich oder in anderer Weise.

(SUB/ERG)

Im konkreten Fall (alternativ)

- ist bei Fehlen von VA § 37 Abs. 2-6 VwVfG NRW unanwendbar.
- ist bei Fehlen von VA und Fehlen speziellerer Formrechtsnormen Formfreiheit gegeben.
- ist bei VA und Fehlen speziellerer Formrechtsnormen anwendbar: § 37 Abs. 2 bis 6 VwVfG NRW.
- kann gemäß § 37 Abs. 2 S. 1 VwVfG NRW der VA schriftlich, elektronisch, mündlich oder in anderer Weise erlassen werden.
- braucht gemäß § 37 Abs. 2 S. 2 VwVfG NRW der mündliche VA schriftlich oder elektronisch nicht bestätigt zu werden, wenn hieran kein berechtigtes Interesse besteht und der Betroffene dies nicht unverzüglich verlangt.

Ergebnis kann allgemein sein: Formrechtmäßigkeit oder Formrechtswidrigkeit der Maßnahme.

C. Materielle Rechtmäßigkeit (MR) I. Tatbestand (Tb)/Tatbestandsvoraussetzungen (TBV)

(VOR/DEF)

Tatbestand ist das Gesamt der (materiell-rechtlichen) Rechtsfolge(setzungs)bedingungen. / **Tatbestandsvoraussetzungen** sind materiell-rechtliche Rechtsfolgesetzungsbedingungen.

1. TBV aus § 13 PolG NRW: Berechtigungsschein-Mitführ-Verpflichtung

(VOR/DEF)

Gemäß § 13 PolG NRW ist Voraussetzung, dass die betroffene Person auf Grund einer Rechtsvorschrift oder einer vollziehbaren Auflage in einem Erlaubnisbescheid verpflichtet ist, diesen Berechtigungsschein mitzuführen.

(SUB/ERG)

Im konkreten Fall ist die Berechtigungsschein(-Mitführ-)Verpflichtung (alternativ)

- auf Grund einer bestimmten Rechtsvorschrift[742] oder auf Grund eines bestimmten Erlaubnisbescheids gegeben.
- wegen Fehlens eines bestimmten Rechtsnorm-Grundes und eines bestimmten Erlaubnisbescheids nicht gegeben.

2. TBV aus § 13 PolG NRW: Berechtigungsschein-Mitführ-Verpflichtung

(VOR/DEF)

Gemäß § 13 PolG NRW i.V.m. Art. 20 Abs. 3 GG[743] ist Mindestvoraussetzung ein Anhaltspunkt im Tatsächlichen[744], dass die betroffene Person die Tätigkeit, für deren Ausübung der Berechtigungsschein erforderlich ist, ausübt oder nach den Umständen erkennbar ist, dass sie diese Tätigkeit beginnen wird oder beendet hat.[745]

---

742 Zu Berechtigungsschein-Rechtsnormen siehe: *Basten*, Eingriffsrecht der Polizei in Nordrhein-Westfalen, Band 2, Buch 2, Abschnitt 13, zu A. III. (Mögliche Befugnisrechtsnorm), dortige alphabetische Auflistung möglicher Berechtigungsschein-Rechtsnormen.

743 Zu Rechtsstaat und Methode sowie Auslegung siehe auch: *Basten*, Eingriffsrecht der Polizei in Nordrhein-Westfalen, Band 1, S. 142, 160-164.

744 Zur Mindestvoraussetzung für Eingriffsmaßnahmen auf dem Rechtsgebiet der Gefahrenabwehr und auf dem Rechtsgebiet der Strafrechtspflege siehe auch: *Basten*, Eingriffsrecht der Polizei in Nordrhein-Westfalen, Band 1, S. 255.

745 Vgl. zusätzlich zur rechtsstaatlich systematischen und teleologischen Auslegung in genetisch-historischer Auslegung auch Nr. 13.02 VVPolG NRW: „Eine Anordnung nach § 13 setzt voraus, dass die betroffene Person die Tätigkeit, für deren Ausübung der Berechtigungsschein erforderlich ist, ausübt oder nach den Umständen erkennbar ist, dass sie diese beginnen wird oder beendet hat.“.

Tatsachen sind alle wahrnehmbaren Dinge der Welt – nicht ausreichend sind: hypothetische Erwägungen, reine Spekulationen, fallunabhängige Vermutungen; kriminalistische Erfahrung kann ausreichen, wenn sie einen Anhalt im Tatsächlichen hat.

(SUB/ERG)

Im konkreten Fall ist ein Anhalt im Tatsächlichen (alternativ)

- für Bevorstehen, Ausübung, Beendigung der berechtigungsscheinerforderlichen Tätigkeit gegeben.
- für Bevorstehen, Ausübung, Beendigung der berechtigungsscheinerforderlichen Tätigkeit gegeben nicht gegeben.

Tatsächlicher Anhaltspunkt für Bevorstehen, Ausübung, Beendigung einer berechtigungsscheinerforderlichen Tätigkeit ist grundsätzlich auch (alternativ)

- (aufgefundene oder mitgeführte) Gegenstände, die notwendige Tätigkeitsobjekte oder regelmäßige Tätigkeitsmittel der berechtigungsscheinerforderlichen Tätigkeit sind;
- Aussagen oder Gespräche, die gewöhnliche und regelmäßige spezifische Inhalte der berechtigungsscheinerforderlichen Tätigkeit sind;
- Aufenthalt bei einer Tätigkeit;
- Aufenthalt in einem Gebiet oder Raum, in dem gewöhnlich oder regelmäßig die berechtigungsscheinerforderliche Tätigkeit augeübt wird;
- Hilfstätigkeiten oder sonstige objektiv förderliche Tätigkeiten für die berechtigungsscheinerforderliche Tätigkeit.

Fehlen eines tatsächlichen Anhaltspunktes für Bevorstehen, Ausübung, Beendigung einer berechtigungsscheinerforderlichen Tätigkeit ist grundsätzlich gegeben bei (alternativ)

- Fehlen jeglichen Zurechnungszusammenhangs wie Aufenthalt oder Hilfstätigkeiten im Zusammenhang mit einer berechtigungsscheinerforderlichen Tätigkeit;
- Gegenposition zur berechtigungsscheinerforderlichen Tätigkeit, etwa als deren Empfänger, Gast, Kunde, Nutznießer – unbeschadet etwaiger eigener Berechtigungsscheinverpflichtungen für die Gegenposition.

C. Materielle Rechtmäßigkeit (MR) II. Inanspruchnahme (In) / Inanspruchnahmevoraussetzungen (Inv)

(VOR/DEF)

Inanspruchnahmevoraussetzungen sind materiell-rechtliche Bedingungen für richtige Inanspruchnahme.

Inanspruchnahme ist Adressierung und sonstiges Betroffenmachen; **Adressierung** ist direktes Bestimmen oder finales Richten einer Maßnahme an einen Grundrechtsträger, vgl. §§ 41 Abs. 1 S. 1, 43 Abs. 1 S. 1 VwVfG NRW.

Nach § 13 PolG NRW ist Inanspruchnahme grundsätzlich richtig wie folgt: allgemein die betroffene Person.

Person ist natürliche Person im Sinne von § 1 BGB.

Bei Spezialrechtsnormen ggf. spezielleres wie zum Beispiel:

- bei aufenthaltsgesetzlichen Berechtigungsscheinen entsprechend §§ 1, 2 AufenthG; zum Beispiel: der Ausländer
- bei asylrechtlichen Berechtigungsscheinen entsprechend § 1 AsylG zum Beispiel: der Asylbewerber oder der Asylant;
- bei straßenverkehrsspezifischen Berechtigungsscheinen entsprechend § 36 Abs. 5 S. 1 StVO: Verkehrsteilnehmer;
- bei waffenrechtlichen Berechtigungsscheinen zum Beispiel derjenige, der Umgang mit der Waffe (Waffen-Umgang) i.S.d. § 1 Abs. 2-4 WaffG i.V.m. § 2 WaffG hat.
- bei spezielleren straßenverkehrsspezifischen Berechtigungsscheinen zum Beispiel der jeweilige Fahrzeugführer;
- bei spezielleren gewerberechtlichen Berechtigungsscheinen zum Beispiel der jeweilige Gewerbetreibende.

(SUB/ERG)

Im konkreten Fall ist die Person (alternativ)

- richtigerweise gemäß § 13 PolG NRW / § 13 PolG NRW i.V.m. Spezialrechtnorm / Spezialrechtsnorm in Anspruch genommen/adressiert.
- nicht richtigerweise in Anspruch genommen/adressiert.

C. Materielle Rechtmäßigkeit (MR) III. Rechtsfolge (Rf) / Rechtsfolgevoraussetzungen (RfV)

(VOR/DEF)

Rechtsfolge ist rechtliche Folge aus dem Tatbestand. / **Rechtsfolgevoraussetzungen** sind materiell-rechtliche Rechtsfolgegestaltungs-Bedingungen.

C. Materielle Rechtmäßigkeit (MR) III. Rechtsfolge (Rf) 1. Tatsächliche und rechtliche Möglichkeit (TurM)

(VOR/DEF)

Tatsächliche und rechtliche Möglichkeit betrifft Fälle wie aus § 44 Abs. 2 Nr. 4-6 VwVfG NRW.

(SUB/ERG)

Tatsächliche und rechtliche Möglichkeit ist im konkreten Fall gegeben/nicht gegeben aufgrund Vorliegens/Nichtvorliegens von kognitiven, körperlichen, normativen, technischen Unmöglichkeiten.

Tatsächliche Unmöglichkeit der Befolgung des Berechtigungsschein-Verlangens ist gegeben im Falle der Nichtexistenz eines erforderlichen Berechtigungsscheins für die betroffene Person, was allerdings durch die Rechtsordnung teleologisch einkalkuliert ist gerade zwecks Überprüfung der Inhaberschaft oder des Fehlens einer erforderlichen Berechtigung.

Rechtliche Unmöglichkeit kann sich insbesondere aus einer Norm- bzw. Pflichtenkollision zur maßgeblichen Zeit des Berechtigungsschein-Verlangens ergeben, etwa wenn der potentielle Berechtigungsschein-Inhaber für den verlangten Vorzeige- bzw. Aushändigungs-Zeitpunkt unabweisbare höhere Pflichten bei der berechtigungsscheinerforderlichen Tätigkeit besorgen muss, wie zum Beispiel Einweisung eines zur maßgeblichen Zeit tätigkeitsgefährdeten Mitarbeiters oder Hinweisgebung an zur maßgeblichen Zeit gefährdete Tätigkeits-Empfänger (Gäste, Kunden, Nutznießer) der berechtigungsscheinerforderlichen Tätigkeit.

C. Materielle Rechtmäßigkeit (MR) III. Rechtsfolge (Rf) 2. Bestimmtheit (Bsh)

(VOR/DEF)

Bestimmtheit ist Maßnahmenerkennbarkeit und Maßnahmenverstehbarkeit, bei VA und Realakten Gebot nach Art. 20 Abs. 3 GG, bei VA Pflicht auch gemäß § 37 Abs. 1 VwVfG NRW.

(SUB/ERG)

Inhaltlich hinreichende Bestimmtheit i.S.d. § 37 Abs. 1 VwVfG NRW/Art. 20 Abs. 3 GG ist allgemein gegeben, wenn nach Auslegung der Maßnahme der Erklärungsempfänger wie jeder vernünftige Dritte, §§ 133, 157 BGB analog, in der konkreten Situation deren Inhalt hinreichend erkennen und verstehen kann, insbesondere wie folgt:

- dass die Polizei ggü./mit dem Maßnahmenempfänger/Erklärungsempfänger (wer)
- aus Gefahrenabwehrgründen (warum)
- zu einer spezifischen Zeit (wann)
- bezweckt, dass die Ob, Art, Umfang der Berechtigung nachgewiesen werden soll werden soll (was)
- und zwar durch Vorzeigen/durch Aushändigung des Berechtigungsscheins zur Prüfung (wie).

C. Materielle Rechtmäßigkeit (MR) III. Rechtsfolge (Rf) 3. Ermessen (Erm)

(VOR/DEF)

Ermessen[746] ist Entscheidungsspielraum auf der Rechtsfolgenseite bzgl. rechtsfehlerfreier Ausübung von Einschreit-Entschließung (Ob), Adressaten-Auswahl (Wer), Maßnahmen-Gestaltung (Wie), grundsätzlich gegeben durch § 13 PolG NRW, § 3 PolG NRW, bei VA auch durch § 40 VwVfG NRW.

[746] Zum Ermessen einschließlich Rechtsnatur, Ermessensarten, Ermessensreduzierungen, Ermessensfehlern, Maßnahmenansprüchen mit Beispielen siehe auch: *Basten*, Eingriffsrecht der Polizei in Nordrhein-Westfalen, Band 1, S. 271-283.

(SUB/ERG)

Der gegebene Entscheidungsspielraum wird aufgrund von entsprechenden Anhaltspunkten/in Ermangelung entgegenstehender Anhaltspunkte ohne Ermessensfehler/mit Ermessensfehlern (Ermessensunterschreitung, Ermessensüberschreitung, Ermessensfehlgebrauch) ausgeübt bzgl. folgender Ermessensarten:

a) Entschließungsermessen:

Das Entschließungsermessen kann im konkreten Fall sogar gegen / auf Null reduziert sein, insbesondere wegen:

- Einschreitmöglichkeit;
- Erheblichkeitsgrad von Gefährdungen, z.B. konkreter (dringender, erheblicher, gegenwärtiger) Gefahr.

b) Auswahlermessen:

siehe C. II.: Auswahlermessen wird abschließend beurteilt i.V.m. Punkt C. II. (Inanspruchnahme)

c) Gestaltungsermessen:

siehe C. III. 4.: Gestaltungsermessen, § 3 Abs. 2 PolG NRW (Austauschmittel), wird abschließend beurteilt i.V.m. Punkt C. III. 4. (VHM).

C. Materielle Rechtmäßigkeit (MR) III. Rechtsfolge (Rf) 4. Verhältnismäßigkeit (VHM)

(VOR/DEF)

Verhältnismäßigkeit ist Geeignetheit, Erforderlichkeit, Angemessenheit der Maßnahme zu einem legitimen Zweck.

(VOR/DEF)

a) Legitimer Zweck ist jeder verfassungsgemäße Zweck.

(SUB/ERG)

Im konkreten Fall verfolgt das Verlangen nach Vorzeigen/Aushändigung eines Berechtigungsscheins zur Prüfung (alternativ)

- einen legitimen Zweck, nämlich den Nachweis von Ob, Art, Umfang einer Berechtigung (vgl. auch jeweilige Zwecke der jeweiligen Berechtigungsscheinsgesetze), mittelbar einen Vergleich von mutmaßlicher Tätigkeit und Tätigkeitserlaubnisumfang oder Tätigkeitsverbotsumfang, sowie letztlich die kontrollierte Ordnungsgemäßheit von bestimmten Tätigkeiten und deren zuverlässige Ausübung durch Zuverlässige, nicht unzuverlässige Tätigkeitsausübung bzw. Tätigkeitsausübung durch Unzuverlässige[747].

---

747 Vgl. zum Kriterium der **Zuverlässigkeit** respektive **Unzuverlässigkeit** § 35 GewO und BVerwGE 152, 39 (Insolvenzverfahren beim Gewerbetreibenden) = BVerwG, Urteil vom 15.04.2015 – BVerwG 8 C 6.14, Rn. 14: „Nach § 35 Abs. 1 Satz 1 GewO ist die Ausübung eines Gewerbes ganz oder teilweise zu

- keinen legitimen Zweck.

(VOR/DEF)

b) Geeignetheit einer staatlichen Maßnahme ist gegeben bei deren Zweckförderungstauglichkeit, vgl. auch § 2 Abs. 3 PolG NRW.

---

untersagen, wenn Tatsachen vorliegen, welche die **Unzuverlässigkeit** des Gewerbetreibenden oder einer mit der Leitung des Gewerbebetriebes beauftragten Person in Bezug auf dieses Gewerbe dartun, sofern die Untersagung zum Schutz der Allgemeinheit oder der im Betrieb Beschäftigten erforderlich ist. Unzuverlässig ist ein Gewerbetreibender, der nach dem Gesamteindruck seines Verhaltens nicht die Gewähr dafür bietet, dass er sein Gewerbe künftig ordnungsgemäß betreiben wird.".

Vgl. auch §§ 4, 15 GastG und BVerwG, Beschluss vom 10.01.1996 – 1 B 202/95: „In der Rechtsprechung des BVerwG ist geklärt, daß bei der Beurteilung der **Zuverlässigkeit** im Gaststättenrecht auf die Betriebsart des beabsichtigten Unternehmens abzustellen ist (BVerwG,Buchholz 451.41 § 4 BVerwGG Nr. 3 = GewArch 1973, 243) und daß der Begriff der Unzuverlässigkeit mit demjenigen des § 35 Abs. 1 GewO übereinstimmt (BVerwG, Buchholz 451.41 § 15 GaststG Nr. 5 = NVwZ-RR 1992, 414 = GewArch 1992, 22). Der Begriff der **Unzuverlässigkeit** i.S. dieser Vorschrift ist in der Rechtsprechung des BVerwG soweit geklärt, als er hier erheblich sein kann. Danach ist ein Gewerbetreibender **unzuverlässig**, der nach dem Gesamtbild seines Verhaltens nicht die Gewähr dafür bietet, daß er sein Gewerbe zukünftig ordnungsgemäß betreiben wird. Dabei genügt es zur Versagung der gaststättenrechtlichen Erlaubnis wegen Unzuverlässigkeit, daß bei verständiger Würdigung aller Umstände eine gewisse Wahrscheinlichkeit dafür besteht, daß der Gewerbebetrieb künftig nicht ordnungsgemäß geführt wird (BVerwGE 49, 154 (156)). Ein gesetzlich besonders herausgehobener Fall der **Unzuverlässigkeit** liegt darin, daß der Bewerber um eine gaststättenrechtliche Erlaubnis befürchten läßt, er werde der Unsittlichkeit Vorschub leisten. Insoweit ist geklärt, daß inhaltlicher Maßstab für den Begriff der Unsittlichkeit die in der Rechtsgemeinschaft als maßgebliche Ordnungsvoraussetzungen anerkannten sozialethischen Wertvorstellungen sind (BVerwG, Buchholz 451.41 § 4 GaststG Nr. 17 = NVwZ 1991, 373 = GewArch 1991, 115). Auch ein Geschehensablauf, der keinen Straftatbestand erfüllt, kann i.S. des § 4 I Nr. 1 GaststG unsittlich sein. Daß die **Zuverlässigkeit** eines Gewerbetreibenden, gegen dessen eigene Integrität sonst nichts einzuwenden ist, auch dann verneint werden muß, wenn er Dritten, welche die für diesen Beruf erforderliche Zuverlässigkeit nicht besitzen, einen Einfluß auf die Führung des Gewerbebetriebes einräumt oder auch nur nicht willens oder nicht in der Lage ist, einen solchen Einfluß auszuschalten, ist ein in der Rechtsprechung des BVerwG ebenfalls anerkannter Grundsatz (BVerwGE 9, 222).".

Vgl. auch § 5 WaffG und BVerwG, Urteil vom 28.01.2015 – BVerwG 6 C 1.14 (Bandidos), Leitsätze: Ls. 1: „Die Gruppenzugehörigkeit einer Person kann ihre **waffenrechtliche Unzuverlässigkeit** gemäß § 5 Abs. 1 Nr. 2 WaffG begründen. Zwischen der Annahme der Unzuverlässigkeit und der Gruppenzugehörigkeit muss eine kausale Verbindung bestehen. Bestimmte Strukturmerkmale der Gruppe müssen die Prognose tragen, dass die Person zukünftig Verhaltensweisen im Sinne von § 5 Abs. 1 Nr. 2 WaffG verwirklichen wird.", Ls. 2: „Die Mitgliedschaft in einer örtlichen Organisationseinheit der Rockergruppierung ‚Bandidos' rechtfertigt auch dann die Annahme der Unzuverlässigkeit im Sinne von § 5 Abs. 1 Nr. 2 Buchst. a und c WaffG, wenn keine sonstigen Tatsachen für die Unzuverlässigkeit der betroffenen Person sprechen und diese bislang unbescholten ist."; BVerwG, Urteil vom 19.06.2019 – BVerwG 6 C 9.18 (NPD-Funktionär), Ls. 1: „**Unzuverlässig** im Sinne des § 5 Abs. 2 Nr. 3 Buchst. a WaffG a.F. ist in der Regel auch derjenige, der verfassungsfeindliche Bestrebungen im Rahmen der Mitgliedschaft in einer nicht verbotenen politischen Partei verfolgt (Bestätigung von BVerwG, Urteil vom 30. September 2009 - 6 C 29.08 - Buchholz 402.5 WaffG Nr. 100 Rn. 13 ff.).".

(SUB/ERG)

Im konkreten Fall ist das Verlangen nach Vorzeigen/Aushändigung eines Berechtigungsscheins zur Prüfung (alternativ)

- geeignet, wegen Förderung des legitimen Zwecks, insbesondere durch
  - Glaubhaftmachung über den Berechtigungschein als ein amtliches Dokument;
  - Vergleichmöglichkeit zu mutmaßlicher Tätigkeit und Erlaubnis oder Verbot sowie gegebenenfalls deren jeweilige Art und deren jeweiliger Umfang.
- ungeeignet.

(VOR/DEF)

c) Erforderlichkeit einer staatlichen Maßnahme ist Nichtverfügbarkeit eines gleich geeigneten, milderen Mittels zur Zweckförderung; vgl. auch § 2 Abs. 1 PolG NRW.

(SUB/ERG)

Im konkreten Fall ist das Verlangen nach Vorzeigen/Aushändigung eines Berechtigungsscheins zur Prüfung (alternativ)

- erforderlich, denn einerseits sind mildere Maßnahmen wie (zum Beispiel) Nichtstun oder Befragung jedenfalls alleine nicht gleich geeignet, weil sie zum Beispiel nicht Glaubhaftmachung oder Vergleich in gleicher Weise fördern (Untermaßverbot) und andererseits sind (mindestens) gleich geeignete, intensivere Maßnahmen wie Durchsuchung oder Freiheitsentziehung noch nicht notwendig (Übermaßverbot). Auch bloße Datenabgleiche in automatisierten Datenverarbeitungssystemen sidn nicht unbedingt gleich geeignet, denn der legitime Zweck der Tätigkeitskontrollen erfordert auch aktuelle amtliche Berechtigungsscheinnachweise bzw. die Prüfung deren Vorhandenseins zwecks Prüfungsgeeignetheit zu jeder maßgeblichen Zeit.
- nicht erforderlich.

(VOR/DEF)

d) Angemessenheit oder Verhältnismäßigkeit im engeren Sinne einer staatlichen Maßnahme ist angemessenes Maß oder Verhältnis zwischen Zweckförderung für Erhaltungsrechte und Wirkungen für Eingriffsrechte, vgl. auch § 2 Abs. 2 PolG NRW, vgl. betroffeen Grundrechte.

(SUB/ERG)

Im konkreten Fall ist das Verlangen nach Vorzeigen/Aushändigung eines Berechtigungsscheins zur Prüfung (alternativ)

- angemessen, denn die GR-Eingriffe in Art. 2 Abs. 1 i.V.m. Art. 1 Abs. 1 GG, Art. 2 Abs. 2 S. 2 GG stehen angesichts von der Tätigkeit betroffener und zu schützender Rechte und Rechtsgüter wie (zum Beispiel) aus Art. 2 Abs. 2 S. 1, 2 GG, Art. 14 Abs. 1 S. 1 Alt. 1 GG, Art. 20 Abs. 3 GG (vgl. auch jeweilige Zwecke der jeweiligen Berechtigungsscheinsgesetze) nicht außer Verhältnis.
- unangemessen.

(ERG VHM)

Die Maßnahme ist insgesamt i.S.v. § 2 PolG NRW, Art. 20 Abs. 3 GG (alternativ)

- verhältnismäßig.
- unverhältnismäßig.

D. Gesamtergebnis (GErg)

Die Prüfung des Berechtigungsscheins ist (alternativ)

- gemäß § 13 PolG NRW (ggf. i.V.m. Spezialrechtsnorm[748]) rechtmäßig.
- wegen Art./§ (bestimmter Rechtsnorm [z.B. Art. 20 Abs. 3 GG]) rechtswidrig.

[748] Zu Berechtigungsschein-Rechtsnormen siehe: *Basten*, Eingriffsrecht der Polizei in Nordrhein-Westfalen, Band 2, Buch 2, Abschnitt 13, zu A. III. (Mögliche Befugnisrechtsnorm), dortige alphabetische Auflistung möglicher Berechtigungsschein-Rechtsnormen.

ABSCHNITT 14:

ERKENNUNGSDIENSTLICHE MAẞNAHME ZUR IDENTITÄTSFESTSTELLUNG, § 14 (ABS. 1 NR. 1) POLG NRW

A. Rechtsgrundlage (RGL) I. Grundrechte (GR)

(VOR/DEF)

Grundrechte sind grundlegende Rechte aus Art. 1-19 GG i.V.m. dem Rechtsstaatsprinzip, Art. 20 Abs. 3 GG, mit Vorrang und Vorbehalt des Gesetzes.[749]

(SUB/ERG)

Grundrechte sind fallabhängig insbesondere wie folgt gegeben:

1. Allgemeines Persönlichkeitsgrundrecht[750] mit verschiedenen Ausprägungen[751], etwa in der Ausprägung des **Rechts auf informationelle Selbstbestimmung** (APR/RiS), Art. 2 Abs. 1 i.V.m. Art. 1 Abs. 1[752] GG, vgl. auch Art. 142 GG i.V.m. Art. 4 Abs. 1, 2 Verfassung NRW[753].

---

[749] Zu **Grundrechten**: *Basten*, Eingriffsrecht der Polizei in Nordrhein-Westfalen, Band 1, Buch 1, Abschnitt 2, Unterabschnitt 3. Zum **Rechtsstaatsprinzip** mit unter anderem sogenanntem Vorrang des Gesetzes und Vorbehalt des Gesetzes: *Basten*, Eingriffsrecht der Polizei in Nordrhein-Westfalen, Band 1, S. 95-108.

[750] BVerfGE 147, 1, 18 f. (**Geschlechtsidentität**) = BVerfG, Beschluss des Ersten Senats vom 10.10.2017 – 1 BvR 2019/16 –, Rn. 38: „Art. 2 Abs. 1 GG gewährt jedem das **Recht auf die freie Entfaltung seiner Persönlichkeit**. Dieses Grundrecht umfasst neben der allgemeinen Handlungsfreiheit das **allgemeine Persönlichkeitsrecht** (Art. 2 Abs. 1 i.V.m. Art. 1 Abs. 1 GG). Letzteres ergänzt als ‚unbenanntes' Freiheitsrecht die speziellen (‚benannten') Freiheitsrechte, die ebenfalls konstituierende Elemente der Persönlichkeit schützen (vgl. BVerfGE 54, 148 <153>). Eine der **Aufgaben des allgemeinen Persönlichkeitsrechts** ist es dabei, Grundbedingungen dafür zu sichern, dass die einzelne Person ihre Individualität selbstbestimmt entwickeln und wahren kann (vgl. BVerfGE 35, 202 <220>; 79, 256 <268>; 90, 263 <270>; 117, 202 <225>). Das allgemeine Persönlichkeitsrecht schützt indessen nur solche **Elemente der Persönlichkeitsentfaltung**, die - ohne bereits Gegenstand der besonderen Freiheitsgarantien des Grundgesetzes zu sein - diesen in ihrer konstituierenden Bedeutung für die Persönlichkeit nicht nachstehen (vgl. BVerfGE 79, 256 <268>; 99, 185 <193>; 120, 274 <303>; stRspr). Es verbürgt also nicht Schutz gegen alles, was die selbstbestimmte Persönlichkeitsentwicklung auf irgendeine Weise beeinträchtigen könnte; ohnehin vermag kein Mensch seine Individualität unabhängig von äußeren Gegebenheiten und Zugehörigkeiten zu entwickeln. Der lückenschließende Schutz des allgemeinen Persönlichkeitsrechts greift aber dann, wenn die selbstbestimmte Entwicklung und Wahrung der Persönlichkeit spezifisch gefährdet ist (BVerfGE 141, 186 <201 f. Rn. 32>).".

BVerfG, Beschluss des Ersten Senats vom 06.11.2019 – 1 BvR 16/13 – (Recht auf Vergessen I), Rn. 81: „Diese [**APR-]Rechtsprechung** hat sich maßgeblich in Konstellationen der mittelbaren Drittwirkung und geleitet von dem Erfordernis praktischer Konkordanz entwickelt. Deshalb bestimmen sich die Schutzdimensionen des allgemeinen Persönlichkeitsrechts letztlich immer einzelfallbezogen im Abgleich mit den Grundrechten Dritter. Die Bestimmung seiner Schutzwirkungen und die Abwägung mit den gegenüberstehenden Freiheitsrechten greifen hier Hand in Hand. Der Schutz des allgemeinen Persönlichkeitsrechts ist insoweit flexibel und durch die Einbindung der Person in ihre sozialen Beziehungen relativiert (vgl. BVerfGE 101, 361 <380>; 141, 186 <202 Rn. 32>; 147, 1 <19 Rn. 38>; stRspr; siehe auch BGHZ 183, 353 <357 Rn. 11>; 209, 139 <150 Rn. 30>; 219, 233 <240 Rn. 22>; stRspr).".

Vgl. „**Allgemeines Persönlichkeitsrecht**" (APR) als „sonstiges Recht" (sog. **Rahmenrecht** mit [grundrechts-]abwägungsoffenem Tatbestand) nach § 823 Abs. 1 Var. 6 BGB, u.a. mit Geldentschädigungsanspruch, insbesondere durch ständige Rechtsprechung (vgl. auch § 253 BGB) seit folgender Entwicklung: BGHZ 13, 334 (Leserbrief), mit erstmaliger ausdrücklicher Anerkennung des allgemeinen Persönlichkeitsrechts; BGHZ 26, 349 (Herrenreiter), mit erstmaliger Zuerkennung einer Geldentschädigung wegen des immateriellen Schadens durch die Verletzung des allgemeinen Persönlichkeitsrechts; BGHZ 35, 363

(Ginsengwurzel), mit erstmaliger Schwerpunktsetzung bei der Menschenwürde in der Begründung; BVerfGE 34, 269 (Soraya), mit verfassungsgerichtlicher Erklärung der verfassungsrechtlichen Zulässigkeit der richterrechtlich entwickelten APR-Konstruktion.

751 BVerfG, Beschluss des Ersten Senats vom 06.11.2019 – 1 BvR 16/13 – (Recht auf Vergessen I), Rn. 80: „Die Rechtsprechung hat aus dem [**Allgemeinen Persönlichkeits-]Grundrecht** insoweit verschiedene **Schutzdimensionen** abgeleitet wie den **Schutz eines unantastbaren Bereichs privater Lebensgestaltung**, die Garantie der **Privatsphäre**, das **Recht am eigenen Bild** oder **gesprochenen Wort** oder das **Recht auf die Darstellung der eigenen Person**, die **soziale Anerkennung** sowie die **persönliche Ehre** (vgl. BVerfGE 27, 1 <6>; 27, 344 <350 f.>; 32, 373 <379>; 34, 238 <245 f.>; 47, 46 <73>; 54, 148 <153 f.>; 99, 185 <193 f.>; 101, 361 <384>; 106, 28 <39>; 114, 339 <346>; 120, 180 <198>)." „Diese Schutzgehalte werden insoweit aber nicht als abschließend umschriebene und voneinander abzugrenzende Gewährleistungen verstanden, sondern als Ausprägungen, die in Blick auf den konkreten Schutzbedarf jeweils anhand des zu entscheidenden Falles herauszuarbeiten sind (vgl. BVerfGE 54, 148 <153 f.>; 65, 1 <41>).".

BVerfGE 65, 1 (Volkszählungsgesetz), Ls. 1 = BVerfG, Urteil des Ersten Senats vom 15.12.1983 – 1 BvR 209/83, Ls. 1: „Unter den Bedingungen der modernen Datenverarbeitung wird der Schutz des Einzelnen gegen unbegrenzte Erhebung, Speicherung, Verwendung und Weitergabe seiner persönlichen Daten von dem **allgemeinen Persönlichkeitsrecht** des Art. 2 Abs. 1 GG in Verbindung mit Art. 1 Abs. 1 GG umfaßt. Das [**Allgemeine Persönlichkeits-]Grundrecht** gewährleistet insoweit die Befugnis des Einzelnen, grundsätzlich selbst über die Preisgabe und Verwendung seiner persönlichen Daten zu bestimmen."; BVerfG, Beschluss des Ersten Senats vom 06.11.2019 – 1 BvR 16/13 – (Recht auf Vergessen I), Rn. 80: „Das **Recht auf informationelle Selbstbestimmung** ist von der Rechtsprechung als eigene Ausprägung des allgemeinen Persönlichkeitsrechts mit einem gegenüber den anderen Ausprägungen selbständigen Gewährleistungsgehalt entwickelt worden und behält diesen auch, soweit es als verfassungsrechtliche Wertentscheidung in das Zivilrecht einstrahlt. Dementsprechend enthält es keinen gesamthaften Schutzanspruch hinsichtlich jederlei Umgangs mit Informationen, der die übrigen Schutzdimensionen des Grundrechts allgemein übergreifen und zusammenführen würde, sondern lässt deren Wertungen und Abwägungsregeln unberührt."; BVerfGE 120, 274, 311 f. (Online-Durchsuchung) = BVerfG, Urteil des Ersten Senats vom 27.02.2008 – 1 BvR 370/07 –, Rn. 198 f. „Das **Recht auf informationelle Selbstbestimmung** geht über den **Schutz der Privatsphäre** hinaus. Es gibt dem Einzelnen die Befugnis, grundsätzlich selbst über die Preisgabe und Verwendung seiner persönlichen Daten zu bestimmen (vgl. BVerfGE 65, 1 <43>; 84, 192 <194>). Es flankiert und erweitert den grundrechtlichen Schutz von Verhaltensfreiheit und Privatheit, indem es ihn schon auf der Stufe der Persönlichkeitsgefährdung beginnen lässt. Eine derartige Gefährdungslage kann bereits im Vorfeld konkreter Bedrohungen benennbarer Rechtsgüter entstehen, insbesondere wenn personenbezogene Informationen in einer Art und Weise genutzt und verknüpft werden können, die der Betroffene weder überschauen noch verhindern kann. Der Schutzumfang des **Rechts auf informationelle Selbstbestimmung** beschränkt sich dabei nicht auf Informationen, die bereits ihrer Art nach sensibel sind und schon deshalb grundrechtlich geschützt werden. Auch der Umgang mit personenbezogenen Daten, die für sich genommen nur geringen Informationsgehalt haben, kann, je nach dem Ziel des Zugriffs und den bestehenden Verarbeitungs- und Verknüpfungsmöglichkeiten, grundrechtserhebliche Auswirkungen auf die Privatheit und Verhaltensfreiheit des Betroffenen haben (vgl. BVerfG, Beschluss vom 13. Juni 2007 - 1 BvR 1550/03 u.a. -, NJW 2007, S. 2464 <2466>). Die mit dem Recht auf informationelle Selbstbestimmung abzuwehrenden Persönlichkeitsgefährdungen ergeben sich aus den vielfältigen Möglichkeiten des Staates und gegebenenfalls auch privater Akteure (vgl. BVerfG, Beschluss der 1. Kammer des Ersten Senats vom 23. Oktober 2006 - 1 BvR 2027/02 -, JZ 2007, S. 576) zur Erhebung, Verarbeitung und Nutzung personenbezogener Daten. Vor allem mittels elektronischer Datenverarbeitung können aus solchen Informationen weitere Informationen erzeugt und so Schlüsse gezogen werden, die sowohl die grundrechtlich geschützten Geheimhaltungsinteressen des Betroffenen beeinträchtigen als auch Eingriffe in seine Verhaltensfreiheit mit sich bringen können (vgl. BVerfGE 65, 1 <42>; 113, 29 <45 f.>; 115, 320 <342>; BVerfG, Beschluss vom 13. Juni 2007 - 1 BvR 1550/03 u.a. -, NJW 2007, S. 2464 <2466>).".

BVerfGE 109, 279, 325-327 (akustische Wohnraumüberwachung / „Großer Lauschangriff") = BVerfG, Urteil des Ersten Senats vom 03.03.2004 – 1 BvR 2378/98, 1084/99 –, Rn. 159-163: „Das aus Art. 2

Abs. 1 in Verbindung mit Art. 1 Abs. 1 GG folgende **allgemeine Persönlichkeitsrecht** kommt neben Art. 13 Abs. 1 GG allerdings nicht zur Anwendung, soweit Eingriffe in die **räumliche Privatsphäre des Wohnungsinhabers** zu überprüfen sind. Art. 13 Abs. 1 GG enthält eine spezielle Gewährleistung des **Schutzes vor staatlicher akustischer Überwachung der räumlichen Privatsphäre**, die die allgemeinere Vorschrift insoweit verdrängt (vgl. BVerfGE 100, 313 [358] zu Art. 10 GG). Mit dem **Recht, in der Wohnung ungestört zu sein**, und dem **Recht am eigenen in der Wohnung gesprochenen Wort** schützt Art. 13 Abs. 1 GG gerade den Teil der **Privatsphäre**, den sonst das allgemeine Persönlichkeitsrecht gewährleistet. Dieses Recht ergänzt als unbenanntes Freiheitsrecht die speziellen Freiheitsrechte, die ebenfalls konstituierende Elemente der Persönlichkeit schützen (vgl. BVerfGE 54, 148 <153 f.>), nur insoweit, als Letztere keinen Schutz gewähren. Der **Schutz des allgemeinen Persönlichkeitsrechts aus Art. 2 Abs. 1 in Verbindung mit Art. 1 Abs. 1 GG** greift hingegen ein, soweit von der Wohnraumüberwachung Personen betroffen werden, die sich nicht auf Art. 13 Abs. 1 GG berufen können. **Grundrechtsträger des Art. 13 Abs. 1 GG** ist jeder Inhaber oder Bewohner eines Wohnraums, unabhängig davon, auf welchen Rechtsverhältnissen die Nutzung des Wohnraums beruht. Bei mehreren Bewohnern einer Wohnung steht das Grundrecht jedem Einzelnen, bei Familien mithin jedem Familienmitglied zu. Maßnahmen der Wohnraumüberwachung können aber nicht nur **Wohnungsinhaber**, sondern auch **zufällig in einer Wohnung Anwesende** erfassen. Diese Personen sind zwar nicht in ihrem Grundrecht aus Art. 13 Abs. 1 GG, wohl aber in ihrem **allgemeinen Persönlichkeitsrecht** betroffen. Der Schutz aus Art. 2 Abs. 1 in Verbindung mit Art. 1 Abs. 1 GG kann insofern allerdings nicht weiter reichen als derjenige aus Art. 13 Abs. 1 und 3 GG. Der Schutz der **räumlichen Privatsphäre und des allgemeinen Persönlichkeitsrechts** kann schließlich in Einzelfällen durch weitere Grundrechtsgarantien ergänzt sein. So wird das **Gespräch zwischen Eheleuten in der eigenen Wohnung** nicht nur von Art. 13 Abs. 1 GG, sondern zusätzlich durch Art. 6 Abs. 1 GG geschützt. Auch in Bezug auf die **Kommunikation mit Berufsgeheimnisträgern** können neben dem grundrechtlichen **Schutz der räumlichen Privatsphäre** Grundrechte in Betracht kommen, die - wie etwa Art. 4 GG im Hinblick auf das Gespräch mit einem Geistlichen - der besonderen Schutzbedürftigkeit der Kommunizierenden Rechnung tragen.".

BVerfG, Beschluss des Ersten Senats vom 06.11.2019 – 1 BvR 16/13 – (Recht auf Vergessen I), Ls. 3 S. 1: „Von den **äußerungsrechtlichen Schutzdimensionen** ist das **Recht auf informationelle Selbstbestimmung** als eine eigene Ausprägung des allgemeinen Persönlichkeitsrechts zu unterscheiden." BVerfG, Beschluss des Ersten Senats vom 06.11.2019 – 1 BvR 16/13 – (Recht auf Vergessen I), Rn. 90: „Ausgehend von dem **Ziel des Rechts auf informationelle Selbstbestimmung**, Schutz vor Gefahren angesichts neuartiger Möglichkeiten der Datenverarbeitung zu gewähren (vgl. BVerfGE 65, 1 <42>), ist es primär als Gewährleistung zu verstehen, die – neben der ungewollten Preisgabe von Daten auch im Rahmen privater Rechtsbeziehungen (vgl. BVerfGE 84, 192 <194>) – insbesondere vor deren intransparenter Verarbeitung und Nutzung durch Private schützt. Es bietet Schutz davor, dass Dritte sich individueller Daten bemächtigen und sie in nicht nachvollziehbarer Weise als Instrument nutzen, um die Betroffenen auf Eigenschaften, Typen oder Profile festzulegen, auf die sie keinen Einfluss haben und die dabei aber für die freie Entfaltung der Persönlichkeit sowie eine gleichberechtigte Teilhabe in der Gesellschaft von erheblicher Bedeutung sind. Der Gehalt dieses Rechts ist dabei entwicklungsoffen, so dass es auch weitere persönlichkeitsgefährdende Entwicklungen der Informationsverarbeitung aufnehmen kann.".

BVerfG, Beschluss des Ersten Senats vom 06.11.2019 – 1 BvR 16/13 – (Recht auf Vergessen I), Rn. 91: „[Vom Recht auf informationelle Selbstbestimmung] zu unterscheiden ist der **Schutz vor der Verarbeitung personenbezogener Berichte und Informationen als Ergebnis eines Kommunikationsprozesses**. Der Schutzbedarf gründet hier nicht in der intransparenten Zuweisung von Persönlichkeitsmerkmalen und -profilen durch Dritte, sondern in der sichtbaren Verbreitung bestimmter Informationen im öffentlichen Raum. Gefährdungen für die Persönlichkeitsentfaltung ergeben sich hier vornehmlich aus Form und Inhalt der Veröffentlichung selbst. Schutz gegenüber solchen Gefährdungen bieten die **äußerungsrechtlichen Ausprägungen des allgemeinen Persönlichkeitsrechts unabhängig vom Recht auf informationelle Selbstbestimmung**. Zwar kann es auch dabei maßgeblich auf die Art der Informationserlangung ankommen. Jedoch hat diese hier ihre Bedeutung als Vorfrage für die Beurteilung des weiteren Umgangs mit einer bestimmten Äußerung und des damit in die Öffentlichkeit gestellten Bildes einer Person selbst.".

BVerfG, Beschluss des Ersten Senats vom 06.11.2019 – 1 BvR 16/13 – (**Recht auf Vergessen** I), Ls. 2b): „Bei der Entscheidung über einen Schutzanspruch kommt der Zeit unter den Kommunikationsbedingungen des Internets ein spezifisches Gewicht zu. Die Rechtsordnung muss davor schützen, dass sich eine Person frühere Positionen, Äußerungen und Handlungen unbegrenzt vor der Öffentlichkeit vorhalten lassen muss. Erst die Ermöglichung eines Zurücktretens vergangener Sachverhalte eröffnet den Einzelnen die Chance zum Neubeginn in Freiheit. Zur Zeitlichkeit der Freiheit gehört die Möglichkeit des Vergessens.“.

BVerfGE 120, 274, 311 (Online-Durchsuchung) = BVerfG, Urteil des Ersten Senats vom 27.02.2008 – 1 BvR 370/07 –, Rn. 197: „In seiner Ausprägung als **Schutz der Privatsphäre** [als **Privatangelegenheitenschutz** und **Rückzugsraumbereichsschutz** – beides **gegenüber der Öffentlichkeit**, vgl. **Sphärentheorie** mit **Intimsphäre, Privatsphäre, Sozialsphäre** und vgl. **Kernbereich privater Lebensgestaltung**] gewährleistet das allgemeine Persönlichkeitsrecht dem Einzelnen einen räumlich und thematisch bestimmten Bereich, der grundsätzlich frei von unerwünschter Einsichtnahme bleiben soll (vgl. BVerfGE 27, 344 <350 ff.>; 44, 353 <372 f.>; 90, 255 <260>; 101, 361 <382 f.>).“; BVerfGE 101, 361, 382-385 (Caroline von Monaco II) = BVerfG, Urteil vom 15.12.1999 – 1 BvR 653/96 –, Rn. 75-82: „Im Unterschied zum **Recht am eigenen Bild** bezieht sich der **Schutz der Privatsphäre**, der ebenfalls im **allgemeinen Persönlichkeitsrecht** wurzelt, nicht speziell auf Abbildungen, sondern ist **thematisch und räumlich** bestimmt. Er umfaßt zum einen **Angelegenheiten** [**Privatangelegenheitenschutz**], die wegen ihres Informationsinhalts typischerweise als ‚**privat**' eingestuft werden, weil ihre **öffentliche** Erörterung oder Zurschaustellung als unschicklich gilt, das Bekanntwerden als peinlich empfunden wird oder nachteilige Reaktionen der Umwelt auslöst, wie es etwa bei Auseinandersetzungen mit sich selbst in **Tagebüchern** (BVerfGE 80, 367), bei **vertraulicher Kommunikation unter Eheleuten** (BVerfGE 27, 344), im Bereich der **Sexualität** (BVerfGE 47, 46; 49, 286 [BVerfGE 120, 224, 238 f. (Geschwisterbeischlaf) = BVerfGE, Beschluss des Zweiten Senats vom 26.02.2008 – 2 BvR 392/07 –, Rn. 32 f.: „Das allgemeine Persönlichkeitsrecht in seiner Ausprägung als **Recht auf sexuelle Selbstbestimmung**“/„**Intim- und Sexualbereich des Menschen als Teil seiner Privatsphäre**, P. B.]), bei **sozial abweichendem Verhalten** (BVerfGE 44, 353) oder bei **Krankheiten** (BVerfGE 32, 373) der Fall ist. Fehlte es hier an einem **Schutz vor der Kenntniserlangung anderer**, wären die Auseinandersetzung mit sich selbst, die unbefangene Kommunikation unter Nahestehenden, die sexuelle Entfaltung oder die Inanspruchnahme ärztlicher Hilfe beeinträchtigt oder unmöglich, obwohl es sich um grundrechtlich geschützte Verhaltensweisen handelt. Zum anderen erstreckt sich der Schutz auf einen **räumlichen Bereich** [**Raumbereichsschutz**], in dem der Einzelne zu sich kommen, sich entspannen oder auch gehen lassen kann (vgl. BVerfGE 27, 1 [6]). Zwar bietet auch dieser Bereich Gelegenheit, sich in einer Weise zu verhalten, die nicht für die **Öffentlichkeit** bestimmt ist und deren Beobachtung oder Darstellung durch Außenstehende für den Betroffenen peinlich oder nachteilig wäre. Im Kern geht es aber um einen **Raum**, in dem er die Möglichkeit hat, frei von **öffentlicher Beobachtung** und damit der von ihr erzwungenen Selbstkontrolle zu sein, auch ohne daß er sich dort notwendig anders verhielte als in der **Öffentlichkeit**. Bestünden solche **Rückzugsbereiche** nicht mehr, könnte der Einzelne psychisch überfordert sein, weil er unausgesetzt darauf achten müßte, wie er auf andere wirkt und ob er sich richtig verhält. Ihm fehlten die Phasen des Alleinseins und Ausgleichs, die für die Persönlichkeitsentfaltung notwendig sind und ohne die sie nachhaltig beeinträchtigt würde. Ein derartiges Schutzbedürfnis besteht auch bei Personen, die aufgrund ihres Ranges oder Ansehens, ihres Amtes oder Einflusses, ihrer Fähigkeiten oder Taten besondere **öffentliche** Beachtung finden. Wer, ob gewollt oder ungewollt, zur Person des **öffentlichen** Lebens geworden ist, verliert damit nicht sein Anrecht auf eine **Privatsphäre**, die den Blicken der **Öffentlichkeit** entzogen bleibt. Das gilt auch für demokratisch gewählte Amtsträger, die zwar für ihre Amtsführung **öffentlich** rechenschaftspflichtig sind und sich in diesem Umfang **öffentliche** Aufmerksamkeit gefallen lassen müssen, nicht aber für ihr **Privatleben**, sofern dieses die Amtsführung nicht berührt. Der **häusliche Bereich** [vgl. ggf. spezielleren Art. 13 GG i.V.m. BVerfGE 109, 279, 325 f.] stellt anerkanntermaßen eine solche geschützte Sphäre dar. Wegen des Bezugs auf die Entfaltung der Persönlichkeit darf der **Rückzugsbereich** jedoch nicht von vornherein auf ihn begrenzt werden. Das gilt schon deshalb, weil die Funktionen, denen er dient, nur erfüllt werden, wenn er nicht an den Hausmauern oder Grundstücksgrenzen endet. Die freie Entfaltung der Persönlichkeit wäre erheblich behindert, wenn der Einzelne nur im eigenen Haus der **öffentlichen** Neugier entgehen könnte. Die notwendige

Erholung von einer durch Funktionszwänge und Medienpräsenz geprägten **Öffentlichkeit** ist vielfach nur in der **Abgeschiedenheit einer natürlichen Umgebung, etwa an einem Ferienort**, zu gewinnen. Deswegen muß der Einzelne grundsätzlich die Möglichkeit haben, sich auch in der freien, gleichwohl **abgeschiedenen Natur oder an Örtlichkeiten, die von der breiten Öffentlichkeit deutlich abgeschieden sind**, in einer von **öffentlicher** Beobachtung freien Weise zu bewegen. Das gilt gerade gegenüber solchen Aufnahmetechniken, die die **räumliche Abgeschiedenheit** überwinden, ohne daß der Betroffene dies bemerken kann. Wo die Grenzen der geschützten **Privatsphäre außerhalb des Hauses** verlaufen, läßt sich nicht generell und abstrakt festlegen. Sie können vielmehr nur aufgrund der jeweiligen Beschaffenheit des **Ortes** bestimmt werden, den der Betroffene aufsucht. Ausschlaggebend ist, ob der Einzelne eine **Situation** vorfindet oder schafft, in der er begründetermaßen und somit auch für Dritte erkennbar davon ausgehen darf, den Blicken der **Öffentlichkeit** nicht ausgesetzt zu sein. Ob die Voraussetzungen der **Abgeschiedenheit** erfüllt sind, läßt sich nur situativ beurteilen. Der Einzelne kann sich an ein und demselben **Ort** zu Zeiten mit gutem Grund unbeobachtet fühlen, zu anderen Zeiten nicht. Auch ist der Aufenthalt in umschlossenen **Räumen** keineswegs immer mit **Abgeschiedenheit** gleichzusetzen. Da es um die Frage geht, ob der Einzelne begründetermaßen erwarten darf, unbeobachtet zu sein, oder aber **Plätze** aufgesucht hat, wo er sich unter den Augen der **Öffentlichkeit** bewegt, kann es auch in umschlossenen Räumen an der **Abgeschiedenheit** fehlen, die Voraussetzung für den **Privatsphärenschutz** außerhalb der eigenen **Häuslichkeit** ist. **Plätzen, an denen sich der Einzelne unter vielen Menschen befindet**, fehlt es von vornherein an den Voraussetzungen des **Privatsphärenschutzes** im Sinn von Art. 2 Abs. 1 in Verbindung mit Art. 1 Abs. 1 GG. Sie können das **Rückzugsbedürfnis** nicht erfüllen und rechtfertigen deswegen auch nicht den grundrechtlichen Schutz, den dieses Bedürfnis aus Gründen der Persönlichkeitsentfaltung verdient. Der Einzelne kann solche **Orte** auch nicht etwa durch ein Verhalten, das typischerweise nicht **öffentlich** zur Schau gestellt würde, in seine **Privatsphäre** umdefinieren. Nicht sein Verhalten, ob allein oder mit anderen, konstituiert die **Privatsphäre**, sondern die **objektive Gegebenheit der Örtlichkeit zur fraglichen Zeit**. Verhält er sich daher an **Orten**, die nicht die Merkmale der **Abgeschiedenheit** aufweisen, so, als stünde er nicht unter Beobachtung, hebt er das **Schutzbedürfnis für Verhaltensweisen, die an sich die Öffentlichkeit nichts angehen**, selbst auf. Der **Schutz der Privatsphäre vor öffentlicher Kenntnisnahme** entfällt ferner, wenn sich jemand selbst damit einverstanden zeigt, daß bestimmte, gewöhnlich als privat geltende Angelegenheiten **öffentlich** gemacht werden, etwa indem er Exklusivverträge über die Berichterstattung aus seiner **Privatsphäre** abschließt. Der verfassungsrechtliche **Privatsphärenschutz** aus Art. 2 Abs. 1 in Verbindung mit Art. 1 Abs. 1 GG ist nicht im Interesse einer Kommerzialisierung der eigenen Person gewährleistet. Zwar ist niemand an einer solchen **Öffnung privater Bereiche** gehindert. Er kann sich dann aber nicht gleichzeitig auf den **öffentlichkeitsabgewandten Privatsphärenschutz** berufen. Die Erwartung, daß die Umwelt die **Angelegenheiten oder Verhaltensweisen in einem Bereich mit Rückzugsfunktion** nur begrenzt oder nicht zur Kenntnis nimmt, muß daher situationsübergreifend und konsistent zum Ausdruck gebracht werden. Das gilt auch für den Fall, daß der Entschluß, die Berichterstattung über bestimmte Vorgänge der eigenen **Privatsphäre** zu gestatten oder hinzunehmen, rückgängig gemacht wird.".

BVerfGE 6, 32, 41 (Elfes) = BVerfG, Urteil vom des Ersten Senats vom 16.01.1957 – 1 BvR 253/56 –, Rn. 32 [vgl. **Recht auf Privatsphäre** als **Privatangelegenheitenschutz** und **Rückzugsraumbereichsschutz** – beides **gegenüber der Öffentlichkeit,** vgl. **Sphärentheorie** mit **Intimsphäre**, **Privatsphäre**, **Sozialsphäre**]: „Vor allem dürfen die Gesetze daher die Würde des Menschen nicht verletzen, die im Grundgesetz der oberste Wert ist, aber auch die geistige, politische und wirtschaftliche Freiheit des Menschen nicht so einschränken, daß sie in ihrem Wesensgehalt angetastet würde (Art. 19 Abs. 2, Art. 1 Abs. 3, Art. 2 Abs. 1 GG). Hieraus ergibt sich, daß dem einzelnen Bürger eine **Sphäre privater Lebensgestaltung** verfassungskräftig vorbehalten ist, also ein letzter **unantastbarer Bereich menschlicher Freiheit** besteht, der der Einwirkung der gesamten öffentlichen Gewalt entzogen ist. Ein Gesetz, das in ihn eingreifen würde, könnte nie Bestandteil der ‚verfassungsmäßigen Ordnung' sein; es müßte durch das Bundesverfassungsgericht für nichtig erklärt werden.". BVerfGE 109, 279, Ls. 2 S. 1 (akustische Wohnraumüberwachung / „Großer Lauschangriff") = BVerfG, Urteil des Ersten Senats vom 03.03.2004 – 1 BvR 2378/98, 1084/99 –, Ls. 2 S. 1: „Zur Unantastbarkeit der Menschenwürde gemäß Art. 1 Abs. 1 GG gehört die Anerkennung eines absolut geschützten **Kernbereichs privater Lebensgestaltung**.". BVerfGE 141, 220, 276-278 (BKAG) = BVerfG, Urteil des Ersten Senats vom 20.04.2016 –

1 BvR 966/09 –, Rn. 119-124: „Neben den verfassungsrechtlichen Anforderungen an die allgemeinen Eingriffsvoraussetzungen ergeben sich aus den jeweiligen **Grundrechten in Verbindung mit Art. 1 Abs. 1 GG** für die Durchführung von besonders eingriffsintensiven Überwachungsmaßnahmen besondere Anforderungen an den **Schutz des Kernbereichs privater Lebensgestaltung**. Der verfassungsrechtliche **Schutz des Kernbereichs privater Lebensgestaltung** gewährleistet dem Individuum einen **Bereich höchstpersönlicher Privatheit gegenüber Überwachung**. Er wurzelt in den **von den jeweiligen Überwachungsmaßnahmen betroffenen Grundrechten in Verbindung mit Art. 1 Abs. 1 GG** und sichert einen dem Staat nicht verfügbaren Menschenwürdekern grundrechtlichen Schutzes gegenüber solchen Maßnahmen. Selbst überragende Interessen der Allgemeinheit können einen Eingriff in diesen **absolut geschützten Bereich privater Lebensgestaltung** nicht rechtfertigen (vgl. BVerfGE 109, 279 <313>; stRspr). Zur **Entfaltung der Persönlichkeit im Kernbereich privater Lebensgestaltung gehört die Möglichkeit, innere Vorgänge** wie Empfindungen und Gefühle sowie Überlegungen, Ansichten und Erlebnisse **höchstpersönlicher Art zum Ausdruck zu bringen** (vgl. BVerfGE 109, 279 <313>; 120, 274 <335>; stRspr). Geschützt ist insbesondere die **nichtöffentliche Kommunikation mit Personen des höchstpersönlichen Vertrauens, die in der berechtigten Annahme geführt wird, nicht überwacht zu werden**, wie es insbesondere bei Gesprächen im Bereich der Wohnung der Fall ist. Zu diesen Personen gehören insbesondere Ehe- oder Lebenspartner, Geschwister und Verwandte in gerader Linie, vor allem, wenn sie im selben Haushalt leben, und können Strafverteidiger, Ärzte, Geistliche und enge persönliche Freunde zählen (vgl. BVerfGE 109, 279 <321 ff.>). Dieser Kreis deckt sich nur teilweise mit dem der Zeugnisverweigerungsberechtigten. Solche Gespräche verlieren dabei nicht schon dadurch ihren Charakter als insgesamt höchstpersönlich, dass sich in ihnen Höchstpersönliches und Alltägliches vermischen (vgl. BVerfGE 109, 279 <330>; 113, 348 <391 f.>). Demgegenüber ist die **Kommunikation unmittelbar über Straftaten** nicht geschützt, selbst wenn sie auch Höchstpersönliches zum Gegenstand hat. Die **Besprechung und Planung von Straftaten** gehört ihrem Inhalt nach nicht zum **Kernbereich privater Lebensgestaltung**, sondern hat **Sozialbezug** (vgl. BVerfGE 80, 367 <375>; 109, 279 <319 f., 328>; 113, 348 <391>). Dies bedeutet freilich nicht, dass der Kernbereich unter einem allgemeinen Abwägungsvorbehalt in Bezug auf öffentliche Sicherheitsinteressen steht. Ein **höchstpersönliches Gespräch** fällt nicht schon dadurch aus dem **Kernbereich privater Lebensgestaltung** heraus, dass es für die Aufklärung von Straftaten oder Gefahren hilfreiche Aufschlüsse geben kann. Aufzeichnungen oder Äußerungen im Zwiegespräch, die zum Beispiel ausschließlich innere Eindrücke und Gefühle wiedergeben und keine Hinweise auf konkrete Straftaten enthalten, gewinnen nicht schon dadurch einen **Gemeinschaftsbezug**, dass sie Ursachen oder Beweggründe eines strafbaren Verhaltens freizulegen vermögen (vgl. BVerfGE 109, 279 <319>). Auch können trotz **Straftatenbezugs** Situationen, in denen Einzelnen gerade ermöglicht werden soll, ein Fehlverhalten einzugestehen oder sich auf dessen Folgen einzurichten, wie Beichtgespräche oder vertrauliche Gespräche mit einem Psychotherapeuten oder einem Strafverteidiger, der **höchstpersönlichen Privatsphäre** unterfallen, die dem Staat absolut entzogen ist (vgl. BVerfGE 109, 279 <322>). Ein hinreichender **Sozialbezug** besteht demgegenüber dann, wenn **Gespräche - auch mit Vertrauenspersonen - sonst unmittelbar Straftaten zu ihrem Gegenstand haben** (vgl. BVerfGE 109, 279 <319>). Der **Kernbereich privater Lebensgestaltung** beansprucht gegenüber **allen Überwachungsmaßnahmen** Beachtung. Können sie typischerweise zur Erhebung kernbereichsrelevanter Daten führen, muss der Gesetzgeber Regelungen schaffen, die einen wirksamen Schutz normenklar gewährleisten (vgl. BVerfGE 109, 279 <318 f.>; 113, 348 <390 f.>; 120, 274 <335 ff.>). Außerhalb solch verletzungsgeneigter Befugnisse bedarf es eigener Regelungen nicht. Grenzen, die sich im Einzelfall auch hier gegenüber einem Zugriff auf höchstpersönliche Informationen ergeben können, sind bei deren Anwendung unmittelbar von Verfassungs wegen zu beachten. Der **Schutz des Kernbereichs privater Lebensgestaltung** ist strikt und darf nicht durch Abwägung mit den Sicherheitsinteressen nach Maßgabe des Verhältnismäßigkeitsgrundsatzes relativiert werden (vgl. BVerfGE 109, 279 <314>; 120, 273 <339>; stRspr). Dies bedeutet jedoch nicht, dass **jede tatsächliche Erfassung von höchstpersönlichen Informationen** stets einen Verfassungsverstoß oder eine Menschenwürdeverletzung begründet. Angesichts der Handlungs- und Prognoseunsicherheiten, unter denen Sicherheitsbehörden ihre Aufgaben wahrnehmen, kann ein **unbeabsichtigtes Eindringen in den Kernbereich privater Lebensgestaltung** im Rahmen von Überwachungsmaßnahmen nicht für jeden Fall von vornherein ausgeschlossen werden (vgl. BVerfGE 120, 274 <337 f.>). Die Verfassung verlangt jedoch

a) GR-SB:

aa) Persönlicher GR-SB: „Jeder".

bb) Sachlicher GR-SB: „**freie Entfaltung der Persönlichkeit**" als „**Datenfreiheit**" (Grundsätzliche Bestimmungsbefugnis des Einzelnen über Preisgabe und Verwendung eigener personenbezogener Daten[754]), vgl. **personenbezogenes Datum**: § 36 Nr. 1 DSG NRW[755].

---

für die Ausgestaltung der Überwachungsbefugnisse die **Achtung des Kernbereichs** als eine strikte, nicht frei durch Einzelfallerwägungen überwindbare Grenze.".

BVerfGE 120, 274 (Online-Durchsuchung) = BVerfG, Urteil des Ersten Senats vom 27.02.2008 – 1 BvR 370/07 –, Ls. 1: „Das **allgemeine Persönlichkeitsrecht** (Art. 2 Abs. 1 i.V.m. Art. 1 Abs. 1 GG) umfasst das Grundrecht auf **Gewährleistung der Vertraulichkeit und Integrität informationstechnischer Systeme**."; BVerfGE 120, 274, 314 (Online-Durchsuchung) = BVerfG, Urteil des Ersten Senats vom 27.02.2008 – 1 BvR 370/07 –, Rn. 203: „**informationstechnisches System**": „etwa Personalcomputer", „ferner beispielweise [...] solche Mobiltelefone oder elektronische Terminkalender, die über einen großen Funktionsumfang verfügen und personenbezogene Daten vielfältiger Art erfassen und speichern können."; BVerfGE 120, 274, 276 (Online-Durchsuchung) = BVerfG, Urteil des Ersten Senats vom 27.02.2008 – 1 BvR 370/07 –, Rn. 5: „**heimlicher Zugriff auf ein informationstechnisches System**": „[heimliche] technische Infiltration [...], die etwa Sicherheitslücken des Zielsystems ausnutzt oder über die Installation eines Spähprogramms erfolgt", wobei die Infiltration es ermöglicht, die Zielsystem-„Nutzung zu überwachen oder die Speichermedien durchzusehen oder gar das Zielsystem fernzusteuern.".

BVerfGE 147, 1 (**Geschlechtsidentität**) = BVerfG, Beschluss des Ersten Senats vom 10.10.2017 – 1 BvR 2019/16 –, Ls. 1-3: „1. Das **allgemeine Persönlichkeitsrecht** (Art. 2 Abs. 1 i.V.m. Art. 1 Abs. 1 GG) schützt die **geschlechtliche Identität**. Es schützt auch die geschlechtliche Identität derjenigen, die sich dauerhaft weder dem männlichen noch dem weiblichen Geschlecht zuordnen lassen. 2. Art. 3 Abs. 3 Satz 1 GG schützt auch Menschen, die sich dauerhaft weder dem männlichen noch dem weiblichen Geschlecht zuordnen lassen, vor **Diskriminierungen wegen ihres Geschlechts**. 3. Personen, die sich dauerhaft weder dem männlichen noch dem weiblichen Geschlecht zuordnen lassen, werden in beiden Grundrechten verletzt, wenn das Personenstandsrecht dazu zwingt, das Geschlecht zu registrieren, aber keinen anderen positiven Geschlechtseintrag als weiblich oder männlich zulässt.".

BVerfG, Urteil des Zweiten Senats vom 26.02.2020 – 2 BvR 2347/15 –, Ls. 1: „a) Das **allgemeine Persönlichkeitsrecht** (Art. 2 Abs. 1 i.V.m. Art. 1 Abs. 1 GG) umfasst als Ausdruck persönlicher Autonomie ein **Recht auf selbstbestimmtes Sterben**. b) Das **Recht auf selbstbestimmtes Sterben** schließt die Freiheit ein, sich das Leben zu nehmen [Rn. 208: „**Recht auf Selbsttötung**"]. Die Entscheidung des Einzelnen, seinem Leben entsprechend seinem Verständnis von Lebensqualität und Sinnhaftigkeit der eigenen Existenz ein Ende zu setzen, ist im Ausgangspunkt als Akt autonomer Selbstbestimmung von Staat und Gesellschaft zu respektieren. c) Die **Freiheit, sich das Leben zu nehmen**, umfasst auch die Freiheit, hierfür bei Dritten Hilfe zu suchen und Hilfe, soweit sie angeboten wird, in Anspruch zu nehmen.".

752 Zum sog. „**Menschenwürdegehalt**" der Grundrechte: *Basten*, Die Menschenwürde des Grundgesetzes.

753 Vgl. auch Art. 142 GG i.V.m. Art. 4 Abs. 2 Verfassung NRW; Art. 8 EU-GR-Charta; Art. 16 AEUV; Art. 8 EMRK.

754 BVerfGE 65, 1, Ls. 1 S. 2 (Volkszählungsgesetz) = BVerfG, Urteil des Ersten Senats vom 15.12.1983 – 1 BvR 209/83, Ls. 1 S. 2 (Ls. 1: „Unter den Bedingungen der modernen Datenverarbeitung wird der Schutz des Einzelnen gegen unbegrenzte Erhebung, Speicherung, Verwendung und Weitergabe seiner persönlichen Daten von dem allgemeinen Persönlichkeitsrecht des Art. 2 Abs. 1 GG in Verbindung mit Art. 1 Abs. 1 GG umfaßt. Das Grundrecht gewährleistet insoweit die Befugnis des Einzelnen, grundsätzlich selbst über die Preisgabe und Verwendung seiner persönlichen Daten zu bestimmen.").

755 BVerfG, Beschluss der 3. Kammer des Zweiten Senats vom 27.06.2018 – 2 BvR 1562/17 (auf § 103 StPO gestützte Anordnung der Durchsuchung der Räumlichkeiten des Münchener Kanzleistandorts der Rechtsanwaltskanzlei Jones Day sowie Sicherstellung von Unterlagen und elektronischen Daten im Zuge des sogenannten „VW-Dieselskandals" – Verfassungsbeschwerde nicht zur Entscheidung angenommen wegen Unzulässigkeit aufgrund Nichterfüllung von Voraussetzungen nach § 93a Abs. 2 BVer-

b) GR-E (oder Nichteingriff/**Einwilligung** i.S.v. § 36 Nr. 19 DSG NRW, § 38 DSG NRW): **Persönlichkeitsentfaltungseinschränkung** als Datenfreiheitseinschränkung durch **Datenverarbeitung**s-Maßnahme[756] i.S.d. § 36 Nr. 2 DSG NRW, dies durch **erkennungsdienstliche Maßnahme** (§ 14 Abs. 4 PolG NRW), also insbesondere durch Datenerhebung und Datenspeicherung.[757]

c) GR-B: Art. 2 Abs. 1 Hs. 2 GG[758].

---

fGG), Gründe, V., Rn. 44: „Der Begriff der persönlichen Daten deckt sich mit der Legaldefinition personenbezogener Daten in § 46 Nr. 1 BDSG (zuvor § 3 Abs. 1 BDSG) und erfasst alle Informationen, die sich auf eine identifizierte oder identifizierbare natürliche Person (betroffene Person) beziehen (vgl. noch zu § 3 Abs. 1 BDSG ‚Einzelangaben über persönliche oder sachliche Verhältnisse einer bestimmten oder bestimmbaren Person' Di Fabio, in: Maunz/Dürig, GG, Art. 2 Abs.1, Rn. 175 [Juli 2001]).".

[756] BVerfG, Urteil des Ersten Senats vom 19.05.2020 – 1 BvR 2835/17 – (Ausland-Ausland-Fernmeldeaufklärung nach BNDG), E. III. 1., Rn. 212: „Die **Übermittlung personenbezogener Daten**, mit der eine Behörde die von ihr erhobenen Daten einer anderen Stelle zugänglich macht, begründet einen eigenen Grundrechtseingriff (vgl. BVerfGE 100, 313 <367>; 141, 220 <334 Rn. 305>; stRspr). Dieser ist an dem **Grundrecht** zu messen, **in das bei der ursprünglichen Datenerhebung eingegriffen wurde** (vgl. BVerfGE 100, 313 <367>; 141, 220 <334 Rn. 305>; stRspr).".

[757] Vgl. ggf. zur Frage des Grundrechtseingriffs auch § 9 Abs. 1 Nr. 1 S. 2 (Hs. 1) PolG NRW (Inkrafttreten am 29.12.2018): „Dies gilt auch für personenbezogene Daten, die von der betroffenen Person offensichtlich öffentlich gemacht wurden"; BVerfGE 120, 274 (Online-Durchsuchung) = BVerfG, Urteil des Ersten Senats vom 27.02.2008 – 1 BvR 370/07 –, Ls. 5: „Verschafft der Staat sich Kenntnis von Inhalten der Internetkommunikation auf dem dafür technisch vorgesehenen Weg, so liegt darin nur dann ein Eingriff in Art. 10 Abs. 1 GG, wenn die staatliche Stelle nicht durch Kommunikationsbeteiligte zur Kenntnisnahme autorisiert ist. Nimmt der Staat im Internet öffentlich zugängliche Kommunikationsinhalte wahr oder beteiligt er sich an öffentlich zugänglichen Kommunikationsvorgängen, greift er grundsätzlich nicht in Grundrechte ein.".

[758] Art. 2 Abs. 1 Hs. 2 GG (**Schrankentrias**): BVerfGE 80, 137, 153 (Reiten im Walde) = BVerfG, Beschluss des Ersten Senats vom 06.06.1989 – 1 BvR 921/85 –, C. I. 1 a), Rn. 69: „Abgesehen von einem absolut geschützten Kernbereich privater Lebensgestaltung, welcher der Einwirkung der öffentlichen Gewalt entzogen ist (BVerfGE 6, 32 [41]), ist die allgemeine Handlungsfreiheit allerdings nur in den **Schranken** des zweiten Halbsatzes von Art. 2 Abs. 1 GG gewährleistet und steht damit insbesondere unter dem **Vorbehalt der verfassungsmäßigen (Rechts-)Ordnung** (BVerfGE 6, 32 [37 f.]; 74, 129 [152]). Stützt sich ein die Handlungsfreiheit berührender Akt der öffentlichen Gewalt auf eine Rechtsnorm, so kann mit der Verfassungsbeschwerde unter Berufung auf Art. 2 Abs. 1 GG zur Nachprüfung gestellt werden, ob diese Norm zur **verfassungsmäßigen Ordnung** gehört, das heißt formell und materiell mit den Normen der Verfassung in Einklang steht (st. Rspr. seit BVerfGE 6, 32).“; BVerfGE 6, 32, Ls. 3 (Elfes) = BVerfG, Urteil des Ersten Senats vom 16.01.1957 – 1 BvR 253/56, Ls. 3: „**Verfassungsmäßige Ordnung** im Sinne des Art. 2 Abs. 1 GG ist die verfassungsmäßige Rechtsordnung, d.h. die Gesamtheit der Normen, die formell und materiell der Verfassung gemäß sind.“; vgl. dazu auch BVerfGE 6, 32, 37-41 (Elfes) = BVerfG, Urteil des Ersten Senats vom 16.01.1957 – 1 BvR 253/56, Gründe II. 2 b), c), Rn. 17-33.

Rechte anderer sind (als Teil der verfassungsmäßigen Ordnung) subjektive Berechtigungen (Anspruch oder Befugnis oder Erlaubnis) einschließlich Verpflichtungen (Pflicht zur Erfüllung von Anspruch oder Befugnis oder Erlaubnis) und sonstiger Rechtswirkungen für ein Rechtssubjekt bezüglich eines Verhaltens oder eines Rechtsguts.

Vgl. zum ein Mal bundesverfassungsgerichtlich entscheidungserheblich bemühten „**Sittengesetz**“ nach Art. 2 Abs. 1 Hs. 2 GG als Gesetz, das nicht das durch die „soziale Gemeinschaft“ „als für sich verbindlich“ anerkannte „Rechtsgefühl“ „im allgemeinen“ „verletzt“: BVerfGE 6, 389 (Homosexuelle) = BVerfG, Urteil des Ersten Senats vom 10.05.1957 – 1 BvR 550/52 –, und StrRehaHomG (Gesetz zur strafrechtlichen Rehabilitierung der nach dem 8. Mai 1945 wegen einvernehmlicher homosexueller Handlungen verurteilten Personen vom 17. Juli 2017 – BGBl. I S. 2443).

Ggf. bei Begleitverfügung betroffenes Grundrecht:

2. Körperliche Bewegungsfreiheit, Art. 2 Abs. 2 S. 2 GG[759]

a) GR-SB:

aa) Persönlicher GR-SB: „**Person**“, vgl. § 1 BGB.

bb) Sachlicher GR-SB: „Freiheit“ ist **körperliche Bewegungsfreiheit** als Freiheit, jeden Ort oder Raum aufzusuchen, sich dort aufzuhalten, (ihn zu verlassen), der an sich (tatsächlich und rechtlich) zugänglich ist.

b) GR-E (oder Nichteingriff/GR-Verzicht): Freiheitsentziehung oder sonstige Freiheitsbeschränkung.

Freiheitsbeschränkung (Freiheitsentziehung oder sonstige Freiheitsbeschränkung) liegt vor, wenn jemand durch die öffentliche Gewalt gegen seinen Willen daran gehindert wird, einen Ort oder Raum aufzusuchen oder sich dort aufzuhalten, der ihm an sich (tatsächlich und rechtlich) zugänglich ist. Eine **Freiheitsentziehung** als schwerste Form der Freiheitsbeschränkung ist dann gegeben, wenn die tatsächlich und rechtlich an sich gegebene körperliche Bewegungsfreiheit durch staatliche Maßnahmen nach jeder Richtung hin aufgehoben wird[760]; Freiheitsentziehung setzt auch eine besondere Eingriffsintensität und eine nicht nur kurzfristige Dauer der Maßnahme voraus[761]. Im Übrigen kann eine Abgrenzung zwischen Freiheitsentziehung und sonstiger Freiheitsbeschränkung auch erfolgen nach Art, Dauer, Intensität, Mittel, Zweck der Freiheitsbeschränkung.[762]

c) GR-B: Art. 2 Abs. 2 S. 3 i.V.m. Art. 104 GG.

---

[759] Vgl. auch Art. 142 GG i.V.m. Art. 4 Abs. 1 Verfassung NRW; Art. 20 Abs. 2a und Art. 21 AEUV i.V.m. Art. 6, 45 EU-GR-Charta (**Bewegungsfreiheit**, **Freizügigkeit**, **Aufenthaltsfreiheit**); Art. 5 EMRK; Art. 2 Protokoll Nr. 4 EMRK; Art. 21 AEUV (**Unionsbürgerfreizügigkeit**, zum **Unionsbürger** vgl. Art. 9 S. 2, 3 EUV, Art. 20 Abs. 1 S. 2, 3 AEUV); Art. 45 AEUV (**Arbeitnehmerfreizügigkeit**); Art. 49 AEUV (**Niederlassungsfreiheit**); Art. 56 AEUV (**Dienstleistungsfreiheit**); vgl. auch Art. 28 AEUV (**Warenverkehrsfreiheit**); Art. 9 Abs. 1 S. 1 IPbpR („Jedermann hat ein Recht auf persönliche Freiheit und Sicherheit.“); Art. 9-11 IPbpR (Freiheitsentziehungsbedingungen), Art. 12 IPbpR (Bewegung, Wohnsitzwahl, Ausreise, Einreise in Hoheitsgebiet eines Staates, vgl. „Freizügigkeit“), Art. 13 IPbpR (Ausländerausweisungsbedingungen).

[760] BVerfG, Beschluss der 1. Kammer des Ersten Senats vom 08.03.2011 – 1 BvR 47/05 –, Rn. 20, 26: „Das **Einsperren** des Beschwerdeführers in eine **Gewahrsamszelle** auf der Polizeiwache beziehungsweise auf dem Polizeipräsidium sowie **als Verbindungsglied** zwischen beiden das **Verbringen dorthin mittels Polizeifahrzeugen** stellen eine Freiheitsentziehung im Sinne von Art. 104 Abs. 2 GG und nicht lediglich eine Freiheitsbeschränkung dar. [...] Jedenfalls muss die Unterbringung einer Person gegen ihren Willen in einem **Haftraum** als Freiheitsentziehung im Sinne von Art. 104 Abs. 2 GG angesehen werden (vgl. BGHZ 82, 261 <264> und BVerwGE 62, 317 <318>).“; BVerfGE 94, 166, 198 (Flughafenverfahren) = BVerfGE, Urteil des Zweiten Senats vom 14.05.1996 – 2 BvR 1516/93.

[761] BVerfGE 149, 293 (5-Punkt-Fixierung/7-Punkt-Fixierung) = BVerfG, Urteil des Zweiten Senats vom 24.07.2018 – 2 BvR 309/15 –, D. II. 2. a), Rn. 67, vgl. dazu auch BVerfGE 149, 293 (5-Punkt-Fixierung/7-Punkt-Fixierung) = BVerfG, Urteil des Zweiten Senats vom 24.07.2018 – 2 BvR 309/15 –, D. II. 2. b): „Jedenfalls eine **5-Punkt- oder 7-Punkt-Fixierung**, bei der sämtliche Gliedmaßen des Betroffenen mit Gurten am Bett festgebunden werden, stellt eine Freiheitsentziehung im Sinne von Art. 104 Abs. 2 GG dar, es sei denn, es handelt sich um eine lediglich **kurzfristige Maßnahme**. Von einer kurzfristigen Maßnahme ist in der Regel auszugehen, wenn sie absehbar die Dauer von ungefähr einer halben Stunde unterschreitet.“.

[762] Vgl. auch insbesondere zu Art, Intensität, Mittel: § 415 Abs. 2 FamFG und §§ 37a, 62 PolG NRW.

Ggf. bei Begleitverfügung zur Veränderung von Äußerem / Körperbeschaffenheit / Erscheinungsbild betroffenes Grundrecht (z.B. Bartrasieren, Fingerbehandlung, Haareschneiden)[763] – soweit diesbezüglich nicht nur Betroffenheit des Art. 2 Abs. 1 GG (Allgemeine Verhaltensfreiheit) gegeben ist:

3. Körperliche Unversehrtheit, Art. 2 Abs. 2 S. 1 Alt. 2 GG[764]

a) GR-SB:

aa) Persönlicher GR-SB: „Jeder".

bb) Sachlicher GR-SB: **Körperliche Unversehrtheit**: Freiheit von körperlicher Beeinträchtigung, biologisch-physiologische Integrität und dieser gleichsetzbare geistig-seelisch-psychische Integrität.[765]

---

763 Vgl. z.B. Landtagsdrucksache 17/2351 (Gesetzentwurf der Landesregierung – Gesetz zur Stärkung der Sicherheit in Nordrhein-Westfalen – Sechstes Gesetz zur Änderung des Polizeigesetzes des Landes Nordrhein-Westfalen), S. 47 (zu § 38 Abs. 2 PolG NRW): „Denn die Klärung der Identität innerhalb der Frist von zwölf Stunden stößt in zahlreichen Fällen auf unüberwindbare Hindernisse. Dies gilt zum Beispiel dann, wenn Passpapiere oder Passersatzpapiere auf ihre Echtheit geprüft werden müssen. Noch schwieriger gestaltet sich die Identitätsfeststellung, wenn ein Tatverdächtiger weder über Pass- noch Passersatzpapiere verfügt. Hier wird in zahlreichen Fällen die zwölfstündige Frist nicht ausreichen, um die Identität zweifelsfrei abklären zu können. Darüber hinaus ist aus Anlass von Demonstrationen bekannt, dass der Umstand einer Zwölfstundenfrist gezielt ausgenutzt wird, um eine Identitätsfeststellung zu verhindern. Die Demonstranten behandeln im Vorfeld ihre Fingerkuppen mit Sekundenkleber oder Bitumen, um die Abnahme von Fingerabdrücken und damit die Identitätsfeststellungen zu verhindern. Ohne Eingriffe in die körperliche Unversehrtheit ist eine Identitätsfeststellung innerhalb der Zwölfstundenfrist oder bis zum Ende des Tages nach dem Ergreifen nahezu unmöglich.".

764 Vgl. auch Art. 142 GG i.V.m. Art. 4 Abs. 1 Verfassung NRW; Art. 3, 4 EU-GR-Charta; Art. 3 EMRK (**Folterverbot**; Verbot bzgl.: **unmenschliche oder erniedrigende Behandlung oder Strafe**); Art. 7 IPbpR (**Folterverbot**; Verbot bzgl. **grausame, unmenschliche oder erniedrigende Behandlung oder Strafe**; Verbot medizinischer oder wissenschaftlicher Versuche ohne freiwillige Zustimmung); Art. 12 IPwskR („Recht eines jeden auf das für ihn erreichbare Höchstmaß an körperlicher und geistiger **Gesundheit**").

765 BVerfGE 56, 54, 74-76 (Fluglärm I) = BVerfG, Beschluss des Ersten Senats vom 14.01.1981 – 1 BvR 612/72, C. I. 1., Rn. 73-76, dort u.a.: „Gegen die Zugrundelegung des weiten Gesundheitsbegriffs der Weltgesundheitsorganisation ließe sich allerdings einwenden, es sei - wenn das dem Willen des Verfassungsgesetzgebers entsprochen hätte - schwer erklärlich, daß der Parlamentarische Rat diesen seit 1946 bekannten Begriff nicht übernommen, sondern stattdessen nur die ‚körperliche Unversehrtheit' grundrechtlich geschützt hat [Grammatik, P. B.]. Andererseits dürfte eine Beschränkung des Schutzes allein auf solche Einwirkungen, die Verletzungen des Körpers darstellen, der Bedeutung dieses Grundrechts jedenfalls dann nicht gerecht werden, wenn es im Lichte des Art. 1 GG und der darin verbürgten Unantastbarkeit der Menschenwürde ausgelegt wird [Systematik, P. B.]. Dabei kann dahinstehen, ob eine solche Beschränkung überhaupt mit dem Verständnis des Menschen als einer Einheit von Leib, Seele und Geist und mit der Wechselwirkung zwischen psychischen und physischen Gesundheitsstörungen vereinbar wäre.Verfassungsrechtlich kann nicht außer acht bleiben, daß eine enge Auslegung nicht der Funktion des Grundrechts als Abwehrrecht gegen staatliche Eingriffe etwa durch psychische Folterungen, seelische Quälereien und entsprechende Verhörmethoden entsprechen würde [Teleologie mit funktionalem Schutzbereich und Schutzzweck des Grundrechts, P. B.]. Da die Einfügung gerade dieses Grundrechts auf Erfahrungen im Dritten Reich beruhte, darf dieser Gesichtspunkt jedenfalls nicht gänzlich vernachlässigt werden [Historie, P. B.]. Mit Recht hat der nordrhein-westfälische Ministerpräsident im vorliegenden Verfahren eingeräumt, daß zumindest solche nichtkörperliche Einwirkungen von Art. 2 Abs. 2 GG erfaßt würden, die ihrer Wirkung nach körperlichen Eingriffen gleichzusetzen seien. Das sind jedenfalls solche, die das Befinden einer Person in einer Weise verändern, die der Zufügung von Schmerzen entspricht [Systematik, P. B.]. Bislang ist Art. 2 Abs. 2 GG auch nicht in dem genannten

b) GR-E (oder Nichteingriff/GR-Verzicht): **Unversehrtheitseinschränkung** durch Hervorrufen oder Steigern eines nachteilig von den normalen körperlichen Funktionen abweichenden körperlichen Zustandes, zum Beispiel auch bei Erscheinungsbildveränderung und auch durch Anordnung und auch ohne Substanzverletzung durch physisch sich mit körperlichem Krankheitswert auswirkende psychische Beeinflussung.

c) GR-B: Art. 2 Abs. 2 S. 3 GG.

A. Rechtsgrundlage (RGL) II. Rechtsgebiet (RG)

(VOR/DEF)

Rechtsgebiet ist Rechtsordnungsteil nach allen Umständen[766] – wie schwerpunktmäßige Äußerungen[767], Rechtsnormen[768], Zwecke[769], auch i.V.m. §§ 133, 157 BGB analog[770].[771]

---

engeren Sinne angewandt worden. So wurde die Frage, ob hirnelektrische Untersuchungen in die körperliche Unversehrtheit eingreifen können, nicht etwa von vornherein verneint, sondern wegen der Harmlosigkeit solcher Untersuchungen offengelassen (BVerfGE 17, 108 [114 f.]). In der Entscheidung zum Räumungsschutz ist die psychische Erkrankung des Beschwerdeführers und die Gefahr von Selbstmorden als relevant im Sinne des Art. 2 Abs. 2 GG angesehen worden (BVerfGE 52, 214 [220 f.]). Im übrigen liegt den neueren Lärmschutzvorschriften durchweg ein weiteres Verständnis zugrunde. […] Zumindest in Gestalt von Schlafstörungen lassen sich Einwirkungen auf die körperliche Unversehrtheit schwerlich bestreiten.“.

766 Umstände im weiten Sinn, etwa als Bedingungen, Beziehungen, Faktoren, Folgen, Funktionen, Umweltbedingungen, Variablen, Verhältnissen, Voraussetzungen, Weltbedingungen.

767 Äußerungen im weiten Sinn, etwa als alle Verhaltensäußerungen (einschließlich Aussagen).

768 Rechtsnormen im weiten Sinn, etwa solche, die die Umstände oder das Verhalten regieren (sollen).

769 Zwecke im weiten Sinn, etwa als sich aus einer Lage ergebende, objektiv zu verfolgende Ziele.

770 Sog. **objektivierter Empfängerhorizont**, vgl. BVerwGE 147, 81 = BVerwG, Urteil vom 20.06.2013 – BVerwG 8 C 46.12, Rn. 27: „Die bundesrechtlichen Auslegungsregeln der §§ 133, 157 BGB sind auf öffentlich-rechtliche Erklärungen entsprechend anzuwenden. Bei Verwaltungsakten kommt es wie bei empfangsbedürftigen Willenserklärungen nicht auf den wirklichen Willen des Erklärenden (natürliche Auslegung), sondern auf den objektiven Erklärungsinhalt an. Maßgeblich ist, wie der Empfänger die Erklärung nach Treu und Glauben unter Berücksichtigung der für ihn erkennbaren Umstände verstehen musste. Dabei ist vom Wortlaut der Erklärung auszugehen und deren objektiver Gehalt unter Berücksichtigung des Empfängerhorizonts zu ermitteln (stRspr, vgl. Urteile vom 2. September 1999 - BVerwG 2 C 22.98 - BVerwGE 109, 283 <286> = Buchholz 237.7 § 72 NWLBG Nr. 4 und vom 27. Juni 2012 - BVerwG 9 C 7.11 - BVerwGE 143, 222 <Rn. 18> = Buchholz 11 Art. 20 GG Nr. 206; BGH, Urteile vom 24. Februar 1988 - VIII ZR 145/87 - BGHZ 103, 275 <280>, vom 27. Januar 2010 - VIII ZR 58/09 - BGHZ 184, 128 <137 Rn. 33> und vom 1. März 2011 - II ZR 16/10 - NJW 2011, 1666 <1667 Rn. 11> je m.w.N.).“; BVerwG, Beschluss vom 06.08.2018 – BVerwG 7 B 4.18, Rn. 10: „Dass die bundesrechtlichen Auslegungsregeln der §§ 133, 157 BGB auf öffentlich-rechtliche Erklärungen, d.h. u.a. auf Verwaltungsakte, entsprechend anzuwenden sind, ist in der Rechtsprechung des Bundesverwaltungsgerichts bereits geklärt (BVerwG, Urteil vom 20. Juni 2013 - 8 C 46.12 - BVerwGE 147, 81 Rn. 27 m.w.N.).“.

771 BVerwG 47, 255, 264 = BVerwG, Urteil vom 03.12.1974 – BVerwG I C 11.73: „Obwohl sich für die Polizei im Einzelfall bei einem einheitlichen Lebenssachverhalt gleichzeitig und unmittelbar Aufgaben der Strafverfolgung und der Gefahrenabwehr ergeben können, ist der im Schrifttum vertretenen Auffassung nicht zu folgen, daß aus Gründen der Rechtssicherheit oder wegen der schwierigen Durchschaubarkeit für den Bürger jede Art polizeilichen Handelns der verwaltungsgerichtlichen Kontrolle unterliegen müsse. In aller Regel ist es für den Betroffenen nicht schwer, zu erkennen, ob die Polizei im konkreten

(SUB/ERG)

Die ED-IDF-Maßnahme erfolgt auf dem Rechtsgebiet des besonderen öffentlichen Verwaltungsrechts polizeilicher Gefahrenabwehr.

Eine ED-IDF-Maßnahme erfolgt auf dem Rechtsgebiet der Gefahrenabwehr insbesondere bei

- nicht tatverdachtsveranlasster ED-IDF-Maßnahme;
- ED-IDF-Maßnahme nach nicht tatverdachtsbezogenen Daten;
- ED-IDF-Maßnahme ohne schwerpunktmäßigen Zweck einer anschließenden Strafrechtspflegemaßnahme;
- Gefahrenüberhang.

A. Rechtsgrundlage (RGL) III. Mögliche Befugnisrechtsnorm (Mgl. Brn.)

(VOR/DEF)

Befugnisrechtsnorm ist die rechtmäßige hauptsächliche materiellrechtliche Rechtsgrundlage mit realfolgenentsprechender Rechtsfolge.

(SUB/ERG)

Realfolge ist die jeweilige Maßnahme laut Sachverhalt.

Rechtsfolge ist die jeweilige erkennungsdienstliche Maßnahme laut Rechtsnorm.

(SUB)

Realfolgen und Rechtsfolgen zu:

Erkennungsdienstliche Maßnahme

Realfolgen ED-Maßnahme – Beispiele:

- Fast-ID;
- Fingerabdruckabnahme;
- Handflächenabdruckabnahme;

(ERG)

Mögliche Befugnisrechtsnorm zu:

Erkennungsdienstliche Maßnahme

Gefahrenabwehr:

- §§ 15 Abs. 2 Nr. 7, 16, 19 AsylG (Erkennungsdienstliche Maßnahmen)
- § 49 AufenthG (Erkennungsdienstliche

Fall eine - begangene - Straftat erforschen (**Strafverfolgung**) oder den Eintritt eines Schadens, etwa die - zukünftige - Begehung einer strafbaren Handlung, verhindern oder eine bereits eingetretene Störung der öffentlichen Sicherheit oder Ordnung beseitigen (**Gefahrenabwehr**) will. Außerdem wird man davon ausgehen dürfen, daß die Polizei dem Betroffenen - wie im vorliegenden Fall - den Grund ihres Einschreitens von sich aus oder auf Verlangen angibt. Im übrigen kommt es darauf an, wie sich der konkrete Lebenssachverhalt einem verständigen Bürger in der Lage des Betroffenen bei natürlicher Betrachtungsweise darstellt. Dieser Sachverhalt muß im allgemeinen einheitlich betrachtet werden, es sei denn, daß einzelne Teile des Geschehensablaufs objektiv abtrennbar sind. Hat die Polizei die Ermittlungen an die StA oder das Amtsgericht weitergeleitet (§ 163 Abs. 2 StPO) oder auf Weisung der StA gehandelt, so kann an der strafprozessualen Natur ihres Einschreitens kein vernünftiger Zweifel bestehen. Eine Maßnahme, die nach dem Gesamteindruck darauf gerichtet ist, eine strafbare Handlung zu erforschen oder sonst zu verfolgen, ist der Kontrolle der ordentlichen Gerichte nach §§ 23 ff. EGGVG nicht etwa deshalb entzogen, weil durch die polizeilichen Ermittlungen möglicherweise zugleich auch künftigen Verletzungen der öffentlichen Sicherheit vorgebeugt würde.“.

- Bildaufnahmen;
- Tonaufnahmen;
- Messungen.

Rechtsfolge(n) Erkennungsdienstliche Maßnahme(n):

Erkennungsdienstliche Maßnahmen / Erkennungsdienstliche Behandlung

sind/ist insbesondere

1. die Abnahme von Finger- und Handflächenabdrücken,
2. die Aufnahme von Lichtbildern,
3. die Feststellung äußerer körperlicher Merkmale,
4. Messungen,
5. Aufnahme des gesprochenen Wortes,
6. Ähnliche Maßnahmen, vgl. § 14 Abs. 4 PolG NRW, § 16 Abs. 1 AsylG, § 49 AufenthG, § 81b StPO sowie Begleitmaßnahmen wie: Freiheitsbeschränkung, Erscheinungsbildveränderung, nicht: DNA-/Körperzellenentnahme wie nach § 14a PolG NRW, § 81g StPO; weitere Speicherung nach §§ 22-24 PolG NRW.

Maßnahmen)

- § 14 Abs. 1 Nr. 1 PolG NRW (IDF-ED-Maßnahme zwecks IDF nach §§ 12, 12a PolG NRW)
- § 14 Abs. 1 Nr. 2 PolG NRW (ED-Maßnahme zur vorbeugenden Bekämpfung von Straftaten).

Strafrechtspflege (ggf. mit §§ 46, 53 Abs. 1 S. 2, Abs. 2 OWiG):

- IDF beim Verdächtigen (erkennungsdienstliche Maßnahme), § 163b Abs. 1 StPO / §§ 163b Abs. 1, c StPO
- IDF beim Nichtverdächtigen (Feststellung der Identität einer Person), § 163b Abs. 2 StPO / §§ 163b Abs. 2, c StPO
- IDF bei jedermann an an öffentlich zugänglichem Ort eingerichteter Kontrollstelle, § 111 StPO (ohne §§ 46, 53 Abs. 1 S. 2 OWiG)
- § 81b Alt. 1 StPO (Erkennungsdienstliche Maßnahme bei dem Beschuldigten für die Zwecke der Durchführung des Strafverfahrens)

§ 81b Alt. 2 StPO (Erkennungsdienstliche Maßnahme bei dem Beschuldigten für die Zwecke des Erkennungsdienstes)

Zu „**Fast-ID**“ (Fast-Identification) vgl. auch § 14 Abs. 4 PolG NRW („Erkennungsdienstliche Maßnahmen“) und Nr. 5: („Durchführung erkennungsdienstlicher Maßnahmen“), Nr. 5.2 („FastID-Verfahren zur Sofortidentifizierung“) Runderlass des Ministeriums des Innern (NRW) - 422-62.09.06 - vom 3.07.2018 („Erkennungsdienst“): „Für eine Sofortidentifizierung von Personen können dem Bundeskriminalamt Fingerabdrücke per FastID zur Identitätsprüfung übermittelt werden. Eine FastID-Abfrage ist jeder erkennungsdienstlichen Behandlung voranzustellen und dient der Identitätssicherung und der Erlangung von Hinweisen zur Erforderlichkeit einer erneuten, vollständigen erkennungsdienstlichen Behandlung. Das FastID-Verfahren dient lediglich der Überprüfung der Identität. Das aufgenommene erkennungsdienstliche Material wird nicht gespeichert. FastID ersetzt damit in keinem Fall eine erkennungsdienstliche Behandlung.“

(SUB)

Realfolgen und Rechtsfolgen zu:

Anhalten/Festhalten

(SUB)

Realfolgen Anhalten/Festhalten:

- Aufforderung zum Stehenbleiben
- Aufforderung zum Verlangsamen des Fortbewegungstempos
- Aufforderung zum Aufenthalt an bestimmter Stelle

Rechtsfolge Anhalten/Festhalten:

Anhalten/Festhalten ist Reduzieren oder Stoppen der Bewegung i.S.d. Art. 2 Abs. 2 S. 2 GG.

Abgrenzung von Anhalten und Festhalten erfolgt nach:

- Gesetz, vgl. §§ 36 Abs. 1 S. 1, 37 Abs. 1 PolG NRW
- „ADIMZ" (Art, Dauer, Intensität, Mittel, Zweck der Freiheitsbeschränkung) (Vorentscheidung mit Freiheitsentziehung oder sonstiger Freiheitsbeschränkung beim Fallbearbeitungspunkt A. I.)

(ERG)

Mögliche Befugnisrechtsnorm zu:

Anhalten/Festhalten

(ERG)

Gefahrenabwehr:

Anhalten / Festhalten

- § 12 Abs. 1 Nr. 1, Abs. 2 S. 2 Var. 1 / S. 3 PolG NRW
- § 12 Abs. 1 Nr. 2 a), Abs. 2 S. 2 Var. 1 / S. 3 PolG NRW
- § 12 Abs. 1 Nr. 2 b), Abs. 2 S. 2 Var. 1 / S. 3 PolG NRW
- § 12 Abs. 1 Nr. 2 c), Abs. 2 S. 2 Var. 1 / S. 3 PolG NRW
- § 12 Abs. 1 Nr. 3, Abs. 2 S. 2 Var. 1 / S. 3 PolG NRW
- § 12 Abs. 1 Nr. 4, Abs. 2 S. 2 Var. 1 / S. 3 PolG NRW
- § 12a Abs. 1 S. 1 Var. 1 / S. 1 Var. 3 PolG NRW
- § 14 Abs. 1 Nr. 1 PolG NRW (i.V.m. § 12/12a PolG NRW)
- Ggf. § 8 Abs. 1 PolG NRW

Nur Anhalten:

- § 9 Abs. 2 S. 2 PolG NRW
- § 9 Abs. 3 S. 1 (i.V.m. § 9 Abs. 2 PolG NRW)
- § 25 Abs. 2 PolG NRW
- § 36 Abs. 5 S. 1 StVO.

Nur Festhalten (vgl. §§ 36 Abs. 1 S. 1, 37 Abs. 1 PolG NRW):

- § 10 Abs. 3 PolG NRW
- § 35 PolG NRW
- § 58 Abs. 4 AufenthG
- §§ 62-62b AufenthG (vgl. § 71 Abs. 5 AufenthG)
- Nur für zuständige Behörde: § 30 IfSG. Nur für örtliche Ordnungsbehörde: § 14 PsychKG (NRW). Nur für Jugendamt: § 42 SGB VIII.

Strafrechtspflege (ggf. mit §§ 46, 53 Abs. 1 S. 2, Abs. 2 OWiG):

Anhalten als (erforderliche) Maßnahme /

Festhalten zur

- IDF beim Verdächtigen, § 163b Abs. 1 StPO / §§ 163b Abs. 1, c StPO
- IDF beim Nichtverdächtigen, § 163b Abs. 2 StPO/ §§ 163b Abs. 2, c StPO
- IDF bei jedermann an an öffentlich zugänglichem Ort eingerichteter Kontrollstelle, § 111 StPO (ohne §§ 46, 53 Abs. 1 S. 2 OWiG)
- Ggf. § 163 Abs. 1 S. 2 StPO.

Nur Festhalten (vgl. Art. 104 GG):

- § 127 Abs. 1 S. 1 Alt 1 StPO
- § 127 Abs. 2 i.V.m. § 112 StPO
- § 127 Abs. 2 i.V.m. § 112a StPO
- § 127 Abs. 2 i.V.m. § 126a StPO
- § 127b StPO
- § 164 StPO
- § 19 IRG.

(SUB)

Realfolge ist eine jeweilige erkennungsdienstliche Maßnahme (vgl. § 14 Abs. 4 PolG NRW) zwecks Identitätsfeststellung (IDF), also etwa

- Abnahme von Finger- und Handflächenabdrücken
- Aufnahme von Lichtbildern
- Feststellung äußerer körperlicher Merkmale
- Aufnehmen des gesprochenen Wortes auf Ton- oder Datenträger
- ähnliche Maßnahmen.[772]

Rechtsfolge ist allgemein als Realakt und ggf. mit Begleit-VA eine **ED-IDF-Maßnahme**, also eine erkennungsdienstliche Maßnahme zwecks Identitätsfeststellung, hier als eine in § 14 Abs. 4 PolG NRW näher beschriebene Datenerhebungsmaßnahme oder sonstige Datenverarbeitung zwecks Zuordnung von Mensch und Personaliensatz.

(ERG)

Mögliche Befugnisrechtsnorm ist § 14 Abs. 1 Nr. 1 PolG NRW[773].

---

[772] Nr. 14.4 VVPolG NRW: „Andere Maßnahmen sind nur zulässig, wenn und soweit sie hinsichtlich der Beeinträchtigung der betroffenen Person den Maßnahmen des § 14 Abs. 4 vergleichbar sind.“. Nicht von § 14 PolG NRW umfasst sind i.d.R.: DNA-/Körperzellenentnahme nach § 14a StPO; weitere Speicherung nach §§ 22-24a PolG NRW.

[773] Zur erkennungsdienstlichen Maßnahme nach § 14 Abs. 1 Nr. 2 PolG NRW siehe insbesondere: *Basten*, Eingriffsrecht der Polizei in Nordrhein-Westfalen, Band 3, Buch 3, Abschnitt 6.

B. Formelle Rechtmäßigkeit (FR) I. Zuständigkeit (Z)

(VOR/DEF)

Zuständigkeit ist Aufgabenwahrnehmungserlaubnis für den Rechtsfolgesetzer.

(SUB/ERG)

Für die Maßnahme ist die Zuständigkeit (i.d.R.) wie folgt gegeben:

1. sachliche Zuständigkeit *der Polizei* gemäß (alternativ)

- § 1 Abs. 1 S. 1, 2 Var. 1 oder 2 oder 3 PolG NRW (originäre Zuständigkeit) (ggf. i.V.m. § 1 Abs. 2 PolG NRW[774] / ggf. i.V.m. § 1 Abs. 5 S. 2 PolG NRW[775]);
- § 1 Abs. 1 S. 1, 3 PolG NRW (subsidiäre Zuständigkeit);

2. instanzielle Zuständigkeit *der Polizeibehörde* gemäß

- (i.d.R.) § 11 Abs. 1 Nr. 1 POG NRW;
- (generell:) §§ 10-14 POG NRW (ggf. i.V.m. KPBVO NRW / ggf. i.V.m. LKAAufgVO NRW);

3. örtliche Zuständigkeit *der* Polizeibehörde gemäß

- (i.d.R.) § 7 Abs. 1 POG NRW (ggf. i.V.m. KHStVO NRW);
- (generell:) §§ 7-9 POG NRW (ggf. i.V.m. KHStVO NRW);

4. funktionelle Zuständigkeit *des Polizeiamtswalters* (i.d.R.) gemäß § 14 Abs. 1 Wort 2 PolG NRW für Anregung, Anordnung, Ausführung.

B. Formelle Rechtmäßigkeit (FR) II. Verfahren (V)

(VOR/DEF)

Verfahren ist normiertes Verhalten insbesondere für den Rechtsfolgezuständigen außer, bei, i.Z.m. der Rechtsfolge.

1. Speziellere PolG NRW-Verfahrensrechtsnormen für bestimmte ED-Maßnahmen

(VOR/DEF)

a) § 14 Abs. 3 PolG NRW: Belehrung zu erkennungsdienstlichen Unterlagen

---

774 § 1 Abs. 2 PolG NRW hat negative Zuständigkeitsvoraussetzungen; § 1 Abs. 2 PolG NRW ist die sogenannte „**Privatrechtsklausel**“; zum **Privatrecht in der polizeilichen Praxis** ausführlich: *Basten*, Privatrecht in der polizeilichen Praxis.

775 § 1 Abs. 5 S. 2 PolG NRW ist qua Gesetzessystematik eine Zuständigkeitsvorschrift mit negativen Befugnisvoraussetzungen.

Gemäß § 14 Abs. 3 PolG NRW ist die betroffene Person bei Vornahme der Maßnahme darüber zu belehren, dass sie die Vernichtung der erkennungsdienstlichen Unterlagen verlangen kann, wenn die Voraussetzungen für ihre weitere Aufbewahrung entfallen sind.[776]

a) § 39 Abs. 3 PolG NRW analog als Verfahrensrechtsnorm für bestimmte „erkennungsdienstliche" IDF-„Maßnahme"[777] nach § 14 Abs. 1 Nr. 1 PolG NRW: grundsätzlich gleiches Geschlecht oder Arzt

Gemäß § 39 Abs. 3 PolG NRW analog[778] besteht Pflicht zu bestimmten erkennungsdienstlichen Maßnahmen nur durch (Beteiligung von) Personen gleichen Geschlechts oder Ärzten; das gilt gemäß § 39 Abs. 3 PolG NRW analog nicht, wenn die sofortige erkennungsdienstliche Maßnahme zum Schutz gegen eine Gefahr für Leib oder Leben erforderlich ist (erkennungsdienstliche Maßnahme durch Person gleichen Geschlechts oder Arzt).

Erkennungsdienstliche Maßnahme i.S.v. § 39 Abs. 3 PolG NRW analog ist eine erkennungsdienstliche Maßnahme wie Abnahme, Aufnahme, Feststellung, Messung eines Bereichs aus der körperlichen Intimsphäre der betroffenen Person, vgl. insbesondere Telos des § 39 Abs. 3 PolG NRW i.V.m. Art. 1 Abs. 1 GG, Art. 3 Abs. 3 Var. 1 GG, und vgl. die Voraussetzung potentieller Schamgefühlsverletzung in § 81d Abs. 1 S. 1 StPO.

Person i.S.d. § 39 Abs. 3 PolG NRW ist natürliche Person im Sinne von § 1 BGB.

Person gleichen Geschlechts ist eine Person mit gleichem Geschlechts-Personenstand nach PStG.

Arzt ist ein solcher nach BÄO.

Gefahr für Leib oder Leben ist eine Sachlage im einzelnen Fall, die bei ungehindertem Geschehensverlauf in absehbarer Zeit mit hinreichender Wahrscheinlichkeit zu einem **Schaden** (nachteilige Beeinträchtigung) für die Schutzgüter **Leib** (**körperliche Unversehrtheit**) oder **Leben** (biologisch-physische Existenz) führt.

Erforderlichkeit i.S.d. § 39 Abs. 3 PolG NRW ist Nichtverfügbarkeit eines milderen, gleich geeigneten Mittels als der sofortigen Personendurchsuchung zum legitimen Zweck des Schutzes gegen eine Gefahr für Leib oder Leben.

c) § 14 Abs. 2 PolG NRW: Rechtsnorm bzgl. Anschlussrechtsfolge Vernichtung bzw. Speicherung:

Gemäß § 14 Abs. 2 PolG NRW sind im Fall von nach § 14 Abs. 1 Nr. 1 PolG NRW erfolgter Identitätsfeststellung die im Zusammenhang mit der Feststellung angefallenen erkennungsdienstlichen Unterlagen zu vernichten, es sei denn, ihre weitere Aufbewahrung ist nach § 14 Abs. 1 Nr. 2 PolG NRW oder anderen Rechtsvorschriften zulässig.

---

[776] Nr. 14.3 VVPolG NRW: „Die Belehrung über den Anspruch auf Vernichtung erkennungsdienstlicher Unterlagen nach Wegfall der Voraussetzungen hat in allen Fällen - auch in denen des § 81 b StPO - zu erfolgen.".

[777] Zu möglichen erkennungsdienstlichen Maßnahmen zwecks IDF und IDF-Untersuchungen bzw. deren Unterfall „körperlicher Eingriffe" vgl. auf dem Rechtsgebiet der Gefahrenabwehr des Ausländerrechts den ausdrücklichen § 49 Abs. 6 AufenthG.

[778] Analogie von § 39 Abs. 3 PolG NRW zu § 14 Abs. 1 Nr. 1 PolG NRW (vgl. auch § 12 Abs. 2 S. 4 Var. 2 PolG NRW) aufgrund für diesen existierender Regelungslücke und teleologisch gleichzusetzender Interessenlage von Person zu Person. Zur Analogie siehe auch: *Basten*, Eingriffsrecht der Polizei in Nordrhein-Westfalen, Band 1, S. 163.

(SUB/ERG)

Im konkreten Fall sind die speziellen Verfahrensrechtsnormen aus § 14 Abs. 3 PolG NRW und ggf. § 39 Abs. 3 PolG NRW analog sowie ggf. die Rechtsnorm aus § 14 Abs. 2 PolG NRW (alternativ)

- bei Vorliegen von entsprechenden Anhaltspunkten / Fehlen entgegenstehender Anhaltspunkte eingehalten.
- bei Vorliegen von entsprechenden Anhaltspunkten nicht eingehalten.

2. Allgemeine VwVfG-NRW-Verfahrensrechtsnormen bei ED(-Begleit-)VA (§§ 1, 2, 9, 35 VwVfG NRW)

(VOR/DEF)

a) § 28 VwVfG NRW: Anhörung

Gemäß § 28 VwVfG NRW besteht grundsätzlich Pflicht zur **Anhörung** im Sinne des § 28 Abs. 1 VwVfG NRW (Äußerungsgelegenheit mit entsprechender Würdigung vor eingreifendem VA) – oder es soll gegeben sein: ein Ausnahmegrund gemäß § 28 Abs. 2, 3 VwVfG NRW oder **VA-Verletzungsunbeachtlichkeit** gemäß § 45 VwVfG NRW oder **VA-Nichtaufhebbarkeit** gemäß § 46 VwVfG NRW.

Gemäß § 28 VwVfG NRW besteht grundsätzlich Pflicht zur **Anhörung** im Sinne des § 28 Abs. 1 VwVfG NRW (Äußerungsgelegenheit mit entsprechender Würdigung vor eingreifendem VA) – oder es soll gegeben sein: ein Ausnahmegrund gemäß § 28 Abs. 2, 3 VwVfG NRW oder **VA-Verletzungsunbeachtlichkeit** gemäß § 45 VwVfG NRW[779] oder **VA-Nichtaufhebbarkeit** gemäß § 46 VwVfG NRW[780].

---

[779] Vgl. § 45 VwVfG NRW („**Heilung von Verfahrens- und Formfehlern**"), vgl. dazu: BVerwG, Urteil vom 06.02.2019 – BVerwG 1 A 3.18: „Eine entsprechende Heilung [hier im Fall einer Anhörung, P. B.] setzt voraus, dass die Anhörung nachträglich ordnungsgemäß durchgeführt und ihre Funktion für den Entscheidungsprozess der Behörde uneingeschränkt erreicht wird. Dies ist der Fall, wenn der Betroffene Gelegenheit hat, seine Einwendungen vorzubringen, und die Behörde diese nicht nur zur Kenntnis nimmt, sondern auch bei ihrer Entscheidung in Erwägung zieht. Von Letzterem ist auszugehen, wenn sich die Behörde nicht darauf beschränkt, die einmal getroffene Sachentscheidung zu verteidigen, sondern das Vorbringen des Betroffenen erkennbar zum Anlass nimmt, die Entscheidung kritisch zu überdenken (BVerwG, Urteil vom 17. Dezember 2015 - 7 C 5.14 - BVerwGE 153, 367 Rn. 17 m.w.N.).".

[780] Vgl. § 46 VwVfG NRW („**Folgen von Verfahrens- und Formfehlern**"), vgl. dazu BVerwG, Urteil vom 09.05.2019 – BVerwG 2 C 2.18 (Unterbliebene Beteiligung der Gleichstellungsbeauftragten bei LAFP NRW-Auswahlentscheidung), Rn. 70: „Ein Verstoß gegen eine Verfahrensvorschrift ist nur dann offensichtlich ohne Einfluss auf die Entscheidung in der Sache, wenn das Gericht zweifelsfrei und ohne jede Spekulation davon ausgehen kann, dass die Entscheidung ohne den Fehler genauso ausgefallen wäre. Ein Kausalzusammenhang ist dagegen zu bejahen, wenn nach den Umständen des jeweiligen Falles die konkrete Möglichkeit besteht, dass ohne den angenommenen Verfahrensmangel die Entscheidung anders ausgefallen wäre (stRspr, vgl. BVerwG, Urteile vom 30. Mai 1984 - 4 C 58.81 - BVerwGE 69, 256 <270> und vom 28. Juni 2018 - 2 C 14.17 - Buchholz 11 Art. 33 Abs. 5 GG Nr. 148 Rn. 32; Emmenegger, in: Mann/Sennekamp/Uechtritz, VwVfG, 2014, § 46 Rn. 91; Ramsauer, in: Kopp/Ramsauer, VwVfG, 20. Aufl. 2019, § 46 Rn. 36; Sachs, in: Stelkens/Bonk/Sachs, VwVfG, 9. Aufl. 2018, § 46 Rn. 80, 83).", Rn. 69: „Dabei lässt der Senat offen, ob § 46 VwVfG NRW, der die Aufhebung eines Verwaltungsaktes ausschließt, also Anfechtungsklagen betrifft, auf die im Streitfall

Gemäß § 28 Abs. 2 VwVfG NRW kann von der Anhörung abgesehen werden, wenn sie nach den Umständen des Einzelfalles nicht geboten ist, insbesondere wenn ein Fall vorliegt gemäß § 28 Abs. 2 Nr. 1-5 VwVfG NRW.

Gebotenheit ist Nichtverfügbarkeit eines milderen, gleich geeigneten Mittels zur Zweckförderung.

Gemäß § 28 Abs. 2 Nr. 1 VwVfG NRW kann von der Anhörung abgesehen werden, wenn eine sofortige Entscheidung wegen Gefahr im Verzug oder im öffentlichen Interesse notwendig erscheint.

Gefahr im Verzug i.S.d. § 28 Abs. 2 Nr. 1 VwVfG NRW ist gegeben, wenn der Handlungsbedarf unvorhergesehen ist und bei Durchführung der eigentlich vorgesehenen Maßnahme, hier der Anhörung, der gesetzliche Zweck, hier der jeweilige aus der Aufgabe und Befugnisrechtsnorm, vereitelt oder wesentlich erschwert wird.[781]

Öffentliches Interesse ist die einzelfallbezogene Relevanz eines Rechts oder Rechtsguts nicht ausschließlich bei einem einzelnen Individuum.

Notwendigkeit ist Nichtverfügbarkeit eines milderen, gleich geeigneten Mittels zur Zweckförderung – bis hin zur Alternativlosigkeit der Mittelanwendung.

Gemäß § 28 Abs. 3 VwVfG NRW unterbleibt eine Anhörung, wenn ihr ein zwingendes öffentliches Interesse entgegensteht.

Zwingendes öffentliches Interesse ist die einzelfallbezogene unbedingte Relevanz eines Rechts oder Rechtsguts nicht ausschließlich bei einem einzelnen Individuum.

(SUB/ERG)

Im konkreten Fall ist § 28 VwVfG NRW (alternativ)

- eingehalten insbesondere bei Gelegenheit zur Stellungnahme i.S.d. § 28 Abs. 1 VwVfG NRW;
- eingehalten bei Nichteinhaltung von § 28 Abs. 1 VwVfG NRW und Ausnahmegrund gemäß § 28 Abs. 2, 3 VwVfG NRW;
- nicht eingehalten insbesondere bei Fehlen von Gelegenheit zur Stellungnahme ohne Ausnahmegrund;
- sonst eingehalten oder nicht eingehalten bei entsprechenden Anhaltspunkten / Fehlen entgegenstehender Anhaltspunkte.

---

gegebene Konstellation einer Feststellungsklage nach erledigtem Neubescheidungsbegehren (evtl. entsprechend) anzuwenden ist. Dasselbe gilt für die Frage, ob der in von § 46 VwVfG NRW normierte Ausschluss des Aufhebungsanspruchs auch die hier gegebene andersgeartete, besondere Fehlerfolge des § 18 Abs. 3 Satz 1 LGG NRW erfasst, wonach die verfahrensfehlerhaft zustande gekommene Auswahlentscheidung (nur) auszusetzen und die Beteiligung nachzuholen ist. Selbst wenn dies der Fall sein sollte, ist jedenfalls offensichtlich i.S.v. § 46 VwVfG NRW, dass der in der Nichtbeteiligung der Gleichstellungsbeauftragten liegende Verfahrensfehler die Entscheidung in der Sache nicht beeinflusst hat.“.

[781] BVerwGE 142, 205 (Schutzmaßnahme nach IfSG) = BVerwG, Urteil vom 22.03.2012 – BVerwG 3 C 16.11: „Gefahr im Verzug im Sinne von § 28 Abs. 2 Nr. 1 VwVfG ist anzunehmen, wenn durch eine vorherige Anhörung auch bei Gewährung kürzester Anhörungsfristen ein Zeitverlust einträte, der mit hoher Wahrscheinlichkeit zur Folge hätte, dass die behördliche Maßnahme zu spät käme, um ihren Zweck noch zu erreichen. Ob eine sofortige Entscheidung objektiv notwendig war oder die Behörde eine sofortige Entscheidung zumindest für notwendig halten durfte, ist vom Gericht aus ex-ante-Sicht zu beurteilen (Urteil vom 15. Dezember 1983 - BVerwG 3 C 27.82 - BVerwGE 68, 267 <271 f.> = Buchholz 316 § 28 VwVfG Nr. 9 S. 18). Hierbei ist wegen der Bedeutung des Anhörungsrechts als tragendem Prinzip des rechtsstaatlichen Verfahrens ein strenger Maßstab anzulegen (vgl. Kopp/Ramsauer, VwVfG, 12. Aufl. 2011, § 28 Rn. 3 und Rn. 46 m.w.N.).“.

(VOR/DEF)

b) § 39 VwVfG NRW: Begründung

Gemäß § 39 Abs. 1 VwVfG NRW besteht Pflicht zur **Begründung** eines schriftlichen oder elektronischen sowie schriftlich oder elektronisch bestätigten VA (vgl. § 37 Abs. 2 VwVfG NRW) mit den tatsächlich-rechtlichen, nicht unbedingt materiellrechtlich richtigen Behördenerwägungen – oder es soll gegeben sein: ein Ausnahmegrund nach § 39 Abs. 2 VwVfG NRW (insb. § 39 Abs. 2 Nr. 2, 4 VwVfG NRW) oder **VA-Verletzungsunbeachtlichkeit** gemäß § 45 VwVfG NRW oder **VA-Nichtaufhebbarkeit** gemäß § 46 VwVfG NRW.

(SUB/ERG)

Im konkreten Fall ist § 39 VwVfG NRW (alternativ)

- eingehalten bei Fehlen von Begründungspflicht bei rechtmäßigem Fehlen von schriftlichem oder elektronischem, schriftlich oder elektronisch bestätigte VA (i.d.R. jedenfalls zunächst bei Maßnahmen i.S.d. § 80 Abs. 2 Nr. 2 VwGO);
- eingehalten bei Begründung bei schriftlichem oder elektronischem, schriftlich oder elektronisch bestätigtem VA (z.B. im Rahmen von „Bescheinigungen"; „Mitteilungen", „Anschreiben-VA" [„Auflagenanschreiben"; „Gefährderanschreiben", „Meldeauflagenanschreiben"], „HG-Schriftverfügung") und bei Nichtvorliegen eines Ausnahmegrundes i.S.v. § 39 Abs. 2 VwVfG NRW;
- eingehalten bei Ausnahmegrund nach § 39 Abs. 2 VwVfG NRW, insbesondere wegen bekannter oder erkennbarer Sach- und Rechtslage gemäß § 39 Abs. 2 Nr. 2 Var. 1 oder 2 VwVfG NRW;
- sonst eingehalten oder nicht eingehalten bei entsprechenden Anhaltspunkten / Fehlen entgegenstehender Anhaltspunkte.

ERG Verfahren)

Ergebnis kann allgemein sein: Verfahrensrechtmäßigkeit oder Verfahrensrechtswidrigkeit der Maßnahme.

B. Formelle Rechtmäßigkeit (FR) III. Form (F)

(VOR/DEF)

Form ist normiertes Wie der Rechtsfolgesetzung – schriftlich, elektronisch, mündlich oder in anderer Weise.

(SUB/ERG)

Im konkreten Fall (alternativ)

- ist bei Fehlen von VA § 37 Abs. 2-6 VwVfG NRW unanwendbar.
- ist bei Fehlen von VA und Fehlen speziellerer Formrechtsnormen Formfreiheit gegeben.

- ist bei VA und Fehlen speziellerer Formrechtsnormen anwendbar: § 37 Abs. 2 bis 6 VwVfG NRW.
- kann gemäß § 37 Abs. 2 S. 1 VwVfG NRW der VA schriftlich, elektronisch, mündlich oder in anderer Weise erlassen werden.
- braucht gemäß § 37 Abs. 2 S. 2 VwVfG NRW der mündliche VA schriftlich oder elektronisch nicht bestätigt zu werden, wenn hieran kein berechtigtes Interesse besteht und der Betroffene dies nicht unverzüglich verlangt.

Ergebnis kann allgemein sein: Formrechtmäßigkeit oder Formrechtswidrigkeit der Maßnahme.

C. Materielle Rechtmäßigkeit (MR) I. Tatbestand (Tb) / Tatbestandsvoraussetzungen (TBV)

(VOR/DEF)

Tatbestand ist das Gesamt der (materiell-rechtlichen) Rechtsfolge(setzungs)bedingungen. / **Tatbestandsvoraussetzungen** sind materiell-rechtliche Rechtsfolgesetzungsbedingungen.

(VOR/DEF)

Gemäß § 14 Abs. 1 Nr. 1 PolG NRW ist Voraussetzung, dass eine Identitätsfeststellung zulässig ist (alternativ) nach

- § 12 PolG NRW;
- § 12a (Abs. 1 S. 1 Var. 3) PolG.

Zulässigkeit der Identitätsfeststellung / Identitätsfeststellungszulässigkeit nach § 12 PolG NRW und § 12a PolG NRW im Sinne von § 14 Abs. 1 Nr. 1 PolG NRW ist Rechtmäßigkeit einer Identitätsfeststellungsmaßnahme gemäß § 12 PolG NRW oder § 12a PolG NRW, also zur maßgeblichen Zeit formell und materiell rechtsfehlerfreie IDF-Maßnahme gemäß zumindest einer der Befugnisrechtsnormen von § 12 PolG NRW[782] oder § 12a PolG NRW[783].

(SUB/ERG)

Im konkreten Fall sind die Rechtmäßigkeitsvoraussetzungen von § 12 PolG NRW oder bzgl. § 12a Abs. 1 S. 1 Var. 3 PolG NRW und damit insoweit die Tatbestandsvoraussetzungen des § 14 Abs. 1 Nr. 1 PolG NRW (alternativ)

- bei Vorliegen von entsprechenden Anhaltspunkten / Fehlen entgegenstehender Anhaltspunkte erfüllt.
- bei Vorliegen von entsprechenden Anhaltspunkten nicht erfüllt.

---

[782] Zu § 12 PolG NRW: *Basten*, Eingriffsrecht der Polizei in Nordrhein-Westfalen, Band 2, Buch 2, Abschnitt 10.

[783] Zu § 12a PolG NRW: *Basten*, Eingriffsrecht der Polizei in Nordrhein-Westfalen, Band 2, Buch 2, Abschnitt 12.

C. Materielle Rechtmäßigkeit (MR) II. Inanspruchnahme (In) / Inanspruchnahmevoraussetzungen (Inv)

(VOR/DEF)

Inanspruchnahmevoraussetzungen sind materiell-rechtliche Bedingungen für richtige Inanspruchnahme.

Inanspruchnahme ist Adressierung und sonstiges Betroffenmachen; **Adressierung** ist direktes Bestimmen oder finales Richten einer Maßnahme an einen Grundrechtsträger, vgl. §§ 41 Abs. 1 S. 1, 43 Abs. 1 S. 1 VwVfG NRW.

Nach § 14 Abs. 1 Nr. 1 PolG NRW ist Inanspruchnahme grundsätzlich alternativ richtig gegenüber der nach § 12 PolG NRW oder nach § 12a PolG NRW richtigerweise in Anpruch zu nehmenden Person.[784]

(SUB/ERG)

Im konkreten Fall ist die Person (alternativ)

- richtigerweise gemäß § 14 Abs. 1 Nr. 1 PolG NRW in Anspruch genommen/adressiert.
- nicht richtigerweise in Anspruch genommen/adressiert.

C. Materielle Rechtmäßigkeit (MR) III. Rechtsfolge (Rf) / Rechtsfolgevoraussetzungen (RfV)

(VOR/DEF)

Rechtsfolge ist rechtliche Folge aus dem Tatbestand. / **Rechtsfolgevoraussetzungen** sind materiell-rechtliche Rechtsfolgegestaltungsbedingungen.

C. Materielle Rechtmäßigkeit (MR) III. Rechtsfolge (Rf) 1. Tatsächliche und rechtliche Möglichkeit (TurM)

(VOR/DEF)

Tatsächliche und rechtliche Möglichkeit betrifft Fälle wie aus § 44 Abs. 2 Nr. 4-6 VwVfG NRW.

(SUB/ERG)

---

784 Zur Inanspruchnahme nach § 12 PolG NRW siehe: *Basten*, Eingriffsrecht der Polizei in Nordrhein-Westfalen, Band 2, Buch 2, Abschnitt 10, zu C. II. (Inanspruchnahme). Zur Inanspruchnahme nach § 12a PolG NRW siehe: *Basten*, Eingriffsrecht der Polizei in Nordrhein-Westfalen, Band 2, Buch 2, Abschnitt 12, zu C. II. (Inanspruchnahme).

Tatsächliche und rechtliche Möglichkeit ist im konkreten Fall gegeben/nicht gegeben aufgrund Vorliegens/Nichtvorliegens von kognitiven, körperlichen, normativen, technischen Unmöglichkeiten.

Tatsächliche Unmöglichkeit kann zumindest zunächst und soweit erkennbar relevant bestehen durch ED-IDF-Verhinderungsmaßnahmen des Gegenübers.[785]

Tatsächlich-rechtliche Unmöglichkeit ist gegeben im Fall nie erfolgter erster Zuordnung von der betroffenen Person und einem identitätstauglichen Personaliensatz, sodass eine daran anknüpfende Zuordnung von Mensch und bereits bestimmtem Personaliensatz faktisch nicht erfolgen kann.

Tatsächliche Unmöglichkeiten können zum Beispiel sein: technische oder sonstige (kommunikative) Hindernisse, zum Beispiel auch durch technisches Versagen der Kamera- oder Scangeräte oder durch das Nichtverstehen von Anordnungen aufgrund Fremdsprache zumindest ohne Dolmetscher oder Übersetzer oder auch durch das Nichtverstehen von Anordnungen aufgrund geistiger oder körperlicher Behinderung[786].

Rechtliche Unmöglichkeit kann sich insbesondere aus der Rechtswidrigkeit einer Anordnung oder einer Befragung ergeben und dann auch zum Beispiel aus auf den Adressaten anwendbaren Rechtsnormen wie solche des DSG NRW oder §§ 201-206, 353b, 353d, 355 StGB, soweit kein Rechtfertigungsgrund oder ähnliches gegeben ist; oder aus weiteren verfassungsrechtlich übergeordneten Geheimhaltungsbelangen (wie Abwehr von konkretisiert drohenden Schäden für erhebliche, im konkreten Fall überragende Rechte und Rechtsgüter wie Leib, Leben, Freiheit einer Person oder Bestand und Sicherheit des Staates).

C. Materielle Rechtmäßigkeit (MR) III. Rechtsfolge (Rf) 2. Bestimmtheit (Bsh)

(VOR/DEF)

Bestimmtheit ist Maßnahmenerkennbarkeit und Maßnahmenverstehbarkeit, bei VA und Realakten Gebot nach Art. 20 Abs. 3 GG, bei VA Pflicht auch gemäß § 37 Abs. 1 VwVfG NRW.

---

785 Vgl. z.B. Landtagsdrucksache 17/2351 (Gesetzentwurf der Landesregierung – Gesetz zur Stärkung der Sicherheit in Nordrhein-Westfalen – Sechstes Gesetz zur Änderung des Polizeigesetzes des Landes Nordrhein-Westfalen), S. 47 (zu § 38 Abs. 2 PolG NRW): „Denn die Klärung der Identität innerhalb der Frist von zwölf Stunden stößt in zahlreichen Fällen auf unüberwindbare Hindernisse. Dies gilt zum Beispiel dann, wenn Passpapiere oder Passersatzpapiere auf ihre Echtheit geprüft werden müssen. Noch schwieriger gestaltet sich die Identitätsfeststellung, wenn ein Tatverdächtiger weder über Pass- noch Passersatzpapiere verfügt. Hier wird in zahlreichen Fällen die zwölfstündige Frist nicht ausreichen, um die Identität zweifelsfrei abklären zu können. Darüber hinaus ist aus Anlass von Demonstrationen bekannt, dass der Umstand einer Zwölfstundenfrist gezielt ausgenutzt wird, um eine Identitätsfeststellung zu verhindern. Die Demonstranten behandeln im Vorfeld ihre Fingerkuppen mit Sekundenkleber oder Bitumen, um die Abnahme von Fingerabdrücken und damit die Identitätsfeststellungen zu verhindern. Ohne Eingriffe in die körperliche Unversehrtheit ist eine Identitätsfeststellung innerhalb der Zwölfstundenfrist oder bis zum Ende des Tages nach dem Ergreifen nahezu unmöglich.“.

786 Zu möglichen Sprachunmächtigkeiten/Sprachunverständlichkeiten vgl. auch § 33 Abs. 6 S. 3 PolG NRW, § 33a Abs. 2 PolG NRW, § 114a StPO, § 114b Abs. 1 StPO, § 114b Abs. 2 S. 3 StPO, § 158 Abs. 4 StPO; zu möglichen Sehbehinderungen, Hörbehinderungen oder Sprach-Behinderungen vgl. auch § 114b Abs. 2 S. 3 StPO, § 140 Abs. 1 Nr. 11 StPO.

(SUB/ERG)

Inhaltlich hinreichende Bestimmtheit i.S.d. § 37 Abs. 1 VwVfG NRW/Art. 20 Abs. 3 GG ist allgemein gegeben, wenn nach Auslegung der Maßnahme der Erklärungsempfänger wie jeder vernünftige Dritte, §§ 133, 157 BGB analog, in der konkreten Situation deren Inhalt hinreichend erkennen und verstehen kann, insbesondere wie folgt:

- dass die Polizei ggü./mit dem Maßnahmenempfänger/Erklärungsempfänger (wer)
- aus Gefahrenabwehrgründen (warum)
- zu einer spezifischen Zeit (wann)
- bezweckt, dass die Identität festgestellt werden soll (was)
- und zwar durch erkennungsdienstliche Maßnahmen (wie).

C. Materielle Rechtmäßigkeit (MR) III. Rechtsfolge (Rf) 3. Ermessen (Erm)

(VOR/DEF)

Ermessen[787] ist Entscheidungsspielraum auf der Rechtsfolgenseite bzgl. rechtsfehlerfreier Ausübung von Einschreit-Entschließung (Ob), Adressaten-Auswahl (Wer), Maßnahmen-Gestaltung (Wie), grundsätzlich gegeben durch § 14 Abs. 1 Hs. 1 Wort 3 PolG NRW, und durch § 3 PolG NRW, bei VA auch durch § 40 VwVfG NRW.

(SUB/ERG)

Der gegebene Entscheidungsspielraum wird aufgrund von entsprechenden Anhaltspunkten/in Ermangelung entgegenstehender Anhaltspunkte ohne Ermessensfehler/mit Ermessensfehlern (Ermessensunterschreitung, Ermessensüberschreitung, Ermessensfehlgebrauch) ausgeübt bzgl. folgender Ermessensarten:

a) Entschließungsermessen:

Das Entschließungsermessen kann im konkreten Fall sogar gegen / auf Null reduziert sein, insbesondere wegen:

- Einschreitmöglichkeit;
- Erheblichkeitsgrad von Gefährdungen, z.B. konkreter (dringender, erheblicher, gegenwärtiger) Gefahr.

b) Auswahlermessen:

siehe C. II.: Auswahlermessen wird abschließend beurteilt i.V.m. Punkt C. II. (Inanspruchnahme).

c) Gestaltungsermessen:

siehe C. III. 4.: Gestaltungsermessen, § 3 Abs. 2 PolG NRW (Austauschmittel), wird abschließend beurteilt i.V.m. Punkt C. III. 4. (VHM).

---

787 Zum Ermessen einschließlich Rechtsnatur, Ermessensarten, Ermessensreduzierungen, Ermessensfehlern, Maßnahmenansprüchen mit Beispielen siehe auch: *Basten*, Eingriffsrecht der Polizei in Nordrhein-Westfalen, Band 1, S. 271-283.

C. Materielle Rechtmäßigkeit (MR) III. Rechtsfolge (Rf) 4. Verhältnismäßigkeit (VHM)

(VOR/DEF)

Verhältnismäßigkeit ist Geeignetheit, Erforderlichkeit, Angemessenheit der Maßnahme zu einem legitimen Zweck.

(VOR/DEF)

a) Legitimer Zweck ist verfassungsgemäßer Zweck.

(SUB/ERG)

Im konkreten Fall verfolgt die ED-IDF-Maßnahme (alternativ)

- einen legitimen Zweck, nämlich
  - zunächst einen Zweck aus § 12 Abs. 1 PolG NRW oder aus § 12a PolG NRW, vgl. § 14 Abs. 1 Nr. 1 PolG NRW (für eine nach § 12 und § 12a zulässige Identitätsfeststellung");
  - letztlich die verfassungsgemäße Abwehr von Schäden für Rechte und Rechtsgüter wie aus Art. 2 Abs. 2 S. 1 GG, Art. 2 Abs. 2 S. 2 GG, Art. 14 Abs. 1 S. 1 Alt. 1 GG, Art. 20 Abs. 3 GG, vgl. auch die GR-Schutzfunktion.
- keinen legitimen Zweck.

(VOR/DEF)

b) Geeignetheit einer staatlichen Maßnahme ist gegeben bei deren Zweckförderungstauglichkeit, vgl. auch § 2 Abs. 3 PolG NRW.

(SUB/ERG)

Im konkreten Fall ist die ED-IDF-Maßnahme (alternativ)

- geeignet, wegen Förderung des legitimen Zwecks (insbesondere aus den Voraussetzungen der Befugnisrechtsnorm, bzgl. Rechte und Rechtsgüter wie aus Art. 2 Abs. 2 S. 1, 2 GG, Art. 14 Abs. 1 S. 1 Alt. 1 GG, Art. 20 Abs. 3 GG), zum Beispiel durch:
  - Unterbindung weiteren, potentiell schadensträchtigen Geschehensablaufs, bzgl. der kontrollierten Person bewirkt die IDF eine verhaltenssteuernde, potentiell tatabschreckende „Aufhebung der Anonymität"/„Kontrolldruck";
  - Ermöglichung weiterer Maßnahmen über Daten/Informationen bezüglich Straftaten, Kriminalität, unerlaubter Aufenthalt im Sinne von § 12a Abs. 1 S. 1 Nr. 1-3 PolG NRW.
  - Eigensicherung (Funktionsfähigkeit, vgl. auch Art. 20 Abs. 3 GG) und Fremdsicherung (vgl. PHW wie Ansteckungsgefahr, Suizidgefahr) durch Kenntnis des Gegenübers („durch Wissen darüber, mit wem man es zu tun hat"),
  - ggf. mittelbar über sonstiges wie Greifbarkeit, Nachfragemöglichkeit, Wiedererkennbarkeit.
- ungeeignet.

(VOR/DEF)

c) Erforderlichkeit einer staatlichen Maßnahme ist Nichtverfügbarkeit eines milderen (Übermaßverbot), gleich geeigneten (Untermaßverbot) Mittels zur Zweckförderung, vgl. auch § 2 Abs. 1 PolG NRW, vgl. auch § 14 Abs. 1 Nr. 1 PolG NRW („unbedingt erforderlich" für eine nach § 12 oder § 12a PolG NRW zulässige IDF, „insbesondere wenn dies auf andere Weise nicht oder nur unter erheblichen Schwierigkeiten möglich ist"), vgl. dazu alle möglichen Maßnahmen aus § 12 und § 12a PolG NRW; ggf. § 9 Abs. 1 S. 2 i.V.m. § 22a Abs. 1 PolG NRW.[788]

(SUB/ERG)

Im konkreten Fall ist die ED-IDF-Maßnahme (alternativ)

- erforderlich, denn einerseits sind mildere Maßnahmen wie solche aus § 12 und § 12a PolG NRW jedenfalls alleine nicht gleich geeignet, weil sie zum Beispiel nicht deren Zwecke hinreichend fördern (Untermaßverbot) und andererseits sind (mindestens) gleich geeignete, intensivere Maßnahmen wie Zwang noch nicht notwendig (Übermaßverbot).
- nicht erforderlich.

Zur buchstäblichen Identitäts-„Feststellung": Bei einem Hintereinander oder Nebeneinander von IDF-Maßnahmen kommt es insbesondere auf die Sicherheit bis hin zur Zweifelsfreiheit der Identitätsfeststellung, also dem Vorliegen einer wirklichen Feststellung an („Identitätsfeststellung statt Identitätsplausibilisierung").

Bloßes Befragen und bloßes Abprüfen von geantworteten oder sonst vorliegenden Datensätzen ohne Zuordnung des bildlich vor Augen stehenden Menschen zum Personaliensatz begründet nicht unbedingt eine erforderliche Feststellung der Identität.

Vorhandensein eines Dokuments allein führt nicht unbedingt automatisch zum Fehlen von Erforderlichkeit anderer weiterer IDF-Maßnahmen, etwa bei Anhaltspunkten von Amtlichkeitsmängeln, Fälschung, Identitätssicherungsmängeln wie etwa Fehlen eines Lichtbilds, Leseschwierigkeiten, sonstigen Qualitätsmängeln oder sonstigen Glaubhaftigkeitsmängeln oder Glaubwürdigkeitsmängeln.

Ggf. bauen mehrere IDF-Maßnahmen je nach Nichtfeststellung der Identität verhältnismäßig in ihrer Grundrechtseingriffsintensität aufeinander auf (vgl. zum Beispiel bloßes Anhalten, bloße Befragung, Inaugenscheinnahme, Sachendurchsuchung, Personendurchsuchung, weitere Maßnahmen zwecks IDF nach § 12 Abs. 2 PolG NRW bis hin zur „Sistierung" oder bis hin zu erkennungsdienstlichen Maßnahmen).[789]

---

788 Vgl. insbesondere § 36 Nr. 18c DSG NRW: Danach bezeichnet der Begriff „besondere Kategorien personenbezogener Daten" unter anderem: „biometrische Daten zur eindeutigen Identifizierung einer natürlichen Person".

789 BVerfG, Beschluss der 1. Kammer des Ersten Senats vom 08.03.2011 – 1 BvR 47/05 –, Rn. 23: „Ein weiterer Eingriff in das Freiheitsrecht des Art. 2 Abs. 2 Satz 2 GG darf also nur dann erfolgen, wenn die Polizei auf der Basis der bereits bekannten Daten berechtigte **Zweifel an der Identität** der Person hat. Hiervon kann im vorliegenden Fall nicht ausgegangen werden. Der Beschwerdeführer hat sich gegenüber der Polizei vor Ort mit einem Bundespersonalausweis ausgewiesen. Der **Bundespersonalausweis** ist dabei in besonderer Weise als Dokument zur **Feststellung der Identität** geeignet, da er gemäß § 1 PAuswG die erforderlichen Daten für eine Identifikation und strafrechtlich relevante Erfassung der Person enthält und darüber hinaus mit besonderen Fälschungssicherungen versehen ist. Anhaltspunkte dafür, dass der Ausweis des Beschwerdeführers gefälscht war oder seine Person nicht mit dem Ausweis-

Vgl. § 38 Abs. 1 Nr. 3, Abs. 2 Nr. 5 PolG NRW bzgl. der Rechtsfolge-Dauer des Dauer(verwaltungs)akts bei Festhalten zur IDF.[790]

(VOR/DEF)

d) Angemessenheit oder **Verhältnismäßigkeit im engeren Sinne** einer staatlichen Maßnahme ist angemessenes Maß oder Verhältnis zwischen Zweckförderung für Erhaltungsrechte und Wirkungen für Eingriffsrechte, vgl. auch § 2 Abs. 2 PolG NRW, vgl. betroffene Grundrechte.

(SUB/ERG)

Im konkreten Fall ist die ED-IDF-Maßnahme (alternativ)

- angemessen, denn die GR-Eingriffe in Art. 2 Abs. 1 i.V.m. Art. 1 Abs. 1 GG, Art. 2 Abs. 2 S. 2 GG stehen angesichts der zu schützenden Rechte und Rechtsgüter wie (zum Beispiel) aus Art. 2 Abs. 2 S. 1, 2 GG, Art. 14 Abs. 1 S. 1 Alt. 1 GG, Art. 20 Abs. 3 GG nicht außer Verhältnis. Nicht zuletzt der Eingriffsadressat kann ein Interesse an der Zweckerreichung haben.
- unangemessen.

(ERG VHM)

Die Maßnahme ist insgesamt i.S.v. § 14 Abs. 1 Nr. 1 PolG NRW, § 2 PolG NRW, Art. 20 Abs. 3 GG (alternativ)

- verhältnismäßig.
- unverhältnismäßig.

---

inhaber übereinstimmte, etwa, weil das Foto keine oder nur geringe Ähnlichkeit mit ihm aufwies, sind weder von der Polizei noch vom Landgericht benannt worden noch sind sie ansonsten ersichtlich. Daher ist - insbesondere im Hinblick auf das verfassungsrechtlich fundierte Regel-Ausnahme-Verhältnis zwischen bloßer Identitätsfeststellung und weiterem Festhalten - davon auszugehen, dass es den Polizeibeamten möglich war, die Identität aufgrund des vorgelegten Bundespersonalausweises vor Ort hinreichend sicher festzustellen. Ein Festhalten aus reinen Praktikabilitätserwägungen vermag schon die Erforderlichkeit der Maßnahme nicht zu begründen und dürfte im Übrigen auch auf die Abwägung im Rahmen der Prüfung der Verhältnismäßigkeit einer derartigen Maßnahme keinen Einfluss haben (vgl. BVerfG, Beschluss der 2. Kammer des Zweiten Senats vom 27. Januar 1992 - 2 BvR 658/90 -, NVwZ 1992, S. 767 <768>).".

[790] Landtagsdrucksache 17/2351 (Gesetzentwurf der Landesregierung – Gesetz zur Stärkung der Sicherheit in Nordrhein-Westfalen – Sechstes Gesetz zur Änderung des Polizeigesetzes des Landes Nordrhein-Westfalen), S. 49 (zu § 38 Abs. 2 Nr. 5 PolG NRW): „Aus Gründen der Verhältnismäßigkeit ist die Verlängerung des Gewahrsams auf das unbedingt notwendige Maß zu beschränken. Sie darf nicht dazu führen, dass die zur Klärung der Identität erforderlichen Maßnahmen nicht mehr mit derselben Dringlichkeit durchgeführt werden wie zuvor.".

D. Gesamtergebnis (GErg)

Die erkennungsdienstliche Maßnahme zwecks Identitätsfeststellung (ED-IDF) ist (alternativ)

- gemäß § 14 Abs. 1 Nr. 1 PolG NRW rechtmäßig.
- gemäß Art./§ (bestimmter Rechtsnorm [z.B. Art. 20 Abs. 3 GG]) rechtswidrig.

ABSCHNITT 15: BEFRAGUNG AUF DEM RECHTSGEBIET DER GEFAHRENABWEHR (AUßER ZU ID-MERKMALEN DER BEFRAGTEN PERSON), § 9 POLG NRW

A. Rechtsgrundlage (RGL) I. Grundrechte (GR)

(VOR/DEF)

Grundrechte sind grundlegende Rechte aus Art. 1-19 GG i.V.m. dem Rechtsstaatsprinzip, Art. 20 Abs. 3 GG, mit Vorrang und Vorbehalt des Gesetzes.[791]

(SUB/ERG)

Grundrechte sind wie folgt gegeben (alternativ fallabhängig):

1. Allgemeines Persönlichkeitsgrundrecht[792] mit verschiedenen Ausprägungen[793], etwa in der Ausprägung des **Rechts auf informationelle Selbstbestimmung** (APR/RiS), Art. 2 Abs. 1 i.V.m. Art. 1 Abs. 1[794] GG, vgl. auch Art. 142 GG i.V.m. Art. 4 Abs. 1, 2 Verfassung NRW[795].

---

[791] Zu **Grundrechten**: *Basten*, Eingriffsrecht der Polizei in Nordrhein-Westfalen, Band 1, Buch 1, Abschnitt 2, Unterabschnitt 3. Zum **Rechtsstaatsprinzip** mit unter anderem sogenanntem Vorrang des Gesetzes und Vorbehalt des Gesetzes: *Basten*, Eingriffsrecht der Polizei in Nordrhein-Westfalen, Band 1, S. 95-108.

[792] BVerfGE 147, 1, 18 f. (**Geschlechtsidentität**) = BVerfG, Beschluss des Ersten Senats vom 10.10.2017 – 1 BvR 2019/16 –, Rn. 38: „Art. 2 Abs. 1 GG gewährt jedem das **Recht auf die freie Entfaltung seiner Persönlichkeit**. Dieses Grundrecht umfasst neben der allgemeinen Handlungsfreiheit das **allgemeine Persönlichkeitsrecht** (Art. 2 Abs. 1 i.V.m. Art. 1 Abs. 1 GG). Letzteres ergänzt als ‚unbenanntes' Freiheitsrecht die speziellen (‚benannten') Freiheitsrechte, die ebenfalls konstituierende Elemente der Persönlichkeit schützen (vgl. BVerfGE 54, 148 <153>). Eine der **Aufgaben des allgemeinen Persönlichkeitsrechts** ist es dabei, Grundbedingungen dafür zu sichern, dass die einzelne Person ihre Individualität selbstbestimmt entwickeln und wahren kann (vgl. BVerfGE 35, 202 <220>; 79, 256 <268>; 90, 263 <270>; 117, 202 <225>). Das allgemeine Persönlichkeitsrecht schützt indessen nur solche **Elemente der Persönlichkeitsentfaltung**, die - ohne bereits Gegenstand der besonderen Freiheitsgarantien des Grundgesetzes zu sein - diesen in ihrer konstituierenden Bedeutung für die Persönlichkeit nicht nachstehen (vgl. BVerfGE 79, 256 <268>; 99, 185 <193>; 120, 274 <303>; stRspr). Es verbürgt also nicht Schutz gegen alles, was die selbstbestimmte Persönlichkeitsentwicklung auf irgendeine Weise beeinträchtigen könnte; ohnehin vermag kein Mensch seine Individualität unabhängig von äußeren Gegebenheiten und Zugehörigkeiten zu entwickeln. Der lückenschließende Schutz des allgemeinen Persönlichkeitsrechts greift aber dann, wenn die selbstbestimmte Entwicklung und Wahrung der Persönlichkeit spezifisch gefährdet ist (BVerfGE 141, 186 <201 f. Rn. 32>).".

BVerfG, Beschluss des Ersten Senats vom 06.11.2019 – 1 BvR 16/13 – (Recht auf Vergessen I), Rn. 81: „Diese [**APR-]Rechtsprechung** hat sich maßgeblich in Konstellationen der mittelbaren Drittwirkung und geleitet von dem Erfordernis praktischer Konkordanz entwickelt. Deshalb bestimmen sich die Schutzdimensionen des allgemeinen Persönlichkeitsrechts letztlich immer einzelfallbezogen im Abgleich mit den Grundrechten Dritter. Die Bestimmung seiner Schutzwirkungen und die Abwägung mit den gegenüberstehenden Freiheitsrechten greifen hier Hand in Hand. Der Schutz des allgemeinen Persönlichkeitsrechts ist insoweit flexibel und durch die Einbindung der Person in ihre sozialen Beziehungen relativiert (vgl. BVerfGE 101, 361 <380>; 141, 186 <202 Rn. 32>; 147, 1 <19 Rn. 38>; stRspr; siehe auch BGHZ 183, 353 <357 Rn. 11>; 209, 139 <150 Rn. 30>; 219, 233 <240 Rn. 22>; stRspr).".

Vgl. „**Allgemeines Persönlichkeitsrecht**" (APR) als „sonstiges Recht" (sog. **Rahmenrecht** mit [grundrechts-]abwägungsoffenem Tatbestand) nach § 823 Abs. 1 Var. 6 BGB, u.a. mit Geldentschädigungsanspruch, insbesondere durch ständige Rechtsprechung (vgl. auch § 253 BGB) seit folgender Entwicklung: BGHZ 13, 334 (Leserbrief), mit erstmaliger ausdrücklicher Anerkennung des allgemeinen Persönlichkeitsrechts; BGHZ 26, 349 (Herrenreiter), mit erstmaliger Zuerkennung einer Geldentschädigung wegen des immateriellen Schadens durch die Verletzung des allgemeinen Persönlichkeitsrechts; BGHZ 35, 363

(Ginsengwurzel), mit erstmaliger Schwerpunktsetzung bei der Menschenwürde in der Begründung; BVerfGE 34, 269 (Soraya), mit verfassungsgerichtlicher Erklärung der verfassungsrechtlichen Zulässigkeit der richterrechtlich entwickelten APR-Konstruktion.

793 BVerfG, Beschluss des Ersten Senats vom 06.11.2019 – 1 BvR 16/13 – (Recht auf Vergessen I), Rn. 80: „Die Rechtsprechung hat aus dem **[Allgemeinen Persönlichkeits-]Grundrecht** insoweit verschiedene **Schutzdimensionen** abgeleitet wie den **Schutz eines unantastbaren Bereichs privater Lebensgestaltung**, die Garantie der **Privatsphäre**, das **Recht am eigenen Bild** oder **gesprochenen Wort** oder das **Recht auf die Darstellung der eigenen Person**, die **soziale Anerkennung** sowie die **persönliche Ehre** (vgl. BVerfGE 27, 1 <6>; 27, 344 <350 f.>; 32, 373 <379>; 34, 238 <245 f.>; 47, 46 <73>; 54, 148 <153 f.>; 99, 185 <193 f.>; 101, 361 <384>; 106, 28 <39>; 114, 339 <346>; 120, 180 <198>).“ „Diese Schutzgehalte werden insoweit aber nicht als abschließend umschriebene und voneinander abzugrenzende Gewährleistungen verstanden, sondern als Ausprägungen, die in Blick auf den konkreten Schutzbedarf jeweils anhand des zu entscheidenden Falles herauszuarbeiten sind (vgl. BVerfGE 54, 148 <153 f.>; 65, 1 <41>).“.

BVerfGE 65, 1 (Volkszählungsgesetz), Ls. 1 = BVerfG, Urteil des Ersten Senats vom 15.12.1983 – 1 BvR 209/83, Ls. 1: „Unter den Bedingungen der modernen Datenverarbeitung wird der Schutz des Einzelnen gegen unbegrenzte Erhebung, Speicherung, Verwendung und Weitergabe seiner persönlichen Daten von dem **allgemeinen Persönlichkeitsrecht** des Art. 2 Abs. 1 GG in Verbindung mit Art. 1 Abs. 1 GG umfaßt. Das **[Allgemeine Persönlichkeits-]Grundrecht** gewährleistet insoweit die Befugnis des Einzelnen, grundsätzlich selbst über die Preisgabe und Verwendung seiner persönlichen Daten zu bestimmen.“; BVerfG, Beschluss des Ersten Senats vom 06.11.2019 – 1 BvR 16/13 – (Recht auf Vergessen I), Rn. 80: „Das **Recht auf informationelle Selbstbestimmung** ist von der Rechtsprechung als eigene Ausprägung des allgemeinen Persönlichkeitsrechts mit einem gegenüber den anderen Ausprägungen selbständigen Gewährleistungsgehalt entwickelt worden und behält diesen auch, soweit es als verfassungsrechtliche Wertentscheidung in das Zivilrecht einstrahlt. Dementsprechend enthält es keinen gesamthaften Schutzanspruch hinsichtlich jederlei Umgangs mit Informationen, der die übrigen Schutzdimensionen des Grundrechts allgemein übergreifen und zusammenführen würde, sondern lässt deren Wertungen und Abwägungsregeln unberührt.“; BVerfGE 120, 274, 311 f. (Online-Durchsuchung) = BVerfG, Urteil des Ersten Senats vom 27.02.2008 – 1 BvR 370/07 –, Rn. 198 f. „Das **Recht auf informationelle Selbstbestimmung** geht über den **Schutz der Privatsphäre** hinaus. Es gibt dem Einzelnen die Befugnis, grundsätzlich selbst über die Preisgabe und Verwendung seiner persönlichen Daten zu bestimmen (vgl. BVerfGE 65, 1 <43>; 84, 192 <194>). Es flankiert und erweitert den grundrechtlichen Schutz von Verhaltensfreiheit und Privatheit, indem es ihn schon auf der Stufe der Persönlichkeitsgefährdung beginnen lässt. Eine derartige Gefährdungslage kann bereits im Vorfeld konkreter Bedrohungen benennbarer Rechtsgüter entstehen, insbesondere wenn personenbezogene Informationen in einer Art und Weise genutzt und verknüpft werden können, die der Betroffene weder überschauen noch verhindern kann. Der Schutzumfang des **Rechts auf informationelle Selbstbestimmung** beschränkt sich dabei nicht auf Informationen, die bereits ihrer Art nach sensibel sind und schon deshalb grundrechtlich geschützt werden. Auch der Umgang mit personenbezogenen Daten, die für sich genommen nur geringen Informationsgehalt haben, kann, je nach dem Ziel des Zugriffs und den bestehenden Verarbeitungs- und Verknüpfungsmöglichkeiten, grundrechtserhebliche Auswirkungen auf die Privatheit und Verhaltensfreiheit des Betroffenen haben (vgl. BVerfG, Beschluss vom 13. Juni 2007 - 1 BvR 1550/03 u.a. -, NJW 2007, S. 2464 <2466>). Die mit dem Recht auf informationelle Selbstbestimmung abzuwehrenden Persönlichkeitsgefährdungen ergeben sich aus den vielfältigen Möglichkeiten des Staates und gegebenenfalls auch privater Akteure (vgl. BVerfG, Beschluss der 1. Kammer des Ersten Senats vom 23. Oktober 2006 - 1 BvR 2027/02 -, JZ 2007, S. 576) zur Erhebung, Verarbeitung und Nutzung personenbezogener Daten. Vor allem mittels elektronischer Datenverarbeitung können aus solchen Informationen weitere Informationen erzeugt und so Schlüsse gezogen werden, die sowohl die grundrechtlich geschützten Geheimhaltungsinteressen des Betroffenen beeinträchtigen als auch Eingriffe in seine Verhaltensfreiheit mit sich bringen können (vgl. BVerfGE 65, 1 <42>; 113, 29 <45 f.>; 115, 320 <342>; BVerfG, Beschluss vom 13. Juni 2007 - 1 BvR 1550/03 u.a. -, NJW 2007, S. 2464 <2466>).“.

BVerfGE 109, 279, 325-327 (akustische Wohnraumüberwachung / „Großer Lauschangriff“) = BVerfG, Urteil des Ersten Senats vom 03.03.2004 – 1 BvR 2378/98, 1084/99 –, Rn. 159-163: „Das aus Art. 2

Abs. 1 in Verbindung mit Art. 1 Abs. 1 GG folgende **allgemeine Persönlichkeitsrecht** kommt neben Art. 13 Abs. 1 GG allerdings nicht zur Anwendung, soweit Eingriffe in die **räumliche Privatsphäre des Wohnungsinhabers** zu überprüfen sind. Art. 13 Abs. 1 GG enthält eine spezielle Gewährleistung des **Schutzes vor staatlicher akustischer Überwachung der räumlichen Privatsphäre**, die die allgemeinere Vorschrift insoweit verdrängt (vgl. BVerfGE 100, 313 [358] zu Art. 10 GG). Mit dem **Recht, in der Wohnung ungestört zu sein**, und dem **Recht am eigenen in der Wohnung gesprochenen Wort** schützt Art. 13 Abs. 1 GG gerade den Teil der **Privatsphäre**, den sonst das allgemeine Persönlichkeitsrecht gewährleistet. Dieses Recht ergänzt als unbenanntes Freiheitsrecht die speziellen Freiheitsrechte, die ebenfalls konstituierende Elemente der Persönlichkeit schützen (vgl. BVerfGE 54, 148 <153 f.>), nur insoweit, als Letztere keinen Schutz gewähren. Der **Schutz des allgemeinen Persönlichkeitsrechts aus Art. 2 Abs. 1 in Verbindung mit Art. 1 Abs. 1 GG** greift hingegen ein, soweit von der Wohnraumüberwachung Personen betroffen werden, die sich nicht auf Art. 13 Abs. 1 GG berufen können. **Grundrechtsträger des Art. 13 Abs. 1 GG** ist jeder Inhaber oder Bewohner eines Wohnraums, unabhängig davon, auf welchen Rechtsverhältnissen die Nutzung des Wohnraums beruht. Bei mehreren Bewohnern einer Wohnung steht das Grundrecht jedem Einzelnen, bei Familien mithin jedem Familienmitglied zu. Maßnahmen der Wohnraumüberwachung können aber nicht nur **Wohnungsinhaber**, sondern auch **zufällig in einer Wohnung Anwesende** erfassen. Diese Personen sind zwar nicht in ihrem Grundrecht aus Art. 13 Abs. 1 GG, wohl aber in ihrem **allgemeinen Persönlichkeitsrecht** betroffen. Der Schutz aus Art. 2 Abs. 1 in Verbindung mit Art. 1 Abs. 1 GG kann insofern allerdings nicht weiter reichen als derjenige aus Art. 13 Abs. 1 und 3 GG. Der Schutz der **räumlichen Privatsphäre und des allgemeinen Persönlichkeitsrechts** kann schließlich in Einzelfällen durch weitere Grundrechtsgarantien ergänzt sein. So wird das **Gespräch zwischen Eheleuten in der eigenen Wohnung** nicht nur von Art. 13 Abs. 1 GG, sondern zusätzlich durch Art. 6 Abs. 1 GG geschützt. Auch in Bezug auf die **Kommunikation mit Berufsgeheimnisträgern** können neben dem grundrechtlichen **Schutz der räumlichen Privatsphäre** Grundrechte in Betracht kommen, die - wie etwa Art. 4 GG im Hinblick auf das Gespräch mit einem Geistlichen - der besonderen Schutzbedürftigkeit der Kommunizierenden Rechnung tragen.“.

BVerfG, Beschluss des Ersten Senats vom 06.11.2019 – 1 BvR 16/13 – (Recht auf Vergessen I), Ls. 3 S. 1: „Von den **äußerungsrechtlichen Schutzdimensionen** ist das **Recht auf informationelle Selbstbestimmung** als eine eigene Ausprägung des allgemeinen Persönlichkeitsrechts zu unterscheiden.“ BVerfG, Beschluss des Ersten Senats vom 06.11.2019 – 1 BvR 16/13 – (Recht auf Vergessen I), Rn. 90: „Ausgehend von dem **Ziel des Rechts auf informationelle Selbstbestimmung**, Schutz vor Gefahren angesichts neuartiger Möglichkeiten der Datenverarbeitung zu gewähren (vgl. BVerfGE 65, 1 <42>), ist es primär als Gewährleistung zu verstehen, die – neben der ungewollten Preisgabe von Daten auch im Rahmen privater Rechtsbeziehungen (vgl. BVerfGE 84, 192 <194>) – insbesondere vor deren intransparenter Verarbeitung und Nutzung durch Private schützt. Es bietet Schutz davor, dass Dritte sich individueller Daten bemächtigen und sie in nicht nachvollziehbarer Weise als Instrument nutzen, um die Betroffenen auf Eigenschaften, Typen oder Profile festzulegen, auf die sie keinen Einfluss haben und die dabei aber für die freie Entfaltung der Persönlichkeit sowie eine gleichberechtigte Teilhabe in der Gesellschaft von erheblicher Bedeutung sind. Der Gehalt dieses Rechts ist dabei entwicklungsoffen, so dass es auch weitere persönlichkeitsgefährdende Entwicklungen der Informationsverarbeitung aufnehmen kann.“.

BVerfG, Beschluss des Ersten Senats vom 06.11.2019 – 1 BvR 16/13 – (Recht auf Vergessen I), Rn. 91: „[Vom Recht auf informationelle Selbstbestimmung] zu unterscheiden ist der **Schutz vor der Verarbeitung personenbezogener Berichte und Informationen als Ergebnis eines Kommunikationsprozesses**. Der Schutzbedarf gründet hier nicht in der intransparenten Zuweisung von Persönlichkeitsmerkmalen und -profilen durch Dritte, sondern in der sichtbaren Verbreitung bestimmter Informationen im öffentlichen Raum. Gefährdungen für die Persönlichkeitsentfaltung ergeben sich hier vornehmlich aus Form und Inhalt der Veröffentlichung selbst. Schutz gegenüber solchen Gefährdungen bieten die **äußerungsrechtlichen Ausprägungen des allgemeinen Persönlichkeitsrechts unabhängig vom Recht auf informationelle Selbstbestimmung**. Zwar kann es auch dabei maßgeblich auf die Art der Informationserlangung ankommen. Jedoch hat diese hier ihre Bedeutung als Vorfrage für die Beurteilung des weiteren Umgangs mit einer bestimmten Äußerung und des damit in die Öffentlichkeit gestellten Bildes einer Person selbst.“.

BVerfG, Beschluss des Ersten Senats vom 06.11.2019 – 1 BvR 16/13 – (**Recht auf Vergessen** I), Ls. 2b): „Bei der Entscheidung über einen Schutzanspruch kommt der Zeit unter den Kommunikationsbedingungen des Internets ein spezifisches Gewicht zu. Die Rechtsordnung muss davor schützen, dass sich eine Person frühere Positionen, Äußerungen und Handlungen unbegrenzt vor der Öffentlichkeit vorhalten lassen muss. Erst die Ermöglichung eines Zurücktretens vergangener Sachverhalte eröffnet den Einzelnen die Chance zum Neubeginn in Freiheit. Zur Zeitlichkeit der Freiheit gehört die Möglichkeit des Vergessens.".

BVerfGE 120, 274, 311 (Online-Durchsuchung) = BVerfG, Urteil des Ersten Senats vom 27.02.2008 – 1 BvR 370/07 –, Rn. 197: „In seiner Ausprägung als **Schutz der Privatsphäre** [als **Privatangelegenheitenschutz** und **Rückzugsraumbereichsschutz** – beides **gegenüber der Öffentlichkeit**, vgl. **Sphärentheorie** mit **Intimsphäre, Privatsphäre, Sozialsphäre** und vgl. **Kernbereich privater Lebensgestaltung**] gewährleistet das allgemeine Persönlichkeitsrecht dem Einzelnen einen räumlich und thematisch bestimmten Bereich, der grundsätzlich frei von unerwünschter Einsichtnahme bleiben soll (vgl. BVerfGE 27, 344 <350 ff.>; 44, 353 <372 f.>; 90, 255 <260>; 101, 361 <382 f.>)."; BVerfGE 101, 361, 382-385 (Caroline von Monaco II) = BVerfG, Urteil vom 15.12.1999 – 1 BvR 653/96 –, Rn. 75-82: „Im Unterschied zum **Recht am eigenen Bild** bezieht sich der **Schutz der Privatsphäre**, der ebenfalls im **allgemeinen Persönlichkeitsrecht** wurzelt, nicht speziell auf Abbildungen, sondern ist **thematisch und räumlich** bestimmt. Er umfaßt zum einen **Angelegenheiten** [**Privatangelegenheitenschutz**], die wegen ihres Informationsinhalts typischerweise als ‚**privat**' eingestuft werden, weil ihre **öffentliche** Erörterung oder Zurschaustellung als unschicklich gilt, das Bekanntwerden als peinlich empfunden wird oder nachteilige Reaktionen der Umwelt auslöst, wie es etwa bei Auseinandersetzungen mit sich selbst in **Tagebüchern** (BVerfGE 80, 367), bei **vertraulicher Kommunikation unter Eheleuten** (BVerfGE 27, 344), im Bereich der **Sexualität** (BVerfGE 47, 46; 49, 286 [BVerfGE 120, 224, 238 f. (Geschwisterbeischlaf) = BVerfGE, Beschluss des Zweiten Senats vom 26.02.2008 – 2 BvR 392/07 –, Rn. 32 f.: „Das allgemeine Persönlichkeitsrecht in seiner Ausprägung als **Recht auf sexuelle Selbstbestimmung**"/„**Intim- und Sexualbereich des Menschen als Teil seiner Privatsphäre**, P. B.]), bei **sozial abweichendem Verhalten** (BVerfGE 44, 353) oder bei **Krankheiten** (BVerfGE 32, 373) der Fall ist. Fehlte es hier an einem **Schutz vor der Kenntniserlangung anderer**, wären die Auseinandersetzung mit sich selbst, die unbefangene Kommunikation unter Nahestehenden, die sexuelle Entfaltung oder die Inanspruchnahme ärztlicher Hilfe beeinträchtigt oder unmöglich, obwohl es sich um grundrechtlich geschützte Verhaltensweisen handelt. Zum anderen erstreckt sich der Schutz auf einen **räumlichen Bereich** [**Raumbereichsschutz**], in dem der Einzelne zu sich kommen, sich entspannen oder auch gehen lassen kann (vgl. BVerfGE 27, 1 [6]). Zwar bietet auch dieser Bereich Gelegenheit, sich in einer Weise zu verhalten, die nicht für die **Öffentlichkeit** bestimmt ist und deren Beobachtung oder Darstellung durch Außenstehende für den Betroffenen peinlich oder nachteilig wäre. Im Kern geht es aber um einen **Raum**, in dem er die Möglichkeit hat, frei von **öffentlicher Beobachtung** und damit der von ihr erzwungenen Selbstkontrolle zu sein, auch ohne daß er sich dort notwendig anders verhielte als in der **Öffentlichkeit**. Bestünden solche **Rückzugsbereiche** nicht mehr, könnte der Einzelne psychisch überfordert sein, weil er unausgesetzt darauf achten müßte, wie er auf andere wirkt und ob er sich richtig verhält. Ihm fehlten die Phasen des Alleinseins und Ausgleichs, die für die Persönlichkeitsentfaltung notwendig sind und ohne die sie nachhaltig beeinträchtigt würde. Ein derartiges Schutzbedürfnis besteht auch bei Personen, die aufgrund ihres Ranges oder Ansehens, ihres Amtes oder Einflusses, ihrer Fähigkeiten oder Taten besondere **öffentliche** Beachtung finden. Wer, ob gewollt oder ungewollt, zur Person des **öffentlichen** Lebens geworden ist, verliert damit nicht sein Anrecht auf eine **Privatsphäre**, die den Blicken der **Öffentlichkeit** entzogen bleibt. Das gilt auch für demokratisch gewählte Amtsträger, die zwar für ihre Amtsführung **öffentlich** rechenschaftspflichtig sind und sich in diesem Umfang **öffentliche** Aufmerksamkeit gefallen lassen müssen, nicht aber für ihr **Privatleben**, sofern dieses die Amtsführung nicht berührt. Der **häusliche Bereich** [vgl. ggf. spezielleren Art. 13 GG i.V.m. BVerfGE 109, 279, 325 f.] stellt anerkanntermaßen eine solche geschützte Sphäre dar. Wegen des Bezugs auf die Entfaltung der Persönlichkeit darf der **Rückzugsbereich** jedoch nicht von vornherein auf ihn begrenzt werden. Das gilt schon deshalb, weil die Funktionen, denen er dient, nur erfüllt werden, wenn er nicht an den Hausmauern oder Grundstücksgrenzen endet. Die freie Entfaltung der Persönlichkeit wäre erheblich behindert, wenn der Einzelne nur im eigenen Haus der **öffentlichen** Neugier entgehen könnte. Die notwendige

Erholung von einer durch Funktionszwänge und Medienpräsenz geprägten **Öffentlichkeit** ist vielfach nur in der **Abgeschiedenheit einer natürlichen Umgebung, etwa an einem Ferienort**, zu gewinnen. Deswegen muß der Einzelne grundsätzlich die Möglichkeit haben, sich auch in der freien, gleichwohl **abgeschiedenen Natur oder an Örtlichkeiten, die von der breiten Öffentlichkeit deutlich abgeschieden sind**, in einer von **öffentlicher** Beobachtung freien Weise zu bewegen. Das gilt gerade gegenüber solchen Aufnahmetechniken, die die **räumliche Abgeschiedenheit** überwinden, ohne daß der Betroffene dies bemerken kann. Wo die Grenzen der geschützten **Privatsphäre außerhalb des Hauses** verlaufen, läßt sich nicht generell und abstrakt festlegen. Sie können vielmehr nur aufgrund der jeweiligen Beschaffenheit des **Ortes** bestimmt werden, den der Betroffene aufsucht. Ausschlaggebend ist, ob der Einzelne eine **Situation** vorfindet oder schafft, in der er begründetermaßen und somit auch für Dritte erkennbar davon ausgehen darf, den Blicken der **Öffentlichkeit** nicht ausgesetzt zu sein. Ob die Voraussetzungen der **Abgeschiedenheit** erfüllt sind, läßt sich nur situativ beurteilen. Der Einzelne kann sich an ein und demselben **Ort** zu Zeiten mit gutem Grund unbeobachtet fühlen, zu anderen Zeiten nicht. Auch ist der Aufenthalt in umschlossenen **Räumen** keineswegs immer mit **Abgeschiedenheit** gleichzusetzen. Da es um die Frage geht, ob der Einzelne begründetermaßen erwarten darf, unbeobachtet zu sein, oder aber **Plätze** aufgesucht hat, wo er sich unter den Augen der **Öffentlichkeit** bewegt, kann es auch in umschlossenen Räumen an der **Abgeschiedenheit** fehlen, die Voraussetzung für den **Privatsphärenschutz** außerhalb der eigenen **Häuslichkeit** ist. **Plätzen, an denen sich der Einzelne unter vielen Menschen befindet**, fehlt es von vornherein an den Voraussetzungen des **Privatsphärenschutzes** im Sinn von Art. 2 Abs. 1 in Verbindung mit Art. 1 Abs. 1 GG. Sie können das **Rückzugsbedürfnis** nicht erfüllen und rechtfertigen deswegen auch nicht den grundrechtlichen Schutz, den dieses Bedürfnis aus Gründen der Persönlichkeitsentfaltung verdient. Der Einzelne kann solche **Orte** auch nicht etwa durch ein Verhalten, das typischerweise nicht **öffentlich** zur Schau gestellt würde, in seine **Privatsphäre** umdefinieren. Nicht sein Verhalten, ob allein oder mit anderen, konstituiert die **Privatsphäre**, sondern die **objektive Gegebenheit der Örtlichkeit zur fraglichen Zeit**. Verhält er sich daher an **Orten**, die nicht die Merkmale der **Abgeschiedenheit** aufweisen, so, als stünde er nicht unter Beobachtung, hebt er das **Schutzbedürfnis für Verhaltensweisen, die an sich die Öffentlichkeit nichts angehen**, selbst auf. Der **Schutz der Privatsphäre vor öffentlicher Kenntnisnahme** entfällt ferner, wenn sich jemand selbst damit einverstanden zeigt, daß bestimmte, gewöhnlich als privat geltende Angelegenheiten **öffentlich** gemacht werden, etwa indem er Exklusivverträge über die Berichterstattung aus seiner **Privatsphäre** abschließt. Der verfassungsrechtliche **Privatsphärenschutz** aus Art. 2 Abs. 1 in Verbindung mit Art. 1 Abs. 1 GG ist nicht im Interesse einer Kommerzialisierung der eigenen Person gewährleistet. Zwar ist niemand an einer solchen **Öffnung privater Bereiche** gehindert. Er kann sich dann aber nicht gleichzeitig auf den **öffentlichkeitsabgewandten Privatsphärenschutz** berufen. Die Erwartung, daß die Umwelt die **Angelegenheiten oder Verhaltensweisen in einem Bereich mit Rückzugsfunktion** nur begrenzt oder nicht zur Kenntnis nimmt, muß daher situationsübergreifend und konsistent zum Ausdruck gebracht werden. Das gilt auch für den Fall, daß der Entschluß, die Berichterstattung über bestimmte Vorgänge der eigenen **Privatsphäre** zu gestatten oder hinzunehmen, rückgängig gemacht wird.“.

BVerfGE 6, 32, 41 (Elfes) = BVerfG, Urteil vom des Ersten Senats vom 16.01.1957 – 1 BvR 253/56 –, Rn. 32 [vgl. **Recht auf Privatsphäre** als **Privatangelegenheitenschutz** und **Rückzugsraumbereichsschutz** – beides **gegenüber der Öffentlichkeit,** vgl. **Sphärentheorie** mit **Intimsphäre**, **Privatsphäre**, **Sozialsphäre**]: „Vor allem dürfen die Gesetze daher die Würde des Menschen nicht verletzen, die im Grundgesetz der oberste Wert ist, aber auch die geistige, politische und wirtschaftliche Freiheit des Menschen nicht so einschränken, daß sie in ihrem Wesensgehalt angetastet würde (Art. 19 Abs. 2, Art. 1 Abs. 3, Art. 2 Abs. 1 GG). Hieraus ergibt sich, daß dem einzelnen Bürger eine **Sphäre privater Lebensgestaltung** verfassungskräftig vorbehalten ist, also ein letzter **unantastbarer Bereich menschlicher Freiheit** besteht, der der Einwirkung der gesamten öffentlichen Gewalt entzogen ist. Ein Gesetz, das in ihn eingreifen würde, könnte nie Bestandteil der ‚verfassungsmäßigen Ordnung' sein; es müßte durch das Bundesverfassungsgericht für nichtig erklärt werden.“. BVerfGE 109, 279, Ls. 2 S. 1 (akustische Wohnraumüberwachung / „Großer Lauschangriff") = BVerfG, Urteil des Ersten Senats vom 03.03.2004 – 1 BvR 2378/98, 1084/99 –, Ls. 2 S. 1: „Zur Unantastbarkeit der Menschenwürde gemäß Art. 1 Abs. 1 GG gehört die Anerkennung eines absolut geschützten **Kernbereichs privater Lebensgestaltung**.“. BVerfGE 141, 220, 276-278 (BKAG) = BVerfG, Urteil des Ersten Senats vom 20.04.2016 –

1 BvR 966/09 –, Rn. 119-124: „Neben den verfassungsrechtlichen Anforderungen an die allgemeinen Eingriffsvoraussetzungen ergeben sich aus den jeweiligen **Grundrechten in Verbindung mit Art. 1 Abs. 1 GG** für die Durchführung von besonders eingriffsintensiven Überwachungsmaßnahmen besondere Anforderungen an den **Schutz des Kernbereichs privater Lebensgestaltung**. Der verfassungsrechtliche **Schutz des Kernbereichs privater Lebensgestaltung** gewährleistet dem Individuum einen **Bereich höchstpersönlicher Privatheit gegenüber Überwachung**. Er wurzelt in den **von den jeweiligen Überwachungsmaßnahmen betroffenen Grundrechten in Verbindung mit Art. 1 Abs. 1 GG** und sichert einen dem Staat nicht verfügbaren Menschenwürdekern grundrechtlichen Schutzes gegenüber solchen Maßnahmen. Selbst überragende Interessen der Allgemeinheit können einen Eingriff in diesen **absolut geschützten Bereich privater Lebensgestaltung** nicht rechtfertigen (vgl. BVerfGE 109, 279 <313>; stRspr). Zur **Entfaltung der Persönlichkeit im Kernbereich privater Lebensgestaltung gehört die Möglichkeit**, **innere Vorgänge** wie Empfindungen und Gefühle sowie Überlegungen, Ansichten und Erlebnisse **höchstpersönlicher Art zum Ausdruck zu bringen** (vgl. BVerfGE 109, 279 <313>; 120, 274 <335>; stRspr). Geschützt ist insbesondere die **nichtöffentliche Kommunikation mit Personen des höchstpersönlichen Vertrauens**, **die in der berechtigten Annahme geführt wird, nicht überwacht zu werden**, wie es insbesondere bei Gesprächen im Bereich der Wohnung der Fall ist. Zu diesen Personen gehören insbesondere Ehe- oder Lebenspartner, Geschwister und Verwandte in gerader Linie, vor allem, wenn sie im selben Haushalt leben, und können Strafverteidiger, Ärzte, Geistliche und enge persönliche Freunde zählen (vgl. BVerfGE 109, 279 <321 ff.>). Dieser Kreis deckt sich nur teilweise mit dem der Zeugnisverweigerungsberechtigten. Solche Gespräche verlieren dabei nicht schon dadurch ihren Charakter als insgesamt höchstpersönlich, dass sich in ihnen Höchstpersönliches und Alltägliches vermischen (vgl. BVerfGE 109, 279 <330>; 113, 348 <391 f.>). Demgegenüber ist die **Kommunikation unmittelbar über Straftaten** nicht geschützt, selbst wenn sie auch Höchstpersönliches zum Gegenstand hat. Die **Besprechung und Planung von Straftaten** gehört ihrem Inhalt nach nicht zum **Kernbereich privater Lebensgestaltung**, sondern hat **Sozialbezug** (vgl. BVerfGE 80, 367 <375>; 109, 279 <319 f., 328>; 113, 348 <391>). Dies bedeutet freilich nicht, dass der Kernbereich unter einem allgemeinen Abwägungsvorbehalt in Bezug auf öffentliche Sicherheitsinteressen steht. Ein **höchstpersönliches Gespräch** fällt nicht schon dadurch aus dem **Kernbereich privater Lebensgestaltung** heraus, dass es für die Aufklärung von Straftaten oder Gefahren hilfreiche Aufschlüsse geben kann. Aufzeichnungen oder Äußerungen im Zwiegespräch, die zum Beispiel ausschließlich innere Eindrücke und Gefühle wiedergeben und keine Hinweise auf konkrete Straftaten enthalten, gewinnen nicht schon dadurch einen **Gemeinschaftsbezug**, dass sie Ursachen oder Beweggründe eines strafbaren Verhaltens freizulegen vermögen (vgl. BVerfGE 109, 279 <319>). Auch können trotz **Straftatenbezugs** Situationen, in denen Einzelnen gerade ermöglicht werden soll, ein Fehlverhalten einzugestehen oder sich auf dessen Folgen einzurichten, wie Beichtgespräche oder vertrauliche Gespräche mit einem Psychotherapeuten oder einem Strafverteidiger, der **höchstpersönlichen Privatsphäre** unterfallen, die dem Staat absolut entzogen ist (vgl. BVerfGE 109, 279 <322>). Ein hinreichender **Sozialbezug** besteht demgegenüber dann, wenn **Gespräche - auch mit Vertrauenspersonen - sonst unmittelbar Straftaten zu ihrem Gegenstand haben** (vgl. BVerfGE 109, 279 <319>). Der **Kernbereich privater Lebensgestaltung** beansprucht gegenüber **allen Überwachungsmaßnahmen** Beachtung. Können sie typischerweise zur Erhebung kernbereichsrelevanter Daten führen, muss der Gesetzgeber Regelungen schaffen, die einen wirksamen Schutz normenklar gewährleisten (vgl. BVerfGE 109, 279 <318 f.>; 113, 348 <390 f.>; 120, 274 <335 ff.>). Außerhalb solch verletzungsgeneigter Befugnisse bedarf es eigener Regelungen nicht. Grenzen, die sich im Einzelfall auch hier gegenüber einem Zugriff auf höchstpersönliche Informationen ergeben können, sind bei deren Anwendung unmittelbar von Verfassungs wegen zu beachten. Der **Schutz des Kernbereichs privater Lebensgestaltung** ist strikt und darf nicht durch Abwägung mit den Sicherheitsinteressen nach Maßgabe des Verhältnismäßigkeitsgrundsatzes relativiert werden (vgl. BVerfGE 109, 279 <314>; 120, 273 <339>; stRspr). Dies bedeutet jedoch nicht, dass **jede tatsächliche Erfassung von höchstpersönlichen Informationen** stets einen Verfassungsverstoß oder eine Menschenwürdeverletzung begründet. Angesichts der Handlungs- und Prognoseunsicherheiten, unter denen Sicherheitsbehörden ihre Aufgaben wahrnehmen, kann ein **unbeabsichtigtes Eindringen in den Kernbereich privater Lebensgestaltung** im Rahmen von Überwachungsmaßnahmen nicht für jeden Fall von vornherein ausgeschlossen werden (vgl. BVerfGE 120, 274 <337 f.>). Die Verfassung verlangt jedoch

a) GR-SB:

aa) Persönlicher GR-SB: „Jeder“.

bb) Sachlicher GR-SB: **„freie Entfaltung der Persönlichkeit“** als **„Datenfreiheit“** (Grundsätzliche Bestimmungsbefugnis des Einzelnen über Preisgabe und Verwendung eigener personenbezogener Daten[796]), vgl. **personenbezogenes Datum**: § 36 Nr. 1 DSG NRW[797].

---

für die Ausgestaltung der Überwachungsbefugnisse die **Achtung des Kernbereichs** als eine strikte, nicht frei durch Einzelfallerwägungen überwindbare Grenze.“.

BVerfGE 120, 274 (Online-Durchsuchung) = BVerfG, Urteil des Ersten Senats vom 27.02.2008 – 1 BvR 370/07 –, Ls. 1: „Das **allgemeine Persönlichkeitsrecht** (Art. 2 Abs. 1 i.V.m. Art. 1 Abs. 1 GG) umfasst das Grundrecht auf **Gewährleistung der Vertraulichkeit und Integrität informationstechnischer Systeme**.“; BVerfGE 120, 274, 314 (Online-Durchsuchung) = BVerfG, Urteil des Ersten Senats vom 27.02.2008 – 1 BvR 370/07 –, Rn. 203: „**informationstechnisches System**“: „etwa Personalcomputer“, „ferner beispielweise […] solche Mobiltelefone oder elektronische Terminkalender, die über einen großen Funktionsumfang verfügen und personenbezogene Daten vielfältiger Art erfassen und speichern können.“; BVerfGE 120, 274, 276 (Online-Durchsuchung) = BVerfG, Urteil des Ersten Senats vom 27.02.2008 – 1 BvR 370/07 –, Rn. 5: **„heimlicher Zugriff auf ein informationstechnisches System“**: „[heimliche] technische Infiltration […], die etwa Sicherheitslücken des Zielsystems ausnutzt oder über die Installation eines Spähprogramms erfolgt“, wobei die Infiltration es ermöglicht, die Zielsystem-„Nutzung zu überwachen oder die Speichermedien durchzusehen oder gar das Zielsystem fernzusteuern.“.

BVerfGE 147, 1 (**Geschlechtsidentität**) = BVerfG, Beschluss des Ersten Senats vom 10.10.2017 – 1 BvR 2019/16 –, Ls. 1-3: „1. Das **allgemeine Persönlichkeitsrecht** (Art. 2 Abs. 1 i.V.m. Art. 1 Abs. 1 GG) schützt die **geschlechtliche Identität**. Es schützt auch die geschlechtliche Identität derjenigen, die sich dauerhaft weder dem männlichen noch dem weiblichen Geschlecht zuordnen lassen. 2. Art. 3 Abs. 3 Satz 1 GG schützt auch Menschen, die sich dauerhaft weder dem männlichen noch dem weiblichen Geschlecht zuordnen lassen, vor **Diskriminierungen wegen ihres Geschlechts**. 3. Personen, die sich dauerhaft weder dem männlichen noch dem weiblichen Geschlecht zuordnen lassen, werden in beiden Grundrechten verletzt, wenn das Personenstandsrecht dazu zwingt, das Geschlecht zu registrieren, aber keinen anderen positiven Geschlechtseintrag als weiblich oder männlich zulässt.“.

BVerfG, Urteil des Zweiten Senats vom 26.02.2020 – 2 BvR 2347/15 –, Ls. 1: „a) Das **allgemeine Persönlichkeitsrecht** (Art. 2 Abs. 1 i.V.m. Art. 1 Abs. 1 GG) umfasst als Ausdruck persönlicher Autonomie ein **Recht auf selbstbestimmtes Sterben**. b) Das **Recht auf selbstbestimmtes Sterben** schließt die Freiheit ein, sich das Leben zu nehmen [Rn. 208: **„Recht auf Selbsttötung“**]. Die Entscheidung des Einzelnen, seinem Leben entsprechend seinem Verständnis von Lebensqualität und Sinnhaftigkeit der eigenen Existenz ein Ende zu setzen, ist im Ausgangspunkt als Akt autonomer Selbstbestimmung von Staat und Gesellschaft zu respektieren. c) Die **Freiheit, sich das Leben zu nehmen**, umfasst auch die Freiheit, hierfür bei Dritten Hilfe zu suchen und Hilfe, soweit sie angeboten wird, in Anspruch zu nehmen.“.

794 Zum sog. **„Menschenwürdegehalt“** der Grundrechte: *Basten*, Die Menschenwürde des Grundgesetzes.

795 Vgl. auch Art. 142 GG i.V.m. Art. 4 Abs. 2 Verfassung NRW; Art. 8 EU-GR-Charta; Art. 16 AEUV; Art. 8 EMRK.

796 BVerfGE 65, 1, Ls. 1 S. 2 (Volkszählungsgesetz) = BVerfG, Urteil des Ersten Senats vom 15.12.1983 – 1 BvR 209/83, Ls. 1 S. 2 (Ls. 1: „Unter den Bedingungen der modernen Datenverarbeitung wird der Schutz des Einzelnen gegen unbegrenzte Erhebung, Speicherung, Verwendung und Weitergabe seiner persönlichen Daten von dem allgemeinen Persönlichkeitsrecht des Art. 2 Abs. 1 GG in Verbindung mit Art. 1 Abs. 1 GG umfaßt. Das Grundrecht gewährleistet insoweit die Befugnis des Einzelnen, grundsätzlich selbst über die Preisgabe und Verwendung seiner persönlichen Daten zu bestimmen.“).

797 BVerfG, Beschluss der 3. Kammer des Zweiten Senats vom 27.06.2018 – 2 BvR 1562/17 (auf § 103 StPO gestützte Anordnung der Durchsuchung der Räumlichkeiten des Münchener Kanzleistandorts der Rechtsanwaltskanzlei Jones Day sowie Sicherstellung von Unterlagen und elektronischen Daten im Zuge des sogenannten „VW-Dieselskandals“ – Verfassungsbeschwerde nicht zur Entscheidung angenommen wegen Unzulässigkeit aufgrund Nichterfüllung von Voraussetzungen nach § 93a Abs. 2 BVer-

b) GR-E (oder Nichteingriff/**Einwilligung** i.S.v. § 36 Nr. 19 DSG NRW, § 38 DSG NRW): **Persönlichkeitsentfaltungseinschränkung** als Datenfreiheitseinschränkung durch Datenverarbeitung als **Datenerhebung** i.S.v. § 36 Nr. 2 DSG NRW. Bei sozialadäquatem Gespräch bzw. Trivialkommunikation (z.B. – nicht immer, aber mitunter – über „Wetter“) kann nur schlicht-hoheitliches Verhalten vorliegen, also ein Grundrechtsnichteingriff gegeben sein. Bei „**Spontanäußerung**“ (freiwillige Äußerung außerhalb gezielter Befragung)[798] kann Einwilligung/GR-Verzicht i.S.v. § 36 Nr. 19 DSG NRW, § 38 DSG NRW vorliegen, also auch ein Grundrechtsnichteingriff gegeben sein.[799]

c) GR-B: Art. 2 Abs. 1 Hs. 2 GG[800].

---

fGG), Gründe, V., Rn. 44: „Der Begriff der persönlichen Daten deckt sich mit der Legaldefinition personenbezogener Daten in § 46 Nr. 1 BDSG (zuvor § 3 Abs. 1 BDSG) und erfasst alle Informationen, die sich auf eine identifizierte oder identifizierbare natürliche Person (betroffene Person) beziehen (vgl. noch zu § 3 Abs. 1 BDSG ‚Einzelangaben über persönliche oder sachliche Verhältnisse einer bestimmten oder bestimmbaren Person‘ Di Fabio, in: Maunz/Dürig, GG, Art. 2 Abs.1, Rn. 175 [Juli 2001]).“.

798 Zur Spontanäußerung-Verwertbarkeit: BGH, Beschluss vom 17.07.2019 – 5 StR 195/19, Rn. 5: „Sofern der beim Angeklagten verbliebene Polizeibeamte keine gezielte Befragung durchgeführt, sondern lediglich passiv eine Spontanäußerung entgegengenommen hätte, wären die Verwertbarkeit dieser Äußerung und deren Vorhalt bei der späteren Beschuldigtenvernehmung auch dann rechtlich unbedenklich, wenn der Angeklagte schon zuvor als Beschuldigter hätte belehrt werden müssen (vgl. BGH, Urteile vom 27. Juni 2013 – 3 StR 435/12, BGHSt 58, 301, 305; vom 27. September 1989 – 3 StR 188/89, NStZ 1990, 43; Beschluss vom 9. Juni 2009 – 4 StR 170/09, NStZ 2009, 702).“.

799 Vgl. ggf. zur Frage des Grundrechtseingriffs auch § 9 Abs. 1 Nr. 1 S. 2 (Hs. 1) PolG NRW (Inkrafttreten am 29.12.2018): „Dies gilt auch für personenbezogene Daten, die von der betroffenen Person offensichtlich öffentlich gemacht wurden“; BVerfGE 120, 274 (Online-Durchsuchung) = BVerfG, Urteil des Ersten Senats vom 27.02.2008 – 1 BvR 370/07 –, Ls. 5: „Verschafft der Staat sich Kenntnis von Inhalten der Internetkommunikation auf dem dafür technisch vorgesehenen Weg, so liegt darin nur dann ein Eingriff in Art. 10 Abs. 1 GG, wenn die staatliche Stelle nicht durch Kommunikationsbeteiligte zur Kenntnisnahme autorisiert ist. Nimmt der Staat im Internet öffentlich zugängliche Kommunikationsinhalte wahr oder beteiligt er sich an öffentlich zugänglichen Kommunikationsvorgängen, greift er grundsätzlich nicht in Grundrechte ein.“.

800 Art. 2 Abs. 1 Hs. 2 GG (**Schrankentrias**): BVerfGE 80, 137, 153 (Reiten im Walde) = BVerfG, Beschluss des Ersten Senats vom 06.06.1989 – 1 BvR 921/85 –, C. I. 1 a), Rn. 69: „Abgesehen von einem absolut geschützten Kernbereich privater Lebensgestaltung, welcher der Einwirkung der öffentlichen Gewalt entzogen ist (BVerfGE 6, 32 [41]), ist die allgemeine Handlungsfreiheit allerdings nur in den **Schranken** des zweiten Halbsatzes von Art. 2 Abs. 1 GG gewährleistet und steht damit insbesondere unter dem **Vorbehalt der verfassungsmäßigen (Rechts-)Ordnung** (BVerfGE 6, 32 [37 f.]; 74, 129 [152]). Stützt sich ein die Handlungsfreiheit berührender Akt der öffentlichen Gewalt auf eine Rechtsnorm, so kann mit der Verfassungsbeschwerde unter Berufung auf Art. 2 Abs. 1 GG zur Nachprüfung gestellt werden, ob diese Norm zur **verfassungsmäßigen Ordnung** gehört, das heißt formell und materiell mit den Normen der Verfassung in Einklang steht (st. Rspr. seit BVerfGE 6, 32).“; BVerfGE 6, 32, Ls. 3 (Elfes) = BVerfG, Urteil des Ersten Senats vom 16.01.1957 – 1 BvR 253/56, Ls. 3: „**Verfassungsmäßige Ordnung** im Sinne des Art. 2 Abs. 1 GG ist die verfassungsmäßige Rechtsordnung, d.h. die Gesamtheit der Normen, die formell und materiell der Verfassung gemäß sind.“; vgl. dazu auch BVerfGE 6, 32, 37-41 (Elfes) = BVerfG, Urteil des Ersten Senats vom 16.01.1957 – 1 BvR 253/56, Gründe II. 2 b), c), Rn. 17-33.

Rechte anderer sind (als Teil der verfassungsmäßigen Ordnung) subjektive Berechtigungen (Anspruch oder Befugnis oder Erlaubnis) einschließlich Verpflichtungen (Pflicht zur Erfüllung von Anspruch oder Befugnis oder Erlaubnis) und sonstiger Rechtswirkungen für ein Rechtssubjekt bezüglich eines Verhaltens oder eines Rechtsguts.

Ggf. bei Begleitverfügung (etwa zum „Herkommen/Erscheinen/Mitkommen“ oder „Stehenbleiben“) betroffenes Grundrecht (eine Verfügung zum „Ruhigbleiben“ ist i.d.R. entweder ganz eigenständige Befugnis oder als Motivation zur „ruhigen Antwort“ ganz kommunikativer Akt während der Befragung selbst, im Übrigen Art. 2 Abs. 1 GG):

2. Körperliche Bewegungsfreiheit, Art. 2 Abs. 2 S. 2 GG[801]

a) GR-SB:

aa) Persönlicher GR-SB: „**Person**“, vgl. § 1 BGB.

bb) Sachlicher GR-SB: „Freiheit“ = **körperliche Bewegungsfreiheit** = Freiheit, jeden Ort oder Raum aufzusuchen, sich dort aufzuhalten, (ihn zu verlassen), der an sich (tatsächlich und rechtlich) zugänglich ist.

b) GR-E (oder Nichteingriff/GR-Verzicht): Freiheitsentziehung oder sonstige Freiheitsbeschränkung.

Freiheitsbeschränkung (Freiheitsentziehung oder sonstige Freiheitsbeschränkung) liegt vor, wenn jemand durch die öffentliche Gewalt gegen seinen Willen daran gehindert wird, einen Ort oder Raum aufzusuchen oder sich dort aufzuhalten, der ihm an sich (tatsächlich und rechtlich) zugänglich ist. Eine **Freiheitsentziehung** als schwerste Form der Freiheitsbeschränkung ist dann gegeben, wenn die tatsächlich und rechtlich an sich gegebene körperliche Bewegungsfreiheit durch staatliche Maßnahmen nach jeder Richtung hin aufgehoben wird[802]; Freiheitsentziehung setzt auch eine besondere Eingriffsintensität und eine nicht nur kurzfristige Dauer der Maßnahme voraus[803]. Im Übrigen kann eine Abgrenzung zwischen Freiheitsentziehung und sonstiger Freiheitsbeschränkung auch erfolgen nach Art, Dauer, Intensität, Mittel, Zweck der Freiheitsbeschränkung.[804]

c) GR-B: Art. 2 Abs. 2 S. 3 i.V.m. Art. 104 GG.

Vgl. zum ein Mal bundesverfassungsgerichtlich entscheidungserheblich bemühten „**Sittengesetz**“ nach Art. 2 Abs. 1 Hs. 2 GG als Gesetz, das nicht das durch die „soziale Gemeinschaft“ „als für sich verbindlich“ anerkannte „Rechtsgefühl“ „im allgemeinen“ „verletzt“: BVerfGE 6, 389 (Homosexuelle) = BVerfG, Urteil des Ersten Senats vom 10.05.1957 – 1 BvR 550/52 –, und StrRehaHomG (Gesetz zur strafrechtlichen Rehabilitierung der nach dem 8. Mai 1945 wegen einvernehmlicher homosexueller Handlungen verurteilten Personen vom 17. Juli 2017 – BGBl. I S. 2443).

801 Vgl. auch Art. 142 GG i.V.m. Art. 4 Abs. 1 Verfassung NRW; Art. 20 Abs. 2a und Art. 21 AEUV i.V.m. Art. 6, 45 EU-GR-Charta (**Bewegungsfreiheit**, **Freizügigkeit**, **Aufenthaltsfreiheit**); Art. 5 EMRK; Art. 2 Protokoll Nr. 4 EMRK; Art. 21 AEUV (**Unionsbürgerfreizügigkeit**, zum **Unionsbürger** vgl. Art. 9 S. 2, 3 EUV, Art. 20 Abs. 1 S. 2, 3 AEUV); Art. 45 AEUV (**Arbeitnehmerfreizügigkeit**); Art. 49 AEUV (**Niederlassungsfreiheit**); Art. 56 AEUV (**Dienstleistungsfreiheit**); vgl. auch Art. 28 AEUV (**Warenverkehrsfreiheit**); Art. 9 Abs. 1 S. 1 IPbpR („Jedermann hat ein Recht auf persönliche Freiheit und Sicherheit.“); Art. 9-11 IPbpR (Freiheitsentziehungsbedingungen), Art. 12 IPbpR (Bewegung, Wohnsitzwahl, Ausreise, Einreise in Hoheitsgebiet eines Staates, vgl. „Freizügigkeit“), Art. 13 IPbpR (Ausländerausweisungsbedingungen).

802 BVerfG, Beschluss der 1. Kammer des Ersten Senats vom 08.03.2011 – 1 BvR 47/05 –, Rn. 20, vgl. BVerfGE 94, 166, 198 (Flughafenverfahren) = BVerfGE, Urteil des Zweiten Senats vom 14.05.1996 – 2 BvR 1516/93.

803 BVerfGE 149, 293 (5-Punkt-Fixierung/7-Punkt-Fixierung) = BVerfG, Urteil des Zweiten Senats vom 24.07.2018 – 2 BvR 309/15 –, D. II. 2. a), Rn. 67, vgl. dazu auch BVerfGE 149, 293 (5-Punkt-Fixierung/7-Punkt-Fixierung) = BVerfG, Urteil des Zweiten Senats vom 24.07.2018 – 2 BvR 309/15 –, D. II. 2. b): „Jedenfalls eine **5-Punkt- oder 7-Punkt-Fixierung**, bei der sämtliche Gliedmaßen des Betroffenen mit Gurten am Bett festgebunden werden, stellt eine Freiheitsentziehung im Sinne von Art. 104 Abs. 2 GG dar, es sei denn, es handelt sich um eine lediglich **kurzfristige Maßnahme**. Von einer kurzfristigen Maßnahme ist in der Regel auszugehen, wenn sie absehbar die Dauer von ungefähr einer halben Stunde unterschreitet.“.

804 Vgl. auch insbesondere zu Art, Intensität, Mittel: § 415 Abs. 2 FamFG und §§ 37a, 62 PolG NRW.

(VOR/DEF)

Rechtsgebiet ist Rechtsordnungsteil nach allen Umständen[805] – wie schwerpunktmäßige Äußerungen[806], Rechtsnormen[807], Zwecke[808], auch i.V.m. §§ 133, 157 BGB analog[809].[810]

---

[805] Umstände im weiten Sinn, etwa als Bedingungen, Beziehungen, Faktoren, Folgen, Funktionen, Umweltbedingungen, Variablen, Verhältnissen, Voraussetzungen, Weltbedingungen.

[806] Äußerungen im weiten Sinn, etwa als alle Verhaltensäußerungen (einschließlich Aussagen).

[807] Rechtsnormen im weiten Sinn, etwa solche, die die Umstände oder das Verhalten regieren (sollen).

[808] Zwecke im weiten Sinn, etwa als sich aus einer Lage ergebende, objektiv zu verfolgende Ziele.

[809] Sog. **objektivierter Empfängerhorizont**, vgl. BVerwGE 147, 81 = BVerwG, Urteil vom 20.06.2013 – BVerwG 8 C 46.12, Rn. 27: „Die bundesrechtlichen Auslegungsregeln der §§ 133, 157 BGB sind auf öffentlich-rechtliche Erklärungen entsprechend anzuwenden. Bei Verwaltungsakten kommt es wie bei empfangsbedürftigen Willenserklärungen nicht auf den wirklichen Willen des Erklärenden (natürliche Auslegung), sondern auf den objektiven Erklärungsinhalt an. Maßgeblich ist, wie der Empfänger die Erklärung nach Treu und Glauben unter Berücksichtigung der für ihn erkennbaren Umstände verstehen musste. Dabei ist vom Wortlaut der Erklärung auszugehen und deren objektiver Gehalt unter Berücksichtigung des Empfängerhorizonts zu ermitteln (stRspr, vgl. Urteile vom 2. September 1999 - BVerwG 2 C 22.98 - BVerwGE 109, 283 <286> = Buchholz 237.7 § 72 NWLBG Nr. 4 und vom 27. Juni 2012 - BVerwG 9 C 7.11 - BVerwGE 143, 222 <Rn. 18> = Buchholz 11 Art. 20 GG Nr. 206; BGH, Urteile vom 24. Februar 1988 - VIII ZR 145/87 - BGHZ 103, 275 <280>, vom 27. Januar 2010 - VIII ZR 58/09 - BGHZ 184, 128 <137 Rn. 33> und vom 1. März 2011 - II ZR 16/10 - NJW 2011, 1666 <1667 Rn. 11> je m.w.N.).“; BVerwG, Beschluss vom 06.08.2018 – BVerwG 7 B 4.18, Rn. 10: „Dass die bundesrechtlichen Auslegungsregeln der §§ 133, 157 BGB auf öffentlich-rechtliche Erklärungen, d.h. u.a. auf Verwaltungsakte, entsprechend anzuwenden sind, ist in der Rechtsprechung des Bundesverwaltungsgerichts bereits geklärt (BVerwG, Urteil vom 20. Juni 2013 - 8 C 46.12 - BVerwGE 147, 81 Rn. 27 m.w.N.).“.

[810] BVerwG 47, 255, 264 = BVerwG, Urteil vom 03.12.1974 – BVerwG I C 11.73: „Obwohl sich für die Polizei im Einzelfall bei einem einheitlichen Lebenssachverhalt gleichzeitig und unmittelbar Aufgaben der Strafverfolgung und der Gefahrenabwehr ergeben können, ist der im Schrifttum vertretenen Auffassung nicht zu folgen, daß aus Gründen der Rechtssicherheit oder wegen der schwierigen Durchschaubarkeit für den Bürger jede Art polizeilichen Handelns der verwaltungsgerichtlichen Kontrolle unterliegen müsse. In aller Regel ist es für den Betroffenen nicht schwer, zu erkennen, ob die Polizei im konkreten Fall eine - begangene - Straftat erforschen (**Strafverfolgung**) oder den Eintritt eines Schadens, etwa die - zukünftige - Begehung einer strafbaren Handlung, verhindern oder eine bereits eingetretene Störung der öffentlichen Sicherheit oder Ordnung beseitigen (**Gefahrenabwehr**) will. Außerdem wird man davon ausgehen dürfen, daß die Polizei dem Betroffenen - wie im vorliegenden Fall - den Grund ihres Einschreitens von sich aus oder auf Verlangen angibt. Im übrigen kommt es darauf an, wie sich der konkrete Lebenssachverhalt einem verständigen Bürger in der Lage des Betroffenen bei natürlicher Betrachtungsweise darstellt. Dieser Sachverhalt muß im allgemeinen einheitlich betrachtet werden, es sei denn, daß einzelne Teile des Geschehensablaufs objektiv abtrennbar sind. Hat die Polizei die Ermittlungen an die StA oder das Amtsgericht weitergeleitet (§ 163 Abs. 2 StPO) oder auf Weisung der StA gehandelt, so kann an der strafprozessualen Natur ihres Einschreitens kein vernünftiger Zweifel bestehen. Eine Maßnahme, die nach dem Gesamteindruck darauf gerichtet ist, eine strafbare Handlung zu erforschen oder sonst zu verfolgen, ist der Kontrolle der ordentlichen Gerichte nach §§ 23 ff. EGGVG nicht etwa deshalb entzogen, weil durch die polizeilichen Ermittlungen möglicherweise zugleich auch künftigen Verletzungen der öffentlichen Sicherheit vorgebeugt würde.“.

(SUB/ERG)

Die Maßnahme erfolgt auf dem Rechtsgebiet des besonderen öffentlichen Verwaltungsrechts polizeilicher Gefahrenabwehr.

Eine Befragung erfolgt auf dem Rechtsgebiet der Gefahrenabwehr insbesondere bei

- nicht tatverdachtsveranlasstem Fragen;
- Fragen nach nicht tatverdachtsbezogenen Dingen;
- Fragen ohne schwerpunktmäßigen Zweck einer anschließenden Strafrechtspflegemaßnahme.

A. Rechtsgrundlage (RGL) III. Mögliche Befugnisrechtsnorm (Mgl. Brn.)

(VOR/DEF)

Befugnisrechtsnorm ist die rechtmäßige hauptsächliche materiellrechtliche Rechtsgrundlage mit realfolgenentsprechender Rechtsfolge.

(SUB/ERG)

Realfolge ist die Maßnahme laut Sachverhalt.

Rechtsfolge ist die Maßnahme laut Rechtsnorm.

(SUB)

Realfolgen und Rechtsfolgen zu:

Befragung/Vernehmung

(SUB)

Realfolgen Befragung/Vernehmung – Beispiele:

- Aktives Entgegennehmen von Aussage;
- Fragestellen;
- Bitte um Beantwortung einer Frage;
- Aufforderung zum Machen von Angaben; z.B. durch Gestik, Mimik, Verbalisierung.

Rechtsfolge(n) Befragung/Vernehmung – allgemein:

Befragung/Vernehmung ist jedes in (erkennbarer, vgl. § 9 Abs. 5 PolG

(ERG)

Mögliche Befugnisrechtsnorm zu:

Befragung/Vernehmung

(ERG)

Gefahrenabwehr:

- Ggf. speziellere Rechtsfolgenregelungen (je nach Auffassung zu Anforderungen an Befugnisrechtsnormstruktur, vgl. bloße Pflichtenformulierung), vgl. § 50 Abs. 2 BNatSchG; § 42 BWaldG; §§ 6-15 IfSG; § 22 GastG; § 14 GewO; § 2 JuSchG; §§ 42, 44 LFGB; §§ 315-318 SGB III; § 97a SGB VIII; §§ 98-101 SGB X; § 4 VereinsG; §§ 15 Abs. 5, 34-39 WaffG.
- § 9 Abs. 2 PolG NRW: Befragung der betroffenen Person oder der nichtbetroffenen Person (vgl. § 9 Abs. 4 PolG

NRW+BGHSt/BVerfGE)[811] amtlicher Funktion ausdrückliche oder konkludente Fragen oder sonstige Auskunftsverlangen über einen bestimmten (vgl. § 9 Abs. 7 PolG NRW) Sachverhalt (insb. potentielle Störung, Tatverdacht) im Unterschied zu *bloßer* ID-Maßnahme.

NRW);

- § 9 Abs. 3 PolG NRW: Befragung zu ID-Merkmalen gegenüber Person i.S.d. § 9 Abs. 2 PolG NRW;
- § 12a Abs. 1 S. 1 Var. 2 PolG NRW: Befragen

Strafrechtspflege (ggf. mit §§ 46, 53 Abs. 1 S. 2, Abs. 2 OWiG):

- Ggf. speziellere Rechtsnormen, vgl. z.B. § 99 StPO[812]
- § 163a StPO: Vernehmung des Beschuldigten
- § 163 Abs. 3-7 StPO: Vernehmung von Zeugen oder Sachverständigen (vgl. § 163 Abs. 6 S. 1 StPO) oder anderen Personen (vgl. § 163 Abs. 6 S. 2 StPO)
- § 55 OWiG: Anhörung/Vernehmung des (beschuldigten) Betroffenen

Vgl. auch ggf. § 43 Abs. 1 JGG (ggf. i.V.m. § 109 JGG).

(SUB)

Realfolgen und Rechtsfolgen zu:

Anhalten/Festhalten

(ERG)

Mögliche Befugnisrechtsnorm zu:

Anhalten/Festhalten

---

[811] Nr. 9.3 VVPolG NRW: „Eine Datenerhebung kann ohne Kenntnis der betroffenen Person u.a. bei öffentlichen Stellen oder Dritten sowie aus allgemein zugänglichen Quellen erfolgen. Eine Datenerhebung durch Befragung Dritter oder durch Auskunftsersuchen bei einer anderen Behörde ist nicht schon deshalb eine **verdeckte Maßnahme**, weil sie ohne Kenntnis der betroffenen Person erfolgt.“. Nr. 9.4 VVPolG NRW: „Eine **verdeckte Datenerhebung** liegt vor, wenn getarnte Maßnahmen zur Datenerhebung vorgenommen werden, insbesondere die Zugehörigkeit zur Polizei bewusst verschleiert wird. Um ein **verdecktes Vorgehen** handelt es sich nicht schon, wenn Polizeivollzugsbeamtinnen oder Polizeivollzugsbeamte Dienst in Zivilkleidung verrichten oder ein äußerlich nicht als solches zu erkennendes Dienstfahrzeug benutzen.“.

[812] Vgl. § 99 Abs. 2 StPO, § 100 StPO und frühere Entscheidung des BGH, Beschluss vom 20.02.2019 – BGH, StB 51/18, Rn. 11-13: „Die für die **Beschlagnahme retrograder Postdaten** erforderliche gesetzliche Grundlage ergibt sich nicht aus § 99 StPO, und zwar weder aus einer direkten noch aus einer entsprechenden Anwendung der Vorschrift. Gemäß § 99 StPO ist die **Beschlagnahme der an den Beschuldigten gerichteten Postsendungen** zulässig, die sich im Gewahrsam von Personen oder Unternehmen befinden, die geschäftsmäßig Post- oder Telekommunikationsdienste erbringen oder daran mitwirken. In der sich daraus ergebenden **Verpflichtung zur Herausgabe von Postsendungen** ist nach allgemeiner Meinung als weniger intensiver Eingriff und mithin rechtstechnisch als Minus zugleich die Verpflichtung enthalten, **Auskunft über die Postsendungen** zu erteilen. Falls die Voraussetzungen der Postbeschlagnahme erfüllt sind, kann mithin statt dieser auch lediglich die diese betreffende Auskunft verlangt werden [Quellenangaben]. Diese Möglichkeit stellt sich allerdings lediglich als eine Ausprägung des Verhältnismäßigkeitsgrundsatzes dar und schafft daher keine weitergehenden Zugriffsmöglichkeiten als die Postbeschlagnahme selbst. Nach dem eindeutigen Wortlaut des § 99 Satz 1 StPO erstreckt sich die Auskunftspflicht deshalb - ebenso wie die Herausgabepflicht - nur auf diejenigen Postsendungen, die sich noch im Gewahrsam der Postunternehmen befinden, nicht hingegen auf bereits weitergeleitete [Quellenangaben].“.

(SUB)

Realfolgen Anhalten/Festhalten:

- Aufforderung zum Stehenbleiben
- Aufforderung zum Verlangsamen des Fortbewegungstempos
- Aufforderung zum Aufenthalt an bestimmter Stelle

Rechtsfolge Anhalten/Festhalten:

Anhalten/Festhalten ist Reduzieren oder Stoppen der Bewegung i.S.d. Art. 2 Abs. 2 S. 2 GG.

Abgrenzung von Anhalten und Festhalten erfolgt nach:

- Gesetz, vgl. §§ 36 Abs. 1 S. 1, 37 Abs. 1 PolG NRW
- „ADIMZ" (Art, Dauer, Intensität, Mittel, Zweck der Freiheitsbeschränkung) (Vorentscheidung mit Freiheitsentziehung oder sonstiger Freiheitsbeschränkung beim Fallbearbeitungspunkt A. I.).

(ERG)

Gefahrenabwehr:

Anhalten / Festhalten

- § 12 Abs. 1 Nr. 1, Abs. 2 S. 2 Var. 1 / S. 3 PolG NRW
- § 12 Abs. 1 Nr. 2 a), Abs. 2 S. 2 Var. 1 / S. 3 PolG NRW
- § 12 Abs. 1 Nr. 2 b), Abs. 2 S. 2 Var. 1 / S. 3 PolG NRW
- § 12 Abs. 1 Nr. 2 c), Abs. 2 S. 2 Var. 1 / S. 3 PolG NRW
- § 12 Abs. 1 Nr. 3, Abs. 2 S. 2 Var. 1 / S. 3 PolG NRW
- § 12 Abs. 1 Nr. 4, Abs. 2 S. 2 Var. 1 / S. 3 PolG NRW
- § 12a Abs. 1 S. 1 Var. 1 / S. 1 Var. 3 PolG NRW
- § 14 Abs. 1 Nr. 1 PolG NRW (i.V.m. § 12/12a PolG NRW)
- Ggf. § 8 Abs. 1 PolG NRW.

Nur Anhalten:

- § 9 Abs. 2 S. 2 PolG NRW
- § 9 Abs. 3 S. 1 (i.V.m. § 9 Abs. 2 PolG NRW)
- § 25 Abs. 2 PolG NRW
- § 36 Abs. 5 S. 1 StVO.

Nur Festhalten (vgl. §§ 36 Abs. 1 S. 1, 37 Abs. 1 PolG NRW):

- § 10 Abs. 3 PolG NRW
- § 35 PolG NRW
- § 58 Abs. 4 AufenthG
- §§ 62-62b AufenthG (vgl. § 71 Abs. 5 AufenthG)
- Nur für zuständige Behörde: § 30 IfSG. Nur für örtliche Ordnungsbehörde: § 14 PsychKG (NRW). Nur für Jugendamt: § 42 SGB VIII.

Strafrechtspflege (ggf. mit §§ 46, 53 Abs. 1 S. 2, Abs. 2 OWiG):

Anhalten als (erforderliche) Maßnahme / Festhalten zur

- IDF beim Verdächtigen, § 163b Abs. 1

StPO / §§ 163b Abs. 1, c StPO
- IDF beim Nichtverdächtigen, § 163b Abs. 2 StPO/ §§ 163b Abs. 2, c StPO
- IDF bei jedermann an an öffentlich zugänglichem Ort eingerichteter Kontrollstelle, § 111 StPO (ohne §§ 46, 53 Abs. 1 S. 2 OWiG)
- Ggf. § 163 Abs. 1 S. 2 StPO.

Nur Festhalten (vgl. Art. 104 GG):
- § 127 Abs. 1 S. 1 Alt 1 StPO
- § 127 Abs. 2 i.V.m. § 112 StPO
- § 127 Abs. 2 i.V.m. § 112a StPO
- § 127 Abs. 2 i.V.m. § 126a StPO
- § 127b StPO
- § 164 StPO
- § 19 IRG.

(SUB)

Realfolge ist die jeweilige Maßnahme laut Sachverhalt.

Rechtsfolge ist als VA/Realakt (vgl. § 35 VwVfG NRW)[813] die Befragung i.S.d. § 9 PolG NRW, nämlich jedes in amtlicher Funktion ausdrückliche oder konkludente Fragen oder sonstiges Auskunftsverlangen über einen bestimmten Sachverhalt im Unterschied zu bloßer ID-Maßnahme.

---

[813] **Befragungs-VA-Sätze** können ein Ausrufezeichen haben; **Befragungs-Realakt-Sätze** können ein Fragezeichen haben. Beispiele für Befragungs-VA: „Bitte beantworten Sie die Frage!“ / „Bitte sagen Sie, was Sie wissen!“ / „Bitte sagen Sie, was Sie wahrgenommen haben!“ / „Bitte sagen Sie Ihren Namen!“; Beispiele für Befragungs-Realakt: „Was sagen Sie zu folgender Frage?“ / „Was wissen Sie?“ / „Was haben Sie wahrgenommen?“ / „Wie ist Ihr Name?“. **Wohnungstüröffnungs-Verfügung** (je nach Rechtsgebiet VA oder Justiz-VA [z.B.: „Bitte öffnen Sie die Tür!“]) kann bspw. wie folgt – insbesondere über den Zweck – zu subsumieren sein:
- § 9 Abs. 2 PolG NRW / § 163 Abs. 3 StPO / § 163a StPO (Zweck: Befragung / Vernehmung).
- § 12 PolG NRW / § 163b Abs. 1 oder § 163b Abs. 2 StPO (Zweck: IDF jedenfalls ohne Wohnungs-Betretens- und Wohnungs-Durchsuchungszweck [z.B.: IDF-Befragung / IDF-Ausweisverlangen an der Tür]).
- § 16a PolG NRW / § 163f StPO / § 163 Abs. 1 S. 2 StPO (Zweck: Observation jedenfalls ohne Wohnungs-Betretens- und Wohnungs-Durchsuchungszweck [z.B.: Datenerhebung von der Tür aus]).
- § 35 PolG NRW / § 127 Abs. 1 S. 1 Alt. 1 StPO / § 127 Abs. 2 i.V.m. § 112/§ 112a/§ 126a; § 127b StPO; § 164 StPO (Zweck: Ingewahrsamnahme / Festnahme jedenfalls ohne Wohnungs-Betretens- und Wohnungs-Durchsuchungszweck [z.B.: Ingewahrsamnahme / Festnahme an der Tür]).
- § 41 PolG NRW / § 102 StPO oder § 103 StPO (Zweck: Wohnungsbetreten und/oder Wohnungsdurchsuchung).
- § 43 PolG NRW / § 94 Abs. 1 StPO / § 94 Abs. 1, 2 StPO / §§ 94 Abs. 3, 111a StPO, § 69 StGB / §§ 99, 100 StPO / § 108 StPO (§ 110 StPO); / § 111b StPO / § 132 StPO (Zweck: Sicherstellung/Beschlagnahme jedenfalls ohne Wohnungs-Betretens- und Wohnungs-Durchsuchungszweck [z.B.: Sicherstellung/Beschlagnahme an der Tür).

(ERG)

Mögliche Befugnisrechtsnorm ist § 9 (Abs. 2) PolG NRW.

B. Formelle Rechtmäßigkeit (FR) I. Zuständigkeit (Z)

(VOR/DEF)

Zuständigkeit ist Aufgabenwahrnehmungserlaubnis für den Rechtsfolgesetzer.

(SUB/ERG)

Für die Maßnahme ist die Zuständigkeit (i.d.R.) wie folgt gegeben:

1. sachliche Zuständigkeit *der Polizei* gemäß (alternativ)

- § 1 Abs. 1 S. 1, 2 Var. 1 oder 2 oder 3 PolG NRW (originäre Zuständigkeit) (ggf. i.V.m. § 1 Abs. 2 PolG NRW[814] / ggf. i.V.m. § 1 Abs. 5 S. 2 PolG NRW[815]);
- § 1 Abs. 1 S. 1, 3 PolG NRW (subsidiäre Zuständigkeit);

2. instanzielle Zuständigkeit *der Polizeibehörde* gemäß

- (i.d.R.) § 11 Abs. 1 Nr. 1 POG NRW;
- (generell:) §§ 10-14 POG NRW (ggf. i.V.m. KPBVO NRW / ggf. i.V.m. LKAAufgVO NRW);

3. örtliche Zuständigkeit *der Polizeibehörde* gemäß

- (i.d.R.) § 7 Abs. 1 POG NRW (ggf. i.V.m. KHStVO NRW);
- (generell:) §§ 7-9 POG NRW (ggf. i.V.m. KHStVO NRW);

4. funktionelle Zuständigkeit *des Polizeiamtswalters* (i.d.R.) gemäß

- § 9 Abs. 2 S. 1 W. 2 PolG NRW.

- § 81a StPO / § 81c StPO / § 81g StPO / § 81h StPO (Zweck: der jeweilige „Untersuchungs"-Zweck jedenfalls ohne Wohnungs-Betretens- und Wohnungs-Durchsuchungszweck [z.B.: „Untersuchung" an der Tür]).
- § 8 Abs. 1 PolG NRW / § 163 Abs. 1 S. 2 StPO (Zweck: jedenfalls ein nicht besonders geregelter Zweck jedenfalls ohne Wohnungs-Betretens- und Wohnungs-Durchsuchungszweck).

814 § 1 Abs. 2 PolG NRW hat negative Zuständigkeitsvoraussetzungen; § 1 Abs. 2 PolG NRW ist die sogenannte „**Privatrechtsklausel**"; zum **Privatrecht in der polizeilichen Praxis** ausführlich: *Basten*, Privatrecht in der polizeilichen Praxis.

815 § 1 Abs. 5 S. 2 PolG NRW ist qua Gesetzessystematik eine Zuständigkeitsvorschrift mit negativen Befugnisvoraussetzungen.

B. Formelle Rechtmäßigkeit (FR) II. Verfahren (V)

(VOR/DEF)

Verfahren ist normiertes Verhalten insbesondere für den Rechtsfolgezuständigen außer, bei, i.Z.m. der Rechtsfolge.

1. Spezielle Verfahrensrechtsnorm aus § 9 Abs. 6 PolG NRW bei Befragung

(VOR/DEF)

§ 9 Abs. 6 PolG NRW (**Aufklärung**): Werden durch **Befragung** Daten bei der betroffenen Person oder bei Personen oder Stellen außerhalb des öffentlichen Bereichs erhoben, sind diese in geeigneter Weise über die Rechtsvorschriften für die Datenerhebung sowie entweder über die bestehende Auskunftspflicht oder über die Freiwilligkeit der Auskunft aufzuklären, es sei denn, dies ist wegen besonderer Umstände offenkundig nicht angemessen oder die Erfüllung der polizeilichen Aufgaben wird hierdurch erheblich erschwert oder gefährdet.[816]

(SUB/ERG)

Im konkreten Fall ist § 9 Abs. 6 PolG NRW bei einer Befragungsdatenerhebung (alternativ)

- eingehalten mit Aufklärung in geeigneter (adressatengerechter, nicht unbedingt fachsprachlicher, wenngleich im Nachhinein auch rechtlich nachvollziehbarer) Weise über die Rechtsvorschriften für die Befragungsdatenerhebung sowie über die Auskunftspflicht oder über die Auskunftsfreiwilligkeit.
- eingehalten ausnahmsweise („es sei denn")
  - mit Nichtaufklärung bei offenkundiger Unangemessenheit (in verhältnismäßiger Abwägung von Eingriffsgut und Erhaltungsgut der Befragung) wegen besonderer (einzelfallbezogener) Umstände

oder

  - bei erheblicher (nicht jeder) Erschwerung (Verhinderung, Verzögerung) oder (abstrakter oder jeder konkreter) Gefährdung der polizeilichen Aufgabenerfüllung (im konkreten Fall je nach betroffenen, polizeilich nach Gesetz und Recht zu erhaltenen Erhaltungsgütern, zum Beispiel auch durch Wissen des Befragten, das ihn oder andere [mehr oder weiter] gefährden könnte).[817]

---

[816] § 9 Abs. 6 PolG NRW regelt auch quasi die sog. „**informatorische Befragung**" auf dem Rechtsgebiet der Gefahrenabwehr/des PolG NRW mit dem Passus: „es sei denn, dies ist wegen besonderer Umstände offenkundig nicht angemessen oder die Erfüllung der polizeilichen Aufgaben wird hierdurch erheblich erschwert oder gefährdet."; „**es sei denn**" bedeutet eine widerlegliche Vermutung für das Nichtvorliegen des jeweils im Anschluss an „es sei denn" beschriebenen Tatbestandes, also im Fall des § 9 Abs. 6 PolG NRW: des informatorische-Befragungs-Tatbestandes.

[817] Vgl. auch Nr. 9.6 VVPolG NRW: „Der Hinweis auf die Rechtsvorschriften sowie über die Freiwilligkeit oder Auskunftspflicht bzw. auf ein eventuell bestehendes Aussage- oder Auskunftsverweigerungsrecht ist nur dann verzichtbar, wenn die Aufklärung im Einzelfall aufgrund bestimmter Umstände offenkundig entbehrlich ist (z.B. Befragung eines Spaziergängers nach einem vermissten Kind) oder dadurch die polizeiliche Aufgabenerfüllung erheblich erschwert oder gefährdet wird.".

- nicht eingehalten.

2. Allgemeine VwVfG-NRW-Verfahrensrechtsnormen bei VA (§§ 1, 2, 9, 35 VwVfG NRW)

(VOR/DEF)

a) § 28 VwVfG NRW: Anhörung

Gemäß § 28 VwVfG NRW besteht grundsätzlich Pflicht zur **Anhörung** im Sinne des § 28 Abs. 1 VwVfG NRW (Äußerungsgelegenheit mit entsprechender Würdigung vor eingreifendem VA) – oder es soll gegeben sein: ein Ausnahmegrund gemäß § 28 Abs. 2, 3 VwVfG NRW oder **VA-Verletzungsunbeachtlichkeit** gemäß § 45 VwVfG NRW oder **VA-Nichtaufhebbarkeit** gemäß § 46 VwVfG NRW.

Gemäß § 28 Abs. 2 VwVfG NRW kann von der Anhörung abgesehen werden, wenn sie nach den Umständen des Einzelfalles nicht geboten ist, insbesondere wenn ein Fall vorliegt gemäß § 28 Abs. 2 Nr. 1-5 VwVfG NRW.

Gebotenheit ist Nichtverfügbarkeit eines milderen, gleich geeigneten Mittels zur Zweckförderung.

Gemäß § 28 Abs. 2 Nr. 1 VwVfG NRW kann von der Anhörung abgesehen werden, wenn eine sofortige Entscheidung wegen Gefahr im Verzug oder im öffentlichen Interesse notwendig erscheint.

Gefahr im Verzug i.S.d. § 28 Abs. 2 Nr. 1 VwVfG NRW ist gegeben, wenn der Handlungsbedarf unvorhergesehen ist und bei Durchführung der eigentlich vorgesehenen Maßnahme, hier der Anhörung, der gesetzliche Zweck, hier der jeweilige aus der Aufgabe und Befugnisrechtsnorm, vereitelt oder wesentlich erschwert wird.[818]

Öffentliches Interesse ist die einzelfallbezogene Relevanz eines Rechts oder Rechtsguts nicht ausschließlich bei einem einzelnen Individuum.

Notwendigkeit ist Nichtverfügbarkeit eines milderen, gleich geeigneten Mittels zur Zweckförderung – bis hin zur Alternativlosigkeit der Mittelanwendung.

Gemäß § 28 Abs. 3 VwVfG NRW unterbleibt eine Anhörung, wenn ihr ein zwingendes öffentliches Interesse entgegensteht.

Zwingendes öffentliches Interesse ist die einzelfallbezogene unbedingte Relevanz eines Rechts oder Rechtsguts nicht ausschließlich bei einem einzelnen Individuum.

---

818 BVerwGE 142, 205 (Schutzmaßnahme nach IfSG) = BVerwG, Urteil vom 22.03.2012 – BVerwG 3 C 16.11: „Gefahr im Verzug im Sinne von § 28 Abs. 2 Nr. 1 VwVfG ist anzunehmen, wenn durch eine vorherige Anhörung auch bei Gewährung kürzester Anhörungsfristen ein Zeitverlust einträte, der mit hoher Wahrscheinlichkeit zur Folge hätte, dass die behördliche Maßnahme zu spät käme, um ihren Zweck noch zu erreichen. Ob eine sofortige Entscheidung objektiv notwendig war oder die Behörde eine sofortige Entscheidung zumindest für notwendig halten durfte, ist vom Gericht aus ex-ante-Sicht zu beurteilen (Urteil vom 15. Dezember 1983 - BVerwG 3 C 27.82 - BVerwGE 68, 267 <271 f.> = Buchholz 316 § 28 VwVfG Nr. 9 S. 18). Hierbei ist wegen der Bedeutung des Anhörungsrechts als tragendem Prinzip des rechtsstaatlichen Verfahrens ein strenger Maßstab anzulegen (vgl. Kopp/Ramsauer, VwVfG, 12. Aufl. 2011, § 28 Rn. 3 und Rn. 46 m.w.N.).“.

(SUB/ERG)

Im konkreten Fall ist § 28 VwVfG NRW (alternativ)

- eingehalten insbesondere bei Gelegenheit zur Stellungnahme i.S.d. § 28 Abs. 1 VwVfG NRW;
- eingehalten bei Nichteinhaltung von § 28 Abs. 1 VwVfG NRW und Ausnahmegrund gemäß § 28 Abs. 2, 3 VwVfG NRW;
- nicht eingehalten insbesondere bei Fehlen von Gelegenheit zur Stellungnahme ohne Ausnahmegrund;
- sonst eingehalten oder nicht eingehalten bei entsprechenden Anhaltspunkten / Fehlen entgegenstehender Anhaltspunkte.

(VOR/DEF)

b) § 39 VwVfG NRW: Begründung

Gemäß § 39 Abs. 1 VwVfG NRW besteht Pflicht zur **Begründung** eines schriftlichen oder elektronischen sowie schriftlich oder elektronisch bestätigten VA (vgl. § 37 Abs. 2 VwVfG NRW) mit den tatsächlich-rechtlichen, nicht unbedingt materiellrechtlich richtigen Behördenerwägungen — oder es soll gegeben sein: Ausnahmegrund nach § 39 Abs. 2 VwVfG NRW (insb. § 39 Abs. 2 Nr. 2, 4 VwVfG NRW) oder **VA-Verletzungsunbeachtlichkeit** gemäß § 45 VwVfG NRW oder **VA-Nichtaufhebbarkeit** gemäß § 46 VwVfG NRW.

(SUB/ERG)

Im konkreten Fall ist § 39 VwVfG NRW (alternativ)

- eingehalten bei Fehlen von Begründungspflicht bei rechtmäßigem Fehlen von schriftlichem oder elektronischem, schriftlich oder elektronisch bestätigtem VA (i.d.R. jedenfalls zunächst bei Maßnahmen i.S.d. § 80 Abs. 2 Nr. 2 VwGO);
- eingehalten bei Begründung bei schriftlichem oder elektronischem, schriftlich oder elektronisch bestätigtem VA (z.B. im Rahmen von „Bescheinigungen"; „Mitteilungen", „Anschreiben-VA" [„Auflagenanschreiben"; „Gefährderanschreiben", „Meldeauflagenanschreiben"], „HG-Schriftverfügung") und bei Nichtvorliegen eines Ausnahmegrundes i.S.v. § 39 Abs. 2 VwVfG NRW;
- eingehalten bei Ausnahmegrund nach § 39 Abs. 2 VwVfG NRW, insbesondere wegen bekannter oder erkennbarer Sach- und Rechtslage gemäß § 39 Abs. 2 Nr. 2 Var. 1 oder 2 VwVfG NRW;
- sonst eingehalten oder nicht eingehalten bei entsprechenden Anhaltspunkten / Fehlen entgegenstehender Anhaltspunkte.

(ERG Verfahren)

Ergebnis kann allgemein sein: Verfahrensrechtmäßigkeit oder Verfahrensrechtswidrigkeit der Maßnahme.

B. Formelle Rechtmäßigkeit (FR) III. Form (F)

(VOR/DEF)

Form ist normiertes Wie der Rechtsfolgesetzung – schriftlich, elektronisch, mündlich oder in anderer Weise.

(SUB/ERG)

Im konkreten Fall (alternativ)

- ist bei Fehlen von VA § 37 Abs. 2-6 VwVfG NRW unanwendbar.
- ist bei Fehlen von VA und Fehlen speziellerer Formrechtsnormen Formfreiheit gegeben.
- ist bei VA und Fehlen speziellerer Formrechtsnormen anwendbar: § 37 Abs. 2 bis 6 VwVfG NRW.
- kann gemäß § 37 Abs. 2 S. 1 VwVfG NRW der VA schriftlich, elektronisch, mündlich oder in anderer Weise erlassen werden.
- braucht gemäß § 37 Abs. 2 S. 2 VwVfG NRW der mündliche VA schriftlich oder elektronisch nicht bestätigt zu werden, wenn hieran kein berechtigtes Interesse besteht und der Betroffene dies nicht unverzüglich verlangt.

Ergebnis kann allgemein sein: Formrechtmäßigkeit oder Formrechtswidrigkeit der Maßnahme.

C. Materielle Rechtmäßigkeit (MR) I. Tatbestand (Tb) / Tatbestandsvoraussetzungen (TBV)

(VOR/DEF)

Tatbestand ist das Gesamt der (materiell-rechtlichen) Rechtsfolge(setzungs)bedingungen. / **Tatbestandsvoraussetzungen** sind materiell-rechtliche Rechtsfolgesetzungsbedingungen.

(VOR)

In § 9 Abs. 2 S. 1 PolG NRW wird vorausgesetzt: Annahmerechtfertigende Tatsachen, dass befragte Person sachdienliche Angaben machen kann, die für die Erfüllung einer bestimmten polizeilichen Aufgabe erforderlich sind.

(DEF)

Bestimmte polizeiliche Aufgabenerfüllung im Sinne von § 9 Abs. 2 S. 1 PolG NRW ist jede nach Gesetz und Recht vorgeschriebene, im einzelnen Fall konkret subsumierbare Zuständigkeitswahrnehmung, vgl. auch § 9 Abs. 7 PolG NRW.

Gemäß § 9 Abs. 7 PolG NRW ist Datenerhebung zu unbestimmten oder noch nicht bestimmbaren Zwecken unzulässig; also ist Datenerhebung nur nur zu bestimmten oder bestimmbaren

Zwecken zulässig.[819] Der bestimmte oder bestimmbare Zweck im Sinne des § 9 Abs. 7 PolG NRW ist derjenige der jeweils bestimmten oder bestimmbaren polizeilichen Aufgabenerfüllung im Sinne des § 9 Abs. 2 S. 1 PolG NRW.

Aufgaben i.S.d. § 9 Abs. 2 PolG NRW sind Zuständigkeiten wie aus § 1 PolG NRW, § 163 Abs. 1 S. 1 StPO, § 53 Abs. 1 S. 1 OWiG, AufenthG und AsylG, JuSchG i.V.m. ZuVO JuWo NRW, StVG und StVO i.V.m. VerkehrsOWiZVO NRW, § 23 VereinsGDV i.V.m. § 2b öffVereinsRZVO NRW, VersG i.V.m. VersGZVO NRW, WaffG i.V.m. WaffGDVO NRW.

Machenkönnen **sachdienlicher Angaben** im Sinne des § 9 Abs. 2 S. 1 PolG NRW ist jedes Potential an Geeignetheit, dass eine Äußerung oder ein Datum den Zweck der bestimmten polizeilichen Aufgabenerfüllung fördert.

Erforderlichkeit der sachdienlichen (geeigneten) Angaben für die bestimmte polizeiliche Aufgabenerfüllung im Sinne von § 9 Abs. 2 S. 1 PolG NRW ist – nach Bestimmung des legitimen Zwecks der Aufgabe und der Geeignetheit(ssubsumtion) –: Nichtverfügbarkeit eines milderen (Übermaßverbot), gleich geeigneten (Untermaßverbot) Mittels zum Zweck der bestimmten polizeilichen Aufgabenerfüllung.[820]

Tatsachen sind alle wahrnehmbaren Dinge der Welt – nicht ausreichend sind: reine Spekulationen, hypothetische Erwägungen, fallunabhängige Vermutungen; kriminalistische Erfahrung kann ausreichen, wenn sie einen Anhalt im Tatsächlichen hat.

Sachdienlichkeit ist grds. jede potentiell (zweck-)förderliche Angabe zur Sache, vgl. Verhältnismäßigkeit mit Legitimer Zweck und Geeignetheit:

(ERG)

Im konkreten Fall sind die Tatbestandsvoraussetzungen des § 9 Abs. 2 S. 1 PolG NRW (alternativ)

- bei Vorliegen von entsprechenden Anhaltspunkten / Fehlen entgegenstehender Anhaltspunkte erfüllt.
- bei Vorliegen von entsprechenden Anhaltspunkten nicht erfüllt.

C. Materielle Rechtmäßigkeit (MR) II. Inanspruchnahme (In) / Inanspruchnahmevoraussetzungen (Inv)

(VOR/DEF)

Inanspruchnahmevoraussetzungen sind materiell-rechtliche Bedingungen für richtige Inanspruchnahme.

Inanspruchnahme ist Adressierung und sonstiges Betroffenmachen; **Adressierung** ist direktes Bestimmen oder finales Richten einer Maßnahme an einen Grundrechtsträger, vgl. §§ 41 Abs. 1 S. 1, 43 Abs. 1 S. 1 VwVfG NRW.

---

819 Nr. 9.5 VVPolG NRW: „Für die Datenerhebung gilt der Zweckbindungsgrundsatz. Eine Datenerhebung auf Vorrat ist unzulässig, soweit sie nicht ausdrücklich geregelt ist.“.

820 Nr. 9.11 S. 2 VVPolG NRW: „Eine Befragung ist für die Erfüllung der Aufgabe erforderlich, wenn ohne Kenntnisse der zu erhebenden Daten die Aufgabe nicht oder zumindest nicht mehr zeit- oder sachgerecht wahrgenommen werden kann.“.

Nach § 9 PolG NRW ist Inanspruchnahme gegenüber einer Person grundsätzlich alternativ richtig wie folgt:

- § 9 Abs. 2 PolG NRW: jede Person(, die sachdienliche Angaben machen kann);
- § 9 Abs. 3 PolG NRW: eine Person(, deren Befragung nach § 9 Abs. 2 PolG NRW zulässig ist);
- § 9 Abs. 4 PolG NRW: betroffene Person.[821]

§ 9 Abs. 4 PolG NRW lautet: „Die Befragung richtet sich an die betroffene Person. Ist deren Befragung nicht oder nicht rechtzeitig möglich oder würde sie die Erfüllung der polizeilichen Aufgabe erheblich erschweren oder gefährden, können die Daten auch ohne Kenntnis der betroffenen Person erhoben werden, wenn dies zur Aufgabenwahrnehmung gemäß Absatz 2 erforderlich ist.“[822]

(SUB/ERG)

Im konkreten Fall ist mit der Befragung nach § 9 Abs. 2 PolG NRW die Person (alternativ)

- richtigerweise adressiert.
- nicht richtigerweise adressiert.

C. Materielle Rechtmäßigkeit (MR) III. Rechtsfolge (Rf) / Rechtsfolgevoraussetzungen (RfV)

(VOR/DEF)

Rechtsfolge ist rechtliche Folge aus dem Tatbestand. / **Rechtsfolgevoraussetzungen** sind materiell-rechtliche Rechtsfolgegestaltungsbedingungen.

C. Materielle Rechtmäßigkeit (MR) III. Rechtsfolge (Rf) 1. Tatsächliche und rechtliche Möglichkeit (TurM)

(VOR/DEF)

Tatsächliche und rechtliche Möglichkeit betrifft Fälle wie aus § 44 Abs. 2 Nr. 4-6 VwVfG NRW.

---

821 Nr. 9.11 S. 1 VVPolG NRW: „Eine Person kann unabhängig davon befragt werden, ob die Voraussetzungen der §§ 4 bis 6 vorliegen.“.

822 Nr. 9.3 VVPolG NRW: „Eine Datenerhebung kann ohne Kenntnis der betroffenen Person u.a. bei öffentlichen Stellen oder Dritten sowie aus allgemein zugänglichen Quellen erfolgen. Eine Datenerhebung durch Befragung Dritter oder durch Auskunftsersuchen bei einer anderen Behörde ist nicht schon deshalb eine **verdeckte Maßnahme**, weil sie ohne Kenntnis der betroffenen Person erfolgt.“. Nr. 9.4 VVPolG NRW: „Eine **verdeckte Datenerhebung** liegt vor, wenn getarnte Maßnahmen zur Datenerhebung vorgenommen werden, insbesondere die Zugehörigkeit zur Polizei bewusst verschleiert wird. Um ein **verdecktes Vorgehen** handelt es sich nicht schon, wenn Polizeivollzugsbeamtinnen oder Polizeivollzugsbeamte Dienst in Zivilkleidung verrichten oder ein äußerlich nicht als solches zu erkennendes Dienstfahrzeug benutzen.“.

(SUB/ERG)

Tatsächliche und rechtliche Möglichkeit ist im konkreten Fall gegeben/nicht gegeben aufgrund Vorliegens/Nichtvorliegens von kognitiven, körperlichen, normativen, technischen Unmöglichkeiten (vgl. z.B. Debile, Kinder, Taubstumme).

Von der befragten Person wird grundsätzlich nichts tatsächlich und rechtlich Unmögliches verlangt insbesondere dann, wenn diese zur maßgeblichen Zeit im tatsächlichen und rechtlichen Sinne „Herrschaft über die Befragungsinhalte" hat, zum Beispiel „Herrschaft über eigene Wahrnehmungen", wenn die Person zu diesen befragt wird; was insbesondere dann der Fall ist, wenn es bei der befragten Person nicht gibt:

- kognitive oder körperliche Hindernisse für das Verstehen der Fragen oder für die Wahrnehmungsangaben;
- rechtliche Hindernisse, insbesondere keine entgegenstehenden Rechte von anderen Datenberechtigten für die Befragungsbefolgung, also für die Angaben.

Tatsächliche Unmöglichkeiten können zum Beispiel sein: technische oder sonstige (kommunikative) Hindernisse für den Adressaten der Anhalteanordnung oder der Befragungs-Datenerhebung, zum Beispiel auch durch das Nichtverstehen der Anhalteanordnung oder der Frage aufgrund Fremdsprache zumindest ohne Dolmetscher oder Übersetzer oder zum Beispiel auch durch das Nichtverstehen der Anhalteanordnung oder der Frage aufgrund geistiger oder körperlicher Behinderung[823].

Rechtliche Unmöglichkeit kann sich insbesondere aus einer Rechtswidrigkeit einer Befragung im Sinne des § 9 Abs. 2 PolG NRW ergeben und dann auch zum Beispiel aus auf den Adressaten anwendbaren Rechtsnormen wie solche des DSG NRW oder §§ 201-206, 353b, 353d, 355 StGB, soweit kein Rechtfertigungsgrund oder ähnliches gegeben ist; oder aus weiteren verfassungsrechtlich übergeordneten Geheimhaltungsbelangen (wie Abwehr von konkretisiert drohenden Schäden für erhebliche, im konkreten Fall überragende Rechte und Rechtsgüter wie Leib, Leben, Freiheit einer Person oder Bestand und Sicherheit des Staates).

C. Materielle Rechtmäßigkeit (MR) III. Rechtsfolge (Rf) 2. Bestimmtheit (Bsh)

(VOR/DEF)

Bestimmtheit ist Maßnahmenerkennbarkeit und Maßnahmenverstehbarkeit, bei VA und Realakten Gebot nach Art. 20 Abs. 3 GG, bei VA Pflicht auch gemäß § 37 Abs. 1 VwVfG NRW.

Gemäß § 9 Abs. 7 PolG NRW ist Datenerhebung zu unbestimmten oder noch nicht bestimmbaren Zwecken unzulässig; also ist Datenerhebung nur nur zu bestimmten oder bestimmbaren Zwecken zulässig.[824] Der bestimmte oder bestimmbare Zweck im Sinne des § 9 Abs. 7 PolG NRW ist derjenige der jeweils bestimmten oder bestimmbaren polizeilichen Aufgabenerfüllung im Sinne des § 9 Abs. 2 S. 1 PolG NRW.

---

[823] Zu möglichen Sprachunmächtigkeiten/Sprachunverständlichkeiten vgl. auch § 33 Abs. 6 S. 3 PolG NRW, § 33a Abs. 2 PolG NRW, § 114a StPO, § 114b Abs. 1 StPO, § 114b Abs. 2 S. 3 StPO, § 158 Abs. 4 StPO; zu möglichen Sehbehinderungen, Hörbehinderungen oder Sprach-Behinderungen vgl. auch § 114b Abs. 2 S. 3 StPO, § 140 Abs. 1 Nr. 11 StPO.

[824] Nr. 9.5 VVPolG NRW: „Für die Datenerhebung gilt der Zweckbindungsgrundsatz. Eine Datenerhebung auf Vorrat ist unzulässig, soweit sie nicht ausdrücklich geregelt ist.".

(SUB/ERG)

Inhaltlich hinreichende Bestimmtheit i.S.d. § 37 Abs. 1 VwVfG NRW/Art. 20 Abs. 3 GG ist allgemein gegeben, wenn nach Auslegung der Maßnahme der Erklärungsempfänger wie jeder vernünftige Dritte, §§ 133, 157 BGB analog, in der konkreten Situation deren Inhalt hinreichend erkennen und verstehen kann, insbesondere wie folgt:

- dass die Polizei ggü. dem Befragten (wer)
- erforderlicherweise aus polizeilichen Gründen/Gefahrenabwehrgründen (warum)
- zu einer spezifischen Zeit (wann)
- bezweckt, dass sachdienliche Angaben gemacht werden (was)
- durch sachdienliche Beantwortung/sachdienliches Antworten (wie).

C. Materielle Rechtmäßigkeit (MR) III. Rechtsfolge (Rf) 3. Ermessen (Erm)

(VOR/DEF)

Ermessen[825] ist Entscheidungsspielraum auf der Rechtsfolgenseite bzgl. rechtsfehlerfreier Ausübung von Einschreit-Entschließung (Ob), Adressaten-Auswahl (Wer), Maßnahmen-Gestaltung (Wie), grundsätzlich gegeben durch § 9 Abs. 2 S. 1 Wort 3 PolG NRW; § 9 Abs. 2 S. 2 Wort 6 PolG NRW, und durch § 3 PolG NRW, bei VA auch durch § 40 VwVfG NRW.

(SUB/ERG)

Der gegebene Entscheidungsspielraum wird aufgrund von entsprechenden Anhaltspunkten/in Ermangelung entgegenstehender Anhaltspunkte ohne Ermessensfehler/mit Ermessensfehlern (Ermessensunterschreitung, Ermessensüberschreitung, Ermessensfehlgebrauch) ausgeübt bzgl. folgender Ermessensarten:

a) Entschließungsermessen:

Das Entschließungsermessen kann im konkreten Fall sogar gegen / auf Null reduziert sein, insbesondere wegen:

- Einschreitmöglichkeit;
- Erheblichkeitsgrad von Gefährdungen, z.B. konkreter (dringender, erheblicher, gegenwärtiger) Gefahr.

b) Auswahlermessen:

siehe C. II.: Auswahlermessen wird abschließend beurteilt i.V.m. Punkt C. II. (Inanspruchnahme)

c) Gestaltungsermessen:

siehe C. III. 4.: Gestaltungsermessen, § 3 Abs. 2 PolG NRW (Austauschmittel), wird abschließend beurteilt i.V.m. Punkt C. III. 4. (VHM).

---

825 Zum Ermessen einschließlich Rechtsnatur, Ermessensarten, Ermessensreduzierungen, Ermessensfehlern, Maßnahmenansprüchen mit Beispielen siehe auch: *Basten*, Eingriffsrecht der Polizei in Nordrhein-Westfalen, Band 1, S. 271-283.

C. Materielle Rechtmäßigkeit (MR) III. Rechtsfolge (Rf) 4. Verhältnismäßigkeit (VHM)

(VOR/DEF)

Verhältnismäßigkeit ist Geeignetheit, Erforderlichkeit, Angemessenheit der Maßnahme zu einem legitimen Zweck.

(VOR/DEF)

a) Legitimer Zweck ist verfassungsgemäßer Zweck.

Gemäß § 9 Abs. 7 PolG NRW ist Datenerhebung zu unbestimmten oder noch nicht bestimmbaren Zwecken unzulässig; also ist Datenerhebung nur nur zu bestimmten oder bestimmbaren Zwecken zulässig.[826] Der bestimmte oder bestimmbare Zweck im Sinne des § 9 Abs. 7 PolG NRW ist derjenige der jeweils bestimmten oder bestimmbaren polizeilichen Aufgabenerfüllung im Sinne des § 9 Abs. 2 S. 1 PolG NRW.

Bestimmte polizeiliche Aufgabenerfüllung im Sinne von § 9 Abs. 2 S. 1 PolG NRW ist jede nach Gesetz und Recht vorgeschriebene, im einzelnen Fall konkret subsumierbare Zuständigkeitswahrnehmung, vgl. auch § 9 Abs. 7 PolG NRW.

Aufgaben i.S.d. § 9 Abs. 2 PolG NRW sind Zuständigkeiten wie aus § 1 PolG NRW, § 163 Abs. 1 S. 1 StPO, § 53 Abs. 1 S. 1 OWiG, AufenthG und AsylG, JuSchG i.V.m. ZuVO JuWo NRW, StVG und StVO i.V.m. VerkehrsOWiZVO NRW, § 23 VereinsGDV i.V.m. § 2b öffVereinsRZVO NRW, VersG i.V.m. VersGZVO NRW, WaffG i.V.m. WaffGDVO NRW.

(SUB/ERG)

Im konkreten Fall verfolgt die Befragung (alternativ)

- einen legitimen Zweck, nämlich eine bestimmte polizeiliche Aufgabe, vgl. § 9 Abs. 2 S. 1 PolG NRW, vgl. auch die Rechte und Rechtsgüter aus Art. 1-20 GG, vgl. auch die Grundrechtsschutzfunktion und die Grundrechtsförderungsfunktion[827].
- keinen legitimen Zweck.

(VOR/DEF)

b) Geeignetheit einer staatlichen Maßnahme ist gegeben bei deren Zweckförderungstauglichkeit, vgl. auch § 2 Abs. 3 PolG NRW.

(SUB/ERG)

Im konkreten Fall ist die Befragung (alternativ)

---

[826] Nr. 9.5 VVPolG NRW: „Für die Datenerhebung gilt der Zweckbindungsgrundsatz. Eine Datenerhebung auf Vorrat ist unzulässig, soweit sie nicht ausdrücklich geregelt ist.“.

[827] Zu Grundrechtsfunktionen siehe auch: *Basten*, Eingriffsrecht der Polizei in Nordrhein-Westfalen, Band 1, S. 78-84.

- geeignet, insbesondere so, dass Datenerhebung über Befragung erfolgt, und diese Daten sachdienlich sein können für die Erfüllung der bestimmten legitimen polizeilichen Aufgabe, vgl. § 9 Abs. 2 S. 1 PolG NRW, denn mit der Befragung kann Aufklärung des Geschehens erfolgen durch Informationen aus den Aussagen oder dem (beredten) Schweigen auf (zielgerichtete, eben geeignete) Fragen und weitere Verknüpfung der erhobenen Daten, und jedenfalls erhält Antworten oder zumindest Verhaltensäußerungen, wer fragt, und jede Qualität von Antworten oder Verhaltensäußerungen der befragten Person lässt positive oder negative Schlussfolgerungen zu, für oder gegen weitere Maßnahmen zwecks bestimmter legitimer Aufgabenerfüllung, mit der befragten Person oder ohne die befragte Person.
- ungeeignet, etwa wegen Fragens zur falschen Zeit bzw. Behinderung vorrangiger (offener oder verdeckter) Maßnahmen.

(VOR/DEF)

c) **Erforderlichkeit** einer staatlichen Maßnahme ist Nichtverfügbarkeit eines milderen (Übermaßverbot), gleich geeigneten (Untermaßverbot) Mittels zur Zweckförderung, vgl. auch § 2 Abs. 1 PolG NRW, vgl. ggf. § 9 Abs. 1 S. 2 i.V.m. § 22a Abs. 1 PolG NRW.

(SUB/ERG)

Im konkreten Fall ist die Befragung (alternativ)

- erforderlich im (hypothetischen) Vergleich mit anderen (erfolgten oder potentiellen) Mitteln (zum Beispiel Nichtstun, Durchsuchung, Zwangsgeldandrohung), vgl. auch 9.11 S. 2 VVPolG NRW und 9.12 VVPolG NRW; ggf. § 9 Abs. 1 S. 2 i.V.m. § 22a Abs. 1 PolG NRW.
- nicht erforderlich.[828]

(VOR/DEF)

d) **Angemessenheit** oder **Verhältnismäßigkeit im engeren Sinne** einer staatlichen Maßnahme ist angemessenes Maß oder Verhältnis zwischen Zweckförderung für Erhaltungsrechte und Wirkungen für Eingriffsrechte, vgl. auch § 2 Abs. 2 PolG NRW, vgl. betroffene Grundrechte.

(SUB/ERG)

Im konkreten Fall ist die Befragung (alternativ)

- angemessen, insbesondere desto eher bei einer Datenerhebung, je mehr diese zum Schutz gewichtiger Rechte und Rechtsgüter (wie zum Beispiel aus Art. 2 Abs. 2 S. 1 GG, Art. 14 Abs. 1 S. 1 Alt. 1 GG, Art. 20 Abs. 3 GG) erfolgt und desto eher bei einer Datenerhebung in einer Sphäre des allgemeinen Persönlichkeitsrechts aus Art. 2 Abs. 1 i.V.m. Art. 1 Abs.

---

828 Nr. 9.11 S. 2 VVPolG NRW: „Eine Befragung ist für die Erfüllung der Aufgabe erforderlich, wenn ohne Kenntnisse der zu erhebenden Daten die Aufgabe nicht oder zumindest nicht mehr zeit- oder sachgerecht wahrgenommen werden kann.“. Nr. 9.12 VVPolG NRW: „Die Dauer der Befragung ist auf das notwendige Maß zu beschränken.“.

1 GG, je eher diese Datenerhebung in der **Öffentlichkeitssphäre** (Bereich bewusster eigener Zuwendung zur Öffentlichkeit bis hin zum Status als Person des öffentlichen Lebens) erfolgt, also je weiter diese weg ist von der Intimsphäre bzw. dem **Kernbereich privater Lebensgestaltung**[829] oder zumindest je weiter diese weg ist von der **Privatsphäre** (Privatleben, insbesondere häuslicher Bereich, Familie) oder von der **Sozialsphäre** (Sozial- und Wirtschaftsleben, insbesondere im Zusammenhang mit Beruf, Ehrenamt, wirtschaftliche Tätigkeiten).

- unangemessen.

(ERG VHM)

Die Befragungs-Maßnahme (ggf. einschließlich Anhalten) ist insgesamt i.S.v. § 9 Abs. 2 S. 1 PolG NRW, § 2 PolG NRW, Art. 20 Abs. 3 GG (alternativ)

- verhältnismäßig.
- unverhältnismäßig.

D. Gesamtergebnis (GErg)

Die Befragung ist (alternativ)

- gemäß § 9 PolG NRW rechtmäßig.
- wegen Art./§ (bestimmter Rechtsnorm [z.B. Art. 20 Abs. 3 GG]) rechtswidrig.

[829] Vgl. Nr. 15c.51 VVPolG NRW und Nr. 16 VVPolG NRW; vgl. Bundestags-Drucksache 13/9660, S. 4; BVerfGE 109, 279, 313 f., 319, 324 (akustische Wohnraumüberwachung/„Großer Lauschangriff") = BVerfG, Urteil des Ersten Senats vom 03.03.2004 - 1 BvR 2378/98; vgl. auch BVerfGE 6, 32, 41; 6, 389, 433; 27, 1, 6 ff.; 32, 373, 379; 80, 367, 376 ff.; 101, 361, 382 ff.; 141, 220, Ls. 1. a), Rn. 120-126.

ABSCHNITT 16: VERNEHMUNG VON ZEUGEN ODER SACHVERSTÄNDIGEN ODER ANDEREN PERSONEN, § 163 ABS. 3-7 STPO (GGF. I.V.M. §§ 46, 53 ABS. 1 S. 2, ABS. 2 OWIG)

A. Rechtsgrundlage (RGL) I. Grundrechte (GR)

(VOR/DEF)

Grundrechte sind grundlegende Rechte aus Art. 1-19 GG i.V.m. dem Rechtsstaatsprinzip, Art. 20 Abs. 3 GG, mit Vorrang und Vorbehalt des Gesetzes.[830]

(SUB/ERG)

Grundrechte sind wie folgt gegeben (alternativ fallabhängig):

1. Allgemeines Persönlichkeitsgrundrecht[831] mit verschiedenen Ausprägungen[832], etwa in der Ausprägung des **Rechts auf informationelle Selbstbestimmung** (APR/RiS), Art. 2 Abs. 1 i.V.m. Art. 1 Abs. 1[833] GG, vgl. auch Art. 142 GG i.V.m. Art. 4 Abs. 1, 2 Verfassung NRW[834].

---

830 Zu **Grundrechten**: *Basten*, Eingriffsrecht der Polizei in Nordrhein-Westfalen, Band 1, Buch 1, Abschnitt 2, Unterabschnitt 3. Zum **Rechtsstaatsprinzip** mit unter anderem sogenanntem Vorrang des Gesetzes und Vorbehalt des Gesetzes: *Basten*, Eingriffsrecht der Polizei in Nordrhein-Westfalen, Band 1, S. 95-108.

831 BVerfGE 147, 1, 18 f. (**Geschlechtsidentität**) = BVerfG, Beschluss des Ersten Senats vom 10.10.2017 – 1 BvR 2019/16 –, Rn. 38: „Art. 2 Abs. 1 GG gewährt jedem das **Recht auf die freie Entfaltung seiner Persönlichkeit**. Dieses Grundrecht umfasst neben der allgemeinen Handlungsfreiheit das **allgemeine Persönlichkeitsrecht** (Art. 2 Abs. 1 i.V.m. Art. 1 Abs. 1 GG). Letzteres ergänzt als ‚unbenanntes' Freiheitsrecht die speziellen (‚benannten') Freiheitsrechte, die ebenfalls konstituierende Elemente der Persönlichkeit schützen (vgl. BVerfGE 54, 148 <153>). Eine der **Aufgaben des allgemeinen Persönlichkeitsrechts** ist es dabei, Grundbedingungen dafür zu sichern, dass die einzelne Person ihre Individualität selbstbestimmt entwickeln und wahren kann (vgl. BVerfGE 35, 202 <220>; 79, 256 <268>; 90, 263 <270>; 117, 202 <225>). Das allgemeine Persönlichkeitsrecht schützt indessen nur solche **Elemente der Persönlichkeitsentfaltung**, die - ohne bereits Gegenstand der besonderen Freiheitsgarantien des Grundgesetzes zu sein - diesen in ihrer konstituierenden Bedeutung für die Persönlichkeit nicht nachstehen (vgl. BVerfGE 79, 256 <268>; 99, 185 <193>; 120, 274 <303>; stRspr). Es verbürgt also nicht Schutz gegen alles, was die selbstbestimmte Persönlichkeitsentwicklung auf irgendeine Weise beeinträchtigen könnte; ohnehin vermag kein Mensch seine Individualität unabhängig von äußeren Gegebenheiten und Zugehörigkeiten zu entwickeln. Der lückenschließende Schutz des allgemeinen Persönlichkeitsrechts greift aber dann, wenn die selbstbestimmte Entwicklung und Wahrung der Persönlichkeit spezifisch gefährdet ist (BVerfGE 141, 186 <201 f. Rn. 32>).".

BVerfG, Beschluss des Ersten Senats vom 06.11.2019 – 1 BvR 16/13 – (Recht auf Vergessen I), Rn. 81: „Diese [**APR-]Rechtsprechung** hat sich maßgeblich in Konstellationen der mittelbaren Drittwirkung und geleitet von dem Erfordernis praktischer Konkordanz entwickelt. Deshalb bestimmen sich die Schutzdimensionen des allgemeinen Persönlichkeitsrechts letztlich immer einzelfallbezogen im Abgleich mit den Grundrechten Dritter. Die Bestimmung seiner Schutzwirkungen und die Abwägung mit den gegenüberstehenden Freiheitsrechten greifen hier Hand in Hand. Der Schutz des allgemeinen Persönlichkeitsrechts ist insoweit flexibel und durch die Einbindung der Person in ihre sozialen Beziehungen relativiert (vgl. BVerfGE 101, 361 <380>; 141, 186 <202 Rn. 32>; 147, 1 <19 Rn. 38>; stRspr; siehe auch BGHZ 183, 353 <357 Rn. 11>; 209, 139 <150 Rn. 30>; 219, 233 <240 Rn. 22>; stRspr).".

Vgl. „**Allgemeines Persönlichkeitsrecht**" (APR) als „sonstiges Recht" (sog. **Rahmenrecht** mit [grundrechts-]abwägungsoffenem Tatbestand) nach § 823 Abs. 1 Var. 6 BGB, u.a. mit Geldentschädigungsanspruch, insbesondere durch ständige Rechtsprechung (vgl. auch § 253 BGB) seit folgender Entwicklung: BGHZ 13, 334 (Leserbrief), mit erstmaliger ausdrücklicher Anerkennung des allgemeinen Persönlichkeitsrechts; BGHZ 26, 349 (Herrenreiter), mit erstmaliger Zuerkennung einer Geldentschädigung wegen des immateriellen Schadens durch die Verletzung des allgemeinen Persönlichkeitsrechts; BGHZ 35, 363

(Ginsengwurzel), mit erstmaliger Schwerpunktsetzung bei der Menschenwürde in der Begründung; BVerfGE 34, 269 (Soraya), mit verfassungsgerichtlicher Erklärung der verfassungsrechtlichen Zulässigkeit der richterrechtlich entwickelten APR-Konstruktion.

832 BVerfG, Beschluss des Ersten Senats vom 06.11.2019 – 1 BvR 16/13 – (Recht auf Vergessen I), Rn. 80: „Die Rechtsprechung hat aus dem [**Allgemeinen Persönlichkeits-]Grundrecht** insoweit verschiedene **Schutzdimensionen** abgeleitet wie den **Schutz eines unantastbaren Bereichs privater Lebensgestaltung**, die Garantie der **Privatsphäre**, das **Recht am eigenen Bild** oder **gesprochenen Wort** oder das **Recht auf die Darstellung der eigenen Person**, die **soziale Anerkennung** sowie die **persönliche Ehre** (vgl. BVerfGE 27, 1 <6>; 27, 344 <350 f.>; 32, 373 <379>; 34, 238 <245 f.>; 47, 46 <73>; 54, 148 <153 f.>; 99, 185 <193 f.>; 101, 361 <384>; 106, 28 <39>; 114, 339 <346>; 120, 180 <198>).“ „Diese Schutzgehalte werden insoweit aber nicht als abschließend umschriebene und voneinander abzugrenzende Gewährleistungen verstanden, sondern als Ausprägungen, die in Blick auf den konkreten Schutzbedarf jeweils anhand des zu entscheidenden Falles herauszuarbeiten sind (vgl. BVerfGE 54, 148 <153 f.>; 65, 1 <41>).“.

BVerfGE 65, 1 (Volkszählungsgesetz), Ls. 1 = BVerfG, Urteil des Ersten Senats vom 15.12.1983 – 1 BvR 209/83, Ls. 1: „Unter den Bedingungen der modernen Datenverarbeitung wird der Schutz des Einzelnen gegen unbegrenzte Erhebung, Speicherung, Verwendung und Weitergabe seiner persönlichen Daten von dem **allgemeinen Persönlichkeitsrecht** des Art. 2 Abs. 1 GG in Verbindung mit Art. 1 Abs. 1 GG umfaßt. Das [**Allgemeine Persönlichkeits-]Grundrecht** gewährleistet insoweit die Befugnis des Einzelnen, grundsätzlich selbst über die Preisgabe und Verwendung seiner persönlichen Daten zu bestimmen.“; BVerfG, Beschluss des Ersten Senats vom 06.11.2019 – 1 BvR 16/13 – (Recht auf Vergessen I), Rn. 80: „Das **Recht auf informationelle Selbstbestimmung** ist von der Rechtsprechung als eigene Ausprägung des allgemeinen Persönlichkeitsrechts mit einem gegenüber den anderen Ausprägungen selbständigen Gewährleistungsgehalt entwickelt worden und behält diesen auch, soweit es als verfassungsrechtliche Wertentscheidung in das Zivilrecht einstrahlt. Dementsprechend enthält es keinen gesamthaften Schutzanspruch hinsichtlich jederlei Umgangs mit Informationen, der die übrigen Schutzdimensionen des Grundrechts allgemein übergreifen und zusammenführen würde, sondern lässt deren Wertungen und Abwägungsregeln unberührt.“; BVerfGE 120, 274, 311 f. (Online-Durchsuchung) = BVerfG, Urteil des Ersten Senats vom 27.02.2008 – 1 BvR 370/07 –, Rn. 198 f. „Das **Recht auf informationelle Selbstbestimmung** geht über den **Schutz der Privatsphäre** hinaus. Es gibt dem Einzelnen die Befugnis, grundsätzlich selbst über die Preisgabe und Verwendung seiner persönlichen Daten zu bestimmen (vgl. BVerfGE 65, 1 <43>; 84, 192 <194>). Es flankiert und erweitert den grundrechtlichen Schutz von Verhaltensfreiheit und Privatheit, indem es ihn schon auf der Stufe der Persönlichkeitsgefährdung beginnen lässt. Eine derartige Gefährdungslage kann bereits im Vorfeld konkreter Bedrohungen benennbarer Rechtsgüter entstehen, insbesondere wenn personenbezogene Informationen in einer Art und Weise genutzt und verknüpft werden können, die der Betroffene weder überschauen noch verhindern kann. Der Schutzumfang des **Rechts auf informationelle Selbstbestimmung** beschränkt sich dabei nicht auf Informationen, die bereits ihrer Art nach sensibel sind und schon deshalb grundrechtlich geschützt werden. Auch der Umgang mit personenbezogenen Daten, die für sich genommen nur geringen Informationsgehalt haben, kann, je nach dem Ziel des Zugriffs und den bestehenden Verarbeitungs- und Verknüpfungsmöglichkeiten, grundrechtserhebliche Auswirkungen auf die Privatheit und Verhaltensfreiheit des Betroffenen haben (vgl. BVerfG, Beschluss vom 13. Juni 2007 - 1 BvR 1550/03 u.a. -, NJW 2007, S. 2464 <2466>). Die mit dem Recht auf informationelle Selbstbestimmung abzuwehrenden Persönlichkeitsgefährdungen ergeben sich aus den vielfältigen Möglichkeiten des Staates und gegebenenfalls auch privater Akteure (vgl. BVerfG, Beschluss der 1. Kammer des Ersten Senats vom 23. Oktober 2006 - 1 BvR 2027/02 -, JZ 2007, S. 576) zur Erhebung, Verarbeitung und Nutzung personenbezogener Daten. Vor allem mittels elektronischer Datenverarbeitung können aus solchen Informationen weitere Informationen erzeugt und so Schlüsse gezogen werden, die sowohl die grundrechtlich geschützten Geheimhaltungsinteressen des Betroffenen beeinträchtigen als auch Eingriffe in seine Verhaltensfreiheit mit sich bringen können (vgl. BVerfGE 65, 1 <42>; 113, 29 <45 f.>; 115, 320 <342>; BVerfG, Beschluss vom 13. Juni 2007 - 1 BvR 1550/03 u.a. -, NJW 2007, S. 2464 <2466>).“.

BVerfGE 109, 279, 325-327 (akustische Wohnraumüberwachung / „Großer Lauschangriff“) = BVerfG, Urteil des Ersten Senats vom 03.03.2004 – 1 BvR 2378/98, 1084/99 –, Rn. 159-163: „Das aus Art. 2

Abs. 1 in Verbindung mit Art. 1 Abs. 1 GG folgende **allgemeine Persönlichkeitsrecht** kommt neben Art. 13 Abs. 1 GG allerdings nicht zur Anwendung, soweit Eingriffe in die **räumliche Privatsphäre des Wohnungsinhabers** zu überprüfen sind. Art. 13 Abs. 1 GG enthält eine spezielle Gewährleistung des **Schutzes vor staatlicher akustischer Überwachung der räumlichen Privatsphäre**, die die allgemeinere Vorschrift insoweit verdrängt (vgl. BVerfGE 100, 313 [358] zu Art. 10 GG). Mit dem **Recht, in der Wohnung ungestört zu sein**, und dem **Recht am eigenen in der Wohnung gesprochenen Wort** schützt Art. 13 Abs. 1 GG gerade den Teil der **Privatsphäre**, den sonst das allgemeine Persönlichkeitsrecht gewährleistet. Dieses Recht ergänzt als unbenanntes Freiheitsrecht die speziellen Freiheitsrechte, die ebenfalls konstituierende Elemente der Persönlichkeit schützen (vgl. BVerfGE 54, 148 <153 f.>), nur insoweit, als Letztere keinen Schutz gewähren. Der **Schutz des allgemeinen Persönlichkeitsrechts aus Art. 2 Abs. 1 in Verbindung mit Art. 1 Abs. 1 GG** greift hingegen ein, soweit von der Wohnraumüberwachung Personen betroffen werden, die sich nicht auf Art. 13 Abs. 1 GG berufen können. **Grundrechtsträger des Art. 13 Abs. 1 GG** ist jeder Inhaber oder Bewohner eines Wohnraums, unabhängig davon, auf welchen Rechtsverhältnissen die Nutzung des Wohnraums beruht. Bei mehreren Bewohnern einer Wohnung steht das Grundrecht jedem Einzelnen, bei Familien mithin jedem Familienmitglied zu. Maßnahmen der Wohnraumüberwachung können aber nicht nur **Wohnungsinhaber**, sondern auch **zufällig in einer Wohnung Anwesende** erfassen. Diese Personen sind zwar nicht in ihrem Grundrecht aus Art. 13 Abs. 1 GG, wohl aber in ihrem **allgemeinen Persönlichkeitsrecht** betroffen. Der Schutz aus Art. 2 Abs. 1 in Verbindung mit Art. 1 Abs. 1 GG kann insofern allerdings nicht weiter reichen als derjenige aus Art. 13 Abs. 1 und 3 GG. Der Schutz der **räumlichen Privatsphäre und des allgemeinen Persönlichkeitsrechts** kann schließlich in Einzelfällen durch weitere Grundrechtsgarantien ergänzt sein. So wird das **Gespräch zwischen Eheleuten in der eigenen Wohnung** nicht nur von Art. 13 Abs. 1 GG, sondern zusätzlich durch Art. 6 Abs. 1 GG geschützt. Auch in Bezug auf die **Kommunikation mit Berufsgeheimnisträgern** können neben dem grundrechtlichen **Schutz der räumlichen Privatsphäre** Grundrechte in Betracht kommen, die - wie etwa Art. 4 GG im Hinblick auf das Gespräch mit einem Geistlichen - der besonderen Schutzbedürftigkeit der Kommunizierenden Rechnung tragen.“.

BVerfG, Beschluss des Ersten Senats vom 06.11.2019 – 1 BvR 16/13 – (Recht auf Vergessen I), Ls. 3 S. 1: „Von den **äußerungsrechtlichen Schutzdimensionen** ist das **Recht auf informationelle Selbstbestimmung** als eine eigene Ausprägung des allgemeinen Persönlichkeitsrechts zu unterscheiden.“ BVerfG, Beschluss des Ersten Senats vom 06.11.2019 – 1 BvR 16/13 – (Recht auf Vergessen I), Rn. 90: „Ausgehend von dem **Ziel des Rechts auf informationelle Selbstbestimmung**, Schutz vor Gefahren angesichts neuartiger Möglichkeiten der Datenverarbeitung zu gewähren (vgl. BVerfGE 65, 1 <42>), ist es primär als Gewährleistung zu verstehen, die – neben der ungewollten Preisgabe von Daten auch im Rahmen privater Rechtsbeziehungen (vgl. BVerfGE 84, 192 <194>) – insbesondere vor deren intransparenter Verarbeitung und Nutzung durch Private schützt. Es bietet Schutz davor, dass Dritte sich individueller Daten bemächtigen und sie in nicht nachvollziehbarer Weise als Instrument nutzen, um die Betroffenen auf Eigenschaften, Typen oder Profile festzulegen, auf die sie keinen Einfluss haben und die dabei aber für die freie Entfaltung der Persönlichkeit sowie eine gleichberechtigte Teilhabe in der Gesellschaft von erheblicher Bedeutung sind. Der Gehalt dieses Rechts ist dabei entwicklungsoffen, so dass es auch weitere persönlichkeitsgefährdende Entwicklungen der Informationsverarbeitung aufnehmen kann.“.

BVerfG, Beschluss des Ersten Senats vom 06.11.2019 – 1 BvR 16/13 – (Recht auf Vergessen I), Rn. 91: „[Vom Recht auf informationelle Selbstbestimmung] zu unterscheiden ist der **Schutz vor der Verarbeitung personenbezogener Berichte und Informationen als Ergebnis eines Kommunikationsprozesses**. Der Schutzbedarf gründet hier nicht in der intransparenten Zuweisung von Persönlichkeitsmerkmalen und -profilen durch Dritte, sondern in der sichtbaren Verbreitung bestimmter Informationen im öffentlichen Raum. Gefährdungen für die Persönlichkeitsentfaltung ergeben sich hier vornehmlich aus Form und Inhalt der Veröffentlichung selbst. Schutz gegenüber solchen Gefährdungen bieten die **äußerungsrechtlichen Ausprägungen des allgemeinen Persönlichkeitsrechts unabhängig vom Recht auf informationelle Selbstbestimmung**. Zwar kann es auch dabei maßgeblich auf die Art der Informationserlangung ankommen. Jedoch hat diese hier ihre Bedeutung als Vorfrage für die Beurteilung des weiteren Umgangs mit einer bestimmten Äußerung und des damit in die Öffentlichkeit gestellten Bildes einer Person selbst.“.

BVerfG, Beschluss des Ersten Senats vom 06.11.2019 – 1 BvR 16/13 – (**Recht auf Vergessen** I), Ls. 2b): „Bei der Entscheidung über einen Schutzanspruch kommt der Zeit unter den Kommunikationsbedingungen des Internets ein spezifisches Gewicht zu. Die Rechtsordnung muss davor schützen, dass sich eine Person frühere Positionen, Äußerungen und Handlungen unbegrenzt vor der Öffentlichkeit vorhalten lassen muss. Erst die Ermöglichung eines Zurücktretens vergangener Sachverhalte eröffnet den Einzelnen die Chance zum Neubeginn in Freiheit. Zur Zeitlichkeit der Freiheit gehört die Möglichkeit des Vergessens.“.

BVerfGE 120, 274, 311 (Online-Durchsuchung) = BVerfG, Urteil des Ersten Senats vom 27.02.2008 – 1 BvR 370/07 –, Rn. 197: „In seiner Ausprägung als **Schutz der Privatsphäre** [als **Privatangelegenheitenschutz** und **Rückzugsraumbereichsschutz** – beides **gegenüber der Öffentlichkeit**, vgl. **Sphärentheorie** mit **Intimsphäre, Privatsphäre, Sozialsphäre** und vgl. **Kernbereich privater Lebensgestaltung**] gewährleistet das allgemeine Persönlichkeitsrecht dem Einzelnen einen räumlich und thematisch bestimmten Bereich, der grundsätzlich frei von unerwünschter Einsichtnahme bleiben soll (vgl. BVerfGE 27, 344 <350 ff.>; 44, 353 <372 f.>; 90, 255 <260>; 101, 361 <382 f.>).“; BVerfGE 101, 361, 382-385 (Caroline von Monaco II) = BVerfG, Urteil vom 15.12.1999 – 1 BvR 653/96 –, Rn. 75-82: „Im Unterschied zum **Recht am eigenen Bild** bezieht sich der **Schutz der Privatsphäre**, der ebenfalls im **allgemeinen Persönlichkeitsrecht** wurzelt, nicht speziell auf Abbildungen, sondern ist **thematisch und räumlich** bestimmt. Er umfaßt zum einen **Angelegenheiten** [**Privatangelegenheitenschutz**], die wegen ihres Informationsinhalts typischerweise als ‚**privat**‘ eingestuft werden, weil ihre **öffentliche** Erörterung oder Zurschaustellung als unschicklich gilt, das Bekanntwerden als peinlich empfunden wird oder nachteilige Reaktionen der Umwelt auslöst, wie es etwa bei Auseinandersetzungen mit sich selbst in **Tagebüchern** (BVerfGE 80, 367), bei **vertraulicher Kommunikation unter Eheleuten** (BVerfGE 27, 344), im Bereich der **Sexualität** (BVerfGE 47, 46; 49, 286 [BVerfGE 120, 224, 238 f. (Geschwisterbeischlaf) = BVerfGE, Beschluss des Zweiten Senats vom 26.02.2008 – 2 BvR 392/07 –, Rn. 32 f.: „Das allgemeine Persönlichkeitsrecht in seiner Ausprägung als **Recht auf sexuelle Selbstbestimmung**“/„**Intim- und Sexualbereich des Menschen als Teil seiner Privatsphäre**, P. B.]), bei **sozial abweichendem Verhalten** (BVerfGE 44, 353) oder bei **Krankheiten** (BVerfGE 32, 373) der Fall ist. Fehlte es hier an einem **Schutz vor der Kenntniserlangung anderer**, wären die Auseinandersetzung mit sich selbst, die unbefangene Kommunikation unter Nahestehenden, die sexuelle Entfaltung oder die Inanspruchnahme ärztlicher Hilfe beeinträchtigt oder unmöglich, obwohl es sich um grundrechtlich geschützte Verhaltensweisen handelt. Zum anderen erstreckt sich der Schutz auf einen **räumlichen Bereich** [**Raumbereichsschutz**], in dem der Einzelne zu sich kommen, sich entspannen oder auch gehen lassen kann (vgl. BVerfGE 27, 1 [6]). Zwar bietet auch dieser Bereich Gelegenheit, sich in einer Weise zu verhalten, die nicht für die **Öffentlichkeit** bestimmt ist und deren Beobachtung oder Darstellung durch Außenstehende für den Betroffenen peinlich oder nachteilig wäre. Im Kern geht es aber um einen **Raum**, in dem er die Möglichkeit hat, frei von **öffentlicher Beobachtung** und damit der von ihr erzwungenen Selbstkontrolle zu sein, auch ohne daß er sich dort notwendig anders verhielte als in der **Öffentlichkeit**. Bestünden solche **Rückzugsbereiche** nicht mehr, könnte der Einzelne psychisch überfordert sein, weil er unausgesetzt darauf achten müßte, wie er auf andere wirkt und ob er sich richtig verhält. Ihm fehlten die Phasen des Alleinseins und Ausgleichs, die für die Persönlichkeitsentfaltung notwendig sind und ohne die sie nachhaltig beeinträchtigt würde. Ein derartiges Schutzbedürfnis besteht auch bei Personen, die aufgrund ihres Ranges oder Ansehens, ihres Amtes oder Einflusses, ihrer Fähigkeiten oder Taten besondere **öffentliche** Beachtung finden. Wer, ob gewollt oder ungewollt, zur Person des **öffentlichen** Lebens geworden ist, verliert damit nicht sein Anrecht auf eine **Privatsphäre**, die den Blicken der **Öffentlichkeit** entzogen bleibt. Das gilt auch für demokratisch gewählte Amtsträger, die zwar für ihre Amtsführung **öffentlich** rechenschaftspflichtig sind und sich in diesem Umfang **öffentliche** Aufmerksamkeit gefallen lassen müssen, nicht aber für ihr **Privatleben**, sofern dieses die Amtsführung nicht berührt. Der **häusliche Bereich** [vgl. ggf. spezielleren Art. 13 GG i.V.m. BVerfGE 109, 279, 325 f.] stellt anerkanntermaßen eine solche geschützte Sphäre dar. Wegen des Bezugs auf die Entfaltung der Persönlichkeit darf der **Rückzugsbereich** jedoch nicht von vornherein auf ihn begrenzt werden. Das gilt schon deshalb, weil die Funktionen, denen er dient, nur erfüllt werden, wenn er nicht an den Hausmauern oder Grundstücksgrenzen endet. Die freie Entfaltung der Persönlichkeit wäre erheblich behindert, wenn der Einzelne nur im eigenen Haus der **öffentlichen** Neugier entgehen könnte. Die notwendige

Erholung von einer durch Funktionszwänge und Medienpräsenz geprägten **Öffentlichkeit** ist vielfach nur in der **Abgeschiedenheit einer natürlichen Umgebung, etwa an einem Ferienort**, zu gewinnen. Deswegen muß der Einzelne grundsätzlich die Möglichkeit haben, sich auch in der freien, gleichwohl **abgeschiedenen Natur oder an Örtlichkeiten, die von der breiten Öffentlichkeit deutlich abgeschieden sind**, in einer von **öffentlicher** Beobachtung freien Weise zu bewegen. Das gilt gerade gegenüber solchen Aufnahmetechniken, die die **räumliche Abgeschiedenheit** überwinden, ohne daß der Betroffene dies bemerken kann. Wo die Grenzen der geschützten **Privatsphäre außerhalb des Hauses** verlaufen, läßt sich nicht generell und abstrakt festlegen. Sie können vielmehr nur aufgrund der jeweiligen Beschaffenheit des **Ortes** bestimmt werden, den der Betroffene aufsucht. Ausschlaggebend ist, ob der Einzelne eine **Situation** vorfindet oder schafft, in der er begründetermaßen und somit auch für Dritte erkennbar davon ausgehen darf, den Blicken der **Öffentlichkeit** nicht ausgesetzt zu sein. Ob die Voraussetzungen der **Abgeschiedenheit** erfüllt sind, läßt sich nur situativ beurteilen. Der Einzelne kann sich an ein und demselben **Ort** zu Zeiten mit gutem Grund unbeobachtet fühlen, zu anderen Zeiten nicht. Auch ist der Aufenthalt in umschlossenen **Räumen** keineswegs immer mit **Abgeschiedenheit** gleichzusetzen. Da es um die Frage geht, ob der Einzelne begründetermaßen erwarten darf, unbeobachtet zu sein, oder aber **Plätze** aufgesucht hat, wo er sich unter den Augen der **Öffentlichkeit** bewegt, kann es auch in umschlossenen Räumen an der **Abgeschiedenheit** fehlen, die Voraussetzung für den **Privatsphärenschutz** außerhalb der eigenen **Häuslichkeit** ist. **Plätzen, an denen sich der Einzelne unter vielen Menschen befindet**, fehlt es von vornherein an den Voraussetzungen des **Privatsphärenschutzes** im Sinn von Art. 2 Abs. 1 in Verbindung mit Art. 1 Abs. 1 GG. Sie können das **Rückzugsbedürfnis** nicht erfüllen und rechtfertigen deswegen auch nicht den grundrechtlichen Schutz, den dieses Bedürfnis aus Gründen der Persönlichkeitsentfaltung verdient. Der Einzelne kann solche **Orte** auch nicht etwa durch ein Verhalten, das typischerweise nicht **öffentlich** zur Schau gestellt würde, in seine **Privatsphäre** umdefinieren. Nicht sein Verhalten, ob allein oder mit anderen, konstituiert die **Privatsphäre**, sondern die **objektive Gegebenheit der Örtlichkeit zur fraglichen Zeit**. Verhält er sich daher an **Orten**, die nicht die Merkmale der **Abgeschiedenheit** aufweisen, so, als stünde er nicht unter Beobachtung, hebt er das **Schutzbedürfnis für Verhaltensweisen, die an sich die Öffentlichkeit nichts angehen**, selbst auf. Der **Schutz der Privatsphäre vor öffentlicher Kenntnisnahme** entfällt ferner, wenn sich jemand selbst damit einverstanden zeigt, daß bestimmte, gewöhnlich als privat geltende Angelegenheiten **öffentlich** gemacht werden, etwa indem er Exklusivverträge über die Berichterstattung aus seiner **Privatsphäre** abschließt. Der verfassungsrechtliche **Privatsphärenschutz** aus Art. 2 Abs. 1 in Verbindung mit Art. 1 Abs. 1 GG ist nicht im Interesse einer Kommerzialisierung der eigenen Person gewährleistet. Zwar ist niemand an einer solchen **Öffnung privater Bereiche** gehindert. Er kann sich dann aber nicht gleichzeitig auf den **öffentlichkeitsabgewandten Privatsphärenschutz** berufen. Die Erwartung, daß die Umwelt die **Angelegenheiten oder Verhaltensweisen in einem Bereich mit Rückzugsfunktion** nur begrenzt oder nicht zur Kenntnis nimmt, muß daher situationsübergreifend und konsistent zum Ausdruck gebracht werden. Das gilt auch für den Fall, daß der Entschluß, die Berichterstattung über bestimmte Vorgänge der eigenen **Privatsphäre** zu gestatten oder hinzunehmen, rückgängig gemacht wird.“.

BVerfGE 6, 32, 41 (Elfes) = BVerfG, Urteil vom des Ersten Senats vom 16.01.1957 – 1 BvR 253/56 –, Rn. 32 [vgl. **Recht auf Privatsphäre** als **Privatangelegenheitenschutz** und **Rückzugsraumbereichsschutz** – beides **gegenüber der Öffentlichkeit,** vgl. **Sphärentheorie** mit **Intimsphäre**, **Privatsphäre**, **Sozialsphäre**]: „Vor allem dürfen die Gesetze daher die Würde des Menschen nicht verletzen, die im Grundgesetz der oberste Wert ist, aber auch die geistige, politische und wirtschaftliche Freiheit des Menschen nicht so einschränken, daß sie in ihrem Wesensgehalt angetastet würde (Art. 19 Abs. 2, Art. 1 Abs. 3, Art. 2 Abs. 1 GG). Hieraus ergibt sich, daß dem einzelnen Bürger eine **Sphäre privater Lebensgestaltung** verfassungskräftig vorbehalten ist, also ein letzter **unantastbarer Bereich menschlicher Freiheit** besteht, der der Einwirkung der gesamten öffentlichen Gewalt entzogen ist. Ein Gesetz, das in ihn eingreifen würde, könnte nie Bestandteil der ‚verfassungsmäßigen Ordnung‘ sein; es müßte durch das Bundesverfassungsgericht für nichtig erklärt werden.“. BVerfGE 109, 279, Ls. 2 S. 1 (akustische Wohnraumüberwachung / „Großer Lauschangriff“) = BVerfG, Urteil des Ersten Senats vom 03.03.2004 – 1 BvR 2378/98, 1084/99 –, Ls. 2 S. 1: „Zur Unantastbarkeit der Menschenwürde gemäß Art. 1 Abs. 1 GG gehört die Anerkennung eines absolut geschützten **Kernbereichs privater Lebensgestaltung**.“. BVerfGE 141, 220, 276-278 (BKAG) = BVerfG, Urteil des Ersten Senats vom 20.04.2016 –

1 BvR 966/09 –, Rn. 119-124: „Neben den verfassungsrechtlichen Anforderungen an die allgemeinen Eingriffsvoraussetzungen ergeben sich aus den jeweiligen **Grundrechten in Verbindung mit Art. 1 Abs. 1 GG** für die Durchführung von besonders eingriffsintensiven Überwachungsmaßnahmen besondere Anforderungen an den **Schutz des Kernbereichs privater Lebensgestaltung**. Der verfassungsrechtliche **Schutz des Kernbereichs privater Lebensgestaltung** gewährleistet dem Individuum einen **Bereich höchstpersönlicher Privatheit gegenüber Überwachung**. Er wurzelt in den **von den jeweiligen Überwachungsmaßnahmen betroffenen Grundrechten in Verbindung mit Art. 1 Abs. 1 GG** und sichert einen dem Staat nicht verfügbaren Menschenwürdekern grundrechtlichen Schutzes gegenüber solchen Maßnahmen. Selbst überragende Interessen der Allgemeinheit können einen Eingriff in diesen **absolut geschützten Bereich privater Lebensgestaltung** nicht rechtfertigen (vgl. BVerfGE 109, 279 <313>; stRspr). Zur **Entfaltung der Persönlichkeit im Kernbereich privater Lebensgestaltung gehört die Möglichkeit, innere Vorgänge** wie Empfindungen und Gefühle sowie Überlegungen, Ansichten und Erlebnisse **höchstpersönlicher Art zum Ausdruck zu bringen** (vgl. BVerfGE 109, 279 <313>; 120, 274 <335>; stRspr). Geschützt ist insbesondere die **nichtöffentliche Kommunikation mit Personen des höchstpersönlichen Vertrauens, die in der berechtigten Annahme geführt wird, nicht überwacht zu werden**, wie es insbesondere bei Gesprächen im Bereich der Wohnung der Fall ist. Zu diesen Personen gehören insbesondere Ehe- oder Lebenspartner, Geschwister und Verwandte in gerader Linie, vor allem, wenn sie im selben Haushalt leben, und können Strafverteidiger, Ärzte, Geistliche und enge persönliche Freunde zählen (vgl. BVerfGE 109, 279 <321 ff.>). Dieser Kreis deckt sich nur teilweise mit dem der Zeugnisverweigerungsberechtigten. Solche Gespräche verlieren dabei nicht schon dadurch ihren Charakter als insgesamt höchstpersönlich, dass sich in ihnen Höchstpersönliches und Alltägliches vermischen (vgl. BVerfGE 109, 279 <330>; 113, 348 <391 f.>). Demgegenüber ist die **Kommunikation unmittelbar über Straftaten** nicht geschützt, selbst wenn sie auch Höchstpersönliches zum Gegenstand hat. Die **Besprechung und Planung von Straftaten** gehört ihrem Inhalt nach nicht zum **Kernbereich privater Lebensgestaltung**, sondern hat **Sozialbezug** (vgl. BVerfGE 80, 367 <375>; 109, 279 <319 f., 328>; 113, 348 <391>). Dies bedeutet freilich nicht, dass der Kernbereich unter einem allgemeinen Abwägungsvorbehalt in Bezug auf öffentliche Sicherheitsinteressen steht. Ein **höchstpersönliches Gespräch** fällt nicht schon dadurch aus dem **Kernbereich privater Lebensgestaltung** heraus, dass es für die Aufklärung von Straftaten oder Gefahren hilfreiche Aufschlüsse geben kann. Aufzeichnungen oder Äußerungen im Zwiegespräch, die zum Beispiel ausschließlich innere Eindrücke und Gefühle wiedergeben und keine Hinweise auf konkrete Straftaten enthalten, gewinnen nicht schon dadurch einen **Gemeinschaftsbezug**, dass sie Ursachen oder Beweggründe eines strafbaren Verhaltens freizulegen vermögen (vgl. BVerfGE 109, 279 <319>). Auch können trotz **Straftatenbezugs** Situationen, in denen Einzelnen gerade ermöglicht werden soll, ein Fehlverhalten einzugestehen oder sich auf dessen Folgen einzurichten, wie Beichtgespräche oder vertrauliche Gespräche mit einem Psychotherapeuten oder einem Strafverteidiger, der **höchstpersönlichen Privatsphäre** unterfallen, die dem Staat absolut entzogen ist (vgl. BVerfGE 109, 279 <322>). Ein hinreichender **Sozialbezug** besteht demgegenüber dann, wenn **Gespräche - auch mit Vertrauenspersonen - sonst unmittelbar Straftaten zu ihrem Gegenstand haben** (vgl. BVerfGE 109, 279 <319>). Der **Kernbereich privater Lebensgestaltung** beansprucht gegenüber **allen Überwachungsmaßnahmen** Beachtung. Können sie typischerweise zur Erhebung kernbereichsrelevanter Daten führen, muss der Gesetzgeber Regelungen schaffen, die einen wirksamen Schutz normenklar gewährleisten (vgl. BVerfGE 109, 279 <318 f.>; 113, 348 <390 f.>; 120, 274 <335 ff.>). Außerhalb solch verletzungsgeneigter Befugnisse bedarf es eigener Regelungen nicht. Grenzen, die sich im Einzelfall auch hier gegenüber einem Zugriff auf höchstpersönliche Informationen ergeben können, sind bei deren Anwendung unmittelbar von Verfassungs wegen zu beachten. Der **Schutz des Kernbereichs privater Lebensgestaltung** ist strikt und darf nicht durch Abwägung mit den Sicherheitsinteressen nach Maßgabe des Verhältnismäßigkeitsgrundsatzes relativiert werden (vgl. BVerfGE 109, 279 <314>; 120, 273 <339>; stRspr). Dies bedeutet jedoch nicht, dass **jede tatsächliche Erfassung von höchstpersönlichen Informationen** stets einen Verfassungsverstoß oder eine Menschenwürdeverletzung begründet. Angesichts der Handlungs- und Prognoseunsicherheiten, unter denen Sicherheitsbehörden ihre Aufgaben wahrnehmen, kann ein **unbeabsichtigtes Eindringen in den Kernbereich privater Lebensgestaltung** im Rahmen von Überwachungsmaßnahmen nicht für jeden Fall von vornherein ausgeschlossen werden (vgl. BVerfGE 120, 274 <337 f.>). Die Verfassung verlangt jedoch

a) GR-SB:

aa) Persönlicher GR-SB: „Jeder".

bb) Sachlicher GR-SB: „**freie Entfaltung der Persönlichkeit**" als „**Datenfreiheit**" (Grundsätzliche Bestimmungsbefugnis des Einzelnen über Preisgabe und Verwendung eigener personenbezogener Daten[835]), vgl. **personenbezogenes Datum**: § 36 Nr. 1 DSG NRW[836].

---

für die Ausgestaltung der Überwachungsbefugnisse die **Achtung des Kernbereichs** als eine strikte, nicht frei durch Einzelfallerwägungen überwindbare Grenze.".

BVerfGE 120, 274 (Online-Durchsuchung) = BVerfG, Urteil des Ersten Senats vom 27.02.2008 – 1 BvR 370/07 –, Ls. 1: „Das **allgemeine Persönlichkeitsrecht** (Art. 2 Abs. 1 i.V.m. Art. 1 Abs. 1 GG) umfasst das Grundrecht auf **Gewährleistung der Vertraulichkeit und Integrität informationstechnischer Systeme**."; BVerfGE 120, 274, 314 (Online-Durchsuchung) = BVerfG, Urteil des Ersten Senats vom 27.02.2008 – 1 BvR 370/07 –, Rn. 203: „**informationstechnisches System**": „etwa Personalcomputer", „ferner beispielweise […] solche Mobiltelefone oder elektronische Terminkalender, die über einen großen Funktionsumfang verfügen und personenbezogene Daten vielfältiger Art erfassen und speichern können."; BVerfGE 120, 274, 276 (Online-Durchsuchung) = BVerfG, Urteil des Ersten Senats vom 27.02.2008 – 1 BvR 370/07 –, Rn. 5: „**heimlicher Zugriff auf ein informationstechnisches System**": „[heimliche] technische Infiltration […], die etwa Sicherheitslücken des Zielsystems ausnutzt oder über die Installation eines Spähprogramms erfolgt", wobei die Infiltration es ermöglicht, die Zielsystem-„Nutzung zu überwachen oder die Speichermedien durchzusehen oder gar das Zielsystem fernzusteuern.".

BVerfGE 147, 1 (**Geschlechtsidentität**) = BVerfG, Beschluss des Ersten Senats vom 10.10.2017 – 1 BvR 2019/16 –, Ls. 1-3: „1. Das **allgemeine Persönlichkeitsrecht** (Art. 2 Abs. 1 i.V.m. Art. 1 Abs. 1 GG) schützt die **geschlechtliche Identität**. Es schützt auch die geschlechtliche Identität derjenigen, die sich dauerhaft weder dem männlichen noch dem weiblichen Geschlecht zuordnen lassen. 2. Art. 3 Abs. 3 Satz 1 GG schützt auch Menschen, die sich dauerhaft weder dem männlichen noch dem weiblichen Geschlecht zuordnen lassen, vor **Diskriminierungen wegen ihres Geschlechts**. 3. Personen, die sich dauerhaft weder dem männlichen noch dem weiblichen Geschlecht zuordnen lassen, werden in beiden Grundrechten verletzt, wenn das Personenstandsrecht dazu zwingt, das Geschlecht zu registrieren, aber keinen anderen positiven Geschlechtseintrag als weiblich oder männlich zulässt.".

BVerfG, Urteil des Zweiten Senats vom 26.02.2020 – 2 BvR 2347/15 –, Ls. 1: „a) Das **allgemeine Persönlichkeitsrecht** (Art. 2 Abs. 1 i.V.m. Art. 1 Abs. 1 GG) umfasst als Ausdruck persönlicher Autonomie ein **Recht auf selbstbestimmtes Sterben**. b) Das **Recht auf selbstbestimmtes Sterben** schließt die Freiheit ein, sich das Leben zu nehmen [Rn. 208: „**Recht auf Selbsttötung**"]. Die Entscheidung des Einzelnen, seinem Leben entsprechend seinem Verständnis von Lebensqualität und Sinnhaftigkeit der eigenen Existenz ein Ende zu setzen, ist im Ausgangspunkt als Akt autonomer Selbstbestimmung von Staat und Gesellschaft zu respektieren. c) Die **Freiheit, sich das Leben zu nehmen**, umfasst auch die Freiheit, hierfür bei Dritten Hilfe zu suchen und Hilfe, soweit sie angeboten wird, in Anspruch zu nehmen.".

833 Zum sog. „**Menschenwürdegehalt**" der Grundrechte: *Basten*, Die Menschenwürde des Grundgesetzes.

834 Vgl. auch Art. 142 GG i.V.m. Art. 4 Abs. 2 Verfassung NRW; Art. 8 EU-GR-Charta; Art. 16 AEUV; Art. 8 EMRK.

835 BVerfGE 65, 1, Ls. 1 S. 2 (Volkszählungsgesetz) = BVerfG, Urteil des Ersten Senats vom 15.12.1983 – 1 BvR 209/83, Ls. 1 S. 2 (Ls. 1: „Unter den Bedingungen der modernen Datenverarbeitung wird der Schutz des Einzelnen gegen unbegrenzte Erhebung, Speicherung, Verwendung und Weitergabe seiner persönlichen Daten von dem allgemeinen Persönlichkeitsrecht des Art. 2 Abs. 1 GG in Verbindung mit Art. 1 Abs. 1 GG umfaßt. Das Grundrecht gewährleistet insoweit die Befugnis des Einzelnen, grundsätzlich selbst über die Preisgabe und Verwendung seiner persönlichen Daten zu bestimmen.").

836 BVerfG, Beschluss der 3. Kammer des Zweiten Senats vom 27.06.2018 – 2 BvR 1562/17 (auf § 103 StPO gestützte Anordnung der Durchsuchung der Räumlichkeiten des Münchener Kanzleistandorts der Rechtsanwaltskanzlei Jones Day sowie Sicherstellung von Unterlagen und elektronischen Daten im Zuge des sogenannten „VW-Dieselskandals" – Verfassungsbeschwerde nicht zur Entscheidung angenommen wegen Unzulässigkeit aufgrund Nichterfüllung von Voraussetzungen nach § 93a Abs. 2 BVer-

b) GR-E (oder Nichteingriff/**Einwilligung** i.S.v. § 36 Nr. 19 DSG NRW, § 38 DSG NRW): **Persönlichkeitsentfaltungseinschränkung** als Datenfreiheitseinschränkung durch Datenverarbeitung als **Datenerhebung** i.S.v. § 36 Nr. 2 DSG NRW. Bei sozialadäquatem Gespräch bzw. Trivialkommunikation (z.B. – nicht immer, aber mitunter – über „Wetter“) kann nur schlicht-hoheitliches Verhalten vorliegen, also ein Grundrechtsnichteingriff gegeben sein. Bei „**Spontanäußerung**“ (freiwillige Äußerung außerhalb gezielter Befragung)[837] kann Einwilligung/GR-Verzicht i.S.v. § 36 Nr. 19 DSG NRW, § 38 DSG NRW vorliegen, also auch ein Grundrechtsnichteingriff gegeben sein.[838]

c) GR-B: Art. 2 Abs. 1 Hs. 2 GG[839].

---

fGG), Gründe, V., Rn. 44: „Der Begriff der persönlichen Daten deckt sich mit der Legaldefinition personenbezogener Daten in § 46 Nr. 1 BDSG (zuvor § 3 Abs. 1 BDSG) und erfasst alle Informationen, die sich auf eine identifizierte oder identifizierbare natürliche Person (betroffene Person) beziehen (vgl. noch zu § 3 Abs. 1 BDSG ‚Einzelangaben über persönliche oder sachliche Verhältnisse einer bestimmten oder bestimmbaren Person‘ Di Fabio, in: Maunz/Dürig, GG, Art. 2 Abs.1, Rn. 175 [Juli 2001]).“.

837 Zur Spontanäußerung-Verwertbarkeit: BGH, Beschluss vom 17.07.2019 – 5 StR 195/19, Rn. 5: „Sofern der beim Angeklagten verbliebene Polizeibeamte keine gezielte Befragung durchgeführt, sondern lediglich passiv eine Spontanäußerung entgegengenommen hätte, wären die Verwertbarkeit dieser Äußerung und deren Vorhalt bei der späteren Beschuldigtenvernehmung auch dann rechtlich unbedenklich, wenn der Angeklagte schon zuvor als Beschuldigter hätte belehrt werden müssen (vgl. BGH, Urteile vom 27. Juni 2013 – 3 StR 435/12, BGHSt 58, 301, 305; vom 27. September 1989 – 3 StR 188/89, NStZ 1990, 43; Beschluss vom 9. Juni 2009 – 4 StR 170/09, NStZ 2009, 702).“.

838 Vgl. ggf. zur Frage des Grundrechtseingriffs auch § 9 Abs. 1 Nr. 1 S. 2 (Hs. 1) PolG NRW (Inkrafttreten am 29.12.2018): „Dies gilt auch für personenbezogene Daten, die von der betroffenen Person offensichtlich öffentlich gemacht wurden“; BVerfGE 120, 274 (Online-Durchsuchung) = BVerfG, Urteil des Ersten Senats vom 27.02.2008 – 1 BvR 370/07 –, Ls. 5: „Verschafft der Staat sich Kenntnis von Inhalten der Internetkommunikation auf dem dafür technisch vorgesehenen Weg, so liegt darin nur dann ein Eingriff in Art. 10 Abs. 1 GG, wenn die staatliche Stelle nicht durch Kommunikationsbeteiligte zur Kenntnisnahme autorisiert ist. Nimmt der Staat im Internet öffentlich zugängliche Kommunikationsinhalte wahr oder beteiligt er sich an öffentlich zugänglichen Kommunikationsvorgängen, greift er grundsätzlich nicht in Grundrechte ein.“.

839 Art. 2 Abs. 1 Hs. 2 GG (**Schrankentrias**): BVerfGE 80, 137, 153 (Reiten im Walde) = BVerfG, Beschluss des Ersten Senats vom 06.06.1989 – 1 BvR 921/85 –, C. I. 1 a), Rn. 69: „Abgesehen von einem absolut geschützten Kernbereich privater Lebensgestaltung, welcher der Einwirkung der öffentlichen Gewalt entzogen ist (BVerfGE 6, 32 [41]), ist die allgemeine Handlungsfreiheit allerdings nur in den **Schranken** des zweiten Halbsatzes von Art. 2 Abs. 1 GG gewährleistet und steht damit insbesondere unter dem **Vorbehalt der verfassungsmäßigen (Rechts-)Ordnung** (BVerfGE 6, 32 [37 f.]; 74, 129 [152]). Stützt sich ein die Handlungsfreiheit berührender Akt der öffentlichen Gewalt auf eine Rechtsnorm, so kann mit der Verfassungsbeschwerde unter Berufung auf Art. 2 Abs. 1 GG zur Nachprüfung gestellt werden, ob diese Norm zur **verfassungsmäßigen Ordnung** gehört, das heißt formell und materiell mit den Normen der Verfassung in Einklang steht (st. Rspr. seit BVerfGE 6, 32).“; BVerfGE 6, 32, Ls. 3 (Elfes) = BVerfG, Urteil des Ersten Senats vom 16.01.1957 – 1 BvR 253/56, Ls. 3: „**Verfassungsmäßige Ordnung** im Sinne des Art. 2 Abs. 1 GG ist die verfassungsmäßige Rechtsordnung, d.h. die Gesamtheit der Normen, die formell und materiell der Verfassung gemäß sind.“; vgl. dazu auch BVerfGE 6, 32, 37-41 (Elfes) = BVerfG, Urteil des Ersten Senats vom 16.01.1957 – 1 BvR 253/56, Gründe II. 2 b), c), Rn. 17-33.

Rechte anderer sind (als Teil der verfassungsmäßigen Ordnung) subjektive Berechtigungen (Anspruch oder Befugnis oder Erlaubnis) einschließlich Verpflichtungen (Pflicht zur Erfüllung von Anspruch oder Befugnis oder Erlaubnis) und sonstiger Rechtswirkungen für ein Rechtssubjekt bezüglich eines Verhaltens oder eines Rechtsguts.

Ggf. bei Begleitverfügung (etwa zum „Herkommen/Erscheinen/Mitkommen“ oder „Stehenbleiben“) betroffenes Grundrecht (eine Verfügung zum „Ruhigbleiben“ ist i.d.R. entweder ganz eigenständige Befugnis oder als Motivation zur „ruhigen Antwort“ ganz kommunikativer Akt während der Befragung selbst, im Übrigen Art. 2 Abs. 1 GG):

2. Körperliche Bewegungsfreiheit, Art. 2 Abs. 2 S. 2 GG[840]

a) GR-SB:

aa) Persönlicher GR-SB: „**Person**“, vgl. § 1 BGB.

bb) Sachlicher GR-SB: „Freiheit“ ist **körperliche Bewegungsfreiheit** als Freiheit, jeden Ort oder Raum aufzusuchen, sich dort aufzuhalten, (ihn zu verlassen), der an sich (tatsächlich und rechtlich) zugänglich ist.

b) GR-E (oder Nichteingriff/GR-Verzicht): Freiheitsentziehung oder sonstige Freiheitsbeschränkung.

Freiheitsbeschränkung (Freiheitsentziehung oder sonstige Freiheitsbeschränkung) liegt vor, wenn jemand durch die öffentliche Gewalt gegen seinen Willen daran gehindert wird, einen Ort oder Raum aufzusuchen oder sich dort aufzuhalten, der ihm an sich (tatsächlich und rechtlich) zugänglich ist. Eine **Freiheitsentziehung** als schwerste Form der Freiheitsbeschränkung ist dann gegeben, wenn die tatsächlich und rechtlich an sich gegebene körperliche Bewegungsfreiheit durch staatliche Maßnahmen nach jeder Richtung hin aufgehoben wird[841]; Freiheitsentziehung setzt auch eine besondere Eingriffsintensität und eine nicht nur kurzfristige Dauer der Maßnahme voraus[842]. Im Übrigen kann eine Abgrenzung zwischen Freiheitsentzie-

---

Vgl. zum ein Mal bundesverfassungsgerichtlich entscheidungserheblich bemühten „**Sittengesetz**“ nach Art. 2 Abs. 1 Hs. 2 GG als Gesetz, das nicht das durch die „soziale Gemeinschaft“ „als für sich verbindlich“ anerkannte „Rechtsgefühl“ „im allgemeinen“ „verletzt“: BVerfGE 6, 389 (Homosexuelle) = BVerfG, Urteil des Ersten Senats vom 10.05.1957 – 1 BvR 550/52 –, und StrRehaHomG (Gesetz zur strafrechtlichen Rehabilitierung der nach dem 8. Mai 1945 wegen einvernehmlicher homosexueller Handlungen verurteilten Personen vom 17. Juli 2017 – BGBl. I S. 2443).

840 Vgl. auch Art. 142 GG i.V.m. Art. 4 Abs. 1 Verfassung NRW; Art. 20 Abs. 2a und Art. 21 AEUV i.V.m. Art. 6, 45 EU-GR-Charta (**Bewegungsfreiheit**, **Freizügigkeit**, **Aufenthaltsfreiheit**); Art. 5 EMRK; Art. 2 Protokoll Nr. 4 EMRK; Art. 21 AEUV (**Unionsbürgerfreizügigkeit**, zum **Unionsbürger** vgl. Art. 9 S. 2, 3 EUV, Art. 20 Abs. 1 S. 2, 3 AEUV); Art. 45 AEUV (**Arbeitnehmerfreizügigkeit**); Art. 49 AEUV (**Niederlassungsfreiheit**); Art. 56 AEUV (**Dienstleistungsfreiheit**); vgl. auch Art. 28 AEUV (**Warenverkehrsfreiheit**); Art. 9 Abs. 1 S. 1 IPbpR („Jedermann hat ein Recht auf persönliche Freiheit und Sicherheit.“); Art. 9-11 IPbpR (Freiheitsentziehungsbedingungen), Art. 12 IPbpR (Bewegung, Wohnsitzwahl, Ausreise, Einreise in Hoheitsgebiet eines Staates, vgl. „Freizügigkeit“), Art. 13 IPbpR (Ausländerausweisungsbedingungen).

841 BVerfG, Beschluss der 1. Kammer des Ersten Senats vom 08.03.2011 – 1 BvR 47/05 –, Rn. 20, vgl. BVerfGE 94, 166, 198 (Flughafenverfahren) = BVerfGE, Urteil des Zweiten Senats vom 14.05.1996 – 2 BvR 1516/93.

842 BVerfGE 149, 293 (5-Punkt-Fixierung/7-Punkt-Fixierung) = BVerfG, Urteil des Zweiten Senats vom 24.07.2018 – 2 BvR 309/15 –, D. II. 2. a), Rn. 67, vgl. dazu auch BVerfGE 149, 293 (5-Punkt-Fixierung/7-Punkt-Fixierung) = BVerfG, Urteil des Zweiten Senats vom 24.07.2018 – 2 BvR 309/15 –, D. II. 2. b): „Jedenfalls eine **5-Punkt- oder 7-Punkt-Fixierung**, bei der sämtliche Gliedmaßen des Betroffenen mit Gurten am Bett festgebunden werden, stellt eine Freiheitsentziehung im Sinne von Art. 104 Abs. 2 GG dar, es sei denn, es handelt sich um eine lediglich **kurzfristige Maßnahme**. Von einer kurzfristigen Maßnahme ist in der Regel auszugehen, wenn sie absehbar die Dauer von ungefähr einer halben Stunde unterschreitet.“.

hung und sonstiger Freiheitsbeschränkung auch erfolgen nach Art, Dauer, Intensität, Mittel, Zweck der Freiheitsbeschränkung.[843]

c) GR-B: Art. 2 Abs. 2 S. 3 i.V.m. Art. 104 GG.

A. Rechtsgrundlage (RGL) II. Rechtsgebiet (RG)

(VOR/DEF)

Rechtsgebiet ist Rechtsordnungsteil nach allen Umständen[844] – wie schwerpunktmäßige Äußerungen[845], Rechtsnormen[846], Zwecke[847], auch i.V.m. §§ 133, 157 BGB analog[848].[849]

---

843 Vgl. auch insbesondere zu Art, Intensität, Mittel: § 415 Abs. 2 FamFG und §§ 37a, 62 PolG NRW.

844 Umstände im weiten Sinn, etwa als Bedingungen, Beziehungen, Faktoren, Folgen, Funktionen, Umweltbedingungen, Variablen, Verhältnissen, Voraussetzungen, Weltbedingungen.

845 Äußerungen im weiten Sinn, etwa als alle Verhaltensäußerungen (einschließlich Aussagen).

846 Rechtsnormen im weiten Sinn, etwa solche, die die Umstände oder das Verhalten regieren (sollen).

847 Zwecke im weiten Sinn, etwa als sich aus einer Lage ergebende, objektiv zu verfolgende Ziele.

848 Sog. **objektivierter Empfängerhorizont**, vgl. BVerwGE 147, 81 = BVerwG, Urteil vom 20.06.2013 – BVerwG 8 C 46.12, Rn. 27: „Die bundesrechtlichen Auslegungsregeln der §§ 133, 157 BGB sind auf öffentlich-rechtliche Erklärungen entsprechend anzuwenden. Bei Verwaltungsakten kommt es wie bei empfangsbedürftigen Willenserklärungen nicht auf den wirklichen Willen des Erklärenden (natürliche Auslegung), sondern auf den objektiven Erklärungsinhalt an. Maßgeblich ist, wie der Empfänger die Erklärung nach Treu und Glauben unter Berücksichtigung der für ihn erkennbaren Umstände verstehen musste. Dabei ist vom Wortlaut der Erklärung auszugehen und deren objektiver Gehalt unter Berücksichtigung des Empfängerhorizonts zu ermitteln (stRspr, vgl. Urteile vom 2. September 1999 - BVerwG 2 C 22.98 - BVerwGE 109, 283 <286> = Buchholz 237.7 § 72 NWLBG Nr. 4 und vom 27. Juni 2012 - BVerwG 9 C 7.11 - BVerwGE 143, 222 <Rn. 18> = Buchholz 11 Art. 20 GG Nr. 206; BGH, Urteile vom 24. Februar 1988 - VIII ZR 145/87 - BGHZ 103, 275 <280>, vom 27. Januar 2010 - VIII ZR 58/09 - BGHZ 184, 128 <137 Rn. 33> und vom 1. März 2011 - II ZR 16/10 - NJW 2011, 1666 <1667 Rn. 11> je m.w.N.).“; BVerwG, Beschluss vom 06.08.2018 – BVerwG 7 B 4.18, Rn. 10: „Dass die bundesrechtlichen Auslegungsregeln der §§ 133, 157 BGB auf öffentlich-rechtliche Erklärungen, d.h. u.a. auf Verwaltungsakte, entsprechend anzuwenden sind, ist in der Rechtsprechung des Bundesverwaltungsgerichts bereits geklärt (BVerwG, Urteil vom 20. Juni 2013 - 8 C 46.12 - BVerwGE 147, 81 Rn. 27 m.w.N.).“.

849 BVerwG 47, 255, 264 = BVerwG, Urteil vom 03.12.1974 – BVerwG I C 11.73: „Obwohl sich für die Polizei im Einzelfall bei einem einheitlichen Lebenssachverhalt gleichzeitig und unmittelbar Aufgaben der Strafverfolgung und der Gefahrenabwehr ergeben können, ist der im Schrifttum vertretenen Auffassung nicht zu folgen, daß aus Gründen der Rechtssicherheit oder wegen der schwierigen Durchschaubarkeit für den Bürger jede Art polizeilichen Handelns der verwaltungsgerichtlichen Kontrolle unterliegen müsse. In aller Regel ist es für den Betroffenen nicht schwer, zu erkennen, ob die Polizei im konkreten Fall eine - begangene - Straftat erforschen (**Strafverfolgung**) oder den Eintritt eines Schadens, etwa die - zukünftige - Begehung einer strafbaren Handlung, verhindern oder eine bereits eingetretene Störung der öffentlichen Sicherheit oder Ordnung beseitigen (**Gefahrenabwehr**) will. Außerdem wird man davon ausgehen dürfen, daß die Polizei dem Betroffenen - wie im vorliegenden Fall - den Grund ihres Einschreitens von sich aus oder auf Verlangen angibt. Im übrigen kommt es darauf an, wie sich der konkrete Lebenssachverhalt einem verständigen Bürger in der Lage des Betroffenen bei natürlicher Betrachtungsweise darstellt. Dieser Sachverhalt muß im allgemeinen einheitlich betrachtet werden, es sei denn, daß einzelne Teile des Geschehensablaufs objektiv abtrennbar sind. Hat die Polizei die Ermittlungen an die StA oder das Amtsgericht weitergeleitet (§ 163 Abs. 2 StPO) oder auf Weisung der StA gehandelt, so kann an der strafprozessualen Natur ihres Einschreitens kein vernünftiger Zweifel bestehen. Eine Maßnahme, die nach dem Gesamteindruck darauf gerichtet ist, eine strafbare Handlung zu erforschen

(SUB/ERG)

Die Maßnahme erfolgt auf dem Rechtsgebiet des besonderen öffentlichen Rechts polizeilicher Strafrechtspflege.

Eine Befragung erfolgt auf dem Rechtsgebiet der Strafrechtspflege insbesondere bei

- tatverdachtsveranlasstem Fragen;
- Fragen nach tatverdachtsbezogenen Dingen;
- Fragen mit schwerpunktmäßigem Zweck einer anschließenden Strafrechtspflegemaßnahme;
- Fehlen eines Gefahrenüberhangs.

A. Rechtsgrundlage (RGL) III. Mögliche Befugnisrechtsnorm (Mgl. Brn.)

(VOR/DEF)

Befugnisrechtsnorm ist die rechtmäßige hauptsächliche materiellrechtliche Rechtsgrundlage mit realfolgenentsprechender Rechtsfolge.

(SUB/ERG)

Realfolge ist die Maßnahme laut Sachverhalt.
Rechtsfolge ist die Maßnahme laut Rechtsnorm.

(SUB)
Realfolgen und Rechtsfolgen zu:
Befragung/Vernehmung

(SUB)
Realfolgen – Beispiele:

- Aktives Entgegennehmen von Aussage;
- Fragestellen;
- Bitte um Beantwortung einer Frage;
- Aufforderung zum Machen von Angaben; z.B. durch Gestik, Mimik, Verbalisierung.

Rechtsfolge(n) Befragung/Vernehmung – allgemein:

Befragung/Vernehmung ist jedes in (erkennbarer, vgl. § 9 Abs. 5 PolG

(ERG)
Mögliche Befugnisrechtsnorm zu:
Befragung/Vernehmung

(ERG)
Gefahrenabwehr:

- Ggf. speziellere Rechtsfolgenregelungen (je nach Auffassung zu Anforderungen an Befugnisrechtsnormstruktur, vgl. bloße Pflichtenformulierung), vgl. § 50 Abs. 2 BNatSchG; § 42 BWaldG; §§ 6-15 IfSG; § 22 GastG; § 14 GewO; § 2 JuSchG; §§ 42, 44 LFGB; §§ 315-318 SGB III; § 97a SGB VIII; §§ 98-101 SGB X; § 4 VereinsG; §§ 15 Abs. 5, 34-39 WaffG.

oder sonst zu verfolgen, ist der Kontrolle der ordentlichen Gerichte nach §§ 23 ff. EGGVG nicht etwa deshalb entzogen, weil durch die polizeilichen Ermittlungen möglicherweise zugleich auch künftigen Verletzungen der öffentlichen Sicherheit vorgebeugt würde.“.

NRW+BGHSt/BVerfGE)[850] amtlicher Funktion ausdrückliche oder konkludente Fragen oder sonstige Auskunftsverlangen über einen bestimmten (vgl. § 9 Abs. 7 PolG NRW) Sachverhalt (insb. potentielle Störung, Tatverdacht) im Unterschied zu *bloßer* ID-Maßnahme.[851]

- § 9 Abs. 2 PolG NRW: Befragung der betroffenen Person oder der nichtbetroffenen Person (vgl. § 9 Abs. 4 PolG NRW);
- § 9 Abs. 3 PolG NRW: Befragung zu ID-Merkmalen gegenüber Person i.S.d. § 9 Abs. 2 PolG NRW;
- § 12a Abs. 1 S. 1 Var. 2 PolG NRW: Befragen

Strafrechtspflege (ggf. mit §§ 46, 53 Abs. 1 S. 2, Abs. 2 OWiG):

- Ggf. speziellere Rechtsnormen, vgl. z.B. § 99 StPO[852]
- § 163a StPO: Vernehmung des Beschuldigten
- § 163 Abs. 3-7 StPO: Vernehmung von Zeugen oder Sachverständigen (vgl. § 163 Abs. 6 S. 1 StPO) oder anderen Personen (vgl. § 163 Abs. 6 S. 2 StPO)

---

[850] Nr. 9.3 VVPolG NRW: „Eine Datenerhebung kann ohne Kenntnis der betroffenen Person u.a. bei öffentlichen Stellen oder Dritten sowie aus allgemein zugänglichen Quellen erfolgen. Eine Datenerhebung durch Befragung Dritter oder durch Auskunftsersuchen bei einer anderen Behörde ist nicht schon deshalb eine **verdeckte Maßnahme**, weil sie ohne Kenntnis der betroffenen Person erfolgt.“. Nr. 9.4 VVPolG NRW: „Eine **verdeckte Datenerhebung** liegt vor, wenn getarnte Maßnahmen zur Datenerhebung vorgenommen werden, insbesondere die Zugehörigkeit zur Polizei bewusst verschleiert wird. Um ein **verdecktes Vorgehen** handelt es sich nicht schon, wenn Polizeivollzugsbeamtinnen oder Polizeivollzugsbeamte Dienst in Zivilkleidung verrichten oder ein äußerlich nicht als solches zu erkennendes Dienstfahrzeug benutzen.“.

[851] BVerfGK 15, 71 (Kreditkartenabfrage bei Kinderpornographieverdacht) = BVerfG, Beschluss der 2. Kammer des Zweiten Senats vom 17.02.2009 – 2 BvR 1372/07 –, B. 2. b) bb), Rn. 29: „Die Erforschung von Straftaten berührt ihrem Wesen nach immer Persönlichkeitsrechte des Beschuldigten und Dritter und ist schon begrifflich mit der Erhebung und Verarbeitung personenbezogener Daten verbunden. Jede polizeiliche Vernehmung, bei der ein Zeuge [oder ein anderer wie ein Beschuldigter/Betroffener, P. B.] seine Kenntnisse über andere Personen und deren Verhalten mitteilt, ist eine Erhebung personenbezogener Daten [Schrifttumsquellenangabe].“.

[852] Vgl. § 99 Abs. 2 StPO, § 100 StPO und frühere Entscheidung des BGH, Beschluss vom 20.02.2019 – BGH, StB 51/18, Rn. 11-13: „Die für die **Beschlagnahme retrograder Postdaten** erforderliche gesetzliche Grundlage ergibt sich nicht aus § 99 StPO, und zwar weder aus einer direkten noch aus einer entsprechenden Anwendung der Vorschrift. Gemäß § 99 StPO ist die **Beschlagnahme der an den Beschuldigten gerichteten Postsendungen** zulässig, die sich im Gewahrsam von Personen oder Unternehmen befinden, die geschäftsmäßig Post- oder Telekommunikationsdienste erbringen oder daran mitwirken. In der sich daraus ergebenden **Verpflichtung zur Herausgabe von Postsendungen** ist nach allgemeiner Meinung als weniger intensiver Eingriff und mithin rechtstechnisch als Minus zugleich die Verpflichtung enthalten, **Auskunft über die Postsendungen** zu erteilen. Falls die Voraussetzungen der Postbeschlagnahme erfüllt sind, kann mithin statt dieser auch lediglich die diese betreffende Auskunft verlangt werden [Quellenangaben]. Diese Möglichkeit stellt sich allerdings lediglich als eine Ausprägung des Verhältnismäßigkeitsgrundsatzes dar und schafft daher keine weitergehenden Zugriffsmöglichkeiten als die Postbeschlagnahme selbst. Nach dem eindeutigen Wortlaut des § 99 Satz 1 StPO erstreckt sich die Auskunftspflicht deshalb - ebenso wie die Herausgabepflicht - nur auf diejenigen Postsendungen, die sich noch im Gewahrsam der Postunternehmen befinden, nicht hingegen auf bereits weitergeleitete [Quellenangaben].“.

- § 55 OWiG: Anhörung/Vernehmung des (beschuldigten) Betroffenen

Vgl. auch ggf. § 43 Abs. 1 JGG (ggf. i.V.m. § 109 JGG).

(SUB)

Realfolgen und Rechtsfolgen zu:

Anhalten/Festhalten

(SUB)

<u>Realfolgen Anhalten/Festhalten:</u>

- Aufforderung zum Stehenbleiben
- Aufforderung zum Verlangsamen des Fortbewegungstempos
- Aufforderung zum Aufenthalt an bestimmter Stelle

<u>Rechtsfolge Anhalten/Festhalten:</u>

Anhalten/Festhalten ist Reduzieren oder Stoppen der Bewegung i.S.d. Art. 2 Abs. 2 S. 2 GG.

Abgrenzung von Anhalten und Festhalten erfolgt nach:

- Gesetz, vgl. §§ 36 Abs. 1 S. 1, 37 Abs. 1 PolG NRW
- „ADIMZ" (Art, Dauer, Intensität, Mittel, Zweck der Freiheitsbeschränkung) (Vorentscheidung mit Freiheitsentziehung oder sonstiger Freiheitsbeschränkung beim Fallbearbeitungspunkt A. I.).

(ERG)

Mögliche Befugnisrechtsnorm zu:

Anhalten/Festhalten

(ERG)

<u>Gefahrenabwehr:</u>

Anhalten / Festhalten

- § 12 Abs. 1 Nr. 1, Abs. 2 S. 2 Var. 1 / S. 3 PolG NRW
- § 12 Abs. 1 Nr. 2 a), Abs. 2 S. 2 Var. 1 / S. 3 PolG NRW
- § 12 Abs. 1 Nr. 2 b), Abs. 2 S. 2 Var. 1 / S. 3 PolG NRW
- § 12 Abs. 1 Nr. 2 c), Abs. 2 S. 2 Var. 1 / S. 3 PolG NRW
- § 12 Abs. 1 Nr. 3, Abs. 2 S. 2 Var. 1 / S. 3 PolG NRW
- § 12 Abs. 1 Nr. 4, Abs. 2 S. 2 Var. 1 / S. 3 PolG NRW
- § 12a Abs. 1 S. 1 Var. 1 / S. 1 Var. 3 PolG NRW
- § 14 Abs. 1 Nr. 1 PolG NRW (i.V.m. § 12/12a PolG NRW)
- Ggf. § 8 Abs. 1 PolG NRW.

Nur Anhalten:

- § 9 Abs. 2 S. 2 PolG NRW
- § 9 Abs. 3 S. 1 (i.V.m. § 9 Abs. 2 PolG NRW)
- § 25 Abs. 2 PolG NRW
- § 36 Abs. 5 S. 1 StVO.

Nur Festhalten (vgl. §§ 36 Abs. 1 S. 1, 37 Abs. 1 PolG NRW):

- § 10 Abs. 3 PolG NRW
- § 35 PolG NRW
- § 58 Abs. 4 AufenthG
- §§ 62-62b AufenthG (vgl. § 71 Abs. 5 AufenthG)
- Nur für zuständige Behörde: § 30 IfSG.

Nur für örtliche Ordnungsbehörde: § 14 PsychKG (NRW). Nur für Jugendamt: § 42 SGB VIII.

Strafrechtspflege (ggf. mit §§ 46, 53 Abs. 1 S. 2, Abs. 2 OWiG):

Anhalten als (erforderliche) Maßnahme / Festhalten zur

- IDF beim Verdächtigen, § 163b Abs. 1 StPO / §§ 163b Abs. 1, c StPO
- IDF beim Nichtverdächtigen, § 163b Abs. 2 StPO/ §§ 163b Abs. 2, c StPO
- IDF bei jedermann an an öffentlich zugänglichem Ort eingerichteter Kontrollstelle, § 111 StPO (ohne §§ 46, 53 Abs. 1 S. 2 OWiG)
- Ggf. § 163 Abs. 1 S. 2 StPO.

Nur Festhalten (vgl. Art. 104 GG):

- § 127 Abs. 1 S. 1 Alt 1 StPO
- § 127 Abs. 2 i.V.m. § 112 StPO
- § 127 Abs. 2 i.V.m. § 112a StPO
- § 127 Abs. 2 i.V.m. § 126a StPO
- § 127b StPO
- § 164 StPO
- § 19 IRG.

(SUB)

Rechtsfolge ist als Justiz-VA (vgl. § 23 Abs. 1 EGGVG)[853] eine (Zeugen-/Sachverständigen/Andere-Personen-)Vernehmung[854], nämlich ein in erkennbarer amtlicher Funktion

853 **Wohnungstüröffnungs-Verfügung** (je nach Rechtsgebiet VA oder Justiz-VA [z.B.: „Bitte öffnen Sie die Tür!"]) kann bspw. wie folgt – insbesondere über den Zweck – zu subsumieren sein:

- § 9 Abs. 2 PolG NRW / § 163 Abs. 3 StPO / § 163a StPO (Zweck: Befragung / Vernehmung).
- § 12 PolG NRW / § 163b Abs. 1 oder § 163b Abs. 2 StPO (Zweck: IDF jedenfalls ohne Wohnungs-Betretens- und Wohnungs-Durchsuchungszweck [z.B.: IDF-Befragung / IDF-Ausweisverlangen an der Tür]).
- § 16a PolG NRW / § 163f StPO / § 163 Abs. 1 S. 2 StPO (Zweck: Observation jedenfalls ohne Wohnungs-Betretens- und Wohnungs-Durchsuchungszweck [z.B.: Datenerhebung von der Tür aus]).
- § 35 PolG NRW / § 127 Abs. 1 S. 1 Alt. 1 StPO / § 127 Abs. 2 i.V.m. § 112/§ 112a/§ 126a; § 127b StPO; § 164 StPO (Zweck: Ingewahrsamnahme / Festnahme jedenfalls ohne Wohnungs-Betretens- und Wohnungs-Durchsuchungszweck [z.B.: Ingewahrsamnahme / Festnahme an der Tür]).
- § 41 PolG NRW / § 102 StPO oder § 103 StPO (Zweck: Wohnungsbetreten und/oder Wohnungsdurchsuchung).
- § 43 PolG NRW / § 94 Abs. 1 StPO / § 94 Abs. 1, 2 StPO / §§ 94 Abs. 3, 111a StPO, § 69 StGB / §§ 99, 100 StPO / § 108 StPO (§ 110 StPO); / § 111b StPO / § 132 StPO (Zweck: Sicherstel-

ausdrückliches oder konkludentes Fragen oder sonstiges Auskunftsverlangen über einen bestimmten Sachverhalt im Unterschied zu bloßer ID-Maßnahme.

(ERG)

Mögliche Befugnisrechtsnorm ist § 163 Abs. 3-7 StPO (ggf. i.V.m. §§ 46, 53 Abs. 1 S. 2, Abs. 2 OWiG).

B. Formelle Rechtmäßigkeit (FR) I. Zuständigkeit (Z)

Zuständigkeit für Straftatenerforschung/StPO

(VOR/DEF)

Zuständigkeit ist Aufgabenwahrnehmungserlaubnis für den Rechtsfolgesetzer.

(SUB/ERG)

Für die Maßnahme ist die Zuständigkeit (i.d.R.) wie folgt gegeben:

1. sachliche Zuständigkeit *der Polizei* gemäß

- § 163 Abs. 1 S. 1 StPO;

---

lung/Beschlagnahme jedenfalls ohne Wohnungs-Betretens- und Wohnungs-Durchsuchungszweck [z.B.: Sicherstellung/Beschlagnahme an der Tür).

- § 81a StPO / § 81c StPO / § 81g StPO / § 81h StPO (Zweck: der jeweilige „Untersuchungs"-Zweck jedenfalls ohne Wohnungs-Betretens- und Wohnungs-Durchsuchungszweck [z.B.: „Untersuchung" an der Tür]).
- § 8 Abs. 1 PolG NRW / § 163 Abs. 1 S. 2 StPO (Zweck: jedenfalls ein nicht besonders geregelter Zweck jedenfalls ohne Wohnungs-Betretens- und Wohnungs-Durchsuchungszweck).

[854] Zur **Zeugenvernehmung beim Verdächtigen**: BGHSt 51, 367 = BGH, Urteil vom 03.07.2007 – 1 StR 3/07: „Bereits aus §§ 55, 60 Nr. 2 StPO ergibt sich, dass im Strafverfahren auch ein Verdächtiger im Einzelfall als Zeuge vernommen werden darf, ohne dass er über die Beschuldigtenrechte belehrt werden muss (vgl. BGHSt 10, 8 [10] = NJW 1957, 230; BGHSt 17, 128 [133] = NJW 1960, 1960; [Literaturquellenangabe]; ferner BVerfG Beschl. v. 8. 12. 2005 – 2 BvR 1513/05). Der Vernehmende darf dabei auch die Verdachtslage weiter abklären […]. Ergibt sich die Beschuldigteneigenschaft nicht aus einem Willensakt der Strafverfolgungsbehörden, kann – abhängig von der objektiven Stärke des Tatverdachts – unter dem Gesichtspunkt der Umgehung der Beschuldigtenrechte gleichwohl ein Verstoß gegen die Belehrungspflicht nach § 136 I 2 StPO vorliegen […]. […] Falls jedoch der Tatverdacht so stark ist, dass die Strafverfolgungsbehörde anderenfalls willkürlich die Grenzen ihres Beurteilungsspielraums überschreiten würde, ist es verfahrensfehlerhaft, wenn dennoch nicht zur Beschuldigtenvernehmung übergegangen wird (vgl. BGHSt 37, 48 [51f.] = NJW 1990, 2633 = NStZ 1990, 446; BGHSt 38, 214 [228] = NJW 1992, 1463 = NStZ 1992, 294; BGHSt 40, 211 = NJW 1994, 2904 [2907] = NStZ 1994, 593; BGH, NJW 1996, 2663; NJW 1997, 1591 = NStZ 1997, 398; NStZ-RR 2002, 67 [bei Becker]; NJW 2004, 368; ZVI 2004, 298 = BeckRS 2004, 03400). Andererseits kann der Umstand, dass die Strafverfolgungsbehörde – zumal bei Tötungsdelikten – erst bei einem konkreten und ernsthaften Tatverdacht zur Vernehmung des Verdächtigen als Beschuldigten verpflichtet ist, für ihn auch eine schützende Funktion haben. Denn der Vernommene wird hierdurch nicht vorschnell mit einem Ermittlungsverfahren überzogen, das erhebliche nachteilige Konsequenzen für ihn haben kann.".

2. instanzielle Zuständigkeit *der Polizeibehörde* (i.d.R.) gemäß

- (i.d.R.) § 11 Abs. 1 Nr. 2 Alt. 1 POG NRW i.V.m. KPBVO NRW;
- (generell:) §§ 10-14 POG NRW (ggf. LKAAufgVO NRW);

3. örtliche Zuständigkeit *der Polizeibehörde* gemäß

- (i.d.R.) § 7 Abs. 1 POG NRW (ggf. i.V.m. KHStVO NRW);
- (generell: §§ 7-9 POG NRW[855]) (ggf. i.V.m. KHStVO NRW);

4. funktionelle Zuständigkeit *des Polizeiamtswalters* gemäß

- § 163 Abs. 1 S. 2 W. 5 („sie") i.V.m. § 163 Abs. 1 S. 1 W. 1-6 StPO, hier der (Behörden und) Beamten des Polizeidienstes für Anordnung und Ausführung, vgl. dazu auch § 163 Abs. 3 StPO („Ermittlungspersonen der Staatsanwaltschaft"), § 163 Abs. 4 S. 2 StPO („Person") und § 163 Abs. 5, 6 StPO („Beamte des Polizeidienstes");
- ggf. gemäß § 163 Abs. 4 S. 2 StPO die die Vernehmung leitende Person für im Verhältnis zu § 163 Abs. 4 S. 1 StPO übrige Entscheidungen.

Zuständigkeit für Ordnungswidrigkeitenerforschung/OWiG

(VOR/DEF)

Zuständigkeit ist Aufgabenwahrnehmungserlaubnis für den Rechtsfolgesetzer.

(SUB/ERG)

Für die Maßnahme ist die Zuständigkeit (i.d.R.) wie folgt gegeben:

1. sachliche Zuständigkeit *der Polizei* gemäß

- §§ 35, 36 OWiG;
  - i.V.m. § 1 Abs. 2 Teil-3-OWiGZVO NRW: PB – solange Nicht-Abgabe an OB – für Verfolgung von Owi nach: §§ 111, 117-121 OWiG;
  - i.V.m. § 1 Abs. 3 Teil-3-OWiGZVO NRW: KPB für Verfolgung und Ahndung von Owi nach §§ 113, 115 OWiG bei polizeilichen Gewahrsams-Gefangenen, § 127 OWiG bei öff. Urkunden und Beglaubigungszeichen;
  - i.V.m. § 2b öffVereinsRZVO NRW: KBP für die Verfolgung und Ahndung von Owi nach § 23 VereinsGDV;
  - i.V.m. § 1 Abs. 2 VerkehrsOwiZVO NRW: PB – solange Nicht-Abgabe an KOB oder StA – für Verfolgung von Owi nach §§ 23, 24, 24a und 24c StVG;
  - i.V.m. § 2 VersGZVO NRW: KPB für die Verfolgung und Ahndung von Owi nach § 29 VersG;
  - i.V.m. § 5 WaffGDVO NRW: KPB für die Verfolgung und Ahndung von Owi nach § 53 WaffG;
- § 53 OWiG;

2. instanzielle Zuständigkeit *der Polizeibehörde* (i.d.R.) gemäß

---

[855] Vgl. auch zu § 9 Abs. 1 S. 1 Nr. 5 POG NRW: Abkommen zwischen den Ländern der Bundesrepublik Deutschland über die erweiterte Zuständigkeit der Polizei der Länder bei der Strafverfolgung.

- § 11 Abs. 1 Nr. 2 Alt. 2 POG NRW i.V.m. KPBVO NRW (generell: §§ 10-14 POG NRW) [bei §§ 35, 36 OWiG];
  - i.V.m. § 1 Abs. 2 Teil-3-OWiGZVO NRW: PB – solange Nicht-Abgabe an OB – für Verfolgung von Owi nach: §§ 111, 117-121 OWiG;
  - i.V.m. § 1 Abs. 3 Teil-3-OWiGZVO NRW: KPB für Verfolgung und Ahndung von Owi nach §§ 113, 115 OWiG bei polizeilichen Gewahrsams-Gefangenen, § 127 OWiG bei öff. Urkunden und Beglaubigungszeichen;
  - i.V.m. § 2b öffVereinsRZVO NRW: KBP für die Verfolgung und Ahndung von Owi nach § 23 VereinsGDV;
  - i.V.m. § 1 Abs. 2 VerkehrsOwiZVO NRW: PB – solange Nicht-Abgabe an KOB oder StA – für Verfolgung von Owi nach §§ 23, 24, 24a und 24c StVG;
  - i.V.m. § 2 VersGZVO NRW: KPB für die Verfolgung und Ahndung von Owi nach § 29 VersG;
  - i.V.m. § 5 WaffGDVO NRW: KPB für die Verfolgung und Ahndung von Owi nach § 53 WaffG;

3. örtliche Zuständigkeit *der Polizeibehörde* gemäß

- (bei §§ 35, 36 OWiG:) § 37 OWiG;
- im Übrigen generell: §§ 7-9 POG NRW;

4. funktionelle Zuständigkeit *des Polizeiamtswalters* (i.d.R.) gemäß

- § 53 Abs. 1 S. 2 W. 1 („Sie") i.V.m. § 53 Abs. 1 S. 1 W. 1-6 OWiG, also hier: der (Behörden und) Beamten des Polizeidienstes für Anordnung, Ausführung, Antrag, Anregung.
- ggf. gemäß § 163 Abs. 4 S. 2 StPO die die Vernehmung leitende Person für im Verhältnis zu § 163 Abs. 4 S. 1 StPO übrige Entscheidungen.

B. Formelle Rechtmäßigkeit (FR) II. Verfahren (V)

(VOR/DEF)

Verfahren ist normiertes Verhalten insbesondere für den Rechtsfolgezuständigen außer, bei, i.Z.m. der Rechtsfolge.

(VOR/DEF)

1. § 163 Abs. 4 S. 1 Nr. 1 StPO: Zeugeneigenschafts-Entscheidung durch StA bei Zweifeln

Gemäß § 163 Abs. 4 S. 1 Nr. 1 StPO entscheidet die Staatsanwaltschaft über die Zeugeneigenschaft, sofern insoweit Zweifel bestehen oder im Laufe der Vernehmung aufkommen.[856]

---

[856] BGH, Beschluss vom 27.05.2009 – 1 StR 99/09 –, Rn. 13: „Die Staatsanwaltschaft leitet das Ermittlungsverfahren [**StA-Leitung**] und trägt die Gesamtverantwortung [**StA-Gesamtverantwortung**] für eine rechtsstaatliche, faire und ordnungsgemäße Durchführung des Verfahrens, auch soweit es durch die Polizei geführt wird (vgl. Nr. 1 RiStBV [weitere Quellenangaben]. Aufgrund dieser umfassenden Verantwortung steht der Staatsanwaltschaft gegenüber ihren Ermittlungspersonen ein uneingeschränktes Weisungsrecht [**StA-Weisungsrecht**] in Bezug auf ihre auf die Sachverhaltserforschung gerichtete strafverfolgende Tätigkeit zu, vgl. § 161 Abs. 1 Satz 2 StPO, § 152 Abs. 1 GVG [Quellenangaben]. Dabei kann sie konkrete Einzelweisungen zu Art und Durchführung einzelner Ermittlungshandlungen

2. § 163 Abs. 3 S. 1 StPO und § 163 Abs. 3 S. 2 i.V.m. § 48 StPO: Zeugenladungsverpflichtungen; § 163 Abs. 4 S. 1 Nr. 4 StPO: StA-Entscheidung bei Verstößen

Gemäß § 163 Abs. 3 S. 1 StPO sind Zeugen verpflichtet, auf Ladung vor Ermittlungspersonen der Staatsanwaltschaft zu erscheinen und zur Sache auszusagen, wenn der Ladung ein Auftrag der Staatsanwaltschaft zugrundeliegt; im Übrigen haben sie gemäß § 163 Abs. 1 S. 2 i.V.m. § 48 Abs. 1 S. 2 StPO die Pflicht auszusagen, wenn keine im Gesetz vorgesehene Ausnahme vorliegt[857]; zu Ladungsausnahmen vgl. etwa § 49 StPO (Vernehmung des Bundespräsidenten), § 50 StPO (Vernehmung von Abgeordneten und Mitgliedern einer Regierung)[858].

Gemäß § 163 Abs. 3 S. 2 i.V.m. § 48 Abs. 2 StPO (vgl. auch §§ 49, 50 StPO) geschieht die Ladung der Zeugen unter Hinweis auf

- verfahrensrechtliche Bestimmungen, die dem Interesse des Zeugen dienen;
- vorhandene Möglichkeiten der Zeugenbetreuung;
- die gesetzlichen Folgen des Zeugen-Ausbleibens.

Gemäß § 163 Abs. 4 S. 1 Nr. 4 StPO entscheidet die Staatsanwaltschaft bei unberechtigtem Ausbleiben oder unberechtigter Weigerung des Zeugen über die Verhängung der in § 51 StPO

---

erteilen, Nr. 3 Abs. 2, Nr. 11 RiStBV, oder ihre Leitungsbefugnis im Rahmen der Aufklärung von Straftaten unabhängig vom Einzelfall durch allgemeine Weisungen im Voraus in Anspruch nehmen [Quellenangaben].", Rn. 14: „Bereits mit Blick auf mögliche **Beweisverwertungsverbote** wegen fehlender oder nicht rechtzeitiger Belehrung als Beschuldigter nach § 136 Abs. 1 Satz 2, § 163a Abs. 4 StPO (vgl. dazu BGHSt 51, 367 ff.) oder mangels ‚qualifizierter' Belehrung [**qualifizierte Belehrung**] nach zunächst zu Unrecht erfolgter Vernehmung als Zeuge (vgl. dazu BGH NStZ 2009, 281 f. [= BGHSt 53, 112 = BGH, Urteil vom 18.12.2008 – 4 StR 455/08]) erfordert die der Staatsanwaltschaft zugewiesene Verantwortlichkeit, dass sie die ihr zustehenden Leitungs- und Kontrollbefugnisse auch effektiv ausübt. Dazu genügt es nicht, wenn sie lediglich Richtung und Umfang der von der Polizei vorzunehmenden Ermittlungen ganz allgemein vorgibt [Quellenangaben].", Rn. 15: „Jedenfalls in Fällen der vorliegenden Art, bei denen es um die Aufklärung und Verfolgung von Tötungsdelikten geht, hat daher die Staatsanwaltschaft, der derartige Fälle sofort anzuzeigen sind (vgl. § 159 Abs. 1 StPO), insbesondere den **Status des zu Vernehmenden als Zeuge oder Beschuldigter** klarzustellen und durch allgemeine Weisungen im Voraus oder durch konkrete Einzelweisungen eine ordnungsgemäße, rechtzeitige Beschuldigtenbelehrung gemäß § 136 Abs. 1 Satz 2, § 163a Abs. 4 StPO sicherzustellen. Wird ein Tatverdächtiger dennoch zu Unrecht als Zeuge vernommen, so hat sie wegen des Belehrungsverstoßes darauf hin zu wirken, dass dieser bei Beginn der nachfolgenden Vernehmung als Beschuldigter auf die Nichtverwertbarkeit der früheren Angaben hingewiesen wird („qualifizierte Belehrung" - vgl. dazu BGH NStZ 2009, 281 f. [= BGHSt 53, 112 = BGH, Urteil vom 18.12.2008 – 4 StR 455/08]).".

857 BVerfG 38, 105, 113 (Rechtsbeistand i.V.m. § 55 Abs. 2 StPO bei Zeugenvernehmung durch Untersuchungsführer im Disziplinarverfahren bei einer Bundesanstalt) = BVerfG, Beschluss des Zweiten Senats vom 08.10.1974 – 2 BvR 747/73 – B. II., Rn. 19: „Im Gegensatz zu dem Beschuldigten unterliegt der Zeuge grundsätzlich der Aussage- und Wahrheitspflicht mit den sie sichernden Zwangsmitteln und Strafandrohungen bis hin zur Freiheitsentziehung. Er darf Belastendes nicht bloß verschweigen, sondern muß es ausdrücklich ablehnen, ihm gefährlich erscheinende Fragen zu beantworten (RGSt 57, 152 [153]; BGHSt 7, 127 [128]) mit den damit verbundenen ungünstigen Auswirkungen gegenüber Verfahrensbeteiligten und Öffentlichkeit.".

858 Vgl. z.B. Nr. 67 RiStBV (**Schriftliche Aussage**):

„(1) In geeigneten Fällen kann es ausreichen, dass ein Zeuge sich über bestimmte Fragen zunächst nur schriftlich äußert, vorausgesetzt, dass er glaubwürdig erscheint und eine vollständige Auskunft von ihm erwartet werden kann. In dieser Weise zu verfahren, empfiehlt sich besonders dann, wenn der Zeuge für seine Aussage Akten, Geschäftsbücher oder andere umfangreiche Schriftstücke braucht.

(2) Befindet sich der Zeuge im Ausland, so ist bei der schriftlichen Befragung Nr. 121 RiVASt [„Unmittelbarer Verkehr mit Personen im Ausland"] zu beachten.".

(Folgen des Ausbleibens eines Zeugens) und in § 70 StPO (Folgen unberechtigter Zeugnis- oder Eidesverweigerung) vorgesehenen Maßregeln; dabei bleibt die Festsetzung der Haft dem nach § 162 StPO (Ermittlungsrichter) zuständigen Gericht vorbehalten.

3. § 163 Abs. 3 S. 2 i.V.m. § 48 Abs. 3 StPO: Prüfung und Berücksichtigung besonderer Zeugenschutzbedürftigkeit

Gemäß § 163 Abs. 3 S. 2 i.V.m. § 48 Abs. 3 StPO sind Vernehmungen von (mutmaßlich) **verletzten Zeugen** (mutmaßlich **Geschädigten**, vgl. § 373b StPO) durchzuführen stets unter Prüfung und Berücksichtigung von

- besonderer Schutzbedürftigkeit gemäß § 48 Abs. 3 S. 1 StPO;
- bestimmten Prüfgegenständen gemäß § 48 Abs. 3 S. 2 Nr. 1-3 StPO;
- persönlichen Verhältnissen;
- Art und Umständen der (mutmaßlichen) Straftat.

4. § 163 Abs. 3 S. 2 i.V.m. § 58 StPO: Zeugentrennung und Zeugenvernehmungsreihenfolge

Gemäß § 163 Abs. 3 S. 2 i.V.m. § 58 Abs. 1 StPO sind Zeugen einzeln und in Abwesenheit der später zu hörenden Zeugen zu vernehmen.

Gemäß § 163 Abs. 3 S. 2 i.V.m. § 58 Abs. 2 S. 1 StPO ist eine Gegenüberstellung mit anderen Zeugen oder mit dem Beschuldigten im Vorverfahren zulässig, wenn es für das weitere Verfahren geboten erscheint.

Gemäß § 163 Abs. 3 S. 2 i.V.m. § 58 Abs. 2 S. 2 StPO ist bei einer Gegenüberstellung mit dem Beschuldigten dem Verteidiger die Anwesenheit gestattet.

Gemäß § 163 Abs. 3 S. 2 i.V.m. § 58 Abs. 2 S. 3 StPO ist der Verteidiger bei einer Gegenüberstellung mit dem Beschuldigten von dem Termin vorher zu benachrichtigen.

Gmäß § 163 Abs. 3 S. 2 i.V.m. § 58 Abs. 2 S. 4 StPO hat der Verteidiger auf die Verlegung eines Termins wegen Verhinderung keinen Anspruch.

5. § 163 Abs. 3 S. 2 i.V.m. § 68b StPO: Anwesenheit oder Ausschluss oder Beiordnung von anwaltlichem Zeugenbeistand mit Aktendokumentation zu Ausschluss- oder Beiordnungsgründen; § 163 Abs. 4 S. 1 Nr. 3 StPO: StA-Entscheidung zu Beiordnung

Gemäß § 163 Abs. 3 S. 2 i.V.m. § 68b Abs. 1 StPO können sich Zeugen eines anwaltlichen Beistands bedienen, und einem zur Vernehmung des Zeugen erschienenen anwaltlichen Beistand ist die Anwesenheit gestattet; er kann von der Vernehmung ausgeschlossen werden, wenn bestimmte Tatsachen die Annahme rechtfertigen, dass seine Anwesenheit die geordnete Beweiserhebung nicht nur unwesentlich beeinträchtigen würde, was in der Regel der Fall sein wird, wenn aufgrund bestimmter Tatsachen ein Fall aus § 68b Abs. 1 S. 4 Nr. 1-3 StPO anzunehmen ist.

Gemäß § 163 Abs. 4 S. 1 Nr. 3 i.V.m. § 68b Abs. 2 StPO entscheidet die Staatsanwaltschaft über die Beiordnung eines anwaltlichen Beistands für die Dauer der Vernehmung des Zeugen unter folgenden, kumulativ gegebenen Umständen:

- Fehlen eines anwaltlichen Beistands für den Zeugen bei dessen Vernehmung;
- Vorliegen schutzwürdiger Interessen des Zeugen, denen nicht auf andere Weise Rechnung getragen werden kann;
- Vorliegen besonderer Umstände, aus denen sich ergibt, dass der Zeuge seine Befugnisse bei seiner Vernehmung nicht selbst wahrnehmen kann.

Gemäß § 163 Abs. 3 S. 2 i.V.m. § 68b Abs. 2 S. 2 i.V.m. § 142 Abs. 5 S. 1, 3 StPO [entsprechend] ist dem [Zeugen] vor der [Beiordnung] eines [anwaltlichen Beistands] Gelegenheit zu geben, innerhalb einer zu bestimmenden Frist einen [anwaltlichen Beistand] zu bezeichnen; dieser innerhalb der Frist bezeichnete [anwaltliche Beistand] ist [beizuordnen], wenn dem kein wichtiger Grund entgegensteht; ein wichtiger Grund liegt auch vor, wenn der [Anwalt] nicht oder nicht rechtzeitig zur Verfügung steht.[859]

6. § 403 AO: Finanzbehörden-Beteiligung im Fall von Steuerstraftatenermittlungen

Gemäß § 403 Abs. 1 S. 1, 2, 3 AO ist im Fall, dass die Staatsanwaltschaft oder die Polizei Ermittlungen durchführt, die Steuerstraftaten betreffen, die sonst zuständige Finanzbehörde befugt, daran teilzunehmen; Ort und Zeit der Ermittlungshandlungen sollen ihr rechtzeitig mitgeteilt werden; dem Vertreter der Finanzbehörde ist zu gestatten, Fragen an Beschuldigte, Zeugen und Sachverständige zu stellen.

7. § 163 Abs. 3 S. 2 i.V.m. § 58a StPO: Audiovisuelle Vernehmung (AVV) – Bild- und Ton-Aufzeichnung der Zeugenvernehmung; § 163 Abs. 3 S. 2 i.V.m. § 58b StPO: Bild- und Tonübertragung.

a) Gemäß § 163 Abs. 3 S. 2 i.V.m. § 58a StPO besteht Befugnis bzw. Pflicht zur Aufzeichnung der Vernehmung des Zeugen in Bild und Ton, und zwar wie folgt:

- gemäß § 163 Abs. 3 S. 2 i.V.m. § 58a Abs. 1 S. 1 StPO „kann" die Vernehmung in Bild und Ton aufgezeichnet werden;
- gemäß § 163 Abs. 3 S. 2 i.V.m. § 58a Abs. 1 S. 2 StPO „soll" die Vernehmung nach Würdigung der dafür jeweils maßgeblichen Umstände aufgezeichnet werden und als richterliche Vernehmung erfolgen in den Fällen des § 58a Abs. 1 S. 2 Nr. 1 oder 2 StPO;
- gemäß § 163 Abs. 3 S. 2 i.V.m. § 58a Abs. 1 S. 3 StPO „muss" die Vernehmung nach Würdigung der dafür jeweils maßgeblichen Umstände aufgezeichnet werden und als richterliche Vernehmung erfolgen, wenn damit die schutzwürdigen Interessen von Personen, die (mutmaßlich) durch Straftaten gegen die sexuelle Selbstbestimmung (§§ 174 bis 184j StGB) verletzt worden sind, besser gewahrt werden können und der Zeuge der Bild-Ton-Aufzeichnung vor der Vernehmung zugestimmt hat.

b) Gemäß § 163 Abs. 3 S. 2 i.V.m. § 58b StPO entsprechend kann die Vernehmung eines Zeugen in der Weise erfolgen, dass dieser sich an einem anderen Ort als die vernehmende Person aufhält und die Vernehmung zeitgleich in Bild und Ton an den Ort, an dem sich der Zeuge aufhält, und in das Vernehmungszimmer übertragen wird.

8. § 163 Abs. 7 StPO i.V.m. § 185 Abs. 1, 2 GVG [entsprechend]

Gemäß § 163 Abs. 7 StPO i.V.m. § 185 Abs. 1 S. 1 GVG ist ein Dolmetscher hinzuziehen, wenn unter Beteiligung von Personen [vernommen] wird, die der deutschen Sprache nicht mächtig sind.

Gemäß § 163 Abs. 7 StPO i.V.m. § 185 Abs. 2 GVG kann die Zuziehung eines Dolmetschers unterbleiben, wenn die beteiligten Personen sämtlich der fremden Sprache mächtig sind.

---

[859] BVerfG 38, 105, Ls. (Rechtsbeistand i.V.m. § 55 Abs. 2 StPO bei Zeugenvernehmung durch Untersuchungsführer im Disziplinarverfahren bei einer Bundesanstalt) = BVerfG, Beschluss des Zweiten Senats vom 08.10.1974 – 2 BvR 747/73 – B. II., Rn. 19: Leitsätze: „1. Der Ausschluß eines Rechtsbeistandes des Zeugen von der Zeugenvernehmung verstößt im allgemeinen gegen das im Rechtsstaatsprinzip enthaltene Prinzip enthaltene Recht auf ein faires Verfahren. Er ist nur dann mit dem Rechtsstaatsprinzip vereinbar, wenn er unter Wahrung des Verhältnismäßigkeitsgebots zur Aufrechterhaltung einer funktionsfähigen, wirksamen Rechtspflege erforderlich ist. 2. Ist der Zeuge dazu berechtigt, einen Rechtsanwalt seiner Wahl als Rechtsbeistand hinzuzuziehen, kann dieser nur auf Grund gesetzlicher Regelung von der Vernehmung zurückgewiesen werden. Die Nichtöffentlichkeit des Verfahrens steht seiner Anwesenheit nicht entgegen.".

9. § 163 Abs. 3 S. 2 i.V.m. § 69 Abs. 1 S. 2 StPO: Untersuchungsgegenstandsbezeichnung und Personenbezeichnung eines vorhandenen Beschuldigten

Gemäß § 163 Abs. 3 S. 2 i.V.m. § 69 Abs. 1 S. 2 StPO ist dem Zeugen „vor seiner Vernehmung“[860] der Gegenstand der Untersuchung und die Person des Beschuldigten, sofern ein solcher vorhanden ist, zu bezeichnen.

10. § 163 Abs. 3 S. 2 i.V.m. § 52 Abs. 3 StPO: Belehrungspflicht zum Zeugnisverweigerungsrecht

Gemäß § 163 Abs. 3 S. 2 i.V.m. § 52 Abs. 3 StPO besteht vor jeder Vernehmung Belehrungspflicht zum jeweils zu prüfenden, möglichen bzw. gemäß § 56 StPO auf Verlangen glaubhaftgemachten Zeugnisverweigerungsrecht; zur **Glaubhaftmachung** des Verweigerungsgrundes: § 56 StPO, § 294 ZPO; vgl. des Weiteren den **Angehörigen**-Status wie folgt:

- § 52 Abs. 1 Nr. 1 StPO: §§ 1297-1303 BGB (Verlöbnis);
- § 52 Abs. 1 Nr. 2 StPO: §§ 1303-1362 BGB (Ehe), insbesondere mit §§ 1303, 1304 BGB (Ehefähigkeit), §§ 1306-1308 BGB (Eheverbote), § 1309 BGB (Ehefähigkeitszeugnis für Ausländer), § 1353 BGB (Eheliche Lebensgemeinschaft), zusätzlich § 13 EGBGB (Eheschließung);
- § 52 Abs. 1 Nr. 2a StPO: LPartG (Gesetz über die eingetragene Lebenspartnerschaft), vgl. dazu auch: § 1353 BGB (Eheliche Lebensgemeinschaft);
- § 52 Abs. 1 Nr. 3 StPO: § 1589 BGB (**Verwandtschaft**), § 1590 BGB (**Schwägerschaft**), §§ 1591-1600d BGB (**Abstammung**).

Gemäß § 52 Abs. 2, 3 StPO ist in den dort genannten Fällen[861] auch zu prüfen und zu berücksichtigen: der gesetzliche **Vertreter**[862] und dessen **Zustimmung** (hier als **Einwilligung** i.S.v. § 183 BGB) bzw. Nichtzustimmung; in den Fällen des § 52 Abs. 2 S. 2 StPO ist die Bestellung einer ordnungegemäßen Vertretung zu veranlassen, etwa eines **Ergänzungspflegers** gemäß § 1909 BGB.

---

[860] § 68 StPO betrifft den „Beginn“ der „Vernehmung zur Person“; § 69 StPO betrifft die „Vernehmung zur Sache“ und in § 69 Abs. 1 S. 2 StPO auch ihr „Vor“-Stadium. Zur strafrechtspflege- oder zeugnis- oder aussagerechtlichen Relevanz von Personalien („Vernehmung zur Person als Vernehmung zur Sache“) vgl. z.B. § 130 StGB, § 131 StGB, § 171 StGB, § 174 StGB, § 176 StGB, § 180 StGB, § 180a StGB, § 182 StGB, § 184 StGB, § 184b StGB, § 184d StGB, § 184g StGB, § 201a StGB, § 225 StGB, § 232 StGB, § 233 StGB, § 235 StGB, § 236 StGB, § 52 StPO, § 60 Nr. 1 StPO, § 61 StPO.

[861] BGHSt 14, 159 (7-jährige Tochter als Belastungszeugin) = BGH, Urteil vom 02.03.1960 – 2 StR 44/60, Ls.: „1. Eine Beweisperson, welche die zum Verständnis ihres Zeugnisverweigerungsrechtes nach § 52 StPO erforderliche geistige Reife nicht besitzt, darf nur mit Zustimmung ihres gesetzlichen Vertreters vernommen werden. Trotz dessen Zustimmung darf sie nicht vernommen werden, falls sie selbst erklärt, nicht aussagen zu wollen. 2. Der gesetzliche Vertreter ist über das Zeugnisverweigerungsrecht der Beweisperson zu belehren.“, S. 160: „Die ohne die danach erforderliche Zustimmung des gesetzlichen Vertreters oder zwar mit seiner Zustimmung, aber ohne vorherige richterliche Belehrung über das Weigerungsrecht erstattete Aussage darf nicht verwertet werden.“.

[862] **Vertreter** ist ein **Stellvertreter** qua Gesetz oder ein **Stellvertreter** qua Rechtsgeschäft (§§ 164-181 BGB). Vgl. insbesondere:

- §§ 1626-1698b BGB: **Elterliche Sorge** mit „**Vertretung des Kindes**“ gemäß § 1629 BGB;
- § 1 Abs. 1 Nr. 4 JuSchG: **erziehungsbeauftragte Person**;
- §§ 1773-1895 BGB: **Vormundschaft**;
- §§ 1896-1908k BGB: **Rechtliche Betreuung**;
- §§ 1909-1921 BGB: **Pflegschaft**.

Gemäß § 163 Abs. 6 S. 1 StPO gilt für die Belehrung des Sachverständigen durch Beamte des Polizeidienstes § 52 Abs. 3 StPO entsprechend.

Gemäß § 163 Abs. 3 S. 2 StPO i.V.m. § 53 StPO (Zeugnisverweigerungsrecht der Berufsgeheimnisträger), § 53a StPO (Zeugnisverweigerungsrecht der mitwirkenden Personen) bestehendes Zeugnisverweigerungsrecht ist ohne Belehrungspflicht materiell-rechtsstaatlich zu berücksichtigen.[863]

Gemäß § 163 Abs. 3 S. 2 i.V.m. § 54 StPO bestehendes Zeugnisverweigerungsrecht oder sonstiges Amtsverschwiegenheitsrecht oder Aussagegenehmigungsrecht ist ohne Belehrungspflicht verfahrensmäßig und materiell-rechtsstaatlich zu berücksichtigen.[864]

---

[863] Vgl. auch Art. 47 GG, Art. 49 Abs. 1 Verfassung NRW (**Abgeordneten-Zeugnisverweigerungsrecht** und zeugnisverweigerungsrechtentsprechendes **Abgeordneten-Schriftstückebeschlagnahmeverbot**). Vgl. auch §§ 18, 21 GVG i.V.m. DiplBezÜbkG i.V.m. Art. 31 Abs. 2 WÜD (**Diplomatenzeugnisverweigerungsrecht**); §§ 19, 21 GVG i.V.m. KonsÜbkG i.V.m. Art. 44 (i.V.m. Erklärung für das Vereinigte Königreich Großbritannien und Nordirland) WÜK (**Konsularvertretungsmitglieder-Zeugnispflicht** – mit Verfahren und negativen Voraussetzungen). Vgl. auch BGH, Beschluss vom 13.01.1999 – StB 14/98 (Ermittlungsrichter): „Das **presserechtliche Zeugnisverweigerungsrecht** und der **presserechtliche Beschlagnahmeschutz** gelten auch für einen freien journalistischen Mitarbeiter einer Zeitung. Sie bestehen jedoch in der Regel nicht, wenn die Identität des Informanten in dem Pressebeitrag über die dem Journalisten gemachte Mitteilung offen gelegt wird und der Informationsinhalt im übrigen bekannt ist.".

[864] Vgl. z.B. § 54 StPO (**Aussagegenehmigung für Angehörige des öffentlichen Dienstes**), und dazu Nr. 66 RiStBV:

„(1) Soll ein Richter, ein Beamter oder eine andere Person des öffentlichen Dienstes als Zeuge vernommen werden und erstreckt sich die Vernehmung auf Umstände, die der Amtsverschwiegenheit unterliegen, so holt die Stelle, die den Zeugen vernehmen will, die Aussagegenehmigung von Amts wegen ein. Bestehen Zweifel, ob sich die Vernehmung auf Umstände, die der Amtsverschwiegenheit unterliegen, erstrecken kann, so ist dies vor der Vernehmung durch eine Anfrage bei dem Dienstvorgesetzten zu klären.

(2) Um die Genehmigung ist der Dienstvorgesetzte zu ersuchen, dem der Zeuge im Zeitpunkt der Vernehmung untersteht oder dem er im Falle des § 54 Abs. 4 StPO zuletzt unterstanden hat.

(3) Der Antrag auf Erteilung einer Aussagegenehmigung muss die Vorgänge, über die der Zeuge vernommen werden soll, kurz, aber erschöpfend angeben, damit der Dienstvorgesetzte beurteilen kann, ob Versagungsgründe vorliegen. Der Antrag ist so rechtzeitig zu stellen, dass der Dienstvorgesetzte ihn prüfen und seine Entscheidung noch vor dem Termin mitteilen kann. In eiligen Sachen wird deshalb die Aussagegenehmigung schon vor der Anberaumung des Termins einzuholen sein.".

Vgl. auch: RiStBV, Anlage D: „Gemeinsame Richtlinien der Justizminister/-senatoren und der Innenminister/-senatoren der Länder über die Inanspruchnahme von Informanten sowie über den Einsatz von Vertrauenspersonen (V-Personen) und Verdeckten Ermittlern im Rahmen der Strafverfolgung.".

Zu **§ 96 StPO** (**Sperrerklärung**), auch analog bzgl. **Zeugengeheimhaltung**, **Informantengeheimhaltung**, **Vertrauenspersongeheimhaltung**; § 110b Abs. 3 S. 3 StPO (**Verdeckter-Ermittler-Identität-Geheimhaltung**):

BGHSt 30, 34 (**Vertrauensperson-Identität-Auskunft**) = BGH, Beschluss vom 17.02.1981 – 5 StR 21/81: „Das Landgericht hat die vermeintliche Unerreichbarkeit des **Zeugen** allein mit der eingeschränkten **Aussagegenehmigung** der vernommenen Polizeibeamten begründet. Daran brauchte die Ermittlung des **Gewährsmannes** aber nicht zu scheitern. Das Gericht kann ebenso wie die Staatsanwaltschaft von allen öffentlichen Behörden die Auskünfte verlangen, die es zur Erforschung der Wahrheit für erforderlich hält (§§ 161, 202, 244 Abs. 2 StPO). Dazu gehören auch Auskünfte über Namen und Anschrift von polizeilichen Gewährsmännern. Eine besondere gesetzliche Regelung, welche die Auskunftspflicht insoweit einschränkt, besteht nicht. Die Auskunft darf daher in **entsprechender Anwendung des § 96**

StPO nur verweigert werden, wenn die oberste Dienstbehörde erklärt, daß das Bekanntwerden des Inhalts dem Wohl des Bundes oder eines deutschen Landes Nachteile bereiten würde [sog. **Sperrerklärung**, P. B. – Schrifttumsquellenangaben].".

BGHSt 32, 115 (**Vertrauensperson-Vernehmung**) = BGH, Beschluss vom 17.10.1983 – GSSt 1/83: „Wenn die Verwaltungsbehörde einen **Zeugen** für die Vernehmung in der Hauptverhandlung aus Gründen des **§ 96 StPO** oder des **§ 54 StPO** i.V.m. § 39 Abs. 3 BRRG [a. F. ≙ § 37 Abs. 4 BeamtStG, § 37 BeamtStG ≙ §§ 67-69 BBG ≙ §§ 46, 71 DRiG, P. B.] endgültig gesperrt hat, so ist der Zeuge ein Beweismittel, das unerreichbar im Sinne von § 244 Abs. 3 StPO ist [Schrifttumsquellenangaben]. Seinem Erscheinen in der Hauptverhandlung stehen damit ‚andere nicht zu beseitigende Hindernisse' entgegen (§ 223 Abs. 1 StPO), die es zulässig machen, den Zeugen durch einen beauftragten oder ersuchten Richter vernehmen zu lassen und dann das Vernehmungsprotokoll gemäß § 251 Abs. 1 StPO in der Hauptverhandlung zu verlesen (vgl. BGHSt 29, 390, 391; BGH NStZ 1982, 40). Das Gebot, zwingende verfahrensrechtliche Bestimmungen zu beachten, gilt jedoch auch hier: Die **kommissarische Vernehmung** des Zeugen ist daher nicht gegen den Willen des Verteidigers in dessen Abwesenheit zulässig, weil die Verwaltungsbehörde nur unter dieser Voraussetzung einer kommissarischen Zeugenvernehmung zugestimmt hat. Es ist auch nicht zulässig, dem Zeugen bei dieser Vernehmung die Nichtangabe seiner Personalien zu gestatten.".

BGH, Beschluss vom 16.01.2001 – 1 StR 523/00: „Ein **Informant** darf solange nicht als unerreichbares Beweismittel angesehen werden, als nicht eine **Sperrerklärung** der obersten Dienstbehörde entsprechend § 96 StPO vorliegt (BGHSt 30, 34; 35, 82). Die **Zusicherung der Vertraulichkeit** bindet nur - mit Einschränkungen - die Staatsanwaltschaft und die Polizei (vgl. Nummer 4 der Gemeinsamen Richtlinien). Für das gerichtliche Verfahren hat sie keine Bedeutung. Lassen sich der Name und die Anschrift des Informanten nicht anders feststellen, so kann und muss das Gericht von allen öffentlichen Behörden - auch von der Staatsanwaltschaft und der Polizei -diejenigen Auskünfte verlangen, die es zur Ermittlung der Beweisperson für erforderlich hält (§§ 161, 202, 244 Abs. 2 StPO). Diese Behörden dürfen die Auskunft in **entsprechender Anwendung des § 96 StPO** nur verweigern, wenn die oberste Dienstbehörde erklärt, dass das Bekanntwerden ihres Inhalts dem Wohl des Bundes oder eines deutschen Landes Nachteile bereiten würde [sog. **Sperrerklärung**, P. B.]. Es reicht nicht aus, wenn, wie hier, eine nachgeordnete Behörde entscheidet (BGHSt 35, 82, 85 m. w. Nachw.). Da dem Gericht eine Sperrerklärung der obersten Dienstbehörde (vgl. BGHSt 41, 36, 38) nicht vorlag, durfte der Beweisantrag nicht wegen Unerreichbarkeit der Zeugen abgelehnt werden.".

BVerfG, Beschluss vom 29.03.2007 – 2 BvR 197/07 –, Gründe, I. b): „Der Beschwerdeführer beanstandet die Vernehmung der **Führungsbeamten** des **V-Mannes** über dessen Bekundungen im Rahmen der so genannten **Quellenvernehmungen** als unzulässige mittelbare Zeugen und rügt einen Verstoß gegen ein Beweisverwertungsverbot. Er lässt außer Acht, dass eine **Sperrerklärung analog § 96 StPO** dem Gericht die Einführung und Verwertung von Beweissurrogaten für das gesperrte Beweismittel in die Hauptverhandlung nicht verwehrt (vgl. BVerfGE 57, 250 <290> [Verlesung von Niederschriften]; Beschluss des Bundesgerichtshofs vom 17. Februar 1981 - 5 StR 21/81 -, juris; Urteil des Bundesgerichtshofs vom 31. März 1989 - 2 StR 706/88 -, juris; Beschluss des Bundesgerichtshofs vom 16. Januar 2001 - 1 StR 523/00 -, juris; Beschluss des Bundesgerichtshofs vom 20. Februar 2002 - 1 StR 545/01 -, juris), solange die Sperrerklärung nicht willkürlich, offensichtlich rechtsfehlerhaft oder ohne Angaben von Gründen erlassen worden ist (vgl. BVerfGE 57, 250 <290>; Urteil des Bundesgerichtshofs vom 31. März 1989 - 2 StR 706/88 -, juris). Das Gericht kann unter diesen Voraussetzungen insbesondere **Verhörspersonen als mittelbare Zeugen** über die Angaben vernehmen, die ihnen für das Gericht aufgrund der **Sperrerklärung** unerreichbare **V-Leute** gemacht haben (vgl. BVerfGE 57, 250 <292 f.>; Urteil des Bundesgerichtshofs vom 16. April 1985 - 5 StR 718/84 -, juris; Beschluss des Bundesgerichtshofs vom 10. Februar 1993 - 5 StR 550/92 -, juris; Beschluss des Bundesgerichtshofs vom 7. Juni 2000 - 3 StR 84/00 -, juris). Gründe, aus denen sich Willkür oder grobe Fehlerhaftigkeit der umfassend begründeten Sperrerklärung ergeben könnten, sind weder dargelegt noch ersichtlich, so dass die Vernehmung der **Führungsbeamten** und die Verwertung ihrer Aussagen durch das Landgericht von Verfassungs wegen nicht zu beanstanden ist.".

Gemäß § 163 Abs. 4 S. 1 Nr. 1 StPO entscheidet die Staatsanwaltschaft über das Vorliegen von Zeugnisverweigerungsrechten, sofern insoweit Zweifel bestehen oder im Laufe der Vernehmung aufkommen.

11. § 163 Abs. 3 S. 2 i.V.m. § 55 Abs. 2 StPO: Belehrungspflicht zum Auskunftsverweigerungsrecht[865]

Gemäß § 163 Abs. 3 S. 2 i.V.m. § 55 Abs. 2 StPO besteht Belehrungspflicht zum jeweils zu prüfenden, möglichen bzw. gemäß § 56 StPO auf Verlangen glaubhaftgemachten Auskunftsverweigerungsrecht; zur **Glaubhaftmachung** des Verweigerungsgrundes: § 56 StPO, § 294 ZPO[866]; vgl. des Weiteren den **Angehörigen**-Status wie folgt:

- § 52 Abs. 1 Nr. 1 StPO: §§ 1297-1303 BGB (Verlöbnis);
- § 52 Abs. 1 Nr. 2 StPO: §§ 1303-1362 BGB (Ehe), insbesondere mit §§ 1303, 1304 BGB (Ehefähigkeit), §§ 1306-1308 BGB (Eheverbote), § 1309 BGB (Ehefähigkeitszeugnis für Ausländer), § 1353 BGB (Eheliche Lebensgemeinschaft), zusätzlich § 13 EGBGB (Eheschließung);
- § 52 Abs. 1 Nr. 2a StPO: LPartG (Gesetz über die eingetragene Lebenspartnerschaft), vgl. dazu auch: § 1353 BGB (Eheliche Lebensgemeinschaft);
- § 52 Abs. 1 Nr. 3 StPO: § 1589 BGB (**Verwandtschaft**), § 1590 BGB (**Schwägerschaft**), §§ 1591-1600d BGB (**Abstammung**).

„**Verfolgungsgefahr** im Sinne des § 55 Abs. 1 StPO ist anzunehmen, wenn eine Ermittlungsbehörde aus einer wahrheitsgemäßen Aussage des Zeugen Tatsachen entnehmen könnte, die sie zur Einleitung eines Ermittlungsverfahrens (§ 152 StPO) oder auch zur Aufrechterhaltung oder Verstärkung eines Tatverdachts veranlassen könnte [Schrifttumsquellenangaben]. Hierfür genügt es bereits, wenn der Zeuge bestimmte Tatsachen angeben müsste, die mittelbar den Verdacht einer Straftat oder Ordnungswidrigkeit begründen. Dies ist zum Beispiel dann der

---

BGH, Urteil vom 05.06.2007 – 5 StR 383/06 –, Rn. 29 f.: „Jedenfalls gilt, dass eine **Verweigerung der Aussagegenehmigung**, wenn der Kernbereich der Verteidigung betroffen ist, angesichts auch strafrechtlicher Absicherungsmöglichkeiten gegen unbefugte Offenbarungen nur bei **überragend wichtigen Gemeinschaftsgütern** in Betracht käme, so bei einer **erheblichen Lebens- oder Gesundheitsgefährdung von Personen**, etwa auch **Vertrauensleuten der Ermittlungsbehörden**. Halten Gericht und Staatsanwaltschaft die **Versagung der Aussagegenehmigung** für rechtswidrig, haben sie nach Ausschöpfung aller sonstigen Möglichkeiten zur Herbeiführung einer abweichenden Entscheidung die **oberste Justizbehörde** mit dem Ziel einzuschalten, an die **oberste Innenbehörde** eine Gegenvorstellung zu richten. Die oberste Justizbehörde wird nach dem Grundsatz, dass über Sperrungen, die eine ordnungsgemäße Durchführung von Strafverfahren gefährden, an höchster Stelle zu entscheiden ist (vgl. BVerfGE 57, 250, 289), bei fortdauernder Weigerung der Innenbehörde eine **Entscheidung der Landesregierung durch Kabinettsbeschluss** herbeizuführen haben. Eine **Einstellung des Strafverfahrens** kommt jedenfalls vor Ausschöpfung dieser Möglichkeiten nicht in Betracht.“.

865 Zum „**Recht, zu schweigen und sich nicht selbst zu belasten**“ auch i.V.m. Art. 47 und 48 EUGRCh: EuGH, Urteil der Großen Kammer des Gerichtshofs vom 02.02.2021 – Rechtssache C-481/19 [Marktmanipulation/Marktmissbrauch, Insidergeschäfte, Art. 20 Abs. 1b VO (EU) Nr. 596/2014].

866 BVerfG 38, 105, 113 (Rechtsbeistand i.V.m. § 55 Abs. 2 StPO bei Zeugenvernehmung durch Untersuchungsführer im Disziplinarverfahren bei einer Bundesanstalt) = BVerfG, Beschluss des Zweiten Senats vom 08.10.1974 – 2 BvR 747/73 – B. II., Rn. 19: „Im Gegensatz zu dem Beschuldigten unterliegt der Zeuge grundsätzlich der Aussage- und Wahrheitspflicht mit den sie sichernden Zwangsmitteln und Strafandrohungen bis hin zur Freiheitsentziehung. Er darf Belastendes nicht bloß verschweigen, sondern muß es ausdrücklich ablehnen, ihm gefährlich erscheinende Fragen zu beantworten (RGSt 57, 152 [153]; BGHSt 7, 127 [128]) mit den damit verbundenen ungünstigen Auswirkungen gegenüber Verfahrensbeteiligten und Öffentlichkeit.“.

Fall, wenn die wahrheitsgemäße Beantwortung einer Frage zwar allein eine Strafverfolgung nicht auslösen könnte, jedoch ‚als Teilstück in einem mosaikartigen Beweisgebäude' zu einer Belastung des Zeugen beitragen könnte (vgl. BVerfG-K, NJW 2002, S. 1411 <1412>; BGH, NJW 1999, S. 1413). Für die Gefahr strafgerichtlicher Verfolgung muss es konkrete tatsächliche Anhaltspunkte geben; bloße Vermutungen oder rein denktheoretische Möglichkeiten reichen nicht aus (BGH NJW 1994, S. 2839 <2840>; BGH NStZ 1999, S. 415 <416>). Ob eine Verfolgungsgefahr besteht, unterliegt der tatsächlichen Beurteilung durch den Tatrichter, dem insoweit ein Beurteilungsspielraum zukommt (vgl. BVerfG-K, NJW 1999, S. 779; BGH, Beschluss vom 6. August 2002 - 5 StR 314/02 - juris). Maßgeblich sind immer die Umstände des Einzelfalls (vgl. BGHSt 1, 39 <40>; 10, 104 <105>; Meyer-Goßner, StPO, 52. Aufl. 2009, § 55 Rn. 10). Ist danach von einer Verfolgungsgefahr auszugehen, so ist der Zeuge gemäß § 55 Abs. 1 StPO grundsätzlich nur berechtigt, die Auskunft auf einzelne Fragen zu verweigern. Nur ausnahmsweise ist er zu einer umfassenden Verweigerung der Auskunft befugt, wenn seine gesamte in Betracht kommende Aussage mit einem möglicherweise strafbaren oder ordnungswidrigen Verhalten in so engem Zusammenhang steht, dass im Umfang der vorgesehenen Vernehmungsgegenstände nichts übrig bleibt, wozu er ohne die Gefahr der Verfolgung wegen einer Straftat oder Ordnungswidrigkeit wahrheitsgemäß aussagen könnte (vgl. BGH, NStZ 2002, S. 607; NStZ-RR 2005, S. 316).".[867] „§ 55 StPO ist auch dann anwendbar, wenn sich der Zeuge bei wahrheitsgemäßer Antwort der konkreten Gefahr der Strafverfolgung im Ausland aussetzen würde. Die Vorschrift ist nicht auf inländische Strafverfahren beschränkt."[868].

Gemäß § 163 Abs. 6 S. 1 StPO gilt für die Belehrung des Sachverständigen durch Beamte des Polizeidienstes § 55 Abs. 2 StPO entsprechend.

Gemäß § 163 Abs. 4 S. 1 Nr. 1 StPO entscheidet die Staatsanwaltschaft über das Vorliegen von Auskunftsverweigerungsrechten, sofern insoweit Zweifel bestehen oder im Laufe der Vernehmung aufkommen.

12. § 163 Abs. 3 S. 2 i.V.m. § 57 S. 1 StPO: Ermahnung zur Wahrheit und Belehrung zu Strafrechtsfolgen unrichtiger oder unvollständiger Aussage; § 163 Abs. 4 S. 1 Nr. 4 StPO: StA-Entscheidung zu Verstößen

Gemäß § 163 Abs. 3 S. 2 i.V.m. § 57 S. 1 StPO werden die Zeugen „vor der Vernehmung" zur Wahrheit ermahnt und über die strafrechtlichen Folgen einer unrichtigen oder unvollständigen Aussage belehrt.

Gemäß § 163 Abs. 4 S. 1 Nr. 4 StPO entscheidet die Staatsanwaltschaft bei unberechtigtem Ausbleiben oder unberechtigter Weigerung des Zeugen über die Verhängung der in § 51 StPO (Folgen des Ausbleibens eines Zeugens) und in § 70 StPO (Folgen unberechtigter Zeugnis- oder Eidesverweigerung) vorgesehenen Maßregeln; dabei bleibt die Festsetzung der Haft dem nach § 162 StPO (Ermittlungsrichter) zuständigen Gericht vorbehalten.

13. § 163 Abs. 3 S. 2 i.V.m. § 68 StPO: Vernehmung zur Person; Beschränkung von Angaben; Zeugenschutzmit Belehrung und Datenschutz auch durch Aktenführung; § 163 Abs. 4 S. 1 Nr. 2 StPO: StA-Entscheidung

Gemäß § 163 Abs. 3 S. 2 i.V.m. § 68 StPO „beginnt" die Vernehmung (nach zuvor genannten erforderlichen Prüfungen, Berücksichtigungen, Belehrungen) damit, dass (alternativ)

[867] BVerfG, Beschluss der 2. Kammer des Zweiten Senats vom 21.04.2010 – 2 BvR 504/08 –, Rn. 19f..

[868] BGH, Beschluss vom 27.03.2019 – 4 StR 541/18, Leitsatz.

- gemäß § 68 Abs. 1 StPO der Zeuge befragt wird zu bestimmten (gegebenenfalls bereits strafrechtspflege- oder zeugnis- bzw. aussagerechtlich relevanten[869]) Personalien, wobei er gemäß § 68 Abs. 1 StPO bei Wahrnehmungen in amtlicher Eigenschaft statt der vollständigen Anschrift den Dienstort angeben „kann";
- gemäß § 68 Abs. 2, 4 S. 1 StPO bei entsprechenden Anhaltspunkten der Zeuge auf seine Befugnis hingewiesen wird, dass ihm bei begründetem Anlass zur Besorgnis von Rechtsgütergefährdung oder unlauterer Einwirkung durch Wohnortangabe gestattet werden „soll", statt der vollständigen Anschrift seinen Geschäfts- oder Dienstort oder eine andere ladungsfähige Anschrift anzugeben – und gegebenenfalls mit entsprechendem Verfahren einschließlich weiterem Zeugenschutz auch im Rahmen der Aktenführung gemäß § 68 Abs. 4, 5 StPO;
- gemäß § 68 Abs. 3, 4 S. 1 StPO bei entsprechenden Anhaltspunkten der Zeuge auf seine Befugnis hingewiesen wird, dass ihm bei begründetem Anlass zur Besorgnis der Gefährdung von Leib, Leben oder Freiheit durch Identitätsoffenbarung oder Wohn- oder Aufenthaltsortangabe gestattet werden „kann", Angaben zur Person nicht oder nur über eine frühere Identität zu machen – und gegebenenfalls mit entsprechendem Verfahren einschließlich weiterem Zeugenschutz auch im Rahmen der Aktenführung gemäß § 68 Abs. 4, 5 StPO.

Gemäß § 163 Abs. 4 S. 1 Nr. 2 StPO trifft die Staatsanwaltschaft die Entscheidung über eine Gestattung nach § 68 Abs. 3 S. 1 StPO, Angaben zur Person nicht oder nur über eine frühere Identität zu machen.

14. § 163 Abs. 3 S. 2 i.V.m. § 69 Abs. 1 S. 1 StPO: Vernehmung zur Sache

a) Gemäß § 163 Abs. 3 S. 2 i.V.m. § 69 Abs. 1 S. 1 StPO ist der Zeuge zu veranlassen, das, was ihm von dem Gegenstand seiner Vernehmung bekannt ist, im Zusammenhang anzugeben.[870]

b) Gemäß § 163 Abs. 3 S. 2 i.V.m. § 69 Abs. 2 S. 1 StPO sind zur Aufklärung und zur Vervollständigung der Aussage sowie zur Erforschung des Grundes, auf dem das Wissen des Zeugen beruht, nötigenfalls weitere Fragen zu stellen.

c) Gemäß § 163 Abs. 3 S. 2 i.V.m. § 69 Abs. 2 S. 2 StPO ist Zeugen, die durch die Straftat (mutmaßlich) verletzt sind (mutmaßlich Geschädigte), insbesondere Gelegenheit zu geben, sich zu den Auswirkungen, die die Tat auf sie hatte, zu äußern.

15. Vernehmungsprotokoll; Protokollierung und Nichtprotokollierung

---

[869] § 68 StPO betrifft den „Beginn" der „Vernehmung zur Person"; § 69 StPO betrifft die „Vernehmung zur Sache" und in § 69 Abs. 1 S. 2 StPO auch ihr „Vor"-Stadium. Zur strafrechtspflege- oder zeugnis- oder aussagerechtlichen Relevanz von Personalien („Vernehmung zur Person als Vernehmung zur Sache") vgl. z.B. § 130 StGB, § 131 StGB, § 171 StGB, § 174 StGB, § 176 StGB, § 180 StGB, § 180a StGB, § 182 StGB, § 184 StGB, § 184b StGB, § 184d StGB, § 184g StGB, § 201a StGB, § 225 StGB, § 232 StGB, § 233 StGB, § 235 StGB, § 236 StGB, § 52 StPO, § 60 Nr. 1 StPO, § 61 StPO.

[870] Vgl. z.B. Nr. 67 RiStBV (**Schriftliche Aussage**):

„(1) In geeigneten Fällen kann es ausreichen, dass ein Zeuge sich über bestimmte Fragen zunächst nur schriftlich äußert, vorausgesetzt, dass er glaubwürdig erscheint und eine vollständige Auskunft von ihm erwartet werden kann. In dieser Weise zu verfahren, empfiehlt sich besonders dann, wenn der Zeuge für seine Aussage Akten, Geschäftsbücher oder andere umfangreiche Schriftstücke braucht.

(2) Befindet sich der Zeuge im Ausland, so ist bei der schriftlichen Befragung Nr. 121 RiVASt [„Unmittelbarer Verkehr mit Personen im Ausland"] zu beachten.".

a) Gemäß § 163 Abs. 3 S. 2 i.V.m. § 68b Abs. 3 S. 2 StPO sind folgende Entscheidungsgründe aktenkundig zu machen, soweit dies den Untersuchungszweck nicht gefährdet:

- Gründe für die Ausschlussentscheidung nach § 68b Abs. 1 S. 3 StPO;
- Gründe für die Beiordnungsentscheidung nach § 68b Abs. 2 S. 1 StPO.

b) Gemäß § 168b Abs. 2 S. 1 StPO soll über die Vernehmung des Zeugen (oder des Sachverständigen) ein Protokoll nach § 168a StPO aufgenommen werden, soweit dies ohne erhebliche Verzögerung der Ermittlungen geschehen kann.

c) Gemäß § 168b Abs. 3 S. 1 StPO ist die in § 58 Abs. 2 S. 5 StPO vorgeschriebene Belehrung vor einer Gegenüberstellung zu dokumentieren.

d) Gemäß § 163 Abs. 7 StPO i.V.m. § 185 Abs. 1 S. 2 GVG (vgl. § 168b StPO) wird bei Dolmetscher-Hinzuziehung ein Nebenprotokoll in der fremden Sprache nicht geführt; jedoch sollen Aussagen und Erklärungen in fremder Sprache, wenn und soweit der [die Vernehmung leitene Beamte] dies mit Rücksicht auf die Wichtigkeit der Sache für erforderlich erachtet, auch in der fremden Sprache in das Protokoll oder in eine Anlage niedergeschrieben werden.
Gemäß § 163 Abs. 7 StPO i.V.m. § 185 Abs. 2 GVG soll bei Dolmetscher-Hinzuziehung in den dazu geeigneten Fällen dem Protokoll eine durch den Dolmetscher zu beglaubigende Übersetzung beigefügt werden.

e) Gemäß § 163 Abs. 3 S. 2 i.V.m. § 68 Abs. 4, 5 StPO sind in den Fällen von § 68 Abs. 2 oder 3 StPO bestimmte Daten nicht zu den Akten zu nehmen, sondern bei der Staatsanwaltschaft zu verwahren, solange Gefährdungsbesorgnis besteht.

(SUB/ERG)

Im konkreten Fall sind die Verfahrensvoraussetzungen (alternativ)

- bei Vorliegen von entsprechenden Anhaltspunkten / Fehlen entgegenstehender Anhaltspunkte eingehalten.
- bei Vorliegen von entsprechenden Anhaltspunkten nicht eingehalten.

(ERG Verfahren)

Ergebnis kann allgemein sein: Verfahrensrechtmäßigkeit oder Verfahrensrechtswidrigkeit der Maßnahme.

B. Formelle Rechtmäßigkeit (FR) III. Form (F)

(VOR/DEF)

Form ist normiertes Wie der Rechtsfolgesetzung – mündlich, schriftlich, elektronisch oder in anderer Weise.

(SUB/ERG)

Im konkreten Fall besteht aufgrund Fehlens speziellerer Formrechtsnormen Formfreiheit für den Justiz-VA, sodass der Justiz-VA grundsätzlich schriftlich, elektronisch, mündlich oder in anderer Weise formrechtmäßig ergehen kann.[871]

(§ 168b StPO ist i.d.R. bereits integrativer Verfahrensbestandteil.)

Ergebnis kann allgemein sein: Formrechtmäßigkeit oder Formrechtswidrigkeit der Maßnahme.

C. Materielle Rechtmäßigkeit (MR) I. Tatbestand (Tb) / Tatbestandsvoraussetzungen (TBV)

(VOR/DEF)

Tatbestand ist das Gesamt der (materiell-rechtlichen) Rechtsfolge(setzungs)bedingungen. / **Tatbestandsvoraussetzungen** sind materiell-rechtliche Rechtsfolgesetzungsbedingungen.

(VOR)

1. TBV aus § 163 Abs. 1 S. 1 i.V.m. § 152 Abs. 2 StPO: Tatverdacht

Für die Vernehmung von Zeugen oder anderen Personen im Sinne von § 163 Abs. 3-7 StPO wird (Straf-/Owi-)Tatverdacht vorausgesetzt, § 163 Abs. 1 S. 1 W. 8, S. 2 W. 1-3 StPO.

(DEF)

Tatverdacht ist gemäß § 163 Abs. 1 S. 1 i.V.m. § 152 Abs. 2 StPO das Gegebensein zureichender tatsächlicher Anhaltspunkte für eine verfolgbare Straftat oder Ordnungswidrigkeit.[872]

Zureichende tatsächliche Anhaltspunkte sind gegeben bei entsprechendem Ergebnis einer Gewichtigkeits- und Plausibilitätsprüfung aller wahrnehmbaren Dinge in Abwägung mit Art und Ausmaß potentieller Rechtseingriffe und Taten.

---

871 Vgl. z.B. § 69 Abs. 1, 2 StPO und Nr. 67 RiStBV (**Schriftliche Aussage**):

„(1) In geeigneten Fällen kann es ausreichen, dass ein Zeuge sich über bestimmte Fragen zunächst nur schriftlich äußert, vorausgesetzt, dass er glaubwürdig erscheint und eine vollständige Auskunft von ihm erwartet werden kann. In dieser Weise zu verfahren, empfiehlt sich besonders dann, wenn der Zeuge für seine Aussage Akten, Geschäftsbücher oder andere umfangreiche Schriftstücke braucht.

(2) Befindet sich der Zeuge im Ausland, so ist bei der schriftlichen Befragung Nr. 121 RiVASt [„Unmittelbarer Verkehr mit Personen im Ausland“] zu beachten.“.

872 BVerfG, Beschluss der 3. Kammer des Zweiten Senats vom 11.01.2016 – 2 BvR 1361/13 –, Rn. 11: „Notwendiger und grundsätzlich auch hinreichender Anlass für Zwangsmaßnahmen im Strafverfahren [oder Ordnungswidrigkeitenverfahren, P. B.] ist der Verdacht einer Straftat [oder Ordnungswidrigkeit, P. B.]. Der Verdacht muss auf konkreten Tatsachen beruhen; vage Anhaltspunkte oder bloße Vermutungen reichen nicht aus (vgl. BVerfGE 44, 353 <381 f.>; 59, 95 <97 f.>; BVerfGK 1, 126 <131>).“.

(SUB)

Zureichende tatsächliche Anhaltspunkte sind (z.B. und alternativ möglich) zum maßgeblichen Zeitpunkt bezüglich bestimmter Taten:

- polizeieigene Beobachtungen;
- polizeiliche Feststellungen;
- polizeiliche auf Tatsachen begründete, auf den einzelnen Fall bezogene Schlussfolgerungen außer reine Spekulationen, hypothetische Erwägungen oder lediglich auf kriminalistische Alltagserfahrung gestützte, fallunabhängige Vermutungen;
- Angaben von Beschuldigten, Betroffenen, Verdächtigen, Nichtverdächtigen, Zeugen, Sachverständigen oder Dritten;
- Anzeigen im Sinne des § 158 StPO;
- sonstige Daten, Spuren.

(ERG)

Im konkreten Fall besteht i.S.d. § 152 Abs. 2 StPO i.V.m. § 163 Abs. 1 S. 1 StPO/§ 53 Abs. 1 S. 1 OWiG (alternativ)

- Tatverdacht bei entsprechenden Anhaltspunkten / bei Fehlen entgegenstehender Anhaltspunkte.
- kein Tatverdacht bei entsprechenden Anhaltspunkten / bei Fehlen entgegenstehender Anhaltspunkte.

2. TBV aus §§ 52, 53, 53a, 54, 55, 68, 68a StPO, Art. 20 Abs. 3 GG, weiteren Rechtsnormen: Auskunftsverweigerungsrecht, Zeugnisverweigerungsrechte, Aussagebeschränkungen

(VOR/DEF)

Aus den bereits in der formellen Rechtmäßigkeit formell-verfahrensrechtlich – etwa bezüglich Belehrungen oder StA-Entscheidungen – zu berücksichtigenden Zeugnisverweigerungsrechten und den Auskunftsverweigerungsrechten der §§ 52, 53, 53a, 54, 55, 68, 68a StPO[873] ergeben sich zugleich und spiegelbildlich materiell-rechtliche Beschränkungen des jeweiligen Fragerechts.[874]

---

[873] Zu §§ 52, 53, 53a, 54, 55, 68 siehe auch ausführlich: *Basten*, Eingriffsrecht der Polizei in Nordrhein-Westfalen, Band 2, Buch 2, Abschnitt 16, B. II.

[874] Vgl. auch: Art. 47 GG, Art. 49 Abs. 1 Verfassung NRW (**Abgeordneten-Zeugnisverweigerungsrecht** und zeugnisverweigerungsrechtentsprechendes **Abgeordneten-Schriftstückebeschlagnahmeverbot**). Vgl. auch §§ 18, 21 GVG i.V.m. DiplBezÜbkG i.V.m. Art. 31 Abs. 2 WÜD (**Diplomatenzeugnisverweigerungsrecht**); §§ 19, 21 GVG i.V.m. KonsÜbkG i.V.m. Art. 44 (i.V.m. Erklärung für das Vereinigte Königreich Großbritannien und Nordirland) WÜK (**Konsularvertretungsmitglieder-Zeugnispflicht** – mit Verfahren und negativen Voraussetzungen).

(SUB)

Befragung trotz bestehendem, geltendgemachtem Aussage- oder Zeugnisverweigerungsrecht *kann* ein Verstoß sein gegen Art. 20 Abs. 3 GG, Art. 6 EMRK [Rechtsstaatsprinzip mit Recht auf faires Verfahren] und *kann* ein Verwertungsverbot auslösen.[875]

(ERG)

Die Befragung (alternativ)

- erfolgt gemäß dem Rechtsstaatsprinzip in der Ausprägung des Rechts auf faires Verfahren (RSP/RfV), Art. 20 Abs. 3 GG; insbesondere erfolgt keine Umgehung eines bestehenden, geltend gemachten Auskunfts- oder Zeugnisverweigerungsrechts oder einer sonstigen Aussagebeschränkung.
- erfolgt gegen das Rechtsstaatsprinzip in der Ausprägung des Rechts auf faires Verfahren (RSP/RfV), Art. 20 Abs. 3 GG.

3. TBV aus § 163 Abs. 3 S. 2 i.V.m. § 69 Abs. 3 i.V.m. § 136a StPO: Verbotene Vernehmungsmethoden

(VOR/DEF)

Gemäß § 163 Abs. 3 S. 2 i.V.m. § 69 Abs. 3 i.V.m. § 136a Abs. 1 S. 1 StPO [entsprechend] darf die Freiheit der Willensentschließung und der Willensbetätigung des [Zeugen] nicht beeinträchtigt werden durch (alternativ und nicht abschließend – mit Willens- und Aussageverhalten beeinträchtigendem Zweck)[876]:

- Misshandlung,
- Ermüdung,
- körperlichen Eingriff,
- Verabreichung von Mitteln,
- Quälerei,
- Täuschung,
- Hypnose.

---

875 OVG NRW, Beschluss des 8. Senats vom 12.10.2020 – 8 E 785/20, Rn. 10, 11: „Die materiellen Voraussetzungen für den Erlass einer **Fahrtenbuchauflage** liegen vor. Insbesondere hat das Verwaltungsgericht entgegen der Auffassung des Klägers zu Recht angenommen, dass die Feststellung des Fahrzeugführers unmöglich im Sinne des § 31a Abs. 1 Satz 1 StVZO war, weil der Kläger von seinem **Zeugnisverweigerungsrecht** Gebrauch gemacht hat und sich der Bußgeldbehörde auch sonst keine hinreichenden Anhaltspunkte für die Feststellung des verantwortlichen Fahrers ergeben haben. Der Halter eines Fahrzeugs kann nicht verlangen, von einer Fahrtenbuchauflage verschont zu bleiben, wenn er in einem Ordnungswidrigkeitenverfahren ein Zeugnis- oder Aussageverweigerungsrecht geltend gemacht hat. Ein ‚doppeltes Recht', nach einem Verkehrsverstoß im Ordnungswidrigkeitenverfahren das Zeugnis bzw. die Aussage zu verweigern und zugleich trotz fehlender Mitwirkung bei der Ermittlung des Fahrzeugführers von einer Fahrtenbuchauflage verschont zu bleiben, besteht nicht. Vgl. BVerfG, Beschluss vom 7. Dezember 1981 - 2 BvR 1172/81 -, juris Rn. 7; BVerwG, Beschlüsse vom 22. Juni 1995 – 11 B 7.95 –, juris Rn. 2 ff., und vom 11. August 1999 – 3 B 96.99 –, juris Rn. 2 f.; OVG NRW, Beschluss vom 15. Mai 2018 - 8 A 740/18 -, juris Rn. 37 f.".

876 Zu **verbotenen Vernehmungsmethoden** siehe auch die Definitionen bei: *Basten*, Eingriffsrecht der Polizei in Nordrhein-Westfalen, Band 2, Buch 2, Abschnitt 17, C. I.

Gemäß § 163 Abs. 3 S. 2 i.V.m. § 69 Abs. 3 i.V.m. § 136a Abs. 1 S. 1 StPO darf Zwang nur angewandt werden, soweit das Strafverfahrensrecht dies zulässt.

Gemäß § 163 Abs. 3 S. 2 i.V.m. § 69 Abs. 3 i.V.m. § 136a Abs. 1 S. 1 StPO sind verboten:

- die Drohung mit einer nach Strafverfahrensrechts-Vorschriften unzulässigen Maßnahme;
- das Versprechen eines gesetzlich nicht vorgesehenen Vorteils.

Gemäß § 163 Abs. 3 S. 2 i.V.m. § 69 Abs. 3 i.V.m. § 136a Abs. 2 StPO [entsprechend] sind nicht gestattet:

- Maßnahmen, die das Erinnerungsvermögen des [Zeugen] beeinträchtigen;
- Maßnahmen, die die Einsichtsfähigkeit des [Zeugen] beeinträchtigen.

Gemäß § 163 Abs. 3 S. 2 i.V.m. § 69 Abs. 3 i.V.m. § 136a Abs. 3 S. 1, 2 StPO [entsprechend] gilt das Verbot von § 136a Abs. 1, 2 StPO ohne Rücksicht auf die Einwilligung des [Zeugen]; Aussagen, die unter Verletzung dieses Verbots zustande gekommen sind, dürfen auch dann nicht verwertet werden, wenn der [Zeuge] der Verwertung zustimmt.

(SUB/ERG)

Im konkreten Fall (alternativ)

- liegen verbotenene Vernehmungsmethoden nicht vor, sind mithin die (negativen) Tatbestandsvoraussetzungen[877] unabhängig von einer Einwilligung des Zeugen erfüllt.
- liegen verbotene Vernehmungsmethoden vor, sind mithin die (negativen) Tatbestandsvoraussetzungen aus § 163 Abs. 3 S. 2 i.V.m. § 69 Abs. 3 i.V.m. § 136a StPO unabhängig von einer Einwilligung des Zeugen nicht erfüllt.[878]

C. Materielle Rechtmäßigkeit (MR) II. Inanspruchnahme (In) / Inanspruchnahmevoraussetzungen (Inv)

(VOR/DEF)

Inanspruchnahmevoraussetzungen sind materiell-rechtliche Bedingungen für richtige Inanspruchnahme.

Inanspruchnahme ist Adressierung und sonstiges Betroffenmachen; **Adressierung** ist direktes Bestimmen oder finales Richten einer Maßnahme an einen Grundrechtsträger, vgl. §§ 100b Abs. 3, 100c Abs. 2, 100h Abs. 3, 163f Abs. 2 StPO.

Nach § 163 Abs. 3 StPO (i.V.m. §§ 46, 53 Abs. 1 S. 2 OWiG) ist Inanspruchnahme grundsätzlich richtig gegen folgende Personen: Zeuge

Zeuge ist eine Person mit potentiellen Wahrnehmungen zu tatverdachtsrelevanten vergangenen Tatsachen oder Zuständen.

Sachverständiger Zeuge ist ein Zeuge mit potentiell besonderer Sachkunde bei in der Vergangenheit potentiell erfolgter Wahrnehmung von tatverdachtsrelevanten Tatsachen oder Zuständen, vgl. § 85 StPO.

---

[877] Zu **umgekehrten Voraussetzungen** (negative Voraussetzungen / positive Voraussetzungen) Voraussetzungen siehe auch: *Basten*, Eingriffsrecht der Polizei in Nordrhein-Westfalen, Band 1, S. 220 f., 242.

[878] Zu **verbotenen Vernehmungsmethoden** siehe auch die Beispiele bei: *Basten*, Eingriffsrecht der Polizei in Nordrhein-Westfalen, Band 2, Buch 2, Abschnitt 17, C. I.

Sachverständiger ist eine Person mit besonderer Sachkunde über potentielle tatverdachtsrelevante gegenwärtige (i.S.v. aktuellem Methodenstandard und Forschungsstand) **Befundtatsachen** (unmittelbare Sachverständigendaten/Ermittlungsergebnisse unmittelbar aus Sachverständigenschlussfolgerungen) aufgrund von aus der Vergangenheit vorliegenden **Anknüpfungstatsachen** (unmittelbare Tatverdachtsdaten/Ermittlungsergebnisse ohne Sachverständigenschlussfolgerungen), vgl. §§ 72, 85 StPO.

Andere Person im Sinne von § 163 Abs. 3-7 StPO ist eine Person ohne Zeugeneigenschaft und ohne Sachverständigeneigenschaft und ohne Beschuldigteneigenschaft, vgl. § 163 Abs. 6 S. 2 StPO.

(SUB)

„Zur Begründung der **Beschuldigteneigenschaft** durch die Art und Weise einer Vernehmung (im Anschluss an BGHSt 38, 214). […] Der § 136 StPO zu Grunde liegende Beschuldigtenbegriff vereinigt subjektive und objektive Elemente. Die Beschuldigteneigenschaft setzt – subjektiv – den Verfolgungswillen der Strafverfolgungsbehörde voraus, der sich – objektiv – in einem Willensakt manifestiert (vgl. BGHSt 38, 214 [228] = NJW 1992, 1463 = NStZ 1992, 294; BGH, NJW 1997, 1591 = NStZ 1997, 398; […]; vgl. auch § 397 I AO). Wird gegen eine Person ein förmliches Ermittlungsverfahren eingeleitet, liegt darin ein solcher Willensakt. Anderenfalls beurteilt sich dessen Vorliegen danach, wie sich das Verhalten des ermittelnden Beamten nach außen, insbesondere in der Wahrnehmung des davon Betroffenen darstellt (BGHSt 38, 214 = NJW 1992, 1463 = NStZ 1998, 294). Dabei ist zwischen verschiedenen Ermittlungshandlungen wie folgt zu differenzieren: Strafprozessuale Eingriffsmaßnahmen, die nur gegenüber dem Beschuldigten zulässig sind, sind Handlungen, die ohne Weiteres auf den Verfolgungswillen der Strafverfolgungsbehörde schließen lassen [Literaturquellenangabe]. Aber auch Eingriffsmaßnahmen, die an einen Tatverdacht anknüpfen, begründen grundsätzlich die Beschuldigteneigenschaft des von der Maßnahme betroffenen Verdächtigen, weil sie regelmäßig darauf abzielen, gegen diesen wegen einer Straftat strafrechtlich vorzugehen [**Inkulpationsakt**, vgl. § 397 Abs. 1 AO, P. B.]; so liegt die Beschuldigtenstellung des Verdächtigen auf der Hand, wenn eine Durchsuchung nach § 102 StPO dazu dient, für seine Überführung geeignete Beweismittel zu gewinnen (vgl. BGH, NJW 1997, 1591 [1592] = NStZ 1997, 398; [Literaturquellenangabe]). Anders liegt es bei Vernehmungen. Bereits aus §§ 55, 60 Nr. 2 StPO ergibt sich, dass im Strafverfahren auch ein Verdächtiger im Einzelfall als Zeuge vernommen werden darf, ohne dass er über die Beschuldigtenrechte belehrt werden muss (vgl. BGHSt 10, 8 [10] = NJW 1957, 230; BGHSt 17, 128 [133] = NJW 1960, 1960; [Literaturquellenangabe]; ferner BVerfG Beschl. v. 8. 12. 2005 – 2 BvR 1513/05). Der Vernehmende darf dabei auch die Verdachtslage weiter abklären; da er mithin nicht gehindert ist, den Vernommenen mit dem Tatverdacht zu konfrontieren, sind hierauf zielende Vorhalte und Fragen nicht zwingend ein hinreichender Beleg dafür, dass der Vernehmende dem Vernommenen als Beschuldigten gegenübertritt. Der Verfolgungswille kann sich jedoch aus dem Ziel, der Gestaltung und den Begleitumständen der Befragung ergeben. Ergibt sich die Beschuldigteneigenschaft nicht aus einem Willensakt der Strafverfolgungsbehörden, kann – abhängig von der objektiven Stärke des Tatverdachts – unter dem Gesichtspunkt der Umgehung der Beschuldigtenrechte gleichwohl ein Verstoß gegen die Belehrungspflicht nach § 136 I 2 StPO vorliegen. Ob die Strafverfolgungsbehörde einen solchen Grad des Verdachts auf eine strafbare Handlung für gegeben hält, dass sie einen Verdächtigen als Beschuldigten vernimmt, unterliegt ihrer pflichtgemäßen Beurteilung. Im Rahmen der gebotenen sorgfältigen Abwägung aller Umstände des Einzelfalls kommt es dabei darauf an, inwieweit der Tatverdacht auf hinreichend gesicherten Erkenntnissen hinsichtlich Tat und Täter oder lediglich auf kriminalistischer Erfahrung beruht. Falls jedoch der Tatverdacht so stark ist, dass die Strafverfolgungsbehörde anderenfalls willkürlich die Grenzen ihres Beurteilungsspielraums überschreiten würde, ist es verfahrensfehlerhaft, wenn dennoch nicht zur Beschuldigtenvernehmung übergegangen wird (vgl. BGHSt 37, 48 [51f.] = NJW 1990, 2633 = NStZ 1990, 446; BGHSt 38, 214 [228] = NJW 1992, 1463 = NStZ 1992, 294; BGHSt 40, 211 = NJW 1994, 2904 [2907] = NStZ 1994, 593; BGH, NJW 1996, 2663; NJW 1997, 1591 = NStZ 1997, 398; NStZ-RR 2002, 67 [bei Becker]; NJW 2004, 368; ZVI 2004, 298 = BeckRS 2004, 03400). Andererseits kann der Umstand, dass die Strafverfolgungsbehörde – zumal bei Tötungsdelikten – erst bei einem konkreten und ernsthaften Tatverdacht zur Vernehmung des Verdächtigen als Beschuldigten verpflichtet ist, für ihn auch eine schützende Funktion haben. Denn der Vernommene wird hierdurch nicht vorschnell mit einem Ermittlungsverfahren überzogen, das erhebliche nachteilige Konsequenzen für ihn haben kann.“[879]

„Zur Begründung der **Beschuldigteneigenschaft durch die Stärke des Tatverdachts** (Fortführung von BGH, Urteil vom 3. Juli 2007 - 1 StR 3/07, BGHSt 51, 367)“.[880]: „Der insoweit maßgebliche Verdachtsgrad kann dahin präzisiert werden, dass er zwar nicht erst dann erreicht ist, wenn das überprüfende Gericht aus der Ex-ante-Sicht des Vernehmenden einen dringenden Verdacht nach § 112 Abs. 1 Satz 1 StPO für gegeben hält, dass aber auch nicht schon jeder gegen den Vernommenen bestehende Anfangsverdacht im Sinne des § 152 Abs. 2 StPO die Pflicht zu seiner Belehrung gemäß § 136 Abs. 1 Satz 2 StPO nach sich zieht. Denn Beschuldigter ist grundsätzlich nur der Tatverdächtige, gegen den das Ermittlungsverfahren auch geführt wird (vgl. BGH, Urteil vom 21. Juli 1994 - 1 StR 83/94, BGHR StPO § 136 Belehrung 6 mwN). Dass im Ermittlungsverfahren die Belehrungspflicht auch verfahrensbezogen zu bestimmen ist, steht im Einklang mit der Rechtslage im Zwischen- und Hauptverfahren. Ordnet etwa das Gericht in diesen Verfahrensstadien die Vernehmung eines nicht angeklagten mutmaßlichen Tatbeteiligten an (s. §§ 202, 223 ff. StPO), hat er - unabhängig von der Stärke des Tatverdachts - die Stellung eines Zeugen. Eine rechtsmissbräuchliche Umgehung von Beschuldigtenrechten kommt insoweit strukturbedingt nicht in Betracht.“[881]

Zum möglichen „Übergang“ von einer Zeugenvernehmung zu einer Beschuldigtenvernehmung oder umgekehrt und für eine wechselseitige Abgrenzung ist gleichfalls die Auslegung entscheidend nach § 157 StPO, § 397 Abs. 1 AO (erkennbarer Inkulpationsakt der Polizei), §§ 133, 157 BGB analog (Erkennbarkeit des Inkulpationsakts als Erklärungsgehalt der Maßnahme vom objektivierten Empfängerhorizonts), wonach ein Übergang von einem Status zum anderen sich etwa manifestieren kann, erkennbar wird durch Fragestiländerung in Richtung eines intensiveren Angehens gegen eine Person im Hinblick auf deren Verursachungsbeitrag oder persönliches Dafürkönnen, persönliche Vorwerfbarkeit (Schuld), also buchstäblich in Form einer persönlichen Schuldfrage.

---

879 BGHSt 51, 367 = BGH, Urteil vom 03.07.2007 – 1 StR 3/07.

880 BGH, Beschluss des 3. Strafsenats vom 06.06.2019 – StB 14/19 (für BGHSt vorgesehen – unter quasi wortgleicher Wiederholung von BGHSt 51, 367 = BGH, Urteil vom 03.07.2007 – 1 StR 3/07 bzgl. des Beschuldigtenbegriffs), Leitsatz 2.

881 BGH, Beschluss des 3. Strafsenats vom 06.06.2019 – StB 14/19 (für BGHSt vorgesehen – unter quasi wortgleicher Wiederholung von BGHSt 51, 367 = BGH, Urteil vom 03.07.2007 – 1 StR 3/07 bzgl. des Beschuldigtenbegriffs), Rn. 34.

(ERG)

Im konkreten Fall ist die Person (alternativ)

- richtigerweise gemäß § 163 Abs. 3-7 StPO in Anspruch genommen/adressiert.
- nicht richtigerweise in Anspruch genommen/adressiert (z.B. nicht als Zeuge befragt).

C. Materielle Rechtmäßigkeit (MR) III. Rechtsfolge (Rf) / Rechtsfolgevoraussetzungen (RfV)

(VOR/DEF)

Rechtsfolge ist rechtliche Folge aus dem Tatbestand. / **Rechtsfolgevoraussetzungen** sind materiell-rechtliche Rechtsfolgegestaltungs-Bedingungen.

C. Materielle Rechtmäßigkeit (MR) III. Rechtsfolge (Rf) 1. Tatsächliche und rechtliche Möglichkeit (TurM)

(VOR/DEF)

Tatsächliche und rechtliche Möglichkeit betrifft Fälle wie aus § 44 Abs. 2 Nr. 4-6 VwVfG NRW.

(SUB/ERG)

Tatsächliche und rechtliche Möglichkeit ist im konkreten Fall gegeben/nicht gegeben aufgrund Vorliegens/Nichtvorliegens von kognitiven, körperlichen, normativen, technischen Unmöglichkeiten.

Von der befragten Person wird grundsätzlich nichts tatsächlich und rechtlich Unmögliches verlangt insbesondere dann, wenn diese zur maßgeblichen Zeit im tatsächlichen und rechtlichen Sinne „Herrschaft über die Befragungsinhalte" hat, zum Beispiel „Herrschaft über eigene Wahrnehmungen", wenn die Person zu diesen befragt wird; was insbesondere dann der Fall ist, wenn es bei der befragten Person nicht gibt:

- kognitive oder körperliche Hindernisse für das Verstehen der Fragen oder für die Wahrnehmungsangaben;
- rechtliche Hindernisse, insbesondere keine entgegenstehenden Rechte von anderen Datenberechtigten für die Befragungsbefolgung, also für die Angaben.

Tatsächliche Unmöglichkeiten können zum Beispiel sein: technische oder sonstige (kommunikative) Hindernisse für den Adressaten der Befragungs-Datenerhebung, zum Beispiel auch durch das Nichtverstehen der Frage aufgrund Fremdsprache zumindest ohne Dolmetscher oder Übersetzer oder zum Beispiel auch durch das Nichtverstehen der Frage aufgrund geistiger oder körperlicher Behinderung[882].

---

882 Zu möglichen Sprachunmächtigkeiten/Sprachunverständlichkeiten vgl. auch § 33 Abs. 6 S. 3 PolG NRW, § 33a Abs. 2 PolG NRW, § 114a StPO, § 114b Abs. 1 StPO, § 114b Abs. 2 S. 3 StPO, § 158 Abs.

Rechtliche Unmöglichkeit kann sich insbesondere aus der Rechtswidrigkeit einer Befragung ergeben und dann auch zum Beispiel aus auf den Adressaten anwendbaren Rechtsnormen wie solche des DSG NRW oder §§ 201-206, 353b, 353d, 355 StGB, soweit kein Rechtfertigungsgrund oder ähnliches gegeben ist.

C. Materielle Rechtmäßigkeit (MR) III. Rechtsfolge (Rf) 2. Bestimmtheit (Bsh)

(VOR/DEF)

Bestimmtheit ist Maßnahmenerkennbarkeit und Maßnahmenverstehbarkeit, bei Justiz-VA Gebot nach Art. 20 Abs. 3 GG.

(SUB/ERG)

Der Justiz-VA der Zeugenvernehmung ist inhaltlich hinreichend bestimmt i.S.d. Art. 20 Abs. 3 GG, wenn nach Auslegung des Justiz-VA der Erklärungsempfänger wie jeder vernünftige Dritte, §§ 133, 157 BGB analog, in der konkreten Situation dessen Inhalt hinreichend erkennen und verstehen kann, nämlich:

- dass die Polizei ggü. dem Erklärungsempfänger (Wer)
- aus Strafrechtspflegegründen (Warum)
- zu einer spezifischen Zeit (Wann)
- bezweckt, dass der Erklärungsempfänger Angaben zu tatverdachtsrelevanten Wahrnehmungen oder tatverdachtsrelevanter Sachkunde macht (Was)
- durch sachdienliche bzw. sachverständige Beantwortung (Wie).

C. Materielle Rechtmäßigkeit (MR) III. Rechtsfolge (Rf) 3. Ermessen (Erm)

Ermessen für Strafrechtspflege (Straftatenerforschung/StPO)

(VOR/DEF)

Ermessen ist Entscheidungsspielraum auf der Rechtsfolgenseite bzgl. rechtsfehlerfreier Ausübung von Einschreit-Entschließung (Ob), Adressaten-Auswahl (Wer), Maßnahmen-Gestaltung (Wie).

(SUB/ERG)

a) Einschreitentschließungs-„Ermessen“ ist grundsätzlich nicht gegeben, vgl. § 163 Abs. 1 S. 1 i.V.m. § 152 Abs. 2 StPO (Legalitätsgrundsatz: „ist […] verpflichtet, […] einzuschreiten“).

b) Adressatenauswahl-„Ermessen“ ist grundsätzlich gegeben, insbesondere bzgl.:

---

4 StPO; zu möglichen Sehbehinderungen, Hörbehinderungen oder Sprach-Behinderungen vgl. auch § 114b Abs. 2 S. 3 StPO, § 140 Abs. 1 Nr. 11 StPO.

- zweckförderlicher Reihenfolge der Inanspruchnahme vom/von mehreren Beschuldigten, Verdächtigen, Zeugen, anderen Personen, Dritten;
- Auswahl aus mehreren gleichgeeigneten nichtverdächtigen Zeugen oder Dritten.

c) Maßnahmengestaltungs-„Ermessen“ ist grundsätzlich gegeben, vgl. bereits die Entscheidungsmöglichkeiten nach § 163 Abs. 4 StPO und vgl. auch die „Kann“-, „Soll“[883]- und „Ist“-Befugnisse von etwa § 163 Abs. 3 S. 2 i.V.m. § 58a StPO, § 163 Abs. 3 S. 2 i.V.m. § 58b StPO, § 163 Abs. 3 S. 2 i.V.m. § 68 StPO.

Ein etwaig gegebener Entscheidungsspielraum wird aufgrund von/in Ermangelung entgegenstehender Anhaltspunkte ohne Ermessensfehler/mit Ermessensfehlern (Ermessensunterschreitung, Ermessensüberschreitung, Ermessensfehlgebrauch) ausgeübt bzgl. folgender Ermessensarten:

a) Entschließungsermessen:

Ein etwaig gegebenes Entschließungsermessen kann im konkreten Fall sogar gegen / auf Null reduziert sein, insbesondere wegen:

- Einschreitmöglichkeit;
- Erheblichkeitsgrad von Tatverdachten.

b) Auswahlermessen:

siehe C. II.: Auswahlermessen wird abschließend beurteilt i.V.m. Punkt C. II. (Inanspruchnahme).

c) Gestaltungsermessen:

siehe C. III. 4.: Gestaltungsermessen wird abschließend beurteilt i.V.m. Punkt C. III. 4. (VHM), vgl. bereits die Entscheidungsmöglichkeiten nach § 163 Abs. 4 StPO und vgl. auch die „Kann“-, „Soll“- und Ist-Befugnisse von etwa § 163 Abs. 3 S. 2 i.V.m. § 58a StPO, § 163 Abs. 3 S. 2 i.V.m. § 58b StPO, § 163 Abs. 3 S. 2 i.V.m. § 68 StPO.

Ermessen für Strafrechtspflege (Ordnungswidrigkeitenerforschung/OWiG)

(VOR/DEF)

Ermessen ist Entscheidungsspielraum auf der Rechtsfolgenseite bzgl. rechtsfehlerfreier Ausübung von Einschreit-Entschließung (Ob), Adressaten-Auswahl (Wer), Maßnahmen-Gestaltung (Wie), hier gegeben durch § 53 Abs. 1 S. 1 W. 9, 10 OWiG.

(SUB/ERG)

Der gegebene Entscheidungsspielraum wird aufgrund von/in Ermangelung entgegenstehender Anhaltspunkte ohne Ermessensfehler/mit Ermessensfehlern (Ermessensunterschreitung, Ermessensüberschreitung, Ermessensfehlgebrauch) ausgeübt bzgl. folgender Ermessensarten:

a) Entschließungsermessen:

Das Entschließungsermessen kann im konkreten Fall sogar gegen / auf Null reduziert sein, insbesondere wegen:

---

883 Zu **Ermessens-Formulierungen** siehe auch: *Basten*, Eingriffsrecht der Polizei in Nordrhein-Westfalen, Band 1, S. 273.

- Einschreitmöglichkeit;
- Erheblichkeitsgrad von Tatverdachten.

b) Auswahlermessen:

siehe C. II.: Auswahlermessen wird abschließend beurteilt i.V.m. Punkt C. II. (Inanspruchnahme).

c) Gestaltungsermessen:

siehe C. III. 4.: Gestaltungsermessen wird abschließend beurteilt i.V.m. Punkt C. III. 4. (VHM).

C. Materielle Rechtmäßigkeit (MR) III. Rechtsfolge (Rf) 4. Verhältnismäßigkeit (VHM)

(VOR/DEF)

Verhältnismäßigkeit ist Geeignetheit, Erforderlichkeit, Angemessenheit einer Maßnahme zu einem legitimen Zweck.

(VOR/DEF)

a) Legitimer Zweck ist verfassungsgemäßer Zweck.

(SUB/ERG)

Im konkreten Fall verfolgt die Vernehmung (alternativ)

- einen legitimen Zweck, nämlich jedenfalls die verfassungsgemäße, im Sinne von Art. 20 Abs. 3 GG, § 163 Abs. 1 S. 1 StPO (ggf. § 53 Abs. 1 S. 1 OWiG) gesetzmäßige Sachaufklärung / Tatverdachtserforschung / Sachverdunkelungsverhütung, also die Erforschung von einem verdächtigen Sachverhalt bzgl. mutmaßlich deliktischer Beeinträchtigung bestimmter Rechte und Rechtsgüter im Sinne der Art. 1-19 GG. Vgl. auch den „Zweck" im Sinne von § 163 Abs. 1 S. 2 Wort 3 StPO. Letztlich ist legitimer Zweck die Ermittlung aller belastenden und entlastenden Umstände im Sinne von § 160 Abs. 2 StPO, und auch die Ermöglichung staatlicher Sanktionierung (z.B. Strafe / Ahndung) im Fall dafür ausreichender rechtsstaatlicher Belastung; vgl. auch die Grundrechtsschutzfunktion und die Grundrechtsförderungsfunktion[884] im Sinne von Spezialprävention durch Repression und Generalprävention durch Repression.
- keinen legitimen Zweck.

(VOR/DEF)

b) Geeignetheit einer staatlichen Maßnahme ist gegeben bei deren Zweckförderungstauglichkeit.

---

[884] Zu Grundrechtsfunktionen siehe auch: *Basten*, Eingriffsrecht der Polizei in Nordrhein-Westfalen, Band 1, S. 78-84.

(SUB/ERG)

Im konkreten Fall ist die Vernehmung (alternativ)

- geeignet, insbesondere so, dass Datenerhebung über Befragung erfolgt, und diese Daten sachdienlich sein können für die Erfüllung der bestimmten legitimen polizeilichen Aufgabe der Tatverdachtserforschung durch Ermittlung aller belastenden und entlastenden Umstände, denn mit der Befragung kann Aufklärung des Geschehens erfolgen durch Informationen aus den Aussagen oder dem (beredten) Schweigen auf (zielgerichtete, eben geeignete) Fragen und weitere Verknüpfung der erhobenen Daten, und jedenfalls erhält Antworten oder zumindest Verhaltensäußerungen, wer fragt, und jede Qualität von Antworten oder Verhaltensäußerungen der befragten Person lässt positive oder negative Schlussfolgerungen zu, für oder gegen weitere Maßnahmen zwecks bestimmter legitimer Aufgabenerfüllung, mit der befragten Person oder ohne die befragte Person.
- ungeeignet, etwa wegen Fragens zur falschen Zeit bzw. Behinderung vorrangiger (offener oder verdeckter) Maßnahmen.

(VOR/DEF)

c) Erforderlichkeit einer staatlichen Maßnahme ist Nichtverfügbarkeit eines milderen (Übermaßverbot), gleich geeigneten (Untermaßverbot) Mittels zur Zweckförderung, vgl. auch § 68a StPO (Abs. 1: „unerläßlich", Abs. 2 S. 1: „erforderlich", Abs. 2 S. 2: „notwendig").

(SUB/ERG)

Im konkreten Fall ist die Vernehmung (alternativ)

- erforderlich, denn einerseits sind mildere Maßnahmen bis hin zum Nichtstun nicht gleich geeignet, weil sie nicht Aufklärung von Tatverdachten oder potentiellen Tatbeteiligten in gleicher Weise fördern (Untermaßverbot) und andererseits sind (mindestens) gleich geeignete, intensivere Maßnahmen wie direkte Freiheitsentziehung oder Zwang noch nicht notwendig (Übermaßverbot).
- nicht erforderlich.

(VOR/DEF)

d) Angemessenheit oder **Verhältnismäßigkeit im engeren Sinne** einer staatlichen Maßnahme ist angemessenes Maß oder Verhältnis zwischen Zweckförderung für Erhaltungsrechte und Wirkungen für Eingriffsrechte, vgl. betroffene Grundrechte.

(SUB/ERG)

Im konkreten Fall ist die Vernehmung (alternativ)

- angemessen, insbesondere desto eher bei einer Datenerhebung, je mehr diese zur Erforschung gewichtiger Sachverhalte (Sachverhalte mit erheblichen Strafdrohungen bzw. erheblichem Rechtsgüterschutz, vgl. z.B. Art. 2 Abs. 2 S. 1 GG, Art. 14 Abs. 1 S. 1 Alt. 1 GG, Art. 20 Abs. 3 GG) erfolgt und desto eher bei einer Datenerhebung in einer Sphäre des allgemeinen Persönlichkeitsrechts aus Art. 2 Abs. 1 i.V.m. Art. 1 Abs. 1 GG, je eher diese Datenerhebung in der **Öffentlichkeitssphäre** (Bereich bewusster eigener Zuwendung zur Öffentlichkeit bis hin zum Status als Person des öffentlichen Lebens) erfolgt, also je weiter diese weg ist von der Intimsphäre bzw. dem **Kernbereich privater Lebensgestaltung**[885] oder zumindest je weiter diese weg ist von der **Privatsphäre** (Privatleben, insbesondere häuslicher Bereich, Familie) oder von der **Sozialsphäre** (Sozial- und Wirtschaftsleben, insbesondere im Zusammenhang mit Beruf, Ehrenamt, wirtschaftliche Tätigkeiten). Nicht zuletzt der Eingriffsadressat kann ein Interesse an Aufklärung durch die Gewährung rechtlichen Gehörs haben.

- unangemessen.

(ERG VHM)

Die Maßnahme ist insgesamt i.S.v. Art. 20 Abs. 3 GG (alternativ)

- verhältnismäßig.
- unverhältnismäßig.

D. Gesamtergebnis (GErg)

Die Vernehmung ist (alternativ)

- gemäß § 163 Abs. 3 StPO (ggf. i.V.m. §§ 46, 53 Abs. 1 S. 2, Abs. 2 OWiG) rechtmäßig.
- wegen Art./§ (bestimmter Rechtsnorm [z.B. § 163 Abs. 3 S. 2 i.V.m. § 69 Abs. 3 i.V.m. § 136a StPO, Art. 20 Abs. 3 GG]) rechtswidrig.[886]

---

[885] Vgl. Nr. 15c.51 VVPolG NRW und Nr. 16 VVPolG NRW; vgl. Bundestags-Drucksache 13/9660, S. 4; BVerfGE 109, 279, 313 f., 319, 324 (akustische Wohnraumüberwachung/„Großer Lauschangriff") = BVerfG, Urteil des Ersten Senats vom 03.03.2004 - 1 BvR 2378/98; vgl. auch BVerfGE 6, 32, 41; 6, 389, 433; 27, 1, 6 ff.; 32, 373, 379; 80, 367, 376 ff.; 101, 361, 382 ff.; 141, 220, Ls. 1. a), Rn. 120-126.

[886] Zusatzinformation: BVerwGE 18, 107 und seitdem ständige Rechtsprechung (z.B. OVG NRW, Beschluss des 8. Senats vom 13.10.2015 – 8 B 868/15; VGH München, Beschluss vom 03.05.2019 – 11 ZB 19.213, mit ausführlicher Begründung): Zulässigkeit von Fahrtenbuchauflage gemäß § 31a StVZO trotz möglicher aktueller oder zukünftiger Inanspruchnahme eines Zeugnisverweigerungsrechts im Ordnungswidrigkeitenverfahren.

ABSCHNITT 17: VERNEHMUNG VON BESCHULDIGTEM/BETROFFENEM, § 163A STPO / § 55 OWIG

A. Rechtsgrundlage (RGL) I. Grundrechte (GR)

(VOR/DEF)

Grundrechte sind grundlegende Rechte aus Art. 1-19 GG i.V.m. dem Rechtsstaatsprinzip, Art. 20 Abs. 3 GG, mit Vorrang und Vorbehalt des Gesetzes.[887]

(SUB/ERG)

Grundrechte sind wie folgt gegeben (alternativ fallabhängig):

1. Allgemeines Persönlichkeitsgrundrecht[888] mit verschiedenen Ausprägungen[889], etwa in der Ausprägung des **Rechts auf informationelle Selbstbestimmung** (APR/RiS), Art. 2 Abs. 1 i.V.m. Art. 1 Abs. 1[890] GG, vgl. auch Art. 142 GG i.V.m. Art. 4 Abs. 1, 2 Verfassung NRW[891].

---

[887] Zu **Grundrechten**: *Basten*, Eingriffsrecht der Polizei in Nordrhein-Westfalen, Band 1, Buch 1, Abschnitt 2, Unterabschnitt 3. Zum **Rechtsstaatsprinzip** mit unter anderem sogenanntem Vorrang des Gesetzes und Vorbehalt des Gesetzes: *Basten*, Eingriffsrecht der Polizei in Nordrhein-Westfalen, Band 1, S. 95-108.

[888] BVerfGE 147, 1, 18 f. (**Geschlechtsidentität**) = BVerfG, Beschluss des Ersten Senats vom 10.10.2017 – 1 BvR 2019/16 –, Rn. 38: „Art. 2 Abs. 1 GG gewährt jedem das **Recht auf die freie Entfaltung seiner Persönlichkeit**. Dieses Grundrecht umfasst neben der allgemeinen Handlungsfreiheit das **allgemeine Persönlichkeitsrecht** (Art. 2 Abs. 1 i.V.m. Art. 1 Abs. 1 GG). Letzteres ergänzt als ‚unbenanntes' Freiheitsrecht die speziellen (‚benannten') Freiheitsrechte, die ebenfalls konstituierende Elemente der Persönlichkeit schützen (vgl. BVerfGE 54, 148 <153>). Eine der **Aufgaben des allgemeinen Persönlichkeitsrechts** ist es dabei, Grundbedingungen dafür zu sichern, dass die einzelne Person ihre Individualität selbstbestimmt entwickeln und wahren kann (vgl. BVerfGE 35, 202 <220>; 79, 256 <268>; 90, 263 <270>; 117, 202 <225>). Das allgemeine Persönlichkeitsrecht schützt indessen nur solche **Elemente der Persönlichkeitsentfaltung**, die - ohne bereits Gegenstand der besonderen Freiheitsgarantien des Grundgesetzes zu sein - diesen in ihrer konstituierenden Bedeutung für die Persönlichkeit nicht nachstehen (vgl. BVerfGE 79, 256 <268>; 99, 185 <193>; 120, 274 <303>; stRspr). Es verbürgt also nicht Schutz gegen alles, was die selbstbestimmte Persönlichkeitsentwicklung auf irgendeine Weise beeinträchtigen könnte; ohnehin vermag kein Mensch seine Individualität unabhängig von äußeren Gegebenheiten und Zugehörigkeiten zu entwickeln. Der lückenschließende Schutz des allgemeinen Persönlichkeitsrechts greift aber dann, wenn die selbstbestimmte Entwicklung und Wahrung der Persönlichkeit spezifisch gefährdet ist (BVerfGE 141, 186 <201 f. Rn. 32>).".

BVerfG, Beschluss des Ersten Senats vom 06.11.2019 – 1 BvR 16/13 – (Recht auf Vergessen I), Rn. 81: „Diese [**APR-]Rechtsprechung** hat sich maßgeblich in Konstellationen der mittelbaren Drittwirkung und geleitet von dem Erfordernis praktischer Konkordanz entwickelt. Deshalb bestimmen sich die Schutzdimensionen des allgemeinen Persönlichkeitsrechts letztlich immer einzelfallbezogen im Abgleich mit den Grundrechten Dritter. Die Bestimmung seiner Schutzwirkungen und die Abwägung mit den gegenüberstehenden Freiheitsrechten greifen hier Hand in Hand. Der Schutz des allgemeinen Persönlichkeitsrechts ist insoweit flexibel und durch die Einbindung der Person in ihre sozialen Beziehungen relativiert (vgl. BVerfGE 101, 361 <380>; 141, 186 <202 Rn. 32>; 147, 1 <19 Rn. 38>; stRspr; siehe auch BGHZ 183, 353 <357 Rn. 11>; 209, 139 <150 Rn. 30>; 219, 233 <240 Rn. 22>; stRspr).".

Vgl. „**Allgemeines Persönlichkeitsrecht**" (APR) als „sonstiges Recht" (sog. **Rahmenrecht** mit [grundrechts-]abwägungsoffenem Tatbestand) nach § 823 Abs. 1 Var. 6 BGB, u.a. mit Geldentschädigungsanspruch, insbesondere durch ständige Rechtsprechung (vgl. auch § 253 BGB) seit folgender Entwicklung: BGHZ 13, 334 (Leserbrief), mit erstmaliger ausdrücklicher Anerkennung des allgemeinen Persönlichkeitsrechts; BGHZ 26, 349 (Herrenreiter), mit erstmaliger Zuerkennung einer Geldentschädigung wegen des immateriellen Schadens durch die Verletzung des allgemeinen Persönlichkeitsrechts; BGHZ 35, 363

(Ginsengwurzel), mit erstmaliger Schwerpunktsetzung bei der Menschenwürde in der Begründung; BVerfGE 34, 269 (Soraya), mit verfassungsgerichtlicher Erklärung der verfassungsrechtlichen Zulässigkeit der richterrechtlich entwickelten APR-Konstruktion.

889 BVerfG, Beschluss des Ersten Senats vom 06.11.2019 – 1 BvR 16/13 – (Recht auf Vergessen I), Rn. 80: „Die Rechtsprechung hat aus dem [**Allgemeinen Persönlichkeits-]Grundrecht** insoweit verschiedene **Schutzdimensionen** abgeleitet wie den **Schutz eines unantastbaren Bereichs privater Lebensgestaltung**, die Garantie der **Privatsphäre**, das **Recht am eigenen Bild** oder **gesprochenen Wort** oder das **Recht auf die Darstellung der eigenen Person**, die **soziale Anerkennung** sowie die **persönliche Ehre** (vgl. BVerfGE 27, 1 <6>; 27, 344 <350 f.>; 32, 373 <379>; 34, 238 <245 f.>; 47, 46 <73>; 54, 148 <153 f.>; 99, 185 <193 f.>; 101, 361 <384>; 106, 28 <39>; 114, 339 <346>; 120, 180 <198>)." „Diese Schutzgehalte werden insoweit aber nicht als abschließend umschriebene und voneinander abzugrenzende Gewährleistungen verstanden, sondern als Ausprägungen, die in Blick auf den konkreten Schutzbedarf jeweils anhand des zu entscheidenden Falles herauszuarbeiten sind (vgl. BVerfGE 54, 148 <153 f.>; 65, 1 <41>).".

BVerfGE 65, 1 (Volkszählungsgesetz), Ls. 1 = BVerfG, Urteil des Ersten Senats vom 15.12.1983 – 1 BvR 209/83, Ls. 1: „Unter den Bedingungen der modernen Datenverarbeitung wird der Schutz des Einzelnen gegen unbegrenzte Erhebung, Speicherung, Verwendung und Weitergabe seiner persönlichen Daten von dem **allgemeinen Persönlichkeitsrecht** des Art. 2 Abs. 1 GG in Verbindung mit Art. 1 Abs. 1 GG umfaßt. Das [**Allgemeine Persönlichkeits-]Grundrecht** gewährleistet insoweit die Befugnis des Einzelnen, grundsätzlich selbst über die Preisgabe und Verwendung seiner persönlichen Daten zu bestimmen."; BVerfG, Beschluss des Ersten Senats vom 06.11.2019 – 1 BvR 16/13 – (Recht auf Vergessen I), Rn. 80: „Das **Recht auf informationelle Selbstbestimmung** ist von der Rechtsprechung als eigene Ausprägung des allgemeinen Persönlichkeitsrechts mit einem gegenüber den anderen Ausprägungen selbständigen Gewährleistungsgehalt entwickelt worden und behält diesen auch, soweit es als verfassungsrechtliche Wertentscheidung in das Zivilrecht einstrahlt. Dementsprechend enthält es keinen gesamthaften Schutzanspruch hinsichtlich jederlei Umgangs mit Informationen, der die übrigen Schutzdimensionen des Grundrechts allgemein übergreifen und zusammenführen würde, sondern lässt deren Wertungen und Abwägungsregeln unberührt."; BVerfGE 120, 274, 311 f. (Online-Durchsuchung) = BVerfG, Urteil des Ersten Senats vom 27.02.2008 – 1 BvR 370/07 –, Rn. 198 f. „Das **Recht auf informationelle Selbstbestimmung** geht über den **Schutz der Privatsphäre** hinaus. Es gibt dem Einzelnen die Befugnis, grundsätzlich selbst über die Preisgabe und Verwendung seiner persönlichen Daten zu bestimmen (vgl. BVerfGE 65, 1 <43>; 84, 192 <194>). Es flankiert und erweitert den grundrechtlichen Schutz von Verhaltensfreiheit und Privatheit, indem es ihn schon auf der Stufe der Persönlichkeitsgefährdung beginnen lässt. Eine derartige Gefährdungslage kann bereits im Vorfeld konkreter Bedrohungen benennbarer Rechtsgüter entstehen, insbesondere wenn personenbezogene Informationen in einer Art und Weise genutzt und verknüpft werden können, die der Betroffene weder überschauen noch verhindern kann. Der Schutzumfang des **Rechts auf informationelle Selbstbestimmung** beschränkt sich dabei nicht auf Informationen, die bereits ihrer Art nach sensibel sind und schon deshalb grundrechtlich geschützt werden. Auch der Umgang mit personenbezogenen Daten, die für sich genommen nur geringen Informationsgehalt haben, kann, je nach dem Ziel des Zugriffs und den bestehenden Verarbeitungs- und Verknüpfungsmöglichkeiten, grundrechtserhebliche Auswirkungen auf die Privatheit und Verhaltensfreiheit des Betroffenen haben (vgl. BVerfG, Beschluss vom 13. Juni 2007 - 1 BvR 1550/03 u.a. -, NJW 2007, S. 2464 <2466>). Die mit dem Recht auf informationelle Selbstbestimmung abzuwehrenden Persönlichkeitsgefährdungen ergeben sich aus den vielfältigen Möglichkeiten des Staates und gegebenenfalls auch privater Akteure (vgl. BVerfG, Beschluss der 1. Kammer des Ersten Senats vom 23. Oktober 2006 - 1 BvR 2027/02 -, JZ 2007, S. 576) zur Erhebung, Verarbeitung und Nutzung personenbezogener Daten. Vor allem mittels elektronischer Datenverarbeitung können aus solchen Informationen weitere Informationen erzeugt und so Schlüsse gezogen werden, die sowohl die grundrechtlich geschützten Geheimhaltungsinteressen des Betroffenen beeinträchtigen als auch Eingriffe in seine Verhaltensfreiheit mit sich bringen können (vgl. BVerfGE 65, 1 <42>; 113, 29 <45 f.>; 115, 320 <342>; BVerfG, Beschluss vom 13. Juni 2007 - 1 BvR 1550/03 u.a. -, NJW 2007, S. 2464 <2466>).".

BVerfGE 109, 279, 325-327 (akustische Wohnraumüberwachung / „Großer Lauschangriff") = BVerfG, Urteil des Ersten Senats vom 03.03.2004 – 1 BvR 2378/98, 1084/99 –, Rn. 159-163: „Das aus Art. 2

Abs. 1 in Verbindung mit Art. 1 Abs. 1 GG folgende **allgemeine Persönlichkeitsrecht** kommt neben Art. 13 Abs. 1 GG allerdings nicht zur Anwendung, soweit Eingriffe in die **räumliche Privatsphäre des Wohnungsinhabers** zu überprüfen sind. Art. 13 Abs. 1 GG enthält eine spezielle Gewährleistung des **Schutzes vor staatlicher akustischer Überwachung der räumlichen Privatsphäre**, die die allgemeinere Vorschrift insoweit verdrängt (vgl. BVerfGE 100, 313 [358] zu Art. 10 GG). Mit dem **Recht, in der Wohnung ungestört zu sein**, und dem **Recht am eigenen in der Wohnung gesprochenen Wort** schützt Art. 13 Abs. 1 GG gerade den Teil der **Privatsphäre**, den sonst das allgemeine Persönlichkeitsrecht gewährleistet. Dieses Recht ergänzt als unbenanntes Freiheitsrecht die speziellen Freiheitsrechte, die ebenfalls konstituierende Elemente der Persönlichkeit schützen (vgl. BVerfGE 54, 148 <153 f.>), nur insoweit, als Letztere keinen Schutz gewähren. Der **Schutz des allgemeinen Persönlichkeitsrechts aus Art. 2 Abs. 1 in Verbindung mit Art. 1 Abs. 1 GG** greift hingegen ein, soweit von der Wohnraumüberwachung Personen betroffen werden, die sich nicht auf Art. 13 Abs. 1 GG berufen können. **Grundrechtsträger des Art. 13 Abs. 1 GG** ist jeder Inhaber oder Bewohner eines Wohnraums, unabhängig davon, auf welchen Rechtsverhältnissen die Nutzung des Wohnraums beruht. Bei mehreren Bewohnern einer Wohnung steht das Grundrecht jedem Einzelnen, bei Familien mithin jedem Familienmitglied zu. Maßnahmen der Wohnraumüberwachung können aber nicht nur **Wohnungsinhaber**, sondern auch **zufällig in einer Wohnung Anwesende** erfassen. Diese Personen sind zwar nicht in ihrem Grundrecht aus Art. 13 Abs. 1 GG, wohl aber in ihrem **allgemeinen Persönlichkeitsrecht** betroffen. Der Schutz aus Art. 2 Abs. 1 in Verbindung mit Art. 1 Abs. 1 GG kann insofern allerdings nicht weiter reichen als derjenige aus Art. 13 Abs. 1 und 3 GG. Der Schutz der **räumlichen Privatsphäre und des allgemeinen Persönlichkeitsrechts** kann schließlich in Einzelfällen durch weitere Grundrechtsgarantien ergänzt sein. So wird das **Gespräch zwischen Eheleuten in der eigenen Wohnung** nicht nur von Art. 13 Abs. 1 GG, sondern zusätzlich durch Art. 6 Abs. 1 GG geschützt. Auch in Bezug auf die **Kommunikation mit Berufsgeheimnisträgern** können neben dem grundrechtlichen **Schutz der räumlichen Privatsphäre** Grundrechte in Betracht kommen, die - wie etwa Art. 4 GG im Hinblick auf das Gespräch mit einem Geistlichen - der besonderen Schutzbedürftigkeit der Kommunizierenden Rechnung tragen.".

BVerfG, Beschluss des Ersten Senats vom 06.11.2019 – 1 BvR 16/13 – (Recht auf Vergessen I), Ls. 3 S. 1: „Von den **äußerungsrechtlichen Schutzdimensionen** ist das **Recht auf informationelle Selbstbestimmung** als eine eigene Ausprägung des allgemeinen Persönlichkeitsrechts zu unterscheiden." BVerfG, Beschluss des Ersten Senats vom 06.11.2019 – 1 BvR 16/13 – (Recht auf Vergessen I), Rn. 90: „Ausgehend von dem **Ziel des Rechts auf informationelle Selbstbestimmung**, Schutz vor Gefahren angesichts neuartiger Möglichkeiten der Datenverarbeitung zu gewähren (vgl. BVerfGE 65, 1 <42>), ist es primär als Gewährleistung zu verstehen, die – neben der ungewollten Preisgabe von Daten auch im Rahmen privater Rechtsbeziehungen (vgl. BVerfGE 84, 192 <194>) – insbesondere vor deren intransparenter Verarbeitung und Nutzung durch Private schützt. Es bietet Schutz davor, dass Dritte sich individueller Daten bemächtigen und sie in nicht nachvollziehbarer Weise als Instrument nutzen, um die Betroffenen auf Eigenschaften, Typen oder Profile festzulegen, auf die sie keinen Einfluss haben und die dabei aber für die freie Entfaltung der Persönlichkeit sowie eine gleichberechtigte Teilhabe in der Gesellschaft von erheblicher Bedeutung sind. Der Gehalt dieses Rechts ist dabei entwicklungsoffen, so dass es auch weitere persönlichkeitsgefährdende Entwicklungen der Informationsverarbeitung aufnehmen kann.".

BVerfG, Beschluss des Ersten Senats vom 06.11.2019 – 1 BvR 16/13 – (Recht auf Vergessen I), Rn. 91: „[Vom Recht auf informationelle Selbstbestimmung] zu unterscheiden ist der **Schutz vor der Verarbeitung personenbezogener Berichte und Informationen als Ergebnis eines Kommunikationsprozesses**. Der Schutzbedarf gründet hier nicht in der intransparenten Zuweisung von Persönlichkeitsmerkmalen und -profilen durch Dritte, sondern in der sichtbaren Verbreitung bestimmter Informationen im öffentlichen Raum. Gefährdungen für die Persönlichkeitsentfaltung ergeben sich hier vornehmlich aus Form und Inhalt der Veröffentlichung selbst. Schutz gegenüber solchen Gefährdungen bieten die **äußerungsrechtlichen Ausprägungen des allgemeinen Persönlichkeitsrechts unabhängig vom Recht auf informationelle Selbstbestimmung**. Zwar kann es auch dabei maßgeblich auf die Art der Informationserlangung ankommen. Jedoch hat diese hier ihre Bedeutung als Vorfrage für die Beurteilung des weiteren Umgangs mit einer bestimmten Äußerung und des damit in die Öffentlichkeit gestellten Bildes einer Person selbst.".

BVerfG, Beschluss des Ersten Senats vom 06.11.2019 – 1 BvR 16/13 – (**Recht auf Vergessen** I), Ls. 2b): „Bei der Entscheidung über einen Schutzanspruch kommt der Zeit unter den Kommunikationsbedingungen des Internets ein spezifisches Gewicht zu. Die Rechtsordnung muss davor schützen, dass sich eine Person frühere Positionen, Äußerungen und Handlungen unbegrenzt vor der Öffentlichkeit vorhalten lassen muss. Erst die Ermöglichung eines Zurücktretens vergangener Sachverhalte eröffnet den Einzelnen die Chance zum Neubeginn in Freiheit. Zur Zeitlichkeit der Freiheit gehört die Möglichkeit des Vergessens.“.

BVerfGE 120, 274, 311 (Online-Durchsuchung) = BVerfG, Urteil des Ersten Senats vom 27.02.2008 – 1 BvR 370/07 –, Rn. 197: „In seiner Ausprägung als **Schutz der Privatsphäre** [als **Privatangelegenheitenschutz** und **Rückzugsraumbereichsschutz** – beides **gegenüber der Öffentlichkeit**, vgl. **Sphärentheorie** mit **Intimsphäre, Privatsphäre, Sozialsphäre** und vgl. **Kernbereich privater Lebensgestaltung**] gewährleistet das allgemeine Persönlichkeitsrecht dem Einzelnen einen räumlich und thematisch bestimmten Bereich, der grundsätzlich frei von unerwünschter Einsichtnahme bleiben soll (vgl. BVerfGE 27, 344 <350 ff.>; 44, 353 <372 f.>; 90, 255 <260>; 101, 361 <382 f.>).“; BVerfGE 101, 361, 382-385 (Caroline von Monaco II) = BVerfG, Urteil vom 15.12.1999 – 1 BvR 653/96 –, Rn. 75-82: „Im Unterschied zum **Recht am eigenen Bild** bezieht sich der **Schutz der Privatsphäre**, der ebenfalls im **allgemeinen Persönlichkeitsrecht** wurzelt, nicht speziell auf Abbildungen, sondern ist **thematisch und räumlich** bestimmt. Er umfaßt zum einen **Angelegenheiten** [**Privatangelegenheitenschutz**], die wegen ihres Informationsinhalts typischerweise als ‚**privat**‘ eingestuft werden, weil ihre **öffentliche** Erörterung oder Zurschaustellung als unschicklich gilt, das Bekanntwerden als peinlich empfunden wird oder nachteilige Reaktionen der Umwelt auslöst, wie es etwa bei Auseinandersetzungen mit sich selbst in **Tagebüchern** (BVerfGE 80, 367), bei **vertraulicher Kommunikation unter Eheleuten** (BVerfGE 27, 344), im Bereich der **Sexualität** (BVerfGE 47, 46; 49, 286 [BVerfGE 120, 224, 238 f. (Geschwisterbeischlaf) = BVerfGE, Beschluss des Zweiten Senats vom 26.02.2008 – 2 BvR 392/07 –, Rn. 32 f.: „Das allgemeine Persönlichkeitsrecht in seiner Ausprägung als **Recht auf sexuelle Selbstbestimmung**“/„**Intim- und Sexualbereich des Menschen als Teil seiner Privatsphäre**, P. B.]), bei **sozial abweichendem Verhalten** (BVerfGE 44, 353) oder bei **Krankheiten** (BVerfGE 32, 373) der Fall ist. Fehlte es hier an einem **Schutz vor der Kenntniserlangung anderer**, wären die Auseinandersetzung mit sich selbst, die unbefangene Kommunikation unter Nahestehenden, die sexuelle Entfaltung oder die Inanspruchnahme ärztlicher Hilfe beeinträchtigt oder unmöglich, obwohl es sich um grundrechtlich geschützte Verhaltensweisen handelt. Zum anderen erstreckt sich der Schutz auf einen **räumlichen Bereich** [**Raumbereichsschutz**], in dem der Einzelne zu sich kommen, sich entspannen oder auch gehen lassen kann (vgl. BVerfGE 27, 1 [6]). Zwar bietet auch dieser Bereich Gelegenheit, sich in einer Weise zu verhalten, die nicht für die **Öffentlichkeit** bestimmt ist und deren Beobachtung oder Darstellung durch Außenstehende für den Betroffenen peinlich oder nachteilig wäre. Im Kern geht es aber um einen **Raum**, in dem er die Möglichkeit hat, frei von **öffentlicher Beobachtung** und damit der von ihr erzwungenen Selbstkontrolle zu sein, auch ohne daß er sich dort notwendig anders verhielte als in der **Öffentlichkeit**. Bestünden solche **Rückzugsbereiche** nicht mehr, könnte der Einzelne psychisch überfordert sein, weil er unausgesetzt darauf achten müßte, wie er auf andere wirkt und ob er sich richtig verhält. Ihm fehlten die Phasen des Alleinseins und Ausgleichs, die für die Persönlichkeitsentfaltung notwendig sind und ohne die sie nachhaltig beeinträchtigt würde. Ein derartiges Schutzbedürfnis besteht auch bei Personen, die aufgrund ihres Ranges oder Ansehens, ihres Amtes oder Einflusses, ihrer Fähigkeiten oder Taten besondere **öffentliche** Beachtung finden. Wer, ob gewollt oder ungewollt, zur Person des **öffentlichen** Lebens geworden ist, verliert damit nicht sein Anrecht auf eine **Privatsphäre**, die den Blicken der **Öffentlichkeit** entzogen bleibt. Das gilt auch für demokratisch gewählte Amtsträger, die zwar für ihre Amtsführung **öffentlich** rechenschaftspflichtig sind und sich in diesem Umfang **öffentliche** Aufmerksamkeit gefallen lassen müssen, nicht aber für ihr **Privatleben**, sofern dieses die Amtsführung nicht berührt. Der **häusliche Bereich** [vgl. ggf. spezielleren Art. 13 GG i.V.m. BVerfGE 109, 279, 325 f.] stellt anerkanntermaßen eine solche geschützte Sphäre dar. Wegen des Bezugs auf die Entfaltung der Persönlichkeit darf der **Rückzugsbereich** jedoch nicht von vornherein auf ihn begrenzt werden. Das gilt schon deshalb, weil die Funktionen, denen er dient, nur erfüllt werden, wenn er nicht an den Hausmauern oder Grundstücksgrenzen endet. Die freie Entfaltung der Persönlichkeit wäre erheblich behindert, wenn der Einzelne nur im eigenen Haus der **öffentlichen** Neugier entgehen könnte. Die notwendige

Erholung von einer durch Funktionszwänge und Medienpräsenz geprägten **Öffentlichkeit** ist vielfach nur in der **Abgeschiedenheit einer natürlichen Umgebung, etwa an einem Ferienort**, zu gewinnen. Deswegen muß der Einzelne grundsätzlich die Möglichkeit haben, sich auch in der freien, gleichwohl **abgeschiedenen Natur oder an Örtlichkeiten, die von der breiten Öffentlichkeit deutlich abgeschieden sind**, in einer von **öffentlicher** Beobachtung freien Weise zu bewegen. Das gilt gerade gegenüber solchen Aufnahmetechniken, die die **räumliche Abgeschiedenheit** überwinden, ohne daß der Betroffene dies bemerken kann. Wo die Grenzen der geschützten **Privatsphäre außerhalb des Hauses** verlaufen, läßt sich nicht generell und abstrakt festlegen. Sie können vielmehr nur aufgrund der jeweiligen Beschaffenheit des **Ortes** bestimmt werden, den der Betroffene aufsucht. Ausschlaggebend ist, ob der Einzelne eine **Situation** vorfindet oder schafft, in der er begründetermaßen und somit auch für Dritte erkennbar davon ausgehen darf, den Blicken der **Öffentlichkeit** nicht ausgesetzt zu sein. Ob die Voraussetzungen der **Abgeschiedenheit** erfüllt sind, läßt sich nur situativ beurteilen. Der Einzelne kann sich an ein und demselben **Ort** zu Zeiten mit gutem Grund unbeobachtet fühlen, zu anderen Zeiten nicht. Auch ist der Aufenthalt in umschlossenen **Räumen** keineswegs immer mit **Abgeschiedenheit** gleichzusetzen. Da es um die Frage geht, ob der Einzelne begründetermaßen erwarten darf, unbeobachtet zu sein, oder aber **Plätze** aufgesucht hat, wo er sich unter den Augen der **Öffentlichkeit** bewegt, kann es auch in umschlossenen Räumen an der **Abgeschiedenheit** fehlen, die Voraussetzung für den **Privatsphärenschutz** außerhalb der eigenen **Häuslichkeit** ist. **Plätzen, an denen sich der Einzelne unter vielen Menschen befindet**, fehlt es von vornherein an den Voraussetzungen des **Privatsphärenschutzes** im Sinn von Art. 2 Abs. 1 in Verbindung mit Art. 1 Abs. 1 GG. Sie können das **Rückzugsbedürfnis** nicht erfüllen und rechtfertigen deswegen auch nicht den grundrechtlichen Schutz, den dieses Bedürfnis aus Gründen der Persönlichkeitsentfaltung verdient. Der Einzelne kann solche **Orte** auch nicht etwa durch ein Verhalten, das typischerweise nicht **öffentlich** zur Schau gestellt würde, in seine **Privatsphäre** umdefinieren. Nicht sein Verhalten, ob allein oder mit anderen, konstituiert die **Privatsphäre**, sondern die **objektive Gegebenheit der Örtlichkeit zur fraglichen Zeit**. Verhält er sich daher an **Orten**, die nicht die Merkmale der **Abgeschiedenheit** aufweisen, so, als stünde er nicht unter Beobachtung, hebt er das **Schutzbedürfnis für Verhaltensweisen, die an sich die Öffentlichkeit nichts angehen**, selbst auf. Der **Schutz der Privatsphäre vor öffentlicher Kenntnisnahme** entfällt ferner, wenn sich jemand selbst damit einverstanden zeigt, daß bestimmte, gewöhnlich als privat geltende Angelegenheiten **öffentlich** gemacht werden, etwa indem er Exklusivverträge über die Berichterstattung aus seiner **Privatsphäre** abschließt. Der verfassungsrechtliche **Privatsphärenschutz** aus Art. 2 Abs. 1 in Verbindung mit Art. 1 Abs. 1 GG ist nicht im Interesse einer Kommerzialisierung der eigenen Person gewährleistet. Zwar ist niemand an einer solchen **Öffnung privater Bereiche** gehindert. Er kann sich dann aber nicht gleichzeitig auf den **öffentlichkeitsabgewandten Privatsphärenschutz** berufen. Die Erwartung, daß die Umwelt die **Angelegenheiten oder Verhaltensweisen in einem Bereich mit Rückzugsfunktion** nur begrenzt oder nicht zur Kenntnis nimmt, muß daher situationsübergreifend und konsistent zum Ausdruck gebracht werden. Das gilt auch für den Fall, daß der Entschluß, die Berichterstattung über bestimmte Vorgänge der eigenen **Privatsphäre** zu gestatten oder hinzunehmen, rückgängig gemacht wird.".

BVerfGE 6, 32, 41 (Elfes) = BVerfG, Urteil vom des Ersten Senats vom 16.01.1957 – 1 BvR 253/56 –, Rn. 32 [vgl. **Recht auf Privatsphäre** als **Privatangelegenheitenschutz** und **Rückzugsraumbereichsschutz** – beides **gegenüber der Öffentlichkeit,** vgl. **Sphärentheorie** mit **Intimsphäre**, **Privatsphäre**, **Sozialsphäre**]: „Vor allem dürfen die Gesetze daher die Würde des Menschen nicht verletzen, die im Grundgesetz der oberste Wert ist, aber auch die geistige, politische und wirtschaftliche Freiheit des Menschen nicht so einschränken, daß sie in ihrem Wesensgehalt angetastet würde (Art. 19 Abs. 2, Art. 1 Abs. 3, Art. 2 Abs. 1 GG). Hieraus ergibt sich, daß dem einzelnen Bürger eine **Sphäre privater Lebensgestaltung** verfassungskräftig vorbehalten ist, also ein letzter **unantastbarer Bereich menschlicher Freiheit** besteht, der der Einwirkung der gesamten öffentlichen Gewalt entzogen ist. Ein Gesetz, das in ihn eingreifen würde, könnte nie Bestandteil der ‚verfassungsmäßigen Ordnung' sein; es müßte durch das Bundesverfassungsgericht für nichtig erklärt werden.". BVerfGE 109, 279, Ls. 2 S. 1 (akustische Wohnraumüberwachung / „Großer Lauschangriff") = BVerfG, Urteil des Ersten Senats vom 03.03.2004 – 1 BvR 2378/98, 1084/99 –, Ls. 2 S. 1: „Zur Unantastbarkeit der Menschenwürde gemäß Art. 1 Abs. 1 GG gehört die Anerkennung eines absolut geschützten **Kernbereichs privater Lebensgestaltung**.". BVerfGE 141, 220, 276-278 (BKAG) = BVerfG, Urteil des Ersten Senats vom 20.04.2016 –

1 BvR 966/09 –, Rn. 119-124: „Neben den verfassungsrechtlichen Anforderungen an die allgemeinen Eingriffsvoraussetzungen ergeben sich aus den jeweiligen **Grundrechten in Verbindung mit Art. 1 Abs. 1 GG** für die Durchführung von besonders eingriffsintensiven Überwachungsmaßnahmen besondere Anforderungen an den **Schutz des Kernbereichs privater Lebensgestaltung**. Der verfassungsrechtliche **Schutz des Kernbereichs privater Lebensgestaltung** gewährleistet dem Individuum einen **Bereich höchstpersönlicher Privatheit gegenüber Überwachung**. Er wurzelt in den **von den jeweiligen Überwachungsmaßnahmen betroffenen Grundrechten in Verbindung mit Art. 1 Abs. 1 GG** und sichert einen dem Staat nicht verfügbaren Menschenwürdekern grundrechtlichen Schutzes gegenüber solchen Maßnahmen. Selbst überragende Interessen der Allgemeinheit können einen Eingriff in diesen **absolut geschützten Bereich privater Lebensgestaltung** nicht rechtfertigen (vgl. BVerfGE 109, 279 <313>; stRspr). Zur **Entfaltung der Persönlichkeit im Kernbereich privater Lebensgestaltung gehört die Möglichkeit**, **innere Vorgänge** wie Empfindungen und Gefühle sowie Überlegungen, Ansichten und Erlebnisse **höchstpersönlicher Art zum Ausdruck zu bringen** (vgl. BVerfGE 109, 279 <313>; 120, 274 <335>; stRspr). Geschützt ist insbesondere die **nichtöffentliche Kommunikation mit Personen des höchstpersönlichen Vertrauens, die in der berechtigten Annahme geführt wird, nicht überwacht zu werden**, wie es insbesondere bei Gesprächen im Bereich der Wohnung der Fall ist. Zu diesen Personen gehören insbesondere Ehe- oder Lebenspartner, Geschwister und Verwandte in gerader Linie, vor allem, wenn sie im selben Haushalt leben, und können Strafverteidiger, Ärzte, Geistliche und enge persönliche Freunde zählen (vgl. BVerfGE 109, 279 <321 ff.>). Dieser Kreis deckt sich nur teilweise mit dem der Zeugnisverweigerungsberechtigten. Solche Gespräche verlieren dabei nicht schon dadurch ihren Charakter als insgesamt höchstpersönlich, dass sich in ihnen Höchstpersönliches und Alltägliches vermischen (vgl. BVerfGE 109, 279 <330>; 113, 348 <391 f.>). Demgegenüber ist die **Kommunikation unmittelbar über Straftaten** nicht geschützt, selbst wenn sie auch Höchstpersönliches zum Gegenstand hat. Die **Besprechung und Planung von Straftaten** gehört ihrem Inhalt nach nicht zum **Kernbereich privater Lebensgestaltung**, sondern hat **Sozialbezug** (vgl. BVerfGE 80, 367 <375>; 109, 279 <319 f., 328>; 113, 348 <391>). Dies bedeutet freilich nicht, dass der Kernbereich unter einem allgemeinen Abwägungsvorbehalt in Bezug auf öffentliche Sicherheitsinteressen steht. Ein **höchstpersönliches Gespräch** fällt nicht schon dadurch aus dem **Kernbereich privater Lebensgestaltung** heraus, dass es für die Aufklärung von Straftaten oder Gefahren hilfreiche Aufschlüsse geben kann. Aufzeichnungen oder Äußerungen im Zwiegespräch, die zum Beispiel ausschließlich innere Eindrücke und Gefühle wiedergeben und keine Hinweise auf konkrete Straftaten enthalten, gewinnen nicht schon dadurch einen **Gemeinschaftsbezug**, dass sie Ursachen oder Beweggründe eines strafbaren Verhaltens freizulegen vermögen (vgl. BVerfGE 109, 279 <319>). Auch können trotz **Straftatenbezugs** Situationen, in denen Einzelnen gerade ermöglicht werden soll, ein Fehlverhalten einzugestehen oder sich auf dessen Folgen einzurichten, wie Beichtgespräche oder vertrauliche Gespräche mit einem Psychotherapeuten oder einem Strafverteidiger, der **höchstpersönlichen Privatsphäre** unterfallen, die dem Staat absolut entzogen ist (vgl. BVerfGE 109, 279 <322>). Ein hinreichender **Sozialbezug** besteht demgegenüber dann, wenn **Gespräche - auch mit Vertrauenspersonen - sonst unmittelbar Straftaten zu ihrem Gegenstand haben** (vgl. BVerfGE 109, 279 <319>). Der **Kernbereich privater Lebensgestaltung** beansprucht gegenüber **allen Überwachungsmaßnahmen** Beachtung. Können sie typischerweise zur Erhebung kernbereichsrelevanter Daten führen, muss der Gesetzgeber Regelungen schaffen, die einen wirksamen Schutz normenklar gewährleisten (vgl. BVerfGE 109, 279 <318 f.>; 113, 348 <390 f.>; 120, 274 <335 ff.>). Außerhalb solch verletzungsgeneigter Befugnisse bedarf es eigener Regelungen nicht. Grenzen, die sich im Einzelfall auch hier gegenüber einem Zugriff auf höchstpersönliche Informationen ergeben können, sind bei deren Anwendung unmittelbar von Verfassungs wegen zu beachten. Der **Schutz des Kernbereichs privater Lebensgestaltung** ist strikt und darf nicht durch Abwägung mit den Sicherheitsinteressen nach Maßgabe des Verhältnismäßigkeitsgrundsatzes relativiert werden (vgl. BVerfGE 109, 279 <314>; 120, 273 <339>; stRspr). Dies bedeutet jedoch nicht, dass **jede tatsächliche Erfassung von höchstpersönlichen Informationen** stets einen Verfassungsverstoß oder eine Menschenwürdeverletzung begründet. Angesichts der Handlungs- und Prognoseunsicherheiten, unter denen Sicherheitsbehörden ihre Aufgaben wahrnehmen, kann ein **unbeabsichtigtes Eindringen in den Kernbereich privater Lebensgestaltung** im Rahmen von Überwachungsmaßnahmen nicht für jeden Fall von vornherein ausgeschlossen werden (vgl. BVerfGE 120, 274 <337 f.>). Die Verfassung verlangt jedoch

a) GR-SB:

aa) Persönlicher GR-SB: „Jeder“.

bb) Sachlicher GR-SB: „**freie Entfaltung der Persönlichkeit**“ als „**Datenfreiheit**“ (Grundsätzliche Bestimmungsbefugnis des Einzelnen über Preisgabe und Verwendung eigener personenbezogener Daten[892]), vgl. **personenbezogenes Datum**: § 36 Nr. 1 DSG NRW[893].

---

für die Ausgestaltung der Überwachungsbefugnisse die **Achtung des Kernbereichs** als eine strikte, nicht frei durch Einzelfallerwägungen überwindbare Grenze.“.

BVerfGE 120, 274 (Online-Durchsuchung) = BVerfG, Urteil des Ersten Senats vom 27.02.2008 – 1 BvR 370/07 –, Ls. 1: „Das **allgemeine Persönlichkeitsrecht** (Art. 2 Abs. 1 i.V.m. Art. 1 Abs. 1 GG) umfasst das Grundrecht auf **Gewährleistung der Vertraulichkeit und Integrität informationstechnischer Systeme**.“; BVerfGE 120, 274, 314 (Online-Durchsuchung) = BVerfG, Urteil des Ersten Senats vom 27.02.2008 – 1 BvR 370/07 –, Rn. 203: „**informationstechnisches System**“: „etwa Personalcomputer“, „ferner beispielweise […] solche Mobiltelefone oder elektronische Terminkalender, die über einen großen Funktionsumfang verfügen und personenbezogene Daten vielfältiger Art erfassen und speichern können.“; BVerfGE 120, 274, 276 (Online-Durchsuchung) = BVerfG, Urteil des Ersten Senats vom 27.02.2008 – 1 BvR 370/07 –, Rn. 5: „**heimlicher Zugriff auf ein informationstechnisches System**“: „[heimliche] technische Infiltration […], die etwa Sicherheitslücken des Zielsystems ausnutzt oder über die Installation eines Spähprogramms erfolgt“, wobei die Infiltration es ermöglicht, die Zielsystem-„Nutzung zu überwachen oder die Speichermedien durchzusehen oder gar das Zielsystem fernzusteuern.“.

BVerfGE 147, 1 (**Geschlechtsidentität**) = BVerfG, Beschluss des Ersten Senats vom 10.10.2017 – 1 BvR 2019/16 –, Ls. 1-3: „1. Das **allgemeine Persönlichkeitsrecht** (Art. 2 Abs. 1 i.V.m. Art. 1 Abs. 1 GG) schützt die **geschlechtliche Identität**. Es schützt auch die geschlechtliche Identität derjenigen, die sich dauerhaft weder dem männlichen noch dem weiblichen Geschlecht zuordnen lassen. 2. Art. 3 Abs. 3 Satz 1 GG schützt auch Menschen, die sich dauerhaft weder dem männlichen noch dem weiblichen Geschlecht zuordnen lassen, vor **Diskriminierungen wegen ihres Geschlechts**. 3. Personen, die sich dauerhaft weder dem männlichen noch dem weiblichen Geschlecht zuordnen lassen, werden in beiden Grundrechten verletzt, wenn das Personenstandsrecht dazu zwingt, das Geschlecht zu registrieren, aber keinen anderen positiven Geschlechtseintrag als weiblich oder männlich zulässt.“.

BVerfG, Urteil des Zweiten Senats vom 26.02.2020 – 2 BvR 2347/15 –, Ls. 1: „a) Das **allgemeine Persönlichkeitsrecht** (Art. 2 Abs. 1 i.V.m. Art. 1 Abs. 1 GG) umfasst als Ausdruck persönlicher Autonomie ein **Recht auf selbstbestimmtes Sterben**. b) Das **Recht auf selbstbestimmtes Sterben** schließt die Freiheit ein, sich das Leben zu nehmen [Rn. 208: „**Recht auf Selbsttötung**“]. Die Entscheidung des Einzelnen, seinem Leben entsprechend seinem Verständnis von Lebensqualität und Sinnhaftigkeit der eigenen Existenz ein Ende zu setzen, ist im Ausgangspunkt als Akt autonomer Selbstbestimmung von Staat und Gesellschaft zu respektieren. c) Die **Freiheit, sich das Leben zu nehmen**, umfasst auch die Freiheit, hierfür bei Dritten Hilfe zu suchen und Hilfe, soweit sie angeboten wird, in Anspruch zu nehmen.“.

[890] Zum sog. „**Menschenwürdegehalt**“ der Grundrechte: *Basten*, Die Menschenwürde des Grundgesetzes.

[891] Vgl. auch Art. 142 GG i.V.m. Art. 4 Abs. 2 Verfassung NRW; Art. 8 EU-GR-Charta; Art. 16 AEUV; Art. 8 EMRK.

[892] BVerfGE 65, 1, Ls. 1 S. 2 (Volkszählungsgesetz) = BVerfG, Urteil des Ersten Senats vom 15.12.1983 – 1 BvR 209/83, Ls. 1 S. 2 (Ls. 1: „Unter den Bedingungen der modernen Datenverarbeitung wird der Schutz des Einzelnen gegen unbegrenzte Erhebung, Speicherung, Verwendung und Weitergabe seiner persönlichen Daten von dem allgemeinen Persönlichkeitsrecht des Art. 2 Abs. 1 GG in Verbindung mit Art. 1 Abs. 1 GG umfaßt. Das Grundrecht gewährleistet insoweit die Befugnis des Einzelnen, grundsätzlich selbst über die Preisgabe und Verwendung seiner persönlichen Daten zu bestimmen.“).

[893] BVerfG, Beschluss der 3. Kammer des Zweiten Senats vom 27.06.2018 – 2 BvR 1562/17 (auf § 103 StPO gestützte Anordnung der Durchsuchung der Räumlichkeiten des Münchener Kanzleistandorts der Rechtsanwaltskanzlei Jones Day sowie Sicherstellung von Unterlagen und elektronischen Daten im Zuge des sogenannten „VW-Dieselskandals“ – Verfassungsbeschwerde nicht zur Entscheidung angenommen wegen Unzulässigkeit aufgrund Nichterfüllung von Voraussetzungen nach § 93a Abs. 2 BVer-

b) GR-E (oder Nichteingriff/**Einwilligung** i.S.v. § 36 Nr. 19 DSG NRW, § 38 DSG NRW): **Persönlichkeitsentfaltungseinschränkung** als Datenfreiheitseinschränkung durch Datenverarbeitung als **Datenerhebung** i.S.v. § 36 Nr. 2 DSG NRW. Bei sozialadäquatem Gespräch bzw. Trivialkommunikation (z.B. – nicht immer, aber mitunter – über „Wetter") kann nur schlicht-hoheitliches Verhalten vorliegen, also ein Grundrechtsnichteingriff gegeben sein. Bei **„Spontanäußerung"** (freiwillige Äußerung außerhalb gezielter Befragung)[894] kann Einwilligung/GR-Verzicht i.S.v. § 36 Nr. 19 DSG NRW, § 38 DSG NRW vorliegen, also auch ein Grundrechtsnichteingriff gegeben sein.[895]

c) GR-B: Art. 2 Abs. 1 Hs. 2 GG[896].

---

fGG), Gründe, V., Rn. 44: „Der Begriff der persönlichen Daten deckt sich mit der Legaldefinition personenbezogener Daten in § 46 Nr. 1 BDSG (zuvor § 3 Abs. 1 BDSG) und erfasst alle Informationen, die sich auf eine identifizierte oder identifizierbare natürliche Person (betroffene Person) beziehen (vgl. noch zu § 3 Abs. 1 BDSG ‚Einzelangaben über persönliche oder sachliche Verhältnisse einer bestimmten oder bestimmbaren Person' Di Fabio, in: Maunz/Dürig, GG, Art. 2 Abs.1, Rn. 175 [Juli 2001]).".

894 Zur Spontanäußerung-Verwertbarkeit: BGH, Beschluss vom 17.07.2019 – 5 StR 195/19, Rn. 5: „Sofern der beim Angeklagten verbliebene Polizeibeamte keine gezielte Befragung durchgeführt, sondern lediglich passiv eine Spontanäußerung entgegengenommen hätte, wären die Verwertbarkeit dieser Äußerung und deren Vorhalt bei der späteren Beschuldigtenvernehmung auch dann rechtlich unbedenklich, wenn der Angeklagte schon zuvor als Beschuldigter hätte belehrt werden müssen (vgl. BGH, Urteile vom 27. Juni 2013 – 3 StR 435/12, BGHSt 58, 301, 305; vom 27. September 1989 – 3 StR 188/89, NStZ 1990, 43; Beschluss vom 9. Juni 2009 – 4 StR 170/09, NStZ 2009, 702).".

895 Vgl. ggf. zur Frage des Grundrechtseingriffs auch § 9 Abs. 1 Nr. 1 S. 2 (Hs. 1) PolG NRW (Inkrafttreten am 29.12.2018): „Dies gilt auch für personenbezogene Daten, die von der betroffenen Person offensichtlich öffentlich gemacht wurden"; BVerfGE 120, 274 (Online-Durchsuchung) = BVerfG, Urteil des Ersten Senats vom 27.02.2008 – 1 BvR 370/07 –, Ls. 5: „Verschafft der Staat sich Kenntnis von Inhalten der Internetkommunikation auf dem dafür technisch vorgesehenen Weg, so liegt darin nur dann ein Eingriff in Art. 10 Abs. 1 GG, wenn die staatliche Stelle nicht durch Kommunikationsbeteiligte zur Kenntnisnahme autorisiert ist. Nimmt der Staat im Internet öffentlich zugängliche Kommunikationsinhalte wahr oder beteiligt er sich an öffentlich zugänglichen Kommunikationsvorgängen, greift er grundsätzlich nicht in Grundrechte ein.".

896 Art. 2 Abs. 1 Hs. 2 GG (**Schrankentrias**): BVerfGE 80, 137, 153 (Reiten im Walde) = BVerfG, Beschluss des Ersten Senats vom 06.06.1989 – 1 BvR 921/85 –, C. I. 1 a), Rn. 69: „Abgesehen von einem absolut geschützten Kernbereich privater Lebensgestaltung, welcher der Einwirkung der öffentlichen Gewalt entzogen ist (BVerfGE 6, 32 [41]), ist die allgemeine Handlungsfreiheit allerdings nur in den **Schranken** des zweiten Halbsatzes von Art. 2 Abs. 1 GG gewährleistet und steht damit insbesondere unter dem **Vorbehalt der verfassungsmäßigen (Rechts-)Ordnung** (BVerfGE 6, 32 [37 f.]; 74, 129 [152]). Stützt sich ein die Handlungsfreiheit berührender Akt der öffentlichen Gewalt auf eine Rechtsnorm, so kann mit der Verfassungsbeschwerde unter Berufung auf Art. 2 Abs. 1 GG zur Nachprüfung gestellt werden, ob diese Norm zur **verfassungsmäßigen Ordnung** gehört, das heißt formell und materiell mit den Normen der Verfassung in Einklang steht (st. Rspr. seit BVerfGE 6, 32)."; BVerfGE 6, 32, Ls. 3 (Elfes) = BVerfG, Urteil des Ersten Senats vom 16.01.1957 – 1 BvR 253/56, Ls. 3: **„Verfassungsmäßige Ordnung** im Sinne des Art. 2 Abs. 1 GG ist die verfassungsmäßige Rechtsordnung, d.h. die Gesamtheit der Normen, die formell und materiell der Verfassung gemäß sind."; vgl. dazu auch BVerfGE 6, 32, 37-41 (Elfes) = BVerfG, Urteil des Ersten Senats vom 16.01.1957 – 1 BvR 253/56, Gründe II. 2 b), c), Rn. 17-33.

Rechte anderer sind (als Teil der verfassungsmäßigen Ordnung) subjektive Berechtigungen (Anspruch oder Befugnis oder Erlaubnis) einschließlich Verpflichtungen (Pflicht zur Erfüllung von Anspruch oder Befugnis oder Erlaubnis) und sonstiger Rechtswirkungen für ein Rechtssubjekt bezüglich eines Verhaltens oder eines Rechtsguts.

Ggf. bei Begleitverfügung (etwa zum „Herkommen/Erscheinen/Mitkommen“ oder „Stehenbleiben“) betroffenes Grundrecht (eine Verfügung zum „Ruhigbleiben“ ist i.d.R. entweder ganz eigenständige Befugnis oder als Motivation zur „ruhigen Antwort“ ganz kommunikativer Akt während der Befragung selbst, im Übrigen Art. 2 Abs. 1 GG):

2. Körperliche Bewegungsfreiheit, Art. 2 Abs. 2 S. 2 GG[897]

a) GR-SB:

aa) Persönlicher GR-SB: „**Person**“, vgl. § 1 BGB.

bb) Sachlicher GR-SB: „Freiheit“ ist **körperliche Bewegungsfreiheit** als Freiheit, jeden Ort oder Raum aufzusuchen, sich dort aufzuhalten, (ihn zu verlassen), der an sich (tatsächlich und rechtlich) zugänglich ist.

b) GR-E (oder Nichteingriff/GR-Verzicht): Freiheitsentziehung oder sonstige Freiheitsbeschränkung.

Freiheitsbeschränkung (Freiheitsentziehung oder sonstige Freiheitsbeschränkung) liegt vor, wenn jemand durch die öffentliche Gewalt gegen seinen Willen daran gehindert wird, einen Ort oder Raum aufzusuchen oder sich dort aufzuhalten, der ihm an sich (tatsächlich und rechtlich) zugänglich ist. Eine **Freiheitsentziehung** als schwerste Form der Freiheitsbeschränkung ist dann gegeben, wenn die tatsächlich und rechtlich an sich gegebene körperliche Bewegungsfreiheit durch staatliche Maßnahmen nach jeder Richtung hin aufgehoben wird[898]; Freiheitsentziehung setzt auch eine besondere Eingriffsintensität und eine nicht nur kurzfristige Dauer der Maßnahme voraus[899]. Im Übrigen kann eine Abgrenzung zwischen Freiheitsentziehung und sonstiger Freiheitsbeschränkung auch erfolgen nach Art, Dauer, Intensität, Mittel, Zweck der Freiheitsbeschränkung.[900]

c) GR-B: Art. 2 Abs. 2 S. 3 i.V.m. Art. 104 GG.

Vgl. zum ein Mal bundesverfassungsgerichtlich entscheidungserheblich bemühten „**Sittengesetz**“ nach Art. 2 Abs. 1 Hs. 2 GG als Gesetz, das nicht das durch die „soziale Gemeinschaft“ „als für sich verbindlich“ anerkannte „Rechtsgefühl“ „im allgemeinen“ „verletzt“: BVerfGE 6, 389 (Homosexuelle) = BVerfG, Urteil des Ersten Senats vom 10.05.1957 – 1 BvR 550/52 –, und StrRehaHomG (Gesetz zur strafrechtlichen Rehabilitierung der nach dem 8. Mai 1945 wegen einvernehmlicher homosexueller Handlungen verurteilten Personen vom 17. Juli 2017 – BGBl. I S. 2443).

[897] Vgl. auch Art. 142 GG i.V.m. Art. 4 Abs. 1 Verfassung NRW; Art. 20 Abs. 2a und Art. 21 AEUV i.V.m. Art. 6, 45 EU-GR-Charta (**Bewegungsfreiheit**, **Freizügigkeit**, **Aufenthaltsfreiheit**); Art. 5 EMRK; Art. 2 Protokoll Nr. 4 EMRK; Art. 21 AEUV (**Unionsbürgerfreizügigkeit**, zum **Unionsbürger** vgl. Art. 9 S. 2, 3 EUV, Art. 20 Abs. 1 S. 2, 3 AEUV); Art. 45 AEUV (**Arbeitnehmerfreizügigkeit**); Art. 49 AEUV (**Niederlassungsfreiheit**); Art. 56 AEUV (**Dienstleistungsfreiheit**); vgl. auch Art. 28 AEUV (**Warenverkehrsfreiheit**); Art. 9 Abs. 1 S. 1 IPbpR („Jedermann hat ein Recht auf persönliche Freiheit und Sicherheit.“); Art. 9-11 IPbpR (Freiheitsentziehungsbedingungen), Art. 12 IPbpR (Bewegung, Wohnsitzwahl, Ausreise, Einreise in Hoheitsgebiet eines Staates, vgl. „Freizügigkeit“), Art. 13 IPbpR (Ausländerausweisungsbedingungen).

[898] BVerfG, Beschluss der 1. Kammer des Ersten Senats vom 08.03.2011 – 1 BvR 47/05 –, Rn. 20, vgl. BVerfGE 94, 166, 198 (Flughafenverfahren) = BVerfGE, Urteil des Zweiten Senats vom 14.05.1996 – 2 BvR 1516/93.

[899] BVerfGE 149, 293 (5-Punkt-Fixierung/7-Punkt-Fixierung) = BVerfG, Urteil des Zweiten Senats vom 24.07.2018 – 2 BvR 309/15 –, D. II. 2. a), Rn. 67, vgl. dazu auch BVerfGE 149, 293 (5-Punkt-Fixierung/7-Punkt-Fixierung) = BVerfG, Urteil des Zweiten Senats vom 24.07.2018 – 2 BvR 309/15 –, D. II. 2. b): „Jedenfalls eine **5-Punkt- oder 7-Punkt-Fixierung**, bei der sämtliche Gliedmaßen des Betroffenen mit Gurten am Bett festgebunden werden, stellt eine Freiheitsentziehung im Sinne von Art. 104 Abs. 2 GG dar, es sei denn, es handelt sich um eine lediglich **kurzfristige Maßnahme**. Von einer kurzfristigen Maßnahme ist in der Regel auszugehen, wenn sie absehbar die Dauer von ungefähr einer halben Stunde unterschreitet.“.

[900] Vgl. auch insbesondere zu Art, Intensität, Mittel: § 415 Abs. 2 FamFG und §§ 37a, 62 PolG NRW.

(VOR/DEF)

Rechtsgebiet ist Rechtsordnungsteil nach allen Umständen[901] – wie schwerpunktmäßige Äußerungen[902], Rechtsnormen[903], Zwecke[904], auch i.V.m. §§ 133, 157 BGB analog[905].[906]

---

901 Umstände im weiten Sinn, etwa als Bedingungen, Beziehungen, Faktoren, Folgen, Funktionen, Umweltbedingungen, Variablen, Verhältnissen, Voraussetzungen, Weltbedingungen.

902 Äußerungen im weiten Sinn, etwa als alle Verhaltensäußerungen (einschließlich Aussagen).

903 Rechtsnormen im weiten Sinn, etwa solche, die die Umstände oder das Verhalten regieren (sollen).

904 Zwecke im weiten Sinn, etwa als sich aus einer Lage ergebende, objektiv zu verfolgende Ziele.

905 Sog. **objektivierter Empfängerhorizont**, vgl. BVerwGE 147, 81 = BVerwG, Urteil vom 20.06.2013 – BVerwG 8 C 46.12, Rn. 27: „Die bundesrechtlichen Auslegungsregeln der §§ 133, 157 BGB sind auf öffentlich-rechtliche Erklärungen entsprechend anzuwenden. Bei Verwaltungsakten kommt es wie bei empfangsbedürftigen Willenserklärungen nicht auf den wirklichen Willen des Erklärenden (natürliche Auslegung), sondern auf den objektiven Erklärungsinhalt an. Maßgeblich ist, wie der Empfänger die Erklärung nach Treu und Glauben unter Berücksichtigung der für ihn erkennbaren Umstände verstehen musste. Dabei ist vom Wortlaut der Erklärung auszugehen und deren objektiver Gehalt unter Berücksichtigung des Empfängerhorizonts zu ermitteln (stRspr, vgl. Urteile vom 2. September 1999 - BVerwG 2 C 22.98 - BVerwGE 109, 283 <286> = Buchholz 237.7 § 72 NWLBG Nr. 4 und vom 27. Juni 2012 - BVerwG 9 C 7.11 - BVerwGE 143, 222 <Rn. 18> = Buchholz 11 Art. 20 GG Nr. 206; BGH, Urteile vom 24. Februar 1988 - VIII ZR 145/87 - BGHZ 103, 275 <280>, vom 27. Januar 2010 - VIII ZR 58/09 - BGHZ 184, 128 <137 Rn. 33> und vom 1. März 2011 - II ZR 16/10 - NJW 2011, 1666 <1667 Rn. 11> je m.w.N.).“; BVerwG, Beschluss vom 06.08.2018 – BVerwG 7 B 4.18, Rn. 10: „Dass die bundesrechtlichen Auslegungsregeln der §§ 133, 157 BGB auf öffentlich-rechtliche Erklärungen, d.h. u.a. auf Verwaltungsakte, entsprechend anzuwenden sind, ist in der Rechtsprechung des Bundesverwaltungsgerichts bereits geklärt (BVerwG, Urteil vom 20. Juni 2013 - 8 C 46.12 - BVerwGE 147, 81 Rn. 27 m.w.N.).“.

906 BVerwG 47, 255, 264 = BVerwG, Urteil vom 03.12.1974 – BVerwG I C 11.73: „Obwohl sich für die Polizei im Einzelfall bei einem einheitlichen Lebenssachverhalt gleichzeitig und unmittelbar Aufgaben der Strafverfolgung und der Gefahrenabwehr ergeben können, ist der im Schrifttum vertretenen Auffassung nicht zu folgen, daß aus Gründen der Rechtssicherheit oder wegen der schwierigen Durchschaubarkeit für den Bürger jede Art polizeilichen Handelns der verwaltungsgerichtlichen Kontrolle unterliegen müsse. In aller Regel ist es für den Betroffenen nicht schwer, zu erkennen, ob die Polizei im konkreten Fall eine - begangene - Straftat erforschen (**Strafverfolgung**) oder den Eintritt eines Schadens, etwa die - zukünftige - Begehung einer strafbaren Handlung, verhindern oder eine bereits eingetretene Störung der öffentlichen Sicherheit oder Ordnung beseitigen (**Gefahrenabwehr**) will. Außerdem wird man davon ausgehen dürfen, daß die Polizei dem Betroffenen - wie im vorliegenden Fall - den Grund ihres Einschreitens von sich aus oder auf Verlangen angibt. Im übrigen kommt es darauf an, wie sich der konkrete Lebenssachverhalt einem verständigen Bürger in der Lage des Betroffenen bei natürlicher Betrachtungsweise darstellt. Dieser Sachverhalt muß im allgemeinen einheitlich betrachtet werden, es sei denn, daß einzelne Teile des Geschehensablaufs objektiv abtrennbar sind. Hat die Polizei die Ermittlungen an die StA oder das Amtsgericht weitergeleitet (§ 163 Abs. 2 StPO) oder auf Weisung der StA gehandelt, so kann an der strafprozessualen Natur ihres Einschreitens kein vernünftiger Zweifel bestehen. Eine Maßnahme, die nach dem Gesamteindruck darauf gerichtet ist, eine strafbare Handlung zu erforschen oder sonst zu verfolgen, ist der Kontrolle der ordentlichen Gerichte nach §§ 23 ff. EGGVG nicht etwa deshalb entzogen, weil durch die polizeilichen Ermittlungen möglicherweise zugleich auch künftigen Verletzungen der öffentlichen Sicherheit vorgebeugt würde.“.

(SUB/ERG)

Die Maßnahme erfolgt auf dem Rechtsgebiet des besonderen öffentlichen Rechts polizeilicher Strafrechtspflege.

Eine Vernehmung erfolgt auf dem Rechtsgebiet der Strafrechtspflege insbesondere bei

- tatverdachtsveranlasstem Fragen;
- Fragen nach tatverdachtsbezogenen Gegenständen;
- Fragen mit schwerpunktmäßigem Zweck einer anschließenden Strafrechtspflegemaßnahme;
- Fehlen eines Gefahrenüberhangs.

A. Rechtsgrundlage (RGL) III. Mögliche Befugnisrechtsnorm (Mgl. Brn.)

(VOR/DEF)

Befugnisrechtsnorm ist die rechtmäßige hauptsächliche materiellrechtliche Rechtsgrundlage mit realfolgenentsprechender Rechtsfolge.

(SUB/ERG)

Realfolge ist die Maßnahme laut Sachverhalt.

Rechtsfolge ist die Maßnahme laut Rechtsnorm.

(SUB)

Realfolgen und Rechtsfolgen zu:

Befragung/Vernehmung

(SUB)

Realfolgen – Beispiele:

- Aktives Entgegennehmen von Aussage;
- Fragestellen;
- Bitte um Beantwortung einer Frage;
- Aufforderung zum Machen von Angaben; z.B. durch Gestik, Mimik, Verbalisierung.

Rechtsfolge(n) Befragung/Vernehmung – allgemein:

Befragung/Vernehmung ist jedes in (erkennbarer, vgl. § 9 Abs. 5 PolG NRW+BGHSt/BVerfGE)[907] amtlicher Funk-

(ERG)

Mögliche Befugnisrechtsnorm zu:

Befragung/Vernehmung

(ERG)

Gefahrenabwehr:

- Ggf. speziellere Rechtsfolgenregelungen (je nach Auffassung zu Anforderungen an Befugnisrechtsnormstruktur, vgl. bloße Pflichtenformulierung), vgl. § 50 Abs. 2 BNatSchG; § 42 BWaldG; §§ 6-15 IfSG; § 22 GastG; § 14 GewO; § 2 JuSchG; §§ 42, 44 LFGB; §§ 315-318 SGB III; § 97a SGB VIII; §§ 98-101 SGB X; § 4 VereinsG; §§ 15 Abs. 5, 34-39 WaffG.
- § 9 Abs. 2 PolG NRW: Befragung der betroffenen Person oder der nichtbetroffenen Person (vgl. § 9 Abs. 4 PolG NRW);

[907] Nr. 9.3 VVPolG NRW: „Eine Datenerhebung kann ohne Kenntnis der betroffenen Person u.a. bei öffentlichen Stellen oder Dritten sowie aus allgemein zugänglichen Quellen erfolgen. Eine Datenerhebung durch Befragung Dritter oder durch Auskunftsersuchen bei einer anderen Behörde ist nicht schon

tion ausdrückliche oder konkludente Fragen oder sonstige Auskunftsverlangen über einen bestimmten (vgl. § 9 Abs. 7 PolG NRW) Sachverhalt (insb. potentielle Störung, Tatverdacht) im Unterschied zu *bloßer* ID-Maßnahme.[908]

- § 9 Abs. 3 PolG NRW: Befragung zu ID-Merkmalen gegenüber Person i.S.d. § 9 Abs. 2 PolG NRW;
  - § 12a Abs. 1 S. 1 Var. 2 PolG NRW: Befragen

Strafrechtspflege (ggf. mit §§ 46, 53 Abs. 1 S. 2, Abs. 2 OWiG):

- Ggf. speziellere Rechtsnormen, vgl. z.B. § 99 StPO[909]
- § 163a StPO: Vernehmung des Beschuldigten
- § 163 Abs. 3-7 StPO: Vernehmung von Zeugen oder Sachverständigen (vgl. § 163 Abs. 6 S. 1 StPO) oder anderen Personen (vgl. § 163 Abs. 6 S. 2 StPO)
- § 55 OWiG: Anhörung/Vernehmung des (beschuldigten) Betroffenen

Vgl. auch ggf. § 43 Abs. 1 JGG (ggf. i.V.m. § 109 JGG).

---

deshalb eine **verdeckte Maßnahme**, weil sie ohne Kenntnis der betroffenen Person erfolgt.“. Nr. 9.4 VVPolG NRW: „Eine **verdeckte Datenerhebung** liegt vor, wenn getarnte Maßnahmen zur Datenerhebung vorgenommen werden, insbesondere die Zugehörigkeit zur Polizei bewusst verschleiert wird. Um ein **verdecktes Vorgehen** handelt es sich nicht schon, wenn Polizeivollzugsbeamtinnen oder Polizeivollzugsbeamte Dienst in Zivilkleidung verrichten oder ein äußerlich nicht als solches zu erkennendes Dienstfahrzeug benutzen.“.

[908] BVerfGK 15, 71 (Kreditkartenabfrage bei Kinderpornographieverdacht) = BVerfG, Beschluss der 2. Kammer des Zweiten Senats vom 17.02.2009 – 2 BvR 1372/07 –, B. 2. b) bb)), Rn. 29: „Die Erforschung von Straftaten berührt ihrem Wesen nach immer Persönlichkeitsrechte des Beschuldigten und Dritter und ist schon begrifflich mit der Erhebung und Verarbeitung personenbezogener Daten verbunden. Jede polizeiliche Vernehmung, bei der ein Zeuge [oder ein anderer wie ein Beschuldigter/Betroffener, P. B.] seine Kenntnisse über andere Personen und deren Verhalten mitteilt, ist eine Erhebung personenbezogener Daten [Schrifttumsquellenangabe].“.

[909] Vgl. § 99 Abs. 2 StPO, § 100 StPO und frühere Entscheidung des BGH, Beschluss vom 20.02.2019 – BGH, StB 51/18, Rn. 11-13: „Die für die **Beschlagnahme retrograder Postdaten** erforderliche gesetzliche Grundlage ergibt sich nicht aus § 99 StPO, und zwar weder aus einer direkten noch aus einer entsprechenden Anwendung der Vorschrift. Gemäß § 99 StPO ist die **Beschlagnahme der an den Beschuldigten gerichteten Postsendungen** zulässig, die sich im Gewahrsam von Personen oder Unternehmen befinden, die geschäftsmäßig Post- oder Telekommunikationsdienste erbringen oder daran mitwirken. In der sich daraus ergebenden **Verpflichtung zur Herausgabe von Postsendungen** ist nach allgemeiner Meinung als weniger intensiver Eingriff und mithin rechtstechnisch als Minus zugleich die Verpflichtung enthalten, **Auskunft über die Postsendungen** zu erteilen. Falls die Voraussetzungen der Postbeschlagnahme erfüllt sind, kann mithin statt dieser auch lediglich die diese betreffende Auskunft verlangt werden [Quellenangaben]. Diese Möglichkeit stellt sich allerdings lediglich als eine Ausprägung des Verhältnismäßigkeitsgrundsatzes dar und schafft daher keine weitergehenden Zugriffsmöglichkeiten als die Postbeschlagnahme selbst. Nach dem eindeutigen Wortlaut des § 99 Satz 1 StPO erstreckt sich die Auskunftspflicht deshalb - ebenso wie die Herausgabepflicht - nur auf diejenigen Postsendungen, die sich noch im Gewahrsam der Postunternehmen befinden, nicht hingegen auf bereits weitergeleitete [Quellenangaben].“.

(SUB)
Realfolgen und Rechtsfolgen zu:
Anhalten/Festhalten

(SUB)
Realfolgen Anhalten/Festhalten:

- Aufforderung zum Stehenbleiben
- Aufforderung zum Verlangsamen des Fortbewegungstempos
- Aufforderung zum Aufenthalt an bestimmter Stelle

Rechtsfolge Anhalten/Festhalten:

Anhalten/Festhalten ist Reduzieren oder Stoppen der Bewegung i.S.d. Art. 2 Abs. 2 S. 2 GG.

Abgrenzung von Anhalten und Festhalten erfolgt nach:

- Gesetz, vgl. §§ 36 Abs. 1 S. 1, 37 Abs. 1 PolG NRW
- „ADIMZ" (Art, Dauer, Intensität, Mittel, Zweck der Freiheitsbeschränkung) (Vorentscheidung mit Freiheitsentziehung oder sonstiger Freiheitsbeschränkung beim Fallbearbeitungspunkt A. I.).

(ERG)
Mögliche Befugnisrechtsnorm zu:
Anhalten/Festhalten

(ERG)
Gefahrenabwehr:

Anhalten / Festhalten

- § 12 Abs. 1 Nr. 1, Abs. 2 S. 2 Var. 1 / S. 3 PolG NRW
- § 12 Abs. 1 Nr. 2 a), Abs. 2 S. 2 Var. 1 / S. 3 PolG NRW
- § 12 Abs. 1 Nr. 2 b), Abs. 2 S. 2 Var. 1 / S. 3 PolG NRW
- § 12 Abs. 1 Nr. 2 c), Abs. 2 S. 2 Var. 1 / S. 3 PolG NRW
- § 12 Abs. 1 Nr. 3, Abs. 2 S. 2 Var. 1 / S. 3 PolG NRW
- § 12 Abs. 1 Nr. 4, Abs. 2 S. 2 Var. 1 / S. 3 PolG NRW
- § 12a Abs. 1 S. 1 Var. 1 / S. 1 Var. 3 PolG NRW
- § 14 Abs. 1 Nr. 1 PolG NRW (i.V.m. § 12/12a PolG NRW)
- Ggf. § 8 Abs. 1 PolG NRW.

Nur Anhalten:

- § 9 Abs. 2 S. 2 PolG NRW
- § 9 Abs. 3 S. 1 (i.V.m. § 9 Abs. 2 PolG NRW)
- § 25 Abs. 2 PolG NRW
- § 36 Abs. 5 S. 1 StVO.

Nur Festhalten (vgl. §§ 36 Abs. 1 S. 1, 37 Abs. 1 PolG NRW):

- § 10 Abs. 3 PolG NRW
- § 35 PolG NRW
- § 58 Abs. 4 AufenthG
- §§ 62-62b AufenthG (vgl. § 71 Abs. 5 AufenthG).

Nur für zuständige Behörde: § 30 IfSG. Nur für örtliche Ordnungsbehörde: § 14 PsychKG (NRW). Nur für Jugendamt: § 42 SGB VIII.

Strafrechtspflege (ggf. mit §§ 46, 53 Abs. 1 S. 2, Abs. 2 OWiG):

Anhalten als (erforderliche) Maßnahme / Festhalten zur

- IDF beim Verdächtigen, § 163b Abs. 1 StPO / §§ 163b Abs. 1, c StPO
- IDF beim Nichtverdächtigen, § 163b Abs. 2 StPO/ §§ 163b Abs. 2, c StPO
- IDF bei jedermann an an öffentlich zugänglichem Ort eingerichteter Kontrollstelle, § 111 StPO (ohne §§ 46, 53 Abs. 1 S. 2 OWiG)
- Ggf. § 163 Abs. 1 S. 2 StPO

Nur Festhalten (vgl. Art. 104 GG):

- § 127 Abs. 1 S. 1 Alt 1 StPO
- § 127 Abs. 2 i.V.m. § 112 StPO
- § 127 Abs. 2 i.V.m. § 112a StPO
- § 127 Abs. 2 i.V.m. § 126a StPO
- § 127b StPO
- § 164 StPO
- § 19 IRG.

(SUB)

Realfolge ist (die jeweilige Maßnahme laut Sachverhalt).

Rechtsfolge ist als Justiz-VA (vgl. § 23 Abs. 1 EGGVG)[910] (alternativ)

---

910 **Wohnungstüröffnungs-Verfügung** (je nach Rechtsgebiet VA oder Justiz-VA [z.B.: „Bitte öffnen Sie die Tür!“]) kann bspw. wie folgt – insbesondere über den Zweck – zu subsumieren sein:

- § 9 Abs. 2 PolG NRW / § 163 Abs. 3 StPO / § 163a StPO (Zweck: Befragung / Vernehmung).
- § 12 PolG NRW / § 163b Abs. 1 oder § 163b Abs. 2 StPO (Zweck: IDF jedenfalls ohne Wohnungs-Betretens- und Wohnungs-Durchsuchungszweck [z.B.: IDF-Befragung / IDF-Ausweisverlangen an der Tür]).
- § 16a PolG NRW / § 163f StPO / § 163 Abs. 1 S. 2 StPO (Zweck: Observation jedenfalls ohne Wohnungs-Betretens- und Wohnungs-Durchsuchungszweck [z.B.: Datenerhebung von der Tür aus]).
- § 35 PolG NRW / § 127 Abs. 1 S. 1 Alt. 1 StPO / § 127 Abs. 2 i.V.m. § 112/§ 112a/§ 126a; § 127b StPO; § 164 StPO (Zweck: Ingewahrsamnahme / Festnahme jedenfalls ohne Wohnungs-Betretens- und Wohnungs-Durchsuchungszweck [z.B.: Ingewahrsamnahme / Festnahme an der Tür]).
- § 41 PolG NRW / § 102 StPO oder § 103 StPO (Zweck: Wohnungsbetreten und/oder Wohnungsdurchsuchung).
- § 43 PolG NRW / § 94 Abs. 1 StPO / § 94 Abs. 1, 2 StPO / §§ 94 Abs. 3, 111a StPO, § 69 StGB / §§ 99, 100 StPO / § 108 StPO (§ 110 StPO); / § 111b StPO / § 132 StPO (Zweck: Sicherstellung/Beschlagnahme jedenfalls ohne Wohnungs-Betretens- und Wohnungs-Durchsuchungszweck [z.B.: Sicherstellung/Beschlagnahme an der Tür).
- § 81a StPO / § 81c StPO / § 81g StPO / § 81h StPO (Zweck: der jeweilige „Untersuchungs“-Zweck jedenfalls ohne Wohnungs-Betretens- und Wohnungs-Durchsuchungszweck [z.B.: „Untersuchung“ an der Tür]).
- § 8 Abs. 1 PolG NRW / § 163 Abs. 1 S. 2 StPO (Zweck: jedenfalls ein nicht besonders geregelter Zweck jedenfalls ohne Wohnungs-Betretens- und Wohnungs-Durchsuchungszweck).

- eine (Beschuldigten-)Vernehmung,
- eine Betroffenen-Vernehmung/Anhörung (vgl. § 55 Abs. 1, 2 OWiG) des beschuldigten Betroffenen[911]

nämlich jedes in erkennbarer amtlicher Funktion ausdrückliche oder konkludente Fragen oder sonstiges Auskunftsverlangen über einen bestimmten Sachverhalt (insb. potentielle Störung, Tatverdacht) im Unterschied zu bloßer ID-Maßnahme.

(ERG)

Mögliche Befugnisrechtsnorm ist (alternativ)

- auf dem Rechtsgebiet der Strafrechtspflege im Strafverfahren: § 163a StPO.
- auf dem Rechtsgebiet der Strafrechtspflege im Ordnungswidrigkeitenverfahren: § 55 OWiG.

B. Formelle Rechtmäßigkeit (FR) I. Zuständigkeit (Z)

Zuständigkeit für Straftatenerforschung/StPO

(VOR/DEF)

Zuständigkeit ist Aufgabenwahrnehmungserlaubnis für den Rechtsfolgesetzer.

(SUB/ERG)

Für die Maßnahme ist die Zuständigkeit (i.d.R.) wie folgt gegeben:

1. sachliche Zuständigkeit *der Polizei* gemäß

---

911 Zur **Zeugenvernehmung beim Verdächtigen**: BGHSt 51, 367 = BGH, Urteil vom 03.07.2007 – 1 StR 3/07: „Bereits aus §§ 55, 60 Nr. 2 StPO ergibt sich, dass im Strafverfahren auch ein Verdächtiger im Einzelfall als Zeuge vernommen werden darf, ohne dass er über die Beschuldigtenrechte belehrt werden muss (vgl. BGHSt 10, 8 [10] = NJW 1957, 230; BGHSt 17, 128 [133] = NJW 1960, 1960; [Literaturquellenangabe]; ferner BVerfG Beschl. v. 8. 12. 2005 – 2 BvR 1513/05). Der Vernehmende darf dabei auch die Verdachtslage weiter abklären […]. Ergibt sich die Beschuldigteneigenschaft nicht aus einem Willensakt der Strafverfolgungsbehörden, kann – abhängig von der objektiven Stärke des Tatverdachts – unter dem Gesichtspunkt der Umgehung der Beschuldigtenrechte gleichwohl ein Verstoß gegen die Belehrungspflicht nach § 136 I 2 StPO vorliegen […]. […] Falls jedoch der Tatverdacht so stark ist, dass die Strafverfolgungsbehörde anderenfalls willkürlich die Grenzen ihres Beurteilungsspielraums überschreiten würde, ist es verfahrensfehlerhaft, wenn dennoch nicht zur Beschuldigtenvernehmung übergegangen wird (vgl. BGHSt 37, 48 [51f.] = NJW 1990, 2633 = NStZ 1990, 446; BGHSt 38, 214 [228] = NJW 1992, 1463 = NStZ 1992, 294; BGHSt 40, 211 = NJW 1994, 2904 [2907] = NStZ 1994, 593; BGH, NJW 1996, 2663; NJW 1997, 1591 = NStZ 1997, 398; NStZ-RR 2002, 67 [bei Becker]; NJW 2004, 368; ZVI 2004, 298 = BeckRS 2004, 03400). Andererseits kann der Umstand, dass die Strafverfolgungsbehörde – zumal bei Tötungsdelikten – erst bei einem konkreten und ernsthaften Tatverdacht zur Vernehmung des Verdächtigen als Beschuldigten verpflichtet ist, für ihn auch eine schützende Funktion haben. Denn der Vernommene wird hierdurch nicht vorschnell mit einem Ermittlungsverfahren überzogen, das erhebliche nachteilige Konsequenzen für ihn haben kann.“.

- § 163 Abs. 1 S. 1 StPO;

2. instanzielle Zuständigkeit *der Polizeibehörde* (i.d.R.) gemäß

- (i.d.R.) § 11 Abs. 1 Nr. 2 Alt. 1 POG NRW i.V.m. KPBVO NRW;
- (generell:) §§ 10-14 POG NRW (ggf. LKAAufgVO NRW);

3. örtliche Zuständigkeit *der Polizeibehörde* gemäß

- (i.d.R.) § 7 Abs. 1 S. 1 POG NRW (ggf. i.V.m. KHStVO NRW);
- (generell: §§ 7-9 POG NRW[912]) (ggf. i.V.m. KHStVO NRW);

4. funktionelle Zuständigkeit *des Polizeiamtswalters* gemäß

- § 163a Abs. 4 S. 1, 2 StPO, hier „Beamte des Polizeidienstes" für Anordnung und Ausführung.

Zuständigkeit für Ordnungswidrigkeitenerforschung/OWiG

(VOR/DEF)

Zuständigkeit ist Aufgabenwahrnehmungserlaubnis für den Rechtsfolgesetzer.

(SUB/ERG)

Für die Maßnahme ist die Zuständigkeit (i.d.R.) wie folgt gegeben:

1. sachliche Zuständigkeit *der Polizei* gemäß

- §§ 35, 36 OWiG;
  - i.V.m. § 1 Abs. 2 Teil-3-OWiGZVO NRW: PB – solange Nicht-Abgabe an OB – für Verfolgung von Owi nach: §§ 111, 117-121 OWiG;
  - i.V.m. § 1 Abs. 3 Teil-3-OWiGZVO NRW: KPB für Verfolgung und Ahndung von Owi nach §§ 113, 115 OWiG bei polizeilichen Gewahrsams-Gefangenen, § 127 OWiG bei öff. Urkunden und Beglaubigungszeichen;
  - i.V.m. § 2b öffVereinsRZVO NRW: KBP für die Verfolgung und Ahndung von Owi nach § 23 VereinsGDV;
  - i.V.m. § 1 Abs. 2 VerkehrsOwiZVO NRW: PB – solange Nicht-Abgabe an KOB oder StA – für Verfolgung von Owi nach §§ 23, 24, 24a und 24c StVG;
  - i.V.m. § 2 VersGZVO NRW: KPB für die Verfolgung und Ahndung von Owi nach § 29 VersG;
  - i.V.m. § 5 WaffGDVO NRW: KPB für die Verfolgung und Ahndung von Owi nach § 53 WaffG;
- § 53 OWiG;

2. instanzielle Zuständigkeit *der Polizeibehörde* (i.d.R.) gemäß

- § 11 Abs. 1 Nr. 2 Alt. 2 POG NRW i.V.m. KPBVO NRW (generell: §§ 10-14 POG NRW) [bei §§ 35, 36 OWiG];
  - i.V.m. § 1 Abs. 2 Teil-3-OWiGZVO NRW: PB – solange Nicht-Abgabe an OB – für Verfolgung von Owi nach: §§ 111, 117-121 OWiG;

---

912 Vgl. auch zu § 9 Abs. 1 S. 1 Nr. 5 POG NRW: Abkommen zwischen den Ländern der Bundesrepublik Deutschland über die erweiterte Zuständigkeit der Polizei der Länder bei der Strafverfolgung.

- o i.V.m. § 1 Abs. 3 Teil-3-OWiGZVO NRW: KPB für Verfolgung und Ahndung von Owi nach §§ 113, 115 OWiG bei polizeilichen Gewahrsams-Gefangenen, § 127 OWiG bei öff. Urkunden und Beglaubigungszeichen;
- o i.V.m. § 2b öffVereinsRZVO NRW: KBP für die Verfolgung und Ahndung von Owi nach § 23 VereinsGDV;
- o i.V.m. § 1 Abs. 2 VerkehrsOwiZVO NRW: PB – solange Nicht-Abgabe an KOB oder StA – für Verfolgung von Owi nach §§ 23, 24, 24a und 24c StVG;
- o i.V.m. § 2 VersGZVO NRW: KPB für die Verfolgung und Ahndung von Owi nach § 29 VersG;
- o i.V.m. § 5 WaffGDVO NRW: KPB für die Verfolgung und Ahndung von Owi nach § 53 WaffG;

3. örtliche Zuständigkeit *der Polizeibehörde* gemäß

- (bei §§ 35, 36 OWiG:) § 37 OWiG;
- im Übrigen generell: §§ 7-9 POG NRW;

4. funktionelle Zuständigkeit *des Polizeiamtswalters* (i.d.R.) gemäß

- § 55 Abs. 1 Hs. 1 OWiG i.V.m. § 163a Abs. 4 S. 1 StPO, hier Beamte des Polizeidienstes für Anordnung und Ausführung.

B. Formelle Rechtmäßigkeit (FR) II. Verfahren (V)

(VOR/DEF)

Verfahren ist normiertes Verhalten insbesondere für den Rechtsfolgezuständigen außer, bei, i.Z.m. der Rechtsfolge.

(VOR/DEF)

Verfahrensrechtsnormen können bezüglich dem Beschuldigten-Vernehmungs-Justiz-VA (§ 23 Abs. 1 S. 1 EGGVG) wie folgt sein[913]:

---

913 BGH, Urteil vom 09.05.2018 – 5 StR 17/18 (Widerspruch in strafrechtspflegerischer Hauptverhandlung auch Voraussetzung für Beweisverwertungsverbot bzgl. bei rechtswidriger Wohnungsdurchsuchung erhobener Beweismittel [gegen nichttragende Gründe aus: BGH, Urteil vom 06.10.2016 – 2 StR 46/15, Rn. 8-9]): **Beweisverwertungsverbote**, die aus einem Verstoß gegen Verfahrensvorschriften bei der Beweisgewinnung abgeleitet werden, werden durch den jeweiligen Gesetzesverstoß begründet und sind in jeder Lage des Verfahrens von Amts wegen zu beachten (BGH, Beschlüsse vom 1. Dezember 2016 – 3 StR 230/16, NJW 2017, 1828, 1829 mwN, und vom 22. Februar 2018 – StB 29/17, Rn. 24). Unterlässt es der verteidigte Angeklagte, in der Hauptverhandlung der Beweisverwertung zu widersprechen [vgl. § 257 StPO, P. B.], führt dies für die Revision zur Rügepräklusion (BGH, Beschluss vom 20. Oktober 2014 – 5 StR 176/14, BGHSt 60, 38, 43 f. mwN; vgl. auch BGH, Beschlüsse vom 27. September 2016 – 4 StR 263/16, und vom 9. November 2005 – 1 StR 447/05, BGHSt 50, 272). Das Recht, sich auf das Verwertungsverbot zu berufen, geht verloren, wenn der verteidigte (oder entsprechend belehrte) Angeklagte in der tatrichterlichen Verhandlung der Verwertung und der ihr vorangehenden Beweiserhebung nicht widersprochen hat (BGH, Beschluss vom 27. Februar 1992 – 5 StR 190/91, BGHSt 38, 214, 226 mwN) [sog. **Widerspruchslösung**, P. B.]. Sinn und Zweck der Widerspruchsobliegenheit ist es, auf den Einwand des Betroffenen hin dem Tatgericht in der Hauptverhandlung die Möglichkeit und Veranlassung zu geben, dem gerügten Verfahrensfehler freibeweislich im Einzelnen nachzugehen (vgl. BGH, Beschluss vom 11. September 2007 – 1 StR 273/07, BGHSt 52, 38, 42 f.). Dem verteidigten Angeklag-

1. § 163a Abs. 1 S. 2 i.V.m. § 133, 136 Abs. 1 S. 6 StPO (ggf. i.V.m. § 55 Abs. 1 OWiG): Ladung des Beschuldigten/Betroffenen oder schriftliche Äußerung

Gemäß § 163a Abs. 1 S. 2 i.V.m. § 133 StPO (ggf. i.V.m. § 55 Abs. 1 OWiG) ist der Beschuldigte/Betroffene[914] zur Vernehmung schriftlich zu laden; in einfachen Sachen genügt es, dass

---

ten (und den sonst von einem Beweisverwertungsverbot Betroffenen) wird im Interesse der Schonung von Justizressourcen – orientiert am Subsidiaritätsgedanken – die frühestmögliche zumutbare Geltendmachung einer Rechtsverletzung abverlangt, um in der Hauptverhandlung vor dem Tatgericht die Frage des Verwertungsverbots eingehend prüfen und gegebenenfalls Abhilfe schaffen zu können (vgl. ausführlich dazu Basdorf, StV 2010, 414, 416; Mosbacher, FS Rissing-van Saan, 2011, S. 357 ff. mwN) Dementsprechend folgt die Begründung des Widerspruchserfordernisses nicht aus der Dispositionsbefugnis des Angeklagten, sondern aus dem Gedanken subsidiären Rechtsschutzes. Eine Differenzierung des Widerspruchserfordernisses innerhalb unselbständiger Beweisverwertungsverbote überzeugt deshalb nicht (Basdorf, NStZ 2017, 370, 371).“ [Anmerkung P. B.: **Subsidiarität** (vom Lateinischen subsidium, zu Deutsch: Hilfe, Reserve) ist ein weit über das (formelle) Strafrecht übergeordnetes Prinzip, vgl.: Art. 5 Abs. 1 S. 2, Abs. 3 EUV; Artt. 30, 70 Abs. 1, 72 Abs. 2, 83 GG; § 90 Abs. 2 BVerfGG; Art. 28 Abs. 2 GG].

BGH, Beschluss des 3. Strafsenats vom 06.06.2019 – StB 14/19 (für BGHSt vorgesehen – unter quasi wortgleicher Wiederholung von BGHSt 51, 367 = BGH, Urteil vom 03.07.2007 – 1 StR 3/07 bzgl. des Beschuldigtenbegriffs), Leitsatz 1: „Im Ermittlungsverfahren sind Beweisverwertungsverbote unabhängig von einem Widerspruch des Beschuldigten von Amts wegen zu beachten, auch wenn der zugrundeliegende Verfahrensmangel eine für ihn disponible Vorschrift betrifft.“ Leitsatz 2: „Zur Begründung der Beschuldigteneigenschaft durch die Stärke des Tatverdachts (Fortführung von BGH, Urteil vom 3. Juli 2007 - 1 StR 3/07, BGHSt 51, 367)“. Rn. 27: „Auf die Prüfung der Verwertbarkeit von Beweisen im Ermittlungsverfahren findet die vom Bundesgerichthof entwickelte sog. **Widerspruchslösung** (grundlegend BGH, Beschluss vom 27. Februar 1992 - 5 StR 190/91, BGHSt 38, 214, 225 f.; s. zusammenfassend KK-Willnow, StPO, 8. Aufl., Vor § 137 Rn. 6) keine Anwendung. In diesem Verfahrensstadium sind Beweisverwertungsverbote - wie im Zwischenverfahren (so BGH, Beschluss vom 1. Dezember 2016 - 3 StR 230/16, BGHR StPO § 211 Neue Tatsachen 3 Rn. 14; MüKoStPO/Wenske, § 203 Rn. 30) - unabhängig von einer Beanstandung durch den Beschuldigten amtswegig zu beachten, auch wenn der zugrundeliegende Verfahrensmangel eine für ihn disponible Vorschrift betrifft [weitere Quellenangaben, P. B.]. Denn **Verwertungsverbote** werden bereits durch den jeweiligen Gesetzesverstoß, nicht erst durch eine derartige Beanstandung begründet [weitere Quellenangaben, P. B.]. Das gilt umso mehr, als nach der Rechtsprechung des Bundesgerichtshofs (vgl. Beschluss vom 17. Juni 1997 - 4 StR 243/97, NStZ 1997, 502 f.) der Verwertung eines Beweises vor der Hauptverhandlung ohnehin nicht wirksam widersprochen werden kann.“.

[914] BGH, Beschluss vom 27.05.2009 – 1 StR 99/09, Rn. 13: „Die Staatsanwaltschaft leitet das Ermittlungsverfahren [**StA-Leitung**] und trägt die Gesamtverantwortung [**StA-Gesamtverantwortung**] für eine rechtsstaatliche, faire und ordnungsgemäße Durchführung des Verfahrens, auch soweit es durch die Polizei geführt wird (vgl. Nr. 1 RiStBV [weitere Quellenangaben]. Aufgrund dieser umfassenden Verantwortung steht der Staatsanwaltschaft gegenüber ihren Ermittlungspersonen ein uneingeschränktes Weisungsrecht [**StA-Weisungsrecht**] in Bezug auf ihre auf die Sachverhaltserforschung gerichtete strafverfolgende Tätigkeit zu, vgl. § 161 Abs. 1 Satz 2 StPO, § 152 Abs. 1 GVG [Quellenangaben]. Dabei kann sie konkrete Einzelweisungen zu Art und Durchführung einzelner Ermittlungshandlungen erteilen, Nr. 3 Abs. 2, Nr. 11 RiStBV, oder ihre Leitungsbefugnis im Rahmen der Aufklärung von Straftaten unabhängig vom Einzelfall durch allgemeine Weisungen im Voraus in Anspruch nehmen [Quellenangaben].“, Rn. 14: „Bereits mit Blick auf mögliche **Beweisverwertungsverbote** wegen fehlender oder nicht rechtzeitiger Belehrung als Beschuldigter nach § 136 Abs. 1 Satz 2, § 163a Abs. 4 StPO (vgl. dazu BGHSt 51, 367 ff.) oder mangels ‚qualifizierter‘ Belehrung [**qualifizierte Belehrung**] nach zunächst zu Unrecht erfolgter Vernehmung als Zeuge (vgl. dazu BGH NStZ 2009, 281 f. [= BGHSt 53, 112 = BGH, Urteil vom 18.12.2008 – 4 StR 455/08]) erfordert die der Staatsanwaltschaft zugewiesene Verantwortlichkeit, dass sie die ihr zustehenden Leitungs- und Kontrollbefugnisse auch effektiv ausübt. Dazu genügt es nicht, wenn sie lediglich Richtung und Umfang der von der Polizei vorzunehmenden

ihm Gelegenheit gegeben wird, sich schriftlich zu äußern, worauf der Beschuldigte gemäß § 163a Abs. 4 S. 2 i.V.m. § 136 Abs. 1 S. 6 StPO in geeigneten Fällen hingewiesen werden „soll“.[915]

2. § 163a Abs. 4 S. 3 i.V.m. § 168c Abs. 1, 5 StPO (ggf. i.V.m. § 55 OWiG): grundsätzliche Terminsbenachrichtigung des Verteidigers; Recht auf Anwesenheit des Verteidigers; grundsätzlich mit Erklärungsrecht und Recht auf Fragen an den Beschuldigten

Gemäß § 163a Abs. 4 S. 3[916] i.V.m. § 168c Abs. 5 S. 1, 2, 3 StPO ist der zur Anwesenheit berechtigte Verteidiger von dem Vernehmungs-Termin vorher zu benachrichtigen – ohne Verlegungsanspruch wegen Verhinderung. Gemäß § 163a Abs. 4 S. 3 i.V.m. § 168c Abs. 5 S. 1, 2, 3 StPO ist grundsätzlich der zur Anwesenheit berechtigte Verteidiger von dem Vernehmungs-Termin vorher zu benachrichtigen.

Gemäß § 163a Abs. 4 S. 3 i.V.m. § 168c Abs. 1 S. 1, 2, 3 StPO ist dem Verteidiger bei der [polizeilichen] Vernehmung des Beschuldigten die Anwesenheit gestattet, und diesem ist nach der Vernehmung Gelegenheit zu geben, sich dazu zu erklären oder Fragen an den Beschuldigten zu stellen, wobei ungeeignete oder nicht zur Sache gehörende Fragen oder Erklärungen zurückgewiesen werden können.

Gemäß § 83e IRG (Vernehmung des Verfolgten) ist im Fall von IRG-Anwendbarkeit, vgl. auch §§ 1-11 IRG, bei der Vernehmung auf Ersuchen Vertretern des ersuchenden Mitgliedstaates die Anwesenheit zu gestatten.

3. § 403 AO: Finanzbehörden-Beteiligung im Fall von Steuerstraftatenermittlungen (nicht i.V.m. § 55 OWiG)

Ermittlungen ganz allgemein vorgibt [Quellenangaben].“, Rn. 15: „Jedenfalls in Fällen der vorliegenden Art, bei denen es um die Aufklärung und Verfolgung von Tötungsdelikten geht, hat daher die Staatsanwaltschaft, der derartige Fälle sofort anzuzeigen sind (vgl. § 159 Abs. 1 StPO), insbesondere den **Status des zu Vernehmenden als Zeuge oder Beschuldigter** klarzustellen und durch allgemeine Weisungen im Voraus oder durch konkrete Einzelweisungen eine ordnungsgemäße, rechtzeitige Beschuldigtenbelehrung gemäß § 136 Abs. 1 Satz 2, § 163a Abs. 4 StPO sicherzustellen. Wird ein Tatverdächtiger dennoch zu Unrecht als Zeuge vernommen, so hat sie wegen des Belehrungsverstoßes darauf hin zu wirken, dass dieser bei Beginn der nachfolgenden Vernehmung als Beschuldigter auf die Nichtverwertbarkeit der früheren Angaben hingewiesen wird („qualifizierte Belehrung“ - vgl. dazu BGH NStZ 2009, 281 f. [= BGHSt 53, 112 = BGH, Urteil vom 18.12.2008 – 4 StR 455/08]).“.

[915] Vgl. Nr. 44 RiStBV (**Ladung und Aussagegenehmigung**):

„(1) Die Ladung eines Beschuldigten soll erkennen lassen, dass er als Beschuldigter vernommen werden soll. Der Gegenstand der Beschuldigung wird dabei kurz anzugeben sein, wenn und soweit es mit dem Zweck der Untersuchung vereinbar ist. Der Beschuldigte ist durch Brief, nicht durch Postkarte, zu laden.

(2) In der Ladung zu einer richterlichen oder staatsanwaltschaftlichen Vernehmung sollen Zwangsmaßnahmen für den Fall des Ausbleibens nur angedroht werden, wenn sie gegen den unentschuldigt ausgebliebenen Beschuldigten voraussichtlich auch durchgeführt werden.

(3) Soll ein Richter, Beamter oder eine andere Person des öffentlichen Dienstes als Beschuldigter vernommen werden und erstreckt sich die Vernehmung auf Umstände, die der Amtsverschwiegenheit unterliegen können, so ist der Beschuldigte in der Ladung darauf hinzuweisen, dass er, sofern er sich zu der Beschuldigung äußern will, einer Aussagegenehmigung des Dienstherrn bedarf. Erklärt der Beschuldigte seine Aussagebereitschaft, soll ihm Gelegenheit gegeben werden, diese Aussagegenehmigung einzuholen. Im Übrigen gilt Nr. 66 Abs. 2 und 3 entsprechend.“.

[916] § 163a Abs. 4 S. 3 StPO ist Umsetzung von: RL 2013/48/EU vom 22.10.2013 über das Recht auf Zugang zu einem Rechtsbeistand in Strafverfahren und in Verfahren zur Vollstreckung des Europäischen Haftbefehls sowie über das Recht auf Benachrichtigung eines Dritten bei Freiheitsentzug und das Recht auf Kommunikation mit Dritten und mit Konsularbehörden während des Freiheitsentzugs.

Gemäß § 403 Abs. 1 S. 1, 2, 3 AO ist im Fall, dass die Staatsanwaltschaft oder die Polizei Ermittlungen durchführt, die Steuerstraftaten betreffen, die sonst zuständige Finanzbehörde befugt, daran teilzunehmen; Ort und Zeit der Ermittlungshandlungen sollen ihr rechtzeitig mitgeteilt werden; dem Vertreter der Finanzbehörde ist zu gestatten, Fragen an Beschuldigte, Zeugen und Sachverständige zu stellen.

4. § 163a Abs. 4 S. 2 StPO i.V.m. § 136 Abs. 4 StPO (i.V.m. § 58a StPO) [ggf. i.V.m. § 55 OWiG][917]: Audiovisuelle Vernehmung (AVV) – Bild- und Ton-Aufzeichnung der Beschuldigtenvernehmung/Betroffenenvernehmung; § 163a Abs. 4 S. 2 i.V.m. § 136 Abs. 5 i.V.m. § 58b StPO entsprechend: Bild- und Tonübertragung

Gemäß § 163a Abs. 4 S. 2 i.V.m. § 136 Abs. 4 StPO

- „kann" die Vernehmung des Beschuldigten/Betroffenen gemäß § 136 Abs. 4 S. 1 StPO in Bild und Ton aufgezeichnet werden;
- „ist" sie gemäß § 136 Abs. 4 S. 2 StPO aufzuzeichnen, wenn (alternativ)
  - nach § 136 Abs. 4 S. 2 Nr. 1 StPO dem Verfahren (mutmaßlich mit Verdacht gegen einen Beschuldigten) ein vorsätzlich begangenes Tötungsdelikt zugrunde liegt und der Aufzeichnung weder die äußeren Umstände[918] noch die besondere Dringlichkeit[919] der Vernehmung entgegenstehen;

---

[917] Vgl. Bundestags-Drucksache 18/11277 (Gesetzentwurf der Bundesregierung – Entwurf eines Gesetzes zur effektiveren und praxistauglicheren Ausgestaltung des Strafverfahrens), S. 27 ≙ Bundesrats-Drucksache 796/16 (Gesetzentwurf der Bundesregierung – Entwurf eines Gesetzes zur effektiveren und praxistauglicheren Ausgestaltung des Strafverfahrens), S. 25: „§ 136 Absatz 4 StPO-E stellt eine Ordnungsvorschrift dar, die der Wahrheitsfindung und dem Schutz der Beschuldigten dient, indem sie die Dokumentation der Vernehmungen im Bereich der vorsätzlich begangenen Tötungsdelikte und bei besonderer Schutzbedürftigkeit der Beschuldigten verbessert. Bei Vorhandensein einer Videoaufzeichnung kann der Nachweis der Einhaltung der Vernehmungsformalitäten grundsätzlich leichter erbracht werden. Ist keine Videoaufzeichnung vorhanden, gelten die hergebrachten Grundsätze für die Feststellung der Einhaltung der Vernehmungsförmlichkeiten im Freibeweisverfahren; der Grundsatz ‚in dubio pro reo' gilt grundsätzlich nicht (statt aller Schmitt, in: Meyer-Goßner/Schmitt, Strafprozessordnung, 58. Auflage 2015, § 136 Rn. 23; § 136a Rn. 32). Aus dem Fehlen einer audiovisuellen Aufzeichnung kann folglich nicht der Schluss gezogen werden, dass die Vernehmungsförmlichkeiten nicht eingehalten wurden oder ihre Einhaltung nicht mehr feststellbar sei. Auch im Übrigen führt das Fehlen einer audiovisuellen Aufzeichnung grundsätzlich nicht zur Unverwertbarkeit der Aussage im weiteren Verfahren, auch wenn sich im Nachhinein herausstellt, dass die Voraussetzungen für eine Aufzeichnung vorgelegen haben.".

Zur Begrifflichkeit „**Ordnungsvorschrift**" vgl. aber auch etwa: BGHSt 51, 211 (anlässlich einer Durchsuchung): „Zutreffend ist allerdings, dass in der Diskussion um die Frage, ob aus der Verletzung dieser Vorschriften ein Beweisverwertungsverbot folgt, diese zuweilen als bloße Ordnungsvorschriften bezeichnet werden (vgl. Meyer-Goßner aaO § 106 Rdn. 1, § 107 Rdn. 1; siehe dazu aber auch die Entscheidung des Bundesverfassungsgerichts NJW 2005, 1917, 1923, nach der zumindest bei schwerwiegenden, bewussten oder willkürlichen Verfahrensverstößen ein Beweisverwertungsverbot als Folge einer fehlerhaften Durchsuchung und Beschlagnahme von Datenträgern und darauf vorhandenen Daten geboten ist).Es mag dahin gestellt bleiben, ob diese Begriffsbildung sinnvoll oder eher verwirrend ist. Jedenfalls aber darf sie sich nicht verselbständigen. Aus dem Umstand, dass nach überwiegender Meinung ein Verstoß gegen diese Regelungen kein Beweisverwertungsverbot zur Folge hat und sie zur Begründung dessen teilweise als Ordnungsvorschriften bezeichnet werden, kann nicht geschlossen werden, ihre Befolgung stünde zur Disposition der Ermittlungsbehörden. Dieser Schluss würde die Frage nach den Voraussetzungen für eine rechtmäßige Durchsuchung mit der nach den Rechtsfolgen einer rechtswidrig durchgeführten Maßnahme vermengen.". Vgl. auch schon: BGHSt 25, 325, 329 = BGH, Beschluss vom 14.05.1974 – 1 StR 366/73 –: „methodisch veraltete Vorstellung".

[918] Bundestags-Drucksache 18/12785 (Beschlussempfehlung und Bericht des Ausschusses für Recht und Verbraucherschutz [6. Ausschuss] zu dem Gesetzentwurf der Bundesregierung – Drucksache 18/11277 –

- o nach § 136 Abs. 4 S. 2 Nr. 2 StPO die schutzwürdigen Interessen von Beschuldigten/Betroffenen, die erkennbar unter eingeschränkten geistigen Fähigkeiten oder einer schwerwiegenden seelischen Störung leiden, durch die Aufzeichnung besser gewahrt werden können.

Gemäß § 163a Abs. 4 S. 2 i.V.m. § 136 Abs. 4 S. 3 StPO i.V.m. § 58a StPO besteht Befugnis bzw. Pflicht zur Aufzeichnung der Vernehmung des Beschuldigten/Betroffenen in Bild und Ton, und zwar wie folgt:

- gemäß § 58a Abs. 1 S. 1 StPO „kann" die Vernehmung in Bild und Ton aufgezeichnet werden;
- gemäß § 58a Abs. 1 S. 2 StPO „soll" die Vernehmung nach Würdigung der dafür jeweils maßgeblichen Umstände aufgezeichnet werden und als richterliche Vernehmung erfolgen in den Fällen des § 58a Abs. 1 S. 2 StPO (Nr. 1 nur gegenüber Beschuldigten; Nr. 2 gegenüber Beschuldigten/Betroffenen);
- gemäß § 58a Abs. 1 S. 3 StPO „muss" die Beschuldigten-Vernehmung nach Würdigung der dafür jeweils maßgeblichen Umstände aufgezeichnet werden und als richterliche Vernehmung erfolgen, wenn damit die schutzwürdigen Interessen von Personen, die (mutmaßlich) durch Straftaten gegen die sexuelle Selbstbestimmung (§§ 174 bis 184j StGB) verletzt worden sind, besser gewahrt werden können.

Gemäß § 163a Abs. 4 S. 2 i.V.m. § 136 Abs. 5 i.V.m. § 58b StPO entsprechend kann die Vernehmung eines Beschuldigten/Betroffenen in der Weise erfolgen, dass dieser sich an einem anderen Ort als die vernehmende Person aufhält und die Vernehmung zeitgleich in Bild und Ton an den Ort, an dem sich der Beschuldigte/Betroffene aufhält, und in das Vernehmungszimmer übertragen wird.

5. § 163a Abs. 5 StPO i.V.m. § 187 Abs. 1-3 GVG, § 189 Abs. 4 GVG, § 186 GVG [entsprechend] (ggf. i.V.m. § 55 OWiG): Heranziehung eines Dolmetschers oder Übersetzers[920]

Gemäß § 163a Abs. 5 StPO i.V.m. § 187 Abs. 1 GVG zieht der [Vernehmungsbeamte] für den Beschuldigten/Betroffenen, der der deutschen Sprache nicht mächtig ist, einen Dolmetscher oder Übersetzer heran, soweit dies zur Ausübung seiner [prozessualen] Rechte **erforderlich** ist; der [Vernehmungsbeamte] weist den Beschuldigten/Betroffenen in einer ihm verständlichen Sprache darauf hin, dass er insoweit für das gesamte [Verfahren] die unentgeltliche Hin-

---

Entwurf eines Gesetzes zur effektiveren und praxistauglicheren Ausgestaltung des Strafverfahrens), S. 59: „Zum einen ist die Vernehmung nicht aufzuzeichnen, wenn der Aufzeichnung ‚**äußere Umstände**' entgegenstehen. Dies erfasst die Fälle, in denen die Vernehmung – etwa weil sie im Rahmen einer Nacheile oder Durchsuchung direkt am Ort des Geschehens vorgenommen wird – nicht möglich ist. Unter die ‚äußeren Umstände' lassen sich aber auch die Fälle subsumieren, in denen in der Person des Beschuldigten liegende Umstände der Aufzeichnung entgegenstehen, etwa, weil dieser Gründe anführt, nicht vor der Kamera auszusagen, auch wenn er grundsätzlich aussagebereit ist.".

919 Bundestags-Drucksache 18/12785 (Beschlussempfehlung und Bericht des Ausschusses für Recht und Verbraucherschutz [6. Ausschuss] zu dem Gesetzentwurf der Bundesregierung – Drucksache 18/11277 – Entwurf eines Gesetzes zur effektiveren und praxistauglicheren Ausgestaltung des Strafverfahrens), S. 59: „Die Vernehmung ist ferner nicht aufzuzeichnen, wenn die ‚**besondere Dringlichkeit**' der Aufzeichnung entgegensteht. Eine Vernehmung kann sich als besonders dringlich erweisen, wenn sie etwa direkt am Tatort oder dessen Umkreis vorgenommen werden muss und die technischen Möglichkeiten der audiovisuellen Aufzeichnung aufgrund der Eilsituation nicht gegeben sind. Erfasst werden dabei ebenfalls Fälle, in denen man besonders schnell eine Aussage des Beschuldigten benötigt, dieser aber Gründe aufführt, nicht vor der Kamera auszusagen zu wollen.".

920 Vgl. auch: Art. 36 Abs. 1b) WÜK; § 114b Abs. 2 S. 3, 4 StPO.

zuziehung eines Dolmetschers oder Übersetzers beanspruchen kann; gemäß § 163a Abs. 5 StPO i.V.m. § 187 Abs. 2 GVG [entsprechend] besteht [für Vernehmungen] eine „Regel"-Vermutung für die **Erforderlichkeit der Heranziehung eines Dolmetschers oder Übersetzers zur Ausübung der prozessualen Rechte des Beschuldigten/Betroffenen, der der deutschen Sprache nicht mächtig ist**.

Gemäß § 163a Abs. 5 StPO i.V.m. § 187 Abs. 3 S. 1 GVG kann der Beschuldigte/Betroffene auf eine schriftliche Übersetzung nur wirksam verzichten, wenn er zuvor über sein Recht auf eine schriftliche Übersetzung nach § 187 Abs. 1, 2 GVG und über die Folgen eines Verzichts auf eine schriftliche Übersetzung belehrt worden ist.

Gemäß § 163a Abs. 5 StPO i.V.m. § 189 Abs. 4 S. 1, 2 GVG weist der Vernehmungsbeamte den Dolmetscher oder Übersetzer darauf hin, dass dieser über Umstände, die ihm bei seiner Tätigkeit zur Kenntnis gelangen, Verschwiegenheit wahren soll.

Gemäß § 163a Abs. 5 StPO i.V.m. § 186 GVG erfolgt die Verständigung mit einer hör- oder sprachbehinderten Person nach ihrer Wahl mündlich, schriftlich oder mit Hilfe einer die Verständigung ermöglichenden Person, die hinzuzuziehen ist; für die mündliche und schriftliche Verständigung sind geeignete technische Hilfsmittel bereitzustellen; die hör- oder sprachbehinderte Person ist auf ihr Wahlrecht hinzuweisen; bei Nichtgebrauch des Wahlrechts oder nicht ausreichender Verständigung kann eine schriftliche Verständigung verlangt oder die Dolmetscher-Hinzuziehung angeordnet werden.

6. § 163a Abs. 4 S. 1 StPO (ggf. i.V.m. § 55 OWiG): Tatverdachtseröffnung

Gemäß § 163a Abs. 4 S. 1 StPO (ggf. i.V.m. § 55 OWiG) ist bei der Vernehmung dem Beschuldigten/Betroffenen zu eröffnen, welche Tat ihm zur Last gelegt wird (ohne Pflicht zur Strafvorschriftennennung[921]).[922]

7. § 163a Abs. 4 S. 2 i.V.m. § 136 Abs. 1 S. 2 StPO (ggf. i.V.m. § 55 OWiG): Belehrungspflicht[923] zu Äußerungsfreiheit und Schweigefreiheit[924]

---

921 Vgl. § 163a Abs. 4 S. 2 StPO mit Nichtzitierung des insoweit für polizeiliche Beschuldigten/Betroffenen-Vernehmung nicht anwendbaren § 136 Abs. 1 S. 1 StPO.

922 Vgl. auch §§ 51, 52 BZRG – **Verwertungsverbot und Ausnahmen**:

„(1) Ist die Eintragung über eine Verurteilung im Register getilgt worden oder ist sie zu tilgen, so dürfen die Tat und die Verurteilung der betroffenen Person im Rechtsverkehr nicht mehr vorgehalten und nicht zu ihrem Nachteil verwertet werden.

(2) Aus der Tat oder der Verurteilung entstandene Rechte Dritter, gesetzliche Rechtsfolgen der Tat oder der Verurteilung und Entscheidungen von Gerichten oder Verwaltungsbehörden, die im Zusammenhang mit der Tat oder der Verurteilung ergangen sind, bleiben unberührt.".

923 BGH, Beschluss des 3. Strafsenats vom 06.06.2019 – StB 14/19 (für BGHSt vorgesehen – unter quasi wortgleicher Wiederholung von BGHSt 51, 367 = BGH, Urteil vom 03.07.2007 – 1 StR 3/07 bzgl. des Beschuldigtenbegriffs), Rn. 33: „Dieser **Willkürmaßstab** ist - wie in anderen Fallgestaltungen auch, in denen zu überprüfen ist, ob die Grenzen eines **Beurteilungsspielraums** gewahrt sind [weitere Quellenangaben, P. B.] objektiv zu bestimmen. Ein auch subjektiv auf Umgehung der Beschuldigtenrechte gerichtetes, bewusst missbräuchliches Verhalten des Vernehmenden ist nicht erforderlich. In diesem Sinne ist die Überschreitung der Grenzen des Beurteilungsspielraums als (objektiv) willkürlich zu beurteilen, wenn es sich als sachlich unvertretbar erweist, einen die **Belehrungspflicht** des § 136 Abs. 1 Satz 2 StPO auslösenden starken Tatverdacht zu verneinen." Rn. 74: „Verstoßen die Strafverfolgungsbehörden gegen die Pflicht zur Beschuldigtenbelehrung, so hat dies grundsätzlich auch dann, wenn - wie hier - eine Zeugenvernehmung unter Belehrung nach § 55 Abs. 2 StPO durchgeführt worden ist, die Unverwertbarkeit der betroffenen Aussage zu Folge, ohne dass eine einzelfallbezogene Abwägung vorzunehmen wäre. Allein die Unterrichtung des Vernommenen dahin, die Auskunft auf solche Fragen verwei-

gern zu dürfen, deren Beantwortung ihm selbst die Gefahr zuziehen würde, wegen einer Straftat belangt zu werden, kann in aller Regel die gebotene Belehrung über das vollumfängliche Aussageverweigerungsrecht nicht ersetzen. Zudem fehlt bei der Belehrung über das in § 55 Abs. 1 StPO geregelte **Auskunftsverweigerungsrecht** ein Hinweis auf das Recht zur **Verteidigerkonsultation** [weitere Quellenangaben, P. B.]. Ein Ausnahmefall, in dem Abweichendes zu gelten hätte, liegt nicht vor." [Anmerkung P. B.: Konsequenz ist u.a. die Pflicht zur Berücksichtigung von Beweisverwertungsverboten im Ermittlungsverfahren und im Wiederaufnahmeverfahren, jedoch nicht bei Eröffnungsentscheidung gemäß § 203 StPO.].

924 Zum „**Recht, zu schweigen und sich nicht selbst zu belasten**" auch i.V.m. Art. 47 und 48 EUGRCh: EuGH, Urteil der Großen Kammer des Gerichtshofs vom 02.02.2021 – Rechtssache C-481/19 [Marktmanipulation/Marktmissbrauch, Insidergeschäfte, Art. 20 Abs. 1b VO (EU) Nr. 596/2014].

BGH, Beschluss vom 06.02.2018 – 2 StR 163/17 (Kein absolutes Beweisverwertungsverbot und kein relatives Beweisverwertungsverbot als Abwägungsergebnis bzgl. Vernehmungsaussagen bei offengelassener Pflicht zur qualifizierten Belehrung nach Vorhalt von wegen Verstoßes gegen § 105 Abs. 1 S. 1 StPO rechtswidrig erhobener Beweismittel), Rn. 23: „Ein ausdrückliches **Verwertungsverbot** normiert § 136a Abs. 3 Satz 2 StPO für den Fall, dass bei der Vernehmung des Beschuldigten verbotene Vernehmungsmethoden im Sinne von § 136a Abs. 1 oder 2 StPO angewendet wurden. Das Verbot gilt ausnahmslos; für eine Abwägung des Verfahrensverstoßes mit dem staatlichen Interesse an der Aufklärung des Sachverhalts ist in Fällen des § 136a StPO kein Raum."; a.a.O., Rn. 24: „Im Übrigen kennt das Strafverfahrensrecht keinen allgemein geltenden Grundsatz, wonach jeder Verstoß gegen Beweiserhebungsvorschriften ein strafprozessuales Verwertungsverbot nach sich zieht. Ob ein solches eingreift, ist vielmehr jeweils nach den Umständen des Einzelfalls, insbesondere nach der Art des Verbots und dem Gewicht des Verstoßes unter Abwägung der widerstreitenden Interessen zu entscheiden [ggf. auch unter Prüfung der Kenntnis vom Recht beim Belehrungsadressaten, vgl. auch §§ 36 Nr. 19, 38 DSG NRW, oder unter hypothetischer Prüfung eines tatsächlich und rechtlich möglichen Ersatzeingriffs zur Beweismittelerhebung, sog. **hypothetischer Ersatzeingriff**, P. B.] (vgl. BVerfG, Beschluss vom 7. Dezember 2011 - 2 BvR 2500/09, 2 BvR 1857/10, juris Rn. 121; BGH, Urteile vom 11. November 1998 - 3 StR 181/98, BGHSt 44, 243, 248 f.; vom 18. April 2007 - 5 StR 546/06, BGHSt 51, 285, 289 f., jeweils mwN). Dabei ist zu beachten, dass die Annahme eines Verwertungsverbots eines der wesentlichen Prinzipien des Strafverfahrensrechts einschränkt, nämlich den Grundsatz, dass das Gericht die Wahrheit zu erforschen und dazu die Beweisaufnahme von Amts wegen auf alle Tatsachen und Beweismittel zu erstrecken hat, die von Bedeutung sind [vgl. § 244 Abs. 2 StPO, P. B.]. Deshalb handelt es sich bei einem Beweisverwertungsverbot um eine Ausnahme, die nur nach ausdrücklicher gesetzlicher Vorschrift oder aus übergeordneten wichtigen Gründen im Einzelfall anzuerkennen ist (vgl. BVerfG, Beschluss vom 7. Dezember 2011 - 2 BvR 2500/09, 2 BvR 1857/10, juris Rn. 117; BGH, Urteile vom 11. November 1998 - 3 StR 181/98, BGHSt 44, 243, 249; vom 18. April 2007 - 5 StR 546/06, BGHSt 51, 285, 289 f., jeweils mwN)."; a.a.O., Rn. 25: „Maßgeblich beeinflusst wird das Ergebnis der danach vorzunehmenden Abwägung einerseits durch das Ausmaß des staatlichen Aufklärungsinteresses, dessen Gewicht im konkreten Fall vor allem unter Berücksichtigung der Verfügbarkeit weiterer Beweismittel, der Intensität des Tatverdachts und der Schwere der Straftat bestimmt wird. Andererseits ist das Gewicht des in Rede stehenden Verfahrensverstoßes von Belang, das sich vor allem danach bemisst, ob der Rechtsverstoß gutgläubig, fahrlässig oder vorsätzlich begangen wurde. Schwerwiegende, bewusste oder willkürliche Verfahrensverstöße, bei denen grundrechtliche Sicherungen planmäßig oder systematisch außer Acht gelassen werden, verlangen von Verfassungs wegen die Unverwertbarkeit dadurch gewonnener Informationen (vgl. zu allem etwa BVerfG, Beschlüsse vom 12. April 2005 - 2 BvR 1027/02, BVerfGE 113, 29, 61; vom 7. Dezember 2011 - 2 BvR 2500/09, 2 BvR 1857/10, juris Rn. 121; BGH, Urteile vom 11. November 1998 - 3 StR 181/98, BGHSt 44, 243, 248 f.; vom 18. April 2007 - 5 StR 546/06, BGHSt 51, 285, 289 f.; Beschluss vom 30. August 2011 - 3 StR 210/11, NStZ 2012, 104, 105)."; a.a.O., Rn. 26: „Vor diesem Hintergrund wird etwa eine Aussage des Beschuldigten grundsätzlich als nicht verwertbar angesehen, wenn er unter Verstoß gegen die **Belehrungspflicht** gemäß § 136 Abs. 1 Satz 2 StPO vernommen worden ist. Denn dadurch wird das für ein faires Verfahren konstitutive Recht der Selbstbelastungsfreiheit entwertet (st. Rspr.; vgl. etwa BGH, Beschluss vom 27. Februar 1992 - 5 StR 190/91, BGHSt 38, 214, 218, 220 ff.; Urteile vom 3. Juli 2007 - 1 StR 3/07, BGHSt 51, 367, 376; vom 18. De-

Gemäß § 163a Abs. 4 S. 2 i.V.m. § 136 Abs. 1 S. 2 StPO (ggf. i.V.m. § 55 OWiG) ist der Beschuldigte/Betroffene bei Beginn der ersten Vernehmung darauf hinzuweisen, daß es ihm nach dem Gesetz freistehe, sich zu der Beschuldigung zu äußern oder nicht zur Sache auszusagen.

8. § 163a Abs. 4 S. 2 i.V.m. § 136 Abs. 1 S. 2 StPO, § 136 Abs. 1 S. 3-5 StPO: Belehrungspflicht zu Verteidigerwahlfreiheit, Verteidigerbefragungsrecht; Verteidigerkontakterleichterung; Anwaltsnotdiensthinweis; Pflichtverteidigung.

Gemäß § 163a Abs. 4 S. 2 i.V.m. § 136 Abs. 1 S. 2 StPO ist der Beschuldigte darauf hinzuweisen, dass er jederzeit, auch schon vor seiner Vernehmung, einen von ihm zu wählenden Verteidiger befragen kann.

Gemäß § 163a Abs. 4 S. 2 i.V.m. § 136 Abs. 1 S. 3, 4 StPO sind dem Beschuldigten Informationen zur Verfügung zu stellen, die es ihm erleichtern, einen Verteidiger zu kontaktieren, wenn er vor seiner Vernehmung einen Verteidiger befragen möchte; dabei ist auf bestehende anwaltliche Notdienste hinzuweisen.[925]

---

zember 2008 - 4 StR 455/08, BGHSt 53, 112, 115; vom 30. Dezember 2014 - 2 StR 439/13, NStZ 2015, 291, 293).“; a.a.O, Rn. 27: „Gleiches wird angenommen, falls der Beschuldigte seine Angaben unter dem Eindruck des **Vorhalts von unzulässig erlangten Erkenntnissen** gemacht hat, etwa solchen aus einer rechtswidrigen Telekommunikationsüberwachung; auch in derartigen Fällen ist der Beschuldigte - selbst wenn er gemäß § 136 Abs. 1 Satz 2 StPO belehrt worden ist - nicht mehr frei in seiner Entschließung, ob und wie er sich zu einzelnen Punkten einlassen soll, die ihm aufgrund der unzulässig erlangten Beweismittel vorgehalten werden (vgl. BGH, Urteile vom 22. Februar 1978 - 2 StR 334/77, BGHSt 27, 355, 358; vom 24. August 1983 - 3 StR 136/83, BGHSt 32, 68, 70).“; a.a.O., Rn. 28: „Ein danach bestehendes Beweisverwertungsverbot gilt zunächst nur für diejenige Aussage, die durch den Verfahrensfehler herbeigeführt worden ist. Für Fälle einer Vernehmung des Beschuldigten unter Verstoß gegen die Belehrungspflicht gemäß § 136 Abs. 1 Satz 2 StPO ist nach der Rechtsprechung des Bundesgerichtshofs indes anerkannt, dass dieser Verfahrensfehler auch zur Unverwertbarkeit von dessen späteren Aussagen führen kann. Denn die unterbliebene Beschuldigtenbelehrung wirkt regelmäßig bei weiteren Vernehmungen in dem Sinne fort, dass der Beschuldigte glaubt, seine frühere, unter Verstoß gegen die Belehrungspflicht gemäß § 136 Abs. 1 Satz 2 StPO zustande gekommene Selbstbelastung nicht mehr aus der Welt schaffen zu können. Deshalb ist der Beschuldigte in diesen Fällen zu Beginn einer späteren Vernehmung durch eine ‚**qualifizierte Belehrung**‘ auf die Unverwertbarkeit seiner früheren Aussage hinzuweisen (vgl. BGH, Urteil vom 18. Dezember 2008 - 4 StR 455/08, BGHSt 53, 112, 115 f.; vgl. auch BGH, Urteile vom 3. Juli 2007 - 1 StR 3/07, BGHSt 51, 367, 376; vom 30. Dezember 2014 - 2 StR 439/13, NStZ 2015, 291, 293).“; a.a.O. Rn. 29: „Unterbleibt die gebotene qualifizierte Belehrung, folgt daraus jedoch wiederum nicht ohne Weiteres die Unverwertbarkeit der neuerlichen Aussage. Es ist vielmehr wie in anderen Fällen einer fehlerhaften Erkenntnisgewinnung eine Abwägung vorzunehmen. In deren Rahmen kommt dem Verstoß gegen die Pflicht zur qualifizierten Belehrung regelmäßig nicht dasselbe Gewicht zu wie der vorangegangenen Beeinträchtigung der Selbstbelastungsfreiheit durch den Verstoß gegen die Belehrungspflicht gemäß § 136 Abs. 1 Satz 2 StPO, weil der Beschuldigte bei der späteren Vernehmung zumindest nach § 136 Abs. 1 Satz 2 StPO auf sein Schweigerecht hingewiesen wurde. Im Übrigen ist - wie auch sonst - das staatliche Interesse an der Sachaufklärung zu berücksichtigen (vgl. BGH, Urteile vom 3. Juli 2007 - 1 StR 3/07, StV 2007, 450, 452 - insoweit in BGHSt 51, 367 nicht veröffentlicht; vom 18. Dezember 2008 - 4 StR 455/08, BGHSt 53, 112, 116).“.

[925] BGH, Beschluss vom 19.06.2019 – 5 StR 167/19, Rn. 7: „Der Bundesgerichtshof hat bereits unter Geltung der alten Fassung von § 136 Abs. 1 StPO, in der das Hinweisgebot noch nicht ausdrücklich normiert war, einen Hinweis auf den **anwaltlichen Notdienst** für entbehrlich gehalten, wenn der Beschuldigte bereits einen bestimmten Rechtsanwalt als Verteidiger benannt hatte (BGH, Beschluss vom 11. August 2005 – 5 StR 200/05, BGHR StPO § 136 Abs. 1 Verteidigerbefragung 8). In diesem Fall beschränke sich für die Ermittlungsbehörden das Gebot, bei der **Kontaktaufnahme mit einem Verteidiger** zu helfen, darauf, eine **Verbindung zu dem benannten Rechtsanwalt herzustellen**, sofern der

Gemäß § 163a Abs. 4 S. 2 i.V.m. § 136 Abs. 1 S. 5 StPO ist der Beschuldigte ferner darüber zu belehren, dass er unter den Voraussetzungen des § 140 StPO (**Notwendige Verteidigung**[926]) die Bestellung eines Pflichtverteidigers nach Maßgabe des § 141 Abs. 1 StPO und

---

Beschuldigte nicht zu erkennen gebe, dass er nach dem Scheitern der Kontaktaufnahme einen anderen Rechtsanwalt als Verteidiger wählen wolle." Rn. 8: „Dies hat sich durch die Einfügung des Hinweisgebots in § 136 Abs. 1 Satz 4 StPO in der Neufassung vom 27. August 2017 (BGBl. I S. 3295) nicht geändert. Der Gesetzesbegründung, die auf frühere Rechtsprechung zur Erforderlichkeit von ernsthaften Bemühungen der vernehmenden Person verweist, den Beschuldigten bei der **Kontaktaufnahme zu einem Verteidiger zu unterstützen**, ist zu entnehmen, dass die gesetzlichen Ergänzungen in § 136 Abs. 1 StPO lediglich klarstellend erfolgt sind (vgl. BT-Drucks. 18/9534, S. 22 unter Bezugnahme unter anderem auf BGH, Urteil vom 12. Januar 1996 – 5 StR 756/94, BGHSt 42, 15, 19). Die Vorschrift des § 136 Abs. 1 Satz 4 StPO schützt danach den Beschuldigten, der zwar einen Verteidiger befragen möchte, aber keinen benennt." Rn. 10: „Bringt der Beschuldigte zum Ausdruck, sich mit einem Verteidiger besprechen zu wollen, kann die Vernehmung nach der Rechtsprechung des Bundesgerichtshofs ohne vorangegangene Konsultation nur fortgesetzt werden, wenn sich der Beschuldigte nach erneutem Hinweis auf sein Recht auf Zuziehung eines Verteidigers mit der Fortsetzung der Vernehmung einverstanden erklärt [Quellenangaben]. Zweck der **wiederholten Belehrung** ist letztlich, dem Beschuldigten vor Augen zu führen, dass er sein Recht auf Verteidigerkonsultation nicht durch den fehlgeschlagenen Kontaktversuch verwirkt hat; sie trägt dadurch zur Subjektstellung des Beschuldigten bei (Beulke, NStZ 1996, 257, 261). Diese Rechtsprechung hat der Gesetzgeber in den Gesetzesmaterialien zum Zweiten Gesetz zur Stärkung der Verfahrensrechte von Beschuldigten im Strafverfahren und zur Änderung des Schöffenrechts vom 27. August 2017 (BGBl. I S. 3295) ausdrücklich gebilligt (BT-Drucks. 18/9534, S. 22)." Rn. 11: „Aus diesem Rechtsverstoß folgt hier nach der Rechtsprechung des Bundesgerichtshofs auch ein Beweisverwertungsverbot (vgl. BGH, Urteile vom 29. Oktober 1992 – 4 StR 126/92, BGHSt 38, 372, 373 ff.; vom 12. Januar 1996 – 5 StR 756/94, BGHSt 42, 15, 21 f.; Beschluss vom 27. Februar 1992 – 5 StR 190/91, BGHSt 38, 214, 219 ff.).".

[926] Mit „Gesetz zur Neuregelung des Rechts der notwendigen Verteidigung" (BGBl. I S. 2128; in Kraft seit 13.12.2019) ist erstmals das Recht des Beschuldigten ausdrücklich normiert, bereits auch im polizeilichen Ermittlungsverfahren grundsätzlich im Fall notwendiger Verteidigung (§ 140 StPO) „unverzüglich" (§ 121 Abs. 1 S. 1 BGB), „spätestens vor einer Vernehmung des Beschuldigten" (§ 163a StPO) einen Pflichtverteidiger „bestellt" zu erhalten, „wenn der Beschuldigte dies nach Belehrung ausdrücklich beantragt" (§ 141 Abs. 1 S. 1 StPO), in den Fällen des § 141 Abs. 2 S. 1 StPO auch „unabhängig von einem Antrag" – mit Rückausnahmen in § 141 Abs. 2 S. 2, 3 StPO; auch mit Abweichungen in § 141a StPO für Beschuldigtenvernehmungen und Gegenüberstellungen (§§ 58 Abs. 2, 168b Abs. 3 StPO). Der Zeitpunkt polizeilicher Belehrung zur notwendigen Verteidigung i.S.d. § 140 StPO ist in einschlägigen Fällen – spätestens – „bei Beginn der ersten Vernehmung" des Beschuldigten wegen § 141 Abs. 1 S. 2 StPO und § 163a Abs. 4 S. 2 i.V.m. § 136 Abs. 1 S. 5 StPO, oder der Zeitpunkt ist anders in speziell normierten Fällen wie § 114b Abs. 2 S. 1 Nr. 4a oder §§ 68a, b JGG. Gemäß § 142 StPO ist vor Anklageerhebung der Antrag des Beschuldigten nach § 141 Abs. 1 S. 1 StPO vor Erhebung der Anklage bei den Behörden oder Beamten des Polizeidienstes „oder" bei der Staatsanwaltschaft anzubringen (Antrags-Entgegennahme-Zuständigkeit); die Bestellungs-Entscheidungs-Zuständigkeit obliegt dem Gericht nach StA-Vorlage mit Stellungnahme (§ 142 Abs. 1 S. 2 StPO) oder der StA selbst „bei besonderer Eilbedürftigkeit", § 142 Abs. 4 StPO.

Ein Fall **notwendiger Verteidigung** liegt u.a. dann vor,

- gemäß § 140 Abs. 1 Nr. 1 StPO, wenn zu erwarten ist, dass die Hauptverhandlung im ersten Rechtszug vor dem **Oberlandesgericht** (§§ 115-117, 120-122 GVG) , dem **Landgericht** (§§ 12, 13, 60, 70, 734, 74-74f, 76-78b GVG) oder dem **Schöffengericht** (§§ 12, 13, 24-27, 28-58 GVG) stattfindet [Ausgangsrechtsnorm für den Abgrenzungsüberblick über AG, LG, OLG mag sein: § 24 GVG;
- gemäß § 140 Abs. 1 Nr. 2 StPO, wenn dem Beschuldigten ein Verbrechen zur Last gelegt wird;
- gemäß § 140 Abs. 1 Nr. 3 StPO, wenn das Verfahren zu einem **Berufsverbot** (§§ 70-70b StGB) führen kann;

des § 142 Abs. 1 StPO beantragen kann; zu Letzterem ist er dabei auf die Kostenfolge des § 465 StPO hinzuweisen.[927]

Gemäß § 55 Abs. 2 OWiG braucht im Ordnungswidrigkeitenverfahren der Betroffene nicht darauf hingewiesen zu werden, dass er auch schon vor seiner Vernehmung einen von ihm zu wählenden Verteidiger befragen kann, und § 136 Abs. 1 S. 3-5 StPO ist nicht anzuwenden.

9. § 163a Abs. 4 S. 2 i.V.m. § 136 Abs. 1 S. 4 StPO: Belehrungspflicht zum Beantragungsrecht bezüglich einzelner entlastender Beweiserhebungen

Gemäß § 163a Abs. 4 S. 2 i.V.m. § 136 Abs. 1 S. 4 StPO ist der Beschuldigte ferner darüber zu belehren, dass er zu seiner Entlastung (vgl. § 160 Abs. 2 StPO) einzelne Beweiserhebungen beantragen kann.

Gemäß § 55 Abs. 2 S. 2 OWiG ist im Ordnungswidrigkeitenverfahren § 136 Abs. 1 S. 3-5 StPO nicht anzuwenden.

10. § 163a Abs. 4 S. 2 StPO i.V.m. § 136 Abs. 3 StPO (ggf. i.V.m. § 55 OWiG): Berücksichtigung persönlicher Verhältnisse

Gemäß § 163a Abs. 4 S. 2 StPO i.V.m. § 136 Abs. 3 StPO (ggf. i.V.m. § 55 OWiG) ist bei der Vernehmung des Beschuldigten/Betroffenen zugleich auf die Ermittlung seiner persönlichen Verhältnisse Bedacht zu nehmen.

11. § 163a Abs. 4 S. 2 StPO i.V.m. § 136 Abs. 2 StPO (ggf. i.V.m. § 55 OWiG): Geben von Gelegenheit zur Verdachtsgrundbeseitigung und Geltendmachung günstiger Tatsachen

Gemäß § 163a Abs. 4 S. 2 i.V.m. § 136 Abs. 2 StPO (ggf. i.V.m. § 55 OWiG) soll die Vernehmung dem Beschuldigten/Betroffenen Gelegenheit geben, die gegen ihn vorliegenden

---

- gemäß § 140 Abs. 1 Nr. 4 StPO, wenn der Beschuldigte nach den §§ 115, 115a, 128 Abs. 1 oder § 129 StPO einem Gericht zur Entscheidung über Haft oder einstweilige Unterbringung vorzuführen ist;
- gemäß § 140 Abs. 1 Nr. 5 StPO, wenn der Beschuldigte sich auf Grund richterlicher Anordnung oder mit richterlicher Genehmigung in einer Anstalt befindet;
- gemäß § 140 Abs. 1 Nr. 11 StPO, wenn ein seh-, hör- oder sprachbehinderter Beschuldigter die Bestellung beantragt;
- gemäß § 140 Abs. 2 StPO, wenn wegen der Schwere der Tat, der Schwere der zu erwartenden Rechtsfolge oder wegen der Schwierigkeit der Sach- oder Rechtslage die Mitwirkung eines Verteidigers geboten erscheint oder wenn ersichtlich ist, dass sich der Beschuldigte nicht selbst verteidigen kann.
- gemäß §§ 1, 109 Abs. 1 JGG und § 68 JGG in den dort genannten Fällen.

[927] BGH, Beschluss vom 06.02.2018 – 2 StR 163/17, Rn. 6 (Kein absolutes Beweisverwertungsverbot und kein relatives Beweisverwertungsverbot als Abwägungsergebnis bei Nichtbelehrung zu **Pflichtverteidigung/notwendiger Verteidigung** – geteilt von BGH, Beschluss vom 09.01.2020 – 5 StR 628/19, Rn. 6): „Die nach § 136 Abs. 1 Satz 3 Halbs. 2 StPO a.F. bzw. § 136 Abs. 1 Satz 5 Halbs. 2 StPO n.F. unterbliebene Belehrung des Angeklagten begründet deshalb kein absolutes Verwertungsverbot. Aber auch die Annahme eines relativen, im Rahmen einer einzelfallbezogenen Abwägung festzustellendes Verwertungsverbot kommt hier nicht in Betracht. Das Landgericht hat in seinem den Widerspruch gegen die Verwertung zurückweisenden Kammerbeschluss zutreffend in den Blick genommen, dass das staatliche Verfolgungs- und Aufklärungsinteresse – wie hier – bei einem Tötungsdelikt besonders hoch ist, die Belehrung nicht bewusst oder willkürlich, sondern aus Unkenntnis der Vernehmungsbeamten über die Neuregelung unterblieben ist und damit der festgestellte Verstoß von geringerem Gewicht ist. Zudem fehlen – worauf der Generalbundesanwalt zutreffend hingewiesen hat – jegliche Anhaltspunkte für die Annahme, die Angeklagten hätten im Rahmen ihrer ersten Vernehmung Angaben zur Sache gemacht, weil sie mangels wirtschaftlicher Mittel keine Möglichkeit gesehen hätten, sich eines Verteidigers zu bedienen. Auch die Revision hat hierzu nichts vorgetragen.“.

Verdachtsgründe zu beseitigen und die zu seinen Gunsten sprechenden Tatsachen geltend zu machen (vgl. § 33 StPO: Anhörung).

12. § 163a Abs. 4 S. 2 i.V.m. § 136 Abs. 1 S. 6 StPO (nicht nach OWiG): Hinweis in geeigneten Fällen auf Möglichkeit eines Täter-Opfer-Ausgleichs

Gemäß § 163a Abs. 4 S. 2 i.V.m. § 136 Abs. 1 S. 5 StPO soll in geeigneten Fällen der Beschuldigte auch auf die Möglichkeit eines **Täter-Opfer-Ausgleichs** (§§ 155a, b StPO; § 46 StGB, nicht nach OWiG) hingewiesen werden.

13. Vernehmungsprotokoll; Protokollierung

a) Gemäß § 168b Abs. 2 S. 1 StPO soll über die Vernehmung des Beschuldigten/Betroffenen ein Protokoll nach § 168a StPO aufgenommen werden, soweit dies ohne erhebliche Verzögerung der Ermittlungen geschehen kann.

b) Gemäß § 168b Abs. 2 S. 2 StPO ist die Teilnahme des Verteidigers des Beschuldigten/Betroffenen an der Vernehmung aktenkundig zu machen, wenn über die Vernehmung des Beschuldigten kein Protokoll gefertigt wird.

c) Gemäß § 168b Abs. 3 S. 1, 2 StPO sind die in § 163a StPO vorgeschriebenen Belehrungen des Beschuldigten/Betroffenen vor seiner Vernehmung sowie die in § 58 Abs. 2 S. 5 StPO vorgeschriebene Belehrung vor einer Gegenüberstellung zu dokumentieren; dies gilt auch für die Entscheidung des Beschuldigten/Betroffenen darüber, ob er vor seiner Vernehmung einen von ihm zu wählenden Verteidiger befragen möchte, und für das Einverständnis des Beschuldigten gemäß § 141a S. 1 StPO.

d) Gemäß § 163a Abs. 5 StPO i.V.m. § 187 Abs. 3 S. 2 GVG sind die Belehrung nach § 163a Abs. 5 StPO i.V.m. § 187 Abs. 3 S. 1 GVG und der (etwaige) Verzicht des Beschuldigten/Betroffenen auf eine schriftliche Übersetzung zu dokumentieren.[928]

14. JGG[929]-Vorschriften[930] außer, bei, i.Z.m. Maßnahmen gegenüber einem jugendlichen oder heranwachsenden Verdächtigen[931] nach §§ 1, 109 JGG – fallabhängig insbesondere wie folgt[932]:

---

928 Vgl. auch Nr. 45 RiStBV (Form der Vernehmung und Niederschrift):

„(1) Die Belehrung des Beschuldigten vor seiner ersten Vernehmung nach 136 Abs. 1, 163a Abs. 3 Satz 2 StPO ist aktenkundig zu machen.

(2) Für bedeutsame Teile der Vernehmung empfiehlt es sich, die Fragen, Vorhalte und Antworten möglichst wörtlich in die Niederschrift aufzunehmen, Legt der Beschuldigte ein Geständnis ab, so sind die Einzelheiten der Tat möglichst mit seinen eigenen Worten wiederzugeben. Es ist darauf zu achten, dass besonders solche Umstände aktenkundig gemacht werden, die nur der Täter wissen kann. Die Namen der Personen, die das Geständnis mit angehört haben, sind zu vermerken.".

929 § 1 Abs. 1 JGG zum sachlichen JGG-Anwendungsbereich: „Dieses Gesetz gilt, wenn ein Jugendlicher oder ein Heranwachsender eine Verfehlung begeht, die nach den allgemeinen Vorschriften mit Strafe bedroht ist.". § 1 Abs. 3 JGG zum sachlich-persönlichen JGG-Anwendungsbereich: „Ist zweifelhaft, ob der Beschuldigte zur Zeit der Tat das achtzehnte Lebensjahr vollendet hat, sind die für Jugendliche geltenden Verfahrensvorschriften anzuwenden.".

930 JGG-Vorschriften mit amtlichen Überschriften insbesondere aus: „Gesetz zur Stärkung der Verfahrensrechte von Beschuldigten im Jugendstrafverfahren vom 09.12.2019, BGBl. 2019 Teil I Nr. 47, S. 2146-2152.

931 § 1 Abs. 2 JGG zum persönlichen JGG-Anwendungsbereich: § 1 Abs. 2 JGG: „**Jugendlicher** ist, wer zur Zeit der Tat vierzehn, aber noch nicht achtzehn, **Heranwachsender**, wer zur Zeit der Tat achtzehn, aber noch nicht einundzwanzig Jahre alt ist.". Unterscheide nach § 2 BGB: „Die **Volljährigkeit** tritt mit der Vollendung des 18. Lebensjahres ein.".

a) § 38 JGG: Jugendgerichtshilfe, vgl. auch § 46 Abs. 6 OWiG;

b) § 43 JGG: Umfang der Ermittlungen;

c) § 67 JGG: Stellung der Erziehungsberechtigten[933] und der gesetzlichen Vertreter[934];

d) § 67a JGG: Unterrichtung der Erziehungsberechtigten[935] und der gesetzlichen Vertreter;

e) § 68 JGG: Notwendige Verteidigung[936];

---

932 Zu JGG-Vorschriften ausführlicher: *Basten*, Eingriffsrecht der Polizei in Nordrhein-Westfalen, Band 3, Buch 4, Abschnitt 3.

933 Zum **Strafrecht und elterlichen Erziehungsrecht**: BVerfGE 107, 104 (Anwesenheit im JGG-Verfahren) = BVerfG, Urteil des Zweiten Senats vom 16.01.2003 – 2 BvR 716/01.

934 **Vertreter** ist ein **Stellvertreter** qua Gesetz oder ein **Stellvertreter** qua Rechtsgeschäft (§§ 164-181 BGB). Vgl. insbesondere:

- §§ 1626-1698b BGB: **Elterliche Sorge** mit „**Vertretung des Kindes**" gemäß § 1629 BGB;
- § 1 Abs. 1 Nr. 4 JuSchG: **erziehungsbeauftragte Person**;
- §§ 1773-1895 BGB: **Vormundschaft**;
- §§ 1896-1908k BGB: **Rechtliche Betreuung**;
- §§ 1909-1921 BGB: **Pflegschaft**.

935 BGH, Beschluss vom 13.08.2019 – 5 StR 257/19 (Tötung einer 14-jährigen durch einen 15-jährigen): Rn. 12: „Es kann dahinstehen, ob sich aus § 67 JGG ein ‚**Elternkonsultationsrecht' und eine dahingehende Belehrungspflicht** herleiten lässt (so OLG Celle, StraFo 2010, 114; Ludwig, NStZ 2019, 123, 125 mwN; offengelassen ebenso von BGH, Urteil vom 18. Juni 2019 – 5 StR 2/19). Denn jedenfalls wäre eine zu einem Beweisverwertungsverbot führende Rechtsverletzung nicht ersichtlich [vgl. § 337 Abs. 1, letztes Wort StPO, P. B.]. Die Mutter des Angeklagten konnte mit ihm vor der Vernehmung sprechen und ihr Anliegen – er solle gestehen, wenn er die Tat begangen habe – deutlich formulieren. Dass sie nicht an der Vernehmung des Angeklagten teilnehmen sollte, entsprach seinem ausdrücklichen Wunsch. Dem Angeklagten war – auch aufgrund der Belehrung und der Anwesenheit seiner Mutter im Nebenraum – klar, dass er auf ihrer Anwesenheit hätte bestehen können; die Mutter des Angeklagten war zudem damit einverstanden, vorerst draußen zu warten. Auch nach der Vernehmung hatte sie erneut Gelegenheit, mit ihm zu sprechen." Rn. 13: „Selbst wenn in diesem Vorgehen keine bestmögliche Gewährleistung eines etwaigen ‚Elternkonsultationsrechts' zu sehen sein sollte, läge ein Beweisverwertungsverbot fern. In Frage käme ohnehin nur ein **relatives Beweisverwertungsverbot**, bei dem es einer Abwägung der widerstreitenden Interessen nach den Umständen des Einzelfalls bedarf (ausführlich dazu Ludwig, aaO, S. 125 f. mwN; aA OLG Celle, StraFo 2010, 114; LG Saarbrücken NStZ 2012, 167). Dabei ist vorliegend zu bedenken, dass sich der Angeklagte mit seiner Mutter vor der Vernehmung kurz besprechen konnte, sie ihren Rat, was aus ihrer Sicht zu tun sei, eindeutig formuliert hat und ihre spätere Abwesenheit bei der Vernehmung dem ausdrücklichen Wunsch des Angeklagten entsprach, der zudem darüber belehrt war, sich jederzeit anders entscheiden zu können. Damit wurde im Kern das elterliche Erziehungsrecht gewahrt und dem Schutzbedürfnis des jugendlichen Angeklagten Rechnung getragen. Dass die Mutter den Angeklagten bei einer vertraulichen Unterredung zu einem anderen Verhalten bei seiner Vernehmung geraten hätte, als sie dies in Anwesenheit der Polizeibeamten getan hat, schließt der Senat zudem aus. Einem demnach allenfalls wenig gewichtigen Verfahrensverstoß stünde die Schwere des Tatvorwurfs als Abwägungskriterium entgegen, was insgesamt für die Verwertbarkeit der Angaben spricht.".

936 Mit „Gesetz zur Neuregelung des Rechts der notwendigen Verteidigung" (BGBl. I S. 2128; in Kraft seit 13.12.2019) ist erstmals das Recht des Beschuldigten ausdrücklich normiert, bereits auch im polizeilichen Ermittlungsverfahren grundsätzlich im Fall notwendiger Verteidigung (§ 140 StPO) „unverzüglich" (§ 121 Abs. 1 S. 1 BGB), „spätestens vor einer Vernehmung des Beschuldigten" (§ 163a StPO) einen Pflichtverteidiger „bestellt" zu erhalten, „wenn der Beschuldigte dies nach Belehrung ausdrücklich beantragt" (§ 141 Abs. 1 S. 1 StPO), in den Fällen des § 141 Abs. 2 S. 1 StPO auch „unabhängig von

f) § 68a JGG: Zeitpunkt der Bestellung eines Pflichtverteidigers;

g) § 68b JGG: Vernehmungen und Gegenüberstellungen vor der Bestellung eines Pflichtverteidigers;

h) § 69 JGG: Beistand[937];

i) § 70 JGG: Mitteilung an amtliche Stellen;

j) § 70a JGG: Unterrichtung des Jugendlichen (i.V.m. § 109 JGG: des Heranwachsenden);

k) § 70b JGG: Belehrungen.

(SUB/ERG)

Im konkreten Fall sind die Verfahrensvoraussetzungen (alternativ)

- bei Vorliegen von entsprechenden Anhaltspunkten / Fehlen entgegenstehender Anhaltspunkte eingehalten.
- bei Vorliegen von entsprechenden Anhaltspunkten nicht eingehalten.[938]

---

einem Antrag" – mit Rückausnahmen in § 141 Abs. 2 S. 2, 3 StPO; auch mit Abweichungen in § 141a StPO für Beschuldigtenvernehmungen und Gegenüberstellungen (§§ 58 Abs. 2, 168b Abs. 3 StPO). Der Zeitpunkt polizeilicher Belehrung zur notwendigen Verteidigung i.S.d. § 140 StPO ist in einschlägigen Fällen – spätestens – „bei Beginn der ersten Vernehmung" des Beschuldigten wegen § 141 Abs. 1 S. 2 StPO und § 163a Abs. 4 S. 2 i.V.m. § 136 Abs. 1 S. 5 StPO, oder der Zeitpunkt ist anders in speziell normierten Fällen wie § 114b Abs. 2 S. 1 Nr. 4a oder §§ 68a, b JGG. Gemäß § 142 StPO ist vor Anklageerhebung der Antrag des Beschuldigten nach § 141 Abs. 1 S. 1 StPO vor Erhebung der Anklage bei den Behörden oder Beamten des Polizeidienstes „oder" bei der Staatsanwaltschaft anzubringen (Antrags-Entgegennahme-Zuständigkeit); die Bestellungs-Entscheidungs-Zuständigkeit obliegt dem Gericht nach StA-Vorlage mit Stellungnahme (§ 142 Abs. 1 S. 2 StPO) oder der StA selbst „bei besonderer Eilbedürftigkeit", § 142 Abs. 4 StPO.

Ein Fall **notwendiger Verteidigung** liegt u.a. dann vor,

- gemäß § 140 Abs. 1 Nr. 1 StPO, wenn zu erwarten ist, dass die Hauptverhandlung im ersten Rechtszug vor dem **Oberlandesgericht** (§§ 115-117, 120-122 GVG) , dem **Landgericht** (§§ 12, 13, 60, 70, 734, 74-74f, 76-78b GVG) oder dem **Schöffengericht** (§§ 12, 13, 24-27, 28-58 GVG) stattfindet [Ausgangsrechtsnorm für den Abgrenzungsüberblick über AG, LG, OLG mag sein: § 24 GVG;
- gemäß § 140 Abs. 1 Nr. 2 StPO, wenn dem Beschuldigten ein Verbrechen zur Last gelegt wird;
- gemäß § 140 Abs. 1 Nr. 3 StPO, wenn das Verfahren zu einem **Berufsverbot** (§§ 70-70b StGB) führen kann;
- gemäß § 140 Abs. 1 Nr. 4 StPO, wenn der Beschuldigte nach den §§ 115, 115a, 128 Abs. 1 oder § 129 StPO einem Gericht zur Entscheidung über Haft oder einstweilige Unterbringung vorzuführen ist;
- gemäß § 140 Abs. 1 Nr. 5 StPO, wenn der Beschuldigte sich auf Grund richterlicher Anordnung oder mit richterlicher Genehmigung in einer Anstalt befindet;
- gemäß § 140 Abs. 1 Nr. 11 StPO, wenn ein seh-, hör- oder sprachbehinderter Beschuldigter die Bestellung beantragt;
- gemäß § 140 Abs. 2 StPO, wenn wegen der Schwere der Tat, der Schwere der zu erwartenden Rechtsfolge oder wegen der Schwierigkeit der Sach- oder Rechtslage die Mitwirkung eines Verteidigers geboten erscheint oder wenn ersichtlich ist, dass sich der Beschuldigte nicht selbst verteidigen kann.
- gemäß §§ 1, 109 Abs. 1 JGG und § 68 JGG in den dort genannten Fällen.

[937] Vgl. auch §§ 1712-1717 BGB (**Beistandschaft**).

[938] BGH, Beschluss des 3. Strafsenats vom 06.06.2019 – StB 14/19 (für BGHSt vorgesehen – unter quasi wortgleicher Wiederholung von BGHSt 51, 367 = BGH, Urteil vom 03.07.2007 - 1 StR 3/07 bzgl.

B. Formelle Rechtmäßigkeit (FR) III. Form (F)

(VOR/DEF)

Form ist normiertes Wie der Rechtsfolgesetzung – mündlich, schriftlich, elektronisch oder in anderer Weise.

(SUB/ERG)

Im konkreten Fall besteht aufgrund Fehlens speziellerer Formrechtsnormen Formfreiheit für den Justiz-VA, sodass der Justiz-VA grundsätzlich schriftlich, elektronisch, mündlich oder in anderer Weise formrechtmäßig ergehen kann, vgl. auch arg. e contrario § 163a Abs. 1 S. 2 StPO; vgl. § 163a Abs. 1 S. 2 StPO: Genügen des Gebens von Gelegenheit zur schriftlichen Äußerung in einfachen Sachen, sowie § 163a Abs. 4 S. 2 i.V.m. § 136 Abs. 1 S. 6 StPO.[939]

---

des Beschuldigtenbegriffs), Leitsatz 1: „Im Ermittlungsverfahren sind **Beweisverwertungsverbote** unabhängig von einem Widerspruch des Beschuldigten von Amts wegen zu beachten, auch wenn der zugrundeliegende Verfahrensmangel eine für ihn disponible Vorschrift betrifft." Leitsatz 2: „Zur Begründung der Beschuldigteneigenschaft durch die Stärke des Tatverdachts (Fortführung von BGH, Urteil vom 3. Juli 2007 - 1 StR 3/07, BGHSt 51, 367)". Rn. 27: „Auf die Prüfung der Verwertbarkeit von Beweisen im Ermittlungsverfahren findet die vom Bundesgerichthof entwickelte sog. Widerspruchslösung (grundlegend BGH, Beschluss vom 27. Februar 1992 - 5 StR 190/91, BGHSt 38, 214, 225 f.; s. zusammenfassend KK-Willnow, StPO, 8. Aufl., Vor § 137 Rn. 6) keine Anwendung. In diesem Verfahrensstadium sind Beweisverwertungsverbote - wie im Zwischenverfahren (so BGH, Beschluss vom 1. Dezember 2016 - 3 StR 230/16, BGHR StPO § 211 Neue Tatsachen 3 Rn. 14; MüKoStPO/Wenske, § 203 Rn. 30) - unabhängig von einer Beanstandung durch den Beschuldigten amtswegig zu beachten, auch wenn der zugrundeliegende Verfahrensmangel eine für ihn disponible Vorschrift betrifft [Quellenangaben]. Denn Verwertungsverbote werden bereits durch den jeweiligen Gesetzesverstoß, nicht erst durch eine derartige Beanstandung begründet [Quellenangaben]. Das gilt umso mehr, als nach der Rechtsprechung des Bundesgerichtshofs (vgl. Beschluss vom 17. Juni 1997 - 4 StR 243/97, NStZ 1997, 502 f.) der Verwertung eines Beweises vor der Hauptverhandlung ohnehin nicht wirksam widersprochen werden kann." Rn. 33: „Dieser Willkürmaßstab ist - wie in anderen Fallgestaltungen auch, in denen zu überprüfen ist, ob die Grenzen eines Beurteilungsspielraums gewahrt sind [Quellenangaben] objektiv zu bestimmen. Ein auch subjektiv auf Umgehung der Beschuldigtenrechte gerichtetes, bewusst missbräuchliches Verhalten des Vernehmenden ist nicht erforderlich. In diesem Sinne ist die Überschreitung der Grenzen des Beurteilungsspielraums als (objektiv) willkürlich zu beurteilen, wenn es sich als sachlich unvertretbar erweist, einen die Belehrungspflicht des § 136 Abs. 1 Satz 2 StPO auslösenden starken Tatverdacht zu verneinen." Rn. 74: „Verstoßen die Strafverfolgungsbehörden gegen die Pflicht zur Beschuldigtenbelehrung, so hat dies grundsätzlich auch dann, wenn - wie hier - eine Zeugenvernehmung unter Belehrung nach § 55 Abs. 2 StPO durchgeführt worden ist, die Unverwertbarkeit der betroffenen Aussage zu Folge, ohne dass eine einzelfallbezogene Abwägung vorzunehmen wäre. Allein die Unterrichtung des Vernommenen dahin, die Auskunft auf solche Fragen verweigern zu dürfen, deren Beantwortung ihm selbst die Gefahr zuziehen würde, wegen einer Straftat belangt zu werden, kann in aller Regel die gebotene Belehrung über das vollumfängliche Aussageverweigerungsrecht nicht ersetzen. Zudem fehlt bei der Belehrung über das in § 55 Abs. 1 StPO geregelte Auskunftsverweigerungsrecht ein Hinweis auf das Recht zur Verteidigerkonsultation [Quellenangaben]. Ein Ausnahmefall, in dem Abweichendes zu gelten hätte, liegt nicht vor." [Anmerkung P.B.: Konsequenz ist u.a. die Pflicht zur Berücksichtigung von Beweisverwertungsverboten im Ermittlungsverfahren und im Wiederaufnahmeverfahren, jedoch nicht bei Eröffnungsentscheidung gemäß § 203 StPO.]

[939] Vgl. Nr. 44 RiStBV (**Ladung und Aussagegenehmigung**):

(§ 168b StPO ist i.d.R. bereits integrativer Verfahrensbestandteil.)

Ergebnis kann allgemein sein: Formrechtmäßigkeit oder Formrechtswidrigkeit der Maßnahme.

C. Materielle Rechtmäßigkeit (MR) I. Tatbestand (Tb) / Tatbestandsvoraussetzungen (TBV)

(VOR/DEF)

Tatbestand ist das Gesamt der (materiell-rechtlichen) Rechtsfolge(setzungs)bedingungen. / **Tatbestandsvoraussetzungen** sind materiell-rechtliche Rechtsfolgesetzungsbedingungen.

(VOR)

1. TBV aus § 163 Abs. 1 S. 1 i.V.m. § 152 Abs. 2 StPO: Tatverdacht

Für die Vernehmung des Beschuldigten/Betroffenen gemäß § 163a StPO/§ 55 OWiG wird (Straf-/Owi-)Tatverdacht vorausgesetzt, § 163 Abs. 1 S. 1 W. 8, S. 2 W. 1-3 StPO.

(DEF)

Tatverdacht ist gemäß § 163 Abs. 1 S. 1 i.V.m. § 152 Abs. 2 StPO das Gegebensein zureichender tatsächlicher Anhaltspunkte für eine verfolgbare Straftat oder Ordnungswidrigkeit.[940]

Zureichende tatsächliche Anhaltspunkte sind gegeben bei entsprechendem Ergebnis einer Gewichtigkeits- und Plausibilitätsprüfung aller wahrnehmbaren Dinge in Abwägung mit Art und Ausmaß potentieller Rechtseingriffe und Taten.

„(1) Die Ladung eines Beschuldigten soll erkennen lassen, dass er als Beschuldigter vernommen werden soll. Der Gegenstand der Beschuldigung wird dabei kurz anzugeben sein, wenn und soweit es mit dem Zweck der Untersuchung vereinbar ist. Der Beschuldigte ist durch Brief, nicht durch Postkarte, zu laden.

(2) In der Ladung zu einer richterlichen oder staatsanwaltschaftlichen Vernehmung sollen Zwangsmaßnahmen für den Fall des Ausbleibens nur angedroht werden, wenn sie gegen den unentschuldigt ausgebliebenen Beschuldigten voraussichtlich auch durchgeführt werden.

(3) Soll ein Richter, Beamter oder eine andere Person des öffentlichen Dienstes als Beschuldigter vernommen werden und erstreckt sich die Vernehmung auf Umstände, die der Amtsverschwiegenheit unterliegen können, so ist der Beschuldigte in der Ladung darauf hinzuweisen, dass er, sofern er sich zu der Beschuldigung äußern will, einer Aussagegenehmigung des Dienstherrn bedarf. Erklärt der Beschuldigte seine Aussagebereitschaft, soll ihm Gelegenheit gegeben werden, diese Aussagegenehmigung einzuholen. Im Übrigen gilt Nr. 66 Abs. 2 und 3 entsprechend.“.

[940] BVerfG, Beschluss der 3. Kammer des Zweiten Senats vom 11.01.2016 – 2 BvR 1361/13 –, Rn. 11: „Notwendiger und grundsätzlich auch hinreichender Anlass für Zwangsmaßnahmen im Strafverfahren [oder Ordnungswidrigkeitenverfahren, P. B.] ist der Verdacht einer Straftat [oder Ordnungswidrigkeit, P. B.]. Der Verdacht muss auf konkreten Tatsachen beruhen; vage Anhaltspunkte oder bloße Vermutungen reichen nicht aus (vgl. BVerfGE 44, 353 <381 f.>; 59, 95 <97 f.>; BVerfGK 1, 126 <131>).“.

(SUB)

Zureichende tatsächliche Anhaltspunkte sind (z.B. und alternativ möglich) zum maßgeblichen Zeitpunkt bezüglich bestimmter Taten:

- polizeieigene Beobachtungen;
- polizeiliche Feststellungen;
- polizeiliche auf Tatsachen begründete, auf den einzelnen Fall bezogene Schlussfolgerungen außer reine Spekulationen, hypothetische Erwägungen oder lediglich auf kriminalistische Alltagserfahrung gestützte, fallunabhängige Vermutungen;
- Angaben von Beschuldigten, Betroffenen, Verdächtigen, Nichtverdächtigen, Zeugen, Sachverständigen oder Dritten;
- Anzeigen im Sinne von § 158 StPO;
- Sonstige Daten, Spuren.

(ERG)

Im konkreten Fall besteht i.S.d. § 152 Abs. 2 StPO i.V.m. § 163 Abs. 1 S. 1 StPO/§ 53 Abs. 1 S. 1 OWiG (alternativ)

- Tatverdacht bei entsprechenden Anhaltspunkten / bei Fehlen entgegenstehender Anhaltspunkte.
- kein Tatverdacht bei entsprechenden Anhaltspunkten / bei Fehlen entgegenstehender Anhaltspunkte.

(VOR/DEF)

2. TBV aus § 163a Abs. 1 S. 1 StPO: Späteste Vernehmungzeit

Gemäß § 163a Abs. 1 S. 1 StPO (ggf. i.V.m. § 55 OWiG) ist der Beschuldigtee/Betroffene spätestens vor dem **Abschluss der Ermittlungen** (vgl. § 169a StPO) zu vernehmen, es sei denn, dass das Verfahren zur **Einstellung** (vgl. § 170, § 171, §§ 172-177 StPO) führt.

(SUB/ERG)

§ 163a Abs. 1 S. 1 StPO ist (alternativ)

- eingehalten bei Vernehmung des Beschuldigten spätestens vor dem Abschluss der Ermittlungen.
- eingehalten bei Nichtvernehmung des Beschuldigten und Verfahrenseinstellung.
- nicht eingehalten bei erstmaliger Vernehmung des Beschuldigten nach Abchluss der Ermittlungen.

(VOR/DEF)

3. TBV aus § 163a i.V.m. § 136 StPO, Art. 20 Abs. 3 GG, Äußerungsfreiheit, Aussagefreiheit

Gemäß § 163a Abs. 4 S. 2 i.V.m. § 136 Abs. 1 S. 2-5 StPO (ggf. i.V.m. § 55 OWiG), steht es dem Beschuldigten/Betroffenen „nach dem Gesetz frei“, „sich zu der Beschuldigung zu äußern oder nicht zur Sache auszusagen“, und als Recht auf Verteidigung insbesondere jederzeit, auch schon vor seiner Vernehmung, einen von ihm zu wählenden Verteidiger zu befragen.

Aus den bereits in der formellen Rechtmäßigkeit formell-verfahrensrechtlich etwa über die diesbezüglichen Belehrungen zu berücksichtigenden Beschuldigtenrechten wie dem Recht auf positive Äußerungsfreiheit und negative Aussagefreiheit[941] ergeben sich zugleich und spiegelbildlich materiell-rechtliche Beschränkungen des jeweiligen Fragerechts.

(SUB)

Befragung trotz bestehendem, geltendgemachtem Äußerungs- oder Aussagefreiheitsrecht oder sonstigem **Selbstbelastungsfreiheitsrecht**[942] *kann* ein Verstoß sein gegen Art. 20 Abs. 3 GG,

---

[941] Zu § 163a Abs. 4 S. 2 i.V.m. § 136 StPO siehe auch ausführlich: *Basten*, Eingriffsrecht der Polizei in Nordrhein-Westfalen, Band 2, Buch 2, Abschnitt 17, B. II.

[942] Zur **Selbstbelastungsfreiheit** und zum **Schweigerecht** und zur Würdigung und Verwertung von **Vollschweigen** und **Teilschweigen**: BVerfG, Beschluss der 2. Kammer des Zweiten Senats vom 06.09.2016 – 2 BvR 890/16 –, Rn. 34-36: „Das Verbot des Zwangs zur Selbstbelastung und die Aussagefreiheit des Beschuldigten (**nemo tenetur se ipsum accusare**) sind im Grundgesetz verankert. Sie sind notwendiger Ausdruck einer auf dem Leitgedanken der Achtung der Menschenwürde beruhenden rechtsstaatlichen Grundhaltung (vgl. BVerfGE 133, 168 <201 Rn. 60>; BVerfG, Beschluss der 2. Kammer des Zweiten Senats vom 25. August 2014 - 2 BvR 2048/13 -, juris, Rn. 13). Der Grundsatz der **Selbstbelastungsfreiheit** ist zum einen im Rechtsstaatsprinzip verankert und wird von dem Recht auf ein faires, rechtsstaatliches Verfahren aus Art. 2 Abs. 1 in Verbindung mit Art. 20 Abs. 3 GG umfasst (vgl. BVerfGE 80, 109 <119 ff.>; 109, 279 <324>; 110, 1 <31>; 133, 168 <201 Rn. 60, 236 f. Rn. 124>; vgl. aus der Kammerrechtsprechung BVerfGK 14, 295 <303>; 20, 347 <351>; BVerfG, Beschluss der 2. Kammer des Zweiten Senats vom 7. Juli 1995 - 2 BvR 326/92 -, juris, Rn. 32; BVerfG, Beschluss der 2. Kammer des Zweiten Senats vom 4. Februar 1997 - 2 BvR 122/97 -, juris, Rn. 2; BVerfG, Beschluss der 2. Kammer des Zweiten Senats vom 25. August 2014 - 2 BvR 2048/13 -, juris, Rn. 13). Zum anderen ist der **Schutz vor einem Zwang zur Selbstbezichtigung** als Teil des allgemeinen Persönlichkeitsrechts aus Art. 2 Abs. 1 in Verbindung mit Art. 1 Abs. 1 GG anerkannt (vgl. BVerfGE 38, 105 <114 f.>; 56, 37 <41 ff.>; 95, 220 <241>; vgl. aus der Kammerrechtsprechung BVerfGK 4, 105 <108>; 15, 457 <470 f.>; 16, 116 <117>; 17, 253 <264>; 18, 144 <150>; BVerfG, Beschluss der 2. Kammer des Zweiten Senats vom 21. April 1993 - 2 BvR 930/92 -, juris, Rn. 13; BVerfG, Beschluss der 2. Kammer des Zweiten Senats vom 7. Juli 1995 - 2 BvR 326/92 -, juris, Rn. 30 f.; BVerfG, Beschluss der 3. Kammer des Zweiten Senats vom 31. März 2008 - 2 BvR 467/08 -, juris, Rn. 2; BVerfG, Beschluss der 2. Kammer des Zweiten Senats vom 21. April 2010 - 2 BvR 504/08, 2 BvR 1193/08 -, juris, Rn. 17 f.). Der Grundsatz der **Selbstbelastungsfreiheit** umfasst das Recht des Beschuldigten auf **Aussage- und Entschließungsfreiheit** im Strafverfahren. Dazu gehört, dass im Rahmen des Strafverfahrens niemand gezwungen werden darf, sich durch seine eigene Aussage einer Straftat zu bezichtigen oder zu seiner Überführung aktiv beizutragen (vgl. BVerfGE 109, 279 <324>; 133, 168 <201 Rn. 60>). Der Beschuldigte muss frei von Zwang eigenverantwortlich entscheiden können, ob und gegebenenfalls inwieweit er im Strafverfahren mitwirkt (vgl. BVerfGE 133, 168 <201 Rn. 60>). Ein **Zwang zur Selbstbezichtigung** berührt die Würde des Menschen, dessen Aussage gegen ihn selbst verwendet wird (vgl. BVerfGE 56, 37 <41 f.>; BVerfGK 4, 105 <108>; 15, 457 <471>; BVerfG, Beschluss der 2. Kammer des Zweiten Senats vom 7. Juli 1995 - 2 BvR 326/92 -, juris, Rn. 30). Zwar ergibt sich aus der Verfassung kein ausnahmsloses Gebot, niemanden zu Auskünften oder sonstigen Handlungen zu zwingen, durch die er eine von ihm begangene strafbare Handlung offenbart (vgl. BVerfGE 56, 37 <42, 49>; BVerfGK 4, 105 <108>; 18, 144 <150>). Unzumutbar und mit der Würde des Menschen unvereinbar wäre aber ein Zwang, durch eigene Aussagen die Voraussetzungen für eine strafgerichtliche Verurteilung oder die Verhängung entsprechender Sanktionen liefern zu müssen (vgl. BVerfGE 56, 37 <49>; BVerfGK 1, 156 <157>; 15, 457 <471>; BVerfG, Beschluss der 3. Kammer des Zweiten Senats vom 6. Februar 2002 - 2 BvR 1249/01 -, juris, Rn. 19). Dementsprechend gehört das **Schweigerecht** des Beschuldigten im Strafverfahren seit Langem

Art. 6 EMRK [Rechtsstaatsprinzip mit Recht auf faires Verfahren[943] und *kann* ein Verwertungsverbot[944] auslösen.

---

zu den anerkannten Grundsätzen des deutschen Strafprozesses. Es wird zudem ausdrücklich durch Art. 14 Abs. 3 Buchstabe g des Internationalen Pakts über bürgerliche und politische Rechte vom 19. Dezember 1966 (BGBl 1973 II S. 1533) und durch das Recht auf ein faires Verfahren aus Art. 6 EMRK gewährleistet (vgl. EGMR, Funke v. France, Urteil vom 25. Februar 1993, Nr. 10828/84, § 44; EGMR [GK], Murray v. United Kingdom, Urteil vom 8. Februar 1996, Nr. 18731/91, § 45; EGMR [GK], Bykov v. Russia, Urteil vom 10. März 2009, Nr. 4378/02, § 92). Steht dem Beschuldigten ein **Schweigerecht** zu, folgt hieraus auch, dass sein **Schweigen** jedenfalls dann **nicht als belastendes Indiz** gegen ihn verwendet werden darf, wenn er die **Einlassung zur Sache vollständig verweigert** hat, da ihn die **Verwertung seines Schweigens** mittelbar einem unzulässigen psychischen Aussagezwang aussetzte; anderenfalls würde das aus der Menschenwürde hergeleitete Schweigerecht des Beschuldigten entwertet (vgl. BVerfGK 14, 295 <303>; BVerfG, Beschluss der 2. Kammer des Zweiten Senats vom 7. Juli 1995 - 2 BvR 326/92 -, juris, Rn. 32; BVerfG, Beschluss der 2. Kammer des Zweiten Senats vom 4. Februar 1997 - 2 BvR 122/97 -, juris, Rn. 2). Daraus, dass der Grundsatz der **Selbstbelastungsfreiheit** in der Menschenwürde wurzelt, folgt allerdings nicht, dass jede verfassungsrechtlich gewährleistete Ausprägung dieses Grundsatzes auch unmittelbar dem Schutz von Art. 1 GG unterfiele. Die Beachtung dieses Grundsatzes wird verfassungsrechtlich durch Art. 2 Abs. 1 in Verbindung mit Art. 20 Abs. 3 GG sowie Art. 2 Abs. 1 in Verbindung mit Art. 1 Abs. 1 GG sichergestellt. Nur wenn der unmittelbar zur Menschenwürde gehörende Kerngehalt der **Selbstbelastungsfreiheit** berührt ist, liegt auch eine Verletzung von Art. 1 GG vor. Dies wäre etwa der Fall, wenn ein Beschuldigter durch Zwangsmittel dazu angehalten würde, eine selbstbelastende Aussage zu tätigen und so die Voraussetzungen für seine strafgerichtliche Verurteilung zu schaffen. Dagegen folgt unmittelbar aus Art. 1 GG nicht, dass ein Schweigen des Beschuldigten unter keinen Umständen einer **Beweiswürdigung** unterzogen und gegebenenfalls zu seinem Nachteil verwendet werden darf. Dementsprechend hat das Bundesverfassungsgericht nicht beanstandet, dass in bestimmten Konstellationen des sogenannten **Teilschweigens** aus dem Aussageverhalten des Beschuldigten im Rahmen der Beweiswürdigung **Schlüsse zu dessen Nachteil** gezogen werden (vgl. BVerfGK 17, 223 <227>), obgleich auch in derartigen Fällen die Selbstbelastungsfreiheit berührt ist und ein gewisser Aussagedruck entstehen kann. Vor dem Hintergrund, dass die Achtung der Menschenwürde eine **Würdigung und Verwertung des Schweigens** zum Nachteil des Beschuldigten nicht unter allen Umständen verbietet, sind auch die Ausführungen der 3. Kammer des Zweiten Senats in ihrem Beschluss vom 22. Juni 1992 (2 BvR 1901/91, juris, Rn. 10 f.) zu verstehen, wonach eine **Auslieferung** von Verfassungs wegen auch dann zulässig sein kann, wenn das Schweigen des Beschuldigten im ersuchenden Staat als belastendes Indiz gewertet werden darf. Eine Auslieferung auf der Grundlage eines Europäischen Haftbefehls ist somit nicht schon dann unzulässig, wenn die Selbstbelastungsfreiheit im Prozessrecht des ersuchenden Staates nicht in demselben Umfang gewährleistet ist, wie dies von Verfassungs wegen im deutschen Strafverfahren der Fall ist. Vielmehr ist die Auslieferung erst dann unzulässig, wenn selbst der dem Schutz von Art. 1 GG unterfallende Kernbereich des nemo-tenetur-Grundsatzes nicht mehr gewährleistet ist.".

943 BGHSt 44, 129 = BGH, Urteil vom 21.07.1998 g.C. u.a. – 5 StR 302/97 – , Leitsatz: „Zur Frage der Verwertbarkeit von selbstbelastenden Angaben des Beschuldigten gegenüber einem Mitgefangenen in der Untersuchungshaft (Fortführung von BGHSt 34, 362; BGHSt 42, 139)", [auch in Abgrenzung zu BGHSt 42, 139 – Hörfallenentscheidung, P. B.].

BGHSt 34, 362 = BGH, Urteil vom 28.04.1987 g.T. – 5 StR 666/86 – , Leitsatz: „Was ein Beschuldigter einem Mitgefangenen erzählt hat, der auf Veranlassung der Polizei auf seine Zelle gelegt wurde, um ihn über das Tatgeschehen auszuhorchen, darf nicht verwertet werden. Verwertbar ist dagegen die Aussage, die ein in der Hauptverhandlung vernommener Zeuge gemacht hat, den die Polizei auf Grund von Angaben des Beschuldigten gegenüber dem Mitgefangenen ermittelt hat.".

BGHSt 42, 139 (Hörfalle) = BGH, Beschluss vom 13.05.1996 g.A.u.a. – GSSt 1/96 –: „Hat eine Privatperson auf Veranlassung der Ermittlungsbehörden mit dem Tatverdächtigen ohne Aufdeckung der Ermittlungsabsicht ein auf die Erlangung von Angaben zum Untersuchungsgegenstand gerichtetes Gespräch geführt, so darf der Inhalt des Gesprächs im Zeugenbeweis jedenfalls dann verwertet werden,

(ERG)

Die Befragung (alternativ)

- erfolgt gemäß dem Rechtsstaatsprinzip in der Ausprägung des Rechts auf faires Verfahren (RSP/RfV), Art. 20 Abs. 3 GG; insbesondere erfolgt keine Umgehung eines bestehenden, geltend gemachten Auskunfts- oder Zeugnisverweigerungsrechts oder einer sonstigen Aussagebeschränkung.
- erfolgt gegen das Rechtsstaatsprinzip in der Ausprägung des Rechts auf faires Verfahren (RSP/RfV), Art. 20 Abs. 3 GG.

4. TBV aus § 163a Abs. 4 S. 2 i.V.m. § 136a StPO: Verbotene Vernehmungsmethoden

(VOR/DEF)

Gemäß § 163a Abs. 4 S. 2 i.V.m. § 136a Abs. 1 S. 1 StPO darf die Freiheit der Willensentschließung und der Willensbetätigung des Beschuldigten/Betroffenen nicht beeinträchtigt werden durch (alternativ und nicht abschließend – mit Willens- und Aussageverhalten beeinträchtigendem Zweck):

- **Misshandlung** (üble, unangemessene Behandlung, die das körperliche Wohlbefinden oder die körperliche Unversehrtheit nicht nur unerheblich beeinträchtigt[945]),
- **Ermüdung** (Herbeiführung und Zustand eines unabweisbar physiologischen Schlafbedarfs mit übermächtiger Motivation über die Kommunikationssituation in der Vernehmung)[946],

---

wenn es um die Aufklärung einer Straftat von erheblicher Bedeutung geht und die Erforschung des Sachverhalts unter Einsatz anderer Ermittlungsmethoden erheblich weniger erfolgversprechend oder wesentlich erschwert gewesen wäre.".

944 Vgl. auch §§ 51, 52 BZRG – **Verwertungsverbot und Ausnahmen**:

„(1) Ist die Eintragung über eine Verurteilung im Register getilgt worden oder ist sie zu tilgen, so dürfen die Tat und die Verurteilung der betroffenen Person im Rechtsverkehr nicht mehr vorgehalten und nicht zu ihrem Nachteil verwertet werden.

(2) Aus der Tat oder der Verurteilung entstandene Rechte Dritter, gesetzliche Rechtsfolgen der Tat oder der Verurteilung und Entscheidungen von Gerichten oder Verwaltungsbehörden, die im Zusammenhang mit der Tat oder der Verurteilung ergangen sind, bleiben unberührt.".

945 BGH, Beschluss vom 13.12.2016 – 3 StR 354/16, Rn. 4.

946 Zu **Fragen bei Ermüdung im Sinne des § 136a Abs. 1 StPO**:

BGHSt 1, 376 = BGH, Urteil vom 30. 10. 1951 – 1 StR 393/51, Leitsatz: „Ob die Vernehmung eines Beschuldigten zur Nachtzeit zulässig oder nach § 136 a StPO verboten ist, hängt von den Umständen ab. Aus der Vernehmung zur Nachtzeit kann allein weder entnommen werden, daß der Vernehmende den Beschuldigten ermüden wollte, noch daß dieser so ermüdet war, daß die Freiheit seiner Willensbetätigung und Willensentschließung beeinträchtigt wurde.".

BGHSt 60, 50 (Ermüdung bei Vernehmung zu Neonatizid) = BGH, Beschluss vom 21.10.2014 – 5 StR 296/14, Rn. 3: „Bei Beginn der zum Geständnis führenden Vernehmung um 21.25 Uhr hatte die 23 Jahre alte Angeklagte ausweislich der Urteilsfeststellungen mindestens 38 Stunden nicht geschlafen."; weitere Umstände: Blutverlust i.Z.m. Neonatizid; mehrmalige Ohnmachtsanfälle bzw. Zusammenbrüche; Suizidäußerungen; Damrissnähung im Krankenhaus; erstmalige polizeiliche Beschuldigtenvernehmung am

- **körperlichen Eingriff** (Körperkonstitutionsveränderung mit nachteiligem Einfluss auf die Bewältigung der Kommunikationssituation der Vernehmung – mit oder ohne Eindringen, mit oder ohne Körpersubstanzverletzung),
- **Verabreichung von Mitteln** (willensverändernde Substanzverabreichung mit nachteiligem Einfluss auf die Kommunikationssituation der Vernehmung unabhängig vom Aggregatzustand und von der inneren oder äußeren oder sonstwie durchführbaren Applikation sowie von der vordergründigen Wirkung)[947],

---

Nachmittag; Erklärung vorläufiger Festnahme; Applikation von 2 Baldriandragees; weitere Vernehmungen; „Um 21.25 Uhr begann eine nunmehr im Wortlaut schriftlich niedergelegte Vernehmung. Die weinende Angeklagte erklärte zu deren Beginn, es sei gerade ein bisschen viel für sie. Nach anfänglichem weiterem Bestreiten gestand sie die Tat (vgl. UA S. 33). Die Vernehmung endete am Tattag um 23.25 Uhr.“; BGHSt 60, 50 = BGH, Beschluss vom 21.10.2014 – 5 StR 296/14, Rn. 4: „Bei diesem Verlauf liegt eine Fülle von gewichtigen Gründen vor, aufgrund derer sich die Annahme tiefgreifender Erschöpfung und daraus resultierender Besorgnis der Beeinträchtigung der Freiheit der Willensentschließung und Willensbetätigung geradezu aufdrängt (vgl. zum Ganzen BGH, Urteil vom 30. Oktober 1951 – 1 StR 393/51, BGHSt 1, 376; Urteile vom 24. März 1959 – 5 StR 27/59, BGHSt 13, 60, vom 15. Mai 1992 – 3 StR 419/91, BGHSt 38, 291, 292 f.). […] Demgemäß hätte es gewichtiger Anhaltspunkte bedurft, um eine Ermüdung im Rechtssinn ausschließen zu können.“; BGHSt 60, 50 = BGH, Beschluss vom 21.10.2014 – 5 StR 296/14, Rn. 3: „Es ist in der Rechtsprechung anerkannt, dass ein **Verwertungswiderspruch** grundsätzlich vorab erklärt werden kann, ohne nach Abschluss der Vernehmung wiederholt werden zu müssen (vgl. BGH, Beschluss vom 3. Dezember 2003 – 5 StR 307/03, NStZ 2004, 389; Urteil vom 27. Juni 2013 – 3 StR 435/12, NJW 2013, 2769, 2771 f., insoweit in BGHSt 58, 301 nicht abgedruckt; Beschluss vom 20. Oktober 2014 – 5 StR 176/14, zum Abdruck in BGHSt bestimmt [= BGHSt 60, 38, P. B.]; KK/Diemer, StPO, 7. Aufl., § 136 Rn. 28).“.

947 Zu **Fragen unter Verabreichung von Mitteln im Sinne des § 136a StPO**:

BGHSt 5, 290 (Zigaretten oder Tabak) = BGH, Urteil vom 07.05.1953 – 5 StR 934/52, Ls.: „Nur in Ausnahmefällen ist es einer Verhörsperson untersagt, dem Vernommenen bei der Vernehmung Zigaretten oder Tabak zu geben.“, aus den Gründen: „Zwar kommt es nicht - wie das Schwurgericht möglicherweise meint - darauf an, ob durch das Versprechen oder die Hingabe von Zigaretten ein falsches oder ein richtiges Geständnis erzielt wurde, weil das gesetzliche Verbot des § 136 a StPO sich nicht nach dem erzielten Ergebnis beurteilt. Mithin darf auch ein zutreffendes Geständnis nicht verwertet werden, wenn es auf unzulässige Weise herbeigeführt wurde. Bedenklich ist auch die Annahme des SchwG, Zigaretten gehörten ganz allgemein nicht zu den nach § 136 a verbotenen Mitteln. Zwar können Tabak und Zigaretten und die Gewöhnung an ihren Genuß den typischen Rauschgiften und der krankhaften Sucht, die bei ihrem regelmäßigen Genuß entstehen kann, nicht gleichgestellt werden. Es ist jedoch nicht ohne weiteres auszuschließen, daß auch das Versprechen und die Verabreichung von Zigaretten unter Umständen (in leichteren Untersuchungsfällen zum Beispiel) bei starken Rauchern Einfluß auf die Willensentschließung nehmen könnte. Dann aber sind Zigaretten ebenfalls als verbotene ‚Mittel‘ im Sinne des § 136 a Abs. 1 StPO anzusehen. Das gilt jedoch nur, wenn nach der ganzen Sachlage zu besorgen ist, die Hingabe des Mittels könnte eine Willensbeeinträchtigung zur Folge haben. Das bringt das Gesetz selbst mit dem Worte ‚durch‘ zum Ausdruck. Eine solche Verursachung, deren Möglichkeit bereits für die Anwendung des § 136 a StPO ausreichend sein würde, schließt hier das Schwurgericht nach dem Urteilszusammenhange aus. Sie hat stets dann auszuscheiden, wenn das gewählte Mittel (hier: Zigaretten) neben der zu treffenden Willensentschließung (hier: Aussage in einer Morduntersuchung) von vorherein bedeutungslos erscheinen muß. Schon aus diesem Grunde war im vorliegenden Falle die Vernehmungsmethode zulässig und die Verwertung der Aussagen vor der Polizei nicht zu beanstanden.“.

BGHSt 11, 211 = BGH, Urteil vom 04.03.1958 – 5 StR 7/58 (Aussage gegenüber Sachverständigem bei Untersuchung unter – aktivierendem – Pervitin): „Hierbei braucht nicht geprüft zu werden, ob Pervitin ein Mittel ist, das in jedem Fall die Freiheit der Willensentschließung oder Willensbetätigung einschränkt. Das schriftliche Gutachten des Sachverständigen ergibt, daß er dem Angekl. Pervitin injiziert hat, weil dieser verstockt war und auf Fragen kaum mehr als ein Ja oder Nein zur Antwort gab, und daß es ihm hierdurch gelungen ist, den Angeklagten etwas mehr zum Reden zu bringen. Der Sachverständige

- **Quälerei** (erhebliche körperliche oder seelische Misshandlung von einiger Dauer)[948],
- **Täuschung** (Einwirkung auf das Vorstellungsbild eines anderen mit Täuschung über Tatsachen)[949],

---

hat hiernach den Angeklagten durch Verabreichung von Pervitin dazu gebracht, mehr zu sagen, als er ohne dem sagen wollte. Gerade dies will § 136 a StPO verhindern.".

[948] Zu **Fragen unter – körperlicher oder seelischer – Quälerei**: BGHSt 1, 387 (Vorhalt von Umständen und Gründen) = BGH, Urteil vom 30.10.1951 – 1 StR 363/51 –, Leitsatz: „Ein Vorhalt von Umständen und Gründen, durch die sich ein Beschuldigter in seinem Prozeßverhalten vernünftigerweise schon von selbst bestimmen lassen sollte, verstößt keinesfalls gegen § 136 a StPO.", aus den Gründen: „Die Vorschrift des § 136 a StPO ist die Ergänzung zu § 136 StPO, der dem Angeklagten das Recht gibt, sich zu den gegen ihn vorliegenden Verdachtsgründen zu äußern, ihm aber nicht die Pflicht dazu aufbürdet, ihm mithin die freie Entscheidung darüber überläßt, welche Haltung er einnehmen will. Die Vorschrift verdankt ihr Dasein den schmerzlichen Erfahrungen einer Zeit, die diese Achtung vor der freien Entschließung eines Menschen, auf dem der Verdacht einer strafbaren Handlung beruht, vielfach verletzte, und verbietet deshalb ausdrücklich, die Freiheit der Willensentschließung und Willensbetätigung durch Anwendung bestimmter Mittel zu beeinträchtigen, die jene Entschlußfreiheit bedrohen. Zu diesen Mitteln gehören nicht Vorstellungen und Vorhaltungen, die diese Freiheit nicht antasten. Ein Beschuldigter, der eine Handlung eingesteht, weil er sich selbst sagt, daß das der notwendige erste Schritt zur Sühne sei, daß im Hinblick auf vorhandene Verdachtsgründe Leugnen keinen Erfolg verspreche oder daß er im Falle eines Geständnisses auf Milderungsgründe hinweisen könne, die andernfalls vom Gericht, wenn es trotzdem zur Überzeugung seiner Schuld käme, möglicherweise nicht berücksichtigt würden, handelt nicht unfrei. Eine Belehrung ist keine Beeinträchtigung der Entschlußfreiheit. Erlaubt ist deshalb, dem Beschuldigten zum Bewußtsein zu bringen, in welcher Lage er sich befindet, ihm dabei zu eröffnen, welche Beweisanzeichen gegen seine Schuldlosigkeit sprechen, und ihm die möglichen Folgen vor Augen zu führen, die sein Verhalten haben kann. Ein Beschuldigter, der trotz erdrückender Beweise leugnet, läuft Gefahr, daß das Gericht sein Verhalten als mangelnde Einsicht in das Verwerfliche seiner Handlungsweise deutet und ihn deswegen strenger bestraft als einen anderen, von dessen innerer Einkehr es überzeugt ist (RGSt. 38, 207; BGHSt. 1, 105). Ein Polizeibeamter, der einem Beschuldigten solche möglichen Folgen vorstellt, verletzt dadurch den § 136 a StPO ebensowenig wie mit dem Hinweis, daß die Ablegung eines Geständnisses keineswegs die notwendige Voraussetzung einer Verurteilung sei. Mit der Erörterung solcher Möglichkeiten, deren Verwirklichung gar nicht in seiner Hand liegt, droht er weder unzulässige Maßnahmen an, noch verspricht er gesetzlich nicht vorgesehene Vorteile. Sie enthalten auch nichts, was geeignet wäre, in dem Beschuldigten falsche Vorstellungen zu erwecken. Sie sind im Gegenteil nur dazu angetan, ihm die richtige Einschätzung seiner Lage zu erleichtern.".

[949] Zu **Fragen mit Täuschung im Sinne des § 136a Abs. 1 StPO**:

BGHSt 35, 328 (Täuschung durch Vernehmungsbeamten) = BGH, Urteil vom 24.08.1988 – 3 StR 129/88, Ls.: „Weiß der Vernehmungsbeamte, daß nach den bisherigen Ermittlungen kein dringender Tatverdacht gegen den Beschuldigten besteht, so kann eine Täuschung im Sinne des § 136a Abs. 1 Satz 1 StPO schon darin liegen, daß er ihm gegenüber nur pauschal und ohne bestimmte Beweismittel vorzuspiegeln von einer erdrückenden, ihm keine Chance lassenden Beweiskette spricht, um ihn dadurch zu einem Geständnis zu bewegen.".

BGH, Urteil vom 31.03.2011 – 3 StR 400/10 –, Rn. 12-16: „Die **Selbstbelastungsfreiheit** gehört zum Kernbereich des in Art. 6 Abs. 1 EMRK garantierten Rechts auf ein faires Strafverfahren (EGMR, Urteil vom 5. November 2002 - 48539/99 - Fall Allen v. Großbritannien, StV 2003, 257, 259). Zwar dient das **Recht zu schweigen** und der Schutz vor Selbstbelastung ohne Rücksicht auf die Art der Straftat (EGMR, Urteil vom 10. März 2009 - 4378/02 - Bykov v. Russland, NJW 2010, 2013) nach der Rechtsprechung des EGMR in erster Linie dazu, den Beschuldigten vor unzulässigem Zwang der Behörde und vor Erlangung von Beweisen durch Methoden des Drucks zu schützen. Der EGMR hat jedoch anerkannt, dass die **Freiheit einer verdächtigen Person zu entscheiden, ob sie in Polizeibefragungen aussagen oder schweigen will**, auch dann unterlaufen wird, wenn die Behörden in einem Fall, in dem der Beschuldigte, der sich für das Schweigen entschieden hat, eine **Täuschung** anwenden, um ihm belastende Äußerungen zu entlocken, die sie in der Vernehmung nicht erlangen konnten, damit diese sodann im

- **Hypnose** (Herbeiführung und Zustand einer willensbeeinträchtigenden, schlafmäßigen physiologischen Wirkung).

Gemäß § 163a Abs. 4 S. 2 i.V.m. § 136a Abs. 1 S. 1 StPO darf **Zwang**[950] nur angewandt werden, soweit das Strafverfahrensrecht dies zulässt.

Gemäß § 163a Abs. 4 S. 2 i.V.m. § 136a Abs. 1 S. 1 StPO sind verboten:

- die **Drohung** mit einer nach Strafverfahrensrechts-Vorschriften unzulässigen Maßnahme[951];
- das **Versprechen** eines gesetzlich nicht vorgesehenen Vorteils[952].

Prozess als Beweis eingeführt werden können (EGMR, Urteil vom 5. November 2002 - 48539/99 aaO). Ob bei Anwendung einer **Täuschung** das **Schweigerecht** in einem solchen Maß beeinträchtigt wurde, dass eine Verletzung des Art. 6 Abs. 1 EMRK vorliegt, hängt indes von den Umständen des Einzelfalles ab (EGMR, Urteil vom 5. November 2002 - 48539/99 aaO). So hat der EGMR die Verletzung des **Rechts auf Selbstbelastungsfreiheit** in einem Fall bejaht, in dem ein inhaftierter Beschuldigter, der sich durchgängig auf sein Schweigerecht berufen hatte, von einem in derselben Zelle einsitzenden, eigens von der Polizei instruierten und vorbereiteten **Informanten** unter Ausnutzung des entstandenen Vertrauensverhältnisses beharrlich zu dem ihm vorgeworfenen Tötungsdelikt befragt wurde und schließlich der vermeintlichen Vertrauensperson gegenüber selbstbelastende Angaben machte. Der EGMR hat unter diesen Umständen das Vorgehen der Polizei als **funktionales Äquivalent einer Vernehmung** angesehen, ohne dass die Sicherungen einer formalen Polizeibefragung, wie etwa die übliche **Belehrung**, gewährleistet waren (EGMR, Urteil vom 5. November 2002 - 48539/99 aaO, S. 260). Bei einer ähnlichen Sachverhaltsgestaltung hat der Bundesgerichtshof (BGH, Urteil vom 26. Juli 2007 - 3 StR 104/07, BGHSt 52, 11) ein Verwertungsverbot hinsichtlich der Erkenntnisse eines **Verdeckten Ermittlers** wegen Verstoßes gegen den Grundsatz der **Selbstbelastungsfreiheit** angenommen. Auch in diesem Fall wurde der Beschuldigte, obwohl er sich zuvor gegenüber den Ermittlungsbehörden auf sein **Schweigerecht** berufen hatte, von dem **Verdeckten Ermittler** unter Hinweis auf ein **vorgetäuschtes** Vertrauensverhältnis und unter Ausnutzung der den Beschuldigten belastenden Haft in einer **vernehmungsähnlichen Situation** intensiv zu selbstbelastenden Aussagen zu der ihm vorgeworfenen Tat gedrängt. Demgegenüber hat der EGMR eine Verletzung des Rechts auf **Selbstbelastungsfreiheit** in einem Fall verneint, in welchem es dem Beschuldigten, der sich weder in Haft befand noch bis dahin polizeilich vernommen worden war, freistand, sich mit dem **Informanten** der Polizei, der das verdeckt geführte Gespräch heimlich aufzeichnete, zu unterhalten (EGMR, Urteil vom 10. März 2009 - 4378/02 - Bykov v. Russland, NJW 2010, 2013, 2015). So liegt der Fall auch hier. Die von der Zeugin aufgezeichneten, den Angeklagten belastenden Angaben sind nach dem Revisionsvorbringen weder durch **Zwang** noch durch eine **psychologischem Druck** gleichkommende **Täuschung**, die eine Verletzung des Rechts des Angeklagten zu schweigen begründen könnte, zu Stande gekommen.".

950 Vgl. etwa §§ 50 ff. PolG NRW; §§ 51, 70 StPO; § 81c Abs. 6 StPO. Zu **Zwang** siehe: *Basten*, Eingriffsrecht der Polizei in Nordrhein-Westfalen, Band 3, Buch 3, Abschnitt 3.

951 Zu **Fragen mit Drohung mit einer unzulässigen Maßnahme**: BGH, Urteil vom 16.09.2004 – 4 StR 84/04: „Nach dem vom Senat festgestellten Verfahrensgang hat das Landgericht durch die konkludent zum Ausdruck gebrachte Ankündigung, der Angeklagte werde in Haft genommen, falls er nicht gestehe, sondern den beabsichtigten Beweisantrag stelle und die Hauptverhandlung deswegen ausgesetzt werden müsse, mit einer nach den Vorschriften des Strafverfahrensrechts unzulässigen Maßnahme gedroht und damit gegen § 136 a Abs. 1 Satz 3 1. Alt. [...] Die Androhung von Haft diente – wie die Revision zu Recht rügt - ersichtlich der Herbeiführung eines Geständnisses. Dies war hier ebenso unzulässig wie die unmittelbare Verknüpfung der Haftfrage mit der prozessual zulässigen Stellung des Beweisantrags. Diese Verfahrensweise des Gerichts ist rechtsstaatlich nicht hinnehmbar (vgl. BGH bei Dallinger MDR 1971, 18; BGH, Beschluß vom 9. Juni 2004 - 5 StR 579/03 = StV 2004, 470, 471; Hanack in Löwe-Rosenberg, StPO 25. Aufl. § 136a Rdn. 12, 48). Das Geständnis ist daher nicht verwertbar (§ 136 a Abs. 3 Satz 2 StPO).".

952 Zu **Fragen mit Versprechen mit einem gesetzlich nicht vorgesehenen Vorteil**: BGHSt 20, 268 („Zum Versprechen eines gesetzlich nicht vorgesehenen Vorteils durch den vernehmenden Staatsan-

Gemäß § 163a Abs. 4 S. 2 i.V.m. § 136a Abs. 2 StPO sind nicht gestattet:

- Maßnahmen, die das Erinnerungsvermögen des Beschuldigten/Betroffenen beeinträchtigen;
- Maßnahmen, die die Einsichtsfähigkeit des Beschuldigten/Betroffenen beeinträchtigen.

Gemäß § 163a Abs. 4 S. 2 i.V.m. § 136a Abs. 3 S. 1, 2 StPO gilt das Verbot von § 136a Abs. 1, 2 StPO ohne Rücksicht auf die Einwilligung des Beschuldigten/Betroffenen; Aussagen, die unter Verletzung dieses Verbots zustande gekommen sind, dürfen auch dann nicht verwertet werden, wenn der Beschuldigte/Betroffene der Verwertung zustimmt.

(SUB/ERG)

Im konkreten Fall (alternativ)

- liegen verbotenene Vernehmungsmethoden nicht vor, sind mithin die (negativen) Tatbestandsvoraussetzungen[953] unabhängig von einer Einwilligung des Beschuldigten/Betroffenen erfüllt.
- liegen verbotene Vernehmungsmethoden vor, sind mithin die (negativen) Tatbestandsvoraussetzungen aus § 163a Abs. 4 S. 2 i.V.m. § 136a StPO unabhängig von einer Einwilligung des Beschuldigten/Betroffenen nicht erfüllt.

---

walt.“) = BGH, Urteil vom 14.09.1965 – 5 StR 307/65: „Der Staatsanwalt hat die Beschwerdeführer dadurch zu Geständnissen veranlaßt, daß er ihnen die Entlassung aus der Unitersuchungshaft versprach. Zwar wäre ein bloßer Hinweis darauf, daß ein Geständnis sich für Haftentlassung, Strafzumessung und späteren Gnadenerweis günstig auswirken könne, nicht zu beanstanden (vgl. BGHSt 1, 387, BGHSt 16, 164, BGH 5 StR 372/56 vom 05.02.1957); denn das könnte der Vernommene sich vernünftigerweise selbst sagen. Anders ist es jedoch mit dem Versprechen von Vergünstigungen. Damit bringt der Vernehmende Vorteile, die das Gesetz nicht dafür vorsieht, überhaupt erst in einen Zusammenhang mit der Aussage. Der Vernehmende war zur Gewährung der versprochenen Vergünstigungen gar nicht befugt. Ein Geständnis vermochte hier nicht die Fluchtgefahr zu beseitigen, die den Haftrichter neben der Verdunkelungsgefahr zum Erlaß des Haftbefehls bewogen hatte, weil ein Verbrechen den Gegenstand der Untersuchung bildete. Die Fluchtgefahr konnte nur auf andere Weise (etwa durch Meldeauflagen oder Sicherheitsleistung) vermindert werden (§ 117 StPO a.F.). Der Staatsanwalt konnte zwar nach § 126 StPO a.F. im Ermittlungsverfahren die Aufhebung des Haftbefehls mit bindender Wirkung für den Haftrichter beantragen; eine Haftverschonung stand jedoch nicht in seiner Macht. Auch war im Zeitpunkt des Versprechens noch nicht mit Sicherheit vorherzusehen, ob das gewünschte Geständnis die Verdunkelungsgefahr wirklich beseitigen würde. Bei ihrer Entschließung darüber, ob und inwieweit sie ihre Mitwirkung an der Straftat weiterhin bestreiten oder zugeben sollten, standen die Beschwerdeführer hiernach unter dem unsachlichen Zwang der Zusage, daß sie sich ihre Freilassung mit einem Geständnis ihrer Tatbeteiligung erkaufen könnten. Durch das Versprechen des ‚gesetzlich nicht vorgesehenen‘ Vorteils sind sie vor Abgabe der Geständnisse in der Freiheit ihrer Willensentschließung und Willensbetätigung beeinträchtigt worden. Das verstößt gegen § 136 a Abs. 1 StPO. Die Aussagen durften und dürfen nach § 136 a Abs. 3 StPO nicht verwertet werden, nicht einmal mit Zustimmung der Angeklagten.“.

[953] Zu **umgekehrten Voraussetzungen** (negative Voraussetzungen / positive Voraussetzungen) Voraussetzungen siehe auch: *Basten*, Eingriffsrecht der Polizei in Nordrhein-Westfalen, Band 1, S. 220 f., 242.

C. Materielle Rechtmäßigkeit (MR) II. Inanspruchnahme (In) / Inanspruchnahmevoraussetzungen (Inv)

(VOR/DEF)

Inanspruchnahmevoraussetzungen sind materiell-rechtliche Bedingungen für richtige Inanspruchnahme.

Inanspruchnahme ist Adressierung und sonstiges Betroffenmachen; **Adressierung** ist direktes Bestimmen oder finales Richten einer Maßnahme an einen Grundrechtsträger, vgl. §§ 100b Abs. 3, 100c Abs. 2, 100h Abs. 3, 163f Abs. 2 StPO.

Nach § 163a StPO / § 55 OWiG ist Inanspruchnahme grundsätzlich richtig gegen folgende Person: Beschuldigter / Betroffener.

Beschuldigter, vgl. § 157 StPO, ist im Strafverfahren jede (tatverdächtige) Person, gegen die im Rahmen eines Strafverfahrens wegen einer bestimmten Straftat ermittelt wird, was sich durch Auslegung nach dem objektivierten Empfängerhorizont, §§ 133, 157 BGB analog, etwa über einen **Inkulpationsakt**, vgl. § 397 Abs. 1 AO, ergibt.

Betroffener ist im Ordnungswidrigkeitenverfahren jede (tatverdächtige) Person, gegen die im Rahmen eines Ordnungswidrigkeitenverfahrens wegen einer bestimmten Ordnungswidrigkeit ermittelt wird, was sich durch Auslegung nach dem objektivierten Empfängerhorizont, §§ 133, 157 BGB analog, etwa über einen **Inkulpationsakt**, vgl. § 397 Abs. 1 AO, ergibt.

Tatverdächtiger ist die Person, gegen die zureichende tatsächliche Anhaltspunkte der Beteiligung an einer verfolgbaren Straftat gegeben sind, vgl. § 152 Abs. 2 StPO.

(SUB)

„Zur Begründung der **Beschuldigteneigenschaft** durch die Art und Weise einer Vernehmung (im Anschluss an BGHSt 38, 214). […] Der § 136 StPO zu Grunde liegende Beschuldigtenbegriff vereinigt subjektive und objektive Elemente. Die Beschuldigteneigenschaft setzt – subjektiv – den Verfolgungswillen der Strafverfolgungsbehörde voraus, der sich – objektiv – in einem Willensakt manifestiert (vgl. BGHSt 38, 214 [228] = NJW 1992, 1463 = NStZ 1992, 294; BGH, NJW 1997, 1591 = NStZ 1997, 398; […]; vgl. auch § 397 I AO). Wird gegen eine Person ein förmliches Ermittlungsverfahren eingeleitet, liegt darin ein solcher Willensakt. Anderenfalls beurteilt sich dessen Vorliegen danach, wie sich das Verhalten des ermittelnden Beamten nach außen, insbesondere in der Wahrnehmung des davon Betroffenen darstellt (BGHSt 38, 214 = NJW 1992, 1463 = NStZ 1998, 294). Dabei ist zwischen verschiedenen Ermittlungshandlungen wie folgt zu differenzieren: Strafprozessuale Eingriffsmaßnahmen, die nur gegenüber dem Beschuldigten zulässig sind, sind Handlungen, die ohne Weiteres auf den Verfolgungswillen der Strafverfolgungsbehörde schließen lassen [Literaturquellenangabe]. Aber auch Eingriffsmaßnahmen, die an einen Tatverdacht anknüpfen, begründen grundsätzlich die Beschuldigteneigenschaft des von der Maßnahme betroffenen Verdächtigen, weil sie regelmäßig darauf abzielen, gegen diesen wegen einer Straftat strafrechtlich vorzugehen [**Inkulpationsakt**, vgl. § 397 Abs. 1 AO, P. B.]; so liegt die Beschuldigtenstellung des Verdächtigen auf der Hand, wenn eine Durchsuchung nach § 102 StPO dazu dient, für seine Überführung geeignete Beweismittel zu gewinnen (vgl. BGH, NJW 1997, 1591 [1592] = NStZ 1997, 398; [Literaturquellenangabe]). Anders liegt es bei Vernehmungen. Bereits aus §§ 55, 60 Nr. 2 StPO ergibt sich, dass im Strafverfahren auch ein Verdächtiger im Einzelfall als Zeuge vernommen werden darf, ohne dass er über die Beschuldigtenrechte belehrt werden muss (vgl.

BGHSt 10, 8 [10] = NJW 1957, 230; BGHSt 17, 128 [133] = NJW 1960, 1960; [Literaturquellenangabe]; ferner BVerfG Beschl. v. 8. 12. 2005 – 2 BvR 1513/05). Der Vernehmende darf dabei auch die Verdachtslage weiter abklären; da er mithin nicht gehindert ist, den Vernommenen mit dem Tatverdacht zu konfrontieren, sind hierauf zielende Vorhalte und Fragen nicht zwingend ein hinreichender Beleg dafür, dass der Vernehmende dem Vernommenen als Beschuldigten gegenübertritt. Der Verfolgungswille kann sich jedoch aus dem Ziel, der Gestaltung und den Begleitumständen der Befragung ergeben. Ergibt sich die Beschuldigteneigenschaft nicht aus einem Willensakt der Strafverfolgungsbehörden, kann – abhängig von der objektiven Stärke des Tatverdachts – unter dem Gesichtspunkt der Umgehung der Beschuldigtenrechte gleichwohl ein Verstoß gegen die Belehrungspflicht nach § 136 I 2 StPO vorliegen. Ob die Strafverfolgungsbehörde einen solchen Grad des Verdachts auf eine strafbare Handlung für gegeben hält, dass sie einen Verdächtigen als Beschuldigten vernimmt, unterliegt ihrer pflichtgemäßen Beurteilung. Im Rahmen der gebotenen sorgfältigen Abwägung aller Umstände des Einzelfalls kommt es dabei darauf an, inwieweit der Tatverdacht auf hinreichend gesicherten Erkenntnissen hinsichtlich Tat und Täter oder lediglich auf kriminalistischer Erfahrung beruht. Falls jedoch der Tatverdacht so stark ist, dass die Strafverfolgungsbehörde anderenfalls willkürlich die Grenzen ihres Beurteilungsspielraums überschreiten würde, ist es verfahrensfehlerhaft, wenn dennoch nicht zur Beschuldigtenvernehmung übergegangen wird (vgl. BGHSt 37, 48 [51f.] = NJW 1990, 2633 = NStZ 1990, 446; BGHSt 38, 214 [228] = NJW 1992, 1463 = NStZ 1992, 294; BGHSt 40, 211 = NJW 1994, 2904 [2907] = NStZ 1994, 593; BGH, NJW 1996, 2663; NJW 1997, 1591 = NStZ 1997, 398; NStZ-RR 2002, 67 [bei Becker]; NJW 2004, 368; ZVI 2004, 298 = BeckRS 2004, 03400). Andererseits kann der Umstand, dass die Strafverfolgungsbehörde – zumal bei Tötungsdelikten – erst bei einem konkreten und ernsthaften Tatverdacht zur Vernehmung des Verdächtigen als Beschuldigten verpflichtet ist, für ihn auch eine schützende Funktion haben. Denn der Vernommene wird hierdurch nicht vorschnell mit einem Ermittlungsverfahren überzogen, das erhebliche nachteilige Konsequenzen für ihn haben kann.“[954]

„Der insoweit maßgebliche Verdachtsgrad kann dahin präzisiert werden, dass er zwar nicht erst dann erreicht ist, wenn das überprüfende Gericht aus der Ex-ante-Sicht des Vernehmenden einen dringenden Verdacht nach § 112 Abs. 1 Satz 1 StPO für gegeben hält, dass aber auch nicht schon jeder gegen den Vernommenen bestehende Anfangsverdacht im Sinne des § 152 Abs. 2 StPO die Pflicht zu seiner Belehrung gemäß § 136 Abs. 1 Satz 2 StPO nach sich zieht. Denn Beschuldigter ist grundsätzlich nur der Tatverdächtige, gegen den das Ermittlungsverfahren auch geführt wird (vgl. BGH, Urteil vom 21. Juli 1994 - 1 StR 83/94, BGHR StPO § 136 Belehrung 6 mwN). Dass im Ermittlungsverfahren die Belehrungspflicht auch verfahrensbezogen zu bestimmen ist, steht im Einklang mit der Rechtslage im Zwischen- und Hauptverfahren. Ordnet etwa das Gericht in diesen Verfahrensstadien die Vernehmung eines nicht angeklagten mutmaßlichen Tatbeteiligten an (s. §§ 202, 223 ff. StPO), hat er - unabhängig von der Stärke des Tatverdachts - die Stellung eines Zeugen. Eine rechtsmissbräuchliche Umgehung von Beschuldigtenrechten kommt insoweit strukturbedingt nicht in Betracht.“[955]

Zum möglichen „Übergang“ von einer Zeugenvernehmung zu einer Beschuldigtenvernehmung oder umgekehrt und für eine wechselseitige Abgrenzung ist gleichfalls die Auslegung

[954] BGHSt 51, 367 = BGH, Urteil vom 03.07.2007 – 1 StR 3/07.

[955] BGH, Beschluss des 3. Strafsenats vom 06.06.2019 – StB 14/19 (für BGHSt vorgesehen – unter quasi wortgleicher Wiederholung von BGHSt 51, 367 = BGH, Urteil vom 03.07.2007 - 1 StR 3/07 bzgl. des Beschuldigtenbegriffs), Leitsatz 2: „Zur Begründung der Beschuldigteneigenschaft durch die Stärke des Tatverdachts (Fortführung von BGH, Urteil vom 3. Juli 2007 - 1 StR 3/07, BGHSt 51, 367)“, Rn. 34.

entscheidend nach § 157 StPO, § 397 Abs. 1 AO (erkennbarer Inkulpationsakt der Polizei), §§ 133, 157 BGB analog (Erkennbarkeit des Inkulpationsakts als Erklärungsgehalt der Maßnahme vom objektivierten Empfängerhorizonts), wonach ein Übergang von einem Status zum anderen sich etwa manifestieren kann, erkennbar wird durch Fragestiländerung in Richtung eines intensiveren Angehens gegen eine Person im Hinblick auf deren Verursachungsbeitrag oder persönliches Dafürkönnen, persönliche Vorwerfbarkeit (Schuld), also buchstäblich in Form einer persönlichen Schuldfrage.

(ERG)

Im konkreten Fall ist die Person (alternativ)

- richtigerweise gemäß § 163a StPO / § 55 OWiG als Beschuldigter/Betroffener in Anspruch genommen/adressiert.
- nicht richtigerweise in Anspruch genommen/adressiert.

C. Materielle Rechtmäßigkeit (MR) III. Rechtsfolge (Rf) / Rechtsfolgevoraussetzungen (RfV)

(VOR/DEF)

Rechtsfolge ist rechtliche Folge aus dem Tatbestand. / **Rechtsfolgevoraussetzungen** sind materiell-rechtliche Rechtsfolgegestaltungs-Bedingungen.

C. Materielle Rechtmäßigkeit (MR) III. Rechtsfolge (Rf) 1. Tatsächliche und rechtliche Möglichkeit (TurM)

(VOR/DEF)

Tatsächliche und rechtliche Möglichkeit betrifft Fälle wie aus § 44 Abs. 2 Nr. 4-6 VwVfG NRW.

(SUB/ERG)

Tatsächliche und rechtliche Möglichkeit ist im konkreten Fall gegeben/nicht gegeben aufgrund Vorliegens/Nichtvorliegens von kognitiven, körperlichen, normativen, technischen Unmöglichkeiten.

Von der befragten Person wird grundsätzlich nichts tatsächlich und rechtlich Unmögliches verlangt insbesondere dann, wenn diese zur maßgeblichen Zeit im tatsächlichen und rechtlichen Sinne „Herrschaft über die Befragungsinhalte“ hat, zum Beispiel „Herrschaft über eigene Wahrnehmungen“, wenn die Person zu diesen befragt wird; was insbesondere dann der Fall ist, wenn es bei der befragten Person nicht gibt:

- kognitive oder körperliche Hindernisse für das Verstehen der Fragen oder für die Wahrnehmungsangaben;

- rechtliche Hindernisse, insbesondere keine entgegenstehenden Rechte von anderen Datenberechtigten für die Befragungsbefolgung, also für die Angaben.

Tatsächliche Unmöglichkeiten können zum Beispiel sein: technische oder sonstige (kommunikative) Hindernisse für den Adressaten der Befragungs-Datenerhebung, zum Beispiel auch durch das Nichtverstehen der Frage aufgrund Fremdsprache zumindest ohne Dolmetscher oder Übersetzer oder zum Beispiel auch durch das Nichtverstehen der Frage aufgrund geistiger oder körperlicher Behinderung[956].

Rechtliche Unmöglichkeit kann sich insbesondere aus der Rechtswidrigkeit einer Befragung ergeben und dann auch zum Beispiel aus auf den Adressaten anwendbaren Rechtsnormen wie solche des DSG NRW oder §§ 201-206, 353b, 353d, 355 StGB, soweit kein Rechtfertigungsgrund oder ähnliches gegeben ist.

C. Materielle Rechtmäßigkeit (MR) III. Rechtsfolge (Rf) 2. Bestimmtheit (Bsh)

(VOR/DEF)

Bestimmtheit ist Maßnahmenerkennbarkeit und Maßnahmenverstehbarkeit, bei Justiz-VA Gebot nach Art. 20 Abs. 3 GG.

(SUB/ERG)

Der Justiz-VA der Zeugenvernehmung ist inhaltlich hinreichend bestimmt i.S.d. Art. 20 Abs. 3 GG, wenn nach Auslegung des/der Justiz-VA der Erklärungsempfänger wie jeder vernünftige Dritte, §§ 133, 157 BGB analog, in der konkreten Situation dessen Inhalt hinreichend erkennen und verstehen kann, nämlich:

- dass die Polizei ggü. dem Erklärungsempfänger (Wer)
- aus Strafrechtspflegegründen (Warum)
- zu einer spezifischen Zeit (Wann)
- bezweckt, dass der Erklärungsempfänger Angaben zu tatverdachtsrelevanten Wahrnehmungen macht (Was)
- durch sachdienliche Beantwortung/sachdienliches Antworten (Wie).

[956] Zu möglichen Sprachunmächtigkeiten/Sprachunverständlichkeiten vgl. auch § 33 Abs. 6 S. 3 PolG NRW, § 33a Abs. 2 PolG NRW, § 114a StPO, § 114b Abs. 1 StPO, § 114b Abs. 2 S. 3 StPO, § 158 Abs. 4 StPO; zu möglichen Sehbehinderungen, Hörbehinderungen oder Sprach-Behinderungen vgl. auch § 114b Abs. 2 S. 3 StPO, § 140 Abs. 1 Nr. 11 StPO.

C. Materielle Rechtmäßigkeit (MR) III. Rechtsfolge (Rf) 3. Ermessen (Erm)

Ermessen für Straftatenerforschung/StPO

(VOR/DEF)

Ermessen ist Entscheidungsspielraum auf der Rechtsfolgenseite bzgl. rechtsfehlerfreier Ausübung von Einschreit-Entschließung (Ob), Adressaten-Auswahl (Wer), Maßnahmen-Gestaltung (Wie).

(SUB/ERG)

a) Einschreitentschließungs-„Ermessen“ ist grundsätzlich nicht gegeben, vgl. § 163 Abs. 1 S. 1 i.V.m. § 152 Abs. 2 StPO (Legalitätsgrundsatz: „ist [...] verpflichtet, [...] einzuschreiten“).

b) Adressatenauswahl-„Ermessen“ ist grundsätzlich gegeben, insbesondere bzgl. zweckförderlicher Reihenfolge der Inanspruchnahme vom (oder mehreren) Beschuldigten, Verdächtigen, Zeugen, anderen Personen, Dritten;

c) Maßnahmengestaltungs-„Ermessen“ ist grundsätzlich gegeben; vgl. auch die „Kann“-, „Soll“[957]- und „Ist“-Befugnisse von etwa § 163a Abs. 4 S. 2 i.V.m. § 136 Abs. 4 i.V.m. § 58a StPO; vgl. auch § 163a Abs. 1 StPO: „Der Beschuldigte ist spätestens vor dem Abschluß der Ermittlungen zu vernehmen, es sei denn, daß das Verfahren zur Einstellung führt. In einfachen Sachen genügt es, daß ihm Gelegenheit gegeben wird, sich schriftlich zu äußern.“.

Ein etwaig gegebener Entscheidungsspielraum wird aufgrund von/in Ermangelung entgegenstehender Anhaltspunkte ohne Ermessensfehler/mit Ermessensfehlern (Ermessensunterschreitung, Ermessensüberschreitung, Ermessensfehlgebrauch) ausgeübt bzgl. folgender Ermessensarten:

a) Entschließungsermessen:

Ein etwaig gegebenes Entschließungsermessen kann im konkreten Fall sogar gegen / auf Null reduziert sein, insbesondere wegen:

- Einschreitmöglichkeit;
- Erheblichkeitsgrad von Tatverdachten.

b) Auswahlermessen:

siehe C. II.: Auswahlermessen wird abschließend beurteilt i.V.m. Punkt C. II. (Inanspruchnahme).

c) Gestaltungsermessen:

siehe C. III. 4.: Gestaltungsermessen wird abschließend beurteilt i.V.m. Punkt C. III. 4. (VHM).

Strafrechtspflege durch Ordnungswidrigkeitenerforschung gemäß OWiG

---

957 Zu **Ermessens-Formulierungen** siehe auch: *Basten*, Eingriffsrecht der Polizei in Nordrhein-Westfalen, Band 1, S. 273.

Ermessen für Straftatenerforschung/StPO

(VOR/DEF)

Ermessen ist Entscheidungsspielraum auf der Rechtsfolgenseite bzgl. rechtsfehlerfreier Ausübung von Einschreit-Entschließung (Ob), Adressaten-Auswahl (Wer), Maßnahmen-Gestaltung (Wie), hier gegeben durch § 53 Abs. 1 S. 1 W. 9,10 OWiG.

(SUB/ERG)

Der gegebene Entscheidungsspielraum wird aufgrund von/in Ermangelung entgegenstehender Anhaltspunkte ohne Ermessensfehler/mit Ermessensfehlern (Ermessensunterschreitung, Ermessensüberschreitung, Ermessensfehlgebrauch) ausgeübt bzgl. folgender Ermessensarten:

a) Entschließungsermessen:

Das Entschließungsermessen kann im konkreten Fall sogar gegen / auf Null reduziert sein, insbesondere wegen:

- Einschreitmöglichkeit
- Erheblichkeitsgrad von Tatverdachten.

b) Auswahlermessen:

siehe C. II.: Auswahlermessen wird abschließend beurteilt i.V.m. Punkt C. II. (Inanspruchnahme).

c) Gestaltungsermessen:

siehe C. III. 4.: Gestaltungsermessen wird abschließend beurteilt i.V.m. Punkt C. III. 4. (VHM).

C. Materielle Rechtmäßigkeit (MR) III. Rechtsfolge (Rf) 4. Verhältnismäßigkeit (VHM)

(VOR/DEF)

Verhältnismäßigkeit ist Geeignetheit, Erforderlichkeit, Angemessenheit einer Maßnahme zu einem legitimen Zweck.

(VOR/DEF)

a) Legitimer Zweck ist verfassungsgemäßer Zweck.

(SUB/ERG)

Im konkreten Fall verfolgt die Vernehmung (alternativ)

- einen legitimen Zweck, nämlich jedenfalls die verfassungsgemäße, im Sinne von Art. 20 Abs. 3 GG, § 163 Abs. 1 S. 1 StPO (ggf. § 53 Abs. 1 S. 1 OWiG) gesetzmäßige Sachaufklärung / Tatverdachtserforschung / Sachverdunkelungsverhütung, also die Erforschung von einem verdächtigen Sachverhalt bzgl. mutmaßlich deliktischer Beeinträchtigung bestimmter Rechte und Rechtsgüter im Sinne der Art. 1-19 GG. Vgl. auch den „Zweck" im

Sinne von § 163 Abs. 1 S. 2 Wort 3 StPO. Letztlich ist legitimer Zweck die Ermittlung aller belastenden und entlastenden Umstände im Sinne von § 160 Abs. 2 StPO, und auch die Ermöglichung staatlicher Sanktionierung (z.B. Strafe / Ahndung) im Fall dafür ausreichender rechtsstaatlicher Belastung; vgl. auch die Grundrechtsschutzfunktion und die Grundrechtsförderungsfunktion[958] im Sinne von Spezialprävention durch Repression und Generalprävention durch Repression.
- keinen legitimen Zweck.

(VOR/DEF)

b) Geeignetheit einer staatlichen Maßnahme ist gegeben bei deren Zweckförderungstauglichkeit.

(SUB/ERG)

Im konkreten Fall ist die Vernehmung (alternativ)

- geeignet, insbesondere so, dass Datenerhebung über Befragung erfolgt, und diese Daten sachdienlich sein können für die Erfüllung der bestimmten legitimen polizeilichen Aufgabe der Tatverdachtserforschung durch Ermittlung aller belastenden und entlastenden Umstände, denn mit der Befragung kann Aufklärung des Geschehens erfolgen durch Informationen aus den Aussagen oder dem (beredten) Schweigen auf (zielgerichtete, eben geeignete) Fragen und weitere Verknüpfung der erhobenen Daten, und jedenfalls erhält Antworten oder zumindest Verhaltensäußerungen, wer fragt, und jede Qualität von Antworten oder Verhaltensäußerungen der befragten Person lässt positive oder negative Schlussfolgerungen zu, für oder gegen weitere Maßnahmen zwecks bestimmter legitimer Aufgabenerfüllung, mit der befragten Person oder ohne die befragte Person.
- ungeeignet, etwa wegen Fragens zur falschen Zeit bzw. Behinderung vorrangiger (offener oder verdeckter) Maßnahmen.

(VOR/DEF)

c) Erforderlichkeit einer staatlichen Maßnahme ist Nichtverfügbarkeit eines milderen (Übermaßverbot), gleich geeigneten (Untermaßverbot) Mittels zur Zweckförderung.

(SUB/ERG)

Im konkreten Fall ist die Vernehmung (alternativ)

- erforderlich, denn einerseits sind mildere Maßnahmen bis hin zum Nichtstun nicht gleich geeignet, weil sie nicht Aufklärung von Tatverdachten oder potentiellen Tatbeteiligten in gleicher Weise fördern (Untermaßverbot) und andererseits sind (mindestens) gleich geeignete, intensivere Maßnahmen wie direkte Freiheitsentziehung oder Zwang noch nicht notwendig (Übermaßverbot).
- nicht erforderlich.

---

958 Zu Grundrechtsfunktionen siehe auch: *Basten*, Eingriffsrecht der Polizei in Nordrhein-Westfalen, Band 1, S. 78-84.

(VOR/DEF)

d) Angemessenheit oder **Verhältnismäßigkeit im engeren Sinne** einer staatlichen Maßnahme ist angemessenes Maß oder Verhältnis zwischen Zweckförderung für Erhaltungsrechte und Wirkungen für Eingriffsrechte, vgl. betroffene Grundrechte.

(SUB/ERG)

Im konkreten Fall ist die Vernehmung (alternativ)

- angemessen, insbesondere desto eher bei einer Datenerhebung, je mehr diese zur Erforschung gewichtiger Sachverhalte (Sachverhalte mit erheblichen Strafdrohungen bzw. erheblichem Rechtsgüterschutz, vgl. z.B. Art. 2 Abs. 2 S. 1 GG, Art. 14 Abs. 1 S. 1 Alt. 1 GG, Art. 20 Abs. 3 GG) erfolgt und desto eher bei einer Datenerhebung in einer Sphäre des allgemeinen Persönlichkeitsrechts aus Art. 2 Abs. 1 i.V.m. Art. 1 Abs. 1 GG, je eher diese Datenerhebung in der **Öffentlichkeitssphäre** (Bereich bewusster eigener Zuwendung zur Öffentlichkeit bis hin zum Status als Person des öffentlichen Lebens) erfolgt, also je weiter diese weg ist von der Intimsphäre bzw. dem **Kernbereich privater Lebensgestaltung**[959] oder zumindest je weiter diese weg ist von der **Privatsphäre** (Privatleben, insbesondere häuslicher Bereich, Familie) oder von der **Sozialsphäre** (Sozial- und Wirtschaftsleben, insbesondere im Zusammenhang mit Beruf, Ehrenamt, wirtschaftliche Tätigkeiten). Nicht zuletzt der Eingriffsadressat kann ein Interesse an Aufklärung durch die Gewährung rechtlichen Gehörs haben.
- unangemessen.

(ERG VHM)

Die Maßnahme ist insgesamt i.S.v. Art. 20 Abs. 3 GG (alternativ)

- verhältnismäßig.
- unverhältnismäßig.

D. Gesamtergebnis (GErg)

Die Vernehmung ist (alternativ)

- gemäß § 163a StPO / § 55 OWiG rechtmäßig.
- wegen Art./§ (bestimmter Rechtsnorm [z.B. § 163a Abs. 4 S. 2 i.V.m. § 136a StPO, Art. 20 Abs. 3 GG]) rechtswidrig.

---

959 Vgl. Nr. 15c.51 VVPolG NRW und Nr. 16 VVPolG NRW; vgl. Bundestags-Drucksache 13/9660, S. 4; BVerfGE 109, 279, 313 f., 319, 324 (akustische Wohnraumüberwachung/„Großer Lauschangriff") = BVerfG, Urteil des Ersten Senats vom 03.03.2004 - 1 BvR 2378/98; vgl. auch BVerfGE 6, 32, 41; 6, 389, 433; 27, 1, 6 ff.; 32, 373, 379; 80, 367, 376 ff.; 101, 361, 382 ff.; 141, 220, Ls. 1. a), Rn. 120-126.

ABSCHNITT 18: „INFORMATORISCHE BEFRAGUNG“ – BESONDERHEITEN: ERMITTLUNG EIGENER ART, § 163 ABS. 1 S. 2 STPO (GGF. I.V.M. §§ 46, 53 ABS. 1 S. 2, ABS. 2 OWIG) / BEFRAGUNG, § 9 ABS. 2, 6 POLG NRW

A. Rechtsgrundlage (RGL) III. Mögliche Befugnisrechtsnorm (Mgl. Brn.)

(VOR/DEF)

Befugnisrechtsnorm ist die rechtmäßige hauptsächliche materiellrechtliche Rechtsgrundlage mit realfolgenentsprechender Rechtsfolge.

(SUB/ERG)

- Auf dem Rechtsgebiet der Gefahrenabwehr und hier auf dem Rechtsgebiet des PolG NRW ist die Realfolge sogenannter informatorischer Befragung ein allgemeines erstes Fragen oder sonstiges ausdrückliches oder schlüssiges Auskunftsverlangen zur allgemeinen Situation oder Beteiligung überhaupt ohne Aufklärung(smöglichkeit), vgl. § 9 Abs. 6 PolG NRW, vgl. § 9 Abs. 3 S. 1 PolG NRW, § 12 PolG NRW; zur Rechtsfolge vgl. auch § 9 Abs. 5 PolG NRW; beachte auch § 9 Abs. 1 S. 2 PolG NRW.
  Rechtsfolge ist Befragung.
  Mögliche Befugnisrechtsnorm auf dem Rechtsgebiet der Gefahrenabwehr ist § 9 PolG NRW.
  Verfahrensrechtsnorm ist § 9 Abs. 6 PolG NRW, wonach die sogenannte informatorische Befragung nur rechtmäßig sein kann unter Verwirklichung der Voraussetzungen von § 9 Abs. 6, letzter Hs. PolG NRW.
- Auf dem Rechtsgebiet der Strafrechtspflege ist die Realfolge sogenannter informatorischer Befragung ein allgemeines erstes Fragen oder sonstiges ausdrückliches oder schlüssiges Auskunftsverlangen in erkennbarer amtlicher Funktion nach allgemeiner Situation oder Beteiligung überhaupt ohne Belehrung(smöglichkeit).
  Rechtsfolge ist (alternativ):
  - Ermittlung jeder Art, soweit diese Polizeibefugnis nicht in anderen Rechtsvorschriften besonders geregelt ist;
  - Behörden-Auskunftsersuchen, soweit diese Polizeibefugnis nicht in anderen Rechtsvorschriften besonders geregelt ist;
  - Behörden-Auskunftsverlangen, soweit diese Polizeibefugnis nicht in anderen Rechtsvorschriften besonders geregelt ist.

  Mögliche Befugnisrechtsnorm ist § 163 Abs. 1 S. 2 StPO, der – anders als § 163a Abs. 4 StPO oder § 163 Abs. 3 StPO – nicht die Belehrung zur Voraussetzung hat.

„Wenn der Verstoß gegen die Hinweispflicht des Polizeibeamten (§ 136 Abs. 1 Satz 2, § 163a Abs. 4 S. 2 StPO) ein Verwertungsverbot begründet, dann gewinnt die **Frage** an Gewicht, **zu welchem Zeitpunkt eine im Hinblick auf § 136 StPO indifferente Informationssammlung durch den Polizeibeamten in eine Beschuldigtenvernehmung übergeht**, welche die Hinweispflicht nach § 136 Abs. 1 Satz 2 StPO auslöst. Diese Frage, die auch mit der mißverständlichen Gegenüberstellung von **informatorischer Befragung und Vernehmung** erörtert wird, ist in Rechtsprechung [Quellenangaben] und Schrifttum [Quellenangaben] noch nicht vollständig geklärt. Der Senat braucht auf die Problematik nicht im einzelnen einzugehen; denn er hat, wie dargelegt (oben zu II 3), die vertretbare Auffassung des Oberlandesgerichts zugrundezulegen, daß eine Beschuldigtenvernehmung spätestens zu dem Zeitpunkt vorlag, als R. den Angeklagten danach fragte, ob er das Unfallfahrzeug geführt hatte. Deshalb kann sich der Senat in diesem Zusammenhang auf die folgenden Hinweise beschränken: Der Polizeibeamte, der am Tatort oder in seiner Umgebung Personen fragt, ob sie ein bestimmtes Geschehen beobachtet haben, vernimmt keine Beschuldigten, mag er auch hoffen, bei seiner Tätigkeit neben geeigneten Zeugen den Täter zu finden. Er braucht nicht den Hinweis nach § 136

Abs. 1 Satz 2 StPO zu geben (vgl. BGHSt 37, 48; BGH NStZ 1983, 86). Bedeutsam ist die Stärke des Tatverdachts, den der Polizeibeamte gegenüber dem Befragten hegt. Hierbei hat der Beamte einen Beurteilungsspielraum [Literaturquellenangabe], den er freilich nicht mit dem Ziel mißbrauchen darf, den Zeitpunkt der Belehrung nach § 136 Abs. 1 Satz 2 StPO möglichst weit hinauszuschieben (vgl. BGH NStZ 1983, 86). Neben der Stärke des Verdachtes ist auch von Bedeutung, wie sich das Verhalten des Beamten nach außen, auch in der Wahrnehmung des Befragten darstellt (vgl. - in anderem Zusammenhang - BGHSt 34, 138 [140]). Diese Kombination objektiver und subjektiver Merkmale liegt der Vorschrift des § 397 Abs. 1 AO zugrunde [Literaturquellenangaben]. Es gibt polizeiliche Verhaltensweisen, die schon nach ihrem äußeren Befund belegen, daß der Polizeibeamte dem Befragten als Beschuldigten begegnet, mag er dies auch nicht zum Ausdruck bringen [vgl. dazu: „**Inkulpationsakt**", P.B.]. Das wird etwa für Gespräche gelten, die der Beamte mit einem Verdächtigen führt, den er im Kraftfahrzeug der Polizei mit zur Polizeiwache nimmt; hier wird selbst bei einem vergleichsweise geringen Grad des Verdachtes vor jeder Befragung ein Hinweis nach § 136 Abs. 1 Satz 2 StPO anzubringen sein. Dasselbe gilt selbstverständlich, sobald der Betroffene vorläufig festgenommen worden ist, oder bei einer beim Verdächtigen vorgenommenen Durchsuchung."[960]

B. Formelle Rechtmäßigkeit (FR) II. Verfahren (V)

(VOR/DEF)

Verfahren ist normiertes Verhalten insbesondere für den Rechtsfolgezuständigen außer, bei, i.Z.m. der Rechtsfolge.

(SUB/ERG)

„Wenn der Verstoß gegen die Hinweispflicht des Polizeibeamten (§ 136 Abs. 1 Satz 2, § 163a Abs. 4 S. 2 StPO) ein Verwertungsverbot begründet, dann gewinnt die **Frage** an Gewicht, **zu welchem Zeitpunkt eine im Hinblick auf § 136 StPO indifferente Informationssammlung durch den Polizeibeamten in eine Beschuldigtenvernehmung übergeht**, welche die **Hinweispflicht** nach § 136 Abs. 1 Satz 2 StPO auslöst. Diese Frage, die auch mit der mißverständlichen Gegenüberstellung von informatorischer Befragung und Vernehmung erörtert wird, ist in Rechtsprechung [Quellenangaben] und Schrifttum [Quellenangaben] noch nicht vollständig geklärt. Der Senat braucht auf die Problematik nicht im einzelnen einzugehen; denn er hat, wie dargelegt (oben zu II 3), die vertretbare Auffassung des Oberlandesgerichts zugrundezulegen, daß eine Beschuldigtenvernehmung spätestens zu dem Zeitpunkt vorlag, als R. den Angeklagten danach fragte, ob er das Unfallfahrzeug geführt hatte. Deshalb kann sich der Senat in diesem Zusammenhang auf die folgenden Hinweise beschränken: Der Polizeibeamte, der am Tatort oder in seiner Umgebung Personen fragt, ob sie ein bestimmtes Geschehen beobachtet haben, vernimmt keine Beschuldigten, mag er auch hoffen, bei seiner Tätigkeit neben geeigneten Zeugen den Täter zu finden. **Er braucht nicht den Hinweis nach § 136 Abs. 1 Satz 2 StPO zu geben** (vgl. BGHSt 37, 48; BGH NStZ 1983, 86). Bedeutsam ist die Stärke des Tatverdachts, den der Polizeibeamte gegenüber dem Befragten hegt. Hierbei

960 BGHSt 38, 214, 227 f. = BGH, Beschluss des 5. Strafsenats vom 27.02.1992 g.L. – 5 StR 190/91 –, III. 4., Rn. 29 f.

hat der Beamte einen Beurteilungsspielraum (Fincke a.a.O. S. 935), den er freilich nicht mit dem Ziel mißbrauchen darf, den Zeitpunkt der Belehrung nach § 136 Abs. 1 Satz 2 StPO möglichst weit hinauszuschieben (vgl. BGH NStZ 1983, 86). Neben der Stärke des Verdachtes ist auch von Bedeutung, wie sich das Verhalten des Beamten nach außen, auch in der Wahrnehmung des Befragten darstellt (vgl. - in anderem Zusammenhang - BGHSt 34, 138 [140]). Diese Kombination objektiver und subjektiver Merkmale liegt der Vorschrift des § 397 Abs. 1 AO zugrunde (vgl. auch Fincke a.a.O. S. 952; Geppert a.a.O. S. 328; Rogall a.a.O. Rn. 31 ff.). Es gibt polizeiliche Verhaltensweisen, die schon nach ihrem äußeren Befund belegen, daß der Polizeibeamte dem Befragten als Beschuldigten begegnet, mag er dies auch nicht zum Ausdruck bringen [vgl. dazu: „**Inkulpationsakt**", P.B.]. Das wird etwa für Gespräche gelten, die der Beamte mit einem Verdächtigen führt, den er im Kraftfahrzeug der Polizei mit zur Polizeiwache nimmt; hier wird selbst bei einem vergleichsweise geringen Grad des Verdachtes vor jeder Befragung ein Hinweis nach § 136 Abs. 1 Satz 2 StPO anzubringen sein. Dasselbe gilt selbstverständlich, sobald der Betroffene vorläufig festgenommen worden ist, oder bei einer beim Verdächtigen vorgenommenen Durchsuchung."[961]

C. Materielle Rechtmäßigkeit (MR) II. Inanspruchnahme (In) / Inanspruchnahmevoraussetzungen (Inv)

(VOR/DEF)

Inanspruchnahmevoraussetzungen sind materiell-rechtliche Bedingungen für richtige Inanspruchnahme.

Inanspruchnahme ist Adressierung und sonstiges Betroffenmachen; **Adressierung** ist direktes Bestimmen oder finales Richten einer Maßnahme an einen Grundrechtsträger, vgl. §§ 100b Abs. 3, 100c Abs. 2, 100h Abs. 3, 163f Abs. 2 StPO.

(SUB/ERG)

„Bereits aus §§ 55, 60 Nr. 2 StPO ergibt sich, dass im Strafverfahren auch ein **Verdächtiger im Einzelfall als Zeuge** vernommen werden darf, ohne dass er über die Beschuldigtenrechte belehrt werden muss (vgl. BGHSt 10, 8 [10] = NJW 1957, 230; BGHSt 17, 128 [133] = NJW 1960, 1960; [Literaturquellenangabe]; ferner BVerfG Beschl. v. 8. 12. 2005 – 2 BvR 1513/05). Der Vernehmende darf dabei auch die Verdachtslage weiter abklären [...]. Ergibt sich die **Beschuldigteneigenschaft** nicht aus einem Willensakt der Strafverfolgungsbehörden, kann – abhängig von der objektiven Stärke des Tatverdachts – unter dem Gesichtspunkt der Umgehung der Beschuldigtenrechte gleichwohl ein Verstoß gegen die Belehrungspflicht nach § 136 I 2 StPO vorliegen [...]. [...] Falls jedoch der Tatverdacht so stark ist, dass die Strafverfolgungsbehörde anderenfalls willkürlich die Grenzen ihres Beurteilungsspielraums überschreiten würde, ist es verfahrensfehlerhaft, wenn dennoch nicht zur Beschuldigtenvernehmung übergegangen wird (vgl. BGHSt 37, 48 [51f.] = NJW 1990, 2633 = NStZ 1990, 446; BGHSt 38, 214 [228] = NJW 1992, 1463 = NStZ 1992, 294; BGHSt 40, 211 = NJW 1994, 2904 [2907] = NStZ 1994, 593; BGH, NJW 1996, 2663; NJW 1997, 1591 = NStZ 1997, 398;

[961] BGHSt 38, 214, 227 f. = BGH, Beschluss des 5. Strafsenats vom 27.02.1992 g.L. – 5 StR 190/91 –, III. 4., Rn. 29 f.

NStZ-RR 2002, 67 [bei Becker]; NJW 2004, 368; ZVI 2004, 298 = BeckRS 2004, 03400). Andererseits kann der Umstand, dass die Strafverfolgungsbehörde – zumal bei Tötungsdelikten – erst bei einem konkreten und ernsthaften Tatverdacht zur Vernehmung des Verdächtigen als Beschuldigten verpflichtet ist, für ihn auch eine schützende Funktion haben. Denn der Vernommene wird hierdurch nicht vorschnell mit einem Ermittlungsverfahren überzogen, das erhebliche nachteilige Konsequenzen für ihn haben kann."[962]

„1. Ist der Vernehmung des Beschuldigten durch einen Beamten des Polizeidienstes nicht der Hinweis vorausgegangen, dass es dem Beschuldigten freistehe, sich zu der Beschuldigung zu äußern oder nicht zur Sache auszusagen (§ 136 Abs. 1 S. 2 i.V.m. § 163a Abs. 4 S. 2 StPO), so dürfen Äußerungen, die der Beschuldigte in dieser Vernehmung gemacht hat, nicht verwertet werden (Aufgabe BGH, 7. Juni 1983, 5 StR 409/81, BGHSt 31, 395).

2. Dies gilt nicht, wenn feststeht, daß der Beschuldigte sein Recht zu schweigen ohne Belehrung gekannt hat, oder wenn der verteidigte Angeklagte in der Hauptverhandlung ausdrücklich der Verwertung zugestimmt oder ihr nicht bis zu dem in § 257 StPO genannten Zeitpunkt widersprochen hat. Dem verteidigten Angeklagten steht ein Angeklagter gleich, der vom Vorsitzenden über die Möglichkeit des Widerspruchs unterrichtet worden ist."[963]

„Im Ermittlungsverfahren sind Beweisverwertungsverbote unabhängig von einem Widerspruch des Beschuldigten von Amts wegen zu beachten, auch wenn der zugrundeliegende Verfahrensmangel eine für ihn disponible Vorschrift betrifft."[964]

„Auf die Prüfung der Verwertbarkeit von Beweisen im Ermittlungsverfahren findet die vom Bundesgerichthof entwickelte sog. Widerspruchslösung (grundlegend BGH, Beschluss vom 27. Februar 1992 - 5 StR 190/91, BGHSt 38, 214, 225 f.; s. zusammenfassend KK-Willnow, StPO, 8. Aufl., Vor § 137 Rn. 6) keine Anwendung. In diesem Verfahrensstadium sind Beweisverwertungsverbote - wie im Zwischenverfahren (so BGH, Beschluss vom 1. Dezember 2016 - 3 StR 230/16, BGHR StPO § 211 Neue Tatsachen 3 Rn. 14; MüKoStPO/Wenske, § 203 Rn. 30) - unabhängig von einer Beanstandung durch den Beschuldigten amtswegig zu beachten, auch wenn der zugrundeliegende Verfahrensmangel eine für ihn disponible Vorschrift betrifft (vgl. BGH, Beschluss vom 22. Februar 2018 - StB 29/17 u. AK 4/18, juris Rn. 24; ferner BGH, Urteil vom 9. Mai 2018 - 5 StR 17/18, NStZ 2018, 737 f.; zur ständigen Praxis des Senats s. etwa Beschlüsse vom 4. April 1990 - StB 5/90, BGHSt 36, 396; vom 25. September 2018 - StB 40/18, juris Rn. 17; vom 15. Mai 2019 - AK 22/19, juris Rn. 18). Denn Verwertungsverbote werden bereits durch den jeweiligen Gesetzesverstoß, nicht erst durch eine derartige Beanstandung begründet (vgl. BGH, Beschluss vom 1. Dezember 2016 - 3 StR 230/16, aaO; Urteil vom 9. Mai 2018 - 5 StR 17/18, aaO; Becker, Referat zum 67. DJT, 2008, S. L 45, 55 f. mwN). Das gilt umso mehr, als nach der Rechtsprechung des Bundesgerichtshofs (vgl. Beschluss vom 17. Juni 1997 - 4 StR 243/97, NStZ 1997, 502 f.) der Verwertung eines Beweises vor der Hauptverhandlung ohnehin nicht wirksam widersprochen werden kann."[965]

---

962 BGHSt 51, 367 = BGH, Urteil vom 03.07.2007 – 1 StR 3/07.

963 BGHSt 38, 214, Ls. 1, 2 = Beschluss des 5. Strafsenats des BGH vom 27.02.1992 – 5 StR 190/91.

964 BGH, Beschluss des 3. Strafsenats vom 06.06.2019 – StB 14/19 (für BGHSt vorgesehen – unter quasi wortgleicher Wiederholung von BGHSt 51, 367 = BGH, Urteil vom 03.07.2007 – 1 StR 3/07 bzgl. des Beschuldigtenbegriffs), Leitsatz 1, Leitsatz 2: „Zur Begründung der Beschuldigteneigenschaft durch die Stärke des Tatverdachts (Fortführung von BGH, Urteil vom 3. Juli 2007 - 1 StR 3/07, BGHSt 51, 367)".

965 BGH, Beschluss des 3. Strafsenats vom 06.06.2019 – StB 14/19 (für BGHSt vorgesehen – unter quasi wortgleicher Wiederholung von BGHSt 51, 367 = BGH, Urteil vom 03.07.2007 – 1 StR 3/07 bzgl.

„Dieser Willkürmaßstab ist - wie in anderen Fallgestaltungen auch, in denen zu überprüfen ist, ob die Grenzen eines Beurteilungsspielraums gewahrt sind [Quellenangaben] objektiv zu bestimmen. Ein auch subjektiv auf Umgehung der Beschuldigtenrechte gerichtetes, bewusst missbräuchliches Verhalten des Vernehmenden ist nicht erforderlich. In diesem Sinne ist die Überschreitung der Grenzen des Beurteilungsspielraums als (objektiv) willkürlich zu beurteilen, wenn es sich als sachlich unvertretbar erweist, einen die Belehrungspflicht des § 136 Abs. 1 Satz 2 StPO auslösenden starken Tatverdacht zu verneinen."[966]

des Beschuldigtenbegriffs), Rn. 27, Leitsatz 2: „Zur Begründung der Beschuldigteneigenschaft durch die Stärke des Tatverdachts (Fortführung von BGH, Urteil vom 3. Juli 2007 - 1 StR 3/07, BGHSt 51, 367)".

[966] BGH, Beschluss des 3. Strafsenats vom 06.06.2019 – StB 14/19 (für BGHSt vorgesehen – unter quasi wortgleicher Wiederholung von BGHSt 51, 367 = BGH, Urteil vom 03.07.2007 – 1 StR 3/07 bzgl. des Beschuldigtenbegriffs), Rn. 33, Leitsatz 2: „Zur Begründung der Beschuldigteneigenschaft durch die Stärke des Tatverdachts (Fortführung von BGH, Urteil vom 3. Juli 2007 - 1 StR 3/07, BGHSt 51, 367)".

ABSCHNITT 19: DURCHSUCHUNG VON PERSONEN AUF DEM RECHTSGEBIET DER GEFAHRENABWEHR, § 39 POLG NRW (PERSONENDURCHSUCHUNG AUßER DURCHSUCHUNG ZUR IDF, VGL. § 12 ABS. 2 S. 4 POLG NRW)

A. Rechtsgrundlage (RGL) I. Grundrechte (GR)

(VOR/DEF)

Grundrechte sind grundlegende Rechte aus Art. 1-19 GG i.V.m. dem Rechtsstaatsprinzip, Art. 20 Abs. 3 GG, mit Vorrang und Vorbehalt des Gesetzes.[967]

(SUB/ERG)

Grundrechte sind (i.d.R. alternativ, nicht kumulativ) insbesondere wie folgt gegeben (jeweilige GR-Einschlägigkeit ist fallabhängig):

1. Allgemeines Persönlichkeitsgrundrecht[968] mit verschiedenen Ausprägungen[969], etwa in der Ausprägung des **Rechts auf informationelle Selbstbestimmung** (APR/RiS), Art. 2 Abs. 1 i.V.m. Art. 1 Abs. 1[970] GG, vgl. auch Art. 142 GG i.V.m. Art. 4 Abs. 1, 2 Verfassung NRW[971].

---

967 Zu **Grundrechten**: *Basten*, Eingriffsrecht der Polizei in Nordrhein-Westfalen, Band 1, Buch 1, Abschnitt 2, Unterabschnitt 3. Zum **Rechtsstaatsprinzip** mit unter anderem sogenanntem Vorrang des Gesetzes und Vorbehalt des Gesetzes: *Basten*, Eingriffsrecht der Polizei in Nordrhein-Westfalen, Band 1, S. 95-108.

968 BVerfGE 147, 1, 18 f. (**Geschlechtsidentität**) = BVerfG, Beschluss des Ersten Senats vom 10.10.2017 – 1 BvR 2019/16 –, Rn. 38: „Art. 2 Abs. 1 GG gewährt jedem das **Recht auf die freie Entfaltung seiner Persönlichkeit**. Dieses Grundrecht umfasst neben der allgemeinen Handlungsfreiheit das **allgemeine Persönlichkeitsrecht** (Art. 2 Abs. 1 i.V.m. Art. 1 Abs. 1 GG). Letzteres ergänzt als ‚unbenanntes' Freiheitsrecht die speziellen (‚benannten') Freiheitsrechte, die ebenfalls konstituierende Elemente der Persönlichkeit schützen (vgl. BVerfGE 54, 148 <153>). Eine der **Aufgaben des allgemeinen Persönlichkeitsrechts** ist es dabei, Grundbedingungen dafür zu sichern, dass die einzelne Person ihre Individualität selbstbestimmt entwickeln und wahren kann (vgl. BVerfGE 35, 202 <220>; 79, 256 <268>; 90, 263 <270>; 117, 202 <225>). Das allgemeine Persönlichkeitsrecht schützt indessen nur solche **Elemente der Persönlichkeitsentfaltung**, die - ohne bereits Gegenstand der besonderen Freiheitsgarantien des Grundgesetzes zu sein - diesen in ihrer konstituierenden Bedeutung für die Persönlichkeit nicht nachstehen (vgl. BVerfGE 79, 256 <268>; 99, 185 <193>; 120, 274 <303>; stRspr). Es verbürgt also nicht Schutz gegen alles, was die selbstbestimmte Persönlichkeitsentwicklung auf irgendeine Weise beeinträchtigen könnte; ohnehin vermag kein Mensch seine Individualität unabhängig von äußeren Gegebenheiten und Zugehörigkeiten zu entwickeln. Der lückenschließende Schutz des allgemeinen Persönlichkeitsrechts greift aber dann, wenn die selbstbestimmte Entwicklung und Wahrung der Persönlichkeit spezifisch gefährdet ist (BVerfGE 141, 186 <201 f. Rn. 32>).".

BVerfG, Beschluss des Ersten Senats vom 06.11.2019 – 1 BvR 16/13 – (Recht auf Vergessen I), Rn. 81: „Diese [**APR-]Rechtsprechung** hat sich maßgeblich in Konstellationen der mittelbaren Drittwirkung und geleitet von dem Erfordernis praktischer Konkordanz entwickelt. Deshalb bestimmen sich die Schutzdimensionen des allgemeinen Persönlichkeitsrechts letztlich immer einzelfallbezogen im Abgleich mit den Grundrechten Dritter. Die Bestimmung seiner Schutzwirkungen und die Abwägung mit den gegenüberstehenden Freiheitsrechten greifen hier Hand in Hand. Der Schutz des allgemeinen Persönlichkeitsrechts ist insoweit flexibel und durch die Einbindung der Person in ihre sozialen Beziehungen relativiert (vgl. BVerfGE 101, 361 <380>; 141, 186 <202 Rn. 32>; 147, 1 <19 Rn. 38>; stRspr; siehe auch BGHZ 183, 353 <357 Rn. 11>; 209, 139 <150 Rn. 30>; 219, 233 <240 Rn. 22>; stRspr).".

Vgl. „**Allgemeines Persönlichkeitsrecht**" (APR) als „sonstiges Recht" (sog. **Rahmenrecht** mit [grundrechts-]abwägungsoffenem Tatbestand) nach § 823 Abs. 1 Var. 6 BGB, u.a. mit Geldentschädigungsanspruch, insbesondere durch ständige Rechtsprechung (vgl. auch § 253 BGB) seit folgender Entwicklung: BGHZ 13, 334 (Leserbrief), mit erstmaliger ausdrücklicher Anerkennung des allgemeinen Persönlichkeitsrechts; BGHZ 26, 349 (Herrenreiter), mit erstmaliger Zuerkennung einer Geldentschädigung wegen

des immateriellen Schadens durch die Verletzung des allgemeinen Persönlichkeitsrechts; BGHZ 35, 363 (Ginsengwurzel), mit erstmaliger Schwerpunktsetzung bei der Menschenwürde in der Begründung; BVerfGE 34, 269 (Soraya), mit verfassungsgerichtlicher Erklärung der verfassungsrechtlichen Zulässigkeit der richterrechtlich entwickelten APR-Konstruktion.

969 BVerfG, Beschluss des Ersten Senats vom 06.11.2019 – 1 BvR 16/13 – (Recht auf Vergessen I), Rn. 80: „Die Rechtsprechung hat aus dem [**Allgemeinen Persönlichkeits-]Grundrecht** insoweit verschiedene **Schutzdimensionen** abgeleitet wie den **Schutz eines unantastbaren Bereichs privater Lebensgestaltung**, die Garantie der **Privatsphäre**, das **Recht am eigenen Bild** oder **gesprochenen Wort** oder das **Recht auf die Darstellung der eigenen Person**, die **soziale Anerkennung** sowie die **persönliche Ehre** (vgl. BVerfGE 27, 1 <6>; 27, 344 <350 f.>; 32, 373 <379>; 34, 238 <245 f.>; 47, 46 <73>; 54, 148 <153 f.>; 99, 185 <193 f.>; 101, 361 <384>; 106, 28 <39>; 114, 339 <346>; 120, 180 <198>).“ „Diese Schutzgehalte werden insoweit aber nicht als abschließend umschriebene und voneinander abzugrenzende Gewährleistungen verstanden, sondern als Ausprägungen, die in Blick auf den konkreten Schutzbedarf jeweils anhand des zu entscheidenden Falles herauszuarbeiten sind (vgl. BVerfGE 54, 148 <153 f.>; 65, 1 <41>).“.

BVerfGE 65, 1 (Volkszählungsgesetz), Ls. 1 = BVerfG, Urteil des Ersten Senats vom 15.12.1983 – 1 BvR 209/83, Ls. 1: „Unter den Bedingungen der modernen Datenverarbeitung wird der Schutz des Einzelnen gegen unbegrenzte Erhebung, Speicherung, Verwendung und Weitergabe seiner persönlichen Daten von dem **allgemeinen Persönlichkeitsrecht** des Art. 2 Abs. 1 GG in Verbindung mit Art. 1 Abs. 1 GG umfaßt. Das [**Allgemeine Persönlichkeits-]Grundrecht** gewährleistet insoweit die Befugnis des Einzelnen, grundsätzlich selbst über die Preisgabe und Verwendung seiner persönlichen Daten zu bestimmen.“; BVerfG, Beschluss des Ersten Senats vom 06.11.2019 – 1 BvR 16/13 – (Recht auf Vergessen I), Rn. 80: „Das **Recht auf informationelle Selbstbestimmung** ist von der Rechtsprechung als eigene Ausprägung des allgemeinen Persönlichkeitsrechts mit einem gegenüber den anderen Ausprägungen selbständigen Gewährleistungsgehalt entwickelt worden und behält diesen auch, soweit es als verfassungsrechtliche Wertentscheidung in das Zivilrecht einstrahlt. Dementsprechend enthält es keinen gesamthaften Schutzanspruch hinsichtlich jederlei Umgangs mit Informationen, der die übrigen Schutzdimensionen des Grundrechts allgemein übergreifen und zusammenführen würde, sondern lässt deren Wertungen und Abwägungsregeln unberührt.“; BVerfGE 120, 274, 311 f. (Online-Durchsuchung) = BVerfG, Urteil des Ersten Senats vom 27.02.2008 – 1 BvR 370/07 –, Rn. 198 f. „Das **Recht auf informationelle Selbstbestimmung** geht über den **Schutz der Privatsphäre** hinaus. Es gibt dem Einzelnen die Befugnis, grundsätzlich selbst über die Preisgabe und Verwendung seiner persönlichen Daten zu bestimmen (vgl. BVerfGE 65, 1 <43>; 84, 192 <194>). Es flankiert und erweitert den grundrechtlichen Schutz von Verhaltensfreiheit und Privatheit, indem es ihn schon auf der Stufe der Persönlichkeitsgefährdung beginnen lässt. Eine derartige Gefährdungslage kann bereits im Vorfeld konkreter Bedrohungen benennbarer Rechtsgüter entstehen, insbesondere wenn personenbezogene Informationen in einer Art und Weise genutzt und verknüpft werden können, die der Betroffene weder überschauen noch verhindern kann. Der Schutzumfang des **Rechts auf informationelle Selbstbestimmung** beschränkt sich dabei nicht auf Informationen, die bereits ihrer Art nach sensibel sind und schon deshalb grundrechtlich geschützt werden. Auch der Umgang mit personenbezogenen Daten, die für sich genommen nur geringen Informationsgehalt haben, kann, je nach dem Ziel des Zugriffs und den bestehenden Verarbeitungs- und Verknüpfungsmöglichkeiten, grundrechtserhebliche Auswirkungen auf die Privatheit und Verhaltensfreiheit des Betroffenen haben (vgl. BVerfG, Beschluss vom 13. Juni 2007 - 1 BvR 1550/03 u.a. -, NJW 2007, S. 2464 <2466>). Die mit dem Recht auf informationelle Selbstbestimmung abzuwehrenden Persönlichkeitsgefährdungen ergeben sich aus den vielfältigen Möglichkeiten des Staates und gegebenenfalls auch privater Akteure (vgl. BVerfG, Beschluss der 1. Kammer des Ersten Senats vom 23. Oktober 2006 - 1 BvR 2027/02 -, JZ 2007, S. 576) zur Erhebung, Verarbeitung und Nutzung personenbezogener Daten. Vor allem mittels elektronischer Datenverarbeitung können aus solchen Informationen weitere Informationen erzeugt und so Schlüsse gezogen werden, die sowohl die grundrechtlich geschützten Geheimhaltungsinteressen des Betroffenen beeinträchtigen als auch Eingriffe in seine Verhaltensfreiheit mit sich bringen können (vgl. BVerfGE 65, 1 <42>; 113, 29 <45 f.>; 115, 320 <342>; BVerfG, Beschluss vom 13. Juni 2007 - 1 BvR 1550/03 u.a. -, NJW 2007, S. 2464 <2466>).“.

BVerfGE 109, 279, 325-327 (akustische Wohnraumüberwachung / „Großer Lauschangriff") = BVerfG, Urteil des Ersten Senats vom 03.03.2004 – 1 BvR 2378/98, 1084/99 –, Rn. 159-163: „Das aus Art. 2 Abs. 1 in Verbindung mit Art. 1 Abs. 1 GG folgende **allgemeine Persönlichkeitsrecht** kommt neben Art. 13 Abs. 1 GG allerdings nicht zur Anwendung, soweit Eingriffe in die **räumliche Privatsphäre des Wohnungsinhabers** zu überprüfen sind. Art. 13 Abs. 1 GG enthält eine spezielle Gewährleistung des **Schutzes vor staatlicher akustischer Überwachung der räumlichen Privatsphäre**, die die allgemeinere Vorschrift insoweit verdrängt (vgl. BVerfGE 100, 313 [358] zu Art. 10 GG). Mit dem **Recht, in der Wohnung ungestört zu sein**, und dem **Recht am eigenen in der Wohnung gesprochenen Wort** schützt Art. 13 Abs. 1 GG gerade den Teil der **Privatsphäre**, den sonst das allgemeine Persönlichkeitsrecht gewährleistet. Dieses Recht ergänzt als unbenanntes Freiheitsrecht die speziellen Freiheitsrechte, die ebenfalls konstituierende Elemente der Persönlichkeit schützen (vgl. BVerfGE 54, 148 <153 f.>), nur insoweit, als Letztere keinen Schutz gewähren. Der **Schutz des allgemeinen Persönlichkeitsrechts aus Art. 2 Abs. 1 in Verbindung mit Art. 1 Abs. 1 GG** greift hingegen ein, soweit von der Wohnraumüberwachung Personen betroffen werden, die sich nicht auf Art. 13 Abs. 1 GG berufen können. **Grundrechtsträger des Art. 13 Abs. 1 GG** ist jeder Inhaber oder Bewohner eines Wohnraums, unabhängig davon, auf welchen Rechtsverhältnissen die Nutzung des Wohnraums beruht. Bei mehreren Bewohnern einer Wohnung steht das Grundrecht jedem Einzelnen, bei Familien mithin jedem Familienmitglied zu. Maßnahmen der Wohnraumüberwachung können aber nicht nur **Wohnungsinhaber**, sondern auch **zufällig in einer Wohnung Anwesende** erfassen. Diese Personen sind zwar nicht in ihrem Grundrecht aus Art. 13 Abs. 1 GG, wohl aber in ihrem **allgemeinen Persönlichkeitsrecht** betroffen. Der Schutz aus Art. 2 Abs. 1 in Verbindung mit Art. 1 Abs. 1 GG kann insofern allerdings nicht weiter reichen als derjenige aus Art. 13 Abs. 1 und 3 GG. Der Schutz der **räumlichen Privatsphäre und des allgemeinen Persönlichkeitsrechts** kann schließlich in Einzelfällen durch weitere Grundrechtsgarantien ergänzt sein. So wird das **Gespräch zwischen Eheleuten in der eigenen Wohnung** nicht nur von Art. 13 Abs. 1 GG, sondern zusätzlich durch Art. 6 Abs. 1 GG geschützt. Auch in Bezug auf die **Kommunikation mit Berufsgeheimnisträgern** können neben dem grundrechtlichen **Schutz der räumlichen Privatsphäre** Grundrechte in Betracht kommen, die - wie etwa Art. 4 GG im Hinblick auf das Gespräch mit einem Geistlichen - der besonderen Schutzbedürftigkeit der Kommunizierenden Rechnung tragen.".

BVerfG, Beschluss des Ersten Senats vom 06.11.2019 – 1 BvR 16/13 – (Recht auf Vergessen I), Ls. 3 S. 1: „Von den **äußerungsrechtlichen Schutzdimensionen** ist das **Recht auf informationelle Selbstbestimmung** als eine eigene Ausprägung des allgemeinen Persönlichkeitsrechts zu unterscheiden." BVerfG, Beschluss des Ersten Senats vom 06.11.2019 – 1 BvR 16/13 – (Recht auf Vergessen I), Rn. 90: „Ausgehend von dem **Ziel des Rechts auf informationelle Selbstbestimmung**, Schutz vor Gefahren angesichts neuartiger Möglichkeiten der Datenverarbeitung zu gewähren (vgl. BVerfGE 65, 1 <42>), ist es primär als Gewährleistung zu verstehen, die – neben der ungewollten Preisgabe von Daten auch im Rahmen privater Rechtsbeziehungen (vgl. BVerfGE 84, 192 <194>) – insbesondere vor deren intransparenter Verarbeitung und Nutzung durch Private schützt. Es bietet Schutz davor, dass Dritte sich individueller Daten bemächtigen und sie in nicht nachvollziehbarer Weise als Instrument nutzen, um die Betroffenen auf Eigenschaften, Typen oder Profile festzulegen, auf die sie keinen Einfluss haben und die dabei aber für die freie Entfaltung der Persönlichkeit sowie eine gleichberechtigte Teilhabe in der Gesellschaft von erheblicher Bedeutung sind. Der Gehalt dieses Rechts ist dabei entwicklungsoffen, so dass es auch weitere persönlichkeitsgefährdende Entwicklungen der Informationsverarbeitung aufnehmen kann.".

BVerfG, Beschluss des Ersten Senats vom 06.11.2019 – 1 BvR 16/13 – (Recht auf Vergessen I), Rn. 91: „[Vom Recht auf informationelle Selbstbestimmung] zu unterscheiden ist der **Schutz vor der Verarbeitung personenbezogener Berichte und Informationen als Ergebnis eines Kommunikationsprozesses**. Der Schutzbedarf gründet hier nicht in der intransparenten Zuweisung von Persönlichkeitsmerkmalen und -profilen durch Dritte, sondern in der sichtbaren Verbreitung bestimmter Informationen im öffentlichen Raum. Gefährdungen für die Persönlichkeitsentfaltung ergeben sich hier vornehmlich aus Form und Inhalt der Veröffentlichung selbst. Schutz gegenüber solchen Gefährdungen bieten die **äußerungsrechtlichen Ausprägungen des allgemeinen Persönlichkeitsrechts unabhängig vom Recht auf informationelle Selbstbestimmung**. Zwar kann es auch dabei maßgeblich auf die Art der Informationserlangung ankommen. Jedoch hat diese hier ihre Bedeutung als Vorfrage für die Beurteilung des weite-

ren Umgangs mit einer bestimmten Äußerung und des damit in die Öffentlichkeit gestellten Bildes einer Person selbst.“.

BVerfG, Beschluss des Ersten Senats vom 06.11.2019 – 1 BvR 16/13 – (**Recht auf Vergessen** I), Ls. 2b): „Bei der Entscheidung über einen Schutzanspruch kommt der Zeit unter den Kommunikationsbedingungen des Internets ein spezifisches Gewicht zu. Die Rechtsordnung muss davor schützen, dass sich eine Person frühere Positionen, Äußerungen und Handlungen unbegrenzt vor der Öffentlichkeit vorhalten lassen muss. Erst die Ermöglichung eines Zurücktretens vergangener Sachverhalte eröffnet den Einzelnen die Chance zum Neubeginn in Freiheit. Zur Zeitlichkeit der Freiheit gehört die Möglichkeit des Vergessens.“.

BVerfGE 120, 274, 311 (Online-Durchsuchung) = BVerfG, Urteil des Ersten Senats vom 27.02.2008 – 1 BvR 370/07 –, Rn. 197: „In seiner Ausprägung als **Schutz der Privatsphäre** [als **Privatangelegenheitenschutz** und **Rückzugsraumbereichsschutz** – beides **gegenüber der Öffentlichkeit**, vgl. **Sphärentheorie** mit **Intimsphäre, Privatsphäre, Sozialsphäre** und vgl. **Kernbereich privater Lebensgestaltung**] gewährleistet das allgemeine Persönlichkeitsrecht dem Einzelnen einen räumlich und thematisch bestimmten Bereich, der grundsätzlich frei von unerwünschter Einsichtnahme bleiben soll (vgl. BVerfGE 27, 344 <350 ff.>; 44, 353 <372 f.>; 90, 255 <260>; 101, 361 <382 f.>).“; BVerfGE 101, 361, 382-385 (Caroline von Monaco II) = BVerfG, Urteil vom 15.12.1999 – 1 BvR 653/96 –, Rn. 75-82: „Im Unterschied zum **Recht am eigenen Bild** bezieht sich der **Schutz der Privatsphäre**, der ebenfalls im **allgemeinen Persönlichkeitsrecht** wurzelt, nicht speziell auf Abbildungen, sondern ist **thematisch und räumlich** bestimmt. Er umfaßt zum einen **Angelegenheiten** [**Privatangelegenheitenschutz**], die wegen ihres Informationsinhalts typischerweise als ‚**privat**‘ eingestuft werden, weil ihre **öffentliche** Erörterung oder Zurschaustellung als unschicklich gilt, das Bekanntwerden als peinlich empfunden wird oder nachteilige Reaktionen der Umwelt auslöst, wie es etwa bei Auseinandersetzungen mit sich selbst in **Tagebüchern** (BVerfGE 80, 367), bei **vertraulicher Kommunikation unter Eheleuten** (BVerfGE 27, 344), im Bereich der **Sexualität** (BVerfGE 47, 46; 49, 286 [BVerfGE 120, 224, 238 f. (Geschwisterbeischlaf) = BVerfGE, Beschluss des Zweiten Senats vom 26.02.2008 – 2 BvR 392/07 –, Rn. 32 f.: „Das allgemeine Persönlichkeitsrecht in seiner Ausprägung als **Recht auf sexuelle Selbstbestimmung**“/„**Intim- und Sexualbereich des Menschen als Teil seiner Privatsphäre**, P. B.]), bei **sozial abweichendem Verhalten** (BVerfGE 44, 353) oder bei **Krankheiten** (BVerfGE 32, 373) der Fall ist. Fehlte es hier an einem **Schutz vor der Kenntniserlangung anderer**, wären die Auseinandersetzung mit sich selbst, die unbefangene Kommunikation unter Nahestehenden, die sexuelle Entfaltung oder die Inanspruchnahme ärztlicher Hilfe beeinträchtigt oder unmöglich, obwohl es sich um grundrechtlich geschützte Verhaltensweisen handelt. Zum anderen erstreckt sich der Schutz auf einen **räumlichen Bereich** [**Raumbereichsschutz**], in dem der Einzelne zu sich kommen, sich entspannen oder auch gehen lassen kann (vgl. BVerfGE 27, 1 [6]). Zwar bietet auch dieser Bereich Gelegenheit, sich in einer Weise zu verhalten, die nicht für die **Öffentlichkeit** bestimmt ist und deren Beobachtung oder Darstellung durch Außenstehende für den Betroffenen peinlich oder nachteilig wäre. Im Kern geht es aber um einen **Raum**, in dem er die Möglichkeit hat, frei von **öffentlicher Beobachtung** und damit der von ihr erzwungenen Selbstkontrolle zu sein, auch ohne daß er sich dort notwendig anders verhielte als in der **Öffentlichkeit**. Bestünden solche **Rückzugsbereiche** nicht mehr, könnte der Einzelne psychisch überfordert sein, weil er unausgesetzt darauf achten müßte, wie er auf andere wirkt und ob er sich richtig verhält. Ihm fehlten die Phasen des Alleinseins und Ausgleichs, die für die Persönlichkeitsentfaltung notwendig sind und ohne die sie nachhaltig beeinträchtigt würde. Ein derartiges Schutzbedürfnis besteht auch bei Personen, die aufgrund ihres Ranges oder Ansehens, ihres Amtes oder Einflusses, ihrer Fähigkeiten oder Taten besondere **öffentliche** Beachtung finden. Wer, ob gewollt oder ungewollt, zur Person des **öffentlichen** Lebens geworden ist, verliert damit nicht sein Anrecht auf eine **Privatsphäre**, die den Blicken der **Öffentlichkeit** entzogen bleibt. Das gilt auch für demokratisch gewählte Amtsträger, die zwar für ihre Amtsführung **öffentlich** rechenschaftspflichtig sind und sich in diesem Umfang **öffentliche** Aufmerksamkeit gefallen lassen müssen, nicht aber für ihr **Privatleben**, sofern dieses die Amtsführung nicht berührt. Der **häusliche Bereich** [vgl. ggf. spezielleren Art. 13 GG i.V.m. BVerfGE 109, 279, 325 f.] stellt anerkanntermaßen eine solche geschützte Sphäre dar. Wegen des Bezugs auf die Entfaltung der Persönlichkeit darf der **Rückzugsbereich** jedoch nicht von vornherein auf ihn begrenzt werden. Das gilt schon deshalb, weil die Funktionen, denen er dient, nur erfüllt werden, wenn er nicht an den Hausmau-

ern oder Grundstücksgrenzen endet. Die freie Entfaltung der Persönlichkeit wäre erheblich behindert, wenn der Einzelne nur im eigenen Haus der **öffentlichen** Neugier entgehen könnte. Die notwendige Erholung von einer durch Funktionszwänge und Medienpräsenz geprägten **Öffentlichkeit** ist vielfach nur in der **Abgeschiedenheit einer natürlichen Umgebung, etwa an einem Ferienort**, zu gewinnen. Deswegen muß der Einzelne grundsätzlich die Möglichkeit haben, sich auch in der freien, gleichwohl **abgeschiedenen Natur oder an Örtlichkeiten, die von der breiten Öffentlichkeit deutlich abgeschieden sind**, in einer von **öffentlicher** Beobachtung freien Weise zu bewegen. Das gilt gerade gegenüber solchen Aufnahmetechniken, die die **räumliche Abgeschiedenheit** überwinden, ohne daß der Betroffene dies bemerken kann. Wo die Grenzen der geschützten **Privatsphäre außerhalb des Hauses** verlaufen, läßt sich nicht generell und abstrakt festlegen. Sie können vielmehr nur aufgrund der jeweiligen Beschaffenheit des **Ortes** bestimmt werden, den der Betroffene aufsucht. Ausschlaggebend ist, ob der Einzelne eine **Situation** vorfindet oder schafft, in der er begründetermaßen und somit auch für Dritte erkennbar davon ausgehen darf, den Blicken der **Öffentlichkeit** nicht ausgesetzt zu sein. Ob die Voraussetzungen der **Abgeschiedenheit** erfüllt sind, läßt sich nur situativ beurteilen. Der Einzelne kann sich an ein und demselben **Ort** zu Zeiten mit gutem Grund unbeobachtet fühlen, zu anderen Zeiten nicht. Auch ist der Aufenthalt in umschlossenen **Räumen** keineswegs immer mit **Abgeschiedenheit** gleichzusetzen. Da es um die Frage geht, ob der Einzelne begründetermaßen erwarten darf, unbeobachtet zu sein, oder aber **Plätze** aufgesucht hat, wo er sich unter den Augen der **Öffentlichkeit** bewegt, kann es auch in umschlossenen Räumen an der **Abgeschiedenheit** fehlen, die Voraussetzung für den **Privatsphärenschutz** außerhalb der eigenen **Häuslichkeit** ist. **Plätzen, an denen sich der Einzelne unter vielen Menschen befindet**, fehlt es von vornherein an den Voraussetzungen des **Privatsphärenschutzes** im Sinn von Art. 2 Abs. 1 in Verbindung mit Art. 1 Abs. 1 GG. Sie können das **Rückzugsbedürfnis** nicht erfüllen und rechtfertigen deswegen auch nicht den grundrechtlichen Schutz, den dieses Bedürfnis aus Gründen der Persönlichkeitsentfaltung verdient. Der Einzelne kann solche **Orte** auch nicht etwa durch ein Verhalten, das typischerweise nicht **öffentlich** zur Schau gestellt würde, in seine **Privatsphäre** umdefinieren. Nicht sein Verhalten, ob allein oder mit anderen, konstituiert die **Privatsphäre**, sondern die **objektive Gegebenheit der Örtlichkeit zur fraglichen Zeit**. Verhält er sich daher an **Orten**, die nicht die Merkmale der **Abgeschiedenheit** aufweisen, so, als stünde er nicht unter Beobachtung, hebt er das **Schutzbedürfnis für Verhaltensweisen, die an sich die Öffentlichkeit nichts angehen**, selbst auf. Der **Schutz der Privatsphäre vor öffentlicher Kenntnisnahme** entfällt ferner, wenn sich jemand selbst damit einverstanden zeigt, daß bestimmte, gewöhnlich als privat geltende Angelegenheiten **öffentlich** gemacht werden, etwa indem er Exklusivverträge über die Berichterstattung aus seiner **Privatsphäre** abschließt. Der verfassungsrechtliche **Privatsphärenschutz** aus Art. 2 Abs. 1 in Verbindung mit Art. 1 Abs. 1 GG ist nicht im Interesse einer Kommerzialisierung der eigenen Person gewährleistet. Zwar ist niemand an einer solchen **Öffnung privater Bereiche** gehindert. Er kann sich dann aber nicht gleichzeitig auf den **öffentlichkeitsabgewandten Privatsphärenschutz** berufen. Die Erwartung, daß die Umwelt die **Angelegenheiten oder Verhaltensweisen in einem Bereich mit Rückzugsfunktion** nur begrenzt oder nicht zur Kenntnis nimmt, muß daher situationsübergreifend und konsistent zum Ausdruck gebracht werden. Das gilt auch für den Fall, daß der Entschluß, die Berichterstattung über bestimmte Vorgänge der eigenen **Privatsphäre** zu gestatten oder hinzunehmen, rückgängig gemacht wird.".

BVerfGE 6, 32, 41 (Elfes) = BVerfG, Urteil vom des Ersten Senats vom 16.01.1957 – 1 BvR 253/56 –, Rn. 32 [vgl. **Recht auf Privatsphäre** als **Privatangelegenheitenschutz** und **Rückzugsraumbereichsschutz** – beides **gegenüber der Öffentlichkeit,** vgl. **Sphärentheorie** mit **Intimsphäre**, **Privatsphäre**, **Sozialsphäre**]: „Vor allem dürfen die Gesetze daher die Würde des Menschen nicht verletzen, die im Grundgesetz der oberste Wert ist, aber auch die geistige, politische und wirtschaftliche Freiheit des Menschen nicht so einschränken, daß sie in ihrem Wesensgehalt angetastet würde (Art. 19 Abs. 2, Art. 1 Abs. 3, Art. 2 Abs. 1 GG). Hieraus ergibt sich, daß dem einzelnen Bürger eine **Sphäre privater Lebensgestaltung** verfassungskräftig vorbehalten ist, also ein letzter **unantastbarer Bereich menschlicher Freiheit** besteht, der der Einwirkung der gesamten öffentlichen Gewalt entzogen ist. Ein Gesetz, das in ihn eingreifen würde, könnte nie Bestandteil der ‚verfassungsmäßigen Ordnung' sein; es müßte durch das Bundesverfassungsgericht für nichtig erklärt werden.". BVerfGE 109, 279, Ls. 2 S. 1 (akustische Wohnraumüberwachung / „Großer Lauschangriff") = BVerfG, Urteil des Ersten Senats vom 03.03.2004 – 1 BvR 2378/98, 1084/99 –, Ls. 2 S. 1: „Zur Unantastbarkeit der Menschenwürde gemäß

Art. 1 Abs. 1 GG gehört die Anerkennung eines absolut geschützten **Kernbereichs privater Lebensgestaltung.**". BVerfGE 141, 220, 276-278 (BKAG) = BVerfG, Urteil des Ersten Senats vom 20.04.2016 – 1 BvR 966/09 –, Rn. 119-124: „Neben den verfassungsrechtlichen Anforderungen an die allgemeinen Eingriffsvoraussetzungen ergeben sich aus den jeweiligen **Grundrechten in Verbindung mit Art. 1 Abs. 1 GG** für die Durchführung von besonders eingriffsintensiven Überwachungsmaßnahmen besondere Anforderungen an den **Schutz des Kernbereichs privater Lebensgestaltung**. Der verfassungsrechtliche **Schutz des Kernbereichs privater Lebensgestaltung** gewährleistet dem Individuum einen **Bereich höchstpersönlicher Privatheit gegenüber Überwachung**. Er wurzelt in den **von den jeweiligen Überwachungsmaßnahmen betroffenen Grundrechten in Verbindung mit Art. 1 Abs. 1 GG** und sichert einen dem Staat nicht verfügbaren Menschenwürdekern grundrechtlichen Schutzes gegenüber solchen Maßnahmen. Selbst überragende Interessen der Allgemeinheit können einen Eingriff in diesen **absolut geschützten Bereich privater Lebensgestaltung** nicht rechtfertigen (vgl. BVerfGE 109, 279 <313>; stRspr). Zur **Entfaltung der Persönlichkeit im Kernbereich privater Lebensgestaltung gehört die Möglichkeit**, **innere Vorgänge** wie Empfindungen und Gefühle sowie Überlegungen, Ansichten und Erlebnisse **höchstpersönlicher Art zum Ausdruck zu bringen** (vgl. BVerfGE 109, 279 <313>; 120, 274 <335>; stRspr). Geschützt ist insbesondere die **nichtöffentliche Kommunikation mit Personen des höchstpersönlichen Vertrauens, die in der berechtigten Annahme geführt wird, nicht überwacht zu werden**, wie es insbesondere bei Gesprächen im Bereich der Wohnung der Fall ist. Zu diesen Personen gehören insbesondere Ehe- oder Lebenspartner, Geschwister und Verwandte in gerader Linie, vor allem, wenn sie im selben Haushalt leben, und können Strafverteidiger, Ärzte, Geistliche und enge persönliche Freunde zählen (vgl. BVerfGE 109, 279 <321 ff.>). Dieser Kreis deckt sich nur teilweise mit dem der Zeugnisverweigerungsberechtigten. Solche Gespräche verlieren dabei nicht schon dadurch ihren Charakter als insgesamt höchstpersönlich, dass sich in ihnen Höchstpersönliches und Alltägliches vermischen (vgl. BVerfGE 109, 279 <330>; 113, 348 <391 f.>). Demgegenüber ist die **Kommunikation unmittelbar über Straftaten** nicht geschützt, selbst wenn sie auch Höchstpersönliches zum Gegenstand hat. Die **Besprechung und Planung von Straftaten** gehört ihrem Inhalt nach nicht zum **Kernbereich privater Lebensgestaltung**, sondern hat **Sozialbezug** (vgl. BVerfGE 80, 367 <375>; 109, 279 <319 f., 328>; 113, 348 <391>). Dies bedeutet freilich nicht, dass der Kernbereich unter einem allgemeinen Abwägungsvorbehalt in Bezug auf öffentliche Sicherheitsinteressen steht. Ein **höchstpersönliches Gespräch** fällt nicht schon dadurch aus dem **Kernbereich privater Lebensgestaltung** heraus, dass es für die Aufklärung von Straftaten oder Gefahren hilfreiche Aufschlüsse geben kann. Aufzeichnungen oder Äußerungen im Zwiegespräch, die zum Beispiel ausschließlich innere Eindrücke und Gefühle wiedergeben und keine Hinweise auf konkrete Straftaten enthalten, gewinnen nicht schon dadurch einen **Gemeinschaftsbezug**, dass sie Ursachen oder Beweggründe eines strafbaren Verhaltens freizulegen vermögen (vgl. BVerfGE 109, 279 <319>). Auch können trotz **Straftatenbezugs** Situationen, in denen Einzelnen gerade ermöglicht werden soll, ein Fehlverhalten einzugestehen oder sich auf dessen Folgen einzurichten, wie Beichtgespräche oder vertrauliche Gespräche mit einem Psychotherapeuten oder einem Strafverteidiger, der **höchstpersönlichen Privatsphäre** unterfallen, die dem Staat absolut entzogen ist (vgl. BVerfGE 109, 279 <322>). Ein hinreichender **Sozialbezug** besteht demgegenüber dann, wenn **Gespräche - auch mit Vertrauenspersonen - sonst unmittelbar Straftaten zu ihrem Gegenstand haben** (vgl. BVerfGE 109, 279 <319>). Der **Kernbereich privater Lebensgestaltung** beansprucht gegenüber **allen Überwachungsmaßnahmen** Beachtung. Können sie typischerweise zur Erhebung kernbereichsrelevanter Daten führen, muss der Gesetzgeber Regelungen schaffen, die einen wirksamen Schutz normenklar gewährleisten (vgl. BVerfGE 109, 279 <318 f.>; 113, 348 <390 f.>; 120, 274 <335 ff.>). Außerhalb solch verletzungsgeneigter Befugnisse bedarf es eigener Regelungen nicht. Grenzen, die sich im Einzelfall auch hier gegenüber einem Zugriff auf höchstpersönliche Informationen ergeben können, sind bei deren Anwendung unmittelbar von Verfassungs wegen zu beachten. Der **Schutz des Kernbereichs privater Lebensgestaltung** ist strikt und darf nicht durch Abwägung mit den Sicherheitsinteressen nach Maßgabe des Verhältnismäßigkeitsgrundsatzes relativiert werden (vgl. BVerfGE 109, 279 <314>; 120, 273 <339>; stRspr). Dies bedeutet jedoch nicht, dass **jede tatsächliche Erfassung von höchstpersönlichen Informationen** stets einen Verfassungsverstoß oder eine Menschenwürdeverletzung begründet. Angesichts der Handlungs- und Prognoseunsicherheiten, unter denen Sicherheitsbehörden ihre Aufgaben wahrnehmen, kann ein **unbeabsichtigtes Eindringen in den Kern-**

a) GR-SB:

aa) Persönlicher GR-SB: „Jeder".

bb) Sachlicher GR-SB: „**freie Entfaltung der Persönlichkeit**" als „**Datenfreiheit**" (Grundsätzliche Bestimmungsbefugnis des Einzelnen über Preisgabe und Verwendung eigener personenbezogener Daten[972]), vgl. **personenbezogenes Datum**: § 36 Nr. 1 DSG NRW[973].

---

bereich privater Lebensgestaltung im Rahmen von Überwachungsmaßnahmen nicht für jeden Fall von vornherein ausgeschlossen werden (vgl. BVerfGE 120, 274 <337 f.>). Die Verfassung verlangt jedoch **für die Ausgestaltung der Überwachungsbefugnisse** die **Achtung des Kernbereichs** als eine strikte, nicht frei durch Einzelfallerwägungen überwindbare Grenze.".

BVerfGE 120, 274 (Online-Durchsuchung) = BVerfG, Urteil des Ersten Senats vom 27.02.2008 – 1 BvR 370/07 –, Ls. 1: „Das **allgemeine Persönlichkeitsrecht** (Art. 2 Abs. 1 i.V.m. Art. 1 Abs. 1 GG) umfasst das Grundrecht auf **Gewährleistung der Vertraulichkeit und Integrität informationstechnischer Systeme**."; BVerfGE 120, 274, 314 (Online-Durchsuchung) = BVerfG, Urteil des Ersten Senats vom 27.02.2008 – 1 BvR 370/07 –, Rn. 203: „**informationstechnisches System**": „etwa Personalcomputer", „ferner beispielweise [...] solche Mobiltelefone oder elektronische Terminkalender, die über einen großen Funktionsumfang verfügen und personenbezogene Daten vielfältiger Art erfassen und speichern können."; BVerfGE 120, 274, 276 (Online-Durchsuchung) = BVerfG, Urteil des Ersten Senats vom 27.02.2008 – 1 BvR 370/07 –, Rn. 5: „**heimlicher Zugriff auf ein informationstechnisches System**": „[heimliche] technische Infiltration [...], die etwa Sicherheitslücken des Zielsystems ausnutzt oder über die Installation eines Spähprogramms erfolgt", wobei die Infiltration es ermöglicht, die Zielsystem-„Nutzung zu überwachen oder die Speichermedien durchzusehen oder gar das Zielsystem fernzusteuern.".

BVerfGE 147, 1 (**Geschlechtsidentität**) = BVerfG, Beschluss des Ersten Senats vom 10.10.2017 – 1 BvR 2019/16 –, Ls. 1-3: „1. Das **allgemeine Persönlichkeitsrecht** (Art. 2 Abs. 1 i.V.m. Art. 1 Abs. 1 GG) schützt die **geschlechtliche Identität**. Es schützt auch die geschlechtliche Identität derjenigen, die sich dauerhaft weder dem männlichen noch dem weiblichen Geschlecht zuordnen lassen. 2. Art. 3 Abs. 3 Satz 1 GG schützt auch Menschen, die sich dauerhaft weder dem männlichen noch dem weiblichen Geschlecht zuordnen lassen, vor **Diskriminierungen wegen ihres Geschlechts**. 3. Personen, die sich dauerhaft weder dem männlichen noch dem weiblichen Geschlecht zuordnen lassen, werden in beiden Grundrechten verletzt, wenn das Personenstandsrecht dazu zwingt, das Geschlecht zu registrieren, aber keinen anderen positiven Geschlechtseintrag als weiblich oder männlich zulässt.".

BVerfG, Urteil des Zweiten Senats vom 26.02.2020 – 2 BvR 2347/15 –, Ls. 1: „a) Das **allgemeine Persönlichkeitsrecht** (Art. 2 Abs. 1 i.V.m. Art. 1 Abs. 1 GG) umfasst als Ausdruck persönlicher Autonomie ein **Recht auf selbstbestimmtes Sterben**. b) Das **Recht auf selbstbestimmtes Sterben** schließt die Freiheit ein, sich das Leben zu nehmen [Rn. 208: „**Recht auf Selbsttötung**"]. Die Entscheidung des Einzelnen, seinem Leben entsprechend seinem Verständnis von Lebensqualität und Sinnhaftigkeit der eigenen Existenz ein Ende zu setzen, ist im Ausgangspunkt als Akt autonomer Selbstbestimmung von Staat und Gesellschaft zu respektieren. c) Die **Freiheit, sich das Leben zu nehmen**, umfasst auch die Freiheit, hierfür bei Dritten Hilfe zu suchen und Hilfe, soweit sie angeboten wird, in Anspruch zu nehmen.".

970 Zum sog. „**Menschenwürdegehalt**" der Grundrechte: *Basten*, Die Menschenwürde des Grundgesetzes.

971 Vgl. auch Art. 142 GG i.V.m. Art. 4 Abs. 2 Verfassung NRW; Art. 8 EU-GR-Charta; Art. 16 AEUV; Art. 8 EMRK.

972 BVerfGE 65, 1, Ls. 1 S. 2 (Volkszählungsgesetz) = BVerfG, Urteil des Ersten Senats vom 15.12.1983 – 1 BvR 209/83, Ls. 1 S. 2 (Ls. 1: „Unter den Bedingungen der modernen Datenverarbeitung wird der Schutz des Einzelnen gegen unbegrenzte Erhebung, Speicherung, Verwendung und Weitergabe seiner persönlichen Daten von dem allgemeinen Persönlichkeitsrecht des Art. 2 Abs. 1 GG in Verbindung mit Art. 1 Abs. 1 GG umfaßt. Das Grundrecht gewährleistet insoweit die Befugnis des Einzelnen, grundsätzlich selbst über die Preisgabe und Verwendung seiner persönlichen Daten zu bestimmen.").

973 BVerfG, Beschluss der 3. Kammer des Zweiten Senats vom 27.06.2018 – 2 BvR 1562/17 (auf § 103 StPO gestützte Anordnung der Durchsuchung der Räumlichkeiten des Münchener Kanzleistandorts der Rechtsanwaltskanzlei Jones Day sowie Sicherstellung von Unterlagen und elektronischen Daten im

b) GR-E (oder Nichteingriff/**Einwilligung** i.S.v. § 36 Nr. 19 DSG NRW, § 38 DSG NRW): **Persönlichkeitsentfaltungseinschränkung** als Datenfreiheitseinschränkung, durch **Datenverarbeitungs**-Maßnahme[974] i.S.d. § 36 Nr. 2 DSG NRW: **Datenerhebung** durch **Personendurchsuchung**[975].

c) GR-B: Art. 2 Abs. 1 Hs. 2 GG[976].

Zuge des sogenannten „VW-Dieselskandals“ – Verfassungsbeschwerde nicht zur Entscheidung angenommen wegen Unzulässigkeit aufgrund Nichterfüllung von Voraussetzungen nach § 93a Abs. 2 BVerfGG), Gründe, V., Rn. 44: „Der Begriff der persönlichen Daten deckt sich mit der Legaldefinition personenbezogener Daten in § 46 Nr. 1 BDSG (zuvor § 3 Abs. 1 BDSG) und erfasst alle Informationen, die sich auf eine identifizierte oder identifizierbare natürliche Person (betroffene Person) beziehen (vgl. noch zu § 3 Abs. 1 BDSG ‚Einzelangaben über persönliche oder sachliche Verhältnisse einer bestimmten oder bestimmbaren Person‘ Di Fabio, in: Maunz/Dürig, GG, Art. 2 Abs.1, Rn. 175 [Juli 2001]).“.

974 BVerfG, Urteil des Ersten Senats vom 19.05.2020 – 1 BvR 2835/17 – (Ausland-Ausland-Fernmeldeaufklärung nach BNDG), E. III. 1., Rn. 212: „Die **Übermittlung personenbezogener Daten**, mit der eine Behörde die von ihr erhobenen Daten einer anderen Stelle zugänglich macht, begründet einen eigenen Grundrechtseingriff (vgl. BVerfGE 100, 313 <367>; 141, 220 <334 Rn. 305>; stRspr). Dieser ist an dem **Grundrecht** zu messen, **in das bei der ursprünglichen Datenerhebung eingegriffen wurde** (vgl. BVerfGE 100, 313 <367>; 141, 220 <334 Rn. 305>; stRspr).“.

975 BVerfG, Beschluss der 2. Kammer des Zweiten Senats vom 27.03.2019 – 2 BvR 2294/18 –, Rn. 17: „**Durchsuchungen, die mit einer Entkleidung verbunden sind**, stellen einen schwerwiegenden Eingriff in das allgemeine Persönlichkeitsrecht dar (vgl. BVerfGK 2, 102 <105>; 17, 9 <14>; BVerfG, Beschluss der 2. Kammer des Zweiten Senats vom 5. März 2015 - 2 BvR 746/13 -, juris, Rn. 33; BVerfG, Beschluss der 2. Kammer des Zweiten Senats vom 5. November 2016 - 2 BvR 6/16 -, juris, Rn. 29; vgl. auch BVerfG, Beschluss der 2. Kammer des Zweiten Senats vom 14. April 2016 - 2 BvR 695/16 -, juris, Rn. 6). Dies gilt in besonderem Maße für **Durchsuchungen, die mit einer Inspizierung von normalerweise verdeckten Körperöffnungen verbunden sind** (vgl. BVerfGK 17, 9 <14>; BVerfG, Beschluss der 3. Kammer des Zweiten Senats vom 10. Juli 2013 - 2 BvR 2815/11 -, juris, Rn. 15; BVerfG, Beschluss der 2. Kammer des Zweiten Senats vom 5. November 2016 - 2 BvR 6/16 -, juris, Rn. 29). Wegen des besonderen Gewichts von Eingriffen, die den Intimbereich und das Schamgefühl des Inhaftierten berühren, hat der Inspizierte Anspruch auf besondere Rücksichtnahme (vgl. BVerfGK 17, 9 <16>; BVerfG, Beschluss der 3. Kammer des Zweiten Senats vom 10. Juli 2013 - 2 BvR 2815/11 -, juris, Rn. 15; BVerfG, Beschluss der 2. Kammer des Zweiten Senats vom 5. November 2016 - 2 BvR 6/16 -, juris, Rn. 29).“.

976 Art. 2 Abs. 1 Hs. 2 GG (**Schrankentrias**): BVerfGE 80, 137, 153 (Reiten im Walde) = BVerfG, Beschluss des Ersten Senats vom 06.06.1989 – 1 BvR 921/85 –, C. I. 1 a), Rn. 69: „Abgesehen von einem absolut geschützten Kernbereich privater Lebensgestaltung, welcher der Einwirkung der öffentlichen Gewalt entzogen ist (BVerfGE 6, 32 [41]), ist die allgemeine Handlungsfreiheit allerdings nur in den **Schranken** des zweiten Halbsatzes von Art. 2 Abs. 1 GG gewährleistet und steht damit insbesondere unter dem **Vorbehalt der verfassungsmäßigen (Rechts-)Ordnung** (BVerfGE 6, 32 [37 f.]; 74, 129 [152]). Stützt sich ein die Handlungsfreiheit berührender Akt der öffentlichen Gewalt auf eine Rechtsnorm, so kann mit der Verfassungsbeschwerde unter Berufung auf Art. 2 Abs. 1 GG zur Nachprüfung gestellt werden, ob diese Norm zur **verfassungsmäßigen Ordnung** gehört, das heißt formell und materiell mit den Normen der Verfassung in Einklang steht (st. Rspr. seit BVerfGE 6, 32).“; BVerfGE 6, 32, Ls. 3 (Elfes) = BVerfG, Urteil des Ersten Senats vom 16.01.1957 – 1 BvR 253/56, Ls. 3: „**Verfassungsmäßige Ordnung** im Sinne des Art. 2 Abs. 1 GG ist die verfassungsmäßige Rechtsordnung, d.h. die Gesamtheit der Normen, die formell und materiell der Verfassung gemäß sind.“; vgl. dazu auch BVerfGE 6, 32, 37-41 (Elfes) = BVerfG, Urteil des Ersten Senats vom 16.01.1957 – 1 BvR 253/56, Gründe II. 2 b), c), Rn. 17-33.

Rechte anderer sind (als Teil der verfassungsmäßigen Ordnung) subjektive Berechtigungen (Anspruch oder Befugnis oder Erlaubnis) einschließlich Verpflichtungen (Pflicht zur Erfüllung von Anspruch oder

2. Körperliche Bewegungsfreiheit, Art. 2 Abs. 2 S. 2 GG[977]

a) GR-SB:

aa) Persönlicher GR-SB: **„Person“**, vgl. § 1 BGB.

bb) Sachlicher GR-SB: „Freiheit“ ist **körperliche Bewegungsfreiheit** als Freiheit, jeden Ort oder Raum aufzusuchen, sich dort aufzuhalten, (ihn zu verlassen), der an sich (tatsächlich und rechtlich) zugänglich ist.

Vertretbar: Nichteröffnung des GR-Schutzbereichs bzw. GR-Nichteingriff bzgl. Art. 2 Abs. 2 S. 2 GG bei:

- Durchsuchung bei Bewusstlosen;
- Durchsuchung in der Bewegung (zum Beispiel Abstasten quasi im Nebenhergehen oder im Vorbeigehen).

b) GR-E (oder Nichteingriff/GR-Verzicht): Freiheitsentziehung oder sonstige Freiheitsbeschränkung, insbesondere Freiheitsbeschränkung durch Bewegungsverfügung, Anhalten oder Festhalten im Rahmen der Durchsuchung.

Freiheitsbeschränkung (Freiheitsentziehung oder sonstige Freiheitsbeschränkung) liegt vor, wenn jemand durch die öffentliche Gewalt gegen seinen Willen daran gehindert wird, einen Ort oder Raum aufzusuchen oder sich dort aufzuhalten, der ihm an sich (tatsächlich und rechtlich) zugänglich ist. Eine **Freiheitsentziehung** als schwerste Form der Freiheitsbeschränkung ist dann gegeben, wenn die tatsächlich und rechtlich an sich gegebene körperliche Bewegungsfreiheit durch staatliche Maßnahmen nach jeder Richtung hin aufgehoben wird[978]; Freiheitsentziehung setzt auch eine besondere Eingriffsintensität und eine nicht nur kurzfristige Dauer der Maßnahme voraus[979]. Im Übrigen kann eine Abgrenzung zwischen Freiheitsentzie-

---

Befugnis oder Erlaubnis) und sonstiger Rechtswirkungen für ein Rechtssubjekt bezüglich eines Verhaltens oder eines Rechtsguts.

Vgl. zum ein Mal bundesverfassungsgerichtlich entscheidungserheblich bemühten „**Sittengesetz**“ nach Art. 2 Abs. 1 Hs. 2 GG als Gesetz, das nicht das durch die „soziale Gemeinschaft“ „als für sich verbindlich“ anerkannte „Rechtsgefühl“ „im allgemeinen“ „verletzt“: BVerfGE 6, 389 (Homosexuelle) = BVerfG, Urteil des Ersten Senats vom 10.05.1957 – 1 BvR 550/52 –, und StrRehaHomG (Gesetz zur strafrechtlichen Rehabilitierung der nach dem 8. Mai 1945 wegen einvernehmlicher homosexueller Handlungen verurteilten Personen vom 17. Juli 2017 – BGBl. I S. 2443).

[977] Vgl. auch Art. 142 GG i.V.m. Art. 4 Abs. 1 Verfassung NRW; Art. 20 Abs. 2a und Art. 21 AEUV i.V.m. Art. 6, 45 EU-GR-Charta (**Bewegungsfreiheit**, **Freizügigkeit**, **Aufenthaltsfreiheit**); Art. 5 EMRK; Art. 2 Protokoll Nr. 4 EMRK; Art. 21 AEUV (**Unionsbürgerfreizügigkeit**, zum **Unionsbürger** vgl. Art. 9 S. 2, 3 EUV, Art. 20 Abs. 1 S. 2, 3 AEUV); Art. 45 AEUV (**Arbeitnehmerfreizügigkeit**); Art. 49 AEUV (**Niederlassungsfreiheit**); Art. 56 AEUV (**Dienstleistungsfreiheit**); vgl. auch Art. 28 AEUV (**Warenverkehrsfreiheit**); Art. 9 Abs. 1 S. 1 IPbpR („Jedermann hat ein Recht auf persönliche Freiheit und Sicherheit.“); Art. 9-11 IPbpR (Freiheitsentziehungsbedingungen), Art. 12 IPbpR (Bewegung, Wohnsitzwahl, Ausreise, Einreise in Hoheitsgebiet eines Staates, vgl. „Freizügigkeit“), Art. 13 IPbpR (Ausländerausweisungsbedingungen).

[978] BVerfG, Beschluss der 1. Kammer des Ersten Senats vom 08.03.2011 – 1 BvR 47/05 –, Rn. 20, vgl. BVerfGE 94, 166, 198 (Flughafenverfahren) = BVerfGE, Urteil des Zweiten Senats vom 14.05.1996 – 2 BvR 1516/93.

[979] BVerfGE 149, 293 (5-Punkt-Fixierung/7-Punkt-Fixierung) = BVerfG, Urteil des Zweiten Senats vom 24.07.2018 – 2 BvR 309/15 –, D. II. 2. a), Rn. 67, vgl. dazu auch BVerfGE 149, 293 (5-Punkt-Fixierung/7-Punkt-Fixierung) = BVerfG, Urteil des Zweiten Senats vom 24.07.2018 – 2 BvR 309/15 –, D. II. 2. b): „Jedenfalls eine **5-Punkt- oder 7-Punkt-Fixierung**, bei der sämtliche Gliedmaßen des Betroffenen mit Gurten am Bett festgebunden werden, stellt eine Freiheitsentziehung im Sinne von Art. 104 Abs. 2 GG dar, es sei denn, es handelt sich um eine lediglich **kurzfristige Maßnahme**. Von einer

hung und sonstiger Freiheitsbeschränkung auch erfolgen nach Art, Dauer, Intensität, Mittel, Zweck der Freiheitsbeschränkung.[980]

c) GR-B: Art. 2 Abs. 2 S. 3 i.V.m. Art. 104 GG.

Ggf. vertretbar wegen Unverfügbarkeit von Eigentum durch die Durchsuchung:

3. Eigentum, Art. 14 Abs. 1 S. 1 Alt. 1 GG[981]

a) GR-SB:

aa) Persönlicher GR-SB: Alle Menschen (personen- und staatsangehörigkeitsunabhängiger Wortlaut);

bb) Sachlicher GR-SB: „**Eigentum**" ist Summe aller vermögenswerten Rechte, also jedenfalls auch der berechtigte Besitz und die berechtigte Nutzung[982].[983]

---

kurzfristigen Maßnahme ist in der Regel auszugehen, wenn sie absehbar die Dauer von ungefähr einer halben Stunde unterschreitet.".

980 Vgl. auch insbesondere zu Art, Intensität, Mittel: § 415 Abs. 2 FamFG und §§ 37a, 62 PolG NRW.

981 Vgl. auch Art. 142 GG i.V.m. Art. 4 Abs. 1 Verfassung NRW; Art. 17 EU-GR-Charta; Art. 1 Zusatzprotokoll EMRK.

982 BVerfGE 95, 267, 300 (Altschulden) = BVerfG, Urteil des Ersten Senats vom 08.04.1997 – 1 BvR 48/94 –, C. I. 1., Rn. 130 f.: „Unter den Schutz der Eigentumsgarantie fallen grundsätzlich alle vermögenswerten Rechte, die dem Berechtigten von der Rechtsordnung in der Weise zugeordnet sind, daß er die damit verbundenen Befugnisse nach eigener Entscheidung zu seinem privaten Nutzen ausüben darf (vgl. BVerfGE 83, 201 [209]; stRspr). Der verfassungsrechtliche Eigentumsschutz reicht damit zwar erheblich weiter als das zivilrechtliche Eigentum und erstreckt sich auch auf nicht dingliche vermögenswerte Rechtspositionen. Er bleibt aber an Rechtspositionen gebunden. Kein Eigentum im Sinn von Art. 14 Abs. 1 GG ist daher das **Vermögen**, das selber kein Recht, sondern den Inbegriff aller geldwerten Güter einer Person darstellt (vgl. BVerfGE 4, 7 [17]; stRspr). Daraus folgt, daß Art. 14 Abs. 1 GG nicht vor der staatlichen Auferlegung von **Geldleistungspflichten** schützt. Diese sind nicht mittels eines bestimmten Eigentumsobjekts zu erfüllen, sondern werden aus dem fluktuierenden Vermögen bestritten. Etwas anderes kommt nur dann in Betracht, wenn die Geldleistungspflichten den Betroffenen übermäßig belasten und seine Vermögensverhältnisse so grundlegend beeinträchtigen, daß sie eine erdrosselnde Wirkung haben (vgl. BVerfGE 78, 232 [243]; stRspr).".

983 Zum Vergleich von Art. 14 Abs. 1 S. 1 Alt. 1 GG und dem Auffanggrundrecht des Art. 2 Abs. 1 GG: Bei lediglich unentschiedenem Potential von Berechtigung wie Nichtberechtigung kann grundsätzlich in dubio pro libertate zunächst zugunsten des Grundrechtsfähigen größtmöglicher Grundrechtsschutzbereich vermutet werden. Vgl. auch BVerfGE 6, 55, 72 (Steuersplitting); BVerfGE 32, 54, 71 (Betriebsbetretungsrecht); BVerfGE 39, 1, 38 (Schwangerschaftsabbruch I); BVerfGE 51, 97, 110 (Zwangsvollstreckung I); BVerfGE 151, 67 (Richtervorbehalt, Bereitschaftsdienst, Nachtzeit/Tageszeit i.S.v. § 104 Abs. 3 StPO) = BVerfG, Beschluss des Zweiten Senats vom 12.03.2019 – 2 BvR 675/14 – (Nachtzeit), Rn. 55, wonach in Zweifelsfällen diejenige Auslegung zu wählen ist/derjenigen Auslegung der Vorzug zu geben ist, welche die (juristische) „Wirkungskraft der Grundrechtsnorm am stärksten entfaltet.". **Eigentum** i.S.d. (privat)rechtsnormgeprägten Schutzbereichs von Art. 14 Abs. 1 S. 1 Alt. 1 GG ist jedenfalls gegeben bei Eigentum i.S.d. Privatrechts und bei vermögenswerter Besitz-/Nutzungs-/Umgangs-Berechtigung (z.B. i.S.d. §§ 854-984 BGB). **Eigentumslosigkeit** i.S.d. (privat)rechtsnormgeprägten Schutzbereichs von Art. 14 Abs. 1 S. 1 Alt. 1 GG ist jedenfalls gegeben bei allseitiger Besitz-/Nutzungs-/Umgangs-Nichtberechtigung (z.B. i.S.d. §§ 854-984 BGB); nicht schon unbedingt bei lediglich Eigentums-Nichtberechtigung im privatrechtlichen Sinne bei vermögenswerten Besitz-/Nutzungs-/Umgangs-Berechtigungen; wohl aber jedenfalls auch bei Verbot i.S.d. § 134 BGB oder Sittenwidrigkeit i.S.d. § 138 BGB oder sonstiger Unwirksamkeitsgründe (Nichtentstehensgründe oder Erlöschensgründe) gerade bezüglich des Erwerbs- oder Nutzungs- oder Umgangsaktes (z.B. i.S.d. §§ 854-984 BGB; vgl. z.B. Btm-Umgangsarten i.S.d. § 29 BtMG; vgl. auch etwaiges waffenrechtliches Verbot der Umgangsart Erwerb oder sonstiger Umgangsarten i.S.d. § 1 Abs. 3, 4 WaffG bei Nichtverbot des Erwerbs). Vgl. BVerfGE 110, 1, 23 f. (Erweiterter Verfall [a. F., ≙ erweiterte Tatertragseinziehung, P. B.]) = BVerfG, Beschluss

b) GR-E (oder Nichteingriff/GR-Verzicht): **Eigentumseinschränkung** durch Einschränkung eines vermögenswerten Rechts, etwa durch Einschränkungen oder Entzug der Nutzungs- und Verfügungsbefugnis an (berechtigtem) Eigentum/Besitz/Nutzung, vgl. §§ 903 ff. BGB, §§ 854 ff. BGB, ohne Güterbeschaffung als Inhalts- und Schrankenbestimmungen im Sinne von Art. 14 Abs. 1 S. 2 GG[984].

c) GR-B: Art. 14 Abs. 1 S. 2, Abs. 2, 3 GG, Art. 18 GG.

4. Allgemeine Verhaltensfreiheit / Allgemeine Handlungsfreiheit[985], Art. 2 Abs. 1 GG[986]

a) GR-SB:

aa) Persönlicher GR-SB: „Jeder".

bb) Sachlicher GR-SB: „**freie Entfaltung der Persönlichkeit**" bedeutet **allgemeine Verhaltensfreiheit** im umfassenden Sinn[987] durch grundsätzlich jedes Tun, Dulden, Unterlassen[988].

---

des Zweiten Senats vom 14.01.2004 – 2 BvR 564/95 –, C. I. 3. a), b), Rn. 86 f, 88: „Die Vorschrift des § 73d StGB [a. F., ≙ § 73a StGB, P. B.] verstößt in der Auslegung des Bundesgerichtshofs auch nicht gegen die Eigentumsgarantie des Art. 14 Abs. 1 GG. Soweit § 73d StGB [a. F., ≙ § 73a StGB, P. B.] den Zugriff auf Vermögenswerte erlaubt, die dem unmittelbar Betroffenen wegen eines Verstoßes gegen strafrechtliche Vorschriften zivilrechtlich nicht zustehen (vgl. § 134, § 935 BGB), ist dessen Eigentumsgrundrecht schon mangels einer schutzfähigen Rechtsposition nicht berührt (vgl. BVerfGE 83, 201 [209]; 95, 267 [300]). Dies betrifft vor allem die Entziehung von Gewinnen aus illegalen Drogengeschäften. Denn wegen des strafrechtlichen Verbots des Handeltreibens mit Betäubungsmitteln ist gemäß § 134 BGB neben dem schuldrechtlichen Verpflichtungsgeschäft zugleich die Übereignung sowohl der Drogen als auch des für sie als Kaufpreis gezahlten Geldes zivilrechtlich unwirksam (vgl. BGH, NJW 1983, S. 636 [Schrifttumsquellen]. […] Soweit § 73d StGB StGB [a. F., ≙ § 73a StGB, P. B.] die Entziehung von Gegenständen anordnet, die der Betroffene zwar deliktisch, aber gleichwohl zivilrechtlich wirksam erworben hat, enthält er eine Inhalts- und Schrankenbestimmung des Eigentums im Sinne des Art. 14 Abs. 1 Satz 2 GG. Diese genügt in der Auslegung des Bundesgerichtshofs den verfassungsrechtlichen Anforderungen.".

984 BVerfGE 143, 246, Ls. 5 (Dreizehnte Novelle des Atomgesetzes) = BVerfG, Urteil des Ersten Senats vom 06.12.2016 - 1 BvR 2821/11 -, Ls. 5.

985 „Allgemeine" Verhaltensfreiheit / Handlungsfreiheit: Auffanggrundrecht ggü. ggf. spezielleren Grundrechten, vgl. Rechtsnormspezialitätsregel („lex specialis derogat legi generali"), vgl. auch: BVerfGE 6, 32, 37 (Elfes) = BVerfG, Urteil des Ersten Senats vom 16.01.1957 – 1 BvR 253/56, Gründe, II. 2. a), Rn. 16: „Neben der allgemeinen Handlungsfreiheit, die Art. 2 Abs. 1 GG gewährleistet, hat das Grundgesetz die Freiheit menschlicher Betätigung für bestimmte Lebensbereiche, die nach den geschichtlichen Erfahrungen dem Zugriff der öffentlichen Gewalt besonders ausgesetzt sind, durch besondere Grundrechtsbestimmungen geschützt; bei ihnen hat die Verfassung durch abgestufte Gesetzesvorbehalte abgegrenzt, in welchem Umfang in den jeweiligen Grundrechtsbereich eingegriffen werden kann. Soweit nicht solche besonderen Lebensbereiche grundrechtlich geschützt sind, kann sich der Einzelne bei Eingriffen der öffentlichen Gewalt in seine Freiheit auf Art. 2 Abs. 1 GG berufen. Hier bedurfte es eines Gesetzesvorbehalts nicht, weil sich aus der Beschränkung der freien Entfaltung der Persönlichkeit durch die verfassungsmäßige Ordnung der Umfang staatlicher Eingriffsmöglichkeiten ohne weiteres ergibt.".

986 Vgl. auch Art. 142 GG i.V.m. Art. 4 Abs. 1 Verfassung NRW; Art. 6 EU-GR-Charta; Art. 5 EMRK.

987 BVerfGE 6, 32, 36 f. (Elfes) = BVerfG, Urteil des Ersten Senats vom 16.01.1957 – 1 BvR 253/56, Gründe, II. 2. a), Rn. 14 f.: „Das Grundgesetz kann mit der ‚freien Entfaltung der Persönlichkeit' nicht nur die Entfaltung innerhalb jenes Kernbereichs der Persönlichkeit gemeint haben, der das Wesen des Menschen als geistig-sittliche Person ausmacht, denn es wäre nicht verständlich, wie die Entfaltung innerhalb dieses Kernbereichs gegen das Sittengesetz, die Rechte anderer oder sogar gegen die verfassungsmäßige Ordnung einer freiheitlichen Demokratie sollte verstoßen können. Gerade diese, dem Individuum als Mitglied der Gemeinschaft auferlegten Beschränkungen zeigen vielmehr, daß das Grundge-

b) GR-E (oder Nichteingriff/GR-Verzicht): Verhaltenseinschränkung als Verhaltenssteuerung.

c) GR-B: Art. 2 Abs. 1 Hs. 2 GG[989].

---

setz in Art. 2 Abs. 1 GG die Handlungsfreiheit im umfassenden Sinne meint. [...] Es waren nicht rechtliche Erwägungen, sondern sprachliche Gründe, die den Gesetzgeber bewogen haben, die ursprüngliche Fassung ‚Jeder kann tun und lassen was er will' durch die jetzige Fassung zu ersetzen (vgl. v. Mangoldt, Parlamentarischer Rat, 42. Sitzung des Hauptausschusses, S. 533).“; BVerfGE 80, 137, 152 f. (Reiten im Walde) = BVerfG, Beschluss des Ersten Senats vom 06.06.1989 – 1 BvR 921/85 –, C. I. 1 a), Rn. 69: „Nach den in der Rechtsprechung des Bundesverfassungsgerichts entwickelten Grundsätzen gewährleistet Art. 2 Abs. 1 GG die allgemeine Handlungsfreiheit im umfassenden Sinne (st. Rspr. seit BVerfGE 6, 32 [36]; aus neuerer Zeit etwa: BVerfGE 74, 129 [151]; 75, 108 [154 f.]). Geschützt ist damit nicht nur ein begrenzter Bereich der Persönlichkeitsentfaltung, sondern jede Form menschlichen Handelns ohne Rücksicht darauf, welches Gewicht der Betätigung für die Persönlichkeitsentfaltung zukommt (vgl. etwa die Entscheidung eines Vorprüfungsausschusses in BVerfGE 54, 143 (146) - Taubenfüttern).“.

988 BVerfGE 6, 32, Ls. 1, 2 (Elfes) = BVerfG, Urteil des Ersten Senats vom 16.01.1957 – 1 BvR 253/56, Ls. 1: „Art. 11 GG betrifft nicht die Ausreisefreiheit.“, Ls. 2: „Die **Ausreisefreiheit** ist als Ausfluß der allgemeinen Handlungsfreiheit durch Art. 2 Abs. 1 GG innerhalb der Schranken der verfassungsmäßigen Ordnung gewährleistet.“; BVerwG, Urteil vom 29.05.2019 – BVerwG 6 C 8.18 (Beschränkung des Geltungsbereichs eines Passes), Rn. 20: „In der höchstrichterlichen Rechtsprechung ist seit Jahrzehnten geklärt, dass die durch Art. 2 Abs. 1 GG geschützte Ausreisefreiheit auch durch den Passversagungsgrund des § 7 Abs. 1 Nr. 1 Alt. 3 PassG als Bestandteil der verfassungsmäßigen Ordnung wirksam eingeschränkt wird.“.

989 Art. 2 Abs. 1 Hs. 2 GG (**Schrankentrias**): BVerfGE 80, 137, 153 (Reiten im Walde) = BVerfG, Beschluss des Ersten Senats vom 06.06.1989 – 1 BvR 921/85 –, C. I. 1 a), Rn. 69: „Abgesehen von einem absolut geschützten Kernbereich privater Lebensgestaltung, welcher der Einwirkung der öffentlichen Gewalt entzogen ist (BVerfGE 6, 32 [41]), ist die allgemeine Handlungsfreiheit allerdings nur in den Schranken des zweiten Halbsatzes von Art. 2 Abs. 1 GG gewährleistet und steht damit insbesondere unter dem **Vorbehalt der verfassungsmäßigen (Rechts-)Ordnung** (BVerfGE 6, 32 [37 f.]; 74, 129 [152]). Stützt sich ein die Handlungsfreiheit berührender Akt der öffentlichen Gewalt auf eine Rechtsnorm, so kann mit der Verfassungsbeschwerde unter Berufung auf Art. 2 Abs. 1 GG zur Nachprüfung gestellt werden, ob diese Norm zur **verfassungsmäßigen Ordnung** gehört, das heißt formell und materiell mit den Normen der Verfassung in Einklang steht (st. Rspr. seit BVerfGE 6, 32).“; BVerfGE 6, 32, Ls. 3 (Elfes) = BVerfG, Urteil des Ersten Senats vom 16.01.1957 – 1 BvR 253/56, Ls. 3: „**Verfassungsmäßige Ordnung** im Sinne des Art. 2 Abs. 1 GG ist die verfassungsmäßige Rechtsordnung, d.h. die Gesamtheit der Normen, die formell und materiell der Verfassung gemäß sind.“; vgl. dazu auch BVerfGE 6, 32, 37-41 (Elfes) = BVerfG, Urteil des Ersten Senats vom 16.01.1957 – 1 BvR 253/56, Gründe II. 2 b), c), Rn. 17-33.

Rechte anderer sind (als Teil der verfassungsmäßigen Ordnung) subjektive Berechtigungen (Anspruch oder Befugnis oder Erlaubnis) einschließlich Verpflichtungen (Pflicht zur Erfüllung von Anspruch oder Befugnis oder Erlaubnis) und sonstiger Rechtswirkungen für ein Rechtssubjekt bezüglich eines Verhaltens oder eines Rechtsguts.

Vgl. zum ein Mal bundesverfassungsgerichtlich entscheidungserheblich bemühten „**Sittengesetz**“ nach Art. 2 Abs. 1 Hs. 2 GG als Gesetz, das nicht das durch die „soziale Gemeinschaft“ „als für sich verbindlich“ anerkannte „Rechtsgefühl“ „im allgemeinen“ „verletzt“: BVerfGE 6, 389 (Homosexuelle) = BVerfG, Urteil des Ersten Senats vom 10.05.1957 – 1 BvR 550/52 –, und StrRehaHomG (Gesetz zur strafrechtlichen Rehabilitierung der nach dem 8. Mai 1945 wegen einvernehmlicher homosexueller Handlungen verurteilten Personen vom 17. Juli 2017 – BGBl. I S. 2443).

(VOR/DEF)

Rechtsgebiet ist Rechtsordnungsteil nach allen Umständen[990] – wie schwerpunktmäßige Äußerungen[991], Rechtsnormen[992], Zwecke[993], auch i.V.m. §§ 133, 157 BGB analog[994].[995]

---

[990] Umstände im weiten Sinn, etwa als Bedingungen, Beziehungen, Faktoren, Folgen, Funktionen, Umweltbedingungen, Variablen, Verhältnissen, Voraussetzungen, Weltbedingungen.

[991] Äußerungen im weiten Sinn, etwa als alle Verhaltensäußerungen (einschließlich Aussagen).

[992] Rechtsnormen im weiten Sinn, etwa solche, die die Umstände oder das Verhalten regieren (sollen).

[993] Zwecke im weiten Sinn, etwa als sich aus einer Lage ergebende, objektiv zu verfolgende Ziele.

[994] Sog. **objektivierter Empfängerhorizont**, vgl. BVerwGE 147, 81 = BVerwG, Urteil vom 20.06.2013 – BVerwG 8 C 46.12, Rn. 27: „Die bundesrechtlichen Auslegungsregeln der §§ 133, 157 BGB sind auf öffentlich-rechtliche Erklärungen entsprechend anzuwenden. Bei Verwaltungsakten kommt es wie bei empfangsbedürftigen Willenserklärungen nicht auf den wirklichen Willen des Erklärenden (natürliche Auslegung), sondern auf den objektiven Erklärungsinhalt an. Maßgeblich ist, wie der Empfänger die Erklärung nach Treu und Glauben unter Berücksichtigung der für ihn erkennbaren Umstände verstehen musste. Dabei ist vom Wortlaut der Erklärung auszugehen und deren objektiver Gehalt unter Berücksichtigung des Empfängerhorizonts zu ermitteln (stRspr, vgl. Urteile vom 2. September 1999 - BVerwG 2 C 22.98 - BVerwGE 109, 283 <286> = Buchholz 237.7 § 72 NWLBG Nr. 4 und vom 27. Juni 2012 - BVerwG 9 C 7.11 - BVerwGE 143, 222 <Rn. 18> = Buchholz 11 Art. 20 GG Nr. 206; BGH, Urteile vom 24. Februar 1988 - VIII ZR 145/87 - BGHZ 103, 275 <280>, vom 27. Januar 2010 - VIII ZR 58/09 - BGHZ 184, 128 <137 Rn. 33> und vom 1. März 2011 - II ZR 16/10 - NJW 2011, 1666 <1667 Rn. 11> je m.w.N.).“; BVerwG, Beschluss vom 06.08.2018 – BVerwG 7 B 4.18, Rn. 10: „Dass die bundesrechtlichen Auslegungsregeln der §§ 133, 157 BGB auf öffentlich-rechtliche Erklärungen, d.h. u.a. auf Verwaltungsakte, entsprechend anzuwenden sind, ist in der Rechtsprechung des Bundesverwaltungsgerichts bereits geklärt (BVerwG, Urteil vom 20. Juni 2013 - 8 C 46.12 - BVerwGE 147, 81 Rn. 27 m.w.N.).“.

[995] BVerwG 47, 255, 264 = BVerwG, Urteil vom 03.12.1974 – BVerwG I C 11.73: „Obwohl sich für die Polizei im Einzelfall bei einem einheitlichen Lebenssachverhalt gleichzeitig und unmittelbar Aufgaben der Strafverfolgung und der Gefahrenabwehr ergeben können, ist der im Schrifttum vertretenen Auffassung nicht zu folgen, daß aus Gründen der Rechtssicherheit oder wegen der schwierigen Durchschaubarkeit für den Bürger jede Art polizeilichen Handelns der verwaltungsgerichtlichen Kontrolle unterliegen müsse. In aller Regel ist es für den Betroffenen nicht schwer, zu erkennen, ob die Polizei im konkreten Fall eine - begangene - Straftat erforschen (**Strafverfolgung**) oder den Eintritt eines Schadens, etwa die - zukünftige - Begehung einer strafbaren Handlung, verhindern oder eine bereits eingetretene Störung der öffentlichen Sicherheit oder Ordnung beseitigen (**Gefahrenabwehr**) will. Außerdem wird man davon ausgehen dürfen, daß die Polizei dem Betroffenen - wie im vorliegenden Fall - den Grund ihres Einschreitens von sich aus oder auf Verlangen angibt. Im übrigen kommt es darauf an, wie sich der konkrete Lebenssachverhalt einem verständigen Bürger in der Lage des Betroffenen bei natürlicher Betrachtungsweise darstellt. Dieser Sachverhalt muß im allgemeinen einheitlich betrachtet werden, es sei denn, daß einzelne Teile des Geschehensablaufs objektiv abtrennbar sind. Hat die Polizei die Ermittlungen an die StA oder das Amtsgericht weitergeleitet (§ 163 Abs. 2 StPO) oder auf Weisung der StA gehandelt, so kann an der strafprozessualen Natur ihres Einschreitens kein vernünftiger Zweifel bestehen. Eine Maßnahme, die nach dem Gesamteindruck darauf gerichtet ist, eine strafbare Handlung zu erforschen oder sonst zu verfolgen, ist der Kontrolle der ordentlichen Gerichte nach §§ 23 ff. EGGVG nicht etwa deshalb entzogen, weil durch die polizeilichen Ermittlungen möglicherweise zugleich auch künftigen Verletzungen der öffentlichen Sicherheit vorgebeugt würde.“.

(SUB/ERG)

Die Maßnahme erfolgt auf dem Rechtsgebiet des besonderen öffentlichen Verwaltungsrechts polizeilicher Gefahrenabwehr.

Eine Durchsuchung erfolgt auf dem Rechtsgebiet der Gefahrenabwehr insbesondere bei

- nicht tatverdachtsveranlasstem Suchen;
- Suchen nach nicht tatverdachtsbezogenen Gegenständen;
- Suchen ohne schwerpunktmäßigen Zweck einer anschließenden Strafrechtspflegemaßnahme wie beispielsweise nach § 94 Abs. 1 StPO; § 94 Abs. 1, 2 StPO; § 94 Abs. 3 StPO; §§ 99, 100 StPO; § 111b StPO; § 132 StPO.

A. Rechtsgrundlage (RGL) III. Mögliche Befugnisrechtsnorm (Mgl. Brn.)

(VOR/DEF)

Befugnisrechtsnorm ist die rechtmäßige hauptsächliche materiell-rechtliche Rechtsgrundlage mit realfolgenentsprechender Rechtsfolge.

(SUB/ERG)

Realfolge ist die Maßnahme laut Sachverhalt.

Rechtsfolge ist die Maßnahme laut Rechtsnorm.

(SUB)

Realfolgen und Rechtsfolgen zu:

Betreten und/oder Durchsuchung

Realfolgen Durchsuchung – Beispiele:

Nachschau; Suchen; (Aufforderung zum) Aufdecken.

Rechtsfolge(n) Durchsuchung – allgemein:

Personendurchsuchung: Suchverhalten (gezielte Nachschau mit Begleitmaßnahmen) bzgl. Personen, Sachen, Daten

- in oder am Personenkörper (ohne Körperbeschaffenheitsermittlungszweck)[996],

(ERG)

Mögliche Befugnisrechtsnorm zu:

Betreten und/oder Durchsuchung

Gefahrenabwehr:

- Diverse spezielle Rechtsnormen wie: § 15 Abs. 4 AsylG; § 48 Abs. 3 AufenthG; § 58 Abs. 5-10 AufenthG; §§ 42, 44 LFGB; § 4 VereinsG; § 36 Abs. 3 WaffG, § 39 Abs. 2 WaffG, § 46 Abs. 4 WaffG
- § 12 Abs. 1 Nr. 1, Abs. 2 PolG NRW
- § 12 Abs. 1 Nr. 2 a), Abs. 2 PolG NRW
- § 12 Abs. 1 Nr. 2 b), Abs. 2 PolG NRW
- § 12 Abs. 1 Nr. 2 c), Abs. 2 PolG NRW
- § 12 Abs. 1 Nr. 3, Abs. 2 PolG NRW
- § 12 Abs. 1 Nr. 4, Abs. 2 PolG NRW

[996] Vgl. auch BVerfG, Beschluss der 2. Kammer des Zweiten Senats vom 27.03.2019 - 2 BvR 2294/18 -, Rn. 17: „**Durchsuchungen, die mit einer Entkleidung verbunden sind**, stellen einen schwerwiegenden Eingriff in das allgemeine Persönlichkeitsrecht dar (vgl. BVerfGK 2, 102 <105>; 17, 9 <14>; BVerfG, Beschluss der 2. Kammer des Zweiten Senats vom 5. März 2015 - 2 BvR 746/13 -, juris, Rn.

- in oder an am Personenkörper befindlichen Sachen (z.B. Bekleidung bzw. Accessoires).

Sachendurchsuchung:

Suchverhalten (gezielte Nachschau mit Begleitmaßnahmen) bzgl. Personen, Sachen, Daten in oder an nicht am Personenkörper befindlichen, nicht als Wohnung geltenden Sachen (vgl. § 90 BGB).

Wohnungsdurchsuchung:

Suchverhalten (gezielte Nachschau mit Begleitmaßnahmen) bzgl. Personen, Sachen, Daten in einer als Wohnung geltenden Sache[997].[998]

- § 12a Abs. 1 S. 1 Var. 3 PolG NRW
- § 39 PolG NRW
- § 40 PolG NRW
- §§ 41, 42 PolG NRW.

Strafrechtspflege (ggf. mit §§ 46, 53 Abs. 1 S. 2, Abs. 2 OWiG):

- § 100b StPO;
- § 163b Abs. 1 S. 3 Var. 1/2 StPO;
- § 163b Abs. 2 StPO;
- § 111 StPO;
- § 102 StPO;
- § 103 StPO;
- §§ 99, 100 StPO;
- (§ 110 StPO).

33; BVerfG, Beschluss der 2. Kammer des Zweiten Senats vom 5. November 2016 - 2 BvR 6/16 -, juris, Rn. 29; vgl. auch BVerfG, Beschluss der 2. Kammer des Zweiten Senats vom 14. April 2016 - 2 BvR 695/16 -, juris, Rn. 6). Dies gilt in besonderem Maße für **Durchsuchungen, die mit einer Inspizierung von normalerweise verdeckten Körperöffnungen verbunden sind** (vgl. BVerfGK 17, 9 <14>; BVerfG, Beschluss der 3. Kammer des Zweiten Senats vom 10. Juli 2013 - 2 BvR 2815/11 -, juris, Rn. 15; BVerfG, Beschluss der 2. Kammer des Zweiten Senats vom 5. November 2016 - 2 BvR 6/16 -, juris, Rn. 29). Wegen des besonderen Gewichts von Eingriffen, die den Intimbereich und das Schamgefühl des Inhaftierten berühren, hat der Inspizierte Anspruch auf besondere Rücksichtnahme (vgl. BVerfGK 17, 9 <16>; BVerfG, Beschluss der 3. Kammer des Zweiten Senats vom 10. Juli 2013 - 2 BvR 2815/11 -, juris, Rn. 15; BVerfG, Beschluss der 2. Kammer des Zweiten Senats vom 5. November 2016 - 2 BvR 6/16 -, juris, Rn. 29).“; vgl. auch BVerfG, Beschluss der 3. Kammer des Zweiten Senats vom 04.02.2009 – 2 BvR 455/08 –, Rn. 24: „Die Verfassungsbeschwerde ist ihrer Begründung gemäß dahin auszulegen, dass sie sich gegen die angegriffenen Entscheidungen allein insoweit wendet, als sie die bei Aufnahme in die Untersuchungshaft erfolgte, mit einer Entkleidung und Inspizierung des Anus verbundene körperliche Durchsuchung betreffen.“.

[997] Vgl. BVerfGE 32, 54, Ls. 1, 69-72 (Betriebsbetretungsrecht) = BVerfG, Beschluss des Ersten Senats vom 13.10.1971 – 1 BvR 280/66, Ls. 1: „Der Begriff ‚**Wohnung**‘ in Art. 13 Abs. 1 GG ist weit auszulegen; er umfaßt auch **Arbeits-, Betriebs- und Geschäftsräume**.“; vgl. auch § 41 Abs. 1 S. 2 PolG NRW; vgl. auch Nr. 40.03 VVPolG NRW: „Für die **Durchsuchung von Sachen im befriedeten Besitztum** gelten die §§ 41 und 42.“; Nr. 41.13 VVPolG NRW: „Die Durchsuchung einer Wohnung hat sich auf Anlass und Zweck der Durchsuchung zu beschränken. Befinden sich in der Wohnung Personen, die durchsucht werden sollen, ist hierfür § 39 maßgebend. Sollen in einer Wohnung Sachen durchsucht werden, die nicht den Wohnungsinhabern gehören, ist § 40 einschlägig.“; vgl. auch Nr. 40.12 VVPolG NRW: „Sollen bewegliche Sachen, die Wohnungen sind (vgl. RdNr. 41.11), betreten oder durchsucht werden, richten sich die Maßnahmen nach § 41.“, vgl. auch Nr. 41.11 VVPolG NRW: „Es ist zu beachten: **Wohnungen** i.S.d. § 41 Abs. 1 Satz 2 sind auch die zu Wohnzwecken genutzten beweglichen Sachen wie Schiffe, Wohnwagen, Wohnmobile und Zelte. **Inhaber einer Wohnung** ist, wer rechtmäßig die tatsächliche Gewalt über die Räumlichkeit ausübt, somit z.B. auch Mieter, Untermieter oder Hotelgast. Bei Gemeinschaftsunterkünften, Internaten und Obdachlosenasylen sind nur die Leiterinnen und Leiter Inhaber. Die **Befugnis zum Betreten einer Wohnung** schließt die Befugnis ein, von Personen, Sachen und Zuständen, die ohne weiteres wahrgenommen werden können, **Kenntnis** zu nehmen. Soweit es für die Erfüllung der polizeilichen Aufgaben erforderlich ist, umfasst das **Betretungsrecht** bei Grundstücken auch das **Recht zum Befahren mit Fahrzeugen**.“, vgl. auch Nr. 41.13 VVPolG NRW: „Die

Wohnungsbetreten (vgl. nur zum Wohnungsbetreten: § 20 Abs. 3 PolG NRW; § 41 Abs. 4 PolG NRW, § 110 StPO): Körperliches Eindringen in eine als Wohnung geltende Sache.

Raumdurchsuchung (vgl. §§ 102, 103 StPO): Suchverhalten (gezielte Nachschau einschließlich Begleitmaßnahmen) bzgl. Personen, Sachen, Daten in einem umschlossenen Gebäudeteil oder entsprechendem Behältnis ohne Wohnungseigenschaft.

Online-Durchsuchung (vgl. § 100b StPO; vgl. auch „**Online-TKÜ**", § 100a Abs. 1 S. 2, 3 StPO; § 20c Abs. 2 PolG NRW):

Eingriff mit technischen Mitteln auch ohne Wissen des Betroffenen in ein von dem Betroffenen genutztes informationstechnisches System mit Datenerhebung daraus.

Abgrenzung Durchsuchung / unvermeidliche Kenntnisnahme:

Unvermeidliche Kenntnisnahme ist Wahrnehmung ohnehin offen präsenter Personen, Sachen, Daten ohne Veränderung, z.B. Umherblicken in Wohnung von einem Standposten aus, vgl. § 41 PolG NRW.

Abgrenzung Durchsuchung / Inaugenscheinnahme (vgl. § 12a Abs. 1 S. 2 PolG NRW):

Inaugenscheinnahme ist prüfende Betrachtung präsenter Sachen oder Daten ohne erhebliche Veränderung (vgl. § 12a Abs. 1 S. 2, 3

Durchsuchung einer Wohnung hat sich auf Anlass und Zweck der Durchsuchung zu beschränken. Befinden sich in der Wohnung Personen, die durchsucht werden sollen, ist hierfür § 39 maßgebend. Sollen in einer Wohnung Sachen durchsucht werden, die nicht den Wohnungsinhabern gehören, ist § 40 einschlägig.".

998 BVerfGE 76, 83, 89 (Zwangsvollstreckung III) = BVerfG, Beschluss des Ersten Senats vom 16.06.1987 – 1 BvR 1202/84 –: „Dabei ist für den Begriff der **Durchsuchung** kennzeichnend das ziel- und zweckgerichtete Suchen staatlicher Organe nach Personen oder Sachen oder zur Ermittlung eines Sachverhalts, um etwas aufzuspüren, was der Inhaber der Wohnung von sich aus nicht offenlegen oder herausgeben will (BVerfGE 28, 285 [287 ff.]; 47, 31 [36 f.])."; so auch: BVerfGE 51, 97, 106 (Zwangsvollstreckung I) = BVerfG, Beschluss des Ersten Senats vom 03.04.1979 – 1 BvR 994/76 –; nicht in: BVerfGE 57, 346 (Zwangsvollstreckung II) = BVerfG, Beschluss des Ersten Senats vom 16.06.1981 – 1 BvR 1094/80 –.

PolG NRW; Prinzip: „Just look, don't touch"); z.B. Betrachtung von: geöffneter Tasche / Fahrzeuginnerem / geöffnetem Kofferraum.

Abgrenzung Personendurchsuchung / Körperliche Untersuchung (KU) durch Körperbeschaffenheitsermittlungszweck: **Körperliche Untersuchung** ist Körperbeschaffenheitsermittlung durch gezielte Nachschau oder gezielten Eingriff am Menschenkörper, ggf. auch mit Datenverarbeitung, ggf. auch mit sog. Exploration.

(SUB)

Realfolge ist die jeweilige Realfolge laut Sachverhalt.

Rechtsfolge ist als Realakt/(Begleit-)VA **Personendurchsuchung** (außer in den Fällen des § 12 Abs. 2 S. 4 PolG NRW), also: Suchverhalten (gezielte Nachschau mit Begleitmaßnahmen) bzgl. Personen, Sachen, Daten

- in oder am Personenkörper (ohne Körperbeschaffenheitsermittlungszweck)[999],
- in oder an am Personenkörper befindlichen Sachen (z.B. Bekleidung bzw. Accessoires).[1000]

---

[999] Vgl. auch BVerfG, Beschluss der 2. Kammer des Zweiten Senats vom 27.03.2019 - 2 BvR 2294/18 -, Rn. 17: „**Durchsuchungen, die mit einer Entkleidung verbunden sind**, stellen einen schwerwiegenden Eingriff in das allgemeine Persönlichkeitsrecht dar (vgl. BVerfGK 2, 102 <105>; 17, 9 <14>; BVerfG, Beschluss der 2. Kammer des Zweiten Senats vom 5. März 2015 - 2 BvR 746/13 -, juris, Rn. 33; BVerfG, Beschluss der 2. Kammer des Zweiten Senats vom 5. November 2016 - 2 BvR 6/16 -, juris, Rn. 29; vgl. auch BVerfG, Beschluss der 2. Kammer des Zweiten Senats vom 14. April 2016 - 2 BvR 695/16 -, juris, Rn. 6). Dies gilt in besonderem Maße für **Durchsuchungen, die mit einer Inspizierung von normalerweise verdeckten Körperöffnungen verbunden sind** (vgl. BVerfGK 17, 9 <14>; BVerfG, Beschluss der 3. Kammer des Zweiten Senats vom 10. Juli 2013 - 2 BvR 2815/11 -, juris, Rn. 15; BVerfG, Beschluss der 2. Kammer des Zweiten Senats vom 5. November 2016 - 2 BvR 6/16 -, juris, Rn. 29). Wegen des besonderen Gewichts von Eingriffen, die den Intimbereich und das Schamgefühl des Inhaftierten berühren, hat der Inspizierte Anspruch auf besondere Rücksichtnahme (vgl. BVerfGK 17, 9 <16>; BVerfG, Beschluss der 3. Kammer des Zweiten Senats vom 10. Juli 2013 - 2 BvR 2815/11 -, juris, Rn. 15; BVerfG, Beschluss der 2. Kammer des Zweiten Senats vom 5. November 2016 - 2 BvR 6/16 -, juris, Rn. 29)."; vgl. auch BVerfG, Beschluss der 3. Kammer des Zweiten Senats vom 04.02.2009 – 2 BvR 455/08 –, Rn. 24: „Die Verfassungsbeschwerde ist ihrer Begründung gemäß dahin auszulegen, dass sie sich gegen die angegriffenen Entscheidungen allein insoweit wendet, als sie die bei Aufnahme in die Untersuchungshaft erfolgte, mit einer Entkleidung und Inspizierung des Anus verbundene körperliche Durchsuchung betreffen.".

[1000] Zur Hosentaschenleerungsverfügung siehe auch das Beispiel aus VGH Baden-Württemberg, Urteil des 1. Senats vom 13.08.2018 – 1 S 1468/17, Rn. 147: „Die Aufforderung, die Hosentaschen zum Zwecke der Eigensicherung der Polizeibeamten zu leeren, findet ihre Rechtsgrundlage stattdessen mangels abschließender Regelung in den Vorschriften über die Standardmaßnahmen in der polizeilichen Generalklausel […].".

(ERG)

Mögliche Befugnisrechtsnorm ist § 39 PolG NRW.

B. Formelle Rechtmäßigkeit (FR) I. Zuständigkeit (Z)

(VOR/DEF)

Zuständigkeit ist Aufgabenwahrnehmungserlaubnis für den Rechtsfolgesetzer.

(SUB/ERG)

Für die Maßnahme ist die Zuständigkeit (i.d.R.) wie folgt gegeben:

1. sachliche Zuständigkeit *der Polizei* gemäß (alternativ)

- § 1 Abs. 1 S. 1, 2 Var. 1 PolG NRW (originäre Zuständigkeit) (ggf. i.V.m. § 1 Abs. 2 PolG NRW[1001] / ggf. i.V.m. § 1 Abs. 5 S. 2 PolG NRW[1002]);
- § 1 Abs. 1 S. 1, 3 PolG NRW (subsidiäre Zuständigkeit);

2. instanzielle Zuständigkeit *der Polizeibehörde* gemäß

- (i.d.R.) § 11 Abs. 1 Nr. 1 POG NRW;
- (generell:) §§ 10-14 POG NRW (ggf. i.V.m. KPBVO NRW / ggf. i.V.m. LKAAufgVO NRW);

3. örtliche Zuständigkeit *der Polizeibehörde* gemäß

- (i.d.R.) § 7 Abs. 1 S. 1 POG NRW (ggf. i.V.m. KHStVO NRW);
- (generell:) §§ 7-9 POG NRW (ggf. i.V.m. KHStVO NRW);

4. funktionelle Zuständigkeit *des Polizeiamtswalters* gemäß (alternativ)

- § 39 Abs. 1 W. 2 PolG NRW;
- § 39 Abs. 2 S. 1 W. 2 PolG NRW.

1001 § 1 Abs. 2 PolG NRW hat negative Zuständigkeitsvoraussetzungen; § 1 Abs. 2 PolG NRW ist die sogenannte „**Privatrechtsklausel**"; zum **Privatrecht in der polizeilichen Praxis** ausführlich: *Basten*, Privatrecht in der polizeilichen Praxis.

1002 § 1 Abs. 5 S. 2 PolG NRW ist qua Gesetzessystematik eine Zuständigkeitsvorschrift mit negativen Befugnisvoraussetzungen.

B. Formelle Rechtmäßigkeit (FR) II. Verfahren (V)[1003]

(VOR/DEF)

Verfahren ist normiertes Verhalten insbesondere für den Rechtsfolgezuständigen außer, bei, i.Z.m. der Rechtsfolge.

1. Verfahrensrechtsnorm aus § 39 Abs. 3 PolG NRW für Personendurchsuchungs-Realakt

(VOR)

Gemäß § 39 Abs. 3 PolG NRW dürfen Personen „nur von **Personen gleichen Geschlechts oder Ärzten** durchsucht werden; das gilt nicht, wenn die sofortige Durchsuchung zum Schutz gegen eine Gefahr für Leib oder Leben erforderlich ist."

(DEF)

Durchsuchung i.S.v. Durchsuchungspersonvoraussetzungen wie aus § 39 Abs. 3 PolG NRW ist Suchverhalten mit Eingriff in die körperliche Intimsphäre der betroffenen Person, wie zum Beispiel möglich durch systematisches Abtasten, Hineingreifen, Fixieren an Körperintimstellen, nicht Durchsuchung i.S.d. § 39 Abs. 3 PolG NRW sind: Durchsuchung-Begleitmaßnahmen wie Bewegungsverfügungen, sonstige Verhaltensverfügungen zwecks Durchsuchungsförderung oder bloßes Fixieren des Durchsuchungsadressaten jedenfalls an Ausläufern von Armen, Beinen, Schulter – vgl. insbesondere Telos des § 39 Abs. 3 PolG NRW i.V.m. Art. 1 Abs. 1 GG, Art. 3 Abs. 3 Var. 1 GG.

Person i.S.d. § 39 Abs. 3 PolG NRW ist natürliche Person im Sinne von § 1 BGB.

Person gleichen Geschlechts ist eine Person mit gleichem Geschlechts-Personenstand nach PStG.

Arzt ist ein solcher nach BÄO.

Gefahr für Leib oder Leben ist eine Sachlage im einzelnen Fall, die bei ungehindertem Geschehensverlauf in absehbarer Zeit mit hinreichender Wahrscheinlichkeit zu einem **Schaden** (nachteilige Beeinträchtigung) für die Schutzgüter **Leib** (**körperliche Unversehrtheit**) oder **Leben** (biologisch-physische Existenz) führt.

[1003] Vgl. auch Art. 46 GG (Abs. 1: **Abgeordnetenindemnität**; Abs. 2-4: **Abgeordnetenimmunität** – mit **Bundestagsgenehmigungsvorbehalt**); Art. 47 Verfassung NRW (**Abgeordnetenindemnität**), Art. 48 Verfassung NRW (**Abgeordnetenimmunität** – mit **Landtagsgenehmigungsvorbehalt**); Art. 60 Abs. 4 GG (**Bundespräsidentenimmunität**); Art. 40 Abs. 2 S. 1 GG (**Bundestagspräsidentengenehmigungsvorbehalt** für Durchsuchung oder Beschlagnahme in Bundestagsräumen); Art. 49 Abs. 2 Verfassung NRW (**Landtagspräsidentengenehmigungsvorbehalt** für Durchsuchung oder Beschlagnahme in Landtagsräumen); zum Abgeordneten vgl. auch: Art. 47 GG, Art. 49 Abs. 1 Verfassung NRW (**Abgeordneten-Zeugnisverweigerungsrecht** und zeugnisverweigerungsrechtentsprechendes **Abgeordneten-Schriftstückebeschlagnahmeverbot**).

Erforderlichkeit i.S.d. § 39 Abs. 3 PolG NRW ist Nichtverfügbarkeit eines milderen, gleich geeigneten Mittels als der sofortigen Personendurchsuchung zum legitimen Zweck des Schutzes gegen eine Gefahr für Leib oder Leben.

(SUB/ERG)

Im konkreten Fall ist § 39 Abs. 3 PolG NRW (alternativ)

- eingehalten.
- nicht eingehalten.

2. Allgemeine VwVfG-NRW-Verfahrensrechtsnormen bei/bzgl. Durchsuchungs(-Begleit-)VA (§§ 1, 2, 9, 35 VwVfG NRW)

(VOR/DEF)

a) § 28 VwVfG NRW: Anhörung

Gemäß § 28 VwVfG NRW besteht Pflicht zur **Anhörung** im Sinne des § 28 Abs. 1 VwVfG NRW (Äußerungsgelegenheit mit entsprechender Würdigung vor eingreifendem VA) – oder es soll gegeben sein: ein Ausnahmegrund gemäß § 28 Abs. 2, 3 VwVfG NRW oder **VA-Verletzungsunbeachtlichkeit** gemäß § 45 VwVfG NRW oder **VA-Nichtaufhebbarkeit** gemäß § 46 VwVfG NRW.

Gemäß § 28 Abs. 2 VwVfG NRW kann von der Anhörung abgesehen werden, wenn sie nach den Umständen des Einzelfalles nicht geboten ist, insbesondere wenn ein Fall vorliegt gemäß § 28 Abs. 2 Nr. 1-5 VwVfG NRW.

Gebotenheit ist Nichtverfügbarkeit eines milderen, gleich geeigneten Mittels zur Zweckförderung.

Gemäß § 28 Abs. 2 Nr. 1 VwVfG NRW kann von der Anhörung abgesehen werden, wenn eine sofortige Entscheidung wegen Gefahr im Verzug oder im öffentlichen Interesse notwendig erscheint.

Gefahr im Verzug i.S.d. § 28 Abs. 2 Nr. 1 VwVfG NRW ist gegeben, wenn der Handlungsbedarf unvorhergesehen ist und bei Durchführung der eigentlich vorgesehenen Maßnahme, hier der Anhörung, der gesetzliche Zweck, hier der jeweilige aus der Aufgabe und Befugnisrechtsnorm, vereitelt oder wesentlich erschwert wird.[1004]

Öffentliches Interesse ist die einzelfallbezogene Relevanz eines Rechts oder Rechtsguts nicht ausschließlich bei einem einzelnen Individuum.

1004 BVerwGE 142, 205 (Schutzmaßnahme nach IfSG) = BVerwG, Urteil vom 22.03.2012 – BVerwG 3 C 16.11: „Gefahr im Verzug im Sinne von § 28 Abs. 2 Nr. 1 VwVfG ist anzunehmen, wenn durch eine vorherige Anhörung auch bei Gewährung kürzester Anhörungsfristen ein Zeitverlust einträte, der mit hoher Wahrscheinlichkeit zur Folge hätte, dass die behördliche Maßnahme zu spät käme, um ihren Zweck noch zu erreichen. Ob eine sofortige Entscheidung objektiv notwendig war oder die Behörde eine sofortige Entscheidung zumindest für notwendig halten durfte, ist vom Gericht aus ex-ante-Sicht zu beurteilen (Urteil vom 15. Dezember 1983 - BVerwG 3 C 27.82 - BVerwGE 68, 267 <271 f.> = Buchholz 316 § 28 VwVfG Nr. 9 S. 18). Hierbei ist wegen der Bedeutung des Anhörungsrechts als tragendem Prinzip des rechtsstaatlichen Verfahrens ein strenger Maßstab anzulegen (vgl. Kopp/Ramsauer, VwVfG, 12. Aufl. 2011, § 28 Rn. 3 und Rn. 46 m.w.N.).“.

Notwendigkeit ist Nichtverfügbarkeit eines milderen, gleich geeigneten Mittels zur Zweckförderung – bis hin zur Alternativlosigkeit der Mittelanwendung.

Gemäß § 28 Abs. 3 VwVfG NRW unterbleibt eine Anhörung, wenn ihr ein zwingendes öffentliches Interesse entgegensteht.

Zwingendes öffentliches Interesse ist die einzelfallbezogene unbedingte Relevanz eines Rechts oder Rechtsguts nicht ausschließlich bei einem einzelnen Individuum.

(SUB/ERG)

Im konkreten Fall ist § 28 VwVfG NRW (alternativ)

- eingehalten insbesondere bei Gelegenheit zur Stellungnahme i.S.d. § 28 Abs. 1 VwVfG NRW;
- eingehalten bei Nichteinhaltung von § 28 Abs. 1 VwVfG NRW und Ausnahmegrund gemäß § 28 Abs. 2, 3 VwVfG NRW;
- nicht eingehalten insbesondere bei Fehlen von Gelegenheit zur Stellungnahme ohne Ausnahmegrund;
- sonst eingehalten oder nicht eingehalten bei Anhaltspunkten (SV-Bezug) / Fehlen entgegenstehender Anhaltspunkte.

(VOR/DEF)

b) § 39 VwVfG NRW: Begründung

Gemäß § 39 Abs. 1 VwVfG NRW besteht Pflicht zur **Begründung** eines schriftlichen oder elektronischen sowie schriftlich oder elektronisch bestätigten VA (vgl. § 37 Abs. 2 VwVfG NRW) mit den tatsächlich-rechtlichen, nicht unbedingt materiellrechtlich richtigen Behördenerwägungen – oder es soll gegeben sein: Ausnahmegrund nach § 39 Abs. 2 VwVfG NRW (insb. § 39 Abs. 2 Nr. 2, 4 VwVfG NRW) oder **VA-Verletzungsunbeachtlichkeit** gemäß § 45 VwVfG NRW oder **VA-Nichtaufhebbarkeit** gemäß § 46 VwVfG NRW.

(SUB/ERG)

Im konkreten Fall ist § 39 VwVfG NRW (alternativ)

- eingehalten bei Fehlen von Begründungspflicht bei rechtmäßigem Fehlen von schriftlichem oder elektronischem, schriftlich oder elektronisch bestätigtem VA (i.d.R. jedenfalls zunächst bei Maßnahmen i.S.d. § 80 Abs. 2 S. 1 Nr. 2 VwGO);
- eingehalten bei Begründung bei schriftlichem oder elektronischem, schriftlich oder elektronisch bestätigtem VA (z.B. im Rahmen von „Bescheinigungen"; „Mitteilungen", „Anschreiben-VA" [„Auflagenanschreiben"; „Gefährderanschreiben", „Meldeauflagenanschreiben"], „HG-Schriftverfügung") und bei Nichtvorliegen eines Ausnahmegrundes i.S.v. § 39 Abs. 2 VwVfG NRW;
- eingehalten bei Ausnahmegrund nach § 39 Abs. 2 VwVfG NRW, insbesondere wegen bekannter oder erkennbarer Sach- und Rechtslage gemäß § 39 Abs. 2 Nr. 2 Var. 1 oder 2 VwVfG NRW;
- sonst eingehalten oder nicht eingehalten bei Anhaltspunkten / Fehlen entgegenstehender Anhaltspunkte.

(ERG Verfahren)

Ergebnis kann allgemein sein: Verfahrensrechtmäßigkeit oder Verfahrensrechtswidrigkeit der Maßnahme.

B. Formelle Rechtmäßigkeit (FR) III. Form (F)

(VOR/DEF)

Form ist normiertes Wie der Rechtsfolgesetzung – schriftlich, elektronisch, mündlich oder in anderer Weise.

(SUB/ERG)

Im konkreten Fall (alternativ)

- ist bei Fehlen von VA § 37 Abs. 2-6 VwVfG NRW unanwendbar.
- ist bei Fehlen von VA und Fehlen speziellerer Formrechtsnormen Formfreiheit gegeben.
- ist bei VA und Fehlen speziellerer Formrechtsnormen anwendbar: § 37 Abs. 2 bis 6 VwVfG NRW.
- kann gemäß § 37 Abs. 2 S. 1 VwVfG NRW der VA schriftlich, elektronisch, mündlich oder in anderer Weise erlassen werden.
- braucht gemäß § 37 Abs. 2 S. 2 VwVfG NRW der mündliche VA schriftlich oder elektronisch nicht bestätigt zu werden, wenn hieran kein berechtigtes Interesse besteht und der Betroffene dies nicht unverzüglich verlangt.

Ergebnis kann allgemein sein: Formrechtmäßigkeit oder Formrechtswidrigkeit der Maßnahme.

C. Materielle Rechtmäßigkeit (MR) I. Tatbestand (Tb) / Tatbestandsvoraussetzungen (TBV)[1005]

(VOR/DEF)

Tatbestand ist das Gesamt der (materiell-rechtlichen) Rechtsfolge(setzungs)bedingungen. / **Tatbestandsvoraussetzungen** sind materiell-rechtliche Rechtsfolgesetzungsbedingungen.

1005 Vgl. auch Art. 46 GG (Abs. 1: **Abgeordnetenindemnität**; Abs. 2-4: **Abgeordnetenimmunität** – mit **Bundestagsgenehmigungsvorbehalt**); Art. 47 Verfassung NRW (**Abgeordnetenindemnität**), Art. 48 Verfassung NRW (**Abgeordnetenimmunität** – mit **Landtagsgenehmigungsvorbehalt**); Art. 60 Abs. 4 GG (**Bundespräsidentenimmunität**); Art. 40 Abs. 2 S. 1 GG (**Bundestagspräsidentengenehmigungsvorbehalt** für Durchsuchung oder Beschlagnahme in Bundestagsräumen); Art. 49 Abs. 2 Verfassung NRW (**Landtagspräsidentengenehmigungsvorbehalt** für Durchsuchung oder Beschlagnahme in Landtagsräumen); zum Abgeordneten vgl. auch: Art. 47 GG, Art. 49 Abs. 1 Verfassung NRW (**Abgeordneten-Zeugnisverweigerungsrecht** und zeugnisverweigerungsrechtentsprechendes **Abgeordneten-Schriftstückebeschlagnahmeverbot**).

(VOR)

1. (alternative) TBV aus § 39 Abs. 1 Nr. 1 PolG NRW

§ 39 Abs. 1 Nr. 1 PolG NRW lautet: Die Polizei kann außer in den Fällen des § 12 Abs. 2 S. 4 PolG NRW eine Person durchsuchen, wenn sie nach diesem Gesetz oder anderen Rechtsvorschriften festgehalten werden kann.

(DEF)

Dieses Gesetz im Sinne des § 39 Abs. 1 Nr. 1 PolG NRW ist das PolG NRW.

Andere Rechtsvorschriften i.S.d. § 39 Abs. 1 Nr. 1 PolG NRW sind alle anderen Rechtsvorschriften der Rechtsordnung außer denen des PolG NRW.

Können des Festhaltens / Festhaltenkönnen im Sinne von § 39 Abs. 1 Nr. 1 PolG NRW ist Festhaltebefugnis im Sinne von Rechtmäßigkeit gemäß einer Festhaltebefugnisrechtsnorm, vgl. alternative Festhaltebefugnisse wie folgt:

- **Festhaltebefugnis gemäß PolG NRW**, vgl. §§ 36 Abs. 1 S. 1, 37 Abs. 1 PolG NRW:
  - § 10 Abs. 3 PolG NRW
  - § 12 Abs. 2 S. 3 PolG NRW (i.V.m. § 12 Abs. 1 Nr. 1, 2 a, b, c, Nr. 3, Nr. 4 PolG NRW)
  - § 12a Abs. 1 S. 1 Var. 3 PolG NRW (i.V.m. § 12 PolG NRW)
  - § 35 Abs. 1 Nr. 1, 2, 3, 4, 5, 6, Abs. 2, Abs. 3 PolG NRW und §§ 36, 37, 38 PolG NRW.
- **Festhaltebefugnis nach StPO**, insbesondere:
  - § 111 Abs. 3 StPO
  - §§ 163b Abs. 1, c StPO (ggf. i.V.m. §§ 46, 53 Abs. 1 S. 2, Abs. 2 OWiG)
  - §§ 163b Abs. 2, c StPO (ggf. i.V.m. §§ 46, 53 Abs. 1 S. 2, Abs. 2 OWiG)
  - § 127 Abs. 1 S. 1 Alt. 1 StPO
  - § 127 Abs. 2 i.V.m. § 112 Abs. 1, 2 Nr. 1 StPO
  - § 127 Abs. 2 i.V.m. § 112 Abs. 1, 2 Nr. 2 StPO
  - § 127 Abs. 2 i.V.m. § 112 Abs. 1, 2 Nr. 3 StPO
  - § 127 Abs. 2 i.V.m. § 112 Abs. 1, 3 StPO
  - § 127 Abs. 2 i.V.m. § 112a StPO
  - § 127 Abs. 2 i.V.m. § 126a StPO
  - § 127b StPO
  - § 164 StPO.
- **Festhaltebefugnis nach AufenthG**[1006]:
  - § 58 Abs. 4 AufenthG
  - §§ 62-62b AufenthG.

(SUB/ERG)

Im konkreten Fall sind die Tatbestandsvoraussetzungen des § 39 Abs. 1 Nr. 1 PolG NRW (alternativ)

- erfüllt.
- nicht erfüllt.

1006 Zum AufenthG siehe auch: *Basten*, Eingriffsrecht der Polizei in Nordrhein-Westfalen, Band 3, Buch 4, Abschnitt 1.

(VOR)

2. (alternative) TBV aus § 39 Abs. 1 Nr. 2 PolG NRW

§ 39 Abs. 1 Nr. 2 PolG NRW lautet: Die Polizei kann außer in den Fällen des § 12 Abs. 2 S. 4 PolG NRW eine Person durchsuchen, wenn Tatsachen die Annahme rechtfertigen, dass sie Sachen mit sich führt, die sichergestellt werden dürfen.

(DEF)

Sache im Sinne des § 39 Abs. 1 Nr. 2 PolG NRW ist körperlicher Gegenstand, vgl. §§ 90, 90a BGB.

Mitsichführen ist Besitz von Sachen, die im unmittelbaren und sofortigen Zugriff stehen, vgl. §§ 854-872 BGB.[1007]

Dürfen der Sicherstellung / Sicherstellungsdürfen ist Sicherstellungsbefugnis im Sinne von Rechtmäßigkeit gemäß (§ 43) PolG NRW oder anderen Rechtsvorschriften mit Befugnis zu Sicherstellung oder Beschlagnahme oder Einziehung.

Tatsachen sind alle wahrnehmbaren Dinge der Welt – nicht ausreichend sind: hypothetische Erwägungen, reine Spekulationen, fallunabhängige Vermutungen; kriminalistische Erfahrung kann ausreichen, wenn sie einen Anhalt im Tatsächlichen hat.

Annahmerechtfertigung ist Ausreichen ggf. auch nur einer Tatsache für die Begründung der Annahme – je nach Abwägung aller Umstände, vgl. „rechtfertigen“.

(SUB/ERG)

Im konkreten Fall sind die Tatbestandsvoraussetzungen des § 39 Abs. 1 Nr. 2 PolG NRW (alternativ)

- erfüllt.
- nicht erfüllt.

(VOR)

3. (alternative) TBV aus § 39 Abs. 1 Nr. 3 PolG NRW

§ 39 Abs. 1 Nr. 3 PolG NRW lautet: Die Polizei kann außer in den Fällen des § 12 Abs. 2 S. 4 PolG NRW eine Person durchsuchen, wenn sie sich erkennbar in einem die freie Willensbestimmung ausschließenden Zustand oder sonst in hilfloser Lage befindet.

1007 Nr. 40.11 VVPolG NRW: „Nach § 40 Abs. 1 Nr. 1 kann sich unter den Voraussetzungen des § 39 die Durchsuchung der Person auch auf die Sachen erstrecken, die die Person mitführt, d. h. die in ihrem unmittelbaren und sofortigen Zugriff stehen.“. Vgl. auch entsprechend Anlage 1 Abschnitt 2 Nr. 4 WaffG, wonach eine Waffe führt, „wer die tatsächliche Gewalt darüber außerhalb der eigenen Wohnung, Geschäftsräume, des eigenen befriedeten Besitztums oder einer Schießstätte ausübt“.

(DEF)

Erkennbarkeit ist Wahrnehmbarkeit von auf den einzelnen Fall bezogener Dinge, nicht: hypothetische Erwägungen, reine Spekulationen, fallunabhängige Vermutungen.

Hilflose Lage ist ein nachteiliger, nicht aus eigenem Verhalten verbesserbarer Zustand, ist zugleich Oberbegriff für den Unterfall des die freie Willensbestimmung ausschließenden Zustandes.[1008]

(SUB/ERG)

Im konkreten Fall sind die Tatbestandsvoraussetzungen des § 39 Abs. 1 Nr. 3 PolG NRW (alternativ)

- erfüllt.
- nicht erfüllt.

(VOR)

4. (alternative) TBV aus § 39 Abs. 1 Nr. 4 PolG NRW (gefährlicher Ort)

§ 39 Abs. 1 Nr. 4 PolG NRW lautet: Die Polizei kann außer in den Fällen des § 12 Abs. 2 S. 4 PolG NRW eine Person durchsuchen, wenn sie sich an einem der in § 12 Abs. 1 Nr. 2 PolG NRW genannten Orte aufhält.

(DEF)

Aufenthalt an einem der in § 12 Abs. 1 Nr. 2 PolG NRW genannten Orte umfasst auch bei § 12 Abs. 1 Nr. 2 PolG NRW zu definierende Merkmale:

Aufhalten / Aufenthalt / Sichaufhalten i.S.d. § 12 Abs. 1 Nr. 2 PolG NRW ist jede tatsächliche Anwesenheit (unabhängig von genauer Art oder Dauer der Anwesenheit oder von genauem Verhalten oder von gewissem Ortsbezug der anwesenden Person).[1009]

1008 Vgl. Nr. 35.11 S. 4 VVPolG NRW: „**Hilflosigkeit** liegt insbesondere vor, wenn bei einer Person tiefgreifende Störungen des Bewusstseins, der Orientierung, der Wahrnehmung, der Auffassung oder auch des Denkens einzeln oder in Kombination auftreten.“.

BGH, Urteil vom 10.01.2008 – 3 StR 463/07 (Aussetzung mit Todesfolge durch Polizeioberkommissar und fahrlässige Tötung durch Polizeihauptmeister), Rn. 13: „Nach den Urteilsfeststellungen befand sich S. jedenfalls nach dem Verlassen des Streifenwagens in einer **hilflosen Lage** im Sinne von § 221 Abs. 1 StGB. In einer solchen ist, wer der abstrakten Gefahr des Todes oder einer schweren Gesundheitsbeschädigung ohne die Möglichkeit eigener oder fremder Hilfe ausgesetzt ist (vgl. Hardtung in MünchKomm, § 221 Rdn. 7). Hilflosigkeit im Sinne des Tatbestandes definiert sich danach als das Fehlen hypothetisch rettungsgeeigneter sächlicher Faktoren oder hilfsfähiger (und generell auch hilfsbereiter) Personen (vgl. Horn/Wolters in SK-StGB 54. Lfg. § 221 Rdn. 3). Eine derartige Lage war hier mit Blick auf die Feststellungen zu den äußeren Umständen und dem Verhalten des Heranwachsenden nach dem Verlassen des Streifenwagens ganz offensichtlich gegeben. Der Umstand, dass der junge Mann ein funktionstüchtiges Handy bei sich trug, das er nach dem Aussteigen zumindest zeitweise auch bedienen konnte, ändert hier an der Annahme einer objektiv hilflosen Lage im Sinne des § 221 StGB schon deshalb nichts, weil es ihm nicht gelungen ist, jemanden anzurufen und er zudem gar nicht wusste, wo er sich befand.“.

Ort i.S.d. § 12 Abs. 1 Nr. 2 PolG NRW ist (zum Beispiel nach Baurecht und Bebauung) abgrenzbarer geographischer Bereich.

Straftaten i.S.d. § 12 Abs. 1 Nr. 2a PolG NRW sind (Verdachte von) Straftaten i.S.d. § 11 Abs. 1 Nr. 5 StGB.

Straftaten von erheblicher Bedeutung[1010] i.S.d. § 12 Abs. 1 Nr. 2a PolG NRW sind gemäß § 8 Abs. 3 PolG NRW **insbesondere** (nach unabgeschlossener Regelbeispielsaufzählung)[1011] Verbrechen sowie die in § 138 StGB genannten Vergehen, Vergehen nach § 129 StGB und gewerbs- oder bandenmäßig begangene Vergehen nach

1. den §§ 243, 244, 260, 261, 263 bis 264a, 265b, 266, 283, 283a, 291 oder 324 bis 330 StGB,
2. § 52 Abs. 1 Satz 1 Nr. 2 Buchstabe c) oder d) WaffG,
3. §§ 29 Abs. 3 Satz 2 Nr. 1 oder 29a Abs. 1 Nr. 2 BtmG,

1009 OVG Sachsen, Urteil vom 19.12.2019 – 3 A 851/18 –, Rn. 32: „Der Kläger hat sich i. S. v. § 19 Abs. 1 Satz 1 Nr. 2 SächsPolG [≙ § 19 Abs. 1 Satz 1 Nr. 2 SächsPVDG ≙ § 12 Abs. 1 Nr. 2 PolG NRW, P. B.] auch an einem gefährlichen Ort ‚aufgehalten'. Unter ‚**Aufhalten**' ist die körperliche Anwesenheit des Betroffenen zu verstehen. Daher fällt auch ein zielgerichtetes Passieren eines gefährlichen Ortes ohne Anzeichen eines verzögerten Ganges, das direkte Gehen von einem Punkt zum anderen (a. A. OVG Hamburg, Urt. v. 23. August 2002 - 1 Bf 301/00 -, juris Orientierungssatz [fortgeführt von: VG Hamburg, Urteil vom 11.11.2020 – 20 K 1515/17 –, P. B.]; VG Freiburg, Urt. v. 4. April 2019 - 10 K 3092/18 -, juris Rn. 57), da gerade ein schnelles Gehen oder gar Rennen im Einzelfall als Fluchtverhalten aufgefasst und als Anlass für eine polizeiliche Überprüfung genommen werden kann. Es ist deshalb unschädlich, dass der Kläger den Ort der Maßnahme nur auf dem Weg zu einem Treffen mit Kommilitonen zielgerichtet passiert hat. Der Senat teilt deshalb nicht die Auffassung, dass das Tatbestandsmerkmal des ‚sich Aufhaltens' an einem gefährlichen Ort zumindest durch einen zögerlichen Bewegungsablauf nach außen dokumentiert werden muss, abgesehen davon, dass eine Einschränkung wegen der ihr innewohnenden subjektiven Wertung vollkommen konturenlos und in der Praxis unanwendbar wäre.", Rn. 35: „Der Senat teilt nicht die teilweise in der Rechtsprechung vertretene Auffassung (VG Berlin a. a. O.; BayVGH a. a. O.), dass es wegen der Eingriffsintensität der Durchsuchung einer Person nicht genüge, dass sich diese Person an einem ‚gefährlichen Ort' aufhält. Erforderlich soll danach vielmehr sein, dass die Durchsuchung in einem inneren Zusammenhang mit den Tatbestandsvoraussetzungen der Identitätskontrolle steht, also insbesondere mit der Verabredung, Vorbereitung und Verübung von Straftaten. Hiernach bedarf es für die Zulässigkeit der Durchsuchung eines inneren Zusammenhangs mit der Gefährlichkeit des jeweiligen Ortes (VG Berlin, a. a. O. Rn. 22). Unzulässig sei die Durchsuchung einer beliebigen Person, nur weil sie sich gerade an einem ‚gefährlichen Ort' aufhalte. Dieser Auffassung ist nicht zu folgen, da sie der nach dem Normzweck gerade gewollten anlasslosen Kontrolle entgehen steht, ohne für die Beschränkung keine rechtliche Notwendigkeit besteht. Wenn mit dieser Auffassung ein konkreter Tatverdacht für die Kontrolle verlangt würde, liefen die hier in Rede stehenden Ermächtigungsnormen leer, da schon wegen des Tatverdachts solche Maßnahmen ergriffen werden könnten (vgl. § 19 Abs. 1 Satz 1 Nr. 1, § 23 Abs. 1 Nr. 1 SächsPolG [≙ § 19 Abs. 1 Satz 1 Nr. 2, § 23 Abs. 1 Nr. 1 SächsPVDG ≙ § 12 Abs. 1 Nr. 1, § 39 Abs. 1 Nr. 1 PolG NRW, P. B.]). Vielmehr bedarf es über die Ermächtigungsgrundlage hinaus keiner weiteren, ungeschriebenen Voraussetzungen für diese Maßnahmen (vgl. OVG Berlin-Brandenburg, Beschl. v. 28. Juni 2018 -1 N 98.17 -, juris Rn. 13).".

1010 Nr. 12.13 VVPolG NRW: „In § 12 Abs. 1 Nr. 2a) ist der Kreis der Anlassstraftaten auf solche von ‚erheblicher Bedeutung' i.S.d. § 8 Abs. 3 begrenzt, so dass der Verhältnismäßigkeitsgrundsatz jetzt unmittelbar zum Ausdruck kommt."; Nr. 8.3 VVPolG NRW: „Hierzu können auch andere Straftaten zählen, soweit sie gewerbs- oder bandenmäßig oder in anderer Weise organisiert begangen werden und dementsprechend einen erheblichen materiellen oder immateriellen (Gesamt-)Schaden verursachen.".

1011 Zum Verhältnis von Raub und räuberischer Erpressung (sowie erpresserischem Menschenraub und Geiselnahme) vgl. BGH, Urteil vom 05.03.2003 – 2 StR 494/02 –, Gründe, II. 2., 3. (m.w.N.); zur Abgrenzung von Raub und räuberischer Erpressung vgl. BGH, Beschluss vom 24.04.2018 – 5 StR 606/17 –, Rn. 13 (m.w.N.).

4. §§ 96 und 97 AufenthG.

Verstoß gegen aufenthaltsrechtliche Strafvorschriften i.S.d. § 12 Abs. 1 Nr. 2b PolG NRW ist jeder (Verdacht von einem) Verstoß jedenfalls gegen solche Strafvorschriften aus §§ 95-97 AufenthG, vgl. auch §§ 84-85 AsylG.[1012]

Verbergen gesuchter Straftäter i.S.d. § 12 Abs. 1 Nr. 2c PolG NRW ist jedenfalls auf konspiratives Verweilen gerichtetes Aufhalten von wegen einer Straftat verurteilter und zur Strafvollstreckung gesuchter Personen.[1013]

Tatsachen / Anhaltspunkte i.S.v. § 12 Abs. 1 Nr. 2 PolG sind alle wahrnehmbaren Dinge der Welt – nicht ausreichend sind: hypothetische Erwägungen, reine Spekulationen, fallunabhängige Vermutungen; kriminalistische Erfahrung kann ausreichen, wenn sie einen Anhalt im Tatsächlichen hat.

Annahmerechtfertigung i.S.d. § 12 Abs. 1 Nr. 2 PolG NRW ist Ausreichen ggf. auch nur einer Tatsache für die Begründung der Annahme – je nach Abwägung aller Umstände, vgl. „rechtfertigen".[1014]

[1012] Vgl. Landtagsdrucksache 17/2351 (Gesetzentwurf der Landesregierung – Gesetz zur Stärkung der Sicherheit in Nordrhein-Westfalen – Sechstes Gesetz zur Änderung des Polizeigesetzes des Landes Nordrhein-Westfalen), S. 31 f. (zu § 12a Abs. 1 PolG NRW): „Der Begriff des ‚unerlaubten Aufenthalts' ist dabei von der illegalen Zuwanderung bzw. Einreise zu unterscheiden. Der unerlaubte Aufenthalt erfüllt den Straftatbestand des § 95 Absatz 1 Nr. 2 Aufenthaltsgesetz (AufenthG). Demnach macht sich ein Ausländer strafbar, der sich ohne erforderlichen Aufenthaltstitel nach § 4 Absatz 1 Satz 1 im Bundesgebiet aufhält, vollziehbar ausreisepflichtig ist, dem eine Ausreisefrist nicht gewährt wurde oder diese abgelaufen ist und dessen Abschiebung nicht ausgesetzt ist. Anknüpfungspunkt ist das Verbleiben im Bundesgebiet (Inland) trotz Ausreisepflicht, so dass es sich hierbei um ein echtes Unterlassungsdelikt handelt (vgl. Hohoff, in: Kluth/Heusch, Ausländerrecht, Kommentar 2016, AufenthG § 95 Rdn. 12). Im Gegensatz dazu handelt es sich bei der illegalen Zuwanderung bzw. Einreise (§ 14 AufenthG), die nach § 95 Absatz 1 Nr. 3 AufenthG ebenfalls strafbewehrt ist, um ein Begehungsdelikt. Sie knüpft räumlich gesehen bereits an das unmittelbare Betreten bzw. Überquerenwollen der Außengrenze eines Staates an, ist dem ‚unerlaubten Aufenthalt' zeitlich vorgelagert. Bei der Bekämpfung der illegalen Zuwanderung bzw. Einreise handelt es sich um eine originäre Aufgabe der Bundespolizei gemäß § 2 Bundespolizeigesetz und ist damit nicht primär als Kompetenz für die Polizei des Landes Nordrhein-Westfalen regelbar. Auch die Berücksichtigung der Vorgaben der Verordnung (EG) Nr. 562/2006 des Europäischen Parlaments und des Rates vom 15. März 2006 über einen Gemeinschaftskodex für das Überschreiten der Grenzen durch Personen (Schengener Grenzkodex) bei der Ausübung der Regelung des § 12a, die unter Artikels 21 lit. a Einschränkungen der Abschaffung der Grenzkontrollen an den Binnengrenzen regelt, berührt die Länderzuständigkeit nicht.".

[1013] Nr. 12.14 VVPolG NRW: „§ 12 Abs. 1 Nr. 2c) setzt voraus, dass Tatsachen die Annahme rechtfertigen, dass sich an dem Ort Personen verbergen, die wegen einer Straftat verurteilt wurden und aus diesem Grunde zur Strafvollstreckung gesucht werden.".

[1014] Vgl. Landtagsdrucksache 17/2351 (Gesetzentwurf der Landesregierung – Gesetz zur Stärkung der Sicherheit in Nordrhein-Westfalen – Sechstes Gesetz zur Änderung des Polizeigesetzes des Landes Nordrhein-Westfalen), S. 32 (zu § 12a Abs. 1 PolG NRW): „Satz 4 stellt die Maßnahme unter die Voraussetzung, dass Anhaltspunkte vorliegen, die auf nachprüfbaren Tatsachen beruhen. Diese Tatsachen müssen den Schluss darauf zulassen, dass in diesem Gebiet Straftaten der in Absatz 1 in den Ziffern 1 bis 3 bezeichneten Art begangen werden sollen und darüber hinaus, dass die Maßnahme zur Verhütung dieser Straftaten erforderlich und auch verhältnismäßig ist (Satz 5).", S. 34: „Beim Gesundheits, Arbeits- und Umweltschutz ist eine Gefahrenvorsorge seit langem anerkannt. Sie muss nach Umfang und Ausmaß dem Gefahren- oder Risikopotential, dem sie gilt, angemessen sein (vgl. BVerwGE 69, 37/44). Während bei solcher Vorsorge und im Fall konkreter Polizeigefahr die Gefahren- oder Risikoquelle bekannt ist und gesetzliche Anforderungen im Regelfall (nur) den Verursacher oder Störer treffen, gibt es zwischen dem verdachtsunabhängig Kontrollierten und der Gefahr, der die Vorsorge gilt, keinen

(SUB/ERG)

Im konkreten Fall sind die Tatbestandsvoraussetzungen des § 39 Abs. 1 Nr. 4 PolG NRW (alternativ)

- erfüllt.
- nicht erfüllt.

(VOR)

5. (alternative) TBV aus § 39 Abs. 1 Nr. 5 PolG NRW (gefährdeter Ort)

§ 39 Abs. 1 Nr. 5 PolG NRW lautet: Die Polizei kann außer in den Fällen des § 12 Abs. 2 S. 4 PolG NRW eine Person durchsuchen, wenn sie sich in einem Objekt im Sinne des § 12 Abs. 1 Nr. 3 PolG NRW oder in dessen unmittelbarer Nähe aufhält und Tatsachen die Annahme rechtfertigen, dass in oder an Objekten dieser Art Straftaten begangen werden sollen, durch die Personen oder diese Objekte gefährdet sind.

(DEF)

Aufenthalt an einem der in § 12 Abs. 1 Nr. 3 PolG NRW genannten Orte umfasst auch bei § 12 Abs. 1 Nr. 3 PolG NRW zu definierende Merkmale.

Aufhalten / Aufenthalt / Sichaufhalten i.S.d. § 12 Abs. 1 Nr. 3 PolG NRW ist jede tatsächliche Anwesenheit (unabhängig von genauer Art oder Dauer der Anwesenheit oder von genauem Verhalten oder von gewissem Ortsbezug der anwesenden Person).[1015]

---

vergleichbaren Zusammenhang. Eine verfassungsrechtlich begründete Forderung nach einem solchen ‚Zurechnungszusammenhang' (vgl. Landesverfassungsgericht Mecklenburg-Vorpommern, DVBl 2000, 262/265) macht jedoch von vornherein nur dort einen Sinn, wo die Gefahr nicht gleichsam anonym ist.".

1015 OVG Sachsen, Urteil vom 19.12.2019 – 3 A 851/18 –, Rn. 32: „Der Kläger hat sich i. S. v. § 19 Abs. 1 Satz 1 Nr. 2 SächsPolG [≙ § 19 Abs. 1 Satz 1 Nr. 2 SächsPVDG ≙ § 12 Abs. 1 Nr. 2 PolG NRW, P. B.] auch an einem gefährlichen Ort ‚aufgehalten'. Unter ‚**Aufhalten**' ist die körperliche Anwesenheit des Betroffenen zu verstehen. Daher fällt auch ein zielgerichtetes Passieren eines gefährlichen Ortes ohne Anzeichen eines verzögerten Ganges, das direkte Gehen von einem Punkt zum anderen (a. A. OVG Hamburg, Urt. v. 23. August 2002 - 1 Bf 301/00 -, juris Orientierungssatz [fortgeführt von: VG Hamburg, Urteil vom 11.11.2020 – 20 K 1515/17 –, P. B.]; VG Freiburg, Urt. v. 4. April 2019 - 10 K 3092/18 -, juris Rn. 57), da gerade ein schnelles Gehen oder gar Rennen im Einzelfall als Fluchtverhalten aufgefasst und als Anlass für eine polizeiliche Überprüfung genommen werden kann. Es ist deshalb unschädlich, dass der Kläger den Ort der Maßnahme nur auf dem Weg zu einem Treffen mit Kommilitonen zielgerichtet passiert hat. Der Senat teilt deshalb nicht die Auffassung, dass das Tatbestandsmerkmal des ‚sich Aufhaltens' an einem gefährlichen Ort zumindest durch einen zögerlichen Bewegungsablauf nach außen dokumentiert werden muss, abgesehen davon, dass eine Einschränkung wegen der ihr innewohnenden subjektiven Wertung vollkommen konturenlos und in der Praxis unanwendbar wäre.", Rn. 35: „Der Senat teilt nicht die teilweise in der Rechtsprechung vertretene Auffassung (VG Berlin a. a. O.; BayVGH a. a. O.), dass es wegen der Eingriffsintensität der Durchsuchung einer Person nicht genüge, dass sich diese Person an einem ‚gefährlichen Ort' aufhält. Erforderlich soll danach vielmehr sein, dass die Durchsuchung in einem inneren Zusammenhang mit den Tatbestandsvoraussetzungen der Identitätskontrolle steht, also insbesondere mit der Verabredung, Vorbereitung und Verübung von Straftaten. Hiernach bedarf es für die Zulässigkeit der Durchsuchung eines inneren Zusammenhangs mit der Gefährlichkeit des jeweiligen Ortes (VG Berlin, a. a. O. Rn. 22). Unzulässig sei die Durchsuchung einer

Straftaten i.S.d. § 12 Abs. 1 Nr. 3 PolG NRW sind (Verdachte von) Straftaten i.S.d. § 11 Abs. 1 Nr. 5 StGB.

Gefährdung im Sinne des § 12 Abs. 1 Nr. 3 PolG NRW ist jede abstrakte oder konkrete bzw. konkretisierte Gefahr (vgl. Gefahr-Definitionen).

Tatsachen / Anhaltspunkte i.S.v. § 12 Abs. 1 Nr. 3 PolG sind alle wahrnehmbaren Dinge der Welt – nicht ausreichend sind: hypothetische Erwägungen, reine Spekulationen, fallunabhängige Vermutungen; kriminalistische Erfahrung kann ausreichen, wenn sie einen Anhalt im Tatsächlichen hat.

Annahmerechtfertigung i.S.d. § 12 Abs. 1 Nr. 3 PolG NRW ist Ausreichen ggf. auch nur einer Tatsache für die Begründung der Annahme – je nach Abwägung aller Umstände, vgl. „rechtfertigen".[1016]

(SUB/ERG)

Im konkreten Fall sind die Tatbestandsvoraussetzungen des § 39 Abs. 1 Nr. 5 PolG NRW (alternativ)

- erfüllt.
- nicht erfüllt.

---

beliebigen Person, nur weil sie sich gerade an einem ‚gefährlichen Ort' aufhalte. Dieser Auffassung ist nicht zu folgen, da sie der nach dem Normzweck gerade gewollten anlasslosen Kontrolle entgehen steht, ohne für die Beschränkung keine rechtliche Notwendigkeit besteht. Wenn mit dieser Auffassung ein konkreter Tatverdacht für die Kontrolle verlangt würde, liefen die hier in Rede stehenden Ermächtigungsnormen leer, da schon wegen des Tatverdachts solche Maßnahmen ergriffen werden könnten (vgl. § 19 Abs. 1 Satz 1 Nr. 1, § 23 Abs. 1 Nr. 1 SächsPolG [≙ § 19 Abs. 1 Satz 1 Nr. 2, § 23 Abs. 1 Nr. 1 SächsPVDG ≙ § 12 Abs. 1 Nr. 1, § 39 Abs. 1 Nr. 1 PolG NRW, P. B.]). Vielmehr bedarf es über die Ermächtigungsgrundlage hinaus keiner weiteren, ungeschriebenen Voraussetzungen für diese Maßnahmen (vgl. OVG Berlin-Brandenburg, Beschl. v. 28. Juni 2018 -1 N 98.17 -, juris Rn. 13).".

1016 Vgl. Landtagsdrucksache 17/2351 (Gesetzentwurf der Landesregierung – Gesetz zur Stärkung der Sicherheit in Nordrhein-Westfalen – Sechstes Gesetz zur Änderung des Polizeigesetzes des Landes Nordrhein-Westfalen), S. 32 (zu § 12a Abs. 1 PolG NRW): „Satz 4 stellt die Maßnahme unter die Voraussetzung, dass Anhaltspunkte vorliegen, die auf nachprüfbaren Tatsachen beruhen. Diese Tatsachen müssen den Schluss darauf zulassen, dass in diesem Gebiet Straftaten der in Absatz 1 in den Ziffern 1 bis 3 bezeichneten Art begangen werden sollen und darüber hinaus, dass die Maßnahme zur Verhütung dieser Straftaten erforderlich und auch verhältnismäßig ist (Satz 5).", S. 34: „Beim Gesundheits, Arbeits- und Umweltschutz ist eine Gefahrenvorsorge seit langem anerkannt. Sie muss nach Umfang und Ausmaß dem Gefahren- oder Risikopotential, dem sie gilt, angemessen sein (vgl. BVerwGE 69, 37/44). Während bei solcher Vorsorge und im Fall konkreter Polizeigefahr die Gefahren- oder Risikoquelle bekannt ist und gesetzliche Anforderungen im Regelfall (nur) den Verursacher oder Störer treffen, gibt es zwischen dem verdachtsunabhängig Kontrollierten und der Gefahr, der die Vorsorge gilt, keinen vergleichbaren Zusammenhang. Eine verfassungsrechtlich begründete Forderung nach einem solchen ‚Zurechnungszusammenhang' (vgl. Landesverfassungsgericht Mecklenburg-Vorpommern, DVBl 2000, 262/265) macht jedoch von vornherein nur dort einen Sinn, wo die Gefahr nicht gleichsam anonym ist.".

(VOR)

6. (alternative) TBV aus § 39 Abs. 2 S. 1 PolG NRW (Eigensicherungsdurchsuchung)

§ 39 Abs. 2 S. 1 PolG NRW lautet: Die Polizei kann eine Person, deren Identität nach diesem Gesetz (PolG NRW) oder anderen Rechtsvorschriften festgestellt werden soll, nach Waffen, anderen gefährlichen Werkzeugen und Explosivmitteln durchsuchen, wenn das nach den Umständen zum Schutz des Polizeivollzugsbeamten oder eines Dritten gegen eine Gefahr für Leib oder Leben erforderlich ist.

(DEF)

Dieses Gesetz im Sinne des § 39 Abs. 2 S. 1 PolG NRW ist das PolG NRW.

Andere Rechtsvorschriften i.S.d. § 39 Abs. 2 PolG NRW sind alle anderen der Rechtsordnung außer denen des PolG NRW mit dem Rechtsfolgezweck der Identitätsfeststellung, wie etwa: § 163b Abs. 1 StPO; § 163b Abs. 2 StPO; § 111 StPO; §§ 48-49 AufenthG.

„Identitätsfeststellungs-„Soll“ (Identitätsfeststellungssoll) bedeutet als Durchsuchungsanlass eine Maßnahme zwecks IDF ohne weitere Voraussetzung (vgl. die Teleologie des § 39 Abs. 2 PolG NRW als „Eigensicherungsdurchsuchung“, die in den Grenzen eigener Rechtmäßigkeit und in den Grenzen von Rechtswidrigkeitsevidenz/Willkür insgesamt anlassmaßnahmenrechtmäßigkeitsunabhängig sein soll).

Waffen sind Waffen im Sinne des WaffG, vgl. insbesondere § 1 Abs. 2, 4 WaffG i.V.m. Anlage 1 WaffG.

Explosivmittel ist Stoff im Sinne des SprengG, vgl. insbesondere § 3 SprengG.

Gefahr für Leib oder Leben ist eine Sachlage im einzelnen Fall, die bei ungehindertem Geschehensverlauf in absehbarer Zeit mit hinreichender Wahrscheinlichkeit zu einem **Schaden** (nachteilige Beeinträchtigung) für die Schutzgüter **Leib (körperliche Unversehrtheit)** oder **Leben** (biologisch-physische Existenz) führt.

Erforderlichkeit i.S.d. § 39 Abs. 2 S. 1 PolG NRW ist Nichtverfügbarkeit eines milderen, gleich geeigneten Mittels als der sofortigen Personendurchsuchung zum Schutz gegen eine Gefahr für Leib oder Leben.

(SUB/ERG)

Im konkreten Fall sind die Tatbestandsvoraussetzungen des § 39 Abs. 2 S. 1 PolG NRW (alternativ)

- erfüllt.
- nicht erfüllt.

(VOR)

7. (alternative) TBV aus § 39 Abs. 2 S. 2 PolG NRW (Eigensicherungsdurchsuchung)

§ 39 Abs. 2 S. 2 PolG NRW lautet: Dasselbe gilt, wenn eine Person nach anderen Rechtsvorschriften vorgeführt oder zur Durchführung einer Maßnahme an einen anderen Ort gebracht werden soll.

(DEF)

Lesart des § 39 Abs. 2 S. 2 PolG NRW ist wie folgt: „Dasselbe [= Die Polizei kann eine Person nach Waffen, anderen gefährlichen Werkzeugen und Explosivmitteln durchsuchen, wenn das nach den Umständen zum Schutz des Polizeivollzugsbeamten oder eines Dritten gegen eine Gefahr für Leib oder Leben erforderlich ist] gilt, wenn eine Person [Alt. 1] nach anderen Rechtsvorschriften vorgeführt oder [Alt. 2, unabhängig von den Rechtsvorschriften] zur Durchführung einer Maßnahme an einen anderen Ort gebracht werden soll.“[1017]

Andere Vorführungs-Rechtsvorschriften i.S.v. § 39 Abs. 2 S. 2 Alt. 1 PolG NRW sind alle anderen außer denen des PolG NRW mit der Rechtsfolge Vorführung, wie etwa § 128 StPO; § 163a Abs. 3 StPO i.V.m. §§ 134, 135 StPO; § 163 Abs. 3 S. 2 i.V.m. § 51 Abs. 1 i.V.m. § 135 StPO, also nicht: § 10 Abs. 3 PolG NRW.

Vorführungs-„Soll“ im Sinne des § 39 Abs. 2 S. 2 Alt. 1 PolG NRW bedeutet den auf diese Rechtsfolge gerichteten Zweck der Vorführung – ohne weitere Voraussetzung (vgl. die Teleologie des § 39 Abs. 2 PolG NRW als „Eigensicherungsdurchsuchung“, die in den Grenzen eigener Rechtmäßigkeit und in den Grenzen von Willkür insgesamt anlassmaßnahmenrechtmäßigkeitsunabhängig sein soll).

Ortsverbringungs-„Soll“ „zur Durchführung einer Maßnahme“ i.S.d. § 39 Abs. 2 S. 2 Alt. 2 PolG NRW bedeutet den Zweck der Ortsverbringung und letztlich der Durchführung einer anderen Maßnahme außer der Durchsuchung – ohne weitere Voraussetzung (vgl. die Teleologie des § 39 Abs. 2 PolG NRW als „Eigensicherungsdurchsuchung“, die in den Grenzen eigener Rechtmäßigkeit und in den Grenzen von Rechtswidrigkeitsevidenz/Willkür insgesamt anlassmaßnahmenrechtmäßigkeitsunabhängig sein soll); **anderer Ort i.S.d. § 39 Abs. 2 S. 2 Alt. 2 PolG NRW** ist (zum Beispiel nach Baurecht und Bebauung) abgrenzbarer geographischer Bereich, jedenfalls wegen der Teleologie des § 39 Abs. 2 S. 2 Alt. 2 PolG NRW jeder Platz, zu dem eine eigensicherungsmäßig erhebliche Bewegung erfolgen soll.[1018]

[1017] Teil-Rechtsgrundverweisung und Rechtsfolgenverweisung, vgl. auch § 62 S. 2 PolG NRW. Zum Zwang einschließlich unmittelbarem Zwang in der Unterart der Fesselung siehe auch: *Basten*, Eingriffsrecht der Polizei in Nordrhein-Westfalen, Band 3, Buch 3, Abschnitt 3.

[1018] Beispiele für **Maßnahmen an einem anderen Ort**, also Maßnahmen, zu deren Durchführung Verbingen an einen anderen Ort erfolgt: § 12 Abs. 2 S. 1 PolG NRW (nicht spezieller normierte IDF-Maßnahme, etwa Ausweiseinsichtnahme); § 12 Abs. 2 S. 3 (IDF-Festhalten); § 14 PolG NRW (erkennungsdienstliche Maßnahme), § 8 Abs. 1 PolG NRW (nicht spezieller normierte Maßnahme, etwa Blutprobenentnahme, auf dem Rechtsgebiet der Gefahrenabwehr etwa zweck Postexpositionsprophylaxe); § 81a StPO/§ 81c StPO (Körperliche Untersuchung, insbesondere Blutprobenentnahme), § 81b StPO (erkennungsdienstliche Maßnahme); § 163b Abs. 1 S. 1 StPO (nicht spezieller normierte IDF-Maßnahme, etwa Ausweiseinsichtnahme); § 163b Abs. 1 S. 2 StPO/§ 163b Abs. 2 S. 2 Hs. 1 StPO (IDF-Festhalten); § 163b Abs. 1 S. 3 Var. 3 StPO/§ 163b Abs. 2 S. 2 Hs. 2 StPO (erkennungsdienstliche Maß-

Waffen sind Waffen im Sinne des WaffG, vgl. insbesondere § 1 Abs. 2, 4 WaffG i.V.m. Anlage 1 WaffG.

Explosivmittel ist Stoff im Sinne des SprengG, vgl. insbesondere § 3 SprengG.

Gefahr für Leib oder Leben ist eine Sachlage im einzelnen Fall, die bei ungehindertem Geschehensverlauf in absehbarer Zeit mit hinreichender Wahrscheinlichkeit zu einem **Schaden** (nachteilige Beeinträchtigung) für die Schutzgüter **Leib (körperliche Unversehrtheit)** oder **Leben** (biologisch-physische Existenz) führt.

Erforderlichkeit i.S.d. § 39 Abs. 2 S. 2 PolG NRW ist Nichtverfügbarkeit eines milderen, gleich geeigneten Mittels als der sofortigen Personendurchsuchung zum Schutz gegen eine Gefahr für Leib oder Leben.

(SUB/ERG)

Im konkreten Fall sind die Tatbestandsvoraussetzungen des § 39 Abs. 2 S. 2 PolG NRW (alternativ)

- erfüllt.
- nicht erfüllt.

C. Materielle Rechtmäßigkeit (MR) II. Inanspruchnahme (In) / Inanspruchnahmevoraussetzungen (Inv)

(VOR/DEF)

Inanspruchnahmevoraussetzungen sind materiell-rechtliche Bedingungen für richtige Inanspruchnahme.

Inanspruchnahme ist Adressierung und sonstiges Betroffenmachen; **Adressierung** ist direktes Bestimmen oder finales Richten einer Maßnahme an einen Grundrechtsträger, vgl. §§ 41 Abs. 1 S. 1, 43 Abs. 1 S. 1 VwVfG NRW.

(VOR/DEF)

Die Inanspruchnahme durch Adressierung der Personendurchsuchung soll richtigerweise (alternativ) erfolgen:

- gemäß § 39 Abs. 1 Nr. 1 PolG NRW an die Person, die nach PolG NRW oder anderen Rechtsvorschriften festgehalten werden kann,
- gemäß § 39 Abs. 1 Nr. 2 PolG NRW an die Person, die Sachen mit sich führt, die sichergestellt werden dürfen,
- gemäß § 39 Abs. 1 Nr. 3 PolG NRW an die Person, die sich erkennbar in einem die freie Willensbestimmung ausschließenden Zustand oder sonst in hilfloser Lage befindet,

---

nahme zwecks IDF); § 127 Abs. 1 S. 1 Alt. 1 StPO oder § 127 Abs. 2 i.V.m. § 112/112a/126a StPO oder § 127b StPO oder § 164 StPO (vorläufige Festnahme); § 35 PolG NRW (Ingewahrsamnahme), vgl. auch Nr. 39.2 VVPolG NRW: „Die Durchsuchung nach § 39 Abs. 2 dient der Eigensicherung und dem Schutz Dritter (z.B. bei gemeinschaftlicher Unterbringung im Gewahrsam).".

- gemäß § 39 Abs. 1 Nr. 4 PolG NRW an die Person, die sich an einem der in § 12 Abs. 1 Nr. 2 PolG NRW genannten Orte aufhält,
- gemäß § 39 Abs. 1 Nr. 5 PolG NRW an die Person, die sich in einem Objekt im Sinne des § 12 Abs. 1 Nr. 3 PolG NRW oder in dessen unmittelbarer Nähe aufhält,
- gemäß § 39 Abs. 2 S. 1 PolG NRW an die Person, deren Identität nach diesem Gesetz oder anderen Rechtsvorschriften festgestellt werden soll
- gemäß § 39 Abs. 2 S. 2 PolG NRW an die Person, die nach anderen Rechtsvorschriften vorgeführt oder zur Durchführung einer Maßnahme an einen anderen Ort gebracht werden soll.

Person i.S.d. § 39 PolG NRW ist natürliche Person im Sinne von § 1 BGB.

(SUB/ERG)

Im konkreten Fall ist die Person (alternativ)

- richtigerweise gemäß § 39 PolG NRW in Anspruch genommen/adressiert.
- nicht richtigerweise in Anspruch genommen/adressiert.

C. Materielle Rechtmäßigkeit (MR) III. Rechtsfolge (Rf) / Rechtsfolgevoraussetzungen (RfV)

(VOR/DEF)

Rechtsfolge ist rechtliche Folge aus dem Tatbestand. / **Rechtsfolgevoraussetzungen** sind materiell-rechtliche Rechtsfolgegestaltungsbedingungen.

C. Materielle Rechtmäßigkeit (MR) III. Rechtsfolge (Rf) 1. Tatsächliche und rechtliche Möglichkeit (TurM)

(VOR/DEF)

Tatsächliche und rechtliche Möglichkeit betrifft Fälle wie aus § 44 Abs. 2 Nr. 4-6 VwVfG NRW.

(SUB/ERG)

Tatsächliche und rechtliche Möglichkeit ist im konkreten Fall gegeben/nicht gegeben aufgrund Vorliegens/Nichtvorliegens von kognitiven, körperlichen, normativen, technischen Unmöglichkeiten.

C. Materielle Rechtmäßigkeit (MR) III. Rechtsfolge (Rf) 2. Bestimmtheit (Bsh)

(VOR/DEF)

Bestimmtheit ist Maßnahmenerkennbarkeit und Maßnahmenverstehbarkeit, bei VA und Realakten Gebot nach Art. 20 Abs. 3 GG, bei VA Pflicht auch gemäß § 37 Abs. 1 VwVfG NRW.

(SUB/ERG)

Die Durchsuchungsmaßnahme (Durchsuchungsrealakt oder Durchsuchungs-VA) ist inhaltlich hinreichend bestimmt i.S.d. Art. 20 Abs. 3 GG (bzgl. VA und Realakte), § 37 Abs. 1 VwVfG NRW (bzgl. VA), denn nach Auslegung der Durchsuchungs-Maßnahme kann der Erklärungsempfänger wie jeder vernünftige Dritte, §§ 133, 157 BGB analog, in der konkreten Situation deren Inhalte hinreichend erkennen und verstehen, nämlich:

- dass die Polizei ggü. dem Durchsuchungsadressaten (wer)
- aus Gefahrenabwehrgründen/Eigensicherungsgründen (warum)
- zu einer bestimmten Zeit (wann)
- einen Zweck aus § 39 PolG NRW verfolgt (was)
- und zwar durch Befolgung der und Mitwirkung an der Durchsuchungs-Maßnahme (wie).

C. Materielle Rechtmäßigkeit (MR) III. Rechtsfolge (Rf) 3. Ermessen (Erm)

(VOR/DEF)

Ermessen[1019] ist Entscheidungsspielraum auf der Rechtsfolgenseite bzgl. rechtsfehlerfreier Ausübung von Einschreit-Entschließung (Ob), Adressaten-Auswahl (Wer), Maßnahmen-Gestal-tung (Wie), grundsätzlich gegeben durch § 39 Abs. 1 Wort 3, Abs. 2 Wort 3 PolG NRW, und durch § 3 PolG NRW, bei VA auch durch § 40 VwVfG NRW.

(SUB/ERG)

Der gegebene Entscheidungsspielraum wird aufgrund von entsprechenden Anhaltspunkten/in Ermangelung entgegenstehender Anhaltspunkte ohne Ermessensfehler/mit Ermessensfehlern (Ermessensunterschreitung, Ermessensüberschreitung, Ermessensfehlgebrauch) ausgeübt bzgl. folgender Ermessensarten:

a) Entschließungsermessen:

Das Entschließungsermessen kann im konkreten Fall sogar gegen / auf Null reduziert sein, insbesondere wegen:

- Einschreitmöglichkeit;

1019 Zum Ermessen einschließlich Rechtsnatur, Ermessensarten, Ermessensreduzierungen, Ermessensfehlern, Maßnahmenansprüchen mit Beispielen siehe auch: *Basten*, Eingriffsrecht der Polizei in Nordrhein-Westfalen, Band 1, S. 271-283.

- Erheblichkeitsgrad von Gefährdungen, z.B. konkreter (dringender, erheblicher, gegenwärtiger) Gefahr.

b) Auswahlermessen:

siehe C. II.: Auswahlermessen wird abschließend beurteilt i.V.m. Punkt C. II. (Inanspruchnahme).

c) Gestaltungsermessen:

siehe C. III. 4.: Gestaltungsermessen, § 3 Abs. 2 PolG NRW (Austauschmittel), wird abschließend beurteilt i.V.m. Punkt C. III. 4. (VHM).

C. Materielle Rechtmäßigkeit (MR) III. Rechtsfolge (Rf) 4. Verhältnismäßigkeit (VHM)

(VOR/DEF)

Verhältnismäßigkeit ist Geeignetheit, Erforderlichkeit, Angemessenheit zu einem legitimen Zweck.

(VOR/DEF)

Legitimer Zweck ist verfassungsgemäßer Zweck.

(SUB/ERG)

Im konkreten Fall verfolgt die Personen-Durchsuchung (alterntaiv)

- einen legitimen Zweck, nämlich insbesondere einen Zweck aus § 39 PolG NRW[1020], letztlich den verfassungsgemäßen Schutz vor Schäden für Rechte und Rechtsgüter wie (zum Beispiel) aus Art. 2 Abs. 2 S. 1 GG, Art. 2 Abs. 2 S. 2 GG, Art. 14 Abs. 1 S. 1 Alt. 1 GG, Art. 20 Abs. 3 GG, vgl. auch die übrigen Rechte und Rechtsgüter aus Art. 1-20 GG, vgl. auch die Grundrechtsschutzfunktion und die Grundrechtsförderungsfunktion[1021].
- keinen legitimen Zweck.

[1020] Vgl. z.B. Nr. 39.11 VVPolG NRW: „Die Durchsuchung nach § 39 Abs. 1 Nr. 1 dient der Suche nach Sachen, die zum Angriff auf Personen oder Sachen, zur Flucht oder Selbstgefährdung geeignet sind.“; Nr. 39.12 VVPolG NRW: „§ 39 Abs. 1 Nr. 2 dient dem Auffinden von Gegenständen, die nach § 43 sichergestellt werden dürfen. Voraussetzung ist, dass entsprechende Tatsachen vorliegen; bloße Vermutungen reichen nicht aus.“; Nr. 39.13 VVPolG NRW: „Die Durchsuchung hilfloser Personen gemäß § 39 Abs. 1 Nr. 3 beschränkt sich auf die Suche nach Identitätspapieren, nach ‚Unfallausweisen‘ sowie nach Hinweisen für den Grund der Hilflosigkeit, um Beistand leisten zu können. Vom Zweck der Vorschrift werden auch Durchsuchungen getragen, die dem Auffinden von Gegenständen dienen, durch die eine Gefährdung der Person eintreten kann.“; Nr. 39.2 VVPolG NRW: „Die Durchsuchung nach § 39 Abs. 2 dient der Eigensicherung und dem Schutz Dritter (z.B. bei gemeinschaftlicher Unterbringung im Gewahrsam).“.

[1021] Zu Grundrechtsfunktionen siehe auch: *Basten*, Eingriffsrecht der Polizei in Nordrhein-Westfalen, Band 1, S. 78-84.

(VOR/DEF)

Geeignetheit einer staatlichen Maßnahme ist gegeben bei deren Zweckförderungstauglichkeit, vgl. auch § 2 Abs. 3 PolG NRW.

(SUB/ERG)

Im konkreten Fall ist die Personen-Durchsuchung (alternativ)

- geeignet, denn durch Suchen erhöht sich die Wahrscheinlichkeit des Findens[1022] oder der Erkenntnis des Nichtvorhandenseins, und mit dem Finden bzw. Nichtauffinden des Gesuchten vertiefen sich Möglichkeiten, Rückschlüsse für das weitere Verfahren zu ziehen; so können sich etwa mit dem Finden des Gesuchten Möglichkeiten vertiefen, mit dem Gefundenen oder auf dieses weiter einzuwirken oder anders umzugehen, und so kann letztlich gefördert werden: die Verhinderung/Unterbindung weiteren, potentiell schadensträchtigen Geschehensablaufs.
- mit ihr wird auf eine bestimmte (kausale) Weise (potentiell) gefördert: Verhinderung/Unterbindung weiteren, potentiell schadensträchtigen Geschehensverlaufs im Sinne von § 39 Abs. 1 oder 2 PolG NRW.
- ungeeignet.

(VOR/DEF)

Erforderlichkeit einer staatlichen Maßnahme ist Nichtverfügbarkeit eines milderen (Übermaßverbot), gleich geeigneten (Untermaßverbot) Mittels zur Zweckförderung, vgl. auch § 2 Abs. 1 PolG NRW.

(SUB/ERG)

Im konkreten Fall ist die Personen-Durchsuchung (alternativ)

- erforderlich, denn einerseits sind mildere Maßnahmen wie (zum Beispiel) bloßes Fragen zu Sachen oder bloßes Zeige- oder Herausgabeverlangen oder Nichtstun nicht gleich geeignet, weil sie jedenfalls alleine nicht in gleicher Weise ihr Auffinden oder sonstige Erkenntnis zu ihnen fördern (Untermaßverbot) und andererseits sind (mindestens) gleich geeignete, intensivere Maßnahmen wie direkte Freiheitsentziehung oder Zwang noch nicht notwendig (Übermaßverbot).
- nicht erforderlich.

(VOR/DEF)

Angemessenheit oder **Verhältnismäßigkeit im engeren Sinne** einer staatlichen Maßnahme ist angemessenes Maß oder Verhältnis zwischen Zweckförderung für Erhaltungsrechte und Wirkungen für Eingriffsrechte, vgl. auch § 2 Abs. 2 PolG NRW, vgl. betroffene Grundrechte.

1022 Gedanke seit alters – vgl. auch: Die Bibel, Neues Testament, Lukas 11:9 und 11:10; Matthäus 7:7.

(SUB/ERG)

Im konkreten Fall ist die Personen-Durchsuchung (alternativ)

- angemessen, denn die GR-Eingriffe in Art. 2 Abs. 1 i.V.m. Art. 1 Abs. 1 GG, Art. 2 Abs. 2 S. 2 GG stehen angesichts der zu schützenden Rechte und Rechtsgüter wie aus Art. 2 Abs. 2 S. 1 GG, Art. 2 Abs. 2 S. 2 GG, Art. 14 Abs. 1 S. 1 Alt. 1 GG, Art. 20 Abs. 3 GG nicht außer Verhältnis.
- unangemessen.

(ERG VHM)

Die Maßnahme ist insgesamt i.S.v. § 2 PolG NRW, Art. 20 Abs. 3 GG (alternativ)

- verhältnismäßig.
- unverhältnismäßig.

D. Gesamtergebnis (GErg)

Die Personendurchsuchung ist (alternativ)

- gemäß § 39 PolG NRW rechtmäßig.
- wegen Art./§ (bestimmter Rechtsnorm [z.B. Art. 20 Abs. 3 GG]) rechtswidrig.

ABSCHNITT 20: DURCHSUCHUNG VON SACHEN AUF DEM RECHTSGEBIET DER GEFAHRENABWEHR, § 40 POLG NRW (SACHENDURCHSUCHUNG AUßER DURCHSUCHUNG ZUR IDF, VGL. § 12 ABS. 2 S. 4 POLG NRW)

A. Rechtsgrundlage (RGL) I. Grundrechte (GR)

(VOR/DEF)

Grundrechte sind grundlegende Rechte aus Art. 1-19 GG i.V.m. dem Rechtsstaatsprinzip, Art. 20 Abs. 3 GG, mit Vorrang und Vorbehalt des Gesetzes.[1023]

(SUB/ERG)

Grundrechte sind (i.d.R. alternativ, nicht kumulativ) insbesondere wie folgt gegeben (jeweilige GR-Einschlägigkeit ist fallabhängig):

1. Allgemeines Persönlichkeitsgrundrecht[1024] mit verschiedenen Ausprägungen[1025], etwa in der Ausprägung des **Rechts auf informationelle Selbstbestimmung** (APR/RiS), Art. 2 Abs. 1 i.V.m. Art. 1 Abs. 1[1026] GG, vgl. auch Art. 142 GG i.V.m. Art. 4 Abs. 1, 2 Verfassung NRW[1027].

[1023] Zu **Grundrechten**: *Basten*, Eingriffsrecht der Polizei in Nordrhein-Westfalen, Band 1, Buch 1, Abschnitt 2, Unterabschnitt 3. Zum **Rechtsstaatsprinzip** mit unter anderem sogenanntem Vorrang des Gesetzes und Vorbehalt des Gesetzes: *Basten*, Eingriffsrecht der Polizei in Nordrhein-Westfalen, Band 1, S. 95-108.

[1024] BVerfGE 147, 1, 18 f. (**Geschlechtsidentität**) = BVerfG, Beschluss des Ersten Senats vom 10.10.2017 – 1 BvR 2019/16 –, Rn. 38: „Art. 2 Abs. 1 GG gewährt jedem das **Recht auf die freie Entfaltung seiner Persönlichkeit**. Dieses Grundrecht umfasst neben der allgemeinen Handlungsfreiheit das **allgemeine Persönlichkeitsrecht** (Art. 2 Abs. 1 i.V.m. Art. 1 Abs. 1 GG). Letzteres ergänzt als ‚unbenanntes' Freiheitsrecht die speziellen (‚benannten') Freiheitsrechte, die ebenfalls konstituierende Elemente der Persönlichkeit schützen (vgl. BVerfGE 54, 148 <153>). Eine der **Aufgaben des allgemeinen Persönlichkeitsrechts** ist es dabei, Grundbedingungen dafür zu sichern, dass die einzelne Person ihre Individualität selbstbestimmt entwickeln und wahren kann (vgl. BVerfGE 35, 202 <220>; 79, 256 <268>; 90, 263 <270>; 117, 202 <225>). Das allgemeine Persönlichkeitsrecht schützt indessen nur solche **Elemente der Persönlichkeitsentfaltung**, die - ohne bereits Gegenstand der besonderen Freiheitsgarantien des Grundgesetzes zu sein - diesen in ihrer konstituierenden Bedeutung für die Persönlichkeit nicht nachstehen (vgl. BVerfGE 79, 256 <268>; 99, 185 <193>; 120, 274 <303>; stRspr). Es verbürgt also nicht Schutz gegen alles, was die selbstbestimmte Persönlichkeitsentwicklung auf irgendeine Weise beeinträchtigen könnte; ohnehin vermag kein Mensch seine Individualität unabhängig von äußeren Gegebenheiten und Zugehörigkeiten zu entwickeln. Der lückenschließende Schutz des allgemeinen Persönlichkeitsrechts greift aber dann, wenn die selbstbestimmte Entwicklung und Wahrung der Persönlichkeit spezifisch gefährdet ist (BVerfGE 141, 186 <201 f. Rn. 32>).".

BVerfG, Beschluss des Ersten Senats vom 06.11.2019 – 1 BvR 16/13 – (Recht auf Vergessen I), Rn. 81: „Diese [**APR-]Rechtsprechung** hat sich maßgeblich in Konstellationen der mittelbaren Drittwirkung und geleitet von dem Erfordernis praktischer Konkordanz entwickelt. Deshalb bestimmen sich die Schutzdimensionen des allgemeinen Persönlichkeitsrechts letztlich immer einzelfallbezogen im Abgleich mit den Grundrechten Dritter. Die Bestimmung seiner Schutzwirkungen und die Abwägung mit den gegenüberstehenden Freiheitsrechten greifen hier Hand in Hand. Der Schutz des allgemeinen Persönlichkeitsrechts ist insoweit flexibel und durch die Einbindung der Person in ihre sozialen Beziehungen relativiert (vgl. BVerfGE 101, 361 <380>; 141, 186 <202 Rn. 32>; 147, 1 <19 Rn. 38>; stRspr; siehe auch BGHZ 183, 353 <357 Rn. 11>; 209, 139 <150 Rn. 30>; 219, 233 <240 Rn. 22>; stRspr).".

Vgl. „**Allgemeines Persönlichkeitsrecht**" (APR) als „sonstiges Recht" (sog. **Rahmenrecht** mit [grundrechts-]abwägungsoffenem Tatbestand) nach § 823 Abs. 1 Var. 6 BGB, u.a. mit Geldentschädigungsanspruch, insbesondere durch ständige Rechtsprechung (vgl. auch § 253 BGB) seit folgender Entwicklung: BGHZ 13, 334 (Leserbrief), mit erstmaliger ausdrücklicher Anerkennung des allgemeinen Persönlichkeitsrechts; BGHZ 26, 349 (Herrenreiter), mit erstmaliger Zuerkennung einer Geldentschädigung wegen

des immateriellen Schadens durch die Verletzung des allgemeinen Persönlichkeitsrechts; BGHZ 35, 363 (Ginsengwurzel), mit erstmaliger Schwerpunktsetzung bei der Menschenwürde in der Begründung; BVerfGE 34, 269 (Soraya), mit verfassungsgerichtlicher Erklärung der verfassungsrechtlichen Zulässigkeit der richterrechtlich entwickelten APR-Konstruktion.

1025 BVerfG, Beschluss des Ersten Senats vom 06.11.2019 – 1 BvR 16/13 – (Recht auf Vergessen I), Rn. 80: „Die Rechtsprechung hat aus dem [**Allgemeinen Persönlichkeits-]Grundrecht** insoweit verschiedene **Schutzdimensionen** abgeleitet wie den **Schutz eines unantastbaren Bereichs privater Lebensgestaltung**, die Garantie der **Privatsphäre**, das **Recht am eigenen Bild** oder **gesprochenen Wort** oder das **Recht auf die Darstellung der eigenen Person**, die **soziale Anerkennung** sowie die **persönliche Ehre** (vgl. BVerfGE 27, 1 <6>; 27, 344 <350 f.>; 32, 373 <379>; 34, 238 <245 f.>; 47, 46 <73>; 54, 148 <153 f.>; 99, 185 <193 f.>; 101, 361 <384>; 106, 28 <39>; 114, 339 <346>; 120, 180 <198>).“ „Diese Schutzgehalte werden insoweit aber nicht als abschließend umschriebene und voneinander abzugrenzende Gewährleistungen verstanden, sondern als Ausprägungen, die in Blick auf den konkreten Schutzbedarf jeweils anhand des zu entscheidenden Falles herauszuarbeiten sind (vgl. BVerfGE 54, 148 <153 f.>; 65, 1 <41>).“.

BVerfGE 65, 1 (Volkszählungsgesetz), Ls. 1 = BVerfG, Urteil des Ersten Senats vom 15.12.1983 – 1 BvR 209/83, Ls. 1: „Unter den Bedingungen der modernen Datenverarbeitung wird der Schutz des Einzelnen gegen unbegrenzte Erhebung, Speicherung, Verwendung und Weitergabe seiner persönlichen Daten von dem **allgemeinen Persönlichkeitsrecht** des Art. 2 Abs. 1 GG in Verbindung mit Art. 1 Abs. 1 GG umfaßt. Das [**Allgemeine Persönlichkeits-]Grundrecht** gewährleistet insoweit die Befugnis des Einzelnen, grundsätzlich selbst über die Preisgabe und Verwendung seiner persönlichen Daten zu bestimmen.“; BVerfG, Beschluss des Ersten Senats vom 06.11.2019 – 1 BvR 16/13 – (Recht auf Vergessen I), Rn. 80: „Das **Recht auf informationelle Selbstbestimmung** ist von der Rechtsprechung als eigene Ausprägung des allgemeinen Persönlichkeitsrechts mit einem gegenüber den anderen Ausprägungen selbständigen Gewährleistungsgehalt entwickelt worden und behält diesen auch, soweit es als verfassungsrechtliche Wertentscheidung in das Zivilrecht einstrahlt. Dementsprechend enthält es keinen gesamthaften Schutzanspruch hinsichtlich jederlei Umgangs mit Informationen, der die übrigen Schutzdimensionen des Grundrechts allgemein übergreifen und zusammenführen würde, sondern lässt deren Wertungen und Abwägungsregeln unberührt.“; BVerfGE 120, 274, 311 f. (Online-Durchsuchung) = BVerfG, Urteil des Ersten Senats vom 27.02.2008 – 1 BvR 370/07 –, Rn. 198 f. „Das **Recht auf informationelle Selbstbestimmung** geht über den **Schutz der Privatsphäre** hinaus. Es gibt dem Einzelnen die Befugnis, grundsätzlich selbst über die Preisgabe und Verwendung seiner persönlichen Daten zu bestimmen (vgl. BVerfGE 65, 1 <43>; 84, 192 <194>). Es flankiert und erweitert den grundrechtlichen Schutz von Verhaltensfreiheit und Privatheit, indem es ihn schon auf der Stufe der Persönlichkeitsgefährdung beginnen lässt. Eine derartige Gefährdungslage kann bereits im Vorfeld konkreter Bedrohungen benennbarer Rechtsgüter entstehen, insbesondere wenn personenbezogene Informationen in einer Art und Weise genutzt und verknüpft werden können, die der Betroffene weder überschauen noch verhindern kann. Der Schutzumfang des **Rechts auf informationelle Selbstbestimmung** beschränkt sich dabei nicht auf Informationen, die bereits ihrer Art nach sensibel sind und schon deshalb grundrechtlich geschützt werden. Auch der Umgang mit personenbezogenen Daten, die für sich genommen nur geringen Informationsgehalt haben, kann, je nach dem Ziel des Zugriffs und den bestehenden Verarbeitungs- und Verknüpfungsmöglichkeiten, grundrechtserhebliche Auswirkungen auf die Privatheit und Verhaltensfreiheit des Betroffenen haben (vgl. BVerfG, Beschluss vom 13. Juni 2007 - 1 BvR 1550/03 u.a. -, NJW 2007, S. 2464 <2466>). Die mit dem Recht auf informationelle Selbstbestimmung abzuwehrenden Persönlichkeitsgefährdungen ergeben sich aus den vielfältigen Möglichkeiten des Staates und gegebenenfalls auch privater Akteure (vgl. BVerfG, Beschluss der 1. Kammer des Ersten Senats vom 23. Oktober 2006 - 1 BvR 2027/02 -, JZ 2007, S. 576) zur Erhebung, Verarbeitung und Nutzung personenbezogener Daten. Vor allem mittels elektronischer Datenverarbeitung können aus solchen Informationen weitere Informationen erzeugt und so Schlüsse gezogen werden, die sowohl die grundrechtlich geschützten Geheimhaltungsinteressen des Betroffenen beeinträchtigen als auch Eingriffe in seine Verhaltensfreiheit mit sich bringen können (vgl. BVerfGE 65, 1 <42>; 113, 29 <45 f.>; 115, 320 <342>; BVerfG, Beschluss vom 13. Juni 2007 - 1 BvR 1550/03 u.a. -, NJW 2007, S. 2464 <2466>).“.

BVerfGE 109, 279, 325-327 (akustische Wohnraumüberwachung / „Großer Lauschangriff") = BVerfG, Urteil des Ersten Senats vom 03.03.2004 – 1 BvR 2378/98, 1084/99 –, Rn. 159-163: „Das aus Art. 2 Abs. 1 in Verbindung mit Art. 1 Abs. 1 GG folgende **allgemeine Persönlichkeitsrecht** kommt neben Art. 13 Abs. 1 GG allerdings nicht zur Anwendung, soweit Eingriffe in die **räumliche Privatsphäre des Wohnungsinhabers** zu überprüfen sind. Art. 13 Abs. 1 GG enthält eine spezielle Gewährleistung des **Schutzes vor staatlicher akustischer Überwachung der räumlichen Privatsphäre**, die die allgemeinere Vorschrift insoweit verdrängt (vgl. BVerfGE 100, 313 [358] zu Art. 10 GG). Mit dem **Recht, in der Wohnung ungestört zu sein**, und dem **Recht am eigenen in der Wohnung gesprochenen Wort** schützt Art. 13 Abs. 1 GG gerade den Teil der **Privatsphäre**, den sonst das allgemeine Persönlichkeitsrecht gewährleistet. Dieses Recht ergänzt als unbenanntes Freiheitsrecht die speziellen Freiheitsrechte, die ebenfalls konstituierende Elemente der Persönlichkeit schützen (vgl. BVerfGE 54, 148 <153 f.>), nur insoweit, als Letztere keinen Schutz gewähren. Der **Schutz des allgemeinen Persönlichkeitsrechts aus Art. 2 Abs. 1 in Verbindung mit Art. 1 Abs. 1 GG** greift hingegen ein, soweit von der Wohnraumüberwachung Personen betroffen werden, die sich nicht auf Art. 13 Abs. 1 GG berufen können. **Grundrechtsträger des Art. 13 Abs. 1 GG** ist jeder Inhaber oder Bewohner eines Wohnraums, unabhängig davon, auf welchen Rechtsverhältnissen die Nutzung des Wohnraums beruht. Bei mehreren Bewohnern einer Wohnung steht das Grundrecht jedem Einzelnen, bei Familien mithin jedem Familienmitglied zu. Maßnahmen der Wohnraumüberwachung können aber nicht nur **Wohnungsinhaber**, sondern auch **zufällig in einer Wohnung Anwesende** erfassen. Diese Personen sind zwar nicht in ihrem Grundrecht aus Art. 13 Abs. 1 GG, wohl aber in ihrem **allgemeinen Persönlichkeitsrecht** betroffen. Der Schutz aus Art. 2 Abs. 1 in Verbindung mit Art. 1 Abs. 1 GG kann insofern allerdings nicht weiter reichen als derjenige aus Art. 13 Abs. 1 und 3 GG. Der Schutz der **räumlichen Privatsphäre und des allgemeinen Persönlichkeitsrechts** kann schließlich in Einzelfällen durch weitere Grundrechtsgarantien ergänzt sein. So wird das **Gespräch zwischen Eheleuten in der eigenen Wohnung** nicht nur von Art. 13 Abs. 1 GG, sondern zusätzlich durch Art. 6 Abs. 1 GG geschützt. Auch in Bezug auf die **Kommunikation mit Berufsgeheimnisträgern** können neben dem grundrechtlichen **Schutz der räumlichen Privatsphäre** Grundrechte in Betracht kommen, die - wie etwa Art. 4 GG im Hinblick auf das Gespräch mit einem Geistlichen - der besonderen Schutzbedürftigkeit der Kommunizierenden Rechnung tragen.".

BVerfG, Beschluss des Ersten Senats vom 06.11.2019 – 1 BvR 16/13 – (Recht auf Vergessen I), Ls. 3 S. 1: „Von den **äußerungsrechtlichen Schutzdimensionen** ist das **Recht auf informationelle Selbstbestimmung** als eine eigene Ausprägung des allgemeinen Persönlichkeitsrechts zu unterscheiden." BVerfG, Beschluss des Ersten Senats vom 06.11.2019 – 1 BvR 16/13 – (Recht auf Vergessen I), Rn. 90: „Ausgehend von dem **Ziel des Rechts auf informationelle Selbstbestimmung**, Schutz vor Gefahren angesichts neuartiger Möglichkeiten der Datenverarbeitung zu gewähren (vgl. BVerfGE 65, 1 <42>), ist es primär als Gewährleistung zu verstehen, die – neben der ungewollten Preisgabe von Daten auch im Rahmen privater Rechtsbeziehungen (vgl. BVerfGE 84, 192 <194>) – insbesondere vor deren intransparenter Verarbeitung und Nutzung durch Private schützt. Es bietet Schutz davor, dass Dritte sich individueller Daten bemächtigen und sie in nicht nachvollziehbarer Weise als Instrument nutzen, um die Betroffenen auf Eigenschaften, Typen oder Profile festzulegen, auf die sie keinen Einfluss haben und die dabei aber für die freie Entfaltung der Persönlichkeit sowie eine gleichberechtigte Teilhabe in der Gesellschaft von erheblicher Bedeutung sind. Der Gehalt dieses Rechts ist dabei entwicklungsoffen, so dass es auch weitere persönlichkeitsgefährdende Entwicklungen der Informationsverarbeitung aufnehmen kann.".

BVerfG, Beschluss des Ersten Senats vom 06.11.2019 – 1 BvR 16/13 – (Recht auf Vergessen I), Rn. 91: „[Vom Recht auf informationelle Selbstbestimmung] zu unterscheiden ist der **Schutz vor der Verarbeitung personenbezogener Berichte und Informationen als Ergebnis eines Kommunikationsprozesses**. Der Schutzbedarf gründet hier nicht in der intransparenten Zuweisung von Persönlichkeitsmerkmalen und -profilen durch Dritte, sondern in der sichtbaren Verbreitung bestimmter Informationen im öffentlichen Raum. Gefährdungen für die Persönlichkeitsentfaltung ergeben sich hier vornehmlich aus Form und Inhalt der Veröffentlichung selbst. Schutz gegenüber solchen Gefährdungen bieten die **äußerungsrechtlichen Ausprägungen des allgemeinen Persönlichkeitsrechts unabhängig vom Recht auf informationelle Selbstbestimmung**. Zwar kann es auch dabei maßgeblich auf die Art der Informationserlangung ankommen. Jedoch hat diese hier ihre Bedeutung als Vorfrage für die Beurteilung des weite-

ren Umgangs mit einer bestimmten Äußerung und des damit in die Öffentlichkeit gestellten Bildes einer Person selbst.".

BVerfG, Beschluss des Ersten Senats vom 06.11.2019 – 1 BvR 16/13 – (**Recht auf Vergessen** I), Ls. 2b): „Bei der Entscheidung über einen Schutzanspruch kommt der Zeit unter den Kommunikationsbedingungen des Internets ein spezifisches Gewicht zu. Die Rechtsordnung muss davor schützen, dass sich eine Person frühere Positionen, Äußerungen und Handlungen unbegrenzt vor der Öffentlichkeit vorhalten lassen muss. Erst die Ermöglichung eines Zurücktretens vergangener Sachverhalte eröffnet den Einzelnen die Chance zum Neubeginn in Freiheit. Zur Zeitlichkeit der Freiheit gehört die Möglichkeit des Vergessens.".

BVerfGE 120, 274, 311 (Online-Durchsuchung) = BVerfG, Urteil des Ersten Senats vom 27.02.2008 – 1 BvR 370/07 –, Rn. 197: „In seiner Ausprägung als **Schutz der Privatsphäre** [als **Privatangelegenheitenschutz** und **Rückzugsraumbereichsschutz** – beides **gegenüber der Öffentlichkeit**, vgl. **Sphärentheorie** mit **Intimsphäre, Privatsphäre, Sozialsphäre** und vgl. **Kernbereich privater Lebensgestaltung**] gewährleistet das allgemeine Persönlichkeitsrecht dem Einzelnen einen räumlich und thematisch bestimmten Bereich, der grundsätzlich frei von unerwünschter Einsichtnahme bleiben soll (vgl. BVerfGE 27, 344 <350 ff.>; 44, 353 <372 f.>; 90, 255 <260>; 101, 361 <382 f.>)."; BVerfGE 101, 361, 382-385 (Caroline von Monaco II) = BVerfG, Urteil vom 15.12.1999 – 1 BvR 653/96 –, Rn. 75-82: „Im Unterschied zum **Recht am eigenen Bild** bezieht sich der **Schutz der Privatsphäre**, der ebenfalls im **allgemeinen Persönlichkeitsrecht** wurzelt, nicht speziell auf Abbildungen, sondern ist **thematisch und räumlich** bestimmt. Er umfaßt zum einen **Angelegenheiten** [**Privatangelegenheitenschutz**], die wegen ihres Informationsinhalts typischerweise als **‚privat'** eingestuft werden, weil ihre **öffentliche** Erörterung oder Zurschaustellung als unschicklich gilt, das Bekanntwerden als peinlich empfunden wird oder nachteilige Reaktionen der Umwelt auslöst, wie es etwa bei Auseinandersetzungen mit sich selbst in **Tagebüchern** (BVerfGE 80, 367), bei **vertraulicher Kommunikation unter Eheleuten** (BVerfGE 27, 344), im Bereich der **Sexualität** (BVerfGE 47, 46; 49, 286 [BVerfGE 120, 224, 238 f. (Geschwisterbeischlaf) = BVerfGE, Beschluss des Zweiten Senats vom 26.02.2008 – 2 BvR 392/07 –, Rn. 32 f.: „Das allgemeine Persönlichkeitsrecht in seiner Ausprägung als **Recht auf sexuelle Selbstbestimmung**"/„**Intim- und Sexualbereich des Menschen als Teil seiner Privatsphäre**, P. B.]), bei **sozial abweichendem Verhalten** (BVerfGE 44, 353) oder bei **Krankheiten** (BVerfGE 32, 373) der Fall ist. Fehlte es hier an einem **Schutz vor der Kenntniserlangung anderer**, wären die Auseinandersetzung mit sich selbst, die unbefangene Kommunikation unter Nahestehenden, die sexuelle Entfaltung oder die Inanspruchnahme ärztlicher Hilfe beeinträchtigt oder unmöglich, obwohl es sich um grundrechtlich geschützte Verhaltensweisen handelt. Zum anderen erstreckt sich der Schutz auf einen **räumlichen Bereich** [**Raumbereichsschutz**], in dem der Einzelne zu sich kommen, sich entspannen oder auch gehen lassen kann (vgl. BVerfGE 27, 1 [6]). Zwar bietet auch dieser Bereich Gelegenheit, sich in einer Weise zu verhalten, die nicht für die **Öffentlichkeit** bestimmt ist und deren Beobachtung oder Darstellung durch Außenstehende für den Betroffenen peinlich oder nachteilig wäre. Im Kern geht es aber um einen **Raum**, in dem er die Möglichkeit hat, frei von **öffentlicher Beobachtung** und damit der von ihr erzwungenen Selbstkontrolle zu sein, auch ohne daß er sich dort notwendig anders verhielte als in der **Öffentlichkeit**. Bestünden solche **Rückzugsbereiche** nicht mehr, könnte der Einzelne psychisch überfordert sein, weil er unausgesetzt darauf achten müßte, wie er auf andere wirkt und ob er sich richtig verhält. Ihm fehlten die Phasen des Alleinseins und Ausgleichs, die für die Persönlichkeitsentfaltung notwendig sind und ohne die sie nachhaltig beeinträchtigt würde. Ein derartiges Schutzbedürfnis besteht auch bei Personen, die aufgrund ihres Ranges oder Ansehens, ihres Amtes oder Einflusses, ihrer Fähigkeiten oder Taten besondere **öffentliche** Beachtung finden. Wer, ob gewollt oder ungewollt, zur Person des **öffentlichen** Lebens geworden ist, verliert damit nicht sein Anrecht auf eine **Privatsphäre**, die den Blicken der **Öffentlichkeit** entzogen bleibt. Das gilt auch für demokratisch gewählte Amtsträger, die zwar für ihre Amtsführung **öffentlich** rechenschaftspflichtig sind und sich in diesem Umfang **öffentliche** Aufmerksamkeit gefallen lassen müssen, nicht aber für ihr **Privatleben**, sofern dieses die Amtsführung nicht berührt. Der **häusliche Bereich** [vgl. ggf. spezielleren Art. 13 GG i.V.m. BVerfGE 109, 279, 325 f.] stellt anerkanntermaßen eine solche geschützte Sphäre dar. Wegen des Bezugs auf die Entfaltung der Persönlichkeit darf der **Rückzugsbereich** jedoch nicht von vornherein auf ihn begrenzt werden. Das gilt schon deshalb, weil die Funktionen, denen er dient, nur erfüllt werden, wenn er nicht an den Hausmau-

ern oder Grundstücksgrenzen endet. Die freie Entfaltung der Persönlichkeit wäre erheblich behindert, wenn der Einzelne nur im eigenen Haus der **öffentlichen** Neugier entgehen könnte. Die notwendige Erholung von einer durch Funktionszwänge und Medienpräsenz geprägten **Öffentlichkeit** ist vielfach nur in der **Abgeschiedenheit einer natürlichen Umgebung, etwa an einem Ferienort**, zu gewinnen. Deswegen muß der Einzelne grundsätzlich die Möglichkeit haben, sich auch in der freien, gleichwohl **abgeschiedenen Natur oder an Örtlichkeiten, die von der breiten Öffentlichkeit deutlich abgeschieden sind**, in einer von **öffentlicher** Beobachtung freien Weise zu bewegen. Das gilt gerade gegenüber solchen Aufnahmetechniken, die die **räumliche Abgeschiedenheit** überwinden, ohne daß der Betroffene dies bemerken kann. Wo die Grenzen der geschützten **Privatsphäre außerhalb des Hauses** verlaufen, läßt sich nicht generell und abstrakt festlegen. Sie können vielmehr nur aufgrund der jeweiligen Beschaffenheit des **Ortes** bestimmt werden, den der Betroffene aufsucht. Ausschlaggebend ist, ob der Einzelne eine **Situation** vorfindet oder schafft, in der er begründetermaßen und somit auch für Dritte erkennbar davon ausgehen darf, den Blicken der **Öffentlichkeit** nicht ausgesetzt zu sein. Ob die Voraussetzungen der **Abgeschiedenheit** erfüllt sind, läßt sich nur situativ beurteilen. Der Einzelne kann sich an ein und demselben **Ort** zu Zeiten mit gutem Grund unbeobachtet fühlen, zu anderen Zeiten nicht. Auch ist der Aufenthalt in umschlossenen **Räumen** keineswegs immer mit **Abgeschiedenheit** gleichzusetzen. Da es um die Frage geht, ob der Einzelne begründetermaßen erwarten darf, unbeobachtet zu sein, oder aber **Plätze** aufgesucht hat, wo er sich unter den Augen der **Öffentlichkeit** bewegt, kann es auch in umschlossenen Räumen an der **Abgeschiedenheit** fehlen, die Voraussetzung für den **Privatsphärenschutz** außerhalb der eigenen **Häuslichkeit** ist. **Plätzen, an denen sich der Einzelne unter vielen Menschen befindet**, fehlt es von vornherein an den Voraussetzungen des **Privatsphärenschutzes** im Sinn von Art. 2 Abs. 1 in Verbindung mit Art. 1 Abs. 1 GG. Sie können das **Rückzugsbedürfnis** nicht erfüllen und rechtfertigen deswegen auch nicht den grundrechtlichen Schutz, den dieses Bedürfnis aus Gründen der Persönlichkeitsentfaltung verdient. Der Einzelne kann solche **Orte** auch nicht etwa durch ein Verhalten, das typischerweise nicht **öffentlich** zur Schau gestellt würde, in seine **Privatsphäre** umdefinieren. Nicht sein Verhalten, ob allein oder mit anderen, konstituiert die **Privatsphäre**, sondern die **objektive Gegebenheit der Örtlichkeit zur fraglichen Zeit**. Verhält er sich daher an **Orten**, die nicht die Merkmale der **Abgeschiedenheit** aufweisen, so, als stünde er nicht unter Beobachtung, hebt er das **Schutzbedürfnis für Verhaltensweisen, die an sich die Öffentlichkeit nichts angehen**, selbst auf. Der **Schutz der Privatsphäre vor öffentlicher Kenntnisnahme** entfällt ferner, wenn sich jemand selbst damit einverstanden zeigt, daß bestimmte, gewöhnlich als privat geltende Angelegenheiten **öffentlich** gemacht werden, etwa indem er Exklusivverträge über die Berichterstattung aus seiner **Privatsphäre** abschließt. Der verfassungsrechtliche **Privatsphärenschutz** aus Art. 2 Abs. 1 in Verbindung mit Art. 1 Abs. 1 GG ist nicht im Interesse einer Kommerzialisierung der eigenen Person gewährleistet. Zwar ist niemand an einer solchen **Öffnung privater Bereiche** gehindert. Er kann sich dann aber nicht gleichzeitig auf den **öffentlichkeitsabgewandten Privatsphärenschutz** berufen. Die Erwartung, daß die Umwelt die **Angelegenheiten oder Verhaltensweisen in einem Bereich mit Rückzugsfunktion** nur begrenzt oder nicht zur Kenntnis nimmt, muß daher situationsübergreifend und konsistent zum Ausdruck gebracht werden. Das gilt auch für den Fall, daß der Entschluß, die Berichterstattung über bestimmte Vorgänge der eigenen **Privatsphäre** zu gestatten oder hinzunehmen, rückgängig gemacht wird.".

BVerfGE 6, 32, 41 (Elfes) = BVerfG, Urteil vom des Ersten Senats vom 16.01.1957 – 1 BvR 253/56 –, Rn. 32 [vgl. **Recht auf Privatsphäre** als **Privatangelegenheitenschutz** und **Rückzugsraumbereichsschutz** – beides **gegenüber der Öffentlichkeit,** vgl. **Sphärentheorie** mit **Intimsphäre**, **Privatsphäre**, **Sozialsphäre**]: „Vor allem dürfen die Gesetze daher die Würde des Menschen nicht verletzen, die im Grundgesetz der oberste Wert ist, aber auch die geistige, politische und wirtschaftliche Freiheit des Menschen nicht so einschränken, daß sie in ihrem Wesensgehalt angetastet würde (Art. 19 Abs. 2, Art. 1 Abs. 3, Art. 2 Abs. 1 GG). Hieraus ergibt sich, daß dem einzelnen Bürger eine **Sphäre privater Lebensgestaltung** verfassungskräftig vorbehalten ist, also ein letzter **unantastbarer Bereich menschlicher Freiheit** besteht, der der Einwirkung der gesamten öffentlichen Gewalt entzogen ist. Ein Gesetz, das in ihn eingreifen würde, könnte nie Bestandteil der ‚verfassungsmäßigen Ordnung' sein; es müßte durch das Bundesverfassungsgericht für nichtig erklärt werden.". BVerfGE 109, 279, Ls. 2 S. 1 (akustische Wohnraumüberwachung / „Großer Lauschangriff") = BVerfG, Urteil des Ersten Senats vom 03.03.2004 – 1 BvR 2378/98, 1084/99 –, Ls. 2 S. 1: „Zur Unantastbarkeit der Menschenwürde gemäß

Art. 1 Abs. 1 GG gehört die Anerkennung eines absolut geschützten **Kernbereichs privater Lebensgestaltung.**". BVerfGE 141, 220, 276-278 (BKAG) = BVerfG, Urteil des Ersten Senats vom 20.04.2016 – 1 BvR 966/09 –, Rn. 119-124: „Neben den verfassungsrechtlichen Anforderungen an die allgemeinen Eingriffsvoraussetzungen ergeben sich aus den jeweiligen **Grundrechten in Verbindung mit Art. 1 Abs. 1 GG** für die Durchführung von besonders eingriffsintensiven Überwachungsmaßnahmen besondere Anforderungen an den **Schutz des Kernbereichs privater Lebensgestaltung**. Der verfassungsrechtliche **Schutz des Kernbereichs privater Lebensgestaltung** gewährleistet dem Individuum einen **Bereich höchstpersönlicher Privatheit gegenüber Überwachung**. Er wurzelt in den **von den jeweiligen Überwachungsmaßnahmen betroffenen Grundrechten in Verbindung mit Art. 1 Abs. 1 GG** und sichert einen dem Staat nicht verfügbaren Menschenwürdekern grundrechtlichen Schutzes gegenüber solchen Maßnahmen. Selbst überragende Interessen der Allgemeinheit können einen Eingriff in diesen **absolut geschützten Bereich privater Lebensgestaltung** nicht rechtfertigen (vgl. BVerfGE 109, 279 <313>; stRspr). Zur **Entfaltung der Persönlichkeit im Kernbereich privater Lebensgestaltung gehört die Möglichkeit, innere Vorgänge** wie Empfindungen und Gefühle sowie Überlegungen, Ansichten und Erlebnisse **höchstpersönlicher Art zum Ausdruck zu bringen** (vgl. BVerfGE 109, 279 <313>; 120, 274 <335>; stRspr). Geschützt ist insbesondere die **nichtöffentliche Kommunikation mit Personen des höchstpersönlichen Vertrauens, die in der berechtigten Annahme geführt wird, nicht überwacht zu werden**, wie es insbesondere bei Gesprächen im Bereich der Wohnung der Fall ist. Zu diesen Personen gehören insbesondere Ehe- oder Lebenspartner, Geschwister und Verwandte in gerader Linie, vor allem, wenn sie im selben Haushalt leben, und können Strafverteidiger, Ärzte, Geistliche und enge persönliche Freunde zählen (vgl. BVerfGE 109, 279 <321 ff.>). Dieser Kreis deckt sich nur teilweise mit dem der Zeugnisverweigerungsberechtigten. Solche Gespräche verlieren dabei nicht schon dadurch ihren Charakter als insgesamt höchstpersönlich, dass sich in ihnen Höchstpersönliches und Alltägliches vermischen (vgl. BVerfGE 109, 279 <330>; 113, 348 <391 f.>). Demgegenüber ist die **Kommunikation unmittelbar über Straftaten** nicht geschützt, selbst wenn sie auch Höchstpersönliches zum Gegenstand hat. Die **Besprechung und Planung von Straftaten** gehört ihrem Inhalt nach nicht zum **Kernbereich privater Lebensgestaltung**, sondern hat **Sozialbezug** (vgl. BVerfGE 80, 367 <375>; 109, 279 <319 f., 328>; 113, 348 <391>). Dies bedeutet freilich nicht, dass der Kernbereich unter einem allgemeinen Abwägungsvorbehalt in Bezug auf öffentliche Sicherheitsinteressen steht. Ein **höchstpersönliches Gespräch** fällt nicht schon dadurch aus dem **Kernbereich privater Lebensgestaltung** heraus, dass es für die Aufklärung von Straftaten oder Gefahren hilfreiche Aufschlüsse geben kann. Aufzeichnungen oder Äußerungen im Zwiegespräch, die zum Beispiel ausschließlich innere Eindrücke und Gefühle wiedergeben und keine Hinweise auf konkrete Straftaten enthalten, gewinnen nicht schon dadurch einen **Gemeinschaftsbezug**, dass sie Ursachen oder Beweggründe eines strafbaren Verhaltens freizulegen vermögen (vgl. BVerfGE 109, 279 <319>). Auch können trotz **Straftatenbezugs** Situationen, in denen Einzelnen gerade ermöglicht werden soll, ein Fehlverhalten einzugestehen oder sich auf dessen Folgen einzurichten, wie Beichtgespräche oder vertrauliche Gespräche mit einem Psychotherapeuten oder einem Strafverteidiger, der **höchstpersönlichen Privatsphäre** unterfallen, die dem Staat absolut entzogen ist (vgl. BVerfGE 109, 279 <322>). Ein hinreichender **Sozialbezug** besteht demgegenüber dann, wenn **Gespräche - auch mit Vertrauenspersonen - sonst unmittelbar Straftaten zu ihrem Gegenstand haben** (vgl. BVerfGE 109, 279 <319>). Der **Kernbereich privater Lebensgestaltung** beansprucht gegenüber **allen Überwachungsmaßnahmen** Beachtung. Können sie typischerweise zur Erhebung kernbereichsrelevanter Daten führen, muss der Gesetzgeber Regelungen schaffen, die einen wirksamen Schutz normenklar gewährleisten (vgl. BVerfGE 109, 279 <318 f.>; 113, 348 <390 f.>; 120, 274 <335 ff.>). Außerhalb solch verletzungsgeneigter Befugnisse bedarf es eigener Regelungen nicht. Grenzen, die sich im Einzelfall auch hier gegenüber einem Zugriff auf höchstpersönliche Informationen ergeben können, sind bei deren Anwendung unmittelbar von Verfassungs wegen zu beachten. Der **Schutz des Kernbereichs privater Lebensgestaltung** ist strikt und darf nicht durch Abwägung mit den Sicherheitsinteressen nach Maßgabe des Verhältnismäßigkeitsgrundsatzes relativiert werden (vgl. BVerfGE 109, 279 <314>; 120, 273 <339>; stRspr). Dies bedeutet jedoch nicht, dass **jede tatsächliche Erfassung von höchstpersönlichen Informationen** stets einen Verfassungsverstoß oder eine Menschenwürdeverletzung begründet. Angesichts der Handlungs- und Prognoseunsicherheiten, unter denen Sicherheitsbehörden ihre Aufgaben wahrnehmen, kann ein **unbeabsichtigtes Eindringen in den Kern-**

a) GR-SB:

aa) Persönlicher GR-SB: „Jeder“.

bb) Sachlicher GR-SB: „**freie Entfaltung der Persönlichkeit**“ als „**Datenfreiheit**“ (Grundsätzliche Bestimmungsbefugnis des Einzelnen über Preisgabe und Verwendung eigener personenbezogener Daten[1028]), vgl. **personenbezogenes Datum**: § 36 Nr. 1 DSG NRW[1029].

---

bereich privater Lebensgestaltung im Rahmen von Überwachungsmaßnahmen nicht für jeden Fall von vornherein ausgeschlossen werden (vgl. BVerfGE 120, 274 <337 f.>). Die Verfassung verlangt jedoch **für die Ausgestaltung der Überwachungsbefugnisse** die **Achtung des Kernbereichs** als eine strikte, nicht frei durch Einzelfallerwägungen überwindbare Grenze.“.

BVerfGE 120, 274 (Online-Durchsuchung) = BVerfG, Urteil des Ersten Senats vom 27.02.2008 – 1 BvR 370/07 –, Ls. 1: „Das **allgemeine Persönlichkeitsrecht** (Art. 2 Abs. 1 i.V.m. Art. 1 Abs. 1 GG) umfasst das Grundrecht auf **Gewährleistung der Vertraulichkeit und Integrität informationstechnischer Systeme**.“; BVerfGE 120, 274, 314 (Online-Durchsuchung) = BVerfG, Urteil des Ersten Senats vom 27.02.2008 – 1 BvR 370/07 –, Rn. 203: „**informationstechnisches System**“: „etwa Personalcomputer“, „ferner beispielweise […] solche Mobiltelefone oder elektronische Terminkalender, die über einen großen Funktionsumfang verfügen und personenbezogene Daten vielfältiger Art erfassen und speichern können.“; BVerfGE 120, 274, 276 (Online-Durchsuchung) = BVerfG, Urteil des Ersten Senats vom 27.02.2008 – 1 BvR 370/07 –, Rn. 5: „**heimlicher Zugriff auf ein informationstechnisches System**“: „[heimliche] technische Infiltration […], die etwa Sicherheitslücken des Zielsystems ausnutzt oder über die Installation eines Spähprogramms erfolgt“, wobei die Infiltration es ermöglicht, die Zielsystem-„Nutzung zu überwachen oder die Speichermedien durchzusehen oder gar das Zielsystem fernzusteuern.“.

BVerfGE 147, 1 (**Geschlechtsidentität**) = BVerfG, Beschluss des Ersten Senats vom 10.10.2017 – 1 BvR 2019/16 –, Ls. 1-3: „1. Das **allgemeine Persönlichkeitsrecht** (Art. 2 Abs. 1 i.V.m. Art. 1 Abs. 1 GG) schützt die **geschlechtliche Identität**. Es schützt auch die geschlechtliche Identität derjenigen, die sich dauerhaft weder dem männlichen noch dem weiblichen Geschlecht zuordnen lassen. 2. Art. 3 Abs. 3 Satz 1 GG schützt auch Menschen, die sich dauerhaft weder dem männlichen noch dem weiblichen Geschlecht zuordnen lassen, vor **Diskriminierungen wegen ihres Geschlechts**. 3. Personen, die sich dauerhaft weder dem männlichen noch dem weiblichen Geschlecht zuordnen lassen, werden in beiden Grundrechten verletzt, wenn das Personenstandsrecht dazu zwingt, das Geschlecht zu registrieren, aber keinen anderen positiven Geschlechtseintrag als weiblich oder männlich zulässt.“.

BVerfG, Urteil des Zweiten Senats vom 26.02.2020 – 2 BvR 2347/15 –, Ls. 1: „a) Das **allgemeine Persönlichkeitsrecht** (Art. 2 Abs. 1 i.V.m. Art. 1 Abs. 1 GG) umfasst als Ausdruck persönlicher Autonomie ein **Recht auf selbstbestimmtes Sterben**. b) Das **Recht auf selbstbestimmtes Sterben** schließt die Freiheit ein, sich das Leben zu nehmen [Rn. 208: „**Recht auf Selbsttötung**“]. Die Entscheidung des Einzelnen, seinem Leben entsprechend seinem Verständnis von Lebensqualität und Sinnhaftigkeit der eigenen Existenz ein Ende zu setzen, ist im Ausgangspunkt als Akt autonomer Selbstbestimmung von Staat und Gesellschaft zu respektieren. c) Die **Freiheit, sich das Leben zu nehmen**, umfasst auch die Freiheit, hierfür bei Dritten Hilfe zu suchen und Hilfe, soweit sie angeboten wird, in Anspruch zu nehmen.“.

[1026] Zum sog. „**Menschenwürdegehalt**“ der Grundrechte: *Basten*, Die Menschenwürde des Grundgesetzes.

[1027] Vgl. auch Art. 142 GG i.V.m. Art. 4 Abs. 2 Verfassung NRW; Art. 8 EU-GR-Charta; Art. 16 AEUV; Art. 8 EMRK.

[1028] BVerfGE 65, 1, Ls. 1 S. 2 (Volkszählungsgesetz) = BVerfG, Urteil des Ersten Senats vom 15.12.1983 – 1 BvR 209/83, Ls. 1 S. 2 (Ls. 1: „Unter den Bedingungen der modernen Datenverarbeitung wird der Schutz des Einzelnen gegen unbegrenzte Erhebung, Speicherung, Verwendung und Weitergabe seiner persönlichen Daten von dem allgemeinen Persönlichkeitsrecht des Art. 2 Abs. 1 GG in Verbindung mit Art. 1 Abs. 1 GG umfaßt. Das Grundrecht gewährleistet insoweit die Befugnis des Einzelnen, grundsätzlich selbst über die Preisgabe und Verwendung seiner persönlichen Daten zu bestimmen.“).

[1029] BVerfG, Beschluss der 3. Kammer des Zweiten Senats vom 27.06.2018 – 2 BvR 1562/17 (auf § 103 StPO gestützte Anordnung der Durchsuchung der Räumlichkeiten des Münchener Kanzleistandorts der Rechtsanwaltskanzlei Jones Day sowie Sicherstellung von Unterlagen und elektronischen Daten im

b) GR-E (oder Nichteingriff/**Einwilligung** i.S.v. § 36 Nr. 19 DSG NRW, § 38 DSG NRW): **Persönlichkeitsentfaltungseinschränkung** als Datenfreiheitseinschränkung, durch **Datenverarbeitungs**-Maßnahme[1030] i.S.d. § 36 Nr. 2 DSG NRW: **Datenerhebung** durch **Sachendurchsuchung**.

c) GR-B: Art. 2 Abs. 1 Hs. 2 GG[1031].

2. Körperliche Bewegungsfreiheit, Art. 2 Abs. 2 S. 2 GG[1032]

Zuge des sogenannten „VW-Dieselskandals" – Verfassungsbeschwerde nicht zur Entscheidung angenommen wegen Unzulässigkeit aufgrund Nichterfüllung von Voraussetzungen nach § 93a Abs. 2 BVerfGG), Gründe, V., Rn. 44: „Der Begriff der persönlichen Daten deckt sich mit der Legaldefinition personenbezogener Daten in § 46 Nr. 1 BDSG (zuvor § 3 Abs. 1 BDSG) und erfasst alle Informationen, die sich auf eine identifizierte oder identifizierbare natürliche Person (betroffene Person) beziehen (vgl. noch zu § 3 Abs. 1 BDSG ‚Einzelangaben über persönliche oder sachliche Verhältnisse einer bestimmten oder bestimmbaren Person' Di Fabio, in: Maunz/Dürig, GG, Art. 2 Abs.1, Rn. 175 [Juli 2001])."

1030 BVerfG, Urteil des Ersten Senats vom 19.05.2020 – 1 BvR 2835/17 – (Ausland-Ausland-Fernmeldeaufklärung nach BNDG), E. III. 1., Rn. 212: „Die **Übermittlung personenbezogener Daten**, mit der eine Behörde die von ihr erhobenen Daten einer anderen Stelle zugänglich macht, begründet einen eigenen Grundrechtseingriff (vgl. BVerfGE 100, 313 <367>; 141, 220 <334 Rn. 305>; stRspr). Dieser ist an dem **Grundrecht** zu messen, **in das bei der ursprünglichen Datenerhebung eingegriffen wurde** (vgl. BVerfGE 100, 313 <367>; 141, 220 <334 Rn. 305>; stRspr)."

1031 Art. 2 Abs. 1 Hs. 2 GG (**Schrankentrias**): BVerfGE 80, 137, 153 (Reiten im Walde) = BVerfG, Beschluss des Ersten Senats vom 06.06.1989 – 1 BvR 921/85 –, C. I. 1 a), Rn. 69: „Abgesehen von einem absolut geschützten Kernbereich privater Lebensgestaltung, welcher der Einwirkung der öffentlichen Gewalt entzogen ist (BVerfGE 6, 32 [41]), ist die allgemeine Handlungsfreiheit allerdings nur in den **Schranken** des zweiten Halbsatzes von Art. 2 Abs. 1 GG gewährleistet und steht damit insbesondere unter dem **Vorbehalt der verfassungsmäßigen (Rechts-)Ordnung** (BVerfGE 6, 32 [37 f.]; 74, 129 [152]). Stützt sich ein die Handlungsfreiheit berührender Akt der öffentlichen Gewalt auf eine Rechtsnorm, so kann mit der Verfassungsbeschwerde unter Berufung auf Art. 2 Abs. 1 GG zur Nachprüfung gestellt werden, ob diese Norm zur **verfassungsmäßigen Ordnung** gehört, das heißt formell und materiell mit den Normen der Verfassung in Einklang steht (st. Rspr. seit BVerfGE 6, 32)."; BVerfGE 6, 32, Ls. 3 (Elfes) = BVerfG, Urteil des Ersten Senats vom 16.01.1957 – 1 BvR 253/56, Ls. 3: „**Verfassungsmäßige Ordnung** im Sinne des Art. 2 Abs. 1 GG ist die verfassungsmäßige Rechtsordnung, d.h. die Gesamtheit der Normen, die formell und materiell der Verfassung gemäß sind."; vgl. dazu auch BVerfGE 6, 32, 37-41 (Elfes) = BVerfG, Urteil des Ersten Senats vom 16.01.1957 – 1 BvR 253/56, Gründe II. 2 b), c), Rn. 17-33.

Rechte anderer sind (als Teil der verfassungsmäßigen Ordnung) subjektive Berechtigungen (Anspruch oder Befugnis oder Erlaubnis) einschließlich Verpflichtungen (Pflicht zur Erfüllung von Anspruch oder Befugnis oder Erlaubnis) und sonstiger Rechtswirkungen für ein Rechtssubjekt bezüglich eines Verhaltens oder eines Rechtsguts.

Vgl. zum ein Mal bundesverfassungsgerichtlich entscheidungserheblich bemühten „**Sittengesetz**" nach Art. 2 Abs. 1 Hs. 2 GG als Gesetz, das nicht das durch die „soziale Gemeinschaft" „als für sich verbindlich" anerkannte „Rechtsgefühl" „im allgemeinen" „verletzt": BVerfGE 6, 389 (Homosexuelle) = BVerfG, Urteil des Ersten Senats vom 10.05.1957 – 1 BvR 550/52 –, und StrRehaHomG (Gesetz zur strafrechtlichen Rehabilitierung der nach dem 8. Mai 1945 wegen einvernehmlicher homosexueller Handlungen verurteilten Personen vom 17. Juli 2017 – BGBl. I S. 2443).

1032 Vgl. auch Art. 142 GG i.V.m. Art. 4 Abs. 1 Verfassung NRW; Art. 20 Abs. 2a und Art. 21 AEUV i.V.m. Art. 6, 45 EU-GR-Charta (**Bewegungsfreiheit**, **Freizügigkeit**, **Aufenthaltsfreiheit**); Art. 5 EMRK; Art. 2 Protokoll Nr. 4 EMRK; Art. 21 AEUV (**Unionsbürgerfreizügigkeit**, zum **Unionsbürger** vgl. Art. 9 S. 2, 3 EUV, Art. 20 Abs. 1 S. 2, 3 AEUV); Art. 45 AEUV (**Arbeitnehmerfreizügigkeit**); Art. 49 AEUV (**Niederlassungsfreiheit**); Art. 56 AEUV (**Dienstleistungsfreiheit**); vgl. auch Art. 28 AEUV (**Warenverkehrsfreiheit**); Art. 9 Abs. 1 S. 1 IPbpR („Jedermann hat ein Recht auf persönliche

a) GR-SB:

aa) Persönlicher GR-SB: „**Person**", vgl. § 1 BGB.

bb) Sachlicher GR-SB: „Freiheit" ist **körperliche Bewegungsfreiheit** als Freiheit, jeden Ort oder Raum aufzusuchen, sich dort aufzuhalten, (ihn zu verlassen), der an sich (tatsächlich und rechtlich) zugänglich ist.

Vertretbar: Nichteröffnung des GR-Schutzbereichs bzw. GR-Nichteingriff bzgl. Art. 2 Abs. 2 S. 2 GG bei:

- Durchsuchung bei Bewusstlosen;
- Durchsuchung in der Bewegung (zum Beispiel Abstasten quasi im Nebenhergehen oder im Vorbeigehen).

b) GR-E (oder Nichteingriff/GR-Verzicht): Freiheitsentziehung oder sonstige Freiheitsbeschränkung, insbesondere Freiheitsbeschränkung durch Bewegungsverfügung, Anhalten oder Festhalten im Rahmen der Durchsuchung.

Freiheitsbeschränkung (Freiheitsentziehung oder sonstige Freiheitsbeschränkung) liegt vor, wenn jemand durch die öffentliche Gewalt gegen seinen Willen daran gehindert wird, einen Ort oder Raum aufzusuchen oder sich dort aufzuhalten, der ihm an sich (tatsächlich und rechtlich) zugänglich ist. Eine **Freiheitsentziehung** als schwerste Form der Freiheitsbeschränkung ist dann gegeben, wenn die tatsächlich und rechtlich an sich gegebene körperliche Bewegungsfreiheit durch staatliche Maßnahmen nach jeder Richtung hin aufgehoben wird[1033]; Freiheitsentziehung setzt auch eine besondere Eingriffsintensität und eine nicht nur kurzfristige Dauer der Maßnahme voraus[1034]. Im Übrigen kann eine Abgrenzung zwischen Freiheitsentziehung und sonstiger Freiheitsbeschränkung auch erfolgen nach Art, Dauer, Intensität, Mittel, Zweck der Freiheitsbeschränkung.[1035]

c) GR-B: Art. 2 Abs. 2 S. 3 i.V.m. Art. 104 GG.

Ggf. vertretbar wegen Unverfügbarkeit von Eigentum durch die Durchsuchung:

3. Eigentum, Art. 14 Abs. 1 S. 1 Alt. 1 GG[1036]

a) GR-SB:

Freiheit und Sicherheit."); Art. 9-11 IPbpR (Freiheitsentziehungsbedingungen), Art. 12 IPbpR (Bewegung, Wohnsitzwahl, Ausreise, Einreise in Hoheitsgebiet eines Staates, vgl. „Freizügigkeit"), Art. 13 IPbpR (Ausländerausweisungsbedingungen).

[1033] BVerfG, Beschluss der 1. Kammer des Ersten Senats vom 08.03.2011 – 1 BvR 47/05 –, Rn. 20, vgl. BVerfGE 94, 166, 198 (Flughafenverfahren) = BVerfGE, Urteil des Zweiten Senats vom 14.05.1996 – 2 BvR 1516/93.

[1034] BVerfGE 149, 293 (5-Punkt-Fixierung/7-Punkt-Fixierung) = BVerfG, Urteil des Zweiten Senats vom 24.07.2018 – 2 BvR 309/15 –, D. II. 2. a), Rn. 67, vgl. dazu auch BVerfGE 149, 293 (5-Punkt-Fixierung/7-Punkt-Fixierung) = BVerfG, Urteil des Zweiten Senats vom 24.07.2018 – 2 BvR 309/15 –, D. II. 2. b): „Jedenfalls eine **5-Punkt- oder 7-Punkt-Fixierung**, bei der sämtliche Gliedmaßen des Betroffenen mit Gurten am Bett festgebunden werden, stellt eine Freiheitsentziehung im Sinne von Art. 104 Abs. 2 GG dar, es sei denn, es handelt sich um eine lediglich **kurzfristige Maßnahme**. Von einer kurzfristigen Maßnahme ist in der Regel auszugehen, wenn sie absehbar die Dauer von ungefähr einer halben Stunde unterschreitet.".

[1035] Vgl. auch insbesondere zu Art, Intensität, Mittel: § 415 Abs. 2 FamFG und §§ 37a, 62 PolG NRW.

[1036] Vgl. auch Art. 142 GG i.V.m. Art. 4 Abs. 1 Verfassung NRW; Art. 17 EU-GR-Charta; Art. 1 Zusatzprotokoll EMRK.

aa) Persönlicher GR-SB: Alle Menschen (personen- und staatsangehörigkeitsunabhängiger Wortlaut);

bb) Sachlicher GR-SB: „**Eigentum**" ist Summe aller vermögenswerten Rechte, also jedenfalls auch der berechtigte Besitz und die berechtigte Nutzung[1037].[1038]

1037 BVerfGE 95, 267, 300 (Altschulden) = BVerfG, Urteil des Ersten Senats vom 08.04.1997 – 1 BvR 48/94 –, C. I. 1., Rn. 130 f.: „Unter den Schutz der Eigentumsgarantie fallen grundsätzlich alle vermögenswerten Rechte, die dem Berechtigten von der Rechtsordnung in der Weise zugeordnet sind, daß er die damit verbundenen Befugnisse nach eigener Entscheidung zu seinem privaten Nutzen ausüben darf (vgl. BVerfGE 83, 201 [209]; stRspr). Der verfassungsrechtliche Eigentumsschutz reicht damit zwar erheblich weiter als das zivilrechtliche Eigentum und erstreckt sich auch auf nicht dingliche vermögenswerte Rechtspositionen. Er bleibt aber an Rechtspositionen gebunden. Kein Eigentum im Sinn von Art. 14 Abs. 1 GG ist daher das **Vermögen**, das selber kein Recht, sondern den Inbegriff aller geldwerten Güter einer Person darstellt (vgl. BVerfGE 4, 7 [17]; stRspr). Daraus folgt, daß Art. 14 Abs. 1 GG nicht vor der staatlichen Auferlegung von **Geldleistungspflichten** schützt. Diese sind nicht mittels eines bestimmten Eigentumsobjekts zu erfüllen, sondern werden aus dem fluktuierenden Vermögen bestritten. Etwas anderes kommt nur dann in Betracht, wenn die Geldleistungspflichten den Betroffenen übermäßig belasten und seine Vermögensverhältnisse so grundlegend beeinträchtigen, daß sie eine erdrosselnde Wirkung haben (vgl. BVerfGE 78, 232 [243]; stRspr).".

1038 Zum Vergleich von Art. 14 Abs. 1 S. 1 Alt. 1 GG und dem Auffanggrundrecht des Art. 2 Abs. 1 GG: Bei lediglich unentschiedenem Potential von Berechtigung wie Nichtberechtigung kann grundsätzlich in dubio pro libertate zunächst zugunsten des Grundrechtsfähigen größtmöglicher Grundrechtsschutzbereich vermutet werden. Vgl. auch BVerfGE 6, 55, 72 (Steuersplitting); BVerfGE 32, 54, 71 (Betriebsbetretungsrecht); BVerfGE 39, 1, 38 (Schwangerschaftsabbruch I); BVerfGE 51, 97, 110 (Zwangsvollstreckung I); BVerfGE 151, 67 (Richtervorbehalt, Bereitschaftsdienst, Nachtzeit/Tageszeit i.S.v. § 104 Abs. 3 StPO) = BVerfG, Beschluss des Zweiten Senats vom 12.03.2019 – 2 BvR 675/14 –, Rn. 55, wonach in Zweifelsfällen diejenige Auslegung zu wählen ist/derjenigen Auslegung der Vorzug zu geben ist, welche die (juristische) „Wirkungskraft der Grundrechtsnorm am stärksten entfaltet.". **Eigentum** i.S.d. (privat)rechtsnormgeprägten Schutzbereichs von Art. 14 Abs. 1 S. 1 Alt. 1 GG ist jedenfalls gegeben bei Eigentum i.S.d. Privatrechts und bei vermögenswerter Besitz-/Nutzungs-/Umgangs-Berechtigung (z.B. i.S.d. §§ 854-984 BGB). **Eigentumslosigkeit** i.S.d. (privat)rechtsnormgeprägten Schutzbereichs von Art. 14 Abs. 1 S. 1 Alt. 1 GG ist jedenfalls gegeben bei allseitiger Besitz-/Nutzungs-/Umgangs-Nichtberechtigung (z.B. i.S.d. §§ 854-984 BGB); nicht schon unbedingt bei lediglich Eigentums-Nichtberechtigung im privatrechtlichen Sinne bei vermögenswerten Besitz-/Nutzungs-/Umgangs-Berechtigungen; wohl aber jedenfalls auch bei Verbot i.S.d. § 134 BGB oder Sittenwidrigkeit i.S.d. § 138 BGB oder sonstiger Unwirksamkeitsgründe (Nichtentstehensgründe oder Erlöschensgründe) gerade bezüglich des Erwerbs- oder Nutzungs- oder Umgangsaktes (z.B. i.S.d. §§ 854-984 BGB; vgl. z.B. Btm-Umgangsarten i.S.d. § 29 BtMG; vgl. auch etwaiges waffenrechtliches Verbot der Umgangsart Erwerb oder sonstiger Umgangsarten i.S.d. § 1 Abs. 3, 4 WaffG bei Nichtverbot des Erwerbs). Vgl. BVerfGE 110, 1, 23 f. (Erweiterter Verfall [a. F., ≙ erweiterte Tatertragseinziehung, P. B.]) = BVerfG, Beschluss des Zweiten Senats vom 14.01.2004 – 2 BvR 564/95 –, C. I. 3. a), b), Rn. 86 f, 88: „Die Vorschrift des § 73d StGB [a. F., ≙ § 73a StGB, P. B.] verstößt in der Auslegung des Bundesgerichtshofs auch nicht gegen die Eigentumsgarantie des Art. 14 Abs. 1 GG. Soweit § 73d StGB [a. F., ≙ § 73a StGB, P. B.] den Zugriff auf Vermögenswerte erlaubt, die dem unmittelbar Betroffenen wegen eines Verstoßes gegen strafrechtliche Vorschriften zivilrechtlich nicht zustehen (vgl. § 134, § 935 BGB), ist dessen Eigentumsgrundrecht schon mangels einer schutzfähigen Rechtsposition nicht berührt (vgl. BVerfGE 83, 201 [209]; 95, 267 [300]). Dies betrifft vor allem die Entziehung von Gewinnen aus illegalen Drogengeschäften. Denn wegen des strafrechtlichen Verbots des Handeltreibens mit Betäubungsmitteln ist gemäß § 134 BGB neben dem schuldrechtlichen Verpflichtungsgeschäft zugleich die Übereignung sowohl der Drogen als auch des für sie als Kaufpreis gezahlten Geldes zivilrechtlich unwirksam (vgl. BGH, NJW 1983, S. 636 [Schrifttumsquellen]. […] Soweit § 73d StGB StGB [a. F., ≙ § 73a StGB, P. B.] die Entziehung von Gegenständen anordnet, die der Betroffene zwar deliktisch, aber gleichwohl zivilrechtlich wirksam erworben hat, enthält er eine Inhalts- und Schrankenbestimmung des Eigentums im Sinne des

b) GR-E (oder Nichteingriff/GR-Verzicht): **Eigentumseinschränkung** durch Einschränkung eines vermögenswerten Rechts, etwa durch Einschränkungen oder Entzug der Nutzungs- und Verfügungsbefugnis an (berechtigtem) Eigentum/Besitz/Nutzung, vgl. §§ 903 ff. BGB, §§ 854 ff. BGB, ohne Güterbeschaffung als Inhalts- und Schrankenbestimmungen im Sinne von Art. 14 Abs. 1 S. 2 GG[1039].

c) GR-B: Art. 14 Abs. 1 S. 2, Abs. 2, 3 GG, Art. 18 GG.

4. Allgemeine Verhaltensfreiheit / Allgemeine Handlungsfreiheit[1040], Art. 2 Abs. 1 GG[1041]

a) GR-SB:

aa) Persönlicher GR-SB: „Jeder".

bb) Sachlicher GR-SB: „**freie Entfaltung der Persönlichkeit**" bedeutet **allgemeine Verhaltensfreiheit** im umfassenden Sinn[1042] durch grundsätzlich jedes Tun, Dulden, Unterlassen[1043].

Art. 14 Abs. 1 Satz 2 GG. Diese genügt in der Auslegung des Bundesgerichtshofs den verfassungsrechtlichen Anforderungen.".

1039 BVerfGE 143, 246, Ls. 5 (Dreizehnte Novelle des Atomgesetzes) = BVerfG, Urteil des Ersten Senats vom 06.12.2016 - 1 BvR 2821/11 -, Ls. 5.

1040 „Allgemeine" Verhaltensfreiheit / Handlungsfreiheit: Auffanggrundrecht ggü. ggf. spezielleren Grundrechten, vgl. Rechtsnormspezialitätsregel („lex specialis derogat legi generali"), vgl. auch: BVerfGE 6, 32, 37 (Elfes) = BVerfG, Urteil des Ersten Senats vom 16.01.1957 – 1 BvR 253/56, Gründe, II. 2. a), Rn. 16: „Neben der allgemeinen Handlungsfreiheit, die Art. 2 Abs. 1 GG gewährleistet, hat das Grundgesetz die Freiheit menschlicher Betätigung für bestimmte Lebensbereiche, die nach den geschichtlichen Erfahrungen dem Zugriff der öffentlichen Gewalt besonders ausgesetzt sind, durch besondere Grundrechtsbestimmungen geschützt; bei ihnen hat die Verfassung durch abgestufte Gesetzesvorbehalte abgegrenzt, in welchem Umfang in den jeweiligen Grundrechtsbereich eingegriffen werden kann. Soweit nicht solche besonderen Lebensbereiche grundrechtlich geschützt sind, kann sich der Einzelne bei Eingriffen der öffentlichen Gewalt in seine Freiheit auf Art. 2 Abs. 1 GG berufen. Hier bedurfte es eines Gesetzesvorbehalts nicht, weil sich aus der Beschränkung der freien Entfaltung der Persönlichkeit durch die verfassungsmäßige Ordnung der Umfang staatlicher Eingriffsmöglichkeiten ohne weiteres ergibt.".

1041 Vgl. auch Art. 142 GG i.V.m. Art. 4 Abs. 1 Verfassung NRW; Art. 6 EU-GR-Charta; Art. 5 EMRK.

1042 BVerfGE 6, 32, 36 f. (Elfes) = BVerfG, Urteil des Ersten Senats vom 16.01.1957 – 1 BvR 253/56, Gründe, II. 2. a), Rn. 14 f.: „Das Grundgesetz kann mit der ‚freien Entfaltung der Persönlichkeit' nicht nur die Entfaltung innerhalb jenes Kernbereichs der Persönlichkeit gemeint haben, der das Wesen des Menschen als geistig-sittliche Person ausmacht, denn es wäre nicht verständlich, wie die Entfaltung innerhalb dieses Kernbereichs gegen das Sittengesetz, die Rechte anderer oder sogar gegen die verfassungsmäßige Ordnung einer freiheitlichen Demokratie sollte verstoßen können. Gerade diese, dem Individuum als Mitglied der Gemeinschaft auferlegten Beschränkungen zeigen vielmehr, daß das Grundgesetz in Art. 2 Abs. 1 GG die Handlungsfreiheit im umfassenden Sinne meint. […] Es waren nicht rechtliche Erwägungen, sondern sprachliche Gründe, die den Gesetzgeber bewogen haben, die ursprüngliche Fassung ‚Jeder kann tun und lassen was er will' durch die jetzige Fassung zu ersetzen (vgl. v. Mangoldt, Parlamentarischer Rat, 42. Sitzung des Hauptausschusses, S. 533)."; BVerfGE 80, 137, 152 f. (Reiten im Walde) = BVerfG, Beschluss des Ersten Senats vom 06.06.1989 – 1 BvR 921/85 –, C. I. 1 a), Rn. 69: „Nach den in der Rechtsprechung des Bundesverfassungsgerichts entwickelten Grundsätzen gewährleistet Art. 2 Abs. 1 GG die allgemeine Handlungsfreiheit im umfassenden Sinne (st. Rspr. seit BVerfGE 6, 32 [36]; aus neuerer Zeit etwa: BVerfGE 74, 129 [151]; 75, 108 [154 f.]). Geschützt ist damit nicht nur ein begrenzter Bereich der Persönlichkeitsentfaltung, sondern jede Form menschlichen Handelns ohne Rücksicht darauf, welches Gewicht der Betätigung für die Persönlichkeitsentfaltung zukommt (vgl. etwa die Entscheidung eines Vorprüfungsausschusses in BVerfGE 54, 143 (146) - Taubenfüttern).".

b) GR-E (oder Nichteingriff/GR-Verzicht): Verhaltenseinschränkung als Verhaltenssteuerung.

c) GR-B: Art. 2 Abs. 1 Hs. 2 GG[1044].

A. Rechtsgrundlage (RGL) II. Rechtsgebiet (RG)

(VOR/DEF)

Rechtsgebiet ist Rechtsordnungsteil nach allen Umständen[1045] – wie schwerpunktmäßige Äußerungen[1046], Rechtsnormen[1047], Zwecke[1048], auch i.V.m. §§ 133, 157 BGB analog[1049].[1050]

1043 BVerfGE 6, 32, Ls. 1, 2 (Elfes) = BVerfG, Urteil des Ersten Senats vom 16.01.1957 – 1 BvR 253/56, Ls. 1: „Art. 11 GG betrifft nicht die Ausreisefreiheit.“, Ls. 2: „Die **Ausreisefreiheit** ist als Ausfluß der allgemeinen Handlungsfreiheit durch Art. 2 Abs. 1 GG innerhalb der Schranken der verfassungsmäßigen Ordnung gewährleistet.“; BVerwG, Urteil vom 29.05.2019 – BVerwG 6 C 8.18 (Beschränkung des Geltungsbereichs eines Passes), Rn. 20: „In der höchstrichterlichen Rechtsprechung ist seit Jahrzehnten geklärt, dass die durch Art. 2 Abs. 1 GG geschützte Ausreisefreiheit auch durch den Passversagungsgrund des § 7 Abs. 1 Nr. 1 Alt. 3 PassG als Bestandteil der verfassungsmäßigen Ordnung wirksam eingeschränkt wird.“.

1044 Art. 2 Abs. 1 Hs. 2 GG (**Schrankentrias**): BVerfGE 80, 137, 153 (Reiten im Walde) = BVerfG, Beschluss des Ersten Senats vom 06.06.1989 – 1 BvR 921/85 –, C. I. 1 a), Rn. 69: „Abgesehen von einem absolut geschützten Kernbereich privater Lebensgestaltung, welcher der Einwirkung der öffentlichen Gewalt entzogen ist (BVerfGE 6, 32 [41]), ist die allgemeine Handlungsfreiheit allerdings nur in den Schranken des zweiten Halbsatzes von Art. 2 Abs. 1 GG gewährleistet und steht damit insbesondere unter dem **Vorbehalt der verfassungsmäßigen (Rechts-)Ordnung** (BVerfGE 6, 32 [37 f.]; 74, 129 [152]). Stützt sich ein die Handlungsfreiheit berührender Akt der öffentlichen Gewalt auf eine Rechtsnorm, so kann mit der Verfassungsbeschwerde unter Berufung auf Art. 2 Abs. 1 GG zur Nachprüfung gestellt werden, ob diese Norm zur **verfassungsmäßigen Ordnung** gehört, das heißt formell und materiell mit den Normen der Verfassung in Einklang steht (st. Rspr. seit BVerfGE 6, 32).“; BVerfGE 6, 32, Ls. 3 (Elfes) = BVerfG, Urteil des Ersten Senats vom 16.01.1957 – 1 BvR 253/56, Ls. 3: „**Verfassungsmäßige Ordnung** im Sinne des Art. 2 Abs. 1 GG ist die verfassungsmäßige Rechtsordnung, d.h. die Gesamtheit der Normen, die formell und materiell der Verfassung gemäß sind.“; vgl. dazu auch BVerfGE 6, 32, 37-41 (Elfes) = BVerfG, Urteil des Ersten Senats vom 16.01.1957 – 1 BvR 253/56, Gründe II. 2 b), c), Rn. 17-33.

Rechte anderer sind (als Teil der verfassungsmäßigen Ordnung) subjektive Berechtigungen (Anspruch oder Befugnis oder Erlaubnis) einschließlich Verpflichtungen (Pflicht zur Erfüllung von Anspruch oder Befugnis oder Erlaubnis) und sonstiger Rechtswirkungen für ein Rechtssubjekt bezüglich eines Verhaltens oder eines Rechtsguts.

Vgl. zum ein Mal bundesverfassungsgerichtlich entscheidungserheblich bemühten „**Sittengesetz**“ nach Art. 2 Abs. 1 Hs. 2 GG als Gesetz, das nicht das durch die „soziale Gemeinschaft“ „als für sich verbindlich“ anerkannte „Rechtsgefühl“ „im allgemeinen“ „verletzt“: BVerfGE 6, 389 (Homosexuelle) = BVerfG, Urteil des Ersten Senats vom 10.05.1957 – 1 BvR 550/52 –, und StrRehaHomG (Gesetz zur strafrechtlichen Rehabilitierung der nach dem 8. Mai 1945 wegen einvernehmlicher homosexueller Handlungen verurteilten Personen vom 17. Juli 2017 – BGBl. I S. 2443).

1045 Umstände im weiten Sinn, etwa als Bedingungen, Beziehungen, Faktoren, Folgen, Funktionen, Umweltbedingungen, Variablen, Verhältnissen, Voraussetzungen, Weltbedingungen.

1046 Äußerungen im weiten Sinn, etwa als alle Verhaltensäußerungen (einschließlich Aussagen).

1047 Rechtsnormen im weiten Sinn, etwa solche, die die Umstände oder das Verhalten regieren (sollen).

1048 Zwecke im weiten Sinn, etwa als sich aus einer Lage ergebende, objektiv zu verfolgende Ziele.

(SUB/ERG)

Die Maßnahme erfolgt auf dem Rechtsgebiet des besonderen öffentlichen Rechts polizeilicher Gefahrenabwehr.

Eine Durchsuchung erfolgt auf dem Rechtsgebiet der Gefahrenabwehr insbesondere bei

- nicht tatverdachtsveranlasstem Suchen;
- Suchen nach nicht tatverdachtsbezogenen Gegenständen;
- Suchen ohne schwerpunktmäßigen Zweck einer anschließenden Strafrechtspflegemaßnahme wie beispielsweise nach § 94 Abs. 1 StPO; § 94 Abs. 1, 2 StPO; § 94 Abs. 3 StPO; §§ 99, 100 StPO; § 111b StPO; § 132 StPO.

1049 Sog. **objektivierter Empfängerhorizont**, vgl. BVerwGE 147, 81 = BVerwG, Urteil vom 20.06.2013 – BVerwG 8 C 46.12, Rn. 27: „Die bundesrechtlichen Auslegungsregeln der §§ 133, 157 BGB sind auf öffentlich-rechtliche Erklärungen entsprechend anzuwenden. Bei Verwaltungsakten kommt es wie bei empfangsbedürftigen Willenserklärungen nicht auf den wirklichen Willen des Erklärenden (natürliche Auslegung), sondern auf den objektiven Erklärungsinhalt an. Maßgeblich ist, wie der Empfänger die Erklärung nach Treu und Glauben unter Berücksichtigung der für ihn erkennbaren Umstände verstehen musste. Dabei ist vom Wortlaut der Erklärung auszugehen und deren objektiver Gehalt unter Berücksichtigung des Empfängerhorizonts zu ermitteln (stRspr, vgl. Urteile vom 2. September 1999 - BVerwG 2 C 22.98 - BVerwGE 109, 283 <286> = Buchholz 237.7 § 72 NWLBG Nr. 4 und vom 27. Juni 2012 - BVerwG 9 C 7.11 - BVerwGE 143, 222 <Rn. 18> = Buchholz 11 Art. 20 GG Nr. 206; BGH, Urteile vom 24. Februar 1988 - VIII ZR 145/87 - BGHZ 103, 275 <280>, vom 27. Januar 2010 - VIII ZR 58/09 - BGHZ 184, 128 <137 Rn. 33> und vom 1. März 2011 - II ZR 16/10 - NJW 2011, 1666 <1667 Rn. 11> je m.w.N.).“; BVerwG, Beschluss vom 06.08.2018 – BVerwG 7 B 4.18, Rn. 10: „Dass die bundesrechtlichen Auslegungsregeln der §§ 133, 157 BGB auf öffentlich-rechtliche Erklärungen, d.h. u.a. auf Verwaltungsakte, entsprechend anzuwenden sind, ist in der Rechtsprechung des Bundesverwaltungsgerichts bereits geklärt (BVerwG, Urteil vom 20. Juni 2013 - 8 C 46.12 - BVerwGE 147, 81 Rn. 27 m.w.N.).“.

1050 BVerwG 47, 255, 264 = BVerwG, Urteil vom 03.12.1974 – BVerwG I C 11.73: „Obwohl sich für die Polizei im Einzelfall bei einem einheitlichen Lebenssachverhalt gleichzeitig und unmittelbar Aufgaben der Strafverfolgung und der Gefahrenabwehr ergeben können, ist der im Schrifttum vertretenen Auffassung nicht zu folgen, daß aus Gründen der Rechtssicherheit oder wegen der schwierigen Durchschaubarkeit für den Bürger jede Art polizeilichen Handelns der verwaltungsgerichtlichen Kontrolle unterliegen müsse. In aller Regel ist es für den Betroffenen nicht schwer, zu erkennen, ob die Polizei im konkreten Fall eine - begangene - Straftat erforschen (**Strafverfolgung**) oder den Eintritt eines Schadens, etwa die - zukünftige - Begehung einer strafbaren Handlung, verhindern oder eine bereits eingetretene Störung der öffentlichen Sicherheit oder Ordnung beseitigen (**Gefahrenabwehr**) will. Außerdem wird man davon ausgehen dürfen, daß die Polizei dem Betroffenen - wie im vorliegenden Fall - den Grund ihres Einschreitens von sich aus oder auf Verlangen angibt. Im übrigen kommt es darauf an, wie sich der konkrete Lebenssachverhalt einem verständigen Bürger in der Lage des Betroffenen bei natürlicher Betrachtungsweise darstellt. Dieser Sachverhalt muß im allgemeinen einheitlich betrachtet werden, es sei denn, daß einzelne Teile des Geschehensablaufs objektiv abtrennbar sind. Hat die Polizei die Ermittlungen an die StA oder das Amtsgericht weitergeleitet (§ 163 Abs. 2 StPO) oder auf Weisung der StA gehandelt, so kann an der strafprozessualen Natur ihres Einschreitens kein vernünftiger Zweifel bestehen. Eine Maßnahme, die nach dem Gesamteindruck darauf gerichtet ist, eine strafbare Handlung zu erforschen oder sonst zu verfolgen, ist der Kontrolle der ordentlichen Gerichte nach §§ 23 ff. EGGVG nicht etwa deshalb entzogen, weil durch die polizeilichen Ermittlungen möglicherweise zugleich auch künftigen Verletzungen der öffentlichen Sicherheit vorgebeugt würde.“.

A. Rechtsgrundlage (RGL) III. Mögliche Befugnisrechtsnorm (Mgl. Brn.)

(VOR/DEF)

Befugnisrechtsnorm ist die rechtmäßige hauptsächliche materiellrechtliche Rechtsgrundlage mit realfolgenentsprechender Rechtsfolge.

(SUB/ERG)

Realfolge ist die Maßnahme laut Sachverhalt.

Rechtsfolge ist die Maßnahme laut Rechtsnorm.

(SUB)

Realfolgen und Rechtsfolgen zu:

Betreten und/oder Durchsuchung

Realfolgen Durchsuchung – Beispiele:

Nachschau; Suchen; (Aufforderung zum) Aufdecken.

Rechtsfolge(n) Durchsuchung – allgemein:

Personendurchsuchung: Suchverhalten (gezielte Nachschau mit Begleitmaßnahmen) bzgl. Personen, Sachen, Daten

- in oder am Personenkörper (ohne Körperbeschaffenheitsermittlungszweck)[1051],

(ERG)

Mögliche Befugnisrechtsnorm zu:

Betreten und/oder Durchsuchung

Gefahrenabwehr:

- Diverse spezielle Rechtsnormen wie: § 15 Abs. 4 AsylG; § 48 Abs. 3 AufenthG; § 58 Abs. 5-10 AufenthG; §§ 42, 44 LFGB; § 4 VereinsG; § 36 Abs. 3 WaffG, § 39 Abs. 2 WaffG, § 46 Abs. 4 WaffG
- § 12 Abs. 1 Nr. 1, Abs. 2 PolG NRW
- § 12 Abs. 1 Nr. 2 a), Abs. 2 PolG NRW
- § 12 Abs. 1 Nr. 2 b), Abs. 2 PolG NRW
- § 12 Abs. 1 Nr. 2 c), Abs. 2 PolG NRW
- § 12 Abs. 1 Nr. 3, Abs. 2 PolG NRW

[1051] Vgl. auch BVerfG, Beschluss der 2. Kammer des Zweiten Senats vom 27.03.2019 - 2 BvR 2294/18 -, Rn. 17: „**Durchsuchungen, die mit einer Entkleidung verbunden sind**, stellen einen schwerwiegenden Eingriff in das allgemeine Persönlichkeitsrecht dar (vgl. BVerfGK 2, 102 <105>; 17, 9 <14>; BVerfG, Beschluss der 2. Kammer des Zweiten Senats vom 5. März 2015 - 2 BvR 746/13 -, juris, Rn. 33; BVerfG, Beschluss der 2. Kammer des Zweiten Senats vom 5. November 2016 - 2 BvR 6/16 -, juris, Rn. 29; vgl. auch BVerfG, Beschluss der 2. Kammer des Zweiten Senats vom 14. April 2016 - 2 BvR 695/16 -, juris, Rn. 6). Dies gilt in besonderem Maße für **Durchsuchungen, die mit einer Inspizierung von normalerweise verdeckten Körperöffnungen verbunden sind** (vgl. BVerfGK 17, 9 <14>; BVerfG, Beschluss der 3. Kammer des Zweiten Senats vom 10. Juli 2013 - 2 BvR 2815/11 -, juris, Rn. 15; BVerfG, Beschluss der 2. Kammer des Zweiten Senats vom 5. November 2016 - 2 BvR 6/16 -, juris, Rn. 29). Wegen des besonderen Gewichts von Eingriffen, die den Intimbereich und das Schamgefühl des Inhaftierten berühren, hat der Inspizierte Anspruch auf besondere Rücksichtnahme (vgl. BVerfGK 17, 9 <16>; BVerfG, Beschluss der 3. Kammer des Zweiten Senats vom 10. Juli 2013 - 2 BvR 2815/11 -, juris, Rn. 15; BVerfG, Beschluss der 2. Kammer des Zweiten Senats vom 5. November 2016 - 2 BvR 6/16 -, juris, Rn. 29).“; vgl. auch BVerfG, Beschluss der 3. Kammer des Zweiten Senats vom 04.02.2009 – 2 BvR 455/08 –, Rn. 24: „Die Verfassungsbeschwerde ist ihrer Begründung gemäß dahin auszulegen, dass sie sich gegen die angegriffenen Entscheidungen allein insoweit wendet, als sie die bei Aufnahme in die Untersuchungshaft erfolgte, mit einer Entkleidung und Inspizierung des Anus verbundene körperliche Durchsuchung betreffen.“.

- in oder an am Personenkörper befindlichen Sachen (z.B. Bekleidung bzw. Accessoires).

Sachendurchsuchung:

Suchverhalten (gezielte Nachschau mit Begleitmaßnahmen) bzgl. Personen, Sachen, Daten in oder an nicht am Personenkörper befindlichen, nicht als Wohnung geltenden Sachen (vgl. § 90 BGB).

Wohnungsdurchsuchung:

Suchverhalten (gezielte Nachschau mit Begleitmaßnahmen) bzgl. Personen, Sachen, Daten in einer als Wohnung geltenden Sache[1052].[1053]

Raumdurchsuchung (vgl. §§ 102, 103 StPO): Suchverhalten (gezielte Nachschau einschließlich Begleitmaßnahmen) bzgl. Personen, Sachen, Daten in einem umschlossenen Gebäudeteil oder

- § 12 Abs. 1 Nr. 4, Abs. 2 PolG NRW
- § 12a Abs. 1 S. 1 Var. 3 PolG NRW
- § 39 PolG NRW
- § 40 PolG NRW
- §§ 41, 42 PolG NRW.

Strafrechtspflege (ggf. mit §§ 46, 53 Abs. 1 S. 2, Abs. 2 OWiG):

- § 100b StPO;
- § 163b Abs. 1 S. 3 Var. 1/2 StPO;
- § 163b Abs. 2 StPO;
- § 111 StPO;
- § 102 StPO;
- § 103 StPO;
- §§ 99, 100 StPO;
- (§ 110 StPO).

[1052] Vgl. BVerfGE 32, 54, Ls. 1, 69-72 (Betriebsbetretungsrecht) = BVerfG, Beschluss des Ersten Senats vom 13.10.1971 – 1 BvR 280/66, Ls. 1: „Der Begriff ‚**Wohnung**' in Art. 13 Abs. 1 GG ist weit auszulegen; er umfaßt auch **Arbeits-, Betriebs- und Geschäftsräume**."; vgl. auch § 41 Abs. 1 S. 2 PolG NRW; vgl. auch Nr. 40.03 VVPolG NRW: „Für die **Durchsuchung von Sachen im befriedeten Besitztum** gelten die §§ 41 und 42."; Nr. 41.13 VVPolG NRW: „Die Durchsuchung einer Wohnung hat sich auf Anlass und Zweck der Durchsuchung zu beschränken. Befinden sich in der Wohnung Personen, die durchsucht werden sollen, ist hierfür § 39 maßgebend. Sollen in einer Wohnung Sachen durchsucht werden, die nicht den Wohnungsinhabern gehören, ist § 40 einschlägig."; vgl. auch Nr. 40.12 VVPolG NRW: „Sollen bewegliche Sachen, die Wohnungen sind (vgl. RdNr. 41.11), betreten oder durchsucht werden, richten sich die Maßnahmen nach § 41.", vgl. auch Nr. 41.11 VVPolG NRW: „Es ist zu beachten: **Wohnungen** i.S.d. § 41 Abs. 1 Satz 2 sind auch die zu Wohnzwecken genutzten beweglichen Sachen wie Schiffe, Wohnwagen, Wohnmobile und Zelte. **Inhaber einer Wohnung** ist, wer rechtmäßig die tatsächliche Gewalt über die Räumlichkeit ausübt, somit z.B. auch Mieter, Untermieter oder Hotelgast. Bei Gemeinschaftsunterkünften, Internaten und Obdachlosenasylen sind nur die Leiterinnen und Leiter Inhaber. Die **Befugnis zum Betreten einer Wohnung** schließt die Befugnis ein, von Personen, Sachen und Zuständen, die ohne weiteres wahrgenommen werden können, **Kenntnis** zu nehmen. Soweit es für die Erfüllung der polizeilichen Aufgaben erforderlich ist, umfasst das **Betretungsrecht** bei Grundstücken auch das **Recht zum Befahren mit Fahrzeugen**.", vgl. auch Nr. 41.13 VVPolG NRW: „Die Durchsuchung einer Wohnung hat sich auf Anlass und Zweck der Durchsuchung zu beschränken. Befinden sich in der Wohnung Personen, die durchsucht werden sollen, ist hierfür § 39 maßgebend. Sollen in einer Wohnung Sachen durchsucht werden, die nicht den Wohnungsinhabern gehören, ist § 40 einschlägig.".

[1053] BVerfGE 76, 83, 89 (Zwangsvollstreckung III) = BVerfG, Beschluss des Ersten Senats vom 16.06.1987 – 1 BvR 1202/84 –: „Dabei ist für den Begriff der **Durchsuchung** kennzeichnend das ziel- und zweckgerichtete Suchen staatlicher Organe nach Personen oder Sachen oder zur Ermittlung eines Sachverhalts, um etwas aufzuspüren, was der Inhaber der Wohnung von sich aus nicht offenlegen oder herausgeben will (BVerfGE 28, 285 [287 ff.]; 47, 31 [36 f.])."; so auch: BVerfGE 51, 97, 106 (Zwangsvollstreckung I) = BVerfG, Beschluss des Ersten Senats vom 03.04.1979 – 1 BvR 994/76 –; nicht in: BVerfGE 57, 346 (Zwangsvollstreckung II) = BVerfG, Beschluss des Ersten Senats vom 16.06.1981 – 1 BvR 1094/80 –.

entsprechendem Behältnis ohne Wohnungseigenschaft.

Online-Durchsuchung (vgl. § 100b StPO; vgl. auch „**Online-TKÜ**", § 100a Abs. 1 S. 2, 3 StPO; § 20c Abs. 2 PolG NRW):

Eingriff mit technischen Mitteln auch ohne Wissen des Betroffenen in ein von dem Betroffenen genutztes informationstechnisches System mit Datenerhebung daraus.

Abgrenzung Durchsuchung / unvermeidliche Kenntnisnahme:

Unvermeidliche Kenntnisnahme ist Wahrnehmung ohnehin offen präsenter Personen, Sachen, Daten ohne Veränderung, z.B. Umherblicken in Wohnung von einem Standposten aus, vgl. § 41 PolG NRW.

Abgrenzung Durchsuchung / Inaugenscheinnahme (vgl. § 12a Abs. 1 S. 2 PolG NRW):

Inaugenscheinnahme ist prüfende Betrachtung präsenter Sachen oder Daten ohne erhebliche Veränderung (vgl. § 12a Abs. 1 S. 2, 3 PolG NRW; Prinzip: „Just look, don't touch"); z.B. Betrachtung von: geöffneter Tasche / Fahrzeuginnerem / geöffnetem Kofferraum.

Abgrenzung Personendurchsuchung / Körperliche Untersuchung (KU) durch Körperbeschaffenheitsermittlungszweck: **Körperliche Untersuchung** ist Körperbeschaffenheitsermittlung durch gezielte Nachschau oder gezielten Eingriff am Menschenkörper, ggf. auch mit Datenverarbeitung, ggf. auch mit sog. Exploration.

(SUB)

Realfolge ist die jeweilige Realfolge laut Sachverhalt.

Rechtsfolge ist als Realakt/(Begleit-)VA **Sachendurchsuchung** (außer in den Fällen des § 12 Abs. 2 S. 4 PolG NRW), also Suchverhalten (gezielte Nachschau mit Begleitmaßnahmen) bzgl. Personen, Sachen, Daten in oder an nicht am Personenkörper befindlichen, nicht als Wohnung geltenden Sachen (vgl. § 90 BGB).[1054]

(ERG)

Mögliche Befugnisrechtsnorm ist § 40 PolG NRW.

B. Formelle Rechtmäßigkeit (FR) I. Zuständigkeit (Z)

(VOR/DEF)

Zuständigkeit ist Aufgabenwahrnehmungserlaubnis für den Rechtsfolgesetzer.

(SUB/ERG)

Für die Maßnahme ist die Zuständigkeit (i.d.R.) wie folgt gegeben:

1. sachliche Zuständigkeit *der Polizei* gemäß (alternativ)

- § 1 Abs. 1 S. 1, 2 Var. 1 PolG NRW (originäre Zuständigkeit) (ggf. i.V.m. § 1 Abs. 2 PolG NRW[1055] / ggf. i.V.m. § 1 Abs. 5 S. 2 PolG NRW[1056]);
- § 1 Abs. 1 S. 1, 3 PolG NRW (subsidiäre Zuständigkeit);

2. instanzielle Zuständigkeit *der Polizeibehörde* gemäß

- (i.d.R.) § 11 Abs. 1 Nr. 1 POG NRW;
- (generell:) §§ 10-14 POG NRW (ggf. i.V.m. KPBVO NRW / ggf. i.V.m. LKAAufgVO NRW);

[1054] Nr. 40.02 VVPolG NRW: „Bei der **Durchsuchung der am Körper befindlichen Kleidungsstücke** und deren Inhalt handelt es sich nicht um eine Durchsuchung von Sachen i.S.d. Vorschrift, sondern um eine Durchsuchung von Personen (RdNr. 39.02).“; Nr. 40.03 VVPolG NRW: „Für die **Durchsuchung von Sachen im befriedeten Besitztum** gelten die §§ 41 und 42.“; Nr. 41.13 VVPolG NRW: „Die Durchsuchung einer Wohnung hat sich auf Anlass und Zweck der Durchsuchung zu beschränken. Befinden sich in der Wohnung Personen, die durchsucht werden sollen, ist hierfür § 39 maßgebend. Sollen in einer Wohnung Sachen durchsucht werden, die nicht den Wohnungsinhabern gehören, ist § 40 einschlägig.“; Nr. 40.12 VVPolG NRW: „Sollen bewegliche Sachen, die Wohnungen sind (vgl. RdNr. 41.11), betreten oder durchsucht werden, richten sich die Maßnahmen nach § 41.“; Nr. 41.11 VVPolG NRW: „Es ist zu beachten: **Wohnungen** i.S.d. § 41 Abs. 1 Satz 2 sind auch die zu Wohnzwecken genutzten beweglichen Sachen wie Schiffe, Wohnwagen, Wohnmobile und Zelte. **Inhaber einer Wohnung** ist, wer rechtmäßig die tatsächliche Gewalt über die Räumlichkeit ausübt, somit z.B. auch Mieter, Untermieter oder Hotelgast. Bei Gemeinschaftsunterkünften, Internaten und Obdachlosenasylen sind nur die Leiterinnen und Leiter Inhaber. Die **Befugnis zum Betreten einer Wohnung** schließt die Befugnis ein, von Personen, Sachen und Zuständen, die ohne weiteres wahrgenommen werden können, Kenntnis zu nehmen. Soweit es für die Erfüllung der polizeilichen Aufgaben erforderlich ist, umfasst das Betretungsrecht bei Grundstücken auch das Recht zum Befahren mit Fahrzeugen.“.

[1055] § 1 Abs. 2 PolG NRW hat negative Zuständigkeitsvoraussetzungen; § 1 Abs. 2 PolG NRW ist die sogenannte „**Privatrechtsklausel**“; zum **Privatrecht in der polizeilichen Praxis** ausführlich: *Basten*, Privatrecht in der polizeilichen Praxis.

[1056] § 1 Abs. 5 S. 2 PolG NRW ist qua Gesetzessystematik eine Zuständigkeitsvorschrift mit negativen Befugnisvoraussetzungen.

3. örtliche Zuständigkeit *der Polizeibehörde* gemäß

- (i.d.R.) § 7 Abs. 1 S. 1 POG NRW (ggf. i.V.m. KHStVO NRW);
- (generell:) §§ 7-9 POG NRW (ggf. i.V.m. KHStVO NRW);

4. funktionelle Zuständigkeit *des Polizeiamtswalters* (i.d.R.) gemäß

- § 40 Abs. 1 W. 2 PolG NRW.

B. Formelle Rechtmäßigkeit (FR) II. Verfahren (V)[1057]

(VOR/DEF)

Verfahren ist normiertes Verhalten insbesondere für den Rechtsfolgezuständigen außer, bei, i.Z.m. der Rechtsfolge.

1. Speziellere PolG-NRW-Verfahrensrechtsnormen für Sachendurchsuchungs-Realakt

(VOR/DEF)

a) § 40 Abs. 2 S. 1, 2 PolG NRW: Anwesenheit oder Hinzuziehung

Gemäß § 40 Abs. 2 S. 1, 2 PolG NRW hat bei der Durchsuchung von Sachen der Inhaber der tatsächlichen Gewalt das Recht, anwesend zu sein; ist er abwesend, so sollen sein Vertreter oder ein anderer Zeuge hinzugezogen werden (**Hinzuziehung**).[1058]

Inhaber der tatsächlichen Gewalt ist jede natürliche Person (§ 1 BGB) mit zur maßgeblichen Zeit tatsächlich ausübbarem **Besitz** zur zu durchsuchenden Sache im Sinne des Privatrechts, vgl. insbesondere §§ 854-872 BGB.

Vertreter ist ein Stellvertreter qua Gesetz oder ein Stellvertreter qua Rechtsgeschäft[1059], der Zeuge im Sinne des § 40 Abs. 2 S. 2 PolG NRW sein kann.

1057 Vgl. auch Art. 46 GG (Abs. 1: **Abgeordnetenindemnität**; Abs. 2-4: **Abgeordnetenimmunität** – mit **Bundestagsgenehmigungsvorbehalt**); Art. 47 Verfassung NRW (**Abgeordnetenindemnität**), Art. 48 Verfassung NRW (**Abgeordnetenimmunität** – mit **Landtagsgenehmigungsvorbehalt**); Art. 60 Abs. 4 GG (**Bundespräsidentenimmunität**); Art. 40 Abs. 2 S. 1 GG (**Bundestagspräsidentengenehmigungsvorbehalt** für Durchsuchung oder Beschlagnahme in Bundestagsräumen); Art. 49 Abs. 2 Verfassung NRW (**Landtagspräsidentengenehmigungsvorbehalt** für Durchsuchung oder Beschlagnahme in Landtagsräumen); zum Abgeordneten vgl. auch: Art. 47 GG, Art. 49 Abs. 1 Verfassung NRW (**Abgeordneten-Zeugnisverweigerungsrecht** und zeugnisverweigerungsrechtentsprechendes **Abgeordneten-Schriftstückebeschlagnahmeverbot**).

1058 Nr. 40.02 S. 1 VVPolG NRW: „Der Inhaber der tatsächlichen Gewalt ist auf sein Recht hinzuweisen, bei der Durchsuchung anwesend sein zu können.“.

1059 **Vertreter** ist ein **Stellvertreter** qua Gesetz oder ein **Stellvertreter** qua Rechtsgeschäft (§§ 164-181 BGB). Vgl. insbesondere:

- §§ 1626-1698b BGB: **Elterliche Sorge** mit „**Vertretung des Kindes**“ gemäß § 1629 BGB;
- § 1 Abs. 1 Nr. 4 JuSchG: **erziehungsbeauftragte Person**;
- §§ 1773-1895 BGB: **Vormundschaft**;

Zeuge im Sinne des § 40 Abs. 2 S. 2 PolG NRW ist jede natürliche Person, die in Anwesenheit der Durchsuchung von dieser Wahrnehmungen und dazu im Nachhinein rechtmäßigkeitsrelevante Aussagen machen kann.[1060]

(SUB/ERG)

Im konkreten Fall ist § 40 Abs. 2 S. 1, 2 PolG NRW (alternativ)

- bei Vorliegen von entsprechenden Anhaltspunkten / Fehlen entgegenstehender Anhaltspunkte eingehalten.
- bei Vorliegen von entsprechenden Anhaltspunkten nicht eingehalten.

(VOR/DEF)

b) § 40 Abs. 2 S. 3 PolG NRW: Bescheinigungserteilung

Gemäß § 40 Abs. 2 S. 3 PolG NRW ist dem Inhaber der tatsächlichen Gewalt auf Verlangen eine Bescheinigung über die Durchsuchung und ihren Grund zu erteilen (**Durchsuchungsbescheinigung**).

Inhaber der tatsächlichen Gewalt ist jede natürliche Person (§ 1 BGB) mit zur maßgeblichen Zeit tatsächlich ausübbarem **Besitz** zur durchsuchten Sache im Sinne des Privatrechts, vgl. insbesondere §§ 854-872 BGB.

(SUB/ERG)

Im konkreten Fall ist § 40 Abs. 2 S. 3 PolG NRW (alternativ)

- eingehalten bei Nichtverlangen und Bescheinigungs-Nichterteilung;
- eingehalten bei Verlangen und Bescheinigungs-Erteilung;
- jedenfalls nicht nicht eingehalten bei Nichtverlangen und Bescheinigungs-Erteilung.

2. Allgemeine VwVfG-NRW-Verfahrensrechtsnormen bei/bzgl. Durchsuchungs(-Begleit-)VA (§§ 1, 2, 9, 35 VwVfG NRW)

(VOR/DEF)

a) § 28 VwVfG NRW: Anhörung

Gemäß § 28 VwVfG NRW besteht Pflicht zur **Anhörung** im Sinne des § 28 Abs. 1 VwVfG NRW (Äußerungsgelegenheit mit entsprechender Würdigung vor eingreifendem VA) – oder es soll gegeben sein: ein Ausnahmegrund gemäß § 28 Abs. 2, 3 VwVfG NRW oder **VA-**

- §§ 1896-1908k BGB: **Rechtliche Betreuung**;
- §§ 1909-1921 BGB: **Pflegschaft**.

[1060] Nr. 40.02 S. 2 VVPolG NRW: „Polizeivollzugsbeamtinnen und Polizeivollzugsbeamte kommen als Zeuginnen und Zeugen nur in Betracht, wenn andere Personen zu diesem Zwecke nicht hinzugezogen werden können.“.

Verletzungsunbeachtlichkeit gemäß § 45 VwVfG NRW oder **VA-Nichtaufhebbarkeit** gemäß § 46 VwVfG NRW.

Gemäß § 28 Abs. 2 VwVfG NRW kann von der Anhörung abgesehen werden, wenn sie nach den Umständen des Einzelfalles nicht geboten ist, insbesondere wenn ein Fall vorliegt gemäß § 28 Abs. 2 Nr. 1-5 VwVfG NRW.

Gebotenheit ist Nichtverfügbarkeit eines milderen, gleich geeigneten Mittels zur Zweckförderung.

Gemäß § 28 Abs. 2 Nr. 1 VwVfG NRW kann von der Anhörung abgesehen werden, wenn eine sofortige Entscheidung wegen Gefahr im Verzug oder im öffentlichen Interesse notwendig erscheint.

Gefahr im Verzug i.S.d. § 28 Abs. 2 Nr. 1 VwVfG NRW ist gegeben, wenn der Handlungsbedarf unvorhergesehen ist und bei Durchführung der eigentlich vorgesehenen Maßnahme, hier der Anhörung, der gesetzliche Zweck, hier der jeweilige aus der Aufgabe und Befugnisrechtsnorm, vereitelt oder wesentlich erschwert wird.[1061]

Öffentliches Interesse ist die einzelfallbezogene Relevanz eines Rechts oder Rechtsguts nicht ausschließlich bei einem einzelnen Individuum.

Notwendigkeit ist Nichtverfügbarkeit eines milderen, gleich geeigneten Mittels zur Zweckförderung – bis hin zur Alternativlosigkeit der Mittelanwendung.

Gemäß § 28 Abs. 3 VwVfG NRW unterbleibt eine Anhörung, wenn ihr ein zwingendes öffentliches Interesse entgegensteht.

Zwingendes öffentliches Interesse ist die einzelfallbezogene unbedingte Relevanz eines Rechts oder Rechtsguts nicht ausschließlich bei einem einzelnen Individuum.

(SUB/ERG)

Im konkreten Fall ist § 28 VwVfG NRW (alternativ)

- eingehalten insbesondere bei Gelegenheit zur Stellungnahme i.S.d. § 28 Abs. 1 VwVfG NRW;
- eingehalten bei Nichteinhaltung von § 28 Abs. 1 VwVfG NRW und Ausnahmegrund gemäß § 28 Abs. 2, 3 VwVfG NRW;
- nicht eingehalten insbesondere bei Fehlen von Gelegenheit zur Stellungnahme ohne Ausnahmegrund;
- sonst eingehalten oder nicht eingehalten bei Anhaltspunkten / Fehlen entgegenstehender Anhaltspunkte.

1061 BVerwGE 142, 205 (Schutzmaßnahme nach IfSG) = BVerwG, Urteil vom 22.03.2012 – BVerwG 3 C 16.11: „Gefahr im Verzug im Sinne von § 28 Abs. 2 Nr. 1 VwVfG ist anzunehmen, wenn durch eine vorherige Anhörung auch bei Gewährung kürzester Anhörungsfristen ein Zeitverlust einträte, der mit hoher Wahrscheinlichkeit zur Folge hätte, dass die behördliche Maßnahme zu spät käme, um ihren Zweck noch zu erreichen. Ob eine sofortige Entscheidung objektiv notwendig war oder die Behörde eine sofortige Entscheidung zumindest für notwendig halten durfte, ist vom Gericht aus ex-ante-Sicht zu beurteilen (Urteil vom 15. Dezember 1983 - BVerwG 3 C 27.82 - BVerwGE 68, 267 <271 f.> = Buchholz 316 § 28 VwVfG Nr. 9 S. 18). Hierbei ist wegen der Bedeutung des Anhörungsrechts als tragendem Prinzip des rechtsstaatlichen Verfahrens ein strenger Maßstab anzulegen (vgl. Kopp/Ramsauer, VwVfG, 12. Aufl. 2011, § 28 Rn. 3 und Rn. 46 m.w.N.).“.

(VOR/DEF)

b) § 39 VwVfG NRW: Begründung

Gemäß § 39 Abs. 1 VwVfG NRW besteht Pflicht zur **Begründung** eines schriftlichen oder elektronischen sowie schriftlich oder elektronisch bestätigten VA (vgl. § 37 Abs. 2 VwVfG NRW) mit den tatsächlich-rechtlichen, nicht unbedingt materiellrechtlich richtigen Behördenerwägungen – oder es soll gegeben sein: ein Ausnahmegrund nach § 39 Abs. 2 VwVfG NRW (insb. § 39 Abs. 2 Nr. 2, 4 VwVfG NRW) oder **VA-Verletzungsunbeachtlichkeit** gemäß § 45 VwVfG NRW oder **VA-Nichtaufhebbarkeit** gemäß § 46 VwVfG NRW.

(SUB/ERG)

Im konkreten Fall ist § 39 VwVfG NRW (alternativ)

- eingehalten bei Fehlen von Begründungspflicht bei rechtmäßigem Fehlen von schriftlichem oder elektronischem, schriftlich oder elektronisch bestätigtem VA (i.d.R. jedenfalls zunächst bei Maßnahmen i.S.d. § 80 Abs. 2 S. 1 Nr. 2 VwGO);
- eingehalten bei Begründung bei schriftlichem oder elektronischem, schriftlich oder elektronisch bestätigtem VA (z.B. im Rahmen von „Bescheinigungen"; „Mitteilungen", „Anschreiben-VA" [„Auflagenanschreiben"; „Gefährderanschreiben", „Meldeauflagenanschreiben"], „HG-Schriftverfügung") und bei Nichtvorliegen eines Ausnahmegrundes i.S.v. § 39 Abs. 2 VwVfG NRW;
- eingehalten bei Ausnahmegrund nach § 39 Abs. 2 VwVfG NRW, insbesondere wegen bekannter oder erkennbarer Sach- und Rechtslage gemäß § 39 Abs. 2 Nr. 2 Var. 1 oder 2 VwVfG NRW;
- sonst eingehalten oder nicht eingehalten bei Anhaltspunkten / Fehlen entgegenstehender Anhaltspunkte.

Vertretbar bei Fehlen eines Begründungserfordernisüberhangs ist, dass § 39 VwVfG NRW bzgl. eines Sachendurchsuchungs-VA von der insoweit spezielleren Rechtsnorm des § 40 Abs. 2 S. 3 PolG NRW gemäß der Rechtsnormspezialitätsregel[1062] verdrängt wird (vgl. Wortlaut „Grund").

(ERG Verfahren)

Ergebnis kann allgemein sein: Verfahrensrechtmäßigkeit oder Verfahrensrechtswidrigkeit der Maßnahme.

[1062] Zur **Rechtsnormspezialitätsregel** siehe auch: *Basten*, Eingriffsrecht der Polizei in Nordrhein-Westfalen, Band 1, S. 39, 41, 161, 167.

B. Formelle Rechtmäßigkeit (FR) III. Form (F)

(VOR/DEF)

Form ist normiertes Wie der Rechtsfolgesetzung – schriftlich, elektronisch, mündlich oder in anderer Weise.

(SUB/ERG)

Im konkreten Fall (alternativ)

- ist bei Fehlen von VA § 37 Abs. 2-6 VwVfG NRW unanwendbar.
- ist bei Fehlen von VA und Fehlen speziellerer Formrechtsnormen Formfreiheit gegeben.
- ist bei VA und Fehlen speziellerer Formrechtsnormen anwendbar: § 37 Abs. 2 bis 6 VwVfG NRW.
- kann gemäß § 37 Abs. 2 S. 1 VwVfG NRW der VA schriftlich, elektronisch, mündlich oder in anderer Weise erlassen werden.
- braucht gemäß § 37 Abs. 2 S. 2 VwVfG NRW der mündliche VA schriftlich oder elektronisch nicht bestätigt zu werden, wenn hieran kein berechtigtes Interesse besteht und der Betroffene dies nicht unverzüglich verlangt.

Im Übrigen ist Form integraler Verfahrensbestandteil, vgl. z.B. bzgl. der Sachendurchsuchung § 40 Abs. 2 S. 3 PolG NRW.

Ergebnis kann allgemein sein: Formrechtsmäßigkeit oder Formrechtswidrigkeit der Maßnahme.

C. Materielle Rechtmäßigkeit (MR) I. Tatbestand (Tb) / Tatbestandsvoraussetzungen (TBV)[1063]

(VOR/DEF)

Tatbestand ist das Gesamt der (materiell-rechtlichen) Rechtsfolge(setzungs)bedingungen. / **Tatbestandsvoraussetzungen** sind materiell-rechtliche Rechtsfolgesetzungsbedingungen.

1063 Vgl. auch Art. 46 GG (Abs. 1: **Abgeordnetenindemnität**; Abs. 2-4: **Abgeordnetenimmunität** – mit **Bundestagsgenehmigungsvorbehalt**); Art. 47 Verfassung NRW (**Abgeordnetenindemnität**), Art. 48 Verfassung NRW (**Abgeordnetenimmunität** – mit **Landtagsgenehmigungsvorbehalt**); Art. 60 Abs. 4 GG (**Bundespräsidentenimmunität**); Art. 40 Abs. 2 S. 1 GG (**Bundestagspräsidentengenehmigungsvorbehalt** für Durchsuchung oder Beschlagnahme in Bundestagsräumen); Art. 49 Abs. 2 Verfassung NRW (**Landtagspräsidentengenehmigungsvorbehalt** für Durchsuchung oder Beschlagnahme in Landtagsräumen); zum Abgeordneten vgl. auch: Art. 47 GG, Art. 49 Abs. 1 Verfassung NRW (**Abgeordneten-Zeugnisverweigerungsrecht** und zeugnisverweigerungsrechtentsprechendes **Abgeordneten-Schriftstückebeschlagnahmeverbot**).

(VOR)

1. (alternative) TBV aus § 40 Abs. 1 Nr. 1 PolG NRW

§ 40 Abs. 1 Nr. 1 PolG NRW lautet: Die Polizei kann außer in den Fällen des § 12 Abs. 2 S. 4 PolG NRW eine Sache durchsuchen, wenn sie von einer Person mitgeführt wird, die nach § 39 PolG NRW durchsucht werden darf.

(DEF)

Mitsichführen ist Besitz von Sachen, die im unmittelbaren und sofortigen Zugriff stehen, vgl. §§ 854-872 BGB.[1064]

Dürfen der Durchsuchung / Durchsuchungsdürfen nach § 39 PolG NRW ist Durchsuchungsbefugnis im Sinne von Rechtmäßigkeit der Durchsuchung gemäß § 39 PolG NRW.

(SUB/ERG)

Im konkreten Fall sind die Tatbestandsvoraussetzungen des § 40 Abs. 1 Nr. 1 PolG NRW (alternativ)

- erfüllt.
- nicht erfüllt.

(VOR)

2. (alternative) TBV aus § 40 Abs. 1 Nr. 2 PolG NRW

§ 40 Abs. 1 Nr. 2 PolG NRW lautet: Die Polizei kann außer in den Fällen des § 12 Abs. 2 S. 4 PolG NRW eine Sache durchsuchen, wenn Tatsachen die Annahme rechtfertigen, dass sich in ihr eine Person befindet, die

a) in Gewahrsam genommen werden darf,

b) widerrechtlich festgehalten wird oder

c) hilflos ist.

(DEF)

Person i.S.d. § 40 Abs. 1 Nr. 2 PolG NRW ist natürliche Person im Sinne von § 1 BGB und teleologisch jeder Mensch.

Befinden im Sinne des § 40 Abs. 1 Nr. 2 PolG NRW ist jede tatsächliche Anwesenheit.

1064 Nr. 40.11 VVPolG NRW: „Nach § 40 Abs. 1 Nr. 1 kann sich unter den Voraussetzungen des § 39 die Durchsuchung der Person auch auf die Sachen erstrecken, die die Person mitführt, d. h. die in ihrem unmittelbaren und sofortigen Zugriff stehen.“. Vgl. auch entsprechend Anlage 1 Abschnitt 2 Nr. 4 WaffG, wonach eine Waffe führt, „wer die tatsächliche Gewalt darüber außerhalb der eigenen Wohnung, Geschäftsräume, des eigenen befriedeten Besitztums oder einer Schießstätte ausübt“.

Dürfen der Ingewahrsamnahme / Ingewahrsamnahmedürfen im Sinne des § 40 Abs. 1 Nr. 2 PolG NRW ist Ingewahrsamnahmebefugnis im Sinne von Rechtmäßigkeit gemäß Rechtsvorschriften wie §§ 35-37, 38 PolG NRW oder § 58 Abs. 4 AufenthG oder §§ 62-62b AufenthG.

Widerrechtliches Festhalten ist jede rechtswidrige Freiheitsbeschränkung.

Hilflosigkeit ist ein nicht aus eigenem Verhalten verbesserbarer Zustand, Oberbegriff für den Unterfall des die freie Selbstbestimmung ausschließenden Zustandes.[1065]

Tatsachen sind alle wahrnehmbaren Dinge der Welt – nicht ausreichend sind: hypothetische Erwägungen, reine Spekulationen, fallunabhängige Vermutungen; kriminalistische Erfahrung kann ausreichen, wenn sie einen Anhalt im Tatsächlichen hat.

Annahmerechtfertigung ist Ausreichen ggf. auch nur einer Tatsache für die Begründung der Annahme – je nach Abwägung aller Umstände, vgl. „rechtfertigen".

(SUB/ERG)

Im konkreten Fall sind die Tatbestandsvoraussetzungen des § 40 Abs. 1 Nr. 2 PolG NRW (alternativ)

- erfüllt.
- nicht erfüllt.

(VOR)

3. (alternative) TBV aus § 40 Abs. 1 Nr. 3 PolG NRW

§ 40 Abs. 1 Nr. 3 PolG NRW lautet: Die Polizei kann außer in den Fällen des § 12 Abs. 2 S. 4 PolG NRW eine Sache durchsuchen, wenn Tatsachen die Annahme rechtfertigen, dass sich in ihr eine andere Sache befindet, die sichergestellt werden darf.

(DEF)

Befinden i.S.d. § 40 Abs. 1 Nr. 3 PolG NRW ist jede tatsächliche Lage in der Sache, jedes dortige Vorhandensein.

Andere Sache im Sinne des § 40 Abs. 1 Nr. 3 PolG NRW jeder körperliche Gegenstand, vgl. §§ 90, 90a BGB (nach vertretbarer teleologischer Auslegung auch andere Gegenstände und auch Daten), außer der durchsuchten Sache und außer eine am Körper getragene Sache und außer eine als Wohnung geltende Sache[1066].

1065 Nr. 35.11 S. 4 VVPolG NRW: „**Hilflosigkeit** liegt insbesondere vor, wenn bei einer Person tiefgreifende Störungen des Bewusstseins, der Orientierung, der Wahrnehmung, der Auffassung oder auch des Denkens einzeln oder in Kombination auftreten.".

1066 Nr. 40.02 VVPolG NRW: „Bei der **Durchsuchung der am Körper befindlichen Kleidungsstücke** und deren Inhalt handelt es sich nicht um eine Durchsuchung von Sachen i.S.d. Vorschrift, sondern um eine Durchsuchung von Personen (RdNr. 39.02)."; Nr. 40.03 VVPolG NRW: „Für die **Durchsuchung von Sachen im befriedeten Besitztum** gelten die §§ 41 und 42."; Nr. 41.13 VVPolG NRW: „Die Durchsuchung einer Wohnung hat sich auf Anlass und Zweck der Durchsuchung zu beschränken. Befinden sich in der Wohnung Personen, die durchsucht werden sollen, ist hierfür § 39 maßgebend. Sollen in

Dürfen der Sicherstellung / Sicherstellungsdürfen ist Sicherstellungsbefugnis im Sinne von Rechtmäßigkeit gemäß (§ 43) PolG NRW oder anderen Rechtsvorschriften – mit Befugnis zu Sicherstellung oder Beschlagnahm oder Einziehung.

Tatsachen sind alle wahrnehmbaren Dinge der Welt – nicht ausreichend sind: hypothetische Erwägungen, reine Spekulationen, fallunabhängige Vermutungen; kriminalistische Erfahrung kann ausreichen, wenn sie einen Anhalt im Tatsächlichen hat.

Annahmerechtfertigung ist Ausreichen ggf. auch nur einer Tatsache für die Begründung der Annahme – je nach Abwägung aller Umstände, vgl. „rechtfertigen".

(SUB/ERG)

Im konkreten Fall sind die Tatbestandsvoraussetzungen des § 40 Abs. 1 Nr. 3 PolG NRW (alternativ)

- erfüllt.
- nicht erfüllt.

(VOR)

4. (alternative) TBV aus § 40 Abs. 1 Nr. 4 PolG NRW (gefährlicher Ort)

§ 40 Abs. 1 Nr. 4 PolG NRW lautet: Die Polizei kann außer in den Fällen des § 12 Abs. 2 S. 4 PolG NRW eine Sache durchsuchen, wenn sie sich an einem der in § 12 Abs. 1 Nr. 2 PolG NRW genannten Orte befindet.

(DEF)

Befinden i.S.d. § 40 Abs. 1 Nr. 4 PolG NRW ist jede tatsächliche Lage in der Sache, jedes dortige Vorhandensein.

Ort im Sinne des § 12 Abs. 1 Nr. 2 PolG NRW umfasst alle zu § 12 Abs. 1 Nr. 2 PolG NRW zu definierenden Merkmale:

Ort i.S.d. § 12 Abs. 1 Nr. 2 PolG NRW ist (zum Beispiel nach Baurecht und Bebauung) abgrenzbarer geographischer Bereich.

Straftaten i.S.d. § 12 Abs. 1 Nr. 2a PolG NRW sind (Verdachte von) Straftaten i.S.d. § 11 Abs. 1 Nr. 5 StGB.

---

einer Wohnung Sachen durchsucht werden, die nicht den Wohnungsinhabern gehören, ist § 40 einschlägig."; Nr. 40.12 VVPolG NRW: „Sollen bewegliche Sachen, die Wohnungen sind (vgl. RdNr. 41.11), betreten oder durchsucht werden, richten sich die Maßnahmen nach § 41."; Nr. 41.11 VVPolG NRW: „Es ist zu beachten: **Wohnungen** i.S.d. § 41 Abs. 1 Satz 2 sind auch die zu Wohnzwecken genutzten beweglichen Sachen wie Schiffe, Wohnwagen, Wohnmobile und Zelte. **Inhaber einer Wohnung** ist, wer rechtmäßig die tatsächliche Gewalt über die Räumlichkeit ausübt, somit z.B. auch Mieter, Untermieter oder Hotelgast. Bei Gemeinschaftsunterkünften, Internaten und Obdachlosenasylen sind nur die Leiterinnen und Leiter Inhaber. Die **Befugnis zum Betreten einer Wohnung** schließt die Befugnis ein, von Personen, Sachen und Zuständen, die ohne weiteres wahrgenommen werden können, Kenntnis zu nehmen. Soweit es für die Erfüllung der polizeilichen Aufgaben erforderlich ist, umfasst das Betretungsrecht bei Grundstücken auch das Recht zum Befahren mit Fahrzeugen.".

Straftaten von erheblicher Bedeutung[1067] i.S.d. § 12 Abs. 1 Nr. 2a PolG NRW sind gemäß § 8 Abs. 3 PolG NRW **insbesondere** (nach unabgeschlossener Regelbeispielsaufzählung)[1068] Verbrechen sowie die in § 138 StGB genannten Vergehen, Vergehen nach § 129 StGB und gewerbs- oder bandenmäßig begangene Vergehen nach

1. den §§ 243, 244, 260, 261, 263 bis 264a, 265b, 266, 283, 283a, 291 oder 324 bis 330 StGB,
2. § 52 Abs. 1 Satz 1 Nr. 2 Buchstabe c) oder d) WaffG,
3. §§ 29 Abs. 3 Satz 2 Nr. 1 oder 29a Abs. 1 Nr. 2 BtmG,
4. §§ 96 und 97 AufenthG.

Verstoß gegen aufenthaltsrechtliche Strafvorschriften i.S.d. § 12 Abs. 1 Nr. 2b PolG NRW ist jeder (Verdacht von einem) Verstoß jedenfalls gegen solche Strafvorschriften aus §§ 95-97 AufenthG, vgl. auch §§ 84-85 AsylG.[1069]

Verbergen gesuchter Straftäter i.S.d. § 12 Abs. 1 Nr. 2c PolG NRW ist jedenfalls auf konspiratives Verweilen gerichtetes Aufhalten von wegen einer Straftat verurteilter und zur Strafvollstreckung gesuchter Personen.[1070]

1067 Nr. 12.13 VVPolG NRW: „In § 12 Abs. 1 Nr. 2a) ist der Kreis der Anlassstraftaten auf solche von ‚erheblicher Bedeutung' i.S.d. § 8 Abs. 3 begrenzt, so dass der Verhältnismäßigkeitsgrundsatz jetzt unmittelbar zum Ausdruck kommt."; Nr. 8.3 VVPolG NRW: „Hierzu können auch andere Straftaten zählen, soweit sie gewerbs- oder bandenmäßig oder in anderer Weise organisiert begangen werden und dementsprechend einen erheblichen materiellen oder immateriellen (Gesamt-)Schaden verursachen.".

1068 Zum Verhältnis von Raub und räuberischer Erpressung (sowie erpresserischem Menschenraub und Geiselnahme) vgl. BGH, Urteil vom 05.03.2003 – 2 StR 494/02 –, Gründe, II. 2., 3. (m.w.N.); zur Abgrenzung von Raub und räuberischer Erpressung vgl. BGH, Beschluss vom 24.04.2018 – 5 StR 606/17 –, Rn. 13 (m.w.N.).

1069 Vgl. Landtagsdrucksache 17/2351 (Gesetzentwurf der Landesregierung – Gesetz zur Stärkung der Sicherheit in Nordrhein-Westfalen – Sechstes Gesetz zur Änderung des Polizeigesetzes des Landes Nordrhein-Westfalen), S. 31 f. (zu § 12a Abs. 1 PolG NRW): „Der Begriff des ‚unerlaubten Aufenthalts' ist dabei von der illegalen Zuwanderung bzw. Einreise zu unterscheiden. Der unerlaubte Aufenthalt erfüllt den Straftatbestand des § 95 Absatz 1 Nr. 2 Aufenthaltsgesetz (AufenthG). Demnach macht sich ein Ausländer strafbar, der sich ohne erforderlichen Aufenthaltstitel nach § 4 Absatz 1 Satz 1 im Bundesgebiet aufhält, vollziehbar ausreisepflichtig ist, dem eine Ausreisefrist nicht gewährt wurde oder diese abgelaufen ist und dessen Abschiebung nicht ausgesetzt ist. Anknüpfungspunkt ist das Verbleiben im Bundesgebiet (Inland) trotz Ausreisepflicht, so dass es sich hierbei um ein echtes Unterlassungsdelikt handelt (vgl. Hohoff, in: Kluth/Heusch, Ausländerrecht, Kommentar 2016, AufenthG § 95 Rdn. 12). Im Gegensatz dazu handelt es sich bei der illegalen Zuwanderung bzw. Einreise (§ 14 AufenthG), die nach § 95 Absatz 1 Nr. 3 AufenthG ebenfalls strafbewehrt ist, um ein Begehungsdelikt. Sie knüpft räumlich gesehen bereits an das unmittelbare Betreten bzw. Überquerenwollen der Außengrenze eines Staates an, ist dem ‚unerlaubten Aufenthalt' zeitlich vorgelagert. Bei der Bekämpfung der illegalen Zuwanderung bzw. Einreise handelt es sich um eine originäre Aufgabe der Bundespolizei gemäß § 2 Bundespolizeigesetz und ist damit nicht primär als Kompetenz für die Polizei des Landes Nordrhein-Westfalen regelbar. Auch die Berücksichtigung der Vorgaben der Verordnung (EG) Nr. 562/2006 des Europäischen Parlaments und des Rates vom 15. März 2006 über einen Gemeinschaftskodex für das Überschreiten der Grenzen durch Personen (Schengener Grenzkodex) bei der Ausübung der Regelung des § 12a, die unter Artikels 21 lit. a Einschränkungen der Abschaffung der Grenzkontrollen an den Binnengrenzen regelt, berührt die Länderzuständigkeit nicht.".

1070 Nr. 12.14 VVPolG NRW: „§ 12 Abs. 1 Nr. 2c) setzt voraus, dass Tatsachen die Annahme rechtfertigen, dass sich an dem Ort Personen verbergen, die wegen einer Straftat verurteilt wurden und aus diesem Grunde zur Strafvollstreckung gesucht werden.".

Tatsachen / Anhaltspunkte i.S.v. § 12 Abs. 1 Nr. 2 PolG sind alle wahrnehmbaren Dinge der Welt – nicht ausreichend sind: hypothetische Erwägungen, reine Spekulationen, fallunabhängige Vermutungen; kriminalistische Erfahrung kann ausreichen, wenn sie einen Anhalt im Tatsächlichen hat.

Annahmerechtfertigung i.S.d. § 12 Abs. 1 Nr. 2 PolG NRW ist Ausreichen ggf. auch nur einer Tatsache für die Begründung der Annahme – je nach Abwägung aller Umstände, vgl. „rechtfertigen“.[1071]

(SUB/ERG)

Im konkreten Fall sind die Tatbestandsvoraussetzungen des § 40 Abs. 1 Nr. 4 PolG NRW (alternativ)

- erfüllt.
- nicht erfüllt.

(VOR)

5. (alternative) TBV aus § 40 Abs. 1 Nr. 5 PolG NRW (gefährdeter Ort)

§ 40 Abs. 1 Nr. 5 PolG NRW lautet: Die Polizei kann außer in den Fällen des § 12 Abs. 2 S. 4 PolG NRW eine Sache durchsuchen, wenn sie sich in einem Objekt im Sinne des § 12 Abs. 1 Nr. 3 PolG NRW oder in dessen unmittelbarer Nähe befindet und Tatsachen die Annahme rechtfertigen, dass in oder an Objekten dieser Art Straftaten begangen werden sollen, durch die Personen oder diese Objekte gefährdet sind.

(DEF)

Ort im Sinne des § 12 Abs. 1 Nr. 3 PolG NRW umfasst alle zu § 12 Abs. 1 Nr. 3 PolG NRW definierten Ortsmerkmale, vgl. ebenda.

Befinden i.S.d. § 40 Abs. 1 Nr. 5 PolG NRW ist jede tatsächliche Lage.

Straftaten i.S.d. § 12 Abs. 1 Nr. 3 PolG NRW sind Verdachte jedenfalls solcher Straftaten i.S.d. § 11 Abs. 1 Nr. 5 StGB.

[1071] Vgl. Landtagsdrucksache 17/2351 (Gesetzentwurf der Landesregierung – Gesetz zur Stärkung der Sicherheit in Nordrhein-Westfalen – Sechstes Gesetz zur Änderung des Polizeigesetzes des Landes Nordrhein-Westfalen), S. 32 (zu § 12a Abs. 1 PolG NRW): „Satz 4 stellt die Maßnahme unter die Voraussetzung, dass Anhaltspunkte vorliegen, die auf nachprüfbaren Tatsachen beruhen. Diese Tatsachen müssen den Schluss darauf zulassen, dass in diesem Gebiet Straftaten der in Absatz 1 in den Ziffern 1 bis 3 bezeichneten Art begangen werden sollen und darüber hinaus, dass die Maßnahme zur Verhütung dieser Straftaten erforderlich und auch verhältnismäßig ist (Satz 5).“, S. 34: „Beim Gesundheits, Arbeits- und Umweltschutz ist eine Gefahrenvorsorge seit langem anerkannt. Sie muss nach Umfang und Ausmaß dem Gefahren- oder Risikopotential, dem sie gilt, angemessen sein (vgl. BVerwGE 69, 37/44). Während bei solcher Vorsorge und im Fall konkreter Polizeigefahr die Gefahren- oder Risikoquelle bekannt ist und gesetzliche Anforderungen im Regelfall (nur) den Verursacher oder Störer treffen, gibt es zwischen dem verdachtsunabhängig Kontrollierten und der Gefahr, der die Vorsorge gilt, keinen vergleichbaren Zusammenhang. Eine verfassungsrechtlich begründete Forderung nach einem solchen ‚Zurechnungszusammenhang‘ (vgl. Landesverfassungsgericht Mecklenburg-Vorpommern, DVBl 2000, 262/265) macht jedoch von vornherein nur dort einen Sinn, wo die Gefahr nicht gleichsam anonym ist.“.

Gefährdung ist jede abstrakte oder konkrete Gefahr (vgl. Gefahr-Definitionen).

Tatsachen sind alle wahrnehmbaren Dinge der Welt – nicht ausreichend sind: hypothetische Erwägungen, reine Spekulationen, fallunabhängige Vermutungen; kriminalistische Erfahrung kann ausreichen, wenn sie – wie letztlich alles – einen Anhalt im Tatsächlichen hat.

Annahmerechtfertigung ist Ausreichen ggf. auch nur einer Tatsache für die Begründung der Annahme – je nach Abwägung aller Umstände, vgl. „rechtfertigen".

(SUB/ERG)

Im konkreten Fall sind die Tatbestandsvoraussetzungen des § 40 Abs. 1 Nr. 5 PolG NRW (alternativ)

- erfüllt.
- nicht erfüllt.

(VOR)

6. (alternative) TBV aus § 40 Abs. 1 Nr. 6 PolG NRW

§ 40 Abs. 1 Nr. 6 PolG NRW lautet: Die Polizei kann außer in den Fällen des § 12 Abs. 2 S. 4 PolG NRW eine Sache durchsuchen, wenn es sich um ein Land-, Wasser- oder Luftfahrzeug handelt, in dem sich eine Person befindet, deren Identität nach § 12 Abs. 1 Nr. 4 PolG NRW festgestellt werden darf; die Durchsuchung kann sich auch auf die in dem Fahrzeug enthaltenen Sachen erstrecken.

(DEF)

Land-, Wasser- oder Luftfahrzeug i.S.d. § 40 Abs. 1 Nr. 6 PolG NRW ist jedes Fahrzeug außer als Wohnung[1072], unabhängig von der aktuellen Fortbewegungsfähigkeit und unabhängig von der Einhaltung von Fahrerlaubnis-, Straßen-, Straßenverkehr-, Zulassungsrecht.

Befinden im Sinne des § 40 Abs. 1 Nr. 2 PolG NRW ist jede tatsächliche Anwesenheit.

1072 Nr. 40.03 VVPolG NRW: „Für die **Durchsuchung von Sachen im befriedeten Besitztum** gelten die §§ 41 und 42."; Nr. 41.13 VVPolG NRW: „Die Durchsuchung einer Wohnung hat sich auf Anlass und Zweck der Durchsuchung zu beschränken. Befinden sich in der Wohnung Personen, die durchsucht werden sollen, ist hierfür § 39 maßgebend. Sollen in einer Wohnung Sachen durchsucht werden, die nicht den Wohnungsinhabern gehören, ist § 40 einschlägig."; Nr. 40.12 VVPolG NRW: „Sollen bewegliche Sachen, die Wohnungen sind (vgl. RdNr. 41.11), betreten oder durchsucht werden, richten sich die Maßnahmen nach § 41."; Nr. 41.11 VVPolG NRW: „Es ist zu beachten: **Wohnungen** i.S.d. § 41 Abs. 1 Satz 2 sind auch die zu Wohnzwecken genutzten beweglichen Sachen wie Schiffe, Wohnwagen, Wohnmobile und Zelte. **Inhaber einer Wohnung** ist, wer rechtmäßig die tatsächliche Gewalt über die Räumlichkeit ausübt, somit z.B. auch Mieter, Untermieter oder Hotelgast. Bei Gemeinschaftsunterkünften, Internaten und Obdachlosenasylen sind nur die Leiterinnen und Leiter Inhaber. Die **Befugnis zum Betreten einer Wohnung** schließt die Befugnis ein, von Personen, Sachen und Zuständen, die ohne weiteres wahrgenommen werden können, Kenntnis zu nehmen. Soweit es für die Erfüllung der polizeilichen Aufgaben erforderlich ist, umfasst das Betretungsrecht bei Grundstücken auch das Recht zum Befahren mit Fahrzeugen.".

Dürfen der Identitätsfeststellung / Identitätsfeststellungsdürfen im Sinne des § 40 Abs. 1 Nr. 6 PolG NRW ist Identitätsfeststellungsbefugnis nach § 12 Abs. 1 Nr. 4 PolG NRW im Sinne von Rechtmäßigkeit einer Maßnahme zwecks Identitätsfeststellung / IDF-Maßnahme gemäß § 12 Abs. 1 Nr. 4, Abs. 2 PolG NRW.

(SUB/ERG)

Im konkreten Fall sind die Tatbestandsvoraussetzungen des § 40 Abs. 1 Nr. 6 PolG NRW (alternativ)

- erfüllt.
- nicht erfüllt.

C. Materielle Rechtmäßigkeit (MR) II. Inanspruchnahme (In) / Inanspruchnahmevoraussetzungen (Inv)

(VOR/DEF)

Inanspruchnahmevoraussetzungen sind materiell-rechtliche Bedingungen für richtige Inanspruchnahme.

Inanspruchnahme ist Adressierung und sonstiges Betroffenmachen; **Adressierung** ist direktes Bestimmen oder finales Richten einer Maßnahme an einen Grundrechtsträger, vgl. §§ 41 Abs. 1 S. 1, 43 Abs. 1 S. 1 VwVfG NRW.

(VOR/DEF)

Die Inanspruchnahme durch Adressierung der Sachendurchsuchung soll richtigerweise (alternativ) erfolgen:

- gemäß § 40 Abs. 1 Nr. 1 PolG NRW: an die Person, die eine Sache mitführt, die nach § 39 PolG NRW durchsucht werden darf,
- gemäß § 40 Abs. 1 Nr. 2 PolG NRW (i.V.m. §§ 4-6 PolG NRW): an die Person, die in rechtlicher oder tatsächlicher Beziehung zur Sache steht, in der sich eine Person befindet, die
  a) in Gewahrsam genommen werden darf,
  b) widerrechtlich festgehalten wird oder
  c) hilflos ist,
- gemäß § 40 Abs. 1 Nr. 3 PolG NRW (i.V.m. §§ 4-6 PolG NRW): an die Person, die in rechtlicher oder tatsächlicher Beziehung zur Sache steht, von der Tatsachen die Annahme rechtfertigen, dass sich in ihr eine andere Sache befindet, die sichergestellt werden darf,
- gemäß § 40 Abs. 1 Nr. 4 PolG NRW (i.V.m. §§ 4-6 PolG NRW) an die Person, die in rechtlicher oder tatsächlicher Beziehung zur Sache steht, die sich an einem der in § 12 Abs. 1 Nr. 2 PolG NRW genannten Orte befindet,
- gemäß § 40 Abs. 1 Nr. 5 PolG NRW (i.V.m. §§ 4-6 PolG NRW): an die Person, die in rechtlicher oder tatsächlicher Beziehung zur Sache steht, die sich in einem Objekt im Sinne des § 12 Abs. 1 Nr. 3 PolG NRW oder in dessen unmittelbarer Nähe befindet,
- gemäß § 40 Abs. 1 Nr. 6 PolG NRW (i.V.m. §§ 4-6 PolG NRW): an die Person, die in rechtlicher oder tatsächlicher Beziehung zur Sache des Land-, Wasser- oder Luftfahr-

zeugs steht, in dem sich eine Person befindet, deren Identität nach § 12 Abs. 1 Nr. 4 PolG NRW festgestellt werden darf; die Durchsuchung kann sich auch auf die in dem Fahrzeug enthaltenen Sachen erstrecken.

Person i.S.d. § 40 PolG NRW ist natürliche Person im Sinne von § 1 BGB.

(SUB/ERG)

Im konkreten Fall ist die Person (alternativ)

- richtigerweise gemäß § 40 PolG NRW in Anspruch genommen/adressiert.
- nicht richtigerweise in Anspruch genommen/adressiert.

C. Materielle Rechtmäßigkeit (MR) III. Rechtsfolge (Rf) / Rechtsfolge–voraussetzungen (RfV)

(VOR/DEF)

Rechtsfolge ist rechtliche Folge aus dem Tatbestand. / **Rechtsfolgevoraussetzungen** sind materiell-rechtliche Rechtsfolgegestaltungsbedingungen.

C. Materielle Rechtmäßigkeit (MR) III. Rechtsfolge (Rf) 1. Tatsächliche und rechtliche Möglichkeit (TurM)

(VOR/DEF)

Tatsächliche und rechtliche Möglichkeit betrifft Fälle wie aus § 44 Abs. 2 Nr. 4-6 VwVfG NRW.

(SUB/ERG)

Tatsächliche und rechtliche Möglichkeit ist im konkreten Fall gegeben/nicht gegeben aufgrund Vorliegens/Nichtvorliegens von kognitiven, körperlichen, normativen, technischen Unmöglichkeiten.

Tatsächliche Unmöglichkeit ist etwa gegeben bei physisch-realem Unvermögen zur Öffnung der Sache bzw. bei physisch-realem Unvermögen des Verschaffens von Zugang zur Sache.

Rechtliche Unmöglichkeiten – etwa wegen mehrerer zusammenhängender Besitz- oder Eigenumsverhältnisse und unterschiedlicher Besitz- oder Eigenumsausübungswillen der Mitberechtigten – können in der Regel jedenfalls spätestens durch Bestehen bzw. Bekanntgabe von Duldungsverfügungen gegen potentiell hindernde dritte Mitberechtigte verhindert werden.

C. Materielle Rechtmäßigkeit (MR) III. Rechtsfolge (Rf) 2. Bestimmtheit (Bsh)

(VOR/DEF)

Bestimmtheit ist Maßnahmenerkennbarkeit und Maßnahmenverstehbarkeit, bei VA und Realakten Gebot nach Art. 20 Abs. 3 GG, bei VA Pflicht auch gemäß § 37 Abs. 1 VwVfG NRW.

(SUB/ERG)

Die Durchsuchungsmaßnahme (Durchsuchungsrealakt oder Durchsuchungs-VA) ist inhaltlich hinreichend bestimmt i.S.d. Art. 20 Abs. 3 GG (bzgl. VA und Realakte), § 37 Abs. 1 VwVfG NRW (bzgl. VA), denn nach Auslegung der Durchsuchungs-Maßnahme kann der Erklärungsempfänger wie jeder vernünftige Dritte, §§ 133, 157 BGB analog, in der konkreten Situation deren Inhalte hinreichend erkennen und verstehen, nämlich:

- dass die Polizei ggü. dem Durchsuchungsadressaten (wer)
- aus Gefahrenabwehrgründen/Eigensicherungsgründen (warum)
- zu einer bestimmten Zeit (wann)
- einen Zweck aus § 40 PolG NRW verfolgt (was)
- und zwar durch Befolgung der und Mitwirkung an der Durchsuchungs-Maßnahme (wie).

C. Materielle Rechtmäßigkeit (MR) III. Rechtsfolge (Rf) 3. Ermessen (Erm)

(VOR/DEF)

Ermessen[1073] ist Entscheidungsspielraum auf der Rechtsfolgenseite bzgl. rechtsfehlerfreier Ausübung von Einschreit-Entschließung (Ob), Adressaten-Auswahl (Wer), Maßnahmen-Gestaltung (Wie), grundsätzlich gegeben durch § 40 Abs. 1 Wort 3 PolG NRW, und durch § 3 PolG NRW, bei VA auch durch § 40 VwVfG NRW.

(SUB/ERG)

Der gegebene Entscheidungsspielraum wird aufgrund von entsprechenden Anhaltspunkten/in Ermangelung entgegenstehender Anhaltspunkte ohne Ermessensfehler/mit Ermessensfehlern (Ermessensunterschreitung, Ermessensüberschreitung, Ermessensfehlgebrauch) ausgeübt bzgl. folgender Ermessensarten:

a) Entschließungsermessen:

Das Entschließungsermessen kann im konkreten Fall sogar gegen / auf Null reduziert sein, insbesondere wegen:

- Einschreitmöglichkeit;

1073 Zum Ermessen einschließlich Rechtsnatur, Ermessensarten, Ermessensreduzierungen, Ermessensfehlern, Maßnahmenansprüchen mit Beispielen siehe auch: *Basten*, Eingriffsrecht der Polizei in Nordrhein-Westfalen, Band 1, S. 271-283.

- Erheblichkeitsgrad von Gefährdungen, z.B. konkreter (dringender, erheblicher, gegenwärtiger) Gefahr.

b) Auswahlermessen:

siehe C. II.: Auswahlermessen wird abschließend beurteilt i.V.m. Punkt C. II. (Inanspruchnahme).

c) Gestaltungsermessen:

siehe C. III. 4.: Gestaltungsermessen, § 3 Abs. 2 PolG NRW (Austauschmittel), wird abschließend beurteilt i.V.m. Punkt C. III. 4. (VHM).

C. Materielle Rechtmäßigkeit (MR) III. Rechtsfolge (Rf) 4. Verhältnismäßigkeit (VHM)

(VOR/DEF)

Verhältnismäßigkeit ist Geeignetheit, Erforderlichkeit, Angemessenheit zu einem legitimen Zweck.

(VOR/DEF)

Legitimer Zweck ist verfassungsgemäßer Zweck.

(SUB/ERG)

Im konkreten Fall verfolgt die Sachen-Durchsuchung (alternativ)

- einen legitimen Zweck, nämlich insbesondere einen Zwwck aus § 40 PolG NRW, letztlich den verfassungsgemäßen Schutz vor Schäden für Rechte und Rechtsgüter wie (zum Beispiel) aus Art. 2 Abs. 2 S. 1 GG, Art. 2 Abs. 2 S. 2 GG, Art. 14 Abs. 1 S. 1 Alt. 1 GG, Art. 20 Abs. 3 GG, vgl. auch die übrigen Rechte und Rechtsgüter aus Art. 1-20 GG, vgl. auch die Grundrechtsschutzfunktion und die Grundrechtsförderungsfunktion[1074].
- keinen legitimen Zweck.

(VOR/DEF)

Geeignetheit einer staatlichen Maßnahme ist gegeben bei deren Zweckförderungstauglichkeit, vgl. auch § 2 Abs. 3 PolG NRW.

(SUB/ERG)

Im konkreten Fall ist die Sachen-Durchsuchung (alternativ)

- geeignet, denn durch Suchen erhöht sich die Wahrscheinlichkeit des Findens[1075] oder der Erkenntnis des Nichtvorhandenseins, und mit dem Finden bzw. Nichtauffinden des Gesuchten vertiefen sich Möglichkeiten, Rückschlüsse für das weitere Verfahren zu ziehen;

1074 Zu Grundrechtsfunktionen siehe auch: *Basten*, Eingriffsrecht der Polizei in Nordrhein-Westfalen, Band 1, S. 78-84.

1075 Gedanke seit alters – vgl. auch: Die Bibel, Neues Testament, Lukas 11:9 und 11:10; Matthäus 7:7.

so können sich etwa mit dem Finden der Person oder Sache Möglichkeiten vertiefen, mit dieser oder auf diese weiter einzuwirken oder anders umzugehen oder diese anders zu betrachten, und so kann letztlich gefördert werden: die Verhinderung/Unterbindung weiteren, potentiell schadensträchtigen Geschehensablaufs.

- ungeeignet.

(VOR/DEF)

Erforderlichkeit einer staatlichen Maßnahme ist Nichtverfügbarkeit eines milderen (Übermaßverbot), gleich geeigneten (Untermaßverbot) Mittels zur Zweckförderung, vgl. auch § 2 Abs. 1 PolG NRW.

(SUB/ERG)

Im konkreten Fall ist die Sachen-Durchsuchung (alternativ)

- erforderlich, denn einerseits sind mildere Maßnahmen wie (zum Beispiel) bloßes Fragen zu Personen oder Sachen oder bloßes Zeige- oder Herausgabeverlangen oder Nichtstun nicht gleich geeignet, weil sie jedenfalls alleine nicht in gleicher Weise ihr Auffinden oder sonstige Erkenntnis zu ihnen fördern (Untermaßverbot) und andererseits sind (mindestens) gleich geeignete, intensivere Maßnahmen wie direkte Freiheitsentziehung oder Zwang noch nicht notwendig (Übermaßverbot).
- nicht erforderlich.

(VOR/DEF)

Angemessenheit oder **Verhältnismäßigkeit im engeren Sinne** einer staatlichen Maßnahme ist angemessenes Maß oder Verhältnis zwischen Zweckförderung für Erhaltungsrechte und Wirkungen für Eingriffsrechte, vgl. auch § 2 Abs. 2 PolG NRW, vgl. betroffene Grundrechte.

(SUB/ERG)

Im konkreten Fall ist die Sachen-Durchsuchung (alternativ)

- angemessen, denn die GR-Eingriffe in Art. 2 Abs. 1 i.V.m. Art. 1 Abs. 1 GG, Art. 2 Abs. 2 S. 2 GG stehen angesichts der zu schützenden Rechte und Rechtsgüter wie aus Art. 2 Abs. 2 S. 1 GG, Art. 2 Abs. 2 S. 2 GG, Art. 14 Abs. 1 S. 1 Alt. 1 GG, Art. 20 Abs. 3 GG nicht außer Verhältnis.
- unangemessen.

(ERG VHM)

Die Maßnahme ist insgesamt i.S.v. § 2 PolG NRW, Art. 20 Abs. 3 GG (alternativ)

- verhältnismäßig.
- unverhältnismäßig.

D. Gesamtergebnis (GErg)

Die Sachendurchsuchung ist (alternativ)

- gemäß § 40 PolG NRW rechtmäßig.
- wegen Art./§ (bestimmter Rechtsnorm [z.B. Art. 20 Abs. 3 GG]) rechtswidrig.

ABSCHNITT 21: BETRETEN UND DURCHSUCHUNG VON WOHNUNGEN AUF DEM RECHTSGEBIET DER GEFAHRENABWEHR, §§ 41, 42 POLG NRW

A. Rechtsgrundlage (RGL) I. Grundrechte (GR)

(VOR/DEF)

Grundrechte sind grundlegende Rechte aus Art. 1-19 GG i.V.m. dem Rechtsstaatsprinzip, Art. 20 Abs. 3 GG, mit Vorrang und Vorbehalt des Gesetzes.[1076]

(SUB/ERG)

Grundrechte sind (i.d.R. alternativ, nicht kumulativ) insbesondere wie folgt gegeben (jeweilige GR-Einschlägigkeit ist fallabhängig[1077]):

1. Wohnungsgrundrecht, Art. 13 Abs. 1 GG[1078]

a) GR-SB[1079]:

1076 Zu **Grundrechten**: *Basten*, Eingriffsrecht der Polizei in Nordrhein-Westfalen, Band 1, Buch 1, Abschnitt 2, Unterabschnitt 3. Zum **Rechtsstaatsprinzip** mit unter anderem sogenanntem Vorrang des Gesetzes und Vorbehalt des Gesetzes: *Basten*, Eingriffsrecht der Polizei in Nordrhein-Westfalen, Band 1, S. 95-108.

1077 Vgl. z.B. auch BVerfG, Beschluss des Zweiten Senats vom 09.06.2020 – 2 BvE 2/19 (Polizeiliches Betreten von Abgeordnetenraum beim Deutschen Bundestag zur Gefahrenabwehr als Verletzung des Art. 38 Abs. 1 S. 2 GG im konkreten Fall) –, C. I. 2., Rn. 40: „Ein Eingriff in den in Art. 38 Abs. 1 Satz 2 GG geschützten Abgeordnetenstatus ist zulässig, wenn und soweit andere Rechtsgüter von Verfassungsrang ihn rechtfertigen [Schrifttums-Quellenangaben, P. B.]. Das freie Mandat wird in seinem Umfang zwar nicht von vornherein durch das Hausrecht oder die Polizeigewalt des Antragsgegners begrenzt. Über Art. 40 Abs. 2 gibt das Grundgesetz ihm aber grundsätzlich die Möglichkeit, das freie Mandat im Wege der Abwägung mit widerstreitenden Rechtsgütern in Ausgleich zu bringen. Die Repräsentations- und die Funktionsfähigkeit des Parlaments sind als solche Rechtsgüter von Verfassungsrang anerkannt (vgl. BVerfGE 80, 188 <219>; 84, 304 <321>; 96, 264 <279>; 99, 19 <32>; 118, 277 <324>).".

1078 Vgl. auch Art. 142 GG i.V.m. Art. 4 Abs. 1 Verfassung NRW; Art. 7 EU-GR-Charta; Art. 8 EMRK; §§ 18, 21 GVG i.V.m. DiplBezÜbkG i.V.m. Art. 22, 23 WÜD; §§ 19, 21 GVG i.V.m. KonsÜbkG i.V.m. Art. 27, 31, 55, 59 WÜK.

1079 Vgl. BVerfGE 109, 279, 325-327 (akustische Wohnraumüberwachung / „Großer Lauschangriff") = BVerfG, Urteil des Ersten Senats vom 03.03.2004 – 1 BvR 2378/98, 1084/99 –, C. II. 1. a), b), c), Rn. 158-163: „Das aus Art. 2 Abs. 1 in Verbindung mit Art. 1 Abs. 1 GG folgende **allgemeine Persönlichkeitsrecht** kommt neben Art. 13 Abs. 1 GG allerdings nicht zur Anwendung, soweit Eingriffe in die **räumliche Privatsphäre des Wohnungsinhabers** zu überprüfen sind. Art. 13 Abs. 1 GG enthält eine spezielle Gewährleistung des **Schutzes vor staatlicher akustischer Überwachung der räumlichen Privatsphäre**, die die allgemeinere Vorschrift insoweit verdrängt (vgl. BVerfGE 100, 313 [358] zu Art. 10 GG). Diese Spezialität wirkt sich wegen des weiten Schutzbereichs von Art. 13 GG nicht nur gegenüber der staatlichen Überwachung selbst aus, sondern erstreckt sich auch auf notwendige Vorbereitungsakte und auf den **Informations- und Datenverarbeitungsprozess, der sich an die Erhebung anschließt**, sowie auf den Gebrauch, der von den erlangten Kenntnissen gemacht wird (vgl. BVerfGE 100, 313 [359]). Mit dem **Recht, in der Wohnung ungestört zu sein**, und dem **Recht am eigenen in der Wohnung gesprochenen Wort** schützt Art. 13 Abs. 1 GG gerade den Teil der **Privatsphäre**, den sonst das allgemeine Persönlichkeitsrecht gewährleistet. Dieses Recht ergänzt als unbenanntes Freiheitsrecht die speziellen Freiheitsrechte, die ebenfalls konstituierende Elemente der Persönlichkeit schützen (vgl. BVerfGE 54, 148 [153 f.]), nur insoweit, als Letztere keinen Schutz gewähren. Der Schutz des allgemeinen Persönlichkeitsrechts aus Art. 2 Abs. 1 in Verbindung mit Art. 1 Abs. 1 GG greift hingegen ein, soweit von der Wohnraumüberwachung Personen betroffen werden, die sich nicht auf Art. 13 Abs. 1 GG berufen können. **Grundrechtsträger des Art. 13 Abs. 1 GG** ist jeder Inhaber oder Bewohner eines

aa) Persönlicher GR-SB: Jeder Wohnungsberechtigte, im Verhältnis mehrerer Wohnungsberechtigter zu gleichen Teilen oder der besser unmittelbar Wohnungsberechtigte (zum Beispiel der unmittelbare Besitzer).[1080]

bb) Sachlicher GR-SB: **Wohnung** ist jede der allgemeinen Zugänglichkeit entzogene Stätte privaten Lebens.[1081]

Wohnraums, unabhängig davon, auf welchen Rechtsverhältnissen die Nutzung des Wohnraums beruht. Bei mehreren Bewohnern einer Wohnung steht das Grundrecht jedem Einzelnen, bei Familien mithin jedem Familienmitglied zu. Maßnahmen der **Wohnraumüberwachung** können aber nicht nur Wohnungsinhaber, sondern auch **zufällig in einer Wohnung Anwesende** erfassen. Diese Personen sind zwar nicht in ihrem Grundrecht aus Art. 13 Abs. 1 GG, wohl aber in ihrem allgemeinen Persönlichkeitsrecht betroffen. Der Schutz aus Art. 2 Abs. 1 in Verbindung mit Art. 1 Abs. 1 GG kann insofern allerdings nicht weiter reichen als derjenige aus Art. 13 Abs. 1 und 3 GG. Der **Schutz der räumlichen Privatsphäre** und des allgemeinen Persönlichkeitsrechts kann schließlich in Einzelfällen durch weitere Grundrechtsgarantien ergänzt sein. So wird das Gespräch zwischen Eheleuten in der eigenen Wohnung nicht nur von Art. 13 Abs. 1 GG, sondern zusätzlich durch Art. 6 Abs. 1 GG geschützt. Auch in Bezug auf die **Kommunikation mit Berufsgeheimnisträgern** können neben dem grundrechtlichen Schutz der räumlichen Privatsphäre Grundrechte in Betracht kommen, die – wie etwa Art. 4 GG im Hinblick auf das Gespräch mit einem Geistlichen – der besonderen Schutzbedürftigkeit der Kommunizierenden Rechnung tragen.“.

[1080] BVerfG, Beschluss der 3. Kammer des Zweiten Senats vom 27.06.2018 – 2 BvR 1562/17 (auf § 103 StPO gestützte Anordnung der Durchsuchung der Räumlichkeiten des Münchener Kanzleistandorts der Rechtsanwaltskanzlei Jones Day auf sowie Sicherstellung von Unterlagen und elektronischen Daten im Zuge des sogenannten „VW-Dieselskandals“ – Verfassungsbeschwerde nicht zur Entscheidung angenommen wegen Unzulässigkeit aufgrund Nichterfüllung von Voraussetzungen nach § 93a Abs. 2 BVerfGG), Gründe, V., Rn. 38 f.: „Wer **Träger des Grundrechts des Art. 13 Abs. 1 GG** ist, entscheidet sich nicht nach der Eigentumslage, sondern grundsätzlich danach, wer Nutzungsberechtigter der Wohnung oder der Betriebs- und Geschäftsräume ist [Quellenangabe]. Bei **Geschäftsräumen** kommt der Schutz des Art. 13 Abs. 1 GG dementsprechend regelmäßig nur dem Unternehmer als Nutzungsberechtigtem zugute, nicht aber den einzelnen Arbeitnehmern (vgl. BVerfG, Beschluss der 1. Kammer des Zweiten Senats vom 9. Juli 2009 - 2 BvR 1119/05 u.a. -, juris, Rn. 27; [Quellenangaben]). […] Nutzungsrecht steht Partnern als Mitinhaber der Nutzungsberechtigung der Kanzlei […] an ihren Kanzleiräumen […] nur gemeinschaftlich zu (vgl. für die Partnerschaftsgesellschaft nach deutschem Recht §§ 718 f. BGB i.V.m. § 1 Abs. 4 PartGG). Es kann deshalb auch nur von den Gesellschaftern gemeinschaftlich oder, soweit ihre Rechtsfähigkeit anerkannt ist, von der Gesellschaft als solcher geltend gemacht werden. […] Natürliche Personen, die Geschäfts- oder Amtsräume nutzen, ohne selbst Geschäftsinhaber oder Dienstherr zu sein, sind in Bezug auf Art. 13 Abs. 1 GG nur dann beschwerdebefugt, wenn die genutzten Räume auch als individueller Rückzugsbereich fungieren und sie deshalb der persönlichen beziehungsweise räumlichen Privatsphäre der natürlichen Person zuzuordnen sind (vgl. BVerfGE 103, 142 <150>; BVerfG, Beschluss der 3. Kammer des Zweiten Senats vom 12. Februar 2004 - 2 BvR 1687/02 -, juris, Rn. 13; Beschluss der 3. Kammer des Zweiten Senats vom 16. April 2015 - 2 BvR 2279/13 -, juris, Rn. 14; [Quellenangaben]).“.

[1081] Vgl. BVerfGE 32, 54, Ls. 1, 69-72 (Betriebsbetretungsrecht) = BVerfG, Beschluss des Ersten Senats vom 13.10.1971 – 1 BvR 280/66, Ls. 1: „Der Begriff ‚**Wohnung**‘ in Art. 13 Abs. 1 GG ist weit auszulegen; er umfaßt auch **Arbeits-, Betriebs- und Geschäftsräume**.“; BVerfG, Beschluss der 3. Kammer des Ersten Senats vom 10.04.2008 – 1 BvR 848/08 –, Rn. 12: „Die Weite des Wohnungsbegriffs in Art. 13 Abs. 1 GG hat zur Folge, dass an die Zulässigkeit von Eingriffen und Beschränkungen im Sinne des Art. 13 Abs. 1 GG je nach der Nähe der Örtlichkeiten zur räumlichen Privatsphäre unterschiedlich hohe Anforderungen gestellt werden. Während bei Räumen, in denen sich das Privatleben im engeren Sinn abspielt, das Schutzbedürfnis am größten ist und der Schutzzweck des Grundrechts daher in vollem Umfang durchgreift, wird das Schutzbedürfnis bei reinen Betriebs-, Geschäfts- oder Arbeitsräumen durch den Zweck gemindert, den sie nach dem Willen des Inhabers besitzen. Je größer ihre Offenheit nach außen ist und je mehr sie zur Aufnahme sozialer Kontakte für Dritte bestimmt sind, desto schwä-

b) GR-E (oder Nichteingriff/GR-Verzicht): **Persönlichkeitsentfaltungseinschränkung** als **Wohnungseinschränkung**, allgemein durch körperliches Eindringen, technische Infiltration sowie grundsätzlich sonstige Behinderungen, Einschränkungen des Wohnens.

c) GR-B: Art. 13 Abs. 2-7 GG, Art. 17a Abs. 2 GG (qualifizierter Gesetzesvorbehalt; verfassungsunmittelbare Einschränkungen).

Art. 13 Abs. 2-7 GG: „Im Übrigen" können – insbesondere bei Fehlen von verfassungsmäßigen einfachgesetzlichen Konkretisierungen von Art. 13 Abs. 2-7 GG – Art. 13 Abs. 2-7 GG alternativ direkt anwendbare Rechtsgrundlagen mit Rechtmäßigkeitsvoraussetzungen bilden.

2. Allgemeines Persönlichkeitsgrundrecht[1082] mit verschiedenen Ausprägungen[1083], etwa in der Ausprägung des **Rechts auf informationelle Selbstbestimmung** (APR/RiS), Art. 2 Abs. 1 i.V.m. Art. 1 Abs. 1[1084] GG, vgl. auch Art. 142 GG i.V.m. Art. 4 Abs. 1, 2 Verfassung NRW[1085].

---

cher wird der grundrechtliche Schutz (vgl. BVerfGE 32, 54 <75 f.>; 97, 228 <266>). **Rechte zum Betreten von Betriebsräumen** verstoßen daher dann nicht gegen Art. 13 Abs. 1 GG, wenn sie auf einer besonderen gesetzlichen Grundlage beruhen, das Betreten einem erlaubten Zweck dient und für dessen Erreichung erforderlich ist, das Gesetz Zweck, Gegenstand und Umfang des Betretens erkennen lässt und das Betreten auf Zeiten beschränkt wird, in denen die Räume normalerweise für die betriebliche Nutzung zur Verfügung stehen (vgl. BVerfGE 97, 228 <266>; BVerfG, Beschluss der 3. Kammer des Ersten Senats vom 15. März 2007 - 1 BvR 2138/05 -, EuGRZ 2007, S. 486 <488 f.>).". Vgl. auch § 41 Abs. 1 S. 2 PolG NRW; vgl. auch Nr. 40.03. VVPolG NRW: „Für die **Durchsuchung von Sachen im befriedeten Besitztum** gelten die §§ 41 und 42."; Nr. 41.13 VVPolG NRW: „Die Durchsuchung einer Wohnung hat sich auf Anlass und Zweck der Durchsuchung zu beschränken. Befinden sich in der Wohnung Personen, die durchsucht werden sollen, ist hierfür § 39 maßgebend. Sollen in einer Wohnung Sachen durchsucht werden, die nicht den Wohnungsinhabern gehören, ist § 40 einschlägig."; vgl. auch Nr. 40.12 VVPolG NRW: „Sollen bewegliche Sachen, die Wohnungen sind (vgl. RdNr. 41.11), betreten oder durchsucht werden, richten sich die Maßnahmen nach § 41.", vgl. auch Nr. 41.11 VVPolG NRW: „Es ist zu beachten: **Wohnungen** i.S.d. § 41 Abs. 1 Satz 2 sind auch die zu Wohnzwecken genutzten beweglichen Sachen wie Schiffe, Wohnwagen, Wohnmobile und Zelte. **Inhaber einer Wohnung** ist, wer rechtmäßig die tatsächliche Gewalt über die Räumlichkeit ausübt, somit z.B. auch Mieter, Untermieter oder Hotelgast. Bei Gemeinschaftsunterkünften, Internaten und Obdachlosenasylen sind nur die Leiterinnen und Leiter Inhaber. Die **Befugnis zum Betreten einer Wohnung** schließt die Befugnis ein, von Personen, Sachen und Zuständen, die ohne weiteres wahrgenommen werden können, **Kenntnis** zu nehmen. Soweit es für die Erfüllung der polizeilichen Aufgaben erforderlich ist, umfasst das **Betretungsrecht** bei Grundstücken auch das **Recht zum Befahren mit Fahrzeugen**.", vgl. auch Nr. 41.13 VVPolG NRW: „Die Durchsuchung einer Wohnung hat sich auf Anlass und Zweck der Durchsuchung zu beschränken. Befinden sich in der Wohnung Personen, die durchsucht werden sollen, ist hierfür § 39 maßgebend. Sollen in einer Wohnung Sachen durchsucht werden, die nicht den Wohnungsinhabern gehören, ist § 40 einschlägig.".

1082 BVerfGE 147, 1, 18 f. (**Geschlechtsidentität**) = BVerfG, Beschluss des Ersten Senats vom 10.10.2017 – 1 BvR 2019/16 –, Rn. 38: „Art. 2 Abs. 1 GG gewährt jedem das **Recht auf die freie Entfaltung seiner Persönlichkeit**. Dieses Grundrecht umfasst neben der allgemeinen Handlungsfreiheit das **allgemeine Persönlichkeitsrecht** (Art. 2 Abs. 1 i.V.m. Art. 1 Abs. 1 GG). Letzteres ergänzt als ‚unbenanntes' Freiheitsrecht die speziellen (‚benannten') Freiheitsrechte, die ebenfalls konstituierende Elemente der Persönlichkeit schützen (vgl. BVerfGE 54, 148 <153>). Eine der **Aufgaben des allgemeinen Persönlichkeitsrechts** ist es dabei, Grundbedingungen dafür zu sichern, dass die einzelne Person ihre Individualität selbstbestimmt entwickeln und wahren kann (vgl. BVerfGE 35, 202 <220>; 79, 256 <268>; 90, 263 <270>; 117, 202 <225>). Das allgemeine Persönlichkeitsrecht schützt indessen nur solche **Elemente der Persönlichkeitsentfaltung**, die - ohne bereits Gegenstand der besonderen Freiheitsgarantien des Grundgesetzes zu sein - diesen in ihrer konstituierenden Bedeutung für die Persönlichkeit nicht nachstehen (vgl. BVerfGE 79, 256 <268>; 99, 185 <193>; 120, 274 <303>; stRspr). Es verbürgt also nicht Schutz gegen alles, was die selbstbestimmte Persönlichkeitsentwicklung auf irgendeine Weise beeinträchtigen könnte; ohnehin vermag kein Mensch seine Individualität unabhängig von äußeren Gegebenheiten und Zugehörigkeiten zu entwickeln. Der lückenschließende Schutz des allgemeinen Persönlichkeitsrechts greift aber dann, wenn die selbstbestimmte Entwicklung und Wahrung der Persönlichkeit spezifisch gefährdet ist (BVerfGE 141, 186 <201 f. Rn. 32>).".

BVerfG, Beschluss des Ersten Senats vom 06.11.2019 – 1 BvR 16/13 – (Recht auf Vergessen I), Rn. 81: „Diese [**APR-]Rechtsprechung** hat sich maßgeblich in Konstellationen der mittelbaren Drittwirkung und geleitet von dem Erfordernis praktischer Konkordanz entwickelt. Deshalb bestimmen sich die Schutzdimensionen des allgemeinen Persönlichkeitsrechts letztlich immer einzelfallbezogen im Abgleich mit den Grundrechten Dritter. Die Bestimmung seiner Schutzwirkungen und die Abwägung mit den gegenüberstehenden Freiheitsrechten greifen hier Hand in Hand. Der Schutz des allgemeinen Persönlichkeitsrechts ist insoweit flexibel und durch die Einbindung der Person in ihre sozialen Beziehungen relativiert (vgl. BVerfGE 101, 361 <380>; 141, 186 <202 Rn. 32>; 147, 1 <19 Rn. 38>; stRspr; siehe auch BGHZ 183, 353 <357 Rn. 11>; 209, 139 <150 Rn. 30>; 219, 233 <240 Rn. 22>; stRspr).".

Vgl. „**Allgemeines Persönlichkeitsrecht**" (APR) als „sonstiges Recht" (sog. **Rahmenrecht** mit [grundrechts-]abwägungsoffenem Tatbestand) nach § 823 Abs. 1 Var. 6 BGB, u.a. mit Geldentschädigungsanspruch, insbesondere durch ständige Rechtsprechung (vgl. auch § 253 BGB) seit folgender Entwicklung: BGHZ 13, 334 (Leserbrief), mit erstmaliger ausdrücklicher Anerkennung des allgemeinen Persönlichkeitsrechts; BGHZ 26, 349 (Herrenreiter), mit erstmaliger Zuerkennung einer Geldentschädigung wegen des immateriellen Schadens durch die Verletzung des allgemeinen Persönlichkeitsrechts; BGHZ 35, 363 (Ginsengwurzel), mit erstmaliger Schwerpunktsetzung bei der Menschenwürde in der Begründung; BVerfGE 34, 269 (Soraya), mit verfassungsgerichtlicher Erklärung der verfassungsrechtlichen Zulässigkeit der richterrechtlich entwickelten APR-Konstruktion.

[1083] BVerfG, Beschluss des Ersten Senats vom 06.11.2019 – 1 BvR 16/13 – (Recht auf Vergessen I), Rn. 80: „Die Rechtsprechung hat aus dem [**Allgemeinen Persönlichkeits-]Grundrecht** insoweit verschiedene **Schutzdimensionen** abgeleitet wie den **Schutz eines unantastbaren Bereichs privater Lebensgestaltung**, die Garantie der **Privatsphäre**, das **Recht am eigenen Bild** oder **gesprochenen Wort** oder das **Recht auf die Darstellung der eigenen Person**, die **soziale Anerkennung** sowie die **persönliche Ehre** (vgl. BVerfGE 27, 1 <6>; 27, 344 <350 f.>; 32, 373 <379>; 34, 238 <245 f.>; 47, 46 <73>; 54, 148 <153 f.>; 99, 185 <193 f.>; 101, 361 <384>; 106, 28 <39>; 114, 339 <346>; 120, 180 <198>)." „Diese Schutzgehalte werden insoweit aber nicht als abschließend umschriebene und voneinander abzugrenzende Gewährleistungen verstanden, sondern als Ausprägungen, die in Blick auf den konkreten Schutzbedarf jeweils anhand des zu entscheidenden Falles herauszuarbeiten sind (vgl. BVerfGE 54, 148 <153 f.>; 65, 1 <41>).".

BVerfGE 65, 1 (Volkszählungsgesetz), Ls. 1 = BVerfG, Urteil des Ersten Senats vom 15.12.1983 – 1 BvR 209/83, Ls. 1: „Unter den Bedingungen der modernen Datenverarbeitung wird der Schutz des Einzelnen gegen unbegrenzte Erhebung, Speicherung, Verwendung und Weitergabe seiner persönlichen Daten von dem **allgemeinen Persönlichkeitsrecht** des Art. 2 Abs. 1 GG in Verbindung mit Art. 1 Abs. 1 GG umfaßt. Das [**Allgemeine Persönlichkeits-]Grundrecht** gewährleistet insoweit die Befugnis des Einzelnen, grundsätzlich selbst über die Preisgabe und Verwendung seiner persönlichen Daten zu bestimmen."; BVerfG, Beschluss des Ersten Senats vom 06.11.2019 – 1 BvR 16/13 – (Recht auf Vergessen I), Rn. 80: „Das **Recht auf informationelle Selbstbestimmung** ist von der Rechtsprechung als eigene Ausprägung des allgemeinen Persönlichkeitsrechts mit einem gegenüber den anderen Ausprägungen selbständigen Gewährleistungsgehalt entwickelt worden und behält diesen auch, soweit es als verfassungsrechtliche Wertentscheidung in das Zivilrecht einstrahlt. Dementsprechend enthält es keinen gesamthaften Schutzanspruch hinsichtlich jederlei Umgangs mit Informationen, der die übrigen Schutzdimensionen des Grundrechts allgemein übergreifen und zusammenführen würde, sondern lässt deren Wertungen und Abwägungsregeln unberührt."; BVerfGE 120, 274, 311 f. (Online-Durchsuchung) = BVerfG, Urteil des Ersten Senats vom 27.02.2008 – 1 BvR 370/07 –, Rn. 198 f. „Das **Recht auf informationelle Selbstbestimmung** geht über den **Schutz der Privatsphäre** hinaus. Es gibt dem Einzelnen die Befugnis, grundsätzlich selbst über die Preisgabe und Verwendung seiner persönlichen Daten zu bestimmen (vgl. BVerfGE 65, 1 <43>; 84, 192 <194>). Es flankiert und erweitert den grundrechtlichen Schutz von Verhaltensfreiheit und Privatheit, indem es ihn schon auf der Stufe der Persönlichkeitsgefährdung beginnen lässt. Eine derartige Gefährdungslage kann bereits im Vorfeld konkreter Bedrohun-

gen benennbarer Rechtsgüter entstehen, insbesondere wenn personenbezogene Informationen in einer Art und Weise genutzt und verknüpft werden können, die der Betroffene weder überschauen noch verhindern kann. Der Schutzumfang des **Rechts auf informationelle Selbstbestimmung** beschränkt sich dabei nicht auf Informationen, die bereits ihrer Art nach sensibel sind und schon deshalb grundrechtlich geschützt werden. Auch der Umgang mit personenbezogenen Daten, die für sich genommen nur geringen Informationsgehalt haben, kann, je nach dem Ziel des Zugriffs und den bestehenden Verarbeitungs- und Verknüpfungsmöglichkeiten, grundrechtserhebliche Auswirkungen auf die Privatheit und Verhaltensfreiheit des Betroffenen haben (vgl. BVerfG, Beschluss vom 13. Juni 2007 - 1 BvR 1550/03 u.a. -, NJW 2007, S. 2464 <2466>). Die mit dem Recht auf informationelle Selbstbestimmung abzuwehrenden Persönlichkeitsgefährdungen ergeben sich aus den vielfältigen Möglichkeiten des Staates und gegebenenfalls auch privater Akteure (vgl. BVerfG, Beschluss der 1. Kammer des Ersten Senats vom 23. Oktober 2006 - 1 BvR 2027/02 -, JZ 2007, S. 576) zur Erhebung, Verarbeitung und Nutzung personenbezogener Daten. Vor allem mittels elektronischer Datenverarbeitung können aus solchen Informationen weitere Informationen erzeugt und so Schlüsse gezogen werden, die sowohl die grundrechtlich geschützten Geheimhaltungsinteressen des Betroffenen beeinträchtigen als auch Eingriffe in seine Verhaltensfreiheit mit sich bringen können (vgl. BVerfGE 65, 1 <42>; 113, 29 <45 f.>; 115, 320 <342>; BVerfG, Beschluss vom 13. Juni 2007 - 1 BvR 1550/03 u.a. -, NJW 2007, S. 2464 <2466>).".

BVerfGE 109, 279, 325-327 (akustische Wohnraumüberwachung / „Großer Lauschangriff") = BVerfG, Urteil des Ersten Senats vom 03.03.2004 – 1 BvR 2378/98, 1084/99 –, Rn. 159-163: „Das aus Art. 2 Abs. 1 in Verbindung mit Art. 1 Abs. 1 GG folgende **allgemeine Persönlichkeitsrecht** kommt neben Art. 13 Abs. 1 GG allerdings nicht zur Anwendung, soweit Eingriffe in die **räumliche Privatsphäre des Wohnungsinhabers** zu überprüfen sind. Art. 13 Abs. 1 GG enthält eine spezielle Gewährleistung des **Schutzes vor staatlicher akustischer Überwachung der räumlichen Privatsphäre**, die die allgemeinere Vorschrift insoweit verdrängt (vgl. BVerfGE 100, 313 [358] zu Art. 10 GG). Mit dem **Recht, in der Wohnung ungestört zu sein**, und dem **Recht am eigenen in der Wohnung gesprochenen Wort** schützt Art. 13 Abs. 1 GG gerade den Teil der **Privatsphäre**, den sonst das allgemeine Persönlichkeitsrecht gewährleistet. Dieses Recht ergänzt als unbenanntes Freiheitsrecht die speziellen Freiheitsrechte, die ebenfalls konstituierende Elemente der Persönlichkeit schützen (vgl. BVerfGE 54, 148 <153 f.>), nur insoweit, als Letztere keinen Schutz gewähren. Der **Schutz des allgemeinen Persönlichkeitsrechts aus Art. 2 Abs. 1 in Verbindung mit Art. 1 Abs. 1 GG** greift hingegen ein, soweit von der Wohnraumüberwachung Personen betroffen werden, die sich nicht auf Art. 13 Abs. 1 GG berufen können. **Grundrechtsträger des Art. 13 Abs. 1 GG** ist jeder Inhaber oder Bewohner eines Wohnraums, unabhängig davon, auf welchen Rechtsverhältnissen die Nutzung des Wohnraums beruht. Bei mehreren Bewohnern einer Wohnung steht das Grundrecht jedem Einzelnen, bei Familien mithin jedem Familienmitglied zu. Maßnahmen der Wohnraumüberwachung können aber nicht nur **Wohnungsinhaber**, sondern auch **zufällig in einer Wohnung Anwesende** erfassen. Diese Personen sind zwar nicht in ihrem Grundrecht aus Art. 13 Abs. 1 GG, wohl aber in ihrem **allgemeinen Persönlichkeitsrecht** betroffen. Der Schutz aus Art. 2 Abs. 1 in Verbindung mit Art. 1 Abs. 1 GG kann insofern allerdings nicht weiter reichen als derjenige aus Art. 13 Abs. 1 und 3 GG. Der Schutz der **räumlichen Privatsphäre und des allgemeinen Persönlichkeitsrechts** kann schließlich in Einzelfällen durch weitere Grundrechtsgarantien ergänzt sein. So wird das **Gespräch zwischen Eheleuten in der eigenen Wohnung** nicht nur von Art. 13 Abs. 1 GG, sondern zusätzlich durch Art. 6 Abs. 1 GG geschützt. Auch in Bezug auf die **Kommunikation mit Berufsgeheimnisträgern** können neben dem grundrechtlichen **Schutz der räumlichen Privatsphäre** Grundrechte in Betracht kommen, die - wie etwa Art. 4 GG im Hinblick auf das Gespräch mit einem Geistlichen - der besonderen Schutzbedürftigkeit der Kommunizierenden Rechnung tragen.".

BVerfG, Beschluss des Ersten Senats vom 06.11.2019 – 1 BvR 16/13 – (Recht auf Vergessen I), Ls. 3 S. 1: „Von den **äußerungsrechtlichen Schutzdimensionen** ist das **Recht auf informationelle Selbstbestimmung** als eine eigene Ausprägung des allgemeinen Persönlichkeitsrechts zu unterscheiden." BVerfG, Beschluss des Ersten Senats vom 06.11.2019 – 1 BvR 16/13 – (Recht auf Vergessen I), Rn. 90: „Ausgehend von dem **Ziel des Rechts auf informationelle Selbstbestimmung**, Schutz vor Gefahren angesichts neuartiger Möglichkeiten der Datenverarbeitung zu gewähren (vgl. BVerfGE 65, 1 <42>), ist es primär als Gewährleistung zu verstehen, die – neben der ungewollten Preisgabe von Daten auch im Rahmen privater Rechtsbeziehungen (vgl. BVerfGE 84, 192 <194>) – insbesondere vor deren intranspa-

renter Verarbeitung und Nutzung durch Private schützt. Es bietet Schutz davor, dass Dritte sich individueller Daten bemächtigen und sie in nicht nachvollziehbarer Weise als Instrument nutzen, um die Betroffenen auf Eigenschaften, Typen oder Profile festzulegen, auf die sie keinen Einfluss haben und die dabei aber für die freie Entfaltung der Persönlichkeit sowie eine gleichberechtigte Teilhabe in der Gesellschaft von erheblicher Bedeutung sind. Der Gehalt dieses Rechts ist dabei entwicklungsoffen, so dass es auch weitere persönlichkeitsgefährdende Entwicklungen der Informationsverarbeitung aufnehmen kann.".

BVerfG, Beschluss des Ersten Senats vom 06.11.2019 – 1 BvR 16/13 – (Recht auf Vergessen I), Rn. 91: „[Vom Recht auf informationelle Selbstbestimmung] zu unterscheiden ist der **Schutz vor der Verarbeitung personenbezogener Berichte und Informationen als Ergebnis eines Kommunikationsprozesses**. Der Schutzbedarf gründet hier nicht in der intransparenten Zuweisung von Persönlichkeitsmerkmalen und -profilen durch Dritte, sondern in der sichtbaren Verbreitung bestimmter Informationen im öffentlichen Raum. Gefährdungen für die Persönlichkeitsentfaltung ergeben sich hier vornehmlich aus Form und Inhalt der Veröffentlichung selbst. Schutz gegenüber solchen Gefährdungen bieten die **äußerungsrechtlichen Ausprägungen des allgemeinen Persönlichkeitsrechts unabhängig vom Recht auf informationelle Selbstbestimmung**. Zwar kann es auch dabei maßgeblich auf die Art der Informationserlangung ankommen. Jedoch hat diese hier ihre Bedeutung als Vorfrage für die Beurteilung des weiteren Umgangs mit einer bestimmten Äußerung und des damit in die Öffentlichkeit gestellten Bildes einer Person selbst.".

BVerfG, Beschluss des Ersten Senats vom 06.11.2019 – 1 BvR 16/13 – (**Recht auf Vergessen** I), Ls. 2b): „Bei der Entscheidung über einen Schutzanspruch kommt der Zeit unter den Kommunikationsbedingungen des Internets ein spezifisches Gewicht zu. Die Rechtsordnung muss davor schützen, dass sich eine Person frühere Positionen, Äußerungen und Handlungen unbegrenzt vor der Öffentlichkeit vorhalten lassen muss. Erst die Ermöglichung eines Zurücktretens vergangener Sachverhalte eröffnet den Einzelnen die Chance zum Neubeginn in Freiheit. Zur Zeitlichkeit der Freiheit gehört die Möglichkeit des Vergessens.".

BVerfGE 120, 274, 311 (Online-Durchsuchung) = BVerfG, Urteil des Ersten Senats vom 27.02.2008 – 1 BvR 370/07 –, Rn. 197: „In seiner Ausprägung als **Schutz der Privatsphäre** [als **Privatangelegenheitenschutz** und **Rückzugsraumbereichsschutz** – beides **gegenüber der Öffentlichkeit**, vgl. **Sphärentheorie** mit **Intimsphäre, Privatsphäre, Sozialsphäre** und vgl. **Kernbereich privater Lebensgestaltung**] gewährleistet das allgemeine Persönlichkeitsrecht dem Einzelnen einen räumlich und thematisch bestimmten Bereich, der grundsätzlich frei von unerwünschter Einsichtnahme bleiben soll (vgl. BVerfGE 27, 344 <350 ff.>; 44, 353 <372 f.>; 90, 255 <260>; 101, 361 <382 f.>)."; BVerfGE 101, 361, 382-385 (Caroline von Monaco II) = BVerfG, Urteil vom 15.12.1999 – 1 BvR 653/96 –, Rn. 75-82: „Im Unterschied zum **Recht am eigenen Bild** bezieht sich der **Schutz der Privatsphäre**, der ebenfalls im **allgemeinen Persönlichkeitsrecht** wurzelt, nicht speziell auf Abbildungen, sondern ist **thematisch und räumlich** bestimmt. Er umfaßt zum einen **Angelegenheiten [Privatangelegenheitenschutz]**, die wegen ihres Informationsinhalts typischerweise als ‚**privat**' eingestuft werden, weil ihre **öffentliche** Erörterung oder Zurschaustellung als unschicklich gilt, das Bekanntwerden als peinlich empfunden wird oder nachteilige Reaktionen der Umwelt auslöst, wie es etwa bei Auseinandersetzungen mit sich selbst in **Tagebüchern** (BVerfGE 80, 367), bei **vertraulicher Kommunikation unter Eheleuten** (BVerfGE 27, 344), im Bereich der **Sexualität** (BVerfGE 47, 46; 49, 286 [BVerfGE 120, 224, 238 f. (Geschwisterbeischlaf) = BVerfGE, Beschluss des Zweiten Senats vom 26.02.2008 – 2 BvR 392/07 –, Rn. 32 f.: „Das allgemeine Persönlichkeitsrecht in seiner Ausprägung als **Recht auf sexuelle Selbstbestimmung**"/„**Intim- und Sexualbereich des Menschen als Teil seiner Privatsphäre**, P. B.]), bei **sozial abweichendem Verhalten** (BVerfGE 44, 353) oder bei **Krankheiten** (BVerfGE 32, 373) der Fall ist. Fehlte es hier an einem **Schutz vor der Kenntniserlangung anderer**, wären die Auseinandersetzung mit sich selbst, die unbefangene Kommunikation unter Nahestehenden, die sexuelle Entfaltung oder die Inanspruchnahme ärztlicher Hilfe beeinträchtigt oder unmöglich, obwohl es sich um grundrechtlich geschützte Verhaltensweisen handelt. Zum anderen erstreckt sich der Schutz auf einen **räumlichen Bereich [Raumbereichsschutz]**, in dem der Einzelne zu sich kommen, sich entspannen oder auch gehen lassen kann (vgl. BVerfGE 27, 1 [6]). Zwar bietet auch dieser Bereich Gelegenheit, sich in einer Weise zu verhalten, die nicht für die **Öffentlichkeit** bestimmt ist und deren Beobachtung oder Darstellung durch Außenstehende für den Betroffenen peinlich oder nachteilig wäre. Im Kern geht es aber um einen

Raum, in dem er die Möglichkeit hat, frei von **öffentlicher Beobachtung** und damit der von ihr erzwungenen Selbstkontrolle zu sein, auch ohne daß er sich dort notwendig anders verhielte als in der **Öffentlichkeit**. Bestünden solche **Rückzugsbereiche** nicht mehr, könnte der Einzelne psychisch überfordert sein, weil er unausgesetzt darauf achten müßte, wie er auf andere wirkt und ob er sich richtig verhält. Ihm fehlten die Phasen des Alleinseins und Ausgleichs, die für die Persönlichkeitsentfaltung notwendig sind und ohne die sie nachhaltig beeinträchtigt würde. Ein derartiges Schutzbedürfnis besteht auch bei Personen, die aufgrund ihres Ranges oder Ansehens, ihres Amtes oder Einflusses, ihrer Fähigkeiten oder Taten besondere **öffentliche** Beachtung finden. Wer, ob gewollt oder ungewollt, zur Person des **öffentlichen** Lebens geworden ist, verliert damit nicht sein Anrecht auf eine **Privatsphäre**, die den Blicken der **Öffentlichkeit** entzogen bleibt. Das gilt auch für demokratisch gewählte Amtsträger, die zwar für ihre Amtsführung **öffentlich** rechenschaftspflichtig sind und sich in diesem Umfang **öffentliche** Aufmerksamkeit gefallen lassen müssen, nicht aber für ihr **Privatleben**, sofern dieses die Amtsführung nicht berührt. Der **häusliche Bereich** [vgl. ggf. spezielleren Art. 13 GG i.V.m. BVerfGE 109, 279, 325 f.] stellt anerkanntermaßen eine solche geschützte Sphäre dar. Wegen des Bezugs auf die Entfaltung der Persönlichkeit darf der **Rückzugsbereich** jedoch nicht von vornherein auf ihn begrenzt werden. Das gilt schon deshalb, weil die Funktionen, denen er dient, nur erfüllt werden, wenn er nicht an den Hausmauern oder Grundstücksgrenzen endet. Die freie Entfaltung der Persönlichkeit wäre erheblich behindert, wenn der Einzelne nur im eigenen Haus der **öffentlichen** Neugier entgehen könnte. Die notwendige Erholung von einer durch Funktionszwänge und Medienpräsenz geprägten **Öffentlichkeit** ist vielfach nur in der **Abgeschiedenheit einer natürlichen Umgebung, etwa an einem Ferienort**, zu gewinnen. Deswegen muß der Einzelne grundsätzlich die Möglichkeit haben, sich auch in der freien, gleichwohl **abgeschiedenen Natur oder an Örtlichkeiten, die von der breiten Öffentlichkeit deutlich abgeschieden sind**, in einer von **öffentlicher** Beobachtung freien Weise zu bewegen. Das gilt gerade gegenüber solchen Aufnahmetechniken, die die **räumliche Abgeschiedenheit** überwinden, ohne daß der Betroffene dies bemerken kann. Wo die Grenzen der geschützten **Privatsphäre außerhalb des Hauses** verlaufen, läßt sich nicht generell und abstrakt festlegen. Sie können vielmehr nur aufgrund der jeweiligen Beschaffenheit des **Ortes** bestimmt werden, den der Betroffene aufsucht. Ausschlaggebend ist, ob der Einzelne eine **Situation** vorfindet oder schafft, in der er begründetermaßen und somit auch für Dritte erkennbar davon ausgehen darf, den Blicken der **Öffentlichkeit** nicht ausgesetzt zu sein. Ob die Voraussetzungen der **Abgeschiedenheit** erfüllt sind, läßt sich nur situativ beurteilen. Der Einzelne kann sich an ein und demselben **Ort** zu Zeiten mit gutem Grund unbeobachtet fühlen, zu anderen Zeiten nicht. Auch ist der Aufenthalt in umschlossenen **Räumen** keineswegs immer mit **Abgeschiedenheit** gleichzusetzen. Da es um die Frage geht, ob der Einzelne begründetermaßen erwarten darf, unbeobachtet zu sein, oder aber **Plätze** aufgesucht hat, wo er sich unter den Augen der **Öffentlichkeit** bewegt, kann es auch in umschlossenen Räumen an der **Abgeschiedenheit** fehlen, die Voraussetzung für den **Privatsphärenschutz** außerhalb der eigenen **Häuslichkeit** ist. **Plätzen, an denen sich der Einzelne unter vielen Menschen befindet**, fehlt es von vornherein an den Voraussetzungen des **Privatsphärenschutzes** im Sinn von Art. 2 Abs. 1 in Verbindung mit Art. 1 Abs. 1 GG. Sie können das **Rückzugsbedürfnis** nicht erfüllen und rechtfertigen deswegen auch nicht den grundrechtlichen Schutz, den dieses Bedürfnis aus Gründen der Persönlichkeitsentfaltung verdient. Der Einzelne kann solche **Orte** auch nicht etwa durch ein Verhalten, das typischerweise nicht **öffentlich** zur Schau gestellt würde, in seine **Privatsphäre** umdefinieren. Nicht sein Verhalten, ob allein oder mit anderen, konstituiert die **Privatsphäre**, sondern die **objektive Gegebenheit der Örtlichkeit zur fraglichen Zeit**. Verhält er sich daher an **Orten**, die nicht die Merkmale der **Abgeschiedenheit** aufweisen, so, als stünde er nicht unter Beobachtung, hebt er das **Schutzbedürfnis für Verhaltensweisen, die an sich die Öffentlichkeit nichts angehen**, selbst auf. Der **Schutz der Privatsphäre vor öffentlicher Kenntnisnahme** entfällt ferner, wenn sich jemand selbst damit einverstanden zeigt, daß bestimmte, gewöhnlich als privat geltende Angelegenheiten **öffentlich** gemacht werden, etwa indem er Exklusivverträge über die Berichterstattung aus seiner **Privatsphäre** abschließt. Der verfassungsrechtliche **Privatsphärenschutz** aus Art. 2 Abs. 1 in Verbindung mit Art. 1 Abs. 1 GG ist nicht im Interesse einer Kommerzialisierung der eigenen Person gewährleistet. Zwar ist niemand an einer solchen **Öffnung privater Bereiche** gehindert. Er kann sich dann aber nicht gleichzeitig auf den **öffentlichkeitsabgewandten Privatsphärenschutz** berufen. Die Erwartung, daß die Umwelt die **Angelegenheiten oder Verhaltensweisen in einem Bereich mit Rückzugsfunktion** nur begrenzt oder nicht zur Kenntnis nimmt, muß daher situationsübergreifend und konsistent zum Ausdruck gebracht werden. Das gilt auch für den Fall, daß der Entschluß, die Berichterstattung über bestimmte Vorgänge der eigenen **Privatsphäre** zu gestatten oder hinzunehmen, rückgängig gemacht wird.“.

BVerfGE 6, 32, 41 (Elfes) = BVerfG, Urteil vom des Ersten Senats vom 16.01.1957 – 1 BvR 253/56 –, Rn. 32 [vgl. **Recht auf Privatsphäre** als **Privatangelegenheitenschutz** und **Rückzugsraumbereichsschutz** – beides **gegenüber der Öffentlichkeit**, vgl. **Sphärentheorie** mit **Intimsphäre**, **Privatsphäre**, **Sozialsphäre**]: „Vor allem dürfen die Gesetze daher die Würde des Menschen nicht verletzen, die im Grundgesetz der oberste Wert ist, aber auch die geistige, politische und wirtschaftliche Freiheit des Menschen nicht so einschränken, daß sie in ihrem Wesensgehalt angetastet würde (Art. 19 Abs. 2, Art. 1 Abs. 3, Art. 2 Abs. 1 GG). Hieraus ergibt sich, daß dem einzelnen Bürger eine **Sphäre privater Lebensgestaltung** verfassungskräftig vorbehalten ist, also ein letzter **unantastbarer Bereich menschlicher Freiheit** besteht, der der Einwirkung der gesamten öffentlichen Gewalt entzogen ist. Ein Gesetz, das in ihn eingreifen würde, könnte nie Bestandteil der ‚verfassungsmäßigen Ordnung‘ sein; es müßte durch das Bundesverfassungsgericht für nichtig erklärt werden.“. BVerfGE 109, 279, Ls. 2 S. 1 (akustische Wohnraumüberwachung / „Großer Lauschangriff“) = BVerfG, Urteil des Ersten Senats vom 03.03.2004 – 1 BvR 2378/98, 1084/99 –, Ls. 2 S. 1: „Zur Unantastbarkeit der Menschenwürde gemäß Art. 1 Abs. 1 GG gehört die Anerkennung eines absolut geschützten **Kernbereichs privater Lebensgestaltung**.“. BVerfGE 141, 220, 276-278 (BKAG) = BVerfG, Urteil des Ersten Senats vom 20.04.2016 – 1 BvR 966/09 –, Rn. 119-124: „Neben den verfassungsrechtlichen Anforderungen an die allgemeinen Eingriffsvoraussetzungen ergeben sich aus den jeweiligen **Grundrechten in Verbindung mit Art. 1 Abs. 1 GG** für die Durchführung von besonders eingriffsintensiven Überwachungsmaßnahmen besondere Anforderungen an den **Schutz des Kernbereichs privater Lebensgestaltung**. Der verfassungsrechtliche **Schutz des Kernbereichs privater Lebensgestaltung** gewährleistet dem Individuum einen **Bereich höchstpersönlicher Privatheit gegenüber Überwachung**. Er wurzelt in den **von den jeweiligen Überwachungsmaßnahmen betroffenen Grundrechten in Verbindung mit Art. 1 Abs. 1 GG** und sichert einen dem Staat nicht verfügbaren Menschenwürdekern grundrechtlichen Schutzes gegenüber solchen Maßnahmen. Selbst überragende Interessen der Allgemeinheit können einen Eingriff in diesen **absolut geschützten Bereich privater Lebensgestaltung** nicht rechtfertigen (vgl. BVerfGE 109, 279 <313>; stRspr). Zur **Entfaltung der Persönlichkeit im Kernbereich privater Lebensgestaltung gehört die Möglichkeit**, **innere Vorgänge** wie Empfindungen und Gefühle sowie Überlegungen, Ansichten und Erlebnisse **höchstpersönlicher Art zum Ausdruck zu bringen** (vgl. BVerfGE 109, 279 <313>; 120, 274 <335>; stRspr). Geschützt ist insbesondere die **nichtöffentliche Kommunikation mit Personen des höchstpersönlichen Vertrauens, die in der berechtigten Annahme geführt wird, nicht überwacht zu werden**, wie es insbesondere bei Gesprächen im Bereich der Wohnung der Fall ist. Zu diesen Personen gehören insbesondere Ehe- oder Lebenspartner, Geschwister und Verwandte in gerader Linie, vor allem, wenn sie im selben Haushalt leben, und können Strafverteidiger, Ärzte, Geistliche und enge persönliche Freunde zählen (vgl. BVerfGE 109, 279 <321 ff.>). Dieser Kreis deckt sich nur teilweise mit dem der Zeugnisverweigerungsberechtigten. Solche Gespräche verlieren dabei nicht schon dadurch ihren Charakter als insgesamt höchstpersönlich, dass sich in ihnen Höchstpersönliches und Alltägliches vermischen (vgl. BVerfGE 109, 279 <330>; 113, 348 <391 f.>). Demgegenüber ist die **Kommunikation unmittelbar über Straftaten** nicht geschützt, selbst wenn sie auch Höchstpersönliches zum Gegenstand hat. Die **Besprechung und Planung von Straftaten** gehört ihrem Inhalt nach nicht zum **Kernbereich privater Lebensgestaltung**, sondern hat **Sozialbezug** (vgl. BVerfGE 80, 367 <375>; 109, 279 <319 f., 328>; 113, 348 <391>). Dies bedeutet freilich nicht, dass der Kernbereich unter einem allgemeinen Abwägungsvorbehalt in Bezug auf öffentliche Sicherheitsinteressen steht. Ein **höchstpersönliches Gespräch** fällt nicht schon dadurch aus dem **Kernbereich privater Lebensgestaltung** heraus, dass es für die Aufklärung von Straftaten oder Gefahren hilfreiche Aufschlüsse geben kann. Aufzeichnungen oder Äußerungen im Zwiegespräch, die zum Beispiel ausschließlich innere Eindrücke und Gefühle wiedergeben und keine Hinweise auf konkrete Straftaten enthalten, gewinnen nicht schon dadurch einen **Gemeinschaftsbezug**, dass sie Ursachen oder Beweggründe eines strafbaren Verhaltens freizulegen vermögen (vgl. BVerfGE 109, 279 <319>). Auch können trotz **Straftatenbezugs** Situationen, in denen Einzelnen gerade ermöglicht werden soll, ein Fehlverhalten einzugestehen oder sich auf dessen Folgen einzurichten, wie Beichtgespräche oder vertrauliche Gespräche mit einem Psychothera-

peuten oder einem Strafverteidiger, der **höchstpersönlichen Privatsphäre** unterfallen, die dem Staat absolut entzogen ist (vgl. BVerfGE 109, 279 <322>). Ein hinreichender **Sozialbezug** besteht demgegenüber dann, wenn **Gespräche - auch mit Vertrauenspersonen - sonst unmittelbar Straftaten zu ihrem Gegenstand haben** (vgl. BVerfGE 109, 279 <319>). Der **Kernbereich privater Lebensgestaltung** beansprucht gegenüber **allen Überwachungsmaßnahmen** Beachtung. Können sie typischerweise zur Erhebung kernbereichsrelevanter Daten führen, muss der Gesetzgeber Regelungen schaffen, die einen wirksamen Schutz normenklar gewährleisten (vgl. BVerfGE 109, 279 <318 f.>; 113, 348 <390 f.>; 120, 274 <335 ff.>). Außerhalb solch verletzungsgeneigter Befugnisse bedarf es eigener Regelungen nicht. Grenzen, die sich im Einzelfall auch hier gegenüber einem Zugriff auf höchstpersönliche Informationen ergeben können, sind bei deren Anwendung unmittelbar von Verfassungs wegen zu beachten. Der **Schutz des Kernbereichs privater Lebensgestaltung** ist strikt und darf nicht durch Abwägung mit den Sicherheitsinteressen nach Maßgabe des Verhältnismäßigkeitsgrundsatzes relativiert werden (vgl. BVerfGE 109, 279 <314>; 120, 273 <339>; stRspr). Dies bedeutet jedoch nicht, dass **jede tatsächliche Erfassung von höchstpersönlichen Informationen** stets einen Verfassungsverstoß oder eine Menschenwürdeverletzung begründet. Angesichts der Handlungs- und Prognoseunsicherheiten, unter denen Sicherheitsbehörden ihre Aufgaben wahrnehmen, kann ein **unbeabsichtigtes Eindringen in den Kernbereich privater Lebensgestaltung** im Rahmen von Überwachungsmaßnahmen nicht für jeden Fall von vornherein ausgeschlossen werden (vgl. BVerfGE 120, 274 <337 f.>). Die Verfassung verlangt jedoch **für die Ausgestaltung der Überwachungsbefugnisse** die **Achtung des Kernbereichs** als eine strikte, nicht frei durch Einzelfallerwägungen überwindbare Grenze.".

BVerfGE 120, 274 (Online-Durchsuchung) = BVerfG, Urteil des Ersten Senats vom 27.02.2008 – 1 BvR 370/07 –, Ls. 1: „Das **allgemeine Persönlichkeitsrecht** (Art. 2 Abs. 1 i.V.m. Art. 1 Abs. 1 GG) umfasst das Grundrecht auf **Gewährleistung der Vertraulichkeit und Integrität informationstechnischer Systeme**."; BVerfGE 120, 274, 314 (Online-Durchsuchung) = BVerfG, Urteil des Ersten Senats vom 27.02.2008 – 1 BvR 370/07 –, Rn. 203: „**informationstechnisches System**": „etwa Personalcomputer", „ferner beispielweise […] solche Mobiltelefone oder elektronische Terminkalender, die über einen großen Funktionsumfang verfügen und personenbezogene Daten vielfältiger Art erfassen und speichern können."; BVerfGE 120, 274, 276 (Online-Durchsuchung) = BVerfG, Urteil des Ersten Senats vom 27.02.2008 – 1 BvR 370/07 –, Rn. 5: „**heimlicher Zugriff auf ein informationstechnisches System**": „[heimliche] technische Infiltration […], die etwa Sicherheitslücken des Zielsystems ausnutzt oder über die Installation eines Spähprogramms erfolgt", wobei die Infiltration es ermöglicht, die Zielsystem-„Nutzung zu überwachen oder die Speichermedien durchzusehen oder gar das Zielsystem fernzusteuern.".

BVerfGE 147, 1 (**Geschlechtsidentität**) = BVerfG, Beschluss des Ersten Senats vom 10.10.2017 – 1 BvR 2019/16 –, Ls. 1-3: „1. Das **allgemeine Persönlichkeitsrecht** (Art. 2 Abs. 1 i.V.m. Art. 1 Abs. 1 GG) schützt die **geschlechtliche Identität**. Es schützt auch die geschlechtliche Identität derjenigen, die sich dauerhaft weder dem männlichen noch dem weiblichen Geschlecht zuordnen lassen. 2. Art. 3 Abs. 3 Satz 1 GG schützt auch Menschen, die sich dauerhaft weder dem männlichen noch dem weiblichen Geschlecht zuordnen lassen, vor **Diskriminierungen wegen ihres Geschlechts**. 3. Personen, die sich dauerhaft weder dem männlichen noch dem weiblichen Geschlecht zuordnen lassen, werden in beiden Grundrechten verletzt, wenn das Personenstandsrecht dazu zwingt, das Geschlecht zu registrieren, aber keinen anderen positiven Geschlechtseintrag als weiblich oder männlich zulässt.".

BVerfG, Urteil des Zweiten Senats vom 26.02.2020 – 2 BvR 2347/15 –, Ls. 1: „a) Das **allgemeine Persönlichkeitsrecht** (Art. 2 Abs. 1 i.V.m. Art. 1 Abs. 1 GG) umfasst als Ausdruck persönlicher Autonomie ein **Recht auf selbstbestimmtes Sterben**. b) Das **Recht auf selbstbestimmtes Sterben** schließt die Freiheit ein, sich das Leben zu nehmen [Rn. 208: „**Recht auf Selbsttötung**"]. Die Entscheidung des Einzelnen, seinem Leben entsprechend seinem Verständnis von Lebensqualität und Sinnhaftigkeit der eigenen Existenz ein Ende zu setzen, ist im Ausgangspunkt als Akt autonomer Selbstbestimmung von Staat und Gesellschaft zu respektieren. c) Die **Freiheit, sich das Leben zu nehmen**, umfasst auch die Freiheit, hierfür bei Dritten Hilfe zu suchen und Hilfe, soweit sie angeboten wird, in Anspruch zu nehmen.".

1084 Zum sog. „**Menschenwürdegehalt**" der Grundrechte: *Basten*, Die Menschenwürde des Grundgesetzes.

1085 Vgl. auch Art. 142 GG i.V.m. Art. 4 Abs. 2 Verfassung NRW; Art. 8 EU-GR-Charta; Art. 16 AEUV; Art. 8 EMRK.

a) GR-SB:

aa) Persönlicher GR-SB: „Jeder".

bb) Sachlicher GR-SB: **„freie Entfaltung der Persönlichkeit"** als **„Datenfreiheit"** (Grundsätzliche Bestimmungsbefugnis des Einzelnen über Preisgabe und Verwendung eigener personenbezogener Daten[1086]), vgl. **personenbezogenes Datum**: § 36 Nr. 1 DSG NRW[1087].

b) GR-E (oder Nichteingriff/**Einwilligung** i.S.v. § 36 Nr. 19 DSG NRW, § 38 DSG NRW): **Persönlichkeitsentfaltungseinschränkung** als Datenfreiheitseinschränkung, durch Wohnungsdurchsuchung als **Datenverarbeitungs**-Maßnahme[1088] **Datenerhebung** i.S.d. § 36 Nr. 2 DSG NRW.

c) GR-B: Art. 2 Abs. 1 Hs. 2 GG[1089].

1086 BVerfGE 65, 1, Ls. 1 S. 2 (Volkszählungsgesetz) = BVerfG, Urteil des Ersten Senats vom 15.12.1983 – 1 BvR 209/83, Ls. 1 S. 2 (Ls. 1: „Unter den Bedingungen der modernen Datenverarbeitung wird der Schutz des Einzelnen gegen unbegrenzte Erhebung, Speicherung, Verwendung und Weitergabe seiner persönlichen Daten von dem allgemeinen Persönlichkeitsrecht des Art. 2 Abs. 1 GG in Verbindung mit Art. 1 Abs. 1 GG umfaßt. Das Grundrecht gewährleistet insoweit die Befugnis des Einzelnen, grundsätzlich selbst über die Preisgabe und Verwendung seiner persönlichen Daten zu bestimmen.").

1087 BVerfG, Beschluss der 3. Kammer des Zweiten Senats vom 27.06.2018 – 2 BvR 1562/17 (auf § 103 StPO gestützte Anordnung der Durchsuchung der Räumlichkeiten des Münchener Kanzleistandorts der Rechtsanwaltskanzlei Jones Day sowie Sicherstellung von Unterlagen und elektronischen Daten im Zuge des sogenannten „VW-Dieselskandals" – Verfassungsbeschwerde nicht zur Entscheidung angenommen wegen Unzulässigkeit aufgrund Nichterfüllung von Voraussetzungen nach § 93a Abs. 2 BVerfGG), Gründe, V., Rn. 44: „Der Begriff der persönlichen Daten deckt sich mit der Legaldefinition personenbezogener Daten in § 46 Nr. 1 BDSG (zuvor § 3 Abs. 1 BDSG) und erfasst alle Informationen, die sich auf eine identifizierte oder identifizierbare natürliche Person (betroffene Person) beziehen (vgl. noch zu § 3 Abs. 1 BDSG ‚Einzelangaben über persönliche oder sachliche Verhältnisse einer bestimmten oder bestimmbaren Person' Di Fabio, in: Maunz/Dürig, GG, Art. 2 Abs.1, Rn. 175 [Juli 2001]).".

1088 BVerfG, Urteil des Ersten Senats vom 19.05.2020 – 1 BvR 2835/17 – (Ausland-Ausland-Fernmeldeaufklärung nach BNDG), E. III. 1., Rn. 212: „Die **Übermittlung personenbezogener Daten**, mit der eine Behörde die von ihr erhobenen Daten einer anderen Stelle zugänglich macht, begründet einen eigenen Grundrechtseingriff (vgl. BVerfGE 100, 313 <367>; 141, 220 <334 Rn. 305>; stRspr). Dieser ist an dem **Grundrecht** zu messen, **in das bei der ursprünglichen Datenerhebung eingegriffen wurde** (vgl. BVerfGE 100, 313 <367>; 141, 220 <334 Rn. 305>; stRspr).".

1089 Art. 2 Abs. 1 Hs. 2 GG (**Schrankentrias**): BVerfGE 80, 137, 153 (Reiten im Walde) = BVerfG, Beschluss des Ersten Senats vom 06.06.1989 – 1 BvR 921/85 –, C. I. 1 a), Rn. 69: „Abgesehen von einem absolut geschützten Kernbereich privater Lebensgestaltung, welcher der Einwirkung der öffentlichen Gewalt entzogen ist (BVerfGE 6, 32 [41]), ist die allgemeine Handlungsfreiheit allerdings nur in den **Schranken** des zweiten Halbsatzes von Art. 2 Abs. 1 GG gewährleistet und steht damit insbesondere unter dem **Vorbehalt der verfassungsmäßigen (Rechts-)Ordnung** (BVerfGE 6, 32 [37 f.]; 74, 129 [152]). Stützt sich ein die Handlungsfreiheit berührender Akt der öffentlichen Gewalt auf eine Rechtsnorm, so kann mit der Verfassungsbeschwerde unter Berufung auf Art. 2 Abs. 1 GG zur Nachprüfung gestellt werden, ob diese Norm zur **verfassungsmäßigen Ordnung** gehört, das heißt formell und materiell mit den Normen der Verfassung in Einklang steht (st. Rspr. seit BVerfGE 6, 32)."; BVerfGE 6, 32, Ls. 3 (Elfes) = BVerfG, Urteil des Ersten Senats vom 16.01.1957 – 1 BvR 253/56, Ls. 3: **„Verfassungsmäßige Ordnung** im Sinne des Art. 2 Abs. 1 GG ist die verfassungsmäßige Rechtsordnung, d.h. die Gesamtheit der Normen, die formell und materiell der Verfassung gemäß sind."; vgl. dazu auch BVerfGE 6, 32, 37-41 (Elfes) = BVerfG, Urteil des Ersten Senats vom 16.01.1957 – 1 BvR 253/56, Gründe II. 2 b), c), Rn. 17-33.

Rechte anderer sind (als Teil der verfassungsmäßigen Ordnung) subjektive Berechtigungen (Anspruch oder Befugnis oder Erlaubnis) einschließlich Verpflichtungen (Pflicht zur Erfüllung von Anspruch oder

Ggf. durch Begleitverfügungen betroffenes Grundrecht:

3. Körperliche Bewegungsfreiheit, Art. 2 Abs. 2 S. 2 GG[1090]

a) GR-SB:

aa) Persönlicher GR-SB: „**Person**", vgl. § 1 BGB.

bb) Sachlicher GR-SB: „Freiheit" ist **körperliche Bewegungsfreiheit** als Freiheit, jeden Ort oder Raum aufzusuchen, sich dort aufzuhalten, (ihn zu verlassen), der an sich (tatsächlich und rechtlich) zugänglich ist.

b) GR-E (oder Nichteingriff/GR-Verzicht): Freiheitsentziehung oder sonstige Freiheitsbeschränkung, insbesondere Freiheitsbeschränkung durch Bewegungsverfügung, Anhalten oder Festhalten im Rahmen der Durchsuchung.

(Sonstige) **Freiheitsbeschränkung** liegt vor, wenn jemand durch die öffentliche Gewalt gegen seinen Willen daran gehindert wird, einen Ort oder Raum aufzusuchen oder sich dort aufzuhalten, der ihm an sich (tatsächlich und rechtlich) zugänglich ist. Eine **Freiheitsentziehung** als schwerste Form der Freiheitsbeschränkung ist dann gegeben, wenn die tatsächlich und rechtlich an sich gegebene körperliche Bewegungsfreiheit durch staatliche Maßnahmen nach jeder Richtung hin aufgehoben wird[1091]; Freiheitsentziehung setzt auch eine besondere Eingriffsintensität und eine nicht nur kurzfristige Dauer der Maßnahme voraus[1092]. Im Übrigen kann eine Abgrenzung zwischen Freiheitsentziehung und sonstiger Freiheitsbeschränkung auch erfolgen nach Art, Dauer, Intensität, Mittel, Zweck der Freiheitsbeschränkung.[1093]

Befugnis oder Erlaubnis) und sonstiger Rechtswirkungen für ein Rechtssubjekt bezüglich eines Verhaltens oder eines Rechtsguts.

Vgl. zum ein Mal bundesverfassungsgerichtlich entscheidungserheblich bemühten „**Sittengesetz**" nach Art. 2 Abs. 1 Hs. 2 GG als Gesetz, das nicht das durch die „soziale Gemeinschaft" „als für sich verbindlich" anerkannte „Rechtsgefühl" „im allgemeinen" „verletzt": BVerfGE 6, 389 (Homosexuelle) = BVerfG, Urteil des Ersten Senats vom 10.05.1957 – 1 BvR 550/52 –, und StrRehaHomG (Gesetz zur strafrechtlichen Rehabilitierung der nach dem 8. Mai 1945 wegen einvernehmlicher homosexueller Handlungen verurteilten Personen vom 17. Juli 2017 – BGBl. I S. 2443).

1090 Vgl. auch Art. 142 GG i.V.m. Art. 4 Abs. 1 Verfassung NRW; Art. 20 Abs. 2a und Art. 21 AEUV i.V.m. Art. 6, 45 EU-GR-Charta (**Bewegungsfreiheit**, **Freizügigkeit**, **Aufenthaltsfreiheit**); Art. 5 EMRK; Art. 2 Protokoll Nr. 4 EMRK; Art. 21 AEUV (**Unionsbürgerfreizügigkeit**, zum **Unionsbürger** vgl. Art. 9 S. 2, 3 EUV, Art. 20 Abs. 1 S. 2, 3 AEUV); Art. 45 AEUV (**Arbeitnehmerfreizügigkeit**); Art. 49 AEUV (**Niederlassungsfreiheit**); Art. 56 AEUV (**Dienstleistungsfreiheit**); vgl. auch Art. 28 AEUV (**Warenverkehrsfreiheit**); Art. 9 Abs. 1 S. 1 IPbpR („Jedermann hat ein Recht auf persönliche Freiheit und Sicherheit."); Art. 9-11 IPbpR (Freiheitsentziehungsbedingungen), Art. 12 IPbpR (Bewegung, Wohnsitzwahl, Ausreise, Einreise in Hoheitsgebiet eines Staates, vgl. „Freizügigkeit"), Art. 13 IPbpR (Ausländerausweisungsbedingungen).

1091 BVerfG, Beschluss der 1. Kammer des Ersten Senats vom 08.03.2011 – 1 BvR 47/05 –, Rn. 20, vgl. BVerfGE 94, 166, 198 (Flughafenverfahren) = BVerfGE, Urteil des Zweiten Senats vom 14.05.1996 – 2 BvR 1516/93.

1092 BVerfGE 149, 293 (5-Punkt-Fixierung/7-Punkt-Fixierung) = BVerfG, Urteil des Zweiten Senats vom 24.07.2018 – 2 BvR 309/15 -, D. II. 2. a), Rn. 67, vgl. dazu auch BVerfGE 149, 293 (5-Punkt-Fixierung/7-Punkt-Fixierung) = BVerfG, Urteil des Zweiten Senats vom 24.07.2018 – 2 BvR 309/15 –, D. II. 2. b): „Jedenfalls eine **5-Punkt- oder 7-Punkt-Fixierung**, bei der sämtliche Gliedmaßen des Betroffenen mit Gurten am Bett festgebunden werden, stellt eine Freiheitsentziehung im Sinne von Art. 104 Abs. 2 GG dar, es sei denn, es handelt sich um eine lediglich **kurzfristige Maßnahme**. Von einer kurzfristigen Maßnahme ist in der Regel auszugehen, wenn sie absehbar die Dauer von ungefähr einer halben Stunde unterschreitet.".

1093 Vgl. auch insbesondere zu Art, Intensität, Mittel: § 415 Abs. 2 FamFG und §§ 37a, 62 PolG NRW.

c) GR-B: Art. 2 Abs. 2 S. 3 i.V.m. Art. 104 GG.

Ggf. vertretbar wegen Unverfügbarkeit von Eigentum durch die Durchsuchung:

4. Eigentum, Art. 14 Abs. 1 S. 1 Alt. 1 GG[1094]

a) GR-SB:

aa) Persönlicher GR-SB: Alle Menschen (personen- und staatsangehörigkeitsunabhängiger Wortlaut);

bb) Sachlicher GR-SB: „**Eigentum**" ist Summe aller vermögenswerten Rechte, also jedenfalls auch der berechtigte Besitz und die berechtigte Nutzung[1095].[1096]

[1094] Vgl. auch Art. 142 GG i.V.m. Art. 4 Abs. 1 Verfassung NRW; Art. 17 EU-GR-Charta; Art. 1 Zusatzprotokoll EMRK.

[1095] BVerfGE 95, 267, 300 (Altschulden) = BVerfG, Urteil des Ersten Senats vom 08.04.1997 – 1 BvR 48/94 –, C. I. 1., Rn. 130 f.: „Unter den Schutz der Eigentumsgarantie fallen grundsätzlich alle vermögenswerten Rechte, die dem Berechtigten von der Rechtsordnung in der Weise zugeordnet sind, daß er die damit verbundenen Befugnisse nach eigener Entscheidung zu seinem privaten Nutzen ausüben darf (vgl. BVerfGE 83, 201 [209]; stRspr). Der verfassungsrechtliche Eigentumsschutz reicht damit zwar erheblich weiter als das zivilrechtliche Eigentum und erstreckt sich auch auf nicht dingliche vermögenswerte Rechtspositionen. Er bleibt aber an Rechtspositionen gebunden. Kein Eigentum im Sinn von Art. 14 Abs. 1 GG ist daher das **Vermögen**, das selber kein Recht, sondern den Inbegriff aller geldwerten Güter einer Person darstellt (vgl. BVerfGE 4, 7 [17]; stRspr). Daraus folgt, daß Art. 14 Abs. 1 GG nicht vor der staatlichen Auferlegung von **Geldleistungspflichten** schützt. Diese sind nicht mittels eines bestimmten Eigentumsobjekts zu erfüllen, sondern werden aus dem fluktuierenden Vermögen bestritten. Etwas anderes kommt nur dann in Betracht, wenn die Geldleistungspflichten den Betroffenen übermäßig belasten und seine Vermögensverhältnisse so grundlegend beeinträchtigen, daß sie eine erdrosselnde Wirkung haben (vgl. BVerfGE 78, 232 [243]; stRspr).".

[1096] Zum Vergleich von Art. 14 Abs. 1 S. 1 Alt. 1 GG und dem Auffanggrundrecht des Art. 2 Abs. 1 GG: Bei lediglich unentschiedenem Potential von Berechtigung wie Nichtberechtigung kann grundsätzlich in dubio pro libertate zunächst zugunsten des Grundrechtsfähigen größtmöglicher Grundrechtsschutzbereich vermutet werden. Vgl. auch BVerfGE 6, 55, 72 (Steuersplitting); BVerfGE 32, 54, 71 (Betriebsbetretungsrecht); BVerfGE 39, 1, 38 (Schwangerschaftsabbruch I); BVerfGE 51, 97, 110 (Zwangsvollstreckung I); BVerfGE 151, 67 (Richtervorbehalt, Bereitschaftsdienst, Nachtzeit/Tageszeit i.S.v. § 104 Abs. 3 StPO) = BVerfG, Beschluss des Zweiten Senats vom 12.03.2019 – 2 BvR 675/14 –, Rn. 55, wonach in Zweifelsfällen diejenige Auslegung zu wählen ist/derjenigen Auslegung der Vorzug zu geben ist, welche die (juristische) „Wirkungskraft der Grundrechtsnorm am stärksten entfaltet.". **Eigentum** i.S.d. (privat)rechtsnormgeprägten Schutzbereichs von Art. 14 Abs. 1 S. 1 Alt. 1 GG ist jedenfalls gegeben bei Eigentum i.S.d. Privatrechts und bei vermögenswerter Besitz-/Nutzungs-/Umgangs-Berechtigung (z.B. i.S.d. §§ 854-984 BGB). **Eigentumslosigkeit** i.S.d. (privat)rechtsnormgeprägten Schutzbereichs von Art. 14 Abs. 1 S. 1 Alt. 1 GG ist jedenfalls gegeben bei allseitiger Besitz-/Nutzungs-/Umgangs-Nichtberechtigung (z.B. i.S.d. §§ 854-984 BGB); nicht schon unbedingt bei lediglich Eigentums-Nichtberechtigung im privatrechtlichen Sinne bei vermögenswerten Besitz-/Nutzungs-/Umgangs-Berechtigungen; wohl aber jedenfalls auch bei Verbot i.S.d. § 134 BGB oder Sittenwidrigkeit i.S.d. § 138 BGB oder sonstiger Unwirksamkeitsgründe (Nichtentstehensgründe oder Erlöschensgründe) gerade bezüglich des Erwerbs- oder Nutzungs- oder Umgangsaktes (z.B. i.S.d. §§ 854-984 BGB; vgl. z.B. Btm-Umgangsarten i.S.d. § 29 BtMG; vgl. auch etwaiges waffenrechtliches Verbot der Umgangsart Erwerb oder sonstiger Umgangsarten i.S.d. § 1 Abs. 3, 4 WaffG bei Nichtverbot des Erwerbs). Vgl. BVerfGE 110, 1, 23 f. (Erweiterter Verfall [a. F., ≙ erweiterte Tatertragseinziehung, P. B.]) = BVerfG, Beschluss des Zweiten Senats vom 14.01.2004 – 2 BvR 564/95 –, C. I. 3. a), b), Rn. 86 f, 88: „Die Vorschrift des § 73d StGB [a. F., ≙ § 73a StGB, P. B.] verstößt in der Auslegung des Bundesgerichtshofs auch nicht gegen die Eigentumsgarantie des Art. 14 Abs. 1 GG. Soweit § 73d StGB [a. F., ≙ § 73a StGB, P. B.] den Zugriff auf Vermögenswerte erlaubt, die dem unmittelbar Betroffenen wegen eines Verstoßes gegen strafrechtliche Vorschriften zivilrechtlich nicht zustehen (vgl. § 134, § 935 BGB), ist dessen Eigentums-

b) GR-E (oder Nichteingriff/GR-Verzicht): **Eigentumseinschränkung** durch Einschränkung eines vermögenswerten Rechts, etwa durch Einschränkungen oder Entzug der Nutzungs- und Verfügungsbefugnis an (berechtigtem) Eigentum/Besitz/Nutzung, vgl. §§ 903 ff. BGB, §§ 854 ff. BGB, ohne Güterbeschaffung als Inhalts- und Schrankenbestimmungen im Sinne von Art. 14 Abs. 1 S. 2 GG[1097].

c) GR-B: Art. 14 Abs. 1 S. 2, Abs. 2, 3 GG, Art. 18 GG.

Ggf. betroffenes Grundrecht durch Durchsuchung von einem Mediengrundrechtsträger als solchem oder einer Mediensache als solcher oder durch Betreten oder Duchsuchung von einer Medienstätte als solcher.

5. Mediengrundrecht (Pressefreiheitsgrundrecht und Rundfunkfreiheitsgrundrecht)[1098], Art. 5 Abs. 1 S. 2 GG[1099]

a) GR-SB:

aa) Persönlicher GR-SB: Im Pressebereich oder im Rundfunkbereich tätige Personen und Organisationen.[1100]

bb) Sachlicher GR-SB: Voraussetzungen und Tätigkeiten, ohne welche die Medien ihre Funktion im freiheitlich-demokratischen Staat nicht in angemessener Weise erfüllen können, vgl. auch § 7 PresseG NRW.[1101]

---

grundrecht schon mangels einer schutzfähigen Rechtsposition nicht berührt (vgl. BVerfGE 83, 201 [209]; 95, 267 [300]). Dies betrifft vor allem die Entziehung von Gewinnen aus illegalen Drogengeschäften. Denn wegen des strafrechtlichen Verbots des Handeltreibens mit Betäubungsmitteln ist gemäß § 134 BGB neben dem schuldrechtlichen Verpflichtungsgeschäft zugleich die Übereignung sowohl der Drogen als auch des für sie als Kaufpreis gezahlten Geldes zivilrechtlich unwirksam (vgl. BGH, NJW 1983, S. 636 [Schrifttumsquellen]. […] Soweit § 73d StGB StGB [a. F., ≙ § 73a StGB, P. B.] die Entziehung von Gegenständen anordnet, die der Betroffene zwar deliktisch, aber gleichwohl zivilrechtlich wirksam erworben hat, enthält er eine Inhalts- und Schrankenbestimmung des Eigentums im Sinne des Art. 14 Abs. 1 Satz 2 GG. Diese genügt in der Auslegung des Bundesgerichtshofs den verfassungsrechtlichen Anforderungen.“.

1097 BVerfGE 143, 246, Ls. 5 (Dreizehnte Novelle des Atomgesetzes) = BVerfG, Urteil des Ersten Senats vom 06.12.2016 - 1 BvR 2821/11 -, Ls. 5.

1098 BVerfGE 117, 244, 258 (Cicero) = BVerfG, Urteil des Ersten Senats vom 27.02.2007 – 1 BvR 538, 2045/06 – B. I. 1. a), Rn. 42: „Die Freiheit der Medien ist konstituierend für die freiheitliche demokratische Grundordnung (vgl. BVerfGE 7, 198 [208]; 77, 65 [74]; stRspr). Eine freie Presse und ein freier Rundfunk sind daher von besonderer Bedeutung für den freiheitlichen Staat (vgl. BVerfGE 20, 162 [174]; 50, 234 [239 f.]; 77, 65 [74]).“.

1099 Vgl. Art. 142 GG i.V.m. Art. 4 Abs. 1 Verfassung NRW; Art. 11 EU-GR-Charta.

1100 BVerfGE 117, 244, 258 f. (Cicero) = BVerfG, Urteil des Ersten Senats vom 27.02.2007 – 1 BvR 538, 2045/06 – B. I. 1. a), Rn. 42: „Dementsprechend gewährleistet Art. 5 Abs. 1 Satz 2 GG den im Bereich von Presse und Rundfunk tätigen Personen und Organisationen Freiheitsrechte und schützt darüber hinaus in seiner objektiv-rechtlichen Bedeutung auch die institutionelle Eigenständigkeit der Presse und des Rundfunks (vgl. BVerfGE 10, 118 [121]; 66, 116 [133]; 77, 65 [74 ff.]).“.

1101 BVerfGE 117, 244, 259 (Cicero) = BVerfG, Urteil des Ersten Senats vom 27.02.2007 – 1 BvR 538, 2045/06 – B. I. 1. a), Rn. 42: Die Gewährleistungsbereiche der Presse- und Rundfunkfreiheit schließen diejenigen Voraussetzungen und Hilfstätigkeiten mit ein, ohne welche die Medien ihre Funktion nicht in angemessener Weise erfüllen können. Geschützt sind namentlich die Geheimhaltung der Informationsquellen und das Vertrauensverhältnis zwischen Presse beziehungsweise Rundfunk und den Informanten (vgl. BVerfGE 100, 313 [365] m.w.N.). Dieser Schutz ist unentbehrlich, weil die Presse auf private Mitteilungen nicht verzichten kann, diese Informationsquelle aber nur dann ergiebig fließt, wenn sich

b) GR-E (oder Nichteingriff/GR-Verzicht): Einschränkung von Voraussetzungen und Tätigkeiten, ohne welche die Medien ihre Funktion im freiheitlich-demokratischen Staat nicht in angemessener Weise erfüllen können, vgl. auch § 7 PresseG NRW.[1102]

c) GR-B: Art. 5 Abs. 2 GG, Art. 18 GG.[1103]

6. Allgemeine Verhaltensfreiheit / Allgemeine Handlungsfreiheit[1104], Art. 2 Abs. 1 GG[1105]

a) GR-SB:

---

der Informant grundsätzlich auf die Wahrung des Redaktionsgeheimnisses verlassen kann (vgl. BVerfGE 20, 162 [176, 187]; 36, 193 [204]).".

1102 Zu **Medienfreiheitseingriffsgegenständen** vgl. BVerfGE 117, 244, 259 f. (Cicero) = BVerfG, Urteil des Ersten Senats vom 27.02.2007 – 1 BvR 538, 2045/06 – B. I. 1. a), Rn. 44 f.: „Eine **Durchsuchung in Presseräumen** stellt wegen der damit verbundenen Störung der redaktionellen Arbeit und der Möglichkeit einer einschüchternden Wirkung eine Beeinträchtigung der Pressefreiheit dar (vgl. zuletzt BVerfG, 1. Kammer des Ersten Senats, Beschluss vom 1. Februar 2005 -- 1 BvR 2019/03 --, NJW 2005, S. 965). Auch können potentielle Informanten durch die begründete Befürchtung, bei einer Durchsuchung könnte ihre Identität festgestellt werden, davon abgehalten werden, Informationen zu liefern, die sie nur im Vertrauen auf die Wahrung ihrer Anonymität herauszugeben bereit sind. Überdies liegt in der **Verschaffung staatlichen Wissens über die im Bereich journalistischer Recherche hergestellten Kontakte** ein Eingriff in das **Redaktionsgeheimnis**, dem neben dem **Vertrauensverhältnis der Medien zu ihren Informanten** eigenständige Bedeutung zukommt (vgl. BVerfGE 66, 116 [133 ff.]; 107, 299 [331]). Durch die Anordnung der **Beschlagnahme von Datenträgern zum Zwecke der Auswertung** ist den Ermittlungsbehörden die Möglichkeit des Zugangs zu redaktionellem Datenmaterial eröffnet worden. Dies greift in besonderem Maße in die vom Grundrecht der Pressefreiheit umfasste **Vertraulichkeit der Redaktionsarbeit** ein, aber auch in ein etwaiges Vertrauensverhältnis zu Informanten.".

1103 BVerfGE 117, 244, 260 (Cicero) = BVerfG, Urteil des Ersten Senats vom 27.02.2007 – 1 BvR 538, 2045/06 – B. I. 2. a), Rn. 47: „Nach Art. 5 Abs. 2 GG findet die Pressefreiheit ihre Schranken in den **Vorschriften der allgemeinen Gesetze**. Darunter sind alle Gesetze zu verstehen, die sich nicht gegen die Meinungsfreiheit oder die Freiheit von Presse und Rundfunk an sich oder gegen die Äußerung einer bestimmten Meinung richten, die vielmehr dem Schutz eines schlechthin, ohne Rücksicht auf eine bestimmte Meinung, zu schützenden Rechtsguts dienen. Dieses Rechtsgut muss in der Rechtsordnung allgemein und damit unabhängig davon geschützt sein, ob es durch Meinungsäußerungen oder auf andere Weise verletzt werden kann. Beschränkt die zum Schutz dieses Rechtsguts ergriffene Maßnahme die Meinungs- oder Pressefreiheit, so führt nicht schon dies zur Verneinung des Charakters der ermächtigenden Rechtsnorm als allgemeines Gesetz. Bei seiner Anwendung ist aber zu klären, ob die Güterabwägung zu einem Vorrang des Schutzes des Rechtsguts führt, dem das allgemeine Gesetz dient. Soweit die zur Beschränkung ermächtigenden Rechtsnormen auslegungsbedürftig sind, darf die Auslegung nicht zur Außerachtlassung des Schutzgehalts von Art. 5 Abs. 1 GG führen (vgl. BVerfGE 111, 147 [155]).".

1104 „Allgemeine" Verhaltensfreiheit / Handlungsfreiheit: Auffanggrundrecht ggü. ggf. spezielleren Grundrechten, vgl. Rechtsnormspezialitätsregel („lex specialis derogat legi generali"), vgl. auch: BVerfGE 6, 32, 37 (Elfes) = BVerfG, Urteil des Ersten Senats vom 16.01.1957 – 1 BvR 253/56, Gründe, II. 2. a), Rn. 16: „Neben der allgemeinen Handlungsfreiheit, die Art. 2 Abs. 1 GG gewährleistet, hat das Grundgesetz die Freiheit menschlicher Betätigung für bestimmte Lebensbereiche, die nach den geschichtlichen Erfahrungen dem Zugriff der öffentlichen Gewalt besonders ausgesetzt sind, durch besondere Grundrechtsbestimmungen geschützt; bei ihnen hat die Verfassung durch abgestufte Gesetzesvorbehalte abgegrenzt, in welchem Umfang in den jeweiligen Grundrechtsbereich eingegriffen werden kann. Soweit nicht solche besonderen Lebensbereiche grundrechtlich geschützt sind, kann sich der Einzelne bei Eingriffen der öffentlichen Gewalt in seine Freiheit auf Art. 2 Abs. 1 GG berufen. Hier bedurfte es eines Gesetzesvorbehalts nicht, weil sich aus der Beschränkung der freien Entfaltung der Persönlichkeit durch die verfassungsmäßige Ordnung der Umfang staatlicher Eingriffsmöglichkeiten ohne weiteres ergibt.".

1105 Vgl. auch Art. 142 GG i.V.m. Art. 4 Abs. 1 Verfassung NRW; Art. 6 EU-GR-Charta; Art. 5 EMRK.

aa) Persönlicher GR-SB: „Jeder“.

bb) Sachlicher GR-SB: „**freie Entfaltung der Persönlichkeit**“ bedeutet **allgemeine Verhaltensfreiheit** im umfassenden Sinn[1106] durch grundsätzlich jedes Tun, Dulden, Unterlassen[1107].

b) GR-E (oder Nichteingriff/GR-Verzicht): Verhaltenseinschränkung als Verhaltenssteuerung.

c) GR-B: Art. 2 Abs. 1 Hs. 2 GG[1108].

1106 BVerfGE 6, 32, 36 f. (Elfes) = BVerfG, Urteil des Ersten Senats vom 16.01.1957 – 1 BvR 253/56, Gründe, II. 2. a), Rn. 14 f.: „Das Grundgesetz kann mit der ‚freien Entfaltung der Persönlichkeit‘ nicht nur die Entfaltung innerhalb jenes Kernbereichs der Persönlichkeit gemeint haben, der das Wesen des Menschen als geistig-sittliche Person ausmacht, denn es wäre nicht verständlich, wie die Entfaltung innerhalb dieses Kernbereichs gegen das Sittengesetz, die Rechte anderer oder sogar gegen die verfassungsmäßige Ordnung einer freiheitlichen Demokratie sollte verstoßen können. Gerade diese, dem Individuum als Mitglied der Gemeinschaft auferlegten Beschränkungen zeigen vielmehr, daß das Grundgesetz in Art. 2 Abs. 1 GG die Handlungsfreiheit im umfassenden Sinne meint. [...] Es waren nicht rechtliche Erwägungen, sondern sprachliche Gründe, die den Gesetzgeber bewogen haben, die ursprüngliche Fassung ‚Jeder kann tun und lassen was er will‘ durch die jetzige Fassung zu ersetzen (vgl. v. Mangoldt, Parlamentarischer Rat, 42. Sitzung des Hauptausschusses, S. 533).“; BVerfGE 80, 137, 152 f. (Reiten im Walde) = BVerfG, Beschluss des Ersten Senats vom 06.06.1989 – 1 BvR 921/85 –, C. I. 1 a), Rn. 69: „Nach den in der Rechtsprechung des Bundesverfassungsgerichts entwickelten Grundsätzen gewährleistet Art. 2 Abs. 1 GG die allgemeine Handlungsfreiheit im umfassenden Sinne (st. Rspr. seit BVerfGE 6, 32 [36]; aus neuerer Zeit etwa: BVerfGE 74, 129 [151]; 75, 108 [154 f.]). Geschützt ist damit nicht nur ein begrenzter Bereich der Persönlichkeitsentfaltung, sondern jede Form menschlichen Handelns ohne Rücksicht darauf, welches Gewicht der Betätigung für die Persönlichkeitsentfaltung zukommt (vgl. etwa die Entscheidung eines Vorprüfungsausschusses in BVerfGE 54, 143 (146) - Taubenfüttern).“.

1107 BVerfGE 6, 32, Ls. 1, 2 (Elfes) = BVerfG, Urteil des Ersten Senats vom 16.01.1957 – 1 BvR 253/56, Ls. 1: „Art. 11 GG betrifft nicht die Ausreisefreiheit.“, Ls. 2: „Die **Ausreisefreiheit** ist als Ausfluß der allgemeinen Handlungsfreiheit durch Art. 2 Abs. 1 GG innerhalb der Schranken der verfassungsmäßigen Ordnung gewährleistet.“; BVerwG, Urteil vom 29.05.2019 – BVerwG 6 C 8.18 (Beschränkung des Geltungsbereichs eines Passes), Rn. 20: „In der höchstrichterlichen Rechtsprechung ist seit Jahrzehnten geklärt, dass die durch Art. 2 Abs. 1 GG geschützte Ausreisefreiheit auch durch den Passversagungsgrund des § 7 Abs. 1 Nr. 1 Alt. 3 PassG als Bestandteil der verfassungsmäßigen Ordnung wirksam eingeschränkt wird.“.

1108 Art. 2 Abs. 1 Hs. 2 GG (**Schrankentrias**): BVerfGE 80, 137, 153 (Reiten im Walde) = BVerfG, Beschluss des Ersten Senats vom 06.06.1989 – 1 BvR 921/85 –, C. I. 1 a), Rn. 69: „Abgesehen von einem absolut geschützten Kernbereich privater Lebensgestaltung, welcher der Einwirkung der öffentlichen Gewalt entzogen ist (BVerfGE 6, 32 [41]), ist die allgemeine Handlungsfreiheit allerdings nur in den Schranken des zweiten Halbsatzes von Art. 2 Abs. 1 GG gewährleistet und steht damit insbesondere unter dem **Vorbehalt der verfassungsmäßigen (Rechts-)Ordnung** (BVerfGE 6, 32 [37 f.]; 74, 129 [152]). Stützt sich ein die Handlungsfreiheit berührender Akt der öffentlichen Gewalt auf eine Rechtsnorm, so kann mit der Verfassungsbeschwerde unter Berufung auf Art. 2 Abs. 1 GG zur Nachprüfung gestellt werden, ob diese Norm zur **verfassungsmäßigen Ordnung** gehört, das heißt formell und materiell mit den Normen der Verfassung in Einklang steht (st. Rspr. seit BVerfGE 6, 32).“; BVerfGE 6, 32, Ls. 3 (Elfes) = BVerfG, Urteil des Ersten Senats vom 16.01.1957 – 1 BvR 253/56, Ls. 3: „**Verfassungsmäßige Ordnung** im Sinne des Art. 2 Abs. 1 GG ist die verfassungsmäßige Rechtsordnung, d.h. die Gesamtheit der Normen, die formell und materiell der Verfassung gemäß sind.“; vgl. dazu auch BVerfGE 6, 32, 37-41 (Elfes) = BVerfG, Urteil des Ersten Senats vom 16.01.1957 – 1 BvR 253/56, Gründe II. 2 b), c), Rn. 17-33.

Rechte anderer sind (als Teil der verfassungsmäßigen Ordnung) subjektive Berechtigungen (Anspruch oder Befugnis oder Erlaubnis) einschließlich Verpflichtungen (Pflicht zur Erfüllung von Anspruch oder Befugnis oder Erlaubnis) und sonstiger Rechtswirkungen für ein Rechtssubjekt bezüglich eines Verhaltens oder eines Rechtsguts.

A. Rechtsgrundlage (RGL) II. Rechtsgebiet (RG)

(VOR/DEF)

Rechtsgebiet ist Rechtsordnungsteil nach allen Umständen[1109] – wie schwerpunktmäßige Äußerungen[1110], Rechtsnormen[1111], Zwecke[1112], auch i.V.m. §§ 133, 157 BGB analog[1113].[1114]

Vgl. zum ein Mal bundesverfassungsgerichtlich entscheidungserheblich bemühten „**Sittengesetz**“ nach Art. 2 Abs. 1 Hs. 2 GG als Gesetz, das nicht das durch die „soziale Gemeinschaft“ „als für sich verbindlich“ anerkannte „Rechtsgefühl“ „im allgemeinen“ „verletzt“: BVerfGE 6, 389 (Homosexuelle) = BVerfG, Urteil des Ersten Senats vom 10.05.1957 – 1 BvR 550/52 –, und StrRehaHomG (Gesetz zur strafrechtlichen Rehabilitierung der nach dem 8. Mai 1945 wegen einvernehmlicher homosexueller Handlungen verurteilten Personen vom 17. Juli 2017 – BGBl. I S. 2443).

[1109] Umstände im weiten Sinn, etwa als Bedingungen, Beziehungen, Faktoren, Folgen, Funktionen, Umweltbedingungen, Variablen, Verhältnissen, Voraussetzungen, Weltbedingungen.

[1110] Äußerungen im weiten Sinn, etwa als alle Verhaltensäußerungen (einschließlich Aussagen).

[1111] Rechtsnormen im weiten Sinn, etwa solche, die die Umstände oder das Verhalten regieren (sollen).

[1112] Zwecke im weiten Sinn, etwa als sich aus einer Lage ergebende, objektiv zu verfolgende Ziele.

[1113] Sog. **objektivierter Empfängerhorizont**, vgl. BVerwGE 147, 81 = BVerwG, Urteil vom 20.06.2013 – BVerwG 8 C 46.12, Rn. 27: „Die bundesrechtlichen Auslegungsregeln der §§ 133, 157 BGB sind auf öffentlich-rechtliche Erklärungen entsprechend anzuwenden. Bei Verwaltungsakten kommt es wie bei empfangsbedürftigen Willenserklärungen nicht auf den wirklichen Willen des Erklärenden (natürliche Auslegung), sondern auf den objektiven Erklärungsinhalt an. Maßgeblich ist, wie der Empfänger die Erklärung nach Treu und Glauben unter Berücksichtigung der für ihn erkennbaren Umstände verstehen musste. Dabei ist vom Wortlaut der Erklärung auszugehen und deren objektiver Gehalt unter Berücksichtigung des Empfängerhorizonts zu ermitteln (stRspr, vgl. Urteile vom 2. September 1999 - BVerwG 2 C 22.98 - BVerwGE 109, 283 <286> = Buchholz 237.7 § 72 NWLBG Nr. 4 und vom 27. Juni 2012 - BVerwG 9 C 7.11 - BVerwGE 143, 222 <Rn. 18> = Buchholz 11 Art. 20 GG Nr. 206; BGH, Urteile vom 24. Februar 1988 - VIII ZR 145/87 - BGHZ 103, 275 <280>, vom 27. Januar 2010 - VIII ZR 58/09 - BGHZ 184, 128 <137 Rn. 33> und vom 1. März 2011 - II ZR 16/10 - NJW 2011, 1666 <1667 Rn. 11> je m.w.N.).“; BVerwG, Beschluss vom 06.08.2018 – BVerwG 7 B 4.18, Rn. 10: „Dass die bundesrechtlichen Auslegungsregeln der §§ 133, 157 BGB auf öffentlich-rechtliche Erklärungen, d.h. u.a. auf Verwaltungsakte, entsprechend anzuwenden sind, ist in der Rechtsprechung des Bundesverwaltungsgerichts bereits geklärt (BVerwG, Urteil vom 20. Juni 2013 - 8 C 46.12 - BVerwGE 147, 81 Rn. 27 m.w.N.).“.

[1114] BVerwG 47, 255, 264 = BVerwG, Urteil vom 03.12.1974 – BVerwG I C 11.73: „Obwohl sich für die Polizei im Einzelfall bei einem einheitlichen Lebenssachverhalt gleichzeitig und unmittelbar Aufgaben der Strafverfolgung und der Gefahrenabwehr ergeben können, ist der im Schrifttum vertretenen Auffassung nicht zu folgen, daß aus Gründen der Rechtssicherheit oder wegen der schwierigen Durchschaubarkeit für den Bürger jede Art polizeilichen Handelns der verwaltungsgerichtlichen Kontrolle unterliegen müsse. In aller Regel ist es für den Betroffenen nicht schwer, zu erkennen, ob die Polizei im konkreten Fall eine - begangene - Straftat erforschen (**Strafverfolgung**) oder den Eintritt eines Schadens, etwa die - zukünftige - Begehung einer strafbaren Handlung, verhindern oder eine bereits eingetretene Störung der öffentlichen Sicherheit oder Ordnung beseitigen (**Gefahrenabwehr**) will. Außerdem wird man davon ausgehen dürfen, daß die Polizei dem Betroffenen - wie im vorliegenden Fall - den Grund ihres Einschreitens von sich aus oder auf Verlangen angibt. Im übrigen kommt es darauf an, wie sich der konkrete Lebenssachverhalt einem verständigen Bürger in der Lage des Betroffenen bei natürlicher Betrachtungsweise darstellt. Dieser Sachverhalt muß im allgemeinen einheitlich betrachtet werden, es sei denn, daß einzelne Teile des Geschehensablaufs objektiv abtrennbar sind. Hat die Polizei die Ermittlungen an die StA oder das Amtsgericht weitergeleitet (§ 163 Abs. 2 StPO) oder auf Weisung der StA gehandelt, so kann an der strafprozessualen Natur ihres Einschreitens kein vernünftiger Zweifel

(SUB/ERG)

Die Maßnahme erfolgt auf dem Rechtsgebiet des besonderen öffentlichen Verwaltungsrechts polizeilicher Gefahrenabwehr.

Eine Durchsuchung erfolgt auf dem Rechtsgebiet der Gefahrenabwehr insbesondere bei

- nicht tatverdachtsveranlasstem Suchen;
- Suchen nach nicht tatverdachtsbezogenen Gegenständen;
- Suchen ohne schwerpunktmäßigen Zweck einer anschließenden Strafrechtspflegemaßnahme wie beispielsweise nach § 94 Abs. 1 StPO; § 94 Abs. 1, 2 StPO; § 94 Abs. 3 StPO; §§ 99, 100 StPO; § 111b StPO; § 132 StPO.

A. Rechtsgrundlage (RGL) III. Mögliche Befugnisrechtsnorm (Mgl. Brn.)

(VOR/DEF)

Befugnisrechtsnorm ist die rechtmäßige hauptsächliche materiell-rechtliche Rechtsgrundlage mit realfolgenentsprechender Rechtsfolge.

(SUB/ERG)

Realfolge ist die Maßnahme laut Sachverhalt.

Rechtsfolge ist die Maßnahme laut Rechtsnorm.

(SUB) Realfolgen und Rechtsfolgen zu: Betreten und/oder Durchsuchung	**(ERG)** Mögliche Befugnisrechtsnorm zu: Betreten und/oder Durchsuchung
Realfolgen Durchsuchung – Beispiele: Nachschau; Suchen; (Aufforderung zum) Aufdecken.	**<u>Gefahrenabwehr:</u>** • Diverse spezielle Rechtsnormen wie: § 15 Abs. 4 AsylG; § 48 Abs. 3 AufenthG; § 58 Abs. 5-10 AufenthG; §§ 42, 44 LFGB; § 4 VereinsG; § 36 Abs. 3 WaffG, § 39 Abs. 2 WaffG, § 46 Abs. 4 WaffG; § 44 Abs. 4 WPflG; § 23a ZDG.
<u>Rechtsfolge(n) Durchsuchung – allgemein:</u> **Personendurchsuchung**: Suchverhalten (gezielte Nachschau mit Begleitmaßnahmen) bzgl. Personen, Sachen, Daten • in oder am Personenkörper (ohne Körperbeschaffenheitsermittlungszweck)[1115],	• § 12 Abs. 1 Nr. 1, Abs. 2 PolG NRW • § 12 Abs. 1 Nr. 2 a), Abs. 2 PolG NRW

bestehen. Eine Maßnahme, die nach dem Gesamteindruck darauf gerichtet ist, eine strafbare Handlung zu erforschen oder sonst zu verfolgen, ist der Kontrolle der ordentlichen Gerichte nach §§ 23 ff. EGGVG nicht etwa deshalb entzogen, weil durch die polizeilichen Ermittlungen möglicherweise zugleich auch künftigen Verletzungen der öffentlichen Sicherheit vorgebeugt würde.“.

[1115] Vgl. auch BVerfG, Beschluss der 2. Kammer des Zweiten Senats vom 27.03.2019 - 2 BvR 2294/18 -, Rn. 17: „Durchsuchungen, die mit einer Entkleidung verbunden sind, stellen einen schwerwiegenden

- in oder an am Personenkörper befindlichen Sachen (z.B. Bekleidung bzw. Accessoires).

Sachendurchsuchung:
Suchverhalten (gezielte Nachschau mit Begleitmaßnahmen) bzgl. Personen, Sachen, Daten in oder an nicht am Personenkörper befindlichen, nicht als Wohnung geltenden Sachen (vgl. § 90 BGB).

Wohnungsdurchsuchung:
Suchverhalten (gezielte Nachschau mit Begleitmaßnahmen) bzgl. Personen, Sachen, Daten in einer als Wohnung geltenden Sache[1116].[1117]

- § 12 Abs. 1 Nr. 2 b), Abs. 2 PolG NRW
- § 12 Abs. 1 Nr. 2 c), Abs. 2 PolG NRW
- § 12 Abs. 1 Nr. 3, Abs. 2 PolG NRW
- § 12 Abs. 1 Nr. 4, Abs. 2 PolG NRW
- § 12a Abs. 1 S. 1 Var. 3 PolG NRW
- § 39 PolG NRW
- § 40 PolG NRW
- §§ 41, 42 PolG NRW.

Strafrechtspflege (ggf. mit §§ 46, 53 Abs. 1 S. 2, Abs. 2 OWiG):

- § 100b StPO;
- § 163b Abs. 1 S. 3 Var. 1/2 StPO;
- § 163b Abs. 2 StPO;
- § 111 StPO;
- § 102 StPO;

Eingriff in das allgemeine Persönlichkeitsrecht dar (vgl. BVerfGK 2, 102 <105>; 17, 9 <14>; BVerfG, Beschluss der 2. Kammer des Zweiten Senats vom 5. März 2015 - 2 BvR 746/13 -, juris, Rn. 33; BVerfG, Beschluss der 2. Kammer des Zweiten Senats vom 5. November 2016 - 2 BvR 6/16 -, juris, Rn. 29; vgl. auch BVerfG, Beschluss der 2. Kammer des Zweiten Senats vom 14. April 2016 - 2 BvR 695/16 -, juris, Rn. 6). Dies gilt in besonderem Maße für Durchsuchungen, die mit einer Inspizierung von normalerweise verdeckten Körperöffnungen verbunden sind (vgl. BVerfGK 17, 9 <14>; BVerfG, Beschluss der 3. Kammer des Zweiten Senats vom 10. Juli 2013 - 2 BvR 2815/11 -, juris, Rn. 15; BVerfG, Beschluss der 2. Kammer des Zweiten Senats vom 5. November 2016 - 2 BvR 6/16 -, juris, Rn. 29). Wegen des besonderen Gewichts von Eingriffen, die den Intimbereich und das Schamgefühl des Inhaftierten berühren, hat der Inspizierte Anspruch auf besondere Rücksichtnahme (vgl. BVerfGK 17, 9 <16>; BVerfG, Beschluss der 3. Kammer des Zweiten Senats vom 10. Juli 2013 - 2 BvR 2815/11 -, juris, Rn. 15; BVerfG, Beschluss der 2. Kammer des Zweiten Senats vom 5. November 2016 - 2 BvR 6/16 -, juris, Rn. 29).“; vgl. auch BVerfG, Beschluss der 3. Kammer des Zweiten Senats vom 04.02.2009 – 2 BvR 455/08 –, Rn. 24: „Die Verfassungsbeschwerde ist ihrer Begründung gemäß dahin auszulegen, dass sie sich gegen die angegriffenen Entscheidungen allein insoweit wendet, als sie die bei Aufnahme in die Untersuchungshaft erfolgte, mit einer Entkleidung und Inspizierung des Anus verbundene körperliche Durchsuchung betreffen.“.

[1116] Vgl. BVerfGE 32, 54, Ls. 1, 69-72 (Betriebsbetretungsrecht) = BVerfG, Beschluss des Ersten Senats vom 13.10.1971 – 1 BvR 280/66, Ls. 1: „Der Begriff ‚**Wohnung**‘ in Art. 13 Abs. 1 GG ist weit auszulegen; er umfaßt auch **Arbeits-, Betriebs- und Geschäftsräume**.“; vgl. auch § 41 Abs. 1 S. 2 PolG NRW; vgl. auch Nr. 40.03 VVPolG NRW: „Für die **Durchsuchung von Sachen im befriedeten Besitztum** gelten die §§ 41 und 42.“; Nr. 41.13 VVPolG NRW: „Die Durchsuchung einer Wohnung hat sich auf Anlass und Zweck der Durchsuchung zu beschränken. Befinden sich in der Wohnung Personen, die durchsucht werden sollen, ist hierfür § 39 maßgebend. Sollen in einer Wohnung Sachen durchsucht werden, die nicht den Wohnungsinhabern gehören, ist § 40 einschlägig.“; vgl. auch Nr. 40.12 VVPolG NRW: „Sollen bewegliche Sachen, die Wohnungen sind (vgl. RdNr. 41.11), betreten oder durchsucht werden, richten sich die Maßnahmen nach § 41.“, vgl. auch Nr. 41.11 VVPolG NRW: „Es ist zu beachten: **Wohnungen** i.S.d. § 41 Abs. 1 Satz 2 sind auch die zu Wohnzwecken genutzten beweglichen Sachen wie Schiffe, Wohnwagen, Wohnmobile und Zelte. **Inhaber einer Wohnung** ist, wer rechtmäßig die tatsächliche Gewalt über die Räumlichkeit ausübt, somit z.B. auch Mieter, Untermieter oder Hotelgast. Bei Gemeinschaftsunterkünften, Internaten und Obdachlosenasylen sind nur die Leiterinnen und Leiter Inhaber. Die **Befugnis zum Betreten einer Wohnung** schließt die Befugnis ein, von Personen, Sachen und Zuständen, die ohne weiteres wahrgenommen werden können, **Kenntnis** zu nehmen. Soweit

Wohnungsbetreten (vgl. nur zum Wohnungsbetreten: § 20 Abs. 3 PolG NRW; § 41 Abs. 4 PolG NRW, § 110 StPO): Körperliches Eindringen in eine als Wohnung geltende Sache.

Raumdurchsuchung (vgl. §§ 102, 103 StPO): Suchverhalten (gezielte Nachschau einschließlich Begleitmaßnahmen) bzgl. Personen, Sachen, Daten in einem umschlossenen Gebäudeteil oder entsprechendem Behältnis ohne Wohnungseigenschaft.

Online-Durchsuchung (vgl. § 100b StPO; vgl. auch „**Online-TKÜ**", § 100a Abs. 1 S. 2, 3 StPO; § 20c Abs. 2 PolG NRW):

Eingriff mit technischen Mitteln auch ohne Wissen des Betroffenen in ein von dem Betroffenen genutztes informationstechnisches System mit Datenerhebung daraus.

Abgrenzung Durchsuchung / unvermeidliche Kenntnisnahme:

Unvermeidliche Kenntnisnahme ist Wahrnehmung ohnehin offen präsenter Personen, Sachen, Daten ohne Veränderung, z.B. Umherblicken in Wohnung von einem Standposten aus, vgl. § 41 PolG NRW.

Abgrenzung Durchsuchung / Inaugenscheinnahme (vgl. § 12a Abs. 1 S. 2 PolG NRW):

Inaugenscheinnahme ist prüfende Betrach-

- § 103 StPO;
- §§ 99, 100 StPO;
- (§ 110 StPO).

---

es für die Erfüllung der polizeilichen Aufgaben erforderlich ist, umfasst das **Betretungsrecht** bei Grundstücken auch das **Recht zum Befahren mit Fahrzeugen**.", vgl. auch Nr. 41.13 VVPolG NRW: „Die Durchsuchung einer Wohnung hat sich auf Anlass und Zweck der Durchsuchung zu beschränken. Befinden sich in der Wohnung Personen, die durchsucht werden sollen, ist hierfür § 39 maßgebend. Sollen in einer Wohnung Sachen durchsucht werden, die nicht den Wohnungsinhabern gehören, ist § 40 einschlägig.".

1117 BVerfGE 76, 83, 89 (Zwangsvollstreckung III) = BVerfG, Beschluss des Ersten Senats vom 16.06.1987 – 1 BvR 1202/84 –: „Dabei ist für den Begriff der **Durchsuchung** kennzeichnend das ziel- und zweckgerichtete Suchen staatlicher Organe nach Personen oder Sachen oder zur Ermittlung eines Sachverhalts, um etwas aufzuspüren, was der Inhaber der Wohnung von sich aus nicht offenlegen oder herausgeben will (BVerfGE 28, 285 [287 ff.]; 47, 31 [36 f.])."; so auch: BVerfGE 51, 97, 106 (Zwangsvollstreckung I) = BVerfG, Beschluss des Ersten Senats vom 03.04.1979 – 1 BvR 994/76 –; nicht in: BVerfGE 57, 346 (Zwangsvollstreckung II) = BVerfG, Beschluss des Ersten Senats vom 16.06.1981 – 1 BvR 1094/80 –.

tung präsenter Sachen oder Daten ohne erhebliche Veränderung (vgl. § 12a Abs. 1 S. 2, 3 PolG NRW; Prinzip: „Just look, don't touch"); z.B. Betrachtung von: geöffneter Tasche / Fahrzeuginnerem / geöffnetem Kofferraum.

Abgrenzung Personendurchsuchung / Körperliche Untersuchung (KU) durch Körperbeschaffenheitsermittlungszweck: **Körperliche Untersuchung** ist Körperbeschaffenheitsermittlung durch gezielte Nachschau oder gezielten Eingriff am Menschenkörper, ggf. auch mit Datenverarbeitung, ggf. auch mit sog. Exploration.

(SUB)

Realfolge ist die jeweilige Realfolge laut Sachverhalt.

Rechtsfolge ist als Realakt/(Begleit-)VA[1118] (alternativ oder kumulativ):

- **Wohnungsbetreten**: körperliches Eindringen in eine als Wohnung geltende Sache sowie Anordnungen und Begleitverfügungen zum Betreten. (Beispiel für „Betreten-VA": „Bitte öffnen Sie die Tür" mit Wohnungsbetretenszweck, ohne Wohnungsdurchsuchungszweck).
- **Wohnungsdurchsuchung**: Suchverhalten (gezielte Nachschau mit Begleitmaßnahmen) bzgl. Personen, Sachen, Daten in einer als Wohnung geltenden Sache.

1118 **Wohnungstüröffnungs-Verfügung** (je nach Rechtsgebiet VA oder Justiz-VA [z.B.: „Bitte öffnen Sie die Tür!"]) kann bspw. wie folgt – insbesondere über den Zweck – zu subsumieren sein:

- § 9 Abs. 2 PolG NRW / § 163 Abs. 3 StPO / § 163a StPO (Zweck: Befragung / Vernehmung).
- § 12 PolG NRW / § 163b Abs. 1 oder § 163b Abs. 2 StPO (Zweck: IDF jedenfalls ohne Wohnungs-Betretens- und Wohnungs-Durchsuchungszweck [z.B.: IDF-Befragung / IDF-Ausweisverlangen an der Tür]).
- § 16a PolG NRW / § 163f StPO / § 163 Abs. 1 S. 2 StPO (Zweck: Observation jedenfalls ohne Wohnungs-Betretens- und Wohnungs-Durchsuchungszweck [z.B.: Datenerhebung von der Tür aus]).
- § 35 PolG NRW / § 127 Abs. 1 S. 1 Alt. 1 StPO / § 127 Abs. 2 i.V.m. § 112/§ 112a/§ 126a; § 127b StPO; § 164 StPO (Zweck: Ingewahrsamnahme / Festnahme jedenfalls ohne Wohnungs-Betretens- und Wohnungs-Durchsuchungszweck [z.B.: Ingewahrsamnahme / Festnahme an der Tür]).
- § 41 PolG NRW / § 102 StPO oder § 103 StPO (Zweck: Wohnungsbetreten und/oder Wohnungsdurchsuchung).
- § 43 PolG NRW / § 94 Abs. 1 StPO / § 94 Abs. 1, 2 StPO / §§ 94 Abs. 3, 111a StPO, § 69 StGB / §§ 99, 100 StPO / § 108 StPO (§ 110 StPO); / § 111b StPO / § 132 StPO (Zweck: Sicherstellung/Beschlagnahme jedenfalls ohne Wohnungs-Betretens- und Wohnungs-Durchsuchungszweck [z.B.: Sicherstellung/Beschlagnahme an der Tür).
- § 81a StPO / § 81c StPO / § 81g StPO / § 81h StPO (Zweck: der jeweilige „Untersuchungs"-Zweck jedenfalls ohne Wohnungs-Betretens- und Wohnungs-Durchsuchungszweck [z.B.: „Untersuchung" an der Tür]).
- § 8 Abs. 1 PolG NRW / § 163 Abs. 1 S. 2 StPO (Zweck: jedenfalls ein nicht besonders geregelter Zweck jedenfalls ohne Wohnungs-Betretens- und Wohnungs-Durchsuchungszweck).

Die Rechtsfolge des § 41 PolG NRW ist ohne „IDF-Ausnahme", vgl. § 39 Abs. 1 Hs. 1 PolG NRW sowie § 40 Abs. 1 Hs. 1 PolG NRW („außer in den Fällen des § 12 Abs. 2 Satz 4") einerseits und andererseits § 41 Abs. 1 S. 1 Hs. 1 PolG NRW.

(ERG)

Mögliche Befugnisrechtsnorm für Wohnungsbetreten und/oder Wohnungsdurchsuchung ist § 41 PolG NRW.

Mögliche Befugnisrechtsnorm nur für Wohnungsbetreten ist (alternativ)

- § 41 Abs. 3 PolG NRW;
- § 41 Abs. 4 PolG NRW.

B. Formelle Rechtmäßigkeit (FR) I. Zuständigkeit (Z)

(VOR/DEF)

Zuständigkeit ist Aufgabenwahrnehmungserlaubnis für den Rechtsfolgesetzer.

(SUB/ERG)

Für die Maßnahme ist die Zuständigkeit (i.d.R.) wie folgt gegeben:

1. sachliche Zuständigkeit *der Polizei* gemäß (alternativ)

- § 1 Abs. 1 S. 1, 2 Var. 1 PolG NRW (originäre Zuständigkeit) (ggf. i.V.m. § 1 Abs. 2 PolG NRW[1119] / ggf. i.V.m. § 1 Abs. 5 S. 2 PolG NRW[1120]);
- § 1 Abs. 1 S. 1, 3 PolG NRW (subsidiäre Zuständigkeit);

2. instanzielle Zuständigkeit *der Polizeibehörde* gemäß

- (i.d.R.) § 11 Abs. 1 Nr. 1 POG NRW;
- (generell:) §§ 10-14 POG NRW (ggf. i.V.m. KPBVO NRW / ggf. i.V.m. LKAAufgVO NRW);

3. örtliche Zuständigkeit *der Polizeibehörde* gemäß

- (i.d.R.) § 7 Abs. 1 POG NRW (ggf. i.V.m. KHStVO NRW);
- (generell:) §§ 7-9 POG NRW (ggf. i.V.m. KHStVO NRW);

4. funktionelle Zuständigkeit *des Polizeiamtswalters* (i.d.R.) gemäß

- § 41 Abs. 1 S. 1 W. 2 PolG NRW.

1119 § 1 Abs. 2 PolG NRW hat negative Zuständigkeitsvoraussetzungen; § 1 Abs. 2 PolG NRW ist die sogenannte „**Privatrechtsklausel**"; zum **Privatrecht in der polizeilichen Praxis** ausführlich: *Basten*, Privatrecht in der polizeilichen Praxis.

1120 § 1 Abs. 5 S. 2 PolG NRW ist qua Gesetzessystematik eine Zuständigkeitsvorschrift mit negativen Befugnisvoraussetzungen.

B. Formelle Rechtmäßigkeit (FR) II. Verfahren (V)[1121]

(VOR/DEF)

Verfahren ist normiertes Verhalten insbesondere für den Rechtsfolgezuständigen außer, bei, i.Z.m. der Rechtsfolge.

1. § 42 PolG NRW mit Verfahrensrechtsnormen bzgl. Wohnungsdurchsuchungs-VA- oder Wohnungsdurchsuchungs-Realakt

(VOR)

a) § 42 Abs. 1 PolG NRW: Richteranordnung

Gemäß § 42 Abs. 1 S. 1, 2, 3 PolG NRW dürfen Durchsuchungen außer bei Gefahr im Verzug nur durch den Richter angeordnet werden; bei dem Amtsgericht, in dessen Bezirk[1122] die Wohnung liegt und mit entsprechender Geltung der Vorschriften des Gesetzes über das Verfahren in Familiensachen und in den Angelegenheiten der freiwilligen Gerichtsbarkeit (§§ 415-432 FamFG: Verfahren in Freiheitsentziehungssachen).

(DEF)

Gefahr im Verzug ist eine Sachlage im einzelnen Fall mit unvorgesehenem Handlungsbedarf, bei der die Durchführung der eigentlich vorgesehenen Maßnahme, hier der Richter-Anordnung, den gesetzlichen Zweck, hier einen aus § 41 PolG NRW, vereiteln oder wesentlich erschweren würde.[1123]

[1121] Vgl. auch Art. 46 GG (Abs. 1: **Abgeordnetenindemnität**; Abs. 2-4: **Abgeordnetenimmunität** – mit **Bundestagsgenehmigungsvorbehalt**); Art. 47 Verfassung NRW (**Abgeordnetenindemnität**), Art. 48 Verfassung NRW (**Abgeordnetenimmunität** – mit **Landtagsgenehmigungsvorbehalt**); Art. 60 Abs. 4 GG (**Bundespräsidentenimmunität**); Art. 40 Abs. 2 S. 1 GG (**Bundestagspräsidentengenehmigungsvorbehalt** für Durchsuchung oder Beschlagnahme in Bundestagsräumen); Art. 49 Abs. 2 Verfassung NRW (**Landtagspräsidentengenehmigungsvorbehalt** für Durchsuchung oder Beschlagnahme in Landtagsräumen); zum Abgeordneten vgl. auch: Art. 47 GG, Art. 49 Abs. 1 Verfassung NRW (**Abgeordneten-Zeugnisverweigerungsrecht** und zeugnisverweigerungsrechtentsprechendes **Abgeordneten-Schriftstückebeschlagnahmeverbot**).

[1122] **Gerichtsbezirke** gemäß Anlage 1 JustG NRW.

[1123] BVerfGE 151, 67 (Richtervorbehalt, Bereitschaftsdienst, Nachtzeit/Tageszeit i.S.v. § 104 Abs. 3 StPO) = BVerfG, Beschluss des Zweiten Senats vom 12.03.2019 – 2 BvR 675/14 –, Rn. 55: „Art. 13 Abs. 2 Halbsatz 2 GG lässt es zu, dass Durchsuchungen bei Gefahr im Verzug auch durch die in den Gesetzen vorgesehenen anderen Organe – bei der strafprozessualen Durchsuchung gemäß § 105 Abs. 1 Satz 1 Halbsatz 2 StPO durch die Staatsanwaltschaft und ihre **Ermittlungspersonen** (§ 152 GVG) – angeordnet werden dürfen. Wortlaut und Systematik des Art. 13 Abs. 2 GG belegen indes, dass die **richterliche Durchsuchungsanordnung** die Regel und die nichtrichterliche die Ausnahme sein soll (vgl. BVerfGE 103, 142 <153>; 139, 245 <269 Rn. 69>). […] Demgemäß ist der Begriff ‚Gefahr im Verzug' im Sinne des Art. 13 Abs. 2 GG eng auszulegen. **Gefahr im Verzug** ist nur anzunehmen, wenn die richterliche Anordnung nicht mehr eingeholt werden kann, ohne dass der Zweck der Maßnahme –

Gefahr im Verzug i.S.d. § 42 Abs. 1 PolG NRW ist auch gegeben, wenn im konkreten Fall zulässigerweise kein Richterdienst vorhanden ist oder wenn vorhandener richterlicher Bereitschaftsdienst unter zulässiger Anrufwege **unverzüglich** (vgl. auch § 121 Abs. 1 S. 1 BGB) vergeblich zu erreichen versucht wird und eine weitere Verzögerung den gesetzlichen Durchsuchungszweck gefährden, also wesentlich erschweren oder vereiteln würde.[1124]

---

regelmäßig die Sicherung von Beweismitteln – gefährdet würde (vgl. BVerfGE 51, 97 <111>; 103, 142 <153 f.>; 139, 245 <269 Rn. 69>).".

1124 BVerfGE 151, 67 (Richtervorbehalt, Bereitschaftsdienst, Nachtzeit/Tageszeit i.S.v. § 104 Abs. 3 StPO) = BVerfG, Beschluss des Zweiten Senats vom 12.03.2019 – 2 BvR 675/14 –, Ls. 2: „Zu den Anforderungen an einen dem Gebot der praktischen Wirksamkeit des Richtervorbehalts entsprechenden **richterlichen Bereitschaftsdienst** gehört die uneingeschränkte Erreichbarkeit eines Ermittlungsrichters bei Tage, auch außerhalb der üblichen Dienststunden. Die **Tageszeit** umfasst dabei ganzjährig die Zeit zwischen 6 Uhr und 21 Uhr. Während der **Nachtzeit** ist ein ermittlungsrichterlicher Bereitschaftsdienst jedenfalls bei einem Bedarf einzurichten, der über den Ausnahmefall hinausgeht.", Ls. 3: „Ob und inwieweit ein über den Ausnahmefall hinausgehender Bedarf an nächtlichen Durchsuchungsanordnungen die Einrichtung eines **ermittlungsrichterlichen Bereitschaftsdienstes** zur Nachtzeit erfordert, haben die Gerichtspräsidien nach pflichtgemäßem Ermessen in eigener Verantwortung zu entscheiden. Für die Art und Weise der Bedarfsermittlung steht ihnen ein Beurteilungs- und Prognosespielraum zu.", Rn. 56: „Die Strafverfolgungsbehörden müssen dementsprechend regelmäßig versuchen, eine Anordnung des zuständigen Richters zu erlangen, bevor sie eine Durchsuchung beginnen. Nur in Ausnahmesituationen, wenn schon die zeitliche Verzögerung wegen eines solchen Versuchs den Erfolg der Durchsuchung gefährden würde, dürfen sie selbst die Anordnung wegen Gefahr im Verzug treffen, ohne sich zuvor um eine richterliche Entscheidung bemüht zu haben."; BVerfGE 139, 245 (Eilkompetenz der Ermittlungsbehörden) = BVerfG, Beschluss des Zweiten Senats vom 16.06.2015 - 2 BvR 2718/10, Rn. 83: „Scheitert hingegen der Versuch der Befassung des Gerichts mit dem Antrag auf Erlass einer Durchsuchungsanordnung, weil der zuständige Richter nicht erreicht werden kann und infolgedessen ein Beweismittelverlust droht, kommt ein Rückgriff auf die Eilkompetenz der Ermittlungsbehörden gemäß Art. 13 Abs. 2, 2. Halbsatz GG in Betracht.", Ls. 2 [zum **Eilzuständigkeitsende der Ermittlungsbehörden**]: „Mit der Befassung des zuständigen Ermittlungs- oder Eilrichters durch die Stellung eines Antrags auf Erlass einer Durchsuchungsanordnung und der dadurch eröffneten Möglichkeit präventiven Grundrechtsschutzes durch den Richter endet die Eilkompetenz der Ermittlungsbehörden.", Rn. 79: „Entscheidend ist dabei nicht der Zeitpunkt, zu dem die Staatsanwaltschaft den Entschluss fasst, eine richterliche Durchsuchungsanordnung zu beantragen, sondern der Zeitpunkt, in dem das Gericht mit dem Antrag auf Erlass einer Durchsuchungsanordnung befasst wird [**richterliche Befassung** oder **Gerichtsbefassung**, P. B.]. Dies ist der Fall, wenn die Staatsanwaltschaft [oder die Polizei, P. B.] dem zuständigen Richter den Antrag tatsächlich unterbreitet hat, so dass dieser in eine erste Sachprüfung eintreten kann.", Rn. 82: „Auch soweit während des durch den Richter in Anspruch genommenen Entscheidungszeitraums nach dessen Befassung die Gefahr eines Beweismittelverlusts eintritt, etwa weil dieser auf ein mündlich gestelltes Durchsuchungsbegehren hin die Vorlage schriftlicher Antragsunterlagen oder einer Ermittlungsakte fordert, Nachermittlungen anordnet oder schlicht bis zum Eintritt der Gefahr eines Beweismittelverlusts noch nicht entschieden hat, lebt die Eilkompetenz der Ermittlungsbehörden nicht wieder auf. Dies gilt unabhängig davon, aus welchen Gründen die richterliche Entscheidung über den Durchsuchungsantrag unterbleibt.", Ls. 3: „Die Eilkompetenz der Ermittlungsbehörden kann nur dann neu begründet werden, wenn nach der Befassung des Richters tatsächliche Umstände eintreten oder bekannt werden, die sich nicht aus dem Prozess der Prüfung und Entscheidung über diesen Antrag ergeben, und hierdurch die Gefahr eines Beweismittelverlusts in einer Weise begründet wird, die der Möglichkeit einer rechtzeitigen richterlichen Entscheidung entgegensteht.", Ls. 4: „Auf die Ausgestaltung der justizinternen Organisation kann die Eilzuständigkeit der Ermittlungsbehörden nicht gestützt werden.", Rn. 70: „Die daraus folgende Pflicht der Ermittlungsbehörden, sich regelmäßig um eine Durchsuchungsanordnung des zuständigen Richters zu bemühen, wird nicht durch den abstrakten Hinweis verzichtbar, eine richterliche Entscheidung sei zur maßgeblichen Zeit üblicherweise nicht mehr zu erreichen (vgl. BVerfGK 5, 74 <78>; 7, 392 <395>). Reine Spekulationen, hypothetische Erwägungen oder lediglich

(SUB/ERG)

Im konkreten Fall ist § 42 Abs. 1 PolG NRW (alternativ)

- bei Vorliegen von entsprechenden Anhaltspunkten / Fehlen entgegenstehender Anhaltspunkte eingehalten.
- bei Vorliegen von entsprechenden Anhaltspunkten nicht eingehalten.[1125]

(VOR)

b) § 42 Abs. 2 PolG NRW: Anwesenheit oder Zuziehung

Gemäß § 42 Abs. 2 S. 1, 2 PolG NRW hat bei der Durchsuchung einer Wohnung der Wohnungsinhaber das Recht, anwesend zu sein; ist er abwesend, so ist, wenn möglich, sein Vertreter oder ein erwachsener Angehöriger, Hausgenosse oder Nachbar zuzuziehen.[1126]

---

auf kriminalistische Alltagserfahrungen gestützte, fallunabhängige Vermutungen reichen ebenfalls nicht aus, um die Annahme von Gefahr im Verzug zu begründen (vgl. BVerfGE 103, 142 <155>; BVerfGK 2, 310 <315>). Auch schließt das verfassungsrechtliche Gebot, dem Ausnahmecharakter der Eilkompetenz Rechnung zu tragen, aus, mit dem Antrag auf Erlass einer Durchsuchungsanordnung zu warten, bis die Gefahr eines Beweismittelverlusts eingetreten ist. Selbst herbeigeführte tatsächliche Voraussetzungen können die Eilkompetenz der Staatsanwaltschaft und ihrer Ermittlungspersonen nicht begründen (vgl. BVerfGK 5, 74 <78>).", Rn. 71: „Stattdessen sind bei der Beurteilung der Frage, ob der Versuch, eine richterliche Entscheidung herbeizuführen, unterbleiben darf, weil bereits die damit verbundene zeitliche Verzögerung den Erfolg der Durchsuchung gefährden würde, die konkreten Umstände des jeweiligen Einzelfalles in Rechnung zu stellen. Die Ermittlungsbehörden haben insbesondere die Komplexität der im Rahmen der Durchsuchungsanordnung zu prüfenden tatsächlichen und rechtlichen Fragen und den insoweit erforderlichen Zeitaufwand zu berücksichtigen. Daneben haben sie aber auch in ihre Überlegungen einzubeziehen, dass die Vorlage schriftlicher Unterlagen zur Herbeiführung einer richterlichen Eilentscheidung zumindest nicht ausnahmslos erforderlich ist. Jedenfalls in einfach gelagerten Fällen, in denen allein aufgrund der **mündlichen Darstellung des Sachverhalts** eine sachangemessene Entscheidung möglich ist, würde ein solches Erfordernis weder der gesetzlichen Intention noch der Bedeutung des Richtervorbehalts für den Grundrechtsschutz des Einzelnen gerecht (vgl. insoweit zur Anordnung einer Blutentnahme gemäß § 81a StPO: BVerfGK 17, 340 <346 f.>). Es bestehen daher in solchen Fällen keine verfassungsrechtlichen Bedenken, wenn der zuständige Richter allein aufgrund mündlich übermittelter Informationen entscheidet und die Durchsuchung auch **mündlich anordnet**, sofern er diese Anordnung zeitnah schriftlich dokumentiert und damit den sich aus Art. 19 Abs. 4 GG ergebenden Erfordernissen Rechnung trägt.".

[1125] Vgl. z.B. BVerfGE 103, 142 (Wohnungsdurchsuchung und Gefahr im Verzug) = BVerfG, Urteil des Zweiten Senats vom 20.02.2001 – 2 BvR 1444/00 –, Ls. 1b: „‚Gefahr im Verzug' muss mit **Tatsachen** begründet werden, die auf den Einzelfall bezogen sind. Reine Spekulationen, hypothetische Erwägungen oder lediglich auf kriminalistische Alltagserfahrung gestützte, fallunabhängige Vermutungen reichen nicht aus.", C. I. 2. b) bb), Rn. 39: „Im Konkreten sind reine Spekulationen, hypothetische Erwägungen oder lediglich auf kriminalistische Alltagserfahrung gestützte, fallunabhängige Vermutungen als Grundlage einer Annahme von Gefahr im Verzug nicht hinreichend. Gefahr im Verzug muss mit **Tatsachen** begründet werden, die auf den Einzelfall bezogen sind. Die bloße Möglichkeit eines Beweismittelverlusts genügt nicht.".

[1126] Vgl. Nr. 42.2 VVPolG NRW: „Wohnungsinhaber sind auf das Recht hinzuweisen, bei der Durchsuchung anwesend sein zu können.".

(DEF)

Möglichkeit i.S.d. § 42 Abs. 2 PolG NRW ist das Vorliegen zuziehungszulassender Umstände in Abwägung von Erhaltungsrechten und Eingriffsrechten; wobei auch durch § 42 Abs. 2 Hs. 1 PolG NRW die Möglichkeit der Wohnungsinhaber-Abwesenheit vorausgesetzt wird und § 42 Abs. 2 PolG NRW sowohl die Förderung der Interessen der durchsuchenden Personen als auch der Interessen der von der Durchsuchung betroffenen Personen bezweckt, vgl. für die Abwägung Fälle mit Dringlichkeit der Durchsuchung, mit Durchsuchung gerade im Gefahrenabwehrinteresse des Wohnungsinhabers, mit Desinteresse von Wohnungsinhaber oder Hinzuziehbaren, mit Gefährdung von Hinzugezogenen, mit Grundrechtsvertiefung für Wohnungsinhaber durch Hinzuziehung störender oder neugieriger, negativ eingestellter Hinzugezogener.

Wohnungsinhaber ist der Inhaber der tatsächlichen Gewalt über die Wohnung, also eine natürliche Person (§ 1 BGB) mit zur maßgeblichen Zeit tatsächlich ausübbarem **Besitz** zur als Wohnung geltenden Sache im Sinne des Privatrechts, vgl. insbesondere §§ 854-872 BGB.

Vertreter ist ein Stellvertreter qua Gesetz oder ein Stellvertreter qua Rechtsgeschäft.[1127]

Zeuge ist jede natürliche Person, die in Anwesenheit der Durchsuchung von dieser Wahrnehmungen und dazu im Nachhinein rechtmäßigkeitsrelevante Aussagen machen kann.[1128]

Hausgenosse oder **Nachbar** sind mit oder neben dem Wohnungsinhaber wohnende Personen.

(SUB/ERG)

Im konkreten Fall ist § 42 Abs. 2 PolG NRW (alternativ)

- bei Vorliegen von entsprechenden Anhaltspunkten / Fehlen entgegenstehender Anhaltspunkte eingehalten.
- bei Vorliegen von entsprechenden Anhaltspunkten nicht eingehalten.

(VOR)

c) § 42 Abs. 3 PolG NRW: Grundbekanntgabe

Gemäß § 42 Abs. 3 PolG NRW ist dem Wohnungsinhaber oder seinem Vertreter den Grund der Durchsuchung **unverzüglich** (§ 121 Abs. 1 S. 1 BGB) bekannt zu geben, soweit dadurch der Zweck der Maßnahmen nicht gefährdet wird.

1127 **Vertreter** ist ein **Stellvertreter** qua Gesetz oder ein **Stellvertreter** qua Rechtsgeschäft (§§ 164-181 BGB). Vgl. insbesondere:

- §§ 1626-1698b BGB: **Elterliche Sorge** mit „**Vertretung des Kindes**" gemäß § 1629 BGB;
- § 1 Abs. 1 Nr. 4 JuSchG: **erziehungsbeauftragte Person**;
- §§ 1773-1895 BGB: **Vormundschaft**;
- §§ 1896-1908k BGB: **Rechtliche Betreuung**;
- §§ 1909-1921 BGB: **Pflegschaft**.

1128 Nr. 40.02 S. 2 VVPolG NRW: „Polizeivollzugsbeamtinnen und Polizeivollzugsbeamte kommen als Zeuginnen und Zeugen nur in Betracht, wenn andere Personen zu diesem Zwecke nicht hinzugezogen werden können.".

(DEF)

Wohnungsinhaber ist der Inhaber der tatsächlichen Gewalt über die Wohnung, also eine natürliche Person (§ 1 BGB) mit zur maßgeblichen Zeit tatsächlich ausübbarem **Besitz** zur als Wohnung geltenden Sache im Sinne des Privatrechts, vgl. insbesondere §§ 854-872 BGB.

Vertreter ist ein Stellvertreter qua Gesetz oder ein Stellvertreter qua Rechtsgeschäft.[1129]

Grund der Durchsuchung im Sinne des § 42 Abs. 3 PolG NRW ist ein (Zweck-)Grund aus § 41 PolG NRW.

Zweck der Maßnahme im Sinne des § 42 Abs. 3 PolG NRW ist ein Zweck aus § 41 PolG NRW.

(SUB/ERG)

Im konkreten Fall ist § 42 Abs. 3 PolG NRW (alternativ)

- bei Vorliegen von entsprechenden Anhaltspunkten / Fehlen entgegenstehender Anhaltspunkte eingehalten.
- bei Vorliegen von entsprechenden Anhaltspunkten nicht eingehalten.

(VOR)

d) § 42 Abs. 4, 5 PolG NRW: Niederschrift oder Vermerk

§ 42 Abs. 4 PolG NRW lautet: Über die Durchsuchung ist eine Niederschrift zu fertigen. Sie muss die verantwortliche Dienststelle, Grund, Zeit und Ort der Durchsuchung und das Ergebnis der Durchsuchung enthalten. Die Niederschrift ist von einem durchsuchenden Beamten und dem Wohnungsinhaber oder der zugezogenen Person zu unterzeichnen. Wird die Unterschrift verweigert, so ist hierüber ein Vermerk aufzunehmen. Dem Wohnungsinhaber oder seinem Vertreter ist auf Verlangen eine Abschrift der Niederschrift auszuhändigen.

§ 42 Abs. 5 PolG NRW lautet: Ist die Anfertigung der Niederschrift oder die Aushändigung einer Abschrift nach den besonderen Umständen des Falles nicht möglich oder würde sie den Zweck der Durchsuchung gefährden, so sind der betroffenen Person lediglich die Durchsuchung unter Angabe der verantwortlichen Dienststelle sowie Zeit und Ort der Durchsuchung schriftlich zu bestätigen.

(DEF)

Wohnungsinhaber im Sinne von § 42 Abs. 4 PolG NRW st der Inhaber der tatsächlichen Gewalt über die Wohnung, also eine natürliche Person (§ 1 BGB) mit zur maßgeblichen Zeit

---

[1129] **Vertreter** ist ein **Stellvertreter** qua Gesetz oder ein **Stellvertreter** qua Rechtsgeschäft (§§ 164-181 BGB). Vgl. insbesondere:

- §§ 1626-1698b BGB: **Elterliche Sorge** mit „**Vertretung des Kindes**" gemäß § 1629 BGB;
- § 1 Abs. 1 Nr. 4 JuSchG: **erziehungsbeauftragte Person**;
- §§ 1773-1895 BGB: **Vormundschaft**;
- §§ 1896-1908k BGB: **Rechtliche Betreuung**;
- §§ 1909-1921 BGB: **Pflegschaft**.

tatsächlich ausübbarem **Besitz** zur als Wohnung geltenden Sache im Sinne des Privatrechts, vgl. insbesondere §§ 854-872 BGB.

Vertreter im Sinne des § 42 Abs. 4 PolG NRW ist ein Stellvertreter qua Gesetz oder ein Stellvertreter qua Rechtsgeschäft.[1130]

Zugezogene Person im Sinne des § 42 Abs. 5 PolG NRW ist jeder mit Wissen und Wollen der Polizei bei der Durchsuchung anwesende Zeuge.

Zweck der Durchsuchung im Sinne des § 42 Abs. 5 PolG NRW ist ein Zweck aus § 41 PolG NRW.

(SUB/ERG)

Im konkreten Fall ist § 42 Abs. 4, 5 PolG NRW (alternativ)

- bei Vorliegen von entsprechenden Anhaltspunkten / Fehlen entgegenstehender Anhaltspunkte eingehalten.
- bei Vorliegen von entsprechenden Anhaltspunkten nicht eingehalten.

(VOR/DEF)

e) § 42 Abs. 6 PolG NRW: Belehrung

Gemäß § 42 Abs. 6 PolG NRW gilt § 14 Abs. 3 PolG NRW entsprechend, wonach die betroffene Person bei Vornahme der Maßnahme darüber zu belehren ist, dass sie die Vernichtung der Durchsuchungs-Unterlagen verlangen kann, wenn die Voraussetzungen für ihre weitere Aufbewahrung entfallen sind.

(SUB/ERG)

Im konkreten Fall ist § 42 Abs. 6 PolG NRW (alternativ)

- bei Vorliegen von entsprechenden Anhaltspunkten / Fehlen entgegenstehender Anhaltspunkte eingehalten.
- bei Vorliegen von entsprechenden Anhaltspunkten nicht eingehalten.

1130 **Vertreter** ist ein **Stellvertreter** qua Gesetz oder ein **Stellvertreter** qua Rechtsgeschäft (§§ 164-181 BGB). Vgl. insbesondere:

- §§ 1626-1698b BGB: **Elterliche Sorge** mit „**Vertretung des Kindes**" gemäß § 1629 BGB;
- § 1 Abs. 1 Nr. 4 JuSchG: **erziehungsbeauftragte Person**;
- §§ 1773-1895 BGB: **Vormundschaft**;
- §§ 1896-1908k BGB: **Rechtliche Betreuung**;
- §§ 1909-1921 BGB: **Pflegschaft**.

2. Allgemeine VwVfG-NRW-Verfahrensrechtsnormen bzgl. Durchsuchungs(-Begleit-)VA (§§ 1, 2, 9, 35 VwVfG NRW)

(VOR/DEF)

a) § 28 VwVfG NRW: Anhörung

Gemäß § 28 VwVfG NRW besteht Pflicht zur **Anhörung** im Sinne des § 28 Abs. 1 VwVfG NRW (Äußerungsgelegenheit mit entsprechender Würdigung vor eingreifendem VA) – oder es soll gegeben sein: ein Ausnahmegrund gemäß § 28 Abs. 2, 3 VwVfG NRW oder **VA-Verletzungsunbeachtlichkeit** gemäß § 45 VwVfG NRW oder **VA-Nichtaufhebbarkeit** gemäß § 46 VwVfG NRW.

Gemäß § 28 Abs. 2 VwVfG NRW kann von der Anhörung abgesehen werden, wenn sie nach den Umständen des Einzelfalles nicht geboten ist, insbesondere wenn ein Fall vorliegt gemäß § 28 Abs. 2 Nr. 1-5 VwVfG NRW.

Gebotenheit ist Nichtverfügbarkeit eines milderen, gleich geeigneten Mittels zur Zweckförderung.

Gemäß § 28 Abs. 2 Nr. 1 VwVfG NRW kann von der Anhörung abgesehen werden, wenn eine sofortige Entscheidung wegen Gefahr im Verzug oder im öffentlichen Interesse notwendig erscheint.

Gefahr im Verzug i.S.d. § 28 Abs. 2 Nr. 1 VwVfG NRW ist gegeben, wenn der Handlungsbedarf unvorhergesehen ist und bei Durchführung der eigentlich vorgesehenen Maßnahme, hier der Anhörung, der gesetzliche Zweck, hier der jeweilige aus der Aufgabe und Befugnisrechtsnorm, vereitelt oder wesentlich erschwert wird.[1131]

Öffentliches Interesse ist die einzelfallbezogene Relevanz eines Rechts oder Rechtsguts nicht ausschließlich bei einem einzelnen Individuum.

Notwendigkeit ist Nichtverfügbarkeit eines milderen, gleich geeigneten Mittels zur Zweckförderung – bis hin zur Alternativlosigkeit der Mittelanwendung.

Gemäß § 28 Abs. 3 VwVfG NRW unterbleibt eine Anhörung, wenn ihr ein zwingendes öffentliches Interesse entgegensteht.

Zwingendes öffentliches Interesse ist die einzelfallbezogene unbedingte Relevanz eines Rechts oder Rechtsguts nicht ausschließlich bei einem einzelnen Individuum.

[1131] BVerwGE 142, 205 (Schutzmaßnahme nach IfSG) = BVerwG, Urteil vom 22.03.2012 – BVerwG 3 C 16.11: „**Gefahr im Verzug** im Sinne von § 28 Abs. 2 Nr. 1 VwVfG ist anzunehmen, wenn durch eine vorherige Anhörung auch bei Gewährung kürzester Anhörungsfristen ein Zeitverlust einträte, der mit hoher Wahrscheinlichkeit zur Folge hätte, dass die behördliche Maßnahme zu spät käme, um ihren Zweck noch zu erreichen. Ob eine sofortige Entscheidung objektiv notwendig war oder die Behörde eine sofortige Entscheidung zumindest für notwendig halten durfte, ist vom Gericht aus ex-ante-Sicht zu beurteilen (Urteil vom 15. Dezember 1983 - BVerwG 3 C 27.82 - BVerwGE 68, 267 <271 f.> = Buchholz 316 § 28 VwVfG Nr. 9 S. 18). Hierbei ist wegen der Bedeutung des Anhörungsrechts als tragendem Prinzip des rechtsstaatlichen Verfahrens ein strenger Maßstab anzulegen (vgl. Kopp/Ramsauer, VwVfG, 12. Aufl. 2011, § 28 Rn. 3 und Rn. 46 m.w.N.).“.

(SUB/ERG)

Im konkreten Fall ist § 28 VwVfG NRW (alternativ)

- eingehalten insbesondere bei Gelegenheit zur Stellungnahme i.S.d. § 28 Abs. 1 VwVfG NRW;
- eingehalten bei Nichteinhaltung von § 28 Abs. 1 VwVfG NRW und Ausnahmegrund gemäß § 28 Abs. 2, 3 VwVfG NRW;
- nicht eingehalten insbesondere bei Fehlen von Gelegenheit zur Stellungnahme ohne Ausnahmegrund;
- sonst eingehalten oder nicht eingehalten bei Anhaltspunkten / Fehlen entgegenstehender Anhaltspunkte.

(VOR/DEF)

b) § 39 VwVfG NRW: Begründung

Gemäß § 39 Abs. 1 VwVfG NRW besteht Pflicht zur **Begründung** eines schriftlichen oder elektronischen sowie schriftlich oder elektronisch bestätigten VA (vgl. § 37 Abs. 2 VwVfG NRW) mit den tatsächlich-rechtlichen, nicht unbedingt materiellrechtlich richtigen Behördenerwägungen – oder es soll gegeben sein: ein Ausnahmegrund nach § 39 Abs. 2 VwVfG NRW (insb. § 39 Abs. 2 Nr. 2, 4 VwVfG NRW) oder **VA-Verletzungsunbeachtlichkeit** gemäß § 45 VwVfG NRW oder **VA-Nichtaufhebbarkeit** gemäß § 46 VwVfG NRW.

(SUB/ERG)

Im konkreten Fall ist § 39 VwVfG NRW (alternativ)

- eingehalten bei Fehlen von Begründungspflicht bei rechtmäßigem Fehlen von schriftlichem oder elektronischem, schriftlich oder elektronisch bestätigtem VA (i.d.R. jedenfalls zunächst bei Maßnahmen i.S.d. § 80 Abs. 2 S. 1 Nr. 2 VwGO);
- eingehalten bei Begründung bei schriftlichem oder elektronischem, schriftlich oder elektronisch bestätigtem VA (z.B. im Rahmen von „Bescheinigungen"; „Mitteilungen", „Anschreiben-VA" [„Auflagenanschreiben"; „Gefährderanschreiben", „Meldeauflagenanschreiben"], „HG-Schriftverfügung") und bei Nichtvorliegen eines Ausnahmegrundes i.S.v. § 39 Abs. 2 VwVfG NRW;
- eingehalten bei Ausnahmegrund nach § 39 Abs. 2 VwVfG NRW, insbesondere wegen bekannter oder erkennbarer Sach- und Rechtslage gemäß § 39 Abs. 2 Nr. 2 Var. 1 oder 2 VwVfG NRW;
- sonst eingehalten oder nicht eingehalten bei Anhaltspunkten / Fehlen entgegenstehender Anhaltspunkte.

Vertretbar bei Fehlen eines Begründungserfordernisüberhangs: § 39 VwVfG NRW wird bzgl. eines Wohnungsdurchsuchungs-VA von der insoweit spezielleren Rechtsnorm („lex specialis") gemäß der Rechtsnormspezialitätsregel[1132] von § 42 Abs. 3 PolG NRW und § 42 Abs. 4, 5 PolG NRW verdrängt (vgl. Wortlaut „Grund").

Art. 13 Abs. 2-7 GG: „Im Übrigen" können – insbesondere bei Fehlen von verfassungsmäßigen einfachgesetzlichen Konkretisierungen von Art. 13 Abs. 2-7 GG – Art. 13 Abs. 2-7 GG alternativ direkt anwendbare Rechtsgrundlagen mit Rechtmäßigkeitsvoraussetzungen bilden.

1132 Zur **Rechtsnormspezialitätsregel** siehe auch: *Basten*, Eingriffsrecht der Polizei in Nordrhein-Westfalen, Band 1, S. 39, 41, 161, 167.

(ERG Verfahren)

Ergebnis kann allgemein sein: Verfahrensrechtmäßigkeit oder Verfahrensrechtswidrigkeit der Maßnahme.

B. Formelle Rechtmäßigkeit (FR) III. Form (F)

(VOR/DEF)

Form ist normiertes Wie der Rechtsfolgesetzung – schriftlich, elektronisch, mündlich oder in anderer Weise.

(SUB/ERG)

Im konkreten Fall (alternativ)

- ist bei Fehlen von VA § 37 Abs. 2-6 VwVfG NRW unanwendbar.
- ist bei Fehlen von VA und Fehlen speziellerer Formrechtsnormen Formfreiheit gegeben.
- ist bei VA und Fehlen speziellerer Formrechtsnormen anwendbar: § 37 Abs. 2 bis 6 VwVfG NRW.
- kann gemäß § 37 Abs. 2 S. 1 VwVfG NRW der VA schriftlich, elektronisch, mündlich oder in anderer Weise erlassen werden.
- braucht gemäß § 37 Abs. 2 S. 2 VwVfG NRW der mündliche VA schriftlich oder elektronisch nicht bestätigt zu werden, wenn hieran kein berechtigtes Interesse besteht und der Betroffene dies nicht unverzüglich verlangt.

Im Übrigen ist Form integraler Verfahrensbestandteil, vgl. z.B. bzgl. der Sachendurchsuchung § 42 Abs. 4, 5 PolG NRW.

Ergebnis kann allgemein sein: Formrechtsmäßigkeit oder Formrechtswidrigkeit der Maßnahme.

C. Materielle Rechtmäßigkeit (MR) I. Tatbestand (Tb) / Tatbestandsvoraussetzungen (TBV)[1133]

(VOR/DEF)

Tatbestand ist das Gesamt der (materiell-rechtlichen) Rechtsfolge(setzungs)bedingungen. / **Tatbestandsvoraussetzungen** sind materiell-rechtliche Rechtsfolgesetzungsbedingungen.

1133 Vgl. auch Art. 46 GG (Abs. 1: **Abgeordnetenindemnität**; Abs. 2-4: **Abgeordnetenimmunität** – mit **Bundestagsgenehmigungsvorbehalt**); Art. 47 Verfassung NRW (**Abgeordnetenindemnität**), Art. 48 Verfassung NRW (**Abgeordnetenimmunität** – mit **Landtagsgenehmigungsvorbehalt**); Art. 60 Abs. 4 GG (**Bundespräsidentenimmunität**); Art. 40 Abs. 2 S. 1 GG (**Bundestagspräsidentengenehmigungsvorbehalt** für Durchsuchung oder Beschlagnahme in Bundestagsräumen); Art. 49 Abs. 2 Verfassung NRW (**Landtagspräsidentengenehmigungsvorbehalt** für Durchsuchung oder Beschlagnahme in Landtagsräumen); zum Abgeordneten vgl. auch: Art. 47 GG, Art. 49 Abs. 1 Verfassung NRW (**Abgeordneten-Zeugnisverweigerungsrecht** und zeugnisverweigerungsrechtentsprechendes **Abgeordneten-Schriftstückebeschlagnahmeverbot**).

(VOR)

1. (alternative) TBV aus § 41 Abs. 1 S. 1 Nr. 1, Abs. 2 PolG NRW

§ 41 Abs. 1 S. 1 Nr. 1 PolG NRW lautet: Die Polizei kann eine Wohnung ohne **Einwilligung** (vgl. § 36 Nr. 19 DSG NRW, § 38 DSG NRW) des Inhabers betreten und durchsuchen, wenn Tatsachen die Annahme rechtfertigen, dass sich in ihr eine Person befindet, die nach § 10 Abs. 3 PolG NRW vorgeführt oder nach § 35 PolG NRW in Gewahrsam genommen werden darf.

§ 41 Abs. 2 PolG NRW lautet: Während der Nachtzeit ist das Betreten und Durchsuchen einer Wohnung nur in den Fällen des § 41 Abs. 1 S. 1 Nr. 3 und 4 PolG NRW zulässig.

Art. 13 Abs. 2-7 GG: „Im Übrigen" können – insbesondere bei Fehlen von verfassungsmäßigen einfachgesetzlichen Konkretisierungen von Art. 13 Abs. 2-7 GG – Art. 13 Abs. 2-7 GG alternativ direkt anwendbare Rechtsgrundlagen mit Rechtmäßigkeitsvoraussetzungen bilden.

(DEF)

Person i.S.d. § 41 Abs. 1 S. 1 Nr. 4 PolG NRW ist natürliche Person im Sinne von § 1 BGB und teleologisch jeder Mensch.

Befinden im Sinne des § 41 Abs. 1 S. 1 Nr. 1 PolG NRW ist jede tatsächliche Anwesenheit.

Dürfen der Vorführung / Vorführungsdürfen nach § 10 Abs. 3 PolG NRW ist Vorführungsbefugnis im Sinne von Rechtmäßigkeit der Vorführung gemäß § 10 Abs. 3 PolG NRW.

Dürfen der Ingewahrsamnahme / Ingewahrsamnahmedürfen nach § 35 PolG NRW ist Ingewahrsamnahmebefugnis im Sinne von Rechtmäßigkeit gemäß §§ 35-37, 38 PolG NRW.

Tatsachen sind alle wahrnehmbaren Dinge der Welt – nicht ausreichend sind: hypothetische Erwägungen, reine Spekulationen, fallunabhängige Vermutungen; kriminalistische Erfahrung kann ausreichen, wenn sie einen Anhalt im Tatsächlichen hat.

Annahmerechtfertigung ist Ausreichen ggf. auch nur einer Tatsache für die Begründung der Annahme – je nach Abwägung aller Umstände, vgl. „rechtfertigen".

Nachtzeit ist gemäß § 104 Abs. 3 StPO i.V.m. § 31 BVerfGG ganzjährig die Zeit zwischen 21 Uhr und 6 Uhr.[1134]

(SUB/ERG)

Im konkreten Fall sind die Tatbestandsvoraussetzungen des § 41 Abs. 1 S. 1 Nr. 1, Abs. 2 PolG NRW

1134 BVerfGE 151, 67 (Richtervorbehalt, Bereitschaftsdienst, Nachtzeit/Tageszeit i.S.v. § 104 Abs. 3 StPO) = BVerfG, Beschluss des Zweiten Senats vom 12.03.2019 – 2 BvR 675/14, Rn. 63-67; Rn. 66: „Weil nach den heutigen Lebensgewohnheiten zumindest die Zeit zwischen 21 Uhr und 6 Uhr ganzjährig als **Nachtzeit** anzusehen ist (vgl. BVerfG, Urteil des Zweiten Senats vom 24. Juli 2018 - 2 BvR 309/15 u.a. -, Rn. 100), ist es von Verfassungs wegen geboten, dass sich der Schutz vor nächtlichen Wohnungsdurchsuchungen auch in den Monaten April bis September auf die Zeit von 4 Uhr bis 6 Uhr morgens erstreckt. Dies folgt unmittelbar aus Art. 13 Abs. 1 GG. Dabei kann das Regelungskonzept aus § 104 Abs. 1 und Abs. 2 StPO übertragen werden, so dass Wohnungsdurchsuchungen zur Verfolgung auf frischer Tat, bei Gefahr im Verzug oder zur Wiederergreifung eines entwichenen Gefangenen zulässig bleiben und sich die Durchsuchungsbeschränkungen nicht auf die in § 104 Abs. 2 StPO genannten Räume erstrecken.".

- erfüllt.
- nicht erfüllt.

(VOR)

2. (alternative) TBV aus § 41 Abs. 1 S. 1 Nr. 2, Abs. 2 PolG NRW

§ 41 Abs. 1 S. 1 Nr. 2 PolG NRW lautet: Die Polizei kann eine Wohnung ohne **Einwilligung** (vgl. § 36 Nr. 19 DSG NRW, § 38 DSG NRW) des Inhabers betreten und durchsuchen, wenn Tatsachen die Annahme rechtfertigen, dass sich in ihr eine Sache befindet, die nach § 43 Nr. 1 PolG NRW sichergestellt werden darf.

§ 41 Abs. 2 PolG NRW lautet: Während der Nachtzeit ist das Betreten und Durchsuchen einer Wohnung nur in den Fällen des § 41 Abs. 1 S. 1 Nr. 3 und 4 PolG NRW zulässig.

Art. 13 Abs. 2-7 GG: „Im Übrigen" können – insbesondere bei Fehlen von verfassungsmäßigen einfachgesetzlichen Konkretisierungen von Art. 13 Abs. 2-7 GG – Art. 13 Abs. 2-7 GG alternativ direkt anwendbare Rechtsgrundlagen mit Rechtmäßigkeitsvoraussetzungen bilden.

(DEF)

Sache ist jeder körperliche Gegenstand, vgl. §§ 90, 90a BGB (, nach vertretbarer teleologischer Auslegung auch andere Gegenstände und auch Daten), außer die Wohnung selbst, in der sich nach tatsachengerechtfertigter Annahme die Sache befindet.

Befinden im Sinne des § 41 Abs. 1 S. 1 Nr. 2 PolG NRW ist jede tatsächliche Lage.

Dürfen der Sicherstellung / Sicherstellungsdürfen nach § 43 Nr. 1 PolG NRW ist Sicherstellungsbefugnis im Sinne von Rechtmäßigkeit gemäß § 43 Nr. 1 PolG NRW oder anderen Rechtsvorschriften mit Befugnis zu Sicherstellung oder Beschlagnahme oder Einziehung.

Tatsachen sind alle wahrnehmbaren Dinge der Welt – nicht ausreichend sind: hypothetische Erwägungen, reine Spekulationen, fallunabhängige Vermutungen; kriminalistische Erfahrung kann ausreichen, wenn sie einen Anhalt im Tatsächlichen hat.

Annahmerechtfertigung ist Ausreichen ggf. auch nur einer Tatsache für die Begründung der Annahme – je nach Abwägung aller Umstände, vgl. „rechtfertigen".

Nachtzeit ist gemäß § 104 Abs. 3 StPO i.V.m. § 31 BVerfGG ganzjährig die Zeit zwischen 21 Uhr und 6 Uhr.[1135]

[1135] BVerfGE 151, 67 (Richtervorbehalt, Bereitschaftsdienst, Nachtzeit/Tageszeit i.S.v. § 104 Abs. 3 StPO) = BVerfG, Beschluss des Zweiten Senats vom 12.03.2019 – 2 BvR 675/14, Rn. 63-67; Rn. 66: „Weil nach den heutigen Lebensgewohnheiten zumindest die Zeit zwischen 21 Uhr und 6 Uhr ganzjährig als **Nachtzeit** anzusehen ist (vgl. BVerfG, Urteil des Zweiten Senats vom 24. Juli 2018 - 2 BvR 309/15 u.a. -, Rn. 100), ist es von Verfassungs wegen geboten, dass sich der Schutz vor nächtlichen Wohnungsdurchsuchungen auch in den Monaten April bis September auf die Zeit von 4 Uhr bis 6 Uhr morgens erstreckt. Dies folgt unmittelbar aus Art. 13 Abs. 1 GG. Dabei kann das Regelungskonzept aus § 104 Abs. 1 und Abs. 2 StPO übertragen werden, so dass Wohnungsdurchsuchungen zur Verfolgung auf frischer Tat, bei Gefahr im Verzug oder zur Wiederergreifung eines entwichenen Gefangenen zulässig bleiben und sich die Durchsuchungsbeschränkungen nicht auf die in § 104 Abs. 2 StPO genannten Räume erstrecken.".

(SUB/ERG)

Im konkreten Fall sind die Tatbestandsvoraussetzungen des § 41 Abs. 1 S. 1 Nr. 2 PolG NRW

- erfüllt.
- nicht erfüllt.

(VOR)

3. (alternative) TBV aus § 41 Abs. 1 S. 1 Nr. 3, Abs. 2 PolG NRW

§ 41 Abs. 1 S. 1 Nr. 3 PolG NRW lautet: Die Polizei kann eine Wohnung ohne **Einwilligung** (vgl. § 36 Nr. 19 DSG NRW, § 38 DSG NRW) des Inhabers betreten und durchsuchen, wenn von der Wohnung Immissionen ausgehen, die nach Art, Ausmaß oder Dauer zu einer erheblichen Belästigung der Nachbarschaft führen.

§ 41 Abs. 2 PolG NRW lautet: Während der Nachtzeit ist das Betreten und Durchsuchen einer Wohnung nur in den Fällen des § 41 Abs. 1 S. 1 Nr. 3 und 4 PolG NRW zulässig.

Art. 13 Abs. 2-7 GG: „Im Übrigen" können – insbesondere bei Fehlen von verfassungsmäßigen einfachgesetzlichen Konkretisierungen von Art. 13 Abs. 2-7 GG – Art. 13 Abs. 2-7 GG alternativ direkt anwendbare Rechtsgrundlagen mit Rechtmäßigkeitsvoraussetzungen bilden.

(DEF)

Nachbarschaft ist die baulich unmittelbar anliegende Umgebung und die Umgebung in Sicht-, Hör-, Riechweite.[1136]

Immissionen sind auf Menschen, Tiere und Pflanzen, den Boden, das Wasser, die Atmosphäre sowie Kultur- und sonstige Sachgüter einwirkende Luftverunreinigungen, Geräusche, Erschütterungen, Licht, Wärme, Strahlen und ähnliche Umwelteinwirkungen, § 3 Abs. 2 BImSchG i.V.m. § 2 LImschG NRW.

Belästigungen sind Beeinträchtigungen des körperlichen oder seelischen Wohlbefindens eines Menschen unterhalb der Schwelle der Gesundheitsschädigung.

Erheblichkeit i.S.d. § 41 Abs. 1 S. 1 Nr. 3 PolG NRW ist Unzumutbarkeit vom objektivierten Immissionsempfänger in seiner jeweiligen persönlichen Lage (ggf. mit besonderer Prädisposition bzw. besonderer Vulnerabilität, vgl. z.B. Alte, Junge, Kranke, Schwangere) nach Abwägung aller Umstände (letzteres in Rspr. uneinheitlich). Vgl. auch „Art, Ausmaß, Dauer" und Rechtsnormen wie § 9 LImschG NRW (i.V.m. Nr. 41.12 S. 2 VVPolG NRW: „Von einer

---

1136 OVG NRW, Urteil des 8. Senats vom 23.09.2020 – 8 A 1161/18, Rn. 81, 82: „**Nachbarschaft** in diesem Sinne kennzeichnet ein qualifiziertes Betroffensein, das sich deutlich abhebt von den Auswirkungen, die den Einzelnen als Teil der Allgemeinheit treffen können. Sie setzt im Interesse klarer und überschaubarer Konturen und damit letztlich im Interesse der Rechtssicherheit ein besonderes Verhältnis zur Anlage im Sinne einer engeren räumlichen und zeitlichen Beziehung des Bürgers zum Genehmigungsgegenstand voraus. Vgl. BVerwG, Urteile vom 10. Juli 2012 - 7 A 11.11 -, juris Rn. 33, vom 7. Mai 1996 - 1 C 10.95 -, juris Rn. 34, und vom 22. Oktober 1982 - 7 C 50.78 -, juris Rn. 12. Dies gilt auch für den von § 10 LImSchG NRW im Bereich der Lärmbekämpfung vermittelten Drittschutz. Die Drosselung der Geräuschentwicklung schallerzeugender Geräte liegt in erster Linie im Interesse der durch den Lärm unmittelbar betroffenen Umgebung. Vgl. OVG NRW, Urteil vom 29. Juli 1983 - 4 A 1063/82 -, NVwZ 1984, 531 (532); Himmelmann, LImSchG NRW, Stand: Juni 2019, §10 Erl. 3.".

erheblichen Belästigung der Nachbarschaft ist in der Regel nur auszugehen, wenn die Polizei um Hilfe gerufen wird und nach Würdigung aller Umstände die Immissionen nicht zumutbar sind.").[1137]

Ausgehen i.S.d. § 41 Abs. 1 S. 1 Nr. 3 PolG NRW ist Wohnungsbereichs-Mitverursachung der Wahrnehmbarkeit außerhalb der Wohnung.

[1137] Nr. 41.12 VVPolG NRW: „§ 41 Abs. 1 Satz 1 Nr. 3 setzt keine Gefahr i.S.d. in § 41 Abs. 1 Satz 1 Nr. 4 genannten Schutzgüter voraus und dient insbesondere dem wirksamen Schutz der Nachtruhe vor erheblichen Ruhestörungen und zur Beendigung einer Ordnungswidrigkeit i.S.d. § 17 Abs. 1d des Landes-Immissionsschutzgesetzes (LImSchG). Von einer erheblichen Belästigung der Nachbarschaft ist in der Regel nur auszugehen, wenn die Polizei um Hilfe gerufen wird und nach Würdigung aller Umstände die Immissionen nicht zumutbar sind.".

OVG NRW, Urteil des 8. Senats vom 23.09.2020 – 8 A 1161/18, Rn. 80, 81: „Was **erhebliche Belästigungen** im Sinne dieser Vorschrift sind, bestimmt sich nach § 3 Abs. 1 BImSchG. Dies ergibt sich aus der systematischen Stellung von § 10 LImSchG NRW innerhalb dieses Gesetzes: Nach § 1 Abs. 1 LImSchG NRW gilt dieses Gesetz für die Errichtung und für den Betrieb von Anlagen sowie für das Verhalten von Personen, soweit dadurch schädliche Umwelteinwirkungen verursacht werden können. Die Begriffe der schädlichen Umwelteinwirkungen, der Immissionen und der Emissionen werden nach § 2 Satz 1 LImSchG NRW in diesem Gesetz im Sinne des § 3 Abs. 1 bis 6 BImSchG verwandt. Nach § 3 Abs. 1 LImSchG NRW hat sich jeder so zu verhalten, dass schädliche Umwelteinwirkungen vermieden werden, soweit das nach den Umständen des Einzelfalles möglich und zumutbar ist. § 10 LImSchG NRW befindet sich im Zweiten Teil des Gesetzes, der nach dem Ersten Teil - Allgemeine Vorschriften - Vorschriften für besondere Immissionsarten und Anlagensicherheit enthält und darin im Zweiten Abschnitt (§§ 9 bis 11) die Lärmbekämpfung regelt. Gemäß § 3 Abs. 1 BImSchG sind schädliche Umwelteinwirkungen Immissionen, die nach Art, Ausmaß oder Dauer geeignet sind, Gefahren, erhebliche Nachteile oder erhebliche Belästigungen für die Allgemeinheit oder die Nachbarschaft herbeizuführen.", Rn. 85-88: „Der Begriff der **schädlichen Umwelteinwirkungen** ist ein unbestimmter Rechtsbegriff, der der vollen gerichtlichen Überprüfung unterliegt. Ein behördlicher Beurteilungsspielraum ist insoweit nicht eröffnet. Vgl. BVerwG, Urteil vom 17. Februar 1978 - I C 102.76 -, juris Rn. 32. Für die Frage, ob **Lärmeinwirkungen** das zumutbare Maß überschreiten und damit eine **erhebliche Belästigung** im Sinne von § 3 Abs. 1 BImSchG darstellen, ist ein objektivierter Maßstab - nämlich das Empfinden eines verständigen Durchschnittsmenschen, nicht die individuelle Einstellung eines besonders empfindlichen Nachbarn - zugrunde zu legen. Vgl. BVerwG, Urteile vom 23. September 1999 - 4 C 6.98 -, juris Rn. 29, vom 7. Mai 1996 - 1 C 10.95 -, juris Rn. 28, vom 7. Oktober 1983 - 7 C 44.81 -, juris Rn. 18, Beschluss vom 18. Mai 2009 - 8 B 13.09 -, juris Rn. 5; OVG NRW, Urteil vom 15. März 2007 - 10 A 998/06 -, juris Rn. 82, sowie Beschlüsse vom 14. Januar 2010 - 8 B 1015/09 -, juris Rn. 76 f., und vom 10. Februar 2006 - 8 A 2621/04 -, juris Rn. 19.", Rn. 93-95: „Die **TA Lärm** gilt zwar nach ihrer Nr. 1 unmittelbar nur für genehmigungsbedürftige Anlagen im Sinne des § 4 BImSchG. Die in ihr niedergelegten **Lärmermittlungs- und Bewertungsgrundsätze** sind aber auch für andere Lärmarten - je nach deren Ähnlichkeit mit gewerblichem Lärm - bedeutsam. Die **Immissionsrichtwerte der TA Lärm** regeln die Schutzwürdigkeit bestimmter Gebiete in Abhängigkeit von der jeweiligen Gebietsart, den tatsächlichen Verhältnissen und der Tageszeit und können daher auch in anderen immissionsschutzrechtlichen Verfahren als Ausgangspunkt für die Frage dienen, ob bei der Einzelfallwürdigung eine unzumutbare Lärmbelastung vorliegt. Vgl. zum Zeitschlagen von Kirchturmuhren: BVerwG, Urteil vom 30. April 1992 - 7 C 25.91 -, BVerwGE 90, 163, juris Rn. 11 f.; zum liturgischen Glockengeläut: BVerwG, Urteil vom 7. Oktober 1983 - 7 C 44.81 -, juris Rn. 19; Beschlüsse vom 19. Februar 2013 - 7 B 38.12 -,juris Rn. 10, und vom 2. September 1996 - 4 B 152.96 -, juris Rn. 6. Da die TA Lärm jedoch in ihrer Grundausrichtung auf gewerblichen (Dauer-)Lärm zugeschnitten ist und der elektronisch verstärkte Gebetsruf hier im spezifischen Kontext einer landesrechtlichen Ausnahmeregelung zur Benutzung von Tongeräten nach § 10 LImSchG NRW steht, ist sie insofern modifiziert und auf den landesrechtlichen Kontext angepasst anzuwenden.".

(SUB/ERG)

Im konkreten Fall sind die Tatbestandsvoraussetzungen des § 41 Abs. 1 S. 1 Nr. 3 PolG NRW

- erfüllt.
- nicht erfüllt.

(VOR)

4. (alternative) TBV aus § 41 Abs. 1 S. 1 Nr. 4, Abs. 2 PolG NRW

§ 41 Abs. 1 S. 1 Nr. 4 PolG NRW lautet: Die Polizei kann eine Wohnung ohne **Einwilligung** (vgl. § 36 Nr. 19 DSG NRW, § 38 DSG NRW) des Inhabers betreten und durchsuchen, wenn das zur Abwehr einer gegenwärtigen Gefahr für Leib, Leben oder Freiheit einer Person oder für Sachen von bedeutendem Wert erforderlich ist.

§ 41 Abs. 2 PolG NRW lautet: Während der Nachtzeit ist das Betreten und Durchsuchen einer Wohnung nur in den Fällen des § 41 Abs. 1 S. 1 Nr. 3 und 4 PolG NRW zulässig.

Art. 13 Abs. 2-7 GG: „Im Übrigen" können – insbesondere bei Fehlen von verfassungsmäßigen einfachgesetzlichen Konkretisierungen von Art. 13 Abs. 2-7 GG – Art. 13 Abs. 2-7 GG alternativ direkt anwendbare Rechtsgrundlagen mit Rechtmäßigkeitsvoraussetzungen bilden.

(DEF)

Person i.S.d. § 41 Abs. 1 S. 1 Nr. 4 PolG NRW ist natürliche Person im Sinne von § 1 BGB und teleologisch jeder Mensch.

Sache imSinne des § 40 Abs. 1 Nr. 1 PolG NRW ist jeder körperliche Gegenstand, vgl. §§ 90, 90a BGB (, nach vertretbarer teleologischer Auslegung auch andere Gegenstände und auch Daten), auch die zu betretende bzw. zu durchsuchende Wohnung.

Gegenwärtige Gefahr ist eine Sachlage im einzelnen Fall (vgl. § 8 Abs. 1 PolG NRW), die bei ungehindertem Geschehensverlauf in allernächster Zeit mit an Sicherheit grenzender Wahrscheinlichkeit zu einem Schaden für ein rechtliches Schutzgut führt.

Ungehinderter Geschehensverlauf in absehbarer Zeit ist eine überschaubar zusammenhängende Ereigniskette ohne entscheidende Veränderung oder Unterbrechung.

Mit an Sicherheit grenzende Wahrscheinlichkeit ist gegeben bei entsprechendem Ergebnis einer Diagnose von Tatsachen und tatsächlicher Anhaltspunkte sowie einer Prognose von Art und Ausmaß potentieller Rechtseingriffe und -schäden.[1138]

1138 BVerwG, Urteil vom 20.08.2003 – BVerwG 6 CN 5.02 (Hundehalterverordnung), Gründe, II.: „Maßgebliches Kriterium zur Feststellung einer Gefahr ist die hinreichende Wahrscheinlichkeit des Schadenseintritts (vgl. Urteil vom 26. Februar 1974 - BVerwG 1 C 31.72 - BVerwGE 45, 51, 57)."; sog. **„differenzierender Wahrscheinlichkeitsmaßstab"** (**„Je-desto-Formel"** / **„Variabilitätsformel"**), vgl. BVerwGE 116, 347, 356 (Gefahrtierverordnung) = BVerwG, Urteil vom 03.07.2002 – BVerwG 6 CN 8.01: „Richtig ist, dass der Grad der Wahrscheinlichkeit des Schadenseintritts, der für die Annahme einer Gefahr erforderlich ist, von der Größe und dem Gewicht des drohenden Schadens abhängt: Die Wahrscheinlichkeit des Schadenseintritts muss umso größer sein, je geringer der möglicherweise eintretende Schaden ist, und sie darf umso kleiner sein, je schwerer der etwa eintretende Schaden wiegt (vgl. Urteil vom 2. Juli 1991 – BVerwG 1 C 4.90 – BVerwGE 88, 348, 351)."; BVerwG, Urteil vom 10.07.2012 – BVerwG 1 C 19.11, Rn. 16: [...] „da jede sicherheitsrechtliche Gefahrenprognose nach

Schaden für ein rechtliches Schutzgut ist jede nachteilige Beeinträchtigung eines bestimmten Schutzguts.

Schutzgüter sind gemäß § 41 Abs. 1 S. 1 Nr. 4 PolG NRW **Leib (körperliche Unversehrtheit)**, **Leben** (biologisch-physische Existenz) oder Freiheit (**körperliche Bewegungsfreiheit**) einer anderen Person.

(SUB/ERG)

Im konkreten Fall sind die Tatbestandsvoraussetzungen des § 41 Abs. 1 S. 1 Nr. 4 PolG NRW

- erfüllt.
- nicht erfüllt.

(VOR)

5. (alternative) TBV nur für Betreten von Wohnungen aus der separaten Befugnisrechtsnorm des § 41 Abs. 3 Nr. 1 PolG NRW

§ 41 Abs. 3 Nr. 1 PolG NRW lautet: Wohnungen können jedoch zur Abwehr dringender Gefahren jederzeit betreten werden, wenn Tatsachen die Annahme rechtfertigen, dass

---

den allgemeinen Grundsätzen des Gefahrenabwehrrechts eine Korrelation aus Eintrittswahrscheinlichkeit und (möglichem) Schadensausmaß ist. An die Wahrscheinlichkeit des Schadenseintritts sind umso geringere Anforderungen zu stellen, je größer und folgenschwerer der möglicherweise eintretende Schaden ist (Urteile vom 6. September 1974 - BVerwG 1 C 17.73 - BVerwGE 47, 31 <40>; vom 17. März 1981 - BVerwG 1 C 74.76 - BVerwGE 62, 36 <39> und vom 3. Juli 2002 - BVerwG 6 CN 8.01 - BVerwGE 116, 347 <356>).“; BVerwG, Urteil vom 15.01.2013 – BVerwG 1 C 10.12, Rn. 16: „Auch die […] auf der Grundlage aller Umstände des Einzelfalles vorzunehmende Beurteilung […] kann im Hinblick auf die erforderliche Wahrscheinlichkeit des Schadenseintritts den Rang des bedrohten Rechtsguts nicht außer Acht lassen, denn dieser bestimmt die mögliche Schadenshöhe. Das bedeutet aber nicht, dass bei hochrangigen Rechtsgütern […] bereits jede auch nur entfernte Möglichkeit eine Wiederholungsgefahr begründet.“; BVerfGE 115, 320, 360 (Rasterfahndung II) = BVerfG, Beschluss des Ersten Senats vom 04.04.2006 – 1 BvR 518/02 –, Rn. 136: „Im Hinblick auf den Verhältnismäßigkeitsgrundsatz im engeren Sinne hat der Gesetzgeber die Ausgewogenheit zwischen der Art und Intensität der Grundrechtsbeeinträchtigung einerseits und den zum Eingriff berechtigenden Tatbestandselementen andererseits, wie der Einschreitschwelle, der geforderten Tatsachenbasis und dem Gewicht der geschützten Rechtsgüter, zu wahren (vgl. BVerfGE 100, 313 <392 ff.>). Je gewichtiger die drohende oder erfolgte Rechtsgutbeeinträchtigung und je weniger gewichtig der Grundrechtseingriff ist, um den es sich handelt, desto geringer darf die Wahrscheinlichkeit sein, mit der auf eine drohende oder erfolgte Verletzung des Rechtsguts geschlossen werden kann, und desto weniger fundierend dürfen gegebenenfalls die Tatsachen sein, die dem Verdacht zugrunde liegen (vgl. BVerfGE 100, 313 <392>; 110, 33 <60>; 113, 348 <386>). Die Anforderungen an den Wahrscheinlichkeitsgrad und die Tatsachenbasis der Prognose dürfen allerdings nicht beliebig herabgesenkt werden, sondern müssen auch in angemessenem Verhältnis zur Art und Schwere der Grundrechtsbeeinträchtigung und zur Aussicht auf den Erfolg des beabsichtigten Rechtsgüterschutzes stehen. Selbst bei höchstem Gewicht der drohenden Rechtsgutbeeinträchtigung kann auf das Erfordernis einer hinreichenden Wahrscheinlichkeit nicht verzichtet werden. Auch muss als Voraussetzung eines schweren Grundrechtseingriffs gewährleistet bleiben, dass Annahmen und Schlussfolgerungen einen konkret umrissenen Ausgangspunkt im Tatsächlichen besitzen (vgl. BVerfGE 113, 348 <386>). Insbesondere lässt die Verfassung grundrechtseingreifende Ermittlungen ‚ins Blaue hinein‘ nicht zu (vgl. BVerfGE 112, 284 <297>; BVerfG, Beschluss der 1. Kammer des Ersten Senats vom 6. April 1989 - 1 BvR 33/87 -, NJW 1990, S. 701 <702>).“

a) dort Personen Straftaten von erheblicher Bedeutung verabreden, vorbereiten oder verüben,

b) sich dort Personen treffen, die gegen aufenthaltsrechtliche Strafvorschriften verstoßen,

c) sich dort gesuchte Straftäter verbergen.

Art. 13 Abs. 2-7 GG: „Im Übrigen" können – insbesondere bei Fehlen von verfassungsmäßigen einfachgesetzlichen Konkretisierungen von Art. 13 Abs. 2-7 GG – Art. 13 Abs. 2-7 GG alternativ direkt anwendbare Rechtsgrundlagen mit Rechtmäßigkeitsvoraussetzungen bilden.

(DEF)

Dringende Gefahr ist eine Sachlage im einzelnen Fall (vgl. § 8 Abs. 1 PolG NRW), die bei ungehindertem Geschehensverlauf mit hinreichender Wahrscheinlichkeit (in allernächster Zeit) zu einem Schaden für ein (bedeutendes) rechtliches Schutzgut führt.[1139]

Ungehinderter Geschehensverlauf in absehbarer Zeit ist eine überschaubar zusammenhängende Ereigniskette ohne entscheidende Veränderung oder Unterbrechung.

Hinreichende Wahrscheinlichkeit ist gegeben bei entsprechendem Ergebnis einer Diagnose von Tatsachen und tatsächlicher Anhaltspunkte sowie einer Prognose von Art und Ausmaß potentieller Rechtseingriffe und -schäden.[1140]

1139 Vgl. § 2 Nr. 3d BremPolG; § 2 Nr. 4 NPOG; § 4 Nr. 3d SächsPVDG; § 3 Nr. 3d SOG LSA; vgl. auch Nr. 15c.22 VVPolG NRW: „Eine dringende Gefahr ist dann zu bejahen, wenn eine Gefahr für ein wichtiges Rechtsgut, mit hinreichender Wahrscheinlichkeit in allernächster Zukunft eintreten wird [Quellenangabe]. Auf Grund der häufig eingeschränkten Einschätzbarkeit der Gesamtumstände kommt dem zeitlichen Aspekt ein besonderes Gewicht zu.".

1140 BVerwG, Urteil vom 20.08.2003 – BVerwG 6 CN 5.02 (Hundehalterverordnung), Gründe, II.: „Maßgebliches Kriterium zur Feststellung einer Gefahr ist die hinreichende Wahrscheinlichkeit des Schadenseintritts (vgl. Urteil vom 26. Februar 1974 - BVerwG 1 C 31.72 - BVerwGE 45, 51, 57)."; sog. **„differenzierender Wahrscheinlichkeitsmaßstab"** (**„Je-desto-Formel"** / **„Variabilitätsformel"**), vgl. BVerwGE 116, 347, 356 (Gefahrtierverordnung) = BVerwG, Urteil vom 03.07.2002 – BVerwG 6 CN 8.01: „Richtig ist, dass der Grad der Wahrscheinlichkeit des Schadenseintritts, der für die Annahme einer Gefahr erforderlich ist, von der Größe und dem Gewicht des drohenden Schadens abhängt: Die Wahrscheinlichkeit des Schadenseintritts muss umso größer sein, je geringer der möglicherweise eintretende Schaden ist, und sie darf umso kleiner sein, je schwerer der etwa eintretende Schaden wiegt (vgl. Urteil vom 2. Juli 1991 – BVerwG 1 C 4.90 – BVerwGE 88, 348, 351)."; BVerwG, Urteil vom 10.07.2012 – BVerwG 1 C 19.11, Rn. 16: [...] „da jede sicherheitsrechtliche Gefahrenprognose nach den allgemeinen Grundsätzen des Gefahrenabwehrrechts eine Korrelation aus Eintrittswahrscheinlichkeit und (möglichem) Schadensausmaß ist. An die Wahrscheinlichkeit des Schadenseintritts sind umso geringere Anforderungen zu stellen, je größer und folgenschwerer der möglicherweise eintretende Schaden ist (Urteile vom 6. September 1974 - BVerwG 1 C 17.73 - BVerwGE 47, 31 <40>; vom 17. März 1981 - BVerwG 1 C 74.76 - BVerwGE 62, 36 <39> und vom 3. Juli 2002 - BVerwG 6 CN 8.01 - BVerwGE 116, 347 <356>)."; BVerwG, Urteil vom 15.01.2013 – BVerwG 1 C 10.12, Rn. 16: „Auch die [...] auf der Grundlage aller Umstände des Einzelfalles vorzunehmende Beurteilung [...] kann im Hinblick auf die erforderliche Wahrscheinlichkeit des Schadenseintritts den Rang des bedrohten Rechtsguts nicht außer Acht lassen, denn dieser bestimmt die mögliche Schadenshöhe. Das bedeutet aber nicht, dass bei hochrangigen Rechtsgütern [...] bereits jede auch nur entfernte Möglichkeit eine Wiederholungsgefahr begründet."; BVerfGE 115, 320, 360 (Rasterfahndung II) = BVerfG, Beschluss des Ersten Senats vom 04.04.2006 – 1 BvR 518/02 –, Rn. 136: „Im Hinblick auf den Verhältnismäßigkeitsgrundsatz im engeren Sinne hat der Gesetzgeber die Ausgewogenheit zwischen der Art und Intensität der Grundrechtsbeeinträchtigung einerseits und den zum Eingriff berechtigenden Tatbestandselementen andererseits, wie der Einschreitschwelle, der geforderten Tatsachenbasis und dem Gewicht der geschützten Rechtsgüter, zu wahren (vgl. BVerfGE 100, 313 <392 ff.>). Je gewichtiger die drohende oder erfolg-

Schaden für ein rechtliches Schutzgut ist jede nachteilige Beeinträchtigung eines bestimmten Rechtes oder Rechtsguts.

Schutzgüter sind gemäß § 41 Abs. 3 Nr. 1 i.V.m. § 8 Abs. 1 PolG NRW insbesondere die (bedeutenden) der **öffentlichen Sicherheit**, nämlich von Rechten und Rechtsgütern des Einzelnen, der Rechtsordnung, der Funktionsfähigkeit des Staates[1141].

Straftaten i.S.d. § 12 Abs. 1 Nr. 2 PolG NRW sind Verdachte jedenfalls solcher Straftaten i.S.d. § 11 Abs. 1 Nr. 5 StGB.

Straftaten von erheblicher Bedeutung[1142] i.S.d. § 41 Abs. 3 Nr. 1a PolG NRW sind gemäß § 8 Abs. 3 PolG NRW insbesondere Verbrechen sowie die in § 138 des Strafgesetzbuches genannten Vergehen, Vergehen nach § 129 des Strafgesetzbuches und gewerbs- oder bandenmäßig begangene Vergehen nach

1. den §§ 243, 244, 260, 261, 263 bis 264a, 265b, 266, 283, 283a, 291 oder 324 bis 330 des Strafgesetzbuches,
2. § 52 Abs. 1 Satz 1 Nr. 2 Buchstabe c) oder d) des Waffengesetzes,
3. §§ 29 Abs. 3 Satz 2 Nr. 1 oder 29a Abs. 1 Nr. 2 des Betäubungsmittelgesetzes,
4. §§ 96 und 97 des Aufenthaltsgesetzes.

Verstoß gegen aufenthaltsrechtliche Strafvorschriften i.S.d. § 41 Abs. 3 Nr. 1b PolG NRW ist jeder Verdacht eines Verstoßes jedenfalls gegen solche Strafvorschriften wie aus §§ 95-97 AufenthG, vgl. auch §§ 84-85 AsylG.

Verbergen gesuchter Straftäter i.S.d. § 41 Abs. 3 Nr. 1c PolG NRW ist jedenfalls auf konspiratives Verweilen gerichtetes Aufhalten von wegen einer Straftat verurteilter und zur Strafvollstreckung gesuchter Personen.[1143]

---

te Rechtsgutbeeinträchtigung und je weniger gewichtig der Grundrechtseingriff ist, um den es sich handelt, desto geringer darf die Wahrscheinlichkeit sein, mit der auf eine drohende oder erfolgte Verletzung des Rechtsguts geschlossen werden kann, und desto weniger fundierend dürfen gegebenenfalls die Tatsachen sein, die dem Verdacht zugrunde liegen (vgl. BVerfGE 100, 313 <392>; 110, 33 <60>; 113, 348 <386>). Die Anforderungen an den Wahrscheinlichkeitsgrad und die Tatsachenbasis der Prognose dürfen allerdings nicht beliebig herabgesenkt werden, sondern müssen auch in angemessenem Verhältnis zur Art und Schwere der Grundrechtsbeeinträchtigung und zur Aussicht auf den Erfolg des beabsichtigten Rechtsgüterschutzes stehen. Selbst bei höchstem Gewicht der drohenden Rechtsgutbeeinträchtigung kann auf das Erfordernis einer hinreichenden Wahrscheinlichkeit nicht verzichtet werden. Auch muss als Voraussetzung eines schweren Grundrechtseingriffs gewährleistet bleiben, dass Annahmen und Schlussfolgerungen einen konkret umrissenen Ausgangspunkt im Tatsächlichen besitzen (vgl. BVerfGE 113, 348 <386>). Insbesondere lässt die Verfassung grundrechtseingreifende Ermittlungen ‚ins Blaue hinein' nicht zu (vgl. BVerfGE 112, 284 <297>; BVerfG, Beschluss der 1. Kammer des Ersten Senats vom 6. April 1989 - 1 BvR 33/87 -, NJW 1990, S. 701 <702>).".

[1141] Legaldefinitionen Öffentliche Sicherheit: § 2 Nr. 2 BremPolG, § 4 Nr. 1 SächsPVDG, § 3 Nr. 1 SOG LSA, § 54 Nr. 1 Thüringer OBG; vgl. auch Nr. 1.11 VVPolG NRW.

[1142] Vgl. auch Nr. 8.3 VVPolG NRW: „Hierzu können auch andere Straftaten zählen, soweit sie gewerbs- oder bandenmäßig oder in anderer Weise organisiert begangen werden und dementsprechend einen erheblichen materiellen oder immateriellen (Gesamt-)Schaden verursachen."

[1143] Nr. 41.3 VVPolG NRW: „Unter den Voraussetzungen des § 41 Abs. 3 können Wohnungen auch zur Verhütung von Straftaten betreten werden, ohne dass bereits eine konkrete Gefahr vorzuliegen braucht. Die Hinweise in den RdNrn. 12.13 und 12.14 sind zu beachten."; Nr. 12.13 VVPolG NRW: „In § 12 Abs. 1 Nr. 2a) ist der Kreis der Anlassstraftaten auf solche von ‚erheblicher Bedeutung' i.S.d. § 8 Abs. 3 begrenzt, so dass der Verhältnismäßigkeitsgrundsatz jetzt unmittelbar zum Ausdruck kommt."; Nr. 12.14 VVPolG NRW: „§ 12 Abs. 1 Nr. 2c) setzt voraus, dass Tatsachen die Annahme rechtfertigen, dass sich

Tatsachen sind alle wahrnehmbaren Dinge der Welt – nicht ausreichend sind: hypothetische Erwägungen, reine Spekulationen, fallunabhängige Vermutungen; kriminalistische Erfahrung kann ausreichen, wenn sie einen Anhalt im Tatsächlichen hat.

Annahmerechtfertigung ist Ausreichen ggf. auch nur einer Tatsache für die Begründung der Annahme – je nach Abwägung aller Umstände, vgl. „rechtfertigen".

(SUB/ERG)

Im konkreten Fall sind die Tatbestandsvoraussetzungen des § 41 Abs. 3 Nr. 1 PolG NRW

- erfüllt.
- nicht erfüllt.

(VOR)

6. (alternative) TBV nur für Betreten von Wohnungen aus der separaten Befugnisrechtsnorm des § 41 Abs. 3 Nr. 2 PolG NRW

§ 41 Abs. 3 Nr. 2 PolG NRW lautet: Wohnungen können jedoch zur Abwehr dringender Gefahren jederzeit betreten werden, wenn sie der Prostitution dienen.

Art. 13 Abs. 2-7 GG: „Im Übrigen" können – insbesondere bei Fehlen von verfassungsmäßigen einfachgesetzlichen Konkretisierungen von Art. 13 Abs. 2-7 GG – Art. 13 Abs. 2-7 GG alternativ direkt anwendbare Rechtsgrundlagen mit Rechtmäßigkeitsvoraussetzungen bilden.

(DEF)

Dringende Gefahr ist eine Sachlage im einzelnen Fall (vgl. § 8 Abs. 1 PolG NRW), die bei ungehindertem Geschehensverlauf mit hinreichender Wahrscheinlichkeit (in allernächster Zeit) zu einem Schaden für ein (bedeutendes) rechtliches Schutzgut führt.[1144]

Ungehinderter Geschehensverlauf in absehbarer Zeit ist eine überschaubar zusammenhängende Ereigniskette ohne entscheidende Veränderung oder Unterbrechung.

Hinreichende Wahrscheinlichkeit ist gegeben bei entsprechendem Ergebnis einer Diagnose von Tatsachen und tatsächlicher Anhaltspunkte sowie einer Prognose von Art und Ausmaß potentieller Rechtseingriffe und -schäden.[1145]

---

an dem Ort Personen verbergen, die wegen einer Straftat verurteilt wurden und aus diesem Grunde zur Strafvollstreckung gesucht werden.".

1144 Vgl. § 2 Nr. 3d BremPolG; § 2 Nr. 4 NPOG; § 4 Nr. 3d SächsPVDG; § 3 Nr. 3d SOG LSA; vgl. auch Nr. 15c.22 VVPolG NRW: „Eine dringende Gefahr ist dann zu bejahen, wenn eine Gefahr für ein wichtiges Rechtsgut, mit hinreichender Wahrscheinlichkeit in allernächster Zukunft eintreten wird [Quellenangabe]. Auf Grund der häufig eingeschränkten Einschätzbarkeit der Gesamtumstände kommt dem zeitlichen Aspekt ein besonderes Gewicht zu."

1145 BVerwG, Urteil vom 20.08.2003 – BVerwG 6 CN 5.02 (Hundehalterverordnung), Gründe, II.: „Maßgebliches Kriterium zur Feststellung einer Gefahr ist die hinreichende Wahrscheinlichkeit des Schadenseintritts (vgl. Urteil vom 26. Februar 1974 - BVerwG 1 C 31.72 - BVerwGE 45, 51, 57)."; sog. „**differenzierender Wahrscheinlichkeitsmaßstab**" („**Je-desto-Formel**" / „**Variabilitätsformel**"), vgl. BVerwGE 116, 347, 356 (Gefahrtierverordnung) = BVerwG, Urteil vom 03.07.2002 – BVerwG 6 CN

Schaden für ein rechtliches Schutzgut ist jede nachteilige Beeinträchtigung eines bestimmten Rechtes oder Rechtsguts.

Schutzgüter sind gemäß § 41 Abs. 3 Nr. 2 i.V.m. § 8 Abs. 1 PolG NRW insbesondere die (bedeutenden) der **öffentlichen Sicherheit**, nämlich von Rechten und Rechtsgütern des Einzelnen, der Rechtsordnung, der Funktionsfähigkeit des Staates.[1146]

Prostitution ist alles im Sinne von § 2 ProstSchG.

Dienen i.S.d. § 41 Abs. 3 Nr. 2 PolG NRW ist jeder vorsätzliche oder unvorsätzliche, kausale oder nichtkausale Beitrag zur Prostitution.

(SUB/ERG)

Im konkreten Fall sind die Tatbestandsvoraussetzungen des § 41 Abs. 3 Nr. 2 PolG NRW

8.01: „Richtig ist, dass der Grad der Wahrscheinlichkeit des Schadenseintritts, der für die Annahme einer Gefahr erforderlich ist, von der Größe und dem Gewicht des drohenden Schadens abhängt: Die Wahrscheinlichkeit des Schadenseintritts muss umso größer sein, je geringer der möglicherweise eintretende Schaden ist, und sie darf umso kleiner sein, je schwerer der etwa eintretende Schaden wiegt (vgl. Urteil vom 2. Juli 1991 – BVerwG 1 C 4.90 – BVerwGE 88, 348, 351).“; BVerwG, Urteil vom 10.07.2012 – BVerwG 1 C 19.11, Rn. 16: […] „da jede sicherheitsrechtliche Gefahrenprognose nach den allgemeinen Grundsätzen des Gefahrenabwehrrechts eine Korrelation aus Eintrittswahrscheinlichkeit und (möglichem) Schadensausmaß ist. An die Wahrscheinlichkeit des Schadenseintritts sind umso geringere Anforderungen zu stellen, je größer und folgenschwerer der möglicherweise eintretende Schaden ist (Urteile vom 6. September 1974 - BVerwG 1 C 17.73 - BVerwGE 47, 31 <40>; vom 17. März 1981 - BVerwG 1 C 74.76 - BVerwGE 62, 36 <39> und vom 3. Juli 2002 - BVerwG 6 CN 8.01 - BVerwGE 116, 347 <356>).“; BVerwG, Urteil vom 15.01.2013 – BVerwG 1 C 10.12, Rn. 16: „Auch die […] auf der Grundlage aller Umstände des Einzelfalles vorzunehmende Beurteilung […] kann im Hinblick auf die erforderliche Wahrscheinlichkeit des Schadenseintritts den Rang des bedrohten Rechtsguts nicht außer Acht lassen, denn dieser bestimmt die mögliche Schadenshöhe. Das bedeutet aber nicht, dass bei hochrangigen Rechtsgütern […] bereits jede auch nur entfernte Möglichkeit eine Wiederholungsgefahr begründet.“; BVerfGE 115, 320, 360 (Rasterfahndung II) = BVerfG, Beschluss des Ersten Senats vom 04.04.2006 – 1 BvR 518/02 –, Rn. 136: „Im Hinblick auf den Verhältnismäßigkeitsgrundsatz im engeren Sinne hat der Gesetzgeber die Ausgewogenheit zwischen der Art und Intensität der Grundrechtsbeeinträchtigung einerseits und den zum Eingriff berechtigenden Tatbestandselementen andererseits, wie der Einschreitschwelle, der geforderten Tatsachenbasis und dem Gewicht der geschützten Rechtsgüter, zu wahren (vgl. BVerfGE 100, 313 <392 ff.>). Je gewichtiger die drohende oder erfolgte Rechtsgutbeeinträchtigung und je weniger gewichtig der Grundrechtseingriff ist, um den es sich handelt, desto geringer darf die Wahrscheinlichkeit sein, mit der auf eine drohende oder erfolgte Verletzung des Rechtsguts geschlossen werden kann, und desto weniger fundierend dürfen gegebenenfalls die Tatsachen sein, die dem Verdacht zugrunde liegen (vgl. BVerfGE 100, 313 <392>; 110, 33 <60>; 113, 348 <386>). Die Anforderungen an den Wahrscheinlichkeitsgrad und die Tatsachenbasis der Prognose dürfen allerdings nicht beliebig herabgesenkt werden, sondern müssen auch in angemessenem Verhältnis zur Art und Schwere der Grundrechtsbeeinträchtigung und zur Aussicht auf den Erfolg des beabsichtigten Rechtsgüterschutzes stehen. Selbst bei höchstem Gewicht der drohenden Rechtsgutbeeinträchtigung kann auf das Erfordernis einer hinreichenden Wahrscheinlichkeit nicht verzichtet werden. Auch muss als Voraussetzung eines schweren Grundrechtseingriffs gewährleistet bleiben, dass Annahmen und Schlussfolgerungen einen konkret umrissenen Ausgangspunkt im Tatsächlichen besitzen (vgl. BVerfGE 113, 348 <386>). Insbesondere lässt die Verfassung grundrechtseingreifende Ermittlungen ‚ins Blaue hinein' nicht zu (vgl. BVerfGE 112, 284 <297>; BVerfG, Beschluss der 1. Kammer des Ersten Senats vom 6. April 1989 - 1 BvR 33/87 -, NJW 1990, S. 701 <702>).“

[1146] Legaldefinitionen Öffentliche Sicherheit: § 2 Nr. 2 BremPolG, § 4 Nr. 1 SächsPVDG, § 3 Nr. 1 SOG LSA, § 54 Nr. 1 Thüringer OBG; vgl. auch Nr. 1.11 VVPolG NRW.

- erfüllt.
- nicht erfüllt.

(VOR)

7. (alternative) TBV nur für Betreten von Wohnungen aus der separaten Befugnisrechtsnorm des § 41 Abs. 4 PolG NRW

§ 41 Abs. 4 PolG NRW lautet: Arbeits-, Betriebs- und Geschäftsräume sowie andere Räume und Grundstücke, die der Öffentlichkeit zugänglich sind oder zugänglich waren und den Anwesenden zum weiteren Aufenthalt zur Verfügung stehen, können zum Zwecke der Gefahrenabwehr (§ 1 Abs. 1 PolG NRW) während der Arbeits-, Geschäfts- oder Aufenthaltszeit betreten werden.

Art. 13 Abs. 2-7 GG: „Im Übrigen" können – insbesondere bei Fehlen von verfassungsmäßigen einfachgesetzlichen Konkretisierungen von Art. 13 Abs. 2-7 GG – Art. 13 Abs. 2-7 GG alternativ direkt anwendbare Rechtsgrundlagen mit Rechtmäßigkeitsvoraussetzungen bilden.

(DEF)

(Aktuelle oder vergangene und noch durch Aufenthalt fortwirkende) **Zugänglichkeit für Öffentlichkeit** ist oder war Offenheit für grundsätzlich jedermann, also Nichtvorliegen einer Beschränkung von vornherein auf einen individuell begrenzten Personenkreis.

(Aktuell zur Verfügung stehender) **Aufenthalt** (Anwesender) i.S.d. § 41 Abs. 4 PolG NRW ist jede tatsächliche Anwesenheit.

Zweck der Gefahrenabwehr (§ 1 Abs. 1 PolG NRW) i.S.d. § 41 Abs. 4 PolG NRW ist jeder legitime Zweck der Gefahrenabwehr im Rahmen der Zuständigkeit nach § 1 Abs. 1 PolG NRW.

Gefahrenabwehr (§ 1 Abs. 1 PolG NRW) umfasst die Abwehr aller Gefahren für die öffentliche Sicherheit oder Ordnung, damit auch bereits die abstrakte Gefahr.[1147]

Abstrakte Gefahr ist eine Sachlage im einzelnen Fall, die bei ungehindertem Geschehensverlauf in absehbarer Zeit nach allgemeiner Lebenserfahrung oder den Erkenntnissen fachkundiger Stellen mit hinreichender Wahrscheinlichkeit typischerweise zu einem Schaden für ein Schutzgut führt.[1148]

Ungehinderter Geschehensverlauf in absehbarer Zeit ist eine überschaubar zusammenhängende Ereigniskette ohne entscheidende Veränderung oder Unterbrechung.

[1147] Auch die abstrakte Gefahr im Zusammenhang mit der Zweckformulierung zur Gefahrenabwehr in § 16a Abs. 3 S. 2 PolG NRW nennend, jedoch nicht bezüglich § 41 Abs. 4 PolG NRW: *Nimtz/Thiel*, Eingriffsrecht Nordrhein-Westfalen, S. 240, 302, 305.

[1148] Zur abstrakten Gefahr: *Basten*, Eingriffsrecht der Polizei in Nordrhein-Westfalen, Band 1, S. 246-248, mit weiteren Abgrenzungen und Nachweisen. Vgl. § 2 Nr. 6 NPOG; § 4 Nr. 3h SächsPVDG („abstrakte Gefahr"); § 4 Nr. 3i SächPVDG („Abwehr einer Gefahr"); § 3 Nr. 3f SOG LSA, § 54 Nr. 3e Thüringer OBG; vgl. auch Nr. 1.12 VVPolG NRW: „§ 1 Abs. 1 stellt auf die abstrakte Gefahr ab und umfasst damit auch alle Fälle, in denen bereits eine konkrete Gefahr vorliegt.".

Hinreichende Wahrscheinlichkeit ist gegeben bei entsprechendem Ergebnis einer Diagnose von Tatsachen und tatsächlicher Anhaltspunkte sowie einer Prognose von Art und Ausmaß potentieller Rechtseingriffe und -schäden.[1149]

Schaden für ein rechtliches Schutzgut ist jede nachteilige Beeinträchtigung eines bestimmten Schutzguts.

Schutzgüter sind gemäß § 41 Abs. 4 PolG NRW i.V.m. § 1 Abs. 1 PolG NRW die **öffentliche Sicherheit**, nämlich Rechte und Rechtsgüter des Einzelnen, die Rechtsordnung, die Funktionsfähigkeit des Staates[1150] oder die **öffentliche Ordnung**, nämlich die Gesamtheit jener

---

[1149] BVerwG, Urteil vom 20.08.2003 – BVerwG 6 CN 5.02 (Hundehalterverordnung), Gründe, II.: „Maßgebliches Kriterium zur Feststellung einer Gefahr ist die hinreichende Wahrscheinlichkeit des Schadenseintritts (vgl. Urteil vom 26. Februar 1974 - BVerwG 1 C 31.72 - BVerwGE 45, 51, 57).“; sog. **„differenzierender Wahrscheinlichkeitsmaßstab“** (**„Je-desto-Formel“** / **„Variabilitätsformel“**), vgl. BVerwGE 116, 347, 356 (Gefahrtierverordnung) = BVerwG, Urteil vom 03.07.2002 – BVerwG 6 CN 8.01: „Richtig ist, dass der Grad der Wahrscheinlichkeit des Schadenseintritts, der für die Annahme einer Gefahr erforderlich ist, von der Größe und dem Gewicht des drohenden Schadens abhängt: Die Wahrscheinlichkeit des Schadenseintritts muss umso größer sein, je geringer der möglicherweise eintretende Schaden ist, und sie darf umso kleiner sein, je schwerer der etwa eintretende Schaden wiegt (vgl. Urteil vom 2. Juli 1991 – BVerwG 1 C 4.90 – BVerwGE 88, 348, 351).“; BVerwG, Urteil vom 10.07.2012 – BVerwG 1 C 19.11, Rn. 16: […] „da jede sicherheitsrechtliche Gefahrenprognose nach den allgemeinen Grundsätzen des Gefahrenabwehrrechts eine Korrelation aus Eintrittswahrscheinlichkeit und (möglichem) Schadensausmaß ist. An die Wahrscheinlichkeit des Schadenseintritts sind umso geringere Anforderungen zu stellen, je größer und folgenschwerer der möglicherweise eintretende Schaden ist (Urteile vom 6. September 1974 - BVerwG 1 C 17.73 - BVerwGE 47, 31 <40>; vom 17. März 1981 - BVerwG 1 C 74.76 - BVerwGE 62, 36 <39> und vom 3. Juli 2002 - BVerwG 6 CN 8.01 - BVerwGE 116, 347 <356>).“; BVerwG, Urteil vom 15.01.2013 – BVerwG 1 C 10.12, Rn. 16: „Auch die […] auf der Grundlage aller Umstände des Einzelfalles vorzunehmende Beurteilung […] kann im Hinblick auf die erforderliche Wahrscheinlichkeit des Schadenseintritts den Rang des bedrohten Rechtsguts nicht außer Acht lassen, denn dieser bestimmt die mögliche Schadenshöhe. Das bedeutet aber nicht, dass bei hochrangigen Rechtsgütern […] bereits jede auch nur entfernte Möglichkeit eine Wiederholungsgefahr begründet.“; BVerfGE 115, 320, 360 (Rasterfahndung II) = BVerfG, Beschluss des Ersten Senats vom 04.04.2006 – 1 BvR 518/02 –, Rn. 136: „Im Hinblick auf den Verhältnismäßigkeitsgrundsatz im engeren Sinne hat der Gesetzgeber die Ausgewogenheit zwischen der Art und Intensität der Grundrechtsbeeinträchtigung einerseits und den zum Eingriff berechtigenden Tatbestandselementen andererseits, wie der Einschreitschwelle, der geforderten Tatsachenbasis und dem Gewicht der geschützten Rechtsgüter, zu wahren (vgl. BVerfGE 100, 313 <392 ff.>). Je gewichtiger die drohende oder erfolgte Rechtsgutbeeinträchtigung und je weniger gewichtig der Grundrechtseingriff ist, um den es sich handelt, desto geringer darf die Wahrscheinlichkeit sein, mit der auf eine drohende oder erfolgte Verletzung des Rechtsguts geschlossen werden kann, und desto weniger fundierend dürfen gegebenenfalls die Tatsachen sein, die dem Verdacht zugrunde liegen (vgl. BVerfGE 100, 313 <392>; 110, 33 <60>; 113, 348 <386>). Die Anforderungen an den Wahrscheinlichkeitsgrad und die Tatsachenbasis der Prognose dürfen allerdings nicht beliebig herabgesenkt werden, sondern müssen auch in angemessenem Verhältnis zur Art und Schwere der Grundrechtsbeeinträchtigung und zur Aussicht auf den Erfolg des beabsichtigten Rechtsgüterschutzes stehen. Selbst bei höchstem Gewicht der drohenden Rechtsgutbeeinträchtigung kann auf das Erfordernis einer hinreichenden Wahrscheinlichkeit nicht verzichtet werden. Auch muss als Voraussetzung eines schweren Grundrechtseingriffs gewährleistet bleiben, dass Annahmen und Schlussfolgerungen einen konkret umrissenen Ausgangspunkt im Tatsächlichen besitzen (vgl. BVerfGE 113, 348 <386>). Insbesondere lässt die Verfassung grundrechtseingreifende Ermittlungen ‚ins Blaue hinein' nicht zu (vgl. BVerfGE 112, 284 <297>; BVerfG, Beschluss der 1. Kammer des Ersten Senats vom 6. April 1989 - 1 BvR 33/87 -, NJW 1990, S. 701 <702>).“.

[1150] Legaldefinitionen Öffentliche Sicherheit: § 2 Nr. 2 BremPolG, § 4 Nr. 1 SächsPVDG, § 3 Nr. 1 SOG LSA, § 54 Nr. 1 Thüringer OBG; vgl. auch Nr. 1.11 VVPolG NRW.

ungeschriebenen Regeln für das Verhalten des Einzelnen in der Öffentlichkeit, deren Beachtung nach den jeweils herrschenden Anschauungen als unerlässliche Voraussetzung eines geordneten Gemeinschaftslebens betrachtet wird[1151].

(SUB)

Unter Auslegung des Geschehens und Anwendung des Wahrscheinlichkeitsmaßstabs führt bei abstrakt-genereller Betrachtungsweise ohne die Maßnahme ungehinderter Geschehensverlauf typischerweise in absehbarer Zeit (alternativ: nicht) mit hinreichender Wahrscheinlichkeit zu einer nachteiligen Beeinträchtigung rechtlicher Schutzgüter der öffentlichen Sicherheit (oder der öffentlichen Ordnung), nämlich je nach Fall:

- Individualrechte oder Individualrechtsgüter, insbesondere nach Art. 1-20, 33, 38, 101, 103 GG;
- Rechtsordnung, insbesondere nach Art. 20 Abs. 3 GG, Gefahrenabwehrvorschriften, Strafvorschriften, Ordnungswidrigkeitenahndungsvorschriften;
- Funktionsfähigkeit der Polizei, insbesondere bezüglich Art. 20 Abs. 3 GG, § 1 PolG NRW, § 163 Abs. 1 S. 1 StPO, § 53 Abs. 1 S. 1 OWiG.

(ERG)

Im konkreten Fall sind (alternativ)

- (aktuelle oder vergangene) Öffentlichkeitszugänglichkeit, Aufenthaltsverfügbarkeit, Gefahrenabwehr i.S.d. Tatbestandsvoraussetzungen des § 41 Abs. 4 PolG NRW gegeben.
- (aktuelle oder vergangene) Öffentlichkeitszugänglichkeit, Aufenthaltsverfügbarkeit, Gefahrenabwehr i.S.d. Tatbestandsvoraussetzungen des § 41 Abs. 4 PolG NRW nicht gegeben.

C. Materielle Rechtmäßigkeit (MR) II. Inanspruchnahme (In) / Inanspruchnahmevoraussetzungen (Inv)

(VOR/DEF)

Inanspruchnahmevoraussetzungen sind materiell-rechtliche Bedingungen für richtige Inanspruchnahme.

Inanspruchnahme ist Adressierung und sonstiges Betroffenmachen; **Adressierung** ist direktes Bestimmen oder finales Richten einer Maßnahme an einen Grundrechtsträger, vgl. §§ 41 Abs. 1 S. 1, 43 Abs. 1 S. 1 VwVfG NRW.

1151 PrOVGE 91, 139 f.; BVerfGE 69, 315, 352 (Brokdorf) = BVerfG, Beschluss des Ersten Senats vom 14.05.1985 – 1 BvR 233, 341/81 –, C. II. 2. b), Rn. 78: „Unter ‚öffentlicher Ordnung' wird die Gesamtheit der ungeschriebenen Regeln verstanden, deren Befolgung nach den jeweils herrschenden sozialen und ethischen Anschauungen als unerläßliche Voraussetzung eines geordneten menschlichen Zusammenlebens innerhalb eines bestimmten Gebiets angesehen wird."; Legaldefinitionen Öffentliche Ordnung: § 4 Nr. 1 SächsPVDG, § 3 Nr. 1 SOG LSA, § 54 Nr. 2 Thüringer OBG; § 4 Nr. 2 SächsPVDG; § 3 Nr. 2 SOG LSA; § 54 Nr. 2 ThürOBG; vgl. auch Nr. 1.11 VVPolG NRW.

(VOR/DEF)

Die Inanspruchnahme durch Adressierung der Wohnungsdurchsuchung erfolgt richtigerweise gemäß §§ 41, 42 PolG NRW (alternativ) wie folgt:

- gemäß § 41 Abs. 1 S. 1 Hs. 1 PolG NRW gegenüber dem Wohnungsinhaber, also dem rechtlichen und tatsächlichen Wohnungsinhaber,
- gemäß § 41 Abs. 1 S. 1 Nr. 1 PolG NRW gegenüber der (natürlichen) **Person**, § 1 BGB, die sich in der Wohnung befindet und die nach § 10 Abs. 3 PolG NRW vorgeführt oder nach § 35 PolG NRW in Gewahrsam genommen werden darf,
- gemäß § 41 Abs. 1 S. 1 Nr. 2 PolG NRW gegenüber dem (unmittelbar/am besten berechtigten) Sacheninhaber oder dem nächsten Sachenberechtigten der Sache, die nach § 43 Nr. 1 PolG NRW sichergestellt werden darf,
- gemäß § 41 Abs. 1 S. 1 Nr. 3 PolG NRW gegenüber dem Wohnungsinhaber der Wohnung, von der Immissionen ausgehen, die nach Art, Ausmaß oder Dauer zu einer erheblichen Belästigung der Nachbarschaft führen (=Immissionswohnungs-Inhaber),
- gemäß § 41 Abs. 1 S. 1 Nr. 4 PolG NRW gegenüber der Person, für die eine gegenwärtige Gefahr für Leib, Leben oder Freiheit besteht oder gegenüber dem (unmittelbar/am besten berechtigten) Sacheninhaber oder dem nächsten Sachenberechtigten der Sache von bedeutendem Wert, für die eine gegenwärtige Gefahr besteht,
- in Fällen von § 41 Abs. 3 PolG NRW auch gemäß §§ 4-6 PolG NRW,
- in Fällen von § 41 Abs. 4 PolG NRW auch gemäß §§ 4-6 PolG NRW.

(SUB/ERG)

Im konkreten Fall ist die Person (alternativ)

- richtigerweise gemäß § 41 PolG NRW / §§ 4-6 PolG NRW in Anspruch genommen/adressiert.
- nicht richtigerweise in Anspruch genommen/adressiert.

C. Materielle Rechtmäßigkeit (MR) III. Rechtsfolge (Rf) / Rechtsfolgevoraussetzungen (RfV)

(VOR/DEF)

Rechtsfolge ist rechtliche Folge aus dem Tatbestand. / **Rechtsfolgevoraussetzungen** sind materiell-rechtliche Rechtsfolgegestaltungs-Bedingungen.

C. Materielle Rechtmäßigkeit (MR) III. Rechtsfolge (Rf) 1. Tatsächliche und rechtliche Möglichkeit (TurM)

(VOR/DEF)

Tatsächliche und rechtliche Möglichkeit betrifft Fälle wie aus § 44 Abs. 2 Nr. 4-6 VwVfG NRW.

(SUB/ERG)

Tatsächliche und rechtliche Möglichkeit ist im konkreten Fall gegeben/nicht gegeben aufgrund Vorliegens/Nichtvorliegens von kognitiven, körperlichen, normativen, technischen Unmöglichkeiten.

Tatsächliche Unmöglichkeit ist etwa gegeben bei physisch-realem Unvermögen zur Öffnung der Wohnung bzw. bei physisch-realem Unvermögen des Verschaffens von Zugang zur Wohnung.

Rechtliche Unmöglichkeiten – etwa wegen mehrerer zusammenhängender Besitz- oder Eigenumsverhältnisse und unterschiedlicher Besitz- oder Eigenumsausübungswillen der Mitberechtigten – können in der Regel jedenfalls spätestens durch Bestehen bzw. Bekanntgabe von Duldungsverfügungen gegen potentiell hindernde dritte Mitberechtigte verhindert werden.

C. Materielle Rechtmäßigkeit (MR) III. Rechtsfolge (Rf) 2. Bestimmtheit (Bsh)

(VOR/DEF)

Bestimmtheit ist Maßnahmenerkennbarkeit und Maßnahmenverstehbarkeit, bei VA und Realakten Gebot nach Art. 20 Abs. 3 GG, bei VA Pflicht auch gemäß § 37 Abs. 1 VwVfG NRW.

(SUB/ERG)

Die Betretungs-/Durchsuchungsmaßnahme (Betretungs-/Durchsuchungs-Realakt oder Betretungs/Durchsuchungs-VA) ist inhaltlich hinreichend bestimmt i.S.d. Art. 20 Abs. 3 GG (bzgl. VA und Realakte), § 37 Abs. 1 VwVfG NRW (bzgl. VA), denn nach Auslegung der Betretungs-/Durchsuchungs-Maßnahme kann der Erklärungsempfänger wie jeder vernünftige Dritte, §§ 133, 157 BGB analog, in der konkreten Situation deren Inhalte hinreichend erkennen und verstehen, nämlich:

- dass die Polizei ggü. dem Betretungs-/Durchsuchungs-Adressaten (wer)
- aus Gefahrenabwehrgründen (warum)
- zu einer bestimmten Zeit (wann)
- einen Zweck aus § 41 PolG NRW verfolgt (was)
- und zwar durch Befolgung und Mitwirkung an der Betretungs-/Durchsuchungs-Maßnahme (wie).

C. Materielle Rechtmäßigkeit (MR) III. Rechtsfolge (Rf) 3. Ermessen (Erm)

(VOR/DEF)

Ermessen[1152] ist Entscheidungsspielraum auf der Rechtsfolgenseite bzgl. rechtsfehlerfreier Ausübung von Einschreit-Entschließung (Ob), Adressaten-Auswahl (Wer), Maßnahmengestaltung (Wie),

---

1152 Zum Ermessen einschließlich Rechtsnatur, Ermessensarten, Ermessensreduzierungen, Ermessensfehlern, Maßnahmenansprüchen mit Beispielen siehe auch: *Basten*, Eingriffsrecht der Polizei in Nordrhein-Westfalen, Band 1, S. 271-283.

grundsätzlich gegeben durch § 41 Abs. 1 S. 1 Wort 3 PolG NRW, § 41 Abs. 3 W. 2 PolG NRW, § 41 Abs. 4 W. 27 PolG NRW, und durch § 3 PolG NRW, bei VA auch durch § 40 VwVfG NRW.

(SUB/ERG)

Der gegebene Entscheidungsspielraum wird aufgrund von entsprechenden Anhaltspunkten/in Ermangelung entgegenstehender Anhaltspunkte ohne Ermessensfehler/mit Ermessensfehlern (Ermessensunterschreitung, Ermessensüberschreitung, Ermessensfehlgebrauch) ausgeübt bzgl. folgender Ermessensarten:

a) Entschließungsermessen:

Das Entschließungsermessen kann im konkreten Fall sogar gegen / auf Null reduziert sein, insbesondere wegen:

- Einschreitmöglichkeit;
- Erheblichkeitsgrad von Gefährdungen, z.B. konkreter (dringender, erheblicher, gegenwärtiger) Gefahr.

b) Auswahlermessen:

siehe C. II.: Auswahlermessen wird abschließend beurteilt i.V.m. Punkt C. II. (Inanspruchnahme)

c) Gestaltungsermessen:

siehe C. III. 4.: Gestaltungsermessen, § 3 Abs. 2 PolG NRW (Austauschmittel), wird abschließend beurteilt i.V.m. Punkt C. III. 4. (VHM).

C. Materielle Rechtmäßigkeit (MR) III. Rechtsfolge (Rf) 4. Verhältnismäßigkeit (VHM)

(VOR/DEF)

Verhältnismäßigkeit ist Geeignetheit, Erforderlichkeit, Angemessenheit zu einem legitimen Zweck.

(VOR/DEF)

Legitimer Zweck ist verfassungsgemäßer Zweck.

(SUB/ERG)

Im konkreten Fall verfolgt das Wohnungs-Betreten/die Wohnungs-Durchsuchung (alternativ)

- einen legitimen Zweck, nämlich insbesondere einen Zweck aus § 41 PolG NRW, letztlich den verfassungsgemäßen Schutz vor Schäden für Rechte und Rechtsgüter wie (zum Beispiel) aus Art. 2 Abs. 2 S. 1 GG, Art. 2 Abs. 2 S. 2 GG, Art. 14 Abs. 1 S. 1 Alt. 1 GG, vgl. auch die übrigen Rechte und Rechtsgüter aus Art. 1-20 GG, vgl. auch die Grundrechtsschutzfunktion und die Grundrechtsförderungsfunktion[1153].
- keinen legitimen Zweck.

[1153] Zu Grundrechtsfunktionen siehe auch: *Basten*, Eingriffsrecht der Polizei in Nordrhein-Westfalen, Band 1, S. 78-84.

(VOR/DEF)

Geeignetheit einer staatlichen Maßnahme ist gegeben bei deren Zweckförderungstauglichkeit, vgl. auch § 2 Abs. 3 PolG NRW.

(SUB/ERG)

Im konkreten Fall ist das Wohnungs-Betreten/die Wohnungs-Durchsuchung (alternativ)

- geeignet, denn in der Regel werden mit dem Betreten weitere Maßnahmen in der Wohnung besser ermöglicht, etwa eine Durchsuchung, und durch Suchen erhöht sich die Wahrscheinlichkeit des Findens[1154] oder der Erkenntnis des Nichtvorhandenseins, und mit dem Finden bzw. Nichtauffinden des Gesuchten vertiefen sich Möglichkeiten, Rückschlüsse für das weitere Verfahren zu ziehen; so können sich mit dem Finden des Gesuchten Möglichkeiten vertiefen, mit dem Gefundenen oder auf dieses weiter einzuwirken oder anders umzugehen, und so kann letztlich gefördert werden: die Verhinderung/Unterbindung weiteren, potentiell schadensträchtigen Geschehensablaufs.
- ungeeignet.

(VOR/DEF)

Erforderlichkeit einer staatlichen Maßnahme ist Nichtverfügbarkeit eines milderen (Übermaßverbot), gleich geeigneten (Untermaßverbot) Mittels zur Zweckförderung, vgl. § 2 Abs. 1 PolG NRW.

(SUB/ERG)

Im konkreten Fall ist das Wohnungs-Betreten/die Wohnungs-Durchsuchung (alternativ)

- erforderlich, denn einerseits sind mildere Maßnahmen wie (zum Beispiel) bloße Verfügungen vor der Wohnung oder bloßes Erfragen von bestimmten Sachen oder bloßes Nichtstun jedenfalls alleine nicht gleich geeignet, weil sie nicht in gleicher Weise die Erkenntnis von Geschehnissen und Zuständen in der Wohnung und auch nicht das Auffinden von Gegenständen darin fördern (Untermaßverbot) und andererseits sind (mindestens) gleich geeignete, intensivere Maßnahmen wie direkte Freiheitsentziehung oder Zwang noch nicht notwendig (Übermaßverbot).
- nicht erforderlich.

(VOR/DEF)

Angemessenheit oder **Verhältnismäßigkeit im engeren Sinne** einer staatlichen Maßnahme ist angemessenes Maß oder Verhältnis zwischen Zweckförderung für Erhaltungsrechte und Wirkungen für Eingriffsrechte, vgl. auch § 2 Abs. 2 PolG NRW, vgl. betroffene Grundrechte.

1154 Gedanke seit alters – vgl. auch: Die Bibel, Neues Testament, Lukas 11:9 und 11:10; Matthäus 7:7.

(SUB/ERG)

Im konkreten Fall ist das Wohnungs-Betreten/die Wohnungs-Durchsuchung (alternativ)

- angemessen, denn die GR-Eingriffe in Art. 13 GG, Art. 2 Abs. 1 i.V.m. Art. 1 Abs. 1 GG, Art. 2 Abs. 2 S. 2 GG stehen angesichts der zu schützenden Rechte und Rechtsgüter aus Art. 2 Abs. 2 S. 1 GG, Art. 2 Abs. 2 S. 2 GG, Art. 14 Abs. 1 S. 1 Alt. 1 GG, Art. 20 Abs. 3 GG nicht außer Verhältnis.
- unangemessen.

(ERG VHM)

Die Maßnahme ist insgesamt i.S.v. § 2 PolG NRW, Art. 20 Abs. 3 GG (alternativ)

- verhältnismäßig.
- unverhältnismäßig.

D. Gesamtergebnis (GErg)

Das Wohnungs-Betreten/die Wohnungs-Durchsuchung ist (alternativ)

- gemäß §§ 41, 42 PolG NRW rechtmäßig.
- wegen Art./§ (bestimmter Rechtsnorm [z.B. Art. 20 Abs. 3 GG]) rechtswidrig.

ABSCHNITT 22: DURCHSUCHUNG BEIM BESCHULDIGTEN/VERDÄCHTIGEN AUF DEM RECHTSGEBIET DER STRAFRECHTSPFLEGE, § 102 STPO (GGF. I.V.M. §§ 46, 53 ABS. 1 S. 2, ABS. 2 OWIG)

A. Rechtsgrundlage (RGL) I. Grundrechte (GR)

(VOR/DEF)

Grundrechte sind grundlegende Rechte aus Art. 1-19 GG i.V.m. dem Rechtsstaatsprinzip, Art. 20 Abs. 3 GG, mit Vorrang und Vorbehalt des Gesetzes.[1155]

(SUB/ERG)

Grundrechte sind (i.d.R. alternativ, nicht kumulativ) insbesondere wie folgt gegeben (jeweilige GR-Einschlägigkeit ist fallabhängig[1156]):

1. Wohnungsgrundrecht, Art. 13 Abs. 1 GG[1157]

a) GR-SB[1158]:

1155 Zu **Grundrechten**: *Basten*, Eingriffsrecht der Polizei in Nordrhein-Westfalen, Band 1, Buch 1, Abschnitt 2, Unterabschnitt 3. Zum **Rechtsstaatsprinzip** mit unter anderem sogenanntem Vorrang des Gesetzes und Vorbehalt des Gesetzes: *Basten*, Eingriffsrecht der Polizei in Nordrhein-Westfalen, Band 1, S. 95-108.

1156 Vgl. z.B. auch BVerfG, Beschluss des Zweiten Senats vom 09.06.2020 – 2 BvE 2/19 (Polizeiliches Betreten von Abgeordnetenraum beim Deutschen Bundestag zur Gefahrenabwehr als Verletzung des Art. 38 Abs. 1 S. 2 GG im konkreten Fall) –, C. I. 2., Rn. 40: „Ein Eingriff in den in Art. 38 Abs. 1 Satz 2 GG geschützten Abgeordnetenstatus ist zulässig, wenn und soweit andere Rechtsgüter von Verfassungsrang ihn rechtfertigen [Schrifttums-Quellenangaben, P. B.]. Das freie Mandat wird in seinem Umfang zwar nicht von vornherein durch das Hausrecht oder die Polizeigewalt des Antragsgegners begrenzt. Über Art. 40 Abs. 2 gibt das Grundgesetz ihm aber grundsätzlich die Möglichkeit, das freie Mandat im Wege der Abwägung mit widerstreitenden Rechtsgütern in Ausgleich zu bringen. Die Repräsentations- und die Funktionsfähigkeit des Parlaments sind als solche Rechtsgüter von Verfassungsrang anerkannt (vgl. BVerfGE 80, 188 <219>; 84, 304 <321>; 96, 264 <279>; 99, 19 <32>; 118, 277 <324>).“.

1157 Vgl. auch Art. 142 GG i.V.m. Art. 4 Abs. 1 Verfassung NRW; Art. 7 EU-GR-Charta; Art. 8 EMRK; §§ 18, 21 GVG i.V.m. DiplBezÜbkG i.V.m. Art. 22, 23 WÜD; §§ 19, 21 GVG i.V.m. KonsÜbkG i.V.m. Art. 27, 31, 55, 59 WÜK.

1158 Vgl. BVerfGE 109, 279, 325-327 (akustische Wohnraumüberwachung / „Großer Lauschangriff“) = BVerfG, Urteil des Ersten Senats vom 03.03.2004 – 1 BvR 2378/98, 1084/99 –, C. II. 1. a), b), c), Rn. 158-163: „Das aus Art. 2 Abs. 1 in Verbindung mit Art. 1 Abs. 1 GG folgende **allgemeine Persönlichkeitsrecht** kommt neben Art. 13 Abs. 1 GG allerdings nicht zur Anwendung, soweit Eingriffe in die **räumliche Privatsphäre des Wohnungsinhabers** zu überprüfen sind. Art. 13 Abs. 1 GG enthält eine spezielle Gewährleistung des **Schutzes vor staatlicher akustischer Überwachung der räumlichen Privatsphäre**, die die allgemeinere Vorschrift insoweit verdrängt (vgl. BVerfGE 100, 313 [358] zu Art. 10 GG). Diese Spezialität wirkt sich wegen des weiten Schutzbereichs von Art. 13 GG nicht nur gegenüber der staatlichen Überwachung selbst aus, sondern erstreckt sich auch auf notwendige Vorbereitungsakte und auf den **Informations- und Datenverarbeitungsprozess, der sich an die Erhebung anschließt**, sowie auf den Gebrauch, der von den erlangten Kenntnissen gemacht wird (vgl. BVerfGE 100, 313 [359]). Mit dem **Recht, in der Wohnung ungestört zu sein**, und dem **Recht am eigenen in der Wohnung gesprochenen Wort** schützt Art. 13 Abs. 1 GG gerade den Teil der **Privatsphäre**, den sonst das allgemeine Persönlichkeitsrecht gewährleistet. Dieses Recht ergänzt als unbenanntes Freiheitsrecht die speziellen Freiheitsrechte, die ebenfalls konstituierende Elemente der Persönlichkeit schützen (vgl. BVerfGE 54, 148 [153 f.]), nur insoweit, als Letztere keinen Schutz gewähren. Der Schutz des allgemeinen Persönlichkeitsrechts aus Art. 2 Abs. 1 in Verbindung mit Art. 1 Abs. 1 GG greift hingegen ein, soweit von der Wohnraumüberwachung Personen betroffen werden, die sich nicht auf Art. 13 Abs. 1 GG berufen können. **Grundrechtsträger des Art. 13 Abs. 1 GG** ist jeder Inhaber oder Bewohner eines

aa) Persönlicher GR-SB: Jeder Wohnungsberechtigte, im Verhältnis mehrerer Wohnungsberechtigter zu gleichen Teilen oder der besser unmittelbar Wohnungsberechtigte (zum Beispiel der unmittelbare Besitzer).[1159]

bb) Sachlicher GR-SB: **Wohnung** ist jede der allgemeinen Zugänglichkeit entzogene Stätte privaten Lebens.[1160]

Wohnraums, unabhängig davon, auf welchen Rechtsverhältnissen die Nutzung des Wohnraums beruht. Bei mehreren Bewohnern einer Wohnung steht das Grundrecht jedem Einzelnen, bei Familien mithin jedem Familienmitglied zu. Maßnahmen der **Wohnraumüberwachung** können aber nicht nur Wohnungsinhaber, sondern auch **zufällig in einer Wohnung Anwesende** erfassen. Diese Personen sind zwar nicht in ihrem Grundrecht aus Art. 13 Abs. 1 GG, wohl aber in ihrem allgemeinen Persönlichkeitsrecht betroffen. Der Schutz aus Art. 2 Abs. 1 in Verbindung mit Art. 1 Abs. 1 GG kann insofern allerdings nicht weiter reichen als derjenige aus Art. 13 Abs. 1 und 3 GG. Der **Schutz der räumlichen Privatsphäre** und des allgemeinen Persönlichkeitsrechts kann schließlich in Einzelfällen durch weitere Grundrechtsgarantien ergänzt sein. So wird das Gespräch zwischen Eheleuten in der eigenen Wohnung nicht nur von Art. 13 Abs. 1 GG, sondern zusätzlich durch Art. 6 Abs. 1 GG geschützt. Auch in Bezug auf die Kommunikation mit Berufsgeheimnisträgern können neben dem grundrechtlichen Schutz der räumlichen Privatsphäre Grundrechte in Betracht kommen, die – wie etwa Art. 4 GG im Hinblick auf das Gespräch mit einem Geistlichen – der besonderen Schutzbedürftigkeit der Kommunizierenden Rechnung tragen.“.

[1159] BVerfG, Beschluss der 3. Kammer des Zweiten Senats vom 27.06.2018 – 2 BvR 1562/17 (auf § 103 StPO gestützte Anordnung der Durchsuchung der Räumlichkeiten des Münchener Kanzleistandorts der Rechtsanwaltskanzlei Jones Day auf sowie Sicherstellung von Unterlagen und elektronischen Daten im Zuge des sogenannten „VW-Dieselskandals“ – Verfassungsbeschwerde nicht zur Entscheidung angenommen wegen Unzulässigkeit aufgrund Nichterfüllung von Voraussetzungen nach § 93a Abs. 2 BVerfGG), Gründe, V., Rn. 38 f.: „Wer **Träger des Grundrechts des Art. 13 Abs. 1 GG** ist, entscheidet sich nicht nach der Eigentumslage, sondern grundsätzlich danach, wer Nutzungsberechtigter der Wohnung oder der Betriebs- und Geschäftsräume ist [Quellenangabe]. Bei **Geschäftsräumen** kommt der Schutz des Art. 13 Abs. 1 GG dementsprechend regelmäßig nur dem Unternehmer als Nutzungsberechtigtem zugute, nicht aber den einzelnen Arbeitnehmern (vgl. BVerfG, Beschluss der 1. Kammer des Zweiten Senats vom 9. Juli 2009 - 2 BvR 1119/05 u.a. -, juris, Rn. 27; [Quellenangaben]). […] Nutzungsrecht steht Partnern als Mitinhaber der Nutzungsberechtigung der Kanzlei […] an ihren Kanzleiräumen […] nur gemeinschaftlich zu (vgl. für die Partnerschaftsgesellschaft nach deutschem Recht §§ 718 f. BGB i.V.m. § 1 Abs. 4 PartGG). Es kann deshalb auch nur von den Gesellschaftern gemeinschaftlich oder, soweit ihre Rechtsfähigkeit anerkannt ist, von der Gesellschaft als solcher geltend gemacht werden. […] Natürliche Personen, die Geschäfts- oder Amtsräume nutzen, ohne selbst Geschäftsinhaber oder Dienstherr zu sein, sind in Bezug auf Art. 13 Abs. 1 GG nur dann beschwerdebefugt, wenn die genutzten Räume auch als individueller Rückzugsbereich fungieren und sie deshalb der persönlichen beziehungsweise räumlichen Privatsphäre der natürlichen Person zuzuordnen sind (vgl. BVerfGE 103, 142 <150>; BVerfG, Beschluss der 3. Kammer des Zweiten Senats vom 12. Februar 2004 - 2 BvR 1687/02 -, juris, Rn. 13; Beschluss der 3. Kammer des Zweiten Senats vom 16. April 2015 - 2 BvR 2279/13 -, juris, Rn. 14; [Quellenangaben]).“.

[1160] Vgl. BVerfGE 32, 54, Ls. 1, 69-72 (Betriebsbetretungsrecht) = BVerfG, Beschluss des Ersten Senats vom 13.10.1971 – 1 BvR 280/66, Ls. 1: „Der Begriff ‚**Wohnung**‘ in Art. 13 Abs. 1 GG ist weit auszulegen; er umfaßt auch **Arbeits-, Betriebs- und Geschäftsräume**.“; BVerfG, Beschluss der 3. Kammer des Ersten Senats vom 10.04.2008 – 1 BvR 848/08 –, Rn. 12: „Die Weite des Wohnungsbegriffs in Art. 13 Abs. 1 GG hat zur Folge, dass an die Zulässigkeit von Eingriffen und Beschränkungen im Sinne des Art. 13 Abs. 1 GG je nach der Nähe der Örtlichkeiten zur räumlichen Privatsphäre unterschiedlich hohe Anforderungen gestellt werden. Während bei Räumen, in denen sich das Privatleben im engeren Sinn abspielt, das Schutzbedürfnis am größten ist und der Schutzzweck des Grundrechts daher in vollem Umfang durchgreift, wird das Schutzbedürfnis bei reinen Betriebs-, Geschäfts- oder Arbeitsräumen durch den Zweck gemindert, den sie nach dem Willen des Inhabers besitzen. Je größer ihre Offenheit nach außen ist und je mehr sie zur Aufnahme sozialer Kontakte für Dritte bestimmt sind, desto schwä-

b) GR-E (oder Nichteingriff/GR-Verzicht): **Persönlichkeitsentfaltungseinschränkung** als **Wohnungseinschränkung**, allgemein durch körperliches Eindringen, technische Infiltration sowie grundsätzlich sonstige Behinderungen, Einschränkungen des Wohnens.

c) GR-B: Art. 13 Abs. 2-7 GG, Art. 17a Abs. 2 GG (qualifizierter Gesetzesvorbehalt; verfassungsunmittelbare Einschränkungen).

Art. 13 Abs. 2-7 GG: „Im Übrigen" können – insbesondere bei Fehlen von verfassungsmäßigen einfachgesetzlichen Konkretisierungen von Art. 13 Abs. 2-7 GG – Art. 13 Abs. 2-7 GG alternativ direkt anwendbare Rechtsgrundlagen mit Rechtmäßigkeitsvoraussetzungen bilden.

2. Allgemeines Persönlichkeitsgrundrecht[1161] mit verschiedenen Ausprägungen[1162], etwa in der Ausprägung des **Rechts auf informationelle Selbstbestimmung** (APR/RiS), Art. 2 Abs. 1 i.V.m. Art. 1 Abs. 1[1163] GG, vgl. auch Art. 142 GG i.V.m. Art. 4 Abs. 1, 2 Verfassung NRW[1164].

---

cher wird der grundrechtliche Schutz (vgl. BVerfGE 32, 54 <75 f.>; 97, 228 <266>). **Rechte zum Betreten von Betriebsräumen** verstoßen daher dann nicht gegen Art. 13 Abs. 1 GG, wenn sie auf einer besonderen gesetzlichen Grundlage beruhen, das Betreten einem erlaubten Zweck dient und für dessen Erreichung erforderlich ist, das Gesetz Zweck, Gegenstand und Umfang des Betretens erkennen lässt und das Betreten auf Zeiten beschränkt wird, in denen die Räume normalerweise für die betriebliche Nutzung zur Verfügung stehen (vgl. BVerfGE 97, 228 <266>; BVerfG, Beschluss der 3. Kammer des Ersten Senats vom 15. März 2007 - 1 BvR 2138/05 -, EuGRZ 2007, S. 486 <488 f.>).". Vgl. auch § 41 Abs. 1 S. 2 PolG NRW; vgl. auch Nr. 40.03. VVPolG NRW: „Für die **Durchsuchung von Sachen im befriedeten Besitztum** gelten die §§ 41 und 42."; Nr. 41.13 VVPolG NRW: „Die Durchsuchung einer Wohnung hat sich auf Anlass und Zweck der Durchsuchung zu beschränken. Befinden sich in der Wohnung Personen, die durchsucht werden sollen, ist hierfür § 39 maßgebend. Sollen in einer Wohnung Sachen durchsucht werden, die nicht den Wohnungsinhabern gehören, ist § 40 einschlägig."; vgl. auch Nr. 40.12 VVPolG NRW: „Sollen bewegliche Sachen, die Wohnungen sind (vgl. RdNr. 41.11), betreten oder durchsucht werden, richten sich die Maßnahmen nach § 41.", vgl. auch Nr. 41.11 VVPolG NRW: „Es ist zu beachten: **Wohnungen** i.S.d. § 41 Abs. 1 Satz 2 sind auch die zu Wohnzwecken genutzten beweglichen Sachen wie Schiffe, Wohnwagen, Wohnmobile und Zelte. **Inhaber einer Wohnung** ist, wer rechtmäßig die tatsächliche Gewalt über die Räumlichkeit ausübt, somit z.B. auch Mieter, Untermieter oder Hotelgast. Bei Gemeinschaftsunterkünften, Internaten und Obdachlosenasylen sind nur die Leiterinnen und Leiter Inhaber. Die **Befugnis zum Betreten einer Wohnung** schließt die Befugnis ein, von Personen, Sachen und Zuständen, die ohne weiteres wahrgenommen werden können, **Kenntnis** zu nehmen. Soweit es für die Erfüllung der polizeilichen Aufgaben erforderlich ist, umfasst das **Betretungsrecht** bei Grundstücken auch das **Recht zum Befahren mit Fahrzeugen**.", vgl. auch Nr. 41.13 VVPolG NRW: „Die Durchsuchung einer Wohnung hat sich auf Anlass und Zweck der Durchsuchung zu beschränken. Befinden sich in der Wohnung Personen, die durchsucht werden sollen, ist hierfür § 39 maßgebend. Sollen in einer Wohnung Sachen durchsucht werden, die nicht den Wohnungsinhabern gehören, ist § 40 einschlägig.".

[1161] BVerfGE 147, 1, 18 f. (**Geschlechtsidentität**) = BVerfG, Beschluss des Ersten Senats vom 10.10.2017 – 1 BvR 2019/16 –, Rn. 38: „Art. 2 Abs. 1 GG gewährt jedem das **Recht auf die freie Entfaltung seiner Persönlichkeit**. Dieses Grundrecht umfasst neben der allgemeinen Handlungsfreiheit das **allgemeine Persönlichkeitsrecht** (Art. 2 Abs. 1 i.V.m. Art. 1 Abs. 1 GG). Letzteres ergänzt als ‚unbenanntes' Freiheitsrecht die speziellen (‚benannten') Freiheitsrechte, die ebenfalls konstituierende Elemente der Persönlichkeit schützen (vgl. BVerfGE 54, 148 <153>). Eine der **Aufgaben des allgemeinen Persönlichkeitsrechts** ist es dabei, Grundbedingungen dafür zu sichern, dass die einzelne Person ihre Individualität selbstbestimmt entwickeln und wahren kann (vgl. BVerfGE 35, 202 <220>; 79, 256 <268>; 90, 263 <270>; 117, 202 <225>). Das allgemeine Persönlichkeitsrecht schützt indessen nur solche **Elemente der Persönlichkeitsentfaltung**, die - ohne bereits Gegenstand der besonderen Freiheitsgarantien des Grundgesetzes zu sein - diesen in ihrer konstituierenden Bedeutung für die Persönlichkeit nicht nachstehen (vgl. BVerfGE 79, 256 <268>; 99, 185 <193>; 120, 274 <303>; stRspr). Es verbürgt also nicht Schutz gegen alles, was die selbstbestimmte Persönlichkeitsentwicklung auf irgendeine Weise beeinträchtigen könnte; ohnehin vermag kein Mensch seine Individualität unabhängig von äußeren Gegebenheiten und Zugehörigkeiten zu entwickeln. Der lückenschließende Schutz des allgemeinen Persönlichkeitsrechts greift aber dann, wenn die selbstbestimmte Entwicklung und Wahrung der Persönlichkeit spezifisch gefährdet ist (BVerfGE 141, 186 <201 f. Rn. 32>).“.

BVerfG, Beschluss des Ersten Senats vom 06.11.2019 – 1 BvR 16/13 – (Recht auf Vergessen I), Rn. 81: „Diese [**APR-]Rechtsprechung** hat sich maßgeblich in Konstellationen der mittelbaren Drittwirkung und geleitet von dem Erfordernis praktischer Konkordanz entwickelt. Deshalb bestimmen sich die Schutzdimensionen des allgemeinen Persönlichkeitsrechts letztlich immer einzelfallbezogen im Abgleich mit den Grundrechten Dritter. Die Bestimmung seiner Schutzwirkungen und die Abwägung mit den gegenüberstehenden Freiheitsrechten greifen hier Hand in Hand. Der Schutz des allgemeinen Persönlichkeitsrechts ist insoweit flexibel und durch die Einbindung der Person in ihre sozialen Beziehungen relativiert (vgl. BVerfGE 101, 361 <380>; 141, 186 <202 Rn. 32>; 147, 1 <19 Rn. 38>; stRspr; siehe auch BGHZ 183, 353 <357 Rn. 11>; 209, 139 <150 Rn. 30>; 219, 233 <240 Rn. 22>; stRspr).“.

Vgl. „**Allgemeines Persönlichkeitsrecht**“ (APR) als „sonstiges Recht“ (sog. **Rahmenrecht** mit [grundrechts-]abwägungsoffenem Tatbestand) nach § 823 Abs. 1 Var. 6 BGB, u.a. mit Geldentschädigungsanspruch, insbesondere durch ständige Rechtsprechung (vgl. auch § 253 BGB) seit folgender Entwicklung: BGHZ 13, 334 (Leserbrief), mit erstmaliger ausdrücklicher Anerkennung des allgemeinen Persönlichkeitsrechts; BGHZ 26, 349 (Herrenreiter), mit erstmaliger Zuerkennung einer Geldentschädigung wegen des immateriellen Schadens durch die Verletzung des allgemeinen Persönlichkeitsrechts; BGHZ 35, 363 (Ginsengwurzel), mit erstmaliger Schwerpunktsetzung bei der Menschenwürde in der Begründung; BVerfGE 34, 269 (Soraya), mit verfassungsgerichtlicher Erklärung der verfassungsrechtlichen Zulässigkeit der richterrechtlich entwickelten APR-Konstruktion.

1162 BVerfG, Beschluss des Ersten Senats vom 06.11.2019 – 1 BvR 16/13 – (Recht auf Vergessen I), Rn. 80: „Die Rechtsprechung hat aus dem [**Allgemeinen Persönlichkeits-]Grundrecht** insoweit verschiedene **Schutzdimensionen** abgeleitet wie den **Schutz eines unantastbaren Bereichs privater Lebensgestaltung**, die Garantie der **Privatsphäre**, das **Recht am eigenen Bild** oder **gesprochenen Wort** oder das **Recht auf die Darstellung der eigenen Person**, die **soziale Anerkennung** sowie die **persönliche Ehre** (vgl. BVerfGE 27, 1 <6>; 27, 344 <350 f.>; 32, 373 <379>; 34, 238 <245 f.>; 47, 46 <73>; 54, 148 <153 f.>; 99, 185 <193 f.>; 101, 361 <384>; 106, 28 <39>; 114, 339 <346>; 120, 180 <198>).“ „Diese Schutzgehalte werden insoweit aber nicht als abschließend umschriebene und voneinander abzugrenzende Gewährleistungen verstanden, sondern als Ausprägungen, die in Blick auf den konkreten Schutzbedarf jeweils anhand des zu entscheidenden Falles herauszuarbeiten sind (vgl. BVerfGE 54, 148 <153 f.>; 65, 1 <41>).“.

BVerfGE 65, 1 (Volkszählungsgesetz), Ls. 1 = BVerfG, Urteil des Ersten Senats vom 15.12.1983 – 1 BvR 209/83, Ls. 1: „Unter den Bedingungen der modernen Datenverarbeitung wird der Schutz des Einzelnen gegen unbegrenzte Erhebung, Speicherung, Verwendung und Weitergabe seiner persönlichen Daten von dem **allgemeinen Persönlichkeitsrecht** des Art. 2 Abs. 1 GG in Verbindung mit Art. 1 Abs. 1 GG umfaßt. Das [**Allgemeine Persönlichkeits-]Grundrecht** gewährleistet insoweit die Befugnis des Einzelnen, grundsätzlich selbst über die Preisgabe und Verwendung seiner persönlichen Daten zu bestimmen.“; BVerfG, Beschluss des Ersten Senats vom 06.11.2019 – 1 BvR 16/13 – (Recht auf Vergessen I), Rn. 80: „Das **Recht auf informationelle Selbstbestimmung** ist von der Rechtsprechung als eigene Ausprägung des allgemeinen Persönlichkeitsrechts mit einem gegenüber den anderen Ausprägungen selbständigen Gewährleistungsgehalt entwickelt worden und behält diesen auch, soweit es als verfassungsrechtliche Wertentscheidung in das Zivilrecht einstrahlt. Dementsprechend enthält es keinen gesamthaften Schutzanspruch hinsichtlich jederlei Umgangs mit Informationen, der die übrigen Schutzdimensionen des Grundrechts allgemein übergreifen und zusammenführen würde, sondern lässt deren Wertungen und Abwägungsregeln unberührt.“; BVerfGE 120, 274, 311 f. (Online-Durchsuchung) = BVerfG, Urteil des Ersten Senats vom 27.02.2008 – 1 BvR 370/07 –, Rn. 198 f. „Das **Recht auf informationelle Selbstbestimmung** geht über den **Schutz der Privatsphäre** hinaus. Es gibt dem Einzelnen die Befugnis, grundsätzlich selbst über die Preisgabe und Verwendung seiner persönlichen Daten zu bestimmen (vgl. BVerfGE 65, 1 <43>; 84, 192 <194>). Es flankiert und erweitert den grundrechtlichen Schutz von Verhaltensfreiheit und Privatheit, indem es ihn schon auf der Stufe der Persönlichkeitsgefährdung beginnen lässt. Eine derartige Gefährdungslage kann bereits im Vorfeld konkreter Bedrohun-

gen benennbarer Rechtsgüter entstehen, insbesondere wenn personenbezogene Informationen in einer Art und Weise genutzt und verknüpft werden können, die der Betroffene weder überschauen noch verhindern kann. Der Schutzumfang des **Rechts auf informationelle Selbstbestimmung** beschränkt sich dabei nicht auf Informationen, die bereits ihrer Art nach sensibel sind und schon deshalb grundrechtlich geschützt werden. Auch der Umgang mit personenbezogenen Daten, die für sich genommen nur geringen Informationsgehalt haben, kann, je nach dem Ziel des Zugriffs und den bestehenden Verarbeitungs- und Verknüpfungsmöglichkeiten, grundrechtserhebliche Auswirkungen auf die Privatheit und Verhaltensfreiheit des Betroffenen haben (vgl. BVerfG, Beschluss vom 13. Juni 2007 - 1 BvR 1550/03 u.a. -, NJW 2007, S. 2464 <2466>). Die mit dem Recht auf informationelle Selbstbestimmung abzuwehrenden Persönlichkeitsgefährdungen ergeben sich aus den vielfältigen Möglichkeiten des Staates und gegebenenfalls auch privater Akteure (vgl. BVerfG, Beschluss der 1. Kammer des Ersten Senats vom 23. Oktober 2006 - 1 BvR 2027/02 -, JZ 2007, S. 576) zur Erhebung, Verarbeitung und Nutzung personenbezogener Daten. Vor allem mittels elektronischer Datenverarbeitung können aus solchen Informationen weitere Informationen erzeugt und so Schlüsse gezogen werden, die sowohl die grundrechtlich geschützten Geheimhaltungsinteressen des Betroffenen beeinträchtigen als auch Eingriffe in seine Verhaltensfreiheit mit sich bringen können (vgl. BVerfGE 65, 1 <42>; 113, 29 <45 f.>; 115, 320 <342>; BVerfG, Beschluss vom 13. Juni 2007 - 1 BvR 1550/03 u.a. -, NJW 2007, S. 2464 <2466>).".

BVerfGE 109, 279, 325-327 (akustische Wohnraumüberwachung / „Großer Lauschangriff") = BVerfG, Urteil des Ersten Senats vom 03.03.2004 – 1 BvR 2378/98, 1084/99 –, Rn. 159-163: „Das aus Art. 2 Abs. 1 in Verbindung mit Art. 1 Abs. 1 GG folgende **allgemeine Persönlichkeitsrecht** kommt neben Art. 13 Abs. 1 GG allerdings nicht zur Anwendung, soweit Eingriffe in die **räumliche Privatsphäre des Wohnungsinhabers** zu überprüfen sind. Art. 13 Abs. 1 GG enthält eine spezielle Gewährleistung des **Schutzes vor staatlicher akustischer Überwachung der räumlichen Privatsphäre**, die die allgemeinere Vorschrift insoweit verdrängt (vgl. BVerfGE 100, 313 [358] zu Art. 10 GG). Mit dem **Recht, in der Wohnung ungestört zu sein**, und dem **Recht am eigenen in der Wohnung gesprochenen Wort** schützt Art. 13 Abs. 1 GG gerade den Teil der **Privatsphäre**, den sonst das allgemeine Persönlichkeitsrecht gewährleistet. Dieses Recht ergänzt als unbenanntes Freiheitsrecht die speziellen Freiheitsrechte, die ebenfalls konstituierende Elemente der Persönlichkeit schützen (vgl. BVerfGE 54, 148 <153 f.>), nur insoweit, als Letztere keinen Schutz gewähren. Der **Schutz des allgemeinen Persönlichkeitsrechts aus Art. 2 Abs. 1 in Verbindung mit Art. 1 Abs. 1 GG** greift hingegen ein, soweit von der Wohnraumüberwachung Personen betroffen werden, die sich nicht auf Art. 13 Abs. 1 GG berufen können. **Grundrechtsträger des Art. 13 Abs. 1 GG** ist jeder Inhaber oder Bewohner eines Wohnraums, unabhängig davon, auf welchen Rechtsverhältnissen die Nutzung des Wohnraums beruht. Bei mehreren Bewohnern einer Wohnung steht das Grundrecht jedem Einzelnen, bei Familien mithin jedem Familienmitglied zu. Maßnahmen der Wohnraumüberwachung können aber nicht nur **Wohnungsinhaber**, sondern auch **zufällig in einer Wohnung Anwesende** erfassen. Diese Personen sind zwar nicht in ihrem Grundrecht aus Art. 13 Abs. 1 GG, wohl aber in ihrem **allgemeinen Persönlichkeitsrecht** betroffen. Der Schutz aus Art. 2 Abs. 1 in Verbindung mit Art. 1 Abs. 1 GG kann insofern allerdings nicht weiter reichen als derjenige aus Art. 13 Abs. 1 und 3 GG. Der Schutz der **räumlichen Privatsphäre und des allgemeinen Persönlichkeitsrechts** kann schließlich in Einzelfällen durch weitere Grundrechtsgarantien ergänzt sein. So wird das **Gespräch zwischen Eheleuten in der eigenen Wohnung** nicht nur von Art. 13 Abs. 1 GG, sondern zusätzlich durch Art. 6 Abs. 1 GG geschützt. Auch in Bezug auf die **Kommunikation mit Berufsgeheimnisträgern** können neben dem grundrechtlichen **Schutz der räumlichen Privatsphäre** Grundrechte in Betracht kommen, die - wie etwa Art. 4 GG im Hinblick auf das Gespräch mit einem Geistlichen - der besonderen Schutzbedürftigkeit der Kommunizierenden Rechnung tragen.".

BVerfG, Beschluss des Ersten Senats vom 06.11.2019 – 1 BvR 16/13 – (Recht auf Vergessen I), Ls. 3 S. 1: „Von den **äußerungsrechtlichen Schutzdimensionen** ist das **Recht auf informationelle Selbstbestimmung** als eine eigene Ausprägung des allgemeinen Persönlichkeitsrechts zu unterscheiden."
BVerfG, Beschluss des Ersten Senats vom 06.11.2019 – 1 BvR 16/13 – (Recht auf Vergessen I), Rn. 90: „Ausgehend von dem **Ziel des Rechts auf informationelle Selbstbestimmung**, Schutz vor Gefahren angesichts neuartiger Möglichkeiten der Datenverarbeitung zu gewähren (vgl. BVerfGE 65, 1 <42>), ist es primär als Gewährleistung zu verstehen, die – neben der ungewollten Preisgabe von Daten auch im Rahmen privater Rechtsbeziehungen (vgl. BVerfGE 84, 192 <194>) – insbesondere vor deren intranspa-

renter Verarbeitung und Nutzung durch Private schützt. Es bietet Schutz davor, dass Dritte sich individueller Daten bemächtigen und sie in nicht nachvollziehbarer Weise als Instrument nutzen, um die Betroffenen auf Eigenschaften, Typen oder Profile festzulegen, auf die sie keinen Einfluss haben und die dabei aber für die freie Entfaltung der Persönlichkeit sowie eine gleichberechtigte Teilhabe in der Gesellschaft von erheblicher Bedeutung sind. Der Gehalt dieses Rechts ist dabei entwicklungsoffen, so dass es auch weitere persönlichkeitsgefährdende Entwicklungen der Informationsverarbeitung aufnehmen kann.".

BVerfG, Beschluss des Ersten Senats vom 06.11.2019 – 1 BvR 16/13 – (Recht auf Vergessen I), Rn. 91: „[Vom Recht auf informationelle Selbstbestimmung] zu unterscheiden ist der **Schutz vor der Verarbeitung personenbezogener Berichte und Informationen als Ergebnis eines Kommunikationsprozesses**. Der Schutzbedarf gründet hier nicht in der intransparenten Zuweisung von Persönlichkeitsmerkmalen und -profilen durch Dritte, sondern in der sichtbaren Verbreitung bestimmter Informationen im öffentlichen Raum. Gefährdungen für die Persönlichkeitsentfaltung ergeben sich hier vornehmlich aus Form und Inhalt der Veröffentlichung selbst. Schutz gegenüber solchen Gefährdungen bieten die **äußerungsrechtlichen Ausprägungen des allgemeinen Persönlichkeitsrechts unabhängig vom Recht auf informationelle Selbstbestimmung**. Zwar kann es auch dabei maßgeblich auf die Art der Informationserlangung ankommen. Jedoch hat diese hier ihre Bedeutung als Vorfrage für die Beurteilung des weiteren Umgangs mit einer bestimmten Äußerung und des damit in die Öffentlichkeit gestellten Bildes einer Person selbst.".

BVerfG, Beschluss des Ersten Senats vom 06.11.2019 – 1 BvR 16/13 – (**Recht auf Vergessen** I), Ls. 2b): „Bei der Entscheidung über einen Schutzanspruch kommt der Zeit unter den Kommunikationsbedingungen des Internets ein spezifisches Gewicht zu. Die Rechtsordnung muss davor schützen, dass sich eine Person frühere Positionen, Äußerungen und Handlungen unbegrenzt vor der Öffentlichkeit vorhalten lassen muss. Erst die Ermöglichung eines Zurücktretens vergangener Sachverhalte eröffnet den Einzelnen die Chance zum Neubeginn in Freiheit. Zur Zeitlichkeit der Freiheit gehört die Möglichkeit des Vergessens.".

BVerfGE 120, 274, 311 (Online-Durchsuchung) = BVerfG, Urteil des Ersten Senats vom 27.02.2008 – 1 BvR 370/07 –, Rn. 197: „In seiner Ausprägung als **Schutz der Privatsphäre** [als **Privatangelegenheitenschutz** und **Rückzugsraumbereichsschutz** – beides **gegenüber der Öffentlichkeit**, vgl. **Sphärentheorie** mit **Intimsphäre, Privatsphäre, Sozialsphäre** und vgl. **Kernbereich privater Lebensgestaltung**] gewährleistet das allgemeine Persönlichkeitsrecht dem Einzelnen einen räumlich und thematisch bestimmten Bereich, der grundsätzlich frei von unerwünschter Einsichtnahme bleiben soll (vgl. BVerfGE 27, 344 <350 ff.>; 44, 353 <372 f.>; 90, 255 <260>; 101, 361 <382 f.>)."; BVerfGE 101, 361, 382-385 (Caroline von Monaco II) = BVerfG, Urteil vom 15.12.1999 – 1 BvR 653/96 –, Rn. 75-82: „Im Unterschied zum **Recht am eigenen Bild** bezieht sich der **Schutz der Privatsphäre**, der ebenfalls im **allgemeinen Persönlichkeitsrecht** wurzelt, nicht speziell auf Abbildungen, sondern ist **thematisch und räumlich** bestimmt. Er umfaßt zum einen **Angelegenheiten** [**Privatangelegenheitenschutz**], die wegen ihres Informationsinhalts typischerweise als ‚**privat**' eingestuft werden, weil ihre **öffentliche** Erörterung oder Zurschaustellung als unschicklich gilt, das Bekanntwerden als peinlich empfunden wird oder nachteilige Reaktionen der Umwelt auslöst, wie es etwa bei Auseinandersetzungen mit sich selbst in **Tagebüchern** (BVerfGE 80, 367), bei **vertraulicher Kommunikation unter Eheleuten** (BVerfGE 27, 344), im Bereich der **Sexualität** (BVerfGE 47, 46; 49, 286 [BVerfGE 120, 224, 238 f. (Geschwisterbeischlaf) = BVerfGE, Beschluss des Zweiten Senats vom 26.02.2008 – 2 BvR 392/07 –, Rn. 32 f.: „Das allgemeine Persönlichkeitsrecht in seiner Ausprägung als **Recht auf sexuelle Selbstbestimmung**"/„**Intim- und Sexualbereich des Menschen als Teil seiner Privatsphäre**, P. B.]), bei **sozial abweichendem Verhalten** (BVerfGE 44, 353) oder bei **Krankheiten** (BVerfGE 32, 373) der Fall ist. Fehlte es hier an einem **Schutz vor der Kenntniserlangung anderer**, wären die Auseinandersetzung mit sich selbst, die unbefangene Kommunikation unter Nahestehenden, die sexuelle Entfaltung oder die Inanspruchnahme ärztlicher Hilfe beeinträchtigt oder unmöglich, obwohl es sich um grundrechtlich geschützte Verhaltensweisen handelt. Zum anderen erstreckt sich der Schutz auf einen **räumlichen Bereich** [**Raumbereichsschutz**], in dem der Einzelne zu sich kommen, sich entspannen oder auch gehen lassen kann (vgl. BVerfGE 27, 1 [6]). Zwar bietet auch dieser Bereich Gelegenheit, sich in einer Weise zu verhalten, die nicht für die **Öffentlichkeit** bestimmt ist und deren Beobachtung oder Darstellung durch Außenstehende für den Betroffenen peinlich oder nachteilig wäre. Im Kern geht es aber um einen

Raum, in dem er die Möglichkeit hat, frei von **öffentlicher Beobachtung** und damit der von ihr erzwungenen Selbstkontrolle zu sein, auch ohne daß er sich dort notwendig anders verhielte als in der **Öffentlichkeit**. Bestünden solche **Rückzugsbereiche** nicht mehr, könnte der Einzelne psychisch überfordert sein, weil er unausgesetzt darauf achten müßte, wie er auf andere wirkt und ob er sich richtig verhält. Ihm fehlten die Phasen des Alleinseins und Ausgleichs, die für die Persönlichkeitsentfaltung notwendig sind und ohne die sie nachhaltig beeinträchtigt würde. Ein derartiges Schutzbedürfnis besteht auch bei Personen, die aufgrund ihres Ranges oder Ansehens, ihres Amtes oder Einflusses, ihrer Fähigkeiten oder Taten besondere **öffentliche** Beachtung finden. Wer, ob gewollt oder ungewollt, zur Person des **öffentlichen** Lebens geworden ist, verliert damit nicht sein Anrecht auf eine **Privatsphäre**, die den Blicken der **Öffentlichkeit** entzogen bleibt. Das gilt auch für demokratisch gewählte Amtsträger, die zwar für ihre Amtsführung **öffentlich** rechenschaftspflichtig sind und sich in diesem Umfang **öffentliche** Aufmerksamkeit gefallen lassen müssen, nicht aber für ihr **Privatleben**, sofern dieses die Amtsführung nicht berührt. Der **häusliche Bereich** [vgl. ggf. spezielleren Art. 13 GG i.V.m. BVerfGE 109, 279, 325 f.] stellt anerkanntermaßen eine solche geschützte Sphäre dar. Wegen des Bezugs auf die Entfaltung der Persönlichkeit darf der **Rückzugsbereich** jedoch nicht von vornherein auf ihn begrenzt werden. Das gilt schon deshalb, weil die Funktionen, denen er dient, nur erfüllt werden, wenn er nicht an den Hausmauern oder Grundstücksgrenzen endet. Die freie Entfaltung der Persönlichkeit wäre erheblich behindert, wenn der Einzelne nur im eigenen Haus der **öffentlichen** Neugier entgehen könnte. Die notwendige Erholung von einer durch Funktionszwänge und Medienpräsenz geprägten **Öffentlichkeit** ist vielfach nur in der **Abgeschiedenheit einer natürlichen Umgebung**, **etwa an einem Ferienort**, zu gewinnen. Deswegen muß der Einzelne grundsätzlich die Möglichkeit haben, sich auch in der freien, gleichwohl **abgeschiedenen Natur oder an Örtlichkeiten, die von der breiten Öffentlichkeit deutlich abgeschieden sind**, in einer von **öffentlicher** Beobachtung freien Weise zu bewegen. Das gilt gerade gegenüber solchen Aufnahmetechniken, die die **räumliche Abgeschiedenheit** überwinden, ohne daß der Betroffene dies bemerken kann. Wo die Grenzen der geschützten **Privatsphäre außerhalb des Hauses** verlaufen, läßt sich nicht generell und abstrakt festlegen. Sie können vielmehr nur aufgrund der jeweiligen Beschaffenheit des **Ortes** bestimmt werden, den der Betroffene aufsucht. Ausschlaggebend ist, ob der Einzelne eine **Situation** vorfindet oder schafft, in der er begründetermaßen und somit auch für Dritte erkennbar davon ausgehen darf, den Blicken der **Öffentlichkeit** nicht ausgesetzt zu sein. Ob die Voraussetzungen der **Abgeschiedenheit** erfüllt sind, läßt sich nur situativ beurteilen. Der Einzelne kann sich an ein und demselben **Ort** zu Zeiten mit gutem Grund unbeobachtet fühlen, zu anderen Zeiten nicht. Auch ist der Aufenthalt in umschlossenen **Räumen** keineswegs immer mit **Abgeschiedenheit** gleichzusetzen. Da es um die Frage geht, ob der Einzelne begründetermaßen erwarten darf, unbeobachtet zu sein, oder aber **Plätze** aufgesucht hat, wo er sich unter den Augen der **Öffentlichkeit** bewegt, kann es auch in umschlossenen Räumen an der **Abgeschiedenheit** fehlen, die Voraussetzung für den **Privatsphärenschutz** außerhalb der eigenen **Häuslichkeit** ist. **Plätzen, an denen sich der Einzelne unter vielen Menschen befindet**, fehlt es von vornherein an den Voraussetzungen des **Privatsphärenschutzes** im Sinn von Art. 2 Abs. 1 in Verbindung mit Art. 1 Abs. 1 GG. Sie können das **Rückzugsbedürfnis** nicht erfüllen und rechtfertigen deswegen auch nicht den grundrechtlichen Schutz, den dieses Bedürfnis aus Gründen der Persönlichkeitsentfaltung verdient. Der Einzelne kann solche **Orte** auch nicht etwa durch ein Verhalten, das typischerweise nicht **öffentlich** zur Schau gestellt würde, in seine **Privatsphäre** umdefinieren. Nicht sein Verhalten, ob allein oder mit anderen, konstituiert die **Privatsphäre**, sondern die **objektive Gegebenheit der Örtlichkeit zur fraglichen Zeit**. Verhält er sich daher an **Orten**, die nicht die Merkmale der **Abgeschiedenheit** aufweisen, so, als stünde er nicht unter Beobachtung, hebt er das **Schutzbedürfnis für Verhaltensweisen, die an sich die Öffentlichkeit nichts angehen**, selbst auf. Der **Schutz der Privatsphäre vor öffentlicher Kenntnisnahme** entfällt ferner, wenn sich jemand selbst damit einverstanden zeigt, daß bestimmte, gewöhnlich als privat geltende Angelegenheiten **öffentlich** gemacht werden, etwa indem er Exklusivverträge über die Berichterstattung aus seiner **Privatsphäre** abschließt. Der verfassungsrechtliche **Privatsphärenschutz** aus Art. 2 Abs. 1 in Verbindung mit Art. 1 Abs. 1 GG ist nicht im Interesse einer Kommerzialisierung der eigenen Person gewährleistet. Zwar ist niemand an einer solchen **Öffnung privater Bereiche** gehindert. Er kann sich dann aber nicht gleichzeitig auf den **öffentlichkeitsabgewandten Privatsphärenschutz** berufen. Die Erwartung, daß die Umwelt die **Angelegenheiten oder Verhaltensweisen in einem Bereich mit Rückzugsfunktion** nur begrenzt oder nicht zur Kenntnis nimmt, muß daher situationsübergreifend und konsistent zum Ausdruck gebracht werden. Das gilt auch für den Fall, daß der Entschluß, die Berichterstattung über bestimmte Vorgänge der eigenen **Privatsphäre** zu gestatten oder hinzunehmen, rückgängig gemacht wird.“.

BVerfGE 6, 32, 41 (Elfes) = BVerfG, Urteil vom des Ersten Senats vom 16.01.1957 – 1 BvR 253/56 –, Rn. 32 [vgl. **Recht auf Privatsphäre** als **Privatangelegenheitenschutz** und **Rückzugsraumbereichsschutz** – beides **gegenüber der Öffentlichkeit,** vgl. **Sphärentheorie** mit **Intimsphäre**, **Privatsphäre**, **Sozialsphäre**]: „Vor allem dürfen die Gesetze daher die Würde des Menschen nicht verletzen, die im Grundgesetz der oberste Wert ist, aber auch die geistige, politische und wirtschaftliche Freiheit des Menschen nicht so einschränken, daß sie in ihrem Wesensgehalt angetastet würde (Art. 19 Abs. 2, Art. 1 Abs. 3, Art. 2 Abs. 1 GG). Hieraus ergibt sich, daß dem einzelnen Bürger eine **Sphäre privater Lebensgestaltung** verfassungskräftig vorbehalten ist, also ein letzter **unantastbarer Bereich menschlicher Freiheit** besteht, der der Einwirkung der gesamten öffentlichen Gewalt entzogen ist. Ein Gesetz, das in ihn eingreifen würde, könnte nie Bestandteil der ‚verfassungsmäßigen Ordnung‘ sein; es müßte durch das Bundesverfassungsgericht für nichtig erklärt werden.“. BVerfGE 109, 279, Ls. 2 S. 1 (akustische Wohnraumüberwachung / „Großer Lauschangriff“) = BVerfG, Urteil des Ersten Senats vom 03.03.2004 – 1 BvR 2378/98, 1084/99 –, Ls. 2 S. 1: „Zur Unantastbarkeit der Menschenwürde gemäß Art. 1 Abs. 1 GG gehört die Anerkennung eines absolut geschützten **Kernbereichs privater Lebensgestaltung**.“. BVerfGE 141, 220, 276-278 (BKAG) = BVerfG, Urteil des Ersten Senats vom 20.04.2016 – 1 BvR 966/09 –, Rn. 119-124: „Neben den verfassungsrechtlichen Anforderungen an die allgemeinen Eingriffsvoraussetzungen ergeben sich aus den jeweiligen **Grundrechten in Verbindung mit Art. 1 Abs. 1 GG** für die Durchführung von besonders eingriffsintensiven Überwachungsmaßnahmen besondere Anforderungen an den **Schutz des Kernbereichs privater Lebensgestaltung**. Der verfassungsrechtliche **Schutz des Kernbereichs privater Lebensgestaltung** gewährleistet dem Individuum einen **Bereich höchstpersönlicher Privatheit gegenüber Überwachung**. Er wurzelt in den **von den jeweiligen Überwachungsmaßnahmen betroffenen Grundrechten in Verbindung mit Art. 1 Abs. 1 GG** und sichert einen dem Staat nicht verfügbaren Menschenwürdekern grundrechtlichen Schutzes gegenüber solchen Maßnahmen. Selbst überragende Interessen der Allgemeinheit können einen Eingriff in diesen **absolut geschützten Bereich privater Lebensgestaltung** nicht rechtfertigen (vgl. BVerfGE 109, 279 <313>; stRspr). Zur **Entfaltung der Persönlichkeit im Kernbereich privater Lebensgestaltung gehört die Möglichkeit**, **innere Vorgänge** wie Empfindungen und Gefühle sowie Überlegungen, Ansichten und Erlebnisse **höchstpersönlicher Art zum Ausdruck zu bringen** (vgl. BVerfGE 109, 279 <313>; 120, 274 <335>; stRspr). Geschützt ist insbesondere die **nichtöffentliche Kommunikation mit Personen des höchstpersönlichen Vertrauens, die in der berechtigten Annahme geführt wird, nicht überwacht zu werden**, wie es insbesondere bei Gesprächen im Bereich der Wohnung der Fall ist. Zu diesen Personen gehören insbesondere Ehe- oder Lebenspartner, Geschwister und Verwandte in gerader Linie, vor allem, wenn sie im selben Haushalt leben, und können Strafverteidiger, Ärzte, Geistliche und enge persönliche Freunde zählen (vgl. BVerfGE 109, 279 <321 ff.>). Dieser Kreis deckt sich nur teilweise mit dem der Zeugnisverweigerungsberechtigten. Solche Gespräche verlieren dabei nicht schon dadurch ihren Charakter als insgesamt höchstpersönlich, dass sich in ihnen Höchstpersönliches und Alltägliches vermischen (vgl. BVerfGE 109, 279 <330>; 113, 348 <391 f.>). Demgegenüber ist die **Kommunikation unmittelbar über Straftaten** nicht geschützt, selbst wenn sie auch Höchstpersönliches zum Gegenstand hat. Die **Besprechung und Planung von Straftaten** gehört ihrem Inhalt nach nicht zum **Kernbereich privater Lebensgestaltung**, sondern hat **Sozialbezug** (vgl. BVerfGE 80, 367 <375>; 109, 279 <319 f., 328>; 113, 348 <391>). Dies bedeutet freilich nicht, dass der Kernbereich unter einem allgemeinen Abwägungsvorbehalt in Bezug auf öffentliche Sicherheitsinteressen steht. Ein **höchstpersönliches Gespräch** fällt nicht schon dadurch aus dem **Kernbereich privater Lebensgestaltung** heraus, dass es für die Aufklärung von Straftaten oder Gefahren hilfreiche Aufschlüsse geben kann. Aufzeichnungen oder Äußerungen im Zwiegespräch, die zum Beispiel ausschließlich innere Eindrücke und Gefühle wiedergeben und keine Hinweise auf konkrete Straftaten enthalten, gewinnen nicht schon dadurch einen **Gemeinschaftsbezug**, dass sie Ursachen oder Beweggründe eines strafbaren Verhaltens freizulegen vermögen (vgl. BVerfGE 109, 279 <319>). Auch können trotz **Straftatenbezugs** Situationen, in denen Einzelnen gerade ermöglicht werden soll, ein Fehlverhalten einzugestehen oder sich auf dessen Folgen einzurichten, wie Beichtgespräche oder vertrauliche Gespräche mit einem Psychothera-

peuten oder einem Strafverteidiger, der **höchstpersönlichen Privatsphäre** unterfallen, die dem Staat absolut entzogen ist (vgl. BVerfGE 109, 279 <322>). Ein hinreichender **Sozialbezug** besteht demgegenüber dann, wenn **Gespräche - auch mit Vertrauenspersonen - sonst unmittelbar Straftaten zu ihrem Gegenstand haben** (vgl. BVerfGE 109, 279 <319>). Der **Kernbereich privater Lebensgestaltung** beansprucht gegenüber **allen Überwachungsmaßnahmen** Beachtung. Können sie typischerweise zur Erhebung kernbereichsrelevanter Daten führen, muss der Gesetzgeber Regelungen schaffen, die einen wirksamen Schutz normenklar gewährleisten (vgl. BVerfGE 109, 279 <318 f.>; 113, 348 <390 f.>; 120, 274 <335 ff.>). Außerhalb solch verletzungsgeneigter Befugnisse bedarf es eigener Regelungen nicht. Grenzen, die sich im Einzelfall auch hier gegenüber einem Zugriff auf höchstpersönliche Informationen ergeben können, sind bei deren Anwendung unmittelbar von Verfassungs wegen zu beachten. Der **Schutz des Kernbereichs privater Lebensgestaltung** ist strikt und darf nicht durch Abwägung mit den Sicherheitsinteressen nach Maßgabe des Verhältnismäßigkeitsgrundsatzes relativiert werden (vgl. BVerfGE 109, 279 <314>; 120, 273 <339>; stRspr). Dies bedeutet jedoch nicht, dass **jede tatsächliche Erfassung von höchstpersönlichen Informationen** stets einen Verfassungsverstoß oder eine Menschenwürdeverletzung begründet. Angesichts der Handlungs- und Prognoseunsicherheiten, unter denen Sicherheitsbehörden ihre Aufgaben wahrnehmen, kann ein **unbeabsichtigtes Eindringen in den Kernbereich privater Lebensgestaltung** im Rahmen von Überwachungsmaßnahmen nicht für jeden Fall von vornherein ausgeschlossen werden (vgl. BVerfGE 120, 274 <337 f.>). Die Verfassung verlangt jedoch **für die Ausgestaltung der Überwachungsbefugnisse** die **Achtung des Kernbereichs** als eine strikte, nicht frei durch Einzelfallerwägungen überwindbare Grenze.".

BVerfGE 120, 274 (Online-Durchsuchung) = BVerfG, Urteil des Ersten Senats vom 27.02.2008 – 1 BvR 370/07 –, Ls. 1: „Das **allgemeine Persönlichkeitsrecht** (Art. 2 Abs. 1 i.V.m. Art. 1 Abs. 1 GG) umfasst das Grundrecht auf **Gewährleistung der Vertraulichkeit und Integrität informationstechnischer Systeme**."; BVerfGE 120, 274, 314 (Online-Durchsuchung) = BVerfG, Urteil des Ersten Senats vom 27.02.2008 – 1 BvR 370/07 –, Rn. 203: „**informationstechnisches System**": „etwa Personalcomputer", „ferner beispielweise [...] solche Mobiltelefone oder elektronische Terminkalender, die über einen großen Funktionsumfang verfügen und personenbezogene Daten vielfältiger Art erfassen und speichern können."; BVerfGE 120, 274, 276 (Online-Durchsuchung) = BVerfG, Urteil des Ersten Senats vom 27.02.2008 – 1 BvR 370/07 –, Rn. 5: „**heimlicher Zugriff auf ein informationstechnisches System**": „[heimliche] technische Infiltration [...], die etwa Sicherheitslücken des Zielsystems ausnutzt oder über die Installation eines Spähprogramms erfolgt", wobei die Infiltration es ermöglicht, die Zielsystem-„Nutzung zu überwachen oder die Speichermedien durchzusehen oder gar das Zielsystem fernzusteuern.".

BVerfGE 147, 1 (**Geschlechtsidentität**) = BVerfG, Beschluss des Ersten Senats vom 10.10.2017 – 1 BvR 2019/16 –, Ls. 1-3: „1. Das **allgemeine Persönlichkeitsrecht** (Art. 2 Abs. 1 i.V.m. Art. 1 Abs. 1 GG) schützt die **geschlechtliche Identität**. Es schützt auch die geschlechtliche Identität derjenigen, die sich dauerhaft weder dem männlichen noch dem weiblichen Geschlecht zuordnen lassen. 2. Art. 3 Abs. 3 Satz 1 GG schützt auch Menschen, die sich dauerhaft weder dem männlichen noch dem weiblichen Geschlecht zuordnen lassen, vor **Diskriminierungen wegen ihres Geschlechts**. 3. Personen, die sich dauerhaft weder dem männlichen noch dem weiblichen Geschlecht zuordnen lassen, werden in beiden Grundrechten verletzt, wenn das Personenstandsrecht dazu zwingt, das Geschlecht zu registrieren, aber keinen anderen positiven Geschlechtseintrag als weiblich oder männlich zulässt.".

BVerfG, Urteil des Zweiten Senats vom 26.02.2020 – 2 BvR 2347/15 –, Ls. 1: „a) Das **allgemeine Persönlichkeitsrecht** (Art. 2 Abs. 1 i.V.m. Art. 1 Abs. 1 GG) umfasst als Ausdruck persönlicher Autonomie ein **Recht auf selbstbestimmtes Sterben**. b) Das **Recht auf selbstbestimmtes Sterben** schließt die Freiheit ein, sich das Leben zu nehmen [Rn. 208: „**Recht auf Selbsttötung**"]. Die Entscheidung des Einzelnen, seinem Leben entsprechend seinem Verständnis von Lebensqualität und Sinnhaftigkeit der eigenen Existenz ein Ende zu setzen, ist im Ausgangspunkt als Akt autonomer Selbstbestimmung von Staat und Gesellschaft zu respektieren. c) Die **Freiheit, sich das Leben zu nehmen**, umfasst auch die Freiheit, hierfür bei Dritten Hilfe zu suchen und Hilfe, soweit sie angeboten wird, in Anspruch zu nehmen.".

[1163] Zum sog. „**Menschenwürdegehalt**" der Grundrechte: *Basten*, Die Menschenwürde des Grundgesetzes.

[1164] Vgl. auch Art. 142 GG i.V.m. Art. 4 Abs. 2 Verfassung NRW; Art. 8 EU-GR-Charta; Art. 16 AEUV; Art. 8 EMRK.

a) GR-SB:

aa) Persönlicher GR-SB: „Jeder".

bb) Sachlicher GR-SB: **„freie Entfaltung der Persönlichkeit"** als **„Datenfreiheit"** (Grundsätzliche Bestimmungsbefugnis des Einzelnen über Preisgabe und Verwendung eigener personenbezogener Daten[1165]), vgl. **personenbezogenes Datum**: § 36 Nr. 1 DSG NRW[1166].

b) GR-E (oder Nichteingriff/**Einwilligung** i.S.v. § 36 Nr. 19 DSG NRW, § 38 DSG NRW): **Persönlichkeitsentfaltungseinschränkung** als Datenfreiheitseinschränkung durch die **Datenverarbeitung**s-Maßnahme[1167] **Datenerhebung** i.S.d. § 36 Nr. 2 DSG NRW, durch Personendurchsuchung[1168] oder Sachendurchsuchung oder Wohnungsdurchsuchung oder Durchsuchung anderer Räume.

1165 BVerfGE 65, 1, Ls. 1 S. 2 (Volkszählungsgesetz) = BVerfG, Urteil des Ersten Senats vom 15.12.1983 – 1 BvR 209/83, Ls. 1 S. 2 (Ls. 1: „Unter den Bedingungen der modernen Datenverarbeitung wird der Schutz des Einzelnen gegen unbegrenzte Erhebung, Speicherung, Verwendung und Weitergabe seiner persönlichen Daten von dem allgemeinen Persönlichkeitsrecht des Art. 2 Abs. 1 GG in Verbindung mit Art. 1 Abs. 1 GG umfaßt. Das Grundrecht gewährleistet insoweit die Befugnis des Einzelnen, grundsätzlich selbst über die Preisgabe und Verwendung seiner persönlichen Daten zu bestimmen.").

1166 BVerfG, Beschluss der 3. Kammer des Zweiten Senats vom 27.06.2018 – 2 BvR 1562/17 (auf § 103 StPO gestützte Anordnung der Durchsuchung der Räumlichkeiten des Münchener Kanzleistandorts der Rechtsanwaltskanzlei Jones Day sowie Sicherstellung von Unterlagen und elektronischen Daten im Zuge des sogenannten „VW-Dieselskandals" – Verfassungsbeschwerde nicht zur Entscheidung angenommen wegen Unzulässigkeit aufgrund Nichterfüllung von Voraussetzungen nach § 93a Abs. 2 BVerfGG), Gründe, V., Rn. 44: „Der Begriff der persönlichen Daten deckt sich mit der Legaldefinition personenbezogener Daten in § 46 Nr. 1 BDSG (zuvor § 3 Abs. 1 BDSG) und erfasst alle Informationen, die sich auf eine identifizierte oder identifizierbare natürliche Person (betroffene Person) beziehen (vgl. noch zu § 3 Abs. 1 BDSG ‚Einzelangaben über persönliche oder sachliche Verhältnisse einer bestimmten oder bestimmbaren Person' Di Fabio, in: Maunz/Dürig, GG, Art. 2 Abs.1, Rn. 175 [Juli 2001]).".

1167 BVerfG, Urteil des Ersten Senats vom 19.05.2020 – 1 BvR 2835/17 – (Ausland-Ausland-Fernmeldeaufklärung nach BNDG), E. III. 1., Rn. 212: „Die **Übermittlung personenbezogener Daten**, mit der eine Behörde die von ihr erhobenen Daten einer anderen Stelle zugänglich macht, begründet einen eigenen Grundrechtseingriff (vgl. BVerfGE 100, 313 <367>; 141, 220 <334 Rn. 305>; stRspr). Dieser ist an dem **Grundrecht** zu messen, **in das bei der ursprünglichen Datenerhebung eingegriffen wurde** (vgl. BVerfGE 100, 313 <367>; 141, 220 <334 Rn. 305>; stRspr).".

1168 BVerfG, Beschluss der 2. Kammer des Zweiten Senats vom 27.03.2019 – 2 BvR 2294/18 –, Rn. 17: „**Durchsuchungen, die mit einer Entkleidung verbunden sind**, stellen einen schwerwiegenden Eingriff in das allgemeine Persönlichkeitsrecht dar (vgl. BVerfGK 2, 102 <105>; 17, 9 <14>; BVerfG, Beschluss der 2. Kammer des Zweiten Senats vom 5. März 2015 - 2 BvR 746/13 -, juris, Rn. 33; BVerfG, Beschluss der 2. Kammer des Zweiten Senats vom 5. November 2016 - 2 BvR 6/16 -, juris, Rn. 29; vgl. auch BVerfG, Beschluss der 2. Kammer des Zweiten Senats vom 14. April 2016 - 2 BvR 695/16 -, juris, Rn. 6). Dies gilt in besonderem Maße für **Durchsuchungen, die mit einer Inspizierung von normalerweise verdeckten Körperöffnungen verbunden sind** (vgl. BVerfGK 17, 9 <14>; BVerfG, Beschluss der 3. Kammer des Zweiten Senats vom 10. Juli 2013 - 2 BvR 2815/11 -, juris, Rn. 15; BVerfG, Beschluss der 2. Kammer des Zweiten Senats vom 5. November 2016 - 2 BvR 6/16 -, juris, Rn. 29). Wegen des besonderen Gewichts von Eingriffen, die den Intimbereich und das Schamgefühl des Inhaftierten berühren, hat der Inspizierte Anspruch auf besondere Rücksichtnahme (vgl. BVerfGK 17, 9 <16>; BVerfG, Beschluss der 3. Kammer des Zweiten Senats vom 10. Juli 2013 - 2 BvR 2815/11 -, juris, Rn. 15; BVerfG, Beschluss der 2. Kammer des Zweiten Senats vom 5. November 2016 - 2 BvR 6/16 -, juris, Rn. 29).".

c) GR-B: Art. 2 Abs. 1 Hs. 2 GG[1169].

3. Körperliche Bewegungsfreiheit, Art. 2 Abs. 2 S. 2 GG[1170]

a) GR-SB:

aa) Persönlicher GR-SB: „**Person**", vgl. § 1 BGB.

bb) Sachlicher GR-SB: „Freiheit" ist **körperliche Bewegungsfreiheit** als Freiheit, jeden Ort oder Raum aufzusuchen, sich dort aufzuhalten, (ihn zu verlassen), der an sich (tatsächlich und rechtlich) zugänglich ist.

Vertretbar: Nichteröffnung des GR-Schutzbereichs bzw. GR-Nichteingriff bzgl. Art. 2 Abs. 2 S. 2 GG bei:

- Durchsuchung bei Bewusstlosen;
- Durchsuchung in der Bewegung (zum Beispiel Abstasten quasi im Nebenhergehen oder im Vorbeigehen).

1169 Art. 2 Abs. 1 Hs. 2 GG (**Schrankentrias**): BVerfGE 80, 137, 153 (Reiten im Walde) = BVerfG, Beschluss des Ersten Senats vom 06.06.1989 – 1 BvR 921/85 –, C. I. 1 a), Rn. 69: „Abgesehen von einem absolut geschützten Kernbereich privater Lebensgestaltung, welcher der Einwirkung der öffentlichen Gewalt entzogen ist (BVerfGE 6, 32 [41]), ist die allgemeine Handlungsfreiheit allerdings nur in den **Schranken** des zweiten Halbsatzes von Art. 2 Abs. 1 GG gewährleistet und steht damit insbesondere unter dem **Vorbehalt der verfassungsmäßigen (Rechts-)Ordnung** (BVerfGE 6, 32 [37 f.]; 74, 129 [152]). Stützt sich ein die Handlungsfreiheit berührender Akt der öffentlichen Gewalt auf eine Rechtsnorm, so kann mit der Verfassungsbeschwerde unter Berufung auf Art. 2 Abs. 1 GG zur Nachprüfung gestellt werden, ob diese Norm zur **verfassungsmäßigen Ordnung** gehört, das heißt formell und materiell mit den Normen der Verfassung in Einklang steht (st. Rspr. seit BVerfGE 6, 32)."; BVerfGE 6, 32, Ls. 3 (Elfes) = BVerfG, Urteil des Ersten Senats vom 16.01.1957 – 1 BvR 253/56, Ls. 3: „**Verfassungsmäßige Ordnung** im Sinne des Art. 2 Abs. 1 GG ist die verfassungsmäßige Rechtsordnung, d.h. die Gesamtheit der Normen, die formell und materiell der Verfassung gemäß sind."; vgl. dazu auch BVerfGE 6, 32, 37-41 (Elfes) = BVerfG, Urteil des Ersten Senats vom 16.01.1957 – 1 BvR 253/56, Gründe II. 2 b), c), Rn. 17-33.

Rechte anderer sind (als Teil der verfassungsmäßigen Ordnung) subjektive Berechtigungen (Anspruch oder Befugnis oder Erlaubnis) einschließlich Verpflichtungen (Pflicht zur Erfüllung von Anspruch oder Befugnis oder Erlaubnis) und sonstiger Rechtswirkungen für ein Rechtssubjekt bezüglich eines Verhaltens oder eines Rechtsguts.

Vgl. zum ein Mal bundesverfassungsgerichtlich entscheidungserheblich bemühten „**Sittengesetz**" nach Art. 2 Abs. 1 Hs. 2 GG als Gesetz, das nicht das durch die „soziale Gemeinschaft" „als für sich verbindlich" anerkannte „Rechtsgefühl" „im allgemeinen" „verletzt": BVerfGE 6, 389 (Homosexuelle) = BVerfG, Urteil des Ersten Senats vom 10.05.1957 – 1 BvR 550/52 –, und StrRehaHomG (Gesetz zur strafrechtlichen Rehabilitierung der nach dem 8. Mai 1945 wegen einvernehmlicher homosexueller Handlungen verurteilten Personen vom 17. Juli 2017 – BGBl. I S. 2443).

1170 Vgl. auch Art. 142 GG i.V.m. Art. 4 Abs. 1 Verfassung NRW; Art. 20 Abs. 2a und Art. 21 AEUV i.V.m. Art. 6, 45 EU-GR-Charta (**Bewegungsfreiheit**, **Freizügigkeit**, **Aufenthaltsfreiheit**); Art. 5 EMRK; Art. 2 Protokoll Nr. 4 EMRK; Art. 21 AEUV (**Unionsbürgerfreizügigkeit**, zum **Unionsbürger** vgl. Art. 9 S. 2, 3 EUV, Art. 20 Abs. 1 S. 2, 3 AEUV); Art. 45 AEUV (**Arbeitnehmerfreizügigkeit**); Art. 49 AEUV (**Niederlassungsfreiheit**); Art. 56 AEUV (**Dienstleistungsfreiheit**); vgl. auch Art. 28 AEUV (**Warenverkehrsfreiheit**); Art. 9 Abs. 1 S. 1 IPbpR („Jedermann hat ein Recht auf persönliche Freiheit und Sicherheit."); Art. 9-11 IPbpR (Freiheitsentziehungsbedingungen), Art. 12 IPbpR (Bewegung, Wohnsitzwahl, Ausreise, Einreise in Hoheitsgebiet eines Staates, vgl. „Freizügigkeit"), Art. 13 IPbpR (Ausländerausweisungsbedingungen).

b) GR-E (oder Nichteingriff/GR-Verzicht): Freiheitsentziehung oder sonstige Freiheitsbeschränkung, insbesondere Freiheitsbeschränkung durch Bewegungsverfügung, Anhalten oder Festhalten im Rahmen der Durchsuchung.

Freiheitsbeschränkung (Freiheitsentziehung oder sonstige Freiheitsbeschränkung) liegt vor, wenn jemand durch die öffentliche Gewalt gegen seinen Willen daran gehindert wird, einen Ort oder Raum aufzusuchen oder sich dort aufzuhalten, der ihm an sich (tatsächlich und rechtlich) zugänglich ist. Eine **Freiheitsentziehung** als schwerste Form der Freiheitsbeschränkung ist dann gegeben, wenn die tatsächlich und rechtlich an sich gegebene körperliche Bewegungsfreiheit durch staatliche Maßnahmen nach jeder Richtung hin aufgehoben wird[1171]; Freiheitsentziehung setzt auch eine besondere Eingriffsintensität und eine nicht nur kurzfristige Dauer der Maßnahme voraus[1172]. Im Übrigen kann eine Abgrenzung zwischen Freiheitsentziehung und sonstiger Freiheitsbeschränkung auch erfolgen nach Art, Dauer, Intensität, Mittel, Zweck der Freiheitsbeschränkung.[1173]

c) GR-B: Art. 2 Abs. 2 S. 3 i.V.m. Art. 104 GG.

Ggf. vertretbar wegen Unverfügbarkeit von Eigentum durch die Durchsuchung:

4. Eigentum, Art. 14 Abs. 1 S. 1 Alt. 1 GG[1174]

a) GR-SB:

aa) Persönlicher GR-SB: Alle Menschen (personen- und staatsangehörigkeitsunabhängiger Wortlaut).

bb) Sachlicher GR-SB: „**Eigentum**" ist Summe aller vermögenswerten Rechte, also jedenfalls auch der berechtigte Besitz und die berechtigte Nutzung[1175].[1176]

1171 BVerfG, Beschluss der 1. Kammer des Ersten Senats vom 08.03.2011 – 1 BvR 47/05 –, Rn. 20, vgl. BVerfGE 94, 166, 198 (Flughafenverfahren) = BVerfGE, Urteil des Zweiten Senats vom 14.05.1996 – 2 BvR 1516/93.

1172 BVerfGE 149, 293 (5-Punkt-Fixierung/7-Punkt-Fixierung) = BVerfG, Urteil des Zweiten Senats vom 24.07.2018 – 2 BvR 309/15 –, D. II. 2. a), Rn. 67, vgl. dazu auch BVerfGE 149, 293 (5-Punkt-Fixierung/7-Punkt-Fixierung) = BVerfG, Urteil des Zweiten Senats vom 24.07.2018 – 2 BvR 309/15 –, D. II. 2. b): „Jedenfalls eine **5-Punkt- oder 7-Punkt-Fixierung**, bei der sämtliche Gliedmaßen des Betroffenen mit Gurten am Bett festgebunden werden, stellt eine Freiheitsentziehung im Sinne von Art. 104 Abs. 2 GG dar, es sei denn, es handelt sich um eine lediglich **kurzfristige Maßnahme**. Von einer kurzfristigen Maßnahme ist in der Regel auszugehen, wenn sie absehbar die Dauer von ungefähr einer halben Stunde unterschreitet.".

1173 Vgl. auch insbesondere zu Art, Intensität, Mittel: § 415 Abs. 2 FamFG und §§ 37a, 62 PolG NRW.

1174 Vgl. auch Art. 142 GG i.V.m. Art. 4 Abs. 1 Verfassung NRW; Art. 17 EU-GR-Charta; Art. 1 Zusatzprotokoll EMRK.

1175 BVerfGE 95, 267, 300 (Altschulden) = BVerfG, Urteil des Ersten Senats vom 08.04.1997 – 1 BvR 48/94 –, C. I. 1., Rn. 130 f.: „Unter den Schutz der Eigentumsgarantie fallen grundsätzlich alle vermögenswerten Rechte, die dem Berechtigten von der Rechtsordnung in der Weise zugeordnet sind, daß er die damit verbundenen Befugnisse nach eigener Entscheidung zu seinem privaten Nutzen ausüben darf (vgl. BVerfGE 83, 201 [209]; stRspr). Der verfassungsrechtliche Eigentumsschutz reicht damit zwar erheblich weiter als das zivilrechtliche Eigentum und erstreckt sich auch auf nicht dingliche vermögenswerte Rechtspositionen. Er bleibt aber an Rechtspositionen gebunden. Kein Eigentum im Sinn von Art. 14 Abs. 1 GG ist daher das **Vermögen**, das selber kein Recht, sondern den Inbegriff aller geldwerten Güter einer Person darstellt (vgl. BVerfGE 4, 7 [17]; stRspr). Daraus folgt, daß Art. 14 Abs. 1 GG nicht vor der staatlichen Auferlegung von **Geldleistungspflichten** schützt. Diese sind nicht mittels eines bestimmten Eigentumsobjekts zu erfüllen, sondern werden aus dem fluktuierenden Vermögen bestritten. Etwas anderes kommt nur dann in Betracht, wenn die Geldleistungspflichten den Betroffenen übermäßig

b) GR-E (oder Nichteingriff/GR-Verzicht): **Eigentumseinschränkung** durch Einschränkung eines vermögenswerten Rechts, etwa durch Einschränkungen oder Entzug der Nutzungs- und Verfügungsbefugnis an (berechtigtem) Eigentum/Besitz/Nutzung, vgl. §§ 903 ff. BGB, §§ 854 ff. BGB, ohne Güterbeschaffung als Inhalts- und Schrankenbestimmungen im Sinne von Art. 14 Abs. 1 S. 2 GG[1177].

c) GR-B: Art. 14 Abs. 1 S. 2, Abs. 2, 3 GG, Art. 18 GG.

Ggf. betroffenes Grundrecht durch Durchsuchung von einem Mediengrundrechtsträger als solchem oder einer Mediensache oder einer Medienstätte als solcher.

---

belasten und seine Vermögensverhältnisse so grundlegend beeinträchtigen, daß sie eine erdrosselnde Wirkung haben (vgl. BVerfGE 78, 232 [243]; stRspr).".

[1176] Zum Vergleich von Art. 14 Abs. 1 S. 1 Alt. 1 GG und dem Auffanggrundrecht des Art. 2 Abs. 1 GG: Bei lediglich unentschiedenem Potential von Berechtigung wie Nichtberechtigung kann grundsätzlich in dubio pro libertate zunächst zugunsten des Grundrechtsfähigen größtmöglicher Grundrechtsschutzbereich vermutet werden. Vgl. auch BVerfGE 6, 55, 72 (Steuersplitting); BVerfGE 32, 54, 71 (Betriebsbetretungsrecht); BVerfGE 39, 1, 38 (Schwangerschaftsabbruch I); BVerfGE 51, 97, 110 (Zwangsvollstreckung I); BVerfGE 151, 67 (Richtervorbehalt, Bereitschaftsdienst, Nachtzeit/Tageszeit i.S.v. § 104 Abs. 3 StPO) = BVerfG, Beschluss des Zweiten Senats vom 12.03.2019 – 2 BvR 675/14 –, Rn. 55, wonach in Zweifelsfällen diejenige Auslegung zu wählen ist/derjenigen Auslegung der Vorzug zu geben ist, welche die (juristische) „Wirkungskraft der Grundrechtsnorm am stärksten entfaltet.". **Eigentum** i.S.d. (privat)rechtsnormgeprägten Schutzbereichs von Art. 14 Abs. 1 S. 1 Alt. 1 GG ist jedenfalls gegeben bei Eigentum i.S.d. Privatrechts und bei vermögenswerter Besitz-/Nutzungs-/Umgangs-Berechtigung (z.B. i.S.d. §§ 854-984 BGB). **Eigentumslosigkeit** i.S.d. (privat)rechtsnormgeprägten Schutzbereichs von Art. 14 Abs. 1 S. 1 Alt. 1 GG ist jedenfalls gegeben bei allseitiger Besitz-/Nutzungs-/Umgangs-Nichtberechtigung (z.B. i.S.d. §§ 854-984 BGB); nicht schon unbedingt bei lediglich Eigentums-Nichtberechtigung im privatrechtlichen Sinne bei vermögenswerten Besitz-/Nutzungs-/Umgangs-Berechtigungen; wohl aber jedenfalls auch bei Verbot i.S.d. § 134 BGB oder Sittenwidrigkeit i.S.d. § 138 BGB oder sonstiger Unwirksamkeitsgründe (Nichtentstehensgründe oder Erlöschensgründe) gerade bezüglich des Erwerbs- oder Nutzungs- oder Umgangsaktes (z.B. i.S.d. §§ 854-984 BGB; vgl. z.B. Btm-Umgangsarten i.S.d. § 29 BtMG; vgl. auch etwaiges waffenrechtliches Verbot der Umgangsart Erwerb oder sonstiger Umgangsarten i.S.d. § 1 Abs. 3, 4 WaffG bei Nichtverbot des Erwerbs). Vgl. BVerfGE 110, 1, 23 f. (Erweiterter Verfall [a. F., ≙ erweiterte Tatertragseinziehung, P. B.]) = BVerfG, Beschluss des Zweiten Senats vom 14.01.2004 – 2 BvR 564/95 –, C. I. 3. a), b), Rn. 86 f, 88: „Die Vorschrift des § 73d StGB [a. F., ≙ § 73a StGB, P. B.] verstößt in der Auslegung des Bundesgerichtshofs auch nicht gegen die Eigentumsgarantie des Art. 14 Abs. 1 GG. Soweit § 73d StGB [a. F., ≙ § 73a StGB, P. B.] den Zugriff auf Vermögenswerte erlaubt, die dem unmittelbar Betroffenen wegen eines Verstoßes gegen strafrechtliche Vorschriften zivilrechtlich nicht zustehen (vgl. § 134, § 935 BGB), ist dessen Eigentumsgrundrecht schon mangels einer schutzfähigen Rechtsposition nicht berührt (vgl. BVerfGE 83, 201 [209]; 95, 267 [300]). Dies betrifft vor allem die Entziehung von Gewinnen aus illegalen Drogengeschäften. Denn wegen des strafrechtlichen Verbots des Handeltreibens mit Betäubungsmitteln ist gemäß § 134 BGB neben dem schuldrechtlichen Verpflichtungsgeschäft zugleich die Übereignung sowohl der Drogen als auch des für sie als Kaufpreis gezahlten Geldes zivilrechtlich unwirksam (vgl. BGH, NJW 1983, S. 636 [Schrifttumsquellen]. […] Soweit § 73d StGB StGB [a. F., ≙ § 73a StGB, P. B.] die Entziehung von Gegenständen anordnet, die der Betroffene zwar deliktisch, aber gleichwohl zivilrechtlich wirksam erworben hat, enthält er eine Inhalts- und Schrankenbestimmung des Eigentums im Sinne des Art. 14 Abs. 1 Satz 2 GG. Diese genügt in der Auslegung des Bundesgerichtshofs den verfassungsrechtlichen Anforderungen.".

[1177] BVerfGE 143, 246, Ls. 5 (Dreizehnte Novelle des Atomgesetzes) = BVerfG, Urteil des Ersten Senats vom 06.12.2016 - 1 BvR 2821/11 -, Ls. 5.

5. Mediengrundrecht (Pressefreiheitsgrundrecht und Rundfunkfreiheitsgrundrecht)[1178], Art. 5 Abs. 1 S. 2 GG[1179]

a) GR-SB:

aa) Persönlicher GR-SB: Im Pressebereich oder im Rundfunkbereich tätige Personen und Organisationen.[1180]

bb) Sachlicher GR-SB: Voraussetzungen und Tätigkeiten, ohne welche die Medien ihre Funktion im freiheitlich-demokratischen Staat nicht in angemessener Weise erfüllen können, vgl. auch § 7 PresseG NRW.[1181]

b) GR-E (oder Nichteingriff/GR-Verzicht): Einschränkung von Voraussetzungen und Tätigkeiten, ohne welche die Medien ihre Funktion im freiheitlich-demokratischen Staat nicht in angemessener Weise erfüllen können, vgl. auch § 7 PresseG NRW.[1182]

c) GR-B: Art. 5 Abs. 2 GG, Art. 18 GG.[1183]

1178 BVerfGE 117, 244, 258 (Cicero) = BVerfG, Urteil des Ersten Senats vom 27.02.2007 – 1 BvR 538, 2045/06 – B. I. 1. a), Rn. 42: „Die Freiheit der Medien ist konstituierend für die freiheitliche demokratische Grundordnung (vgl. BVerfGE 7, 198 [208]; 77, 65 [74]; stRspr). Eine freie Presse und ein freier Rundfunk sind daher von besonderer Bedeutung für den freiheitlichen Staat (vgl. BVerfGE 20, 162 [174]; 50, 234 [239 f.]; 77, 65 [74]).".

1179 Vgl. Art. 142 GG i.V.m. Art. 4 Abs. 1 Verfassung NRW; Art. 11 EU-GR-Charta.

1180 BVerfGE 117, 244, 258 f. (Cicero) = BVerfG, Urteil des Ersten Senats vom 27.02.2007 – 1 BvR 538, 2045/06 – B. I. 1. a), Rn. 42: „Dementsprechend gewährleistet Art. 5 Abs. 1 Satz 2 GG den im Bereich von Presse und Rundfunk tätigen Personen und Organisationen Freiheitsrechte und schützt darüber hinaus in seiner objektiv-rechtlichen Bedeutung auch die institutionelle Eigenständigkeit der Presse und des Rundfunks (vgl. BVerfGE 10, 118 [121]; 66, 116 [133]; 77, 65 [74 ff.]).".

1181 BVerfGE 117, 244, 259 (Cicero) = BVerfG, Urteil des Ersten Senats vom 27.02.2007 – 1 BvR 538, 2045/06 – B. I. 1. a), Rn. 42: Die Gewährleistungsbereiche der Presse- und Rundfunkfreiheit schließen diejenigen Voraussetzungen und Hilfstätigkeiten mit ein, ohne welche die Medien ihre Funktion nicht in angemessener Weise erfüllen können. Geschützt sind namentlich die Geheimhaltung der Informationsquellen und das Vertrauensverhältnis zwischen Presse beziehungsweise Rundfunk und den Informanten (vgl. BVerfGE 100, 313 [365] m.w.N.). Dieser Schutz ist unentbehrlich, weil die Presse auf private Mitteilungen nicht verzichten kann, diese Informationsquelle aber nur dann ergiebig fließt, wenn sich der Informant grundsätzlich auf die Wahrung des Redaktionsgeheimnisses verlassen kann (vgl. BVerfGE 20, 162 [176, 187]; 36, 193 [204]).".

1182 Zu **Medienfreiheitseingriffsgegenständen** vgl. BVerfGE 117, 244, 259 f. (Cicero) = BVerfG, Urteil des Ersten Senats vom 27.02.2007 – 1 BvR 538, 2045/06 – B. I. 1. a), Rn. 44 f.: „Eine **Durchsuchung in Presseräumen** stellt wegen der damit verbundenen Störung der redaktionellen Arbeit und der Möglichkeit einer einschüchternden Wirkung eine Beeinträchtigung der Pressefreiheit dar (vgl. zuletzt BVerfG, 1. Kammer des Ersten Senats, Beschluss vom 1. Februar 2005 -- 1 BvR 2019/03 --, NJW 2005, S. 965). Auch können potentielle Informanten durch die begründete Befürchtung, bei einer Durchsuchung könnte ihre Identität festgestellt werden, davon abgehalten werden, Informationen zu liefern, die sie nur im Vertrauen auf die Wahrung ihrer Anonymität herauszugeben bereit sind. Überdies liegt in der **Verschaffung staatlichen Wissens über die im Bereich journalistischer Recherche hergestellten Kontakte** ein Eingriff in das **Redaktionsgeheimnis**, dem neben dem **Vertrauensverhältnis der Medien zu ihren Informanten** eigenständige Bedeutung zukommt (vgl. BVerfGE 66, 116 [133 ff.]; 107, 299 [331]). Durch die Anordnung der **Beschlagnahme von Datenträgern zum Zwecke der Auswertung** ist den Ermittlungsbehörden die Möglichkeit des Zugangs zu redaktionellem Datenmaterial eröffnet worden. Dies greift in besonderem Maße in die vom Grundrecht der Pressefreiheit umfasste **Vertraulichkeit der Redaktionsarbeit** ein, aber auch in ein etwaiges Vertrauensverhältnis zu Informanten.".

1183 BVerfGE 117, 244, 260 (Cicero) = BVerfG, Urteil des Ersten Senats vom 27.02.2007 – 1 BvR 538, 2045/06 – B. I. 2. a), Rn. 47: „Nach Art. 5 Abs. 2 GG findet die Pressefreiheit ihre Schranken in den

6. Allgemeine Verhaltensfreiheit / Allgemeine Handlungsfreiheit[1184], Art. 2 Abs. 1 GG[1185]

a) GR-SB:

aa) Persönlicher GR-SB: „Jeder".

bb) Sachlicher GR-SB: **„freie Entfaltung der Persönlichkeit"** bedeutet **allgemeine Verhaltensfreiheit** im umfassenden Sinn[1186] durch grundsätzlich jedes Tun, Dulden, Unterlassen[1187].

Vorschriften der allgemeinen Gesetze. Darunter sind alle Gesetze zu verstehen, die sich nicht gegen die Meinungsfreiheit oder die Freiheit von Presse und Rundfunk an sich oder gegen die Äußerung einer bestimmten Meinung richten, die vielmehr dem Schutz eines schlechthin, ohne Rücksicht auf eine bestimmte Meinung, zu schützenden Rechtsguts dienen. Dieses Rechtsgut muss in der Rechtsordnung allgemein und damit unabhängig davon geschützt sein, ob es durch Meinungsäußerungen oder auf andere Weise verletzt werden kann. Beschränkt die zum Schutz dieses Rechtsguts ergriffene Maßnahme die Meinungs- oder Pressefreiheit, so führt nicht schon dies zur Verneinung des Charakters der ermächtigenden Rechtsnorm als allgemeines Gesetz. Bei seiner Anwendung ist aber zu klären, ob die Güterabwägung zu einem Vorrang des Schutzes des Rechtsguts führt, dem das allgemeine Gesetz dient. Soweit die zur Beschränkung ermächtigenden Rechtsnormen auslegungsbedürftig sind, darf die Auslegung nicht zur Außerachtlassung des Schutzgehalts von Art. 5 Abs. 1 GG führen (vgl. BVerfGE 111, 147 [155]).".

1184 „Allgemeine" Verhaltensfreiheit / Handlungsfreiheit: Auffanggrundrecht ggü. ggf. spezielleren Grundrechten, vgl. Rechtsnormspezialitätsregel („lex specialis derogat legi generali"), vgl. auch: BVerfGE 6, 32, 37 (Elfes) = BVerfG, Urteil des Ersten Senats vom 16.01.1957 – 1 BvR 253/56, Gründe, II. 2. a), Rn. 16: „Neben der allgemeinen Handlungsfreiheit, die Art. 2 Abs. 1 GG gewährleistet, hat das Grundgesetz die Freiheit menschlicher Betätigung für bestimmte Lebensbereiche, die nach den geschichtlichen Erfahrungen dem Zugriff der öffentlichen Gewalt besonders ausgesetzt sind, durch besondere Grundrechtsbestimmungen geschützt; bei ihnen hat die Verfassung durch abgestufte Gesetzesvorbehalte abgegrenzt, in welchem Umfang in den jeweiligen Grundrechtsbereich eingegriffen werden kann. Soweit nicht solche besonderen Lebensbereiche grundrechtlich geschützt sind, kann sich der Einzelne bei Eingriffen der öffentlichen Gewalt in seine Freiheit auf Art. 2 Abs. 1 GG berufen. Hier bedurfte es eines Gesetzesvorbehalts nicht, weil sich aus der Beschränkung der freien Entfaltung der Persönlichkeit durch die verfassungsmäßige Ordnung der Umfang staatlicher Eingriffsmöglichkeiten ohne weiteres ergibt.".

1185 Vgl. auch Art. 142 GG i.V.m. Art. 4 Abs. 1 Verfassung NRW; Art. 6 EU-GR-Charta; Art. 5 EMRK.

1186 BVerfGE 6, 32, 36 f. (Elfes) = BVerfG, Urteil des Ersten Senats vom 16.01.1957 – 1 BvR 253/56, Gründe, II. 2. a), Rn. 14 f.: „Das Grundgesetz kann mit der ‚freien Entfaltung der Persönlichkeit' nicht nur die Entfaltung innerhalb jenes Kernbereichs der Persönlichkeit gemeint haben, der das Wesen des Menschen als geistig-sittliche Person ausmacht, denn es wäre nicht verständlich, wie die Entfaltung innerhalb dieses Kernbereichs gegen das Sittengesetz, die Rechte anderer oder sogar gegen die verfassungsmäßige Ordnung einer freiheitlichen Demokratie sollte verstoßen können. Gerade diese, dem Individuum als Mitglied der Gemeinschaft auferlegten Beschränkungen zeigen vielmehr, daß das Grundgesetz in Art. 2 Abs. 1 GG die Handlungsfreiheit im umfassenden Sinne meint. […] Es waren nicht rechtliche Erwägungen, sondern sprachliche Gründe, die den Gesetzgeber bewogen haben, die ursprüngliche Fassung ‚Jeder kann tun und lassen was er will' durch die jetzige Fassung zu ersetzen (vgl. v. Mangoldt, Parlamentarischer Rat, 42. Sitzung des Hauptausschusses, S. 533)."; BVerfGE 80, 137, 152 f. (Reiten im Walde) = BVerfG, Beschluss des Ersten Senats vom 06.06.1989 – 1 BvR 921/85 –, C. I. 1 a), Rn. 69: „Nach den in der Rechtsprechung des Bundesverfassungsgerichts entwickelten Grundsätzen gewährleistet Art. 2 Abs. 1 GG die allgemeine Handlungsfreiheit im umfassenden Sinne (st. Rspr. seit BVerfGE 6, 32 [36]; aus neuerer Zeit etwa: BVerfGE 74, 129 [151]; 75, 108 [154 f.]). Geschützt ist damit nicht nur ein begrenzter Bereich der Persönlichkeitsentfaltung, sondern jede Form menschlichen Handelns ohne Rücksicht darauf, welches Gewicht der Betätigung für die Persönlichkeitsentfaltung zukommt (vgl. etwa die Entscheidung eines Vorprüfungsausschusses in BVerfGE 54, 143 (146) - Taubenfüttern).".

b) GR-E (oder Nichteingriff/GR-Verzicht): Verhaltenseinschränkung als Verhaltenssteuerung.

c) GR-B: Art. 2 Abs. 1 Hs. 2 GG[1188].

A. Rechtsgrundlage (RGL) II. Rechtsgebiet (RG)

(VOR/DEF)

Rechtsgebiet ist Rechtsordnungsteil nach allen Umständen[1189] – wie schwerpunktmäßige Äußerungen[1190], Rechtsnormen[1191], Zwecke[1192], auch i.V.m. §§ 133, 157 BGB analog[1193].[1194]

1187 BVerfGE 6, 32, Ls. 1, 2 (Elfes) = BVerfG, Urteil des Ersten Senats vom 16.01.1957 – 1 BvR 253/56, Ls. 1: „Art. 11 GG betrifft nicht die Ausreisefreiheit.", Ls. 2: „Die **Ausreisefreiheit** ist als Ausfluß der allgemeinen Handlungsfreiheit durch Art. 2 Abs. 1 GG innerhalb der Schranken der verfassungsmäßigen Ordnung gewährleistet."; BVerwG, Urteil vom 29.05.2019 – BVerwG 6 C 8.18 (Beschränkung des Geltungsbereichs eines Passes), Rn. 20: „In der höchstrichterlichen Rechtsprechung ist seit Jahrzehnten geklärt, dass die durch Art. 2 Abs. 1 GG geschützte Ausreisefreiheit auch durch den Passversagungsgrund des § 7 Abs. 1 Nr. 1 Alt. 3 PassG als Bestandteil der verfassungsmäßigen Ordnung wirksam eingeschränkt wird.".

1188 Art. 2 Abs. 1 Hs. 2 GG (**Schrankentrias**): BVerfGE 80, 137, 153 (Reiten im Walde) = BVerfG, Beschluss des Ersten Senats vom 06.06.1989 – 1 BvR 921/85 –, C. I. 1 a), Rn. 69: „Abgesehen von einem absolut geschützten Kernbereich privater Lebensgestaltung, welcher der Einwirkung der öffentlichen Gewalt entzogen ist (BVerfGE 6, 32 [41]), ist die allgemeine Handlungsfreiheit allerdings nur in den Schranken des zweiten Halbsatzes von Art. 2 Abs. 1 GG gewährleistet und steht damit insbesondere unter dem **Vorbehalt der verfassungsmäßigen (Rechts-)Ordnung** (BVerfGE 6, 32 [37 f.]; 74, 129 [152]). Stützt sich ein die Handlungsfreiheit berührender Akt der öffentlichen Gewalt auf eine Rechtsnorm, so kann mit der Verfassungsbeschwerde unter Berufung auf Art. 2 Abs. 1 GG zur Nachprüfung gestellt werden, ob diese Norm zur **verfassungsmäßigen Ordnung** gehört, das heißt formell und materiell mit den Normen der Verfassung in Einklang steht (st. Rspr. seit BVerfGE 6, 32)."; BVerfGE 6, 32, Ls. 3 (Elfes) = BVerfG, Urteil des Ersten Senats vom 16.01.1957 – 1 BvR 253/56, Ls. 3: „**Verfassungsmäßige Ordnung** im Sinne des Art. 2 Abs. 1 GG ist die verfassungsmäßige Rechtsordnung, d.h. die Gesamtheit der Normen, die formell und materiell der Verfassung gemäß sind."; vgl. dazu auch BVerfGE 6, 32, 37-41 (Elfes) = BVerfG, Urteil des Ersten Senats vom 16.01.1957 – 1 BvR 253/56, Gründe II. 2 b), c), Rn. 17-33.

Rechte anderer sind (als Teil der verfassungsmäßigen Ordnung) subjektive Berechtigungen (Anspruch oder Befugnis oder Erlaubnis) einschließlich Verpflichtungen (Pflicht zur Erfüllung von Anspruch oder Befugnis oder Erlaubnis) und sonstiger Rechtswirkungen für ein Rechtssubjekt bezüglich eines Verhaltens oder eines Rechtsguts.

Vgl. zum ein Mal bundesverfassungsgerichtlich entscheidungserheblich bemühten „**Sittengesetz**" nach Art. 2 Abs. 1 Hs. 2 GG als Gesetz, das nicht das durch die „soziale Gemeinschaft" „als für sich verbindlich" anerkannte „Rechtsgefühl" „im allgemeinen" „verletzt": BVerfGE 6, 389 (Homosexuelle) = BVerfG, Urteil des Ersten Senats vom 10.05.1957 – 1 BvR 550/52 –, und StrRehaHomG (Gesetz zur strafrechtlichen Rehabilitierung der nach dem 8. Mai 1945 wegen einvernehmlicher homosexueller Handlungen verurteilten Personen vom 17. Juli 2017 – BGBl. I S. 2443).

1189 Umstände im weiten Sinn, etwa als Bedingungen, Beziehungen, Faktoren, Folgen, Funktionen, Umweltbedingungen, Variablen, Verhältnissen, Voraussetzungen, Weltbedingungen.

1190 Äußerungen im weiten Sinn, etwa als alle Verhaltensäußerungen (einschließlich Aussagen).

1191 Rechtsnormen im weiten Sinn, etwa solche, die die Umstände oder das Verhalten regieren (sollen).

1192 Zwecke im weiten Sinn, etwa als sich aus einer Lage ergebende, objektiv zu verfolgende Ziele.

1193 Sog. **objektivierter Empfängerhorizont**, vgl. BVerwGE 147, 81 = BVerwG, Urteil vom 20.06.2013 – BVerwG 8 C 46.12, Rn. 27: „Die bundesrechtlichen Auslegungsregeln der §§ 133, 157

(SUB/ERG)

Die Maßnahme erfolgt auf dem Rechtsgebiet des besonderen öffentlichen Rechts polizeilicher Strafrechtspflege.

Eine Durchsuchung erfolgt auf dem Rechtsgebiet der Strafrechtspflege insbesondere bei

- tatverdachtsveranlasstem Suchen;
- Suchen nach tatverdachtsbezogenen Gegenständen;
- Suchen mit schwerpunktmäßigem Zweck einer anschließenden Strafrechtspflegemaßnahme wie beispielsweise nach § 94 Abs. 1 StPO; § 94 Abs. 1, 2 StPO; § 94 Abs. 3 StPO; §§ 99, 100 StPO; § 111b StPO; § 132 StPO;
- Fehlen eines Gefahrenüberhangs, also insbesondere Implizierung/Mitbewirkung von Gefahrenabwehr durch entsprechende nichtschwerpunktmäßige Begleiteffekte der Strafrechtspflegedurchsuchung.

BGB sind auf öffentlich-rechtliche Erklärungen entsprechend anzuwenden. Bei Verwaltungsakten kommt es wie bei empfangsbedürftigen Willenserklärungen nicht auf den wirklichen Willen des Erklärenden (natürliche Auslegung), sondern auf den objektiven Erklärungsinhalt an. Maßgeblich ist, wie der Empfänger die Erklärung nach Treu und Glauben unter Berücksichtigung der für ihn erkennbaren Umstände verstehen musste. Dabei ist vom Wortlaut der Erklärung auszugehen und deren objektiver Gehalt unter Berücksichtigung des Empfängerhorizonts zu ermitteln (stRspr, vgl. Urteile vom 2. September 1999 - BVerwG 2 C 22.98 - BVerwGE 109, 283 <286> = Buchholz 237.7 § 72 NWLBG Nr. 4 und vom 27. Juni 2012 - BVerwG 9 C 7.11 - BVerwGE 143, 222 <Rn. 18> = Buchholz 11 Art. 20 GG Nr. 206; BGH, Urteile vom 24. Februar 1988 - VIII ZR 145/87 - BGHZ 103, 275 <280>, vom 27. Januar 2010 - VIII ZR 58/09 - BGHZ 184, 128 <137 Rn. 33> und vom 1. März 2011 - II ZR 16/10 - NJW 2011, 1666 <1667 Rn. 11> je m.w.N.).“; BVerwG, Beschluss vom 06.08.2018 – BVerwG 7 B 4.18, Rn. 10: „Dass die bundesrechtlichen Auslegungsregeln der §§ 133, 157 BGB auf öffentlich-rechtliche Erklärungen, d.h. u.a. auf Verwaltungsakte, entsprechend anzuwenden sind, ist in der Rechtsprechung des Bundesverwaltungsgerichts bereits geklärt (BVerwG, Urteil vom 20. Juni 2013 - 8 C 46.12 - BVerwGE 147, 81 Rn. 27 m.w.N.).“.

1194 BVerwG 47, 255, 264 = BVerwG, Urteil vom 03.12.1974 – BVerwG I C 11.73: „Obwohl sich für die Polizei im Einzelfall bei einem einheitlichen Lebenssachverhalt gleichzeitig und unmittelbar Aufgaben der Strafverfolgung und der Gefahrenabwehr ergeben können, ist der im Schrifttum vertretenen Auffassung nicht zu folgen, daß aus Gründen der Rechtssicherheit oder wegen der schwierigen Durchschaubarkeit für den Bürger jede Art polizeilichen Handelns der verwaltungsgerichtlichen Kontrolle unterliegen müsse. In aller Regel ist es für den Betroffenen nicht schwer, zu erkennen, ob die Polizei im konkreten Fall eine - begangene - Straftat erforschen (**Strafverfolgung**) oder den Eintritt eines Schadens, etwa die - zukünftige - Begehung einer strafbaren Handlung, verhindern oder eine bereits eingetretene Störung der öffentlichen Sicherheit oder Ordnung beseitigen (**Gefahrenabwehr**) will. Außerdem wird man davon ausgehen dürfen, daß die Polizei dem Betroffenen - wie im vorliegenden Fall - den Grund ihres Einschreitens von sich aus oder auf Verlangen angibt. Im übrigen kommt es darauf an, wie sich der konkrete Lebenssachverhalt einem verständigen Bürger in der Lage des Betroffenen bei natürlicher Betrachtungsweise darstellt. Dieser Sachverhalt muß im allgemeinen einheitlich betrachtet werden, es sei denn, daß einzelne Teile des Geschehensablaufs objektiv abtrennbar sind. Hat die Polizei die Ermittlungen an die StA oder das Amtsgericht weitergeleitet (§ 163 Abs. 2 StPO) oder auf Weisung der StA gehandelt, so kann an der strafprozessualen Natur ihres Einschreitens kein vernünftiger Zweifel bestehen. Eine Maßnahme, die nach dem Gesamteindruck darauf gerichtet ist, eine strafbare Handlung zu erforschen oder sonst zu verfolgen, ist der Kontrolle der ordentlichen Gerichte nach §§ 23 ff. EGGVG nicht etwa deshalb entzogen, weil durch die polizeilichen Ermittlungen möglicherweise zugleich auch künftigen Verletzungen der öffentlichen Sicherheit vorgebeugt würde.“.

(VOR/DEF)

Befugnisrechtsnorm ist die rechtmäßige hauptsächliche materiellrechtliche Rechtsgrundlage mit realfolgenentsprechender Rechtsfolge.

(SUB/ERG)

Realfolge ist die Maßnahme laut Sachverhalt.

Rechtsfolge ist die Maßnahme laut Rechtsnorm.

(SUB)

Realfolgen und Rechtsfolgen zu:

Betreten und/oder Durchsuchung

Realfolgen Durchsuchung – Beispiele:

Nachschau; Suchen; (Aufforderung zum) Aufdecken.

Rechtsfolge(n) Durchsuchung – allgemein:

Personendurchsuchung:

Suchverhalten (gezielte Nachschau mit Begleitmaßnahmen) bzgl. Personen, Sachen, Daten

- in oder am Personenkörper (ohne Körperbeschaffenheitsermittlungszweck)[1195],

(ERG)

Mögliche Befugnisrechtsnorm zu:

Betreten und/oder Durchsuchung

Gefahrenabwehr:

- Diverse spezielle Rechtsnormen wie: § 15 Abs. 4 AsylG; § 48 Abs. 3 AufenthG; § 58 Abs. 5-10 AufenthG; §§ 42, 44 LFGB; § 4 VereinsG; § 36 Abs. 3 WaffG, § 39 Abs. 2 WaffG, § 46 Abs. 4 WaffG; § 44 Abs. 4 WPflG; § 23a ZDG.

- § 12 Abs. 1 Nr. 1, Abs. 2 PolG NRW
- § 12 Abs. 1 Nr. 2 a), Abs. 2 PolG NRW
- § 12 Abs. 1 Nr. 2 b), Abs. 2 PolG NRW
- § 12 Abs. 1 Nr. 2 c), Abs. 2 PolG NRW

1195 Vgl. auch BVerfG, Beschluss der 2. Kammer des Zweiten Senats vom 27.03.2019 – 2 BvR 2294/18 –, Rn. 17: „**Durchsuchungen, die mit einer Entkleidung verbunden sind**, stellen einen schwerwiegenden Eingriff in das allgemeine Persönlichkeitsrecht dar (vgl. BVerfGK 2, 102 <105>; 17, 9 <14>; BVerfG, Beschluss der 2. Kammer des Zweiten Senats vom 5. März 2015 - 2 BvR 746/13 -, juris, Rn. 33; BVerfG, Beschluss der 2. Kammer des Zweiten Senats vom 5. November 2016 - 2 BvR 6/16 -, juris, Rn. 29; vgl. auch BVerfG, Beschluss der 2. Kammer des Zweiten Senats vom 14. April 2016 - 2 BvR 695/16 -, juris, Rn. 6). Dies gilt in besonderem Maße für **Durchsuchungen, die mit einer Inspizierung von normalerweise verdeckten Körperöffnungen verbunden sind** (vgl. BVerfGK 17, 9 <14>; BVerfG, Beschluss der 3. Kammer des Zweiten Senats vom 10. Juli 2013 - 2 BvR 2815/11 -, juris, Rn. 15; BVerfG, Beschluss der 2. Kammer des Zweiten Senats vom 5. November 2016 - 2 BvR 6/16 -, juris, Rn. 29). Wegen des besonderen Gewichts von Eingriffen, die den Intimbereich und das Schamgefühl des Inhaftierten berühren, hat der Inspizierte Anspruch auf besondere Rücksichtnahme (vgl. BVerfGK 17, 9 <16>; BVerfG, Beschluss der 3. Kammer des Zweiten Senats vom 10. Juli 2013 - 2 BvR 2815/11 -, juris, Rn. 15; BVerfG, Beschluss der 2. Kammer des Zweiten Senats vom 5. November 2016 - 2 BvR 6/16 -, juris, Rn. 29).“; vgl. auch BVerfG, Beschluss der 3. Kammer des Zweiten Senats vom 04.02.2009 – 2 BvR 455/08 –, Rn. 24: „Die Verfassungsbeschwerde ist ihrer Begründung gemäß dahin auszulegen, dass sie sich gegen die angegriffenen Entscheidungen allein insoweit wendet, als sie die bei Aufnahme

- in oder an am Personenkörper befindlichen Sachen (z.B. Bekleidung bzw. Accessoires).

Sachendurchsuchung:

Suchverhalten (gezielte Nachschau mit Begleitmaßnahmen) bzgl. Personen, Sachen, Daten in oder an nicht am Personenkörper befindlichen, nicht als Wohnung geltenden Sachen (vgl. § 90 BGB).

Wohnungsdurchsuchung:

Suchverhalten (gezielte Nachschau mit Begleitmaßnahmen) bzgl. Personen, Sachen, Daten in einer als Wohnung geltenden Sache[1196] [1197].

Wohnungsbetreten (vgl. nur zum Wohnungs-

- § 12 Abs. 1 Nr. 3, Abs. 2 PolG NRW
- § 12 Abs. 1 Nr. 4, Abs. 2 PolG NRW
- § 12a Abs. 1 S. 1 Var. 3 PolG NRW
- § 39 PolG NRW
- § 40 PolG NRW
- §§ 41, 42 PolG NRW.

Strafrechtspflege (ggf. mit §§ 46, 53 Abs. 1 S. 2, Abs. 2 OWiG):

- § 100b StPO;
- § 163b Abs. 1 S. 3 Var. 1/2 StPO;
- § 163b Abs. 2 StPO;
- § 111 StPO;
- § 102 StPO;

---

in die Untersuchungshaft erfolgte, mit einer Entkleidung und Inspizierung des Anus verbundene körperliche Durchsuchung betreffen.".

[1196] Vgl. BVerfGE 32, 54, Ls. 1, 69-72 (Betriebsbetretungsrecht) = BVerfG, Beschluss des Ersten Senats vom 13.10.1971 – 1 BvR 280/66, Ls. 1: „Der Begriff ‚**Wohnung**' in Art. 13 Abs. 1 GG ist weit auszulegen; er umfaßt auch **Arbeits-, Betriebs- und Geschäftsräume**."; vgl. auch § 41 Abs. 1 S. 2 PolG NRW; vgl. auch Nr. 40.03 VVPolG NRW: „Für die **Durchsuchung von Sachen im befriedeten Besitztum** gelten die §§ 41 und 42."; Nr. 41.13 VVPolG NRW: „Die Durchsuchung einer Wohnung hat sich auf Anlass und Zweck der Durchsuchung zu beschränken. Befinden sich in der Wohnung Personen, die durchsucht werden sollen, ist hierfür § 39 maßgebend. Sollen in einer Wohnung Sachen durchsucht werden, die nicht den Wohnungsinhabern gehören, ist § 40 einschlägig."; vgl. auch Nr. 40.12 VVPolG NRW: „Sollen bewegliche Sachen, die Wohnungen sind (vgl. RdNr. 41.11), betreten oder durchsucht werden, richten sich die Maßnahmen nach § 41.", vgl. auch Nr. 41.11 VVPolG NRW: „Es ist zu beachten: Wohnungen i.S.d. § 41 Abs. 1 Satz 2 sind auch die zu Wohnzwecken genutzten beweglichen Sachen wie Schiffe, Wohnwagen, Wohnmobile und Zelte. **Inhaber einer Wohnung** ist, wer rechtmäßig die tatsächliche Gewalt über die Räumlichkeit ausübt, somit z.B. auch Mieter, Untermieter oder Hotelgast. Bei Gemeinschaftsunterkünften, Internaten und Obdachlosenasylen sind nur die Leiterinnen und Leiter Inhaber. Die **Befugnis zum Betreten einer Wohnung** schließt die Befugnis ein, von Personen, Sachen und Zuständen, die ohne weiteres wahrgenommen werden können, **Kenntnis** zu nehmen. Soweit es für die Erfüllung der polizeilichen Aufgaben erforderlich ist, umfasst das **Betretungsrecht** bei Grundstücken auch das **Recht zum Befahren mit Fahrzeugen**.", vgl. auch Nr. 41.13 VVPolG NRW: „Die Durchsuchung einer Wohnung hat sich auf Anlass und Zweck der Durchsuchung zu beschränken. Befinden sich in der Wohnung Personen, die durchsucht werden sollen, ist hierfür § 39 maßgebend. Sollen in einer Wohnung Sachen durchsucht werden, die nicht den Wohnungsinhabern gehören, ist § 40 einschlägig.".

[1197] BVerfGE 76, 83, 89 (Zwangsvollstreckung III) = BVerfG, Beschluss des Ersten Senats vom 16.06.1987 – 1 BvR 1202/84 –: „Dabei ist für den Begriff der **Durchsuchung** kennzeichnend das ziel- und zweckgerichtete Suchen staatlicher Organe nach Personen oder Sachen oder zur Ermittlung eines Sachverhalts, um etwas aufzuspüren, was der Inhaber der Wohnung von sich aus nicht offenlegen oder herausgeben will (BVerfGE 28, 285 [287 ff.]; 47, 31 [36 f.])."; so auch: BVerfGE 51, 97, 106 (Zwangsvollstreckung I) = BVerfG, Beschluss des Ersten Senats vom 03.04.1979 – 1 BvR 994/76 –; nicht in: BVerfGE 57, 346 (Zwangsvollstreckung II) = BVerfG, Beschluss des Ersten Senats vom 16.06.1981 – 1 BvR 1094/80 –.

betreten: § 20 Abs. 3 PolG NRW; § 41 Abs. 4 PolG NRW, § 110 StPO): Körperliches Eindringen in eine als Wohnung geltende Sache.

- § 103 StPO;
- §§ 99, 100 StPO;
- (§ 110 StPO).

Raumdurchsuchung (vgl. §§ 102, 103 StPO): Suchverhalten (gezielte Nachschau einschließlich Begleitmaßnahmen) bzgl. Personen, Sachen, Daten in einem umschlossenen Gebäudeteil oder entsprechendem Behältnis ohne Wohnungseigenschaft.

Online-Durchsuchung (vgl. § 100b StPO; vgl. auch „**Online-TKÜ**", § 100a Abs. 1 S. 2, 3 StPO; § 20c Abs. 2 PolG NRW):

Eingriff mit technischen Mitteln auch ohne Wissen des Betroffenen in ein von dem Betroffenen genutztes informationstechnisches System mit Datenerhebung daraus.

Abgrenzung Durchsuchung / unvermeidliche Kenntnisnahme:

Unvermeidliche Kenntnisnahme ist Wahrnehmung ohnehin offen präsenter Personen, Sachen, Daten ohne Veränderung, z.B. Umherblicken in Wohnung von einem Standposten aus, vgl. § 41 PolG NRW.

Abgrenzung Durchsuchung / Inaugenscheinnahme (vgl. § 12a Abs. 1 S. 2 PolG NRW):

Inaugenscheinnahme ist prüfende Betrachtung präsenter Sachen oder Daten ohne erhebliche Veränderung (vgl. § 12a Abs. 1 S. 2, 3 PolG NRW; Prinzip: „Just look, don't touch"); z.B. Betrachtung von: geöffneter Tasche / Fahrzeuginnerem / geöffnetem Kofferraum.

Abgrenzung Personendurchsuchung / Körperliche Untersuchung (KU) durch Körperbeschaffenheitsermittlungszweck: **Körperliche Untersuchung** ist Körperbeschaffenheitsermittlung durch gezielte Nachschau oder gezielten Eingriff am Menschenkörper, ggf. auch mit Datenverarbeitung, ggf. auch mit sog. Exploration.

(SUB)

Realfolge ist die jeweilige Realfolge laut Sachverhalt.

Rechtsfolge ist als (Begleit-)Justiz-VA (§ 23 Abs. 1 S. 1 EGGVG)[1198] (alternativ oder kumulativ) beim Beschuldigten/Verdächtigen[1199]:

- **Personendurchsuchung**: Suchverhalten (gezielte Nachschau mit Begleitmaßnahmen) bzgl. Personen, Sachen, Daten
  - in oder am Personenkörper (ohne Körperbeschaffenheitsermittlungszweck),
  - in oder an am Personenkörper befindlichen Sachen (z.B. Bekleidung bzw. Accessoires).[1200]

1198 **Wohnungstüröffnungs-Verfügung** (je nach Rechtsgebiet VA oder Justiz-VA [z.B.: „Bitte öffnen Sie die Tür!"]) kann bspw. wie folgt – insbesondere über den Zweck – zu subsumieren sein:

- § 9 Abs. 2 PolG NRW / § 163 Abs. 3 StPO / § 163a StPO (Zweck: Befragung / Vernehmung).
- § 12 PolG NRW / § 163b Abs. 1 oder § 163b Abs. 2 StPO (Zweck: IDF jedenfalls ohne Wohnungs-Betretens- und Wohnungs-Durchsuchungszweck [z.B.: IDF-Befragung / IDF-Ausweisverlangen an der Tür]).
- § 16a PolG NRW / § 163f StPO / § 163 Abs. 1 S. 2 StPO (Zweck: Observation jedenfalls ohne Wohnungs-Betretens- und Wohnungs-Durchsuchungszweck [z.B.: Datenerhebung von der Tür aus]).
- § 35 PolG NRW / § 127 Abs. 1 S. 1 Alt. 1 StPO / § 127 Abs. 2 i.V.m. § 112/§ 112a/§ 126a; § 127b StPO; § 164 StPO (Zweck: Ingewahrsamnahme / Festnahme jedenfalls ohne Wohnungs-Betretens- und Wohnungs-Durchsuchungszweck [z.B.: Ingewahrsamnahme / Festnahme an der Tür]).
- § 41 PolG NRW / § 102 StPO oder § 103 StPO (Zweck: Wohnungsbetreten und/oder Wohnungsdurchsuchung).
- § 43 PolG NRW / § 94 Abs. 1 StPO / § 94 Abs. 1, 2 StPO / §§ 94 Abs. 3, 111a StPO, § 69 StGB / §§ 99, 100 StPO / § 108 StPO (§ 110 StPO); / § 111b StPO / § 132 StPO (Zweck: Sicherstellung/Beschlagnahme jedenfalls ohne Wohnungs-Betretens- und Wohnungs-Durchsuchungszweck [z.B.: Sicherstellung/Beschlagnahme an der Tür).
- § 81a StPO / § 81c StPO / § 81g StPO / § 81h StPO (Zweck: der jeweilige „Untersuchungs"-Zweck jedenfalls ohne Wohnungs-Betretens- und Wohnungs-Durchsuchungszweck [z.B.: „Untersuchung" an der Tür]).
- § 8 Abs. 1 PolG NRW / § 163 Abs. 1 S. 2 StPO (Zweck: jedenfalls ein nicht besonders geregelter Zweck jedenfalls ohne Wohnungs-Betretens- und Wohnungs-Durchsuchungszweck).

1199 BVerfG, Beschluss der 3. Kammer des Zweiten Senats, Beschluss vom 09.08.2019 – 2 BvR 1684/18, Rn. 33: „**Wohnungen und Räume im Sinne des § 102 StPO** sind Räumlichkeiten, die der Verdächtige [laut BVerfG nach ex-ante-Betrachtung, P. B.] tatsächlich innehat, gleichgültig, ob er sie befugt oder unbefugt nutzt, ob er Allein- oder Mitinhaber ist und ob ihm das Hausrecht zusteht. Dazu gehören auch Arbeits-, Betriebs- und Geschäftsräume sowie Räume die nur vorübergehend benutzt oder auch nur mitbenutzt werden [Quellenangabe]. Bei Mitbenutzung oder Mitgewahrsam mehrerer Personen, von denen nur ein Teil verdächtig ist, gilt daher § 102 StPO (vgl. BVerfG, Beschluss der 3. Kammer des Zweiten Senats vom 9. Februar 2005 - 2 BvR 984/04 -, Rn. 36). Im unmittelbaren Einwirkungsbereich des Verdächtigen liegt das Auffinden von Beweismitteln so nahe, dass die von § 102 StPO vorausgesetzte entsprechende Vermutung bereits gerechtfertigt ist, auch wenn dadurch Nichtverdächtige betroffen werden. Voraussetzung ist aber, dass es sich tatsächlich um gemeinsam genutzte Räume handelt. Sind Räume hingegen ausschließlich dem unverdächtigen Mitbewohner [laut BVerfG nach ex-ante-Betrachtung, P. B.] zuzuordnen, scheidet eine Durchsuchung nach § 102 StPO aus. Bei Wohnungen und Räumen kann diese Rechtslage zu Härten für die Mitbewohner führen. Dies gilt für Familienwohnungen, aber auch für Arbeits-, Geschäfts- und Betriebsräume, die der Verdächtige nur mitbenutzt. Alle diese Räume werden nach § 102 StPO durchsucht, wenn nur ein Mitbenutzer [laut BVerfG nach ex-ante-Betrachtung, P. B.] Verdächtiger ist. Unterbleiben muss eine Durchsuchung nach § 102 StPO nur dann, wenn eine eindeutige Zuordnung zum verdächtigen Mitbewohner [laut BVerfG nach ex-ante-Betrachtung, P. B.] unmöglich ist [Quellenangabe].".

- **Sachendurchsuchung**: Suchverhalten (gezielte Nachschau mit Begleitmaßnahmen) bzgl. Personen, Sachen, Daten in oder an nicht am Personenkörper befindlichen, nicht als Wohnung geltenden Sachen (vgl. § 90 BGB).
- **Wohnungsdurchsuchung**[1201]: Suchverhalten (gezielte Nachschau mit Begleitmaßnahmen) bzgl. Personen, Sachen, Daten in einer als Wohnung geltenden Sache.
- **Durchsuchung anderer Räume**[1202]: Suchverhalten (gezielte Nachschau mit Begleitmaßnahmen) bzgl. Personen, Sachen, Daten in einem **Raum** i.S.d. § 102 StPO, also ei-

---

1200 Zur Hosentaschenleerungsverfügung siehe auch das Beispiel aus VGH Baden-Württemberg, Urteil des 1. Senats vom 13.08.2018 – 1 S 1468/17, Rn. 147: „Die Aufforderung, die Hosentaschen zum Zwecke der Eigensicherung der Polizeibeamten zu leeren, findet ihre Rechtsgrundlage stattdessen mangels abschließender Regelung in den Vorschriften über die Standardmaßnahmen in der polizeilichen Generalklausel […].".

1201 BVerfG, Beschluss der 3. Kammer des Zweiten Senats, Beschluss vom 09.08.2019 – 2 BvR 1684/18, Rn. 33: „**Wohnungen und Räume im Sinne des § 102 StPO** sind Räumlichkeiten, die der Verdächtige [laut BVerfG nach ex-ante-Betrachtung, P. B.] tatsächlich innehat, gleichgültig, ob er sie befugt oder unbefugt nutzt, ob er Allein- oder Mitinhaber ist und ob ihm das Hausrecht zusteht. Dazu gehören auch Arbeits-, Betriebs- und Geschäftsräume sowie Räume die nur vorübergehend benutzt oder auch nur mitbenutzt werden [Quellenangabe]. Bei Mitbenutzung oder Mitgewahrsam mehrerer Personen, von denen nur ein Teil verdächtig ist, gilt daher § 102 StPO (vgl. BVerfG, Beschluss der 3. Kammer des Zweiten Senats vom 9. Februar 2005 - 2 BvR 984/04 -, Rn. 36). Im unmittelbaren Einwirkungsbereich des Verdächtigen liegt das Auffinden von Beweismitteln so nahe, dass die von § 102 StPO vorausgesetzte entsprechende Vermutung bereits gerechtfertigt ist, auch wenn dadurch Nichtverdächtige betroffen werden. Voraussetzung ist aber, dass es sich tatsächlich um gemeinsam genutzte Räume handelt. Sind Räume hingegen ausschließlich dem unverdächtigen Mitbewohner [laut BVerfG nach ex-ante-Betrachtung, P. B.] zuzuordnen, scheidet eine Durchsuchung nach § 102 StPO aus. Bei Wohnungen und Räumen kann diese Rechtslage zu Härten für die Mitbewohner führen. Dies gilt für Familienwohnungen, aber auch für Arbeits-, Geschäfts- und Betriebsräume, die der Verdächtige nur mitbenutzt. Alle diese Räume werden nach § 102 StPO durchsucht, wenn nur ein Mitbenutzer [laut BVerfG nach ex-ante-Betrachtung, P. B.] Verdächtiger ist. Unterbleiben muss eine Durchsuchung nach § 102 StPO nur dann, wenn eine eindeutige Zuordnung zum verdächtigen Mitbewohner [laut BVerfG nach ex-ante-Betrachtung, P. B.] unmöglich ist [Quellenangabe].".

1202 BVerfG, Beschluss der 3. Kammer des Zweiten Senats, Beschluss vom 09.08.2019 – 2 BvR 1684/18, Rn. 33: „**Wohnungen und Räume im Sinne des § 102 StPO** sind Räumlichkeiten, die der Verdächtige [laut BVerfG nach ex-ante-Betrachtung, P. B.] tatsächlich innehat, gleichgültig, ob er sie befugt oder unbefugt nutzt, ob er Allein- oder Mitinhaber ist und ob ihm das Hausrecht zusteht. Dazu gehören auch Arbeits-, Betriebs- und Geschäftsräume sowie Räume die nur vorübergehend benutzt oder auch nur mitbenutzt werden [Quellenangabe]. Bei Mitbenutzung oder Mitgewahrsam mehrerer Personen, von denen nur ein Teil verdächtig ist, gilt daher § 102 StPO (vgl. BVerfG, Beschluss der 3. Kammer des Zweiten Senats vom 9. Februar 2005 - 2 BvR 984/04 -, Rn. 36). Im unmittelbaren Einwirkungsbereich des Verdächtigen liegt das Auffinden von Beweismitteln so nahe, dass die von § 102 StPO vorausgesetzte entsprechende Vermutung bereits gerechtfertigt ist, auch wenn dadurch Nichtverdächtige betroffen werden. Voraussetzung ist aber, dass es sich tatsächlich um gemeinsam genutzte Räume handelt. Sind Räume hingegen ausschließlich dem unverdächtigen Mitbewohner [laut BVerfG nach ex-ante-Betrachtung, P. B.] zuzuordnen, scheidet eine Durchsuchung nach § 102 StPO aus. Bei Wohnungen und Räumen kann diese Rechtslage zu Härten für die Mitbewohner führen. Dies gilt für Familienwohnungen, aber auch für Arbeits-, Geschäfts- und Betriebsräume, die der Verdächtige nur mitbenutzt. Alle diese Räume werden nach § 102 StPO durchsucht, wenn nur ein Mitbenutzer [laut BVerfG nach ex-ante-Betrachtung, P. B.] Verdächtiger ist. Unterbleiben muss eine Durchsuchung nach § 102 StPO nur dann, wenn eine eindeutige Zuordnung zum verdächtigen Mitbewohner [laut BVerfG nach ex-ante-Betrachtung, P. B.] unmöglich ist [Quellenangabe].".

nem umschlossenen Gebäudeteil oder entsprechendem Behältnis ohne Wohnungseigenschaft.

(ERG)

Mögliche Befugnisrechtsnorm ist § 102 StPO.

B. Formelle Rechtmäßigkeit (FR) I. Zuständigkeit (Z)

Zuständigkeit für Straftatenerforschung/StPO

(VOR/DEF)

Zuständigkeit ist Aufgabenwahrnehmungserlaubnis für den Rechtsfolgesetzer.

(SUB/ERG)

Für die Maßnahme ist die Zuständigkeit (i.d.R.) wie folgt gegeben:

1. sachliche Zuständigkeit *der Polizei* gemäß

§ 163 Abs. 1 S. 1 StPO;

2. instanzielle Zuständigkeit *der Polizeibehörde* (i.d.R.) gemäß

- (i.d.R.) § 11 Abs. 1 Nr. 2 Alt. 1 POG NRW i.V.m. KPBVO NRW;
- (generell:) §§ 10-14 POG NRW (ggf. i.V.m. LKAAufgVO NRW);

3. örtliche Zuständigkeit der Polizeibehörde gemäß

- (i.d.R.) § 7 Abs. 1 S. 1 POG NRW (ggf. i.V.m. KHStVO NRW);
- (generell: §§ 7-9 POG NRW[1203]) (ggf. i.V.m. KHStVO NRW);

4. funktionelle Zuständigkeit *des Polizeiamtswalters* gemäß

- § 105 Abs. 1 S. 1 StPO oder § 110 Abs. 1 StPO für die Anordnung, hier grds. (bei Gefahr im Verzug) der StA-Ermittlungsperson i.S.d. § 152 Abs. 2 GVG i.V.m. EPVO NRW; Beamte nach § 110 Abs. 2 StPO[1204];
- arg. e. § 105 Abs. 1 S. 1 StPO i.V.m. § 163 Abs. 1 S. 1 W. 1-6 StPO für die Ausführung, hier der Behörden und Beamten des Polizeidienstes.

[1203] Vgl. auch zu § 9 Abs. 1 S. 1 Nr. 5 POG NRW: Abkommen zwischen den Ländern der Bundesrepublik Deutschland über die erweiterte Zuständigkeit der Polizei der Länder bei der Strafverfolgung.

[1204] OLG Schleswig, Beschl. v. 10.01.2017 – 2 Ws 441/16: „Die **Durchsicht von Papieren und elektronischen Speichermedien** gem. § 110 StPO liegt in der Verantwortung der StA, die dazu jedoch **Privatpersonen mit Spezialkenntnissen** (Dolmetscher, Sachverständige und sonstige Dienstleister) hinzuziehen kann." § 110 StPO umschreibt „Aufgabe und die Verantwortung für diese Aufgabe, nicht aber einzelne Modalitäten ihrer Wahrnehmung." „Ist die Verantwortung […] sichergestellt, können daher Personen mit Spezialkenntnissen, etwa Dolmetscher, Sachverständige oder sonstige Dienstleister, durchaus hinzugezogen werden.".

Zuständigkeit für Ordungswidrigkeitenerforschung/OWiG

(VOR/DEF)

Zuständigkeit ist Aufgabenwahrnehmungserlaubnis für den Rechtsfolgesetzer.

(SUB/ERG)

Für die Maßnahme ist die Zuständigkeit (i.d.R.) wie folgt gegeben:

1. sachliche Zuständigkeit *der Polizei* gemäß

- §§ 35, 36 OWiG;
    - i.V.m. § 1 Abs. 2 Teil-3-OWiGZVO NRW: PB – solange Nicht-Abgabe an OB – für Verfolgung von Owi nach: §§ 111, 117-121 OWiG;
    - i.V.m. § 1 Abs. 3 Teil-3-OWiGZVO NRW: KPB für Verfolgung und Ahndung von Owi nach §§ 113, 115 OWiG bei polizeilichen Gewahrsams-Gefangenen, § 127 OWiG bei öffentlichen Urkunden und Beglaubigungszeichen;
    - i.V.m. § 2b ÖffVereinsRZVO NRW: KBP für die Verfolgung und Ahndung von Owi nach § 23 VereinsGDV;
    - i.V.m. § 1 Abs. 2 VerkehrsOwiZVO NRW: PB – solange Nicht-Abgabe an KOB oder StA – für Verfolgung von Owi nach §§ 23, 24, 24a und 24c StVG;
    - i.V.m. § 2 VersGZVO NRW: KPB für die Verfolgung und Ahndung von Owi nach § 29 VersG;
    - i.V.m. § 5 WaffGDVO NRW: KPB für die Verfolgung und Ahndung von Owi nach § 53 WaffG;
- § 53 OWiG;

2. instanzielle Zuständigkeit *der Polizeibehörde* (i.d.R.) gemäß

- § 11 Abs. 1 Nr. 2 Alt. 2 POG NRW i.V.m. KPBVO NRW (generell: §§ 10-14 POG NRW) [bei §§ 35, 36 OWiG];
    - i.V.m. § 1 Abs. 2 Teil-3-OWiGZVO NRW: PB – solange Nicht-Abgabe an OB – für Verfolgung von Owi nach: §§ 111, 117-121 OWiG;
    - i.V.m. § 1 Abs. 3 Teil-3-OWiGZVO NRW: KPB für Verfolgung und Ahndung von Owi nach §§ 113, 115 OWiG bei polizeilichen Gewahrsams-Gefangenen, § 127 OWiG bei öffentlichen Urkunden und Beglaubigungszeichen;
    - i.V.m. § 2b ÖffVereinsRZVO NRW: KBP für die Verfolgung und Ahndung von Owi nach § 23 VereinsGDV;
    - i.V.m. § 1 Abs. 2 VerkehrsOwiZVO NRW: PB – solange Nicht-Abgabe an KOB oder StA – für Verfolgung von Owi nach §§ 23, 24, 24a und 24c StVG;
    - i.V.m. § 2 VersGZVO NRW: KPB für die Verfolgung und Ahndung von Owi nach § 29 VersG;
    - i.V.m. § 5 WaffGDVO NRW: KPB für die Verfolgung und Ahndung von Owi nach § 53 WaffG;

3. örtliche Zuständigkeit *der Polizeibehörde* gemäß

- (bei §§ 35, 36 OWiG:) § 37 OWiG;
- (generell:) §§ 7-9 POG NRW;

4. funktionelle Zuständigkeit *des Polizeiamtswalters* (i.d.R.) gemäß

- gemäß § 105 Abs. 1 S. 1 StPO oder § 110 Abs. 1 StPO für die Anordnung, hier grds. (bei Gefahr im Verzug) der StA-Ermittlungsperson i.S.d. § 152 Abs. 2 GVG i.V.m. EPVO NRW; Beamte nach § 110 Abs. 2 StPO;
- arg. e. § 105 Abs. 1 S. 1 StPO i.V.m. § 163 Abs. 1 S. 1 W. 1-6 StPO i.V.m. § 53 Abs. 1 S. 1 W. 1-6 OWiG für die Ausführung, hier der Behörden und Beamten des Polizeidienstes.

B. Formelle Rechtmäßigkeit (FR) II. Verfahren (V)[1205]

(VOR/DEF)

Verfahren ist normiertes Verhalten des Rechtsfolgezuständigen außer, bei, i.Z.m. der Rechtsfolge.

1. § 105 Abs. 1 S. 1 StPO und § 107 StPO als Verfahrensrechtsnormen für Personen-/Sachen-/Wohnungs-/Andere-Räume-Durchsuchung nach § 102 StPO

(VOR)

a) § 105 Abs. 1 S. 1 StPO: Richteranordnung oder StA-Anordnung

Gemäß § 105 Abs. 1 S. 1 StPO dürfen Durchsuchungen nur durch den Richter, bei Gefahr im Verzug auch durch die Staatsanwaltschaft und ihre Ermittlungspersonen (§ 152 GVG) angeordnet werden.

(DEF)

Gefahr im Verzug i.S.d. § 105 Abs. 1 S. 1 StPO ist eine Sachlage im einzelnen Fall mit unvorhergesehenem Handlungsbedarf, bei der die Durchführung der eigentlich vorgesehenen Maßnahme, hier der Richter/StA-Anordnungs-Erwirkung, den gesetzlichen Zweck, hier die (rechtzeitige) Beweismittelauffindung/(schnellstmögliche) Beweismittelverlustverhinderung, vereiteln oder wesentlich erschweren würde.[1206]

1205 Vgl. auch Art. 46 GG (Abs. 1: **Abgeordnetenindemnität**; Abs. 2-4: **Abgeordnetenimmunität** – mit **Bundestagsgenehmigungsvorbehalt**); Art. 47 Verfassung NRW (**Abgeordnetenindemnität**), Art. 48 Verfassung NRW (**Abgeordnetenimmunität** – mit **Landtagsgenehmigungsvorbehalt**); Art. 60 Abs. 4 GG (**Bundespräsidentenimmunität**); Art. 40 Abs. 2 S. 1 GG (**Bundestagspräsidentengenehmigungsvorbehalt** für Durchsuchung oder Beschlagnahme in Bundestagsräumen); Art. 49 Abs. 2 Verfassung NRW (**Landtagspräsidentengenehmigungsvorbehalt** für Durchsuchung oder Beschlagnahme in Landtagsräumen); zum Abgeordneten vgl. auch: Art. 47 GG, Art. 49 Abs. 1 Verfassung NRW (**Abgeordneten-Zeugnisverweigerungsrecht** und zeugnisverweigerungsrechtentsprechendes **Abgeordneten-Schriftstückebeschlagnahmeverbot**).

1206 BVerfGE 151, 67 (Richtervorbehalt, Bereitschaftsdienst, Nachtzeit/Tageszeit i.S.v. § 104 Abs. 3 StPO) = BVerfG, Beschluss des Zweiten Senats vom 12.03.2019 – 2 BvR 675/14 –, Rn. 55: „Art. 13 Abs. 2 Halbsatz 2 GG lässt es zu, dass Durchsuchungen bei Gefahr im Verzug auch durch die in den Gesetzen vorgesehenen anderen Organe – bei der strafprozessualen Durchsuchung gemäß § 105 Abs. 1 Satz 1 Halbsatz 2 StPO durch die Staatsanwaltschaft und ihre **Ermittlungspersonen** (§ 152 GVG) – angeordnet werden dürfen. Wortlaut und Systematik des Art. 13 Abs. 2 GG belegen indes, dass die

Gefahr im Verzug i.S.d. § 105 Abs. 1 S. 1 StPO ist auch gegeben, wenn im konkreten Fall zulässigerweise kein Richterdienst vorhanden ist oder wenn vorhandener richterlicher Bereitschaftsdienst unter zulässiger Anrufwege **unverzüglich** (vgl. auch § 121 Abs. 1 S. 1 BGB) vergeblich zu erreichen versucht wird und eine weitere Verzögerung den gesetzlichen Durchsuchungszweck gefährden, also wesentlich erschweren oder vereiteln würde.[1207]

---

richterliche Durchsuchungsanordnung die Regel und die nichtrichterliche die Ausnahme sein soll (vgl. BVerfGE 103, 142 <153>; 139, 245 <269 Rn. 69>). […] Demgemäß ist der Begriff ‚Gefahr im Verzug' im Sinne des Art. 13 Abs. 2 GG eng auszulegen. **Gefahr im Verzug** ist nur anzunehmen, wenn die richterliche Anordnung nicht mehr eingeholt werden kann, ohne dass der Zweck der Maßnahme – regelmäßig die Sicherung von Beweismitteln – gefährdet würde (vgl. BVer-fGE 51, 97 <111>; 103, 142 <153 f.>; 139, 245 <269 Rn. 69>).".

1207 BVerfGE 151, 67 (Richtervorbehalt, Bereitschaftsdienst, Nachtzeit/Tageszeit i.S.v. § 104 Abs. 3 StPO) = BVerfG, Beschluss des Zweiten Senats vom 12.03.2019 – 2 BvR 675/14 –, Ls. 2: „Zu den Anforderungen an einen dem Gebot der praktischen Wirksamkeit des Richtervorbehalts entsprechenden **richterlichen Bereitschaftsdienst** gehört die uneingeschränkte Erreichbarkeit eines Ermittlungsrichters bei Tage, auch außerhalb der üblichen Dienststunden. Die **Tageszeit** umfasst dabei ganzjährig die Zeit zwischen 6 Uhr und 21 Uhr. Während der **Nachtzeit** ist ein ermittlungsrichterlicher Bereitschaftsdienst jedenfalls bei einem Bedarf einzurichten, der über den Ausnahmefall hinausgeht.", Ls. 3: „Ob und inwieweit ein über den Ausnahmefall hinausgehender Bedarf an nächtlichen Durchsuchungsanordnungen die Einrichtung eines **ermittlungsrichterlichen Bereitschaftsdienstes** zur Nachtzeit erfordert, haben die Gerichtspräsidien nach pflichtgemäßem Ermessen in eigener Verantwortung zu entscheiden. Für die Art und Weise der Bedarfsermittlung steht ihnen ein Beurteilungs- und Prognosespielraum zu.", Rn. 56: „Die Strafverfolgungsbehörden müssen dementsprechend regelmäßig versuchen, eine Anordnung des zuständigen Richters zu erlangen, bevor sie eine Durchsuchung beginnen. Nur in Ausnahmesituationen, wenn schon die zeitliche Verzögerung wegen eines solchen Versuchs den Erfolg der Durchsuchung gefährden würde, dürfen sie selbst die Anordnung wegen Gefahr im Verzug treffen, ohne sich zuvor um eine richterliche Entscheidung bemüht zu haben."; BVerfGE 139, 245 (Eilkompetenz der Ermittlungsbehörden) = BVerfG, Beschluss des Zweiten Senats vom 16.06.2015 - 2 BvR 2718/10, Rn. 83: „Scheitert hingegen der Versuch der Befassung des Gerichts mit dem Antrag auf Erlass einer Durchsuchungsanordnung, weil der zuständige Richter nicht erreicht werden kann und infolgedessen ein Beweismittelverlust droht, kommt ein Rückgriff auf die Eilkompetenz der Ermittlungsbehörden gemäß Art. 13 Abs. 2, 2. Halbsatz GG in Betracht.", Ls. 2 [zum **Eilzuständigkeitsende der Ermittlungsbehörden**]: „Mit der Befassung des zuständigen Ermittlungs- oder Eilrichters durch die Stellung eines Antrags auf Erlass einer Durchsuchungsanordnung und der dadurch eröffneten Möglichkeit präventiven Grundrechtsschutzes durch den Richter endet die Eilkompetenz der Ermittlungsbehörden.", Rn. 79: „Entscheidend ist dabei nicht der Zeitpunkt, zu dem die Staatsanwaltschaft den Entschluss fasst, eine richterliche Durchsuchungsanordnung zu beantragen, sondern der Zeitpunkt, in dem das Gericht mit dem Antrag auf Erlass einer Durchsuchungsanordnung befasst wird [**richterliche Befassung** oder **Gerichtsbefassung**, P. B.]. Dies ist der Fall, wenn die Staatsanwaltschaft [oder die Polizei, P. B.] dem zuständigen Richter den Antrag tatsächlich unterbreitet hat, so dass dieser in eine erste Sachprüfung eintreten kann.", Rn. 80: „Nicht entscheidend für den Zeitpunkt des Entfallens der Eilkompetenz der Staatsanwaltschaft ist dagegen der tatsächliche Beginn der sachlichen Prüfung durch das Gericht oder gar die endgültige gerichtliche Entscheidung.", Rn. 82: „Auch soweit während des durch den Richter in Anspruch genommenen Entscheidungszeitraums nach dessen Befassung die Gefahr eines Beweismittelverlusts eintritt, etwa weil dieser auf ein mündlich gestelltes Durchsuchungsbegehren hin die Vorlage schriftlicher Antragsunterlagen oder einer Ermittlungsakte fordert, Nachermittlungen anordnet oder schlicht bis zum Eintritt der Gefahr eines Beweismittelverlusts noch nicht entschieden hat, lebt die Eilkompetenz der Ermittlungsbehörden nicht wieder auf. Dies gilt unabhängig davon, aus welchen Gründen die richterliche Entscheidung über den Durchsuchungsantrag unterbleibt.", Ls. 3: „Die Eilkompetenz der Ermittlungsbehörden kann nur dann neu begründet werden, wenn nach der Befassung des Richters tatsächliche Umstände eintreten oder bekannt werden, die sich nicht aus dem Prozess der Prüfung und Entscheidung über diesen Antrag ergeben, und hierdurch die Gefahr eines Beweismittelverlusts in einer

(SUB/ERG)

Im konkreten Fall ist § 105 Abs. 1 S. 1 StPO (alternativ)

- eingehalten bei Richter-Durchsuchungsanordnung[1208];
- eingehalten bei StA-Anordnung bei Gefahr im Verzug[1209];

Weise begründet wird, die der Möglichkeit einer rechtzeitigen richterlichen Entscheidung entgegensteht.“, Ls. 4: „Auf die Ausgestaltung der justizinternen Organisation kann die Eilzuständigkeit der Ermittlungsbehörden nicht gestützt werden.“, Rn. 70: „Die daraus folgende Pflicht der Ermittlungsbehörden, sich regelmäßig um eine Durchsuchungsanordnung des zuständigen Richters zu bemühen, wird nicht durch den abstrakten Hinweis verzichtbar, eine richterliche Entscheidung sei zur maßgeblichen Zeit üblicherweise nicht mehr zu erreichen (vgl. BVerfGK 5, 74 <78>; 7, 392 <395>). Reine Spekulationen, hypothetische Erwägungen oder lediglich auf kriminalistische Alltagserfahrungen gestützte, fallunabhängige Vermutungen reichen ebenfalls nicht aus, um die Annahme von Gefahr im Verzug zu begründen (vgl. BVerfGE 103, 142 <155>; BVerfGK 2, 310 <315>). Auch schließt das verfassungsrechtliche Gebot, dem Ausnahmecharakter der Eilkompetenz Rechnung zu tragen, aus, mit dem Antrag auf Erlass einer Durchsuchungsanordnung zu warten, bis die Gefahr eines Beweismittelverlusts eingetreten ist. Selbst herbeigeführte tatsächliche Voraussetzungen können die Eilkompetenz der Staatsanwaltschaft und ihrer Ermittlungspersonen nicht begründen (vgl. BVerfGK 5, 74 <78>).“, Rn. 71: „Stattdessen sind bei der Beurteilung der Frage, ob der Versuch, eine richterliche Entscheidung herbeizuführen, unterbleiben darf, weil bereits die damit verbundene zeitliche Verzögerung den Erfolg der Durchsuchung gefährden würde, die konkreten Umstände des jeweiligen Einzelfalles in Rechnung zu stellen. Die Ermittlungsbehörden haben insbesondere die Komplexität der im Rahmen der Durchsuchungsanordnung zu prüfenden tatsächlichen und rechtlichen Fragen und den insoweit erforderlichen Zeitaufwand zu berücksichtigen. Daneben haben sie aber auch in ihre Überlegungen einzubeziehen, dass die Vorlage schriftlicher Unterlagen zur Herbeiführung einer richterlichen Eilentscheidung zumindest nicht ausnahmslos erforderlich ist. Jedenfalls in einfach gelagerten Fällen, in denen allein aufgrund der **mündlichen Darstellung des Sachverhalts** eine sachangemessene Entscheidung möglich ist, würde ein solches Erfordernis weder der gesetzlichen Intention noch der Bedeutung des Richtervorbehalts für den Grundrechtsschutz des Einzelnen gerecht (vgl. insoweit zur Anordnung einer Blutentnahme gemäß § 81a StPO: BVerfGK 17, 340 <346 f.>). Es bestehen daher in solchen Fällen keine verfassungsrechtlichen Bedenken, wenn der zuständige Richter allein aufgrund mündlich übermittelter Informationen entscheidet und die Durchsuchung auch **mündlich anordnet**, sofern er diese Anordnung zeitnah schriftlich dokumentiert und damit den sich aus Art. 19 Abs. 4 GG ergebenden Erfordernissen Rechnung trägt.“.

[1208] BVerfGE 96, 44. Ls. und S. 52-54 (Durchsuchngsanordnung II) = BVerfG, Beschluss des Zweiten Senats vom 27.05.1997 – 2 BvR 1992/92, Ls.: „1. Der Richter darf eine Durchsuchung nur anordnen, wenn er sich aufgrund eigenverantwortlicher Prüfung der Ermittlungen überzeugt hat, daß die Maßnahme verhältnismäßig ist. Seine Anordnung hat die Grundlage der konkreten Maßnahme zu schaffen und muß Rahmen, Grenzen und Ziel der Durchsuchung definieren. 2. Der Zweck des Richtervorbehalts hat Auswirkungen auch auf den **Zeitraum, innerhalb dessen die richterliche Durchsuchungsanordnung vollzogen werden darf**. Spätestens nach Ablauf eines halben Jahres verliert ein **Durchsuchungsbeschluß seine rechtfertigende Kraft**.“.

[1209] Zu **Durchsuchungsanordnungszuständigkeiten** und dem **Durchsuchungsverfahren mit Richter, Staatsanwaltschaft, Polizei** vgl. auch: BVerGK 5, 74 (Wohnungsdurchsuchung und Beschlagnahme eines Mobiltelefons) = BVerfG, Beschluss der 3. Kammer des Zweiten Senats vom 04.02.2005 – 2 BvR 308/04 –, Rn. 13: „Polizei und Staatsanwaltschaft müssen bei ihrem Vorgehen im Ermittlungsverfahren den Ausnahmecharakter der nichtrichterlichen Durchsuchungsanordnung beachten und gegebenenfalls die nachträgliche gerichtliche Prüfung der Durchsuchungsvoraussetzungen ermöglichen. Sie dürfen die Regelzuständigkeit des Ermittlungsrichters nicht unterlaufen, indem sie so lange zuwarten, bis die Gefahr eines Beweismittelverlustes eingetreten ist. Selbst herbeigeführte tatsächliche Voraussetzungen können die Gefahr im Verzuge und die Eilkompetenz nicht begründen. Der Durchsuchung muss in aller Regel der Versuch vorausgehen, einen Ermittlungsrichter zu erreichen und bei dessen Unerreichbarkeit einen Staatsanwalt (§ 105 Abs. 1 Satz 1 StPO). Diese Bemühungen werden nicht durch den abstrakten

- eingehalten bei StA-Ermittlungspersonen-Anordnung bei Gefahr im Verzug;
- nicht eingehalten bei Fehlen richterlicher Anordnung unter fehlerhafter Annahme von Gefahr im Verzug[1210];
- nicht eingehalten bei sonstiger Missachtung des Richtervorbehalts[1211].

(VOR/DEF)

b) § 107 StPO: Schriftliche Mitteilung und Verzeichnis oder Bescheinigung

Gemäß § 107 S. 1, 2 StPO ist dem von der Durchsuchung Betroffenen nach deren Beendigung auf Verlangen eine schriftliche Mitteilung zu machen, die den Grund der Durchsuchung (§§ 102, 103) sowie im Falle des § 102 die Straftat [oder der Ordnungswidrigkeit] bezeichnen muß; auch ist ihm auf Verlangen ein Verzeichnis der in Verwahrung oder in Beschlag ge-

---

Hinweis verzichtbar, eine richterliche Entscheidung oder die Entschließung eines Staatsanwalts seien zur maßgeblichen Zeit gewöhnlicherweise nicht mehr zu erlangen. Die handelnden Beamten, möglichst der - vorrangig verantwortliche - Staatsanwalt, haben die Bezeichnung des Tatverdachts und der gesuchten Beweismittel und die tatsächlichen Umstände, auf die die Gefahr des Beweismittelverlustes gestützt wird, sowie die Bemühungen, einen Ermittlungsrichter oder bei seiner Unerreichbarkeit einen Staatsanwalt zu erreichen, in einem vor der Durchsuchung oder unverzüglich danach gefertigten Vermerk vollständig zu dokumentieren. So kann die vollständige gerichtliche Nachprüfung der Annahme von Gefahr im Verzuge gewährleistet werden (vgl. BVerfGE 103, 142<155, 156, 159 f.>).".

1210 Vgl. z.B. BVerfGE 103, 142 (Wohnungsdurchsuchung und Gefahr im Verzug) = BVerfG, Urteil des Zweiten Senats vom 20.02.2001 – 2 BvR 1444/00 –, Ls. 1b: „‚Gefahr im Verzug' muss mit **Tatsachen** begründet werden, die auf den Einzelfall bezogen sind. Reine Spekulationen, hypothetische Erwägungen oder lediglich auf kriminalistische Alltagserfahrung gestützte, fallunabhängige Vermutungen reichen nicht aus.", C. I. 2. b) bb), Rn. 39: „Im Konkreten sind reine Spekulationen, hypothetische Erwägungen oder lediglich auf kriminalistische Alltagserfahrung gestützte, fallunabhängige Vermutungen als Grundlage einer Annahme von Gefahr im Verzug nicht hinreichend. Gefahr im Verzug muss mit **Tatsachen** begründet werden, die auf den Einzelfall bezogen sind. Die bloße Möglichkeit eines Beweismittelverlusts genügt nicht.".

1211 Vgl. z.B. zum **Richtervorbehalt auch für Personendurchsuchung und Sachendurchsuchung**: Landgericht Köln, Beschluss der 8. großen Strafkammer vom 19.07.2016 – 108 Qs 31/16, Rn. 12 f.: „Hinzu kommt, dass vorliegend die ernsthafte Möglichkeit besteht, dass die Durchsuchungsmaßnahme unter **Missachtung des Richtervorbehaltes** erfolgte. Insoweit bleibt nämlich zunächst der Beweisaufnahme vorbehalten, ob die die Durchsuchung vornehmenden Polizeibeamten überhaupt erkannt haben, dass die vorliegende Maßnahme grundsätzlich nur durch das Gericht angeordnet werden darf und eine polizeiliche Anordnungskompetenz nur bei der Annahme von Gefahr im Verzug besteht. Diese Zweifel sind hier deshalb begründet, weil die Durchsuchung – um eine solche handelt es sich bei der ‚**Inaugenscheinnahme**' des Inhalts der von der Beschwerdeführerin mitgeführten Tasche zweifelsfrei – in der Akte nicht als solche bezeichnet wird und es an jeglicher Dokumentation in der Akte fehlt, auf welcher Grundlage die Durchsuchung vorgenommen wurde. Auch die **Annahme von Gefahr im Verzug** ist vorliegend nicht eindeutig. Zwar ist das Amtsgericht in den angefochtenen Beschluss zu Recht davon ausgegangen, dass die Durchsuchungsmaßnahme nur dann Aussicht auf Erfolg haben konnte, wenn sie durchgeführt wurde, ohne dass die Beschwerdeführerin vorher Gelegenheit hatte etwaige Beweismittel verschwinden zu lassen. Die Polizeibeamten hätten aber jedenfalls die Möglichkeit gehabt, die Beschwerdeführerin zu fragen, ob sie bereit wäre, bis zur Einholung einer Entscheidung durch den zuständigen Ermittlungsrichter zu warten. Vor diesem Hintergrund bestehen begründete Zweifel an der Rechtmäßigkeit der Durchsuchungsanordnung und der Verwertbarkeit der daraus resultierenden Beweismittel.".

nommenen Gegenstände, falls aber nichts Verdächtiges gefunden wird, eine Bescheinigung hierüber zu geben[1212].

(SUB/ERG)

Im konkreten Fall ist § 107 S. 1, 2 StPO (alternativ)

- bei Vorliegen von entsprechenden Anhaltspunkten / Fehlen entgegenstehender Anhaltspunkte eingehalten.
- bei Vorliegen von entsprechenden Anhaltspunkten nicht eingehalten.

2. § 81d StPO (analog) als Verfahrensrechtsnorm für Personendurchsuchung nach § 102 StPO

(VOR)

Gemäß § 81d StPO – auch bei **Einwilligung** (§ 36 Nr. 19 DSG NRW, § 38 DSG NRW) der betroffenen Person, § 81d Abs. 2 StPO –

- wird gemäß § 81d Abs. 1 S. 1 StPO im Fall von potentieller Schamgefühlsverletzung die körperliche Untersuchung von einer Person gleichen Geschlechts oder von einer Ärztin oder einem Arzt vorgenommen;
- soll gemäß § 81d Abs. 1 S. 2 StPO im Fall von berechtigtem Interesse und Wunsch der betroffenen Person die körperliche Untersuchung einer Person oder einem Arzt bestimmten Geschlechts übertragen werden;
- soll gemäß § 81d Abs. 1 S. 3 StPO im Fall des Verlangens der betroffenen Person eine Person des Vertrauens zugelassen werden;
- ist gemäß § 81d Abs. 1 S. 4 StPO die betroffene Person auf die Regelungen von § 81d Abs. 1 S. 2, 3 StPO hinzuweisen.

(DEF)

Durchsuchung i.S.v. Durchsuchungspersonvoraussetzungen wie aus § 81d StPO analog[1213] ist Suchverhalten mit Eingriff in die körperliche Intimsphäre der betroffenen Person, wie zum Beispiel möglich durch systematisches Abtasten, Hineingreifen, Fixieren an Körperintimstellen, nicht Durchsuchung i.S.d. § 81d StPO analog sind: Durchsuchung-Begleitmaßnahmen wie Bewegungsverfügungen, sonstige Verhaltensverfügungen zwecks Durchsuchungsförderung oder bloßes Fixieren des Durchsuchungsadressaten jedenfalls an

---

[1212] KG Berlin, Beschluss vom 05.09.2008 – 2 Ws 408/08, Leitsätze: „1. Ein Strafgefangener hat keinen Anspruch auf Erteilung einer sog. **Negativbescheinigung** über eine ergebnislose Haftraumdurchsuchung. 2. § 107 Satz 2 StPO ist auf die Durchsuchung des Haftraums gemäß § 84 Abs. 1 Satz 1 StVollzG nicht entsprechend anwendbar.".

[1213] Analogie von § 81d StPO zu §§ 102, 103 StPO (im Fall der Personendurchsuchung) aufgrund für diese jeweils existierende Regelungslücke und teleologisch gleichzusetzender Interessenlage von Person zu Person. Zur Analogie siehe auch: *Basten*, Eingriffsrecht der Polizei in Nordrhein-Westfalen, Band 1, S. 163.

Ausläufern von Armen, Beinen, Schulter – vgl. insbesondere Telos des § 81d StPO i.V.m. Art. 1 Abs. 1 GG, Art. 3 Abs. 3 Var. 1 GG.

Schamgefühlsverletzungspotential im Sinne von § 81d StPO richtet sich nach objektiviertem Maßnahmenempfänger.[1214]

Person gleichen Geschlechts ist eine Person mit gleichem Geschlechts-Personenstand nach PStG.

Arzt ist ein solcher nach BÄO.

Berechtigtes Interesse ist ein Rechtsgrund (**rechtliches Interesse**) als auch ein insgesamt überwiegendes Interesse nach Abwägung aller Interessen insbesondere der an der Maßnahme Beteiligten (z.B. unmittelbar betroffene Person, Polizeibeamte, Arzt, Vertrauensperson mit jeweiligen Persönlichkeitsrechten) und der durch die Maßnahme Betroffenen (z.B. unmittelbar betroffene Person, potentielle Tatopfer, verfahrenszuständige Behörden mit jeweiligen Rechten und Pflichten im Rechtsstaat).

Person des Vertrauens wird durch die betroffene Person bestimmt.

(SUB/ERG)

Im konkreten Fall ist § 81d StPO analog (alternativ)

- bei Vorliegen von entsprechenden Anhaltspunkten / Fehlen entgegenstehender Anhaltspunkte eingehalten.
- bei Vorliegen von entsprechenden Anhaltspunkten nicht eingehalten.

3. § 106 Abs. 1 StPO als Verfahrensrechtsnorm für Sachen-/Wohnungs-/Andere-Räume-Durchsuchung nach § 102 StPO

(VOR)

Gemäß § 106 Abs. 1 S. 1, 2 StPO (vgl. auch § 67 JGG) darf der Inhaber der zu durchsuchenden Räume oder Gegenstände der Durchsuchung beiwohnen; ist er abwesend, so ist, wenn möglich, sein Vertreter oder ein erwachsener Angehöriger, Hausgenosse oder Nachbar zuzuziehen.

(DEF)

Möglichkeit i.S.d. § 106 Abs. 1 S. 2 StPO ist das Vorliegen zuziehungszulassender Umstände in Abwägung von Erhaltungsrechten und Eingriffsrechten; wobei in § 106 StPO auch die Möglichkeit der Wohnungsinhaber-Abwesenheit vorausgesetzt wird und § 106 StPO sowohl die Förderung der Interessen der durchsuchenden Personen als auch der Interessen der von der Durchsuchung betroffenen Personen bezweckt, vgl. für die Abwägung Fälle mit Dringlichkeit der Durchsuchung, mit Durchsuchung gerade im Aufklärungsinteresse des Wohnungsinhabers, mit Desinteresse von Wohnungsinhaber oder Hinzuziehbaren, mit Gefährdung von Hin-

---

1214 Bundesrats-Drucksache 829/03 vom 07.11.2003, S. 21: „Dies kann z.B. nach vorangegangenem Missbrauch durch eine Person gleichen Geschlechts der Fall sein.“.

zugezogenen, mit Grundrechtsvertiefung für Wohnungsinhaber durch Hinzuziehung störender oder neugieriger, negativ eingestellter Hinzugezogener.[1215]

Räumeinhaber, also auch **Wohnungsinhaber** oder **Gegenständeinhaber** ist der Inhaber der tatsächlichen Gewalt über die Wohnung oder den sonstigen Raum oder die sonstige Sache, also eine natürliche Person (§ 1 BGB) mit zur maßgeblichen Zeit tatsächlich ausübbarem **Besitz** zur Sache im Sinne des Privatrechts, vgl. insbesondere §§ 854-872 BGB.

Vertreter ist ein Stellvertreter qua Gesetz oder ein Stellvertreter qua Rechtsgeschäft.[1216]

Erwachsener Angehöriger ist jede Person im Sinne von § 1 BGB, die nicht Jugendlicher und nicht Heranwachsender im Sinne von § 1 JGG ist und die Angehöriger im Sinne von § 52 StPO ist.

Hausgenosse oder **Nachbar** sind mit oder neben dem Wohnungsinhaber wohnende Personen.

(SUB/ERG)

Im konkreten Fall ist § 106 Abs. 1 StPO (alternativ)

- bei Vorliegen von entsprechenden Anhaltspunkten / Fehlen entgegenstehender Anhaltspunkte eingehalten.
- bei Vorliegen von entsprechenden Anhaltspunkten nicht eingehalten.

4. § 105 Abs. 2 und § 105 Abs. 3 StPO als Verfahrensrechtsnormen für Wohnungs-/Andere Räume-Durchsuchung nach § 102 StPO

(VOR)

a) § 105 Abs. 2 StPO: Zuziehung

1215 BGHSt 51, 211 (Unzulässigkeit „verdeckter Online-Durchsuchung") = BGH, Beschluss vom 31.01.2007 – StB 18/06, Rn. 7: „Diese Regelungen sind nach ihrem Wortlaut (siehe oben) sowie nach ihrem Sinn und Zweck, den von einer Durchsuchung Betroffenen zu schützen, als wesentliche Förmlichkeiten **zwingendes Recht** und nicht lediglich Vorschriften, die zur beliebigen Disposition der Ermittlungsorgane stehen. Von ihrer Beachtung hängt die Rechtmäßigkeit der Durchsuchung ab [Schrifttumsquellenangaben]. Etwas anderes ergibt sich auch nicht aus der Einschränkung ‚wenn möglich' in § 105 Abs. 2 Satz 1 StPO und § 106 Abs. 1 Satz 2 StPO. **Unmöglich** im Sinne dieser Vorschriften ist die Beiziehung von Zeugen nur dann, wenn die durch Tatsachen begründete naheliegende Möglichkeit besteht, dass durch die Suche nach bereiten Zeugen der Erfolg der Durchsuchung vereitelt wird [Schrifttumsquellenangaben]. Sie darf aber nicht aus ermittlungstaktischen Erwägungen unterbleiben, um den Tatverdächtigen über die Durchsuchung sowie die gegen ihn geführten Ermittlungen in Unkenntnis zu halten.".

1216 **Vertreter** ist ein **Stellvertreter** qua Gesetz oder ein **Stellvertreter** qua Rechtsgeschäft (§§ 164-181 BGB). Vgl. insbesondere:

- §§ 1626-1698b BGB: **Elterliche Sorge** mit „**Vertretung des Kindes**" gemäß § 1629 BGB;
- § 1 Abs. 1 Nr. 4 JuSchG: **erziehungsbeauftragte Person**;
- §§ 1773-1895 BGB: **Vormundschaft**;
- §§ 1896-1908k BGB: **Rechtliche Betreuung**;
- §§ 1909-1921 BGB: **Pflegschaft**.

Gemäß § 105 Abs. 2 S. 1, 2 StPO sind, wenn eine Durchsuchung der Wohnung, der Geschäftsräume oder des befriedeten Besitztums ohne Beisein des Richters oder des Staatsanwalts stattfindet, wenn möglich, ein Gemeindebeamter oder zwei Mitglieder der Gemeinde, in deren Bezirk die Durchsuchung erfolgt, zuzuziehen; die als Gemeindemitglieder zugezogenen Personen dürfen nicht Polizeibeamte oder Ermittlungspersonen der Staatsanwaltschaft sein.

(DEF)

Möglichkeit i.S.d. § 105 Abs. 2 StPO ist das Vorliegen zuziehungszulassender Umstände in Abwägung von Erhaltungsrechten und Eingriffsrechten; wobei in § 105 Abs. 2 StPO auch die Möglichkeit der Abwesenheit vorausgesetzt wird und § 105 Abs. 2 StPO sowohl die Förderung der Interessen der durchsuchenden Personen als auch der Interessen der von der Durchsuchung betroffenen Personen bezweckt, vgl. für die Abwägung Fälle mit Dringlichkeit der Durchsuchung, mit Durchsuchung gerade im Aufklärungsinteresse des Wohnungsinhabers, mit Desinteresse von Wohnungsinhaber oder Hinzuziehbaren, mit Gefährdung von Hinzugezogenen, mit Grundrechtsvertiefung für Wohnungsinhaber durch Hinzuziehung störender oder neugieriger, negativ eingestellter Hinzugezogener.[1217]

(SUB/ERG)

Im konkreten Fall ist § 105 Abs. 2 StPO (alternativ)

- bei Vorliegen von entsprechenden Anhaltspunkten / Fehlen entgegenstehender Anhaltspunkte eingehalten.
- bei Vorliegen von entsprechenden Anhaltspunkten nicht eingehalten.[1218]

(VOR/DEF)

b) § 105 Abs. 3 StPO: Ersuchen der vorgesetzten Bundeswehrdienststelle um und Mitwirkung an Durchsuchung in von Soldaten bewohnten Bundeswehrräumen

---

1217 BGHSt 51, 211 (Unzulässigkeit „verdeckter Online-Durchsuchung") = BGH, Beschluss vom 31.01.2007 – StB 18/06, Rn. 7: „Diese Regelungen sind nach ihrem Wortlaut (siehe oben) sowie nach ihrem Sinn und Zweck, den von einer Durchsuchung Betroffenen zu schützen, als wesentliche Förmlichkeiten **zwingendes Recht** und nicht lediglich Vorschriften, die zur beliebigen Disposition der Ermittlungsorgane stehen. Von ihrer Beachtung hängt die Rechtmäßigkeit der Durchsuchung ab [Schrifttumsquellenangaben]. Etwas anderes ergibt sich auch nicht aus der Einschränkung ‚wenn möglich' in § 105 Abs. 2 Satz 1 StPO und § 106 Abs. 1 Satz 2 StPO. **Unmöglich** im Sinne dieser Vorschriften ist die Beiziehung von Zeugen nur dann, wenn die durch Tatsachen begründete naheliegende Möglichkeit besteht, dass durch die Suche nach bereiten Zeugen der Erfolg der Durchsuchung vereitelt wird [Schrifttumsquellenangaben]. Sie darf aber nicht aus ermittlungstaktischen Erwägungen unterbleiben, um den Tatverdächtigen über die Durchsuchung sowie die gegen ihn geführten Ermittlungen in Unkenntnis zu halten.".

1218 Vgl. BGH, Urteil vom 15.10.1985 – 5 StR 338/85: „Auf eine Zuziehung von Zeugen kann jedenfalls verzichtet werden, wenn die Durchsuchung, wie im vorliegenden Fall, zunächst im Einverständnis mit den anwesenden Betroffenen begonnen wird und sie später gegen ihren Willen beendet werden muß. In einem solchen Fall könnte durch den mit der Zuziehung der Zeugen eingetretenen Zeitverlust der Erfolg der Durchsuchung in Frage gestellt werden (BayObLGSt 1979, 183 = JR 1981, 28).".

§ 105 Abs. 3 StPO lautet: Wird eine Durchsuchung in einem Dienstgebäude oder einer nicht allgemein zugänglichen Einrichtung oder Anlage der Bundeswehr erforderlich, so wird die vorgesetzte Dienststelle der Bundeswehr um ihre Durchführung ersucht. Die ersuchende Stelle ist zur Mitwirkung berechtigt. Des Ersuchens bedarf es nicht, wenn die Durchsuchung von Räumen vorzunehmen ist, die ausschließlich von anderen Personen als Soldaten bewohnt werden.

(SUB/ERG)

Im konkreten Fall ist § 105 Abs. 3 StPO (alternativ)

- bei Vorliegen von entsprechenden Anhaltspunkten / Fehlen entgegenstehender Anhaltspunkte eingehalten.
- bei Vorliegen von entsprechenden Anhaltspunkten nicht eingehalten.

5. § 33 StPO und § 168b StPO als allgemeine Strafrechtspflege-Verfahrensrechtsnormen bzgl. Justiz-VA (§ 23 Abs. 1 S. 1 EGGVG) der Personen-/Sachen-/Wohnungs-/andere-Räume-Durchsuchung

(VOR/DEF)

a) § 33 StPO analog: Anhörung

Gemäß § 33 StPO analog besteht Pflicht zur **Anhörung** bzw. **Gewährung rechtlichen Gehörs** vor einer Entscheidung, jedenfalls bevor zum Beteiligten-Nachteil Tatsachen oder Beweisergebnisse ohne Anhörung verwertet werden – oder es soll gegeben sein: ein Ausnahmegrund der Zweckgefährdung/Gefahr im Verzug nach § 33 Abs. 4 StPO analog.

Gefahr im Verzug i.S.d. § 33 StPO ist gegeben, wenn der Handlungsbedarf unvorhergesehen ist und bei Durchführung der eigentlich vorgesehenen Maßnahme, hier der Anhörung, der gesetzliche Zweck, hier der jeweilige aus der Aufgabe des § 163 Abs. 1 S. 1 StPO (ggf. aus § 53 Abs. 1 S. 1 OWiG) und aus der Befugnisrechtsnorm (§ 102 StPO), vereitelt oder wesentlich erschwert wird.

(SUB/ERG)

Im konkreten Fall ist § 33 StPO analog (alternativ)

- eingehalten insbesondere bei Gelegenheit zur Stellungnahme i.S.d. § 33 StPO analog;
- eingehalten bei Nichteinhaltung von § 33 Abs. 1, 3 StPO analog und Ausnahmegrund gemäß § 33 Abs. 4 StPO analog;
- nicht eingehalten insbesondere bei Fehlen von Gelegenheit zur Stellungnahme ohne Ausnahmegrund i.S.d. § 33 StPO analog;
- sonst eingehalten oder nicht eingehalten bei Anhaltspunkten / Fehlen entgegenstehender Anhaltspunkte.

(VOR/DEF)

b) § 168b StPO: Protokollierung

Gemöß § 168b StPO besteht Pflicht zur **Protokollierung** bzw. zum **Protokoll über ermittlungsbehördliche Untersuchungshandlungen**, wonach gemäß § 168b Abs. 1 StPO das Ergebnis der Untersuchungshandlungen der Ermittlungsbehörden aktenkundig zu machen ist.

(SUB/ERG)

Im konkreten Fall ist § 168b StPO (alternativ)

- eingehalten insbesondere bei Protokoll über (das Ergebnis über) behördliche Untersuchungshandlungen i.S.d. §168b StPO;
- eingehalten bei Nichteinhaltung von § 168b StPO mit Ausnahmegrund;
- nicht eingehalten insbesondere bei Fehlen von Protokoll über (das Ergebnis über) behördliche Untersuchungshandlungen ohne Ausnahmegrund;
- sonst eingehalten oder nicht eingehalten bei Anhaltspunkten / Fehlen entgegenstehender Anhaltspunkte.

6. JGG[1219]-Vorschriften[1220] außer, bei, i.Z.m. Maßnahmen gegenüber einem jugendlichen oder heranwachsenden Verdächtigen[1221] nach §§ 1, 109 JGG – fallabhängig insbesondere wie folgt[1222]:

a) § 38 JGG: Jugendgerichtshilfe, vgl. auch § 46 Abs. 6 OWiG;

b) § 43 JGG: Umfang der Ermittlungen;

c) § 67 JGG: Stellung der Erziehungsberechtigten[1223] und der gesetzlichen Vertreter[1224];

1219 § 1 Abs. 1 JGG zum sachlichen JGG-Anwendungsbereich: „Dieses Gesetz gilt, wenn ein Jugendlicher oder ein Heranwachsender eine Verfehlung begeht, die nach den allgemeinen Vorschriften mit Strafe bedroht ist.“. § 1 Abs. 3 JGG zum sachlich-persönlichen JGG-Anwendungsbereich: „Ist zweifelhaft, ob der Beschuldigte zur Zeit der Tat das achtzehnte Lebensjahr vollendet hat, sind die für Jugendliche geltenden Verfahrensvorschriften anzuwenden.“.

1220 JGG-Vorschriften mit amtlichen Überschriften insbesondere aus: „Gesetz zur Stärkung der Verfahrensrechte von Beschuldigten im Jugendstrafverfahren vom 09.12.2019, BGBl. 2019 Teil I Nr. 47, S. 2146-2152.

1221 § 1 Abs. 2 JGG zum persönlichen JGG-Anwendungsbereich: § 1 Abs. 2 JGG: „**Jugendlicher** ist, wer zur Zeit der Tat vierzehn, aber noch nicht achtzehn, **Heranwachsender**, wer zur Zeit der Tat achtzehn, aber noch nicht einundzwanzig Jahre alt ist.“. Unterscheide nach § 2 BGB: „Die **Volljährigkeit** tritt mit der Vollendung des 18. Lebensjahres ein.“.

1222 Zu JGG-Vorschriften ausführlicher: *Basten*, Eingriffsrecht der Polizei in Nordrhein-Westfalen, Band 3, Buch 4, Abschnitt 3.

1223 Zum **Strafrecht und elterlichen Erziehungsrecht**: BVerfGE 107, 104 (Anwesenheit im JGG-Verfahren) = BVerfG, Urteil des Zweiten Senats vom 16.01.2003 – 2 BvR 716/01.

1224 **Vertreter** ist ein **Stellvertreter** qua Gesetz oder ein **Stellvertreter** qua Rechtsgeschäft (§§ 164-181 BGB). Vgl. insbesondere:

- §§ 1626-1698b BGB: **Elterliche Sorge** mit „**Vertretung des Kindes**“ gemäß § 1629 BGB;
- § 1 Abs. 1 Nr. 4 JuSchG: **erziehungsbeauftragte Person**;
- §§ 1773-1895 BGB: **Vormundschaft**;

d) § 67a JGG: Unterrichtung der Erziehungsberechtigten und der gesetzlichen Vertreter;

e) § 68 JGG: Notwendige Verteidigung[1225];

f) § 68a JGG: Zeitpunkt der Bestellung eines Pflichtverteidigers;

g) § 68b JGG: Vernehmungen und Gegenüberstellungen vor der Bestellung eines Pflichtverteidigers;

h) § 69 JGG: Beistand[1226];

i) § 70 JGG: Mitteilung an amtliche Stellen;

j) § 70a JGG: Unterrichtung des Jugendlichen (i.V.m. § 109 JGG: des Heranwachsenden);

- §§ 1896-1908k BGB: **Rechtliche Betreuung**;
- §§ 1909-1921 BGB: **Pflegschaft**.

1225 Mit „Gesetz zur Neuregelung des Rechts der notwendigen Verteidigung" (BGBl. I S. 2128; in Kraft seit 13.12.2019) ist erstmals das Recht des Beschuldigten ausdrücklich normiert, bereits auch im polizeilichen Ermittlungsverfahren grundsätzlich im Fall notwendiger Verteidigung (§ 140 StPO) „unverzüglich" (§ 121 Abs. 1 S. 1 BGB), „spätestens vor einer Vernehmung des Beschuldigten" (§ 163a StPO) einen Pflichtverteidiger „bestellt" zu erhalten, „wenn der Beschuldigte dies nach Belehrung ausdrücklich beantragt" (§ 141 Abs. 1 S. 1 StPO), in den Fällen des § 141 Abs. 2 S. 1 StPO auch „unabhängig von einem Antrag" – mit Rückausnahmen in § 141 Abs. 2 S. 2, 3 StPO; auch mit Abweichungen in § 141a StPO für Beschuldigtenvernehmungen und Gegenüberstellungen (§§ 58 Abs. 2, 168b Abs. 3 StPO). Der Zeitpunkt polizeilicher Belehrung zur notwendigen Verteidigung i.S.d. § 140 StPO ist in einschlägigen Fällen – spätestens – „bei Beginn der ersten Vernehmung" des Beschuldigten wegen § 141 Abs. 1 S. 2 StPO und § 163a Abs. 4 S. 2 i.V.m. § 136 Abs. 1 S. 5 StPO, oder der Zeitpunkt ist anders in speziell normierten Fällen wie § 114b Abs. 2 S. 1 Nr. 4a oder §§ 68a, b JGG. Gemäß § 142 StPO ist vor Anklageerhebung der Antrag des Beschuldigten nach § 141 Abs. 1 S. 1 StPO vor Erhebung der Anklage bei den Behörden oder Beamten des Polizeidienstes „oder" bei der Staatsanwaltschaft anzubringen (Antrags-Entgegennahme-Zuständigkeit); die Bestellungs-Entscheidungs-Zuständigkeit obliegt dem Gericht nach StA-Vorlage mit Stellungnahme (§ 142 Abs. 1 S. 2 StPO) oder der StA selbst „bei besonderer Eilbedürftigkeit", § 142 Abs. 4 StPO.

Ein Fall **notwendiger Verteidigung** liegt u.a. dann vor,

- gemäß § 140 Abs. 1 Nr. 1 StPO, wenn zu erwarten ist, dass die Hauptverhandlung im ersten Rechtszug vor dem **Oberlandesgericht** (§§ 115-117, 120-122 GVG) , dem **Landgericht** (§§ 12, 13, 60, 70, 734, 74-74f, 76-78b GVG) oder dem **Schöffengericht** (§§ 12, 13, 24-27, 28-58 GVG) stattfindet [Ausgangsrechtsnorm für den Abgrenzungsüberblick über AG, LG, OLG mag sein: § 24 GVG;
- gemäß § 140 Abs. 1 Nr. 2 StPO, wenn dem Beschuldigten ein Verbrechen zur Last gelegt wird;
- gemäß § 140 Abs. 1 Nr. 3 StPO, wenn das Verfahren zu einem **Berufsverbot** (§§ 70-70b StGB) führen kann;
- gemäß § 140 Abs. 1 Nr. 4 StPO, wenn der Beschuldigte nach den §§ 115, 115a, 128 Abs. 1 oder § 129 StPO einem Gericht zur Entscheidung über Haft oder einstweilige Unterbringung vorzuführen ist;
- gemäß § 140 Abs. 1 Nr. 5 StPO, wenn der Beschuldigte sich auf Grund richterlicher Anordnung oder mit richterlicher Genehmigung in einer Anstalt befindet;
- gemäß § 140 Abs. 1 Nr. 11 StPO, wenn ein seh-, hör- oder sprachbehinderter Beschuldigter die Bestellung beantragt;
- gemäß § 140 Abs. 2 StPO, wenn wegen der Schwere der Tat, der Schwere der zu erwartenden Rechtsfolge oder wegen der Schwierigkeit der Sach- oder Rechtslage die Mitwirkung eines Verteidigers geboten erscheint oder wenn ersichtlich ist, dass sich der Beschuldigte nicht selbst verteidigen kann.
- gemäß §§ 1, 109 Abs. 1 JGG und § 68 JGG in den dort genannten Fällen.

1226 Vgl. auch §§ 1712-1717 BGB (**Beistandschaft**).

k) § 70b JGG: Belehrungen.

(SUB/ERG)

Im konkreten Fall sind die JGG-Vorschriften

- nicht anwendbar.
- anwendbar und eingehalten.
- anwendbar und nicht eingehalten.

Art. 13 Abs. 2-7 GG: „Im Übrigen" können – insbesondere bei Fehlen von verfassungsmäßigen einfachgesetzlichen Konkretisierungen von Art. 13 Abs. 2-7 GG – Art. 13 Abs. 2-7 GG alternativ direkt anwendbare Rechtsgrundlagen mit Rechtmäßigkeitsvoraussetzungen bilden.

(ERG Verfahren)

Ergebnis kann allgemein sein: Verfahrensrechtmäßigkeit oder Verfahrensrechtswidrigkeit der Maßnahme.

B. Formelle Rechtmäßigkeit (FR) III. Form (F)

(VOR/DEF)

Form ist normiertes Wie der Rechtsfolgesetzung – schriftlich, elektronisch, mündlich oder in anderer Weise.

(SUB/ERG)

Im konkreten Fall besteht aufgrund Fehlens speziellerer Formrechtsnormen Formfreiheit für den Justiz-VA, sodass der Justiz-VA grundsätzlich schriftlich, elektronisch, mündlich oder in anderer Weise formrechtmäßig ergehen kann.

§ 107 StPO und § 168b StPO sind i.d.R. bereits integrativer Bestandteil des Verfahrens.

Ergebnis kann allgemein sein: Formrechtmäßigkeit oder Formrechtswidrigkeit der Maßnahme.

C. Materielle Rechtmäßigkeit (MR) I. Tatbestand (Tb) / Tatbestandsvoraussetzungen (TBV)

(VOR/DEF)

Tatbestand ist das Gesamt der (materiell-rechtlichen) Rechtsfolge(setzungs)bedingungen. / **Tatbestandsvoraussetzungen** sind materiell-rechtliche Rechtsfolgesetzungsbedingungen.

1. § 163 Abs. 1 S. 1 i.V.m. § 152 Abs. 2 StPO: Tatverdacht

(VOR)

Für § 102 StPO (ggf. i.V.m. §§ 46, 53 Abs. 1 S. 2, Abs. 2 OWiG) wird (Straf-/Owi-)Tatverdacht vorausgesetzt, § 163 Abs. 1 S. 1 W. 8, S. 2 W. 1-3 StPO/§ 53 Abs. 1 S. 1 W. 11 OWiG; bei der Durchsuchung beim Beschuldigten/Verdächtigen ergibt sich diese Tatbestandsvoraussetzung auch logisch aus § 102 Überschrift und Halbsatz 1 StPO („bei Beschuldigten"/„als Täter oder Teilnehmer einer Straftat [oder Ordnungswidrigkeit…] verdächtig ist").

(DEF)

Tatverdacht ist gemäß § 163 Abs. 1 S. 1 i.V.m. § 152 Abs. 2 StPO das Gegebensein zureichender tatsächlicher Anhaltspunkte für eine verfolgbare Straftat oder Ordnungswidrigkeit[1227].[1228]

Zureichende tatsächliche Anhaltspunkte sind gegeben bei entsprechendem Ergebnis einer Gewichtigkeits- und Plausibilitätsprüfung aller wahrnehmbaren Dinge in Abwägung mit Art und Ausmaß potentieller Rechtseingriffe und Taten.[1229]

[1227] BVerfG, Beschluss der 3. Kammer des Zweiten Senats vom 11.01.2016 – 2 BvR 1361/13 –, Rn. 11: „Notwendiger und grundsätzlich auch hinreichender Anlass für Zwangsmaßnahmen im Strafverfahren [oder Ordnungswidrigkeitenverfahren, P. B.] ist der Verdacht einer Straftat [oder Ordnungswidrigkeit, P. B.]. Der Verdacht muss auf konkreten Tatsachen beruhen; vage Anhaltspunkte oder bloße Vermutungen reichen nicht aus (vgl. BVerfGE 44, 353 <381 f.>; 59, 95 <97 f.>; BVerfGK 1, 126 <131>).".

[1228] BGH, Beschluss des 3. Strafsenats vom 05.06.2019 – BGH StB 6/19: „Für die Zulässigkeit einer regelmäßig in einem frühen Stadium der Ermittlungen durchzuführenden Durchsuchung genügt der über bloße Vermutungen hinausreichende, auf bestimmte tatsächliche Anhaltspunkte gestützte konkrete Verdacht, dass eine Straftat begangen wurde und der Verdächtige als Täter oder Teilnehmer an dieser Tat in Betracht kommt. Eines hinreichenden oder gar dringenden Tatverdachts bedarf es - unbeschadet der Frage der Verhältnismäßigkeit - nicht (st. Rspr.; vgl. BVerfG, Beschluss vom 7. September 2006 - 2 BvR 1219/05, NJW 2007, 1443; BGH, Beschlüsse vom 18. Dezember 2008 - StB 26/08, BGHR StPO § 102 Tatverdacht 2; vom 12. August 2015 - StB 8/15 , NStZ 2016, 370).".

[1229] BVerfGE 117, 244 (Cicero) = BVerfG, Urteil des Ersten Senats vom 27.02.2007 – 1 BvR 538, 2045/06 –, Ls. 2: „Die bloße **Veröffentlichung eines Dienstgeheimnisses** im Sinne des § 353 b StGB durch einen Journalisten reicht im Hinblick auf Art. 5 Abs. 1 Satz 2 GG nicht aus, um einen den strafprozessualen Ermächtigungen zur Durchsuchung und Beschlagnahme genügenden Verdacht der **Beihilfe des Journalisten zum Geheimnisverrat** zu begründen."; BVerfGE 117, 244, 262 f. (Cicero) = BVerfG, Urteil des Ersten Senats vom 27.02.2007 – 1 BvR 538, 2045/06 –, B. I. 2. b) bb) (1), Rn. 54-56: „Der den gerichtlichen Anordnungen zugrunde liegende Tatverdacht gegen den Beschwerdeführer reichte unter Berücksichtigung des Grundrechts aus Art. 5 Abs. 1 Satz 2 GG für eine auf §§ 102, 94 StPO gegründete Durchsuchung und Beschlagnahme bei den in § 53 Abs. 1 Satz 1 Nr. 5 StPO genannten Personen ungeachtet der Frage, ob die Veröffentlichung des Dienstgeheimnisses überhaupt als Beihilfe zum Geheimnisverrat nach § 353 b StGB angesehen werden kann, nicht aus. Der Tatverdacht der Beihilfe gegen den Beschwerdeführer stützte sich allein auf die Veröffentlichung und auf Hinweise darauf, dass der Verfasser des Artikels im Besitz des Auswertungsberichts gewesen sein musste. Für die Verwirklichung einer beihilfefähigen Haupttat, die einen Tatplan des Geheimnisträgers vorausgesetzt hätte, der gerade auf die Veröffentlichung der offenbarten Dienstgeheimnisse hinzielte, lagen demgegenüber keine zureichenden tatsächlichen Anhaltspunkte vor. § 353 b StGB stellt unter anderem die unbefugte Offenbarung eines Dienstgeheimnisses unter Strafe. Die Veröffentlichung des Geheimnisses deutet allerdings nicht zwingend auf das Vorliegen einer derartigen Haupttat durch den Geheimnisträger hin. Der Tatbe-

(SUB)

Zureichende tatsächliche Anhaltspunkte sind (z.B. und alternativ möglich) zum maßgeblichen Zeitpunkt bezüglich bestimmter Taten:

- polizeieigene Beobachtungen;
- polizeiliche Feststellungen;
- polizeiliche auf Tatsachen begründete, auf den einzelnen Fall bezogene Schlussfolgerungen außer reine Spekulationen, hypothetische Erwägungen oder lediglich auf kriminalistische Alltagserfahrung gestützte[1230], fallunabhängige Vermutungen[1231];

---

stand des § 353 b StGB ist beispielsweise nicht verwirklicht und eine Beihilfe daher nicht möglich, wenn Schriftstücke oder Dateien mit Dienstgeheimnissen versehentlich oder über eine nicht zur Geheimhaltung verpflichtete Mittelsperson nach außen gelangen. Will der Geheimnisträger dem Journalisten nur Hintergrundinformationen liefern und erfolgt die Veröffentlichung abredewidrig, ist die Tat mit der Offenbarung des Geheimnisses nicht nur vollendet, sondern auch bereits beendet; dann kann eine Beihilfe durch die nachfolgende Veröffentlichung gar nicht mehr geleistet werden. In solchen Fällen kann eine Durchsuchung und Beschlagnahme nicht mit dem Ziel der Aufklärung einer Beihilfehandlung des Journalisten angeordnet werden.“.

1230 Vgl. z.B. zum **auch für Personendurchsuchung und Sachendurchsuchung**: Landgericht Köln, Beschluss der 8. großen Strafkammer vom 19.07.2016 – 108 Qs 31/16, Rn. 11: „Insoweit erscheint bereits die **Annahme eines Anfangsverdachts nicht zwingend**. Zwar vermag der Umstand, dass die Angeklagte auf die Polizeibeamten den Eindruck einer Drogenkonsumentin machte, den Verdacht begründen, dass diese in der Vergangenheit Betäubungsmittel konsumiert und – was die Strafbarkeit begründen würde – auch besessen hat. Ob sich allein hieraus und aus der nervösen Reaktion auf die Polizeibeamten – eine nähere Beschreibung dazu, weshalb die Polizeibeamten das Verhalten der Beschwerdeführerin als nervös bezeichneten, ist in den Akten nicht enthalten – bereits ein Anfangsverdacht darauf herleiten lässt, dass sich die Beschwerdeführerin im Moment der polizeilichen Kontrolle im Besitz von Betäubungsmitteln befand, die im Rahmen der Durchsuchung aufgefunden werden könnten, erscheint fraglich. Angehörige der sogenannten Drogenszene reagieren im Allgemeinen unabhängig davon, ob sie sich gerade im Besitz von Betäubungsmitteln befinden, auf Polizeibeamte eher zurückhaltend und nervös. Insoweit bleibt der Beweisaufnahme vorbehalten, welche konkreten Umstände die Polizeibeamten zu der Kontrolle veranlassten. Zwar würde die Verneinung eines Anfangsverdachts nicht zwingend zu der Annahme eines Verwertungsverbotes führen, die insoweit erforderliche Abwägung führt angesichts des eher geringfügigen Tatvorwurfs indes nicht zwingend zu einer Verwertbarkeit des Beweismittels.“.

1231 BVerfG, Beschluss der 3. Kammer des Zweiten Senats vom 27.07.2020 – 2 BvR 2132/19 –, Rn. 20, 29-32: „Eine Durchsuchung darf somit nicht der Ermittlung von Tatsachen dienen, die zur Begründung eines Anfangsverdachts erst erforderlich sind, denn sie setzt einen Verdacht bereits voraus (vgl. BVerfGK 8, 332 <336>; 11, 88 <92>). […] Auch der Umstand, dass 2018 wegen eines gleichgelagerten Delikts ein Ermittlungsverfahren gegen die Beschwerdeführerin geführt und dieses nach § 153 StPO eingestellt wurde, begründet keine tragfähige Grundlage für die Annahme, die Beschwerdeführerin habe die Tat am 21. Juli 2019 begangen. Denn darin kommt lediglich zum Ausdruck, dass zu einem anderen Zeitpunkt durch die Ermittlungsbehörden ein Tatverdacht wegen Sachbeschädigung gegen die Beschwerdeführerin angenommen wurde und welche prozessuale Behandlung dieses Verfahren erfahren hat. Insbesondere die Verfahrenseinstellung nach § 153 StPO konnte für das Ermittlungsverfahren 2019 keine Aussagekraft entfalten. Eine Einstellung nach § 153 StPO lässt die verfassungsrechtlich garantierte Unschuldsvermutung unberührt. Denn Feststellungen zur Schuld zu treffen und Schuld auszusprechen, ist den Strafgerichten erst gestattet, wenn die Schuld eines Angeklagten in dem mit rechtsstaatlichen Verteidigungsgarantien ausgestatteten, bis zum prozessordnungsgemäßen Abschluss durchgeführten Strafverfahren nachgewiesen ist (vgl. BVerfGE 74, 358 <372>; 82, 106 <116>). Zwar schließt es die Unschuldsvermutung nicht aus, einen verbleibenden Tatverdacht festzustellen und zu bewerten, auch wenn dem Tatverdacht nicht weiter nachgegangen wird und das gesetzlich vorgeschriebene Verfahren

- Angaben Beschuldigter, Betroffener, Verdächtiger, Nichtverdächtiger, Zeugen, Dritter;
- Anzeigen im Sinne von § 158 StPO[1232];
- sonstige Daten, Spuren.

(ERG)

Im konkreten Fall besteht i.S.d. § 152 Abs. 2 StPO i.V.m. § 163 Abs. 1 S. 1 StPO/§ 53 Abs. 1 S. 1 OWiG (alternativ)

- Tatverdacht bei Anhaltspunkten / bei Fehlen entgegenstehender Anhaltspunkte.
- kein Tatverdacht bei Anhaltspunkten / bei Fehlen entgegenstehender Anhaltspunkte.

---

zum Nachweis der Schuld nicht stattgefunden hat. Dabei muss aber erkennbar berücksichtigt werden, dass es sich nicht um eine gerichtliche Schuldfeststellung, sondern lediglich um einen Verdacht handelt (vgl. BVerfGE 82, 106 <117>). Indem die Fachgerichte den polizeilichen Ermittlungsbericht, wonach der Beschwerdeführerin der Tag ‚KLIT' in einem anderen Verfahren zugeordnet worden sei, pauschal in Bezug nahmen, haben sie dieser Unterscheidung zwischen Schuldzuweisung und Verdacht nicht hinreichend Rechnung getragen. Hiernach fehlte es an einer tragfähigen Tatsachengrundlage, die geeignet gewesen wäre, den Verdacht der Sachbeschädigung gerade gegen die Beschwerdeführerin zu richten. Die Anordnung der Durchsuchung durch das Amtsgericht Braunschweig sowie die Beschwerdeentscheidung des Landgerichts erweisen sich als objektiv willkürlich.".

1232 Bei anonymen Anzeigen vgl. BVerfG, Beschluss der 3. Kammer des Zweiten Senats vom 14.07.2016 – 2 BvR 2474/14 – Rn. 19 = BVerfG, StV 2017, 361 (BES-Wohnungsdurchsuchung nach anonymer Anzeige): „Bei **anonymen Anzeigen** müssen die Voraussetzungen des § 102 StPO im Hinblick auf die schutzwürdigen Interessen des Beschuldigten aber wegen der erhöhten Gefahr und des nur schwer bewertbaren Risikos einer falschen Verdächtigung besonders sorgfältig geprüft werden […] Bei der Prüfung des Tatverdachts und der Verhältnismäßigkeitsabwägung sind insbesondere der Gehalt der anonymen Aussage sowie etwaige Gründe für die Nichtoffenlegung der Identität der Auskunftsperson in den Blick zu nehmen; als Grundlage für eine stark in Grundrechtspositionen eingreifende Zwangsmaßnahme wie eine Durchsuchung kann eine anonyme Aussage nur genügen, wenn sie von beträchtlicher sachlicher Qualität ist oder mit ihr zusammen schlüssiges Tatsachenmaterial vorgelegt worden ist.".

Bei alleinigen Angaben eines potentiellen Zeugen vgl. BGH, Beschluss vom 26.06.2019 – StB 10/19 (Anlass BES-Wohnungsdurchsuchung – auch nach bereits verdeckt durchgeführten Ermittlungen [Erhebung retrograder Verkehrsdaten nach § 100g StPO, Telefonüberwachungsmaßnahmen, Observationsmaßnahmen] ohne Beweis oder Widerlegung der Zeugenaussagen): „Für die Zulässigkeit einer regelmäßig in einem frühen Stadium der Ermittlungen in Betracht kommenden Durchsuchung genügt der über bloße Vermutungen hinausreichende, auf bestimmte tatsächliche Anhaltspunkte gestützte konkrete Verdacht, dass eine Straftat begangen worden ist und der Verdächtige als Täter oder Teilnehmer an dieser Tat in Betracht kommt. Eines hinreichenden oder gar dringenden Tatverdachts bedarf es - unbeschadet der Frage der Verhältnismäßigkeit - nicht (st. Rspr.; vgl. BVerfG, Beschluss vom 7. September 2006 - 2 BvR 1219/05, NJW 2007, 1443; BGH, Beschlüsse vom 18. Dezember 2008 - StB 26/08, NStZ-RR 2009, 142, 143; vom 12. August 2015 - StB 8/15, NStZ 2016, 370 f.). Ein solcher ausreichend konkreter Verdacht kann auch dann allein durch die Angaben eines Zeugen begründet werden, wenn weitere Ermittlungen den Tatverdacht weder erhärten noch entkräften konnten, zumal die Durchsuchung in einem frühen Stadium eines Ermittlungsverfahrens gerade auch dazu dienen kann, die Qualität der Angaben eines Zeugen zu überprüfen und neben der Belastung auch zur Entlastung des Beschuldigten beitragen kann.".

2. § 102 StPO bei Personen-/Sachen-/Wohnungs-/andere-Räume-Durchsuchung beim Beschuldigten: Zwecke und Erfolgsvermutung

(VOR)

a) § 102 StPO: Durchsuchungszwecke

Gemäß § 102 StPO kann „eine Durchsuchung" „vorgenommen werden" „sowohl zum Zweck seiner Ergreifung" „als auch" „zur Auffindung von Beweismitteln".

Alternative Durchsuchungs-Zwecke aus § 102 StPO sind:

- zulässiger Beschuldigten/Betroffenen/Verdächtigen-Ergreifungszweck („Ergreifungsdurchsuchung");
- zulässiger Beweismittel-Auffindungszweck („Ermittlungsdurchsuchung").

(DEF)

Zulässiger Beschuldigten/Betroffenen/Verdächtigen-**Ergreifungszweck** ist insbesondere: Festnahme, Verhaftung, Vorladung/Vorführung, Vernehmung, Körperliche Untersuchung, ED-Maßnahme, DNA-Maßnahme, IDF-Maßnahme.

Zulässiger Beweismittel-**Auffindungszweck** ist insbesondere gegeben bzgl. Beweismittel, vgl. §§ 94; 108; 99, 100; 110 StPO und § 244 StPO oder (über den Wortlaut des § 102 StPO hinaus) bzgl. Einziehungsgegenständen, vgl. § 111b Abs. 1, Abs. 2 StPO oder bzgl. Sicherheitsleistungen, vgl. § 132 StPO, vgl. auch die bereits bezüglich der Durchsuchung gegebenenfalls als negative Rechtmäßigkeitsvoraussetzungen[1233] zu berücksichtigenden §§ 96, 97 StPO[1234].

(SUB/ERG)

Im konkreten Fall ist (alternativ)

- § 102 StPO insoweit erfüllt, als ein dort vorausgesetzter Ergreifungszweck oder ein dort vorausgesetzter Ermittlungszweck gegeben ist.
- § 102 StPO insoweit nicht erfüllt, als ein dort vorausgesetzter Ergreifungszweck und ein dort vorausgesetzter Ermittlungszweck nicht gegeben ist.

(VOR)

b) § 102 StPO: Erfolgsvermutung

1233 Zu **umgekehrten Voraussetzungen** (negative Voraussetzungen / positive Voraussetzungen) Voraussetzungen siehe auch: *Basten*, Eingriffsrecht der Polizei in Nordrhein-Westfalen, Band 1, S. 220 f., 242.

1234 Zu §§ 96, 97 StPO siehe: *Basten*, Eingriffsrecht der Polizei in Nordrhein-Westfalen, Band 2, Buch 2, Abschnitt 25, C. I.

Gemäß § 102 StPO ist Voraussetzung, dass zu vermuten ist, „daß die Durchsuchung zur Auffindung von Beweismitteln führen werde“.[1235]

(DEF)

Erfolgsvermutung ist jedenfalls gegeben bei annäherungsweise, beispielhafter Angebbarkeit oder Beschreibbarkeit zu suchender Gegenstände oder (über den Wortlaut des § 102 StPO hinaus) zu suchender Personen.

(SUB/ERG)

Im konkreten Fall ist (alternativ)

- § 102 StPO insoweit erfüllt, als dort vorausgesetzte Erfolgsvermutung gegeben ist.[1236]

[1235] BVerfG, Beschluss der 3. Kammer des Zweiten Senats vom 11.01.2016 – 2 BvR 1361/13 –, Rn. 13: „An eine Durchsuchung nach § 103 StPO bei einer nicht verdächtigen Person, die durch ihr Verhalten auch aus Sicht der Ermittlungsbehörden in keiner Weise Anlass zu den Ermittlungsmaßnahmen gegeben hat, sind besondere Anforderungen zu stellen (vgl. BVerfGK 1, 126 <132>) [außer im Fall von § 103 Abs. 2 StPO, P. B., dann ähnliche Anforderungen entsprechend zu abstraktem Auffindeverdacht bzw. gesetzlicher Zweckerreichensvermutung wie bei § 102 StPO]. Konkrete Gründe [§ 103 Abs. 1 S. 1 Hs. 2 StPO: „Tatsachen“, P. B.] müssen dafür sprechen, dass der gesuchte Beweisgegenstand in den zu durchsuchenden Räumlichkeiten des Unverdächtigen gefunden werden kann. Dies unterscheidet [außer im Fall von § 103 Abs. 2 StPO, P. B.] die Durchsuchung beim Unverdächtigen nach § 103 StPO von einer Durchsuchung bei einer verdächtigen Person nach § 102 StPO, bei der es bereits nach der Lebenserfahrung in gewissem Grade wahrscheinlich ist, dass Beweisgegenstände zu finden sind, die zur Prüfung des Tatverdachts beitragen können, und bei der durch die Verknüpfung des personenbezogenen Tatverdachts mit einem eher abstrakten Auffindeverdacht ein hinreichender Eingriffsanlass besteht (vgl. BVerfGK 1, 126 <132>; 15, 225 <241>).“; BGH, Beschluss des 3. Strafsenats vom 05.06.2019 – BGH StB 6/19: „Die Durchsuchung bei einer nichtverdächtigen Person setzt - anders als im Falle des § 102 StPO für die Durchsuchung beim Tatverdächtigen, bei dem eine allgemeine Aussicht genügt, irgendwelche relevanten Beweismittel zu finden - nach § 103 StPO überdies [nach § 103 Abs. 1 S. 1 Hs. 1 StPO, P. B.] voraus, dass hinreichend individualisierte (bestimmte) Beweismittel für die aufzuklärende Straftat gesucht werden. Diese Gegenstände müssen im Durchsuchungsbeschluss so weit konkretisiert werden, dass weder bei dem Betroffenen noch bei dem die Durchsuchung vollziehenden Beamten Zweifel über die zu suchenden und zu beschlagnahmenden Gegenstände entstehen können (BGH, Beschluss vom 21. November 2001 - StB 20/01 , NStZ 2002, 215 [BGH 09.11.2001 - 3 StR 216/01] Rn. 3). Ausreichend ist dafür allerdings, dass die Beweismittel der Gattung nach näher bestimmt sind; nicht erforderlich ist, dass sie in allen Einzelheiten bezeichnet werden (BGH, Beschlüsse vom 15. Oktober 1999 - StB 9/99, NStZ 2000, 154, 155; vom 28. Juni 2018 - StB 14/18, juris Rn. 16; jew. mwN).“.

[1236] BVerfG, Beschluss der 3. Kammer des Zweiten Senats vom 16.10.2002 – 2 BvR 979/02 -, Rn. 2, 3: „Die Verdachtsumschreibung im Durchsuchungsbeschluss reicht aus, um den Zweck der Durchsuchungsanordnung zu erfüllen, den Zugriff auf Beweisgegenstände bei der Vollziehung der Durchsuchung zu begrenzen (vgl. BVerfGE 103, 142 <151>). Dazu kann insbesondere bei Beginn des Ermittlungsverfahrens noch keine genaue Einzelaktbeschreibung gefordert werden; es genügt eine gewisse Konkretisierung in tatsächlicher und rechtlicher Hinsicht. Von Verfassungs wegen erforderlich ist nur, dass die Tatschilderung über eine floskelhafte Beschreibung des Vorwurfs hinausgeht (vgl. BVerfGE 20, 162 <224 f.>; 42, 212 <220>; 44, 353 <371>). Dem trägt der angegriffene Durchsuchungsbeschluss Rechnung, denn die Beschreibung der aufzuklärenden Straftaten wird durch die Angaben über die Beweismittel, denen die Durchsuchung gilt, hinreichend konkret ergänzt. […] Ausreichend ist, dass die erwarteten Beweismittel annäherungsweise - gegebenenfalls in Form beispielhafter Angaben - beschrieben werden (vgl. BVerfGE 42, 212 <221>). Auch die Bezeichnung der Räumlichkeiten ist hinreichend

- § 102 StPO insoweit nicht erfüllt, als dort vorausgesetzte Erfolgsvermutung nicht gegeben.[1237]

3. § 104 StPO: Nachtzeitschranke bei Wohnungsdurchsuchung und Durchsuchung anderer Räume (Geschäftsräume, befriedetes Besitztum)

(VOR)

Gemäß § 104 Abs. 1 StPO dürfen zur Nachtzeit die Wohnung, die Geschäftsräume und das befriedete Besitztum nur bei Verfolgung auf frischer Tat oder bei Gefahr im Verzug oder dann durchsucht werden, wenn es sich um die Wiederergreifung eines entwichenen Gefangenen handelt.[1238]:

---

bestimmt. Die Anordnung der Durchsuchung von ‚Wohn- und Geschäftsräumen einschließlich der Nebengelasse (Keller, Garage pp.)‘ des Beschwerdeführers unter dessen Wohnanschrift beschreibt die Durchsuchungsorte so genau, wie es nach Lage der Dinge möglich war.“.

1237 BVerfGE 42, 212, 220 („Quick/Durchsuchungsbefehl“) = BVerfG, Beschluss des Zweiten Senats vom 26.05.1976 – 2 BvR 294/76, Ls.: „Ein auf § 102 StPO gestützter schriftlicher Durchsuchungsbefehl, der keinerlei tatsächliche Angaben über den Inhalt des Tatvorwurfs enthält und der zudem weder die Art noch den denkbaren Inhalt der Beweismittel, denen die Durchsuchung gilt, erkennen läßt, wird rechtsstaatlichen Anforderungen jedenfalls dann nicht gerecht, wenn solche Kennzeichnungen nach dem Ergebnis der Ermittlungen ohne weiteres möglich und den Zwecken der Strafverfolgung nicht abträglich sind.“.

BVerfG, Beschluss der 2. Kammer des Zweiten Senats vom 29.10.2013 – 2 BvR 389/13 –, Rn. 24 f.: „Die Annahme, dass im Zeitpunkt des Erlasses des Durchsuchungsbeschlusses ein ausreichendes Maß an Erfolgsaussicht hinsichtlich des Auffindens von Beweismitteln zum Nachweis der der Beschwerdeführerin zur Last gelegten Taten bestand, hätte daher zumindest eingehender Begründung bedurft. [...] Wenn sich aber aufgrund besonderer Umstände des Einzelfalles die Notwendigkeit der Erörterung eines offensichtlichen Problems aufdrängt, ist es verfassungsrechtlich nicht hinnehmbar, wenn eine Prüfung dieses Problems vollständig unterbleibt (vgl. BVerfG, Beschluss der 1. Kammer des Zweiten Senats vom 17. März 2009 - 2 BvR 1940/05 -, juris, Rn. 29; Beschluss der 3. Kammer des Zweiten Senats vom 28. September 2008 - 2 BvR 1800/07 - juris, Rn. 23). [...] Dabei ist zu berücksichtigen, dass der unerlaubte Betäubungsmittelhandel oder -erwerb zum großen Teil wiederholt betrieben wird. Daher ist die Entscheidung, dass Durchsuchungen auch geraume Zeit nach der ersten Kenntniserlangung von den verdachtsbegründeten Tatsachen zur Auffindung von Beweismitteln führen können, sachlich nachvollziehbar (vgl. BVerfGK 4, 303 <305>). Vorliegend kann diesem Umstand aber keine entscheidungserhebliche Bedeutung beigemessen werden. [...] Erforderlich war vielmehr die Darlegung, dass im Zeitpunkt des Erlasses des Durchsuchungsbeschlusses erwartet werden konnte, dass die Durchsuchung zum Auffinden von Gegenständen führt, die zum Beweis eines unerlaubten Betäubungsmittelerwerbes während des konkret bezeichneten Tatzeitraumes geeignet sind.“.

1238 Vgl. BVerfGE 44, 353, 369 (Drogenberatungsstelle) = BVerfG, Beschluss des Zweiten Senats vom 24.05.1977 – 2 BvR 988/75 –, B. IV. 1., Rn. 48: „Art. 13 Abs. 2 GG, der für jede Durchsuchung die Einhaltung der gesetzlich vorgeschriebenen Form verlangt, ist nicht verletzt. Die Vorschrift für nächtliche Haussuchungen (§ 104 StPO) brauchte nicht beachtet zu werden. Die Durchsuchung hatte bereits vor Anbruch der Nacht (21 Uhr, § 104 Abs. 3 StPO), nämlich um 20 Uhr, begonnen und durfte in die Nachtzeit hinein fortgesetzt werden. Zwar entspricht es - soweit nicht § 104 Abs. 2 StPO eingreift - dem Sinn des Gesetzes, die Durchsuchung so rechtzeitig zu beginnen, daß mit ihrer Beendigung noch vor Anbruch der Nacht zu rechnen ist. Das war aber hier auch geschehen; denn es konnte erwartet werden, daß die Durchsuchung nicht länger als eine Stunde dauern werde. Daß sich diese Erwartung nicht erfüllt hat, ist ohne Belang.“.

Gemäß § 104 Abs. 2 StPO gilt diese Beschränkung nicht für Räume, die zur Nachtzeit jedermann zugänglich oder die der Polizei als Herbergen oder Versammlungsorte bestrafter Personen, als Niederlagen von Sachen, die mittels Straftaten erlangt sind, oder als Schlupfwinkel des Glücksspiels, des unerlaubten Betäubungsmittel- und Waffenhandels oder der Prostitution bekannt sind.

(DEF)

Nachtzeit ist gemäß § 104 Abs. 3 StPO i.V.m. § 31 BVerfGG ganzjährig die Zeit zwischen 21 Uhr und 6 Uhr.[1239]

Verfolgung auf frischer Tat (§ 104 Abs. 1 StPO, § 127 Abs. 1 S. 1 Alt. 1 StPO) ist gegeben, wenn bei Tatverdacht seit Verdachtsentstehung Maßnahmen zur Ergreifung eines Tatverdächtigen getroffen werden und seitdem ein bestehender **Verfolgungszusammenhang** (alternativ über Hinweise, Hörkontakt, Sichtkontakt, Spuren) zum Tatverdächtigen nicht abgebrochen ist.

Gefahr im Verzug i.S.d. § 104 Abs. 1 StPO ist eine Sachlage im einzelnen Fall, in der bei Nichtdurchsuchung zur Nachtzeit der gesetzliche Zweck aus der Durchsuchungsbefugnisrechtsnorm vereitelt oder wesentlich erschwert werden würde.

Bekanntsein im Sinne des § 104 Abs. 2 StPO ist über den einzelnen Anlassfall hinausgehendes, auf zureichenden tatsächlichen Anhaltspunkten basierendes Kennen.

(SUB/ERG)

Im konkreten Fall sind die negativen Tatbestandsvoraussetzungen[1240] des § 104 StPO (alternativ)

- erfüllt.
- nicht erfüllt.

Art. 13 Abs. 2-7 GG: „Im Übrigen" können – insbesondere bei Fehlen von verfassungsmäßigen einfachgesetzlichen Konkretisierungen von Art. 13 Abs. 2-7 GG – Art. 13 Abs. 2-7 GG alternativ direkt anwendbare Rechtsgrundlagen mit Rechtmäßigkeitsvoraussetzungen bilden.

[1239] BVerfGE 151, 67 (Richtervorbehalt, Bereitschaftsdienst, Nachtzeit/Tageszeit i.S.v. § 104 Abs. 3 StPO) = BVerfG, Beschluss des Zweiten Senats vom 12.03.2019 – 2 BvR 675/14, Rn. 63-67; Rn. 66: „Weil nach den heutigen Lebensgewohnheiten zumindest die Zeit zwischen 21 Uhr und 6 Uhr ganzjährig als **Nachtzeit** anzusehen ist (vgl. BVerfG, Urteil des Zweiten Senats vom 24. Juli 2018 - 2 BvR 309/15 u.a. -, Rn. 100), ist es von Verfassungs wegen geboten, dass sich der Schutz vor nächtlichen Wohnungsdurchsuchungen auch in den Monaten April bis September auf die Zeit von 4 Uhr bis 6 Uhr morgens erstreckt. Dies folgt unmittelbar aus Art. 13 Abs. 1 GG. Dabei kann das Regelungskonzept aus § 104 Abs. 1 und Abs. 2 StPO übertragen werden, so dass Wohnungsdurchsuchungen zur Verfolgung auf frischer Tat, bei Gefahr im Verzug oder zur Wiederergreifung eines entwichenen Gefangenen zulässig bleiben und sich die Durchsuchungsbeschränkungen nicht auf die in § 104 Abs. 2 StPO genannten Räume erstrecken.".

[1240] Zu **umgekehrten Voraussetzungen** (negative Voraussetzungen / positive Voraussetzungen) Voraussetzungen siehe auch: *Basten*, Eingriffsrecht der Polizei in Nordrhein-Westfalen, Band 1, S. 220 f., 242.

C. Materielle Rechtmäßigkeit (MR) II. Inanspruchnahme (In) / Inanspruchnahmevoraussetzungen (Inv)

(VOR/DEF)

Inanspruchnahmevoraussetzungen sind materiell-rechtliche Bedingungen für richtige Inanspruchnahme.

Inanspruchnahme ist Adressierung und sonstiges Betroffenmachen; **Adressierung** ist direktes Bestimmen oder finales Richten einer Maßnahme an einen Grundrechtsträger, vgl. §§ 100b Abs. 3, 100c Abs. 2, 100h Abs. 3, 163f Abs. 2 StPO.

Nach § 102 StPO (ggf. i.V.m. §§ 46, 53 Abs. 1 S. 2, Abs. 2 OWiG) ist Inanspruchnahme grundsätzlich richtig gegen folgende Person: Beschuldigter / Betroffener / Verdächtiger.

Beschuldigter, vgl. § 157 StPO, ist im Strafverfahren jede (tatverdächtige) Person, gegen die im Rahmen eines Strafverfahrens wegen einer bestimmten Straftat ermittelt wird, was sich durch Auslegung nach dem objektivierten Empfängerhorizont, §§ 133, 157 BGB analog, etwa über einen **Inkulpationsakt**, vgl. § 397 Abs. 1 AO, ergibt.

Betroffener ist im Ordnungswidrigkeitenverfahren jede (tatverdächtige) Person, gegen die im Rahmen eines Ordnungswidrigkeitenverfahrens wegen einer bestimmten Ordnungswidrigkeit ermittelt wird, was sich durch Auslegung nach dem objektivierten Empfängerhorizont, §§ 133, 157 BGB analog, etwa über einen **Inkulpationsakt**, vgl. § 397 Abs. 1 AO, ergibt.

Tatverdächtiger ist die Person, gegen die zureichende tatsächliche Anhaltspunkte der Beteiligung an einer verfolgbaren Straftat gegeben sind, vgl. § 152 Abs. 2 StPO.

Nichttatverdächtiger ist die Person, gegen die nicht zureichende tatsächliche Anhaltspunkte der Beteiligung an einer verfolgbaren Straftat gegeben sind, vgl. § 152 Abs. 2 StPO.

Jeder Beschuldigte ist Verdächtiger, aber nicht jeder Verdächtige ist automatisch Beschuldigter, vgl. auch §§ 55, 60 Nr. 2 StPO.

Art. 13 Abs. 2-7 GG: „Im Übrigen" können – insbesondere bei Fehlen von verfassungsmäßigen einfachgesetzlichen Konkretisierungen von Art. 13 Abs. 2-7 GG – Art. 13 Abs. 2-7 GG alternativ direkt anwendbare Rechtsgrundlagen mit Rechtmäßigkeitsvoraussetzungen bilden.

(SUB/ERG)

Im konkreten Fall ist die Person (alternativ)

- richtigerweise gemäß § 102 StPO in Anspruch genommen/adressiert.
- nicht richtigerweise in Anspruch genommen/adressiert.

C. Materielle Rechtmäßigkeit (MR) III. Rechtsfolge (Rf) / Rechtsfolgevoraussetzungen (RfV)

(VOR/DEF)

Rechtsfolge ist rechtliche Folge aus dem Tatbestand. / **Rechtsfolgevoraussetzungen** sind materiell-rechtliche Rechtsfolgegestaltungsbedingungen.

C. Materielle Rechtmäßigkeit (MR) III. Rechtsfolge (Rf) 1. Tatsächliche und rechtliche Möglichkeit (TurM)

(VOR/DEF)

Tatsächliche und rechtliche Möglichkeit betrifft Fälle wie aus § 44 Abs. 2 Nr. 4-6 VwVfG NRW.

(SUB/ERG)

Tatsächliche und rechtliche Möglichkeit ist im konkreten Fall gegeben/nicht gegeben aufgrund Vorliegens/Nichtvorliegens von kognitiven, körperlichen, normativen, technischen Unmöglichkeiten.

C. Materielle Rechtmäßigkeit (MR) III. Rechtsfolge (Rf) 2. Bestimmtheit (Bsh)

(VOR/DEF)

Bestimmtheit ist Maßnahmenerkennbarkeit und Maßnahmenverstehbarkeit, bei Justiz-VA Gebot nach Art. 20 Abs. 3 GG.

(SUB/ERG)

Inhaltlich hinreichende Bestimmtheit i.S.d. Art. 20 Abs. 3 GG ist allgemein gegeben, wenn nach Auslegung der Maßnahme der Erklärungsempfänger wie jeder vernünftige Dritte, §§ 133, 157 BGB analog, in der konkreten Situation deren Inhalt hinreichend erkennen und verstehen kann, insbesondere wie folgt:

- dass die Polizei ggü./mit dem Maßnahmenempfänger/Erklärungsempfänger (wer)
- aus Strafrechtspflegegründen (warum)
- zu einer spezifischen Zeit (wann)
- bezweckt, dass die Aufklärung der Tatverdachtslage oder der Beschuldigung gefördert wird (was)
- durch Durchführung oder Befolgung der bzw. Mitwirkung an den Durchschungsmaßnahmen und letztlich durch Ergreifen oder Nichtergreifen bzw. durch Auffinden oder Nichtauffinden (wie).

C. Materielle Rechtmäßigkeit (MR) III. Rechtsfolge (Rf) 3. Ermessen (Erm)

Ermessen für Straftatenerforschung/StPO

(VOR/DEF)

Ermessen ist Entscheidungsspielraum auf der Rechtsfolgenseite bzgl. rechtsfehlerfreier Ausübung von Einschreit-Entschließung (Ob), Adressaten-Auswahl (Wer), Maßnahmen-Gestaltung (Wie).

(SUB/ERG)

a) Einschreitentschließungs-„Ermessen“ ist grundsätzlich nicht gegeben, vgl. § 163 Abs. 1 S. 1 („haben“) i.V.m. § 152 Abs. 2 StPO (Legalitätsgrundsatz: „ist [...] verpflichtet, [...] einzuschreiten“); ein Opportunitätsprinzip ist nur ausnahmsweise gegeben, z.B. bei § 111b Abs. 1 S. 1 und 2 StPO, was gewisse Präjudizwirkung für die Durchsuchungsentscheidung haben kann.

b) Adressatenauswahl-„Ermessen“ ist grundsätzlich gegeben, insbesondere bzgl. zweckförderlicher Reihenfolge der Inanspruchnahme vom/von mehreren Beschuldigten, Verdächtigen, Zeugen, anderen Personen, Dritten (vgl. § 102 StPO und § 103 StPO);

c) Maßnahmengestaltungs-„Ermessen“ ist grundsätzlich gegeben, vgl. zum Beispiel auch insoweit je nach Tatverdacht die grundsätzliche Auswahl bzgl. der Person oder möglicher Durchsuchungszielobjekte (mitgeführte Sachen, andere Sachen, Wohnungen, Geschäftsräume, andere Räume).

Ein etwaig gegebener Entscheidungsspielraum wird aufgrund von entsprechenden Anhaltspunkten/in Ermangelung entgegenstehender Anhaltspunkte ohne Ermessensfehler/mit Ermessensfehlern (Ermessensunterschreitung, Ermessensüberschreitung, Ermessensfehlgebrauch) ausgeübt bzgl. folgender Ermessensarten:

a) Entschließungsermessen:

Ein etwaig gegebenes Entschließungsermessen kann im konkreten Fall sogar gegen / auf Null reduziert sein, insbesondere wegen:

- Einschreitmöglichkeit;
- Erheblichkeitsgrad von Tatverdachten.

b) Auswahlermessen:

siehe C. II.: Auswahlermessen wird abschließend beurteilt i.V.m. Punkt C. II. (Inanspruchnahme).

c) Gestaltungsermessen:

siehe C. III. 4.: Gestaltungsermessen wird abschließend beurteilt i.V.m. Punkt C. III. 4. (VHM).

Ermessen für Ordnungswidrigkeitenerforschung/OWiG

(VOR/DEF)

Ermessen ist Entscheidungsspielraum auf der Rechtsfolgenseite bzgl. rechtsfehlerfreier Ausübung von Einschreit-Entschließung (Ob), Adressaten-Auswahl (Wer), Maßnahmen-Gestaltung (Wie), hier gegeben durch § 53 Abs. 1 S. 1 W. 9, 10 OWiG.

(SUB/ERG)

Der gegebene Entscheidungsspielraum wird aufgrund von entsprechenden Anhaltspunkten/in Ermangelung entgegenstehender Anhaltspunkte ohne Ermessensfehler/mit Ermessensfehlern (Ermessensunterschreitung, Ermessensüberschreitung, Ermessensfehlgebrauch) ausgeübt bzgl. folgender Ermessensarten:

a) Entschließungsermessen:

Das Entschließungsermessen kann im konkreten Fall sogar gegen / auf Null reduziert sein, insbesondere wegen:

- Einschreitmöglichkeit;
- Erheblichkeitsgrad von Tatverdachten.

b) Auswahlermessen:

siehe C. II.: Auswahlermessen wird abschließend beurteilt i.V.m. Punkt C. II. (Inanspruchnahme).

c) Gestaltungsermessen:

siehe C. III. 4.: Gestaltungsermessen wird abschließend beurteilt i.V.m. Punkt C. III. 4. (VHM).

C. Materielle Rechtmäßigkeit (MR) III. Rechtsfolge (Rf) 4. Verhältnismäßigkeit (VHM)

(VOR/DEF)

Verhältnismäßigkeit ist Geeignetheit, Erforderlichkeit, Angemessenheit der Maßnahme zu einem legitimen Zweck.

(VOR/DEF)

a) Legitimer Zweck ist verfassungsgemäßer Zweck.

(SUB/ERG)

Im konkreten Fall verfolgt die Durchsuchungs-Maßnahme (alternativ)

- einen legitimen Zweck, nämlich jedenfalls die verfassungsgemäße, im Sinne von Art. 20 Abs. 3 GG, § 163 Abs. 1 S. 1 StPO (ggf. § 53 Abs. 1 S. 1 OWiG) gesetzmäßige Sachaufklärung / Tatverdachtserforschung / Sachverdunkelungsverhütung, also die Erforschung von einem verdächtigen Sachverhalt bzgl. mutmaßlich deliktischer Beeinträchtigung bestimmter Rechte und Rechtsgüter im Sinne der Art. 1-19 GG. Vgl. auch den „Zweck" im Sinne von § 163 Abs. 1 S. 2 Wort 3 StPO. Im Fall von § 102 StPO ist Zweck auch Personenergreifung oder Beweismittelauffindung oder deren Ausschluss. Letztlich ist legitimer Zweck die Ermittlung aller belastenden und entlastenden Umstände im Sinne von § 160 Abs. 2 StPO, und auch die Ermöglichung staatlicher Sanktionierung (z.B. Strafe / Ahndung) im Fall dafür ausreichender rechtsstaatlicher Belastung; vgl. auch die Grundrechtsschutzfunktion und die Grundrechtsförderungsfunktion[1241] im Sinne von Spezialprävention durch Repression und Generalprävention durch Repression.
- keinen legitimen Zweck.

(VOR/DEF)

b) Geeignetheit einer staatlichen Maßnahme ist gegeben bei deren Zweckförderungstauglichkeit.

[1241] Zu Grundrechtsfunktionen siehe auch: *Basten*, Eingriffsrecht der Polizei in Nordrhein-Westfalen, Band 1, S. 78-84.

(SUB/ERG)

Im konkreten Fall ist die Durchsuchungs-Maßnahme (alternativ)

- geeignet, denn in der Regel erhöht sich durch Suchen die Wahrscheinlichkeit des Findens[1242] oder der Erkenntnis des Nichtvorhandenseins, und mit dem Finden bzw. Nichtauffinden des Gesuchten vertiefen sich Möglichkeiten, Rückschlüsse für das weitere Verfahren zu ziehen, und so kann letztlich gefördert werden: die Aufklärung bisherigen Tatverdachts.
- ungeeignet.

(VOR/DEF)

c) **Erforderlichkeit** einer staatlichen Maßnahme ist Nichtverfügbarkeit eines milderen (Übermaßverbot), gleich geeigneten (Untermaßverbot) Mittels zur Zweckförderung.

(SUB/ERG)

Die Durchsuchungs-Maßnahme ist (alternativ)

- erforderlich, denn einerseits sind mildere Maßnahmen wie Nichtstun oder bloßes Erfragen von vermuteten Personen oder Gegenständen nicht gleich geeignet, weil sie nicht in gleicher Weise deren Auffindung oder deren Ausschluss fördern (Untermaßverbot) und andererseits sind (mindestens) gleich geeignete, intensivere Maßnahmen wie direkte Freiheitsentziehung oder Zwang noch nicht notwendig (Übermaßverbot). Im konkreten Fall sollten die Durchsuchungs-Maßnahmen verhältnismäßig nach Reihenfolge und Zweckmäßigkeit in ihrer Grundrechtseingriffsintensität aufeinander aufbauen. § 95 StPO (Herausgabeerfordern bei Herausgabepflicht als Vorlagepflicht und Auslieferungspflicht) ist generell nicht anwendbar bei Gewahrsam ohne Gewahrsamsinhaberwissen (Versteck durch Tatbeteiligten bei Unwissendem) oder bei nicht von Behörde verantworteter Gewahrsamsinhaber-Nichterreichbarkeit.
- nicht erforderlich.[1243]

1242 Gedanke seit alters – vgl. auch: Die Bibel, Neues Testament, Lukas 11:9 und 11:10; Matthäus 7:7.

1243 Beispiel für Erforderlichkeit einer Durchsuchung BVerfG, Beschluss der 3. Kammer des Zweiten Senats vom 28.09.2008 – 2 BvR 1800/07 – (Durchsuchung von Kanzleiräumen zur Auffindung der von Handakte), Rn. 26: „Auch standen keine milderen, gleich geeigneten Ermittlungsmaßnahmen zur Verfügung. Abgesehen davon, dass die Ausführungen des Beschwerdeführers in seinem Schreiben vom 10. Februar 2006 keine hinreichende Bereitschaft zu einer Zusammenarbeit mit den Strafverfolgungsbehörden erkennen ließen, ist es verfassungsrechtlich nicht zu beanstanden, dass die Strafverfolgungsbehörden von einer Aufforderung des Beschwerdeführers zur freiwilligen Herausgabe von Unterlagen im vorliegenden Fall abgesehen haben. Da nicht von vornherein feststand, welche konkreten Aufzeichnungen über das Mandatsverhältnis zu S. bei dem Beschwerdeführer vorhanden waren, hätte eine Aufforderung zu freiwilliger Herausgabe benötigter Unterlagen die Entscheidung, was als Beweismittel zur Verfügung gestellt wird, in weitem Umfang in das Belieben des Beschwerdeführers gestellt.“. Vgl. demgegenüber BVerfG, Beschluss der 3. Kammer des Zweiten Senats vom 29.01.2015 – 2 BvR 497/12 –, Rn. 26: „Auch wenn eine freiwillige Herausgabe mangels gleicher Eignung die Erforderlichkeit der Maßnahme grundsätzlich nicht entfallen lässt (vgl. BVerfG, Beschluss der 3. Kammer des Zweiten Senats vom 28. September 2008 - 2 BvR 1800/07 -, ZAP Fach 23, S. 797 f., juris), so kann ein solches Angebot in der zur Angemessenheit anzustellenden Gesamtbetrachtung nicht völlig außer Betracht bleiben.“.

(VOR/DEF)

d) Angemessenheit oder **Verhältnismäßigkeit im engeren Sinne** einer staatlichen Maßnahme ist angemessenes Maß oder Verhältnis zwischen Zweckförderung für Erhaltungsrechte und Wirkungen für Eingriffsrechte, vgl. betroffene Grundrechte.

(SUB/ERG)

Im konkreten Fall ist die Durchsuchungs-Maßnahme (alternativ)

- angemessen, denn die Eingriffe in Grundrechte wie aus (zum Beispiel) Art. 13 Abs. 1 GG, Art. 2 Abs. 1 i.V.m. Art. 1 Abs. 1 GG, Art. 2 Abs. 2 S. 2 GG stehen angesichts von Rechten und Rechtsgütern wie (zum Beispiel aus) Art. 14 Abs. 1 S. 1 Alt. 1 GG, Art. 20 Abs. 3 GG und auch zu Tatenschwere (=Schwere der im Verdacht stehenden Tat) sowie

---

Beispiele für die Nichterforderlichkeit einer Durchsuchung im Vergleich zu Vorlageverlangen oder Herausgabeverlangen: BVerfG, Beschluss der 3. Kammer des Ersten Senats vom 30.07.2015 – 1 BvR 1951/13 –, Rn. 20: „Unter diesen Umständen hätte der Zweck, verwertbare und verfahrenserhebliche Beweismittel zu erlangen, auch durch die Aufforderung wirksam erreicht werden können, den Strafverfolgungsbehörden die Ernennungsurkunde und weitere Beweismittel (Visitenkarten, etc.) zeitnah vorzulegen. Dieses wäre gegenüber der Durchsuchung ein milderes, aber für die Verfolgung der hier in Frage stehenden, eher gering wiegenden Straftat ein hinreichend wirksames Mittel gewesen. Zwar ist die Beschwerdeführerin als Beschuldigte nicht dazu verpflichtet, zu ihrer Strafverfolgung durch aktives Handeln beizutragen [**nemo tenetur se ipsum prodere vel accusare**, P. B.] (vgl. BGHSt 34, 39 <46>) und unterliegt im Strafverfahren keiner Darlegungs- und Beweislast (vgl. BVerfGK 4, 227 <234> m.w.N.). Im Falle einer etwaigen Nichtvorlage der Ernennungsurkunde wären die Fachgerichte jedoch nicht gehindert gewesen, hieraus verwertbare Schlüsse zu ziehen. Diese Folgerungen hätten dem Beweiswert einer vollzogenen, die Beschwerdeführerin in schwer wiegender Weise belastenden Durchsuchung im Wesentlichen entsprochen. Eine Vorlage der Ernennungsurkunde hätte - wie auch das Auffinden im Rahmen der Durchsuchung - deren Überprüfung ermöglicht (vgl. BVerfGK 4, 227 <234>). Auch der besondere Beweiswert der Urkunde in einem Strafverfahren gegen den gesondert verfolgten Titelverkäufer vermag eine Durchsuchung bei der Beschwerdeführerin nicht zu rechtfertigen, zumal die Strafverfolgungsbehörden im vorliegenden Fall keine Anhaltspunkte dafür hatten, die Beschwerdeführerin werde Beweismittel bei einer bloßen Aufforderung zu ihrer Herausgabe unterdrücken.“.

Beispiel für Nichterforderlichkeit einer Durchsuchung von einer Wohnung bzw. von Arbeits-, Betriebs- oder Geschäftsräumlichkeiten ist die Durchsuchung zur Auffindung von Datenträgern/Unterlagen mit gesuchtem Dateninhalt, der durch Befragung oder Auskuftsersuchen oder Auskunftsverlangen (vgl. z.B. § 9 PolG NRW / § 163 Abs. 1 S. 2 Var. 1, 2 StPO) erhoben werden kann; vgl. BVerfG, Beschluss der 2. Kammer des Zweiten Senats vom 29.02.2012 – 2 BvR 1954/11 –, Rn. 19: „Die fachgerichtlichen Entscheidungen stellten einen unverhältnismäßigen Eingriff in das Grundrecht der Beschwerdeführer aus Art. 13 Abs. 1 und 2 GG dar. Den Gerichten hätte ein gegenüber dem Erlass eines Durchsuchungsbeschlusses milderes Mittel zur Verfügung gestanden, das den Zweck der Durchsuchung ebenso effektiv hätte erzielen können. Nach § 54 Abs. 1 EStDV sind Notare verpflichtet, dem zuständigen Finanzamt eine beglaubigte Abschrift aller aufgrund gesetzlicher Vorschrift aufgenommenen oder beglaubigten Urkunden zu übersenden, die die Verfügung über Anteile an Kapitalgesellschaften zum Gegenstand haben. Zu Verfügungen in diesem Sinne gehören auch Anteilsübertragungen im Rahmen eines Treuhandverhältnisses. Vor diesem Hintergrund hätte ohne weitere Schwierigkeiten bei dem nach § 20 AO zuständigen Finanzamt ermittelt werden können, ob ein notariell beurkundeter Treuhandvertrag zwischen den Angeklagten bezüglich der Anteile an der im Beschluss des Landgerichts genannten GmbH besteht. Dieser Aufklärungsmöglichkeit stand auch nicht das Steuergeheimnis entgegen. Nach § 30 Abs. 4 Nr. 1 in Verbindung mit Abs. 2 Nr. 1 lit. b) AO ist die Offenbarung der von einem Finanzbeamten als Amtsträger erlangten Kenntnisse zulässig, wenn sie - wie vorliegend - der Durchführung eines Strafverfahrens wegen einer Steuerstraftat dient.“.

Tatverdachtsstärke nicht außer Verhältnis[1244]. Nicht zuletzt der Eingriffsadressat kann – bis zur Grenze bloßer Ausforschungsdurchsuchung – ein Interesse an Aufklärung durch die Durchsuchung haben, die zum Ergebnis haben kann: Nichtauffinden von Beweismitteln.
- unangemessen.

Art. 13 Abs. 2-7 GG: „Im Übrigen" können – insbesondere bei Fehlen von verfassungsmäßigen einfachgesetzlichen Konkretisierungen von Art. 13 Abs. 2-7 GG – Art. 13 Abs. 2-7 GG alternativ direkt anwendbare Rechtsgrundlagen mit Rechtmäßigkeitsvoraussetzungen bilden.

(ERG VHM)

Die Maßnahme ist insgesamt i.S.v. Art. 20 Abs. 3 GG (alternativ)
- verhältnismäßig.
- unverhältnismäßig.

D. Gesamtergebnis (GErg)

Die Personen-/Sachen-/Wohnungs-/andere-Räume-Durchsuchung ist (alternativ)
- gemäß § 102 StPO (ggf. i.V.m. §§ 46, 53 Abs. 1 S. 2, Abs. 2 OWiG) rechtmäßig.
- wegen Art./§ (bestimmter Rechtsnorm [z.B. Art. 20 Abs. 3 GG]) rechtswidrig.

1244 BVerfG, Beschluss der 3. Kammer des Zweiten Senats vom 10.11.2017 – 2 BvR 1775/16, Rn. 27.

ABSCHNITT 23: DURCHSUCHUNG BEI ANDERER PERSON AUF DEM RECHTSGEBIET DER STRAFRECHTSPFLEGE, § 103 STPO (GGF. I.V.M. §§ 46, 53 ABS. 1 S. 2, ABS. 2 OWIG)

A. Rechtsgrundlage (RGL) I. Grundrechte (GR)

(VOR/DEF)

Grundrechte sind grundlegende Rechte aus Art. 1-19 GG i.V.m. dem Rechtsstaatsprinzip, Art. 20 Abs. 3 GG, mit Vorrang und Vorbehalt des Gesetzes.[1245]

(SUB/ERG)

Grundrechte sind (i.d.R. alternativ, nicht kumulativ) insbesondere wie folgt gegeben (jeweilige GR-Einschlägigkeit ist fallabhängig[1246]):

1. Wohnungsgrundrecht, Art. 13 Abs. 1 GG.[1247]

a) GR-SB[1248]:

[1245] Zu **Grundrechten**: *Basten*, Eingriffsrecht der Polizei in Nordrhein-Westfalen, Band 1, Buch 1, Abschnitt 2, Unterabschnitt 3. Zum **Rechtsstaatsprinzip** mit unter anderem sogenanntem Vorrang des Gesetzes und Vorbehalt des Gesetzes: *Basten*, Eingriffsrecht der Polizei in Nordrhein-Westfalen, Band 1, S. 95-108.

[1246] Vgl. z.B. auch BVerfG, Beschluss des Zweiten Senats vom 09.06.2020 – 2 BvE 2/19 (Polizeiliches Betreten von Abgeordnetenraum beim Deutschen Bundestag zur Gefahrenabwehr als Verletzung des Art. 38 Abs. 1 S. 2 GG im konkreten Fall) –, C. I. 2., Rn. 40: „Ein Eingriff in den in Art. 38 Abs. 1 Satz 2 GG geschützten Abgeordnetenstatus ist zulässig, wenn und soweit andere Rechtsgüter von Verfassungsrang ihn rechtfertigen [Schrifttums-Quellenangaben, P. B.]. Das freie Mandat wird in seinem Umfang zwar nicht von vornherein durch das Hausrecht oder die Polizeigewalt des Antragsgegners begrenzt. Über Art. 40 Abs. 2 gibt das Grundgesetz ihm aber grundsätzlich die Möglichkeit, das freie Mandat im Wege der Abwägung mit widerstreitenden Rechtsgütern in Ausgleich zu bringen. Die Repräsentations- und die Funktionsfähigkeit des Parlaments sind als solche Rechtsgüter von Verfassungsrang anerkannt (vgl. BVerfGE 80, 188 <219>; 84, 304 <321>; 96, 264 <279>; 99, 19 <32>; 118, 277 <324>).".

[1247] Vgl. auch Art. 142 GG i.V.m. Art. 4 Abs. 1 Verfassung NRW; Art. 7 EU-GR-Charta; Art. 8 EMRK; §§ 18, 21 GVG i.V.m. DiplBezÜbkG i.V.m. Art. 22, 23 WÜD; §§ 19, 21 GVG i.V.m. KonsÜbkG i.V.m. Art. 27, 31, 55, 59 WÜK.

[1248] Vgl. BVerfGE 109, 279, 325-327 (akustische Wohnraumüberwachung / „Großer Lauschangriff") = BVerfG, Urteil des Ersten Senats vom 03.03.2004 – 1 BvR 2378/98, 1084/99 –, C. II. 1. a), b), c), Rn. 158-163: „Das aus Art. 2 Abs. 1 in Verbindung mit Art. 1 Abs. 1 GG folgende **allgemeine Persönlichkeitsrecht** kommt neben Art. 13 Abs. 1 GG allerdings nicht zur Anwendung, soweit Eingriffe in die **räumliche Privatsphäre des Wohnungsinhabers** zu überprüfen sind. Art. 13 Abs. 1 GG enthält eine spezielle Gewährleistung des **Schutzes vor staatlicher akustischer Überwachung der räumlichen Privatsphäre**, die die allgemeinere Vorschrift insoweit verdrängt (vgl. BVerfGE 100, 313 [358] zu Art. 10 GG). Diese Spezialität wirkt sich wegen des weiten Schutzbereichs von Art. 13 GG nicht nur gegenüber der staatlichen Überwachung selbst aus, sondern erstreckt sich auch auf notwendige Vorbereitungsakte und auf den **Informations- und Datenverarbeitungsprozess, der sich an die Erhebung anschließt**, sowie auf den Gebrauch, der von den erlangten Kenntnissen gemacht wird (vgl. BVerfGE 100, 313 [359]). Mit dem **Recht, in der Wohnung ungestört zu sein**, und dem **Recht am eigenen in der Wohnung gesprochenen Wort** schützt Art. 13 Abs. 1 GG gerade den Teil der **Privatsphäre**, den sonst das allgemeine Persönlichkeitsrecht gewährleistet. Dieses Recht ergänzt als unbenanntes Freiheitsrecht die speziellen Freiheitsrechte, die ebenfalls konstituierende Elemente der Persönlichkeit schützen (vgl. BVerfGE 54, 148 [153 f.]), nur insoweit, als Letztere keinen Schutz gewähren. Der Schutz des allgemeinen Persönlichkeitsrechts aus Art. 2 Abs. 1 in Verbindung mit Art. 1 Abs. 1 GG greift hingegen ein, soweit von der Wohnraumüberwachung Personen betroffen werden, die sich nicht auf Art. 13 Abs. 1 GG berufen können. **Grundrechtsträger des Art. 13 Abs. 1 GG** ist jeder Inhaber oder Bewohner eines

aa) Persönlicher GR-SB: Jeder Wohnungsberechtigte, im Verhältnis mehrerer Wohnungsberechtigter zu gleichen Teilen oder der besser unmittelbar Wohnungsberechtigte (zum Beispiel der unmittelbare Besitzer).[1249]

bb) Sachlicher GR-SB: **Wohnung** ist jede der allgemeinen Zugänglichkeit entzogene Stätte privaten Lebens.[1250]

Wohnraums, unabhängig davon, auf welchen Rechtsverhältnissen die Nutzung des Wohnraums beruht. Bei mehreren Bewohnern einer Wohnung steht das Grundrecht jedem Einzelnen, bei Familien mithin jedem Familienmitglied zu. Maßnahmen der **Wohnraumüberwachung** können aber nicht nur Wohnungsinhaber, sondern auch **zufällig in einer Wohnung Anwesende** erfassen. Diese Personen sind zwar nicht in ihrem Grundrecht aus Art. 13 Abs. 1 GG, wohl aber in ihrem allgemeinen Persönlichkeitsrecht betroffen. Der Schutz aus Art. 2 Abs. 1 in Verbindung mit Art. 1 Abs. 1 GG kann insofern allerdings nicht weiter reichen als derjenige aus Art. 13 Abs. 1 und 3 GG. Der **Schutz der räumlichen Privatsphäre** und des allgemeinen Persönlichkeitsrechts kann schließlich in Einzelfällen durch weitere Grundrechtsgarantien ergänzt sein. So wird das Gespräch zwischen Eheleuten in der eigenen Wohnung nicht nur von Art. 13 Abs. 1 GG, sondern zusätzlich durch Art. 6 Abs. 1 GG geschützt. Auch in Bezug auf die Kommunikation mit Berufsgeheimnisträgern können neben dem grundrechtlichen Schutz der räumlichen Privatsphäre Grundrechte in Betracht kommen, die – wie etwa Art. 4 GG im Hinblick auf das Gespräch mit einem Geistlichen – der besonderen Schutzbedürftigkeit der Kommunizierenden Rechnung tragen.".

[1249] BVerfG, Beschluss der 3. Kammer des Zweiten Senats vom 27.06.2018 – 2 BvR 1562/17 (auf § 103 StPO gestützte Anordnung der Durchsuchung der Räumlichkeiten des Münchener Kanzleistandorts der Rechtsanwaltskanzlei Jones Day auf sowie Sicherstellung von Unterlagen und elektronischen Daten im Zuge des sogenannten „VW-Dieselskandals" – Verfassungsbeschwerde nicht zur Entscheidung angenommen wegen Unzulässigkeit aufgrund Nichterfüllung von Voraussetzungen nach § 93a Abs. 2 BVerfGG), Gründe, V., Rn. 38 f.: „Wer **Träger des Grundrechts des Art. 13 Abs. 1 GG** ist, entscheidet sich nicht nach der Eigentumslage, sondern grundsätzlich danach, wer Nutzungsberechtigter der Wohnung oder der Betriebs- und Geschäftsräume ist [Quellenangabe]. Bei **Geschäftsräumen** kommt der Schutz des Art. 13 Abs. 1 GG dementsprechend regelmäßig nur dem Unternehmer als Nutzungsberechtigtem zugute, nicht aber den einzelnen Arbeitnehmern (vgl. BVerfG, Beschluss der 1. Kammer des Zweiten Senats vom 9. Juli 2009 - 2 BvR 1119/05 u.a. -, juris, Rn. 27; [Quellenangaben]). […] Nutzungsrecht steht Partnern als Mitinhaber der Nutzungsberechtigung der Kanzlei […] an ihren Kanzleiräumen […] nur gemeinschaftlich zu (vgl. für die Partnerschaftsgesellschaft nach deutschem Recht §§ 718 f. BGB i.V.m. § 1 Abs. 4 PartGG). Es kann deshalb auch nur von den Gesellschaftern gemeinschaftlich oder, soweit ihre Rechtsfähigkeit anerkannt ist, von der Gesellschaft als solcher geltend gemacht werden. […] Natürliche Personen, die Geschäfts- oder Amtsräume nutzen, ohne selbst Geschäftsinhaber oder Dienstherr zu sein, sind in Bezug auf Art. 13 Abs. 1 GG nur dann beschwerdebefugt, wenn die genutzten Räume auch als individueller Rückzugsbereich fungieren und sie deshalb der persönlichen beziehungsweise räumlichen Privatsphäre der natürlichen Person zuzuordnen sind (vgl. BVerfGE 103, 142 <150>; BVerfG, Beschluss der 3. Kammer des Zweiten Senats vom 12. Februar 2004 - 2 BvR 1687/02 -, juris, Rn. 13; Beschluss der 3. Kammer des Zweiten Senats vom 16. April 2015 - 2 BvR 2279/13 -, juris, Rn. 14; [Quellenangaben])."

[1250] Vgl. BVerfGE 32, 54, Ls. 1, 69-72 (Betriebsbetretungsrecht) = BVerfG, Beschluss des Ersten Senats vom 13.10.1971 – 1 BvR 280/66, Ls. 1: „Der Begriff ‚**Wohnung**' in Art. 13 Abs. 1 GG ist weit auszulegen; er umfaßt auch **Arbeits-, Betriebs- und Geschäftsräume**."; BVerfG, Beschluss der 3. Kammer des Ersten Senats vom 10.04.2008 – 1 BvR 848/08 –, Rn. 12: „Die Weite des Wohnungsbegriffs in Art. 13 Abs. 1 GG hat zur Folge, dass an die Zulässigkeit von Eingriffen und Beschränkungen im Sinne des Art. 13 Abs. 1 GG je nach der Nähe der Örtlichkeiten zur räumlichen Privatsphäre unterschiedlich hohe Anforderungen gestellt werden. Während bei Räumen, in denen sich das Privatleben im engeren Sinn abspielt, das Schutzbedürfnis am größten ist und der Schutzzweck des Grundrechts daher in vollem Umfang durchgreift, wird das Schutzbedürfnis bei reinen Betriebs-, Geschäfts- oder Arbeitsräumen durch den Zweck gemindert, den sie nach dem Willen des Inhabers besitzen. Je größer ihre Offenheit nach außen ist und je mehr sie zur Aufnahme sozialer Kontakte für Dritte bestimmt sind, desto schwä-

b) GR-E (oder Nichteingriff/GR-Verzicht): **Persönlichkeitsentfaltungseinschränkung** als **Wohnungseinschränkung**, allgemein durch körperliches Eindringen, technische Infiltration sowie grundsätzlich sonstige Behinderungen, Einschränkungen des Wohnens.

c) GR-B: Art. 13 Abs. 2-7 GG, Art. 17a Abs. 2 GG (qualifizierter Gesetzesvorbehalt; verfassungsunmittelbare Einschränkungen).

Art. 13 Abs. 2-7 GG: „Im Übrigen" können – insbesondere bei Fehlen von verfassungsmäßigen einfachgesetzlichen Konkretisierungen von Art. 13 Abs. 2-7 GG – Art. 13 Abs. 2-7 GG alternativ direkt anwendbare Rechtsgrundlagen mit Rechtmäßigkeitsvoraussetzungen bilden.

2. Allgemeines Persönlichkeitsgrundrecht[1251] mit verschiedenen Ausprägungen[1252], etwa in der Ausprägung des **Rechts auf informationelle Selbstbestimmung** (APR/RiS), Art. 2 Abs. 1 i.V.m. Art. 1 Abs. 1[1253] GG, vgl. auch Art. 142 GG i.V.m. Art. 4 Abs. 1, 2 Verfassung NRW[1254].

---

cher wird der grundrechtliche Schutz (vgl. BVerfGE 32, 54 <75 f.>; 97, 228 <266>). **Rechte zum Betreten von Betriebsräumen** verstoßen daher dann nicht gegen Art. 13 Abs. 1 GG, wenn sie auf einer besonderen gesetzlichen Grundlage beruhen, das Betreten einem erlaubten Zweck dient und für dessen Erreichung erforderlich ist, das Gesetz Zweck, Gegenstand und Umfang des Betretens erkennen lässt und das Betreten auf Zeiten beschränkt wird, in denen die Räume normalerweise für die betriebliche Nutzung zur Verfügung stehen (vgl. BVerfGE 97, 228 <266>; BVerfG, Beschluss der 3. Kammer des Ersten Senats vom 15. März 2007 - 1 BvR 2138/05 -, EuGRZ 2007, S. 486 <488 f.>).". Vgl. auch § 41 Abs. 1 S. 2 PolG NRW; vgl. auch Nr. 40.03. VVPolG NRW: „Für die **Durchsuchung von Sachen im befriedeten Besitztum** gelten die §§ 41 und 42."; Nr. 41.13 VVPolG NRW: „Die Durchsuchung einer Wohnung hat sich auf Anlass und Zweck der Durchsuchung zu beschränken. Befinden sich in der Wohnung Personen, die durchsucht werden sollen, ist hierfür § 39 maßgebend. Sollen in einer Wohnung Sachen durchsucht werden, die nicht den Wohnungsinhabern gehören, ist § 40 einschlägig."; vgl. auch Nr. 40.12 VVPolG NRW: „Sollen bewegliche Sachen, die Wohnungen sind (vgl. RdNr. 41.11), betreten oder durchsucht werden, richten sich die Maßnahmen nach § 41.", vgl. auch Nr. 41.11 VVPolG NRW: „Es ist zu beachten: **Wohnungen** i.S.d. § 41 Abs. 1 Satz 2 sind auch die zu Wohnzwecken genutzten beweglichen Sachen wie Schiffe, Wohnwagen, Wohnmobile und Zelte. **Inhaber einer Wohnung** ist, wer rechtmäßig die tatsächliche Gewalt über die Räumlichkeit ausübt, somit z.B. auch Mieter, Untermieter oder Hotelgast. Bei Gemeinschaftsunterkünften, Internaten und Obdachlosenasylen sind nur die Leiterinnen und Leiter Inhaber. Die **Befugnis zum Betreten einer Wohnung** schließt die Befugnis ein, von Personen, Sachen und Zuständen, die ohne weiteres wahrgenommen werden können, **Kenntnis** zu nehmen. Soweit es für die Erfüllung der polizeilichen Aufgaben erforderlich ist, umfasst das **Betretungsrecht** bei Grundstücken auch das **Recht zum Befahren mit Fahrzeugen**.", vgl. auch Nr. 41.13 VVPolG NRW: „Die Durchsuchung einer Wohnung hat sich auf Anlass und Zweck der Durchsuchung zu beschränken. Befinden sich in der Wohnung Personen, die durchsucht werden sollen, ist hierfür § 39 maßgebend. Sollen in einer Wohnung Sachen durchsucht werden, die nicht den Wohnungsinhabern gehören, ist § 40 einschlägig.".

1251 BVerfGE 147, 1, 18 f. (**Geschlechtsidentität**) = BVerfG, Beschluss des Ersten Senats vom 10.10.2017 – 1 BvR 2019/16 –, Rn. 38: „Art. 2 Abs. 1 GG gewährt jedem das **Recht auf die freie Entfaltung seiner Persönlichkeit**. Dieses Grundrecht umfasst neben der allgemeinen Handlungsfreiheit das **allgemeine Persönlichkeitsrecht** (Art. 2 Abs. 1 i.V.m. Art. 1 Abs. 1 GG). Letzteres ergänzt als ‚unbenanntes' Freiheitsrecht die speziellen (‚benannten') Freiheitsrechte, die ebenfalls konstituierende Elemente der Persönlichkeit schützen (vgl. BVerfGE 54, 148 <153>). Eine der **Aufgaben des allgemeinen Persönlichkeitsrechts** ist es dabei, Grundbedingungen dafür zu sichern, dass die einzelne Person ihre Individualität selbstbestimmt entwickeln und wahren kann (vgl. BVerfGE 35, 202 <220>; 79, 256 <268>; 90, 263 <270>; 117, 202 <225>). Das allgemeine Persönlichkeitsrecht schützt indessen nur solche **Elemente der Persönlichkeitsentfaltung**, die - ohne bereits Gegenstand der besonderen Freiheitsgarantien des Grundgesetzes zu sein - diesen in ihrer konstituierenden Bedeutung für die Persönlichkeit nicht nachstehen (vgl. BVerfGE 79, 256 <268>; 99, 185 <193>; 120, 274 <303>; stRspr). Es verbürgt also nicht Schutz gegen alles, was die selbstbestimmte Persönlichkeitsentwicklung auf irgendeine Weise beeinträchtigen könnte; ohnehin vermag kein Mensch seine Individualität unabhängig von äußeren Gegebenheiten und Zugehörigkeiten zu entwickeln. Der lückenschließende Schutz des allgemeinen Persönlichkeitsrechts greift aber dann, wenn die selbstbestimmte Entwicklung und Wahrung der Persönlichkeit spezifisch gefährdet ist (BVerfGE 141, 186 <201 f. Rn. 32>).".

BVerfG, Beschluss des Ersten Senats vom 06.11.2019 – 1 BvR 16/13 – (Recht auf Vergessen I), Rn. 81: „Diese [**APR-]Rechtsprechung** hat sich maßgeblich in Konstellationen der mittelbaren Drittwirkung und geleitet von dem Erfordernis praktischer Konkordanz entwickelt. Deshalb bestimmen sich die Schutzdimensionen des allgemeinen Persönlichkeitsrechts letztlich immer einzelfallbezogen im Abgleich mit den Grundrechten Dritter. Die Bestimmung seiner Schutzwirkungen und die Abwägung mit den gegenüberstehenden Freiheitsrechten greifen hier Hand in Hand. Der Schutz des allgemeinen Persönlichkeitsrechts ist insoweit flexibel und durch die Einbindung der Person in ihre sozialen Beziehungen relativiert (vgl. BVerfGE 101, 361 <380>; 141, 186 <202 Rn. 32>; 147, 1 <19 Rn. 38>; stRspr; siehe auch BGHZ 183, 353 <357 Rn. 11>; 209, 139 <150 Rn. 30>; 219, 233 <240 Rn. 22>; stRspr).".

Vgl. „**Allgemeines Persönlichkeitsrecht**" (APR) als „sonstiges Recht" (sog. **Rahmenrecht** mit [grundrechts-]abwägungsoffenem Tatbestand) nach § 823 Abs. 1 Var. 6 BGB, u.a. mit Geldentschädigungsanspruch, insbesondere durch ständige Rechtsprechung (vgl. auch § 253 BGB) seit folgender Entwicklung: BGHZ 13, 334 (Leserbrief), mit erstmaliger ausdrücklicher Anerkennung des allgemeinen Persönlichkeitsrechts; BGHZ 26, 349 (Herrenreiter), mit erstmaliger Zuerkennung einer Geldentschädigung wegen des immateriellen Schadens durch die Verletzung des allgemeinen Persönlichkeitsrechts; BGHZ 35, 363 (Ginsengwurzel), mit erstmaliger Schwerpunktsetzung bei der Menschenwürde in der Begründung; BVerfGE 34, 269 (Soraya), mit verfassungsgerichtlicher Erklärung der verfassungsrechtlichen Zulässigkeit der richterrechtlich entwickelten APR-Konstruktion.

[1252] BVerfG, Beschluss des Ersten Senats vom 06.11.2019 – 1 BvR 16/13 – (Recht auf Vergessen I), Rn. 80: „Die Rechtsprechung hat aus dem [**Allgemeinen Persönlichkeits-]Grundrecht** insoweit verschiedene **Schutzdimensionen** abgeleitet wie den **Schutz eines unantastbaren Bereichs privater Lebensgestaltung**, die Garantie der **Privatsphäre**, das **Recht am eigenen Bild** oder **gesprochenen Wort** oder das **Recht auf die Darstellung der eigenen Person**, die **soziale Anerkennung** sowie die **persönliche Ehre** (vgl. BVerfGE 27, 1 <6>; 27, 344 <350 f.>; 32, 373 <379>; 34, 238 <245 f.>; 47, 46 <73>; 54, 148 <153 f.>; 99, 185 <193 f.>; 101, 361 <384>; 106, 28 <39>; 114, 339 <346>; 120, 180 <198>)." „Diese Schutzgehalte werden insoweit aber nicht als abschließend umschriebene und voneinander abzugrenzende Gewährleistungen verstanden, sondern als Ausprägungen, die in Blick auf den konkreten Schutzbedarf jeweils anhand des zu entscheidenden Falles herauszuarbeiten sind (vgl. BVerfGE 54, 148 <153 f.>; 65, 1 <41>).".

BVerfGE 65, 1 (Volkszählungsgesetz), Ls. 1 = BVerfG, Urteil des Ersten Senats vom 15.12.1983 – 1 BvR 209/83, Ls. 1: „Unter den Bedingungen der modernen Datenverarbeitung wird der Schutz des Einzelnen gegen unbegrenzte Erhebung, Speicherung, Verwendung und Weitergabe seiner persönlichen Daten von dem **allgemeinen Persönlichkeitsrecht** des Art. 2 Abs. 1 GG in Verbindung mit Art. 1 Abs. 1 GG umfaßt. Das [**Allgemeine Persönlichkeits-]Grundrecht** gewährleistet insoweit die Befugnis des Einzelnen, grundsätzlich selbst über die Preisgabe und Verwendung seiner persönlichen Daten zu bestimmen."; BVerfG, Beschluss des Ersten Senats vom 06.11.2019 – 1 BvR 16/13 – (Recht auf Vergessen I), Rn. 80: „Das **Recht auf informationelle Selbstbestimmung** ist von der Rechtsprechung als eigene Ausprägung des allgemeinen Persönlichkeitsrechts mit einem gegenüber den anderen Ausprägungen selbständigen Gewährleistungsgehalt entwickelt worden und behält diesen auch, soweit es als verfassungsrechtliche Wertentscheidung in das Zivilrecht einstrahlt. Dementsprechend enthält es keinen gesamthaften Schutzanspruch hinsichtlich jederlei Umgangs mit Informationen, der die übrigen Schutzdimensionen des Grundrechts allgemein übergreifen und zusammenführen würde, sondern lässt deren Wertungen und Abwägungsregeln unberührt."; BVerfGE 120, 274, 311 f. (Online-Durchsuchung) = BVerfG, Urteil des Ersten Senats vom 27.02.2008 – 1 BvR 370/07 –, Rn. 198 f. „Das **Recht auf informationelle Selbstbestimmung** geht über den **Schutz der Privatsphäre** hinaus. Es gibt dem Einzelnen die Befugnis, grundsätzlich selbst über die Preisgabe und Verwendung seiner persönlichen Daten zu bestimmen (vgl. BVerfGE 65, 1 <43>; 84, 192 <194>). Es flankiert und erweitert den grundrechtlichen Schutz von Verhaltensfreiheit und Privatheit, indem es ihn schon auf der Stufe der Persönlichkeitsgefährdung beginnen lässt. Eine derartige Gefährdungslage kann bereits im Vorfeld konkreter Bedrohun-

gen benennbarer Rechtsgüter entstehen, insbesondere wenn personenbezogene Informationen in einer Art und Weise genutzt und verknüpft werden können, die der Betroffene weder überschauen noch verhindern kann. Der Schutzumfang des **Rechts auf informationelle Selbstbestimmung** beschränkt sich dabei nicht auf Informationen, die bereits ihrer Art nach sensibel sind und schon deshalb grundrechtlich geschützt werden. Auch der Umgang mit personenbezogenen Daten, die für sich genommen nur geringen Informationsgehalt haben, kann, je nach dem Ziel des Zugriffs und den bestehenden Verarbeitungs- und Verknüpfungsmöglichkeiten, grundrechtserhebliche Auswirkungen auf die Privatheit und Verhaltensfreiheit des Betroffenen haben (vgl. BVerfG, Beschluss vom 13. Juni 2007 - 1 BvR 1550/03 u.a. -, NJW 2007, S. 2464 <2466>). Die mit dem Recht auf informationelle Selbstbestimmung abzuwehrenden Persönlichkeitsgefährdungen ergeben sich aus den vielfältigen Möglichkeiten des Staates und gegebenenfalls auch privater Akteure (vgl. BVerfG, Beschluss der 1. Kammer des Ersten Senats vom 23. Oktober 2006 - 1 BvR 2027/02 -, JZ 2007, S. 576) zur Erhebung, Verarbeitung und Nutzung personenbezogener Daten. Vor allem mittels elektronischer Datenverarbeitung können aus solchen Informationen weitere Informationen erzeugt und so Schlüsse gezogen werden, die sowohl die grundrechtlich geschützten Geheimhaltungsinteressen des Betroffenen beeinträchtigen als auch Eingriffe in seine Verhaltensfreiheit mit sich bringen können (vgl. BVerfGE 65, 1 <42>; 113, 29 <45 f.>; 115, 320 <342>; BVerfG, Beschluss vom 13. Juni 2007 - 1 BvR 1550/03 u.a. -, NJW 2007, S. 2464 <2466>).".

BVerfGE 109, 279, 325-327 (akustische Wohnraumüberwachung / „Großer Lauschangriff") = BVerfG, Urteil des Ersten Senats vom 03.03.2004 – 1 BvR 2378/98, 1084/99 –, Rn. 159-163: „Das aus Art. 2 Abs. 1 in Verbindung mit Art. 1 Abs. 1 GG folgende **allgemeine Persönlichkeitsrecht** kommt neben Art. 13 Abs. 1 GG allerdings nicht zur Anwendung, soweit Eingriffe in die **räumliche Privatsphäre des Wohnungsinhabers** zu überprüfen sind. Art. 13 Abs. 1 GG enthält eine spezielle Gewährleistung des **Schutzes vor staatlicher akustischer Überwachung der räumlichen Privatsphäre**, die die allgemeinere Vorschrift insoweit verdrängt (vgl. BVerfGE 100, 313 [358] zu Art. 10 GG). Mit dem **Recht, in der Wohnung ungestört zu sein**, und dem **Recht am eigenen in der Wohnung gesprochenen Wort** schützt Art. 13 Abs. 1 GG gerade den Teil der **Privatsphäre**, den sonst das allgemeine Persönlichkeitsrecht gewährleistet. Dieses Recht ergänzt als unbenanntes Freiheitsrecht die speziellen Freiheitsrechte, die ebenfalls konstituierende Elemente der Persönlichkeit schützen (vgl. BVerfGE 54, 148 <153 f.>), nur insoweit, als Letztere keinen Schutz gewähren. Der **Schutz des allgemeinen Persönlichkeitsrechts aus Art. 2 Abs. 1 in Verbindung mit Art. 1 Abs. 1 GG** greift hingegen ein, soweit von der Wohnraumüberwachung Personen betroffen werden, die sich nicht auf Art. 13 Abs. 1 GG berufen können. **Grundrechtsträger des Art. 13 Abs. 1 GG** ist jeder Inhaber oder Bewohner eines Wohnraums, unabhängig davon, auf welchen Rechtsverhältnissen die Nutzung des Wohnraums beruht. Bei mehreren Bewohnern einer Wohnung steht das Grundrecht jedem Einzelnen, bei Familien mithin jedem Familienmitglied zu. Maßnahmen der Wohnraumüberwachung können aber nicht nur **Wohnungsinhaber**, sondern auch **zufällig in einer Wohnung Anwesende** erfassen. Diese Personen sind zwar nicht in ihrem Grundrecht aus Art. 13 Abs. 1 GG, wohl aber in ihrem **allgemeinen Persönlichkeitsrecht** betroffen. Der Schutz aus Art. 2 Abs. 1 in Verbindung mit Art. 1 Abs. 1 GG kann insofern allerdings nicht weiter reichen als derjenige aus Art. 13 Abs. 1 und 3 GG. Der Schutz der **räumlichen Privatsphäre und des allgemeinen Persönlichkeitsrechts** kann schließlich in Einzelfällen durch weitere Grundrechtsgarantien ergänzt sein. So wird das **Gespräch zwischen Eheleuten in der eigenen Wohnung** nicht nur von Art. 13 Abs. 1 GG, sondern zusätzlich durch Art. 6 Abs. 1 GG geschützt. Auch in Bezug auf die **Kommunikation mit Berufsgeheimnisträgern** können neben dem grundrechtlichen **Schutz der räumlichen Privatsphäre** Grundrechte in Betracht kommen, die - wie etwa Art. 4 GG im Hinblick auf das Gespräch mit einem Geistlichen - der besonderen Schutzbedürftigkeit der Kommunizierenden Rechnung tragen.".

BVerfG, Beschluss des Ersten Senats vom 06.11.2019 – 1 BvR 16/13 – (Recht auf Vergessen I), Ls. 3 S. 1: „Von den **äußerungsrechtlichen Schutzdimensionen** ist das **Recht auf informationelle Selbstbestimmung** als eine eigene Ausprägung des allgemeinen Persönlichkeitsrechts zu unterscheiden." BVerfG, Beschluss des Ersten Senats vom 06.11.2019 – 1 BvR 16/13 – (Recht auf Vergessen I), Rn. 90: „Ausgehend von dem **Ziel des Rechts auf informationelle Selbstbestimmung**, Schutz vor Gefahren angesichts neuartiger Möglichkeiten der Datenverarbeitung zu gewähren (vgl. BVerfGE 65, 1 <42>), ist es primär als Gewährleistung zu verstehen, die – neben der ungewollten Preisgabe von Daten auch im Rahmen privater Rechtsbeziehungen (vgl. BVerfGE 84, 192 <194>) – insbesondere vor deren intranspa-

renter Verarbeitung und Nutzung durch Private schützt. Es bietet Schutz davor, dass Dritte sich individueller Daten bemächtigen und sie in nicht nachvollziehbarer Weise als Instrument nutzen, um die Betroffenen auf Eigenschaften, Typen oder Profile festzulegen, auf die sie keinen Einfluss haben und die dabei aber für die freie Entfaltung der Persönlichkeit sowie eine gleichberechtigte Teilhabe in der Gesellschaft von erheblicher Bedeutung sind. Der Gehalt dieses Rechts ist dabei entwicklungsoffen, so dass es auch weitere persönlichkeitsgefährdende Entwicklungen der Informationsverarbeitung aufnehmen kann.".

BVerfG, Beschluss des Ersten Senats vom 06.11.2019 – 1 BvR 16/13 – (Recht auf Vergessen I), Rn. 91: „[Vom Recht auf informationelle Selbstbestimmung] zu unterscheiden ist der **Schutz vor der Verarbeitung personenbezogener Berichte und Informationen als Ergebnis eines Kommunikationsprozesses**. Der Schutzbedarf gründet hier nicht in der intransparenten Zuweisung von Persönlichkeitsmerkmalen und -profilen durch Dritte, sondern in der sichtbaren Verbreitung bestimmter Informationen im öffentlichen Raum. Gefährdungen für die Persönlichkeitsentfaltung ergeben sich hier vornehmlich aus Form und Inhalt der Veröffentlichung selbst. Schutz gegenüber solchen Gefährdungen bieten die **äußerungsrechtlichen Ausprägungen des allgemeinen Persönlichkeitsrechts unabhängig vom Recht auf informationelle Selbstbestimmung**. Zwar kann es auch dabei maßgeblich auf die Art der Informationserlangung ankommen. Jedoch hat diese hier ihre Bedeutung als Vorfrage für die Beurteilung des weiteren Umgangs mit einer bestimmten Äußerung und des damit in die Öffentlichkeit gestellten Bildes einer Person selbst.".

BVerfG, Beschluss des Ersten Senats vom 06.11.2019 – 1 BvR 16/13 – (**Recht auf Vergessen** I), Ls. 2b): „Bei der Entscheidung über einen Schutzanspruch kommt der Zeit unter den Kommunikationsbedingungen des Internets ein spezifisches Gewicht zu. Die Rechtsordnung muss davor schützen, dass sich eine Person frühere Positionen, Äußerungen und Handlungen unbegrenzt vor der Öffentlichkeit vorhalten lassen muss. Erst die Ermöglichung eines Zurücktretens vergangener Sachverhalte eröffnet den Einzelnen die Chance zum Neubeginn in Freiheit. Zur Zeitlichkeit der Freiheit gehört die Möglichkeit des Vergessens.".

BVerfGE 120, 274, 311 (Online-Durchsuchung) = BVerfG, Urteil des Ersten Senats vom 27.02.2008 – 1 BvR 370/07 –, Rn. 197: „In seiner Ausprägung als **Schutz der Privatsphäre** [als **Privatangelegenheitenschutz** und **Rückzugsraumbereichsschutz** – beides **gegenüber der Öffentlichkeit**, vgl. **Sphärentheorie** mit **Intimsphäre, Privatsphäre, Sozialsphäre** und vgl. **Kernbereich privater Lebensgestaltung**] gewährleistet das allgemeine Persönlichkeitsrecht dem Einzelnen einen räumlich und thematisch bestimmten Bereich, der grundsätzlich frei von unerwünschter Einsichtnahme bleiben soll (vgl. BVerfGE 27, 344 <350 ff.>; 44, 353 <372 f.>; 90, 255 <260>; 101, 361 <382 f.>)."; BVerfGE 101, 361, 382-385 (Caroline von Monaco II) = BVerfG, Urteil vom 15.12.1999 – 1 BvR 653/96 –, Rn. 75-82: „Im Unterschied zum **Recht am eigenen Bild** bezieht sich der **Schutz der Privatsphäre**, der ebenfalls im **allgemeinen Persönlichkeitsrecht** wurzelt, nicht speziell auf Abbildungen, sondern ist **thematisch und räumlich** bestimmt. Er umfaßt zum einen **Angelegenheiten** [**Privatangelegenheitenschutz**], die wegen ihres Informationsinhalts typischerweise als ‚**privat**' eingestuft werden, weil ihre **öffentliche** Erörterung oder Zurschaustellung als unschicklich gilt, das Bekanntwerden als peinlich empfunden wird oder nachteilige Reaktionen der Umwelt auslöst, wie es etwa bei Auseinandersetzungen mit sich selbst in **Tagebüchern** (BVerfGE 80, 367), bei **vertraulicher Kommunikation unter Eheleuten** (BVerfGE 27, 344), im Bereich der **Sexualität** (BVerfGE 47, 46; 49, 286 [BVerfGE 120, 224, 238 f. (Geschwisterbeischlaf) = BVerfGE, Beschluss des Zweiten Senats vom 26.02.2008 – 2 BvR 392/07 –, Rn. 32 f.: „Das allgemeine Persönlichkeitsrecht in seiner Ausprägung als **Recht auf sexuelle Selbstbestimmung**"/„**Intim- und Sexualbereich des Menschen als Teil seiner Privatsphäre**, P. B.]), bei **sozial abweichendem Verhalten** (BVerfGE 44, 353) oder bei **Krankheiten** (BVerfGE 32, 373) der Fall ist. Fehlte es hier an einem **Schutz vor der Kenntniserlangung anderer**, wären die Auseinandersetzung mit sich selbst, die unbefangene Kommunikation unter Nahestehenden, die sexuelle Entfaltung oder die Inanspruchnahme ärztlicher Hilfe beeinträchtigt oder unmöglich, obwohl es sich um grundrechtlich geschützte Verhaltensweisen handelt. Zum anderen erstreckt sich der Schutz auf einen **räumlichen Bereich** [**Raumbereichsschutz**], in dem der Einzelne zu sich kommen, sich entspannen oder auch gehen lassen kann (vgl. BVerfGE 27, 1 [6]). Zwar bietet auch dieser Bereich Gelegenheit, sich in einer Weise zu verhalten, die nicht für die **Öffentlichkeit** bestimmt ist und deren Beobachtung oder Darstellung durch Außenstehende für den Betroffenen peinlich oder nachteilig wäre. Im Kern geht es aber um einen

Raum, in dem er die Möglichkeit hat, frei von **öffentlicher Beobachtung** und damit der von ihr erzwungenen Selbstkontrolle zu sein, auch ohne daß er sich dort notwendig anders verhielte als in der **Öffentlichkeit**. Bestünden solche **Rückzugsbereiche** nicht mehr, könnte der Einzelne psychisch überfordert sein, weil er unausgesetzt darauf achten müßte, wie er auf andere wirkt und ob er sich richtig verhält. Ihm fehlten die Phasen des Alleinseins und Ausgleichs, die für die Persönlichkeitsentfaltung notwendig sind und ohne die sie nachhaltig beeinträchtigt würde. Ein derartiges Schutzbedürfnis besteht auch bei Personen, die aufgrund ihres Ranges oder Ansehens, ihres Amtes oder Einflusses, ihrer Fähigkeiten oder Taten besondere **öffentliche** Beachtung finden. Wer, ob gewollt oder ungewollt, zur Person des **öffentlichen** Lebens geworden ist, verliert damit nicht sein Anrecht auf eine **Privatsphäre**, die den Blicken der **Öffentlichkeit** entzogen bleibt. Das gilt auch für demokratisch gewählte Amtsträger, die zwar für ihre Amtsführung **öffentlich** rechenschaftspflichtig sind und sich in diesem Umfang **öffentliche** Aufmerksamkeit gefallen lassen müssen, nicht aber für ihr **Privatleben**, sofern dieses die Amtsführung nicht berührt. Der **häusliche Bereich** [vgl. ggf. spezielleren Art. 13 GG i.V.m. BVerfGE 109, 279, 325 f.] stellt anerkanntermaßen eine solche geschützte Sphäre dar. Wegen des Bezugs auf die Entfaltung der Persönlichkeit darf der **Rückzugsbereich** jedoch nicht von vornherein auf ihn begrenzt werden. Das gilt schon deshalb, weil die Funktionen, denen er dient, nur erfüllt werden, wenn er nicht an den Hausmauern oder Grundstücksgrenzen endet. Die freie Entfaltung der Persönlichkeit wäre erheblich behindert, wenn der Einzelne nur im eigenen Haus der **öffentlichen** Neugier entgehen könnte. Die notwendige Erholung von einer durch Funktionszwänge und Medienpräsenz geprägten **Öffentlichkeit** ist vielfach nur in der **Abgeschiedenheit einer natürlichen Umgebung, etwa an einem Ferienort**, zu gewinnen. Deswegen muß der Einzelne grundsätzlich die Möglichkeit haben, sich auch in der freien, gleichwohl **abgeschiedenen Natur oder an Örtlichkeiten, die von der breiten Öffentlichkeit deutlich abgeschieden sind**, in einer von **öffentlicher** Beobachtung freien Weise zu bewegen. Das gilt gerade gegenüber solchen Aufnahmetechniken, die die **räumliche Abgeschiedenheit** überwinden, ohne daß der Betroffene dies bemerken kann. Wo die Grenzen der geschützten **Privatsphäre außerhalb des Hauses** verlaufen, läßt sich nicht generell und abstrakt festlegen. Sie können vielmehr nur aufgrund der jeweiligen Beschaffenheit des **Ortes** bestimmt werden, den der Betroffene aufsucht. Ausschlaggebend ist, ob der Einzelne eine **Situation** vorfindet oder schafft, in der er begründetermaßen und somit auch für Dritte erkennbar davon ausgehen darf, den Blicken der **Öffentlichkeit** nicht ausgesetzt zu sein. Ob die Voraussetzungen der **Abgeschiedenheit** erfüllt sind, läßt sich nur situativ beurteilen. Der Einzelne kann sich an ein und demselben **Ort** zu Zeiten mit gutem Grund unbeobachtet fühlen, zu anderen Zeiten nicht. Auch ist der Aufenthalt in umschlossenen **Räumen** keineswegs immer mit **Abgeschiedenheit** gleichzusetzen. Da es um die Frage geht, ob der Einzelne begründetermaßen erwarten darf, unbeobachtet zu sein, oder aber **Plätze** aufgesucht hat, wo er sich unter den Augen der **Öffentlichkeit** bewegt, kann es auch in umschlossenen Räumen an der **Abgeschiedenheit** fehlen, die Voraussetzung für den **Privatsphärenschutz** außerhalb der eigenen **Häuslichkeit** ist. **Plätzen, an denen sich der Einzelne unter vielen Menschen befindet**, fehlt es von vornherein an den Voraussetzungen des **Privatsphärenschutzes** im Sinn von Art. 2 Abs. 1 in Verbindung mit Art. 1 Abs. 1 GG. Sie können das **Rückzugsbedürfnis** nicht erfüllen und rechtfertigen deswegen auch nicht den grundrechtlichen Schutz, den dieses Bedürfnis aus Gründen der Persönlichkeitsentfaltung verdient. Der Einzelne kann solche **Orte** auch nicht etwa durch ein Verhalten, das typischerweise nicht **öffentlich** zur Schau gestellt würde, in seine **Privatsphäre** umdefinieren. Nicht sein Verhalten, ob allein oder mit anderen, konstituiert die **Privatsphäre**, sondern die **objektive Gegebenheit der Örtlichkeit zur fraglichen Zeit**. Verhält er sich daher an **Orten**, die nicht die Merkmale der **Abgeschiedenheit** aufweisen, so, als stünde er nicht unter Beobachtung, hebt er das **Schutzbedürfnis für Verhaltensweisen, die an sich die Öffentlichkeit nichts angehen**, selbst auf. Der **Schutz der Privatsphäre vor öffentlicher Kenntnisnahme** entfällt ferner, wenn sich jemand selbst damit einverstanden zeigt, daß bestimmte, gewöhnlich als privat geltende Angelegenheiten **öffentlich** gemacht werden, etwa indem er Exklusivverträge über die Berichterstattung aus seiner **Privatsphäre** abschließt. Der verfassungsrechtliche **Privatsphärenschutz** aus Art. 2 Abs. 1 in Verbindung mit Art. 1 Abs. 1 GG ist nicht im Interesse einer Kommerzialisierung der eigenen Person gewährleistet. Zwar ist niemand an einer solchen **Öffnung privater Bereiche** gehindert. Er kann sich dann aber nicht gleichzeitig auf den **öffentlichkeitsabgewandten Privatsphärenschutz** berufen. Die Erwartung, daß die Umwelt die **Angelegenheiten oder Verhaltensweisen in einem Bereich mit Rückzugsfunktion** nur begrenzt oder nicht zur Kenntnis nimmt, muß daher situationsübergreifend und konsistent zum Ausdruck gebracht werden. Das gilt auch für den Fall, daß der Entschluß, die Berichterstattung über bestimmte Vorgänge der eigenen **Privatsphäre** zu gestatten oder hinzunehmen, rückgängig gemacht wird.".

BVerfGE 6, 32, 41 (Elfes) = BVerfG, Urteil vom des Ersten Senats vom 16.01.1957 – 1 BvR 253/56 –, Rn. 32 [vgl. **Recht auf Privatsphäre** als **Privatangelegenheitenschutz** und **Rückzugsraumbereichsschutz** – beides **gegenüber der Öffentlichkeit,** vgl. **Sphärentheorie** mit **Intimsphäre**, **Privatsphäre**, **Sozialsphäre**]: „Vor allem dürfen die Gesetze daher die Würde des Menschen nicht verletzen, die im Grundgesetz der oberste Wert ist, aber auch die geistige, politische und wirtschaftliche Freiheit des Menschen nicht so einschränken, daß sie in ihrem Wesensgehalt angetastet würde (Art. 19 Abs. 2, Art. 1 Abs. 3, Art. 2 Abs. 1 GG). Hieraus ergibt sich, daß dem einzelnen Bürger eine **Sphäre privater Lebensgestaltung** verfassungskräftig vorbehalten ist, also ein letzter **unantastbarer Bereich menschlicher Freiheit** besteht, der der Einwirkung der gesamten öffentlichen Gewalt entzogen ist. Ein Gesetz, das in ihn eingreifen würde, könnte nie Bestandteil der ‚verfassungsmäßigen Ordnung' sein; es müßte durch das Bundesverfassungsgericht für nichtig erklärt werden.". BVerfGE 109, 279, Ls. 2 S. 1 (akustische Wohnraumüberwachung / „Großer Lauschangriff") = BVerfG, Urteil des Ersten Senats vom 03.03.2004 – 1 BvR 2378/98, 1084/99 –, Ls. 2 S. 1: „Zur Unantastbarkeit der Menschenwürde gemäß Art. 1 Abs. 1 GG gehört die Anerkennung eines absolut geschützten **Kernbereichs privater Lebensgestaltung**.". BVerfGE 141, 220, 276-278 (BKAG) = BVerfG, Urteil des Ersten Senats vom 20.04.2016 – 1 BvR 966/09 –, Rn. 119-124: „Neben den verfassungsrechtlichen Anforderungen an die allgemeinen Eingriffsvoraussetzungen ergeben sich aus den jeweiligen **Grundrechten in Verbindung mit Art. 1 Abs. 1 GG** für die Durchführung von besonders eingriffsintensiven Überwachungsmaßnahmen besondere Anforderungen an den **Schutz des Kernbereichs privater Lebensgestaltung**. Der verfassungsrechtliche **Schutz des Kernbereichs privater Lebensgestaltung** gewährleistet dem Individuum einen **Bereich höchstpersönlicher Privatheit gegenüber Überwachung**. Er wurzelt in den **von den jeweiligen Überwachungsmaßnahmen betroffenen Grundrechten in Verbindung mit Art. 1 Abs. 1 GG** und sichert einen dem Staat nicht verfügbaren Menschenwürdekern grundrechtlichen Schutzes gegenüber solchen Maßnahmen. Selbst überragende Interessen der Allgemeinheit können einen Eingriff in diesen **absolut geschützten Bereich privater Lebensgestaltung** nicht rechtfertigen (vgl. BVerfGE 109, 279 <313>; stRspr). Zur **Entfaltung der Persönlichkeit im Kernbereich privater Lebensgestaltung gehört die Möglichkeit**, **innere Vorgänge** wie Empfindungen und Gefühle sowie Überlegungen, Ansichten und Erlebnisse **höchstpersönlicher Art zum Ausdruck zu bringen** (vgl. BVerfGE 109, 279 <313>; 120, 274 <335>; stRspr). Geschützt ist insbesondere die **nichtöffentliche Kommunikation mit Personen des höchstpersönlichen Vertrauens**, **die in der berechtigten Annahme geführt wird, nicht überwacht zu werden**, wie es insbesondere bei Gesprächen im Bereich der Wohnung der Fall ist. Zu diesen Personen gehören insbesondere Ehe- oder Lebenspartner, Geschwister und Verwandte in gerader Linie, vor allem, wenn sie im selben Haushalt leben, und können Strafverteidiger, Ärzte, Geistliche und enge persönliche Freunde zählen (vgl. BVerfGE 109, 279 <321 ff.>). Dieser Kreis deckt sich nur teilweise mit dem der Zeugnisverweigerungsberechtigten. Solche Gespräche verlieren dabei nicht schon dadurch ihren Charakter als insgesamt höchstpersönlich, dass sich in ihnen Höchstpersönliches und Alltägliches vermischen (vgl. BVerfGE 109, 279 <330>; 113, 348 <391 f.>). Demgegenüber ist die **Kommunikation unmittelbar über Straftaten** nicht geschützt, selbst wenn sie auch Höchstpersönliches zum Gegenstand hat. Die **Besprechung und Planung von Straftaten** gehört ihrem Inhalt nach nicht zum **Kernbereich privater Lebensgestaltung**, sondern hat **Sozialbezug** (vgl. BVerfGE 80, 367 <375>; 109, 279 <319 f., 328>; 113, 348 <391>). Dies bedeutet freilich nicht, dass der Kernbereich unter einem allgemeinen Abwägungsvorbehalt in Bezug auf öffentliche Sicherheitsinteressen steht. Ein **höchstpersönliches Gespräch** fällt nicht schon dadurch aus dem **Kernbereich privater Lebensgestaltung** heraus, dass es für die Aufklärung von Straftaten oder Gefahren hilfreiche Aufschlüsse geben kann. Aufzeichnungen oder Äußerungen im Zwiegespräch, die zum Beispiel ausschließlich innere Eindrücke und Gefühle wiedergeben und keine Hinweise auf konkrete Straftaten enthalten, gewinnen nicht schon dadurch einen **Gemeinschaftsbezug**, dass sie Ursachen oder Beweggründe eines strafbaren Verhaltens freizulegen vermögen (vgl. BVerfGE 109, 279 <319>). Auch können trotz **Straftatenbezugs** Situationen, in denen Einzelnen gerade ermöglicht werden soll, ein Fehlverhalten einzugestehen oder sich auf dessen Folgen einzurichten, wie Beichtgespräche oder vertrauliche Gespräche mit einem Psychothera-

peuten oder einem Strafverteidiger, der **höchstpersönlichen Privatsphäre** unterfallen, die dem Staat absolut entzogen ist (vgl. BVerfGE 109, 279 <322>). Ein hinreichender **Sozialbezug** besteht demgegenüber dann, wenn **Gespräche - auch mit Vertrauenspersonen - sonst unmittelbar Straftaten zu ihrem Gegenstand haben** (vgl. BVerfGE 109, 279 <319>). Der **Kernbereich privater Lebensgestaltung** beansprucht gegenüber **allen Überwachungsmaßnahmen** Beachtung. Können sie typischerweise zur Erhebung kernbereichsrelevanter Daten führen, muss der Gesetzgeber Regelungen schaffen, die einen wirksamen Schutz normenklar gewährleisten (vgl. BVerfGE 109, 279 <318 f.>; 113, 348 <390 f.>; 120, 274 <335 ff.>). Außerhalb solch verletzungsgeneigter Befugnisse bedarf es eigener Regelungen nicht. Grenzen, die sich im Einzelfall auch hier gegenüber einem Zugriff auf höchstpersönliche Informationen ergeben können, sind bei deren Anwendung unmittelbar von Verfassungs wegen zu beachten. Der **Schutz des Kernbereichs privater Lebensgestaltung** ist strikt und darf nicht durch Abwägung mit den Sicherheitsinteressen nach Maßgabe des Verhältnismäßigkeitsgrundsatzes relativiert werden (vgl. BVerfGE 109, 279 <314>; 120, 273 <339>; stRspr). Dies bedeutet jedoch nicht, dass **jede tatsächliche Erfassung von höchstpersönlichen Informationen** stets einen Verfassungsverstoß oder eine Menschenwürdeverletzung begründet. Angesichts der Handlungs- und Prognoseunsicherheiten, unter denen Sicherheitsbehörden ihre Aufgaben wahrnehmen, kann ein **unbeabsichtigtes Eindringen in den Kernbereich privater Lebensgestaltung** im Rahmen von Überwachungsmaßnahmen nicht für jeden Fall von vornherein ausgeschlossen werden (vgl. BVerfGE 120, 274 <337 f.>). Die Verfassung verlangt jedoch **für die Ausgestaltung der Überwachungsbefugnisse** die **Achtung des Kernbereichs** als eine strikte, nicht frei durch Einzelfallerwägungen überwindbare Grenze.".

BVerfGE 120, 274 (Online-Durchsuchung) = BVerfG, Urteil des Ersten Senats vom 27.02.2008 – 1 BvR 370/07 –, Ls. 1: „Das **allgemeine Persönlichkeitsrecht** (Art. 2 Abs. 1 i.V.m. Art. 1 Abs. 1 GG) umfasst das Grundrecht auf **Gewährleistung der Vertraulichkeit und Integrität informationstechnischer Systeme**."; BVerfGE 120, 274, 314 (Online-Durchsuchung) = BVerfG, Urteil des Ersten Senats vom 27.02.2008 – 1 BvR 370/07 –, Rn. 203: „**informationstechnisches System**": „etwa Personalcomputer", „ferner beispielweise […] solche Mobiltelefone oder elektronische Terminkalender, die über einen großen Funktionsumfang verfügen und personenbezogene Daten vielfältiger Art erfassen und speichern können."; BVerfGE 120, 274, 276 (Online-Durchsuchung) = BVerfG, Urteil des Ersten Senats vom 27.02.2008 – 1 BvR 370/07 –, Rn. 5: „**heimlicher Zugriff auf ein informationstechnisches System**": „[heimliche] technische Infiltration […], die etwa Sicherheitslücken des Zielsystems ausnutzt oder über die Installation eines Spähprogramms erfolgt", wobei die Infiltration es ermöglicht, die Zielsystem-„Nutzung zu überwachen oder die Speichermedien durchzusehen oder gar das Zielsystem fernzusteuern.".

BVerfGE 147, 1 (**Geschlechtsidentität**) = BVerfG, Beschluss des Ersten Senats vom 10.10.2017 – 1 BvR 2019/16 –, Ls. 1-3: „1. Das **allgemeine Persönlichkeitsrecht** (Art. 2 Abs. 1 i.V.m. Art. 1 Abs. 1 GG) schützt die **geschlechtliche Identität**. Es schützt auch die geschlechtliche Identität derjenigen, die sich dauerhaft weder dem männlichen noch dem weiblichen Geschlecht zuordnen lassen. 2. Art. 3 Abs. 3 Satz 1 GG schützt auch Menschen, die sich dauerhaft weder dem männlichen noch dem weiblichen Geschlecht zuordnen lassen, vor **Diskriminierungen wegen ihres Geschlechts**. 3. Personen, die sich dauerhaft weder dem männlichen noch dem weiblichen Geschlecht zuordnen lassen, werden in beiden Grundrechten verletzt, wenn das Personenstandsrecht dazu zwingt, das Geschlecht zu registrieren, aber keinen anderen positiven Geschlechtseintrag als weiblich oder männlich zulässt.".

BVerfG, Urteil des Zweiten Senats vom 26.02.2020 – 2 BvR 2347/15 –, Ls. 1: „a) Das **allgemeine Persönlichkeitsrecht** (Art. 2 Abs. 1 i.V.m. Art. 1 Abs. 1 GG) umfasst als Ausdruck persönlicher Autonomie ein **Recht auf selbstbestimmtes Sterben**. b) Das **Recht auf selbstbestimmtes Sterben** schließt die Freiheit ein, sich das Leben zu nehmen [Rn. 208: „**Recht auf Selbsttötung**"]. Die Entscheidung des Einzelnen, seinem Leben entsprechend seinem Verständnis von Lebensqualität und Sinnhaftigkeit der eigenen Existenz ein Ende zu setzen, ist im Ausgangspunkt als Akt autonomer Selbstbestimmung von Staat und Gesellschaft zu respektieren. c) Die **Freiheit, sich das Leben zu nehmen**, umfasst auch die Freiheit, hierfür bei Dritten Hilfe zu suchen und Hilfe, soweit sie angeboten wird, in Anspruch zu nehmen.".

1253 Zum sog. „**Menschenwürdegehalt**" der Grundrechte: *Basten*, Die Menschenwürde des Grundgesetzes.

1254 Vgl. auch Art. 142 GG i.V.m. Art. 4 Abs. 2 Verfassung NRW; Art. 8 EU-GR-Charta; Art. 16 AEUV; Art. 8 EMRK.

a) GR-SB:

aa) Persönlicher GR-SB: „Jeder".

bb) Sachlicher GR-SB: „**freie Entfaltung der Persönlichkeit**" als „**Datenfreiheit**" (Grundsätzliche Bestimmungsbefugnis des Einzelnen über Preisgabe und Verwendung eigener personenbezogener Daten[1255]), vgl. **personenbezogenes Datum**: § 36 Nr. 1 DSG NRW[1256].

b) GR-E (oder Nichteingriff/**Einwilligung** i.S.v. § 36 Nr. 19 DSG NRW, § 38 DSG NRW): **Persönlichkeitsentfaltungseinschränkung** als Datenfreiheitseinschränkung, durch **Datenverarbeitung**s-Maßnahme[1257] Datenerhebung i.S.d. § 36 Nr. 2 DSG NRW, durch Personendurchsuchung[1258] oder Sachendurchsuchung oder Wohnungsdurchsuchung oder Durchsuchung anderer Räume.

[1255] BVerfGE 65, 1, Ls. 1 S. 2 (Volkszählungsgesetz) = BVerfG, Urteil des Ersten Senats vom 15.12.1983 – 1 BvR 209/83, Ls. 1 S. 2 (Ls. 1: „Unter den Bedingungen der modernen Datenverarbeitung wird der Schutz des Einzelnen gegen unbegrenzte Erhebung, Speicherung, Verwendung und Weitergabe seiner persönlichen Daten von dem allgemeinen Persönlichkeitsrecht des Art. 2 Abs. 1 GG in Verbindung mit Art. 1 Abs. 1 GG umfaßt. Das Grundrecht gewährleistet insoweit die Befugnis des Einzelnen, grundsätzlich selbst über die Preisgabe und Verwendung seiner persönlichen Daten zu bestimmen.").

[1256] BVerfG, Beschluss der 3. Kammer des Zweiten Senats vom 27.06.2018 – 2 BvR 1562/17 (auf § 103 StPO gestützte Anordnung der Durchsuchung der Räumlichkeiten des Münchener Kanzleistandorts der Rechtsanwaltskanzlei Jones Day sowie Sicherstellung von Unterlagen und elektronischen Daten im Zuge des sogenannten „VW-Dieselskandals" – Verfassungsbeschwerde nicht zur Entscheidung angenommen wegen Unzulässigkeit aufgrund Nichterfüllung von Voraussetzungen nach § 93a Abs. 2 BVerfGG), Gründe, V., Rn. 44: „Der Begriff der persönlichen Daten deckt sich mit der Legaldefinition personenbezogener Daten in § 46 Nr. 1 BDSG (zuvor § 3 Abs. 1 BDSG) und erfasst alle Informationen, die sich auf eine identifizierte oder identifizierbare natürliche Person (betroffene Person) beziehen (vgl. noch zu § 3 Abs. 1 BDSG ‚Einzelangaben über persönliche oder sachliche Verhältnisse einer bestimmten oder bestimmbaren Person' Di Fabio, in: Maunz/Dürig, GG, Art. 2 Abs.1, Rn. 175 [Juli 2001]).".

[1257] BVerfG, Urteil des Ersten Senats vom 19.05.2020 – 1 BvR 2835/17 – (Ausland-Ausland-Fernmeldeaufklärung nach BNDG), E. III. 1., Rn. 212: „Die **Übermittlung personenbezogener Daten**, mit der eine Behörde die von ihr erhobenen Daten einer anderen Stelle zugänglich macht, begründet einen eigenen Grundrechtseingriff (vgl. BVerfGE 100, 313 <367>; 141, 220 <334 Rn. 305>; stRspr). Dieser ist an dem **Grundrecht** zu messen, **in das bei der ursprünglichen Datenerhebung eingegriffen wurde** (vgl. BVerfGE 100, 313 <367>; 141, 220 <334 Rn. 305>; stRspr).".

[1258] BVerfG, Beschluss der 2. Kammer des Zweiten Senats vom 27.03.2019 – 2 BvR 2294/18 –, Rn. 17: „**Durchsuchungen, die mit einer Entkleidung verbunden sind**, stellen einen schwerwiegenden Eingriff in das allgemeine Persönlichkeitsrecht dar (vgl. BVerfGK 2, 102 <105>; 17, 9 <14>; BVerfG, Beschluss der 2. Kammer des Zweiten Senats vom 5. März 2015 - 2 BvR 746/13 -, juris, Rn. 33; BVerfG, Beschluss der 2. Kammer des Zweiten Senats vom 5. November 2016 - 2 BvR 6/16 -, juris, Rn. 29; vgl. auch BVerfG, Beschluss der 2. Kammer des Zweiten Senats vom 14. April 2016 - 2 BvR 695/16 -, juris, Rn. 6). Dies gilt in besonderem Maße für **Durchsuchungen, die mit einer Inspizierung von normalerweise verdeckten Körperöffnungen verbunden sind** (vgl. BVerfGK 17, 9 <14>; BVerfG, Beschluss der 3. Kammer des Zweiten Senats vom 10. Juli 2013 - 2 BvR 2815/11 -, juris, Rn. 15; BVerfG, Beschluss der 2. Kammer des Zweiten Senats vom 5. November 2016 - 2 BvR 6/16 -, juris, Rn. 29). Wegen des besonderen Gewichts von Eingriffen, die den Intimbereich und das Schamgefühl des Inhaftierten berühren, hat der Inspizierte Anspruch auf besondere Rücksichtnahme (vgl. BVerfGK 17, 9 <16>; BVerfG, Beschluss der 3. Kammer des Zweiten Senats vom 10. Juli 2013 - 2 BvR 2815/11 -, juris, Rn. 15; BVerfG, Beschluss der 2. Kammer des Zweiten Senats vom 5. November 2016 - 2 BvR 6/16 -, juris, Rn. 29).".

c) GR-B: Art. 2 Abs. 1 Hs. 2 GG[1259].

3. Körperliche Bewegungsfreiheit, Art. 2 Abs. 2 S. 2 GG[1260]

a) GR-SB:

aa) Persönlicher GR-SB: „**Person**“, vgl. § 1 BGB.

bb) Sachlicher GR-SB: „Freiheit“ ist **körperliche Bewegungsfreiheit** als Freiheit, jeden Ort oder Raum aufzusuchen, sich dort aufzuhalten, (ihn zu verlassen), der an sich (tatsächlich und rechtlich) zugänglich ist.

Vertretbar: Nichteröffnung des GR-Schutzbereichs bzw. GR-Nichteingriff bzgl. Art. 2 Abs. 2 S. 2 GG bei:

- Durchsuchung bei Bewusstlosen;
- Durchsuchung in der Bewegung (zum Beispiel Abstasten quasi im Nebenhergehen oder im Vorbeigehen).

1259 Art. 2 Abs. 1 Hs. 2 GG (**Schrankentrias**): BVerfGE 80, 137, 153 (Reiten im Walde) = BVerfG, Beschluss des Ersten Senats vom 06.06.1989 – 1 BvR 921/85 –, C. I. 1 a), Rn. 69: „Abgesehen von einem absolut geschützten Kernbereich privater Lebensgestaltung, welcher der Einwirkung der öffentlichen Gewalt entzogen ist (BVerfGE 6, 32 [41]), ist die allgemeine Handlungsfreiheit allerdings nur in den **Schranken** des zweiten Halbsatzes von Art. 2 Abs. 1 GG gewährleistet und steht damit insbesondere unter dem **Vorbehalt der verfassungsmäßigen (Rechts-)Ordnung** (BVerfGE 6, 32 [37 f.]; 74, 129 [152]). Stützt sich ein die Handlungsfreiheit berührender Akt der öffentlichen Gewalt auf eine Rechtsnorm, so kann mit der Verfassungsbeschwerde unter Berufung auf Art. 2 Abs. 1 GG zur Nachprüfung gestellt werden, ob diese Norm zur **verfassungsmäßigen Ordnung** gehört, das heißt formell und materiell mit den Normen der Verfassung in Einklang steht (st. Rspr. seit BVerfGE 6, 32).“; BVerfGE 6, 32, Ls. 3 (Elfes) = BVerfG, Urteil des Ersten Senats vom 16.01.1957 – 1 BvR 253/56, Ls. 3: „**Verfassungsmäßige Ordnung** im Sinne des Art. 2 Abs. 1 GG ist die verfassungsmäßige Rechtsordnung, d.h. die Gesamtheit der Normen, die formell und materiell der Verfassung gemäß sind.“; vgl. dazu auch BVerfGE 6, 32, 37-41 (Elfes) = BVerfG, Urteil des Ersten Senats vom 16.01.1957 – 1 BvR 253/56, Gründe II. 2 b), c), Rn. 17-33.

Rechte anderer sind (als Teil der verfassungsmäßigen Ordnung) subjektive Berechtigungen (Anspruch oder Befugnis oder Erlaubnis) einschließlich Verpflichtungen (Pflicht zur Erfüllung von Anspruch oder Befugnis oder Erlaubnis) und sonstiger Rechtswirkungen für ein Rechtssubjekt bezüglich eines Verhaltens oder eines Rechtsguts.

Vgl. zum ein Mal bundesverfassungsgerichtlich entscheidungserheblich bemühten „**Sittengesetz**“ nach Art. 2 Abs. 1 Hs. 2 GG als Gesetz, das nicht das durch die „soziale Gemeinschaft“ „als für sich verbindlich“ anerkannte „Rechtsgefühl“ „im allgemeinen“ „verletzt“: BVerfGE 6, 389 (Homosexuelle) = BVerfG, Urteil des Ersten Senats vom 10.05.1957 – 1 BvR 550/52 –, und StrRehaHomG (Gesetz zur strafrechtlichen Rehabilitierung der nach dem 8. Mai 1945 wegen einvernehmlicher homosexueller Handlungen verurteilten Personen vom 17. Juli 2017 – BGBl. I S. 2443).

1260 Vgl. auch Art. 142 GG i.V.m. Art. 4 Abs. 1 Verfassung NRW; Art. 20 Abs. 2a und Art. 21 AEUV i.V.m. Art. 6, 45 EU-GR-Charta (**Bewegungsfreiheit**, **Freizügigkeit**, **Aufenthaltsfreiheit**); Art. 5 EMRK; Art. 2 Protokoll Nr. 4 EMRK; Art. 21 AEUV (**Unionsbürgerfreizügigkeit**, zum **Unionsbürger** vgl. Art. 9 S. 2, 3 EUV, Art. 20 Abs. 1 S. 2, 3 AEUV); Art. 45 AEUV (**Arbeitnehmerfreizügigkeit**); Art. 49 AEUV (**Niederlassungsfreiheit**); Art. 56 AEUV (**Dienstleistungsfreiheit**); vgl. auch Art. 28 AEUV (**Warenverkehrsfreiheit**); Art. 9 Abs. 1 S. 1 IPbpR („Jedermann hat ein Recht auf persönliche Freiheit und Sicherheit.“); Art. 9-11 IPbpR (Freiheitsentziehungsbedingungen), Art. 12 IPbpR (Bewegung, Wohnsitzwahl, Ausreise, Einreise in Hoheitsgebiet eines Staates, vgl. „Freizügigkeit“), Art. 13 IPbpR (Ausländerausweisungsbedingungen).

b) GR-E (oder Nichteingriff/GR-Verzicht): Freiheitsentziehung oder sonstige Freiheitsbeschränkung, insbesondere Freiheitsbeschränkung durch Bewegungsverfügung, Anhalten oder Festhalten im Rahmen der Durchsuchung.

Freiheitsbeschränkung (Freiheitsentziehung oder sonstige Freiheitsbeschränkung) liegt vor, wenn jemand durch die öffentliche Gewalt gegen seinen Willen daran gehindert wird, einen Ort oder Raum aufzusuchen oder sich dort aufzuhalten, der ihm an sich (tatsächlich und rechtlich) zugänglich ist. Eine **Freiheitsentziehung** als schwerste Form der Freiheitsbeschränkung ist dann gegeben, wenn die tatsächlich und rechtlich an sich gegebene körperliche Bewegungsfreiheit durch staatliche Maßnahmen nach jeder Richtung hin aufgehoben wird[1261]; Freiheitsentziehung setzt auch eine besondere Eingriffsintensität und eine nicht nur kurzfristige Dauer der Maßnahme voraus[1262]. Im Übrigen kann eine Abgrenzung zwischen Freiheitsentziehung und sonstiger Freiheitsbeschränkung auch erfolgen nach Art, Dauer, Intensität, Mittel, Zweck der Freiheitsbeschränkung.[1263]

c) GR-B: Art. 2 Abs. 2 S. 3 i.V.m. Art. 104 GG.

Ggf. vertretbar wegen Unverfügbarkeit von Eigentum durch die Durchsuchung:

4. Eigentum, Art. 14 Abs. 1 S. 1 Alt. 1 GG[1264]

a) GR-SB:

aa) Persönlicher GR-SB: Alle Menschen (personen- und staatsangehörigkeitsunabhängiger Wortlaut);

bb) Sachlicher GR-SB: „**Eigentum**" ist Summe aller vermögenswerten Rechte, also jedenfalls auch der berechtigte Besitz und die berechtigte Nutzung[1265].[1266]

[1261] BVerfG, Beschluss der 1. Kammer des Ersten Senats vom 08.03.2011 – 1 BvR 47/05 –, Rn. 20, vgl. BVerfGE 94, 166, 198 (Flughafenverfahren) = BVerfGE, Urteil des Zweiten Senats vom 14.05.1996 – 2 BvR 1516/93.

[1262] BVerfGE 149, 293 (5-Punkt-Fixierung/7-Punkt-Fixierung) = BVerfG, Urteil des Zweiten Senats vom 24.07.2018 – 2 BvR 309/15 –, D. II. 2. a), Rn. 67, vgl. dazu auch BVerfGE 149, 293 (5-Punkt-Fixierung/7-Punkt-Fixierung) = BVerfG, Urteil des Zweiten Senats vom 24.07.2018 – 2 BvR 309/15 –, D. II. 2. b): „Jedenfalls eine **5-Punkt- oder 7-Punkt-Fixierung**, bei der sämtliche Gliedmaßen des Betroffenen mit Gurten am Bett festgebunden werden, stellt eine Freiheitsentziehung im Sinne von Art. 104 Abs. 2 GG dar, es sei denn, es handelt sich um eine lediglich **kurzfristige Maßnahme**. Von einer kurzfristigen Maßnahme ist in der Regel auszugehen, wenn sie absehbar die Dauer von ungefähr einer halben Stunde unterschreitet.".

[1263] Vgl. auch insbesondere zu Art, Intensität, Mittel: § 415 Abs. 2 FamFG und §§ 37a, 62 PolG NRW.

[1264] Vgl. auch Art. 142 GG i.V.m. Art. 4 Abs. 1 Verfassung NRW; Art. 17 EU-GR-Charta; Art. 1 Zusatzprotokoll EMRK.

[1265] BVerfGE 95, 267, 300 (Altschulden) = BVerfG, Urteil des Ersten Senats vom 08.04.1997 – 1 BvR 48/94 –, C. I. 1., Rn. 130 f.: „Unter den Schutz der Eigentumsgarantie fallen grundsätzlich alle vermögenswerten Rechte, die dem Berechtigten von der Rechtsordnung in der Weise zugeordnet sind, daß er die damit verbundenen Befugnisse nach eigener Entscheidung zu seinem privaten Nutzen ausüben darf (vgl. BVerfGE 83, 201 [209]; stRspr). Der verfassungsrechtliche Eigentumsschutz reicht damit zwar erheblich weiter als das zivilrechtliche Eigentum und erstreckt sich auch auf nicht dingliche vermögenswerte Rechtspositionen. Er bleibt aber an Rechtspositionen gebunden. Kein Eigentum im Sinn von Art. 14 Abs. 1 GG ist daher das **Vermögen**, das selber kein Recht, sondern den Inbegriff aller geldwerten Güter einer Person darstellt (vgl. BVerfGE 4, 7 [17]; stRspr). Daraus folgt, daß Art. 14 Abs. 1 GG nicht vor der staatlichen Auferlegung von **Geldleistungspflichten** schützt. Diese sind nicht mittels eines bestimmten Eigentumsobjekts zu erfüllen, sondern werden aus dem fluktuierenden Vermögen bestritten. Etwas anderes kommt nur dann in Betracht, wenn die Geldleistungspflichten den Betroffenen übermäßig

b) GR-E (oder Nichteingriff/GR-Verzicht): **Eigentumseinschränkung** durch Einschränkung eines vermögenswerten Rechts, etwa durch Einschränkungen oder Entzug der Nutzungs- und Verfügungsbefugnis an (berechtigtem) Eigentum/Besitz/Nutzung, vgl. §§ 903 ff. BGB, §§ 854 ff. BGB, ohne Güterbeschaffung als Inhalts- und Schrankenbestimmungen im Sinne von Art. 14 Abs. 1 S. 2 GG[1267].

c) GR-B: Art. 14 Abs. 1 S. 2, Abs. 2, 3 GG, Art. 18 GG.

Ggf. betroffenes Grundrecht durch Durchsuchung von einem Mediengrundrechtsträger als solchem oder einer Mediensache oder einer Medienstätte als solcher.

---

belasten und seine Vermögensverhältnisse so grundlegend beeinträchtigen, daß sie eine erdrosselnde Wirkung haben (vgl. BVerfGE 78, 232 [243]; stRspr).".

1266 Zum Vergleich von Art. 14 Abs. 1 S. 1 Alt. 1 GG und dem Auffanggrundrecht des Art. 2 Abs. 1 GG: Bei lediglich unentschiedenem Potential von Berechtigung wie Nichtberechtigung kann grundsätzlich in dubio pro libertate zunächst zugunsten des Grundrechtsfähigen größtmöglicher Grundrechtsschutzbereich vermutet werden. Vgl. auch BVerfGE 6, 55, 72 (Steuersplitting); BVerfGE 32, 54, 71 (Betriebsbetretungsrecht); BVerfGE 39, 1, 38 (Schwangerschaftsabbruch I); BVerfGE 51, 97, 110 (Zwangsvollstreckung I); BVerfGE 151, 67 (Richtervorbehalt, Bereitschaftsdienst, Nachtzeit/Tageszeit i.S.v. § 104 Abs. 3 StPO) = BVerfG, Beschluss des Zweiten Senats vom 12.03.2019 – 2 BvR 675/14 –, Rn. 55, wonach in Zweifelsfällen diejenige Auslegung zu wählen ist/derjenigen Auslegung der Vorzug zu geben ist, welche die (juristische) „Wirkungskraft der Grundrechtsnorm am stärksten entfaltet.". **Eigentum** i.S.d. (privat)rechtsnormgeprägten Schutzbereichs von Art. 14 Abs. 1 S. 1 Alt. 1 GG ist jedenfalls gegeben bei Eigentum i.S.d. Privatrechts und bei vermögenswerter Besitz-/Nutzungs-/Umgangs-Berechtigung (z.B. i.S.d. §§ 854-984 BGB). **Eigentumslosigkeit** i.S.d. (privat)rechtsnormgeprägten Schutzbereichs von Art. 14 Abs. 1 S. 1 Alt. 1 GG ist jedenfalls gegeben bei allseitiger Besitz-/Nutzungs-/Umgangs-Nichtberechtigung (z.B. i.S.d. §§ 854-984 BGB); nicht schon unbedingt bei lediglich Eigentums-Nichtberechtigung im privatrechtlichen Sinne bei vermögenswerten Besitz-/Nutzungs-/Umgangs-Berechtigungen; wohl aber jedenfalls auch bei Verbot i.S.d. § 134 BGB oder Sittenwidrigkeit i.S.d. § 138 BGB oder sonstiger Unwirksamkeitsgründe (Nichtentstehensgründe oder Erlöschensgründe) gerade bezüglich des Erwerbs- oder Nutzungs- oder Umgangsaktes (z.B. i.S.d. §§ 854-984 BGB; vgl. z.B. Btm-Umgangsarten i.S.d. § 29 BtMG; vgl. auch etwaiges waffenrechtliches Verbot der Umgangsart Erwerb oder sonstiger Umgangsarten i.S.d. § 1 Abs. 3, 4 WaffG bei Nichtverbot des Erwerbs). Vgl. BVerfGE 110, 1, 23 f. (Erweiterter Verfall [a. F., ≙ erweiterte Tatertragseinziehung, P. B.]) = BVerfG, Beschluss des Zweiten Senats vom 14.01.2004 – 2 BvR 564/95 –, C. I. 3. a), b), Rn. 86 f, 88: „Die Vorschrift des § 73d StGB [a. F., ≙ § 73a StGB, P. B.] verstößt in der Auslegung des Bundesgerichtshofs auch nicht gegen die Eigentumsgarantie des Art. 14 Abs. 1 GG. Soweit § 73d StGB [a. F., ≙ § 73a StGB, P. B.] den Zugriff auf Vermögenswerte erlaubt, die dem unmittelbar Betroffenen wegen eines Verstoßes gegen strafrechtliche Vorschriften zivilrechtlich nicht zustehen (vgl. § 134, § 935 BGB), ist dessen Eigentumsgrundrecht schon mangels einer schutzfähigen Rechtsposition nicht berührt (vgl. BVerfGE 83, 201 [209]; 95, 267 [300]). Dies betrifft vor allem die Entziehung von Gewinnen aus illegalen Drogengeschäften. Denn wegen des strafrechtlichen Verbots des Handeltreibens mit Betäubungsmitteln ist gemäß § 134 BGB neben dem schuldrechtlichen Verpflichtungsgeschäft zugleich die Übereignung sowohl der Drogen als auch des für sie als Kaufpreis gezahlten Geldes zivilrechtlich unwirksam (vgl. BGH, NJW 1983, S. 636 [Schrifttumsquellen]. […] Soweit § 73d StGB StGB [a. F., ≙ § 73a StGB, P. B.] die Entziehung von Gegenständen anordnet, die der Betroffene zwar deliktisch, aber gleichwohl zivilrechtlich wirksam erworben hat, enthält er eine Inhalts- und Schrankenbestimmung des Eigentums im Sinne des Art. 14 Abs. 1 Satz 2 GG. Diese genügt in der Auslegung des Bundesgerichtshofs den verfassungsrechtlichen Anforderungen.".

1267 BVerfGE 143, 246, Ls. 5 (Dreizehnte Novelle des Atomgesetzes) = BVerfG, Urteil des Ersten Senats vom 06.12.2016 - 1 BvR 2821/11 -, Ls. 5.

5. Mediengrundrecht (Pressefreiheitsgrundrecht und Rundfunkfreiheitsgrundrecht)[1268], Art. 5 Abs. 1 S. 2 GG[1269]

a) GR-SB:

aa) Persönlicher GR-SB: Im Pressebereich oder im Rundfunkbereich tätige Personen und Organisationen.[1270]

bb) Sachlicher GR-SB: Voraussetzungen und Tätigkeiten, ohne welche die Medien ihre Funktion im freiheitlich-demokratischen Staat nicht in angemessener Weise erfüllen können, vgl. auch § 7 PresseG NRW.[1271]

b) GR-E (oder Nichteingriff/GR-Verzicht): Einschränkung von Voraussetzungen und Tätigkeiten, ohne welche die Medien ihre Funktion im freiheitlich-demokratischen Staat nicht in angemessener Weise erfüllen können, vgl. auch § 7 PresseG NRW.[1272]

c) GR-B: Art. 5 Abs. 2 GG, Art. 18 GG.[1273]

[1268] BVerfGE 117, 244, 258 (Cicero) = BVerfG, Urteil des Ersten Senats vom 27.02.2007 – 1 BvR 538, 2045/06 – B. I. 1. a), Rn. 42: „Die Freiheit der Medien ist konstituierend für die freiheitliche demokratische Grundordnung (vgl. BVerfGE 7, 198 [208]; 77, 65 [74]; stRspr). Eine freie Presse und ein freier Rundfunk sind daher von besonderer Bedeutung für den freiheitlichen Staat (vgl. BVerfGE 20, 162 [174]; 50, 234 [239 f.]; 77, 65 [74]).".

[1269] Vgl. Art. 142 GG i.V.m. Art. 4 Abs. 1 Verfassung NRW; Art. 11 EU-GR-Charta.

[1270] BVerfGE 117, 244, 258 f. (Cicero) = BVerfG, Urteil des Ersten Senats vom 27.02.2007 – 1 BvR 538, 2045/06 – B. I. 1. a), Rn. 42: „Dementsprechend gewährleistet Art. 5 Abs. 1 Satz 2 GG den im Bereich von Presse und Rundfunk tätigen Personen und Organisationen Freiheitsrechte und schützt darüber hinaus in seiner objektiv-rechtlichen Bedeutung auch die institutionelle Eigenständigkeit der Presse und des Rundfunks (vgl. BVerfGE 10, 118 [121]; 66, 116 [133]; 77, 65 [74 ff.]).".

[1271] BVerfGE 117, 244, 259 (Cicero) = BVerfG, Urteil des Ersten Senats vom 27.02.2007 – 1 BvR 538, 2045/06 – B. I. 1. a), Rn. 42: Die Gewährleistungsbereiche der Presse- und Rundfunkfreiheit schließen diejenigen Voraussetzungen und Hilfstätigkeiten mit ein, ohne welche die Medien ihre Funktion nicht in angemessener Weise erfüllen können. Geschützt sind namentlich die Geheimhaltung der Informationsquellen und das Vertrauensverhältnis zwischen Presse beziehungsweise Rundfunk und den Informanten (vgl. BVerfGE 100, 313 [365] m.w.N.). Dieser Schutz ist unentbehrlich, weil die Presse auf private Mitteilungen nicht verzichten kann, diese Informationsquelle aber nur dann ergiebig fließt, wenn sich der Informant grundsätzlich auf die Wahrung des Redaktionsgeheimnisses verlassen kann (vgl. BVerfGE 20, 162 [176, 187]; 36, 193 [204]).".

[1272] Zu **Medienfreiheitseingriffsgegenständen** vgl. BVerfGE 117, 244, 259 f. (Cicero) = BVerfG, Urteil des Ersten Senats vom 27.02.2007 – 1 BvR 538, 2045/06 – B. I. 1. a), Rn. 44 f.: „Eine **Durchsuchung in Presseräumen** stellt wegen der damit verbundenen Störung der redaktionellen Arbeit und der Möglichkeit einer einschüchternden Wirkung eine Beeinträchtigung der Pressefreiheit dar (vgl. zuletzt BVerfG, 1. Kammer des Ersten Senats, Beschluss vom 1. Februar 2005 -- 1 BvR 2019/03 --, NJW 2005, S. 965). Auch können potentielle Informanten durch die begründete Befürchtung, bei einer Durchsuchung könnte ihre Identität festgestellt werden, davon abgehalten werden, Informationen zu liefern, die sie nur im Vertrauen auf die Wahrung ihrer Anonymität herauszugeben bereit sind. Überdies liegt in der **Verschaffung staatlichen Wissens über die im Bereich journalistischer Recherche hergestellten Kontakte** ein Eingriff in das **Redaktionsgeheimnis**, dem neben dem **Vertrauensverhältnis der Medien zu ihren Informanten** eigenständige Bedeutung zukommt (vgl. BVerfGE 66, 116 [133 ff.]; 107, 299 [331]). Durch die Anordnung der **Beschlagnahme von Datenträgern zum Zwecke der Auswertung** ist den Ermittlungsbehörden die Möglichkeit des Zugangs zu redaktionellem Datenmaterial eröffnet worden. Dies greift in besonderem Maße in die vom Grundrecht der Pressefreiheit umfasste **Vertraulichkeit der Redaktionsarbeit** ein, aber auch in ein etwaiges Vertrauensverhältnis zu Informanten.".

[1273] BVerfGE 117, 244, 260 (Cicero) = BVerfG, Urteil des Ersten Senats vom 27.02.2007 – 1 BvR 538, 2045/06 – B. I. 2. a), Rn. 47: „Nach Art. 5 Abs. 2 GG findet die Pressefreiheit ihre Schranken in den

6. Allgemeine Verhaltensfreiheit / Allgemeine Handlungsfreiheit[1274], Art. 2 Abs. 1 GG[1275]

a) GR-SB:

aa) Persönlicher GR-SB: „Jeder".

bb) Sachlicher GR-SB: **„freie Entfaltung der Persönlichkeit"** bedeutet **allgemeine Verhaltensfreiheit** im umfassenden Sinn[1276] durch grundsätzlich jedes Tun, Dulden, Unterlassen[1277].

Vorschriften der allgemeinen Gesetze. Darunter sind alle Gesetze zu verstehen, die sich nicht gegen die Meinungsfreiheit oder die Freiheit von Presse und Rundfunk an sich oder gegen die Äußerung einer bestimmten Meinung richten, die vielmehr dem Schutz eines schlechthin, ohne Rücksicht auf eine bestimmte Meinung, zu schützenden Rechtsguts dienen. Dieses Rechtsgut muss in der Rechtsordnung allgemein und damit unabhängig davon geschützt sein, ob es durch Meinungsäußerungen oder auf andere Weise verletzt werden kann. Beschränkt die zum Schutz dieses Rechtsguts ergriffene Maßnahme die Meinungs- oder Pressefreiheit, so führt nicht schon dies zur Verneinung des Charakters der ermächtigenden Rechtsnorm als allgemeines Gesetz. Bei seiner Anwendung ist aber zu klären, ob die Güterabwägung zu einem Vorrang des Schutzes des Rechtsguts führt, dem das allgemeine Gesetz dient. Soweit die zur Beschränkung ermächtigenden Rechtsnormen auslegungsbedürftig sind, darf die Auslegung nicht zur Außerachtlassung des Schutzgehalts von Art. 5 Abs. 1 GG führen (vgl. BVerfGE 111, 147 [155]).".

1274 „Allgemeine" Verhaltensfreiheit / Handlungsfreiheit: Auffanggrundrecht ggü. ggf. spezielleren Grundrechten, vgl. Rechtsnormspezialitätsregel („lex specialis derogat legi generali"), vgl. auch: BVerfGE 6, 32, 37 (Elfes) = BVerfG, Urteil des Ersten Senats vom 16.01.1957 – 1 BvR 253/56, Gründe, II. 2. a), Rn. 16: „Neben der allgemeinen Handlungsfreiheit, die Art. 2 Abs. 1 GG gewährleistet, hat das Grundgesetz die Freiheit menschlicher Betätigung für bestimmte Lebensbereiche, die nach den geschichtlichen Erfahrungen dem Zugriff der öffentlichen Gewalt besonders ausgesetzt sind, durch besondere Grundrechtsbestimmungen geschützt; bei ihnen hat die Verfassung durch abgestufte Gesetzesvorbehalte abgegrenzt, in welchem Umfang in den jeweiligen Grundrechtsbereich eingegriffen werden kann. Soweit nicht solche besonderen Lebensbereiche grundrechtlich geschützt sind, kann sich der Einzelne bei Eingriffen der öffentlichen Gewalt in seine Freiheit auf Art. 2 Abs. 1 GG berufen. Hier bedurfte es eines Gesetzesvorbehalts nicht, weil sich aus der Beschränkung der freien Entfaltung der Persönlichkeit durch die verfassungsmäßige Ordnung der Umfang staatlicher Eingriffsmöglichkeiten ohne weiteres ergibt.".

1275 Vgl. auch Art. 142 GG i.V.m. Art. 4 Abs. 1 Verfassung NRW; Art. 6 EU-GR-Charta; Art. 5 EMRK.

1276 BVerfGE 6, 32, 36 f. (Elfes) = BVerfG, Urteil des Ersten Senats vom 16.01.1957 – 1 BvR 253/56, Gründe, II. 2. a), Rn. 14 f.: „Das Grundgesetz kann mit der ‚freien Entfaltung der Persönlichkeit' nicht nur die Entfaltung innerhalb jenes Kernbereichs der Persönlichkeit gemeint haben, der das Wesen des Menschen als geistig-sittliche Person ausmacht, denn es wäre nicht verständlich, wie die Entfaltung innerhalb dieses Kernbereichs gegen das Sittengesetz, die Rechte anderer oder sogar gegen die verfassungsmäßige Ordnung einer freiheitlichen Demokratie sollte verstoßen können. Gerade diese, dem Individuum als Mitglied der Gemeinschaft auferlegten Beschränkungen zeigen vielmehr, daß das Grundgesetz in Art. 2 Abs. 1 GG die Handlungsfreiheit im umfassenden Sinne meint. […] Es waren nicht rechtliche Erwägungen, sondern sprachliche Gründe, die den Gesetzgeber bewogen haben, die ursprüngliche Fassung ‚Jeder kann tun und lassen was er will' durch die jetzige Fassung zu ersetzen (vgl. v. Mangoldt, Parlamentarischer Rat, 42. Sitzung des Hauptausschusses, S. 533)."; BVerfGE 80, 137, 152 f. (Reiten im Walde) = BVerfG, Beschluss des Ersten Senats vom 06.06.1989 – 1 BvR 921/85 –, C. I. 1 a), Rn. 69: „Nach den in der Rechtsprechung des Bundesverfassungsgerichts entwickelten Grundsätzen gewährleistet Art. 2 Abs. 1 GG die allgemeine Handlungsfreiheit im umfassenden Sinne (st. Rspr. seit BVerfGE 6, 32 [36]; aus neuerer Zeit etwa: BVerfGE 74, 129 [151]; 75, 108 [154 f.]). Geschützt ist damit nicht nur ein begrenzter Bereich der Persönlichkeitsentfaltung, sondern jede Form menschlichen Handelns ohne Rücksicht darauf, welches Gewicht der Betätigung für die Persönlichkeitsentfaltung zukommt (vgl. etwa die Entscheidung eines Vorprüfungsausschusses in BVerfGE 54, 143 (146) - Taubenfüttern).".

b) GR-E (oder Nichteingriff/GR-Verzicht): Verhaltenseinschränkung als Verhaltenssteuerung.

c) GR-B: Art. 2 Abs. 1 Hs. 2 GG[1278].

A. Rechtsgrundlage (RGL) II. Rechtsgebiet (RG)

(VOR/DEF)

Rechtsgebiet ist Rechtsordnungsteil nach allen Umständen[1279] – wie schwerpunktmäßige Äußerungen[1280], Rechtsnormen[1281], Zwecke[1282], auch i.V.m. §§ 133, 157 BGB analog[1283].[1284]

[1277] BVerfGE 6, 32, Ls. 1, 2 (Elfes) = BVerfG, Urteil des Ersten Senats vom 16.01.1957 – 1 BvR 253/56, Ls. 1: „Art. 11 GG betrifft nicht die Ausreisefreiheit.", Ls. 2: „Die **Ausreisefreiheit** ist als Ausfluß der allgemeinen Handlungsfreiheit durch Art. 2 Abs. 1 GG innerhalb der Schranken der verfassungsmäßigen Ordnung gewährleistet."; BVerwG, Urteil vom 29.05.2019 – BVerwG 6 C 8.18 (Beschränkung des Geltungsbereichs eines Passes), Rn. 20: „In der höchstrichterlichen Rechtsprechung ist seit Jahrzehnten geklärt, dass die durch Art. 2 Abs. 1 GG geschützte Ausreisefreiheit auch durch den Passversagungsgrund des § 7 Abs. 1 Nr. 1 Alt. 3 PassG als Bestandteil der verfassungsmäßigen Ordnung wirksam eingeschränkt wird.".

[1278] Art. 2 Abs. 1 Hs. 2 GG (**Schrankentrias**): BVerfGE 80, 137, 153 (Reiten im Walde) = BVerfG, Beschluss des Ersten Senats vom 06.06.1989 – 1 BvR 921/85 –, C. I. 1 a), Rn. 69: „Abgesehen von einem absolut geschützten Kernbereich privater Lebensgestaltung, welcher der Einwirkung der öffentlichen Gewalt entzogen ist (BVerfGE 6, 32 [41]), ist die allgemeine Handlungsfreiheit allerdings nur in den Schranken des zweiten Halbsatzes von Art. 2 Abs. 1 GG gewährleistet und steht damit insbesondere unter dem **Vorbehalt der verfassungsmäßigen (Rechts-)Ordnung** (BVerfGE 6, 32 [37 f.]; 74, 129 [152]). Stützt sich ein die Handlungsfreiheit berührender Akt der öffentlichen Gewalt auf eine Rechtsnorm, so kann mit der Verfassungsbeschwerde unter Berufung auf Art. 2 Abs. 1 GG zur Nachprüfung gestellt werden, ob diese Norm zur **verfassungsmäßigen Ordnung** gehört, das heißt formell und materiell mit den Normen der Verfassung in Einklang steht (st. Rspr. seit BVerfGE 6, 32)."; BVerfGE 6, 32, Ls. 3 (Elfes) = BVerfG, Urteil des Ersten Senats vom 16.01.1957 – 1 BvR 253/56, Ls. 3: „**Verfassungsmäßige Ordnung** im Sinne des Art. 2 Abs. 1 GG ist die verfassungsmäßige Rechtsordnung, d.h. die Gesamtheit der Normen, die formell und materiell der Verfassung gemäß sind."; vgl. dazu auch BVerfGE 6, 32, 37-41 (Elfes) = BVerfG, Urteil des Ersten Senats vom 16.01.1957 – 1 BvR 253/56, Gründe II. 2 b), c), Rn. 17-33.

Rechte anderer sind (als Teil der verfassungsmäßigen Ordnung) subjektive Berechtigungen (Anspruch oder Befugnis oder Erlaubnis) einschließlich Verpflichtungen (Pflicht zur Erfüllung von Anspruch oder Befugnis oder Erlaubnis) und sonstiger Rechtswirkungen für ein Rechtssubjekt bezüglich eines Verhaltens oder eines Rechtsguts.

Vgl. zum ein Mal bundesverfassungsgerichtlich entscheidungserheblich bemühten „**Sittengesetz**" nach Art. 2 Abs. 1 Hs. 2 GG als Gesetz, das nicht das durch die „soziale Gemeinschaft" „als für sich verbindlich" anerkannte „Rechtsgefühl" „im allgemeinen" „verletzt": BVerfGE 6, 389 (Homosexuelle) = BVerfG, Urteil des Ersten Senats vom 10.05.1957 – 1 BvR 550/52 –, und StrRehaHomG (Gesetz zur strafrechtlichen Rehabilitierung der nach dem 8. Mai 1945 wegen einvernehmlicher homosexueller Handlungen verurteilten Personen vom 17. Juli 2017 – BGBl. I S. 2443).

[1279] Umstände im weiten Sinn, etwa als Bedingungen, Beziehungen, Faktoren, Folgen, Funktionen, Umweltbedingungen, Variablen, Verhältnissen, Voraussetzungen, Weltbedingungen.

[1280] Äußerungen im weiten Sinn, etwa als alle Verhaltensäußerungen (einschließlich Aussagen).

[1281] Rechtsnormen im weiten Sinn, etwa solche, die die Umstände oder das Verhalten regieren (sollen).

[1282] Zwecke im weiten Sinn, etwa als sich aus einer Lage ergebende, objektiv zu verfolgende Ziele.

[1283] Sog. **objektivierter Empfängerhorizont**, vgl. BVerwGE 147, 81 = BVerwG, Urteil vom 20.06.2013 – BVerwG 8 C 46.12, Rn. 27: „Die bundesrechtlichen Auslegungsregeln der §§ 133, 157

(SUB/ERG)

Die Maßnahme erfolgt auf dem Rechtsgebiet des besonderen öffentlichen Rechts polizeilicher Strafrechtspflege.

Eine Durchsuchung erfolgt auf dem Rechtsgebiet der Strafrechtspflege insbesondere bei

- tatverdachtsveranlasstem Suchen;
- Suchen nach tatverdachtsbezogenen Gegenständen;
- Suchen mit schwerpunktmäßigem Zweck einer anschließenden Strafrechtspflegemaßnahme wie beispielsweise nach § 94 Abs. 1 StPO; § 94 Abs. 1, 2 StPO; § 94 Abs. 3 StPO; §§ 99, 100 StPO; § 111b StPO; § 132 StPO;
- Fehlen eines Gefahrenüberhangs, also insbesondere Implizierung/Mitbewirkung von Gefahrenabwehr durch entsprechende nichtschwerpunktmäßige Begleiteffekte der Strafrechtspflegedurchsuchung.

BGB sind auf öffentlich-rechtliche Erklärungen entsprechend anzuwenden. Bei Verwaltungsakten kommt es wie bei empfangsbedürftigen Willenserklärungen nicht auf den wirklichen Willen des Erklärenden (natürliche Auslegung), sondern auf den objektiven Erklärungsinhalt an. Maßgeblich ist, wie der Empfänger die Erklärung nach Treu und Glauben unter Berücksichtigung der für ihn erkennbaren Umstände verstehen musste. Dabei ist vom Wortlaut der Erklärung auszugehen und deren objektiver Gehalt unter Berücksichtigung des Empfängerhorizonts zu ermitteln (stRspr, vgl. Urteile vom 2. September 1999 - BVerwG 2 C 22.98 - BVerwGE 109, 283 <286> = Buchholz 237.7 § 72 NWLBG Nr. 4 und vom 27. Juni 2012 - BVerwG 9 C 7.11 - BVerwGE 143, 222 <Rn. 18> = Buchholz 11 Art. 20 GG Nr. 206; BGH, Urteile vom 24. Februar 1988 - VIII ZR 145/87 - BGHZ 103, 275 <280>, vom 27. Januar 2010 - VIII ZR 58/09 - BGHZ 184, 128 <137 Rn. 33> und vom 1. März 2011 - II ZR 16/10 - NJW 2011, 1666 <1667 Rn. 11> je m.w.N.).“; BVerwG, Beschluss vom 06.08.2018 – BVerwG 7 B 4.18, Rn. 10: „Dass die bundesrechtlichen Auslegungsregeln der §§ 133, 157 BGB auf öffentlich-rechtliche Erklärungen, d.h. u.a. auf Verwaltungsakte, entsprechend anzuwenden sind, ist in der Rechtsprechung des Bundesverwaltungsgerichts bereits geklärt (BVerwG, Urteil vom 20. Juni 2013 - 8 C 46.12 - BVerwGE 147, 81 Rn. 27 m.w.N.).“.

1284 BVerwG 47, 255, 264 = BVerwG, Urteil vom 03.12.1974 – BVerwG I C 11.73: „Obwohl sich für die Polizei im Einzelfall bei einem einheitlichen Lebenssachverhalt gleichzeitig und unmittelbar Aufgaben der Strafverfolgung und der Gefahrenabwehr ergeben können, ist der im Schrifttum vertretenen Auffassung nicht zu folgen, daß aus Gründen der Rechtssicherheit oder wegen der schwierigen Durchschaubarkeit für den Bürger jede Art polizeilichen Handelns der verwaltungsgerichtlichen Kontrolle unterliegen müsse. In aller Regel ist es für den Betroffenen nicht schwer, zu erkennen, ob die Polizei im konkreten Fall eine - begangene - Straftat erforschen (**Strafverfolgung**) oder den Eintritt eines Schadens, etwa die - zukünftige - Begehung einer strafbaren Handlung, verhindern oder eine bereits eingetretene Störung der öffentlichen Sicherheit oder Ordnung beseitigen (**Gefahrenabwehr**) will. Außerdem wird man davon ausgehen dürfen, daß die Polizei dem Betroffenen - wie im vorliegenden Fall - den Grund ihres Einschreitens von sich aus oder auf Verlangen angibt. Im übrigen kommt es darauf an, wie sich der konkrete Lebenssachverhalt einem verständigen Bürger in der Lage des Betroffenen bei natürlicher Betrachtungsweise darstellt. Dieser Sachverhalt muß im allgemeinen einheitlich betrachtet werden, es sei denn, daß einzelne Teile des Geschehensablaufs objektiv abtrennbar sind. Hat die Polizei die Ermittlungen an die StA oder das Amtsgericht weitergeleitet (§ 163 Abs. 2 StPO) oder auf Weisung der StA gehandelt, so kann an der strafprozessualen Natur ihres Einschreitens kein vernünftiger Zweifel bestehen. Eine Maßnahme, die nach dem Gesamteindruck darauf gerichtet ist, eine strafbare Handlung zu erforschen oder sonst zu verfolgen, ist der Kontrolle der ordentlichen Gerichte nach §§ 23 ff. EGGVG nicht etwa deshalb entzogen, weil durch die polizeilichen Ermittlungen möglicherweise zugleich auch künftigen Verletzungen der öffentlichen Sicherheit vorgebeugt würde.“.

A. Rechtsgrundlage (RGL) III. Mögliche Befugnisrechtsnorm (Mgl. Brn.)

(VOR/DEF)

Befugnisrechtsnorm ist die rechtmäßige hauptsächliche materiellrechtliche Rechtsgrundlage mit realfolgenentsprechender Rechtsfolge.

(SUB/ERG)

Realfolge ist die Maßnahme laut Sachverhalt.
Rechtsfolge ist die Maßnahme laut Rechtsnorm.

(SUB)

Realfolgen und Rechtsfolgen zu:

Betreten und/oder Durchsuchung

<u>Realfolgen Durchsuchung – Beispiele:</u>

Nachschau; Suchen; (Aufforderung zum) Aufdecken.

<u>Rechtsfolge(n) Durchsuchung – allgemein:</u>

Personendurchsuchung: Suchverhalten (gezielte Nachschau mit Begleitmaßnahmen) bzgl. Personen, Sachen, Daten

- in oder am Personenkörper (ohne Körperbeschaffenheitsermittlungszweck)[1285],

(ERG)

Mögliche Befugnisrechtsnorm zu:

Betreten und/oder Durchsuchung

<u>Gefahrenabwehr:</u>

- Diverse spezielle Rechtsnormen wie: § 15 Abs. 4 AsylG; § 48 Abs. 3 AufenthG; § 58 Abs. 5-10 AufenthG; §§ 42, 44 LFGB; § 4 VereinsG; § 36 Abs. 3 WaffG, § 39 Abs. 2 WaffG, § 46 Abs. 4 WaffG; § 44 Abs. 4 WPflG; § 23a ZDG.

- § 12 Abs. 1 Nr. 1, Abs. 2 PolG NRW
- § 12 Abs. 1 Nr. 2 a), Abs. 2 PolG NRW
- § 12 Abs. 1 Nr. 2 b), Abs. 2 PolG NRW

[1285] Vgl. auch BVerfG, Beschluss der 2. Kammer des Zweiten Senats vom 27.03.2019 - 2 BvR 2294/18 -, Rn. 17: „**Durchsuchungen, die mit einer Entkleidung verbunden sind**, stellen einen schwerwiegenden Eingriff in das allgemeine Persönlichkeitsrecht dar (vgl. BVerfGK 2, 102 <105>; 17, 9 <14>; BVerfG, Beschluss der 2. Kammer des Zweiten Senats vom 5. März 2015 - 2 BvR 746/13 -, juris, Rn. 33; BVerfG, Beschluss der 2. Kammer des Zweiten Senats vom 5. November 2016 - 2 BvR 6/16 -, juris, Rn. 29; vgl. auch BVerfG, Beschluss der 2. Kammer des Zweiten Senats vom 14. April 2016 - 2 BvR 695/16 -, juris, Rn. 6). Dies gilt in besonderem Maße für **Durchsuchungen, die mit einer Inspizierung von normalerweise verdeckten Körperöffnungen** verbunden sind (vgl. BVerfGK 17, 9 <14>; BVerfG, Beschluss der 3. Kammer des Zweiten Senats vom 10. Juli 2013 - 2 BvR 2815/11 -, juris, Rn. 15; BVerfG, Beschluss der 2. Kammer des Zweiten Senats vom 5. November 2016 - 2 BvR 6/16 -, juris, Rn. 29). Wegen des besonderen Gewichts von Eingriffen, die den Intimbereich und das Schamgefühl des Inhaftierten berühren, hat der Inspizierte Anspruch auf besondere Rücksichtnahme (vgl. BVerfGK 17, 9 <16>; BVerfG, Beschluss der 3. Kammer des Zweiten Senats vom 10. Juli 2013 - 2 BvR 2815/11 -, juris, Rn. 15; BVerfG, Beschluss der 2. Kammer des Zweiten Senats vom 5. November 2016 - 2 BvR 6/16 -, juris, Rn. 29).“; vgl. auch BVerfG, Beschluss der 3. Kammer des Zweiten Senats vom 04.02.2009 – 2 BvR 455/08 –, Rn. 24: „Die Verfassungsbeschwerde ist ihrer Begründung gemäß dahin auszulegen, dass sie sich gegen die angegriffenen Entscheidungen allein insoweit wendet, als sie die bei Aufnahme in die Untersuchungshaft erfolgte, mit einer Entkleidung und Inspizierung des Anus verbundene körperliche Durchsuchung betreffen.“.

- in oder an am Personenkörper befindlichen Sachen (z.B. Bekleidung bzw. Accessoires).

Sachendurchsuchung:

Suchverhalten (gezielte Nachschau mit Begleitmaßnahmen) bzgl. Personen, Sachen, Daten in oder an nicht am Personenkörper befindlichen, nicht als Wohnung geltenden Sachen (vgl. § 90 BGB).

Wohnungsdurchsuchung:

Suchverhalten (gezielte Nachschau mit Begleitmaßnahmen) bzgl. Personen, Sachen, Daten in einer als Wohnung geltenden Sache[1286].[1287]

Wohnungsbetreten (vgl. nur zum Wohnungsbetreten: § 20 Abs. 3 PolG NRW; § 41 Abs. 4 PolG NRW, § 110 StPO): Körperli-

- § 12 Abs. 1 Nr. 2 c), Abs. 2 PolG NRW
- § 12 Abs. 1 Nr. 3, Abs. 2 PolG NRW
- § 12 Abs. 1 Nr. 4, Abs. 2 PolG NRW
- § 12a Abs. 1 S. 1 Var. 3 PolG NRW
- § 39 PolG NRW
- § 40 PolG NRW
- §§ 41, 42 PolG NRW.

Strafrechtspflege (ggf. mit §§ 46, 53 Abs. 1 S. 2, Abs. 2 OWiG):

- § 100b StPO;
- § 163b Abs. 1 S. 3 Var. 1/2 StPO;
- § 163b Abs. 2 StPO;
- § 111 StPO;
- § 102 StPO;
- § 103 StPO;
- §§ 99, 100 StPO;
- (§ 110 StPO).

1286 Vgl. BVerfGE 32, 54, Ls. 1, 69-72 (Betriebsbetretungsrecht) = BVerfG, Beschluss des Ersten Senats vom 13.10.1971 – 1 BvR 280/66, Ls. 1: „Der Begriff ‚**Wohnung**' in Art. 13 Abs. 1 GG ist weit auszulegen; er umfaßt auch **Arbeits-, Betriebs- und Geschäftsräume**."; vgl. auch § 41 Abs. 1 S. 2 PolG NRW; vgl. auch Nr. 40.03 VVPolG NRW: „Für die **Durchsuchung von Sachen im befriedeten Besitztum** gelten die §§ 41 und 42."; Nr. 41.13 VVPolG NRW: „Die Durchsuchung einer Wohnung hat sich auf Anlass und Zweck der Durchsuchung zu beschränken. Befinden sich in der Wohnung Personen, die durchsucht werden sollen, ist hierfür § 39 maßgebend. Sollen in einer Wohnung Sachen durchsucht werden, die nicht den Wohnungsinhabern gehören, ist § 40 einschlägig."; vgl. auch Nr. 40.12 VVPolG NRW: „Sollen bewegliche Sachen, die Wohnungen sind (vgl. RdNr. 41.11), betreten oder durchsucht werden, richten sich die Maßnahmen nach § 41.", vgl. auch Nr. 41.11 VVPolG NRW: „Es ist zu beachten: Wohnungen i.S.d. § 41 Abs. 1 Satz 2 sind auch die zu Wohnzwecken genutzten beweglichen Sachen wie Schiffe, Wohnwagen, Wohnmobile und Zelte. **Inhaber einer Wohnung** ist, wer rechtmäßig die tatsächliche Gewalt über die Räumlichkeit ausübt, somit z.B. auch Mieter, Untermieter oder Hotelgast. Bei Gemeinschaftsunterkünften, Internaten und Obdachlosenasylen sind nur die Leiterinnen und Leiter Inhaber. Die **Befugnis zum Betreten einer Wohnung** schließt die Befugnis ein, von Personen, Sachen und Zuständen, die ohne weiteres wahrgenommen werden können, **Kenntnis** zu nehmen. Soweit es für die Erfüllung der polizeilichen Aufgaben erforderlich ist, umfasst das **Betretungsrecht** bei Grundstücken auch das **Recht zum Befahren mit Fahrzeugen**.", vgl. auch Nr. 41.13 VVPolG NRW: „Die Durchsuchung einer Wohnung hat sich auf Anlass und Zweck der Durchsuchung zu beschränken. Befinden sich in der Wohnung Personen, die durchsucht werden sollen, ist hierfür § 39 maßgebend. Sollen in einer Wohnung Sachen durchsucht werden, die nicht den Wohnungsinhabern gehören, ist § 40 einschlägig.".

1287 BVerfGE 76, 83, 89 (Zwangsvollstreckung III) = BVerfG, Beschluss des Ersten Senats vom 16.06.1987 – 1 BvR 1202/84 –: „Dabei ist für den Begriff der Durchsuchung kennzeichnend das ziel- und zweckgerichtete Suchen staatlicher Organe nach Personen oder Sachen oder zur Ermittlung eines Sachverhalts, um etwas aufzuspüren, was der Inhaber der Wohnung von sich aus nicht offenlegen oder herausgeben will (BVerfGE 28, 285 [287 ff.]; 47, 31 [36 f.])."; so auch: BVerfGE 51, 97, 106 (Zwangsvollstreckung I) = BVerfG, Beschluss des Ersten Senats vom 03.04.1979 – 1 BvR 994/76 –; nicht in: BVerfGE 57, 346 (Zwangsvollstreckung II) = BVerfG, Beschluss des Ersten Senats vom 16.06.1981 – 1 BvR 1094/80 –.

ches Eindringen in eine als Wohnung geltende Sache.

Raumdurchsuchung (vgl. §§ 102, 103 StPO): Suchverhalten (gezielte Nachschau einschließlich Begleitmaßnahmen) bzgl. Personen, Sachen, Daten in einem umschlossenen Gebäudeteil oder entsprechendem Behältnis ohne Wohnungseigenschaft.

Online-Durchsuchung (vgl. § 100b StPO; vgl. auch „**Online-TKÜ**", § 100a Abs. 1 S. 2, 3 StPO; § 20c Abs. 2 PolG NRW):

Eingriff mit technischen Mitteln auch ohne Wissen des Betroffenen in ein von dem Betroffenen genutztes informationstechnisches System mit Datenerhebung daraus.

Abgrenzung Durchsuchung / unvermeidliche Kenntnisnahme:

Unvermeidliche Kenntnisnahme ist Wahrnehmung ohnehin offen präsenter Personen, Sachen, Daten ohne Veränderung, z.B. Umherblicken in Wohnung von einem Standposten aus, vgl. § 41 PolG NRW.

Abgrenzung Durchsuchung / Inaugenscheinnahme (vgl. § 12a Abs. 1 S. 2 PolG NRW):

Inaugenscheinnahme ist prüfende Betrachtung präsenter Sachen oder Daten ohne erhebliche Veränderung (vgl. § 12a Abs. 1 S. 2, 3 PolG NRW; Prinzip: „Just look, don't touch"); z.B. Betrachtung von: geöffneter Tasche / Fahrzeuginnerem / geöffnetem Kofferraum.

Abgrenzung Personendurchsuchung / Körperliche Untersuchung (KU) durch Körperbeschaffenheitsermittlungszweck: **Körperliche Untersuchung** ist Körperbeschaffenheitsermittlung durch gezielte Nachschau oder gezielten Eingriff am Menschenkörper, ggf. auch mit Datenverarbeitung, ggf. auch mit sog. Exploration.

(SUB)

Realfolge ist die jeweilige Realfolge laut Sachverhalt.

Rechtsfolge ist als (Begleit-)Justiz-VA (§ 23 Abs. 1 S. 1 EGGVG)[1288] (alternativ oder kumulativ) bei anderer Person als Beschuldigtem/Verdächtigen[1289]:

- **Personendurchsuchung**: Suchverhalten (gezielte Nachschau mit Begleitmaßnahmen) bzgl. Personen, Sachen, Daten
  - in oder am Personenkörper (ohne Körperbeschaffenheitsermittlungszweck)
  - in oder an am Personenkörper befindlichen Sachen (z.B. Bekleidung bzw. Accessoires).

1288 **Wohnungstüröffnungs-Verfügung** (je nach Rechtsgebiet VA oder Justiz-VA [z.B.: „Bitte öffnen Sie die Tür!"]) kann bspw. wie folgt – insbesondere über den Zweck – zu subsumieren sein:

- § 9 Abs. 2 PolG NRW / § 163 Abs. 3 StPO / § 163a StPO (Zweck: Befragung / Vernehmung).
- § 12 PolG NRW / § 163b Abs. 1 oder § 163b Abs. 2 StPO (Zweck: IDF jedenfalls ohne Wohnungs-Betretens- und Wohnungs-Durchsuchungszweck [z.B.: IDF-Befragung / IDF-Ausweisverlangen an der Tür]).
- § 16a PolG NRW / § 163f StPO / § 163 Abs. 1 S. 2 StPO (Zweck: Observation jedenfalls ohne Wohnungs-Betretens- und Wohnungs-Durchsuchungszweck [z.B.: Datenerhebung von der Tür aus]).
- § 35 PolG NRW / § 127 Abs. 1 S. 1 Alt. 1 StPO / § 127 Abs. 2 i.V.m. § 112/§ 112a/§ 126a; § 127b StPO; § 164 StPO (Zweck: Ingewahrsamnahme / Festnahme jedenfalls ohne Wohnungs-Betretens- und Wohnungs-Durchsuchungszweck [z.B.: Ingewahrsamnahme / Festnahme an der Tür]).
- § 41 PolG NRW / § 102 StPO oder § 103 StPO (Zweck: Wohnungsbetreten und/oder Wohnungsdurchsuchung).
- § 43 PolG NRW / § 94 Abs. 1 StPO / § 94 Abs. 1, 2 StPO / §§ 94 Abs. 3, 111a StPO, § 69 StGB / §§ 99, 100 StPO / § 108 StPO (§ 110 StPO); / § 111b StPO / § 132 StPO (Zweck: Sicherstellung/Beschlagnahme jedenfalls ohne Wohnungs-Betretens- und Wohnungs-Durchsuchungszweck [z.B.: Sicherstellung/Beschlagnahme an der Tür).
- § 81a StPO / § 81c StPO / § 81g StPO / § 81h StPO (Zweck: der jeweilige „Untersuchungs"-Zweck jedenfalls ohne Wohnungs-Betretens- und Wohnungs-Durchsuchungszweck [z.B.: „Untersuchung" an der Tür]).
- § 8 Abs. 1 PolG NRW / § 163 Abs. 1 S. 2 StPO (Zweck: jedenfalls ein nicht besonders geregelter Zweck jedenfalls ohne Wohnungs-Betretens- und Wohnungs-Durchsuchungszweck).

1289 BVerfG, Beschluss der 3. Kammer des Zweiten Senats, Beschluss vom 09.08.2019 – 2 BvR 1684/18, Rn. 33: „**Wohnungen und Räume im Sinne des § 102 StPO** sind Räumlichkeiten, die der Verdächtige [laut BVerfG nach ex-ante-Betrachtung, P. B.] tatsächlich innehat, gleichgültig, ob er sie befugt oder unbefugt nutzt, ob er Allein- oder Mitinhaber ist und ob ihm das Hausrecht zusteht. Dazu gehören auch Arbeits-, Betriebs- und Geschäftsräume sowie Räume die nur vorübergehend benutzt oder auch nur mitbenutzt werden [Quellenangabe]. Bei Mitbenutzung oder Mitgewahrsam mehrerer Personen, von denen nur ein Teil verdächtig ist, gilt daher § 102 StPO (vgl. BVerfG, Beschluss der 3. Kammer des Zweiten Senats vom 9. Februar 2005 - 2 BvR 984/04 -, Rn. 36). Im unmittelbaren Einwirkungsbereich des Verdächtigen liegt das Auffinden von Beweismitteln so nahe, dass die von § 102 StPO vorausgesetzte entsprechende Vermutung bereits gerechtfertigt ist, auch wenn dadurch Nichtverdächtige betroffen werden. Voraussetzung ist aber, dass es sich tatsächlich um gemeinsam genutzte Räume handelt. Sind Räume hingegen ausschließlich dem unverdächtigen Mitbewohner [laut BVerfG nach ex-ante-Betrachtung, P. B.] zuzuordnen, scheidet eine Durchsuchung nach § 102 StPO aus. Bei Wohnungen und Räumen kann diese Rechtslage zu Härten für die Mitbewohner führen. Dies gilt für Familienwohnungen, aber auch für Arbeits-, Geschäfts- und Betriebsräume, die der Verdächtige nur mitbenutzt. Alle diese Räume werden nach § 102 StPO durchsucht, wenn nur ein Mitbenutzer [laut BVerfG nach ex-ante-Betrachtung, P. B.] Verdächtiger ist. Unterbleiben muss eine Durchsuchung nach § 102 StPO nur dann, wenn eine eindeutige Zuordnung zum verdächtigen Mitbewohner [laut BVerfG nach ex-ante-Betrachtung, P. B.] unmöglich ist [Quellenangabe].".

- **Sachendurchsuchung**: Suchverhalten (gezielte Nachschau mit Begleitmaßnahmen) bzgl. Personen, Sachen, Daten in oder an nicht am Personenkörper befindlichen, nicht als Wohnung geltenden Sachen (vgl. § 90 BGB).
- **Wohnungsdurchsuchung**[1290]: Suchverhalten (gezielte Nachschau mit Begleitmaßnahmen) bzgl. Personen, Sachen, Daten in einer als Wohnung geltenden Sache.
- **Durchsuchung anderer Räume**[1291]: Suchverhalten (gezielte Nachschau mit Begleitmaßnahmen) bzgl. Personen, Sachen, Daten in einem **Raum** i.S.d. § 103 StPO, also einem umschlossenen Gebäudeteil oder entsprechendem Behältnis ohne Wohnungseigenschaft.

(ERG)

Mögliche Befugnisrechtsnorm ist § 103 StPO.

[1290] BVerfG, Beschluss der 3. Kammer des Zweiten Senats, Beschluss vom 09.08.2019 – 2 BvR 1684/18, Rn. 33: „**Wohnungen und Räume im Sinne des § 102 StPO** sind Räumlichkeiten, die der Verdächtige [laut BVerfG nach ex-ante-Betrachtung, P. B.] tatsächlich innehat, gleichgültig, ob er sie befugt oder unbefugt nutzt, ob er Allein- oder Mitinhaber ist und ob ihm das Hausrecht zusteht. Dazu gehören auch Arbeits-, Betriebs- und Geschäftsräume sowie Räume die nur vorübergehend benutzt oder auch nur mitbenutzt werden [Quellenangabe]. Bei Mitbenutzung oder Mitgewahrsam mehrerer Personen, von denen nur ein Teil verdächtig ist, gilt daher § 102 StPO (vgl. BVerfG, Beschluss der 3. Kammer des Zweiten Senats vom 9. Februar 2005 - 2 BvR 984/04 -, Rn. 36). Im unmittelbaren Einwirkungsbereich des Verdächtigen liegt das Auffinden von Beweismitteln so nahe, dass die von § 102 StPO vorausgesetzte entsprechende Vermutung bereits gerechtfertigt ist, auch wenn dadurch Nichtverdächtige betroffen werden. Voraussetzung ist aber, dass es sich tatsächlich um gemeinsam genutzte Räume handelt. Sind Räume hingegen ausschließlich dem unverdächtigen Mitbewohner [laut BVerfG nach ex-ante-Betrachtung, P. B.] zuzuordnen, scheidet eine Durchsuchung nach § 102 StPO aus. Bei Wohnungen und Räumen kann diese Rechtslage zu Härten für die Mitbewohner führen. Dies gilt für Familienwohnungen, aber auch für Arbeits-, Geschäfts- und Betriebsräume, die der Verdächtige nur mitbenutzt. Alle diese Räume werden nach § 102 StPO durchsucht, wenn nur ein Mitbenutzer [laut BVerfG nach ex-ante-Betrachtung, P. B.] Verdächtiger ist. Unterbleiben muss eine Durchsuchung nach § 102 StPO nur dann, wenn eine eindeutige Zuordnung zum verdächtigen Mitbewohner [laut BVerfG nach ex-ante-Betrachtung, P. B.] unmöglich ist [Quellenangabe].“.

[1291] BVerfG, Beschluss der 3. Kammer des Zweiten Senats, Beschluss vom 09.08.2019 – 2 BvR 1684/18, Rn. 33: „**Wohnungen und Räume im Sinne des § 102 StPO** sind Räumlichkeiten, die der Verdächtige [laut BVerfG nach ex-ante-Betrachtung, P. B.] tatsächlich innehat, gleichgültig, ob er sie befugt oder unbefugt nutzt, ob er Allein- oder Mitinhaber ist und ob ihm das Hausrecht zusteht. Dazu gehören auch Arbeits-, Betriebs- und Geschäftsräume sowie Räume die nur vorübergehend benutzt oder auch nur mitbenutzt werden [Quellenangabe]. Bei Mitbenutzung oder Mitgewahrsam mehrerer Personen, von denen nur ein Teil verdächtig ist, gilt daher § 102 StPO (vgl. BVerfG, Beschluss der 3. Kammer des Zweiten Senats vom 9. Februar 2005 - 2 BvR 984/04 -, Rn. 36). Im unmittelbaren Einwirkungsbereich des Verdächtigen liegt das Auffinden von Beweismitteln so nahe, dass die von § 102 StPO vorausgesetzte entsprechende Vermutung bereits gerechtfertigt ist, auch wenn dadurch Nichtverdächtige betroffen werden. Voraussetzung ist aber, dass es sich tatsächlich um gemeinsam genutzte Räume handelt. Sind Räume hingegen ausschließlich dem unverdächtigen Mitbewohner [laut BVerfG nach ex-ante-Betrachtung, P. B.] zuzuordnen, scheidet eine Durchsuchung nach § 102 StPO aus. Bei Wohnungen und Räumen kann diese Rechtslage zu Härten für die Mitbewohner führen. Dies gilt für Familienwohnungen, aber auch für Arbeits-, Geschäfts- und Betriebsräume, die der Verdächtige nur mitbenutzt. Alle diese Räume werden nach § 102 StPO durchsucht, wenn nur ein Mitbenutzer [laut BVerfG nach ex-ante-Betrachtung, P. B.] Verdächtiger ist. Unterbleiben muss eine Durchsuchung nach § 102 StPO nur dann, wenn eine eindeutige Zuordnung zum verdächtigen Mitbewohner [laut BVerfG nach ex-ante-Betrachtung, P. B.] unmöglich ist [Quellenangabe].“.

B. Formelle Rechtmäßigkeit (FR) I. Zuständigkeit (Z)

Zuständigkeit für Straftatenerforschung/StPO

(VOR/DEF)

Zuständigkeit ist Aufgabenwahrnehmungserlaubnis für den Rechtsfolgesetzer.

(SUB/ERG)

Für die Maßnahme ist die Zuständigkeit (i.d.R.) wie folgt gegeben:

1. sachliche Zuständigkeit *der Polizei* gemäß

§ 163 Abs. 1 S. 1 StPO;

2. instanzielle Zuständigkeit *der Polizeibehörde* (i.d.R.) gemäß

- (i.d.R.) § 11 Abs. 1 Nr. 2 Alt. 1 POG NRW i.V.m. KPBVO NRW;
- (generell:) §§ 10-14 POG NRW (ggf. i.V.m. LKAAufgVO NRW);

3. örtliche Zuständigkeit der Polizeibehörde gemäß

- (i.d.R.) § 7 Abs. 1 S. 1 POG NRW (ggf. i.V.m. KHStVO NRW);
- (generell: §§ 7-9 POG NRW[1292]) (ggf. i.V.m. KHStVO NRW);

4. funktionelle Zuständigkeit *des Polizeiamtswalters* gemäß

- § 105 Abs. 1 S. 1 StPO oder § 110 Abs. 1 StPO für die Anordnung, hier grds. (bei Gefahr im Verzug) der StA-Ermittlungsperson i.S.d. § 152 Abs. 2 GVG i.V.m. EPVO NRW, Beamte nach § 110 Abs. 2 StPO;[1293]
- arg. e. § 105 Abs. 1 S. 1 StPO i.V.m. § 163 Abs. 1 S. 1 W. 1-6 StPO für Ausführung, hier der Behörden und Beamten des Polizeidienstes.

Zuständigkeit für Ordungswidrigkeitenerforschung/OWiG

(VOR/DEF)

Zuständigkeit ist Aufgabenwahrnehmungserlaubnis für den Rechtsfolgesetzer.

(SUB/ERG)

1292 Vgl. auch zu § 9 Abs. 1 S. 1 Nr. 5 POG NRW: Abkommen zwischen den Ländern der Bundesrepublik Deutschland über die erweiterte Zuständigkeit der Polizei der Länder bei der Strafverfolgung.

1293 OLG Schleswig, Beschl. v. 10.01.2017 – 2 Ws 441/16: „Die **Durchsicht von Papieren und elektronischen Speichermedien** gem. § 110 StPO liegt in der Verantwortung der StA, die dazu jedoch **Privatpersonen mit Spezialkenntnissen** (Dolmetscher, Sachverständige und sonstige Dienstleister) hinzuziehen kann." § 110 StPO umschreibt „Aufgabe und die Verantwortung für diese Aufgabe, nicht aber einzelne Modalitäten ihrer Wahrnehmung." „Ist die Verantwortung […] sichergestellt, können daher Personen mit Spezialkenntnissen, etwa Dolmetscher, Sachverständige oder sonstige Dienstleister, durchaus hinzugezogen werden.".

Für die Maßnahme ist die Zuständigkeit (i.d.R.) wie folgt gegeben:

1. sachliche Zuständigkeit *der Polizei* gemäß

- §§ 35, 36 OWiG;
  - i.V.m. § 1 Abs. 2 Teil-3-OWiGZVO NRW: PB – solange Nicht-Abgabe an OB – für Verfolgung von Owi nach: §§ 111, 117-121 OWiG;
  - i.V.m. § 1 Abs. 3 Teil-3-OWiGZVO NRW: KPB für Verfolgung und Ahndung von Owi nach §§ 113, 115 OWiG bei polizeilichen Gewahrsams-Gefangenen, § 127 OWiG bei öffentlichen Urkunden und Beglaubigungszeichen;
  - i.V.m. § 2b ÖffVereinsRZVO NRW: KBP für die Verfolgung und Ahndung von Owi nach § 23 VereinsGDV;
  - i.V.m. § 1 Abs. 2 VerkehrsOwiZVO NRW: PB – solange Nicht-Abgabe an KOB oder StA – für Verfolgung von Owi nach §§ 23, 24, 24a und 24c StVG;
  - i.V.m. § 2 VersGZVO NRW: KPB für die Verfolgung und Ahndung von Owi nach § 29 VersG;
  - i.V.m. § 5 WaffGDVO NRW: KPB für die Verfolgung und Ahndung von Owi nach § 53 WaffG;
- § 53 OWiG;

2. instanzielle Zuständigkeit *der Polizeibehörde* (i.d.R.) gemäß

- § 11 Abs. 1 Nr. 2 Alt. 2 POG NRW i.V.m. KPBVO NRW (generell: §§ 10-14 POG NRW) [bei §§ 35, 36 OWiG];
  - i.V.m. § 1 Abs. 2 Teil-3-OWiGZVO NRW: PB – solange Nicht-Abgabe an OB – für Verfolgung von Owi nach: §§ 111, 117-121 OWiG;
  - i.V.m. § 1 Abs. 3 Teil-3-OWiGZVO NRW: KPB für Verfolgung und Ahndung von Owi nach §§ 113, 115 OWiG bei polizeilichen Gewahrsams-Gefangenen, § 127 OWiG bei öffentlichen Urkunden und Beglaubigungszeichen;
  - i.V.m. § 2b ÖffVereinsRZVO NRW: KBP für die Verfolgung und Ahndung von Owi nach § 23 VereinsGDV;
  - i.V.m. § 1 Abs. 2 VerkehrsOwiZVO NRW: PB – solange Nicht-Abgabe an KOB oder StA – für Verfolgung von Owi nach §§ 23, 24, 24a und 24c StVG;
  - i.V.m. § 2 VersGZVO NRW: KPB für die Verfolgung und Ahndung von Owi nach § 29 VersG;
  - i.V.m. § 5 WaffGDVO NRW: KPB für die Verfolgung und Ahndung von Owi nach § 53 WaffG;

3. örtliche Zuständigkeit *der Polizeibehörde* gemäß

- (bei §§ 35, 36 OWiG:) § 37 OWiG;
- (generell:) §§ 7-9 POG NRW;

4. funktionelle Zuständigkeit *des Polizeiamtswalters* (i.d.R.) gemäß

- gemäß § 105 Abs. 1 S. 1 StPO oder § 110 Abs. 1 StPO für die Anordnung, hier grds. (bei Gefahr im Verzug) der StA-Ermittlungsperson i.S.d. § 152 Abs. 2 GVG i.V.m. EPVO NRW, der Beamten nach § 110 Abs. 2 StPO;
- gemäß § 105 Abs. 1 S. 1 StPO oder § 110 Abs. 1 StPO für die Ausführung, hier der Behörden und Beamten des Polizeidienstes, arg. e. § 105 Abs. 1 S. 1 StPO i.V.m. § 163 Abs. 1 S. 1 W. 1-6 StPO i.V.m. § 53 Abs. 1 S. 1 W. 1-6 OWiG.

B. Formelle Rechtmäßigkeit (FR) II. Verfahren (V)[1294]

(VOR/DEF)

Verfahren ist normiertes Verhalten des Rechtsfolgezuständigen außer, bei, i.Z.m. der Rechtsfolge.

1. § 105 Abs. 1 S. 1 StPO und § 107 StPO als Verfahrensrechtsnormen für Personen-/Sachen-/Wohnungs-/Andere-Räume-Durchsuchung nach § 103 StPO

(VOR)

a) § 105 Abs. 1 S. 1 StPO: Richteranordnung oder StA-Anordnung

Gemäß § 105 Abs. 1 S. 1 StPO dürfen Durchsuchungen nur durch den Richter, bei Gefahr im Verzug auch durch die Staatsanwaltschaft und ihre Ermittlungspersonen (§ 152 GVG) angeordnet werden.

(DEF)

Gefahr im Verzug i.S.d. § 105 Abs. 1 S. 1 StPO ist eine Sachlage im einzelnen Fall mit unvorhergesehenem Handlungsbedarf, bei der die Durchführung der eigentlich vorgesehenen Maßnahme, hier der Richter/StA-Anordnungs-Erwirkung, den gesetzlichen Zweck, hier die (rechtzeitige) Beweismittelauffindung/(schnellstmögliche) Beweismittelverlustverhinderung, vereiteln oder wesentlich erschweren würde.[1295]

1294 Vgl. auch Art. 46 GG (Abs. 1: **Abgeordnetenindemnität**; Abs. 2-4: **Abgeordnetenimmunität** – mit **Bundestagsgenehmigungsvorbehalt**); Art. 47 Verfassung NRW (**Abgeordnetenindemnität**), Art. 48 Verfassung NRW (**Abgeordnetenimmunität** – mit **Landtagsgenehmigungsvorbehalt**); Art. 60 Abs. 4 GG (**Bundespräsidentenimmunität**); Art. 40 Abs. 2 S. 1 GG (**Bundestagspräsidentengenehmigungsvorbehalt** für Durchsuchung oder Beschlagnahme in Bundestagsräumen); Art. 49 Abs. 2 Verfassung NRW (**Landtagspräsidentengenehmigungsvorbehalt** für Durchsuchung oder Beschlagnahme in Landtagsräumen); zum Abgeordneten vgl. auch: Art. 47 GG, Art. 49 Abs. 1 Verfassung NRW (**Abgeordneten-Zeugnisverweigerungsrecht** und zeugnisverweigerungsrechtentsprechendes **Abgeordneten-Schriftstückebeschlagnahmeverbot**). Vgl. auch §§ 18, 21 GVG i.V.m. DiplBezÜbkG i.V.m. Art. 22, 23, 24, 30 WÜD; §§ 19, 21 GVG i.V.m. KonsÜbkG i.V.m. Art. 27, 31, 33, 55, 59 WÜK.

1295 BVerfGE 151, 67 (Richtervorbehalt, Bereitschaftsdienst, Nachtzeit/Tageszeit i.S.v. § 104 Abs. 3 StPO) = BVerfG, Beschluss des Zweiten Senats vom 12.03.2019 – 2 BvR 675/14 –, Rn. 55: „Art. 13 Abs. 2 Halbsatz 2 GG lässt es zu, dass Durchsuchungen bei Gefahr im Verzug auch durch die in den Gesetzen vorgesehenen anderen Organe – bei der strafprozessualen Durchsuchung gemäß § 105 Abs. 1 Satz 1 Halbsatz 2 StPO durch die Staatsanwaltschaft und ihre **Ermittlungspersonen** (§ 152 GVG) – angeordnet werden dürfen. Wortlaut und Systematik des Art. 13 Abs. 2 GG belegen indes, dass die **richterliche Durchsuchungsanordnung** die Regel und die nichtrichterliche die Ausnahme sein soll (vgl. BVerfGE 103, 142 <153>; 139, 245 <269 Rn. 69>). […] Demgemäß ist der Begriff ‚Gefahr im Verzug' im Sinne des Art. 13 Abs. 2 GG eng auszulegen. **Gefahr im Verzug** ist nur anzunehmen, wenn die richterliche Anordnung nicht mehr eingeholt werden kann, ohne dass der Zweck der Maßnahme –

Gefahr im Verzug i.S.d. § 105 Abs. 1 S. 1 StPO ist auch gegeben, wenn im konkreten Fall zulässigerweise kein Richterdienst vorhanden ist oder wenn vorhandener richterlicher Bereitschaftsdienst unter zulässiger Anrufwege **unverzüglich** (vgl. auch § 121 Abs. 1 S. 1 BGB) vergeblich zu erreichen versucht wird und eine weitere Verzögerung den gesetzlichen Durchsuchungszweck gefährden, also wesentlich erschweren oder vereiteln würde.[1296]

---

regelmäßig die Sicherung von Beweismitteln – gefährdet würde (vgl. BVer-fGE 51, 97 <111>; 103, 142 <153 f.>; 139, 245 <269 Rn. 69>).".

1296 BVerfGE 151, 67 (Richtervorbehalt, Bereitschaftsdienst, Nachtzeit/Tageszeit i.S.v. § 104 Abs. 3 StPO) = BVerfG, Beschluss des Zweiten Senats vom 12.03.2019 – 2 BvR 675/14 –, Ls. 2: „Zu den Anforderungen an einen dem Gebot der praktischen Wirksamkeit des Richtervorbehalts entsprechenden **richterlichen Bereitschaftsdienst** gehört die uneingeschränkte Erreichbarkeit eines Ermittlungsrichters bei Tage, auch außerhalb der üblichen Dienststunden. Die **Tageszeit** umfasst dabei ganzjährig die Zeit zwischen 6 Uhr und 21 Uhr. Während der **Nachtzeit** ist ein ermittlungsrichterlicher Bereitschaftsdienst jedenfalls bei einem Bedarf einzurichten, der über den Ausnahmefall hinausgeht.", Ls. 3: „Ob und inwieweit ein über den Ausnahmefall hinausgehender Bedarf an nächtlichen Durchsuchungsanordnungen die Einrichtung eines **ermittlungsrichterlichen Bereitschaftsdienstes** zur Nachtzeit erfordert, haben die Gerichtspräsidien nach pflichtgemäßem Ermessen in eigener Verantwortung zu entscheiden. Für die Art und Weise der Bedarfsermittlung steht ihnen ein Beurteilungs- und Prognosespielraum zu.", Rn. 56: „Die Strafverfolgungsbehörden müssen dementsprechend regelmäßig versuchen, eine Anordnung des zuständigen Richters zu erlangen, bevor sie eine Durchsuchung beginnen. Nur in Ausnahmesituationen, wenn schon die zeitliche Verzögerung wegen eines solchen Versuchs den Erfolg der Durchsuchung gefährden würde, dürfen sie selbst die Anordnung wegen Gefahr im Verzug treffen, ohne sich zuvor um eine richterliche Entscheidung bemüht zu haben."; BVerfGE 139, 245 (Eilkompetenz der Ermittlungsbehörden) = BVerfG, Beschluss des Zweiten Senats vom 16.06.2015 - 2 BvR 2718/10, Rn. 83: „Scheitert hingegen der Versuch der Befassung des Gerichts mit dem Antrag auf Erlass einer Durchsuchungsanordnung, weil der zuständige Richter nicht erreicht werden kann und infolgedessen ein Beweismittelverlust droht, kommt ein Rückgriff auf die Eilkompetenz der Ermittlungsbehörden gemäß Art. 13 Abs. 2, 2. Halbsatz GG in Betracht.", Ls. 2 [zum **Eilzuständigkeitsende der Ermittlungsbehörden**]: „Mit der Befassung des zuständigen Ermittlungs- oder Eilrichters durch die Stellung eines Antrags auf Erlass einer Durchsuchungsanordnung und der dadurch eröffneten Möglichkeit präventiven Grundrechtsschutzes durch den Richter endet die Eilkompetenz der Ermittlungsbehörden.", Rn. 79: „Entscheidend ist dabei nicht der Zeitpunkt, zu dem die Staatsanwaltschaft den Entschluss fasst, eine richterliche Durchsuchungsanordnung zu beantragen, sondern der Zeitpunkt, in dem das Gericht mit dem Antrag auf Erlass einer Durchsuchungsanordnung befasst wird [**richterliche Befassung** oder **Gerichtsbefassung**, P. B.]. Dies ist der Fall, wenn die Staatsanwaltschaft [oder die Polizei, P. B.] dem zuständigen Richter den Antrag tatsächlich unterbreitet hat, so dass dieser in eine erste Sachprüfung eintreten kann.", Rn. 80: „Nicht entscheidend für den Zeitpunkt des Entfallens der Eilkompetenz der Staatsanwaltschaft ist dagegen der tatsächliche Beginn der sachlichen Prüfung durch das Gericht oder gar die endgültige gerichtliche Entscheidung.", Rn. 82: „Auch soweit während des durch den Richter in Anspruch genommenen Entscheidungszeitraums nach dessen Befassung die Gefahr eines Beweismittelverlusts eintritt, etwa weil dieser auf ein mündlich gestelltes Durchsuchungsbegehren hin die Vorlage schriftlicher Antragsunterlagen oder einer Ermittlungsakte fordert, Nachermittlungen anordnet oder schlicht bis zum Eintritt der Gefahr eines Beweismittelverlusts noch nicht entschieden hat, lebt die Eilkompetenz der Ermittlungsbehörden nicht wieder auf. Dies gilt unabhängig davon, aus welchen Gründen die richterliche Entscheidung über den Durchsuchungsantrag unterbleibt.", Ls. 3: „Die Eilkompetenz der Ermittlungsbehörden kann nur dann neu begründet werden, wenn nach der Befassung des Richters tatsächliche Umstände eintreten oder bekannt werden, die sich nicht aus dem Prozess der Prüfung und Entscheidung über diesen Antrag ergeben, und hierdurch die Gefahr eines Beweismittelverlusts in einer Weise begründet wird, die der Möglichkeit einer rechtzeitigen richterlichen Entscheidung entgegensteht.", Ls. 4: „Auf die Ausgestaltung der justizinternen Organisation kann die Eilzuständigkeit der Ermittlungsbehörden nicht gestützt werden.", Rn. 70: „Die daraus folgende Pflicht der Ermittlungsbehörden, sich regelmäßig um eine Durchsuchungsanordnung des zuständigen Richters zu bemühen, wird

(SUB/ERG)

Im konkreten Fall ist § 105 Abs. 1 S. 1 StPO (alternativ)

- eingehalten bei Richter-Durchsuchungsanordnung[1297];
- eingehalten bei StA-Anordnung bei Gefahr im Verzug[1298];

---

nicht durch den abstrakten Hinweis verzichtbar, eine richterliche Entscheidung sei zur maßgeblichen Zeit üblicherweise nicht mehr zu erreichen (vgl. BVerfGK 5, 74 <78>; 7, 392 <395>). Reine Spekulationen, hypothetische Erwägungen oder lediglich auf kriminalistische Alltagserfahrungen gestützte, fallunabhängige Vermutungen reichen ebenfalls nicht aus, um die Annahme von Gefahr im Verzug zu begründen (vgl. BVerfGE 103, 142 <155>; BVerfGK 2, 310 <315>). Auch schließt das verfassungsrechtliche Gebot, dem Ausnahmecharakter der Eilkompetenz Rechnung zu tragen, aus, mit dem Antrag auf Erlass einer Durchsuchungsanordnung zu warten, bis die Gefahr eines Beweismittelverlusts eingetreten ist. Selbst herbeigeführte tatsächliche Voraussetzungen können die Eilkompetenz der Staatsanwaltschaft und ihrer Ermittlungspersonen nicht begründen (vgl. BVerfGK 5, 74 <78>).", Rn. 71: „Stattdessen sind bei der Beurteilung der Frage, ob der Versuch, eine richterliche Entscheidung herbeizuführen, unterbleiben darf, weil bereits die damit verbundene zeitliche Verzögerung den Erfolg der Durchsuchung gefährden würde, die konkreten Umstände des jeweiligen Einzelfalles in Rechnung zu stellen. Die Ermittlungsbehörden haben insbesondere die Komplexität der im Rahmen der Durchsuchungsanordnung zu prüfenden tatsächlichen und rechtlichen Fragen und den insoweit erforderlichen Zeitaufwand zu berücksichtigen. Daneben haben sie aber auch in ihre Überlegungen einzubeziehen, dass die Vorlage schriftlicher Unterlagen zur Herbeiführung einer richterlichen Eilentscheidung zumindest nicht ausnahmslos erforderlich ist. Jedenfalls in einfach gelagerten Fällen, in denen allein aufgrund der **mündlichen Darstellung des Sachverhalts** eine sachangemessene Entscheidung möglich ist, würde ein solches Erfordernis weder der gesetzlichen Intention noch der Bedeutung des Richtervorbehalts für den Grundrechtsschutz des Einzelnen gerecht (vgl. insoweit zur Anordnung einer Blutentnahme gemäß § 81a StPO: BVerfGK 17, 340 <346 f.>). Es bestehen daher in solchen Fällen keine verfassungsrechtlichen Bedenken, wenn der zuständige Richter allein aufgrund mündlich übermittelter Informationen entscheidet und die Durchsuchung auch **mündlich anordnet**, sofern er diese Anordnung zeitnah schriftlich dokumentiert und damit den sich aus Art. 19 Abs. 4 GG ergebenden Erfordernissen Rechnung trägt.".

1297 BVerfGE 96, 44. Ls. und S. 52-54 (Durchsuchngsanordnung II) = BVerfG, Beschluss des Zweiten Senats vom 27.05.1997 – 2 BvR 1992/92, Ls.: „1. Der Richter darf eine Durchsuchung nur anordnen, wenn er sich aufgrund eigenverantwortlicher Prüfung der Ermittlungen überzeugt hat, daß die Maßnahme verhältnismäßig ist. Seine Anordnung hat die Grundlage der konkreten Maßnahme zu schaffen und muß Rahmen, Grenzen und Ziel der Durchsuchung definieren. 2. Der Zweck des Richtervorbehalts hat Auswirkungen auch auf den **Zeitraum, innerhalb dessen die richterliche Durchsuchungsanordnung vollzogen werden darf**. Spätestens nach Ablauf eines halben Jahres verliert ein **Durchsuchungsbeschluß seine rechtfertigende Kraft**.".

1298 Zu **Durchsuchungsanordnungszuständigkeiten** und dem **Durchsuchungsverfahren mit Richter, Staatsanwaltschaft, Polizei** vgl. auch: BVerGK 5, 74 (Wohnungsdurchsuchung und Beschlagnahme eines Mobiltelefons) = BVerfG, Beschluss der 3. Kammer des Zweiten Senats vom 04.02.2005 – 2 BvR 308/04 –, Rn. 13: „Polizei und Staatsanwaltschaft müssen bei ihrem Vorgehen im Ermittlungsverfahren den Ausnahmecharakter der nichtrichterlichen Durchsuchungsanordnung beachten und gegebenenfalls die nachträgliche gerichtliche Prüfung der Durchsuchungsvoraussetzungen ermöglichen. Sie dürfen die Regelzuständigkeit des Ermittlungsrichters nicht unterlaufen, indem sie so lange zuwarten, bis die Gefahr eines Beweismittelverlustes eingetreten ist. Selbst herbeigeführte tatsächliche Voraussetzungen können die Gefahr im Verzuge und die Eilkompetenz nicht begründen. Der Durchsuchung muss in aller Regel der Versuch vorausgehen, einen Ermittlungsrichter zu erreichen und bei dessen Unerreichbarkeit einen Staatsanwalt (§ 105 Abs. 1 Satz 1 StPO). Diese Bemühungen werden nicht durch den abstrakten Hinweis verzichtbar, eine richterliche Entscheidung oder die Entschließung eines Staatsanwalts seien zur maßgeblichen Zeit gewöhnlicherweise nicht mehr zu erlangen. Die handelnden Beamten, möglichst der - vorrangig verantwortliche - Staatsanwalt, haben die Bezeichnung des Tatverdachts und der gesuchten Beweismittel und die tatsächlichen Umstände, auf die die Gefahr des Beweismittelverlustes gestützt

- eingehalten bei StA-Ermittlungspersonen-Anordnung bei Gefahr im Verzug;
- nicht eingehalten bei Fehlen richterlicher Anordnung unter fehlerhafter Annahme von Gefahr im Verzug[1299];
- nicht eingehalten bei sonstiger Missachtung des Richtervorbehalts[1300].

(VOR/DEF)

b) § 107 StPO: Schriftliche Mitteilung und Verzeichnis oder Bescheinigung

Gemäß § 107 S. 1, 2 StPO ist dem von der Durchsuchung Betroffenen nach deren Beendigung auf Verlangen eine schriftliche Mitteilung zu machen, die den Grund der Durchsuchung (§§ 102, 103) sowie im Falle des § 102 die Straftat [oder der Ordnungswidrigkeit] bezeichnen muß; auch ist ihm auf Verlangen ein Verzeichnis der in Verwahrung oder in Beschlag genommenen Gegenstände, falls aber nichts Verdächtiges gefunden wird, eine Bescheinigung hierüber zu geben[1301].

---

wird, sowie die Bemühungen, einen Ermittlungsrichter oder bei seiner Unerreichbarkeit einen Staatsanwalt zu erreichen, in einem vor der Durchsuchung oder unverzüglich danach gefertigten Vermerk vollständig zu dokumentieren. So kann die vollständige gerichtliche Nachprüfung der Annahme von Gefahr im Verzuge gewährleistet werden (vgl. BVerfGE 103, 142<155, 156, 159 f.>).".

[1299] Vgl. z.B. BVerfGE 103, 142 (Wohnungsdurchsuchung und Gefahr im Verzug) = BVerfG, Urteil des Zweiten Senats vom 20.02.2001 – 2 BvR 1444/00 –, Ls. 1b: „‚Gefahr im Verzug' muss mit **Tatsachen** begründet werden, die auf den Einzelfall bezogen sind. Reine Spekulationen, hypothetische Erwägungen oder lediglich auf kriminalistische Alltagserfahrung gestützte, fallunabhängige Vermutungen reichen nicht aus.", C. I. 2. b) bb), Rn. 39: „Im Konkreten sind reine Spekulationen, hypothetische Erwägungen oder lediglich auf kriminalistische Alltagserfahrung gestützte, fallunabhängige Vermutungen als Grundlage einer Annahme von Gefahr im Verzug nicht hinreichend. Gefahr im Verzug muss mit **Tatsachen** begründet werden, die auf den Einzelfall bezogen sind. Die bloße Möglichkeit eines Beweismittelverlusts genügt nicht.".

[1300] Vgl. z.B. zum **Richtervorbehalt auch für Personendurchsuchung und Sachendurchsuchung**: Landgericht Köln, Beschluss der 8. großen Strafkammer vom 19.07.2016 – 108 Qs 31/16, Rn. 12 f.: „Hinzu kommt, dass vorliegend die ernsthafte Möglichkeit besteht, dass die Durchsuchungsmaßnahme unter **Missachtung des Richtervorbehaltes** erfolgte. Insoweit bleibt nämlich zunächst der Beweisaufnahme vorbehalten, ob die die Durchsuchung vornehmenden Polizeibeamten überhaupt erkannt haben, dass die vorliegende Maßnahme grundsätzlich nur durch das Gericht angeordnet werden darf und eine polizeiliche Anordnungskompetenz nur bei der Annahme von Gefahr im Verzug besteht. Diese Zweifel sind hier deshalb begründet, weil die Durchsuchung – um eine solche handelt es sich bei der ‚**Inaugenscheinnahme**' des Inhalts der von der Beschwerdeführerin mitgeführten Tasche zweifelsfrei – in der Akte nicht als solche bezeichnet wird und es an jeglicher Dokumentation in der Akte fehlt, auf welcher Grundlage die Durchsuchung vorgenommen wurde. Auch die **Annahme von Gefahr im Verzug** ist vorliegend nicht eindeutig. Zwar ist das Amtsgericht in den angefochtenen Beschluss zu Recht davon ausgegangen, dass die Durchsuchungsmaßnahme nur dann Aussicht auf Erfolg haben konnte, wenn sie durchgeführt wurde, ohne dass die Beschwerdeführerin vorher Gelegenheit hatte etwaige Beweismittel verschwinden zu lassen. Die Polizeibeamten hätten aber jedenfalls die Möglichkeit gehabt, die Beschwerdeführerin zu fragen, ob sie bereit wäre, bis zur Einholung einer Entscheidung durch den zuständigen Ermittlungsrichter zu warten. Vor diesem Hintergrund bestehen begründete Zweifel an der Rechtmäßigkeit der Durchsuchungsanordnung und der Verwertbarkeit der daraus resultierenden Beweismittel.".

[1301] KG Berlin, Beschluss vom 05.09.2008 – 2 Ws 408/08, Leitsätze: „1. Ein Strafgefangener hat keinen Anspruch auf Erteilung einer sog. **Negativbescheinigung** über eine ergebnislose Haftraumdurchsuchung. 2. § 107 Satz 2 StPO ist auf die Durchsuchung des Haftraums gemäß § 84 Abs. 1 Satz 1 StVollzG nicht entsprechend anwendbar.".

(SUB/ERG)

Im konkreten Fall ist § 107 S. 1, 2 StPO (alternativ)

- bei Vorliegen von entsprechenden Anhaltspunkten / Fehlen entgegenstehender Anhaltspunkte eingehalten.
- bei Vorliegen von entsprechenden Anhaltspunkten nicht eingehalten.

2. § 81d StPO (analog) als Verfahrensrechtsnorm für Personendurchsuchung nach § 103 StPO

(VOR)

Gemäß § 81d StPO – auch bei **Einwilligung** (§ 36 Nr. 19 DSG NRW, § 38 DSG NRW) der betroffenen Person, § 81d Abs. 2 StPO –

- wird gemäß § 81d Abs. 1 S. 1 StPO im Fall von potentieller Schamgefühlsverletzung die körperliche Untersuchung von einer Person gleichen Geschlechts oder von einer Ärztin oder einem Arzt vorgenommen;
- soll gemäß § 81d Abs. 1 S. 2 StPO im Fall von berechtigtem Interesse und Wunsch der betroffenen Person die körperliche Untersuchung einer Person oder einem Arzt bestimmten Geschlechts übertragen werden;
- soll gemäß § 81d Abs. 1 S. 3 StPO im Fall des Verlangens der betroffenen Person eine Person des Vertrauens zugelassen werden;
- ist gemäß § 81d Abs. 1 S. 4 StPO die betroffene Person auf die Regelungen von § 81d Abs. 1 S. 2, 3 StPO hinzuweisen.

(DEF)

Durchsuchung i.S.v. Durchsuchungspersonvoraussetzungen wie aus § 81d StPO analog[1302] ist Suchverhalten mit Eingriff in die körperliche Intimsphäre der betroffenen Person, wie zum Beispiel möglich durch systematisches Abtasten, Hineingreifen, Fixieren an Körperintimstellen, nicht Durchsuchung i.S.d. § 81d StPO analog sind: Durchsuchung-Begleitmaßnahmen wie Bewegungsverfügungen, sonstige Verhaltensverfügungen zwecks Durchsuchungsförderung oder bloßes Fixieren des Durchsuchungsadressaten jedenfalls an Ausläufern von Armen, Beinen, Schulter – vgl. insbesondere Telos des § 81d StPO i.V.m. Art. 1 Abs. 1 GG, Art. 3 Abs. 3 Var. 1 GG.

Schamgefühlsverletzungspotential im Sinne von § 81d StPO richtet sich nach objektiviertem Maßnahmenempfänger.[1303]

Person gleichen Geschlechts ist eine Person mit gleichem Geschlechts-Personenstand nach PStG.

1302 Analogie von § 81d StPO zu §§ 102, 103 StPO (im Fall der Personendurchsuchung) aufgrund für diese jeweils existierende Regelungslücke und teleologisch gleichzusetzender Interessenlage von Person zu Person. Zur Analogie siehe auch: *Basten*, Eingriffsrecht der Polizei in Nordrhein-Westfalen, Band 1, S. 163.

1303 Bundesrats-Drucksache 829/03 vom 07.11.2003, S. 21: „Dies kann z.B. nach vorangegangenem Missbrauch durch eine Person gleichen Geschlechts der Fall sein.“.

Arzt ist ein solcher nach BÄO.

Berechtigtes Interesse ist ein Rechtsgrund (**rechtliches Interesse**) als auch ein insgesamt überwiegendes Interesse nach Abwägung aller Interessen insbesondere der an der Maßnahme Beteiligten (z.B. unmittelbar betroffene Person, Polizeibeamte, Arzt, Vertrauensperson mit jeweiligen Persönlichkeitsrechten) und der durch die Maßnahme Betroffenen (z.B. unmittelbar betroffene Person, potentielle Tatopfer, verfahrenszuständige Behörden mit jeweiligen Rechten und Pflichten im Rechtsstaat).

Person des Vertrauens wird durch die betroffene Person bestimmt.

(SUB/ERG)

Im konkreten Fall ist § 81d StPO analog (alternativ)

- bei Vorliegen von entsprechenden Anhaltspunkten / Fehlen entgegenstehender Anhaltspunkte eingehalten.
- bei Vorliegen von entsprechenden Anhaltspunkten nicht eingehalten.

3. § 106 Abs. 1 StPO und § 106 Abs. 2 StPO als Verfahrensrechtsnorm für Sachen-/Wohnungs-/Andere-Räume-Durchsuchung nach § 103 StPO

(VOR)

a) § 106 Abs. 1 StPO: Anwesenheit oder Zuziehung

Gemäß § 106 Abs. 1 S. 1, 2 StPO (vgl. auch § 67 JGG) darf der Inhaber der zu durchsuchenden Räume oder Gegenstände der Durchsuchung beiwohnen; ist er abwesend, so ist, wenn möglich, sein Vertreter oder ein erwachsener Angehöriger, Hausgenosse oder Nachbar zuzuziehen.

(DEF)

Möglichkeit i.S.d. § 106 Abs. 1 S. 2 StPO ist das Vorliegen zuziehungszulassender Umstände in Abwägung von Erhaltungsrechten und Eingriffsrechten; wobei in § 106 StPO auch die Möglichkeit der Wohnungsinhaber-Abwesenheit vorausgesetzt wird und § 106 StPO sowohl die Förderung der Interessen der durchsuchenden Personen als auch der Interessen der von der Durchsuchung betroffenen Personen bezweckt, vgl. für die Abwägung Fälle mit Dringlichkeit der Durchsuchung, mit Durchsuchung gerade im Aufklärungsinteresse des Wohnungsinhabers, mit Desinteresse von Wohnungsinhaber oder Hinzuziehbaren, mit Gefährdung von Hinzugezogenen, mit Grundrechtsvertiefung für Wohnungsinhaber durch Hinzuziehung störender oder neugieriger, negativ eingestellter Hinzugezogener.[1304]

[1304] BGHSt 51, 211 (Unzulässigkeit „verdeckter Online-Durchsuchung") = BGH, Beschluss vom 31.01.2007 – StB 18/06, Rn. 7: „Diese Regelungen sind nach ihrem Wortlaut (siehe oben) sowie nach ihrem Sinn und Zweck, den von einer Durchsuchung Betroffenen zu schützen, als wesentliche Förmlichkeiten **zwingendes Recht** und nicht lediglich Vorschriften, die zur beliebigen Disposition der Ermittlungsorgane stehen. Von ihrer Beachtung hängt die Rechtmäßigkeit der Durchsuchung ab [Schrifttumsquellenangaben]. Etwas anderes ergibt sich auch nicht aus der Einschränkung ‚wenn möglich' in § 105

Räumeinhaber, also auch **Wohnungsinhaber** oder **Gegenständeinhaber** ist der Inhaber der tatsächlichen Gewalt über die Wohnung oder den sonstigen Raum oder die sonstige Sache, also eine natürliche Person (§ 1 BGB) mit zur maßgeblichen Zeit tatsächlich ausübbarem **Besitz** zur Sache im Sinne des Privatrechts, vgl. insbesondere §§ 854-872 BGB.

Vertreter ist ein Stellvertreter qua Gesetz oder ein Stellvertreter qua Rechtsgeschäft.[1305]

Erwachsener Angehöriger ist jede Person im Sinne von § 1 BGB, die nicht Jugendlicher und nicht Heranwachsender im Sinne von § 1 JGG ist und die Angehöriger im Sinne von § 52 StPO ist.

Hausgenosse oder **Nachbar** sind mit oder neben dem Wohnungsinhaber wohnende Personen.

(SUB/ERG)

Im konkreten Fall ist § 106 Abs. 1 StPO (alternativ)

- bei Vorliegen von entsprechenden Anhaltspunkten / Fehlen entgegenstehender Anhaltspunkte eingehalten.
- bei Vorliegen von entsprechenden Anhaltspunkten nicht eingehalten.

(VOR)

b) § 106 Abs. 2 StPO: Durchsuchungszweckbekanntgabe in Fällen von § 103 Abs. 1 StPO außer bei Raumdurchsuchung i.S.v. § 104 Abs. 2 StPO

Gemäß § 106 Abs. 2 S. 1, 2 ist dem Inhaber oder der in dessen Abwesenheit zugezogenen Person in den Fällen des § 103 Abs. 1 StPO der Zweck der Durchsuchung vor deren Beginn bekanntzumachen; diese Vorschrift gilt nicht für die Inhaber der in § 104 Abs. 2 StPO bezeichneten Räume.

(DEF)

Zweck, der bekanntzugeben ist i.S.v. § 106 Abs. 2 StPO und i.S.v. § 103 StPO als materiellrechtlicher Grund zu berücksichtigen ist, ist (alternativ):

- Beschuldigten-Ergreifungszweck („Ergreifungsdurchsuchung“);

Abs. 2 Satz 1 StPO und § 106 Abs. 1 Satz 2 StPO. **Unmöglich** im Sinne dieser Vorschriften ist die Beiziehung von Zeugen nur dann, wenn die durch Tatsachen begründete naheliegende Möglichkeit besteht, dass durch die Suche nach bereiten Zeugen der Erfolg der Durchsuchung vereitelt wird [Schrifttumsquellenangaben]. Sie darf aber nicht aus ermittlungstaktischen Erwägungen unterbleiben, um den Tatverdächtigen über die Durchsuchung sowie die gegen ihn geführten Ermittlungen in Unkenntnis zu halten.“.

1305 **Vertreter** ist ein **Stellvertreter** qua Gesetz oder ein **Stellvertreter** qua Rechtsgeschäft (§§ 164-181 BGB). Vgl. insbesondere:

- §§ 1626-1698b BGB: **Elterliche Sorge** mit „**Vertretung des Kindes**“ gemäß § 1629 BGB;
- § 1 Abs. 1 Nr. 4 JuSchG: **erziehungsbeauftragte Person**;
- §§ 1773-1895 BGB: **Vormundschaft**;
- §§ 1896-1908k BGB: **Rechtliche Betreuung**;
- §§ 1909-1921 BGB: **Pflegschaft**.

- Spurverfolgungszweck („Ermittlungsdurchsuchung");
- Gegenständebeschlagnahmezweck („Ermittlungsdurchsuchung").

(SUB/ERG)

Im konkreten Fall ist § 106 Abs. 2 StPO (alternativ)

- bei Vorliegen von entsprechenden Anhaltspunkten / Fehlen entgegenstehender Anhaltspunkte eingehalten.
- bei Vorliegen von entsprechenden Anhaltspunkten nicht eingehalten.

4. § 105 Abs. 2 und § 105 Abs. 3 StPO als Verfahrensrechtsnormen für Wohnungs-/Andere Räume-Durchsuchung nach § 103 StPO

(VOR)

a) § 105 Abs. 2 StPO: Zuziehung

Gemäß § 105 Abs. 2 S. 1, 2 StPO sind, wenn eine Durchsuchung der Wohnung, der Geschäftsräume oder des befriedeten Besitztums ohne Beisein des Richters oder des Staatsanwalts stattfindet, wenn möglich, ein Gemeindebeamter oder zwei Mitglieder der Gemeinde, in deren Bezirk die Durchsuchung erfolgt, zuzuziehen; die als Gemeindemitglieder zugezogenen Personen dürfen nicht Polizeibeamte oder Ermittlungspersonen der Staatsanwaltschaft sein.

(DEF)

Möglichkeit i.S.d. § 105 Abs. 2 StPO ist das Vorliegen zuziehungszulassender Umstände in Abwägung von Erhaltungsrechten und Eingriffsrechten; wobei in § 105 Abs. 2 StPO auch die Möglichkeit der Abwesenheit vorausgesetzt wird und § 105 Abs. 2 StPO sowohl die Förderung der Interessen der durchsuchenden Personen als auch der Interessen der von der Durchsuchung betroffenen Personen bezweckt, vgl. für die Abwägung Fälle mit Dringlichkeit der Durchsuchung, mit Durchsuchung gerade im Aufklärungsinteresse des Wohnungsinhabers, mit Desinteresse von Wohnungsinhaber oder Hinzuziehbaren, mit Gefährdung von Hinzugezogenen, mit Grundrechtsvertiefung für Wohnungsinhaber durch Hinzuziehung störender oder neugieriger, negativ eingestellter Hinzugezogener.[1306]

1306 BGHSt 51, 211 (Unzulässigkeit „verdeckter Online-Durchsuchung") = BGH, Beschluss vom 31.01.2007 – StB 18/06, Rn. 7: „Diese Regelungen sind nach ihrem Wortlaut (siehe oben) sowie nach ihrem Sinn und Zweck, den von einer Durchsuchung Betroffenen zu schützen, als wesentliche Förmlichkeiten **zwingendes Recht** und nicht lediglich Vorschriften, die zur beliebigen Disposition der Ermittlungsorgane stehen. Von ihrer Beachtung hängt die Rechtmäßigkeit der Durchsuchung ab [Schrifttumsquellenangaben]. Etwas anderes ergibt sich auch nicht aus der Einschränkung ‚wenn möglich' in § 105 Abs. 2 Satz 1 StPO und § 106 Abs. 1 Satz 2 StPO. **Unmöglich** im Sinne dieser Vorschriften ist die Beiziehung von Zeugen nur dann, wenn die durch Tatsachen begründete naheliegende Möglichkeit besteht, dass durch die Suche nach bereiten Zeugen der Erfolg der Durchsuchung vereitelt wird [Schrifttumsquellenangaben]. Sie darf aber nicht aus ermittlungstaktischen Erwägungen unterbleiben, um den Tatverdächtigen über die Durchsuchung sowie die gegen ihn geführten Ermittlungen in Unkenntnis zu halten.".

(SUB/ERG)

Im konkreten Fall ist § 105 Abs. 2 StPO (alternativ)

- bei Vorliegen von entsprechenden Anhaltspunkten / Fehlen entgegenstehender Anhaltspunkte eingehalten.
- bei Vorliegen von entsprechenden Anhaltspunkten nicht eingehalten.[1307]

(VOR/DEF)

b) § 105 Abs. 3 StPO: Ersuchen der vorgesetzten Bundeswehrdienststelle um und Mitwirkung an Durchsuchung in von Soldaten bewohnten Bundeswehrräumen

§ 105 Abs. 3 StPO lautet: Wird eine Durchsuchung in einem Dienstgebäude oder einer nicht allgemein zugänglichen Einrichtung oder Anlage der Bundeswehr erforderlich, so wird die vorgesetzte Dienststelle der Bundeswehr um ihre Durchführung ersucht. Die ersuchende Stelle ist zur Mitwirkung berechtigt. Des Ersuchens bedarf es nicht, wenn die Durchsuchung von Räumen vorzunehmen ist, die ausschließlich von anderen Personen als Soldaten bewohnt werden.

(SUB/ERG)

Im konkreten Fall ist § 105 Abs. 3 StPO (alternativ)

- bei Vorliegen von entsprechenden Anhaltspunkten / Fehlen entgegenstehender Anhaltspunkte eingehalten.
- bei Vorliegen von entsprechenden Anhaltspunkten nicht eingehalten.

5. § 33 StPO und § 168b StPO als allgemeine Strafrechtspflege-Verfahrensrechtsnormen bzgl. Justiz-VA (§ 23 Abs. 1 S. 1 EGGVG) der Personen-/Sachen-/Wohnungs-/andere-Räume-Durchsuchung

(VOR/DEF)

a) § 33 StPO analog: Anhörung

Gemäß § 33 StPO analog besteht Pflicht zur **Anhörung** bzw. **Gewährung rechtlichen Gehörs** vor einer Entscheidung, jedenfalls bevor zum Beteiligten-Nachteil Tatsachen oder Beweisergebnisse ohne Anhörung verwertet werden – oder es soll gegeben sein: ein Ausnahmegrund der Zweckgefährdung/Gefahr im Verzug nach § 33 Abs. 4 StPO analog.

Gefahr im Verzug i.S.d. § 33 StPO ist gegeben, wenn der Handlungsbedarf unvorhergesehen ist und bei Durchführung der eigentlich vorgesehenen Maßnahme, hier der Anhörung, der

[1307] Vgl. BGH, Urteil vom 15.10.1985 – 5 StR 338/85: „Auf eine Zuziehung von Zeugen kann jedenfalls verzichtet werden, wenn die Durchsuchung, wie im vorliegenden Fall, zunächst im Einverständnis mit den anwesenden Betroffenen begonnen wird und sie später gegen ihren Willen beendet werden muß. In einem solchen Fall könnte durch den mit der Zuziehung der Zeugen eingetretenen Zeitverlust der Erfolg der Durchsuchung in Frage gestellt werden (BayObLGSt 1979, 183 = JR 1981, 28).“.

gesetzliche Zweck, hier der jeweilige aus der Aufgabe des § 163 Abs. 1 S. 1 StPO (ggf. aus § 53 Abs. 1 S. 1 OWiG) und aus der Befugnisrechtsnorm (§ 102 StPO), vereitelt oder wesentlich erschwert wird.

(SUB/ERG)

Im konkreten Fall ist § 33 StPO analog (alternativ)

- eingehalten insbesondere bei Gelegenheit zur Stellungnahme i.S.d. § 33 StPO analog;
- eingehalten bei Nichteinhaltung von § 33 Abs. 1, 3 StPO analog und Ausnahmegrund gemäß § 33 Abs. 4 StPO analog;
- nicht eingehalten insbesondere bei Fehlen von Gelegenheit zur Stellungnahme ohne Ausnahmegrund i.S.d. § 33 StPO analog;
- sonst eingehalten oder nicht eingehalten bei Anhaltspunkten / Fehlen entgegenstehender Anhaltspunkte.

(VOR/DEF)

b) § 168b StPO: Protokollierung

Gemöß § 168b StPO besteht Pflicht zur **Protokollierung** bzw. zum **Protokoll über ermittlungsbehördliche Untersuchungshandlungen**, wonach gemäß § 168b Abs. 1 StPO das Ergebnis der Untersuchungshandlungen der Ermittlungsbehörden aktenkundig zu machen ist.

(SUB/ERG)

Im konkreten Fall ist § 168b StPO (alternativ)

- eingehalten insbesondere bei Protokoll über (das Ergebnis über) behördliche Untersuchungshandlungen i.S.d. §168b StPO;
- eingehalten bei Nichteinhaltung von § 168b StPO mit Ausnahmegrund;
- nicht eingehalten insbesondere bei Fehlen von Protokoll über (das Ergebnis über) behördliche Untersuchungshandlungen ohne Ausnahmegrund;
- sonst eingehalten oder nicht eingehalten bei Anhaltspunkten / Fehlen entgegenstehender Anhaltspunkte.

Art. 13 Abs. 2-7 GG: „Im Übrigen" können – insbesondere bei Fehlen von verfassungsmäßigen einfachgesetzlichen Konkretisierungen von Art. 13 Abs. 2-7 GG – Art. 13 Abs. 2-7 GG alternativ direkt anwendbare Rechtsgrundlagen mit Rechtmäßigkeitsvoraussetzungen bilden.

(ERG Verfahren)

Ergebnis kann allgemein sein: Verfahrensrechtmäßigkeit oder Verfahrensrechtswidrigkeit der Maßnahme.

B. Formelle Rechtmäßigkeit (FR) III. Form (F)

(VOR/DEF)

Form ist normiertes Wie der Rechtsfolgesetzung – schriftlich, elektronisch, mündlich oder in anderer Weise.

(SUB/ERG)

Im konkreten Fall besteht aufgrund Fehlens speziellerer Formrechtsnormen Formfreiheit für den Justiz-VA, sodass der Justiz-VA grundsätzlich schriftlich, elektronisch, mündlich oder in anderer Weise formrechtmäßig ergehen kann.

§ 107 StPO und § 168b StPO sind i.d.R. bereits integrativer Bestandteil des Verfahrens.

Ergebnis kann allgemein sein: Formrechtmäßigkeit oder Formrechtswidrigkeit der Maßnahme.

C. Materielle Rechtmäßigkeit (MR) I. Tatbestand (Tb) / Tatbestandsvoraussetzungen (TBV)

(VOR/DEF)

Tatbestand ist das Gesamt der (materiell-rechtlichen) Rechtsfolge(setzungs)bedingungen. / **Tatbestandsvoraussetzungen** sind materiell-rechtliche Rechtsfolgesetzungsbedingungen.

1. § 163 Abs. 1 S. 1 i.V.m. § 152 Abs. 2 StPO: Tatverdacht

(VOR)

Für § 103 StPO (ggf. i.V.m. §§ 46, 53 Abs. 1 S. 2, Abs. 2 OWiG) wird (Straf-/Owi-)Tatverdacht vorausgesetzt, § 163 Abs. 1 S. 1 W. 8, S. 2 W. 1-3 StPO/§ 53 Abs. 1 S. 1 W. 11 OWiG.

(DEF)

Tatverdacht ist gemäß § 163 Abs. 1 S. 1 i.V.m. § 152 Abs. 2 StPO das Gegebensein zureichender tatsächlicher Anhaltspunkte für eine verfolgbare Straftat oder Ordnungswidrigkeit[1308].[1309]

1308 BVerfG, Beschluss der 3. Kammer des Zweiten Senats vom 11.01.2016 – 2 BvR 1361/13 –, Rn. 11: „Notwendiger und grundsätzlich auch hinreichender Anlass für Zwangsmaßnahmen im Strafverfahren [oder Ordnungswidrigkeitenverfahren, P. B.] ist der Verdacht einer Straftat [oder Ordnungswidrigkeit, P. B.]. Der Verdacht muss auf konkreten Tatsachen beruhen; vage Anhaltspunkte oder bloße Vermutungen reichen nicht aus (vgl. BVerfGE 44, 353 <381 f.>; 59, 95 <97 f.>; BVerfGK 1, 126 <131>).“.

1309 BGH, Beschluss des 3. Strafsenats vom 05.06.2019 – BGH StB 6/19: „Für die Zulässigkeit einer regelmäßig in einem frühen Stadium der Ermittlungen durchzuführenden Durchsuchung genügt der über

Zureichende tatsächliche Anhaltspunkte sind gegeben bei entsprechendem Ergebnis einer Gewichtigkeits- und Plausibilitätsprüfung aller wahrnehmbaren Dinge in Abwägung mit Art und Ausmaß potentieller Rechtseingriffe und Taten.[1310]

(SUB)

Zureichende tatsächliche Anhaltspunkte sind (z.B. und alternativ möglich) zum maßgeblichen Zeitpunkt bezüglich bestimmter Taten:

- polizeieigene Beobachtungen;
- polizeiliche Feststellungen;
- polizeiliche auf Tatsachen begründete, auf den einzelnen Fall bezogene Schlussfolgerungen außer reine Spekulationen, hypothetische Erwägungen oder lediglich auf kriminalistische Alltagserfahrung gestützte, fallunabhängige Vermutungen;
- Angaben von Beschuldigten, Betroffenen, Verdächtigen, Nichtverdächtigen, Zeugen, Sachverständigen oder Dritten;
- Anzeigen i.S.d. § 158 StPO[1311];

---

bloße Vermutungen hinausreichende, auf bestimmte tatsächliche Anhaltspunkte gestützte konkrete Verdacht, dass eine Straftat begangen wurde und der Verdächtige als Täter oder Teilnehmer an dieser Tat in Betracht kommt. Eines hinreichenden oder gar dringenden Tatverdachts bedarf es - unbeschadet der Frage der Verhältnismäßigkeit - nicht (st. Rspr.; vgl. BVerfG, Beschluss vom 7. September 2006 - 2 BvR 1219/05, NJW 2007, 1443; BGH, Beschlüsse vom 18. Dezember 2008 - StB 26/08, BGHR StPO § 102 Tatverdacht 2 ; vom 12. August 2015 - StB 8/15 , NStZ 2016, 370).".

1310 BVerfGE 117, 244 (Cicero) = BVerfG, Urteil des Ersten Senats vom 27.02.2007 – 1 BvR 538, 2045/06 –, Ls. 2: „Die bloße **Veröffentlichung eines Dienstgeheimnisses** im Sinne des § 353 b StGB durch einen Journalisten reicht im Hinblick auf Art. 5 Abs. 1 Satz 2 GG nicht aus, um einen den strafprozessualen Ermächtigungen zur Durchsuchung und Beschlagnahme genügenden Verdacht der **Beihilfe des Journalisten zum Geheimnisverrat** zu begründen."; BVerfGE 117, 244, 262 f. (Cicero) = BVerfG, Urteil des Ersten Senats vom 27.02.2007 – 1 BvR 538, 2045/06 –, B. I. 2. b) bb) (1), Rn. 54-56: „Der den gerichtlichen Anordnungen zugrunde liegende Tatverdacht gegen den Beschwerdeführer reichte unter Berücksichtigung des Grundrechts aus Art. 5 Abs. 1 Satz 2 GG für eine auf §§ 102, 94 StPO gegründete Durchsuchung und Beschlagnahme bei den in § 53 Abs. 1 Satz 1 Nr. 5 StPO genannten Personen ungeachtet der Frage, ob die Veröffentlichung des Dienstgeheimnisses überhaupt als Beihilfe zum Geheimnisverrat nach § 353 b StGB angesehen werden kann, nicht aus. Der Tatverdacht der Beihilfe gegen den Beschwerdeführer stützte sich allein auf die Veröffentlichung und auf Hinweise darauf, dass der Verfasser des Artikels im Besitz des Auswertungsberichts gewesen sein musste. Für die Verwirklichung einer beihilfefähigen Haupttat, die einen Tatplan des Geheimnisträgers vorausgesetzt hätte, der gerade auf die Veröffentlichung der offenbarten Dienstgeheimnisse hinzielte, lagen demgegenüber keine zureichenden tatsächlichen Anhaltspunkte vor. § 353 b StGB stellt unter anderem die unbefugte Offenbarung eines Dienstgeheimnisses unter Strafe. Die Veröffentlichung des Geheimnisses deutet allerdings nicht zwingend auf das Vorliegen einer derartigen Haupttat durch den Geheimnisträger hin. Der Tatbestand des § 353 b StGB ist beispielsweise nicht verwirklicht und eine Beihilfe daher nicht möglich, wenn Schriftstücke oder Dateien mit Dienstgeheimnissen versehentlich oder über eine nicht zur Geheimhaltung verpflichtete Mittelsperson nach außen gelangen. Will der Geheimnisträger dem Journalisten nur Hintergrundinformationen liefern und erfolgt die Veröffentlichung abredewidrig, ist die Tat mit der Offenbarung des Geheimnisses nicht nur vollendet, sondern auch bereits beendet; dann kann eine Beihilfe durch die nachfolgende Veröffentlichung gar nicht mehr geleistet werden. In solchen Fällen kann eine Durchsuchung und Beschlagnahme nicht mit dem Ziel der Aufklärung einer Beihilfehandlung des Journalisten angeordnet werden.".

1311 Bei anonymen Anzeigen vgl. BVerfG, Beschluss der 3. Kammer des Zweiten Senats vom 14.07.2016 - 2 BvR 2474/14 - Rn. 19 = BVerfG, StV 2017, 361 (BES-Wohnungsdurchsuchung nach

- sonstige Daten, Spuren.

(ERG)

Im konkreten Fall besteht i.S.d. § 152 Abs. 2 StPO i.V.m. § 163 Abs. 1 S. 1 StPO/§ 53 Abs. 1 S. 1 OWiG (alternativ)

- Tatverdacht bei Anhaltspunkten / bei Fehlen entgegenstehender Anhaltspunkte.
- kein Tatverdacht bei Anhaltspunkten / bei Fehlen entgegenstehender Anhaltspunkte.

2. § 103 Abs. 1 S. 1, Abs. 2 StPO als (nach Tatverdacht alternative) TBV (vgl. § 103 Abs. 1 S. 2 StPO: „auch") für Personen-/Sachen-/Wohnungs-/andere-Räume-Durchsuchung bei anderer Person

(VOR)

a) § 103 Abs. 1 S. 1, Abs. 2 StPO: Durchsuchungszwecke

Gemäß § 103 Abs. 1 S. 1 StPO sind bei anderen Personen Durchsuchungen nur zur Ergreifung des Beschuldigten [oder Betroffenen] oder zur Verfolgung von Spuren einer Straftat [oder Ordnungswidrigkeit] oder zur Beschlagnahme zulässig; gemäß § 103 Abs. 2 StPO gelten die Beschränkungen des § 103 Abs. 1 S. 1 StPO nicht für Räume, in denen der Beschuldigte [oder Betroffene] ergriffen worden ist oder die er während der Verfolgung betreten hat.

---

anonymer Anzeige): „Bei **anonymen Anzeigen** müssen die Voraussetzungen des § 102 StPO im Hinblick auf die schutzwürdigen Interessen des Beschuldigten aber wegen der erhöhten Gefahr und des nur schwer bewertbaren Risikos einer falschen Verdächtigung besonders sorgfältig geprüft werden [...] Bei der Prüfung des Tatverdachts und der Verhältnismäßigkeitsabwägung sind insbesondere der Gehalt der anonymen Aussage sowie etwaige Gründe für die Nichtoffenlegung der Identität der Auskunftsperson in den Blick zu nehmen; als Grundlage für eine stark in Grundrechtspositionen eingreifende Zwangsmaßnahme wie eine Durchsuchung kann eine anonyme Aussage nur genügen, wenn sie von beträchtlicher sachlicher Qualität ist oder mit ihr zusammen schlüssiges Tatsachenmaterial vorgelegt worden ist.".

Bei alleinigen **Angaben eines potentiellen Zeugen** vgl. BGH, Beschluss vom 26.06.2019 – StB 10/19 (Anlass BES-Wohnungsdurchsuchung – auch nach bereits verdeckt durchgeführten Ermittlungen [Erhebung retrograder Verkehrsdaten nach § 100g StPO, Telefonüberwachungsmaßnahmen, Observationsmaßnahmen] ohne Beweis oder Widerlegung der Zeugenaussagen): „Für die Zulässigkeit einer regelmäßig in einem frühen Stadium der Ermittlungen in Betracht kommenden Durchsuchung genügt der über bloße Vermutungen hinausreichende, auf bestimmte tatsächliche Anhaltspunkte gestützte konkrete Verdacht, dass eine Straftat begangen worden ist und der Verdächtige als Täter oder Teilnehmer an dieser Tat in Betracht kommt. Eines hinreichenden oder gar dringenden Tatverdachts bedarf es - unbeschadet der Frage der Verhältnismäßigkeit - nicht (st. Rspr.; vgl. BVerfG, Beschluss vom 7. September 2006 - 2 BvR 1219/05, NJW 2007, 1443; BGH, Beschlüsse vom 18. Dezember 2008 - StB 26/08, NStZ-RR 2009, 142, 143; vom 12. August 2015 - StB 8/15, NStZ 2016, 370 f.). Ein solcher ausreichend konkreter Verdacht kann auch dann allein durch die Angaben eines Zeugen begründet werden, wenn weitere Ermittlungen den Tatverdacht weder erhärten noch entkräften konnten, zumal die Durchsuchung in einem frühen Stadium eines Ermittlungsverfahrens gerade auch dazu dienen kann, die Qualität der Angaben eines Zeugen zu überprüfen und neben der Belastung auch zur Entlastung des Beschuldigten beitragen kann.".

Alternative Durchsuchungs-Zwecke aus § 103 Abs. 1 S. 1 StPO – außer für Räume, in denen der Beschuldigte ergriffen worden ist oder die er während der Verfolgung betreten hat, § 103 Abs. 2 StPO – sind (alternativ):

- Zulässiger Beschuldigten/Betroffenen-Ergreifungszweck („Ergreifungsdurchsuchung“);
- zulässiger Spurverfolgungszweck („Ermittlungsdurchsuchung“);
- zulässiger Gegenständebeschlagnahmezweck („Ermittlungsdurchsuchung“).

(DEF)

Zulässiger Beschuldigten/Betroffenen/Verdächtigen-**Ergreifungszweck** ist insbesondere: Festnahme, Verhaftung, Vorladung/Vorführung, Vernehmung, Körperliche Untersuchung, ED-Maßnahme, StPO-Maßnahme, IDF-Maßnahme.

Zulässiger **Spurenverfolgungszweck** oder **Gegenständebeschlagnahmezweck** ist insbesondere gegeben bzgl. Beweismittel, vgl. §§ 94; 108; 99, 100; 110 StPO und § 244 StPO oder bzgl. Einziehungsgegenständen, vgl. § 111b Abs. 1, Abs. 2 StPO oder bzgl. Sicherheitsleistungen, vgl. § 132 StPO, vgl. auch die bereits bezüglich der Durchsuchung gegebenenfalls als negative Rechtmäßigkeitsvoraussetzungen[1312] zu berücksichtigenden §§ 96, 97 StPO[1313].

(SUB/ERG)

Im konkreten Fall ist (alternativ)

- § 103 Abs. 1 S. 1, Abs. 2 StPO insoweit erfüllt, als ein dort vorausgesetzter Ergreifungszweck oder ein dort vorausgesetzter Ermittlungszweck gegeben ist.
- § 103 Abs. 1 S. 1, Abs. 2 StPO insoweit nicht erfüllt, als ein dort vorausgesetzter Ergreifungszweck und ein dort vorausgesetzter Ermittlungszweck nicht gegeben ist.

(VOR)

b) § 103 Abs. 1 S. 1 StPO: Erfolgstatsachenschließbarkeit

Gemäß § 103 Abs. 1 S. 1 StPO sind Durchsuchungen bei anderen Personen nur dann zulässig, wenn Tatsachen vorliegen, aus denen zu schließen ist, daß die gesuchte Person, Spur oder Sache sich in den zu durchsuchenden Räumen befindet; gemäß § 103 Abs. 2 StPO gelten die Beschränkungen des § 103 Abs. 1 S. 1 StPO nicht für Räume, in denen der Beschuldigte [oder Betroffene] ergriffen worden ist oder die er während der Verfolgung betreten hat.[1314]

[1312] Zu **umgekehrten Voraussetzungen** (negative Voraussetzungen / positive Voraussetzungen) Voraussetzungen siehe auch: *Basten*, Eingriffsrecht der Polizei in Nordrhein-Westfalen, Band 1, S. 220 f., 242.

[1313] Zu §§ 96, 97 StPO siehe: *Basten*, Eingriffsrecht der Polizei in Nordrhein-Westfalen, Band 2, Buch 2, Abschnitt 25, C. I.

[1314] BVerfG, Beschluss der 3. Kammer des Zweiten Senats vom 11.01.2016 – 2 BvR 1361/13 –, Rn. 13: „An eine **Durchsuchung nach § 103 StPO** bei einer nicht verdächtigen Person, die durch ihr Verhalten auch aus Sicht der Ermittlungsbehörden in keiner Weise Anlass zu den Ermittlungsmaßnahmen gegeben hat, sind besondere Anforderungen zu stellen (vgl. BVerfGK 1, 126 <132>) [außer im Fall von § 103 Abs. 2 StPO, P. B., dann ähnliche Anforderungen entsprechend zu abstraktem Auffindeverdacht bzw. gesetzlicher Zweckerreichensvermutung wie bei § 102 StPO]. Konkrete Gründe [§ 103 Abs. 1 S. 1 Hs. 2 StPO: „Tatsachen“, P. B.] müssen dafür sprechen, dass der gesuchte Beweisgegenstand in den zu durch-

(DEF)

Erfolgstatsachenschließbarkeit ist jedenfalls gegeben bei allen einzelfallbezogenen, wahrnehmbaren Dingen der Welt bzgl. Befinden von Person, Spur, Sache in den Durchsuchungsräumen – hypothetische Erwägungen, reine Spekulationen, fallunabhängige Vermutungen reichen nicht.

(SUB/ERG)

Im konkreten Fall ist (alternativ)

- § 103 Abs. 1 S. 1, Abs. 2 StPO insoweit erfüllt, als dort vorausgesetzte Erfolgstatstachenschließbarkeit gegeben ist, insbesondere in konkretem Zusammenhang mit dem Tatverdacht;
- § 103 Abs. 1 S. 1, Abs. 2 StPO insoweit nicht erfüllt, als dort vorausgesetzte Erfolgstatsachenschließbarkeit nicht gegeben ist.

3. § 103 Abs. 1 S. 2 StPO als (nach Tatverdacht alternative) TBV (vgl. § 103 Abs. 1 S. 2 StPO: „auch") für Durchsuchung von Wohnung, Geschäftsraum, befriedetes Besitztum nach § 103 StPO

(VOR)

§ 103 Abs. 1 S. 2 StPO (Beschuldigten-**Ergreifungszweck**): Zum Zwecke der Ergreifung eines Beschuldigten, der dringend verdächtig ist, eine Straftat nach § 89a StGB oder § 89c Abs. 1-4 StGB oder nach § 129a StGB, auch i.V.m. § 129b Abs. 1 StGB, oder eine der in dieser Vorschrift bezeichneten Straftaten begangen zu haben, ist eine Durchsuchung von Wohnungen und anderen Räumen auch zulässig, wenn diese sich in einem Gebäude befinden, von dem auf Grund von Tatsachen anzunehmen ist, daß sich der Beschuldigte in ihm aufhält.

---

suchenden Räumlichkeiten des Unverdächtigen gefunden werden kann. Dies unterscheidet [außer im Fall von § 103 Abs. 2 StPO, P. B.] die Durchsuchung beim Unverdächtigen nach § 103 StPO von einer Durchsuchung bei einer verdächtigen Person nach § 102 StPO, bei der es bereits nach der Lebenserfahrung in gewissem Grade wahrscheinlich ist, dass Beweisgegenstände zu finden sind, die zur Prüfung des Tatverdachts beitragen können, und bei der durch die Verknüpfung des personenbezogenen Tatverdachts mit einem eher abstrakten Auffindeverdacht ein hinreichender Eingriffsanlass besteht (vgl. BVerfGK 1, 126 <132>; 15, 225 <241>)."; BGH, Beschluss des 3. Strafsenats vom 05.06.2019 – BGH StB 6/19: „Die **Durchsuchung bei einer nichtverdächtigen Person** setzt - anders als im Falle des § 102 StPO für die Durchsuchung beim Tatverdächtigen, bei dem eine allgemeine Aussicht genügt, irgendwelche relevanten Beweismittel zu finden - nach § 103 StPO überdies [nach § 103 Abs. 1 S. 1 Hs. 1 StPO, P. B.] voraus, dass hinreichend individualisierte (bestimmte) Beweismittel für die aufzuklärende Straftat gesucht werden. Diese Gegenstände müssen im Durchsuchungsbeschluss so weit konkretisiert werden, dass weder bei dem Betroffenen noch bei dem die Durchsuchung vollziehenden Beamten Zweifel über die zu suchenden und zu beschlagnahmenden Gegenstände entstehen können (BGH, Beschluss vom 21. November 2001 - StB 20/01 , NStZ 2002, 215 [BGH 09.11.2001 - 3 StR 216/01] Rn. 3). Ausreichend ist dafür allerdings, dass die Beweismittel der Gattung nach näher bestimmt sind; nicht erforderlich ist, dass sie in allen Einzelheiten bezeichnet werden (BGH, Beschlüsse vom 15. Oktober 1999 - StB 9/99, NStZ 2000, 154, 155; vom 28. Juni 2018 - StB 14/18, juris Rn. 16; jew. mwN).".

(DEF)

Zulässiger Beschuldigten-**Ergreifungszweck** ist insbesondere: Festnahme, Verhaftung, Vorladung/Vorführung, Vernehmung, Körperliche Untersuchung, ED-Maßnahme, StPO-Maßnahme, IDF-Maßnahme.

Dringender Tatverdacht beim Beschuldigten im Sinne von § 103 Abs. 1 S. 2 StPO ist das Gegebensein zureichender tatsächlicher Anhaltspunkte für die große Wahrscheinlichkeit einer verfolgbaren Straftat.

Aufhalten / Aufenthalt / Sichaufhalten ist jede tatsächliche Anwesenheit (unabhängig von genauer Art oder Dauer der Anwesenheit oder von genauem Verhalten oder von gewissem Ortsbezug der anwesenden Person).

Tatsachen sind alle wahrnehmbaren Dinge der Welt – nicht ausreichend sind: hypothetische Erwägungen, reine Spekulationen, fallunabhängige Vermutungen; kriminalistische Erfahrung kann ausreichen, wenn sie – wie letztlich alles – einen Anhalt im Tatsächlichen hat.

(SUB/ERG)

Im konkreten Fall ist (alternativ)

- § 103 Abs. 1 S. 2 StPO insoweit erfüllt, als dass der dort vorausgesetzte Ergreifungszweck gegeben ist.
- § 103 Abs. 1 S. 2 StPO insoweit nicht erfüllt, als dass der dort vorausgesetzte Ergreifungszweck nicht gegeben ist.

4. § 104 StPO mit TBV zur Nachtzeitschranke bei Wohnungsdurchsuchung und Durchsuchung anderer Räume (Geschäftsräume, befriedetes Besitztum):

(VOR)

Gemäß § 104 Abs. 1 StPO dürfen zur Nachtzeit die Wohnung, die Geschäftsräume und das befriedete Besitztum nur bei Verfolgung auf frischer Tat oder bei Gefahr im Verzug oder dann durchsucht werden, wenn es sich um die Wiederergreifung eines entwichenen Gefangenen handelt.[1315]:

Gemäß § 104 Abs. 2 StPO gilt diese Beschränkung nicht für Räume, die zur Nachtzeit jedermann zugänglich oder die der Polizei als Herbergen oder Versammlungsorte bestrafter Perso-

---

1315 Vgl. BVerfGE 44, 353, 369 (Drogenberatungsstelle) = BVerfG, Beschluss des Zweiten Senats vom 24.05.1977 – 2 BvR 988/75 –, B. IV. 1., Rn. 48: „Art. 13 Abs. 2 GG, der für jede Durchsuchung die Einhaltung der gesetzlich vorgeschriebenen Form verlangt, ist nicht verletzt. Die Vorschrift für nächtliche Haussuchungen (§ 104 StPO) brauchte nicht beachtet zu werden. Die Durchsuchung hatte bereits vor Anbruch der Nacht (21 Uhr, § 104 Abs. 3 StPO), nämlich um 20 Uhr, begonnen und durfte in die Nachtzeit hinein fortgesetzt werden. Zwar entspricht es - soweit nicht § 104 Abs. 2 StPO eingreift - dem Sinn des Gesetzes, die Durchsuchung so rechtzeitig zu beginnen, daß mit ihrer Beendigung noch vor Anbruch der Nacht zu rechnen ist. Das war aber hier auch geschehen; denn es konnte erwartet werden, daß die Durchsuchung nicht länger als eine Stunde dauern werde. Daß sich diese Erwartung nicht erfüllt hat, ist ohne Belang.".

nen, als Niederlagen von Sachen, die mittels Straftaten erlangt sind, oder als Schlupfwinkel des Glücksspiels, des unerlaubten Betäubungsmittel- und Waffenhandels oder der Prostitution bekannt sind.

(DEF)

Verfolgung auf frischer Tat (§ 104 Abs. 1 StPO, § 127 Abs. 1 S. 1 Alt. 1 StPO) ist gegeben, wenn bei Tatverdacht seit Verdachtsentstehung Maßnahmen zur Ergreifung eines Tatverdächtigen getroffen werden und seitdem ein bestehender **Verfolgungszusammenhang** (alternativ über Hinweise, Hörkontakt, Sichtkontakt, Spuren) zum Tatverdächtigen nicht abgebrochen ist.

Gefahr im Verzug i.S.d. § 104 Abs. 1 StPO ist eine Sachlage im einzelnen Fall, in der bei Nichtdurchsuchung zur Nachtzeit der gesetzliche Zweck aus der Durchsuchungsbefugnisrechtsnorm vereitelt oder wesentlich erschwert werden würde.

Bekanntsein im Sinne des § 104 Abs. 2 StPO ist über den einzelnen Anlassfall hinausgehendes, auf zureichenden tatsächlichen Anhaltspunkten basierendes Kennen.

Nachtzeit ist gemäß § 104 Abs. 3 StPO i.V.m. § 31 BverfGG ganzjährig die Zeit zwischen 21 Uhr und 6 Uhr.[1316]

Art. 13 Abs. 2-7 GG: „Im Übrigen" können – insbesondere bei Fehlen von verfassungsmäßigen einfachgesetzlichen Konkretisierungen von Art. 13 Abs. 2-7 GG – Art. 13 Abs. 2-7 GG alternativ direkt anwendbare Rechtsgrundlagen mit Rechtmäßigkeitsvoraussetzungen bilden.

(SUB/ERG)

Im konkreten Fall sind die (negativen) Tatbestandsvoraussetzungen[1317] des § 104 StPO (alternativ)

- erfüllt.
- nicht erfüllt.

1316 BVerfGE 151, 67 (Richtervorbehalt, Bereitschaftsdienst, Nachtzeit/Tageszeit i.S.v. § 104 Abs. 3 StPO) = BVerfG, Beschluss des Zweiten Senats vom 12.03.2019 – 2 BvR 675/14, Rn. 63-67; Rn. 66: „Weil nach den heutigen Lebensgewohnheiten zumindest die Zeit zwischen 21 Uhr und 6 Uhr ganzjährig als **Nachtzeit** anzusehen ist (vgl. BVerfG, Urteil des Zweiten Senats vom 24. Juli 2018 - 2 BvR 309/15 u.a. -, Rn. 100), ist es von Verfassungs wegen geboten, dass sich der Schutz vor nächtlichen Wohnungsdurchsuchungen auch in den Monaten April bis September auf die Zeit von 4 Uhr bis 6 Uhr morgens erstreckt. Dies folgt unmittelbar aus Art. 13 Abs. 1 GG. Dabei kann das Regelungskonzept aus § 104 Abs. 1 und Abs. 2 StPO übertragen werden, so dass Wohnungsdurchsuchungen zur Verfolgung auf frischer Tat, bei Gefahr im Verzug oder zur Wiederergreifung eines entwichenen Gefangenen zulässig bleiben und sich die Durchsuchungsbeschränkungen nicht auf die in § 104 Abs. 2 StPO genannten Räume erstrecken.".

1317 Zu **umgekehrten Voraussetzungen** (negative Voraussetzungen / positive Voraussetzungen) Voraussetzungen siehe auch: *Basten*, Eingriffsrecht der Polizei in Nordrhein-Westfalen, Band 1, S. 220 f., 242.

C. Materielle Rechtmäßigkeit (MR) II. Inanspruchnahme (In) / Inanspruchnahmevoraussetzungen (Inv)

(VOR/DEF)

Inanspruchnahmevoraussetzungen sind materiell-rechtliche Bedingungen für richtige Inanspruchnahme.

Inanspruchnahme ist Adressierung und sonstiges Betroffenmachen; **Adressierung** ist direktes Bestimmen oder finales Richten einer Maßnahme an einen Grundrechtsträger, vgl. §§ 100b Abs. 3, 100c Abs. 2, 100h Abs. 3, 163f Abs. 2 StPO.

Nach § 103 StPO (ggf. i.V.m. §§ 46, 53 Abs. 1 S. 2, Abs. 2 OwiG) ist Inanspruchnahme grundsätzlich richtig gegen folgende Person: andere Person

Andere Person ist jede Person außer Beschuldigter / Betroffener / Verdächtiger.

Beschuldigter, vgl. § 157 StPO, ist im Strafverfahren jede (tatverdächtige) Person, gegen die im Rahmen eines Strafverfahrens wegen einer bestimmten Straftat ermittelt wird, was sich durch Auslegung nach dem objektivierten Empfängerhorizont, §§ 133, 157 BGB analog, etwa über einen **Inkulpationsakt**, vgl. § 397 Abs. 1 AO, ergibt.

Betroffener ist im Ordnungswidrigkeitenverfahren jede (tatverdächtige) Person, gegen die im Rahmen eines Ordnungswidrigkeitenverfahrens wegen einer bestimmten Ordnungswidrigkeit ermittelt wird, was sich durch Auslegung nach dem objektivierten Empfängerhorizont, §§ 133, 157 BGB analog, etwa über einen **Inkulpationsakt**, vgl. § 397 Abs. 1 AO, ergibt.

Tatverdächtiger ist die Person, gegen die zureichende tatsächliche Anhaltspunkte der Beteiligung an einer verfolgbaren Straftat gegeben sind, vgl. § 152 Abs. 2 StPO.

Nichttatverdächtiger ist die Person, gegen die nicht zureichende tatsächliche Anhaltspunkte der Beteiligung an einer verfolgbaren Straftat gegeben sind, vgl. § 152 Abs. 2 StPO.

Jeder Beschuldigte ist Verdächtiger, aber nicht jeder Verdächtige ist automatisch Beschuldigter, vgl. auch §§ 55, 60 Nr. 2 StPO.

Art. 13 Abs. 2-7 GG: „Im Übrigen“ können – insbesondere bei Fehlen von verfassungsmäßigen einfachgesetzlichen Konkretisierungen von Art. 13 Abs. 2-7 GG – Art. 13 Abs. 2-7 GG alternativ direkt anwendbare Rechtsgrundlagen mit Rechtmäßigkeitsvoraussetzungen bilden.

(SUB/ERG)

Im konkreten Fall ist die Person (alternativ)

- richtigerweise gemäß § 102 StPO in Anspruch genommen/adressiert.
- nicht richtigerweise in Anspruch genommen/adressiert.

C. Materielle Rechtmäßigkeit (MR) III. Rechtsfolge (Rf) / Rechtsfolgevoraussetzungen (RfV)

(VOR/DEF)

Rechtsfolge ist rechtliche Folge aus dem Tatbestand. / **Rechtsfolgevoraussetzungen** sind materiell-rechtliche Rechtsfolgegestaltungsbedingungen.

C. Materielle Rechtmäßigkeit (MR) III. Rechtsfolge (Rf) 1. Tatsächliche und rechtliche Möglichkeit (TurM)

(VOR/DEF)

Tatsächliche und rechtliche Möglichkeit betrifft Fälle wie aus § 44 Abs. 2 Nr. 4-6 VwVfG NRW.

(SUB/ERG)

Tatsächliche und rechtliche Möglichkeit ist im konkreten Fall gegeben/nicht gegeben aufgrund Vorliegens/Nichtvorliegens von kognitiven, körperlichen, normativen, technischen Unmöglichkeiten.

C. Materielle Rechtmäßigkeit (MR) III. Rechtsfolge (Rf) 2. Bestimmtheit (Bsh)

(VOR/DEF)

Bestimmtheit ist Maßnahmenerkennbarkeit und Maßnahmenverstehbarkeit, bei Justiz-VA Gebot nach Art. 20 Abs. 3 GG.

(SUB/ERG)

Inhaltlich hinreichende Bestimmtheit i.S.d. Art. 20 Abs. 3 GG ist allgemein gegeben, wenn nach Auslegung der Maßnahme der Erklärungsempfänger wie jeder vernünftige Dritte, §§ 133, 157 BGB analog, in der konkreten Situation deren Inhalt hinreichend erkennen und verstehen kann, insbesondere wie folgt:

- dass die Polizei ggü./mit dem Maßnahmenempfänger/Erklärungsempfänger (wer)
- aus Strafrechtspflegegründen (warum)
- zu einer spezifischen Zeit (wann)
- bezweckt, dass die Aufklärung der Tatverdachtslage gefördert wird (was)
- durch Durchführung oder Befolgung der bzw. Mitwirkung an den Durchschungsmaßnahmen und letztlich durch Ergreifen oder Nichtergreifen bzw. durch Auffinden oder Nichtauffinden (wie).

Ermessen für Straftatenerforschung/StPO

(VOR/DEF)

Ermessen ist Entscheidungsspielraum auf der Rechtsfolgenseite bzgl. rechtsfehlerfreier Ausübung von Einschreit-Entschließung (Ob), Adressaten-Auswahl (Wer), Maßnahmen-Gestaltung (Wie).

(SUB/ERG)

a) Einschreitentschließungs-„Ermessen“ ist grundsätzlich nicht gegeben, vgl. § 163 Abs. 1 S. 1 („haben“) i.V.m. § 152 Abs. 2 StPO (Legalitätsgrundsatz: „ist […] verpflichtet, […] einzuschreiten“); ein Opportunitätsprinzip ist ausnahmsweise gegeben, z.B. bei § 111b Abs. 1 S. 1 und 2 StPO, was gewisse Präjudizwirkung für die Durchsuchungsentscheidung haben kann.

b) Adressatenauswahl-„Ermessen“ ist grundsätzlich gegeben, insbesondere bzgl.:

- zweckförderlicher Reihenfolge der Inanspruchnahme vom/von mehreren Beschuldigten, Verdächtigen, Zeugen, anderen Personen, Dritten;
- Auswahl aus mehreren gleichgeeigneten nichtverdächtigen Zeugen oder Dritten.

c) Maßnahmengestaltungs-„Ermessen“ ist grundsätzlich gegeben, vgl. zum Beispiel auch insoweit je nach Tatverdacht die grundsätzliche Auswahl bzgl. der Person oder möglicher Durchsuchungszielobjekte (mitgeführte Sachen, andere Sachen, Wohnungen, Geschäftsräume, andere Räume).

Ein etwaig gegebener Entscheidungsspielraum wird aufgrund von entsprechenden Anhaltspunkten/in Ermangelung entgegenstehender Anhaltspunkte ohne Ermessensfehler/mit Ermessensfehlern (Ermessensunterschreitung, Ermessensüberschreitung, Ermessensfehlgebrauch) ausgeübt bzgl. folgender Ermessensarten:

a) Entschließungsermessen:

Ein etwaig gegebenes Entschließungsermessen kann im konkreten Fall sogar gegen / auf Null reduziert sein, insbesondere wegen:

- Einschreitmöglichkeit;
- Erheblichkeitsgrad von Tatverdachten.

b) Auswahlermessen:

siehe C. II.: Auswahlermessen wird abschließend beurteilt i.V.m. Punkt C. II. (Inanspruchnahme).

c) Gestaltungsermessen:

siehe C. III. 4.: Gestaltungsermessen wird abschließend beurteilt i.V.m. Punkt C. III. 4. (VHM).

Ermessen für Ordnungswidrigkeitenerforschung/OWiG

(VOR/DEF)

Ermessen ist Entscheidungsspielraum auf der Rechtsfolgenseite bzgl. rechtsfehlerfreier Ausübung von Einschreit-Entschließung (Ob), Adressaten-Auswahl (Wer), Maßnahmen-Gestaltung (Wie), hier gegeben durch § 53 Abs. 1 S. 1 W. 9, 10 OWiG.

(SUB/ERG)

Der gegebene Entscheidungsspielraum wird aufgrund von entsprechenden Anhaltspunkten/in Ermangelung entgegenstehender Anhaltspunkte ohne Ermessensfehler/mit Ermessensfehlern (Ermessensunterschreitung, Ermessensüberschreitung, Ermessensfehlgebrauch) ausgeübt bzgl. folgender Ermessensarten:

a) Entschließungsermessen:

Das Entschließungsermessen kann im konkreten Fall sogar gegen / auf Null reduziert sein, insbesondere wegen:

- Einschreitmöglichkeit;
- Erheblichkeitsgrad von Tatverdachten.

b) Auswahlermessen:

siehe C. II.: Auswahlermessen wird abschließend beurteilt i.V.m. Punkt C. II. (Inanspruchnahme).

c) Gestaltungsermessen:

siehe C. III. 4.: Gestaltungsermessen wird abschließend beurteilt i.V.m. Punkt C. III. 4. (VHM).

C. Materielle Rechtmäßigkeit (MR) III. Rechtsfolge (Rf) 4. Verhältnismäßigkeit (VHM)

(VOR/DEF)

Verhältnismäßigkeit ist Geeignetheit, Erforderlichkeit, Angemessenheit der Maßnahme zu einem legitimen Zweck.

(VOR/DEF)

a) Legitimer Zweck ist verfassungsgemäßer Zweck.

(SUB/ERG)

Im konkreten Fall verfolgt die Durchsuchungs-Maßnahme (alternativ)

- einen legitimen Zweck, einen legitimen Zweck, nämlich jedenfalls die verfassungsgemäße, im Sinne von Art. 20 Abs. 3 GG, § 163 Abs. 1 S. 1 StPO (ggf. § 53 Abs. 1 S. 1 OWiG) gesetzmäßige Sachaufklärung / Tatverdachtserforschung / Sachverdunkelungsverhütung, also die Erforschung von einem verdächtigen Sachverhalt bzgl. mutmaßlich deliktischer Beeinträchtigung bestimmter Rechte und Rechtsgüter im Sinne der Art. 1-19 GG. Vgl. auch den „Zweck" im Sinne von § 163 Abs. 1 S. 2 Wort 3 StPO. Im Fall von § 103 StPO ist Zweck auch Personenergreifung oder Beweismittelauffindung oder deren Ausschluss. Letztlich ist legitimer Zweck die Ermittlung aller belastenden und entlastenden Umstände im Sinne von § 160 Abs. 2 StPO, und auch die Ermöglichung staatlicher Sanktionierung (z.B. Strafe / Ahndung) im Fall dafür ausreichender rechtsstaatlicher Belastung; vgl. auch die Grundrechtsschutzfunktion und die Grundrechtsförderungsfunktion[1318] im Sinne von Spezialprävention durch Repression und Generalprävention durch Repression.

- keinen legitimen Zweck.

(VOR/DEF)

b) Geeignetheit einer staatlichen Maßnahme ist gegeben bei deren Zweckförderungstauglichkeit.

(SUB/ERG)

Im konkreten Fall ist die Durchsuchungs-Maßnahme (alternativ)

- geeignet, denn in der Regel erhöht sich durch Suchen die Wahrscheinlichkeit des Findens[1319] oder der Erkenntnis des Nichtvorhandenseins, und mit dem Finden bzw. Nichtauffinden des Gesuchten vertiefen sich Möglichkeiten, Rückschlüsse für das weitere Verfahren zu ziehen, und so kann letztlich gefördert werden: die Aufklärung bisherigen Tatverdachts.
- ungeeignet.

(VOR/DEF)

c) Erforderlichkeit einer staatlichen Maßnahme ist Nichtverfügbarkeit milderen (Übermaßverbot), gleich geeigneten (Untermaßverbot) Mittels zur Zweckförderung.

(SUB/ERG)

Im konkreten Fall ist die Durchsuchungs-Maßnahme (alternativ)

- erforderlich, denn einerseits sind mildere Maßnahmen wie Nichtstun oder bloßes Erfragen von vermuteten Personen oder Gegenständen nicht gleich geeignet, weil sie nicht in gleicher Weise deren Auffindung oder deren Ausschluss fördern (Untermaßverbot) und andererseits sind (mindestens) gleich geeignete, intensivere Maßnahmen wie direkte Freiheitsentziehung oder Zwang noch nicht notwendig (Übermaßverbot). Im konkreten Fall sollten die Durchsuchungs-Maßnahmen verhältnismäßig nach Reihenfolge und Zweckmäßigkeit in ihrer Grundrechtseingriffsintensität aufeinander aufbauen. § 95 StPO (Herausgabeerfordern bei Herausgabepflicht als Vorlagepflicht und Auslieferungspflicht) ist

---

[1318] Zu Grundrechtsfunktionen siehe auch: *Basten*, Eingriffsrecht der Polizei in Nordrhein-Westfalen, Band 1, S. 78-84.

[1319] Gedanke seit alters – vgl. auch: Die Bibel, Neues Testament, Lukas 11:9 und 11:10; Matthäus 7:7.

generell nicht anwendbar bei Gewahrsam ohne Gewahrsamsinhaberwissen (Versteck durch Tatbeteiligten bei Unwissendem) oder bei nicht von Behörde verantworteter Gewahrsamsinhaber-Nichterreichbarkeit.

- nicht erforderlich.[1320]

[1320] Beispiel für Erforderlichkeit einer Durchsuchung BVerfG, Beschluss der 3. Kammer des Zweiten Senats vom 28.09.2008 – 2 BvR 1800/07 – (Durchsuchung von Kanzleiräumen zur Auffindung der von Handakte), Rn. 26: „Auch standen keine milderen, gleich geeigneten Ermittlungsmaßnahmen zur Verfügung. Abgesehen davon, dass die Ausführungen des Beschwerdeführers in seinem Schreiben vom 10. Februar 2006 keine hinreichende Bereitschaft zu einer Zusammenarbeit mit den Strafverfolgungsbehörden erkennen ließen, ist es verfassungsrechtlich nicht zu beanstanden, dass die Strafverfolgungsbehörden von einer Aufforderung des Beschwerdeführers zur freiwilligen Herausgabe von Unterlagen im vorliegenden Fall abgesehen haben. Da nicht von vornherein feststand, welche konkreten Aufzeichnungen über das Mandatsverhältnis zu S. bei dem Beschwerdeführer vorhanden waren, hätte eine Aufforderung zu freiwilliger Herausgabe benötigter Unterlagen die Entscheidung, was als Beweismittel zur Verfügung gestellt wird, in weitem Umfang in das Belieben des Beschwerdeführers gestellt.“. Vgl. demgegenüber BVerfG, Beschluss der 3. Kammer des Zweiten Senats vom 29.01.2015 – 2 BvR 497/12 –, Rn. 26: „Auch wenn eine freiwillige Herausgabe mangels gleicher Eignung die Erforderlichkeit der Maßnahme grundsätzlich nicht entfallen lässt (vgl. BVerfG, Beschluss der 3. Kammer des Zweiten Senats vom 28. September 2008 - 2 BvR 1800/07 -, ZAP Fach 23, S. 797 f., juris), so kann ein solches Angebot in der zur Angemessenheit anzustellenden Gesamtbetrachtung nicht völlig außer Betracht bleiben.“.

Beispiele für die Nichterforderlichkeit einer Durchsuchung im Vergleich zu Vorlageverlangen oder Herausgabeverlangen: BVerfG, Beschluss der 3. Kammer des Ersten Senats vom 30.07.2015 – 1 BvR 1951/13 –, Rn. 20: „Unter diesen Umständen hätte der Zweck, verwertbare und verfahrenserhebliche Beweismittel zu erlangen, auch durch die Aufforderung wirksam erreicht werden können, den Strafverfolgungsbehörden die Ernennungsurkunde und weitere Beweismittel (Visitenkarten, etc.) zeitnah vorzulegen. Dieses wäre gegenüber der Durchsuchung ein milderes, aber für die Verfolgung der hier in Frage stehenden, eher gering wiegenden Straftat ein hinreichend wirksames Mittel gewesen. Zwar ist die Beschwerdeführerin als Beschuldigte nicht dazu verpflichtet, zu ihrer Strafverfolgung durch aktives Handeln beizutragen [**nemo tenetur se ipsum prodere vel accusare**, P. B.] (vgl. BGHSt 34, 39 <46>) und unterliegt im Strafverfahren keiner Darlegungs- und Beweislast (vgl. BVerfGK 4, 227 <234> m.w.N.). Im Falle einer etwaigen Nichtvorlage der Ernennungsurkunde wären die Fachgerichte jedoch nicht gehindert gewesen, hieraus verwertbare Schlüsse zu ziehen. Diese Folgerungen hätten dem Beweiswert einer vollzogenen, die Beschwerdeführerin in schwer wiegender Weise belastenden Durchsuchung im Wesentlichen entsprochen. Eine Vorlage der Ernennungsurkunde hätte - wie auch das Auffinden im Rahmen der Durchsuchung - deren Überprüfung ermöglicht (vgl. BVerfGK 4, 227 <234>). Auch der besondere Beweiswert der Urkunde in einem Strafverfahren gegen den gesondert verfolgten Titelverkäufer vermag eine Durchsuchung bei der Beschwerdeführerin nicht zu rechtfertigen, zumal die Strafverfolgungsbehörden im vorliegenden Fall keine Anhaltspunkte dafür hatten, die Beschwerdeführerin werde Beweismittel bei einer bloßen Aufforderung zu ihrer Herausgabe unterdrücken.“.

Beispiel für Nichterforderlichkeit einer Durchsuchung von einer Wohnung bzw. von Arbeits-, Betriebs- oder Geschäftsräumlichkeiten ist die Durchsuchung zur Auffindung von Datenträgern/Unterlagen mit gesuchtem Dateninhalt, der durch Befragung oder Auskuftsersuchen oder Auskunftsverlangen (vgl. z.B. § 9 PolG NRW / § 163 Abs. 1 S. 2 Var. 1, 2 StPO) erhoben werden kann; vgl. BVerfG, Beschluss der 2. Kammer des Zweiten Senats vom 29.02.2012 – 2 BvR 1954/11 –, Rn. 19: „Die fachgerichtlichen Entscheidungen stellten einen unverhältnismäßigen Eingriff in das Grundrecht der Beschwerdeführer aus Art. 13 Abs. 1 und 2 GG dar. Den Gerichten hätte ein gegenüber dem Erlass eines Durchsuchungsbeschlusses milderes Mittel zur Verfügung gestanden, das den Zweck der Durchsuchung ebenso effektiv hätte erzielen können. Nach § 54 Abs. 1 EStDV sind Notare verpflichtet, dem zuständigen Finanzamt eine beglaubigte Abschrift aller aufgrund gesetzlicher Vorschrift aufgenommenen oder beglaubigten Urkunden zu übersenden, die die Verfügung über Anteile an Kapitalgesellschaften zum Gegenstand haben. Zu Verfügungen in diesem Sinne gehören auch Anteilsübertragungen im Rahmen eines Treuhandverhältnisses. Vor diesem Hintergrund hätte ohne weitere Schwierigkeiten bei dem nach § 20 AO

(VOR/DEF)

d) **Angemessenheit** oder **Verhältnismäßigkeit im engeren Sinne** einer staatlichen Maßnahme ist angemessenes Maß oder Verhältnis zwischen Zweckförderung für Erhaltungsrechte und Wirkungen für Eingriffsrechte, vgl. betroffene Grundrechte.

(SUB/ERG)

Im konkreten Fall ist die Durchsuchungs-Maßnahme (alternativ)

- angemessen, denn die Eingriffe in Grundrechte wie aus (zum Beispiel) Art. 13 Abs. 1 GG, Art. 2 Abs. 1 i.V.m. Art. 1 Abs. 1 GG, Art. 2 Abs. 2 S. 2 GG stehen angesichts von Rechten und Rechtsgütern wie (zum Beispiel aus) Art. 14 Abs. 1 S. 1 Alt. 1 GG, Art. 20 Abs. 3 GG und auch zu Tatenschwere (=Schwere der im Verdacht stehenden Tat) sowie Tatverdachtsstärke nicht außer Verhältnis[1321]. Nicht zuletzt der Eingriffsadressat kann – bis zur Grenze bloßer Ausforschungsdurchsuchung – ein Interesse an Aufklärung durch die Durchsuchung haben, die zum Ergebnis haben kann: Nichtergreifung des Beschuldigten oder Nichtauffinden von Beweismitteln.
- unangemessen.

Art. 13 Abs. 2-7 GG: „Im Übrigen" können – insbesondere bei Fehlen von verfassungsmäßigen einfachgesetzlichen Konkretisierungen von Art. 13 Abs. 2-7 GG – Art. 13 Abs. 2-7 GG alternativ direkt anwendbare Rechtsgrundlagen mit Rechtmäßigkeitsvoraussetzungen bilden.

(ERG VHM)

Die Maßnahme ist insgesamt i.S.v. Art. 20 Abs. 3 GG (alternativ)

- verhältnismäßig.
- unverhältnismäßig.

D. Gesamtergebnis (GErg)

Die Personen-/Sachen-/Wohnungs-/andere-Räume-Durchsuchung ist (alternativ)

- gemäß § 103 StPO (ggf. i.V.m. §§ 46, 53 Abs. 1 S. 2, Abs. 2 OWiG) rechtmäßig.
- wegen Art./§ (bestimmter Rechtsnorm [z.B. Art. 20 Abs. 3 GG]) rechtswidrig.

---

zuständigen Finanzamt ermittelt werden können, ob ein notariell beurkundeter Treuhandvertrag zwischen den Angeklagten bezüglich der Anteile an der im Beschluss des Landgerichts genannten GmbH besteht. Dieser Aufklärungsmöglichkeit stand auch nicht das Steuergeheimnis entgegen. Nach § 30 Abs. 4 Nr. 1 in Verbindung mit Abs. 2 Nr. 1 lit. b) AO ist die Offenbarung der von einem Finanzbeamten als Amtsträger erlangten Kenntnisse zulässig, wenn sie - wie vorliegend - der Durchführung eines Strafverfahrens wegen einer Steuerstraftat dient.".

[1321] BVerfG, Beschluss der 3. Kammer des Zweiten Senats vom 10.11.2017 – 2 BvR 1775/16, Rn. 27.

ABSCHNITT 24: SICHERSTELLUNG AUF DEM RECHTSGEBIET DER GEFAHRENABWEHR, § 43 POLG NRW

A. Rechtsgrundlage (RGL) I. Grundrechte (GR)

(VOR/DEF)

Grundrechte sind grundlegende Rechte aus Art. 1-19 GG i.V.m. dem Rechtsstaatsprinzip, Art. 20 Abs. 3 GG, mit Vorrang und Vorbehalt des Gesetzes.[1322]

(SUB/ERG)

Grundrechte sind i.d.R. insbesondere (fallabhängig und alternativ) wie folgt gegeben:

1. Eigentum, Art. 14 Abs. 1 S. 1 Alt. 1 GG.[1323]

a) GR-SB:

aa) Persönlicher GR-SB: Alle Menschen (personen- und staatsangehörigkeitsunabhängiger Wortlaut).

bb) Sachlicher GR-SB: „**Eigentum**" ist Summe aller vermögenswerten Rechte, also jedenfalls auch der berechtigte Besitz und die berechtigte Nutzung[1324].[1325]

[1322] Zu **Grundrechten**: *Basten*, Eingriffsrecht der Polizei in Nordrhein-Westfalen, Band 1, Buch 1, Abschnitt 2, Unterabschnitt 3. Zum **Rechtsstaatsprinzip** mit unter anderem sogenanntem Vorrang des Gesetzes und Vorbehalt des Gesetzes: *Basten*, Eingriffsrecht der Polizei in Nordrhein-Westfalen, Band 1, S. 95-108.

[1323] Vgl. auch Art. 142 GG i.V.m. Art. 4 Abs. 1 Verfassung NRW; Art. 17 EU-GR-Charta; Art. 1 Zusatzprotokoll EMRK.

[1324] BVerfGE 95, 267, 300 (Altschulden) = BVerfG, Urteil des Ersten Senats vom 08.04.1997 – 1 BvR 48/94 –, C. I. 1., Rn. 130 f.: „Unter den Schutz der Eigentumsgarantie fallen grundsätzlich alle vermögenswerten Rechte, die dem Berechtigten von der Rechtsordnung in der Weise zugeordnet sind, daß er die damit verbundenen Befugnisse nach eigener Entscheidung zu seinem privaten Nutzen ausüben darf (vgl. BVerfGE 83, 201 [209]; stRspr). Der verfassungsrechtliche Eigentumsschutz reicht damit zwar erheblich weiter als das zivilrechtliche Eigentum und erstreckt sich auch auf nicht dingliche vermögenswerte Rechtspositionen. Er bleibt aber an Rechtspositionen gebunden. Kein Eigentum im Sinn von Art. 14 Abs. 1 GG ist daher das **Vermögen**, das selber kein Recht, sondern den Inbegriff aller geldwerten Güter einer Person darstellt (vgl. BVerfGE 4, 7 [17]; stRspr). Daraus folgt, daß Art. 14 Abs. 1 GG nicht vor der staatlichen Auferlegung von **Geldleistungspflichten** schützt. Diese sind nicht mittels eines bestimmten Eigentumsobjekts zu erfüllen, sondern werden aus dem fluktuierenden Vermögen bestritten. Etwas anderes kommt nur dann in Betracht, wenn die Geldleistungspflichten den Betroffenen übermäßig belasten und seine Vermögensverhältnisse so grundlegend beeinträchtigen, daß sie eine erdrosselnde Wirkung haben (vgl. BVerfGE 78, 232 [243]; stRspr).".

[1325] Zum Vergleich von Art. 14 Abs. 1 S. 1 Alt. 1 GG und dem Auffanggrundrecht des Art. 2 Abs. 1 GG: Bei lediglich unentschiedenem Potential von Berechtigung wie Nichtberechtigung kann grundsätzlich in dubio pro libertate zunächst zugunsten des Grundrechtsfähigen größtmöglicher Grundrechtsschutzbereich vermutet werden. Vgl. auch BVerfGE 6, 55, 72 (Steuersplitting); BVerfGE 32, 54, 71 (Betriebsbetretungsrecht); BVerfGE 39, 1, 38 (Schwangerschaftsabbruch I); BVerfGE 51, 97, 110 (Zwangsvollstreckung I); BVerfGE 151, 67 (Richtervorbehalt, Bereitschaftsdienst, Nachtzeit/Tageszeit i.S.v. § 104 Abs. 3 StPO) = BVerfG, Beschluss des Zweiten Senats vom 12.03.2019 – 2 BvR 675/14 –, Rn. 55, wonach in Zweifelsfällen diejenige Auslegung zu wählen ist/derjenigen Auslegung der Vorzug zu geben ist, welche die (juristische) „Wirkungskraft der Grundrechtsnorm am stärksten entfaltet.". **Eigentum** i.S.d. (privat)rechtsnormgeprägten Schutzbereichs von Art. 14 Abs. 1 S. 1 Alt. 1 GG ist jedenfalls gegeben bei Eigentum i.S.d. Privatrechts und bei vermögenswerter Besitz-/Nutzungs-/Umgangs-Berechtigung (z.B. i.S.d. §§ 854-984 BGB). **Eigentumslosigkeit** i.S.d. (privat)rechtsnormgeprägten

b) GR-E (oder Nichteingriff/GR-Verzicht): **Eigentumseinschränkung** durch

Einschränkung eines vermögenswerten Rechts, etwa durch (alternativ)

- Einschränkungen oder Entzug der Nutzungs- und Verfügungsbefugnis an (berechtigtem) Eigentum/Besitz/Nutzung, vgl. §§ 903 ff. BGB, §§ 854 ff. BGB, ohne Güterbeschaffung als **Inhalts- und Schrankenbestimmung** im Sinne von Art. 14 Abs. 1 S. 2 GG[1326];
- Eigentumsentzug als **Enteignung** im Sinne des Art. 14 Abs. 3 GG mit Änderung der Eigentumszuordnung und stets mit Güterbeschaffung.[1327]

c) GR-B: Art. 14 Abs. 1 S. 2, Abs. 2, 3 GG, Art. 18 GG.

2. Brief-, Post- und Fernmeldegeheimnisgrundrechte, Art. 10 GG[1328]

a) GR-SB:

aa) Persönlicher GR-SB: Jeder am konkreten Brief- oder Post- oder Fernemeldeverkehr Beteiligter.

bb) Sachlicher GR-SB: Kommunikation per Brief oder Post i.S.d. PostG, Fernmeldung i.S.d. des TKG[1329].

Schutzbereichs von Art. 14 Abs. 1 S. 1 Alt. 1 GG ist jedenfalls gegeben bei allseitiger Besitz-/Nutzungs-/Umgangs-Nichtberechtigung (z.B. i.S.d. §§ 854-984 BGB); nicht schon unbedingt bei lediglich Eigentums-Nichtberechtigung im privatrechtlichen Sinne bei vermögenswerten Besitz-/Nutzungs-/Umgangs-Berechtigungen; wohl aber jedenfalls auch bei Verbot i.S.d. § 134 BGB oder Sittenwidrigkeit i.S.d. § 138 BGB oder sonstiger Unwirksamkeitsgründe (Nichtentstehensgründe oder Erlöschensgründe) gerade bezüglich des Erwerbs- oder Nutzungs- oder Umgangsaktes (z.B. i.S.d. §§ 854-984 BGB; vgl. z.B. Btm-Umgangsarten i.S.d. § 29 BtMG; vgl. auch etwaiges waffenrechtliches Verbot der Umgangsart Erwerb oder sonstiger Umgangsarten i.S.d. § 1 Abs. 3, 4 WaffG bei Nichtverbot des Erwerbs). Vgl. BVerfGE 110, 1, 23 f. (Erweiterter Verfall [a. F., ≙ erweiterte Tatertragseinziehung, P. B.]) = BVerfG, Beschluss des Zweiten Senats vom 14.01.2004 – 2 BvR 564/95 –, C. I. 3. a), b), Rn. 86 f, 88: „Die Vorschrift des § 73d StGB [a. F., ≙ § 73a StGB, P. B.] verstößt in der Auslegung des Bundesgerichtshofs auch nicht gegen die Eigentumsgarantie des Art. 14 Abs. 1 GG. Soweit § 73d StGB [a. F., ≙ § 73a StGB, P. B.] den Zugriff auf Vermögenswerte erlaubt, die dem unmittelbar Betroffenen wegen eines Verstoßes gegen strafrechtliche Vorschriften zivilrechtlich nicht zustehen (vgl. § 134, § 935 BGB), ist dessen Eigentumsgrundrecht schon mangels einer schutzfähigen Rechtsposition nicht berührt (vgl. BVerfGE 83, 201 [209]; 95, 267 [300]). Dies betrifft vor allem die Entziehung von Gewinnen aus illegalen Drogengeschäften. Denn wegen des strafrechtlichen Verbots des Handeltreibens mit Betäubungsmitteln ist gemäß § 134 BGB neben dem schuldrechtlichen Verpflichtungsgeschäft zugleich die Übereignung sowohl der Drogen als auch des für sie als Kaufpreis gezahlten Geldes zivilrechtlich unwirksam (vgl. BGH, NJW 1983, S. 636 [Schrifttumsquellen]. […] Soweit § 73d StGB StGB [a. F., ≙ § 73a StGB, P. B.] die Entziehung von Gegenständen anordnet, die der Betroffene zwar deliktisch, aber gleichwohl zivilrechtlich wirksam erworben hat, enthält er eine Inhalts- und Schrankenbestimmung des Eigentums im Sinne des Art. 14 Abs. 1 Satz 2 GG. Diese genügt in der Auslegung des Bundesgerichtshofs den verfassungsrechtlichen Anforderungen.".

1326 BVerfGE 143, 246, Ls. 5 (Dreizehnte Novelle des Atomgesetzes) = BVerfG, Urteil des Ersten Senats vom 06.12.2016 – 1 BvR 2821/11 –, Ls. 5.

1327 BVerfGE 143, 246, Ls. 4 (Dreizehnte Novelle des Atomgesetzes) = BVerfG, Urteil des Ersten Senats vom 06.12.2016 – 1 BvR 2821/11 –, Ls. 4.

1328 Vgl. auch Art. 142 GG i.V.m. Art. 4 Abs. 1, 2 Verfassung NRW; Art. 7, 8 EU-GR-Charta; Art. 8 EMRK.

1329 BVerfG, Beschluss der 3. Kammer des Zweiten Senats vom 20.12.2018 – 2 BvR 2377/16 –, Rn. 42-44: „Der Begriff der **Telekommunikation** wird von der herrschenden Meinung in Literatur und Rechtsprechung verfassungsrechtlich zulässig unter Rückgriff auf die Legaldefinition in § 3 Nr. 22 TKG bestimmt. ‚**Telekommunikation**' ist danach der technische Vorgang des Aussendens, Übermittelns und Empfangens von Nachrichten jeglicher Art in der Form von Zeichen, Sprache, Bildern oder Tönen mittels technischer Einrichtungen oder Systeme, die als Nachrichten identifizierbare elektromagnetische

b) GR-E (oder Nichteingriff/GR-Verzicht i.S.v. § 36 Nr. 19 DSG NRW, § 38 DSG NRW): Brief- oder Post oder Fernmeldeeinschränkung[1330] (Einschränkung, § 36 Nr. 2 DSG NRW),

---

oder optische Signale senden, übertragen, vermitteln, empfangen, steuern oder kontrollieren können (vgl. BVerfG, Beschluss der 3. Kammer des Zweiten Senats vom 6. Juli 2016 - 2 BvR 1454/13 -, juris, Rn. 25 ff. m.w.N., auch zur Gegenansicht). Vor dem Hintergrund dieses ‚weiten' Telekommunikationsbegriffs unterfällt der Zugriff auf **E-Mail-Kommunikation**, jedenfalls soweit es sich um die Übertragung der Nachricht vom Gerät des Absenders über dessen Mailserver auf den Mailserver des E-Mail-Providers und um den späteren Abruf der Nachricht durch den Empfänger handelt, unstrittig dem Anwendungsbereich des § 100a StPO [Quellenangaben]; zum Zugriff auf E-Mails, die auf dem Mailserver des Providers gespeichert sind, vgl. BVerfGE 124, 43). Dabei ist zu beachten, dass sich die nähere Auslegung des Begriffs ‚Telekommunikation' im Rahmen des § 100a StPO insbesondere auch an dem grundrechtlichen Schutz des von der Überwachung Betroffenen durch Art. 10 GG orientieren muss, denn das **Fernmeldegeheimnis** ist der verfassungsrechtliche Maßstab für die heimliche Überwachung flüchtiger Daten (vgl. BVerfG, Beschluss der 3. Kammer des Zweiten Senats vom 6. Juli 2016 - 2 BvR 1454/13 -, juris, Rn. 32 m.w.N.; vgl. auch BVerfGE 100, 313 <358 f.>; 113, 348 <364 ff.>; 129, 208 <240 ff.> [Quellenangaben]). Vom Schutz des Fernmeldegeheimnisses nach Art. 10 Abs. 1 GG sind aber nicht nur die Kommunikationsinhalte, sondern auch die näheren Umstände der Telekommunikation erfasst (vgl. BVerfGE 129, 208 <240 f.>). Dazu gehört insbesondere, ob, wann und wie oft zwischen welchen Personen oder Endeinrichtungen Telekommunikationsverkehr stattgefunden hat oder versucht worden ist (vgl. BVerfGE 67, 157 <172>; 85, 386 <396>; 107, 299 <312 f.>; 129, 208 <241>). Art. 10 Abs. 1 GG umfasst dabei sämtliche, mit Hilfe der Telekommunikationstechniken erfolgenden Übermittlungen von Informationen, unabhängig davon, wer Betreiber der Übertragungs- und Vermittlungseinrichtungen ist (vgl. BVerfGE 107, 299 <322>; 129, 208 <241>). Aber auch unter Einbeziehung dieses Schutzinhalts in die Auslegung von § 100a StPO ist gegen die Auffassung, die Überwachung der Telekommunikation gemäß § 100a StPO betreffe auch die (früher als **Verbindungsdaten** bezeichneten) **Verkehrsdaten** im Sinne des § 3 Nr. 30 TKG, soweit diese im Rahmen der zu überwachenden Telekommunikation anfallen ([Quellenangaben] siehe auch BVerfGE 107, 299 <314 ff.>), verfassungsrechtlich nichts zu erinnern. Zu den **Verkehrsdaten** in diesem Sinne gehören auch und gerade die anfallenden **IP-Adressen**. Diese werden dementsprechend in § 96 Abs. 1 Satz 1 TKG - der die Verkehrsdaten, die vom Diensteanbieter zulässigerweise erhoben werden dürfen, abschließend bestimmt - als Nummern (vgl. § 3 Nr. 13 TKG) der beteiligten Anschlüsse oder Einrichtungen aufgeführt (vgl. BTDrucks 15/2316, S. 89 - zum damaligen § 94 TKG -; [Quellenangaben]; zur Zuordnung von dynamischen IP-Adressen zu den Verkehrsdaten vgl. BVerfGE 130, 151 <181 ff.>; BGH, Urteil vom 13. Januar 2011 - III ZR 146/10 -, juris, Rn. 22 ff.). Dynamische oder statische **IP-Adressen**, mit denen die Kunden eines Anbieters von E-Mail-Diensten mit ihren internetfähigen Endgeräten auf ihren E-Mail-Account zugreifen wollen, unterfallen daher grundsätzlich dem Anwendungsbereich des § 100a StPO (vgl. auch BGH, Beschluss vom 20. August 2015 - StB 7/15 -, juris).“; BVerfG, Beschluss der 3. Kammer des Zweiten Senats vom 06.07.2016 – 2 BvR 1454/13 –, Rn. 32-34: „Dabei ist […] zu berücksichtigen, dass Art. 10 Abs. 1 GG nicht dem rein technischen **Telekommunikationsbegriff** des Telekommunikationsgesetzes folgt, sondern an den Grundrechtsträger und dessen Schutzbedürftigkeit aufgrund der Einschaltung Dritter in den Kommunikationsvorgang anknüpft (vgl. BVerfGE 124, 43 <55 f.>; BVerfGK 9, 62 <75>). […] Als Facette der freien Entfaltung der Persönlichkeit durch Kommunikationsaustausch schützt das ‚**Fernmeldegeheimnis**' aus Art. 10 Abs. 1 GG die unkörperliche Übermittlung von Informationen an individuelle Empfänger mit Hilfe des Telekommunikationsverkehrs (BVerfGE 67, 157 <172>; 106, 28 <35 f.>; 115, 166 <182>). Dieser ist dadurch gekennzeichnet, dass die übermittelten Informationen am Empfangsort wieder erzeugt werden (vgl. BVerfGE 12, 205 <226>; 46, 120 <143>). Für das Merkmal ‚**Telekommunikation**' kommt es auch im Rahmen des Art. 10 Abs. 1 GG aber weder auf die technische Umsetzung der Kommunikation noch auf deren Inhalt und Empfängerkreis an (vgl. BVerfGE 120, 274 <307>). Auch ist irrelevant, wer Betreiber der Übertragungs- und Vermittlungseinrichtungen ist (vgl. BVerfGE 107, 299 <322>); das Grundrecht ist insgesamt ‚entwicklungsoffen' ([Quellenangabe] BVerfGE 106, 28 <36>).“.

[1330] BVerfG, Urteil des Ersten Senats vom 19.05.2020 – 1 BvR 2835/17 – (Ausland-Ausland-Fernmeldeaufklärung nach BNDG), E. II. 1., b) aa) (1), Rn. 147: „Schwer wiegen die mit ihr eröffneten Eingriffe zunächst schon deshalb, weil mit ihnen heimlich in persönliche **Kommunikationsbeziehun-**

etwa durch Überwachung (Datenerhebung, Auslesen, Abfragen, Erfassen, § 36 Nr. 2 DSG NRW), Aufzeichnung (Datenspeicherung, § 36 Nr. 2 DSG NRW), Verhinderung, Unterbindung, Zäsur (Anpassung, Veränderung, Löschung, Vernichtung, § 36 Nr. 2 DSG NRW) oder sonstige Offenlegung, Veränderung, Verwendung, § 36 Nr. 2 DSG NRW.[1331]

c) GR-B: Art. 10 Abs. 2 GG, Art. 18 GG.

Ggf. betroffenes Grundrecht durch Sicherstellung eines Gegenstandes gegenüber einem Mediengrundrechtsträger als solchem oder von einem Mediengegenstand als solchem:

3. Mediengrundrecht (Pressefreiheitsgrundrecht und Rundfunkfreiheitsgrundrecht)[1332], Art. 5 Abs. 1 S. 2 GG[1333]

a) GR-SB:

---

gen eingedrungen wird, die oftmals privaten und unter Umständen auch höchstvertraulichen Charakter haben. Eine solche heimliche Überwachung der Telekommunikation [**Telekommunikationsüberwachung**, P. B.] bedeutet grundsätzlich einen schweren Eingriff (vgl. BVerfGE 141, 220 <264 f. Rn. 92>), unabhängig davon, ob die Überwachung im Inland oder im Ausland stattfindet oder sich auf Inländer und Deutsche oder Ausländer bezieht.", E. II. 2. e) aa), Rn. 186: „Die Überwachung hat gegenüber deutschen Staatsangehörigen typischerweise ein größeres Eingriffsgewicht als gegenüber sich im Ausland befindenden Ausländern, weil die eigenen Staatsangehörigen in deutlich weitergehendem Umfang dem Zugriff deutscher Behörden unterliegen und damit leichter Folgemaßnahmen ausgesetzt sind.".

1331 BVerfGE 124, 43 (Beschlagnahme von E-Mails) = BVerfG, Beschluss des Zweiten Senats vom 16.06.2009 – 2 BvR 902/06 –, (einziger) Leitsatz: „Die **Sicherstellung und Beschlagnahme von E-Mails** auf dem Mailserver des Providers sind am Grundrecht auf Gewährleistung des Fernmeldegeheimnisses aus Art. 10 Abs. 1 GG zu messen. §§ 94 ff. StPO genügen den verfassungsrechtlichen Anforderungen, die an eine gesetzliche Ermächtigung für solche Eingriffe in das Fernmeldegeheimnis zu stellen sind."; BVerfG, Beschluss der 3. Kammer des Zweiten Senats vom 15.08.2014 – 2 BvR 969/14 (Kinderpornographieverdacht bei Bundestagsabgeordnetem), Rn. 46: „Verfassungsrechtlich nicht zu beanstanden ist auch die Beschlagnahmeanordnung hinsichtlich der Verkehrsdaten im Zusammenhang mit der Internetkommunikation des Beschwerdeführers, die ebenfalls von dem Schutz des Art. 10 Abs. 1 GG erfasst ist (vgl. BVerfGE 100, 313 <395 ff.>)." BVerfGE 115, 166 (Kommunikationsverbindungsdaten) = BVerfG, Urteil des Zweiten Senats vom 02. März 2006 – 2 BvR 2099/04 –, Ls. 1: „Die nach Abschluss des Übertragungsvorgangs im Herrschaftsbereich des Kommunikationsteilnehmers gespeicherten **Verbindungsdaten** werden nicht durch Art. 10 Abs. 1 GG, sondern durch das Recht auf informationelle Selbstbestimmung (Art. 2 Abs. 1 in Verbindung mit Art. 1 Abs. 1 GG) und gegebenenfalls durch Art. 13 Abs. 1 GG geschützt." Ls. 2: „§§ 94 ff. und §§ 102 ff. StPO genügen den verfassungsrechtlichen Anforderungen auch hinsichtlich der Sicherstellung und Beschlagnahme von Datenträgern und den hierauf gespeicherten Daten und entsprechen der vor allem für das Recht auf informationelle Selbstbestimmung geltenden Vorgabe, wonach der Gesetzgeber den Verwendungszweck der erhobenen Daten bereichsspezifisch, präzise und für den Betroffenen erkennbar bestimmen muss. Dem wird durch die strenge Begrenzung aller Maßnahmen auf den Ermittlungszweck Genüge getan (vgl. BVerfGE 113, 29)."; Ls. 3: „Beim Zugriff auf die bei dem Betroffenen gespeicherten Verbindungsdaten ist auf deren erhöhte Schutzwürdigkeit Rücksicht zu nehmen. Die Verhältnismäßigkeitsprüfung muss dem Umstand Rechnung tragen, dass es sich um Daten handelt, die außerhalb der Sphäre des Betroffenen unter dem besonderen Schutz des Fernmeldegeheimnisses stehen und denen im Herrschaftsbereich des Betroffenen ein ergänzender Schutz durch das Recht auf informationelle Selbstbestimmung zuteil wird.".

1332 BVerfGE 117, 244, 258 (Cicero) = BVerfG, Urteil des Ersten Senats vom 27.02.2007 – 1 BvR 538, 2045/06 – B. I. 1. a), Rn. 42: „Die Freiheit der Medien ist konstituierend für die freiheitliche demokratische Grundordnung (vgl. BVerfGE 7, 198 [208]; 77, 65 [74]; stRspr). Eine freie Presse und ein freier Rundfunk sind daher von besonderer Bedeutung für den freiheitlichen Staat (vgl. BVerfGE 20, 162 [174]; 50, 234 [239 f.]; 77, 65 [74]).".

1333 Vgl. Art. 142 GG i.V.m. Art. 4 Abs. 1 Verfassung NRW; Art. 11 EU-GR-Charta.

aa) Persönlicher GR-SB: Im Pressebereich oder im Rundfunkbereich tätige Personen und Organisationen.[1334]

bb) Sachlicher GR-SB: Voraussetzungen und Tätigkeiten, ohne welche die Medien ihre Funktion im freiheitlich-demokratischen Staat nicht in angemessener Weise erfüllen können, vgl. auch § 7 PresseG NRW.[1335]

b) GR-E (oder Nichteingriff/GR-Verzicht): Einschränkung von Voraussetzungen und Tätigkeiten, ohne welche die Medien ihre Funktion im freiheitlich-demokratischen Staat nicht in angemessener Weise erfüllen können, vgl. auch § 7 PresseG NRW.[1336]

c) GR-B: Art. 5 Abs. 2 GG, Art. 18 GG.[1337]

[1334] BVerfGE 117, 244, 258 f. (Cicero) = BVerfG, Urteil des Ersten Senats vom 27.02.2007 – 1 BvR 538, 2045/06 – B. I. 1. a), Rn. 42: „Dementsprechend gewährleistet Art. 5 Abs. 1 Satz 2 GG den im Bereich von Presse und Rundfunk tätigen Personen und Organisationen Freiheitsrechte und schützt darüber hinaus in seiner objektiv-rechtlichen Bedeutung auch die institutionelle Eigenständigkeit der Presse und des Rundfunks (vgl. BVerfGE 10, 118 [121]; 66, 116 [133]; 77, 65 [74 ff.]).".

[1335] BVerfGE 117, 244, 259 (Cicero) = BVerfG, Urteil des Ersten Senats vom 27.02.2007 – 1 BvR 538, 2045/06 – B. I. 1. a), Rn. 42: Die Gewährleistungsbereiche der Presse- und Rundfunkfreiheit schließen diejenigen Voraussetzungen und Hilfstätigkeiten mit ein, ohne welche die Medien ihre Funktion nicht in angemessener Weise erfüllen können. Geschützt sind namentlich die Geheimhaltung der Informationsquellen und das Vertrauensverhältnis zwischen Presse beziehungsweise Rundfunk und den Informanten (vgl. BVerfGE 100, 313 [365] m.w.N.). Dieser Schutz ist unentbehrlich, weil die Presse auf private Mitteilungen nicht verzichten kann, diese Informationsquelle aber nur dann ergiebig fließt, wenn sich der Informant grundsätzlich auf die Wahrung des Redaktionsgeheimnisses verlassen kann (vgl. BVerfGE 20, 162 [176, 187]; 36, 193 [204]).".

[1336] Zu **Medienfreiheitseingriffsgegenständen** vgl. BVerfGE 117, 244, 259 f. (Cicero) = BVerfG, Urteil des Ersten Senats vom 27.02.2007 – 1 BvR 538, 2045/06 – B. I. 1. a), Rn. 44 f.: „Eine **Durchsuchung in Presseräumen** stellt wegen der damit verbundenen Störung der redaktionellen Arbeit und der Möglichkeit einer einschüchternden Wirkung eine Beeinträchtigung der Pressefreiheit dar (vgl. zuletzt BVerfG, 1. Kammer des Ersten Senats, Beschluss vom 1. Februar 2005 -- 1 BvR 2019/03 --, NJW 2005, S. 965). Auch können potentielle Informanten durch die begründete Befürchtung, bei einer Durchsuchung könnte ihre Identität festgestellt werden, davon abgehalten werden, Informationen zu liefern, die sie nur im Vertrauen auf die Wahrung ihrer Anonymität herauszugeben bereit sind. Überdies liegt in der **Verschaffung staatlichen Wissens über die im Bereich journalistischer Recherche hergestellten Kontakte** ein Eingriff in das **Redaktionsgeheimnis**, dem neben dem **Vertrauensverhältnis der Medien zu ihren Informanten** eigenständige Bedeutung zukommt (vgl. BVerfGE 66, 116 [133 ff.]; 107, 299 [331]). Durch die Anordnung der **Beschlagnahme von Datenträgern zum Zwecke der Auswertung** ist den Ermittlungsbehörden die Möglichkeit des Zugangs zu redaktionellem Datenmaterial eröffnet worden. Dies greift in besonderem Maße in die vom Grundrecht der Pressefreiheit umfasste **Vertraulichkeit der Redaktionsarbeit** ein, aber auch in ein etwaiges Vertrauensverhältnis zu Informanten.".

[1337] BVerfGE 117, 244, 260 (Cicero) = BVerfG, Urteil des Ersten Senats vom 27.02.2007 – 1 BvR 538, 2045/06 – B. I. 2. a), Rn. 47: „Nach Art. 5 Abs. 2 GG findet die Pressefreiheit ihre Schranken in den **Vorschriften der allgemeinen Gesetze**. Darunter sind alle Gesetze zu verstehen, die sich nicht gegen die Meinungsfreiheit oder die Freiheit von Presse und Rundfunk an sich oder gegen die Äußerung einer bestimmten Meinung richten, die vielmehr dem Schutz eines schlechthin, ohne Rücksicht auf eine bestimmte Meinung, zu schützenden Rechtsguts dienen. Dieses Rechtsgut muss in der Rechtsordnung allgemein und damit unabhängig davon geschützt sein, ob es durch Meinungsäußerungen oder auf andere Weise verletzt werden kann. Beschränkt die zum Schutz dieses Rechtsguts ergriffene Maßnahme die Meinungs- oder Pressefreiheit, so führt nicht schon dies zur Verneinung des Charakters der ermächtigenden Rechtsnorm als allgemeines Gesetz. Bei seiner Anwendung ist aber zu klären, ob die Güterabwägung zu einem Vorrang des Schutzes des Rechtsguts führt, dem das allgemeine Gesetz dient. Soweit

4. Allgemeine Verhaltensfreiheit / Allgemeine Handlungsfreiheit[1338], Art. 2 Abs. 1 GG[1339]

a) GR-SB:

aa) Persönlicher GR-SB: „Jeder“.

bb) Sachlicher GR-SB: „**freie Entfaltung der Persönlichkeit**“ bedeutet **allgemeine Verhaltensfreiheit** im umfassenden Sinn[1340] durch grundsätzlich jedes Tun, Dulden, Unterlassen[1341].

b) GR-E (oder Nichteingriff/GR-Verzicht): Verhaltenseinschränkung als Verhaltenssteuerung.

c) GR-B: Art. 2 Abs. 1 Hs. 2 GG[1342].

---

die zur Beschränkung ermächtigenden Rechtsnormen auslegungsbedürftig sind, darf die Auslegung nicht zur Außerachtlassung des Schutzgehalts von Art. 5 Abs. 1 GG führen (vgl. BVerfGE 111, 147 [155]).“.

1338 „Allgemeine“ Verhaltensfreiheit / Handlungsfreiheit: Auffanggrundrecht ggü. ggf. spezielleren Grundrechten, vgl. Rechtsnormspezialitätsregel („lex specialis derogat legi generali“), vgl. auch: BVerfGE 6, 32, 37 (Elfes) = BVerfG, Urteil des Ersten Senats vom 16.01.1957 – 1 BvR 253/56, Gründe, II. 2. a), Rn. 16: „Neben der allgemeinen Handlungsfreiheit, die Art. 2 Abs. 1 GG gewährleistet, hat das Grundgesetz die Freiheit menschlicher Betätigung für bestimmte Lebensbereiche, die nach den geschichtlichen Erfahrungen dem Zugriff der öffentlichen Gewalt besonders ausgesetzt sind, durch besondere Grundrechtsbestimmungen geschützt; bei ihnen hat die Verfassung durch abgestufte Gesetzesvorbehalte abgegrenzt, in welchem Umfang in den jeweiligen Grundrechtsbereich eingegriffen werden kann. Soweit nicht solche besonderen Lebensbereiche grundrechtlich geschützt sind, kann sich der Einzelne bei Eingriffen der öffentlichen Gewalt in seine Freiheit auf Art. 2 Abs. 1 GG berufen. Hier bedurfte es eines Gesetzesvorbehalts nicht, weil sich aus der Beschränkung der freien Entfaltung der Persönlichkeit durch die verfassungsmäßige Ordnung der Umfang staatlicher Eingriffsmöglichkeiten ohne weiteres ergibt.“.

1339 Vgl. auch Art. 142 GG i.V.m. Art. 4 Abs. 1 Verfassung NRW; Art. 6 EU-GR-Charta; Art. 5 EMRK.

1340 BVerfGE 6, 32, 36 f. (Elfes) = BVerfG, Urteil des Ersten Senats vom 16.01.1957 – 1 BvR 253/56, Gründe, II. 2. a), Rn. 14 f.: „Das Grundgesetz kann mit der ‚freien Entfaltung der Persönlichkeit‘ nicht nur die Entfaltung innerhalb jenes Kernbereichs der Persönlichkeit gemeint haben, der das Wesen des Menschen als geistig-sittliche Person ausmacht, denn es wäre nicht verständlich, wie die Entfaltung innerhalb dieses Kernbereichs gegen das Sittengesetz, die Rechte anderer oder sogar gegen die verfassungsmäßige Ordnung einer freiheitlichen Demokratie sollte verstoßen können. Gerade diese, dem Individuum als Mitglied der Gemeinschaft auferlegten Beschränkungen zeigen vielmehr, daß das Grundgesetz in Art. 2 Abs. 1 GG die Handlungsfreiheit im umfassenden Sinne meint. […] Es waren nicht rechtliche Erwägungen, sondern sprachliche Gründe, die den Gesetzgeber bewogen haben, die ursprüngliche Fassung ‚Jeder kann tun und lassen was er will‘ durch die jetzige Fassung zu ersetzen (vgl. v. Mangoldt, Parlamentarischer Rat, 42. Sitzung des Hauptausschusses, S. 533).“; BVerfGE 80, 137, 152 f. (Reiten im Walde) = BVerfG, Beschluss des Ersten Senats vom 06.06.1989 – 1 BvR 921/85 –, C. I. 1 a), Rn. 69: „Nach den in der Rechtsprechung des Bundesverfassungsgerichts entwickelten Grundsätzen gewährleistet Art. 2 Abs. 1 GG die allgemeine Handlungsfreiheit im umfassenden Sinne (st. Rspr. seit BVerfGE 6, 32 [36]; aus neuerer Zeit etwa: BVerfGE 74, 129 [151]; 75, 108 [154 f.]). Geschützt ist damit nicht nur ein begrenzter Bereich der Persönlichkeitsentfaltung, sondern jede Form menschlichen Handelns ohne Rücksicht darauf, welches Gewicht der Betätigung für die Persönlichkeitsentfaltung zukommt (vgl. etwa die Entscheidung eines Vorprüfungsausschusses in BVerfGE 54, 143 (146) – Taubenfüttern).“.

1341 BVerfGE 6, 32, Ls. 1, 2 (Elfes) = BVerfG, Urteil des Ersten Senats vom 16.01.1957 – 1 BvR 253/56, Ls. 1: „Art. 11 GG betrifft nicht die Ausreisefreiheit.“, Ls. 2: „Die **Ausreisefreiheit** ist als Ausfluß der allgemeinen Handlungsfreiheit durch Art. 2 Abs. 1 GG innerhalb der Schranken der verfassungsmäßigen Ordnung gewährleistet.“; BVerwG, Urteil vom 29.05.2019 – BVerwG 6 C 8.18 (Beschränkung des Geltungsbereichs eines Passes), Rn. 20: „In der höchstrichterlichen Rechtsprechung ist seit Jahrzehnten geklärt, dass die durch Art. 2 Abs. 1 GG geschützte Ausreisefreiheit auch durch den Passversagungsgrund des § 7 Abs. 1 Nr. 1 Alt. 3 PassG als Bestandteil der verfassungsmäßigen Ordnung wirksam eingeschränkt wird.“.

(VOR/DEF)

Rechtsgebiet ist Rechtsordnungsteil nach allen Umständen[1343] – wie schwerpunktmäßige Äußerungen[1344], Rechtsnormen[1345], Zwecke[1346], auch i.V.m. §§ 133, 157 BGB analog[1347].[1348]

1342 Art. 2 Abs. 1 Hs. 2 GG (**Schrankentrias**): BVerfGE 80, 137, 153 (Reiten im Walde) = BVerfG, Beschluss des Ersten Senats vom 06.06.1989 – 1 BvR 921/85 –, C. I. 1 a), Rn. 69: „Abgesehen von einem absolut geschützten Kernbereich privater Lebensgestaltung, welcher der Einwirkung der öffentlichen Gewalt entzogen ist (BVerfGE 6, 32 [41]), ist die allgemeine Handlungsfreiheit allerdings nur in den Schranken des zweiten Halbsatzes von Art. 2 Abs. 1 GG gewährleistet und steht damit insbesondere unter dem **Vorbehalt der verfassungsmäßigen (Rechts-)Ordnung** (BVerfGE 6, 32 [37 f.]; 74, 129 [152]). Stützt sich ein die Handlungsfreiheit berührender Akt der öffentlichen Gewalt auf eine Rechtsnorm, so kann mit der Verfassungsbeschwerde unter Berufung auf Art. 2 Abs. 1 GG zur Nachprüfung gestellt werden, ob diese Norm zur **verfassungsmäßigen Ordnung** gehört, das heißt formell und materiell mit den Normen der Verfassung in Einklang steht (st. Rspr. seit BVerfGE 6, 32).“; BVerfGE 6, 32, Ls. 3 (Elfes) = BVerfG, Urteil des Ersten Senats vom 16.01.1957 – 1 BvR 253/56, Ls. 3: „**Verfassungsmäßige Ordnung** im Sinne des Art. 2 Abs. 1 GG ist die verfassungsmäßige Rechtsordnung, d.h. die Gesamtheit der Normen, die formell und materiell der Verfassung gemäß sind.“; vgl. dazu auch BVerfGE 6, 32, 37-41 (Elfes) = BVerfG, Urteil des Ersten Senats vom 16.01.1957 – 1 BvR 253/56, Gründe II. 2 b), c), Rn. 17-33.

Rechte anderer sind (als Teil der verfassungsmäßigen Ordnung) subjektive Berechtigungen (Anspruch oder Befugnis oder Erlaubnis) einschließlich Verpflichtungen (Pflicht zur Erfüllung von Anspruch oder Befugnis oder Erlaubnis) und sonstiger Rechtswirkungen für ein Rechtssubjekt bezüglich eines Verhaltens oder eines Rechtsguts.

Vgl. zum ein Mal bundesverfassungsgerichtlich entscheidungserheblich bemühten „**Sittengesetz**“ nach Art. 2 Abs. 1 Hs. 2 GG als Gesetz, das nicht das durch die „soziale Gemeinschaft“ „als für sich verbindlich“ anerkannte „Rechtsgefühl“ „im allgemeinen“ „verletzt“: BVerfGE 6, 389 (Homosexuelle) = BVerfG, Urteil des Ersten Senats vom 10.05.1957 – 1 BvR 550/52 –, und StrRehaHomG (Gesetz zur strafrechtlichen Rehabilitierung der nach dem 8. Mai 1945 wegen einvernehmlicher homosexueller Handlungen verurteilten Personen vom 17. Juli 2017 – BGBl. I S. 2443).

1343 Umstände im weiten Sinn, etwa als Bedingungen, Beziehungen, Faktoren, Folgen, Funktionen, Umweltbedingungen, Variablen, Verhältnissen, Voraussetzungen, Weltbedingungen.

1344 Äußerungen im weiten Sinn, etwa als alle Verhaltensäußerungen (einschließlich Aussagen).

1345 Rechtsnormen im weiten Sinn, etwa solche, die die Umstände oder das Verhalten regieren (sollen).

1346 Zwecke im weiten Sinn, etwa als sich aus einer Lage ergebende, objektiv zu verfolgende Ziele.

1347 Sog. **objektivierter Empfängerhorizont**, vgl. BVerwGE 147, 81 = BVerwG, Urteil vom 20.06.2013 – BVerwG 8 C 46.12, Rn. 27: „Die bundesrechtlichen Auslegungsregeln der §§ 133, 157 BGB sind auf öffentlich-rechtliche Erklärungen entsprechend anzuwenden. Bei Verwaltungsakten kommt es wie bei empfangsbedürftigen Willenserklärungen nicht auf den wirklichen Willen des Erklärenden (natürliche Auslegung), sondern auf den objektiven Erklärungsinhalt an. Maßgeblich ist, wie der Empfänger die Erklärung nach Treu und Glauben unter Berücksichtigung der für ihn erkennbaren Umstände verstehen musste. Dabei ist vom Wortlaut der Erklärung auszugehen und deren objektiver Gehalt unter Berücksichtigung des Empfängerhorizonts zu ermitteln (stRspr, vgl. Urteile vom 2. September 1999 - BVerwG 2 C 22.98 - BVerwGE 109, 283 <286> = Buchholz 237.7 § 72 NWLBG Nr. 4 und vom 27. Juni 2012 - BVerwG 9 C 7.11 - BVerwGE 143, 222 <Rn. 18> = Buchholz 11 Art. 20 GG Nr. 206; BGH, Urteile vom 24. Februar 1988 - VIII ZR 145/87 - BGHZ 103, 275 <280>, vom 27. Januar 2010 - VIII ZR 58/09 - BGHZ 184, 128 <137 Rn. 33> und vom 1. März 2011 - II ZR 16/10 - NJW 2011, 1666 <1667 Rn. 11> je m.w.N.).“; BVerwG, Beschluss vom 06.08.2018 – BVerwG 7 B 4.18, Rn. 10: „Dass die bundesrechtlichen Auslegungsregeln der §§ 133, 157 BGB auf öffentlich-rechtliche Erklärungen,

(SUB/ERG)

Die Maßnahme erfolgt auf dem Rechtsgebiet des besonderen öffentlichen Rechts polizeilicher Gefahrenabwehr.

Eine Sicherstellung (Einbehalten, Inobhutnahme, Inverwahrungnahme, Sicherung) erfolgt auf dem Rechtsgebiet der Gefahrenabwehr insbesondere bei

- nicht tatverdachtsveranlasster Sicherstellung;
- Sicherstellung von nicht tatverdachtsbezogenen Gegenständen;
- Sicherstellung ohne schwerpunktmäßigen Zweck einer anschließenden Strafrechtspflegemaßnahme.

A. Rechtsgrundlage (RGL) III. Mögliche Befugnisrechtsnorm (Mgl. Brn.)

(VOR/DEF)

Befugnisrechtsnorm ist die rechtmäßige hauptsächliche materiellrechtliche Rechtsgrundlage mit realfolgenentsprechender Rechtsfolge.

(SUB/ERG)

Realfolge ist die Maßnahme laut Sachverhalt.

Rechtsfolge ist die Maßnahme laut Rechtsnorm.

---

d.h. u.a. auf Verwaltungsakte, entsprechend anzuwenden sind, ist in der Rechtsprechung des Bundesverwaltungsgerichts bereits geklärt (BVerwG, Urteil vom 20. Juni 2013 - 8 C 46.12 - BVerwGE 147, 81 Rn. 27 m.w.N.).".

1348 BVerwG 47, 255, 264 = BVerwG, Urteil vom 03.12.1974 – BVerwG I C 11.73: „Obwohl sich für die Polizei im Einzelfall bei einem einheitlichen Lebenssachverhalt gleichzeitig und unmittelbar Aufgaben der Strafverfolgung und der Gefahrenabwehr ergeben können, ist der im Schrifttum vertretenen Auffassung nicht zu folgen, daß aus Gründen der Rechtssicherheit oder wegen der schwierigen Durchschaubarkeit für den Bürger jede Art polizeilichen Handelns der verwaltungsgerichtlichen Kontrolle unterliegen müsse. In aller Regel ist es für den Betroffenen nicht schwer, zu erkennen, ob die Polizei im konkreten Fall eine - begangene - Straftat erforschen (**Strafverfolgung**) oder den Eintritt eines Schadens, etwa die - zukünftige - Begehung einer strafbaren Handlung, verhindern oder eine bereits eingetretene Störung der öffentlichen Sicherheit oder Ordnung beseitigen (**Gefahrenabwehr**) will. Außerdem wird man davon ausgehen dürfen, daß die Polizei dem Betroffenen - wie im vorliegenden Fall - den Grund ihres Einschreitens von sich aus oder auf Verlangen angibt. Im übrigen kommt es darauf an, wie sich der konkrete Lebenssachverhalt einem verständigen Bürger in der Lage des Betroffenen bei natürlicher Betrachtungsweise darstellt. Dieser Sachverhalt muß im allgemeinen einheitlich betrachtet werden, es sei denn, daß einzelne Teile des Geschehensablaufs objektiv abtrennbar sind. Hat die Polizei die Ermittlungen an die StA oder das Amtsgericht weitergeleitet (§ 163 Abs. 2 StPO) oder auf Weisung der StA gehandelt, so kann an der strafprozessualen Natur ihres Einschreitens kein vernünftiger Zweifel bestehen. Eine Maßnahme, die nach dem Gesamteindruck darauf gerichtet ist, eine strafbare Handlung zu erforschen oder sonst zu verfolgen, ist der Kontrolle der ordentlichen Gerichte nach §§ 23 ff. EGGVG nicht etwa deshalb entzogen, weil durch die polizeilichen Ermittlungen möglicherweise zugleich auch künftigen Verletzungen der öffentlichen Sicherheit vorgebeugt würde.".

(SUB)
Realfolgen und Rechtsfolgen zu:
Sicherstellung/Beschlagnahme

(SUB)
Realfolgen Sicherstellung/Beschlagnahme:

- Abnahme und Inverwahrungnahme, jeweils ohne Zwang, vgl. § 44 PolG NRW;
- Anordnung von Vorlegen und Auslieferung des Gegenstands, vgl. § 95 StPO;
- Aufbewahrung oder andere Sicherung, vgl. § 44 Abs. 1 PolG NRW;
- Aufbewahrungs-Handlungsverfügung (an Dritte);
- Herausgabe-Handlungsverfügung;
- Belassen der Sache am ursprünglichen Belegenheitsort;
- Berührungs-Unterlassungsverfügung;
- Kennzeichnung mit Siegel (vgl. § 136 StGB);
- Vgl. auch § 111c StPO.

Rechtsfolgen Sicherstellung/Beschlagnahme:

Sicherstellung ist Herstellung eines öffentlich-rechtlichen Verwahrungsverhältnisses oder eines anderen Sicherungsverhältnisses zu einer Sache (PolG NRW, StPO, OWiG) oder zu einem anderen Gegenstand[1349] (StPO, OWiG; PolG NRW analog).

Beschlagnahme ist (in NRW nur außerhalb des PolG NRW) eine spezielle Art der Sicherstellung (vgl. § 111n Abs. 1 StPO und alle Beschlagnahme-Befugnisrechtsnormen), jeweils speziell definiert, vgl. insbesondere:

(ERG)
Mögliche Befugnisrechtsnorm zu:
Sicherstellung/Beschlagnahme

(ERG)
Gefahrenabwehr:

- Diverse Spezialbefugnisrechtsnomen
  - § 21 AsylG
  - § 22 eIDKG (Rechtsfolgen: Einziehung und Sicherstellung; sachliche Zuständigkeit: § 6 eIDKG mit Verweis auf § 2 Abs. 2 PAuswG)
  - §§ 42-44 LFGB
  - §§ 13, 19 PaßG
  - § 29 PAuswG (Rechtsfolgen: § 29 Abs. 1: Einziehung, § 29 Abs. 2: Sicherstellung, sachliche Zuständigkeit: § 7 Abs. 3 i.V.m. § 2 Abs. 2 PAuswG, zu den TBV vgl. auch § § 29 Abs. 2 Nr. 1 PAuswG i.V.m. § 1 Abs. 1 S. 3, 4 PAuswG, zur zwangsweisen Durchsetzung: § 30 PAuswG)
  - § 37 Abs. 1 WaffG; § 46 Abs. 4 WaffG
  - vgl. auch: §§ 3, 4, 10-13 VereinsG (Sicherstellung durch Beschlagnahme und Einziehung)[1350]
  - Vgl. auch § 52 VwVfG NRW.
- § 43 PolG NRW (Sicherstellung).

Strafrechtspflege (ggf. mit §§ 46, 53 Abs. 1 S. 2 OWiG / § 46 Abs. 3 OWiG):

- § 94 Abs. 1 StPO (Sicherstellung von Gegenständen zu Beweiszwecken);
- § 94 Abs. 1, 2 StPO (Beschlagnahme von Gegenständen zu Beweiszwecken),

---

[1349] BVerfGE 113, 29, Ls. 1 (Anwaltsdaten) = BVerfG, Beschluss des Zweiten Senats vom 12.04.2005 – 2 BvR 1027/02 –, Ls. 1: „Die Strafprozessordnung erlaubt die **Sicherstellung und Beschlagnahme von Datenträgern** und hierauf gespeicherten Daten als Beweisgegenstände im Strafverfahren.“, BVerfGE 113, 29, 50 (Anwaltsdaten) = BVerfG, Beschluss des Zweiten Senats vom 12.04.2005 – 2 BvR 1027/02 –, C. II. 2. b), Rn. 100: „§ 94 StPO erlaubt auch die Sicherstellung von Daten auf behördeneigenen Datenträgern. Der Wortsinn gestattet es, als ‚**Gegenstand**‘ des Zugriffs auch nichtkörperliche Gegenstände zu verstehen. Der Wortlaut wird durch die Annahme, auch unkörperliche Gegenstände seien von § 94 StPO erfasst, schon im Hinblick auf die Unterscheidung gegenüber dem engeren Begriff der (körperlichen) **Sache** nicht überschritten.“.

[1350] Zu **Vereinigungsverboten** allgemein: BVerfGE 149, 160 (Vereinigungsverbot / „Internationale Humanitäre Hilfsorganisation e.V.“ / mittelbare Unterstützung der „Hamas“) = BVerfG, Beschluss des Ersten Senats vom 13.07.2018 – 1 BvR 1474/12.

- §§ 94 Abs. 1, 2 und § 98 Abs. 2 StPO;
- § 111b Abs. 1 StPO;
- § 132 StPO.

§ 98 (Verfahren bei Beschlagnahme);
- § 94 Abs. 3 StPO (i.V.m. § 111a StPO i.V.m. §§ 69 a, b StGB) Sicherstellung oder Beschlagnahme von Führerscheinen, die der Einziehung unterliegen);
- §§ 99, 100 StPO (Postbeschlagnahme[1351]);
- § 108 StPO (Beschlagnahme anderer Gegenstände – „Zufallsfunde“);
- § 111b StPO (Beschlagnahme zur Sicherung der Einziehung oder Unbrauchbarmachung);
- § 132 StPO (Beschlagnahme bei Nichtbefolgung der Anordnung zur Sicherheitsleistung und Bevollmächtigung zum Zustellungsempfang);
- § 110 StPO (Sichtungsverfahren mit: § 110 Abs. 2 S. 2 [Umschlagverschließung, Ablieferung an StA], § 110 Abs. 3 S. 2 StPO [Datensicherung])[1352].

1351 Vgl. § 99 Abs. 2 StPO, § 100 StPO und frühere Entscheidung des BGH, Beschluss vom 20.02.2019 – BGH, StB 51/18, Rn. 11-13: „Die für die **Beschlagnahme retrograder Postdaten** erforderliche gesetzliche Grundlage ergibt sich nicht aus § 99 StPO, und zwar weder aus einer direkten noch aus einer entsprechenden Anwendung der Vorschrift. Gemäß § 99 StPO ist die **Beschlagnahme der an den Beschuldigten gerichteten Postsendungen** zulässig, die sich im Gewahrsam von Personen oder Unternehmen befinden, die geschäftsmäßig Post- oder Telekommunikationsdienste erbringen oder daran mitwirken. In der sich daraus ergebenden **Verpflichtung zur Herausgabe von Postsendungen** ist nach allgemeiner Meinung als weniger intensiver Eingriff und mithin rechtstechnisch als Minus zugleich die Verpflichtung enthalten, **Auskunft über die Postsendungen** zu erteilen. Falls die Voraussetzungen der Postbeschlagnahme erfüllt sind, kann mithin statt dieser auch lediglich die diese betreffende Auskunft verlangt werden [Quellenangaben]. Diese Möglichkeit stellt sich allerdings lediglich als eine Ausprägung des Verhältnismäßigkeitsgrundsatzes dar und schafft daher keine weitergehenden Zugriffsmöglichkeiten als die Postbeschlagnahme selbst. Nach dem eindeutigen Wortlaut des § 99 Satz 1 StPO erstreckt sich die Auskunftspflicht deshalb - ebenso wie die Herausgabepflicht - nur auf diejenigen Postsendungen, die sich noch im Gewahrsam der Postunternehmen befinden, nicht hingegen auf bereits weitergeleitete [Quellenangaben].“.

1352 BVerfGK 1, 126 = BVerfG, Beschluss der 3. Kammer des Zweiten Senats vom 28.04.2003 – 2 BvR 358/03 –, Rn. 23: „Das **Sichtungsverfahren gemäß § 110 StPO**, bei dem […] Gegenstände auf ihre Beweiseignung und Beschlagnahmefähigkeit überprüft werden, bewegt sich zwischen diesen Maßnahmen [Beschlagnahme und Durchsuchung]. Es wird als Teil der Durchsuchung angesehen (vgl. BGHSt 44, 265 <273>). (...) Andererseits ist die Wegnahme von Sachen aus dem Gewahrsam des Betroffenen zur Sichtung nach § 110 StPO in ihrer Wirkung für den Betroffenen der Beschlagnahme angenähert.“. BVerfG, Beschluss der 3. Kammer des Zweiten Senats vom 30.01.2002 – 2 BvR 2248/00 –, Gründe, Rn. 7 f.: „§ 110 StPO schränkt insoweit das Recht auf jederzeitige Nutzung des Notebooks und ungehinderten Zugriff auf die darauf gespeicherten Daten ein. Die Vorschrift gibt der Staatsanwaltschaft Gelegenheit zur Klärung und Entscheidung, ob sichergestellte Unterlagen, wozu auch lesbare Aufzeichnungen von Daten aus der Software von EDV-Anlagen gehören (BGH, CR 1999, S. 292 <293>), zurückzugeben sind oder ob die richterliche Beschlagnahme zu erwirken ist. Diese Phase ist noch zum Vollzug der Durchsuchungsanordnung zu rechnen (BGH, NJW 1995, S. 3397). In welchem Umfang die inhaltliche Durchsicht des u. U. umfangreichen und komplexen Materials notwendig ist, wie sie im Rahmen von §

(SUB)
Realfolgen und Rechtsfolgen zu:

Sicherstellungsanschlussmaßnahmen/ Beschlagnahmeanschlussmaßnahmen

(ERG)
Mögliche Befugnisrechtsnorm zu:

Sicherstellungsanschlussmaßnahmen /Beschlagnahmeanschlussmaßnahmen

(SUB)

Realfolgen Sicherstellungsanschlussmaßnahmen / Beschlagnahmeanschlussmaßnahmen:

- Aufbewahren
- Zurückgeben
- Benutzen
- Verbrauchen
- Verkaufen
- Versteigern
- Verschenken.

Rechtsfolgen Sicherstellungsanschlussmaßnahmen / Beschlagnahmeanschlussmaßnahmen:

Sicherstellungsanschlussmaßnahmen bzw. **Beschlagnahmeanschlussmaßnahmen** sind sich an den Dauerakt und das Verhältnis der Sicherstellung anschließende Maßnahmen, insbesondere Sicherstellungsaufrechterhaltungsmaßnahmen und Sicherstellungsaufhebungsmaßnahmen:

- Verwaltung (z.B. Wertminderungsvorbeugungsmaßnahmen),
- Rückgabe (nur StPO),
- Herausgabe,
- Verwertung,
- Unbrauchbarmachung,
- Einziehung (nur StPO),
- Vernichtung,
- Notveräußerung (begrifflich nur StPO).

Weitere polizeiliche (Beschlagnahmeanschluss-)Maßnahmenmöglichkeiten im Rahmen der Vollstreckung der Anordnung von Einziehung und Unbrauchbarmachung: § 459g Abs. 3 StPO.

(ERG)

Gefahrenabwehr:

- § 44 PolG NRW (Aufbewahrung, Aufbewahrung oder Sicherung auf andere geeignete Weise, Wertvorbeugungsmaßnahmen);
- § 45 PolG NRW (Verwertung, Unbrauchbarmachung, Vernichtung);
- § 46 PolG NRW (Herausgabe).

Strafrechtspflege (ggf. mit §§ 46, 53 Abs. 1 S. 2, Abs. 2 OWiG / § 46 Abs. 3 OWiG):

- § 111a Abs. 5 StPO (Führerschein-Zurückgabe in Fällen von § 94 Abs. 3 StPO);
- § 75 StGB (Wirkung der Einziehung), vgl. § 111b (Beschlagnahme zur Sicherstellung der Einziehung oder Unbrauchbarmachung);
- § 111d StPO (Rückgabe beweglicher Sachen);
- § 111n (Herausgabe beweglicher Sachen), § 111o StPO (Verfahren bei der Herausgabe);
- § 111p StPO (Notveräußerung).

Weitere polizeiliche (Beschlagnahmeanschluss-)Maßnahmenmöglichkeiten im Rahmen der Vollstreckung der Anordnung von Einziehung und Unbrauchbarmachung: § 459g Abs. 3 StPO.

---

110 StPO im Einzelnen zu gestalten und wann sie zu beenden ist, unterliegt der Entscheidung der Staatsanwaltschaft (BGH, NJW 1995, S. 3397).". Zu „**Papieren und elektronischen Speichermedien**" im Sinne von § 110 StPO: BGH, Beschluss vom 05.08.2003 – 2 BJs 11/03-5 – StB 7/03, Gründe II. 3. b): „Die Vorschrift des § 110 StPO erfasst alle Gegenstände, die wegen ihres Gedankeninhalts Bedeutung haben, namentlich alles private und berufliche Schriftgut, aber auch Mitteilungen und Aufzeichnungen aller Art, gleichgültig auf welchem Informationsträger sie festgehalten sind, somit auch alle elektronischen Datenträger und Datenspeicher.".

(SUB)

Realfolge ist die jeweilige Maßnahme laut Sachverhalt (z.B. das Einbehalten eines bestimmten Gegenstands).

Rechtsfolge ist als VA (§ 35 VwVfG NRW) oder als Realakt (vgl. § 35 VwVfG NRW)[1353]:

Sicherstellung (Herstellung eines öffentlich-rechtlichen Verwahrungsverhältnisses oder eines anderen Sicherungsverhältnisses zu einer Sache[1354] oder – im PolG NRW analog – zu einem anderen Gegenstand[1355]) schwerpunktmäßig zu einem nicht spezieller normierten Zweck aus § 43 PolG NRW.[1356]

1353 **Befragungs-VA-Sätze** können ein Ausrufezeichen haben; **Befragungs-Realakt-Sätze** können ein Fragezeichen haben. Beispiele für Befragungs-VA: „Bitte beantworten Sie die Frage!" / „Bitte sagen Sie, was Sie wissen!" / „Bitte sagen Sie, was Sie wahrgenommen haben!" / „Bitte sagen Sie Ihren Namen!"; Beispiele für Befragungs-Realakt: „Was sagen Sie zu folgender Frage?" / „Was wissen Sie?" / „Was haben Sie wahrgenommen?" / „Wie ist Ihr Name?". **Wohnungstüröffnungs-Verfügung** (je nach Rechtsgebiet VA oder Justiz-VA [z.B.: „Bitte öffnen Sie die Tür!"]) kann bspw. wie folgt – insbesondere über den Zweck – zu subsumieren sein:

- § 9 Abs. 2 PolG NRW / § 163 Abs. 3 StPO / § 163a StPO (Zweck: Befragung / Vernehmung).
- § 12 PolG NRW / § 163b Abs. 1 oder § 163b Abs. 2 StPO (Zweck: IDF jedenfalls ohne Wohnungs-Betretens- und Wohnungs-Durchsuchungszweck [z.B.: IDF-Befragung / IDF-Ausweisverlangen an der Tür]).
- § 16a PolG NRW / § 163f StPO / § 163 Abs. 1 S. 2 StPO (Zweck: Observation jedenfalls ohne Wohnungs-Betretens- und Wohnungs-Durchsuchungszweck [z.B.: Datenerhebung von der Tür aus]).
- § 35 PolG NRW / § 127 Abs. 1 S. 1 Alt. 1 StPO / § 127 Abs. 2 i.V.m. § 112/§ 112a/§ 126a; § 127b StPO; § 164 StPO (Zweck: Ingewahrsamnahme / Festnahme jedenfalls ohne Wohnungs-Betretens- und Wohnungs-Durchsuchungszweck [z.B.: Ingewahrsamnahme / Festnahme an der Tür]).
- § 41 PolG NRW / § 102 StPO oder § 103 StPO (Zweck: Wohnungsbetreten und/oder Wohnungsdurchsuchung).
- § 43 PolG NRW / § 94 Abs. 1 StPO / § 94 Abs. 1, 2 StPO / §§ 94 Abs. 3, 111a StPO, § 69 StGB / §§ 99, 100 StPO / § 108 StPO (§ 110 StPO); / § 111b StPO / § 132 StPO (Zweck: Sicherstellung/Beschlagnahme jedenfalls ohne Wohnungs-Betretens- und Wohnungs-Durchsuchungszweck [z.B.: Sicherstellung/Beschlagnahme an der Tür).
- § 81a StPO / § 81c StPO / § 81g StPO / § 81h StPO (Zweck: der jeweilige „Untersuchungs"-Zweck jedenfalls ohne Wohnungs-Betretens- und Wohnungs-Durchsuchungszweck [z.B.: „Untersuchung" an der Tür]).
- § 8 Abs. 1 PolG NRW / § 163 Abs. 1 S. 2 StPO (Zweck: jedenfalls ein nicht besonders geregelter Zweck jedenfalls ohne Wohnungs-Betretens- und Wohnungs-Durchsuchungszweck).

1354 **Sache** ist alles i.S.d. §§ 90, 90a BGB, auch Datenträger mitsamt Daten.

1355 **Gegenstand** ist jede beschlagnahmefähige Entität, über den engeren Sachenbegriff, vgl. §§ 90, 90a BGB, hinaus. BVerfGE 113, 29, 50 (Anwaltsdaten) = BVerfG, Beschluss des Zweiten Senats vom 12.04.2005 – 2 BvR 1027/02 –, C. II. 2. b), Rn. 100: „§ 94 StPO erlaubt auch die Sicherstellung von Daten auf behördeneigenen Datenträgern. Der Wortsinn gestattet es, als ‚**Gegenstand**' des Zugriffs auch nichtkörperliche Gegenstände zu verstehen. Der Wortlaut wird durch die Annahme, auch unkörperliche Gegenstände seien von § 94 StPO erfasst, schon im Hinblick auf die Unterscheidung gegenüber dem engeren Begriff der (körperlichen) **Sache** nicht überschritten.".

1356 OVG Münster, Urteil vom 21.01.1991 – 7 A 246/882 (Ls. 1: „Zum Begriff der **Sicherstellung**" [i. S. der §§ 21f. NRWPG i. d. F. vom 25.03.1980, ≙ § 43 f. PolG NRW, P. B.]"), Leitsätze 2-4: „2. Die polizeiliche Sicherstellung ist auf die Beendigung des Gewahrsams des bisherigen Gewahrsamsinhabers und auf die Begründung amtlichen Gewahrsams gerichtet. Eine Sicherstellung, die die **sichergestellte Sache im Gewahrsam des Betroffenen** beläßt, ist nach dem nordrhein-westfälischen Polizeigesetz nicht möglich [vgl. § 44 Abs. 1 PolG NRW, P. B.]. 3. Bei der polizeilichen Sicherstellung einer Sache ist

(ERG)

Mögliche Befugnisrechtsnorm ist § 43 PolG NRW.

B. Formelle Rechtmäßigkeit (FR) I. Zuständigkeit (Z)

(VOR/DEF)

Zuständigkeit ist Aufgabenwahrnehmungserlaubnis für den Rechtsfolgesetzer.

(SUB/ERG)

Für die Maßnahme ist die Zuständigkeit (i.d.R.) wie folgt gegeben:

1. sachliche Zuständigkeit *der Polizei* gemäß (alternativ)

- § 1 Abs. 1 S. 1, 2 Var. 1 PolG NRW (originäre Zuständigkeit) (ggf. i.V.m. § 1 Abs. 2 PolG NRW[1357] / ggf. i.V.m. § 1 Abs. 5 S. 2 PolG NRW[1358]);
- § 1 Abs. 1 S. 1, 3 PolG NRW (subsidiäre Zuständigkeit);

2. instanzielle Zuständigkeit *der Polizeibehörde* gemäß

- (i.d.R.) § 11 Abs. 1 Nr. 1 POG NRW;
- (generell:) §§ 10-14 POG NRW (ggf. i.V.m. KPBVO NRW / ggf. i.V.m. LKAAufgVO NRW);

3. örtliche Zuständigkeit *der Polizeibehörde* gemäß

- (i.d.R.) § 7 Abs. 1 S. 1 POG NRW (ggf. i.V.m. KHStVO NRW);
- (generell:) §§ 7-9 POG NRW (ggf. i.V.m. KHStVO NRW);

---

zwischen der Grundverfügung (Anordnung der Sicherstellung), der Durchsetzung durch Entgegennahme oder Wegnahme der Sache mit der dadurch ausgelösten Verstrickung der Sache und dem durch die amtliche Ingewahrsamnahme begründeten Verwahrungsverhältnis zu unterscheiden. 4. Die Verstrickung einer in polizeilichen Gewahrsam genommenen Sache endet, wenn die Sache von der Behörde an den Betroffenen herausgegeben und damit der amtliche Gewahrsam beendet wird.", Gründe: „Demgemäß ist unter **Sicherstellung** das Gebot zu verstehen, die Sache zum Zwecke der Beendigung des bisherigen Gewahrsams und der Begründung neuen Gewahrsams durch die Verwaltung oder durch von ihr beauftragte Dritte herauszugeben (vgl. OVG Münster, Beschl. v. 22. 9. 1986 - 11 B 1749/86; Wagner, § 21 Rdnr. 2). Von der **Sicherstellung als Grundverfügung**, d. h. von dem an den Gewahrsamsinhaber einer Sache gerichteten Verlangen, diese in amtlichen Gewahrsam zu geben, ist die **Durchführung der Sicherstellung** zu unterscheiden, die bei freiwilliger Übergabe in der Entgegennahme der Sache durch die Behörde oder, wenn die Sache nicht freiwillig übergeben wird, in der Wegnahme durch Vollstreckung (unmittelbarer Zwang) besteht und die als Ergebnis ein öffentlichrechtliches Verwahrungsverhältnis nach § 22 NRWPG 1980 [≙ § 44 PolG NRW, P. B.] zur Folge hat.". Zur Sicherstellung-„Rechtsnatur" wird OVG Münster, Urteil vom 21.01.1991 – 7 A 246/882 in ständiger Rechtsprechung zitiert, z.B. bis hin zu: BGHSt 62, 22 (Verwaltungsrechtsweg nachträglichen Rechtsschutzes gegen erledigte polizeiliche Überwachungsmaßnahmen nach dem BKAG) = BGH, Beschluss vom 26.01.2017 – StB 26 und 28/14, Rn. 65.

[1357] § 1 Abs. 2 PolG NRW hat negative Zuständigkeitsvoraussetzungen; § 1 Abs. 2 PolG NRW ist die sogenannte „**Privatrechtsklausel**"; zum **Privatrecht in der polizeilichen Praxis** ausführlich: *Basten*, Privatrecht in der polizeilichen Praxis.

[1358] § 1 Abs. 5 S. 2 PolG NRW ist qua Gesetzessystematik eine Zuständigkeitsvorschrift mit negativen Befugnisvoraussetzungen.

4. funktionelle Zuständigkeit *des Polizeiamtswalters* (i.d.R.) gemäß

- § 43 Wort 2 PolG NRW für Anordnung und Ausführung.

B. Formelle Rechtmäßigkeit (FR) II. Verfahren (V)[1359]

(VOR/DEF)

Verfahren ist normiertes Verhalten insbesondere für den Rechtsfolgezuständigen außer, bei, i.Z.m. der Rechtsfolge.

1. § 44 PolG NRW mit spezielleren Verfahrensrechtsnormen für Sicherstellungs-VA und Sicherstellungs-Realakt

(VOR/DEF)

a) § 44 Abs. 2 PolG NRW: Bescheinigung oder Niederschrift und Unterrichtung

Gemäß § 44 Abs. 2 S. 1, 2, 3 PolG NRW ist der betroffenen Person eine Bescheinigung auszustellen, die den Grund der Sicherstellung erkennen lässt und die sichergestellten Sachen bezeichnet; kann nach den Umständen des Falles eine Bescheinigung nicht ausgestellt werden, so ist über die Sicherstellung eine Niederschrift aufzunehmen, die auch erkennen lässt, warum eine Bescheinigung nicht ausgestellt worden ist; der Eigentümer oder der rechtmäßige Inhaber der tatsächlichen Gewalt ist unverzüglich zu unterrichten.

(SUB/ERG)

Im konkreten Fall ist § 44 Abs. 2 S. 1, 2, 3 PolG NRW (alternativ)

- eingehalten bei Vorliegen von entsprechenden Anhaltspunkten / Fehlen entgegenstehender Anhaltspunkte.
- nicht eingehalten bei Vorliegen von entsprechenden Anhaltspunkten.

(VOR/DEF)

b) § 44 Abs. 4 PolG NRW:

1359 Vgl. auch Art. 46 GG (Abs. 1: **Abgeordnetenindemnität**; Abs. 2-4: **Abgeordnetenimmunität** – mit **Bundestagsgenehmigungsvorbehalt**); Art. 47 Verfassung NRW (**Abgeordnetenindemnität**), Art. 48 Verfassung NRW (**Abgeordnetenimmunität** – mit **Landtagsgenehmigungsvorbehalt**); Art. 60 Abs. 4 GG (**Bundespräsidentenimmunität**); Art. 40 Abs. 2 S. 1 GG (**Bundestagspräsidentengenehmigungsvorbehalt** für Durchsuchung oder Beschlagnahme in Bundestagsräumen); Art. 49 Abs. 2 Verfassung NRW (**Landtagspräsidentengenehmigungsvorbehalt** für Durchsuchung oder Beschlagnahme in Landtagsräumen); zum Abgeordneten vgl. auch: Art. 47 GG, Art. 49 Abs. 1 Verfassung NRW (**Abgeordneten-Zeugnisverweigerungsrecht** und zeugnisverweigerungsrechtentsprechendes **Abgeordneten-Schriftstückebeschlagnahmeverbot**). Vgl. auch §§ 18, 21 GVG i.V.m. DiplBezÜbkG i.V.m. Art. 22, 23, 24, 30 WÜD; §§ 19, 21 GVG i.V.m. KonsÜbkG i.V.m. Art. 27, 31, 33, 55, 59 WÜK.

Gemäß § 44 Abs. 4 PolG NRW sind die verwahrten Sachen zu verzeichnen und so zu kennzeichnen, dass Verwechselungen vermieden werden.

(SUB/ERG)

Im konkreten Fall ist § 44 Abs. 4 PolG NRW (alternativ)

- eingehalten bei Vorliegen von entsprechenden Anhaltspunkten / Fehlen entgegenstehender Anhaltspunkte.
- nicht eingehalten bei Vorliegen von entsprechenden Anhaltspunkten.

§ 44 Abs. 1, 3 PolG NRW betreffen unmittelbar die Rechtsfolge des Dauerverwaltungsakts an sich.

2. Allgemeine VwVfG-NRW-Verfahrensrechtsnormen bzgl. Sicherstellungs(-Begleit)-VA (§§ 1, 2, 9, 35 VwVfG NRW)

(VOR/DEF)

a) § 28 VwVfG NRW: Anhörung

Gemäß § 28 VwVfG NRW besteht Pflicht zur **Anhörung** im Sinne des § 28 Abs. 1 VwVfG NRW (Äußerungsgelegenheit mit entsprechender Würdigung vor eingreifendem VA) – oder es soll gegeben sein: ein Ausnahmegrund gemäß § 28 Abs. 2, 3 VwVfG NRW oder **VA-Verletzungsunbeachtlichkeit** gemäß § 45 VwVfG NRW oder **VA-Nichtaufhebbarkeit** gemäß § 46 VwVfG NRW.

Gemäß § 28 Abs. 2 VwVfG NRW kann von der Anhörung abgesehen werden, wenn sie nach den Umständen des Einzelfalles nicht geboten ist, insbesondere wenn ein Fall vorliegt gemäß § 28 Abs. 2 Nr. 1-5 VwVfG NRW.

Gebotenheit ist Nichtverfügbarkeit eines milderen, gleich geeigneten Mittels zur Zweckförderung.

Gemäß § 28 Abs. 2 Nr. 1 VwVfG NRW kann von der Anhörung abgesehen werden, wenn eine sofortige Entscheidung wegen Gefahr im Verzug oder im öffentlichen Interesse notwendig erscheint.

Gefahr im Verzug i.S.d. § 28 Abs. 2 Nr. 1 VwVfG NRW ist gegeben, wenn der Handlungsbedarf unvorhergesehen ist und bei Durchführung der eigentlich vorgesehenen Maßnahme, hier der Anhörung, der gesetzliche Zweck, hier der jeweilige aus der Aufgabe und Befugnisrechtsnorm, vereitelt oder wesentlich erschwert wird.[1360]

[1360] BVerwGE 142, 205 (Schutzmaßnahme nach IfSG) = BVerwG, Urteil vom 22.03.2012 – BVerwG 3 C 16.11: „Gefahr im Verzug im Sinne von § 28 Abs. 2 Nr. 1 VwVfG ist anzunehmen, wenn durch eine vorherige Anhörung auch bei Gewährung kürzester Anhörungsfristen ein Zeitverlust einträte, der mit hoher Wahrscheinlichkeit zur Folge hätte, dass die behördliche Maßnahme zu spät käme, um ihren Zweck noch zu erreichen. Ob eine sofortige Entscheidung objektiv notwendig war oder die Behörde eine sofortige Entscheidung zumindest für notwendig halten durfte, ist vom Gericht aus ex-ante-Sicht zu beurteilen (Urteil vom 15. Dezember 1983 - BVerwG 3 C 27.82 - BVerwGE 68, 267 <271 f.> = Buchholz 316 § 28 VwVfG Nr. 9 S. 18). Hierbei ist wegen der Bedeutung des Anhörungsrechts als tragendem Prinzip des rechtsstaatlichen Verfahrens ein strenger Maßstab anzulegen (vgl. Kopp/Ramsauer, VwVfG, 12. Aufl. 2011, § 28 Rn. 3 und Rn. 46 m.w.N.).“.

Öffentliches Interesse ist die einzelfallbezogene Relevanz eines Rechts oder Rechtsguts nicht ausschließlich bei einem einzelnen Individuum.

Notwendigkeit ist Nichtverfügbarkeit eines milderen, gleich geeigneten Mittels zur Zweckförderung – bis hin zur Alternativlosigkeit der Mittelanwendung.

Gemäß § 28 Abs. 3 VwVfG NRW unterbleibt eine Anhörung, wenn ihr ein zwingendes öffentliches Interesse entgegensteht.

Zwingendes öffentliches Interesse ist die einzelfallbezogene unbedingte Relevanz eines Rechts oder Rechtsguts nicht ausschließlich bei einem einzelnen Individuum.

(SUB/ERG)

Im konkreten Fall ist § 28 VwVfG NRW (alternativ)

- eingehalten insbesondere bei Gelegenheit zur Stellungnahme i.S.d. § 28 Abs. 1 VwVfG NRW;
- eingehalten bei Nichteinhaltung von § 28 Abs. 1 VwVfG NRW und Ausnahmegrund gemäß § 28 Abs. 2, 3 VwVfG NRW;
- nicht eingehalten insbesondere bei Fehlen von Gelegenheit zur Stellungnahme ohne Ausnahmegrund;
- sonst eingehalten oder nicht eingehalten bei Anhaltspunkten / Fehlen entgegenstehender Anhaltspunkte.

(VOR/DEF)

b) § 39 VwVfG NRW: Begründung

Gemäß § 39 Abs. 1 VwVfG NRW besteht Pflicht zur **Begründung** eines schriftlichen oder elektronischen sowie schriftlich oder elektronisch bestätigten VA (vgl. § 37 Abs. 2 VwVfG NRW) mit den tatsächlich-rechtlichen, nicht unbedingt materiellrechtlich richtigen Behördenerwägungen – oder es soll gegeben sein: ein Ausnahmegrund nach § 39 Abs. 2 VwVfG NRW (insb. § 39 Abs. 2 Nr. 2, 4 VwVfG NRW) oder **VA-Verletzungsunbeachtlichkeit** gemäß § 45 VwVfG NRW oder **VA-Nichtaufhebbarkeit** gemäß § 46 VwVfG NRW.

(SUB/ERG)

Im konkreten Fall ist § 39 VwVfG NRW (alternativ)

- eingehalten bei Fehlen von Begründungspflicht bei rechtmäßigem Fehlen von schriftlichem oder elektronischem, schriftlich oder elektronisch bestätigtem VA (i.d.R. jedenfalls zunächst bei Maßnahmen i.S.d. § 80 Abs. 2 S. 1 Nr. 2 VwGO);
- eingehalten bei Begründung bei schriftlichem oder elektronischem, schriftlich oder elektronisch bestätigtem VA (z.B. im Rahmen von „Bescheinigungen“; „Mitteilungen“, „Anschreiben-VA“ [„Auflagenanschreiben“; „Gefährderanschreiben“, „Meldeauflagenanschreiben“], „HG-Schriftverfügung“) und bei Nichtvorliegen eines Ausnahmegrundes i.S.v. § 39 Abs. 2 VwVfG NRW;
- eingehalten bei Ausnahmegrund nach § 39 Abs. 2 VwVfG NRW, insbesondere wegen bekannter oder erkennbarer Sach- und Rechtslage gemäß § 39 Abs. 2 Nr. 2 Var. 1 oder 2 VwVfG NRW;
- sonst eingehalten oder nicht eingehalten bei Anhaltspunkten / Fehlen entgegenstehender Anhaltspunkte.

Vertretbar bei Fehlen eines Begründungserfordernisüberhangs ist, dass § 39 VwVfG NRW bzgl. eines Sicherstellungs-VA von der insoweit spezielleren Rechtsnorm des § 44 Abs. 2 PolG NRW gemäß der Rechtsnormspezialitätsregel[1361] verdrängt wird (vgl. Wortlaut „Grund").

(ERG Verfahren)

Ergebnis kann allgemein sein: Verfahrensrechtmäßigkeit oder Verfahrensrechtswidrigkeit der Maßnahme.

B. Formelle Rechtmäßigkeit (FR) III. Form (F)

(VOR/DEF)

Form ist normiertes Wie der Rechtsfolgesetzung – schriftlich, elektronisch, mündlich oder in anderer Weise.

(SUB/ERG)

Im konkreten Fall (alternativ)

- ist bei Fehlen von VA § 37 Abs. 2-6 VwVfG NRW unanwendbar.
- ist bei Fehlen von VA und Fehlen speziellerer Formrechtsnormen Formfreiheit gegeben.
- ist bei VA und Fehlen speziellerer Formrechtsnormen anwendbar: § 37 Abs. 2 bis 6 VwVfG NRW.
- kann gemäß § 37 Abs. 2 S. 1 VwVfG NRW der VA schriftlich, elektronisch, mündlich oder in anderer Weise erlassen werden.
- braucht gemäß § 37 Abs. 2 S. 2 VwVfG NRW der mündliche VA schriftlich oder elektronisch nicht bestätigt zu werden, wenn hieran kein berechtigtes Interesse besteht und der Betroffene dies nicht unverzüglich verlangt.

Im Übrigen ist Form integrativer Verfahrensbestandteil, vgl. z.B. bzgl. der Sicherstellung § 44 Abs. 2 PolG NRW.

Ergebnis kann allgemein sein: Formrechtmäßigkeit oder Formrechtswidrigkeit der Maßnahme.

[1361] Zur **Rechtsnormspezialitätsregel** siehe auch: *Basten*, Eingriffsrecht der Polizei in Nordrhein-Westfalen, Band 1, S. 39, 41, 161, 167.

C. Materielle Rechtmäßigkeit (MR) I. Tatbestand (Tb) / Tatbestandsvoraussetzungen (TBV)[1362]

(VOR/DEF)

Tatbestand ist das Gesamt der (materiell-rechtlichen) Rechtsfolge(setzungs)bedingungen. / **Tatbestandsvoraussetzungen** sind materiell-rechtliche Rechtsfolgesetzungsbedingungen.

(VOR)

1. (alternative) TBV aus § 43 Nr. 1 PolG NRW

§ 43 Nr. 1 PolG NRW lautet: Die Polizei kann eine Sache sicherstellen, um eine gegenwärtige Gefahr abzuwehren.

(DEF)

Gegenwärtige Gefahr ist eine Sachlage im einzelnen Fall (vgl. § 8 Abs. 1 PolG NRW), die bei ungehindertem Geschehensverlauf in allernächster Zeit mit an Sicherheit grenzender Wahrscheinlichkeit zu einem Schaden für ein rechtliches Schutzgut führt.

Ungehinderter Geschehensverlauf in allernächster Zeit ist eine überschaubar zusammenhängende Ereigniskette ohne entscheidende Veränderung oder Unterbrechung.

Mit an Sicherheit grenzende Wahrscheinlichkeit ist gegeben bei entsprechendem Ergebnis einer Diagnose von Tatsachen und tatsächlicher Anhaltspunkte sowie einer Prognose von Art und Ausmaß potentieller Rechtseingriffe und -schäden.[1363]

1362 Vgl. auch Art. 46 GG (Abs. 1: **Abgeordnetenindemnität**; Abs. 2-4: **Abgeordnetenimmunität** – mit **Bundestagsgenehmigungsvorbehalt**); Art. 47 Verfassung NRW (**Abgeordnetenindemnität**), Art. 48 Verfassung NRW (**Abgeordnetenimmunität** – mit **Landtagsgenehmigungsvorbehalt**); Art. 60 Abs. 4 GG (**Bundespräsidentenimmunität**); Art. 40 Abs. 2 S. 1 GG (**Bundestagspräsidentengenehmigungsvorbehalt** für Durchsuchung oder Beschlagnahme in Bundestagsräumen); Art. 49 Abs. 2 Verfassung NRW (**Landtagspräsidentengenehmigungsvorbehalt** für Durchsuchung oder Beschlagnahme in Landtagsräumen); zum Abgeordneten vgl. auch: Art. 47 GG, Art. 49 Abs. 1 Verfassung NRW (**Abgeordneten-Zeugnisverweigerungsrecht** und zeugnisverweigerungsrechtentsprechendes **Abgeordneten-Schriftstückebeschlagnahmeverbot**). Vgl. auch §§ 18, 21 GVG i.V.m. DiplBezÜbkG i.V.m. Art. 22, 23, 24, 30 WÜD; §§ 19, 21 GVG i.V.m. KonsÜbkG i.V.m. Art. 27, 31, 33, 55, 59 WÜK.

1363 BVerwG, Urteil vom 20.08.2003 – BVerwG 6 CN 5.02 (Hundehalterverordnung), Gründe, II.: „Maßgebliches Kriterium zur Feststellung einer Gefahr ist die hinreichende Wahrscheinlichkeit des Schadenseintritts (vgl. Urteil vom 26. Februar 1974 - BVerwG 1 C 31.72 - BVerwGE 45, 51, 57).“; sog. **„differenzierender Wahrscheinlichkeitsmaßstab“** (**„Je-desto-Formel“** / **„Variabilitätsformel“**), vgl. BVerwGE 116, 347, 356 (Gefahrtierverordnung) = BVerwG, Urteil vom 03.07.2002 – BVerwG 6 CN 8.01: „Richtig ist, dass der Grad der Wahrscheinlichkeit des Schadenseintritts, der für die Annahme einer Gefahr erforderlich ist, von der Größe und dem Gewicht des drohenden Schadens abhängt: Die Wahrscheinlichkeit des Schadenseintritts muss umso größer sein, je geringer der möglicherweise eintretende Schaden ist, und sie darf umso kleiner sein, je schwerer der etwa eintretende Schaden wiegt (vgl. Urteil vom 2. Juli 1991 – BVerwG 1 C 4.90 – BVerwGE 88, 348, 351).“; BVerwG, Urteil vom 10.07.2012 – BVerwG 1 C 19.11, Rn. 16: […] „da jede sicherheitsrechtliche Gefahrenprognose nach den allgemeinen Grundsätzen des Gefahrenabwehrrechts eine Korrelation aus Eintrittswahrscheinlich-

Schaden für ein rechtliches Schutzgut ist jede nachteilige Beeinträchtigung eines bestimmten Schutzguts.

Schutzgüter sind gemäß § 43 Nr. 1 i.V.m. § 8 Abs. 1 PolG NRW insbesondere die der **öffentlichen Sicherheit**, nämlich: Rechte und Rechtsgüter des Einzelnen, die Rechtsordnung, die Funktionsfähigkeit des Staates[1364]; oder die **öffentliche Ordnung**, nämlich die Gesamtheit jener ungeschriebenen Regeln für das Verhalten des Einzelnen in der Öffentlichkeit, deren Beachtung nach den jeweils herrschenden Anschauungen als unerlässliche Voraussetzung eines geordneten Gemeinschaftslebens betrachtet wird[1365].

---

keit und (möglichem) Schadensausmaß ist. An die Wahrscheinlichkeit des Schadenseintritts sind umso geringere Anforderungen zu stellen, je größer und folgenschwerer der möglicherweise eintretende Schaden ist (Urteile vom 6. September 1974 - BVerwG 1 C 17.73 - BVerwGE 47, 31 <40>; vom 17. März 1981 - BVerwG 1 C 74.76 - BVerwGE 62, 36 <39> und vom 3. Juli 2002 - BVerwG 6 CN 8.01 - BVerwGE 116, 347 <356>).“; BVerwG, Urteil vom 15.01.2013 – BVerwG 1 C 10.12, Rn. 16: „Auch die […] auf der Grundlage aller Umstände des Einzelfalles vorzunehmende Beurteilung […] kann im Hinblick auf die erforderliche Wahrscheinlichkeit des Schadenseintritts den Rang des bedrohten Rechtsguts nicht außer Acht lassen, denn dieser bestimmt die mögliche Schadenshöhe. Das bedeutet aber nicht, dass bei hochrangigen Rechtsgütern […] bereits jede auch nur entfernte Möglichkeit eine Wiederholungsgefahr begründet.“; BVerfGE 115, 320, 360 (Rasterfahndung II) = BVerfG, Beschluss des Ersten Senats vom 04.04.2006 – 1 BvR 518/02 –, Rn. 136: „Im Hinblick auf den Verhältnismäßigkeitsgrundsatz im engeren Sinne hat der Gesetzgeber die Ausgewogenheit zwischen der Art und Intensität der Grundrechtsbeeinträchtigung einerseits und den zum Eingriff berechtigenden Tatbestandselementen andererseits, wie der Einschreitschwelle, der geforderten Tatsachenbasis und dem Gewicht der geschützten Rechtsgüter, zu wahren (vgl. BVerfGE 100, 313 <392 ff.>). Je gewichtiger die drohende oder erfolgte Rechtsgutbeeinträchtigung und je weniger gewichtig der Grundrechtseingriff ist, um den es sich handelt, desto geringer darf die Wahrscheinlichkeit sein, mit der auf eine drohende oder erfolgte Verletzung des Rechtsguts geschlossen werden kann, und desto weniger fundierend dürfen gegebenenfalls die Tatsachen sein, die dem Verdacht zugrunde liegen (vgl. BVerfGE 100, 313 <392>; 110, 33 <60>; 113, 348 <386>). Die Anforderungen an den Wahrscheinlichkeitsgrad und die Tatsachenbasis der Prognose dürfen allerdings nicht beliebig herabgesenkt werden, sondern müssen auch in angemessenem Verhältnis zur Art und Schwere der Grundrechtsbeeinträchtigung und zur Aussicht auf den Erfolg des beabsichtigten Rechtsgüterschutzes stehen. Selbst bei höchstem Gewicht der drohenden Rechtsgutbeeinträchtigung kann auf das Erfordernis einer hinreichenden Wahrscheinlichkeit nicht verzichtet werden. Auch muss als Voraussetzung eines schweren Grundrechtseingriffs gewährleistet bleiben, dass Annahmen und Schlussfolgerungen einen konkret umrissenen Ausgangspunkt im Tatsächlichen besitzen (vgl. BVerfGE 113, 348 <386>). Insbesondere lässt die Verfassung grundrechtseingreifende Ermittlungen ‚ins Blaue hinein‘ nicht zu (vgl. BVerfGE 112, 284 <297>; BVerfG, Beschluss der 1. Kammer des Ersten Senats vom 6. April 1989 - 1 BvR 33/87 -, NJW 1990, S. 701 <702>).“.

[1364] Legaldefinitionen **Öffentliche Sicherheit**: § 2 Nr. 2 BremPolG, § 4 Nr. 1 SächsPVDG, § 3 Nr. 1 SOG LSA, § 54 Nr. 1 Thüringer OBG; vgl. auch Nr. 1.11 VVPolG NRW.

[1365] PrOVGE 91, 139 f.; BVerfGE 69, 315, 352 (Brokdorf) = BVerfG, Beschluss des Ersten Senats vom 14.05.1985 – 1 BvR 233, 341/81 –, C. II. 2. b), Rn. 78: „Unter ‚**öffentlicher Ordnung**‘ wird die Gesamtheit der ungeschriebenen Regeln verstanden, deren Befolgung nach den jeweils herrschenden sozialen und ethischen Anschauungen als unerläßliche Voraussetzung eines geordneten menschlichen Zusammenlebens innerhalb eines bestimmten Gebiets angesehen wird.“; Legaldefinitionen Öffentliche Ordnung: § 4 Nr. 1 SächsPVDG, § 3 Nr. 1 SOG LSA, § 54 Nr. 2 Thüringer OBG; § 4 Nr. 2 SächsPVDG; § 3 Nr. 2 SOG LSA; § 54 Nr. 2 ThürOBG; vgl. auch Nr. 1.11 VVPolG NRW.

(SUB)

Unter Auslegung des Geschehens und Anwendung des Wahrscheinlichkeitsmaßstabs führt ohne die Maßnahme ungehinderter Geschehensverlauf in allernächster Zeit[1366] (alternativ: nicht) mit an Sicherheit grenzender Wahrscheinlichkeit zu einer nachteiligen Beeinträchtigung rechtlicher Schutzgüter der öffentlichen Sicherheit (oder der öffentlichen Ordnung), nämlich je nach Fall:

- Individualrechte oder Individualrechtsgüter, insbesondere nach Art. 1-20, 33, 38, 101, 103 GG;
- Rechtsordnung, insbesondere nach Art. 20 Abs. 3 GG, Gefahrenabwehrvorschriften, Strafvorschriften, Owi-Ahndungsvorschriften;
- Funktionsfähigkeit der Polizei, insbesondere bezüglich Art. 20 Abs. 3 GG, § 1 PolG NRW, § 163 Abs. 1 S. 1 StPO, § 53 Abs. 1 S. 1 OWiG.[1367]

§ 43 Nr. 1 PolG NRW ist auch grundsätzlich möglich in folgenden Fallgruppen (vgl. auch § 111b StPO[1368]):

- „Gefahr durch verbotenen Besitz der Sache“ (vgl. z.B. § 29 BtMG; §§ 242 ff., §§ 249 ff., §§ 257 ff., §§ 263 ff., §§ 267 ff. StGB; §§ 27-29 VersG; §§ 51, 52, 53 WaffG);
- „Gefahr (Gefährdung) mit der (an sich erlaubten) Sache“, vgl. z.B.:
  - Alkohol oder Tabakware oder anderes nikotinhaltiges Erzeugnis in der Hand jedenfalls von Person unter 16 Jahre in der Öffentlichkeit ohne ausnahmsweisen Rechtsgrund dafür, vgl. auch §§ 9, 10 JuSchG;

[1366] Zum Gegenwärtige-Gefahr-Begriff **„allernächste Zeit“** folgendes Subsumtions-Beispiel aus VGH Bayern, Beschluss vom 13. 11. 2007 – 24 ZB 07.1970 (Sicherstellung von **Radarwarngerät** oder **Laserstörgerät** im Sinne von § 23c Abs. 1c StVO): „Für den Begriff der gegenwärtigen Gefahr kann es nicht darauf ankommen, ob subjektiv nach dem Plan des Verdächtigen der Rechtsverstoß innerhalb weniger Stunden oder erst in einem Monat begangen werden soll. Maßgeblich ist, ob objektiv aus der Sicht eines verständigen Dritten ex ante betrachtet die Besorgnis einer Tatverwirklichung in nächster Zeit besteht. Wird durch eine für Dritte klar erkennbare Maßnahme wie das Anbringen des Radarwarngerätes im Frontbereich des Fahrzeugs ein vorsätzlicher Rechtsverstoß vorbereitet, dann liegt aus der Sicht eines verständigen Dritten die Besorgnis nahe, dass das Radarwarngerät in Bälde in Betrieb genommen wird. Wie das VG München zutreffend hervorgehoben hat, stehen der Inbetriebnahme in diesem Fall nur noch geringe technische Hindernisse im Wege. Die Beschaffung eines Adapterkabels ist in kurzer Zeit möglich. Da der Kläger bereits das sehr viel teurere Radarwarngerät erworben und in seinem Fahrzeug installiert hatte, war die befürchtete OWi schon in einem derart fortgeschrittenen Vorbereitungsstadium, dass aus der Sicht eines verständigen und besonnenen Polizeibeamten mit einer Tatverwirklichung in Bälde zu rechnen war. Die Sicherstellung des Geräts war daher rechtlich möglich und angezeigt.“.

[1367] Beispiel für mögliche Verwirklichung aller drei **Schutzgutausprägungen der öffentlichen Sicherheit** (Individualrechte und Individualrechtsgüter, Rechtsordnung, Funktionsfähigkeit des Staates) können die Fälle sein mit einem **Radarwarngerät** oder **Laserstörgerät** im Sinne von § 23c Abs. 1c StVO, etwa bezüglich der Rechtmäßigkeit bestimmter Unterlassungsverfügung (§ 8 Abs. 1 PolG NRW) oder Sicherstellung (§ 43 Nr. 1 PolG NRW) sowie Unbrauchbarmachung/Vernichtung (§ 45 Abs. 4 S. 1 Nr. 1 PolG NRW). Vgl. hierzu: VGH Bayern, Beschluss vom 13. 11. 2007 – 24 ZB 07.1970; VGH Bayern, Beschluss vom 17.04.2019 – 10 ZB 19.478.

[1368] Zur **Beschlagnahme zwecks Sicherung der Einziehung oder Unbrauchbarmachung** (**Beschlagnahme zwecks Sicherung der Vollstreckung**) siehe: *Basten*, Eingriffsrecht der Polizei in Nordrhein-Westfalen, Band 3, Buch 3, Abschnitt 4.

- Emissionsquellen oder Immissionsquellen i.S.v. § 2 LImschG NRW, § 3 BImSchG in der Hand von fortgesetzt emittierenden oder immittierenden Besitzern, etwa sub specie §§ 9, 17, 18 LImschG NRW;
  - Fahrzeugschlüssel oder Fahrzeug in der Hand eines Betrunkenen oder Berauschten, etwa sub specie § 316 StGB, §§ 24 a, c StVG;
  - Feuerzeug oder Streichholz in der Hand eines Feuerteufels, etwa sub specie §§ 306 ff. StGB;
  - Trägermedien i.S.v. § 1 Abs. 2 und §§ 11-15 JuSchG vor Augen oder in der Hand von Kindern oder jugendlichen Personen, jedenfalls dann, wenn jene diesen ansonsten fortgesetzt angeboten, überlassen oder sonst zugänglich gemacht werden, etwa sub specie §§ 27, 28 JuSchG.
- „Gefährdung der Sache selbst" vgl. z.B.:
  - §§ 17, 18 TierSchG (vgl. auch §§ 90, 90a TierSchG);
  - Sachen in Rechtsverhältnissen wie aus §§ 535, 598, 607, 662, 677, 688 BGB;
  - Sachen in vom Berechtigten nicht beherrschbaren Lagen entsprechend §§ 677 BGB.
- „Gefahr für die Umwelt durch Fahrzeug" (z.B. wegen Auslaufs am Kraftfahrzeug)[1369];
- „Gefahr wegen offenen Fahrzeugs" (z.B. wegen Diebstahlsgefahr, und zwar sowohl bezüglich der Sache des Kraftfahrzeugs selbst als auch bezüglich darin befindlicher Sachen)[1370];
- „Gefahr durch Geld" oder durch anderen Vermögensgegenstand, z.B. wegen deliktischer Verwendung im Wirtschaftskreislauf (unterscheide: Gefahr für Geld oder anderen Vermögensgegenstand, § 43 Nr. 2 PolG NRW); bezüglich einer Geldsicherstellung oder der Sicherstellung eines anderen vermögenswerten Gegenstands können tatsächliche Anhaltspunkte relevant sein insbesondere wie folgt:
  - Rechtsgedanken aus § 437 StPO;
  - Antreffsituation (z.B. Ort i.S.v. § 12 Abs. 1 Nr. 2 PolG NRW; § 104 StPO; deliktstypische Stückelung (vgl. Btm-Taten);
  - kontextbezogen ungewöhnlich hohe Geldsumme oder anderer Gegenstand von ungewöhnlich hohem Wert;
  - Widersprüche, etwa kontextbezogen unpassende, nicht plausibilisierbare Einkommens- oder Vermögenssituation bzw. widersprüchliche Erklärungen von Beteiligten über Erwerb und Verwendung des Geldes oder des anderen Gegenstandes;
  - Vorstrafen oder sonstige einschlägige Erkenntnisse über den Geldinhaber oder Inhaber des Gegenstandes.

[1369] Zum **zwangsweisen Abschleppen** von Fahrzeugen siehe *Basten*, Eingriffsrecht der Polizei in Nordrhein-Westfalen, Band 3, Buch 3, Abschnitt 3.

[1370] Zur **Sicherung von Fahrzeugen / Fahrzeugsicherung** vgl. auch § 14 Abs. 2 S. 2 StVO: „Kraftfahrzeuge sind auch gegen unbefugte Benutzung zu sichern." VwV-StVO Nr. 1 zu § 14 Abs. 2 StVO: „Wenn der Führer eines Kraftfahrzeugs sich in solcher Nähe des Fahrzeugs aufhält, daß er jederzeit eingreifen kann, ist nichts dagegen einzuwenden, wenn eine besondere Maßnahme gegen unbefugte Benutzung nicht getroffen wird. Andernfalls ist darauf zu achten, daß jede vorhandene Sicherung verwendet, insbesondere auch bei abgeschlossenem Lenkradschloß das Fahrzeug selbst abgeschlossen wird; wenn die Fenster einen Spalt offen bleiben oder wenn das Verdeck geöffnet bleibt, ist das nicht zu beanstanden.".

(ERG)

Im konkreten Fall ist (alternativ)

- eine gegenwärtige Gefahr i.S.d. § 43 Nr. 1 PolG NRW für die öffentliche Sicherheit oder Ordnung abzuwehren.
- nicht eine gegenwärtige Gefahr i.S.d. § 43 Nr. 1 PolG NRW für die öffentliche Sicherheit oder Ordnung abzuwehren.

(VOR)

2. (alternative) TBV aus § 43 Nr. 2 PolG NRW

§ 43 Nr. 2 PolG NRW lautet: Die Polizei kann eine Sache sicherstellen, um den Eigentümer oder den rechtmäßigen Inhaber der tatsächlichen Gewalt vor Verlust oder Beschädigung einer Sache zu schützen.

(DEF)

Schützen vor Verlust oder Beschädigung einer Sache i.S.d. § 43 Nr. 2 PolG NRW ist teleologisch Gefahrenabwehrzweck („um zu") gerade für den Eigentümer oder rechtmäßigen Inhaber und in dessen mutmaßlichen Willen gegen Verlust oder Beschädigung – und schützt insoweit im systematischen Vergleich zur (konkreten) gegenwärtigen Gefahr in § 43 Nr. 1 PolG NRW vor allen möglichen „Gefahren" im Wortlautsinne des § 1 Abs. 1, 2 PolG NRW, auch vor der abstrakten Gefahr.[1371]

Abstrakte Gefahr ist eine Sachlage im einzelnen Fall, die bei ungehindertem Geschehensverlauf in absehbarer Zeit nach allgemeiner Lebenserfahrung oder den Erkenntnissen fachkundiger Stellen mit hinreichender Wahrscheinlichkeit typischerweise zu einem Schaden für ein Schutzgut führt.[1372]

Ungehinderter Geschehensverlauf in absehbarer Zeit ist eine überschaubar zusammenhängende Ereigniskette ohne entscheidende Veränderung oder Unterbrechung.

1371 OVG Mecklenburg-Vorpommern, Urteil des 3. Senats vom 07.02.2007 – 3 L 364/05, Rn. 25: „Bei der Sicherstellung einer Sache ausschließlich zum Schutz privaten Eigentums wird die Polizei ähnlich wie ein **Geschäftsführer ohne Auftrag** im Sinne der §§ 677 ff. des Bürgerlichen Gesetzbuches (BGB) für den Berechtigten tätig, weshalb es sachgerecht ist, auf die hierzu entwickelten zivilrechtlichen Grundsätze zurückzugreifen. Danach ist die polizeiliche Sicherstellung einer Sache zum Eigentumsschutz dann gerechtfertigt, wenn sie dem Interesse und dem wirklichen oder - objektiv - mutmaßlichen Willen des Eigentümers entspricht. Dies ist regelmäßig dann anzunehmen, wenn die Sicherstellung objektiv nützlich ist, wenn sie also von einem besonnenen und vernünftigen Eigentümer als sachgerecht beurteilt worden wäre (BVerwG, B. v. 03.05.1999 - 3 B 48.99 -, BayVBl 2000, 380 = NZV 2000, 514; VGH Kassel, U. v. 18.05.1999 - 11 UE 4648/96 -, NJW 1999, 3793; OVG Bautzen, U. v. 12.10.1995 - 3 S 111/95 -, SächsVBl. 1996, 252; OVG Koblenz, U. v. 20.09.1988 - 7 A 22/88 -, NVwZ-RR 1989, 300).".

1372 Zur abstrakten Gefahr: *Basten*, Eingriffsrecht der Polizei in Nordrhein-Westfalen, Band 1, S. 246-248, mit weiteren Abgrenzungen und Nachweisen. Vgl. § 2 Nr. 6 NPOG; § 4 Nr. 3h SächsPVDG („abstrakte Gefahr"); § 4 Nr. 3i SächPVDG („Abwehr einer Gefahr"); § 3 Nr. 3f SOG LSA, § 54 Nr. 3e Thüringer OBG; vgl. auch Nr. 1.12 VVPolG NRW: „§ 1 Abs. 1 stellt auf die abstrakte Gefahr ab und umfasst damit auch alle Fälle, in denen bereits eine konkrete Gefahr vorliegt.".

Hinreichende Wahrscheinlichkeit ist gegeben bei entsprechendem Ergebnis einer Diagnose von Tatsachen und tatsächlicher Anhaltspunkte sowie einer Prognose von Art und Ausmaß potentieller Rechtseingriffe und -schäden.[1373]

Schaden für ein rechtliches Schutzgut ist jede nachteilige Beeinträchtigung eines bestimmten Schutzguts.

Schutzgüter sind gemäß § 43 Nr. 2 PolG NRW alle individuell-subjektiven Eigentumsrechte oder Besitzrechte oder sonstigen Rechte zur Sachinhaberschaft beim Eigentümer oder rechtmäßigen Inhaber.

[1373] BVerwG, Urteil vom 20.08.2003 – BVerwG 6 CN 5.02 (Hundehalterverordnung), Gründe, II.: „Maßgebliches Kriterium zur Feststellung einer Gefahr ist die hinreichende Wahrscheinlichkeit des Schadenseintritts (vgl. Urteil vom 26. Februar 1974 - BVerwG 1 C 31.72 - BVerwGE 45, 51, 57).“; sog. **„differenzierender Wahrscheinlichkeitsmaßstab“** (**„Je-desto-Formel“** / **„Variabilitätsformel“**), vgl. BVerwGE 116, 347, 356 (Gefahrtierverordnung) = BVerwG, Urteil vom 03.07.2002 – BVerwG 6 CN 8.01: „Richtig ist, dass der Grad der Wahrscheinlichkeit des Schadenseintritts, der für die Annahme einer Gefahr erforderlich ist, von der Größe und dem Gewicht des drohenden Schadens abhängt: Die Wahrscheinlichkeit des Schadenseintritts muss umso größer sein, je geringer der möglicherweise eintretende Schaden ist, und sie darf umso kleiner sein, je schwerer der etwa eintretende Schaden wiegt (vgl. Urteil vom 2. Juli 1991 – BVerwG 1 C 4.90 – BVerwGE 88, 348, 351).“; BVerwG, Urteil vom 10.07.2012 – BVerwG 1 C 19.11, Rn. 16: […] „da jede sicherheitsrechtliche Gefahrenprognose nach den allgemeinen Grundsätzen des Gefahrenabwehrrechts eine Korrelation aus Eintrittswahrscheinlichkeit und (möglichem) Schadensausmaß ist. An die Wahrscheinlichkeit des Schadenseintritts sind umso geringere Anforderungen zu stellen, je größer und folgenschwerer der möglicherweise eintretende Schaden ist (Urteile vom 6. September 1974 - BVerwG 1 C 17.73 - BVerwGE 47, 31 <40>; vom 17. März 1981 - BVerwG 1 C 74.76 - BVerwGE 62, 36 <39> und vom 3. Juli 2002 - BVerwG 6 CN 8.01 - BVerwGE 116, 347 <356>).“; BVerwG, Urteil vom 15.01.2013 – BVerwG 1 C 10.12, Rn. 16: „Auch die […] auf der Grundlage aller Umstände des Einzelfalles vorzunehmende Beurteilung […] kann im Hinblick auf die erforderliche Wahrscheinlichkeit des Schadenseintritts den Rang des bedrohten Rechtsguts nicht außer Acht lassen, denn dieser bestimmt die mögliche Schadenshöhe. Das bedeutet aber nicht, dass bei hochrangigen Rechtsgütern […] bereits jede auch nur entfernte Möglichkeit eine Wiederholungsgefahr begründet.“; BVerfGE 115, 320, 360 (Rasterfahndung II) = BVerfG, Beschluss des Ersten Senats vom 04.04.2006 – 1 BvR 518/02 –, Rn. 136: „Im Hinblick auf den Verhältnismäßigkeitsgrundsatz im engeren Sinne hat der Gesetzgeber die Ausgewogenheit zwischen der Art und Intensität der Grundrechtsbeeinträchtigung einerseits und den zum Eingriff berechtigenden Tatbestandselementen andererseits, wie der Einschreitschwelle, der geforderten Tatsachenbasis und dem Gewicht der geschützten Rechtsgüter, zu wahren (vgl. BVerfGE 100, 313 <392 ff.>). Je gewichtiger die drohende oder erfolgte Rechtsgutbeeinträchtigung und je weniger gewichtig der Grundrechtseingriff ist, um den es sich handelt, desto geringer darf die Wahrscheinlichkeit sein, mit der auf eine drohende oder erfolgte Verletzung des Rechtsguts geschlossen werden kann, und desto weniger fundierend dürfen gegebenenfalls die Tatsachen sein, die dem Verdacht zugrunde liegen (vgl. BVerfGE 100, 313 <392>; 110, 33 <60>; 113, 348 <386>). Die Anforderungen an den Wahrscheinlichkeitsgrad und die Tatsachenbasis der Prognose dürfen allerdings nicht beliebig herabgesenkt werden, sondern müssen auch in angemessenem Verhältnis zur Art und Schwere der Grundrechtsbeeinträchtigung und zur Aussicht auf den Erfolg des beabsichtigten Rechtsgüterschutzes stehen. Selbst bei höchstem Gewicht der drohenden Rechtsgutbeeinträchtigung kann auf das Erfordernis einer hinreichenden Wahrscheinlichkeit nicht verzichtet werden. Auch muss als Voraussetzung eines schweren Grundrechtseingriffs gewährleistet bleiben, dass Annahmen und Schlussfolgerungen einen konkret umrissenen Ausgangspunkt im Tatsächlichen besitzen (vgl. BVerfGE 113, 348 <386>). Insbesondere lässt die Verfassung grundrechtseingreifende Ermittlungen ‚ins Blaue hinein‘ nicht zu (vgl. BVerfGE 112, 284 <297>; BVerfG, Beschluss der 1. Kammer des Ersten Senats vom 6. April 1989 - 1 BvR 33/87 -, NJW 1990, S. 701 <702>).“.

(SUB)

Unter Auslegung des Geschehens und Anwendung des Wahrscheinlichkeitsmaßstabs führt ohne die Maßnahme ungehinderter Geschehensverlauf in absehbarer Zeit (alternativ: nicht) mit hinreichender Wahrscheinlichkeit zu einer nachteiligen Beeinträchtigung eines der Schutzgüter, nämlich insbesondere je nach Fall:

- **Eigentum**, § 903 BGB, vgl. insbesondere auch §§ 929-936 BGB, §§ 937-945 BGB, §§ 858 f. BGB, §§ 985-1007 BGB, § 1006 BGB;
- **Besitz**, vgl. insbesondere auch §§ 854-872 BGB, vgl. auch § 273 BGB, § 320 BGB, §§ 812-822, § 858 f. BGB, §§ 985-1007 BGB, § 1006 BGB;
- Rechte wie etwa aus §§ 433, 488, 535, 598, 607, 631, 662, 677, 688 BGB, vgl. auch (gesetzliche oder vertragliche) **Pfandrechte** wie aus: §§ 1204 ff. BGB sowie (ggf. i.V.m. § 1257 BGB): §§ 562 (ggf. i.V.m. § 578 BGB), 583, 647, 704 BGB, §§ 397, 440 f., 464, 475b, 552, 596 f. HGB; OASG (Opferanspruchssicherungsgesetz).[1374]

§ 43 Nr. 2 PolG NRW ist auch möglich in folgenden Fallgruppen:

- „Gefahr einer Beschädigung für die Sache", z.B. einem Fahrzeug (z.B. wegen Gefahr von Vandalismus gegen die Sache, z.B. das Fahrzeug)[1375];
- „Gefahr eines Entzugs der Sache", z.B. wegen Fehlens von Schutz, etwa bei offenem Fahrzeugs (z.B. wegen Diebstahlsgefahr, und zwar sowohl bezüglich der Sache des Kraftfahrzeugs selbst als auch bezüglich darin befindlicher Sachen)[1376];

1374 Zum **Privatrecht in der polizeilichen Praxis** ausführlich: *Basten*, Privatrecht in der polizeilichen Praxis.

1375 Zum **zwangsweisen Abschleppen** von Fahrzeugen siehe *Basten*, Eingriffsrecht der Polizei in Nordrhein-Westfalen, Band 3, Buch 3, Abschnitt 3.

1376 Zum **Zweck des Schutzes des Eigentümers oder rechtmäßigen Inhabers eines offenen Fahrzeugs** vor Verlust oder Beschädigung unter **Beurteilung von mutmaßlichem Willen** und **Wahrscheinlichkeit** sowie **Gestaltungsmöglichkeiten**:

OVG Mecklenburg-Vorpommern, Urteil des 3. Senats vom 07.02.2007 – 3 L 364/05, Rn. 26, 27: „Ob die Maßnahme dem **mutmaßlichen Willen des Berechtigten** entspricht, hängt entscheidend davon ab, wie hoch im Einzelfall die **Wahrscheinlichkeit** eines Diebstahls des Fahrzeuges, eines Diebstahls von Gegenständen aus dem Fahrzeuginneren oder einer Beschädigung des Fahrzeugs ist, wenn die Sicherstellung unterbleibt. Sind diese Folgen auszuschließen oder jedenfalls unwahrscheinlich, so ist die Sicherstellung unzulässig. Das Gleiche gilt, wenn die Sicherstellung etwa durch sofortige Benachrichtigung eines - bekannten - Berechtigten oder durch einfach zu treffende Sicherungsmaßnahmen an der Sache vermieden werden kann (vgl. VGH München, U. v. 11.11.1996 - 24 B 95.3946). Diese Voraussetzungen lagen hier nicht vor. Angesichts eines Werts des Fahrzeugs von mindestens noch 1.000,00 Euro sind die entstanden Kosten nicht unverhältnismäßig. Im Übrigen kommt es auch hier wesentlich darauf an, dass von einem Polizeibeamten vor Ort eine präzise wertmäßige Beurteilung eines Fahrzeugs nicht erwartet werden kann; maßgebend ist, ob auch ihm ein deutliches Missverhältnis zwischen Restwert des Fahrzeuges und den zu erwartenden Sicherstellungskosten erkennbar sein musste (vgl. VGH Kassel, U. v. 18.05.1999 - 11 UE 4648/96 -, NJW 1999, 3793).".

OVG NRW, Beschluss des 5. Senats vom 11.04.2003 – 5 A 4351/01, Rn. 32-34: „Nach dieser Maßgabe war die Sicherstellung des Fahrzeugs des Klägers am Abend des 9. September 1999 nicht rechtmäßig. Bei Abwägung der im konkreten Fall gegebenen Umstände entsprach es nicht dem objektiven Interesse eines Halters in der Situation des Klägers, die kostenträchtige Sicherstellung zu veranlassen, um die - zeitlich begrenzte - Wahrscheinlichkeit eines Diebstahls in der Nacht vom 9. auf den 10. September 1999 auszuschließen. Zwar war die Gefahr einer Entwendung des Fahrzeugs bzw. eines Diebstahls aus

- „Gefahr für Geld“ oder für anderen Vermögensgegenstand, wegen drohenden Verlusts oder Beschädigung (unterscheide: „Gefahr durch Geld“, § 43 Nr. 1 PolG NRW); bezüglich einer Geldsicherstellung oder der Sicherstellung eines anderen vermögenswerten Gegenstands können tatsächliche Anhaltspunkte für Verlustgefahr relevant sein insbesondere wie folgt:
  - Rechtsgedanken aus § 437 StPO;
  - Antreffsituation (z.B. Ort i.S.v. § 12 Abs. 1 Nr. 2 PolG NRW; § 104 StPO; deliktstypische Stückelung (vgl. Btm-Taten);
  - kontextbezogen ungewöhnlich hohe Geldsumme oder anderer Gegenstand von ungewöhnlich hohem Wert;
  - Widersprüche, etwa kontextbezogen unpassende, nicht plausibilisierbare Einkommens- oder Vermögenssituation bzw. widersprüchliche Erklärungen von Beteiligten über Erwerb und Verwendung des Geldes oder des anderen Gegenstandes;
  - Vorstrafen oder sonstige einschlägige Erkenntnisse über den Geldinhaber oder Inhaber des Gegenstandes.[1377]

---

dem Kraftfahrzeug dadurch über das normale, alle im öffentlichen Raum abgestellten Autos treffende Risiko erhöht, dass ein Seitenfenster offen stand. Damit allein war indes noch nicht die Schwelle überschritten, die ein Handeln der Polizei rechtfertigte. Der Grad der Wahrscheinlichkeit eines Diebstahls wird maßgeblich auch durch die Dauer der die Möglichkeit eines Schadenseintritts erhöhenden Umstände mit bestimmt. Je kürzer die gefahrerhöhenden Umstände andauern, um so geringer ist die Wahrscheinlichkeit einer Verwirklichung der Gefahr. Es obliegt insoweit den jeweils handelnden Beamten, auf der Grundlage der ihnen verfügbaren Informationen eine Prognose über den weiteren Geschehensablauf anzustellen. Ergibt diese Prognose, dass voraussichtlich die Gefahr nach entsprechender Information des Halters alsbald durch diesen oder einen anderen Verfügungsberechtigten beseitigt werden kann, ist eine Sicherstellung nur zulässig, wenn die derzeitigen gefahrerhöhenden Umstände so beschaffen sind, dass ein Zuwarten nicht vertretbar erscheint. Die Beamten des Beklagten wussten aufgrund der von ihnen veranlassten Halterermittlung, dass es sich bei dem Kläger um einen großen Verband mit Sitz in O. handelt. Sie mussten daher davon ausgehen, den Kläger bereits am Morgen des 10. September 1999 von dem Zustand des Fahrzeugs telefonisch unterrichten und ihm damit zeitnah Gelegenheit geben zu können, selbst geeignete Maßnahmen zur Sicherung des Fahrzeugs zu treffen oder zu veranlassen. Der durch das geöffnete Seitenfenster bedingten erhöhten Diebstahlsgefahr wäre so innerhalb weniger Stunden abgeholfen worden. Der Beklagte hat auch im gerichtlichen Verfahren keine Umstände dargetan, die aus Sicht des Senats trotz der geringen Zeitspanne bis zu einer möglichen Unterrichtung des Klägers ein polizeiliches Einschreiten zum Zwecke der Eigentumssicherung erforderten.“.

Zur **Sicherung von Fahrzeugen / Fahrzeugsicherung** vgl. auch § 14 Abs. 2 S. 2 StVO: „Kraftfahrzeuge sind auch gegen unbefugte Benutzung zu sichern.“ VwV-StVO Nr. 1 zu § 14 Abs. 2 StVO: „Wenn der Führer eines Kraftfahrzeugs sich in solcher Nähe des Fahrzeugs aufhält, daß er jederzeit eingreifen kann, ist nichts dagegen einzuwenden, wenn eine besondere Maßnahme gegen unbefugte Benutzung nicht getroffen wird. Andernfalls ist darauf zu achten, daß jede vorhandene Sicherung verwendet, insbesondere auch bei abgeschlossenem Lenkradschloß das Fahrzeug selbst abgeschlossen wird; wenn die Fenster einen Spalt offen bleiben oder wenn das Verdeck geöffnet bleibt, ist das nicht zu beanstanden.“.

[1377] OVG NRW, Urteil des 5, Senats vom 13.09.2016 – 5 A 667/16 (**Sicherstellung von Geld** nach § 43 Nr. 2 PolG NRW und – verneinter – Herausgabeanspruch nach § 46 PolG NRW; Zurückweisung der Revisionnichtzulassungsbeschwerde durch BVerwG, Beschluss vom 29.06.2017 – BVerwG 6 B 67.15), Ls 1: „Aus dem Umstand, dass der Eigentümer des sichergestellten Geldes (bislang) nicht ermittelt werden konnte, ist nicht ohne weiteres auf den Wegfall der Sicherstellungsvoraussetzungen zu schließen.“, Ls. 2: „Dem mutmaßlichen Willen des Eigentümers einer Sache entspricht es regelmäßig, einen zu seinem Nachteil eingetretenen und andauernden Verstoß gegen die Eigentumsordnung weiterhin im Wege der Sicherstellung zu unterbinden, auch wenn er nicht als Berechtigter ermittelt wird bzw. ermittelt werden kann.“, Ls. 3: „Kann weiterhin nicht davon ausgegangen werden kann, dass derjenige, bei dem das Geld sichergestellt wurde, Eigentümer des sichergestellten Geldes ist, so kann sich dieser nicht

(ERG)

Es ist (alternativ)

- eine konkrete Gefahr i.S.d. § 43 Nr. 2 PolG NRW für die öffentliche Sicherheit abzuwehren.
- nicht eine konkrete Gefahr i.S.d. § 43 Nr. 2 PolG NRW für die öffentliche Sicherheit abzuwehren.

(VOR)

3. (alternative) TBV aus § 43 Nr. 3 PolG NRW

§ 43 Nr. 3 PolG NRW lautet: Die Polizei kann eine Sache sicherstellen, wenn sie von einer Person mitgeführt wird, die nach diesem Gesetz oder anderen Rechtsvorschriften festgehalten wird, und die Sache verwendet werden kann, um

a) sich zu töten oder zu verletzen,

b) Leben oder Gesundheit anderer zu schädigen,

c) fremde Sachen zu beschädigen oder

d) die Flucht zu ermöglichen oder zu erleichtern.

(DEF)

- **Festhalten** im Sinne des § 43 Nr. 3 PolG NRW ist jede Freiheitsentziehung i.S.d. des GG bzw. des einschlägigen Gesetzes.
- **„Dieses Gesetz"** im Sinne des § 43 Nr. 3 PolG NRW PolG NRW ist das PolG NRW
- **Andere Rechtsvorschriften** im Sinne des § 43 Nr. 3 PolG NRW sind alle anderen Rechtsvorschriften sämtlicher Rechtsgebiete außer denen des PolG NRW.

---

zu seinen Gunsten darauf berufen, dass ein berechtigter Dritter bislang nicht ermittelt worden ist. Die Geltendmachung eines hierauf gestützten Herausgabeverlangens ist rechtsmissbräuchlich.", Rn. 37: „Die Klägerin hat auch bis zuletzt keine überzeugenden Erklärungen abgegeben, die einen rechtmäßigen Erwerbsvorgang auch nur im Ansatz als hinreichend plausibel erscheinen lassen und den Schluss auf ihre Berechtigung bzw. die ihrer Angehörigen rechtfertigen könnten. Diese lässt sich nicht allein mit dem Hinweis darauf begründen, der Beklagte habe seinerseits in der Zeit seit der Sicherstellung den ‚wahren' Eigentümer nicht gefunden. Anders als die Klägerin offenbar im Hinblick auf die widerlegte **Eigentumsvermutung** des § 1006 BGB meint, gilt sie nicht etwa solange als Berechtigte, bis es dem Beklagten gelingt, den berechtigten Dritten zu ermitteln.", Rn. 40: „Aus dem Umstand, dass ein Eigentümer bzw. die Eigentümer des sichergestellten Geldes (bislang) nicht ermittelt werden konnte bzw. konnten, ist nicht ohne weiteres auf den Wegfall der Sicherstellungsvoraussetzungen zu schließen. Dem steht nicht entgegen, dass die Polizei nach § 43 Nr. 2 PolG NRW zum Schutz privater Rechte tätig wird und ihr nach § 1 Abs. 2 PolG NRW der Schutz privater Rechte nur dann obliegt, wenn gerichtlicher Schutz nicht rechtzeitig zu erlangen ist und ohne polizeiliche Hilfe die Verwirklichung des Rechts vereitelt oder wesentlich erschwert würde. Die Sicherstellung ist danach (weiterhin) zulässig, wenn sie dem mutmaßlichen Willen des Berechtigten entspricht, was dann der Fall ist, wenn die Sicherstellung bei der maßgeblichen objektiven Betrachtung in dessen Interesse erfolgt. [Rechtsgedanke der **Geschäftsführung ohne Auftrag**, §§ 677 ff. BGB, P. B.]".

- **Mitsichführen** ist Besitz von Sachen, die im unmittelbaren und sofortigen Zugriff stehen, vgl. §§ 854-872 BGB.[1378]
- **Töten** oder **Verletzen** im Sinne des § 43 Nr. 3a PolG NRW ist jede Verwirklichung eines objektiven Tatbestandes auch ohne objektive Zurechnung von §§ 211 ff. StGB, §§ 223 ff. StGB.
- **Schädigung von Leben oder Gesundheit anderer** im Sinne des § 43 Nr. 3b PolG NRW ist jede Verwirklichung eines objektiven Tatbestandes auch ohne objektive Zurechnung von §§ 211 ff. StGB, §§ 223 ff. StGB.
- **Fremde Sachen** im Sinne des § 43 Nr. 3c PolG NRW sind alle fremden Sachen i.S.d. Privatrechts, vgl. insbesondere §§ 903 ff. BGB, und des Strafrechts, vgl. insbesondere §§ 242 ff. StGB.
- **Flucht** im Sinne des § 43 Nr. 3d PolG NRW ist jede körperliche Entziehung aus hoheitlichem Verfahren.

(SUB/ERG)

Im konkreten Fall sind die Tatbestandsvoraussetzungen des § 43 Nr. 3a/b/c/d PolG NRW (alternativ)

- erfüllt.
- nicht erfüllt.

C. Materielle Rechtmäßigkeit (MR) II. Inanspruchnahme (In) / Inanspruchnahmevoraussetzungen (Inv)

(VOR/DEF)

Inanspruchnahmevoraussetzungen sind materiell-rechtliche Bedingungen für richtige Inanspruchnahme.

Inanspruchnahme ist Adressierung und sonstiges Betroffenmachen; **Adressierung** ist direktes Bestimmen oder finales Richten einer Maßnahme an einen Grundrechtsträger, vgl. §§ 41 Abs. 1 S. 1, 43 Abs. 1 S. 1 VwVfG NRW.

(VOR)

Die Adressierung oder sonstige Inanspruchnahme durch Sicherstellung soll richtigerweise (alternativ) erfolgen:

- gemäß § 43 Nr. 1 PolG NRW gegenüber Personen nach §§ 4-6 PolG NRW;

[1378] Nr. 40.11 VVPolG NRW: „Nach § 40 Abs. 1 Nr. 1 kann sich unter den Voraussetzungen des § 39 die Durchsuchung der Person auch auf die Sachen erstrecken, die die Person mitführt, d. h. die in ihrem unmittelbaren und sofortigen Zugriff stehen.“. Vgl. auch entsprechend Anlage 1 Abschnitt 2 Nr. 4 WaffG, wonach eine Waffe führt, „wer die tatsächliche Gewalt darüber außerhalb der eigenen Wohnung, Geschäftsräume, des eigenen befriedeten Besitztums oder einer Schießstätte ausübt“.

- gemäß § 43 Nr. 2 PolG NRW bezüglich des Eigenümers oder sonst rechtmäßigen Inhabers auch nach § 43 Nr. 2 PolG NRW, im Übrigen gegenüber Personen nach §§ 4-6 PolG NRW;
- gemäß § 43 Nr. 3 PolG NRW gegenüber der die Sache mitführenden, in § 43 Nr. 3a/b/c/d PolG NRW näher bestimmten „Person", im Übrigen durch sonstige Inanspruchnahme gegenüber jeder an der Sache berechtigten Person.

Inanspruchnahme nach §§ 4-6 PolG NRW ist grundsätzlich richtig gegen folgende Personen:

- Verantwortlicher für Verhalten / Verhaltensverantwortlicher i.S.d. § 4 PolG NRW,
- Verantwortlicher für Zustand von Sachen / Sachenzustandsverantwortlicher i.S.d. § 5 PolG NRW
- Nichtverantwortlicher i.S.d. § 6 PolG NRW.

Gefahrverursachung (i.S.v. §§ 4, 5 PolG NRW) ist entscheidender, relevanter Zurechnungszusammenhang zwischen Verhalten und Gefahr, orientiert an alternativen Wertungskriterien wie:

- Zeitlich-örtlicher Zusammenhang (i.S.v. natürlicher Handlungseinheit zwischen Verhalten und Gefahr oder Schaden oder i.S.v. Verhalten als einziges oder erstes oder letztes Kausalkettenelement vor Gefahr oder Schaden – Setzung letzter Ursache, unmittelbare Gefahrengrenzenüberschreitung, „Schwelle zur Gefahr");
- Pflichtwidrigkeit (i.S.v. Rechtsnormwidrigkeit oder Sozialnormwidrigkeit des Verhaltens);
- Risikozurechung (i.S.v. Verhaltensmöglichkeiten oder Verantwortungssphären oder Sorgfaltsanforderungen);
- **Zweckveranlassung** (i.S.v. subjektiver Finalität [Absicht, Bezweckung eines Geschehens durch Verhalten] oder Typik [Vorhersehbarkeit eines Geschehens durch Verhalten, z.B. über Verhalten Dritter).

Person i.S.d. § 43 PolG NRW und der §§ 4-6 PolG NRW ist natürliche Person im Sinne von § 1 BGB.

(SUB/ERG)

Im konkreten Fall ist die Person (alternativ)

- richtigerweise gemäß § 43 Nr. 1/2/3 PolG NRW (i.V.m. §§ 4/5/6 PolG NRW) in Anspruch genommen/adressiert.
- nicht richtigerweise in Anspruch genommen/adressiert.

C. Materielle Rechtmäßigkeit (MR) III. Rechtsfolge (Rf) /Rechtsfolgevoraussetzungen (RfV)

(VOR/DEF)

Rechtsfolge ist rechtliche Folge aus dem Tatbestand. / Rechtsfolgevoraussetzungen sind materiell-rechtliche Rechtsfolgegestaltungsbedingungen.

C. Materielle Rechtmäßigkeit (MR) III. Rechtsfolge (Rf) 1. Tatsächliche und rechtliche Möglichkeit (TurM)

(VOR/DEF)

Tatsächliche und rechtliche Möglichkeit betrifft Fälle wie aus § 44 Abs. 2 Nr. 4-6 VwVfG NRW.

(SUB/ERG)

Tatsächliche und rechtliche Möglichkeit ist im konkreten Fall gegeben/nicht gegeben aufgrund Vorliegens/Nichtvorliegens von kognitiven, körperlichen, normativen, technischen Unmöglichkeiten.

Tatsächliche Unmöglichkeit ist gegeben bei Fehlen von Kapazitäten an Raum oder Sicherungsvorkehrungen zur signifikanten Sicherstellung der Sache durch die Polizei oder Dritte.

Rechtliche Unmöglichkeit soll auch gegeben sein:

- im Fall von Sicherstellungsverfügung mit Verwahrung der Sache beim Betroffenen – wegen Rechtsfolgeverstoß gegen § 44 Abs. 1 PolG NRW[1379];
- grundsätzlich im Fall von Sicherstellungen von Presseerzeugnissen/Druckwerken i.S.d. § 7 PresseG NRW *ausschließlich und buchstäblich* mit einem Zweck *gegen deren Inhalt/zwecks Abwehr deren Inhalts* – wegen Art. 5 GG, § 1 Abs. 2, 3 PresseG NRW und unbeschadet anderer Sicherstellungszwecke und von Rechtsnormen wie § 111b StPO i.V.m. § 74d StGB.

C. Materielle Rechtmäßigkeit (MR) III. Rechtsfolge (Rf) 2. Bestimmtheit (Bsh)

(VOR/DEF)

Bestimmtheit ist Maßnahmenerkennbarkeit und Maßnahmenverstehbarkeit, bei VA und Realakten Gebot nach Art. 20 Abs. 3 GG, bei VA Pflicht auch gemäß § 37 Abs. 1 VwVfG NRW.

(SUB/ERG)

Die Sicherstellungsmaßnahme (Sicherstellungsrealakt oder Sicherstellungs-VA) ist inhaltlich hinreichend bestimmt i.S.d. Art. 20 Abs. 3 GG (bzgl. VA und Realakte), § 37 Abs. 1 VwVfG NRW (bzgl. VA), denn nach Auslegung der Sicherstellungsmaßnahme kann der Erklärungsempfänger wie jeder vernünftige Dritte, §§ 133, 157 BGB analog, in der konkreten Situation deren Inhalt hinreichend erkennen und verstehen, nämlich:

[1379] OVG Münster, Urteil vom 21.01.1991 – 7 A 246/882 (Ls. 1: „Zum Begriff der **Sicherstellung**" [i. S. der §§ 21f. NRWPG i. d. F. vom 25.03.1980, ≙ § 43 f. PolG NRW, P. B.]"), Leitsatz 2: „Die polizeiliche Sicherstellung ist auf die Beendigung des Gewahrsams des bisherigen Gewahrsamsinhabers und auf die Begründung amtlichen Gewahrsams gerichtet. Eine Sicherstellung, die die **sichergestellte Sache im Gewahrsam des Betroffenen** beläßt, ist nach dem nordrhein-westfälischen Polizeigesetz nicht möglich [vgl. § 44 Abs. 1 PolG NRW, P. B.]."

- dass die Polizei ggü. dem Sicherstellungsadressaten (wer)
- aus Gefahrenabwehrgründen (warum)
- zu einer bestimmten Zeit (wann)
- einen Zweck aus § 43 PolG NRW verfolgt bezüglich bestimmter, spezifizierter Sachen (was)
- und zwar durch Befolgung und Mitwirkung an der Sicherstellungsmaßnahme (wie).[1380]

C. Materielle Rechtmäßigkeit (MR) III. Rechtsfolge (Rf) 3. Ermessen (Erm)

(VOR/DEF)

Ermessen[1381] ist Entscheidungsspielraum auf der Rechtsfolgenseite bzgl. rechtsfehlerfreier Ausübung von Einschreit-Entschließung (Ob), Adressaten-Auswahl (Wer), Maßnahmen-Gestaltung (Wie), grundsätzlich gegeben durch § 43 Wort 3 PolG NRW, und durch § 3 PolG NRW, bei VA auch durch § 40 VwVfG NRW.

(SUB/ERG)

Der gegebene Entscheidungsspielraum wird aufgrund von entsprechenden Anhaltspunkten/in Ermangelung entgegenstehender Anhaltspunkte ohne Ermessensfehler/mit Ermessensfehlern (Ermessensunterschreitung, Ermessensüberschreitung, Ermessensfehlgebrauch) ausgeübt bzgl. folgender Ermessensarten:

a) Entschließungsermessen:

Das Entschließungsermessen kann im konkreten Fall sogar gegen / auf Null reduziert sein, insbesondere wegen:

- Einschreitmöglichkeit;
- Erheblichkeitsgrad von Gefährdungen, z.B. konkreter (dringender, erheblicher, gegenwärtiger) Gefahr.

b) Auswahlermessen:

siehe C. II.: Auswahlermessen wird abschließend beurteilt i.V.m. Punkt C. II. (Inanspruchnahme).

c) Gestaltungsermessen:

siehe C. III. 4.: Gestaltungsermessen, § 3 Abs. 2 PolG NRW (Austauschmittel), wird abschließend beurteilt i.V.m. Punkt C. III. 4. (VHM).

1380 OVG Münster, Urteil vom 21.011991 – 7 A 246/88 (Ls. 1: „Zum Begriff der **Sicherstellung**" [i. S. der §§ 21f. NRWPG i. d. F. vom 25.03.1980, ≙ § 43 f. PolG NRW, P. B.]"), Leitsatz 5: „Ein ordnungsbehördliches Verbot an den Gewahrsamsinhaber, den Gewahrsam an einer ihm belassenen Sache an Dritte zu übertragen, und eine bezüglich derselben Sache gegenüber demselben Gewahrsamsinhaber gleichzeitig ausgesprochene Sicherstellungsanordnung widersprechen sich. Dieser Widerspruch macht eine entsprechende Ordnungsverfügung unbestimmt und rechtswidrig, weil unklar bleibt, ob die Sache nun in amtlichen Gewahrsam gegeben werden soll oder nicht.".

1381 Zum Ermessen einschließlich Rechtsnatur, Ermessensarten, Ermessensreduzierungen, Ermessensfehlern, Maßnahmenansprüchen mit Beispielen siehe auch: *Basten*, Eingriffsrecht der Polizei in Nordrhein-Westfalen, Band 1, S. 271-283.

C. Materielle Rechtmäßigkeit (MR) III. Rechtsfolge (Rf) 4. Verhältnismäßigkeit (VHM)

(VOR/DEF)

Verhältnismäßigkeit ist Geeignetheit, Erforderlichkeit, Angemessenheit zu einem legitimen Zweck.

(VOR/DEF)

Legitimer Zweck ist verfassungsgemäßer Zweck.

(SUB/ERG)

Im konkreten Fall verfolgt die Sicherstellung (alternativ)

- einen legitimen Zweck, nämlich einen Zweck aus § 43 PolG NRW, letztlich den verfassungsgemäßen Schutz vor Schäden für Rechte und Rechtsgüter wie (zum Beispiel) aus Art. 2 Abs. 2 S. 1 GG, Art. 2 Abs. 2 S. 2 GG, Art. 14 Abs. 1 S. 1 Alt. 1 GG, vgl. auch die übrigen Rechte und Rechtsgüter aus Art. 1-20 GG, vgl. auch die Grundrechtsschutzfunktion und die Grundrechtsförderungsfunktion[1382].
- keinen legitimen Zweck.

(VOR/DEF)

Geeignetheit einer staatlichen Maßnahme ist gegeben bei deren Zweckförderungstauglichkeit, vgl. auch § 2 Abs. 3 PolG NRW.

(SUB/ERG)

Im konkreten Fall ist die Sicherstellung (alternativ)

- geeignet, denn durch die Inverwahrungnahme oder andere Aufbewahrung oder sonstige Sicherung unter Nichtbelassen der Sache in bisherigem Gewahrsam oder sonstiger bisheriger Situation wird ein gegen bisherige Einwirkungsmöglichkeiten sicherndes und schützendes öffentlich-rechtliches Obhutsverhältnis zur Sache begründet einschließlich Zeit und Gelegenheit für weitere Gestaltungsmöglichkeiten, letztlich also Verhinderung/Unterbindung weiteren, potentiell schadensträchtigen Geschehensablaufs.
- ungeeignet.

[1382] Zu Grundrechtsfunktionen siehe auch: *Basten*, Eingriffsrecht der Polizei in Nordrhein-Westfalen, Band 1, S. 78-84.

(VOR/DEF)

Erforderlichkeit einer staatlichen Maßnahme ist Nichtverfügbarkeit eines milderen (Übermaßverbot), gleich geeigneten (Untermaßverbot) Mittels zur Zweckförderung, vgl. auch § 2 Abs. 1 PolG NRW.

(SUB/ERG)

Im konkreten Fall ist die Sicherstellung (alternativ)

- erforderlich, denn einerseits sind mildere Maßnahmen wie (zum Beispiel) Belassen der Sache in bisherigem Gewahrsam oder bisherigem sonstigem Umfeld, bloße Gefährderansprache oder (erfolgreiche) Benachrichtigung eines (obhutbereiten) Berechtigten oder sonstigen Dritten nicht gleich geeignet, weil sie nicht in gleicher Weise den Schutz vor Schäden fördern (Untermaßverbot) und andererseits sind (mindestens) gleich geeignete, intensivere Maßnahmen gegen die Sache wie Verwertung/Unbrauchbarmachung/Vernichtung oder Maßnahmen gegen Personen wie direkte Freiheitsentziehung oder Zwang noch nicht notwendig (Übermaßverbot).
- nicht erforderlich.

(VOR/DEF)

Angemessenheit oder **Verhältnismäßigkeit im engeren Sinne** einer staatlichen Maßnahme ist angemessenes Maß oder Verhältnis zwischen Zweckförderung für Erhaltungsrechte und Wirkungen für Eingriffsrechte, vgl. auch § 2 Abs. 2 PolG NRW, vgl. betroffene Grundrechte.

(SUB/ERG)

Im konkreten Fall ist die Sicherstellung (alternativ)

- angemessen, denn die (schwerpunktmäßig sachgerichteten) GR-Eingriffe wie in Art. 14 Abs. 1 S. 1 Alt. 1 GG, Art. 2 Abs. 1 GG stehen angesichts zu schützender Rechte und Rechtsgüter wie aus Art. 2 Abs. 2 S. 1 GG, Art. 2 Abs. 2 S. 2 GG, Art. 14 Abs. 1 S. 1 Alt. 1 GG, Art. 20 Abs. 3 GG nicht außer Verhältnis.
- unangemessen.

(ERG VHM)

Die Maßnahme ist insgesamt i.S.v. § 2 PolG NRW, Art. 20 Abs. 3 GG (alternativ)

- verhältnismäßig.
- unverhältnismäßig.

D. Gesamtergebnis (GErg)

Die Sicherstellung ist (alternativ)

- gemäß § 43 PolG NRW rechtmäßig.
- wegen Art./§ (bestimmter Rechtsnorm [z.B. Art. 20 Abs. 3 GG]) rechtswidrig.

ABSCHNITT 25: SICHERSTELLUNG UND BESCHLAGNAHME ZWECKS BEWEISSICHERUNG, § 94 STPO (GGF. I.V.M. §§ 46, 53 ABS. 1 S. 2, ABS. 2 OWIG)

A. Rechtsgrundlage (RGL) I. Grundrechte (GR)

(VOR/DEF)

Grundrechte sind grundlegende Rechte aus Art. 1-19 GG i.V.m. dem Rechtsstaatsprinzip, Art. 20 Abs. 3 GG, mit Vorrang und Vorbehalt des Gesetzes.[1383]

(SUB/ERG)

Grundrechte sind i.d.R. hauptsächlich wie folgt gegeben:

1. Eigentum, Art. 14 Abs. 1 S. 1 Alt. 1 GG.[1384]

a) GR-SB:

aa) Persönlicher GR-SB: Alle Menschen (personen- und staatsangehörigkeitsunabhängiger Wortlaut).

bb) Sachlicher GR-SB: „**Eigentum**" ist Summe aller vermögenswerten Rechte, also jedenfalls auch der berechtigte Besitz und die berechtigte Nutzung[1385].[1386]

1383 Zu **Grundrechten**: *Basten*, Eingriffsrecht der Polizei in Nordrhein-Westfalen, Band 1, Buch 1, Abschnitt 2, Unterabschnitt 3. Zum **Rechtsstaatsprinzip** mit unter anderem sogenanntem Vorrang des Gesetzes und Vorbehalt des Gesetzes: *Basten*, Eingriffsrecht der Polizei in Nordrhein-Westfalen, Band 1, S. 95-108.

1384 Vgl. auch Art. 142 GG i.V.m. Art. 4 Abs. 1 Verfassung NRW; Art. 17 EU-GR-Charta; Art. 1 Zusatzprotokoll EMRK.

1385 BVerfGE 95, 267, 300 (Altschulden) = BVerfG, Urteil des Ersten Senats vom 08.04.1997 – 1 BvR 48/94 –, C. I. 1., Rn. 130 f.: „Unter den Schutz der Eigentumsgarantie fallen grundsätzlich alle vermögenswerten Rechte, die dem Berechtigten von der Rechtsordnung in der Weise zugeordnet sind, daß er die damit verbundenen Befugnisse nach eigener Entscheidung zu seinem privaten Nutzen ausüben darf (vgl. BVerfGE 83, 201 [209]; stRspr). Der verfassungsrechtliche Eigentumsschutz reicht damit zwar erheblich weiter als das zivilrechtliche Eigentum und erstreckt sich auch auf nicht dingliche vermögenswerte Rechtspositionen. Er bleibt aber an Rechtspositionen gebunden. Kein Eigentum im Sinn von Art. 14 Abs. 1 GG ist daher das **Vermögen**, das selber kein Recht, sondern den Inbegriff aller geldwerten Güter einer Person darstellt (vgl. BVerfGE 4, 7 [17]; stRspr). Daraus folgt, daß Art. 14 Abs. 1 GG nicht vor der staatlichen Auferlegung von **Geldleistungspflichten** schützt. Diese sind nicht mittels eines bestimmten Eigentumsobjekts zu erfüllen, sondern werden aus dem fluktuierenden Vermögen bestritten. Etwas anderes kommt nur dann in Betracht, wenn die Geldleistungspflichten den Betroffenen übermäßig belasten und seine Vermögensverhältnisse so grundlegend beeinträchtigen, daß sie eine erdrosselnde Wirkung haben (vgl. BVerfGE 78, 232 [243]; stRspr).".

1386 Zum Vergleich von Art. 14 Abs. 1 S. 1 Alt. 1 GG und dem Auffanggrundrecht des Art. 2 Abs. 1 GG: Bei lediglich unentschiedenem Potential von Berechtigung wie Nichtberechtigung kann grundsätzlich in dubio pro libertate zunächst zugunsten des Grundrechtsfähigen größtmöglicher Grundrechtsschutzbereich vermutet werden. Vgl. auch BVerfGE 6, 55, 72 (Steuersplitting); BVerfGE 32, 54, 71 (Betriebsbetretungsrecht); BVerfGE 39, 1, 38 (Schwangerschaftsabbruch I); BVerfGE 51, 97, 110 (Zwangsvollstreckung I); BVerfGE 151, 67 (Richtervorbehalt, Bereitschaftsdienst, Nachtzeit/Tageszeit i.S.v. § 104 Abs. 3 StPO) = BVerfG, Beschluss des Zweiten Senats vom 12.03.2019 – 2 BvR 675/14 –, Rn. 55, wonach in Zweifelsfällen diejenige Auslegung zu wählen ist/derjenigen Auslegung der Vorzug zu geben ist, welche die (juristische) „Wirkungskraft der Grundrechtsnorm am stärksten entfaltet.". **Eigentum** i.S.d. (privat)rechtsnormgeprägten Schutzbereichs von Art. 14 Abs. 1 S. 1 Alt. 1 GG ist jedenfalls gegeben bei Eigentum i.S.d. Privatrechts und bei vermögenswerter Besitz-/Nutzungs-/Umgangs-Berechtigung (z.B. i.S.d. §§ 854-984 BGB). **Eigentumslosigkeit** i.S.d. (privat)rechtsnormgeprägten

b) GR-E (oder Nichteingriff/GR-Verzicht): **Eigentumseinschränkung** durch

Einschränkung eines vermögenswerten Rechts, etwa durch (alternativ)

- Einschränkungen oder Entzug der Nutzungs- und Verfügungsbefugnis an (berechtigtem) Eigentum/Besitz/Nutzung, vgl. §§ 903 ff. BGB, §§ 854 ff. BGB, ohne Güterbeschaffung als **Inhalts- und Schrankenbestimmung** im Sinne von Art. 14 Abs. 1 S. 2 GG[1387];
- Eigentumsentzug als **Enteignung** im Sinne des Art. 14 Abs. 3 GG mit Änderung der Eigentumszuordnung und stets mit Güterbeschaffung.[1388]

c) GR-B: Art. 14 Abs. 1 S. 2, Abs. 2, 3 GG, Art. 18 GG.

2. Brief-, Post- und Fernmeldegeheimnisgrundrechte, Art. 10 GG[1389]

a) GR-SB:

aa) Persönlicher GR-SB: Jeder am konkreten Brief- oder Post- oder Fernemeldeverkehr Beteiligter.

bb) Sachlicher GR-SB: Kommunikation per Brief oder Post i.S.d. PostG, Fernmeldung i.S.d. des TKG[1390].

Schutzbereichs von Art. 14 Abs. 1 S. 1 Alt. 1 GG ist jedenfalls gegeben bei allseitiger Besitz-/Nutzungs-/Umgangs-Nichtberechtigung (z.B. i.S.d. §§ 854-984 BGB); nicht schon unbedingt bei lediglich Eigentums-Nichtberechtigung im privatrechtlichen Sinne bei vermögenswerten Besitz-/Nutzungs-/Umgangs-Berechtigungen; wohl aber jedenfalls auch bei Verbot i.S.d. § 134 BGB oder Sittenwidrigkeit i.S.d. § 138 BGB oder sonstiger Unwirksamkeitsgründe (Nichtentstehensgründe oder Erlöschensgründe) gerade bezüglich des Erwerbs- oder Nutzungs- oder Umgangsaktes (z.B. i.S.d. §§ 854-984 BGB; vgl. z.B. Btm-Umgangsarten i.S.d. § 29 BtMG; vgl. auch etwaiges waffenrechtliches Verbot der Umgangsart Erwerb oder sonstiger Umgangsarten i.S.d. § 1 Abs. 3, 4 WaffG bei Nichtverbot des Erwerbs). Vgl. BVerfGE 110, 1, 23 f. (Erweiterter Verfall [a. F., ≙ erweiterte Tatertragseinziehung, P. B.]) = BVerfG, Beschluss des Zweiten Senats vom 14.01.2004 – 2 BvR 564/95 –, C. I. 3. a), b), Rn. 86 f, 88: „Die Vorschrift des § 73d StGB [a. F., ≙ § 73a StGB, P. B.] verstößt in der Auslegung des Bundesgerichtshofs auch nicht gegen die Eigentumsgarantie des Art. 14 Abs. 1 GG. Soweit § 73d StGB [a. F., ≙ § 73a StGB, P. B.] den Zugriff auf Vermögenswerte erlaubt, die dem unmittelbar Betroffenen wegen eines Verstoßes gegen strafrechtliche Vorschriften zivilrechtlich nicht zustehen (vgl. § 134, § 935 BGB), ist dessen Eigentumsgrundrecht schon mangels einer schutzfähigen Rechtsposition nicht berührt (vgl. BVerfGE 83, 201 [209]; 95, 267 [300]). Dies betrifft vor allem die Entziehung von Gewinnen aus illegalen Drogengeschäften. Denn wegen des strafrechtlichen Verbots des Handeltreibens mit Betäubungsmitteln ist gemäß § 134 BGB neben dem schuldrechtlichen Verpflichtungsgeschäft zugleich die Übereignung sowohl der Drogen als auch des für sie als Kaufpreis gezahlten Geldes zivilrechtlich unwirksam (vgl. BGH, NJW 1983, S. 636 [Schrifttumsquellen]. […] Soweit § 73d StGB StGB [a. F., ≙ § 73a StGB, P. B.] die Entziehung von Gegenständen anordnet, die der Betroffene zwar deliktisch, aber gleichwohl zivilrechtlich wirksam erworben hat, enthält er eine Inhalts- und Schrankenbestimmung des Eigentums im Sinne des Art. 14 Abs. 1 Satz 2 GG. Diese genügt in der Auslegung des Bundesgerichtshofs den verfassungsrechtlichen Anforderungen.".

1387 BVerfGE 143, 246, Ls. 5 (Dreizehnte Novelle des Atomgesetzes) = BVerfG, Urteil des Ersten Senats vom 06.12.2016 – 1 BvR 2821/11 –, Ls. 5.

1388 BVerfGE 143, 246, Ls. 4 (Dreizehnte Novelle des Atomgesetzes) = BVerfG, Urteil des Ersten Senats vom 06.12.2016 – 1 BvR 2821/11 –, Ls. 4.

1389 Vgl. auch Art. 142 GG i.V.m. Art. 4 Abs. 1, 2 Verfassung NRW; Art. 7, 8 EU-GR-Charta; Art. 8 EMRK.

1390 BVerfG, Beschluss der 3. Kammer des Zweiten Senats vom 20.12.2018 – 2 BvR 2377/16 –, Rn. 42-44: „Der Begriff der **Telekommunikation** wird von der herrschenden Meinung in Literatur und Rechtsprechung verfassungsrechtlich zulässig unter Rückgriff auf die Legaldefinition in § 3 Nr. 22 TKG bestimmt. ‚**Telekommunikation**' ist danach der technische Vorgang des Aussendens, Übermittelns und Empfangens von Nachrichten jeglicher Art in der Form von Zeichen, Sprache, Bildern oder Tönen mittels technischer Einrichtungen oder Systeme, die als Nachrichten identifizierbare elektromagnetische

b) GR-E (oder Nichteingriff/GR-Verzicht i.S.v. § 36 Nr. 19 DSG NRW, § 38 DSG NRW): Brief- oder Post oder Fernmeldeeinschränkung[1391] (Einschränkung, § 36 Nr. 2 DSG NRW),

---

oder optische Signale senden, übertragen, vermitteln, empfangen, steuern oder kontrollieren können (vgl. BVerfG, Beschluss der 3. Kammer des Zweiten Senats vom 6. Juli 2016 - 2 BvR 1454/13 -, juris, Rn. 25 ff. m.w.N., auch zur Gegenansicht). Vor dem Hintergrund dieses ‚weiten' Telekommunikationsbegriffs unterfällt der Zugriff auf **E-Mail-Kommunikation**, jedenfalls soweit es sich um die Übertragung der Nachricht vom Gerät des Absenders über dessen Mailserver auf den Mailserver des E-Mail-Providers und um den späteren Abruf der Nachricht durch den Empfänger handelt, unstrittig dem Anwendungsbereich des § 100a StPO [Quellenangaben]; zum Zugriff auf E-Mails, die auf dem Mailserver des Providers gespeichert sind, vgl. BVerfGE 124, 43). Dabei ist zu beachten, dass sich die nähere Auslegung des Begriffs ‚Telekommunikation' im Rahmen des § 100a StPO insbesondere auch an dem grundrechtlichen Schutz des von der Überwachung Betroffenen durch Art. 10 GG orientieren muss, denn das **Fernmeldegeheimnis** ist der verfassungsrechtliche Maßstab für die heimliche Überwachung flüchtiger Daten (vgl. BVerfG, Beschluss der 3. Kammer des Zweiten Senats vom 6. Juli 2016 - 2 BvR 1454/13 -, juris, Rn. 32 m.w.N.; vgl. auch BVerfGE 100, 313 <358 f.>; 113, 348 <364 ff.>; 129, 208 <240 ff.> [Quellenangaben]). Vom Schutz des Fernmeldegeheimnisses nach Art. 10 Abs. 1 GG sind aber nicht nur die Kommunikationsinhalte, sondern auch die näheren Umstände der Telekommunikation erfasst (vgl. BVerfGE 129, 208 <240 f.>). Dazu gehört insbesondere, ob, wann und wie oft zwischen welchen Personen oder Endeinrichtungen Telekommunikationsverkehr stattgefunden hat oder versucht worden ist (vgl. BVerfGE 67, 157 <172>; 85, 386 <396>; 107, 299 <312 f.>; 129, 208 <241>). Art. 10 Abs. 1 GG umfasst dabei sämtliche, mit Hilfe der Telekommunikationstechniken erfolgenden Übermittlungen von Informationen, unabhängig davon, wer Betreiber der Übertragungs- und Vermittlungseinrichtungen ist (vgl. BVerfGE 107, 299 <322>; 129, 208 <241>). Aber auch unter Einbeziehung dieses Schutzinhalts in die Auslegung von § 100a StPO ist gegen die Auffassung, die Überwachung der Telekommunikation gemäß § 100a StPO betreffe auch die (früher als **Verbindungsdaten** bezeichneten) **Verkehrsdaten** im Sinne des § 3 Nr. 30 TKG, soweit diese im Rahmen der zu überwachenden Telekommunikation anfallen ([Quellenangaben] siehe auch BVerfGE 107, 299 <314 ff.>), verfassungsrechtlich nichts zu erinnern. Zu den **Verkehrsdaten** in diesem Sinne gehören auch und gerade die anfallenden **IP-Adressen**. Diese werden dementsprechend in § 96 Abs. 1 Satz 1 TKG - der die Verkehrsdaten, die vom Diensteanbieter zulässigerweise erhoben werden dürfen, abschließend bestimmt - als Nummern (vgl. § 3 Nr. 13 TKG) der beteiligten Anschlüsse oder Einrichtungen aufgeführt (vgl. BTDrucks 15/2316, S. 89 - zum damaligen § 94 TKG -; [Quellenangaben]; zur Zuordnung von dynamischen IP-Adressen zu den Verkehrsdaten vgl. BVerfGE 130, 151 <181 ff.>; BGH, Urteil vom 13. Januar 2011 - III ZR 146/10 -, juris, Rn. 22 ff.). Dynamische oder statische **IP-Adressen**, mit denen die Kunden eines Anbieters von E-Mail-Diensten mit ihren internetfähigen Endgeräten auf ihren E-Mail-Account zugreifen wollen, unterfallen daher grundsätzlich dem Anwendungsbereich des § 100a StPO (vgl. auch BGH, Beschluss vom 20. August 2015 - StB 7/15 -, juris).“; BVerfG, Beschluss der 3. Kammer des Zweiten Senats vom 06.07.2016 – 2 BvR 1454/13 –, Rn. 32-34: „Dabei ist [...] zu berücksichtigen, dass Art. 10 Abs. 1 GG nicht dem rein technischen **Telekommunikationsbegriff** des Telekommunikationsgesetzes folgt, sondern an den Grundrechtsträger und dessen Schutzbedürftigkeit aufgrund der Einschaltung Dritter in den Kommunikationsvorgang anknüpft (vgl. BVerfGE 124, 43 <55 f.>; BVerfGK 9, 62 <75>). [...] Als Facette der freien Entfaltung der Persönlichkeit durch Kommunikationsaustausch schützt das ‚**Fernmeldegeheimnis**' aus Art. 10 Abs. 1 GG die unkörperliche Übermittlung von Informationen an individuelle Empfänger mit Hilfe des Telekommunikationsverkehrs (BVerfGE 67, 157 <172>; 106, 28 <35 f.>; 115, 166 <182>). Dieser ist dadurch gekennzeichnet, dass die übermittelten Informationen am Empfangsort wieder erzeugt werden (vgl. BVerfGE 12, 205 <226>; 46, 120 <143>). Für das Merkmal ‚**Telekommunikation**' kommt es auch im Rahmen des Art. 10 Abs. 1 GG aber weder auf die technische Umsetzung der Kommunikation noch auf deren Inhalt und Empfängerkreis an (vgl. BVerfGE 120, 274 <307>). Auch ist irrelevant, wer Betreiber der Übertragungs- und Vermittlungseinrichtungen ist (vgl. BVerfGE 107, 299 <322>); das Grundrecht ist insgesamt ‚entwicklungsoffen' ([Quellenangabe] BVerfGE 106, 28 <36>).“.

1391 BVerfG, Urteil des Ersten Senats vom 19.05.2020 – 1 BvR 2835/17 – (Ausland-Ausland-Fernmeldeaufklärung nach BNDG), E. II. 1., b) aa) (1), Rn. 147: „Schwer wiegen die mit ihr eröffneten Eingriffe zunächst schon deshalb, weil mit ihnen heimlich in persönliche **Kommunikationsbeziehun-**

etwa durch Überwachung (Datenerhebung, Auslesen, Abfragen, Erfassen, § 36 Nr. 2 DSG NRW), Aufzeichnung (Datenspeicherung, § 36 Nr. 2 DSG NRW), Verhinderung, Unterbindung, Zäsur (Anpassung, Veränderung, Löschung, Vernichtung, § 36 Nr. 2 DSG NRW) oder sonstige Offenlegung, Veränderung, Verwendung, § 36 Nr. 2 DSG NRW.[1392]

c) GR-B: Art. 10 Abs. 2 GG, Art. 18 GG.

Ggf. betroffenes Grundrecht durch Sicherstellung oder Beschlagname eines Gegenstandes gegenüber einem Mediengrundrechtsträger als solchem oder von einem Mediengegenstand als solchem:

3. Mediengrundrecht (Pressefreiheitsgrundrecht und Rundfunkfreiheitsgrundrecht)[1393], Art. 5 Abs. 1 S. 2 GG[1394]

a) GR-SB:

---

gen eingedrungen wird, die oftmals privaten und unter Umständen auch höchstvertraulichen Charakter haben. Eine solche heimliche Überwachung der Telekommunikation [**Telekommunikationsüberwachung**, P. B.] bedeutet grundsätzlich einen schweren Eingriff (vgl. BVerfGE 141, 220 <264 f. Rn. 92>), unabhängig davon, ob die Überwachung im Inland oder im Ausland stattfindet oder sich auf Inländer und Deutsche oder Ausländer bezieht.“, E. II. 2. e) aa), Rn. 186: „Die Überwachung hat gegenüber deutschen Staatsangehörigen typischerweise ein größeres Eingriffsgewicht als gegenüber sich im Ausland befindenden Ausländern, weil die eigenen Staatsangehörigen in deutlich weitergehendem Umfang dem Zugriff deutscher Behörden unterliegen und damit leichter Folgemaßnahmen ausgesetzt sind.“.

1392 BVerfGE 124, 43 (Beschlagnahme von E-Mails) = BVerfG, Beschluss des Zweiten Senats vom 16.06.2009 – 2 BvR 902/06 –, (einziger) Leitsatz: „Die **Sicherstellung und Beschlagnahme von E-Mails** auf dem Mailserver des Providers sind am Grundrecht auf Gewährleistung des Fernmeldegeheimnisses aus Art. 10 Abs. 1 GG zu messen. §§ 94 ff. StPO genügen den verfassungsrechtlichen Anforderungen, die an eine gesetzliche Ermächtigung für solche Eingriffe in das Fernmeldegeheimnis zu stellen sind.“; BVerfG, Beschluss der 3. Kammer des Zweiten Senats vom 15.08.2014 – 2 BvR 969/14 (Kinderpornographieverdacht bei Bundestagsabgeordnetem), Rn. 46: „Verfassungsrechtlich nicht zu beanstanden ist auch die Beschlagnahmeanordnung hinsichtlich der Verkehrsdaten im Zusammenhang mit der Internetkommunikation des Beschwerdeführers, die ebenfalls von dem Schutz des Art. 10 Abs. 1 GG erfasst ist (vgl. BVerfGE 100, 313 <395 ff.>).“ BVerfGE 115, 166 (Kommunikationsverbindungsdaten) = BVerfG, Urteil des Zweiten Senats vom 02. März 2006 – 2 BvR 2099/04 –, Ls. 1: „Die nach Abschluss des Übertragungsvorgangs im Herrschaftsbereich des Kommunikationsteilnehmers gespeicherten **Verbindungsdaten** werden nicht durch Art. 10 Abs. 1 GG, sondern durch das Recht auf informationelle Selbstbestimmung (Art. 2 Abs. 1 in Verbindung mit Art. 1 Abs. 1 GG) und gegebenenfalls durch Art. 13 Abs. 1 GG geschützt.“ Ls. 2: „§§ 94 ff. und §§ 102 ff. StPO genügen den verfassungsrechtlichen Anforderungen auch hinsichtlich der Sicherstellung und Beschlagnahme von Datenträgern und den hierauf gespeicherten Daten und entsprechen der vor allem für das Recht auf informationelle Selbstbestimmung geltenden Vorgabe, wonach der Gesetzgeber den Verwendungszweck der erhobenen Daten bereichspezifisch, präzise und für den Betroffenen erkennbar bestimmen muss. Dem wird durch die strenge Begrenzung aller Maßnahmen auf den Ermittlungszweck Genüge getan (vgl. BVerfGE 113, 29).“; Ls. 3: „Beim Zugriff auf die bei dem Betroffenen gespeicherten Verbindungsdaten ist auf deren erhöhte Schutzwürdigkeit Rücksicht zu nehmen. Die Verhältnismäßigkeitsprüfung muss dem Umstand Rechnung tragen, dass es sich um Daten handelt, die außerhalb der Sphäre des Betroffenen unter dem besonderen Schutz des Fernmeldegeheimnisses stehen und denen im Herrschaftsbereich des Betroffenen ein ergänzender Schutz durch das Recht auf informationelle Selbstbestimmung zuteil wird.“.

1393 BVerfGE 117, 244, 258 (Cicero) = BVerfG, Urteil des Ersten Senats vom 27.02.2007 – 1 BvR 538, 2045/06 – B. I. 1. a), Rn. 42: „Die Freiheit der Medien ist konstituierend für die freiheitliche demokratische Grundordnung (vgl. BVerfGE 7, 198 [208]; 77, 65 [74]; stRspr). Eine freie Presse und ein freier Rundfunk sind daher von besonderer Bedeutung für den freiheitlichen Staat (vgl. BVerfGE 20, 162 [174]; 50, 234 [239 f.]; 77, 65 [74]).“.

1394 Vgl. Art. 142 GG i.V.m. Art. 4 Abs. 1 Verfassung NRW; Art. 11 EU-GR-Charta.

aa) Persönlicher GR-SB: Im Pressebereich oder im Rundfunkbereich tätige Personen und Organisationen.[1395]

bb) Sachlicher GR-SB: Voraussetzungen und Tätigkeiten, ohne welche die Medien ihre Funktion im freiheitlich-demokratischen Staat nicht in angemessener Weise erfüllen können, vgl. auch § 7 PresseG NRW.[1396]

b) GR-E (oder Nichteingriff/GR-Verzicht): Einschränkung von Voraussetzungen und Tätigkeiten, ohne welche die Medien ihre Funktion im freiheitlich-demokratischen Staat nicht in angemessener Weise erfüllen können, vgl. auch § 7 PresseG NRW.[1397]

c) GR-B: Art. 5 Abs. 2 GG, Art. 18 GG.[1398]

1395 BVerfGE 117, 244, 258 f. (Cicero) = BVerfG, Urteil des Ersten Senats vom 27.02.2007 – 1 BvR 538, 2045/06 – B. I. 1. a), Rn. 42: „Dementsprechend gewährleistet Art. 5 Abs. 1 Satz 2 GG den im Bereich von Presse und Rundfunk tätigen Personen und Organisationen Freiheitsrechte und schützt darüber hinaus in seiner objektiv-rechtlichen Bedeutung auch die institutionelle Eigenständigkeit der Presse und des Rundfunks (vgl. BVerfGE 10, 118 [121]; 66, 116 [133]; 77, 65 [74 ff.]).".

1396 BVerfGE 117, 244, 259 (Cicero) = BVerfG, Urteil des Ersten Senats vom 27.02.2007 – 1 BvR 538, 2045/06 – B. I. 1. a), Rn. 42: Die Gewährleistungsbereiche der Presse- und Rundfunkfreiheit schließen diejenigen Voraussetzungen und Hilfstätigkeiten mit ein, ohne welche die Medien ihre Funktion nicht in angemessener Weise erfüllen können. Geschützt sind namentlich die Geheimhaltung der Informationsquellen und das Vertrauensverhältnis zwischen Presse beziehungsweise Rundfunk und den Informanten (vgl. BVerfGE 100, 313 [365] m.w.N.). Dieser Schutz ist unentbehrlich, weil die Presse auf private Mitteilungen nicht verzichten kann, diese Informationsquelle aber nur dann ergiebig fließt, wenn sich der Informant grundsätzlich auf die Wahrung des Redaktionsgeheimnisses verlassen kann (vgl. BVerfGE 20, 162 [176, 187]; 36, 193 [204]).".

1397 Zu **Medienfreiheitseingriffsgegenständen** vgl. BVerfGE 117, 244, 259 f. (Cicero) = BVerfG, Urteil des Ersten Senats vom 27.02.2007 – 1 BvR 538, 2045/06 – B. I. 1. a), Rn. 44 f.: „Eine **Durchsuchung in Presseräumen** stellt wegen der damit verbundenen Störung der redaktionellen Arbeit und der Möglichkeit einer einschüchternden Wirkung eine Beeinträchtigung der Pressefreiheit dar (vgl. zuletzt BVerfG, 1. Kammer des Ersten Senats, Beschluss vom 1. Februar 2005 -- 1 BvR 2019/03 --, NJW 2005, S. 965). Auch können potentielle Informanten durch die begründete Befürchtung, bei einer Durchsuchung könnte ihre Identität festgestellt werden, davon abgehalten werden, Informationen zu liefern, die sie nur im Vertrauen auf die Wahrung ihrer Anonymität herauszugeben bereit sind. Überdies liegt in der **Verschaffung staatlichen Wissens über die im Bereich journalistischer Recherche hergestellten Kontakte** ein Eingriff in das **Redaktionsgeheimnis**, dem neben dem **Vertrauensverhältnis der Medien zu ihren Informanten** eigenständige Bedeutung zukommt (vgl. BVerfGE 66, 116 [133 ff.]; 107, 299 [331]). Durch die Anordnung der **Beschlagnahme von Datenträgern zum Zwecke der Auswertung** ist den Ermittlungsbehörden die Möglichkeit des Zugangs zu redaktionellem Datenmaterial eröffnet worden. Dies greift in besonderem Maße in die vom Grundrecht der Pressefreiheit umfasste **Vertraulichkeit der Redaktionsarbeit** ein, aber auch in ein etwaiges Vertrauensverhältnis zu Informanten.".

1398 BVerfGE 117, 244, 260 (Cicero) = BVerfG, Urteil des Ersten Senats vom 27.02.2007 – 1 BvR 538, 2045/06 – B. I. 2. a), Rn. 47: „Nach Art. 5 Abs. 2 GG findet die Pressefreiheit ihre Schranken in den **Vorschriften der allgemeinen Gesetze**. Darunter sind alle Gesetze zu verstehen, die sich nicht gegen die Meinungsfreiheit oder die Freiheit von Presse und Rundfunk an sich oder gegen die Äußerung einer bestimmten Meinung richten, die vielmehr dem Schutz eines schlechthin, ohne Rücksicht auf eine bestimmte Meinung, zu schützenden Rechtsguts dienen. Dieses Rechtsgut muss in der Rechtsordnung allgemein und damit unabhängig davon geschützt sein, ob es durch Meinungsäußerungen oder auf andere Weise verletzt werden kann. Beschränkt die zum Schutz dieses Rechtsguts ergriffene Maßnahme die Meinungs- oder Pressefreiheit, so führt nicht schon dies zur Verneinung des Charakters der ermächtigenden Rechtsnorm als allgemeines Gesetz. Bei seiner Anwendung ist aber zu klären, ob die Güterabwägung zu einem Vorrang des Schutzes des Rechtsguts führt, dem das allgemeine Gesetz dient. Soweit

4. Allgemeine Verhaltensfreiheit / Allgemeine Handlungsfreiheit[1399], Art. 2 Abs. 1 GG[1400]

a) GR-SB:

aa) Persönlicher GR-SB: „Jeder".

bb) Sachlicher GR-SB: „**freie Entfaltung der Persönlichkeit**" bedeutet **allgemeine Verhaltensfreiheit** im umfassenden Sinn[1401] durch grundsätzlich jedes Tun, Dulden, Unterlassen[1402].

b) GR-E (oder Nichteingriff/GR-Verzicht): Verhaltenseinschränkung als Verhaltenssteuerung.

c) GR-B: Art. 2 Abs. 1 Hs. 2 GG[1403].

---

die zur Beschränkung ermächtigenden Rechtsnormen auslegungsbedürftig sind, darf die Auslegung nicht zur Außerachtlassung des Schutzgehalts von Art. 5 Abs. 1 GG führen (vgl. BVerfGE 111, 147 [155]).".

1399 „Allgemeine" Verhaltensfreiheit / Handlungsfreiheit: Auffanggrundrecht ggü. ggf. spezielleren Grundrechten, vgl. Rechtsnormspezialitätsregel („lex specialis derogat legi generali"), vgl. auch: BVerfGE 6, 32, 37 (Elfes) = BVerfG, Urteil des Ersten Senats vom 16.01.1957 – 1 BvR 253/56, Gründe, II. 2. a), Rn. 16: „Neben der allgemeinen Handlungsfreiheit, die Art. 2 Abs. 1 GG gewährleistet, hat das Grundgesetz die Freiheit menschlicher Betätigung für bestimmte Lebensbereiche, die nach den geschichtlichen Erfahrungen dem Zugriff der öffentlichen Gewalt besonders ausgesetzt sind, durch besondere Grundrechtsbestimmungen geschützt; bei ihnen hat die Verfassung durch abgestufte Gesetzesvorbehalte abgegrenzt, in welchem Umfang in den jeweiligen Grundrechtsbereich eingegriffen werden kann. Soweit nicht solche besonderen Lebensbereiche grundrechtlich geschützt sind, kann sich der Einzelne bei Eingriffen der öffentlichen Gewalt in seine Freiheit auf Art. 2 Abs. 1 GG berufen. Hier bedurfte es eines Gesetzesvorbehalts nicht, weil sich aus der Beschränkung der freien Entfaltung der Persönlichkeit durch die verfassungsmäßige Ordnung der Umfang staatlicher Eingriffsmöglichkeiten ohne weiteres ergibt.".

1400 Vgl. auch Art. 142 GG i.V.m. Art. 4 Abs. 1 Verfassung NRW; Art. 6 EU-GR-Charta; Art. 5 EMRK.

1401 BVerfGE 6, 32, 36 f. (Elfes) = BVerfG, Urteil des Ersten Senats vom 16.01.1957 – 1 BvR 253/56, Gründe, II. 2. a), Rn. 14 f.: „Das Grundgesetz kann mit der ‚freien Entfaltung der Persönlichkeit' nicht nur die Entfaltung innerhalb jenes Kernbereichs der Persönlichkeit gemeint haben, der das Wesen des Menschen als geistig-sittliche Person ausmacht, denn es wäre nicht verständlich, wie die Entfaltung innerhalb dieses Kernbereichs gegen das Sittengesetz, die Rechte anderer oder sogar gegen die verfassungsmäßige Ordnung einer freiheitlichen Demokratie sollte verstoßen können. Gerade diese, dem Individuum als Mitglied der Gemeinschaft auferlegten Beschränkungen zeigen vielmehr, daß das Grundgesetz in Art. 2 Abs. 1 GG die Handlungsfreiheit im umfassenden Sinne meint. […] Es waren nicht rechtliche Erwägungen, sondern sprachliche Gründe, die den Gesetzgeber bewogen haben, die ursprüngliche Fassung ‚Jeder kann tun und lassen was er will' durch die jetzige Fassung zu ersetzen (vgl. v. Mangoldt, Parlamentarischer Rat, 42. Sitzung des Hauptausschusses, S. 533)."; BVerfGE 80, 137, 152 f. (Reiten im Walde) = BVerfG, Beschluss des Ersten Senats vom 06.06.1989 – 1 BvR 921/85 –, C. I. 1 a), Rn. 69: „Nach den in der Rechtsprechung des Bundesverfassungsgerichts entwickelten Grundsätzen gewährleistet Art. 2 Abs. 1 GG die allgemeine Handlungsfreiheit im umfassenden Sinne (st. Rspr. seit BVerfGE 6, 32 [36]; aus neuerer Zeit etwa: BVerfGE 74, 129 [151]; 75, 108 [154 f.]). Geschützt ist damit nicht nur ein begrenzter Bereich der Persönlichkeitsentfaltung, sondern jede Form menschlichen Handelns ohne Rücksicht darauf, welches Gewicht der Betätigung für die Persönlichkeitsentfaltung zukommt (vgl. etwa die Entscheidung eines Vorprüfungsausschusses in BVerfGE 54, 143 (146) - Taubenfüttern).".

1402 BVerfGE 6, 32, Ls. 1, 2 (Elfes) = BVerfG, Urteil des Ersten Senats vom 16.01.1957 – 1 BvR 253/56, Ls. 1: „Art. 11 GG betrifft nicht die Ausreisefreiheit.", Ls. 2: „Die **Ausreisefreiheit** ist als Ausfluß der allgemeinen Handlungsfreiheit durch Art. 2 Abs. 1 GG innerhalb der Schranken der verfassungsmäßigen Ordnung gewährleistet."; BVerwG, Urteil vom 29.05.2019 – BVerwG 6 C 8.18 (Beschränkung des Geltungsbereichs eines Passes), Rn. 20: „In der höchstrichterlichen Rechtsprechung ist seit Jahrzehnten geklärt, dass die durch Art. 2 Abs. 1 GG geschützte Ausreisefreiheit auch durch den Passversagungsgrund des § 7 Abs. 1 Nr. 1 Alt. 3 PassG als Bestandteil der verfassungsmäßigen Ordnung wirksam eingeschränkt wird.".

A. Rechtsgrundlage (RGL) II. Rechtsgebiet (RG)

(VOR/DEF)

Rechtsgebiet ist Rechtsordnungsteil nach allen Umständen[1404] – wie schwerpunktmäßige Äußerungen[1405], Rechtsnormen[1406], Zwecke[1407], auch i.V.m. §§ 133, 157 BGB analog[1408].[1409]

1403 Art. 2 Abs. 1 Hs. 2 GG (**Schrankentrias**): BVerfGE 80, 137, 153 (Reiten im Walde) = BVerfG, Beschluss des Ersten Senats vom 06.06.1989 – 1 BvR 921/85 –, C. I. 1 a), Rn. 69: „Abgesehen von einem absolut geschützten Kernbereich privater Lebensgestaltung, welcher der Einwirkung der öffentlichen Gewalt entzogen ist (BVerfGE 6, 32 [41]), ist die allgemeine Handlungsfreiheit allerdings nur in den Schranken des zweiten Halbsatzes von Art. 2 Abs. 1 GG gewährleistet und steht damit insbesondere unter dem **Vorbehalt der verfassungsmäßigen (Rechts-)Ordnung** (BVerfGE 6, 32 [37 f.]; 74, 129 [152]). Stützt sich ein die Handlungsfreiheit berührender Akt der öffentlichen Gewalt auf eine Rechtsnorm, so kann mit der Verfassungsbeschwerde unter Berufung auf Art. 2 Abs. 1 GG zur Nachprüfung gestellt werden, ob diese Norm zur **verfassungsmäßigen Ordnung** gehört, das heißt formell und materiell mit den Normen der Verfassung in Einklang steht (st. Rspr. seit BVerfGE 6, 32).“; BVerfGE 6, 32, Ls. 3 (Elfes) = BVerfG, Urteil des Ersten Senats vom 16.01.1957 – 1 BvR 253/56, Ls. 3: „**Verfassungsmäßige Ordnung** im Sinne des Art. 2 Abs. 1 GG ist die verfassungsmäßige Rechtsordnung, d.h. die Gesamtheit der Normen, die formell und materiell der Verfassung gemäß sind.“; vgl. dazu auch BVerfGE 6, 32, 37-41 (Elfes) = BVerfG, Urteil des Ersten Senats vom 16.01.1957 – 1 BvR 253/56, Gründe II. 2 b), c), Rn. 17-33.

Rechte anderer sind (als Teil der verfassungsmäßigen Ordnung) subjektive Berechtigungen (Anspruch oder Befugnis oder Erlaubnis) einschließlich Verpflichtungen (Pflicht zur Erfüllung von Anspruch oder Befugnis oder Erlaubnis) und sonstiger Rechtswirkungen für ein Rechtssubjekt bezüglich eines Verhaltens oder eines Rechtsguts.

Vgl. zum ein Mal bundesverfassungsgerichtlich entscheidungserheblich bemühten „**Sittengesetz**“ nach Art. 2 Abs. 1 Hs. 2 GG als Gesetz, das nicht das durch die „soziale Gemeinschaft“ „als für sich verbindlich“ anerkannte „Rechtsgefühl“ „im allgemeinen“ „verletzt“: BVerfGE 6, 389 (Homosexuelle) = BVerfG, Urteil des Ersten Senats vom 10.05.1957 – 1 BvR 550/52 –, und StrRehaHomG (Gesetz zur strafrechtlichen Rehabilitierung der nach dem 8. Mai 1945 wegen einvernehmlicher homosexueller Handlungen verurteilten Personen vom 17. Juli 2017 – BGBl. I S. 2443).

1404 Umstände im weiten Sinn, etwa als Bedingungen, Beziehungen, Faktoren, Folgen, Funktionen, Umweltbedingungen, Variablen, Verhältnissen, Voraussetzungen, Weltbedingungen.

1405 Äußerungen im weiten Sinn, etwa als alle Verhaltensäußerungen (einschließlich Aussagen).

1406 Rechtsnormen im weiten Sinn, etwa solche, die die Umstände oder das Verhalten regieren (sollen).

1407 Zwecke im weiten Sinn, etwa als sich aus einer Lage ergebende, objektiv zu verfolgende Ziele.

1408 Sog. **objektivierter Empfängerhorizont**, vgl. BVerwGE 147, 81 = BVerwG, Urteil vom 20.06.2013 – BVerwG 8 C 46.12, Rn. 27: „Die bundesrechtlichen Auslegungsregeln der §§ 133, 157 BGB sind auf öffentlich-rechtliche Erklärungen entsprechend anzuwenden. Bei Verwaltungsakten kommt es wie bei empfangsbedürftigen Willenserklärungen nicht auf den wirklichen Willen des Erklärenden (natürliche Auslegung), sondern auf den objektiven Erklärungsinhalt an. Maßgeblich ist, wie der Empfänger die Erklärung nach Treu und Glauben unter Berücksichtigung der für ihn erkennbaren Umstände verstehen musste. Dabei ist vom Wortlaut der Erklärung auszugehen und deren objektiver Gehalt unter Berücksichtigung des Empfängerhorizonts zu ermitteln (stRspr, vgl. Urteile vom 2. September 1999 - BVerwG 2 C 22.98 - BVerwGE 109, 283 <286> = Buchholz 237.7 § 72 NWLBG Nr. 4 und vom 27. Juni 2012 - BVerwG 9 C 7.11 - BVerwGE 143, 222 <Rn. 18> = Buchholz 11 Art. 20 GG Nr. 206; BGH, Urteile vom 24. Februar 1988 - VIII ZR 145/87 - BGHZ 103, 275 <280>, vom 27. Januar 2010 - VIII ZR 58/09 - BGHZ 184, 128 <137 Rn. 33> und vom 1. März 2011 - II ZR 16/10 - NJW 2011, 1666 <1667 Rn. 11> je m.w.N.).“; BVerwG, Beschluss vom 06.08.2018 – BVerwG 7 B 4.18, Rn. 10: „Dass die bundesrechtlichen Auslegungsregeln der §§ 133, 157 BGB auf öffentlich-rechtliche Erklärungen,

(SUB/ERG)

Die Maßnahme erfolgt auf dem Rechtsgebiet des besonderen öffentlichen Rechts polizeilicher Strafrechtspflege.

Die Maßnahme erfolgt insbesondere auf dem Rechtsgebiet der Strafrechtspflege bei

- schwerpunktmäßigem Zweck der Beweissicherung
- schwerpunktmäßigem Zweck der Sicherung für das weitere Strafverfahren oder Ordnungswidrigkeitenverfahren
- Fehlen eines Gefahrüberhangs.

Die „Beschlagnahme" buchstäblich als solche erfolgt wegen ihrer Nichtnormierung in Gefahrenabwehrgesetzen wie den Polizeigesetzen außer dem in Baden-Württemberg[1410] schwerpunktmäßig auf dem Rechtsgebiet der Strafrechtspflege mit StPO/OWiG, hier zwecks Sicherung für das weitere Strafverfahren, insbesondere für mögliche Beweissicherung.[1411]

---

d.h. u.a. auf Verwaltungsakte, entsprechend anzuwenden sind, ist in der Rechtsprechung des Bundesverwaltungsgerichts bereits geklärt (BVerwG, Urteil vom 20. Juni 2013 - 8 C 46.12 - BVerwGE 147, 81 Rn. 27 m.w.N.).".

1409 BVerwG 47, 255, 264 = BVerwG, Urteil vom 03.12.1974 – BVerwG I C 11.73: „Obwohl sich für die Polizei im Einzelfall bei einem einheitlichen Lebenssachverhalt gleichzeitig und unmittelbar Aufgaben der Strafverfolgung und der Gefahrenabwehr ergeben können, ist der im Schrifttum vertretenen Auffassung nicht zu folgen, daß aus Gründen der Rechtssicherheit oder wegen der schwierigen Durchschaubarkeit für den Bürger jede Art polizeilichen Handelns der verwaltungsgerichtlichen Kontrolle unterliegen müsse. In aller Regel ist es für den Betroffenen nicht schwer, zu erkennen, ob die Polizei im konkreten Fall eine - begangene - Straftat erforschen (**Strafverfolgung**) oder den Eintritt eines Schadens, etwa die - zukünftige - Begehung einer strafbaren Handlung, verhindern oder eine bereits eingetretene Störung der öffentlichen Sicherheit oder Ordnung beseitigen (**Gefahrenabwehr**) will. Außerdem wird man davon ausgehen dürfen, daß die Polizei dem Betroffenen - wie im vorliegenden Fall - den Grund ihres Einschreitens von sich aus oder auf Verlangen angibt. Im übrigen kommt es darauf an, wie sich der konkrete Lebenssachverhalt einem verständigen Bürger in der Lage des Betroffenen bei natürlicher Betrachtungsweise darstellt. Dieser Sachverhalt muß im allgemeinen einheitlich betrachtet werden, es sei denn, daß einzelne Teile des Geschehensablaufs objektiv abtrennbar sind. Hat die Polizei die Ermittlungen an die StA oder das Amtsgericht weitergeleitet (§ 163 Abs. 2 StPO) oder auf Weisung der StA gehandelt, so kann an der strafprozessualen Natur ihres Einschreitens kein vernünftiger Zweifel bestehen. Eine Maßnahme, die nach dem Gesamteindruck darauf gerichtet ist, eine strafbare Handlung zu erforschen oder sonst zu verfolgen, ist der Kontrolle der ordentlichen Gerichte nach §§ 23 ff. EGGVG nicht etwa deshalb entzogen, weil durch die polizeilichen Ermittlungen möglicherweise zugleich auch künftigen Verletzungen der öffentlichen Sicherheit vorgebeugt würde.".

1410 Vgl. alle Polizeigesetze in Bund und Ländern sowie §§ 32, 33 PolG des Landes Baden-Württemberg (BW). Zuvor hatte auf dem Rechtsgebiet der Gefahrenabwehr neben dem PolG BW noch das PolG Sachsen in §§ 27, 28(, 29) PolG Sachsen normiert: Sicherstellung, Beschlagnahme (und Einziehung), nunmehr ist im das PolG Sachsen abgelösthabenden Sächsischen Polizeivollzugsdienstgesetz (SächsPVDG) vom 11.05.2019 (SächsGVBl. S. 358) in § 31 SächsPVDG nur noch die „Sicherstellung" normiert.

1411 In diesem Satz stehen Subsumtionsaussagen zu allen in der Rechtsgebietsdefinition ausdrücklich genannten Umständen: Äußerung (Aussage „Beschlagnahme"), Rechtsnormen (aus Polizeigesetzen und StPO/OWiG), Zweck (Strafverfahrenssicherung, insbesondere Beweissicherung).

(VOR/DEF)

Befugnisrechtsnorm ist die rechtmäßige hauptsächliche materiellrechtliche Rechtsgrundlage mit realfolgenentsprechender Rechtsfolge.

(SUB/ERG)

Realfolge ist die Maßnahme laut Sachverhalt.

Rechtsfolge ist die Maßnahme laut Rechtsnorm.

(SUB)

Realfolgen und Rechtsfolgen zu:

Sicherstellung/Beschlagnahme

(SUB)

Realfolgen Sicherstellung/Beschlagnahme:

- Abnahme und Inverwahrungnahme, jeweils ohne Zwang, vgl. § 44 PolG NRW;
- Anordnung von Vorlegen und Auslieferung des Gegenstands, vgl. § 95 StPO;
- Aufbewahrung oder andere Sicherung, vgl. § 44 Abs. 1 PolG NRW;
- Aufbewahrungs-Handlungsverfügung;
- Herausgabe-Handlungsverfügung;
- Belassen der Sache am ursprünglichen Belegenheitsort;
- Berührungs-Unterlassungsverfügung;
- Kennzeichnung mit Siegel (vgl. § 136 StGB);
- Vgl. auch § 111c StPO.

Rechtsfolgen Sicherstellung/Beschlagnahme:

Sicherstellung ist Herstellung eines öffentlich-rechtlichen Verwahrungsverhältnisses oder eines anderen Sicherungsverhältnisses zu einer Sache (PolG NRW, StPO, OWiG) oder zu einem anderen Gegenstand[1412] (StPO, OWiG; PolG NRW analog).

(ERG)

Mögliche Befugnisrechtsnorm zu:

Sicherstellung/Beschlagnahme

(ERG)

Gefahrenabwehr:

- Diverse Spezialbefugnisrechtsnomen
  - § 21 AsylG
  - § 22 eIDKG (Rechtsfolgen: Einziehung und Sicherstellung; sachliche Zuständigkeit: § 6 eIDKG mit Verweis auf § 2 Abs. 2 PAuswG)
  - §§ 42-44 LFGB
  - §§ 13, 19 PaßG
  - § 29 PAuswG (Rechtsfolgen: § 29 Abs. 1: Einziehung, § 29 Abs. 2: Sicherstellung, sachliche Zuständigkeit: § 7 Abs. 3 i.V.m. § 2 Abs. 2 PAuswG, zu den TBV vgl. auch § § 29 Abs. 2 Nr. 1 PAuswG i.V.m. § 1 Abs. 1 S. 3, 4 PAuswG, zur zwangsweisen Durchsetzung: § 30 PAuswG)
  - § 37 Abs. 1 WaffG; § 46 Abs. 4 WaffG
  - vgl. auch: §§ 3, 4, 10-13 VereinsG (Sicherstellung durch Beschlagnahme und Einziehung)[1413]
  - Vgl. auch § 52 VwVfG NRW.
- § 43 PolG NRW (Sicherstellung)

[1412] BVerfGE 113, 29, Ls. 1 (Anwaltsdaten) = BVerfG, Beschluss des Zweiten Senats vom 12.04.2005 – 2 BvR 1027/02 –, Ls. 1: „Die Strafprozessordnung erlaubt die **Sicherstellung und Beschlagnahme von Datenträgern** und hierauf gespeicherten Daten als Beweisgegenstände im Strafverfahren.“, BVerfGE 113, 29, 50 (Anwaltsdaten) = BVerfG, Beschluss des Zweiten Senats vom 12.04.2005 – 2 BvR 1027/02 –, C. II. 2. b), Rn. 100: „§ 94 StPO erlaubt auch die Sicherstellung von Daten auf behördeneigenen

Beschlagnahme ist (in NRW nur außerhalb des PolG NRW) eine spezielle Art der Sicherstellung (vgl. § 111n Abs. 1 StPO und alle Beschlagnahme-Befugnisrechtsnormen), jeweils speziell definiert, vgl. insbesondere:

- §§ 94 Abs. 1, 2 und § 98 Abs. 2 StPO;
- § 111b Abs. 1 StPO;
- § 132 StPO.

Strafrechtspflege (ggf. mit §§ 46, 53 Abs. 1 S. 2 OWiG / § 46 Abs. 3 OWiG):

- § 94 Abs. 1 StPO (Sicherstellung von Gegenständen zu Beweiszwecken);
- § 94 Abs. 1, 2 StPO (Beschlagnahme von Gegenständen zu Beweiszwecken), § 98 (Verfahren bei Beschlagnahme);
- § 94 Abs. 3 StPO (i.V.m. § 111a StPO i.V.m. §§ 69 a, b StGB) Sicherstellung oder Beschlagnahme von Führerscheinen, die der Einziehung unterliegen);
- §§ 99, 100 StPO (Postbeschlagnahme)[1414];
- § 108 StPO (Beschlagnahme anderer Gegenstände – „Zufallsfunde“);
- § 111b StPO (Beschlagnahme zur Sicherung der Einziehung oder Unbrauchbarmachung);
- § 132 StPO (Beschlagnahme bei Nichtbefolgung der Anordnung zur Sicherheitsleistung und Bevollmächtigung zum Zustellungsempfang);
- § 110 StPO (Sichtungsverfahren mit: § 110 Abs. 2 S. 2 [Umschlagverschließung, Ablieferung an StA], § 110 Abs. 3 S. 2 StPO [Datensicherung])[1415].

Datenträgern. Der Wortsinn gestattet es, als ‚**Gegenstand**‘ des Zugriffs auch nichtkörperliche Gegenstände zu verstehen. Der Wortlaut wird durch die Annahme, auch unkörperliche Gegenstände seien von § 94 StPO erfasst, schon im Hinblick auf die Unterscheidung gegenüber dem engeren Begriff der (körperlichen) **Sache** nicht überschritten.“.

1413 Zu **Vereinigungsverboten** allgemein: BVerfGE 149, 160 (Vereinigungsverbot / „Internationale Humanitäre Hilfsorganisation e.V.“ / mittelbare Unterstützung der „Hamas“) = BVerfG, Beschluss des Ersten Senats vom 13.07.2018 – 1 BvR 1474/12.

1414 Vgl. § 99 Abs. 2 StPO, § 100 StPO und frühere Entscheidung des BGH, Beschluss vom 20.02.2019 – BGH, StB 51/18, Rn. 11-13: „Die für die **Beschlagnahme retrograder Postdaten** erforderliche gesetzliche Grundlage ergibt sich nicht aus § 99 StPO, und zwar weder aus einer direkten noch aus einer entsprechenden Anwendung der Vorschrift. Gemäß § 99 StPO ist die **Beschlagnahme der an den Beschuldigten gerichteten Postsendungen** zulässig, die sich im Gewahrsam von Personen oder Unternehmen befinden, die geschäftsmäßig Post- oder Telekommunikationsdienste erbringen oder daran mitwirken. In der sich daraus ergebenden **Verpflichtung zur Herausgabe von Postsendungen** ist nach allgemeiner Meinung als weniger intensiver Eingriff und mithin rechtstechnisch als Minus zugleich die Verpflichtung enthalten, **Auskunft über die Postsendungen** zu erteilen. Falls die Voraussetzungen der Postbeschlagnahme erfüllt sind, kann mithin statt dieser auch lediglich die diese betreffende Auskunft verlangt werden [Quellenangaben]. Diese Möglichkeit stellt sich allerdings lediglich als eine Ausprägung des Verhältnismäßigkeitsgrundsatzes dar und schafft daher keine weitergehenden Zugriffsmöglichkeiten als die Postbeschlagnahme selbst. Nach dem eindeutigen Wortlaut des § 99 Satz 1 StPO erstreckt sich die Auskunftspflicht deshalb - ebenso wie die Herausgabepflicht - nur auf diejenigen Postsendungen, die sich noch im Gewahrsam der Postunternehmen befinden, nicht hingegen auf bereits weitergeleitete [Quellenangaben].“.

1415 BVerfGK 1, 126 = BVerfG, Beschluss der 3. Kammer des Zweiten Senats vom 28.04.2003 – 2 BvR 358/03 –, Rn. 23: „Das **Sichtungsverfahren gemäß § 110 StPO**, bei dem […] Gegenstände auf ihre

(SUB)

Realfolgen und Rechtsfolgen zu:

Sicherstellungsanschlussmaßnahmen/ Beschlagnahmeanschlussmaßnahmen

(SUB)

Realfolgen Sicherstellungsanschlussmaßnahmen /Beschlagnahmeanschlussmaßnahmen:

- Aufbewahren
- Zurückgeben
- Benutzen
- Verbrauchen
- Verkaufen
- Versteigern
- Verschenken.

Rechtsfolgen Sicherstellungsanschlussmaßnahmen /Beschlagnahmeanschlussmaßnahmen:

Sicherstellungsanschlussmaßnahmen bzw. **Beschlagnahmeanschlussmaßnahmen** sind sich an den Dauerakt und das Verhältnis der Sicherstellung anschließende Maßnahmen, insbesondere Sicherstellungsaufrechterhaltungsmaßnahmen und Sicherstellungsaufhebungsmaßnahmen:

- Verwaltung (z.B. Wertminderungsvorbeugungsmaßnahmen),
- Rückgabe (nur StPO),
- Herausgabe,

(ERG)

Mögliche Befugnisrechtsnorm zu:

Sicherstellungsanschlussmaßnahmen /Beschlagnahmeanschlussmaßnahmen

(ERG)

Gefahrenabwehr:

- § 44 PolG NRW (Aufbewahrung, Aufbewahrung oder Sicherung auf andere geeignete Weise, Wertvorbeugungsmaßnahmen);
- § 45 PolG NRW (Verwertung, Unbrauchbarmachung, Vernichtung);
- § 46 PolG NRW (Herausgabe).

Strafrechtspflege (ggf. mit §§ 46, 53 Abs. 1 S. 2, Abs. 2 OWiG / § 46 Abs. 3 OWiG):

- § 111a Abs. 5 StPO (Führerschein-Zurückgabe in Fällen von § 94 Abs. 3 StPO)
- § 75 StGB (Wirkung der Einziehung), vgl. § 111b (Beschlagnahme zur Sicherstellung der Einziehung oder Unbrauchbarmachung);
- § 111d StPO (Rückgabe beweglicher Sachen);
- § 111n (Herausgabe beweglicher

Beweiseignung und Beschlagnahmefähigkeit überprüft werden, bewegt sich zwischen diesen Maßnahmen [Beschlagnahme und Durchsuchung]. Es wird als Teil der Durchsuchung angesehen (vgl. BGHSt 44, 265 <273>). (...) Andererseits ist die Wegnahme von Sachen aus dem Gewahrsam des Betroffenen zur Sichtung nach § 110 StPO in ihrer Wirkung für den Betroffenen der Beschlagnahme angenähert.“. BVerfG, Beschluss der 3. Kammer des Zweiten Senats vom 30.01.2002 – 2 BvR 2248/00 –, Gründe, Rn. 7 f.: „§ 110 StPO schränkt insoweit das Recht auf jederzeitige Nutzung des Notebooks und ungehinderten Zugriff auf die darauf gespeicherten Daten ein. Die Vorschrift gibt der Staatsanwaltschaft Gelegenheit zur Klärung und Entscheidung, ob sichergestellte Unterlagen, wozu auch lesbare Aufzeichnungen von Daten aus der Software von EDV-Anlagen gehören (BGH, CR 1999, S. 292 <293>), zurückzugeben sind oder ob die richterliche Beschlagnahme zu erwirken ist. Diese Phase ist noch zum Vollzug der Durchsuchungsanordnung zu rechnen (BGH, NJW 1995, S. 3397). In welchem Umfang die inhaltliche Durchsicht des u. U. umfangreichen und komplexen Materials notwendig ist, wie sie im Rahmen von § 110 StPO im Einzelnen zu gestalten und wann sie zu beenden ist, unterliegt der Entscheidung der Staatsanwaltschaft (BGH, NJW 1995, S. 3397).“. Zu „**Papieren und elektronischen Speichermedien**“ im Sinne von § 110 StPO: BGH, Beschluss vom 05.08.2003 – 2 BJs 11/03-5 – StB 7/03, Gründe II. 3. b): „Die Vorschrift des § 110 StPO erfasst alle Gegenstände, die wegen ihres Gedankeninhalts Bedeutung haben, namentlich alles private und berufliche Schriftgut, aber auch Mitteilungen und Aufzeichnungen aller Art, gleichgültig auf welchem Informationsträger sie festgehalten sind, somit auch alle elektronischen Datenträger und Datenspeicher.“.

- Verwertung,
- Unbrauchbarmachung,
- Einziehung (nur StPO),
- Vernichtung,
- Notveräußerung (begrifflich nur StPO).

Weitere polizeiliche (Beschlagnahmeanschluss-)Maßnahmenmöglichkeiten im Rahmen der Vollstreckung der Anordnung von Einziehung und Unbrauchbarmachung: § 459g Abs. 3 StPO.

Sachen), § 111o StPO (Verfahren bei der Herausgabe);

- § 111p StPO (Notveräußerung).

Weitere polizeiliche (Beschlagnahmeanschluss-)Maßnahmenmöglichkeiten im Rahmen der Vollstreckung der Anordnung von Einziehung und Unbrauchbarmachung: § 459g Abs. 3 StPO.

(SUB)

Realfolge ist die jeweilige Maßnahme laut Sachverhalt (z.B. das Einbehalten eines bestimmten Gegenstands).

Rechtsfolge ist als Justiz-VA (§ 23 Abs. 1 S. 1 EGGVG)[1416] alternativ:

- § 94 Abs. 1 StPO: **Sicherstellung** eines Gegenstandes (Herstellung eines öffentlich-rechtlichen Verwahrungsverhältnisses oder eines anderen Sicherungsverhältnisses[1417] bei einem Gegenstand[1418] ohne Personengewahrsam oder Freiwilligkeit der Herausgabe) – schwerpunktmäßig zu folgendem Zweck: Beweissicherung.

1416 **Wohnungstüröffnungs-Verfügung** (je nach Rechtsgebiet VA oder Justiz-VA [z.B.: „Bitte öffnen Sie die Tür!“]) kann bspw. wie folgt – insbesondere über den Zweck – zu subsumieren sein:

- § 9 Abs. 2 PolG NRW / § 163 Abs. 3 StPO / § 163a StPO (Zweck: Befragung / Vernehmung).
- § 12 PolG NRW / § 163b Abs. 1 oder § 163b Abs. 2 StPO (Zweck: IDF jedenfalls ohne Wohnungs-Betretens- und Wohnungs-Durchsuchungszweck [z.B.: IDF-Befragung / IDF-Ausweisverlangen an der Tür]).
- § 16a PolG NRW / § 163f StPO / § 163 Abs. 1 S. 2 StPO (Zweck: Observation jedenfalls ohne Wohnungs-Betretens- und Wohnungs-Durchsuchungszweck [z.B.: Datenerhebung von der Tür aus]).
- § 35 PolG NRW / § 127 Abs. 1 S. 1 Alt. 1 StPO / § 127 Abs. 2 i.V.m. § 112/§ 112a/§ 126a; § 127b StPO; § 164 StPO (Zweck: Ingewahrsamnahme / Festnahme jedenfalls ohne Wohnungs-Betretens- und Wohnungs-Durchsuchungszweck [z.B.: Ingewahrsamnahme / Festnahme an der Tür]).
- § 41 PolG NRW / § 102 StPO oder § 103 StPO (Zweck: Wohnungsbetreten und/oder Wohnungsdurchsuchung).
- § 43 PolG NRW / § 94 Abs. 1 StPO / § 94 Abs. 1, 2 StPO / §§ 94 Abs. 3, 111a StPO, § 69 StGB / §§ 99, 100 StPO / § 108 StPO (§ 110 StPO); / § 111b StPO / § 132 StPO (Zweck: Sicherstellung/Beschlagnahme jedenfalls ohne Wohnungs-Betretens- und Wohnungs-Durchsuchungszweck [z.B.: Sicherstellung/Beschlagnahme an der Tür).
- § 81a StPO / § 81c StPO / § 81g StPO / § 81h StPO (Zweck: der jeweilige „Untersuchungs“-Zweck jedenfalls ohne Wohnungs-Betretens- und Wohnungs-Durchsuchungszweck [z.B.: „Untersuchung“ an der Tür]).
- § 8 Abs. 1 PolG NRW / § 163 Abs. 1 S. 2 StPO (Zweck: jedenfalls ein nicht besonders geregelter Zweck jedenfalls ohne Wohnungs-Betretens- und Wohnungs-Durchsuchungszweck).

1417 BGHSt 15, 149 = BGH, Urteil vom 11.10.1960 – 5 StR 333/60, Leitsatz: „Im strafprozessualen Beschlagnahmeverfahren ist ein Beweismittel erst dann [...] ‚in Beschlag genommen‘, wenn es in Verwahrung genommen oder sonst sichergestellt ist.“.

1418 **Gegenstand** ist jede beschlagnahmefähige Entität, über den engeren Sachenbegriff, vgl. §§ 90, 90a BGB, hinaus. BVerfGE 113, 29, 50 (Anwaltsdaten) = BVerfG, Beschluss des Zweiten Senats vom 12.04.2005 – 2 BvR 1027/02 –, C. II. 2. b), Rn. 100: „§ 94 StPO erlaubt auch die Sicherstellung von

- § 94 Abs. 1, 2 StPO: **Beschlagnahme** eines Gegenstandes (Herstellung eines öffentlich-rechtlichen Verwahrungsverhältnisses oder eines anderen Sicherungsverhältnisses[1419] bei einem Gegenstand[1420] im Personengewahrsam und zugleich nichtfreiwilliger Herausgabe) – schwerpunktmäßig zu folgendem Zweck: Beweissicherung.

(dann) nicht (schwerpunktmäßig):

- §§ 99, 100 StPO (Postbeschlagnahme zwecks Beweissicherung)[1421];
- § 108 StPO (Beschlagnahme von Gegenstand bzgl. anderer Straftat als aus Durchsuchungsanlassuntersuchung);
- § 110 StPO ([zu irgendeinem Strafrechtspflegezweck gebotenes] Sichtungsverfahren, ggf. mit: § 110 Abs. 2 S. 2 [Umschlagverschließung, Ablieferung an StA], § 110 Abs. 3 S. 2 StPO [Datensicherung bei elektronischem Speichermedium zwecks Beweissicherung]);
- § 111b StPO (Beschlagnahme von Gegenstand zwecks Sicherung der Einziehung oder Unbrauchbarmachung)[1422];
- §§ 94 Abs. 3, 111a StPO, § 69 StGB (Sicherstellung oder Beschlagnahme von Führerschein zwecks Fahrerlaubnisentziehungssicherung);

Daten auf behördeneigenen Datenträgern. Der Wortsinn gestattet es, als ‚**Gegenstand**' des Zugriffs auch nichtkörperliche Gegenstände zu verstehen. Der Wortlaut wird durch die Annahme, auch unkörperliche Gegenstände seien von § 94 StPO erfasst, schon im Hinblick auf die Unterscheidung gegenüber dem engeren Begriff der (körperlichen) **Sache** nicht überschritten.".

1419 BGHSt 15, 149 = BGH, Urteil vom 11.10.1960 – 5 StR 333/60, Leitsatz: „Im strafprozessualen Beschlagnahmeverfahren ist ein Beweismittel erst dann […] ‚in Beschlag genommen', wenn es in Verwahrung genommen oder sonst sichergestellt ist.".

1420 **Gegenstand** ist jede beschlagnahmefähige Entität, über den engeren Sachenbegriff, vgl. §§ 90, 90a BGB, hinaus. BVerfGE 113, 29, 50 (Anwaltsdaten) = BVerfG, Beschluss des Zweiten Senats vom 12.04.2005 – 2 BvR 1027/02 –, C. II. 2. b), Rn. 100: „§ 94 StPO erlaubt auch die Sicherstellung von Daten auf behördeneigenen Datenträgern. Der Wortsinn gestattet es, als ‚**Gegenstand**' des Zugriffs auch nichtkörperliche Gegenstände zu verstehen. Der Wortlaut wird durch die Annahme, auch unkörperliche Gegenstände seien von § 94 StPO erfasst, schon im Hinblick auf die Unterscheidung gegenüber dem engeren Begriff der (körperlichen) **Sache** nicht überschritten.".

1421 Vgl. § 99 Abs. 2 StPO, § 100 StPO und frühere Entscheidung des BGH, Beschluss vom 20.02.2019 – BGH, StB 51/18, Rn. 11-13: „Die für die **Beschlagnahme retrograder Postdaten** erforderliche gesetzliche Grundlage ergibt sich nicht aus § 99 StPO, und zwar weder aus einer direkten noch aus einer entsprechenden Anwendung der Vorschrift. Gemäß § 99 StPO ist die **Beschlagnahme der an den Beschuldigten gerichteten Postsendungen** zulässig, die sich im Gewahrsam von Personen oder Unternehmen befinden, die geschäftsmäßig Post- oder Telekommunikationsdienste erbringen oder daran mitwirken. In der sich daraus ergebenden **Verpflichtung zur Herausgabe von Postsendungen** ist nach allgemeiner Meinung als weniger intensiver Eingriff und mithin rechtstechnisch als Minus zugleich die Verpflichtung enthalten, **Auskunft über die Postsendungen** zu erteilen. Falls die Voraussetzungen der Postbeschlagnahme erfüllt sind, kann mithin statt dieser auch lediglich die diese betreffende Auskunft verlangt werden [Quellenangaben]. Diese Möglichkeit stellt sich allerdings lediglich als eine Ausprägung des Verhältnismäßigkeitsgrundsatzes dar und schafft daher keine weitergehenden Zugriffsmöglichkeiten als die Postbeschlagnahme selbst. Nach dem eindeutigen Wortlaut des § 99 Satz 1 StPO erstreckt sich die Auskunftspflicht deshalb - ebenso wie die Herausgabepflicht - nur auf diejenigen Postsendungen, die sich noch im Gewahrsam der Postunternehmen befinden, nicht hingegen auf bereits weitergeleitete [Quellenangaben].".

1422 Rechtsfolgenplus der Einziehungssicherungs-/Unbrauchbarmachungs-Beschlagnahme über Beweissicherungs- und Strafverfahrenssicherungs-Beschlagnahme hinaus: Gemäß § 111d Abs. 1 StPO (vgl. auch § 26 Abs. 3 OWiG) hat die Beschlagnahmevollziehung zur Einziehungssicherung die Wirkung eines Veräußerungsverbots i.S.d. § 136 BGB.

- § 132 StPO (Beschlagnahme [bei Nichtbefolgung von Sicherheitsleistungs-/Zustellungsbevollmächtigungsanordnung] zwecks Strafverfahrensdurchführungssicherung).

(ERG)

Mögliche Befugnisrechtsnorm ist § 94 StPO[1423].

B. Formelle Rechtmäßigkeit (FR) I. Zuständigkeit (Z)

(VOR/DEF)

Zuständigkeit ist Aufgabenwahrnehmungserlaubnis für den Rechtsfolgesetzer.

Zuständigkeit für Straftatenerforschung/StPO

(SUB/ERG)

Für die Maßnahme ist die Zuständigkeit (i.d.R.) wie folgt gegeben:

1. sachliche Zuständigkeit *der Polizei* gemäß

- § 163 Abs. 1 S. 1 StPO;

2. instanzielle Zuständigkeit *der Polizeibehörde* gemäß

- (i.d.R.) § 11 Abs. 1 Nr. 2 Alt. 1 POG NRW i.V.m. KPBVO NRW;
- (generell:) §§ 10-14 POG NRW (ggf. i.V.m. LKAAufgVO NRW);

3. örtliche Zuständigkeit *der Polizeibehörde* gemäß

- (i.d.R.) § 7 Abs. 1 S. 1 POG NRW (ggf. i.V.m. KHStVO NRW);
- (generell: §§ 7-9 POG NRW[1424]) (ggf. i.V.m. KHStVO NRW);

4. funktionelle Zuständigkeit *des Polizeiamtswalters* gemäß (alternativ)

- § 94 StPO i.V.m. § 163 Abs. 1 S. 2 W. 5 StPO i.V.m. § 163 Abs. 1 S. 1 W. 1-6 StPO für die Sicherstellung, also der Behörden und Beamten des Polizeidienstes für die Sicherstellungsanordnung und Sicherstellungsausführung.
- § 98 Abs. 1 S. 1 StPO für die Beschlagnahmeanordnung, hier der StA-Ermittlungspersonen i.S.d. § 152 Abs. 2 GVG i.V.m. EPVO NRW – außer im Fall von Beschlagnahme nach § 97 Abs. 5 S. 2 StPO in den Räumen einer Redaktion, eines Verlages, einer Druckerei oder

---

1423 Abgrenzungskriterien zwischen den möglichen Befugnisrechtsnormen für Sicherstellung/Beschlagnahme auf dem Rechtsgebiet der Strafrechtspflege sind insbesondere: Gegenstand (z.B.: allgemein; Post; Füherschein); Gegenstandsauffinde-Situation (z.B.: Post; bei anderer Untersuchung; elektronisches Speichermedium beim Sichtungsverfahren; Nichtbefolgung von Sicherheitsleistungsanordnung), vgl. z.B. §§ 99, 100; § 108 StPO; § 110 Abs. 3 S. 2 StPO; Zweck (z.B.: Beweissicherung; Einziehungssicherung; Strafverfahrensdurchführungssicherung).

1424 Vgl. auch zu § 9 Abs. 1 S. 1 Nr. 5 POG NRW: Abkommen zwischen den Ländern der Bundesrepublik Deutschland über die erweiterte Zuständigkeit der Polizei der Länder bei der Strafverfolgung.

einer Rundfunkanstalt, in denen nach § 98 Abs. 1 S. 2 StPO wegen ausschließlicher Gerichtsanordnungszuständigkeit Anordnungsunzuständigkeit für Polizeiamtswalter besteht[1425];

- § 98 Abs. 2 S. 1 StPO für die Beschlagnahmeausführung, hierbei jedenfalls durch jeden Beamten oder sonstigen Polizeiamtswalter.

Zuständigkeit für Ordungswidrigkeitenerforschung/OWiG

(VOR/DEF)

Zuständigkeit ist Aufgabenwahrnehmungserlaubnis für den Rechtsfolgesetzer.

(SUB/ERG)

Für die Maßnahme ist die Zuständigkeit (i.d.R.) wie folgt gegeben:

1. sachliche Zuständigkeit *der Polizei* gemäß

- §§ 35, 36 OWiG;
  - i.V.m. § 1 Abs. 2 Teil-3-OWiGZVO NRW: PB – solange Nicht-Abgabe an OB – für Verfolgung von Owi nach: §§ 111, 117-121 OWiG;
  - i.V.m. § 1 Abs. 3 Teil-3-OWiGZVO NRW: KPB für Verfolgung und Ahndung von Owi nach §§ 113, 115 OWiG bei polizeilichen Gewahrsams-Gefangenen, § 127 OWiG bei öffentlichen Urkunden und Beglaubigungszeichen;
  - i.V.m. § 2b ÖffVereinsRZVO NRW: KBP für die Verfolgung und Ahndung von Owi nach § 23 VereinsGDV;
  - i.V.m. § 1 Abs. 2 VerkehrsOwiZVO NRW: PB – solange Nicht-Abgabe an KOB oder StA – für Verfolgung von Owi nach §§ 23, 24, 24a und 24c StVG;
  - i.V.m. § 2 VersGZVO NRW: KPB für die Verfolgung und Ahndung von Owi nach § 29 VersG;
  - i.V.m. § 5 WaffGDVO NRW: KPB für die Verfolgung und Ahndung von Owi nach § 53 WaffG;
- § 53 OWiG;

2. instanzielle Zuständigkeit *der Polizeibehörde* gemäß

- § 11 Abs. 1 Nr. 2 Alt. 2 POG NRW i.V.m. KPBVO NRW (generell: §§ 10-14 POG NRW) [bei §§ 35, 36 OWiG];
  - i.V.m. § 1 Abs. 2 Teil-3-OWiGZVO NRW: PB – solange Nicht-Abgabe an OB – für Verfolgung von Owi nach: §§ 111, 117-121 OWiG;
  - i.V.m. § 1 Abs. 3 Teil-3-OWiGZVO NRW: KPB für Verfolgung und Ahndung von Owi nach §§ 113, 115 OWiG bei polizeilichen Gewahrsams-Gefangenen, § 127 OWiG bei öffentlichen Urkunden und Beglaubigungszeichen;

[1425] Vgl. BGH, Beschluss vom 13.01.1999 – StB 14/98 (Ermittlungsrichter): „Der besondere Richtervorbehalt, der für Beschlagnahmen in Redaktionsräumen gilt und auch bei Gefahr im Verzug eine Notfallkompetenz der Staatsanwaltschaft ausschließt, gilt entsprechend für Durchsuchungen solcher Räume. Zu diesen Räumen gehört nicht das gegenüber der Redaktion räumlich und sachlich getrennte Büro eines freien journalistischen Mitarbeiters. Insoweit besteht bei Gefahr im Verzug die allgemeine Notfallkompetenz der Staatsanwaltschaft und ihrer Hilfsbeamten [alter Gesetzeswortlaut für Ermittlungspersonen der Staatsanwaltschaft, P. B.].“.

- i.V.m. § 2b ÖffVereinsRZVO NRW: KBP für die Verfolgung und Ahndung von Owi nach § 23 VereinsGDV;
- i.V.m. § 1 Abs. 2 VerkehrsOwiZVO NRW: PB – solange Nicht-Abgabe an KOB oder StA – für Verfolgung von Owi nach §§ 23, 24, 24a und 24c StVG;
- i.V.m. § 2 VersGZVO NRW: KPB für die Verfolgung und Ahndung von Owi nach § 29 VersG;
- i.V.m. § 5 WaffGDVO NRW: KPB für die Verfolgung und Ahndung von Owi nach § 53 WaffG;

3. örtliche Zuständigkeit *der Polizeibehörde* gemäß

- (bei §§ 35, 36 OWiG:) § 37 OWiG;
- (generell:) §§ 7-9 POG NRW;

4. funktionelle Zuständigkeit *des Polizeiamtswalters* gemäß (alternativ)

- § 94 StPO i.V.m. § 163 Abs. 1 S. 1 W. 1-6 StPO i.V.m. § 53 Abs. 1 S. 1 W. 1-6 OWiG für die Sicherstellung, also der Behörden und Beamten des Polizeidienstes für die Sicherstellungsanordnung und Sicherstellungsausführung.
- § 98 Abs. 1 S. 1 StPO i.V.m. § 53 Abs. 2 StPO für die Beschlagnahmeanordnung, hier der StA-Ermittlungspersonen i.S.d. § 152 Abs. 2 GVG i.V.m. EPVO NRW – außer im Fall von Beschlagnahme nach § 97 Abs. 5 S. 2 StPO in den Räumen einer Redaktion, eines Verlages, einer Druckerei oder einer Rundfunkanstalt, in denen nach § 98 Abs. 1 S. 2 StPO wegen ausschließlicher Gerichtsanordnungszuständigkeit Anordnungsunzuständigkeit für Polizeiamtswalter besteht;
- § 98 Abs. 2 S. 1 StPO i.V.m. § 53 Abs. 1 S. 1 W. 1-6 OWiG für die Beschlagnahmeausführung, hierbei jedenfalls durch jeden Beamten oder sonstigen Polizeiamtswalter.

B. Formelle Rechtmäßigkeit (FR) II. Verfahren (V)[1426]

(VOR/DEF)

Verfahren ist normiertes Verhalten insbesondere für den Rechtsfolgezuständigen außer, bei, i.Z.m. der Rechtsfolge.

[1426] Vgl. auch Art. 46 GG (Abs. 1: **Abgeordnetenindemnität**; Abs. 2-4: **Abgeordnetenimmunität** – mit **Bundestagsgenehmigungsvorbehalt**); Art. 47 Verfassung NRW (**Abgeordnetenindemnität**), Art. 48 Verfassung NRW (**Abgeordnetenimmunität** – mit **Landtagsgenehmigungsvorbehalt**); Art. 60 Abs. 4 GG (**Bundespräsidentenimmunität**); Art. 40 Abs. 2 S. 1 GG (**Bundestagspräsidentengenehmigungsvorbehalt** für Durchsuchung oder Beschlagnahme in Bundestagsräumen); Art. 49 Abs. 2 Verfassung NRW (**Landtagspräsidentengenehmigungsvorbehalt** für Durchsuchung oder Beschlagnahme in Landtagsräumen); zum Abgeordneten vgl. auch: Art. 47 GG, Art. 49 Abs. 1 Verfassung NRW (**Abgeordneten-Zeugnisverweigerungsrecht** und zeugnisverweigerungsrechtentsprechendes **Abgeordneten-Schriftstückebeschlagnahmeverbot**). Vgl. auch §§ 18, 21 GVG i.V.m. DiplBezÜbkG i.V.m. Art. 22, 23, 24, 30 WÜD; §§ 19, 21 GVG i.V.m. KonsÜbkG i.V.m. Art. 27, 31, 33, 55, 59 WÜK.

1. (zur Beschlagnahme alternative) StPO-Verfahrensrechtsnormen bzgl. Sicherstellungs-Justiz-VA nach § 94 Abs. 1 StPO (ohne §§ 94 Abs. 2, 98 StPO)

(VOR/DEF)

a) § 107 S. 2 StPO: Verzeichnis oder Bescheinigung

Gemäß § 107 S. 2 StPO ist dem [von einer Durchsuchung] Betroffenen auf Verlangen ein Verzeichnis der in Verwahrung oder in Beschlag genommenen Gegenstände, falls aber nichts Verdächtiges gefunden wird, eine Bescheinigung hierüber zu geben[1427].

(SUB/ERG)

Im konkreten Fall ist § 107 S. 2 StPO (alternativ)

- bei Vorliegen von entsprechenden Anhaltspunkten / Fehlen entgegenstehender Anhaltspunkte eingehalten.
- bei Vorliegen von entsprechenden Anhaltspunkten nicht eingehalten.

(VOR/DEF)

b) § 109 StPO: Verzeichnung und Kenntlichmachung

Gemäß § 109 StPO sind die in Verwahrung oder in Beschlag genommenen Gegenstände genau zu verzeichnen und zur Verhütung von Verwechslungen durch amtliche Siegel oder in sonst geeigneter Weise kenntlich zu machen.

(SUB/ERG)

Im konkreten Fall ist § 109 StPO (alternativ)

- bei Vorliegen von entsprechenden Anhaltspunkten / Fehlen entgegenstehender Anhaltspunkte eingehalten.
- bei Vorliegen von entsprechenden Anhaltspunkten nicht eingehalten.

(VOR/DEF)

c) § 33 StPO analog: Anhörung

Gemäß § 33 StPO analog besteht Pflicht zur **Anhörung** bzw. **Gewährung rechtlichen Gehörs** vor einer Entscheidung, jedenfalls bevor zum Beteiligten-Nachteil Tatsachen oder Beweisergebnisse ohne Anhörung verwertet werden – oder es soll gegeben sein: ein Ausnahmegrund der Zweckgefährdung/Gefahr im Verzug nach § 33 Abs. 4 StPO analog.

[1427] KG Berlin, Beschluss vom 05.09.2008 – 2 Ws 408/08, Leitsätze: „1. Ein Strafgefangener hat keinen Anspruch auf Erteilung einer sog. **Negativbescheinigung** über eine ergebnislose Haftraumdurchsuchung. 2. § 107 Satz 2 StPO ist auf die Durchsuchung des Haftraums gemäß § 84 Abs. 1 Satz 1 StVollzG nicht entsprechend anwendbar.“.

Gefahr im Verzug i.S.d. § 33 StPO ist gegeben, wenn der Handlungsbedarf unvorhergesehen ist und bei Durchführung der eigentlich vorgesehenen Maßnahme, hier der Anhörung, der gesetzliche Zweck, hier der jeweilige aus der Aufgabe des § 163 Abs. 1 S. 1 StPO und aus der Befugnisrechtsnorm (§ 94 Abs. 1 StPO), vereitelt oder wesentlich erschwert wird.

(SUB/ERG)

Im konkreten Fall ist § 33 StPO analog (alternativ)

- eingehalten insbesondere bei Gelegenheit zur Stellungnahme i.S.d. § 33 StPO analog;
- eingehalten bei Nichteinhaltung von § 33 Abs. 1, 3 StPO analog und Ausnahmegrund gemäß § 33 Abs. 4 StPO analog;
- nicht eingehalten insbesondere bei Fehlen von Gelegenheit zur Stellungnahme ohne Ausnahmegrund i.S.d. § 33 StPO analog;
- sonst eingehalten oder nicht eingehalten bei Anhaltspunkten / Fehlen entgegenstehender Anhaltspunkte.

(VOR/DEF)

d) § 168b StPO: Protokollierung

Gemäß § 168b StPO besteht Pflicht zur **Protokollierung** bzw. zum **Protokoll** über ermittlungsbehördliche Untersuchungshandlungen, wonach gemäß § 168b Abs. 1 StPO das Ergebnis der Untersuchungshandlungen der Ermittlungsbehörden aktenkundig zu machen ist.

(SUB/ERG)

Im konkreten Fall ist § 168b StPO (alternativ)

- eingehalten insbesondere bei Protokoll über (das Ergebnis über) behördliche Untersuchungshandlungen i.S.d. §168b StPO;
- eingehalten bei Nichteinhaltung von § 168b StPO mit Ausnahmegrund;
- nicht eingehalten insbesondere bei Fehlen von Protokoll über (das Ergebnis über) behördliche Untersuchungshandlungen ohne Ausnahmegrund;
- sonst eingehalten oder nicht eingehalten bei Anhaltspunkten / Fehlen entgegenstehender Anhaltspunkte.

2. (zur bloßen Sicherstellung nach § 94 Abs. 1 StPO alternative) StPO-Verfahrensrechtsnormen bzgl. Beschlagnahme-Justiz-VA nach §§ 94 Abs. 1, 2 und 98 StPO[1428])

(VOR)

a) § 98 Abs. 1 S. 1 StPO: Richteranordnung oder StA-Anordnung

Gemäß § 98 Abs. 1 S. 1 StPO dürfen Beschlagnahmen nur durch das Gericht, bei Gefahr im Verzug auch durch die Staatsanwaltschaft und ihre Ermittlungspersonen (§ 152 GVG) angeordnet werden.

(DEF)

Gefahr im Verzug i.S.d. § 98 Abs. 1 S. 1 StPO ist eine Sachlage im einzelnen Fall mit unvorhergesehenem Handlungsbedarf, wenn die Durchführung der eigentlich vorgesehenen Maßnahme, vgl. § 98 Abs. 1 S. 1 StPO, den gesetzlichen Zweck, vgl. § 94 Abs. 1 StPO (Beweismittelsicherung), vereiteln oder wesentlich erschweren würde.[1429]

Gefahr im Verzug i.S.d. § 98 Abs. 1 S. 1 StPO ist auch gegeben, wenn im konkreten Fall zulässigerweise kein Richterdienst vorhanden ist oder wenn vorhandener richterlicher Bereitschaftsdienst unter zulässiger Anrufwege **unverzüglich** (vgl. auch § 121 Abs. 1 S. 1 BGB) vergeblich zu erreichen versucht wird und eine weitere Verzögerung den gesetzlichen Beschlagnahmezweck gefährden, also wesentlich erschweren oder vereiteln würde.[1430]

[1428] Vgl. auch § 98 Abs. 1 S. 2 StPO und BGH, Beschluss vom 13.01.1999 – StB 14/98 (Ermittlungsrichter): „Der besondere Richtervorbehalt, der für Beschlagnahmen in Redaktionsräumen gilt und auch bei Gefahr im Verzug eine Notfallkompetenz der Staatsanwaltschaft ausschließt, gilt entsprechend für Durchsuchungen solcher Räume. Zu diesen Räumen gehört nicht das gegenüber der Redaktion räumlich und sachlich getrennte Büro eines freien journalistischen Mitarbeiters. Insoweit besteht bei Gefahr im Verzug die allgemeine Notfallkompetenz der Staatsanwaltschaft und ihrer Hilfsbeamten [alter Gesetzeswortlaut für Ermittlungspersonen der Staatsanwaltschaft, P. B.].".

[1429] BVerfGE 151, 67 (Richtervorbehalt, Bereitschaftsdienst, Nachtzeit/Tageszeit i.S.v. § 104 Abs. 3 StPO) = BVerfG, Beschluss des Zweiten Senats vom 12.03.2019 – 2 BvR 675/14 –, Rn. 55: „Art. 13 Abs. 2 Halbsatz 2 GG lässt es zu, dass Durchsuchungen bei Gefahr im Verzugauch durch die in den Gesetzen vorgesehenen anderen Organe – bei der strafprozessualen Durchsuchung gemäß § 105 Abs. 1 Satz 1 Halbsatz 2 StPO durch die Staatsanwaltschaft und ihre **Ermittlungspersonen** (§ 152 GVG) – angeordnet werden dürfen. Wortlaut und Systematik des Art. 13 Abs. 2 GG belegen indes, dass die **richterliche Durchsuchungsanordnung** die Regel und die nichtrichterliche die Ausnahme sein soll (vgl. BVerfGE 103, 142 <153>; 139, 245 <269 Rn. 69>). […] Demgemäß ist der Begriff ‚Gefahr im Verzug' im Sinne des Art. 13 Abs. 2 GG eng auszulegen. **Gefahr im Verzug** ist nur anzunehmen, wenn die richterliche Anordnung nicht mehr eingeholt werden kann, ohne dass der Zweck der Maßnahme – regelmäßig die Sicherung von Beweismitteln – gefährdet würde (vgl. BVerfGE 51, 97 <111>; 103, 142 <153 f.>; 139, 245 <269 Rn. 69>).".

[1430] BVerfGE 151, 67 (Richtervorbehalt, Bereitschaftsdienst, Nachtzeit/Tageszeit i.S.v. § 104 Abs. 3 StPO) = BVerfG, Beschluss des Zweiten Senats vom 12.03.2019 – 2 BvR 675/14 –, Ls. 2: „Zu den Anforderungen an einen dem Gebot der praktischen Wirksamkeit des Richtervorbehalts entsprechenden **richterlichen Bereitschaftsdienst** gehört die uneingeschränkte Erreichbarkeit eines Ermittlungsrichters bei Tage, auch außerhalb der üblichen Dienststunden. Die **Tageszeit** umfasst dabei ganzjährig die Zeit zwischen 6 Uhr und 21 Uhr. Während der **Nachtzeit** ist ein ermittlungsrichterlicher Bereitschaftsdienst jedenfalls bei einem Bedarf einzurichten, der über den Ausnahmefall hinausgeht.", Ls. 3: „Ob und inwieweit ein über den Ausnahmefall hinausgehender Bedarf an nächtlichen Durchsuchungsanordnungen die Einrichtung eines **ermittlungsrichterlichen Bereitschaftsdienstes** zur Nachtzeit erfordert, haben die Gerichtspräsidien nach pflichtgemäßem Ermessen in eigener Verantwortung zu entscheiden. Für die Art und Weise der Bedarfsermittlung steht ihnen ein Beurteilungs- und Prognosespielraum zu.", Rn. 56: „Die Strafverfolgungsbehörden müssen dementsprechend regelmäßig versuchen, eine Anordnung des zuständigen Richters zu erlangen, bevor sie eine Durchsuchung beginnen. Nur in Ausnahmesituationen, wenn schon die zeitliche Verzögerung wegen eines solchen Versuchs den Erfolg der Durchsuchung gefährden würde, dürfen sie selbst die Anordnung wegen Gefahr im Verzug treffen, ohne sich zuvor um eine richterliche Entscheidung bemüht zu haben."; BVerfGE 139, 245 (Eilkompetenz der Ermittlungsbehörden) = BVerfG, Beschluss des Zweiten Senats vom 16.06.2015 - 2 BvR 2718/10, Rn. 83: „Scheitert hingegen der Versuch der Befassung des Gerichts mit dem Antrag auf Erlass einer Durchsuchungsanordnung, weil der zuständige Richter nicht erreicht werden kann und infolgedessen ein Beweismittelverlust droht, kommt ein Rückgriff auf die Eilkompetenz der Ermittlungsbehörden gemäß Art. 13 Abs. 2, 2. Halbsatz GG in Betracht.", Ls. 2 [zum **Eilzuständigkeitsende der Ermittlungsbehörden**]: „Mit der Befassung des zuständigen Ermittlungs- oder Eilrichters durch die Stellung eines Antrags auf Erlass einer Durchsuchungsanordnung und der dadurch eröffneten Möglichkeit präventiven Grundrechtsschutzes durch den Richter endet die Eilkompetenz der Ermittlungsbehörden.", Rn. 79: „Entscheidend ist dabei nicht der Zeitpunkt, zu dem die Staatsanwaltschaft den Entschluss fasst, eine richterliche Durchsuchungsanordnung zu beantragen, sondern der Zeitpunkt, in dem das Gericht mit dem Antrag auf Erlass einer Durchsuchungsanordnung befasst wird [**richterliche Befassung** oder **Gerichtsbefassung**, P. B.]. Dies ist der Fall, wenn die Staatsanwaltschaft [oder die Polizei, P. B.] dem zuständigen Richter den Antrag tatsächlich unterbreitet hat, so dass dieser in eine erste Sachprüfung eintreten kann.", Rn. 80: „Nicht entscheidend für den Zeitpunkt des Entfallens der Eilkompetenz der Staatsanwaltschaft ist dagegen der tatsächliche Beginn der sachlichen Prüfung durch das Gericht oder gar die endgültige gerichtliche Entscheidung.", Rn. 82: „Auch soweit während des durch den Richter in Anspruch genommenen Entscheidungszeitraums nach dessen Befassung die Gefahr eines Beweismittelverlusts eintritt, etwa weil dieser auf ein mündlich gestelltes Durchsuchungsbegehren hin die Vorlage schriftlicher Antragsunterlagen oder einer Ermittlungsakte fordert, Nachermittlungen anordnet oder schlicht bis zum Eintritt der Gefahr eines Beweismittelverlusts noch nicht entschieden hat, lebt die Eilkompetenz der Ermittlungsbehörden nicht wieder auf. Dies gilt unabhängig davon, aus welchen Gründen die richterliche Entscheidung über den Durchsuchungsantrag unterbleibt.", Ls. 3: „Die Eilkompetenz der Ermittlungsbehörden kann nur dann neu begründet werden, wenn nach der Befassung des Richters tatsächliche Umstände eintreten oder bekannt werden, die sich nicht aus dem Prozess der Prüfung und Entscheidung über diesen Antrag ergeben, und hierdurch die Gefahr eines Beweismittelverlusts in einer Weise begründet wird, die der Möglichkeit einer rechtzeitigen richterlichen Entscheidung entgegensteht.", Ls. 4: „Auf die Ausgestaltung der justizinternen Organisation kann die Eilzuständigkeit der Ermittlungsbehörden nicht gestützt werden.", Rn. 70: „Die daraus folgende Pflicht der Ermittlungsbehörden, sich regelmäßig um eine Durchsuchungsanordnung des zuständigen Richters zu bemühen, wird nicht durch den abstrakten Hinweis verzichtbar, eine richterliche Entscheidung sei zur maßgeblichen Zeit üblicherweise nicht mehr zu erreichen (vgl. BVerfGK 5, 74 <78>; 7, 392 <395>). Reine Spekulationen, hypothetische Erwägungen oder lediglich auf kriminalistische Alltagserfahrungen gestützte, fallunabhängige Vermutungen reichen ebenfalls nicht aus, um die Annahme von Gefahr im Verzug zu begründen (vgl. BVerfGE 103, 142 <155>; BVerfGK 2, 310 <315>). Auch schließt das verfassungsrechtliche Gebot, dem Ausnahmecharakter der Eilkompetenz Rechnung zu tragen, aus, mit dem Antrag auf Erlass einer Durchsuchungsanordnung zu warten, bis die Gefahr eines Beweismittelverlusts eingetreten ist. Selbst herbeigeführte tatsächliche Voraussetzungen können die Eilkompetenz der Staatsanwaltschaft und ihrer Ermittlungspersonen nicht begründen (vgl. BVerfGK 5, 74 <78>).", Rn. 71: „Stattdessen sind bei der Beurteilung der Frage, ob der Versuch, eine richterliche Entscheidung herbeizuführen, unterbleiben darf, weil bereits die damit verbundene zeitliche Verzögerung den Erfolg der Durchsuchung gefährden würde, die konkreten Umstände des jeweiligen Einzelfalles in Rechnung zu stellen. Die Ermittlungsbehörden haben insbesondere die Komplexität der im Rahmen der Durchsuchungsanordnung zu prüfenden tatsächlichen und rechtlichen Fragen und den insoweit erforderlichen Zeitaufwand zu berücksichtigen. Daneben haben sie aber auch in ihre Überlegungen einzubeziehen, dass die Vorlage

(SUB/ERG)

Im konkreten Fall ist § 98 Abs. 1 S. 1 StPO (alternativ)

- bei Vorliegen von entsprechenden Anhaltspunkten / Fehlen entgegenstehender Anhaltspunkte eingehalten.
- bei Vorliegen von entsprechenden Anhaltspunkten nicht eingehalten.

In der Regel kann von rechtmäßiger Beschlagnahmeanordnung ausgegangen werden – auch mit der Begründung von Gefahr im Verzug, allgemein insbesondere aus folgenden Gründen:

- im anderen Fall als dem der sofortigen Beschlagnahme besteht solange und soweit fortgesetzte Zugriffsmöglichkeit des mutmaßlich im Zusammenhang mit einem Delikt Besitzenden;
- im anderen Fall als dem der sofortigen Beschlagnahme würde solange und soweit Beweissicherung unterbleiben bzw. dieser Zweck zumindest teilweise verfehlt;
- im anderen Fall als dem der sofortigen Beschlagnahme würde unter Umständen zunächst ermöglicht: weitere Tatbeendigung im materiellen Sinne gemäß Verdacht im konkreten Fall durch weiteres deliktisches Besitzen, Nutzen, Verwerten.

(VOR)

b) § 98 Abs. 2 S. 1 StPO: Beschlagnahmebestätigung

Gemäß § 98 Abs. 2 S. 1 StPO soll der Beamte, der einen Gegenstand ohne gerichtliche Anordnung beschlagnahmt hat, binnen drei Tagen die gerichtliche Bestätigung beantragen, wenn bei der Beschlagnahme weder der davon Betroffene noch ein erwachsener Angehöriger anwesend war oder wenn der Betroffene und im Falle seiner Abwesenheit ein erwachsener Angehöriger des Betroffenen gegen die Beschlagnahme ausdrücklichen Widerspruch erhoben hat.

(DEF)

Beschlagnahmebetroffener ist der Gewahrsaminhaber zum Zeitpunkt der Beschlagnahme im Sinne von § 94 Abs. 2 StPO und § 95 StPO sowie der zur Beschlagnahmezeit mutmaßlich (sonst) Berechtigte[1431], vgl. z.B.:

- **Eigentum**, § 903 BGB, vgl. insbesondere auch §§ 929-936 BGB, §§ 937-945 BGB, §§ 858 f. BGB, §§ 985-1007 BGB, § 1006 BGB;
- **Besitz**, vgl. insbesondere auch §§ 854-872 BGB, vgl. auch § 273 BGB, § 320 BGB, §§ 812-822, § 858 f. BGB, §§ 985-1007 BGB, § 1006 BGB;

---

schriftlicher Unterlagen zur Herbeiführung einer richterlichen Eilentscheidung zumindest nicht ausnahmslos erforderlich ist. Jedenfalls in einfach gelagerten Fällen, in denen allein aufgrund der **mündlichen Darstellung des Sachverhalts** eine sachangemessene Entscheidung möglich ist, würde ein solches Erfordernis weder der gesetzlichen Intention noch der Bedeutung des Richtervorbehalts für den Grundrechtsschutz des Einzelnen gerecht (vgl. insoweit zur Anordnung einer Blutentnahme gemäß § 81a StPO: BVerfGK 17, 340 <346 f.>). Es bestehen daher in solchen Fällen keine verfassungsrechtlichen Bedenken, wenn der zuständige Richter allein aufgrund mündlich übermittelter Informationen entscheidet und die Durchsuchung auch **mündlich anordnet**, sofern er diese Anordnung zeitnah schriftlich dokumentiert und damit den sich aus Art. 19 Abs. 4 GG ergebenden Erfordernissen Rechnung trägt.“.

1431 BVerfG, Beschluss vom 20.02.2007 – 2 BvR 646/06, Gründe, 1.

- Rechte wie etwa aus §§ 433, 488, 535, 598, 607, 631, 662, 677, 688 BGB, vgl. auch (gesetzliche oder vertragliche) **Pfandrechte** wie aus: §§ 1204 ff. BGB sowie (ggf. i.V.m. § 1257 BGB): §§ 562 (ggf. i.V.m. § 578 BGB), 583, 647, 704 BGB, §§ 397, 440 f., 464, 475b, 552, 596 f. HGB; OASG (Opferanspruchssicherungsgesetz).[1432]

Erwachsener Angehöriger ist jede Person im Sinne von § 1 BGB, die nicht Jugendlicher und nicht Heranwachsender im Sinne von § 1 JGG ist und die Angehöriger im Sinne von § 52 StPO ist.

(SUB/ERG)

Im konkreten Fall ist § 98 Abs. 2 S. 1 StPO (alternativ)

- bei Vorliegen von entsprechenden Anhaltspunkten / Fehlen entgegenstehender Anhaltspunkte eingehalten.
- bei Vorliegen von entsprechenden Anhaltspunkten nicht eingehalten.

(VOR/DEF)

c) § 98 Abs. 2 S. 5 StPO: Belehrung

Gemäß § 98 Abs. 2 S. 5 StPO ist der Betroffene über seine Rechte (aus § 98 Abs. 2 StPO) zu belehren.

(SUB/ERG)

Im konkreten Fall ist § 98 Abs. 2 S. 5 StPO (alternativ)

- bei Vorliegen von entsprechenden Anhaltspunkten / Fehlen entgegenstehender Anhaltspunkte eingehalten.
- bei Vorliegen von entsprechenden Anhaltspunkten nicht eingehalten.

(VOR)

d) § 98 Abs. 3 StPO: Anzeige und Zurverfügungstellung gegenüber Gericht

Gemäß § 98 Abs. 3 StPO ist binnen drei Tagen dem Gericht von der Beschlagnahme Anzeige zu machen und die beschlagnahmten Gegenstände sind ihm zur Verfügung zu stellen, wenn nach erhobener öffentlicher Klage die Beschlagnahme durch die Staatsanwaltschaft oder eine ihrer Ermittlungspersonen erfolgt ist.

(DEF)

Öffentliche Klage ist eine solche im Sinne der §§ 151-157 StPO; **Vorbereitung der öffentlichen Klage** bestimmt sich nach §§ 158-177 StPO.

[1432] Zum **Privatrecht in der polizeilichen Praxis** ausführlich: *Basten*, Privatrecht in der polizeilichen Praxis.

(SUB/ERG)

Im konkreten Fall ist § 98 Abs. 3 StPO (alternativ)

- bei Vorliegen von entsprechenden Anhaltspunkten / Fehlen entgegenstehender Anhaltspunkte eingehalten.
- bei Vorliegen von entsprechenden Anhaltspunkten nicht eingehalten.

(VOR/DEF)

e) § 98 Abs. 4 StPO: Ersuchen der vorgesetzten Bundeswehrdienststelle um und Mitwirkung an Beschlagnahme in von Soldaten bewohnten Bundeswehrräumen

§ 98 Abs. 4 StPO lautet: Wird eine Beschlagnahme in einem Dienstgebäude oder einer nicht allgemein zugänglichen Einrichtung oder Anlage der Bundeswehr erforderlich, so wird die vorgesetzte Dienststelle der Bundeswehr um ihre Durchführung ersucht. Die ersuchende Stelle ist zur Mitwirkung berechtigt. Des Ersuchens bedarf es nicht, wenn die Beschlagnahme in Räumen vorzunehmen ist, die ausschließlich von anderen Personen als Soldaten bewohnt werden.

(SUB/ERG)

Im konkreten Fall ist § 98 Abs. 4 StPO (alternativ)

- bei Vorliegen von entsprechenden Anhaltspunkten / Fehlen entgegenstehender Anhaltspunkte eingehalten.
- bei Vorliegen von entsprechenden Anhaltspunkten nicht eingehalten.

(VOR/DEF)

f) § 107 S. 2 StPO: Verzeichnis oder Bescheinigung

Gemäß § 107 S. 2 StPO ist dem [von einer Durchsuchung] Betroffenen auf Verlangen ein Verzeichnis der in Verwahrung oder in Beschlag genommenen Gegenstände, falls aber nichts Verdächtiges gefunden wird, eine Bescheinigung hierüber zu geben[1433].

(SUB/ERG)

Im konkreten Fall ist § 107 S. 2 StPO (alternativ)

- bei Vorliegen von entsprechenden Anhaltspunkten / Fehlen entgegenstehender Anhaltspunkte eingehalten.
- bei Vorliegen von entsprechenden Anhaltspunkten nicht eingehalten.

1433 KG Berlin, Beschluss vom 05.09.2008 – 2 Ws 408/08, Leitsätze: „1. Ein Strafgefangener hat keinen Anspruch auf Erteilung einer sog. **Negativbescheinigung** über eine ergebnislose Haftraumdurchsuchung. 2. § 107 Satz 2 StPO ist auf die Durchsuchung des Haftraums gemäß § 84 Abs. 1 Satz 1 StVollzG nicht entsprechend anwendbar.“.

(VOR/DEF)

g) § 109 StPO: Verzeichnung und Kenntlichmachung

Gemäß § 109 StPO sind die in Verwahrung oder in Beschlag genommenen Gegenstände genau zu verzeichnen und zur Verhütung von Verwechslungen durch amtliche Siegel oder in sonst geeigneter Weise kenntlich zu machen.

(SUB/ERG)

Im konkreten Fall ist § 109 StPO (alternativ)

- bei Vorliegen von entsprechenden Anhaltspunkten / Fehlen entgegenstehender Anhaltspunkte eingehalten.
- bei Vorliegen von entsprechenden Anhaltspunkten nicht eingehalten.

(VOR/DEF)

h) § 33 StPO analog: Anhörung

Gemäß § 33 StPO analog besteht Pflicht zur **Anhörung** bzw. **Gewährung rechtlichen Gehörs** vor einer Entscheidung, jedenfalls bevor zum Beteiligten-Nachteil Tatsachen oder Beweisergebnisse ohne Anhörung verwertet werden – oder es soll gegeben sein: ein Ausnahmegrund der Zweckgefährdung/Gefahr im Verzug nach § 33 Abs. 4 StPO analog.

Gefahr im Verzug i.S.d. § 33 StPO ist gegeben, wenn der Handlungsbedarf unvorhergesehen ist und bei Durchführung der eigentlich vorgesehenen Maßnahme, hier der Anhörung, der gesetzliche Zweck, hier der jeweilige aus der Aufgabe des § 163 Abs. 1 S. 1 StPO und aus der Befugnisrechtsnorm (§ 94 Abs. 1, 2 StPO), vereitelt oder wesentlich erschwert wird.

(SUB/ERG)

Im konkreten Fall ist § 33 StPO analog (alternativ)

- eingehalten insbesondere bei Gelegenheit zur Stellungnahme i.S.d. § 33 StPO analog;
- eingehalten bei Nichteinhaltung von § 33 Abs. 1, 3 StPO analog und Ausnahmegrund gemäß § 33 Abs. 4 StPO analog;
- nicht eingehalten insbesondere bei Fehlen von Gelegenheit zur Stellungnahme ohne Ausnahmegrund i.S.d. § 33 StPO analog;
- sonst eingehalten oder nicht eingehalten bei Anhaltspunkten / Fehlen entgegenstehender Anhaltspunkte.

(VOR/DEF)

i) § 168b StPO: Protokollierung

Gemäß § 168b StPO besteht Pflicht zur **Protokollierung** bzw. zum **Protokoll** über ermittlungsbehördliche Untersuchungshandlungen, wonach gemäß § 168b Abs. 1 StPO das Ergebnis der Untersuchungshandlungen der Ermittlungsbehörden aktenkundig zu machen ist.

(SUB/ERG)

Im konkreten Fall ist § 168b StPO (alternativ)

- eingehalten insbesondere bei Protokoll über (das Ergebnis über) behördliche Untersuchungshandlungen i.S.d. §168b StPO;
- eingehalten bei Nichteinhaltung von § 168b StPO mit Ausnahmegrund;
- nicht eingehalten insbesondere bei Fehlen von Protokoll über (das Ergebnis über) behördliche Untersuchungshandlungen ohne Ausnahmegrund;
- sonst eingehalten oder nicht eingehalten bei Anhaltspunkten / Fehlen entgegenstehender Anhaltspunkte.

3. JGG[1434]-Vorschriften[1435] außer, bei, i.Z.m. Maßnahmen gegenüber einem jugendlichen oder heranwachsenden Verdächtigen[1436] nach §§ 1, 109 JGG – fallabhängig insbesondere wie folgt[1437]:

a) § 38 JGG: Jugendgerichtshilfe, vgl. auch § 46 Abs. 6 OWiG;

b) § 43 JGG: Umfang der Ermittlungen;

c) § 67 JGG: Stellung der Erziehungsberechtigten[1438] und der gesetzlichen Vertreter[1439];

d) § 67a JGG: Unterrichtung der Erziehungsberechtigten und der gesetzlichen Vertreter;

e) § 68 JGG: Notwendige Verteidigung[1440];

1434 § 1 Abs. 1 JGG zum sachlichen JGG-Anwendungsbereich: „Dieses Gesetz gilt, wenn ein Jugendlicher oder ein Heranwachsender eine Verfehlung begeht, die nach den allgemeinen Vorschriften mit Strafe bedroht ist.“. § 1 Abs. 3 JGG zum sachlich-persönlichen JGG-Anwendungsbereich: „Ist zweifelhaft, ob der Beschuldigte zur Zeit der Tat das achtzehnte Lebensjahr vollendet hat, sind die für Jugendliche geltenden Verfahrensvorschriften anzuwenden.“.

1435 JGG-Vorschriften mit amtlichen Überschriften insbesondere aus: „Gesetz zur Stärkung der Verfahrensrechte von Beschuldigten im Jugendstrafverfahren vom 09.12.2019, BGBl. 2019 Teil I Nr. 47, S. 2146-2152.

1436 § 1 Abs. 2 JGG zum persönlichen JGG-Anwendungsbereich: § 1 Abs. 2 JGG: „**Jugendlicher** ist, wer zur Zeit der Tat vierzehn, aber noch nicht achtzehn, **Heranwachsender**, wer zur Zeit der Tat achtzehn, aber noch nicht einundzwanzig Jahre alt ist.“. Unterscheide nach § 2 BGB: „Die **Volljährigkeit** tritt mit der Vollendung des 18. Lebensjahres ein.“.

1437 Zu JGG-Vorschriften ausführlicher: *Basten*, Eingriffsrecht der Polizei in Nordrhein-Westfalen, Band 3, Buch 4, Abschnitt 3.

1438 Zum **Strafrecht und elterlichen Erziehungsrecht**: BVerfGE 107, 104 (Anwesenheit im JGG-Verfahren) = BVerfG, Urteil des Zweiten Senats vom 16.01.2003 – 2 BvR 716/01.

1439 **Vertreter** ist ein **Stellvertreter** qua Gesetz oder ein **Stellvertreter** qua Rechtsgeschäft (§§ 164-181 BGB). Vgl. insbesondere:

- §§ 1626-1698b BGB: **Elterliche Sorge** mit „**Vertretung des Kindes**“ gemäß § 1629 BGB;
- § 1 Abs. 1 Nr. 4 JuSchG: **erziehungsbeauftragte Person**;
- §§ 1773-1895 BGB: **Vormundschaft**;
- §§ 1896-1908k BGB: **Rechtliche Betreuung**;
- §§ 1909-1921 BGB: **Pflegschaft**.

1440 Mit „Gesetz zur Neuregelung des Rechts der notwendigen Verteidigung“ (BGBl. I S. 2128; in Kraft seit 13.12.2019) ist erstmals das Recht des Beschuldigten ausdrücklich normiert, bereits auch im polizeilichen Ermittlungsverfahren grundsätzlich im Fall notwendiger Verteidigung (§ 140 StPO) „unverzüg-

f) § 68a JGG: Zeitpunkt der Bestellung eines Pflichtverteidigers;

g) § 68b JGG: Vernehmungen und Gegenüberstellungen vor der Bestellung eines Pflichtverteidigers;

h) § 69 JGG: Beistand[1441];

i) § 70 JGG: Mitteilung an amtliche Stellen;

j) § 70a JGG: Unterrichtung des Jugendlichen (i.V.m. § 109 JGG: des Heranwachsenden);

k) § 70b JGG: Belehrungen.

(SUB/ERG)

Im konkreten Fall sind die JGG-Vorschriften

- nicht anwendbar.
- anwendbar und eingehalten.

---

lich" (§ 121 Abs. 1 S. 1 BGB), „spätestens vor einer Vernehmung des Beschuldigten" (§ 163a StPO) einen Pflichtverteidiger „bestellt" zu erhalten, „wenn der Beschuldigte dies nach Belehrung ausdrücklich beantragt" (§ 141 Abs. 1 S. 1 StPO), in den Fällen des § 141 Abs. 2 S. 1 StPO auch „unabhängig von einem Antrag" – mit Rückausnahmen in § 141 Abs. 2 S. 2, 3 StPO; auch mit Abweichungen in § 141a StPO für Beschuldigtenvernehmungen und Gegenüberstellungen (§§ 58 Abs. 2, 168b Abs. 3 StPO). Der Zeitpunkt polizeilicher Belehrung zur notwendigen Verteidigung i.S.d. § 140 StPO ist in einschlägigen Fällen – spätestens – „bei Beginn der ersten Vernehmung" des Beschuldigten wegen § 141 Abs. 1 S. 2 StPO und § 163a Abs. 4 S. 2 i.V.m. § 136 Abs. 1 S. 5 StPO, oder der Zeitpunkt ist anders in speziell normierten Fällen wie § 114b Abs. 2 S. 1 Nr. 4a oder §§ 68a, b JGG. Gemäß § 142 StPO ist vor Anklageerhebung der Antrag des Beschuldigten nach § 141 Abs. 1 S. 1 StPO vor Erhebung der Anklage bei den Behörden oder Beamten des Polizeidienstes „oder" bei der Staatsanwaltschaft anzubringen (Antrags-Entgegennahme-Zuständigkeit); die Bestellungs-Entscheidungs-Zuständigkeit obliegt dem Gericht nach StA-Vorlage mit Stellungnahme (§ 142 Abs. 1 S. 2 StPO) oder der StA selbst „bei besonderer Eilbedürftigkeit", § 142 Abs. 4 StPO.

Ein Fall **notwendiger Verteidigung** liegt u.a. dann vor,

- gemäß § 140 Abs. 1 Nr. 1 StPO, wenn zu erwarten ist, dass die Hauptverhandlung im ersten Rechtszug vor dem **Oberlandesgericht** (§§ 115-117, 120-122 GVG) , dem **Landgericht** (§§ 12, 13, 60, 70, 734, 74-74f, 76-78b GVG) oder dem **Schöffengericht** (§§ 12, 13, 24-27, 28-58 GVG) stattfindet [Ausgangsrechtsnorm für den Abgrenzungsüberblick über AG, LG, OLG mag sein: § 24 GVG;
- gemäß § 140 Abs. 1 Nr. 2 StPO, wenn dem Beschuldigten ein Verbrechen zur Last gelegt wird;
- gemäß § 140 Abs. 1 Nr. 3 StPO, wenn das Verfahren zu einem **Berufsverbot** (§§ 70-70b StGB) führen kann;
- gemäß § 140 Abs. 1 Nr. 4 StPO, wenn der Beschuldigte nach den §§ 115, 115a, 128 Abs. 1 oder § 129 StPO einem Gericht zur Entscheidung über Haft oder einstweilige Unterbringung vorzuführen ist;
- gemäß § 140 Abs. 1 Nr. 5 StPO, wenn der Beschuldigte sich auf Grund richterlicher Anordnung oder mit richterlicher Genehmigung in einer Anstalt befindet;
- gemäß § 140 Abs. 1 Nr. 11 StPO, wenn ein seh-, hör- oder sprachbehinderter Beschuldigter die Bestellung beantragt;
- gemäß § 140 Abs. 2 StPO, wenn wegen der Schwere der Tat, der Schwere der zu erwartenden Rechtsfolge oder wegen der Schwierigkeit der Sach- oder Rechtslage die Mitwirkung eines Verteidigers geboten erscheint oder wenn ersichtlich ist, dass sich der Beschuldigte nicht selbst verteidigen kann.
- gemäß §§ 1, 109 Abs. 1 JGG und § 68 JGG in den dort genannten Fällen.

[1441] Vgl. auch §§ 1712-1717 BGB (**Beistandschaft**).

- anwendbar und nicht eingehalten.

(ERG Verfahren)

Ergebnis kann allgemein sein: Verfahrensrechtmäßigkeit oder Verfahrensrechtswidrigkeit der Maßnahme.

B. Formelle Rechtmäßigkeit (FR) III. Form (F)

(VOR/DEF)

Form ist normiertes Wie der Rechtsfolgesetzung – schriftlich, elektronisch, mündlich oder in anderer Weise.

(SUB/ERG)

Im konkreten Fall besteht aufgrund Fehlens speziellerer Formrechtsnormen Formfreiheit für den Justiz-VA, sodass der Justiz-VA grundsätzlich schriftlich, elektronisch, mündlich oder in anderer Weise formrechtmäßig ergehen kann.

§ 107 StPO und § 168b StPO sind i.d.R. bereits integrativer Bestandteil des Verfahrens.

Ergebnis kann allgemein sein: Formrechtmäßigkeit oder Formrechtswidrigkeit der Maßnahme.

C. Materielle Rechtmäßigkeit (MR) I. Tatbestand (Tb) / Tatbestandsvoraussetzungen (TBV)

(VOR/DEF)

Tatbestand ist das Gesamt der (materiell-rechtlichen) Rechtsfolge(setzungs)bedingungen. / **Tatbestandsvoraussetzungen** sind materiell-rechtliche Rechtsfolgesetzungsbedingungen.

(VOR)

1. § 163 Abs. 1 S. 1 i.V.m. § 152 Abs. 2 StPO: Tatverdacht

Für § 94 StPO wird (Straf-/Owi-)Tatverdacht vorausgesetzt, § 163 Abs. 1 S. 1 W. 8, S. 2 W. 1-3 StPO; bei der Beweissicherungs-Sicherstellung oder der Beweissicherungs-Beschlagnahme ergibt sich diese Tatbestandsvoraussetzung auch logisch aus § 94 Abs. 1 StPO („für die Untersuchung“).

(DEF)

Tatverdacht ist gemäß § 163 Abs. 1 S. 1 i.V.m. § 152 Abs. 2 StPO das Gegebensein zureichender tatsächlicher Anhaltspunkte für eine verfolgbare Straftat oder Ordnungswidrigkeit.[1442]

Zureichende tatsächliche Anhaltspunkte sind gegeben bei entsprechendem Ergebnis einer Gewichtigkeits- und Plausibilitätsprüfung aller wahrnehmbaren Dinge in Abwägung mit Art und Ausmaß potentieller Rechtseingriffe und Taten.[1443]

(SUB)

Zureichende tatsächliche Anhaltspunkte sind (z.B. und alternativ möglich) zum maßgeblichen Zeitpunkt bezüglich bestimmter Taten:

- polizeieigene Beobachtungen;
- polizeiliche Feststellungen;
- polizeiliche auf Tatsachen begründete, auf den einzelnen Fall bezogene Schlussfolgerungen außer reine Spekulationen, hypothetische Erwägungen oder lediglich auf kriminalistische Alltagserfahrung gestützte, fallunabhängige Vermutungen;
- Angaben von Beschuldigten, Verdächtigen, Nichtverdächtigen, Zeugen, Sachverständigen oder Dritten;

[1442] BVerfG, Beschluss der 3. Kammer des Zweiten Senats vom 11.01.2016 – 2 BvR 1361/13 –, Rn. 11: „Notwendiger und grundsätzlich auch hinreichender Anlass für Zwangsmaßnahmen im Strafverfahren [oder Ordnungswidrigkeitenverfahren, P. B.] ist der Verdacht einer Straftat [oder Ordnungswidrigkeit, P. B.]. Der Verdacht muss auf konkreten Tatsachen beruhen; vage Anhaltspunkte oder bloße Vermutungen reichen nicht aus (vgl. BVerfGE 44, 353 <381 f.>; 59, 95 <97 f.>; BVerfGK 1, 126 <131>).“.

[1443] BVerfGE 117, 244 (Cicero) = BVerfG, Urteil des Ersten Senats vom 27.02.2007 – 1 BvR 538, 2045/06 –, Ls. 2: „Die bloße **Veröffentlichung eines Dienstgeheimnisses** im Sinne des § 353b StGB durch einen Journalisten reicht im Hinblick auf Art. 5 Abs. 1 Satz 2 GG nicht aus, um einen den strafprozessualen Ermächtigungen zur Durchsuchung und Beschlagnahme genügenden Verdacht der **Beihilfe des Journalisten zum Geheimnisverrat** zu begründen.“; BVerfGE 117, 244, 262 f. (Cicero) = BVerfG, Urteil des Ersten Senats vom 27.02.2007 – 1 BvR 538, 2045/06 –, B. I. 2. b) bb) (1), Rn. 54-56: „Der den gerichtlichen Anordnungen zugrunde liegende Tatverdacht gegen den Beschwerdeführer reichte unter Berücksichtigung des Grundrechts aus Art. 5 Abs. 1 Satz 2 GG für eine auf §§ 102, 94 StPO gegründete Durchsuchung und Beschlagnahme bei den in § 53 Abs. 1 Satz 1 Nr. 5 StPO genannten Personen ungeachtet der Frage, ob die Veröffentlichung des Dienstgeheimnisses überhaupt als Beihilfe zum Geheimnisverrat nach § 353 b StGB angesehen werden kann, nicht aus. Der Tatverdacht der Beihilfe gegen den Beschwerdeführer stützte sich allein auf die Veröffentlichung und auf Hinweise darauf, dass der Verfasser des Artikels im Besitz des Auswertungsberichts gewesen sein musste. Für die Verwirklichung einer beihilfefähigen Haupttat, die einen Tatplan des Geheimnisträgers vorausgesetzt hätte, der gerade auf die Veröffentlichung der offenbarten Dienstgeheimnisse hinzielte, lagen demgegenüber keine zureichenden tatsächlichen Anhaltspunkte vor. § 353 b StGB stellt unter anderem die unbefugte Offenbarung eines Dienstgeheimnisses unter Strafe. Die Veröffentlichung des Geheimnisses deutet allerdings nicht zwingend auf das Vorliegen einer derartigen Haupttat durch den Geheimnisträger hin. Der Tatbestand des § 353 b StGB ist beispielsweise nicht verwirklicht und eine Beihilfe daher nicht möglich, wenn Schriftstücke oder Dateien mit Dienstgeheimnissen versehentlich oder über eine nicht zur Geheimhaltung verpflichtete Mittelsperson nach außen gelangen. Will der Geheimnisträger dem Journalisten nur Hintergrundinformationen liefern und erfolgt die Veröffentlichung abredewidrig, ist die Tat mit der Offenbarung des Geheimnisses nicht nur vollendet, sondern auch bereits beendet; dann kann eine Beihilfe durch die nachfolgende Veröffentlichung gar nicht mehr geleistet werden. In solchen Fällen kann eine Durchsuchung und Beschlagnahme nicht mit dem Ziel der Aufklärung einer Beihilfehandlung des Journalisten angeordnet werden.“.

- Anzeigen i.S.d. § 158 StPO;
- sonstige Daten, Spuren.

(ERG)

Im konkreten Fall besteht i.S.d. § 152 Abs. 2 StPO i.V.m. § 163 Abs. 1 S. 1 StPO/§ 53 Abs. 1 S. 1 OWiG (alternativ)

- Tatverdacht bei Anhaltspunkten / bei Fehlen entgegenstehender Anhaltspunkte.
- kein Tatverdacht bei Anhaltspunkten / bei Fehlen entgegenstehender Anhaltspunkte.

(VOR)

2. § 94 Abs. 1 StPO: Beweisgeeignetheit

Gemäß § 94 Abs. 1 StPO muss der Gegenstand „als Beweismittel für die Untersuchung von Bedeutung sein können".

(DEF)

Der Gegenstand kann als Beweismittel von Bedeutung sein, hat also Beweisgeeignetheit bei **potentieller Beweisbedeutung**[1444], bis zur Grenze „grundlegend fehlerhafter Einschätzung der Beweismitteleignung"[1445], die sich insbesondere ergibt aus den Straf- und Owi-Gesetzen und aus §§ 244-246, 261, 267 StPO in Beziehung zur Anlassuntersuchung – sowohl bzgl. belastender als auch entlastender Umstände, vgl. § 160 Abs. 2 StPO.

(SUB/ERG)

Im konkreten Fall kann der Gegenstand (alternativ)

- gemäß § 94 Abs. 1 StPO für die Untersuchung von Bedeutung sein.
- nicht gemäß § 94 Abs. 1 StPO für die Untersuchung von Bedeutung sein.[1446]

[1444] BVerfGE 77, 1, 53 (Neue Heimat) = BVerfG, Beschluss des Zweiten Senats vom 01.10.1987 – 2 BvR 1178, 1179, 1191/86 –, C. 3. d), Rn. 194: „§ 94 Abs. 1 und 2 StPO, der die Beschlagnahme von Gegenständen zuläßt, die als Beweismittel für die Untersuchung von Bedeutung sein können, schließt zwar nicht aus, daß auch solche Dinge beschlagnahmt werden, die letztlich im Strafverfahren keine Verwendung finden. Dies ist unvermeidbar, weil das strafrechtliche Ermittlungsverfahren auf einem Tatverdacht beruht. Die dort rechtsstaatlich geforderte umfassende Ermittlungstätigkeit (vgl. BVerfGE 29, 183 [194]; 32, 373 [381]; 33, 367 [383]) bringt Nachforschungen mit sich, auch wenn sie später nicht zu einer Anklage oder Verurteilung führen. Entscheidend ist nur die potentielle Bedeutung des zu beschlagnahmenden Materials.".

[1445] BVerfG, Beschluss der 3. Kammer des Zweiten Senats vom 16.10.2002 – 2 BvR 979/02 –, Rn. 4.

[1446] BVerfGE 113, 29, 55 f. (Anwaltsdaten) = BVerfG, Beschluss des Zweiten Senats vom 12.04.2005 – 2 BvR 1027/02 –, C. III. 2. a)-d), Rn. 114-117: „Die Gewinnung überschießender und vertraulicher, für das Verfahren aber bedeutungsloser **Informationen** muss im Rahmen des Vertretbaren vermieden werden. Soweit eine **Unterscheidung der Daten** nach ihrer **potentiellen Verfahrenserheblichkeit** vorgenommen werden kann, ist die Möglichkeit einer **Trennung der potentiell erheblichen von den restlichen Daten** von Verfassungs wegen zu prüfen. In Betracht kommt hierbei neben dem Erstellen einer

(VOR/DEF)

3. § 96 StPO: Amtlich verwahrte Schriftstücke

§ 96 S. 1, 2 StPO: Die Vorlegung oder Auslieferung von Akten oder anderen in amtlicher Verwahrung befindlichen Schriftstücken durch Behörden und öffentliche Beamte darf nicht gefordert werden, wenn deren oberste Dienstbehörde[1447] erklärt[1448], daß das Bekanntwerden des Inhalts dieser Akten oder Schriftstücke dem Wohl des Bundes oder eines deutschen Landes Nachteile bereiten würde; was entsprechend gilt für Akten und sonstige Schriftstücke, die sich im Gewahrsam eines Mitglieds des Bundestages oder eines Landtages beziehungsweise eines Angestellten einer Fraktion des Bundestages oder eines Landtages befinden, wenn die für die Erteilung einer Aussagegenehmigung zuständige Stelle eine solche Erklärung abgegeben hat.[1449]

Schriften gleichstehend sind: Ton- und Bildträger, Datenspeicher, Abbildungen und andere Darstellungen, § 11 Abs. 3 StGB.

(SUB/ERG)

Im konkreten Fall ist das aus § 96 StPO auch folgende Sicherstellungsverbot bzw. Beschlagnahmeverbot (alternativ)

- erfüllt bei Anhaltspunkten / bei Fehlen entgegenstehender Anhaltspunkte.
- nicht erfüllt bei Anhaltspunkten / bei Fehlen entgegenstehender Anhaltspunkte.[1450]

(Teil-)Kopie hinsichtlich der verfahrenserheblichen Daten das Löschen oder die Herausgabe der für das Verfahren irrelevanten Daten. Die **Datentrennung** ist regelmäßig nicht mit einer Minderung des **Beweiswerts** verbunden, da die jeweilige Datei beim Kopiervorgang lediglich dupliziert wird. Je nach den Umständen des Einzelfalls können für die Begrenzung des Zugriffs unterschiedliche, miteinander kombinierbare Möglichkeiten der materiellen **Datenzuordnung** in Betracht gezogen werden. Sie müssen, bevor eine endgültige Beschlagnahme sämtlicher Daten erwogen wird, ausgeschöpft werden. Von Bedeutung ist hierbei vor allem die Auswertung der Struktur eines Datenbestands. Gerade bei der gemeinsamen Nutzung einer EDV-Anlage durch mehrere Sozien kann sich eine für einen geordneten Geschäftsgang erforderliche, unter Umständen mittels einer Zugriffsbeschränkung gesicherte Datenstruktur an den Berufsträgern orientieren. In Betracht kommt beispielsweise eine themen-, zeit-, mandanten- oder mandatsbezogene Ordnung der Datenablage. Eine **Zuordnung der Daten** nach ihrer Verfahrensrelevanz kann unter Umständen auch mit Hilfe geeigneter Suchbegriffe oder Suchprogramme gelingen. Eine sorgfältige **Sichtung und Trennung der Daten** je nach ihrer Verfahrensrelevanz wird am Durchsuchungsort nicht immer möglich sein. Sofern die Eigenheiten des jeweiligen strafrechtlichen Vorwurfs und die – auch technische – Erfassbarkeit des jeweiligen Datenbestands eine unverzügliche **Zuordnung** nicht erlauben, muss die Prüfung der **Verfahrensrelevanz** der gespeicherten Daten im Rahmen der vorläufigen Sicherstellung des Datenträgers erwogen werden.".

[1447] Zu den Begriffen (Ober-)Behörde und Beamte siehe auch: *Basten*, Eingriffsrecht der Polizei in Nordrhein-Westfalen, Band 1, S. 95, 125-130 und S. 113.

[1448] Sogenannte **Sperrerklärung**., siehe dazu auch ausführlich: *Basten*, Eingriffsrecht der Polizei in Nordrhein-Westfalen, Band 2, Buch 2, Abschnitt 16, B. II.

[1449] Vgl. auch § 101 Abs. 2 StPO.

[1450] Zur **Behördenaktenbeschlagnahme** oder **Behördenschriftstückebeschlagnahme**: BGH, Urteil vom 29.07.2020 – AnwZ (Brfg) 4/20, Rn 18: „Die Herausgabe von Akten und sonstigen in amtlicher Verwahrung befindlichen **Schriftstücken** kann im Wege der Beschlagnahme nach § 98 StPO erzwungen werden (grundlegend BGH, Beschluss vom 18. März 1992 - 1 BGs 90/92, BGHSt 38, 237). Der Beschlagnahme unterliegen nach der zentralen Bestimmung des § 94 Abs. 1 und 2 StPO generell alle Ge-

4. § 97 StPO: Beschlagnahmeverbot

Gemäß § 97 StPO unterliegen der Beschlagnahme unter bestimmten Voraussetzungen nicht bestimmte schriftliche Mitteilungen oder Aufzeichnungen, oder andere Gegenstände einschließlich der ärztlichen Untersuchungsbefunde, auf die sich bestimmte, aus §§ 52, 53 StPO folgende Rechte erstrecken (insbesondere Zeugnisverweigerungsrecht)[1451].[1452]

---

genstände, die als Beweismittel für die Untersuchung von Bedeutung sein können und vom Gewahrsamsinhaber nicht freiwillig herausgegeben werden. Bei Behördenakten handelt es sich um Gegenstände im Sinne der genannten Vorschrift (BGH, Beschluss vom 18. März 1992, aaO, 241).“; BGHSt 38, 237, Ls. = BGH, Beschluß vom 18.03.1992 - 1 BGs 90/92 - 2 BJs 186/91-5, Leitsatz: „Behördenakten können beschlagnahmt werden, wenn die oberste Dienstbehörde keine **Sperrerklärung** abgibt.“.

[1451] Vgl. auch Art. 46 GG (Abs. 1: **Abgeordnetenindemnität**; Abs. 2-4: **Abgeordnetenimmunität** – mit **Bundestagsgenehmigungsvorbehalt**); Art. 47 Verfassung NRW (**Abgeordnetenindemnität**), Art. 48 Verfassung NRW (**Abgeordnetenimmunität** – mit **Landtagsgenehmigungsvorbehalt**); Art. 60 Abs. 4 GG (**Bundespräsidentenimmunität**); Art. 40 Abs. 2 S. 1 GG (**Bundestagspräsidentengenehmigungsvorbehalt** für Durchsuchung oder Beschlagnahme in Bundestagsräumen); Art. 49 Abs. 2 Verfassung NRW (**Landtagspräsidentengenehmigungsvorbehalt** für Durchsuchung oder Beschlagnahme in Landtagsräumen); zum Abgeordneten vgl. auch: Art. 47 GG, Art. 49 Abs. 1 Verfassung NRW (**Abgeordneten-Zeugnisverweigerungsrecht** und zeugnisverweigerungsrechtentsprechendes **Abgeordneten-Schriftstückebeschlagnahmeverbot**). Vgl. auch §§ 18, 21 GVG i.V.m. DiplBezÜbkG i.V.m. Art. 31 Abs. 2 WÜD (**Diplomatenzeugnisverweigerungsrecht**); §§ 19, 21 GVG i.V.m. KonsÜbkG i.V.m. Art. 44 (i.V.m. Erklärung für das Vereinigte Königreich Großbritannien und Nordirland) WÜK (**Konularvertretungsmitglieder-Zeugnispflicht** – mit Verfahren und negativen Voraussetzungen). Vgl. auch §§ 18, 21 GVG i.V.m. DiplBezÜbkG i.V.m. Art. 22, 23, 24, 30 WÜD; §§ 19, 21 GVG i.V.m. KonsÜbkG i.V.m. Art. 27, 31, 33, 55, 59 WÜK.

[1452] BVerfGE 32, 373, Ls. (**Patientenkarte** [zur Fallgruppe **Daten oder sonstige Gegenstände beim Berufsnachfolger / Büronachfolger / Praxisnachfolger**) = BVerfG, Beschluss des Zweiten Senats vom 08.031972 – 2 BvR 28/71 –, Leitsatz: „Wird bei einem Arzt die Karteikarte des Beschuldigten ohne oder gegen dessen Willen beschlagnahmt, so liegt darin in aller Regel eine Verletzung des dem Patienten zustehenden Grundrechts auf Achtung seines privaten Bereichs (Art. 2 Abs. 1 i.V.m. Art. 1 Abs. 1 GG). Das gilt auch dann, wenn sich die Karteikarte nicht mehr im Besitz des behandelnden Arztes, sondern im Gewahrsam eines Berufskollegen befindet, der Praxis und Patientenkartei seines Vorgängers übernommen hat.“.

BGHSt 44, 46 (**Verteidigungsunterlagen**) = BGH, Urteil vom 25.02.1998 – BGH 3 StR 490/97, Ls. 1: „Unterlagen, die sich ein Beschuldigter erkennbar zu seiner Verteidigung in dem gegen ihn laufenden Strafverfahren anfertigt, dürfen weder beschlagnahmt noch gegen seinen Widerspruch verwertet werden.“, Rn. 6: „Nach Art. 6 Abs. 3 MRK hat jeder Beschuldigte das Recht, über ausreichende Gelegenheit zur Vorbereitung seiner Verteidigung zu verfügen und sich selbst zu verteidigen. Das Verbot der Beschlagnahme und Verwertung solcher **Verteidigungsunterlagen** ergibt sich aus der entsprechenden Anwendung des § 97 Abs. 1 StPO i.V.m. Art. 2 Abs. 1, Art. 20 Abs. 3 GG.“, Rn. 8: „Über den Wortlaut des § 97 Abs. 1 StPO hinaus unterliegt die Beschlagnahme von Gegenständen jedoch weiteren Grenzen, die sich aus dem in der Verfassung normierten Rechtsstaatsprinzip und dem allgemeinen Freiheitsrecht ergeben (vgl. BVerfGE 38, 103, 105; 63, 380, 390; BGHSt 19, 325, 326; BGHR GG Art. 2 Persönlichkeitsrecht 2). So führt eine verfassungskonforme Auslegung des § 97 Abs. 1 StPO auch in dort nicht ausdrücklich genannten Fällen zu einem Beschlagnahmeverbot, wenn das Geheimhaltungsinteresse des Beschuldigten das Strafverfolgungsinteresse des Staates eindeutig überwiegt. Von der Rechtsprechung in diesem Zusammenhang anerkannte Fallgruppen sind private **Tonbandaufzeichnungen** (BVerfGE 34, 238; BGHSt 14, 358; 36, 167) oder **Tagebucheintragungen**, die nicht zur Kenntnis Dritter bestimmt sind (BVerfGE 18, 146; 80, 367; BGHR GG Art. 2 Persönlichkeitsrecht 2), wobei in diesen Fällen regelmäßig eine Abwägung im Einzelfall stattzufinden hat.“, Rn. 9: „Verteidigungsunterlagen eines Beschuldigten unterliegen über den Wortlaut des § 97 Abs. 1 StPO hinaus ebenfalls nicht der Beschlagnahme. Der Senat hat bereits mehrfach entschieden, daß Unterlagen, die sich ein Beschuldigter ersichtlich zur Vorbereitung seiner Verteidigung in dem gegen ihn laufenden Strafverfahren anfertigt, nicht beschlagnahmt werden dürfen (BGH NJW 1973, 2035, 2036 f.; BGH, Beschluß vom 12. April 1978 - StB 92/78; BGHR StPO § 97 Verteidigungsunterlagen 1 und 2).“, Rn. 15 f.: „Da die Aufzeichnungen des Angeklagten analog § 97 Abs. 1 StPO i.V.m. Art. 6 Abs. 3 MRK, Art. 2 Abs. 1, Art. 20 Abs. 3 GG nicht beschlagnahmt werden durften, unterlagen sie einem prozessualen **Verwertungsverbot** (vgl. u.a. BGHSt 18, 227, 228; Nack in KK 3. Aufl. § 97 Rdn. 7). Der hohe Rang des Rechts auf ein rechtsstaatliches Verfahren verbietet, Verteidigungsunterlagen, die trotz ausdrücklicher Beschwerde gegen die Beschlagnahme in der Hauptverhandlung verlesen wurden, als Beweismittel gegen den Beschuldigten zu verwenden (vgl. BGHSt 34, 39, 52 f.; BGHSt 42, 372).“.

BVerfG, Beschluss der 3. Kammer des Zweiten Senats vom 30.01.2002 – 2 BvR 2248/00 – (**Verteidigungsunterlagen** [Zitierung auch in Bundestags-Drucksache 16/5846, S. 35]), Rn. 4 f.: „Aus diesem Recht [**Recht auf faires Verfahren** in der Ausprägung des **Rechts auf eine effektive Verteidigung** (Art. 2 Abs. 1 i.V.m. Art. 20 Abs. 3 GG), P. B.] ergibt sich zwar, dass - über den Wortlaut des § 97 Abs. 1 StPO hinaus - Unterlagen, die sich ein Beschuldigter erkennbar zu seiner Verteidigung in dem gegen ihn laufenden Strafverfahren anfertigt, weder beschlagnahmt noch gegen seinen Widerspruch verwertet werden dürfen (BGH, NStZ 1998, S. 309 ff.). Das Medium, auf dem sich diese Unterlagen befinden, ist in entsprechender Anwendung des § 11 Abs. 3 StGB gleichgültig (vgl. auch Nack, in: Karlsruher Kommentar, StPO, 4. Aufl., § 97 Rn. 11 und 13), so dass darunter auch lesbare Aufzeichnungen von Computerdaten fallen. Allerdings ist es einem Beschuldigten verwehrt, die Beschlagnahme von Unterlagen schon dadurch zu verhindern, dass er diese einfach als **Verteidigungsunterlagen** bezeichnet oder mit solchen Unterlagen vermischt. Entscheidend ist, ob ein Beschuldigter die Aufzeichnungen erkennbar, also für einen Außenstehenden nachvollziehbar, zum Zwecke der Verteidigung angefertigt hat (BGH a.a.O.). Ist nicht sofort feststellbar, ob die einzelnen Aufzeichnungen, die bei einer Durchsuchung gefunden werden, der Verteidigung dienen, so können sie vorläufig sichergestellt werden. Eine Pflicht zur sofortigen und ungelesenen Herausgabe besteht nur, wenn die Eigenschaft als **Verteidigungsunterlage** offensichtlich ist; andernfalls erfordern bereits die rein tatsächlichen Umstände eine Durchsicht [Schrifttumsquellenangaben]. Vorliegend ist die **Durchsicht der Daten** auf dem Notebook - die der Regelung des § 110 StPO unterliegt (BGH-Ermittlungsrichter, CR 1999, S. 292 <293>) - noch nicht abgeschlossen. Dass es sich bei den noch nicht entschlüsselten Daten um **Verteidigungsunterlagen** handelt, ist nicht offensichtlich. Bis zu deren Entschlüsselung besteht ohnehin keine Gefahr, dass zur Umgehung des **rechtsanwaltlichen Zeugnisverweigerungsrechts** entsprechende Dateien gelesen werden. Tragfähige Anzeichen dafür, dass der zuständige Staatsanwalt nach der Entschlüsselung des Passwortes sich im Falle des Auffindens von Verteidigungsunterlagen nicht an seine oben aufgezeigte Verpflichtung zur Herausgabe - die bei in einem Computer gespeicherten Dateien die Anfertigung von entsprechenden Kopien der Daten und deren anschließende Löschung auf der Festplatte erfordert - halten werde, liegen nicht vor. Überdies könnten Beschlagnahmeverbote auch noch im anschließenden gerichtlichen Verfahren geltend gemacht werden.“.

BGH, Beschluss vom 13.01.1999 – StB 14/98 – Ermittlungsrichter (**Presseinformanten**): „Das **presserechtliche Zeugnisverweigerungsrecht** und der **presserechtliche Beschlagnahmeschutz** gelten auch für einen freien journalistischen Mitarbeiter einer Zeitung. Sie bestehen jedoch in der Regel nicht, wenn die Identität des Informanten in dem Pressebeitrag über die dem Journalisten gemachte Mitteilung offen gelegt wird und der Informationsinhalt im übrigen bekannt ist.“.

BVerfGE 117, 244 (Cicero) = BVerfG, Urteil des Ersten Senats vom 27.02.2007 – 1 BvR 538, 2045/06 –, Ls. 1: „**Durchsuchungen und Beschlagnahmen in einem Ermittlungsverfahren gegen Presseangehörige** sind verfassungsrechtlich unzulässig, wenn sie ausschließlich oder vorwiegend dem Zweck dienen, die Person des **Informanten** zu ermitteln (Bestätigung von BVerfGE 20, 162 [191 f., 217]).“, BVerfGE 117, 244, 265 (Cicero) = BVerfG, Urteil des Ersten Senats vom 27.02.2007 – 1 BvR 538, 2045/06 –, B. I. 2. b) bb) (2) (b) (aa), Rn. 61: „Auch wenn die betreffenden Angehörigen von Presse oder Rundfunk nicht Zeugen, sondern selbst Beschuldigte sind und der Schutz des § 97 Abs. 5 StPO deshalb nicht besteht, dürfen in gegen sie gerichteten Ermittlungsverfahren wegen einer Beihilfe zum

(SUB/ERG)

Im konkreten Fall ist das aus § 97 StPO Sicherstellungsverbot bzw. Beschlagnahmeverbot (alternativ)

- erfüllt bei Anhaltspunkten / bei Fehlen entgegenstehender Anhaltspunkte.
- nicht erfüllt bei Anhaltspunkten / bei Fehlen entgegenstehender Anhaltspunkte.

C. Materielle Rechtmäßigkeit (MR) II. Inanspruchnahme (In) / Inanspruchnahmevoraussetzungen (Inv)

(VOR/DEF)

Inanspruchnahmevoraussetzungen sind materiell-rechtliche Bedingungen für richtige Inanspruchnahme.

Inanspruchnahme ist Adressierung und sonstiges Betroffenmachen; **Adressierung** ist direktes Bestimmen oder finales Richten einer Maßnahme an einen Grundrechtsträger, vgl. §§ 100b Abs. 3, 100c Abs. 2, 100h Abs. 3, 163f Abs. 2 StPO.

Sicherstellungsbetroffener oder **Beschlagnahmebetroffener** ist der Gewahrsaminhaber zum Zeitpunkt der Sicherstellung oder Beschlagnahme im Sinne von § 94 Abs. 2 StPO und § 95 StPO sowie der zur Sicherstellungszeit oder Beschlagnahmezeit mutmaßlich (sonst) Berechtigte[1453], vgl. z.B.:

- **Eigentum**, § 903 BGB, vgl. insbesondere auch §§ 929-936 BGB, §§ 937-945 BGB, §§ 858 f. BGB, §§ 985-1007 BGB, § 1006 BGB;
- **Besitz**, vgl. insbesondere auch §§ 854-872 BGB, vgl. auch § 273 BGB, § 320 BGB, §§ 812-822, § 858 f. BGB, §§ 985-1007 BGB, § 1006 BGB;
- Rechte wie etwa aus §§ 433, 488, 535, 598, 607, 631, 662, 677, 688 BGB, vgl. auch (gesetzliche oder vertragliche) **Pfandrechte** wie aus: §§ 1204 ff. BGB sowie (ggf. i.V.m. § 1257 BGB): §§ 562 (ggf. i.V.m. § 578 BGB), 583, 647, 704 BGB, §§ 397, 440 f., 464, 475b, 552, 596 f. HGB; OASG (Opferanspruchssicherungsgesetz).[1454]

(SUB/ERG)

Im konkreten Fall ist die Person (alternativ)

- richtigerweise gemäß § 94 StPO in Anspruch genommen/adressiert.
- nicht richtigerweise in Anspruch genommen/adressiert.

Dienstgeheimnisverrat Durchsuchungen nach § 102 StPO sowie Beschlagnahmen nach § 94 StPO zwar zur Aufklärung der ihnen zur Last gelegten Straftat angeordnet werden, nicht aber zu dem vorrangigen oder ausschließlichen Zweck, Verdachtsgründe insbesondere gegen den Informanten zu finden. Andernfalls könnte der von der Pressefreiheit umfasste Informantenschutz unterlaufen werden.“.

1453 BVerfG, Beschluss vom 20.02.2007 – 2 BvR 646/06, Gründe, 1.

1454 Zum **Privatrecht in der polizeilichen Praxis** ausführlich: *Basten*, Privatrecht in der polizeilichen Praxis.

C. Materielle Rechtmäßigkeit (MR) III. Rechtsfolge (Rf) / Rechtsfolgevoraussetzungen (RfV)

(VOR/DEF)

Rechtsfolge ist rechtliche Folge aus dem Tatbestand. / **Rechtsfolgevoraussetzungen** sind materiell-rechtliche Rechtsfolgegestaltungs-Bedingungen.

C. Materielle Rechtmäßigkeit (MR) III. Rechtsfolge (Rf) 1. Tatsächliche und rechtliche Möglichkeit (TurM)

(VOR/DEF)

Tatsächliche und rechtliche Möglichkeit betrifft Fälle wie aus § 44 Abs. 2 Nr. 4-6 VwVfG NRW.

(SUB/ERG)

Tatsächliche und rechtliche Möglichkeit ist im konkreten Fall gegeben/nicht gegeben aufgrund Vorliegens/Nichtvorliegens von kognitiven, körperlichen, normativen, technischen Unmöglichkeiten.

Tatsächliche Unmöglichkeit ist gegeben bei Fehlen von Kapazitäten an Raum oder Sicherungsvorkehrungen zur signifikanten Sicherstellung der Sache durch die Polizei oder Dritte.

Rechtliche Unmöglichkeit soll auch gegeben sein:

- im Fall von Sicherstellungsverfügung oder Beschlagnahmeverfügung mit Verwahrung des Gegenstandes beim Betroffenen – wegen Rechtsfolgeverstoß gegen § 94 Abs. 1, 2 StPO und § 95 StPO (bzgl. der dort normierten Herausgabe)[1455];
- im Fall von Sicherstellungsverboten bzw. Beschlagnahmeverboten, wie folgend aus §§ 96, 97 StPO.

C. Materielle Rechtmäßigkeit (MR) III. Rechtsfolge (Rf) 2. Bestimmtheit (Bsh)

(VOR/DEF)

Bestimmtheit ist Maßnahmenerkennbarkeit und Maßnahmenverstehbarkeit, bei Justiz-VA Gebot nach Art. 20 Abs. 3 GG.

(SUB/ERG)

1455 Vgl. auch: BGHSt 15, 149 = BGH, Urteil vom 11.10.1960 – 5 StR 333/60, Leitsatz: „Im strafprozessualen Beschlagnahmeverfahren ist ein Beweismittel erst dann […] ‚in Beschlag genommen', wenn es in Verwahrung genommen oder sonst sichergestellt ist.".

Inhaltlich hinreichende Bestimmtheit im Sinne des Art. 20 Abs. 3 GG ist allgemein gegeben, wenn nach Auslegung der Maßnahme der Erklärungsempfänger wie jeder vernünftige Dritte, §§ 133, 157 BGB analog, in der konkreten Situation deren Inhalt hinreichend erkennen und verstehen kann, insbesondere wie folgt:

- dass die Polizei ggü./mit dem Maßnahmenempfänger/Erklärungsempfänger (wer)
- aus Strafrechtspflegegründen (warum)
- zu einer spezifischen Zeit (wann)
- bezweckt, dass der Tatverdacht erforscht wird bzw. der Sachverhalt aufgeklärt wird (was)
- und zwar durch beweissichernde Sicherstellung bzw. Beschlagnahme eines hinreichend spezifizierten Gegenstandes (wie).

C. Materielle Rechtmäßigkeit (MR) III. Rechtsfolge (Rf) 3. Ermessen (Erm)

Ermessen für Straftatenerforschung/StPO

(VOR/DEF)

Ermessen ist Entscheidungsspielraum auf der Rechtsfolgenseite bzgl. rechtsfehlerfreier Ausübung von Einschreit-Entschließung (Ob), Adressaten-Auswahl (Wer), Maßnahmen-Gestaltung (Wie).

(SUB/ERG)

a) Einschreitentschließungs-„Ermessen" ist grundsätzlich nicht gegeben, vgl. § 163 Abs. 1 S. 1 („haben") i.V.m. § 152 Abs. 2 StPO (Legalitätsgrundsatz: „ist […] verpflichtet, […] einzuschreiten"); ein Opportunitätsprinzip ist nur ausnahmsweise gegeben, z.B. bei § 111b Abs. 1 S. 1 und 2 StPO.

b) Adressatenauswahl-„Ermessen" ist grundsätzlich gegeben, insbesondere bzgl.:

- zweckförderlicher Reihenfolge der Inanspruchnahme vom/von mehreren Beschuldigten, Verdächtigen, Zeugen, anderen Personen, Dritten;
- Auswahl aus mehreren gleichgeeigneten nichtverdächtigen Zeugen oder Dritten.

c) Maßnahmengestaltungs-„Ermessen" ist grundsätzlich gegeben.

Ein etwaig gegebener Entscheidungsspielraum wird aufgrund von entsprechenden Anhaltspunkten/in Ermangelung entgegenstehender Anhaltspunkte ohne Ermessensfehler/mit Ermessensfehlern (Ermessensunterschreitung, Ermessensüberschreitung, Ermessensfehlgebrauch) ausgeübt bzgl. folgender Ermessensarten:

a) Entschließungsermessen:

Ein etwaig gegebenes Entschließungsermessen kann im konkreten Fall sogar gegen / auf Null reduziert sein, insbesondere wegen:

- Einschreitmöglichkeit;
- Erheblichkeitsgrad von Tatverdachten.

b) Auswahlermessen:

siehe C. II.: Auswahlermessen wird abschließend beurteilt i.V.m. Punkt C. II. (Inanspruchnahme).

c) Gestaltungsermessen:

siehe C. III. 4.: Gestaltungsermessen wird abschließend beurteilt i.V.m. Punkt C. III. 4. (VHM).

Ermessen für Ordnungswidrigkeitenerforschung/OWiG

(VOR/DEF)

Ermessen ist Entscheidungsspielraum auf der Rechtsfolgenseite bzgl. rechtsfehlerfreier Ausübung von Einschreit-Entschließung (Ob), Adressaten-Auswahl (Wer), Maßnahmen-Gestaltung (Wie), hier gegeben durch § 53 Abs. 1 S. 1 W. 9, 10 OWiG.

(SUB/ERG)

Der gegebene Entscheidungsspielraum wird aufgrund von entsprechenden Anhaltspunkten/in Ermangelung entgegenstehender Anhaltspunkte ohne Ermessensfehler/mit Ermessensfehlern (Ermessensunterschreitung, Ermessensüberschreitung, Ermessensfehlgebrauch) ausgeübt bzgl. folgender Ermessensarten:

a) Entschließungsermessen:

Das Entschließungsermessen kann im konkreten Fall sogar gegen / auf Null reduziert sein, insbesondere wegen:

- Einschreitmöglichkeit;
- Erheblichkeitsgrad von Tatverdachten.

b) Auswahlermessen:

siehe C. II.: Auswahlermessen wird abschließend beurteilt i.V.m. Punkt C. II. (Inanspruchnahme).

c) Gestaltungsermessen:

siehe C. III. 4.: Gestaltungsermessen wird abschließend beurteilt i.V.m. Punkt C. III. 4. (VHM).

C. Materielle Rechtmäßigkeit (MR) III. Rechtsfolge (Rf) 4. Verhältnismäßigkeit (VHM)

(VOR/DEF)

Verhältnismäßigkeit ist Geeignetheit, Erforderlichkeit, Angemessenheit der Maßnahme zu einem legitimen Zweck.

(VOR/DEF)

a) Legitimer Zweck ist verfassungsgemäßer Zweck.

(SUB/ERG)

Im konkreten Fall verfolgt die Sicherstellung/Beschlagnahme (alternativ)

- einen legitimen Zweck, nämlich jedenfalls die verfassungsgemäße, im Sinne von Art. 20 Abs. 3 GG, § 163 Abs. 1 S. 1 StPO (ggf. § 53 Abs. 1 S. 1 OWiG) gesetzmäßige Sachaufklärung / Tatverdachtserforschung / Sachverdunkelungsverhütung, also die Erforschung von einem verdächtigen Sachverhalt bzgl. mutmaßlich deliktischer Beeinträchtigung bestimmter Rechte und Rechtsgüter im Sinne der Art. 1-19 GG. Vgl. auch den „Zweck" im Sinne von § 163 Abs. 1 S. 2 StPO und den Zweck des § 94 Überschrift StPO: „zu Beweiszwecken". Letztlich ist legitimer Zweck die Ermittlung aller belastenden und entlastenden Umstände im Sinne von § 160 Abs. 2 StPO, und auch die Ermöglichung staatlicher Sanktionierung (z.B. Strafe / Ahndung) im Fall dafür ausreichender rechtsstaatlicher Belastung; vgl. auch die Grundrechtsschutzfunktion und die Grundrechtsförderungsfunktion[1456] im Sinne von Spezialprävention durch Repression und Generalprävention durch Repression.
- keinen legitimen Zweck.

(VOR/DEF)

b) Geeignetheit einer staatlichen Maßnahme ist gegeben bei deren Zweckförderungstauglichkeit.

(SUB/ERG)

Im konkreten Fall ist die Sicherstellung/Beschlagnahme (alternativ)

- geeignet denn durch die Inverwahrungnahme oder andere Aufbewahrung oder sonstige Sicherung unter Nichtbelassen der Sache in bisherigem Gewahrsam oder sonstiger bisheriger Situation wird ein gegen bisherige Einwirkungsmöglichkeiten sicherndes und schützendes öffentlich-rechtliches Obhutsverhältnis zur Sache begründet – einschließlich „Sicherstellung" der Untersuchungsmöglichkeit bei Beweisgeeignetheit, vgl. auch §§ 244-246, 261, 267 StPO und einschließlich Zeit und Gelegenheit für weitere Gestaltungsmöglichkeiten im weiteren Straf- oder Ordnungswidrigkeitenverfahren.
- Ungeeignet, etwa wegen Beweisungeeignetheit.[1457]

(VOR/DEF)

c) Erforderlichkeit einer staatlichen Maßnahme ist Nichtverfügbarkeit eines milderen (Übermaßverbot), gleich geeigneten (Untermaßverbot) Mittels zur Zweckförderung.

(SUB/ERG)

Im konkreten Fall ist die Sicherstellung/Beschlagnahme (alternativ)

- erforderlich, denn einerseits sind mildere Maßnahmen wie andere Datenerhebungen, vgl. z.B. § 95 StPO, § 163 Abs. 3 StPO, § 163a StPO, oder Nichtstun alleine nicht gleich ge-

---

[1456] Zu Grundrechtsfunktionen siehe auch: *Basten*, Eingriffsrecht der Polizei in Nordrhein-Westfalen, Band 1, S. 78-84.

[1457] Zur ausdrücklichen gesetzlichen Voraussetzung der **Beweisgeeignetheit / potentiellen Beweisbedeutung** im Tatbestand des § 94 Abs. 1 StPO siehe auch *Basten*, Eingriffsrecht der Polizei in Nordrhein-Westfalen, Band 2, Buch 2, Abschnitt 25, C. I.

eignet, weil sie nicht in gleicher Weise die Beweisbedeutungssicherung fördern (Untermaßverbot) und andererseits sind (mindestens) gleich geeignete, intensivere Maßnahmen wie direkte Freiheitsentziehung oder Zwang noch nicht notwendig (Übermaßverbot).

- nicht erforderlich.[1458]

(VOR/DEF)

d) Angemessenheit oder **Verhältnismäßigkeit im engeren Sinne** einer staatlichen Maßnahme ist angemessenes Maß oder Verhältnis zwischen Zweckförderung für Erhaltungsrechte und Wirkungen für Eingriffsrechte, vgl. betroffene GR.

(SUB/ERG)

Im konkreten Fall ist die Sicherstellung/Beschlagnahme (alternativ)

- angemessen, denn der zeitlich begrenzte, sachgerichtete Eingriff in (zum Beispiel) Art. 14 Abs. 1 GG, Art. 2 Abs. 1 GG steht angesichts der zu schützenden Rechte und Rechtsgüter aus (zum Beispiel) Art. 20 Abs. 3 GG und auch zu Tatenschwere (=Schwere der im Verdacht stehenden Tat) sowie Tatverdachtsstärke nicht außer Verhältnis[1459]; zumal wirtschaftliche Härten berücksichtigt werden.

[1458] BVerfGE 113, 29, 55-57 (Anwaltsdaten) = BVerfG, Beschluss des Zweiten Senats vom 12.04.2005 – 2 BvR 1027/02 –, C. III. 2. a)-f), Rn. 114-120: „Wenn auf den von der Maßnahme betroffenen Datenträgern unter anderem **potentiell Beweiserhebliches** enthalten ist, ist zu prüfen, ob eine **Sicherstellung des Datenträgers** und aller darauf vorhandenen Daten **erforderlich** ist. Der dauerhafte Zugriff auf den gesamten Datenbestand ist dann nicht erforderlich, wenn die Sicherstellung allein der beweiserheblichen Daten auf eine andere, die Betroffenen weniger belastende Weise ebenso gut erreicht werden kann. […] Das Verfahrensstadium der **Durchsicht gemäß § 110 StPO** ist in jedem Fall der endgültigen Entscheidung über den Umfang der Beschlagnahme vorgelagert (vgl. BVerfGE 77, 1 [55]). Es entspricht dem Zweck des § 110 StPO, im Rahmen des Vertretbaren lediglich diejenigen Informationen einem dauerhaften und damit vertiefenden Eingriff zuzuführen, die verfahrensrelevant und verwertbar sind. Während das **Verfahren der Durchsicht** auf der Grundlage einer vorläufigen Sicherstellung zum Zwecke der Feststellung der potentiellen Beweiserheblichkeit und -verwertbarkeit auf die Vermeidung eines dauerhaften und umfassenden staatlichen Zugriffs nebst den hiermit verbundenen Missbrauchsgefahren abzielt, würde bei einer endgültigen, bis zum Verfahrensabschluss wirkenden Beschlagnahme des Datenträgers und aller darauf vorhandenen Daten der staatliche Zugriff zeitlich perpetuiert und damit erheblich intensiviert. Wegen der technischen Besonderheiten der elektronischen Datenverarbeitung und im Hinblick auf den regelmäßig erheblichen Datenumfang darf die Problematik der Sichtbarmachung und Wiederherstellung verschleierter, vermischter, verschlüsselter oder gelöschter Daten nicht außer Betracht bleiben. Die **Beschlagnahme sämtlicher Daten oder der gesamten Datenverarbeitungsanlage** darf aber nicht pauschal damit begründet werden, dass eine etwaige Datenverschleierung nicht ausgeschlossen werden könne. Insoweit bedarf es vielmehr einzelfallbezogener Erwägungen. Wenn den Strafverfolgungsbehörden im Verfahren der Durchsicht unter zumutbaren Bedingungen eine materielle **Zuordnung der verfahrenserheblichen Daten** einerseits oder eine Löschung der verfahrensunerheblichen Daten beziehungsweise deren Rückgabe an den Berechtigten andererseits nicht möglich ist, steht der Grundsatz der Verhältnismäßigkeit jedenfalls unter dem Gesichtspunkt der Erforderlichkeit der Maßnahme einer Beschlagnahme des gesamten Datenbestands nicht entgegen. Es muss dann aber im jeweiligen Einzelfall geprüft werden, ob der umfassende Datenzugriff dem Übermaßverbot Rechnung trägt.“.

[1459] BVerfG, Beschluss der 3. Kammer des Zweiten Senats vom 10.11.2017 – 2 BvR 1775/16, Rn. 27.

- unangemessen.[1460]

(ERG VHM)

Die Sicherstellung/Beschlagnahme ist insgesamt i.S.v. Art. 20 Abs. 3 GG (alternativ)

- verhältnismäßig.
- unverhältnismäßig.

D. Gesamtergebnis (GErg)

Die Sicherstellung/Beschlagnahme ist (alternativ)

- gemäß § 94 StPO (ggf. mit §§ 46, 53 Abs. 1 S. 2, Abs. 2 OWiG) rechtmäßig.
- wegen Art./§ (bestimmter Rechtsnorm [z.B. Art. 20 Abs. 3 GG]) rechtswidrig.

1460 BVerfGE 113, 29, 57 (Anwaltsdaten) = BVerfG, Beschluss des Zweiten Senats vom 12.04.2005 – 2 BvR 1027/02 –, C. III. 2. f), Rn. 121: „Der jeweilige Eingriff muss in einem angemessenen Verhältnis zu der Schwere der Straftat und der Stärke des Tatverdachts stehen (vgl. BVerfGE 96, 44 <51>). Hierbei sind auch die Bedeutung des potentiellen Beweismittels für das Strafverfahren sowie der Grad des auf verfahrenserhebliche Daten bezogenen Auffindeverdachts zu bewerten. Im Einzelfall können die Geringfügigkeit der zu ermittelnden Straftat, eine geringe Beweisbedeutung der auf dem Datenträger vermuteten Informationen sowie die Vagheit eines Auffindeverdachts einer Sicherstellung des Datenbestands entgegenstehen.“.

ABSCHNITT 26:

SICHERHEITSLEISTUNG, § 132 STPO (GGF. I.V.M. §§ 46, 53 ABS. 1 S. 2, ABS. 2 OWIG)

(VOR/DEF)

Grundrechte sind grundlegende Rechte aus Art. 1-19 GG i.V.m. dem Rechtsstaatsprinzip, Art. 20 Abs. 3 GG, mit Vorrang und Vorbehalt des Gesetzes.[1461]

(SUB/ERG)

Grundrechte sind i.d.R. hauptsächlich wie folgt gegeben:

1. Eigentum, Art. 14 Abs. 1 S. 1 Alt. 1 GG.[1462]

a) GR-SB:

aa) Persönlicher GR-SB: Alle Menschen (personen- und staatsangehörigkeitsunabhängiger Wortlaut).

bb) Sachlicher GR-SB: „**Eigentum**" ist Summe aller vermögenswerten Rechte, also jedenfalls auch der berechtigte Besitz und die berechtigte Nutzung[1463].[1464]

1461 Zu **Grundrechten**: *Basten*, Eingriffsrecht der Polizei in Nordrhein-Westfalen, Band 1, Buch 1, Abschnitt 2, Unterabschnitt 3. Zum **Rechtsstaatsprinzip** mit unter anderem sogenanntem Vorrang des Gesetzes und Vorbehalt des Gesetzes: *Basten*, Eingriffsrecht der Polizei in Nordrhein-Westfalen, Band 1, S. 95-108.

1462 Vgl. auch Art. 142 GG i.V.m. Art. 4 Abs. 1 Verfassung NRW; Art. 17 EU-GR-Charta; Art. 1 Zusatzprotokoll EMRK.

1463 BVerfGE 95, 267, 300 (Altschulden) = BVerfG, Urteil des Ersten Senats vom 08.04.1997 – 1 BvR 48/94 –, C. I. 1., Rn. 130 f.: „Unter den Schutz der Eigentumsgarantie fallen grundsätzlich alle vermögenswerten Rechte, die dem Berechtigten von der Rechtsordnung in der Weise zugeordnet sind, daß er die damit verbundenen Befugnisse nach eigener Entscheidung zu seinem privaten Nutzen ausüben darf (vgl. BVerfGE 83, 201 [209]; stRspr). Der verfassungsrechtliche Eigentumsschutz reicht damit zwar erheblich weiter als das zivilrechtliche Eigentum und erstreckt sich auch auf nicht dingliche vermögenswerte Rechtspositionen. Er bleibt aber an Rechtspositionen gebunden. Kein Eigentum im Sinn von Art. 14 Abs. 1 GG ist daher das **Vermögen**, das selber kein Recht, sondern den Inbegriff aller geldwerten Güter einer Person darstellt (vgl. BVerfGE 4, 7 [17]; stRspr). Daraus folgt, daß Art. 14 Abs. 1 GG nicht vor der staatlichen Auferlegung von **Geldleistungspflichten** schützt. Diese sind nicht mittels eines bestimmten Eigentumsobjekts zu erfüllen, sondern werden aus dem fluktuierenden Vermögen bestritten. Etwas anderes kommt nur dann in Betracht, wenn die Geldleistungspflichten den Betroffenen übermäßig belasten und seine Vermögensverhältnisse so grundlegend beeinträchtigen, daß sie eine erdrosselnde Wirkung haben (vgl. BVerfGE 78, 232 [243]; stRspr).".

1464 Zum Vergleich von Art. 14 Abs. 1 S. 1 Alt. 1 GG und dem Auffanggrundrecht des Art. 2 Abs. 1 GG: Bei lediglich unentschiedenem Potential von Berechtigung wie Nichtberechtigung kann grundsätzlich in dubio pro libertate zunächst zugunsten des Grundrechtsfähigen größtmöglicher Grundrechtsschutzbereich vermutet werden. Vgl. auch BVerfGE 6, 55, 72 (Steuersplitting); BVerfGE 32, 54, 71 (Betriebsbetretungsrecht); BVerfGE 39, 1, 38 (Schwangerschaftsabbruch I); BVerfGE 51, 97, 110 (Zwangsvollstreckung I); BVerfGE 151, 67 (Richtervorbehalt, Bereitschaftsdienst, Nachtzeit/Tageszeit i.S.v. § 104 Abs. 3 StPO) = BVerfG, Beschluss des Zweiten Senats vom 12.03.2019 – 2 BvR 675/14 –, Rn. 55, wonach in Zweifelsfällen diejenige Auslegung zu wählen ist/derjenigen Auslegung der Vorzug zu geben ist, welche die (juristische) „Wirkungskraft der Grundrechtsnorm am stärksten entfaltet.". **Eigentum** i.S.d. (privat)rechtsnormgeprägten Schutzbereichs von Art. 14 Abs. 1 S. 1 Alt. 1 GG ist jedenfalls gegeben bei Eigentum i.S.d. Privatrechts und bei vermögenswerter Besitz-/Nutzungs-/Umgangs-Berechtigung (z.B. i.S.d. §§ 854-984 BGB). **Eigentumslosigkeit** i.S.d. (privat)rechtsnormgeprägten

b) GR-E (oder Nichteingriff/GR-Verzicht): **Eigentumseinschränkung** durch

Einschränkung eines vermögenswerten Rechts, etwa durch (alternativ)

- Einschränkungen oder Entzug der Nutzungs- und Verfügungsbefugnis an (berechtigtem) Eigentum/Besitz/Nutzung, vgl. §§ 903 ff. BGB, §§ 854 ff. BGB, ohne Güterbeschaffung als **Inhalts- und Schrankenbestimmung** im Sinne von Art. 14 Abs. 1 S. 2 GG[1465];
- Eigentumsentzug als **Enteignung** im Sinne des Art. 14 Abs. 3 GG mit Änderung der Eigentumszuordnung und stets mit Güterbeschaffung.[1466]

c) GR-B: Art. 14 Abs. 1 S. 2, Abs. 2, 3 GG, Art. 18 GG.

2. Allgemeine Verhaltensfreiheit / Allgemeine Handlungsfreiheit[1467], Art. 2 Abs. 1 GG[1468]

Schutzbereichs von Art. 14 Abs. 1 S. 1 Alt. 1 GG ist jedenfalls gegeben bei allseitiger Besitz-/Nutzungs-/Umgangs-Nichtberechtigung (z.B. i.S.d. §§ 854-984 BGB); nicht schon unbedingt bei lediglich Eigentums-Nichtberechtigung im privatrechtlichen Sinne bei vermögenswerten Besitz-/Nutzungs-/Umgangs-Berechtigungen; wohl aber jedenfalls auch bei Verbot i.S.d. § 134 BGB oder Sittenwidrigkeit i.S.d. § 138 BGB oder sonstiger Unwirksamkeitsgründe (Nichtentstehensgründe oder Erlöschensgründe) gerade bezüglich des Erwerbs- oder Nutzungs- oder Umgangsaktes (z.B. i.S.d. §§ 854-984 BGB; vgl. z.B. Btm-Umgangsarten i.S.d. § 29 BtMG; vgl. auch etwaiges waffenrechtliches Verbot der Umgangsart Erwerb oder sonstiger Umgangsarten i.S.d. § 1 Abs. 3, 4 WaffG bei Nichtverbot des Erwerbs). Vgl. BVerfGE 110, 1, 23 f. (Erweiterter Verfall [a. F., ≙ erweiterte Tatertragseinziehung, P. B.]) = BVerfG, Beschluss des Zweiten Senats vom 14.01.2004 – 2 BvR 564/95 –, C. I. 3. a), b), Rn. 86 f, 88: „Die Vorschrift des § 73d StGB [a. F., ≙ § 73a StGB, P. B.] verstößt in der Auslegung des Bundesgerichtshofs auch nicht gegen die Eigentumsgarantie des Art. 14 Abs. 1 GG. Soweit § 73d StGB [a. F., ≙ § 73a StGB, P. B.] den Zugriff auf Vermögenswerte erlaubt, die dem unmittelbar Betroffenen wegen eines Verstoßes gegen strafrechtliche Vorschriften zivilrechtlich nicht zustehen (vgl. § 134, § 935 BGB), ist dessen Eigentumsgrundrecht schon mangels einer schutzfähigen Rechtsposition nicht berührt (vgl. BVerfGE 83, 201 [209]; 95, 267 [300]). Dies betrifft vor allem die Entziehung von Gewinnen aus illegalen Drogengeschäften. Denn wegen des strafrechtlichen Verbots des Handeltreibens mit Betäubungsmitteln ist gemäß § 134 BGB neben dem schuldrechtlichen Verpflichtungsgeschäft zugleich die Übereignung sowohl der Drogen als auch des für sie als Kaufpreis gezahlten Geldes zivilrechtlich unwirksam (vgl. BGH, NJW 1983, S. 636 [Schrifttumsquellen]. […] Soweit § 73d StGB StGB [a. F., ≙ § 73a StGB, P. B.] die Entziehung von Gegenständen anordnet, die der Betroffene zwar deliktisch, aber gleichwohl zivilrechtlich wirksam erworben hat, enthält er eine Inhalts- und Schrankenbestimmung des Eigentums im Sinne des Art. 14 Abs. 1 Satz 2 GG. Diese genügt in der Auslegung des Bundesgerichtshofs den verfassungsrechtlichen Anforderungen.“.

1465 BVerfGE 143, 246, Ls. 5 (Dreizehnte Novelle des Atomgesetzes) = BVerfG, Urteil des Ersten Senats vom 06.12.2016 – 1 BvR 2821/11 –, Ls. 5.

1466 BVerfGE 143, 246, Ls. 4 (Dreizehnte Novelle des Atomgesetzes) = BVerfG, Urteil des Ersten Senats vom 06.12.2016 – 1 BvR 2821/11 –, Ls. 4.

1467 „Allgemeine“ Verhaltensfreiheit / Handlungsfreiheit: Auffanggrundrecht ggü. ggf. spezielleren Grundrechten, vgl. Rechtsnormspezialitätsregel („lex specialis derogat legi generali“), vgl. auch: BVerfGE 6, 32, 37 (Elfes) = BVerfG, Urteil des Ersten Senats vom 16.01.1957 – 1 BvR 253/56, Gründe, II. 2. a), Rn. 16: „Neben der allgemeinen Handlungsfreiheit, die Art. 2 Abs. 1 GG gewährleistet, hat das Grundgesetz die Freiheit menschlicher Betätigung für bestimmte Lebensbereiche, die nach den geschichtlichen Erfahrungen dem Zugriff der öffentlichen Gewalt besonders ausgesetzt sind, durch besondere Grundrechtsbestimmungen geschützt; bei ihnen hat die Verfassung durch abgestufte Gesetzesvorbehalte abgegrenzt, in welchem Umfang in den jeweiligen Grundrechtsbereich eingegriffen werden kann. Soweit nicht solche besonderen Lebensbereiche grundrechtlich geschützt sind, kann sich der Einzelne bei Eingriffen der öffentlichen Gewalt in seine Freiheit auf Art. 2 Abs. 1 GG berufen. Hier bedurfte es eines Gesetzesvorbehalts nicht, weil sich aus der Beschränkung der freien Entfaltung der Persönlichkeit durch die verfassungsmäßige Ordnung der Umfang staatlicher Eingriffsmöglichkeiten ohne weiteres ergibt.“.

a) GR-SB:

aa) Persönlicher GR-SB: „Jeder".

bb) Sachlicher GR-SB: „**freie Entfaltung der Persönlichkeit**" bedeutet **allgemeine Verhaltensfreiheit** im umfassenden Sinn[1469] durch grundsätzlich jedes Tun, Dulden, Unterlassen[1470].

b) GR-E (oder Nichteingriff/GR-Verzicht): Verhaltenseinschränkung als Verhaltenssteuerung.

c) GR-B: Art. 2 Abs. 1 Hs. 2 GG[1471].

1468 Vgl. auch Art. 142 GG i.V.m. Art. 4 Abs. 1 Verfassung NRW; Art. 6 EU-GR-Charta; Art. 5 EMRK.

1469 BVerfGE 6, 32, 36 f. (Elfes) = BVerfG, Urteil des Ersten Senats vom 16.01.1957 – 1 BvR 253/56, Gründe, II. 2. a), Rn. 14 f.: „Das Grundgesetz kann mit der ‚freien Entfaltung der Persönlichkeit' nicht nur die Entfaltung innerhalb jenes Kernbereichs der Persönlichkeit gemeint haben, der das Wesen des Menschen als geistig-sittliche Person ausmacht, denn es wäre nicht verständlich, wie die Entfaltung innerhalb dieses Kernbereichs gegen das Sittengesetz, die Rechte anderer oder sogar gegen die verfassungsmäßige Ordnung einer freiheitlichen Demokratie sollte verstoßen können. Gerade diese, dem Individuum als Mitglied der Gemeinschaft auferlegten Beschränkungen zeigen vielmehr, daß das Grundgesetz in Art. 2 Abs. 1 GG die Handlungsfreiheit im umfassenden Sinne meint. […] Es waren nicht rechtliche Erwägungen, sondern sprachliche Gründe, die den Gesetzgeber bewogen haben, die ursprüngliche Fassung ‚Jeder kann tun und lassen was er will' durch die jetzige Fassung zu ersetzen (vgl. v. Mangoldt, Parlamentarischer Rat, 42. Sitzung des Hauptausschusses, S. 533)."; BVerfGE 80, 137, 152 f. (Reiten im Walde) = BVerfG, Beschluss des Ersten Senats vom 06.06.1989 – 1 BvR 921/85 –, C. I. 1 a), Rn. 69: „Nach den in der Rechtsprechung des Bundesverfassungsgerichts entwickelten Grundsätzen gewährleistet Art. 2 Abs. 1 GG die allgemeine Handlungsfreiheit im umfassenden Sinne (st. Rspr. seit BVerfGE 6, 32 [36]; aus neuerer Zeit etwa: BVerfGE 74, 129 [151]; 75, 108 [154 f.]). Geschützt ist damit nicht nur ein begrenzter Bereich der Persönlichkeitsentfaltung, sondern jede Form menschlichen Handelns ohne Rücksicht darauf, welches Gewicht der Betätigung für die Persönlichkeitsentfaltung zukommt (vgl. etwa die Entscheidung eines Vorprüfungsausschusses in BVerfGE 54, 143 (146) – Taubenfüttern).".

1470 BVerfGE 6, 32, Ls. 1, 2 (Elfes) = BVerfG, Urteil des Ersten Senats vom 16.01.1957 – 1 BvR 253/56, Ls. 1: „Art. 11 GG betrifft nicht die Ausreisefreiheit.", Ls. 2: „Die **Ausreisefreiheit** ist als Ausfluß der allgemeinen Handlungsfreiheit durch Art. 2 Abs. 1 GG innerhalb der Schranken der verfassungsmäßigen Ordnung gewährleistet."; BVerwG, Urteil vom 29.05.2019 – BVerwG 6 C 8.18 (Beschränkung des Geltungsbereichs eines Passes), Rn. 20: „In der höchstrichterlichen Rechtsprechung ist seit Jahrzehnten geklärt, dass die durch Art. 2 Abs. 1 GG geschützte Ausreisefreiheit auch durch den Passversagungsgrund des § 7 Abs. 1 Nr. 1 Alt. 3 PassG als Bestandteil der verfassungsmäßigen Ordnung wirksam eingeschränkt wird.".

1471 Art. 2 Abs. 1 Hs. 2 GG (**Schrankentrias**): BVerfGE 80, 137, 153 (Reiten im Walde) = BVerfG, Beschluss des Ersten Senats vom 06.06.1989 – 1 BvR 921/85 –, C. I. 1 a), Rn. 69: „Abgesehen von einem absolut geschützten Kernbereich privater Lebensgestaltung, welcher der Einwirkung der öffentlichen Gewalt entzogen ist (BVerfGE 6, 32 [41]), ist die allgemeine Handlungsfreiheit allerdings nur in den Schranken des zweiten Halbsatzes von Art. 2 Abs. 1 GG gewährleistet und steht damit insbesondere unter dem **Vorbehalt der verfassungsmäßigen (Rechts-)Ordnung** (BVerfGE 6, 32 [37 f.]; 74, 129 [152]). Stützt sich ein die Handlungsfreiheit berührender Akt der öffentlichen Gewalt auf eine Rechtsnorm, so kann mit der Verfassungsbeschwerde unter Berufung auf Art. 2 Abs. 1 GG zur Nachprüfung gestellt werden, ob diese Norm zur **verfassungsmäßigen Ordnung** gehört, das heißt formell und materiell mit den Normen der Verfassung in Einklang steht (st. Rspr. seit BVerfGE 6, 32)."; BVerfGE 6, 32, Ls. 3 (Elfes) = BVerfG, Urteil des Ersten Senats vom 16.01.1957 – 1 BvR 253/56, Ls. 3: „**Verfassungsmäßige Ordnung** im Sinne des Art. 2 Abs. 1 GG ist die verfassungsmäßige Rechtsordnung, d.h. die Gesamtheit der Normen, die formell und materiell der Verfassung gemäß sind."; vgl. dazu auch BVerfGE 6, 32, 37-41 (Elfes) = BVerfG, Urteil des Ersten Senats vom 16.01.1957 – 1 BvR 253/56, Gründe II. 2 b), c), Rn. 17-33.

A. Rechtsgrundlage (RGL) II. Rechtsgebiet (RG)

(VOR/DEF)

Rechtsgebiet ist Rechtsordnungsteil nach allen Umständen[1472] – wie schwerpunktmäßige Äußerungen[1473], Rechtsnormen[1474], Zwecke[1475], auch i.V.m. §§ 133, 157 BGB analog[1476].[1477]

Rechte anderer sind (als Teil der verfassungsmäßigen Ordnung) subjektive Berechtigungen (Anspruch oder Befugnis oder Erlaubnis) einschließlich Verpflichtungen (Pflicht zur Erfüllung von Anspruch oder Befugnis oder Erlaubnis) und sonstiger Rechtswirkungen für ein Rechtssubjekt bezüglich eines Verhaltens oder eines Rechtsguts.

Vgl. zum ein Mal bundesverfassungsgerichtlich entscheidungserheblich bemühten „**Sittengesetz**" nach Art. 2 Abs. 1 Hs. 2 GG als Gesetz, das nicht das durch die „soziale Gemeinschaft" „als für sich verbindlich" anerkannte „Rechtsgefühl" „im allgemeinen" „verletzt": BVerfGE 6, 389 (Homosexuelle) = BVerfG, Urteil des Ersten Senats vom 10.05.1957 – 1 BvR 550/52 –, und StrRehaHomG (Gesetz zur strafrechtlichen Rehabilitierung der nach dem 8. Mai 1945 wegen einvernehmlicher homosexueller Handlungen verurteilten Personen vom 17. Juli 2017 – BGBl. I S. 2443).

1472 Umstände im weiten Sinn, etwa als Bedingungen, Beziehungen, Faktoren, Folgen, Funktionen, Umweltbedingungen, Variablen, Verhältnissen, Voraussetzungen, Weltbedingungen.

1473 Äußerungen im weiten Sinn, etwa als alle Verhaltensäußerungen (einschließlich Aussagen).

1474 Rechtsnormen im weiten Sinn, etwa solche, die die Umstände oder das Verhalten regieren (sollen).

1475 Zwecke im weiten Sinn, etwa als sich aus einer Lage ergebende, objektiv zu verfolgende Ziele.

1476 Sog. **objektivierter Empfängerhorizont**, vgl. BVerwGE 147, 81 = BVerwG, Urteil vom 20.06.2013 – BVerwG 8 C 46.12, Rn. 27: „Die bundesrechtlichen Auslegungsregeln der §§ 133, 157 BGB sind auf öffentlich-rechtliche Erklärungen entsprechend anzuwenden. Bei Verwaltungsakten kommt es wie bei empfangsbedürftigen Willenserklärungen nicht auf den wirklichen Willen des Erklärenden (natürliche Auslegung), sondern auf den objektiven Erklärungsinhalt an. Maßgeblich ist, wie der Empfänger die Erklärung nach Treu und Glauben unter Berücksichtigung der für ihn erkennbaren Umstände verstehen musste. Dabei ist vom Wortlaut der Erklärung auszugehen und deren objektiver Gehalt unter Berücksichtigung des Empfängerhorizonts zu ermitteln (stRspr, vgl. Urteile vom 2. September 1999 - BVerwG 2 C 22.98 - BVerwGE 109, 283 <286> = Buchholz 237.7 § 72 NWLBG Nr. 4 und vom 27. Juni 2012 - BVerwG 9 C 7.11 - BVerwGE 143, 222 <Rn. 18> = Buchholz 11 Art. 20 GG Nr. 206; BGH, Urteile vom 24. Februar 1988 - VIII ZR 145/87 - BGHZ 103, 275 <280>, vom 27. Januar 2010 - VIII ZR 58/09 - BGHZ 184, 128 <137 Rn. 33> und vom 1. März 2011 - II ZR 16/10 - NJW 2011, 1666 <1667 Rn. 11> je m.w.N.)."; BVerwG, Beschluss vom 06.08.2018 – BVerwG 7 B 4.18, Rn. 10: „Dass die bundesrechtlichen Auslegungsregeln der §§ 133, 157 BGB auf öffentlich-rechtliche Erklärungen, d.h. u.a. auf Verwaltungsakte, entsprechend anzuwenden sind, ist in der Rechtsprechung des Bundesverwaltungsgerichts bereits geklärt (BVerwG, Urteil vom 20. Juni 2013 - 8 C 46.12 - BVerwGE 147, 81 Rn. 27 m.w.N.).".

1477 BVerwG 47, 255, 264 = BVerwG, Urteil vom 03.12.1974 – BVerwG I C 11.73: „Obwohl sich für die Polizei im Einzelfall bei einem einheitlichen Lebenssachverhalt gleichzeitig und unmittelbar Aufgaben der Strafverfolgung und der Gefahrenabwehr ergeben können, ist der im Schrifttum vertretenen Auffassung nicht zu folgen, daß aus Gründen der Rechtssicherheit oder wegen der schwierigen Durchschaubarkeit für den Bürger jede Art polizeilichen Handelns der verwaltungsgerichtlichen Kontrolle unterliegen müsse. In aller Regel ist es für den Betroffenen nicht schwer, zu erkennen, ob die Polizei im konkreten Fall eine - begangene - Straftat erforschen (**Strafverfolgung**) oder den Eintritt eines Schadens, etwa die - zukünftige - Begehung einer strafbaren Handlung, verhindern oder eine bereits eingetretene Störung der öffentlichen Sicherheit oder Ordnung beseitigen (**Gefahrenabwehr**) will. Außerdem wird man davon ausgehen dürfen, daß die Polizei dem Betroffenen - wie im vorliegenden Fall - den Grund ihres Einschreitens von sich aus oder auf Verlangen angibt. Im übrigen kommt es darauf an, wie sich der konkrete Lebenssachverhalt einem verständigen Bürger in der Lage des Betroffenen bei natürli-

(SUB/ERG)

Die Maßnahme erfolgt auf dem Rechtsgebiet des besonderen öffentlichen Rechts polizeilicher Strafrechtspflege.

Die Maßnahme erfolgt insbesondere auf dem Rechtsgebiet der Strafrechtspflege bei Zweck der Sicherstellung der Durchführung des Strafverfahrens oder des Ordnungswidrigkeitenverfahrens.

A. Rechtsgrundlage (RGL) III. Mögliche Befugnisrechtsnorm (Mgl. Brn.)

(VOR/DEF)

Befugnisrechtsnorm ist die rechtmäßige hauptsächliche materiellrechtliche Rechtsgrundlage mit realfolgenentsprechender Rechtsfolge.

(SUB)

Realfolge ist die jeweilige Maßnahme laut Sachverhalt (z.B. das Einbehalten eines bestimmten Gegenstands).

Rechtsfolge ist als Justiz-VA (§ 23 Abs. 1 S. 1 EGGVG)[1478] die Sicherheitsleistung, also:

---

cher Betrachtungsweise darstellt. Dieser Sachverhalt muß im allgemeinen einheitlich betrachtet werden, es sei denn, daß einzelne Teile des Geschehensablaufs objektiv abtrennbar sind. Hat die Polizei die Ermittlungen an die StA oder das Amtsgericht weitergeleitet (§ 163 Abs. 2 StPO) oder auf Weisung der StA gehandelt, so kann an der strafprozessualen Natur ihres Einschreitens kein vernünftiger Zweifel bestehen. Eine Maßnahme, die nach dem Gesamteindruck darauf gerichtet ist, eine strafbare Handlung zu erforschen oder sonst zu verfolgen, ist der Kontrolle der ordentlichen Gerichte nach §§ 23 ff. EGGVG nicht etwa deshalb entzogen, weil durch die polizeilichen Ermittlungen möglicherweise zugleich auch künftigen Verletzungen der öffentlichen Sicherheit vorgebeugt würde.".

[1478] **Wohnungstüröffnungs-Verfügung** (je nach Rechtsgebiet VA oder Justiz-VA [z.B.: „Bitte öffnen Sie die Tür!"]) kann bspw. wie folgt – insbesondere über den Zweck – zu subsumieren sein:

- § 9 Abs. 2 PolG NRW / § 163 Abs. 3 StPO / § 163a StPO (Zweck: Befragung / Vernehmung).
- § 12 PolG NRW / § 163b Abs. 1 oder § 163b Abs. 2 StPO (Zweck: IDF jedenfalls ohne Wohnungs-Betretens- und Wohnungs-Durchsuchungszweck [z.B.: IDF-Befragung / IDF-Ausweisverlangen an der Tür]).
- § 16a PolG NRW / § 163f StPO / § 163 Abs. 1 S. 2 StPO (Zweck: Observation jedenfalls ohne Wohnungs-Betretens- und Wohnungs-Durchsuchungszweck [z.B.: Datenerhebung von der Tür aus]).
- § 35 PolG NRW / § 127 Abs. 1 S. 1 Alt. 1 StPO / § 127 Abs. 2 i.V.m. § 112/§ 112a/§ 126a; § 127b StPO; § 164 StPO (Zweck: Ingewahrsamnahme / Festnahme jedenfalls ohne Wohnungs-Betretens- und Wohnungs-Durchsuchungszweck [z.B.: Ingewahrsamnahme / Festnahme an der Tür]).
- § 41 PolG NRW / § 102 StPO oder § 103 StPO (Zweck: Wohnungsbetreten und/oder Wohnungsdurchsuchung).
- § 43 PolG NRW / § 94 Abs. 1 StPO / § 94 Abs. 1, 2 StPO / §§ 94 Abs. 3, 111a StPO, § 69 StGB / §§ 99, 100 StPO / § 108 StPO (§ 110 StPO); / § 111b StPO / § 132 StPO (Zweck: Sicherstellung/Beschlagnahme jedenfalls ohne Wohnungs-Betretens- und Wohnungs-Durchsuchungszweck [z.B.: Sicherstellung/Beschlagnahme an der Tür).
- § 81a StPO / § 81c StPO / § 81g StPO / § 81h StPO (Zweck: der jeweilige „Untersuchungs"-Zweck jedenfalls ohne Wohnungs-Betretens- und Wohnungs-Durchsuchungszweck [z.B.: „Untersuchung" an der Tür]).

- Anordnung der Hinterlegung von barem Geld, von Wertpapieren, durch Pfandbestellung oder Bürgschaft geeigneter Personen, vgl. § 132 Abs. 1 S. 2 i.V.m. § 116a Abs. 1 StPO, zum Zweck der Sicherstellung der Durchführung des Strafverfahrens oder des Ordnungswidrigkeitenverfahrens, § 132 Abs. 1 S. 2 StPO, für die zu erwartende Geldstrafe und die Kosten des Verfahrens, § 132 Abs. 1 S. 1 StPO;
- (Begleit-)Anordnung, eine im Bezirk des zuständigen Gerichts wohnende Person zum Empfang von Zustellungen zu bevollmächtigen.

Sicherheitsleistung im Sinne von § 132 StPO ist nicht:

- Sicherheitsleistung im Sinne von §§ 116, 116a und § 127a StPO – als (negative) Rechtmäßigkeitsvoraussetzung[1479] für Festnahme;
- Beschlagnahme (von Beförderungsmitteln und anderen Sachen, die der Beschuldigte mit sich führt und die ihm gehören) bei Nichtbefolgen der Anordnung der Sicherheitsleistung im Sinne des § 132 StPO – als eigene Befugnis mit Rechtmäßigkeitsvoraussetzungen insbesondere aus § 132 i.V.m. §§ 94, 98 StPO[1480].

(ERG)

Mögliche Befugnisrechtsnorm ist § 132 StPO.

B. Formelle Rechtmäßigkeit (FR) I. Zuständigkeit (Z)

Zuständigkeit für Straftatenerforschung/StPO

(VOR/DEF)

Zuständigkeit ist Aufgabenwahrnehmungserlaubnis für den Rechtsfolgesetzer.

(SUB/ERG)

Für die Maßnahme ist die Zuständigkeit (i.d.R.) wie folgt gegeben:

1. sachliche Zuständigkeit *der Polizei* gemäß

§ 163 Abs. 1 S. 1 StPO;

2. instanzielle Zuständigkeit *der Polizeibehörde* (i.d.R.) gemäß

- (i.d.R.) § 11 Abs. 1 Nr. 2 Alt. 1 POG NRW i.V.m. KPBVO NRW;
- (generell:) §§ 10-14 POG NRW (ggf. i.V.m. LKAAufgVO NRW);

- § 8 Abs. 1 PolG NRW / § 163 Abs. 1 S. 2 StPO (Zweck: jedenfalls ein nicht besonders geregelter Zweck jedenfalls ohne Wohnungs-Betretens- und Wohnungs-Durchsuchungszweck).

[1479] Zu **umgekehrten Voraussetzungen** (negative Voraussetzungen / positive Voraussetzungen) Voraussetzungen siehe auch: *Basten*, Eingriffsrecht der Polizei in Nordrhein-Westfalen, Band 1, S. 220 f., 242.

[1480] Zu §§ 94, 98 StPO siehe: *Basten*, Eingriffsrecht der Polizei in Nordrhein-Westfalen, Band 2, Buch 2, Abschnitt 25.

3. örtliche Zuständigkeit *der Polizeibehörde* gemäß

- (i.d.R.) § 7 Abs. 1 S. 1 POG NRW (ggf. i.V.m. KHStVO NRW);
- (generell: §§ 7-9 POG NRW[1481]) (ggf. i.V.m. KHStVO NRW);

4. funktionelle Zuständigkeit *des Polizeiamtswalters* gemäß

- § 132 StPO für die Anordnung, hier grundsätzlich der StA-Ermittlungsperson i.S.d. § 152 Abs. 2 GVG i.V.m. EPVO NRW;
- § 132 StPO i.V.m. § 163 Abs. 1 S. 1 W. 1-6 StPO für die Ausführung, hier der Behörden und Beamten des Polizeidienstes.

Zuständigkeit für Ordungswidrigkeitenerforschung/OWiG

(VOR/DEF)

Zuständigkeit ist Aufgabenwahrnehmungserlaubnis für den Rechtsfolgesetzer.

(SUB/ERG)

Für die Maßnahme ist die Zuständigkeit (i.d.R.) wie folgt gegeben:

1. sachliche Zuständigkeit *der Polizei* gemäß

- §§ 35, 36 OWiG;
    - i.V.m. § 1 Abs. 2 Teil-3-OWiGZVO NRW: PB – solange Nicht-Abgabe an OB – für Verfolgung von Owi nach: §§ 111, 117-121 OWiG;
    - i.V.m. § 1 Abs. 3 Teil-3-OWiGZVO NRW: KPB für Verfolgung und Ahndung von Owi nach §§ 113, 115 OWiG bei polizeilichen Gewahrsams-Gefangenen, § 127 OWiG bei öffentlichen Urkunden und Beglaubigungszeichen;
    - i.V.m. § 2b ÖffVereinsRZVO NRW: KBP für die Verfolgung und Ahndung von Owi nach § 23 VereinsGDV;
    - i.V.m. § 1 Abs. 2 VerkehrsOwiZVO NRW: PB – solange Nicht-Abgabe an KOB oder StA – für Verfolgung von Owi nach §§ 23, 24, 24a und 24c StVG;
    - i.V.m. § 2 VersGZVO NRW: KPB für die Verfolgung und Ahndung von Owi nach § 29 VersG;
    - i.V.m. § 5 WaffGDVO NRW: KPB für die Verfolgung und Ahndung von Owi nach § 53 WaffG;
- § 53 OWiG;

2. instanzielle Zuständigkeit *der Polizeibehörde* (i.d.R.) gemäß

- § 11 Abs. 1 Nr. 2 Alt. 2 POG NRW i.V.m. KPBVO NRW (generell: §§ 10-14 POG NRW) [bei §§ 35, 36 OWiG];
    - i.V.m. § 1 Abs. 2 Teil-3-OWiGZVO NRW: PB – solange Nicht-Abgabe an OB – für Verfolgung von Owi nach: §§ 111, 117-121 OWiG;

[1481] Vgl. auch zu § 9 Abs. 1 S. 1 Nr. 5 POG NRW: Abkommen zwischen den Ländern der Bundesrepublik Deutschland über die erweiterte Zuständigkeit der Polizei der Länder bei der Strafverfolgung.

- i.V.m. § 1 Abs. 3 Teil-3-OWiGZVO NRW: KPB für Verfolgung und Ahndung von Owi nach §§ 113, 115 OWiG bei polizeilichen Gewahrsams-Gefangenen, § 127 OWiG bei öffentlichen Urkunden und Beglaubigungszeichen;
- i.V.m. § 2b ÖffVereinsRZVO NRW: KBP für die Verfolgung und Ahndung von Owi nach § 23 VereinsGDV;
- i.V.m. § 1 Abs. 2 VerkehrsOwiZVO NRW: PB – solange Nicht-Abgabe an KOB oder StA – für Verfolgung von Owi nach §§ 23, 24, 24a und 24c StVG;
- i.V.m. § 2 VersGZVO NRW: KPB für die Verfolgung und Ahndung von Owi nach § 29 VersG;
- i.V.m. § 5 WaffGDVO NRW: KPB für die Verfolgung und Ahndung von Owi nach § 53 WaffG;

3. örtliche Zuständigkeit *der Polizeibehörde* gemäß

- (bei §§ 35, 36 OWiG:) § 37 OWiG;
- (generell:) §§ 7-9 POG NRW;

4. funktionelle Zuständigkeit *des Polizeiamtswalters* (i.d.R.) gemäß

- § 132 StPO i.V.m. § 53 Abs. 2 OWiG, hier der StA-Ermittlungsperson i.S.d. § 152 Abs. 2 GVG i.V.m. EPVO NRW;
- § 132 StPO i.V.m. § 163 Abs. 1 S. 1 W. 1-6 StPO, hier der Behörden und Beamten des Polizeidienstes.

B. Formelle Rechtmäßigkeit (FR) II. Verfahren (V)

(VOR/DEF)

Verfahren ist normiertes Verhalten des Rechtsfolgezuständigen außer, bei, i.Z.m. der Rechtsfolge.

1. § 132 StPO: Richteranordnung oder StA-Anordnung

(VOR)

Gemäß § 132 StPO (Sicherheitsleistungsanordnung) darf die Anordnung nur der Richter, bei Gefahr im Verzuge auch die Staatsanwaltschaft und ihre Ermittlungspersonen (§ 152 GVG) treffen.

(DEF)

Gefahr im Verzug i.S.d. § 132 StPO ist eine Sachlage im einzelnen Fall mit unvorhergesehenem Handlungsbedarf, bei der die Durchführung der eigentlich vorgesehenen Maßnahme, hier der Richter/StA-Anordnungs-Erwirkung, den gesetzlichen Zweck, hier die (rechtzeitige) Sicherheit/(schnellstmögliche) Sicherheitsverlustverhinderung, vereiteln oder wesentlich erschweren würde.

Gefahr im Verzug i.S.d. § 132 StPO ist auch gegeben, wenn im konkreten Fall zulässigerweise kein Richterdienst vorhanden ist oder wenn vorhandener richterlicher Bereitschaftsdienst unter zulässiger Anrufwege **unverzüglich** (vgl. auch § 121 Abs. 1 S. 1 BGB) vergeblich zu erreichen versucht wird und eine weitere Verzögerung den gesetzlichen Sicherheitsleistungszweck gefährden, also wesentlich erschweren oder vereiteln würde.

(SUB/ERG)

Im konkreten Fall ist § 132 StPO (alternativ)

- eingehalten bei Richter-Sicherheitsleistungsanordnung;
- eingehalten bei StA-Anordnung bei Gefahr im Verzug;
- eingehalten bei StA-Ermittlungspersonen-Anordnung bei Gefahr im Verzug;
- nicht eingehalten.

2. Allgemeine StPO-Verfahrensrechtsnormen für Sicherheitsleistung im Sinne von § 132 Abs. 1, 2 StPO

(VOR/DEF)

a) § 33 StPO: Anhörung

Gemäß § 33 StPO analog[1482] besteht Pflicht zur **Anhörung** bzw. **Gewährung rechtlichen Gehörs** vor einer Entscheidung, jedenfalls bevor zum Beteiligten-Nachteil Tatsachen oder Beweisergebnisse ohne Anhörung verwertet werden – oder es soll gegeben sein: ein Ausnahmegrund der Zweckgefährdung/Gefahr im Verzug nach § 33 Abs. 4 StPO analog.

Gefahr im Verzug i.S.d. § 33 StPO ist gegeben, wenn der Handlungsbedarf unvorhergesehen ist und bei Durchführung der eigentlich vorgesehenen Maßnahme, hier der Anhörung, der gesetzliche Zweck, hier der jeweilige aus der Aufgabe des § 163 Abs. 1 S. 1 StPO und aus der Befugnisrechtsnorm (§ 132 StPO), vereitelt oder wesentlich erschwert wird.

(SUB/ERG)

Im konkreten Fall ist § 33 StPO analog (alternativ)

- eingehalten insbesondere bei Gelegenheit zur Stellungnahme i.S.d. § 33 StPO analog;
- eingehalten bei Nichteinhaltung von § 33 Abs. 1, 3 StPO analog und Ausnahmegrund gemäß § 33 Abs. 4 StPO analog;
- nicht eingehalten insbesondere bei Fehlen von Gelegenheit zur Stellungnahme ohne Ausnahmegrund i.S.d. § 33 StPO analog;
- sonst eingehalten oder nicht eingehalten bei Anhaltspunkten / Fehlen entgegenstehender Anhaltspunkte.

[1482] Für das tradierte „Menschenrecht" der Anhörung (vgl. auch Art. 20 Abs. 3 GG, Art. 103 Abs. 1 GG, Art. 41 EU-GR-Charta, Art. 6 EMRK) gibt es in der StPO bei polizeilichen Maßnahmen i.d.R. keine direkte für die Polizei anwendbare Rechtsnorm (systematische Regelungslücke), weshalb – bei gleichzusetzender Interessenlage und Lücke im einzelnen Fall – § 33 StPO mit seinen Rechtsgedanken als die noch für die Polizei bestmögliche Anhörungs-Rechtsgrundlage eben analog angewendet werden kann.

(VOR/DEF)

b) § 168b StPO: Protokollierung

Gemäß § 168b StPO besteht Pflicht zur **Protokollierung** bzw. zum **Protokoll** über ermittlungsbehördliche Untersuchungshandlungen, wonach gemäß § 168b Abs. 1 StPO das Ergebnis der Untersuchungshandlungen der Ermittlungsbehörden aktenkundig zu machen ist.

(SUB/ERG)

Im konkreten Fall ist § 168b StPO (alternativ)

- eingehalten insbesondere bei Protokoll über (das Ergebnis über) behördliche Untersuchungshandlungen i.S.d. §168b StPO;
- eingehalten bei Nichteinhaltung von § 168b StPO mit Ausnahmegrund;
- nicht eingehalten insbesondere bei Fehlen von Protokoll über (das Ergebnis über) behördliche Untersuchungshandlungen ohne Ausnahmegrund;
- sonst eingehalten oder nicht eingehalten bei Anhaltspunkten / Fehlen entgegenstehender Anhaltspunkte.

(ERG Verfahren)

Ergebnis kann allgemein sein: Verfahrensrechtmäßigkeit oder Verfahrensrechtswidrigkeit der Maßnahme.

B. Formelle Rechtmäßigkeit (FR) III. Form (F)

(VOR/DEF)

Form ist normiertes Wie der Rechtsfolgesetzung – mündlich, schriftlich, elektronisch oder in anderer Weise.

(SUB/ERG)

Im konkreten Fall besteht bei Fehlen speziellerer Formrechtsnormen Formfreiheit für den Justiz-VA, sodass der Justiz-VA grundsätzlich schriftlich, elektronisch, mündlich oder in anderer Weise formrechtmäßig ergehen kann.

§ 168b StPO ist i.d.R. bereits integrativer Bestandteil des Verfahrens.

Ergebnis kann allgemein sein: Formrechtmäßigkeit oder Formrechtswidrigkeit der Maßnahme.

C. Materielle Rechtmäßigkeit (MR) I. Tatbestand (Tb) / Tatbestandsvoraussetzungen (TBV)

(VOR/DEF)

Tatbestand ist das Gesamt der (materiell-rechtlichen) Rechtsfolge(setzungs)bedingungen. / **Tatbestandsvoraussetzungen** sind materiell-rechtliche Rechtsfolgesetzungsbedingungen.

1. § 132 Abs. 1 S. 1 StPO i.V.m. § 163 Abs. 1 S. 2 StPO: Tatverdacht

(VOR)

In § 132 Abs. 1 S. 1 StPO i.V.m. § 163 Abs. 1 S. 2 StPO (i.V.m. §§ 53 Abs. 1 S. 2, 46 OWiG) wird (Straf-/Owi-)Tatverdacht vorausgesetzt, vgl. § 163 Abs. 1 S. 1 W. 8, S. 2 W. 1-3 StPO (i.V.m. § 53 Abs. 1 S. 1 W. 11, S. 2 W. 7 OWiG).

(DEF)

Tatverdacht ist gemäß § 163 Abs. 1 S. 1 i.V.m. § 152 Abs. 2 StPO das Gegebensein zureichender tatsächlicher Anhaltspunkte für eine verfolgbare Straftat oder Ordnungswidrigkeit.[1483]

Zureichende tatsächliche Anhaltspunkte sind gegeben bei entsprechendem Ergebnis einer Gewichtigkeits- und Plausibilitätsprüfung aller wahrnehmbaren Dinge in Abwägung mit Art und Ausmaß potentieller Rechtseingriffe und Taten.

(SUB)

Zureichende tatsächliche Anhaltspunkte sind (z.B. und alternativ möglich) zum maßgeblichen Zeitpunkt bezüglich bestimmter Taten:

- polizeieigene Beobachtungen;
- polizeiliche Feststellungen;
- polizeiliche auf Tatsachen begründete, auf den einzelnen Fall bezogene Schlussfolgerungen außer reine Spekulationen, hypothetische Erwägungen oder lediglich auf kriminalistische Alltagserfahrung gestützte, fallunabhängige Vermutungen;
- Angaben von Beschuldigten, Betroffenen, Verdächtigen, Nichtverdächtigen, Zeugen, Sachverständigen oder Dritten;
- Anzeigen i.S.d. § 158 StPO;
- sonstige Daten.

[1483] BVerfG, Beschluss der 3. Kammer des Zweiten Senats vom 11.01.2016 – 2 BvR 1361/13 –, Rn. 11: „Notwendiger und grundsätzlich auch hinreichender Anlass für Zwangsmaßnahmen im Strafverfahren [oder Ordnungswidrigkeitenverfahren, P. B.] ist der Verdacht einer Straftat [oder Ordnungswidrigkeit, P. B.]. Der Verdacht muss auf konkreten Tatsachen beruhen; vage Anhaltspunkte oder bloße Vermutungen reichen nicht aus (vgl. BVerfGE 44, 353 <381 f.>; 59, 95 <97 f.>; BVerfGK 1, 126 <131>).".

(ERG)

Im konkreten Fall besteht i.S.d. § 152 Abs. 2 StPO i.V.m. § 163 Abs. 1 S. 1 StPO/§ 53 Abs. 1 S. 1 OWiG (alternativ)

- Tatverdacht (bei zureichenden tatsächlichen Anhaltspunkten);
- kein Tatverdacht (bei Fehlen zureichender tatsächlicher Anhaltspunkte).

2. § 132 Abs. 1 S. 1 StPO: Dringender Tatverdacht beim Beschuldigten

(VOR)

Gemäß § 132 Abs. 1 S. 1 StPO ist die allgemeine Tatbestandsvoraussetzung des Tatverdachts dahingehend modifiziert, als dass der Tatverdacht bei dem Beschuldigten als potentiellen Maßnahmenadressaten dringend sein muss.

(DEF)

Dringender Tatverdacht im Sinne von § 132 StPO ist das Gegebensein zureichender tatsächlicher Anhaltspunkte für die große Wahrscheinlichkeit einer verfolgbaren Straftat.[1484]

(SUB/ERG)

Im konkreten Fall besteht i.S.d. § 132 Abs. 1 S. 1 i.V.m. § 152 Abs. 2 StPO i.V.m. § 163 Abs. 1 S. 1 StPO/§ 53 Abs. 1 S. 1 OWiG (alternativ)

- dringender Tatverdacht (bei zureichenden tatsächlichen Anhaltspunkten für die große-Wahrscheinlichkeit);
- nicht dringender Tatverdacht (bei Fehlen zureichender tatsächlicher Anhaltspunkte für die große Wahrscheinlichkeit).

1484 BVerfG, Beschluss der 1. Kammer des Zweiten Senats vom 09.03.2020 – 2 BvR 103/20 – (Frage konkreter Tatbeiträge und Haftgründe bei Totschlagsbeihilfeverdacht), Rn. 63: „Der für die Anordnung von Untersuchungshaft erforderliche dringende Tatverdacht (§ 112 Abs. 1 Satz 1 StPO) liegt deshalb nach allgemeiner Auffassung nur vor, wenn aufgrund bestimmter Tatsachen eine große Wahrscheinlichkeit dafür besteht, dass der Beschuldigte als Täter oder Teilnehmer eine Straftat begangen hat (vgl. BVerfG, Beschluss der 2. Kammer des Zweiten Senats vom 12. September 1995 - 2 BvR 2475/94, NJW 1996, S. 1049 <1050>).“.

3. § 132 Abs. 1 S. 1 StPO: Fehlen von festem Wohnsitz oder von festem Aufenthalt im StPO-Geltungsbereich

(VOR)

Gemäß § 132 Abs. 1 S. 1 StPO ist Voraussetzung, dass der Beschudigte keinen festen Wohnsitz oder Aufenthalt im Geltungsbereich des Gesetzes der StPO („dieses Gesetzes“) hat.

(DEF)

Fehlen von festem Wohnsitz oder Aufenthalt im StPO-Geltungsbereich ist – unabhängig von Meldestatus wie denjenigen beim Einwohnermeldeamt – gegeben, wenn der Beschuldigte in der Bundesrepublik Deutschland keinen Wohnsitz im Sinne von §§ 7-11 BGB oder einen gleichzusetzenden Aufenthalt in der Bundesrepublik Deutschland hat, der hinreichend sichere Gewähr dafür bietet, dass der Beschuldigte für das Strafverfahren oder Ordnungswidrigkeitenverfahren erreichbar, ladbar, verfügbar ist.

(SUB/ERG)

Im konkreten Fall ist die Voraussetzng des Fehlens von festem Wohnsitz oder von festem Aufenthalt des Beschuldigten im StPO-Geltungsbereich (alternativ)

- erfüllt.
- nicht erfüllt.

4. § 132 Abs. 1 S. 1 StPO: Nichtvorliegen von Haftbefehlsvoraussetzungen

(VOR)

Gemäß § 132 Abs. 1 S. 1 StPO ist Voraussetzung, dass „die Voraussetzungen eines Haftbefehls“ nicht vorliegen.

(DEF)

Nichtvorliegen der Voraussetzungen eines Haftbefehls ist gegeben, wenn bei keinem Haftbefehl aller grundsätzlich möglichen Haftbefehle alle notwendigen Rechtmäßigkeitsvoraussetzungen zur maßgeblichen Zeit potentieller Sicherheitsleistung erfüllt sind.

Haftbefehlsvoraussetzungen können sich bei einem Tatverdächtigen ergeben insbesondere aus:

- § 70 Abs. 2 StPO;
- §§ 112 ff. StPO;
- § 230 StPO;
- § 236 StPO;
- § 329 StPO;
- § 453c StPO;
- § 457 Abs. 2 StPO;

- § 459e StPO;
- § 72 JGG;
- §§ 15, 16, 24, 34 IRG;
- § 96 OWiG.

(SUB/ERG)

Im konkreten Fall ist die Voraussetzng des Nichtvorliegens der Voraussetzungen eines Haftbefehls (alternativ)

- erfüllt bei Nichterfüllung aller Rechtmäßigkeitsvoraussetzungen mindestens eines Haftbefehls zur maßgeblichen Zeit potentieller Sicherheitsleistung;
- nicht erfüllt bei Erfüllung der Rechtsmäßigkeitsvoraussetzungen mindestens eines Haftbefehls zur maßgeblichen Zeit potentieller Sicherheitsleistung.

5. § 132 Abs. 1 S. 1 StPO: Erwartung einer Geldstrafe oder von Kosten des Verfahrens

(VOR)

Gemäß § 132 Abs. 1 S. 1 StPO ist Voraussetzung, dass im Strafverfahren (oder Ordnungswidrigkeitenverfahren) folgendes (alternativ) zu erwarten ist:

- Geldstrafe (oder entsprechend Geldbuße/Bußgeld);
- Verfahrenskosten.

(DEF)

Erwartung i.S.d. § 132 Abs. 1 StPO ist hinreichende Wahrscheinlichkeit der Verhängung bzw. Festsetzung bzw. Beitreibung.

Geldstrafe ist eine Vergehensstrafe im Sinne von insbesondere §§ 12, 40-43, 47, 52-54, 79 StGB und im Sinne von insbesondere §§ 260, 407, 459, 459c, 459d StPO.

Geldbuße/Bußgeld ist eine Ordnungswidrigkeitenahndung im Sinne von insbesondere §§ 1, 4, 17, 18, 30, 34, 66, 72 OWiG.

Verfahrenskosten / Kosten des Verfahrens im Sinne des § 132 Abs. 1 StPO sind Kosten des Strafverfahrens im Sinne des GKG (Gerichtskostengesetz) anlässlich des aktuellen Tatverdachts bzw. Kosten des Ordnungswidrigkeitenverfahrens im Sinne des GKG (Gerichtskostengesetz) anlässlich des aktuellen Tatverdachts.

(SUB/ERG)

Im konkreten Fall ist die Voraussetzung der Erwartung von Geldstrafe bzw. Geldbuße oder Verfahrenskosten (alternativ)

- erfüllt.
- nicht erfüllt.

C. Materielle Rechtmäßigkeit (MR) II. Inanspruchnahme (In) / Inanspruchnahmevoraussetzungen (Inv)

(VOR/DEF)

Inanspruchnahmevoraussetzungen sind materiell-rechtliche Bedingungen für richtige Inanspruchnahme.

Inanspruchnahme ist Adressierung und sonstiges Betroffenmachen; **Adressierung** ist direktes Bestimmen oder finales Richten einer Maßnahme an einen Grundrechtsträger, vgl. §§ 100b Abs. 3, 100c Abs. 2, 100h Abs. 3, 163f Abs. 2 StPO.

Adressat der Anordnung der Sicherheitsleistung kann sein: der dringend tatverdächtige Beschuldigte, § 132 Abs. 1 S. 1 StPO (§ 157 StPO, § 397 Abs. 1 AO, §§ 133, 157 BGB analog).

Tatverdächtiger ist die Person, gegen die zureichende tatsächliche Anhaltspunkte der Beteiligung an einer verfolgbaren Straftat gegeben sind, vgl. § 152 Abs. 2 StPO.

Dringend Tatverdächtiger ist die Person, gegen die zureichende tatsächliche Anhaltspunkte für die große Wahrscheinlichkeit der Beteiligung an einer verfolgbaren Straftat gegeben sind, vgl. § 152 Abs. 2 StPO.

Beschuldigter, vgl. § 157 StPO, ist im Strafverfahren jede (tatverdächtige) Person, gegen die im Rahmen eines Strafverfahrens wegen einer bestimmten Straftat ermittelt wird, was sich durch Auslegung nach dem objektivierten Empfängerhorizont, §§ 133, 157 BGB analog, etwa über einen **Inkulpationsakt**, vgl. § 397 Abs. 1 AO, ergibt.

Bezüglich der Inanspruchnahme mit der Sicherheitsleistung sind Richtlinien zu berücksichtigen wie „Regelsätze der Staatsanwaltschaft zur Erhebung von Sicherheitsleistungen“ [1485].

(SUB/ERG)

Im konkreten Fall ist die Person (alternativ)

- richtigerweise gemäß § 132 StPO in Anspruch genommen/adressiert.
- nicht richtigerweise in Anspruch genommen/adressiert.

[1485] Vgl. Verwaltungsvorschriften wie den Erlass vom „Ministerium für Inneres und Kommunales des Landes Nordrhein-Westfalen“ – 402-57.04.16 –, vom 21.01.2016, mit dem Titel „**Regelsätze bei Sicherheitsleistungen** der Polizei Nordrhein-Westfalen“, mit der Anlage „Regelsatzliste“ für Sicherheitsleistungen ausdrücklich in Bezug auf § 127a Abs. 1 Nr. 2 StPO und § 132 Abs. 1 S. 1 StPO und u.a. folgenden Zusätzen zu den Regelsätzen: „Sie enthalten unverbindliche Empfehlungen für den Regelfall, die ein Abweichen im Einzelfall aus besonderem Anlass zulassen. Die Regelsätze für allgemeine Straftaten orientieren sich an Erfahrungswerten über die Leistungsfähigkeit der von §§ 127a, 132 StPO erfassten Beschuldigten, die gewöhnlich keine hohen Bargeldmittel mit sich führen. Die Verfahren werden in der Regel durch Strafbefehl oder Einstellung nach § 153a StPO beendet, wobei sich die Geldstrafen bzw. Geldauflagen an der aufgebrachten Sicherheitsleistung ausrichten. Falls diese Voraussetzungen nicht vorliegen oder eine Straftat von größerem Gewicht gegeben ist - insbesondere bei Diebstahl, Betrug, Urkundenfälschung oder Sachbeschädigung - kann eine höhere Sicherheitsleistung angemessen sein. […] Liegen mehrere Delikte vor, ist der in Betracht kommende Höchstbetrag angemessen zu erhöhen. […] Die Anordnung einer Sicherheitsleistung (§§ 127a, 132 StPO) gegenüber Jugendlichen ist unzulässig. […] Gegenüber Heranwachsenden darf die Anordnung dann nicht getroffen werden, wenn aufgrund einer Rücksprache mit der Staatsanwaltschaft davon ausgegangen werden kann, dass das Jugendstrafrecht auf die oder den Beschuldigte/n Anwendung finden wird.“.

C. Materielle Rechtmäßigkeit (MR) III. Rechtsfolge (Rf) / Rechtsfolgevoraussetzungen (RfV)

(VOR/DEF)

Rechtsfolge ist rechtliche Folge aus dem Tatbestand. / **Rechtsfolgevoraussetzungen** sind materiell-rechtliche Rechtsfolgegestaltungs-Bedingungen.

C. Materielle Rechtmäßigkeit (MR) III. Rechtsfolge (Rf) 1. Tatsächliche und rechtliche Möglichkeit (TurM)

(VOR/DEF)

Tatsächliche und rechtliche Möglichkeit betrifft Fälle wie aus § 44 Abs. 2 Nr. 4-6 VwVfG NRW.

(SUB/ERG)

Tatsächliche und rechtliche Möglichkeit ist im konkreten Fall gegeben/nicht gegeben aufgrund Vorliegens/Nichtvorliegens von kognitiven, körperlichen, normativen, technischen Unmöglichkeiten.

Tatsächliche Unmöglichkeit kann sich insbesondere ergeben aus der faktischen Nichtverfügbarkeit über Mittel zur Sicherheitsleistung.

Rechtliche Unmöglichkeit kann sich insbesondere ergeben aus Rechtsnormen zur **Pfändung** bzw. **Unpfändbarkeit** wie §§ 811-813, 850-852 ZPO, § 54 SGB I (Sozialgesetzbuch 1).

C. Materielle Rechtmäßigkeit (MR) III. Rechtsfolge (Rf) 2. Bestimmtheit (Bsh)

(VOR/DEF)

Bestimmtheit ist Maßnahmenerkennbarkeit und Maßnahmenverstehbarkeit, bei Justiz-VA Gebot nach Art. 20 Abs. 3 GG.

(SUB/ERG)

Inhaltlich hinreichende Bestimmtheit im Sinne des Art. 20 Abs. 3 GG ist allgemein gegeben, wenn nach Auslegung der Maßnahme der Erklärungsempfänger wie jeder vernünftige Dritte, §§ 133, 157 BGB analog, in der konkreten Situation deren Inhalt hinreichend erkennen und verstehen kann, insbesondere wie folgt:

- dass die Polizei ggü./mit dem Maßnahmenempfänger/Erklärungsempfänger (wer)
- aus Strafrechtspflegegründen (warum)
- zu einer spezifischen Zeit (wann)
- bezweckt, dass das Verfahren gesichert wird (was)
- und zwar durch Leistung von hinreichend spezifizierter materieller Sicherheit (wie).

C. Materielle Rechtmäßigkeit (MR) III. Rechtsfolge (Rf) 3. Ermessen (Erm)

Ermessen für Straftatenerforschung/StPO

(VOR/DEF)

Ermessen ist Entscheidungsspielraum auf der Rechtsfolgenseite bzgl. rechtsfehlerfreier Ausübung von Einschreit-Entschließung (Ob), Adressaten-Auswahl (Wer), Maßnahmen-Gestaltung (Wie).

(SUB/ERG)

a) Einschreitentschließungs-„Ermessen" ist grundsätzlich nicht gegeben, vgl. § 163 Abs. 1 S. 1 i.V.m. § 152 Abs. 2 StPO (Legalitätsgrundsatz: „ist [...] verpflichtet, [...] einzuschreiten").

b) Adressatenauswahl-„Ermessen" ist grundsätzlich gegeben, insbesondere bzgl. zweckförderlicher Reihenfolge der Inanspruchnahme vom/von mehreren Beschuldigten

c) Maßnahmengestaltungs-„Ermessen" ist grundsätzlich gegeben, vgl. auch § 132 StPO und § 127a StPO.

Ein etwaig gegebener Entscheidungsspielraum wird aufgrund von entsprechenden Anhaltspunkten/in Ermangelung entgegenstehender Anhaltspunkte ohne Ermessensfehler/mit Ermessensfehlern (Ermessensunterschreitung, Ermessensüberschreitung, Ermessensfehlgebrauch) ausgeübt bzgl. folgender Ermessensarten:

a) Entschließungsermessen:

Ein etwaig gegebenes Entschließungsermessen kann im konkreten Fall sogar gegen / auf Null reduziert sein, insbesondere wegen:

- Einschreitmöglichkeit;
- Erheblichkeitsgrad des dringenden Tatverdachts im Sinne des § 132 Abs. 1 StPO.

b) Auswahlermessen:

siehe C. II.: Auswahlermessen wird abschließend beurteilt i.V.m. Punkt C. II. (Inanspruchnahme).

Bei der Sicherheitsleistung im Sinne von § 132 StPO ist das Auswahlermessen jedenfalls insoweit reduziert, als dass jedenfalls die Anordnung der Sicherheitsleistung letztlich auch einen dringend tatverdächtigen Beschuldigten erreichen muss, der im StPO-Geltungsbereich keinen festen Wohnsitz oder Aufenthalt hat und gegen den die Voraussetzungen eines Haftbefehls nicht vorliegen.

c) Gestaltungsermessen:

siehe C. III. 4.: Gestaltungsermessen wird abschließend beurteilt i.V.m. Punkt C. III. 4. (VHM).

Bezüglich der Höhe der als Sicherheit zu leistenden Mittel sind Richtlinien zu berücksichtigen wie „Regelsätze der Staatsanwaltschaft zur Erhebung von Sicherheitsleistungen" [1486].

[1486] Vgl. Verwaltungsvorschriften wie den Erlass vom „Ministerium für Inneres und Kommunales des Landes Nordrhein-Westfalen" – 402-57.04.16 –, vom 21.01.2016, mit dem Titel „**Regelsätze bei Sicherheitsleistungen** der Polizei Nordrhein-Westfalen", mit der Anlage „Regelsatzliste" für Sicherheitsleistungen ausdrücklich in Bezug auf § 127a Abs. 1 Nr. 2 StPO und § 132 Abs. 1 S. 1 StPO und u.a. folgenden Zusätzen zu den Regelsätzen: „Sie enthalten unverbindliche Empfehlungen für den Regelfall, die ein Abweichen im Einzelfall aus besonderem Anlass zulassen. Die Regelsätze für allgemeine Straftaten orientieren sich an Erfahrungswerten über die Leistungsfähigkeit der von §§ 127a, 132 StPO erfassten Beschuldigten, die gewöhnlich keine hohen Bargeldmittel mit sich führen. Die Verfahren werden in

Ermessen für Ordnungswidrigkeitenerforschung/OWiG

(VOR/DEF)

Ermessen ist Entscheidungsspielraum auf der Rechtsfolgenseite bzgl. rechtsfehlerfreier Ausübung von Einschreit-Entschließung (Ob), Adressaten-Auswahl (Wer), Maßnahmen-Gestaltung (Wie), hier gegeben durch § 53 Abs. 1 S. 1 W. 9, 10 OWiG.

(SUB/ERG)

Der gegebene Entscheidungsspielraum wird aufgrund von entsprechenden Anhaltspunkten/in Ermangelung entgegenstehender Anhaltspunkte ohne Ermessensfehler/mit Ermessensfehlern (Ermessensunterschreitung, Ermessensüberschreitung, Ermessensfehlgebrauch) ausgeübt bzgl. folgender Ermessensarten:

a) Entschließungsermessen:

Das Entschließungsermessen kann im konkreten Fall sogar gegen / auf Null reduziert sein, insbesondere wegen:

- Einschreitmöglichkeit;
- Erheblichkeitsgrad von Tatverdachten.

b) Auswahlermessen:

siehe C. II.: Auswahlermessen wird abschließend beurteilt i.V.m. Punkt C. II. (Inanspruchnahme).

Bei der Sicherheitsleistung im Sinne von § 132 StPO ist das Auswahlermessen jedenfalls insoweit reduziert, als dass jedenfalls die Anordnung der Sicherheitsleistung letztlich auch einen dringend tatverdächtigen Betroffenen erreichen muss, der im StPO-Geltungsbereich keinen festen Wohnsitz oder Aufenthalt hat und gegen den die Voraussetzungen eines Haftbefehls nicht vorliegen.

c) Gestaltungsermessen:

siehe C. III. 4.: Gestaltungsermessen wird abschließend beurteilt i.V.m. Punkt C. III. 4. (VHM).

---

der Regel durch Strafbefehl oder Einstellung nach § 153a StPO beendet, wobei sich die Geldstrafen bzw. Geldauflagen an der aufgebrachten Sicherheitsleistung ausrichten. Falls diese Voraussetzungen nicht vorliegen oder eine Straftat von größerem Gewicht gegeben ist - insbesondere bei Diebstahl, Betrug, Urkundenfälschung oder Sachbeschädigung - kann eine höhere Sicherheitsleistung angemessen sein. […] Liegen mehrere Delikte vor, ist der in Betracht kommende Höchstbetrag angemessen zu erhöhen. […] Die Anordnung einer Sicherheitsleistung (§§ 127a, 132 StPO) gegenüber Jugendlichen ist unzulässig. […] Gegenüber Heranwachsenden darf die Anordnung dann nicht getroffen werden, wenn aufgrund einer Rücksprache mit der Staatsanwaltschaft davon ausgegangen werden kann, dass das Jugendstrafrecht auf die oder den Beschuldigte/n Anwendung finden wird.“.

C. Materielle Rechtmäßigkeit (MR) III. Rechtsfolge (Rf) 4. Verhältnismäßigkeit (VHM)

(VOR/DEF)

Verhältnismäßigkeit ist Geeignetheit, Erforderlichkeit, Angemessenheit der Maßnahme zu einem legitimen Zweck.

(VOR/DEF)

a) **Legitimer Zweck** ist verfassungsgemäßer Zweck.

(SUB/ERG)

Im konkreten Fall verfolgt die Sicherheitsleistung (alternativ)

- einen legitimen Zweck, nämlich die verfassungsgemäße Sicherstellung der Durchführung des Strafverfahrens/Ordnungswidrigkeitenverfahrens, vgl. § 132 Abs. 1 S. 1 StPO, Art. 20 Abs. 3 GG.
- keinen legitimen Zweck.

(VOR/DEF)

b) **Geeignetheit** einer staatlichen Maßnahme ist gegeben bei deren Zweckförderungstauglichkeit.

(SUB/ERG)

Im konkreten Fall ist die Sicherheitsleistung (alternativ)

- geeignet wegen „Sicherstellung" der Tatverfolgung und Tatahndung auch im Hinblick auf eine Erscheinensmotivierung beim Beschuldigten und eine Erbringung dafür notwendiger Verfahrenskosten im Sinne des GKG, vgl. auch bzgl. der **Ahndung** §§ 40-43 StGB/§§ 17, 18 OWiG.
- ungeeignet.

(VOR/DEF)

c) **Erforderlichkeit** einer staatlichen Maßnahme ist Nichtverfügbarkeit eines milderen (Übermaßverbot), gleich geeigneten (Untermaßverbot) Mittels zur Zweckförderung.

(SUB/ERG)

Im konkreten Fall ist die Sicherheitsleistung (alternativ)

- erforderlich, denn einerseits sind mildere Maßnahmen wie Nichtstun oder bloße Datenerhebungen oder Ladungen zur Erreichbarkeit des dringend tatverdächtigen Beschuldigten alleine nicht gleich geeignet, weil sie nicht in gleicher Weise die Erscheinensmotivierung und Kostendeckung sowie letztlich Verfahrenssicherung fördern (Untermaßverbot), und andererseits sind (mindestens) gleich geeignete, intensivere Maßnahmen wie direkte Freiheitsentziehung oder Zwang noch nicht notwendig (Übermaßverbot), vgl. auch die Voraussetzung des Nichtvorliegens von Haftbefehlsvoraussetzungen aus § 132 Abs. 1 S. 1 StPO. Bezüglich der Höhe der als Sicherheit zu leistenden Mittel sind Richtlinien zu berücksichtigen wie „Regelsätze der Staatsanwaltschaft zur Erhebung von Sicherheitsleistungen“[1487].

- nicht erforderlich.

(VOR/DEF)

d) Angemessenheit oder **Verhältnismäßigkeit im engeren Sinne** einer staatlichen Maßnahme ist angemessenes Maß oder Verhältnis zwischen Zweckförderung für Erhaltungsrechte und Wirkungen für Eingriffsrechte, vgl. § 132 Abs. 1 S. 1 StPO („angemessene Sicherheit“), vgl. betroffene GR.

(SUB/ERG)

Im konkreten Fall ist die Sicherheitsleistung (alternativ)

- angemessen, denn der jedenfalls zunächst zeitlich begrenzte, sachgerichtete Eingriff in Art. 14 Abs. 1 GG, Art. 2 Abs. 1 GG steht angesichts der zu schützenden Rechte und Rechtsgüter aus Art. 20 Abs. 3 GG nicht außer Verhältnis; zumal wirtschaftliche Härten berücksichtigt werden, vgl. auch §§ 811-813, 850-852 ZPO, § 54 SGB I.
- unangemessen.

(ERG VHM)

Die Sicherheitsleistung ist insgesamt i.S.v. Art. 20 Abs. 3 GG (alternativ)

- verhältnismäßig.
- unverhältnismäßig.

[1487] Vgl. Verwaltungsvorschriften wie den Erlass vom „Ministerium für Inneres und Kommunales des Landes Nordrhein-Westfalen“ – 402-57.04.16 –, vom 21.01.2016, mit dem Titel „Regelsätze bei Sicherheitsleistungen der Polizei Nordrhein-Westfalen“, mit der Anlage „Regelsatzliste“ für Sicherheitsleistungen ausdrücklich in Bezug auf § 127a Abs. 1 Nr. 2 StPO und § 132 Abs. 1 S. 1 StPO und u.a. folgenden Zusätzen zu den Regelsätzen: „Sie enthalten unverbindliche Empfehlungen für den Regelfall, die ein Abweichen im Einzelfall aus besonderem Anlass zulassen. Die Regelsätze für allgemeine Straftaten orientieren sich an Erfahrungswerten über die Leistungsfähigkeit der von §§ 127a, 132 StPO erfassten Beschuldigten, die gewöhnlich keine hohen Bargeldmittel mit sich führen. Die Verfahren werden in der Regel durch Strafbefehl oder Einstellung nach § 153a StPO beendet, wobei sich die Geldstrafen bzw. Geldauflagen an der aufgebrachten Sicherheitsleistung ausrichten. Falls diese Voraussetzungen nicht vorliegen oder eine Straftat von größerem Gewicht gegeben ist - insbesondere bei Diebstahl, Betrug, Urkundenfälschung oder Sachbeschädigung - kann eine höhere Sicherheitsleistung angemessen sein. […] Liegen mehrere Delikte vor, ist der in Betracht kommende Höchstbetrag angemessen zu erhöhen. […] Die Anordnung einer Sicherheitsleistung (§§ 127a, 132 StPO) gegenüber Jugendlichen ist unzulässig. […] Gegenüber Heranwachsenden darf die Anordnung dann nicht getroffen werden, wenn aufgrund einer Rücksprache mit der Staatsanwaltschaft davon ausgegangen werden kann, dass das Jugendstrafrecht auf die oder den Beschuldigte/n Anwendung finden wird.“.

D. Gesamtergebnis (GErg)

Die Sicherheitsleistung ist (alternativ)

- gemäß § 132 StPO (ggf. mit §§ 46, 53 Abs. 1 S. 2, Abs. 2 OWiG) rechtmäßig.
- wegen Art./§ (bestimmter Rechtsnorm [z.B. Art. 20 Abs. 3 GG]) rechtswidrig.

ABSCHNITT 27: PLATZVERWEISUNG, § 34 POLG NRW (UND ANDERE)

A. Rechtsgrundlage (RGL) I. Grundrechte (GR)

(VOR/DEF)

Grundrechte sind grundlegende Rechte aus Art. 1-19 GG i.V.m. dem Rechtsstaatsprinzip, Art. 20 Abs. 3 GG, mit Vorrang und Vorbehalt des Gesetzes.[1488]

(SUB/ERG)

Grundrechte sind i.d.R. (alternativ fallabhängig) wie folgt gegeben:

1. Körperliche Bewegungsfreiheit, Art. 2 Abs. 2 S. 2 GG[1489].

a) GR-SB:

aa) Persönlicher GR-SB: „**Person**", vgl. § 1 BGB.

bb) Sachlicher GR-SB: „**Freiheit**" ist **körperliche Bewegungsfreiheit** als Freiheit, jeden Ort oder Raum aufzusuchen, sich dort aufzuhalten, (ihn zu verlassen), der an sich (tatsächlich und rechtlich) zugänglich ist.

b) GR-E (oder Nichteingriff/GR-Verzicht): Freiheitsentziehung oder sonstige Freiheitsbeschränkung.

Freiheitsbeschränkung (Freiheitsentziehung oder sonstige Freiheitsbeschränkung) liegt vor, wenn jemand durch die öffentliche Gewalt gegen seinen Willen daran gehindert wird, einen Ort oder Raum aufzusuchen oder sich dort aufzuhalten, der ihm an sich (tatsächlich und rechtlich) zugänglich ist. Eine **Freiheitsentziehung** als schwerste Form der Freiheitsbeschränkung ist dann gegeben, wenn die tatsächlich und rechtlich an sich gegebene körperliche Bewegungsfreiheit durch staatliche Maßnahmen nach jeder Richtung hin aufgehoben wird[1490]; Freiheitsentziehung setzt auch eine besondere Eingriffsintensität und eine nicht nur kurzfristige Dauer der Maßnahme voraus[1491]. Im Übrigen kann eine Abgrenzung zwischen Freiheits-

---

[1488] Zu **Grundrechten**: *Basten*, Eingriffsrecht der Polizei in Nordrhein-Westfalen, Band 1, Buch 1, Abschnitt 2, Unterabschnitt 3. Zum **Rechtsstaatsprinzip** mit unter anderem sogenanntem Vorrang des Gesetzes und Vorbehalt des Gesetzes: *Basten*, Eingriffsrecht der Polizei in Nordrhein-Westfalen, Band 1, S. 95-108.

[1489] Vgl. auch Art. 142 GG i.V.m. Art. 4 Abs. 1 Verfassung NRW; Art. 20 Abs. 2a und Art. 21 AEUV i.V.m. Art. 6, 45 EU-GR-Charta (Bewegungsfreiheit, Freizügigkeit, Aufenthaltsfreiheit); Art. 5 EMRK; Art. 2 Protokoll Nr. 4 EMRK; Art. 21 AEUV (**Unionsbürgerfreizügigkeit**, zum **Unionsbürger** vgl. Art. 9 S. 2, 3 EUV, Art. 20 Abs. 1 S. 2, 3 AEUV); Art. 45 AEUV (**Arbeitnehmerfreizügigkeit**); Art. 49 AEUV (**Niederlassungsfreiheit**); Art. 56 AEUV (**Dienstleistungsfreiheit**); vgl. auch Art. 28 AEUV (**Warenverkehrsfreiheit**); Art. 9 Abs. 1 S. 1 IPbpR („Jedermann hat ein Recht auf persönliche Freiheit und Sicherheit."); Art. 9-11 IPbpR (Freiheitsentziehungsbedingungen), Art. 12 IPbpR (Bewegung, Wohnsitzwahl, Ausreise, Einreise in Hoheitsgebiet eines Staates, vgl. „Freizügigkeit"), Art. 13 IPbpR (Ausländerausweisungsbedingungen).

[1490] BVerfG, Beschluss der 1. Kammer des Ersten Senats vom 08.03.2011 – 1 BvR 47/05 – Rn. 20, vgl. BVerfGE 94, 166, 198 (Flughafenverfahren) = BVerfGE, Urteil des Zweiten Senats vom 14.05.1996 – 2 BvR 1516/93.

[1491] BVerfGE 149, 293 (5-Punkt-Fixierung/7-Punkt-Fixierung) = BVerfG, Urteil des Zweiten Senats vom 24.07.2018 – 2 BvR 309/15 –, D. II. 2. a), Rn. 67, vgl. dazu auch BVerfGE 149, 293 (5-Punkt-Fixierung/7-Punkt-Fixierung) = BVerfG, Urteil des Zweiten Senats vom 24.07.2018 – 2 BvR 309/15 – , D. II. 2. b): „Jedenfalls eine **5-Punkt- oder 7-Punkt-Fixierung**, bei der sämtliche Gliedmaßen des Betroffenen mit Gurten am Bett festgebunden werden, stellt eine Freiheitsentziehung im Sinne von Art.

entziehung und sonstiger Freiheitsbeschränkung auch erfolgen nach Art, Dauer, Intensität, Mittel, Zweck der Freiheitsbeschränkung.[1492]

c) GR-B: Art. 2 Abs. 2 S. 3 GG (i.V.m. Art. 104 GG).

2. Freizügigkeit, Art. 11 Abs. 1 GG[1493].

a) GR-SB:

aa) Persönlicher GR-SB: „Alle **Deutschen**", vgl. Art. 116 GG, § 1 StAG.

bb) Sachlicher GR-SB: „**Freizügigkeit**" ist ungehindertes Bewegen in das deutsche Staatsgebiet und im deutschen Staatsgebiet mit dem Zweck von Aufenthalt und **Wohnsitznahme** (§ 7 BGB), jedenfalls ab einer Zeit von durchgängig 24 Stunden.[1494]

b) GR-E (oder Nichteingriff/GR-Verzicht): Freizügigkeitseinschränkung durch Einreiseeinschränkung[1495], Aufenthaltseinschränkung, Wohnsitznahmeeinschränkung, durch befristete Wohnsitzaufgabe-Anordnung.

c) GR-B: gemäß Art. 11 Abs. 2 GG (qualifizierter Gesetzesvorbehalt), Art. 17a Abs. 2 GG.

3. Eigentum, Art. 14 Abs. 1 S. 1 Alt. 1 GG[1496]

a) GR-SB:

aa) Persönlicher GR-SB: Alle Menschen (personen- und staatsangehörigkeitsunabhängiger Wortlaut).

bb) Sachlicher GR-SB: „**Eigentum**" ist Summe aller vermögenswerten Rechte, also jedenfalls auch der berechtigte Besitz und die berechtigte Nutzung[1497].[1498]

---

104 Abs. 2 GG dar, es sei denn, es handelt sich um eine lediglich **kurzfristige Maßnahme**. Von einer kurzfristigen Maßnahme ist in der Regel auszugehen, wenn sie absehbar die Dauer von ungefähr einer halben Stunde unterschreitet.".

[1492] Vgl. auch insbesondere zu Art, Intensität, Mittel: § 415 Abs. 2 FamFG und §§ 37a, 62 PolG NRW.

[1493] Vgl. auch Art. 142 GG i.V.m. Art. 4 Abs. 1 Verfassung NRW; Art. 45 EU-GR-Charta; Art. 2 Protokoll Nr. 4 EMRK; Art. 21 AEUV (**Unionsbürgerfreizügigkeit**, zum **Unionsbürger** vgl. Art. 9 S. 2, 3 EUV, Art. 20 Abs. 1 S. 2, 3 AEUV); Art. 45 AEUV (**Arbeitnehmerfreizügigkeit**); Art. 49 AEUV (**Niederlassungsfreiheit**); Art. 56 AEUV (**Dienstleistungsfreiheit**); vgl. auch Art. 28 AEUV (**Warenverkehrsfreiheit**); Art. 12 IPbpR (Bewegung, Wohnsitzwahl, Ausreise, Einreise in Hoheitsgebiet eines Staates, vgl. „Freizügigkeit"), Art. 13 IPbpR (Ausländerausweisungsbedingungen).

[1494] Vgl. auch *Klein,* in: Die Polizei 2020 (Nr. 7), S. 259-262: „Ausgehend von dem Schutzbereich der Freizügigkeit ist eine Einzelfallbetrachtung im Hinblick auf Wohnsitznahme und Aufenthalt vorzunehmen: Welche genaue Örtlichkeit ist betroffen? Wie wirkt sich dies auf die Lebensumstände des Betroffenen aus? Ist damit zu rechnen, dass eine – auch nur vorübergehende – Verlagerung oder Beibehaltung des Lebensmittelpunktes beeinträchtigt wird? Dabei ist zugrunde zu legen, dass mit zunehmender Dauer der Platzverweisung die Wahrscheinlichkeit der Betroffenheit der Freizügigkeit steigt.".

[1495] BVerfGE 6, 32, Ls. 1, 2 (Elfes) = BVerfG, Urteil des Ersten Senats vom 16.01.1957 - 1 BvR 253/56, Ls. 1: „Art. 11 GG betrifft nicht die Ausreisefreiheit.", Ls. 2: „Die **Ausreisefreiheit** ist als Ausfluß der allgemeinen Handlungsfreiheit durch Art. 2 Abs. 1 GG innerhalb der Schranken der verfassungsmäßigen Ordnung gewährleistet."; BVerwG, Urteil vom 29.05.2019 - BVerwG 6 C 8.18 (Beschränkung des Geltungsbereichs eines Passes), Rn. 20: „In der höchstrichterlichen Rechtsprechung ist seit Jahrzehnten geklärt, dass die durch Art. 2 Abs. 1 GG geschützte Ausreisefreiheit auch durch den Passversagungsgrund des § 7 Abs. 1 Nr. 1 Alt. 3 PassG als Bestandteil der verfassungsmäßigen Ordnung wirksam eingeschränkt wird.".

[1496] Vgl. auch Art. 142 GG i.V.m. Art. 4 Abs. 1 Verfassung NRW; Art. 17 EU-GR-Charta; Art. 1 Zusatzprotokoll EMRK.

b) GR-E (oder Nichteingriff/GR-Verzicht): **Eigentumseinschränkung** durch Einschränkung eines vermögenswerten Rechts, etwa durch (alternativ)

1497 BVerfGE 95, 267, 300 (Altschulden) = BVerfG, Urteil des Ersten Senats vom 08.04.1997 – 1 BvR 48/94 –, C. I. 1., Rn. 130 f.: „Unter den Schutz der Eigentumsgarantie fallen grundsätzlich alle vermögenswerten Rechte, die dem Berechtigten von der Rechtsordnung in der Weise zugeordnet sind, daß er die damit verbundenen Befugnisse nach eigener Entscheidung zu seinem privaten Nutzen ausüben darf (vgl. BVerfGE 83, 201 [209]; stRspr). Der verfassungsrechtliche Eigentumsschutz reicht damit zwar erheblich weiter als das zivilrechtliche Eigentum und erstreckt sich auch auf nicht dingliche vermögenswerte Rechtspositionen. Er bleibt aber an Rechtspositionen gebunden. Kein Eigentum im Sinn von Art. 14 Abs. 1 GG ist daher das **Vermögen**, das selber kein Recht, sondern den Inbegriff aller geldwerten Güter einer Person darstellt (vgl. BVerfGE 4, 7 [17]; stRspr). Daraus folgt, daß Art. 14 Abs. 1 GG nicht vor der staatlichen Auferlegung von **Geldleistungspflichten** schützt. Diese sind nicht mittels eines bestimmten Eigentumsobjekts zu erfüllen, sondern werden aus dem fluktuierenden Vermögen bestritten. Etwas anderes kommt nur dann in Betracht, wenn die Geldleistungspflichten den Betroffenen übermäßig belasten und seine Vermögensverhältnisse so grundlegend beeinträchtigen, daß sie eine erdrosselnde Wirkung haben (vgl. BVerfGE 78, 232 [243]; stRspr).“.

1498 Zum Vergleich von Art. 14 Abs. 1 S. 1 Alt. 1 GG und dem Auffanggrundrecht des Art. 2 Abs. 1 GG: Bei lediglich unentschiedenem Potential von Berechtigung wie Nichtberechtigung kann grundsätzlich in dubio pro libertate zunächst zugunsten des Grundrechtsfähigen größtmöglicher Grundrechtsschutzbereich vermutet werden. Vgl. auch BVerfGE 6, 55, 72 (Steuersplitting); BVerfGE 32, 54, 71 (Betriebsbetretungsrecht); BVerfGE 39, 1, 38 (Schwangerschaftsabbruch I); BVerfGE 51, 97, 110 (Zwangsvollstreckung I); BVerfGE 151, 67 (Richtervorbehalt, Bereitschaftsdienst, Nachtzeit/Tageszeit i.S.v. § 104 Abs. 3 StPO) = BVerfG, Beschluss des Zweiten Senats vom 12.03.2019 – 2 BvR 675/14 –, Rn. 55, wonach in Zweifelsfällen diejenige Auslegung zu wählen ist/derjenigen Auslegung der Vorzug zu geben ist, welche die (juristische) „Wirkungskraft der Grundrechtsnorm am stärksten entfaltet.“. **Eigentum** i.S.d. (privat)rechtsnormgeprägten Schutzbereichs von Art. 14 Abs. 1 S. 1 Alt. 1 GG ist jedenfalls gegeben bei Eigentum i.S.d. Privatrechts und bei vermögenswerter Besitz-/Nutzungs-/Umgangs-Berechtigung (z.B. i.S.d. §§ 854-984 BGB). **Eigentumslosigkeit** i.S.d. (privat)rechtsnormgeprägten Schutzbereichs von Art. 14 Abs. 1 S. 1 Alt. 1 GG ist jedenfalls gegeben bei allseitiger Besitz-/Nutzungs-/Umgangs-Nichtberechtigung (z.B. i.S.d. §§ 854-984 BGB); nicht schon unbedingt bei lediglich Eigentums-Nichtberechtigung im privatrechtlichen Sinne bei vermögenswerten Besitz-/Nutzungs-/Umgangs-Berechtigungen; wohl aber jedenfalls auch bei Verbot i.S.d. § 134 BGB oder Sittenwidrigkeit i.S.d. § 138 BGB oder sonstiger Unwirksamkeitsgründe (Nichtentstehensgründe oder Erlöschensgründe) gerade bezüglich des Erwerbs- oder Nutzungs- oder Umgangsaktes (z.B. i.S.d. §§ 854-984 BGB; vgl. z.B. Btm-Umgangsarten i.S.d. § 29 BtMG; vgl. auch etwaiges waffenrechtliches Verbot der Umgangsart Erwerb oder sonstiger Umgangsarten i.S.d. § 1 Abs. 3, 4 WaffG bei Nichtverbot des Erwerbs). Vgl. BVerfGE 110, 1, 23 f. (Erweiterter Verfall [a. F., ≙ erweiterte Tatertragseinziehung, P. B.]) = BVerfG, Beschluss des Zweiten Senats vom 14.01.2004 – 2 BvR 564/95 –, C. I. 3. a), b), Rn. 86 f, 88: „Die Vorschrift des § 73d StGB [a. F., ≙ § 73a StGB, P. B.] verstößt in der Auslegung des Bundesgerichtshofs auch nicht gegen die Eigentumsgarantie des Art. 14 Abs. 1 GG. Soweit § 73d StGB [a. F., ≙ § 73a StGB, P. B.] den Zugriff auf Vermögenswerte erlaubt, die dem unmittelbar Betroffenen wegen eines Verstoßes gegen strafrechtliche Vorschriften zivilrechtlich nicht zustehen (vgl. § 134, § 935 BGB), ist dessen Eigentumsgrundrecht schon mangels einer schutzfähigen Rechtsposition nicht berührt (vgl. BVerfGE 83, 201 [209]; 95, 267 [300]). Dies betrifft vor allem die Entziehung von Gewinnen aus illegalen Drogengeschäften. Denn wegen des strafrechtlichen Verbots des Handeltreibens mit Betäubungsmitteln ist gemäß § 134 BGB neben dem schuldrechtlichen Verpflichtungsgeschäft zugleich die Übereignung sowohl der Drogen als auch des für sie als Kaufpreis gezahlten Geldes zivilrechtlich unwirksam (vgl. BGH, NJW 1983, S. 636 [Schrifttumsquellen]. […] Soweit § 73d StGB StGB [a. F., ≙ § 73a StGB, P. B.] die Entziehung von Gegenständen anordnet, die der Betroffene zwar deliktisch, aber gleichwohl zivilrechtlich wirksam erworben hat, enthält er eine Inhalts- und Schrankenbestimmung des Eigentums im Sinne des Art. 14 Abs. 1 Satz 2 GG. Diese genügt in der Auslegung des Bundesgerichtshofs den verfassungsrechtlichen Anforderungen.“.

- Einschränkungen oder Entzug der Nutzungs- und Verfügungsbefugnis an (berechtigtem) Eigentum/Besitz/Nutzung, vgl. §§ 903 ff. BGB, §§ 854 ff. BGB, ohne Güterbeschaffung als **Inhalts- und Schrankenbestimmung** im Sinne von Art. 14 Abs. 1 S. 2 GG[1499];
- Eigentumsentzug als **Enteignung** im Sinne des Art. 14 Abs. 3 GG mit Änderung der Eigentumszuordnung und stets mit Güterbeschaffung.[1500].

c) GR-B: Art. 14 Abs. 1 S. 2, Abs. 2, 3 GG, Art. 18 GG.

A. Rechtsgrundlage (RGL) II. Rechtsgebiet (RG)

(VOR/DEF)

Rechtsgebiet ist Rechtsordnungsteil nach allen Umständen[1501] – wie schwerpunktmäßige Äußerungen[1502], Rechtsnormen[1503], Zwecke[1504], auch i.V.m. §§ 133, 157 BGB analog[1505].[1506]

[1499] BVerfGE 143, 246, Ls. 5 (Dreizehnte Novelle des Atomgesetzes) = BVerfG, Urteil des Ersten Senats vom 06.12.2016 – 1 BvR 2821/11 –, Ls. 5.

[1500] BVerfGE 143, 246, Ls. 4 (Dreizehnte Novelle des Atomgesetzes) = BVerfG, Urteil des Ersten Senats vom 06.12.2016 – 1 BvR 2821/11 –, Ls. 4.

[1501] Umstände im weiten Sinn, etwa als Bedingungen, Beziehungen, Faktoren, Folgen, Funktionen, Umweltbedingungen, Variablen, Verhältnissen, Voraussetzungen, Weltbedingungen.

[1502] Äußerungen im weiten Sinn, etwa als alle Verhaltensäußerungen (einschließlich Aussagen).

[1503] Rechtsnormen im weiten Sinn, etwa solche, die die Umstände oder das Verhalten regieren (sollen).

[1504] Zwecke im weiten Sinn, etwa als sich aus einer Lage ergebende, objektiv zu verfolgende Ziele.

[1505] Sog. **objektivierter Empfängerhorizont**, vgl. BVerwGE 147, 81 = BVerwG, Urteil vom 20.06.2013 – BVerwG 8 C 46.12, Rn. 27: „Die bundesrechtlichen Auslegungsregeln der §§ 133, 157 BGB sind auf öffentlich-rechtliche Erklärungen entsprechend anzuwenden. Bei Verwaltungsakten kommt es wie bei empfangsbedürftigen Willenserklärungen nicht auf den wirklichen Willen des Erklärenden (natürliche Auslegung), sondern auf den objektiven Erklärungsinhalt an. Maßgeblich ist, wie der Empfänger die Erklärung nach Treu und Glauben unter Berücksichtigung der für ihn erkennbaren Umstände verstehen musste. Dabei ist vom Wortlaut der Erklärung auszugehen und deren objektiver Gehalt unter Berücksichtigung des Empfängerhorizonts zu ermitteln (stRspr, vgl. Urteile vom 2. September 1999 - BVerwG 2 C 22.98 - BVerwGE 109, 283 <286> = Buchholz 237.7 § 72 NWLBG Nr. 4 und vom 27. Juni 2012 - BVerwG 9 C 7.11 - BVerwGE 143, 222 <Rn. 18> = Buchholz 11 Art. 20 GG Nr. 206; BGH, Urteile vom 24. Februar 1988 - VIII ZR 145/87 - BGHZ 103, 275 <280>, vom 27. Januar 2010 - VIII ZR 58/09 - BGHZ 184, 128 <137 Rn. 33> und vom 1. März 2011 - II ZR 16/10 - NJW 2011, 1666 <1667 Rn. 11> je m.w.N.).“; BVerwG, Beschluss vom 06.08.2018 – BVerwG 7 B 4.18, Rn. 10: „Dass die bundesrechtlichen Auslegungsregeln der §§ 133, 157 BGB auf öffentlich-rechtliche Erklärungen, d.h. u.a. auf Verwaltungsakte, entsprechend anzuwenden sind, ist in der Rechtsprechung des Bundesverwaltungsgerichts bereits geklärt (BVerwG, Urteil vom 20. Juni 2013 - 8 C 46.12 - BVerwGE 147, 81 Rn. 27 m.w.N.).“.

[1506] BVerwG 47, 255, 264 = BVerwG, Urteil vom 03.12.1974 – BVerwG I C 11.73: „Obwohl sich für die Polizei im Einzelfall bei einem einheitlichen Lebenssachverhalt gleichzeitig und unmittelbar Aufgaben der Strafverfolgung und der Gefahrenabwehr ergeben können, ist der im Schrifttum vertretenen Auffassung nicht zu folgen, daß aus Gründen der Rechtssicherheit oder wegen der schwierigen Durchschaubarkeit für den Bürger jede Art polizeilichen Handelns der verwaltungsgerichtlichen Kontrolle unterliegen müsse. In aller Regel ist es für den Betroffenen nicht schwer, zu erkennen, ob die Polizei im konkreten Fall eine - begangene - Straftat erforschen (**Strafverfolgung**) oder den Eintritt eines Schadens, etwa die - zukünftige - Begehung einer strafbaren Handlung, verhindern oder eine bereits eingetre-

(SUB/ERG)

Die Platzverweisung erfolgt (i.d.R.) auf dem Rechtsgebiet des besonderen öffentlichen Verwaltungsrechts polizeilicher Gefahrenabwehr.[1507]

Eine Platzverweisung erfolgt auf dem Rechtsgebiet der Gefahrenabwehr insbesondere bei

- nicht tatverdachtsveranlasster/nicht tatverdachtsbezogener Platzverweisung;
- Platzverweisung ohne schwerpunktmäßigen Zweck einer anschließenden Strafrechtspflegemaßnahme;
- Gefahrenüberhang.

A. Rechtsgrundlage (RGL) III. Mögliche Befugnisrechtsnorm (Mgl. Brn.)

(VOR/DEF)

Befugnisrechtsnorm ist die rechtmäßige hauptsächliche materiellrechtliche Rechtsgrundlage mit realfolgenentsprechender Rechtsfolge.

(SUB)

Realfolge ist die jeweilige Maßnahme laut Sachverhalt.

Rechtsfolge ist die jeweilige Maßnahme laut Rechtsnorm.

---

tene Störung der öffentlichen Sicherheit oder Ordnung beseitigen (**Gefahrenabwehr**) will. Außerdem wird man davon ausgehen dürfen, daß die Polizei dem Betroffenen - wie im vorliegenden Fall - den Grund ihres Einschreitens von sich aus oder auf Verlangen angibt. Im übrigen kommt es darauf an, wie sich der konkrete Lebenssachverhalt einem verständigen Bürger in der Lage des Betroffenen bei natürlicher Betrachtungsweise darstellt. Dieser Sachverhalt muß im allgemeinen einheitlich betrachtet werden, es sei denn, daß einzelne Teile des Geschehensablaufs objektiv abtrennbar sind. Hat die Polizei die Ermittlungen an die StA oder das Amtsgericht weitergeleitet (§ 163 Abs. 2 StPO) oder auf Weisung der StA gehandelt, so kann an der strafprozessualen Natur ihres Einschreitens kein vernünftiger Zweifel bestehen. Eine Maßnahme, die nach dem Gesamteindruck darauf gerichtet ist, eine strafbare Handlung zu erforschen oder sonst zu verfolgen, ist der Kontrolle der ordentlichen Gerichte nach §§ 23 ff. EGGVG nicht etwa deshalb entzogen, weil durch die polizeilichen Ermittlungen möglicherweise zugleich auch künftigen Verletzungen der öffentlichen Sicherheit vorgebeugt würde.".

[1507] Die (Nicht-)Anwendbarkeit von Strafrechtspflege-Rechtsgrundlagen wie § 164 StPO bei Platzverweisung wird bereits beim Punkt Rechtsgebiet logisch (voraus)entschieden (präjudiziert). Argumentiert man der Sache nach mit Störungsverhinderung oder Störungsunterbindung, kann man beim Rechtsgebiet Gefahrenabwehr bleiben und damit bei möglichen Befugnisrechtsnormen wie § 34 PolG NRW; dann muss man den eine Platzverweisung oder Störungsunterlassungsverfügung nicht ausdrücklich enthaltenen Wortlaut des § 164 StPO nicht dahin auslegen (mit argumentum a fortiore als argumentum a maiore ad minus /„Erst-recht-Schluss").

(SUB)

Realfolgen und Rechtsfolgen zu:

Platzverweisung

(ERG)

Mögliche Befugnisrechtsnorm mit Rechtsfolge zu:

Platzverweisung

(SUB)

Realfolgen Platzverweisung – Beispiele:

- Absperrung
- Verweisen
- Wegschicken
- Aufenthalts/Betretens-Untersagung

Rechtsfolgen Platzverweisung:

Platzverweisung kann als (Justiz-)VA (alternativ) sein

- vorübergehende (bis zu 24h dauernde) Ortsverweisung

oder

- vorübergehendes (bis zu 24h dauerndes) Ortsbetretungsverbot

oder

- Ortsbereichsbetretungsverbot (von 24h bis 3 Monate)

oder

- Ortsbereichsaufenthaltsverbot (von 24h bis 3 Monate)

oder

- Ortsverweisung oder Ortsbetretungsverbot bis zur Beendigung der Amtsverrichtung, jedoch nicht über nächstfolgenden Tag hinaus.

(ERG)

Gefahrenabwehr:

- **§ 12 Abs. 3 AufenthG:** (i.V.m. § 71 Abs. 5 AufenthG): Durchsetzung der (aufenthaltsrechtlichen) Verlassenspflicht
- **§ 8 S. 2 Nr. 1 JuSchG:** (mit § 1 ZuVO JuWo NRW): Ortverlassensaufforderung an Kind oder jugendliche Person (von Ort mit unmittelbarer Kindes-/Jugendwohlgefahr)
- **§ 34 Abs. 1 S. 1 Alt. 1 PolG NRW:** Platzverweisung als vorübergehende (bis zu 24h dauernde)[1508] Ortsverweisung.

Ort i.S.d. § 34 Abs. 1 S. 1 Alt. 1 PolG NRW ist ein (zum Beispiel nach Baurecht und Bebauung) abgrenzbarer geographischer Bereich.[1509]

- **§ 34 Abs. 1 S. 1 Alt. 2 PolG NRW:** Platzverweisung als vorübergehendes (bis zu 24h dauerndes) Ortsbetretungsverbot.

Ort i.S.d. § 34 Abs. 1 S. 1 Alt. 2 PolG NRW ist ein (zum Beispiel nach Baurecht und Bebauung) abgrenzbarer geographischer Bereich.

- **§ 34 Abs. 1 S. 2 PolG NRW:** Platzverweisung als vorübergehende (bis zu 24h dauernde) Ortsverweisung oder als vorübergehendes (bis zu 24h dauerndes) Ortsbetretungsverbot.

1508 Das zeitliche „**Vorübergehende**" der Platzverweisung umfasst im Einklang mit Abgrenzungskriterien zwischen Art. 2 Abs. 2 S. 2 GG und Art. 11 Abs. 1 GG zunächst Fälle von bis zu 24 Stunden, welche nach buchstäblichen Literaturumschreibungen i.d.R. den Zeitraum des Verweilens von Menschen bilden im Sinne innerer Einkehr/Nachtruhe. Nicht so geeignet als Rechtsfolgen-Bestimmung (nicht: Bestimmtheit!) ist die (typische?) Dauer eines Einsatzes i.S.d. § 34 Abs. 1 S. 2 PolG NRW, denn etwa Feuerwehreinsätze können in ihrer Dauer zeitlich stark variieren und machten den Text des § 34 PolG NRW nur noch unbestimmbarer (vgl. tagelange Brandbekämpfungs- und Rettungseinsätze). Die Bestimmtheit des zeitlichen „Vorübergehens" der Platzverweisung ist eher eine Frage der Bestimmtheit in der materiellen Rechtmäßigkeit. Zu weiteren Auslegungen vgl. auch *Klein*, in: Die Polizei 2020 (Nr. 7), S. 259-262.

1509 OVG Lüneburg, Beschluss des Ersten Senats vom 04.02.2019 – 11 LA 366/18, Ls. 1: „Mit dem Begriff des **Ortes** […] wird ein engerer räumlicher Bereich umschrieben. Eine Beschränkung auf ein Gebäude, auf eine Straße oder auf einen Platz ist damit nicht verbunden. Je nach Gefahrenlage kann die Maßnahme auch einen darüberhinausgehenden Bereich betreffen.".

Ort i.S.d. § 34 Abs. 1 S. 1 Alt. 2 PolG NRW ist ein (zum Beispiel nach Baurecht und Bebauung) abgrenzbarer geographischer Bereich.

- **§ 34 Abs. 2 PolG NRW:** Platzverweisung als Ortsbereichsbetretungsverbot (von 24h bis 3 Monate, § 34 Abs. 2 S. 4 PolG NRW)

oder

Platzverweisung als Ortsbereichsaufenthaltsverbot (von 24h bis 3 Monate, § 34 Abs. 2 S. 4 PolG NRW).

Örtlicher Bereich i.S.d. § 34 Abs. 2 (S. 1) PolG NRW ist ein Gemeindegebiet oder ein Gebietsteil innerhalb einer Gemeinde, § 34 Abs. 2 S. 2 PolG NRW.

Vgl. § 36 Abs. 1 S. 1 StVO.

Strafrechtspflege (ggf. mit § 46 OWiG):

- § 164 StPO: Ortsverweisung oder Ortsbetretungsverbot bis zur Beendigung der Amtsverrichtung, jedoch nicht über nächstfolgenden Tag hinaus. („Platzverweisung" als „Minusmaßnahme"/„Mindermaßnahme").

Rechtsfolge ist als VA (§ 35 VwVfG NRW) auf dem Rechtsgebiet der Gefahrenabwehr die jeweilige o.g. Rechtsfolge aus der Rechtsnorm von (alternativ):

- § 12 Abs. 3 AufenthG
- § 8 S. 2 Nr. 1 JuSchG
- § 34 Abs. 1 S. 1 Alt. 1 PolG NRW
- § 34 Abs. 1 S. 1 Alt. 2 PolG NRW
- § 34 Abs. 1 S. 2 PolG NRW
- § 34 Abs. 2 PolG NRW.

Rechtsfolge ist als Justiz-VA (§ 23 Abs. 1 S. 1 EGGVG) auf dem Rechtsgebiet der Strafrechtspflege: Platzverweisung als Minusmaßnahme/Mindermaßnahme zur Festnahme.

(ERG)

Mögliche Befugnisrechtsnorm ist auf dem Rechtsgebiet der Gefahrenabwehr (alternativ):

- § 12 Abs. 3 AufenthG
- § 8 S. 2 Nr. 1 JuSchG
- § 34 Abs. 1 S. 1 Alt. 1 PolG NRW
- § 34 Abs. 1 S. 1 Alt. 2 PolG NRW

- § 34 Abs. 1 S. 2 PolG NRW
- § 34 Abs. 2 PolG NRW.

Mögliche Befugnisrechtsnorm ist auf dem Rechtsgebiet der Strafrechtspflege:

§ 164 StPO (ggf. i.V.m. §§ 46, 53 Abs. 1 S. 2 OWiG).[1510]

B. Formelle Rechtmäßigkeit (FR) I. Zuständigkeit (Z)

(VOR/DEF)

Zuständigkeit ist Aufgabenwahrnehmungserlaubnis für den Rechtsfolgesetzer.

(SUB/ERG)

Für die Maßnahme ist die Zuständigkeit (i.d.R.) wie folgt gegeben:

1. sachliche Zuständigkeit *der Polizei* gemäß (alternativ)

- § 1 Abs. 1 S. 1, 2 Var. 1 PolG NRW (originäre Zuständigkeit) (ggf. i.V.m. § 1 Abs. 2 PolG NRW[1511] / ggf. i.V.m. § 1 Abs. 5 S. 2 PolG NRW[1512]);
- § 1 Abs. 1 S. 1, 3 PolG NRW (subsidiäre Zuständigkeit);

2. instanzielle Zuständigkeit *der Polizeibehörde* gemäß

- (i.d.R.) § 11 Abs. 1 Nr. 1 POG NRW;
- (generell:) §§ 10-14 POG NRW (ggf. i.V.m. KPBVO NRW / ggf. i.V.m. LKAAufgVO NRW);

3. örtliche Zuständigkeit *der Polizeibehörde* gemäß

- (i.d.R.) § 7 Abs. 1 S. 1 POG NRW (ggf. i.V.m. KHStVO NRW);
- (generell:) §§ 7-9 POG NRW (ggf. i.V.m. KHStVO NRW);

4. funktionelle Zuständigkeit *des Polizeiamtswalters* (i.d.R.) gemäß

- § 34 Abs. 1 S. 1 Wort 2 PolG NRW (für Anordnung und Ausführung aller Platzverweisungen nach § 34 PolG NRW).

Für die Befugnis nach § 8 S. 2 Nr. 1 JuSchG ist i.V.m. § 1 ZuVO JuWo NRW i.V.m. KPBVO NRW die sachliche Zuständigkeit der Polizei und die instanzielle Zuständigkeit der Kreispolizeibehörde gegeben.

[1510] Die (Nicht-)Anwendbarkeit von Strafrechtspflege-Rechtsgrundlagen wie § 164 StPO bei Platzverweisung wird bereits beim Punkt Rechtsgebiet logisch (voraus)entschieden (präjudiziert). Argumentiert man der Sache nach mit Störungsverhinderung oder Störungsunterbindung, kann man beim Rechtsgebiet Gefahrenabwehr bleiben und damit bei möglichen Befugnisrechtsnormen wie § 34 PolG NRW; dann muss man den eine Platzverweisung oder Störungsunterlassungsverfügung nicht ausdrücklich enthaltenen Wortlaut des § 164 StPO nicht dahin auslegen (mit arumentum a fortiore als argumentum a maiore ad minus/„Erst-recht-Schluss").

[1511] § 1 Abs. 2 PolG NRW hat negative Zuständigkeitsvoraussetzungen; § 1 Abs. 2 PolG NRW ist die sogenannte „**Privatrechtsklausel**"; zum **Privatrecht in der polizeilichen Praxis** ausführlich: *Basten*, Privatrecht in der polizeilichen Praxis.

[1512] § 1 Abs. 5 S. 2 PolG NRW ist qua Gesetzessystematik eine Zuständigkeitsvorschrift mit negativen Befugnisvoraussetzungen.

Für die Befugnis nach § 12 Abs. 3 AufenthG ist i.V.m. § 71 Abs. 5 AufenthG die sachliche Zuständigkeit der Polizei und die instanzielle Zuständigkeit der Polizeibehörde, nach allgemeinem Landesrecht i.V.m. KPBVO NRW in der Regel der Kreispolizeibehörde gegeben.

Auf dem Rechtsgebiet der Strafrechtspflege bei Straftatenerforschung ist für die Befugnis nach § 164 StPO[1513] die Zuständigkeit wie ebenda gegeben; auf dem Rechtsgebiet der Strafrechtspflege mit OWiG zusätzlich wie allgemein i.V.m. OWiG.[1514]

B. Formelle Rechtmäßigkeit (FR) II. Verfahren (V)

(VOR/DEF)

Verfahren ist normiertes Verhalten insbesondere für den Rechtsfolgezuständigen außer, bei, i.Z.m. der Rechtsfolge.

1. Allgemeine Verfahrensrechtsnorm für Platzverweisungs-VA (vgl. §§ 1, 2, 9, 35 VwVfG NRW): Anhörung

(VOR/DEF)

Gemäß § 28 VwVfG NRW besteht Pflicht zur **Anhörung** im Sinne des § 28 Abs. 1 VwVfG NRW (Äußerungsgelegenheit mit entsprechender Würdigung vor eingreifendem VA) – oder es soll gegeben sein: ein Ausnahmegrund gemäß § 28 Abs. 2, 3 VwVfG NRW oder **VA-Verletzungsunbeachtlichkeit** gemäß § 45 VwVfG NRW oder **VA-Nichtaufhebbarkeit** gemäß § 46 VwVfG NRW.

Gemäß § 28 Abs. 2 VwVfG NRW kann von der Anhörung abgesehen werden, wenn sie nach den Umständen des Einzelfalles nicht geboten ist, insbesondere wenn ein Fall vorliegt gemäß § 28 Abs. 2 Nr. 1-5 VwVfG NRW.

Gebotenheit ist Nichtverfügbarkeit eines milderen, gleich geeigneten Mittels zur Zweckförderung.

Gemäß § 28 Abs. 2 Nr. 1 VwVfG NRW kann von der Anhörung abgesehen werden, wenn eine sofortige Entscheidung wegen Gefahr im Verzug oder im öffentlichen Interesse notwendig erscheint.

Gefahr im Verzug i.S.d. § 28 Abs. 2 Nr. 1 VwVfG NRW ist gegeben, wenn der Handlungsbedarf unvorhergesehen ist und bei Durchführung der eigentlich vorgesehenen Maßnahme,

---

1513 Die (Nicht-)Anwendbarkeit von Strafrechtspflege-Rechtsgrundlagen wie § 164 StPO bei Platzverweisung wird bereits beim Punkt Rechtsgebiet logisch (voraus)entschieden (präjudiziert). Argumentiert man der Sache nach mit Störungsverhinderung oder Störungsunterbindung, kann man beim Rechtsgebiet Gefahrenabwehr bleiben und damit bei möglichen Befugnisrechtsnormen wie § 34 PolG NRW; dann muss man den eine Platzverweisung oder Störungsunterlassungsverfügung nicht ausdrücklich enthaltenen Wortlaut des § 164 StPO nicht dahin auslegen (mit arumentum a fortiore als argumentum a maiore ad minus/„Erst-recht-Schluss“).

1514 Zu § 164 StPO siehe: *Basten*, Eingriffsrecht der Polizei in Nordrhein-Westfalen, Band 2, Buch 2, Abschnitt 35.

hier der Anhörung, der gesetzliche Zweck, hier der jeweilige aus der Aufgabe und Befugnisrechtsnorm, vereitelt oder wesentlich erschwert wird.[1515]

Öffentliches Interesse ist die einzelfallbezogene Relevanz eines Rechts oder Rechtsguts nicht ausschließlich bei einem einzelnen Individuum.

Notwendigkeit ist Nichtverfügbarkeit eines milderen, gleich geeigneten Mittels zur Zweckförderung – bis hin zur Alternativlosigkeit der Mittelanwendung.

Gemäß § 28 Abs. 3 VwVfG NRW unterbleibt eine Anhörung, wenn ihr ein zwingendes öffentliches Interesse entgegensteht.

Zwingendes öffentliches Interesse ist die einzelfallbezogene unbedingte Relevanz eines Rechts oder Rechtsguts nicht ausschließlich bei einem einzelnen Individuum.

(SUB/ERG)

Im konkreten Fall ist § 28 VwVfG NRW (alternativ)

- eingehalten insbesondere bei Gelegenheit zur Stellungnahme i.S.d. § 28 Abs. 1 VwVfG NRW;
- eingehalten bei Nichteinhaltung von § 28 Abs. 1 VwVfG NRW und Ausnahmegrund gemäß § 28 Abs. 2, 3 VwVfG NRW;
- nicht eingehalten insbesondere bei Fehlen von Gelegenheit zur Stellungnahme ohne Ausnahmegrund;
- sonst eingehalten oder nicht eingehalten bei Anhaltspunkten / Fehlen entgegenstehender Anhaltspunkte.

2. Allgemeine Verfahrensrechtsnorm für Platzverweisungs-VA (vgl. §§ 1, 2, 9, 35 VwVfG NRW): Begründung

(VOR/DEF)

Gemäß § 39 Abs. 1 VwVfG NRW besteht Pflicht zur **Begründung** eines schriftlichen oder elektronischen sowie schriftlich oder elektronisch bestätigten VA (vgl. § 37 Abs. 2 VwVfG NRW) mit den tatsächlich-rechtlichen, nicht unbedingt materiellrechtlich richtigen Behördenerwägungen – oder es soll gegeben sein: ein Ausnahmegrund nach § 39 Abs. 2 VwVfG NRW (insb. § 39 Abs. 2 Nr. 2, 4 VwVfG NRW) oder **VA-Verletzungsunbeachtlichkeit** gemäß § 45 VwVfG NRW oder **VA-Nichtaufhebbarkeit** gemäß § 46 VwVfG NRW.

[1515] BVerwGE 142, 205 (Schutzmaßnahme nach IfSG) = BVerwG, Urteil vom 22.03.2012 – BVerwG 3 C 16.11: „Gefahr im Verzug im Sinne von § 28 Abs. 2 Nr. 1 VwVfG ist anzunehmen, wenn durch eine vorherige Anhörung auch bei Gewährung kürzester Anhörungsfristen ein Zeitverlust einträte, der mit hoher Wahrscheinlichkeit zur Folge hätte, dass die behördliche Maßnahme zu spät käme, um ihren Zweck noch zu erreichen. Ob eine sofortige Entscheidung objektiv notwendig war oder die Behörde eine sofortige Entscheidung zumindest für notwendig halten durfte, ist vom Gericht aus ex-ante-Sicht zu beurteilen (Urteil vom 15. Dezember 1983 - BVerwG 3 C 27.82 - BVerwGE 68, 267 <271 f.> = Buchholz 316 § 28 VwVfG Nr. 9 S. 18). Hierbei ist wegen der Bedeutung des Anhörungsrechts als tragendem Prinzip des rechtsstaatlichen Verfahrens ein strenger Maßstab anzulegen (vgl. Kopp/Ramsauer, VwVfG, 12. Aufl. 2011, § 28 Rn. 3 und Rn. 46 m.w.N.).“.

(SUB/ERG)

Im konkreten Fall ist § 39 VwVfG NRW (alternativ)

- eingehalten bei Fehlen von Begründungspflicht bei rechtmäßigem Fehlen von schriftlichem oder elektronischem, schriftlich oder elektronisch bestätigtem VA (i.d.R. jedenfalls zunächst bei Maßnahmen i.S.d. § 80 Abs. 2 S. 1 Nr. 2 VwGO);
- eingehalten bei Begründung bei schriftlichem oder elektronischem, schriftlich oder elektronisch bestätigtem VA (z.B. im Rahmen von „Bescheinigungen“; „Mitteilungen“, „Anschreiben-VA“ [„Auflagenanschreiben“; „Gefährderanschreiben“, „Meldeauflagenanschreiben“], „HG-Schriftverfügung“) und bei Nichtvorliegen eines Ausnahmegrundes i.S.v. § 39 Abs. 2 VwVfG NRW;
- eingehalten bei Ausnahmegrund nach § 39 Abs. 2 VwVfG NRW, insbesondere wegen bekannter oder erkennbarer Sach- und Rechtslage gemäß § 39 Abs. 2 Nr. 2 Var. 1 oder 2 VwVfG NRW;
- sonst eingehalten oder nicht eingehalten bei Anhaltspunkten / Fehlen entgegenstehender Anhaltspunkte.

(Bei § 164 StPO auf dem Rechtsgebiet der Strafrechtspflege kann § 114a S. 2 StPO analog angewendet werden).

(ERG Verfahren)

Ergebnis kann allgemein sein: Verfahrensrechtmäßigkeit oder Verfahrensrechtswidrigkeit der Maßnahme.

B. Formelle Rechtmäßigkeit (FR) III. Form (F)

(VOR/DEF)

Form ist normiertes Wie der Rechtsfolgesetzung – schriftlich, elektronisch, mündlich oder in anderer Weise.

(SUB/ERG)

Im konkreten Fall (alternativ)

- ist bei Fehlen von VA § 37 Abs. 2-6 VwVfG NRW unanwendbar.
- ist bei Fehlen von VA und Fehlen speziellerer Formrechtsnormen Formfreiheit gegeben.
- ist bei VA und Fehlen speziellerer Formrechtsnormen anwendbar: § 37 Abs. 2 bis 6 VwVfG NRW.
- kann gemäß § 37 Abs. 2 S. 1 VwVfG NRW der VA schriftlich, elektronisch, mündlich oder in anderer Weise erlassen werden.
- braucht gemäß § 37 Abs. 2 S. 2 VwVfG NRW der mündliche VA schriftlich oder elektronisch nicht bestätigt zu werden, wenn hieran kein berechtigtes Interesse besteht und der Betroffene dies nicht unverzüglich verlangt.

Ergebnis kann allgemein sein: Formrechtmäßigkeit oder Formrechtswidrigkeit der Maßnahme.

C. Materielle Rechtmäßigkeit (MR) I. Tatbestand (Tb) / Tatbestandsvoraussetzungen (TBV)

(VOR/DEF)

Tatbestand ist das Gesamt der (materiell-rechtlichen) Rechtsfolge(setzungs)bedingungen. / **Tatbestandsvoraussetzungen** sind materiell-rechtliche Rechtsfolgesetzungsbedingungen.

Tatbestandsvoraussetzungen für Platzverweisungen auf dem Rechtsgebiet der Gefahrenabwehr sind alternativ je nach Befugnisrechtsnorm:

- § 12 Abs. 3 AufenthG: Aufenthalt eines Ausländers in Teil eines Bundesgebiets ohne Erlaubnis der Ausländerbehörde einer räumlichen Beschränkung zuwider;
- § 8 S. 1, 2 Nr. 1 JuSchG: Drohen von unmittelbarer Gefahr für das körperliche, geistige oder seelische Wohl des Kindes oder Jugendlichen bei Ortsaufenthalt;
- § 34 Abs. 1 S. 1 W. 7 PolG NRW (mit § 8 Abs. 1 W. 9-22 PolG NRW): konkrete Gefahr für öffentliche Sicherheit oder Ordnung;
- § 34 Abs. 1 S. 2 PolG NRW: Behinderung des Einsatzes von Feuerwehr, Hilfs- oder Rettungsdienst;
- § 34 Abs. 2 PolG NRW: Durch Tatsachen gerechtfertigte Annahme, dass eine Person in bestimmtem örtlichem Bereich Straftat begehen oder zu ihrer Begehung beitragen wird, es sei denn, sie hat dort ihre Wohnung oder nimmt dort berechtigte Interessen wahr.

Tatbestandsvoraussetzungen für Platzverweisung auf dem Rechtsgebiet der Strafrechtspflege sind nach § 164 StPO:

- Amtshandlung an Ort und Stelle;
- vorsätzliche Störung oder Widersetzen gegen die innerhalb der Zuständigkeit getroffenen Anordnungen.

1. (In § 34 Abs. 1 PolG NRW alternative) TBV aus § 34 Abs. 1 S. 1 PolG NRW

(VOR)

In § 34 Abs. 1 S. 1 PolG NRW wird (für § 34 Abs. 1 S. 1 Alt. 1 und Alt. 2, nicht für § 34 Abs. 1 S. 2 PolG NRW) vorausgesetzt: eine konkrete Gefahr für die öffentliche Sicherheit oder Ordnung.

(DEF)

Konkrete Gefahr ist eine Sachlage im einzelnen Fall, die bei ungehindertem Geschehensverlauf in absehbarer Zeit mit hinreichender Wahrscheinlichkeit zu einem Schaden für ein rechtliches Schutzgut führt.

Ungehinderter Geschehensverlauf in absehbarer Zeit ist eine überschaubar zusammenhängende Ereigniskette ohne entscheidende Veränderung oder Unterbrechung.

Hinreichende Wahrscheinlichkeit ist gegeben bei entsprechendem Ergebnis einer Diagnose von Tatsachen und tatsächlicher Anhaltspunkte sowie einer Prognose von Art und Ausmaß potentieller Rechtseingriffe und -schäden.[1516]

Schaden für ein rechtliches Schutzgut ist jede nachteilige Beeinträchtigung eines bestimmten Schutzguts.

Schutzgüter sind die **öffentliche Sicherheit**, nämlich Rechte und Rechtsgüter des Einzelnen, die Rechtsordnung, die Funktionsfähigkeit des Staates[1517] oder die **öffentliche Ordnung**, nämlich die Gesamtheit jener ungeschriebenen Regeln für das Verhalten des Einzelnen in der

---

[1516] BVerwG, Urteil vom 20.08.2003 – BVerwG 6 CN 5.02 (Hundehalterverordnung), Gründe, II.: „Maßgebliches Kriterium zur Feststellung einer Gefahr ist die hinreichende Wahrscheinlichkeit des Schadenseintritts (vgl. Urteil vom 26. Februar 1974 - BVerwG 1 C 31.72 - BVerwGE 45, 51, 57).“; sog. **„differenzierender Wahrscheinlichkeitsmaßstab“** (**„Je-desto-Formel“** / **„Variabilitätsformel“**), vgl. BVerwGE 116, 347, 356 (Gefahrtierverordnung) = BVerwG, Urteil vom 03.07.2002 – BVerwG 6 CN 8.01: „Richtig ist, dass der Grad der Wahrscheinlichkeit des Schadenseintritts, der für die Annahme einer Gefahr erforderlich ist, von der Größe und dem Gewicht des drohenden Schadens abhängt: Die Wahrscheinlichkeit des Schadenseintritts muss umso größer sein, je geringer der möglicherweise eintretende Schaden ist, und sie darf umso kleiner sein, je schwerer der etwa eintretende Schaden wiegt (vgl. Urteil vom 2. Juli 1991 – BVerwG 1 C 4.90 – BVerwGE 88, 348, 351).“; BVerwG, Urteil vom 10.07.2012 – BVerwG 1 C 19.11, Rn. 16: […] „da jede sicherheitsrechtliche Gefahrenprognose nach den allgemeinen Grundsätzen des Gefahrenabwehrrechts eine Korrelation aus Eintrittswahrscheinlichkeit und (möglichem) Schadensausmaß ist. An die Wahrscheinlichkeit des Schadenseintritts sind umso geringere Anforderungen zu stellen, je größer und folgenschwerer der möglicherweise eintretende Schaden ist (Urteile vom 6. September 1974 - BVerwG 1 C 17.73 - BVerwGE 47, 31 <40>; vom 17. März 1981 - BVerwG 1 C 74.76 - BVerwGE 62, 36 <39> und vom 3. Juli 2002 - BVerwG 6 CN 8.01 - BVerwGE 116, 347 <356>).“; BVerwG, Urteil vom 15.01.2013 – BVerwG 1 C 10.12, Rn. 16: „Auch die […] auf der Grundlage aller Umstände des Einzelfalles vorzunehmende Beurteilung […] kann im Hinblick auf die erforderliche Wahrscheinlichkeit des Schadenseintritts den Rang des bedrohten Rechtsguts nicht außer Acht lassen, denn dieser bestimmt die mögliche Schadenshöhe. Das bedeutet aber nicht, dass bei hochrangigen Rechtsgütern […] bereits jede auch nur entfernte Möglichkeit eine Wiederholungsgefahr begründet.“; BVerfGE 115, 320, 360 (Rasterfahndung II) = BVerfG, Beschluss des Ersten Senats vom 04.04.2006 – 1 BvR 518/02 –, Rn. 136: „Im Hinblick auf den Verhältnismäßigkeitsgrundsatz im engeren Sinne hat der Gesetzgeber die Ausgewogenheit zwischen der Art und Intensität der Grundrechtsbeeinträchtigung einerseits und den zum Eingriff berechtigenden Tatbestandselementen andererseits, wie der Einschreitschwelle, der geforderten Tatsachenbasis und dem Gewicht der geschützten Rechtsgüter, zu wahren (vgl. BVerfGE 100, 313 <392 ff.>). Je gewichtiger die drohende oder erfolgte Rechtsgutbeeinträchtigung und je weniger gewichtig der Grundrechtseingriff ist, um den es sich handelt, desto geringer darf die Wahrscheinlichkeit sein, mit der auf eine drohende oder erfolgte Verletzung des Rechtsguts geschlossen werden kann, und desto weniger fundierend dürfen gegebenenfalls die Tatsachen sein, die dem Verdacht zugrunde liegen (vgl. BVerfGE 100, 313 <392>; 110, 33 <60>; 113, 348 <386>). Die Anforderungen an den Wahrscheinlichkeitsgrad und die Tatsachenbasis der Prognose dürfen allerdings nicht beliebig herabgesenkt werden, sondern müssen auch in angemessenem Verhältnis zur Art und Schwere der Grundrechtsbeeinträchtigung und zur Aussicht auf den Erfolg des beabsichtigten Rechtsgüterschutzes stehen. Selbst bei höchstem Gewicht der drohenden Rechtsgutbeeinträchtigung kann auf das Erfordernis einer hinreichenden Wahrscheinlichkeit nicht verzichtet werden. Auch muss als Voraussetzung eines schweren Grundrechtseingriffs gewährleistet bleiben, dass Annahmen und Schlussfolgerungen einen konkret umrissenen Ausgangspunkt im Tatsächlichen besitzen (vgl. BVerfGE 113, 348 <386>). Insbesondere lässt die Verfassung grundrechtseingreifende Ermittlungen ‚ins Blaue hinein‘ nicht zu (vgl. BVerfGE 112, 284 <297>; BVerfG, Beschluss der 1. Kammer des Ersten Senats vom 6. April 1989 - 1 BvR 33/87 -, NJW 1990, S. 701 <702>).“.

[1517] Legaldefinitionen Öffentliche Sicherheit: § 2 Nr. 2 BremPolG, § 4 Nr. 1 SächsPVDG, § 3 Nr. 1 SOG LSA, § 54 Nr. 1 Thüringer OBG; vgl. auch Nr. 1.11 VVPolG NRW.

Öffentlichkeit, deren Beachtung nach den jeweils herrschenden Anschauungen als unerlässliche Voraussetzung eines geordneten Gemeinschaftslebens betrachtet wird[1518].

(SUB)

Unter Auslegung des Geschehens und Anwendung des Wahrscheinlichkeitsmaßstabs führt ohne die Maßnahme ungehinderter Geschehensverlauf in absehbarer Zeit (nicht) mit hinreichender Wahrscheinlichkeit zu einer nachteiligen Beeinträchtigung rechtlicher Schutzgüter der öffentlichen Sicherheit (oder der öffentlichen Ordnung), nämlich je nach Fall:

- Individualrechte oder Individualrechtsgüter, insbesondere nach Art. 1-20, 33, 38, 101, 103 GG;
- Rechtsordnung, insbesondere nach Art. 20 Abs. 3 GG, Gefahrenabwehrvorschriften, Strafvorschriften, Ordnungswidrigkeitenahndungsvorschriften;
- Funktionsfähigkeit der Polizei, insbesondere bezüglich Art. 20 Abs. 3 GG, § 1 PolG NRW, § 163 Abs. 1 S. 1 StPO, § 53 Abs. 1 S. 1 OWiG.

(ERG)

Im konkreten Fall ist (alternativ)

- eine konkrete Gefahr i.S.d. § 34 Abs. 1 S. 1 PolG NRW für die öffentliche Sicherheit abzuwehren.
- nicht eine konkrete Gefahr i.S.d. § 34 Abs. 1 S. 1 PolG NRW für die öffentliche Sicherheit abzuwehren.

2. (In § 34 Abs. 1 PolG NRW alternative) TBV aus § 34 Abs. 1 S. 2 PolG NRW

(VOR/DEF)

Gemäß § 34 Abs. 1 S. 2 PolG NRW ist folgendes Voraussetzung: Behinderung des Einsatzes der Feuerwehr oder Behinderung von Hilfs- oder Rettungsdiensten (durch die potentiell platzverweisungsbetroffene Person).

Feuerwehr oder **Hilfs- oder Rettungsdienste** sind solche Dienste wie gemäß BHKG NRW, PsychKG NRW, RettG NRW.

Behinderung des Einsatzes ist jede Störung einer konkreten Hilfs- oder Rettungstätigkeit oder sonstigen Tätigkeit konkreter Aufgabenerfüllung.

[1518] PrOVGE 91, 139 f.; BVerfGE 69, 315, 352 (Brokdorf) = BVerfG, Beschluss des Ersten Senats vom 14.05.1985 – 1 BvR 233, 341/81 –, C. II. 2. b), Rn. 78: „Unter ‚öffentlicher Ordnung' wird die Gesamtheit der ungeschriebenen Regeln verstanden, deren Befolgung nach den jeweils herrschenden sozialen und ethischen Anschauungen als unerläßliche Voraussetzung eines geordneten menschlichen Zusammenlebens innerhalb eines bestimmten Gebiets angesehen wird."; Legaldefinitionen Öffentliche Ordnung: § 4 Nr. 1 SächsPVDG, § 3 Nr. 1 SOG LSA, § 54 Nr. 2 Thüringer OBG; § 4 Nr. 2 SächsPVDG; § 3 Nr. 2 SOG LSA; § 54 Nr. 2 ThürOBG; vgl. auch Nr. 1.11 VVPolG NRW.

(SUB/ERG)

Im konkreten Fall ist (alternativ)

- eine Behinderung des Einsatzes der Feuerwehr oder von Hilfs- oder Rettungsdiensten gegeben.
- eine Behinderung des Einsatzes der Feuerwehr oder von Hilfs- oder Rettungsdiensten nicht gegeben.

3. (alternative) TBV aus § 34 Abs. 2 PolG NRW

(VOR/DEF)

Gemäß § 34 Abs. 2 PolG NRW sind folgende Voraussetzungen (kumulativ) gegeben:

- eine durch Tatsachen gerechtfertigte Annahme, dass eine Person in einem bestimmten örtlichem Bereich (mindestens) eine Straftat begehen oder zu ihrer Begehung beitragen wird;
- Fehlen einer Wohnung der Person im bestimmten örtlichen Bereich;
- Nichtwahrnehmung berechtigter Interessen durch die Person im bestimmten örtlichen Bereich.

Tatsachen sind alle wahrnehmbaren Dinge der Welt – nicht ausreichend sind: hypothetische Erwägungen, reine Spekulationen, fallunabhängige Vermutungen; kriminalistische Erfahrung kann ausreichen, wenn sie einen Anhalt im Tatsächlichen hat.

Annahmerechtfertigung ist Ausreichen ggf. auch nur einer Tatsache für die Begründung der Annahme – je nach Abwägung aller Umstände, vgl. „rechtfertigen".

Straftaten i.S.d. § 34 Abs. 2 PolG NRW sind (Verdachte von) Straftaten i.S.d. § 11 Abs. 1 Nr. 5 StGB (also keine Ordnungswidrigkeit im Sinne von § 1 OWiG).

Berechtigtes Interesse ist ein Rechtsgrund (**rechtliches Interesse**) oder auch ein insgesamt überwiegendes Interesse nach Abwägung aller Interessen insbesondere der an der Maßnahme Beteiligten (z.B. unmittelbar betroffene Person, Polizeibeamte) und der durch die Maßnahme Betroffenen (z.B. unmittelbar betroffene Person, potentielle Tatopfer, verfahrenszuständige Behörden mit jeweiligen Rechten und Pflichten im Rechtsstaat).

(SUB/ERG)

Im konkreten Fall sind die Tatbestandsvoraussetzungen des § 34 Abs. 2 PolG NRW (alternativ)

- erfüllt.
- nicht erfüllt.

C. Materielle Rechtmäßigkeit (MR) II. Inanspruchnahme (In) / Inanspruchnahmevoraussetzungen (Inv)

(VOR/DEF)

Inanspruchnahmevoraussetzungen sind materiell-rechtliche Bedingungen für richtige Inanspruchnahme.

Inanspruchnahme ist Adressierung und sonstiges Betroffenmachen; **Adressierung** ist direktes Bestimmen oder finales Richten einer Maßnahme an einen Grundrechtsträger vgl. §§ 41 Abs. 1 S. 1, 43 Abs. 1 S. 1 VwVfG NRW.

(VOR/DEF)

Inanspruchnahme durch Adressierung mit der Platzverweisung ist auf dem Rechtsgebiet der Gefahrenabwehr alternativ je nach Befugnisrechtsnorm grundsätzlich richtig gegen folgende Personen:

- § 12 Abs. 3 AufenthG: **Ausländer**, § 2 Abs. 1 AufenthG;
- § 8 S. 2 Nr. 1 JuSchG: Am Ort aufhaltendes **Kind** (§ 1 Abs. 1 Nr. 1 JuSchG) oder aufhaltender **Jugendlicher** (§ 1 Abs. 1 Nr. 2 JuSchG), dem unmittelbare Gefahr droht;
- § 34 Abs. 1 S. 1 PolG NRW: (jede – auch jede verantwortliche oder nichtverantwortliche –) „Person", ggf. mit §§ 4-6 PolG NRW;
- § 34 Abs. 1 S. 2 PolG NRW: (Einsatz der Feuerwehr oder von Hilfs- oder Rettungsdiensten) behindernde Person;
- § 34 Abs. 2 PolG NRW: Person, von der Tatsachen Annahme rechtfertigen, dass sie in einem bestimmten örtlichen Bereich Straftaten begehen wird.

Inanspruchnahme durch Adressierung mit der Platzverweisung ist auf dem Rechtsgebiet der Strafrechtspflege nach § 164 StPO grundsätzlich richtig gegen die Person, die die Amtshandlung stört, also die Person, die die amtliche Tätigkeit vorsätzlich stört oder sich einer getroffenen Anordnung i.S.d. § 164 StPO widersetzt.

(SUB/ERG)

Im konkreten Fall ist die Person (alternativ)

- richtigerweise gemäß der jeweiligen Inanspruchnahmeregelung in Anspruch genommen/adressiert.
- nicht richtigerweise in Anspruch genommen/adressiert.

C. Materielle Rechtmäßigkeit (MR) III. Rechtsfolge (Rf) / Rechtsfolgevoraussetzungen (RfV)

(VOR/DEF)

Rechtsfolge ist rechtliche Folge aus dem Tatbestand. / **Rechtsfolgevoraussetzungen** sind materiell-rechtliche Rechtsfolgegestaltungs-Bedingungen.

C. Materielle Rechtmäßigkeit (MR) III. Rechtsfolge (Rf) 1. Tatsächliche und rechtliche Möglichkeit (TurM)

(VOR/DEF)

Tatsächliche und rechtliche Möglichkeit betrifft Fälle wie aus § 44 Abs. 2 Nr. 4-6 VwVfG NRW.

(SUB/ERG)

Tatsächliche und rechtliche Möglichkeit ist im konkreten Fall gegeben/nicht gegeben aufgrund Vorliegens/Nichtvorliegens von kognitiven, körperlichen, normativen, technischen Unmöglichkeiten.

C. Materielle Rechtmäßigkeit (MR) III. Rechtsfolge (Rf) 2. Bestimmtheit (Bsh)

(VOR/DEF)

Bestimmtheit ist Maßnahmenerkennbarkeit und Maßnahmenverstehbarkeit, bei VA Pflicht gemäß § 37 Abs. 1 VwVfG NRW, bei Justiz-VA nach Art. 20 Abs. 3 GG.

(SUB/ERG)

Inhaltlich hinreichende Bestimmtheit i.S.d. § 37 Abs. 1 VwVfG NRW/Art. 20 Abs. 3 GG ist allgemein gegeben, wenn nach Auslegung der Maßnahme der Erklärungsempfänger wie jeder vernünftige Dritte, §§ 133, 157 BGB analog, in der konkreten Situation deren Inhalt hinreichend erkennen und verstehen kann, bei Platzverweisung insbesondere wie folgt:

- dass die Polizei ggü. Erklärungsempfänger (wer)
- aus bestimmten Gefahrenabwehrgründen (warum)
- zu einer spezifischen Zeit und für eine spezifische (vorübergehende) Zeitdauer (wann)
- bezweckt, dass eine spezifische Situation sicher verhindert/unterbunden werden soll / aufgeklärt werden soll (was)
- und zwar durch Verlassen oder Nichtbetreten eines spezifischen Ortes (wie).[1519]

1519 Zur **Platzverweisungsbestimmtheit** vgl. z.B. auch OVG Lüneburg, Beschluss des Ersten Senats vom 04.02.2019 – 11 LA 366/18, Rn. 7: „Die Bezeichnung der örtlichen Reichweite der hier ergangenen Anordnung (B. Innenstadt) genügte den Anforderungen an deren Bestimmtheit. Maßgebend sind gerade bei mündlichen polizeilichen Anordnungen, die ohne Verzug an Ort und Stelle getroffen werden müssen, die konkreten Umstände des Einzelfalles. Es kommt vor allem darauf an, wie der Betroffene die Maßnahme verstehen muss (Bayerischer VGH, Urt. v. 20.3.2001 - 24 B 99.2709 -, NVwZ 2001, 1291, juris, Rn. 49). Für den Kläger als Adressaten der Anordnung war hinreichend deutlich, was von ihm verlangt wurde. Ob der Ansicht der Beklagten zu folgen ist, dass in B. die Innenstadt räumlich eindeutig durch die Grenzen des Stadtbezirks Nr. 131 festgelegt wird, kann in dem vorliegenden Verfahren auf sich beruhen. Der Kläger hat der Annahme der Beklagten, er sei ein ortskundiger B., bei dem ein hinreichendes Vertrautsein mit den örtlichen Gegebenheiten und den Bezeichnungen der einzelnen Stadtteile vorauszusetzen sei, nicht widersprochen. Zudem enthalten die Verwaltungsvorgänge der Beklagten und auch der erstinstanzliche Schriftwechsel der Beteiligten keine Hinweise darauf, dass die räumliche

C. Materielle Rechtmäßigkeit (MR) III. Rechtsfolge (Rf) 3. Ermessen (Erm)

Ermessen für Gefahrenabwehr

(VOR/DEF)

Ermessen[1520] ist Entscheidungsspielraum auf der Rechtsfolgenseite bzgl. rechtsfehlerfreier Ausübung von Einschreit-Entschließung (Ob), Adressaten-Auswahl (Wer), Maßnahmen-Gestaltung (Wie), grundsätzlich gegeben durch § 3 PolG NRW, bei VA auch durch § 40 VwVfG NRW; speziell je nach Befugnisrechtsnorm auf dem Rechtsgebiet der Gefahrenabwehr wie folgt:

- § 12 Abs. 3 AufenthG: „Ein Ausländer hat […]" (mittelbar relevant für polizeiliches pflichtgemäßes Ermessen, diese Ausländerpflicht im Sinne des § 71 Abs. 4 AufenthG „durchzusetzen");
- § 8 S. 2 Nr. 1 JuSchG: „Wenn nötig, hat sie […]";
- § 34 Abs. 1 S. 1 (Wort 3) PolG NRW;
- § 34 Abs. 1 S. 2 (Wort 3) PolG NRW;
- § 34 Abs. 2 S. 1 (Wort 22) PolG NRW.

(SUB/ERG)

Der gegebene Entscheidungsspielraum wird aufgrund von entsprechenden Anhaltspunkten/in Ermangelung entgegenstehender Anhaltspunkte ohne Ermessensfehler/mit Ermessensfehlern (Ermessensunterschreitung, Ermessensüberschreitung, Ermessensfehlgebrauch) ausgeübt bzgl. folgender Ermessensarten:

a) Entschließungsermessen:

Das Entschließungsermessen kann im konkreten Fall sogar gegen / auf Null reduziert sein, insbesondere wegen:

- Einschreitmöglichkeit;
- Erheblichkeitsgrad von Gefährdungen, z.B. konkreter (dringender, erheblicher, gegenwärtiger) Gefahr.

b) Auswahlermessen:

siehe C. II.: Auswahlermessen wird abschließend beurteilt i.V.m. Punkt C. II. (Inanspruchnahme).

c) Gestaltungsermessen:

siehe C. III. 4.: Gestaltungsermessen, § 3 Abs. 2 PolG NRW (Austauschmittel), wird abschließend beurteilt i.V.m. Punkt C. III. 4. (VHM).

Reichweite der Maßnahme für den Kläger unklar war. Schließlich hat die Beklagte nachvollziehbar dargelegt, dass der handelnde Polizeibeamte dem Kläger im Falle einer Nachfrage zum räumlichen Geltungsbereich die Reichweite der Anordnung erläutert hätte. Eine solche Nachfrage hat der Kläger offenkundig nicht gestellt. Deshalb konnte der handelnde Polizeibeamte davon ausgehen, dass dem Kläger die räumliche Reichweite der polizeilichen Anordnung bekannt war.".

[1520] Zum Ermessen einschließlich Rechtsnatur, Ermessensarten, Ermessensreduzierungen, Ermessensfehlern, Maßnahmenansprüchen mit Beispielen siehe auch: *Basten*, Eingriffsrecht der Polizei in Nordrhein-Westfalen, Band 1, S. 271-283.

Ermessen für Straftatenerforschung/StPO

(VOR/DEF)

Ermessen ist Entscheidungsspielraum auf der Rechtsfolgenseite bzgl. rechtsfehlerfreier Ausübung von Einschreit-Entschließung (Ob), Adressaten-Auswahl (Wer), Maßnahmen-Gestaltung (Wie).

(SUB/ERG)

a) Einschreitentschließungs-„Ermessen" ist grundsätzlich nicht gegeben, vgl. § 163 Abs. 1 S. 1 i.V.m. § 152 Abs. 2 StPO (Legalitätsgrundsatz: „ist […] verpflichtet, […] einzuschreiten").

b) Adressatenauswahl-„Ermessen" ist grundsätzlich gegeben, insbesondere bzgl.:

- zweckförderlicher Reihenfolge der Inanspruchnahme vom/von mehreren Beschuldigten, Verdächtigen, Zeugen, anderen Personen, Dritten;
- Auswahl aus mehreren gleichgeeigneten nichtverdächtigen Zeugen oder Dritten.

c) Maßnahmengestaltungs-„Ermessen" ist grundsätzlich gegeben.

Ein etwaig gegebener Entscheidungsspielraum wird aufgrund von/in Ermangelung entgegenstehender Anhaltspunkte ohne Ermessensfehler/mit Ermessensfehlern (Ermessensunterschreitung, Ermessensüberschreitung, Ermessensfehlgebrauch) ausgeübt bzgl. folgender Ermessensarten:

a) Entschließungsermessen:

Ein etwaig gegebenes Entschließungsermessen kann im konkreten Fall sogar gegen / auf Null reduziert sein, insbesondere wegen:

- Einschreitmöglichkeit;
- Erheblichkeitsgrad von Tatverdachten.

b) Auswahlermessen:

siehe C. II.: Auswahlermessen wird abschließend beurteilt i.V.m. Punkt C. II. (Inanspruchnahme).

c) Gestaltungsermessen:

siehe C. III. 4.: Gestaltungsermessen wird abschließend beurteilt i.V.m. Punkt C. III. 4. (VHM).

Ermessen für Ordnungswidrigkeitenerforschung/OWiG

(VOR/DEF)

Ermessen ist Entscheidungsspielraum auf der Rechtsfolgenseite bzgl. rechtsfehlerfreier Ausübung von Einschreit-Entschließung (Ob), Adressaten-Auswahl (Wer), Maßnahmen-Gestaltung (Wie), hier gegeben durch § 53 Abs. 1 S. 1 W. 9, 10 OWiG.

(SUB/ERG)

Der gegebene Entscheidungsspielraum wird aufgrund von entsprechenden Anhaltspunkten/in Ermangelung entgegenstehender Anhaltspunkte ohne Ermessensfehler/mit Ermessensfehlern (Ermessensunterschreitung, Ermessensüberschreitung, Ermessensfehlgebrauch) ausgeübt bzgl. folgender Ermessensarten:

a) Entschließungsermessen:

Das Entschließungsermessen kann im konkreten Fall sogar gegen / auf Null reduziert sein, insbesondere wegen:

- Einschreitmöglichkeit;
- Erheblichkeitsgrad von Tatverdachten.

b) Auswahlermessen:

siehe C. II.: Auswahlermessen wird abschließend beurteilt i.V.m. Punkt C. II. (Inanspruchnahme).

c) Gestaltungsermessen:

siehe C. III. 4.: Gestaltungsermessen wird abschließend beurteilt i.V.m. Punkt C. III. 4. (VHM).

C. Materielle Rechtmäßigkeit (MR) III. Rechtsfolge (Rf) 4. Verhältnismäßigkeit (VHM)

(Beispiel mit Verhältnismäßigkeit auf dem Rechtsgebiet der Gefahrenabwehr):

(VOR/DEF)

Verhältnismäßigkeit ist Geeignetheit, Erforderlichkeit, Angemessenheit zu einem legitimen Zweck.

(VOR/DEF)

Legitimer Zweck ist verfassungsgemäßer Zweck, vgl. auch § 2 Abs. 3 PolG NRW.

(SUB/ERG)

Die Platzverweisung verfolgt (alternativ)

- einen legitimen Zweck, nämlich jedenfalls die verfassungsgemäße Abwehr von (konkreter) Schadensgefahr (auch auf dem Rechtsgebiet der Strafrechtspflege im Sinne von Verfahrenssicherung), vgl. auch die Rechte und Rechtsgüter aus Art. 1-20 GG, vgl. auch die Grundrechtsschutzfunktion und die Grundrechtsförderungsfunktion[1521].
- keinen legitimen Zweck.

(VOR/DEF)

b) Geeignetheit einer staatlichen Maßnahme ist gegeben bei deren Zweckförderungstauglichkeit, vgl. auch § 2 Abs. 3 PolG NRW.

(SUB/ERG)

Im konkreten Fall ist die Platzverweisung (alternativ)

[1521] Zu Grundrechtsfunktionen siehe auch: *Basten*, Eingriffsrecht der Polizei in Nordrhein-Westfalen, Band 1, S. 78-84.

- geeignet, denn mit ihr wird durch psychische Verhaltenssteuerung räumliche Distanzierung von Person und potentiellem Gefahr- bzw. Schadensort gefördert, und insoweit Verminderung der Einwirkung der Person auf Personen, Sachen oder sonstige Geschehen am bestimmten Ort; letztlich also Verhinderung/Unterbindung weiteren, potentiell schadensträchtigen Geschehensverlaufs.
- ungeeignet.

(VOR/DEF)

c) **Erforderlichkeit** einer staatlichen Maßnahme ist Nichtverfügbarkeit eines milderen (Übermaßverbot), gleich geeigneten (Untermaßverbot) Mittels zur Zweckförderung, vgl. auch § 2 Abs. 1 PolG NRW.

(SUB/ERG)

Im konkreten Fall ist die Platzverweisung (alternativ)

- erforderlich, denn einerseits sind mildere Maßnahmen wie (z.B.) Gefährderansprache oder Nichtstun (alleine) nicht gleich geeignet (Untermaßverbot) und andererseits sind (mindestens) gleich geeignete, intensivere Maßnahmen wie (z.B.) Freiheitsentziehung oder direkte Zwangsmittelanwendung noch nicht notwendig (Übermaßverbot).
- nicht erforderlich.

(VOR/DEF)

d) **Angemessenheit** oder **Verhältnismäßigkeit im engeren Sinne** einer staatlichen Maßnahme ist angemessenes Maß oder Verhältnis zwischen Zweckförderung für Erhaltungsrechte und Wirkungen für Eingriffsrechte, vgl. die betroffenen Grundrechte, vgl. auch § 2 Abs. 2 PolG NRW.

(SUB/ERG)

Im konkreten Fall ist die Maßnahme (alternativ)

- angemessen, denn der nur auf einen Ort / örtlichen Bereich begrenzte und auch zeitlich begrenzte, da vorübergehende Eingriff in Art. 2 Abs. 2 S. 2 GG oder Art. 11 Abs. 1 GG steht angesichts der zu schützenden Rechte und Rechtsgüter aus (z.B.) Art. 2 Abs. 2 S. 1 GG, Art. 2 Abs. 2 S. 2 GG, Art. 14 Abs. 1 S. 1 Alt. 1 GG, Art. 20 Abs. 3 GG nicht außer Verhältnis.
- unangemessen.

(ERG VHM)

Die Platzverweisung ist insgesamt i.S.v. § 2 PolG NRW, Art. 20 Abs. 3 GG (alternativ)

- verhältnismäßig.
- unverhältnismäßig.

D. Gesamtergebnis (GErg)

Die Maßnahme ist (alternativ)

- gemäß § 12 Abs. 3 AufenthG / § 8 S. 2 Nr. 1 JuSchG / § 34 Abs. 1 S. 1 Alt. 1 PolG NRW / § 34 Abs. 1 S. 1 Alt. 2 PolG NRW / § 34 Abs. 1 S. 2 PolG NRW / § 34 Abs. 2 PolG NRW / § 164 StPO (ggf. i.V.m. §§ 46, 53 Abs. 1 S. 2 OWiG) rechtmäßig
- wegen Art./§ (bestimmter Rechtsnorm [z.B. Art. 20 Abs. 3 GG]) rechtswidrig.

ABSCHNITT 28:

AUFENTHALTSVORGABE UND KONTAKTVERBOT, § 34B POLG NRW

(VOR/DEF)

Grundrechte sind grundlegende Rechte aus Art. 1-19 GG i.V.m. dem Rechtsstaatsprinzip, Art. 20 Abs. 3 GG, mit Vorrang und Vorbehalt des Gesetzes.[1522]

(SUB/ERG)

Grundrechte sind i.d.R. (alternativ fallabhängig) wie folgt gegeben:

1. Körperliche Bewegungsfreiheit, Art. 2 Abs. 2 S. 2 GG[1523]

a) GR-SB:

aa) Persönlicher GR-SB: „**Person**", vgl. § 1 BGB.

bb) Sachlicher GR-SB: „**Freiheit**" ist **körperliche Bewegungsfreiheit** als Freiheit, jeden Ort oder Raum aufzusuchen, sich dort aufzuhalten, (ihn zu verlassen), der an sich (tatsächlich und rechtlich) zugänglich ist.

b) GR-E (oder Nichteingriff/GR-Verzicht): Freiheitsentziehung oder sonstige Freiheitsbeschränkung.

Freiheitsbeschränkung (Freiheitsentziehung oder sonstige Freiheitsbeschränkung) liegt vor, wenn jemand durch die öffentliche Gewalt gegen seinen Willen daran gehindert wird, einen Ort oder Raum aufzusuchen oder sich dort aufzuhalten, der ihm an sich (tatsächlich und rechtlich) zugänglich ist. Eine **Freiheitsentziehung** als schwerste Form der Freiheitsbeschränkung ist dann gegeben, wenn die tatsächlich und rechtlich an sich gegebene körperliche Bewegungsfreiheit durch staatliche Maßnahmen nach jeder Richtung hin aufgehoben wird[1524]; Freiheitsentziehung setzt auch eine besondere Eingriffsintensität und eine nicht nur kurzfristige Dauer der Maßnahme voraus[1525]. Im Übrigen kann eine Abgrenzung zwischen Freiheits-

---

[1522] Zu **Grundrechten**: *Basten*, Eingriffsrecht der Polizei in Nordrhein-Westfalen, Band 1, Buch 1, Abschnitt 2, Unterabschnitt 3. Zum **Rechtsstaatsprinzip** mit unter anderem sogenanntem Vorrang des Gesetzes und Vorbehalt des Gesetzes: *Basten*, Eingriffsrecht der Polizei in Nordrhein-Westfalen, Band 1, S. 95-108.

[1523] Vgl. auch Art. 142 GG i.V.m. Art. 4 Abs. 1 Verfassung NRW; Art. 20 Abs. 2a und Art. 21 AEUV i.V.m. Art. 6, 45 EU-GR-Charta (Bewegungsfreiheit, Freizügigkeit, Aufenthaltsfreiheit); Art. 5 EMRK; Art. 2 Protokoll Nr. 4 EMRK; Art. 21 AEUV (**Unionsbürgerfreizügigkeit**, zum **Unionsbürger** vgl. Art. 9 S. 2, 3 EUV, Art. 20 Abs. 1 S. 2, 3 AEUV); Art. 45 AEUV (**Arbeitnehmerfreizügigkeit**); Art. 49 AEUV (**Niederlassungsfreiheit**); Art. 56 AEUV (**Dienstleistungsfreiheit**); vgl. auch Art. 28 AEUV (**Warenverkehrsfreiheit**); Art. 9 Abs. 1 S. 1 IPbpR („Jedermann hat ein Recht auf persönliche Freiheit und Sicherheit."); Art. 9-11 IPbpR (Freiheitsentziehungsbedingungen), Art. 12 IPbpR (Bewegung, Wohnsitzwahl, Ausreise, Einreise in Hoheitsgebiet eines Staates, vgl. „Freizügigkeit"), Art. 13 IPbpR (Ausländerausweisungsbedingungen).

[1524] BVerfG, Beschluss der 1. Kammer des Ersten Senats vom 08.03.2011 – 1 BvR 47/05 –, Rn. 20, vgl. BVerfGE 94, 166, 198 (Flughafenverfahren) = BVerfGE, Urteil des Zweiten Senats vom 14.05.1996 – 2 BvR 1516/93.

[1525] BVerfGE 149, 293 (5-Punkt-Fixierung/7-Punkt-Fixierung) = BVerfG, Urteil des Zweiten Senats vom 24.07.2018 – 2 BvR 309/15 –, D. II. 2. a), Rn. 67, vgl. dazu auch BVerfGE 149, 293 (5-Punkt-Fixierung/7-Punkt-Fixierung) = BVerfG, Urteil des Zweiten Senats vom 24.07.2018 – 2 BvR 309/15 –, D. II. 2. b): „Jedenfalls eine **5-Punkt- oder 7-Punkt-Fixierung**, bei der sämtliche Gliedmaßen des Betroffenen mit Gurten am Bett festgebunden werden, stellt eine Freiheitsentziehung im Sinne von Art.

entziehung und sonstiger Freiheitsbeschränkung auch erfolgen nach Art, Dauer, Intensität, Mittel, Zweck der Freiheitsbeschränkung.[1526]

c) GR-B: Art. 2 Abs. 2 S. 3 GG (i.V.m. Art. 104 GG).

2. Freizügigkeit, Art. 11 Abs. 1 GG[1527].

a) GR-SB:

aa) Persönlicher GR-SB: „Alle **Deutschen**", vgl. Art. 116 GG, § 1 StAG.

bb) Sachlicher GR-SB: „**Freizügigkeit**" ist ungehindertes Bewegen in das deutsche Staatsgebiet und im deutschen Staatsgebiet mit dem Zweck von Aufenthalt und **Wohnsitznahme** (§ 7 BGB), jedenfalls ab einer Zeit von durchgängig 24 Stunden.[1528]

b) GR-E (oder Nichteingriff/GR-Verzicht): Freizügigkeitseinschränkung durch Einreiseeinschränkung[1529], Aufenthaltseinschränkung, Wohnsitznahmeeinschränkung, durch befristete Wohnsitzaufgabe-Anordnung.

c) GR-B: gemäß Art. 11 Abs. 2 GG (qualifizierter Gesetzesvorbehalt), Art. 17a Abs. 2 GG.

3. Eigentum, Art. 14 Abs. 1 S. 1 Alt. 1 GG[1530]

a) GR-SB:

aa) Persönlicher GR-SB: Alle Menschen (personen- und staatsangehörigkeitsunabhängiger Wortlaut).

bb) Sachlicher GR-SB: „**Eigentum**" ist Summe aller vermögenswerten Rechte, also jedenfalls auch der berechtigte Besitz und die berechtigte Nutzung[1531].[1532]

---

104 Abs. 2 GG dar, es sei denn, es handelt sich um eine lediglich **kurzfristige Maßnahme**. Von einer kurzfristigen Maßnahme ist in der Regel auszugehen, wenn sie absehbar die Dauer von ungefähr einer halben Stunde unterschreitet.".

1526 Vgl. auch insbesondere zu Art, Intensität, Mittel: § 415 Abs. 2 FamFG und §§ 37a, 62 PolG NRW.

1527 Vgl. auch Art. 142 GG i.V.m. Art. 4 Abs. 1 Verfassung NRW; Art. 45 EU-GR-Charta; Art. 2 Protokoll Nr. 4 EMRK; Art. 21 AEUV (**Unionsbürgerfreizügigkeit**, zum **Unionsbürger** vgl. Art. 9 S. 2, 3 EUV, Art. 20 Abs. 1 S. 2, 3 AEUV); Art. 45 AEUV (**Arbeitnehmerfreizügigkeit**); Art. 49 AEUV (**Niederlassungsfreiheit**); Art. 56 AEUV (**Dienstleistungsfreiheit**); vgl. auch Art. 28 AEUV (**Warenverkehrsfreiheit**); Art. 12 IPbpR (Bewegung, Wohnsitzwahl, Ausreise, Einreise in Hoheitsgebiet eines Staates, vgl. „Freizügigkeit"), Art. 13 IPbpR (Ausländerausweisungsbedingungen).

1528 Vgl. auch *Klein*, in: Die Polizei 2020 (Nr. 7), S. 259-262: „Ausgehend von dem Schutzbereich der Freizügigkeit ist eine Einzelfallbetrachtung im Hinblick auf Wohnsitznahme und Aufenthalt vorzunehmen: Welche genaue Örtlichkeit ist betroffen? Wie wirkt sich dies auf die Lebensumstände des Betroffenen aus? Ist damit zu rechnen, dass eine – auch nur vorübergehende – Verlagerung oder Beibehaltung des Lebensmittelpunktes beeinträchtigt wird? Dabei ist zugrunde zu legen, dass mit zunehmender Dauer der Platzverweisung die Wahrscheinlichkeit der Betroffenheit der Freizügigkeit steigt.".

1529 BVerfGE 6, 32, Ls. 1, 2 (Elfes) = BVerfG, Urteil des Ersten Senats vom 16.01.1957 – 1 BvR 253/56, Ls. 1: „Art. 11 GG betrifft nicht die Ausreisefreiheit.", Ls. 2: „Die **Ausreisefreiheit** ist als Ausfluß der allgemeinen Handlungsfreiheit durch Art. 2 Abs. 1 GG innerhalb der Schranken der verfassungsmäßigen Ordnung gewährleistet."; BVerwG, Urteil vom 29.05.2019 – BVerwG 6 C 8.18 (Beschränkung des Geltungsbereichs eines Passes), Rn. 20: „In der höchstrichterlichen Rechtsprechung ist seit Jahrzehnten geklärt, dass die durch Art. 2 Abs. 1 GG geschützte Ausreisefreiheit auch durch den Passversagungsgrund des § 7 Abs. 1 Nr. 1 Alt. 3 PassG als Bestandteil der verfassungsmäßigen Ordnung wirksam eingeschränkt wird.".

1530 Vgl. auch Art. 142 GG i.V.m. Art. 4 Abs. 1 Verfassung NRW; Art. 17 EU-GR-Charta; Art. 1 Zusatzprotokoll EMRK.

b) GR-E (oder Nichteingriff/GR-Verzicht): **Eigentumseinschränkung** durch Einschränkung eines vermögenswerten Rechts, etwa durch (alternativ)

1531 BVerfGE 95, 267, 300 (Altschulden) = BVerfG, Urteil des Ersten Senats vom 08.04.1997 – 1 BvR 48/94 –, C. I. 1., Rn. 130 f.: „Unter den Schutz der Eigentumsgarantie fallen grundsätzlich alle vermögenswerten Rechte, die dem Berechtigten von der Rechtsordnung in der Weise zugeordnet sind, daß er die damit verbundenen Befugnisse nach eigener Entscheidung zu seinem privaten Nutzen ausüben darf (vgl. BVerfGE 83, 201 [209]; stRspr). Der verfassungsrechtliche Eigentumsschutz reicht damit zwar erheblich weiter als das zivilrechtliche Eigentum und erstreckt sich auch auf nicht dingliche vermögenswerte Rechtspositionen. Er bleibt aber an Rechtspositionen gebunden. Kein Eigentum im Sinn von Art. 14 Abs. 1 GG ist daher das **Vermögen**, das selber kein Recht, sondern den Inbegriff aller geldwerten Güter einer Person darstellt (vgl. BVerfGE 4, 7 [17]; stRspr). Daraus folgt, daß Art. 14 Abs. 1 GG nicht vor der staatlichen Auferlegung von **Geldleistungspflichten** schützt. Diese sind nicht mittels eines bestimmten Eigentumsobjekts zu erfüllen, sondern werden aus dem fluktuierenden Vermögen bestritten. Etwas anderes kommt nur dann in Betracht, wenn die Geldleistungspflichten den Betroffenen übermäßig belasten und seine Vermögensverhältnisse so grundlegend beeinträchtigen, daß sie eine erdrosselnde Wirkung haben (vgl. BVerfGE 78, 232 [243]; stRspr).“.

1532 Zum Vergleich von Art. 14 Abs. 1 S. 1 Alt. 1 GG und dem Auffanggrundrecht des Art. 2 Abs. 1 GG: Bei lediglich unentschiedenem Potential von Berechtigung wie Nichtberechtigung kann grundsätzlich in dubio pro libertate zunächst zugunsten des Grundrechtsfähigen größtmöglicher Grundrechtsschutzbereich vermutet werden. Vgl. auch BVerfGE 6, 55, 72 (Steuersplitting); BVerfGE 32, 54, 71 (Betriebsbetretungsrecht); BVerfGE 39, 1, 38 (Schwangerschaftsabbruch I); BVerfGE 51, 97, 110 (Zwangsvollstreckung I); BVerfGE 151, 67 (Richtervorbehalt, Bereitschaftsdienst, Nachtzeit/Tageszeit i.S.v. § 104 Abs. 3 StPO) = BVerfG, Beschluss des Zweiten Senats vom 12.03.2019 – 2 BvR 675/14 –, Rn. 55, wonach in Zweifelsfällen diejenige Auslegung zu wählen ist/derjenigen Auslegung der Vorzug zu geben ist, welche die (juristische) „Wirkungskraft der Grundrechtsnorm am stärksten entfaltet.“. **Eigentum** i.S.d. (privat)rechtsnormgeprägten Schutzbereichs von Art. 14 Abs. 1 S. 1 Alt. 1 GG ist jedenfalls gegeben bei Eigentum i.S.d. Privatrechts und bei vermögenswerter Besitz-/Nutzungs-/Umgangs-Berechtigung (z.B. i.S.d. §§ 854-984 BGB). **Eigentumslosigkeit** i.S.d. (privat)rechtsnormgeprägten Schutzbereichs von Art. 14 Abs. 1 S. 1 Alt. 1 GG ist jedenfalls gegeben bei allseitiger Besitz-/Nutzungs-/Umgangs-Nichtberechtigung (z.B. i.S.d. §§ 854-984 BGB); nicht schon unbedingt bei lediglich Eigentums-Nichtberechtigung im privatrechtlichen Sinne bei vermögenswerten Besitz-/Nutzungs-/Umgangs-Berechtigungen; wohl aber jedenfalls auch bei Verbot i.S.d. § 134 BGB oder Sittenwidrigkeit i.S.d. § 138 BGB oder sonstiger Unwirksamkeitsgründe (Nichtentstehensgründe oder Erlöschensgründe) gerade bezüglich des Erwerbs- oder Nutzungs- oder Umgangsaktes (z.B. i.S.d. §§ 854-984 BGB; vgl. z.B. Btm-Umgangsarten i.S.d. § 29 BtMG; vgl. auch etwaiges waffenrechtliches Verbot der Umgangsart Erwerb oder sonstiger Umgangsarten i.S.d. § 1 Abs. 3, 4 WaffG bei Nichtverbot des Erwerbs). Vgl. BVerfGE 110, 1, 23 f. (Erweiterter Verfall [a. F., ≙ erweiterte Tatertragseinziehung, P. B.]) = BVerfG, Beschluss des Zweiten Senats vom 14.01.2004 – 2 BvR 564/95 –, C. I. 3. a), b), Rn. 86 f, 88: „Die Vorschrift des § 73d StGB [a. F., ≙ § 73a StGB, P. B.] verstößt in der Auslegung des Bundesgerichtshofs auch nicht gegen die Eigentumsgarantie des Art. 14 Abs. 1 GG. Soweit § 73d StGB [a. F., ≙ § 73a StGB, P. B.] den Zugriff auf Vermögenswerte erlaubt, die dem unmittelbar Betroffenen wegen eines Verstoßes gegen strafrechtliche Vorschriften zivilrechtlich nicht zustehen (vgl. § 134, § 935 BGB), ist dessen Eigentumsgrundrecht schon mangels einer schutzfähigen Rechtsposition nicht berührt (vgl. BVerfGE 83, 201 [209]; 95, 267 [300]). Dies betrifft vor allem die Entziehung von Gewinnen aus illegalen Drogengeschäften. Denn wegen des strafrechtlichen Verbots des Handeltreibens mit Betäubungsmitteln ist gemäß § 134 BGB neben dem schuldrechtlichen Verpflichtungsgeschäft zugleich die Übereignung sowohl der Drogen als auch des für sie als Kaufpreis gezahlten Geldes zivilrechtlich unwirksam (vgl. BGH, NJW 1983, S. 636 [Schrifttumsquellen]. […] Soweit § 73d StGB StGB [a. F., ≙ § 73a StGB, P. B.] die Entziehung von Gegenständen anordnet, die der Betroffene zwar deliktisch, aber gleichwohl zivilrechtlich wirksam erworben hat, enthält er eine Inhalts- und Schrankenbestimmung des Eigentums im Sinne des Art. 14 Abs. 1 Satz 2 GG. Diese genügt in der Auslegung des Bundesgerichtshofs den verfassungsrechtlichen Anforderungen.“.

- Einschränkungen oder Entzug der Nutzungs- und Verfügungsbefugnis an (berechtigtem) Eigentum/Besitz/Nutzung, vgl. §§ 903 ff. BGB, §§ 854 ff. BGB, ohne Güterbeschaffung als **Inhalts- und Schrankenbestimmung** im Sinne von Art. 14 Abs. 1 S. 2 GG[1533];
- Eigentumsentzug als **Enteignung** im Sinne des Art. 14 Abs. 3 GG mit Änderung der Eigentumszuordnung und stets mit Güterbeschaffung.[1534]

c) GR-B: Art. 14 Abs. 1 S. 2, Abs. 2, 3 GG, Art. 18 GG.

A. Rechtsgrundlage (RGL) II. Rechtsgebiet (RG)

(VOR/DEF)

Rechtsgebiet ist Rechtsordnungsteil nach allen Umständen[1535] – wie schwerpunktmäßige Äußerungen[1536], Rechtsnormen[1537], Zwecke[1538], auch i.V.m. §§ 133, 157 BGB analog[1539].[1540]

1533 BVerfGE 143, 246, Ls. 5 (Dreizehnte Novelle des Atomgesetzes) = BVerfG, Urteil des Ersten Senats vom 06.12.2016 – 1 BvR 2821/11 –, Ls. 5.

1534 BVerfGE 143, 246, Ls. 4 (Dreizehnte Novelle des Atomgesetzes) = BVerfG, Urteil des Ersten Senats vom 06.12.2016 – 1 BvR 2821/11 –, Ls. 4.

1535 Umstände im weiten Sinn, etwa als Bedingungen, Beziehungen, Faktoren, Folgen, Funktionen, Umweltbedingungen, Variablen, Verhältnissen, Voraussetzungen, Weltbedingungen.

1536 Äußerungen im weiten Sinn, etwa als alle Verhaltensäußerungen (einschließlich Aussagen).

1537 Rechtsnormen im weiten Sinn, etwa solche, die die Umstände oder das Verhalten regieren (sollen).

1538 Zwecke im weiten Sinn, etwa als sich aus einer Lage ergebende, objektiv zu verfolgende Ziele.

1539 Sog. **objektivierter Empfängerhorizont**, vgl. BVerwGE 147, 81 = BVerwG, Urteil vom 20.06.2013 – BVerwG 8 C 46.12, Rn. 27: „Die bundesrechtlichen Auslegungsregeln der §§ 133, 157 BGB sind auf öffentlich-rechtliche Erklärungen entsprechend anzuwenden. Bei Verwaltungsakten kommt es wie bei empfangsbedürftigen Willenserklärungen nicht auf den wirklichen Willen des Erklärenden (natürliche Auslegung), sondern auf den objektiven Erklärungsinhalt an. Maßgeblich ist, wie der Empfänger die Erklärung nach Treu und Glauben unter Berücksichtigung der für ihn erkennbaren Umstände verstehen musste. Dabei ist vom Wortlaut der Erklärung auszugehen und deren objektiver Gehalt unter Berücksichtigung des Empfängerhorizonts zu ermitteln (stRspr, vgl. Urteile vom 2. September 1999 - BVerwG 2 C 22.98 - BVerwGE 109, 283 <286> = Buchholz 237.7 § 72 NWLBG Nr. 4 und vom 27. Juni 2012 - BVerwG 9 C 7.11 - BVerwGE 143, 222 <Rn. 18> = Buchholz 11 Art. 20 GG Nr. 206; BGH, Urteile vom 24. Februar 1988 - VIII ZR 145/87 - BGHZ 103, 275 <280>, vom 27. Januar 2010 - VIII ZR 58/09 - BGHZ 184, 128 <137 Rn. 33> und vom 1. März 2011 - II ZR 16/10 - NJW 2011, 1666 <1667 Rn. 11> je m.w.N.).“; BVerwG, Beschluss vom 06.08.2018 – BVerwG 7 B 4.18, Rn. 10: „Dass die bundesrechtlichen Auslegungsregeln der §§ 133, 157 BGB auf öffentlich-rechtliche Erklärungen, d.h. u.a. auf Verwaltungsakte, entsprechend anzuwenden sind, ist in der Rechtsprechung des Bundesverwaltungsgerichts bereits geklärt (BVerwG, Urteil vom 20. Juni 2013 - 8 C 46.12 - BVerwGE 147, 81 Rn. 27 m.w.N.).“.

1540 BVerwG 47, 255, 264 = BVerwG, Urteil vom 03.12.1974 – BVerwG I C 11.73: „Obwohl sich für die Polizei im Einzelfall bei einem einheitlichen Lebenssachverhalt gleichzeitig und unmittelbar Aufgaben der Strafverfolgung und der Gefahrenabwehr ergeben können, ist der im Schrifttum vertretenen Auffassung nicht zu folgen, daß aus Gründen der Rechtssicherheit oder wegen der schwierigen Durchschaubarkeit für den Bürger jede Art polizeilichen Handelns der verwaltungsgerichtlichen Kontrolle unterliegen müsse. In aller Regel ist es für den Betroffenen nicht schwer, zu erkennen, ob die Polizei im konkreten Fall eine - begangene - Straftat erforschen (**Strafverfolgung**) oder den Eintritt eines Schadens, etwa die - zukünftige - Begehung einer strafbaren Handlung, verhindern oder eine bereits eingetre-

(SUB/ERG)

Aufenthaltsvorgabe und Kontaktverbot erfolgen auf dem Rechtsgebiet des besonderen öffentlichen Verwaltungsrechts polizeilicher Gefahrenabwehr bei (alternativ):

- nicht tatverdachtsveranlassten Maßnahmen von Aufenthaltsvorgabe oder Kontaktverbot;
- Aufenthaltsvorgabe oder Kontaktverbot ohne schwerpunktmäßigen Zweck einer anschließenden Strafrechtspflegemaßnahme;
- Gefahrenüberhang.

Aufenthaltsvorgaben oder Kontaktverbote auf dem Rechtsgebiet der Strafrechtspflege wären insbesondere solche nach § 68b StGB.

A. Rechtsgrundlage (RGL) III. Mögliche Befugnisrechtsnorm (Mgl. Brn.)

(VOR/DEF)

Befugnisrechtsnorm ist die rechtmäßige hauptsächliche materiellrechtliche Rechtsgrundlage mit realfolgenentsprechender Rechtsfolge.

(SUB/ERG)

Realfolge ist die jeweilige Realfolge laut Sachverhalt.

Rechtsfolgen sind gemäß § 34b Abs. 1 PolG NRW (alternativ):

- Aufenthaltsvorgabe, § 34b Abs. 1 S. 1 PolG NRW: Untersagung an eine Person, sich ohne Erlaubnis der Polizei von ihrem Wohn- oder Aufenthaltsort oder aus einem bestimmten Bereich zu entfernen oder sich an bestimmten Orten aufzuhalten (mit einer Dauer bis zu jeweils 3 Monate, § 34b Abs. 5 PolG NRW);
- Kontaktverbot, § 34b Abs. 1 S. 2 PolG NRW: Untersagung des Kontakts mit bestimmten Personen oder Personen einer bestimmten Gruppe (mit einer Dauer bis zu jeweils 3 Monate, § 34b Abs. 5 PolG NRW).

Gemäß § 34b Abs. 5 S. 2 PolG NRW sind Aufenthaltsanordnungen sowie Kontaktverbote auf höchstens drei Monate zu befristen. Gemäß § 34b Abs. 5 S. 3 PolG NRW ist eine Verlängerung um jeweils nicht mehr als drei Monate möglich, soweit ihre Voraussetzungen fortbeste-

---

tene Störung der öffentlichen Sicherheit oder Ordnung beseitigen (**Gefahrenabwehr**) will. Außerdem wird man davon ausgehen dürfen, daß die Polizei dem Betroffenen - wie im vorliegenden Fall - den Grund ihres Einschreitens von sich aus oder auf Verlangen angibt. Im übrigen kommt es darauf an, wie sich der konkrete Lebenssachverhalt einem verständigen Bürger in der Lage des Betroffenen bei natürlicher Betrachtungsweise darstellt. Dieser Sachverhalt muß im allgemeinen einheitlich betrachtet werden, es sei denn, daß einzelne Teile des Geschehensablaufs objektiv abtrennbar sind. Hat die Polizei die Ermittlungen an die StA oder das Amtsgericht weitergeleitet (§ 163 Abs. 2 StPO) oder auf Weisung der StA gehandelt, so kann an der strafprozessualen Natur ihres Einschreitens kein vernünftiger Zweifel bestehen. Eine Maßnahme, die nach dem Gesamteindruck darauf gerichtet ist, eine strafbare Handlung zu erforschen oder sonst zu verfolgen, ist der Kontrolle der ordentlichen Gerichte nach §§ 23 ff. EGGVG nicht etwa deshalb entzogen, weil durch die polizeilichen Ermittlungen möglicherweise zugleich auch künftigen Verletzungen der öffentlichen Sicherheit vorgebeugt würde.".

hen. Gemäß § 34b Abs. 5 S. 4 PolG NRW ist die Maßnahme unverzüglich zu beenden, wenn die Voraussetzungen nicht mehr vorliegen.

(ERG)

Mögliche Befugnisrechtsnorm ist § 34b PolG NRW.

B. Formelle Rechtmäßigkeit (FR) I. Zuständigkeit (Z)

(VOR/DEF)

Zuständigkeit ist Aufgabenwahrnehmungserlaubnis für den Rechtsfolgesetzer.

(SUB/ERG)

Für die Maßnahme ist die Zuständigkeit (i.d.R.) wie folgt gegeben:

1. sachliche Zuständigkeit *der Polizei* gemäß (alternativ)

- § 1 Abs. 1 S. 1, 2 Var. 1, 2[1541] PolG NRW (originäre Zuständigkeit) (ggf. i.V.m. § 1 Abs. 2 PolG NRW[1542] / ggf. i.V.m. § 1 Abs. 5 S. 2 PolG NRW[1543]);

2. instanzielle Zuständigkeit *der Polizeibehörde* gemäß

- (i.d.R.) § 11 Abs. 1 Nr. 1 POG NRW;
- (generell:) §§ 10-14 POG NRW (ggf. i.V.m. KPBVO NRW / ggf. i.V.m. LKAAufgVO NRW);

3. örtliche Zuständigkeit *der Polizeibehörde* gemäß

- (i.d.R.) § 7 Abs. 1 S. 1 POG NRW (ggf. i.V.m. KHStVO NRW);
- (generell:) §§ 7-9 POG NRW (ggf. i.V.m. KHStVO NRW);

4. funktionelle Zuständigkeit *des Polizeiamtswalters* (i.d.R.) gemäß (alternativ)

- § 34b Abs. 2 S. 1, 2 PolG NRW für den Antrag auf Amtsgerichts-Anordnung, hier durch die Polizei-Behördenleitung oder deren Vertretung;
- § 34b Abs. 2 S. 3, 4, 5 PolG NRW für die Anordnung anstelle des Amtsgerichts (bei Gefahr im Verzug) bis zur Amtsgerichtsbestätigung binnen 3 Tagen, hier durch Behördenleiter/in oder der Behördenleiter/in-Vertretung;
- § 34b Abs. 1 S. 1 W. 2, Abs. 1 S. 2 W. 9 PolG NRW für die Anordnung („Untersagung" / Vorgabe / Verbot) gegenüber dem Adressaten – nach Anordnung durch das Amtsgericht oder nach Anordnung durch die Behördenleitung oder den Behördenleiter/die Behördenleiterin oder deren Vertretung, § 34b Abs. 2 PolG NRW;
- § 34b Abs. 1 S. 1 W. 2, Abs. 1 S. 2 W. 9 PolG NRW für Ausführungs-Begleitmaßnahmen – nach Anordnung durch das Amtsgericht oder nach Anordnung durch die Behördenleitung oder den Behördenleiter/die Behördenleiterin oder deren Vertretung, § 34b Abs. 2 PolG NRW.

1541 Vgl. jedenfalls § 34b Abs. 1 S. 3 PolG NRW ohne ausdrücklichen Zweck der „Verhütung".

1542 § 1 Abs. 2 PolG NRW hat negative Zuständigkeitsvoraussetzungen; § 1 Abs. 2 PolG NRW ist die sogenannte „**Privatrechtsklausel**"; zum **Privatrecht in der polizeilichen Praxis** ausführlich: *Basten*, Privatrecht in der polizeilichen Praxis.

1543 § 1 Abs. 5 S. 2 PolG NRW ist qua Gesetzessystematik eine Zuständigkeitsvorschrift mit negativen Befugnisvoraussetzungen.

B. Formelle Rechtmäßigkeit (FR) II. Verfahren (V)

(VOR/DEF)

Verfahren ist normiertes Verhalten insbesondere für den Rechtsfolgezuständigen außer, bei, i.Z.m. der Rechtsfolge.

1. § 34b Abs. 2, 3, 4 PolG NRW: Antrag mit Inhalt – und Anordnung mit Form und Inhalt

(VOR/DEF)

§ 34b Abs. 2 PolG NRW lautet: Maßnahmen nach § 34b Abs. 1 PolG NRW werden auf Antrag der Behördenleitung oder deren Vertretung durch das Amtsgericht angeordnet, in dessen Bezirk[1544] die Polizeibehörde ihren Sitz hat. Für das Verfahren gelten die Vorschriften des 7. Buches des FamFG (§§ 415-432 FamFG: Verfahren in Freiheitsentziehungssachen) entsprechend. Bei Gefahr im Verzug kann die Anordnung durch die zuständige Behördenleiterin oder den Behördenleiter oder deren Vertretung getroffen werden. In diesem Fall ist die gerichtliche Entscheidung unverzüglich nachzuholen. Soweit die Anordnung nicht binnen drei Tagen durch das Gericht bestätigt wird, tritt sie außer Kraft.

Der Inhalt des Antrags steht in § 34b Abs. 3 PolG NRW.

Schriftliche Form (als integrativer Bestandteil des Verfahrens) und Inhalt der Anordnung stehen in § 34b Abs. 4 PolG NRW.

Gefahr im Verzug im Sinne des § 34b Abs. 2 PolG NRW ist eine Sachlage im einzelnen Fall mit unvorgesehenem Handlungsbedarf, bei der die Durchführung der eigentlich vorgesehenen Maßnahme, hier der Richter-Anordnung, den gesetzlichen Zweck, hier einen aus § 34b PolG NRW, vereiteln oder wesentlich erschweren würde.

Gefahr im Verzug i.S.d. § 34b Abs. 2 PolG NRW ist auch gegeben, wenn im konkreten Fall zulässigerweise kein Richterdienst vorhanden ist oder wenn vorhandener richterlicher Bereitschaftsdienst unter zulässiger Anrufwege **unverzüglich** (vgl. auch § 121 Abs. 1 S. 1 BGB) vergeblich zu erreichen versucht wird und eine weitere Verzögerung den gesetzlichen Zweck – hier die Verhütung bestimmter Straftaten (§ 34b Abs. 1 S. 1, 2 PolG NRW) oder die Abwehr bestimmter Gefahr (§ 34b Abs. 1 S. 3 PolG NRW) – gefährden, also wesentlich erschweren oder vereiteln würde.

Schriftlichkeit im Sinne des § 34b Abs. 4 S. 1 PolG NRW ist Schriftform im Sinne des § 126 BGB, gegebenenfalls ersetzbar im Sinne von § 3a Abs. 2 VwVfG NRW.

(SUB/ERG)

Im konkreten Fall sind die Verfahrensvoraussetzungen bzgl. Antrag und Anordnung von Aufenthaltsvorgabe/Kontaktverbot (alternativ)

- eingehalten.

[1544] **Gerichtsbezirke** gemäß Anlage 1 JustG NRW.

- nicht eingehalten.

2. § 28 VwVfG NRW: Anhörung bzgl. Aufenthaltsvorgabe-VA / Kontaktverbots-VA (vgl. §§ 1, 2, 9, 35 VwVfG NRW)

(VOR/DEF)

Gemäß § 28 VwVfG NRW besteht Pflicht zur **Anhörung** im Sinne des § 28 Abs. 1 VwVfG NRW (Äußerungsgelegenheit mit entsprechender Würdigung vor eingreifendem VA) – oder es soll gegeben sein: ein Ausnahmegrund gemäß § 28 Abs. 2, 3 VwVfG NRW oder **VA-Verletzungsunbeachtlichkeit** gemäß § 45 VwVfG NRW oder **VA-Nichtaufhebbarkeit** gemäß § 46 VwVfG NRW.

Gemäß § 28 Abs. 2 VwVfG NRW kann von der Anhörung abgesehen werden, wenn sie nach den Umständen des Einzelfalles nicht geboten ist, insbesondere wenn ein Fall vorliegt gemäß § 28 Abs. 2 Nr. 1-5 VwVfG NRW.

Gebotenheit ist Nichtverfügbarkeit eines milderen, gleich geeigneten Mittels zur Zweckförderung.

Gemäß § 28 Abs. 2 Nr. 1 VwVfG NRW kann von der Anhörung abgesehen werden, wenn eine sofortige Entscheidung wegen Gefahr im Verzug oder im öffentlichen Interesse notwendig erscheint.

Gefahr im Verzug i.S.d. § 28 Abs. 2 Nr. 1 VwVfG NRW ist gegeben, wenn der Handlungsbedarf unvorhergesehen ist und bei Durchführung der eigentlich vorgesehenen Maßnahme, hier der Anhörung, der gesetzliche Zweck, hier der jeweilige aus der Aufgabe und Befugnisrechtsnorm, vereitelt oder wesentlich erschwert wird.[1545]

Öffentliches Interesse ist die einzelfallbezogene Relevanz eines Rechts oder Rechtsguts nicht ausschließlich bei einem einzelnen Individuum.

Notwendigkeit ist Nichtverfügbarkeit eines milderen, gleich geeigneten Mittels zur Zweckförderung – bis hin zur Alternativlosigkeit der Mittelanwendung.

Gemäß § 28 Abs. 3 VwVfG NRW unterbleibt eine Anhörung, wenn ihr ein zwingendes öffentliches Interesse entgegensteht.

Zwingendes öffentliches Interesse ist die einzelfallbezogene unbedingte Relevanz eines Rechts oder Rechtsguts nicht ausschließlich bei einem einzelnen Individuum.

(SUB/ERG)

1545 BVerwGE 142, 205 (Schutzmaßnahme nach IfSG) = BVerwG, Urteil vom 22.03.2012 – BVerwG 3 C 16.11: „Gefahr im Verzug im Sinne von § 28 Abs. 2 Nr. 1 VwVfG ist anzunehmen, wenn durch eine vorherige Anhörung auch bei Gewährung kürzester Anhörungsfristen ein Zeitverlust einträte, der mit hoher Wahrscheinlichkeit zur Folge hätte, dass die behördliche Maßnahme zu spät käme, um ihren Zweck noch zu erreichen. Ob eine sofortige Entscheidung objektiv notwendig war oder die Behörde eine sofortige Entscheidung zumindest für notwendig halten durfte, ist vom Gericht aus ex-ante-Sicht zu beurteilen (Urteil vom 15. Dezember 1983 - BVerwG 3 C 27.82 - BVerwGE 68, 267 <271 f.> = Buchholz 316 § 28 VwVfG Nr. 9 S. 18). Hierbei ist wegen der Bedeutung des Anhörungsrechts als tragendem Prinzip des rechtsstaatlichen Verfahrens ein strenger Maßstab anzulegen (vgl. Kopp/Ramsauer, VwVfG, 12. Aufl. 2011, § 28 Rn. 3 und Rn. 46 m.w.N.).“.

Im konkreten Fall ist § 28 VwVfG NRW (alternativ)

- eingehalten insbesondere bei Gelegenheit zur Stellungnahme i.S.d. § 28 Abs. 1 VwVfG NRW;
- eingehalten bei Nichteinhaltung von § 28 Abs. 1 VwVfG NRW und Ausnahmegrund gemäß § 28 Abs. 2, 3 VwVfG NRW;
- nicht eingehalten insbesondere bei Fehlen von Gelegenheit zur Stellungnahme ohne Ausnahmegrund;
- sonst eingehalten oder nicht eingehalten bei Anhaltspunkten / Fehlen entgegenstehender Anhaltspunkte.

3. § 39 VwVfG NRW: Begründung bzgl. Aufenthaltsvorgabe-VA/Kontaktsverbots-VA (vgl. §§ 1, 2, 9, 35 VwVfG NRW)

(VOR/DEF)

Gemäß § 39 Abs. 1 VwVfG NRW besteht Pflicht zur **Begründung** eines schriftlichen oder elektronischen sowie schriftlich oder elektronisch bestätigten VA (vgl. § 37 Abs. 2 VwVfG NRW) mit den tatsächlich-rechtlichen, nicht unbedingt materiellrechtlich richtigen Behördenerwägungen – oder es soll gegeben sein: ein Ausnahmegrund nach § 39 Abs. 2 VwVfG NRW (insb. § 39 Abs. 2 Nr. 2, 4 VwVfG NRW) oder **VA-Verletzungsunbeachtlichkeit** gemäß § 45 VwVfG NRW oder **VA-Nichtaufhebbarkeit** gemäß § 46 VwVfG NRW.

(SUB/ERG)

Im konkreten Fall ist § 39 VwVfG NRW (alternativ)

- eingehalten bei Fehlen von Begründungspflicht bei rechtmäßigem Fehlen von schriftlichem oder elektronischem, schriftlich oder elektronisch bestätigtem VA (i.d.R. jedenfalls zunächst bei Maßnahmen i.S.d. § 80 Abs. 2 S. 1 Nr. 2 VwGO);
- eingehalten bei Begründung bei schriftlichem oder elektronischem, schriftlich oder elektronisch bestätigtem VA (z.B. im Rahmen von „Bescheinigungen“; „Mitteilungen“, „Anschreiben-VA“ [„Auflagenanschreiben“; „Gefährderanschreiben“, „Meldeauflagenanschreiben“], „HG-Schriftverfügung“) und bei Nichtvorliegen eines Ausnahmegrundes i.S.v. § 39 Abs. 2 VwVfG NRW;
- eingehalten bei Ausnahmegrund nach § 39 Abs. 2 VwVfG NRW, insbesondere wegen bekannter oder erkennbarer Sach- und Rechtslage gemäß § 39 Abs. 2 Nr. 2 Var. 1 oder 2 VwVfG NRW;
- sonst eingehalten oder nicht eingehalten bei Anhaltspunkten / Fehlen entgegenstehender Anhaltspunkte.

Vertretbar bei Fehlen eines Begründungserfordernisüberhangs ist, dass § 39 VwVfG NRW bzgl. eines Anordnungs-VA gegenüber dem Adressaten von der insoweit spezielleren Rechtsnorm des § 34b Abs. 3 Nr. 4, Abs. 4 S. 2 Nr. 3 PolG NRW gemäß der Rechtsnormspezialitätsregel[1546] verdrängt wird (vgl. Wortlaut: „eine Begründung“; „die wesentlichen Gründe“).

[1546] Zur **Rechtsnormspezialitätsregel** siehe auch: *Basten*, Eingriffsrecht der Polizei in Nordrhein-Westfalen, Band 1, S. 39, 41, 161, 167.

(ERG Verfahren)

Ergebnis kann allgemein sein: Verfahrensrechtmäßigkeit oder Verfahrensrechtswidrigkeit der Maßnahme.

B. Formelle Rechtmäßigkeit (FR) III. Form (F)

(VOR/DEF)

Form ist normiertes Wie der Rechtsfolgesetzung – schriftlich, elektronisch, mündlich oder in anderer Weise.

(SUB/ERG)

Im konkreten Fall (alternativ)

- ist bei Fehlen von VA § 37 Abs. 2-6 VwVfG NRW unanwendbar.
- ist bei Fehlen von VA und Fehlen speziellerer Formrechtsnormen Formfreiheit gegeben.
- ist bei VA und Fehlen speziellerer Formrechtsnormen anwendbar: § 37 Abs. 2 bis 6 VwVfG NRW.
- kann gemäß § 37 Abs. 2 S. 1 VwVfG NRW der VA schriftlich, elektronisch, mündlich oder in anderer Weise erlassen werden.
- braucht gemäß § 37 Abs. 2 S. 2 VwVfG NRW der mündliche VA schriftlich oder elektronisch nicht bestätigt zu werden, wenn hieran kein berechtigtes Interesse besteht und der Betroffene dies nicht unverzüglich verlangt.

§ 34b Abs. 2, 3, 4 PolG NRW sind bereits integrativer Bestandteil des Verfahrens und § 34b Abs. 4 S. 1 PolG NRW ist bzgl. der Anordnung gegenüber dem Adressaten speziellere Rechtsnorm.

Ergebnis kann allgemein sein: Formrechtmäßigkeit oder Formrechtswidrigkeit der Maßnahme.

C. Materielle Rechtmäßigkeit (MR) I. Tatbestand (Tb) / Tatbestandsvoraussetzungen (TBV)

(VOR/DEF)

Tatbestand ist das Gesamt der (materiell-rechtlichen) Rechtsfolge(setzungs)bedingungen. / **Tatbestandsvoraussetzungen** sind materiell-rechtliche Rechtsfolgesetzungsbedingungen.

1. (In § 34b Abs. 1 PolG NRW alternative) TBV aus § 34b Abs. 1 S. 1, 2 PolG NRW

(VOR)

§ 34b Abs. 1 S. 1 Nr. 1 oder Nr. 2 PolG NRW umschreibt Arten **konkretisierter Gefahr** bzw. **drohender Gefahr**[1547] und setzt (alternativ) voraus:

[1547] Vgl. Landtag-NRW-Drucksache 17/2351, S. 7 f., 29 f., woraus sich u.a. mit ausdrücklichem Hinweis auf BVerfGE 141, 220 ergibt, dass der PolG-NRW-Gesetzgeber ursprünglich die „drohende Gefahr" in § 8 PolG NRW ausdrücklich legaldefinieren wollte und entsprechend dazu – noch unter namentlicher Erwähnung der drohenden Gefahr in § 23 Abs. 2 S. 1 Nr. 2b PolG NRW – die Formulierungen insbesondere in § 34b Abs. 1 S. 1 Nr, 1, 2 PolG NRW, § 34c Abs. 1 Nr. 1, 2 PolG NRW gesetzt hat.

Vgl. zur neueren drohenden Gefahr in Polizeigesetzen: BVerfGE 141, 220, 272 f. (BKAG) = BVerfG, Urteil des Ersten Senats vom 20.04.2016 - 1 BvR 966/09, Ls. 2 und C. IV. 1 b), Rn. 112: „Der Gesetzgeber ist von Verfassungs wegen aber nicht von vornherein für jede Art der Aufgabenwahrnehmung auf die Schaffung von Eingriffstatbeständen beschränkt, die dem tradierten sicherheitsrechtlichen Modell der Abwehr konkreter, unmittelbar bevorstehender oder gegenwärtiger Gefahren entsprechen. Vielmehr kann er die Grenzen für bestimmte Bereiche mit dem Ziel schon der Straftatenverhütung auch weiter ziehen, indem er die Anforderungen an die Vorhersehbarkeit des Kausalverlaufs reduziert. Allerdings müssen die Eingriffsgrundlagen auch dann eine hinreichend konkretisierte Gefahr in dem Sinne verlangen, dass zumindest tatsächliche Anhaltspunkte für die Entstehung einer konkreten Gefahr für die Schutzgüter bestehen. Allgemeine Erfahrungssätze reichen insoweit allein nicht aus, um den Zugriff zu rechtfertigen. Vielmehr müssen bestimmte Tatsachen festgestellt sein, die im Einzelfall die Prognose eines Geschehens, das zu einer zurechenbaren Verletzung der hier relevanten Schutzgüter führt, tragen (vgl. BVerfGE 110, 33 <56 f., 61>; 113, 348 <377 f.>). Eine hinreichend konkretisierte Gefahr in diesem Sinne kann danach schon bestehen, wenn sich der zum Schaden führende Kausalverlauf noch nicht mit hinreichender Wahrscheinlichkeit vorhersehen lässt, sofern bereits bestimmte Tatsachen auf eine im Einzelfall drohende Gefahr für ein überragend wichtiges Rechtsgut hinweisen. Die Tatsachen müssen dafür zum einen den Schluss auf ein wenigstens seiner Art nach konkretisiertes und zeitlich absehbares Geschehen zulassen, zum anderen darauf, dass bestimmte Personen beteiligt sein werden, über deren Identität zumindest so viel bekannt ist, dass die Überwachungsmaßnahme gezielt gegen sie eingesetzt und weitgehend auf sie beschränkt werden kann (BVerfGE 120, 274 <328 f.>; 125, 260 <330 f.>). In Bezug auf **terroristische Straftaten**, die oft durch lang geplante Taten von bisher nicht straffällig gewordenen Einzelnen an nicht vorhersehbaren Orten und in ganz verschiedener Weise verübt werden, können Überwachungsmaßnahmen auch dann erlaubt werden, wenn zwar noch nicht ein seiner Art nach konkretisiertes und zeitlich absehbares Geschehen erkennbar ist, jedoch das individuelle Verhalten einer Person die konkrete Wahrscheinlichkeit begründet, dass sie solche Straftaten in überschaubarer Zukunft begehen wird. Denkbar ist das etwa, wenn eine Person aus einem Ausbildungslager für Terroristen im Ausland in die Bundesrepublik Deutschland einreist."; BVerfG, Beschluss des Ersten Senats vom 27.05.2020 – 1 BvR 1873/13 – (Bestandsdatenauskunft II), Rn. 148: „Eingriffsgrundlagen müssen daher regelmäßig zumindest eine hinreichend **konkretisierte Gefahr** verlangen. Eine solche kann schon dann bestehen, wenn sich der zum Schaden führende Kausalverlauf noch nicht mit hinreichender Wahrscheinlichkeit vorhersehen lässt, sofern bereits bestimmte Tatsachen auf eine im Einzelfall **drohende Gefahr** hinweisen. Die Tatsachen müssen dafür zum einen den Schluss auf ein wenigstens seiner Art nach konkretisiertes und zeitlich absehbares Geschehen zulassen, zum anderen darauf, dass bestimmte Personen beteiligt sein werden, über deren Identität zumindest so viel bekannt ist, dass die Überwachungsmaßnahme gezielt gegen sie eingesetzt und weitgehend auf sie beschränkt werden kann (BVerfGE 141, 220 <272 Rn. 112> mit Verweis auf BVerfGE 120, 274 <328 f.> und 125, 260 <330 f.>). Eine solche Absenkung der Eingriffsschwellen ist aus Gründen der Verhältnismäßigkeit aber untrennbar verbunden mit erhöhten Anforderungen an die konkret geschützten Rechtsgüter (vgl. BVerfGE 141, 220 <272 Rn. 112>)."; Vgl. Art. 11 Abs. 3 PAG Bayern: „Die Polizei kann unbeschadet der Abs. 1 und 2 die notwendigen Maßnahmen treffen, um den Sachverhalt aufzuklären und die Entstehung einer Gefahr für ein

- für die Aufenthaltsvorgabe eine konkretisierte/drohende Gefahr einer terroristischen Straftat nach § 8 Abs. 4 PolG NRW;
- für das Kontaktverbot eine konkretisierte/drohende Gefahr einer (terroristischen) Straftat nach § 8 Abs. 4 PolG NRW,

und zwar (alternativ) durch:

1. bestimmte Tatsachen, die die Annahme rechtfertigen, dass die betroffene Person innerhalb eines übersehbaren Zeitraums auf eine zumindest ihrer Art nach konkretisierte Weise (alternativ je nach Aufenthaltsvorgabe oder Kontaktverbot)
    - (bei Aufenthaltsvorgabe) eine terroristische Straftat
    - (bei Kontaktverbot) Straftat nach § 8 Abs. 4 PolG NRW begehen wird

oder (bei Aufenthaltsvorgabe bzw. Kontaktverbot)

2. individuelles Verhalten der betroffenen Person, das die konkrete Wahrscheinlichkeit begründet, dass die Person innerhalb eines übersehbaren Zeitraums eine terroristische Straftat nach § 8 Abs. 4 PolG NRW begehen wird.

(DEF)

Tatsachen sind alle wahrnehmbaren Dinge der Welt – nicht ausreichend sind: hypothetische Erwägungen, reine Spekulationen, fallunabhängige Vermutungen; kriminalistische Erfahrung kann ausreichen, wenn sie einen Anhalt im Tatsächlichen hat.

---

bedeutendes Rechtsgut zu verhindern, wenn im Einzelfall 1. das individuelle Verhalten einer Person die konkrete Wahrscheinlichkeit begründet oder 2. Vorbereitungshandlungen für sich oder zusammen mit weiteren bestimmten Tatsachen den Schluss auf ein seiner Art nach konkretisiertes Geschehen zulassen, wonach in absehbarer Zeit Angriffe von erheblicher Intensität oder Auswirkung zu erwarten sind (**drohende Gefahr**), soweit nicht die Art. 12 bis 65 die Befugnisse der Polizei besonders regeln. Bedeutende Rechtsgüter sind: 1. der Bestand oder die Sicherheit des Bundes oder eines Landes, 2. Leben, Gesundheit oder Freiheit, 3. die sexuelle Selbstbestimmung, 4. erhebliche Eigentumspositionen oder 5. Sachen, deren Erhalt im besonderen öffentlichen Interesse liegt."; vgl. auch § 4 Nr. 3i SächsPVDG („Abwehr einer Gefahr: auch die Beseitigung einer Störung, wenn der Eintritt weiteren Schadens für ein polizeiliches Schutzgut droht").

BVerfG, Urteil des Ersten Senats vom 19.05.2020 – 1 BvR 2835/17 – (Ausland-Ausland-Fernmeldeaufklärung nach BNDG), E. III. 4., Rn. 222: „Was die Übermittlungsschwellen betrifft [jedenfalls nach BVerfGE bei Datenübermittlung von erhobenen Daten aus BND-Auslandsaufklärung, P. B.], bedarf es für die **Gefahrenabwehr** insoweit einer **hinreichend konkret absehbaren Gefahrenlage**. Zwar muss der Gesetzgeber Übermittlungen nicht nach dem **tradierten sicherheitsrechtlichen Modell von der Abwehr einer konkreten, unmittelbar bevorstehenden oder gegenwärtigen Gefahr** abhängig machen. Zu verlangen ist jedoch eine **hinreichend konkretisierte Gefahr** in dem Sinne, dass zumindest **tatsächliche Anhaltspunkte** für die Entstehung einer konkreten Gefahr für die Schutzgüter bestehen (vgl. hierzu näher BVerfGE 141, 220 <271 ff. Rn. 111 ff.>). Soweit Daten zur **Strafverfolgung** [oder – BVerfGE-unabhängig – **Ordnungswidrigkeitenverfolgung**, P. B.] übermittelt werden, bedarf es **genügend konkretisierter Tatsachen, die den Verdacht** einer [bei Datenübermittlung von erhobenen Daten aus BND-Auslandsaufklärung, P. B.] besonders schweren **Straftat** [oder – BVerfGE-unabhängig – **Ordnungswidrigkeit**, P. B.] begründen. Hierfür genügen [jedenfalls nach BVerfGE bei Datenübermittlung von erhobenen Daten aus BND-Auslandsaufklärung, P. B.] nicht bloße Anhaltspunkte, wie sie ausreichen, um erste allgemeine Ermittlungen einzuleiten (vgl. § 152 Abs. 2 StPO), sondern bedarf es bestimmter Tatsachen für den Verdacht solcher Straftaten (vgl. BVerfGE 125, 260 <328 f.>), wie sie etwa auch eine Wohnraumüberwachung nach § 100c StPO rechtfertigen könnten. Es müssen insoweit konkrete und in gewissem Umfang verdichtete Umstände als Tatsachenbasis für den Verdacht vorliegen (vgl. Bruns, in: Karlsruher Kommentar zur StPO, 8. Aufl. 2019, § 100c Rn. 10 m.w.N.).".

Annahmerechtfertigung ist Ausreichen ggf. auch nur einer Tatsache für die Begründung der Annahme – je nach Abwägung aller Umstände, vgl. „rechtfertigen".

Terroristische Straftat im Sinne des § 34b PolG NRW ist eine solche nach § 8 Abs. 4 PolG NRW.

Straftat nach § 8 Abs. 4 PolG NRW ist eine in § 8 Abs. 4 PolG NRW mit Strafvorschrift zitierte Straftat.

Konkrete Wahrscheinlichkeit ist im einzelnen Fall gegeben bei entsprechendem Ergebnis einer Diagnose von Tatsachen und tatsächlicher Anhaltspunkte sowie einer Prognose von Art und Ausmaß potentieller Rechtseingriffe und -schäden.[1548]

Schaden für ein rechtliches Schutzgut ist jede nachteilige Beeinträchtigung eines bestimmten Schutzguts.

[1548] BVerwG, Urteil vom 20.08.2003 – BVerwG 6 CN 5.02 (Hundehalterverordnung), Gründe, II.: „Maßgebliches Kriterium zur Feststellung einer Gefahr ist die hinreichende Wahrscheinlichkeit des Schadenseintritts (vgl. Urteil vom 26. Februar 1974 - BVerwG 1 C 31.72 - BVerwGE 45, 51, 57)."; sog. **„differenzierender Wahrscheinlichkeitsmaßstab"** (**„Je-desto-Formel"** / **„Variabilitätsformel"**), vgl. BVerwGE 116, 347, 356 (Gefahrtierverordnung) = BVerwG, Urteil vom 03.07.2002 – BVerwG 6 CN 8.01: „Richtig ist, dass der Grad der Wahrscheinlichkeit des Schadenseintritts, der für die Annahme einer Gefahr erforderlich ist, von der Größe und dem Gewicht des drohenden Schadens abhängt: Die Wahrscheinlichkeit des Schadenseintritts muss umso größer sein, je geringer der möglicherweise eintretende Schaden ist, und sie darf umso kleiner sein, je schwerer der etwa eintretende Schaden wiegt (vgl. Urteil vom 2. Juli 1991 – BVerwG 1 C 4.90 – BVerwGE 88, 348, 351)."; BVerwG, Urteil vom 10.07.2012 – BVerwG 1 C 19.11, Rn. 16: [...] „da jede sicherheitsrechtliche Gefahrenprognose nach den allgemeinen Grundsätzen des Gefahrenabwehrrechts eine Korrelation aus Eintrittswahrscheinlichkeit und (möglichem) Schadensausmaß ist. An die Wahrscheinlichkeit des Schadenseintritts sind umso geringere Anforderungen zu stellen, je größer und folgenschwerer der möglicherweise eintretende Schaden ist (Urteile vom 6. September 1974 - BVerwG 1 C 17.73 - BVerwGE 47, 31 <40>; vom 17. März 1981 - BVerwG 1 C 74.76 - BVerwGE 62, 36 <39> und vom 3. Juli 2002 - BVerwG 6 CN 8.01 - BVerwGE 116, 347 <356>)."; BVerwG, Urteil vom 15.01.2013 – BVerwG 1 C 10.12, Rn. 16: „Auch die [...] auf der Grundlage aller Umstände des Einzelfalles vorzunehmende Beurteilung [...] kann im Hinblick auf die erforderliche Wahrscheinlichkeit des Schadenseintritts den Rang des bedrohten Rechtsguts nicht außer Acht lassen, denn dieser bestimmt die mögliche Schadenshöhe. Das bedeutet aber nicht, dass bei hochrangigen Rechtsgütern [...] bereits jede auch nur entfernte Möglichkeit eine Wiederholungsgefahr begründet."; BVerfGE 115, 320, 360 (Rasterfahndung II) = BVerfG, Beschluss des Ersten Senats vom 04.04.2006 – 1 BvR 518/02 –, Rn. 136: „Im Hinblick auf den Verhältnismäßigkeitsgrundsatz im engeren Sinne hat der Gesetzgeber die Ausgewogenheit zwischen der Art und Intensität der Grundrechtsbeeinträchtigung einerseits und den zum Eingriff berechtigenden Tatbestandselementen andererseits, wie der Einschreitschwelle, der geforderten Tatsachenbasis und dem Gewicht der geschützten Rechtsgüter, zu wahren (vgl. BVerfGE 100, 313 <392 ff.>). Je gewichtiger die drohende oder erfolgte Rechtsgutbeeinträchtigung und je weniger gewichtig der Grundrechtseingriff ist, um den es sich handelt, desto geringer darf die Wahrscheinlichkeit sein, mit der auf eine drohende oder erfolgte Verletzung des Rechtsguts geschlossen werden kann, und desto weniger fundierend dürfen gegebenenfalls die Tatsachen sein, die dem Verdacht zugrunde liegen (vgl. BVerfGE 100, 313 <392>; 110, 33 <60>; 113, 348 <386>). Die Anforderungen an den Wahrscheinlichkeitsgrad und die Tatsachenbasis der Prognose dürfen allerdings nicht beliebig herabgesenkt werden, sondern müssen auch in angemessenem Verhältnis zur Art und Schwere der Grundrechtsbeeinträchtigung und zur Aussicht auf den Erfolg des beabsichtigten Rechtsgüterschutzes stehen. Selbst bei höchstem Gewicht der drohenden Rechtsgutbeeinträchtigung kann auf das Erfordernis einer hinreichenden Wahrscheinlichkeit nicht verzichtet werden. Auch muss als Voraussetzung eines schweren Grundrechtseingriffs gewährleistet bleiben, dass Annahmen und Schlussfolgerungen einen konkret umrissenen Ausgangspunkt im Tatsächlichen besitzen (vgl. BVerfGE 113, 348 <386>). Insbesondere lässt die Verfassung grundrechtseingreifende Ermittlungen ‚ins Blaue hinein' nicht zu (vgl. BVerfGE 112, 284 <297>; BVerfG, Beschluss der 1. Kammer des Ersten Senats vom 6. April 1989 - 1 BvR 33/87 -, NJW 1990, S. 701 <702>).".

Übersehbare Zeit ist eine überschaubar zusammenhängende Ereigniskette ohne entscheidende Veränderung oder Unterbrechung.

(SUB)

Unter Auslegung des Geschehens und Anwendung des Wahrscheinlichkeitsmaßstabs führt ohne die Maßnahme ungehinderter Geschehensverlauf in übersehbarer Zeit (alternativ: nicht) auf eine zumindest ihrer Art nach konkretisierbare Weise bzw. mit konkreter Wahrscheinlichkeit zu einer nachteiligen Beeinträchtigung rechtlicher Schutzgüter der öffentlichen Sicherheit durch eine terroristische Straftat.

(ERG)

Im konkreten Fall ist eine drohende/konkretisierte Gefahr i.S.d. § 34b Abs. 1 S. 1 Hs. 1 („zur Verhütung von terroristischen Straftaten nach § 8 Absatz 4") i.V.m. S. 1 Nr. 1 oder Nr. 2 PolG NRW einer terroristischen Straftat nach § 8 Abs. 4 PolG NRW (bei Aufenthaltsvorgabe) / Straftat nach § 8 Abs. 4 PolG NRW (bei Kontaktverbot)

- gegeben.
- nicht gegeben.

2. (In § 34b Abs. 1 PolG NRW alternative) TBV aus § 34b Abs. 1 S. 3 PolG NRW

(VOR)

In § 34b Abs. 1 S. 3 PolG NRW wird (i.V.m. § 8 Abs. 1 PolG NRW[1549]) vorausgesetzt: eine konkrete Gefahr für Leib, Leben oder Freiheit einer Person oder für den Bestand oder die Sicherheit des Bundes oder des Landes.

(DEF)

Konkrete Gefahr ist eine Sachlage im einzelnen Fall, die bei ungehindertem Geschehensverlauf in absehbarer Zeit mit hinreichender Wahrscheinlichkeit zu einem Schaden für ein rechtliches Schutzgut führt.

Ungehinderter Geschehensverlauf in absehbarer Zeit ist eine überschaubar zusammenhängende Ereigniskette ohne entscheidende Veränderung oder Unterbrechung.

1549 Unterschied zwischen § 34b Abs. 1 S. 1 Nr. 1, 2 PolG NRW und § 34b Abs. 1 S. 3 PolG NRW: Auch wenn der Gesetzgeber ursprünglich in § 34b Abs. 1 S. 3 PolG NRW mit dem Wortlaut „zur Abwehr einer Gefahr" i.V.m. der ursprünglich laut Landtag-NRW-Drucksache 17/2351, S. 7 f., 29 f vorgehabten „drohende-Gefahr"-Legalefinition in § 8 PolG NRW sich etwas anderes vorgestellt haben mag, so hat sich dies eben nicht mehr rechtsstaatlich-bestimmt genügend im Wortlaut des § 34b Abs. 1 S. 3 PolG NRW ausgedrückt – anders als in § 34b Abs. 1 S. 1 Nr. 1, 2 PolG NRW mit der entsprechenden Formulierung zur „drohenden Gefahr".

Hinreichende Wahrscheinlichkeit ist gegeben bei entsprechendem Ergebnis einer Diagnose von Tatsachen und tatsächlicher Anhaltspunkte sowie einer Prognose von Art und Ausmaß potentieller Rechtseingriffe und -schäden.[1550]

Schaden für ein rechtliches Schutzgut ist jede nachteilige Beeinträchtigung eines bestimmten Schutzguts.

Schutzgüter sind gemäß § 34b Abs. 1 S. 3 PolG NRW **Leib (körperliche Unversehrtheit)**, **Leben** (biologisch-physische Existenz) oder **Freiheit (körperliche Bewegungsfreiheit)** einer Person oder der **Bestand oder die Sicherheit des Bundes oder des Landes**.[1551]

1550 BVerwG, Urteil vom 20.08.2003 – BVerwG 6 CN 5.02 (Hundehalterverordnung), Gründe, II.: „Maßgebliches Kriterium zur Feststellung einer Gefahr ist die hinreichende Wahrscheinlichkeit des Schadenseintritts (vgl. Urteil vom 26. Februar 1974 - BVerwG 1 C 31.72 - BVerwGE 45, 51, 57).“; sog. **„differenzierender Wahrscheinlichkeitsmaßstab“** (**„Je-desto-Formel“** / **„Variabilitätsformel“**), vgl. BVerwGE 116, 347, 356 (Gefahrtierverordnung) = BVerwG, Urteil vom 03.07.2002 – BVerwG 6 CN 8.01: „Richtig ist, dass der Grad der Wahrscheinlichkeit des Schadenseintritts, der für die Annahme einer Gefahr erforderlich ist, von der Größe und dem Gewicht des drohenden Schadens abhängt: Die Wahrscheinlichkeit des Schadenseintritts muss umso größer sein, je geringer der möglicherweise eintretende Schaden ist, und sie darf umso kleiner sein, je schwerer der etwa eintretende Schaden wiegt (vgl. Urteil vom 2. Juli 1991 – BVerwG 1 C 4.90 – BVerwGE 88, 348, 351).“; BVerwG, Urteil vom 10.07.2012 – BVerwG 1 C 19.11, Rn. 16: […] „da jede sicherheitsrechtliche Gefahrenprognose nach den allgemeinen Grundsätzen des Gefahrenabwehrrechts eine Korrelation aus Eintrittswahrscheinlichkeit und (möglichem) Schadensausmaß ist. An die Wahrscheinlichkeit des Schadenseintritts sind umso geringere Anforderungen zu stellen, je größer und folgenschwerer der möglicherweise eintretende Schaden ist (Urteile vom 6. September 1974 - BVerwG 1 C 17.73 - BVerwGE 47, 31 <40>; vom 17. März 1981 - BVerwG 1 C 74.76 - BVerwGE 62, 36 <39> und vom 3. Juli 2002 - BVerwG 6 CN 8.01 - BVerwGE 116, 347 <356>).“; BVerwG, Urteil vom 15.01.2013 – BVerwG 1 C 10.12, Rn. 16: „Auch die […] auf der Grundlage aller Umstände des Einzelfalles vorzunehmende Beurteilung […] kann im Hinblick auf die erforderliche Wahrscheinlichkeit des Schadenseintritts den Rang des bedrohten Rechtsguts nicht außer Acht lassen, denn dieser bestimmt die mögliche Schadenshöhe. Das bedeutet aber nicht, dass bei hochrangigen Rechtsgütern […] bereits jede auch nur entfernte Möglichkeit eine Wiederholungsgefahr begründet.“; BVerfGE 115, 320, 360 (Rasterfahndung II) = BVerfG, Beschluss des Ersten Senats vom 04.04.2006 – 1 BvR 518/02 –, Rn. 136: „Im Hinblick auf den Verhältnismäßigkeitsgrundsatz im engeren Sinne hat der Gesetzgeber die Ausgewogenheit zwischen der Art und Intensität der Grundrechtsbeeinträchtigung einerseits und den zum Eingriff berechtigenden Tatbestandselementen andererseits, wie der Einschreitschwelle, der geforderten Tatsachenbasis und dem Gewicht der geschützten Rechtsgüter, zu wahren (vgl. BVerfGE 100, 313 <392 ff.>). Je gewichtiger die drohende oder erfolgte Rechtsgutbeeinträchtigung und je weniger gewichtig der Grundrechtseingriff ist, um den es sich handelt, desto geringer darf die Wahrscheinlichkeit sein, mit der auf eine drohende oder erfolgte Verletzung des Rechtsguts geschlossen werden kann, und desto weniger fundierend dürfen gegebenenfalls die Tatsachen sein, die dem Verdacht zugrunde liegen (vgl. BVerfGE 100, 313 <392>; 110, 33 <60>; 113, 348 <386>). Die Anforderungen an den Wahrscheinlichkeitsgrad und die Tatsachenbasis der Prognose dürfen allerdings nicht beliebig herabgesenkt werden, sondern müssen auch in angemessenem Verhältnis zur Art und Schwere der Grundrechtsbeeinträchtigung und zur Aussicht auf den Erfolg des beabsichtigten Rechtsgüterschutzes stehen. Selbst bei höchstem Gewicht der drohenden Rechtsgutbeeinträchtigung kann auf das Erfordernis einer hinreichenden Wahrscheinlichkeit nicht verzichtet werden. Auch muss als Voraussetzung eines schweren Grundrechtseingriffs gewährleistet bleiben, dass Annahmen und Schlussfolgerungen einen konkret umrissenen Ausgangspunkt im Tatsächlichen besitzen (vgl. BVerfGE 113, 348 <386>). Insbesondere lässt die Verfassung grundrechtseingreifende Ermittlungen ‚ins Blaue hinein‘ nicht zu (vgl. BVerfGE 112, 284 <297>; BVerfG, Beschluss der 1. Kammer des Ersten Senats vom 6. April 1989 - 1 BvR 33/87 -, NJW 1990, S. 701 <702>).“.

1551 Landtagsdrucksache 17/2351 (Gesetzentwurf der Landesregierung – Gesetz zur Stärkung der Sicherheit in Nordrhein-Westfalen – Sechstes Gesetz zur Änderung des Polizeigesetzes des Landes Nord-

(SUB)

Unter Auslegung des Geschehens und Anwendung des Wahrscheinlichkeitsmaßstabs führt ohne die Maßnahme ungehinderter Geschehensverlauf in absehbarer Zeit (alternativ: nicht) mit hinreichender Wahrscheinlichkeit zu einer nachteiligen Beeinträchtigung rechtlicher Schutzgüter der öffentlichen Sicherheit, nämlich: Leib, Leben oder Freiheit einer Person oder Bestand oder Sicherheit des Bundes oder des Landes.

(ERG)

Im konkreten Fall ist (alternativ)

- eine konkrete Gefahr i.S.d. § 34b Abs. 1 S. 3 PolG NRW abzuwehren.
- nicht eine konkrete Gefahr i.S.d. § 34b Abs. 1 S. 3 PolG NRW abzuwehren.

C. Materielle Rechtmäßigkeit (MR) II. Inanspruchnahme (In) / Inanspruchnahmevoraussetzungen (Inv)

(VOR/DEF)

Inanspruchnahmevoraussetzungen sind materiell-rechtliche Bedingungen für richtige Inanspruchnahme.

Inanspruchnahme ist Adressierung und sonstiges Betroffenmachen; **Adressierung** ist direktes Bestimmen oder finales Richten einer Maßnahme an einen Grundrechtsträger vgl. §§ 41 Abs. 1 S. 1, 43 Abs. 1 S. 1 VwVfG NRW.

Inanspruchnahme durch Adressierung mit Aufenthaltsvorgabe oder Kontaktverbot ist grundsätzlich – je nach Rechtsfolge von Aufenthaltsvorgabe oder Kontaktverbot – richtig gegen folgende Personen:

- Inanspruchnahme durch Aufenthaltsvorgabe gemäß § 34b Abs. 1 S. 1 Nr. 1 oder 2 oder Abs. 1 S. 3 PolG NRW erfolgt richtigerweise durch Adressierung gegen die Person, die die drohende/konkretisierte Gefahr einer terroristischen Straftat nach § 8 Abs. 4 PolG NRW verursacht – als die von der Aufenthaltsvorgabe „betroffene Person“;
- Inanspruchnahme durch Kontaktverbot gemäß § 34b Abs. 1 S. 2 oder S. 3 PolG NRW erfolgt richtigerweise durch Adressierung gegenüber „eine Person“ im Sinne von § 34b Abs. 1 S. 2 PolG NRW – i.V.m. §§ 4-6 PolG NRW.

(SUB/ERG)

Im konkreten Fall ist die Person (alternativ)

---

rhein-Westfalen), S. 39 (zu § 34b): „**Kontaktverbote** im Sinne des Absatzes 1 Nr. 2 [a. F., ≙ § 34b Abs. 1 S. 2 PolG NRW, P. B.] kommen insbesondere in Betracht bei Fällen von Gewalt im nahen sozialen Umfeld oder in Fällen des Stalkings, aber auch dann, wenn die betroffene Person Kontakt zu anderen gefährlichen Personen oder Gruppierungen sucht, etwa um konspirativ die Begehung von Straftaten vorzubereiten oder zu planen.“.

- richtigerweise gemäß § 34b PolG NRW in Anspruch genommen/adressiert.
- nicht richtigerweise in Anspruch genommen/adressiert.

C. Materielle Rechtmäßigkeit (MR) III. Rechtsfolge (Rf) / Rechtsfolgevoraussetzungen (RfV)

(VOR/DEF)

Rechtsfolge ist rechtliche Folge aus dem Tatbestand. / **Rechtsfolgevoraussetzungen** sind materiell-rechtliche Rechtsfolgegestaltungs-Bedingungen.

C. Materielle Rechtmäßigkeit (MR) III. Rechtsfolge (Rf) 1. Tatsächliche und rechtliche Möglichkeit (TurM)

(VOR/DEF)

Tatsächliche und rechtliche Möglichkeit betrifft Fälle wie aus § 44 Abs. 2 Nr. 4-6 VwVfG NRW.

(SUB/ERG)

Tatsächliche und rechtliche Möglichkeit ist im konkreten Fall gegeben/nicht gegeben aufgrund Vorliegens/Nichtvorliegens von kognitiven, körperlichen, normativen, technischen Unmöglichkeiten.

C. Materielle Rechtmäßigkeit (MR) III. Rechtsfolge (Rf) 2. Bestimmtheit (Bsh)

(VOR/DEF)

Bestimmtheit ist Maßnahmenerkennbarkeit und Maßnahmenverstehbarkeit, bei VA Pflicht gemäß § 37 Abs. 1 VwVfG NRW, bei Realakten nach Art. 20 Abs. 3 GG.

(SUB/ERG)

Inhaltlich hinreichende Bestimmtheit i.S.d. § 37 Abs. 1 VwVfG NRW/Art. 20 Abs. 3 GG ist allgemein gegeben, wenn nach Auslegung der Maßnahme der Erklärungsempfänger wie jeder vernünftige Dritte, §§ 133, 157 BGB analog, in der konkreten Situation deren Inhalt hinreichend erkennen und verstehen kann, bei Aufenthaltsvorgabe bzw. Kontaktverbot insbesondere wie folgt:

- dass die Polizei ggü. Erklärungsempfänger (wer)
- aus bestimmten Gefahrenabwehrgründen (warum)
- zu einer spezifischen Zeit und für eine spezifische (vorübergehende) Zeitdauer (wann)

- bezweckt, dass mindestens eine bestimmte Straftat bzw. eine Gefahr für Leib, Leben oder Freiheit einer Person oder für den Bestand oder die Sicherheit des Bundes oder des Landessicher verhütet, also verhindert/unterbunden werden soll (was)
- und zwar durch Vorgabe des Aufenthalts an bestimmten Orten bzw. durch Verbot des Kontakts zu bestimmten Personen oder Personengruppen (wie).

Bestimmtheitsfördernd sind auch Schriftlichkeit und Begründung im Sinne von § 34b Abs. 3 Nr. 4 PolG NRW, § 34b Abs. 4 S. 2 Nr. 3 PolG NRW.

C. Materielle Rechtmäßigkeit (MR) III. Rechtsfolge (Rf) 3. Ermessen (Erm)

(VOR/DEF)

Ermessen[1552] ist Entscheidungsspielraum auf der Rechtsfolgenseite bzgl. rechtsfehlerfreier Ausübung von Einschreit-Entschließung (Ob), Adressaten-Auswahl (Wer), Maßnahmen-Gestaltung (Wie), grundsätzlich gegeben durch § 34b Abs. 1 S. 1 W. 3, S. 2 W. 7 PolG NRW, § 3 PolG NRW, bei VA auch durch § 40 VwVfG NRW.

(SUB/ERG)

Der gegebene Entscheidungsspielraum wird (je nach Fall alternativ) aufgrund von Anhaltspunkten/in Ermangelung entgegenstehender Anhaltspunkte ohne Ermessensfehler/mit Ermessensfehlern (Ermessensunterschreitung, Ermessensüberschreitung, Ermessensfehlgebrauch) ausgeübt bzgl. folgender Ermessensarten:

a) Entschließungsermessen:

Das Entschließungsermessen kann im konkreten Fall sogar gegen / auf Null reduziert sein, insbesondere wegen:

- Einschreitmöglichkeit;
- Erheblichkeitsgrad von Gefährdungen.

b) Auswahlermessen:

siehe C. II.: Auswahlermessen wird abschließend beurteilt i.V.m. Punkt C. II. (Inanspruchnahme).

c) Gestaltungsermessen:

siehe C. III. 4.: Gestaltungsermessen, § 3 Abs. 2 PolG NRW (Austauschmittel), wird abschließend beurteilt i.V.m. Punkt C. III. 4. (VHM).

1552 Zum Ermessen einschließlich Rechtsnatur, Ermessensarten, Ermessensreduzierungen, Ermessensfehlern, Maßnahmenansprüchen mit Beispielen siehe auch: *Basten*, Eingriffsrecht der Polizei in Nordrhein-Westfalen, Band 1, S. 271-283.

C. Materielle Rechtmäßigkeit (MR) III. Rechtsfolge (Rf) 4. Verhältnismäßigkeit (VHM)

(VOR/DEF)

Verhältnismäßigkeit ist Geeignetheit, Erforderlichkeit, Angemessenheit der Maßnahme zu einem legitimen Zweck.

(VOR/DEF)

a) Legitimer Zweck ist verfassungsgemäßer Zweck, bei Maßnahmen nach § 34b PolG NRW alternativ:

- Verhütung von terroristischen Straftaten nach § 8 Abs. 4 PolG NRW;
- Verhütung von Straftaten nach § 8 Abs. 4 PolG NRW;
- Abwehr einer Gefahr für Leib, Leben oder Freiheit einer Person oder für den Bestand oder die Sicherheit des Bundes oder des Landes.

(SUB/ERG)

Die Maßnahme verfolgt (alternativ)

- einen legitimen Zweck, nämlich jedenfalls die verfassungsgemäße Abwehr von Schadensgefahr im Sinne von § 34b PolG NRW.
- keinen legitimen Zweck.

(VOR/DEF)

b) Geeignetheit einer staatlichen Maßnahme ist gegeben bei deren Zweckförderungstauglichkeit, vgl. auch § 2 Abs. 3 PolG NRW.

(SUB/ERG)

Im konkreten Fall ist die Maßnahme (alternativ)

- geeignet, denn mit ihr wird auf eine bestimmte (kausale) Weise (potentiell) gefördert: Verhinderung/Unterbindung weiteren, potentiell schadensträchtigen Geschehensverlaufs, und zwar bei Aufenthaltsvorgabe bzw. Kontaktverbot insbesondere durch generell (potentielle) räumliche und personelle Beschränkung von Möglichkeiten der Vorbereitung, Verabredung und Verübung von Straftaten nach § 8 Abs. 4 PolG NRW.
- ungeeignet.

(VOR/DEF)

c) Erforderlichkeit einer staatlichen Maßnahme ist Nichtverfügbarkeit eines milderen (Übermaßverbot), gleich geeigneten (Untermaßverbot) Mittels zur Zweckförderung, vgl. auch § 2 Abs. 1 PolG NRW, vgl. auch § 34b Abs. 5 S. 1 PolG NRW: „Aufenthaltsanordnungen sowie

Kontaktverbote sind auf den zur Abwehr der Gefahr jeweils erforderlichen Umfang zu beschränken.“.[1553]

(SUB/ERG)

Im konkreten Fall ist die Maßnahme (alternativ)

- erforderlich, denn einerseits führen mildere Maßnahmen wie Nichtstun/bloße Präsenz/Gefährderansprache bei konkretisierter Gefahr jedenfalls noch nicht mal wahrscheinlich zu einer Gefahrminderung oder Maßnahmen wie Platzverweisung nur zu einer Gefahrverlagerung/Tatortverlagerung, fördern andere Maßnahmen mit anderen Mitteln/Ressourcen damit alleine nicht die Verhinderung/Unterbindung potentiell schadensträchtigen Geschehens in gleicher Weise, sind also nicht gleich geeignet (Untermaßverbot) und andererseits sind (mindestens) gleich geeignete, intensivere Maßnahmen wie (z.B.) Freiheitsentziehung oder direkte Zwangsmittelanwendung noch nicht notwendig (Übermaßverbot).
- nicht erforderlich.

(VOR/DEF)

d) Angemessenheit oder **Verhältnismäßigkeit im engeren Sinne** einer staatlichen Maßnahme ist angemessenes Maß oder Verhältnis zwischen Zweckförderung für Erhaltungsrechte und Wirkungen für Eingriffsrechte, vgl. die betroffenen Grundrechte, vgl. auch § 2 Abs. 2 PolG NRW.

(SUB/ERG)

Im konkreten Fall ist die Maßnahme (alternativ)

- angemessen, denn etwa der räumlich und zeitlich über § 34b Abs. 5 PolG NRW und auf bestimmte Orte bzw. Personen begrenzte Eingriff in Art. 2 Abs. 2 S. 2 GG bzw. Art. 11 Abs. 1 GG und Art. 2 Abs. 1 GG steht angesichts der je nach Straftat insbesondere aus § 8 Abs. 4 PolG NRW zu schützenden Rechte und Rechtsgüter wie Art. 2 Abs. 2 S. 1 GG, Art. 2 Abs. 2 S. 2 GG, Art. 14 Abs. 1 S. 1 Alt. 1 GG, Art. 20 Abs. 3 GG nicht außer Verhältnis.
- unangemessen.

[1553] Landtagsdrucksache 17/2351 (Gesetzentwurf der Landesregierung – Gesetz zur Stärkung der Sicherheit in Nordrhein-Westfalen – Sechstes Gesetz zur Änderung des Polizeigesetzes des Landes Nordrhein-Westfalen), S. 39 (zu § 34b PolG NRW): „Darüber hinaus ordnet Absatz 5 in Satz 1 an, Aufenthaltsanordnungen und Kontaktverbote auf den zur Abwehr der Gefahr jeweils erforderlichen Umfang zu beschränken. Die Anordnung darf somit keine an die Lebensführung der betroffenen Person unzumutbaren Anforderungen stellen oder die Wahrnehmung berechtigter Interessen unmöglich machen. Beispielsweise muss es der betroffenen Person weiterhin möglich sein, einen Arzt, Rechtsanwalt, soziale Einrichtungen oder Behörden und Gerichte aufzusuchen, die außerhalb des Anordnungsbereichs liegen. Zu diesem Zweck kann die zuständige Polizeidienststelle der betroffenen Person, insbesondere in Ausnahmefällen, die Erlaubnis erteilen, sich von den betreffenden Orten zu entfernen oder sich dort aufzuhalten.“.

(ERG VHM)

Die Maßnahme ist insgesamt i.S.v. § 2 PolG NRW, Art. 20 Abs. 3 GG (alternativ)

- verhältnismäßig.
- unverhältnismäßig.

D. Gesamtergebnis (GErg)

Die Maßnahme ist (alternativ)

- gemäß § 34b PolG NRW rechtmäßig.
- wegen Art./§ (einer bestimmten Rechtsnorm [z.B. Art. 20 Abs. 3 GG]) rechtswidrig.

ABSCHNITT 29:

INGEWAHRSAMNAHME,

§§ 35-37, 38 POLG NRW

A. Rechtsgrundlage (RGL) I. Grundrechte (GR)

(VOR/DEF)

Grundrechte sind grundlegende Rechte aus Art. 1-19 GG i.V.m. dem Rechtsstaatsprinzip, Art. 20 Abs. 3 GG, mit Vorrang und Vorbehalt des Gesetzes.[1554]

(SUB/ERG)

Grundrechte sind fallabhängig insbesondere wie folgt gegeben:

1. Körperliche Bewegungsfreiheit, Art. 2 Abs. 2 S. 2 GG[1555]

a) GR-SB:

aa) Persönlicher GR-SB: „**Person**", vgl. § 1 BGB.

bb) Sachlicher GR-SB: „**Freiheit**" ist **körperliche Bewegungsfreiheit** als Freiheit, jeden Ort oder Raum aufzusuchen, sich dort aufzuhalten, (ihn zu verlassen), der an sich (tatsächlich und rechtlich) zugänglich ist.

b) GR-E (oder Nichteingriff/GR-Verzicht): Freiheitsentziehung oder sonstige Freiheitsbeschränkung.

Freiheitsbeschränkung (Freiheitsentziehung oder sonstige Freiheitsbeschränkung) liegt vor, wenn jemand durch die öffentliche Gewalt gegen seinen Willen daran gehindert wird, einen Ort oder Raum aufzusuchen oder sich dort aufzuhalten, der ihm an sich (tatsächlich und rechtlich) zugänglich ist. Eine **Freiheitsentziehung** als schwerste Form der Freiheitsbeschränkung ist dann gegeben, wenn die tatsächlich und rechtlich an sich gegebene körperliche Bewegungsfreiheit durch staatliche Maßnahmen nach jeder Richtung hin aufgehoben wird[1556]; Freiheitsentziehung setzt auch eine besondere Eingriffsintensität und eine nicht nur kurzfristi-

---

[1554] Zu **Grundrechten**: *Basten*, Eingriffsrecht der Polizei in Nordrhein-Westfalen, Band 1, Buch 1, Abschnitt 2, Unterabschnitt 3. Zum **Rechtsstaatsprinzip** mit unter anderem sogenanntem Vorrang des Gesetzes und Vorbehalt des Gesetzes: *Basten*, Eingriffsrecht der Polizei in Nordrhein-Westfalen, Band 1, S. 95-108.

[1555] Vgl. auch Art. 142 GG i.V.m. Art. 4 Abs. 1 Verfassung NRW; Art. 20 Abs. 2a und Art. 21 AEUV i.V.m. Art. 6, 45 EU-GR-Charta (Bewegungsfreiheit, Freizügigkeit, Aufenthaltsfreiheit); Art. 5 EMRK; Art. 2 Protokoll Nr. 4 EMRK; Art. 21 AEUV (**Unionsbürgerfreizügigkeit**, zum **Unionsbürger** vgl. Art. 9 S. 2, 3 EUV, Art. 20 Abs. 1 S. 2, 3 AEUV); Art. 45 AEUV (**Arbeitnehmerfreizügigkeit**); Art. 49 AEUV (**Niederlassungsfreiheit**); Art. 56 AEUV (**Dienstleistungsfreiheit**); vgl. auch Art. 28 AEUV (**Warenverkehrsfreiheit**); Art. 9 Abs. 1 S. 1 IPbpR („Jedermann hat ein Recht auf persönliche Freiheit und Sicherheit."); Art. 9-11 IPbpR (Freiheitsentziehungsbedingungen), Art. 12 IPbpR (Bewegung, Wohnsitzwahl, Ausreise, Einreise in Hoheitsgebiet eines Staates, vgl. „Freizügigkeit"), Art. 13 IPbpR (Ausländerausweisungsbedingungen).

[1556] BVerfG, Beschluss der 1. Kammer des Ersten Senats vom 08.03.2011 – 1 BvR 47/05 –, Rn. 20, 26: „Das **Einsperren** des Beschwerdeführers in eine **Gewahrsamszelle** auf der Polizeiwache beziehungsweise auf dem Polizeipräsidium sowie **als Verbindungsglied** zwischen beiden das **Verbringen dorthin mittels Polizeifahrzeugen** stellen eine Freiheitsentziehung im Sinne von Art. 104 Abs. 2 GG und nicht lediglich eine Freiheitsbeschränkung dar. […] Jedenfalls muss die Unterbringung einer Person gegen ihren Willen in einem **Haftraum** als Freiheitsentziehung im Sinne von Art. 104 Abs. 2 GG angesehen werden (vgl. BGHZ 82, 261 <264> und BVerwGE 62, 317 <318>)."; BVerfGE 94, 166, 198 (Flughafenverfahren) = BVerfGE, Urteil des Zweiten Senats vom 14.05.1996 – 2 BvR 1516/93.

ge Dauer der Maßnahme voraus[1557]. Im Übrigen kann eine Abgrenzung zwischen Freiheitsentziehung und sonstiger Freiheitsbeschränkung auch erfolgen nach Art, Dauer, Intensität, Mittel, Zweck der Freiheitsbeschränkung.[1558]

c) GR-B: Art. 2 Abs. 2 S. 3 GG (i.V.m. Art. 104 GG).

Ggf. vertretbar wegen Unverfügbarkeit von Eigentum durch die Ingewahrsamnahme:

2. Eigentum, Art. 14 Abs. 1 S. 1 Alt. 1 GG[1559]

a) GR-SB:

aa) Persönlicher GR-SB: Alle Menschen (personen- und staatsangehörigkeitsunabhängiger Wortlaut).

bb) Sachlicher GR-SB: „**Eigentum**" ist Summe aller vermögenswerten Rechte, also jedenfalls auch der berechtigte Besitz und die berechtigte Nutzung[1560].[1561]

1557 BVerfGE 149, 293 (5-Punkt-Fixierung/7-Punkt-Fixierung) = BVerfG, Urteil des Zweiten Senats vom 24.07.2018 – 2 BvR 309/15 –, D. II. 2. a), Rn. 67, vgl. dazu auch BVerfGE 149, 293 (5-Punkt-Fixierung/7-Punkt-Fixierung) = BVerfG, Urteil des Zweiten Senats vom 24.07.2018 – 2 BvR 309/15 –, D. II. 2. b): „Jedenfalls eine **5-Punkt- oder 7-Punkt-Fixierung**, bei der sämtliche Gliedmaßen des Betroffenen mit Gurten am Bett festgebunden werden, stellt eine Freiheitsentziehung im Sinne von Art. 104 Abs. 2 GG dar, es sei denn, es handelt sich um eine lediglich **kurzfristige Maßnahme**. Von einer kurzfristigen Maßnahme ist in der Regel auszugehen, wenn sie absehbar die Dauer von ungefähr einer halben Stunde unterschreitet.".

1558 Vgl. auch insbesondere zu Art, Intensität, Mittel: § 415 Abs. 2 FamFG und §§ 37a, 62 PolG NRW.

1559 Vgl. auch Art. 142 GG i.V.m. Art. 4 Abs. 1 Verfassung NRW; Art. 17 EU-GR-Charta; Art. 1 Zusatzprotokoll EMRK.

1560 BVerfGE 95, 267, 300 (Altschulden) = BVerfG, Urteil des Ersten Senats vom 08.04.1997 – 1 BvR 48/94 –, C. I. 1., Rn. 130 f.: „Unter den Schutz der Eigentumsgarantie fallen grundsätzlich alle vermögenswerten Rechte, die dem Berechtigten von der Rechtsordnung in der Weise zugeordnet sind, daß er die damit verbundenen Befugnisse nach eigener Entscheidung zu seinem privaten Nutzen ausüben darf (vgl. BVerfGE 83, 201 [209]; stRspr). Der verfassungsrechtliche Eigentumsschutz reicht damit zwar erheblich weiter als das zivilrechtliche Eigentum und erstreckt sich auch auf nicht dingliche vermögenswerte Rechtspositionen. Er bleibt aber an Rechtspositionen gebunden. Kein Eigentum im Sinn von Art. 14 Abs. 1 GG ist daher das **Vermögen**, das selber kein Recht, sondern den Inbegriff aller geldwerten Güter einer Person darstellt (vgl. BVerfGE 4, 7 [17]; stRspr). Daraus folgt, daß Art. 14 Abs. 1 GG nicht vor der staatlichen Auferlegung von **Geldleistungspflichten** schützt. Diese sind nicht mittels eines bestimmten Eigentumsobjekts zu erfüllen, sondern werden aus dem fluktuierenden Vermögen bestritten. Etwas anderes kommt nur dann in Betracht, wenn die Geldleistungspflichten den Betroffenen übermäßig belasten und seine Vermögensverhältnisse so grundlegend beeinträchtigen, daß sie eine erdrosselnde Wirkung haben (vgl. BVerfGE 78, 232 [243]; stRspr).".

1561 Zum Vergleich von Art. 14 Abs. 1 S. 1 Alt. 1 GG und dem Auffanggrundrecht des Art. 2 Abs. 1 GG: Bei lediglich unentschiedenem Potential von Berechtigung wie Nichtberechtigung kann grundsätzlich in dubio pro libertate zunächst zugunsten des Grundrechtsfähigen größtmöglicher Grundrechtsschutzbereich vermutet werden. Vgl. auch BVerfGE 6, 55, 72 (Steuersplitting); BVerfGE 32, 54, 71 (Betriebsbetretungsrecht); BVerfGE 39, 1, 38 (Schwangerschaftsabbruch I); BVerfGE 51, 97, 110 (Zwangsvollstreckung I); BVerfGE 151, 67 (Richtervorbehalt, Bereitschaftsdienst, Nachtzeit/Tageszeit i.S.v. § 104 Abs. 3 StPO) = BVerfG, Beschluss des Zweiten Senats vom 12.03.2019 – 2 BvR 675/14 –, Rn. 55, wonach in Zweifelsfällen diejenige Auslegung zu wählen ist/derjenigen Auslegung der Vorzug zu geben ist, welche die (juristische) „Wirkungskraft der Grundrechtsnorm am stärksten entfaltet.". **Eigentum** i.S.d. (privat)rechtsnormgeprägten Schutzbereichs von Art. 14 Abs. 1 S. 1 Alt. 1 GG ist jedenfalls gegeben bei Eigentum i.S.d. Privatrechts und bei vermögenswerter Besitz-/Nutzungs-/Umgangs-Berechtigung (z.B. i.S.d. §§ 854-984 BGB). **Eigentumslosigkeit** i.S.d. (privat)rechtsnormgeprägten Schutzbereichs von Art. 14 Abs. 1 S. 1 Alt. 1 GG ist jedenfalls gegeben bei allseitiger Besitz-/Nutzungs-

b) GR-E (oder Nichteingriff/GR-Verzicht): **Eigentumseinschränkung** durch

Einschränkung eines vermögenswerten Rechts, etwa durch (alternativ)

- Einschränkungen oder Entzug der Nutzungs- und Verfügungsbefugnis an (berechtigtem) Eigentum/Besitz/Nutzung, vgl. §§ 903 ff. BGB, §§ 854 ff. BGB, ohne Güterbeschaffung als **Inhalts- und Schrankenbestimmung** im Sinne von Art. 14 Abs. 1 S. 2 GG[1562];
- Eigentumsentzug als **Enteignung** im Sinne des Art. 14 Abs. 3 GG mit Änderung der Eigentumszuordnung und stets mit Güterbeschaffung.[1563.]

c) GR-B: Art. 14 Abs. 1 S. 2, Abs. 2, 3 GG, Art. 18 GG.

3. Allgemeine Verhaltensfreiheit / Allgemeine Handlungsfreiheit[1564], Art. 2 Abs. 1 GG[1565]

/Umgangs-Nichtberechtigung (z.B. i.S.d. §§ 854-984 BGB); nicht schon unbedingt bei lediglich Eigentums-Nichtberechtigung im privatrechtlichen Sinne bei vermögenswerten Besitz-/Nutzungs-/Umgangs-Berechtigungen; wohl aber jedenfalls auch bei Verbot i.S.d. § 134 BGB oder Sittenwidrigkeit i.S.d. § 138 BGB oder sonstiger Unwirksamkeitsgründe (Nichtentstehensgründe oder Erlöschensgründe) gerade bezüglich des Erwerbs- oder Nutzungs- oder Umgangsaktes (z.B. i.S.d. §§ 854-984 BGB; vgl. z.B. Btm-Umgangsarten i.S.d. § 29 BtMG; vgl. auch etwaiges waffenrechtliches Verbot der Umgangsart Erwerb oder sonstiger Umgangsarten i.S.d. § 1 Abs. 3, 4 WaffG bei Nichtverbot des Erwerbs). Vgl. BVerfGE 110, 1, 23 f. (Erweiterter Verfall [a. F., ≙ erweiterte Tatertragseinziehung, P. B.]) = BVerfG, Beschluss des Zweiten Senats vom 14.01.2004 – 2 BvR 564/95 –, C. I. 3. a), b), Rn. 86 f, 88: „Die Vorschrift des § 73d StGB [a. F., ≙ § 73a StGB, P. B.] verstößt in der Auslegung des Bundesgerichtshofs auch nicht gegen die Eigentumsgarantie des Art. 14 Abs. 1 GG. Soweit § 73d StGB [a. F., ≙ § 73a StGB, P. B.] den Zugriff auf Vermögenswerte erlaubt, die dem unmittelbar Betroffenen wegen eines Verstoßes gegen strafrechtliche Vorschriften zivilrechtlich nicht zustehen (vgl. § 134, § 935 BGB), ist dessen Eigentumsgrundrecht schon mangels einer schutzfähigen Rechtsposition nicht berührt (vgl. BVerfGE 83, 201 [209]; 95, 267 [300]). Dies betrifft vor allem die Entziehung von Gewinnen aus illegalen Drogengeschäften. Denn wegen des strafrechtlichen Verbots des Handeltreibens mit Betäubungsmitteln ist gemäß § 134 BGB neben dem schuldrechtlichen Verpflichtungsgeschäft zugleich die Übereignung sowohl der Drogen als auch des für sie als Kaufpreis gezahlten Geldes zivilrechtlich unwirksam (vgl. BGH, NJW 1983, S. 636 [Schrifttumsquellen]. […] Soweit § 73d StGB StGB [a. F., ≙ § 73a StGB, P. B.] die Entziehung von Gegenständen anordnet, die der Betroffene zwar deliktisch, aber gleichwohl zivilrechtlich wirksam erworben hat, enthält er eine Inhalts- und Schrankenbestimmung des Eigentums im Sinne des Art. 14 Abs. 1 Satz 2 GG. Diese genügt in der Auslegung des Bundesgerichtshofs den verfassungsrechtlichen Anforderungen.“.

[1562] BVerfGE 143, 246, Ls. 5 (Dreizehnte Novelle des Atomgesetzes) = BVerfG, Urteil des Ersten Senats vom 06.12.2016 – 1 BvR 2821/11 –, Ls. 5.

[1563] BVerfGE 143, 246, Ls. 4 (Dreizehnte Novelle des Atomgesetzes) = BVerfG, Urteil des Ersten Senats vom 06.12.2016 – 1 BvR 2821/11 –, Ls. 4.

[1564] „Allgemeine“ Verhaltensfreiheit / Handlungsfreiheit: Auffanggrundrecht ggü. ggf. spezielleren Grundrechten, vgl. Rechtsnormspezialitätsregel („lex specialis derogat legi generali“), vgl. auch: BVerfGE 6, 32, 37 (Elfes) = BVerfG, Urteil des Ersten Senats vom 16.01.1957 – 1 BvR 253/56, Gründe, II. 2. a), Rn. 16: „Neben der allgemeinen Handlungsfreiheit, die Art. 2 Abs. 1 GG gewährleistet, hat das Grundgesetz die Freiheit menschlicher Betätigung für bestimmte Lebensbereiche, die nach den geschichtlichen Erfahrungen dem Zugriff der öffentlichen Gewalt besonders ausgesetzt sind, durch besondere Grundrechtsbestimmungen geschützt; bei ihnen hat die Verfassung durch abgestufte Gesetzesvorbehalte abgegrenzt, in welchem Umfang in den jeweiligen Grundrechtsbereich eingegriffen werden kann. Soweit nicht solche besonderen Lebensbereiche grundrechtlich geschützt sind, kann sich der Einzelne bei Eingriffen der öffentlichen Gewalt in seine Freiheit auf Art. 2 Abs. 1 GG berufen. Hier bedurfte es eines Gesetzesvorbehalts nicht, weil sich aus der Beschränkung der freien Entfaltung der Persönlichkeit durch die verfassungsmäßige Ordnung der Umfang staatlicher Eingriffsmöglichkeiten ohne weiteres ergibt.“.

[1565] Vgl. auch Art. 142 GG i.V.m. Art. 4 Abs. 1 Verfassung NRW; Art. 6 EU-GR-Charta; Art. 5 EMRK.

a) GR-SB:

aa) Persönlicher GR-SB: „Jeder".

bb) Sachlicher GR-SB: „**freie Entfaltung der Persönlichkeit**" bedeutet **allgemeine Verhaltensfreiheit** im umfassenden Sinn[1566] durch grundsätzlich jedes Tun, Dulden, Unterlassen[1567].

b) GR-E (oder Nichteingriff/GR-Verzicht): Verhaltenseinschränkung als Verhaltenssteuerung.

c) GR-B: Art. 2 Abs. 1 Hs. 2 GG[1568].

1566 BVerfGE 6, 32, 36 f. (Elfes) = BVerfG, Urteil des Ersten Senats vom 16.01.1957 – 1 BvR 253/56, Gründe, II. 2. a), Rn. 14 f.: „Das Grundgesetz kann mit der ‚freien Entfaltung der Persönlichkeit' nicht nur die Entfaltung innerhalb jenes Kernbereichs der Persönlichkeit gemeint haben, der das Wesen des Menschen als geistig-sittliche Person ausmacht, denn es wäre nicht verständlich, wie die Entfaltung innerhalb dieses Kernbereichs gegen das Sittengesetz, die Rechte anderer oder sogar gegen die verfassungsmäßige Ordnung einer freiheitlichen Demokratie sollte verstoßen können. Gerade diese, dem Individuum als Mitglied der Gemeinschaft auferlegten Beschränkungen zeigen vielmehr, daß das Grundgesetz in Art. 2 Abs. 1 GG die Handlungsfreiheit im umfassenden Sinne meint. [...] Es waren nicht rechtliche Erwägungen, sondern sprachliche Gründe, die den Gesetzgeber bewogen haben, die ursprüngliche Fassung ‚Jeder kann tun und lassen was er will' durch die jetzige Fassung zu ersetzen (vgl. v. Mangoldt, Parlamentarischer Rat, 42. Sitzung des Hauptausschusses, S. 533).“; BVerfGE 80, 137, 152 f. (Reiten im Walde) = BVerfG, Beschluss des Ersten Senats vom 06.06.1989 – 1 BvR 921/85 –, C. I. 1 a), Rn. 69: „Nach den in der Rechtsprechung des Bundesverfassungsgerichts entwickelten Grundsätzen gewährleistet Art. 2 Abs. 1 GG die allgemeine Handlungsfreiheit im umfassenden Sinne (st. Rspr. seit BVerfGE 6, 32 [36]; aus neuerer Zeit etwa: BVerfGE 74, 129 [151]; 75, 108 [154 f.]). Geschützt ist damit nicht nur ein begrenzter Bereich der Persönlichkeitsentfaltung, sondern jede Form menschlichen Handelns ohne Rücksicht darauf, welches Gewicht der Betätigung für die Persönlichkeitsentfaltung zukommt (vgl. etwa die Entscheidung eines Vorprüfungsausschusses in BVerfGE 54, 143 (146) - Taubenfüttern).“.

1567 BVerfGE 6, 32, Ls. 1, 2 (Elfes) = BVerfG, Urteil des Ersten Senats vom 16.01.1957 – 1 BvR 253/56, Ls. 1: „Art. 11 GG betrifft nicht die Ausreisefreiheit.“, Ls. 2: „Die **Ausreisefreiheit** ist als Ausfluß der allgemeinen Handlungsfreiheit durch Art. 2 Abs. 1 GG innerhalb der Schranken der verfassungsmäßigen Ordnung gewährleistet.“; BVerwG, Urteil vom 29.05.2019 – BVerwG 6 C 8.18 (Beschränkung des Geltungsbereichs eines Passes), Rn. 20: „In der höchstrichterlichen Rechtsprechung ist seit Jahrzehnten geklärt, dass die durch Art. 2 Abs. 1 GG geschützte Ausreisefreiheit auch durch den Passversagungsgrund des § 7 Abs. 1 Nr. 1 Alt. 3 PassG als Bestandteil der verfassungsmäßigen Ordnung wirksam eingeschränkt wird.“.

1568 Art. 2 Abs. 1 Hs. 2 GG (**Schrankentrias**): BVerfGE 80, 137, 153 (Reiten im Walde) = BVerfG, Beschluss des Ersten Senats vom 06.06.1989 – 1 BvR 921/85 –, C. I. 1 a), Rn. 69: „Abgesehen von einem absolut geschützten Kernbereich privater Lebensgestaltung, welcher der Einwirkung der öffentlichen Gewalt entzogen ist (BVerfGE 6, 32 [41]), ist die allgemeine Handlungsfreiheit allerdings nur in den Schranken des zweiten Halbsatzes von Art. 2 Abs. 1 GG gewährleistet und steht damit insbesondere unter dem **Vorbehalt der verfassungsmäßigen (Rechts-)Ordnung** (BVerfGE 6, 32 [37 f.]; 74, 129 [152]). Stützt sich ein die Handlungsfreiheit berührender Akt der öffentlichen Gewalt auf eine Rechtsnorm, so kann mit der Verfassungsbeschwerde unter Berufung auf Art. 2 Abs. 1 GG zur Nachprüfung gestellt werden, ob diese Norm zur **verfassungsmäßigen Ordnung** gehört, das heißt formell und materiell mit den Normen der Verfassung in Einklang steht (st. Rspr. seit BVerfGE 6, 32).“; BVerfGE 6, 32, Ls. 3 (Elfes) = BVerfG, Urteil des Ersten Senats vom 16.01.1957 – 1 BvR 253/56, Ls. 3: „**Verfassungsmäßige Ordnung** im Sinne des Art. 2 Abs. 1 GG ist die verfassungsmäßige Rechtsordnung, d.h. die Gesamtheit der Normen, die formell und materiell der Verfassung gemäß sind.“; vgl. dazu auch BVerfGE 6, 32, 37-41 (Elfes) = BVerfG, Urteil des Ersten Senats vom 16.01.1957 – 1 BvR 253/56, Gründe II. 2 b), c), Rn. 17-33.

Rechte anderer sind (als Teil der verfassungsmäßigen Ordnung) subjektive Berechtigungen (Anspruch oder Befugnis oder Erlaubnis) einschließlich Verpflichtungen (Pflicht zur Erfüllung von Anspruch oder

A. Rechtsgrundlage (RGL) II. Rechtsgebiet (RG)

(VOR/DEF)

Rechtsgebiet ist Rechtsordnungsteil nach allen Umständen[1569] – wie schwerpunktmäßige Äußerungen[1570], Rechtsnormen[1571], Zwecke[1572], auch i.V.m. §§ 133, 157 BGB analog[1573].[1574]

Befugnis oder Erlaubnis) und sonstiger Rechtswirkungen für ein Rechtssubjekt bezüglich eines Verhaltens oder eines Rechtsguts.

Vgl. zum ein Mal bundesverfassungsgerichtlich entscheidungserheblich bemühten „**Sittengesetz**“ nach Art. 2 Abs. 1 Hs. 2 GG als Gesetz, das nicht das durch die „soziale Gemeinschaft“ „als für sich verbindlich“ anerkannte „Rechtsgefühl“ „im allgemeinen“ „verletzt“: BVerfGE 6, 389 (Homosexuelle) = BVerfG, Urteil des Ersten Senats vom 10.05.1957 – 1 BvR 550/52 –, und StrRehaHomG (Gesetz zur strafrechtlichen Rehabilitierung der nach dem 8. Mai 1945 wegen einvernehmlicher homosexueller Handlungen verurteilten Personen vom 17. Juli 2017 – BGBl. I S. 2443).

1569 Umstände im weiten Sinn, etwa als Bedingungen, Beziehungen, Faktoren, Folgen, Funktionen, Umweltbedingungen, Variablen, Verhältnissen, Voraussetzungen, Weltbedingungen.

1570 Äußerungen im weiten Sinn, etwa als alle Verhaltensäußerungen (einschließlich Aussagen).

1571 Rechtsnormen im weiten Sinn, etwa solche, die die Umstände oder das Verhalten regieren (sollen).

1572 Zwecke im weiten Sinn, etwa als sich aus einer Lage ergebende, objektiv zu verfolgende Ziele.

1573 Sog. **objektivierter Empfängerhorizont**, vgl. BVerwGE 147, 81 = BVerwG, Urteil vom 20.06.2013 – BVerwG 8 C 46.12, Rn. 27: „Die bundesrechtlichen Auslegungsregeln der §§ 133, 157 BGB sind auf öffentlich-rechtliche Erklärungen entsprechend anzuwenden. Bei Verwaltungsakten kommt es wie bei empfangsbedürftigen Willenserklärungen nicht auf den wirklichen Willen des Erklärenden (natürliche Auslegung), sondern auf den objektiven Erklärungsinhalt an. Maßgeblich ist, wie der Empfänger die Erklärung nach Treu und Glauben unter Berücksichtigung der für ihn erkennbaren Umstände verstehen musste. Dabei ist vom Wortlaut der Erklärung auszugehen und deren objektiver Gehalt unter Berücksichtigung des Empfängerhorizonts zu ermitteln (stRspr, vgl. Urteile vom 2. September 1999 - BVerwG 2 C 22.98 - BVerwGE 109, 283 <286> = Buchholz 237.7 § 72 NWLBG Nr. 4 und vom 27. Juni 2012 - BVerwG 9 C 7.11 - BVerwGE 143, 222 <Rn. 18> = Buchholz 11 Art. 20 GG Nr. 206; BGH, Urteile vom 24. Februar 1988 - VIII ZR 145/87 - BGHZ 103, 275 <280>, vom 27. Januar 2010 - VIII ZR 58/09 - BGHZ 184, 128 <137 Rn. 33> und vom 1. März 2011 - II ZR 16/10 - NJW 2011, 1666 <1667 Rn. 11> je m.w.N.).“; BVerwG, Beschluss vom 06.08.2018 – BVerwG 7 B 4.18, Rn. 10: „Dass die bundesrechtlichen Auslegungsregeln der §§ 133, 157 BGB auf öffentlich-rechtliche Erklärungen, d.h. u.a. auf Verwaltungsakte, entsprechend anzuwenden sind, ist in der Rechtsprechung des Bundesverwaltungsgerichts bereits geklärt (BVerwG, Urteil vom 20. Juni 2013 - 8 C 46.12 - BVerwGE 147, 81 Rn. 27 m.w.N.).“.

1574 BVerwG 47, 255, 264 = BVerwG, Urteil vom 03.12.1974 – BVerwG I C 11.73: „Obwohl sich für die Polizei im Einzelfall bei einem einheitlichen Lebenssachverhalt gleichzeitig und unmittelbar Aufgaben der Strafverfolgung und der Gefahrenabwehr ergeben können, ist der im Schrifttum vertretenen Auffassung nicht zu folgen, daß aus Gründen der Rechtssicherheit oder wegen der schwierigen Durchschaubarkeit für den Bürger jede Art polizeilichen Handelns der verwaltungsgerichtlichen Kontrolle unterliegen müsse. In aller Regel ist es für den Betroffenen nicht schwer, zu erkennen, ob die Polizei im konkreten Fall eine - begangene - Straftat erforschen (**Strafverfolgung**) oder den Eintritt eines Schadens, etwa die - zukünftige - Begehung einer strafbaren Handlung, verhindern oder eine bereits eingetretene Störung der öffentlichen Sicherheit oder Ordnung beseitigen (**Gefahrenabwehr**) will. Außerdem wird man davon ausgehen dürfen, daß die Polizei dem Betroffenen - wie im vorliegenden Fall - den Grund ihres Einschreitens von sich aus oder auf Verlangen angibt. Im übrigen kommt es darauf an, wie sich der konkrete Lebenssachverhalt einem verständigen Bürger in der Lage des Betroffenen bei natürlicher Betrachtungsweise darstellt. Dieser Sachverhalt muß im allgemeinen einheitlich betrachtet werden, es sei denn, daß einzelne Teile des Geschehensablaufs objektiv abtrennbar sind. Hat die Polizei die

(SUB/ERG)

Die Freiheitsentziehung/das Festhalten der Ingewahrsamnahme erfolgt auf dem Rechtsgebiet des besonderen öffentlichen Verwaltungsrechts polizeilicher Gefahrenabwehr.

Eine Freiheitsentziehung/ein Festhalten erfolgt auf dem Rechtsgebiet der Gefahrenabwehr insbesondere bei

- schwerpunktmäßigem Verhinderungszweck oder Unterbindungszweck;
- nicht tatverdachtsveranlasster/nicht tatverdachtsbezogener Freiheitsentziehung;
- Freiheitsentziehung ohne schwerpunktmäßigen Zweck einer Strafrechtspflegemaßnahme;
- Gefahrenüberhang.

A. Rechtsgrundlage (RGL) III. Mögliche Befugnisrechtsnorm (Mgl. Brn.)

(VOR/DEF)

Befugnisrechtsnorm ist die rechtmäßige hauptsächliche materiellrechtliche Rechtsgrundlage mit realfolgenentsprechender Rechtsfolge.

(SUB/ERG)

Realfolge ist die jeweilige Realfolge laut Sachverhalt.

Rechtsfolge ist die jeweilige Maßnahme laut Rechtsnorm.

(SUB)

Realfolgen und Rechtsfolgen zu:

Anhalten/Festhalten

(SUB)

Realfolgen Anhalten/Festhalten:

- Aufforderung zum Stehenbleiben
- Aufforderung zum Verlangsamen des Fortbewegungstempos
- Aufforderung zum Aufenthalt an bestimmter Stelle

Rechtsfolge Anhalten/Festhalten:

Anhalten/Festhalten ist Reduzieren oder Stop-

(ERG)

Mögliche Befugnisrechtsnorm zu:

Anhalten/Festhalten

(ERG)

Gefahrenabwehr:

Anhalten / Festhalten

- § 12 Abs. 1 Nr. 1, Abs. 2 S. 2 Var. 1 / S. 3 PolG NRW
- § 12 Abs. 1 Nr. 2 a), Abs. 2 S. 2 Var. 1 / S. 3 PolG NRW
- § 12 Abs. 1 Nr. 2 b), Abs. 2 S. 2 Var. 1 / S. 3 PolG NRW
- § 12 Abs. 1 Nr. 2 c), Abs. 2 S. 2 Var. 1 /

Ermittlungen an die StA oder das Amtsgericht weitergeleitet (§ 163 Abs. 2 StPO) oder auf Weisung der StA gehandelt, so kann an der strafprozessualen Natur ihres Einschreitens kein vernünftiger Zweifel bestehen. Eine Maßnahme, die nach dem Gesamteindruck darauf gerichtet ist, eine strafbare Handlung zu erforschen oder sonst zu verfolgen, ist der Kontrolle der ordentlichen Gerichte nach §§ 23 ff. EGGVG nicht etwa deshalb entzogen, weil durch die polizeilichen Ermittlungen möglicherweise zugleich auch künftigen Verletzungen der öffentlichen Sicherheit vorgebeugt würde.“.

pen der Bewegung i.S.d. Art. 2 Abs. 2 S. 2 GG.

Abgrenzung von Anhalten und Festhalten erfolgt nach:

- Gesetz, vgl. §§ 36 Abs. 1 S. 1, 37 Abs. 1 PolG NRW
- „ADIMZ" (Art, Dauer, Intensität, Mittel, Zweck der Freiheitsbeschränkung) (Vorentscheidung mit Freiheitsentziehung oder sonstiger Freiheitsbeschränkung beim Fallbearbeitungspunkt A. I.)

S. 3 PolG NRW

- § 12 Abs. 1 Nr. 3, Abs. 2 S. 2 Var. 1 / S. 3 PolG NRW
- § 12 Abs. 1 Nr. 4, Abs. 2 S. 2 Var. 1 / S. 3 PolG NRW
- § 12a Abs. 1 S. 1 Var. 1 / S. 1 Var. 3 PolG NRW
- § 14 Abs. 1 Nr. 1 PolG NRW (i.V.m. § 12/12a PolG NRW)
- Ggf. § 8 Abs. 1 PolG NRW.

Nur Anhalten:

- § 9 Abs. 2 S. 2 PolG NRW
- § 9 Abs. 3 S. 1 (i.V.m. § 9 Abs. 2 PolG NRW)
- § 25 Abs. 2 PolG NRW
- § 36 Abs. 5 S. 1 StVO.

Nur Festhalten (vgl. §§ 36 Abs. 1 S. 1, 37 Abs. 1 PolG NRW):

- § 10 Abs. 3 PolG NRW
- § 35 PolG NRW
- § 58 Abs. 4 AufenthG
- §§ 62-62b AufenthG (vgl. § 71 Abs. 5 AufenthG)
- Nur für zuständige Behörde: § 30 IfSG. Nur für örtliche Ordnungsbehörde: § 14 PsychKG (NRW). Nur für Jugendamt: § 42 SGB VIII.

Strafrechtspflege (ggf. mit §§ 46, 53 Abs. 1 S. 2, Abs. 2 OWiG):

Anhalten als (erforderliche) Maßnahme / Festhalten zur

- IDF beim Verdächtigen, § 163b Abs. 1 StPO / §§ 163b Abs. 1, c StPO
- IDF beim Nichtverdächtigen, § 163b Abs. 2 StPO/ §§ 163b Abs. 2, c StPO
- IDF bei jedermann an an öffentlich zugänglichem Ort eingerichteter Kontrollstelle, § 111 StPO (ohne §§ 46, 53 Abs. 1 S. 2 OWiG)
- Ggf. § 163 Abs. 1 S. 2 StPO.

Nur Festhalten (vgl. Art. 104 GG):

- § 127 Abs. 1 S. 1 Alt 1 StPO
- § 127 Abs. 2 i.V.m. § 112 StPO

- § 127 Abs. 2 i.V.m. § 112a StPO
- § 127 Abs. 2 i.V.m. § 126a StPO
- § 127b StPO
- § 164 StPO[1575]
- § 19 IRG.

(SUB)

Realfolge ist die Maßnahme laut Sachverhalt.

Rechtsfolge ist (als VA oder Realakt, vgl. § 35 VwVfG NRW)[1576] die **Ingewahrsamnahme** (Freiheitsentziehung/Festhalten[1577] auf dem Rechtsgebiet der Gefahrenabwehr zu einem Zweck aus einer Ingewahrsamnahmebefugnisrechtsnorm / auf dem Rechtsgebiet des PolG NRW zu einem Zweck aus § 35 PolG NRW).[1578]

Ingewahrsamnahme-Zwecke nach § 35 PolG NRW sind (mindestens nach Feststellung von Freiheitsentziehung/Festhalten für Entscheidung zu möglicher Befugnisrechtsnorm zu antizipieren):

1575 Die (Nicht-)Anwendbarkeit von Strafrechtspflege-Rechtsgrundlagen wie § 164 StPO bei Festhalten wird bereits beim Punkt Rechtsgebiet logisch (voraus)entschieden (präjudiziert). Argumentiert man der Sache nach mit Störungsverhinderung oder Störungsunterbindung, kann man beim Rechtsgebiet Gefahrenabwehr bleiben und damit bei möglichen Befugnisrechtsnormen wie § 35 PolG NRW.

1576 **Wohnungstüröffnungs-Verfügung** (je nach Rechtsgebiet VA oder Justiz-VA [z.B.: „Bitte öffnen Sie die Tür!"]) kann bspw. wie folgt – insbesondere über den Zweck – zu subsumieren sein:

- § 9 Abs. 2 PolG NRW / § 163 Abs. 3 StPO / § 163a StPO (Zweck: Befragung / Vernehmung).
- § 12 PolG NRW / § 163b Abs. 1 oder § 163b Abs. 2 StPO (Zweck: IDF jedenfalls ohne Wohnungs-Betretens- und Wohnungs-Durchsuchungszweck [z.B.: IDF-Befragung / IDF-Ausweisverlangen an der Tür]).
- § 16a PolG NRW / § 163f StPO / § 163 Abs. 1 S. 2 StPO (Zweck: Observation jedenfalls ohne Wohnungs-Betretens- und Wohnungs-Durchsuchungszweck [z.B.: Datenerhebung von der Tür aus]).
- § 35 PolG NRW / § 127 Abs. 1 S. 1 Alt. 1 StPO / § 127 Abs. 2 i.V.m. § 112/§ 112a/§ 126a; § 127b StPO; § 164 StPO (Zweck: Ingewahrsamnahme / Festnahme jedenfalls ohne Wohnungs-Betretens- und Wohnungs-Durchsuchungszweck [z.B.: Ingewahrsamnahme / Festnahme an der Tür]).
- § 41 PolG NRW / § 102 StPO oder § 103 StPO (Zweck: Wohnungsbetreten und/oder Wohnungsdurchsuchung).
- § 43 PolG NRW / § 94 Abs. 1 StPO / § 94 Abs. 1, 2 StPO / §§ 94 Abs. 3, 111a StPO, § 69 StGB / §§ 99, 100 StPO / § 108 StPO (§ 110 StPO); / § 111b StPO / § 132 StPO (Zweck: Sicherstellung/Beschlagnahme jedenfalls ohne Wohnungs-Betretens- und Wohnungs-Durchsuchungszweck [z.B.: Sicherstellung/Beschlagnahme an der Tür).
- § 81a StPO / § 81c StPO / § 81g StPO / § 81h StPO (Zweck: der jeweilige „Untersuchungs"-Zweck jedenfalls ohne Wohnungs-Betretens- und Wohnungs-Durchsuchungszweck [z.B.: „Untersuchung" an der Tür]).
- § 8 Abs. 1 PolG NRW / § 163 Abs. 1 S. 2 StPO (Zweck: jedenfalls ein nicht besonders geregelter Zweck jedenfalls ohne Wohnungs-Betretens- und Wohnungs-Durchsuchungszweck).

1577 Zusätzliche Rechtsnorm bzgl. der Rechtsfolge Festhalten: § 37 Abs. 5 PolG NRW.

1578 Nr. 35.0 VVPolG NRW: „§ 35 regelt den **Entzug der Freiheit zur Gefahrenabwehr**. Eine **Freiheitsentziehung** liegt außerdem in den Fällen der Durchsetzung einer Vorladung gemäß § 10 Abs. 3 oder Durchführung einer Identitätsfeststellung gemäß § 12 Abs. 2 Satz 3 vor. Die Vorschriften über die Freiheitsentziehung in Strafverfahren (Verhaftung und vorläufige Festnahme, insbesondere nach den §§ 112 ff., 127 und 163b StPO) bleiben unberührt.".

- § 35 Abs. 1 Nr. 1 PolG NRW: Schutz hilfloser Person;
- § 35 Abs. 1 Nr. 2 PolG NRW: Tatverhinderung;
- § 35 Abs. 1 Nr. 3 PolG NRW: Durchsetzung von Platzverweisung nach § 34 PolG NRW;
- § 35 Abs. 1 Nr. 4 PolG NRW: Durchsetzung von Wohnungsverweisung oder Rückkehrverbot nach § 34a PolG NRW;
- § 35 Abs. 1 Nr. 5 PolG NRW: Schutz privater Rechte;
- § 35 Abs. 1 Nr. 6 PolG NRW: Durchsetzung von Aufenthaltsanordnung oder von Kontaktverbot nach § 34b PolG NRW oder von Anordnung einer elektronischen Aufenthaltsüberwachung nach § 34c PolG NRW;
- § 35 Abs. 2 PolG NRW: Minderjährigen-Zurückführung;
- § 35 Abs. 3 PolG NRW: Entwichenen-Zurückbringung.

(ERG)

Mögliche Befugnisrechtsnorm ist § 35 PolG NRW.[1579]

Für alle Fallbearbeitungsbereiche bzw. Rechtsnormbereiche bezüglich jeglichen Freiheitsentziehungsvollzugs im Polizeigewahrsam können ggf. weitere Rechtsnormen zu berücksichtigen sein, wie zum Beispiel eine Verordnung i.S.v. § 37 Abs. 4 S. 2 PolG NRW[1580] über den Vollzug der Freiheitsentziehung im Polizeigewahrsam des Landes Nordrhein-Westfalen (Gewahrsamsvollzugsverordnung – GewvollzVO).

B. Formelle Rechtmäßigkeit (FR) I. Zuständigkeit (Z)

(VOR/DEF)

Zuständigkeit ist Aufgabenwahrnehmungserlaubnis für den Rechtsfolgesetzer.

(SUB/ERG)

Für die Maßnahme ist die Zuständigkeit (i.d.R.) wie folgt gegeben:

[1579] Mögliche Befugnisrechtsnorm für eine sogenannte **Verbringung** (Personentransport außerhalb eines Orts oder örtlichen Bereichs – unabhängig von Zwang) ist insbesondere zweckabhängig und kann zum Beispiel sein: § 35 PolG NRW oder § 8 Abs. 1 PolG NRW; auf dem Rechtsgebiet des PolG NRW nicht: § 34 PolG NRW wegen deutlichen Überschreitens der auf Verfügung ausgerichteten Wortlaute des § 34 PolG NRW; mehr einschließlich Verbringung zum Beispiel vertretbar bei § 12 Abs. 3 AufenthG (i.V.m. § 71 Abs. 5 AufenthG: „Durchsetzung der Verlassenspflicht des § 12 Abs. 3"). Für die Beantwortung der für die Rechtsfolge mitentscheidenden Frage zu Freiheitsentziehung oder sonstiger Freiheitsbeschränkung (vgl. die Festhalte-Rechtsfolgen) kann auch die Intensitätswirkung auf die grundrechtsschutzbereichsrelevante Ortsaufsuchungsmöglichkeit bzw. Ortszugänglichkeitsmöglichkeit nach Verbringung in die Gesamtbeurteilung einbezogen werden (Bsp.: Verbringungsdauer zwar unter einer halben Stunde, aber Rückkehrmöglichkeit zum Verbringungsstartort deutlich über zwei Stunden.)

[1580] § 37 Abs. 4 S. 2 PolG NRW seit seinem Inkrafttreten am 31.12.2019 durch das „Gesetz zur Stärkung der Rechte von im Polizeigewahrsam festgehaltenen Personen" vom 19.12.2019 ist eine Ermächtigungsgrundlage i.S.v. Art. 70 Verfassung NRW, während § 35 PolG NRW eine Befugnisrechtsnorm ist. Zu Rechtsnormarten und Rechtsnormfunktionen siehe: *Basten*, Eingriffsrecht der Polizei in Nordrhein-Westfalen, Band 1, Buch 1, Abschnitt 1, Unterabschnitt 3, Titel 2, 3.

1. sachliche Zuständigkeit *der Polizei* gemäß (alternativ)

- § 1 Abs. 1 S. 1, 2 Var. 1 PolG NRW (originäre Zuständigkeit) (ggf. i.V.m. § 1 Abs. 2 PolG NRW[1581] / ggf. i.V.m. § 1 Abs. 5 S. 2 PolG NRW[1582]);
- § 1 Abs. 1 S. 1, 3 PolG NRW (subsidiäre Zuständigkeit);

2. instanzielle Zuständigkeit *der Polizeibehörde* gemäß

- (i.d.R.) § 11 Abs. 1 Nr. 1 POG NRW;
- (generell:) §§ 10-14 POG NRW (ggf. i.V.m. KPBVO NRW / ggf. i.V.m. LKAAufgVO NRW);

3. örtliche Zuständigkeit *der Polizeibehörde* gemäß;

- (i.d.R.) § 7 Abs. 1 S. 1 POG NRW (ggf. i.V.m. KHStVO NRW);
- (generell:) §§ 7-9 POG NRW (ggf. i.V.m. KHStVO NRW);

4. funktionelle Zuständigkeit *des Polizeiamtswalters (i.d.R.)* gemäß (alternativ)

- § 35 Abs. 1 W. 2 PolG NRW;
- § 35 Abs. 2 W. 2 PolG NRW;
- § 35 Abs. 3 W. 2 PolG NRW;
- § 37 Abs. 4 PolG NRW („Aufgaben im Polizeigewahrsam", hier „zur Unterstützung der Polizeivollzugsbeamtinnen und Polizeivollzugsbeamten auch durch Bedienstete der Polizei, die nicht Polizeivollzugsbeamtinnen oder Polizeivollzugsbeamte sind").

B. Formelle Rechtmäßigkeit (FR) II. Verfahren (V)

(VOR/DEF)

Verfahren ist normiertes Verhalten insbesondere für den Rechtsfolgezuständigen außer, bei, i.Z.m. der Rechtsfolge.

1. Speziellere Verfahrensrechtsnormen aus PolG NRW und JGG bei Ingewahrsamnahme-VA und Ingewahrsamnahme-Realakt[1583]

(VOR/DEF)

a) §§ 36, 38 PolG NRW: Richterliche Entscheidung über Zulässigkeit und Fortdauer in Verbindung mit Freiheitsentziehungsdauer/Gewahrsamsfristen im Fall von Festhal-

[1581] § 1 Abs. 2 PolG NRW hat negative Zuständigkeitsvoraussetzungen; § 1 Abs. 2 PolG NRW ist die sogenannte „**Privatrechtsklausel**"; zum **Privatrecht in der polizeilichen Praxis** ausführlich: *Basten*, Privatrecht in der polizeilichen Praxis.

[1582] § 1 Abs. 5 S. 2 PolG NRW ist qua Gesetzessystematik eine Zuständigkeitsvorschrift mit negativen Befugnisvoraussetzungen.

[1583] Vgl. auch Art. 46 GG (Abs. 1: **Abgeordnetenindemnität**; Abs. 2-4: **Abgeordnetenimmunität** – mit **Bundestagsgenehmigungsvorbehalt**); Art. 47 Verfassung NRW (**Abgeordnetenindemnität**), Art. 48 Verfassung NRW (**Abgeordnetenimmunität** – mit **Landtagsgenehmigungsvorbehalt**); Art. 60 Abs. 4 GG (**Bundespräsidentenimmunität**). Vgl. auch §§ 18, 21 GVG i.V.m. DiplBezÜbkG i.V.m. WÜD; §§ 19, 21 GVG i.V.m. Art. 27, 29 KonsÜbkG i.V.m. Art. 35, 41, 42 WÜK.

ten/Gewahrsam zwecks IDF (Identitätsfeststellungs-Festhalten / Identitätsfeststellungs-Gewahrsam)

Gemäß § 36 Abs. 1 S. 1 PolG NRW hat die Polizei bei Festhalten einer Person auf Grund von § 12 Abs. 2 S. 3 PolG NRW **unverzüglich**[1584] (§ 121 Abs. 1 S. 1 BGB) eine **richterliche Entscheidung** über Zulässigkeit und Fortdauer der Freiheitsentziehung herbeizuführen.[1585]

Gemäß § 36 Abs. 1 S. 2 bedarf es der Herbeiführung einer richterlichen Entscheidung nicht, wenn anzunehmen ist, dass die Entscheidung des Richters erst nach Wegfall des Grundes der polizeilichen Maßnahmen ergehen würde.[1586]

Gemäß § 36 Abs. 2 S. 1 PolG NRW ist für die Entscheidung nach § 36 Abs. 1 PolG NRW als Gericht das Amtsgericht zuständig, in dessen Bezirk[1587] die Freiheitsentziehung herbeigeführt wurde.

[1584] BVerfGE 149, 293 (5-Punkt-Fixierung/7-Punkt-Fixierung) = BVerfG, Urteil des Zweiten Senats vom 24.07.2018 – 2 BvR 309/15 –, D. III. 4., Rn. 99 f.: „Art. 104 Abs. 2 Satz 2 GG fordert in einem solchen Fall, die richterliche Entscheidung unverzüglich nachzuholen (vgl. BVerfGE 10, 302 <321>; 105, 239 <249>). Das Tatbestandsmerkmal ‚**unverzüglich**' ist dahin auszulegen, dass die richterliche Entscheidung ohne jede Verzögerung, die sich nicht aus sachlichen Gründen rechtfertigen lässt, nachgeholt werden muss (vgl. BVerfGE 105, 239 <249>; Gusy, in: v. Mangoldt/Klein/Starck, GG, Bd. 3, 7. Aufl. 2018, Art. 104 Rn. 48). Nicht vermeidbar sind zum Beispiel die Verzögerungen, die durch die Länge des Weges, Schwierigkeiten beim Transport, die notwendige Registrierung und Protokollierung oder ein renitentes Verhalten des Betroffenen bedingt sind (vgl. BVerfGE 105, 239 <249>; BVerfGK 7, 87 <99>; Gusy, in: v. Mangoldt/Klein/Starck, GG, Bd. 3, 7. Aufl. 2018, Art. 104 Rn. 48). Sachliche Gründe, die eine Verzögerung der richterlichen Entscheidung rechtfertigen, können sich auch aus der Notwendigkeit verfahrensrechtlicher Vorkehrungen ergeben, die dem Schutz des Betroffenen dienen.".

[1585] Nr. 35.12 VVPolG NRW: „Wird aufgrund des § 35 Abs. 1 Nr. 4 [a.F., ≙ § 35 Abs. 1 Nr. 5 PolG NRW] eine gerichtliche Entscheidung gemäß § 36 herbeigeführt, ist die berechtigte Person unverzüglich zu **unterrichten** und darauf **hinzuweisen**, dass sie die Möglichkeit hat, gemäß § 918 ZPO einen über die Gewahrsamnahme hinausgehenden **Sicherheitsarrest** beim **Arrestgericht** (§ 919 ZPO) zu beantragen. Die verpflichtete Person ist im Falle eines Sicherheitsarrestantrages der berechtigten Person durch die Polizei dem Arrestgericht **vorzuführen**.".

[1586] BVerfGE 105, 239, 251 (Richtervorbehalt bei Freiheitsentziehung) = BVerfG, Beschluss des Zweiten Senats vom 15.05.2002 – 2 BvR 2292/00 –, C. III. 2., Rn. 32: „Zweck dieser Vorschrift [§ 19 Abs. 1 S. 2 NGefAG = § 19 Abs. 1 S. 2 Nds.SOG = § 19 Abs. 1 S. 2 NPOG ≙ § 36 Abs. 1 S. 2 PolG NRW, P.B.] ist es, die Fortdauer einer Freiheitsentziehung über den durch den sachlichen Grund der Maßnahme gerechtfertigten Zeitraum hinaus zu verhindern; eine sachlich nicht mehr gerechtfertigte Freiheitsentziehung soll nicht durch eine Vorführung vor den Haftrichter verlängert werden. Dies erfordert eine Prognoseentscheidung der handelnden Beamten. Ihr ist jedoch, dem Schutzzweck des Art. 104 Abs. 2 GG entsprechend, eine den verfassungsrechtlichen Erfordernissen entsprechende Gerichtsorganisation zu Grunde zu legen.". BGH, Beschluss vom 10.06.2020 – StB 23/18, Rn. 23: „Zwar hat eine Überschreitung der **Höchstfrist der vorläufigen Freiheitsentziehung** ebenso wie der Verstoß gegen das **Unverzüglichkeitsgebot** - jedenfalls grundsätzlich - zur Folge, dass die behördliche Ingewahrsamnahme des Betroffenen insoweit rechtswidrig war und dies auf seinen Antrag nach Maßgabe des § 428 Abs. 2 FamFG festzustellen ist. Jedoch schlägt der Mangel nicht auf die von dem Gericht angeordnete Freiheitsentziehung durch; diese ergeht aufgrund eines Antrags der beteiligten Behörde in einem eigenen Verfahren unter selbständigen Voraussetzungen (s. BGH, Beschluss vom 12. Juli 2013 - V ZB 224/12, juris Rn. 13 [Schrifttumsquellenangaben]). Ihre Rechtmäßigkeit hängt allein davon ab, dass das für sie vorgeschriebene Verfahren eingehalten wird und die für sie bestimmten gesetzlichen Voraussetzungen gegeben sind, der Richter selbst also fehlerfrei vorgeht und entscheidet (s. BGH, Beschlüsse vom 12. Juli 2013 - V ZB 224/12, juris Rn. 13; vom 12. Februar 2020 - StB 36/18, juris Rn. 31 f.). Falls die vorläufige Ingewahrsamnahme am 8. Juli 2017 um 24 Uhr geendet hätte, wäre das Amtsgericht nicht deswegen an der Anordnung der Freiheitsentziehung gehindert gewesen.".

Gemäß § 36 Abs. 2 S. 2 PolG NRW richtet sich das Verfahren nach den Vorschriften des 7. Buches (Verfahren in Freiheitsentziehungssachen) des FamFG (§§ 415-432 FamFG).[1588]

Gemäß § 38 PolG NRW ist die festgehaltene Person in folgenden Fällen zu entlassen:

- gemäß § 38 Abs. 1 Nr. 1 PolG NRW: sobald der Grund für die Maßnahme der Polizei weggefallen ist (sofortige Entlassung bei Grundwegfall),
- gemäß § 38 Abs. 1 Nr. 2 PolG NRW: wenn die Fortdauer der Freiheitsentziehung durch richterliche Entscheidung für unzulässig erklärt wird (sofortige Entlassung nach richterlicher Unzulässigerklärung),
- gemäß § 38 Abs. 1 Nr. 3 PolG NRW: in jedem Falle spätestens bis zum Ende des Tages nach dem Ergreifen, wenn nicht vorher die Fortdauer der Freiheitsentziehung auf Grund **dieses Gesetzes** (PolG NRW) oder eines **anderen Gesetzes** (jedes anderen als des PolG NRW) durch richterliche Entscheidung angeordnet ist (Entlassung am Ergreifens-Folgetag-Ende, vgl. Art. 104 Abs. 2 S. 3, 4 GG).
- gemäß § 38 Abs. 2 PolG NRW kann durch die in § 38 Abs. 1 Nr. 3 PolG NRW vorgesehene richterliche Entscheidung eine abweichende Frist des polizeilichen Gewahrsams bestimmt werden, und zwar wie folgt:
    - gemäß § 38 Abs. 2 Nr. 1 S. 1 PolG NRW im Fall gemäß § 35 Abs. 1 Nr. 2 PolG NRW bis zu 14 Tagen, wenn es sich um eine Straftat nach § 12 Abs. 1 StGB (Verbrechen) handelt. Gemäß § 38 Abs. 2 Nr. 1 S. 2 PolG NRW ist durch weitere richterliche Entscheidung eine einmalige Verlängerung um bis zu 14 Tage zulässig,
    - gemäß § 38 Abs. 2 Nr. 2 PolG NRW im Fall gemäß § 35 Abs. 1 Nr. 3 PolG NRW, wenn eine Gefahr für Leib, Leben oder Freiheit einer Person besteht, bis zum Ablauf der nach § 34 PolG NRW angeordneten Maßnahme, maximal jedoch bis zu sieben Tagen,

---

[1587] **Gerichtsbezirke** gemäß Anlage 1 JustG NRW.

[1588] BVerwGE 151, 102 (Keine Haftung für Kosten einer rechtswidrigen Sicherungshaft) = BVerwG, Urteil vom 10.12.2014 – BVerwG 1 C 11.14, Rn. 18: „Auch die Rechtskraft steht einer Inzidentkontrolle der Haftanordnung im verwaltungsgerichtlichen Kostenerstattungsverfahren nicht entgegen, da die der ordentlichen Gerichtsbarkeit zugewiesenen Entscheidungen in Freiheitsentziehungssachen nur in formelle (vgl. § 45 FamFG), nicht aber in materielle Rechtskraft erwachsen. **Formelle Rechtskraft** bedeutet, dass die Entscheidung durch ordentliche Rechtsmittel oder sonstige Rechtsbehelfe nicht oder nicht mehr angefochten werden kann. Das FamFG enthält hingegen keine den §§ 322, 325 ZPO entsprechende Vorschriften zur materiellen Rechtskraft. Erwächst eine Entscheidung in **materielle Rechtskraft**, hat das zur Folge, dass die entschiedene Frage von den an die Rechtskraft gebundenen Personen nicht einer neuerlichen richterlichen Nachprüfung unterbreitet werden darf (‚ne bis in idem-Gebot'). Sie dient der Rechtssicherheit, dem Rechtsfrieden und der sinnvollen Begrenzung der Inanspruchnahme gerichtlicher Ressourcen, erstreckt sich auf den Inhalt der Entscheidung und legt fest, in welchem Umfang das Gericht und die Beteiligten in einem neuerlichen, auf dem gleichen Lebenssachverhalt beruhenden gerichtlichen Verfahren um dieselbe Rechtsfrage an die rechtskräftige Entscheidung gebunden sind. Inwieweit Entscheidungen nach dem FamFG der materiellen Rechtskraft fähig sind, muss nach überwiegender Auffassung von Fall zu Fall entschieden werden (vgl. im Einzelnen: Keidel, FamFG, 18. Auflage 2014, § 45 FamFG Rn. 24 ff.). Entscheidungen in Freiheitsentziehungssachen erwachsen jedenfalls nicht in materielle Rechtskraft, denn eine sachlich nicht gerechtfertigte Inhaftierung ist zur Verwirklichung der Freiheitsgarantien des Art. 104 GG umgehend zu beenden, ohne dass es darauf ankommt, ob sich die fehlende Berechtigung der Inhaftierung aus neuen Umständen oder daraus ergibt, dass sie nicht hätte angeordnet werden dürfen (BGH, Beschlüsse vom 18. September 2008 - V ZB 129/08 - InfAuslR 2010, 35 zum FEVG und vom 28. April 2011 - V ZB 292/10 - FGPrax 2011, 200 zum FamFG).“.

- gemäß § 38 Abs. 2 Nr. 3 PolG NRW im Fall gemäß § 35 Abs. 1 Nr. 4 PolG NRW bis zum Ablauf der nach § 34a Abs. 5 PolG NRW angeordneten Maßnahme, maximal jedoch bis zu zehn Tagen,
- gemäß § 38 Abs. 2 Nr. 4 PolG NRW im Fall gemäß § 35 Abs. 1 Nr. 6 PolG NRW bis zu sieben Tagen,
- gemäß § 38 Abs. 2 Nr. 5 PolG NRW im Fall von IDF-Festhalten (§ 12 Abs. 2 S. 3 PolG NRW[1589]) bis zu insgesamt 12 Stunden oder bis maximal 7 Tage.[1590]

b) § 37 PolG NRW: Grundbekanntgabe zum Festhalten

Gemäß § 37 Abs. 1 PolG NRW ist einer Person **unverzüglich** (§ 121 Abs. 1 S. 1 BGB) der Grund des Festhaltens bekanntzugeben, wenn sie auf Grund von § 12 Abs. 2 S. 3 PolG NRW festgehalten wird.

c) § 37 Abs. 2 PolG NRW: Benachrichtigung durch oder für festgehaltene Person

Gemäß § 37 Abs. 2 S. 1 PolG NRW ist der festgehaltenen Person **unverzüglich** (§ 121 Abs. 1 S. 1 BGB) Gelegenheit zu geben, einen Angehörigen oder eine Person ihres Vertrauens zu benachrichtigen, soweit dadurch der Zweck der Freiheitsentziehung nicht gefährdet wird;

[1589] Zu IDF-Maßnahmen nach § 12 PolG NRW und § 12a PolG NRW einschließlich IDF-Festhalten nach § 12 PolG NRW und § 12a PolG NRW siehe: *Basten*, Eingriffsrecht der Polizei in Nordrhein-Westfalen, Band 2, Buch 2, Abschnitt 10 und Abschnitt 12.

[1590] Landtagsdrucksache 17/2351 (Gesetzentwurf der Landesregierung – Gesetz zur Stärkung der Sicherheit in Nordrhein-Westfalen – Sechstes Gesetz zur Änderung des Polizeigesetzes des Landes Nordrhein-Westfalen), S. 47 (zu § 38 Abs. 2 PolG NRW): „Denn die Klärung der Identität innerhalb der Frist von zwölf Stunden stößt in zahlreichen Fällen auf unüberwindbare Hindernisse. Dies gilt zum Beispiel dann, wenn Passpapiere oder Passersatzpapiere auf ihre Echtheit geprüft werden müssen. Noch schwieriger gestaltet sich die Identitätsfeststellung, wenn ein Tatverdächtiger weder über Pass- noch Passersatzpapiere verfügt. Hier wird in zahlreichen Fällen die zwölfstündige Frist nicht ausreichen, um die Identität zweifelsfrei abklären zu können. Darüber hinaus ist aus Anlass von Demonstrationen bekannt, dass der Umstand einer Zwölfstundenfrist gezielt ausgenutzt wird, um eine Identitätsfeststellung zu verhindern. Die Demonstranten behandeln im Vorfeld ihre Fingerkuppen mit Sekundenkleber oder Bitumen, um die Abnahme von Fingerabdrücken und damit die Identitätsfeststellungen zu verhindern. Ohne Eingriffe in die körperliche Unversehrtheit ist eine Identitätsfeststellung innerhalb der Zwölfstundenfrist oder bis zum Ende des Tages nach dem Ergreifen nahezu unmöglich. In Fällen wie diesen wird eine sofortige Unterscheidung vor Ort zwischen Gefahrverursachern einerseits, deren Identität nach der präventiven Regelung in § 12 PolG festgestellt werden soll und Tatverdächtigen andererseits, deren Identität nach der repressiven Regelung in § 163 b StPO festzustellen ist, nicht möglich sein, so dass zumindest dem Grundsatz nach eine einheitliche Frist für beide Personengruppen erforderlich ist. Im Grundsatz ist daher ein Gleichklang der in § 38 Absatz 2 PolG zu schaffenden Regelung mit § 163 Absatz 2 StPO anzustreben. Hiervon wurden jedoch unter Beachtung der Regelung in Artikel 104 Absatz 2 GG Ausnahmen vorgesehen. Dabei wurde ein stufenweiser Ansatz gewählt. Sofern absehbar, ist, dass die zur Verfügung stehenden zwölf Stunden nicht zur zweifelsfreien Abklärung der Identität ausreichen werden, ist daher vor deren Ablauf eine Verlängerung bei Gericht zu beantragen. Die Richterin oder der Richter kann dann an Hand der Umstände des Einzelfalls eine Verlängerung der Freiheitsentziehung anordnen, deren Dauer durch die Regelung in Nr. 1 insoweit beschränkt ist, als die Gesamtdauer der Freiheitsentziehung nicht mehr als sieben Tage betragen darf. Sofern wie in den vorgenannten Fällen Anhaltspunkte für die Annahme bestehen, dass die Identitätsfeststellung vorsätzlich verhindert werden sollte, genügt es, wenn die zur Verlängerung der Freiheitsentziehung erforderliche richterliche Entscheidung innerhalb der in Artikel 104 Absatz 2 vorgesehenen Frist eingeholt wird. Diese Regelung wurde gewählt, um auch bei einer großen Anzahl von Personen eine Feststellung der Identität aller Personen zu gewährleisten. Die genannten Zeiträume reichen in aller Regel aus, um die Hindernisse zu beseitigen und die Identität feststellen zu können.“.

wobei gemäß § 37 Abs. 2 S. 2 PolG NRW die Benachrichtigungspflicht bei einer richterlichen Freiheitsentziehung unberührt bleibt.

Gemäß § 37 Abs. 2 S. 3 PolG NRW soll die Polizei die Benachrichtigung übernehmen, wenn die festgehaltene Person nicht in der Lage ist, von dem Recht nach § 37 Abs. 2 S. 1 PolG NRW Gebrauch zu machen und die Benachrichtigung ihrem mutmaßlichen Willen nicht widerspricht.

Gemäß § 37 Abs. 2 S. 4 PolG NRW ist in jedem Falle unverzüglich derjenige zu benachrichtigen, dem die Sorge für die Person obliegt, wenn die festgehaltene Person minderjährig ist oder für sie zur Besorgung aller ihrer Angelegenheiten ein Betreuer bestellt ist; dies gilt gemäß § 37 Abs. 2 S. 5 PolG NRW auch, wenn der Aufgabenkreis des Betreuers die in § 1896 Abs. 4 BGB und § 1905 BGB bezeichneten Angelegenheiten nicht erfasst.

Minderjährige Person ist eine Person ohne Vollendung des 18. Lebensjahres, vgl. § 2 BGB.

Sorgeberechtigter ist jeder mit Sorgerecht, insbesondere mit elterlichem Sorgerecht nach §§ 1626-1698b BGB.

Betreuung ist eine solche nach §§ 1896-1908k BGB.

d) § 37 Abs. 4 S. 1 PolG NRW: Gesonderte Unterbringung der festgehaltenen Person von Straf- oder Untersuchungsgefangenen

Gemäß § 37 Abs. 4 S. 1 PolG NRW soll die festgehaltene Person gesondert, insbesondere ohne ihre Einwilligung nicht in demselben Raum mit Straf- oder Untersuchungsgefangenen untergebracht werden (Abstandsgebot).

e) § 37 Abs. 4 S. 2 PolG NRW: Getrennte Unterbringung von festgehaltenen Männern und festgehaltenen Frauen

Gemäß § 37 Abs. 4 S. 2 PolG NRW sind Männer und Frauen getrennt unterzubringen.

f) § 70a Abs. 4 JGG: Belehrung von festgehaltenem Jugendlichem oder festgehaltenem Heranwachsenden

Gemäß § 70a Abs. 4 JGG ist der **Jugendliche** (§ 1 Abs. 2 JGG), gemäß § 70a Abs. 4 i.V.m. § 109 JGG der **Heranwachsende** (§ 1 Abs. 2 JGG) im Fall eines anderen einstweiligen Entzugs der Freiheit als der Untersuchungshaft über seine dafür geltenden Rechte entsprechend § 70a Abs. 3 Nr. 2 JGG zu informieren, im Fall einer polizeilichen Ingewahrsamnahme auch über sein Recht auf die von Erwachsenen getrennte Unterbringung nach den dafür maßgeblichen Vorschriften.

g) § 38 Abs. 3 PolG NRW: Pflicht zur Gewährung anwaltlichen Beistands nach Vollzug getroffener richterlicher Entscheidung

Gemäß § 38 Abs. 3 PolG NRW ist nach Vollzug der in § 38 Abs. 1 Nr. 3 PolG NRW getroffenen richterlichen Entscheidung der in Gewahrsam genommenen Person ein anwaltlicher Beistand zu gewähren.

(SUB/ERG)

Im konkreten Fall ist die jeweils gegebene Verfahrensnorm aus §§ 36, 37, 38 PolG NRW / § 70a JGG (alternativ)

- bei Vorliegen von entsprechenden Anhaltspunkten / Fehlen entgegenstehender Anhaltspunkte eingehalten.
- bei Vorliegen von entsprechenden Anhaltspunkten nicht eingehalten.

2. Allgemeine VwVfG-NRW-Verfahrensrechtsnormen für Ingewahrsamnahme(-Begleit)-VA (§§ 1, 2, 9, 35 VwVfG NRW)

(VOR/DEF)

a) § 28 VwVfG NRW: Anhörung

Gemäß § 28 VwVfG NRW besteht Pflicht zur **Anhörung** im Sinne des § 28 Abs. 1 VwVfG NRW (Äußerungsgelegenheit mit entsprechender Würdigung vor eingreifendem VA) – oder es soll gegeben sein: ein Ausnahmegrund gemäß § 28 Abs. 2, 3 VwVfG NRW oder **VA-Verletzungsunbeachtlichkeit** gemäß § 45 VwVfG NRW oder **VA-Nichtaufhebbarkeit** gemäß § 46 VwVfG NRW.

Gemäß § 28 Abs. 2 VwVfG NRW kann von der Anhörung abgesehen werden, wenn sie nach den Umständen des Einzelfalles nicht geboten ist, insbesondere wenn ein Fall vorliegt gemäß § 28 Abs. 2 Nr. 1-5 VwVfG NRW.

Gebotenheit ist Nichtverfügbarkeit eines milderen, gleich geeigneten Mittels zur Zweckförderung.

Gemäß § 28 Abs. 2 Nr. 1 VwVfG NRW kann von der Anhörung abgesehen werden, wenn eine sofortige Entscheidung wegen Gefahr im Verzug oder im öffentlichen Interesse notwendig erscheint.

Gefahr im Verzug i.S.d. § 28 Abs. 2 Nr. 1 VwVfG NRW ist gegeben, wenn der Handlungsbedarf unvorhergesehen ist und bei Durchführung der eigentlich vorgesehenen Maßnahme, hier der Anhörung, der gesetzliche Zweck, hier der jeweilige aus der Aufgabe und Befugnisrechtsnorm, vereitelt oder wesentlich erschwert wird.[1591]

Öffentliches Interesse ist die einzelfallbezogene Relevanz eines Rechts oder Rechtsguts nicht ausschließlich bei einem einzelnen Individuum.

Notwendigkeit ist Nichtverfügbarkeit eines milderen, gleich geeigneten Mittels zur Zweckförderung – bis hin zur Alternativlosigkeit der Mittelanwendung.

[1591] BVerwGE 142, 205 (Schutzmaßnahme nach IfSG) = BVerwG, Urteil vom 22.03.2012 – BVerwG 3 C 16.11: „Gefahr im Verzug im Sinne von § 28 Abs. 2 Nr. 1 VwVfG ist anzunehmen, wenn durch eine vorherige Anhörung auch bei Gewährung kürzester Anhörungsfristen ein Zeitverlust einträte, der mit hoher Wahrscheinlichkeit zur Folge hätte, dass die behördliche Maßnahme zu spät käme, um ihren Zweck noch zu erreichen. Ob eine sofortige Entscheidung objektiv notwendig war oder die Behörde eine sofortige Entscheidung zumindest für notwendig halten durfte, ist vom Gericht aus ex-ante-Sicht zu beurteilen (Urteil vom 15. Dezember 1983 - BVerwG 3 C 27.82 - BVerwGE 68, 267 <271 f.> = Buchholz 316 § 28 VwVfG Nr. 9 S. 18). Hierbei ist wegen der Bedeutung des Anhörungsrechts als tragendem Prinzip des rechtsstaatlichen Verfahrens ein strenger Maßstab anzulegen (vgl. Kopp/Ramsauer, VwVfG, 12. Aufl. 2011, § 28 Rn. 3 und Rn. 46 m.w.N.).“.

Gemäß § 28 Abs. 3 VwVfG NRW unterbleibt eine Anhörung, wenn ihr ein zwingendes öffentliches Interesse entgegensteht.

Zwingendes öffentliches Interesse ist die einzelfallbezogene unbedingte Relevanz eines Rechts oder Rechtsguts nicht ausschließlich bei einem einzelnen Individuum.

(SUB/ERG)

Im konkreten Fall ist § 28 VwVfG NRW (alternativ)

- eingehalten insbesondere bei Gelegenheit zur Stellungnahme i.S.d. § 28 Abs. 1 VwVfG NRW;
- eingehalten bei Nichteinhaltung von § 28 Abs. 1 VwVfG NRW und Ausnahmegrund gemäß § 28 Abs. 2, 3 VwVfG NRW;
- nicht eingehalten insbesondere bei Fehlen von Gelegenheit zur Stellungnahme ohne Ausnahmegrund;
- sonst eingehalten oder nicht eingehalten bei Anhaltspunkten / Fehlen entgegenstehender Anhaltspunkte.

(VOR/DEF)

b) § 39 VwVfG NRW: Begründung

Gemäß § 39 Abs. 1 VwVfG NRW besteht Pflicht zur **Begründung** eines schriftlichen oder elektronischen sowie schriftlich oder elektronisch bestätigten VA (vgl. § 37 Abs. 2 VwVfG NRW) mit den tatsächlich-rechtlichen, nicht unbedingt materiellrechtlich richtigen Behördenerwägungen – oder es soll gegeben sein: ein Ausnahmegrund nach § 39 Abs. 2 VwVfG NRW (insb. § 39 Abs. 2 Nr. 2, 4 VwVfG NRW) oder **VA-Verletzungsunbeachtlichkeit** gemäß § 45 VwVfG NRW oder **VA-Nichtaufhebbarkeit** gemäß § 46 VwVfG NRW.

(SUB/ERG)

Im konkreten Fall ist § 39 VwVfG NRW (alternativ)

- eingehalten bei Fehlen von Begründungspflicht bei rechtmäßigem Fehlen von schriftlichem oder elektronischem, schriftlich oder elektronisch bestätigtem VA (i.d.R. jedenfalls zunächst bei Maßnahmen i.S.d. § 80 Abs. 2 S. 1 Nr. 2 VwGO);
- eingehalten bei Begründung bei schriftlichem oder elektronischem, schriftlich oder elektronisch bestätigtem VA (z.B. im Rahmen von „Bescheinigungen"; „Mitteilungen", „Anschreiben-VA" [„Auflagenanschreiben"; „Gefährderanschreiben", „Meldeauflagenanschreiben"], „HG-Schriftverfügung") und bei Nichtvorliegen eines Ausnahmegrundes i.S.v. § 39 Abs. 2 VwVfG NRW;
- eingehalten bei Ausnahmegrund nach § 39 Abs. 2 VwVfG NRW, insbesondere wegen bekannter oder erkennbarer Sach- und Rechtslage gemäß § 39 Abs. 2 Nr. 2 Var. 1 oder 2 VwVfG NRW;
- sonst eingehalten oder nicht eingehalten bei Anhaltspunkten / Fehlen entgegenstehender Anhaltspunkte.

Vertretbar bei Fehlen eines Begründungserfordernisüberhangs ist, dass § 39 VwVfG NRW bzgl. eines Ingewahrsamnahme-VA von der insoweit spezielleren Rechtsnorm des § 37 Abs. 1

PolG NRW gemäß der Rechtsnormspezialitätsregel[1592] verdrängt wird (vgl. Wortlaut „Grund").

(ERG Verfahren)

Ergebnis kann allgemein sein: Verfahrensrechtmäßigkeit oder Verfahrensrechtswidrigkeit der Maßnahme.

B. Formelle Rechtmäßigkeit (FR) III. Form (F)

(VOR/DEF)

Form ist normiertes Wie der Rechtsfolgesetzung – schriftlich, elektronisch, mündlich oder in anderer Weise.

(SUB/ERG)

Im konkreten Fall (alternativ)

- ist bei Fehlen von VA § 37 Abs. 2-6 VwVfG NRW unanwendbar.
- ist bei Fehlen von VA und Fehlen speziellerer Formrechtsnormen Formfreiheit gegeben.
- ist bei VA und Fehlen speziellerer Formrechtsnormen anwendbar: § 37 Abs. 2 bis 6 VwVfG NRW.
- kann gemäß § 37 Abs. 2 S. 1 VwVfG NRW der VA schriftlich, elektronisch, mündlich oder in anderer Weise erlassen werden.
- braucht gemäß § 37 Abs. 2 S. 2 VwVfG NRW der mündliche VA schriftlich oder elektronisch nicht bestätigt zu werden, wenn hieran kein berechtigtes Interesse besteht und der Betroffene dies nicht unverzüglich verlangt.

Ergebnis kann allgemein sein: Formrechtmäßigkeit oder Formrechtswidrigkeit der Maßnahme.

C. Materielle Rechtmäßigkeit (MR) I. Tatbestand (Tb) / Tatbestandsvoraussetzungen (TBV)

(VOR/DEF)

Tatbestand ist das Gesamt der (materiell-rechtlichen) Rechtsfolge(setzungs)bedingungen. / **Tatbestandsvoraussetzungen** sind materiell-rechtliche Rechtsfolgesetzungsbedingungen.

[1592] Zur **Rechtsnormspezialitätsregel** siehe auch: *Basten*, Eingriffsrecht der Polizei in Nordrhein-Westfalen, Band 1, S. 39, 41, 161, 167.

Alternative Tatbestandsvoraussetzungen von § 35 PolG NRW

(VOR)

1. (alternative) TBV aus § 35 Abs. 1 Nr. 1 PolG NRW

Gemäß § 35 Abs. 1 Nr. 1 PolG NRW kann die Polizei eine Person in Gewahrsam nehmen, wenn das zum Schutz der Person gegen eine Gefahr für Leib oder Leben erforderlich ist, insbesondere weil die Person sich erkennbar in einem die freie Willensbestimmung ausschließenden Zustand oder sonst in hilfloser Lage befindet.

(DEF)

Gefahr für Leib oder Leben ist eine Sachlage im einzelnen Fall, die bei ungehindertem Geschehensverlauf in absehbarer Zeit mit hinreichender Wahrscheinlichkeit zu einem **Schaden** (nachteilige Beeinträchtigung) für die Schutzgüter **Leib (körperliche Unversehrtheit**) oder **Leben** (biologisch-physische Existenz) führt.

Erkennbarkeit ist Wahrnehmbarkeit von auf den einzelnen Fall bezogener Dinge, nicht: hypothetische Erwägungen, reine Spekulationen, fallunabhängige Vermutungen.

Hilflose Lage ist ein nachteiliger, nicht aus eigenem Verhalten verbesserbarer Zustand, ist zugleich Oberbegriff für den Unterfall des die freie Willensbestimmung ausschließenden Zustandes.[1593]

Erforderlichkeit ist Nichtverfügbarkeit eines milderen, gleich geeigneten Mittels für den legitimen Zweck der Abwehr von Gefahr für Leib oder Leben.

1593 Nr. 35.11 VVPolG NRW: „Bevor eine hilflose Person in Gewahrsam genommen wird, ist zu prüfen, ob sie - ggf. unter Einschaltung des Rettungsdienstes - unmittelbar einem Angehörigen oder einer anderen geeigneten Stelle (Krankenhaus, Heim o. ä.) übergeben werden kann. Ebenso ist zu verfahren, wenn eine hilflose Person in Gewahrsam genommen worden ist. Soll eine hilflose Person in das Polizeigewahrsam eingeliefert werden, ist zuvor die Gewahrsamsfähigkeit durch einen Arzt feststellen zu lassen. **Hilflosigkeit** liegt insbesondere vor, wenn bei einer Person tiefgreifende Störungen des Bewusstseins, der Orientierung, der Wahrnehmung, der Auffassung oder auch des Denkens einzeln oder in Kombination auftreten.“.

BGH, Urteil vom 10.01.2008 – 3 StR 463/07 (Aussetzung mit Todesfolge durch Polizeioberkommissar und fahrlässige Tötung durch Polizeihauptmeister), Rn. 13: „Nach den Urteilsfeststellungen befand sich S. jedenfalls nach dem Verlassen des Streifenwagens in einer **hilflosen Lage** im Sinne von § 221 Abs. 1 StGB. In einer solchen ist, wer der abstrakten Gefahr des Todes oder einer schweren Gesundheitsbeschädigung ohne die Möglichkeit eigener oder fremder Hilfe ausgesetzt ist (vgl. Hardtung in MünchKomm, § 221 Rdn. 7). Hilflosigkeit im Sinne des Tatbestandes definiert sich danach als das Fehlen hypothetisch rettungsgeeigneter sächlicher Faktoren oder hilfsfähiger (und generell auch hilfsbereiter) Personen (vgl. Horn/Wolters in SK-StGB 54. Lfg. § 221 Rdn. 3). Eine derartige Lage war hier mit Blick auf die Feststellungen zu den äußeren Umständen und dem Verhalten des Heranwachsenden nach dem Verlassen des Streifenwagens ganz offensichtlich gegeben. Der Umstand, dass der junge Mann ein funktionstüchtiges Handy bei sich trug, das er nach dem Aussteigen zumindest zeitweise auch bedienen konnte, ändert hier an der Annahme einer objektiv hilflosen Lage im Sinne des § 221 StGB schon deshalb nichts, weil es ihm nicht gelungen ist, jemanden anzurufen und er zudem gar nicht wusste, wo er sich befand.“.

(SUB/ERG)

Im konkreten Fall sind die Tatbestandsvoraussetzungen des § 35 Abs. 1 Nr. 1 PolG NRW (alternativ)

- bei Vorliegen von entsprechenden Anhaltspunkten / Fehlen entgegenstehender Anhaltspunkte erfüllt.
- bei Vorliegen von entsprechenden Anhaltspunkten nicht erfüllt.

(VOR)

2. (alternative) TBV aus § 35 Abs. 1 Nr. 2 PolG NRW

Gemäß § 35 Abs. 1 Nr. 2 PolG NRW kann die Polizei eine Person in Gewahrsam nehmen, wenn das unerlässlich[1594] ist, um die unmittelbar bevorstehende Begehung oder Fortsetzung einer Straftat oder einer Ordnungswidrigkeit von erheblicher Bedeutung für die Allgemeinheit zu verhindern.

(DEF)

Unmittelbares Bevorstehen ist eine Sachlage im einzelnen Fall ähnlich der gegenwärtigen Gefahr. **Gegenwärtige Gefahr** ist eine Sachlage im einzelnen Fall, die bei ungehindertem Geschehensverlauf in allernächster Zeit mit an Sicherheit grenzender Wahrscheinlichkeit zu einem Schaden für ein rechtliches Schutzgut führt.

Schutzgut des § 35 Abs. 1 Nr. 2 PolG NRW ist quasi die öffentliche Sicherheit durch Rechtsordnung in bestimmter Ausprägung, nämlich bezüglich der Alternativen

- Straftat;
- Ordnungswidrigkeit von erheblicher Bedeutung für die Allgemeinheit.

Straftat i.S.d. § 35 Abs. 1 Nr. 2 PolG NRW ist Straftat (bzw. Straftatverdacht[1595]) i.S.d. § 11 Abs. 1 Nr. 5 StGB.

Ordnungswidrigkeit von erheblicher Bedeutung für die Allgemeinheit i.S.d. § 35 Abs. 1 Nr. 2 PolG NRW ist eine Ordnungswidrigkeit (bzw. Ordnungswidrigkeiten-Verdacht[1596]) i.S.d. § 1 OWiG ohne Notwendigkeit des Merkmals der Vorwerfbarkeit, wobei die Ordnungswidrigkeit mindestens dem Bereich der mittleren Ordnungswidrigkeit zuzurechnen ist, die öffentliche Ordnung empfindlich stört und dazu geeignet ist, die öffentliche Ordnung für die Bevölkerung erheblich zu beeinträchtigen, wobei der Bereich mittlerer Ordnungswidrig-

---

[1594] **Unerlässlichkeit** i.S.d. § 35 Abs. 1 Nr. 2 PolG NRW ist i.S. der Verhältnismäßigkeit-Erforderlichkeit: Nichtverfügbarkeit eines milderen, gleich geeigneten Mittels zur Zweckförderung – bis hin zum Angewiesensein auf die Mittelanwendung; als solches kann Unerlässlichkeit entweder – mit Legitimem Zweck und Geeignetheit – beim Tatbestand oder alternativ bei Verhältnismäßigkeit bearbeitet werden.

[1595] Gefahrenverdacht (vgl. „unmittelbar bevorstehende Begehung") oder auch Tatverdacht (vgl. „unmittelbar bevorstehende Fortsetzung"); jedenfalls ist nicht Voraussetzung: Straftat im Sinne rechtskräftiger Gerichtserkenntnis durch Urteil.

[1596] Gefahrenverdacht (vgl. „unmittelbar bevorstehende Begehung") oder auch Tatverdacht (vgl. unmittelbar bevorstehende Fortsetzung"); jedenfalls ist nicht Voraussetzung: Ordnungswidrigkeit im Sinne rechtskräftiger Gerichtserkenntnis durch Urteil.

keit sich maßgeblich nach den abstrakten Ahndungsrahmen des materiellen Ordnungswidrigkeitenrechts bestimmt, nicht nach der Vorwerfbarkeitsform.[1597]

(SUB/ERG)

Im konkreten Fall sind die Tatbestandsvoraussetzungen des § 35 Abs. 1 Nr. 2 PolG NRW (alternativ)

- bei Vorliegen von entsprechenden Anhaltspunkten / Fehlen entgegenstehender Anhaltspunkte erfüllt.
- bei Vorliegen von entsprechenden Anhaltspunkten nicht erfüllt.

(VOR)

3. (alternative) TBV aus § 35 Abs. 1 Nr. 3 PolG NRW

Gemäß § 35 Abs. 1 Nr. 3 PolG NRW kann die Polizei eine Person in Gewahrsam nehmen, wenn das unerlässlich[1598] ist, um eine Platzverweisung nach § 34 PolG NRW durchzusetzen.

(DEF)

Platzverweisungsdurchsetzung nach § 34 PolG NRW ist Durchsetzung einer nach § 34 PolG NRW rechtmäßigen Platzverweisung bei weiter bestehender Platzverweisungslage.[1599]

1597 Vgl. die gesetzliche Stufenfolge (hier vom leichteren zum schwereren Tat-Erheblichkeitsgrad): „**Straftat von erheblicher Bedeutung**" (§ 8 Abs. 3 PolG NRW), „**schwere Straftat**" (§ 100a StPO), „**besonders schwere Straftat**" (§ 100c StPO). Vgl. auch § 4 Nr. 6 SächsPVDG: „**Ordnungswidrigkeiten von erheblicher Bedeutung**: Ordnungswidrigkeiten, bei deren Begehung ein Schaden für ein bedeutsames Rechtsgut, wie Bestand oder Sicherheit des Bundes oder eines Landes, Leben, Gesundheit, Freiheit einer Person oder bedeutende Sach- und Vermögenswerte, zu befürchten ist oder wenn die Vorschrift ein sonst bedeutsames Interesse der Allgemeinheit schützt."; Beispiele für potentielle Ordnungswidrigkeiten von erheblicher Bedeutung für die Allgemeinheit: **Ruhestörung** nach § 9 i.V.m. § 17 LImschG (NRW) oder **Lärmstörung** nach § 117 OWiG; **Sprengstoff-Ordnungswidrigkeit** nach § 23 i.V.m. § 46 1. SprengV (ggf. auch nach SprengG, 2. SprengV, 3. SprengV); **Tierschutz-Ordnungswidrigkeit** nach § 18 TierSchG; **Umweltrechts-Ordnungswidrigkeit** nach einschlägigen Bußgeldkatalogen und Straßenordnungen; **Versammlungsrechts-Ordnungswidrigkeit** nach §§ 29, 29a VersG.

1598 **Unerlässlichkeit** i.S.d. § 35 Abs. 1 Nr. 3 PolG NRW ist i.S.d. Verhältnismäßigkeit-Erforderlichkeit Nichtverfügbarkeit eines milderen, gleich geeigneten Mittels zur Zweckförderung – bis hin zum Angewiesensein auf die Mittelanwendung; als solches kann Unerlässlichkeit entweder – mit Legitimem Zweck und Geeignetheit – beim Tatbestand oder alternativ bei Verhältnismäßigkeit bearbeitet werden.

1599 Vgl. zur **Platzverweisungsdurchsetzungs-Ingewahrsamnahme** auch die Teleologie des § 35 Abs. 1 Nr. 3 PolG NRW: Die (Durchsetzung der) Platzverweisung ist im doppelten rechtsstaatlichen Sinne kein Selbstzweck: Weder soll eine rechtswidrige Platzverweisung durchgesetzt werden – insofern ist die nicht unbestrittene Rechtsprechung zum ohnehin systematisch anders geregelten § 50 Abs. 1 PolG NRW eine Ausnahme aus besonderen Gründen – noch soll eine einstmals rechtmäßige Platzverweisung durchgesetzt werden, nur weil gegen sie im Platzverweisungs-Zeitraum zuwidergehandelt wird, wenn der Grund (etwa die Gefahr) zur Zeit der Zuwiderhandlung ersatzlos weggefallen ist. Zur immerwährenden Voraussetzung eines aktuellen Grundes für jede Maßnahme und gerade i.Z.m. einer Ingewahrsamnahme vgl. auch § 38 Abs. 1 Nr. 1 PolG NRW. Die rechtsstaatliche Nichtselbstzweckhaftigkeit der Ingewahrsamnahme muss spätestens deutlich werden bei konsequenter inzidenter Prüfung der Rechtmäßigkeit der Platzverweisung zur maßgeblichen Ingewahrsamnahme-Zeit und dabei des Merkmals: (zur maßgeblichen

Rechtmäßigkeit ist formelle und materielle Rechtsfehlerfreiheit aufgrund rechtmäßiger Rechtsgrundlage zur maßgeblichen Zeit.

(SUB/ERG)

Im konkreten Fall sind die Tatbestandsvoraussetzungen des § 35 Abs. 1 Nr. 3 PolG NRW (alternativ)

- bei Vorliegen von entsprechenden Anhaltspunkten / Fehlen entgegenstehender Anhaltspunkte erfüllt.
- bei Vorliegen von entsprechenden Anhaltspunkten nicht erfüllt.

(VOR)

4. (alternative) TBV aus § 35 Abs. 1 Nr. 4 PolG NRW

Gemäß § 35 Abs. 1 Nr. 4 PolG NRW kann die Polizei eine Person in Gewahrsam nehmen, wenn das unerlässlich[1600] ist, um eine Wohnungsverweisung oder ein Rückkehrverbot nach § 34a PolG NRW durchzusetzen.

(DEF)

Wohnungsverweisungsdurchsetzung oder **Rückkehrverbotsdurchsetzung** nach § 34a PolG NRW ist Durchsetzung einer nach § 34a PolG NRW rechtmäßigen Wohnungsverweisung oder eines nach § 34a PolG NRW rechtmäßigen Rückkehrverbots bei weiter bestehender Wohnungsverweisungslage oder Rückkehrverbotslage.[1601] **Rechtmäßigkeit** ist formelle und

---

Ingewahrsamnahme-Zeit bestehende) „konkrete Gefahr für die öffentliche Sicherheit oder Ordnung". Vgl. z.B. mit breitem Lebenssachverhalt und Ingewahrsamnahme zur Durchsetzung einer Platzverweisung während Störung einer Sachverhaltsaufnahme, aber auch noch danach: VG Köln, Urteil der 20. Kammer vom 20.11.2014 – 20 K 1799/13, insbesondere Rn. 38-55.

1600 **Unerlässlichkeit** i.S.d. § 35 Abs. 1 Nr. 4 PolG NRW ist i.S.d. Verhältnismäßigkeit-Erforderlichkeit Nichtverfügbarkeit eines milderen, gleich geeigneten Mittels zur Zweckförderung – bis hin zum Angewiesensein auf die Mittelanwendung; als solches kann Unerlässlichkeit entweder – mit Legitimem Zweck und Geeignetheit – als Tatbestandsvoraussetzung oder alternativ bei Verhältnismäßigkeit bearbeitet werden.

1601 Vgl. zur **Wohnungsverweisungs-/Rückkehrverbotsdurchsetzungs-Ingewahrsamnahme** auch die Teleologie des § 35 Abs. 1 Nr. 4 PolG NRW: Die (Durchsetzung von) Wohnungsverweisung/Rückkehrverbot ist im doppelten rechtsstaatlichen Sinne kein Selbstzweck: Weder soll eine rechtswidrige Wohnungsverweisung/ein rechtswidriges Rückkehrverbot durchgesetzt werden – insofern ist die nicht unbestrittene Rechtsprechung zum ohnehin systematisch anders geregelten § 50 Abs. 1 PolG NRW eine Ausnahme aus besonderen Gründen – noch soll eine einstmals rechtmäßige Wohnungsverweisung/ein rechtmäßiges Rückkehrverbot durchgesetzt werden, nur weil gegen sie/es im Verweisungs-/Verbots-Zeitraum zuwidergehandelt wird, wenn der Grund (etwa die Gefahr) zur Zeit der Zuwiderhandlung ersatzlos weggefallen ist. Zur immerwährenden Voraussetzung eines aktuellen Grundes für jede Maßnahme und gerade i.Z.m. einer Ingewahrsamnahme vgl. auch § 38 Abs. 1 Nr. 1 PolG NRW. Die rechtsstaatliche Nichtselbstzweckhaftigkeit der Ingewahrsamnahme muss spätestens deutlich werden bei konsequenter inzidenter Prüfung der Rechtmäßigkeit der Wohnungsverweisung/des Rückkehrverbots zur maßgeblichen Ingewahrsamnahme-Zeit und dabei des Merkmals: (zur maßgeblichen Ingewahrsamnahme-Zeit bestehende) „gegenwärtige Gefahr für Leib, Leben oder Freiheit einer anderen Person".

materielle Rechtsfehlerfreiheit aufgrund rechtmäßiger Rechtsgrundlage zur maßgeblichen Zeit.

(SUB/ERG)

Im konkreten Fall sind die Tatbestandsvoraussetzungen des § 35 Abs. 1 Nr. 4 PolG NRW (alternativ)

- bei Vorliegen von entsprechenden Anhaltspunkten / Fehlen entgegenstehender Anhaltspunkte erfüllt.
- bei Vorliegen von entsprechenden Anhaltspunkten nicht erfüllt.

(VOR)

5. (alternative) TBV aus § 35 Abs. 1 Nr. 5 PolG NRW

Gemäß § 35 Abs. 1 Nr. 5 PolG NRW kann die Polizei eine Person in Gewahrsam nehmen, wenn das unerlässlich[1602] ist, um private Rechte zu schützen, und eine Festnahme und Vorführung der Person nach den §§ 229, 230 Abs. 3 BGB zulässig ist.

(DEF)

Private Rechte sind alle Rechte auf dem Rechtsgebiet des Privatrechts, zum Beispiel aus dem Zivilrecht des BGB.

Zulässigkeit i.S.d. § 35 Abs. 1 Nr. 5 PolG NRW[1603] ist Erlaubtheit, Rechtmäßigkeit nach §§ 229, 230 Abs. 3 BGB (**Selbsthilfe**).

(SUB/ERG)

Im konkreten Fall sind die Tatbestandsvoraussetzungen des § 35 Abs. 1 Nr. 5 PolG NRW (alternativ)

- bei Vorliegen von entsprechenden Anhaltspunkten / Fehlen entgegenstehender Anhaltspunkte erfüllt.
- bei Vorliegen von entsprechenden Anhaltspunkten nicht erfüllt.

1602 **Unerlässlichkeit** i.S.d. § 35 Abs. 1 Nr. 5 PolG NRW ist i.S.d. Verhältnismäßigkeit-Erforderlichkeit Nichtverfügbarkeit eines milderen, gleich geeigneten Mittels zur Zweckförderung – bis hin zum Angewiesensein auf die Mittelanwendung; als solches kann Unerlässlichkeit entweder – mit Legitimem Zweck und Geeignetheit – beim Tatbestand oder alternativ bei Verhältnismäßigkeit bearbeitet werden.

1603 Unterscheide die Zulässigkeit als Gegenstück zur Begründheit in behördlichen und gerichtlichen Privatrechtsverfahren und Verwaltungsverfahren.

(VOR)

6. (alternative) TBV aus § 35 Abs. 1 Nr. 6 PolG NRW

Gemäß § 35 Abs. 1 Nr. 6 PolG NRW kann die Polizei eine Person in Gewahrsam nehmen, wenn das unerlässlich[1604] ist, um eine Aufenthaltsanordnung oder ein Kontaktverbot nach § 34b PolG NRW oder die Anordnung einer elektronischen Aufenthaltsüberwachung nach § 34c PolG NRW durchzusetzen.

(DEF)

Unerlässlichkeit ist Nichtverfügbarkeit eines milderen, gleich geeigneten Mittels zur Zweckförderung – bis hin zum Angewiesensein auf die Mittelanwendung.

Aufenthaltsanordnungsdurchsetzung oder **Kontaktverbotsdurchsetzung** nach § 34b PolG NRW oder **Aufenthaltsüberwachungsanordnungsdurchsetzung** nach § 34c PolG NRW ist Durchsetzung einer nach § 34b PolG NRW rechtmäßigen Aufenthaltsanordnung oder eines eben nach § 34b PolG NRW rechtmäßigen Kontaktverbots oder einer eben nach § 34c PolG NRW rechtmäßigen Anordnung einer elektronischen Aufenthaltsüberwachung bei weiter bestehender Aufenthaltsanordnungslage oder Kontaktverbotslage.[1605] **Rechtmäßigkeit** ist formelle und materielle Rechtsfehlerfreiheit aufgrund rechtmäßiger Rechtsgrundlage zur maßgeblichen Zeit.

(SUB/ERG)

Im konkreten Fall sind die Tatbestandsvoraussetzungen des § 35 Abs. 1 Nr. 6 PolG NRW (alternativ)

- bei Vorliegen von entsprechenden Anhaltspunkten / Fehlen entgegenstehender Anhaltspunkte erfüllt.
- bei Vorliegen von entsprechenden Anhaltspunkten nicht erfüllt.

1604 **Unerlässlichkeit** i.S.d. § 35 Abs. 1 Nr. 6 PolG NRW ist i.S.d. Verhältnismäßigkeit-Erforderlichkeit Nichtverfügbarkeit eines milderen, gleich geeigneten Mittels zur Zweckförderung – bis hin zum Angewiesensein auf die Mittelanwendung; als solches kann Unerlässlichkeit entweder – mit Legitimem Zweck und Geeignetheit – beim Tatbestand oder alternativ bei Verhältnismäßigkeit bearbeitet werden.

1605 Vgl. zur **Aufenthaltsanordnungs-/Kontaktverbotsdurchsetzungs-Ingewahrsamnahme** auch die Teleologie des § 35 Abs. 1 Nr. 6 PolG NRW: Die (Durchsetzung von) Aufenthaltsanordnung/Kontaktverbot ist im doppelten rechtsstaatlichen Sinne kein Selbstzweck: Weder soll eine rechtswidrige Aufenthaltsanordnung/ein rechtswidriges Kontaktverbot durchgesetzt werden – insofern ist die nicht unbestrittene Rechtsprechung zum ohnehin systematisch anders geregelten § 50 Abs. 1 PolG NRW eine Ausnahme aus besonderen Gründen – noch soll eine einstmals rechtmäßige Aufenthaltsanordnung/ein rechtmäßiges Kontaktverbot durchgesetzt werden, nur weil gegen sie/es im Anordnungs-/Verbots-Zeitraum zuwidergehandelt wird, wenn der Grund (etwa die Gefahr) zur Zeit der Zuwiderhandlung ersatzlos weggefallen ist. Zur immerwährenden Voraussetzung eines aktuellen Grundes für jede Maßnahme und gerade i.Z.m. einer Ingewahrsamnahme vgl. auch § 38 Abs. 1 Nr. 1 PolG NRW). Die rechtsstaatliche Nichtselbstzweckhaftigkeit der Ingewahrsamnahme muss spätestens deutlich werden bei konsequenter inzidenter Prüfung der Rechtmäßigkeit der Aufenthaltsanordnung/des Kontaktverbots zur maßgeblichen Ingewahrsamnahme-Zeit und dabei der jeweiligen Tatbestandsvoraussetzungen (zur maßgeblichen Ingewahrsamnahme-Zeit].

(VOR)

7. (alternative) TBV aus § 35 Abs. 2 PolG NRW

Die Polizei kann Minderjährige, die sich der Obhut der Sorgeberechtigten entzogen haben, in Gewahrsam nehmen, um sie den Sorgeberechtigten oder dem Jugendamt zuzuführen.

(DEF)

Sorgeberechtigter ist jeder mit Sorgerecht, insbesondere mit elterlichem Sorgerecht nach §§ 1626-1698b BGB.

Entziehung aus der Obhut der Sorgebrechtigten ist gegeben bei unzulässiger Einschränkung der Sorge nach § 1631 BGB.[1606]

(SUB/ERG)

Im konkreten Fall sind die Tatbestandsvoraussetzungen des § 35 Abs. 2 PolG NRW (alternativ)

- bei Vorliegen von entsprechenden Anhaltspunkten / Fehlen entgegenstehender Anhaltspunkte erfüllt.
- bei Vorliegen von entsprechenden Anhaltspunkten nicht erfüllt.

(VOR)

8. (alternative) TBV aus § 35 Abs. 3 PolG NRW

Gemäß § 35 Abs. 3 PolG NRW kann die Polizei eine Person, die aus dem Vollzug von Untersuchungshaft, Freiheitsstrafen oder freiheitsentziehenden Maßregeln der Besserung und Sicherung entwichen ist oder sich sonst ohne Erlaubnis außerhalb der Justizvollzugsanstalt aufhält, in Gewahrsam nehmen und in die Anstalt zurückbringen.

(DEF)

Entweichen ist unerlaubtes Entfernen von Räumen oder sonstigen Sicherungsmaßnahmen der in § 35 Abs. 3 PolG NRW genannten Einrichtungen oder Maßnahmen (vgl. z.B. auch § 69 StVollzG NRW: Besondere Sicherungsmaßnahmen zwecks Verhinderung einer Entweichung, u.a. bei Ausführung, Vorführung, Transport).

Nr. 35.3 VVPolG NRW: „Die Ingewahrsamnahme ist zulässig, wenn noch kein Vollstreckungshaftbefehl oder noch kein Ersuchen der Justizvollzugsanstalt vorliegt. Die Justizvollzugsanstalt ist **unverzüglich** (§ 121 Abs. 1 S. 1 BGB) zu unterrichten. Für die Zurückbeförderung der betroffenen Person sind möglichst die Sammeltransporteinrichtungen der Justizbehörden in Anspruch zu nehmen.“.

1606 Nr. 35.02 VVPolG NRW: „Nicht erforderlich ist, dass von den Minderjährigen eine konkrete Gefahr ausgeht oder ihnen eine solche droht.“.

(SUB/ERG)

Im konkreten Fall sind die Tatbestandsvoraussetzungen des § 35 Abs. 3 PolG NRW (alternativ)

- bei Vorliegen von entsprechenden Anhaltspunkten / Fehlen entgegenstehender Anhaltspunkte erfüllt.
- bei Vorliegen von entsprechenden Anhaltspunkten nicht erfüllt.

C. Materielle Rechtmäßigkeit (MR) II. Inanspruchnahme (In) / Inanspruchnahmevoraussetzungen (Inv)

(VOR/DEF)

Inanspruchnahmevoraussetzungen sind materiell-rechtliche Bedingungen für richtige Inanspruchnahme.

Inanspruchnahme ist Adressierung und sonstiges Betroffenmachen; **Adressierung** ist direktes Bestimmen oder finales Richten einer Maßnahme an einen Grundrechtsträger, vgl. §§ 41 Abs. 1 S. 1, 43 Abs. 1 S. 1 VwVfG NRW.

(VOR/DEF)

Die Inanspruchnahme durch Adressierung der Personendurchsuchung soll richtigerweise (alternativ) erfolgen an:

- § 35 Abs. 1 Nr. 1 PolG NRW: eine an Leib oder Leben konkret gefährdete Person;
- § 35 Abs. 1 Nr. 2 PolG NRW: jede Person nach §§ 4-6 PolG NRW, insbesondere den Tatgefahrverursacher[1607];
- § 35 Abs. 1 Nr. 3 PolG NRW: jede Person nach §§ 4-6 PolG NRW, insbesondere den Platzverweisungsadressaten (den Platzverwiesenen);
- § 35 Abs. 1 Nr. 4 PolG NRW: jede Person nach §§ 4-6 PolG NRW, insbesondere den Wohnungsverweisungsadressaten oder den Rückkehrverbotsadressaten;
- § 35 Abs. 1 Nr. 5 PolG NRW: die Person, deren Festnahme und Vorführung nach §§ 229, 230 Abs. 3 des Bürgerlichen Gesetzbuches zulässig ist;
- § 35 Abs. 1 Nr. 6 PolG NRW: jede Person nach §§ 4-6 PolG NRW, insbesondere den Adressaten einer Aufenthaltsanordnung oder eines Kontaktverbots oder einer elektronischen Aufenthaltsüberwachung;
- § 35 Abs. 2 PolG NRW: den **Minderjährigen** (Person ohne Vollendung des 18. Lebensjahres, argumentum e contrario § 2 BGB), der der Obhut der Sorgeberechtigten entzogen ist;
- § 35 Abs. 3 PolG NRW: die Person, die aus dem Vollzug von Untersuchungshaft, Freiheitsstrafen oder freiheitsentziehenden Maßregeln der Besserung und Sicherung entwichen ist oder sich sonst ohne Erlaubnis außerhalb der Justizvollzugsanstalt aufhält.

[1607] OVG Niedersachsen (Lüneburg), 11. Senat, Urteil vom 10.10.2019, 11 LB 108/18, Leitsatz 3: „Bei der Anwendung und Auslegung des § 18 Abs. 1 Nr. 2 a) Nds. SOG [≙ § 35 Abs. 1 Nr. 2 Var. 1 PolG NRW, P.B.] ist aus verfassungsrechtlichen Gründen ein strenger Maßstab anzulegen; erforderlich ist u.a., dass die Begehung einer Straftat gerade durch diejenige Person droht, die in Gewahrsam genommen werden soll.“.

(SUB/ERG)

Im konkreten Fall ist die Person (alternativ)

- richtigerweise gemäß § 35 PolG NRW (bei § 35 Abs. 1 Nr. 2, 3, 4, 6 PolG NRW ggf. i.V.m. §§ 4-6 PolG NRW) in Anspruch genommen/adressiert.
- nicht richtigerweise in Anspruch genommen/adressiert.

C. Materielle Rechtmäßigkeit (MR) III. Rechtsfolge (Rf) / Rechtsfolgevoraussetzungen (RfV)

(VOR/DEF)

Rechtsfolge ist rechtliche Folge aus dem Tatbestand. / **Rechtsfolgevoraussetzungen** sind materiell-rechtliche Rechtsfolgegestaltungsbedingungen.

C. Materielle Rechtmäßigkeit (MR) III. Rechtsfolge (Rf) 1. Tatsächliche und rechtliche Möglichkeit (TurM)

(VOR/DEF)

Tatsächliche und rechtliche Möglichkeit betrifft Fälle wie aus § 44 Abs. 2 Nr. 4-6 VwVfG NRW.

(SUB/ERG)

Tatsächliche und rechtliche Möglichkeit ist im konkreten Fall gegeben/nicht gegeben aufgrund Vorliegens/Nichtvorliegens von kognitiven, körperlichen, normativen, technischen Unmöglichkeiten.

Tatsächliche Unmöglichkeit ist gegeben bei Fehlen jeglicher personellen und materiellen Kapazitäten.

Rechtliche Unmöglichkeit ist gegeben bei Fehlen von menschenwürdigen Kapazitäten.[1608]

1608 BVerfG, Beschluss der 2. Kammer des Ersten Senats vom 17.02.2020 – 1 BvR 3182/15 –, Rn. 17 f. „Im Einklang mit der bisherigen Rechtsprechung ist das Oberlandesgericht im Ansatz davon ausgegangen, dass die Frage nach der **Menschenwürdigkeit der Unterbringung von Gefangenen** von einer Gesamtschau der tatsächlichen, die **Haftsituation** bestimmenden Umstände abhängt, wobei als Faktoren in räumlicher Hinsicht in erster Linie die Bodenfläche pro Gefangenem und die Situation der sanitären Anlagen, namentlich die Abtrennung und Belüftung der Toilette, zu beachten sind (vgl. nur BVerfG, Beschluss der 3. Kammer des Ersten Senats vom 14. Juli 2015 - 1 BvR 1332/14 -, juris, Rn. 18; Beschluss der 2. Kammer des Zweiten Senats vom 22. März 2016 - 2 BvR 566/15 -, Rn. 27) und als die Haftsituation mildernde oder verschärfende Merkmale der Umfang der täglichen Einschlusszeiten und die Belegdichte des Haftraums Berücksichtigung finden. [...] Allerdings lässt sich die Frage, wann die räumlichen Verhältnisse in einer Haftanstalt derart beengt sind, dass die Unterbringung eines Gefangenen dessen Menschenwürde verletzt, nach der Rechtsprechung des Bundesgerichtshofs nicht abstrakt-generell klären, sondern muss der tatrichterlichen Beurteilung überlassen bleiben (beispielsweise BGH, Urteil vom 4. Juli 2013 - III ZR 342/12 -, BGHZ 198, 1). Danach kann es die Klärung eines verfas-

C. Materielle Rechtmäßigkeit (MR) III. Rechtsfolge (Rf) 2. Bestimmtheit (Bsh)

(VOR/DEF)

Bestimmtheit ist Maßnahmenerkennbarkeit und Maßnahmenverstehbarkeit, bei VA und Realakten Gebot nach Art. 20 Abs. 3 GG, bei VA Pflicht auch gemäß § 37 Abs. 1 VwVfG NRW.

(SUB/ERG)

Die Ingewahrsamnahme (Ingewahrsamnahmerealakt oder Ingewahrsamnahme-VA) ist inhaltlich hinreichend bestimmt i.S.d. Art. 20 Abs. 3 GG (bzgl. VA und Realakte), § 37 Abs. 1 VwVfG NRW (bzgl. VA), denn nach Auslegung der Ingewahrsamnahme kann der Erklärungsempfänger wie jeder vernünftige Dritte, §§ 133, 157 BGB analog, in der konkreten Situation deren Inhalt hinreichend erkennen und verstehen, nämlich:

- dass die Polizei ggü. dem Ingewahrsamnahmeadressaten (wer)
- aus Gefahrenabwehrgründen (warum)
- zu einer bestimmten Zeit (wann)
- einen Zweck aus § 35 PolG NRW verfolgt (was)
- und zwar durch Sicherung/Festsetzung der Person an einem bestimmten Ort/in einem bestimmten Raum (wie).

C. Materielle Rechtmäßigkeit (MR) III. Rechtsfolge (Rf) 3. Ermessen (Erm)

(VOR/DEF)

Ermessen[1609] ist Entscheidungsspielraum auf der Rechtsfolgenseite bzgl. rechtsfehlerfreier Ausübung von Einschreit-Entschließung (Ob), Adressaten-Auswahl (Wer), Maßnahmen-Gestaltung

---

sungsmäßigen Raummindestsolls im Sinne schematisch festgelegter allgemeiner Maßzahlen nicht geben (vgl. BGH, Urteil vom 11. März 2010 - III ZR 124/09 -, juris, Rn. 7).".

BVerfG, Beschluss des Zweiten Senats vom 01.12.2020 – 2 BvR 1845/18 –, Ls. 3, Rn. 48-52, 59, 62, 63, 68, 69, 72, 76, 78; Rn. 49: „In Anbetracht der Bedeutung des **Raumfaktors bei der Gesamtbeurteilung der Haftbedingungen** begründet nach der Rechtsprechung des Gerichtshofs der Europäischen Union und des Europäischen Gerichtshofs für Menschenrechte der Umstand, dass der einem Inhaftierten zur Verfügung stehende Raum in einer Gemeinschaftszelle unter 3 m² liegt, eine starke [nach Rn. 49 widerlegliche] Vermutung für einen Verstoß gegen Art. 4 GRCh beziehungsweise Art. 3 EMRK.", Rn. 50: „Verfügt ein Gefangener in einer Gemeinschaftszelle über einen persönlichen Raum, der zwischen 3 m² und 4 m² beträgt, kann ein Verstoß gegen Art. 4 GRCh beziehungsweise Art. 3 EMRK vorliegen, wenn zu dem Raummangel weitere defizitäre Haftbedingungen hinzutreten [wie in Rn. 50 genannt].", Rn. 51: „Bei mehr als 4 m² persönlichem Raum in einer Gemeinschaftszelle bleiben die weiteren Aspekte der Haftbedingungen für die erforderliche Gesamtbeurteilung relevant (vgl. EuGH, Urteil vom 15. Oktober 2019, Dorobantu, C-128/18, EU:C:2019:857, Rn. 76 mit Verweis auf EGMR <GK>, Muršić v. Croatia, Urteil vom 20. Oktober 2016, Nr. 7334/13, § 140).".

1609 Zum Ermessen einschließlich Rechtsnatur, Ermessensarten, Ermessensreduzierungen, Ermessensfehlern, Maßnahmenansprüchen mit Beispielen siehe auch: *Basten*, Eingriffsrecht der Polizei in Nordrhein-Westfalen, Band 1, S. 271-283.

(Wie), grundsätzlich gegeben durch § 35 Abs. 1 Hs. 1 Wort 3 PolG NRW, § 35 Abs. 2 Wort 3 PolG NRW, § 35 Abs. 3 Wort 3 PolG NRW und durch § 3 PolG NRW, bei VA auch durch § 40 VwVfG NRW.

(SUB/ERG)

Der gegebene Entscheidungsspielraum wird aufgrund von entsprechenden Anhaltspunkten/in Ermangelung entgegenstehender Anhaltspunkte ohne Ermessensfehler/mit Ermessensfehlern (Ermessensunterschreitung, Ermessensüberschreitung, Ermessensfehlgebrauch) ausgeübt bzgl. folgender Ermessensarten:

a) Entschließungsermessen:

Das Entschließungsermessen kann im konkreten Fall sogar gegen / auf Null reduziert sein, insbesondere wegen:

- Einschreitmöglichkeit;
- Erheblichkeitsgrad von Gefährdungen, z.B. konkreter (dringender, erheblicher, gegenwärtiger) Gefahr.

b) Auswahlermessen:

siehe C. II.: Auswahlermessen wird abschließend beurteilt i.V.m. Punkt C. II. (Inanspruchnahme)

c) Gestaltungsermessen:

siehe C. III. 4.: Gestaltungsermessen, § 3 Abs. 2 PolG NRW (Austauschmittel), wird abschließend beurteilt i.V.m. Punkt C. III. 4. (VHM).

C. Materielle Rechtmäßigkeit (MR) III. Rechtsfolge (Rf) 4. Verhältnismäßigkeit (VHM)

(VOR/DEF)

Verhältnismäßigkeit ist Geeignetheit, Erforderlichkeit, Angemessenheit zu einem legitimen Zweck.

(VOR/DEF)

Legitimer Zweck ist verfassungsgemäßer Zweck.

(SUB/ERG)

Im konkreten Fall verfolgt die Ingewahrsamnahme (alternativ)

- einen legitimen Zweck, nämlich einen Zweck aus § 35 PolG NRW, letztlich den verfassungsgemäßen Schutz vor Schäden für Rechte und Rechtsgüter wie (zum Beispiel) aus Art. 2 Abs. 2 S. 1 GG, Art. 2 Abs. 2 S. 2 GG, Art. 14 Abs. 1 S. 1 Alt. 1 GG, Art. 20 Abs. 3 GG, vgl. auch die übrigen Rechte und Rechtsgüter aus Art. 1-20 GG, vgl. auch die Grundrechtsschutzfunktion und die Grundrechtsförderungsfunktion[1610].

1610 Zu Grundrechtsfunktionen siehe auch: *Basten*, Eingriffsrecht der Polizei in Nordrhein-Westfalen, Band 1, S. 78-84.

- keinen legitimen Zweck.

(VOR/DEF)

Geeignetheit einer staatlichen Maßnahme ist gegeben bei deren Zweckförderungstauglichkeit, vgl. auch § 2 Abs. 3 PolG NRW.

(SUB/ERG)

Im konkreten Fall ist die Ingewahrsamnahme (alternativ)

- geeignet, denn mit ihr wird gefördert: Verhinderung/Unterbindung weiteren, potentiell schadensträchtigen Geschehensablaufs, insbesondere durch sichere „Fixierung" im weiteren Sinne der ansonsten nachteiliger am Geschehensablauf beteiligten Person.
- ungeeignet.

(VOR/DEF)

Erforderlichkeit einer staatlichen Maßnahme ist Nichtverfügbarkeit eines milderen (Übermaßverbot), gleich geeigneten (Untermaßverbot) Mittels zur Zweckförderung, vgl. auch § 2 Abs. 1 PolG NRW, vgl. auch ggf. § 35 Abs. 1 Nr. 1 („erforderlich"); **Unerlässlichkeit** ist Nichtersetzbarkeit durch anderes Mittel, vgl. § 35 Abs. 1 Nr. 2 PolG NRW („unerlässlich"); § 35 Abs. 1 Nr. 3 PolG NRW („unerlässlich"); § 35 Abs. 1 Nr. 4 PolG NRW („unerlässlich"); § 35 Abs. 1 Nr. 5 PolG NRW („unerlässlich"); § 35 Abs. 1 Nr. 6 PolG NRW („unerlässlich").

(SUB/ERG)

Im konkreten Fall ist die Ingewahrsamnahme (alternativ)

- erforderlich/unerlässlich, denn einerseits sind mildere Maßnahmen wie (zum Beispiel) bloße Gefährderansprache (alleine) oder bloße Ingewahrsamnahme-Ankündigung oder bloße Inobhutgabe in die Hände einer zuverlässigen Person (des Vertrauens, z.B. einem Angehörigen, oder der medizinischen Fürsorge oder der psychologischen Betreuung), nicht gleich geeignet, weil sie nicht in gleicher Weise den Schutz vor Schäden fördern (Untermaßverbot) und andererseits sind (mindestens) gleich geeignete, intensivere Maßnahmen Zwang noch nicht notwendig (Übermaßverbot).
- nicht erforderlich.

(VOR/DEF)

Angemessenheit oder **Verhältnismäßigkeit im engeren Sinne** einer staatlichen Maßnahme ist angemessenes Maß oder Verhältnis zwischen Zweckförderung für Erhaltungsrechte und Wirkungen für Eingriffsrechte, vgl. auch § 2 Abs. 2 PolG NRW, vgl. betroffene Grundrechte.[1611]

1611 BVerfGE 105, 239, 247 (Richtervorbehalt bei Freiheitsentziehung) = BVerfG, Beschluss des Zweiten Senats vom 15.05.2002 – 2 BvR 2292/00, C. I. 1., Rn. 22: „Art. 2 Abs. 2 Satz 2 GG bezeichnet die Freiheit der Person als ‚**unverletzlich**'. Diese verfassungsrechtliche Grundentscheidung kennzeichnet

(SUB/ERG)

Im konkreten Fall ist die Ingewahrsamnahme (alternativ)

- angemessen, denn die GR-Eingriffe wie in Art. 14 Abs. 1 S. 1 Alt. 1 GG, Art. 2 Abs. 1 GG stehen angesichts zu schützender Rechte und Rechtsgüter wie aus Art. 2 Abs. 2 S. 1 GG, Art. 14 Abs. 1 S. 1 Alt. 1 GG, Art. 20 Abs. 3 GG nicht außer Verhältnis.
- unangemessen.

(ERG VHM)

Die Maßnahme ist insgesamt i.S.v. § 2 PolG NRW, Art. 20 Abs. 3 GG (alternativ)

- verhältnismäßig.
- unverhältnismäßig.

D. Gesamtergebnis (GErg)

Die Ingewahrsamnahme ist (alternativ)

- gemäß § 35 PolG NRW rechtmäßig.
- wegen Art./§ (bestimmter Rechtsnorm [z.B. Art. 20 Abs. 3 GG]) rechtswidrig.

---

das Freiheitsrecht als ein besonders hohes Rechtsgut, in das nur aus wichtigen Gründen eingegriffen werden darf (vgl. BVerfGE 10, 302 [322]; 29, 312 [316]; 32, 87 [92]; 65, 317 [322]).".

ABSCHNITT 30: VORLÄUFIGE FESTNAHME BEI BETREFFEN ODER VERFOLGUNG AUF FRISCHER TAT UND FLUCHTVERDACHT OHNE WEITEREN HAFT- ODER UNTERBRINGUNGSGRUND, § 127 ABS. 1 S. 1 ALT. 1 STPO (VGL. AUCH § 46 ABS. 3 S. 1 OWIG)

(VOR/DEF)

Grundrechte sind grundlegende Rechte aus Art. 1-19 GG i.V.m. dem Rechtsstaatsprinzip, Art. 20 Abs. 3 GG, mit Vorrang und Vorbehalt des Gesetzes.[1612]

(SUB/ERG)

Grundrechte sind fallabhängig insbesondere wie folgt gegeben:

1. Körperliche Bewegungsfreiheit, Art. 2 Abs. 2 S. 2 GG[1613]

a) GR-SB:

aa) Persönlicher GR-SB: „**Person**", vgl. § 1 BGB.

bb) Sachlicher GR-SB: „**Freiheit**" ist **körperliche Bewegungsfreiheit** als Freiheit, jeden Ort oder Raum aufzusuchen, sich dort aufzuhalten, (ihn zu verlassen), der an sich (tatsächlich und rechtlich) zugänglich ist.

b) GR-E (oder Nichteingriff/GR-Verzicht): Freiheitsentziehung oder sonstige Freiheitsbeschränkung.

Freiheitsbeschränkung (Freiheitsentziehung oder sonstige Freiheitsbeschränkung) liegt vor, wenn jemand durch die öffentliche Gewalt gegen seinen Willen daran gehindert wird, einen Ort oder Raum aufzusuchen oder sich dort aufzuhalten, der ihm an sich (tatsächlich und rechtlich) zugänglich ist. Eine **Freiheitsentziehung** als schwerste Form der Freiheitsbeschränkung ist dann gegeben, wenn die tatsächlich und rechtlich an sich gegebene körperliche Bewegungsfreiheit durch staatliche Maßnahmen nach jeder Richtung hin aufgehoben wird[1614]; Freiheitsentziehung setzt auch eine besondere Eingriffsintensität und eine nicht nur kurzfristi-

---

1612 Zu **Grundrechten**: *Basten*, Eingriffsrecht der Polizei in Nordrhein-Westfalen, Band 1, Buch 1, Abschnitt 2, Unterabschnitt 3. Zum **Rechtsstaatsprinzip** mit unter anderem sogenanntem Vorrang des Gesetzes und Vorbehalt des Gesetzes: *Basten*, Eingriffsrecht der Polizei in Nordrhein-Westfalen, Band 1, S. 95-108.

1613 Vgl. auch Art. 142 GG i.V.m. Art. 4 Abs. 1 Verfassung NRW; Art. 20 Abs. 2a und Art. 21 AEUV i.V.m. Art. 6, 45 EU-GR-Charta (Bewegungsfreiheit, Freizügigkeit, Aufenthaltsfreiheit); Art. 5 EMRK; Art. 2 Protokoll Nr. 4 EMRK; Art. 21 AEUV (**Unionsbürgerfreizügigkeit**, zum **Unionsbürger** vgl. Art. 9 S. 2, 3 EUV, Art. 20 Abs. 1 S. 2, 3 AEUV); Art. 45 AEUV (**Arbeitnehmerfreizügigkeit**); Art. 49 AEUV (**Niederlassungsfreiheit**); Art. 56 AEUV (**Dienstleistungsfreiheit**); vgl. auch Art. 28 AEUV (**Warenverkehrsfreiheit**); Art. 9 Abs. 1 S. 1 IPbpR („Jedermann hat ein Recht auf persönliche Freiheit und Sicherheit."); Art. 9-11 IPbpR (Freiheitsentziehungsbedingungen), Art. 12 IPbpR (Bewegung, Wohnsitzwahl, Ausreise, Einreise in Hoheitsgebiet eines Staates, vgl. „Freizügigkeit"), Art. 13 IPbpR (Ausländerausweisungsbedingungen).

1614 BVerfG, Beschluss der 1. Kammer des Ersten Senats vom 08.03.2011 – 1 BvR 47/05 –, Rn. 20, 26: „Das **Einsperren** des Beschwerdeführers in eine **Gewahrsamszelle** auf der Polizeiwache beziehungsweise auf dem Polizeipräsidium sowie **als Verbindungsglied** zwischen beiden das **Verbringen dorthin mittels Polizeifahrzeugen** stellen eine Freiheitsentziehung im Sinne von Art. 104 Abs. 2 GG und nicht lediglich eine Freiheitsbeschränkung dar. […] Jedenfalls muss die Unterbringung einer Person gegen ihren Willen in einem **Haftraum** als Freiheitsentziehung im Sinne von Art. 104 Abs. 2 GG angesehen werden (vgl. BGHZ 82, 261 <264> und BVerwGE 62, 317 <318>)."; BVerfGE 94, 166, 198 (Flughafenverfahren) = BVerfGE, Urteil des Zweiten Senats vom 14.05.1996 – 2 BvR 1516/93.

ge Dauer der Maßnahme voraus[1615]. Im Übrigen kann eine Abgrenzung zwischen Freiheitsentziehung und sonstiger Freiheitsbeschränkung auch erfolgen nach Art, Dauer, Intensität, Mittel, Zweck der Freiheitsbeschränkung.[1616]

c) GR-B: Art. 2 Abs. 2 S. 3 GG (i.V.m. Art. 104 GG).

Ggf. vertretbar wegen Unverfügbarkeit von Eigentum durch die Festnahme:

2. Eigentum, Art. 14 Abs. 1 S. 1 Alt. 1 GG[1617]

a) GR-SB:

aa) Persönlicher GR-SB: Alle Menschen (personen- und staatsangehörigkeitsunabhängiger Wortlaut).

bb) Sachlicher GR-SB: „**Eigentum**" ist Summe aller vermögenswerten Rechte, also jedenfalls auch der berechtigte Besitz und die berechtigte Nutzung[1618],[1619].

1615 BVerfGE 149, 293 (5-Punkt-Fixierung/7-Punkt-Fixierung) = BVerfG, Urteil des Zweiten Senats vom 24.07.2018 – 2 BvR 309/15 –, D. II. 2. a), Rn. 67, vgl. dazu auch BVerfGE 149, 293 (5-Punkt-Fixierung/7-Punkt-Fixierung) = BVerfG, Urteil des Zweiten Senats vom 24.07.2018 – 2 BvR 309/15 –, D. II. 2. b): „Jedenfalls eine **5-Punkt- oder 7-Punkt-Fixierung**, bei der sämtliche Gliedmaßen des Betroffenen mit Gurten am Bett festgebunden werden, stellt eine Freiheitsentziehung im Sinne von Art. 104 Abs. 2 GG dar, es sei denn, es handelt sich um eine lediglich **kurzfristige Maßnahme**. Von einer kurzfristigen Maßnahme ist in der Regel auszugehen, wenn sie absehbar die Dauer von ungefähr einer halben Stunde unterschreitet.".

1616 Vgl. auch insbesondere zu Art, Intensität, Mittel: § 415 Abs. 2 FamFG und §§ 37a, 62 PolG NRW.

1617 Vgl. auch Art. 142 GG i.V.m. Art. 4 Abs. 1 Verfassung NRW; Art. 17 EU-GR-Charta; Art. 1 Zusatzprotokoll EMRK.

1618 BVerfGE 95, 267, 300 (Altschulden) = BVerfG, Urteil des Ersten Senats vom 08.04.1997 – 1 BvR 48/94 –, C. I. 1., Rn. 130 f.: „Unter den Schutz der Eigentumsgarantie fallen grundsätzlich alle vermögenswerten Rechte, die dem Berechtigten von der Rechtsordnung in der Weise zugeordnet sind, daß er die damit verbundenen Befugnisse nach eigener Entscheidung zu seinem privaten Nutzen ausüben darf (vgl. BVerfGE 83, 201 [209]; stRspr). Der verfassungsrechtliche Eigentumsschutz reicht damit zwar erheblich weiter als das zivilrechtliche Eigentum und erstreckt sich auch auf nicht dingliche vermögenswerte Rechtspositionen. Er bleibt aber an Rechtspositionen gebunden. Kein Eigentum im Sinn von Art. 14 Abs. 1 GG ist daher das **Vermögen**, das selber kein Recht, sondern den Inbegriff aller geldwerten Güter einer Person darstellt (vgl. BVerfGE 4, 7 [17]; stRspr). Daraus folgt, daß Art. 14 Abs. 1 GG nicht vor der staatlichen Auferlegung von **Geldleistungspflichten** schützt. Diese sind nicht mittels eines bestimmten Eigentumsobjekts zu erfüllen, sondern werden aus dem fluktuierenden Vermögen bestritten. Etwas anderes kommt nur dann in Betracht, wenn die Geldleistungspflichten den Betroffenen übermäßig belasten und seine Vermögensverhältnisse so grundlegend beeinträchtigen, daß sie eine erdrosselnde Wirkung haben (vgl. BVerfGE 78, 232 [243]; stRspr).".

1619 Zum Vergleich von Art. 14 Abs. 1 S. 1 Alt. 1 GG und dem Auffanggrundrecht des Art. 2 Abs. 1 GG: Bei lediglich unentschiedenem Potential von Berechtigung wie Nichtberechtigung kann grundsätzlich in dubio pro libertate zunächst zugunsten des Grundrechtsfähigen größtmöglicher Grundrechtsschutzbereich vermutet werden. Vgl. auch BVerfGE 6, 55, 72 (Steuersplitting); BVerfGE 32, 54, 71 (Betriebsbetretungsrecht); BVerfGE 39, 1, 38 (Schwangerschaftsabbruch I); BVerfGE 51, 97, 110 (Zwangsvollstreckung I); BVerfGE 151, 67 (Richtervorbehalt, Bereitschaftsdienst, Nachtzeit/Tageszeit i.S.v. § 104 Abs. 3 StPO) = BVerfG, Beschluss des Zweiten Senats vom 12.03.2019 – 2 BvR 675/14 –, Rn. 55, wonach in Zweifelsfällen diejenige Auslegung zu wählen ist/derjenigen Auslegung der Vorzug zu geben ist, welche die (juristische) „Wirkungskraft der Grundrechtsnorm am stärksten entfaltet.". **Eigentum** i.S.d. (privat)rechtsnormgeprägten Schutzbereichs von Art. 14 Abs. 1 S. 1 Alt. 1 GG ist jedenfalls gegeben bei Eigentum i.S.d. Privatrechts und bei vermögenswerter Besitz-/Nutzungs-/Umgangs-Berechtigung (z.B. i.S.d. §§ 854-984 BGB). **Eigentumslosigkeit** i.S.d. (privat)rechtsnormgeprägten Schutzbereichs von Art. 14 Abs. 1 S. 1 Alt. 1 GG ist jedenfalls gegeben bei allseitiger Besitz-/Nutzungs-

b) GR-E (oder Nichteingriff/GR-Verzicht): **Eigentumseinschränkung** durch Einschränkung eines vermögenswerten Rechts, etwa durch (alternativ)

- Einschränkungen oder Entzug der Nutzungs- und Verfügungsbefugnis an (berechtigtem) Eigentum/Besitz/Nutzung, vgl. §§ 903 ff. BGB, §§ 854 ff. BGB, ohne Güterbeschaffung als **Inhalts- und Schrankenbestimmung** im Sinne von Art. 14 Abs. 1 S. 2 GG[1620];
- Eigentumsentzug als **Enteignung** im Sinne des Art. 14 Abs. 3 GG mit Änderung der Eigentumszuordnung und stets mit Güterbeschaffung.[1621].

c) GR-B: Art. 14 Abs. 1 S. 2, Abs. 2, 3 GG, Art. 18 GG.

3. Allgemeine Verhaltensfreiheit / Allgemeine Handlungsfreiheit[1622], Art. 2 Abs. 1 GG[1623]

/Umgangs-Nichtberechtigung (z.B. i.S.d. §§ 854-984 BGB); nicht schon unbedingt bei lediglich Eigentums-Nichtberechtigung im privatrechtlichen Sinne bei vermögenswerten Besitz-/Nutzungs-/Umgangs-Berechtigungen; wohl aber jedenfalls auch bei Verbot i.S.d. § 134 BGB oder Sittenwidrigkeit i.S.d. § 138 BGB oder sonstiger Unwirksamkeitsgründe (Nichtentstehensgründe oder Erlöschensgründe) gerade bezüglich des Erwerbs- oder Nutzungs- oder Umgangsaktes (z.B. i.S.d. §§ 854-984 BGB; vgl. z.B. Btm-Umgangsarten i.S.d. § 29 BtMG; vgl. auch etwaiges waffenrechtliches Verbot der Umgangsart Erwerb oder sonstiger Umgangsarten i.S.d. § 1 Abs. 3, 4 WaffG bei Nichtverbot des Erwerbs). Vgl. BVerfGE 110, 1, 23 f. (Erweiterter Verfall [a. F., ≙ erweiterte Tatertragseinziehung, P. B.]) = BVerfG, Beschluss des Zweiten Senats vom 14.01.2004 – 2 BvR 564/95 –, C. I. 3. a), b), Rn. 86 f, 88: „Die Vorschrift des § 73d StGB [a. F., ≙ § 73a StGB, P. B.] verstößt in der Auslegung des Bundesgerichtshofs auch nicht gegen die Eigentumsgarantie des Art. 14 Abs. 1 GG. Soweit § 73d StGB [a. F., ≙ § 73a StGB, P. B.] den Zugriff auf Vermögenswerte erlaubt, die dem unmittelbar Betroffenen wegen eines Verstoßes gegen strafrechtliche Vorschriften zivilrechtlich nicht zustehen (vgl. § 134, § 935 BGB), ist dessen Eigentumsgrundrecht schon mangels einer schutzfähigen Rechtsposition nicht berührt (vgl. BVerfGE 83, 201 [209]; 95, 267 [300]). Dies betrifft vor allem die Entziehung von Gewinnen aus illegalen Drogengeschäften. Denn wegen des strafrechtlichen Verbots des Handeltreibens mit Betäubungsmitteln ist gemäß § 134 BGB neben dem schuldrechtlichen Verpflichtungsgeschäft zugleich die Übereignung sowohl der Drogen als auch des für sie als Kaufpreis gezahlten Geldes zivilrechtlich unwirksam (vgl. BGH, NJW 1983, S. 636 [Schrifttumsquellen]. […] Soweit § 73d StGB StGB [a. F., ≙ § 73a StGB, P. B.] die Entziehung von Gegenständen anordnet, die der Betroffene zwar deliktisch, aber gleichwohl zivilrechtlich wirksam erworben hat, enthält er eine Inhalts- und Schrankenbestimmung des Eigentums im Sinne des Art. 14 Abs. 1 Satz 2 GG. Diese genügt in der Auslegung des Bundesgerichtshofs den verfassungsrechtlichen Anforderungen.“.

1620 BVerfGE 143, 246, Ls. 5 (Dreizehnte Novelle des Atomgesetzes) = BVerfG, Urteil des Ersten Senats vom 06.12.2016 – 1 BvR 2821/11 –, Ls. 5.

1621 BVerfGE 143, 246, Ls. 4 (Dreizehnte Novelle des Atomgesetzes) = BVerfG, Urteil des Ersten Senats vom 06.12.2016 – 1 BvR 2821/11 –, Ls. 4.

1622 „Allgemeine“ Verhaltensfreiheit / Handlungsfreiheit: Auffanggrundrecht ggü. ggf. spezielleren Grundrechten, vgl. Rechtsnormspezialitätsregel („lex specialis derogat legi generali“), vgl. auch: BVerfGE 6, 32, 37 (Elfes) = BVerfG, Urteil des Ersten Senats vom 16.01.1957 – 1 BvR 253/56, Gründe, II. 2. a), Rn. 16: „Neben der allgemeinen Handlungsfreiheit, die Art. 2 Abs. 1 GG gewährleistet, hat das Grundgesetz die Freiheit menschlicher Betätigung für bestimmte Lebensbereiche, die nach den geschichtlichen Erfahrungen dem Zugriff der öffentlichen Gewalt besonders ausgesetzt sind, durch besondere Grundrechtsbestimmungen geschützt; bei ihnen hat die Verfassung durch abgestufte Gesetzesvorbehalte abgegrenzt, in welchem Umfang in den jeweiligen Grundrechtsbereich eingegriffen werden kann. Soweit nicht solche besonderen Lebensbereiche grundrechtlich geschützt sind, kann sich der Einzelne bei Eingriffen der öffentlichen Gewalt in seine Freiheit auf Art. 2 Abs. 1 GG berufen. Hier bedurfte es eines Gesetzesvorbehalts nicht, weil sich aus der Beschränkung der freien Entfaltung der Persönlichkeit durch die verfassungsmäßige Ordnung der Umfang staatlicher Eingriffsmöglichkeiten ohne weiteres ergibt.“.

1623 Vgl. auch Art. 142 GG i.V.m. Art. 4 Abs. 1 Verfassung NRW; Art. 6 EU-GR-Charta; Art. 5 EMRK.

a) GR-SB:

aa) Persönlicher GR-SB: „Jeder".

bb) Sachlicher GR-SB: „**freie Entfaltung der Persönlichkeit**" bedeutet **allgemeine Verhaltensfreiheit** im umfassenden Sinn[1624] durch grundsätzlich jedes Tun, Dulden, Unterlassen[1625].

b) GR-E (oder Nichteingriff/GR-Verzicht): Verhaltenseinschränkung als Verhaltenssteuerung.

c) GR-B: Art. 2 Abs. 1 Hs. 2 GG[1626].

[1624] BVerfGE 6, 32, 36 f. (Elfes) = BVerfG, Urteil des Ersten Senats vom 16.01.1957 – 1 BvR 253/56, Gründe, II. 2. a), Rn. 14 f.: „Das Grundgesetz kann mit der ‚freien Entfaltung der Persönlichkeit' nicht nur die Entfaltung innerhalb jenes Kernbereichs der Persönlichkeit gemeint haben, der das Wesen des Menschen als geistig-sittliche Person ausmacht, denn es wäre nicht verständlich, wie die Entfaltung innerhalb dieses Kernbereichs gegen das Sittengesetz, die Rechte anderer oder sogar gegen die verfassungsmäßige Ordnung einer freiheitlichen Demokratie sollte verstoßen können. Gerade diese, dem Individuum als Mitglied der Gemeinschaft auferlegten Beschränkungen zeigen vielmehr, daß das Grundgesetz in Art. 2 Abs. 1 GG die Handlungsfreiheit im umfassenden Sinne meint. [...] Es waren nicht rechtliche Erwägungen, sondern sprachliche Gründe, die den Gesetzgeber bewogen haben, die ursprüngliche Fassung ‚Jeder kann tun und lassen was er will' durch die jetzige Fassung zu ersetzen (vgl. v. Mangoldt, Parlamentarischer Rat, 42. Sitzung des Hauptausschusses, S. 533)."; BVerfGE 80, 137, 152 f. (Reiten im Walde) = BVerfG, Beschluss des Ersten Senats vom 06.06.1989 – 1 BvR 921/85 –, C. I. 1 a), Rn. 69: „Nach den in der Rechtsprechung des Bundesverfassungsgerichts entwickelten Grundsätzen gewährleistet Art. 2 Abs. 1 GG die allgemeine Handlungsfreiheit im umfassenden Sinne (st. Rspr. seit BVerfGE 6, 32 [36]; aus neuerer Zeit etwa: BVerfGE 74, 129 [151]; 75, 108 [154 f.]). Geschützt ist damit nicht nur ein begrenzter Bereich der Persönlichkeitsentfaltung, sondern jede Form menschlichen Handelns ohne Rücksicht darauf, welches Gewicht der Betätigung für die Persönlichkeitsentfaltung zukommt (vgl. etwa die Entscheidung eines Vorprüfungsausschusses in BVerfGE 54, 143 (146) - Taubenfüttern).".

[1625] BVerfGE 6, 32, Ls. 1, 2 (Elfes) = BVerfG, Urteil des Ersten Senats vom 16.01.1957 – 1 BvR 253/56, Ls. 1: „Art. 11 GG betrifft nicht die Ausreisefreiheit.", Ls. 2: „Die **Ausreisefreiheit** ist als Ausfluß der allgemeinen Handlungsfreiheit durch Art. 2 Abs. 1 GG innerhalb der Schranken der verfassungsmäßigen Ordnung gewährleistet."; BVerwG, Urteil vom 29.05.2019 – BVerwG 6 C 8.18 (Beschränkung des Geltungsbereichs eines Passes), Rn. 20: „In der höchstrichterlichen Rechtsprechung ist seit Jahrzehnten geklärt, dass die durch Art. 2 Abs. 1 GG geschützte Ausreisefreiheit auch durch den Passversagungsgrund des § 7 Abs. 1 Nr. 1 Alt. 3 PassG als Bestandteil der verfassungsmäßigen Ordnung wirksam eingeschränkt wird.".

[1626] Art. 2 Abs. 1 Hs. 2 GG (**Schrankentrias**): BVerfGE 80, 137, 153 (Reiten im Walde) = BVerfG, Beschluss des Ersten Senats vom 06.06.1989 – 1 BvR 921/85 –, C. I. 1 a), Rn. 69: „Abgesehen von einem absolut geschützten Kernbereich privater Lebensgestaltung, welcher der Einwirkung der öffentlichen Gewalt entzogen ist (BVerfGE 6, 32 [41]), ist die allgemeine Handlungsfreiheit allerdings nur in den Schranken des zweiten Halbsatzes von Art. 2 Abs. 1 GG gewährleistet und steht damit insbesondere unter dem **Vorbehalt der verfassungsmäßigen (Rechts-)Ordnung** (BVerfGE 6, 32 [37 f.]; 74, 129 [152]). Stützt sich ein die Handlungsfreiheit berührender Akt der öffentlichen Gewalt auf eine Rechtsnorm, so kann mit der Verfassungsbeschwerde unter Berufung auf Art. 2 Abs. 1 GG zur Nachprüfung gestellt werden, ob diese Norm zur **verfassungsmäßigen Ordnung** gehört, das heißt formell und materiell mit den Normen der Verfassung in Einklang steht (st. Rspr. seit BVerfGE 6, 32)."; BVerfGE 6, 32, Ls. 3 (Elfes) = BVerfG, Urteil des Ersten Senats vom 16.01.1957 – 1 BvR 253/56, Ls. 3: „**Verfassungsmäßige Ordnung** im Sinne des Art. 2 Abs. 1 GG ist die verfassungsmäßige Rechtsordnung, d.h. die Gesamtheit der Normen, die formell und materiell der Verfassung gemäß sind."; vgl. dazu auch BVerfGE 6, 32, 37-41 (Elfes) = BVerfG, Urteil des Ersten Senats vom 16.01.1957 – 1 BvR 253/56, Gründe II. 2 b), c), Rn. 17-33.

Rechte anderer sind (als Teil der verfassungsmäßigen Ordnung) subjektive Berechtigungen (Anspruch oder Befugnis oder Erlaubnis) einschließlich Verpflichtungen (Pflicht zur Erfüllung von Anspruch oder

A. Rechtsgrundlage (RGL) II. Rechtsgebiet (RG)

(VOR/DEF)

Rechtsgebiet ist Rechtsordnungsteil nach allen Umständen[1627] – wie schwerpunktmäßige Äußerungen[1628], „Rechtsnormen[1629], Zwecke[1630], auch i.V.m. §§ 133, 157 BGB analog[1631].[1632]

Befugnis oder Erlaubnis) und sonstiger Rechtswirkungen für ein Rechtssubjekt bezüglich eines Verhaltens oder eines Rechtsguts.

Vgl. zum ein Mal bundesverfassungsgerichtlich entscheidungserheblich bemühten „**Sittengesetz**" nach Art. 2 Abs. 1 Hs. 2 GG als Gesetz, das nicht das durch die „soziale Gemeinschaft" „als für sich verbindlich" anerkannte „Rechtsgefühl" „im allgemeinen" „verletzt": BVerfGE 6, 389 (Homosexuelle) = BVerfG, Urteil des Ersten Senats vom 10.05.1957 – 1 BvR 550/52 –, und StrRehaHomG (Gesetz zur strafrechtlichen Rehabilitierung der nach dem 8. Mai 1945 wegen einvernehmlicher homosexueller Handlungen verurteilten Personen vom 17. Juli 2017 – BGBl. I S. 2443).

1627 Umstände im weiten Sinn, etwa als Bedingungen, Beziehungen, Faktoren, Folgen, Funktionen, Umweltbedingungen, Variablen, Verhältnissen, Voraussetzungen, Weltbedingungen.

1628 Äußerungen im weiten Sinn, etwa als alle Verhaltensäußerungen (einschließlich Aussagen).

1629 Rechtsnormen im weiten Sinn, etwa solche, die die Umstände oder das Verhalten regieren (sollen).

1630 Zwecke im weiten Sinn, etwa als sich aus einer Lage ergebende, objektiv zu verfolgende Ziele.

1631 Sog. **objektivierter Empfängerhorizont**, vgl. BVerwGE 147, 81 = BVerwG, Urteil vom 20.06.2013 – BVerwG 8 C 46.12, Rn. 27: „Die bundesrechtlichen Auslegungsregeln der §§ 133, 157 BGB sind auf öffentlich-rechtliche Erklärungen entsprechend anzuwenden. Bei Verwaltungsakten kommt es wie bei empfangsbedürftigen Willenserklärungen nicht auf den wirklichen Willen des Erklärenden (natürliche Auslegung), sondern auf den objektiven Erklärungsinhalt an. Maßgeblich ist, wie der Empfänger die Erklärung nach Treu und Glauben unter Berücksichtigung der für ihn erkennbaren Umstände verstehen musste. Dabei ist vom Wortlaut der Erklärung auszugehen und deren objektiver Gehalt unter Berücksichtigung des Empfängerhorizonts zu ermitteln (stRspr, vgl. Urteile vom 2. September 1999 - BVerwG 2 C 22.98 - BVerwGE 109, 283 <286> = Buchholz 237.7 § 72 NWLBG Nr. 4 und vom 27. Juni 2012 - BVerwG 9 C 7.11 - BVerwGE 143, 222 <Rn. 18> = Buchholz 11 Art. 20 GG Nr. 206; BGH, Urteile vom 24. Februar 1988 - VIII ZR 145/87 - BGHZ 103, 275 <280>, vom 27. Januar 2010 - VIII ZR 58/09 - BGHZ 184, 128 <137 Rn. 33> und vom 1. März 2011 - II ZR 16/10 - NJW 2011, 1666 <1667 Rn. 11> je m.w.N.)."; BVerwG, Beschluss vom 06.08.2018 – BVerwG 7 B 4.18, Rn. 10: „Dass die bundesrechtlichen Auslegungsregeln der §§ 133, 157 BGB auf öffentlich-rechtliche Erklärungen, d.h. u.a. auf Verwaltungsakte, entsprechend anzuwenden sind, ist in der Rechtsprechung des Bundesverwaltungsgerichts bereits geklärt (BVerwG, Urteil vom 20. Juni 2013 - 8 C 46.12 - BVerwGE 147, 81 Rn. 27 m.w.N.).".

1632 BVerwG 47, 255, 264 = BVerwG, Urteil vom 03.12.1974 – BVerwG I C 11.73: „Obwohl sich für die Polizei im Einzelfall bei einem einheitlichen Lebenssachverhalt gleichzeitig und unmittelbar Aufgaben der Strafverfolgung und der Gefahrenabwehr ergeben können, ist der im Schrifttum vertretenen Auffassung nicht zu folgen, daß aus Gründen der Rechtssicherheit oder wegen der schwierigen Durchschaubarkeit für den Bürger jede Art polizeilichen Handelns der verwaltungsgerichtlichen Kontrolle unterliegen müsse. In aller Regel ist es für den Betroffenen nicht schwer, zu erkennen, ob die Polizei im konkreten Fall eine - begangene - Straftat erforschen (**Strafverfolgung**) oder den Eintritt eines Schadens, etwa die - zukünftige - Begehung einer strafbaren Handlung, verhindern oder eine bereits eingetretene Störung der öffentlichen Sicherheit oder Ordnung beseitigen (**Gefahrenabwehr**) will. Außerdem wird man davon ausgehen dürfen, daß die Polizei dem Betroffenen - wie im vorliegenden Fall - den Grund ihres Einschreitens von sich aus oder auf Verlangen angibt. Im übrigen kommt es darauf an, wie sich der konkrete Lebenssachverhalt einem verständigen Bürger in der Lage des Betroffenen bei natürlicher Betrachtungsweise darstellt. Dieser Sachverhalt muß im allgemeinen einheitlich betrachtet werden, es sei denn, daß einzelne Teile des Geschehensablaufs objektiv abtrennbar sind. Hat die Polizei die

(SUB/ERG)

Die Freiheitsentziehung/das Festhalten der Festnahme erfolgt auf dem Rechtsgebiet des besonderen öffentlichen Rechts polizeilicher Strafrechtspflege.

Eine Freiheitsentziehung/ein Festhalten erfolgt auf dem Rechtsgebiet der Strafrechtspflege insbesondere bei

- tatverdachtsveranlasster/tatverdachtsbezogener Freiheitsentziehung;
- Freiheitsentziehung mit schwerpunktmäßigem Zweck einer Strafrechtspflegemaßnahme;
- Fehlen von Gefahrenüberhang.

A. Rechtsgrundlage (RGL) III. Mögliche Befugnisrechtsnorm (Mgl. Brn.)

(VOR/DEF)

Befugnisrechtsnorm ist die rechtmäßige hauptsächliche materiellrechtliche Rechtsgrundlage mit realfolgenentsprechender Rechtsfolge.

(SUB/ERG)

Realfolge ist die jeweilige Realfolge laut Sachverhalt.
Rechtsfolge ist die jeweilige Maßnahme laut Rechtsnorm.

(SUB)

Realfolgen und Rechtsfolgen zu:
Anhalten/Festhalten

(SUB)

Realfolgen Anhalten/Festhalten:

- Aufforderung zum Stehenbleiben
- Aufforderung zum Verlangsamen des Fortbewegungstempos
- Aufforderung zum Aufenthalt an bestimmter Stelle

Rechtsfolge Anhalten/Festhalten:

Anhalten/Festhalten ist Reduzieren oder Stoppen der Bewegung i.S.d. Art. 2 Abs. 2 S. 2 GG.

(ERG)

Mögliche Befugnisrechtsnorm zu:
Anhalten/Festhalten

(ERG)

Gefahrenabwehr:

Anhalten / Festhalten:

- § 12 Abs. 1 Nr. 1, Abs. 2 S. 2 Var. 1 / S. 3 PolG NRW
- § 12 Abs. 1 Nr. 2 a), Abs. 2 S. 2 Var. 1 / S. 3 PolG NRW
- § 12 Abs. 1 Nr. 2 b), Abs. 2 S. 2 Var. 1 / S. 3 PolG NRW
- § 12 Abs. 1 Nr. 2 c), Abs. 2 S. 2 Var. 1 / S. 3 PolG NRW

Ermittlungen an die StA oder das Amtsgericht weitergeleitet (§ 163 Abs. 2 StPO) oder auf Weisung der StA gehandelt, so kann an der strafprozessualen Natur ihres Einschreitens kein vernünftiger Zweifel bestehen. Eine Maßnahme, die nach dem Gesamteindruck darauf gerichtet ist, eine strafbare Handlung zu erforschen oder sonst zu verfolgen, ist der Kontrolle der ordentlichen Gerichte nach §§ 23 ff. EGGVG nicht etwa deshalb entzogen, weil durch die polizeilichen Ermittlungen möglicherweise zugleich auch künftigen Verletzungen der öffentlichen Sicherheit vorgebeugt würde.“.

Abgrenzung von Anhalten und Festhalten erfolgt nach:

- Gesetz, vgl. §§ 36 Abs. 1 S. 1, 37 Abs. 1 PolG NRW
- „ADIMZ“ (Art, Dauer, Intensität, Mittel, Zweck der Freiheitsbeschränkung) (Vorentscheidung mit Freiheitsentziehung oder sonstiger Freiheitsbeschränkung beim Fallbearbeitungspunkt A. I.).

- § 12 Abs. 1 Nr. 3, Abs. 2 S. 2 Var. 1 / S. 3 PolG NRW
- § 12 Abs. 1 Nr. 4, Abs. 2 S. 2 Var. 1 / S. 3 PolG NRW
- § 12a Abs. 1 S. 1 Var. 1 / S. 1 Var. 3 PolG NRW
- § 14 Abs. 1 Nr. 1 PolG NRW (i.V.m. § 12/12a PolG NRW)
- Ggf. § 8 Abs. 1 PolG NRW.

Nur Anhalten:

- § 9 Abs. 2 S. 2 PolG NRW
- § 9 Abs. 3 S. 1 (i.V.m. § 9 Abs. 2 PolG NRW)
- § 25 Abs. 2 PolG NRW
- § 36 Abs. 5 S. 1 StVO.

Nur Festhalten (vgl. §§ 36 Abs. 1 S. 1, 37 Abs. 1 PolG NRW):

- § 10 Abs. 3 PolG NRW
- § 35 PolG NRW
- § 58 Abs. 4 AufenthG
- §§ 62-62b AufenthG (vgl. § 71 Abs. 5 AufenthG).

Nur für zuständige Behörde: § 30 IfSG. Nur für örtliche Ordnungsbehörde: § 14 PsychKG (NRW). Nur für Jugendamt: § 42 SGB VIII.

Strafrechtspflege (ggf. mit §§ 46, 53 Abs. 1 S. 2, Abs. 2 OWiG):

Anhalten als (erforderliche) Maßnahme / Festhalten zur

- IDF beim Verdächtigen, § 163b Abs. 1 StPO / §§ 163b Abs. 1, c StPO
- IDF beim Nichtverdächtigen, § 163b Abs. 2 StPO/ §§ 163b Abs. 2, c StPO
- IDF bei jedermann an an öffentlich zugänglichem Ort eingerichteter Kontrollstelle, § 111 StPO (ohne §§ 46, 53 Abs. 1 S. 2 OWiG)
- Ggf. § 163 Abs. 1 S. 2 StPO.

Nur Festhalten (vgl. Art. 104 GG):

- § 127 Abs. 1 S. 1 Alt 1 StPO

- § 127 Abs. 2 i.V.m. § 112 StPO
- § 127 Abs. 2 i.V.m. § 112a StPO
- § 127 Abs. 2 i.V.m. § 126a StPO
- § 127b StPO
- § 164 StPO
- § 19 IRG.

(SUB)

Realfolge ist die Maßnahme laut Sachverhalt.

Rechtsfolge ist (als Justiz-VA, § 23 Abs. 1 S. 1 EGGVG)[1633] die **vorläufige Festnahme** (Freiheitsentziehung/Festhalten auf dem Rechtsgebiet der Straftatenerforschung zunächst ohne vorherige richterliche Anordnung zu einem Zweck aus einer Festnahmebefugnisrechtsnorm).

Festnahme-Zwecke[1634] nach StPO (mindestens nach Feststellung von Freiheitsentziehung/Festhalten für Entscheidung zu möglicher Befugnisrechtsnorm zu antizipieren – aus Umkehrschluss/contrario zum Haftgrund/Haftgründe oder Unterbringungsgrund):

- § 127 Abs. 1 S. 1 Alt.1 StPO: Fluchtverdachts-Erforschungssicherung (weitere Sachverhaltsklärung; ohne Anhaltspunkte zu weiterem Haft- oder Unterbringungsgrund, vgl. §§ 112, 112a, 126a, 127b StPO);
- § 127 Abs. 2 i.V.m. § 112 Abs. 1, 2 Nr. 1 StPO: Flucht- oder Verbergensunterbindung;
- § 127 Abs. 2 i.V.m. § 112 Abs. 1, 2 Nr. 2 StPO: Fluchtgefahr-Abwehr;
- § 127 Abs. 2 i.V.m. § 112 Abs. 1, 2 Nr. 3 StPO: Verdunkelungsgefahr-Abwehr;

1633 **Wohnungstüröffnungs-Verfügung** (je nach Rechtsgebiet VA oder Justiz-VA [z.B.: „Bitte öffnen Sie die Tür!"]) kann bspw. wie folgt – insbesondere über den Zweck – zu subsumieren sein:

- § 9 Abs. 2 PolG NRW / § 163 Abs. 3 StPO / § 163a StPO (Zweck: Befragung / Vernehmung).
- § 12 PolG NRW / § 163b Abs. 1 oder § 163b Abs. 2 StPO (Zweck: IDF jedenfalls ohne Wohnungs-Betretens- und Wohnungs-Durchsuchungszweck [z.B.: IDF-Befragung / IDF-Ausweisverlangen an der Tür]).
- § 16a PolG NRW / § 163f StPO / § 163 Abs. 1 S. 2 StPO (Zweck: Observation jedenfalls ohne Wohnungs-Betretens- und Wohnungs-Durchsuchungszweck [z.B.: Datenerhebung von der Tür aus]).
- § 35 PolG NRW / § 127 Abs. 1 S. 1 Alt. 1 StPO / § 127 Abs. 2 i.V.m. § 112/§ 112a/§ 126a; § 127b StPO; § 164 StPO (Zweck: Ingewahrsamnahme / Festnahme jedenfalls ohne Wohnungs-Betretens- und Wohnungs-Durchsuchungszweck [z.B.: Ingewahrsamnahme / Festnahme an der Tür]).
- § 41 PolG NRW / § 102 StPO oder § 103 StPO (Zweck: Wohnungsbetreten und/oder Wohnungsdurchsuchung).
- § 43 PolG NRW / § 94 Abs. 1 StPO / § 94 Abs. 1, 2 StPO / §§ 94 Abs. 3, 111a StPO, § 69 StGB / §§ 99, 100 StPO / § 108 StPO (§ 110 StPO); / § 111b StPO / § 132 StPO (Zweck: Sicherstellung/Beschlagnahme jedenfalls ohne Wohnungs-Betretens- und Wohnungs-Durchsuchungszweck [z.B.: Sicherstellung/Beschlagnahme an der Tür).
- § 81a StPO / § 81c StPO / § 81g StPO / § 81h StPO (Zweck: der jeweilige „Untersuchungs"-Zweck jedenfalls ohne Wohnungs-Betretens- und Wohnungs-Durchsuchungszweck [z.B.: „Untersuchung" an der Tür]).
- § 8 Abs. 1 PolG NRW / § 163 Abs. 1 S. 2 StPO (Zweck: jedenfalls ein nicht besonders geregelter Zweck jedenfalls ohne Wohnungs-Betretens- und Wohnungs-Durchsuchungszweck).

1634 Unterscheide wiederum die IDF-Zwecke von Freiheitsentziehung/Festhalten nach § 111 Abs. 3 StPO, § 163b Abs. 1, c StPO, § 163b Abs. 2, c StPO, die keine Festnahmebefugnisrechtsnormen sind, vgl. auch § 127 Abs. 1 S. 2 StPO.

- § 127 Abs. 2 i.V.m. § 112 Abs. 1, 3 StPO: Tataufklärungsgefährdungs-Abwehr bei bestimmten Straftaten – mit ansatzweisem Zweck aus § 112 Abs. 2 Nr. 1, 2, 3 StPO[1635];
- § 127 Abs. 2 i.V.m. § 112a StPO: Wiederholungsgefahr-Abwehr;
- § 127 Abs. 2 i.V.m. § 126a StPO: Unterbringungssicherung für öffentliche Sicherheit;
- § 127b StPO: Beschleunigung des Verfahrens i.S.d. §§ 417-420 StPO und Fluchtgefahr-Abwehr;
- § 164 StPO: Amtshandlungsstörungs-Abwehr.

Verhältnis der Festnahmebefugnisrechtsnormen zueinander:

- § 127 Abs. 1 S. 1 Alt.1 StPO[1636]: jedenfalls anzuwenden bei Fehlen von Kenntnissen zu Haft- oder Unterbringungsgründen aus §§ 112, 112a, 126a, 127b StPO und anwendbar neben § 164 StPO;
- § 127 Abs. 2 i.V.m. § 112 Abs. 1, 2 Nr. 1 StPO: jedenfalls lex specialis ggü. § 127 Abs. 1 S. 1 Alt. 1 StPO und § 127 Abs. 2 i.V.m. § 112a StPO und grundsätzlich anwendbar neben § 127 Abs. 2 i.V.m. § 126a StPO und § 164 StPO;

1635 Vgl. i.V.m. § 31 BVerfGG: BVerfGE 19, 342, 350 f. (Wencker) = BVerfG, Beschluss des Ersten Senats vom 15.12.1965 – 1 BvR 513/65: „Der neu [mit Gesetz zur Änderung der Strafprozeßordnung und des Gerichtsverfassungsgesetzes vom 19. Dezember 1964 (BGBl. I S. 1067), das am 1. April 1965 in Kraft getreten ist (sogenannte Kleine Strafprozeßnovelle), P.B.] eingeführte § 112 Abs. 4 StPO [jetzt: § 112 Abs. 3 StPO] müßte dagegen rechtsstaatliche Bedenken erwecken, wenn er dahin auszulegen wäre, daß bei dringendem Verdacht eines der hier bezeichneten Verbrechen gegen das Leben die Untersuchungshaft ohne weiteres, d.h. ohne Prüfung weiterer Voraussetzungen, verhängt werden dürfte. Eine solche Auslegung wäre mit dem Grundgesetz nicht vereinbar. Es kann schon zweifelhaft sein, ob sie dem Wortlaut der Bestimmung entspricht; denn dieser legt es nahe, der Vorschrift nur subsidiäre Geltung beizumessen, sie also nur anzuwenden, wenn zuvor das Vorliegen eines Haftgrundes nach Absatz 2 geprüft und verneint worden ist. Aber auch wenn man dieser Auslegung nicht folgt, fordert der Grundsatz der Verhältnismäßigkeit, daß der Richter auch bei Anwendung des § 112 Abs. 4 StPO [jetzt: § 112 Abs. 3 StPO] den Zweck der Untersuchungshaft nie aus dem Auge verliert. Weder die Schwere der Verbrechen wider das Leben noch die Schwere der (noch nicht festgestellten) Schuld rechtfertigen für sich allein die Verhaftung des Beschuldigten; noch weniger ist die Rücksicht auf eine mehr oder minder deutlich feststellbare ‚Erregung der Bevölkerung' ausreichend, die es unerträglich finde, wenn ein ‚Mörder' frei umhergehe. **Es müssen vielmehr auch hier stets Umstände vorliegen, die die Gefahr begründen, daß ohne Festnahme des Beschuldigten die alsbaldige Aufklärung und Ahndung der Tat gefährdet sein könnte** [Hervorhebung als einzige immerwährende Zusatz-Obervoraussetzung zu § 112 Abs. 3 StPO laut BVerfG; im Folgenden laut BVerfG mögliche, aus den Haftgründen (Flucht), Fluchtverdacht, Verdunkelungsgefahr, Wiederholungsgefahr abgeleitete Untervoraussetzungen P.B.]. Der zwar nicht mit ‚bestimmten Tatsachen' belegbare, aber nach den Umständen des Falles doch nicht auszuschließende Fluchtverdacht oder Verdunkelungsverdacht kann u.U. bereits ausreichen. Ebenso könnte die ernstliche Befürchtung, daß der Beschuldigte weitere Verbrechen ähnlicher Art begeht, für den Erlaß eines Haftbefehls genügen. § 112 Abs. 4 StPO [jetzt: § 112 Abs. 3 StPO] ist in engem Zusammenhang mit Absatz 2 zu sehen; er läßt sich dann damit rechtfertigen, **daß mit Rücksicht auf die Schwere der hier bezeichneten Straftaten die strengen Voraussetzungen der Haftgründe des [§ 112] Absatzes 2 [und des § 112a StPO] gelockert werden sollen, um die Gefahr auszuschließen, daß gerade besonders gefährliche Täter sich der Bestrafung entziehen** [Hervorhebung der praktischen Prüfkonsequenz, mit an den Haftgründen an sich ausgerichteter Püfung aller Voraussetzungen des § 112 Abs. 3 StPO, ausgerichtet an den Haftgründen an sich insbesondere aus § 112 Abs. 2 StPO und § 112a StPO., P.B.].".

1636 Praxis-Klassiker bzgl. § 127 Abs. 1 S. 1 Alt. 1 StPO: Betreffen bei Täter-am-Ort-Lage oder Tatortbereichsfahndung zunächst ohne weitere (Er-)Kenntnisse zu Haft- oder Unterbringungsbefehlsgründen, Begründung in praxi mitunter „zur weiteren Sachverhaltsklärung".

- § 127 Abs. 2 i.V.m. § 112 Abs. 1, 2 Nr. 2 StPO: jedenfalls lex specialis ggü. § 127 Abs. 1 S. 1 Alt. 1 StPO und § 127 Abs. 2 i.V.m. § 112a StPO und grundsätzlich anwendbar neben § 127 Abs. 2 i.V.m. § 126a StPO und § 164 StPO;
- § 127 Abs. 2 i.V.m. § 112 Abs. 1, 2 Nr. 3 StPO: jedenfalls lex specialis ggü. § 127 Abs. 1 S. 1 Alt. 1 StPO und § 127 Abs. 2 i.V.m. § 112a StPO und grundsätzlich anwendbar neben § 127 Abs. 2 i.V.m. § 126a StPO und § 164 StPO;
- § 127 Abs. 2 i.V.m. § 112 Abs. 1, 3 StPO: jedenfalls lex specialis ggü. § 127 Abs. 1 S. 1 Alt. 1 StPO und § 127 Abs. 2 i.V.m. § 112a StPO und grundsätzlich anwendbar neben § 127 Abs. 2 i.V.m. § 126a StPO und § 164 StPO;
- § 127 Abs. 2 i.V.m. § 112a StPO: jedenfalls lex specialis ggü. § 127 Abs. 1 S. 1 Alt. 1 StPO und grundsätzlich anwendbar neben § 127 Abs. 2 i.V.m. § 126a StPO und § 164 StPO; vgl. § 112a Abs. 2 StPO;
- § 127 Abs. 2 i.V.m. § 126a StPO: jedenfalls lex specialis ggü. § 127 Abs. 1 S. 1 Alt. 1 StPO grundsätzlich anwendbar neben § 127 Abs. 2 i.V.m. § 112 StPO, § 127 Abs. 2 i.V.m. § 112a StPO, § 127b StPO, § 164 StPO; vgl. zum Verhältnis von § 126a StPO insbesondere § 126a Abs. 1 StPO, §§ 20, 21 StGB, § 152 Abs. 2 StPO;
- § 127b StPO: nur anwendbar bei Wahrscheinlichkeit unverzüglicher Entscheidung im beschleunigten Verfahren, vgl. §§ 127b Abs. 1 S. 1 Nr. 1, 417 Hs. 2, 419 Abs. 1 StPO, § 79 Abs. 2 JGG und bei Erwartbarkeit der Durchführung der Hauptverhandlung binnen einer Woche nach der Festnahme – jedenfalls lex specialis ggü. § 127 Abs. 1 S. 1 Alt. 1 StPO und § 127 Abs. 2 i.V.m. § 112a StPO; grundsätzlich anwendbar neben § 127 Abs. 2 i.V.m. § 112 StPO und § 127 Abs. 2 i.V.m. § 126a StPO und § 164 StPO;
- § 164 StPO: grundsätzlich anwendbar neben § 127 Abs. 1 S. 1 Alt. 1 StPO, § 127 Abs. 2 StPO, § 127b StPO.

(ERG)

Mögliche Befugnisrechtsnorm ist § 127 Abs. 1 S. 1 Alt. 1 StPO.

B. Formelle Rechtmäßigkeit (FR) I. Zuständigkeit (Z)

(VOR/DEF)

Zuständigkeit ist Aufgabenwahrnehmungserlaubnis für den Rechtsfolgesetzer.

(SUB/ERG)

Für die Maßnahme ist die Zuständigkeit (i.d.R.) wie folgt gegeben:

1. sachliche Zuständigkeit *der Polizei* gemäß

- § 163 Abs. 1 S. 1 StPO;

2. instanzielle Zuständigkeit *der Polizeibehörde* (i.d.R.) gemäß

- (i.d.R.) § 11 Abs. 1 Nr. 2 Alt. 1 POG NRW i.V.m. KPBVO NRW;
- (generell:) §§ 10-14 POG NRW (ggf. i.V.m. LKAAufgVO NRW);

3. örtliche Zuständigkeit *der Polizeibehörde* gemäß

- (i.d.R.) § 7 Abs. 1 S. 1 POG NRW (ggf. i.V.m. KHStVO NRW);
- (generell: §§ 7-9 POG NRW[1637]) (ggf. i.V.m. KHStVO NRW);

4. funktionelle Zuständigkeit *des Polizeiamtswalters* gemäß

- § 127 Abs. 1 S. 1 Alt. 1 Wort 25 StPO („Jedermann").

B. Formelle Rechtmäßigkeit (FR) II. Verfahren (V)

(VOR/DEF)

Verfahren ist normiertes Verhalten insbesondere für den Rechtsfolgezuständigen außer, bei, i.Z.m. der Rechtsfolge.

1. Spezielle Verfahrensrechtsnormen für Festnahme im Sinne von § 127 Abs. 1 S. 1 Alt. 1 StPO[1638]

(VOR/DEF)

a) § 128 StPO: Richtervorführung

Gemäß § 128 Abs. 1 S. 1 StPO, vgl. auch Art. 104 Abs. 2, 3 S. 1 GG, besteht Pflicht, den Festgenommenen, sofern er nicht wieder in Freiheit gesetzt wird, **unverzüglich**[1639] (vgl. § 121 Abs. 1 S. 1 BGB), spätestens am Tage nach der Festnahme, dem Richter bei dem Amtsgericht, in dessen Bezirk[1640] er festgenommen worden ist, vorzuführen.

Gemäß § 72a JGG (**Heranziehung der Jugendgerichtshilfe in Haftsachen**) ist bei Haftsache mit einem **Jugendlichen** oder einem **Heranwachsenden** (vgl. § 109 JGG) i.S.v. § 1 JGG nach

---

1637 Vgl. auch zu § 9 Abs. 1 S. 1 Nr. 5 POG NRW: Abkommen zwischen den Ländern der Bundesrepublik Deutschland über die erweiterte Zuständigkeit der Polizei der Länder bei der Strafverfolgung.

1638 Vgl. auch Art. 46 GG (Abs. 1: **Abgeordnetenindemnität**; Abs. 2-4: **Abgeordnetenimmunität** – mit **Bundestagsgenehmigungsvorbehalt**); Art. 47 Verfassung NRW (**Abgeordnetenindemnität**), Art. 48 Verfassung NRW (**Abgeordnetenimmunität** – mit **Landtagsgenehmigungsvorbehalt**); Art. 60 Abs. 4 GG (**Bundespräsidentenimmunität**). Vgl. auch §§ 18, 21 GVG i.V.m. DiplBezÜbkG i.V.m. WÜD; §§ 19, 21 GVG i.V.m. Art. 27, 29 KonsÜbkG i.V.m. Art. 35, 41, 42 WÜK.

1639 BVerfGE 149, 293 (5-Punkt-Fixierung/7-Punkt-Fixierung) = BVerfG, Urteil des Zweiten Senats vom 24.07.2018 - 2 BvR 309/15 -, D. III. 4., Rn. 99 f.: „Art. 104 Abs. 2 Satz 2 GG fordert in einem solchen Fall, die richterliche Entscheidung unverzüglich nachzuholen (vgl. BVerfGE 10, 302 <321>; 105, 239 <249>). Das Tatbestandsmerkmal ‚**unverzüglich**' ist dahin auszulegen, dass die richterliche Entscheidung ohne jede Verzögerung, die sich nicht aus sachlichen Gründen rechtfertigen lässt, nachgeholt werden muss (vgl. BVerfGE 105, 239 <249>; Gusy, in: v. Mangoldt/Klein/Starck, GG, Bd. 3, 7. Aufl. 2018, Art. 104 Rn. 48). Nicht vermeidbar sind zum Beispiel die Verzögerungen, die durch die Länge des Weges, Schwierigkeiten beim Transport, die notwendige Registrierung und Protokollierung oder ein renitentes Verhalten des Betroffenen bedingt sind (vgl. BVerfGE 105, 239 <249>; BVerfGK 7, 87 <99>; Gusy, in: v. Mangoldt/Klein/Starck, GG, Bd. 3, 7. Aufl. 2018, Art. 104 Rn. 48). Sachliche Gründe, die eine Verzögerung der richterlichen Entscheidung rechtfertigen, können sich auch aus der Notwendigkeit verfahrensrechtlicher Vorkehrungen ergeben, die dem Schutz des Betroffenen dienen.".

1640 **Gerichtsbezirke** gemäß Anlage 1 JustG NRW.

§ 72a S. 1 JGG die **Jugendgerichtshilfe** (§§ 52, 87b SGB VIII) unverzüglich (§ 121 Abs. 1 S. 1 BGB) von der Vollstreckung eines Haftbefehls zu **unterrichten**; ihr soll bereits der Erlass eines Haftbefehls **mitgeteilt** werden.

Gemäß § 72a S. 2 JGG ist die **Jugendgerichtshilfe** (§§ 52, 87b SGB VIII) von der **vorläufigen Festnahme** eines Jugendlichen oder Heranwachsenden (vgl. § 109 JGG) zu **unterrichten**, wenn nach dem Stand der Ermittlungen zu erwarten ist, dass der Jugendliche gemäß § 128 StPO dem **Richter vorgeführt** wird.

b) § 127 Abs. 4 i.V.m. §§ 114a, b, c StPO entsprechend als Verfahrensrechtsnormen für Festnahme i.S.d. § 127 Abs. 1 S. 1 Alt. 1 StPO

Gemäß § 127 Abs. 4 StPO gelten für die vorläufige Festnahme durch die Staatsanwaltschaft und durch Beamte des Polizeidienstes die §§ 114a bis 114c StPO entsprechend, und zwar wie folgt:

aa) § 127 Abs. 4 i.V.m. § 114a StPO [entsprechend]

Gemäß § 127 Abs. 4 i.V.m. § 114a StPO ist dem Beschuldigten bei der [Freiheitsentziehung] eine Abschrift [zur Freiheitsentziehung] auszuhändigen; beherrscht er die deutsche Sprache nicht hinreichend, erhält er zudem eine Übersetzung in einer für ihn verständlichen Sprache.

Gemäß § 127 Abs. 4 i.V.m. § 114a StPO ist dem Beschuldigten, wenn die Aushändigung einer Abschrift und einer etwaigen Übersetzung nicht möglich ist, **unverzüglich** (§ 121 Abs. 1 S. 1 BGB) in einer für ihn verständlichen Sprache mitzuteilen, welches die Gründe für die [Freiheitsentziehung] sind und welche Beschuldigungen gegen ihn erhoben werden.

Gemäß § 127 Abs. 4 i.V.m. § 114a StPO ist im Fall von Unmöglichkeit einer Abschrift oder Übersetzung die Aushändigung der Abschrift [zur Freiheitsentziehung] sowie einer etwaigen Übersetzung **unverzüglich** (§ 121 Abs. 1 S. 1 BGB) nachzuholen.

bb) § 127 Abs. 4 i.V.m. § 114b StPO [entsprechend]

Gemäß § 127 Abs. 4 i.V.m. § 114b S. 1 StPO ist der [festgehaltene] Beschuldigte **unverzüglich** (§ 121 Abs. 1 S. 1 BGB) und schriftlich in einer für ihn verständlichen Sprache über seine Rechte zu belehren.

Gemäß § 127 Abs. 4 i.V.m. § 114b S. 2 StPO hat zudem eine mündliche Belehrung zu erfolgen, wenn eine schriftliche Belehrung erkennbar nicht ausreichend ist.

Gemäß § 127 Abs. 4 i.V.m. § 114b S. 3 StPO hat eine mündliche Belehrung zu erfolgen, wenn eine schriftliche Belehrung nicht möglich ist; die schriftliche Belehrung soll jedoch nachgeholt werden, sofern dies in zumutbarer Weise möglich ist.

Gemäß § 127 Abs. 4 i.V.m. § 114b S. 4 StPO soll der Beschuldigte schriftlich bestätigen, dass er belehrt wurde; falls er sich weigert, ist dies zu dokumentieren.

Gemäß § 127 Abs. 4 i.V.m. § 114b Abs. 2 StPO bezieht sich der Inhalt der Belehrung insbesondere auf:

(1) § 114b Abs. 2 S. 1 Nr. 1 StPO: **unverzügliche** (§ 121 Abs. 1 S. 1 BGB), spätestens am Ergreifens-Folge-Tag erfolgende Gerichtsvorführung zwecks Vernehmung und Entscheidung, vgl. Art. 104 Abs. 2 GG;

(2) § 114b Abs. 2 S. 1 Nr. 2 StPO: Recht auf Äußerung oder Nichtaussage (Schweigen);

(3) § 114b Abs. 2 S. 1 Nr. 3 StPO: Beweiserhebungsantragsrecht zur Entlastung, vgl. § 160 Abs. 2 StPO;

(4) § 114b Abs. 2 S. 1 Nr. 4 StPO: Verteidigerwahlfreiheit und Verteidigerbefragungsrecht; dabei sind Informationen zur Verfügung zu stellen, die es erleichtern, einen Verteidiger zu kontaktieren; auf bestehende anwaltliche Notdienste ist dabei hinzuweisen;

Gemäß § 72b JGG (Verkehr mit Vertretern der **Jugendgerichtshilfe**, dem **Betreuungshelfer** und dem **Erziehungsbeistand**) ist nach § 72b S. 1 JGG, befindet sich ein **Jugendlicher** oder **Heranwachsender** (vgl. § 109 JGG) i.S.v. § 1 JGG in **Untersuchungshaft**[1641], auch den Vertretern der **Jugendgerichtshilfe** (§§ 52, 87b SGB VIII) der Verkehr mit dem Beschuldigten in demselben Umfang wie einem **Verteidiger** gestattet; entsprechendes gilt gemäß § 72b S. 2 JGG, wenn der Beschuldigte der Betreuung und Aufsicht eines **Betreuungshelfers** (§ 30 SGB VIII) untersteht oder für ihn ein **Erziehungsbeistand** (§ 30 SGB VIII; §§ 1712-1717 BGB) bestellt ist, für den Helfer oder den Erziehungsbeistand;

(5) § 114b Abs. 2 S. 1 Nr. 4a StPO: Recht auf Pflichtverteidigerbestellung in den Fällen des § 140 StPO nach Maßgabe des § 141 Abs. 1 StPO und des § 142 Abs. 1 StPO StPO (**Notwendige Verteidigung**[1642])[1643];

1641 Zur **Untersuchungshaft** siehe insbesondere: *Basten*, Eingriffsrecht der Polizei in Nordrhein-Westfalen, Band 2, Buch 2, Abschnitte 31, 32; vgl. auch §§ 112, 113, 114, 116-123, 126 StPO.

1642 Mit „Gesetz zur Neuregelung des Rechts der notwendigen Verteidigung" (BGBl. I S. 2128; in Kraft seit 13.12.2019) ist erstmals das Recht des Beschuldigten ausdrücklich normiert, bereits auch im polizeilichen Ermittlungsverfahren grundsätzlich im Fall notwendiger Verteidigung (§ 140 StPO) „unverzüglich" (§ 121 Abs. 1 S. 1 BGB), „spätestens vor einer Vernehmung des Beschuldigten" (§ 163a StPO) einen Pflichtverteidiger „bestellt" zu erhalten, „wenn der Beschuldigte dies nach Belehrung ausdrücklich beantragt" (§ 141 Abs. 1 S. 1 StPO), in den Fällen des § 141 Abs. 2 S. 1 StPO auch „unabhängig von einem Antrag" – mit Rückausnahmen in § 141 Abs. 2 S. 2, 3 StPO; auch mit Abweichungen in § 141a StPO für Beschuldigtenvernehmungen und Gegenüberstellungen (§§ 58 Abs. 2, 168b Abs. 3 StPO). Der Zeitpunkt polizeilicher Belehrung zur notwendigen Verteidigung i.S.d. § 140 StPO ist in einschlägigen Fällen – spätestens – „bei Beginn der ersten Vernehmung" des Beschuldigten wegen § 141 Abs. 1 S. 2 StPO und § 163a Abs. 4 S. 2 i.V.m. § 136 Abs. 1 S. 5 StPO, oder der Zeitpunkt ist anders in speziell normierten Fällen wie § 114b Abs. 2 S. 1 Nr. 4a oder §§ 68a, b JGG. Gemäß § 142 StPO ist vor Anklageerhebung der Antrag des Beschuldigten nach § 141 Abs. 1 S. 1 StPO vor Erhebung der Anklage bei den Behörden oder Beamten des Polizeidienstes „oder" bei der Staatsanwaltschaft anzubringen (Antrags-Entgegennahme-Zuständigkeit); die Bestellungs-Entscheidungs-Zuständigkeit obliegt dem Gericht nach StA-Vorlage mit Stellungnahme (§ 142 Abs. 1 S. 2 StPO) oder der StA selbst „bei besonderer Eilbedürftigkeit", § 142 Abs. 4 StPO.

Ein Fall **notwendiger Verteidigung** liegt u.a. dann vor,

- gemäß § 140 Abs. 1 Nr. 1 StPO, wenn zu erwarten ist, dass die Hauptverhandlung im ersten Rechtszug vor dem **Oberlandesgericht** (§§ 115-117, 120-122 GVG) , dem **Landgericht** (§§ 12, 13, 60, 70, 734, 74-74f, 76-78b GVG) oder dem **Schöffengericht** (§§ 12, 13, 24-27, 28-58 GVG) stattfindet [Ausgangsrechtsnorm für den Abgrenzungsüberblick über AG, LG, OLG mag sein: § 24 GVG;
- gemäß § 140 Abs. 1 Nr. 2 StPO, wenn dem Beschuldigten ein Verbrechen zur Last gelegt wird;
- gemäß § 140 Abs. 1 Nr. 3 StPO, wenn das Verfahren zu einem **Berufsverbot** (§§ 70-70b StGB) führen kann;
- gemäß § 140 Abs. 1 Nr. 4 StPO, wenn der Beschuldigte nach den §§ 115, 115a, 128 Abs. 1 oder § 129 StPO einem Gericht zur Entscheidung über Haft oder einstweilige Unterbringung vorzuführen ist;
- gemäß § 140 Abs. 1 Nr. 5 StPO, wenn der Beschuldigte sich auf Grund richterlicher Anordnung oder mit richterlicher Genehmigung in einer Anstalt befindet;
- gemäß § 140 Abs. 1 Nr. 11 StPO, wenn ein seh-, hör- oder sprachbehinderter Beschuldigter die Bestellung beantragt;
- gemäß § 140 Abs. 2 StPO, wenn wegen der Schwere der Tat, der Schwere der zu erwartenden Rechtsfolge oder wegen der Schwierigkeit der Sach- oder Rechtslage die Mitwirkung eines Verteidigers geboten erscheint oder wenn ersichtlich ist, dass sich der Beschuldigte nicht selbst verteidigen kann.
- gemäß §§ 1, 109 Abs. 1 JGG und § 68 JGG in den dort genannten Fällen.

(6) § 114b Abs. 2 S. 1 Nr. 5 StPO: Recht auf Untersuchung durch Arzt oder Ärztin nach Wahl;

(7) § 114b Abs. 2 S. 1 Nr. 6 StPO: Recht auf Benachrichtigung eines Angehörigen oder einer Person des Vertrauens, soweit der Untersuchungszweck dadurch nicht erheblich wird (vgl. insbesondere **Fluchtgefahr**, § 112 Abs. 2 Nr. 2 StPO, oder **Verdunkelungsgefahr**, § 112 Abs. 2 Nr. 3 StPO);

(8) § 114b Abs. 2 S. 1 Nr. 7 StPO: Recht auf Akteneinsichtnahme nach Maßgabe von § 147 Abs. 4 StPO und Recht auf Beweisstückebesichtigung, soweit kein Verteidiger vorhanden ist;

(9) § 114b Abs. 2 S. 1 Nr. 8 StPO: weitere Rechte im Fall von Untersuchungshaft nach Richtervorführung:

(a) Recht auf Haftbefehlsbeschwerde oder auf Haftprüfungbeantragung und Beantragung mündlicher Verhandlung;

(b) Recht auf Beantragung gerichtlicher Entscheidung im Fall von Beschwerdeunstatthaftigkeit;

(c) Recht auf gerichtliche Entscheidung gegen behördliche Entscheidungen und Maßnahmen im Untersuchungshaftvollzug;

(10) § 114b Abs. 2 S. 2 StPO: Akteneinsichtsrecht des Verteidigers nach § 147 StPO;

(11) § 114b Abs. 2 S. 3 StPO – für den Fall, dass der Beschuldigte der deutschen Sprache nicht hinreichend mächtig oder hör- oder sprachbehindert in einer dem Beschuldigten verständlichen Sprache: Recht auf unentgeltliche Dolmetscher-Hinzuziehung oder Übersetzer-Hinzuziehung für das gesamte Strafverfahren nach § 187 Abs. 1-3 GVG, § 186 Abs. 1, 2 GVG;

(13) § 114b Abs. 2 S. 4 StPO – für den Fall eines ausländischen Staatsangehörigen: Recht auf Unterrichtung der konsularischen Vertretung seines Heimatstaates verlangen und dieser Mitteilungen zukommen lassen kann.[1644]

[1643] BGH, Beschluss vom 06.02.2018 – 2 StR 163/17, Rn. 6 (Kein absolutes Beweisverwertungsverbot und kein relatives Beweisverwertungsverbot als Abwägungsergebnis bei Nichtbelehrung zu **Pflichtverteidigung/notwendiger Verteidigung** – geteilt von BGH, Beschluss vom 09.01.2020 – 5 StR 628/19, Rn. 6): „Die nach § 136 Abs. 1 Satz 3 Halbs. 2 StPO a.F. bzw. § 136 Abs. 1 Satz 5 Halbs. 2 StPO n.F. unterbliebene Belehrung des Angeklagten begründet deshalb kein absolutes Verwertungsverbot. Aber auch die Annahme eines relativen, im Rahmen einer einzelfallbezogenen Abwägung festzustellendes Verwertungsverbot kommt hier nicht in Betracht. Das Landgericht hat in seinem den Widerspruch gegen die Verwertung zurückweisenden Kammerbeschluss zutreffend in den Blick genommen, dass das staatliche Verfolgungs- und Aufklärungsinteresse – wie hier – bei einem Tötungsdelikt besonders hoch ist, die Belehrung nicht bewusst oder willkürlich, sondern aus Unkenntnis der Vernehmungsbeamten über die Neuregelung unterblieben ist und damit der festgestellte Verstoß von geringerem Gewicht ist. Zudem fehlen – worauf der Generalbundesanwalt zutreffend hingewiesen hat – jegliche Anhaltspunkte für die Annahme, die Angeklagten hätten im Rahmen ihrer ersten Vernehmung Angaben zur Sache gemacht, weil sie mangels wirtschaftlicher Mittel keine Möglichkeit gesehen hätten, sich eines Verteidigers zu bedienen. Auch die Revision hat hierzu nichts vorgetragen.".

[1644] BGHSt 52, 48 (**Belehrung über das Recht auf konsularischen Beistand** nach Art. 36 Abs. 1b S. 3 WÜK [≙ § 114b Abs. 2 S. 4 StPO] – nach räuberischer Erpressung mit Todesfolge u.a.) = BGH, Beschluss vom 25.09.2007 – 5 StR 116/01, Ls. 1-3: „1. Zur Belehrung eines Festgenommenen mit fremder Staatsangehörigkeit gemäß Art. 36 Abs. 1 lit. b Satz 3 des Wiener Konsularrechtsübereinkommens (WÜK) über sein subjektives Recht, die unverzügliche Benachrichtigung seiner konsularischen Vertretung zu verlangen, sind bereits die Polizeibeamten nach Festnahme verpflichtet (BVerfG – Kammer – NJW 2007, 499 unter Aufhebung von BGHR WÜK Art. 36 Unterrichtung 1). 2. Das Unterbleiben der

Ausländischer Staatsangehöriger ist jede **Person**, § 1 BGB, die nicht **Deutscher** i.S.v. Art. 116 GG, §§ 1, 3, 17 StAG und nicht **Staatenloser**[1645] ist.

cc) § 127 Abs. 4 i.V.m. § 114c StPO [entsprechend]

Gemäß § 127 Abs. 4 i.V.m. § 114c Abs. 1 StPO ist einem [festgehaltenen] Beschuldigten **unverzüglich** (§ 121 Abs. 1 S. 1 BGB) Gelegenheit zu geben, einen Angehörigen oder eine Person seines Vertrauens zu benachrichtigen, sofern der Zweck der Untersuchung dadurch nicht erheblich gefährdet wird.

§ 114c Abs. 2 StPO betrifft das Gericht als Rechtsnormadressaten.

2. Allgemeine Verfahrensrechtsnormen für Festnahme im Sinne von § 127 Abs. 1 S. 1 Alt. 1 StPO

a) § 33 StPO analog: Anhörung

Gemäß § 33 StPO analog besteht Pflicht zur **Anhörung** bzw. **Gewährung rechtlichen Gehörs** vor einer Entscheidung, jedenfalls bevor zum Beteiligten-Nachteil Tatsachen oder Beweisergebnisse ohne Anhörung verwertet werden – oder es soll gegeben sein: ein Ausnahmegrund der Zweckgefährdung/Gefahr im Verzug nach § 33 Abs. 4 StPO analog.

Gefahr im Verzug i.S.d. § 33 StPO ist gegeben, wenn der Handlungsbedarf unvorhergesehen ist und bei Durchführung der eigentlich vorgesehenen Maßnahme, hier der Anhörung, der gesetzliche Zweck, hier der jeweilige aus der Aufgabe des § 163 Abs. 1 S. 1 StPO und aus der Befugnisrechtsnorm (§ 127 Abs. 1 S. 1 Alt. 1 StPO), vereitelt oder wesentlich erschwert wird.

b) § 168b StPO: Protokollierung

Gemäß § 168b StPO besteht Pflicht zur **Protokollierung** bzw. zum **Protokoll** über ermittlungsbehördliche Untersuchungshandlungen, wonach gemäß § 168b Abs. 1 StPO das Ergebnis der Untersuchungshandlungen der Ermittlungsbehörden aktenkundig zu machen ist.

(SUB/ERG)

Im konkreten Fall sind die Verfahrensvoraussetzungen (alternativ)

- bei Vorliegen von entsprechenden Anhaltspunkten / Fehlen entgegenstehender Anhaltspunkte eingehalten.
- bei Vorliegen von entsprechenden Anhaltspunkten nicht eingehalten.

---

gebotenen Belehrung über das Recht auf konsularischen Beistand nach Art. 36 Abs. 1 lit. b Satz 3 WÜK führt nicht zu einem Beweisverwertungsverbot. 3. Die Rechtsverletzung kann jedoch zu einer Kompensation derart führen, dass ein bestimmter Teil der verhängten Freiheitsstrafe als verbüßt anzurechnen ist.“, Rn. 30: „Der Senat lässt offen, ob in Fällen geringerer Schwere eine mittels Anwendung des nationalen Rechts mögliche Kompensation auch auf andere Weise, etwa durch Gewährung einer Entschädigung in analoger Anwendung des Gesetzes über die Entschädigung für Strafverfolgungsmaßnahmen (StrEG) oder durch Kostennachlass, etwa analog § 465 Abs. 2 StPO, in Betracht zu ziehen wäre. Bei Strafen geringeren Gewichts und im Falle der späteren Heilung des Verfahrensverstoßes durch alsbald nachgeholte Belehrung gemäß Art. 36 Abs. 1 lit. b Satz 3 WÜK (vgl. BGH, Beschluss vom 11. September 2007 – 1 StR 273/07, zur Veröffentlichung in BGHSt bestimmt [= BGHSt 52, 38; P. B.] mag eine Kompensation gänzlich entbehrlich sein.“.

1645 Vgl. § 2 AufenthG (mit umfassenderer **Ausländer**-Definition) und: StaatenlÜbkG, StaatenlMindÜbkAG.

3. JGG[1646]-Vorschriften[1647] außer, bei, i.Z.m. Maßnahmen gegenüber einem jugendlichen oder heranwachsenden Verdächtigen[1648] nach §§ 1, 109 JGG – fallabhängig insbesondere wie folgt[1649]:

a) § 38 JGG: Jugendgerichtshilfe;

b) § 43 JGG: Umfang der Ermittlungen;

c) § 67 JGG: Stellung der Erziehungsberechtigten[1650] und der gesetzlichen Vertreter[1651];

d) § 67a JGG: Unterrichtung der Erziehungsberechtigten und der gesetzlichen Vertreter;

e) § 68 JGG: Notwendige Verteidigung[1652];

[1646] § 1 Abs. 1 JGG zum sachlichen JGG-Anwendungsbereich: „Dieses Gesetz gilt, wenn ein Jugendlicher oder ein Heranwachsender eine Verfehlung begeht, die nach den allgemeinen Vorschriften mit Strafe bedroht ist.“. § 1 Abs. 3 JGG zum sachlich-persönlichen JGG-Anwendungsbereich: „Ist zweifelhaft, ob der Beschuldigte zur Zeit der Tat das achtzehnte Lebensjahr vollendet hat, sind die für Jugendliche geltenden Verfahrensvorschriften anzuwenden.“.

[1647] JGG-Vorschriften mit amtlichen Überschriften insbesondere aus: „Gesetz zur Stärkung der Verfahrensrechte von Beschuldigten im Jugendstrafverfahren vom 09.12.2019, BGBl. 2019 Teil I Nr. 47, S. 2146-2152.

[1648] § 1 Abs. 2 JGG zum persönlichen JGG-Anwendungsbereich: § 1 Abs. 2 JGG: „**Jugendlicher** ist, wer zur Zeit der Tat vierzehn, aber noch nicht achtzehn, **Heranwachsender**, wer zur Zeit der Tat achtzehn, aber noch nicht einundzwanzig Jahre alt ist.“. Unterscheide nach § 2 BGB: „Die **Volljährigkeit** tritt mit der Vollendung des 18. Lebensjahres ein.“.

[1649] Zu JGG-Vorschriften ausführlicher: *Basten*, Eingriffsrecht der Polizei in Nordrhein-Westfalen, Band 3, Buch 4, Abschnitt 3.

[1650] Zum **Strafrecht und elterlichen Erziehungsrecht**: BVerfGE 107, 104 (Anwesenheit im JGG-Verfahren) = BVerfG, Urteil des Zweiten Senats vom 16.01.2003 – 2 BvR 716/01.

[1651] **Vertreter** ist ein **Stellvertreter** qua Gesetz oder ein **Stellvertreter** qua Rechtsgeschäft (§§ 164-181 BGB). Vgl. insbesondere:

- §§ 1626-1698b BGB: **Elterliche Sorge** mit **„Vertretung des Kindes“** gemäß § 1629 BGB;
- § 1 Abs. 1 Nr. 4 JuSchG: **erziehungsbeauftragte Person**;
- §§ 1773-1895 BGB: **Vormundschaft**;
- §§ 1896-1908k BGB: **Rechtliche Betreuung**;
- §§ 1909-1921 BGB: **Pflegschaft**.

[1652] Mit „Gesetz zur Neuregelung des Rechts der notwendigen Verteidigung“ (BGBl. I S. 2128; in Kraft seit 13.12.2019) ist erstmals das Recht des Beschuldigten ausdrücklich normiert, bereits auch im polizeilichen Ermittlungsverfahren grundsätzlich im Fall notwendiger Verteidigung (§ 140 StPO) „unverzüglich“ (§ 121 Abs. 1 S. 1 BGB), „spätestens vor einer Vernehmung des Beschuldigten“ (§ 163a StPO) einen Pflichtverteidiger „bestellt“ zu erhalten, „wenn der Beschuldigte dies nach Belehrung ausdrücklich beantragt“ (§ 141 Abs. 1 S. 1 StPO), in den Fällen des § 141 Abs. 2 S. 1 StPO auch „unabhängig von einem Antrag“ – mit Rückausnahmen in § 141 Abs. 2 S. 2, 3 StPO; auch mit Abweichungen in § 141a StPO für Beschuldigtenvernehmungen und Gegenüberstellungen (§§ 58 Abs. 2, 168b Abs. 3 StPO). Der Zeitpunkt polizeilicher Belehrung zur notwendigen Verteidigung i.S.d. § 140 StPO ist in einschlägigen Fällen – spätestens – „bei Beginn der ersten Vernehmung“ des Beschuldigten wegen § 141 Abs. 1 S. 2 StPO und § 163a Abs. 4 S. 2 i.V.m. § 136 Abs. 1 S. 5 StPO, oder der Zeitpunkt ist anders in speziell normierten Fällen wie § 114b Abs. 2 S. 1 Nr. 4a oder §§ 68a, b JGG. Gemäß § 142 StPO ist vor Anklageerhebung der Antrag des Beschuldigten nach § 141 Abs. 1 S. 1 StPO vor Erhebung der Anklage bei den Behörden oder Beamten des Polizeidienstes „oder“ bei der Staatsanwaltschaft anzubringen (Antrags-Entgegennahme-Zuständigkeit); die Bestellungs-Entscheidungs-Zuständigkeit obliegt dem Gericht

f) § 68a JGG: Zeitpunkt der Bestellung eines Pflichtverteidigers;

g) § 68b JGG: Vernehmungen und Gegenüberstellungen vor der Bestellung eines Pflichtverteidigers;

h) § 69 JGG: Beistand[1653];

i) § 70 JGG: Mitteilung an amtliche Stellen;

j) § 70a JGG: Unterrichtung des Jugendlichen (i.V.m. § 109 JGG: des Heranwachsenden);

k) § 70b JGG: Belehrungen.

(SUB/ERG)

Im konkreten Fall sind die JGG-Vorschriften

- nicht anwendbar.
- anwendbar und eingehalten.
- anwendbar und nicht eingehalten.

(ERG Verfahren)

Ergebnis kann allgemein sein: Verfahrensrechtmäßigkeit oder Verfahrensrechtswidrigkeit der Maßnahme.

---

nach StA-Vorlage mit Stellungnahme (§ 142 Abs. 1 S. 2 StPO) oder der StA selbst „bei besonderer Eilbedürftigkeit“, § 142 Abs. 4 StPO.

Ein Fall **notwendiger Verteidigung** liegt u.a. dann vor,

- gemäß § 140 Abs. 1 Nr. 1 StPO, wenn zu erwarten ist, dass die Hauptverhandlung im ersten Rechtszug vor dem **Oberlandesgericht** (§§ 115-117, 120-122 GVG) , dem **Landgericht** (§§ 12, 13, 60, 70, 734, 74-74f, 76-78b GVG) oder dem **Schöffengericht** (§§ 12, 13, 24-27, 28-58 GVG) stattfindet [Ausgangsrechtsnorm für den Abgrenzungsüberblick über AG, LG, OLG mag sein: § 24 GVG;
- gemäß § 140 Abs. 1 Nr. 2 StPO, wenn dem Beschuldigten ein Verbrechen zur Last gelegt wird;
- gemäß § 140 Abs. 1 Nr. 3 StPO, wenn das Verfahren zu einem **Berufsverbot** (§§ 70-70b StGB) führen kann;
- gemäß § 140 Abs. 1 Nr. 4 StPO, wenn der Beschuldigte nach den §§ 115, 115a, 128 Abs. 1 oder § 129 StPO einem Gericht zur Entscheidung über Haft oder einstweilige Unterbringung vorzuführen ist;
- gemäß § 140 Abs. 1 Nr. 5 StPO, wenn der Beschuldigte sich auf Grund richterlicher Anordnung oder mit richterlicher Genehmigung in einer Anstalt befindet;
- gemäß § 140 Abs. 1 Nr. 11 StPO, wenn ein seh-, hör- oder sprachbehinderter Beschuldigter die Bestellung beantragt;
- gemäß § 140 Abs. 2 StPO, wenn wegen der Schwere der Tat, der Schwere der zu erwartenden Rechtsfolge oder wegen der Schwierigkeit der Sach- oder Rechtslage die Mitwirkung eines Verteidigers geboten erscheint oder wenn ersichtlich ist, dass sich der Beschuldigte nicht selbst verteidigen kann.
- gemäß §§ 1, 109 Abs. 1 JGG und § 68 JGG in den dort genannten Fällen.

[1653] Vgl. auch §§ 1712-1717 BGB (**Beistandschaft**).

B. Formelle Rechtmäßigkeit (FR) III. Form (F)

(VOR/DEF)

Form ist normiertes Wie der Rechtsfolgesetzung – mündlich, schriftlich, elektronisch oder in anderer Weise.

(SUB/ERG)

Im konkreten Fall besteht bei Fehlen speziellerer Formrechtsnormen Formfreiheit für den Justiz-VA, sodass der Justiz-VA formrechtmäßig schriftlich, elektronisch, mündlich oder in anderer Weise ergehen kann.
Rechtsnormen wie § 114a StPO, § 114b Abs. 1 StPO, § 168b StPO sind i.d.R. bereits integrativer Verfahrensbestandteil.
Ergebnis kann allgemein sein: Formrechtmäßigkeit oder Formrechtswidrigkeit der Maßnahme.

C. Materielle Rechtmäßigkeit (MR) I. Tatbestand (Tb) / Tatbestandsvoraussetzungen (TBV)

(VOR/DEF)

Tatbestand ist das Gesamt der (materiell-rechtlichen) Rechtsfolge(setzungs)bedingungen. / **Tatbestandsvoraussetzungen** sind materiell-rechtliche Rechtsfolgesetzungsbedingungen.

(VOR/DEF)

1. Allgemeine TBV Tatverdacht

§ 163 Abs. 1 S. 1 i.V.m. § 152 Abs. 2 StPO (auch § 127 Abs. 1 S. 1 Alt. 1 StPO: „Tat"): **Tatverdacht** ist das Gegebensein zureichender tatsächlicher Anhaltspunkte für eine verfolgbare Straftat.

2. Spezielle TBV aus § 127 Abs. 1 S. 1 Alt. 1 StPO: Betreffen oder Verfolgung auf frischer Tat

Betreffen auf frischer Tat ist gegeben, wenn bei (dringendem) Tatverdacht der Tatverdächtige im engen zeitlichen und örtlichen Zusammenhang zur mutmaßlichen Tat wahrgenommen wird.[1654]

[1654] BGH, Urteil vom 18.11.1980 – VI ZR 151/78 –, Entscheidungsgründe, I. 1.: „Allerdings ist dem Berufungsgericht im Ergebnis entgegen der Meinung der Revision noch zu folgen, wenn es annimmt, der Beklagte habe K. im Sinne von § 127 Abs. 1 StPO auf frischer Tat betroffen. Entscheidend kommt es bei der Prüfung dieser Voraussetzung eines Festnahme- und Verfolgungsrechts darauf an, ob der Beklagte die sich ihm darbietenden Umstände als bereits strafbaren Versuch eines Diebstahls werten durfte. Nicht dagegen hängt das Recht aus § 127 StPO davon ab, ob der Verfolgte tatsächlich in dem Zeitpunkt, in dem der Beklagte den Entschluß zur Verfolgung faßte, den Tatbestand des versuchten Diebstahls (§§ 242, 22 StGB) voll, insbesondere auch in subjektiver Hinsicht, erfüllt hatte. Daher ist eine Festnahme oder Verfolgung aufgrund dieser Norm gerechtfertigt, wenn die erkennbaren äußeren Um-

Verfolgung auf frischer Tat ist gegeben, wenn bei (dringendem) Tatverdacht seit Verdachtsentstehung Maßnahmen zur Ergreifung eines Tatverdächtigen getroffen werden und seitdem der **Verfolgungszusammenhang** (alternativ über Hinweise, Hörkontakt, Sichtkontakt, Spuren) nicht abgerissen ist.

3. Spezielle TBV aus § 127 Abs. 1 S. 1 Alt. 1 StPO: Fluchtverdacht

Fluchtverdacht ist gegeben bei zureichenden tatsächlichen Anhaltspunkten der Flucht.

4. Spezielle (umgekehrte) TBV aus § 127 Abs. 3 StPO bzgl. Strafantrag, Ermächtigung, Strafverlangen

Die vorläufige Festnahme ist gemäß § 127 Abs. 3 StPO auch dann „zulässig, wenn" noch kein Strafantrag gestellt ist oder wenn noch nicht eine Ermächtigung oder ein Strafverlangen[1655] vorliegt.[1656]

(SUB/ERG)

Im konkreten Fall sind die Tatbestandsvoraussetzungen für § 127 Abs. 1 S. 1 Alt. 1 StPO (alternativ)

- erfüllt bei Anhaltspunkten / bei Fehlen entgegenstehender Anhaltspunkte.
- nicht erfüllt bei Anhaltspunkten / bei Fehlen entgegenstehender Anhaltspunkte.

---

stände einen dringenden Tatverdacht vermitteln (vgl. Dünnebier in Löwe/Rosenberg, StPO 23. Aufl. Rdz. 11 und 16 zu § 127 unter Hinweis auf RGSt 38, 373, 375 und 72, 311, 315 sowie auf BayObLGSt 15, 153). Ob dem Vorbringen des als Zeugen vernommenen K., der eine Diebstahlsabsicht bestritten hatte, zu glauben ist, muß daher entgegen den Rügen der Revision ohne entscheidende rechtliche Bedeutung bleiben. Daß die in § 127 StPO vorausgesetzte Tat kein vollendetes Vergehen oder Verbrechen zu sein braucht, daß vielmehr auch der Versuch einer solchen Straftat eine rechtmäßige Festnahme oder Verfolgung auszulösen vermag, ist in der strafverfahrensrechtlichen Rechtsprechung nicht umstritten und wird auch im einschlägigen Schrifttum nicht in Frage gestellt (Dünnebier in Löwe/Rosenberg aaO Rdz. 20, 21 zu § 127 StPO mit Hinw. auf RGSt 34 ,445 und 65, 394).".

1655 Zu **Ermächtigung** und **Strafverlangen** i.S.d. § 127 Abs. 3 StPO vgl. § 77e StGB. Unterscheide von der Ermächtigung i.S.d. § 77e StGB die „Ermächtigung" i.S.v. Art. 80 GG, Art. 70 Verfassung NRW als Gesetzgebungskompetenz(-Übertragung von der Legislative) für die Exekutive mit einer „Ermächtigungsgrundlage" als hauptsächliche Rechtsgrundlage für diese Ermächtigung (vgl. z.B. § 37 Abs. 4 S. 2 PolG NRW). Unterscheide Befugnisrechtsnorm als hauptsächliche Rechtsgrundlage für eine materiellrechtliche Befugnis (im Sinne eines Einzelakts aufgrund Gesetzes), zu „Befugnissen" vgl. z.B. Zweiter Abschnitt und Zweiter Abschnitt Erster Unterabschnitt Überschrift PolG NRW. Siehe zu allen möglichen **Rechtsnormarten** auch: *Basten*, Eingriffsrecht der Polizei in Nordrhein-Westfalen, Band 1, S. 31-34.

1656 Zu **umgekehrten Voraussetzungen** (negative Voraussetzungen / positive Voraussetzungen) Voraussetzungen siehe auch: *Basten*, Eingriffsrecht der Polizei in Nordrhein-Westfalen, Band 1, S. 220 f., 242.

C. Materielle Rechtmäßigkeit (MR) II. Inanspruchnahme (In) / Inanspruchnahmevoraussetzungen (Inv)

(VOR/DEF)

Inanspruchnahmevoraussetzungen sind materiell-rechtliche Bedingungen für richtige Inanspruchnahme.

Inanspruchnahme ist Adressierung und sonstiges Betroffenmachen; **Adressierung** ist direktes Bestimmen oder finales Richten einer Maßnahme an einen Grundrechtsträger, vgl. §§ 100b Abs. 3, 100c Abs. 2, 100h Abs. 3, 163f Abs. 2 StPO.

Nach § 127 Abs. 1 S. 1 Alt. 1 StPO ist Inanspruchnahme grundsätzlich richtig gegen folgende Person: Der auf frischer Tat betroffene oder verfolgte sowie der Flucht Verdächtige.

Tatverdächtiger ist die Person, gegen die zureichende tatsächliche Anhaltspunkte der Beteiligung an einer verfolgbaren Straftat gegeben sind, vgl. § 152 Abs. 2 StPO.

Dringend Tatverdächtiger ist die Person, gegen die zureichende tatsächliche Anhaltspunkte für die große Wahrscheinlichkeit der Beteiligung an einer verfolgbaren Straftat gegeben sind, vgl. § 152 Abs. 2 StPO.

Beschuldigter, vgl. § 157 StPO, ist im Strafverfahren jede (tatverdächtige) Person, gegen die im Rahmen eines Strafverfahrens wegen einer bestimmten Straftat ermittelt wird, was sich durch Auslegung nach dem objektivierten Empfängerhorizont, §§ 133, 157 BGB analog, etwa über einen **Inkulpationsakt**, vgl. § 397 Abs. 1 AO, ergibt.

(SUB/ERG)

Im konkreten Fall ist die Person (alternativ)

- richtigerweise gemäß § 127 Abs. 1 S. 1 Alt. 1 StPO als (dringend) Tatverdächtiger in Anspruch genommen/adressiert.
- nicht richtigerweise in Anspruch genommen/adressiert.

C. Materielle Rechtmäßigkeit (MR) III. Rechtsfolge (Rf) / Rechtsfolgevoraussetzungen (RfV)

(VOR/DEF)

Rechtsfolge ist rechtliche Folge aus dem Tatbestand. / **Rechtsfolgevoraussetzungen** sind materiell-rechtliche Rechtsfolgegestaltungsbedingungen.

C. Materielle Rechtmäßigkeit (MR) III. Rechtsfolge (Rf) 1. Tatsächliche und rechtliche Möglichkeit (TurM)

(VOR/DEF)

Tatsächliche und rechtliche Möglichkeit betrifft Fälle wie aus § 44 Abs. 2 Nr. 4-6 VwVfG NRW.

(SUB/ERG)

Tatsächliche und rechtliche Möglichkeit ist im konkreten Fall gegeben/nicht gegeben aufgrund Vorliegens/Nichtvorliegens von kognitiven, körperlichen, normativen, technischen Unmöglichkeiten.

Tatsächliche Unmöglichkeit ist gegeben bei Fehlen jeglicher personellen und materiellen Kapazitäten.

Rechtliche Unmöglichkeit ist gegeben bei Fehlen von menschenwürdigen Kapazitäten.[1657]

1657 BVerfG, Beschluss der 2. Kammer des Ersten Senats vom 17.02.2020 – 1 BvR 3182/15 –, Rn. 17 f. „Im Einklang mit der bisherigen Rechtsprechung ist das Oberlandesgericht im Ansatz davon ausgegangen, dass die Frage nach der **Menschenwürdigkeit der Unterbringung von Gefangenen** von einer Gesamtschau der tatsächlichen, die **Haftsituation** bestimmenden Umstände abhängt, wobei als Faktoren in räumlicher Hinsicht in erster Linie die Bodenfläche pro Gefangenem und die Situation der sanitären Anlagen, namentlich die Abtrennung und Belüftung der Toilette, zu beachten sind (vgl. nur BVerfG, Beschluss der 3. Kammer des Ersten Senats vom 14. Juli 2015 - 1 BvR 1332/14 -, juris, Rn. 18; Beschluss der 2. Kammer des Zweiten Senats vom 22. März 2016 - 2 BvR 566/15 -, Rn. 27) und als die Haftsituation mildernde oder verschärfende Merkmale der Umfang der täglichen Einschlusszeiten und die Belegdichte des Haftraums Berücksichtigung finden. [...] Allerdings lässt sich die Frage, wann die räumlichen Verhältnisse in einer Haftanstalt derart beengt sind, dass die Unterbringung eines Gefangenen dessen Menschenwürde verletzt, nach der Rechtsprechung des Bundesgerichtshofs nicht abstrakt-generell klären, sondern muss der tatrichterlichen Beurteilung überlassen bleiben (beispielsweise BGH, Urteil vom 4. Juli 2013 - III ZR 342/12 -, BGHZ 198, 1). Danach kann es die Klärung eines verfassungsmäßigen Raummindestsolls im Sinne schematisch festgelegter allgemeiner Maßzahlen nicht geben (vgl. BGH, Urteil vom 11. März 2010 - III ZR 124/09 -, juris, Rn. 7).“.

BVerfG, Beschluss des Zweiten Senats vom 01.12.2020 – 2 BvR 1845/18 –, Ls. 3, Rn. 48-52, 59, 62, 63, 68, 69, 72, 76, 78; Rn. 49: „In Anbetracht der Bedeutung des **Raumfaktors bei der Gesamtbeurteilung der Haftbedingungen** begründet nach der Rechtsprechung des Gerichtshofs der Europäischen Union und des Europäischen Gerichtshofs für Menschenrechte der Umstand, dass der einem Inhaftierten zur Verfügung stehende Raum in einer Gemeinschaftszelle unter 3 m² liegt, eine starke [nach Rn. 49 widerlegliche] Vermutung für einen Verstoß gegen Art. 4 GRCh beziehungsweise Art. 3 EMRK.“, Rn. 50: „Verfügt ein Gefangener in einer Gemeinschaftszelle über einen persönlichen Raum, der zwischen 3 m² und 4 m² beträgt, kann ein Verstoß gegen Art. 4 GRCh beziehungsweise Art. 3 EMRK vorliegen, wenn zu dem Raummangel weitere defizitäre Haftbedingungen hinzutreten [wie in Rn. 50 genannt].“, Rn. 51: „Bei mehr als 4 m² persönlichem Raum in einer Gemeinschaftszelle bleiben die weiteren Aspekte der Haftbedingungen für die erforderliche Gesamtbeurteilung relevant (vgl. EuGH, Urteil vom 15. Oktober 2019, Dorobantu, C-128/18, EU:C:2019:857, Rn. 76 mit Verweis auf EGMR <GK>, Muršić v. Croatia, Urteil vom 20. Oktober 2016, Nr. 7334/13, § 140).“.

C. Materielle Rechtmäßigkeit (MR) III. Rechtsfolge (Rf) 2. Bestimmtheit (B)

(VOR/DEF)

Bestimmtheit ist Maßnahmenerkennbarkeit und Maßnahmenverstehbarkeit, bei Justiz-VA Pflicht nach Art. 20 Abs. 3 GG.

(SUB/ERG)

Die Festnahme ist inhaltlich hinreichend bestimmt i.S.d. Art. 20 Abs. 3 GG, denn nach Auslegung der Festnahme kann der Erklärungsempfänger wie jeder vernünftige Dritte, §§ 133, 157 BGB analog, in der konkreten Situation deren Inhalt hinreichend erkennen und verstehen, nämlich:

- dass die Polizei ggü. dem Festnahmeadressaten (wer)
- aus Strafrechtspflegegründen (warum)
- zu einer bestimmten Zeit (wann)
- einen Zweck aus einer Festnahmebefugnisrechtsnorm verfolgt (was)
- und zwar durch Sicherung/Festsetzung/Zurverfügunghalten der Person an einem bestimmten Ort/in einem bestimmten Raum (wie).

C. Materielle Rechtmäßigkeit (MR) III. Rechtsfolge (Rf) 3. Ermessen (Erm)

(VOR/DEF)

Ermessen ist Entscheidungsspielraum auf der Rechtsfolgenseite bzgl. rechtsfehlerfreier Ausübung von Einschreit-Entschließung (Ob), Adressaten-Auswahl (Wer), Maßnahmen-Gestaltung (Wie).

(SUB/ERG)

a) Einschreitentschließungs-„Ermessen" ist grundsätzlich nicht gegeben, vgl. § 163 Abs. 1 S. 1 („haben") i.V.m. § 152 Abs. 2 StPO (Legalitätsgrundsatz: „ist […] verpflichtet, […] einzuschreiten"); ein Opportunitätsprinzip ist nur ausnahmsweise gegeben.

b) Adressatenauswahl-„Ermessen" ist grundsätzlich gegeben, insbesondere bzgl. zweckförderlicher Reihenfolge der Inanspruchnahme vom/von mehreren Beschuldigten.

c) Maßnahmengestaltungs-„Ermessen" ist grundsätzlich gegeben, vgl. auch § 127a StPO[1658].

[1658] Vgl. Verwaltungsvorschriften wie den Erlass vom „Ministerium für Inneres und Kommunales des Landes Nordrhein-Westfalen" – 402-57.04.16 –, vom 21.01.2016, mit dem Titel „**Regelsätze bei Sicherheitsleistungen** der Polizei Nordrhein-Westfalen", mit der Anlage „Regelsatzliste" für Sicherheitsleistungen ausdrücklich in Bezug auf § 127a Abs. 1 Nr. 2 StPO und § 132 Abs. 1 S. 1 StPO und u.a. folgenden Zusätzen zu den Regelsätzen: „Sie enthalten unverbindliche Empfehlungen für den Regelfall, die ein Abweichen im Einzelfall aus besonderem Anlass zulassen. Die Regelsätze für allgemeine Straftaten orientieren sich an Erfahrungswerten über die Leistungsfähigkeit der von §§ 127a, 132 StPO erfassten Beschuldigten, die gewöhnlich keine hohen Bargeldmittel mit sich führen. Die Verfahren werden in

Ein etwaig gegebener Entscheidungsspielraum wird aufgrund von entsprechenden Anhaltspunkten/in Ermangelung entgegenstehender Anhaltspunkte ohne Ermessensfehler/mit Ermessensfehlern (Ermessensunterschreitung, Ermessensüberschreitung, Ermessensfehlgebrauch) ausgeübt bzgl. folgender Ermessensarten:

a) Entschließungsermessen:

Ein etwaig gegebenes Entschließungsermessen kann im konkreten Fall sogar gegen / auf Null reduziert sein, insbesondere wegen:

- Einschreitmöglichkeit;
- Erheblichkeitsgrad von Tatverdachten.

b) Auswahlermessen:

siehe C. II.: Auswahlermessen wird abschließend beurteilt i.V.m. Punkt C. II. (Inanspruchnahme).

c) Gestaltungsermessen:

siehe C. III. 4.: Gestaltungsermessen wird abschließend beurteilt i.V.m. Punkt C. III. 4. (VHM).

C. Materielle Rechtmäßigkeit (MR) III. Rechtsfolge (Rf) 4. Verhältnismäßigkeit (VHM)

(VOR/DEF)

Verhältnismäßigkeit ist Geeignetheit, Erforderlichkeit, Angemessenheitder Maßnahme zu einem legitimen Zweck.

(VOR/DEF)

a) Legitimer Zweck ist verfassungsgemäßer Zweck.

(SUB/ERG)

Im konkreten Fall verfolgt die Festnahme (alternativ)

- einen legitimen Zweck, nämlich die Fluchtverdachtserforschungssicherung und letztlich die Tatverdachtsaufklärung, Art. 20 Abs. 3 GG
- keinen legitimen Zweck.

---

der Regel durch Strafbefehl oder Einstellung nach § 153a StPO beendet, wobei sich die Geldstrafen bzw. Geldauflagen an der aufgebrachten Sicherheitsleistung ausrichten. Falls diese Voraussetzungen nicht vorliegen oder eine Straftat von größerem Gewicht gegeben ist - insbesondere bei Diebstahl, Betrug, Urkundenfälschung oder Sachbeschädigung - kann eine höhere Sicherheitsleistung angemessen sein. [...] Liegen mehrere Delikte vor, ist der in Betracht kommende Höchstbetrag angemessen zu erhöhen. [...] Die Anordnung einer Sicherheitsleistung (§§ 127a, 132 StPO) gegenüber Jugendlichen ist unzulässig. [...] Gegenüber Heranwachsenden darf die Anordnung dann nicht getroffen werden, wenn aufgrund einer Rücksprache mit der Staatsanwaltschaft davon ausgegangen werden kann, dass das Jugendstrafrecht auf die oder den Beschuldigte/n Anwendung finden wird.“.

(VOR/DEF)

b) Geeignetheit einer staatlichen Maßnahme ist gegeben bei deren Zweckförderungstauglichkeit.

(SUB/ERG)

Im konkreten Fall ist die Festnahme (alternativ)

- geeignet wegen Sicherung/Festsetzung/Zurverfügunghalten des Verdächtigen an einem bestimmten Ort/in einem bestimmten Raum und damit Anwesenheit des Verdächtigen für die Fluchtverdachtserforschung und Sachverhaltsaufklärung.
- ungeeignet.

(VOR/DEF)

c) Erforderlichkeit einer staatlichen Maßnahme ist Nichtverfügbarkeit eines milderen (Übermaßverbot), gleich geeigneten (Untermaßverbot) Mittels zur Zweckförderung, bei Anhaltspunkten für § 1 Abs. 2 JGG: vgl. auch § 72 JGG.

(SUB/ERG)

Im konkreten Fall ist die Festnahme (alternativ)

- erforderlich, denn einerseits sind mildere Maßnahmen wie etwa § 163 Abs. 3 StPO, § 163a StPO oder Nichtstun (alleine) nicht gleich geeignet, weil sie nicht in gleicher Weise die Tatverdachtserforschung und Sachverhaltsaufklärung fördern (Untermaßverbot) und andererseits sind (mindestens) gleich geeignete, intensivere Maßnahmen wie Zwang (noch) nicht notwendig (Übermaßverbot).
- nicht erforderlich.

(VOR/DEF)

d) Angemessenheit oder **Verhältnismäßigkeit im engeren Sinne** einer staatlichen Maßnahme ist angemessenes Maß oder Verhältnis zwischen Zweckförderung für Erhaltungsrechte und Wirkungen für Eingriffsrechte, vgl. betroffene GR.[1659]

(SUB/ERG)

Im konkreten Fall ist die Festnahme (alternativ)

1659 BVerfGE 105, 239, 247 (Richtervorbehalt bei Freiheitsentziehung) = BVerfG, Beschluss des Zweiten Senats vom 15.05.2002 – 2 BvR 2292/00, C. I. 1., Rn. 22: „Art. 2 Abs. 2 Satz 2 GG bezeichnet die Freiheit der Person als ‚**unverletzlich**'. Diese verfassungsrechtliche Grundentscheidung kennzeichnet das Freiheitsrecht als ein besonders hohes Rechtsgut, in das nur aus wichtigen Gründen eingegriffen werden darf (vgl. BVerfGE 10, 302 [322]; 29, 312 [316]; 32, 87 [92]; 65, 317 [322]).".

- angemessen, denn der Grundrechtseingriff insbesondere in Art. 2 Abs. 2 S. 2 GG steht angesichts der zu schützenden Rechte und Rechtsgüter insbesondere aus Art. 20 Abs. 3 GG nicht außer Verhältnis.
- unangemessen.

(ERG VHM)

Die Festnahme ist insgesamt i.S.v. Art. 20 Abs. 3 GG (alternativ)

- verhältnismäßig.
- unverhältnismäßig.

D. Gesamtergebnis (GErg)

Die Festnahme ist (alternativ)

- gemäß § 127 Abs. 1 S. 1 Alt. 1 StPO rechtmäßig.
- wegen Art./§ (bestimmter Rechtsnorm [z.B. Art. 20 Abs. 3GG]) rechtswidrig.

ABSCHNITT 31: VORLÄUFIGE FESTNAHME MIT HAFTGRUND AUS § 112 STPO, § 127 ABS. 2 I.V.M. § 112 STPO (VGL. AUCH § 46 ABS. 3 S. 1 OWIG)

A. Rechtsgrundlage (RGL) I. Grundrechte (GR)

(VOR/DEF)

Grundrechte sind grundlegende Rechte aus Art. 1-19 GG i.V.m. dem Rechtsstaatsprinzip, Art. 20 Abs. 3 GG, mit Vorrang und Vorbehalt des Gesetzes.[1660]

(SUB/ERG)

Grundrechte sind fallabhängig insbesondere wie folgt gegeben:

1. Körperliche Bewegungsfreiheit, Art. 2 Abs. 2 S. 2 GG[1661]

a) GR-SB:

aa) Persönlicher GR-SB: „**Person**", vgl. § 1 BGB.

bb) Sachlicher GR-SB: „**Freiheit**" ist **körperliche Bewegungsfreiheit** als Freiheit, jeden Ort oder Raum aufzusuchen, sich dort aufzuhalten, (ihn zu verlassen), der an sich (tatsächlich und rechtlich) zugänglich ist.

b) GR-E (oder Nichteingriff/GR-Verzicht): Freiheitsentziehung oder sonstige Freiheitsbeschränkung.

Freiheitsbeschränkung (Freiheitsentziehung oder sonstige Freiheitsbeschränkung) liegt vor, wenn jemand durch die öffentliche Gewalt gegen seinen Willen daran gehindert wird, einen Ort oder Raum aufzusuchen oder sich dort aufzuhalten, der ihm an sich (tatsächlich und rechtlich) zugänglich ist. Eine **Freiheitsentziehung** als schwerste Form der Freiheitsbeschränkung ist dann gegeben, wenn die tatsächlich und rechtlich an sich gegebene körperliche Bewegungsfreiheit durch staatliche Maßnahmen nach jeder Richtung hin aufgehoben wird[1662]; Freiheitsentziehung setzt auch eine besondere Eingriffsintensität und eine nicht nur kurzfristi-

---

1660 Zu **Grundrechten**: *Basten*, Eingriffsrecht der Polizei in Nordrhein-Westfalen, Band 1, Buch 1, Abschnitt 2, Unterabschnitt 3. Zum **Rechtsstaatsprinzip** mit unter anderem sogenanntem Vorrang des Gesetzes und Vorbehalt des Gesetzes: *Basten*, Eingriffsrecht der Polizei in Nordrhein-Westfalen, Band 1, S. 95-108.

1661 Vgl. auch Art. 142 GG i.V.m. Art. 4 Abs. 1 Verfassung NRW; Art. 20 Abs. 2a und Art. 21 AEUV i.V.m. Art. 6, 45 EU-GR-Charta (Bewegungsfreiheit, Freizügigkeit, Aufenthaltsfreiheit); Art. 5 EMRK; Art. 2 Protokoll Nr. 4 EMRK; Art. 21 AEUV (**Unionsbürgerfreizügigkeit**, zum **Unionsbürger** vgl. Art. 9 S. 2, 3 EUV, Art. 20 Abs. 1 S. 2, 3 AEUV); Art. 45 AEUV (**Arbeitnehmerfreizügigkeit**); Art. 49 AEUV (**Niederlassungsfreiheit**); Art. 56 AEUV (**Dienstleistungsfreiheit**); vgl. auch Art. 28 AEUV (**Warenverkehrsfreiheit**); Art. 9 Abs. 1 S. 1 IPbpR („Jedermann hat ein Recht auf persönliche Freiheit und Sicherheit."); Art. 9-11 IPbpR (Freiheitsentziehungsbedingungen), Art. 12 IPbpR (Bewegung, Wohnsitzwahl, Ausreise, Einreise in Hoheitsgebiet eines Staates, vgl. „Freizügigkeit"), Art. 13 IPbpR (Ausländerausweisungsbedingungen).

1662 BVerfG, Beschluss der 1. Kammer des Ersten Senats vom 08.03.2011 – 1 BvR 47/05 –, Rn. 20, 26: „Das **Einsperren** des Beschwerdeführers in eine **Gewahrsamszelle** auf der Polizeiwache beziehungsweise auf dem Polizeipräsidium sowie **als Verbindungsglied** zwischen beiden das **Verbringen dorthin mittels Polizeifahrzeugen** stellen eine Freiheitsentziehung im Sinne von Art. 104 Abs. 2 GG und nicht lediglich eine Freiheitsbeschränkung dar. [...] Jedenfalls muss die Unterbringung einer Person gegen ihren Willen in einem **Haftraum** als Freiheitsentziehung im Sinne von Art. 104 Abs. 2 GG angesehen werden (vgl. BGHZ 82, 261 <264> und BVerwGE 62, 317 <318>)."; BVerfGE 94, 166, 198 (Flughafenverfahren) = BVerfGE, Urteil des Zweiten Senats vom 14.05.1996 – 2 BvR 1516/93.

ge Dauer der Maßnahme voraus[1663]. Im Übrigen kann eine Abgrenzung zwischen Freiheitsentziehung und sonstiger Freiheitsbeschränkung auch erfolgen nach Art, Dauer, Intensität, Mittel, Zweck der Freiheitsbeschränkung.[1664]

c) GR-B: Art. 2 Abs. 2 S. 3 GG (i.V.m. Art. 104 GG).

Ggf. vertretbar wegen Unverfügbarkeit von Eigentum durch die Festnahme:

2. Eigentum, Art. 14 Abs. 1 S. 1 Alt. 1 GG[1665]

a) GR-SB:

aa) Persönlicher GR-SB: Alle Menschen (personen- und staatsangehörigkeitsunabhängiger Wortlaut).

bb) Sachlicher GR-SB: „**Eigentum**" ist Summe aller vermögenswerten Rechte, also jedenfalls auch der berechtigte Besitz und die berechtigte Nutzung[1666].[1667]

1663 BVerfGE 149, 293 (5-Punkt-Fixierung/7-Punkt-Fixierung) = BVerfG, Urteil des Zweiten Senats vom 24.07.2018 – 2 BvR 309/15 –, D. II. 2. a), Rn. 67, vgl. dazu auch BVerfGE 149, 293 (5-Punkt-Fixierung/7-Punkt-Fixierung) = BVerfG, Urteil des Zweiten Senats vom 24.07.2018 – 2 BvR 309/15 –, D. II. 2. b): „Jedenfalls eine **5-Punkt- oder 7-Punkt-Fixierung**, bei der sämtliche Gliedmaßen des Betroffenen mit Gurten am Bett festgebunden werden, stellt eine Freiheitsentziehung im Sinne von Art. 104 Abs. 2 GG dar, es sei denn, es handelt sich um eine lediglich **kurzfristige Maßnahme**. Von einer kurzfristigen Maßnahme ist in der Regel auszugehen, wenn sie absehbar die Dauer von ungefähr einer halben Stunde unterschreitet.".

1664 Vgl. auch insbesondere zu Art, Intensität, Mittel: § 415 Abs. 2 FamFG und §§ 37a, 62 PolG NRW.

1665 Vgl. auch Art. 142 GG i.V.m. Art. 4 Abs. 1 Verfassung NRW; Art. 17 EU-GR-Charta; Art. 1 Zusatzprotokoll EMRK.

1666 BVerfGE 95, 267, 300 (Altschulden) = BVerfG, Urteil des Ersten Senats vom 08.04.1997 – 1 BvR 48/94 –, C. I. 1., Rn. 130 f.: „Unter den Schutz der Eigentumsgarantie fallen grundsätzlich alle vermögenswerten Rechte, die dem Berechtigten von der Rechtsordnung in der Weise zugeordnet sind, daß er die damit verbundenen Befugnisse nach eigener Entscheidung zu seinem privaten Nutzen ausüben darf (vgl. BVerfGE 83, 201 [209]; stRspr). Der verfassungsrechtliche Eigentumsschutz reicht damit zwar erheblich weiter als das zivilrechtliche Eigentum und erstreckt sich auch auf nicht dingliche vermögenswerte Rechtspositionen. Er bleibt aber an Rechtspositionen gebunden. Kein Eigentum im Sinn von Art. 14 Abs. 1 GG ist daher das **Vermögen**, das selber kein Recht, sondern den Inbegriff aller geldwerten Güter einer Person darstellt (vgl. BVerfGE 4, 7 [17]; stRspr). Daraus folgt, daß Art. 14 Abs. 1 GG nicht vor der staatlichen Auferlegung von **Geldleistungspflichten** schützt. Diese sind nicht mittels eines bestimmten Eigentumsobjekts zu erfüllen, sondern werden aus dem fluktuierenden Vermögen bestritten. Etwas anderes kommt nur dann in Betracht, wenn die Geldleistungspflichten den Betroffenen übermäßig belasten und seine Vermögensverhältnisse so grundlegend beeinträchtigen, daß sie eine erdrosselnde Wirkung haben (vgl. BVerfGE 78, 232 [243]; stRspr).".

1667 Zum Vergleich von Art. 14 Abs. 1 S. 1 Alt. 1 GG und dem Auffanggrundrecht des Art. 2 Abs. 1 GG: Bei lediglich unentschiedenem Potential von Berechtigung wie Nichtberechtigung kann grundsätzlich in dubio pro libertate zunächst zugunsten des Grundrechtsfähigen größtmöglicher Grundrechtsschutzbereich vermutet werden. Vgl. auch BVerfGE 6, 55, 72 (Steuersplitting); BVerfGE 32, 54, 71 (Betriebsbetretungsrecht); BVerfGE 39, 1, 38 (Schwangerschaftsabbruch I); BVerfGE 51, 97, 110 (Zwangsvollstreckung I); BVerfGE 151, 67 (Richtervorbehalt, Bereitschaftsdienst, Nachtzeit/Tageszeit i.S.v. § 104 Abs. 3 StPO) = BVerfG, Beschluss des Zweiten Senats vom 12.03.2019 – 2 BvR 675/14 –, Rn. 55, wonach in Zweifelsfällen diejenige Auslegung zu wählen ist/derjenigen Auslegung der Vorzug zu geben ist, welche die (juristische) „Wirkungskraft der Grundrechtsnorm am stärksten entfaltet.". **Eigentum** i.S.d. (privat)rechtsnormgeprägten Schutzbereichs von Art. 14 Abs. 1 S. 1 Alt. 1 GG ist jedenfalls gegeben bei Eigentum i.S.d. Privatrechts und bei vermögenswerter Besitz-/Nutzungs-/Umgangs-Berechtigung (z.B. i.S.d. §§ 854-984 BGB). **Eigentumslosigkeit** i.S.d. (privat)rechtsnormgeprägten Schutzbereichs von Art. 14 Abs. 1 S. 1 Alt. 1 GG ist jedenfalls gegeben bei allseitiger Besitz-/Nutzungs-

b) GR-E (oder Nichteingriff/GR-Verzicht): **Eigentumseinschränkung** durch Einschränkung eines vermögenswerten Rechts, etwa durch (alternativ)

- Einschränkungen oder Entzug der Nutzungs- und Verfügungsbefugnis an (berechtigtem) Eigentum/Besitz/Nutzung, vgl. §§ 903 ff. BGB, §§ 854 ff. BGB, ohne Güterbeschaffung als **Inhalts- und Schrankenbestimmung** im Sinne von Art. 14 Abs. 1 S. 2 GG[1668];
- Eigentumsentzug als **Enteignung** im Sinne des Art. 14 Abs. 3 GG mit Änderung der Eigentumszuordnung und stets mit Güterbeschaffung.[1669]

c) GR-B: Art. 14 Abs. 1 S. 2, Abs. 2, 3 GG, Art. 18 GG.

3. Allgemeine Verhaltensfreiheit / Allgemeine Handlungsfreiheit[1670], Art. 2 Abs. 1 GG[1671]

/Umgangs-Nichtberechtigung (z.B. i.S.d. §§ 854-984 BGB); nicht schon unbedingt bei lediglich Eigentums-Nichtberechtigung im privatrechtlichen Sinne bei vermögenswerten Besitz-/Nutzungs-/Umgangs-Berechtigungen; wohl aber jedenfalls auch bei Verbot i.S.d. § 134 BGB oder Sittenwidrigkeit i.S.d. § 138 BGB oder sonstiger Unwirksamkeitsgründe (Nichtentstehensgründe oder Erlöschensgründe) gerade bezüglich des Erwerbs- oder Nutzungs- oder Umgangsaktes (z.B. i.S.d. §§ 854-984 BGB; vgl. z.B. Btm-Umgangsarten i.S.d. § 29 BtMG; vgl. auch etwaiges waffenrechtliches Verbot der Umgangsart Erwerb oder sonstiger Umgangsarten i.S.d. § 1 Abs. 3, 4 WaffG bei Nichtverbot des Erwerbs). Vgl. BVerfGE 110, 1, 23 f. (Erweiterter Verfall [a. F., ≙ erweiterte Tatertragseinziehung, P. B.]) = BVerfG, Beschluss des Zweiten Senats vom 14.01.2004 – 2 BvR 564/95 –, C. I. 3. a), b), Rn. 86 f, 88: „Die Vorschrift des § 73d StGB [a. F., ≙ § 73a StGB, P. B.] verstößt in der Auslegung des Bundesgerichtshofs auch nicht gegen die Eigentumsgarantie des Art. 14 Abs. 1 GG. Soweit § 73d StGB [a. F., ≙ § 73a StGB, P. B.] den Zugriff auf Vermögenswerte erlaubt, die dem unmittelbar Betroffenen wegen eines Verstoßes gegen strafrechtliche Vorschriften zivilrechtlich nicht zustehen (vgl. § 134, § 935 BGB), ist dessen Eigentumsgrundrecht schon mangels einer schutzfähigen Rechtsposition nicht berührt (vgl. BVerfGE 83, 201 [209]; 95, 267 [300]). Dies betrifft vor allem die Entziehung von Gewinnen aus illegalen Drogengeschäften. Denn wegen des strafrechtlichen Verbots des Handeltreibens mit Betäubungsmitteln ist gemäß § 134 BGB neben dem schuldrechtlichen Verpflichtungsgeschäft zugleich die Übereignung sowohl der Drogen als auch des für sie als Kaufpreis gezahlten Geldes zivilrechtlich unwirksam (vgl. BGH, NJW 1983, S. 636 [Schrifttumsquellen]. […] Soweit § 73d StGB StGB [a. F., ≙ § 73a StGB, P. B.] die Entziehung von Gegenständen anordnet, die der Betroffene zwar deliktisch, aber gleichwohl zivilrechtlich wirksam erworben hat, enthält er eine Inhalts- und Schrankenbestimmung des Eigentums im Sinne des Art. 14 Abs. 1 Satz 2 GG. Diese genügt in der Auslegung des Bundesgerichtshofs den verfassungsrechtlichen Anforderungen.“.

1668 BVerfGE 143, 246, Ls. 5 (Dreizehnte Novelle des Atomgesetzes) = BVerfG, Urteil des Ersten Senats vom 06.12.2016 – 1 BvR 2821/11 –, Ls. 5.

1669 BVerfGE 143, 246, Ls. 4 (Dreizehnte Novelle des Atomgesetzes) = BVerfG, Urteil des Ersten Senats vom 06.12.2016 – 1 BvR 2821/11 –, Ls. 4.

1670 „Allgemeine“ Verhaltensfreiheit / Handlungsfreiheit: Auffanggrundrecht ggü. ggf. spezielleren Grundrechten, vgl. Rechtsnormspezialitätsregel („lex specialis derogat legi generali“), vgl. auch: BVerfGE 6, 32, 37 (Elfes) = BVerfG, Urteil des Ersten Senats vom 16.01.1957 – 1 BvR 253/56, Gründe, II. 2. a), Rn. 16: „Neben der allgemeinen Handlungsfreiheit, die Art. 2 Abs. 1 GG gewährleistet, hat das Grundgesetz die Freiheit menschlicher Betätigung für bestimmte Lebensbereiche, die nach den geschichtlichen Erfahrungen dem Zugriff der öffentlichen Gewalt besonders ausgesetzt sind, durch besondere Grundrechtsbestimmungen geschützt; bei ihnen hat die Verfassung durch abgestufte Gesetzesvorbehalte abgegrenzt, in welchem Umfang in den jeweiligen Grundrechtsbereich eingegriffen werden kann. Soweit nicht solche besonderen Lebensbereiche grundrechtlich geschützt sind, kann sich der Einzelne bei Eingriffen der öffentlichen Gewalt in seine Freiheit auf Art. 2 Abs. 1 GG berufen. Hier bedurfte es eines Gesetzesvorbehalts nicht, weil sich aus der Beschränkung der freien Entfaltung der Persönlichkeit durch die verfassungsmäßige Ordnung der Umfang staatlicher Eingriffsmöglichkeiten ohne weiteres ergibt.“.

1671 Vgl. auch Art. 142 GG i.V.m. Art. 4 Abs. 1 Verfassung NRW; Art. 6 EU-GR-Charta; Art. 5 EMRK.

a) GR-SB:

aa) Persönlicher GR-SB: „Jeder“.

bb) Sachlicher GR-SB: **„freie Entfaltung der Persönlichkeit“** bedeutet **allgemeine Verhaltensfreiheit** im umfassenden Sinn[1672] durch grundsätzlich jedes Tun, Dulden, Unterlassen[1673].

b) GR-E (oder Nichteingriff/GR-Verzicht): Verhaltenseinschränkung als Verhaltenssteuerung.

c) GR-B: Art. 2 Abs. 1 Hs. 2 GG[1674].

[1672] BVerfGE 6, 32, 36 f. (Elfes) = BVerfG, Urteil des Ersten Senats vom 16.01.1957 – 1 BvR 253/56, Gründe, II. 2. a), Rn. 14 f.: „Das Grundgesetz kann mit der ‚freien Entfaltung der Persönlichkeit‘ nicht nur die Entfaltung innerhalb jenes Kernbereichs der Persönlichkeit gemeint haben, der das Wesen des Menschen als geistig-sittliche Person ausmacht, denn es wäre nicht verständlich, wie die Entfaltung innerhalb dieses Kernbereichs gegen das Sittengesetz, die Rechte anderer oder sogar gegen die verfassungsmäßige Ordnung einer freiheitlichen Demokratie sollte verstoßen können. Gerade diese, dem Individuum als Mitglied der Gemeinschaft auferlegten Beschränkungen zeigen vielmehr, daß das Grundgesetz in Art. 2 Abs. 1 GG die Handlungsfreiheit im umfassenden Sinne meint. […] Es waren nicht rechtliche Erwägungen, sondern sprachliche Gründe, die den Gesetzgeber bewogen haben, die ursprüngliche Fassung ‚Jeder kann tun und lassen was er will‘ durch die jetzige Fassung zu ersetzen (vgl. v. Mangoldt, Parlamentarischer Rat, 42. Sitzung des Hauptausschusses, S. 533).“; BVerfGE 80, 137, 152 f. (Reiten im Walde) = BVerfG, Beschluss des Ersten Senats vom 06.06.1989 – 1 BvR 921/85 –, C. I. 1 a), Rn. 69: „Nach den in der Rechtsprechung des Bundesverfassungsgerichts entwickelten Grundsätzen gewährleistet Art. 2 Abs. 1 GG die allgemeine Handlungsfreiheit im umfassenden Sinne (st. Rspr. seit BVerfGE 6, 32 [36]; aus neuerer Zeit etwa: BVerfGE 74, 129 [151]; 75, 108 [154 f.]). Geschützt ist damit nicht nur ein begrenzter Bereich der Persönlichkeitsentfaltung, sondern jede Form menschlichen Handelns ohne Rücksicht darauf, welches Gewicht der Betätigung für die Persönlichkeitsentfaltung zukommt (vgl. etwa die Entscheidung eines Vorprüfungsausschusses in BVerfGE 54, 143 (146) - Taubenfüttern).“.

[1673] BVerfGE 6, 32, Ls. 1, 2 (Elfes) = BVerfG, Urteil des Ersten Senats vom 16.01.1957 – 1 BvR 253/56, Ls. 1: „Art. 11 GG betrifft nicht die Ausreisefreiheit.“, Ls. 2: „Die **Ausreisefreiheit** ist als Ausfluß der allgemeinen Handlungsfreiheit durch Art. 2 Abs. 1 GG innerhalb der Schranken der verfassungsmäßigen Ordnung gewährleistet.“; BVerwG, Urteil vom 29.05.2019 – BVerwG 6 C 8.18 (Beschränkung des Geltungsbereichs eines Passes), Rn. 20: „In der höchstrichterlichen Rechtsprechung ist seit Jahrzehnten geklärt, dass die durch Art. 2 Abs. 1 GG geschützte Ausreisefreiheit auch durch den Passversagungsgrund des § 7 Abs. 1 Nr. 1 Alt. 3 PassG als Bestandteil der verfassungsmäßigen Ordnung wirksam eingeschränkt wird.“.

[1674] Art. 2 Abs. 1 Hs. 2 GG (**Schrankentrias**): BVerfGE 80, 137, 153 (Reiten im Walde) = BVerfG, Beschluss des Ersten Senats vom 06.06.1989 – 1 BvR 921/85 –, C. I. 1 a), Rn. 69: „Abgesehen von einem absolut geschützten Kernbereich privater Lebensgestaltung, welcher der Einwirkung der öffentlichen Gewalt entzogen ist (BVerfGE 6, 32 [41]), ist die allgemeine Handlungsfreiheit allerdings nur in den Schranken des zweiten Halbsatzes von Art. 2 Abs. 1 GG gewährleistet und steht damit insbesondere unter dem **Vorbehalt der verfassungsmäßigen (Rechts-)Ordnung** (BVerfGE 6, 32 [37 f.]; 74, 129 [152]). Stützt sich ein die Handlungsfreiheit berührender Akt der öffentlichen Gewalt auf eine Rechtsnorm, so kann mit der Verfassungsbeschwerde unter Berufung auf Art. 2 Abs. 1 GG zur Nachprüfung gestellt werden, ob diese Norm zur **verfassungsmäßigen Ordnung** gehört, das heißt formell und materiell mit den Normen der Verfassung in Einklang steht (st. Rspr. seit BVerfGE 6, 32).“; BVerfGE 6, 32, Ls. 3 (Elfes) = BVerfG, Urteil des Ersten Senats vom 16.01.1957 – 1 BvR 253/56, Ls. 3: „**Verfassungsmäßige Ordnung** im Sinne des Art. 2 Abs. 1 GG ist die verfassungsmäßige Rechtsordnung, d.h. die Gesamtheit der Normen, die formell und materiell der Verfassung gemäß sind.“; vgl. dazu auch BVerfGE 6, 32, 37-41 (Elfes) = BVerfG, Urteil des Ersten Senats vom 16.01.1957 – 1 BvR 253/56, Gründe II. 2 b), c), Rn. 17-33.

Rechte anderer sind (als Teil der verfassungsmäßigen Ordnung) subjektive Berechtigungen (Anspruch oder Befugnis oder Erlaubnis) einschließlich Verpflichtungen (Pflicht zur Erfüllung von Anspruch oder

A. Rechtsgrundlage (RGL) II. Rechtsgebiet (RG)

(VOR/DEF)

Rechtsgebiet ist Rechtsordnungsteil nach allen Umständen[1675] – wie schwerpunktmäßige Äußerungen[1676], Rechtsnormen[1677], Zwecke[1678], auch i.V.m. §§ 133, 157 BGB analog[1679].[1680]

Befugnis oder Erlaubnis) und sonstiger Rechtswirkungen für ein Rechtssubjekt bezüglich eines Verhaltens oder eines Rechtsguts.

Vgl. zum ein Mal bundesverfassungsgerichtlich entscheidungserheblich bemühten „**Sittengesetz**" nach Art. 2 Abs. 1 Hs. 2 GG als Gesetz, das nicht das durch die „soziale Gemeinschaft" „als für sich verbindlich" anerkannte „Rechtsgefühl" „im allgemeinen" „verletzt": BVerfGE 6, 389 (Homosexuelle) = BVerfG, Urteil des Ersten Senats vom 10.05.1957 – 1 BvR 550/52 –, und StrRehaHomG (Gesetz zur strafrechtlichen Rehabilitierung der nach dem 8. Mai 1945 wegen einvernehmlicher homosexueller Handlungen verurteilten Personen vom 17. Juli 2017 – BGBl. I S. 2443).

1675 Umstände im weiten Sinn, etwa als Bedingungen, Beziehungen, Faktoren, Folgen, Funktionen, Umweltbedingungen, Variablen, Verhältnissen, Voraussetzungen, Weltbedingungen.

1676 Äußerungen im weiten Sinn, etwa als alle Verhaltensäußerungen (einschließlich Aussagen).

1677 Rechtsnormen im weiten Sinn, etwa solche, die die Umstände oder das Verhalten regieren (sollen).

1678 Zwecke im weiten Sinn, etwa als sich aus einer Lage ergebende, objektiv zu verfolgende Ziele.

1679 Sog. **objektivierter Empfängerhorizont**, vgl. BVerwGE 147, 81 = BVerwG, Urteil vom 20.06.2013 – BVerwG 8 C 46.12, Rn. 27: „Die bundesrechtlichen Auslegungsregeln der §§ 133, 157 BGB sind auf öffentlich-rechtliche Erklärungen entsprechend anzuwenden. Bei Verwaltungsakten kommt es wie bei empfangsbedürftigen Willenserklärungen nicht auf den wirklichen Willen des Erklärenden (natürliche Auslegung), sondern auf den objektiven Erklärungsinhalt an. Maßgeblich ist, wie der Empfänger die Erklärung nach Treu und Glauben unter Berücksichtigung der für ihn erkennbaren Umstände verstehen musste. Dabei ist vom Wortlaut der Erklärung auszugehen und deren objektiver Gehalt unter Berücksichtigung des Empfängerhorizonts zu ermitteln (stRspr, vgl. Urteile vom 2. September 1999 - BVerwG 2 C 22.98 - BVerwGE 109, 283 <286> = Buchholz 237.7 § 72 NWLBG Nr. 4 und vom 27. Juni 2012 - BVerwG 9 C 7.11 - BVerwGE 143, 222 <Rn. 18> = Buchholz 11 Art. 20 GG Nr. 206; BGH, Urteile vom 24. Februar 1988 - VIII ZR 145/87 - BGHZ 103, 275 <280>, vom 27. Januar 2010 - VIII ZR 58/09 - BGHZ 184, 128 <137 Rn. 33> und vom 1. März 2011 - II ZR 16/10 - NJW 2011, 1666 <1667 Rn. 11> je m.w.N.)."; BVerwG, Beschluss vom 06.08.2018 – BVerwG 7 B 4.18, Rn. 10: „Dass die bundesrechtlichen Auslegungsregeln der §§ 133, 157 BGB auf öffentlich-rechtliche Erklärungen, d.h. u.a. auf Verwaltungsakte, entsprechend anzuwenden sind, ist in der Rechtsprechung des Bundesverwaltungsgerichts bereits geklärt (BVerwG, Urteil vom 20. Juni 2013 - 8 C 46.12 - BVerwGE 147, 81 Rn. 27 m.w.N.).".

1680 BVerwG 47, 255, 264 = BVerwG, Urteil vom 03.12.1974 – BVerwG I C 11.73: „Obwohl sich für die Polizei im Einzelfall bei einem einheitlichen Lebenssachverhalt gleichzeitig und unmittelbar Aufgaben der Strafverfolgung und der Gefahrenabwehr ergeben können, ist der im Schrifttum vertretenen Auffassung nicht zu folgen, daß aus Gründen der Rechtssicherheit oder wegen der schwierigen Durchschaubarkeit für den Bürger jede Art polizeilichen Handelns der verwaltungsgerichtlichen Kontrolle unterliegen müsse. In aller Regel ist es für den Betroffenen nicht schwer, zu erkennen, ob die Polizei im konkreten Fall eine - begangene - Straftat erforschen (**Strafverfolgung**) oder den Eintritt eines Schadens, etwa die - zukünftige - Begehung einer strafbaren Handlung, verhindern oder eine bereits eingetretene Störung der öffentlichen Sicherheit oder Ordnung beseitigen (**Gefahrenabwehr**) will. Außerdem wird man davon ausgehen dürfen, daß die Polizei dem Betroffenen - wie im vorliegenden Fall - den Grund ihres Einschreitens von sich aus oder auf Verlangen angibt. Im übrigen kommt es darauf an, wie sich der konkrete Lebenssachverhalt einem verständigen Bürger in der Lage des Betroffenen bei natürlicher Betrachtungsweise darstellt. Dieser Sachverhalt muß im allgemeinen einheitlich betrachtet werden, es sei denn, daß einzelne Teile des Geschehensablaufs objektiv abtrennbar sind. Hat die Polizei die

(SUB/ERG)

Die Freiheitsentziehung/das Festhalten der Festnahme erfolgt auf dem Rechtsgebiet des besonderen öffentlichen Rechts polizeilicher Strafrechtspflege.

Eine Freiheitsentziehung/ein Festhalten erfolgt auf dem Rechtsgebiet der Strafrechtspflege insbesondere bei

- tatverdachtsveranlasster/tatverdachtsbezogener Freiheitsentziehung;
- Freiheitsentziehung mit schwerpunktmäßigem Zweck einer Strafrechtspflegemaßnahme;
- Fehlen von Gefahrenüberhang.

A. Rechtsgrundlage (RGL) III. Mögliche Befugnisrechtsnorm (Mgl. Brn.)

(VOR/DEF)

Befugnisrechtsnorm ist rechtmäßige hauptsächliche materiellrechtliche Rechtsgrundlage mit realfolgenentsprechender Rechtsfolge.

(SUB/ERG)

Realfolge ist die jeweilige Realfolge laut Sachverhalt.

Rechtsfolge ist die jeweilige Maßnahme laut Rechtsnorm.

(SUB)

Realfolgen und Rechtsfolgen zu:

Anhalten/Festhalten

(SUB)

Realfolgen Anhalten/Festhalten:

- Aufforderung zum Stehenbleiben
- Aufforderung zum Verlangsamen des Fortbewegungstempos
- Aufforderung zum Aufenthalt an bestimmter Stelle

Rechtsfolge Anhalten/Festhalten:

Anhalten/Festhalten ist Reduzieren oder Stoppen der Bewegung i.S.d. Art. 2 Abs. 2 S.

(ERG)

Mögliche Befugnisrechtsnorm zu:

Anhalten/Festhalten

(ERG)

Gefahrenabwehr:

Anhalten / Festhalten:

- § 12 Abs. 1 Nr. 1, Abs. 2 S. 2 Var. 1 / S. 3 PolG NRW
- § 12 Abs. 1 Nr. 2 a), Abs. 2 S. 2 Var. 1 / S. 3 PolG NRW
- § 12 Abs. 1 Nr. 2 b), Abs. 2 S. 2 Var. 1 / S. 3 PolG NRW
- § 12 Abs. 1 Nr. 2 c), Abs. 2 S. 2 Var. 1 / S. 3 PolG NRW
- § 12 Abs. 1 Nr. 3, Abs. 2 S. 2 Var. 1 / S.

Ermittlungen an die StA oder das Amtsgericht weitergeleitet (§ 163 Abs. 2 StPO) oder auf Weisung der StA gehandelt, so kann an der strafprozessualen Natur ihres Einschreitens kein vernünftiger Zweifel bestehen. Eine Maßnahme, die nach dem Gesamteindruck darauf gerichtet ist, eine strafbare Handlung zu erforschen oder sonst zu verfolgen, ist der Kontrolle der ordentlichen Gerichte nach §§ 23 ff. EGGVG nicht etwa deshalb entzogen, weil durch die polizeilichen Ermittlungen möglicherweise zugleich auch künftigen Verletzungen der öffentlichen Sicherheit vorgebeugt würde.“.

2 GG.

Abgrenzung von Anhalten und Festhalten erfolgt nach:

- Gesetz, vgl. §§ 36 Abs. 1 S. 1, 37 Abs. 1 PolG NRW
- „ADIMZ" (Art, Dauer, Intensität, Mittel, Zweck der Freiheitsbeschränkung) (Vorentscheidung mit Freiheitsentziehung oder sonstiger Freiheitsbeschränkung beim Fallbearbeitungspunkt A. I.)

3 PolG NRW

- § 12 Abs. 1 Nr. 4, Abs. 2 S. 2 Var. 1 / S. 3 PolG NRW
- § 12a Abs. 1 S. 1 Var. 1 / S. 1 Var. 3 PolG NRW
- § 14 Abs. 1 Nr. 1 PolG NRW (i.V.m. § 12/12a PolG NRW)
- Ggf. § 8 Abs. 1 PolG NRW.

Nur Anhalten:

- § 9 Abs. 2 S. 2 PolG NRW
- § 9 Abs. 3 S. 1 (i.V.m. § 9 Abs. 2 PolG NRW)
- § 25 Abs. 2 PolG NRW
- § 36 Abs. 5 S. 1 StVO.

Nur Festhalten (vgl. §§ 36 Abs. 1 S. 1, 37 Abs. 1 PolG NRW):

- § 10 Abs. 3 PolG NRW
- § 35 PolG NRW
- § 58 Abs. 4 AufenthG
- §§ 62-62b AufenthG (vgl. § 71 Abs. 5 AufenthG).

Nur für zuständige Behörde: § 30 IfSG. Nur für örtliche Ordnungsbehörde: § 14 PsychKG (NRW). Nur für Jugendamt: § 42 SGB VIII.

Strafrechtspflege (ggf. mit §§ 46, 53 Abs. 1 S. 2, Abs. 2 OWiG):

Anhalten als (erforderliche) Maßnahme / Festhalten zur

- IDF beim Verdächtigen, § 163b Abs. 1 StPO / §§ 163b Abs. 1, c StPO
- IDF beim Nichtverdächtigen, § 163b Abs. 2 StPO/ §§ 163b Abs. 2, c StPO
- IDF bei jedermann an an öffentlich zugänglichem Ort eingerichteter Kontrollstelle, § 111 StPO (ohne §§ 46, 53 Abs. 1 S. 2 OWiG)
- Ggf. § 163 Abs. 1 S. 2 StPO.

Nur Festhalten (vgl. Art. 104 GG):

- § 127 Abs. 1 S. 1 Alt 1 StPO
- § 127 Abs. 2 i.V.m. § 112 StPO

- § 127 Abs. 2 i.V.m. § 112a StPO
- § 127 Abs. 2 i.V.m. § 126a StPO
- § 127b StPO
- § 164 StPO
- § 19 IRG.

(SUB)

Realfolge ist die Maßnahme laut Sachverhalt.

Rechtsfolge ist (als Justiz-VA, § 23 Abs. 1 S. 1 EGGVG)[1681] die **vorläufige Festnahme** (Freiheitsentziehung/Festhalten auf dem Rechtsgebiet der Straftatenerforschung zunächst ohne vorherige richterliche Anordnung zu einem Zweck aus einer Festnahmebefugnisrechtsnorm).

Festnahme-Zwecke[1682] nach StPO (mindestens nach Feststellung von Freiheitsentziehung/Festhalten für Entscheidung zu möglicher Befugnisrechtsnorm zu antizipieren – aus Umkehrschluss/contrario zum Haftgrund/Haftgründe oder Unterbringungsgrund):

- § 127 Abs. 1 S. 1 Alt.1 StPO: Fluchtverdachts-Erforschungssicherung (weitere Sachverhaltsklärung; ohne Anhaltspunkte zu weiterem Haft- oder Unterbringungsgrund, vgl. §§ 112, 112a, 126a, 127b StPO);
- § 127 Abs. 2 i.V.m. § 112 Abs. 1, 2 Nr. 1 StPO: Flucht- oder Verbergensunterbindung;
- § 127 Abs. 2 i.V.m. § 112 Abs. 1, 2 Nr. 2 StPO: Fluchtgefahr-Abwehr;
- § 127 Abs. 2 i.V.m. § 112 Abs. 1, 2 Nr. 3 StPO: Verdunkelungsgefahr-Abwehr;
- § 127 Abs. 2 i.V.m. § 112 Abs. 1, 3 StPO: Tataufklärungsgefährdungs-Abwehr bei bestimmten Straftaten – mit ansatzweisem Zweck aus § 112 Abs. 2 Nr. 1, 2, 3 StPO[1683];

[1681] **Wohnungstüröffnungs-Verfügung** (je nach Rechtsgebiet VA oder Justiz-VA [z.B.: „Bitte öffnen Sie die Tür!“]) kann bspw. wie folgt – insbesondere über den Zweck – zu subsumieren sein:

- § 9 Abs. 2 PolG NRW / § 163 Abs. 3 StPO / § 163a StPO (Zweck: Befragung / Vernehmung).
- § 12 PolG NRW / § 163b Abs. 1 oder § 163b Abs. 2 StPO (Zweck: IDF jedenfalls ohne Wohnungs-Betretens- und Wohnungs-Durchsuchungszweck [z.B.: IDF-Befragung / IDF-Ausweisverlangen an der Tür]).
- § 16a PolG NRW / § 163f StPO / § 163 Abs. 1 S. 2 StPO (Zweck: Observation jedenfalls ohne Wohnungs-Betretens- und Wohnungs-Durchsuchungszweck [z.B.: Datenerhebung von der Tür aus]).
- § 35 PolG NRW / § 127 Abs. 1 S. 1 Alt. 1 StPO / § 127 Abs. 2 i.V.m. § 112/§ 112a/§ 126a; § 127b StPO; § 164 StPO (Zweck: Ingewahrsamnahme / Festnahme jedenfalls ohne Wohnungs-Betretens- und Wohnungs-Durchsuchungszweck [z.B.: Ingewahrsamnahme / Festnahme an der Tür]).
- § 41 PolG NRW / § 102 StPO oder § 103 StPO (Zweck: Wohnungsbetreten und/oder Wohnungsdurchsuchung).
- § 43 PolG NRW / § 94 Abs. 1 StPO / § 94 Abs. 1, 2 StPO / §§ 94 Abs. 3, 111a StPO, § 69 StGB / §§ 99, 100 StPO / § 108 StPO (§ 110 StPO); / § 111b StPO / § 132 StPO (Zweck: Sicherstellung/Beschlagnahme jedenfalls ohne Wohnungs-Betretens- und Wohnungs-Durchsuchungszweck [z.B.: Sicherstellung/Beschlagnahme an der Tür).
- § 81a StPO / § 81c StPO / § 81g StPO / § 81h StPO (Zweck: der jeweilige „Untersuchungs“-Zweck jedenfalls ohne Wohnungs-Betretens- und Wohnungs-Durchsuchungszweck [z.B.: „Untersuchung“ an der Tür]).
- § 8 Abs. 1 PolG NRW / § 163 Abs. 1 S. 2 StPO (Zweck: jedenfalls ein nicht besonders geregelter Zweck jedenfalls ohne Wohnungs-Betretens- und Wohnungs-Durchsuchungszweck).

[1682] Unterscheide wiederum die IDF-Zwecke von Freiheitsentziehung/Festhalten nach § 111 Abs. 3 StPO, § 163b Abs. 1, c StPO, § 163b Abs. 2, c StPO, die keine Festnahmebefugnisrechtsnormen sind, vgl. auch § 127 Abs. 1 S. 2 StPO.

- § 127 Abs. 2 i.V.m. § 112a StPO: Wiederholungsgefahr-Abwehr;
- § 127 Abs. 2 i.V.m. § 126a StPO: Unterbringungssicherung für öffentliche Sicherheit;
- § 127b StPO: Beschleunigung des Verfahrens i.S.d. §§ 417-420 StPO und Fluchtgefahr-Abwehr;
- § 164 StPO: Amtshandlungsstörungs-Abwehr.

Verhältnis der Festnahmebefugnisrechtsnormen zueinander:

- § 127 Abs. 1 S. 1 Alt.1 StPO[1684]: jedenfalls anzuwenden bei Fehlen von Kenntnissen zu Haft- oder Unterbringungsgründen aus §§ 112, 112a, 126a, 127b StPO und anwendbar neben § 164 StPO;
- § 127 Abs. 2 i.V.m. § 112 Abs. 1, 2 Nr. 1 StPO: jedenfalls lex specialis ggü. § 127 Abs. 1 S. 1 Alt. 1 StPO und § 127 Abs. 2 i.V.m. § 112a StPO und grundsätzlich anwendbar neben § 127 Abs. 2 i.V.m. § 126a StPO und § 164 StPO;
- § 127 Abs. 2 i.V.m. § 112 Abs. 1, 2 Nr. 2 StPO: jedenfalls lex specialis ggü. § 127 Abs. 1 S. 1 Alt. 1 StPO und § 127 Abs. 2 i.V.m. § 112a StPO und grundsätzlich anwendbar neben § 127 Abs. 2 i.V.m. § 126a StPO und § 164 StPO;

1683 Vgl. i.V.m. § 31 BVerfGG: BVerfGE 19, 342, 350 f. (Wencker) = BVerfG, Beschluss des Ersten Senats vom 15.12.1965 – 1 BvR 513/65: „Der neu [mit Gesetz zur Änderung der Strafprozeßordnung und des Gerichtsverfassungsgesetzes vom 19. Dezember 1964 (BGBl. I S. 1067), das am 1. April 1965 in Kraft getreten ist (sogenannte Kleine Strafprozeßnovelle), P.B.] eingeführte § 112 Abs. 4 StPO [jetzt: **§ 112 Abs. 3 StPO**] müßte dagegen rechtsstaatliche Bedenken erwecken, wenn er dahin auszulegen wäre, daß bei dringendem Verdacht eines der hier bezeichneten Verbrechen gegen das Leben die Untersuchungshaft ohne weiteres, d.h. ohne Prüfung weiterer Voraussetzungen, verhängt werden dürfte. Eine solche Auslegung wäre mit dem Grundgesetz nicht vereinbar. Es kann schon zweifelhaft sein, ob sie dem Wortlaut der Bestimmung entspricht; denn dieser legt es nahe, der Vorschrift nur subsidiäre Geltung beizumessen, sie also nur anzuwenden, wenn zuvor das Vorliegen eines Haftgrundes nach Absatz 2 geprüft und verneint worden ist. Aber auch wenn man dieser Auslegung nicht folgt, fordert der Grundsatz der Verhältnismäßigkeit, daß der Richter auch bei Anwendung des § 112 Abs. 4 StPO [jetzt: § 112 Abs. 3 StPO] den Zweck der Untersuchungshaft nie aus dem Auge verliert. Weder die Schwere der Verbrechen wider das Leben noch die Schwere der (noch nicht festgestellten) Schuld rechtfertigen für sich allein die Verhaftung des Beschuldigten; noch weniger ist die Rücksicht auf eine mehr oder minder deutlich feststellbare ‚Erregung der Bevölkerung' ausreichend, die es unerträglich finde, wenn ein ‚Mörder' frei umhergehe. **Es müssen vielmehr auch hier stets Umstände vorliegen, die die Gefahr begründen, daß ohne Festnahme des Beschuldigten die alsbaldige Aufklärung und Ahndung der Tat gefährdet sein könnte** [Hervorhebung als einzige immerwährende Zusatz-Obervoraussetzung zu § 112 Abs. 3 StPO laut BVerfG; im Folgenden laut BVerfG mögliche, aus den Haftgründen (Flucht), Fluchtverdacht, Verdunkelungsgefahr, Wiederholungsgefahr abgeleitete Untervoraussetzungen P.B.]. Der zwar nicht mit ‚bestimmten Tatsachen' belegbare, aber nach den Umständen des Falles doch nicht auszuschließende Fluchtverdacht oder Verdunkelungsverdacht kann u.U. bereits ausreichen. Ebenso könnte die ernstliche Befürchtung, daß der Beschuldigte weitere Verbrechen ähnlicher Art begeht, für den Erlaß eines Haftbefehls genügen. § 112 Abs. 4 StPO [jetzt: § 112 Abs. 3 StPO] ist in engem Zusammenhang mit Absatz 2 zu sehen; er läßt sich dann damit rechtfertigen, **daß mit Rücksicht auf die Schwere der hier bezeichneten Straftaten die strengen Voraussetzungen der Haftgründe des [§ 112] Absatzes 2 [und des § 112a StPO] gelockert werden sollen, um die Gefahr auszuschließen, daß gerade besonders gefährliche Täter sich der Bestrafung entziehen** [Hervorhebung der praktischen Prüfkonsequenz, mit an den Haftgründen an sich ausgerichteter Püfung aller Voraussetzungen des § 112 Abs. 3 StPO, ausgerichtet an den Haftgründen an sich insbesondere aus § 112 Abs. 2 StPO und § 112a StPO., P.B.]."

1684 Praxis-Klassiker bzgl. § 127 Abs. 1 S. 1 Alt. 1 StPO: Betreffen bei Täter-am-Ort-Lage oder Tatortbereichsfahndung zunächst ohne weitere (Er-)Kenntnisse zu Haft- oder Unterbringungsbefehlsgründen, Begründung in praxi mitunter „zur weiteren Sachverhaltsklärung".

- § 127 Abs. 2 i.V.m. § 112 Abs. 1, 2 Nr. 3 StPO: jedenfalls lex specialis ggü. § 127 Abs. 1 S. 1 Alt. 1 StPO und § 127 Abs. 2 i.V.m. § 112a StPO und grundsätzlich anwendbar neben § 127 Abs. 2 i.V.m. § 126a StPO und § 164 StPO;
- § 127 Abs. 2 i.V.m. § 112 Abs. 1, 3 StPO: jedenfalls lex specialis ggü. § 127 Abs. 1 S. 1 Alt. 1 StPO und § 127 Abs. 2 i.V.m. § 112a StPO und grundsätzlich anwendbar neben § 127 Abs. 2 i.V.m. § 126a StPO und § 164 StPO;
- § 127 Abs. 2 i.V.m. § 112a StPO: jedenfalls lex specialis ggü. § 127 Abs. 1 S. 1 Alt. 1 StPO und grundsätzlich anwendbar neben § 127 Abs. 2 i.V.m. § 126a StPO und § 164 StPO; vgl. § 112a Abs. 2 StPO;
- § 127 Abs. 2 i.V.m. § 126a StPO: jedenfalls lex specialis ggü. § 127 Abs. 1 S. 1 Alt. 1 StPO grundsätzlich anwendbar neben § 127 Abs. 2 i.V.m. § 112 StPO, § 127 Abs. 2 i.V.m. § 112a StPO, § 127b StPO, § 164 StPO; vgl. zum Verhältnis von § 126a StPO insbesondere § 126a Abs. 1 StPO, §§ 20, 21 StGB, § 152 Abs. 2 StPO;
- § 127b StPO: nur anwendbar bei Wahrscheinlichkeit unverzüglicher Entscheidung im beschleunigten Verfahren, vgl. §§ 127b Abs. 1 S. 1 Nr. 1, 417 Hs. 2, 419 Abs. 1 StPO, § 79 Abs. 2 JGG und bei Erwartbarkeit der Durchführung der Hauptverhandlung binnen einer Woche nach der Festnahme – jedenfalls lex specialis ggü. § 127 Abs. 1 S. 1 Alt. 1 StPO und § 127 Abs. 2 i.V.m. § 112a StPO; grundsätzlich anwendbar neben § 127 Abs. 2 i.V.m. § 112 StPO und § 127 Abs. 2 i.V.m. § 126a StPO und § 164 StPO;
- § 164 StPO: grundsätzlich anwendbar neben § 127 Abs. 1 S. 1 Alt. 1 StPO, § 127 Abs. 2 StPO, § 127b StPO.

(ERG)

Mögliche Befugnisrechtsnorm ist § 127 Abs. 2 i.V.m. § 112 (Abs. 1, 2 Nr. 1/2/3/Abs. 3) StPO.

B. Formelle Rechtmäßigkeit (FR) I. Zuständigkeit (Z)

(VOR/DEF)

Zuständigkeit ist Aufgabenwahrnehmungserlaubnis für den Rechtsfolgesetzer.

(SUB/ERG)

Für die Maßnahme ist die Zuständigkeit (i.d.R.) wie folgt gegeben:

1. sachliche Zuständigkeit *der Polizei* gemäß

- § 163 Abs. 1 S. 1 StPO;

2. instanzielle Zuständigkeit *der Polizeibehörde* (i.d.R.) gemäß

- (i.d.R.) § 11 Abs. 1 Nr. 2 Alt. 1 POG NRW i.V.m. KPBVO NRW;
- (generell:) §§ 10-14 POG NRW (ggf. i.V.m. LKAAufgVO NRW);

3. örtliche Zuständigkeit *der Polizeibehörde* gemäß

- (i.d.R.) § 7 Abs. 1 S. 1 POG NRW (ggf. i.V.m. KHStVO NRW);

- (generell: §§ 7-9 POG NRW[1685]) (ggf. i.V.m. KHStVO NRW);

4. funktionelle Zuständigkeit *des Polizeiamtswalters* gemäß

- § 127 Abs. 2 Hs. 1 StPO: Beamter des Polizeidienstes.

B. Formelle Rechtmäßigkeit (FR) II. Verfahren (V)

(VOR/DEF)

Verfahren ist normiertes Verhalten insbesondere für den Rechtsfolgezuständigen außer, bei, i.Z.m. der Rechtsfolge.

1. Spezielle Verfahrensrechtsnormen für Festnahme im Sinne von § 127 Abs. 2 i.V.m. § 112 StPO[1686]

(VOR/DEF)

a) § 127 Abs. 2 Hs. 1 i.V.m. § 127 Abs. 1 S. 1, letzter Hs. StPO: Festnahme zunächst auch ohne richterliche Entscheidung bei Gefahr im Verzug

Gemäß § 127 Abs. 2 Hs. 1 StPO (i.V.m. § 127 Abs. 1 S. 1, letzter Hs. StPO) sind die Staatsanwaltschaft und die Beamten des Polizeidienstes bei Gefahr im Verzug auch zunächst ohne Richteranordnung befugt zur **vorläufigen Festnahme** (Festnahme zunächst ohne Richter).[1687]

Gefahr im Verzug ist gegeben, wenn bei einzelfallbezogenen Tatsachen die Erwirkung des Richterhaftbefehls,
§ 128 StPO, den gesetzlichen Festnahmezweck, nämlich den jeweiligen aus der Festnahmebefugnisnorm, unvorhergesehen gefährden, also wesentlich erschweren oder vereiteln würde.

1685 Vgl. auch zu § 9 Abs. 1 S. 1 Nr. 5 POG NRW: Abkommen zwischen den Ländern der Bundesrepublik Deutschland über die erweiterte Zuständigkeit der Polizei der Länder bei der Strafverfolgung.

1686 Vgl. auch Art. 46 GG (Abs. 1: **Abgeordnetenindemnität**; Abs. 2-4: **Abgeordnetenimmunität** – mit **Bundestagsgenehmigungsvorbehalt**); Art. 47 Verfassung NRW (**Abgeordnetenindemnität**), Art. 48 Verfassung NRW (**Abgeordnetenimmunität** – mit **Landtagsgenehmigungsvorbehalt**); Art. 60 Abs. 4 GG (**Bundespräsidentenimmunität**). Vgl. auch §§ 18, 21 GVG i.V.m. DiplBezÜbkG i.V.m. WÜD; §§ 19, 21 GVG i.V.m. Art. 27, 29 KonsÜbkG i.V.m. Art. 35, 41, 42 WÜK.

Vgl. auch § 14 Abs. 3 S. 2 AsylG: Im Fall von Asylantragstellung während einer in § 14 Abs. 3 S. 1 AsylG aufgeführten Haft (Untersuchungshaft; Strafhaft; Abschiebungshaft als Vorbereitungshaft, Sicherungshaft, Mitwirkungshaft; Ausreisegewahrsam) ist dem Ausländer unverzüglich Gelegenheit zu geben, mit einem Rechtsbeistand seiner Wahl Verbindung aufzunehmen, es sei denn, er hat sich selbst vorher anwaltlichen Beistands versichert.

1687 Zum Bezug des Gesetzesmerkmals der „Gefahr im Verzug“ auf das Verfahren des zuständigen Rechtsfolgeakteurs vgl. § 127 Abs. 1 S. 1 a.E. StPO: „jedermann befugt, ihn auch ohne richterliche Anordnung vorläufig festzunehmen“ und § 127 Abs. 2 Hs. 1: „Die Staatsanwaltschaft und die Beamten des Polizeidienstes sind bei Gefahr im Verzug auch dann zur vorläufigen [=ohne vorige Richter-Entscheidung] Festnahme befugt“.

Gefahr im Verzug ist auch gegeben, wenn im konkreten Fall zulässigerweise kein Richterdienst vorhanden ist oder wenn vorhandener richterlicher Bereitschaftsdienst unter zulässiger Anrufwege **unverzüglich** (vgl. auch § 121 Abs. 1 S. 1 BGB) vergeblich zu erreichen versucht wird und eine weitere Verzögerung den gesetzlichen Festnahmezweck gefährden, also wesentlich erschweren oder vereiteln würde.[1688]

[1688] BVerfGE 151, 67 (Richtervorbehalt, Bereitschaftsdienst, Nachtzeit/Tageszeit i.S.v. § 104 Abs. 3 StPO) = BVerfG, Beschluss des Zweiten Senats vom 12.03.2019 – 2 BvR 675/14 –, Rn. 55 (Nachtzeit): „Art. 13 Abs. 2 Halbsatz 2 GG lässt es zu, dass Durchsuchungen bei Gefahr im Verzug auch durch die in den Gesetzen vorgesehenen anderen Organe – bei der strafprozessualen Durchsuchung gemäß § 105 Abs. 1 Satz 1 Halbsatz 2 StPO durch die Staatsanwaltschaft und ihre **Ermittlungspersonen** (§ 152 GVG) – angeordnet werden dürfen. Wortlaut und Systematik des Art. 13 Abs. 2 GG belegen indes, dass die richterliche Durchsuchungsanordnung die Regel und die nichtrichterliche die Ausnahme sein soll (vgl. BVerfGE 103, 142 <153>; 139, 245 <269 Rn. 69>). […] Demgemäß ist der Begriff ‚Gefahr im Verzug' im Sinne des Art. 13 Abs. 2 GG eng auszulegen. **Gefahr im Verzug** ist nur anzunehmen, wenn die richterliche Anordnung nicht mehr eingeholt werden kann, ohne dass der Zweck der Maßnahme – regelmäßig die Sicherung von Beweismitteln – gefährdet würde (vgl. BVerfGE 51, 97 <111>; 103, 142 <153 f.>; 139, 245 <269 Rn. 69>).", Ls. 2: „Zu den Anforderungen an einen dem Gebot der praktischen Wirksamkeit des Richtervorbehalts entsprechenden **richterlichen Bereitschaftsdienst** gehört die uneingeschränkte Erreichbarkeit eines Ermittlungsrichters bei Tage, auch außerhalb der üblichen Dienststunden. Die **Tageszeit** umfasst dabei ganzjährig die Zeit zwischen 6 Uhr und 21 Uhr. Während der **Nachtzeit** ist ein **ermittlungsrichterlicher Bereitschaftsdienst** jedenfalls bei einem Bedarf einzurichten, der über den Ausnahmefall hinausgeht.", Ls. 3: „Ob und inwieweit ein über den Ausnahmefall hinausgehender Bedarf an nächtlichen Durchsuchungsanordnungen die Einrichtung eines ermittlungsrichterlichen Bereitschaftsdienstes zur Nachtzeit erfordert, haben die Gerichtspräsidien nach pflichtgemäßem Ermessen in eigener Verantwortung zu entscheiden. Für die Art und Weise der Bedarfsermittlung steht ihnen ein Beurteilungs- und Prognosespielraum zu.", Rn. 56: „Die Strafverfolgungsbehörden müssen dementsprechend regelmäßig versuchen, eine Anordnung des zuständigen Richters zu erlangen, bevor sie eine Durchsuchung beginnen. Nur in Ausnahmesituationen, wenn schon die zeitliche Verzögerung wegen eines solchen Versuchs den Erfolg der Durchsuchung gefährden würde, dürfen sie selbst die Anordnung wegen Gefahr im Verzug treffen, ohne sich zuvor um eine richterliche Entscheidung bemüht zu haben."; BVerfGE 139, 245 (Eilkompetenz der Ermittlungsbehörden) = BVerfG, Beschluss des Zweiten Senats vom 16.06.2015 - 2 BvR 2718/10, Rn. 83: „Scheitert hingegen der Versuch der Befassung des Gerichts mit dem Antrag auf Erlass einer Durchsuchungsanordnung, weil der zuständige Richter nicht erreicht werden kann und infolgedessen ein Beweismittelverlust droht, kommt ein Rückgriff auf die Eilkompetenz der Ermittlungsbehörden gemäß Art. 13 Abs. 2, 2. Halbsatz GG in Betracht.", Ls. 2 [zum **Eilzuständigkeitsende der Ermittlungsbehörden**]: „Mit der Befassung des zuständigen Ermittlungs- oder Eilrichters durch die Stellung eines Antrags auf Erlass einer Durchsuchungsanordnung und der dadurch eröffneten Möglichkeit präventiven Grundrechtsschutzes durch den Richter endet die Eilkompetenz der Ermittlungsbehörden.", Rn. 79: „Entscheidend ist dabei nicht der Zeitpunkt, zu dem die Staatsanwaltschaft den Entschluss fasst, eine richterliche Durchsuchungsanordnung zu beantragen, sondern der Zeitpunkt, in dem das Gericht mit dem Antrag auf Erlass einer Durchsuchungsanordnung befasst wird [**richterliche Befassung** oder **Gerichtsbefassung**, P. B.]. Dies ist der Fall, wenn die Staatsanwaltschaft [oder die Polizei, P. B.] dem zuständigen Richter den Antrag tatsächlich unterbreitet hat, so dass dieser in eine erste Sachprüfung eintreten kann.", Rn. 80: „Nicht entscheidend für den Zeitpunkt des Entfallens der Eilkompetenz der Staatsanwaltschaft ist dagegen der tatsächliche Beginn der sachlichen Prüfung durch das Gericht oder gar die endgültige gerichtliche Entscheidung.", Rn. 82: „Auch soweit während des durch den Richter in Anspruch genommenen Entscheidungszeitraums nach dessen Befassung die Gefahr eines Beweismittelverlusts eintritt, etwa weil dieser auf ein mündlich gestelltes Durchsuchungsbegehren hin die Vorlage schriftlicher Antragsunterlagen oder einer Ermittlungsakte fordert, Nachermittlungen anordnet oder schlicht bis zum Eintritt der Gefahr eines Beweismittelverlusts noch nicht entschieden hat, lebt die Eilkompetenz der Ermittlungsbehörden nicht wieder auf. Dies gilt unabhängig davon, aus welchen Gründen die richterliche Entscheidung über den Durchsuchungsantrag unterbleibt.", Ls. 3: „Die

b) § 128 StPO: Richtervorführung

Gemäß § 128 Abs. 1 S. 1 StPO, vgl. auch Art. 104 Abs. 2, 3 S. 1 GG, besteht Pflicht, den Festgenommenen, sofern er nicht wieder in Freiheit gesetzt wird, **unverzüglich**[1689] (vgl. § 121 Abs. 1 S. 1 BGB), spätestens am Tage nach der Festnahme, dem Richter bei dem Amtsgericht, in dessen Bezirk[1690] er festgenommen worden ist, vorzuführen.

Gemäß § 72a JGG (**Heranziehung der Jugendgerichtshilfe in Haftsachen**) ist bei Haftsache mit einem **Jugendlichen** oder einem **Heranwachsenden** (vgl. § 109 JGG) i.S.v. § 1 JGG nach

---

Eilkompetenz der Ermittlungsbehörden kann nur dann neu begründet werden, wenn nach der Befassung des Richters tatsächliche Umstände eintreten oder bekannt werden, die sich nicht aus dem Prozess der Prüfung und Entscheidung über diesen Antrag ergeben, und hierdurch die Gefahr eines Beweismittelverlusts in einer Weise begründet wird, die der Möglichkeit einer rechtzeitigen richterlichen Entscheidung entgegensteht.“, Ls. 4: „Auf die Ausgestaltung der justizinternen Organisation kann die Eilzuständigkeit der Ermittlungsbehörden nicht gestützt werden.“, Rn. 70: „Die daraus folgende Pflicht der Ermittlungsbehörden, sich regelmäßig um eine Durchsuchungsanordnung des zuständigen Richters zu bemühen, wird nicht durch den abstrakten Hinweis verzichtbar, eine richterliche Entscheidung sei zur maßgeblichen Zeit üblicherweise nicht mehr zu erreichen (vgl. BVerfGK 5, 74 <78>; 7, 392 <395>). Reine Spekulationen, hypothetische Erwägungen oder lediglich auf kriminalistische Alltagserfahrungen gestützte, fallunabhängige Vermutungen reichen ebenfalls nicht aus, um die Annahme von Gefahr im Verzug zu begründen (vgl. BVerfGE 103, 142 <155>; BVerfGK 2, 310 <315>). Auch schließt das verfassungsrechtliche Gebot, dem Ausnahmecharakter der Eilkompetenz Rechnung zu tragen, aus, mit dem Antrag auf Erlass einer Durchsuchungsanordnung zu warten, bis die Gefahr eines Beweismittelverlusts eingetreten ist. Selbst herbeigeführte tatsächliche Voraussetzungen können die Eilkompetenz der Staatsanwaltschaft und ihrer Ermittlungspersonen nicht begründen (vgl. BVerfGK 5, 74 <78>).“, Rn. 71: „Stattdessen sind bei der Beurteilung der Frage, ob der Versuch, eine richterliche Entscheidung herbeizuführen, unterbleiben darf, weil bereits die damit verbundene zeitliche Verzögerung den Erfolg der Durchsuchung gefährden würde, die konkreten Umstände des jeweiligen Einzelfalles in Rechnung zu stellen. Die Ermittlungsbehörden haben insbesondere die Komplexität der im Rahmen der Durchsuchungsanordnung zu prüfenden tatsächlichen und rechtlichen Fragen und den insoweit erforderlichen Zeitaufwand zu berücksichtigen. Daneben haben sie aber auch in ihre Überlegungen einzubeziehen, dass die Vorlage schriftlicher Unterlagen zur Herbeiführung einer richterlichen Eilentscheidung zumindest nicht ausnahmslos erforderlich ist. Jedenfalls in einfach gelagerten Fällen, in denen allein aufgrund der **mündlichen Darstellung des Sachverhalts** eine sachangemessene Entscheidung möglich ist, würde ein solches Erfordernis weder der gesetzlichen Intention noch der Bedeutung des Richtervorbehalts für den Grundrechtsschutz des Einzelnen gerecht (vgl. insoweit zur Anordnung einer Blutentnahme gemäß § 81a StPO: BVerfGK 17, 340 <346 f.>). Es bestehen daher in solchen Fällen keine verfassungsrechtlichen Bedenken, wenn der zuständige Richter allein aufgrund mündlich übermittelter Informationen entscheidet und die Durchsuchung auch **mündlich anordnet**, sofern er diese Anordnung zeitnah schriftlich dokumentiert und damit den sich aus Art. 19 Abs. 4 GG ergebenden Erfordernissen Rechnung trägt.“.

1689 BVerfGE 149, 293 (5-Punkt-Fixierung/7-Punkt-Fixierung) = BVerfG, Urteil des Zweiten Senats vom 24.07.2018 - 2 BvR 309/15 -, D. III. 4., Rn. 99 f.: „Art. 104 Abs. 2 Satz 2 GG fordert in einem solchen Fall, die richterliche Entscheidung unverzüglich nachzuholen (vgl. BVerfGE 10, 302 <321>; 105, 239 <249>). Das Tatbestandsmerkmal ‚**unverzüglich**‘ ist dahin auszulegen, dass die richterliche Entscheidung ohne jede Verzögerung, die sich nicht aus sachlichen Gründen rechtfertigen lässt, nachgeholt werden muss (vgl. BVerfGE 105, 239 <249>; Gusy, in: v. Mangoldt/Klein/Starck, GG, Bd. 3, 7. Aufl. 2018, Art. 104 Rn. 48). Nicht vermeidbar sind zum Beispiel die Verzögerungen, die durch die Länge des Weges, Schwierigkeiten beim Transport, die notwendige Registrierung und Protokollierung oder ein renitentes Verhalten des Betroffenen bedingt sind (vgl. BVerfGE 105, 239 <249>; BVerfGK 7, 87 <99>; Gusy, in: v. Mangoldt/Klein/Starck, GG, Bd. 3, 7. Aufl. 2018, Art. 104 Rn. 48). Sachliche Gründe, die eine Verzögerung der richterlichen Entscheidung rechtfertigen, können sich auch aus der Notwendigkeit verfahrensrechtlicher Vorkehrungen ergeben, die dem Schutz des Betroffenen dienen.“.

1690 **Gerichtsbezirke** gemäß Anlage 1 JustG NRW.

§ 72a S. 1 JGG die **Jugendgerichtshilfe** (§§ 52, 87b SGB VIII) unverzüglich (§ 121 Abs. 1 S. 1 BGB) von der Vollstreckung eines Haftbefehls zu **unterrichten**; ihr soll bereits der Erlass eines Haftbefehls **mitgeteilt** werden.

Gemäß § 72a S. 2 JGG ist die **Jugendgerichtshilfe** (§§ 52, 87b SGB VIII) von der **vorläufigen Festnahme** eines Jugendlichen oder Heranwachsenden (vgl. § 109 JGG) zu **unterrichten**, wenn nach dem Stand der Ermittlungen zu erwarten ist, dass der Jugendliche gemäß § 128 StPO dem **Richter vorgeführt** wird.

c) § 127 Abs. 4 i.V.m. §§ 114a, b, c StPO entsprechend als Verfahrensrechtsnormen für Festnahme i.S.d. § 127 Abs. 2 i.V.m. § 112 StPO

Gemäß § 127 Abs. 4 StPO gelten für die vorläufige Festnahme durch die Staatsanwaltschaft und durch Beamte des Polizeidienstes die §§ 114a bis 114c StPO entsprechend, und zwar wie folgt:

aa) § 127 Abs. 4 i.V.m. § 114a StPO [entsprechend]

Gemäß § 127 Abs. 4 i.V.m. § 114a StPO ist dem Beschuldigten bei der [Freiheitsentziehung] eine Abschrift [zur Freiheitsentziehung] auszuhändigen; beherrscht er die deutsche Sprache nicht hinreichend, erhält er zudem eine Übersetzung in einer für ihn verständlichen Sprache.

Gemäß § 127 Abs. 4 i.V.m. § 114a StPO ist dem Beschuldigten, wenn die Aushändigung einer Abschrift und einer etwaigen Übersetzung nicht möglich ist, **unverzüglich** (§ 121 Abs. 1 S. 1 BGB) in einer für ihn verständlichen Sprache mitzuteilen, welches die Gründe für die [Freiheitsentziehung] sind und welche Beschuldigungen gegen ihn erhoben werden.

Gemäß § 127 Abs. 4 i.V.m. § 114a StPO ist im Fall von Unmöglichkeit einer Abschrift oder Übersetzung die Aushändigung der Abschrift [zur Freiheitsentziehung] sowie einer etwaigen Übersetzung **unverzüglich** (§ 121 Abs. 1 S. 1 BGB) nachzuholen.

bb) § 127 Abs. 4 i.V.m. § 114b StPO [entsprechend]

Gemäß § 127 Abs. 4 i.V.m. § 114b S. 1 StPO ist der [festgehaltene] Beschuldigte **unverzüglich** (§ 121 Abs. 1 S. 1 BGB) und schriftlich in einer für ihn verständlichen Sprache über seine Rechte zu belehren.

Gemäß § 127 Abs. 4 i.V.m. § 114b S. 2 StPO hat zudem eine mündliche Belehrung zu erfolgen, wenn eine schriftliche Belehrung erkennbar nicht ausreichend ist.

Gemäß § 127 Abs. 4 i.V.m. § 114b S. 3 StPO hat eine mündliche Belehrung zu erfolgen, wenn eine schriftliche Belehrung nicht möglich ist; die schriftliche Belehrung soll jedoch nachgeholt werden, sofern dies in zumutbarer Weise möglich ist.

Gemäß § 127 Abs. 4 i.V.m. § 114b S. 4 StPO soll der Beschuldigte schriftlich bestätigen, dass er belehrt wurde; falls er sich weigert, ist dies zu dokumentieren.

Gemäß § 127 Abs. 4 i.V.m. § 114b Abs. 2 StPO bezieht sich der Inhalt der Belehrung insbesondere auf:

(1) § 114b Abs. 2 S. 1 Nr. 1 StPO: **unverzüglich**e (§ 121 Abs. 1 S. 1 BGB), spätestens am Ergreifens-Folge-Tag erfolgende Gerichtsvorführung zwecks Vernehmung und Entscheidung, vgl. Art. 104 Abs. 2 GG;

(2) § 114b Abs. 2 S. 1 Nr. 2 StPO: Recht auf Äußerung oder Nichtaussage (Schweigen);

(3) § 114b Abs. 2 S. 1 Nr. 3 StPO: Beweiserhebungsantragsrecht zur Entlastung, vgl. § 160 Abs. 2 StPO;

(4) § 114b Abs. 2 S. 1 Nr. 4 StPO: Verteidigerwahlfreiheit und Verteidigerbefragungsrecht; dabei sind Informationen zur Verfügung zu stellen, die es erleichtern, einen Verteidiger zu kontaktieren; auf bestehende anwaltliche Notdienste ist dabei hinzuweisen;

Gemäß § 72b JGG (Verkehr mit Vertretern der **Jugendgerichtshilfe**, dem **Betreuungshelfer** und dem **Erziehungsbeistand**) ist nach § 72b S. 1 JGG, befindet sich ein **Jugendlicher** oder **Heranwachsender** (vgl. § 109 JGG) i.S.v. § 1 JGG in **Untersuchungshaft**[1691], auch den Vertretern der **Jugendgerichtshilfe** (§§ 52, 87b SGB VIII) der Verkehr mit dem Beschuldigten in demselben Umfang wie einem **Verteidiger** gestattet; entsprechendes gilt gemäß § 72b S. 2 JGG, wenn der Beschuldigte der Betreuung und Aufsicht eines **Betreuungshelfers** (§ 30 SGB VIII) untersteht oder für ihn ein **Erziehungsbeistand** (§ 30 SGB VIII; §§ 1712-1717 BGB) bestellt ist, für den Helfer oder den Erziehungsbeistand;

(5) § 114b Abs. 2 S. 1 Nr. 4a StPO: Recht auf Pflichtverteidigerbestellung in den Fällen des § 140 StPO nach Maßgabe des § 141 Abs. 1 StPO und des § 142 Abs. 1 StPO StPO (**Notwendige Verteidigung**[1692])[1693];

[1691] Zur **Untersuchungshaft** siehe insbesondere: *Basten*, Eingriffsrecht der Polizei in Nordrhein-Westfalen, Band 2, Buch 2, Abschnitte 31, 32; vgl. auch §§ 112, 113, 114, 116-123, 126 StPO.

[1692] Mit „Gesetz zur Neuregelung des Rechts der notwendigen Verteidigung" (BGBl. I S. 2128; in Kraft seit 13.12.2019) ist erstmals das Recht des Beschuldigten ausdrücklich normiert, bereits auch im polizeilichen Ermittlungsverfahren grundsätzlich im Fall notwendiger Verteidigung (§ 140 StPO) „unverzüglich" (§ 121 Abs. 1 S. 1 BGB), „spätestens vor einer Vernehmung des Beschuldigten" (§ 163a StPO) einen Pflichtverteidiger „bestellt" zu erhalten, „wenn der Beschuldigte dies nach Belehrung ausdrücklich beantragt" (§ 141 Abs. 1 S. 1 StPO), in den Fällen des § 141 Abs. 2 S. 1 StPO auch „unabhängig von einem Antrag" – mit Rückausnahmen in § 141 Abs. 2 S. 2, 3 StPO; auch mit Abweichungen in § 141a StPO für Beschuldigtenvernehmungen und Gegenüberstellungen (§§ 58 Abs. 2, 168b Abs. 3 StPO). Der Zeitpunkt polizeilicher Belehrung zur notwendigen Verteidigung i.S.d. § 140 StPO ist in einschlägigen Fällen – spätestens – „bei Beginn der ersten Vernehmung" des Beschuldigten wegen § 141 Abs. 1 S. 2 StPO und § 163a Abs. 4 S. 2 i.V.m. § 136 Abs. 1 S. 5 StPO, oder der Zeitpunkt ist anders in speziell normierten Fällen wie § 114b Abs. 2 S. 1 Nr. 4a oder §§ 68a, b JGG. Gemäß § 142 StPO ist vor Anklageerhebung der Antrag des Beschuldigten nach § 141 Abs. 1 S. 1 StPO vor Erhebung der Anklage bei den Behörden oder Beamten des Polizeidienstes „oder" bei der Staatsanwaltschaft anzubringen (Antrags-Entgegennahme-Zuständigkeit); die Bestellungs-Entscheidungs-Zuständigkeit obliegt dem Gericht nach StA-Vorlage mit Stellungnahme (§ 142 Abs. 1 S. 2 StPO) oder der StA selbst „bei besonderer Eilbedürftigkeit", § 142 Abs. 4 StPO.

Ein Fall **notwendiger Verteidigung** liegt u.a. dann vor,

- gemäß § 140 Abs. 1 Nr. 1 StPO, wenn zu erwarten ist, dass die Hauptverhandlung im ersten Rechtszug vor dem **Oberlandesgericht** (§§ 115-117, 120-122 GVG) , dem **Landgericht** (§§ 12, 13, 60, 70, 734, 74-74f, 76-78b GVG) oder dem **Schöffengericht** (§§ 12, 13, 24-27, 28-58 GVG) stattfindet [Ausgangsrechtsnorm für den Abgrenzungsüberblick über AG, LG, OLG mag sein: § 24 GVG;
- gemäß § 140 Abs. 1 Nr. 2 StPO, wenn dem Beschuldigten ein Verbrechen zur Last gelegt wird;
- gemäß § 140 Abs. 1 Nr. 3 StPO, wenn das Verfahren zu einem **Berufsverbot** (§§ 70-70b StGB) führen kann;
- gemäß § 140 Abs. 1 Nr. 4 StPO, wenn der Beschuldigte nach den §§ 115, 115a, 128 Abs. 1 oder § 129 StPO einem Gericht zur Entscheidung über Haft oder einstweilige Unterbringung vorzuführen ist;
- gemäß § 140 Abs. 1 Nr. 5 StPO, wenn der Beschuldigte sich auf Grund richterlicher Anordnung oder mit richterlicher Genehmigung in einer Anstalt befindet;
- gemäß § 140 Abs. 1 Nr. 11 StPO, wenn ein seh-, hör- oder sprachbehinderter Beschuldigter die Bestellung beantragt;
- gemäß § 140 Abs. 2 StPO, wenn wegen der Schwere der Tat, der Schwere der zu erwartenden Rechtsfolge oder wegen der Schwierigkeit der Sach- oder Rechtslage die Mitwirkung eines Verteidigers geboten erscheint oder wenn ersichtlich ist, dass sich der Beschuldigte nicht selbst verteidigen kann.
- gemäß §§ 1, 109 Abs. 1 JGG und § 68 JGG in den dort genannten Fällen.

(6) § 114b Abs. 2 S. 1 Nr. 5 StPO: Recht auf Untersuchung durch Arzt oder Ärztin nach Wahl;

(7) § 114b Abs. 2 S. 1 Nr. 6 StPO: Recht auf Benachrichtigung eines Angehörigen oder einer Person des Vertrauens, soweit der Untersuchungszweck dadurch nicht erheblich wird (vgl. insbesondere **Fluchtgefahr**, § 112 Abs. 2 Nr. 2 StPO, oder **Verdunkelungsgefahr**, § 112 Abs. 2 Nr. 3 StPO);

(8) § 114b Abs. 2 S. 1 Nr. 7 StPO: Recht auf Akteneinsichtnahme nach Maßgabe von § 147 Abs. 4 StPO und Recht auf Beweisstückebesichtigung, soweit kein Verteidiger vorhanden ist;

(9) § 114b Abs. 2 S. 1 Nr. 8 StPO: weitere Rechte im Fall von Untersuchungshaft nach Richtervorführung:

(a) Recht auf Haftbefehlsbeschwerde oder auf Haftprüfungbeantragung und Beantragung mündlicher Verhandlung;

(b) Recht auf Beantragung gerichtlicher Entscheidung im Fall von Beschwerdeunstatthaftigkeit;

(c) Recht auf gerichtliche Entscheidung gegen behördliche Entscheidungen und Maßnahmen im Untersuchungshaftvollzug;

(10) § 114b Abs. 2 S. 2 StPO: Akteneinsichtsrecht des Verteidigers nach § 147 StPO;

(11) § 114b Abs. 2 S. 3 StPO – für den Fall, dass der Beschuldigte der deutschen Sprache nicht hinreichend mächtig oder hör- oder sprachbehindert in einer dem Beschuldigten verständlichen Sprache: Recht auf unentgeltliche Dolmetscher-Hinzuziehung oder Übersetzer-Hinzuziehung für das gesamte Strafverfahren nach § 187 Abs. 1-3 GVG, § 186 Abs. 1, 2 GVG;

(13) § 114b Abs. 2 S. 4 StPO – für den Fall eines ausländischen Staatsangehörigen: Recht auf Unterrichtung der konsularischen Vertretung seines Heimatstaates verlangen und dieser Mitteilungen zukommen lassen kann.[1694]

[1693] BGH, Beschluss vom 06.02.2018 – 2 StR 163/17, Rn. 6 (Kein absolutes Beweisverwertungsverbot und kein relatives Beweisverwertungsverbot als Abwägungsergebnis bei Nichtbelehrung zu **Pflichtverteidigung/notwendiger Verteidigung** – geteilt von BGH, Beschluss vom 09.01.2020 – 5 StR 628/19, Rn. 6): „Die nach § 136 Abs. 1 Satz 3 Halbs. 2 StPO a.F. bzw. § 136 Abs. 1 Satz 5 Halbs. 2 StPO n.F. unterbliebene Belehrung des Angeklagten begründet deshalb kein absolutes Verwertungsverbot. Aber auch die Annahme eines relativen, im Rahmen einer einzelfallbezogenen Abwägung festzustellendes Verwertungsverbot kommt hier nicht in Betracht. Das Landgericht hat in seinem den Widerspruch gegen die Verwertung zurückweisenden Kammerbeschluss zutreffend in den Blick genommen, dass das staatliche Verfolgungs- und Aufklärungsinteresse – wie hier – bei einem Tötungsdelikt besonders hoch ist, die Belehrung nicht bewusst oder willkürlich, sondern aus Unkenntnis der Vernehmungsbeamten über die Neuregelung unterblieben ist und damit der festgestellte Verstoß von geringerem Gewicht ist. Zudem fehlen – worauf der Generalbundesanwalt zutreffend hingewiesen hat – jegliche Anhaltspunkte für die Annahme, die Angeklagten hätten im Rahmen ihrer ersten Vernehmung Angaben zur Sache gemacht, weil sie mangels wirtschaftlicher Mittel keine Möglichkeit gesehen hätten, sich eines Verteidigers zu bedienen. Auch die Revision hat hierzu nichts vorgetragen.".

[1694] BGHSt 52, 48 (**Belehrung über das Recht auf konsularischen Beistand** nach Art. 36 Abs. 1b S. 3 WÜK [≙ § 114b Abs. 2 S. 4 StPO] – nach räuberischer Erpressung mit Todesfolge u.a.) = BGH, Beschluss vom 25.09.2007 – 5 StR 116/01, Ls. 1-3: „1. Zur Belehrung eines Festgenommenen mit fremder Staatsangehörigkeit gemäß Art. 36 Abs. 1 lit. b Satz 3 des Wiener Konsularrechtsübereinkommens (WÜK) über sein subjektives Recht, die unverzügliche Benachrichtigung seiner konsularischen Vertretung zu verlangen, sind bereits die Polizeibeamten nach Festnahme verpflichtet (BVerfG – Kammer – NJW 2007, 499 unter Aufhebung von BGHR WÜK Art. 36 Unterrichtung 1). 2. Das Unterbleiben der

Ausländischer Staatsangehöriger ist jede **Person,** § 1 BGB, die nicht **Deutscher** i.S.v. Art. 116 GG, §§ 1, 3, 17 StAG und nicht **Staatenloser**[1695] ist.

cc) § 127 Abs. 4 i.V.m. § 114c StPO [entsprechend]

Gemäß § 127 Abs. 4 i.V.m. § 114c Abs. 1 StPO ist einem [festgehaltenen] Beschuldigten **unverzüglich** (§ 121 Abs. 1 S. 1 BGB) Gelegenheit zu geben, einen Angehörigen oder eine Person seines Vertrauens zu benachrichtigen, sofern der Zweck der Untersuchung dadurch nicht erheblich gefährdet wird.

§ 114c Abs. 2 StPO betrifft das Gericht als Rechtsnormadressaten.

2. Allgemeine Verfahrensrechtsnormen für Festnahme im Sinne von § 127 Abs. 2 i.V.m. § 112 StPO

a) § 33 StPO analog: Anhörung

Gemäß § 33 StPO analog besteht Pflicht zur **Anhörung** bzw. **Gewährung rechtlichen Gehörs** vor einer Entscheidung, jedenfalls bevor zum Beteiligten-Nachteil Tatsachen oder Beweisergebnisse ohne Anhörung verwertet werden – oder es soll gegeben sein: ein Ausnahmegrund der Zweckgefährdung/Gefahr im Verzug nach § 33 Abs. 4 StPO analog.

Gefahr im Verzug i.S.d. § 33 StPO ist gegeben, wenn der Handlungsbedarf unvorhergesehen ist und bei Durchführung der eigentlich vorgesehenen Maßnahme, hier der Anhörung, der gesetzliche Zweck, hier der jeweilige aus der Aufgabe des § 163 Abs. 1 S. 1 StPO und aus der Befugnisrechtsnorm (§ 127 Abs. 2 i.V.m. § 112 StPO), vereitelt oder wesentlich erschwert wird.

b) § 168b StPO: Protokollierung

Gemäß § 168b StPO besteht Pflicht zur **Protokollierung** bzw. zum **Protokoll** über ermittlungsbehördliche Untersuchungshandlungen, wonach gemäß § 168b Abs. 1 StPO das Ergebnis der Untersuchungshandlungen der Ermittlungsbehörden aktenkundig zu machen ist.[1696]

---

gebotenen Belehrung über das Recht auf konsularischen Beistand nach Art. 36 Abs. 1 lit. b Satz 3 WÜK führt nicht zu einem Beweisverwertungsverbot. 3. Die Rechtsverletzung kann jedoch zu einer Kompensation derart führen, dass ein bestimmter Teil der verhängten Freiheitsstrafe als verbüßt anzurechnen ist.“, Rn. 30: „Der Senat lässt offen, ob in Fällen geringerer Schwere eine mittels Anwendung des nationalen Rechts mögliche Kompensation auch auf andere Weise, etwa durch Gewährung einer Entschädigung in analoger Anwendung des Gesetzes über die Entschädigung für Strafverfolgungsmaßnahmen (StrEG) oder durch Kostennachlass, etwa analog § 465 Abs. 2 StPO, in Betracht zu ziehen wäre. Bei Strafen geringeren Gewichts und im Falle der späteren Heilung des Verfahrensverstoßes durch alsbald nachgeholte Belehrung gemäß Art. 36 Abs. 1 lit. b Satz 3 WÜK (vgl. BGH, Beschluss vom 11. September 2007 – 1 StR 273/07, zur Veröffentlichung in BGHSt bestimmt [= BGHSt 52, 38; P. B.] mag eine Kompensation gänzlich entbehrlich sein.“.

1695 Vgl. § 2 AufenthG (mit umfassenderer **Ausländer**-Definition) und: StaatenlÜbkG, StaatenlMindÜbkAG.

1696 BVerfG, Beschluss der 1. Kammer des Zweiten Senats vom 09.03.2020 – 2 BvR 103/20 – (Frage konkreter Tatbeiträge und Haftgründe bei Totschlagsbeihilfeverdacht), Rn. 65: „Im Hinblick auf die besondere Bedeutung des Rechts auf Freiheit der Person aus Art. 2 Abs. 2 Satz 2 in Verbindung mit Art. 104 GG ist der Grundrechtsschutz auch durch die Verfahrensgestaltung zu bewirken (vgl. hierzu BVerfGE 53, 30 <65>; 63, 131 <143>; BVerfG, Beschluss der 1. Kammer des Zweiten Senats vom 23. Januar 2019 - 2 BvR 2429/18 -, Rn. 60; Beschluss der 1. Kammer des Zweiten Senats vom 18. Februar 2020 - 2 BvR 2090/19 -, Rn. 54). Unverzichtbare Voraussetzung eines rechtsstaatlichen Verfahrens ist, dass Entscheidungen, die den Entzug der persönlichen Freiheit betreffen, auf zureichender richterlicher Sachaufklärung beruhen (vgl. BVerfGE 58, 208 <222>) und eine in tatsächlicher Hinsicht genügende Grund-

(SUB/ERG)

Im konkreten Fall sind die Verfahrensvoraussetzungen (alternativ)

- bei Vorliegen von entsprechenden Anhaltspunkten / Fehlen entgegenstehender Anhaltspunkte eingehalten.
- bei Vorliegen von entsprechenden Anhaltspunkten nicht eingehalten.

3. JGG[1697]-Vorschriften[1698] außer, bei, i.Z.m. Maßnahmen gegenüber einem jugendlichen oder heranwachsenden Verdächtigen[1699] nach §§ 1, 109 JGG – fallabhängig insbesondere wie folgt[1700]:

a) § 38 JGG: Jugendgerichtshilfe;

b) § 43 JGG: Umfang der Ermittlungen;

c) § 67 JGG: Stellung der Erziehungsberechtigten[1701] und der gesetzlichen Vertreter[1702];

---

lage haben, die der Bedeutung der Freiheitsgarantie entspricht (vgl. BVerfGE 58, 208 <230>; BVerfG, Beschluss der 1. Kammer des Zweiten Senats vom 25. Juni 2018 - 2 BvR 631/18 -, Rn. 33). In der Regel sind in jedem Beschluss über die Anordnung der Fortdauer der Untersuchungshaft aktuelle Ausführungen zu dem weiteren Vorliegen ihrer Voraussetzungen, zur Abwägung zwischen dem Freiheitsgrundrecht des Beschuldigten und dem Strafverfolgungsinteresse der Allgemeinheit sowie zur Frage der Verhältnismäßigkeit geboten, weil sich die dafür maßgeblichen Umstände angesichts des Zeitablaufs in ihrer Gewichtigkeit verschieben können (vgl. BVerfGK 7, 140 <161>; 10, 294 <301>; 15, 474 <481>; 19, 428 <433>). Die zugehörigen Ausführungen müssen in Inhalt und Umfang eine Überprüfung des Abwägungsergebnisses am Grundsatz der Verhältnismäßigkeit nicht nur für den Betroffenen selbst, sondern auch für das die Anordnung treffende Fachgericht im Rahmen einer Eigenkontrolle gewährleisten und in sich schlüssig und nachvollziehbar sein (vgl. BVerfGK 7, 421 <429 f.>; 15, 474 <481 f.>). Die fachgerichtlichen Ausführungen müssen hierzu die maßgeblichen Umstände des jeweiligen Einzelfalls umfassend berücksichtigen und regelmäßig auch den gegen das Vorliegen eines Haftgrundes sprechenden Tatsachen Rechnung tragen, um die (Prognose-)Entscheidung des Gerichts auch intersubjektiv nachvollziehbar zu machen (vgl. BVerfG, Beschluss der 1. Kammer des Zweiten Senats vom 18. September 2018 - 2 BvR 745/18 -, Rn. 31; Beschluss der 1. Kammer des Zweiten Senats vom 18. Februar 2020 - 2 BvR 2090/19 -, Rn. 54).".

1697 § 1 Abs. 1 JGG zum sachlichen JGG-Anwendungsbereich: „Dieses Gesetz gilt, wenn ein Jugendlicher oder ein Heranwachsender eine Verfehlung begeht, die nach den allgemeinen Vorschriften mit Strafe bedroht ist.". § 1 Abs. 3 JGG zum sachlich-persönlichen JGG-Anwendungsbereich: „Ist zweifelhaft, ob der Beschuldigte zur Zeit der Tat das achtzehnte Lebensjahr vollendet hat, sind die für Jugendliche geltenden Verfahrensvorschriften anzuwenden.".

1698 JGG-Vorschriften mit amtlichen Überschriften insbesondere aus: „Gesetz zur Stärkung der Verfahrensrechte von Beschuldigten im Jugendstrafverfahren vom 09.12.2019, BGBl. 2019 Teil I Nr. 47, S. 2146-2152.

1699 § 1 Abs. 2 JGG zum persönlichen JGG-Anwendungsbereich: § 1 Abs. 2 JGG: „**Jugendlicher** ist, wer zur Zeit der Tat vierzehn, aber noch nicht achtzehn, **Heranwachsender**, wer zur Zeit der Tat achtzehn, aber noch nicht einundzwanzig Jahre alt ist.". Unterscheide nach § 2 BGB: „Die **Volljährigkeit** tritt mit der Vollendung des 18. Lebensjahres ein.".

1700 Zu JGG-Vorschriften ausführlicher: *Basten*, Eingriffsrecht der Polizei in Nordrhein-Westfalen, Band 3, Buch 4, Abschnitt 3.

1701 Zum **Strafrecht und elterlichen Erziehungsrecht**: BVerfGE 107, 104 (Anwesenheit im JGG-Verfahren) = BVerfG, Urteil des Zweiten Senats vom 16.01.2003 – 2 BvR 716/01.

1702 **Vertreter** ist ein **Stellvertreter** qua Gesetz oder ein **Stellvertreter** qua Rechtsgeschäft (§§ 164-181 BGB). Vgl. insbesondere:

d) § 67a JGG: Unterrichtung der Erziehungsberechtigten und der gesetzlichen Vertreter;

e) § 68 JGG: Notwendige Verteidigung[1703];

f) § 68a JGG: Zeitpunkt der Bestellung eines Pflichtverteidigers;

g) § 68b JGG: Vernehmungen und Gegenüberstellungen vor der Bestellung eines Pflichtverteidigers;

h) § 69 JGG: Beistand[1704];

- §§ 1626-1698b BGB: **Elterliche Sorge** mit „**Vertretung des Kindes**" gemäß § 1629 BGB;
- § 1 Abs. 1 Nr. 4 JuSchG: **erziehungsbeauftragte Person**;
- §§ 1773-1895 BGB: **Vormundschaft**;
- §§ 1896-1908k BGB: **Rechtliche Betreuung**;
- §§ 1909-1921 BGB: **Pflegschaft**.

1703 Mit „Gesetz zur Neuregelung des Rechts der notwendigen Verteidigung" (BGBl. I S. 2128; in Kraft seit 13.12.2019) ist erstmals das Recht des Beschuldigten ausdrücklich normiert, bereits auch im polizeilichen Ermittlungsverfahren grundsätzlich im Fall notwendiger Verteidigung (§ 140 StPO) „unverzüglich" (§ 121 Abs. 1 S. 1 BGB), „spätestens vor einer Vernehmung des Beschuldigten" (§ 163a StPO) einen Pflichtverteidiger „bestellt" zu erhalten, „wenn der Beschuldigte dies nach Belehrung ausdrücklich beantragt" (§ 141 Abs. 1 S. 1 StPO), in den Fällen des § 141 Abs. 2 S. 1 StPO auch „unabhängig von einem Antrag" – mit Rückausnahmen in § 141 Abs. 2 S. 2, 3 StPO; auch mit Abweichungen in § 141a StPO für Beschuldigtenvernehmungen und Gegenüberstellungen (§§ 58 Abs. 2, 168b Abs. 3 StPO). Der Zeitpunkt polizeilicher Belehrung zur notwendigen Verteidigung i.S.d. § 140 StPO ist in einschlägigen Fällen – spätestens – „bei Beginn der ersten Vernehmung" des Beschuldigten wegen § 141 Abs. 1 S. 2 StPO und § 163a Abs. 4 S. 2 i.V.m. § 136 Abs. 1 S. 5 StPO, oder der Zeitpunkt ist anders in speziell normierten Fällen wie § 114b Abs. 2 S. 1 Nr. 4a oder §§ 68a, b JGG. Gemäß § 142 StPO ist vor Anklageerhebung der Antrag des Beschuldigten nach § 141 Abs. 1 S. 1 StPO vor Erhebung der Anklage bei den Behörden oder Beamten des Polizeidienstes „oder" bei der Staatsanwaltschaft anzubringen (Antrags-Entgegennahme-Zuständigkeit); die Bestellungs-Entscheidungs-Zuständigkeit obliegt dem Gericht nach StA-Vorlage mit Stellungnahme (§ 142 Abs. 1 S. 2 StPO) oder der StA selbst „bei besonderer Eilbedürftigkeit", § 142 Abs. 4 StPO.

Ein Fall **notwendiger Verteidigung** liegt u.a. dann vor,

- gemäß § 140 Abs. 1 Nr. 1 StPO, wenn zu erwarten ist, dass die Hauptverhandlung im ersten Rechtszug vor dem **Oberlandesgericht** (§§ 115-117, 120-122 GVG) , dem **Landgericht** (§§ 12, 13, 60, 70, 734, 74-74f, 76-78b GVG) oder dem **Schöffengericht** (§§ 12, 13, 24-27, 28-58 GVG) stattfindet [Ausgangsrechtsnorm für den Abgrenzungsüberblick über AG, LG, OLG mag sein: § 24 GVG;
- gemäß § 140 Abs. 1 Nr. 2 StPO, wenn dem Beschuldigten ein Verbrechen zur Last gelegt wird;
- gemäß § 140 Abs. 1 Nr. 3 StPO, wenn das Verfahren zu einem **Berufsverbot** (§§ 70-70b StGB) führen kann;
- gemäß § 140 Abs. 1 Nr. 4 StPO, wenn der Beschuldigte nach den §§ 115, 115a, 128 Abs. 1 oder § 129 StPO einem Gericht zur Entscheidung über Haft oder einstweilige Unterbringung vorzuführen ist;
- gemäß § 140 Abs. 1 Nr. 5 StPO, wenn der Beschuldigte sich auf Grund richterlicher Anordnung oder mit richterlicher Genehmigung in einer Anstalt befindet;
- gemäß § 140 Abs. 1 Nr. 11 StPO, wenn ein seh-, hör- oder sprachbehinderter Beschuldigter die Bestellung beantragt;
- gemäß § 140 Abs. 2 StPO, wenn wegen der Schwere der Tat, der Schwere der zu erwartenden Rechtsfolge oder wegen der Schwierigkeit der Sach- oder Rechtslage die Mitwirkung eines Verteidigers geboten erscheint oder wenn ersichtlich ist, dass sich der Beschuldigte nicht selbst verteidigen kann.
- gemäß §§ 1, 109 Abs. 1 JGG und § 68 JGG in den dort genannten Fällen.

1704 Vgl. auch §§ 1712-1717 BGB (**Beistandschaft**).

i) § 70 JGG: Mitteilung an amtliche Stellen;
j) § 70a JGG: Unterrichtung des Jugendlichen (i.V.m. § 109 JGG: des Heranwachsenden);
k) § 70b JGG: Belehrungen.

(SUB/ERG)

Im konkreten Fall sind die JGG-Vorschriften

- nicht anwendbar.
- anwendbar und eingehalten.
- anwendbar und nicht eingehalten.

(ERG Verfahren)

Ergebnis kann allgemein sein: Verfahrensrechtmäßigkeit oder Verfahrensrechtswidrigkeit der Maßnahme.

B. Formelle Rechtmäßigkeit (FR) III. Form (F)

(VOR/DEF)

Form ist normiertes Wie der Rechtsfolgesetzung – mündlich, schriftlich, elektronisch oder in anderer Weise.

(SUB/ERG)

Im konkreten Fall besteht bei Fehlen speziellerer Formrechtsnormen Formfreiheit für den Justiz-VA, sodass der Justiz-VA formrechtmäßig schriftlich, elektronisch, mündlich oder in anderer Weise ergehen kann.

Rechtsnormen wie § 114a StPO, § 114b Abs. 1 StPO, § 168b StPO sind i.d.R. bereits integrativer Verfahrensbestandteil.

Ergebnis kann allgemein sein: Formrechtmäßigkeit oder Formrechtswidrigkeit der Maßnahme.

C. Materielle Rechtmäßigkeit (MR) I. Tatbestand (Tb) / Tatbestandsvoraussetzungen (TBV)

(VOR/DEF)

Tatbestand ist das Gesamt der (materiell-rechtlichen) Rechtsfolge(setzungs)bedingungen. / **Tatbestandsvoraussetzungen** sind materiell-rechtliche Rechtsfolgesetzungsbedingungen.

(VOR/DEF)

1. Allgemeine TBV Tatverdacht

§ 163 Abs. 1 S. 1 i.V.m. § 152 Abs. 2 StPO (auch § 127 Abs. 1 S. 1 Alt. 1 StPO: „Tat"): **Tatverdacht** ist das Gegebensein zureichender tatsächlicher Anhaltspunkte für eine verfolgbare Straftat.

2. Spezielle TBV aus § 112 Abs. 1 S. 1 StPO: Dringender Tatverdacht beim Beschuldigten

Dringender Tatverdacht im Sinne von § 112 StPO ist das Gegebensein zureichender tatsächlicher Anhaltspunkte für die große Wahrscheinlichkeit einer verfolgbaren Straftat.[1705]

3. Spezielle TBV aus § 127 Abs. 2 StPO: Vorliegen der „Voraussetzungen eines Haftbefehls"

Haftbefehlsvoraussetzungen können sich bei einem Tatverdächtigen ergeben insbesondere aus:

- § 70 Abs. 2 StPO;
- §§ 112 ff. StPO;
- § 230 StPO;
- § 236 StPO;
- § 329 StPO;
- § 453c StPO;
- § 457 Abs. 2 StPO;
- § 459e StPO;
- § 72 JGG;
- §§ 15, 16, 24, 34 IRG;
- § 96 OWiG.

Haftbefehlsvoraussetzungen ergeben sich insbesondere aus § 112 Abs. 2 StPO, ausgehend von den dortigen (alternativen) **Haftgründen**[1706]: Flucht oder Verborgenhalten, Fluchtgefahr, Verdunkelungsgefahr, Schwerkriminalität (bestimmte Straftaten mit Tataufklärungsgefährdung).

1705 BVerfG, Beschluss der 1. Kammer des Zweiten Senats vom 09.03.2020 – 2 BvR 103/20 – (Frage konkreter Tatbeiträge und Haftgründe bei Totschlagsbeihilfeverdacht), Rn. 63: „Der für die Anordnung von Untersuchungshaft erforderliche dringende Tatverdacht (§ 112 Abs. 1 Satz 1 StPO) liegt deshalb nach allgemeiner Auffassung nur vor, wenn aufgrund bestimmter Tatsachen eine große Wahrscheinlichkeit dafür besteht, dass der Beschuldigte als Täter oder Teilnehmer eine Straftat begangen hat (vgl. BVerfG, Beschluss der 2. Kammer des Zweiten Senats vom 12. September 1995 - 2 BvR 2475/94, NJW 1996, S. 1049 <1050>).".

1706 Zur Haftgrundprüfung und Haftgrunddarlegung der Haftgrundvoraussetzungen exemplarisch: BVerfG, Beschluss der 1. Kammer des Zweiten Senats vom 09.03.2020 – 2 BvR 103/20 – (Frage konkreter Tatbeiträge und Haftgründe bei Totschlagsbeihilfeverdacht), Rn. 74: „Überdies fehlt es dem Beschluss des Oberlandesgerichts an der hinreichend begründeten Darlegung eines Haftgrundes. Dabei ist aus den vorstehenden Erwägungen bereits zweifelhaft, dass in Person des Beschwerdeführers der Haftgrund der Schwerkriminalität (§ 112 Abs. 3 StPO) vorliegt, bei dem es genügen würde, dass Flucht- und Verdunkelungsgefahr nicht auszuschließen sind (vgl. BVerfGE 19, 342 <350>; BVerfG, Beschluss der 3. Kammer des Zweiten Senats vom 28. Februar 1991 - 2 BvR 86/91 -, Rn. 20). Jedenfalls weist der

Haftgründe können wie folgt sein (alternativ):

- Haftgrund Nr. 1 aus § 112 Abs. 2 StPO: **Flucht oder Verborgenhalten**: Flucht oder Verborgenhalten besteht, wenn aufgrund bestimmter Tatsachen festgestellt wird, daß der Beschuldigte flüchtig ist oder sich verborgen hält.
- Haftgrund Nr. 2 aus § 112 Abs. 2 StPO: **Fluchtgefahr**: Fluchtgefahr besteht, wenn aufgrund bestimmter Tatsachen bei Würdigung der Umstände des einzelnen Falls die Gefahr besteht, daß der Beschuldigte sich dem Strafverfahren entziehen werde.[1707]

Aus § 113 Abs. 2 StPO ergibt sich eine negative Voraussetzung[1708] nur bzgl. Fluchtgefahr wie folgt: Ist die Tat nur mit Freiheitsstrafe bis zu sechs Monaten oder mit Geldstrafe bis zu einhundertachtzig Tagessätzen bedroht, so darf die Untersuchungshaft wegen Fluchtgefahr nur angeordnet werden, wenn der Beschuldigte

1. sich dem Verfahren bereits einmal entzogen hatte oder Anstalten zur Flucht getroffen hat,
2. im Geltungsbereich dieses Gesetzes keinen festen Wohnsitz oder Aufenthalt hat oder
3. sich über seine Person nicht ausweisen kann.

Beschluss des Oberlandesgerichts keine einzelfallbezogene Auseinandersetzung mit Umständen auf, die einer Flucht- und Verdunkelungsgefahr entgegenstehen können. Es ist vor allem nicht erkennbar, dass sich das Oberlandesgericht mit den – insbesondere in Person des Beschwerdeführers – naheliegenden tatsächlichen Umständen auseinandergesetzt hätte, die gegen eine Fluchtgefahr sprechen können (Alter, Familie, Berufsausbildung usw.). Auch zu den besonderen Voraussetzungen des § 72 JGG verhält sich das Oberlandesgericht nicht. Vielmehr stellt es lediglich formelhaft, pauschal und undifferenziert hinsichtlich aller sechs Beschuldigten fest, dass dem in der Straferwartung begründeten Fluchtanreiz keine ausreichenden Bindungen der Beschuldigten gegenüberstünden, ohne aber die jeweiligen persönlichen Verhältnisse in den Blick zu nehmen (vgl. BVerfG, Beschluss der 1. Kammer des Zweiten Senats vom 25. Juni 2018 - 2 BvR 631/18 -, Rn. 38). Zur Verdunkelungsgefahr fehlen Ausführungen sogar gänzlich. Gerade im Fall des Beschwerdeführers, der im Beschwerdeverfahren umfangreich zum Fehlen von Haftgründen vorgetragen hatte, hätte sich das Oberlandesgericht jedoch zu einer umfassenden Berücksichtigung und Würdigung aller Umstände des Einzelfalls gedrängt sehen müssen.“.

[1707] Bzgl. dem in praxi am häufigsten angewendeten Haftgrund der Fluchtgefahr sind im konkreten Fall insbesondere folgende Tatsachen ggf. zu würdigen:

- Straferwartung
- Nichtverfügung des Beschuldigten über gefestigte Bindungen (etwa:
  - Fehlen von faktisch festem Wohnsitz [grds. unabhängig vom EMA-Status];
  - Fehlen geregelter Arbeit oder sonstiger Beschäftigung;
  - Fehlen von festem Unterstützungskontakt zu: Eltern, Verwandten, Freunden, sonstigen Nahestehenden;
  - Fehlen steter Lebensweise und Fehlen von Mitteln für stetes Leben;
- Vorhandensein von Absetzmöglichkeiten in den „Untergrund“ oder ins Ausland wie z.B. ausländische Nationalität/Staatsangehörigkeit, Kontakte, Ressourcen;
- Fluchtverhaltensweisen/Fluchtgedanken/Suizidgefahr;
- Sonstige Anhaltspunkte für Fluchtfähigkeit, zum Beispiel Alter und Gesundheitssituation.

Fluchtgefahr ist in Anwendung der Legaldefinition des § 112 Abs. 2 Nr. 2 StPO gegeben, wenn im konkreten Fall zur maßgeblichen Zeit jedenfalls gewichtigere Tatsachen mehr für als gegen Fluchtgefahr sprechen; insbesondere wenn im konkreten Fall andere Abwägungskriterien die grundsätzlich für Fluchtgefahr-Annahme sprechende Strafmaßerwartung nicht zu widerlegen vermögen.

[1708] Zu **umgekehrten Voraussetzungen** (negative Voraussetzungen / positive Voraussetzungen) Voraussetzungen siehe auch: *Basten*, Eingriffsrecht der Polizei in Nordrhein-Westfalen, Band 1, S. 220 f., 242.

Aus § 72 Abs. 2 JGG[1709] ergibt sich eine (polizeilich möglichst zu antezipierende/antizipierende) negative Voraussetzung nur bzgl. Fluchtgefahr gegenüber potentiell festnahmebetroffenen Jugendlichen (§ 1 JGG) wie fogt: Solange der **Jugendliche das sechzehnte Lebensjahr noch nicht vollendet** hat, ist die Verhängung von Untersuchungshaft wegen Fluchtgefahr nur zulässig, wenn er

1. sich dem Verfahren bereits entzogen hatte oder Anstalten zur Flucht getroffen hat oder
2. im Geltungsbereich der StPO keinen festen Wohnsitz oder Aufenthalt hat.

- Haftgrund Nr. 3 aus § 112 Abs. 2 StPO: **Verdunkelungsgefahr**: Verdunkelungsgefahr besteht, wenn aufgrund bestimmter Tatsachen das Verhalten des Beschuldigten den dringenden Verdacht begründet, er werde
  a) Beweismittel vernichten, verändern, beiseiteschaffen, unterdrücken oder fälschen oder
  b) auf Mitbeschuldigte, Zeugen oder Sachverständige in unlauterer Weise einwirken oder
  c) andere zu solchem Verhalten veranlassen,

und wenn deshalb die Gefahr droht, daß die Ermittlung der Wahrheit erschwert werde (**Verdunkelungsgefahr**).

Aus § 113 Abs. 1 StPO ergibt sich eine negative Voraussetzung[1710] nur bzgl. Verdunkelungsgefahr) wie folgt: „Ist die Tat nur mit Freiheitsstrafe bis zu sechs Monaten oder mit Geldstrafe bis zu einhundertachtzig Tagessätzen bedroht, so darf die Untersuchungshaft wegen Verdunkelungsgefahr nicht angeordnet werden."

- Haftgrund der Schwerkriminalität (bestimmte Straftaten mit Tataufklärungsgefährdung) aus § 112 Abs. 3 StPO: Gegen den Beschuldigten, der einer Straftat nach § 6 Abs. 1 Nr. 1 oder § 13 Abs. 1 VStGB oder § 129a Abs. 1 oder Abs. 2 StGB, auch in Verbindung mit § 129b Abs. 1 StGB, oder nach den §§ 211, 212, 226, 306b oder 306c StGB oder, soweit durch die Tat Leib oder Leben eines anderen gefährdet worden ist, nach § 308 Abs. 1 bis 3 StGB dringend verdächtig ist, darf die Untersuchungshaft auch angeordnet werden, wenn ein Haftgrund nach § 112 Abs. 2 StPO nicht besteht. Daraus ergeben sich des Weitetern folgende Voraussetzungen für einen Haftgrund nach § 112 Abs. 3 StPO:
  - Dringender Tatverdacht bzgl. in § 112 Abs. 3 StPO in bestimmter Weise enumerativ aufgeführter Straftaten;
  - „Umstände, die die Gefahr begründen, daß ohne Festnahme des Beschuldigten die alsbaldige Aufklärung und Ahndung der Tat gefährdet sein könnte", wie insbesondere Umstände der Erfüllung „gelockerte[r] Voraussetzungen der Haftgründe"[1711].

1709 Zu JGG-Vorschriften ausführlicher: *Basten*, Eingriffsrecht der Polizei in Nordrhein-Westfalen, Band 3, Buch 4, Abschnitt 3.

1710 Zu **umgekehrten Voraussetzungen** (negative Voraussetzungen / positive Voraussetzungen) Voraussetzungen siehe auch: *Basten*, Eingriffsrecht der Polizei in Nordrhein-Westfalen, Band 1, S. 220 f., 242.

1711 Zum „**Haftgrund der Schwerkriminalität**" i.S.d. § 112 Abs. 3 StPO vgl. i.V.m. § 31 BVerfGG: BVerfG, Beschluss der 1. Kammer des Zweiten Senats vom 09.03.2020 – 2 BvR 103/20 – (Frage konkreter Tatbeiträge und Haftgründe bei Totschlagsbeihilfeverdacht), Rn. 74: „[…] der Haftgrund der Schwerkriminalität (§ 112 Abs. 3 StPO) […], bei dem es genügen würde, dass Flucht- und Verdunkelungsgefahr nicht auszuschließen sind (vgl. BVerfGE 19, 342 <350>; BVerfG, Beschluss der 3. Kammer des Zweiten Senats vom 28. Februar 1991 - 2 BvR 86/91 -, Rn. 20).", und: BVerfGE 19, 342, 350 f. (Wencker) = BVerfG, Beschluss des Ersten Senats vom 15.12.1965 – 1 BvR 513/65: „Der neu [mit Gesetz zur Änderung der Strafprozeßordnung und des Gerichtsverfassungsgesetzes vom 19. Dezember 1964 (BGBl. I S. 1067), das am 1. April 1965 in Kraft getreten ist (sogenannte Kleine Strafprozeßnovel-

4. Spezielle (umgekehrte) TBV aus § 127 Abs. 3 StPO bzgl. Strafantrag, Ermächtigung, Strafverlangen

Die vorläufige Festnahme ist gemäß § 127 Abs. 3 StPO auch dann „zulässig, wenn" noch kein Strafantrag gestellt ist oder wenn noch nicht eine Ermächtigung oder ein Strafverlangen[1712] vorliegt.[1713]

(SUB/ERG)

Im konkreten Fall sind die Tatbestandsvoraussetzungen für § 127 Abs. 2 i.V.m. § 112 StPO (alternativ)

---

le), P.B.] eingeführte § 112 Abs. 4 StPO [jetzt: § 112 Abs. 3 StPO] müßte dagegen rechtsstaatliche Bedenken erwecken, wenn er dahin auszulegen wäre, daß bei dringendem Verdacht eines der hier bezeichneten Verbrechen gegen das Leben die Untersuchungshaft ohne weiteres, d.h. ohne Prüfung weiterer Voraussetzungen, verhängt werden dürfte. Eine solche Auslegung wäre mit dem Grundgesetz nicht vereinbar. Es kann schon zweifelhaft sein, ob sie dem Wortlaut der Bestimmung entspricht; denn dieser legt es nahe, der Vorschrift nur subsidiäre Geltung beizumessen, sie also nur anzuwenden, wenn zuvor das Vorliegen eines Haftgrundes nach Absatz 2 geprüft und verneint worden ist. Aber auch wenn man dieser Auslegung nicht folgt, fordert der Grundsatz der Verhältnismäßigkeit, daß der Richter auch bei Anwendung des § 112 Abs. 4 StPO [jetzt: § 112 Abs. 3 StPO] den Zweck der Untersuchungshaft nie aus dem Auge verliert. Weder die Schwere der Verbrechen wider das Leben noch die Schwere der (noch nicht festgestellten) Schuld rechtfertigen für sich allein die Verhaftung des Beschuldigten; noch weniger ist die Rücksicht auf eine mehr oder minder deutlich feststellbare ‚Erregung der Bevölkerung' ausreichend, die es unerträglich finde, wenn ein ‚Mörder' frei umhergehe. **Es müssen vielmehr auch hier stets Umstände vorliegen, die die Gefahr begründen, daß ohne Festnahme des Beschuldigten die alsbaldige Aufklärung und Ahndung der Tat gefährdet sein könnte** [Hervorhebung als einzige immerwährende Zusatz-Obervoraussetzung zu § 112 Abs. 3 StPO laut BVerfG; im Folgenden laut BVerfG mögliche, aus den Haftgründen (Flucht), Fluchtverdacht, Verdunkelungsgefahr, Wiederholungsgefahr abgeleitete Untervoraussetzungen P.B.]. Der zwar nicht mit ‚bestimmten Tatsachen' belegbare, aber nach den Umständen des Falles doch nicht auszuschließende Fluchtverdacht oder Verdunkelungsverdacht kann u.U. bereits ausreichen. Ebenso könnte die ernstliche Befürchtung, daß der Beschuldigte weitere Verbrechen ähnlicher Art begeht, für den Erlaß eines Haftbefehls genügen. § 112 Abs. 4 StPO [jetzt: § 112 Abs. 3 StPO] ist in engem Zusammenhang mit Absatz 2 zu sehen; er läßt sich dann damit rechtfertigen, **daß mit Rücksicht auf die Schwere der hier bezeichneten Straftaten die strengen Voraussetzungen der Haftgründe des [§ 112] Absatzes 2 [und des § 112a StPO] gelockert werden sollen, um die Gefahr auszuschließen, daß gerade besonders gefährliche Täter sich der Bestrafung entziehen** [Hervorhebung der praktischen Prüfkonsequenz, mit an den Haftgründen an sich ausgerichteter Püfung aller Voraussetzungen des § 112 Abs. 3 StPO, ausgerichtet an den Haftgründen an sich insbesondere aus § 112 Abs. 2 StPO und § 112a StPO., P.B.].".

[1712] Zu **Ermächtigung** und **Strafverlangen** i.S.d. § 127 Abs. 3 StPO vgl. § 77e StGB. Unterscheide von der Ermächtigung i.S.d. § 77e StGB die „Ermächtigung" i.S.v. Art. 80 GG, Art. 70 Verfassung NRW als Gesetzgebungskompetenz(-Übertragung von der Legislative) für die Exekutive mit einer „Ermächtigungsgrundlage" als hauptsächliche Rechtsgrundlage für diese Ermächtigung (vgl. z.B. § 37 Abs. 4 S. 2 PolG NRW). Unterscheide Befugnisrechtsnorm als hauptsächliche Rechtsgrundlage für eine materiellrechtliche Befugnis (im Sinne eines Einzelakts aufgrund Gesetzes), zu „Befugnissen" vgl. z.B. Zweiter Abschnitt und Zweiter Abschnitt Erster Unterabschnitt Überschrift PolG NRW. Siehe zu allen möglichen **Rechtsnormarten** auch: *Basten*, Eingriffsrecht der Polizei in Nordrhein-Westfalen, Band 1, S. 31-34.

[1713] Zu **umgekehrten Voraussetzungen** (negative Voraussetzungen / positive Voraussetzungen) Voraussetzungen siehe auch: *Basten*, Eingriffsrecht der Polizei in Nordrhein-Westfalen, Band 1, S. 220 f., 242.

- erfüllt bei Anhaltspunkten / bei Fehlen entgegenstehender Anhaltspunkte.
- nicht erfüllt bei Anhaltspunkten / bei Fehlen entgegenstehender Anhaltspunkte.

C. Materielle Rechtmäßigkeit (MR) II. Inanspruchnahme (In) / Inanspruchnahmevoraussetzungen (Inv)

(VOR/DEF)

Inanspruchnahmevoraussetzungen sind materiell-rechtliche Bedingungen für richtige Inanspruchnahme.

Inanspruchnahme ist Adressierung und sonstiges Betroffenmachen; **Adressierung** ist direktes Bestimmen oder finales Richten einer Maßnahme an einen Grundrechtsträger, vgl. §§ 100b Abs. 3, 100c Abs. 2, 100h Abs. 3, 163f Abs. 2 StPO.

Nach § 127 Abs. 2 i.V.m. § 112 Abs. 1 S. 1 StPO ist Inanspruchnahme grundsätzlich richtig gegen folgende Person: Dringend tatverdächtiger Beschuldigter.

Tatverdächtiger ist die Person, gegen die zureichende tatsächliche Anhaltspunkte der Beteiligung an einer verfolgbaren Straftat gegeben sind, vgl. § 152 Abs. 2 StPO.

Dringend Tatverdächtiger ist die Person, gegen die zureichende tatsächliche Anhaltspunkte für die große Wahrscheinlichkeit der Beteiligung an einer verfolgbaren Straftat gegeben sind, vgl. § 152 Abs. 2 StPO.

Beschuldigter, vgl. § 157 StPO, ist im Strafverfahren jede (tatverdächtige) Person, gegen die im Rahmen eines Strafverfahrens wegen einer bestimmten Straftat ermittelt wird, was sich durch Auslegung nach dem objektivierten Empfängerhorizont, §§ 133, 157 BGB analog, etwa über einen **Inkulpationsakt**, vgl. § 397 Abs. 1 AO, ergibt.

(SUB/ERG)

Im konkreten Fall ist die Person (alternativ)

- richtigerweise gemäß § 127 Abs. 2 i.V.m. § 112 Abs. 1 S. 1 StPO als dringend tatverdächtiger Beschuldigter in Anspruch genommen/adressiert.
- nicht richtigerweise in Anspruch genommen/adressiert.

C. Materielle Rechtmäßigkeit (MR) III. Rechtsfolge (Rf) / Rechtsfolgevoraussetzungen (RfV)

(VOR/DEF)

Rechtsfolge ist rechtliche Folge aus dem Tatbestand. / **Rechtsfolgevoraussetzungen** sind materiell-rechtliche Rechtsfolgegestaltungsbedingungen.

C. Materielle Rechtmäßigkeit (MR) III. Rechtsfolge (Rf) 1. Tatsächliche und rechtliche Möglichkeit (TurM)

(VOR/DEF)

Tatsächliche und rechtliche Möglichkeit betrifft Fälle wie aus § 44 Abs. 2 Nr. 4-6 VwVfG NRW.

(SUB/ERG)

Tatsächliche und rechtliche Möglichkeit ist im konkreten Fall gegeben/nicht gegeben aufgrund Vorliegens/Nichtvorliegens von kognitiven, körperlichen, normativen, technischen Unmöglichkeiten.

Tatsächliche Unmöglichkeit ist gegeben bei Fehlen jeglicher personellen und materiellen Kapazitäten.

Rechtliche Unmöglichkeit ist gegeben bei Fehlen von menschenwürdigen Kapazitäten.[1714]

[1714] BVerfG, Beschluss der 2. Kammer des Ersten Senats vom 17.02.2020 – 1 BvR 3182/15 –, Rn. 17 f. „Im Einklang mit der bisherigen Rechtsprechung ist das Oberlandesgericht im Ansatz davon ausgegangen, dass die Frage nach der **Menschenwürdigkeit der Unterbringung von Gefangenen** von einer Gesamtschau der tatsächlichen, die **Haftsituation** bestimmenden Umstände abhängt, wobei als Faktoren in räumlicher Hinsicht in erster Linie die Bodenfläche pro Gefangenem und die Situation der sanitären Anlagen, namentlich die Abtrennung und Belüftung der Toilette, zu beachten sind (vgl. nur BVerfG, Beschluss der 3. Kammer des Ersten Senats vom 14. Juli 2015 - 1 BvR 1332/14 -, juris, Rn. 18; Beschluss der 2. Kammer des Zweiten Senats vom 22. März 2016 - 2 BvR 566/15 -, Rn. 27) und als die Haftsituation mildernde oder verschärfende Merkmale der Umfang der täglichen Einschlusszeiten und die Belegdichte des Haftraums Berücksichtigung finden. […] Allerdings lässt sich die Frage, wann die räumlichen Verhältnisse in einer Haftanstalt derart beengt sind, dass die Unterbringung eines Gefangenen dessen Menschenwürde verletzt, nach der Rechtsprechung des Bundesgerichtshofs nicht abstrakt-generell klären, sondern muss der tatrichterlichen Beurteilung überlassen bleiben (beispielsweise BGH, Urteil vom 4. Juli 2013 - III ZR 342/12 -, BGHZ 198, 1). Danach kann es die Klärung eines verfassungsmäßigen Raummindestsolls im Sinne schematisch festgelegter allgemeiner Maßzahlen nicht geben (vgl. BGH, Urteil vom 11. März 2010 - III ZR 124/09 -, juris, Rn. 7).“.

BVerfG, Beschluss des Zweiten Senats vom 01.12.2020 – 2 BvR 1845/18 –, Ls. 3, Rn. 48-52, 59, 62, 63, 68, 69, 72, 76, 78; Rn. 49: „In Anbetracht der Bedeutung des **Raumfaktors bei der Gesamtbeurteilung der Haftbedingungen** begründet nach der Rechtsprechung des Gerichtshofs der Europäischen Union und des Europäischen Gerichtshofs für Menschenrechte der Umstand, dass der einem Inhaftierten zur Verfügung stehende Raum in einer Gemeinschaftszelle unter 3 m² liegt, eine starke [nach Rn. 49 widerlegliche] Vermutung für einen Verstoß gegen Art. 4 GRCh beziehungsweise Art. 3 EMRK.“, Rn. 50: „Verfügt ein Gefangener in einer Gemeinschaftszelle über einen persönlichen Raum, der zwischen 3 m² und 4 m² beträgt, kann ein Verstoß gegen Art. 4 GRCh beziehungsweise Art. 3 EMRK vorliegen, wenn zu dem Raummangel weitere defizitäre Haftbedingungen hinzutreten [wie in Rn. 50 genannt].“, Rn. 51: „Bei mehr als 4 m² persönlichem Raum in einer Gemeinschaftszelle bleiben die weiteren Aspekte der Haftbedingungen für die erforderliche Gesamtbeurteilung relevant (vgl. EuGH, Urteil vom 15. Oktober 2019, Dorobantu, C-128/18, EU:C:2019:857, Rn. 76 mit Verweis auf EGMR <GK>, Muršić v. Croatia, Urteil vom 20. Oktober 2016, Nr. 7334/13, § 140).“.

C. Materielle Rechtmäßigkeit (MR) III. Rechtsfolge (Rf) 2. Bestimmtheit (Bsh)

(VOR/DEF)

Bestimmtheit ist Maßnahmenerkennbarkeit und Maßnahmenverstehbarkeit, bei Justiz-VA Pflicht nach Art. 20 Abs. 3 GG.

(SUB/ERG)

Die Festnahme ist inhaltlich hinreichend bestimmt i.S.d. Art. 20 Abs. 3 GG, denn nach Auslegung der Festnahme kann der Erklärungsempfänger wie jeder vernünftige Dritte, §§ 133, 157 BGB analog, in der konkreten Situation deren Inhalt hinreichend erkennen und verstehen, nämlich:

- dass die Polizei ggü. dem Festnahmeadressaten (wer)
- aus Strafrechtspflegegründen (warum)
- zu einer bestimmten Zeit (wann)
- einen Zweck aus einer Festnahmebefugnisrechtsnorm verfolgt (was)
- und zwar durch Sicherung/Festsetzung/Zurverfügunghalten der Person an einem bestimmten Ort/in einem bestimmten Raum (wie).

C. Materielle Rechtmäßigkeit (MR) III. Rechtsfolge (Rf) 3. Ermessen (Erm)

(VOR/DEF)

Ermessen ist Entscheidungsspielraum auf der Rechtsfolgenseite bzgl. rechtsfehlerfreier Ausübung von Einschreit-Entschließung (Ob), Adressaten-Auswahl (Wer), Maßnahmen-Gestaltung (Wie).

(SUB/ERG)

a) Einschreitentschließungs-„Ermessen“ ist grundsätzlich nicht gegeben, vgl. § 163 Abs. 1 S. 1 („haben“) i.V.m. § 152 Abs. 2 StPO (Legalitätsgrundsatz: „ist [...] verpflichtet, [...] einzuschreiten“); ein Opportunitätsprinzip ist nur ausnahmsweise gegeben.

b) Adressatenauswahl-„Ermessen“ ist grundsätzlich gegeben, insbesondere bzgl. zweckförderlicher Reihenfolge der Inanspruchnahme vom/von mehreren Beschuldigten.

c) Maßnahmengestaltungs-„Ermessen“ ist grundsätzlich gegeben, vgl. auch § 127a StPO[1715].[1716]

[1715] Vgl. Verwaltungsvorschriften wie den Erlass vom „Ministerium für Inneres und Kommunales des Landes Nordrhein-Westfalen“ – 402-57.04.16 –, vom 21.01.2016, mit dem Titel „Regelsätze bei Sicherheitsleistungen der Polizei Nordrhein-Westfalen“, mit der Anlage „Regelsatzliste“ für Sicherheitsleistungen ausdrücklich in Bezug auf § 127a Abs. 1 Nr. 2 StPO und § 132 Abs. 1 S. 1 StPO und u.a. folgenden Zusätzen zu den Regelsätzen: „Sie enthalten unverbindliche Empfehlungen für den Regelfall, die ein Abweichen im Einzelfall aus besonderem Anlass zulassen. Die Regelsätze für allgemeine Straftaten orientieren sich an Erfahrungswerten über die Leistungsfähigkeit der von §§ 127a, 132 StPO erfassten Beschuldigten, die gewöhnlich keine hohen Bargeldmittel mit sich führen. Die Verfahren werden in der

Ein etwaig gegebener Entscheidungsspielraum wird aufgrund von entsprechenden Anhaltspunkten/in Ermangelung entgegenstehender Anhaltspunkte ohne Ermessensfehler/mit Ermessensfehlern (Ermessensunterschreitung, Ermessensüberschreitung, Ermessensfehlgebrauch) ausgeübt bzgl. folgender Ermessensarten:

a) Entschließungsermessen:

Ein etwaig gegebenes Entschließungsermessen kann im konkreten Fall sogar gegen / auf Null reduziert sein, insbesondere wegen:

- Einschreitmöglichkeit;
- Erheblichkeitsgrad von Tatverdachten.

b) Auswahlermessen:

siehe C. II.: Auswahlermessen wird abschließend beurteilt i.V.m. Punkt C. II. (Inanspruchnahme).

c) Gestaltungsermessen:

siehe C. III. 4.: Gestaltungsermessen wird abschließend beurteilt i.V.m. Punkt C. III. 4. (VHM).

C. Materielle Rechtmäßigkeit (MR) III. Rechtsfolge (Rf) 4. Verhältnismäßigkeit (VHM)

(VOR/DEF)

Verhältnismäßigkeit ist Geeignetheit, Erforderlichkeit, Angemessenheit der Maßnahme zu einem legitimen Zweck.

(VOR/DEF)

a) Legitimer Zweck ist verfassungsgemäßer Zweck.

Regel durch Strafbefehl oder Einstellung nach § 153a StPO beendet, wobei sich die Geldstrafen bzw. Geldauflagen an der aufgebrachten Sicherheitsleistung ausrichten. Falls diese Voraussetzungen nicht vorliegen oder eine Straftat von größerem Gewicht gegeben ist - insbesondere bei Diebstahl, Betrug, Urkundenfälschung oder Sachbeschädigung - kann eine höhere Sicherheitsleistung angemessen sein. […] Liegen mehrere Delikte vor, ist der in Betracht kommende Höchstbetrag angemessen zu erhöhen. […] Die Anordnung einer Sicherheitsleistung (§§ 127a, 132 StPO) gegenüber Jugendlichen ist unzulässig. […] Gegenüber Heranwachsenden darf die Anordnung dann nicht getroffen werden, wenn aufgrund einer Rücksprache mit der Staatsanwaltschaft davon ausgegangen werden kann, dass das Jugendstrafrecht auf die oder den Beschuldigte/n Anwendung finden wird.".

[1716] Vgl. BVerfGE 19, 342, 349 (Wencker) = BVerfG, Beschluss des Ersten Senats vom 15.12.1965 – 1 BvR 513/65: „Die Strafprozeßnovelle vom 19. Dezember 1964, deren Ziel eine verfassungskonforme Ausgestaltung des Strafverfahrens war, will dem Grundsatz der Verhältnismäßigkeit im Untersuchungshaftrecht allgemein Geltung verschaffen. Er wird, was die Voraussetzungen der Haftanordnung anlangt, in § 112 Abs. 1 Satz 2 StPO generell ausgesprochen und für Vollzug und Dauer der Haft in §§ 116, 120, 121 StPO wiederholt. Er kommt vor allem auch darin zum Ausdruck, daß - trotz genauer Umschreibung der Voraussetzungen für den Erlaß eines Haftbefehls - dieser niemals obligatorisch ist, sondern stets im pflichtmäßigen Ermessen des Richters steht; das folgt aus dem Wort ‚darf' in § 112 Abs. 1 und 4 [jetzt: Abs. 3] StPO".

(SUB/ERG)

Im konkreten Fall verfolgt die Festnahme (alternativ)

- einen legitimen Zweck, nämlich e contrario den aus dem Umkehrschluss zum jeweiligen Haftgrund, und letztlich die Tatverdachtsaufklärung(sgefährdungsabwehr), Art. 20 Abs. 3 GG.[1717]
- keinen legitimen Zweck.

(VOR/DEF)

b) Geeignetheit einer staatlichen Maßnahme ist gegeben bei deren Zweckförderungstauglichkeit.

(SUB/ERG)

Im konkreten Fall ist die Festnahme (alternativ)

- geeignet wegen Sicherung/Festsetzung/Zurverfügunghalten des Verdächtigen an einem bestimmten Ort/in einem bestimmten Raum und damit Anwesenheit des Verdächtigen für die Tatverdachtserforschung und Sachverhaltsaufklärung.
- ungeeignet.

(VOR/DEF)

c) Erforderlichkeit einer staatlichen Maßnahme ist Nichtverfügbarkeit eines milderen (Übermaßverbot), gleich geeigneten (Untermaßverbot) Mittels zur Zweckförderung; bei Festnahme nur wegen Fluchtgefahr vgl. auch § 127a StPO; bei Anhaltspunkten für § 1 JGG: vgl. auch § 72 JGG.[1718]

Im konkreten Fall ist die Festnahme (alternativ)

- erforderlich, denn einerseits sind mildere Maßnahmen wie etwa § 163 Abs. 3 StPO, § 163a StPO oder Nichtstun (alleine) nicht gleich geeignet, weil sie nicht in gleicher Weise

---

1717 BVerfGE 19, 342, 349 f. (Wencker) = BVerfG, Beschluss des Ersten Senats vom 15.12.1965 – 1 BvR 513/65: „Bei der ihm hiernach obliegenden Abwägung hat der Richter stets im Auge zu behalten, daß es der vornehmliche Zweck und der eigentliche Rechtfertigungsgrund der Untersuchungshaft ist, die Durchführung eines geordneten Strafverfahrens zu gewährleisten und die spätere Strafvollstreckung sicherzustellen; ist sie zu einem dieser Zwecke nicht mehr nötig, so ist es unverhältnismäßig und daher grundsätzlich unzulässig, sie anzuordnen, aufrechtzuerhalten oder zu vollziehen. Die Haftgründe der Fluchtgefahr und der Verdunkelungsgefahr (§ 112 Abs. 2 StPO) dienen ersichtlich diesem Zweck. Der Haftgrund der Wiederholungsgefahr in § 112 Abs. 3 StPO [jetzt: § 112a StPO] geht zwar darüber hinaus, indem er den Schutz der Allgemeinheit vor weiteren Straftaten, also einen präventiv-polizeilichen Gesichtspunkt, für die Verhängung der Untersuchungshaft genügen läßt. Er kann jedoch damit gerechtfertigt werden, daß es hier um die Bewahrung eines besonders schutzbedürftigen Kreises der Bevölkerung vor mit hoher Wahrscheinlichkeit drohenden schweren Straftaten geht; auch erscheint es zweckmäßiger, diesen Schutz den bereits mit der Aufklärung der begangenen Straftat befaßten Strafverfolgungsbehörden und damit dem Richter anzuvertrauen als der Polizei.“.

1718 Zu § 116 StPO siehe auch BVerfGE 19, 342, 351-353 (Wencker) = BVerfG, Beschluss des Ersten Senats vom 15.12.1965 – 1 BvR 513/6 – mit folgendem Ergebnis in BVerfGE 19, 342, 353: „Bei einer somit auch im Fall des § 112 Abs. 4 StPO [jetzt: § 112 Abs. 3 StPO] möglichen Haftverschonung wird der Richter die jeweils erforderlichen Maßnahmen in entsprechender Anwendung des § 116 Abs. 1 bis 3 StPO zu treffen haben.“.

die Tatverdachtserforschung und Sachverhaltsaufklärung fördern (Untermaßverbot) und andererseits sind (mindestens) gleich geeignete, intensivere Maßnahmen wie Zwang (noch) nicht notwendig (Übermaßverbot).

- nicht erforderlich.

(VOR/DEF)

d) Angemessenheit oder Verhältnismäßigkeit im engeren Sinne einer staatlichen Maßnahme ist angemessenes Maß oder Verhältnis zwischen Zweckförderung für Erhaltungsrechte und Wirkungen für Eingriffsrechte, vgl. auch § 112 Abs. 1 S. 2 StPO und betroffene GR.[1719]

(SUB/ERG)

Im konkreten Fall ist die Festnahme (alternativ)

1719 BVerfGE 105, 239, 247 (Richtervorbehalt bei Freiheitsentziehung) = BVerfG, Beschluss des Zweiten Senats vom 15.05.2002 – 2 BvR 2292/00, C. I. 1., Rn. 22: „Art. 2 Abs. 2 Satz 2 GG bezeichnet die Freiheit der Person als ‚**unverletzlich**'. Diese verfassungsrechtliche Grundentscheidung kennzeichnet das Freiheitsrecht als ein besonders hohes Rechtsgut, in das nur aus wichtigen Gründen eingegriffen werden darf (vgl. BVerfGE 10, 302 [322]; 29, 312 [316]; 32, 87 [92]; 65, 317 [322]).“; vgl. auch insbesondere zu Legtimem Zweck, Erforderlichkeit, Angemessenheit BVerfG, Beschluss der 2. Kammer des Zweiten Senats vom 29.06.1995 – 2 BvR 2537/94: „Aus Art. 2 Abs. 2 Satz 2 GG folgt, daß Ordnung und Vollzug der Untersuchungshaft von dem Grundsatz der Verhältnismäßigkeit beherrscht werden. Dies bedeutet, daß der Eingriff in die Freiheit nur hinzunehmen ist, wenn und soweit einerseits wegen dringenden Tatverdachts begründete Zweifel an der Unschuld des Verdächtigen bestehen, andererseits der legitime Anspruch der staatlichen Gemeinschaft auf vollständige Aufklärung der Tat und rasche Bestrafung des Täters nicht anders gesichert werden kann als dadurch, daß der Verdächtige vorläufig in Haft genommen wird. Bei dieser Abwägung hat der Richter stets im Auge zu behalten, daß es der vornehmliche Zweck und der eigentliche Rechtfertigungsgrund der Untersuchungshaft ist, die Durchführung eines geordneten Strafverfahrens zu gewährleisten und die spätere Strafvollstreckung sicherzustellen; ist sie zu einem dieser Zwecke nicht mehr nötig, so ist es unverhältnismäßig und daher grundsätzlich unzulässig, sie anzuordnen, aufrechtzuerhalten oder zu vollziehen (vgl. BVerfGE 19, 342 <347 ff.>; 20, 45 <49 f.>; 36, 264 <269 f.>).“; vgl. BVerfG, Beschluss der 1. Kammer des Zweiten Senats vom 01.04.2020 – 2 BvR 225/20 –, Rn. 58: „Der Verhältnismäßigkeitsgrundsatz ist nicht nur für die Anordnung, sondern auch für die Dauer der Untersuchungshaft von Bedeutung. Er verlangt, dass die Dauer der Untersuchungshaft nicht außer Verhältnis zur erwarteten Strafe steht, und setzt ihr auch unabhängig von der Straferwartung Grenzen (vgl. BVerfGE 20, 45 <49 f.>). Das Gewicht des Freiheitsanspruchs vergrößert sich gegenüber dem Interesse an einer wirksamen Strafverfolgung regelmäßig mit zunehmender Dauer der Untersuchungshaft (vgl. BVerfGE 36, 264 <270>; 53, 152 <158 f.>). Daraus folgt zum einen, dass die Anforderungen an die Zügigkeit der Arbeit in einer Haftsache mit der Dauer der Untersuchungshaft steigen. Zum anderen nehmen auch die Anforderungen an den die Haftfortdauer rechtfertigenden Grund zu (vgl. BVerfGK 7, 140 <161>; 15, 474 <480>; 17, 517 <522>; Beschluss der 1. Kammer des Zweiten Senats vom 9. März 2020 - 2 BvR 103/20 -, Rn. 47). Im Rahmen der von den Fachgerichten vorzunehmenden Abwägung zwischen dem Freiheitsanspruch des Betroffenen und dem Strafverfolgungsinteresse der Allgemeinheit ist die Angemessenheit der Haftfortdauer anhand objektiver Kriterien des jeweiligen Einzelfalles zu prüfen; insofern sind in erster Linie die Komplexität der einzelnen Rechtssache, die Vielzahl der beteiligten Personen und das Verhalten der Verteidigung von Bedeutung (vgl. BVerfG, Beschluss der 3. Kammer des Zweiten Senats vom 22. Januar 2014 - 2 BvR 2248/13 u.a. -, Rn. 37; Beschluss der 1. Kammer des Zweiten Senats vom 23. Januar 2019 - 2 BvR 2429/18 -, Rn. 56; Beschluss der 1. Kammer des Zweiten Senats vom 18. Februar 2020 - 2 BvR 2090/19 -, Rn. 47).“.

- angemessen, denn der Grundrechtseingriff insbesondere in Art. 2 Abs. 2 S. 2 GG steht angesichts der zu schützenden Rechte und Rechtsgüter insbesondere aus Art. 20 Abs. 3 GG nicht außer Verhältnis.
- unangemessen.

(ERG VHM)

Die Festnahme ist insgesamt i.S.v. Art. 20 Abs. 3 GG (alternativ)

- verhältnismäßig.
- unverhältnismäßig.

D. Gesamtergebnis (GErg)

Die Festnahme ist (alternativ)

- gemäß § 127 Abs. 2 i.V.m. § 112 Abs. 1, 2 Nr. 1/2/3/Abs. 3 StPO rechtmäßig.
- wegen Art./§ (bestimmter Rechtsnorm [z.B. Art. 20 Abs. 3 GG]) rechtswidrig.

ABSCHNITT 32: VORLÄUFIGE FESTNAHME MIT HAFTGRUND AUS § 112A STPO (WIEDERHOLUNGSGEFAHR), § 127 ABS. 2 I.V.M. § 112A STPO (VGL. AUCH § 46 ABS. 3 S. 1 OWIG)

A. Rechtsgrundlage (RGL) I. Grundrechte (GR)

(VOR/DEF)

Grundrechte sind grundlegende Rechte aus Art. 1-19 GG i.V.m. dem Rechtsstaatsprinzip, Art. 20 Abs. 3 GG, mit Vorrang und Vorbehalt des Gesetzes.[1720]

(SUB/ERG)

Grundrechte sind fallabhängig insbesondere wie folgt gegeben:

1. Körperliche Bewegungsfreiheit, Art. 2 Abs. 2 S. 2 GG[1721]

a) GR-SB:

aa) Persönlicher GR-SB: „**Person**", vgl. § 1 BGB.

bb) Sachlicher GR-SB: „**Freiheit**" ist **körperliche Bewegungsfreiheit** als Freiheit, jeden Ort oder Raum aufzusuchen, sich dort aufzuhalten, (ihn zu verlassen), der an sich (tatsächlich und rechtlich) zugänglich ist.

b) GR-E (oder Nichteingriff/GR-Verzicht): Freiheitsentziehung oder sonstige Freiheitsbeschränkung.

Freiheitsbeschränkung (Freiheitsentziehung oder sonstige Freiheitsbeschränkung) liegt vor, wenn jemand durch die öffentliche Gewalt gegen seinen Willen daran gehindert wird, einen Ort oder Raum aufzusuchen oder sich dort aufzuhalten, der ihm an sich (tatsächlich und rechtlich) zugänglich ist. Eine **Freiheitsentziehung** als schwerste Form der Freiheitsbeschränkung ist dann gegeben, wenn die tatsächlich und rechtlich an sich gegebene körperliche Bewegungsfreiheit durch staatliche Maßnahmen nach jeder Richtung hin aufgehoben wird[1722]; Freiheitsentziehung setzt auch eine besondere Eingriffsintensität und eine nicht nur kurzfristi-

---

1720 Zu **Grundrechten**: *Basten*, Eingriffsrecht der Polizei in Nordrhein-Westfalen, Band 1, Buch 1, Abschnitt 2, Unterabschnitt 3. Zum **Rechtsstaatsprinzip** mit unter anderem sogenanntem Vorrang des Gesetzes und Vorbehalt des Gesetzes: *Basten*, Eingriffsrecht der Polizei in Nordrhein-Westfalen, Band 1, S. 95-108.

1721 Vgl. auch Art. 142 GG i.V.m. Art. 4 Abs. 1 Verfassung NRW; Art. 20 Abs. 2a und Art. 21 AEUV i.V.m. Art. 6, 45 EU-GR-Charta (Bewegungsfreiheit, Freizügigkeit, Aufenthaltsfreiheit); Art. 5 EMRK; Art. 2 Protokoll Nr. 4 EMRK; Art. 21 AEUV (**Unionsbürgerfreizügigkeit**, zum **Unionsbürger** vgl. Art. 9 S. 2, 3 EUV, Art. 20 Abs. 1 S. 2, 3 AEUV); Art. 45 AEUV (**Arbeitnehmerfreizügigkeit**); Art. 49 AEUV (**Niederlassungsfreiheit**); Art. 56 AEUV (**Dienstleistungsfreiheit**); vgl. auch Art. 28 AEUV (**Warenverkehrsfreiheit**); Art. 9 Abs. 1 S. 1 IPbpR („Jedermann hat ein Recht auf persönliche Freiheit und Sicherheit."); Art. 9-11 IPbpR (Freiheitsentziehungsbedingungen), Art. 12 IPbpR (Bewegung, Wohnsitzwahl, Ausreise, Einreise in Hoheitsgebiet eines Staates, vgl. „Freizügigkeit"), Art. 13 IPbpR (Ausländerausweisungsbedingungen).

1722 BVerfG, Beschluss der 1. Kammer des Ersten Senats vom 08.03.2011 – 1 BvR 47/05 –, Rn. 20, 26: „Das **Einsperren** des Beschwerdeführers in eine **Gewahrsamszelle** auf der Polizeiwache beziehungsweise auf dem Polizeipräsidium sowie **als Verbindungsglied** zwischen beiden das **Verbringen dorthin mittels Polizeifahrzeugen** stellen eine Freiheitsentziehung im Sinne von Art. 104 Abs. 2 GG und nicht lediglich eine Freiheitsbeschränkung dar. [...] Jedenfalls muss die Unterbringung einer Person gegen ihren Willen in einem **Haftraum** als Freiheitsentziehung im Sinne von Art. 104 Abs. 2 GG angesehen werden (vgl. BGHZ 82, 261 <264> und BVerwGE 62, 317 <318>)."; BVerfGE 94, 166, 198 (Flughafenverfahren) = BVerfGE, Urteil des Zweiten Senats vom 14.05.1996 – 2 BvR 1516/93.

ge Dauer der Maßnahme voraus[1723]. Im Übrigen kann eine Abgrenzung zwischen Freiheitsentziehung und sonstiger Freiheitsbeschränkung auch erfolgen nach Art, Dauer, Intensität, Mittel, Zweck der Freiheitsbeschränkung.[1724]

c) GR-B: Art. 2 Abs. 2 S. 3 GG (i.V.m. Art. 104 GG).

Ggf. vertretbar wegen Unverfügbarkeit von Eigentum durch die Festnahme:

2. Eigentum, Art. 14 Abs. 1 S. 1 Alt. 1 GG[1725]

a) GR-SB:

aa) Persönlicher GR-SB: Alle Menschen (personen- und staatsangehörigkeitsunabhängiger Wortlaut).

bb) Sachlicher GR-SB: „**Eigentum**" ist Summe aller vermögenswerten Rechte, also jedenfalls auch der berechtigte Besitz und die berechtigte Nutzung[1726].[1727]

1723 BVerfGE 149, 293 (5-Punkt-Fixierung/7-Punkt-Fixierung) = BVerfG, Urteil des Zweiten Senats vom 24.07.2018 – 2 BvR 309/15 –, D. II. 2. a), Rn. 67, vgl. dazu auch BVerfGE 149, 293 (5-Punkt-Fixierung/7-Punkt-Fixierung) = BVerfG, Urteil des Zweiten Senats vom 24.07.2018 – 2 BvR 309/15 –, D. II. 2. b): „Jedenfalls eine **5-Punkt- oder 7-Punkt-Fixierung**, bei der sämtliche Gliedmaßen des Betroffenen mit Gurten am Bett festgebunden werden, stellt eine Freiheitsentziehung im Sinne von Art. 104 Abs. 2 GG dar, es sei denn, es handelt sich um eine lediglich **kurzfristige Maßnahme**. Von einer kurzfristigen Maßnahme ist in der Regel auszugehen, wenn sie absehbar die Dauer von ungefähr einer halben Stunde unterschreitet.".

1724 Vgl. auch insbesondere zu Art, Intensität, Mittel: § 415 Abs. 2 FamFG und §§ 37a, 62 PolG NRW.

1725 Vgl. auch Art. 142 GG i.V.m. Art. 4 Abs. 1 Verfassung NRW; Art. 17 EU-GR-Charta; Art. 1 Zusatzprotokoll EMRK.

1726 BVerfGE 95, 267, 300 (Altschulden) = BVerfG, Urteil des Ersten Senats vom 08.04.1997 – 1 BvR 48/94 –, C. I. 1., Rn. 130 f.: „Unter den Schutz der Eigentumsgarantie fallen grundsätzlich alle vermögenswerten Rechte, die dem Berechtigten von der Rechtsordnung in der Weise zugeordnet sind, daß er die damit verbundenen Befugnisse nach eigener Entscheidung zu seinem privaten Nutzen ausüben darf (vgl. BVerfGE 83, 201 [209]; stRspr). Der verfassungsrechtliche Eigentumsschutz reicht damit zwar erheblich weiter als das zivilrechtliche Eigentum und erstreckt sich auch auf nicht dingliche vermögenswerte Rechtspositionen. Er bleibt aber an Rechtspositionen gebunden. Kein Eigentum im Sinn von Art. 14 Abs. 1 GG ist daher das **Vermögen**, das selber kein Recht, sondern den Inbegriff aller geldwerten Güter einer Person darstellt (vgl. BVerfGE 4, 7 [17]; stRspr). Daraus folgt, daß Art. 14 Abs. 1 GG nicht vor der staatlichen Auferlegung von **Geldleistungspflichten** schützt. Diese sind nicht mittels eines bestimmten Eigentumsobjekts zu erfüllen, sondern werden aus dem fluktuierenden Vermögen bestritten. Etwas anderes kommt nur dann in Betracht, wenn die Geldleistungspflichten den Betroffenen übermäßig belasten und seine Vermögensverhältnisse so grundlegend beeinträchtigen, daß sie eine erdrosselnde Wirkung haben (vgl. BVerfGE 78, 232 [243]; stRspr).".

1727 Zum Vergleich von Art. 14 Abs. 1 S. 1 Alt. 1 GG und dem Auffanggrundrecht des Art. 2 Abs. 1 GG: Bei lediglich unentschiedenem Potential von Berechtigung wie Nichtberechtigung kann grundsätzlich in dubio pro libertate zunächst zugunsten des Grundrechtsfähigen größtmöglicher Grundrechtsschutzbereich vermutet werden. Vgl. auch BVerfGE 6, 55, 72 (Steuersplitting); BVerfGE 32, 54, 71 (Betriebsbetretungsrecht); BVerfGE 39, 1, 38 (Schwangerschaftsabbruch I); BVerfGE 51, 97, 110 (Zwangsvollstreckung I); BVerfGE 151, 67 (Richtervorbehalt, Bereitschaftsdienst, Nachtzeit/Tageszeit i.S.v. § 104 Abs. 3 StPO) = BVerfG, Beschluss des Zweiten Senats vom 12.03.2019 – 2 BvR 675/14 –, Rn. 55, wonach in Zweifelsfällen diejenige Auslegung zu wählen ist/derjenigen Auslegung der Vorzug zu geben ist, welche die (juristische) „Wirkungskraft der Grundrechtsnorm am stärksten entfaltet.". **Eigentum** i.S.d. (privat)rechtsnormgeprägten Schutzbereichs von Art. 14 Abs. 1 S. 1 Alt. 1 GG ist jedenfalls gegeben bei Eigentum i.S.d. Privatrechts und bei vermögenswerter Besitz-/Nutzungs-/Umgangs-Berechtigung (z.B. i.S.d. §§ 854-984 BGB). **Eigentumslosigkeit** i.S.d. (privat)rechtsnormgeprägten Schutzbereichs von Art. 14 Abs. 1 S. 1 Alt. 1 GG ist jedenfalls gegeben bei allseitiger Besitz-/Nutzungs-

b) GR-E (oder Nichteingriff/GR-Verzicht): **Eigentumseinschränkung** durch

Einschränkung eines vermögenswerten Rechts, etwa durch (alternativ)

- Einschränkungen oder Entzug der Nutzungs- und Verfügungsbefugnis an (berechtigtem) Eigentum/Besitz/Nutzung, vgl. §§ 903 ff. BGB, §§ 854 ff. BGB, ohne Güterbeschaffung als **Inhalts- und Schrankenbestimmung** im Sinne von Art. 14 Abs. 1 S. 2 GG[1728];
- Eigentumsentzug als **Enteignung** im Sinne des Art. 14 Abs. 3 GG mit Änderung der Eigentumszuordnung und stets mit Güterbeschaffung.[1729]

c) GR-B: Art. 14 Abs. 1 S. 2, Abs. 2, 3 GG, Art. 18 GG.

3. Allgemeine Verhaltensfreiheit / Allgemeine Handlungsfreiheit[1730], Art. 2 Abs. 1 GG.[1731]

/Umgangs-Nichtberechtigung (z.B. i.S.d. §§ 854-984 BGB); nicht schon unbedingt bei lediglich Eigentums-Nichtberechtigung im privatrechtlichen Sinne bei vermögenswerten Besitz-/Nutzungs-/Umgangs-Berechtigungen; wohl aber jedenfalls auch bei Verbot i.S.d. § 134 BGB oder Sittenwidrigkeit i.S.d. § 138 BGB oder sonstiger Unwirksamkeitsgründe (Nichtentstehensgründe oder Erlöschensgründe) gerade bezüglich des Erwerbs- oder Nutzungs- oder Umgangsaktes (z.B. i.S.d. §§ 854-984 BGB; vgl. z.B. Btm-Umgangsarten i.S.d. § 29 BtMG; vgl. auch etwaiges waffenrechtliches Verbot der Umgangsart Erwerb oder sonstiger Umgangsarten i.S.d. § 1 Abs. 3, 4 WaffG bei Nichtverbot des Erwerbs). Vgl. BVerfGE 110, 1, 23 f. (Erweiterter Verfall [a. F., ≙ erweiterte Tatertragseinziehung, P. B.]) = BVerfG, Beschluss des Zweiten Senats vom 14.01.2004 – 2 BvR 564/95 –, C. I. 3. a), b), Rn. 86 f, 88: „Die Vorschrift des § 73d StGB [a. F., ≙ § 73a StGB, P. B.] verstößt in der Auslegung des Bundesgerichtshofs auch nicht gegen die Eigentumsgarantie des Art. 14 Abs. 1 GG. Soweit § 73d StGB [a. F., ≙ § 73a StGB, P. B.] den Zugriff auf Vermögenswerte erlaubt, die dem unmittelbar Betroffenen wegen eines Verstoßes gegen strafrechtliche Vorschriften zivilrechtlich nicht zustehen (vgl. § 134, § 935 BGB), ist dessen Eigentumsgrundrecht schon mangels einer schutzfähigen Rechtsposition nicht berührt (vgl. BVerfGE 83, 201 [209]; 95, 267 [300]). Dies betrifft vor allem die Entziehung von Gewinnen aus illegalen Drogengeschäften. Denn wegen des strafrechtlichen Verbots des Handeltreibens mit Betäubungsmitteln ist gemäß § 134 BGB neben dem schuldrechtlichen Verpflichtungsgeschäft zugleich die Übereignung sowohl der Drogen als auch des für sie als Kaufpreis gezahlten Geldes zivilrechtlich unwirksam (vgl. BGH, NJW 1983, S. 636 [Schrifttumsquellen]. […] Soweit § 73d StGB StGB [a. F., ≙ § 73a StGB, P. B.] die Entziehung von Gegenständen anordnet, die der Betroffene zwar deliktisch, aber gleichwohl zivilrechtlich wirksam erworben hat, enthält er eine Inhalts- und Schrankenbestimmung des Eigentums im Sinne des Art. 14 Abs. 1 Satz 2 GG. Diese genügt in der Auslegung des Bundesgerichtshofs den verfassungsrechtlichen Anforderungen.“.

1728 BVerfGE 143, 246, Ls. 5 (Dreizehnte Novelle des Atomgesetzes) = BVerfG, Urteil des Ersten Senats vom 06.12.2016 – 1 BvR 2821/11 –, Ls. 5.

1729 BVerfGE 143, 246, Ls. 4 (Dreizehnte Novelle des Atomgesetzes) = BVerfG, Urteil des Ersten Senats vom 06.12.2016 – 1 BvR 2821/11 –, Ls. 4.

1730 „Allgemeine“ Verhaltensfreiheit / Handlungsfreiheit: Auffanggrundrecht ggü. ggf. spezielleren Grundrechten, vgl. Rechtsnormspezialitätsregel („lex specialis derogat legi generali“), vgl. auch: BVerfGE 6, 32, 37 (Elfes) = BVerfG, Urteil des Ersten Senats vom 16.01.1957 – 1 BvR 253/56, Gründe, II. 2. a), Rn. 16: „Neben der allgemeinen Handlungsfreiheit, die Art. 2 Abs. 1 GG gewährleistet, hat das Grundgesetz die Freiheit menschlicher Betätigung für bestimmte Lebensbereiche, die nach den geschichtlichen Erfahrungen dem Zugriff der öffentlichen Gewalt besonders ausgesetzt sind, durch besondere Grundrechtsbestimmungen geschützt; bei ihnen hat die Verfassung durch abgestufte Gesetzesvorbehalte abgegrenzt, in welchem Umfang in den jeweiligen Grundrechtsbereich eingegriffen werden kann. Soweit nicht solche besonderen Lebensbereiche grundrechtlich geschützt sind, kann sich der Einzelne bei Eingriffen der öffentlichen Gewalt in seine Freiheit auf Art. 2 Abs. 1 GG berufen. Hier bedurfte es eines Gesetzesvorbehalts nicht, weil sich aus der Beschränkung der freien Entfaltung der Persönlichkeit durch die verfassungsmäßige Ordnung der Umfang staatlicher Eingriffsmöglichkeiten ohne weiteres ergibt.“.

a) GR-SB:

aa) Persönlicher GR-SB: „Jeder".

bb) Sachlicher GR-SB: „**freie Entfaltung der Persönlichkeit**" bedeutet **allgemeine Verhaltensfreiheit** im umfassenden Sinn[1732] durch grundsätzlich jedes Tun, Dulden, Unterlassen[1733].

b) GR-E (oder Nichteingriff/GR-Verzicht): Verhaltenseinschränkung als Verhaltenssteuerung.

c) GR-B: Art. 2 Abs. 1 Hs. 2 GG[1734].

1731 Vgl. auch Art. 142 GG i.V.m. Art. 4 Abs. 1 Verfassung NRW; Art. 6 EU-GR-Charta; Art. 5 EMRK.

1732 BVerfGE 6, 32, 36 f. (Elfes) = BVerfG, Urteil des Ersten Senats vom 16.01.1957 – 1 BvR 253/56, Gründe, II. 2. a), Rn. 14 f.: „Das Grundgesetz kann mit der ‚freien Entfaltung der Persönlichkeit' nicht nur die Entfaltung innerhalb jenes Kernbereichs der Persönlichkeit gemeint haben, der das Wesen des Menschen als geistig-sittliche Person ausmacht, denn es wäre nicht verständlich, wie die Entfaltung innerhalb dieses Kernbereichs gegen das Sittengesetz, die Rechte anderer oder sogar gegen die verfassungsmäßige Ordnung einer freiheitlichen Demokratie sollte verstoßen können. Gerade diese, dem Individuum als Mitglied der Gemeinschaft auferlegten Beschränkungen zeigen vielmehr, daß das Grundgesetz in Art. 2 Abs. 1 GG die Handlungsfreiheit im umfassenden Sinne meint. [...] Es waren nicht rechtliche Erwägungen, sondern sprachliche Gründe, die den Gesetzgeber bewogen haben, die ursprüngliche Fassung ‚Jeder kann tun und lassen was er will' durch die jetzige Fassung zu ersetzen (vgl. v. Mangoldt, Parlamentarischer Rat, 42. Sitzung des Hauptausschusses, S. 533)."; BVerfGE 80, 137, 152 f. (Reiten im Walde) = BVerfG, Beschluss des Ersten Senats vom 06.06.1989 – 1 BvR 921/85 –, C. I. 1 a), Rn. 69: „Nach den in der Rechtsprechung des Bundesverfassungsgerichts entwickelten Grundsätzen gewährleistet Art. 2 Abs. 1 GG die allgemeine Handlungsfreiheit im umfassenden Sinne (st. Rspr. seit BVerfGE 6, 32 [36]; aus neuerer Zeit etwa: BVerfGE 74, 129 [151]; 75, 108 [154 f.]). Geschützt ist damit nicht nur ein begrenzter Bereich der Persönlichkeitsentfaltung, sondern jede Form menschlichen Handelns ohne Rücksicht darauf, welches Gewicht der Betätigung für die Persönlichkeitsentfaltung zukommt (vgl. etwa die Entscheidung eines Vorprüfungsausschusses in BVerfGE 54, 143 (146) - Taubenfüttern).".

1733 BVerfGE 6, 32, Ls. 1, 2 (Elfes) = BVerfG, Urteil des Ersten Senats vom 16.01.1957 – 1 BvR 253/56, Ls. 1: „Art. 11 GG betrifft nicht die Ausreisefreiheit.", Ls. 2: „Die **Ausreisefreiheit** ist als Ausfluß der allgemeinen Handlungsfreiheit durch Art. 2 Abs. 1 GG innerhalb der Schranken der verfassungsmäßigen Ordnung gewährleistet."; BVerwG, Urteil vom 29.05.2019 – BVerwG 6 C 8.18 (Beschränkung des Geltungsbereichs eines Passes), Rn. 20: „In der höchstrichterlichen Rechtsprechung ist seit Jahrzehnten geklärt, dass die durch Art. 2 Abs. 1 GG geschützte Ausreisefreiheit auch durch den Passversagungsgrund des § 7 Abs. 1 Nr. 1 Alt. 3 PassG als Bestandteil der verfassungsmäßigen Ordnung wirksam eingeschränkt wird.".

1734 Art. 2 Abs. 1 Hs. 2 GG (**Schrankentrias**): BVerfGE 80, 137, 153 (Reiten im Walde) = BVerfG, Beschluss des Ersten Senats vom 06.06.1989 – 1 BvR 921/85 –, C. I. 1 a), Rn. 69: „Abgesehen von einem absolut geschützten Kernbereich privater Lebensgestaltung, welcher der Einwirkung der öffentlichen Gewalt entzogen ist (BVerfGE 6, 32 [41]), ist die allgemeine Handlungsfreiheit allerdings nur in den Schranken des zweiten Halbsatzes von Art. 2 Abs. 1 GG gewährleistet und steht damit insbesondere unter dem **Vorbehalt der verfassungsmäßigen (Rechts-)Ordnung** (BVerfGE 6, 32 [37 f.]; 74, 129 [152]). Stützt sich ein die Handlungsfreiheit berührender Akt der öffentlichen Gewalt auf eine Rechtsnorm, so kann mit der Verfassungsbeschwerde unter Berufung auf Art. 2 Abs. 1 GG zur Nachprüfung gestellt werden, ob diese Norm zur **verfassungsmäßigen Ordnung** gehört, das heißt formell und materiell mit den Normen der Verfassung in Einklang steht (st. Rspr. seit BVerfGE 6, 32)."; BVerfGE 6, 32, Ls. 3 (Elfes) = BVerfG, Urteil des Ersten Senats vom 16.01.1957 – 1 BvR 253/56, Ls. 3: „**Verfassungsmäßige Ordnung** im Sinne des Art. 2 Abs. 1 GG ist die verfassungsmäßige Rechtsordnung, d.h. die Gesamtheit der Normen, die formell und materiell der Verfassung gemäß sind."; vgl. dazu auch BVerfGE 6, 32, 37-41 (Elfes) = BVerfG, Urteil des Ersten Senats vom 16.01.1957 – 1 BvR 253/56, Gründe II. 2 b), c), Rn. 17-33.

(VOR/DEF)

Rechtsgebiet ist Rechtsordnungsteil nach allen Umständen[1735] – wie schwerpunktmäßige Äußerungen[1736], Rechtsnormen[1737], Zwecke[1738], auch i.V.m. §§ 133, 157 BGB analog[1739].[1740]

Rechte anderer sind (als Teil der verfassungsmäßigen Ordnung) subjektive Berechtigungen (Anspruch oder Befugnis oder Erlaubnis) einschließlich Verpflichtungen (Pflicht zur Erfüllung von Anspruch oder Befugnis oder Erlaubnis) und sonstiger Rechtswirkungen für ein Rechtssubjekt bezüglich eines Verhaltens oder eines Rechtsguts.

Vgl. zum ein Mal bundesverfassungsgerichtlich entscheidungserheblich bemühten „**Sittengesetz**" nach Art. 2 Abs. 1 Hs. 2 GG als Gesetz, das nicht das durch die „soziale Gemeinschaft" „als für sich verbindlich" anerkannte „Rechtsgefühl" „im allgemeinen" „verletzt": BVerfGE 6, 389 (Homosexuelle) = BVerfG, Urteil des Ersten Senats vom 10.05.1957 – 1 BvR 550/52 –, und StrRehaHomG (Gesetz zur strafrechtlichen Rehabilitierung der nach dem 8. Mai 1945 wegen einvernehmlicher homosexueller Handlungen verurteilten Personen vom 17. Juli 2017 – BGBl. I S. 2443).

1735 Umstände im weiten Sinn, etwa als Bedingungen, Beziehungen, Faktoren, Folgen, Funktionen, Umweltbedingungen, Variablen, Verhältnissen, Voraussetzungen, Weltbedingungen.

1736 Äußerungen im weiten Sinn, etwa als alle Verhaltensäußerungen (einschließlich Aussagen).

1737 Rechtsnormen im weiten Sinn, etwa solche, die die Umstände oder das Verhalten regieren (sollen).

1738 Zwecke im weiten Sinn, etwa als sich aus einer Lage ergebende, objektiv zu verfolgende Ziele.

1739 Sog. **objektivierter Empfängerhorizont**, vgl. BVerwGE 147, 81 = BVerwG, Urteil vom 20.06.2013 – BVerwG 8 C 46.12, Rn. 27: „Die bundesrechtlichen Auslegungsregeln der §§ 133, 157 BGB sind auf öffentlich-rechtliche Erklärungen entsprechend anzuwenden. Bei Verwaltungsakten kommt es wie bei empfangsbedürftigen Willenserklärungen nicht auf den wirklichen Willen des Erklärenden (natürliche Auslegung), sondern auf den objektiven Erklärungsinhalt an. Maßgeblich ist, wie der Empfänger die Erklärung nach Treu und Glauben unter Berücksichtigung der für ihn erkennbaren Umstände verstehen musste. Dabei ist vom Wortlaut der Erklärung auszugehen und deren objektiver Gehalt unter Berücksichtigung des Empfängerhorizonts zu ermitteln (stRspr, vgl. Urteile vom 2. September 1999 - BVerwG 2 C 22.98 - BVerwGE 109, 283 <286> = Buchholz 237.7 § 72 NWLBG Nr. 4 und vom 27. Juni 2012 - BVerwG 9 C 7.11 - BVerwGE 143, 222 <Rn. 18> = Buchholz 11 Art. 20 GG Nr. 206; BGH, Urteile vom 24. Februar 1988 - VIII ZR 145/87 - BGHZ 103, 275 <280>, vom 27. Januar 2010 - VIII ZR 58/09 - BGHZ 184, 128 <137 Rn. 33> und vom 1. März 2011 - II ZR 16/10 - NJW 2011, 1666 <1667 Rn. 11> je m.w.N.)."; BVerwG, Beschluss vom 06.08.2018 – BVerwG 7 B 4.18, Rn. 10: „Dass die bundesrechtlichen Auslegungsregeln der §§ 133, 157 BGB auf öffentlich-rechtliche Erklärungen, d.h. u.a. auf Verwaltungsakte, entsprechend anzuwenden sind, ist in der Rechtsprechung des Bundesverwaltungsgerichts bereits geklärt (BVerwG, Urteil vom 20. Juni 2013 - 8 C 46.12 - BVerwGE 147, 81 Rn. 27 m.w.N.).".

1740 BVerwG 47, 255, 264 = BVerwG, Urteil vom 03.12.1974 – BVerwG I C 11.73: „Obwohl sich für die Polizei im Einzelfall bei einem einheitlichen Lebenssachverhalt gleichzeitig und unmittelbar Aufgaben der Strafverfolgung und der Gefahrenabwehr ergeben können, ist der im Schrifttum vertretenen Auffassung nicht zu folgen, daß aus Gründen der Rechtssicherheit oder wegen der schwierigen Durchschaubarkeit für den Bürger jede Art polizeilichen Handelns der verwaltungsgerichtlichen Kontrolle unterliegen müsse. In aller Regel ist es für den Betroffenen nicht schwer, zu erkennen, ob die Polizei im konkreten Fall eine - begangene - Straftat erforschen (**Strafverfolgung**) oder den Eintritt eines Schadens, etwa die - zukünftige - Begehung einer strafbaren Handlung, verhindern oder eine bereits eingetretene Störung der öffentlichen Sicherheit oder Ordnung beseitigen (**Gefahrenabwehr**) will. Außerdem wird man davon ausgehen dürfen, daß die Polizei dem Betroffenen - wie im vorliegenden Fall - den Grund ihres Einschreitens von sich aus oder auf Verlangen angibt. Im übrigen kommt es darauf an, wie sich der konkrete Lebenssachverhalt einem verständigen Bürger in der Lage des Betroffenen bei natürli-

(SUB/ERG)

Die Freiheitsentziehung / das Festhalten der Festnahme erfolgt auf dem Rechtsgebiet des besonderen öffentlichen Rechts polizeilicher Strafrechtspflege.

Eine Freiheitsentziehung/ein Festhalten erfolgt auf dem Rechtsgebiet der Strafrechtspflege insbesondere bei

- tatverdachtsveranlasster/tatverdachtsbezogener Freiheitsentziehung;
- Freiheitsentziehung mit schwerpunktmäßigem Zweck einer Strafrechtspflegemaßnahme;
- Fehlen von Gefahrenüberhang.

A. Rechtsgrundlage (RGL) III. Mögliche Befugnisrechtsnorm (Mgl. Brn.)

(VOR/DEF)

Befugnisrechtsnorm ist die rechtmäßige hauptsächliche materiellrechtliche Rechtsgrundlage mit realfolgenentsprechender Rechtsfolge.

(SUB/ERG)

Realfolge ist die jeweilige Realfolge laut Sachverhalt.

Rechtsfolge ist die jeweilige Maßnahme laut Rechtsnorm.

(SUB)

Realfolgen und Rechtsfolgen zu:

Anhalten/Festhalten

(SUB)

Realfolgen Anhalten/Festhalten:

- Aufforderung zum Stehenbleiben
- Aufforderung zum Verlangsamen des Fortbewegungstempos
- Aufforderung zum Aufenthalt an bestimmter Stelle

(ERG)

Mögliche Befugnisrechtsnorm zu:

Anhalten/Festhalten

(ERG)

Gefahrenabwehr:

Anhalten / Festhalten:

- § 12 Abs. 1 Nr. 1, Abs. 2 S. 2 Var. 1 / S. 3 PolG NRW
- § 12 Abs. 1 Nr. 2 a), Abs. 2 S. 2 Var. 1 / S. 3 PolG NRW
- § 12 Abs. 1 Nr. 2 b), Abs. 2 S. 2 Var. 1 / S. 3 PolG NRW
- § 12 Abs. 1 Nr. 2 c), Abs. 2 S. 2 Var. 1 /

---

cher Betrachtungsweise darstellt. Dieser Sachverhalt muß im allgemeinen einheitlich betrachtet werden, es sei denn, daß einzelne Teile des Geschehensablaufs objektiv abtrennbar sind. Hat die Polizei die Ermittlungen an die StA oder das Amtsgericht weitergeleitet (§ 163 Abs. 2 StPO) oder auf Weisung der StA gehandelt, so kann an der strafprozessualen Natur ihres Einschreitens kein vernünftiger Zweifel bestehen. Eine Maßnahme, die nach dem Gesamteindruck darauf gerichtet ist, eine strafbare Handlung zu erforschen oder sonst zu verfolgen, ist der Kontrolle der ordentlichen Gerichte nach §§ 23 ff. EGGVG nicht etwa deshalb entzogen, weil durch die polizeilichen Ermittlungen möglicherweise zugleich auch künftigen Verletzungen der öffentlichen Sicherheit vorgebeugt würde.“.

Rechtsfolge Anhalten/Festhalten:

Anhalten/Festhalten ist Reduzieren oder Stoppen der Bewegung i.S.d. Art. 2 Abs. 2 S. 2 GG.

Abgrenzung von Anhalten und Festhalten erfolgt nach:

- Gesetz, vgl. §§ 36 Abs. 1 S. 1, 37 Abs. 1 PolG NRW
- „ADIMZ" (Art, Dauer, Intensität, Mittel, Zweck der Freiheitsbeschränkung) (Vorentscheidung mit Freiheitsentziehung oder sonstiger Freiheitsbeschränkung beim Fallbearbeitungspunkt A. I.).

S. 3 PolG NRW

- § 12 Abs. 1 Nr. 3, Abs. 2 S. 2 Var. 1 / S. 3 PolG NRW
- § 12 Abs. 1 Nr. 4, Abs. 2 S. 2 Var. 1 / S. 3 PolG NRW
- § 12a Abs. 1 S. 1 Var. 1 / S. 1 Var. 3 PolG NRW
- § 14 Abs. 1 Nr. 1 PolG NRW (i.V.m. § 12/12a PolG NRW)
- Ggf. § 8 Abs. 1 PolG NRW.

Nur Anhalten:

- § 9 Abs. 2 S. 2 PolG NRW
- § 9 Abs. 3 S. 1 (i.V.m. § 9 Abs. 2 PolG NRW)
- § 25 Abs. 2 PolG NRW
- § 36 Abs. 5 S. 1 StVO.

Nur Festhalten (vgl. §§ 36 Abs. 1 S. 1, 37 Abs. 1 PolG NRW):

- § 10 Abs. 3 PolG NRW
- § 35 PolG NRW
- § 58 Abs. 4 AufenthG
- §§ 62-62b AufenthG (vgl. § 71 Abs. 5 AufenthG)
- Nur für zuständige Behörde: § 30 IfSG. Nur für örtliche Ordnungsbehörde: § 14 PsychKG (NRW). Nur für Jugendamt: § 42 SGB VIII.

Strafrechtspflege (ggf. mit §§ 46, 53 Abs. 1 S. 2, Abs. 2 OWiG):

Anhalten als (erforderliche) Maßnahme / Festhalten zur

- IDF beim Verdächtigen, § 163b Abs. 1 StPO / §§ 163b Abs. 1, c StPO
- IDF beim Nichtverdächtigen, § 163b Abs. 2 StPO/ §§ 163b Abs. 2, c StPO
- IDF bei jedermann an an öffentlich zugänglichem Ort eingerichteter Kontrollstelle, § 111 StPO (ohne §§ 46, 53 Abs. 1 S. 2 OWiG)
- Ggf. § 163 Abs. 1 S. 2 StPO.

Nur Festhalten (vgl. Art. 104 GG):

- § 127 Abs. 1 S. 1 Alt 1 StPO

- § 127 Abs. 2 i.V.m. § 112 StPO
- § 127 Abs. 2 i.V.m. § 112a StPO
- § 127 Abs. 2 i.V.m. § 126a StPO
- § 127b StPO
- § 164 StPO
- § 19 IRG.

(SUB)

Realfolge ist die Maßnahme laut Sachverhalt.

Rechtsfolge ist (als Justiz-VA, § 23 Abs. 1 S. 1 EGGVG)[1741] die **vorläufige Festnahme** (Freiheitsentziehung/Festhalten auf dem Rechtsgebiet der Straftatenerforschung zunächst ohne vorherige richterliche Anordnung zu einem Zweck aus einer Festnahmebefugnisrechtsnorm).

Festnahme-Zwecke[1742] nach StPO (mindestens nach Feststellung von Freiheitsentziehung/Festhalten für Entscheidung zu möglicher Befugnisrechtsnorm zu antizipieren – aus Umkehrschluss/contrario zum Haftgrund oder Unterbringungsgrund):

- § 127 Abs. 1 S. 1 Alt.1 StPO: Fluchtverdachts-Erforschungssicherung (weitere Sachverhaltsklärung; ohne Anhaltspunkte zu weiterem Haft- oder Unterbringungsgrund, vgl. §§ 112, 112a, 126a, 127b StPO);
- § 127 Abs. 2 i.V.m. § 112 Abs. 1, 2 Nr. 1 StPO: Flucht- oder Verbergensunterbindung;
- § 127 Abs. 2 i.V.m. § 112 Abs. 1, 2 Nr. 2 StPO: Fluchtgefahr-Abwehr;
- § 127 Abs. 2 i.V.m. § 112 Abs. 1, 2 Nr. 3 StPO: Verdunkelungsgefahr-Abwehr;

1741 **Wohnungstüröffnungs-Verfügung** (je nach Rechtsgebiet VA oder Justiz-VA [z.B.: „Bitte öffnen Sie die Tür!"]) kann bspw. wie folgt – insbesondere über den Zweck – zu subsumieren sein:

- § 9 Abs. 2 PolG NRW / § 163 Abs. 3 StPO / § 163a StPO (Zweck: Befragung / Vernehmung).
- § 12 PolG NRW / § 163b Abs. 1 oder § 163b Abs. 2 StPO (Zweck: IDF jedenfalls ohne Wohnungs-Betretens- und Wohnungs-Durchsuchungszweck [z.B.: IDF-Befragung / IDF-Ausweisverlangen an der Tür]).
- § 16a PolG NRW / § 163f StPO / § 163 Abs. 1 S. 2 StPO (Zweck: Observation jedenfalls ohne Wohnungs-Betretens- und Wohnungs-Durchsuchungszweck [z.B.: Datenerhebung von der Tür aus]).
- § 35 PolG NRW / § 127 Abs. 1 S. 1 Alt. 1 StPO / § 127 Abs. 2 i.V.m. § 112/§ 112a/§ 126a; § 127b StPO; § 164 StPO (Zweck: Ingewahrsamnahme / Festnahme jedenfalls ohne Wohnungs-Betretens- und Wohnungs-Durchsuchungszweck [z.B.: Ingewahrsamnahme / Festnahme an der Tür]).
- § 41 PolG NRW / § 102 StPO oder § 103 StPO (Zweck: Wohnungsbetreten und/oder Wohnungsdurchsuchung).
- § 43 PolG NRW / § 94 Abs. 1 StPO / § 94 Abs. 1, 2 StPO / §§ 94 Abs. 3, 111a StPO, § 69 StGB / §§ 99, 100 StPO / § 108 StPO (§ 110 StPO); / § 111b StPO / § 132 StPO (Zweck: Sicherstellung/Beschlagnahme jedenfalls ohne Wohnungs-Betretens- und Wohnungs-Durchsuchungszweck [z.B.: Sicherstellung/Beschlagnahme an der Tür).
- § 81a StPO / § 81c StPO / § 81g StPO / § 81h StPO (Zweck: der jeweilige „Untersuchungs"-Zweck jedenfalls ohne Wohnungs-Betretens- und Wohnungs-Durchsuchungszweck [z.B.: „Untersuchung" an der Tür]).
- § 8 Abs. 1 PolG NRW / § 163 Abs. 1 S. 2 StPO (Zweck: jedenfalls ein nicht besonders geregelter Zweck jedenfalls ohne Wohnungs-Betretens- und Wohnungs-Durchsuchungszweck).

1742 Unterscheide wiederum die IDF-Zwecke von Freiheitsentziehung/Festhalten nach § 111 Abs. 3 StPO, § 163b Abs. 1, c StPO, § 163b Abs. 2, c StPO, die keine Festnahmebefugnisrechtsnormen sind, vgl. auch § 127 Abs. 1 S. 2 StPO.

- § 127 Abs. 2 i.V.m. § 112 Abs. 1, 3 StPO: Tataufklärungsgefährdungs-Abwehr bei bestimmten Straftaten – mit ansatzweisem Zweck aus § 112 Abs. 2 Nr. 1, 2, 3 StPO[1743];
- § 127 Abs. 2 i.V.m. § 112a StPO: Wiederholungsgefahr-Abwehr;
- § 127 Abs. 2 i.V.m. § 126a StPO: Unterbringungssicherung für öffentliche Sicherheit;
- § 127b StPO: Beschleunigung des Verfahrens i.S.d. §§ 417-420 StPO und Fluchtgefahr-Abwehr;
- § 164 StPO: Amtshandlungsstörungs-Abwehr.

Verhältnis der Festnahmebefugnisrechtsnormen zueinander:

- § 127 Abs. 1 S. 1 Alt.1 StPO[1744]: jedenfalls anzuwenden bei Fehlen von Kenntnissen zu Haft- oder Unterbringungsgründen aus §§ 112, 112a, 126a, 127b StPO und anwendbar neben § 164 StPO;
- § 127 Abs. 2 i.V.m. § 112 Abs. 1, 2 Nr. 1 StPO: jedenfalls lex specialis ggü. § 127 Abs. 1 S. 1 Alt. 1 StPO und § 127 Abs. 2 i.V.m. § 112a StPO und grundsätzlich anwendbar neben § 127 Abs. 2 i.V.m. § 126a StPO und § 164 StPO;
- § 127 Abs. 2 i.V.m. § 112 Abs. 1, 2 Nr. 2 StPO: jedenfalls lex specialis ggü. § 127 Abs. 1 S. 1 Alt. 1 StPO und § 127 Abs. 2 i.V.m. § 112a StPO und grundsätzlich anwendbar neben § 127 Abs. 2 i.V.m. § 126a StPO und § 164 StPO;

1743 Vgl. i.V.m. § 31 BVerfGG: BVerfGE 19, 342, 350 f. (Wencker) = BVerfG, Beschluss des Ersten Senats vom 15.12.1965 – 1 BvR 513/65: „Der neu [mit Gesetz zur Änderung der Strafprozeßordnung und des Gerichtsverfassungsgesetzes vom 19. Dezember 1964 (BGBl. I S. 1067), das am 1. April 1965 in Kraft getreten ist (sogenannte Kleine Strafprozeßnovelle), P.B.] eingeführte § 112 Abs. 4 StPO [jetzt: § 112 Abs. 3 StPO] müßte dagegen rechtsstaatliche Bedenken erwecken, wenn er dahin auszulegen wäre, daß bei dringendem Verdacht eines der hier bezeichneten Verbrechen gegen das Leben die Untersuchungshaft ohne weiteres, d.h. ohne Prüfung weiterer Voraussetzungen, verhängt werden dürfte. Eine solche Auslegung wäre mit dem Grundgesetz nicht vereinbar. Es kann schon zweifelhaft sein, ob sie dem Wortlaut der Bestimmung entspricht; denn dieser legt es nahe, der Vorschrift nur subsidiäre Geltung beizumessen, sie also nur anzuwenden, wenn zuvor das Vorliegen eines Haftgrundes nach Absatz 2 geprüft und verneint worden ist. Aber auch wenn man dieser Auslegung nicht folgt, fordert der Grundsatz der Verhältnismäßigkeit, daß der Richter auch bei Anwendung des § 112 Abs. 4 StPO [jetzt: § 112 Abs. 3 StPO] den Zweck der Untersuchungshaft nie aus dem Auge verliert. Weder die Schwere der Verbrechen wider das Leben noch die Schwere der (noch nicht festgestellten) Schuld rechtfertigen für sich allein die Verhaftung des Beschuldigten; noch weniger ist die Rücksicht auf eine mehr oder minder deutlich feststellbare ‚Erregung der Bevölkerung' ausreichend, die es unerträglich finde, wenn ein ‚Mörder' frei umhergehe. **Es müssen vielmehr auch hier stets Umstände vorliegen, die die Gefahr begründen, daß ohne Festnahme des Beschuldigten die alsbaldige Aufklärung und Ahndung der Tat gefährdet sein könnte** [Hervorhebung als einzige immerwährende Zusatz-Obervoraussetzung zu § 112 Abs. 3 StPO laut BVerfG; im Folgenden laut BVerfG mögliche, aus den Haftgründen (Flucht), Fluchtverdacht, Verdunkelungsgefahr, Wiederholungsgefahr abgeleitete Untervoraussetzungen P.B.]**.** Der zwar nicht mit ‚bestimmten Tatsachen' belegbare, aber nach den Umständen des Falles doch nicht auszuschließende Fluchtverdacht oder Verdunkelungsverdacht kann u.U. bereits ausreichen. Ebenso könnte die ernstliche Befürchtung, daß der Beschuldigte weitere Verbrechen ähnlicher Art begeht, für den Erlaß eines Haftbefehls genügen. § 112 Abs. 4 StPO [jetzt: § 112 Abs. 3 StPO] ist in engem Zusammenhang mit Absatz 2 zu sehen; er läßt sich dann damit rechtfertigen, **daß mit Rücksicht auf die Schwere der hier bezeichneten Straftaten die strengen Voraussetzungen der Haftgründe des [§ 112] Absatzes 2 [und des § 112a StPO] gelockert werden sollen, um die Gefahr auszuschließen, daß gerade besonders gefährliche Täter sich der Bestrafung entziehen** [Hervorhebung der praktischen Prüfkonsequenz, mit an den Haftgründen an sich ausgerichteter Püfung aller Voraussetzungen des § 112 Abs. 3 StPO, ausgerichtet an den Haftgründen an sich insbesondere aus § 112 Abs. 2 StPO und § 112a StPO., P.B.].".

1744 Praxis-Klassiker bzgl. § 127 Abs. 1 S. 1 Alt. 1 StPO: Betreffen bei Täter-am-Ort-Lage oder Tatortbereichsfahndung zunächst ohne weitere (Er-)Kenntnisse zu Haft- oder Unterbringungsbefehlsgründen, Begründung in praxi mitunter „zur weiteren Sachverhaltsklärung".

- § 127 Abs. 2 i.V.m. § 112 Abs. 1, 2 Nr. 3 StPO: jedenfalls lex specialis ggü. § 127 Abs. 1 S. 1 Alt. 1 StPO und § 127 Abs. 2 i.V.m. § 112a StPO und grundsätzlich anwendbar neben § 127 Abs. 2 i.V.m. § 126a StPO und § 164 StPO;
- § 127 Abs. 2 i.V.m. § 112 Abs. 1, 3 StPO: jedenfalls lex specialis ggü. § 127 Abs. 1 S. 1 Alt. 1 StPO und § 127 Abs. 2 i.V.m. § 112a StPO und grundsätzlich anwendbar neben § 127 Abs. 2 i.V.m. § 126a StPO und § 164 StPO;
- § 127 Abs. 2 i.V.m. § 112a StPO: jedenfalls lex specialis ggü. § 127 Abs. 1 S. 1 Alt. 1 StPO und grundsätzlich anwendbar neben § 127 Abs. 2 i.V.m. § 126a StPO und § 164 StPO; vgl. § 112a Abs. 2 StPO;
- § 127 Abs. 2 i.V.m. § 126a StPO: jedenfalls lex specialis ggü. § 127 Abs. 1 S. 1 Alt. 1 StPO grundsätzlich anwendbar neben § 127 Abs. 2 i.V.m. § 112 StPO, § 127 Abs. 2 i.V.m. § 112a StPO, § 127b StPO, § 164 StPO; vgl. zum Verhältnis von § 126a StPO insbesondere § 126a Abs. 1 StPO, §§ 20, 21 StGB, § 152 Abs. 2 StPO;
- § 127b StPO: nur anwendbar bei Wahrscheinlichkeit unverzüglicher Entscheidung im beschleunigten Verfahren, vgl. §§ 127b Abs. 1 S. 1 Nr. 1, 417 Hs. 2, 419 Abs. 1 StPO, § 79 Abs. 2 JGG und bei Erwartbarkeit der Durchführung der Hauptverhandlung binnen einer Woche nach der Festnahme – jedenfalls lex specialis ggü. § 127 Abs. 1 S. 1 Alt. 1 StPO und § 127 Abs. 2 i.V.m. § 112a StPO; grundsätzlich anwendbar neben § 127 Abs. 2 i.V.m. § 112 StPO und § 127 Abs. 2 i.V.m. § 126a StPO und § 164 StPO;
- § 164 StPO: grundsätzlich anwendbar neben § 127 Abs. 1 S. 1 Alt. 1 StPO, § 127 Abs. 2 StPO, § 127b StPO.

(ERG)

Mögliche Befugnisrechtsnorm ist § 127 Abs. 2 i.V.m. § 112a StPO.[1745]

B. Formelle Rechtmäßigkeit (FR) I. Zuständigkeit (Z)

(VOR/DEF)

Zuständigkeit ist Aufgabenwahrnehmungserlaubnis für den Rechtsfolgesetzer.

(SUB/ERG)

Für die Maßnahme ist die Zuständigkeit (i.d.R.) wie folgt gegeben:

1. sachliche Zuständigkeit *der Polizei* gemäß

- § 163 Abs. 1 S. 1 StPO;

2. instanzielle Zuständigkeit *der Polizeibehörde* (i.d.R.) gemäß

- (i.d.R.) § 11 Abs. 1 Nr. 2 Alt. 1 POG NRW i.V.m. KPBVO NRW;
- (generell:) §§ 10-14 POG NRW (ggf. i.V.m. LKAAufgVO NRW);

3. örtliche Zuständigkeit *der Polizeibehörde* gemäß

1745 BVerfGE 35, 185 (Haftgrund Wiederholungsgefahr) = BVerfG, Beschluss des Zweiten Senats vom 30.05.1973 – 2 BvL 4/73 –: „Der Haftgrund der Wiederholungsgefahr ist mit dem Grundgesetz vereinbar.".

- (i.d.R.) § 7 Abs. 1 S. 1 POG NRW (ggf. i.V.m. KHStVO NRW);
- (generell: §§ 7-9 POG NRW[1746]) (ggf. i.V.m. KHStVO NRW);

4. funktionelle Zuständigkeit *des Polizeiamtswalters* gemäß

- § 127 Abs. 2 Hs. 1 StPO: Beamter des Polizeidienstes.

B. Formelle Rechtmäßigkeit (FR) II. Verfahren (V)

(VOR/DEF)

Verfahren ist normiertes Verhalten insbesondere für den Rechtsfolgezuständigen außer, bei, i.Z.m. der Rechtsfolge.

1. Spezielle Verfahrensrechtsnormen für Festnahme im Sinne von § 127 Abs. 2 i.V.m. § 112a StPO[1747]

(VOR/DEF)

a) § 127 Abs. 2 Hs. 1 i.V.m. § 127 Abs. 1 S. 1, letzter Hs. StPO: Festnahme zunächst auch ohne richterliche Entscheidung bei Gefahr im Verzug

Gemäß § 127 Abs. 2 Hs. 1 StPO (i.V.m. § 127 Abs. 1 S. 1, letzter Hs. StPO) sind die Staatsanwaltschaft und die Beamten des Polizeidienstes bei Gefahr im Verzug auch zunächst ohne Richteranordnung befugt zur **vorläufigen Festnahme** (Festnahme zunächst ohne Richter).[1748]

Gefahr im Verzug ist gegeben, wenn bei einzelfallbezogenen Tatsachen die Erwirkung des Richterhaftbefehls,
§ 128 StPO, den gesetzlichen Festnahmezweck, nämlich den jeweiligen aus der Festnahmebefugnisnorm, unvorhergesehen gefährden, also wesentlich erschweren oder vereiteln würde.

[1746] Vgl. auch zu § 9 Abs. 1 S. 1 Nr. 5 POG NRW: Abkommen zwischen den Ländern der Bundesrepublik Deutschland über die erweiterte Zuständigkeit der Polizei der Länder bei der Strafverfolgung.

[1747] Vgl. auch Art. 46 GG (Abs. 1: **Abgeordnetenindemnität**; Abs. 2-4: **Abgeordnetenimmunität** – mit **Bundestagsgenehmigungsvorbehalt**); Art. 47 Verfassung NRW (**Abgeordnetenindemnität**), Art. 48 Verfassung NRW (**Abgeordnetenimmunität** – mit **Landtagsgenehmigungsvorbehalt**); Art. 60 Abs. 4 GG (**Bundespräsidentenimmunität**). Vgl. auch §§ 18, 21 GVG i.V.m. DiplBezÜbkG i.V.m. WÜD; §§ 19, 21 GVG i.V.m. Art. 27, 29 KonsÜbkG i.V.m. Art. 35, 41, 42 WÜK.

Vgl. auch § 14 Abs. 3 S. 2 AsylG: Im Fall von Asylantragstellung während einer in § 14 Abs. 3 S. 1 AsylG aufgeführten Haft (Untersuchungshaft; Strafhaft; Abschiebungshaft als Vorbereitungshaft, Sicherungshaft, Mitwirkungshaft; Ausreisegewahrsam) ist dem Ausländer unverzüglich Gelegenheit zu geben, mit einem Rechtsbeistand seiner Wahl Verbindung aufzunehmen, es sei denn, er hat sich selbst vorher anwaltlichen Beistands versichert.

[1748] Zum Bezug des Gesetzesmerkmals der „Gefahr im Verzug" auf das Verfahren des zuständigen Rechtsfolgeakteurs vgl. § 127 Abs. 1 S. 1 a.E. StPO: „jedermann befugt, ihn auch ohne richterliche Anordnung vorläufig festzunehmen" und § 127 Abs. 2 Hs. 1: „Die Staatsanwaltschaft und die Beamten des Polizeidienstes sind bei Gefahr im Verzug auch dann zur vorläufigen [=ohne vorige Richter-Entscheidung] Festnahme befugt".

Gefahr im Verzug ist auch gegeben, wenn im konkreten Fall zulässigerweise kein Richterdienst vorhanden ist oder wenn vorhandener richterlicher Bereitschaftsdienst unter zulässiger Anrufwege **unverzüglich** (vgl. auch § 121 Abs. 1 S. 1 BGB) vergeblich zu erreichen versucht wird und eine weitere Verzögerung den gesetzlichen Festnahmezweck gefährden, also wesentlich erschweren oder vereiteln würde.[1749]

[1749] BVerfGE 151, 67 (Richtervorbehalt, Bereitschaftsdienst, Nachtzeit/Tageszeit i.S.v. § 104 Abs. 3 StPO) = BVerfG, Beschluss des Zweiten Senats vom 12.03.2019 – 2 BvR 675/14 –, Rn. 55 (Nachtzeit): „Art. 13 Abs. 2 Halbsatz 2 GG lässt es zu, dass Durchsuchungen bei Gefahr im Verzug auch durch die in den Gesetzen vorgesehenen anderen Organe – bei der strafprozessualen Durchsuchung gemäß § 105 Abs. 1 Satz 1 Halbsatz 2 StPO durch die Staatsanwaltschaft und ihre **Ermittlungspersonen** (§ 152 GVG) – angeordnet werden dürfen. Wortlaut und Systematik des Art. 13 Abs. 2 GG belegen indes, dass die richterliche Durchsuchungsanordnung die Regel und die nichtrichterliche die Ausnahme sein soll (vgl. BVerfGE 103, 142 <153>; 139, 245 <269 Rn. 69>). […] Demgemäß ist der Begriff ‚Gefahr im Verzug' im Sinne des Art. 13 Abs. 2 GG eng auszulegen. **Gefahr im Verzug** ist nur anzunehmen, wenn die richterliche Anordnung nicht mehr eingeholt werden kann, ohne dass der Zweck der Maßnahme – regelmäßig die Sicherung von Beweismitteln – gefährdet würde (vgl. BVerfGE 51, 97 <111>; 103, 142 <153 f.>; 139, 245 <269 Rn. 69>).", Ls. 2: „Zu den Anforderungen an einen dem Gebot der praktischen Wirksamkeit des Richtervorbehalts entsprechenden **richterlichen Bereitschaftsdienst** gehört die uneingeschränkte Erreichbarkeit eines Ermittlungsrichters bei Tage, auch außerhalb der üblichen Dienststunden. Die **Tageszeit** umfasst dabei ganzjährig die Zeit zwischen 6 Uhr und 21 Uhr. Während der **Nachtzeit** ist ein **ermittlungsrichterlicher Bereitschaftsdienst** jedenfalls bei einem Bedarf einzurichten, der über den Ausnahmefall hinausgeht.", Ls. 3: „Ob und inwieweit ein über den Ausnahmefall hinausgehender Bedarf an nächtlichen Durchsuchungsanordnungen die Einrichtung eines ermittlungsrichterlichen Bereitschaftsdienstes zur Nachtzeit erfordert, haben die Gerichtspräsidien nach pflichtgemäßem Ermessen in eigener Verantwortung zu entscheiden. Für die Art und Weise der Bedarfsermittlung steht ihnen ein Beurteilungs- und Prognosespielraum zu.", Rn. 56: „Die Strafverfolgungsbehörden müssen dementsprechend regelmäßig versuchen, eine Anordnung des zuständigen Richters zu erlangen, bevor sie eine Durchsuchung beginnen. Nur in Ausnahmesituationen, wenn schon die zeitliche Verzögerung wegen eines solchen Versuchs den Erfolg der Durchsuchung gefährden würde, dürfen sie selbst die Anordnung wegen Gefahr im Verzug treffen, ohne sich zuvor um eine richterliche Entscheidung bemüht zu haben."; BVerfGE 139, 245 (Eilkompetenz der Ermittlungsbehörden) = BVerfG, Beschluss des Zweiten Senats vom 16.06.2015 - 2 BvR 2718/10, Rn. 83: „Scheitert hingegen der Versuch der Befassung des Gerichts mit dem Antrag auf Erlass einer Durchsuchungsanordnung, weil der zuständige Richter nicht erreicht werden kann und infolgedessen ein Beweismittelverlust droht, kommt ein Rückgriff auf die Eilkompetenz der Ermittlungsbehörden gemäß Art. 13 Abs. 2, 2. Halbsatz GG in Betracht.", Ls. 2 [zum **Eilzuständigkeitsende der Ermittlungsbehörden**]: „Mit der Befassung des zuständigen Ermittlungs- oder Eilrichters durch die Stellung eines Antrags auf Erlass einer Durchsuchungsanordnung und der dadurch eröffneten Möglichkeit präventiven Grundrechtsschutzes durch den Richter endet die Eilkompetenz der Ermittlungsbehörden.", Rn. 79: „Entscheidend ist dabei nicht der Zeitpunkt, zu dem die Staatsanwaltschaft den Entschluss fasst, eine richterliche Durchsuchungsanordnung zu beantragen, sondern der Zeitpunkt, in dem das Gericht mit dem Antrag auf Erlass einer Durchsuchungsanordnung befasst wird [**richterliche Befassung** oder **Gerichtsbefassung**, P. B.]. Dies ist der Fall, wenn die Staatsanwaltschaft [oder die Polizei, P. B.] dem zuständigen Richter den Antrag tatsächlich unterbreitet hat, so dass dieser in eine erste Sachprüfung eintreten kann.", Rn. 80: „Nicht entscheidend für den Zeitpunkt des Entfallens der Eilkompetenz der Staatsanwaltschaft ist dagegen der tatsächliche Beginn der sachlichen Prüfung durch das Gericht oder gar die endgültige gerichtliche Entscheidung.", Rn. 82: „Auch soweit während des durch den Richter in Anspruch genommenen Entscheidungszeitraums nach dessen Befassung die Gefahr eines Beweismittelverlusts eintritt, etwa weil dieser auf ein mündlich gestelltes Durchsuchungsbegehren hin die Vorlage schriftlicher Antragsunterlagen oder einer Ermittlungsakte fordert, Nachermittlungen anordnet oder schlicht bis zum Eintritt der Gefahr eines Beweismittelverlusts noch nicht entschieden hat, lebt die Eilkompetenz der Ermittlungsbehörden nicht wieder auf. Dies gilt unabhängig davon, aus welchen Gründen die richterliche Entscheidung über den Durchsuchungsantrag unterbleibt.", Ls. 3: „Die

b) § 128 StPO: Richtervorführung

Gemäß § 128 Abs. 1 S. 1 StPO, vgl. auch Art. 104 Abs. 2, 3 S. 1 GG, besteht Pflicht, den Festgenommenen, sofern er nicht wieder in Freiheit gesetzt wird, **unverzüglich**[1750] (vgl. § 121 Abs. 1 S. 1 BGB), spätestens am Tage nach der Festnahme, dem Richter bei dem Amtsgericht, in dessen Bezirk[1751] er festgenommen worden ist, vorzuführen.

Gemäß § 72a JGG (**Heranziehung der Jugendgerichtshilfe in Haftsachen**) ist bei Haftsache mit einem **Jugendlichen** oder einem **Heranwachsenden** (vgl. § 109 JGG) i.S.v. § 1 JGG nach

---

Eilkompetenz der Ermittlungsbehörden kann nur dann neu begründet werden, wenn nach der Befassung des Richters tatsächliche Umstände eintreten oder bekannt werden, die sich nicht aus dem Prozess der Prüfung und Entscheidung über diesen Antrag ergeben, und hierdurch die Gefahr eines Beweismittelverlusts in einer Weise begründet wird, die der Möglichkeit einer rechtzeitigen richterlichen Entscheidung entgegensteht.“, Ls. 4: „Auf die Ausgestaltung der justizinternen Organisation kann die Eilzuständigkeit der Ermittlungsbehörden nicht gestützt werden.“, Rn. 70: „Die daraus folgende Pflicht der Ermittlungsbehörden, sich regelmäßig um eine Durchsuchungsanordnung des zuständigen Richters zu bemühen, wird nicht durch den abstrakten Hinweis verzichtbar, eine richterliche Entscheidung sei zur maßgeblichen Zeit üblicherweise nicht mehr zu erreichen (vgl. BVerfGK 5, 74 <78>; 7, 392 <395>). Reine Spekulationen, hypothetische Erwägungen oder lediglich auf kriminalistische Alltagserfahrungen gestützte, fallunabhängige Vermutungen reichen ebenfalls nicht aus, um die Annahme von Gefahr im Verzug zu begründen (vgl. BVerfGE 103, 142 <155>; BVerfGK 2, 310 <315>). Auch schließt das verfassungsrechtliche Gebot, dem Ausnahmecharakter der Eilkompetenz Rechnung zu tragen, aus, mit dem Antrag auf Erlass einer Durchsuchungsanordnung zu warten, bis die Gefahr eines Beweismittelverlusts eingetreten ist. Selbst herbeigeführte tatsächliche Voraussetzungen können die Eilkompetenz der Staatsanwaltschaft und ihrer Ermittlungspersonen nicht begründen (vgl. BVerfGK 5, 74 <78>).“, Rn. 71: „Stattdessen sind bei der Beurteilung der Frage, ob der Versuch, eine richterliche Entscheidung herbeizuführen, unterbleiben darf, weil bereits die damit verbundene zeitliche Verzögerung den Erfolg der Durchsuchung gefährden würde, die konkreten Umstände des jeweiligen Einzelfalles in Rechnung zu stellen. Die Ermittlungsbehörden haben insbesondere die Komplexität der im Rahmen der Durchsuchungsanordnung zu prüfenden tatsächlichen und rechtlichen Fragen und den insoweit erforderlichen Zeitaufwand zu berücksichtigen. Daneben haben sie aber auch in ihre Überlegungen einzubeziehen, dass die Vorlage schriftlicher Unterlagen zur Herbeiführung einer richterlichen Eilentscheidung zumindest nicht ausnahmslos erforderlich ist. Jedenfalls in einfach gelagerten Fällen, in denen allein aufgrund der **mündlichen Darstellung des Sachverhalts** eine sachangemessene Entscheidung möglich ist, würde ein solches Erfordernis weder der gesetzlichen Intention noch der Bedeutung des Richtervorbehalts für den Grundrechtsschutz des Einzelnen gerecht (vgl. insoweit zur Anordnung einer Blutentnahme gemäß § 81a StPO: BVerfGK 17, 340 <346 f.>). Es bestehen daher in solchen Fällen keine verfassungsrechtlichen Bedenken, wenn der zuständige Richter allein aufgrund mündlich übermittelter Informationen entscheidet und die Durchsuchung auch **mündlich anordnet**, sofern er diese Anordnung zeitnah schriftlich dokumentiert und damit den sich aus Art. 19 Abs. 4 GG ergebenden Erfordernissen Rechnung trägt.“.

1750 BVerfGE 149, 293 (5-Punkt-Fixierung/7-Punkt-Fixierung) = BVerfG, Urteil des Zweiten Senats vom 24.07.2018 - 2 BvR 309/15 -, D. III. 4., Rn. 99 f.: „Art. 104 Abs. 2 Satz 2 GG fordert in einem solchen Fall, die richterliche Entscheidung unverzüglich nachzuholen (vgl. BVerfGE 10, 302 <321>; 105, 239 <249>). Das Tatbestandsmerkmal ‚**unverzüglich**‘ ist dahin auszulegen, dass die richterliche Entscheidung ohne jede Verzögerung, die sich nicht aus sachlichen Gründen rechtfertigen lässt, nachgeholt werden muss (vgl. BVerfGE 105, 239 <249>; Gusy, in: v. Mangoldt/Klein/Starck, GG, Bd. 3, 7. Aufl. 2018, Art. 104 Rn. 48). Nicht vermeidbar sind zum Beispiel die Verzögerungen, die durch die Länge des Weges, Schwierigkeiten beim Transport, die notwendige Registrierung und Protokollierung oder ein renitentes Verhalten des Betroffenen bedingt sind (vgl. BVerfGE 105, 239 <249>; BVerfGK 7, 87 <99>; Gusy, in: v. Mangoldt/Klein/Starck, GG, Bd. 3, 7. Aufl. 2018, Art. 104 Rn. 48). Sachliche Gründe, die eine Verzögerung der richterlichen Entscheidung rechtfertigen, können sich auch aus der Notwendigkeit verfahrensrechtlicher Vorkehrungen ergeben, die dem Schutz des Betroffenen dienen.“.

1751 **Gerichtsbezirke** gemäß Anlage 1 JustG NRW.

§ 72a S. 1 JGG die **Jugendgerichtshilfe** (§§ 52, 87b SGB VIII) unverzüglich (§ 121 Abs. 1 S. 1 BGB) von der Vollstreckung eines Haftbefehls zu **unterrichten**; ihr soll bereits der Erlass eines Haftbefehls **mitgeteilt** werden.
Gemäß § 72a S. 2 JGG ist die **Jugendgerichtshilfe** (§§ 52, 87b SGB VIII) von der **vorläufigen Festnahme** eines Jugendlichen oder Heranwachsenden (vgl. § 109 JGG) zu **unterrichten**, wenn nach dem Stand der Ermittlungen zu erwarten ist, dass der Jugendliche gemäß § 128 StPO dem **Richter vorgeführt** wird.

c) § 127 Abs. 4 i.V.m. §§ 114a, b, c StPO entsprechend als Verfahrensrechtsnormen für Festnahme i.S.d. § 127 Abs. 2 i.V.m. § 112a StPO

Gemäß § 127 Abs. 4 StPO gelten für die vorläufige Festnahme durch die Staatsanwaltschaft und durch Beamte des Polizeidienstes die §§ 114a bis 114c StPO entsprechend, und zwar wie folgt:

aa) § 127 Abs. 4 i.V.m. § 114a StPO [entsprechend]

Gemäß § 127 Abs. 4 i.V.m. § 114a StPO ist dem Beschuldigten bei der [Freiheitsentziehung] eine Abschrift [zur Freiheitsentziehung] auszuhändigen; beherrscht er die deutsche Sprache nicht hinreichend, erhält er zudem eine Übersetzung in einer für ihn verständlichen Sprache.

Gemäß § 127 Abs. 4 i.V.m. § 114a StPO ist dem Beschuldigten, wenn die Aushändigung einer Abschrift und einer etwaigen Übersetzung nicht möglich ist, **unverzüglich** (§ 121 Abs. 1 S. 1 BGB) in einer für ihn verständlichen Sprache mitzuteilen, welches die Gründe für die [Freiheitsentziehung] sind und welche Beschuldigungen gegen ihn erhoben werden.

Gemäß § 127 Abs. 4 i.V.m. § 114a StPO ist im Fall von Unmöglichkeit einer Abschrift oder Übersetzung die Aushändigung der Abschrift [zur Freiheitsentziehung] sowie einer etwaigen Übersetzung **unverzüglich** (§ 121 Abs. 1 S. 1 BGB) nachzuholen.

bb) § 127 Abs. 4 i.V.m. § 114b StPO [entsprechend]

Gemäß § 127 Abs. 4 i.V.m. § 114b S. 1 StPO ist der [festgehaltene] Beschuldigte **unverzüglich** (§ 121 Abs. 1 S. 1 BGB) und schriftlich in einer für ihn verständlichen Sprache über seine Rechte zu belehren.

Gemäß § 127 Abs. 4 i.V.m. § 114b S. 2 StPO hat zudem eine mündliche Belehrung zu erfolgen, wenn eine schriftliche Belehrung erkennbar nicht ausreichend ist.

Gemäß § 127 Abs. 4 i.V.m. § 114b S. 3 StPO hat eine mündliche Belehrung zu erfolgen, wenn eine schriftliche Belehrung nicht möglich ist; die schriftliche Belehrung soll jedoch nachgeholt werden, sofern dies in zumutbarer Weise möglich ist.

Gemäß § 127 Abs. 4 i.V.m. § 114b S. 4 StPO soll der Beschuldigte schriftlich bestätigen, dass er belehrt wurde; falls er sich weigert, ist dies zu dokumentieren.

Gemäß § 127 Abs. 4 i.V.m. § 114b Abs. 2 StPO bezieht sich der Inhalt der Belehrung insbesondere auf:

(1) § 114b Abs. 2 S. 1 Nr. 1 StPO: **unverzüglich**e (§ 121 Abs. 1 S. 1 BGB), spätestens am Ergreifens-Folge-Tag erfolgende Gerichtsvorführung zwecks Vernehmung und Entscheidung, vgl. Art. 104 Abs. 2 GG;

(2) § 114b Abs. 2 S. 1 Nr. 2 StPO: Recht auf Äußerung oder Nichtaussage (Schweigen);

(3) § 114b Abs. 2 S. 1 Nr. 3 StPO: Beweiserhebungsantragsrecht zur Entlastung, vgl. § 160 Abs. 2 StPO;

(4) § 114b Abs. 2 S. 1 Nr. 4 StPO: Verteidigerwahlfreiheit und Verteidigerbefragungsrecht; dabei sind Informationen zur Verfügung zu stellen, die es erleichtern, einen Verteidiger zu kontaktieren; auf bestehende anwaltliche Notdienste ist dabei hinzuweisen;

Gemäß § 72b JGG (Verkehr mit Vertretern der **Jugendgerichtshilfe**, dem **Betreuungshelfer** und dem **Erziehungsbeistand**) ist nach § 72b S. 1 JGG, befindet sich ein **Jugendlicher** oder **Heranwachsender** (vgl. § 109 JGG) i.S.v. § 1 JGG in **Untersuchungshaft**[1752], auch den Vertretern der **Jugendgerichtshilfe** (§§ 52, 87b SGB VIII) der Verkehr mit dem Beschuldigten in demselben Umfang wie einem **Verteidiger** gestattet; entsprechendes gilt gemäß § 72b S. 2 JGG, wenn der Beschuldigte der Betreuung und Aufsicht eines **Betreuungshelfers** (§ 30 SGB VIII) untersteht oder für ihn ein **Erziehungsbeistand** (§ 30 SGB VIII; §§ 1712-1717 BGB) bestellt ist, für den Helfer oder den Erziehungsbeistand;

(5) § 114b Abs. 2 S. 1 Nr. 4a StPO: Recht auf Pflichtverteidigerbestellung in den Fällen des § 140 StPO nach Maßgabe des § 141 Abs. 1 StPO und des § 142 Abs. 1 StPO StPO (**Notwendige Verteidigung**[1753])[1754];

1752 Zur **Untersuchungshaft** siehe insbesondere: *Basten*, Eingriffsrecht der Polizei in Nordrhein-Westfalen, Band 2, Buch 2, Abschnitte 31, 32; vgl. auch §§ 112, 113, 114, 116-123, 126 StPO.

1753 Mit „Gesetz zur Neuregelung des Rechts der notwendigen Verteidigung“ (BGBl. I S. 2128; in Kraft seit 13.12.2019) ist erstmals das Recht des Beschuldigten ausdrücklich normiert, bereits auch im polizeilichen Ermittlungsverfahren grundsätzlich im Fall notwendiger Verteidigung (§ 140 StPO) „unverzüglich“ (§ 121 Abs. 1 S. 1 BGB), „spätestens vor einer Vernehmung des Beschuldigten“ (§ 163a StPO) einen Pflichtverteidiger „bestellt“ zu erhalten, „wenn der Beschuldigte dies nach Belehrung ausdrücklich beantragt“ (§ 141 Abs. 1 S. 1 StPO), in den Fällen des § 141 Abs. 2 S. 1 StPO auch „unabhängig von einem Antrag“ – mit Rückausnahmen in § 141 Abs. 2 S. 2, 3 StPO; auch mit Abweichungen in § 141a StPO für Beschuldigtenvernehmungen und Gegenüberstellungen (§§ 58 Abs. 2, 168b Abs. 3 StPO). Der Zeitpunkt polizeilicher Belehrung zur notwendigen Verteidigung i.S.d. § 140 StPO ist in einschlägigen Fällen – spätestens – „bei Beginn der ersten Vernehmung“ des Beschuldigten wegen § 141 Abs. 1 S. 2 StPO und § 163a Abs. 4 S. 2 i.V.m. § 136 Abs. 1 S. 5 StPO, oder der Zeitpunkt ist anders in speziell normierten Fällen wie § 114b Abs. 2 S. 1 Nr. 4a oder §§ 68a, b JGG. Gemäß § 142 StPO ist vor Anklageerhebung der Antrag des Beschuldigten nach § 141 Abs. 1 S. 1 StPO vor Erhebung der Anklage bei den Behörden oder Beamten des Polizeidienstes „oder“ bei der Staatsanwaltschaft anzubringen (Antrags-Entgegennahme-Zuständigkeit); die Bestellungs-Entscheidungs-Zuständigkeit obliegt dem Gericht nach StA-Vorlage mit Stellungnahme (§ 142 Abs. 1 S. 2 StPO) oder der StA selbst „bei besonderer Eilbedürftigkeit“, § 142 Abs. 4 StPO.

Ein Fall **notwendiger Verteidigung** liegt u.a. dann vor,

- gemäß § 140 Abs. 1 Nr. 1 StPO, wenn zu erwarten ist, dass die Hauptverhandlung im ersten Rechtszug vor dem **Oberlandesgericht** (§§ 115-117, 120-122 GVG) , dem **Landgericht** (§§ 12, 13, 60, 70, 734, 74-74f, 76-78b GVG) oder dem **Schöffengericht** (§§ 12, 13, 24-27, 28-58 GVG) stattfindet [Ausgangsrechtsnorm für den Abgrenzungsüberblick über AG, LG, OLG mag sein: § 24 GVG;
- gemäß § 140 Abs. 1 Nr. 2 StPO, wenn dem Beschuldigten ein Verbrechen zur Last gelegt wird;
- gemäß § 140 Abs. 1 Nr. 3 StPO, wenn das Verfahren zu einem **Berufsverbot** (§§ 70-70b StGB) führen kann;
- gemäß § 140 Abs. 1 Nr. 4 StPO, wenn der Beschuldigte nach den §§ 115, 115a, 128 Abs. 1 oder § 129 StPO einem Gericht zur Entscheidung über Haft oder einstweilige Unterbringung vorzuführen ist;
- gemäß § 140 Abs. 1 Nr. 5 StPO, wenn der Beschuldigte sich auf Grund richterlicher Anordnung oder mit richterlicher Genehmigung in einer Anstalt befindet;
- gemäß § 140 Abs. 1 Nr. 11 StPO, wenn ein seh-, hör- oder sprachbehinderter Beschuldigter die Bestellung beantragt;
- gemäß § 140 Abs. 2 StPO, wenn wegen der Schwere der Tat, der Schwere der zu erwartenden Rechtsfolge oder wegen der Schwierigkeit der Sach- oder Rechtslage die Mitwirkung eines Verteidigers geboten erscheint oder wenn ersichtlich ist, dass sich der Beschuldigte nicht selbst verteidigen kann.
- gemäß §§ 1, 109 Abs. 1 JGG und § 68 JGG in den dort genannten Fällen.

(6) § 114b Abs. 2 S. 1 Nr. 5 StPO: Recht auf Untersuchung durch Arzt oder Ärztin nach Wahl;

(7) § 114b Abs. 2 S. 1 Nr. 6 StPO: Recht auf Benachrichtigung eines Angehörigen oder einer Person des Vertrauens, soweit der Untersuchungszweck dadurch nicht erheblich wird (vgl. insbesondere **Fluchtgefahr**, § 112 Abs. 2 Nr. 2 StPO, oder **Verdunkelungsgefahr**, § 112 Abs. 2 Nr. 3 StPO);

(8) § 114b Abs. 2 S. 1 Nr. 7 StPO: Recht auf Akteneinsichtnahme nach Maßgabe von § 147 Abs. 4 StPO und Recht auf Beweisstückebesichtigung, soweit kein Verteidiger vorhanden ist;

(9) § 114b Abs. 2 S. 1 Nr. 8 StPO: weitere Rechte im Fall von Untersuchungshaft nach Richtervorführung:

(a) Recht auf Haftbefehlsbeschwerde oder auf Haftprüfungbeantragung und Beantragung mündlicher Verhandlung;

(b) Recht auf Beantragung gerichtlicher Entscheidung im Fall von Beschwerdeunstatthaftigkeit;

(c) Recht auf gerichtliche Entscheidung gegen behördliche Entscheidungen und Maßnahmen im Untersuchungshaftvollzug;

(10) § 114b Abs. 2 S. 2 StPO: Akteneinsichtsrecht des Verteidigers nach § 147 StPO;

(11) § 114b Abs. 2 S. 3 StPO – für den Fall, dass der Beschuldigte der deutschen Sprache nicht hinreichend mächtig oder hör- oder sprachbehindert in einer dem Beschuldigten verständlichen Sprache: Recht auf unentgeltliche Dolmetscher-Hinzuziehung oder Übersetzer-Hinzuziehung für das gesamte Strafverfahren nach § 187 Abs. 1-3 GVG, § 186 Abs. 1, 2 GVG;

(13) § 114b Abs. 2 S. 4 StPO – für den Fall eines ausländischen Staatsangehörigen: Recht auf Unterrichtung der konsularischen Vertretung seines Heimatstaates verlangen und dieser Mitteilungen zukommen lassen kann.[1755]

[1754] BGH, Beschluss vom 06.02.2018 – 2 StR 163/17, Rn. 6 (Kein absolutes Beweisverwertungsverbot und kein relatives Beweisverwertungsverbot als Abwägungsergebnis bei Nichtbelehrung zu **Pflichtverteidigung/notwendiger Verteidigung** – geteilt von BGH, Beschluss vom 09.01.2020 – 5 StR 628/19, Rn. 6): „Die nach § 136 Abs. 1 Satz 3 Halbs. 2 StPO a.F. bzw. § 136 Abs. 1 Satz 5 Halbs. 2 StPO n.F. unterbliebene Belehrung des Angeklagten begründet deshalb kein absolutes Verwertungsverbot. Aber auch die Annahme eines relativen, im Rahmen einer einzelfallbezogenen Abwägung festzustellendes Verwertungsverbot kommt hier nicht in Betracht. Das Landgericht hat in seinem den Widerspruch gegen die Verwertung zurückweisenden Kammerbeschluss zutreffend in den Blick genommen, dass das staatliche Verfolgungs- und Aufklärungsinteresse – wie hier – bei einem Tötungsdelikt besonders hoch ist, die Belehrung nicht bewusst oder willkürlich, sondern aus Unkenntnis der Vernehmungsbeamten über die Neuregelung unterblieben ist und damit der festgestellte Verstoß von geringerem Gewicht ist. Zudem fehlen – worauf der Generalbundesanwalt zutreffend hingewiesen hat – jegliche Anhaltspunkte für die Annahme, die Angeklagten hätten im Rahmen ihrer ersten Vernehmung Angaben zur Sache gemacht, weil sie mangels wirtschaftlicher Mittel keine Möglichkeit gesehen hätten, sich eines Verteidigers zu bedienen. Auch die Revision hat hierzu nichts vorgetragen.".

[1755] BGHSt 52, 48 (**Belehrung über das Recht auf konsularischen Beistand** nach Art. 36 Abs. 1b S. 3 WÜK [≙ § 114b Abs. 2 S. 4 StPO] – nach räuberischer Erpressung mit Todesfolge u.a.) = BGH, Beschluss vom 25.09.2007 – 5 StR 116/01, Ls. 1-3: „1. Zur Belehrung eines Festgenommenen mit fremder Staatsangehörigkeit gemäß Art. 36 Abs. 1 lit. b Satz 3 des Wiener Konsularrechtsübereinkommens (WÜK) über sein subjektives Recht, die unverzügliche Benachrichtigung seiner konsularischen Vertretung zu verlangen, sind bereits die Polizeibeamten nach Festnahme verpflichtet (BVerfG – Kammer – NJW 2007, 499 unter Aufhebung von BGHR WÜK Art. 36 Unterrichtung 1). 2. Das Unterbleiben der

Ausländischer Staatsangehöriger ist jede **Person**, § 1 BGB, die nicht **Deutscher** i.S.v. Art. 116 GG, §§ 1, 3, 17 StAG und nicht **Staatenloser**[1756] ist.

cc) § 127 Abs. 4 i.V.m. § 114c StPO [entsprechend]

Gemäß § 127 Abs. 4 i.V.m. § 114c Abs. 1 StPO ist einem [festgehaltenen] Beschuldigten **unverzüglich** (§ 121 Abs. 1 S. 1 BGB) Gelegenheit zu geben, einen Angehörigen oder eine Person seines Vertrauens zu benachrichtigen, sofern der Zweck der Untersuchung dadurch nicht erheblich gefährdet wird.

§ 114c Abs. 2 StPO betrifft das Gericht als Rechtsnormadressaten.

2. Allgemeine Verfahrensrechtsnormen für Festnahme im Sinne von § 127 Abs. 2 i.V.m. § 112a StPO

a) § 33 StPO analog: Anhörung

Gemäß § 33 StPO analog besteht Pflicht zur **Anhörung** bzw. **Gewährung rechtlichen Gehörs** vor einer Entscheidung, jedenfalls bevor zum Beteiligten-Nachteil Tatsachen oder Beweisergebnisse ohne Anhörung verwertet werden – oder es soll gegeben sein: ein Ausnahmegrund der Zweckgefährdung/Gefahr im Verzug nach § 33 Abs. 4 StPO analog.

Gefahr im Verzug i.S.d. § 33 StPO ist gegeben, wenn der Handlungsbedarf unvorhergesehen ist und bei Durchführung der eigentlich vorgesehenen Maßnahme, hier der Anhörung, der gesetzliche Zweck, hier der jeweilige aus der Aufgabe des § 163 Abs. 1 S. 1 StPO und aus der Befugnisrechtsnorm (§ 127 Abs. 2 i.V.m. § 112a StPO), vereitelt oder wesentlich erschwert wird.

b) § 168b StPO: Protokollierung

Gemäß § 168b StPO besteht Pflicht zur **Protokollierung** bzw. zum **Protokoll** über ermittlungsbehördliche Untersuchungshandlungen, wonach gemäß § 168b Abs. 1 StPO das Ergebnis der Untersuchungshandlungen der Ermittlungsbehörden aktenkundig zu machen ist.[1757]

---

gebotenen Belehrung über das Recht auf konsularischen Beistand nach Art. 36 Abs. 1 lit. b Satz 3 WÜK führt nicht zu einem Beweisverwertungsverbot. 3. Die Rechtsverletzung kann jedoch zu einer Kompensation derart führen, dass ein bestimmter Teil der verhängten Freiheitsstrafe als verbüßt anzurechnen ist.“, Rn. 30: „Der Senat lässt offen, ob in Fällen geringerer Schwere eine mittels Anwendung des nationalen Rechts mögliche Kompensation auch auf andere Weise, etwa durch Gewährung einer Entschädigung in analoger Anwendung des Gesetzes über die Entschädigung für Strafverfolgungsmaßnahmen (StrEG) oder durch Kostennachlass, etwa analog § 465 Abs. 2 StPO, in Betracht zu ziehen wäre. Bei Strafen geringeren Gewichts und im Falle der späteren Heilung des Verfahrensverstoßes durch alsbald nachgeholte Belehrung gemäß Art. 36 Abs. 1 lit. b Satz 3 WÜK (vgl. BGH, Beschluss vom 11. September 2007 – 1 StR 273/07, zur Veröffentlichung in BGHSt bestimmt [= BGHSt 52, 38; P. B.] mag eine Kompensation gänzlich entbehrlich sein.“.

1756 Vgl. § 2 AufenthG (mit umfassenderer **Ausländer**-Definition) und: StaatenlÜbkG, StaatenlMindÜbkAG.

1757 BVerfG, Beschluss der 1. Kammer des Zweiten Senats vom 09.03.2020 – 2 BvR 103/20 – (Frage konkreter Tatbeiträge und Haftgründe bei Totschlagsbeihilfeverdacht), Rn. 65: „Im Hinblick auf die besondere Bedeutung des Rechts auf Freiheit der Person aus Art. 2 Abs. 2 Satz 2 in Verbindung mit Art. 104 GG ist der Grundrechtsschutz auch durch die Verfahrensgestaltung zu bewirken (vgl. hierzu BVerfGE 53, 30 <65>; 63, 131 <143>; BVerfG, Beschluss der 1. Kammer des Zweiten Senats vom 23. Januar 2019 - 2 BvR 2429/18 -, Rn. 60; Beschluss der 1. Kammer des Zweiten Senats vom 18. Februar 2020 - 2 BvR 2090/19 -, Rn. 54). Unverzichtbare Voraussetzung eines rechtsstaatlichen Verfahrens ist, dass Entscheidungen, die den Entzug der persönlichen Freiheit betreffen, auf zureichender richterlicher Sach-

(SUB/ERG)

Im konkreten Fall sind die Verfahrensvoraussetzungen (alternativ)

- bei Vorliegen von entsprechenden Anhaltspunkten / Fehlen entgegenstehender Anhaltspunkte eingehalten.
- bei Vorliegen von entsprechenden Anhaltspunkten nicht eingehalten.

3. JGG[1758]-Vorschriften[1759] außer, bei, i.Z.m. Maßnahmen gegenüber einem jugendlichen oder heranwachsenden Verdächtigen[1760] nach §§ 1, 109 JGG – fallabhängig insbesondere wie folgt[1761]:

a) § 38 JGG: Jugendgerichtshilfe;

b) § 43 JGG: Umfang der Ermittlungen;

c) § 67 JGG: Stellung der Erziehungsberechtigten[1762] und der gesetzlichen Vertreter[1763];

---

aufklärung beruhen (vgl. BVerfGE 58, 208 <222>) und eine in tatsächlicher Hinsicht genügende Grundlage haben, die der Bedeutung der Freiheitsgarantie entspricht (vgl. BVerfGE 58, 208 <230>; BVerfG, Beschluss der 1. Kammer des Zweiten Senats vom 25. Juni 2018 - 2 BvR 631/18 -, Rn. 33). In der Regel sind in jedem Beschluss über die Anordnung der Fortdauer der Untersuchungshaft aktuelle Ausführungen zu dem weiteren Vorliegen ihrer Voraussetzungen, zur Abwägung zwischen dem Freiheitsgrundrecht des Beschuldigten und dem Strafverfolgungsinteresse der Allgemeinheit sowie zur Frage der Verhältnismäßigkeit geboten, weil sich die dafür maßgeblichen Umstände angesichts des Zeitablaufs in ihrer Gewichtigkeit verschieben können (vgl. BVerfGK 7, 140 <161>; 10, 294 <301>; 15, 474 <481>; 19, 428 <433>). Die zugehörigen Ausführungen müssen in Inhalt und Umfang eine Überprüfung des Abwägungsergebnisses am Grundsatz der Verhältnismäßigkeit nicht nur für den Betroffenen selbst, sondern auch für das die Anordnung treffende Fachgericht im Rahmen einer Eigenkontrolle gewährleisten und in sich schlüssig und nachvollziehbar sein (vgl. BVerfGK 7, 421 <429 f.>; 15, 474 <481 f.>). Die fachgerichtlichen Ausführungen müssen hierzu die maßgeblichen Umstände des jeweiligen Einzelfalls umfassend berücksichtigen und regelmäßig auch den gegen das Vorliegen eines Haftgrundes sprechenden Tatsachen Rechnung tragen, um die (Prognose-)Entscheidung des Gerichts auch intersubjektiv nachvollziehbar zu machen (vgl. BVerfG, Beschluss der 1. Kammer des Zweiten Senats vom 18. September 2018 - 2 BvR 745/18 -, Rn. 31; Beschluss der 1. Kammer des Zweiten Senats vom 18. Februar 2020 - 2 BvR 2090/19 -, Rn. 54).“.

[1758] § 1 Abs. 1 JGG zum sachlichen JGG-Anwendungsbereich: „Dieses Gesetz gilt, wenn ein Jugendlicher oder ein Heranwachsender eine Verfehlung begeht, die nach den allgemeinen Vorschriften mit Strafe bedroht ist.“. § 1 Abs. 3 JGG zum sachlich-persönlichen JGG-Anwendungsbereich: „Ist zweifelhaft, ob der Beschuldigte zur Zeit der Tat das achtzehnte Lebensjahr vollendet hat, sind die für Jugendliche geltenden Verfahrensvorschriften anzuwenden.“.

[1759] JGG-Vorschriften mit amtlichen Überschriften insbesondere aus: „Gesetz zur Stärkung der Verfahrensrechte von Beschuldigten im Jugendstrafverfahren vom 09.12.2019, BGBl. 2019 Teil I Nr. 47, S. 2146-2152.

[1760] § 1 Abs. 2 JGG zum persönlichen JGG-Anwendungsbereich: § 1 Abs. 2 JGG: „**Jugendlicher** ist, wer zur Zeit der Tat vierzehn, aber noch nicht achtzehn, **Heranwachsender**, wer zur Zeit der Tat achtzehn, aber noch nicht einundzwanzig Jahre alt ist.“. Unterscheide nach § 2 BGB: „Die **Volljährigkeit** tritt mit der Vollendung des 18. Lebensjahres ein.“.

[1761] Zu JGG-Vorschriften ausführlicher: *Basten*, Eingriffsrecht der Polizei in Nordrhein-Westfalen, Band 3, Buch 4, Abschnitt 3.

[1762] Zum **Strafrecht und elterlichen Erziehungsrecht**: BVerfGE 107, 104 (Anwesenheit im JGG-Verfahren) = BVerfG, Urteil des Zweiten Senats vom 16.01.2003 – 2 BvR 716/01.

d) § 67a JGG: Unterrichtung der Erziehungsberechtigten und der gesetzlichen Vertreter;

e) § 68 JGG: Notwendige Verteidigung[1764];

f) § 68a JGG: Zeitpunkt der Bestellung eines Pflichtverteidigers;

g) § 68b JGG: Vernehmungen und Gegenüberstellungen vor der Bestellung eines Pflichtverteidigers;

1763 **Vertreter** ist ein **Stellvertreter** qua Gesetz oder ein **Stellvertreter** qua Rechtsgeschäft (§§ 164-181 BGB). Vgl. insbesondere:

- §§ 1626-1698b BGB: **Elterliche Sorge** mit **„Vertretung des Kindes"** gemäß § 1629 BGB;
- § 1 Abs. 1 Nr. 4 JuSchG: **erziehungsbeauftragte Person**;
- §§ 1773-1895 BGB: **Vormundschaft**;
- §§ 1896-1908k BGB: **Rechtliche Betreuung**;
- §§ 1909-1921 BGB: **Pflegschaft**.

1764 Mit „Gesetz zur Neuregelung des Rechts der notwendigen Verteidigung" (BGBl. I S. 2128; in Kraft seit 13.12.2019) ist erstmals das Recht des Beschuldigten ausdrücklich normiert, bereits auch im polizeilichen Ermittlungsverfahren grundsätzlich im Fall notwendiger Verteidigung (§ 140 StPO) „unverzüglich" (§ 121 Abs. 1 S. 1 BGB), „spätestens vor einer Vernehmung des Beschuldigten" (§ 163a StPO) einen Pflichtverteidiger „bestellt" zu erhalten, „wenn der Beschuldigte dies nach Belehrung ausdrücklich beantragt" (§ 141 Abs. 1 S. 1 StPO), in den Fällen des § 141 Abs. 2 S. 1 StPO auch „unabhängig von einem Antrag" – mit Rückausnahmen in § 141 Abs. 2 S. 2, 3 StPO; auch mit Abweichungen in § 141a StPO für Beschuldigtenvernehmungen und Gegenüberstellungen (§§ 58 Abs. 2, 168b Abs. 3 StPO). Der Zeitpunkt polizeilicher Belehrung zur notwendigen Verteidigung i.S.d. § 140 StPO ist in einschlägigen Fällen – spätestens – „bei Beginn der ersten Vernehmung" des Beschuldigten wegen § 141 Abs. 1 S. 2 StPO und § 163a Abs. 4 S. 2 i.V.m. § 136 Abs. 1 S. 5 StPO, oder der Zeitpunkt ist anders in speziell normierten Fällen wie § 114b Abs. 2 S. 1 Nr. 4a oder §§ 68a, b JGG. Gemäß § 142 StPO ist vor Anklageerhebung der Antrag des Beschuldigten nach § 141 Abs. 1 S. 1 StPO vor Erhebung der Anklage bei den Behörden oder Beamten des Polizeidienstes „oder" bei der Staatsanwaltschaft anzubringen (Antrags-Entgegennahme-Zuständigkeit); die Bestellungs-Entscheidungs-Zuständigkeit obliegt dem Gericht nach StA-Vorlage mit Stellungnahme (§ 142 Abs. 1 S. 2 StPO) oder der StA selbst „bei besonderer Eilbedürftigkeit", § 142 Abs. 4 StPO.

Ein Fall **notwendiger Verteidigung** liegt u.a. dann vor,

- gemäß § 140 Abs. 1 Nr. 1 StPO, wenn zu erwarten ist, dass die Hauptverhandlung im ersten Rechtszug vor dem **Oberlandesgericht** (§§ 115-117, 120-122 GVG) , dem **Landgericht** (§§ 12, 13, 60, 70, 734, 74-74f, 76-78b GVG) oder dem **Schöffengericht** (§§ 12, 13, 24-27, 28-58 GVG) stattfindet [Ausgangsrechtsnorm für den Abgrenzungsüberblick über AG, LG, OLG mag sein: § 24 GVG;
- gemäß § 140 Abs. 1 Nr. 2 StPO, wenn dem Beschuldigten ein Verbrechen zur Last gelegt wird;
- gemäß § 140 Abs. 1 Nr. 3 StPO, wenn das Verfahren zu einem **Berufsverbot** (§§ 70-70b StGB) führen kann;
- gemäß § 140 Abs. 1 Nr. 4 StPO, wenn der Beschuldigte nach den §§ 115, 115a, 128 Abs. 1 oder § 129 StPO einem Gericht zur Entscheidung über Haft oder einstweilige Unterbringung vorzuführen ist;
- gemäß § 140 Abs. 1 Nr. 5 StPO, wenn der Beschuldigte sich auf Grund richterlicher Anordnung oder mit richterlicher Genehmigung in einer Anstalt befindet;
- gemäß § 140 Abs. 1 Nr. 11 StPO, wenn ein seh-, hör- oder sprachbehinderter Beschuldigter die Bestellung beantragt;
- gemäß § 140 Abs. 2 StPO, wenn wegen der Schwere der Tat, der Schwere der zu erwartenden Rechtsfolge oder wegen der Schwierigkeit der Sach- oder Rechtslage die Mitwirkung eines Verteidigers geboten erscheint oder wenn ersichtlich ist, dass sich der Beschuldigte nicht selbst verteidigen kann.
- gemäß §§ 1, 109 Abs. 1 JGG und § 68 JGG in den dort genannten Fällen.

h) § 69 JGG: Beistand[1765];

i) § 70 JGG: Mitteilung an amtliche Stellen;

j) § 70a JGG: Unterrichtung des Jugendlichen (i.V.m. § 109 JGG: des Heranwachsenden);

k) § 70b JGG: Belehrungen.

(SUB/ERG)

Im konkreten Fall sind die JGG-Vorschriften

- nicht anwendbar.
- anwendbar und eingehalten.
- anwendbar und nicht eingehalten.

(ERG Verfahren)

Ergebnis kann allgemein sein: Verfahrensrechtmäßigkeit oder Verfahrensrechtswidrigkeit der Maßnahme.

B. Formelle Rechtmäßigkeit (FR) III. Form (F)

(VOR/DEF)

Form ist normiertes Wie der Rechtsfolgesetzung – mündlich, schriftlich, elektronisch oder in anderer Weise.

(SUB/ERG)

Im konkreten Fall besteht bei Fehlen speziellerer Formrechtsnormen Formfreiheit für den Justiz-VA, sodass der Justiz-VA formrechtmäßig schriftlich, elektronisch, mündlich oder in anderer Weise ergehen kann.

Rechtsnormen wie § 114a StPO, § 114b Abs. 1 StPO, § 168b StPO sind i.d.R. bereits integrativer Verfahrensbestandteil.

Ergebnis kann allgemein sein: Formrechtmäßigkeit oder Formrechtswidrigkeit der Maßnahme.

C. Materielle Rechtmäßigkeit (MR) I. Tatbestand (Tb) / Tatbestandsvoraussetzungen (TBV)

(VOR/DEF)

Tatbestand ist das Gesamt der (materiell-rechtlichen) Rechtsfolge(setzungs)bedingungen. / **Tatbestandsvoraussetzungen** sind materiell-rechtliche Rechtsfolgesetzungsbedingungen.

[1765] Vgl. auch §§ 1712-1717 BGB (**Beistandschaft**).

1. Allgemeine TBV Tatverdacht

§ 163 Abs. 1 S. 1 i.V.m. § 152 Abs. 2 StPO (auch § 127 Abs. 1 S. 1 Alt. 1 StPO: „Tat"): **Tatverdacht** ist das Gegebensein zureichender tatsächlicher Anhaltspunkte für eine verfolgbare Straftat.

2. Spezielle TBV aus § 112a Abs. 1 S. 1 Nr. 1 oder Nr. 2 StPO

Voraussetzung ist ein dringender Tatverdacht beim Beschuldigten bzgl. einer bestimmten Straftat gemäß § 112a Abs. 1 S. 1 Nr. 1 StPO oder bzgl. wiederholter oder fortgesetzt begangener, die Rechtsordnung schwerwiegend beeinträchtigender Straftat gemäß § 112a Abs. 1 S. 1 Nr. 2 StPO.

Dringender Tatverdacht im Sinne von § 112a StPO ist das Gegebensein zureichender tatsächlicher Anhaltspunkte für die große Wahrscheinlichkeit einer verfolgbaren Straftat.[1766]

Gemäß § 112a Abs. 1 S. 2 StPO sind in die Beurteilung des dringenden Verdachts einer Tatbegehung im Sinne des § 112a Abs. 1 S. 1 Nr. 2 StPO auch solche Taten einzubeziehen, die Gegenstand anderer, auch rechtskräftig abgeschlossener, Verfahren sind oder waren.

3. Spezielle TBV aus § 112a Abs. 1 StPO: Haftgrund Wiederholungsgefahr

Wiederholungsgefahr gemäß § 112a StPO ist gegeben bei Tatsachen, die die Gefahr begründen, dass der Beschuldigte vor rechtskräftiger Aburteilung weitere erhebliche Straftaten gleicher Art begehen oder die Straftat fortsetzen werde, und dass die Haft zur Abwendung der drohenden Gefahr erforderlich und dass in den Fällen von § 112a Abs. 1 S. 1 Nr. 2 StPO eine Freiheitsstrafe von mehr als einem Jahr zu erwarten ist.

4. Spezielle (umgekehrte) TBV aus § 127 Abs. 3 StPO bzgl. Strafantrag, Ermächtigung, Strafverlangen

Die vorläufige Festnahme ist gemäß § 127 Abs. 3 StPO auch dann „zulässig, wenn" noch kein Strafantrag gestellt ist oder wenn noch nicht eine Ermächtigung oder ein Strafverlangen[1767] vorliegt.[1768]

[1766] BVerfG, Beschluss der 1. Kammer des Zweiten Senats vom 09.03.2020 – 2 BvR 103/20 – (Frage konkreter Tatbeiträge und Haftgründe bei Totschlagsbeihilfeverdacht), Rn. 63: „Der für die Anordnung von Untersuchungshaft erforderliche dringende Tatverdacht (§ 112 Abs. 1 Satz 1 StPO) liegt deshalb nach allgemeiner Auffassung nur vor, wenn aufgrund bestimmter Tatsachen eine große Wahrscheinlichkeit dafür besteht, dass der Beschuldigte als Täter oder Teilnehmer eine Straftat begangen hat (vgl. BVerfG, Beschluss der 2. Kammer des Zweiten Senats vom 12. September 1995 - 2 BvR 2475/94, NJW 1996, S. 1049 <1050>).".

[1767] Zu **Ermächtigung** und **Strafverlangen** i.S.d. § 127 Abs. 3 StPO vgl. § 77e StGB. Unterscheide von der Ermächtigung i.S.d. § 77e StGB die „Ermächtigung" i.S.v. Art. 80 GG, Art. 70 Verfassung NRW als Gesetzgebungskompetenz(-Übertragung von der Legislative) für die Exekutive mit einer „Ermächtigungsgrundlage" als hauptsächliche Rechtsgrundlage für diese Ermächtigung. Unterscheide Befugnisrechtsnorm als hauptsächliche Rechtsgrundlage für eine materiell-rechtliche Befugnis (im Sinne eines Einzelakts aufgrund Gesetzes). Siehe zu allen möglichen **Rechtsnormarten** auch: *Basten*, Eingriffsrecht der Polizei in Nordrhein-Westfalen, Band 1, S. 31-34.

(SUB/ERG)

Im konkreten Fall sind die Tatbestandsvoraussetzungen für § 127 Abs. 2 i.V.m. § 112a StPO (alternativ)

- erfüllt bei Anhaltspunkten / bei Fehlen entgegenstehender Anhaltspunkte.
- nicht erfüllt bei Anhaltspunkten / bei Fehlen entgegenstehender Anhaltspunkte.

C. Materielle Rechtmäßigkeit (MR) II. Inanspruchnahme (In) / Inanspruchnahmevoraussetzungen (Inv)

(VOR/DEF)

Inanspruchnahmevoraussetzungen sind materiell-rechtliche Bedingungen für richtige Inanspruchnahme.

Inanspruchnahme ist Adressierung und sonstiges Betroffenmachen; **Adressierung** ist direktes Bestimmen oder finales Richten einer Maßnahme an einen Grundrechtsträger, vgl. §§ 100b Abs. 3, 100c Abs. 2, 100h Abs. 3, 163f Abs. 2 StPO.

Nach § 127 Abs. 2 i.V.m. § 112a Abs. 1 StPO ist Inanspruchnahme grundsätzlich richtig gegen folgende Person: Dringend tatverdächtiger Beschuldigter.

Tatverdächtiger ist die Person, gegen die zureichende tatsächliche Anhaltspunkte der Beteiligung an einer verfolgbaren Straftat gegeben sind, vgl. § 152 Abs. 2 StPO.

Dringend Tatverdächtiger ist die Person, gegen die zureichende tatsächliche Anhaltspunkte für die große Wahrscheinlichkeit der Beteiligung an einer verfolgbaren Straftat gegeben sind, vgl. § 152 Abs. 2 StPO.

Beschuldigter, vgl. § 157 StPO, ist im Strafverfahren jede (tatverdächtige) Person, gegen die im Rahmen eines Strafverfahrens wegen einer bestimmten Straftat ermittelt wird, was sich durch Auslegung nach dem objektivierten Empfängerhorizont, §§ 133, 157 BGB analog, etwa über einen **Inkulpationsakt**, vgl. § 397 Abs. 1 AO, ergibt.

(SUB/ERG)

Im konkreten Fall ist die Person (alternativ)

- richtigerweise gemäß § 127 Abs. 2 i.V.m. § 112a Abs. 1 S. 1 StPO als dringend tatverdächtiger Beschuldigter in Anspruch genommen/adressiert.
- nicht richtigerweise in Anspruch genommen/adressiert.

[1768] Zu **umgekehrten Voraussetzungen** (negative Voraussetzungen / positive Voraussetzungen) Voraussetzungen siehe auch: *Basten*, Eingriffsrecht der Polizei in Nordrhein-Westfalen, Band 1, S. 220 f., 242.

C. Materielle Rechtmäßigkeit (MR) III. Rechtsfolge (Rf) / Rechtsfolgevoraussetzungen (RfV)

(VOR/DEF)

Rechtsfolge ist rechtliche Folge aus dem Tatbestand. / **Rechtsfolgevoraussetzungen** sind materiell-rechtliche Rechtsfolgegestaltungsbedingungen.

C. Materielle Rechtmäßigkeit (MR) III. Rechtsfolge (Rf) 1. Tatsächliche und rechtliche Möglichkeit (TurM)

(VOR/DEF)

Tatsächliche und rechtliche Möglichkeit betrifft Fälle wie aus § 44 Abs. 2 Nr. 4-6 VwVfG NRW.

(SUB/ERG)

Tatsächliche und rechtliche Möglichkeit ist im konkreten Fall gegeben/nicht gegeben aufgrund Vorliegens/Nichtvorliegens von kognitiven, körperlichen, normativen, technischen Unmöglichkeiten.

Tatsächliche Unmöglichkeit ist gegeben bei Fehlen jeglicher personellen und materiellen Kapazitäten.

Rechtliche Unmöglichkeit ist gegeben bei Fehlen von menschenwürdigen Kapazitäten.[1769]

[1769] BVerfG, Beschluss der 2. Kammer des Ersten Senats vom 17.02.2020 – 1 BvR 3182/15 –, Rn. 17 f. „Im Einklang mit der bisherigen Rechtsprechung ist das Oberlandesgericht im Ansatz davon ausgegangen, dass die Frage nach der **Menschenwürdigkeit der Unterbringung von Gefangenen** von einer Gesamtschau der tatsächlichen, die **Haftsituation** bestimmenden Umstände abhängt, wobei als Faktoren in räumlicher Hinsicht in erster Linie die Bodenfläche pro Gefangenem und die Situation der sanitären Anlagen, namentlich die Abtrennung und Belüftung der Toilette, zu beachten sind (vgl. nur BVerfG, Beschluss der 3. Kammer des Ersten Senats vom 14. Juli 2015 - 1 BvR 1332/14 -, juris, Rn. 18; Beschluss der 2. Kammer des Zweiten Senats vom 22. März 2016 - 2 BvR 566/15 -, Rn. 27) und als die Haftsituation mildernde oder verschärfende Merkmale der Umfang der täglichen Einschlusszeiten und die Belegdichte des Haftraums Berücksichtigung finden. […] Allerdings lässt sich die Frage, wann die räumlichen Verhältnisse in einer Haftanstalt derart beengt sind, dass die Unterbringung eines Gefangenen dessen Menschenwürde verletzt, nach der Rechtsprechung des Bundesgerichtshofs nicht abstrakt-generell klären, sondern muss der tatrichterlichen Beurteilung überlassen bleiben (beispielsweise BGH, Urteil vom 4. Juli 2013 - III ZR 342/12 -, BGHZ 198, 1). Danach kann es die Klärung eines verfassungsmäßigen Raummindestsolls im Sinne schematisch festgelegter allgemeiner Maßzahlen nicht geben (vgl. BGH, Urteil vom 11. März 2010 - III ZR 124/09 -, juris, Rn. 7).“.

BVerfG, Beschluss des Zweiten Senats vom 01.12.2020 – 2 BvR 1845/18 –, Ls. 3, Rn. 48-52, 59, 62, 63, 68, 69, 72, 76, 78; Rn. 49: „In Anbetracht der Bedeutung des **Raumfaktors bei der Gesamtbeurteilung der Haftbedingungen** begründet nach der Rechtsprechung des Gerichtshofs der Europäischen Union und des Europäischen Gerichtshofs für Menschenrechte der Umstand, dass der einem Inhaftierten zur Verfügung stehende Raum in einer Gemeinschaftszelle unter 3 m² liegt, eine starke [nach Rn. 49 widerlegliche] Vermutung für einen Verstoß gegen Art. 4 GRCh beziehungsweise Art. 3 EMRK.“, Rn. 50:

C. Materielle Rechtmäßigkeit (MR) III. Rechtsfolge (Rf) 2. Bestimmtheit (Bsh)

(VOR/DEF)

Bestimmtheit ist Maßnahmenerkennbarkeit und Maßnahmenverstehbarkeit, bei Justiz-VA Pflicht nach Art. 20 Abs. 3 GG.

(SUB/ERG)

Die Festnahme ist inhaltlich hinreichend bestimmt i.S.d. Art. 20 Abs. 3 GG, denn nach Auslegung der Festnahme kann der Erklärungsempfänger wie jeder vernünftige Dritte, §§ 133, 157 BGB analog, in der konkreten Situation deren Inhalt hinreichend erkennen und verstehen, nämlich:

- dass die Polizei ggü. dem Festnahmeadressaten (wer)
- aus Strafrechtspflegegründen (warum)
- zu einer bestimmten Zeit (wann)
- einen Zweck aus einer Festnahmebefugnisrechtsnorm verfolgt (was)
- und zwar durch Abhalten sowie Sicherung/Festsetzung/Zurverfügunghalten der Person an einem bestimmten Ort/in einem bestimmten Raum (wie).

C. Materielle Rechtmäßigkeit (MR) III. Rechtsfolge (Rf) 3. Ermessen (Erm)

(VOR/DEF)

Ermessen ist Entscheidungsspielraum auf der Rechtsfolgenseite bzgl. rechtsfehlerfreier Ausübung von Einschreit-Entschließung (Ob), Adressaten-Auswahl (Wer), Maßnahmen-Gestaltung (Wie).

(SUB/ERG)

a) Einschreitentschließungs-„Ermessen" ist grundsätzlich nicht gegeben, vgl. § 163 Abs. 1 S. 1 („haben") i.V.m. § 152 Abs. 2 StPO (Legalitätsgrundsatz: „ist […] verpflichtet, […] einzuschreiten"); ein Opportunitätsprinzip ist nur ausnahmsweise gegeben.

b) Adressatenauswahl-„Ermessen" ist grundsätzlich gegeben, insbesondere bzgl. zweckförderlicher Reihenfolge der Inanspruchnahme vom/von mehreren Beschuldigten.

„Verfügt ein Gefangener in einer Gemeinschaftszelle über einen persönlichen Raum, der zwischen 3 m² und 4 m² beträgt, kann ein Verstoß gegen Art. 4 GRCh beziehungsweise Art. 3 EMRK vorliegen, wenn zu dem Raummangel weitere defizitäre Haftbedingungen hinzutreten [wie in Rn. 50 genannt].", Rn. 51: „Bei mehr als 4 m² persönlichem Raum in einer Gemeinschaftszelle bleiben die weiteren Aspekte der Haftbedingungen für die erforderliche Gesamtbeurteilung relevant (vgl. EuGH, Urteil vom 15. Oktober 2019, Dorobantu, C-128/18, EU:C:2019:857, Rn. 76 mit Verweis auf EGMR <GK>, Muršić v. Croatia, Urteil vom 20. Oktober 2016, Nr. 7334/13, § 140).".

c) Maßnahmengestaltungs-„Ermessen“ ist grundsätzlich gegeben, vgl. auch § 127a StPO.[1770]

Ein etwaig gegebener Entscheidungsspielraum wird aufgrund von entsprechenden Anhaltspunkten/in Ermangelung entgegenstehender Anhaltspunkte ohne Ermessensfehler/mit Ermessensfehlern (Ermessensunterschreitung, Ermessensüberschreitung, Ermessensfehlgebrauch) ausgeübt bzgl. folgender Ermessensarten:

a) Entschließungsermessen:

Ein etwaig gegebenes Entschließungsermessen kann im konkreten Fall sogar gegen / auf Null reduziert sein, insbesondere wegen:

- Einschreitmöglichkeit;
- Erheblichkeitsgrad von Tatverdachten.

b) Auswahlermessen:

siehe C. II.: Auswahlermessen wird abschließend beurteilt i.V.m. Punkt C. II. (Inanspruchnahme).

c) Gestaltungsermessen:

siehe C. III. 4.: Gestaltungsermessen wird abschließend beurteilt i.V.m. Punkt C. III. 4. (VHM).

C. Materielle Rechtmäßigkeit (MR) III. Rechtsfolge (Rf) 4. Verhältnismäßigkeit (VHM)

(VOR/DEF)

Verhältnismäßigkeit ist Geeignetheit, Erforderlichkeit, Angemessenheit der Maßnahme zu einem legitimen Zweck.

(VOR/DEF)

a) Legitimer Zweck ist verfassungsgemäßer Zweck.

(SUB/ERG)

Im konkreten Fall verfolgt die Festnahme (alternativ)

- einen legitimen Zweck, nämlich e contrario den aus dem Umkehrschluss zum jeweiligen Haftgrund, hier Abwehr der bestimmten Wiederholungsgefahr und letztlich auch die Tatverdachtsaufklärung(sgefährdungsabwehr), Art. 20 Abs. 3 GG.[1771]

1770 Vgl. BVerfGE 19, 342, 349 (Wencker) = BVerfG, Beschluss des Ersten Senats vom 15.12.1965 – 1 BvR 513/65: „Die Strafprozeßnovelle vom 19. Dezember 1964, deren Ziel eine verfassungskonforme Ausgestaltung des Strafverfahrens war, will dem Grundsatz der Verhältnismäßigkeit im Untersuchungshaftrecht allgemein Geltung verschaffen. Er wird, was die Voraussetzungen der Haftanordnung anlangt, in § 112 Abs. 1 Satz 2 StPO generell ausgesprochen und für Vollzug und Dauer der Haft in §§ 116, 120, 121 StPO wiederholt. Er kommt vor allem auch darin zum Ausdruck, daß - trotz genauer Umschreibung der Voraussetzungen für den Erlaß eines Haftbefehls - dieser niemals obligatorisch ist, sondern stets im pflichtmäßigen Ermessen des Richters steht; das folgt aus dem Wort ‚darf‘ in § 112 Abs. 1 und 4 [jetzt: Abs. 3] StPO“.

- keinen legitimen Zweck.

(VOR/DEF)

b) Geeignetheit einer staatlichen Maßnahme ist gegeben bei deren Zweckförderungstauglichkeit.

(SUB/ERG)

Im konkreten Fall ist die Festnahme (alternativ)

- geeignet wegen Sicherung/Festsetzung/Zurverfügunghalten des Verdächtigen an einem bestimmten Ort/in einem bestimmten Raum und damit Verringerung der Wiederholungsmöglichkeiten des Verdächtigen durch dessen Abhaltung von anderen Tatgelegenheiten sowie Ermöglichung von Tatverdachtserforschung und Sachverhaltsaufklärung durch Anwesenheit des Verdächtigen ohne weitere Störung durch Straftaten.
- ungeeignet.

(VOR/DEF)

c) Erforderlichkeit einer staatlichen Maßnahme ist Nichtverfügbarkeit eines milderen (Übermaßverbot), gleich geeigneten (Untermaßverbot) Mittels zur Zweckförderung.

(SUB/ERG)

Im konkreten Fall ist die Festnahme (alternativ)

- erforderlich, denn einerseits sind mildere Maßnahmen wie etwa Gefährderansprache oder Observation, oder Maßnahmen nach § 163 Abs. 3 StPO, § 163a StPO, oder Nichtstun (alleine) nicht gleich geeignet, weil sie nicht in gleicher Weise die Wiederholungsgefahrabwehr und die Tatverdachtserforschung und Sachverhaltsaufklärung fördern (Untermaßverbot) und andererseits sind (mindestens) gleich geeignete, intensivere Maßnahmen wie Dauerobservation oder Zwang (noch) nicht notwendig (Übermaßverbot).
- nicht erforderlich.

[1771] BVerfGE 19, 342, 349 f. (Wencker) = BVerfG, Beschluss des Ersten Senats vom 15.12.1965 – 1 BvR 513/65: „Bei der ihm hiernach obliegenden Abwägung hat der Richter stets im Auge zu behalten, daß es der vornehmliche Zweck und der eigentliche Rechtfertigungsgrund der Untersuchungshaft ist, die Durchführung eines geordneten Strafverfahrens zu gewährleisten und die spätere Strafvollstreckung sicherzustellen; ist sie zu einem dieser Zwecke nicht mehr nötig, so ist es unverhältnismäßig und daher grundsätzlich unzulässig, sie anzuordnen, aufrechtzuerhalten oder zu vollziehen. Die Haftgründe der Fluchtgefahr und der Verdunkelungsgefahr (§ 112 Abs. 2 StPO) dienen ersichtlich diesem Zweck. Der Haftgrund der Wiederholungsgefahr in § 112 Abs. 3 StPO [jetzt: § 112a StPO] geht zwar darüber hinaus, indem er den Schutz der Allgemeinheit vor weiteren Straftaten, also einen präventiv-polizeilichen Gesichtspunkt, für die Verhängung der Untersuchungshaft genügen läßt. Er kann jedoch damit gerechtfertigt werden, daß es hier um die Bewahrung eines besonders schutzbedürftigen Kreises der Bevölkerung vor mit hoher Wahrscheinlichkeit drohenden schweren Straftaten geht; auch erscheint es zweckmäßiger, diesen Schutz den bereits mit der Aufklärung der begangenen Straftat befaßten Strafverfolgungsbehörden und damit dem Richter anzuvertrauen als der Polizei.".

(VOR/DEF)

d) Angemessenheit oder **Verhältnismäßigkeit im engeren Sinne** einer staatlichen Maßnahme ist angemessenes Maß oder Verhältnis zwischen Zweckförderung für Erhaltungsrechte und Wirkungen für Eingriffsrechte, vgl. auch betroffene GR.[1772]

(SUB/ERG)

Im konkreten Fall ist die Festnahme (alternativ)

- angemessen, denn der Grundrechtseingriff insbesondere in Art. 2 Abs. 2 S. 2 GG steht angesichts der zu schützenden Rechte und Rechtsgüter, vgl. auch die Straftaten nach § 112a Abs. 1 StPO, insbesondere aus Art. 2 Abs. 2 S. 1, 2 GG, Art. 14 Abs. 1 S. 1 Alt. 1 GG, Art. 20 Abs. 3 GG nicht außer Verhältnis.
- unangemessen.

(ERG VHM)

[1772] BVerfGE 105, 239, 247 (Richtervorbehalt bei Freiheitsentziehung) = BVerfG, Beschluss des Zweiten Senats vom 15.05.2002 – 2 BvR 2292/00, C. I. 1., Rn. 22: „Art. 2 Abs. 2 Satz 2 GG bezeichnet die Freiheit der Person als ‚**unverletzlich**'. Diese verfassungsrechtliche Grundentscheidung kennzeichnet das Freiheitsrecht als ein besonders hohes Rechtsgut, in das nur aus wichtigen Gründen eingegriffen werden darf (vgl. BVerfGE 10, 302 [322]; 29, 312 [316]; 32, 87 [92]; 65, 317 [322]).“; vgl. auch insbesondere zu Legtimem Zweck, Erforderlichkeit, Angemessenheit BVerfG, Beschluss der 2. Kammer des Zweiten Senats vom 29.06.1995 – 2 BvR 2537/94: „Aus Art. 2 Abs. 2 Satz 2 GG folgt, daß Ordnung und Vollzug der Untersuchungshaft von dem Grundsatz der Verhältnismäßigkeit beherrscht werden. Dies bedeutet, daß der Eingriff in die Freiheit nur hinzunehmen ist, wenn und soweit einerseits wegen dringenden Tatverdachts begründete Zweifel an der Unschuld des Verdächtigen bestehen, andererseits der legitime Anspruch der staatlichen Gemeinschaft auf vollständige Aufklärung der Tat und rasche Bestrafung des Täters nicht anders gesichert werden kann als dadurch, daß der Verdächtige vorläufig in Haft genommen wird. Bei dieser Abwägung hat der Richter stets im Auge zu behalten, daß es der vornehmliche Zweck und der eigentliche Rechtfertigungsgrund der Untersuchungshaft ist, die Durchführung eines geordneten Strafverfahrens zu gewährleisten und die spätere Strafvollstreckung sicherzustellen; ist sie zu einem dieser Zwecke nicht mehr nötig, so ist es unverhältnismäßig und daher grundsätzlich unzulässig, sie anzuordnen, aufrechtzuerhalten oder zu vollziehen (vgl. BVerfGE 19, 342 <347 ff.>; 20, 45 <49 f.>; 36, 264 <269 f.>).“; vgl. BVerfG, Beschluss der 1. Kammer des Zweiten Senats vom 01.04.2020 – 2 BvR 225/20 –, Rn. 58: „Der Verhältnismäßigkeitsgrundsatz ist nicht nur für die Anordnung, sondern auch für die Dauer der Untersuchungshaft von Bedeutung. Er verlangt, dass die Dauer der Untersuchungshaft nicht außer Verhältnis zur erwarteten Strafe steht, und setzt ihr auch unabhängig von der Straferwartung Grenzen (vgl. BVerfGE 20, 45 <49 f.>). Das Gewicht des Freiheitsanspruchs vergrößert sich gegenüber dem Interesse an einer wirksamen Strafverfolgung regelmäßig mit zunehmender Dauer der Untersuchungshaft (vgl. BVerfGE 36, 264 <270>; 53, 152 <158 f.>). Daraus folgt zum einen, dass die Anforderungen an die Zügigkeit der Arbeit in einer Haftsache mit der Dauer der Untersuchungshaft steigen. Zum anderen nehmen auch die Anforderungen an den die Haftfortdauer rechtfertigenden Grund zu (vgl. BVerfGK 7, 140 <161>; 15, 474 <480>; 17, 517 <522>; Beschluss der 1. Kammer des Zweiten Senats vom 9. März 2020 - 2 BvR 103/20 -, Rn. 47). Im Rahmen der von den Fachgerichten vorzunehmenden Abwägung zwischen dem Freiheitsanspruch des Betroffenen und dem Strafverfolgungsinteresse der Allgemeinheit ist die Angemessenheit der Haftfortdauer anhand objektiver Kriterien des jeweiligen Einzelfalles zu prüfen; insofern sind in erster Linie die Komplexität der einzelnen Rechtssache, die Vielzahl der beteiligten Personen und das Verhalten der Verteidigung von Bedeutung (vgl. BVerfG, Beschluss der 3. Kammer des Zweiten Senats vom 22. Januar 2014 - 2 BvR 2248/13 u.a. -, Rn. 37; Beschluss der 1. Kammer des Zweiten Senats vom 23. Januar 2019 - 2 BvR 2429/18 -, Rn. 56; Beschluss der 1. Kammer des Zweiten Senats vom 18. Februar 2020 - 2 BvR 2090/19 -, Rn. 47).“.

Die Festnahme ist insgesamt i.S.v. Art. 20 Abs. 3 GG (alternativ)

- verhältnismäßig.
- unverhältnismäßig.

D. Gesamtergebnis (GErg)

Die Festnahme ist (alternativ)

- gemäß § 127 Abs. 2 i.V.m. § 112a StPO rechtmäßig.
- wegen Art./§ (bestimmter Rechtsnorm [z.B. Art. 20 Abs. 3 GG]) rechtswidrig.

ABSCHNITT 33: VORLÄUFIGE FESTNAHME MIT UNTERBRINGUNGSGRUND AUS § 126A STPO (ÖFFENTLICHE SICHERHEIT), § 127 ABS. 2 I.V.M. § 126A STPO (VGL. AUCH § 46 ABS. 3 S. 1 OWIG)

A. Rechtsgrundlage (RGL) I. Grundrechte (GR)

(VOR/DEF)

Grundrechte sind grundlegende Rechte aus Art. 1-19 GG i.V.m. dem Rechtsstaatsprinzip, Art. 20 Abs. 3 GG, mit Vorrang und Vorbehalt des Gesetzes.[1773]

(SUB/ERG)

Grundrechte sind fallabhängig insbesondere wie folgt gegeben:

1. Körperliche Bewegungsfreiheit, Art. 2 Abs. 2 S. 2 GG[1774]

a) GR-SB:

aa) Persönlicher GR-SB: „**Person**", vgl. § 1 BGB.

bb) Sachlicher GR-SB: „**Freiheit**" ist **körperliche Bewegungsfreiheit** als Freiheit, jeden Ort oder Raum aufzusuchen, sich dort aufzuhalten, (ihn zu verlassen), der an sich (tatsächlich und rechtlich) zugänglich ist.

b) GR-E (oder Nichteingriff/GR-Verzicht): Freiheitsentziehung oder sonstige Freiheitsbeschränkung.

Freiheitsbeschränkung (Freiheitsentziehung oder sonstige Freiheitsbeschränkung) liegt vor, wenn jemand durch die öffentliche Gewalt gegen seinen Willen daran gehindert wird, einen Ort oder Raum aufzusuchen oder sich dort aufzuhalten, der ihm an sich (tatsächlich und rechtlich) zugänglich ist. Eine **Freiheitsentziehung** als schwerste Form der Freiheitsbeschränkung ist dann gegeben, wenn die tatsächlich und rechtlich an sich gegebene körperliche Bewegungsfreiheit durch staatliche Maßnahmen nach jeder Richtung hin aufgehoben wird[1775]; Freiheitsentziehung setzt auch eine besondere Eingriffsintensität und eine nicht nur kurzfristi-

---

[1773] Zu **Grundrechten**: *Basten*, Eingriffsrecht der Polizei in Nordrhein-Westfalen, Band 1, Buch 1, Abschnitt 2, Unterabschnitt 3. Zum **Rechtsstaatsprinzip** mit unter anderem sogenanntem Vorrang des Gesetzes und Vorbehalt des Gesetzes: *Basten*, Eingriffsrecht der Polizei in Nordrhein-Westfalen, Band 1, S. 95-108.

[1774] Vgl. auch Art. 142 GG i.V.m. Art. 4 Abs. 1 Verfassung NRW; Art. 20 Abs. 2a und Art. 21 AEUV i.V.m. Art. 6, 45 EU-GR-Charta (Bewegungsfreiheit, Freizügigkeit, Aufenthaltsfreiheit); Art. 5 EMRK; Art. 2 Protokoll Nr. 4 EMRK; Art. 21 AEUV (**Unionsbürgerfreizügigkeit**, zum **Unionsbürger** vgl. Art. 9 S. 2, 3 EUV, Art. 20 Abs. 1 S. 2, 3 AEUV); Art. 45 AEUV (**Arbeitnehmerfreizügigkeit**); Art. 49 AEUV (**Niederlassungsfreiheit**); Art. 56 AEUV (**Dienstleistungsfreiheit**); vgl. auch Art. 28 AEUV (**Warenverkehrsfreiheit**); Art. 9 Abs. 1 S. 1 IPbpR („Jedermann hat ein Recht auf persönliche Freiheit und Sicherheit."); Art. 9-11 IPbpR (Freiheitsentziehungsbedingungen), Art. 12 IPbpR (Bewegung, Wohnsitzwahl, Ausreise, Einreise in Hoheitsgebiet eines Staates, vgl. „Freizügigkeit"), Art. 13 IPbpR (Ausländerausweisungsbedingungen).

[1775] BVerfG, Beschluss der 1. Kammer des Ersten Senats vom 08.03.2011 – 1 BvR 47/05 –, Rn. 20, 26: „Das **Einsperren** des Beschwerdeführers in eine **Gewahrsamszelle** auf der Polizeiwache beziehungsweise auf dem Polizeipräsidium sowie **als Verbindungsglied** zwischen beiden das **Verbringen dorthin mittels Polizeifahrzeugen** stellen eine Freiheitsentziehung im Sinne von Art. 104 Abs. 2 GG und nicht lediglich eine Freiheitsbeschränkung dar. […] Jedenfalls muss die Unterbringung einer Person gegen ihren Willen in einem **Haftraum** als Freiheitsentziehung im Sinne von Art. 104 Abs. 2 GG angesehen werden (vgl. BGHZ 82, 261 <264> und BVerwGE 62, 317 <318>).“; BVerfGE 94, 166, 198 (Flughafenverfahren) = BVerfGE, Urteil des Zweiten Senats vom 14.05.1996 – 2 BvR 1516/93.

ge Dauer der Maßnahme voraus[1776]. Im Übrigen kann eine Abgrenzung zwischen Freiheitsentziehung und sonstiger Freiheitsbeschränkung auch erfolgen nach Art, Dauer, Intensität, Mittel, Zweck der Freiheitsbeschränkung.[1777]

c) GR-B: Art. 2 Abs. 2 S. 3 GG (i.V.m. Art. 104 GG).

Ggf. vertretbar wegen Unverfügbarkeit von Eigentum durch die Festnahme:

2. Eigentum, Art. 14 Abs. 1 S. 1 Alt. 1 GG[1778]

a) GR-SB:

aa) Persönlicher GR-SB: Alle Menschen (personen- und staatsangehörigkeitsunabhängiger Wortlaut).

bb) Sachlicher GR-SB: „**Eigentum**" ist Summe aller vermögenswerten Rechte, also jedenfalls auch der berechtigte Besitz und die berechtigte Nutzung[1779].[1780]

1776 BVerfGE 149, 293 (5-Punkt-Fixierung/7-Punkt-Fixierung) = BVerfG, Urteil des Zweiten Senats vom 24.07.2018 – 2 BvR 309/15 –, D. II. 2. a), Rn. 67, vgl. dazu auch BVerfGE 149, 293 (5-Punkt-Fixierung/7-Punkt-Fixierung) = BVerfG, Urteil des Zweiten Senats vom 24.07.2018 – 2 BvR 309/15 –, D. II. 2. b): „Jedenfalls eine **5-Punkt- oder 7-Punkt-Fixierung**, bei der sämtliche Gliedmaßen des Betroffenen mit Gurten am Bett festgebunden werden, stellt eine Freiheitsentziehung im Sinne von Art. 104 Abs. 2 GG dar, es sei denn, es handelt sich um eine lediglich **kurzfristige Maßnahme**. Von einer kurzfristigen Maßnahme ist in der Regel auszugehen, wenn sie absehbar die Dauer von ungefähr einer halben Stunde unterschreitet.".

1777 Vgl. auch insbesondere zu Art, Intensität, Mittel: § 415 Abs. 2 FamFG und §§ 37a, 62 PolG NRW.

1778 Vgl. auch Art. 142 GG i.V.m. Art. 4 Abs. 1 Verfassung NRW; Art. 17 EU-GR-Charta; Art. 1 Zusatzprotokoll EMRK.

1779 BVerfGE 95, 267, 300 (Altschulden) = BVerfG, Urteil des Ersten Senats vom 08.04.1997 – 1 BvR 48/94 –, C. I. 1., Rn. 130 f.: „Unter den Schutz der Eigentumsgarantie fallen grundsätzlich alle vermögenswerten Rechte, die dem Berechtigten von der Rechtsordnung in der Weise zugeordnet sind, daß er die damit verbundenen Befugnisse nach eigener Entscheidung zu seinem privaten Nutzen ausüben darf (vgl. BVerfGE 83, 201 [209]; stRspr). Der verfassungsrechtliche Eigentumsschutz reicht damit zwar erheblich weiter als das zivilrechtliche Eigentum und erstreckt sich auch auf nicht dingliche vermögenswerte Rechtspositionen. Er bleibt aber an Rechtspositionen gebunden. Kein Eigentum im Sinn von Art. 14 Abs. 1 GG ist daher das **Vermögen**, das selber kein Recht, sondern den Inbegriff aller geldwerten Güter einer Person darstellt (vgl. BVerfGE 4, 7 [17]; stRspr). Daraus folgt, daß Art. 14 Abs. 1 GG nicht vor der staatlichen Auferlegung von **Geldleistungspflichten** schützt. Diese sind nicht mittels eines bestimmten Eigentumsobjekts zu erfüllen, sondern werden aus dem fluktuierenden Vermögen bestritten. Etwas anderes kommt nur dann in Betracht, wenn die Geldleistungspflichten den Betroffenen übermäßig belasten und seine Vermögensverhältnisse so grundlegend beeinträchtigen, daß sie eine erdrosselnde Wirkung haben (vgl. BVerfGE 78, 232 [243]; stRspr).".

1780 Zum Vergleich von Art. 14 Abs. 1 S. 1 Alt. 1 GG und dem Auffanggrundrecht des Art. 2 Abs. 1 GG: Bei lediglich unentschiedenem Potential von Berechtigung wie Nichtberechtigung kann grundsätzlich in dubio pro libertate zunächst zugunsten des Grundrechtsfähigen größtmöglicher Grundrechtsschutzbereich vermutet werden. Vgl. auch BVerfGE 6, 55, 72 (Steuersplitting); BVerfGE 32, 54, 71 (Betriebsbetretungsrecht); BVerfGE 39, 1, 38 (Schwangerschaftsabbruch I); BVerfGE 51, 97, 110 (Zwangsvollstreckung I); BVerfGE 151, 67 (Richtervorbehalt, Bereitschaftsdienst, Nachtzeit/Tageszeit i.S.v. § 104 Abs. 3 StPO) = BVerfG, Beschluss des Zweiten Senats vom 12.03.2019 – 2 BvR 675/14 –, Rn. 55, wonach in Zweifelsfällen diejenige Auslegung zu wählen ist/derjenigen Auslegung der Vorzug zu geben ist, welche die (juristische) „Wirkungskraft der Grundrechtsnorm am stärksten entfaltet.". **Eigentum** i.S.d. (privat)rechtsnormgeprägten Schutzbereichs von Art. 14 Abs. 1 S. 1 Alt. 1 GG ist jedenfalls gegeben bei Eigentum i.S.d. Privatrechts und bei vermögenswerter Besitz-/Nutzungs-/Umgangs-Berechtigung (z.B. i.S.d. §§ 854-984 BGB). **Eigentumslosigkeit** i.S.d. (privat)rechtsnormgeprägten Schutzbereichs von Art. 14 Abs. 1 S. 1 Alt. 1 GG ist jedenfalls gegeben bei allseitiger Besitz-/Nutzungs-

b) GR-E (oder Nichteingriff/GR-Verzicht): **Eigentumseinschränkung** durch

Einschränkung eines vermögenswerten Rechts, etwa durch (alternativ)

- Einschränkungen oder Entzug der Nutzungs- und Verfügungsbefugnis an (berechtigtem) Eigentum/Besitz/Nutzung, vgl. §§ 903 ff. BGB, §§ 854 ff. BGB, ohne Güterbeschaffung als **Inhalts- und Schrankenbestimmung** im Sinne von Art. 14 Abs. 1 S. 2 GG[1781];
- Eigentumsentzug als **Enteignung** im Sinne des Art. 14 Abs. 3 GG mit Änderung der Eigentumszuordnung und stets mit Güterbeschaffung.[1782]

c) GR-B: Art. 14 Abs. 1 S. 2, Abs. 2, 3 GG, Art. 18 GG.

3. Allgemeine Verhaltensfreiheit / Allgemeine Handlungsfreiheit[1783], Art. 2 Abs. 1 GG[1784]

/Umgangs-Nichtberechtigung (z.B. i.S.d. §§ 854-984 BGB); nicht schon unbedingt bei lediglich Eigentums-Nichtberechtigung im privatrechtlichen Sinne bei vermögenswerten Besitz-/Nutzungs-/Umgangs-Berechtigungen; wohl aber jedenfalls auch bei Verbot i.S.d. § 134 BGB oder Sittenwidrigkeit i.S.d. § 138 BGB oder sonstiger Unwirksamkeitsgründe (Nichtentstehensgründe oder Erlöschensgründe) gerade bezüglich des Erwerbs- oder Nutzungs- oder Umgangsaktes (z.B. i.S.d. §§ 854-984 BGB; vgl. z.B. Btm-Umgangsarten i.S.d. § 29 BtMG; vgl. auch etwaiges waffenrechtliches Verbot der Umgangsart Erwerb oder sonstiger Umgangsarten i.S.d. § 1 Abs. 3, 4 WaffG bei Nichtverbot des Erwerbs). Vgl. BVerfGE 110, 1, 23 f. (Erweiterter Verfall [a. F., ≙ erweiterte Tatertragseinziehung, P. B.]) = BVerfG, Beschluss des Zweiten Senats vom 14.01.2004 – 2 BvR 564/95 –, C. I. 3. a), b), Rn. 86 f, 88: „Die Vorschrift des § 73d StGB [a. F., ≙ § 73a StGB, P. B.] verstößt in der Auslegung des Bundesgerichtshofs auch nicht gegen die Eigentumsgarantie des Art. 14 Abs. 1 GG. Soweit § 73d StGB [a. F., ≙ § 73a StGB, P. B.] den Zugriff auf Vermögenswerte erlaubt, die dem unmittelbar Betroffenen wegen eines Verstoßes gegen strafrechtliche Vorschriften zivilrechtlich nicht zustehen (vgl. § 134, § 935 BGB), ist dessen Eigentumsgrundrecht schon mangels einer schutzfähigen Rechtsposition nicht berührt (vgl. BVerfGE 83, 201 [209]; 95, 267 [300]). Dies betrifft vor allem die Entziehung von Gewinnen aus illegalen Drogengeschäften. Denn wegen des strafrechtlichen Verbots des Handeltreibens mit Betäubungsmitteln ist gemäß § 134 BGB neben dem schuldrechtlichen Verpflichtungsgeschäft zugleich die Übereignung sowohl der Drogen als auch des für sie als Kaufpreis gezahlten Geldes zivilrechtlich unwirksam (vgl. BGH, NJW 1983, S. 636 [Schrifttumsquellen]. […] Soweit § 73d StGB StGB [a. F., ≙ § 73a StGB, P. B.] die Entziehung von Gegenständen anordnet, die der Betroffene zwar deliktisch, aber gleichwohl zivilrechtlich wirksam erworben hat, enthält er eine Inhalts- und Schrankenbestimmung des Eigentums im Sinne des Art. 14 Abs. 1 Satz 2 GG. Diese genügt in der Auslegung des Bundesgerichtshofs den verfassungsrechtlichen Anforderungen.“.

1781 BVerfGE 143, 246, Ls. 5 (Dreizehnte Novelle des Atomgesetzes) = BVerfG, Urteil des Ersten Senats vom 06.12.2016 – 1 BvR 2821/11 –, Ls. 5.

1782 BVerfGE 143, 246, Ls. 4 (Dreizehnte Novelle des Atomgesetzes) = BVerfG, Urteil des Ersten Senats vom 06.12.2016 – 1 BvR 2821/11 –, Ls. 4.

1783 „Allgemeine“ Verhaltensfreiheit / Handlungsfreiheit: Auffanggrundrecht ggü. ggf. spezielleren Grundrechten, vgl. Rechtsnormspezialitätsregel („lex specialis derogat legi generali“), vgl. auch: BVerfGE 6, 32, 37 (Elfes) = BVerfG, Urteil des Ersten Senats vom 16.01.1957 – 1 BvR 253/56, Gründe, II. 2. a), Rn. 16: „Neben der allgemeinen Handlungsfreiheit, die Art. 2 Abs. 1 GG gewährleistet, hat das Grundgesetz die Freiheit menschlicher Betätigung für bestimmte Lebensbereiche, die nach den geschichtlichen Erfahrungen dem Zugriff der öffentlichen Gewalt besonders ausgesetzt sind, durch besondere Grundrechtsbestimmungen geschützt; bei ihnen hat die Verfassung durch abgestufte Gesetzesvorbehalte abgegrenzt, in welchem Umfang in den jeweiligen Grundrechtsbereich eingegriffen werden kann. Soweit nicht solche besonderen Lebensbereiche grundrechtlich geschützt sind, kann sich der Einzelne bei Eingriffen der öffentlichen Gewalt in seine Freiheit auf Art. 2 Abs. 1 GG berufen. Hier bedurfte es eines Gesetzesvorbehalts nicht, weil sich aus der Beschränkung der freien Entfaltung der Persönlichkeit durch die verfassungsmäßige Ordnung der Umfang staatlicher Eingriffsmöglichkeiten ohne weiteres ergibt.“.

1784 Vgl. auch Art. 142 GG i.V.m. Art. 4 Abs. 1 Verfassung NRW; Art. 6 EU-GR-Charta; Art. 5 EMRK.

a) GR-SB:

aa) Persönlicher GR-SB: „Jeder".

bb) Sachlicher GR-SB: „**freie Entfaltung der Persönlichkeit**" bedeutet **allgemeine Verhaltensfreiheit** im umfassenden Sinn[1785] durch grundsätzlich jedes Tun, Dulden, Unterlassen[1786].

b) GR-E (oder Nichteingriff/GR-Verzicht): Verhaltenseinschränkung als Verhaltenssteuerung.

c) GR-B: Art. 2 Abs. 1 Hs. 2 GG[1787].

1785 BVerfGE 6, 32, 36 f. (Elfes) = BVerfG, Urteil des Ersten Senats vom 16.01.1957 – 1 BvR 253/56, Gründe, II. 2. a), Rn. 14 f.: „Das Grundgesetz kann mit der ‚freien Entfaltung der Persönlichkeit' nicht nur die Entfaltung innerhalb jenes Kernbereichs der Persönlichkeit gemeint haben, der das Wesen des Menschen als geistig-sittliche Person ausmacht, denn es wäre nicht verständlich, wie die Entfaltung innerhalb dieses Kernbereichs gegen das Sittengesetz, die Rechte anderer oder sogar gegen die verfassungsmäßige Ordnung einer freiheitlichen Demokratie sollte verstoßen können. Gerade diese, dem Individuum als Mitglied der Gemeinschaft auferlegten Beschränkungen zeigen vielmehr, daß das Grundgesetz in Art. 2 Abs. 1 GG die Handlungsfreiheit im umfassenden Sinne meint. [...] Es waren nicht rechtliche Erwägungen, sondern sprachliche Gründe, die den Gesetzgeber bewogen haben, die ursprüngliche Fassung ‚Jeder kann tun und lassen was er will' durch die jetzige Fassung zu ersetzen (vgl. v. Mangoldt, Parlamentarischer Rat, 42. Sitzung des Hauptausschusses, S. 533)."; BVerfGE 80, 137, 152 f. (Reiten im Walde) = BVerfG, Beschluss des Ersten Senats vom 06.06.1989 – 1 BvR 921/85 –, C. I. 1 a), Rn. 69: „Nach den in der Rechtsprechung des Bundesverfassungsgerichts entwickelten Grundsätzen gewährleistet Art. 2 Abs. 1 GG die allgemeine Handlungsfreiheit im umfassenden Sinne (st. Rspr. seit BVerfGE 6, 32 [36]; aus neuerer Zeit etwa: BVerfGE 74, 129 [151]; 75, 108 [154 f.]). Geschützt ist damit nicht nur ein begrenzter Bereich der Persönlichkeitsentfaltung, sondern jede Form menschlichen Handelns ohne Rücksicht darauf, welches Gewicht der Betätigung für die Persönlichkeitsentfaltung zukommt (vgl. etwa die Entscheidung eines Vorprüfungsausschusses in BVerfGE 54, 143 (146) - Taubenfüttern).".

1786 BVerfGE 6, 32, Ls. 1, 2 (Elfes) = BVerfG, Urteil des Ersten Senats vom 16.01.1957 – 1 BvR 253/56, Ls. 1: „Art. 11 GG betrifft nicht die Ausreisefreiheit.", Ls. 2: „Die **Ausreisefreiheit** ist als Ausfluß der allgemeinen Handlungsfreiheit durch Art. 2 Abs. 1 GG innerhalb der Schranken der verfassungsmäßigen Ordnung gewährleistet."; BVerwG, Urteil vom 29.05.2019 – BVerwG 6 C 8.18 (Beschränkung des Geltungsbereichs eines Passes), Rn. 20: „In der höchstrichterlichen Rechtsprechung ist seit Jahrzehnten geklärt, dass die durch Art. 2 Abs. 1 GG geschützte Ausreisefreiheit auch durch den Passversagungsgrund des § 7 Abs. 1 Nr. 1 Alt. 3 PassG als Bestandteil der verfassungsmäßigen Ordnung wirksam eingeschränkt wird.".

1787 Art. 2 Abs. 1 Hs. 2 GG (**Schrankentrias**): BVerfGE 80, 137, 153 (Reiten im Walde) = BVerfG, Beschluss des Ersten Senats vom 06.06.1989 – 1 BvR 921/85 –, C. I. 1 a), Rn. 69: „Abgesehen von einem absolut geschützten Kernbereich privater Lebensgestaltung, welcher der Einwirkung der öffentlichen Gewalt entzogen ist (BVerfGE 6, 32 [41]), ist die allgemeine Handlungsfreiheit allerdings nur in den Schranken des zweiten Halbsatzes von Art. 2 Abs. 1 GG gewährleistet und steht damit insbesondere unter dem **Vorbehalt der verfassungsmäßigen (Rechts-)Ordnung** (BVerfGE 6, 32 [37 f.]; 74, 129 [152]). Stützt sich ein die Handlungsfreiheit berührender Akt der öffentlichen Gewalt auf eine Rechtsnorm, so kann mit der Verfassungsbeschwerde unter Berufung auf Art. 2 Abs. 1 GG zur Nachprüfung gestellt werden, ob diese Norm zur **verfassungsmäßigen Ordnung** gehört, das heißt formell und materiell mit den Normen der Verfassung in Einklang steht (st. Rspr. seit BVerfGE 6, 32)."; BVerfGE 6, 32, Ls. 3 (Elfes) = BVerfG, Urteil des Ersten Senats vom 16.01.1957 – 1 BvR 253/56, Ls. 3: „**Verfassungsmäßige Ordnung** im Sinne des Art. 2 Abs. 1 GG ist die verfassungsmäßige Rechtsordnung, d.h. die Gesamtheit der Normen, die formell und materiell der Verfassung gemäß sind."; vgl. dazu auch BVerfGE 6, 32, 37-41 (Elfes) = BVerfG, Urteil des Ersten Senats vom 16.01.1957 – 1 BvR 253/56, Gründe II. 2 b), c), Rn. 17-33.

Rechte anderer sind (als Teil der verfassungsmäßigen Ordnung) subjektive Berechtigungen (Anspruch oder Befugnis oder Erlaubnis) einschließlich Verpflichtungen (Pflicht zur Erfüllung von Anspruch oder

(VOR/DEF)

Rechtsgebiet ist Rechtsordnungsteil nach allen Umständen[1788] – wie schwerpunktmäßige Äußerungen[1789], Rechtsnormen[1790], Zwecke[1791], auch i.V.m. §§ 133, 157 BGB analog[1792].[1793]

Befugnis oder Erlaubnis) und sonstiger Rechtswirkungen für ein Rechtssubjekt bezüglich eines Verhaltens oder eines Rechtsguts.

Vgl. zum ein Mal bundesverfassungsgerichtlich entscheidungserheblich bemühten „**Sittengesetz**" nach Art. 2 Abs. 1 Hs. 2 GG als Gesetz, das nicht das durch die „soziale Gemeinschaft" „als für sich verbindlich" anerkannte „Rechtsgefühl" „im allgemeinen" „verletzt": BVerfGE 6, 389 (Homosexuelle) = BVerfG, Urteil des Ersten Senats vom 10.05.1957 – 1 BvR 550/52 –, und StrRehaHomG (Gesetz zur strafrechtlichen Rehabilitierung der nach dem 8. Mai 1945 wegen einvernehmlicher homosexueller Handlungen verurteilten Personen vom 17. Juli 2017 – BGBl. I S. 2443).

1788 Umstände im weiten Sinn, etwa als Bedingungen, Beziehungen, Faktoren, Folgen, Funktionen, Umweltbedingungen, Variablen, Verhältnissen, Voraussetzungen, Weltbedingungen.

1789 Äußerungen im weiten Sinn, etwa als alle Verhaltensäußerungen (einschließlich Aussagen).

1790 Rechtsnormen im weiten Sinn, etwa solche, die die Umstände oder das Verhalten regieren (sollen).

1791 Zwecke im weiten Sinn, etwa als sich aus einer Lage ergebende, objektiv zu verfolgende Ziele.

1792 Sog. **objektivierter Empfängerhorizont**, vgl. BVerwGE 147, 81 = BVerwG, Urteil vom 20.06.2013 – BVerwG 8 C 46.12, Rn. 27: „Die bundesrechtlichen Auslegungsregeln der §§ 133, 157 BGB sind auf öffentlich-rechtliche Erklärungen entsprechend anzuwenden. Bei Verwaltungsakten kommt es wie bei empfangsbedürftigen Willenserklärungen nicht auf den wirklichen Willen des Erklärenden (natürliche Auslegung), sondern auf den objektiven Erklärungsinhalt an. Maßgeblich ist, wie der Empfänger die Erklärung nach Treu und Glauben unter Berücksichtigung der für ihn erkennbaren Umstände verstehen musste. Dabei ist vom Wortlaut der Erklärung auszugehen und deren objektiver Gehalt unter Berücksichtigung des Empfängerhorizonts zu ermitteln (stRspr, vgl. Urteile vom 2. September 1999 - BVerwG 2 C 22.98 - BVerwGE 109, 283 <286> = Buchholz 237.7 § 72 NWLBG Nr. 4 und vom 27. Juni 2012 - BVerwG 9 C 7.11 - BVerwGE 143, 222 <Rn. 18> = Buchholz 11 Art. 20 GG Nr. 206; BGH, Urteile vom 24. Februar 1988 - VIII ZR 145/87 - BGHZ 103, 275 <280>, vom 27. Januar 2010 - VIII ZR 58/09 - BGHZ 184, 128 <137 Rn. 33> und vom 1. März 2011 - II ZR 16/10 - NJW 2011, 1666 <1667 Rn. 11> je m.w.N.)."; BVerwG, Beschluss vom 06.08.2018 – BVerwG 7 B 4.18, Rn. 10: „Dass die bundesrechtlichen Auslegungsregeln der §§ 133, 157 BGB auf öffentlich-rechtliche Erklärungen, d.h. u.a. auf Verwaltungsakte, entsprechend anzuwenden sind, ist in der Rechtsprechung des Bundesverwaltungsgerichts bereits geklärt (BVerwG, Urteil vom 20. Juni 2013 - 8 C 46.12 - BVerwGE 147, 81 Rn. 27 m.w.N.).".

1793 BVerwG 47, 255, 264 = BVerwG, Urteil vom 03.12.1974 – BVerwG I C 11.73: „Obwohl sich für die Polizei im Einzelfall bei einem einheitlichen Lebenssachverhalt gleichzeitig und unmittelbar Aufgaben der Strafverfolgung und der Gefahrenabwehr ergeben können, ist der im Schrifttum vertretenen Auffassung nicht zu folgen, daß aus Gründen der Rechtssicherheit oder wegen der schwierigen Durchschaubarkeit für den Bürger jede Art polizeilichen Handelns der verwaltungsgerichtlichen Kontrolle unterliegen müsse. In aller Regel ist es für den Betroffenen nicht schwer, zu erkennen, ob die Polizei im konkreten Fall eine - begangene - Straftat erforschen (**Strafverfolgung**) oder den Eintritt eines Schadens, etwa die - zukünftige - Begehung einer strafbaren Handlung, verhindern oder eine bereits eingetretene Störung der öffentlichen Sicherheit oder Ordnung beseitigen (**Gefahrenabwehr**) will. Außerdem wird man davon ausgehen dürfen, daß die Polizei dem Betroffenen - wie im vorliegenden Fall - den Grund ihres Einschreitens von sich aus oder auf Verlangen angibt. Im übrigen kommt es darauf an, wie sich der konkrete Lebenssachverhalt einem verständigen Bürger in der Lage des Betroffenen bei natürlicher Betrachtungsweise darstellt. Dieser Sachverhalt muß im allgemeinen einheitlich betrachtet werden, es sei denn, daß einzelne Teile des Geschehensablaufs objektiv abtrennbar sind. Hat die Polizei die

(SUB/ERG)

Die Freiheitsentziehung/das Festhalten der Festnahme erfolgt auf dem Rechtsgebiet des besonderen öffentlichen Rechts polizeilicher Strafrechtspflege.

Eine Freiheitsentziehung/ein Festhalten erfolgt auf dem Rechtsgebiet der Strafrechtspflege insbesondere bei

- tatverdachtsveranlasster/tatverdachtsbezogener Freiheitsentziehung;
- Freiheitsentziehung mit schwerpunktmäßigem Zweck einer Strafrechtspflegemaßnahme;
- Fehlen von Gefahrenüberhang.

A. Rechtsgrundlage (RGL) III. Mögliche Befugnisrechtsnorm (Mgl. Brn.)

(VOR/DEF)

Befugnisrechtsnorm ist die rechtmäßige hauptsächliche materiellrechtliche Rechtsgrundlage mit realfolgenentsprechender Rechtsfolge.

(SUB/ERG)

Realfolge ist die jeweilige Realfolge laut Sachverhalt.

Rechtsfolge ist die jeweilige Maßnahme laut Rechtsnorm.

(SUB)

Realfolgen und Rechtsfolgen zu:

Anhalten/Festhalten

(SUB)

Realfolgen Anhalten/Festhalten:

- Aufforderung zum Stehenbleiben
- Aufforderung zum Verlangsamen des Fortbewegungstempos
- Aufforderung zum Aufenthalt an bestimmter Stelle

Rechtsfolge Anhalten/Festhalten:

Anhalten/Festhalten ist Reduzieren oder Stoppen der Bewegung i.S.d. Art. 2 Abs. 2 S.

(ERG)

Mögliche Befugnisrechtsnorm zu:

Anhalten/Festhalten

(ERG)

Gefahrenabwehr:

Anhalten / Festhalten:

- § 12 Abs. 1 Nr. 1, Abs. 2 S. 2 Var. 1 / S. 3 PolG NRW
- § 12 Abs. 1 Nr. 2 a), Abs. 2 S. 2 Var. 1 / S. 3 PolG NRW
- § 12 Abs. 1 Nr. 2 b), Abs. 2 S. 2 Var. 1 / S. 3 PolG NRW
- § 12 Abs. 1 Nr. 2 c), Abs. 2 S. 2 Var. 1 / S. 3 PolG NRW

Ermittlungen an die StA oder das Amtsgericht weitergeleitet (§ 163 Abs. 2 StPO) oder auf Weisung der StA gehandelt, so kann an der strafprozessualen Natur ihres Einschreitens kein vernünftiger Zweifel bestehen. Eine Maßnahme, die nach dem Gesamteindruck darauf gerichtet ist, eine strafbare Handlung zu erforschen oder sonst zu verfolgen, ist der Kontrolle der ordentlichen Gerichte nach §§ 23 ff. EGGVG nicht etwa deshalb entzogen, weil durch die polizeilichen Ermittlungen möglicherweise zugleich auch künftigen Verletzungen der öffentlichen Sicherheit vorgebeugt würde.“.

2 GG.

Abgrenzung von Anhalten und Festhalten erfolgt nach:

- Gesetz, vgl. §§ 36 Abs. 1 S. 1, 37 Abs. 1 PolG NRW
- „ADIMZ“ (Art, Dauer, Intensität, Mittel, Zweck der Freiheitsbeschränkung) (Vorentscheidung mit Freiheitsentziehung oder sonstiger Freiheitsbeschränkung beim Fallbearbeitungspunkt A. I.).

- § 12 Abs. 1 Nr. 3, Abs. 2 S. 2 Var. 1 / S. 3 PolG NRW
- § 12 Abs. 1 Nr. 4, Abs. 2 S. 2 Var. 1 / S. 3 PolG NRW
- § 12a Abs. 1 S. 1 Var. 1 / S. 1 Var. 3 PolG NRW
- § 14 Abs. 1 Nr. 1 PolG NRW (i.V.m. § 12/12a PolG NRW)
- Ggf. § 8 Abs. 1 PolG NRW.

Nur Anhalten:

- § 9 Abs. 2 S. 2 PolG NRW
- § 9 Abs. 3 S. 1 (i.V.m. § 9 Abs. 2 PolG NRW)
- § 25 Abs. 2 PolG NRW
- § 36 Abs. 5 S. 1 StVO.

Nur Festhalten (vgl. §§ 36 Abs. 1 S. 1, 37 Abs. 1 PolG NRW):

- § 10 Abs. 3 PolG NRW
- § 35 PolG NRW
- § 58 Abs. 4 AufenthG
- §§ 62-62b AufenthG (vgl. § 71 Abs. 5 AufenthG)
- Nur für zuständige Behörde: § 30 IfSG. Nur für örtliche Ordnungsbehörde: § 14 PsychKG (NRW). Nur für Jugendamt: § 42 SGB VIII.

<u>Strafrechtspflege (ggf. mit §§ 46, 53 Abs. 1 S. 2, Abs. 2 OWiG):</u>

Anhalten als (erforderliche) Maßnahme / Festhalten zur

- IDF beim Verdächtigen, § 163b Abs. 1 StPO / §§ 163b Abs. 1, c StPO
- IDF beim Nichtverdächtigen, § 163b Abs. 2 StPO/ §§ 163b Abs. 2, c StPO
- IDF bei jedermann an an öffentlich zugänglichem Ort eingerichteter Kontrollstelle, § 111 StPO (ohne §§ 46, 53 Abs. 1 S. 2 OWiG)
- Ggf. § 163 Abs. 1 S. 2 StPO.

Nur Festhalten (vgl. Art. 104 GG):

- § 127 Abs. 1 S. 1 Alt 1 StPO

- § 127 Abs. 2 i.V.m. § 112 StPO
- § 127 Abs. 2 i.V.m. § 112a StPO
- § 127 Abs. 2 i.V.m. § 126a StPO
- § 127b StPO
- § 164 StPO
- § 19 IRG.

(SUB)

Realfolge ist die Maßnahme laut Sachverhalt.

Rechtsfolge ist (als Justiz-VA, § 23 Abs. 1 S. 1 EGGVG)[1794] die **vorläufige Festnahme** (Freiheitsentziehung/Festhalten auf dem Rechtsgebiet der Straftatenerforschung zunächst ohne vorherige richterliche Anordnung zu einem Zweck aus einer Festnahmebefugnisrechtsnorm).

Festnahme-Zwecke[1795] nach StPO (mindestens nach Feststellung von Freiheitsentziehung/Festhalten für Entscheidung zu möglicher Befugnisrechtsnorm zu antizipieren – aus Umkehrschluss/contrario zum Haftgrund oder Unterbringungsgrund):

- § 127 Abs. 1 S. 1 Alt.1 StPO: Fluchtverdachts-Erforschungssicherung (weitere Sachverhaltsklärung; ohne Anhaltspunkte zu weiterem Haft- oder Unterbringungsgrund, vgl. §§ 112, 112a, 126a, 127b StPO);
- § 127 Abs. 2 i.V.m. § 112 Abs. 1, 2 Nr. 1 StPO: Flucht- oder Verbergensunterbindung;
- § 127 Abs. 2 i.V.m. § 112 Abs. 1, 2 Nr. 2 StPO: Fluchtgefahr-Abwehr;
- § 127 Abs. 2 i.V.m. § 112 Abs. 1, 2 Nr. 3 StPO: Verdunkelungsgefahr-Abwehr;

1794 **Wohnungstüröffnungs-Verfügung** (je nach Rechtsgebiet VA oder Justiz-VA [z.B.: „Bitte öffnen Sie die Tür!"]) kann bspw. wie folgt – insbesondere über den Zweck – zu subsumieren sein:

- § 9 Abs. 2 PolG NRW / § 163 Abs. 3 StPO / § 163a StPO (Zweck: Befragung / Vernehmung).
- § 12 PolG NRW / § 163b Abs. 1 oder § 163b Abs. 2 StPO (Zweck: IDF jedenfalls ohne Wohnungs-Betretens- und Wohnungs-Durchsuchungszweck [z.B.: IDF-Befragung / IDF-Ausweisverlangen an der Tür]).
- § 16a PolG NRW / § 163f StPO / § 163 Abs. 1 S. 2 StPO (Zweck: Observation jedenfalls ohne Wohnungs-Betretens- und Wohnungs-Durchsuchungszweck [z.B.: Datenerhebung von der Tür aus]).
- § 35 PolG NRW / § 127 Abs. 1 S. 1 Alt. 1 StPO / § 127 Abs. 2 i.V.m. § 112/§ 112a/§ 126a; § 127b StPO; § 164 StPO (Zweck: Ingewahrsamnahme / Festnahme jedenfalls ohne Wohnungs-Betretens- und Wohnungs-Durchsuchungszweck [z.B.: Ingewahrsamnahme / Festnahme an der Tür]).
- § 41 PolG NRW / § 102 StPO oder § 103 StPO (Zweck: Wohnungsbetreten und/oder Wohnungsdurchsuchung).
- § 43 PolG NRW / § 94 Abs. 1 StPO / § 94 Abs. 1, 2 StPO / §§ 94 Abs. 3, 111a StPO, § 69 StGB / §§ 99, 100 StPO / § 108 StPO (§ 110 StPO); / § 111b StPO / § 132 StPO (Zweck: Sicherstellung/Beschlagnahme jedenfalls ohne Wohnungs-Betretens- und Wohnungs-Durchsuchungszweck [z.B.: Sicherstellung/Beschlagnahme an der Tür).
- § 81a StPO / § 81c StPO / § 81g StPO / § 81h StPO (Zweck: der jeweilige „Untersuchungs"-Zweck jedenfalls ohne Wohnungs-Betretens- und Wohnungs-Durchsuchungszweck [z.B.: „Untersuchung" an der Tür]).
- § 8 Abs. 1 PolG NRW / § 163 Abs. 1 S. 2 StPO (Zweck: jedenfalls ein nicht besonders geregelter Zweck jedenfalls ohne Wohnungs-Betretens- und Wohnungs-Durchsuchungszweck).

1795 Unterscheide wiederum die IDF-Zwecke von Freiheitsentziehung/Festhalten nach § 111 Abs. 3 StPO, § 163b Abs. 1, c StPO, § 163b Abs. 2, c StPO, die keine Festnahmebefugnisrechtsnormen sind, vgl. auch § 127 Abs. 1 S. 2 StPO.

- § 127 Abs. 2 i.V.m. § 112 Abs. 1, 3 StPO: Tataufklärungsgefährdungs-Abwehr bei bestimmten Straftaten – mit ansatzweisem Zweck aus § 112 Abs. 2 Nr. 1, 2, 3 StPO[1796];
- § 127 Abs. 2 i.V.m. § 112a StPO: Wiederholungsgefahr-Abwehr;
- § 127 Abs. 2 i.V.m. § 126a StPO: Unterbringungssicherung für öffentliche Sicherheit;
- § 127b StPO: Beschleunigung des Verfahrens i.S.d. §§ 417-420 StPO und Fluchtgefahr-Abwehr;
- § 164 StPO: Amtshandlungsstörungs-Abwehr.

Verhältnis der Festnahmebefugnisrechtsnormen zueinander:

- § 127 Abs. 1 S. 1 Alt.1 StPO[1797]: jedenfalls anzuwenden bei Fehlen von Kenntnissen zu Haft- oder Unterbringungsgründen aus §§ 112, 112a, 126a, 127b StPO und anwendbar neben § 164 StPO;
- § 127 Abs. 2 i.V.m. § 112 Abs. 1, 2 Nr. 1 StPO: jedenfalls lex specialis ggü. § 127 Abs. 1 S. 1 Alt. 1 StPO und § 127 Abs. 2 i.V.m. § 112a StPO und grundsätzlich anwendbar neben § 127 Abs. 2 i.V.m. § 126a StPO und § 164 StPO;
- § 127 Abs. 2 i.V.m. § 112 Abs. 1, 2 Nr. 2 StPO: jedenfalls lex specialis ggü. § 127 Abs. 1 S. 1 Alt. 1 StPO und § 127 Abs. 2 i.V.m. § 112a StPO und grundsätzlich anwendbar neben § 127 Abs. 2 i.V.m. § 126a StPO und § 164 StPO;

1796 Vgl. i.V.m. § 31 BVerfGG: BVerfGE 19, 342, 350 f. (Wencker) = BVerfG, Beschluss des Ersten Senats vom 15.12.1965 – 1 BvR 513/65: „Der neu [mit Gesetz zur Änderung der Strafprozeßordnung und des Gerichtsverfassungsgesetzes vom 19. Dezember 1964 (BGBl. I S. 1067), das am 1. April 1965 in Kraft getreten ist (sogenannte Kleine Strafprozeßnovelle), P.B.] eingeführte § 112 Abs. 4 StPO [jetzt: § 112 Abs. 3 StPO] müßte dagegen rechtsstaatliche Bedenken erwecken, wenn er dahin auszulegen wäre, daß bei dringendem Verdacht eines der hier bezeichneten Verbrechen gegen das Leben die Untersuchungshaft ohne weiteres, d.h. ohne Prüfung weiterer Voraussetzungen, verhängt werden dürfte. Eine solche Auslegung wäre mit dem Grundgesetz nicht vereinbar. Es kann schon zweifelhaft sein, ob sie dem Wortlaut der Bestimmung entspricht; denn dieser legt es nahe, der Vorschrift nur subsidiäre Geltung beizumessen, sie also nur anzuwenden, wenn zuvor das Vorliegen eines Haftgrundes nach Absatz 2 geprüft und verneint worden ist. Aber auch wenn man dieser Auslegung nicht folgt, fordert der Grundsatz der Verhältnismäßigkeit, daß der Richter auch bei Anwendung des § 112 Abs. 4 StPO [jetzt: § 112 Abs. 3 StPO] den Zweck der Untersuchungshaft nie aus dem Auge verliert. Weder die Schwere der Verbrechen wider das Leben noch die Schwere der (noch nicht festgestellten) Schuld rechtfertigen für sich allein die Verhaftung des Beschuldigten; noch weniger ist die Rücksicht auf eine mehr oder minder deutlich feststellbare ‚Erregung der Bevölkerung' ausreichend, die es unerträglich finde, wenn ein ‚Mörder' frei umhergehe. **Es müssen vielmehr auch hier stets Umstände vorliegen, die die Gefahr begründen, daß ohne Festnahme des Beschuldigten die alsbaldige Aufklärung und Ahndung der Tat gefährdet sein könnte** [Hervorhebung als einzige immerwährende Zusatz-Obervoraussetzung zu § 112 Abs. 3 StPO laut BVerfG; im Folgenden laut BVerfG mögliche, aus den Haftgründen (Flucht), Fluchtverdacht, Verdunkelungsgefahr, Wiederholungsgefahr abgeleitete Untervoraussetzungen P.B.]. Der zwar nicht mit ‚bestimmten Tatsachen' belegbare, aber nach den Umständen des Falles doch nicht auszuschließende Fluchtverdacht oder Verdunkelungsverdacht kann u.U. bereits ausreichen. Ebenso könnte die ernstliche Befürchtung, daß der Beschuldigte weitere Verbrechen ähnlicher Art begeht, für den Erlaß eines Haftbefehls genügen. § 112 Abs. 4 StPO [jetzt: § 112 Abs. 3 StPO] ist in engem Zusammenhang mit Absatz 2 zu sehen; er läßt sich dann damit rechtfertigen, **daß mit Rücksicht auf die Schwere der hier bezeichneten Straftaten die strengen Voraussetzungen der Haftgründe des [§ 112] Absatzes 2 [und des § 112a StPO] gelockert werden sollen, um die Gefahr auszuschließen, daß gerade besonders gefährliche Täter sich der Bestrafung entziehen** [Hervorhebung der praktischen Prüfkonsequenz, mit an den Haftgründen an sich ausgerichteter Püfung aller Voraussetzungen des § 112 Abs. 3 StPO, ausgerichtet an den Haftgründen an sich insbesondere aus § 112 Abs. 2 StPO und § 112a StPO., P.B.]."

1797 Praxis-Klassiker bzgl. § 127 Abs. 1 S. 1 Alt. 1 StPO: Betreffen bei Täter-am-Ort-Lage oder Tatortbereichsfahndung zunächst ohne weitere (Er-)Kenntnisse zu Haft- oder Unterbringungsbefehlsgründen, Begründung in praxi mitunter „zur weiteren Sachverhaltsklärung".

- § 127 Abs. 2 i.V.m. § 112 Abs. 1, 2 Nr. 3 StPO: jedenfalls lex specialis ggü. § 127 Abs. 1 S. 1 Alt. 1 StPO und § 127 Abs. 2 i.V.m. § 112a StPO und grundsätzlich anwendbar neben § 127 Abs. 2 i.V.m. § 126a StPO und § 164 StPO;
- § 127 Abs. 2 i.V.m. § 112 Abs. 1, 3 StPO: jedenfalls lex specialis ggü. § 127 Abs. 1 S. 1 Alt. 1 StPO und § 127 Abs. 2 i.V.m. § 112a StPO und grundsätzlich anwendbar neben § 127 Abs. 2 i.V.m. § 126a StPO und § 164 StPO;
- § 127 Abs. 2 i.V.m. § 112a StPO: jedenfalls lex specialis ggü. § 127 Abs. 1 S. 1 Alt. 1 StPO und grundsätzlich anwendbar neben § 127 Abs. 2 i.V.m. § 126a StPO und § 164 StPO; vgl. § 112a Abs. 2 StPO;
- § 127 Abs. 2 i.V.m. § 126a StPO: jedenfalls lex specialis ggü. § 127 Abs. 1 S. 1 Alt. 1 StPO grundsätzlich anwendbar neben § 127 Abs. 2 i.V.m. § 112 StPO, § 127 Abs. 2 i.V.m. § 112a StPO, § 127b StPO, § 164 StPO; vgl. zum Verhältnis von § 126a StPO insbesondere § 126a Abs. 1 StPO, §§ 20, 21 StGB, § 152 Abs. 2 StPO;
- § 127b StPO: nur anwendbar bei Wahrscheinlichkeit unverzüglicher Entscheidung im beschleunigten Verfahren, vgl. §§ 127b Abs. 1 S. 1 Nr. 1, 417 Hs. 2, 419 Abs. 1 StPO, § 79 Abs. 2 JGG und bei Erwartbarkeit der Durchführung der Hauptverhandlung binnen einer Woche nach der Festnahme – jedenfalls lex specialis ggü. § 127 Abs. 1 S. 1 Alt. 1 StPO und § 127 Abs. 2 i.V.m. § 112a StPO; grundsätzlich anwendbar neben § 127 Abs. 2 i.V.m. § 112 StPO und § 127 Abs. 2 i.V.m. § 126a StPO und § 164 StPO;
- § 164 StPO: grundsätzlich anwendbar neben § 127 Abs. 1 S. 1 Alt. 1 StPO, § 127 Abs. 2 StPO, § 127b StPO.

(ERG)

Mögliche Befugnisrechtsnorm ist § 127 Abs. 2 i.V.m. § 126a StPO.

B. Formelle Rechtmäßigkeit (FR) I. Zuständigkeit (Z)

(VOR/DEF)

Zuständigkeit ist Aufgabenwahrnehmungserlaubnis für den Rechtsfolgesetzer.

(SUB/ERG)

Für die Maßnahme ist die Zuständigkeit (i.d.R.) wie folgt gegeben:

1. sachliche Zuständigkeit *der Polizei* gemäß

- § 163 Abs. 1 S. 1 StPO;

2. instanzielle Zuständigkeit *der Polizeibehörde* (i.d.R.) gemäß

- (i.d.R.) § 11 Abs. 1 Nr. 2 Alt. 1 POG NRW i.V.m. KPBVO NRW;
- (generell:) §§ 10-14 POG NRW (ggf. i.V.m. LKAAufgVO NRW);

3. örtliche Zuständigkeit der *Polizeibehörde* gemäß

- (i.d.R.) § 7 Abs. 1 S. 1 POG NRW (ggf. i.V.m. KHStVO NRW);

- (generell: §§ 7-9 POG NRW[1798]) (ggf. i.V.m. KHStVO NRW);

4. funktionelle Zuständigkeit *des Polizeiamtswalters* gemäß

- § 127 Abs. 2 Hs. 1 StPO: Beamter des Polizeidienstes.

B. Formelle Rechtmäßigkeit (FR) II. Verfahren (V)

(VOR/DEF)

Verfahren ist normiertes Verhalten insbesondere für den Rechtsfolgezuständigen außer, bei, i.Z.m. der Rechtsfolge.

1. Spezielle Verfahrensrechtsnormen für Festnahme im Sinne von § 127 Abs. 2 i.V.m. § 126a StPO[1799]

(VOR/DEF)

a) § 127 Abs. 2 Hs. 1 i.V.m. § 127 Abs. 1 S. 1, letzter Hs. StPO: Festnahme zunächst auch ohne richterliche Entscheidung bei Gefahr im Verzug

Gemäß § 127 Abs. 2 Hs. 1 StPO (i.V.m. § 127 Abs. 1 S. 1, letzter Hs. StPO) sind die Staatsanwaltschaft und die Beamten des Polizeidienstes bei Gefahr im Verzug auch zunächst ohne Richteranordnung befugt zur **vorläufigen Festnahme** (Festnahme zunächst ohne Richter).[1800]

Gefahr im Verzug ist gegeben, wenn bei einzelfallbezogenen Tatsachen die Erwirkung des Richterhaftbefehls,

§ 128 StPO, den gesetzlichen Festnahmezweck, nämlich den jeweiligen aus der Festnahmebefugnisnorm, unvorhergesehen gefährden, also wesentlich erschweren oder vereiteln würde.

Gefahr im Verzug ist auch gegeben, wenn im konkreten Fall zulässigerweise kein Richterdienst vorhanden ist oder wenn vorhandener richterlicher Bereitschaftsdienst unter zulässiger Anrufwege **unverzüglich** (vgl. auch § 121 Abs. 1 S. 1 BGB) vergeblich zu erreichen versucht

---

1798 Vgl. auch zu § 9 Abs. 1 S. 1 Nr. 5 POG NRW: Abkommen zwischen den Ländern der Bundesrepublik Deutschland über die erweiterte Zuständigkeit der Polizei der Länder bei der Strafverfolgung.

1799 Vgl. auch Art. 46 GG (Abs. 1: **Abgeordnetenindemnität**; Abs. 2-4: **Abgeordnetenimmunität** – mit **Bundestagsgenehmigungsvorbehalt**); Art. 47 Verfassung NRW (**Abgeordnetenindemnität**), Art. 48 Verfassung NRW (**Abgeordnetenimmunität** – mit **Landtagsgenehmigungsvorbehalt**); Art. 60 Abs. 4 GG (**Bundespräsidentenimmunität**). Vgl. auch §§ 18, 21 GVG i.V.m. DiplBezÜbkG i.V.m. WÜD; §§ 19, 21 GVG i.V.m. Art. 27, 29 KonsÜbkG i.V.m. Art. 35, 41, 42 WÜK.

1800 Zum Bezug des Gesetzesmerkmals der „Gefahr im Verzug" auf das Verfahren des zuständigen Rechtsfolgeakteurs vgl. § 127 Abs. 1 S. 1 a.E. StPO: „jedermann befugt, ihn auch ohne richterliche Anordnung vorläufig festzunehmen" und § 127 Abs. 2 Hs. 1: „Die Staatsanwaltschaft und die Beamten des Polizeidienstes sind bei Gefahr im Verzug auch dann zur vorläufigen [=ohne vorige Richter-Entscheidung] Festnahme befugt".

wird und eine weitere Verzögerung den gesetzlichen Festnahmezweck gefährden, also wesentlich erschweren oder vereiteln würde.[1801]

[1801] BVerfGE 151, 67 (Richtervorbehalt, Bereitschaftsdienst, Nachtzeit/Tageszeit i.S.v. § 104 Abs. 3 StPO) = BVerfG, Beschluss des Zweiten Senats vom 12.03.2019 – 2 BvR 675/14 –, Rn. 55 (Nachtzeit): „Art. 13 Abs. 2 Halbsatz 2 GG lässt es zu, dass Durchsuchungen bei Gefahr im Verzug auch durch die in den Gesetzen vorgesehenen anderen Organe – bei der strafprozessualen Durchsuchung gemäß § 105 Abs. 1 Satz 1 Halbsatz 2 StPO durch die Staatsanwaltschaft und ihre **Ermittlungspersonen** (§ 152 GVG) – angeordnet werden dürfen. Wortlaut und Systematik des Art. 13 Abs. 2 GG belegen indes, dass die richterliche Durchsuchungsanordnung die Regel und die nichtrichterliche die Ausnahme sein soll (vgl. BVerfGE 103, 142 <153>; 139, 245 <269 Rn. 69>). [...] Demgemäß ist der Begriff ‚Gefahr im Verzug' im Sinne des Art. 13 Abs. 2 GG eng auszulegen. **Gefahr im Verzug** ist nur anzunehmen, wenn die richterliche Anordnung nicht mehr eingeholt werden kann, ohne dass der Zweck der Maßnahme – regelmäßig die Sicherung von Beweismitteln – gefährdet würde (vgl. BVerfGE 51, 97 <111>; 103, 142 <153 f.>; 139, 245 <269 Rn. 69>).", Ls. 2: „Zu den Anforderungen an einen dem Gebot der praktischen Wirksamkeit des Richtervorbehalts entsprechenden **richterlichen Bereitschaftsdienst** gehört die uneingeschränkte Erreichbarkeit eines Ermittlungsrichters bei Tage, auch außerhalb der üblichen Dienststunden. Die **Tageszeit** umfasst dabei ganzjährig die Zeit zwischen 6 Uhr und 21 Uhr. Während der **Nachtzeit** ist ein **ermittlungsrichterlicher Bereitschaftsdienst** jedenfalls bei einem Bedarf einzurichten, der über den Ausnahmefall hinausgeht.", Ls. 3: „Ob und inwieweit ein über den Ausnahmefall hinausgehender Bedarf an nächtlichen Durchsuchungsanordnungen die Einrichtung eines ermittlungsrichterlichen Bereitschaftsdienstes zur Nachtzeit erfordert, haben die Gerichtspräsidien nach pflichtgemäßem Ermessen in eigener Verantwortung zu entscheiden. Für die Art und Weise der Bedarfsermittlung steht ihnen ein Beurteilungs- und Prognosespielraum zu.", Rn. 56: „Die Strafverfolgungsbehörden müssen dementsprechend regelmäßig versuchen, eine Anordnung des zuständigen Richters zu erlangen, bevor sie eine Durchsuchung beginnen. Nur in Ausnahmesituationen, wenn schon die zeitliche Verzögerung wegen eines solchen Versuchs den Erfolg der Durchsuchung gefährden würde, dürfen sie selbst die Anordnung wegen Gefahr im Verzug treffen, ohne sich zuvor um eine richterliche Entscheidung bemüht zu haben."; BVerfGE 139, 245 (Eilkompetenz der Ermittlungsbehörden) = BVerfG, Beschluss des Zweiten Senats vom 16.06.2015 - 2 BvR 2718/10, Rn. 83: „Scheitert hingegen der Versuch der Befassung des Gerichts mit dem Antrag auf Erlass einer Durchsuchungsanordnung, weil der zuständige Richter nicht erreicht werden kann und infolgedessen ein Beweismittelverlust droht, kommt ein Rückgriff auf die Eilkompetenz der Ermittlungsbehörden gemäß Art. 13 Abs. 2, 2. Halbsatz GG in Betracht.", Ls. 2 [zum **Eilzuständigkeitsende der Ermittlungsbehörden**]: „Mit der Befassung des zuständigen Ermittlungs- oder Eilrichters durch die Stellung eines Antrags auf Erlass einer Durchsuchungsanordnung und der dadurch eröffneten Möglichkeit präventiven Grundrechtsschutzes durch den Richter endet die Eilkompetenz der Ermittlungsbehörden.", Rn. 79: „Entscheidend ist dabei nicht der Zeitpunkt, zu dem die Staatsanwaltschaft den Entschluss fasst, eine richterliche Durchsuchungsanordnung zu beantragen, sondern der Zeitpunkt, in dem das Gericht mit dem Antrag auf Erlass einer Durchsuchungsanordnung befasst wird [**richterliche Befassung** oder **Gerichtsbefassung**, P. B.]. Dies ist der Fall, wenn die Staatsanwaltschaft [oder die Polizei, P. B.] dem zuständigen Richter den Antrag tatsächlich unterbreitet hat, so dass dieser in eine erste Sachprüfung eintreten kann.", Rn. 80: „Nicht entscheidend für den Zeitpunkt des Entfallens der Eilkompetenz der Staatsanwaltschaft ist dagegen der tatsächliche Beginn der sachlichen Prüfung durch das Gericht oder gar die endgültige gerichtliche Entscheidung.", Rn. 82: „Auch soweit während des durch den Richter in Anspruch genommenen Entscheidungszeitraums nach dessen Befassung die Gefahr eines Beweismittelverlusts eintritt, etwa weil dieser auf ein mündlich gestelltes Durchsuchungsbegehren hin die Vorlage schriftlicher Antragsunterlagen oder einer Ermittlungsakte fordert, Nachermittlungen anordnet oder schlicht bis zum Eintritt der Gefahr eines Beweismittelverlusts noch nicht entschieden hat, lebt die Eilkompetenz der Ermittlungsbehörden nicht wieder auf. Dies gilt unabhängig davon, aus welchen Gründen die richterliche Entscheidung über den Durchsuchungsantrag unterbleibt.", Ls. 3: „Die Eilkompetenz der Ermittlungsbehörden kann nur dann neu begründet werden, wenn nach der Befassung des Richters tatsächliche Umstände eintreten oder bekannt werden, die sich nicht aus dem Prozess der Prüfung und Entscheidung über diesen Antrag ergeben, und hierdurch die Gefahr eines Beweismittelverlusts in einer Weise begründet wird, die der Möglichkeit einer rechtzeitigen richterlichen Entscheidung

b) § 128 StPO: Richtervorführung

Gemäß § 128 Abs. 1 S. 1 StPO, vgl. auch Art. 104 Abs. 2, 3 S. 1 GG, besteht Pflicht, den Festgenommenen, sofern er nicht wieder in Freiheit gesetzt wird, **unverzüglich**[1802] (vgl. § 121 Abs. 1 S. 1 BGB), spätestens am Tage nach der Festnahme, dem Richter bei dem Amtsgericht, in dessen Bezirk[1803] er festgenommen worden ist, vorzuführen.

Gemäß § 72a JGG (**Heranziehung der Jugendgerichtshilfe in Haftsachen**) ist bei Haftsache mit einem **Jugendlichen** oder einem **Heranwachsenden** (vgl. § 109 JGG) i.S.v. § 1 JGG nach § 72a S. 1 JGG die **Jugendgerichtshilfe** (§§ 52, 87b SGB VIII) unverzüglich (§ 121 Abs. 1 S. 1 BGB) von der Vollstreckung eines Haftbefehls zu **unterrichten**; ihr soll bereits der Erlass eines Haftbefehls **mitgeteilt** werden.

---

entgegensteht.“, Ls. 4: „Auf die Ausgestaltung der justizinternen Organisation kann die Eilzuständigkeit der Ermittlungsbehörden nicht gestützt werden.“, Rn. 70: „Die daraus folgende Pflicht der Ermittlungsbehörden, sich regelmäßig um eine Durchsuchungsanordnung des zuständigen Richters zu bemühen, wird nicht durch den abstrakten Hinweis verzichtbar, eine richterliche Entscheidung sei zur maßgeblichen Zeit üblicherweise nicht mehr zu erreichen (vgl. BVerfGK 5, 74 <78>; 7, 392 <395>). Reine Spekulationen, hypothetische Erwägungen oder lediglich auf kriminalistische Alltagserfahrungen gestützte, fallunabhängige Vermutungen reichen ebenfalls nicht aus, um die Annahme von Gefahr im Verzug zu begründen (vgl. BVerfGE 103, 142 <155>; BVerfGK 2, 310 <315>). Auch schließt das verfassungsrechtliche Gebot, dem Ausnahmecharakter der Eilkompetenz Rechnung zu tragen, aus, mit dem Antrag auf Erlass einer Durchsuchungsanordnung zu warten, bis die Gefahr eines Beweismittelverlusts eingetreten ist. Selbst herbeigeführte tatsächliche Voraussetzungen können die Eilkompetenz der Staatsanwaltschaft und ihrer Ermittlungspersonen nicht begründen (vgl. BVerfGK 5, 74 <78>).“, Rn. 71: „Stattdessen sind bei der Beurteilung der Frage, ob der Versuch, eine richterliche Entscheidung herbeizuführen, unterbleiben darf, weil bereits die damit verbundene zeitliche Verzögerung den Erfolg der Durchsuchung gefährden würde, die konkreten Umstände des jeweiligen Einzelfalles in Rechnung zu stellen. Die Ermittlungsbehörden haben insbesondere die Komplexität der im Rahmen der Durchsuchungsanordnung zu prüfenden tatsächlichen und rechtlichen Fragen und den insoweit erforderlichen Zeitaufwand zu berücksichtigen. Daneben haben sie aber auch in ihre Überlegungen einzubeziehen, dass die Vorlage schriftlicher Unterlagen zur Herbeiführung einer richterlichen Eilentscheidung zumindest nicht ausnahmslos erforderlich ist. Jedenfalls in einfach gelagerten Fällen, in denen allein aufgrund der **mündlichen Darstellung des Sachverhalts** eine sachangemessene Entscheidung möglich ist, würde ein solches Erfordernis weder der gesetzlichen Intention noch der Bedeutung des Richtervorbehalts für den Grundrechtsschutz des Einzelnen gerecht (vgl. insoweit zur Anordnung einer Blutentnahme gemäß § 81a StPO: BVerfGK 17, 340 <346 f.>). Es bestehen daher in solchen Fällen keine verfassungsrechtlichen Bedenken, wenn der zuständige Richter allein aufgrund mündlich übermittelter Informationen entscheidet und die Durchsuchung auch **mündlich anordnet**, sofern er diese Anordnung zeitnah schriftlich dokumentiert und damit den sich aus Art. 19 Abs. 4 GG ergebenden Erfordernissen Rechnung trägt.“.

[1802] BVerfGE 149, 293 (5-Punkt-Fixierung/7-Punkt-Fixierung) = BVerfG, Urteil des Zweiten Senats vom 24.07.2018 - 2 BvR 309/15 -, D. III. 4., Rn. 99 f.: „Art. 104 Abs. 2 Satz 2 GG fordert in einem solchen Fall, die richterliche Entscheidung unverzüglich nachzuholen (vgl. BVerfGE 10, 302 <321>; 105, 239 <249>). Das Tatbestandsmerkmal ‚**unverzüglich**‘ ist dahin auszulegen, dass die richterliche Entscheidung ohne jede Verzögerung, die sich nicht aus sachlichen Gründen rechtfertigen lässt, nachgeholt werden muss (vgl. BVerfGE 105, 239 <249>; Gusy, in: v. Mangoldt/Klein/Starck, GG, Bd. 3, 7. Aufl. 2018, Art. 104 Rn. 48). Nicht vermeidbar sind zum Beispiel die Verzögerungen, die durch die Länge des Weges, Schwierigkeiten beim Transport, die notwendige Registrierung und Protokollierung oder ein renitentes Verhalten des Betroffenen bedingt sind (vgl. BVerfGE 105, 239 <249>; BVerfGK 7, 87 <99>; Gusy, in: v. Mangoldt/Klein/Starck, GG, Bd. 3, 7. Aufl. 2018, Art. 104 Rn. 48). Sachliche Gründe, die eine Verzögerung der richterlichen Entscheidung rechtfertigen, können sich auch aus der Notwendigkeit verfahrensrechtlicher Vorkehrungen ergeben, die dem Schutz des Betroffenen dienen.“.

[1803] **Gerichtsbezirke** gemäß Anlage 1 JustG NRW.

Gemäß § 72a S. 2 JGG ist die **Jugendgerichtshilfe** (§§ 52, 87b SGB VIII) von der **vorläufigen Festnahme** eines Jugendlichen oder Heranwachsenden (vgl. § 109 JGG) zu **unterrichten**, wenn nach dem Stand der Ermittlungen zu erwarten ist, dass der Jugendliche gemäß § 128 StPO dem **Richter vorgeführt** wird.

c) § 127 Abs. 4 i.V.m. §§ 114a, b, c StPO entsprechend als Verfahrensrechtsnormen für Festnahme i.S.d. § 127 Abs. 2 i.V.m. § 126a StPO

Gemäß § 127 Abs. 4 StPO gelten für die vorläufige Festnahme durch die Staatsanwaltschaft und durch Beamte des Polizeidienstes die §§ 114a bis 114c StPO entsprechend, und zwar wie folgt:

aa) § 127 Abs. 4 i.V.m. § 114a StPO [entsprechend]

Gemäß § 127 Abs. 4 i.V.m. § 114a StPO ist dem Beschuldigten bei der [Freiheitsentziehung] eine Abschrift [zur Freiheitsentziehung] auszuhändigen; beherrscht er die deutsche Sprache nicht hinreichend, erhält er zudem eine Übersetzung in einer für ihn verständlichen Sprache.

Gemäß § 127 Abs. 4 i.V.m. § 114a StPO ist dem Beschuldigten, wenn die Aushändigung einer Abschrift und einer etwaigen Übersetzung nicht möglich ist, **unverzüglich** (§ 121 Abs. 1 S. 1 BGB) in einer für ihn verständlichen Sprache mitzuteilen, welches die Gründe für die [Freiheitsentziehung] sind und welche Beschuldigungen gegen ihn erhoben werden.

Gemäß § 127 Abs. 4 i.V.m. § 114a StPO ist im Fall von Unmöglichkeit einer Abschrift oder Übersetzung die Aushändigung der Abschrift [zur Freiheitsentziehung] sowie einer etwaigen Übersetzung **unverzüglich** (§ 121 Abs. 1 S. 1 BGB) nachzuholen.

bb) § 127 Abs. 4 i.V.m. § 114b StPO [entsprechend]

Gemäß § 127 Abs. 4 i.V.m. § 114b S. 1 StPO ist der [festgehaltene] Beschuldigte **unverzüglich** (§ 121 Abs. 1 S. 1 BGB) und schriftlich in einer für ihn verständlichen Sprache über seine Rechte zu belehren.

Gemäß § 127 Abs. 4 i.V.m. § 114b S. 2 StPO hat zudem eine mündliche Belehrung zu erfolgen, wenn eine schriftliche Belehrung erkennbar nicht ausreichend ist.

Gemäß § 127 Abs. 4 i.V.m. § 114b S. 3 StPO hat eine mündliche Belehrung zu erfolgen, wenn eine schriftliche Belehrung nicht möglich ist; die schriftliche Belehrung soll jedoch nachgeholt werden, sofern dies in zumutbarer Weise möglich ist.

Gemäß § 127 Abs. 4 i.V.m. § 114b S. 4 StPO soll der Beschuldigte schriftlich bestätigen, dass er belehrt wurde; falls er sich weigert, ist dies zu dokumentieren.

Gemäß § 127 Abs. 4 i.V.m. § 114b Abs. 2 StPO bezieht sich der Inhalt der Belehrung insbesondere auf:

(1) § 114b Abs. 2 S. 1 Nr. 1 StPO: **unverzügliche** (§ 121 Abs. 1 S. 1 BGB), spätestens am Ergreifens-Folge-Tag erfolgende Gerichtsvorführung zwecks Vernehmung und Entscheidung, vgl. Art. 104 Abs. 2 GG;

(2) § 114b Abs. 2 S. 1 Nr. 2 StPO: Recht auf Äußerung oder Nichtaussage (Schweigen);

(3) § 114b Abs. 2 S. 1 Nr. 3 StPO: Beweiserhebungsantragsrecht zur Entlastung, vgl. § 160 Abs. 2 StPO;

(4) § 114b Abs. 2 S. 1 Nr. 4 StPO: Verteidigerwahlfreiheit und Verteidigerbefragungsrecht; dabei sind Informationen zur Verfügung zu stellen, die es erleichtern, einen Verteidiger zu kontaktieren; auf bestehende anwaltliche Notdienste ist dabei hinzuweisen;

Gemäß § 72b JGG (Verkehr mit Vertretern der **Jugendgerichtshilfe**, dem **Betreuungshelfer** und dem **Erziehungsbeistand**) ist nach § 72b S. 1 JGG, befindet sich ein **Jugendlicher** oder

Heranwachsender (vgl. § 109 JGG) i.S.v. § 1 JGG in **Untersuchungshaft**[1804], auch den Vertretern der **Jugendgerichtshilfe** (§§ 52, 87b SGB VIII) der Verkehr mit dem Beschuldigten in demselben Umfang wie einem **Verteidiger** gestattet; entsprechendes gilt gemäß § 72b S. 2 JGG, wenn der Beschuldigte der Betreuung und Aufsicht eines **Betreuungshelfers** (§ 30 SGB VIII) untersteht oder für ihn ein **Erziehungsbeistand** (§ 30 SGB VIII; §§ 1712-1717 BGB) bestellt ist, für den Helfer oder den Erziehungsbeistand;

(5) § 114b Abs. 2 S. 1 Nr. 4a StPO: Recht auf Pflichtverteidigerbestellung in den Fällen des § 140 StPO nach Maßgabe des § 141 Abs. 1 StPO und des § 142 Abs. 1 StPO StPO (**Notwendige Verteidigung**[1805])[1806];

1804 Zur **Untersuchungshaft** siehe insbesondere: *Basten*, Eingriffsrecht der Polizei in Nordrhein-Westfalen, Band 2, Buch 2, Abschnitte 31, 32; vgl. auch §§ 112, 113, 114, 116-123, 126 StPO.

1805 Mit „Gesetz zur Neuregelung des Rechts der notwendigen Verteidigung" (BGBl. I S. 2128; in Kraft seit 13.12.2019) ist erstmals das Recht des Beschuldigten ausdrücklich normiert, bereits auch im polizeilichen Ermittlungsverfahren grundsätzlich im Fall notwendiger Verteidigung (§ 140 StPO) „unverzüglich" (§ 121 Abs. 1 S. 1 BGB), „spätestens vor einer Vernehmung des Beschuldigten" (§ 163a StPO) einen Pflichtverteidiger „bestellt" zu erhalten, „wenn der Beschuldigte dies nach Belehrung ausdrücklich beantragt" (§ 141 Abs. 1 S. 1 StPO), in den Fällen des § 141 Abs. 2 S. 1 StPO auch „unabhängig von einem Antrag" – mit Rückausnahmen in § 141 Abs. 2 S. 2, 3 StPO; auch mit Abweichungen in § 141a StPO für Beschuldigtenvernehmungen und Gegenüberstellungen (§§ 58 Abs. 2, 168b Abs. 3 StPO). Der Zeitpunkt polizeilicher Belehrung zur notwendigen Verteidigung i.S.d. § 140 StPO ist in einschlägigen Fällen – spätestens – „bei Beginn der ersten Vernehmung" des Beschuldigten wegen § 141 Abs. 1 S. 2 StPO und § 163a Abs. 4 S. 2 i.V.m. § 136 Abs. 1 S. 5 StPO, oder der Zeitpunkt ist anders in speziell normierten Fällen wie § 114b Abs. 2 S. 1 Nr. 4a oder §§ 68a, b JGG. Gemäß § 142 StPO ist vor Anklageerhebung der Antrag des Beschuldigten nach § 141 Abs. 1 S. 1 StPO vor Erhebung der Anklage bei den Behörden oder Beamten des Polizeidienstes „oder" bei der Staatsanwaltschaft anzubringen (Antrags-Entgegennahme-Zuständigkeit); die Bestellungs-Entscheidungs-Zuständigkeit obliegt dem Gericht nach StA-Vorlage mit Stellungnahme (§ 142 Abs. 1 S. 2 StPO) oder der StA selbst „bei besonderer Eilbedürftigkeit", § 142 Abs. 4 StPO.

Ein Fall **notwendiger Verteidigung** liegt u.a. dann vor,

- gemäß § 140 Abs. 1 Nr. 1 StPO, wenn zu erwarten ist, dass die Hauptverhandlung im ersten Rechtszug vor dem **Oberlandesgericht** (§§ 115-117, 120-122 GVG) , dem **Landgericht** (§§ 12, 13, 60, 70, 734, 74-74f, 76-78b GVG) oder dem **Schöffengericht** (§§ 12, 13, 24-27, 28-58 GVG) stattfindet [Ausgangsrechtsnorm für den Abgrenzungsüberblick über AG, LG, OLG mag sein: § 24 GVG;
- gemäß § 140 Abs. 1 Nr. 2 StPO, wenn dem Beschuldigten ein Verbrechen zur Last gelegt wird;
- gemäß § 140 Abs. 1 Nr. 3 StPO, wenn das Verfahren zu einem **Berufsverbot** (§§ 70-70b StGB) führen kann;
- gemäß § 140 Abs. 1 Nr. 4 StPO, wenn der Beschuldigte nach den §§ 115, 115a, 128 Abs. 1 oder § 129 StPO einem Gericht zur Entscheidung über Haft oder einstweilige Unterbringung vorzuführen ist;
- gemäß § 140 Abs. 1 Nr. 5 StPO, wenn der Beschuldigte sich auf Grund richterlicher Anordnung oder mit richterlicher Genehmigung in einer Anstalt befindet;
- gemäß § 140 Abs. 1 Nr. 11 StPO, wenn ein seh-, hör- oder sprachbehinderter Beschuldigter die Bestellung beantragt;
- gemäß § 140 Abs. 2 StPO, wenn wegen der Schwere der Tat, der Schwere der zu erwartenden Rechtsfolge oder wegen der Schwierigkeit der Sach- oder Rechtslage die Mitwirkung eines Verteidigers geboten erscheint oder wenn ersichtlich ist, dass sich der Beschuldigte nicht selbst verteidigen kann.
- gemäß §§ 1, 109 Abs. 1 JGG und § 68 JGG in den dort genannten Fällen.

1806 BGH, Beschluss vom 06.02.2018 – 2 StR 163/17, Rn. 6 (Kein absolutes Beweisverwertungsverbot und kein relatives Beweisverwertungsverbot als Abwägungsergebnis bei Nichtbelehrung zu **Pflichtverteidigung/notwendiger Verteidigung** – geteilt von BGH, Beschluss vom 09.01.2020 – 5 StR 628/19,

(6) § 114b Abs. 2 S. 1 Nr. 5 StPO: Recht auf Untersuchung durch Arzt oder Ärztin nach Wahl;

(7) § 114b Abs. 2 S. 1 Nr. 6 StPO: Recht auf Benachrichtigung eines Angehörigen oder einer Person des Vertrauens, soweit der Untersuchungszweck dadurch nicht erheblich wird (vgl. insbesondere **Fluchtgefahr**, § 112 Abs. 2 Nr. 2 StPO, oder **Verdunkelungsgefahr**, § 112 Abs. 2 Nr. 3 StPO);

(8) § 114b Abs. 2 S. 1 Nr. 7 StPO: Recht auf Akteneinsichtnahme nach Maßgabe von § 147 Abs. 4 StPO und Recht auf Beweisstückebesichtigung, soweit kein Verteidiger vorhanden ist;

(9) § 114b Abs. 2 S. 1 Nr. 8 StPO: weitere Rechte im Fall von Untersuchungshaft nach Richtervorführung:

(a) Recht auf Haftbefehlsbeschwerde oder auf Haftprüfungbeantragung und Beantragung mündlicher Verhandlung;

(b) Recht auf Beantragung gerichtlicher Entscheidung im Fall von Beschwerdeunstatthaftigkeit;

(c) Recht auf gerichtliche Entscheidung gegen behördliche Entscheidungen und Maßnahmen im Untersuchungshaftvollzug;

(10) § 114b Abs. 2 S. 2 StPO: Akteneinsichtsrecht des Verteidigers nach § 147 StPO;

(11) § 114b Abs. 2 S. 3 StPO – für den Fall, dass der Beschuldigte der deutschen Sprache nicht hinreichend mächtig oder hör- oder sprachbehindert in einer dem Beschuldigten verständlichen Sprache: Recht auf unentgeltliche Dolmetscher-Hinzuziehung oder Übersetzer-Hinzuziehung für das gesamte Strafverfahren nach § 187 Abs. 1-3 GVG, § 186 Abs. 1, 2 GVG;

(13) § 114b Abs. 2 S. 4 StPO – für den Fall eines ausländischen Staatsangehörigen: Recht auf Unterrichtung der konsularischen Vertretung seines Heimatstaates verlangen und dieser Mitteilungen zukommen lassen kann.[1807]

Rn. 6): „Die nach § 136 Abs. 1 Satz 3 Halbs. 2 StPO a.F. bzw. § 136 Abs. 1 Satz 5 Halbs. 2 StPO n.F. unterbliebene Belehrung des Angeklagten begründet deshalb kein absolutes Verwertungsverbot. Aber auch die Annahme eines relativen, im Rahmen einer einzelfallbezogenen Abwägung festzustellendes Verwertungsverbot kommt hier nicht in Betracht. Das Landgericht hat in seinem den Widerspruch gegen die Verwertung zurückweisenden Kammerbeschluss zutreffend in den Blick genommen, dass das staatliche Verfolgungs- und Aufklärungsinteresse – wie hier – bei einem Tötungsdelikt besonders hoch ist, die Belehrung nicht bewusst oder willkürlich, sondern aus Unkenntnis der Vernehmungsbeamten über die Neuregelung unterblieben ist und damit der festgestellte Verstoß von geringerem Gewicht ist. Zudem fehlen – worauf der Generalbundesanwalt zutreffend hingewiesen hat – jegliche Anhaltspunkte für die Annahme, die Angeklagten hätten im Rahmen ihrer ersten Vernehmung Angaben zur Sache gemacht, weil sie mangels wirtschaftlicher Mittel keine Möglichkeit gesehen hätten, sich eines Verteidigers zu bedienen. Auch die Revision hat hierzu nichts vorgetragen.".

[1807] BGHSt 52, 48 (**Belehrung über das Recht auf konsularischen Beistand** nach Art. 36 Abs. 1b S. 3 WÜK [≙ § 114b Abs. 2 S. 4 StPO] – nach räuberischer Erpressung mit Todesfolge u.a.) = BGH, Beschluss vom 25.09.2007 – 5 StR 116/01, Ls. 1-3: „1. Zur Belehrung eines Festgenommenen mit fremder Staatsangehörigkeit gemäß Art. 36 Abs. 1 lit. b Satz 3 des Wiener Konsularrechtsübereinkommens (WÜK) über sein subjektives Recht, die unverzügliche Benachrichtigung seiner konsularischen Vertretung zu verlangen, sind bereits die Polizeibeamten nach Festnahme verpflichtet (BVerfG – Kammer – NJW 2007, 499 unter Aufhebung von BGHR WÜK Art. 36 Unterrichtung 1). 2. Das Unterbleiben der gebotenen Belehrung über das Recht auf konsularischen Beistand nach Art. 36 Abs. 1 lit. b Satz 3 WÜK führt nicht zu einem Beweisverwertungsverbot. 3. Die Rechtsverletzung kann jedoch zu einer Kompensation derart führen, dass ein bestimmter Teil der verhängten Freiheitsstrafe als verbüßt anzurechnen

Ausländischer Staatsangehöriger ist jede **Person**, § 1 BGB, die nicht **Deutscher** i.S.v. Art. 116 GG, §§ 1, 3, 17 StAG und nicht **Staatenloser**[1808] ist.

cc) § 127 Abs. 4 i.V.m. § 114c StPO [entsprechend]

Gemäß § 127 Abs. 4 i.V.m. § 114c Abs. 1 StPO ist einem [festgehaltenen] Beschuldigten **unverzüglich** (§ 121 Abs. 1 S. 1 BGB) Gelegenheit zu geben, einen Angehörigen oder eine Person seines Vertrauens zu benachrichtigen, sofern der Zweck der Untersuchung dadurch nicht erheblich gefährdet wird.

§ 114c Abs. 2 StPO betrifft das Gericht als Rechtsnormadressaten.

2. Allgemeine Verfahrensrechtsnormen für Festnahme im Sinne von § 127 Abs. 2 i.V.m. § 126a StPO

a) § 33 StPO analog: Anhörung

Gemäß § 33 StPO analog besteht Pflicht zur **Anhörung** bzw. **Gewährung rechtlichen Gehörs** vor einer Entscheidung, jedenfalls bevor zum Beteiligten-Nachteil Tatsachen oder Beweisergebnisse ohne Anhörung verwertet werden – oder es soll gegeben sein: ein Ausnahmegrund der Zweckgefährdung/Gefahr im Verzug nach § 33 Abs. 4 StPO analog.

Gefahr im Verzug i.S.d. § 33 StPO ist gegeben, wenn der Handlungsbedarf unvorhergesehen ist und bei Durchführung der eigentlich vorgesehenen Maßnahme, hier der Anhörung, der gesetzliche Zweck, hier der jeweilige aus der Aufgabe des § 163 Abs. 1 S. 1 StPO und aus der Befugnisrechtsnorm (§ 127 Abs. 2 i.V.m. § 126a StPO), vereitelt oder wesentlich erschwert wird.

b) § 168b StPO: Protokollierung

Gemäß § 168b StPO besteht Pflicht zur **Protokollierung** bzw. zum **Protokoll** über ermittlungsbehördliche Untersuchungshandlungen, wonach gemäß § 168b Abs. 1 StPO das Ergebnis der Untersuchungshandlungen der Ermittlungsbehörden aktenkundig zu machen ist.

(SUB/ERG)

Im konkreten Fall sind die Verfahrensvoraussetzungen (alternativ)

- bei Vorliegen von entsprechenden Anhaltspunkten / Fehlen entgegenstehender Anhaltspunkte eingehalten.
- bei Vorliegen von entsprechenden Anhaltspunkten nicht eingehalten.

---

ist.“, Rn. 30: „Der Senat lässt offen, ob in Fällen geringerer Schwere eine mittels Anwendung des nationalen Rechts mögliche Kompensation auch auf andere Weise, etwa durch Gewährung einer Entschädigung in analoger Anwendung des Gesetzes über die Entschädigung für Strafverfolgungsmaßnahmen (StrEG) oder durch Kostennachlass, etwa analog § 465 Abs. 2 StPO, in Betracht zu ziehen wäre. Bei Strafen geringeren Gewichts und im Falle der späteren Heilung des Verfahrensverstoßes durch alsbald nachgeholte Belehrung gemäß Art. 36 Abs. 1 lit. b Satz 3 WÜK (vgl. BGH, Beschluss vom 11. September 2007 – 1 StR 273/07, zur Veröffentlichung in BGHSt bestimmt [= BGHSt 52, 38; P. B.] mag eine Kompensation gänzlich entbehrlich sein.“.

[1808] Vgl. § 2 AufenthG (mit umfassenderer **Ausländer**-Definition) und: StaatenlÜbkG, StaatenlMindÜbkAG.

3. JGG[1809]-Vorschriften[1810] außer, bei, i.Z.m. Maßnahmen gegenüber einem jugendlichen oder heranwachsenden Verdächtigen[1811] nach §§ 1, 109 JGG – fallabhängig insbesondere wie folgt[1812]:

a) § 38 JGG: Jugendgerichtshilfe;

b) § 43 JGG: Umfang der Ermittlungen;

c) § 67 JGG: Stellung der Erziehungsberechtigten[1813] und der gesetzlichen Vertreter[1814];

d) § 67a JGG: Unterrichtung der Erziehungsberechtigten und der gesetzlichen Vertreter;

e) § 68 JGG: Notwendige Verteidigung[1815];

1809 § 1 Abs. 1 JGG zum sachlichen JGG-Anwendungsbereich: „Dieses Gesetz gilt, wenn ein Jugendlicher oder ein Heranwachsender eine Verfehlung begeht, die nach den allgemeinen Vorschriften mit Strafe bedroht ist.". § 1 Abs. 3 JGG zum sachlich-persönlichen JGG-Anwendungsbereich: „Ist zweifelhaft, ob der Beschuldigte zur Zeit der Tat das achtzehnte Lebensjahr vollendet hat, sind die für Jugendliche geltenden Verfahrensvorschriften anzuwenden.".

1810 JGG-Vorschriften mit amtlichen Überschriften insbesondere aus: „Gesetz zur Stärkung der Verfahrensrechte von Beschuldigten im Jugendstrafverfahren vom 09.12.2019, BGBl. 2019 Teil I Nr. 47, S. 2146-2152.

1811 § 1 Abs. 2 JGG zum persönlichen JGG-Anwendungsbereich: § 1 Abs. 2 JGG: „**Jugendlicher** ist, wer zur Zeit der Tat vierzehn, aber noch nicht achtzehn, **Heranwachsender**, wer zur Zeit der Tat achtzehn, aber noch nicht einundzwanzig Jahre alt ist.". Unterscheide nach § 2 BGB: „Die **Volljährigkeit** tritt mit der Vollendung des 18. Lebensjahres ein.".

1812 Zu JGG-Vorschriften ausführlicher: *Basten*, Eingriffsrecht der Polizei in Nordrhein-Westfalen, Band 3, Buch 4, Abschnitt 3.

1813 Zum **Strafrecht und elterlichen Erziehungsrecht**: BVerfGE 107, 104 (Anwesenheit im JGG-Verfahren) = BVerfG, Urteil des Zweiten Senats vom 16.01.2003 – 2 BvR 716/01.

1814 **Vertreter** ist ein **Stellvertreter** qua Gesetz oder ein **Stellvertreter** qua Rechtsgeschäft (§§ 164-181 BGB). Vgl. insbesondere:

- §§ 1626-1698b BGB: **Elterliche Sorge** mit „**Vertretung des Kindes**" gemäß § 1629 BGB;
- § 1 Abs. 1 Nr. 4 JuSchG: **erziehungsbeauftragte Person**;
- §§ 1773-1895 BGB: **Vormundschaft**;
- §§ 1896-1908k BGB: **Rechtliche Betreuung**;
- §§ 1909-1921 BGB: **Pflegschaft**.

1815 Mit „Gesetz zur Neuregelung des Rechts der notwendigen Verteidigung" (BGBl. I S. 2128; in Kraft seit 13.12.2019) ist erstmals das Recht des Beschuldigten ausdrücklich normiert, bereits auch im polizeilichen Ermittlungsverfahren grundsätzlich im Fall notwendiger Verteidigung (§ 140 StPO) „unverzüglich" (§ 121 Abs. 1 S. 1 BGB), „spätestens vor einer Vernehmung des Beschuldigten" (§ 163a StPO) einen Pflichtverteidiger „bestellt" zu erhalten, „wenn der Beschuldigte dies nach Belehrung ausdrücklich beantragt" (§ 141 Abs. 1 S. 1 StPO), in den Fällen des § 141 Abs. 2 S. 1 StPO auch „unabhängig von einem Antrag" – mit Rückausnahmen in § 141 Abs. 2 S. 2, 3 StPO; auch mit Abweichungen in § 141a StPO für Beschuldigtenvernehmungen und Gegenüberstellungen (§§ 58 Abs. 2, 168b Abs. 3 StPO). Der Zeitpunkt polizeilicher Belehrung zur notwendigen Verteidigung i.S.d. § 140 StPO ist in einschlägigen Fällen – spätestens – „bei Beginn der ersten Vernehmung" des Beschuldigten wegen § 141 Abs. 1 S. 2 StPO und § 163a Abs. 4 S. 2 i.V.m. § 136 Abs. 1 S. 5 StPO, oder der Zeitpunkt ist anders in speziell normierten Fällen wie § 114b Abs. 2 S. 1 Nr. 4a oder §§ 68a, b JGG. Gemäß § 142 StPO ist vor Anklageerhebung der Antrag des Beschuldigten nach § 141 Abs. 1 S. 1 StPO vor Erhebung der Anklage bei den Behörden oder Beamten des Polizeidienstes „oder" bei der Staatsanwaltschaft anzubringen (Antrags-Entgegennahme-Zuständigkeit); die Bestellungs-Entscheidungs-Zuständigkeit obliegt dem Gericht

f) § 68a JGG: Zeitpunkt der Bestellung eines Pflichtverteidigers;

g) § 68b JGG: Vernehmungen und Gegenüberstellungen vor der Bestellung eines Pflichtverteidigers;

h) § 69 JGG: Beistand[1816];

i) § 70 JGG: Mitteilung an amtliche Stellen;

j) § 70a JGG: Unterrichtung des Jugendlichen (i.V.m. § 109 JGG: des Heranwachsenden);

k) § 70b JGG: Belehrungen.

(SUB/ERG)

Im konkreten Fall sind die JGG-Vorschriften

- nicht anwendbar.
- anwendbar und eingehalten.
- anwendbar und nicht eingehalten.

(ERG Verfahren)

Ergebnis kann allgemein sein: Verfahrensrechtmäßigkeit oder Verfahrensrechtswidrigkeit der Maßnahme.

---

nach StA-Vorlage mit Stellungnahme (§ 142 Abs. 1 S. 2 StPO) oder der StA selbst „bei besonderer Eilbedürftigkeit", § 142 Abs. 4 StPO.

Ein Fall **notwendiger Verteidigung** liegt u.a. dann vor,

- gemäß § 140 Abs. 1 Nr. 1 StPO, wenn zu erwarten ist, dass die Hauptverhandlung im ersten Rechtszug vor dem **Oberlandesgericht** (§§ 115-117, 120-122 GVG) , dem **Landgericht** (§§ 12, 13, 60, 70, 734, 74-74f, 76-78b GVG) oder dem **Schöffengericht** (§§ 12, 13, 24-27, 28-58 GVG) stattfindet [Ausgangsrechtsnorm für den Abgrenzungsüberblick über AG, LG, OLG mag sein: § 24 GVG;
- gemäß § 140 Abs. 1 Nr. 2 StPO, wenn dem Beschuldigten ein Verbrechen zur Last gelegt wird;
- gemäß § 140 Abs. 1 Nr. 3 StPO, wenn das Verfahren zu einem **Berufsverbot** (§§ 70-70b StGB) führen kann;
- gemäß § 140 Abs. 1 Nr. 4 StPO, wenn der Beschuldigte nach den §§ 115, 115a, 128 Abs. 1 oder § 129 StPO einem Gericht zur Entscheidung über Haft oder einstweilige Unterbringung vorzuführen ist;
- gemäß § 140 Abs. 1 Nr. 5 StPO, wenn der Beschuldigte sich auf Grund richterlicher Anordnung oder mit richterlicher Genehmigung in einer Anstalt befindet;
- gemäß § 140 Abs. 1 Nr. 11 StPO, wenn ein seh-, hör- oder sprachbehinderter Beschuldigter die Bestellung beantragt;
- gemäß § 140 Abs. 2 StPO, wenn wegen der Schwere der Tat, der Schwere der zu erwartenden Rechtsfolge oder wegen der Schwierigkeit der Sach- oder Rechtslage die Mitwirkung eines Verteidigers geboten erscheint oder wenn ersichtlich ist, dass sich der Beschuldigte nicht selbst verteidigen kann.
- gemäß §§ 1, 109 Abs. 1 JGG und § 68 JGG in den dort genannten Fällen.

[1816] Vgl. auch §§ 1712-1717 BGB (**Beistandschaft**).

B. Formelle Rechtmäßigkeit (FR) III. Form (F)

(VOR/DEF)

Form ist normiertes Wie der Rechtsfolgesetzung – mündlich, schriftlich, elektronisch oder in anderer Weise.

(SUB/ERG)

Im konkreten Fall besteht bei Fehlen speziellerer Formrechtsnormen Formfreiheit für den Justiz-VA, sodass der Justiz-VA formrechtmäßig schriftlich, elektronisch, mündlich oder in anderer Weise ergehen kann.

Rechtsnormen wie § 114a StPO, § 114b Abs. 1 StPO, § 168b StPO sind i.d.R. bereits integrativer Verfahrensbestandteil.

Ergebnis kann allgemein sein: Formrechtmäßigkeit oder Formrechtswidrigkeit der Maßnahme.

C. Materielle Rechtmäßigkeit (MR) I. Tatbestand (Tb) / Tatbestandsvoraussetzungen (TBV)

(VOR/DEF)

Tatbestand ist das Gesamt der (materiell-rechtlichen) Rechtsfolge(setzungs)bedingungen. / **Tatbestandsvoraussetzungen** sind materiell-rechtliche Rechtsfolgesetzungsbedingungen.

(VOR/DEF)

1. Allgemeine TBV Tatverdacht

§ 163 Abs. 1 S. 1 i.V.m. § 152 Abs. 2 StPO (auch § 127 Abs. 1 S. 1 Alt. 1 StPO: „Tat"): **Tatverdacht** ist das Gegebensein zureichender tatsächlicher Anhaltspunkte für eine verfolgbare Straftat.

Bei § 126a StPO ist jedenfalls insoweit noch (Rest-)Tatverdacht gegeben, als dass bei einer vorläufigen Festnahme eine verfolgbare Straftat im maßgeblichen Zeitpunkt noch nicht völlig ausgeschlossen werden kann – auch bei dringenden Gründen für die Annahme rechtswidriger Tat im Zustand der Schuldunfähigkeit im Sinne von § 19 StGB oder § 20 StGB; sowieso bei dringenden Gründen für die Annahme rechtswidriger Tat im Zustand der Schuldminderung im Sinne von § 21 StGB, vgl. § 126a Abs. 1 StPO.

2. Spezielle TBV aus § 126a Abs. 1 StPO: (kumulative) dringende Gründe

Gemäß § 127 Abs. 2 i.V.m. § 126a Abs. 1 StPO müssen (kumulativ) folgende „Voraussetzungen eines Unterbringungsbefehls" als „dringende Gründe" erfüllt sein:

- dringende Gründe für die Annahme, dass jemand eine **rechtswidrige Tat** im Zustand der **Schuldunfähigkeit** oder **verminderten Schuldfähigkeit** (§§ 20, 21 StGB) begangen hat;

- dringende Gründe für die Annahme, dass die Unterbringung dieser Person in einem psychiatrischen Krankenhaus oder einer Entziehungsanstalt angeordnet werden soll.

Dringende Gründe im Sinne von § 126a StPO sind das Gegebensein zureichender tatsächlicher Anhaltspunkte für die große Wahrscheinlichkeit einer rechtswidrigen Tat (im Zustand der Schuldunfähigkeit oder der verminderten Schuldfähigkeit). **Rechtswidrige Tat** ist eine solche i.S.d. § 11 Abs. 1 Nr. 5 StGB.

3. Spezielle TBV aus § 126a Abs. 1, letzter Hs. StPO: Erfordernis der Unterbringung aufgrund öffentlicher Sicherheit

Gemäß § 127 Abs. 2 i.V.m. § 126a Abs. 1, letzter Hs. StPO muss als „Voraussetzung eines Unterbringungsbefehls" ein Unterbringungsgrund erfüllt sein im Zusammenhang mit der **öffentlichen Sicherheit**.

Erfordernis der Unterbringung aufgrund öffentlicher Sicherheit besteht bei (mindestens Anhaltspunkten) einer **Gefährdung der öffentlichen Sicherheit**, also einer Sachlage im einzelnen Fall, die bei ungehindertem Geschehensverlauf in absehbarer Zeit mit hinreichender Wahrscheinlichkeit zu einem Schaden führt für Rechte und Rechtsgüter des Einzelnen, der Rechtsordnung, der Funktionsfähigkeit des Staates[1817].

4. Spezielle (umgekehrte) TBV aus § 127 Abs. 3 StPO bzgl. Strafantrag, Ermächtigung, Strafverlangen

Die vorläufige Festnahme ist gemäß § 127 Abs. 3 StPO auch dann „zulässig, wenn" noch kein Strafantrag gestellt ist oder wenn noch nicht eine Ermächtigung oder ein Strafverlangen[1818] vorliegt.[1819]

(SUB/ERG)

Im konkreten Fall sind die Tatbestandsvoraussetzungen für § 127 Abs. 2 i.V.m. § 126a StPO (alternativ)

- erfüllt bei Anhaltspunkten / bei Fehlen entgegenstehender Anhaltspunkte.
- nicht erfüllt bei Anhaltspunkten / bei Fehlen entgegenstehender Anhaltspunkte.

[1817] Legaldefinitionen Öffentliche Sicherheit: § 2 Nr. 2 BremPolG, § 4 Nr. 1 SächsPVDG, § 3 Nr. 1 SOG LSA, § 54 Nr. 1 Thüringer OBG; vgl. auch Nr. 1.11 VVPolG NRW.

[1818] Zu **Ermächtigung** und **Strafverlangen** i.S.d. § 127 Abs. 3 StPO vgl. § 77e StGB. Unterscheide von der Ermächtigung i.S.d. § 77e StGB die „Ermächtigung" i.S.v. Art. 80 GG, Art. 70 Verfassung NRW als Gesetzgebungskompetenz(-Übertragung von der Legislative) für die Exekutive mit einer „Ermächtigungsgrundlage" als hauptsächliche Rechtsgrundlage für diese Ermächtigung (vgl. z.B. § 37 Abs. 4 S. 2 PolG NRW). Unterscheide Befugnisrechtsnorm als hauptsächliche Rechtsgrundlage für eine materiellrechtliche Befugnis (im Sinne eines Einzelakts aufgrund Gesetzes), zu „Befugnissen" vgl. z.B. Zweiter Abschnitt und Zweiter Abschnitt Erster Unterabschnitt Überschrift PolG NRW. Siehe zu allen möglichen **Rechtsnormarten** auch: *Basten*, Eingriffsrecht der Polizei in Nordrhein-Westfalen, Band 1, S. 31-34.

[1819] Zu **umgekehrten Voraussetzungen** (negative Voraussetzungen / positive Voraussetzungen) Voraussetzungen siehe auch: *Basten*, Eingriffsrecht der Polizei in Nordrhein-Westfalen, Band 1, S. 220 f., 242.

C. Materielle Rechtmäßigkeit (MR) II. Inanspruchnahme (In) / Inanspruchnahmevoraussetzungen (Inv)

(VOR/DEF)

Inanspruchnahmevoraussetzungen sind materiell-rechtliche Bedingungen für richtige Inanspruchnahme.

Inanspruchnahme ist Adressierung und sonstiges Betroffenmachen; **Adressierung** ist direktes Bestimmen oder finales Richten einer Maßnahme an einen Grundrechtsträger, vgl. §§ 100b Abs. 3, 100c Abs. 2, 100h Abs. 3, 163f Abs. 2 StPO.

Nach § 127 Abs. 2 i.V.m. § 126a Abs. 1 StPO ist Inanspruchnahme grundsätzlich richtig gegen folgende Person: Jemand i.S.d. § 126a Abs. 1 StPO, der einer rechtswidrigen Tat (im Zustand nach § 20 StGB oder § 21 StGB) dringend verdächtig ist.

Jemand i.S.d. § 126a Abs. 1 StPO ist jede natürliche Person i.S.d. § 1 BGB.

Dringend Tatverdächtiger ist die Person, gegen die zureichende tatsächliche Anhaltspunkte für die große Wahrscheinlichkeit der Beteiligung an einer verfolgbaren Straftat gegeben sind, vgl. § 152 Abs. 2 StPO.

Bei § 126a StPO ist jedenfalls insoweit noch (Rest-)Tatverdacht gegeben, als dass bei einer vorläufigen Festnahme eine verfolgbare Straftat im maßgeblichen Zeitpunkt noch nicht völlig ausgeschlossen werden kann – auch bei dringenden Gründen für die Annahme rechtswidriger Tat im Zustand der Schuldunfähigkeit im Sinne von § 19 StGB oder § 20 StGB; sowieso bei dringenden Gründen für die Annahme rechtswidriger Tat im Zustand der Schuldminderung im Sinne von § 21 StGB, vgl. § 126a Abs. 1 StPO.

(SUB/ERG)

Im konkreten Fall ist die Person (alternativ)

- richtigerweise gemäß § 127 Abs. 2 i.V.m. § 126a Abs. 1 S. 1 StPO als dringend Tatverdächtiger in Anspruch genommen/adressiert.
- nicht richtigerweise in Anspruch genommen/adressiert.

C. Materielle Rechtmäßigkeit (MR) III. Rechtsfolge (Rf) / Rechtsfolgevoraussetzungen (RfV)

(VOR/DEF)

Rechtsfolge ist rechtliche Folge aus dem Tatbestand. / **Rechtsfolgevoraussetzungen** sind materiell-rechtliche Rechtsfolgegestaltungsbedingungen.

C. Materielle Rechtmäßigkeit (MR) III. Rechtsfolge (Rf) 1. Tatsächliche und rechtliche Möglichkeit (TurM)

(VOR/DEF)

Tatsächliche und rechtliche Möglichkeit betrifft Fälle wie aus § 44 Abs. 2 Nr. 4-6 VwVfG NRW.

(SUB/ERG)

Tatsächliche und rechtliche Möglichkeit ist im konkreten Fall gegeben/nicht gegeben aufgrund Vorliegens/Nichtvorliegens von kognitiven, körperlichen, normativen, technischen Unmöglichkeiten.

Tatsächliche Unmöglichkeit ist gegeben bei Fehlen jeglicher personellen und materiellen Kapazitäten.

Rechtliche Unmöglichkeit ist gegeben bei Fehlen von menschenwürdigen Kapazitäten.[1820]

[1820] BVerfG, Beschluss der 2. Kammer des Ersten Senats vom 17.02.2020 – 1 BvR 3182/15 –, Rn. 17 f. „Im Einklang mit der bisherigen Rechtsprechung ist das Oberlandesgericht im Ansatz davon ausgegangen, dass die Frage nach der **Menschenwürdigkeit der Unterbringung von Gefangenen** von einer Gesamtschau der tatsächlichen, die **Haftsituation** bestimmenden Umstände abhängt, wobei als Faktoren in räumlicher Hinsicht in erster Linie die Bodenfläche pro Gefangenem und die Situation der sanitären Anlagen, namentlich die Abtrennung und Belüftung der Toilette, zu beachten sind (vgl. nur BVerfG, Beschluss der 3. Kammer des Ersten Senats vom 14. Juli 2015 - 1 BvR 1332/14 -, juris, Rn. 18; Beschluss der 2. Kammer des Zweiten Senats vom 22. März 2016 - 2 BvR 566/15 -, Rn. 27) und als die Haftsituation mildernde oder verschärfende Merkmale der Umfang der täglichen Einschlusszeiten und die Belegdichte des Haftraums Berücksichtigung finden. […] Allerdings lässt sich die Frage, wann die räumlichen Verhältnisse in einer Haftanstalt derart beengt sind, dass die Unterbringung eines Gefangenen dessen Menschenwürde verletzt, nach der Rechtsprechung des Bundesgerichtshofs nicht abstrakt-generell klären, sondern muss der tatrichterlichen Beurteilung überlassen bleiben (beispielsweise BGH, Urteil vom 4. Juli 2013 - III ZR 342/12 -, BGHZ 198, 1). Danach kann es die Klärung eines verfassungsmäßigen Raummindestsolls im Sinne schematisch festgelegter allgemeiner Maßzahlen nicht geben (vgl. BGH, Urteil vom 11. März 2010 - III ZR 124/09 -, juris, Rn. 7).".

BVerfG, Beschluss des Zweiten Senats vom 01.12.2020 – 2 BvR 1845/18 –, Ls. 3, Rn. 48-52, 59, 62, 63, 68, 69, 72, 76, 78; Rn. 49: „In Anbetracht der Bedeutung des **Raumfaktors bei der Gesamtbeurteilung der Haftbedingungen** begründet nach der Rechtsprechung des Gerichtshofs der Europäischen Union und des Europäischen Gerichtshofs für Menschenrechte der Umstand, dass der einem Inhaftierten zur Verfügung stehende Raum in einer Gemeinschaftszelle unter 3 m² liegt, eine starke [nach Rn. 49 widerlegliche] Vermutung für einen Verstoß gegen Art. 4 GRCh beziehungsweise Art. 3 EMRK.", Rn. 50: „Verfügt ein Gefangener in einer Gemeinschaftszelle über einen persönlichen Raum, der zwischen 3 m² und 4 m² beträgt, kann ein Verstoß gegen Art. 4 GRCh beziehungsweise Art. 3 EMRK vorliegen, wenn zu dem Raummangel weitere defizitäre Haftbedingungen hinzutreten [wie in Rn. 50 genannt].", Rn. 51: „Bei mehr als 4 m² persönlichem Raum in einer Gemeinschaftszelle bleiben die weiteren Aspekte der Haftbedingungen für die erforderliche Gesamtbeurteilung relevant (vgl. EuGH, Urteil vom 15. Oktober 2019, Dorobantu, C-128/18, EU:C:2019:857, Rn. 76 mit Verweis auf EGMR <GK>, Muršić v. Croatia, Urteil vom 20. Oktober 2016, Nr. 7334/13, § 140).".

C. Materielle Rechtmäßigkeit (MR) III. Rechtsfolge (Rf) 2. Bestimmtheit (Bsh)

(VOR/DEF)

Bestimmtheit ist Maßnahmenerkennbarkeit und Maßnahmenverstehbarkeit, bei Justiz-VA Pflicht nach Art. 20 Abs. 3 GG.

(SUB/ERG)

Die Festnahme ist inhaltlich hinreichend bestimmt i.S.d. Art. 20 Abs. 3 GG, denn nach Auslegung der Festnahme kann der Erklärungsempfänger wie jeder vernünftige Dritte, §§ 133, 157 BGB analog, in der konkreten Situation deren Inhalt hinreichend erkennen und verstehen, nämlich:

- dass die Polizei ggü. dem Festnahmeadressaten (wer)
- aus Strafrechtspflegegründen (warum)
- zu einer bestimmten Zeit (wann)
- einen Zweck aus einer Festnahmebefugnisrechtsnorm verfolgt (was)
- und zwar durch Abhalten sowie Sicherung/Festsetzung/Zurverfügunghalten der Person an einem bestimmten Ort/in einem bestimmten Raum (wie).

C. Materielle Rechtmäßigkeit (MR) III. Rechtsfolge (Rf) 3. Ermessen (Erm)

(VOR/DEF)

Ermessen ist Entscheidungsspielraum auf der Rechtsfolgenseite bzgl. rechtsfehlerfreier Ausübung von Einschreit-Entschließung (Ob), Adressaten-Auswahl (Wer), Maßnahmen-Gestaltung (Wie).

(SUB/ERG)

a) Einschreitentschließungs-„Ermessen" ist grundsätzlich nicht gegeben, vgl. § 163 Abs. 1 S. 1 („haben") i.V.m. § 152 Abs. 2 StPO (Legalitätsgrundsatz: „ist [...] verpflichtet, [...] einzuschreiten"); ein Opportunitätsprinzip ist nur ausnahmsweise gegeben.

b) Adressatenauswahl-„Ermessen" ist grundsätzlich gegeben, insbesondere bzgl. zweckförderlicher Reihenfolge der Inanspruchnahme vom/von mehreren Beschuldigten.

c) Maßnahmengestaltungs-„Ermessen" ist grundsätzlich gegeben, vgl. auch § 127a StPO.[1821]

1821 Vgl. BVerfGE 19, 342, 349 (Wencker) = BVerfG, Beschluss des Ersten Senats vom 15.12.1965 – 1 BvR 513/65: „Die Strafprozeßnovelle vom 19. Dezember 1964, deren Ziel eine verfassungskonforme Ausgestaltung des Strafverfahrens war, will dem Grundsatz der Verhältnismäßigkeit im Untersuchungshaftrecht allgemein Geltung verschaffen. Er wird, was die Voraussetzungen der Haftanordnung anlangt, in § 112 Abs. 1 Satz 2 StPO generell ausgesprochen und für Vollzug und Dauer der Haft in §§ 116, 120, 121 StPO wiederholt. Er kommt vor allem auch darin zum Ausdruck, daß - trotz genauer Umschreibung der Voraussetzungen für den Erlaß eines Haftbefehls - dieser niemals obligatorisch ist, sondern stets im pflichtmäßigen Ermessen des Richters steht; das folgt aus dem Wort ‚darf' in § 112 Abs. 1 und 4 [jetzt: Abs. 3] StPO".

Ein etwaig gegebener Entscheidungsspielraum wird aufgrund von entsprechenden Anhaltspunkten/in Ermangelung entgegenstehender Anhaltspunkte ohne Ermessensfehler/mit Ermessensfehlern (Ermessensunterschreitung, Ermessensüberschreitung, Ermessensfehlgebrauch) ausgeübt bzgl. folgender Ermessensarten:

a) Entschließungsermessen:

Ein etwaig gegebenes Entschließungsermessen kann im konkreten Fall sogar gegen / auf Null reduziert sein, insbesondere wegen:

- Einschreitmöglichkeit;
- Erheblichkeitsgrad von Tatverdachten.

b) Auswahlermessen:

siehe C. II.: Auswahlermessen wird abschließend beurteilt i.V.m. Punkt C. II. (Inanspruchnahme).

c) Gestaltungsermessen:

siehe C. III. 4.: Gestaltungsermessen wird abschließend beurteilt i.V.m. Punkt C. III. 4. (VHM).

C. Materielle Rechtmäßigkeit (MR) III. Rechtsfolge (Rf) / Rechtsfolgevoraussetzungen (RfV) 4. Verhältnismäßigkeit (VHM)

(VOR/DEF)

Verhältnismäßigkeit ist Geeignetheit, Erforderlichkeit, Angemessenheit der Maßnahme zu einem legitimen Zweck.

(VOR/DEF)

a) Legitimer Zweck ist verfassungsgemäßer Zweck.

(SUB/ERG)

Im konkreten Fall verfolgt die Festnahme (alternativ)

- einen legitimen Zweck, nämlich e contrario den aus dem Umkehrschluss zum Unterbringungsgrund, hier also Abwehr der Gefährdung der öffentlichen Sicherheit, vgl. § 126a Abs. 1 StPO, und letztlich auch die Tatverdachtsaufklärung(sgefährdungsabwehr), Art. 20 Abs. 3 GG.[1822]

[1822] BVerfGE 19, 342, 349 f. (Wencker) = BVerfG, Beschluss des Ersten Senats vom 15.12.1965 – 1 BvR 513/65: „Bei der ihm hiernach obliegenden Abwägung hat der Richter stets im Auge zu behalten, daß es der vornehmliche Zweck und der eigentliche Rechtfertigungsgrund der Untersuchungshaft ist, die Durchführung eines geordneten Strafverfahrens zu gewährleisten und die spätere Strafvollstreckung sicherzustellen; ist sie zu einem dieser Zwecke nicht mehr nötig, so ist es unverhältnismäßig und daher grundsätzlich unzulässig, sie anzuordnen, aufrechtzuerhalten oder zu vollziehen. Die Haftgründe der Fluchtgefahr und der Verdunkelungsgefahr (§ 112 Abs. 2 StPO) dienen ersichtlich diesem Zweck. Der Haftgrund der Wiederholungsgefahr in § 112 Abs. 3 StPO [jetzt: § 112a StPO] geht zwar darüber hinaus, indem er den Schutz der Allgemeinheit vor weiteren Straftaten, also einen präventiv-polizeilichen Gesichtspunkt, für die Verhängung der Untersuchungshaft genügen läßt. Er kann jedoch damit gerechtfertigt werden, daß es hier um die Bewahrung eines besonders schutzbedürftigen Kreises der Bevölkerung

- keinen legitimen Zweck.

(VOR/DEF)

b) Geeignetheit einer staatlichen Maßnahme ist gegeben bei deren Zweckförderungstauglichkeit.

(SUB/ERG)

Im konkreten Fall ist die Festnahme (alternativ)

- geeignet wegen Sicherung/Festsetzung/Zurverfügunghalten des Festnahmebetroffenen an einem bestimmten Ort/in einem bestimmten Raum und damit Verringerung der Wiederholungsmöglichkeiten des Festnahmebetroffenen durch dessen Abhaltung von anderen Tatgelegenheiten sowie Ermöglichung von Tatverdachtserforschung und Sachverhaltsaufklärung durch Anwesenheit des Festnahmebetroffenen ohne weitere Störung durch Straftaten.
- ungeeignet.

(VOR/DEF)

c) Erforderlichkeit einer staatlichen Maßnahme ist Nichtverfügbarkeit eines milderen (Übermaßverbot), gleich geeigneten (Untermaßverbot) Mittels zur Zweckförderung.

(SUB/ERG)

Im konkreten Fall ist die Festnahme (alternativ)

- erforderlich, denn einerseits sind mildere Maßnahmen wie etwa Gefährderansprache oder selbständige Verfügung oder Observation, oder Maßnahmen nach § 163 Abs. 3 StPO, § 163a StPO, oder Nichtstun (alleine) nicht gleich geeignet, weil sie nicht in gleicher Weise die Abwehr der Gefährdung und die Tatverdachtserforschung und Sachverhaltsaufklärung fördern (Untermaßverbot) und andererseits sind (mindestens) gleich geeignete, intensivere Maßnahmen wie Dauerobservation oder Zwang (noch) nicht notwendig (Übermaßverbot).
- nicht erforderlich.

(VOR/DEF)

d) Angemessenheit oder **Verhältnismäßigkeit im engeren Sinne** einer staatlichen Maßnahme ist angemessenes Maß oder Verhältnis zwischen Zweckförderung für Erhaltungsrechte und Wirkungen für Eingriffsrechte, vgl. auch betroffene GR.[1823]

---

vor mit hoher Wahrscheinlichkeit drohenden schweren Straftaten geht; auch erscheint es zweckmäßiger, diesen Schutz den bereits mit der Aufklärung der begangenen Straftat befaßten Strafverfolgungsbehörden und damit dem Richter anzuvertrauen als der Polizei.“.

1823 BVerfGE 105, 239, 247 (Richtervorbehalt bei Freiheitsentziehung) = BVerfG, Beschluss des Zweiten Senats vom 15.05.2002 – 2 BvR 2292/00, C. I. 1., Rn. 22: „Art. 2 Abs. 2 Satz 2 GG bezeichnet die Freiheit der Person als ‚**unverletzlich**‘. Diese verfassungsrechtliche Grundentscheidung kennzeichnet das Freiheitsrecht als ein besonders hohes Rechtsgut, in das nur aus wichtigen Gründen eingegriffen werden darf (vgl. BVerfGE 10, 302 [322]; 29, 312 [316]; 32, 87 [92]; 65, 317 [322]).“.

(SUB/ERG)

Im konkreten Fall ist die Festnahme (alternativ)

- angemessen, denn der Grundrechtseingriff insbesondere in Art. 2 Abs. 2 S. 2 GG steht angesichts der zu schützenden Rechte und Rechtsgüter insbesondere aus Art. 2 Abs. 2 S. 1, 2 GG, Art. 14 Abs. 1 S. 1 Alt. 1 GG, Art. 20 Abs. 3 GG nicht außer Verhältnis.
- unangemessen.

(ERG VHM)

Die Festnahme ist insgesamt i.S.v. Art. 20 Abs. 3 GG (alternativ)

- verhältnismäßig.
- unverhältnismäßig.

D. Gesamtergebnis (GErg)

Die Festnahme ist (alternativ)

- gemäß § 127 Abs. 2 i.V.m. § 126a StPO rechtmäßig.
- wegen Art./§ (bestimmter Rechtsnorm [z.B. Art. 20 Abs. 3 GG]) rechtswidrig.

ABSCHNITT 34: VORLÄUFIGE FESTNAHME BEI BESCHLEUNIGTEM VERFAHREN, § 127B STPO (VGL. AUCH § 46 ABS. 3 S. 1 OWIG)

A. Rechtsgrundlage (RGL) I. Grundrechte (GR)

(VOR/DEF)

Grundrechte sind grundlegende Rechte aus Art. 1-19 GG i.V.m. dem Rechtsstaatsprinzip, Art. 20 Abs. 3 GG, mit Vorrang und Vorbehalt des Gesetzes.[1824]

(SUB/ERG)

Grundrechte sind fallabhängig insbesondere wie folgt gegeben:

1. Körperliche Bewegungsfreiheit, Art. 2 Abs. 2 S. 2 GG[1825]

a) GR-SB:

aa) Persönlicher GR-SB: **„Person"**, vgl. § 1 BGB.

bb) Sachlicher GR-SB: **„Freiheit"** ist **körperliche Bewegungsfreiheit** als Freiheit, jeden Ort oder Raum aufzusuchen, sich dort aufzuhalten, (ihn zu verlassen), der an sich (tatsächlich und rechtlich) zugänglich ist.

b) GR-E (oder Nichteingriff/GR-Verzicht): Freiheitsentziehung oder sonstige Freiheitsbeschränkung.

Freiheitsbeschränkung (Freiheitsentziehung oder sonstige Freiheitsbeschränkung) liegt vor, wenn jemand durch die öffentliche Gewalt gegen seinen Willen daran gehindert wird, einen Ort oder Raum aufzusuchen oder sich dort aufzuhalten, der ihm an sich (tatsächlich und rechtlich) zugänglich ist. Eine **Freiheitsentziehung** als schwerste Form der Freiheitsbeschränkung ist dann gegeben, wenn die tatsächlich und rechtlich an sich gegebene körperliche Bewegungsfreiheit durch staatliche Maßnahmen nach jeder Richtung hin aufgehoben wird[1826]; Freiheitsentziehung setzt auch eine besondere Eingriffsintensität und eine nicht nur kurzfristi-

---

1824 Zu **Grundrechten**: *Basten*, Eingriffsrecht der Polizei in Nordrhein-Westfalen, Band 1, Buch 1, Abschnitt 2, Unterabschnitt 3. Zum **Rechtsstaatsprinzip** mit unter anderem sogenanntem Vorrang des Gesetzes und Vorbehalt des Gesetzes: *Basten*, Eingriffsrecht der Polizei in Nordrhein-Westfalen, Band 1, S. 95-108.

1825 Vgl. auch Art. 142 GG i.V.m. Art. 4 Abs. 1 Verfassung NRW; Art. 20 Abs. 2a und Art. 21 AEUV i.V.m. Art. 6, 45 EU-GR-Charta (Bewegungsfreiheit, Freizügigkeit, Aufenthaltsfreiheit); Art. 5 EMRK; Art. 2 Protokoll Nr. 4 EMRK; Art. 21 AEUV (**Unionsbürgerfreizügigkeit**, zum **Unionsbürger** vgl. Art. 9 S. 2, 3 EUV, Art. 20 Abs. 1 S. 2, 3 AEUV); Art. 45 AEUV (**Arbeitnehmerfreizügigkeit**); Art. 49 AEUV (**Niederlassungsfreiheit**); Art. 56 AEUV (**Dienstleistungsfreiheit**); vgl. auch Art. 28 AEUV (**Warenverkehrsfreiheit**); Art. 9 Abs. 1 S. 1 IPbpR („Jedermann hat ein Recht auf persönliche Freiheit und Sicherheit."); Art. 9-11 IPbpR (Freiheitsentziehungsbedingungen), Art. 12 IPbpR (Bewegung, Wohnsitzwahl, Ausreise, Einreise in Hoheitsgebiet eines Staates, vgl. „Freizügigkeit"), Art. 13 IPbpR (Ausländerausweisungsbedingungen).

1826 BVerfG, Beschluss der 1. Kammer des Ersten Senats vom 08.03.2011 – 1 BvR 47/05 –, Rn. 20, 26: „Das **Einsperren** des Beschwerdeführers in eine **Gewahrsamszelle** auf der Polizeiwache beziehungsweise auf dem Polizeipräsidium sowie **als Verbindungsglied** zwischen beiden das **Verbringen dorthin mittels Polizeifahrzeugen** stellen eine Freiheitsentziehung im Sinne von Art. 104 Abs. 2 GG und nicht lediglich eine Freiheitsbeschränkung dar. […] Jedenfalls muss die Unterbringung einer Person gegen ihren Willen in einem **Haftraum** als Freiheitsentziehung im Sinne von Art. 104 Abs. 2 GG angesehen werden (vgl. BGHZ 82, 261 <264> und BVerwGE 62, 317 <318>)."; BVerfGE 94, 166, 198 (Flughafenverfahren) = BVerfGE, Urteil des Zweiten Senats vom 14.05.1996 – 2 BvR 1516/93.

ge Dauer der Maßnahme voraus[1827]. Im Übrigen kann eine Abgrenzung zwischen Freiheitsentziehung und sonstiger Freiheitsbeschränkung auch erfolgen nach Art, Dauer, Intensität, Mittel, Zweck der Freiheitsbeschränkung.[1828]

c) GR-B: Art. 2 Abs. 2 S. 3 GG (i.V.m. Art. 104 GG).

Ggf. vertretbar wegen Unverfügbarkeit von Eigentum durch die Festnahme:

2. Eigentum, Art. 14 Abs. 1 S. 1 Alt. 1 GG[1829]

a) GR-SB:

aa) Persönlicher GR-SB: Alle Menschen (personen- und staatsangehörigkeitsunabhängiger Wortlaut).

bb) Sachlicher GR-SB: „**Eigentum**" ist Summe aller vermögenswerten Rechte, also jedenfalls auch der berechtigte Besitz und die berechtigte Nutzung[1830].[1831]

1827 BVerfGE 149, 293 (5-Punkt-Fixierung/7-Punkt-Fixierung) = BVerfG, Urteil des Zweiten Senats vom 24.07.2018 – 2 BvR 309/15 –, D. II. 2. a), Rn. 67, vgl. dazu auch BVerfGE 149, 293 (5-Punkt-Fixierung/7-Punkt-Fixierung) = BVerfG, Urteil des Zweiten Senats vom 24.07.2018 – 2 BvR 309/15 –, D. II. 2. b): „Jedenfalls eine **5-Punkt- oder 7-Punkt-Fixierung**, bei der sämtliche Gliedmaßen des Betroffenen mit Gurten am Bett festgebunden werden, stellt eine Freiheitsentziehung im Sinne von Art. 104 Abs. 2 GG dar, es sei denn, es handelt sich um eine lediglich **kurzfristige Maßnahme**. Von einer kurzfristigen Maßnahme ist in der Regel auszugehen, wenn sie absehbar die Dauer von ungefähr einer halben Stunde unterschreitet.".

1828 Vgl. auch insbesondere zu Art, Intensität, Mittel: § 415 Abs. 2 FamFG und §§ 37a, 62 PolG NRW.

1829 Vgl. auch Art. 142 GG i.V.m. Art. 4 Abs. 1 Verfassung NRW; Art. 17 EU-GR-Charta; Art. 1 Zusatzprotokoll EMRK.

1830 BVerfGE 95, 267, 300 (Altschulden) = BVerfG, Urteil des Ersten Senats vom 08.04.1997 – 1 BvR 48/94 –, C. I. 1., Rn. 130 f.: „Unter den Schutz der Eigentumsgarantie fallen grundsätzlich alle vermögenswerten Rechte, die dem Berechtigten von der Rechtsordnung in der Weise zugeordnet sind, daß er die damit verbundenen Befugnisse nach eigener Entscheidung zu seinem privaten Nutzen ausüben darf (vgl. BVerfGE 83, 201 [209]; stRspr). Der verfassungsrechtliche Eigentumsschutz reicht damit zwar erheblich weiter als das zivilrechtliche Eigentum und erstreckt sich auch auf nicht dingliche vermögenswerte Rechtspositionen. Er bleibt aber an Rechtspositionen gebunden. Kein Eigentum im Sinn von Art. 14 Abs. 1 GG ist daher das **Vermögen**, das selber kein Recht, sondern den Inbegriff aller geldwerten Güter einer Person darstellt (vgl. BVerfGE 4, 7 [17]; stRspr). Daraus folgt, daß Art. 14 Abs. 1 GG nicht vor der staatlichen Auferlegung von **Geldleistungspflichten** schützt. Diese sind nicht mittels eines bestimmten Eigentumsobjekts zu erfüllen, sondern werden aus dem fluktuierenden Vermögen bestritten. Etwas anderes kommt nur dann in Betracht, wenn die Geldleistungspflichten den Betroffenen übermäßig belasten und seine Vermögensverhältnisse so grundlegend beeinträchtigen, daß sie eine erdrosselnde Wirkung haben (vgl. BVerfGE 78, 232 [243]; stRspr).".

1831 Zum Vergleich von Art. 14 Abs. 1 S. 1 Alt. 1 GG und dem Auffanggrundrecht des Art. 2 Abs. 1 GG: Bei lediglich unentschiedenem Potential von Berechtigung wie Nichtberechtigung kann grundsätzlich in dubio pro libertate zunächst zugunsten des Grundrechtsfähigen größtmöglicher Grundrechtsschutzbereich vermutet werden. Vgl. auch BVerfGE 6, 55, 72 (Steuersplitting); BVerfGE 32, 54, 71 (Betriebsbetretungsrecht); BVerfGE 39, 1, 38 (Schwangerschaftsabbruch I); BVerfGE 51, 97, 110 (Zwangsvollstreckung I); BVerfGE 151, 67 (Richtervorbehalt, Bereitschaftsdienst, Nachtzeit/Tageszeit i.S.v. § 104 Abs. 3 StPO) = BVerfG, Beschluss des Zweiten Senats vom 12.03.2019 – 2 BvR 675/14 –, Rn. 55, wonach in Zweifelsfällen diejenige Auslegung zu wählen ist/derjenigen Auslegung der Vorzug zu geben ist, welche die (juristische) „Wirkungskraft der Grundrechtsnorm am stärksten entfaltet.". **Eigentum** i.S.d. (privat)rechtsnormgeprägten Schutzbereichs von Art. 14 Abs. 1 S. 1 Alt. 1 GG ist jedenfalls gegeben bei Eigentum i.S.d. Privatrechts und bei vermögenswerter Besitz-/Nutzungs-/Umgangs-Berechtigung (z.B. i.S.d. §§ 854-984 BGB). **Eigentumslosigkeit** i.S.d. (privat)rechtsnormgeprägten Schutzbereichs von Art. 14 Abs. 1 S. 1 Alt. 1 GG ist jedenfalls gegeben bei allseitiger Besitz-/Nutzungs-

b) GR-E (oder Nichteingriff/GR-Verzicht): **Eigentumseinschränkung** durch Einschränkung eines vermögenswerten Rechts, etwa durch (alternativ)

- Einschränkungen oder Entzug der Nutzungs- und Verfügungsbefugnis an (berechtigtem) Eigentum/Besitz/Nutzung, vgl. §§ 903 ff. BGB, §§ 854 ff. BGB, ohne Güterbeschaffung als **Inhalts- und Schrankenbestimmung** im Sinne von Art. 14 Abs. 1 S. 2 GG[1832];
- Eigentumsentzug als **Enteignung** im Sinne des Art. 14 Abs. 3 GG mit Änderung der Eigentumszuordnung und stets mit Güterbeschaffung.[1833]

c) GR-B: Art. 14 Abs. 1 S. 2, Abs. 2, 3 GG, Art. 18 GG.

3. Allgemeine Verhaltensfreiheit / Allgemeine Handlungsfreiheit[1834], Art. 2 Abs. 1 GG[1835]

/Umgangs-Nichtberechtigung (z.B. i.S.d. §§ 854-984 BGB); nicht schon unbedingt bei lediglich Eigentums-Nichtberechtigung im privatrechtlichen Sinne bei vermögenswerten Besitz-/Nutzungs-/Umgangs-Berechtigungen; wohl aber jedenfalls auch bei Verbot i.S.d. § 134 BGB oder Sittenwidrigkeit i.S.d. § 138 BGB oder sonstiger Unwirksamkeitsgründe (Nichtentstehensgründe oder Erlöschensgründe) gerade bezüglich des Erwerbs- oder Nutzungs- oder Umgangsaktes (z.B. i.S.d. §§ 854-984 BGB; vgl. z.B. Btm-Umgangsarten i.S.d. § 29 BtMG; vgl. auch etwaiges waffenrechtliches Verbot der Umgangsart Erwerb oder sonstiger Umgangsarten i.S.d. § 1 Abs. 3, 4 WaffG bei Nichtverbot des Erwerbs). Vgl. BVerfGE 110, 1, 23 f. (Erweiterter Verfall [a. F., ≙ erweiterte Tatertragseinziehung, P. B.]) = BVerfG, Beschluss des Zweiten Senats vom 14.01.2004 – 2 BvR 564/95 –, C. I. 3. a), b), Rn. 86 f, 88: „Die Vorschrift des § 73d StGB [a. F., ≙ § 73a StGB, P. B.] verstößt in der Auslegung des Bundesgerichtshofs auch nicht gegen die Eigentumsgarantie des Art. 14 Abs. 1 GG. Soweit § 73d StGB [a. F., ≙ § 73a StGB, P. B.] den Zugriff auf Vermögenswerte erlaubt, die dem unmittelbar Betroffenen wegen eines Verstoßes gegen strafrechtliche Vorschriften zivilrechtlich nicht zustehen (vgl. § 134, § 935 BGB), ist dessen Eigentumsgrundrecht schon mangels einer schutzfähigen Rechtsposition nicht berührt (vgl. BVerfGE 83, 201 [209]; 95, 267 [300]). Dies betrifft vor allem die Entziehung von Gewinnen aus illegalen Drogengeschäften. Denn wegen des strafrechtlichen Verbots des Handeltreibens mit Betäubungsmitteln ist gemäß § 134 BGB neben dem schuldrechtlichen Verpflichtungsgeschäft zugleich die Übereignung sowohl der Drogen als auch des für sie als Kaufpreis gezahlten Geldes zivilrechtlich unwirksam (vgl. BGH, NJW 1983, S. 636 [Schrifttumsquellen]. […] Soweit § 73d StGB StGB [a. F., ≙ § 73a StGB, P. B.] die Entziehung von Gegenständen anordnet, die der Betroffene zwar deliktisch, aber gleichwohl zivilrechtlich wirksam erworben hat, enthält er eine Inhalts- und Schrankenbestimmung des Eigentums im Sinne des Art. 14 Abs. 1 Satz 2 GG. Diese genügt in der Auslegung des Bundesgerichtshofs den verfassungsrechtlichen Anforderungen.“.

1832 BVerfGE 143, 246, Ls. 5 (Dreizehnte Novelle des Atomgesetzes) = BVerfG, Urteil des Ersten Senats vom 06.12.2016 – 1 BvR 2821/11 –, Ls. 5.

1833 BVerfGE 143, 246, Ls. 4 (Dreizehnte Novelle des Atomgesetzes) = BVerfG, Urteil des Ersten Senats vom 06.12.2016 – 1 BvR 2821/11 –, Ls. 4.

1834 „Allgemeine“ Verhaltensfreiheit / Handlungsfreiheit: Auffanggrundrecht ggü. ggf. spezielleren Grundrechten, vgl. Rechtsnormspezialitätsregel („lex specialis derogat legi generali“), vgl. auch: BVerfGE 6, 32, 37 (Elfes) = BVerfG, Urteil des Ersten Senats vom 16.01.1957 – 1 BvR 253/56, Gründe, II. 2. a), Rn. 16: „Neben der allgemeinen Handlungsfreiheit, die Art. 2 Abs. 1 GG gewährleistet, hat das Grundgesetz die Freiheit menschlicher Betätigung für bestimmte Lebensbereiche, die nach den geschichtlichen Erfahrungen dem Zugriff der öffentlichen Gewalt besonders ausgesetzt sind, durch besondere Grundrechtsbestimmungen geschützt; bei ihnen hat die Verfassung durch abgestufte Gesetzesvorbehalte abgegrenzt, in welchem Umfang in den jeweiligen Grundrechtsbereich eingegriffen werden kann. Soweit nicht solche besonderen Lebensbereiche grundrechtlich geschützt sind, kann sich der Einzelne bei Eingriffen der öffentlichen Gewalt in seine Freiheit auf Art. 2 Abs. 1 GG berufen. Hier bedurfte es eines Gesetzesvorbehalts nicht, weil sich aus der Beschränkung der freien Entfaltung der Persönlichkeit durch die verfassungsmäßige Ordnung der Umfang staatlicher Eingriffsmöglichkeiten ohne weiteres ergibt.“.

1835 Vgl. auch Art. 142 GG i.V.m. Art. 4 Abs. 1 Verfassung NRW; Art. 6 EU-GR-Charta; Art. 5 EMRK.

a) GR-SB:

aa) Persönlicher GR-SB: „Jeder".

bb) Sachlicher GR-SB: **„freie Entfaltung der Persönlichkeit"** bedeutet **allgemeine Verhaltensfreiheit** im umfassenden Sinn[1836] durch grundsätzlich jedes Tun, Dulden, Unterlassen[1837].

b) GR-E (oder Nichteingriff/GR-Verzicht): Verhaltenseinschränkung als Verhaltenssteuerung.

c) GR-B: Art. 2 Abs. 1 Hs. 2 GG[1838].

1836 BVerfGE 6, 32, 36 f. (Elfes) = BVerfG, Urteil des Ersten Senats vom 16.01.1957 – 1 BvR 253/56, Gründe, II. 2. a), Rn. 14 f.: „Das Grundgesetz kann mit der ‚freien Entfaltung der Persönlichkeit' nicht nur die Entfaltung innerhalb jenes Kernbereichs der Persönlichkeit gemeint haben, der das Wesen des Menschen als geistig-sittliche Person ausmacht, denn es wäre nicht verständlich, wie die Entfaltung innerhalb dieses Kernbereichs gegen das Sittengesetz, die Rechte anderer oder sogar gegen die verfassungsmäßige Ordnung einer freiheitlichen Demokratie sollte verstoßen können. Gerade diese, dem Individuum als Mitglied der Gemeinschaft auferlegten Beschränkungen zeigen vielmehr, daß das Grundgesetz in Art. 2 Abs. 1 GG die Handlungsfreiheit im umfassenden Sinne meint. […] Es waren nicht rechtliche Erwägungen, sondern sprachliche Gründe, die den Gesetzgeber bewogen haben, die ursprüngliche Fassung ‚Jeder kann tun und lassen was er will' durch die jetzige Fassung zu ersetzen (vgl. v. Mangoldt, Parlamentarischer Rat, 42. Sitzung des Hauptausschusses, S. 533)."; BVerfGE 80, 137, 152 f. (Reiten im Walde) = BVerfG, Beschluss des Ersten Senats vom 06.06.1989 – 1 BvR 921/85 –, C. I. 1 a), Rn. 69: „Nach den in der Rechtsprechung des Bundesverfassungsgerichts entwickelten Grundsätzen gewährleistet Art. 2 Abs. 1 GG die allgemeine Handlungsfreiheit im umfassenden Sinne (st. Rspr. seit BVerfGE 6, 32 [36]; aus neuerer Zeit etwa: BVerfGE 74, 129 [151]; 75, 108 [154 f.]). Geschützt ist damit nicht nur ein begrenzter Bereich der Persönlichkeitsentfaltung, sondern jede Form menschlichen Handelns ohne Rücksicht darauf, welches Gewicht der Betätigung für die Persönlichkeitsentfaltung zukommt (vgl. etwa die Entscheidung eines Vorprüfungsausschusses in BVerfGE 54, 143 (146) - Taubenfüttern).".

1837 BVerfGE 6, 32, Ls. 1, 2 (Elfes) = BVerfG, Urteil des Ersten Senats vom 16.01.1957 – 1 BvR 253/56, Ls. 1: „Art. 11 GG betrifft nicht die Ausreisefreiheit.", Ls. 2: „Die **Ausreisefreiheit** ist als Ausfluß der allgemeinen Handlungsfreiheit durch Art. 2 Abs. 1 GG innerhalb der Schranken der verfassungsmäßigen Ordnung gewährleistet."; BVerwG, Urteil vom 29.05.2019 – BVerwG 6 C 8.18 (Beschränkung des Geltungsbereichs eines Passes), Rn. 20: „In der höchstrichterlichen Rechtsprechung ist seit Jahrzehnten geklärt, dass die durch Art. 2 Abs. 1 GG geschützte Ausreisefreiheit auch durch den Passversagungsgrund des § 7 Abs. 1 Nr. 1 Alt. 3 PassG als Bestandteil der verfassungsmäßigen Ordnung wirksam eingeschränkt wird.".

1838 Art. 2 Abs. 1 Hs. 2 GG (**Schrankentrias**): BVerfGE 80, 137, 153 (Reiten im Walde) = BVerfG, Beschluss des Ersten Senats vom 06.06.1989 – 1 BvR 921/85 –, C. I. 1 a), Rn. 69: „Abgesehen von einem absolut geschützten Kernbereich privater Lebensgestaltung, welcher der Einwirkung der öffentlichen Gewalt entzogen ist (BVerfGE 6, 32 [41]), ist die allgemeine Handlungsfreiheit allerdings nur in den Schranken des zweiten Halbsatzes von Art. 2 Abs. 1 GG gewährleistet und steht damit insbesondere unter dem **Vorbehalt der verfassungsmäßigen (Rechts-)Ordnung** (BVerfGE 6, 32 [37 f.]; 74, 129 [152]). Stützt sich ein die Handlungsfreiheit berührender Akt der öffentlichen Gewalt auf eine Rechtsnorm, so kann mit der Verfassungsbeschwerde unter Berufung auf Art. 2 Abs. 1 GG zur Nachprüfung gestellt werden, ob diese Norm zur **verfassungsmäßigen Ordnung** gehört, das heißt formell und materiell mit den Normen der Verfassung in Einklang steht (st. Rspr. seit BVerfGE 6, 32)."; BVerfGE 6, 32, Ls. 3 (Elfes) = BVerfG, Urteil des Ersten Senats vom 16.01.1957 – 1 BvR 253/56, Ls. 3: **„Verfassungsmäßige Ordnung** im Sinne des Art. 2 Abs. 1 GG ist die verfassungsmäßige Rechtsordnung, d.h. die Gesamtheit der Normen, die formell und materiell der Verfassung gemäß sind."; vgl. dazu auch BVerfGE 6, 32, 37-41 (Elfes) = BVerfG, Urteil des Ersten Senats vom 16.01.1957 – 1 BvR 253/56, Gründe II. 2 b), c), Rn. 17-33.

Rechte anderer sind (als Teil der verfassungsmäßigen Ordnung) subjektive Berechtigungen (Anspruch oder Befugnis oder Erlaubnis) einschließlich Verpflichtungen (Pflicht zur Erfüllung von Anspruch oder

(VOR/DEF)

Rechtsgebiet ist Rechtsordnungsteil nach allen Umständen[1839] – wie schwerpunktmäßige Äußerungen[1840], Rechtsnormen[1841], Zwecke[1842], auch i.V.m. §§ 133, 157 BGB analog[1843].[1844]

Befugnis oder Erlaubnis) und sonstiger Rechtswirkungen für ein Rechtssubjekt bezüglich eines Verhaltens oder eines Rechtsguts.

Vgl. zum ein Mal bundesverfassungsgerichtlich entscheidungserheblich bemühten **„Sittengesetz"** nach Art. 2 Abs. 1 Hs. 2 GG als Gesetz, das nicht das durch die „soziale Gemeinschaft" „als für sich verbindlich" anerkannte „Rechtsgefühl" „im allgemeinen" „verletzt": BVerfGE 6, 389 (Homosexuelle) = BVerfG, Urteil des Ersten Senats vom 10.05.1957 – 1 BvR 550/52 –, und StrRehaHomG (Gesetz zur strafrechtlichen Rehabilitierung der nach dem 8. Mai 1945 wegen einvernehmlicher homosexueller Handlungen verurteilten Personen vom 17. Juli 2017 – BGBl. I S. 2443).

[1839] Umstände im weiten Sinn, etwa als Bedingungen, Beziehungen, Faktoren, Folgen, Funktionen, Umweltbedingungen, Variablen, Verhältnissen, Voraussetzungen, Weltbedingungen.

[1840] Äußerungen im weiten Sinn, etwa als alle Verhaltensäußerungen (einschließlich Aussagen).

[1841] Rechtsnormen im weiten Sinn, etwa solche, die die Umstände oder das Verhalten regieren (sollen).

[1842] Zwecke im weiten Sinn, etwa als sich aus einer Lage ergebende, objektiv zu verfolgende Ziele.

[1843] Sog. **objektivierter Empfängerhorizont**, vgl. BVerwGE 147, 81 = BVerwG, Urteil vom 20.06.2013 – BVerwG 8 C 46.12, Rn. 27: „Die bundesrechtlichen Auslegungsregeln der §§ 133, 157 BGB sind auf öffentlich-rechtliche Erklärungen entsprechend anzuwenden. Bei Verwaltungsakten kommt es wie bei empfangsbedürftigen Willenserklärungen nicht auf den wirklichen Willen des Erklärenden (natürliche Auslegung), sondern auf den objektiven Erklärungsinhalt an. Maßgeblich ist, wie der Empfänger die Erklärung nach Treu und Glauben unter Berücksichtigung der für ihn erkennbaren Umstände verstehen musste. Dabei ist vom Wortlaut der Erklärung auszugehen und deren objektiver Gehalt unter Berücksichtigung des Empfängerhorizonts zu ermitteln (stRspr, vgl. Urteile vom 2. September 1999 - BVerwG 2 C 22.98 - BVerwGE 109, 283 <286> = Buchholz 237.7 § 72 NWLBG Nr. 4 und vom 27. Juni 2012 - BVerwG 9 C 7.11 - BVerwGE 143, 222 <Rn. 18> = Buchholz 11 Art. 20 GG Nr. 206; BGH, Urteile vom 24. Februar 1988 - VIII ZR 145/87 - BGHZ 103, 275 <280>, vom 27. Januar 2010 - VIII ZR 58/09 - BGHZ 184, 128 <137 Rn. 33> und vom 1. März 2011 - II ZR 16/10 - NJW 2011, 1666 <1667 Rn. 11> je m.w.N.)."; BVerwG, Beschluss vom 06.08.2018 – BVerwG 7 B 4.18, Rn. 10: „Dass die bundesrechtlichen Auslegungsregeln der §§ 133, 157 BGB auf öffentlich-rechtliche Erklärungen, d.h. u.a. auf Verwaltungsakte, entsprechend anzuwenden sind, ist in der Rechtsprechung des Bundesverwaltungsgerichts bereits geklärt (BVerwG, Urteil vom 20. Juni 2013 - 8 C 46.12 - BVerwGE 147, 81 Rn. 27 m.w.N.).".

[1844] BVerwG 47, 255, 264 = BVerwG, Urteil vom 03.12.1974 – BVerwG I C 11.73: „Obwohl sich für die Polizei im Einzelfall bei einem einheitlichen Lebenssachverhalt gleichzeitig und unmittelbar Aufgaben der Strafverfolgung und der Gefahrenabwehr ergeben können, ist der im Schrifttum vertretenen Auffassung nicht zu folgen, daß aus Gründen der Rechtssicherheit oder wegen der schwierigen Durchschaubarkeit für den Bürger jede Art polizeilichen Handelns der verwaltungsgerichtlichen Kontrolle unterliegen müsse. In aller Regel ist es für den Betroffenen nicht schwer, zu erkennen, ob die Polizei im konkreten Fall eine - begangene - Straftat erforschen (**Strafverfolgung**) oder den Eintritt eines Schadens, etwa die - zukünftige - Begehung einer strafbaren Handlung, verhindern oder eine bereits eingetretene Störung der öffentlichen Sicherheit oder Ordnung beseitigen (**Gefahrenabwehr**) will. Außerdem wird man davon ausgehen dürfen, daß die Polizei dem Betroffenen - wie im vorliegenden Fall - den Grund ihres Einschreitens von sich aus oder auf Verlangen angibt. Im übrigen kommt es darauf an, wie sich der konkrete Lebenssachverhalt einem verständigen Bürger in der Lage des Betroffenen bei natürlicher Betrachtungsweise darstellt. Dieser Sachverhalt muß im allgemeinen einheitlich betrachtet werden, es sei denn, daß einzelne Teile des Geschehensablaufs objektiv abtrennbar sind. Hat die Polizei die

(SUB/ERG)

Die Freiheitsentziehung/das Festhalten der Festnahme erfolgt auf dem Rechtsgebiet des besonderen öffentlichen Rechts polizeilicher Strafrechtspflege.

Eine Freiheitsentziehung/ein Festhalten erfolgt auf dem Rechtsgebiet der Strafrechtspflege insbesondere bei

- tatverdachtsveranlasster/tatverdachtsbezogener Freiheitsentziehung;
- Freiheitsentziehung mit schwerpunktmäßigem Zweck einer Strafrechtspflegemaßnahme;
- Fehlen von Gefahrenüberhang.

A. Rechtsgrundlage (RGL) III. Mögliche Befugnisrechtsnorm (Mgl. Brn.)

(VOR/DEF)

Befugnisrechtsnorm ist die rechtmäßige hauptsächliche materiellrechtliche Rechtsgrundlage mit realfolgenentsprechender Rechtsfolge.

(SUB/ERG)

Realfolge ist die jeweilige Realfolge laut Sachverhalt.

Rechtsfolge ist die jeweilige Maßnahme laut Rechtsnorm.

(SUB)

Realfolgen und Rechtsfolgen zu:

Anhalten/Festhalten

(SUB)

Realfolgen Anhalten/Festhalten:

- Aufforderung zum Stehenbleiben
- Aufforderung zum Verlangsamen des Fortbewegungstempos
- Aufforderung zum Aufenthalt an bestimmter Stelle

Rechtsfolge Anhalten/Festhalten:

Anhalten/Festhalten ist Reduzieren oder Stoppen der Bewegung i.S.d. Art. 2 Abs. 2 S.

(ERG)

Mögliche Befugnisrechtsnorm zu:

Anhalten/Festhalten

(ERG)

Gefahrenabwehr:

Anhalten / Festhalten:

- § 12 Abs. 1 Nr. 1, Abs. 2 S. 2 Var. 1 / S. 3 PolG NRW
- § 12 Abs. 1 Nr. 2 a), Abs. 2 S. 2 Var. 1 / S. 3 PolG NRW
- § 12 Abs. 1 Nr. 2 b), Abs. 2 S. 2 Var. 1 / S. 3 PolG NRW
- § 12 Abs. 1 Nr. 2 c), Abs. 2 S. 2 Var. 1 / S. 3 PolG NRW

Ermittlungen an die StA oder das Amtsgericht weitergeleitet (§ 163 Abs. 2 StPO) oder auf Weisung der StA gehandelt, so kann an der strafprozessualen Natur ihres Einschreitens kein vernünftiger Zweifel bestehen. Eine Maßnahme, die nach dem Gesamteindruck darauf gerichtet ist, eine strafbare Handlung zu erforschen oder sonst zu verfolgen, ist der Kontrolle der ordentlichen Gerichte nach §§ 23 ff. EGGVG nicht etwa deshalb entzogen, weil durch die polizeilichen Ermittlungen möglicherweise zugleich auch künftigen Verletzungen der öffentlichen Sicherheit vorgebeugt würde.".

2 GG.

Abgrenzung von Anhalten und Festhalten erfolgt nach:

- Gesetz, vgl. §§ 36 Abs. 1 S. 1, 37 Abs. 1 PolG NRW
- „ADIMZ“ (Art, Dauer, Intensität, Mittel, Zweck der Freiheitsbeschränkung) (Vorentscheidung mit Freiheitsentziehung oder sonstiger Freiheitsbeschränkung beim Fallbearbeitungspunkt A. I.)

- § 12 Abs. 1 Nr. 3, Abs. 2 S. 2 Var. 1 / S. 3 PolG NRW
- § 12 Abs. 1 Nr. 4, Abs. 2 S. 2 Var. 1 / S. 3 PolG NRW
- § 12a Abs. 1 S. 1 Var. 1 / S. 1 Var. 3 PolG NRW
- § 14 Abs. 1 Nr. 1 PolG NRW (i.V.m. § 12/12a PolG NRW)
- Ggf. § 8 Abs. 1 PolG NRW.

Nur Anhalten:

- § 9 Abs. 2 S. 2 PolG NRW
- § 9 Abs. 3 S. 1 (i.V.m. § 9 Abs. 2 PolG NRW)
- § 25 Abs. 2 PolG NRW
- § 36 Abs. 5 S. 1 StVO.

Nur Festhalten (vgl. §§ 36 Abs. 1 S. 1, 37 Abs. 1 PolG NRW):

- § 10 Abs. 3 PolG NRW
- § 35 PolG NRW
- § 58 Abs. 4 AufenthG
- §§ 62-62b AufenthG (vgl. § 71 Abs. 5 AufenthG)
- Nur für zuständige Behörde: § 30 IfSG. Nur für örtliche Ordnungsbehörde: § 14 PsychKG (NRW). Nur für Jugendamt: § 42 SGB VIII.

Strafrechtspflege (ggf. mit §§ 46, 53 Abs. 1 S. 2, Abs. 2 OWiG):

Anhalten als (erforderliche) Maßnahme / Festhalten zur

- IDF beim Verdächtigen, § 163b Abs. 1 StPO / §§ 163b Abs. 1, c StPO
- IDF beim Nichtverdächtigen, § 163b Abs. 2 StPO/ §§ 163b Abs. 2, c StPO
- IDF bei jedermann an an öffentlich zugänglichem Ort eingerichteter Kontrollstelle, § 111 StPO (ohne §§ 46, 53 Abs. 1 S. 2 OWiG)
- Ggf. § 163 Abs. 1 S. 2 StPO.

Nur Festhalten (vgl. Art. 104 GG):

- § 127 Abs. 1 S. 1 Alt 1 StPO
- § 127 Abs. 2 i.V.m. § 112 StPO
- § 127 Abs. 2 i.V.m. § 112a StPO
- § 127 Abs. 2 i.V.m. § 126a StPO
- § 127b StPO
- § 164 StPO
- § 19 IRG.

(SUB)

Realfolge ist die Maßnahme laut Sachverhalt.

Rechtsfolge ist (als Justiz-VA, § 23 Abs. 1 S. 1 EGGVG)[1845] die **vorläufige Festnahme** (Freiheitsentziehung/Festhalten auf dem Rechtsgebiet der Straftatenerforschung zunächst ohne vorherige richterliche Anordnung zu einem Zweck aus einer Festnahmebefugnisrechtsnorm).

Festnahme-Zwecke[1846] nach StPO (mindestens nach Feststellung von Freiheitsentziehung/Festhalten für Entscheidung zu möglicher Befugnisrechtsnorm zu antizipieren – aus Umkehrschluss/contrario zum Haftgrund oder Unterbringungsgrund):

- § 127 Abs. 1 S. 1 Alt.1 StPO: Fluchtverdachts-Erforschungssicherung (weitere Sachverhaltsklärung; ohne Anhaltspunkte zu weiterem Haft- oder Unterbringungsgrund, vgl. §§ 112, 112a, 126a, 127b StPO);
- § 127 Abs. 2 i.V.m. § 112 Abs. 1, 2 Nr. 1 StPO: Flucht- oder Verbergensunterbindung;
- § 127 Abs. 2 i.V.m. § 112 Abs. 1, 2 Nr. 2 StPO: Fluchtgefahr-Abwehr;

1845 **Wohnungstüröffnungs-Verfügung** (je nach Rechtsgebiet VA oder Justiz-VA [z.B.: „Bitte öffnen Sie die Tür!“]) kann bspw. wie folgt – insbesondere über den Zweck – zu subsumieren sein:

- § 9 Abs. 2 PolG NRW / § 163 Abs. 3 StPO / § 163a StPO (Zweck: Befragung / Vernehmung).
- § 12 PolG NRW / § 163b Abs. 1 oder § 163b Abs. 2 StPO (Zweck: IDF jedenfalls ohne Wohnungs-Betretens- und Wohnungs-Durchsuchungszweck [z.B.: IDF-Befragung / IDF-Ausweisverlangen an der Tür]).
- § 16a PolG NRW / § 163f StPO / § 163 Abs. 1 S. 2 StPO (Zweck: Observation jedenfalls ohne Wohnungs-Betretens- und Wohnungs-Durchsuchungszweck [z.B.: Datenerhebung von der Tür aus]).
- § 35 PolG NRW / § 127 Abs. 1 S. 1 Alt. 1 StPO / § 127 Abs. 2 i.V.m. § 112/§ 112a/§ 126a; § 127b StPO; § 164 StPO (Zweck: Ingewahrsamnahme / Festnahme jedenfalls ohne Wohnungs-Betretens- und Wohnungs-Durchsuchungszweck [z.B.: Ingewahrsamnahme / Festnahme an der Tür]).
- § 41 PolG NRW / § 102 StPO oder § 103 StPO (Zweck: Wohnungsbetreten und/oder Wohnungsdurchsuchung).
- § 43 PolG NRW / § 94 Abs. 1 StPO / § 94 Abs. 1, 2 StPO / §§ 94 Abs. 3, 111a StPO, § 69 StGB / §§ 99, 100 StPO / § 108 StPO (§ 110 StPO); / § 111b StPO / § 132 StPO (Zweck: Sicherstellung/Beschlagnahme jedenfalls ohne Wohnungs-Betretens- und Wohnungs-Durchsuchungszweck [z.B.: Sicherstellung/Beschlagnahme an der Tür).
- § 81a StPO / § 81c StPO / § 81g StPO / § 81h StPO (Zweck: der jeweilige „Untersuchungs“-Zweck jedenfalls ohne Wohnungs-Betretens- und Wohnungs-Durchsuchungszweck [z.B.: „Untersuchung“ an der Tür]).
- § 8 Abs. 1 PolG NRW / § 163 Abs. 1 S. 2 StPO (Zweck: jedenfalls ein nicht besonders geregelter Zweck jedenfalls ohne Wohnungs-Betretens- und Wohnungs-Durchsuchungszweck).

1846 Unterscheide wiederum die IDF-Zwecke von Freiheitsentziehung/Festhalten nach § 111 Abs. 3 StPO, § 163b Abs. 1, c StPO, § 163b Abs. 2, c StPO, die keine Festnahmebefugnisrechtsnormen sind, vgl. auch § 127 Abs. 1 S. 2 StPO.

- § 127 Abs. 2 i.V.m. § 112 Abs. 1, 2 Nr. 3 StPO: Verdunkelungsgefahr-Abwehr;
- § 127 Abs. 2 i.V.m. § 112 Abs. 1, 3 StPO: Tataufklärungsgefährdungs-Abwehr bei bestimmten Straftaten – mit ansatzweisem Zweck aus § 112 Abs. 2 Nr. 1, 2, 3 StPO[1847];
- § 127 Abs. 2 i.V.m. § 112a StPO: Wiederholungsgefahr-Abwehr;
- § 127 Abs. 2 i.V.m. § 126a StPO: Unterbringungssicherung für öffentliche Sicherheit;
- § 127b StPO: Beschleunigung des Verfahrens i.S.d. §§ 417-420 StPO und Fluchtgefahr-Abwehr;
- § 164 StPO: Amtshandlungsstörungs-Abwehr.

Verhältnis der Festnahmebefugnisrechtsnormen zueinander:

- § 127 Abs. 1 S. 1 Alt.1 StPO[1848]: jedenfalls anzuwenden bei Fehlen von Kenntnissen zu Haft- oder Unterbringungsgründen aus §§ 112, 112a, 126a, 127b StPO und anwendbar neben § 164 StPO;
- § 127 Abs. 2 i.V.m. § 112 Abs. 1, 2 Nr. 1 StPO: jedenfalls lex specialis ggü. § 127 Abs. 1 S. 1 Alt. 1 StPO und § 127 Abs. 2 i.V.m. § 112a StPO und grundsätzlich anwendbar neben § 127 Abs. 2 i.V.m. § 126a StPO und § 164 StPO;

1847 Vgl. i.V.m. § 31 BVerfGG: BVerfGE 19, 342, 350 f. (Wencker) = BVerfG, Beschluss des Ersten Senats vom 15.12.1965 – 1 BvR 513/65: „Der neu [mit Gesetz zur Änderung der Strafprozeßordnung und des Gerichtsverfassungsgesetzes vom 19. Dezember 1964 (BGBl. I S. 1067), das am 1. April 1965 in Kraft getreten ist (sogenannte Kleine Strafprozeßnovelle), P.B.] eingeführte § 112 Abs. 4 StPO [jetzt: § 112 Abs. 3 StPO] müßte dagegen rechtsstaatliche Bedenken erwecken, wenn er dahin auszulegen wäre, daß bei dringendem Verdacht eines der hier bezeichneten Verbrechen gegen das Leben die Untersuchungshaft ohne weiteres, d.h. ohne Prüfung weiterer Voraussetzungen, verhängt werden dürfte. Eine solche Auslegung wäre mit dem Grundgesetz nicht vereinbar. Es kann schon zweifelhaft sein, ob sie dem Wortlaut der Bestimmung entspricht; denn dieser legt es nahe, der Vorschrift nur subsidiäre Geltung beizumessen, sie also nur anzuwenden, wenn zuvor das Vorliegen eines Haftgrundes nach Absatz 2 geprüft und verneint worden ist. Aber auch wenn man dieser Auslegung nicht folgt, fordert der Grundsatz der Verhältnismäßigkeit, daß der Richter auch bei Anwendung des § 112 Abs. 4 StPO [jetzt: § 112 Abs. 3 StPO] den Zweck der Untersuchungshaft nie aus dem Auge verliert. Weder die Schwere der Verbrechen wider das Leben noch die Schwere der (noch nicht festgestellten) Schuld rechtfertigen für sich allein die Verhaftung des Beschuldigten; noch weniger ist die Rücksicht auf eine mehr oder minder deutlich feststellbare ‚Erregung der Bevölkerung' ausreichend, die es unerträglich finde, wenn ein ‚Mörder' frei umhergehe. **Es müssen vielmehr auch hier stets Umstände vorliegen, die die Gefahr begründen, daß ohne Festnahme des Beschuldigten die alsbaldige Aufklärung und Ahndung der Tat gefährdet sein könnte** [Hervorhebung als einzige immerwährende Zusatz-Obervoraussetzung zu § 112 Abs. 3 StPO laut BVerfG; im Folgenden laut BVerfG mögliche, aus den Haftgründen (Flucht), Fluchtverdacht, Verdunkelungsgefahr, Wiederholungsgefahr abgeleitete Untervoraussetzungen P.B.]**.** Der zwar nicht mit ‚bestimmten Tatsachen' belegbare, aber nach den Umständen des Falles doch nicht auszuschließende Fluchtverdacht oder Verdunkelungsverdacht kann u.U. bereits ausreichen. Ebenso könnte die ernstliche Befürchtung, daß der Beschuldigte weitere Verbrechen ähnlicher Art begeht, für den Erlaß eines Haftbefehls genügen. § 112 Abs. 4 StPO [jetzt: § 112 Abs. 3 StPO] ist in engem Zusammenhang mit Absatz 2 zu sehen; er läßt sich dann damit rechtfertigen, **daß mit Rücksicht auf die Schwere der hier bezeichneten Straftaten die strengen Voraussetzungen der Haftgründe des [§ 112] Absatzes 2 [und des § 112a StPO] gelockert werden sollen, um die Gefahr auszuschließen, daß gerade besonders gefährliche Täter sich der Bestrafung entziehen** [Hervorhebung der praktischen Prüfkonsequenz, mit an den Haftgründen an sich ausgerichteter Püfung aller Voraussetzungen des § 112 Abs. 3 StPO, ausgerichtet an den Haftgründen an sich insbesondere aus § 112 Abs. 2 StPO und § 112a StPO., P.B.].".

1848 Praxis-Klassiker bzgl. § 127 Abs. 1 S. 1 Alt. 1 StPO: Betreffen bei Täter-am-Ort-Lage oder Tatortbereichsfahndung zunächst ohne weitere (Er-)Kenntnisse zu Haft- oder Unterbringungsbefehlsgründen, Begründung in praxi mitunter „zur weiteren Sachverhaltsklärung".

- § 127 Abs. 2 i.V.m. § 112 Abs. 1, 2 Nr. 2 StPO: jedenfalls lex specialis ggü. § 127 Abs. 1 S. 1 Alt. 1 StPO und § 127 Abs. 2 i.V.m. § 112a StPO und grundsätzlich anwendbar neben § 127 Abs. 2 i.V.m. § 126a StPO und § 164 StPO;
- § 127 Abs. 2 i.V.m. § 112 Abs. 1, 2 Nr. 3 StPO: jedenfalls lex specialis ggü. § 127 Abs. 1 S. 1 Alt. 1 StPO und § 127 Abs. 2 i.V.m. § 112a StPO und grundsätzlich anwendbar neben § 127 Abs. 2 i.V.m. § 126a StPO und § 164 StPO;
- § 127 Abs. 2 i.V.m. § 112 Abs. 1, 3 StPO: jedenfalls lex specialis ggü. § 127 Abs. 1 S. 1 Alt. 1 StPO und § 127 Abs. 2 i.V.m. § 112a StPO und grundsätzlich anwendbar neben § 127 Abs. 2 i.V.m. § 126a StPO und § 164 StPO;
- § 127 Abs. 2 i.V.m. § 112a StPO: jedenfalls lex specialis ggü. § 127 Abs. 1 S. 1 Alt. 1 StPO und grundsätzlich anwendbar neben § 127 Abs. 2 i.V.m. § 126a StPO und § 164 StPO; vgl. § 112a Abs. 2 StPO;
- § 127 Abs. 2 i.V.m. § 126a StPO: jedenfalls lex specialis ggü. § 127 Abs. 1 S. 1 Alt. 1 StPO grundsätzlich anwendbar neben § 127 Abs. 2 i.V.m. § 112 StPO, § 127 Abs. 2 i.V.m. § 112a StPO, § 127b StPO, § 164 StPO; vgl. zum Verhältnis von § 126a StPO insbesondere § 126a Abs. 1 StPO, §§ 20, 21 StGB, § 152 Abs. 2 StPO;
- § 127b StPO: nur anwendbar bei Wahrscheinlichkeit unverzüglicher Entscheidung im beschleunigten Verfahren, vgl. §§ 127b Abs. 1 S. 1 Nr. 1, 417 Hs. 2, 419 Abs. 1 StPO, § 79 Abs. 2 JGG und bei Erwartbarkeit der Durchführung der Hauptverhandlung binnen einer Woche nach der Festnahme – jedenfalls lex specialis ggü. § 127 Abs. 1 S. 1 Alt. 1 StPO und § 127 Abs. 2 i.V.m. § 112a StPO; grundsätzlich anwendbar neben § 127 Abs. 2 i.V.m. § 112 StPO und § 127 Abs. 2 i.V.m. § 126a StPO und § 164 StPO;
- § 164 StPO: grundsätzlich anwendbar neben § 127 Abs. 1 S. 1 Alt. 1 StPO, § 127 Abs. 2 StPO, § 127b StPO.

Gemäß § 79 Abs. 2 JGG ist das **beschleunigte Verfahren** des allgemeinen Verfahrensrechts (§§ 417-420 StPO) gegenüber einem **Jugendlichen** (§ 1 JGG), nicht gegenüber einem **Heranwachsenden** (vgl. §§ 1, 109 JGG), unzulässig.

(ERG)

Mögliche Befugnisrechtsnorm ist § 127b StPO (Festnahme bei beschleunigtem Verfahren[1849]).

B. Formelle Rechtmäßigkeit (FR) I. Zuständigkeit (Z)

(VOR/DEF)

Zuständigkeit ist Aufgabenwahrnehmungserlaubnis für den Rechtsfolgesetzer.

(SUB/ERG)

Für die Maßnahme ist die Zuständigkeit (i.d.R.) wie folgt gegeben:

1849 Unterscheide: „**Vereinfachtes Verfahren** zur Bearbeitung ausgewählter Delikte“, Runderlass des Innenministeriums NRW vom 04.03.1994 - IV D 1/C 2 - 6533/2706.

1. sachliche Zuständigkeit *der Polizei* gemäß

- § 163 Abs. 1 S. 1 StPO;

2. instanzielle Zuständigkeit *der Polizeibehörde* (i.d.R.) gemäß

- (i.d.R.) § 11 Abs. 1 Nr. 2 Alt. 1 POG NRW i.V.m. KPBVO NRW;
- (generell:) §§ 10-14 POG NRW (ggf. i.V.m. LKAAufgVO NRW);

3. örtliche Zuständigkeit *der Polizeibehörde* gemäß

- (i.d.R.) § 7 Abs. 1 S. 1 POG NRW (ggf. i.V.m. KHStVO NRW);
- (generell: §§ 7-9 POG NRW[1850]) (ggf. i.V.m. KHStVO NRW);

4. funktionelle Zuständigkeit *des Polizeiamtswalters* gemäß

- § 127b Abs. 1 S. 1 StPO: Beamter des Polizeidienstes.

B. Formelle Rechtmäßigkeit (FR) II. Verfahren (V)

(VOR/DEF)

Verfahren ist normiertes Verhalten insbesondere für den Rechtsfolgezuständigen außer, bei, i.Z.m. der Rechtsfolge.

1. Spezielle Verfahrensrechtsnormen für Festnahme im Sinne von § 127b StPO[1851]

(VOR/DEF)

a) § 127b Abs. 1 S. 1 i.V.m. § 127 Abs. 2 Hs. 1 i.V.m. § 127 Abs. 1 S. 1, letzter Hs. StPO: Festnahme zunächst ohne auch richterliche Entscheidung bei Gefahr im Verzug

Gemäß § 127b Abs. 1 S. 1 (i.V.m. § 127 Abs. 2 Hs. 1 i.V.m. § 127 Abs. 1 S. 1, letzter Hs. StPO) sind die Staatsanwaltschaft und die Beamten des Polizeidienstes bei Gefahr im Verzug auch zunächst ohne Richteranordnung befugt zur **vorläufigen Festnahme** (Festnahme zunächst ohne Richter).[1852]

[1850] Vgl. auch zu § 9 Abs. 1 S. 1 Nr. 5 POG NRW: Abkommen zwischen den Ländern der Bundesrepublik Deutschland über die erweiterte Zuständigkeit der Polizei der Länder bei der Strafverfolgung.

[1851] Vgl. auch Art. 46 GG (Abs. 1: **Abgeordnetenindemnität**; Abs. 2-4: **Abgeordnetenimmunität** – mit **Bundestagsgenehmigungsvorbehalt**); Art. 47 Verfassung NRW (**Abgeordnetenindemnität**), Art. 48 Verfassung NRW (**Abgeordnetenimmunität** – mit **Landtagsgenehmigungsvorbehalt**); Art. 60 Abs. 4 GG (**Bundespräsidentenimmunität**). Vgl. auch §§ 18, 21 GVG i.V.m. DiplBezÜbkG i.V.m. WÜD; §§ 19, 21 GVG i.V.m. Art. 27, 29 KonsÜbkG i.V.m. Art. 35, 41, 42 WÜK.

Vgl. auch § 14 Abs. 3 S. 2 AsylG: Im Fall von Asylantragstellung während einer in § 14 Abs. 3 S. 1 AsylG aufgeführten Haft (Untersuchungshaft; Strafhaft; Abschiebungshaft als Vorbereitungshaft, Sicherungshaft, Mitwirkungshaft; Ausreisegewahrsam) ist dem Ausländer unverzüglich Gelegenheit zu geben, mit einem Rechtsbeistand seiner Wahl Verbindung aufzunehmen, es sei denn, er hat sich selbst vorher anwaltlichen Beistands versichert.

[1852] Zum Bezug des Gesetzesmerkmals der „Gefahr im Verzug" auf das Verfahren des zuständigen Rechtsfolgeakteurs vgl. § 127 Abs. 1 S. 1 a.E. StPO: „jedermann befugt, ihn auch ohne richterliche

Gefahr im Verzug ist gegeben, wenn bei einzelfallbezogenen Tatsachen die Erwirkung des Richterhaftbefehls,
§ 128 StPO, den gesetzlichen Festnahmezweck, nämlich den jeweiligen aus der Festnahmebefugnisnorm, unvorhergesehen gefährden, also wesentlich erschweren oder vereiteln würde.

Gefahr im Verzug ist auch gegeben, wenn im konkreten Fall zulässigerweise kein Richterdienst vorhanden ist oder wenn vorhandener richterlicher Bereitschaftsdienst unter zulässiger Anrufwege **unverzüglich** (vgl. auch § 121 Abs. 1 S. 1 BGB) vergeblich zu erreichen versucht wird und eine weitere Verzögerung den gesetzlichen Festnahmezweck gefährden, also wesentlich erschweren oder vereiteln würde.[1853]

Anordnung vorläufig festzunehmen“ und § 127 Abs. 2 Hs. 1: „Die Staatsanwaltschaft und die Beamten des Polizeidienstes sind bei Gefahr im Verzug auch dann zur vorläufigen [=ohne vorige Richter-Entscheidung] Festnahme befugt“.

1853 BVerfGE 151, 67 (Richtervorbehalt, Bereitschaftsdienst, Nachtzeit/Tageszeit i.S.v. § 104 Abs. 3 StPO) = BVerfG, Beschluss des Zweiten Senats vom 12.03.2019 – 2 BvR 675/14 –, Rn. 55 (Nachtzeit): „Art. 13 Abs. 2 Halbsatz 2 GG lässt es zu, dass Durchsuchungen bei Gefahr im Verzug auch durch die in den Gesetzen vorgesehenen anderen Organe – bei der strafprozessualen Durchsuchung gemäß § 105 Abs. 1 Satz 1 Halbsatz 2 StPO durch die Staatsanwaltschaft und ihre **Ermittlungspersonen** (§ 152 GVG) – angeordnet werden dürfen. Wortlaut und Systematik des Art. 13 Abs. 2 GG belegen indes, dass die richterliche Durchsuchungsanordnung die Regel und die nichtrichterliche die Ausnahme sein soll (vgl. BVerfGE 103, 142 <153>; 139, 245 <269 Rn. 69>). […] Demgemäß ist der Begriff ‚Gefahr im Verzug‘ im Sinne des Art. 13 Abs. 2 GG eng auszulegen. **Gefahr im Verzug** ist nur anzunehmen, wenn die richterliche Anordnung nicht mehr eingeholt werden kann, ohne dass der Zweck der Maßnahme – regelmäßig die Sicherung von Beweismitteln – gefährdet würde (vgl. BVerfGE 51, 97 <111>; 103, 142 <153 f.>; 139, 245 <269 Rn. 69>).“, Ls. 2: „Zu den Anforderungen an einen dem Gebot der praktischen Wirksamkeit des Richtervorbehalts entsprechenden **richterlichen Bereitschaftsdienst** gehört die uneingeschränkte Erreichbarkeit eines Ermittlungsrichters bei Tage, auch außerhalb der üblichen Dienststunden. Die **Tageszeit** umfasst dabei ganzjährig die Zeit zwischen 6 Uhr und 21 Uhr. Während der **Nachtzeit** ist ein **ermittlungsrichterlicher Bereitschaftsdienst** jedenfalls bei einem Bedarf einzurichten, der über den Ausnahmefall hinausgeht.“, Ls. 3: „Ob und inwieweit ein über den Ausnahmefall hinausgehender Bedarf an nächtlichen Durchsuchungsanordnungen die Einrichtung eines ermittlungsrichterlichen Bereitschaftsdienstes zur Nachtzeit erfordert, haben die Gerichtspräsidien nach pflichtgemäßem Ermessen in eigener Verantwortung zu entscheiden. Für die Art und Weise der Bedarfsermittlung steht ihnen ein Beurteilungs- und Prognosespielraum zu.“, Rn. 56: „Die Strafverfolgungsbehörden müssen dementsprechend regelmäßig versuchen, eine Anordnung des zuständigen Richters zu erlangen, bevor sie eine Durchsuchung beginnen. Nur in Ausnahmesituationen, wenn schon die zeitliche Verzögerung wegen eines solchen Versuchs den Erfolg der Durchsuchung gefährden würde, dürfen sie selbst die Anordnung wegen Gefahr im Verzug treffen, ohne sich zuvor um eine richterliche Entscheidung bemüht zu haben.“; BVerfGE 139, 245 (Eilkompetenz der Ermittlungsbehörden) = BVerfG, Beschluss des Zweiten Senats vom 16.06.2015 - 2 BvR 2718/10, Rn. 83: „Scheitert hingegen der Versuch der Befassung des Gerichts mit dem Antrag auf Erlass einer Durchsuchungsanordnung, weil der zuständige Richter nicht erreicht werden kann und infolgedessen ein Beweismittelverlust droht, kommt ein Rückgriff auf die Eilkompetenz der Ermittlungsbehörden gemäß Art. 13 Abs. 2, 2. Halbsatz GG in Betracht.“, Ls. 2 [zum **Eilzuständigkeitsende der Ermittlungsbehörden**]: „Mit der Befassung des zuständigen Ermittlungs- oder Eilrichters durch die Stellung eines Antrags auf Erlass einer Durchsuchungsanordnung und der dadurch eröffneten Möglichkeit präventiven Grundrechtsschutzes durch den Richter endet die Eilkompetenz der Ermittlungsbehörden.“, Rn. 79: „Entscheidend ist dabei nicht der Zeitpunkt, zu dem die Staatsanwaltschaft den Entschluss fasst, eine richterliche Durchsuchungsanordnung zu beantragen, sondern der Zeitpunkt, in dem das Gericht mit dem Antrag auf Erlass einer Durchsuchungsanordnung befasst wird [**richterliche Befassung** oder **Gerichtsbefassung**, P. B.]. Dies ist der Fall, wenn die Staatsanwaltschaft [oder die Polizei, P. B.] dem zuständigen Richter den Antrag tatsächlich unterbreitet hat, so dass dieser in eine erste Sachprüfung eintreten kann.“, Rn. 80: „Nicht entscheidend für den Zeitpunkt des Entfallens der Eilkompetenz der Staatsanwaltschaft ist dagegen der tatsächliche Beginn der sachlichen Prüfung durch

b) § 127b Abs. 2, 3 i.V.m. § 128 StPO: Richtervorführung

Gemäß § 127b Abs. 2, 3 StPO i.V.m. § 128 Abs. 1 S. 1 StPO, vgl. auch Art. 104 Abs. 2, 3 S. 1 GG, besteht Pflicht, den Festgenommenen, sofern er nicht wieder in Freiheit gesetzt wird, **unverzüglich**[1854] (vgl. § 121 Abs. 1 S. 1 BGB), spätestens am Tage nach der Festnahme, dem

---

das Gericht oder gar die endgültige gerichtliche Entscheidung.“, Rn. 82: „Auch soweit während des durch den Richter in Anspruch genommenen Entscheidungszeitraums nach dessen Befassung die Gefahr eines Beweismittelverlusts eintritt, etwa weil dieser auf ein mündlich gestelltes Durchsuchungsbegehren hin die Vorlage schriftlicher Antragsunterlagen oder einer Ermittlungsakte fordert, Nachermittlungen anordnet oder schlicht bis zum Eintritt der Gefahr eines Beweismittelverlusts noch nicht entschieden hat, lebt die Eilkompetenz der Ermittlungsbehörden nicht wieder auf. Dies gilt unabhängig davon, aus welchen Gründen die richterliche Entscheidung über den Durchsuchungsantrag unterbleibt.“, Ls. 3: „Die Eilkompetenz der Ermittlungsbehörden kann nur dann neu begründet werden, wenn nach der Befassung des Richters tatsächliche Umstände eintreten oder bekannt werden, die sich nicht aus dem Prozess der Prüfung und Entscheidung über diesen Antrag ergeben, und hierdurch die Gefahr eines Beweismittelverlusts in einer Weise begründet wird, die der Möglichkeit einer rechtzeitigen richterlichen Entscheidung entgegensteht.“, Ls. 4: „Auf die Ausgestaltung der justizinternen Organisation kann die Eilzuständigkeit der Ermittlungsbehörden nicht gestützt werden.“, Rn. 70: „Die daraus folgende Pflicht der Ermittlungsbehörden, sich regelmäßig um eine Durchsuchungsanordnung des zuständigen Richters zu bemühen, wird nicht durch den abstrakten Hinweis verzichtbar, eine richterliche Entscheidung sei zur maßgeblichen Zeit üblicherweise nicht mehr zu erreichen (vgl. BVerfGK 5, 74 <78>; 7, 392 <395>). Reine Spekulationen, hypothetische Erwägungen oder lediglich auf kriminalistische Alltagserfahrungen gestützte, fallunabhängige Vermutungen reichen ebenfalls nicht aus, um die Annahme von Gefahr im Verzug zu begründen (vgl. BVerfGE 103, 142 <155>; BVerfGK 2, 310 <315>). Auch schließt das verfassungsrechtliche Gebot, dem Ausnahmecharakter der Eilkompetenz Rechnung zu tragen, aus, mit dem Antrag auf Erlass einer Durchsuchungsanordnung zu warten, bis die Gefahr eines Beweismittelverlusts eingetreten ist. Selbst herbeigeführte tatsächliche Voraussetzungen können die Eilkompetenz der Staatsanwaltschaft und ihrer Ermittlungspersonen nicht begründen (vgl. BVerfGK 5, 74 <78>).“, Rn. 71: „Stattdessen sind bei der Beurteilung der Frage, ob der Versuch, eine richterliche Entscheidung herbeizuführen, unterbleiben darf, weil bereits die damit verbundene zeitliche Verzögerung den Erfolg der Durchsuchung gefährden würde, die konkreten Umstände des jeweiligen Einzelfalles in Rechnung zu stellen. Die Ermittlungsbehörden haben insbesondere die Komplexität der im Rahmen der Durchsuchungsanordnung zu prüfenden tatsächlichen und rechtlichen Fragen und den insoweit erforderlichen Zeitaufwand zu berücksichtigen. Daneben haben sie aber auch in ihre Überlegungen einzubeziehen, dass die Vorlage schriftlicher Unterlagen zur Herbeiführung einer richterlichen Eilentscheidung zumindest nicht ausnahmslos erforderlich ist. Jedenfalls in einfach gelagerten Fällen, in denen allein aufgrund der **mündlichen Darstellung des Sachverhalts** eine sachangemessene Entscheidung möglich ist, würde ein solches Erfordernis weder der gesetzlichen Intention noch der Bedeutung des Richtervorbehalts für den Grundrechtsschutz des Einzelnen gerecht (vgl. insoweit zur Anordnung einer Blutentnahme gemäß § 81a StPO: BVerfGK 17, 340 <346 f.>). Es bestehen daher in solchen Fällen keine verfassungsrechtlichen Bedenken, wenn der zuständige Richter allein aufgrund mündlich übermittelter Informationen entscheidet und die Durchsuchung auch **mündlich anordnet**, sofern er diese Anordnung zeitnah schriftlich dokumentiert und damit den sich aus Art. 19 Abs. 4 GG ergebenden Erfordernissen Rechnung trägt.“.

[1854] BVerfGE 149, 293 (5-Punkt-Fixierung/7-Punkt-Fixierung) = BVerfG, Urteil des Zweiten Senats vom 24.07.2018 - 2 BvR 309/15 -, D. III. 4., Rn. 99 f.: „Art. 104 Abs. 2 Satz 2 GG fordert in einem solchen Fall, die richterliche Entscheidung unverzüglich nachzuholen (vgl. BVerfGE 10, 302 <321>; 105, 239 <249>). Das Tatbestandsmerkmal ‚**unverzüglich**‘ ist dahin auszulegen, dass die richterliche Entscheidung ohne jede Verzögerung, die sich nicht aus sachlichen Gründen rechtfertigen lässt, nachgeholt werden muss (vgl. BVerfGE 105, 239 <249>; Gusy, in: v. Mangoldt/Klein/Starck, GG, Bd. 3, 7. Aufl. 2018, Art. 104 Rn. 48). Nicht vermeidbar sind zum Beispiel die Verzögerungen, die durch die Länge des Weges, Schwierigkeiten beim Transport, die notwendige Registrierung und Protokollierung oder ein renitentes Verhalten des Betroffenen bedingt sind (vgl. BVerfGE 105, 239 <249>; BVerfGK 7, 87 <99>; Gusy, in: v. Mangoldt/Klein/Starck, GG, Bd. 3, 7. Aufl. 2018, Art. 104 Rn. 48). Sachliche

für die Durchführung des beschleunigten Verfahrens zuständigen Richter, ansonsten jedenfalls dem Richter bei dem Amtsgericht, in dessen Bezirk[1855] der Beschuldigte festgenommen worden ist, vorzuführen.

c) § 127b Abs. 1 S. 2 i.V.m. §§ 114a, b, c StPO entsprechend als Verfahrensrechtsnormen für Festnahme i.S.d. § 127b StPO

Gemäß § 127b Abs. 1 S. 2 StPO gelten für die vorläufige Festnahme durch die Staatsanwaltschaft und durch Beamte des Polizeidienstes die §§ 114a bis 114c StPO entsprechend, und zwar wie folgt:

aa) § 127b Abs. 1 S. 2 i.V.m. § 114a StPO [entsprechend]

Gemäß § 127b Abs. 1 S. 2 i.V.m. § 114a StPO ist dem Beschuldigten bei der [Freiheitsentziehung] eine Abschrift [zur Freiheitsentziehung] auszuhändigen; beherrscht er die deutsche Sprache nicht hinreichend, erhält er zudem eine Übersetzung in einer für ihn verständlichen Sprache.

Gemäß § 127b Abs. 1 S. 2 i.V.m. § 114a StPO ist dem Beschuldigten, wenn die Aushändigung einer Abschrift und einer etwaigen Übersetzung nicht möglich ist, **unverzüglich** (§ 121 Abs. 1 S. 1 BGB) in einer für ihn verständlichen Sprache mitzuteilen, welches die Gründe für die [Freiheitsentziehung] sind und welche Beschuldigungen gegen ihn erhoben werden.

Gemäß § 127b Abs. 1 S. 2 i.V.m. § 114a StPO ist im Fall von Unmöglichkeit einer Abschrift oder Übersetzung die Aushändigung der Abschrift [zur Freiheitsentziehung] sowie einer etwaigen Übersetzung **unverzüglich** (§ 121 Abs. 1 S. 1 BGB) nachzuholen.

bb) § 127b Abs. 1 S. 2 i.V.m. § 114b StPO [entsprechend]

Gemäß § 127b Abs. 1 S. 2 i.V.m. § 114b S. 1 StPO ist der [festgehaltene] Beschuldigte **unverzüglich** (§ 121 Abs. 1 S. 1 BGB) und schriftlich in einer für ihn verständlichen Sprache über seine Rechte zu belehren.

Gemäß § 127b Abs. 1 S. 2 i.V.m. § 114b S. 2 StPO hat zudem eine mündliche Belehrung zu erfolgen, wenn eine schriftliche Belehrung erkennbar nicht ausreichend ist.

Gemäß § 127b Abs. 1 S. 2 i.V.m. § 114b S. 3 StPO hat eine mündliche Belehrung zu erfolgen, wenn eine schriftliche Belehrung nicht möglich ist; die schriftliche Belehrung soll jedoch nachgeholt werden, sofern dies in zumutbarer Weise möglich ist.

Gemäß § 127b Abs. 1 S. 2 i.V.m. § 114b S. 4 StPO soll der Beschuldigte schriftlich bestätigen, dass er belehrt wurde; falls er sich weigert, ist dies zu dokumentieren.

Gemäß § 127b Abs. 1 S. 2 i.V.m. § 114b Abs. 2 StPO bezieht sich der Inhalt der Belehrung insbesondere auf:

(1) § 114b Abs. 2 S. 1 Nr. 1 StPO: **unverzüglich**e (§ 121 Abs. 1 S. 1 BGB), spätestens am Ergreifens-Folge-Tag erfolgende Gerichtsvorführung zwecks Vernehmung und Entscheidung, vgl. Art. 104 Abs. 2 GG;

(2) § 114b Abs. 2 S. 1 Nr. 2 StPO: Recht auf Äußerung oder Nichtaussage (Schweigen);

(3) § 114b Abs. 2 S. 1 Nr. 3 StPO: Beweiserhebungsantragsrecht zur Entlastung, vgl. § 160 Abs. 2 StPO;

Gründe, die eine Verzögerung der richterlichen Entscheidung rechtfertigen, können sich auch aus der Notwendigkeit verfahrensrechtlicher Vorkehrungen ergeben, die dem Schutz des Betroffenen dienen.“.

1855 **Gerichtsbezirke** gemäß Anlage 1 JustG NRW.

(4) § 114b Abs. 2 S. 1 Nr. 4 StPO: Verteidigerwahlfreiheit und Verteidigerbefragungsrecht; dabei sind Informationen zur Verfügung zu stellen, die es erleichtern, einen Verteidiger zu kontaktieren; auf bestehende anwaltliche Notdienste ist dabei hinzuweisen;

(5) § 114b Abs. 2 S. 1 Nr. 4a StPO: Recht auf Pflichtverteidigerbestellung in den Fällen des § 140 StPO nach Maßgabe des § 141 Abs. 1 StPO und des § 142 Abs. 1 StPO StPO (**Notwendige Verteidigung**[1856])[1857];

[1856] Mit „Gesetz zur Neuregelung des Rechts der notwendigen Verteidigung" (BGBl. I S. 2128; in Kraft seit 13.12.2019) ist erstmals das Recht des Beschuldigten ausdrücklich normiert, bereits auch im polizeilichen Ermittlungsverfahren grundsätzlich im Fall notwendiger Verteidigung (§ 140 StPO) „unverzüglich" (§ 121 Abs. 1 S. 1 BGB), „spätestens vor einer Vernehmung des Beschuldigten" (§ 163a StPO) einen Pflichtverteidiger „bestellt" zu erhalten, „wenn der Beschuldigte dies nach Belehrung ausdrücklich beantragt" (§ 141 Abs. 1 S. 1 StPO), in den Fällen des § 141 Abs. 2 S. 1 StPO auch „unabhängig von einem Antrag" – mit Rückausnahmen in § 141 Abs. 2 S. 2, 3 StPO; auch mit Abweichungen in § 141a StPO für Beschuldigtenvernehmungen und Gegenüberstellungen (§§ 58 Abs. 2, 168b Abs. 3 StPO). Der Zeitpunkt polizeilicher Belehrung zur notwendigen Verteidigung i.S.d. § 140 StPO ist in einschlägigen Fällen – spätestens – „bei Beginn der ersten Vernehmung" des Beschuldigten wegen § 141 Abs. 1 S. 2 StPO und § 163a Abs. 4 S. 2 i.V.m. § 136 Abs. 1 S. 5 StPO, oder der Zeitpunkt ist anders in speziell normierten Fällen wie § 114b Abs. 2 S. 1 Nr. 4a oder §§ 68a, b JGG. Gemäß § 142 StPO ist vor Anklageerhebung der Antrag des Beschuldigten nach § 141 Abs. 1 S. 1 StPO vor Erhebung der Anklage bei den Behörden oder Beamten des Polizeidienstes „oder" bei der Staatsanwaltschaft anzubringen (Antrags-Entgegennahme-Zuständigkeit); die Bestellungs-Entscheidungs-Zuständigkeit obliegt dem Gericht nach StA-Vorlage mit Stellungnahme (§ 142 Abs. 1 S. 2 StPO) oder der StA selbst „bei besonderer Eilbedürftigkeit", § 142 Abs. 4 StPO.

Ein Fall **notwendiger Verteidigung** liegt u.a. dann vor,

- gemäß § 140 Abs. 1 Nr. 1 StPO, wenn zu erwarten ist, dass die Hauptverhandlung im ersten Rechtszug vor dem **Oberlandesgericht** (§§ 115-117, 120-122 GVG) , dem **Landgericht** (§§ 12, 13, 60, 70, 734, 74-74f, 76-78b GVG) oder dem **Schöffengericht** (§§ 12, 13, 24-27, 28-58 GVG) stattfindet [Ausgangsrechtsnorm für den Abgrenzungsüberblick über AG, LG, OLG mag sein: § 24 GVG;
- gemäß § 140 Abs. 1 Nr. 2 StPO, wenn dem Beschuldigten ein Verbrechen zur Last gelegt wird;
- gemäß § 140 Abs. 1 Nr. 3 StPO, wenn das Verfahren zu einem **Berufsverbot** (§§ 70-70b StGB) führen kann;
- gemäß § 140 Abs. 1 Nr. 4 StPO, wenn der Beschuldigte nach den §§ 115, 115a, 128 Abs. 1 oder § 129 StPO einem Gericht zur Entscheidung über Haft oder einstweilige Unterbringung vorzuführen ist;
- gemäß § 140 Abs. 1 Nr. 5 StPO, wenn der Beschuldigte sich auf Grund richterlicher Anordnung oder mit richterlicher Genehmigung in einer Anstalt befindet;
- gemäß § 140 Abs. 1 Nr. 11 StPO, wenn ein seh-, hör- oder sprachbehinderter Beschuldigter die Bestellung beantragt;
- gemäß § 140 Abs. 2 StPO, wenn wegen der Schwere der Tat, der Schwere der zu erwartenden Rechtsfolge oder wegen der Schwierigkeit der Sach- oder Rechtslage die Mitwirkung eines Verteidigers geboten erscheint oder wenn ersichtlich ist, dass sich der Beschuldigte nicht selbst verteidigen kann.
- gemäß §§ 1, 109 Abs. 1 JGG und § 68 JGG in den dort genannten Fällen.

[1857] BGH, Beschluss vom 06.02.2018 – 2 StR 163/17, Rn. 6 (Kein absolutes Beweisverwertungsverbot und kein relatives Beweisverwertungsverbot als Abwägungsergebnis bei Nichtbelehrung zu **Pflichtverteidigung/notwendiger Verteidigung** – geteilt von BGH, Beschluss vom 09.01.2020 – 5 StR 628/19, Rn. 6): „Die nach § 136 Abs. 1 Satz 3 Halbs. 2 StPO a.F. bzw. § 136 Abs. 1 Satz 5 Halbs. 2 StPO n.F. unterbliebene Belehrung des Angeklagten begründet deshalb kein absolutes Verwertungsverbot. Aber auch die Annahme eines relativen, im Rahmen einer einzelfallbezogenen Abwägung festzustellendes Verwertungsverbot kommt hier nicht in Betracht. Das Landgericht hat in seinem den Widerspruch gegen die Verwertung zurückweisenden Kammerbeschluss zutreffend in den Blick genommen, dass das staatli-

(6) § 114b Abs. 2 S. 1 Nr. 5 StPO: Recht auf Untersuchung durch Arzt oder Ärztin nach Wahl;

(7) § 114b Abs. 2 S. 1 Nr. 6 StPO: Recht auf Benachrichtigung eines Angehörigen oder einer Person des Vertrauens, soweit der Untersuchungszweck dadurch nicht erheblich wird (vgl. insbesondere **Fluchtgefahr**, § 112 Abs. 2 Nr. 2 StPO, oder **Verdunkelungsgefahr**, § 112 Abs. 2 Nr. 3 StPO);

(8) § 114b Abs. 2 S. 1 Nr. 7 StPO: Recht auf Akteneinsichtnahme nach Maßgabe von § 147 Abs. 4 StPO und Recht auf Beweisstückebesichtigung, soweit kein Verteidiger vorhanden ist;

(9) § 114b Abs. 2 S. 1 Nr. 8 StPO: weitere Rechte im Fall von Untersuchungshaft nach Richtervorführung:

(a) Recht auf Haftbefehlsbeschwerde oder auf Haftprüfungbeantragung und Beantragung mündlicher Verhandlung;

(b) Recht auf Beantragung gerichtlicher Entscheidung im Fall von Beschwerdeunstatthaftigkeit;

(c) Recht auf gerichtliche Entscheidung gegen behördliche Entscheidungen und Maßnahmen im Untersuchungshaftvollzug;

(10) § 114b Abs. 2 S. 2 StPO: Akteneinsichtsrecht des Verteidigers nach § 147 StPO;

(11) § 114b Abs. 2 S. 3 StPO – für den Fall, dass der Beschuldigte der deutschen Sprache nicht hinreichend mächtig oder hör- oder sprachbehindert in einer dem Beschuldigten verständlichen Sprache: Recht auf unentgeltliche Dolmetscher-Hinzuziehung oder Übersetzer-Hinzuziehung für das gesamte Strafverfahren nach § 187 Abs. 1-3 GVG, § 186 Abs. 1, 2 GVG;

(13) § 114b Abs. 2 S. 4 StPO – für den Fall eines ausländischen Staatsangehörigen: Recht auf Unterrichtung der konsularischen Vertretung seines Heimatstaates verlangen und dieser Mitteilungen zukommen lassen kann.[1858]

---

che Verfolgungs- und Aufklärungsinteresse – wie hier – bei einem Tötungsdelikt besonders hoch ist, die Belehrung nicht bewusst oder willkürlich, sondern aus Unkenntnis der Vernehmungsbeamten über die Neuregelung unterblieben ist und damit der festgestellte Verstoß von geringerem Gewicht ist. Zudem fehlen – worauf der Generalbundesanwalt zutreffend hingewiesen hat – jegliche Anhaltspunkte für die Annahme, die Angeklagten hätten im Rahmen ihrer ersten Vernehmung Angaben zur Sache gemacht, weil sie mangels wirtschaftlicher Mittel keine Möglichkeit gesehen hätten, sich eines Verteidigers zu bedienen. Auch die Revision hat hierzu nichts vorgetragen.".

1858 BGHSt 52, 48 (**Belehrung über das Recht auf konsularischen Beistand** nach Art. 36 Abs. 1b S. 3 WÜK [≙ § 114b Abs. 2 S. 4 StPO] – nach räuberischer Erpressung mit Todesfolge u.a.) = BGH, Beschluss vom 25.09.2007 – 5 StR 116/01, Ls. 1-3: „1. Zur Belehrung eines Festgenommenen mit fremder Staatsangehörigkeit gemäß Art. 36 Abs. 1 lit. b Satz 3 des Wiener Konsularrechtsübereinkommens (WÜK) über sein subjektives Recht, die unverzügliche Benachrichtigung seiner konsularischen Vertretung zu verlangen, sind bereits die Polizeibeamten nach Festnahme verpflichtet (BVerfG – Kammer – NJW 2007, 499 unter Aufhebung von BGHR WÜK Art. 36 Unterrichtung 1). 2. Das Unterbleiben der gebotenen Belehrung über das Recht auf konsularischen Beistand nach Art. 36 Abs. 1 lit. b Satz 3 WÜK führt nicht zu einem Beweisverwertungsverbot. 3. Die Rechtsverletzung kann jedoch zu einer Kompensation derart führen, dass ein bestimmter Teil der verhängten Freiheitsstrafe als verbüßt anzurechnen ist.", Rn. 30: „Der Senat lässt offen, ob in Fällen geringerer Schwere eine mittels Anwendung des nationalen Rechts mögliche Kompensation auch auf andere Weise, etwa durch Gewährung einer Entschädigung in analoger Anwendung des Gesetzes über die Entschädigung für Strafverfolgungsmaßnahmen (StrEG) oder durch Kostennachlass, etwa analog § 465 Abs. 2 StPO, in Betracht zu ziehen wäre. Bei Strafen geringeren Gewichts und im Falle der späteren Heilung des Verfahrensverstoßes durch alsbald

Ausländischer Staatsangehöriger ist jede **Person**, § 1 BGB, die nicht **Deutscher** i.S.v. Art. 116 GG, §§ 1, 3, 17 StAG und nicht **Staatenloser**[1859] ist.

cc) § 127b Abs. 1 S. 2 i.V.m. § 114c StPO [entsprechend]

Gemäß § 127b Abs. 1 S. 2 i.V.m. § 114c Abs. 1 StPO ist einem [festgehaltenen] Beschuldigten **unverzüglich** (§ 121 Abs. 1 S. 1 BGB) Gelegenheit zu geben, einen Angehörigen oder eine Person seines Vertrauens zu benachrichtigen, sofern der Zweck der Untersuchung dadurch nicht erheblich gefährdet wird.

§ 114c Abs. 2 StPO betrifft das Gericht als Rechtsnormadressaten.

2. Allgemeine Verfahrensrechtsnormen für Festnahme im Sinne von § 127b StPO

a) § 33 StPO analog: Anhörung

Gemäß § 33 StPO analog besteht Pflicht zur **Anhörung** bzw. **Gewährung rechtlichen Gehörs** vor einer Entscheidung, jedenfalls bevor zum Beteiligten-Nachteil Tatsachen oder Beweisergebnisse ohne Anhörung verwertet werden – oder es soll gegeben sein: ein Ausnahmegrund der Zweckgefährdung/Gefahr im Verzug nach § 33 Abs. 4 StPO analog.

Gefahr im Verzug i.S.d. § 33 StPO ist gegeben, wenn der Handlungsbedarf unvorhergesehen ist und bei Durchführung der eigentlich vorgesehenen Maßnahme, hier der Anhörung, der gesetzliche Zweck, hier der jeweilige aus der Aufgabe des § 163 Abs. 1 S. 1 StPO und aus der Befugnisrechtsnorm (§ 127b StPO), vereitelt oder wesentlich erschwert wird.

b) § 168b StPO: Protokollierung

Gemäß § 168b StPO besteht Pflicht zur **Protokollierung** bzw. zum **Protokoll** über ermittlungsbehördliche Untersuchungshandlungen, wonach gemäß § 168b Abs. 1 StPO das Ergebnis der Untersuchungshandlungen der Ermittlungsbehörden aktenkundig zu machen ist.[1860]

---

nachgeholte Belehrung gemäß Art. 36 Abs. 1 lit. b Satz 3 WÜK (vgl. BGH, Beschluss vom 11. September 2007 – 1 StR 273/07, zur Veröffentlichung in BGHSt bestimmt [= BGHSt 52, 38; P. B.] mag eine Kompensation gänzlich entbehrlich sein.".

[1859] Vgl. § 2 AufenthG (mit umfassenderer **Ausländer**-Definition) und: StaatenlÜbkG, StaatenlMindÜbkAG.

[1860] BVerfG, Beschluss der 1. Kammer des Zweiten Senats vom 09.03.2020 – 2 BvR 103/20 – (Frage konkreter Tatbeiträge und Haftgründe bei Totschlagsbeihilfeverdacht), Rn. 65: „Im Hinblick auf die besondere Bedeutung des Rechts auf Freiheit der Person aus Art. 2 Abs. 2 Satz 2 in Verbindung mit Art. 104 GG ist der Grundrechtsschutz auch durch die Verfahrensgestaltung zu bewirken (vgl. hierzu BVerfGE 53, 30 <65>; 63, 131 <143>; BVerfG, Beschluss der 1. Kammer des Zweiten Senats vom 23. Januar 2019 - 2 BvR 2429/18 -, Rn. 60; Beschluss der 1. Kammer des Zweiten Senats vom 18. Februar 2020 - 2 BvR 2090/19 -, Rn. 54). Unverzichtbare Voraussetzung eines rechtsstaatlichen Verfahrens ist, dass Entscheidungen, die den Entzug der persönlichen Freiheit betreffen, auf zureichender richterlicher Sachaufklärung beruhen (vgl. BVerfGE 58, 208 <222>) und eine in tatsächlicher Hinsicht genügende Grundlage haben, die der Bedeutung der Freiheitsgarantie entspricht (vgl. BVerfGE 58, 208 <230>; BVerfG, Beschluss der 1. Kammer des Zweiten Senats vom 25. Juni 2018 - 2 BvR 631/18 -, Rn. 33). In der Regel sind in jedem Beschluss über die Anordnung der Fortdauer der Untersuchungshaft aktuelle Ausführungen zu dem weiteren Vorliegen ihrer Voraussetzungen, zur Abwägung zwischen dem Freiheitsgrundrecht des Beschuldigten und dem Strafverfolgungsinteresse der Allgemeinheit sowie zur Frage der Verhältnismäßigkeit geboten, weil sich die dafür maßgeblichen Umstände angesichts des Zeitablaufs in ihrer Gewichtigkeit verschieben können (vgl. BVerfGK 7, 140 <161>; 10, 294 <301>; 15, 474 <481>; 19, 428 <433>). Die zugehörigen Ausführungen müssen in Inhalt und Umfang eine Überprüfung des Abwä-

(SUB/ERG)

Im konkreten Fall sind die Verfahrensvoraussetzungen (alternativ)

- bei Vorliegen von entsprechenden Anhaltspunkten / Fehlen entgegenstehender Anhaltspunkte eingehalten.
- bei Vorliegen von entsprechenden Anhaltspunkten nicht eingehalten.

3. JGG[1861]-Vorschriften[1862] außer, bei, i.Z.m. Maßnahmen gegenüber einem jugendlichen oder heranwachsenden Verdächtigen[1863] nach §§ 1, 109 JGG – fallabhängig insbesondere wie folgt[1864]:

a) § 38 JGG: Jugendgerichtshilfe;

b) § 43 JGG: Umfang der Ermittlungen;

c) § 67 JGG: Stellung der Erziehungsberechtigten[1865] und der gesetzlichen Vertreter[1866];

d) § 67a JGG: Unterrichtung der Erziehungsberechtigten und der gesetzlichen Vertreter;

---

gungsergebnisses am Grundsatz der Verhältnismäßigkeit nicht nur für den Betroffenen selbst, sondern auch für das die Anordnung treffende Fachgericht im Rahmen einer Eigenkontrolle gewährleisten und in sich schlüssig und nachvollziehbar sein (vgl. BVerfGK 7, 421 <429 f.>; 15, 474 <481 f.>). Die fachgerichtlichen Ausführungen müssen hierzu die maßgeblichen Umstände des jeweiligen Einzelfalls umfassend berücksichtigen und regelmäßig auch den gegen das Vorliegen eines Haftgrundes sprechenden Tatsachen Rechnung tragen, um die (Prognose-)Entscheidung des Gerichts auch intersubjektiv nachvollziehbar zu machen (vgl. BVerfG, Beschluss der 1. Kammer des Zweiten Senats vom 18. September 2018 - 2 BvR 745/18 -, Rn. 31; Beschluss der 1. Kammer des Zweiten Senats vom 18. Februar 2020 - 2 BvR 2090/19 -, Rn. 54).“.

1861 § 1 Abs. 1 JGG zum sachlichen JGG-Anwendungsbereich: „Dieses Gesetz gilt, wenn ein Jugendlicher oder ein Heranwachsender eine Verfehlung begeht, die nach den allgemeinen Vorschriften mit Strafe bedroht ist.“. § 1 Abs. 3 JGG zum sachlich-persönlichen JGG-Anwendungsbereich: „Ist zweifelhaft, ob der Beschuldigte zur Zeit der Tat das achtzehnte Lebensjahr vollendet hat, sind die für Jugendliche geltenden Verfahrensvorschriften anzuwenden.“.

1862 JGG-Vorschriften mit amtlichen Überschriften insbesondere aus: „Gesetz zur Stärkung der Verfahrensrechte von Beschuldigten im Jugendstrafverfahren vom 09.12.2019, BGBl. 2019 Teil I Nr. 47, S. 2146-2152.

1863 § 1 Abs. 2 JGG zum persönlichen JGG-Anwendungsbereich: § 1 Abs. 2 JGG: „**Jugendlicher** ist, wer zur Zeit der Tat vierzehn, aber noch nicht achtzehn, **Heranwachsender**, wer zur Zeit der Tat achtzehn, aber noch nicht einundzwanzig Jahre alt ist.“. Unterscheide nach § 2 BGB: „Die **Volljährigkeit** tritt mit der Vollendung des 18. Lebensjahres ein.“.

1864 Zu JGG-Vorschriften ausführlicher: *Basten*, Eingriffsrecht der Polizei in Nordrhein-Westfalen, Band 3, Buch 4, Abschnitt 3.

1865 Zum **Strafrecht und elterlichen Erziehungsrecht**: BVerfGE 107, 104 (Anwesenheit im JGG-Verfahren) = BVerfG, Urteil des Zweiten Senats vom 16.01.2003 – 2 BvR 716/01.

1866 **Vertreter** ist ein **Stellvertreter** qua Gesetz oder ein **Stellvertreter** qua Rechtsgeschäft (§§ 164-181 BGB). Vgl. insbesondere:

- §§ 1626-1698b BGB: **Elterliche Sorge** mit „**Vertretung des Kindes**“ gemäß § 1629 BGB;
- § 1 Abs. 1 Nr. 4 JuSchG: **erziehungsbeauftragte Person**;
- §§ 1773-1895 BGB: **Vormundschaft**;
- §§ 1896-1908k BGB: **Rechtliche Betreuung**;
- §§ 1909-1921 BGB: **Pflegschaft**.

e) § 68 JGG: Notwendige Verteidigung[1867];

f) § 68a JGG: Zeitpunkt der Bestellung eines Pflichtverteidigers;

g) § 68b JGG: Vernehmungen und Gegenüberstellungen vor der Bestellung eines Pflichtverteidigers;

h) § 69 JGG: Beistand[1868];

i) § 70 JGG: Mitteilung an amtliche Stellen;

j) § 70a JGG: Unterrichtung des Jugendlichen (i.V.m. § 109 JGG: des Heranwachsenden);

k) § 70b JGG: Belehrungen.

[1867] Mit „Gesetz zur Neuregelung des Rechts der notwendigen Verteidigung" (BGBl. I S. 2128; in Kraft seit 13.12.2019) ist erstmals das Recht des Beschuldigten ausdrücklich normiert, bereits auch im polizeilichen Ermittlungsverfahren grundsätzlich im Fall notwendiger Verteidigung (§ 140 StPO) „unverzüglich" (§ 121 Abs. 1 S. 1 BGB), „spätestens vor einer Vernehmung des Beschuldigten" (§ 163a StPO) einen Pflichtverteidiger „bestellt" zu erhalten, „wenn der Beschuldigte dies nach Belehrung ausdrücklich beantragt" (§ 141 Abs. 1 S. 1 StPO), in den Fällen des § 141 Abs. 2 S. 1 StPO auch „unabhängig von einem Antrag" – mit Rückausnahmen in § 141 Abs. 2 S. 2, 3 StPO; auch mit Abweichungen in § 141a StPO für Beschuldigtenvernehmungen und Gegenüberstellungen (§§ 58 Abs. 2, 168b Abs. 3 StPO). Der Zeitpunkt polizeilicher Belehrung zur notwendigen Verteidigung i.S.d. § 140 StPO ist in einschlägigen Fällen – spätestens – „bei Beginn der ersten Vernehmung" des Beschuldigten wegen § 141 Abs. 1 S. 2 StPO und § 163a Abs. 4 S. 2 i.V.m. § 136 Abs. 1 S. 5 StPO, oder der Zeitpunkt ist anders in speziell normierten Fällen wie § 114b Abs. 2 S. 1 Nr. 4a oder §§ 68a, b JGG. Gemäß § 142 StPO ist vor Anklageerhebung der Antrag des Beschuldigten nach § 141 Abs. 1 S. 1 StPO vor Erhebung der Anklage bei den Behörden oder Beamten des Polizeidienstes „oder" bei der Staatsanwaltschaft anzubringen (Antrags-Entgegennahme-Zuständigkeit); die Bestellungs-Entscheidungs-Zuständigkeit obliegt dem Gericht nach StA-Vorlage mit Stellungnahme (§ 142 Abs. 1 S. 2 StPO) oder der StA selbst „bei besonderer Eilbedürftigkeit", § 142 Abs. 4 StPO.

Ein Fall **notwendiger Verteidigung** liegt u.a. dann vor,

- gemäß § 140 Abs. 1 Nr. 1 StPO, wenn zu erwarten ist, dass die Hauptverhandlung im ersten Rechtszug vor dem **Oberlandesgericht** (§§ 115-117, 120-122 GVG) , dem **Landgericht** (§§ 12, 13, 60, 70, 734, 74-74f, 76-78b GVG) oder dem **Schöffengericht** (§§ 12, 13, 24-27, 28-58 GVG) stattfindet [Ausgangsrechtsnorm für den Abgrenzungsüberblick über AG, LG, OLG mag sein: § 24 GVG;
- gemäß § 140 Abs. 1 Nr. 2 StPO, wenn dem Beschuldigten ein Verbrechen zur Last gelegt wird;
- gemäß § 140 Abs. 1 Nr. 3 StPO, wenn das Verfahren zu einem **Berufsverbot** (§§ 70-70b StGB) führen kann;
- gemäß § 140 Abs. 1 Nr. 4 StPO, wenn der Beschuldigte nach den §§ 115, 115a, 128 Abs. 1 oder § 129 StPO einem Gericht zur Entscheidung über Haft oder einstweilige Unterbringung vorzuführen ist;
- gemäß § 140 Abs. 1 Nr. 5 StPO, wenn der Beschuldigte sich auf Grund richterlicher Anordnung oder mit richterlicher Genehmigung in einer Anstalt befindet;
- gemäß § 140 Abs. 1 Nr. 11 StPO, wenn ein seh-, hör- oder sprachbehinderter Beschuldigter die Bestellung beantragt;
- gemäß § 140 Abs. 2 StPO, wenn wegen der Schwere der Tat, der Schwere der zu erwartenden Rechtsfolge oder wegen der Schwierigkeit der Sach- oder Rechtslage die Mitwirkung eines Verteidigers geboten erscheint oder wenn ersichtlich ist, dass sich der Beschuldigte nicht selbst verteidigen kann.
- gemäß §§ 1, 109 Abs. 1 JGG und § 68 JGG in den dort genannten Fällen.

[1868] Vgl. auch §§ 1712-1717 BGB (**Beistandschaft**).

(SUB/ERG)

Im konkreten Fall sind die JGG-Vorschriften

- nicht anwendbar.
- anwendbar und eingehalten.
- anwendbar und nicht eingehalten.

(ERG Verfahren)

Ergebnis kann allgemein sein: Verfahrensrechtmäßigkeit oder Verfahrensrechtswidrigkeit der Maßnahme.

B. Formelle Rechtmäßigkeit (FR) III. Form (F)

(VOR/DEF)

Form ist normiertes Wie der Rechtsfolgesetzung – mündlich, schriftlich, elektronisch oder in anderer Weise.

(SUB/ERG)

Im konkreten Fall besteht bei Fehlen speziellerer Formrechtsnormen Formfreiheit für den Justiz-VA, sodass der Justiz-VA formrechtmäßig schriftlich, elektronisch, mündlich oder in anderer Weise ergehen kann.

Rechtsnormen wie § 114a StPO, § 114b Abs. 1 StPO, § 168b StPO sind i.d.R. bereits integrativer Verfahrensbestandteil.

Ergebnis kann allgemein sein: Formrechtmäßigkeit oder Formrechtswidrigkeit der Maßnahme.

C. Materielle Rechtmäßigkeit (MR) I. Tatbestand (Tb) / Tatbestandsvoraussetzungen (TBV)

(VOR/DEF)

Tatbestand ist das Gesamt der (materiell-rechtlichen) Rechtsfolge(setzungs)bedingungen. / **Tatbestandsvoraussetzungen** sind materiell-rechtliche Rechtsfolgesetzungsbedingungen.

(VOR/DEF)

1. Allgemeine TBV Tatverdacht

§ 163 Abs. 1 S. 1 i.V.m. § 152 Abs. 2 StPO (auch § 127b Abs. 1 S. 1 StPO: „Tat"): **Tatverdacht** ist das Gegebensein zureichender tatsächlicher Anhaltspunkte für eine verfolgbare Straftat.

2. Spezielle TBV aus § 127b Abs. 1 S. 1 StPO: Betreffen oder Verfolgen eines auf frischer Tat

Gemäß § 127b Abs. 1 S. 1 StPO ist Voraussetzung: Betreffen oder Verfolgen eines dringend Tatverdächtigen (Erwachsener oder Heranwachsender, § 79 Abs. 2 JGG) auf frischer Tat.

Dringender Tatverdacht im Sinne von §§ 127b StPO ist das Gegebensein zureichender tatsächlicher Anhaltspunkte für die große Wahrscheinlichkeit einer verfolgbaren Straftat.[1869]

Betreffen auf frischer Tat ist gegeben, wenn bei (dringendem) Tatverdacht der Tatverdächtige im engen zeitlichen und örtlichen Zusammenhang zur mutmaßlichen Tat wahrgenommen wird.

Verfolgung auf frischer Tat ist gegeben, wenn bei (dringendem) Tatverdacht seit Verdachtsentstehung Maßnahmen zur Ergreifung eines Tatverdächtigen getroffen werden und seitdem der **Verfolgungszusammenhang** (alternativ über Hinweise, Hörkontakt, Sichtkontakt, Spuren) nicht abgerissen ist.

3. Spezielle TBV aus § 127b Abs. 1 S. 1 Nr. 1 StPO: Wahrscheinlichkeit unverzüglicher Entscheidung im beschleunigten Verfahren

Gemäß § 127b Abs. 1 S. 1 Nr. 1 StPO ist Voraussetzung: **Wahrscheinlichkeit unverzüglicher Entscheidung** im **beschleunigten Verfahren**[1870]; diese Wahrscheinlichkeit ist gegeben bei (kumulativ):

- einfachem Sachverhalt und klarer Beweislage, § 417 StPO;
- Nichterwartung von Maßnahmen nach §§ 153-154f, 170 Abs. 2 StPO und Nichterwartung einer Freiheitsstrafe über 1 Jahr oder einer Maßregel der Besserung und Sicherung außer Fahrerlaubnisentziehung, § 419 Abs. 1 StPO.

Die **Wahrscheinlichkeit unverzüglicher Entscheidung im beschleunigten Verfahren** steigt mit bestimmten Faktoren, die jedoch einzeln weder positiv noch negativ zwingende Voraussetzung sind – und zum Beispiel folgende sein können:

- Delikt von generell einfacher Struktur mit überschaubarer Konstellation an Personen, Sachen, Vorgeschichten;
- geständige Einlassung bzw. Geständnis;
- Bild- oder Tonaufzeichnungen;
- Bestimmte Anzahl an (eindeutigen, glaubhaften, unabhängigen) Zeugenaussagen (glaubwürdiger Zeugen);

[1869] BVerfG, Beschluss der 1. Kammer des Zweiten Senats vom 09.03.2020 – 2 BvR 103/20 – (Frage konkreter Tatbeiträge und Haftgründe bei Totschlagsbeihilfeverdacht), Rn. 63: „Der für die Anordnung von Untersuchungshaft erforderliche dringende Tatverdacht (§ 112 Abs. 1 Satz 1 StPO) liegt deshalb nach allgemeiner Auffassung nur vor, wenn aufgrund bestimmter Tatsachen eine große Wahrscheinlichkeit dafür besteht, dass der Beschuldigte als Täter oder Teilnehmer eine Straftat begangen hat (vgl. BVerfG, Beschluss der 2. Kammer des Zweiten Senats vom 12. September 1995 - 2 BvR 2475/94, NJW 1996, S. 1049 <1050>)."

[1870] Unterscheide: Vereinfachtes Verfahren i.S.v. 2. Teil (Jugendliche), 2. Hauptstück (Jugendgerichtsverfassung und Jugendstrafverfahren), 3. Abschnitt (**Jugendstrafverfahren**), 8. Unterabschnitt (**Vereinfachtes Jugendverfahren**), §§ 75-78 JGG; „**Vereinfachtes Verfahren** zur Bearbeitung ausgewählter Delikte", Runderlass des Innenministeriums NRW vom 04.03.1994 - IV D 1/C 2 - 6533/2706.

- Verfolgungszusammenhang, möglichst lückenlos nachvollziehbar zwischen mutmaßlichem Tatzeitpunkt bzw. Tatort und ggf. weiteren (Antreff-)Orten und Zeiten insbesondere bezüglich der verdächtigen Person;
- Zuordenbarkeit des genauen Auffindeorts bzw. Lageorts von Tatertrags- oder Tatmittel- oder Tatobjekt-Gegenständen in bestimmter verdächtiger Antreffsituation;
- Erreichbarkeit von Personen und Gegenständen zu weiteren Terminen des beschleunigten Verfahrens.

4. Spezielle TBV aus § 127b Abs. 1 S. 1 Nr. 2 StPO: Haftgrund Fernbleibefürchtung

Gemäß § 127b Abs. 1 S. 1 Nr. 2 StPO ist Voraussetzung: **Haftgrund**[1871] **Fernbleibebefürchtung** als eine Art Fluchtgefahr.

Fernbleibebefürchtung ist die Befürchtung aufgrund bestimmter Tatsachen, dass der „Festgenommene" (= zum maßgeblichen Zeitpunkt polizeilicher vorläufiger Festnahme: der jedenfalls durch die Festnahme beschuldigte Verdächtige) der Hauptverhandlung fernbleiben wird (≙ **Fluchtgefahr**: Fluchtgefahr besteht, wenn aufgrund bestimmter Tatsachen bei Würdigung der Umstände des einzelnen Falls die Gefahr besteht, daß der Beschuldigte sich dem Strafverfahren entziehen werde.[1872]).

1871 Zur Haftgrundprüfung und Haftgrunddarlegung der Haftgrundvoraussetzungen exemplarisch: BVerfG, Beschluss der 1. Kammer des Zweiten Senats vom 09.03.2020 – 2 BvR 103/20 – (Frage konkreter Tatbeiträge und Haftgründe bei Totschlagsbeihilfeverdacht), Rn. 74: „Überdies fehlt es dem Beschluss des Oberlandesgerichts an der hinreichend begründeten Darlegung eines Haftgrundes. Dabei ist aus den vorstehenden Erwägungen bereits zweifelhaft, dass in Person des Beschwerdeführers der Haftgrund der Schwerkriminalität (§ 112 Abs. 3 StPO) vorliegt, bei dem es genügen würde, dass Flucht- und Verdunkelungsgefahr nicht auszuschließen sind (vgl. BVerfGE 19, 342 <350>; BVerfG, Beschluss der 3. Kammer des Zweiten Senats vom 28. Februar 1991 - 2 BvR 86/91 -, Rn. 20). Jedenfalls weist der Beschluss des Oberlandesgerichts keine einzelfallbezogene Auseinandersetzung mit Umständen auf, die einer Flucht- und Verdunkelungsgefahr entgegenstehen können. Es ist vor allem nicht erkennbar, dass sich das Oberlandesgericht mit den – insbesondere in Person des Beschwerdeführers – naheliegenden tatsächlichen Umständen auseinandergesetzt hätte, die gegen eine Fluchtgefahr sprechen können (Alter, Familie, Berufsausbildung usw.). Auch zu den besonderen Voraussetzungen des § 72 JGG verhält sich das Oberlandesgericht nicht. Vielmehr stellt es lediglich formelhaft, pauschal und undifferenziert hinsichtlich aller sechs Beschuldigten fest, dass dem in der Straferwartung begründeten Fluchtanreiz keine ausreichenden Bindungen der Beschuldigten gegenüberstünden, ohne aber die jeweiligen persönlichen Verhältnisse in den Blick zu nehmen (vgl. BVerfG, Beschluss der 1. Kammer des Zweiten Senats vom 25. Juni 2018 - 2 BvR 631/18 -, Rn. 38). Zur Verdunkelungsgefahr fehlen Ausführungen sogar gänzlich. Gerade im Fall des Beschwerdeführers, der im Beschwerdeverfahren umfangreich zum Fehlen von Haftgründen vorgetragen hatte, hätte sich das Oberlandesgericht jedoch zu einer umfassenden Berücksichtigung und Würdigung aller Umstände des Einzelfalls gedrängt sehen müssen.".

1872 Bzgl. dem in praxi am häufigsten angewendeten Haftgrund der Fluchtgefahr sind im konkreten Fall insbesondere folgende Tatsachen ggf. zu würdigen:

- Straferwartung
- Nichtverfügung des Beschuldigten über gefestigte Bindungen (etwa:
  - Fehlen von faktisch festem Wohnsitz [grds. unabhängig vom EMA-Status];
  - Fehlen geregelter Arbeit oder sonstiger Beschäftigung;
  - Fehlen von festem Unterstützungskontakt zu: Eltern, Verwandten, Freunden, sonstigen Nahestehenden;
  - Fehlen steter Lebensweise und Fehlen von Mitteln für stetes Leben;

Aus dem entsprechend anwendbaren § 113 Abs. 2 StPO ergibt sich eine negative Voraussetzung[1873] nur bzgl. Fluchtgefahr wie folgt: Ist die Tat nur mit Freiheitsstrafe bis zu sechs Monaten oder mit Geldstrafe bis zu einhundertachtzig Tagessätzen bedroht, so darf die Untersuchungshaft wegen Fluchtgefahr nur angeordnet werden, wenn der Beschuldigte

1. sich dem Verfahren bereits einmal entzogen hatte oder Anstalten zur Flucht getroffen hat,
2. im Geltungsbereich dieses Gesetzes keinen festen Wohnsitz oder Aufenthalt hat oder
3. sich über seine Person nicht ausweisen kann.

5. Spezielle (umgekehrte) TBV aus § 127 Abs. 3 StPO bzgl. Strafantrag, Ermächtigung, Strafverlangen

Die vorläufige Festnahme ist gemäß § 127 Abs. 3 StPO auch dann „zulässig, wenn" noch kein Strafantrag gestellt ist oder wenn noch nicht eine Ermächtigung oder ein Strafverlangen[1874] vorliegt.[1875]

(SUB/ERG)

Im konkreten Fall sind die Tatbestandsvoraussetzungen für § 127b StPO (alternativ)

- erfüllt bei Anhaltspunkten / bei Fehlen entgegenstehender Anhaltspunkte.
- nicht erfüllt bei Anhaltspunkten / bei Fehlen entgegenstehender Anhaltspunkte

---

- Vorhandensein von Absetzmöglichkeiten in den „Untergrund" oder ins Ausland wie z.B. ausländische Nationalität/Staatsangehörigkeit, Kontakte, Ressourcen;
- Fluchtverhaltensweisen/Fluchtgedanken/Suizidgefahr;
- Sonstige Anhaltspunkte für Fluchtfähigkeit, zum Beispiel Alter und Gesundheitssituation.

Fluchtgefahr ist in Anwendung der Legaldefinition des § 112 Abs. 2 Nr. 2 StPO gegeben, wenn im konkreten Fall zur maßgeblichen Zeit jedenfalls gewichtigere Tatsachen mehr für als gegen Fluchtgefahr sprechen; insbesondere wenn im konkreten Fall andere Abwägungskriterien die grundsätzlich für Fluchtgefahr-Annahme sprechende Strafmaßerwartung nicht zu widerlegen vermögen.

[1873] Zu **umgekehrten Voraussetzungen** (negative Voraussetzungen / positive Voraussetzungen) Voraussetzungen siehe auch: *Basten*, Eingriffsrecht der Polizei in Nordrhein-Westfalen, Band 1, S. 220 f., 242.

[1874] Zu **Ermächtigung** und **Strafverlangen** i.S.d. § 127 Abs. 3 StPO vgl. § 77e StGB. Unterscheide von der Ermächtigung i.S.d. § 77e StGB die „Ermächtigung" i.S.v. Art. 80 GG, Art. 70 Verfassung NRW als Gesetzgebungskompetenz(-Übertragung von der Legislative) für die Exekutive mit einer „Ermächtigungsgrundlage" als hauptsächliche Rechtsgrundlage für diese Ermächtigung (vgl. z.B. § 37 Abs. 4 S. 2 PolG NRW). Unterscheide Befugnisrechtsnorm als hauptsächliche Rechtsgrundlage für eine materiellrechtliche Befugnis (im Sinne eines Einzelakts aufgrund Gesetzes), zu „Befugnissen" vgl. z.B. Zweiter Abschnitt und Zweiter Abschnitt Erster Unterabschnitt Überschrift PolG NRW. Siehe zu allen möglichen **Rechtsnormarten** auch: *Basten*, Eingriffsrecht der Polizei in Nordrhein-Westfalen, Band 1, S. 31-34.

[1875] Zu **umgekehrten Voraussetzungen** (negative Voraussetzungen / positive Voraussetzungen) Voraussetzungen siehe auch: *Basten*, Eingriffsrecht der Polizei in Nordrhein-Westfalen, Band 1, S. 220 f., 242.

C. Materielle Rechtmäßigkeit (MR) II. Inanspruchnahme (In) / Inanspruchnahmevoraussetzungen (Inv)

(VOR/DEF)

Inanspruchnahmevoraussetzungen sind materiell-rechtliche Bedingungen für richtige Inanspruchnahme.

Inanspruchnahme ist Adressierung und sonstiges Betroffenmachen; **Adressierung** ist direktes Bestimmen oder finales Richten einer Maßnahme an einen Grundrechtsträger, vgl. §§ 100b Abs. 3, 100c Abs. 2, 100h Abs. 3, 163f Abs. 2 StPO.

Nach § 127b Abs. 1 StPO ist Inanspruchnahme grundsätzlich richtig gegen folgende Person: Dringend Tatverdächtiger (Beschuldigter).

Tatverdächtiger ist die Person, gegen die zureichende tatsächliche Anhaltspunkte der Beteiligung an einer verfolgbaren Straftat gegeben sind, vgl. § 152 Abs. 2 StPO.

Dringend Tatverdächtiger ist die Person, gegen die zureichende tatsächliche Anhaltspunkte für die große Wahrscheinlichkeit der Beteiligung an einer verfolgbaren Straftat gegeben sind, vgl. § 152 Abs. 2 StPO.

Beschuldigter, vgl. § 157 StPO, ist im Strafverfahren jede (tatverdächtige) Person, gegen die im Rahmen eines Strafverfahrens wegen einer bestimmten Straftat ermittelt wird, was sich durch Auslegung nach dem objektivierten Empfängerhorizont, §§ 133, 157 BGB analog, etwa über einen **Inkulpationsakt**, vgl. § 397 Abs. 1 AO, ergibt.

(SUB/ERG)

Im konkreten Fall ist die Person (alternativ)

- richtigerweise gemäß § 127b Abs. 1 S. 1, Abs. 2 S. 1 StPO als dringend Tatverdächtigen in Anspruch genommen/adressiert.
- nicht richtigerweise in Anspruch genommen/adressiert.

C. Materielle Rechtmäßigkeit (MR) III. Rechtsfolge (Rf) / Rechtsfolgevoraussetzungen (RfV)

(VOR/DEF)

Rechtsfolge ist rechtliche Folge aus dem Tatbestand. / **Rechtsfolgevoraussetzungen** sind materiell-rechtliche Rechtsfolgegestaltungsbedingungen.

C. Materielle Rechtmäßigkeit (MR) III. Rechtsfolge (Rf) 1. Tatsächliche und rechtliche Möglichkeit (TurM)

(VOR/DEF)

Tatsächliche und rechtliche Möglichkeit betrifft Fälle wie aus § 44 Abs. 2 Nr. 4-6 VwVfG NRW.

(SUB/ERG)

Tatsächliche und rechtliche Möglichkeit ist im konkreten Fall gegeben/nicht gegeben aufgrund Vorliegens/Nichtvorliegens von kognitiven, körperlichen, normativen, technischen Unmöglichkeiten.

Tatsächliche Unmöglichkeit ist gegeben bei Fehlen jeglicher personellen und materiellen Kapazitäten.

Rechtliche Unmöglichkeit ist gegeben bei Fehlen von menschenwürdigen Kapazitäten.[1876]

[1876] BVerfG, Beschluss der 2. Kammer des Ersten Senats vom 17.02.2020 – 1 BvR 3182/15 –, Rn. 17 f. „Im Einklang mit der bisherigen Rechtsprechung ist das Oberlandesgericht im Ansatz davon ausgegangen, dass die Frage nach der **Menschenwürdigkeit der Unterbringung von Gefangenen** von einer Gesamtschau der tatsächlichen, die **Haftsituation** bestimmenden Umstände abhängt, wobei als Faktoren in räumlicher Hinsicht in erster Linie die Bodenfläche pro Gefangenem und die Situation der sanitären Anlagen, namentlich die Abtrennung und Belüftung der Toilette, zu beachten sind (vgl. nur BVerfG, Beschluss der 3. Kammer des Ersten Senats vom 14. Juli 2015 - 1 BvR 1332/14 -, juris, Rn. 18; Beschluss der 2. Kammer des Zweiten Senats vom 22. März 2016 - 2 BvR 566/15 -, Rn. 27) und als die Haftsituation mildernde oder verschärfende Merkmale der Umfang der täglichen Einschlusszeiten und die Belegdichte des Haftraums Berücksichtigung finden. […] Allerdings lässt sich die Frage, wann die räumlichen Verhältnisse in einer Haftanstalt derart beengt sind, dass die Unterbringung eines Gefangenen dessen Menschenwürde verletzt, nach der Rechtsprechung des Bundesgerichtshofs nicht abstrakt-generell klären, sondern muss der tatrichterlichen Beurteilung überlassen bleiben (beispielsweise BGH, Urteil vom 4. Juli 2013 - III ZR 342/12 -, BGHZ 198, 1). Danach kann es die Klärung eines verfassungsmäßigen Raummindestsolls im Sinne schematisch festgelegter allgemeiner Maßzahlen nicht geben (vgl. BGH, Urteil vom 11. März 2010 - III ZR 124/09 -, juris, Rn. 7).".

BVerfG, Beschluss des Zweiten Senats vom 01.12.2020 – 2 BvR 1845/18 –, Ls. 3, Rn. 48-52, 59, 62, 63, 68, 69, 72, 76, 78; Rn. 49: „In Anbetracht der Bedeutung des **Raumfaktors bei der Gesamtbeurteilung der Haftbedingungen** begründet nach der Rechtsprechung des Gerichtshofs der Europäischen Union und des Europäischen Gerichtshofs für Menschenrechte der Umstand, dass der einem Inhaftierten zur Verfügung stehende Raum in einer Gemeinschaftszelle unter 3 m² liegt, eine starke [nach Rn. 49 widerlegliche] Vermutung für einen Verstoß gegen Art. 4 GRCh beziehungsweise Art. 3 EMRK.", Rn. 50: „Verfügt ein Gefangener in einer Gemeinschaftszelle über einen persönlichen Raum, der zwischen 3 m² und 4 m² beträgt, kann ein Verstoß gegen Art. 4 GRCh beziehungsweise Art. 3 EMRK vorliegen, wenn zu dem Raummangel weitere defizitäre Haftbedingungen hinzutreten [wie in Rn. 50 genannt].", Rn. 51: „Bei mehr als 4 m² persönlichem Raum in einer Gemeinschaftszelle bleiben die weiteren Aspekte der Haftbedingungen für die erforderliche Gesamtbeurteilung relevant (vgl. EuGH, Urteil vom 15. Oktober 2019, Dorobantu, C-128/18, EU:C:2019:857, Rn. 76 mit Verweis auf EGMR <GK>, Muršić v. Croatia, Urteil vom 20. Oktober 2016, Nr. 7334/13, § 140).".

C. Materielle Rechtmäßigkeit (MR) III. Rechtsfolge (Rf) 2. Bestimmtheit (Bsh)

(VOR/DEF)

Bestimmtheit ist Maßnahmenerkennbarkeit und Maßnahmenverstehbarkeit, bei Justiz-VA Pflicht nach Art. 20 Abs. 3 GG.

(SUB/ERG)

Die Festnahme ist inhaltlich hinreichend bestimmt i.S.d. Art. 20 Abs. 3 GG, denn nach Auslegung der Festnahme kann der Erklärungsempfänger wie jeder vernünftige Dritte, §§ 133, 157 BGB analog, in der konkreten Situation deren Inhalt hinreichend erkennen und verstehen, nämlich:

- dass die Polizei ggü. dem Festnahmeadressaten (wer)
- aus Strafrechtspflegegründen (warum)
- zu einer bestimmten Zeit (wann)
- einen Zweck aus einer Festnahmebefugnisrechtsnorm verfolgt (was)
- und zwar durch Sicherung/Festsetzung/Zurverfügunghalten der Person an einem bestimmten Ort/in einem bestimmten Raum (wie).

C. Materielle Rechtmäßigkeit (MR) III. Rechtsfolge (Rf) 3. Ermessen (Erm)

(VOR/DEF)

Ermessen ist Entscheidungsspielraum auf der Rechtsfolgenseite bzgl. rechtsfehlerfreier Ausübung von Einschreit-Entschließung (Ob), Adressaten-Auswahl (Wer), Maßnahmen-Gestaltung (Wie).

(SUB/ERG)

a) Einschreitentschließungs-„Ermessen“ ist grundsätzlich nicht gegeben, vgl. § 163 Abs. 1 S. 1 („haben“) i.V.m. § 152 Abs. 2 StPO (Legalitätsgrundsatz: „ist […] verpflichtet, […] einzuschreiten“); ein Opportunitätsprinzip ist nur ausnahmsweise gegeben.

b) Adressatenauswahl-„Ermessen“ ist grundsätzlich gegeben, insbesondere bzgl. zweckförderlicher Reihenfolge der Inanspruchnahme von Beschuldigten, Verdächtigen, Zeugen, anderen Personen, Dritten.

c) Maßnahmengestaltungs-„Ermessen“ ist grundsätzlich gegeben, vgl. auch § 127a StPO.[1877]

1877 Vgl. BVerfGE 19, 342, 349 (Wencker) = BVerfG, Beschluss des Ersten Senats vom 15.12.1965 – 1 BvR 513/65: „Die Strafprozeßnovelle vom 19. Dezember 1964, deren Ziel eine verfassungskonforme Ausgestaltung des Strafverfahrens war, will dem Grundsatz der Verhältnismäßigkeit im Untersuchungshaftrecht allgemein Geltung verschaffen. Er wird, was die Voraussetzungen der Haftanordnung anlangt, in § 112 Abs. 1 Satz 2 StPO generell ausgesprochen und für Vollzug und Dauer der Haft in §§ 116, 120, 121 StPO wiederholt. Er kommt vor allem auch darin zum Ausdruck, daß - trotz genauer Umschreibung der Voraussetzungen für den Erlaß eines Haftbefehls - dieser niemals obligatorisch ist, sondern stets im

Ein etwaig gegebener Entscheidungsspielraum wird aufgrund von entsprechenden Anhaltspunkten/in Ermangelung entgegenstehender Anhaltspunkte ohne Ermessensfehler/mit Ermessensfehlern (Ermessensunterschreitung, Ermessensüberschreitung, Ermessensfehlgebrauch) ausgeübt bzgl. folgender Ermessensarten:

a) Entschließungsermessen:

Ein etwaig gegebenes Entschließungsermessen kann im konkreten Fall sogar gegen / auf Null reduziert sein, insbesondere wegen:

- Einschreitmöglichkeit;
- Erheblichkeitsgrad von Tatverdachten.

b) Auswahlermessen:

siehe C. II.: Auswahlermessen wird abschließend beurteilt i.V.m. Punkt C. II. (Inanspruchnahme).

c) Gestaltungsermessen:

siehe C. III. 4.: Gestaltungsermessen wird abschließend beurteilt i.V.m. Punkt C. III. 4. (VHM).

C. Materielle Rechtmäßigkeit (MR) III. Rechtsfolge (Rf) 4. Verhältnismäßigkeit (VHM)

(VOR/DEF)

Verhältnismäßigkeit ist Geeignetheit, Erforderlichkeit, Angemessenheit der Maßnahme zu einem legitimen Zweck.

(VOR/DEF)

a) Legitimer Zweck ist verfassungsgemäßer Zweck.

(SUB/ERG)

Im konkreten Fall verfolgt die Festnahme (alternativ)

- einen legitimen Zweck, nämlich letztlich die Tatverdachtsaufklärung(sgefährdungsabwehr) im beschleunigten Verfahren, Art. 20 Abs. 3 GG.[1878]

---

pflichtmäßigen Ermessen des Richters steht; das folgt aus dem Wort ‚darf' in § 112 Abs. 1 und 4 [jetzt: Abs. 3] StPO".

1878 BVerfGE 19, 342, 349 f. (Wencker) = BVerfG, Beschluss des Ersten Senats vom 15.12.1965 – 1 BvR 513/65: „Bei der ihm hiernach obliegenden Abwägung hat der Richter stets im Auge zu behalten, daß es der vornehmliche Zweck und der eigentliche Rechtfertigungsgrund der Untersuchungshaft ist, die Durchführung eines geordneten Strafverfahrens zu gewährleisten und die spätere Strafvollstreckung sicherzustellen; ist sie zu einem dieser Zwecke nicht mehr nötig, so ist es unverhältnismäßig und daher grundsätzlich unzulässig, sie anzuordnen, aufrechtzuerhalten oder zu vollziehen. Die Haftgründe der Fluchtgefahr und der Verdunkelungsgefahr (§ 112 Abs. 2 StPO) dienen ersichtlich diesem Zweck. Der Haftgrund der Wiederholungsgefahr in § 112 Abs. 3 StPO [jetzt: § 112a StPO] geht zwar darüber hinaus, indem er den Schutz der Allgemeinheit vor weiteren Straftaten, also einen präventiv-polizeilichen Gesichtspunkt, für die Verhängung der Untersuchungshaft genügen läßt. Er kann jedoch damit gerechtfertigt werden, daß es hier um die Bewahrung eines besonders schutzbedürftigen Kreises der Bevölkerung

- keinen legitimen Zweck.

(VOR/DEF)

b) Geeignetheit einer staatlichen Maßnahme ist gegeben bei deren Zweckförderungstauglichkeit.

(SUB/ERG)

Im konkreten Fall ist die Festnahme (alternativ)

- geeignet wegen Sicherung/Festsetzung/Zurverfügunghalten des Verdächtigen an einem bestimmten Ort/in einem bestimmten Raum und damit Anwesenheit des Verdächtigen für die Tatverdachtserforschung und Sachverhaltsaufklärung.
- ungeeignet.

(VOR/DEF)

c) Erforderlichkeit einer staatlichen Maßnahme ist Nichtverfügbarkeit eines milderen (Übermaßverbot), gleich geeigneten (Untermaßverbot) Mittels zur Zweckförderung; bei Festnahme nur wegen Fluchtgefahr/Fernbleibebefürchtung vgl. auch § 127a StPO.

(SUB/ERG)

Im konkreten Fall ist die Festnahme (alternativ)

- erforderlich, denn einerseits sind mildere Maßnahmen wie etwa § 163 Abs. 3 StPO, § 163a StPO oder Nichtstun (alleine) nicht gleich geeignet, weil sie nicht in gleicher Weise die Tatverdachtserforschung und Sachverhaltsaufklärung fördern (Untermaßverbot) und andererseits sind (mindestens) gleich geeignete, intensivere Maßnahmen wie Zwang (noch) nicht notwendig (Übermaßverbot).
- nicht erforderlich.

(VOR/DEF)

d) Angemessenheit oder **Verhältnismäßigkeit im engeren Sinne** einer staatlichen Maßnahme ist angemessenes Maß oder Verhältnis zwischen Zweckförderung für Erhaltungsrechte und Wirkungen für Eingriffsrechte, vgl. betroffene GR.[1879]

---

vor mit hoher Wahrscheinlichkeit drohenden schweren Straftaten geht; auch erscheint es zweckmäßiger, diesen Schutz den bereits mit der Aufklärung der begangenen Straftat befaßten Strafverfolgungsbehörden und damit dem Richter anzuvertrauen als der Polizei."

1879 BVerfGE 105, 239, 247 (Richtervorbehalt bei Freiheitsentziehung) = BVerfG, Beschluss des Zweiten Senats vom 15.05.2002 – 2 BvR 2292/00, C. I. 1., Rn. 22: „Art. 2 Abs. 2 Satz 2 GG bezeichnet die Freiheit der Person als ‚**unverletzlich**'. Diese verfassungsrechtliche Grundentscheidung kennzeichnet das Freiheitsrecht als ein besonders hohes Rechtsgut, in das nur aus wichtigen Gründen eingegriffen werden darf (vgl. BVerfGE 10, 302 [322]; 29, 312 [316]; 32, 87 [92]; 65, 317 [322]).“; vgl. auch insbesondere zu Legtimem Zweck, Erforderlichkeit, Angemessenheit BVerfG, Beschluss der 2. Kammer des Zweiten Senats vom 29.06.1995 – 2 BvR 2537/94: „Aus Art. 2 Abs. 2 Satz 2 GG folgt, daß Ordnung und Vollzug der Untersuchungshaft von dem Grundsatz der Verhältnismäßigkeit beherrscht werden.

(SUB/ERG)

Im konkreten Fall ist die Festnahme (alternativ)

- angemessen, denn der Grundrechtseingriff insbesondere in Art. 2 Abs. 2 S. 2 GG steht angesichts der zu schützenden Rechte und Rechtsgüter insbesondere aus Art. 20 Abs. 3 GG nicht außer Verhältnis.
- unangemessen.

(ERG VHM)

Die Festnahme ist insgesamt i.S.v. Art. 20 Abs. 3 GG (alternativ)

- verhältnismäßig.
- unverhältnismäßig.

D. Gesamtergebnis (GErg)

Die Festnahme ist (alternativ)

- gemäß § 127b StPO rechtmäßig.
- wegen Art./§ (bestimmter Rechtsnorm [z.B. Art. 20 Abs. 3 GG]) rechtswidrig.

Dies bedeutet, daß der Eingriff in die Freiheit nur hinzunehmen ist, wenn und soweit einerseits wegen dringenden Tatverdachts begründete Zweifel an der Unschuld des Verdächtigen bestehen, andererseits der legitime Anspruch der staatlichen Gemeinschaft auf vollständige Aufklärung der Tat und rasche Bestrafung des Täters nicht anders gesichert werden kann als dadurch, daß der Verdächtige vorläufig in Haft genommen wird. Bei dieser Abwägung hat der Richter stets im Auge zu behalten, daß es der vornehmliche Zweck und der eigentliche Rechtfertigungsgrund der Untersuchungshaft ist, die Durchführung eines geordneten Strafverfahrens zu gewährleisten und die spätere Strafvollstreckung sicherzustellen; ist sie zu einem dieser Zwecke nicht mehr nötig, so ist es unverhältnismäßig und daher grundsätzlich unzulässig, sie anzuordnen, aufrechtzuerhalten oder zu vollziehen (vgl. BVerfGE 19, 342 <347 ff.>; 20, 45 <49 f.>; 36, 264 <269 f.>).“; vgl. BVerfG, Beschluss der 1. Kammer des Zweiten Senats vom 01.04.2020 – 2 BvR 225/20 –, Rn. 58: „Der Verhältnismäßigkeitsgrundsatz ist nicht nur für die Anordnung, sondern auch für die Dauer der Untersuchungshaft von Bedeutung. Er verlangt, dass die Dauer der Untersuchungshaft nicht außer Verhältnis zur erwarteten Strafe steht, und setzt ihr auch unabhängig von der Straferwartung Grenzen (vgl. BVerfGE 20, 45 <49 f.>). Das Gewicht des Freiheitsanspruchs vergrößert sich gegenüber dem Interesse an einer wirksamen Strafverfolgung regelmäßig mit zunehmender Dauer der Untersuchungshaft (vgl. BVerfGE 36, 264 <270>; 53, 152 <158 f.>). Daraus folgt zum einen, dass die Anforderungen an die Zügigkeit der Arbeit in einer Haftsache mit der Dauer der Untersuchungshaft steigen. Zum anderen nehmen auch die Anforderungen an den die Haftfortdauer rechtfertigenden Grund zu (vgl. BVerfGK 7, 140 <161>; 15, 474 <480>; 17, 517 <522>; Beschluss der 1. Kammer des Zweiten Senats vom 9. März 2020 - 2 BvR 103/20 -, Rn. 47). Im Rahmen der von den Fachgerichten vorzunehmenden Abwägung zwischen dem Freiheitsanspruch des Betroffenen und dem Strafverfolgungsinteresse der Allgemeinheit ist die Angemessenheit der Haftfortdauer anhand objektiver Kriterien des jeweiligen Einzelfalles zu prüfen; insofern sind in erster Linie die Komplexität der einzelnen Rechtssache, die Vielzahl der beteiligten Personen und das Verhalten der Verteidigung von Bedeutung (vgl. BVerfG, Beschluss der 3. Kammer des Zweiten Senats vom 22. Januar 2014 - 2 BvR 2248/13 u.a. -, Rn. 37; Beschluss der 1. Kammer des Zweiten Senats vom 23. Januar 2019 - 2 BvR 2429/18 -, Rn. 56; Beschluss der 1. Kammer des Zweiten Senats vom 18. Februar 2020 - 2 BvR 2090/19 -, Rn. 47).“.

ABSCHNITT 35: VORLÄUFIGE FESTNAHME VON STÖRERN, § 164 STPO (VGL. AUCH § 46 ABS. 3 S. 1 OWIG)

A. Rechtsgrundlage (RGL) I. Grundrechte (GR)

(VOR/DEF)

Grundrechte sind grundlegende Rechte aus Art. 1-19 GG i.V.m. dem Rechtsstaatsprinzip, Art. 20 Abs. 3 GG, mit Vorrang und Vorbehalt des Gesetzes.[1880]

(SUB/ERG)

Grundrechte sind fallabhängig insbesondere wie folgt gegeben:

1. Körperliche Bewegungsfreiheit, Art. 2 Abs. 2 S. 2 GG[1881]

a) GR-SB:

aa) Persönlicher GR-SB: „**Person**", vgl. § 1 BGB.

bb) Sachlicher GR-SB: „**Freiheit**" ist **körperliche Bewegungsfreiheit** als Freiheit, jeden Ort oder Raum aufzusuchen, sich dort aufzuhalten, (ihn zu verlassen), der an sich (tatsächlich und rechtlich) zugänglich ist.

b) GR-E (oder Nichteingriff/GR-Verzicht): Freiheitsentziehung oder sonstige Freiheitsbeschränkung.

Freiheitsbeschränkung (Freiheitsentziehung oder sonstige Freiheitsbeschränkung) liegt vor, wenn jemand durch die öffentliche Gewalt gegen seinen Willen daran gehindert wird, einen Ort oder Raum aufzusuchen oder sich dort aufzuhalten, der ihm an sich (tatsächlich und rechtlich) zugänglich ist. Eine **Freiheitsentziehung** als schwerste Form der Freiheitsbeschränkung ist dann gegeben, wenn die tatsächlich und rechtlich an sich gegebene körperliche Bewegungsfreiheit durch staatliche Maßnahmen nach jeder Richtung hin aufgehoben wird[1882]; Freiheitsentziehung setzt auch eine besondere Eingriffsintensität und eine nicht nur kurzfristi-

---

[1880] Zu **Grundrechten**: *Basten*, Eingriffsrecht der Polizei in Nordrhein-Westfalen, Band 1, Buch 1, Abschnitt 2, Unterabschnitt 3. Zum **Rechtsstaatsprinzip** mit unter anderem sogenanntem Vorrang des Gesetzes und Vorbehalt des Gesetzes: *Basten*, Eingriffsrecht der Polizei in Nordrhein-Westfalen, Band 1, S. 95-108.

[1881] Vgl. auch Art. 142 GG i.V.m. Art. 4 Abs. 1 Verfassung NRW; Art. 20 Abs. 2a und Art. 21 AEUV i.V.m. Art. 6, 45 EU-GR-Charta (Bewegungsfreiheit, Freizügigkeit, Aufenthaltsfreiheit); Art. 5 EMRK; Art. 2 Protokoll Nr. 4 EMRK; Art. 21 AEUV (**Unionsbürgerfreizügigkeit**, zum **Unionsbürger** vgl. Art. 9 S. 2, 3 EUV, Art. 20 Abs. 1 S. 2, 3 AEUV); Art. 45 AEUV (**Arbeitnehmerfreizügigkeit**); Art. 49 AEUV (**Niederlassungsfreiheit**); Art. 56 AEUV (**Dienstleistungsfreiheit**); vgl. auch Art. 28 AEUV (**Warenverkehrsfreiheit**); Art. 9 Abs. 1 S. 1 IPbpR („Jedermann hat ein Recht auf persönliche Freiheit und Sicherheit."); Art. 9-11 IPbpR (Freiheitsentziehungsbedingungen), Art. 12 IPbpR (Bewegung, Wohnsitzwahl, Ausreise, Einreise in Hoheitsgebiet eines Staates, vgl. „Freizügigkeit"), Art. 13 IPbpR (Ausländerausweisungsbedingungen).

[1882] BVerfG, Beschluss der 1. Kammer des Ersten Senats vom 08.03.2011 – 1 BvR 47/05 –, Rn. 20, 26: „Das **Einsperren** des Beschwerdeführers in eine **Gewahrsamszelle** auf der Polizeiwache beziehungsweise auf dem Polizeipräsidium sowie **als Verbindungsglied** zwischen beiden das **Verbringen dorthin mittels Polizeifahrzeugen** stellen eine Freiheitsentziehung im Sinne von Art. 104 Abs. 2 GG und nicht lediglich eine Freiheitsbeschränkung dar. […] Jedenfalls muss die Unterbringung einer Person gegen ihren Willen in einem **Haftraum** als Freiheitsentziehung im Sinne von Art. 104 Abs. 2 GG angesehen werden (vgl. BGHZ 82, 261 <264> und BVerwGE 62, 317 <318>).“; BVerfGE 94, 166, 198 (Flughafenverfahren) = BVerfGE, Urteil des Zweiten Senats vom 14.05.1996 – 2 BvR 1516/93.

ge Dauer der Maßnahme voraus[1883]. Im Übrigen kann eine Abgrenzung zwischen Freiheitsentziehung und sonstiger Freiheitsbeschränkung auch erfolgen nach Art, Dauer, Intensität, Mittel, Zweck der Freiheitsbeschränkung.[1884]

c) GR-B: Art. 2 Abs. 2 S. 3 GG (i.V.m. Art. 104 GG).

Ggf. vertretbar wegen Unverfügbarkeit von Eigentum durch die Festnahme:

2. Eigentum, Art. 14 Abs. 1 S. 1 Alt. 1 GG[1885]

a) GR-SB:

aa) Persönlicher GR-SB: Alle Menschen (personen- und staatsangehörigkeitsunabhängiger Wortlaut).

bb) Sachlicher GR-SB: „**Eigentum**" ist Summe aller vermögenswerten Rechte, also jedenfalls auch der berechtigte Besitz und die berechtigte Nutzung[1886].[1887]

1883 BVerfGE 149, 293 (5-Punkt-Fixierung/7-Punkt-Fixierung) = BVerfG, Urteil des Zweiten Senats vom 24.07.2018 – 2 BvR 309/15 –, D. II. 2. a), Rn. 67, vgl. dazu auch BVerfGE 149, 293 (5-Punkt-Fixierung/7-Punkt-Fixierung) = BVerfG, Urteil des Zweiten Senats vom 24.07.2018 - 2 BvR 309/15 -, D. II. 2. b): „Jedenfalls eine **5-Punkt- oder 7-Punkt-Fixierung**, bei der sämtliche Gliedmaßen des Betroffenen mit Gurten am Bett festgebunden werden, stellt eine Freiheitsentziehung im Sinne von Art. 104 Abs. 2 GG dar, es sei denn, es handelt sich um eine lediglich **kurzfristige Maßnahme**. Von einer kurzfristigen Maßnahme ist in der Regel auszugehen, wenn sie absehbar die Dauer von ungefähr einer halben Stunde unterschreitet.".

1884 Vgl. auch insbesondere zu Art, Intensität, Mittel: § 415 Abs. 2 FamFG und §§ 37a, 62 PolG NRW.

1885 Vgl. auch Art. 142 GG i.V.m. Art. 4 Abs. 1 Verfassung NRW; Art. 17 EU-GR-Charta; Art. 1 Zusatzprotokoll EMRK.

1886 BVerfGE 95, 267, 300 (Altschulden) = BVerfG, Urteil des Ersten Senats vom 08.04.1997 – 1 BvR 48/94 –, C. I. 1., Rn. 130 f.: „Unter den Schutz der Eigentumsgarantie fallen grundsätzlich alle vermögenswerten Rechte, die dem Berechtigten von der Rechtsordnung in der Weise zugeordnet sind, daß er die damit verbundenen Befugnisse nach eigener Entscheidung zu seinem privaten Nutzen ausüben darf (vgl. BVerfGE 83, 201 [209]; stRspr). Der verfassungsrechtliche Eigentumsschutz reicht damit zwar erheblich weiter als das zivilrechtliche Eigentum und erstreckt sich auch auf nicht dingliche vermögenswerte Rechtspositionen. Er bleibt aber an Rechtspositionen gebunden. Kein Eigentum im Sinn von Art. 14 Abs. 1 GG ist daher das **Vermögen**, das selber kein Recht, sondern den Inbegriff aller geldwerten Güter einer Person darstellt (vgl. BVerfGE 4, 7 [17]; stRspr). Daraus folgt, daß Art. 14 Abs. 1 GG nicht vor der staatlichen Auferlegung von **Geldleistungspflichten** schützt. Diese sind nicht mittels eines bestimmten Eigentumsobjekts zu erfüllen, sondern werden aus dem fluktuierenden Vermögen bestritten. Etwas anderes kommt nur dann in Betracht, wenn die Geldleistungspflichten den Betroffenen übermäßig belasten und seine Vermögensverhältnisse so grundlegend beeinträchtigen, daß sie eine erdrosselnde Wirkung haben (vgl. BVerfGE 78, 232 [243]; stRspr).".

1887 Zum Vergleich von Art. 14 Abs. 1 S. 1 Alt. 1 GG und dem Auffanggrundrecht des Art. 2 Abs. 1 GG: Bei lediglich unentschiedenem Potential von Berechtigung wie Nichtberechtigung kann grundsätzlich in dubio pro libertate zunächst zugunsten des Grundrechtsfähigen größtmöglicher Grundrechtsschutzbereich vermutet werden. Vgl. auch BVerfGE 6, 55, 72 (Steuersplitting); BVerfGE 32, 54, 71 (Betriebsbetretungsrecht); BVerfGE 39, 1, 38 (Schwangerschaftsabbruch I); BVerfGE 51, 97, 110 (Zwangsvollstreckung I); BVerfGE 151, 67 (Richtervorbehalt, Bereitschaftsdienst, Nachtzeit/Tageszeit i.S.v. § 104 Abs. 3 StPO) = BVerfG, Beschluss des Zweiten Senats vom 12.03.2019 – 2 BvR 675/14 –, Rn. 55, wonach in Zweifelsfällen diejenige Auslegung zu wählen ist/derjenigen Auslegung der Vorzug zu geben ist, welche die (juristische) „Wirkungskraft der Grundrechtsnorm am stärksten entfaltet.". **Eigentum** i.S.d. (privat)rechtsnormgeprägten Schutzbereichs von Art. 14 Abs. 1 S. 1 Alt. 1 GG ist jedenfalls gegeben bei Eigentum i.S.d. Privatrechts und bei vermögenswerter Besitz-/Nutzungs-/Umgangs-Berechtigung (z.B. i.S.d. §§ 854-984 BGB). **Eigentumslosigkeit** i.S.d. (privat)rechtsnormgeprägten Schutzbereichs von Art. 14 Abs. 1 S. 1 Alt. 1 GG ist jedenfalls gegeben bei allseitiger Besitz-/Nutzungs-

b) GR-E (oder Nichteingriff/GR-Verzicht): **Eigentumseinschränkung** durch

Einschränkung eines vermögenswerten Rechts, etwa durch (alternativ)

- Einschränkungen oder Entzug der Nutzungs- und Verfügungsbefugnis an (berechtigtem) Eigentum/Besitz/Nutzung, vgl. §§ 903 ff. BGB, §§ 854 ff. BGB, ohne Güterbeschaffung als **Inhalts- und Schrankenbestimmung** im Sinne von Art. 14 Abs. 1 S. 2 GG[1888];
- Eigentumsentzug als **Enteignung** im Sinne des Art. 14 Abs. 3 GG mit Änderung der Eigentumszuordnung und stets mit Güterbeschaffung.[1889]

c) GR-B: Art. 14 Abs. 1 S. 2, Abs. 2, 3 GG, Art. 18 GG.

3. Allgemeine Verhaltensfreiheit / Allgemeine Handlungsfreiheit[1890], Art. 2 Abs. 1 GG[1891]

/Umgangs-Nichtberechtigung (z.B. i.S.d. §§ 854-984 BGB); nicht schon unbedingt bei lediglich Eigentums-Nichtberechtigung im privatrechtlichen Sinne bei vermögenswerten Besitz-/Nutzungs-/Umgangs-Berechtigungen; wohl aber jedenfalls auch bei Verbot i.S.d. § 134 BGB oder Sittenwidrigkeit i.S.d. § 138 BGB oder sonstiger Unwirksamkeitsgründe (Nichtentstehensgründe oder Erlöschensgründe) gerade bezüglich des Erwerbs- oder Nutzungs- oder Umgangsaktes (z.B. i.S.d. §§ 854-984 BGB; vgl. z.B. Btm-Umgangsarten i.S.d. § 29 BtMG; vgl. auch etwaiges waffenrechtliches Verbot der Umgangsart Erwerb oder sonstiger Umgangsarten i.S.d. § 1 Abs. 3, 4 WaffG bei Nichtverbot des Erwerbs). Vgl. BVerfGE 110, 1, 23 f. (Erweiterter Verfall [a. F., ≙ erweiterte Tatertragseinziehung, P. B.]) = BVerfG, Beschluss des Zweiten Senats vom 14.01.2004 – 2 BvR 564/95 –, C. I. 3. a), b), Rn. 86 f, 88: „Die Vorschrift des § 73d StGB [a. F., ≙ § 73a StGB, P. B.] verstößt in der Auslegung des Bundesgerichtshofs auch nicht gegen die Eigentumsgarantie des Art. 14 Abs. 1 GG. Soweit § 73d StGB [a. F., ≙ § 73a StGB, P. B.] den Zugriff auf Vermögenswerte erlaubt, die dem unmittelbar Betroffenen wegen eines Verstoßes gegen strafrechtliche Vorschriften zivilrechtlich nicht zustehen (vgl. § 134, § 935 BGB), ist dessen Eigentumsgrundrecht schon mangels einer schutzfähigen Rechtsposition nicht berührt (vgl. BVerfGE 83, 201 [209]; 95, 267 [300]). Dies betrifft vor allem die Entziehung von Gewinnen aus illegalen Drogengeschäften. Denn wegen des strafrechtlichen Verbots des Handeltreibens mit Betäubungsmitteln ist gemäß § 134 BGB neben dem schuldrechtlichen Verpflichtungsgeschäft zugleich die Übereignung sowohl der Drogen als auch des für sie als Kaufpreis gezahlten Geldes zivilrechtlich unwirksam (vgl. BGH, NJW 1983, S. 636 [Schrifttumsquellen]. […] Soweit § 73d StGB StGB [a. F., ≙ § 73a StGB, P. B.] die Entziehung von Gegenständen anordnet, die der Betroffene zwar deliktisch, aber gleichwohl zivilrechtlich wirksam erworben hat, enthält er eine Inhalts- und Schrankenbestimmung des Eigentums im Sinne des Art. 14 Abs. 1 Satz 2 GG. Diese genügt in der Auslegung des Bundesgerichtshofs den verfassungsrechtlichen Anforderungen.“.

[1888] BVerfGE 143, 246, Ls. 5 (Dreizehnte Novelle des Atomgesetzes) = BVerfG, Urteil des Ersten Senats vom 06.12.2016 – 1 BvR 2821/11 –, Ls. 5.

[1889] BVerfGE 143, 246, Ls. 4 (Dreizehnte Novelle des Atomgesetzes) = BVerfG, Urteil des Ersten Senats vom 06.12.2016 – 1 BvR 2821/11 –, Ls. 4.

[1890] „Allgemeine“ Verhaltensfreiheit / Handlungsfreiheit: Auffanggrundrecht ggü. ggf. spezielleren Grundrechten, vgl. Rechtsnormspezialitätsregel („lex specialis derogat legi generali“), vgl. auch: BVerfGE 6, 32, 37 (Elfes) = BVerfG, Urteil des Ersten Senats vom 16.01.1957 – 1 BvR 253/56, Gründe, II. 2. a), Rn. 16: „Neben der allgemeinen Handlungsfreiheit, die Art. 2 Abs. 1 GG gewährleistet, hat das Grundgesetz die Freiheit menschlicher Betätigung für bestimmte Lebensbereiche, die nach den geschichtlichen Erfahrungen dem Zugriff der öffentlichen Gewalt besonders ausgesetzt sind, durch besondere Grundrechtsbestimmungen geschützt; bei ihnen hat die Verfassung durch abgestufte Gesetzesvorbehalte abgegrenzt, in welchem Umfang in den jeweiligen Grundrechtsbereich eingegriffen werden kann. Soweit nicht solche besonderen Lebensbereiche grundrechtlich geschützt sind, kann sich der Einzelne bei Eingriffen der öffentlichen Gewalt in seine Freiheit auf Art. 2 Abs. 1 GG berufen. Hier bedurfte es eines Gesetzesvorbehalts nicht, weil sich aus der Beschränkung der freien Entfaltung der Persönlichkeit durch die verfassungsmäßige Ordnung der Umfang staatlicher Eingriffsmöglichkeiten ohne weiteres ergibt.“.

[1891] Vgl. auch Art. 142 GG i.V.m. Art. 4 Abs. 1 Verfassung NRW; Art. 6 EU-GR-Charta; Art. 5 EMRK.

a) GR-SB:

aa) Persönlicher GR-SB: „Jeder".

bb) Sachlicher GR-SB: „**freie Entfaltung der Persönlichkeit**" bedeutet **allgemeine Verhaltensfreiheit** im umfassenden Sinn[1892] durch grundsätzlich jedes Tun, Dulden, Unterlassen[1893].

b) GR-E (oder Nichteingriff/GR-Verzicht): Verhaltenseinschränkung als Verhaltenssteuerung.

c) GR-B: Art. 2 Abs. 1 Hs. 2 GG[1894].

1892 BVerfGE 6, 32, 36 f. (Elfes) = BVerfG, Urteil des Ersten Senats vom 16.01.1957 – 1 BvR 253/56, Gründe, II. 2. a), Rn. 14 f.: „Das Grundgesetz kann mit der ‚freien Entfaltung der Persönlichkeit' nicht nur die Entfaltung innerhalb jenes Kernbereichs der Persönlichkeit gemeint haben, der das Wesen des Menschen als geistig-sittliche Person ausmacht, denn es wäre nicht verständlich, wie die Entfaltung innerhalb dieses Kernbereichs gegen das Sittengesetz, die Rechte anderer oder sogar gegen die verfassungsmäßige Ordnung einer freiheitlichen Demokratie sollte verstoßen können. Gerade diese, dem Individuum als Mitglied der Gemeinschaft auferlegten Beschränkungen zeigen vielmehr, daß das Grundgesetz in Art. 2 Abs. 1 GG die Handlungsfreiheit im umfassenden Sinne meint. […] Es waren nicht rechtliche Erwägungen, sondern sprachliche Gründe, die den Gesetzgeber bewogen haben, die ursprüngliche Fassung ‚Jeder kann tun und lassen was er will' durch die jetzige Fassung zu ersetzen (vgl. v. Mangoldt, Parlamentarischer Rat, 42. Sitzung des Hauptausschusses, S. 533)."; BVerfGE 80, 137, 152 f. (Reiten im Walde) = BVerfG, Beschluss des Ersten Senats vom 06.06.1989 – 1 BvR 921/85 –, C. I. 1 a), Rn. 69: „Nach den in der Rechtsprechung des Bundesverfassungsgerichts entwickelten Grundsätzen gewährleistet Art. 2 Abs. 1 GG die allgemeine Handlungsfreiheit im umfassenden Sinne (st. Rspr. seit BVerfGE 6, 32 [36]; aus neuerer Zeit etwa: BVerfGE 74, 129 [151]; 75, 108 [154 f.]). Geschützt ist damit nicht nur ein begrenzter Bereich der Persönlichkeitsentfaltung, sondern jede Form menschlichen Handelns ohne Rücksicht darauf, welches Gewicht der Betätigung für die Persönlichkeitsentfaltung zukommt (vgl. etwa die Entscheidung eines Vorprüfungsausschusses in BVerfGE 54, 143 (146) - Taubenfüttern).".

1893 BVerfGE 6, 32, Ls. 1, 2 (Elfes) = BVerfG, Urteil des Ersten Senats vom 16.01.1957 – 1 BvR 253/56, Ls. 1: „Art. 11 GG betrifft nicht die Ausreisefreiheit.", Ls. 2: „Die **Ausreisefreiheit** ist als Ausfluß der allgemeinen Handlungsfreiheit durch Art. 2 Abs. 1 GG innerhalb der Schranken der verfassungsmäßigen Ordnung gewährleistet."; BVerwG, Urteil vom 29.05.2019 – BVerwG 6 C 8.18 (Beschränkung des Geltungsbereichs eines Passes), Rn. 20: „In der höchstrichterlichen Rechtsprechung ist seit Jahrzehnten geklärt, dass die durch Art. 2 Abs. 1 GG geschützte Ausreisefreiheit auch durch den Passversagungsgrund des § 7 Abs. 1 Nr. 1 Alt. 3 PassG als Bestandteil der verfassungsmäßigen Ordnung wirksam eingeschränkt wird.".

1894 Art. 2 Abs. 1 Hs. 2 GG (**Schrankentrias**): BVerfGE 80, 137, 153 (Reiten im Walde) = BVerfG, Beschluss des Ersten Senats vom 06.06.1989 – 1 BvR 921/85 –, C. I. 1 a), Rn. 69: „Abgesehen von einem absolut geschützten Kernbereich privater Lebensgestaltung, welcher der Einwirkung der öffentlichen Gewalt entzogen ist (BVerfGE 6, 32 [41]), ist die allgemeine Handlungsfreiheit allerdings nur in den Schranken des zweiten Halbsatzes von Art. 2 Abs. 1 GG gewährleistet und steht damit insbesondere unter dem **Vorbehalt der verfassungsmäßigen (Rechts-)Ordnung** (BVerfGE 6, 32 [37 f.]; 74, 129 [152]). Stützt sich ein die Handlungsfreiheit berührender Akt der öffentlichen Gewalt auf eine Rechtsnorm, so kann mit der Verfassungsbeschwerde unter Berufung auf Art. 2 Abs. 1 GG zur Nachprüfung gestellt werden, ob diese Norm zur **verfassungsmäßigen Ordnung** gehört, das heißt formell und materiell mit den Normen der Verfassung in Einklang steht (st. Rspr. seit BVerfGE 6, 32)."; BVerfGE 6, 32, Ls. 3 (Elfes) = BVerfG, Urteil des Ersten Senats vom 16.01.1957 – 1 BvR 253/56, Ls. 3: „**Verfassungsmäßige Ordnung** im Sinne des Art. 2 Abs. 1 GG ist die verfassungsmäßige Rechtsordnung, d.h. die Gesamtheit der Normen, die formell und materiell der Verfassung gemäß sind."; vgl. dazu auch BVerfGE 6, 32, 37-41 (Elfes) = BVerfG, Urteil des Ersten Senats vom 16.01.1957 – 1 BvR 253/56, Gründe II. 2 b), c), Rn. 17-33.

Rechte anderer sind (als Teil der verfassungsmäßigen Ordnung) subjektive Berechtigungen (Anspruch oder Befugnis oder Erlaubnis) einschließlich Verpflichtungen (Pflicht zur Erfüllung von Anspruch oder

(VOR/DEF)

Rechtsgebiet ist Rechtsordnungsteil nach allen Umständen[1895] – wie schwerpunktmäßige Äußerungen[1896], Rechtsnormen[1897], Zwecke[1898], auch i.V.m. §§ 133, 157 BGB analog[1899].[1900]

Befugnis oder Erlaubnis) und sonstiger Rechtswirkungen für ein Rechtssubjekt bezüglich eines Verhaltens oder eines Rechtsguts.

Vgl. zum ein Mal bundesverfassungsgerichtlich entscheidungserheblich bemühten „**Sittengesetz**" nach Art. 2 Abs. 1 Hs. 2 GG als Gesetz, das nicht das durch die „soziale Gemeinschaft" „als für sich verbindlich" anerkannte „Rechtsgefühl" „im allgemeinen" „verletzt": BVerfGE 6, 389 (Homosexuelle) = BVerfG, Urteil des Ersten Senats vom 10.05.1957 – 1 BvR 550/52 –, und StrRehaHomG (Gesetz zur strafrechtlichen Rehabilitierung der nach dem 8. Mai 1945 wegen einvernehmlicher homosexueller Handlungen verurteilten Personen vom 17. Juli 2017 – BGBl. I S. 2443).

1895 Umstände im weiten Sinn, etwa als Bedingungen, Beziehungen, Faktoren, Folgen, Funktionen, Umweltbedingungen, Variablen, Verhältnissen, Voraussetzungen, Weltbedingungen.

1896 Äußerungen im weiten Sinn, etwa als alle Verhaltensäußerungen (einschließlich Aussagen).

1897 Rechtsnormen im weiten Sinn, etwa solche, die die Umstände oder das Verhalten regieren (sollen).

1898 Zwecke im weiten Sinn, etwa als sich aus einer Lage ergebende, objektiv zu verfolgende Ziele.

1899 Sog. **objektivierter Empfängerhorizont**, vgl. BVerwGE 147, 81 = BVerwG, Urteil vom 20.06.2013 – BVerwG 8 C 46.12, Rn. 27: „Die bundesrechtlichen Auslegungsregeln der §§ 133, 157 BGB sind auf öffentlich-rechtliche Erklärungen entsprechend anzuwenden. Bei Verwaltungsakten kommt es wie bei empfangsbedürftigen Willenserklärungen nicht auf den wirklichen Willen des Erklärenden (natürliche Auslegung), sondern auf den objektiven Erklärungsinhalt an. Maßgeblich ist, wie der Empfänger die Erklärung nach Treu und Glauben unter Berücksichtigung der für ihn erkennbaren Umstände verstehen musste. Dabei ist vom Wortlaut der Erklärung auszugehen und deren objektiver Gehalt unter Berücksichtigung des Empfängerhorizonts zu ermitteln (stRspr, vgl. Urteile vom 2. September 1999 - BVerwG 2 C 22.98 - BVerwGE 109, 283 <286> = Buchholz 237.7 § 72 NWLBG Nr. 4 und vom 27. Juni 2012 - BVerwG 9 C 7.11 - BVerwGE 143, 222 <Rn. 18> = Buchholz 11 Art. 20 GG Nr. 206; BGH, Urteile vom 24. Februar 1988 - VIII ZR 145/87 - BGHZ 103, 275 <280>, vom 27. Januar 2010 - VIII ZR 58/09 - BGHZ 184, 128 <137 Rn. 33> und vom 1. März 2011 - II ZR 16/10 - NJW 2011, 1666 <1667 Rn. 11> je m.w.N.)."; BVerwG, Beschluss vom 06.08.2018 – BVerwG 7 B 4.18, Rn. 10: „Dass die bundesrechtlichen Auslegungsregeln der §§ 133, 157 BGB auf öffentlich-rechtliche Erklärungen, d.h. u.a. auf Verwaltungsakte, entsprechend anzuwenden sind, ist in der Rechtsprechung des Bundesverwaltungsgerichts bereits geklärt (BVerwG, Urteil vom 20. Juni 2013 - 8 C 46.12 - BVerwGE 147, 81 Rn. 27 m.w.N.)."

1900 BVerwG 47, 255, 264 = BVerwG, Urteil vom 03.12.1974 – BVerwG I C 11.73: „Obwohl sich für die Polizei im Einzelfall bei einem einheitlichen Lebenssachverhalt gleichzeitig und unmittelbar Aufgaben der Strafverfolgung und der Gefahrenabwehr ergeben können, ist der im Schrifttum vertretenen Auffassung nicht zu folgen, daß aus Gründen der Rechtssicherheit oder wegen der schwierigen Durchschaubarkeit für den Bürger jede Art polizeilichen Handelns der verwaltungsgerichtlichen Kontrolle unterliegen müsse. In aller Regel ist es für den Betroffenen nicht schwer, zu erkennen, ob die Polizei im konkreten Fall eine - begangene - Straftat erforschen (**Strafverfolgung**) oder den Eintritt eines Schadens, etwa die - zukünftige - Begehung einer strafbaren Handlung, verhindern oder eine bereits eingetretene Störung der öffentlichen Sicherheit oder Ordnung beseitigen (**Gefahrenabwehr**) will. Außerdem wird man davon ausgehen dürfen, daß die Polizei dem Betroffenen - wie im vorliegenden Fall - den Grund ihres Einschreitens von sich aus oder auf Verlangen angibt. Im übrigen kommt es darauf an, wie sich der konkrete Lebenssachverhalt einem verständigen Bürger in der Lage des Betroffenen bei natürlicher Betrachtungsweise darstellt. Dieser Sachverhalt muß im allgemeinen einheitlich betrachtet werden, es sei denn, daß einzelne Teile des Geschehensablaufs objektiv abtrennbar sind. Hat die Polizei die

Die Freiheitsentziehung/das Festhalten der Festnahme erfolgt auf dem Rechtsgebiet des besonderen öffentlichen Rechts polizeilicher Strafrechtspflege.

(SUB/ERG)

Eine Freiheitsentziehungein Festhalten erfolgt auf dem Rechtsgebiet der Strafrechtspflege insbesondere bei

- tatverdachtsveranlasster/tatverdachtsbezogener Freiheitsentziehung[1901];
- Freiheitsentziehung mit schwerpunktmäßigem Zweck einer Strafrechtspflegemaßnahme;
- Fehlen von Gefahrenüberhang.

A. Rechtsgrundlage (RGL) III. Mögliche Befugnisrechtsnorm (Mgl. Brn.)

(VOR/DEF)

Befugnisrechtsnorm ist rechtmäßige hauptsächliche materiellrechtliche Rechtsgrundlage mit realfolgenentsprechender Rechtsfolge.

(SUB/ERG)

Realfolge ist die jeweilige Realfolge laut Sachverhalt.

Rechtsfolge ist die jeweilige Maßnahme laut Rechtsnorm.

(SUB)

Realfolgen und Rechtsfolgen zu:

Anhalten/Festhalten

(SUB)

Realfolgen Anhalten/Festhalten:

- Aufforderung zum Stehenbleiben
- Aufforderung zum Verlangsamen des Fortbewegungstempos
- Aufforderung zum Aufenthalt an bestimmter Stelle

(ERG)

Mögliche Befugnisrechtsnorm zu:

Anhalten/Festhalten

(ERG)

Gefahrenabwehr:

Anhalten / Festhalten:

- § 12 Abs. 1 Nr. 1, Abs. 2 S. 2 Var. 1 / S. 3 PolG NRW
- § 12 Abs. 1 Nr. 2 a), Abs. 2 S. 2 Var. 1 /

Ermittlungen an die StA oder das Amtsgericht weitergeleitet (§ 163 Abs. 2 StPO) oder auf Weisung der StA gehandelt, so kann an der strafprozessualen Natur ihres Einschreitens kein vernünftiger Zweifel bestehen. Eine Maßnahme, die nach dem Gesamteindruck darauf gerichtet ist, eine strafbare Handlung zu erforschen oder sonst zu verfolgen, ist der Kontrolle der ordentlichen Gerichte nach §§ 23 ff. EGGVG nicht etwa deshalb entzogen, weil durch die polizeilichen Ermittlungen möglicherweise zugleich auch künftigen Verletzungen der öffentlichen Sicherheit vorgebeugt würde.".

1901 Die (Nicht-)Anwendbarkeit von Strafrechtspflege-Rechtsgrundlagen wie § 164 StPO bei Festhalten wird bereits beim Punkt Rechtsgebiet logisch (voraus)entschieden (präjudiziert). Argumentiert man der Sache nach mit Störungsverhinderung oder Störungsunterbindung, kann man beim Rechtsgebiet Gefahrenabwehr bleiben und damit bei möglichen Befugnisrechtsnormen wie § 35 PolG NRW.

Rechtsfolge Anhalten/Festhalten:

Anhalten/Festhalten ist Reduzieren oder Stoppen der Bewegung i.S.d. Art. 2 Abs. 2 S. 2 GG.

Abgrenzung von Anhalten und Festhalten erfolgt nach:

- Gesetz, vgl. §§ 36 Abs. 1 S. 1, 37 Abs. 1 PolG NRW
- „ADIMZ" (Art, Dauer, Intensität, Mittel, Zweck der Freiheitsbeschränkung) (Vorentscheidung mit Freiheitsentziehung oder sonstiger Freiheitsbeschränkung beim Fallbearbeitungspunkt A. I.)

S. 3 PolG NRW

- § 12 Abs. 1 Nr. 2 b), Abs. 2 S. 2 Var. 1 / S. 3 PolG NRW
- § 12 Abs. 1 Nr. 2 c), Abs. 2 S. 2 Var. 1 / S. 3 PolG NRW
- § 12 Abs. 1 Nr. 3, Abs. 2 S. 2 Var. 1 / S. 3 PolG NRW
- § 12 Abs. 1 Nr. 4, Abs. 2 S. 2 Var. 1 / S. 3 PolG NRW
- § 12a Abs. 1 S. 1 Var. 1 / S. 1 Var. 3 PolG NRW
- § 14 Abs. 1 Nr. 1 PolG NRW (i.V.m. § 12/12a PolG NRW)
- Ggf. § 8 Abs. 1 PolG NRW.

Nur Anhalten:

- § 9 Abs. 2 S. 2 PolG NRW
- § 9 Abs. 3 S. 1 (i.V.m. § 9 Abs. 2 PolG NRW)
- § 25 Abs. 2 PolG NRW
- § 36 Abs. 5 S. 1 StVO.

Nur Festhalten (vgl. §§ 36 Abs. 1 S. 1, 37 Abs. 1 PolG NRW):

- § 10 Abs. 3 PolG NRW
- § 35 PolG NRW
- § 58 Abs. 4 AufenthG
- §§ 62-62b AufenthG (vgl. § 71 Abs. 5 AufenthG)
- Nur für zuständige Behörde: § 30 IfSG. Nur für örtliche Ordnungsbehörde: § 14 PsychKG (NRW). Nur für Jugendamt: § 42 SGB VIII.

Strafrechtspflege (ggf. mit §§ 46, 53 Abs. 1 S. 2, Abs. 2 OWiG):

Anhalten als (erforderliche) Maßnahme / Festhalten zur

- IDF beim Verdächtigen, § 163b Abs. 1 StPO / §§ 163b Abs. 1, c StPO
- IDF beim Nichtverdächtigen, § 163b Abs. 2 StPO/ §§ 163b Abs. 2, c StPO
- IDF bei jedermann an an öffentlich zugänglichem Ort eingerichteter Kontrollstelle, § 111 StPO (ohne §§ 46, 53 Abs.

1 S. 2 OWiG)
- Ggf. § 163 Abs. 1 S. 2 StPO.

Nur Festhalten (vgl. Art. 104 GG):
- § 127 Abs. 1 S. 1 Alt 1 StPO
- § 127 Abs. 2 i.V.m. § 112 StPO
- § 127 Abs. 2 i.V.m. § 112a StPO
- § 127 Abs. 2 i.V.m. § 126a StPO
- § 127b StPO
- § 164 StPO[1902]
- § 19 IRG.

(SUB)

Realfolge ist die Maßnahme laut Sachverhalt.

Rechtsfolge ist (als Justiz-VA, § 23 Abs. 1 S. 1 EGGVG)[1903] die **vorläufige Festnahme** (Freiheitsentziehung/Festhalten auf dem Rechtsgebiet der Straftatenerforschung zunächst ohne vorherige richterliche Anordnung zu einem Zweck aus einer Festnahmebefugnisrechtsnorm).

1902 Die (Nicht-)Anwendbarkeit von Strafrechtspflege-Rechtsgrundlagen wie § 164 StPO bei Festhalten wird bereits beim Punkt Rechtsgebiet logisch (voraus)entschieden (präjudiziert). Argumentiert man der Sache nach mit Störungsverhinderung oder Störungsunterbindung, kann man beim Rechtsgebiet Gefahrenabwehr bleiben und damit bei möglichen Befugnisrechtsnormen wie § 35 PolG NRW.

1903 **Wohnungstüröffnungs-Verfügung** (je nach Rechtsgebiet VA oder Justiz-VA [z.B.: „Bitte öffnen Sie die Tür!"]) kann bspw. wie folgt – insbesondere über den Zweck – zu subsumieren sein:
- § 9 Abs. 2 PolG NRW / § 163 Abs. 3 StPO / § 163a StPO (Zweck: Befragung / Vernehmung).
- § 12 PolG NRW / § 163b Abs. 1 oder § 163b Abs. 2 StPO (Zweck: IDF jedenfalls ohne Wohnungs-Betretens- und Wohnungs-Durchsuchungszweck [z.B.: IDF-Befragung / IDF-Ausweisverlangen an der Tür]).
- § 16a PolG NRW / § 163f StPO / § 163 Abs. 1 S. 2 StPO (Zweck: Observation jedenfalls ohne Wohnungs-Betretens- und Wohnungs-Durchsuchungszweck [z.B.: Datenerhebung von der Tür aus]).
- § 35 PolG NRW / § 127 Abs. 1 S. 1 Alt. 1 StPO / § 127 Abs. 2 i.V.m. § 112/§ 112a/§ 126a; § 127b StPO; § 164 StPO (Zweck: Ingewahrsamnahme / Festnahme jedenfalls ohne Wohnungs-Betretens- und Wohnungs-Durchsuchungszweck [z.B.: Ingewahrsamnahme / Festnahme an der Tür]).
- § 41 PolG NRW / § 102 StPO oder § 103 StPO (Zweck: Wohnungsbetreten und/oder Wohnungsdurchsuchung).
- § 43 PolG NRW / § 94 Abs. 1 StPO / § 94 Abs. 1, 2 StPO / §§ 94 Abs. 3, 111a StPO, § 69 StGB / §§ 99, 100 StPO / § 108 StPO (§ 110 StPO); / § 111b StPO / § 132 StPO (Zweck: Sicherstellung/Beschlagnahme jedenfalls ohne Wohnungs-Betretens- und Wohnungs-Durchsuchungszweck [z.B.: Sicherstellung/Beschlagnahme an der Tür).
- § 81a StPO / § 81c StPO / § 81g StPO / § 81h StPO (Zweck: der jeweilige „Untersuchungs"-Zweck jedenfalls ohne Wohnungs-Betretens- und Wohnungs-Durchsuchungszweck [z.B.: „Untersuchung" an der Tür]).
- § 8 Abs. 1 PolG NRW / § 163 Abs. 1 S. 2 StPO (Zweck: jedenfalls ein nicht besonders geregelter Zweck jedenfalls ohne Wohnungs-Betretens- und Wohnungs-Durchsuchungszweck).

Festnahme-Zwecke[1904] nach StPO (mindestens nach Feststellung von Freiheitsentziehung/Festhalten für Entscheidung zu möglicher Befugnisrechtsnorm zu antizipieren – aus Umkehrschluss/contrario zum Haftgrund/Haftgründe oder Unterbringungsgrund):

- § 127 Abs. 1 S. 1 Alt.1 StPO: Fluchtverdachts-Erforschungssicherung (weitere Sachverhaltsklärung; ohne Anhaltspunkte zu weiterem Haft- oder Unterbringungsgrund, vgl. §§ 112, 112a, 126a, 127b StPO);
- § 127 Abs. 2 i.V.m. § 112 Abs. 1, 2 Nr. 1 StPO: Flucht- oder Verbergensunterbindung;
- § 127 Abs. 2 i.V.m. § 112 Abs. 1, 2 Nr. 2 StPO: Fluchtgefahr-Abwehr;
- § 127 Abs. 2 i.V.m. § 112 Abs. 1, 2 Nr. 3 StPO: Verdunkelungsgefahr-Abwehr;
- § 127 Abs. 2 i.V.m. § 112 Abs. 1, 3 StPO: Tataufklärungsgefährdungs-Abwehr bei bestimmten Straftaten – mit ansatzweisem Zweck aus § 112 Abs. 2 Nr. 1, 2, 3 StPO[1905];
- § 127 Abs. 2 i.V.m. § 112a StPO: Wiederholungsgefahr-Abwehr;
- § 127 Abs. 2 i.V.m. § 126a StPO: Unterbringungssicherung für öffentliche Sicherheit;
- § 127b StPO: Beschleunigung des Verfahrens i.S.d. §§ 417-420 StPO und Fluchtgefahr-Abwehr;
- § 164 StPO: Amtshandlungsstörungs-Abwehr.

1904 Unterscheide wiederum die IDF-Zwecke von Freiheitsentziehung/Festhalten nach § 111 Abs. 3 StPO, § 163b Abs. 1, c StPO, § 163b Abs. 2, c StPO, die keine Festnahmebefugnisrechtsnormen sind, vgl. auch § 127 Abs. 1 S. 2 StPO.

1905 Vgl. i.V.m. § 31 BVerfGG: BVerfGE 19, 342, 350 f. (Wencker) = BVerfG, Beschluss des Ersten Senats vom 15.12.1965 – 1 BvR 513/65: „Der neu [mit Gesetz zur Änderung der Strafprozeßordnung und des Gerichtsverfassungsgesetzes vom 19. Dezember 1964 (BGBl. I S. 1067), das am 1. April 1965 in Kraft getreten ist (sogenannte Kleine Strafprozeßnovelle), P.B.] eingeführte § 112 Abs. 4 StPO [jetzt: § 112 Abs. 3 StPO] müßte dagegen rechtsstaatliche Bedenken erwecken, wenn er dahin auszulegen wäre, daß bei dringendem Verdacht eines der hier bezeichneten Verbrechen gegen das Leben die Untersuchungshaft ohne weiteres, d.h. ohne Prüfung weiterer Voraussetzungen, verhängt werden dürfte. Eine solche Auslegung wäre mit dem Grundgesetz nicht vereinbar. Es kann schon zweifelhaft sein, ob sie dem Wortlaut der Bestimmung entspricht; denn dieser legt es nahe, der Vorschrift nur subsidiäre Geltung beizumessen, sie also nur anzuwenden, wenn zuvor das Vorliegen eines Haftgrundes nach Absatz 2 geprüft und verneint worden ist. Aber auch wenn man dieser Auslegung nicht folgt, fordert der Grundsatz der Verhältnismäßigkeit, daß der Richter auch bei Anwendung des § 112 Abs. 4 StPO [jetzt: § 112 Abs. 3 StPO] den Zweck der Untersuchungshaft nie aus dem Auge verliert. Weder die Schwere der Verbrechen wider das Leben noch die Schwere der (noch nicht festgestellten) Schuld rechtfertigen für sich allein die Verhaftung des Beschuldigten; noch weniger ist die Rücksicht auf eine mehr oder minder deutlich feststellbare ‚Erregung der Bevölkerung' ausreichend, die es unerträglich finde, wenn ein ‚Mörder' frei umhergehe. **Es müssen vielmehr auch hier stets Umstände vorliegen, die die Gefahr begründen, daß ohne Festnahme des Beschuldigten die alsbaldige Aufklärung und Ahndung der Tat gefährdet sein könnte** [Hervorhebung als einzige immerwährende Zusatz-Obervoraussetzung zu § 112 Abs. 3 StPO laut BVerfG; im Folgenden laut BVerfG mögliche, aus den Haftgründen (Flucht), Fluchtverdacht, Verdunkelungsgefahr, Wiederholungsgefahr abgeleitete Untervoraussetzungen P.B.]. Der zwar nicht mit ‚bestimmten Tatsachen' belegbare, aber nach den Umständen des Falles doch nicht auszuschließende Fluchtverdacht oder Verdunkelungsverdacht kann u.U. bereits ausreichen. Ebenso könnte die ernstliche Befürchtung, daß der Beschuldigte weitere Verbrechen ähnlicher Art begeht, für den Erlaß eines Haftbefehls genügen. § 112 Abs. 4 StPO [jetzt: § 112 Abs. 3 StPO] ist in engem Zusammenhang mit Absatz 2 zu sehen; er läßt sich dann damit rechtfertigen, **daß mit Rücksicht auf die Schwere der hier bezeichneten Straftaten die strengen Voraussetzungen der Haftgründe des [§ 112] Absatzes 2 [und des § 112a StPO] gelockert werden sollen, um die Gefahr auszuschließen, daß gerade besonders gefährliche Täter sich der Bestrafung entziehen** [Hervorhebung der praktischen Prüfkonsequenz, mit an den Haftgründen an sich ausgerichteter Püfung aller Voraussetzungen des § 112 Abs. 3 StPO, ausgerichtet an den Haftgründen an sich insbesondere aus § 112 Abs. 2 StPO und § 112a StPO., P.B.].".

Verhältnis der Festnahmebefugnisrechtsnormen zueinander:

- § 127 Abs. 1 S. 1 Alt.1 StPO[1906]: jedenfalls anzuwenden bei Fehlen von Kenntnissen zu Haft- oder Unterbringungsgründen aus §§ 112, 112a, 126a, 127b StPO und anwendbar neben § 164 StPO;
- § 127 Abs. 2 i.V.m. § 112 Abs. 1, 2 Nr. 1 StPO: jedenfalls lex specialis ggü. § 127 Abs. 1 S. 1 Alt. 1 StPO und § 127 Abs. 2 i.V.m. § 112a StPO und grundsätzlich anwendbar neben § 127 Abs. 2 i.V.m. § 126a StPO und § 164 StPO;
- § 127 Abs. 2 i.V.m. § 112 Abs. 1, 2 Nr. 2 StPO: jedenfalls lex specialis ggü. § 127 Abs. 1 S. 1 Alt. 1 StPO und § 127 Abs. 2 i.V.m. § 112a StPO und grundsätzlich anwendbar neben § 127 Abs. 2 i.V.m. § 126a StPO und § 164 StPO;
- § 127 Abs. 2 i.V.m. § 112 Abs. 1, 2 Nr. 3 StPO: jedenfalls lex specialis ggü. § 127 Abs. 1 S. 1 Alt. 1 StPO und § 127 Abs. 2 i.V.m. § 112a StPO und grundsätzlich anwendbar neben § 127 Abs. 2 i.V.m. § 126a StPO und § 164 StPO;
- § 127 Abs. 2 i.V.m. § 112 Abs. 1, 3 StPO: jedenfalls lex specialis ggü. § 127 Abs. 1 S. 1 Alt. 1 StPO und § 127 Abs. 2 i.V.m. § 112a StPO und grundsätzlich anwendbar neben § 127 Abs. 2 i.V.m. § 126a StPO und § 164 StPO;
- § 127 Abs. 2 i.V.m. § 112a StPO: jedenfalls lex specialis ggü. § 127 Abs. 1 S. 1 Alt. 1 StPO und grundsätzlich anwendbar neben § 127 Abs. 2 i.V.m. § 126a StPO und § 164 StPO; vgl. § 112a Abs. 2 StPO;
- § 127 Abs. 2 i.V.m. § 126a StPO: jedenfalls lex specialis ggü. § 127 Abs. 1 S. 1 Alt. 1 StPO grundsätzlich anwendbar neben § 127 Abs. 2 i.V.m. § 112 StPO, § 127 Abs. 2 i.V.m. § 112a StPO, § 127b StPO, § 164 StPO; vgl. zum Verhältnis von § 126a StPO insbesondere § 126a Abs. 1 StPO, §§ 20, 21 StGB, § 152 Abs. 2 StPO;
- § 127b StPO: nur anwendbar bei Wahrscheinlichkeit unverzüglicher Entscheidung im beschleunigten Verfahren, vgl. §§ 127b Abs. 1 S. 1 Nr. 1, 417 Hs. 2, 419 Abs. 1 StPO, § 79 Abs. 2 JGG und bei Erwartbarkeit der Durchführung der Hauptverhandlung binnen einer Woche nach der Festnahme – jedenfalls lex specialis ggü. § 127 Abs. 1 S. 1 Alt. 1 StPO und § 127 Abs. 2 i.V.m. § 112a StPO; grundsätzlich anwendbar neben § 127 Abs. 2 i.V.m. § 112 StPO und § 127 Abs. 2 i.V.m. § 126a StPO und § 164 StPO;
- § 164 StPO: grundsätzlich anwendbar neben § 127 Abs. 1 S. 1 Alt. 1 StPO, § 127 Abs. 2 StPO, § 127b StPO.

(ERG)

Mögliche Befugnisrechtsnorm ist § 164 StPO.

B. Formelle Rechtmäßigkeit (FR) I. Zuständigkeit (Z)

(VOR/DEF)

Zuständigkeit ist Aufgabenwahrnehmungserlaubnis für den Rechtsfolgesetzer.

Für die Maßnahme ist die Zuständigkeit (i.d.R.) wie folgt gegeben:

1906 Praxis-Klassiker bzgl. § 127 Abs. 1 S. 1 Alt. 1 StPO: Betreffen bei Täter-am-Ort-Lage oder Tatortbereichsfahndung zunächst ohne weitere (Er-)Kenntnisse zu Haft- oder Unterbringungsbefehlsgründen, Begründung in praxi mitunter „zur weiteren Sachverhaltsklärung“.

1. sachliche Zuständigkeit *der Polizei* gemäß

- § 163 Abs. 1 S. 1 StPO;

2. instanzielle Zuständigkeit *der Polizeibehörde* (i.d.R.) gemäß

- (i.d.R.) § 11 Abs. 1 Nr. 2 Alt. 1 POG NRW i.V.m. KPBVO NRW;
- (generell:) §§ 10-14 POG NRW (ggf. i.V.m. LKAAufgVO NRW);

3. örtliche Zuständigkeit *der Polizeibehörde* gemäß

- (i.d.R.) § 7 Abs. 1 S. 1 POG NRW (ggf. i.V.m. KHStVO NRW);
- (generell: §§ 7-9 POG NRW[1907]) (ggf. i.V.m. KHStVO NRW);

4. funktionelle Zuständigkeit *des Polizeiamtswalters* gemäß

- § 164 StPO: der die Amtshandlungen (an Ort und Stelle) leitende Beamte.

B. Formelle Rechtmäßigkeit (FR) II. Verfahren (V)

(VOR/DEF)

Verfahren ist normiertes Verhalten insbesondere für den Rechtsfolgezuständigen außer, bei, i.Z.m. der Rechtsfolge.

1. Spezielle Verfahrensrechtsnormen für Festnahme im Sinne von § 164 StPO[1908]

Für 164 StPO, der sowieso allgemein in allen Verfahrensstadien gilt entgegen systematisch-sinnwidriger Verortung nicht im Ersten Buch StPO, sondern im Zweiten Buch StPO[1909], sind die auch für alle anderen polizeilichen Festnahmen und sonstigen Freiheitsentziehungen geltenen essentiellen Verfahrensrechtsnormen jedenfalls mindestens analog/entsprechend anzuwenden, etwa über die historisch-systematisch zentrale Verweisungsrechtsnorm des § 127 StPO, vgl. dazu auch § 127 Abs. 4 StPO, § 127b Abs. 1 S. 2 StPO, § 163c Abs. 1 S. 3 StPO, §§ 36, 38 PolG NRW etc. pp., und siehe insbesondere Art. 104 GG: „Über die Zulässigkeit und Fortdauer einer Freiheitsentziehung hat nur der Richter zu entscheiden. Bei jeder nicht auf richterlicher Anordnung beruhenden Freiheitsentziehung ist unverzüglich eine richterliche Entscheidung herbeizuführen." (Vgl. auch in diesem Zusammenhang die Auslegung von „unverzüglich").

1907 Vgl. auch zu § 9 Abs. 1 S. 1 Nr. 5 POG NRW: Abkommen zwischen den Ländern der Bundesrepublik Deutschland über die erweiterte Zuständigkeit der Polizei der Länder bei der Strafverfolgung.

1908 Vgl. auch Art. 46 GG (Abs. 1: **Abgeordnetenindemnität**; Abs. 2-4: **Abgeordnetenimmunität** – mit **Bundestagsgenehmigungsvorbehalt**); Art. 47 Verfassung NRW (**Abgeordnetenindemnität**), Art. 48 Verfassung NRW (**Abgeordnetenimmunität** – mit **Landtagsgenehmigungsvorbehalt**); Art. 60 Abs. 4 GG (**Bundespräsidentenimmunität**). Vgl. auch §§ 18, 21 GVG i.V.m. DiplBezÜbkG i.V.m. WÜD; §§ 19, 21 GVG i.V.m. Art. 27, 29 KonsÜbkG i.V.m. Art. 35, 41, 42 WÜK.

1909 *Kölbel*, § 164 StPO, Rn. 2.

(VOR/DEF)

a) § 127 Abs. 2 Hs. 1 i.V.m. § 127 Abs. 1 S. 1, letzter Hs. StPO: Festnahme zunächst auch ohne richterliche Entscheidung bei Gefahr Verzug

Gemäß § 127 Abs. 2 Hs. 1 StPO (i.V.m. § 127 Abs. 1 S. 1, letzter Hs. StPO) sind die Staatsanwaltschaft und die Beamten des Polizeidienstes bei Gefahr im Verzug auch zunächst ohne Richteranordnung befugt zur **vorläufigen Festnahme** (Festnahme zunächst ohne Richter).[1910]

Gefahr im Verzug ist gegeben, wenn bei einzelfallbezogenen Tatsachen die Erwirkung des Richterhaftbefehls,
§ 128 StPO, den gesetzlichen Festnahmezweck, nämlich den jeweiligen aus der Festnahmebefugnisnorm, unvorhergesehen gefährden, also wesentlich erschweren oder vereiteln würde.

Gefahr im Verzug ist auch gegeben, wenn im konkreten Fall zulässigerweise kein Richterdienst vorhanden ist oder wenn vorhandener richterlicher Bereitschaftsdienst unter zulässiger Anrufwege **unverzüglich** (vgl. auch § 121 Abs. 1 S. 1 BGB) vergeblich zu erreichen versucht wird und eine weitere Verzögerung den gesetzlichen Festnahmezweck gefährden, also wesentlich erschweren oder vereiteln würde.[1911]

[1910] Zum Bezug des Gesetzesmerkmals der „Gefahr im Verzug" auf das Verfahren des zuständigen Rechtsfolgeakteurs vgl. § 127 Abs. 1 S. 1 a.E. StPO: „jedermann befugt, ihn auch ohne richterliche Anordnung vorläufig festzunehmen" und § 127 Abs. 2 Hs. 1: „Die Staatsanwaltschaft und die Beamten des Polizeidienstes sind bei Gefahr im Verzug auch dann zur vorläufigen [=ohne vorige Richter-Entscheidung] Festnahme befugt".

[1911] BVerfGE 151, 67 (Richtervorbehalt, Bereitschaftsdienst, Nachtzeit/Tageszeit i.S.v. § 104 Abs. 3 StPO) = BVerfG, Beschluss des Zweiten Senats vom 12.03.2019 – 2 BvR 675/14 –, Rn. 55 (Nachtzeit): „Art. 13 Abs. 2 Halbsatz 2 GG lässt es zu, dass Durchsuchungen bei Gefahr im Verzug auch durch die in den Gesetzen vorgesehenen anderen Organe – bei der strafprozessualen Durchsuchung gemäß § 105 Abs. 1 Satz 1 Halbsatz 2 StPO durch die Staatsanwaltschaft und ihre **Ermittlungspersonen** (§ 152 GVG) – angeordnet werden dürfen. Wortlaut und Systematik des Art. 13 Abs. 2 GG belegen indes, dass die richterliche Durchsuchungsanordnung die Regel und die nichtrichterliche die Ausnahme sein soll (vgl. BVerfGE 103, 142 <153>; 139, 245 <269 Rn. 69>). […] Demgemäß ist der Begriff ‚Gefahr im Verzug' im Sinne des Art. 13 Abs. 2 GG eng auszulegen. **Gefahr im Verzug** ist nur anzunehmen, wenn die richterliche Anordnung nicht mehr eingeholt werden kann, ohne dass der Zweck der Maßnahme – regelmäßig die Sicherung von Beweismitteln – gefährdet würde (vgl. BVerfGE 51, 97 <111>; 103, 142 <153 f.>; 139, 245 <269 Rn. 69>).", Ls. 2: „Zu den Anforderungen an einen dem Gebot der praktischen Wirksamkeit des Richtervorbehalts entsprechenden **richterlichen Bereitschaftsdienst** gehört die uneingeschränkte Erreichbarkeit eines Ermittlungsrichters bei Tage, auch außerhalb der üblichen Dienststunden. Die **Tageszeit** umfasst dabei ganzjährig die Zeit zwischen 6 Uhr und 21 Uhr. Während der **Nachtzeit** ist ein **ermittlungsrichterlicher Bereitschaftsdienst** jedenfalls bei einem Bedarf einzurichten, der über den Ausnahmefall hinausgeht.", Ls. 3: „Ob und inwieweit ein über den Ausnahmefall hinausgehender Bedarf an nächtlichen Durchsuchungsanordnungen die Einrichtung eines ermittlungsrichterlichen Bereitschaftsdienstes zur Nachtzeit erfordert, haben die Gerichtspräsidien nach pflichtgemäßem Ermessen in eigener Verantwortung zu entscheiden. Für die Art und Weise der Bedarfsermittlung steht ihnen ein Beurteilungs- und Prognosespielraum zu.", Rn. 56: „Die Strafverfolgungsbehörden müssen dementsprechend regelmäßig versuchen, eine Anordnung des zuständigen Richters zu erlangen, bevor sie eine Durchsuchung beginnen. Nur in Ausnahmesituationen, wenn schon die zeitliche Verzögerung wegen eines solchen Versuchs den Erfolg der Durchsuchung gefährden würde, dürfen sie selbst die Anordnung wegen Gefahr im Verzug treffen, ohne sich zuvor um eine richterliche Entscheidung bemüht zu haben."; BVerfGE 139, 245 (Eilkompetenz der Ermittlungsbehörden) = BVerfG, Beschluss des Zweiten Senats vom 16.06.2015 - 2 BvR 2718/10, Rn. 83: „Scheitert hingegen der Versuch der Befassung des Gerichts mit dem Antrag auf Erlass einer Durchsuchungsanordnung, weil der zuständige Richter nicht erreicht werden kann und infolgedessen ein Beweismittelverlust droht, kommt ein Rückgriff auf die Eilkompe-

b) § 128 StPO: Richtervorführung

---

tenz der Ermittlungsbehörden gemäß Art. 13 Abs. 2, 2. Halbsatz GG in Betracht.", Ls. 2 [zum **Eilzuständigkeitsende der Ermittlungsbehörden**]: „Mit der Befassung des zuständigen Ermittlungs- oder Eilrichters durch die Stellung eines Antrags auf Erlass einer Durchsuchungsanordnung und der dadurch eröffneten Möglichkeit präventiven Grundrechtsschutzes durch den Richter endet die Eilkompetenz der Ermittlungsbehörden.", Rn. 79: „Entscheidend ist dabei nicht der Zeitpunkt, zu dem die Staatsanwaltschaft den Entschluss fasst, eine richterliche Durchsuchungsanordnung zu beantragen, sondern der Zeitpunkt, in dem das Gericht mit dem Antrag auf Erlass einer Durchsuchungsanordnung befasst wird [**richterliche Befassung** oder **Gerichtsbefassung**, P. B.]. Dies ist der Fall, wenn die Staatsanwaltschaft [oder die Polizei, P. B.] dem zuständigen Richter den Antrag tatsächlich unterbreitet hat, so dass dieser in eine erste Sachprüfung eintreten kann.", Rn. 80: „Nicht entscheidend für den Zeitpunkt des Entfallens der Eilkompetenz der Staatsanwaltschaft ist dagegen der tatsächliche Beginn der sachlichen Prüfung durch das Gericht oder gar die endgültige gerichtliche Entscheidung.", Rn. 82: „Auch soweit während des durch den Richter in Anspruch genommenen Entscheidungszeitraums nach dessen Befassung die Gefahr eines Beweismittelverlusts eintritt, etwa weil dieser auf ein mündlich gestelltes Durchsuchungsbegehren hin die Vorlage schriftlicher Antragsunterlagen oder einer Ermittlungsakte fordert, Nachermittlungen anordnet oder schlicht bis zum Eintritt der Gefahr eines Beweismittelverlusts noch nicht entschieden hat, lebt die Eilkompetenz der Ermittlungsbehörden nicht wieder auf. Dies gilt unabhängig davon, aus welchen Gründen die richterliche Entscheidung über den Durchsuchungsantrag unterbleibt.", Ls. 3: „Die Eilkompetenz der Ermittlungsbehörden kann nur dann neu begründet werden, wenn nach der Befassung des Richters tatsächliche Umstände eintreten oder bekannt werden, die sich nicht aus dem Prozess der Prüfung und Entscheidung über diesen Antrag ergeben, und hierdurch die Gefahr eines Beweismittelverlusts in einer Weise begründet wird, die der Möglichkeit einer rechtzeitigen richterlichen Entscheidung entgegensteht.", Ls. 4: „Auf die Ausgestaltung der justizinternen Organisation kann die Eilzuständigkeit der Ermittlungsbehörden nicht gestützt werden.", Rn. 70: „Die daraus folgende Pflicht der Ermittlungsbehörden, sich regelmäßig um eine Durchsuchungsanordnung des zuständigen Richters zu bemühen, wird nicht durch den abstrakten Hinweis verzichtbar, eine richterliche Entscheidung sei zur maßgeblichen Zeit üblicherweise nicht mehr zu erreichen (vgl. BVerfGK 5, 74 <78>; 7, 392 <395>). Reine Spekulationen, hypothetische Erwägungen oder lediglich auf kriminalistische Alltagserfahrungen gestützte, fallunabhängige Vermutungen reichen ebenfalls nicht aus, um die Annahme von Gefahr im Verzug zu begründen (vgl. BVerfGE 103, 142 <155>; BVerfGK 2, 310 <315>). Auch schließt das verfassungsrechtliche Gebot, dem Ausnahmecharakter der Eilkompetenz Rechnung zu tragen, aus, mit dem Antrag auf Erlass einer Durchsuchungsanordnung zu warten, bis die Gefahr eines Beweismittelverlusts eingetreten ist. Selbst herbeigeführte tatsächliche Voraussetzungen können die Eilkompetenz der Staatsanwaltschaft und ihrer Ermittlungspersonen nicht begründen (vgl. BVerfGK 5, 74 <78>).", Rn. 71: „Stattdessen sind bei der Beurteilung der Frage, ob der Versuch, eine richterliche Entscheidung herbeizuführen, unterbleiben darf, weil bereits die damit verbundene zeitliche Verzögerung den Erfolg der Durchsuchung gefährden würde, die konkreten Umstände des jeweiligen Einzelfalles in Rechnung zu stellen. Die Ermittlungsbehörden haben insbesondere die Komplexität der im Rahmen der Durchsuchungsanordnung zu prüfenden tatsächlichen und rechtlichen Fragen und den insoweit erforderlichen Zeitaufwand zu berücksichtigen. Daneben haben sie aber auch in ihre Überlegungen einzubeziehen, dass die Vorlage schriftlicher Unterlagen zur Herbeiführung einer richterlichen Eilentscheidung zumindest nicht ausnahmslos erforderlich ist. Jedenfalls in einfach gelagerten Fällen, in denen allein aufgrund der **mündlichen Darstellung des Sachverhalts** eine sachangemessene Entscheidung möglich ist, würde ein solches Erfordernis weder der gesetzlichen Intention noch der Bedeutung des Richtervorbehalts für den Grundrechtsschutz des Einzelnen gerecht (vgl. insoweit zur Anordnung einer Blutentnahme gemäß § 81a StPO: BVerfGK 17, 340 <346 f.>). Es bestehen daher in solchen Fällen keine verfassungsrechtlichen Bedenken, wenn der zuständige Richter allein aufgrund mündlich übermittelter Informationen entscheidet und die Durchsuchung auch **mündlich anordnet**, sofern er diese Anordnung zeitnah schriftlich dokumentiert und damit den sich aus Art. 19 Abs. 4 GG ergebenden Erfordernissen Rechnung trägt.".

Gemäß § 128 Abs. 1 S. 1 StPO, vgl. auch Art. 104 Abs. 2, 3 S. 1 GG, besteht Pflicht, den Festgenommenen, sofern er nicht wieder in Freiheit gesetzt wird, **unverzüglich**[1912] (vgl. § 121 Abs. 1 S. 1 BGB), spätestens am Tage nach der Festnahme, dem Richter bei dem Amtsgericht, in dessen Bezirk[1913] er festgenommen worden ist, vorzuführen.

Gemäß § 72a JGG (**Heranziehung der Jugendgerichtshilfe in Haftsachen**) ist bei Haftsache mit einem **Jugendlichen** oder einem **Heranwachsenden** (vgl. § 109 JGG) i.S.v. § 1 JGG nach § 72a S. 1 JGG die **Jugendgerichtshilfe** (§§ 52, 87b SGB VIII) unverzüglich (§ 121 Abs. 1 S. 1 BGB) von der Vollstreckung eines Haftbefehls zu **unterrichten**; ihr soll bereits der Erlass eines Haftbefehls **mitgeteilt** werden.

Gemäß § 72a S. 2 JGG ist die **Jugendgerichtshilfe** (§§ 52, 87b SGB VIII) von der **vorläufigen Festnahme** eines Jugendlichen oder Heranwachsenden (vgl. § 109 JGG) zu **unterrichten**, wenn nach dem Stand der Ermittlungen zu erwarten ist, dass der Jugendliche gemäß § 128 StPO dem **Richter vorgeführt** wird.

c) § 127 Abs. 4 i.V.m. §§ 114a, b, c StPO entsprechend als Verfahrensrechtsnormen für Festnahme i.S.d. § 164 StPO

Gemäß § 127 Abs. 4 StPO gelten für die vorläufige Festnahme durch die Staatsanwaltschaft und durch Beamte des Polizeidienstes die §§ 114a bis 114c StPO entsprechend, und zwar wie folgt:

aa) § 127 Abs. 4 i.V.m. § 114a StPO [entsprechend]

Gemäß § 127 Abs. 4 i.V.m. § 114a StPO ist dem Beschuldigten bei der [Freiheitsentziehung] eine Abschrift [zur Freiheitsentziehung] auszuhändigen; beherrscht er die deutsche Sprache nicht hinreichend, erhält er zudem eine Übersetzung in einer für ihn verständlichen Sprache.

Gemäß § 127 Abs. 4 i.V.m. § 114a StPO ist dem Beschuldigten, wenn die Aushändigung einer Abschrift und einer etwaigen Übersetzung nicht möglich ist, **unverzüglich** (§ 121 Abs. 1 S. 1 BGB) in einer für ihn verständlichen Sprache mitzuteilen, welches die Gründe für die [Freiheitsentziehung] sind und welche Beschuldigungen gegen ihn erhoben werden.

Gemäß § 127 Abs. 4 i.V.m. § 114a StPO ist im Fall von Unmöglichkeit einer Abschrift oder Übersetzung die Aushändigung der Abschrift [zur Freiheitsentziehung] sowie einer etwaigen Übersetzung **unverzüglich** (§ 121 Abs. 1 S. 1 BGB) nachzuholen.

bb) § 127 Abs. 4 i.V.m. § 114b StPO [entsprechend]

Gemäß § 127 Abs. 4 i.V.m. § 114b S. 1 StPO ist der [festgehaltene] Beschuldigte **unverzüglich** (§ 121 Abs. 1 S. 1 BGB) und schriftlich in einer für ihn verständlichen Sprache über seine Rechte zu belehren.

1912 BVerfGE 149, 293 (5-Punkt-Fixierung/7-Punkt-Fixierung) = BVerfG, Urteil des Zweiten Senats vom 24.07.2018 - 2 BvR 309/15 -, D. III. 4., Rn. 99 f.: „Art. 104 Abs. 2 Satz 2 GG fordert in einem solchen Fall, die richterliche Entscheidung unverzüglich nachzuholen (vgl. BVerfGE 10, 302 <321>; 105, 239 <249>). Das Tatbestandsmerkmal ‚**unverzüglich**' ist dahin auszulegen, dass die richterliche Entscheidung ohne jede Verzögerung, die sich nicht aus sachlichen Gründen rechtfertigen lässt, nachgeholt werden muss (vgl. BVerfGE 105, 239 <249>; Gusy, in: v. Mangoldt/Klein/Starck, GG, Bd. 3, 7. Aufl. 2018, Art. 104 Rn. 48). Nicht vermeidbar sind zum Beispiel die Verzögerungen, die durch die Länge des Weges, Schwierigkeiten beim Transport, die notwendige Registrierung und Protokollierung oder ein renitentes Verhalten des Betroffenen bedingt sind (vgl. BVerfGE 105, 239 <249>; BVerfGK 7, 87 <99>; Gusy, in: v. Mangoldt/Klein/Starck, GG, Bd. 3, 7. Aufl. 2018, Art. 104 Rn. 48). Sachliche Gründe, die eine Verzögerung der richterlichen Entscheidung rechtfertigen, können sich auch aus der Notwendigkeit verfahrensrechtlicher Vorkehrungen ergeben, die dem Schutz des Betroffenen dienen.".

1913 **Gerichtsbezirke** gemäß Anlage 1 JustG NRW.

Gemäß § 127 Abs. 4 i.V.m. § 114b S. 2 StPO hat zudem eine mündliche Belehrung zu erfolgen, wenn eine schriftliche Belehrung erkennbar nicht ausreichend ist.

Gemäß § 127 Abs. 4 i.V.m. § 114b S. 3 StPO hat eine mündliche Belehrung zu erfolgen, wenn eine schriftliche Belehrung nicht möglich ist; die schriftliche Belehrung soll jedoch nachgeholt werden, sofern dies in zumutbarer Weise möglich ist.

Gemäß § 127 Abs. 4 i.V.m. § 114b S. 4 StPO soll der Beschuldigte schriftlich bestätigen, dass er belehrt wurde; falls er sich weigert, ist dies zu dokumentieren.

Gemäß § 127 Abs. 4 i.V.m. § 114b Abs. 2 StPO bezieht sich der Inhalt der Belehrung insbesondere auf:

(1) § 114b Abs. 2 S. 1 Nr. 1 StPO: **unverzüglich**e (§ 121 Abs. 1 S. 1 BGB), spätestens am Ergreifens-Folge-Tag erfolgende Gerichtsvorführung zwecks Vernehmung und Entscheidung, vgl. Art. 104 Abs. 2 GG;

(2) § 114b Abs. 2 S. 1 Nr. 2 StPO: Recht auf Äußerung oder Nichtaussage (Schweigen);

(3) § 114b Abs. 2 S. 1 Nr. 3 StPO: Beweiserhebungsantragsrecht zur Entlastung, vgl. § 160 Abs. 2 StPO;

(4) § 114b Abs. 2 S. 1 Nr. 4 StPO: Verteidigerwahlfreiheit und Verteidigerbefragungsrecht; dabei sind Informationen zur Verfügung zu stellen, die es erleichtern, einen Verteidiger zu kontaktieren; auf bestehende anwaltliche Notdienste ist dabei hinzuweisen;

Gemäß § 72b JGG (Verkehr mit Vertretern der **Jugendgerichtshilfe**, dem **Betreuungshelfer** und dem **Erziehungsbeistand**) ist nach § 72b S. 1 JGG, befindet sich ein **Jugendlicher** oder **Heranwachsender** (vgl. § 109 JGG) i.S.v. § 1 JGG in **Untersuchungshaft**[1914], auch den Vertretern der **Jugendgerichtshilfe** (§§ 52, 87b SGB VIII) der Verkehr mit dem Beschuldigten in demselben Umfang wie einem **Verteidiger** gestattet; entsprechendes gilt gemäß § 72b S. 2 JGG, wenn der Beschuldigte der Betreuung und Aufsicht eines **Betreuungshelfers** (§ 30 SGB VIII) untersteht oder für ihn ein **Erziehungsbeistand** (§ 30 SGB VIII; §§ 1712-1717 BGB) bestellt ist, für den Helfer oder den Erziehungsbeistand;

(5) § 114b Abs. 2 S. 1 Nr. 4a StPO: Recht auf Pflichtverteidigerbestellung in den Fällen des § 140 StPO nach Maßgabe des § 141 Abs. 1 StPO und des § 142 Abs. 1 StPO StPO (**Notwendige Verteidigung**[1915])[1916];

[1914] Zur **Untersuchungshaft** siehe insbesondere: *Basten*, Eingriffsrecht der Polizei in Nordrhein-Westfalen, Band 2, Buch 2, Abschnitte 31, 32; vgl. auch §§ 112, 113, 114, 116-123, 126 StPO.

[1915] Mit „Gesetz zur Neuregelung des Rechts der notwendigen Verteidigung" (BGBl. I S. 2128; in Kraft seit 13.12.2019) ist erstmals das Recht des Beschuldigten ausdrücklich normiert, bereits auch im polizeilichen Ermittlungsverfahren grundsätzlich im Fall notwendiger Verteidigung (§ 140 StPO) „unverzüglich" (§ 121 Abs. 1 S. 1 BGB), „spätestens vor einer Vernehmung des Beschuldigten" (§ 163a StPO) einen Pflichtverteidiger „bestellt" zu erhalten, „wenn der Beschuldigte dies nach Belehrung ausdrücklich beantragt" (§ 141 Abs. 1 S. 1 StPO), in den Fällen des § 141 Abs. 2 S. 1 StPO auch „unabhängig von einem Antrag" – mit Rückausnahmen in § 141 Abs. 2 S. 2, 3 StPO; auch mit Abweichungen in § 141a StPO für Beschuldigtenvernehmungen und Gegenüberstellungen (§§ 58 Abs. 2, 168b Abs. 3 StPO). Der Zeitpunkt polizeilicher Belehrung zur notwendigen Verteidigung i.S.d. § 140 StPO ist in einschlägigen Fällen – spätestens – „bei Beginn der ersten Vernehmung" des Beschuldigten wegen § 141 Abs. 1 S. 2 StPO und § 163a Abs. 4 S. 2 i.V.m. § 136 Abs. 1 S. 5 StPO, oder der Zeitpunkt ist anders in speziell normierten Fällen wie § 114b Abs. 2 S. 1 Nr. 4a oder §§ 68a, b JGG. Gemäß § 142 StPO ist vor Anklageerhebung der Antrag des Beschuldigten nach § 141 Abs. 1 S. 1 StPO vor Erhebung der Anklage bei den Behörden oder Beamten des Polizeidienstes „oder" bei der Staatsanwaltschaft anzubringen (Antrags-Entgegennahme-Zuständigkeit); die Bestellungs-Entscheidungs-Zuständigkeit obliegt dem Gericht

(6) § 114b Abs. 2 S. 1 Nr. 5 StPO: Recht auf Untersuchung durch Arzt oder Ärztin nach Wahl;

(7) § 114b Abs. 2 S. 1 Nr. 6 StPO: Recht auf Benachrichtigung eines Angehörigen oder einer Person des Vertrauens, soweit der Untersuchungszweck dadurch nicht erheblich wird (vgl. insbesondere **Fluchtgefahr**, § 112 Abs. 2 Nr. 2 StPO, oder **Verdunkelungsgefahr**, § 112 Abs. 2 Nr. 3 StPO);

(8) § 114b Abs. 2 S. 1 Nr. 7 StPO: Recht auf Akteneinsichtnahme nach Maßgabe von § 147 Abs. 4 StPO und Recht auf Beweisstückebesichtigung, soweit kein Verteidiger vorhanden ist;

(9) § 114b Abs. 2 S. 1 Nr. 8 StPO: weitere Rechte im Fall von Untersuchungshaft nach Richtervorführung:

(a) Recht auf Haftbefehlsbeschwerde oder auf Haftprüfungbeantragung und Beantragung mündlicher Verhandlung;

---

nach StA-Vorlage mit Stellungnahme (§ 142 Abs. 1 S. 2 StPO) oder der StA selbst „bei besonderer Eilbedürftigkeit", § 142 Abs. 4 StPO.

Ein Fall **notwendiger Verteidigung** liegt u.a. dann vor,

- gemäß § 140 Abs. 1 Nr. 1 StPO, wenn zu erwarten ist, dass die Hauptverhandlung im ersten Rechtszug vor dem **Oberlandesgericht** (§§ 115-117, 120-122 GVG) , dem **Landgericht** (§§ 12, 13, 60, 70, 734, 74-74f, 76-78b GVG) oder dem **Schöffengericht** (§§ 12, 13, 24-27, 28-58 GVG) stattfindet [Ausgangsrechtsnorm für den Abgrenzungsüberblick über AG, LG, OLG mag sein: § 24 GVG;
- gemäß § 140 Abs. 1 Nr. 2 StPO, wenn dem Beschuldigten ein Verbrechen zur Last gelegt wird;
- gemäß § 140 Abs. 1 Nr. 3 StPO, wenn das Verfahren zu einem **Berufsverbot** (§§ 70-70b StGB) führen kann;
- gemäß § 140 Abs. 1 Nr. 4 StPO, wenn der Beschuldigte nach den §§ 115, 115a, 128 Abs. 1 oder § 129 StPO einem Gericht zur Entscheidung über Haft oder einstweilige Unterbringung vorzuführen ist;
- gemäß § 140 Abs. 1 Nr. 5 StPO, wenn der Beschuldigte sich auf Grund richterlicher Anordnung oder mit richterlicher Genehmigung in einer Anstalt befindet;
- gemäß § 140 Abs. 1 Nr. 11 StPO, wenn ein seh-, hör- oder sprachbehinderter Beschuldigter die Bestellung beantragt;
- gemäß § 140 Abs. 2 StPO, wenn wegen der Schwere der Tat, der Schwere der zu erwartenden Rechtsfolge oder wegen der Schwierigkeit der Sach- oder Rechtslage die Mitwirkung eines Verteidigers geboten erscheint oder wenn ersichtlich ist, dass sich der Beschuldigte nicht selbst verteidigen kann.
- gemäß §§ 1, 109 Abs. 1 JGG und § 68 JGG in den dort genannten Fällen.

1916 BGH, Beschluss vom 06.02.2018 – 2 StR 163/17, Rn. 6 (Kein absolutes Beweisverwertungsverbot und kein relatives Beweisverwertungsverbot als Abwägungsergebnis bei Nichtbelehrung zu **Pflichtverteidigung/notwendiger Verteidigung** – geteilt von BGH, Beschluss vom 09.01.2020 – 5 StR 628/19, Rn. 6): „Die nach § 136 Abs. 1 Satz 3 Halbs. 2 StPO a.F. bzw. § 136 Abs. 1 Satz 5 Halbs. 2 StPO n.F. unterbliebene Belehrung des Angeklagten begründet deshalb kein absolutes Verwertungsverbot. Aber auch die Annahme eines relativen, im Rahmen einer einzelfallbezogenen Abwägung festzustellendes Verwertungsverbot kommt hier nicht in Betracht. Das Landgericht hat in seinem den Widerspruch gegen die Verwertung zurückweisenden Kammerbeschluss zutreffend in den Blick genommen, dass das staatliche Verfolgungs- und Aufklärungsinteresse – wie hier – bei einem Tötungsdelikt besonders hoch ist, die Belehrung nicht bewusst oder willkürlich, sondern aus Unkenntnis der Vernehmungsbeamten über die Neuregelung unterblieben ist und damit der festgestellte Verstoß von geringerem Gewicht ist. Zudem fehlen – worauf der Generalbundesanwalt zutreffend hingewiesen hat – jegliche Anhaltspunkte für die Annahme, die Angeklagten hätten im Rahmen ihrer ersten Vernehmung Angaben zur Sache gemacht, weil sie mangels wirtschaftlicher Mittel keine Möglichkeit gesehen hätten, sich eines Verteidigers zu bedienen. Auch die Revision hat hierzu nichts vorgetragen.".

(b) Recht auf Beantragung gerichtlicher Entscheidung im Fall von Beschwerdeunstatthaftigkeit;

(c) Recht auf gerichtliche Entscheidung gegen behördliche Entscheidungen und Maßnahmen im Untersuchungshaftvollzug;

(10) § 114b Abs. 2 S. 2 StPO: Akteneinsichtsrecht des Verteidigers nach § 147 StPO;

(11) § 114b Abs. 2 S. 3 StPO – für den Fall, dass der Beschuldigte der deutschen Sprache nicht hinreichend mächtig oder hör- oder sprachbehindert in einer dem Beschuldigten verständlichen Sprache: Recht auf unentgeltliche Dolmetscher-Hinzuziehung oder Übersetzer-Hinzuziehung für das gesamte Strafverfahren nach § 187 Abs. 1-3 GVG, § 186 Abs. 1, 2 GVG;

(13) § 114b Abs. 2 S. 4 StPO – für den Fall eines ausländischen Staatsangehörigen: Recht auf Unterrichtung der konsularischen Vertretung seines Heimatstaates verlangen und dieser Mitteilungen zukommen lassen kann.[1917]

Ausländischer Staatsangehöriger ist jede **Person**, § 1 BGB, die nicht **Deutscher** i.S.v. Art. 116 GG, §§ 1, 3, 17 StAG und nicht **Staatenloser**[1918] ist.

cc) § 127 Abs. 4 i.V.m. § 114c StPO [entsprechend]

Gemäß § 127 Abs. 4 i.V.m. § 114c Abs. 1 StPO ist einem [festgehaltenen] Beschuldigten **unverzüglich** (§ 121 Abs. 1 S. 1 BGB) Gelegenheit zu geben, einen Angehörigen oder eine Person seines Vertrauens zu benachrichtigen, sofern der Zweck der Untersuchung dadurch nicht erheblich gefährdet wird.

§ 114c Abs. 2 StPO betrifft das Gericht als Rechtsnormadressaten.

2. Allgemeine Verfahrensrechtsnormen für Festnahme im Sinne von § 127 Abs. 2 i.V.m. § 112 StPO

a) § 33 StPO analog: Anhörung

[1917] BGHSt 52, 48 (**Belehrung über das Recht auf konsularischen Beistand** nach Art. 36 Abs. 1b S. 3 WÜK [≙ § 114b Abs. 2 S. 4 StPO] – nach räuberischer Erpressung mit Todesfolge u.a.) = BGH, Beschluss vom 25.09.2007 – 5 StR 116/01, Ls. 1-3: „1. Zur Belehrung eines Festgenommenen mit fremder Staatsangehörigkeit gemäß Art. 36 Abs. 1 lit. b Satz 3 des Wiener Konsularrechtsübereinkommens (WÜK) über sein subjektives Recht, die unverzügliche Benachrichtigung seiner konsularischen Vertretung zu verlangen, sind bereits die Polizeibeamten nach Festnahme verpflichtet (BVerfG – Kammer – NJW 2007, 499 unter Aufhebung von BGHR WÜK Art. 36 Unterrichtung 1). 2. Das Unterbleiben der gebotenen Belehrung über das Recht auf konsularischen Beistand nach Art. 36 Abs. 1 lit. b Satz 3 WÜK führt nicht zu einem Beweisverwertungsverbot. 3. Die Rechtsverletzung kann jedoch zu einer Kompensation derart führen, dass ein bestimmter Teil der verhängten Freiheitsstrafe als verbüßt anzurechnen ist.“, Rn. 30: „Der Senat lässt offen, ob in Fällen geringerer Schwere eine mittels Anwendung des nationalen Rechts mögliche Kompensation auch auf andere Weise, etwa durch Gewährung einer Entschädigung in analoger Anwendung des Gesetzes über die Entschädigung für Strafverfolgungsmaßnahmen (StrEG) oder durch Kostennachlass, etwa analog § 465 Abs. 2 StPO, in Betracht zu ziehen wäre. Bei Strafen geringeren Gewichts und im Falle der späteren Heilung des Verfahrensverstoßes durch alsbald nachgeholte Belehrung gemäß Art. 36 Abs. 1 lit. b Satz 3 WÜK (vgl. BGH, Beschluss vom 11. September 2007 – 1 StR 273/07, zur Veröffentlichung in BGHSt bestimmt [= BGHSt 52, 38; P. B.] mag eine Kompensation gänzlich entbehrlich sein.“.

[1918] Vgl. § 2 AufenthG (mit umfassenderer **Ausländer**-Definition) und: StaatenlÜbkG, StaatenlMindÜbkAG.

Gemäß § 33 StPO analog besteht Pflicht zur **Anhörung** bzw. **Gewährung rechtlichen Gehörs** vor einer Entscheidung, jedenfalls bevor zum Beteiligten-Nachteil Tatsachen oder Beweisergebnisse ohne Anhörung verwertet werden – oder es soll gegeben sein: ein Ausnahmegrund der Zweckgefährdung/Gefahr im Verzug nach § 33 Abs. 4 StPO analog.

Gefahr im Verzug i.S.d. § 33 StPO ist gegeben, wenn der Handlungsbedarf unvorhergesehen ist und bei Durchführung der eigentlich vorgesehenen Maßnahme, hier der Anhörung, der gesetzliche Zweck, hier der jeweilige aus der Aufgabe des § 163 Abs. 1 S. 1 StPO und aus der Befugnisrechtsnorm (§ 164 StPO), vereitelt oder wesentlich erschwert wird.

b) § 168b StPO: Protokollierung

Gemäß § 168b StPO besteht Pflicht zur **Protokollierung** bzw. zum **Protokoll** über ermittlungsbehördliche Untersuchungshandlungen, wonach gemäß § 168b Abs. 1 StPO das Ergebnis der Untersuchungshandlungen der Ermittlungsbehörden aktenkundig zu machen ist.

(SUB/ERG)

Im konkreten Fall sind die Verfahrensvoraussetzungen (alternativ)

- bei Vorliegen von entsprechenden Anhaltspunkten / Fehlen entgegenstehender Anhaltspunkte eingehalten.
- bei Vorliegen von entsprechenden Anhaltspunkten nicht eingehalten.

3. JGG[1919]-Vorschriften[1920] außer, bei, i.Z.m. Maßnahmen gegenüber einem jugendlichen oder heranwachsenden Verdächtigen[1921] nach §§ 1, 109 JGG – fallabhängig insbesondere wie folgt[1922]:

a) § 38 JGG: Jugendgerichtshilfe;

b) § 43 JGG: Umfang der Ermittlungen;

c) § 67 JGG: Stellung der Erziehungsberechtigten[1923] und der gesetzlichen Vertreter[1924];

1919 § 1 Abs. 1 JGG zum sachlichen JGG-Anwendungsbereich: „Dieses Gesetz gilt, wenn ein Jugendlicher oder ein Heranwachsender eine Verfehlung begeht, die nach den allgemeinen Vorschriften mit Strafe bedroht ist.“. § 1 Abs. 3 JGG zum sachlich-persönlichen JGG-Anwendungsbereich: „Ist zweifelhaft, ob der Beschuldigte zur Zeit der Tat das achtzehnte Lebensjahr vollendet hat, sind die für Jugendliche geltenden Verfahrensvorschriften anzuwenden.“.

1920 JGG-Vorschriften mit amtlichen Überschriften insbesondere aus: „Gesetz zur Stärkung der Verfahrensrechte von Beschuldigten im Jugendstrafverfahren vom 09.12.2019, BGBl. 2019 Teil I Nr. 47, S. 2146-2152.

1921 § 1 Abs. 2 JGG zum persönlichen JGG-Anwendungsbereich: § 1 Abs. 2 JGG: „**Jugendlicher** ist, wer zur Zeit der Tat vierzehn, aber noch nicht achtzehn, **Heranwachsender**, wer zur Zeit der Tat achtzehn, aber noch nicht einundzwanzig Jahre alt ist.“. Unterscheide nach § 2 BGB: „Die **Volljährigkeit** tritt mit der Vollendung des 18. Lebensjahres ein.“.

1922 Zu JGG-Vorschriften ausführlicher: *Basten*, Eingriffsrecht der Polizei in Nordrhein-Westfalen, Band 3, Buch 4, Abschnitt 3.

1923 Zum **Strafrecht und elterlichen Erziehungsrecht**: BVerfGE 107, 104 (Anwesenheit im JGG-Verfahren) = BVerfG, Urteil des Zweiten Senats vom 16.01.2003 – 2 BvR 716/01.

1924 **Vertreter** ist ein **Stellvertreter** qua Gesetz oder ein **Stellvertreter** qua Rechtsgeschäft (§§ 164-181 BGB). Vgl. insbesondere:

- §§ 1626-1698b BGB: **Elterliche Sorge** mit **„Vertretung des Kindes“** gemäß § 1629 BGB;

d) § 67a JGG: Unterrichtung der Erziehungsberechtigten und der gesetzlichen Vertreter;

e) § 68 JGG: Notwendige Verteidigung[1925];

f) § 68a JGG: Zeitpunkt der Bestellung eines Pflichtverteidigers;

g) § 68b JGG: Vernehmungen und Gegenüberstellungen vor der Bestellung eines Pflichtverteidigers;

h) § 69 JGG: Beistand[1926];

i) § 70 JGG: Mitteilung an amtliche Stellen;

- § 1 Abs. 1 Nr. 4 JuSchG: **erziehungsbeauftragte Person**;
- §§ 1773-1895 BGB: **Vormundschaft**;
- §§ 1896-1908k BGB: **Rechtliche Betreuung**;
- §§ 1909-1921 BGB: **Pflegschaft**.

[1925] Mit „Gesetz zur Neuregelung des Rechts der notwendigen Verteidigung" (BGBl. I S. 2128; in Kraft seit 13.12.2019) ist erstmals das Recht des Beschuldigten ausdrücklich normiert, bereits auch im polizeilichen Ermittlungsverfahren grundsätzlich im Fall notwendiger Verteidigung (§ 140 StPO) „unverzüglich" (§ 121 Abs. 1 S. 1 BGB), „spätestens vor einer Vernehmung des Beschuldigten" (§ 163a StPO) einen Pflichtverteidiger „bestellt" zu erhalten, „wenn der Beschuldigte dies nach Belehrung ausdrücklich beantragt" (§ 141 Abs. 1 S. 1 StPO), in den Fällen des § 141 Abs. 2 S. 1 StPO auch „unabhängig von einem Antrag" – mit Rückausnahmen in § 141 Abs. 2 S. 2, 3 StPO; auch mit Abweichungen in § 141a StPO für Beschuldigtenvernehmungen und Gegenüberstellungen (§§ 58 Abs. 2, 168b Abs. 3 StPO). Der Zeitpunkt polizeilicher Belehrung zur notwendigen Verteidigung i.S.d. § 140 StPO ist in einschlägigen Fällen – spätestens – „bei Beginn der ersten Vernehmung" des Beschuldigten wegen § 141 Abs. 1 S. 2 StPO und § 163a Abs. 4 S. 2 i.V.m. § 136 Abs. 1 S. 5 StPO, oder der Zeitpunkt ist anders in speziell normierten Fällen wie § 114b Abs. 2 S. 1 Nr. 4a oder §§ 68a, b JGG. Gemäß § 142 StPO ist vor Anklageerhebung der Antrag des Beschuldigten nach § 141 Abs. 1 S. 1 StPO vor Erhebung der Anklage bei den Behörden oder Beamten des Polizeidienstes „oder" bei der Staatsanwaltschaft anzubringen (Antrags-Entgegennahme-Zuständigkeit); die Bestellungs-Entscheidungs-Zuständigkeit obliegt dem Gericht nach StA-Vorlage mit Stellungnahme (§ 142 Abs. 1 S. 2 StPO) oder der StA selbst „bei besonderer Eilbedürftigkeit", § 142 Abs. 4 StPO.

Ein Fall **notwendiger Verteidigung** liegt u.a. dann vor,

- gemäß § 140 Abs. 1 Nr. 1 StPO, wenn zu erwarten ist, dass die Hauptverhandlung im ersten Rechtszug vor dem **Oberlandesgericht** (§§ 115-117, 120-122 GVG) , dem **Landgericht** (§§ 12, 13, 60, 70, 734, 74-74f, 76-78b GVG) oder dem **Schöffengericht** (§§ 12, 13, 24-27, 28-58 GVG) stattfindet [Ausgangsrechtsnorm für den Abgrenzungsüberblick über AG, LG, OLG mag sein: § 24 GVG;
- gemäß § 140 Abs. 1 Nr. 2 StPO, wenn dem Beschuldigten ein Verbrechen zur Last gelegt wird;
- gemäß § 140 Abs. 1 Nr. 3 StPO, wenn das Verfahren zu einem **Berufsverbot** (§§ 70-70b StGB) führen kann;
- gemäß § 140 Abs. 1 Nr. 4 StPO, wenn der Beschuldigte nach den §§ 115, 115a, 128 Abs. 1 oder § 129 StPO einem Gericht zur Entscheidung über Haft oder einstweilige Unterbringung vorzuführen ist;
- gemäß § 140 Abs. 1 Nr. 5 StPO, wenn der Beschuldigte sich auf Grund richterlicher Anordnung oder mit richterlicher Genehmigung in einer Anstalt befindet;
- gemäß § 140 Abs. 1 Nr. 11 StPO, wenn ein seh-, hör- oder sprachbehinderter Beschuldigter die Bestellung beantragt;
- gemäß § 140 Abs. 2 StPO, wenn wegen der Schwere der Tat, der Schwere der zu erwartenden Rechtsfolge oder wegen der Schwierigkeit der Sach- oder Rechtslage die Mitwirkung eines Verteidigers geboten erscheint oder wenn ersichtlich ist, dass sich der Beschuldigte nicht selbst verteidigen kann.
- gemäß §§ 1, 109 Abs. 1 JGG und § 68 JGG in den dort genannten Fällen.

[1926] Vgl. auch §§ 1712-1717 BGB (**Beistandschaft**).

j) § 70a JGG: Unterrichtung des Jugendlichen (i.V.m. § 109 JGG: des Heranwachsenden);
k) § 70b JGG: Belehrungen.

(SUB/ERG)

Im konkreten Fall sind die JGG-Vorschriften

- nicht anwendbar.
- anwendbar und eingehalten.
- anwendbar und nicht eingehalten.

(ERG Verfahren)

Ergebnis kann allgemein sein: Verfahrensrechtmäßigkeit oder Verfahrensrechtswidrigkeit der Maßnahme.

B. Formelle Rechtmäßigkeit (FR) III. Form (F)

(VOR/DEF)

Form ist normiertes Wie der Rechtsfolgesetzung – mündlich, schriftlich, elektronisch oder in anderer Weise.

(SUB/ERG)

Im konkreten Fall besteht bei Fehlen speziellerer Formrechtsnormen Formfreiheit für den Justiz-VA, sodass der Justiz-VA formrechtmäßig schriftlich, elektronisch, mündlich oder in anderer Weise ergehen kann.

Rechtsnormen wie § 114a StPO, § 114b Abs. 1 StPO, § 168b StPO sind i.d.R. bereits integrativer Verfahrensbestandteil.

Ergebnis kann allgemein sein: Formrechtmäßigkeit oder Formrechtswidrigkeit der Maßnahme.

C. Materielle Rechtmäßigkeit (MR) I. Tatbestand (Tb) / Tatbestandsvoraussetzungen (TBV)

(VOR/DEF)

Tatbestand ist das Gesamt der (materiell-rechtlichen) Rechtsfolge(setzungs)bedingungen. / **Tatbestandsvoraussetzungen** sind materiell-rechtliche Rechtsfolgesetzungsbedingungen.

(VOR/DEF)

1. Allgemeine TBV Tatverdacht

Gemäß § 163 Abs. 1 S. 1 i.V.m. § 152 Abs. 2 StPO (auch § 127 Abs. 1 S. 1 Alt. 1 StPO: „Tat“) wird Tatverdacht vorausgesetzt (bzgl. irgendeiner Tat, etwa Anlasstat für die Amtshandlung/Anordnung im Sinne des § 164 StPO).

Tatverdacht ist das Gegebensein zureichender tatsächlicher Anhaltspunkte für eine verfolgbare Straftat.

2. Spezielle TBV aus § 164 StPO: Rechtmäßigkeit der Amtshandlung

Gemäß § 164 StPO ist die Rechtmäßigkeit der von der Festnahme zu unterscheidenden Amtshandlung/Anordnung Voraussetzung, wenigstens im Sinne des (formell-)strafrechtlichen Rechtmäßigkeitsbegriffs[1927], vgl. auch „innerhalb der Zuständigkeit“.

3. Spezielle TBV aus § 164 StPO: Vorsätzliche Störung oder Sichwidersetzen

Gemäß § 164 StPO ist Voraussetzung: die vom Festnahmebetroffenen ausgehende vorsätzliche Störung von Amtshandlungen an Ort und Stelle oder ein Sichwidersetzen durch den Festnahmebetroffenen gegenüber den innerhalb der Polizeiamtswalter-Zuständigkeit getroffenen Anordnungen.

Vorsatz/Vorsätzlichkeit i.S.d. § 164 StPO ist Vorsatz i.S.d. Strafrechts, also Wissen und Wollen der Störung gerade der Amsthandlung/des Sichwidersetzens gerade gegen getroffene Anordnungen – in allen Ausprägungen ersten Grades (Absicht), zweiten Grades (sicheres

---

[1927] Zum **strafrechtlichen Rechtmäßigkeitsbegriff** siehe z.B. § 113 Abs. 3 StGB, § 114 Abs. 3 StGB, § 115 Abs. 1, 2 StGB; siehe auch BGHSt 60, 253 (Zur Rechtswidrigkeit des Angriffs im Sinne von § 32 Abs. 2 StGB bei hoheitlichem Handeln) = BGH, Urteil vom 09.06.2015 – 1 StR 606/14 –, Gründe, B. II. 1. b), Rn. 25: „Nach der Rechtsprechung des Bundesgerichtshofs bestimmt sich die Rechtmäßigkeit - sowohl bezüglich § 32 Abs. 2 StGB als auch § 113 Abs. 3 StGB - des Handelns von staatlichen Hoheitsträgern bei der Ausübung von Hoheitsgewalt weder streng akzessorisch nach der materiellen Rechtmäßigkeit des dem Handeln zugrundeliegenden Rechtsgebiets (meist des materiellen Verwaltungsrechts) noch nach der Rechtmäßigkeit entsprechend dem maßgeblichen Vollstreckungsrecht (vgl. BGH, Urteile vom 31. März 1953 - 1 StR 670/52, BGHSt 4, 161, 164; vom 10. November 1967 - 4 StR 512/66, BGHSt 21, 334, 363 sowie die Nachw. bei Rönnau/Hohn in Leipziger Kommentar zum StGB, 12. Aufl., Band 2, § 32 Rn. 117; Erb in Münchener Kommentar zum StGB, 2. Aufl., Band 1, § 32 Rn. 75; siehe auch BVerfG [1. Kammer des Ersten Senats], Beschluss vom 30. April 2007 - 1 BvR 1090/06 Rn. 26 ff. bzgl. der Rechtmäßigkeit bei § 113 Abs. 3 StGB). Die Rechtmäßigkeit des hoheitlichen Handelns in einem strafrechtlichen Sinne hängt vielmehr lediglich davon ab, dass ‚die äußeren Voraussetzungen zum Eingreifen des Beamten‘ gegeben sind, ‚er also örtlich und sachlich zuständig‘ ist, er die vorgeschriebenen wesentlichen Förmlichkeiten einhält und der Hoheitsträger sein - ihm ggf. eingeräumtes - Ermessen pflichtgemäß ausübt (BGH, Urteile vom 31. März 1953 - 1 StR 670/52, BGHSt 4, 161, 164; vom 10. November 1967 - 4 StR 512/66, BGHSt 21, 334, 365; weitere umfassende Nachw. bei Rönnau/Hohn aaO § 32 Rn. 117 Fn. 332; Erb aaO § 32 Rn. 75 Fn. 159). Befindet sich allerdings der Hoheitsträger in einem schuldhaften Irrtum über die Erforderlichkeit der Amtsausübung, handelt er willkürlich oder unter Missbrauch seines Amtes, so ist sein Handeln rechtswidrig (BGH, Urteil vom 10. November 1967 - 4 StR 512/66, BGHSt 21, 334, 363; in der Sache ebenso bereits BGH, Urteil vom 31. März 1953 - 1 StR 670/52, BGHSt 4, 161, 164 f.; siehe auch BVerfG [2. Kammer des Ersten Senats], Beschluss vom 29. April 1991 - 1 BvR 7/90, NJW 1991, 3023 sowie Erb, Festschrift für Gössel, 2002, S. 217, 230 f.).“.

Wissen), dritten Grades (Eventualvorsatz/bedingter Vorsatz) von strafrechtlicher Vorsätzlichkeit.

4. Spezielle TBV aus § 164 StPO: Andauern der Amtshandlungen

Gemäß § 164 StPO ist das Andauern der Amsthandlungen im maßgeblichen Festnahmezeitpunkt Voraussetzung, jedoch nicht über den nächstfolgenden Tag hinaus („bis zur Beendigung seiner Amtsvorrichtungen, jedoch nicht über den nächstfolgenden Tag hinaus").

5. Spezielle (umgekehrte) TBV aus § 127 Abs. 3 StPO bzgl. Strafantrag, Ermächtigung, Strafverlangen

Gemäß § 127 Abs. 3 StPO (mindestens analog, vgl. die Vorläufigkeit der Festnahme bzgl. richterlicher Anordnung i.S.d. § 127 Abs. 2 StPO, vgl. auch Art. 104 GG) ist die vorläufige Festnahme ist auch dann „zulässig, wenn" noch kein Strafantrag gestellt ist oder wenn noch nicht eine Ermächtigung oder ein Strafverlangen[1928] vorliegt.

(SUB/ERG)

Im konkreten Fall sind die Tatbestandsvoraussetzungen für § 164 StPO (alternativ)

- erfüllt bei Anhaltspunkten / bei Fehlen entgegenstehender Anhaltspunkte.
- nicht erfüllt bei Anhaltspunkten / bei Fehlen entgegenstehender Anhaltspunkte.

C. Materielle Rechtmäßigkeit (MR) II. Inanspruchnahme (In) / Inanspruchnahmevoraussetzungen (Inv)

(VOR/DEF)

Inanspruchnahmevoraussetzungen sind materiell-rechtliche Bedingungen für richtige Inanspruchnahme.

Inanspruchnahme ist Adressierung und sonstiges Betroffenmachen; **Adressierung** ist direktes Bestimmen oder finales Richten einer Maßnahme an einen Grundrechtsträger, vgl. §§ 100b Abs. 3, 100c Abs. 2, 100h Abs. 3, 163f Abs. 2 StPO.

1928 Zu **Ermächtigung** und **Strafverlangen** i.S.d. § 127 Abs. 3 StPO vgl. § 77e StGB. Unterscheide von der Ermächtigung i.S.d. § 77e StGB die „Ermächtigung" i.S.v. Art. 80 GG, Art. 70 Verfassung NRW als Gesetzgebungskompetenz(-Übertragung von der Legislative) für die Exekutive mit einer „Ermächtigungsgrundlage" als hauptsächliche Rechtsgrundlage für diese Ermächtigung (vgl. z.B. § 37 Abs. 4 S. 2 PolG NRW). Unterscheide Befugnisrechtsnorm als hauptsächliche Rechtsgrundlage für eine materiellrechtliche Befugnis (im Sinne eines Einzelakts aufgrund Gesetzes), zu „Befugnissen" vgl. z.B. Zweiter Abschnitt und Zweiter Abschnitt Erster Unterabschnitt Überschrift PolG NRW. Siehe zu allen möglichen **Rechtsnormarten** auch: *Basten*, Eingriffsrecht der Polizei in Nordrhein-Westfalen, Band 1, S. 31-34.

Nach § 164 StPO ist Inanspruchnahme grundsätzlich richtig gegen folgende Person: die die Amtshandlungen an Ort und Stelle vorsätzlich störende Person oder die sich den innerhalb der Zuständigkeit des leitenden Beamten getroffenen Anordnungen widersetzende Person.

(SUB/ERG)

Im konkreten Fall ist die Person (alternativ)

- richtigerweise gemäß § 164 StPO als Vorsatz-Störer/Widersetzer in Anspruch genommen/adressiert.
- nicht richtigerweise in Anspruch genommen/adressiert.

C. Materielle Rechtmäßigkeit (MR) III. Rechtsfolge (Rf) / Rechtsfolgevoraussetzungen (RfV)

(VOR/DEF)

Rechtsfolge ist rechtliche Folge aus dem Tatbestand. / **Rechtsfolgevoraussetzungen** sind materiell-rechtliche Rechtsfolgegestaltungsbedingungen.

C. Materielle Rechtmäßigkeit (MR) III. Rechtsfolge (Rf) 1. Tatsächliche und rechtliche Möglichkeit (TurM)

(VOR/DEF)

Tatsächliche und rechtliche Möglichkeit betrifft Fälle wie aus § 44 Abs. 2 Nr. 4-6 VwVfG NRW.

(SUB/ERG)

Tatsächliche und rechtliche Möglichkeit ist im konkreten Fall gegeben/nicht gegeben aufgrund Vorliegens/Nichtvorliegens von kognitiven, körperlichen, normativen, technischen Unmöglichkeiten.

Tatsächliche Unmöglichkeit ist gegeben bei Fehlen jeglicher personellen und materiellen Kapazitäten.

Rechtliche Unmöglichkeit ist gegeben bei Fehlen von menschenwürdigen Kapazitäten.[1929]

[1929] BVerfG, Beschluss der 2. Kammer des Ersten Senats vom 17.02.2020 – 1 BvR 3182/15 –, Rn. 17 f. „Im Einklang mit der bisherigen Rechtsprechung ist das Oberlandesgericht im Ansatz davon ausgegangen, dass die Frage nach der **Menschenwürdigkeit der Unterbringung von Gefangenen** von einer Gesamtschau der tatsächlichen, die **Haftsituation** bestimmenden Umstände abhängt, wobei als Faktoren in räumlicher Hinsicht in erster Linie die Bodenfläche pro Gefangenem und die Situation der sanitären Anlagen, namentlich die Abtrennung und Belüftung der Toilette, zu beachten sind (vgl. nur BVerfG, Beschluss der 3. Kammer des Ersten Senats vom 14. Juli 2015 - 1 BvR 1332/14 -, juris, Rn. 18; Beschluss der 2. Kammer des Zweiten Senats vom 22. März 2016 - 2 BvR 566/15 -, Rn. 27) und als die Haftsituation mildernde oder verschärfende Merkmale der Umfang der täglichen Einschlusszeiten und

C. Materielle Rechtmäßigkeit (MR) III. Rechtsfolge (Rf) 2. Bestimmtheit (Bsh)

(VOR/DEF)

Bestimmtheit ist Maßnahmenerkennbarkeit und Maßnahmenverstehbarkeit, bei Justiz-VA Pflicht nach Art. 20 Abs. 3 GG.

(SUB/ERG)

Die Festnahme ist inhaltlich hinreichend bestimmt i.S.d. Art. 20 Abs. 3 GG, denn nach Auslegung der Festnahme kann der Erklärungsempfänger wie jeder vernünftige Dritte, §§ 133, 157 BGB analog, in der konkreten Situation deren Inhalt hinreichend erkennen und verstehen, nämlich:

- dass die Polizei ggü. dem Festnahmeadressaten (wer)
- aus Strafrechtspflegegründen (warum)
- zu einer bestimmten Zeit (wann)
- einen Zweck aus einer Festnahmebefugnisrechtsnorm verfolgt (was)
- und zwar durch Sicherung/Festsetzung der Person an einem bestimmten Ort/in einem bestimmten Raum (wie).

C. Materielle Rechtmäßigkeit (MR) III. Rechtsfolge (Rf) 3. Ermessen (Erm)

(VOR/DEF)

Ermessen ist Entscheidungsspielraum auf der Rechtsfolgenseite bzgl. rechtsfehlerfreier Ausübung von Einschreit-Entschließung (Ob), Adressaten-Auswahl (Wer), Maßnahmen-Gestaltung (Wie).

---

die Belegdichte des Haftraums Berücksichtigung finden. […] Allerdings lässt sich die Frage, wann die räumlichen Verhältnisse in einer Haftanstalt derart beengt sind, dass die Unterbringung eines Gefangenen dessen Menschenwürde verletzt, nach der Rechtsprechung des Bundesgerichtshofs nicht abstrakt-generell klären, sondern muss der tatrichterlichen Beurteilung überlassen bleiben (beispielsweise BGH, Urteil vom 4. Juli 2013 - III ZR 342/12 -, BGHZ 198, 1). Danach kann es die Klärung eines verfassungsmäßigen Raummindestsolls im Sinne schematisch festgelegter allgemeiner Maßzahlen nicht geben (vgl. BGH, Urteil vom 11. März 2010 - III ZR 124/09 -, juris, Rn. 7).".

BVerfG, Beschluss des Zweiten Senats vom 01.12.2020 – 2 BvR 1845/18 –, Ls. 3, Rn. 48-52, 59, 62, 63, 68, 69, 72, 76, 78; Rn. 49: „In Anbetracht der Bedeutung des **Raumfaktors bei der Gesamtbeurteilung der Haftbedingungen** begründet nach der Rechtsprechung des Gerichtshofs der Europäischen Union und des Europäischen Gerichtshofs für Menschenrechte der Umstand, dass der einem Inhaftierten zur Verfügung stehende Raum in einer Gemeinschaftszelle unter 3 m^2 liegt, eine starke [nach Rn. 49 widerlegliche] Vermutung für einen Verstoß gegen Art. 4 GRCh beziehungsweise Art. 3 EMRK.", Rn. 50: „Verfügt ein Gefangener in einer Gemeinschaftszelle über einen persönlichen Raum, der zwischen 3 m^2 und 4 m^2 beträgt, kann ein Verstoß gegen Art. 4 GRCh beziehungsweise Art. 3 EMRK vorliegen, wenn zu dem Raummangel weitere defizitäre Haftbedingungen hinzutreten [wie in Rn. 50 genannt].", Rn. 51: „Bei mehr als 4 m^2 persönlichem Raum in einer Gemeinschaftszelle bleiben die weiteren Aspekte der Haftbedingungen für die erforderliche Gesamtbeurteilung relevant (vgl. EuGH, Urteil vom 15. Oktober 2019, Dorobantu, C-128/18, EU:C:2019:857, Rn. 76 mit Verweis auf EGMR <GK>, Muršić v. Croatia, Urteil vom 20. Oktober 2016, Nr. 7334/13, § 140).".

(SUB/ERG)

a) Einschreitentschließungs-„Ermessen“ ist grundsätzlich nicht gegeben, vgl. § 163 Abs. 1 S. 1 („haben“) i.V.m. § 152 Abs. 2 StPO (Legalitätsgrundsatz: „ist [...] verpflichtet, [...] einzuschreiten“); ein Opportunitätsprinzip ist nur ausnahmsweise gegeben.

b) Adressatenauswahl-„Ermessen“ ist grundsätzlich gegeben, insbesondere bzgl. zweckförderlicher Reihenfolge der Inanspruchnahme vom/von mehreren Beschuldigten.

c) Maßnahmengestaltungs-„Ermessen“ ist grundsätzlich gegeben, vgl. auch § 127a StPO.[1930]

Ein etwaig gegebener Entscheidungsspielraum wird aufgrund von entsprechenden Anhaltspunkten/in Ermangelung entgegenstehender Anhaltspunkte ohne Ermessensfehler/mit Ermessensfehlern (Ermessensunterschreitung, Ermessensüberschreitung, Ermessensfehlgebrauch) ausgeübt bzgl. folgender Ermessensarten:

a) Entschließungsermessen:

Ein etwaig gegebenes Entschließungsermessen kann im konkreten Fall sogar gegen / auf Null reduziert sein, insbesondere wegen:

- Einschreitmöglichkeit;
- Erheblichkeitsgrad von Tatverdachten.

b) Auswahlermessen:

siehe C. II.: Auswahlermessen wird abschließend beurteilt i.V.m. Punkt C. II. (Inanspruchnahme).

c) Gestaltungsermessen:

siehe C. III. 4.: Gestaltungsermessen wird abschließend beurteilt i.V.m. Punkt C. III. 4. (VHM).

C. Materielle Rechtmäßigkeit (MR) III. Rechtsfolge (Rf) 4. Verhältnismäßigkeit (VHM)

(VOR/DEF)

Verhältnismäßigkeit ist Geeignetheit, Erforderlichkeit, Angemessenheit der Maßnahme zu einem legitimen Zweck.

(VOR/DEF)

a) Legitimer Zweck ist verfassungsgemäßer Zweck.

[1930] Vgl. BVerfGE 19, 342, 349 (Wencker) = BVerfG, Beschluss des Ersten Senats vom 15.12.1965 – 1 BvR 513/65: „Die Strafprozeßnovelle vom 19. Dezember 1964, deren Ziel eine verfassungskonforme Ausgestaltung des Strafverfahrens war, will dem Grundsatz der Verhältnismäßigkeit im Untersuchungshaftrecht allgemein Geltung verschaffen. Er wird, was die Voraussetzungen der Haftanordnung anlangt, in § 112 Abs. 1 Satz 2 StPO generell ausgesprochen und für Vollzug und Dauer der Haft in §§ 116, 120, 121 StPO wiederholt. Er kommt vor allem auch darin zum Ausdruck, daß - trotz genauer Umschreibung der Voraussetzungen für den Erlaß eines Haftbefehls - dieser niemals obligatorisch ist, sondern stets im pflichtmäßigen Ermessen des Richters steht; das folgt aus dem Wort ‚darf‘ in § 112 Abs. 1 und 4 [jetzt: Abs. 3] StPO“.

(SUB/ERG)

Im konkreten Fall verfolgt die Festnahme (alternativ)

- einen legitimen Zweck, nämlich die Störungsabwehr und letztlich die Tatverdachtsaufklärung(sgefährdungsabwehr) bzgl. der Anlasstat der Amtshandlung/Anordnung, Art. 20 Abs. 3 GG.[1931]
- keinen legitimen Zweck.

(VOR/DEF)

b) Geeignetheit einer staatlichen Maßnahme ist gegeben bei deren Zweckförderungstauglichkeit.

(SUB/ERG)

Im konkreten Fall ist die Festnahme (alternativ)

- geeignet wegen Sicherung/Festsetzung des Störers an einem bestimmten Ort/in einem bestimmten Raum und damit Verhinderung weiterer Störung an Ort und Stelle der Amtshandlung/Anordnung, und damit letztlich Ermöglichung weiterer Tatverdachtserforschung und Sachverhaltsaufklärung.
- ungeeignet.

(VOR/DEF)

c) Erforderlichkeit einer staatlichen Maßnahme ist Nichtverfügbarkeit eines milderen (Übermaßverbot), gleich geeigneten (Untermaßverbot) Mittels zur Zweckförderung.

(SUB/ERG)

Im konkreten Fall ist die Festnahme (alternativ)

- erforderlich, denn einerseits sind mildere Maßnahmen wie etwa Gefährderansprache oder selbständige Verfügung oder Nichtstun (alleine) nicht gleich geeignet, weil sie nicht in gleicher Weise die Störungsabwehr und die Tatverdachtserforschung und Sachver-

---

1931 BVerfGE 19, 342, 349 f. (Wencker) = BVerfG, Beschluss des Ersten Senats vom 15.12.1965 – 1 BvR 513/65: „Bei der ihm hiernach obliegenden Abwägung hat der Richter stets im Auge zu behalten, daß es der vornehmliche Zweck und der eigentliche Rechtfertigungsgrund der Untersuchungshaft ist, die Durchführung eines geordneten Strafverfahrens zu gewährleisten und die spätere Strafvollstreckung sicherzustellen; ist sie zu einem dieser Zwecke nicht mehr nötig, so ist es unverhältnismäßig und daher grundsätzlich unzulässig, sie anzuordnen, aufrechtzuerhalten oder zu vollziehen. Die Haftgründe der Fluchtgefahr und der Verdunkelungsgefahr (§ 112 Abs. 2 StPO) dienen ersichtlich diesem Zweck. Der Haftgrund der Wiederholungsgefahr in § 112 Abs. 3 StPO [jetzt: § 112a StPO] geht zwar darüber hinaus, indem er den Schutz der Allgemeinheit vor weiteren Straftaten, also einen präventiv-polizeilichen Gesichtspunkt, für die Verhängung der Untersuchungshaft genügen läßt. Er kann jedoch damit gerechtfertigt werden, daß es hier um die Bewahrung eines besonders schutzbedürftigen Kreises der Bevölkerung vor mit hoher Wahrscheinlichkeit drohenden schweren Straftaten geht; auch erscheint es zweckmäßiger, diesen Schutz den bereits mit der Aufklärung der begangenen Straftat befaßten Strafverfolgungsbehörden und damit dem Richter anzuvertrauen als der Polizei.“.

haltsaufklärung fördern (Untermaßverbot) und andererseits sind (mindestens) gleich geeignete, intensivere Maßnahmen wie Zwang (noch) nicht notwendig (Übermaßverbot).

- nicht erforderlich.

(VOR/DEF)

d) Angemessenheit oder **Verhältnismäßigkeit im engeren Sinne** einer staatlichen Maßnahme ist angemessenes Maß oder Verhältnis zwischen Zweckförderung für Erhaltungsrechte und Wirkungen für Eingriffsrechte, vgl. betroffene GR.[1932]

(SUB/ERG)

Im konkreten Fall ist die Festnahme (alternativ)

- angemessen, denn der Grundrechtseingriff insbesondere in Art. 2 Abs. 2 S. 2 GG steht angesichts der zu schützenden Rechte und Rechtsgüter insbesondere aus Art. 20 Abs. 3 GG nicht außer Verhältnis.
- unangemessen.

(ERG VHM)

Die Festnahme ist insgesamt i.S.v. Art. 20 Abs. 3 GG (alternativ)

- verhältnismäßig.
- unverhältnismäßig.

D. Gesamtergebnis (GErg)

Die Festnahme ist (alternativ)

- gemäß § 164 StPO rechtmäßig.
- wegen Art./§ (bestimmter Rechtsnorm [z.B. Art. 20 Abs. 3 GG]) rechtswidrig.

1932 BVerfGE 105, 239, 247 (Richtervorbehalt bei Freiheitsentziehung) = BVerfG, Beschluss des Zweiten Senats vom 15.05.2002 – 2 BvR 2292/00, C. I. 1., Rn. 22: „Art. 2 Abs. 2 Satz 2 GG bezeichnet die Freiheit der Person als ‚**unverletzlich**'. Diese verfassungsrechtliche Grundentscheidung kennzeichnet das Freiheitsrecht als ein besonders hohes Rechtsgut, in das nur aus wichtigen Gründen eingegriffen werden darf (vgl. BVerfGE 10, 302 [322]; 29, 312 [316]; 32, 87 [92]; 65, 317 [322]).".

SACHWORTREGISTER

A

B

C

D

G

H

I

J

K

L

M

N

O

Q

R

S

T

V

Z

LITERATURVERZEICHNIS

Alexy, Robert: Begriff und Geltung des Rechts, Freiburg und München 1992.

Alexy, Robert: Theorie der Grundrechte, 2. Auflage, Frankfurt am Main 1994.

Anschütz, Gerhard: Die Verfassung des Deutschen Reichs vom 11. August 1919 – Ein Kommentar für Wissenschaft und Praxis, 14. Auflage, Berlin 1933.

Aristoteles: Organon, circa zwischen 367-344 vor Christus; Zusammenstellung von Einzelschriften zum „Organon" mit 6 Büchern (Kategorien, Hermeneutik, Erste Analytik, Zweite Analytik, Topik, Sophistische Widerlegungen): mutmaßlich *Andronikos von Rhodos,* circa 1. Jahrhundert vor Christus, hier in der Übersetzung durch: *von Kirchmann, Julius*, Leipzig und Heidelberg 1876-1883, hier im Neusatz herausgegeben durch: *Holzinger, Michael*, 4. Auflage, Berlin 2016.

Basten, Pascal: Für die Einheit von Polizei-Taktik und Recht: Notwehr und Irrtum im Strafrecht im Fall einer Polizistentötung, in: Die Polizei 06/2012, S. 149-155.

Basten, Pascal: Privatrecht in der polizeilichen Praxis, Stuttgart 2014.

Basten, Pascal: Die Menschenwürde des Grundgesetzes auf dem Prüfstand – Rechtlichethische Entscheidungen für Fallkonstellationen der polizeilichen Praxis, Berlin 2016.

Basten, Pascal: Recht der Polizei – Maßnahmen, Methoden, Mechanismen, Baden-Baden 2016.

Basten, Pascal: Eingriffsrecht der Polizei in Nordrhein-Westfalen – Band 1, Frankfurt am Main 2020.

Basten, Pascal: Eingriffsrecht der Polizei in Nordrhein-Westfalen – Band 3, Frankfurt am Main 2021.

Basten, Pascal: Eingriffsrecht der Polizei in Nordrhein-Westfalen – Fälle, Frankfurt am Main 2021.

Basten, Pascal / Klein, Martin: Eingriffsrecht der Polizei in Nordrhein-Westfalen – Gesetze, Frankfurt am Main 2020.

Bischöfe Deutschlands, Österreichs, der Schweiz u.a. (Hrsg.): Die Bibel – Einheitsübersetzung, Stuttgart 2016.

Borowski, Martin: Grundrechte als Prinzipien, 3. Auflage, Baden-Baden 2018.

Brühl, Raimund: Verwaltungsrecht für die Fallbearbeitung, 9. Auflage, Stuttgart 2018.

Bühler, Ottmar: Die subjektiven öffentlichen Rechte und ihr Schutz in der deutschen Verwaltungsrechtsprechung, Stuttgart 1914.

Byrd, Sharon B. / Lehmann, Matthias: Zitierfibel für Juristen, 2. Auflage, München 2016.

Dietlein, Johannes: Die Lehre von den grundrechtlichen Schutzpflichten, 2. Auflage, Berlin 1992.

Engisch, Karl: Logische Studien zur Gesetzesanwendung, 3. Auflage, Heidelberg 1963 (1. Auflage 1943).

Frege, Gottlob: Begriffsschrift, Eine der arithmetischen nachgebildete Formelsprache des reinen Denkens, Halle 1879.

Gurlit, Elke / Fehling, Michael: Eigenwert des Verfahrens im Verwaltungsrecht, in: VVDStRL 70, S. 227-277 (Gurlit) und S. 278-337 (Fehling), Berlin 2011 (Tagung vom 29.09.-02.10.2010).

Hesse, Konrad: Grundzüge des Verfassungsrechts der Bundesrepublik Deutschland, Neudruck der 20. Auflage, Heidelberg 1999.

Hoyningen-Huene, Paul: Systematicity: The Nature of Science, Oxford (University Press)/New York 2013.

Hoyningen-Huene, Paul: Repliken, in: Zeitschrift für philosophische Forschung, Heft 2 (69), S. 243-246, Frankfurt am Main 2015.

Hömig, Dieter / Wolff, Heinrich Amadeus (Hrsg.) / *Domgörgen, Ulf* (Bearbeiter): Grundgesetz für die Bundesrepublik Deutschland, 12. Auflage, Baden-Baden 2018.

Huck, Winfried / Müller, Martin: Verwaltungsverfahrensgesetz, 3. Auflage, München 2020.

Isensee, Josef: Das Grundrecht auf Sicherheit – Zu den Schutzpflichten des freiheitlichen Verfassungsstaates. Vortrag gehalten vor der Berliner Juristischen Gesellschaft am 24. November 1982 – erweiterte Fassung, Berlin 1983.

Jellinek, Georg: System der subjektiven öffentlichen Rechte, Freiburg im Breisgau 1892.

Jellinek, Georg: Allgemeine Staatslehre, 3. Auflage, Berlin 1914.

Joerden, Jan C.: Logik im Recht. Grundlagen und Anwendungsbeispiele, 3. Auflage, Berlin 2018.

von Jhering, Rudolf: Der Zweck im Recht, Leipzig 1877.

von Kirchmann, Julius: Die Werthlosigkeit der Jurisprudenz als Wissenschaft. Ein Vortrag, gehalten in der juristischen Gesellschaft zu Berlin, Berlin 1848.

Kant, Immanuel: Kritik der reinen Vernunft, 1. Auflage 1781, 2. Auflage 1787 Akademieausgabe, Band III (mit 2. Auflage der Kritik der reinen Vernunft), Berlin 1900 ff. (Band III: 1904, 1911).

Kant, Immanuel: Kritik der Urteilskraft, in: Königlich Preußische Akademie der Wissenschaften (Hrsg.), Akademieausgabe, Erste Abteilung: Kants Werke, Fünfter Band (Kritik der praktischen Vernunft, Kritik der Urteilskraft), Berlin (Druck und Verlag: Georg Reimer) 1913 (Ersterscheinung: 1790).

Kant, Immanuel: Über den Gemeinspruch: Das mag in der Theorie richtig sein, taugt aber nicht für die Praxis, in: Berlinische Monatsschrift, Band 2, S. 201-284, Berlin 1793.

Kant, Immanuel: Die Metaphysik der Sitten. Erster Teil. Metaphysische Anfangsgründe der Rechtslehre, 1797, Akademieausgabe, Band VI, Berlin 1900 ff. (Band VI: 1907, 1914).

Keller, Christoph / Braun, Frank: Telekommunikationsüberwachung und andere verdeckte Maßnahmen, 3. Auflage, Stuttgart 2019

Kirchner, Hildebert: Abkürzungsverzeichnis der Rechtssprache, 9. Auflage, Berlin 2018.

Klein, Martin: „Vorübergehende" Platzverweisung – Anpassungsbedarf der zulässigen Dauer aufgrund der Änderung des PolG NRW, in: Die Polizei 2020 (Nr. 7), S. 259-262, Köln 2020.

Klein, Martin: Strafbarkeit in den Polizeigesetzen der Länder – Die Rückkehr interlokalen Rechts, in: GSZ 2020, S. 168-171.

Kleist, Heinrich von: Über die allmähliche Verfertigung der Gedanken beim Reden, in: Lindau, Paul (Hrsg.): Nord und Süd, 1878, Band 4, S. 3-7.

Kniesel, Michael / Braun, Frank / Keller, Christoph: Besonderes Polizei- und Ordnungsrecht, Stuttgart 2018.

Kölbel, Ralf: § 164 StPO, in: *Schneider, Hartmut* (Hrsg.): Münchener Kommentar zur Strafprozessordnung: StPO, Band 2: §§ 151-332 StPO, München 2016.

Larenz, Karl: Über die Unentbehrlichkeit der Jurisprudenz als Wissenschaft, Berlin 1966.

Lisken, Hans / Denninger, Erhard / Bäcker, Matthias / Graulich, Kurt (Hrsg.): Handbuch des Polizeirechts, 6. Auflage, München 2018.

Maurer, Hartmut/Waldhoff, Christian: Allgemeines Verwaltungsrecht, 20. Auflage, München 2020.

Mayer, Otto: Deutsches Verwaltungsrecht, I. Band, 1. Auflage, Leipzig 1895.

Mayer, Otto: Deutsches Verwaltungsrecht, II. Band, 3. Auflage, Leipzig 1924.

Müller, Friedrich / Christensen, Ralph: Juristische Methodik, Band I – Grundlegung für die Arbeitsmethoden der Rechtspraxis, 11. Auflage, Berlin 2013.

Nimtz, Holger / Thiel, Markus: Eingriffsrecht Nordrhein-Westfalen, 2. Auflage, Hilden 2020.

Radbruch, Gustav: Gesetzliches Unrecht und übergesetzliches Recht, in: SJZ 1946, S. 105-108.

Reichel, Hans: Gesetz und Richterspruch – zur Orientierung über Rechtsquellen- und Rechtsanwendungslehre der Gegenwart, Zürich 1915.

Roggan, Fredrik / Kutscha, Martin (Hrsg.): Handbuch zum Recht der Inneren Sicherheit, 2. Auflage, Berlin 2006.

Roggenkamp, Jan Dirk / König, Kai: Eingriffsrecht für Polizeibeamte in Niedersachsen, 2. Auflage, Stuttgart 2020.

Rüthers, *Bernd* / *Fischer*, *Christian* / *Birk*, *Axel*: Rechtstheorie – mit Juristischer Methodenlehre, 11. Auflage, München 2020.

Schmitt, Carl: Freiheitsrechte und institutionelle Garantien in der Reichsverfassung, Berlin 1931.

Schnapp, Friedrich E.: Logik für Juristen. Die Grundlagen der Denklehre und der Rechtsanwendung, 7. Auflage, München 2017.

Schütte, Matthias / Braun, Frank / Keller, Christoph: Eingriffsrecht Nordrhein-Westfalen – Grundriss für die Aus- und Fortbildung, Stuttgart 2016.

Sieyès, Emmanuel Joseph: Qu'est-ce que le tiers état?, Paris 1789.

*Stelkens, Paul (*Begründer) / *Bonk, Heinz Joachim* (Begründer und Bearbeiter) / *Sachs, Michael* (Herausgeber und Bearbeiter) / *Schmitz, Heribert* (nicht namensgebender Herausgeber und Bearbeiter) / *Stelkens, Ulrich* (Bearbeiter): Verwaltungsverfahrensgesetz, 9. Auflage, München 2018.

Stowasser, Josep Maria / Petschenig, Michael / Skutsch, Franz: Stowasser – Lateinisch-deutsches Wörterbuch, München 1994.

Struck, Gerhard: Topische Jurisprudenz. Argument und Gemeinplatz in der juristischen Arbeit, Frankfurt am Main 1971.

Treder, Lutz: Methoden und Techniken der Rechtsanwendung, 1. Auflage, Heidelberg 1998 (Folgeauflagen mittlerweile nicht mehr vom Ursprungsautor und erheblich gekürzt).

Wagner, Marc: Bundespolizeirecht, 4. Auflage, Hilden 2018.

Wesel, Uwe: Geschichte des Rechts – Von den Frühformen bis zur Gegenwart, 4. Auflage, München 2014.

Wittgenstein, Ludwig: Tractatus logico-philosophicus (Logisch-philosophische Abhandlung), 1. korrigierte Auflage, London 1922 (Erstveröffentlichung 1921).

Wolff, Hans Julius: Organschaft und juristische Person. Untersuchungen zur Rechtstheorie und zum öffentlichen Recht. 2 Bände. Band 1: Juristische Person und Staatsperson (Kritik, Theorie und Konstruktion), Berlin 1933. Band 2: Theorie der Vertretung. (Stellvertretung, Organschaft und Repräsentation als soziale und juristische Vertretungsformen), Berlin 1934.

Wolff, Hans Julius: Der Unterschied zwischen öffentlichem und privatem Recht, in: AöR 76 (1950), S. 205–217.

ABKÜRZUNGSVERZEICHNIS

a. a. O.	am angegebenen Ort (im Sinne von zuletzt zitierter Quelle)
ADR	Europäisches Übereinkommen über die internationale Beförderung gefährlicher Güter auf der Straße (Abkürzung ADR auch amtliche deutsche Abkürzung, von: Accord européen relatif au transport international des marchandises Dangereuses par Route)
AdöR	Anstalt des öffentlichen Rechts
AE	Aufenthaltserlaubnis
AEMR	Allgemeine Erklärung der Menschenrechte (Resolution 217 der UN-Generalversammlung)
AEUV	Vertrag über die Arbeitsweise der Europäischen Union
a.F.	alte/r Fassung
AF	Ausführung
AG	Amtsgericht(e) / Aktiengesellschaft(en)
AktG	Aktiengesetz
Alt.	Alternative(n)
Andr	Androhung
Anw	Anwendung
AO	Anordnung
AöR	Archiv für öffentliches Recht
APR	Allgemeines Persönlichkeits(grund)recht
APR/RiS	Allgemeines Persönlichkeits(grund)recht / in der Ausprägung des Rechts auf informationelle Selbstbestimmung
AR	Aufenthaltsrecht
ArbGG	Arbeitsgerichtsgesetz
ARD	Arbeitsgemeinschaft der öffentlich-rechtlichen Rundfunkanstalten der Bundesrepublik Deutschland
Art.	Artikel(s/n)
AsylG	Asylgesetz
AT	Allgemeiner Teil / Aufenthaltstitel

AtG	Gesetz über die friedliche Verwendung der Kernenergie und den Schutz gegen ihre Gefahren (Atomgesetz)
AufenthG	Gesetz über den Aufenthalt, die Erwerbstätigkeit und die Integration von Ausländern im Bundesgebiet (Aufenthaltsgesetz)
AufenthV	Aufenthaltsverordnung
AVF (auch: AHF)	Allgemeine Verhaltensfreiheit (auch: Allgemeine Handlungsfreiheit)
AVV	Allgemeine Verwaltungsvorschrift(en)
AWG	Außenwirtschaftsgesetz
AZRG	Gesetz über das Ausländerzentralregister (Ausländerzentralregistergesetz /AZR-Gesetz)
B	Beschränkbarkeit
BA	Bundesagentur für Arbeit
BAMF	Bundesamt für Migration und Flüchtlinge
BÄO	Bundesärzteordnung
BASt	Bundesanstalt für Straßenwesen
BauGB	Baugesetzbuch
BauNVO	Baunutzungsverordnung
BayVersG	Bayerisches Versammlungsgesetz
BayVGH	Bayerischer Verwaltungsgerichtshof
BBG	Bundesbeamtengesetz
BBodSchG	Gesetz zum Schutz vor schädlichen Bodenveränderungen und zur Sanierung von Altlasten (Bundes-Bodenschutzgesetz)
BDSG	Bundesdatenschutzgesetz
BeamtStG	Gesetz zur Regelung des Statusrechts der Beamtinnen und Beamten in den Ländern (Beamtenstatusgesetz)
BeschG	Gesetz über die Prüfung und Zulassung von Feuerwaffen, Böllern, Geräten, bei denen zum Antrieb Munition verwendet wird, sowie von Munition und sonstigen Waffen (Beschussgesetz)
BeschV	Verordnung über die Beschäftigung von Ausländerinnen und Ausländern (Beschäftigungsverordnung)
BeschussV	Allgemeine Verordnung zum Beschussgesetz

BGB	Bürgerliches Gesetzbuch
BGBl.	Bundesgesetzblatt
BGH	Bundesgerichtshof
BGHSt	Entscheidungen des Bundesgerichtshofs in Strafsachen
BHKG (NRW)	Gesetz über den Brandschutz, die Hilfeleistung und den Katastrophenschutz (NRW)
BHO	Bundeshaushaltsordnung
BJagdG	Bundesjagdgesetz
BKA	Bundeskriminalamt
BKAG	Gesetz über das Bundeskriminalamt und die Zusammenarbeit des Bundes und der Länder in kriminalpolizeilichen Angelegenheiten (Bundeskriminalamtgesetz)
BLBG NRW	Gesetz zur Errichtung eines Sondervermögens "Bau- und Liegenschaftsbetrieb des Landes Nordrhein-Westfalen/Bau- und Liegenschaftsbetrieb NRW" (Bau- und Liegenschaftsbetriebsgesetz NRW)
BMG	Bundesmeldegesetz
BMI	Bundesministerium des Innern, für Bau und Heimat
BMV	Bundesministerium der Verteidigung
BNatSchG	Gesetz über Naturschutz und Landschaftspflege – Bundesnaturschutzgesetz
BND	Bundesnachrichtendienst
BNDG	Gesetz über den Bundesnachrichtendienst (BND-Gesetz)
BORA	Berufsordnung für Rechtsanwälte (erlassen von der Satzungsversammlung der Bundesrechtsanwaltskammer)
Bpb	Bundeszentrale für politische Bildung
BPol	Bundespolizei
BPolG	Gesetz über die Bundespolizei (Bundespolizeigesetz)
BR	Bundesrat / Bezirksregierung(en)
BRAO	Berufsrechtsanwaltsordnung
BRD	Bundesrepublik Deutschland

BremGebBeitrG	Bremisches Gebühren- und Beitragsgesetz
BremPolG	Bremisches Polizeigesetz (Polizeigesetz Bremen)
BRRG	Rahmengesetz zur Vereinheitlichung des Beamtenrechts (Beamtenrechtsrahmengesetz)
BSI	Bundesamt für Sicherheit in der Informationstechnik
BSIG	Gesetz über das Bundesamt für Sicherheit in der Informationstechnik (BSI-Gesetz)
Bsp.	Beispiel(e)
BT	Bundestag
BtMG	Gesetz über den Verkehr mit Betäubungsmitteln (Betäubungsmittelgesetz)
BvB	BVerfG-Registerzeichen für Verfahren zur Feststellung der Verfassungswidrigkeit von Parteien nach Art. 21 Abs. 2 GG
BVerfG	Bundesverfassungsgericht
BVerfGE	Entscheidungen des Bundesverfassungsgerichts (Bundesverfassungsgerichtsentscheidung[en])
BVerfGG	Gesetz über das Bundesverfassungsgericht (Bundesverfassungsgerichtsgesetz)
BVerfSch	Bundesamt für Verfassungsschutz / Bundesverfassungsschutz
BVerfSchG	Gesetz über die Zusammenarbeit des Bundes und der Länder in Angelegenheiten des Verfassungsschutzes und über das Bundesamt für Verfassungsschutz (Bundesverfassungsschutzgesetz)
BVerwG	Bundesverwaltungsgericht
BvF	BVerfG-Registerzeichen für Normenkontrollverfahren nach Art. 93 Abs. 1 Nr. 2 GG auf Antrag von Verfassungsorganen (sogenannte abstrakte Normenkontrolle)
BVFG	Gesetz über die Angelegenheiten der Vertriebenen und Flüchtlinge (Bundesvertriebenengesetz)
BvL	BVerfG-Registerzeichen für Normenkontrollverfahren nach Art. 100 Abs. 1 GG auf Vorlage eines Gerichts (sogenannte konkrete Normenkontrolle)
BvR	BVerfG-Registerzeichen für Beschwerden im Sinne des Art. 93a Abs. 1 Nr. 4a GG und im Sinne des Art. 93 Abs. 1 Nr. 4b GG

BVV	Beweisverwertungsverbot(s/e/n)
BwachV	Verordnung über das Bewachungsgewerbe (Bewachungsgewerbeverordnung)
BWahlG	Bundeswahlgesetz
BWaldG	Gesetz zur Erhaltung des Waldes und zur Förderung der Forstwirtschaft – Bundeswaldgesetz
bzgl.	bezüglich
BZRG	Gesetz über das Zentralregister und das Erziehungsregister (Bundeszentralregistergesetz)
bzw.	beziehungsweise
CoronaSchVO (NRW)	Verordnung zum Schutz vor Neuinfizierungen mit dem Coronavirus SARS-CoV-2 (Coronaschutzverordnung) [NRW]
D.	Digesten
DBT	Deutscher Bundestag
D.C.	District of Columbia
DEF	Definition(en)
DIN	Deutsche Industrie Normung
DiplBezÜbkG	Gesetz zu dem Wiener Übereinkommen vom 18. April 1961 über diplomatische Beziehungen
DNA	Deoxyribonucleic acid / zu Deutsch: Desoxyribonukleinsäure (DNS)
döR	des öffentlichen Rechts
DRiG	Deutsches Richtergesetz
DSG NRW	Datenschutzgesetz Nordrhein-Westfalen
E	Eingriff
EAÜ	Elektronische Aufenthaltsüberwachung
EBO	Eisenbahn-Bau- und Betriebsordnung
ED	Erkennungsdienst / „Erkennungsdienstliche Behandlung/Maßnahme“
EFTA	European Free Trade Association / Europäische Freihandelsassoziation
EG	Europäische Gemeinschaft(en)
EGBGB / BGBEG	Einführungsgesetz zum Bürgerlichen Gesetzbuche
EGGVG	Einführungsgesetz zum Gerichtsverfassungsgesetz

EGMR	Europäischer Gerichtshof für Menschenrechte (des Europarats)
eIDKG	Gesetz über eine Karte für Unionsbürger und Angehörige des Europäischen Wirtschaftsraums mit Funktion zum elektronischen Identitätsnachweis (eID-Karte-Gesetz)
EinhV	Ausführungsverordnung zum Gesetz über die Einheiten im Messwesen und die Zeitbestimmung
EinhZeitG	Gesetz über die Einheiten im Messwesen und die Zeitbestimmung
EMA	Einwohnermeldeamt
EMRK	Konvention zum Schutze der Menschenrechte und Grundfreiheiten (Convention for the Protection of Human Rights and Fundamental Freedoms / Europäische Menschenrechtskonvention)
EP	Ermittlungsperson(en)
EPVO NRW	Verordnung über die Ermittlungspersonen der Staatsanwaltschaft (NRW) [Ermittlungspersonenverordnung Nordrhein-Westfalen]
ERG	Ergebnis(se)
EStDV	Einkommensteuer-Durchführungsverordnung
ESVGH	Entscheidungssammlung des Hessischen Verwaltungsgerichtshofs und des Verwaltungsgerichtshofs Baden-Württemberg mit Entscheidungen des Staatsgerichtshofs des Landes Hessen und des Verfassungsgerichtshofs für das Land Baden-Württemberg
EU	Europäische Union
EUBLG	Gesetz über die Zusammenarbeit von Bund und Ländern in Angelegenheiten der Europäischen Union
EuGH	Gerichtshof der Europäischen Union
EU-GR-Charta / EUGRCh / GR-Charta	Charta der Grundrechte der Europäischen Union
EuropolG	Gesetz zur Anwendung der Verordnung (EU) 2016/794 des Europäischen Parlaments und des Rates vom 11. Mai 2016 über die Agentur der Europäischen Union für die Zusammenarbeit auf dem Gebiet der Strafverfolgung (Europol) und zur Ersetzung und Aufhebung der Beschlüsse 2009/371/JI, 2009/934/JI, 2009/935/JI, 2009/936/JI und 2009/968/JI des Rates (Europolgesetz)

Eurostat	Statistisches Amt der Europäischen Union
EUV	Vertrag über die Europäische Union (EU-Vertrag)
EUVisumVO	Verordnung (EU) 2018/1806 des Europäischen Parlaments und des Rates vom 14. November 2018 zur Aufstellung der Liste der Drittländer, deren Staatsangehörige beim Überschreiten der Außengrenzen im Besitz eines Visums sein müssen, sowie der Liste der Drittländer, deren Staatsangehörige von dieser Visumpflicht befreit sind
EUZBBG	Gesetz über die Zusammenarbeit von Bundesregierung und Deutschem Bundestag in Angelegenheiten der Europäischen Union
EUZBLG	Gesetz über die Zusammenarbeit von Bund und Ländern in Angelegenheiten der Europäischen Union
Evn	Ersatzvornahme
EWG	Europäische Wirtschaftsgemeinschaft
EWR	Europäischer Wirtschaftsraum
EZB	Europäische Zentralbank
f.	folgender
FahrlG	Gesetz über das Fahrlehrerwesen (Fahrlehrergesetz)
FamFG	Gesetz über das Verfahren in Familiensachen und in den Angelegenheiten der freiwilligen Gerichtsbarkeit
fdGO	freiheitliche demokratische Grundordnung
FeV	Verordnung über die Zulassung von Personen zum Straßenverkehr (Fahrerlaubnis-Verordnung)
ff.	folgende
FGO	Finanzgerichtsordnung
FHGöD (NRW)	Gesetz über die Fachhochschulen für den öffentlichen Dienst im Lande Nordrhein-Westfalen (Fachhochschulgesetz öffentlicher Dienst [Nordrhein-Westfalen])
FischG NRW / LFischG	Fischereigesetz für das Land NRW
FreizügG/EU	Gesetz über die allgemeine Freizügigkeit von Unionsbürgern (Freizügigkeitsgesetz EU)
Fustkw	Funkstreifenkraftwagen

FZV	Verordnung über die Zulassung von Fahrzeugen zum Straßenverkehr (Fahrzeugzulassungsverordnung)
G 10	Gesetz zur Beschränkung des Brief-, Post- und Fernmeldegeheimnisses (Artikel 10-Gesetz - G 10)
GastG	Gaststättengesetz
GÄR	Gebiete äußerster Randlage (i.S.v. Art. 349, 355 AEUV)
GbR	Gesellschaft bürgerlichen Rechts
GdU	Gefährdung des Untersuchungserfolgs
GebG NRW	Gebührengesetz für das Land Nordrhein-Westfalen (GebG NRW)
Gef	Gefahr
GefAbw	Gefahrenabwehr
GenG	Gesetz betreffend die Erwerbs- und Wirtschaftsgenossenschaften (Genossenschaftsgesetz)
GewO	Gewerbeordnung
GewRV (NRW)	Verordnung zur Übertragung von Ermächtigungen, zur Regelung von Zuständigkeiten und Festlegungen auf dem Gebiet des Gewerberechts (Gewerberechtsverordnung [NRW])
GewSchG	Gesetz zum zivilrechtlichen Schutz vor Gewalttaten und Nachstellungen (Gewaltschutzgesetz)
GewvollzVO	Verordnung über den Vollzug der Freiheitsentziehung im Polizeigewahrsam des Landes Nordrhein-Westfalen (Gewahrsamsvollzugsverordnung)
GFK	Genfer Flüchtlingskonvention (eigentlich: Abkommen [vom 28. Juli 1951] über die Rechtsstellung der Flüchtlinge)
GG	Grundgesetz
ggf.	gegebenenfalls
GGO NRW	Gemeinsame Geschäftsordnung für die Ministerien des Landes Nordrhein-Westfalen
ggü.	gegenüber
ggw.	gegenwärtige
GiV	Gefahr im Verzug
GKG	Gerichtskostengesetz
GmbH	Gesellschaft mit beschränkter Haftung

GmbHG	Gesetz betreffend die Gesellschaften mit beschränkter Haftung (GmbH-Gesetz)
GO BT	Geschäftsordnung des Bundestags
GO BR	Geschäftsordnung des Bundesrats
GO LR NRW	Geschäftsordnung der Landesregierung Nordrhein-Westfalen
GO LT NRW	Geschäftsordnung des Landtags Nordrhein-Westfalen
GO NRW	Gemeindeordnung für das Land Nordrhein-Westfalen (Gemeindeordnung NRW)
GR	Grundrecht(e/s/en)
GräbVersammlG	Gesetz über Versammlungen und Aufzüge an und auf Gräberstätten (Gräberstätten-Versammlungsgesetz) [des Landes Brandenburg]
GR-B	Grundrechtsbeschränkbarkeit
GR-E	Grundrechtseingriff
GR-SB	Grundrechtsschutzbereich
GSZ	Zeitschrift für das Gesamte Sicherheitsrecht
GüKG	Güterkraftverkehrsgesetz
GV. NW.	Gesetz- und Verordnungsblatt Nordrhein-Westfalen
GVG	Gerichtsverfassungsgesetz
HGB	Handelsgesetzbuch
HeilBerG NRW	Heilberufsgesetz Nordrhein-Westfalen
HessMVollzG	Gesetz über den Vollzug von Maßregeln der Besserung und Sicherung in einem psychiatrischen Krankenhaus und in einer Entziehungsanstalt (Hessisches Maßregelvollzugsgesetz)
HG	Häusliche Gewalt
HG NRW	Gesetz über die Hochschulen des Landes Nordrhein-Westfalen
HGB	Handelsgesetzbuch
Hrsg.	Herausgeber
HSOG	Hessisches Gesetz über die öffentliche Sicherheit und Ordnung
HSPV NRW	Hochschule für Polizei und öffentliche Verwaltung Nordrhein-Westfalen
i.d.R.	in der Regel

IfSG	Gesetz zur Verhütung und Bekämpfung von Infektionskrankheiten beim Menschen (Infektionsschutzgesetz)
Igw / IGW	Ingewahrsamnahme
IHK	Industrie- und Handelskammer(n)
IM / MI	Innenministerium / Ministerium des Innern
insb.	insbesondere
inst.	Institutionum
IntV	Verordnung über die Durchführung von Integrationskursen für Ausländer und Spätaussiedler (Integrationskursverordnung)
IntVG	Gesetz über die Wahrnehmung der Integrationsverantwortung des Bundestages und des Bundesrates in Angelegenheiten der Europäischen Union (Integrationsverantwortungsgesetz)
IPbpR / BürgPoRPakt	Internationaler Pakt über bürgerliche und politische Rechte (UN-Zivilpakt / International Covenant on Civil and Political Rights – ICCPR); vgl. auch: BürgPoRPaktGG: Gesetz zu dem Internationalen Pakt vom 19. Dezember 1966 über bürgerliche und politische Rechte vom 15. November 1973 (BGBl. 1973 II S. 1533)
IPwskR	Internationaler Pakt über wirtschaftliche, soziale und kulturelle Rechte (UN-Sozialpakt / International Covenant on Economic, Social and Cultural Rights – ICESCR); vgl. auch Gesetz zu dem Internationalen Pakt vom 19. Dezember 1966 über wirtschaftliche, soziale und kulturelle Rechte vom 23.11.1973 (BGBl. 1973 II S. 1569)
IRG	Gesetz über die internationale Rechtshilfe in Strafsachen
i.S.d.	im Sinne des/der
ISO	International Organization for Standardization
i.S.v.	im Sinne von
i.V.m.	in Verbindung mit
JArbSchG	Gesetz zum Schutze der arbeitenden Jugend (Jugendarbeitsschutzgesetz)
JGG	Jugendgerichtsgesetz
JI	Justiz und Inneres

JMStV	Staatsvertrag über den Schutz der Menschenwürde und den Jugendschutz in Rundfunk und Telemedien (Jugendmedienschutz-Staatsvertrag)
JuSchG	Jugendschutzgesetz
JVA	Justizvollzugsanstalt(en)
JVEG	Gesetz über die Vergütung von Sachverständigen, Dolmetscherinnen, Dolmetschern, Übersetzerinnen und Übersetzern sowie die Entschädigung von ehrenamtlichen Richterinnen, ehrenamtlichen Richtern, Zeuginnen, Zeugen und Dritten (Justizvergütungs- und -entschädigungsgesetz)
KdöR	Körperschaft(en) des öffentlichen Rechts
KG	Kammergericht
KG	Kommanditgesellschaft
KHStVO NRW / KHSt-VO	Verordnung über die Bestimmung von Polizeipräsidien zu Kriminalhauptstellen (Nordrhein-Westfalen) [Kriminalhauptstellenverordnung Nordrhein-Westfalen]
KOB	Kreisordnungsbehörde / Kreisordnungsbehörden
KonsÜbkG	Gesetz zu dem Wiener Übereinkommen vom 24. April 1963 über konsularische Beziehungen
KPB	Kreispolizeibehörde / Kreispolizeibehörden
KPBGO NRW	Geschäftsordnung für die Kreispolizeibehörden des Landes Nordrhein-Westfalen (Kreispolizeibehörden-Geschäftsordnung NRW – Runderlass)
KPBVO NRW	Verordnung über die Kreispolizeibehörden des Landes Nordrhein-Westfalen (Kreispolizeibehördenverordnung Nordrhein-Westfalen)
KpL	Kernbereich privater Lebensgestaltung
KöStG NRW	Gesetz zur Regelung der Verleihung und des Entzugs der Rechte einer Körperschaft des öffentlichen Rechts an Religions- und Weltanschauungsgemeinschaften in Nordrhein-Westfalen (Körperschaftsstatusgesetz NRW)
KrO NRW	Kreisordnung für das Land Nordrhein-Westfalen (Kreisordnung Nordrhein-Westfalen)
KrWaffKontrG	Ausführungsgesetz zu Artikel 26 Abs. 2 des Grundgesetzes (Gesetz über die Kontrolle von Kriegswaffen)

KrWaffUnbrUmgV	Verordnung über die Unbrauchbarmachung von Kriegswaffen und über den Umgang mit unbrauchbar gemachten Kriegswaffen
LAFP (NRW)	Landesamt für Ausbildung, Fortbildung und Personalangelegenheiten (der Polizei NRW)
LBG	Landesbeamtengesetz/e/n/es
LBG NRW	Gesetz über die Beamtinnen und Beamten des Landes Nordrhein-Westfalen (Landesbeamtengesetz Nordrhein-Westfalen)
LDG NRW	Disziplinargesetz für das Land Nordrhein-Westfalen (Landesdisziplinargesetz [NRW])
LFGB	Lebensmittel-, Bedarfsgegenstände- und Futtermittelgesetzbuch (Lebensmittel- und Futtermittelgesetzbuch)
LG	Landgericht(e/s/n)
LHO	Landeshaushaltsordnung
LHO NRW	Landeshaushaltsordnung Nordrhein-Westfalen
LImSchG (NRW)	Gesetz zum Schutz vor Luftverunreinigungen, Geräuschen und ähnlichen Umwelteinwirkungen (Landes-Immissionsschutzgesetz [Nordrhein-Westfalen])
LJG NRW	Landesjagdgesetz Nordrhein-Westfalen
LKA (NRW)	Landeskriminalamt (der Polizei Nordrhein-Westfalen)
LKAAufgVO NRW	Verordnung über weitere polizeiliche Aufgaben des Landeskriminalamts bei der Gefahrenabwehr sowie der Erforschung und Verfolgung von Straftaten (Aufgabenverordnung LKA [LKA-Aufgabenverordnung Nordrhein-Westfalen])
LKWÜberlStVAusnV	Verordnung über Ausnahmen von straßenverkehrsrechtlichen Vorschriften für Fahrzeuge und Fahrzeugkombinationen mit Überlänge
LOG	Landesorganisationsgesetz/e/s/n
LOG M-V	Organisationsgesetz für das Land Mecklenburg-Vorpommern (Landesorganisationsgesetz Mecklenburg-Vorpommern)
LOG NRW	Gesetz über die Organisation der Landesverwaltung Nordrhein-Westfalen (Landesorganisationsgesetz Nordrhein-Westfalen)
LPartG	Lebenspartnerschaftsgesetz

LR	Landrat(s) / Landräte(n) / Landratsbehörde(n) Landesregierung(en)
Ls.	Leitsatz / Leitsätze / Leitsätzen
LSA	Land Sachsen-Anhalt
LuftSiG	Luftsicherheitsgesetz
LVerbO NRW	Landschaftsverbandsordnung für das Land Nordrhein-Westfalen (Landschaftsverbandsordnung NRW)
LVOPol (NRW)	Verordnung über die Laufbahn der Polizeivollzugsbeamtinnen und Polizeivollzugsbeamten des Landes Nordrhein-Westfalen (Laufbahnverordnung der Polizei)
LVR	Landschaftsverband Rheinland
LZPD (NRW)	Landesamt für Zentrale Polizeiliche Dienste (der Polizei Nordrhein-Westfalen)
MAD	Militärischer Abschirmdienst
MADG	Gesetz über den militärischen Abschirmdienst (MAD-Gesetz)
MG NRW	Meldegesetz Nordrhein-Westfalen
MI / IM	Ministerium des Innern / Innenministerium
MiStra	Anordnung über Mitteilungen in Strafsachen (Mitteilungen-in-Strafsachen-Anordnung)
MMR	Multimedia und Recht (Fachzeitschrift)
MRVG (NRW)	Maßregelvollzugsgesetz (Nordrhein-Westfalen)
m.w.N.	mit weiterem Nachweis / mit weiteren Nachweisen
M-V	Mecklenburg-Vorpommern
NCAZ	Nationales Cyber-Abwehrzentrum
n. F.	neue/r/n Fassung
NJW	Neue Juristische Wochenschrift
NoeP	Nicht offen ermittelnder Polizeibeamter
NPD	Nationaldemokratische Partei Deutschlands
Nds.SOG	Niedersächsisches Gesetz über die öffentliche Sicherheit und Ordnung (Gesetzestitel vor und nach „NGefAG“ und vor „NPOG“)
NGefAG	Niedersächsisches Gefahrenabwehrgesetz (Gesetzestitel nach und vor „Nds.SOG“ und vor „NPOG“)
NPOG	Niedersächsisches Polizei- und Ordnungsbehördengesetz

NpSG	Neue-psychoaktive-Stoffe-Gesetz
Nr.	Nummer (als Ordnungszeichen; unterscheide: Ziffer als bloßes Zahlzeichen, vgl. z.B. VVPolG NRW, „Hinweise zur Darstellung“: „Hauptnummern“)
NRW	Nordrhein-Westfalen
NVersG	Niedersächsisches Versammlungsgesetz
NVwZ	Neue Zeitschrift für Verwaltungsrecht
OASG	Gesetz zur Sicherung der zivilrechtlichen Ansprüche der Opfer von Straftaten (Opferanspruchssicherungsgesetz)
OB	Ordnungsbehörde / Ordnungsbehörden
OBG NRW	Gesetz über Aufbau und Befugnisse der Ordnungsbehörden Nordrhein-Westfalen (Ordnungsbehördengesetz Nordrhein-Westfalen)
ÖffVereinsRZVO (NRW)	Verordnung über die Regelungen von Zuständigkeiten nach dem öffentlichen Vereinsrecht (in NRW)
öffVersufH	öffentliche Versammlung/en unter freiem Himmel
öffVersigR	öffentliche Versammlung/en in geschlossenen Räumen / im geschlossenen Raum
o.g.	oben genannt/e/n/m/r
OHG	Offene Handelsgesellschaft
OLG	Oberlandesgericht(e)
ö.r.	öffentlich-rechtlich(e/n/r/s/)
OVG	Oberverwaltungsgericht(e/s/n)
Owi	Ordnungswidrigkeit
OWiG	Gesetz über Ordnungswidrigkeiten (Ordnungswidrigkeitengesetz)
OWiGZVO NRW	Verordnung zur Bestimmung der für die Verfolgung und Ahndung von Ordnungswidrigkeiten nach dem Dritten Teil des Gesetzes über Ordnungswidrigkeiten und nach dem Vierten Strafrechtsänderungsgesetz zuständigen Verwaltungsbehörden
PAG (Bayern)	Gesetz über die Aufgaben und Befugnisse der Bayerischen Staatlichen Polizei (Polizeiaufgabengesetz)
PartG	Partnerschaftsgesellschaft

PartGG	Gesetz über Partnerschaftsgesellschaften Angehöriger Freier Berufe
PaßG	Paßgesetz
PAuswG	Gesetz über Personalausweise und über den elektronischen Identitätsnachweis (Personalausweisgesetz)
P.B.	Pascal Basten
PB	Polizeibehörde / Polizeibehörden
PBefG	Personenbeförderungsgesetz
PDV	Polizeidienstvorschrift(en)
POG NRW	Gesetz über die Organisation und die Zuständigkeit der Polizei im Lande Nordrhein-Westfalen (Polizeiorganisationsgesetz Nordrhein-Westfalen)
PolG NRW	Polizeigesetz des Landes Nordrhein-Westfalen (Polizeigesetz Nordrhein-Westfalen)
PostG	Postgesetz
PP	Polizeipräsident(en) / Polizeipräsidium / Polizeipräsidien
pr.	Principium / principium
PresseG NRW	Pressegesetz für das Land Nordrhein-Westfalen (Landespressegesetz NRW)
ProdHaftG	Gesetz über die Haftung für fehlerhafte Produkte – Produkthaftungsgesetz
ProstSchG	Gesetz zum Schutz von in der Prostitution tätigen Personen – Prostituiertenschutzgesetz
PStG	Personenstandsgesetz
PsychKG (NRW)	Gesetz über Hilfen und Schutzmaßnahmen bei psychischen Krankheiten (PsychKG)
PTB	Physikalisch-Technische Bundesanstalt
PVB	Polizeivollzugsbeamte/n / Polizeivollzugsbeamtin / Polizeivollzugsbeamter
q.v.	quod vide / quod videas (siehe dieses / siehe diesen [Begriff])
RdErl	Runderlass
RDG	Gesetz über außergerichtliche Rechtsdienstleistungen – Rechtsdienstleistungsgesetz
RdNr.	Randnummer

reg.	Regularum / regularum
RettG NRW	Gesetz über den Rettungsdienst sowie die Notfallrettung und den Krankentransport durch Unternehmer (Rettungsgesetz NRW)
RG	Rechtsgebiet
RiS	(Grund-)Recht auf informationelle Selbstbestimmung
RiStBV	Richtlinien für das Strafverfahren und das Bußgeldverfahren (Straf- und Bußgeldverfahrenrichtlinien)
RiVASt	Richtlinien für den Verkehr mit dem Ausland in Strafsachen (Auslandsverkehrstrafrechtsrichtlinien)
Rn.	Randnummer
RSP	Rechtsstaatsprinzip
RVG	Gesetz über die Vergütung der Rechtsanwältinnen und Rechtsanwälte (Rechtsanwaltsvergütungsgesetz)
S.	Seite(n)
SächsPVDG	Sächsisches Polizeivollzugsdienstgesetz
Sächsisches VersG	Sächsisches Versammlungsgesetz
SB	Schutzbereich
SchwarzArbG	Gesetz zur Bekämpfung der Schwarzarbeit und illegalen Beschäftigung (Schwarzarbeitsbekämpfungsgesetz)
SDÜ	Übereinkommen vom 19. Juni 1990 zur Durchführung des Übereinkommens vom 14. Juni 1985 betreffend den schrittweisen Abbau der Kontrollen an den gemeinsamen Grenzen (Schengener Durchführungsübereinkommen)
SGB	Sozialgesetzbuch
SGG	Sozialgerichtsgesetz
SGV. NRW.	Sammlungen geltender Gesetze und Verordnungen Nordrhein-Westfalen
SISIIG	Gesetz zum Schengener Informationssystem der zweiten Generation
SJZ	Süddeutsche Juristenzeitung
sog.	sogenannte/r/n/m
SOG	Sicherheits- und Ordnungsgesetz

SOG LSA	Gesetz über die öffentliche Sicherheit und Ordnung des Landes Sachsen-Anhalt (Sicherheits- und Ordnungsgesetz Sachsen-Anhalt)
SOG M-V	Gesetz über die öffentliche Sicherheit und Ordnung in Mecklenburg-Vorpommern (Sicherheits- und Ordnungsgesetz Mecklenburg-Vorpommern)
SoZV	Verordnung über die Einführung der mitteleuropäischen Sommerzeit ab dem Jahr 2002 (Sommerzeitverordnung)
SprengG	Gesetz über explosionsgefährliche Stoffe (Sprengstoffgesetz)
SprengV	Verordnung zum Sprengstoffgesetz (1. / 2. / 3.; z.B.: 1. SprengV = Erste Verordnung zum Sprengstoffgesetz)
SRP	Sozialistische Reichspartei
StA	Staatsanwaltschaft / Staatsanwaltschaften
StaatenlÜbkG	Gesetz zu dem Übereinkommen vom 28. September 1954 über die Rechtsstellung der Staatenlosen. (Staatenlosenübereinkommen – Convention relating to the Status of Stateless)
StaatenlMindÜbkAG	Ausführungsgesetz zu dem Übereinkommen vom 30. August 1961 zur Verminderung der Staatenlosigkeit und zu dem Übereinkommen vom 13. September 1973 zur Verringerung der Fälle von Staatenlosigkeit
StA-EP	Staatsanwaltschafts-Ermittlungspersonen
StAG	Staatsangehörigkeitsgesetz
StGB	Strafgesetzbuch
StPO	Strafprozessordnung
StRpfl / StrafRpfl	Strafrechtspflege
St. Rspr.	Ständige Rechtsprechung
StVG	Straßenverkehrsgesetz
StVGüterBefZVO NRW	Verordnung über Zuständigkeiten im Bereich Straßenverkehr und Güterbeförderung (NRW)
StVO	Straßenverkehrs-Ordnung (Straßenverkehrsordnung)
StVollzG	Gesetz über den Vollzug der Freiheitsstrafe und der freiheitsentziehenden Maßregeln der Besserung und Sicherung / Strafvollzugsgesetz

StVollzG NRW	Gesetz zur Regelung des Vollzuges der Freiheitsstrafe in Nordrhein-Westfalen (Strafvollzugsgesetz Nordrhein-Westfalen)
SÜ	Übereinkommen von Schengen vom 14. Juni 1985 betreffend den schrittweisen Abbau der Kontrollen an den gemeinsamen Grenzen (Schengener Übereinkommen)
SUB	Subsumtion(en)
SV	Sachverhalt
TA	Technische Anleitung(en)
ThürOBG / Thüringer OBG	Thüringer Gesetz über die Aufgaben und Befugnisse der Ordnungsbehörden (Thüringer Ordnungsbehördengesetz/OBG Thüringen)
THW	Technisches Hilfswerk
THWG	Gesetz über das Technische Hilfswerk (THW-Gesetz)
TierSchG	Tierschutzgesetz
TK	Telekommunikation
TKG	Telekommunikationsgesetz
TKÜ	Telekommunikationsüberwachung
TPG	Gesetz über die Spende, Entnahme und Übertragung von Organen und Geweben (Transplantationsgesetz)
TÜV	Technischer Überwachungsverein
TV-L	Tarifvertrag für den öffentlichen Dienst der Länder
TVöD	Tarifvertrag für den öffentlichen Dienst
u.a.	unter anderem / unter anderen
UAbs.	Unterabsatz
ÜLG	(assoziierte/zu assoziierende) außereuropäische/überseeische Länder und Hoheitsgebiete (i.S.v. Art. 198-204, 355 i.V.m. Anhang II AEUV)
UN	United Nations (Englisch, zu Deutsch: Vereinte Nationen)
UN-Charta	Charter of the United Nations (englisch, zu Deutsch: Charta der Vereinten Nationen)
UNO	United Nations Organization (englisch, zu Deutsch: Organisation der Vereinten Nationen/Vereinte-Nationen-Organisation)

USA	United States of America (englisch, zu Deutsch: Vereinigte Staaten von Amerika)
UTC	Koordinierte Weltzeit (englisch: Coordinated Universal Time; französisch: Temps universel coordonné)
u.U.	unter Umständen
UZw	Unmittelbarer Zwang
v	logisches Zeichen für: oder
Var.	Variante(n)
VE	Verdeckter Ermittler
VereinsGDV	Verordnung zur Durchführung des Gesetzes zur Regelung des öffentlichen Vereinsrechts (Vereinsgesetz) [Vereinsgesetzdurchführungsverordnung]
Verf NRW	Verfassung für das Land Nordrhein-Westfalen (Verfassung Nordrhein-Westfalen)
VerkehrsOwiZVO NRW	Verordnung zur Bestimmung der für die Verfolgung und Ahndung von Verkehrsordnungswidrigkeiten zuständigen Verwaltungsbehörden (NRW)
VersFG SH	Versammlungsfreiheitsgesetz für das Land Schleswig-Holstein
VersG / VersammlG	Gesetz über Versammlungen und Aufzüge (Versammlungsgesetz)
VersGZVO NRW	Verordnung über Zuständigkeiten nach dem Versammlungsgesetz (NRW)
VGH	Verwaltungsgerichtshof
VGHG NW	Gesetz über den Verfassungsgerichtshof für das Land Nordrhein-Westfalen (Verfassungsgerichtshofgesetz)
VGH NRW / VerfGH NRW	Verfassungsgerichtshof für das Land Nordrhein-Westfalen
Vgl. / vgl.	Vergleich(e) / vergleich(e)
VHM	Verhältnismäßigkeit(s)
VN	Vereinte Nationen
VN-Charta	Charta der Vereinten Nationen
VO	Verordnung
VOB/B	Vergabe- und Vertragsordnung für Bauleistungen, Teil B: Allgemeine Vertragsbedingungen für die Ausführung von Bauleistungen

VO VwVG NRW	Verordnung zur Ausführung des Verwaltungsvollstreckungsgesetzes (Ausführungsverordnung VwVG) [VwVG-NRW-Ausführungsverordnung]
VOR	Voraussetzung(en)
VP	Vertrauensperson
VSG NRW	Gesetz über den Verfassungsschutz in Nordrhein-Westfalen (Verfassungsschutzgesetz Nordrhein-Westfalen)
VStGB	Völkerstrafgesetzbuch
VV	Verwaltungsvorschrift(en)
VVDStRL	Veröffentlichungen der Vereinigung der Deutschen Staatsrechtslehrer
VVPolG NRW	Verwaltungsvorschrift zum Polizeigesetz des Landes Nordrhein-Westfalen
VwGO	Verwaltungsgerichtsordnung
VwVG NRW	Verwaltungsvollstreckungsgesetz für das Land Nordrhein-Westfalen (Verwaltungsvollstreckungsgesetz NRW)
VwVfG	Verwaltungsverfahrensgesetz (Bundes-Verwaltungsverfahrensgesetz)
VwVfG NRW	Verwaltungsverfahrensgesetz für das Land Nordrhein-Westfalen (Verwaltungsverfahrensgesetz Nordrhein-Westfalen)
VwV-StVO	Allgemeine Verwaltungsvorschrift zur Straßenverkehrs-Ordnung
W.	Wort
WaffG	Waffengesetz
WaffGDVO NRW	Verordnung zur Durchführung des Waffengesetzes (NRW)
WaffRG	Waffenregistergesetz
WaffVwV	Allgemeine Verwaltungsvorschrift zum Waffengesetz
WEG	Wohnungseigentumsgesellschaft
WPflG	Wehrpflichtgesetz
WRV	Weimarer Reichsverfassung
WÜK	Wiener Übereinkommen über konsularische Beziehungen

Z	Ziffer (als bloßes Zahlzeichen; unterscheide: Nr. [Nummer] als Ordnungszeichen; vgl. z.B. VVPolG NRW, „Hinweise zur Darstellung“: „Hauptnummern“)
z.B.	zum Beispiel
ZDF	Zweites Deutsches Fernsehen / Zweiten Deutschen Fernsehens
ZDG	Gesetz über den Zivildienst der Kriegsdienstverweigerer (Zivildienstgesetz)
ZFdG	Gesetz über das Zollkriminalamt und die Zollfahndungsämter (Zollfahndungsdienstgesetz)
ZSKG	Gesetz über den Zivilschutz und die Katastrophenhilfe des Bundes (Zivilschutz- und Katastrophenhilfegesetz)
ZPO	Zivilprozessordnung
ZuVO JuWo (NRW)	Verordnung über Zuständigkeiten im Bereich der Jugendwohlfahrt nach dem Jugendschutzgesetz, dem Sozialgesetzbuch VIII - Kinder- und Jugendhilfe - und dem Jugendfreiwilligendienstegesetz (Jugendwohlfahrtszuständigkeitsverordnung [NRW])
Zw	Zwang
ZwG	Zwangsgeld
ZwM	Zwangsmittel

Bücher zum

Eingriffsrecht der Polizei in Nordrhein-Westfalen

Pascal Basten & Martin Klein

Eingriffsrecht der Polizei in Nordrhein-Westfalen

Gesetze

ISBN 978-3-86676-655-6

Pascal Basten

Eingriffsrecht der Polizei in Nordrhein-Westfalen

Band 1:

Grundlagen des polizeilichen Eingriffsrechts

ISBN 978-3-86676-656-3

Pascal Basten

Eingriffsrecht der Polizei in Nordrhein-Westfalen

Band 2:

Grundstudium

ISBN 978-3-86676-657-0

Pascal Basten

Eingriffsrecht der Polizei in Nordrhein-Westfalen

Band 3:

Hauptstudium

ISBN 978-3-86676-658-7

Pascal Basten

Eingriffsrecht der Polizei in Nordrhein-Westfalen

Fälle

ISBN 978-3-86676-659-4